D1785182

Italia

 la guida
MICHELIN
2016

ALBERGHI & RISTORANTI

Caro lettore,

Nuova edizione della guida con indirizzi e informazioni sempre più interessanti, perché semplificare e facilitare la vostra scelta - oltre ad essere il nostro motto - è l'intento che da più di un secolo anima il nostro lavoro: aiutarvi a optare per il meglio!

Tutto l'anno in viaggio, gli "ispettori Michelin" s'impegnano con costanza e passione a scovare per voi indirizzi di qualità: ristoranti, alberghi, ma anche agriturismi, in tutte le categorie e fasce di prezzo.
A questo punto, è ancora necessario vantare l'esperienza di questi fini palati, le cui papille si acuiscono sempre più a contatto di conoscenze reinventate o degli innumerevoli melting pot culinari che conferiscono tanto dinamismo alla nostra gastronomia contemporanea?

Se si mangia bene presso tutte le tavole da noi consigliate, è anche vero che le nostre stelle ✿ – una, due o tre – pongono l'accento su quelle cucine particolarmente degne di nota, qualsiasi sia il loro stile: dalla più radicata nella tradizione alla creativa più esasperata… L'eccellenza dei prodotti, la maestria dello chef, l'originalità delle ricette, la qualità della prestazione durante tutto il pasto e nell'arco delle stagioni: ecco i presupposti che definiranno sempre – al di là dei generi e dei tipi di cucina – i migliori piatti e i più intriganti piaceri gourmet!
E poiché ci si può deliziare senza necessariamente spendere una fortuna, c'è – fedele compagno di indirizzi da condividere con amici o familiari – il famoso Bib Gourmand ⊛, ineguagliabile sostenitore della buona tavola a prezzi interessanti.

Come già ribadito, il nostro obiettivo è di essere attenti alle esigenze e desideri dei nostri lettori sia in termini di qualità che di budget. Inutile sottolineare che ci sta a cuore conoscere la vostra opinione sugli indirizzi selezionati al fine di arricchirli ulteriormente, per accompagnarvi sempre meglio sulla vostra strada… qualsiasi essa sia!

→ *Dear reader*

*T*his brand new edition of our guide contains even more information and great addresses. By making the guide more accessible, we honour our commitment, made over a century ago, to help our readers find the best places to stay and eat whilst on their travels.

All year, the Michelin inspectors have been focusing their efforts on finding top quality establishments – restaurants, hotels and guesthouses – across all categories of comfort and price.

Our palates get sharper and sharper as they come across ever-evolving cuisines and culinary crossovers that bring an extraordinary vitality to contemporary cooking.

You'll eat well in all of the places we recommend but our stars ❀ – one, two and three – mark out the most remarkable kitchens. Whatever the cooking or restaurant style – from the traditional to the innovative, the modest to the extravagant – we look for the same things: the quality of the produce; the expertise of the chef; the originality of the dishes; and consistency throughout the meal and across the seasons.

Since treating yourself doesn't have to be costly, you can rely on a faithful ally when it comes to sharing meals with family and friends: the Bib Gourmand 🔴, our award for good food at moderate prices.

John Smith/Fancy / Photononstop

We listen to our readers' needs and we truly value your opinions and recommendations so we can keep improving our selection and help you on your journeys... all of your journeys!

Indice

A. Leiva/age fotostock

P. Mayall/image BROKEN/age fotostock

F. Cogoli/Sime/Photononstop

Contents

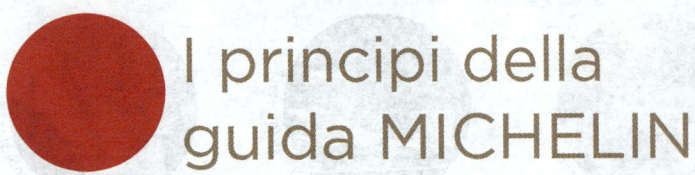

I principi della guida MICHELIN

L'esperienza al servizio della qualità

Che si trovi in Giappone, negli Stati Uniti, in Cina o in Europa, l'ispettore della guida MICHELIN rimane fedele ai criteri di valutazione della qualità di un ristorante o di un albergo, e applica le stesse regole durante le sue visite. Se la guida gode di una reputazione a livello mondiale è proprio grazie al continuo impegno nei confronti dei suoi lettori. Un impegno che noi vogliamo riaffermare, qui, con i nostri principi :

● LA VISITA ANONIMA

Prima regola d'oro, gli ispettori verificano - regolarmente e in maniera anonima - ristoranti e alberghi, per valutare concretamente il livello delle prestazioni offerte ai loro clienti. Pagano il conto e - solo in seguito - si presentano per ottenere altre informazioni. La corrispondenza con i lettori costituisce, inoltre, un ulteriore strumento per la realizzazione dei nostri itinerari di visita.

● L'INDIPENDENZA

Per mantenere un punto di vista obiettivo, nell'interesse del lettore, la selezione degli esercizi viene effettuata in assoluta indipendenza: l'inserimento in guida è totalmente gratuito. Le decisioni sono prese collegialmente dagli ispettori con il capo redattore e le distinzioni più importanti, discusse a livello europeo.

● LA SCELTA DEL MIGLIORE

Lungi dall'essere un semplice elenco d'indirizzi, la guida si concentra su una selezione dei migliori alberghi e ristoranti in tutte le categorie di confort e di prezzo. Una scelta che deriva dalla rigida applicazione dello stesso metodo da parte di tutti gli ispettori, indipendentemente dal paese.

● L'AGGIORNAMENTO ANNUALE

Tutte le classificazioni, distinzioni e consigli pratici sono rivisti ed aggiornati ogni anno per fornire le informazioni più affidabili.

● L'OMOGENEITÀ DELLA SELEZIONE

I criteri di classificazione sono identici per tutti i paesi interessati dalla guida Michelin. Ad ogni cultura la sua cucina, ma la qualità deve restare un principio universale…

IL NOSTRO SCOPO È, infatti, aiutarvi in ogni viaggio, affinché questo si compia sempre sotto il segno del piacere e della sicurezza. «L'aiuto alla mobilità»: è la missione che si è prefissata Michelin. ●

→ The MICHELIN guide's commitments

Experienced in quality

Whether it is in Japan, the USA, China or Europe our inspectors use the same criteria to judge the quality of the hotels and restaurants and use the same methods of visiting. The guide can only boast this worldwide reputation thanks to its commitment to the readers and we would like to stress these here.

→ **ANONYMOUS INSPECTION** • *Our inspectors make regular and anonymous visits to hotels and restaurants to gauge the quality of products and services offered to an ordinary customer. They settle their own bill and may then introduce themselves and ask for more information about the establishment. Our readers' comments are also a valuable source of information, which we can follow up with a visit of our own.*

→ **INDEPENDENCE** • *To remain totally objective for our readers, the selection is made with complete independence. Entry into the guide is free. All decisions are discussed with the Editor and our highest awards are considered at a European level.*

→ **THE BEST CHOICE** • *The guide offers a selection of the best hotels and restaurants in every category of comfort and price. This is only possible because all the inspectors rigorously apply the same methods.*

→ **ANNUAL UPDATES** • *All the practical information, classifications and awards are revised and updated every year to give the most reliable information possible.*

→ **CONSISTENCY** • *The criteria for the classifications are the same in every country covered by the MICHELIN guide.*

… **THE SOLE INTENTION OF MICHELIN** *is to make your travels both safe and enjoyable.*

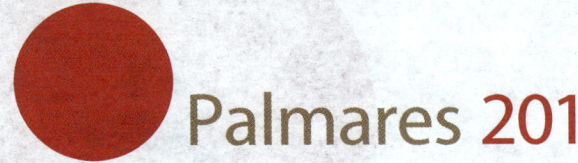

Palmares 2016

❀ Le nuove stelle...

❀ ❀

Mules	Gourmetstube Einhorn
Verona	Casa Perbellini

❀

Alessandria	I Due Buoi
Asiago	La Tana Gourmet
Barbarano Vicentino	Aqua Crua
Barletta	Bacco
Chiusdino	Meo Modo
Dolegna del Collio / Vencò	L'Argine di Vencò
Eolie (Isole) / Salina	Signum
Fagnano Olona	Acquerello
Firenze	Borgo San Jacopo
Grinzane Cavour	Marc Lantieri al Castello
Lamporecchio	Atman a Villa Rospigliosi
Linguaglossa	Shalai
Milano	Armani
Milano	Seta
Milano	Tokuyoshi
Naturno	Dolce Vita Stube
Norcia	Vespasia
Ostuni	Cielo
Roma	Enoteca al Parlamento Achilli
Salerno	Re Maurì
Sant'Agnello	Don Geppi
San Vito di Cadore	Aga
Selva di Val Gardena	Alpenroyal Gourmet
Valva	Osteria Arbustico
Venezia	Dopolavoro
Venezia	Oro Restaurant

... I nuovi Bib Gourmand

Aosta	Osteria da Nando
Bagnolo in Piano	Trattoria da Probo
Bologna	Danilo e Patrizia
Bra	Battaglino
Brione	La Madia
Brusson	Laghetto
Casalfiumanese	Valsellustra
Casier / Dosson	Alla Pasina
Castiglione del Lago	L'Acquario
Chienes	Gassenwirt
Ferentillo	Piermarini
Follonica	Il Sottomarino
Gambarie	L'Angolo del Gusto
Govone	Trattoria Pautassi
Manoppello / Manoppello Scalo	Trita Pepe
Moena	Agritur El Mas
Pianiga	Trattoria da Paeto
Poppi / Moggiona	Il Cedro
Sansepolcro	Fiorentino e Locanda del Giglio
Saracena	Osteria Porta del Vaglio
Tiriolo	Due Mari
Torino	Contesto Alimentare
Torino	Scannabue Caffè Restaurant
Trebaseleghe	Baracca-Storica Hostaria

Trovate tutte le stelle ed i Bib Gourmand 2016
alla fine della guida MICHELIN, pagina 1327.

Le Tavole stellate 2016

Il colore indica l'esercizio più stellato della località.

Roma ✳✳✳ La località possiede almeno un ristorante 3 stelle
Milano ✳✳ La località possiede almeno un ristorante 2 stelle
Caltagirone ✳ La località possiede almeno un ristorante 1 stella

Livigno
Bormio
Madesimo
Villa di Chiavenna
Mantello
Pellio Ambivere
Intelvi Almè
Pallanza Campione Bellagio
Fondotoce D'Italia Trescore Balnearic
Albavilla Castello Lecco
Orta San Giulio di Brianza Villa Chiuduno
Ranco Como d'Almè
Invorio Viganò Borgonato
Gignod **Soriso** Seregno **Brusaporto**
Courmayeur Gallarate **Cavenago** **Concesio**
Aosta Fagnano Olona di Brianza Castrezzato
Morgex Olgiate Olona Treviglio
Pollone San Pietro all'Olmo Cavernago Calvisano
Cogne Novara **Milano** Pralboino
Caluso **Runate**
San Maurizio Canavese Vercelli Vigevano Certosa di Pavia Polesine
Venaria Reale Piacenza Parmense
Rivoli Torino Borgonovo Val Tidone Carpaneto Soragna
Alessandria Piacentino
Tigliole Spinetta Marengo
Priocca d'Alba Isola d'Asti
Canale Canelli Acqui Terme
Alba Treiso Santo Stefano Belbo
Grinzane Cavour Benevello
Cervere Serralunga d'Alba
Fontanafredda La Morra
Arenzano
Millesimo
Ameglia
Bergeggi
Noli Forte dei Marm
Oneglia Cervo
San Remo Porto Maurizio
Arma di Taggia

Castelnuovo Berardenga

Fermo

Colle di Val d'Elsa

San Martino

Casole d'Elsa

Marina di Bibbona

Chiusdino

Chiusi

Ghirlanda

Seggiano

Fighine

Norcia

Trevinano

Saturnia

Baschi

Rivodutri

Montemerano

L'Aquila

Porto Ercole

Roma

Acuto

Fiumicino

Labico

Lido di Ostia

Ponza

Siddi

Le Tavole stellate 2016

Il colore indica l'esercizio più stellato della località.

Roma ✸✸✸ La località possiede almeno un ristorante 3 stelle

Milano ✸✸ La località possiede almeno un ristorante 2 stelle

Caltagirone ✸ La località possiede almeno un ristorante 1 stella

Pescara
Civitella Casanova
Guardiagrele
San Salvo Marina
Castel di Sangro

Barletta
Andria
Monopoli
Ostuni
Conversano
Carovigno
Ceglie Messapica

Vairano Patenora
Telese Terme
Vallesaccarda
Caserta
Brusciano
Sorbo
Serpico
Napoli
Mercato San Severino
Pompei
Ravello
Valva
Lacco
Salerno
Ameno
Quarto
Maiori
Eboli
Caggiano
Marina Equa
Amalfi
Paestum
Sant' Agnello
Positano
Sorrento
Vico Equense
Anacapri
Capri
Nerano
Sant' Agata
Termini
sui Due Golfi

Strongoli

Catanzaro

Vibo Valentia Marina
Salina
Marina Di Gioiosa Ionica
Vulcano

Mondello
Terrasini
Bagheria
Linguaglossa
Lido di Spisone
Taormina

Caltagirone
Licata
Ragusa

La cucina italiana, invito al viaggio

La guida MICHELIN vi invita alla scoperta della cucina più citata, amata e copiata, la cucina italiana! Come ogni anno abbiamo percorso lo Stivale in lungo ed in largo per selezionare i migliori ristoranti e presentarveli in questa edizione. Perché tutto è partito da qui, una sottile striscia di terra affacciata sul Mediterraneo, un mondo di diversità che dalle Alpi alla Sicilia è diventato la vetrina di un marchio gastronomico riconosciuto in tutto il mondo. Spaghetti, lasagne, risotto, pizza e tiramisù sono solo alcuni esempi di parole comprese ovunque, come accadde nel passato con la lirica o più recentemente con la moda. Il percorso è stato lungo, per anni il paese è rimasto prigioniero di cliché: si diceva che la nostra cucina era generosa e popolare, ma non paragonabile all'alta cucina, sofisticata ed infarcita di prodotti costosi ed elitari. Oggi siamo entrati nell'olimpo delle migliori tavole senza tradire la nostra identità, talvolta alleggerendo e rivisitando i nostri piatti, che sono tuttavia rimasti quelli di sempre, schietti, saporiti e sorretti da eccellenti prodotti.

FoodCollection/Photononstop

Ma c'è di più: col tempo abbiamo divulgato non solo ricette, ma anche un genere, una filosofia di cucina basata sul rispetto degli ingredienti e sulla valorizzazione del territorio, sul ritorno alla stagionalità dei prodotti e ad una cucina salutare in sintonia con tempi in cui mangiare bene vuol dire anche mangiare sano. Alla globalizzazione abbiamo opposto le tradizioni e il chilometro zero, alle importazioni i prodotti di nicchia. Infine, con l'olio d'oliva, le verdure, i cereali, i legumi e le erbe aromatiche abbiamo creato un mito, la dieta mediterranea, diventata patrimonio mondiale dell'umanità. La cucina della mamma è passata nelle mani di cuochi professionisti ed acclamati, la tecnica ha preso il posto dell'improvvisazione, la ricerca del piacere ha sostituito le abbuffate che esorcizzavano anni di fame e privazioni. La nostra cucina ha raggiunto vette mai viste, non si è mai mangiato così bene. L'adagio della lingua italiana è diventato più vero che mai: *abbiamo l'oro in bocca!*

J. Soriano / age fotostock

Le Specialità: territorio e tradizioni

Benché negli ultimi anni l'impronta creativa abbia avuto un certo sviluppo, la cucina italiana rimane fortemente ancorata alle tradizioni e i cuochi amano valorizzare i prodotti e le ricette del territorio, che in pochi paesi hanno un ruolo così centrale come nel nostro. Non sarà quindi difficile scoprire nei piatti odierni la variante gastronomica di un particolarismo storico e culturale che ha fatto dell'Italia il paese dei cento campanili e, per quanto ci riguarda, delle mille ricette. La cucina italiana non è quasi mai dissociata dal territorio, ne è una delle sue più significative espressioni e, se si vuole trovare il perché di un certo ingrediente o ricetta, è alla loro origine che bisogna andare a cercare.

Atlantide S.N.C./age fotostock

Pensiamo alla pasta: il grano tenero cresce al freddo e si sposa bene con le uova, da qui il tripudio di ravioli, tortelli ed ogni altro tipo di pasta gialla ripiena che troviamo nelle regioni del nord Italia.

S. Scatà / Photononstop

Il sud, invece, è il regno del grano duro che necessita di temperature più elevate per crescere; impastato con l'acqua, trafilato secondo la fantasia dei mastri pastai ed in passato essiccato sotto i miti cieli meridionali (un processo impensabile tra le nebbie del nord!), si trasforma in spaghetti e mille altri formati che sono diventati insieme alla pizza uno degli ambasciatori della cucina nazionale.

Anche il burro e l'olio hanno a lungo diviso il paese a metà: laddove il clima permette la crescita degli ulivi è nato il condimento principe della dieta mediterranea, temperature più rigide hanno rappresentato il voluttuoso rifugio del burro.

CARNE O PESCE?

Un paese così ricco di coste offre una straordinaria cucina marinara, ma, sempre in omaggio alle tradizioni e ad un tempo in cui il trasporto del pesce non era pratica diffusa, non dovrete stupirvi se, nell'entroterra, anche a pochi chilometri dal mare, troverete una cucina di terra e le uniche presenze ittiche siano pesci conservati nel sale, come le acciughe o il baccalà, oppure d'acqua dolce. Accade ad esempio sull'Appennino Ligure e nelle campagne pugliesi, ma persino sulle isole, come in Sardegna, la cui cucina è volentieri associata ad agnelli, pecore e maialini. Pesce o carne che sia, il rispetto del prodotto è sempre la parola d'ordine: semplici cotture alla griglia, al forno, al vapore e bolliti sono diffusi e apprezzati, per non parlare dell'amore per il crudo, dal pesce alle tartare e carpacci di carne.

M. Carassale / SIME/Sime/Photononstop

Esigenze storiche di conservazione della carne sono alla base della fioritura dei salumi, un altro fiore all'occhiello della gastronomia italiana. Prosciutti ed insaccati sono spesso preparati con carne di maiale, ma l'amore per il genere ne ha esteso la preparazione ad altri tipi di carne, dalla bresaola di manzo e cavallo ai salumi d'oca, nonché prosciutti d'agnello e selvaggina, per non parlare dell'affumicatura.

P. Carlsson/Johner/Photononstop

VERDURE, FORMAGGI E DOLCI!

Pesci e carni hanno tuttavia rappresentato per molti italiani delle occasionali parentesi di festa durante secoli di stenti e privazioni, che si è cercato di mascherare ricorrendo a verdure, legumi e cereali. Per uno strano scherzo del destino, la necessità di un tempo si è tramutata nell'odierna moda salutistica: oggi celebriamo le virtù dei piatti vegetariani e la cucina italiana – che vi arriva preparata da secoli di rodaggio – vi contribuisce con un inesauribile ventaglio di proposte.

L'amore degli italiani per i formaggi è noto a tutti, tanti sono i tentativi d'imitazione all'estero. Dalla Valle d'Aosta alla Sicilia, non c'è regione che non abbia le sue tipicità. C'è di più: il loro utilizzo non è confinato alla fine del pasto, ma rientra a pieno titolo nella preparazione di tanti piatti; il matrimonio con la pasta, per fare solo un esempio, è leggendario.

Il legame con la tradizione coinvolge anche i dolci, spesso associati a festività religiose. Pastiere e cassate sono due esempi eloquenti: nate in occasioni di specifiche ricorrenze, oggi sono tracimate dai confini che il calendario imponeva loro e vengono preparate tutto l'anno. Una parola infine per il gelato: inizialmente nato come genere "da passeggio", oggi non manca mai nelle tavole dei migliori ristoranti ed è a volte proposto persino in gusti e piatti salati.

Ora non resta che gettarsi in questo immenso e favoloso patrimonio che custodiamo come un tesoro nazionale, ma che non cessa di mutare e trasformarsi alimentando il mito della cucina italiana.

I vini d'Italia :
il sapore del sole

L'Italia è un paese straordinariamente vocato alla produzione vinicola, se per secoli tanta ricchezza territoriale è stata poco o male sfruttata, da alcuni decenni la sapiente ricerca di qualità ha permesso ai vini nazionali di divenire Grandi Vini, perché se è vero che grande importanza hanno la qualità e le caratteristiche del vitigno, altrettanto peso hanno la giusta scelta geografica e climatica e allo stesso modo il "lavoro in vigna ed in cantina" su cui il paese si è concentrato crescendo sino ai livelli attuali.

L'eccellente potenzialità del territorio italiano, d'altra parte, è testimoniata dall'esistenza di oltre 300 varietà di vitigni coltivati nelle situazioni più disparate, vicino al mare piuttosto che ai piedi delle montagne, nelle isole del profondo sud, ma anche tra le morbide sinuosità delle colline, ognuna di queste varietà è capace di produrre uve di tipo diverso e, quindi, vini -autoctoni piuttosto che di taglio più internazionale- dalle caratteristiche proprie.

Le grandi annate dal 1970 al 1997 :
→ The greatest vintages since 1970

| 1970 | 1971 | 1974 | 1978 | 1980 | 1982 |
| 1983 | 1985 | 1988 | 1990 | 1995 | 1997 |

Vitigni italiani diffusi e conosciuti in tutto il mondo sono il Sangiovese, il Trebbiano il Barbera o il Nebbiolo.

Questa grandissima varietà di tipologie è uguagliata forse soltanto dall'ampio ventaglio di prodotti alimentari e tipicità regionali che formano le importanti diversità dello stivale e che permettono abbinamenti col vino interessanti quando non addirittura emozionanti: lasciamo ai ristoratori il piacere di illustrarvene i dettagli e, soprattutto, al vostro palato la curiosità di scoprirli.

Anche perché, in fondo, cosa accompagna meglio un piatto italiano se non un grande vino italiano?

→ *Italian wines:*
the flavour of the sun

Italy has an extraordinary inclination for the production of wine, although for centuries the country's rich resources had been used badly or hardly at all. However, over the last few decades, skilful striving for quality has meant that Italian wines have become "Grandi Vini" (Premium wines), because whereas it is true that the quality and characteristics of the vines are of great importance, the right geographic and climatic choice carries the same weight, as does the "work done in the vineyard and in the cellar". The country has concentrated on this, thereby increasing to current levels of growth.

The excellent potential of the Italian terrain is borne out by the existence of more than 300 varieties of vines cultivated in very different situations, by the sea and at the foot of the mountains, on southernmost islands, but also

Scegliere un buon vino

→ *Choosing a good wine*

	1999	2000	2001	2002	2003	2004	2005	2006	2007	2008	2009	2010	2011	2012	2013
Barbaresco															
Barolo															
Valtellina															
Franciacorta															
Amarone															
Trento															
Alto Adige															
Collio / Colli Orientali del Friuli															
Chianti Classico															
Brunello di Montalcino															
Montepulciano D'Abruzzo															
Verdicchio dei Castelli di Jesi															
Taurasi															
Etna															

Grandi annate
→ Great years

Buone annate
→ Good years

Annate corrette
→ Average years

nestling amongst the soft undulations of the hills: each of these varieties is able to produce grapes that are different in type and, therefore, wines with their own characteristics – autochthonous rather than "international". Italian varieties which are well known and found all over the world are Sangiovese, Trebbiano, Barbera and Nebbiolo.

This huge variety of types can only perhaps be equalled by the wide range of food products and typical regional produce to be found in Italy, which, when accompanied by wine, form combinations that are interesting and sometimes enthralling: we shall let restaurateurs have the pleasure of illustrating the details and shall also allow your palate the delight of discovering them.

After all, what better than a wonderful Italian wine to accompany an Italian dish?

Vini e Specialità regionali

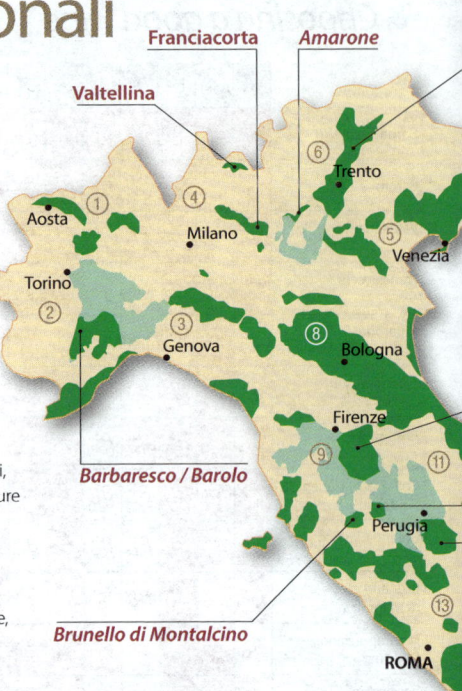

Franciacorta

Amarone

Valtellina

Trento

Venezia

Aosta

Milano

Torino

Genova

Bologna

Firenze

Perugia

Barbaresco / Barolo

Brunello di Montalcino

ROMA

Cagliari

① Valle d'Aosta :

Carbonada, Fonduta alla valdostana

② Piemonte :

Peperone farcito, bagna càöda, Ravioli del plin, Vitello tonnato, Tajarin con tartufo bianco d'Alba, Brasato al Barolo, Bonèt

③ Liguria :

Trofie al pesto, Pansotti con salsa di noci, Cappon magro, Coniglio arrosto alla ligure

④ Lombardia :

Risotto allo zafferano, Tortelli di zucca, Casônsèi, Pizzoccheri alla valtellinese, Cotoletta alla milanese, Pesce in carpione, Casoeûla, panettone

⑤ Veneto :

Risotto alla marinara, Bigoli in salsa, Pasta e fagioli, Baccalà alla vicentina, Sarde in saòr, Fegato alla veneziana

⑥ Trentino alto Adige :

Canéderli, Capriolo con salsa ai frutti di bosco, Stinco di maiale con crauti, Strudel

⑦ Friuli Venezia Giulia :

Zuppa d'orzo, Cialzóns

⑧ Emilia Romagna :

Pisari e fasò, Lasagne, Tagliatelle con ragù alla bolognese, Tortellini in brodo, Fritto misto di pesce, Bollito misto, Zuppa Inglese

⑨ Toscana :

Pappa al pomodoro, Pappardelle con la lepre, Ribollita, Triglie alla livornese, Caciucco, Costata alla fiorentina, Cantucci

⑩ **Umbria :**

Stringozzi al tartufo nero di Norcia,
Zuppa di lenticchie, Trota alla griglia,
Piccione allo spiedo

⑪ **Marche :**

Olive all'ascolana, Stoccafisso in potacchio,
Brodetto, Coniglio in porchetta

⑫ **Abruzzo-Molise :**

Maccheroni alla chitarra, Agnello
allo zafferano, Pecora bollita

⑬ **Lazio :**

Bucatini alla amatriciana, Spaghetti
alla carbonara, Carciofi alla romana,
Coda alla vaccinara, Trippa alla romana

⑭ **Campania :**

Paccheri con ragù alla napoletana, Zite
con ragù alla genovese, Pizze e calzoni,
Sartù di riso, Polpo affogato, Sfogliatelle,
Babà, Pastiera

⑮ **Puglia :**

Frutti di mare crudi, Orecchiette con cime
di rapa, Minestra di fave e cicoria, Agnello
al forno, Seppie ripiene

⑯ **Basilicata :**

Pasta e ceci, Baccalà alla lucana,
Maiale con peperonata

⑰ **Calabria :**

Pasta con sardella, Baccalà alla calabrese,
Cinghiale in umido

⑱ **Sardegna :**

Gnocchetti sardi allo zafferano,
Aragosta bollita, Maialino alla brace,
Seadas

⑲ **Sicilia :**

Pasta con le sarde, Pasta alla Norma,
Cous-cous alla trapanese, Involtini
di pesce spada, Cannoli, Cassata

Alto Adige / Trento

Collio / Colli Orientali del Friuli

Chianti Classico

Verdicchio dei Castelli di Jesi

Nobile di Montepulciano

Sagrantino di Montefalco

Montelpulciano d'Abruzzo

Taurasi

Etna

Trieste · ⑦

Ancona ·

L'Aquila · ⑩

⑫

Campobasso

Napoli · ⑭ ⑮ · Bari

· Potenza ⑯

⑰

Catanzaro ·

Palermo ·

⑲

Come leggere la guida

ANZOLA DELL'EMILIA
Bologna (BO) – Carta stradale Michelin 562–

AOSTA (AOSTE)
(AO) – ⊠ 11100 – 34 270 ab. – Alt. 583 m –
▶ Roma 746 km – Chambéry 197 km – G
Carta stradale Michelin 561-E3 – Guida Ve

GLI ALBERGHI

Da 🏨 a 🏠:
categorie di confort.
🏨 : forme alternative di ospitalità.
I più piacevoli: in rosso.

Marinella
via San Giocondo 33 – ☎ 0165 23 45
–www.hotelmarinella.com– 15 di
42 cam ⊿ – ♦ 60/95 € ♦♦ 85/130 €
In pieno centro storico, confortevol
colonne, parquet e arredi di sobria
raffinata sala da pranzo con soppa

I RISTORANTI

Da 🍴🍴🍴🍴🍴 a 🍴: categorie di
confort.
I più piacevoli: in rosso.

Cavallino
via Torino 12 – ☎ 0165 33 57 57 –
– chiuso giugno, dal 2 al 7 nove
Menu 32 € – Carta 65/85 € – (se
L'ingresso sontuoso introduce d
con tavoli spaziati; tocco toscan
➔ Gelato al gorgonzola con se
all'amaretto con salsa di lamp

LE TAVOLE STELLATE

❀❀❀ Merita il viaggio.
❀❀ Merita la deviazione.
❀ Merita la tappa.

a Sarre Ovest : 7 km – ⊠ 11010

La Villa
via Ponte Suaz 26 – ☎ 0165
– chiuso dal 2 novembre al
36 cam – ♦ 60/70 € ♦♦ 70/8
Tipica atmosfera di monta
ospitale albergo ad andam
e i colori ambrati sono gli e

NUOVO ESERCIZIO ISCRITTO

BIB GOURMAND

Il nostro migliore rapporto qualità-
prezzo.

Riviera
località Porossan Roppo:
– www.riviera-tiscali.co
Menu 21 € – Carta 53/7:
Locale recentemente ri:
ambienti, e la cucina of

La Vecchia Marin
via Tourneuve 25 – ☎ 0
Menu 28 € – Carta 32
Trentennale conduzi
rustico; buona cucina

INFORMAZIONI PRATICHE SULLE LOCALITÀ

Posizione della località sulla carta regionale a inizio guida (n° della carta e coordinate), distanza dalle città di riferimento, riferimento alla carta ed alla Guida Verde Michelin in cui figura la località...

LOCALIZZARE L'ESERCIZIO

Localizzazione sulla pianta di città (coordinate e indice).

DESCRIZIONE DELL'ESERCIZIO

Atmosfera, stile, carattere e specialità.

INSTALLAZIONI E SERVIZI

PREZZI

◆ Vedere Bologna

regionale n° **22** S4
e 139 km – Milano 184 km
Michelin ITALIA

Pianta : AU**d**

e-15 aprile e 15 giugno
suites 170/240 € – ½ P 150 €
go con accogliente soggiorno in stile: bianche
nza; camere ben tenute. Graziosi tavolini nella
grandi vetrate.

Pianta : CY**a**

.ristorantecavallino.com
domenica e lunedì
sera)
nente in un'ampia, luminosa sala di tono elegante
una cucina ricca di tradizione e d'inventiva. Pesca ripiena
aceto balsamico e grissini alle noci.

780 m

Pianta : BF**n**

78 – www.lavilladaoste.com
nbre, lunedì e mercoledì sera
27 €
una bella cornice di boschi di faggio, per un piccolo e
amiliare a pochi metri dagli impianti di risalita. Il legno
nti che predominano in tutta la casa.

Pianta : BU**g**

℘ 0165 35 98 64
iuso domenica sera e lunedì a mezzogiorno
rato nella sua interezza. Calda atmosfera nei romantici
tti di una certa raffinatezza legati alla tradizione locale.

Pianta : CS**e**

65 11 – chiuso domenica sera e lunedì
miliare e cordiale disponibilità in un piacevole ambiente
piatti di tradizione toscana e tipici della casa.

23

Categorie
e simboli distintivi

LE CATEGORIE DI CONFORT

Nella selezione della guida MICHELIN vengono segnalati i migliori indirizzi per ogni categoria di confort e di prezzo. Gli esercizi selezionati sono classificati in base al confort che offrono e vengono citati in ordine di preferenza per ogni categoria.

🏨	XXXXX	Gran lusso e tradizione
🏨	XXXX	Gran confort
🏨	XXX	Molto confortevole
🏠	XX	Di buon confort
🏠	X	Abbastanza confortevole
🏡		Forme alternative di ospitalità

IL ROSSO: I NOSTRI INDIRIZZI PIÙ BELLI

Charme, carattere, un supplemento d'anima: il rosso indica gli esercizi particolarmente ameni. Questo per le caratteristiche dell'edificio, le decorazioni non comuni, la sua posizione ed il servizio offerto.

🏠 a 🏨		**Alberghi ameni**
🏡		**Forme alternative di ospitalità amene**
X a XXXXX		**Ristoranti ameni**

LE SEGNALAZIONI PARTICOLARI

Oltre alle distinzioni conferite agli esercizi, gli ispettori Michelin apprezzano altri criteri spesso importanti nella scelta di un esercizio.

POSIZIONE

Cercate un esercizio tranquillo o che offre una vista piacevole?
Seguite i simboli seguenti :

🌿	**Risorsa tranquilla**
⩙	**Vista interessante**

CARTA DEI VINI

Cercate un ristorante la cui carta dei vini offra una scelta particolarmente interessante? Seguite il simbolo seguente:

🍇   **Carta dei vini particolarmente interessante**
Attenzione a non confrontare la carta presentata da un sommelier in un grande ristorante con quella di una trattoria dove il proprietario ha una grande passione per i vini della regione.

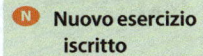

N Nuovo esercizio
iscritto

I SIMBOLI DISTINTIVI

Per aiutarvi ad effettuare la scelta migliore, segnaliamo gli esercizi che si distinguono in modo particolare. Questi ristoranti sono evidenziati nel testo con ✿ e 😋.

LE MIGLIORI TAVOLE

Le stelle distinguono gli esercizi che propongono la miglior qualità in campo gastronomico, indipendentemente dagli stili di cucina. I criteri presi in considerazione sono: la scelta dei prodotti, la personalità della cucina, la padronanza delle tecniche di cottura e dei sapori, il rapporto qualità/prezzo, nonché la regolarità.

Ogni ristorante contraddistinto dalla stella è accompagnato da tre specialità rappresentative della propria cucina. Succede, talvolta, che queste non possano essere servite: tutto ciò concorre, però, a vantaggio di altre gustose ricette ispirate alla stagione.

✿✿✿ **Tre stelle Michelin: una cucina unica. Merita il viaggio!**
La cifra di un grandissimo chef! Prodotti d'eccezione, purezza e potenza dei sapori, equilibrio delle composizioni: la cucina qui assurge al rango d'arte. I piatti, perfettamente realizzati, si ergono spesso a classici. Merita il viaggio!

✿✿ **Due stelle Michelin: una cucina eccellente. Merita la deviazione!**
I migliori prodotti esaltati dalla competenza e dall'ispirazione di uno chef di talento che « firma » con la sua squadra piatti eterei ed evocatori, talvolta molto originali. Merita la deviazione!

✿ **Una stella Michelin: una cucina di grande qualità. Merita la tappa!**
Prodotti di prima qualità, finezza nelle preparazioni, sapori distinti, costanza nella realizzazione dei piatti. Merita la tappa!

BIB GOURMAND:
IL NOSTRO MIGLIORE RAPPORTO QUALITÀ-PREZZO

😋 Piacevole esperienza gastronomica a meno di 30 € (35 € nelle città capoluogo e turistiche importanti): buoni prodotti ben valorizzati, un conto ragionevole, una cucina con un eccellente rapporto qualità/prezzo.

Consultate la guida MICHELIN su:
www.ViaMichelin.it
e scriveteci a: **laguidamichelin-italia@it.michelin.com**

Installazioni e servizi

⚓	Servizio di ristorazione nell'hotel
⇐	Ristorante con camere
⬍	Ascensore
A/C	Aria condizionata
♿	Esercizio accessibile in parte alle persone con difficoltà motorie
🧒	Attrezzatura per accoglienza e ricreazione dei bambini
⛺	Pasti serviti in giardino o in terrazza
Spa	Wellness centre: centro attrezzato per il benessere ed il relax
♨	Sauna
🏋	Palestra
⛱ ⊡	Piscina: all'aperto, coperta
⛲	Parco o giardino
⛵	Spiaggia attrezzata
🎾	Campo da tennis
⛳	Golf
🧗	Sale per conferenze
♨	Sale private
🚗	Garage nell'albergo (generalmente a pagamento)
P	Parcheggio riservato alla clientela
🐕	Accesso vietato ai cani
🚫	Carte di credito non accettate
M	Per le città di Roma, Milano, Napoli e Torino: stazione della metropolitana più vicina
20 aprile-5 ottobre	Periodo di apertura (o chiusura), comunicato dal proprietario

26

Prezzi

LA CAPARRA

Alcuni albergatori chiedono il versamento di una caparra. Si tratta di un deposito-garanzia che impegna sia l'albergatore che il cliente. Chiedete di fornirvi nella lettera di conferma ogni dettaglio sulla prenotazione e sulle condizioni di soggiorno.

CAMERE

50/60 €		Prezzo minimo/massimo per una camera singola
80/100 €		Prezzo minimo/massimo per una camera per due persone
cam ☕ - 60/70 €		Prezzo della camera compresa la prima colazione
☕ 18 €		Prezzo della prima colazione (se non inclusa)
		(supplemento eventuale se servita in camera)

SOLO MEZZA PENSIONE

solo ½ P 77/120 € Prezzo minimo/massimo della mezza pensione (camera, prima colazione e un pasto) per persona.

I prezzi indicati corrispondono ad una stanza occupata da due persone; all'uso singolo potrà vedersi applicato un supplemento. La maggior parte degli alberghi pratica anche la pensione completa.

RISTORANTE

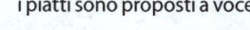 Esercizio che offre un pasto semplice a meno di 25 €

Menu 15/25 € **Menu a prezzo fisso:**
(pasto composto da: primo, piatto del giorno e dessert)
Minimo 15 €, massimo 25 €

Carta 30/46 € **Pasto carta:**
Pasto alla carta bevanda esclusa. Il primo prezzo corrisponde ad un pasto semplice comprendente: primo, piatto del giorno e dessert. Il secondo prezzo corrisponde ad un pasto più completo (con specialità) comprendente: antipasto, primo, piatto del giorno, formaggio o dessert.
Talvolta i ristoranti non dispongono di un menu scritto ed i piatti sono proposti a voce.

Informazioni sulle località

✉ 20120	Codice di avviamento postale
Piacenza (PC)	Provincia e sigla alla quale la località appartiene
108 872 ab	Popolazione residente
alt. 175	Altitudine
Nord, Sud, Est, Ovest	Il luogo si trova a Nord, a Sud, a Est, a Ovest della località

Legenda delle piante

- ● Alberghi
- ● Ristoranti

CURIOSITÀ

Edificio interessante

Costruzione religiosa interessante

VIABILITÀ

Autostrada, doppia carreggiata tipo autostrada

❶ ❶ Numero dello svincolo

Grande via di circolazione

Via regolamentata o impraticabile

Via pedonale • Tranvia

P Parcheggio • Relay Parking

Galleria

Stazione e ferrovia

Funicolare

Funivia, Cabinova

Zona a traffico limitato (Italia)

SIMBOLI VARI

Ufficio informazioni turistiche

 Moschea • Sinagoga

 Torre • Ruderi • Mulino a vento

 Giardino, parco, bosco • Cimitero

 Stadio • Golf • Ippodromo

 Piscina (all'aperto o coperta)

 Vista • Panorama

 Monumento • Fontana • Faro

 Porto turistico • Autostazione

 Aeroporto • Stazione della Metropolitana

Trasporto con traghetto:
passeggeri ed autovetture • passeggeri solo

Ufficio postale centrale

 Ospedale • Mercato coperto

Carabinieri • Polizia (Questura, nelle grandi città)

 Municipio • Università

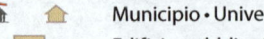 Edificio pubblico indicato con lettera:

M T P   Museo • Teatro • Prefettura

Town plan key

● Hotels
● Restaurants

SIGHTS

Place of interest
Interesting place of worship

ROADS

Motorway · Dual carriageway
Numbered junctions: complete · limited
Major thoroughfare
Unsuitable for traffic
Pedestrian street · Tramway
Car park · Park and Ride
Tunnel
Station and railway
Funicular
Cable-car
Street subject to restrictions

VARIOUS SIGNS

Tourist Information Centre
Mosque · Synagogue
Tower · Ruins · Windmill
Garden, park, wood · Cemetery
Stadium · Golf course · Racecourse
Outdoor or indoor swimming pool
View · Panorama
Monument · Fountain · Lighthouse
Pleasure boat harbour · Coach station
Airport · Underground station
Ferry services:
passengers and cars · passengers only
Main post office
Hospital · Covered market
Police (in large towns, police headquarters)
Town Hall · University, college

Public buildings located by letter:
M   T   P   Museum · Theatre · Prefecture

29

How to use this guide

Consult the MICHELIN guide at: www.ViaMichelin.it
and write to us at: laguidamichelin-italia@it.michelin.com

HOTELS

From 🏨 to 🏠:
categories of comfort.
The most pleasant: in red.

RESTAURANTS

From XXXXX to X: five
categories of comfort
The most pleasant: in red.

STARS

❀❀❀ Worth a special journey.
❀❀ Worth a detour.
❀ A very good restaurant.

NEW ESTABLISHMENT
IN THE GUIDE

😊 BIB GOURMAND

Good food at moderate price.

ANZOLA DELL'EMILIA
Bologna (BO) – Carta stradale Michelin 562-J15 →

AOSTA (AOSTE)
(AO) – ⌧ 11100 – 34 270 ab. – Alt. 583 m – Carta
▶ Roma 746 km – Chambéry 197 km – Genève
Carta stradale Michelin 561-E3 – Guida Verde

🏨 **Marinella**
via San Giocondo 33 – ℰ 0165 23 45 45
–www.hotelmarinella.com– 15 dicemb
42 cam ⌧ – ♦60/95 € ♦♦85/130 € – 17
In pieno centro storico, confortevole alb
colonne, parquet e arredi di sobria eleg
raffinata sala da pranzo con soppalco

XXX **Cavallino**
❀ via Torino 12 – ℰ 0165 33 57 57 – ww
– chiuso giugno, dal 2 al 7 novembi
Menu 32 € – Carta 65/85 € – (solo
L'ingresso sontuoso introduce deg
con tavoli spaziati; tocco toscana p
→ Gelato al gorgonzola con seda
all'amaretto con salsa di lamponi

a Sarre Ovest : 7 km – ⌧ 11010 –

🏨 **La Villa** ⓝ
via Ponte Suaz 26 – ℰ 0165 23
– chiuso dal 2 novembre al 6
36 cam – ♦60/70 € ♦♦70/85
Tipica atmosfera di montagi
ospitale albergo ad andame
e i colori ambrati sono gli e

XX **Riviera**
😊 località Porossan Roppoz
– www.riviera-tiscali.cor
Menu 21 € – Carta 53/7
Locale recentemente ri
ambienti, e la cucina of

XX **La Vecchia Mari**
via Tourneuve 25 – ℰ 0
Menu 28 € – Carta 3
Trentennale conduz
buona cucir

PRACTICAL INFORMATION

Distances from the main towns; locate the
town on the regional map (map number and
coordinates); references for the Michelin road
map which covers the area.

LOCATING
THE ESTABLISHMENT

Located on the town plan (coordinates
and letters giving the location).

FACILITIES
AND SERVICES

DESCRIPTION OF
THE ESTABLISHMENT

Atmosphere, style,
character and specialities.

PRICES

e Bologna

nale n° **22** S4
km – Milano 184 km
in ITALIA

Pianta : AU**d**

prile e 15 giugno
170/240 € – ½ P 150 €
n accogliente soggiorno in stile: bianche
amere ben tenute. Graziosi tavolini nella
di vetrate.

Pianta : CY**a**

rantecavallino.com
enica e lunedì

e in un'ampia, luminosa sala di tono elegante
cucina ricca di tradizione e d'inventiva.
to balsamico e grissini alle noci. Pesca ripiena

m

Pianta : BF**n**

– www.lavilladaoste.com
re, lunedì mercoledì sera

a bella cornice di boschi di faggio, per un piccolo e
iliare a pochi metri dagli impianti di risalita. Il legno
che predominano in tutta la casa.

Pianta : BU**g**

0165 35 98 64
uso domenica sera e lunedì a mezzogiorno

ato nella sua interezza. Calda atmosfera nei romantici
ti di una certa raffinatezza legati alla tradizione locale.

Pianta : CS**e**

55 11 – chiuso domenica sera e lunedì

miliare e cordiale disponibilità in un piacevole ambiente
iatti di tradizione toscana e tipici della casa.

Classification & awards

CATEGORIES OF COMFORT

The MICHELIN guide selection lists the best hotels and restaurants in each category of comfort and price. The establishments we choose are classified according to their levels of comfort and, within each category, are listed in order of preference.

命命命命	ⅩⅩⅩⅩⅩ	Luxury in the traditional style
命命命	ⅩⅩⅩⅩ	Top class comfort
命命	ⅩⅩⅩ	Very comfortable
命	ⅩⅩ	Comfortable
命	Ⅹ	Quite comfortable
命		Other type of accommodation

RED: OUR MOST DELIGHTFUL PLACES

Charming, characterful establishments offering something a little special. Symbols shown in red indicate particularly pleasant or restful establishments: the character of the building, its décor, the setting, the welcome and services offered may all contribute to this special appeal.

命 to 命命命, 命		**Pleasant accommodations**
Ⅹ to ⅩⅩⅩⅩⅩ		**Pleasant restaurants**

OTHER SPECIAL FEATURES

As well as the categories and awards given to the establishment, Michelin inspectors also make special note of other criteria which can be important when choosing an establishment.

LOCATION

If you are looking for a particularly restful establishment, or one with a special view, look out for the following symbols:

🕊	**Peaceful establishment**
≼	**Great view**

WINE LIST

If you are looking for an establishment with a particularly interesting wine list, look out for the following symbol:

🍇	**Particularly interesting wine list**

This symbol might cover the list presented by a sommelier in a luxury restaurant or that of a simple inn where the owner has a passion for wine. The two lists will offer something exceptional but very different, so beware of comparing them by each other's standards.

THE AWARDS

To help you make the best choice, some exceptional establishments have been given an award in this year's Guide. They are marked ✿ and ⊛.

THE BEST CUISINE

Michelin stars are awarded to establishments serving cuisine, of whatever style, which is of the highest quality. The cuisine is judged on the quality of ingredients, the skill in their preparation, the combination of flavours, the levels of creativity, the value for money and the consistency of culinary standards.

For every restaurant awarded a star we include 3 specialities that are typical of their cooking style. These specific dishes may not always be available.

✿✿✿ **Three Stars: Exceptional cuisine, worth a special journey!**
Our highest award is given for the superlative cooking of chefs at the peak of their profession. The ingredients are exemplary, the cooking is elevated to an art form and their dishes are often destined to become classics.

✿✿ **Two Stars: Excellent cooking, worth a detour!**
The personality and talent of the chef and their team is evident in the expertly crafted dishes, which are refined, inspired and sometimes original.

✿ **High quality cooking, worth a stop!**
Using top quality ingredients, dishes with distinct flavours are carefully prepared to a consistently high standard.

BIB GOURMAND: GOOD QUALITY, GOOD VALUE COOKING

⊛ 'Bibs' are awarded for simple yet skilful cooking for under €30 (€35 in a main city or important tourist destination). Price of a meal, not including drinks.

New establishment in the guide

Facilities & services

𝔛	Hotel with restaurant
⇐	Restaurant with rooms
⬍	Lift (elevator)
A/C	Air conditioning
♿	Wheelchair access
👫	Special facilities for children
🏠	Meals served in garden or on terrace
Spa	Wellness centre
≋	Sauna
🏋	Exercise room
⚓ 🏊	Swimming pool: outdoor or indoor
🪑	Garden or park
⚓	Beach with bathing facilities
✂	Tennis court
▶	Golf course
🧑	Equipped conference room
✿	Private dining rooms
🚗	Hotel garage (additional charge in most cases)
P	Car park for customers only
🐕	No dog allowed
💳	Credit cards not accepted
Ⓜ	Nearest metro station in Rome, Milan, Naples and Turin
20 aprile-5 ottobre	Dates when open (or closed), as indicated by the hotelier

Prices

DEPOSITS
Some hotels will require a deposit, which confirms the commitment of customer and hotelier alike. Make sure the terms of the agreement are clear.

ROOMS
50/60€	Lowest/highest price for a single room
80/100€	Lowest/highest price for a double room
cam ⌣ - 60/70€	Price includes breakfast
⌣ 18€	Price of continental breakfast if not included
	(additional charge may apply when served in the bedroom)

ONLY HALF BOARD
Only ½ P 77/120€ Lowest/highest half-board price (room, breakfast and a meal) per person. These prices are valid for a double room occupied by two people. A single person may have to pay a supplement. Most of the hotels also offer full board terms on request.

RESTAURANT
🍝	Establishment serving a simple meal for less than €25.
Menu 15/25€	**Set meals:** lowest €15 and highest €25
Carta 30/46€	**A la carte meals:** The first figure is for a plain meal and includes entrée, main dish of the day with vegetables and dessert. The second figure is for a fuller meal (with "spécialité") and includes hors d'œuvre, 2 main courses, cheese or dessert. When the establishment has neither table d'hôte nor "à la carte" menus, the dishes of the day are given verbally.

Information on localities

✉ **20120**	Postal number
Piacenza (PC)	Province and abbreviation in which a town is situated
108 872 ab	Population
alt. 175 m	Altitude (in metres)
Nord, Sud, Est, Ovest	The tourist sight lies north, south, east or west of the town

LA LOCALITÀ POSSIEDE COME MINIMO...

- un albergo o un ristorante
- ✿ un ristorante « stellato »
-  un ristorante « Bib Gourmand »
- ⚔⚔ un ristorante molto piacevole
- 🏠 una risorsa di ospitalità particolarmente piacevole

→ PLACE WITH AT LEAST...

- one hotel or a restaurant
- ✿ one starred restaurant
- one Bib Gourmand restaurant
- ⚔⚔ one particularly pleasant restaurant
- 🏠 one particularly pleasant hotel or guesthouse

L'Italia in 25 carte

Carte regionali delle località citate

→ *Regional maps*

Regional maps of listed towns

Italia

Basilicata

2

Melfi

Venosa

Rionero in Vulture

Picerno

Potenza

Castelmezzano

CAMPANIA
(piante **4**)

Brienza

Lagonegro

Lauria

Trecchina

Acquafredda

Maratea

Fiumicello Santa Venere

Località con almeno:

● una possibilità di alloggio
o un ristorante

❄ una tavola stellata

🍽 un ristorante "Bib Gourmand"

✗ un ristorante ameno

🏠 un albergo o forma alternativa
di ospitalità particolarmente
piacevole

Calabria ③

BASILICATA
(piante ②)

Golfo di Taranto

Amendolara

Scalea
Morano Calabro   Castrovillari
Saracena
Altomonte
Cirella
Sangineto Lido
Cittadella del Capo   Acri   Rossano Stazione
Terme Luigiane   Cirò Marina
Camigliatello Silano
Cosenza   Strongoli
Crotone
Belmonte Calabro   Isola di Capo Rizzuto
Amantea   Soveria Mannelli
Nocera Terinese
Falerna   Pianopoli   Tiriolo
Lamezia Terme   Sellia Marina
Gizzeria Lido   Catanzaro
Golfo di S. Eufemia   *Golfo di Squillace*

Pizzo
Vibo Valentia Marina   Soverato
Zambrone
Tropea   Vibo Valentia
Filandari
Mesiano   Mileto
Riace

Cittanova   Marina di Gioiosa Ionica   Roccella Ionica
Palmi
Bagnara Calabra   Gerace   Siderno
Santa Trada di Cannitello
Scilla   *MARE IONIO*
Villa San Giovanni
Messina   Gambarie
SICILIA (piante ⑰)   Reggio di Calabria

Località con almeno:
• una possibilità di alloggio o un ristorante
❀ una tavola stellata
🏠 un ristorante "Bib Gourmand"
✕ un ristorante ameno
🏠 un albergo o forma alternativa di ospitalità particolarmente piacevole

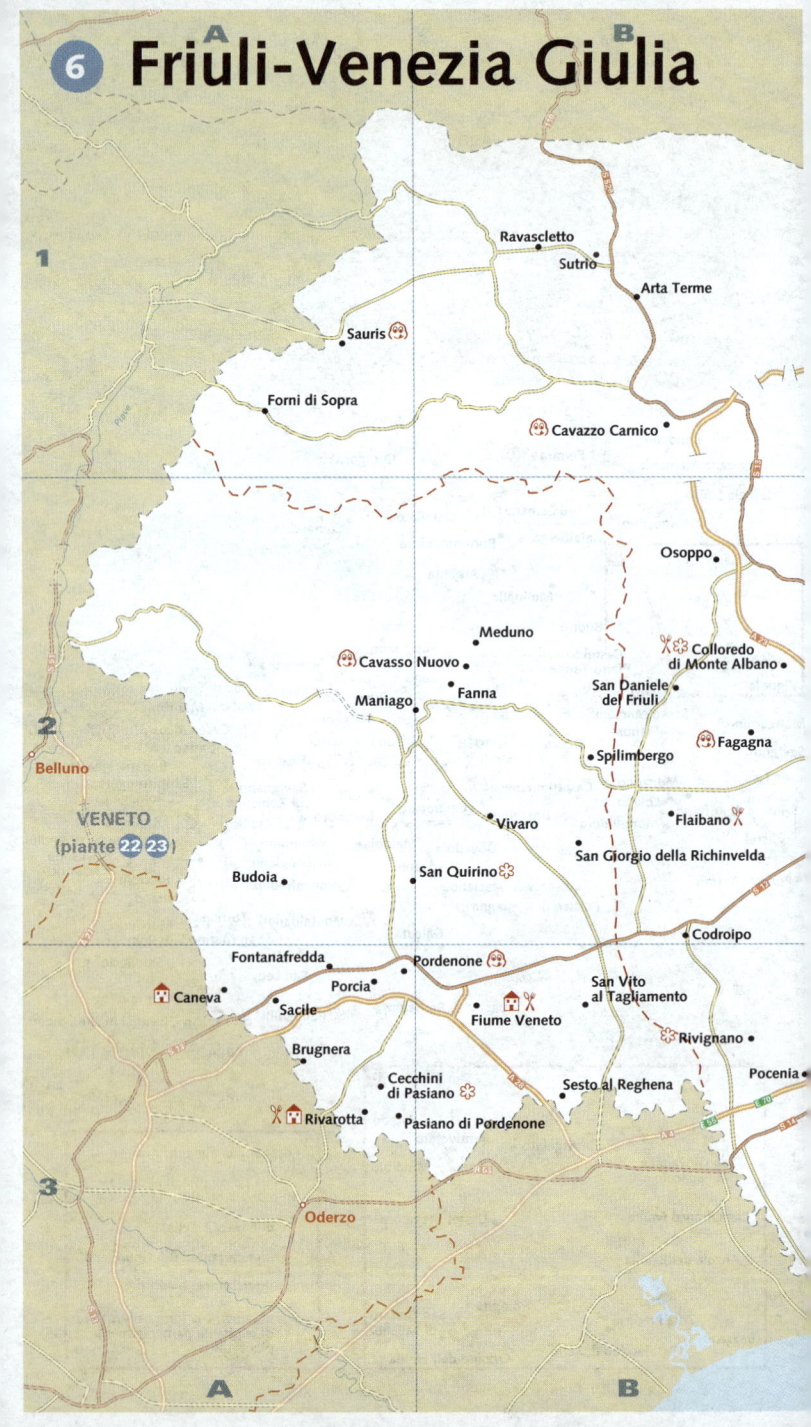

Friuli-Venezia Giulia

6

A   **B**

1

Ravascletto
Sutrio
Arta Terme

Sauris

Forni di Sopra

Cavazzo Carnico

Osoppo

Meduno
Cavasso Nuovo
Fanna
Maniago
Colloredo
di Monte Albano
San Daniele
del Friuli
Spilimbergo
Fagagna

2

Belluno

VENETO
(piante 22 23)

Vivaro
Flaibano
San Giorgio della Richinvelda
Budoia
San Quirino
Codroipo

Fontanafredda
Pordenone
San Vito
al Tagliamento
Caneva
Porcia
Sacile
Fiume Veneto
Rivignano
Pocenia
Brugnera
Cecchini
di Pasiano
Sesto al Reghena
Rivarotta
Pasiano di Pordenone

3

Oderzo

A   **B**

Lazio

Liguria

8

TORINO

Asti

Alessandria

PIEMONTE
(piante 12 13 14)

Sassello

Arenzano

Voltri

Cogoleto

Varazze

Celle Ligure

Millesimo

Altare

Savona

Spotorno

Bergeggi

Calizzano

Noli

Varigotti

Bardino Vecchio

Tovo San Giacomo

Pietra Ligure

Finale Ligure

Borgio Verezzi

Loano

Castelbianco

Salea

Ranzo

Albenga

Colle di Nava

Garlenda

Alassio

Cenova

Andora

Laigueglia

Cervo

Pigna

Badalucco

Diano Marina

Imperia

Oneglia

Apricale

Cipressa

Porto Maurizio

Santo Stefano al Mare

Arma di Taggia

San Remo

Ventimiglia

Ospedaletti

Bordighera

Vallecrosia

Monte-Carlo-Monaco

FRANCE

Cuneo

MARE LIG

MARE LIGURE

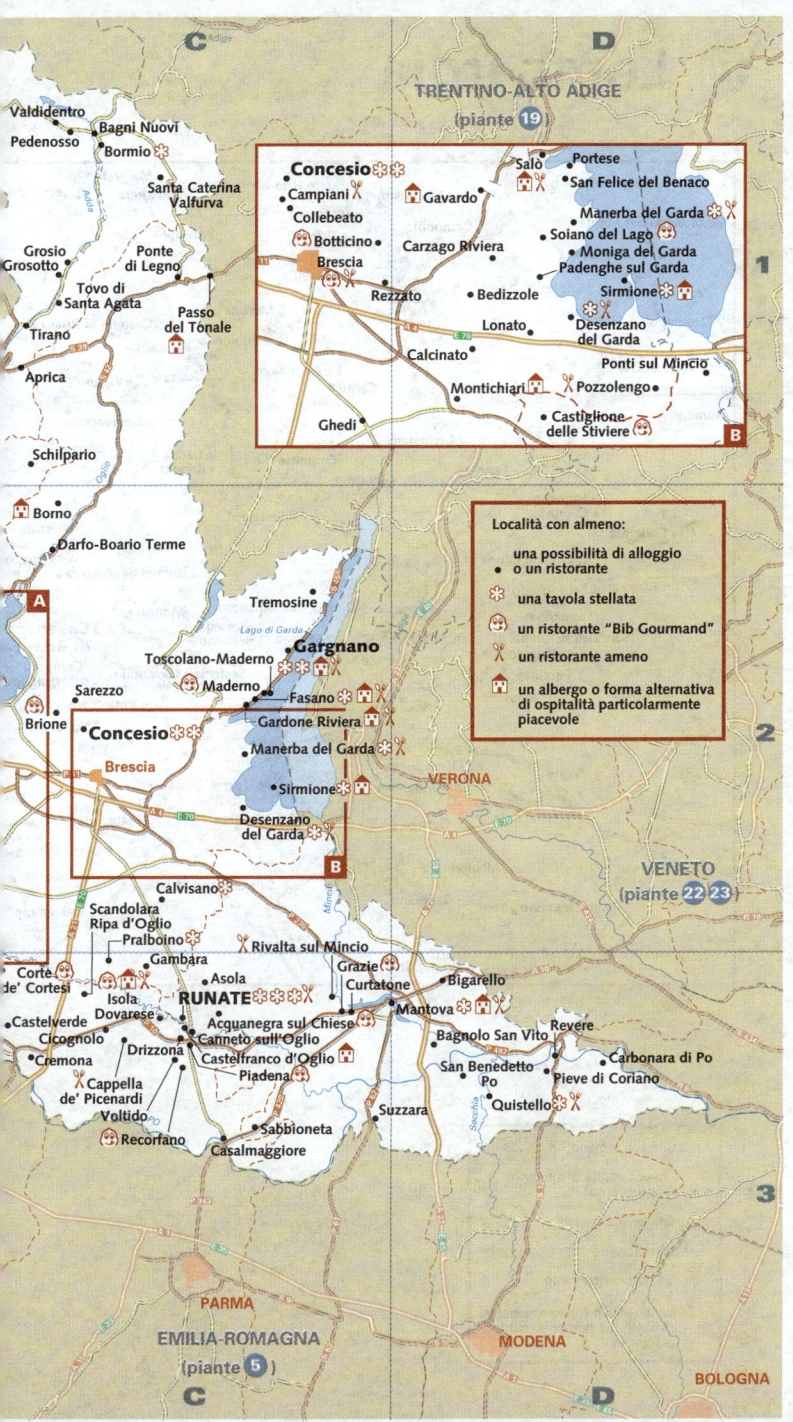

Lombardia

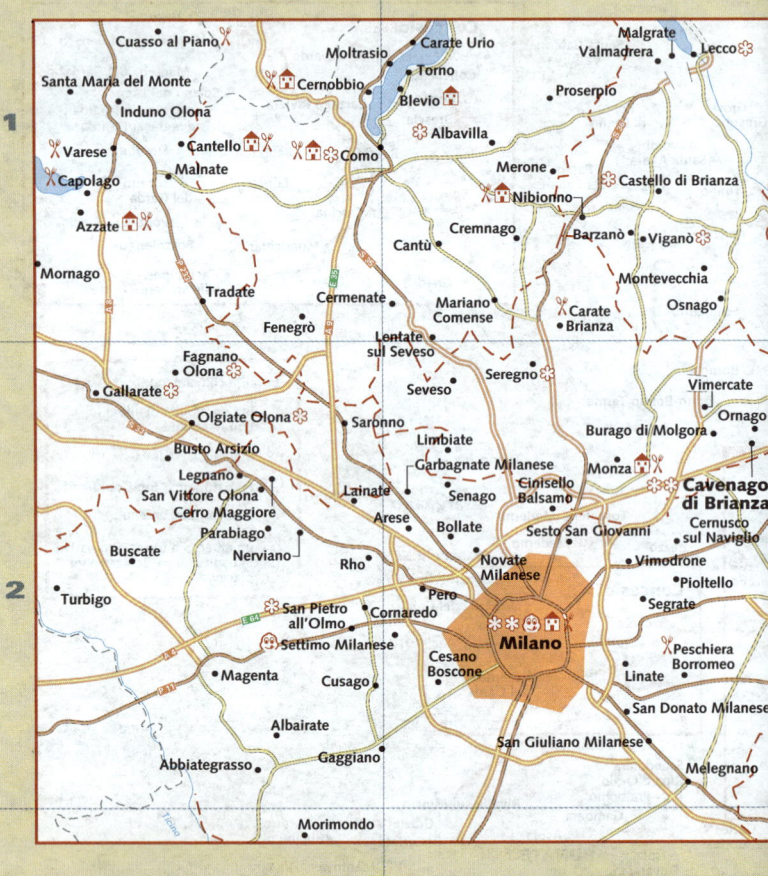

Cuasso al Piano
Moltrasio
Carate Urio
Malgrate
Valmadrera
Lecco
Santa Maria del Monte
Cernobbio
Torno
Proserpio
Induno Olona
Blevio
Varese
Cantello
Albavilla
Malnate
Como
Merone
Castello di Brianza
Capolago
Nibionno
Azzate
Cremnago
Barzanò
Viganò
Mornago
Cantù
Montevecchia
Tradate
Cermenate
Mariano
Comense
Osnago
Fenegrò
Lentate
sul Seveso
Carate
Brianza
Fagnano
Olona
Seveso
Seregno
Vimercate
Gallarate
Ornago
Olgiate Olona
Saronno
Burago di Molgora
Busto Arsizio
Limbiate
Monza
Garbagnate Milanese
Cavenago
di Brianza
Legnano
Lainate
Cinisello
Balsamo
San Vittore Olona
Senago
Cernusco
sul Naviglio
Cerro Maggiore
Bollate
Parabiago
Sesto San Giovanni
Buscate
Nerviano
Arese
Vimodrone
Rho
Novate
Milanese
Pioltello
Turbigo
Pero
Segrate
San Pietro
all'Olmo
Cornaredo
Milano
Peschiera
Borromeo
Settimo Milanese
Cesano
Boscone
Linate
Magenta
Cusago
San Donato Milanese
Albairate
San Giuliano Milanese
Abbiategrasso
Gaggiano
Melegnano
Morimondo

Località con almeno:

• una possibilità di alloggio
  o un ristorante

❀ una tavola stellata

☺ un ristorante "Bib Gourmand"

✂ un ristorante ameno

🏠 un albergo o forma alternativa
  di ospitalità particolarmente
  piacevole

⑬ Piemonte

B

Mergozzo

✂ Bee Ghiffa

✿✿✂ **Fondotoce**

Verbania

Feriolo

● Pallanza ✿

Baveno

● Isole Borromee

⌂ Stresa ●

LOMBARDIA
(piante ⑨ ⑩)

Pettenasco

Lesa

Meina

Orta San Giulio

✂⌂✿✿

Montrigiasco 🅑

✿ Invorio   Arona

⌂ Oleggio Castello

✿✿ **Soriso**

Castelletto sopra Ticino

Borgomanero   Veruno

Cureggio

Località con almeno:

● una possibilità di alloggio
o un ristorante

✂ un ristorante ameno

✿ una tavola stellata

⌂ un albergo o forma alternativa
di ospitalità particolarmente
piacevole

🅑 un ristorante "Bib Gourmand"

C   D

1

Baldichieri

Asti

Quattordio

Tigliole

Rocchetta Tanaro

Masio

Cellarengo

Montegrosso d'Asti

Cisterna d'Asti

Isola d'Asti

Castelnuovo Belbo

Montà

Govone

Messadio

Nizza Monferrato

Canale

Priocca d'Alba

San Marzano Oliveto

Casalotto

Monteu Roero

Magliano Alfieri

Castiglione Tinella

Calamandrana

Guarene

Neive

Canelli

Barbaresco

Santo Stefano Belbo

ALBA

Sessame

Santa Vittoria d'Alba

Neviglie

Treiso

Mango

Roddi

Rivalta

Grinzane Cavour

Fontanafredda

Annunziata

Benevello

La Morra

Castiglione Falletto

Serralunga d'Alba

Barolo

Sinio

Cortemilia

Vergne

Cerretto Langhe

Monforte d'Alba

Cravanzana

Monchiero

Serravalle Langhe

Dogliani

Bossolasco

2

3

C   D

Località con almeno:

- una possibilità di alloggio o un ristorante
- una tavola stellata
- un ristorante "Bib Gourmand"
- un ristorante ameno
- un albergo o forma alternativa di ospitalità particolarmente piacevole

17 Sicilia

A **B**

1

M A R E

Mondello ✳

Isola delle Femmine

San Vito Lo Capo

✳ Terrasini

Palermo 🏠🍴

Santa Flavia

Monreale

Bagheria ✳

Scopello

Buseto Palizzolo

Erice 🐸

Castellammare del Gólfo

Trapani 🏠

Valderice

Favignana 🏠

Fontanasalsa 🏠

2

Mazara del Vallo

Menfi 🏠

Selinunte

Sciacca 🏠

Agrigento 🏠🏠🍴

Montallegro

Siculiana

Porto Empedocle

M A R E

Località con almeno:

• una possibilità di alloggio o un ristorante

✳ una tavola stellata

🐸 un ristorante "Bib Gourmand"

🍴 un ristorante ameno

🏠 un albergo o forma alternativa di ospitalità particolarmente piacevole

3

Pantelleria 🏠

Tracino

A **B**

Trentino Alto Adige

19

SUISSE
SCHWEIZ
SVIZZERA

Vipiteno
Racines

San Leonardo in Passiria

Vallelunga

Merano
San Martino
in Passiria

Certosa
Tirolo
Lagundo
Scena

Senales
Parcines
Avelengo
Sarentino

Malles Venosta
Naturno
Marlengo
Freiberg

Glorenza
Castelbello Ciardes
San Vigilio
Lana
Postal

Silandro
Cermes
Tesimo

Laces
Foiana

Ultimo
Nàlles/
Nals

Solda
Appiano sulla Strada del Vino
Malosco

San Michele

Fondo
Brez
Rabbi
Ronzone

Romeno

Commezzadura
Peio
Cogolo
Mezzana
Dimaro

Ossana
Folgarida

San Michele
all'Adige

Madonna di Campiglio
Mezzolombardo
Sorni
Fai della Paganella
Giovo

Carisolo
Andalo
Baselga
di Pinè

Pinzolo
Molveno
Lavis
Pergine
Valsugana

Aprica
Calavino
Levico
Terme

Stenico
Ravina
Trento

Castel
Toblino
Monte
Bondone
Tenna
Calceranica
al Lago

Comano Terme

Nogaredo
Riva del
Garda
Arco
Folgaria

Condino
Isera
Rovereto

Storo
Torbole

LOMBARDIA
(piante 9 10)

Idro
Lago di Garda

Bormio

A   B

A   B

1

2

3

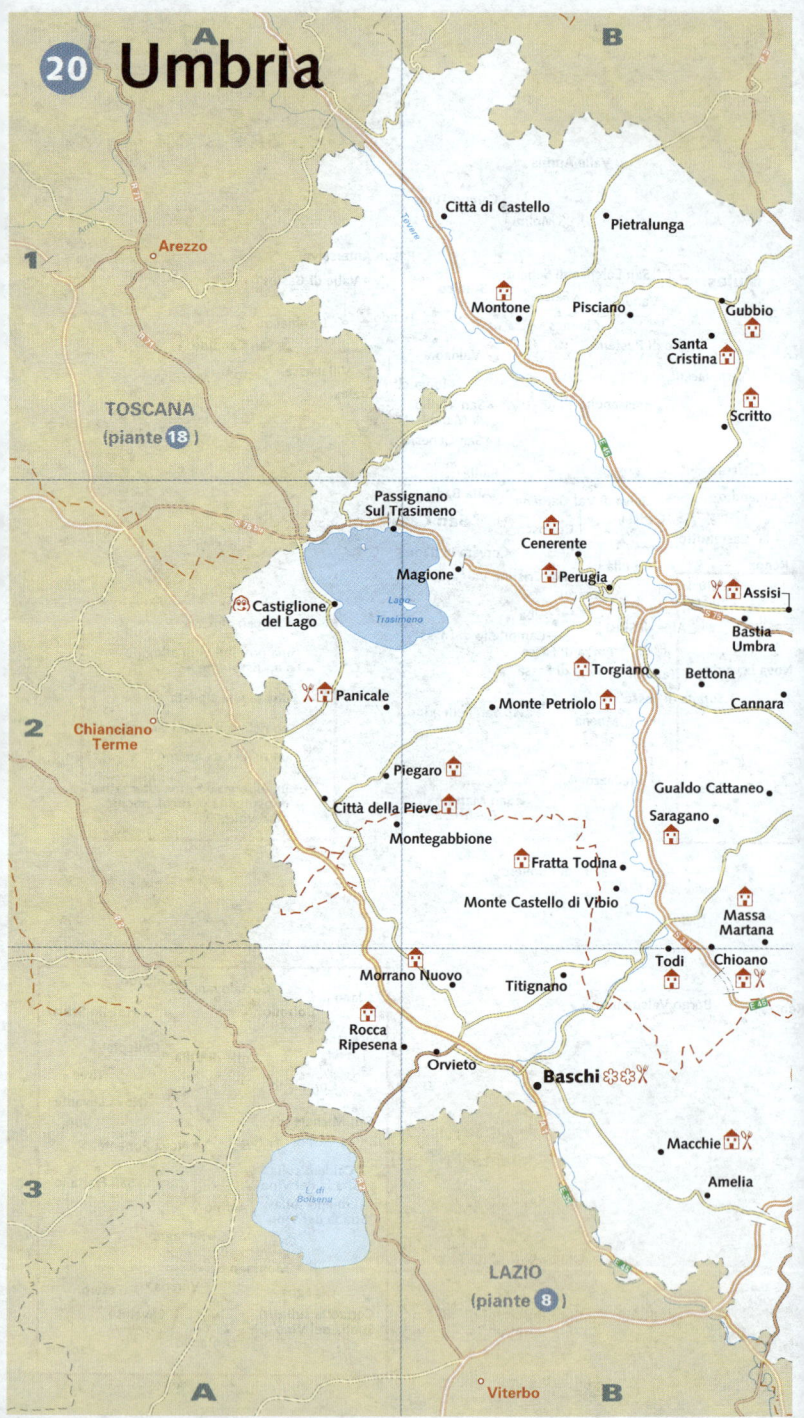

20 Umbria

A

B

1

Arezzo

Città di Castello

Pietralunga

Montone

Pisciano

Gubbio

Santa Cristina

Scritto

TOSCANA
(piante 18)

Passignano Sul Trasimeno

Cenerente

Magione

Perugia

Assisi

Castiglione del Lago

Lago Trasimeno

Bastia Umbra

Torgiano

Bettona

2

Chianciano Terme

Panicale

Monte Petriolo

Cannara

Piegaro

Gualdo Cattaneo

Città della Pieve

Saragano

Montegabbione

Fratta Todina

Monte Castello di Vibio

Massa Martana

Morrano Nuovo

Titignano

Todi

Chioano

Rocca Ripesena

Orvieto

Baschi

3

L. di Bolsena

Macchie

Amelia

LAZIO
(piante 8)

A

B

Viterbo

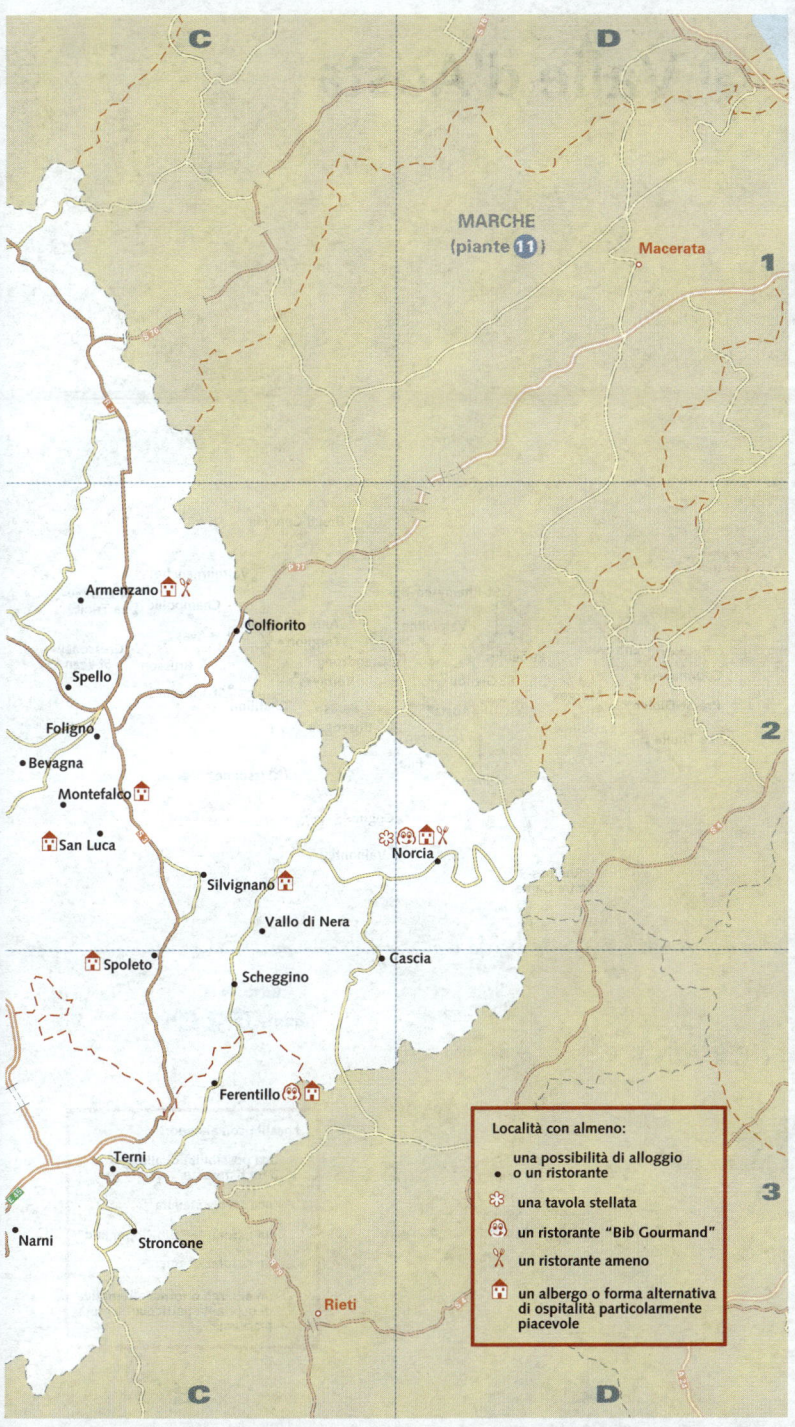

Veneto 22

A
B

1
- Marano Vicentino ✴
- Malo
- Montecchio Precalcino ✴
- Sandrigo
- Caldogno ✗
- Bolzano Vicentino
- Galliera Veneta ⊛
- Cittadella

Vicenza

- Creazzo
- Altavilla Vicentina
- Arcugnano 🏠
- Costozza ✗
- Longare
- Grisignano di Zocco
- Montebello Vicentino

✴✴✴ **RUBANO**   B

2

- Fumane
- San Giorgio di Valpolicella
- Negrar ⊛
- Grezzana
- Tregnago
- San Pietro in Cariano
- Pedemonte 🏠 ✗
- Mezzane di Sotto 🏠
- Illasi ✗
- Pescantina
- Bussolengo
- Montorio
- San Massimo all'Adige
- Lavagno
- **Verona** ✴✴ ⊕🏠🏠✗
- San Martino Buon Albergo
- Caldiero
- Sommacampagna

C

Località con almeno:

- • una possibilità di alloggio o un ristorante
- ✴ una tavola stellata
- ⊛ un ristorante "Bib Gourmand"
- ✗ un ristorante ameno
- 🏠 un albergo o forma alternativa di ospitalità particolarmente piacevole

A
B

Il mondo è movimento. Per questo, **Michelin** migliora la nostra mobilità

CON OGNI MEZZO, SU TUTTE LE STRADE

Fin dalla sua nascita – oltre un secolo fa! – Michelin persegue un solo obiettivo: aiutare l'uomo ad avanzare sempre meglio. Una sfida innanzitutto tecnologica, con pneumatici dalle performance sempre più elevate, ma anche un impegno costante nei confronti di ogni viaggiatore, perche possa spostarsi nelle migliori condizioni. Per questo Michelin sviluppa, contemporaneamente, una collezione completa di prodotti e servizi: mappe, atlanti, guide di viaggio, accessori auto, ma anche app per dispositivi mobili, itinerari e servizi di assistenza online... Michelin fa di tutto perché muoversi sia e resti un piacere!

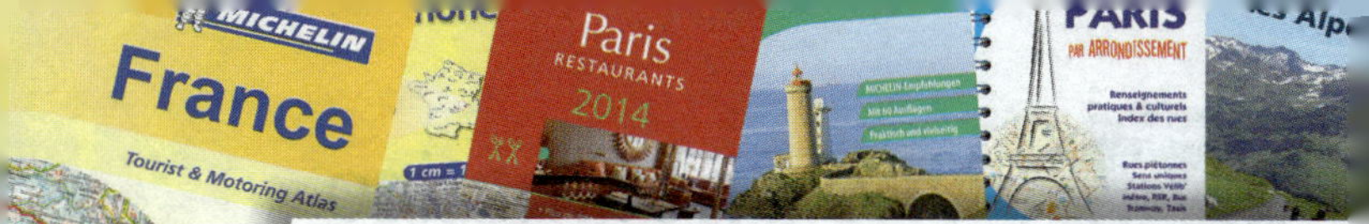

→ *App Michelin*

Per voi, come per noi, il confort e la sicurezza sono nozioni essenziali. Per questo, Michelin ha creato una serie di 6 applicazioni gratuite per dispositivi mobili. Un'offerta completa, perché la strada resti un piacere!

→ *Michelin MyCar • Per ottenere il meglio dai vostri pneumatici, servizi e informazioni per preparare il viaggio con serenità.*

→ *Michelin Navigation • Un nuovo approccio alla navigazione: il traffico in tempo reale, con una nuova funzionalità di guida assistita con connessione internet.*

→ *ViaMichelin • Calcolo di itinerari e dati cartografici: un'app essenziale per ottimizzare i tempi di viaggio.*

→ *Michelin Restaurants • Perché la strada sia sempre un piacere, un'ampia scelta di ristoranti in Francia e in Germania, fra cui la selezione completa della Guida MICHELIN.*

→ *Michelin Hotels • Per prenotare la vostra camera in hotel al prezzo migliore, ovunque nel mondo!*

→ *Michelin Viaggi • 85 paesi e 30.000 siti turistici selezionati dalla Guida Verde Michelin, nonché uno strumento per creare il vostro diario di viaggio personalizzato.*

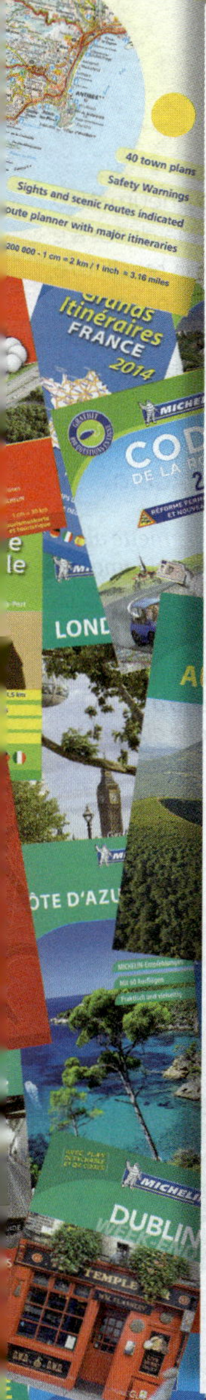

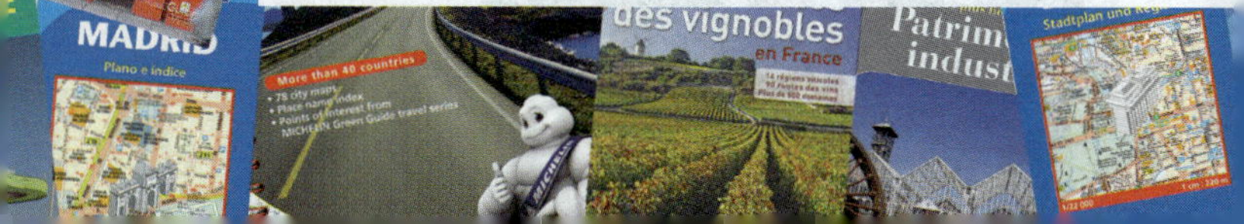

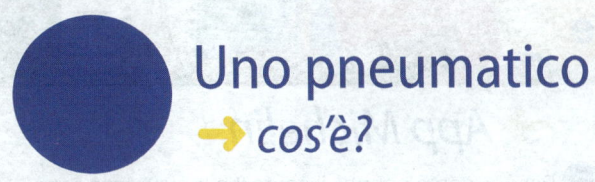

Uno pneumatico
→ cos'è?

Rotondo, nero, al tempo stesso flessibile e solido, lo pneumatico rappresenta per la ruota ciò che il piede è per la corsa. Ma di cosa è fatto? Innanzitutto di gomma, ma anche di vari materiali tessili e/o metallici... e di aria! Il sapiente assemblaggio di questi componenti assicura agli pneumatici tutte le loro qualità: aderenza su strada, assorbimento degli urti. In sintesi, confort e sicurezza del viaggiatore!

1 BATTISTRADA
Il contatto con il fondo stradale è assicurato da questo spesso strato di gomma. Il battistrada deve poter drenare l'acqua e durare a lungo.

2 TELA DI SOMMITÀ
Questa doppia o tripla tela armata è al tempo stesso flessibile in senso verticale e molto rigida in senso trasversale. Garantisce la potenza della guida.

3 FIANCHI
Ricoprono e proteggono la carcassa tessile, il cui ruolo è di collegare il battistrada dello pneumatico al cerchione.

4 TALLONE DI ANCORAGGIO AL CERCHIONE
Grazie al cerchietto, permette allo pneumatico di aderire saldamente al cerchione.

5 GOMMA INTERNA
Fornisce allo pneumatico l'isolamento necessario a conservare la pressione giusta.

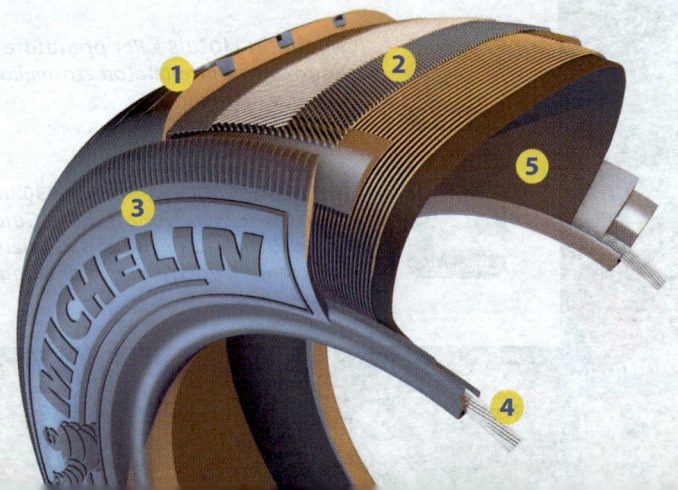

Michelin
→ *l'innovazione in movimento*

Creato e brevettato da Michelin nel 1946, il radiale cinturato ha rivoluzionato il mondo dello pneumatico. Ma Michelin non si è fermata qui: con il passare degli anni, sono apparse altre soluzioni nuove e originali, a conferma della leadership dell'impresa nel campo della ricerca e dell'innovazione, al fine di soddisfare costantemente le esigenze delle nuove tecnologie auto.

→ *la pressione giusta!*

Una delle priorità di Michelin è una mobilità più sicura. In sintesi, innovare per avanzare meglio. È la posta in gioco per i nostri ricercatori, che lavorano alla messa a punto di pneumatici in grado di offrire una "frenata più corta" e la migliore aderenza possibile alla strada. Inoltre, per accompagnare gli automobilisti, Michelin organizza ovunque nel mondo delle campagne di sensibilizzazione alla sicurezza stradale: le operazioni "Fai il pieno d'aria" ricordano a tutti gli automobilisti che la pressione giusta degli pneumatici è un fattore essenziale per la sicurezza.

La strategia Michelin:
→ *gli pneumatici multiperformance*

Michelin vuol dire sicurezza, risparmio di carburante e la capacità di percorrere migliaia di chilometri. Uno pneumatico MICHELIN è tutto questo, allo stesso tempo. Come? Grazie ad ingegneri al servizio dell'innovazione e della tecnologia d'avanguardia. La loro sfida: dotare ogni pneumatico – indipendentemente dal veicolo (automobile, camion, trattore, macchina da cantiere, aereo, moto, bicicletta e metropolitana!) – della migliore combinazione possibile di qualità, per una performance globale ottimale. Rallentare l'usura, ridurre il consumo di energia (e quindi l'emissione di CO_2) e migliorare la sicurezza, per rafforzare la tenuta di strada e la frenata: tante qualità in un solo pneumatico, per offrirvi la Michelin Total Performance.

MICHELIN
Total Performance

Michelin innova ogni giorno.
A favore della mobilità sostenibile

PER IL FUTURO E IL RISPETTO DEL PIANETA

La mobilità sostenibile

→ *è una mobilità pulita...*
e per tutti

Mobilità sostenibile significa permettere a ciascuno di noi di viaggiare in modo più pulito, sicuro, economico e accessibile. Indipendentemente dal luogo in cui viviamo. Ogni giorno, 113.000 dipendenti Michelin in tutto il mondo lavorano per l'innovazione:

• creando pneumatici e servizi che soddisfano le nuove esigenze della società,

• sensibilizzando i giovani alla sicurezza stradale,

• inventando nuove soluzioni di trasporto che consumano meno energia ed emettono meno CO_2.

→ *Michelin Challenge Bibendum*

Mobilità sostenibile significa assicurare nel tempo il trasporto delle merci e dei passeggeri, per consentire uno sviluppo economico e sociale responsabile. Di fronte al rarefarsi delle materie prime e al mutamento climatico, Michelin si impegna per il rispetto dell'ambiente e della salute pubblica. Per questo, Michelin organizza regolarmente il Michelin Challenge Bibendum, l'unico evento mondiale centrato sulla mobilità stradale sostenibile.

MICHELIN
CHALLENGE
BIBENDUM

Alberghi
& ristoranti

Città da A a Z

→ *Hotels*
& restaurants

Towns from A to Z

Padova (PD) – ⊠ 35031 – 19 966 ab. – Alt. 14 m – Carta regionale n° **23**-B3

▶ Roma 485 km – Padova 11 km – Venezia 54 km – Vicenza 39 km

Carta stradale Michelin 562-F17

Abano Grand Hotel
via Valerio Flacco 1 – ℰ 04 98 24 81 00   Pianta: B2**h**
– www.abanograndhotel.it – Chiuso 3-31 luglio
179 cam ⌷ – †150/222 € ††260/394 € – **8 suites**
Un ameno parco vi introdurrà in questo esclusivo hotel dagli ambienti in raffinato
stile impero; ampie camere ed una nuova zona benessere, composta da un percorso di bagni termali, saune, grotta, etc. in un'atmosfera tranquilla e appositamente studiata per il recupero dell'equilibrio psicofisico.

Tritone Terme
via Volta 31 – ℰ 04 98 66 80 99 – www.termetritone.it   Pianta: B3**e**
– Chiuso 11 gennaio-11 febbraio
116 cam ⌷ – †107/200 € ††172/210 € – **7 suites**
A pochi passi dal centro storico, esclusività e confort in un hotel che vanta
camere spaziose ed accoglienti, nonché spettacoli serali d'intrattenimento nel
nuovo salone bar. Cucina classica per un ristorante, dove sembra di poter toccare
la vegetazione attraverso le finestre.

Grand Hotel Trieste & Victoria
via Pietro d'Abano 1 – ℰ 04 98 66 51 00
– www.hoteltriestevictoria.it – Chiuso 10 gennaio-22 marzo   Pianta: B2**v**
220 cam ⌷ – †110/125 € ††200/260 € – **12 suites**
Storico complesso fin-de-siècle, ampliatosi negli anni fino a raggiungere le attuali
imponenti dimensioni. In pieno centro, la struttura si caratterizza per le sale eleganti e le belle camere, in parte recentemente rinnovate.

Mioni Pezzato
via Marzia 34 – ℰ 04 98 66 83 77   Pianta: A3**u**
– www.hotelmionipezzato.com – Chiuso 7 dicembre-18 dicembre
170 cam ⌷ – †74/159 € ††124/294 €
Conduzione signorile in un grande albergo all'interno di un bel parco-giardino
con piscina termale, eccellente beauty center e salotto in stile inglese. Gustose
specialità italiane nella sala da pranzo recentemente rinnovata.

Due Torri
via Pietro d'Abano 18 – ℰ 04 98 63 21 00   Pianta: A2**b**
– www.hotelduetorriabano.it – Chiuso 9 gennaio-19 marzo e 4-30 luglio
124 cam ⌷ – †110/125 € ††200/260 € – **12 suites**
Collocato in una posizione centrale invidiabile, abbracciato dal verde del giardino-
pineta, hotel storico con eleganti arredi classicheggianti e piacevoli spazi comuni.
Ariosa sala ristorante, sorretta da colonne, attraverso cui ammirare il bel giardino.

President Terme
via Montirone 31 – ℰ 04 98 66 82 88   Pianta: A2**t**
– www.presidentterme.it – Chiuso 22 novembre-18 dicembre
96 cam ⌷ – †110/140 € ††220/240 € – **9 suites**
Ambiente di classe in una residenza prestigiosa nel cuore verde della città: mobili
in stile, validi servizi e camere ben accessoriate. Un'ampia gamma di proposte
nella splendida spa recentemente rinnovata: piscine termali, zona idrorelax, palestra attrezzata Technogym, ed altro ancora.

Bristol Buja
via Monteortone 2 – ℰ 04 98 66 93 90 – www.bristolbuja.it   Pianta: A2**g**
– Chiuso 3-31 luglio
139 cam ⌷ – †93/188 € ††166/326 €
Albergo signorile improntato a quell'indiscussa eleganza che soltanto un'esperta,
pluriennale, gestione familiare può garantire. Una struttura dove prendersi cura
del corpo grazie alle sue tre piscine termali, uno spazio saune, un lussuoso centro
benessere con beauty farm ed un campo pratica golf. Il ristorante coniuga sapientemente cucina tradizionale veneta e suggestioni internazionali; nelle giornate più
calde il pranzo è servito all'aperto accanto alla piscina.

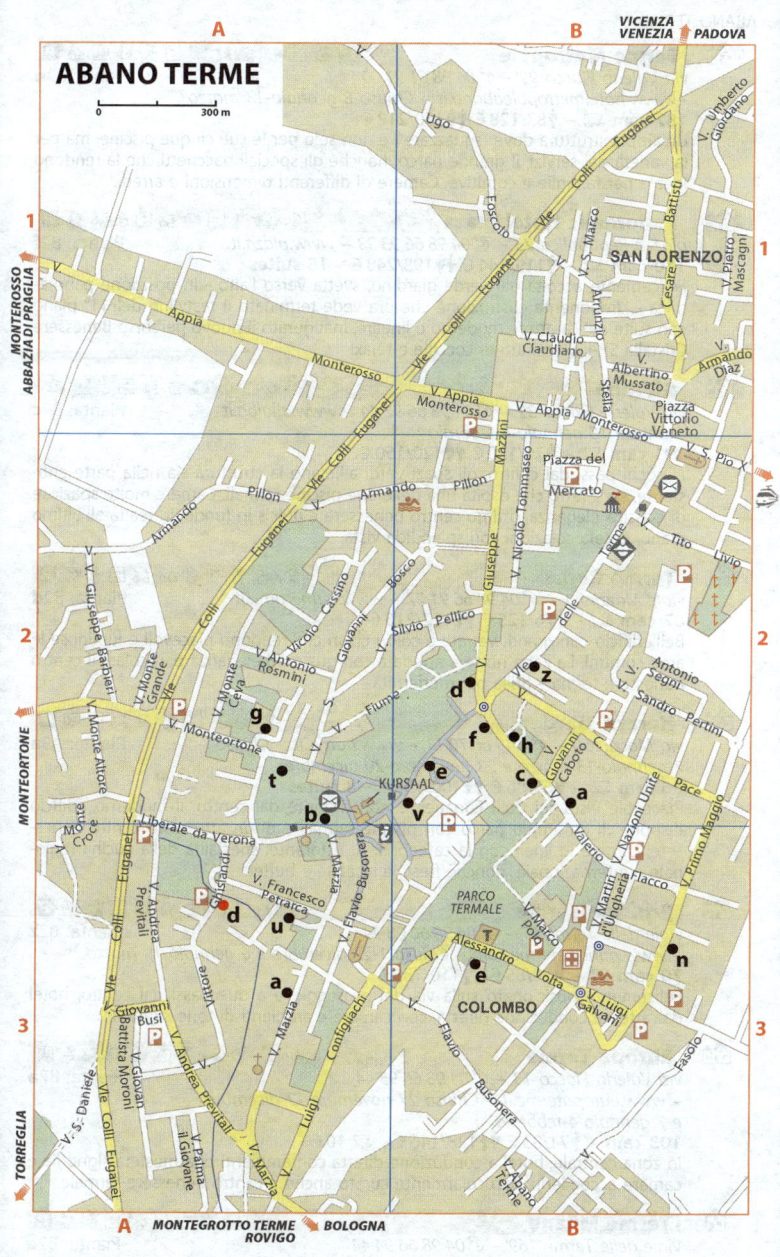

ABANO TERME

Terme Metropole

via Valerio Flacco 99 – ℰ 04 98 61 91 00   Pianta: B3**n**
– www.hotelmetropoleabano.it – Chiuso 8 gennaio-13 marzo
187 cam ⌷ – †83/128 € ††150/212 €
Un'ampia struttura dove "sguazzare", e non solo per le sue cinque piscine, ma per la varietà dei servizi, il grande parco, nonché gli speciali pacchetti che la rendono ideale per famiglie e comitive. Camere di differenti dimensioni e arredi.

Panoramic Hotel Plaza

piazza Repubblica 23 – ℰ 04 98 66 93 33 – www.plaza.it   Pianta: B2**f**
140 cam ⌷ – †119/144 € ††198/248 € – **18 suites**
Felicemente accolta dal verde giardino, svetta verso l'alto - in posizione panora-mica - l'imponente costruzione che ora vede terminato il restyling dell'11° piano con suite dal carattere moderno e lineare. Inaugurato il nuovo percorso Benessere Cristalia SPA, 90 minuti di coccole e relax!

All'Alba

via Valerio Flacco 32 – ℰ 04 98 66 92 44 – www.allalba.it   Pianta: B2**c**
– Chiuso 10 gennaio-4 febbraio
191 cam ⌷ – †70/120 € ††120/150 €
A pochi passi dal centro, gli spazi verdi allietano la struttura sia nella parte anti-stante, sia il retro che ospita una delle due piscine termali. Camere molto spaziose di classica eleganza, ottimo centro benessere e dulcis in fundo, in realtà all'ultimo piano, la sala colazioni con splendida vista.

Terme Roma

viale Mazzini 1 – ℰ 04 98 66 91 27 – www.termeroma.it   Pianta: B2**d**
87 cam ⌷ – †76/125 € ††112/216 €
Bell'edificio con grandi vetrate e colori chiari che rendono piacevoli e luminose le aree comuni. La zona notte è arredata con gusto ed eleganza particolari; il centro benessere-termale brilla per modernità.

Harrys' Garden

via Marzia 50 – ℰ 0 49 66 70 11 – www.harrys.it – Chiuso   Pianta: A3**a**
7 gennaio-13 marzo e 23 novembre-20 dicembre
66 cam ⌷ – †60/86 € ††100/156 € – **8 suites**
Piacevole vista sui Colli Euganei, e non distante dal centro, il moderno edificio dispone di un ampio parco con piscine termali e di un attrezzato centro benes-sere; camere in linea con la categoria. Al ristorante: specialità della cucina regio-nale e internazionale, nonché fresche insalate a buffet.

Principe Terme

viale delle Terme 87 – ℰ 04 98 60 08 44   Pianta: B2**z**
– www.principeterme.com – Chiuso 1-22 dicembre e 6 gennaio-19 marzo
70 cam ⌷ – †70/85 € ††110/135 €
Felicemente posizionato sulla via del passeggio e a due passi dal centro, hotel dall'attenta conduzione diretta, con camere e ambienti di tono signorili.

Europa Terme

via Valerio Flacco 13 – ℰ 04 98 66 95 44   Pianta: B2**a**
– www.europaterme.it – Chiuso 27 novembre-17 dicembre
e 7 gennaio-4 febbraio
103 cam – †71/83 € ††128/146 € – ⌷ 10 €
In zona centrale, hotel a conduzione diretta con ambienti di atmosfera signorile e camere accoglienti; particolarmente curato anche il centro benessere-termale.

Terme Milano

viale delle Terme 169 – ℰ 04 98 66 94 44   Pianta: B2**e**
– www.hoteltermemilano.com – Chiuso 6 gennaio-27 febbraio
e 27 novembre-22 dicembre
89 cam – †50/90 € ††80/190 €
In pieno centro, nell'area pedonale della località, gestione diretta per un albergo dai classici confort.

🍴🍴 Aubergine 🌳 AC P

via Ghislandi 5 – 𝒞 04 98 66 99 10 – www.aubergine.it Pianta: A3**d**
– Chiuso 10 giorni in febbraio, 25 luglio-8 agosto e martedì
Carta 26/58 €
Piatti ispirati alla stagione e al territorio, sia di terra, sia di mare, in un ristorante-pizzeria dalla calda atmosfera. Il centro dista solo pochi passi.

ABBAZIA ➜ Vedere nome proprio dell'abbazia

ABBIATEGRASSO
Milano (MI) – ✉ 20081 – 32 409 ab. – Alt. 120 m – Carta regionale n° **10-A2**
▶ Roma 590 km – Pavia 35 km – Milano 30 km – Novara 33 km
Carta stradale Michelin 561-F8

🍴🍴 Il Ristorante di Agostino Campari 🌳 AC ⇔ P

via Novara 81 – 𝒞 0 29 42 03 29 – www.agostinocampari.com
– Chiuso 26 dicembre-3 gennaio, agosto e lunedì
Menu 18 € (pranzo in settimana)/50 € – Carta 36/61 €
Curato ambiente familiare, disponibilità e cortesia in un locale classico con servizio estivo all'ombra di un pergolato. Specialità della casa: il carrello degli arrosti e dei bolliti.

ABETONE
Pistoia (PT) – ✉ 51021 – 648 ab. – Alt. 1 388 m – Carta regionale n° **18-B1**
▶ Roma 361 km – Pistoia 54 km – Lucca 67 km – Firenze 90 km
Carta stradale Michelin 563-J14

🏨 Abetone e Piramidi 🎿 🛐 🔆 ⚙ P

via del Brennero 456 – 𝒞 0 57 36 00 05 – www.abetonepiramidi.it
– Aperto 6 dicembre-30 aprile e 1° giugno-30 settembre
33 cam – †65/90 € ††98/220 € – **3 suites**
Alle porte della località, in un palazzo storico che fu dogana di confine del Granducato di Toscana, ambienti signorili e camere abbastanza spaziose. Per i più sportivi, anche un'attrezzata palestra.

🏨 Bellavista 🎿 ← 🛐 🔆 P

via Brennero 383 – 𝒞 0 57 36 00 28 – www.abetonebellavista.it – Aperto
5 dicembre-15 aprile e 10 luglio-5 settembre
40 cam ⛝ – †65/110 € ††80/150 €
Tipica struttura di montagna in pietra e legno in posizione panoramica, a pochi passi dal centro e adiacente agli impianti di risalita; camere confortevoli e spaziose.

🍴🍴 La Capannina P

via Brennero 520 – 𝒞 0 57 36 05 62 – www.ristorantelacapannina.it – Chiuso
martedì sera e mercoledì in bassa stagione
Menu 15 € (pranzo)/30 € – Carta 26/56 €
Sebbene il locale si trovi in centro, dalle ampie vetrate si gode della bella vista sulla valle: il camino troneggia nel centro della sala, mentre il menu sciorina piatti della tradizione e specialità di carne.

a Le Regine Sud-Est : 2,5 km – ✉ 51020

🏠 Da Tosca 🎿 ←

via Brennero 85 – 𝒞 0 57 36 03 17 – www.albergotosca.it – Chiuso 15 giorni in
aprile o maggio e 15 giorni in novembre
12 cam ⛝ – †35/50 € ††60/80 €
Tipica atmosfera di montagna e una bella cornice di boschi di faggio per un piccolo albergo, dove l'accoglienza ed i servizi sono curati nei minimi dettagli. Al ristorante vi attendono specialità tosco-emiliane, con piatti a base di funghi, pasta fatta in casa e dolci casalinghi.

93

a Val di Luce Nord : 8 km – ✉ 51021 Abetone

 Val di Luce Resort

via Val di Luce 22 – ☎ 0 57 36 09 61 – www.valdilucesparesort.it – Aperto 15 dicembre-30 aprile e 15 luglio-15 settembre
43 suites ⌂ – ♦♦300/600 € – 34 cam
Charme in stile alpino per questo resort ai piedi della pista della Val di Luce: camere ampie (alcune sono veri e propri mini-appartamenti dotati di angolo cottura) e centro benessere con piccola piscina sotto una piramide a vetri, che lascia intravedere scorci di cielo.

ABTEI = BADIA

ACCESA (Lago di) – Grosseto ➜ Vedere Massa Marittima

ACI CASTELLO
Sicilia – Catania (CT) – ✉ 95021 – 18 726 ab. – Carta regionale n° **17-D2**
▶ Catania 11 km – Enna 92 km – Messina 92 km – Palermo 226 km
Carta stradale Michelin 365-AZ58 – Guida Verde Michelin SICILIA

a Cannizzaro Sud : 2,5 km – ✉ 95021

 Sheraton Catania Hotel

via Antonello da Messina 45 – ☎ 09 57 11 41 11 – www.sheratoncatania.com
169 cam ⌂ – ♦98/176 € ♦♦118/250 € – **7 suites**
Lungo la litoranea, un hotel di classe che si distingue per la ricettività alberghiera dal confort elevato e la ben organizzata attività congressuale: suggestiva hall, ampie camere e bella piscina. Piatti stagionali di matrice mediterranea e qualche spunto moderno al Timo Gourmet.

ACIREALE
Sicilia – Catania (CT) – ✉ 95024 – 52 703 ab. – Alt. 161 m
– Carta regionale n° **17-D2**
▶ Catania 21 km – Palermo 227 km – Messina 85 km – Siracusa 76 km
Carta stradale Michelin 365-BA58 – Guida Verde Michelin SICILIA

 Grande Albergo Maugeri

piazza Garibaldi 27 – ☎ 0 95 60 86 66 – www.hotel-maugeri.it
59 cam ⌂ – ♦60/110 € ♦♦69/200 €
Comodo per chi vuole dedicarsi allo shopping, così come alla visita del centro storico, è un albergo di tradizione che offre camere comode ed accoglienti. La cucina tipica dell'isola presso il ristorante.

 Santa Caterina

via Santa Caterina 42/b – ☎ 09 57 63 37 35 – www.santacaterinahotel.com
23 cam ⌂ – ♦59/149 € ♦♦59/179 €
Piccola, quanto piacevole, struttura in posizione leggermente elevata rispetto al mare, su cui si affacciano la maggior parte delle camere. Sul retro c'è la ferrovia, ma non se ne avverte la presenza. Cucina siciliana, wine bar e pizzeria, sono gli atout del ristorante Aquadelferro.

ACQUAFREDDA – Potenza (PZ) ➜ Vedere Maratea

ACQUALAGNA
Pesaro e Urbino (PU) – ✉ 61041 – 4 473 ab. – Alt. 204 m – Carta regionale n° **11-B1**
▶ Roma 252 km – Rimini 93 km – Ancona 101 km – Pesaro 56 km
Carta stradale Michelin 563-L20

a Furlo Nord-Est : 4 km – ✉ 61041

XX Anticofurlo   &⊙ ⬅ ⚘ ⅙ AC P

via Furlo 66 ✉ 61041 Acqualagna – ✆ 07 21 70 00 96 – www.anticofurlo.it
– Chiuso 10-31 gennaio
Menu 25 € (pranzo)/69 € – Carta 34/65 € – (chiuso lunedì sera, martedì escluso
agosto e ottobre-novembre) (consigliata la prenotazione)
7 cam ⌷ – ♦45/60 € ♦♦78/95 €
Locale dall'atmosfera informale, ma nel piatto la creatività fa "vibrare" i tradizionali
sapori regionali. Imperdibile il rito dell'aperitivo, che si consuma nella caratteristica
grotta scavata nella roccia. Confort moderno e mobili antichi nelle camere rinnovate.

ACQUANEGRA SUL CHIESE
Mantova (MN) – ✉ 46011 – 2 978 ab. – Alt. 31 m – Carta regionale n° 9-C3
▶ Roma 498 km – Parma 50 km – Mantova 33 km – Brescia 59 km
Carta stradale Michelin 561-G13

verso Calvatone Sud : 2 km

X Trattoria al Ponte   ⚘ AC P

via Ponte Oglio 1312 – ✆ 03 76 72 71 82 – Chiuso gennaio e luglio
Menu 25 € (pranzo) – Carta 30/41 € – (consigliata la prenotazione)
Specialità del territorio, elaborate partendo da ottime materie prime, in un'accogliente trattoria a pochi metri dal ponte sull'Oglio e dall'interessante rapporto
qualità/prezzo. Frittura di saltarei e zucchine, tra gli imperdibili del menu.

ACQUAPARTITA – Forlì-Cesena (FC) ➜ Vedere Bagno di Romagna

ACQUAPENDENTE
Viterbo (VT) – ✉ 01021 – 5 544 ab. – Carta regionale n° 7-A1
▶ Roma 145 km – Viterbo 52 km – Orvieto 27 km – Todi 69 km
Carta stradale Michelin 563-N17

a Trevinano Nord-Est : 15 km – ✉ 01020

⌂ L'Albero Bianco   ⚘ ⬅ ⚘ P

località l'Albero Bianco 8/a, Sud-Ovest: 4 km – ✆ 33 94 09 63 03
– www.alberobianco.com
5 cam ⌷ – ♦50 € ♦♦70 €
Sulla sommità di una collinetta - in posizione tranquilla e panoramica - bellissimo
bed and breakfast aperto da un'intraprendente coppia di coniugi romani. Ricca
prima colazione con prodotti di qualità e camere accoglienti a prezzi interessanti.
Sembra un sogno, ma è realtà!

XX La Parolina (De Cesare e Gordini)   ⬅ ⚘ AC

via Giovanni Pascoli 1 – ✆ 07 63 71 71 30 – www.laparolina.it – Chiuso martedì,
anche lunedì in ottobre-maggio
Menu 60/110 € – Carta 60/80 €   **2 cam** ⌷ – ♦90 € ♦♦110 €
Colline a perdi vista: la Parolina è immersa nel più romantico paesaggio campe-
stre, mentre la sua cucina unisce influenze romane e spunti romagnoli, carni
toscane e qualche proposta di mare, sempre in bilico fra tradizione e rivisitazione.
➜ Risotto allo zenzero e carpaccio di crostacei. Spiedo di piccione e foie gras.
Cannolo alla siciliana aperto.

ACQUARIA – Modena (MO) ➜ Vedere Montecreto

ACQUI TERME
Alessandria (AL) – ✉ 15011 – 20 110 ab. – Alt. 156 m – Carta regionale n° 12-C3
▶ Roma 574 km – Alessandria 38 km – Genova 75 km – Asti 45 km
Carta stradale Michelin 561-H7

⌂ Acqui   ⚘ ⚘ ⬚ ⬚ AC ⇔

corso Bagni 46 – ✆ 01 44 32 26 93 – www.hotelacqui.it – Aperto 5 aprile-30 novembre
30 cam ⌷ – ♦69/75 € ♦♦100/110 € – **8 suites**
Hotel dagli ambienti signorili e dal confort omogeneo. All'ultimo piano dell'edificio: piccolo, ma attrezzato beauty-center per trattamenti e cure estetiche. Il ristorante propone una cucina nazionale per tutti i gusti.

Ariston　　　　🏠 🖥 ⛶ 🏧 🚗

piazza G. Matteotti 13 – 𝒞 01 44 32 29 96 – www.hotelariston.net – Aperto 14 marzo-29 novembre
36 cam – 🛏57 € – 🛏🛏82 € – ⊇8 € – **2 suites**
Albergo a gestione diretta, ristrutturato nel corso degli ultimi anni; classici interni nelle tonalità del legno e del nocciola, camere piacevolmente arredate.

🍴🍴 **I Caffi** (Bruna Cane)　　　　🕸 🏧

via Scatilazzi 15 – 𝒞 01 44 32 52 06 – www.icaffi.it – Chiuso 15 giorni in gennaio-febbraio, 15 giorni in agosto, domenica e lunedì
Menu 45/55 € – Carta 45/82 € – *(solo a cena, sabato a mezzogiorno aperto su prenotazione)* (consigliata la prenotazione)
Al 1° piano d'un palazzo cinquecentesco del centro storico, due anime formano un solo locale. La sala gourmet è apparecchiata nell'affrescata "stanza del sindaco" dove si assaggia un'elegante versione di cucina piemontese. Più semplice La Brasserie, nella sala accanto, aperta anche a pranzo.
→ Tagliatelle con ragù di anatra. Carrè di agnello in crosta di erbe e fiori. Tortino al cioccolato fondente con gelato di lavanda.

🍴🍴 **Enoteca La Curia**　　　　🕸 🏡 ⛶ ♻

via alla Bollente 72 – 𝒞 01 44 35 60 49 – www.enotecalacuria.com – Chiuso lunedì
Menu 20 € (pranzo)/50 € – Carta 34/59 €
Sotto volte in mattoni, cucina piemontese accompagnata da un'ampia scelta di vini (i titolari gestiscono anche l'ottima enoteca adiacente): ambiente rustico-elegante per questo piacevole locale del centro.

ACRI

Cosenza (CS) – ⊠ 87041 – 21 024 ab. – Alt. 720 m – Carta regionale n° **3-A1**
▶ Roma 560 km – Cosenza 44 km – Taranto 168 km
Carta stradale Michelin 564-I31

🍴🍴 **IL Carpaccio**　　　　🕸 🏡 🏧 ♻ 🅿

Contrada Cocozzello 197/D, Ovest: 9 km – 𝒞 09 84 94 92 05 – www.ilcarpaccio.it – Chiuso lunedì e domenica sera
Menu 25/40 € – Carta 18/41 €
Ristorante di tradizione familiare che il recente rinnovo ha dotato di una bella sala-veranda affacciata sulla vallata; specialità tipiche calabresi, pesce su prenotazione ed una buona cantina ne fanno un valido indirizzo.

ACUTO

Frosinone (FR) – ⊠ 03010 – 1 932 ab. – Alt. 724 m – Carta regionale n° **7-C2**
▶ Roma 83 km – Frosinone 36 km – Avezzano 73 km – Latina 88 km
Carta stradale Michelin 563-Q21

🍴🍴🍴 **Colline Ciociare** (Salvatore Tassa)　　　　🏡 🏧 ♻ 🅿

via Prenestina 27 – 𝒞 0 77 55 60 49 – www.salvatoretassa.it – Chiuso domenica sera, martedì a mezzogiorno e lunedì
Menu 75/100 €
Scelta ridotta, ma fantasia infinita: dalla tradizione ciociara agli accostamenti più audaci, pochi piatti vi aprono un universo, quello di un cuoco-poeta. Al moderno bistrot Nù, regnano invece la tradizione e l'omaggio alle ricette storiche dello chef.
→ Ravioli di aglio in consommé di mele. Involtino di manzo e lardo profumato alle rose. Patata confit al caramello, quinoa, spuma di mandorla e pelle di patata croccante.

ADRIA

Rovigo (RO) – ⊠ 45011 – 19 962 ab. – Carta regionale n° **23-C3**
▶ Roma 478 km – Padova 65 km – Rovigo 23 km – Venezia 65 km
Carta stradale Michelin 562-G18

🏠 Stella D'Italia

Viale Umberto Maddalena, 4, angolo via Barzan – ☎ *04 26 90 24 57*
– *www.hotelstelladitalia-adria.it*
35 cam ⌂ – ✝70/90 € ✝✝100/120 €
In comoda posizione tra centro storico e stazione, boutique hotel ricavato dalla ristrutturazione - all'insegna del moderno design - di una casa dei primi del '900. Non partite senza aver fatto due passi nelle belle strade di questa etrusca località.

🏠 Mansarda e Minuetto

via della Fossa 9 – ☎ *04 26 90 02 96* – *www.albergominuettoadria.it*
16 cam ⌂ – ✝60/70 € ✝✝80/90 € – **4 suites**
La risorsa si compone di due strutture distinte, stilisticamente agli antipodi: arredi moderni e di tendenza nel nuovo albergo Minuetto, mobili rustici e camere caratterizzate da imponenti travi a vista nell'ottocentesca villa Mansarda. In comune, l'affaccio su un grazioso cortile.

🍴 Molteni

via Ruzzina 2/4 – ☎ *0 42 64 25 20* – *www.albergomolteni.it*
– *Chiuso 23 dicembre-6 gennaio e 14-29 agosto*
Carta 31/82 € – *(chiuso sabato a mezzogiorno e domenica sera, anche domenica a mezzogiorno dal 15 giugno al 31 agosto)*
8 cam ⌂ – ✝50/60 € ✝✝85/90 €
Arredi e camere semplici in questo ristorante felicemente posizionato nel centro storico, in riva al Canal Bianco: si punta tutto sulla tradizione (quasi centenaria) e sul buon pesce.

ADRO

Brescia (BS) – ✉ 25030 – 7 097 ab. – Alt. 271 m – Carta regionale n° **10-D1**
▶ Roma 577 km – Milano 74 km – Brescia 32 km – Bergamo 28 km
Carta stradale Michelin 561-F11

a Torbiato Sud-Est: 4 km – ✉ 25030

🍴🍴 Dispensa Pani e Vini Franciacorta

via Principe Umberto 23 – ☎ *03 07 45 07 57* – *www.dispensafranciacorta.com*
– *Chiuso lunedì*
Menu 35/90 € – Carta 34/105 €
La formula è quanto mai moderna: nella sala ristorante, servizio classico e piatti locali rivisitati con intelligenza, all'osteria proposte più semplici, mentre al bancone ci si diverte a tutte le ore del giorno con simpatici assaggi della materia prima (pasta, formaggi, salumi, etc.) utilizzata dall'esperto chef. Non manca un'enoteca con vendita di bottiglie. Insomma, un locale a 360°!

AFFI

Verona (VR) – ✉ 37010 – 2 319 ab. – Alt. 191 m – Carta regionale n° **23-A2**
▶ Roma 518 km – Verona 31 km – Brescia 64 km – Mantova 57 km
Carta stradale Michelin 561-F14

🍴 Locanda Moscal

via Pigna 1 – ☎ *04 56 26 03 09* – *www.moscal.it*
Menu 23 € (pranzo in settimana)/30 € – Carta 31/48 € – *(chiuso lunedì)*
6 cam ⌂ – ✝60 € ✝✝70 €
Tartare di manzetta garronese con scaglie di Monte Veronese ed extravergine d'oliva oppure filetto di manzo al Valpolicella, cipolla caramellata e purè? E se per finire optassimo per una torta di mele con gelato alla vaniglia? Sicuramente non sbaglieremmo, perchè le proposte di questa vivace e moderna locanda di paese non smettono di conquistare i suoi ospiti.

in prossimità casello autostradale A22 Affi Lago di Garda Sud Est :
1 km

🏠🏠 Park Hotel Affi

via Crivellin 1 A ✉ *37010* – ☎ *04 57 23 56 50* – *www.cithotels.com*
105 cam ⌂ – ✝70/140 € ✝✝95/170 € – **6 suites**
Chi viaggia per affari apprezzerà la sua comoda ubicazione stradale, nonché le sue ampie, confortevoli, camere, ma anche la giovane e dinamica gestione.

AGAZZANO

Piacenza (PC) – ⊠ 29010 – 2 075 ab. – Alt. 187 m – Carta regionale n° **5-A2**

▶ Roma 537 km – Piacenza 25 km – Parma 87 km – Milano 77 km
Carta stradale Michelin 562-H10

  ✗ **Antica Trattoria Giovanelli**

via Centrale 5, località Sarturano, Nord: 4 km – 𝒞 *05 23 97 51 55*
– www.anticatrattoriagiovanelli.it – Chiuso 2 settimane in febbraio, 2 settimane
in agosto, mercoledì sera, domenica sera e lunedì
Carta 23/37 € – (consigliata la prenotazione)
In una piccola frazione di poche case in aperta campagna, una trattoria che esiste
da sempre, dove gustare genuine specialità piacentine; grazioso cortile per servizio estivo.

AGGIUS

Sardegna – Olbia-Tempio (OT) – ⊠ 07020 – 1 559 ab. – Alt. 514 m
– Carta regionale n° **16-B1**

▶ Cagliari 258 km – Olbia 51 km – Sassari 74 km
Carta stradale Michelin 366-P38

  Agriturismo Il Muto di Gallura

località Fraiga, Sud: 1 km – 𝒞 *0 79 62 05 59 – www.mutodigallura.com*
15 cam ⌨ – †52/63 € ††84/104 €
Per chi non cerca confort alberghieri, il nome di un bandito romantico per uno
"stazzu" (fattoria) tra querce da sughero, dove effettuare gite a cavallo in paesaggi
di rara suggestione, ma anche una piccola remise en forme grazie alla nuova
zona benessere. In sala da pranzo, tanto legno ed i prodotti tipici del territorio,
dal cinghiale alla zuppa gallurese.

AGNONE

Isernia (IS) – ⊠ 86081 – 5 125 ab. – Alt. 830 m – Carta regionale n° **1-C3**

▶ Roma 222 km – Campobasso 84 km – Isernia 43 km – Chieti 94 km
Carta stradale Michelin 564-B25

sulla strada statale 86 Km 34 Sud-Ovest : 15 km :

  Agriturismo Selvaggi

località Staffoli Str.Prov. Montesangrina km 1 ⊠ *86081 Agnone*
– 𝒞 *0 86 57 71 77 – www.staffoli.it – Chiuso 15 giorni in novembre*
15 cam ⌨ – †40/65 € ††55/65 €
Un soggiorno a contatto con la natura in una fattoria del 1720, restaurata: allevamento di bovini e ovini, produzione di salumi, escursioni a cavallo; camere
accoglienti.

AGRIGENTO

Sicilia – ⊠ 92100 – 59 645 ab. – Alt. 230 m – Carta regionale n° **17-B2**

▶ Caltanissetta 55 km – Palermo 127 km – Enna 88 km
Carta stradale Michelin 365-AQ60 – Guida Verde Michelin SICILIA

 **Villa Athena**

via passeggiata Archeologica 33 – 𝒞 *09 22 59 62 88*   Pianta: B2**c**
– www.hotelvillaathena.it
21 cam ⌨ – †119/460 € ††119/460 € – **6 suites**
Rist *La Terrazza degli Dei* – Vedere selezione ristoranti
Flessuose palme svettano nel giardino-agrumeto, dove sono collocate la piscina e
la villa del Settecento che ospita questa risorsa dalle splendide camere e dalla
proverbiale vista sui celebri templi. Nell'esclusiva, piccola, spa, vasca idromassaggio, zona umida e cromoterapia.

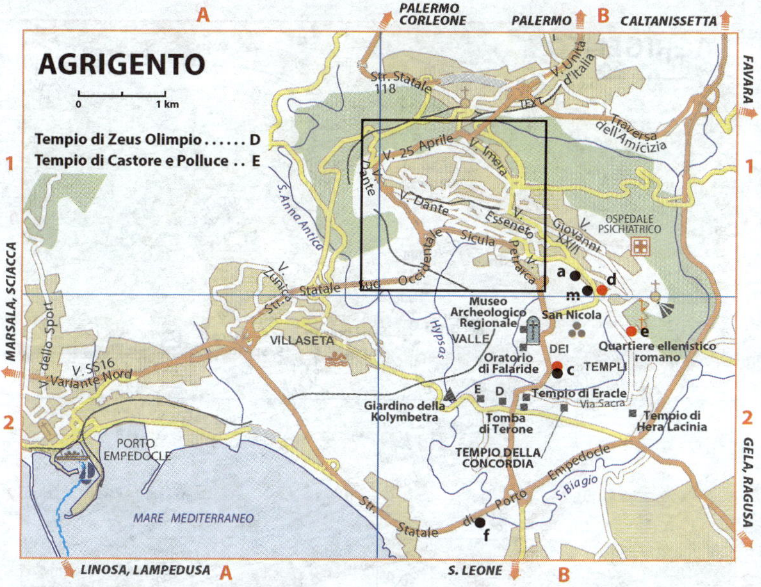

AGRIGENTO

0 — 1 km

Tempio di Zeus Olimpio . . . . . . D
Tempio di Castore e Polluce . . E

PALERMO CORLEONE · PALERMO · CALTANISSETTA

FAVARA

MARSALA, SCIACCA

GELA, RAGUSA

LINOSA, LAMPEDUSA · S. LEONE

MARE MEDITERRANEO

VILLASETA

PORTO EMPEDOCLE

Museo Archeologico Regionale · San Nicola

Quartiere ellenistico romano

Oratorio di Falaride

Giardino della Kolymbetra

Tomba di Terone

Tempio di Eracle

TEMPIO DELLA CONCORDIA

Tempio di Hera Lacinia

Colleverde Park Hotel

via dei Templi Via Portulano 1 – ☎ 0 92 22 95 55
– www.colleverdehotel.it
Pianta: B1**m**

48 cam ⌷ – ♦70/120 € ♦♦90/160 €

Tra la zona archeologica e la città, edificio moderno dagli accoglienti e colorati salotti. Camere variamente arredate, alcune in stile siciliano: possibilmente, optare per quelle con vista sulla Valle dei Templi, la stessa che si gode dal dehors del ristorante (specialità regionali).

Della Valle

via Ugo La Malfa 3 – ☎ 0 92 22 69 66
– www.hoteldellavalle.com
Pianta: B1**a**

110 cam ⌷ – ♦79/89 € ♦♦89/99 € – **2 suites**

Al limitare del centro e sulla strada per il tour dei templi, due imponenti edifici "nascondono" sul retro un bel giardino a macchia mediterranea, dove primeggia una piscina-solarium per momenti di totale relax. All'interno, spazi generosi - anche nelle accoglienti camere – ed un'elegante spa aperta anche agli esterni.

Antica Foresteria Catalana

piazza Lena 5 – ☎ 0 92 22 04 35
– www.albergoanticaforesteriacatalana.com
Pianta: C1**c**

9 cam – ♦40/45 € ♦♦65/70 € – ⌷ 3 €

Poco lontano dal Duomo e dal teatro Pirandello, una piccola risorsa ideale per vivere il centro storico: gli spazi sono stati ricavati dalla ristrutturazione di un palazzo d'epoca ed offrono un discreto confort.

✕✕✕ La Terrazza degli Dei – Hotel Villa Athena

via Passeggiata Archeologica 33 – ☎ 09 22 59 62 88
– www.hotelvillaathena.it
Pianta: B2**c**

Menu 45/60 € – Carta 45/75 € – *(solo a cena)*

Se la fama di Agrigento è quasi esclusivamente legata alla zona archeologica, vale invece la pena di scoprire anche la sua tavola. A La terrazza degli Dei (en plein air per quasi tutta la stagione), la vista si posa sul tempio della Concordia e sulla valle dei Templi, mentre vini isolani e piatti locali - reinterpretati in chiave fantasiosa - "intrattengono" l'ospite. In alternativa, a pranzo, c'è anche una carta light.

AGRIGENTO

XX **Trattoria dei Templi**
via Panoramica dei Templi 15 – ℰ 09 22 40 31 10 — Pianta: B1**d**
– www.trattoriadeitempli.com – Chiuso domenica
Carta 24/60 €
Nient'altro che specialità di mare, fresco e di preparazione classica. Altrettanto
valida la gestione che vanta una lunga esperienza nel campo della ristorazione.

XX **Re di Girgenti**
via Panoramica dei Templi 51 – ℰ 09 22 40 13 88 — Pianta: B2**e**
– www.ilredigirgenti.it – Chiuso martedì
Carta 29/55 €
Solo etichette regionali nella carta dei vini, ma anche la cucina non si scosta dal-
l'isola, in questo locale giovane e alla moda, che osa giocare con inserti arabeggianti e un look molto personale. La magia della vista sui templi ha pochi eguali.

X **Osteria Expanificio**
piazza Sinatra 16 – ℰ 09 22 59 53 99 — Pianta: C1**a**
– www.osteriaexpanificio.it
Carta 23/48 €
L'insegna non mente: il ristorante occupa realmente gli ambienti di un ex panifi-
cio, mentre la cucina offre specialità siciliane ottimamente interpretate. Un esempio? I cavatelli alla Pirandello. Graziosa la piazzetta su cui cenare.

sulla strada statale 115 Ovest : 3 km per Marsala-Sciacca

 Demetra Resort   Pianta: B2**f**

Via Limoni di Piemonte, Contrada Forgia ✉ *92100*
– ℰ 09 22 59 89 14 – www.demetraresort.it – Aperto 1° aprile-31 ottobre
23 cam ⌑ – ♦74/299 € ♦♦84/399 €
Situato all'interno del Parco Archeologico della Valle dei Templi il Demetra Resort nasce dal recupero architettonico di un antico casale: calda atmosfera nelle camere e dalla torretta che ospita due stanze, la vista si bea del profilo degli antichi monumenti.

a San Leone Sud: 7 km B – ✉ 92100 Agrigento

 Dioscuri Bay Palace

lungomare Falcone-Borsellino 1 – ℰ 09 22 40 61 11 – www.dioscurihotel.it
– Chiuso 1° gennaio-18 marzo
102 cam ⌑ – ♦74/200 € ♦♦84/350 €
Hotel ricavato da una ex colonia estiva degli anni '50, risulta oggi una risorsa funzionale e moderna, molto comoda per chi viene ad Agrigento per lavoro e può così risparmiarsi lo stress di girare in macchina nel centro. In più si trova sul lungomare quindi - quando il tempo lo permette - si può assistere a tramonti di tipo africano. Sempre, invece, la vista panoramica sui templi.

Baia di Ulisse

Via Lacco Ameno, Est: 3 Km – ℰ 09 22 41 76 38 – www.baiadiulisse.com
91 cam ⌑ – ♦85/120 € ♦♦120/190 € – **2 suites**
In posizione panoramica, ampie camere, nonché accesso diretto alla spiaggia privata, per questa signorile struttura circondata da una fresca pineta e dotata di un attrezzato centro benessere (a pagamento) con zona umida ed area trattamenti-massaggi.

AGROPOLI

Salerno (SA) – ✉ 84043 – 21 226 ab. – Carta regionale n° **4-C3**
▶ Roma 319 km – Salerno 58 km – Battipaglia 33 km – Avellino 89 km
Carta stradale Michelin 564-F26

 Il Ceppo

via Madonna del Carmine 31, Sud-Est: 1,5 km – ℰ 09 74 84 30 44
– www.hotelristoranteilceppo.com – Chiuso 2 settimane in inverno
20 cam ⌑ – ♦40/70 € ♦♦70/95 €
Rist *Il Ceppo* – Vedere selezione ristoranti
Situato di fronte all'omonimo ristorante, piccolo albergo a conduzione familiare con piacevoli zone comuni dai colori caldi. Camere confortevoli e funzionali.

La Colombaia

via Piano delle Pere, Sud: 2 km – ℰ 09 74 82 18 00 – www.lacolombaiahotel.it
– Aperto 1° aprile-30 settembre
11 cam ⌑ – ♦50/70 € ♦♦70/100 € – **2 suites**
In quieta posizione panoramica, bella villa di campagna ristrutturata, dotata di terrazza-giardino con piscina; accoglienti e ben curate sia le camere che le zone comuni.

✗ **Il Cormorano**

via C. Pisacane 13, al Porto – ℰ 09 74 82 39 00 – www.ristoranteilcormorano.it
– Chiuso mercoledì escluso giugno-agosto
Menu 30/50 € – Carta 29/57 €
Direttamente sul porto turistico, caratteristica atmosfera marinara in un ambiente curato ed accogliente, dove gustare pesce fresco e piatti locali serviti anche sull'incantevole terrazza vista mare.

✗ **Il Ceppo** – Hotel il Ceppo

via Madonna del Carmine 31, Sud-Est: 1,5 km – ℰ 09 74 84 30 36
– www.hotelristoranteilceppo.com – Chiuso 2 settimane in inverno e lunedì
Menu 20/60 € – Carta 22/65 €
Appena fuori dalla località, ristorante con pizzeria serale: tre sale classiche con tocchi di rusticità, bianche pareti e pavimenti in cotto. La cucina profuma di mare.

ALAGNA VALSESIA

Vercelli (VC) – ✉ 13021 – 409 ab. – Alt. 1 191 m – Carta regionale n° **12-B1**

▶ Roma 722 km – Novara 95 km – Varese 124 km – Vercelli 107 km

Carta stradale Michelin 561-E5

Montagna di Luce

frazione Pedemonte 16 – ☎ 01 63 92 28 20 – www.montagnadiluce.it – Chiuso 3-26 giugno e 1°-30 ottobre

8 cam ⌷ – ♦55/100 € ♦♦100/160 €

Poco lontana dal centro, in una piccola frazione che conserva intatta l'atmosfera tipica di queste montagne, una caratteristica baita Walser ristrutturata per offrire il meglio del confort moderno. Pietra a vista e rivestimenti in legno nell'originale ristorante, dove assaporere piatti legati al territorio.

B&B Casa Prati

frazione Casa Prati 7 – ☎ 01 63 92 28 02 – www.zimmercasaprati.com – Chiuso 2 settimane in giugno

6 cam ⌷ – ♦67/90 € ♦♦90/116 €

Dalla totale ristrutturazione di una casa colonica, una piacevole risorsa in tipico stile montano dotata di piccola zona sauna e relax, camere molto graziose e di un appartamento (ideale per famiglie). L'accoglienza eccelle per cordialità.

ALASSIO

Savona (SV) – ✉ 17021 – 11 007 ab. – Carta regionale n° **8-B2**

▶ Roma 600 km – Imperia 26 km – Savona 54 km – Genova 101 km

Carta stradale Michelin 561-J6

Grand Hotel Alassio

via Gramsci 2 – ☎ 01 82 64 87 78   Pianta: B1**h**

– www.grandhotelalassio.com – Chiuso gennaio-febbraio

54 cam ⌷ – ♦178/498 € – **7 suites**

Storico albergo della città "restituito" alla sua funzione originaria: salvaguardata l'architettura esterna, i suoi interni sfoggiano uno stile contemporaneo, minimalista e fresco. Tra i must, il centro talassoterapico con piscina di acqua di mare. Cene romantiche nel bel gazebo sulla spiaggia; carni e pesci alla brace nel dehors del ristorante.

Villa della Pergola

via Privata Montagù 9/1 – ☎ 01 82 64 61 30   Pianta: AB1**d**

– www.villadellapergola.com – Chiuso febbraio e novembre

7 cam ⌷ – ♦270/900 € ♦♦270/900 € – **5 suites**

Sulla collina che domina la città ed il golfo, due ville di fine '800 immerse in un ampio parco di flora mediterranea, con laghetti, fontane e pergole: gli ambienti sono ricchi di personalità, la camere scrigni di raffinatezza. L'eleganza dell'epoca vittoriana sembra essere tornata!

Ligure

passeggiata D. Grollero 25 – ☎ 01 82 64 06 53   Pianta: A2**d**

– www.ligurealassio.it – Chiuso 20 ottobre-22 dicembre

46 cam ⌷ – ♦85/225 € ♦♦110/300 € – **3 suites**

Antistante il molo e attiguo al celebre "budello", cuore commerciale della città, albergo rinnovato totalmente con un elegante centro benessere e camere moderne, attrezzate nei confort.

Toscana

via Dante Alighieri 83 – ☎ 01 82 64 06 57   Pianta: A2**h**

– www.hoteltoscanaalassio.it – Chiuso 10 ottobre-20 dicembre

51 cam ⌷ – ♦70/120 € ♦♦100/170 € – **9 suites**

Un family hotel ideale per chi parte con bambini al seguito. Completamente rinnovato e con una gestione intraprendente, l'albergo ha saputo dotarsi di una serie di servizi atti a soddisfare questo tipo di clientela. Non manca, tuttavia, una sala riunioni ed una piccola zona benessere; al ristorante cucina ligure-toscana con prodotti provenienti dalla loro fattoria in Maremma.

ALASSIO

0 ——— 200 m

LIGURE

MARE

SAN REMO
NIZZA

Savoia

☆ ← ♨ ⊡ ⅊ ⋔ AK

via Milano 14 – ☏ 01 82 64 02 77 – www.hotelsavoia.it
– Chiuso 3 novembre-23 dicembre
Pianta: B1**b**

40 cam ⌷ – ♦75/160 € ♦♦95/220 €

Camere rinnovate e ben accessoriate, nonché ambienti curati e di moderna concezione, in una struttura che offre il vantaggio di trovarsi direttamente sul mare... e l'acqua sembra lambire la sala ristorante, dove gustare i classici italiani.

Regina

☆ ← ♨ ⋙ ℔ ⊡ AK P

viale Hanbury 220 – ☏ 01 82 64 02 15 – www.reginahotel.it
– Aperto 1° aprile-4 novembre
Pianta: B1**s**

42 cam ⌷ – ♦80/220 € ♦♦170/330 €

In riva al mare, albergo particolarmente adatto per le famiglie: colori caldi negli spazi comuni, terrazza solarium con vasca idromassaggio e zona benessere. Presso la sobria sala ristorante, i sapori della cucina nazionale.

103

Rosa ⓘ 🏠 ♨ ɬ⅃ ⬆ 🚶 AC 🚗

via Conti 10 angolo corso Diaz – ☏ 01 82 64 08 21   Pianta: A2**e**
– www.hotelrosa.it – Chiuso 3-18 novembre
49 cam � – †55/100 € ††100/200 € – **3 suites**
In posizione centrale, questo hotel a conduzione diretta dispone di camere di differenti tipologie e moderna zona benessere. Nella sala da pranzo o sulla terrazza panoramica, piatti unici ed insalatone.

Corso 🏠 ✿ ⬆ AC 🚗

via Diaz 28 – ☏ 01 82 64 24 94 – www.hotelcorso.it – Chiuso   Pianta: A2**s**
2 novembre-22 dicembre
45 cam ⊇ – †65/110 € ††85/160 €
Uno degli alberghi più "cittadini" della località, sebbene a poche decine di metri dal mare, dispone di belle camere dallo stile contemporaneo e dalle moderne dotazioni.

Dei Fiori 🏠 ✿ ♨ ɬ⅃ ⬆ ⅙ 🚶 AC 🕴

viale Marconi 78 – ☏ 01 82 64 05 19   Pianta: B1**c**
– www.hoteldeifiori-alassio.it
68 cam – †60/135 € ††80/190 € – ⊇ 12 € – **2 suites**
Nel centro della località, hotel di tradizione che si rinnova continuamente: moderna zona benessere, camere di differenti stili, signorili quelle recentemente ristrutturate.

Beau Rivage 🏠 ✿ ◁ P

via Roma 82 – ☏ 01 82 64 05 85 – www.hotelbeaurivage.it   Pianta: A2**c**
– Chiuso 15 ottobre-24 dicembre
20 cam ⊇ – †79/124 € ††128/190 €
Signorile, accogliente casa ottocentesca di fronte al mare con interni molto curati: piacevoli salottini con bei soffitti affrescati e camere semplici, ma molto graziose. Gradevole sala da pranzo.

Lamberti 🏠 ✿ ⬆ AC

via Gramsci 57 – ☏ 01 82 64 27 47 – www.hotellamberti.it   Pianta: B1**y**
– Chiuso 15 novembre-4 dicembre
25 cam ⊇ – †55/110 € ††70/170 €
Rist *Lamberti* – Vedere selezione ristoranti
A pochi passi dalle spiagge, un edificio degli anni '30 con camere ben arredate e dalla tenuta impeccabile; gestione famigliare affidabile ed accogliente.

XX Sail-Inn 🍴 🌿 AC

via Brennero 34 – ☏ 01 82 64 02 32 – www.sailinnalassio.it   Pianta: A2**a**
– Chiuso 7 gennaio-15 marzo e lunedì escluso 15 giugno-15 settembre
Menu 30 € (in settimana) – Carta 41/98 €
All'inizio del pittoresco "budello", i recenti lavori di rinnovo hanno dato vita ad un piacevole locale, dove lo stile elegante si fonde mirabilmente con gli antichi ambienti. La cucina predilige sempre il mare, supportata da un'apprezzabile cantina: ottima carta dei vini con grandi etichette francesi e champagne di alta qualità. Bella veranda a pochi passi dalla spiaggia.

XX Panama 🌿 AC

via Brennero 35 – ☏ 01 82 64 60 52   Pianta: A2**g**
– www.panama.playrestaurant.it – Chiuso novembre mercoledì escluso
maggio-settembre
Menu 27 € (in settimana)/50 € – Carta 28/101 €
Lo stile provenzale ha trovato dimora tra le mura di questo grazioso locale, la cui location - a due passi dal mare - consente agli ospiti di cenare direttamente sulla spiaggia. Specialità ittiche.

XX Lamberti – Hotel Lamberti 🌿 🌿 ⅙ AC

via Gramsci 57 – ☏ 01 82 64 27 47 – www.ristorantelamberti.it   Pianta: B1**y**
– Chiuso 15 novembre-4 dicembre e lunedì escluso luglio-agosto
Carta 48/144 €
A pochi passi dal mare, in un edificio degli anni '30, la cucina propone piatti tradizionali e regionali elaborati partendo da un'accurata selezione di materie prime. Tra i must: il pesce.

✕✕ La Prua 🛜 AC

passeggiata Baracca 25 – ✆ 01 82 64 25 57   Pianta: B1**b**
– www.ristorantelaprua.it
Menu 50/70 € – Carta 42/99 €

Il menu predilige il pesce, ma annovera anche qualche piatto di terra, in eleganti salette ricavate negli ex depositi delle barche o nel suggestivo dehors direttamente sulla spiaggia.

ALBA

Cuneo (CN) – ✉ 12051 – 31 353 ab. – Alt. 172 m – Carta regionale n° **14-C2**
◧ Roma 644 km – Cuneo 64 km – Torino 77 km – Alessandria 67 km
Carta stradale Michelin 561-H6

🏨 Calissano 🛜 🛗 ☰ 🚻 AC 🕍 🚗

via Pola 8 – ✆ 01 73 36 48 55 – www.hotelcalissano.it
82 cam ☷ – ♦100/180 € ♦♦120/180 € – **3 suites**

A pochi minuti a piedi dal centro città, Calissano è una di quelle realtà moderne, di grande respiro e dai confort impeccabili, con ampie camere ben accessoriate e piacevoli spazi comuni. Un hotel funzionale, ideale per una clientela business.

🏨 I Castelli 🛜 ☰ AC 🕳 🕍 🚗

corso Torino 14/1 – ✆ 01 73 36 19 78 – www.hotel-icastelli.com
87 cam ☷ – ♦75/110 € ♦♦110/150 €
Rist I Castelli – Vedere selezione ristoranti

Imponente complesso recente di moderna concezione in vetro e cemento, dotato di ogni confort e di camere accoglienti e spaziose; ideale per una clientela di lavoro.

🏠 Langhe 🔖 🍴 🛗 ☰ 🚻 AC P

strada Profonda 21 – ✆ 01 73 36 69 33 – www.hotellanghe.it
25 cam ☷ – ♦69/78 € ♦♦84/160 €

In posizione tranquilla, moderna risorsa con soluzioni design che piaceranno ai globetrotter (c'é anche una piccola piscina!). Tra le 12 e le 24: piatti freddi, caldi e dessert - accompagnati da vini regionali - serviti in camera o nella piccola hall.

🏡 Palazzo Finati ☰ AC P

via Vernazza 8 – ✆ 01 73 36 63 24 – www.palazzofinati.it – Chiuso
24 dicembre-11 gennaio e 2 settimane in agosto
9 cam ☷ – ♦120/210 € ♦♦150/250 €

Crema, vermiglio, indaco, eleganza delle forme e morbidezza dei tessuti: nell'ottocentesco palazzo del centro convivono una romantica storicità e l'attenzione per il dettaglio.

🏡 Agriturismo Villa la Meridiana-Cascina Reine 🔖 ≤ 🍴 🛥 P

località Altavilla 9, Est: 1 km – ✆ 01 73 44 01 12 – www.villalameridianaalba.it
10 cam ☷ – ♦75/85 € ♦♦90/110 €

Originale complesso agrituristico composto da una villa Liberty ed un attiguo cascinale: accoglienti interni e camere in stile. Esclusiva suite, dotata di una terrazza con splendida vista sui proverbiali vigneti locali. Relax allo stato puro.

✕✕✕ Piazza Duomo 🍽 AC
❀❀❀

vicolo dell'Arco 1, angolo piazza Risorgimento 4 – ✆ 01 73 36 61 67
– www.piazzaduomoalba.it – Chiuso 19 dicembre-21 gennaio, 2 settimane in agosto, domenica e lunedì (solo lunedì dal 1° ottobre al 15 novembre)
Menu 180/220 € – Carta 125/205 € – (consigliata la prenotazione)
4 cam – ♦240/280 € ♦♦280/350 € – senza ☷

Il pasto debutta in maniera esplosiva con una serie di finger creativi, mentre erbe, fiori, verdura e frutta - spesso del proprio orto biodinamico - non sono mai attori non protagonisti dei piatti, ma li esaltano sia nel sapore sia nell'estetica. In questo atelier gastronomico, lo chef, Enrico Crippa, celebra le Langhe, ma secondo un'estetica ed una meticolosità tutta nipponica.

→ Carbonara di gamberi. Agnello e camomilla. Minestrone di frutta e verdura.

XX
✿ **Locanda del Pilone**

*frazione Madonna di Como 34, strada della Cicchetta, Sud-Est: 5 km
– ☎ 01 73 36 66 16 – www.locandadelpilone.com – Chiuso
3 gennaio-15 marzo e 1 settimana in agosto*
Menu 65/110 € – Carta 55/101 € – *(chiuso i mezzogiorno di martedì e mercoledì
in ottobre-novembre, tutto il giorno negli altri mesi)*
8 cam ⬚ – ♦125/205 € ♦♦155/235 € – **2 suites**
In posizione dominante i celebri vigneti, nella calda, elegante, atmosfera di un'antica cascina piemontese, antichi soffitti a volta e il suggestivo panorama delle Alpi dalla Salle Napoléon. Mobili d'epoca offrono l'accoglienza, il fascino del vecchio nobile Piemonte; la cucina, il meglio dei suoi sapori.
→ Spaghettoni di Gragnano all'aglio, olio e profumo di Mediterraneo. Piccione arrostito, fegato grasso d'anatra e Sacher. Le quattro variazioni dello yogurt.

XX **Lalibera**

*via Pertinace 24/a – ☎ 01 73 29 31 55 – www.lalibera.com – Chiuso
23 dicembre-10 gennaio, 15 giorni in agosto, lunedì a mezzogiorno e domenica*
Carta 34/63 € – (consigliata la prenotazione)
Moderno e di design il locale, giovane ed efficiente il servizio. La cucina propone appetitosi piatti della tradizione piemontese: spesso rielaborati con tocchi di fantasia. Assai frequentato a pranzo.

XX **Enoclub**

piazza Savona 4 – ☎ 0 17 33 33 99 94 – www.enoclub.net – Chiuso lunedì
Menu 35/70 € – Carta 40/59 € – (consigliata la prenotazione)
Un indirizzo che fa parlare molto di sé in città: in pieno centro, nelle antiche cantine di un palazzo di origini ottocentesche, atmosfera signorile e piatti langaroli. Informale come un bistrot, il Caffè Umberto propone invece una cucina più snella e solitamente d'impronta nazionale.

XX **I Castelli** – Hotel I Castelli

*corso Torino 14/1 – ☎ 01 73 36 19 78 – www.hotel-icastelli.com – Chiuso
10 giorni in gennaio e 3 settimane tra luglio e agosto*
Menu 30/40 € – Carta 26/55 € – *(solo a cena)*
Nella "città delle cento torri" e capitale del tartufo bianco, le vetrate di questo bel ristorante al roof garden lo cingono su tre lati e garantiscono una vista (quasi) a 360°. La sua cucina si basa sulla semplicità e sulla stagionalità dei prodotti locali dando vita a piatti della tradizione reinterpretati con gusto moderno.

XX **Larossa** Ⓝ

*via Alberione 10/D – ☎ 01 73 06 06 39 – www.ristorantelarossa.it – Chiuso
mercoledì a mezzogiorno e martedì*
Menu 52/75 € – Carta 44/89 €
Ha da poco soffiato sulla prima candelina, ma fa già tanto parlare si sé questo nuovo ristorante, elegante e gourmet: cucina moderna con radici nel territorio, buona estetica e tanta tecnica.

X **Osteria dell'Arco**

*piazza Savona 5 – ☎ 01 73 36 39 74 – www.osteriadellarco.it – Chiuso domenica
escluso ottobre-novembre*
Menu 38 € (cena) – Carta 26/46 €
La cucina rispolvera i piatti del territorio, rivisitati con fantasia, in questo locale del centro affacciato su un cortile interno. Ambiente informale ed accogliente, con il vino in bella mostra.

X **La Piola**
☺
*piazza Risorgimento 4 – ☎ 01 73 44 28 00 – www.lapiola-alba.it – Chiuso
gennaio, domenica sera in ottobre e novembre, anche domenica a mezzogiorno
negli altri mesi*
Carta 34/53 € – (consigliata la prenotazione)
Affacciato sulla piazza principale anche con una bella veranda, l'atmosfera è informale, mentre il menu elenca su due grandi lavagne le specialità del territorio: ottimo il brasato di manzo al Barolo con polenta macinata a pietra.

ALBA ADRIATICA

Teramo (TE) – ✉ 64011 – 12 377 ab. – Carta regionale n° **1-B1**

▶ Roma 207 km – Ascoli Piceno 40 km – Pescara 57 km – Teramo 39 km

Carta stradale Michelin 563-N23

🏠 Eden & Eden Park Hotel

lungomare Marconi 328 – ☎ *08 61 71 42 51 – www.hoteleden.it – Aperto 1°maggio-30 settembre*

83 cam ⬜ – 🛏65/120 € 🛏🛏110/200 €

In un'area che si estende dal lungomare fino all'interno, due strutture identiche nei servizi con camere distinte - invece - per tipologia: classiche all'Eden, più moderne al Park. E per gli incondizionati del pallone, un bel campo da calcetto (ma c'è anche un minigolf).

🏠 Doge

lungomare Marconi 292 – ☎ *08 61 71 25 08 – www.hoteldoge.it – Aperto 15 maggio-15 settembre*

60 cam ⬜ – 🛏50/100 € 🛏🛏60/120 € – **2 suites**

Sarà un'accoglienza solare e sorridente a darvi il benvenuto in questa bella risorsa - comodamente sul lungomare - dalle camere arredate in stile coloniale e un ascensore panoramico con vista mozzafiato.

🏠 Majestic

via Molise 3 – ☎ *08 61 75 37 55 – www.majestichotel.net*

32 cam ⬜ – 🛏45/60 € 🛏🛏70/90 €

Ubicato in posizione tranquilla leggermente arretrata rispetto al mare, edificio in mattoni con echi neoclassici offre camere belle e spaziose, molto ben accessoriate.

🏠 Boracay

via Cesare Battisti 171 – ☎ *08 61 71 36 12 – www.boracay.it – Aperto 30 maggio-19 settembre*

51 cam ⬜ – 🛏45/95 € 🛏🛏80/190 € – **2 suites**

Ci guadagna in tranquillità la posizione arretrata rispetto al mare di questa accogliente struttura dalle camere semplici e moderne ed una bella piscina per chi cerca un'alternativa alla spiaggia.

🏠 La Pergola

via Emilia 9 – ☎ *08 61 71 10 68 – www.hotelpergola.it – Aperto 1°maggio-30 settembre*

9 cam – 🛏40/55 € 🛏🛏65/98 € – **3 suites**

Lasciatevi coccolare dalla calda ospitalità di Denise e della sua piccola casa, approfittando della piacevole colazione sul terrazzino esterno in un ambiente di feeling internazionale.

🏠 Impero

lungomare Marconi 162 – ☎ *08 61 71 24 22 – www.hotelimpero.com – Aperto 18 maggio-20 settembre*

60 cam ⬜ – 🛏80/100 € 🛏🛏80/120 € – **1 suite**

Albergo tradizionale, a pochi metri dal mare, con accogliente hall dipinta e arredata nelle sfumature del rosso e del rosa e comode poltrone in stile; sala ristorante con ampia veduta.

✕✕ Arca

viale Mazzini 109 – ☎ *08 61 71 46 47 – www.arcaristorante.it – Chiuso sabato a mezzogiorno e martedì*

Menu 30/50 € – Carta 29/51 €

Splendida vetrata con cucina a vista, in un locale - moderno ed elegante - che segna una svolta nella routine gastronomica della costa abruzzese: mare o terra, ma anche piatti vegetariani, la qualità dei prodotti e la tecnica delle preparazioni sono ai vertici!

✕✕ Il Palmizio

lungomare Marconi 160 – ☎ *08 61 75 13 39 – Chiuso 2 settimane in gennaio e lunedì a mezzogiorno, anche domenica sera in autunno-inverno*

Menu 25 € (in settimana)/35 € – Carta 32/82 €

L'Abruzzo - terra di contadini e pescatori - offre qui il migliore connubio: il pesce di giornata e i prodotti della terra, d'estate accompagnati da un bel servizio in terrazza con vista mare. Imperdibili gli antipasti, crudi e cotti.

ALBAIRATE

Milano (MI) – ⊠ 20080 – 4 702 ab. – Alt. 123 m – Carta regionale n° **10-A2**
▶ Roma 590 km – Milano 23 km – Novara 36 km – Pavia 37 km
Carta stradale Michelin 561-F8

XX   **Charlie 1983** Ⓝ   AC ⇔ P
via Pisani Dossi 26 – ℰ 0 29 40 66 35 – www.ristorantecharlie1983.com – Chiuso 10 giorni in gennaio, 3 settimane in agosto, domenica sera e mercoledì
Menu 45/110 € – Carta 52/76 € – *(solo a cena escluso la domenica)* (consigliata la prenotazione)
In pieno centro paese, in un bel caseggiato rustico con parcheggio privato, ci si accomoda in due salette raccolte, piuttosto classiche nell'ambiente e nell'arredo, per gustare una cucina eclettica e fantasiosa che spazia tra terra e mare.

ALBANO LAZIALE

Roma (RM) – ⊠ 00041 – 41 708 ab. – Alt. 400 m – Carta regionale n° **7-B2**
▶ Roma 27 km – Anzio 33 km – Frosinone 93 km – Latina 44 km
Carta stradale Michelin 563-Q19

🏠   **Miralago**   🐾 🛏 ও 🏋 P
*via dei Cappuccini 12, Nord-Est: 1,5 km – ℰ 0 69 32 10 18
– www.miralago-hotel.it*
45 cam ⊡ – †65/85 € ††90/110 €
A pochi metri da uno scenografico belvedere sul lago Albano, classica struttura che presenta un'atmosfera più rétro negli interni, arredati con carta da parati e decorazioni british. La cucina, stagionale, è ovviamente laziale.

XX   **La Galleria di Sopra**   AC
via Leonardo Murialdo 9 – ℰ 0 69 32 27 91 – www.lagalleriadisopra.it – Chiuso 15-30 agosto e lunedì
Menu 42/55 € – Carta 40/72 € – *(solo a cena escluso i giorni festivi)*
Nella parte alta del paese, la sala principale dal soffitto a botte era un tempo il fienile di un convento di suore (la dimora confina tuttora con la tenuta papale di Castel Gandolfo). Oggi, due giovani fratelli s'ingegnano per svecchiare la cucina dei castelli. Pesce e carne in fantasiose interpretazioni.

ALBAREDO D'ADIGE

Verona (VR) – ⊠ 37041 – 5 317 ab. – Carta regionale n° **23-B3**
▶ Roma 497 km – Verona 36 km – Mantova 49 km – Vicenza 47 km
Carta stradale Michelin 562-G15

a Coriano Veronese Sud : 5 km – ⊠ 37050

XX   **Locanda dell'Arcimboldo**   ⇦ 🛏 🌳 ও AC P
via Gennari 5 – ℰ 04 57 02 53 00 – www.locandadellarcimboldo.it
Carta 26/76 € – *(chiuso domenica sera e lunedì)*
4 cam ⊡ – †80 € ††100/120 €
Elegante casa dell'Ottocento ristrutturata e trasformata in una signorile locanda: particolarmente curate sia la sala che la veranda, dove potrete gustare saporiti piatti locali rivisitati e tante specialità di pesce. Sontuose le camere, arredate con raffinata ricercatezza.

ALBARETO

Parma (PR) – ⊠ 43051 – 2 163 ab. – Carta regionale n° **5-A2**
▶ Roma 479 km – Parma 79 km – La Spezia 81 km – Reggio nell'Emilia 110 km
Carta stradale Michelin 562-I11

🏠   **Borgo Casale**   🐾 🌿 ⇦ 🛏 🔥 P
*località Casale, Est: 2,5 km – ℰ 05 25 92 90 32 – www.borgocasale.it
– Chiuso 15 gennaio-1° febbraio*
16 cam ⊡ – †85/180 € ††150/260 €
Rist *Casimiro e voi* – Vedere selezione ristoranti
In un quadro ambientale tranquillo e charmant, un piccolo borgo di collina trasformato in accogliente relais, completo nella gamma dei servizi offerti.

X **Casimiro e voi** – Hotel Borgo Casale   🏨 ⛢ ⇄ **P**

località Casale, Est: 2,5 km – ℰ 05 25 92 90 32 – www.borgocasale.it – Chiuso martedì

Menu 30 € – Carta 29/43 € – (consigliata la prenotazione)

L'antico borgo che nel XV secolo era una stazione di passaggio lungo la via Francigena, è diventato - ora - un raffinato relais, dove trova posto anche questo ristorante, espressione più autentica della cucina emiliana: ingredienti del territorio e buon vino.

ALBAVILLA

Como (CO) – ✉ 22031 – 5 928 ab. – Alt. 331 m – Carta regionale n° **10-B1**

▶ Roma 620 km – Como 11 km – Bergamo 57 km – Milano 54 km

Carta stradale Michelin 561-E9

XX **Il Cantuccio** (Mauro Elli)   ⛢ ᕒ AC ⅏ ⇄

❀ *via Dante 36 – ℰ 0 31 62 87 36 – www.mauroelli.com – Chiuso 2 settimane in gennaio, 1 settimana in agosto e lunedì*

Carta 49/71 € – *(solo a cena escluso da venerdì a domenica)* (coperti limitati, prenotare)

Un cantuccio romantico, elegantemente rustico, nel cuore della verde Brianza, dove "perdersi" nelle fantasiose rielaborazione di una cucina tradizionale accompagnate da una cantina di grande interesse.

➔ Spaghetti alla chitarra di antiche farine con cipollotti e guanciale. Capretto di Caslino d'Erba (primavera). Zuppetta di mandorle con frutti rossi e gelato al pistacchio.

ALBENGA

Savona (SV) – ✉ 17031 – 24 267 ab. – Carta regionale n° **8-B2**

▶ Roma 592 km – Imperia 34 km – Savona 46 km – Genova 93 km

Carta stradale Michelin 561-J6

XXX **Pernambucco**   🏨 ᕒ AC **P**

viale Italia 35 – ℰ 0 18 25 34 58 – Chiuso mercoledì

Carta 39/110 €

Gestione capace e insolita collocazione all'interno di un giardino, dove trova posto anche un delizioso dehors, per un locale dall'ambiente elegante che vi farà amare la cucina di mare.

XX **Osteria dei Leoni**   ᕒ ᕒ AC

vico Avarenna 1, centro storico – ℰ 0 18 25 19 37 – www.osteriadeileoni.it – Chiuso 20 giorni in febbraio e martedì escluso agosto

Menu 38/65 € – Carta 37/66 €

Nel centro storico di Albenga, in un edificio quattrocentesco che fu convento alle origini e scuola elementare nel secolo scorso, due caratteriche sale e una corte interna per la bella stagione. In menu: fragranti specialità di pesce.

X **Babette**   ᕒ AC

via Michelangelo 17 – ℰ 01 82 54 45 56 – www.ristorantebabette.net – Chiuso 15 giorni in novembre, 2 settimane in marzo e martedì escluso in agosto

Menu 40/48 € – Carta 36/76 €

Direttamente sul mare, dalla sua bella terrazza la vista offerta è quella dell'isola di Gallinara, mentre il menu propone suggestive rivisitazioni di piatti locali e sapori mediterranei.

a Salea Nord-Ovest : 5 km – ✉ 17031 Albenga

🏠 **Cà di Berta**   ⌖ ⟨ 🛌 ⌧ 🖥 & AC ⅏ 🕿 **P**

località Cà di Berta 5 – ℰ 01 82 55 99 30 – www.hoteldiberta.it

5 cam ⌨ – †70/110 € ††100/150 € – **5 suites** – ††120/170 €

Impreziosito da una verde cornice di palme e ulivi, l'albergo dispone di eleganti interni ed accoglienti camere: solo suite e junior-suite. Relax allo stato puro!

ALBEROBELLO

Bari (BA) – ✉ 70011 – 10 790 ab. – Alt. 428 m – Carta regionale n° **15-C2**
▶ Roma 485 km – Bari 55 km – Brindisi 77 km – Taranto 45 km
Carta stradale Michelin 564-E33

Grand Hotel Olimpo

via Sette Liberatori della Selva – ℰ 08 04 32 16 78 – www.grandhotelolimpo.it
31 cam ⌨ – **♙**70/80 € – **♙♙**100/120 € – **2 suites**
All'ingresso della località, un ottimo albergo in grado di soddisfare sia le esigenze di una clientela business sia i desideri di turisti in visita alla località. D'impostazione moderna, la struttura offre quell'eleganza soffusa oggi tanto di moda: zone comuni raccolte intorno alla pianta circolare della hall lucida di marmi e camere che si differenziano solo per dimensioni.

Colle del Sole

via Indipendenza 63 – ℰ 08 04 32 18 14 – www.hotelcolledelsole.it
43 cam – **♙**45/75 € **♙♙**65/105 € – ⌨ 10 €
A soli 500 metri dalle due aree Trulli - Aia Piccola e Rione Monti – l'albergo a gestione familiare dispone di camere confortevoli, arredate con gusto moderno. La struttura propone anche attività culturali di vario tipo. Ristorante con cucina mediterranea.

Il Poeta Contadino

via Indipendenza 21 – ℰ 08 04 32 19 17 – www.ilpoetacontadino.it – Chiuso 7-31 gennaio e lunedì escluso luglio-agosto
Menu 45/60 € – Carta 52/72 € – (consigliata la prenotazione)
Rist *Osteria del Poeta* – Vedere selezione ristoranti
La visita del paese non è completa, senza i colori tutti pugliesi della cucina della famiglia Leonardo: d'ispirazione tipicamente regionale, in essa convivono armoniosamente tradizione antica e creatività.

Trullo d'Oro

via Cavallotti 27 – ℰ 0 80 43 21 82 0/ 08 04 32 39 – www.trullodoro.it – Chiuso 7-28 gennaio, domenica sera e lunedì escluso agosto
Menu 25/70 € – Carta 26/69 €
All'interno di autentici trulli ottocenteschi, tante salette per una cucina dai piatti pugliesi e nazionali. Bella veranda luminosa.

Osteria del Poeta

via Indipendenza 21 – ℰ 08 04 32 19 17 – www.osteriadelpoeta.it – Chiuso 7-31 gennaio e lunedì escluso luglio-agosto
Menu 25/35 € – Carta 23/41 €
Ricavata in una vecchia stalla utilizzata come sosta per i viandanti cha da Alberobello proseguivano il loro cammino, l'Osteria del Poeta delizia i suoi ospiti con piatti dell'antica tradizione contadina e specialità di mare.

L'Aratro

via Monte San Michele 25/29 – ℰ 08 04 32 27 89 – www.ristorantearatro.it
Menu 21/30 € – Carta 27/35 €
Nel caratteristico agglomerato di trulli del centro storico, piacevole trattoria dagli arredi rustici e terrazza per il dehors. Proposte del territorio, di carne e di pesce.

---

sulla strada statale 172 per Locorotondo Sud : 1 km

B&B Fascino Antico

contrada Maranna ✉ 74015 Alberobello – ℰ 32 90 94 21 19 – www.fascinoanticotrulli.com
5 cam ⌨ – **♙**45/55 € **♙♙**65/100 €
L'esperienza di alloggiare all'interno dei trulli, alcuni originali dell'Ottocento, e di concedersi un po' di riposo nella corte-giardino: un'autentica atmosfera pugliese.

ALBIGNASEGO

Padova (PD) – ✉ 35020 – 25 365 ab. – Alt. 13 m – Carta regionale n° **23**-C3
▶ Roma 489 km – Padova 13 km – Rovigo 41 km – Venezia 47 km
Carta stradale Michelin 562-F17

XX **Il Baretto** ⛲ AC ⌖ P
via Europa 6 – ☏ 04 98 62 50 19 – Chiuso 15 giorni in agosto, domenica e lunedì
Menu 50/90 € – Carta 47/87 € – (coperti limitati, prenotare)
Piccolo nelle dimensioni, ma grande nella cura dell'arredo e della qualità, nonché
assoluta freschezza del pescato da gustare sia crudo, sia in piatti tradizionali e
dallo stile classico.

ALBINIA

Grosseto (GR) – ✉ 58010 – Carta regionale n° **18**-C3
▶ Roma 148 km – Grosseto 32 km – Civitavecchia 79 km – Orbetello 13 km
Carta stradale Michelin 563-O15

 Agriturismo Antica Fattoria la Parrina ⛲ ⬆ ⇐ ⌗ AC P
strada vicinale Parrina km 146, Sud-Est: 6 km – ☏ 05 64 86 26 26
– www.parrina.it
12 cam 🖵 – ♦85/178 € ♦♦100/210 €
Ambiente di raffinata ospitalità in una risorsa agrituristica ricavata nella casa
padronale di una fattoria ottocentesca: interni ricchi di fascino e camere confortevoli. Bella veranda coperta a lato del giardino per il servizio ristorante.

ALBISANO – Verona (VR) ➜ Vedere Torri del Benaco

ALDEIN = ALDINO

ALDINO (ALDEIN)

Bolzano (BZ) – ✉ 39040 – 1 681 ab. – Alt. 1 225 m – Carta regionale n° **19**-D3
▶ Roma 639 km – Bolzano 39 km – Cortina d'Ampezzo 121 km – Trento 55 km
Carta stradale Michelin 562-C16

XX **Ploner** ⛲ ⬆ ⌖ P
via Dachselweg 1 – ☏ 04 71 88 65 56 – Chiuso 5 gennaio-6 febbraio,
17 giugno-5 luglio e martedì
Menu 41/82 € – Carta 47/75 € – (consigliata la prenotazione)
Un imperdibile, se si è in zona, ma la fragranza della cucina meriterebbe la deviazione…cucina esclusivamente a base di pesce, in una graziosa saletta o nella
caratteristica stube in legno.

X **Krone** ⇦ ⬆ ⇐ ⛲ 🐾 ⊡ ⌖
piazza Principale 4 – ☏ 04 71 88 68 25 – www.gasthof-krone.it
– Chiuso 2 novembre-24 dicembre
Carta 33/74 € – (chiuso lunedì)
12 cam 🖵 – ♦99/180 € ♦♦140/260 € – **1 suite**
Il passato è una prerogativa di fascino che ancora non cede il passo alla modernità; in un piccolo paese di montagna, ristorante di antica tradizione dove gustare
genuinità e tradizione. Nato come punto di riferimento per l'ospitalità, conserva
tutt'oggi camere semplici e discrete dall'arredo antico… ma la nuova sauna è
moderna!

ALESSANDRIA

✉ 15121 – 93 963 ab. – Alt. 95 m – Carta regionale n° **12**-C2
▶ Roma 588 km – Genova 89 km – Milano 90 km – Torino 90 km
Carta stradale Michelin 561-H7

🏨 **Alli Due Buoi Rossi** ⛲ ⊡ ⬆ AC 🏋 ⮔
via Cavour 32 ✉ 15121 – ☏ 01 31 51 71 71 Pianta: A2**a**
– www.iduebuoi.it
48 cam 🖵 – ♦65/140 € ♦♦90/210 €
Rist *I Due Buoi* ✿ – Vedere selezione ristoranti
A poche decine di metri da Piazza della Libertà, un palazzo signorile di fine '800
con spazi comuni non ampissimi, ma subito "riscattati" dal loro tono raffinato e
dalle ampie camere arredate in stile Belle Epoque.

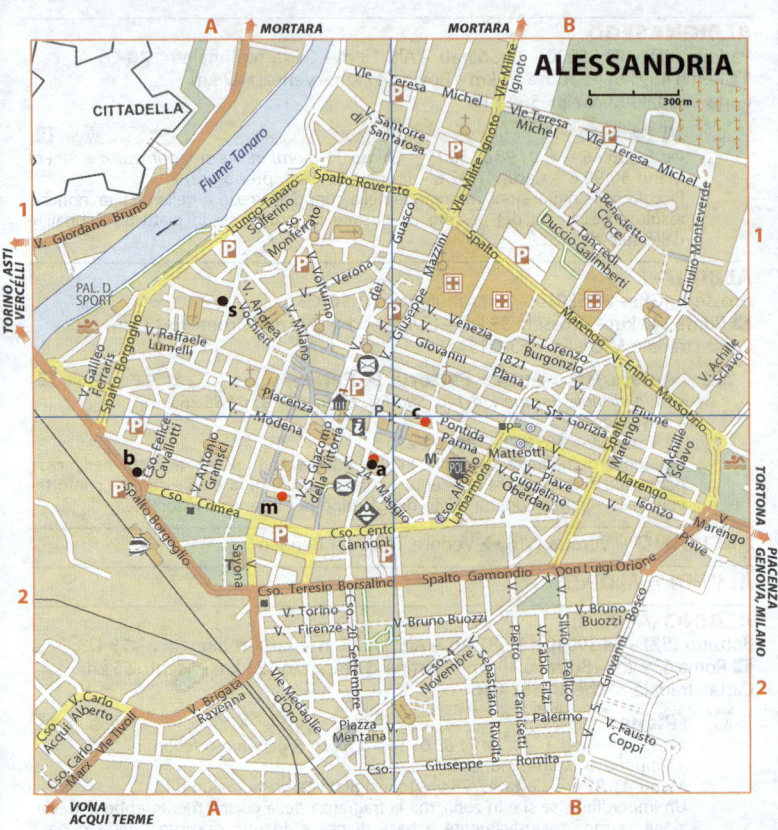

Europa ⌂⌂

🔼 AC 🚗

via Palestro 1 ✉ 15121 – ☎ 01 31 23 62 26
– ~ www.hoteleuropaal.com

Pianta: A1**s**

30 cam ⬚ – ♦60/80 € ♦♦90/110 €

Nel centro storico di Alessandria - a breve distanza dalla stazione ferroviaria - affidabile gestione diretta per un hotel dalle piacevoli camere, due con angolo cottura e diverse soluzioni family. Colazione a buffet servita nella luminosa sala dedicata.

Londra ⌂⌂

🔼 ⚿ AC

corso Felice Cavallotti 51 ✉ 15121 – ☎ 01 31 25 17 21
– ~ www.londrahotel.info

Pianta: A2**b**

42 cam ⬚ – ♦80/90 € ♦♦90/100 €

In centro città - di fronte alla stazione ferroviaria - l'hotel rappresenta una risorsa strategica per ogni viaggiatore: eleganza e raffinatezza creano un ambiente confortevole ed ospitale.

XXX I Due Buoi – Hotel Alli Due Buoi Rossi

❀❀ ⚿ AC ⟷

❀

via Cavour 32 ✉ 15121 – ☎ 01 31 51 71 05
– ~ www.iduebuoi.it – *Chiuso sabato a mezzogiorno e domenica*

Pianta: A2**a**

Menu 40/60 € – Carta 44/84 € – *(solo a cena)* (consigliata la prenotazione)

Se vi trovate a percorrere le vie del centro, fermatevi in questo ristorante dal nome un po' bizzarro, ma dall'ambiance elegante. A pranzo, il ristorante si "veste" da bistrot per una cucina del territorio, la sera entra in scena la linea gastronomica con carta e menu degustazione: anche qui i sapori rimangono fedeli alla regione.

→ Uovo cotto morbido con ortaggi estivi. Piccione di cascina con fegato grasso d'oca. Frutti rossi, yogurt e basilico.

XX Duomo 🅴 🅲 🅰🅺

via Parma 28 ⊠ 15121 – ☎ 0 13 15 26 31   Pianta: B1-2**c**
– www.ristorante-duomo.com – Chiuso 10 giorni in gennaio, 20 giorni in settembre e domenica
Menu 40 € – Carta 36/64 € – *(solo a cena)*
Accanto al Duomo, un locale accogliente che vi sorprenderà con curati piatti del territorio, "firmati" con fantasia da una coppia di fratelli. Sempre disponibili anche alcuni piatti a base di pesce.

X Osteria della Luna in Brodo 🅲 🅰🅺 ⇔

via Legnano 12 ⊠ 15121 – ☎ 01 31 23 18 98   Pianta: A2**m**
– Chiuso 1 settimana in agosto e lunedì
Menu 25/35 € – Carta 28/42 €
Piatti della tradizione regionale in un locale colorato ed accogliente, a gestione quasi totalmente femminile. Un consiglio: non andatevene senza prima aver assaggiato gli agnolotti, il brasato e il bunet.

all'uscita autostrada A 21 Alessandria Ovest Ovest : 4,3 km A1

🏠 Al Mulino 🅴🅲 🅰🅺 🅿

via Casale 44, frazione San Michele ⊠ 15122 – ☎ 01 31 36 22 50 – www.almulino-hotel.it
56 cam ☑ – †75/110 € ††95/140 € – **2 suites**
Nei pressi del casello autostradale, in posizione ideale per la clientela d'affari, camere confortevoli e funzionali. In quello che un tempo era il vecchio mulino, il ristorante dai toni rustici dove gustare piatti di terra e di mare.

a Spinetta Marengo Est : 3 km per via Marengo – ⊠ 15047

🏠 Diamante 🅲 🅰🅺

viale della Valletta 180 – ☎ 01 31 61 11 11 – www.hoteldiamantealessandria.it
116 cam ☑ – †80/199 € ††89/199 € – **4 suites**
In un nuovo centro polifunzionale con vasto centro benessere e cinema, moderna struttura caratterizzata da ambienti open space e da ampie camere ideali per una clientela business.

XXX La Fermata (Riccardo Aiachini) 🅴 🅰🅺 🅿
🍃

strada Bolla 2, Ovest: 1 km – ☎ 01 31 61 75 08 – www.ristorantelafermata.com
– Chiuso 1 settimana in gennaio e 2 settimane in agosto
Menu 55/70 € – Carta 44/83 € – *(chiuso sabato a mezzogiorno e domenica)*
Vale la sosta, o meglio: la fermata! In un cascinale del '700, nella sala in stile minimal, la creatività va a braccetto con la tradizione in squisite proposte gastronomiche di carne e di pesce.
→ Ravioli di triglia in brodetto di pesce. Cuore di fassone e cipolla di Tropea. Delizia al limone.

XX Le Cicale 🅲 🅰🅺

via Pineroli 32 – ☎ 01 31 21 61 30 – www.lecicale.net – Chiuso 1°-20 gennaio e domenica
Menu 25/50 € – Carta 32/64 € – *(solo a cena)*
La casa dei nonni è diventata un piacevole locale arredato con gusto moderno e leggero. In sala due coniugi ed in cucina il fratello di lei: nel piatto, sapori classici italiani e regionali. Splendido il dehors sul retro circondato dal verde.

ALESSANO

Lecce (LE) – ⊠ 73031 – 6 432 ab. – Alt. 140 m – Carta regionale n° **15-D3**
▶ Roma 641 km – Brindisi 100 km – Lecce 58 km – Otranto 43 km
Carta stradale Michelin 564-H36

🏠 Agriturismo Masseria Macurano 🅿

via Macurano 134, Sud-Est: 3 km – ☎ 08 33 52 42 87
– www.masseriamacurano.com – Aperto 25 aprile-31 ottobre
5 cam ☑ – †30/50 € ††35/59 €
Ambienti spaziosi, ampie camere arredate con mobili in arte povera e qualche pezzo d'artigianato in questa masseria del '700 a gestione familiare circondata da un bel giardino. La rustica ed accogliente sala ristorante propone menu degustazione a prezzo fisso; d'estate si mangia anche all'aperto.

ALGHERO

Sardegna – Sassari (SS) – ✉ 07041 – 44 082 ab. – Carta regionale n° **16-A2**
▶ Cagliari 229 km – Sassari 41 km – Olbia 137 km – Porto Torres 35 km
Carta stradale Michelin 366-K40

 Villa Las Tronas
lungomare Valencia 1 – ℰ 0 79 98 18 18 – www.hotelvillalastronas.it
18 cam ⌑ – 🛏80/1500 € 🛏🛏80/1500 € – **6 suites**
Invidiabile posizione su un piccolo promontorio e interni d'epoca per questa residenza patrizia d'inizio '900. Privacy, raffinatezza, charme permeano gli spazi comuni e le belle camere, ognuna con un proprio inconfondibile stile: alcune si affacciano sul mare o sul giardino, altre sono dotate di terrazza panoramica.

 Villa Mosca Ⓝ
via Antonio Gramsci 17 – ℰ 07 99 57 72 03 – www.villamosca.it
9 cam ⌑ – 🛏89/299 € 🛏🛏178/488 €
Non distante dal centro storico, una bella villa dei primi '900 in posizione panoramica: camere dagli arredi moderni richiamante lo stile liberty e, al ristorante, piatti ricchi di fantasia.

 Florida
via Lido 15 – ℰ 0 79 95 05 00 – www.hotelfloridaalghero.com – Aperto 15 aprile-15 ottobre
75 cam ⌑ – 🛏56/104 € 🛏🛏87/148 €
Sul lungomare, ma non lontano dal centro storico, una curiosa struttura anni '70 dove le camere con balconcino sembrano cubi appoggiati l'uno sull'altro. Spazi di taglio classico semplice e confortevole, stanze omogenee nello stile e nell'arredo.

🏠 **Alma** Ⓝ
via Lido 29 – ℰ 0 79 98 56 16 – www.hotel-alma-alghero.it
42 cam ⌑ – 🛏89/199 € 🛏🛏89/199 €
A pochi passi dalla spiaggia, hotel di taglio moderno che dispone di luminose stanze; ottimo per una clientela business non dispiacerà certo ai vacanzieri. Imperdibile, la vista dalla terrazza-solarium con piscina.

XX **Al Tuguri**
via Maiorca 113/115 – ℰ 0 79 97 67 72 – www.altuguri.it – Aperto 1° marzo-30 novembre; chiuso domenica
Menu 40/45 € – Carta 39/63 € – (coperti limitati, prenotare)
Bell'ambiente caratteristico, con tavoli piccoli e serrati, in un'antica casa del centro, a due passi dai Bastioni; griglia a vista per cuocere soprattutto pesce.

XX **O - MasterChef O' Neill**
via Sant Erasmo 14 – ℰ 34 58 64 69 02 – www.masterchefoneill.com – Chiuso 7 gennaio-1° marzo e mercoledì; marzo e novembre aperto solo nei week end
Menu 35/65 € – Carta 34/105 € – (solo a cena in giugno-settembre)
Piacevolissimi tavoli esterni sui bastioni che si affacciano sul porto, per un locale nel cuore del centro storico, la cui offerta poliedrica spazia dalla pizza a proposte di cucina, creativa e moderna.

a Porto Conte Nord-Ovest : 13 km – ✉ 07041 Alghero

 El Faro
località Porto Conte – ℰ 0 79 94 20 10 – www.elfarohotel.it – Aperto 1° aprile-31 ottobre
82 cam ⌑ – 🛏90/300 € 🛏🛏120/400 € – **7 suites**
Sul mare cristallino di Capo Caccia, immerso nel parco naturale di Porto Conte, El Faro è un raffinato resort che unisce panorami mozzafiato a servizi esclusivi. Dimora di charme, opera dell'illustre architetto Simon Mossa, l'hotel è progettato sull'idea di una nave adagiata sul mare la cui vista spettacolare è godibile dalle camere, dal ristorante, dalla piscina e dalle ampie terrazze.

ALGUND = LAGUNDO

ALICE BEL COLLE
Alessandria (AL) – ✉ 15010 – 748 ab. – Alt. 418 m – Carta regionale n° **12-C3**
▶ Roma 577 km – Torino 95 km – Alessandria 33 km – Asti 39 km
Carta stradale Michelin 561-H7

Belvedere
piazza Giovanni Guacchione 9 – ℰ 0 14 47 43 00
– www.belvederealice.it
30 cam � – ♦50 € ♦♦70 €
Base ideale per visitare i dintorni, il nome è azzeccato: la bella vista si gode dalla veranda-ristorante, dalla sala colazioni all'ultimo piano e da molte camere. A 800 metri si può utilizzare la piscina di proprietà.

ALLEGHE
Belluno (BL) – ✉ 32022 – 1 237 ab. – Alt. 979 m – Carta regionale n° **23-C1**
▶ Roma 665 km – Cortina d'Ampezzo 40 km – Belluno 48 km – Bolzano 84 km
Carta stradale Michelin 562-C18

a Masarè Sud-Ovest : 2 km

Barance
corso Venezia 45 ✉ 32022 Masarè – ℰ 04 37 72 37 48 – www.hotelbarance.com
– Aperto 1° dicembre-Pasqua e 16 giugno-14 settembre
27 cam � – ♦50/85 € ♦♦80/150 €
Interni arredati nel tipico stile alpino ed eleganti camere in questa grande casa rosa dall'ospitale gestione familiare. Tutt'intorno, sentieri per passeggiate e pareti da arrampicata; sala da pranzo ampia e accogliente, per una cucina classica e del territorio.

La Maison
via Masarè 58 ✉ 32022 Alleghe – ℰ 04 37 72 37 37
– www.hotellamaison.com – Chiuso novembre
13 cam � – ♦60/95 € ♦♦84/134 €
Aspettatevi un soggiorno a tutto relax: non solo in virtù della posizione un po' defilata in cui si trova la struttura, ma anche per la generosità di ampiezza della confortevoli camere. Bello il centro benessere con la piccola beauty.

a Caprile Nord-Ovest : 4 km – ✉ 32023

Alla Posta
piazza Dogliani 19 – ℰ 04 37 72 11 71 – www.hotelposta.com
– Aperto 20 dicembre-20 marzo e 20 giugno-15 settembre
59 cam – ♦37/47 € ♦♦79/135 € – � 12 € – **3 suites**
Rist *Il Postin* – Vedere selezione ristoranti
Se nella II metà dell'Ottocento era un'osteria ed una stazione per il cambio dei cavalli sul tragitto tra Impero Asburgico e Regno D'Italia; dopo quasi 150 anni la stessa casa continua ad allietare chi sosta in questa risorsa. Spazi comuni arredati con gusto, centro benessere ed un'ottima pasticceria dove gustare il mitico strudel.

✗✗ Il Postin – Hotel alla Posta
piazza Dogliani 19 – ℰ 04 37 72 11 71 – www.hotelposta.com
– Aperto 20 dicembre-20 marzo e 20 giugno-15 settembre
Menu 20/70 € – Carta 29/58 € – *(solo a cena da lunedì a venerdì in inverno)*
Se dopo una giornata all'aria aperta, l'appetito si fa sentire, il Postin saprà saziare la vostra fame con ricette e sapori del territorio, in un'elegante sala da pranzo dal caldo stile montano: dalle finestre, a tenervi compagnia, l'incantevole scenario delle Dolomiti.

ALMÈ

Bergamo (BG) – ✉ 24011 – 5 677 ab. – Alt. 294 m – Carta regionale n° **10-C1**
▶ Roma 610 km – Bergamo 9 km – Lecco 26 km – Milano 58 km
Carta stradale Michelin 561-E10

XxX   **Frosio**   🏵 🍴 ♻

❀   *piazza Lemine 1 – ☎ 0 35 54 16 33 – www.frosioristoranti.it – Chiuso 1 settimana*
     in gennaio, 3 settimane in agosto, giovedì a mezzogiorno e mercoledì
     Menu 30 € (pranzo in settimana)/70 € – Carta 50/80 €
     All'interno di un signorile palazzo seicentesco, la cucina moderna rivaleggia in
     eleganza con la bellezza delle sale, dominate dal bianco. Carne o pesce, la qualità
     non muta; lo stesso dicasi per i dolci e i vini.
     → Ravioli al pesto con gamberi rossi di Sicilia. Piccione con asparagi e fegato
     d'oca. Crema di pesche con sottobosco e gelato all'amaretto.

ALMENNO SAN BARTOLOMEO

Bergamo (BG) – ✉ 24030 – 6 186 ab. – Alt. 352 m – Carta regionale n° **10-C1**
▶ Roma 619 km – Bergamo 15 km – Lecco 29 km – Milano 59 km
Carta stradale Michelin 561-E10

🏠   **Camoretti**   ⚘ 🐾 ← 🛏 ⊡ 🔥 📺 🎾 🏋 🚗

     via Camoretti 2, località Longa, Nord: 3,5 km – ☎ 0 35 55 04 68
     – www.camoretti.it – Chiuso 1°-8 gennaio e 15-30 agosto
     22 cam 🛏 – †60/70 € ††85/95 €
     Rist *Camoretti* – Vedere selezione ristoranti
     In posizione collinare, tra il verde della campagna bergamasca, camere accoglienti
     ed eleganti, in una piacevole struttura dalla calda atmosfera familiare.

XX   **Antica Osteria Giubì dal 1884**   🏵 🍴 📺 ♻ **P**

🍴   *via Cascinetto 2, direzione Brembate di Sopra, Sud 1,5 km – ☎ 0 35 54 01 30*
     – Chiuso 2 settimane in settembre e mercoledì
     Menu 25 € (pranzo in settimana)/50 € – Carta 28/58 € – (consigliata la
     prenotazione la sera)
     Autentica trattoria immersa nel verde di un parco, da sempre di famiglia ed ora
     gestita da tre fratelli: uno si dedica alla fornitissima cantina (con un numero spro-
     positato di bottiglie!), il più giovane della cucina, l'altro dell'azienda agricola di
     confetture e verdure biologiche. Piatti del territorio.

XX   **Collina**   🛏 🍴 🔥 📺 ♻ **P**

     via Ca' Paler 5, sulla strada per Roncola, Nord 1,5 km – ☎ 0 35 64 25 70
     – www.ristorantecollina.it – Chiuso 1°-10 gennaio, lunedì e martedì
     Menu 55/55 € – Carta 47/69 €
     Da una trattoria di famiglia nasce questo locale che, pur non disdegnando le pro-
     prie origini, propone piatti d'ispirazione contemporanea. Saletta con camino e
     sala panoramica, quadri moderni, ma non solo, esposti in vari ambienti del locale.

XX   **Camoretti** – Hotel Camoretti   🛏 🍴 🔥 📺 **P**

     via Camoretti 2, località Longa, Nord: 3,5 km – ☎ 0 35 55 00 73
     – www.camoretti.it – Chiuso 1°-8 gennaio, 15-30 agosto, i mezzogiorno di lunedì
     e martedì, anche domenica sera in inverno
     Carta 23/47 €
     Servizio cordiale e ambiente familiare, ma non crediate per questo che si lesini
     sulla cura del dettaglio o sulla cucina. Al contrario! Piatti rigorosamente casalinghi,
     salumi di produzione propria e pasta fresca.

ALMENNO SAN SALVATORE

Bergamo (BG) – ✉ 24031 – 5 778 ab. – Alt. 328 m – Carta regionale n° **10-C1**
▶ Roma 616 km – Bergamo 13 km – Lecco 30 km – Milano 60 km
Carta stradale Michelin 561-E10

XX Cantina Lemine

via Buttinoni 48 – ℰ 0 35 64 25 21 – www.cantinalemine.com – Chiuso 1 settimana in gennaio, 1 settimana in agosto, lunedì e martedì
Carta 24/64 € – *(solo a cena escluso domenica)*
Un'elegante villa ospita questo locale dal design contemporaneo, dove gustare una cucina moderna con carne e molto pesce. Il giardino, la cantina-enoteca, nonché il salottino per sigari e distillati donano ulteriore fascino al locale.

ALPE DI SIUSI (SEISER ALM)

Bolzano (BZ) – ⊠ 39040 – Alt. 1 826 m – Carta regionale n° **19**-C2
▶ Roma 674 km – Bolzano 35 km – Bressanone 28 km – Trento 92 km
Carta stradale Michelin 562-C16

Alpina Dolomites

via Compatsch 62/3 – ℰ 04 71 79 60 04 – www.alpinadolomites.it
– Aperto 4 dicembre-28 marzo e 3 giugno-6 novembre
43 cam ⌷ – ♦213/691 € ♦♦328/768 € – **13 suites**
Calore ed eleganza sono cuore e anima di questo lussuoso albergo dal design montano-minimalista, dove la luce è protagonista assoluta: tutte le camere sono infatti esposte a sud, verso il sole e la meraviglia delle Dolomiti. La vacanza è presto un sogno ad occhi aperti!

Seiser Alm Urthaler

via Compatsch 49 – ℰ 04 71 72 79 19 – www.alpedisiusi.com
– Aperto 4 dicembre-3 aprile e 26 maggio-1° novembre
62 cam – solo ½ P 131/234 € – **12 suites**
Rist *Jagerstube* – Vedere selezione ristoranti
Pietra, ferro, vetro e tanto legno sono i materiali utilizzati per questo hotel di concezione "bio" ispirato ad un coinvolgente minimalismo, con ottimi servizi e spazi comuni. I sapori della tradizione vi attendono, invece, nell'ampia sala ristorante o nelle intime stube.

Bellavista

Compatsch 50 – ℰ 04 71 72 79 72 – www.bellavista-seiseralm.de – Chiuso maggio e novembre
32 cam – solo ½ P 75/160 €
A pochi passi dal centro della località, una piacevole struttura con spazi comuni in stile locale; alcune camere rendono omaggio al nome dell'albergo e sono da preferire alla prenotazione se volete un soggiorno panoramico sullo Sciliar. Un'area relax raccolta e graziosa rende Bellavista, il luogo ideale per una vacanza sulla neve o, in estate, per un soggiorno nella più totale tradizione altoatesina.

XX Jagerstube – Hotel Seiser Alm Urthaler

via Compatsch 49 – ℰ 04 71 72 79 19 – www.alpedisiusi.com
– Aperto 4 dicembre-3 aprile e 26 maggio-1° novembre
Menu 89/119 € – Carta 67/121 € – *(chiuso domenica, lunedì e martedì) (solo a cena)* (prenotazione obbligatoria)
In una piccola e luminosa Stube dalle linee semplici e contemporanee troverete una cucina creativa, più semplice a pranzo, più sofisticata la sera, che delizia gli amanti di proposte gourmet.

X Gostner Schwaige

via Saltria Numero 13, sentiero Hans e Paula – ℰ 34 78 36 81 54 – Aperto 15 dicembre-15 aprile e 15 maggio-30 ottobre
Menu 59/45 € – Carta 30/69 € – *(prenotazione obbligatoria la sera)*
Lasciata la cabinovia si percorre una strada non impegnativa e in venti minuti eccoci in questa celebre malga-gourmet. Troverete anche proposte semplici per pause veloci, ma vi consigliamo di optare per i piatti più elaborati a base di prodotti alpini, erbe di montagna, agnello, manzo e latticini. La sera è aperto solo su prenotazione con menu fisso.

ALSENO

Piacenza (PC) – ⊠ 29010 – 4 776 ab. – Alt. 81 m – Carta regionale n° **5-A2**

▶ Roma 487 km – Parma 38 km – Piacenza 30 km – Milano 96 km

Carta stradale Michelin 562-H11

a Castelnuovo Fogliani Sud-Est : 3 km – ⊠ 29010

✕✕ **Trattoria del Ponte**   ☞ AC P

strada Salsediana est 1237 – ℰ 05 23 94 71 10 – Chiuso 1°-7 gennaio, 1°-7 luglio
e mercoledì

Menu 15 € (pranzo) – Carta 21/49 € – (consigliata la prenotazione)

Ex designer, lo chef-patron ha saputo riadattare ed abbellire un'anonima struttura
industriale. L'atmosfera è, quindi, moderna, ma la cucina si riappropria della tradizione piacentina aggiungendovi un guizzo di creatività (tagliatelle di pasta fresca
al ragù impossibile e carpaccio di arrosto di lenta cottura, tra i piatti più apprezzati del menu!). Anche la carta dei vini si adegua, concentrandosi sulla produzione
enologica della zona.

a Cortina Vecchia Sud-Ovest : 5 km – ⊠ 29010

✕✕ **Da Giovanni**   ☞ ☞ ✗ ⇆ P

via Cortina 1040 – ℰ 05 23 94 83 04 – www.dagiovanniacortina.com – Chiuso
2 settimane in gennaio, 2 settimane in agosto, lunedì e martedì

Menu 60 € – Carta 41/87 € – (consigliata la prenotazione)

La settecentesca stufa in ceramica e l'arredo d'epoca potranno far volare la
fantasia dei più romantici avventori. Le certezze in ogni caso vengono dalla
cucina, ispirata alla tradizione piacentina, ma con molta attenzione anche
alle ricette di pesce.

ALTA BADIA

(BZ)Carta regionale n° **19-C1**
Carta stradale Michelin **562-C17**

J.D. Sudres / hemis.fr

CORVARA IN BADIA – ✉ 39033 – 1 365 ab. – Alt. 1 568 m – Carta regionale n° **19-C2**
▶ Roma 704 km – Cortina d'Ampezzo 38 km – Belluno 84 km – Bolzano 65 km
Carta stradale Michelin **562-C17**

 **La Perla**
strada Col Alt 105 – ℰ 04 71 83 10 00 – www.hotel-laperla.it
– Aperto 3 dicembre-27 marzo e 16 giugno-11 settembre
40 cam ⊐ – ♦165/440 € ♦♦280/1050 € – **12 suites**
Rist *La Stüa de Michil* ❀ – Vedere selezione ristoranti
Nella parte più alta, storica e tranquilla del paese, vicino agli impianti di risalita, qui sono di casa le tradizioni ladine, ma soprattutto un'instancabile capacità inventiva, la ricerca di soluzioni sempre nuove e il romanticismo di camere personalizzate. Un sogno alpino.

 Sassongher
strada Sassongher 45 – ℰ 04 71 83 60 85 – www.sassongher.it
– Aperto 4 dicembre-31 marzo e 24 giugno-11 settembre
43 cam ⊐ – ♦260/520 € ♦♦260/520 € – **9 suites**
Dominante il paese, ai piedi dell'omonima montagna, l'albergo fu costruito nel '33 e da allora mantiene l'inossidabile fascino della tradizione, soprattutto per chi non ama un design più moderno e preferisce le rassicuranti atmosfere montane. Sala ristorante panoramica sui tetti di Corvara, ma se siete romantici prenotate un tavolo nella stube del cacciatore o delle bambole.

 Posta-Zirm
strada Col Alto 95 – ℰ 04 71 83 61 75 – www.postazirm.com
– Aperto 4 dicembre-29 marzo e 18 giugno-27 settembre
59 cam ⊐ – ♦159/255 € ♦♦318/490 € – **10 suites**
Sorto nell'800 e da allora in continua mutazione, il risultato sono tre edifici distinti con camere altrettanto diverse: le ultime nate sono da preferire. Il nuovo ristorante Taverna Posta Zirm offre cucina tipica, specialità alla griglia, pizzeria con forno a legna, piatti mediterranei e ricette vegane.

Col Alto
strada Col Alto 9 – ℰ 04 71 83 11 00 – www.colalto.it – Chiuso
10 aprile-15 giugno, ottobre, novembre
100 cam ⊐ – ♦80/280 € ♦♦140/420 € – **14 suites**
Il passaggio generazionale nella gestione familiare di questa casa di lunga tradizione ha portato un'ondata di nuove energie e parecchi investimenti (splendida, ad esempio, la nuova living room!). Un sottopassaggio conduce alla bella zona benessere con piscina coperta.

La Tambra

via Sassongher 2 – 𝒸 04 71 83 62 81 – www.latambra.com
– Aperto inizio dicembre-inizio aprile e 15 giugno-15 settembre
28 cam – solo ½ P 66/168 €
Rist *Trattoria con Griglia La Tambra* – Vedere selezione ristoranti
In posizione centrale e con vista sul Sassonger, grazioso albergo a conduzione familiare (rinnovato nel 2008): piccolo centro wellness e camere spaziose, minimaliste negli arredi.

 Tablè

strada Col Alto 8 – 𝒸 04 71 83 61 44 – www.table.it
– Aperto 4 dicembre-2 aprile e 16 giugno-24 settembre
33 cam – solo ½ P 64/142 € – **1 suite**
In centro paese, accogliente hall con camino e camere di di tre tipolgie, ma quasi tutte molto ampie. Per i più golosi: rinomata pasticceria.

 Arlara

via Arlara 28 – 𝒸 04 71 83 61 46 – www.arlara.com
– Aperto dicembre-Pasqua e giugno-settembre
42 cam ⌂ – ♦90/140 € ♦♦130/180 €
Non in centro, ma in posizione particolarmente amata dagli sciatori: uscendo dall'albergo ci si può buttare subito sull'omonima pista, mentre gli impianti di risalita sono a pochi passi. Camere rinnovate in uno stile alpino contemporaneo all'insegna della sobrietà e legni grezzi.

 Garni La Tranquillité

via Burjè – 𝒸 04 71 83 62 49 – www.garnicorvara.it
– Aperto 1° dicembre-Pasqua e 15 giugno-25 settembre
13 cam ⌂ – ♦40/65 € ♦♦80/122 €
Difficile immaginare ad un albergo più vicino ad una pista da sci che termina proprio di fronte a questa piccola casa di montagna, dove si trova anche l'ovovia per le principali discese. Accoglienti camere in stile alpino contemporaneo, bagni con docce particolarmente ampie.

 Ladinia

strada Pedecorvara 10 – 𝒸 04 71 83 60 10 – www.berghotelladinia.it
– Aperto 3 dicembre-3 aprile e 16 giugno-2 novembre
13 cam – solo ½ P 69/170 €
Un piccolo sogno alpino, dedicato a chi ama gli ambienti storici: quasi tutto qui è rimasto immutato dagli anni '30, quando aprì l'albergo. Incantevoli camere avvolte nel legno, i bagni, è vero, sono piccoli, ma potrete approfittare della spa dell'adiacente albergo La Perla.

La Stüa de Michil – Hotel La Perla

Strada Col Alt 105 – 𝒸 04 71 83 10 00 – www.hotel-laperla.it
– Aperto 3 dicembre-27 marzo e 16 giugno-11 settembre; chiuso domenica
Carta 76/124 € – *(solo a cena)*
Non è azzardato definirlo uno dei ristoranti più romantici d'Italia: avvolti nel legno di stube storiche dal fascino intimo e sussurrato, la cucina, quasi sempre all'insegna di ingredienti alpini, stupisce per raffinatezza ed eleganza.
➔ Spaghetti con gamberi rossi crudi e colatura di alici. Controfiletto di capriolo, crosta di pinoli, sedano in due maniere, mirtillo rosso. Tiramisù.

Trattoria con Griglia La Tambra – Hotel La Tambra

via Sassonger 2 – 𝒸 04 71 83 62 81 – www.latambra.com
– Aperto inizio dicembre-fine marzo e 19 giugno-30 settembre
Carta 27/67 €
Un'ampia carta, qualche piatto creativo e, come suggerisce il nome, specialità alla griglia. In alcuni giorni - solo su prenotazione - è disponibile un menu ladino con piatti tipici (zuppa d'orzo, canederli, selvaggina o stinco di maiale).

✗ **Rifugio Col Alt** ❿ ⟨☕

strada Col Alt – ✆ 04 71 83 63 24 – www.rifugiocolalt.it
– Aperto 1° dicembre-15 aprile e 20 giugno-20 settembre
Carta 40/65 € – (prenotazione obbligatoria la sera)
Si raggiunge con comodità dal paese con l'ovovia, pochi minuti di salita per accedere ad una vista mozzafiato sulle Dolomiti; la sera invece è necessario accordarsi per il trasporto con il gatto delle nevi. Il nome rifugio non tragga in inganno: c'è qualche piatto rustico, ma anche proposte più ricercate.

COLFOSCO – ✉ 39033 – Alt. 1 645 m – Carta regionale n° **19**-C2
▶ Roma 703 km – Bolzano 62 km – Bressanone 58 km – Cortina d'Ampezzo 40 km

Cappella

strada Pecei 17 – ✆ 04 71 83 61 83 – www.hotelcappella.com
– Aperto 4 dicembre-10 aprile e 17 giugno-20 settembre
37 cam ☲ – ♦98/301 € ♦♦228/582 € – **10 suites**
Opere d'arte moderna sono disseminate dove il buon gusto comanda: persino nei corridoi e nei salotti dove ci si attarda incantati domandandosi se si tratti di un hotel con opere d'arte, o di una galleria d'arte con camere. Ricercatezze in cucina, soprattutto nelle due stube dove la sera vengono servite le proposte gourmet.

Colfosco-Kolfuschgerhof

via Roenn 7, verso Passo Gardena, Ovest: 2 km
– ✆ 04 71 83 61 88 – www.kolfuschgerhof.com
– Aperto 1° dicembre-Pasqua e 1° giugno-15 ottobre
51 cam – solo ½ P 105/295 € – **4 suites**
Ottimi ambienti, signorili ed eleganti con numerose salette tutte rivestite in legno, ed una dinamica famiglia - ormai da diverse generazioni - al timone di questa bella risorsa, non priva di un curato centro benessere.

Gran Ciasa ❿

strada Sorà 15 – ✆ 04 71 83 61 38 – www.granciasa.com
– Aperto 1° dicembre-Pasqua e 15 giugno-20 settembre
44 cam ☲ – ♦83/188 € ♦♦134/330 €
In centro paese, circondato da alcune delle più belle cime dolomitiche, è un albergo dalla simpatica gestione e con buone camere - ottimamente tenute, sebbene senza tanti fronzoli - arredate con piacevoli legni chiari.

✗✗ **Stria** 🅿

via Val 18 – ✆ 04 71 83 66 20 – Chiuso novembre, domenica sera e lunedì in bassa stagione
Carta 36/81 €
Dedicato a chi ama la sostanza senza tanti artifici e cerimonie: in due salette semplici viene servita una cucina creativa di grande qualità, a volte creativa, spesso accompagnata da eleganti presentazioni, ma sempre gustosa e convincente.

BADIA – ✉ 39036 – 3 458 ab. – Alt. 1 315 m – Carta regionale n° **19**-C2
▶ Roma 713 km – Bolzano 71 km – Bressanone 57 km – Cortina d'Ampezzo 37 km

Gran Ander

via Runcac 29, località Pedraces, Sud: 2 km
– ✆ 04 71 83 97 18 – www.granander.it
– Aperto 4 dicembre-6 aprile e 15 giugno-30 settembre
19 cam ☲ – ♦83/125 € ♦♦120/205 € – **2 suites**
Rist Stüa dla Là – Vedere selezione ristoranti
In un contesto tranquillo e in posizione leggermente rialzata sulla valle, l'albergo sembra costruito apposta per ammirare l'austero profilo del Santa Croce. Alloggiati presso una calorosa famiglia, dormirete in camere ben tenute e dai tipici arredi montani.

Cavallino

via San Linert 52, località San Leonardo, Est: 0,5 km – *℘ 04 71 83 96 06*
– *www.cavallino-altabadia.it – Aperto 4 dicembre-1° aprile
e 30 maggio-4 ottobre*
35 cam – solo ½ P 60/113 €
Chi è alla ricerca della Val Badia più autentica e al riparo dal traffico, troverà
in questo grazioso paese di montagna tutti i caratteri ladini. L'albergo si trova
proprio a fianco alla chiesa; corpo centrale con le camere migliori e più care,
nelle dépendance troverete ambienti più semplici e qualche appartamento.

Lech da Sompunt

via Sompunt 36, località Pedraces, Sud-Ovest : 2 km – *℘ 04 71 84 70 15*
– *www.lechdasompunt.it – Aperto 5 dicembre-15 aprile e
15 giugno-20 settembre*
45 cam ⌨ – †57/127 € ††100/236 €
Affacciata su un laghetto, graziosa struttura con camere accoglienti e la possibilità
di godersi la natura circostante grazie a pedalò, curling e pattinaggio. Al ristorante, serate gastronomiche con cucina ladina.

Stüa dla Lâ Ⓝ – Gran Ander

via Runcac 29, località Pedraces, Sud: 2 km – *℘ 04 71 83 97 18*
– *www.granander.it – Aperto 4 dicembre-6 aprile e 15 giugno-30 settembre;
chiuso lunedì e martedì*
Menu 60 € – Carta 48/85 € – *(solo a cena)* (consigliata la prenotazione)
Tradotto dal ladino, è la stanza ricoperta di legno e di origini ottocentesche in
cui viveva la nonna. Come in una fiaba, oggi il giovane e simpatico nipote è
tornato a riscaldarla, servendovi un'ottima cucina che racconta la storia della
valle, della sua infanzia e delle passeggiate nei boschi, rivisitandola con un
gusto attuale.

Maso Runch

via Runch 11, località Pedraces, Sud: 2 km – *℘ 04 71 83 97 96*
– *www.masorunch.it – Chiuso domenica*
Menu 29 € – (coperti limitati, prenotare)
Come in una fiaba, alla fine di un bosco, un maso del '700 con cinque incantevoli
stube ed un menu fisso, ideale escursione fra le specialità ladine: ravioli ripieni di
ricotta e spinaci - costine di maiale con polenta e crauti - strudel di mele con
gelato alla vaniglia.

SAN CASSIANO – ✉ 39030 – Alt. 1 535 m – Carta regionale n° **19**-C2
▶ Roma 695 km – Bressanone 63 km – Bolzano 72 km – Cortina d'Ampezzo 30 km

Rosa Alpina

strada Micura de Rue 20 – *℘ 04 71 84 95 00 – www.rosalpina.it*
– *Aperto 1° dicembre-1° aprile e 15 giugno-30 settembre*
35 cam ⌨ – †300/600 € ††450/1300 € – **20 suites**
Rist St. Hubertus ❀❀ • **Rist Wine bar & Grill** – Vedere selezione ristoranti
Emblema dell'eleganza ladina, il moltiplicarsi di spazi e arredi si traduce in
un codice di raffinata sobrietà. Eccellente servizio: siamo ai vertici dell'Alto
Adige!

Fanes

Pecei 19 – *℘ 04 71 84 94 70 – www.hotelfanes.it*
– *Chiuso 7 aprile-12 giugno e 2 novembre-4 dicembre*
62 cam – solo ½ P 133/231 € – **14 suites**
Una breve salita dal centro pedonale porta ad uno degli alberghi più esclusivi
della valle. Tranquillo e panoramico, l'eleganza delle camere ha pochi rivali,
con straordinari accostamenti tra antico e moderno, nonché undici suite ricavate negli adiacenti chalet per un soggiorno d'incantevole romanticismo
montano.

Ciasa Salares

via Prè de Vi 31, Sud-Est: 2 km – 04 71 84 94 45 – www.ciasasalares.it – Aperto 4 dicembre-29 marzo e 11 giugno-18 settembre

50 cam ⌷ – ♦108/245 € ♦♦156/430 € – **17 suites**

Rist *La Siriola* ❀ • **Rist *Wine Bar*** – Vedere selezione ristoranti

In posizione isolata, è un incantevole chalet-hotel dove sarete accolti da un moltiplicarsi di salotti dalle atmosfere ovattate, nonché camere rivestite in legni locali. Fra le numerose offerte gastronomiche dei ristoranti della casa, non perdetevi una serata nella suggestiva cantina con salumi, formaggi e fondute!

 Armentarola

via Pre de Vi 12, Sud-Est: 2 km – 04 71 84 95 22 – www.armentarola.com – Aperto 4 dicembre-3 aprile e 17 giugno-3 ottobre

40 cam ⌷ – ♦125/380 € ♦♦200/560 € – **10 suites**

Rist *Armentarola* – Vedere selezione ristoranti

Pioniere del turismo in valle quando fu costruito nel '38, è il grande albergo montano per eccellenza, in un moltiplicarsi di saloni e camere classiche o più contemporanee. La posizione isolata nel verde, il maneggio e il tennis ne fanno una meta prediletta anche d'estate.

 Lagacio'

strada Micura de Rù 48 – 04 71 84 95 03 – www.lagacio.com – Aperto inizio dicembre-inizio aprile e 15 giugno-15 settembre

24 suites ⌷ – ♦♦200/410 €

Nel centro di San Cassiano, si tratta di un hotel-residence con camere dagli arredi moderni, di metrature diverse, ma tutte con piccola cucina. Particolarmente curata la qualità dei prodotti della colazione.

 Diamant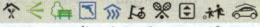

strada Micura de Rue 29 – 04 71 84 94 99 – www.hoteldiamant.com – Aperto 1° dicembre-10 aprile e 15 giugno-20 settembre

41 cam – solo ½ P 95/205 € – **3 suites**

A pochi metri dal campanile e dal centro pedonale di San Cassiano, gli ospiti del Diamant apprezzeranno l'ampiezza e la sobrietà delle camere, in particolare le ultime nate, arredate con materiali locali attenti alla salute dell'ospite.

 Gran Paradiso ⓝ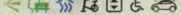

strada Pre de Vi 11 – 04 71 84 94 24 – www.gran-paradiso.it – Aperto 1° dicembre-3 aprile e 4 giugno-25 settembre

40 cam ⌷ – ♦110/150 € ♦♦140/276 € – **4 suites**

Lungo la strada per Cortina, sotto le maestose cime del Lavarella e Conturines, i vicini impianti di risalita rendono l'albergo popolare in inverno non meno che in estate, quando apprezzerete il parco giochi per bambini, il turismo ciclistico e le passeggiate nei boschi che lo circondano. Eleganti camere, spesso molto spaziose.

Ciasa ai Pini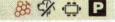

via Glira 4, Sud-Est: 1,5 km – 04 71 84 95 41 – www.ai-pini.it – Aperto 2 dicembre-20 marzo e 1° giugno-15 ottobre

21 cam ⌷ – ♦47/65 € ♦♦94/122 €

Poco fuori dal paese verso Cortina, hotel ricavato da una struttura interamente rinnovata qualche anno fa. L'aspetto odierno è in linea con la tradizione locale: largo impiego di legno chiaro anche nelle ampie camere.

XxXX **St. Hubertus** – Hotel Rosa Alpina

❀ ❀ *strada Micura de Rue 20 – 04 71 84 95 00 – www.rosalpina.it – Aperto 1° dicembre-1° aprile e 15 giugno-30 settembre; chiuso martedì*

Menu 150/190 € – Carta 95/160 € – (solo a cena)

Signorile e maestosa, la sala sembra ispirarsi alla nobiltà del cervo che ricorre nelle decorazioni del ristorante, avvolto da legni e loden che aggiornano in chiave moderna il tradizionale gusto tirolese. Il cuoco Niederkofler, per tutti Norbert, "cucina le montagne" - per usare una sua espressione - e porta in tavola le eccellenze gastronomiche alpine, in piatti sofisticati dalle sublimi alternanze di colori e sapori.

→ Gnocchi di rape rosse ripiene di crema di rafano su terra di birra e crema di daikon. Agnello della Val di Vizze servito in due portate. Il bianco delle Dolomiti.

𝕏𝕏𝕏 **Armentarola** – Hotel Armentarola

via Pre de Vi 12, Sud-Est: 2 km – 𝒞 04 71 84 95 22 – www.armentarola.com
– Aperto 4 dicembre-3 aprile e 17 giugno-3 ottobre
Menu 40 € (cena)/120 € – Carta 52/94 €

Tre sale per accontentare ogni gusto: classica, moderna o tipica con la piccola stube. Oggetti della tradizione locale infondono al ristorante un calore familiare, mentre la cucina offre piatti per tutti i gusti, locali e nazionali, pesce e carne. Nella bella stagione approfittate del servizio in terrazza con splendida vista.

𝕏𝕏𝕏 **La Siriola** – Hotel Ciasa Salares

via Pre de Vi 31, Sud-Est: 2 km – 𝒞 04 71 84 94 45 – www.ciasasalares.it
– Aperto 4 dicembre-29 marzo e 11 giugno-18 settembre
Menu 95/158 € – Carta 71/144 € – *(chiuso lunedì) (solo a cena)*

Se volete prendervi una pausa dalle tradizionali atmosfere montane, qui troverete un ambiente moderno e sfavillante e soprattutto una cucina che, pur con qualche richiamo territoriale, gioca a mano libera con ogni prodotto e ricetta, italiano e non. E lo fa alla grande!

→ Variazione di fegato grasso. Maialino "Alto Adige" in 3 portate. Semifreddo al caprino, mais, popcorn e Gin Tonic.

𝕏𝕏 **Wine Bar** – Hotel Ciasa Salares

via Prè de Vi 31, Sud-Est: 2 km – 𝒞 04 71 84 94 45 – www.ciasasalares.it
– Aperto 4 dicembre-29 marzo e 11 giugno-18 settembre
Carta 37/82 € – *(solo a cena)*

Non lasciatevi ingannare: il nome è Wine Bar, è vero, e c'è una bella lista di vini, ma la cucina è ricercata, estrosa e stuzzicante, servita in una sala allegra ed informale, ideale per serate conviviali e in compagnia.

𝕏𝕏 **Wine bar & Grill** – Hotel Rosa Alpina

strada Micura de Rue 20 – 𝒞 04 71 84 95 00 – www.rosalpina.it
– Aperto 1° dicembre-1° aprile e 15 giugno-30 settembre
Carta 37/106 €

Qui non fanno difetto i coperti, la convivialità e l'abbondanza delle porzioni: in carta troverete piatti ladini, classici italiani, secondi piatti sia di carne che di pesce alla griglia e fondute su prenotazione. La sera anche pizza, escluso il giovedì.

LA VILLA – ✉ 39030 – Alt. 1 484 m – Carta regionale n° 19-C2
▶ Roma 723 km – Bolzano 99 km – Bressanone 60 km – Cortina d'Ampezzo 34 km

🏨 **Christiania**

via Colz 109 – 𝒞 04 71 84 70 16 – www.christiania.it
– Aperto 17 dicembre-4 aprile e 26 giugno-21 settembre
46 cam ⌣ – 👤136/287 € 👤👤192/494 € – **26 suites**

In centro paese, una piacevole casa che si sta rimodernando: molto bello, ad esempio, l'elegante centro benessere, gradevoli anche le ultime camere arredate con legni nuovi e vecchi. Diverse sale e stube accomunate da una certa eleganza per una cucina classica; il bar con terrazza è il crocevia della vita locale.

🏨 **Ciasa Lara**

strada Altin 9 – 𝒞 04 71 84 72 57 – www.ciasalara.it – Aperto
2 dicembre-14 aprile e 10 giugno-7 ottobre
25 cam ⌣ – 👤100/150 € 👤👤188/360 € – **5 suites**

Connubio ben riuscito tra stile montano ed impronta moderna in un albergo con ampie camere ed un gradevole centro benessere con bellissima piscina coperta.

🏨 **Cristallo**

strada Verda 3, Sud: 1,5 km – 𝒞 04 71 84 77 62 – www.hotelcristallo-altabadia.it
– Aperto 4 dicembre-12 aprile e 18 giugno-21 settembre
46 cam ⌣ – 👤117/210 € 👤👤164/210 € – **7 suites**
Rist *La Gana* – Vedere selezione ristoranti

In posizione strategica tra La Villa e Corvara, stile alpino del tutto esclusivo per un hotel che dispone di un centro benessere con piscina coperta, spa e beauty, elegante lounge bar con smoking area, nonché camere adatte ad ogni esigenza.

La Majun

via Colz 59 – ☏ 04 71 84 70 30 – www.lamajun.it – Chiuso 3 aprile-27 maggio
32 cam ⌷ – †80/193 € †† 160/422 € – **2 suites**
In pieno centro e di fatto a ridosso degli impianti di risalita, accoglienza incantevole, tutta al femminile: l'atmosfera montana riceve qui un tocco di modernità
nelle luci e nelle decorazioni, design e colori approdano sulle Dolomiti. Al ristorante, graziose stube ciascuna intitolata ad un colore diverso e dalla cucina piatti
della tradizione italiana serviti anche al sole sulla bella terrazza.

 Miraval

*via Sompunt 19, Nord: 1 km – ☏ 04 71 84 40 55 – www.naturhotelmiraval.it
– Aperto dicembre-Pasqua e giugno-settembre*
12 cam ⌷ – †62/178 € †† 124/276 €
Ai piedi del Santa Croce, gli amanti della natura troveranno qui il loro
albergo d'elezione: il Miraval è il primo Klimahotel della valle, tutto è ispirato ai principi dell'ambientalismo, dai materiali all'acustica. Simpatica
gestione familiare, profusione di legni e gli impianti di risalita a due passi
completano il quadro.

 Antines

*via Picenin 18 – ☏ 04 71 84 42 34 – www.hotelantines.it – Aperto
1° dicembre-15 aprile e 15 giugno-15 settembre*
25 cam ⌷ – †115/215 € †† 140/440 € – **4 suites**
In centro paese, ma in posizione leggermente rialzata e più tranquilla, struttura dagli ambienti luminosi ed accoglienti. Le camere sono differenziate, ma
sempre arredate con ampio uso del legno, antico o moderno. Romanticismo
nelle tre sale ristorante, ciascuna contraddistinta da un colore: blu, giallo e
arancio.

 Tamarindo

*via Plaon 20 – ☏ 04 71 84 40 96 – www.tamarindo-lavilla.it – Aperto
1° dicembre-20 aprile e 1° giugno-31 ottobre*
11 cam ⌷ – †40/70 € †† 80/120 €
Nella parte alta e più tranquilla del paese, troverete uno spassoso titolare: servizio
semplice, ma incantevole e camere personalizzate a prezzi ragionevolissimi
(molto romantiche le due camere mansardate, all'ultimo piano).

 Garni La Ciasota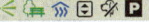

*strada Colz 118 – ☏ 04 71 84 71 71 – www.garnilaciasota.it – Chiuso
30 marzo-20 aprile e novembre*
15 cam ⌷ – †45/65 € †† 45/65 €
Gestione familiare di un b&b semplice, ma confortevole, in posizione strategica
sia d'estate sia d'inverno. Per organizzare al top le vostre vacanze potrete contare sull'infinita esperienza dei gentilissimi titolari: particolarmente informati in
ambito sportivo.

 Ciasa Montanara

via Plaon 24 – ☏ 04 71 84 77 35 – www.montanara.it
10 cam ⌷ – †45/60 € †† 90/100 €
In posizione panoramica sul paese, troverete semplicità e accoglienza familiare. Le
camere, recentemente rinnovate, offrono un buon confort: suggeriamo la camera
numero 11, che regala - nei giorni più limpidi - una bella vista fino al passo del
Falzarego.

 Dolomit b&b

strada Colz 9 – ☏ 04 71 84 71 20 – www.dolomit.it
19 cam ⌷ – †48/77 € †† 120/154 €
Cioccolato, pesca, fragola...ogni camera riceve profumi e colori dal suo nome in
una tipica casa di montagna con graziosi balconi e belle terrazze. Sauna a pagamento ad uso privato. Dalle specialità ladine alle pizze cotte in forno a legna: al
ristorante si trova di tutto!

XXX **La Gana** – Hotel Cristallo   🍴 P

strada Verda 3, Sud: 1,5 km – ☏ *04 71 84 77 62 – www.hotelcristallo-altabadia.it*
– Aperto 4 dicembre-12 aprile e 18 giugno-21 settembre
Menu 70/250 € – Carta 62/80 € – *(solo a cena)*
E' l'angolo gourmet dell'albergo Cristallo, una sala moderna dove il cuoco reinter-
preta piatti di cucina italiana appresi nelle sue precedenti esperienze, a cui si
aggiungono ora proposte dolomitiche.

ALTAMURA
Bari (BA) – ✉ 70022 – 70 347 ab. – Alt. 467 m – Carta regionale n° **15-B2**
▶ Roma 444 km – Bari 46 km – Potenza 83 km – Matera 21 km
Carta stradale Michelin 564-E31

🏠 **San Nicola**   🏡 AC 🍴 🛁

via Luca De Samuele Cagnazzi 29 – ☏ *08 03 10 51 99 – www.hotelsannicola.com*
23 cam � – ♦60/90 € ♦♦80/120 € – **1 suite**
In un palazzo settecentesco nel centro storico della città, raggiungerlo in auto è
un po' difficile, ma il piccolo disagio è subito dimenticato dagli ambienti signorili
e dalle funzionali camere di taglio moderno. La deliziosa corte interna, dove viene
servita la prima colazione, darà il benvenuto alla vostra giornata.

X **Tre Torri** Ⓝ   🌿 AC

via Ostuni 44 – ☏ *08 03 14 40 24 – Chiuso martedì e 20-30 luglio*
Carta 26/45 €
Anche se la zona è un po' periferica e non propriamente attraente, la sua cucina è
di buona qualità e le porzioni talmente generose, che la clientela locale lo sceglie
soprattutto per il pesce (ma anche la proposta di carne - a nostro giudizio - non è
da meno).

ALTARE
Savona (SV) – ✉ 17041 – 2 124 ab. – Alt. 398 m – Carta regionale n° **8-B2**
▶ Roma 570 km – Genova 70 km – Savona 14 km – Imperia 85 km
Carta stradale Michelin 561-I7

XX **Quintilio**   ⇦ P

via Gramsci 23 – ☏ *01 95 80 00 – www.ristorantequintilio.it*
Menu 40 € – Carta 33/78 €   **5 cam** � – ♦50 € ♦♦70 €
Cortesia e professionalità vi accompagneranno nella degustazione di ricette liguri
e piemontesi, sebbene dopo un soggiorno in Francia da parte dello chef, il menu
proponga anche specialità d'Oltralpe: il tutto in un ristorante le cui origini risalgono al 1889! Nella graziosa enoteca, un unico tavolo e sullo sfondo scaffali
colmi del frutto di Bacco; nella saletta "la libreria", lo stile innovativo non trascura
la tradizione, con cenni al futurismo ed alla famosa lavorazione vetraria altarese.

ALTAVILLA VICENTINA
Vicenza (VI) – ✉ 36077 – 12 084 ab. – Alt. 45 m – Carta regionale n° **22-A2**
▶ Roma 535 km – Padova 42 km – Vicenza 9 km – Venezia 73 km
Carta stradale Michelin 562-F16

🏠 **Tre Torri**   🏡 ⅃ 🔁 ⅃ AC 🛁 🚗

via Tavernelle 71 – ☏ *04 44 57 24 11 – www.hoteltretorri.it*
93 cam � – ♦50/250 € ♦♦50/250 € – **1 suite**
Rist *L'Altro Penacio* – Vedere selezione ristoranti
Legno di palissandro, lastre di ardesia e cristallo laccato: dettagli di pregio nella
zona lounge di questa moderna struttura, ideale per una clientela business, ma
che piacerà anche al turista in visita alla città. Ancora minimalismo come stile, e
non certo per la qualità delle installazioni, nelle moderne camere.

XX **L'Altro Penacio** – Hotel Tre Torri   AC P

via Tavernelle 71 – ☏ *04 44 37 13 91 – www.hoteltretorri.it*
Menu 29 € – Carta 28/89 €
Nel contesto dell'hotel Tre Torri, un ristorante classico-elegante con proposte deri-
vanti da una cucina che ama attingere alla tradizione, ma anche ai sapori del mare.

ALTEDO – Bologna (BO) ➔ Vedere Malalbergo

ALTISSIMO

Vicenza (VI) – ⊠ 36070 – 2 252 ab. – Alt. 672 m – Carta regionale n° **23-B2**

▶ Roma 568 km – Verona 65 km – Vicenza 42 km – Padova 72 km

Carta stradale Michelin 562-F15

XX **Casin del Gamba** (Antonio Dal Lago)   ⊛ 🏡 & ⇔ **P**

🏵 *via Roccolo Pizzati 1, strada per Castelvecchio, Nord-Est: 2,5 km
– ✆ 04 44 68 77 09 – www.casindelgamba.eu – Chiuso 20 giorni
in gennaio, 15 giorni in agosto, domenica sera, martedì a mezzogiorno e lunedì*
Menu 55 € (in settimana)/82 € – Carta 52/89 € – (prenotazione obbligatoria a mezzogiorno)
Non semplice da raggiungere, vi consigliamo di partire con anticipo per affrontare i numerosi tornanti tra boschi e monti. Al ristorante vi accoglierà una deliziosa famiglia che fa dei prodotti del territorio la bandiera della propria cucina, autentica, concreta e saporita. I funghi, al pari dell'ospitalità, sono immancabili.
➜ Crostolo con buon Enrico (spinacio selvatico), caprino fresco, lardo e uovo di quaglia. Guancia morbida di vitello in tegame con cumino dei prati, sedano rapa e purea di piselli. Fantasia di cioccolato 75%: tiepido, mousse con cannella e fava Tonka e nostre confetture.

ALTOMONTE

Cosenza (CS) – ⊠ 87042 – 4 540 ab. – Alt. 455 m – Carta regionale n° **3-A1**

▶ Roma 482 km – Cosenza 60 km – Castrovillari 38 km

Carta stradale Michelin 564-H30

🏠 **Barbieri**   ✿ < 🏡 ⌿ 🖸 & 🅰🅲 🔏 **P**

via Italo Barbieri 30 – ✆ 09 81 94 80 72 – www.famigliabarbieri.net
42 cam � – ♥55/70 € ♥♥80/95 €
Un'intera famiglia al timone di questa completa struttura - in continuo rinnovo - dotata ora anche di un piccolo beauty center. Prelibatezze calabresi al ristorante.

🏠 **Il Castello di Altomonte**   ✿ ♨ < 🖸 🅰🅲

piazza Castello 6 – ✆ 09 81 94 89 33 – www.altomonte.it
12 cam ⊻ – ♥90 € ♥♥120 €
Domina la città dall'alto, questo castello del XII secolo che ripropone nei suoi ambienti eleganti l'atmosfera dell'antica residenza nobiliare. Ristorante e saloni affrescati per una cucina calabrese, ma con spunti di internazionalità.

ALTOPASCIO

Lucca (LU) – ⊠ 55011 – 15 479 ab. – Alt. 19 m – Carta regionale n° **18-B1**

▶ Roma 333 km – Pisa 38 km – Firenze 62 km – Lucca 23 km

Carta stradale Michelin 563-K14

XX **Il Melograno**   🏡

🍝 *piazza degli Ospitalieri 9 – ✆ 0 58 32 50 16 – www.ilmelogranoristorante.net
– Chiuso 15-20 agosto e lunedì*
Menu 25/40 € – Carta 39/81 €
Varcata una delle porte che interrompono le mura, una suggestiva enclave di strade e dimore storiche: una cittadella fortificata piacevolmente illuminata la sera. Al primo piano di uno di questi palazzi, rivivono ricette tradizionali di terra e di mare, non prive di vena creativa.

ALZANO LOMBARDO

Bergamo (BG) – ⊠ 24022 – 13 632 ab. – Alt. 304 m – Carta regionale n° **10-C1**

▶ Roma 605 km – Bergamo 9 km – Brescia 60 km – Milano 62 km

Carta stradale Michelin 561-E11

XXX **RistoFante**   🏡 & 🅰🅲 ⇔

via Mazzini 41 – ✆ 0 35 51 12 13 – www.ristofante.it – Chiuso 10 giorni in gennaio, 15 giorni in agosto, domenica sera e lunedì
Menu 45 € – Carta 43/87 € – (solo a cena escluso i giorni festivi)
Nel centro storico, in un antico palazzo ristrutturato, ambiente elegante, confortevole e sobriamente arredato; cucina tradizionale rivisitata, servizio estivo all'aperto.

AMALFI

Salerno (SA) – ✉ 84011 – 5 167 ab. – Carta regionale n° **4-B2**

▶ Roma 287 km – Napoli 70 km – Avellino 61 km – Salerno 25 km

Carta stradale Michelin 564-F25

Grand Hotel Convento di Amalfi

via Annunziatella 46 – ☎ 08 98 73 67 11 – www.ghconventodiamalfi.com
– Aperto 25 marzo-31 ottobre

45 cam – ♦265/885 € ♦♦310/885 € – ☲ 30 € – **8 suites**

Rist I Cappuccini – Vedere selezione ristoranti

In un convento del XIII sec abbarbicato sulla scogliera che domina la costa, le camere sono dominate dal colore bianco, interrotto solo dal seppiato delle foto d'epoca esposte un po' ovunque. C'è un unica stanza affrescata (denominata del Priore), molte invece quelle con terrazza. Piante esotiche e limoni nel pittoresco giardino.

Santa Caterina

via Mauro Comite, 9 – ☎ 0 89 87 10 12 – www.hotelsantacaterina.it
– Aperto 1° marzo-inizio novembre

51 cam ☲ – ♦265/1130 € ♦♦280/1350 € – **15 suites**

Suggestiva vista del golfo, terrazze fiorite digradanti sul mare con ascensori per la spiaggia, interni in stile di raffinata piacevolezza: qui i sogni diventano realtà! Al ristorante soffitto a crociera, colonne, eleganti tavoli rotondi: per cene di classe.

Marina Riviera

via P. Comite 19 – ☎ 0 89 87 11 04 – www.marinariviera.it
– Aperto 24 marzo-6 novembre

31 cam ☲ – ♦200/438 € ♦♦200/550 € – **3 suites**

All'ingresso della località, in posizione panoramica, struttura dei primi anni del '900 (su fondamenta tardo settecentesche): ariosi spazi comuni e camere totalmente rinnovate con gusto e sobrietà.

La Pergola

via Augustariccio 14, località Vettica Minore Ovest: 2 km – ☎ 0 89 83 10 88
– www.lapergolaamalfi.it – Chiuso 7 gennaio-15 marzo

16 cam – ♦40/160 € ♦♦50/200 €

In un angolo pittoresco della costa, lungo la strada per Positano, camere di buon confort in una struttura recente dotata di un grande e suggestivo limoneto - proprio sopra l'albergo - assolutamente da visitare. Cucina casalinga e piatti della tradizione locale al ristorante.

Antica Repubblica

vico dei Pastai 2 – ☎ 08 98 73 63 10 – www.anticarepubblica.it – Chiuso
10 gennaio-1° marzo

7 cam ☲ – ♦50/150 € ♦♦60/200 €

Nel vicolo dove un tempo esercitavano i pastai, piccolo edificio tenuto a regola d'arte: camere elegantemente rifinite (due con baldacchino) ed incantevole terrazza per la prima colazione.

Villa Lara – Dimora d'epoca -

via delle Cartiere 1 bis – ☎ 08 98 73 63 58 – www.villalara.it – Aperto
15 marzo-31 ottobre

6 cam ☲ – ♦75/140 € ♦♦90/195 €

Nella parte alta e più tranquilla della località, una dimora di fine '800 accuratamente ristrutturata, che presenta ai propri ospiti camere graziose, panorama e tanto charme.

Relais Villa Annalara

via delle Cartiere 1 ✉ 84011 Amalfi – ☎ 0 89 87 11 47 – www.villaannalara.it

6 cam ☲ – ♦60/170 € ♦♦70/250 €

Piacevole struttura in una bella villa: a disposizione un giardino ed un'ampia terrazza con vista incantevole. Camere nuovissime, personalizzate ed eleganti.

XXX I Cappuccini – Grand Hotel Convento di Amalfi

via Annunziatella 46 – ℰ 08 98 73 67 11 – www.ghconventodiamalfi.com
– Aperto 25 marzo-31 ottobre
Carta 60/116 €
Una carta dalle suggestioni interessanti che si concretizzano sulla tavola in piatti della tradizione italiana, coccolati dalla vista che offre il meraviglioso spettacolo di Amalfi.

XX La Caravella (Antonio Dipino)

via Matteo Camera 12 – ℰ 0 89 87 10 29 – www.ristorantelacaravella.it
– Chiuso 14 novembre-16 dicembre, 11 gennaio-12 febbraio e martedì, in luglio-settembre martedì e mezzogiorno e lunedì
Menu 50 € (pranzo)/120 € – Carta 52/110 € – (consigliata la prenotazione)
E' qui da più di mezzo secolo questo splendido locale che ha fatto la storia gastronomica della costiera amalfitana e che - ancora oggi - rimane indiscusso protagonista. Abilità e fantasia in una cucina che come poche sa esaltare i sapori del territorio.
→ Risotto al limone di Amalfi con gamberi cotti e crudi e bottarga di muggine. Polpa di pezzogna al gratin con finocchi, pomodori essiccati e menta. Il sole nel piatto.

XX Da Gemma

via Frà Gerardo Sasso 9 – ℰ 0 89 87 13 45 – www.trattoriadagemma.com
– Chiuso 10 novembre-25 dicembre, 7 gennaio-10 febbraio e mercoledì escluso aprile-ottobre
70 € – Carta 48/133 €
Nel cuore di Amalfi - ristorante già dal 1872 - il suo dinamico staff saprà coccolarvi con sfiziosi piatti del territorio reinterpretati in chiave moderna. Bella terrazza sul corso.

XX Eolo

via Comite 3 – ℰ 0 89 87 12 41 – www.eoloamalfi.it – Aperto 1° aprile- 25 ottobre; chiuso martedì
Carta 65/115 € – (solo a cena in luglio e agosto)
Piatti tradizionali rivisitati in un piccolo ristorante dall'ambiente intimo e curato; appagante vista sul mare attraverso aperture ad arco sostenute da agili colonne.

XX Marina Grande

viale delle Regioni 4 – ℰ 0 89 87 11 29 – www.ristorantemarinagrande.com
– Chiuso 15 novembre-20 febbraio e lunedì escluso luglio-agosto
Carta 40/73 €
Direttamente sulla spiaggia, un piacevole locale dai toni contemporanei con splendida vista mare. Ricette che ripercorrono la tradizione, ma in chiave moderna; presenti anche piatti classici.

AMANTEA
Cosenza (CS) – ✉ 87032 – 13 996 ab. – Carta regionale n° **3-A2**
▶ Roma 519 km – Cosenza 60 km – Catanzaro 67 km – Vibo Valentia 71 km
Carta stradale Michelin 564-J30

Mediterraneo Palace Hotel

via Stromboli 79 – ℰ 0 98 24 22 09 – www.mediterraneopalacehotel.it
88 cam ⊇ – †60/100 € ††90/150 €
Nel cuore della località, tuttavia non distante dal mare, un hotel molto moderno con camere spaziose e servizi completi, tra cui un centro benessere. In una dimora di fine '800, trova invece spazio una *dépendance* più piccola rispetto al Mediterraneo Palace, ma ricca di fascino e con un bel giardino.

La Tonnara

via Tonnara 13, Sud: 3 km – ℰ 0 98 82 42 42 72 – www.latonnara.it – Chiuso vacanze di Natale
57 cam ⊇ – †40/150 € ††60/190 € – **2 suites**
A poche decine di metri dalla spiaggia, hotel con ampie camere - quasi tutte vista mare - e attività organizzate per la ricreazione dei più piccoli nei mesi estivi. Grande sala ristorante, piacevolmente arredata, per fragranti piatti marinari.

✕✕ Due Bicchieri Gourmet ⛲ AC

via Dogana 92 ✉ *87032 Amantea* – ✆ *09 82 42 44 09*
– www.ristoranteduebicchieri.it – Chiuso domenica sera e lunedì escluso in luglio-settembre
Menu 28/35 € – Carta 33/53 € – *(solo a cena escluso domenica e festivi)*
(prenotazione obbligatoria)
Passione e professionalità, prodotti del territorio, dal mare alla terra, nonché ottima scelta di vini soprattutto calabresi: questa è la ricetta vincente del locale.

a Coreca Sud : 4 km – ✉ 87032 Amantea

⌂ Mareblu ⛲ ← ⬆ AC P

via Coreca 25 – ✆ *0 98 24 62 96 – www.marebluhotel.com*
25 cam – †30/70 € – ††40/70 € – ⬚ 3 €
Struttura bianca praticamente sul mare, in cui un'efficiente gestione diretta garantisce un soggiorno rilassante; camere semplici negli arredi, ma ariose e pulite. Da non perdere: l'escursione in barca e pesca sportiva con il proprietario.

AMBIVERE

Bergamo (BG) – ✉ 24030 – 2 381 ab. – Alt. 261 m – Carta regionale n° **10**-C1
▶ Roma 614 km – Bergamo 18 km – Brescia 69 km – Milano 54 km
Carta stradale Michelin 561-E10

✕✕ Antica Osteria dei Camelì (Loredana Vescovi) ⛲ & AC ⟳ P

✿ *via Marconi 13* – ✆ *0 35 90 80 00 – www.anticaosteriadeicameli.it – Chiuso 1°-6 gennaio, 5-27 agosto, martedì sera e lunedì*
Menu 40 € (pranzo in settimana)/70 € – Carta 66/126 € – (consigliata la prenotazione)
Un tempo osteria, oggi un elegante ristorante dove ai piatti storici - imperdibili i casoncelli - si sono affiancate proposte nuove, frutto della selezione di ottimi prodotti. Specialità di terra e di mare.
→ I casoncelli alla bergamasca. Fritto di mare e verdure. Mousse di cioccolato fondente.

AMEGLIA

La Spezia (SP) – ✉ 19031 – 4 416 ab. – Alt. 89 m – Carta regionale n° **8**-D2
▶ Roma 404 km – La Spezia 18 km – Genova 107 km – Massa 19 km
Carta stradale Michelin 561-J11

⌂⌂ Locanda dell'Angelo ✿ ⬅ 🛏 ⬚ AC ✿ P

viale XXV Aprile 60, strada provinciale Sarzana-Marinella, Sud-Est: 4,5 km
– ✆ *0 18 76 43 91 – www.paracucchilocanda.it – Aperto 1° marzo-2 novembre*
31 cam ⬚ – †70/120 € – ††90/170 € – **1 suite**
Rist *Mauro Ricciardi alla Locanda dell'Angelo* ✿ – Vedere selezione ristoranti
In posizione tranquilla, in fondo a un grande giardino con piscina, una costruzione d'ispirazione contemporanea con camere dagli arredi, minimalisti, ma di qualità, e camere mansardate al piano superiore.

⌂⌂ River Park Hotel ✿ 🛏 ⬆ AC ✿ 🚗 🛶

via del Botteghino 17, località Fiumaretta, Sud-Est: 2 km – ✆ *01 87 64 81 54*
– www.hotelriverpark.it – Chiuso 1° novembre-1° dicembre
32 cam ⬚ – †70/90 € – ††100/150 € – **1 suite**
Al centro della quieta località balneare di Fiumaretta, imponente edificio di moderna concezione - recentemente ristrutturato - dispone di zone interne confortevoli, camere spaziose, tutte con angolo salottino. Ariosa sala ristorante da cui ammirare l'invitante piscina circondata dal verde.

⌂ La Maison del Magra ✿ ← AC

via F. Paganini 3, località Fiumaretta – ✆ *0 18 76 41 55*
– www.stelladelmagra.com
10 cam ⬚ – †80/120 € – ††80/130 € – **2 suites**
La recente ristrutturazione ha portato una ventata di modernità e gradevoli personalizzazioni in questa piccola risorsa familiare, praticamente priva di spazi comuni a parte il bar-ristorante, ma dalla bella location con vista sulla foce.

XX
✿

Mauro Ricciardi alla Locanda dell'Angelo – Hotel Locanda dell'Angelo

viale XXV Aprile 60, strada provinciale Sarzana-Marinella, Sud-Est: 4,5 km – ✆ *0 18 76 53 36*
– *www.chefmauroricciardi.it* – *Chiuso 23 dicembre-20 gennaio, 1 settimana in ottobre, lunedì e martedì*
Carta 71/134 € – *(solo a cena)* (prenotazione obbligatoria a mezzogiorno)
All'interno dell'hotel Locanda dell'Angelo, un ristorante dallo stile classico che ora apre le proprie porte a corsi per chef-amatori e professionisti. Un'ottima cucina, ricca di spunti interessanti e di personalità pur nel solco di una certa tradizione, dove tecnica e un'accurata selezione di materie prime sono alla base di preparazioni che si faranno ricordare.
→ Ravioli di scampi in ristretto di zuppa di mare. Filetto di orata su maionese alle nocciole, riduzione di Pedro Ximenez. Formaggio di mucca con salsa inglese al timo, gelato al pistacchio e granita al miele.

a Montemarcello Sud : 5,5 km – ✉ 19030

XX

Pescarino-Sapori di Terra e di Mare

via Borea 52, Nord-Ovest: 3 km – ✆ *01 87 60 13 88*
– *www.pescarino.it* – *Chiuso 15 giorni in gennaio*
Menu 39/42 € – Carta 31/55 € – *(chiuso lunedì e martedì escluso agosto)*
(solo a cena escluso sabato e i giorni festivi)
2 cam ⚏ – ♦40/50 € ♦♦70/90 €
Una collocazione davvero piacevole nell'oasi di pace del bosco di Montemarcello, per questo locale in stile semplice, ma di tono elegante che dà ciò che promette. Camere eleganti nella villa adiacente.

AMELIA

Terni (TR) – ✉ 05022 – 11 917 ab. – Alt. 370 m – Carta regionale n° **20-B3**
🚗 Roma 92 km – Terni 27 km – Viterbo 47 km – Perugia 95 km
Carta stradale Michelin 563-O19

🏠

La Gabelletta

via Tuderte 20 – ✆ *07 44 98 17 75* – *www.lagabelletta.it*
13 cam – ♦70/80 € ♦♦95/120 € – ⚏ 10 €
Particolare country house ricavata dal restauro di un'antica locanda settecentesca, dagli interni decisamente sopra le righe: colori e tendaggi particolari e, a disposizione, quattro enormi appartamenti. L'omonimo ristorante propone una versione moderna della cucina locale.

a Macchie Nord-Ovest : 8 km – ✉ 05022 Amelia

🏠

Relais Tenuta del Gallo

via Ortacci 34 – ✆ *07 44 98 71 11* – *www.tenutadelgallo.com*
– *Chiuso 7-31 gennaio e novembre*
7 cam ⚏ – ♦80/175 € ♦♦128/200 € – **2 suites**
Rist *Tenuta del Gallo* – Vedere selezione ristoranti
All'interno di una grande proprietà terriera, in posizione isolata e panoramica, ambienti eleganti e raffinati con mobili di pregio e quadri del Seicento e dell'Ottocento provenienti dalla collezione privata di famiglia.

XX

Tenuta del Gallo – Relais Tenuta del Gallo

via Ortacci 34 – ✆ *07 44 98 71 12* – *www.tenutadelgallo.com*
– *Chiuso 7-31 gennaio e novembre*
Menu 45/55 € – Carta 34/59 €
Negli ambienti interni della tenuta, ricchi di charme e romanticismo oppure seduti all'aperto davanti ad un bucolico panorama, la cucina prende spunto dalla tradizione locale senza dimenticare i classici nazionali.

AMENDOLARA

Cosenza (CS) – ⊠ 87071 – 2 976 ab. – Alt. 227 m – Carta regionale n° **3-A1**
▶ Roma 504 km – Cosenza 102 km – Castrovillari 55 km – Matera 105 km
Carta stradale Michelin 564-H31

Grillo Hotel
viale Lagaria S.S. 106 – ☎ *09 81 91 52 56 – www.grillohotel.com*
40 cam ⌷ – †45/100 € ††70/140 €
Questa struttura moderna ed efficiente ha il pregio della poliedricità: ideale per una clientela d'affari, non deluderà il turista di passaggio. Bella piscina e buon standard di servizi.

Enotria
viale Calabria 20 – ☎ *09 81 91 50 26 – www.hotelenotria.it*
46 cam ⌷ – †40/55 € ††60/80 € – **2 suites**
Vicinissimo alla Torre antica sul mare, l'hotel dispone di spazi comuni moderni e camere lineari in riposanti colori pastello. Piatti di mare nella sala da pranzo al piano terra.

ANACAPRI – Napoli (NA) → Vedere Capri (Isola di)

ANAGNI

Frosinone (FR) – ⊠ 03012 – 21 515 ab. – Alt. 424 m – Carta regionale n° **7-C2**
▶ Roma 74 km – Frosinone 25 km – Anzio 79 km – Latina 73 km
Carta stradale Michelin 563-Q21

✗✗ Lo Schiaffo
via Vittorio Emanuele 270 – ☎ *07 75 73 91 48 – Chiuso lunedì, anche domenica sera da novembre a febbraio*
Carta 21/41 €
Il nome evoca atmosfere medievali, il riferimento al celebre schiaffo a Bonifacio VIII; la sala invece è stata completamente rinnovata e presenta un ambiente caldo e moderno.

ANCONA

⊠ 60123 – 101 518 ab. – Carta regionale n° **11-C1**
▶ Roma 305 km – Firenze 263 km – Rimini 109 km – Pesaro 74 km
Carta stradale Michelin 563-L22

Grand Hotel Passetto
via Thaon de Revel 1 ⊠ 60124 – ☎ *07 13 13 07*   Pianta: C2**d**
– www.hotelpassetto.it
39 cam ⌷ – †90/135 € ††113/203 € – **1 suite**
Il giardino con piscina abbellisce questo hotel alle porte della città, non lontano dal mare: eleganti e sobri interni, confortevoli camere di taglio classico.

Grand Hotel Palace
lungomare Vanvitelli 24 ⊠ 60121 – ☎ *0 71 20 18 13*   Pianta: A1**k**
– www.hotelancona.it – Chiuso 22 dicembre-7 gennaio
39 cam ⌷ – †66/175 € ††90/225 € – **1 suite**
Situato in centro, in un palazzo seicentesco austero e nobiliare, l'hotel gode di una posizione privilegiata trovandosi esattamente di fronte al mare e a poca distanza dalla zona pedonale. Si parte la mattina dalla sala colazioni un po' démodé all'ultimo piano, ma dotata di bella vista, per ritirarsi la sera in camere curate ed accoglienti.

✗✗ Mandracchio
largo Fiera della Pesca 11 ⊠ 60123 – ☎ *0 71 20 29 90*   Pianta: A2**a**
– Chiuso agosto, domenica sera e lunedì
Carta 35/55 €
Al porto, solo pesce fresco (ottima la selezione di crudi!) in un locale inaspettato, dal design graffiante e "metropolitano" che anno dopo anno sta diventando un riferimento gastronomico per la città.

ANCONA

MARE ADRIATICO

Loggia dei Mercanti .... F

300 m

0

Arco di Traiano

Duomo di San Ciriaco

COLLE GUASCO

Museo Archeologico Nazionale delle Marche

S. Maria della Piazza

S. FRANCESCO D. SCALE

PORTO

STAZIONE MARITTIMA

Molo Nord

Molo Sud

Banchina Nazario Sauro

V. Luigi Rizzo

V. Luigi Einaudi

V. Ezio Vanoni

Largo Caduti sul Mare

Largo Lorenzo Casanova

P. Cavour

Cavour

Loggia dei Mercanti

V. Enrico Tóti

Sta. Margherita

ASCENSORE SPIAGGIA

Panoramica

V. Montegrappa

V. Francesco Rismondo

Panoramica

V. Fabio Filzi

V. Cesare Battisti

Friuli

Cadore

V. della Vittoria

V. Trieste

V. Alberto Caucci

Della

V. Raffaele Pergola

del Conero

Monte Pelago

Monte Conero

Cialdini

V. Isonzo

Angelini

del Conero

V. Tommasi

Lazio

Asiago

Trento

Trieste

Gino

Rodi

Piave

V. Isonzo

V. della Vittoria

V. Michele Fazioli

V. Lorenzo Cappelli

Vie della Vittoria

Rovereto

V. Vincenzo Gentiloni

M. Maria Montessori

V. d'Alzio

Clic

V. Venezia

Scandali

V. 25 Aprile

Galleria del Risorgimento

Vittorio

Bezzecca

Santo Stefano

V. Palestro

V. Curtatone

V. Montebello

V. Solferino

V. Marino

V. Cittadella

PARCO CITTADELLA

Duilio

Bramucci

PESCARA

RIMINI

Raffaello Sanzio

V. Raffaello Sanzio

V. Giovan Battista Pergolesi

V. Lorenzo Lotto

Gorgio Pisani

Marconi

Guglielmo

Flaminia

V. Enrico Mattei

Martiri

RIMINI

PORTONOVO NUMANA

k

n

a

b

d

XX La Moretta

piazza Plebiscito 52 ✉ *60121 –* ✆ *0 71 20 23 17*   Pianta: **B1n**
– www.trattoriamoretta.com – Chiuso 1°-7 gennaio e domenica
Menu 16 € (pranzo)/32 € – Carta 27/54 €
Dal 1897 sono diverse generazioni della stessa famiglia a gestire questo ristorante che propone cucina marchigiana di carne e di pesce, con stoccafisso e
brodetto all'anconetana tra i classici del menu. Servizio estivo nella bella
piazza Plebiscito.

X Sot'Ajarchi

via Marconi 93 ✉ *60125 –* ✆ *0 71 20 24 41 – Chiuso*   Pianta: **A2b**
vacanze di Natale, agosto e domenica
Carta 34/68 €
Esperienza ultra-ventennale in ambiente informale, familiare, decisamente al femminile per questa piccola trattoria sotto ai portici. Piatti di mare, a base di pescato
fresco giornaliero: uno dei migliori indirizzi di tutta Ancona e dintorni!

a Portonovo Sud-Est : 12 km per Numana C2 – ✉ 60129

Fortino Napoleonico

via Poggio 166 – ✆ *0 71 80 14 50 – www.hotelfortino.it*
33 cam ⭴ – ♦90/230 € – ♦♦120/260 € – **6 suites**
Trasformato in hotel negli anni '60, la tipica forma a lanterna ne denuncia
l'origine napoleonica. Di questo glorioso passato ne serba il fascino, che si
declina in antichi arredi, affreschi e camere dal lusso discreto. Fragrante
cucina di mare nell'omonimo ristorante dotato di una bella terrazza panoramica per l'estate.

Emilia

via Poggio 149/a, in collina, Ovest: 2 km – ✆ *0 71 80 11 17*
– www.hotelemilia.com – Aperto fine marzo-inizio novembre
26 cam ⭴ – ♦69/600 € – ♦♦69/600 € – **4 suites**
Splendida struttura affacciata sul mare dall'alto dei Monti del Conero. Bianca e illi-
bata, gli interni sono decorati con opere d'arte moderna, mentre nelle camere è
la luminosità a "colpire" l'ospite. In estate, si apre il ristorantino Gazebo per pranzi
light a bordo piscina e aperitivi serali con crudi di pesce. Le spiagge distano circa
due chilometri (raggiungibili con la navetta dell'albergo).

Internazionale

via Portonovo – ✆ *0 71 80 10 01 – www.hotel-internazionale.com*
– Aperto 2 marzo-31 ottobre
25 cam ⭴ – ♦60/120 € – ♦♦80/180 €
In una tranquilla oasi verde, sulle pendici del promontorio che disegna la baia
di Portonovo, un albergo a gestione diretta, con interni lineari; camere di due
tipologie. Pareti con pietra a vista e ampie finestre panoramiche nella sala da
pranzo.

XX Giacchetti

via Portonovo 171 – ✆ *0 71 80 13 84 85 – www.ristorantedagiacchetti.it – Aperto*
1° aprile-31 ottobre; chiuso lunedì escluso 1° giugno-31 agosto
Carta 32/70 €
Nella silenziosa baia di Portonovo, locale di lunga tradizione, con annesso stabilimento balneare privato; in sala o all'aperto le classiche specialità di mare del-
l'Adriatico.

X Da Emilia

nella baia – ✆ *0 71 80 11 09 – www.ristoranteemilia.it – Aperto*
Pasqua-31 ottobre; chiuso lunedì escluso agosto
Carta 27/67 €
Fragrante cucina di pesce e, nella stagione calda, i moscioli (tipiche cozze selvatiche) tra le specialità della casa: si pranza sulla spiaggia con il mare a portata di mano e, volendo, si farà un bagno nello stabilimento balneare del
ristorante.

✕ Clandestino Susci Bar

via Portonovo, località Poggio – *𝒞 0 71 80 14 22* – *www.morenocedroni.it*
– Aperto 26 marzo-25 settembre
Menu 85 € – Carta 50/85 € – *(solo a cena)*
Direttamente su una bellissima spiaggia selvaggia, la maggior parte dei tavoli puntano verso la baia ed il mare. Vero e proprio laboratorio dell'idee culinarie di Moreno Cedroni, la carta non è ampia, ma la linea di cucina è interessante, creativa ed a base di pesce (ottimi i crudi). A mezzogiorno solo panini ed insalate.

a Torrette Ovest : 4 km per Rimini A2 – ✉ 60126

🏠 Europa

via Sentino 3 – *𝒞 0 71 88 80 96* – *www.hoteleuropa-ancona.it*
62 cam ⌑ – ♦60/110 € ♦♦80/160 €
In posizione defilata ma comoda, a pochi metri dal polo ospedaliero-universitario regionale, camere omogenee, dal confort moderno e dallo stile funzionale.

ANDALO

Trento (TN) – ✉ 38010 – 1 062 ab. – Alt. 1 042 m – Carta regionale n° **19-B2**
▶ Roma 625 km – Trento 40 km – Bolzano 64 km – Riva del Garda 48 km
Carta stradale Michelin 562-D15

🏘 Dolce Avita Spa & Resort

via del Moro 1 – *𝒞 04 61 58 59 12* – *www.hoteldolceavita.it*
– Aperto 3 dicembre-31 marzo e 19 giugno-17 settembre
26 cam ⌑ – ♦90/180 € ♦♦110/195 € – **10 suites**
In posizione panoramica e soleggiata, hotel dagli spazi accoglienti e ben arredati: camere "romantic" con letto a baldacchino e junior suite adatte alle famiglie. 500 mq di benessere presso la moderna Spa & Beauty.

🏘 Corona Dolomites

via Dossi 6 – *𝒞 04 61 58 58 72* – *www.coronadolomiteshotel.com* – *Aperto inizio dicembre-Pasqua e metà giugno-inizio ottobre*
42 cam – solo ½ P 78/149 € – **1 suite**
L'albergo in una decina di anni si è rifatto il look diventando un riferimento per la località: gestione valida, spazi generosi e servizi a 360°. La luce, qui, è di casa, a partire dal luminoso centro benessere.

🏠 Piccolo Hotel Suite Resort

via Pegorar 2 – *𝒞 04 61 58 57 10* – *www.piccolo.it* – *Aperto 6 dicembre-31 marzo e 16 giugno-19 settembre*
18 cam ⌑ – ♦65/85 € ♦♦110/160 € – **8 suites**
Bella casa con giardino rinnovata negli anni e situata in posizione tranquilla, da cui si ammira lo splendido gruppo del Brenta e Paganella. Per gli amanti del vino, c'è anche una saletta degustazione dove divertirsi con il patron-sommelier.

🏠 Cristallo

via Rindole 1 – *𝒞 04 61 58 57 44* – *www.hotelcristalloandalo.com* – *Aperto 1° dicembre-1° aprile e 15 giugno-15 settembre*
37 cam ⌑ – ♦90/140 € ♦♦120/210 €
Dista pochi metri dagli impianti di risalita, in pratica è il più vicino, questo piacevole albergo dagli accoglienti interni in stile montano, ad eccezione della hall d'ispirazione più moderna. Il centro benessere si completa con la zona beauty (massaggi e trattamenti).

🏠 Ambiez Suite Hotel

via Priori 8 – *𝒞 04 61 58 55 56* – *www.hotelambiez.com*
– Aperto 4 dicembre-29 marzo e 14 giugno-18 settembre
22 cam ⌑ – ♦71/120 € ♦♦120/210 € – **3 suites**
Risorsa a conduzione familiare dalle ampie camere in stile montano, nonché gradevole zona benessere con tanto di beauty farm. Piatti trentini, ma non solo, nel tipico ristorante dove ai fornelli si destreggia il patron dell'hotel.

⌂ Serena ✿ ← ⛰ 🏠 ⊡ ✦✦ 🚗

via Crosare 15 – ℰ 04 61 58 57 27 – www.hotelserena.it – Chiuso
1° aprile-15 giugno e 20 settembre-1° dicembre
30 cam – solo ½ P 54/139 € – 3 suites
Non lontano dal centro, ma in posizione più tranquilla, solida gestione diretta
giunta alla seconda generazione. Vista panoramica su montagne maestose e
camere confortevoli: senza ombra di dubbio, un indirizzo ideale per le famiglie!

ANDORA

Savona (SV) – ✉ 17051 – 7 620 ab. – Carta regionale n° **8-B2**
▶ Roma 601 km – Imperia 22 km – Genova 105 km – Savona 59 km
Carta stradale Michelin 561-K6

⌂ Moresco ✿ ← ⚓ ⊡ AC

via Aurelia 96 – ℰ 0 18 28 91 41 – www.hotelmoresco.com – Aperto 1°-9 gennaio
e 3 febbraio-1° ottobre
35 cam ⌛ – � 55/70 € ♦♦75/90 €
In posizione centrale sul lungomare, un hotel dalla semplice conduzione familiare
che ha saputo - tuttavia - stare al passo con i tempi: camere comode e gradevoli.

ANDRIA

Barletta-Andria-Trani (BT) – ✉ 76123 – 100 518 ab. – Alt. 151 m
– Carta regionale n° **15-B2**
▶ Roma 380 km – Bari 60 km – Barletta 11 km – Foggia 82 km
Carta stradale Michelin 564-D30

✕✕✕ Umami (Felice Sgarra) 🍸 🏠 AC P
❀

via Trani 101/103 – ℰ 08 83 26 12 01 – www.umamiristorante.it – Chiuso
domenica sera e martedì
Menu 40/75 € – Carta 44/67 €
Umami venne introdotto dai giapponesi come "gusto saporito" ma è al gusto della
ricerca che guidò quello studio che s'ispira il locale alle porte della città. Con la
certezza di solide basi: siamo infatti in una villa dell'800, bel connubio di pietra
antica e arredo moderno. Nel piatto i prodotti del territorio elaborati con fantasia.
➜ Ruota pazza (pasta secca) con profumo di mare crudo. Cernia in crosta di
pane, con salsa di nocciola. La brûlée di patata con millefoglie all'olio extravergine
d'oliva.

✕ Il Turacciolo 🍸 🏠 AC ✑
☺

piazza Vittorio Emanuele II° 4 – ℰ 38 81 99 88 89 – www.turacciolo.it
– Chiuso 1 settimana in giugno, 1 settimana in settembre e domenica
Carta 21/44 € – (solo a cena) (consigliata la prenotazione)
Ambiente informale con tovagliette di carta e menu esibito su due lavagne, in
un'enoteca wine-bar del centro, dove la specialità è sicuramente il capocollo di
suino nero cotto dolcemente, insieme al semifreddo alla mandorla pralinata e
salsa al moscato di Trani. Ma non si esagera nel dire che tutta la cucina è semplicemente sorprendente!

a Montegrosso Sud-Ovest : 15 km – ✉ 70031 – Alt. 224 m

⌂ Agriturismo Biomasseria Lama di Luna ✿ 🐾 ← ⚓ 🏊 P

contrada Lama di Luna, Sud: 3,5 km – ℰ 08 83 56 95 05 – www.lamadiluna.com
– Aperto 19 marzo-2 novembre
10 cam ⌛ – ♦110/130 € ♦♦160/190 € – 1 suite
Masseria ottocentesca ristrutturata secondo i dettami della bioarchitettura e del
Feng Shui: affascinante mix di tradizione pugliese e filosofia cinese di vita naturale.

✕ Antichi Sapori AC ✑
☺

piazza Sant'Isidoro 10 – ℰ 08 83 56 95 29 – www.pietrozito.it
– Chiuso 22 dicembre-3 gennaio, 11-20 luglio, 10-20 agosto, sabato sera
e domenica
Menu 35 € – Carta 27/47 € – (prenotazione obbligatoria)
Orecchiette di grano arso con germogli di zucchine e ricotta salata - tiella di
agnello - cassata non cassata, a cui fanno eco tante altre specialità regionali in
un'originale trattoria con decorazioni di vita contadina. Dal vicino orto, le saporite
verdure presenti in menu.

ANGERA

Varese (VA) – ⊠ 21021 – 5 653 ab. – Alt. 205 m – Carta regionale n° **9-A2**

▶ Roma 640 km – Stresa 34 km – Milano 63 km – Varese 31 km

Carta stradale Michelin 561-E7

⌂ Lido Angera ⚥ ← 🏠 🦆 🖃 AK 🞕 P

*viale Libertà 11, Nord: 1 km – ☎ 03 31 93 02 32 – www.hotellido.it
– Chiuso 27 dicembre-5 gennaio*

17 cam 🛏 – †88/100 € ††120/160 €

In posizione incantevole, leggermente rialzata, proprio a ridosso del lago la cui vista è assicurata dalla nuovissima terrazza, una calda risorsa a gestione familiare con camere ampie, arredate in modo semplice, ma complete di tutto. Ristorante con ampie e panoramiche vetrate, per apprezzare le specialità lacustri.

ANGHIARI

Arezzo (AR) – ⊠ 52031 – 5 665 ab. – Alt. 429 m – Carta regionale n° **18-D2**

▶ Roma 246 km – Perugia 75 km – Arezzo 36 km – Firenze 109 km

Carta stradale Michelin 563-L18

⌂ La Meridiana ⚥ 🖃 P

piazza 4 Novembre 8 – ☎ 05 75 78 81 02 – www.hotellameridiana.it

25 cam – †40/45 € ††63/73 € – 🛏 5 €

Esperta gestione familiare in un alberghetto semplice e conveniente vicino alla parte medievale di Anghiari; camere moderne o più classiche, alcune con romantica vista sul centro storico. Sala ristorante in linea con la tradizionale schiettezza della cucina.

🍴 Da Alighiero AK

*via Garibaldi 8 – ☎ 05 75 78 80 40 – www.daalighiero.it – Chiuso
15 febbraio-10 marzo e martedì*

Carta 18/50 €

Ospitalità schietta e familiare in una tipica trattoria all'italiana; nei piatti, i sapori tipici della regione (salumi, paste fresche, carne, formaggi e il proverbiale zuccotto). Il nostro consiglio: ravioli ripieni di patate al ragù e petto d'anatra porchettato.

ANGUILLARA SABAZIA

Roma (RM) – ⊠ 00061 – 19 188 ab. – Alt. 195 m – Carta regionale n° **7-B2**

▶ Roma 34 km – Viterbo 55 km – Civitavecchia 59 km – Terni 89 km

Carta stradale Michelin 563-P18

🏨 Country Relais I Due Laghi ⚥ 🕊 ← 🦆 🏊 ℔ 🦽 AK 🕍 P

*via La Marmotta, località Le Cerque, Nord-Est: 3 km – ☎ 06 99 60 70 59
– www.iduelaghi.it – Chiuso 2 settimane in gennaio*

28 cam 🛏 – †50/80 € ††80/120 € – **5 suites**

Nella dolcezza e nella tranquillità dei colli, per arrivare a questo relais si attraversa uno dei maggiori centri equestri d'Italia (presso il quale è anche possibile praticare una "finta" caccia alla volpe); camere confortevoli ed una bella piscina per momenti d'impagabile relax.

ANNONE VENETO

Venezia (VE) – ⊠ 30020 – 3 998 ab. – Alt. 9 m – Carta regionale n° **23-D2**

▶ Roma 577 km – Venezia 70 km – Trieste 108 km – Padova 93 km

Carta stradale Michelin 562-E20

🍴🍴 Il Credenziere 🕏 🦽 AK

*via Quattro Strade 12 – ☎ 04 22 76 99 22 – www.ilcredenziereristorante.it
– Chiuso 1°-21 gennaio, domenica sera e lunedì*

Menu 14 € (pranzo in settimana)/60 € – Carta 38/72 €

In una piccola frazione di campagna, qui le proposte di pesce si fanno più estrose e creative, ma a pranzo c'è anche una carta dalle proposte più tradizionali ed economiche.

ANNUNZIATA – Cuneo (CN) ➡ Vedere La Morra

ANTAGNOD – Aosta (AO) ➡ Vedere Ayas

ANTERIVO

Bolzano (BZ) – ✉ 39040 – 389 ab. – Alt. 1 209 m – Carta regionale n° **19-D3**
▶ Roma 647 km – Bolzano 47 km – Trento 64 km – Belluno 106 km
Carta stradale Michelin 562-D16

> ✗ **Kurbishof**
> *via Guggal 23 – ✆ 04 71 88 21 40 – www.kuerbishof.it – Chiuso 6-26 aprile e novembre*
> Carta 29/57 € – *(chiuso martedì)* (consigliata la prenotazione)
> **3 cam** ⊡ – ♦60/90 € ♦♦90/120 €
> Alla scoperta dei prodotti locali - a partire da un lupino con cui si prepara un surrogato del caffè e tante ottime carni - serviti in due caratteristiche Stuben, di cui una con vista sulla val di Cembre. Graziose camere completano questo bel maso del Settecento.

ANTERSELVA DI MEZZO = ANTHOLZ – Bolzano (BZ) ➜ Vedere Rasun Anterselva

ANTEY SAINT ANDRÈ

Aosta (AO) – ✉ 11020 – 633 ab. – Alt. 1 074 m – Carta regionale n° **21-B2**
▶ Roma 729 km – Aosta 35 km – Breuil-Cervinia 20 km – Torino 96 km
Carta stradale Michelin 561-E4

> 🏨 **Maison Tissiere**
> *frazione Petit Antey 9 – ✆ 01 66 54 91 40 – www.hoteltissiere.it – Chiuso maggio e novembre*
> **13 cam** ⊡ – ♦80/120 € ♦♦120/160 € – **1 suite**
> Nella parte alta del paese, un rascard (fienile) con stalla del '700, sobriamente ristrutturato: pavimenti in pietra e larice nonché arredi dalle forme semplici e discrete per non contrastare con l'architettura contadina dell'edificio.

> 🏠 **Des Roses**
> *località Poutaz – ✆ 01 66 54 85 27 – www.hoteldesroses.com – Aperto 6 dicembre-4 maggio e 21 giugno-16 settembre*
> **21 cam** – ♦41/49 € ♦♦62/84 € – ⊡ 8 €
> Cordialità e ambiente familiare in un albergo d'altura, ambienti in stile alpino e graziosa saletta al piano terra con camino e travi a vista; camere dignitose. Ristorante decorato con bottiglie esposte su mensole, sedie in stile valdostano.

ANZIO

Roma (RM) – ✉ 00042 – 53 986 ab. – Carta regionale n° **7-B3**
▶ Roma 65 km – Frosinone 89 km – Latina 27 km – Ostia Antica 66 km
Carta stradale Michelin 563-R19

> ✗ **Romolo al Porto**
> *via Porto Innocenziano 19 – ✆ 0 69 84 40 79 – www.romoloalporto.it – Chiuso 7-23 gennaio e mercoledì*
> Carta 30/120 €
> Un locale dalla filosofia esplicita: solo pesce fresco locale - talvolta pescato con la propria barca - e nuova zona Tender per aperitivi, nonché sushi a "miglio 0".

> ✗ **Da Alceste**
> *piazzale Sant'Antonio 6 – ✆ 0 69 84 67 44 – www.alcestealbuongusto.it – Chiuso martedì*
> Carta 41/86 €
> La sensazione è quella di essere su una palafitta, grazie alle vetrate su tre lati che lo rendono molto luminoso e permettono all'ospite di godere del panorama. Ma anche l'interno è un omaggio alla posizione: tinte mediterranee e una cucina che strizza l'occhio al mare.

ANZOLA DELL'EMILIA

Bologna (BO) – ✉ 40011 – 12 265 ab. – Alt. 38 m – Carta regionale n° **5-C3**
▶ Roma 381 km – Bologna 21 km – Ferrara 64 km – Modena 28 km
Carta stradale Michelin 562-I15

Alan

via Emilia 46/b – 🕿 0 51 73 35 62 – www.alanhotel.it – Chiuso vacanze di Natale e Pasqua

61 cam ⬜ – ♦50/150 € ♦♦70/180 €

In comoda posizione sulla via per Bologna, questo albergo in parte recentemente ristrutturato dispone di spazi comuni personalizzati e camere ampie, ben insonorizzate.

✗ **Il Ristorantino-da Dino**

via 25 Aprile 11 – 🕿 0 51 73 23 64 – www.ristorantinodadino.it – Chiuso domenica sera e lunedì

Carta 25/55 €

Ristorantino in zona residenziale che vale la pena di provare per le interessanti preparazioni di cucina tradizionale: materie prime di qualità, prezzi convenienti e pesce secondo il mercato (giovedì e venerdì).

AOSTA

✉ 11100 – 34 777 ab. – Alt. 583 m – Carta regionale n° **21-A2**

▶ Roma 746 km – Torino 115 km – Genève 135 km – Martigny 72 km

Carta stradale Michelin 561-E3

 Milleluci

località Porossan Roppoz 15 – 🕿 01 65 23 52 78   Pianta: C1**c**
– www.hotelmilleluci.com

31 cam ⬜ – ♦♦170/200 €

Strategicamente posizionato sulla città illuminata, al Milleluci si dorme in montagna, ma anche a due passi dal capoluogo valdostano, in caratteristiche ed accoglienti camere: rassicurati da moderni confort e coccolati da un centro benessere tra i migliori della città.

 HB Aosta

via Malherbes 18/A – 🕿 0 16 54 36 45   Pianta: B2**b**
– www.hbaostahotel.com

32 cam ⬜ – ♦63/87 € ♦♦93/137 € – **1 suite**

Moderno albergo nato dal totale rinnovo di una struttura preesistente e condotto sempre dalla stessa, esperta, famiglia: in zona pedonale, ma raggiungibile in auto per gli ospiti, dispone di comodo parcheggio.

 Le Rêve Charmant ⓝ

Via Marché Vaudan 6 – 🕿 01 65 23 88 55   Pianta: B2**f**
– www.lerevecharmant.com

6 cam ⬜ – ♦94/109 € ♦♦114/134 €

Un affascinante sogno che prende forma in quest'hotel del centro, dove armoniosi inserimenti di legno e pietra culleranno le vostre notti, in camere dedicate ai più importanti personaggi della storia valdostana.

 Maison Colombot

via Edouard Aubert 81 – 🕿 34 79 90 68 40   Pianta: B2**a**
– www.aostacamere.com

6 cam – ♦45/80 € ♦♦76/100 € – senza ⬜

Piccola ed elegante risorsa situata nel centro storico di Aosta e non distante dagli impianti di risalita per Pila. Una casa storica caratterizzata da sei graziose camere, personalizzate con grande profusione di legno e arredi spesso d'epoca.

✗✗ **Vecchio Ristoro** (Alfio Fascendini)

 via Tourneuve 4 – 🕿 0 16 53 32 38   Pianta: B1**b**
– www.ristorantevecchioristoro.it – Chiuso 3 settimane in giugno, 1°-7 novembre, lunedì a mezzogiorno e domenica

Menu 65/80 € – Carta 55/73 € – (consigliata la prenotazione)

Nel centro cittadino, una coppia di coniugi vi accoglie in ambienti rustici, ma eleganti, per servirvi la tradizione regionale alleggerita in chiave moderna.

➜ Carbonara di mare. Capretto di Saint Pierre in porchetta al forno profumato al timo. Zuccotto di mela con fondente al caramello e salsa al pistacchio.

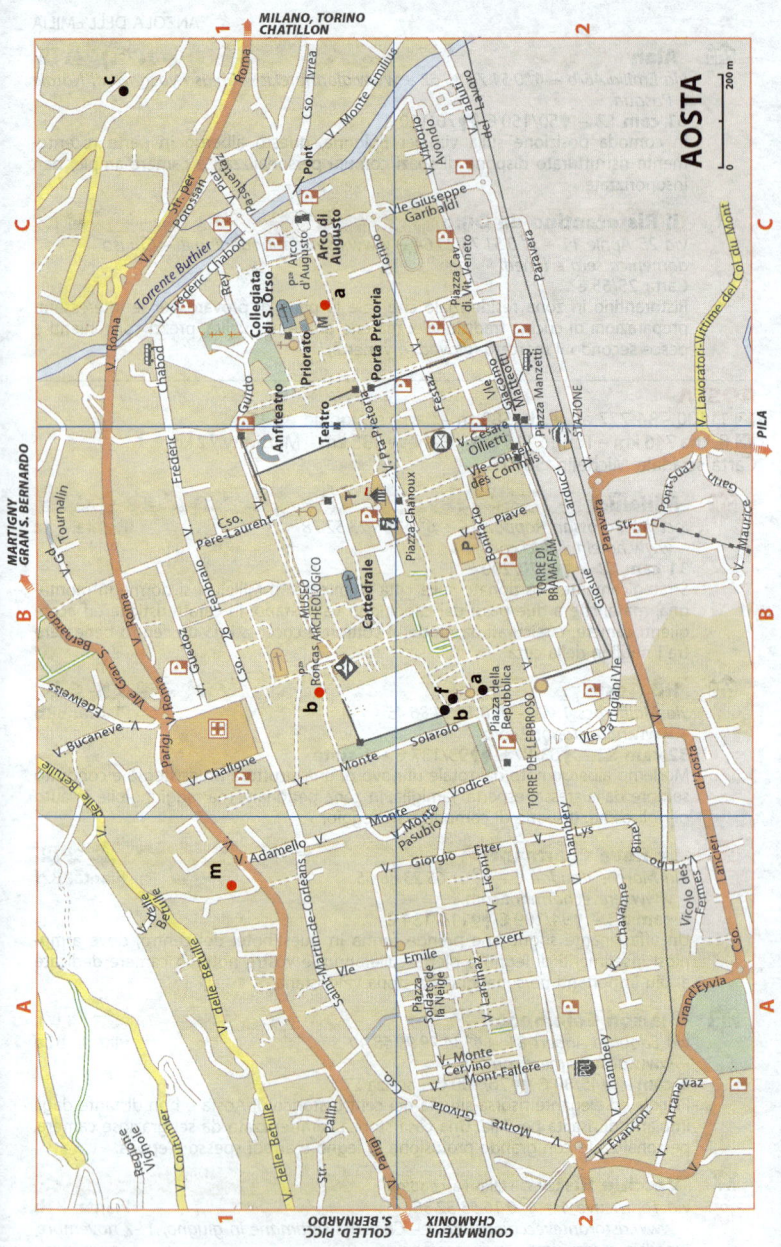

MILANO, TORINO
CHATILLON

AOSTA

MARTIGNY
GRAN S. BERNARDO

PILA

MARTIGNY
GRAN S. BERNARDO

CHAMONIX
COURMAYEUR
COLLE DI PICC.
S. BERNARDO

0   200 m

Arco di Augusto

Collegiata
di S. Orso

Priorato

Porta Pretoria

Anfiteatro

Teatro

MUSEO
ARCHEOLOGICO

Cattedrale

Torre di
Bramafam

Piazza della
Repubblica

TORRE DEL LEBBROSO

140

Osteria da Nando

via Sant'Anselmo 99 – 𝒞 0 16 54 44 55 — Pianta: C1**a**
– www.osterianando.com – Chiuso martedì escluso agosto
Menu 35/55 € – Carta 37/59 € – (consigliata la prenotazione)
Splendida collocazione nel cuore della città tra l'arco di Augusto e le Porte Pretoriane per questa semplice risorsa, a conduzione familiare, caratterizzata da parquet e soffitto ad archi. Cucina squisitamente regionale con specialità quali: crespelle alla valdostana, carbonade con polenta, crema St. Orso. Il menu fisso permette di contenere un po' i costi.

MaMa P

Rue Petigat, 4 – 𝒞 01 65 06 04 81 — Pianta: A1**m**
– www.mamajapaneserestaurant.com – Chiuso 3-20 luglio. domenica, lunedì, martedì
Carta 29/38 € – *(solo a cena)* (prenotazione obbligatoria)
All'interno di una bella villa del Novecento, mobili d'antiquariato, qualche inserto asiatico e tavoli nudi rendono l'atmosfera elegantemente informale. Pochi i piatti caldi, ma tante le sfiziose preparazioni giapponesi con un tocco di creatività. Fantasiosi roll tra le specialità del menu.

a Pollein Est : 5 km per Chatillon C1 – ✉ 11020 – Alt. 551 m

Diana

via Saint Benin 1/b – 𝒞 0 16 55 31 20 – www.hoteldianaaosta.com
30 cam ⌷ – ✝65/75 € ✝✝120/130 €
Sulla strada per Pila, imponente struttura bianca abbracciata dal verde e da alte montagne; funzionali interni in stile moderno, camere con arredi in legno di ciliegio.

a Pila Sud : 15 km B2 – ✉ 11020

Della Nouva

località Pila 75 – 𝒞 01 65 52 10 05 – www.hoteldellanouva.it – Aperto 26 novembre-15 aprile e 24 giugno-7 settembre
10 cam ⌷ – ✝40/80 € ✝✝65/125 €
Un piccolo albergo che piacerà soprattutto agli sciatori, in virtù della sua posizione strategica a due passi dagli impianti di risalita e per il deposito sci dotato di armadietti scaldascarponi. Nelle confortevoli camere, piccole personalizzazioni danno al cliente l'impressione di esser ospite di una casa privata.

Société anonyme de consommation

– 𝒞 33 95 35 56 44 – www.ristorantesociete.it – Aperto 1° novembre-30 aprile e 1° luglio-31 agosto
Menu 45 € (cena)/50 € – Carta 26/52 € – *(solo a pranzo)* (prenotazione obbligatoria la sera)
Piatti tradizionali rielaborati in chiave moderna, in un ristorante la cui architettura esterna si rifà al classico chalet di montagna, ma i cui interni compiono una bella virata verso il minimalismo. A pranzo, il locale è raggiungibile solo con gli sci (in inverno) o a piedi (in estate); alla sera, per mezzo gatto delle nevi su prenotazione e con partenza da Pila.

a Jovençan Ovest : 5 km per Pila B2 – ✉ 11020 – Alt. 632 m

Les Plaisirs d'Antan

Hameau Le Clou 44 – 𝒞 01 65 25 16 60 – www.lesplaisirsdantan.com
6 cam ⌷ – ✝70/100 € ✝✝100/140 €
I piaceri di un tempo, si ripropongono all'ospite di oggi arricchiti di confort moderni: ampio centro benessere – uno dei migliori della regione! – nonché sei camere dedicate ai fiori e alle loro essenze. Nell'originale ristorante ubicato in una stalla del 1600, le antiche "retse" (mangiatoie) sono ora utilizzate per le sedute. In menu, specialità tipiche valdostane, quali pierrade, raclette, fondute, affiancate da una selezione di piatti elaborati con prodotti a chilometro zero, erbe e sapori locali.

APPIANO SULLA STRADA DEL VINO (EPPAN AN DER WEINSTRASSE)

Bolzano (BZ) – ✉ 39057 – 12 308 ab. – Alt. 418 m – Carta regionale n° **19-B2**
▶ Roma 653 km – Bolzano 17 km – Merano 33 km – Trento 57 km
Carta stradale Michelin 562-C15

a San Michele – ✉ 39057

🏠 **Ansitz Tschindlhof**   🕭 🌿 ≼ 🛋 ⤳ 🅿

*via Monte 36 – ℰ 04 71 66 22 25 – www.tschindlhof.com – Aperto
20 marzo-6 novembre*
19 cam ⬚ – ♦81/100 € ♦♦140/174 € – **2 suites**
Incantevole dimora antica piacevolmente situata in un giardino-frutteto con
piscina: amabili e raffinati interni con mobili in legno lavorato, camere accoglienti.

🏠 **Angerburg Blumen hotel**   🕭 🛋 ⤳ 🎵 🖵 AC 🅿

*via dell'Olmo 16 – ℰ 04 71 66 21 07 – www.hotel-angerburg.com – Aperto
15 marzo-19 dicembre*
30 cam ⬚ – ♦52/75 € ♦♦105/150 € – **1 suite**
La particolarità dell'albergo consiste nel trovarsi al centro del romantico paese,
ma contemporaneamente circondato da un parco con frutteto. Le camere sono
semplici, alcune con romantica vista sui tetti di San Michele.

🍴🍴 **Zur Rose** (Herbert Hintner)   🐝 🏠 ⇦
🌸

*via Josef Innerhofer 2 – ℰ 04 71 66 22 49 – www.zur-rose.com – Chiuso
8-22 luglio, lunedì a mezzogiorno e domenica*
Menu 75/85 € – Carta 60/90 €
Da decenni sulla cresta dell'onda tra gli stellati dell'Alto Adige, eppure la cucina di
Hintner non risente la vecchiaia e rimane sempre una tappa gastronomica impre-
scindibile lungo la romantica strada del vino.
→ Salmerino marinato in casa su roesti di patate con uovo in camicia su ragù di
finferli. Rognone di vitello su fetta di patata con salsa alla senape. Canederli dolci
di semolino con composta di pere al sambuco.

a Pigano Nord-Ovest : 1,5 km – ✉ 39057 San Michele Appiano

🏠 **Stroblhof**   🕭 🌿 ≼ 🛋 ⤳ 🖻 🌐 🎵 🍴 🖵 ⩪ 🅿

*strada Pigeno 25 – ℰ 04 71 66 22 50 – www.stroblhof.it – Aperto
23 marzo-6 novembre*
29 cam ⬚ – ♦115/130 € ♦♦230/250 € – **6 suites**
Abbracciata dal verde dei vigneti, una grande struttura impreziosita da un bel
giardino con laghetto-piscina, adatta a una vacanza con la famiglia (soprattutto
per le sue camere dalle dimensioni generose!), ma c'è anche una cantina con produzione vinicola e possibilità di degustazione.

a Cornaiano Nord-Est : 2 km – ✉ 39057

🏠🏠 **Weinegg**   🕭 🌿 ≼ 🛋 ⤳ 🖻 🌐 🎵 Ɫ♠ 🍴 🖵 ⩪ ⩪ AC 🚗

*via Lamm 22 – ℰ 04 71 66 25 11 – www.weinegg.com
– Chiuso 7 gennaio-1° marzo*
25 cam ⬚ – ♦105/182 € ♦♦228/280 € – **17 suites**
Rist *L'Arena* – Vedere selezione ristoranti
Nella tranquillità totale della natura, imponente edificio moderno con incantevole
vista su monti e frutteti: ambienti personalizzati in raffinato stile tirolese, bella e
completa spa.

🏠 **Girlanerhof**   🕭 🌿 ≼ 🛋 🖻 🎵 🖵 ⩪ 🅿

*via Belvedere 7 – ℰ 04 71 66 24 42 – www.girlanerhof.it – Aperto
Pasqua-2 novembre*
26 cam ⬚ – ♦98/118 € ♦♦160/216 € – **11 suites**
Tra i vigneti, in un'oasi di pace, sobria ricercatezza e accoglienza familiare, il Girlanerhof invita i suoi ospiti in confortevoli camere e nel centro benessere con
piscina coperta, sauna, bagno turco e trattamenti di bellezza. Delizie gastronomiche locali e cucina internazionale vi attendono, invece, sulla terrazza soleggiata e
nella bella veranda ristorante.

XX **L'Arena** – Hotel Weinegg

via Lamm 22 – ℰ 04 71 66 25 11 – www.weinegg.com
– Chiuso 7 gennaio-1° marzo
Menu 49/72 € – Carta 43/69 €
A lato della bella piscina-solarium e con una panoramica terrazza esterna, L'Arena
è una tappa gourmet obbligatoria in quel di Cornaiano. Cucina della tradizione
rivisitata.

a Monte Nord-Ovest : 2 km – ⌧ 39057 San Michele Appiano

Steinegger

via Masaccio 9 – ℰ 04 71 66 22 48 – www.steinegger.it – Aperto
24 marzo-6 novembre
30 cam ⊡ – †65/94 € ††122/190 € – **1 suite**
Possente complesso in aperta campagna, con bella vista sulla vallata, ideale per
famiglie per la sua tranquillità e per le buone attrezzature sportive. Camere decorose, ambiente e gestione squisitamente familiari, l'ospitalità qui è di casa!

XX **Bad Turmbach**

via Rio della Torre 4 – ℰ 04 71 66 23 39 – www.turmbach.com – Chiuso
26 dicembre-20 marzo
Menu 35/57 € – Carta 39/76 € – *(chiuso mercoledì a mezzogiorno e martedì)*
15 cam ⊡ – †58/66 € ††106/130 €
Il servizio estivo in giardino è davvero godibile, ma anche la cucina è in grado di
offrire piacevoli emozioni attraverso proposte del territorio rielaborate con fantasia. La trota, preparata in vari modi, è la specialità della casa.

ai laghi di Monticolo Sud-Est : 6 km – ⌧ 39057 San Michele Appiano

Gartenhotel Moser

lago di Monticolo 104 – ℰ 04 71 66 20 95 – www.gartenhotelmoser.com
– Aperto fine marzo-2 novembre
32 cam ⊡ – †119/134 € ††208/236 € – **10 suites**
Ideale per una distensiva vacanza con tutta la famiglia, questo albergo immerso
nella pace del suo giardino-frutteto; camere confortevoli e piacevole zona fitness. Linee essenziali e colori caldi nella spaziosa sala da pranzo; servizio estivo
all'aperto.

a Missiano Nord : 4 km – ⌧ 39057 San Paolo Appiano

Schloss Korb

via Castello d'Appiano 5 – ℰ 04 71 63 60 00 – www.schloss-hotel-korb.com
– Aperto da inizio aprile a fine novembre
48 cam ⊡ – †102/160 € ††204/260 € – **14 suites**
Incantevole veduta panoramica sulla vallata e quiete assoluta in un castello
medioevale dai raffinati e tipici interni; molte camere nell'annessa struttura più
recente. Calda, raffinata atmosfera nella sala in stile rustico con pareti in pietra;
cucina locale.

APPIGNANO

Macerata (MC) – ⌧ 62010 – 4 241 ab. – Alt. 199 m – Carta regionale n° **11-C2**
◪ Roma 249 km – Ancona 45 km – Macerata 15 km – Loreto 30 km
Carta stradale Michelin 563-L22

X **Osteria dei Segreti**

via Verdefiore 29, Nord : 3 km – ℰ 0 73 35 76 85 – www.osteriadeisegreti.com
– Chiuso 23 febbraio-7 marzo
Carta 19/56 € – *(chiuso mercoledì)* **15 cam** ⊡ – †40/69 € ††70/120 €
Piatti della tradizione a prezzi particolarmente interessanti in un ex borgo agricolo
con casolare, fienile ed annessi. Per chi volesse prolungare la sosta, la struttura
dispone di camere (alcune con cucinino) dall'arredamento sobrio, ma confortevoli
e tranquille.

APRICA

Sondrio (SO) – ✉ 23031 – 1 579 ab. – Alt. 1 172 m – Carta regionale n° **9-C1**

▶ Roma 666 km – Sondrio 33 km – Brescia 121 km – Madonna di Campiglio 90 km

Carta stradale Michelin 561-D12

 Arisch

via Privata Gemelli sn – ℰ 03 42 74 70 48 – www.hotelarisch.com – Chiuso maggio, ottobre e novembre

23 cam ⚏ – †65/125 € ††110/220 €

Rist *Gimmy's* – Vedere selezione ristoranti

Una piccola bomboniera per un romantico soggiorno montano, avvolti dal legno, come in una baita, nel centro di Aprica.

XX **Gimmy's** – Hotel Arisch

via Privata Gemelli sn – ℰ 03 42 74 70 48 – www.hotelarisch.com – Chiuso maggio, ottobre e novembre

Menu 35/50 € – Carta 40/75 € – *(solo a cena escluso in alta stagione)* (consigliata la prenotazione)

Proposte di cucina fantasiosa e creativa, con qualche tocco esotico, in sintonia con le stagioni e gli umori dello chef. Si cena in una bella sala/stube dai caldi toni di montagna.

APRICALE

Imperia (IM) – ✉ 18035 – 613 ab. – Alt. 273 m – Carta regionale n° **8-A3**

▶ Roma 674 km – Imperia 61 km – Genova 169 km – San Remo 30 km

Carta stradale Michelin 561-K4

XX **La Favorita**

località Richelmo – ℰ 01 84 20 81 86 – www.lafavoritaapricale.com

Carta 29/53 € – *(chiuso martedì sera e mercoledì escluso agosto) (solo a pranzo escluso sabato dal 15 ottobre al 15 giugno)*

6 cam ⚏ – †55/70 € ††80/100 €

Tante gustose specialità in un locale a 500 m dal paese: antipasti apricalesi, coniglio al Rossese con olive taggiasche, e sul camino che troneggia in sala, carni alla griglia cucinate sulla brace di legno d'ulivo. Nella bella stagione, si pranza e si cena nella magia della terrazza. Camere accoglienti a tema floreale.

APRILIA

Latina (LT) – ✉ 04011 – 72 496 ab. – Alt. 80 m – Carta regionale n° **7-B2**

▶ Roma 50 km – Latina 26 km – Frosinone 86 km

Carta stradale Michelin 563-R19

XxX **Il Focarile**

via Pontina al km 46,5 – ℰ 0 69 28 25 49 – www.ilfocarile.it – Chiuso 9-24 agosto

Carta 42/56 € – *(chiuso domenica sera e lunedì)*

4 cam ⚏ – †90 € ††140 €

L'ingresso sontuoso introduce degnamente in un'ampia, luminosa sala di tono elegante con tavoli spaziati; tocco toscano per una cucina ricca di tradizione e d'inventiva e quattro eleganti camere di fronte al laghetto.

XX **Da Elena**

via Matteotti 14 – ℰ 06 92 70 40 98 – Chiuso agosto e domenica

Carta 27/51 €

Ambiente moderno semplice, ma accogliente, e conduzione vivace per un ristorante classico a gestione familiare, con cucina tradizionale di terra e di mare.

AQUILEIA

Udine (UD) – ✉ 33051 – 3 369 ab. – Carta regionale n° **6-C3**

▶ Roma 635 km – Udine 39 km – Gorizia 37 km – Grado 12 km

Carta stradale Michelin 562-E22

Patriarchi

via Giulia Augusta 12 – ℰ 04 31 91 95 95 – www.hotelpatriarchi.it – Chiuso febbraio

21 cam ☑ – ♦52/65 € ♦♦88/96 € – **1 suite**

Nel cuore del centro storico-archeologico di Aquileia, un albergo semplice e funzionale con camere confortevoli e frequentato bar. A garanzia della cucina, una lunga esperienza nel settore da parte dei proprietari.

ARABBA

Belluno (BL) – ✉ 32020 – Alt. 1 602 m – Carta regionale n° **23-B1**

▶ Roma 685 km – Belluno 74 km – Cortina d'Ampezzo 39 km – Trento 126 km

Carta stradale Michelin 562-C17

 Sporthotel Arabba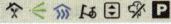

via Mesdi 76 – ℰ 0 43 67 93 21 – www.sporthotelarabba.com – Aperto 1° dicembre-11 aprile e 15 giugno-15 settembre

48 cam ☑ – ♦154/275 € ♦♦206/368 € – **4 suites**

Rist *La Stube Bianca* – Vedere selezione ristoranti

Nel cuore della località, questa grande casa di montagna offre il meglio di sé negli spazi comuni, caratterizzati da tipiche decorazioni in legno che creano una "calda" atmosfera da baita. Camere in stile o più lineari, nel centro benessere c'è anche una piccola beauty.

 Evaldo

via Mesdì 3 – ℰ 0 43 67 91 09 – www.hotelevaldo.it – Aperto 8 dicembre-2 aprile e 20 maggio-7 ottobre

23 cam ☑ – ♦90/210 € ♦♦140/390 € – **17 suites**

Interni signorili rivestiti in legno e calda atmosfera in questa grande casa con vista panoramica sulle Dolomiti: essenze naturali, musica e acque rigeneranti presso l'originale centro benessere e piatti nazionali a cui si aggiungono specialità del luogo al ristorante.

 Alpenrose

via Precumon 24 – ℰ 04 36 75 00 76 – www.alpenrosearabba.it – Aperto 1° dicembre-31 marzo e 15 maggio-30 settembre

27 cam ☑ – ♦77/180 € ♦♦116/278 €

Rist *Stube Ladina* – Vedere selezione ristoranti

Sulla strada che conduce al passo Pordoi, l'albergo e la dépendance propongono camere in caratteristico stile montano, modernamente accessoriate; spazi comuni signorili e gradevole zona benessere con un'interessante proposta messaggi.

 Mesdì

via Mesdì 75 – ℰ 0 43 67 91 19 – www.hotelmesdi.com – Aperto 4 dicembre-10 aprile e 27 maggio-25 settembre

19 cam – solo ½ P 58/130 €

Di fronte alle seggiovie, l'hotel è perfetto per chi ama lo sport sulla neve, ma anche per chi preferisce tranquille passeggiate nel centro della località. Al ristorante Miky's Grill: carne alla griglia, pasta fresca fatta in casa e - a mezzogiorno (solo d'inverno) - piatti più semplici per gli sciatori frettolosi.

 Chalet Barbara

via Precumon 23 – ℰ 04 36 78 01 55 – www.chaletbarbara.com – Aperto 1° dicembre-6 aprile e 15 giugno-15 settembre

15 cam ☑ – ♦75/110 € ♦♦100/220 €

Poco distante dal centro, una casa di quattro piani dalla facciata di gusto tirolese: è il legno antico a dominare negli spaziosi ambienti, recuperato da vecchi casolari. Se il buon giorno si vede dal mattino, la prima colazione qui è memorabile!

 Laura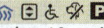

via Boè 6 – ℰ 04 36 78 00 55 – www.garnilaura.it – Aperto 1° dicembre-10 aprile e 15 maggio- 30 settembre

12 cam ☑ – ♦90/140 € ♦♦90/140 €

In comoda posizione centrale, ma poco distante dagli impianti di risalita, è una piacevole struttura a conduzione familiare. Il tipico stile montano, lo si ritrova anche nelle belle camere.

Royal ⬅ 🐾 ⊡ ✂ 🅿

via Mesdì 7 – 𝒞 0 43 67 92 93 – www.royal-arabba.it – Aperto 1° dicembre-15 aprile e 1° giugno-15 ottobre
16 cam – ♦40/80 € ♦♦60/110 € – ☕ 10 €
A poche centinaia di metri dal centro e dalle piste da sci, albergo a gestione familiare dagli spazi comuni in stile alpino; ampie camere in legno e piccola zona relax.

XxX La Stube Bianca – Hotel Sporthotel Arabba 🎱 ✂ 🅿

via Mesdì 76 – 𝒞 0 43 67 93 21 – www.sporthotelarabba.com – Aperto 1° dicembre-11 aprile e 15 giugno-15 settembre
Carta 28/56 € – *(solo a cena)*
Un nome che è presagio dell'atmosfera… nella "calda" stube, all'interno di una grande casa di montagna, la carta propone piatti dal sapore classico italiano con molte citazioni del territorio, ma anche qualche specialità a base di pesce.

XX Stube Ladina – Hotel Alpenrose ✂

via Precumon 24 – 𝒞 04 36 75 00 76 – www.alpenrosearabba.it – Aperto 1° dicembre-31 marzo e 15 maggio-30 settembre
Menu 25/59 € – Carta 19/59 € – *(solo a cena in inverno)*
Della cucina se ne occupa direttamente il patron dell'albergo che, in una raccolta stube, propone ai suoi ospiti la materia prima del territorio in piatti ricercati e ben fatti. A coronamento di tutto, un'interessante carta dei vini.

sulla strada statale 48 Est : 3 km

Festungshotel-Al Forte 🍴 ⬅ 🐾 🛗 🅿

via Pezzei 66 – 𝒞 0 43 67 93 29 – www.alforte.com – Aperto 2 dicembre-14 aprile e 15 maggio-5 ottobre
20 cam ☕ – ♦55/130 € ♦♦110/268 € – **3 suites**
Rist Al Forte – Vedere selezione ristoranti
Attenta ad ogni particolare è un'intera famiglia a gestire questo accogliente hotel in posizione panoramica. Ambienti in stile montano, piccola zona benessere e servizio navetta per gli impianti.

XX Al Forte – Hotel Festungshotel-Al Forte ⬌ 🅿

via Pezzei 66 – 𝒞 0 43 67 93 29 – www.alforte.com – Aperto 2 dicembre-14 aprile e 15 maggio-15 ottobre
Menu 24/28 € – Carta 30/54 €
Affascinante location per questo ristorante all'interno di un antico fortino austro-ungarico, dove un'intera famiglia si adopera per farvi assaporare il meglio della cucina ladina, nonché ottime specialità alla brace.

ARBATAX – Ogliastra (OG) ➜ Vedere Tortolì

ARCETO – Reggio nell'Emilia (RE) ➜ Vedere Scandiano

ARCETRI – Firenze (FI) ➜ Vedere Firenze

ARCEVIA

Ancona (AN) – ✉ 60011 – 4 733 ab. – Alt. 535 m – Carta regionale n° **11-B2**
▶ Roma 235 km – Ancona 67 km – Perugia 89 km – Rimini 107 km
Carta stradale Michelin 563-L20

a Castiglioni Est : 11 km – ✉ 60011

Antico Borgo 🍴 🦌 ⬅ 🚪 🛋 🄰🄺 🅿

frazione Castiglioni 86 – 𝒞 07 31 98 30 01 – www.antico-borgo.it
6 cam ☕ – ♦70/110 € ♦♦80/130 €
Camere tutte nuove e confortevoli in una graziosa casa rurale adagiata tra le colline. Il patron si occupa della cucina con gusto decisamente moderno.

ARCO

Trento (TN) – ✉ 38062 – 17 371 ab. – Alt. 91 m – Carta regionale n° **19-B3**
▶ Roma 576 km – Trento 33 km – Brescia 81 km – Milano 176 km
Carta stradale Michelin 562-E14

On The Rock

vicolo Ere 23 – 𝒞 04 64 51 68 25 – www.garniontherock.com – Chiuso 19 gennaio-18 marzo

19 cam ⌧ – ♦48/80 € ♦♦75/170 €

Sito in pieno centro, dotato però di qualche posteggio e di alcuni pass, piccolo hotel moderno, che già nel nome richiama la passione per l'arrampicata celebrata dalla sala "boulder". Con il sole la colazione viene anche servita all'aperto.

ARCUGNANO

Vicenza (VI) – ✉ 36057 – 7 314 ab. – Alt. 160 m – Carta regionale n° **22-A2**

▶ Roma 530 km – Padova 37 km – Venezia 72 km – Vicenza 9 km

Carta stradale Michelin 562-F16

 Villa Michelangelo

via Sacco 35 – 𝒞 04 44 55 03 00 – www.niquesahotels.com – Chiuso 1°-17 gennaio e febbraio

52 cam ⌧ – ♦114/195 € ♦♦171/297 €

Camere arredate con mobili antichi e rese uniche da dettagli d'epoca, si differenziano per la particolarità del movimento architettonico naturale della villa: siamo infatti in una residenza nobiliare del '700 con grande parco, nel suggestivo quadro dei colli Berici.

a Lapio Sud : 5 km – ✉ 36057 Arcugnano

 Trattoria da Zamboni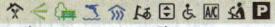

via Santa Croce 73 – 𝒞 04 44 27 30 79 – www.trattoriazamboni.it – Chiuso 2-10 gennaio, 2 settimane in agosto, lunedì e martedì

Menu 30/45 € – Carta 31/39 €

In un imponente palazzo d'epoca, le sobrie sale quasi si fanno da parte per dare spazio al panorama sui colli Berici e alla cucina, tradizionale e rivisitata al tempo stesso.

a Soghe Sud : 9,5 km – ✉ 36057 Arcugnano

 Antica Osteria da Penacio

via Soghe 62 – 𝒞 04 44 27 35 40 – www.penacio.it – Chiuso 1°-10 marzo, 1°-10 novembre, giovedì a mezzogiorno e mercoledì

Menu 30 € (cena)/45 € – Carta 32/57 €

Ristorante a conduzione familiare in una villetta al limitare di un bosco: all'interno due raffinate salette e una piccola, ma ben fornita, enoteca; cucina tradizionale.

ARDENZA – Livorno (LI) ➜ Vedere Livorno

AREMOGNA – L'Aquila (AQ) ➜ Vedere Roccaraso

ARENZANO

Genova (GE) – ✉ 16011 – 11 600 ab. – Carta regionale n° **8-B2**

▶ Roma 527 km – Genova 24 km – Alessandria 77 km – Savona 23 km

Carta stradale Michelin 561-I8

Grand Hotel Arenzano

lungomare Stati Uniti 2 – 𝒞 01 09 10 91 – www.gharenzano.it – Chiuso 20 dicembre-20 gennaio

104 cam ⌧ – ♦70/310 € ♦♦110/430 € – **5 suites**

Rist *La Veranda* – Vedere selezione ristoranti

Grande villa d'inizio secolo sul lungomare: un albergo di sobria eleganza dalle camere piacevolmente spaziose, piccola zona benessere e simpatico lounge bar serale in piscina durante la bella stagione.

Ena

via Matteotti 12 – 𝒞 01 09 12 73 79 – www.enahotel.it – Chiuso 24 dicembre-27 gennaio

23 cam ⌧ – ♦40/122 € ♦♦50/142 €

Gestione famigliare e signorile, in una graziosa villa liberty sul lungomare, ma al tempo stesso in centro, con piacevoli interni di tono elegante e camere confortevoli.

Poggio Hotel
via di Francia 24, Ovest : 2 km – ☏ *01 09 13 53 20* – www.poggiohotel.it
40 cam ☐ – ♦40/122 € ♦♦50/142 €
Rist *The Cook* ❀ – Vedere selezione ristoranti
In prossimità dello svincolo autostradale, ideale quindi per una clientela d'affari o di passaggio, hotel d'ispirazione contemporanea con camere funzionali ed un comodo parcheggio. Ambiente elegante e cucina prevalentemente a base di pesce al ristorante HP by The Cook.

✗✗ **La Veranda** – Grand Hotel Arenzano
lungomare Stati Uniti 2 – ☏ *01 09 10 91* – www.gharenzano.it – *Chiuso 20 dicembre-20 gennaio*
Menu 30/30 € – Carta 30/57 €
Sulla bella terrazza adiacente la piscina dell'hotel o nella luminosa sala, specialità regionali, ma soprattutto tanto pesce, in ricette creative e mai banali. Ampia selezione di vini liguri e nazionali.

✗✗ **The Cook** (Ivano Ricchebono) – Poggio Hotel
❀ *via di Francia 24* – ☏ *01 09 13 53 50* – www.thecook.it – *Chiuso martedì*
Menu 35/75 € – Carta 48/88 € – (consigliata la prenotazione)
Nuova location per una certezza della cucina ligure: sebbene si sia spostato di qualche chilometro rispetto alla precedente sede, i suoi sapori rimangono ancorati al territorio, resi intriganti e singolari dalla creatività dello chef.
➜ Gnocchetti di patate, fave nostrane, cedro e triglie. Zuppa di crostacei e foie gras. Cioccolato bianco, pera e cacao.

ARESE

Milano (MI) – ✉ 20020 – 19 257 ab. – Alt. 160 m – Carta regionale n° **10-B2**
▶ Roma 597 km – Milano 16 km – Como 36 km – Varese 50 km
Carta stradale Michelin 561-F9

✗✗ **Il Piccolo Principe**
via Caduti 35/37 – ☏ *02 93 58 01 44* – www.ilpiccoloprincipe-arese.it – *Chiuso 10-16 agosto, domenica sera e lunedì*
Menu 38 € – Carta 37/65 €
Ambiente moderno nello stile e nell'offerta gastronomica: oltre al tradizionale ristorante, Il Piccolo Principe contempla anche una informale Hostaria con proposte sfiziose.

AREZZO

✉ 52100 – 99 434 ab. – Alt. 296 m – Carta regionale n° **18-D2**
▶ Roma 217 km – Perugia 74 km – Siena 68 km – Firenze 75 km
Carta stradale Michelin 563-L17

AC Arezzo
via Einstein 4, 1 km per Cesena - A1 – ☏ *05 75 38 22 87* – www.ac-hotels.com
79 cam ☐ – ♦75/150 € ♦♦85/160 €
Periferico, ma comodo da raggiungere dal casello autostradale, design hotel che coniuga l'essenzialità e la modernità delle forme alla sobrietà dei colori. Ampia e variegata scelta dall'interessante carta del ristorante.

Etrusco Arezzo Hotel
via Fleming 39, 1 km verso Marco Perennio - A1 – ☏ *05 75 98 40 66*
– www.etruscohotel.it
80 cam ☐ – ♦59/144 € ♦♦69/159 €
Ottimo punto di partenza per fantastici tour della Toscana - a soli 2 km dal centro storico - l'hotel è ideale sia per il turista in visita alla città sia per una clientela business (a pochi passi vi è il distretto commerciale e fieristico). Camere di diversa tipologia per ogni esigenza di budget e confort, nonché buffet con squisite tipicità locali al ristorante.

The map shows AREZZO with various streets and points of interest:

AREZZO

0 — 200 m

Streets and landmarks including: Via Sta Margherita, Sicilia, V. Romagna, Emilia, Bologna, Lazio, Umbria, V. Marco Perennio, V. Monte Cervino, V. Guido Tarlati, S. Domenico, Pza San Domenico, Museo d'Arte Medievale e moderna, Piazzetta di Porta del For A, Palazzo del Comune, Duomo, SS. Annunziata, PASSEGIO DEL PRATO, PARCO ALDO DUCCI, V. Baldaccio d'Anghiari, La Badia, S. Maria della Pieve, Piazza Grande, Fortezza Medicea, Borgo Sta Croce, San Francesco, V. Guglielmo Oberdan, V. Luigi Cittadini, V. Duomo Vecchio, Pionta, Museo Archeologico, Amfiteatro Romano, V. Giuseppe Garibaldi, V. della Minerva, Vle Giacomo Matteotti, V. Trento e Trieste, V. Scala Angelico, V. Vittorio Veneto, Piave, Isonzo, V. Luca Signorelli, Vle Luca Signorelli, Ristoro d'Arezzo, Lorenzetti, Museo Archeologico.

Directions: CESENA FIRENZE, FIRENZE ROMA, SIENA PERUGIA ROMA, S. MARIA DELLE GRAZIE, SANSEPOLCRO SIENA

Continentale

piazza Guido Monaco 7 – ℰ 0 57 52 02 51
– www.hotelcontinentale.com   Pianta: A2**r**

71 cam – 👤89/105 € 👤👤108/138 € – 🍽 8 € – **4 suites**

Prossimo al centro e totalmente rinnovato in anni recenti, l'albergo dispone di camere confortevoli e di alcune lussuose suite dallo stile opulento.

Graziella Patio Hotel

via Cavour 23 – ℰ 05 75 40 19 62 – www.hotelpatio.it   Pianta: B2**c**

6 cam 🛏 – 👤115/190 € 👤👤145/225 € – **4 suites**

Segni d'Africa e d'Oriente in un albergo che presenta ambientazioni davvero originali, le camere s'ispirano, infatti, ai racconti di viaggio del romanziere Bruce Chatwin. Tre di esse, inoltre, sono dedicate alla spa: una con vasca jacuzzi, l'altra con sauna ed, ultima ma non ultima, una con lampada per cromoterapia.

Casa Volpi

via Simone Martini 29, 1,5 km per Sansepolcro - B2 – ℰ 05 75 35 43 64
– www.casavolpi.it

14 cam 🛏 – 👤60/95 € 👤👤79/113 €

Alle porte della città, nella quiete della campagna, albergo a gestione familiare in una villa ottocentesca immersa in un parco; belle camere rustiche di tono elegante. Piatti regionali presso la piccola sala ristorante.

XX **La Lancia d'Oro** 🛋 🚫

piazza Grande 18/19 – 𝒞 0 57 52 10 33   Pianta: B2**u**
– www.ristorantelanciadoro.it – Chiuso 16-27 febbraio,
5-19 novembre, domenica sera e lunedì escluso luglio-agosto
Menu 35/60 € – Carta 42/79 €
Bel locale sito nella celebre piazza delle manifestazioni storiche, sotto le splendide
logge del Vasari, dove d'estate è svolto il servizio all'aperto; cucina toscana.

XX **Le Chiavi d'Oro** 🛋 ⚟ AC

piazza San Francesco 7 – 𝒞 05 75 40 33 13   Pianta: B2**f**
– www.ristorantelechiavidoro.it – Chiuso 10 giorni in gennaio e lunedì
Carta 35/64 €
Accanto alla basilica di San Francesco, il ristorante sfoggia un look originale: pavimento in parte in legno, in parte in resina, nonché sedie girevoli anni '60 ed altre
di design danese; una parete di vetro consente di sbirciare il lavoro in cucina.
Sulla tavola, piatti del territorio moderatamente rivisitati.

XX **Saffron** 🛋 AC

piazza Sant'Agostino 16 – 𝒞 0 57 51 82 45 60   Pianta: B2**b**
– www.saffronarezzo.it – Chiuso lunedì
Carta 42/79 € – *(solo a cena)* (consigliata la prenotazione)
Ristorante dal design contemporaneo che presenta, tuttavia, elementi di rustica
tipicità. Piatti moderni nel menu, che alla sera si arricchisce di specialità giapponesi.

XX **La Tagliatella** 🎐 AC

viale Giotto 45/47, 1 km per Sansepolcro – 𝒞 0 57 52 19 31
*– www.ristorantelatagliatella.it – Chiuso 2 settimane in agosto, domenica sera e
mercoledì*
Carta 28/55 €
In un locale leggermente periferico, colori chiari per un ambiente luminoso le cui
decorazioni sono un evidente richiamo al mondo del vino. In menu: cucina di
terra con specialità di carne di razza chianina.

a Giovi : 8 km per Cesena A – ✉ 52100

X **Antica Trattoria al Principe** ⬅ 🌶 🛋 🚫

*piazza Giovi 25 – 𝒞 05 75 36 20 46 – info@ristorantealprincipe.it – Chiuso
7-16 gennaio e 1°-20 agosto*
Menu 30/40 € – Carta 31/63 € – *(chiuso lunedì)*
9 cam 🍽 – ♦45/59 € ♦♦65/80 €
Diverse salette in un locale completamente rinnovato qualche anno fa, dove
gustare specialità del luogo e tradizionali: assolutamente da provare i tortelli di
pesce e la frittura. Aperta anche una rosticceria per piatti da asporto.

in prossimità casello autostrada A1 Ovest : 8 km per via Masaccio

🏨 **A Point Arezzo Park Hotel** 🌶 🍴 🏊 🚭 🛗 📶 ⚟ AC 🏋 �car

Via Loc. Battifolle 36/T ✉ 52100 Arezzo – 𝒞 0 57 51 65 02 14
– www.apointhotelresorts.com
124 cam 🍽 – ♦90/160 € ♦♦100/180 € – **2 suites**
Design hotel concepito per chi ama gli spazi, la luce e l'essenzialità: ci si muove
tra bianchi arredi dalle forme sinuose, tranquillità e riposo sono le priorità. Il ristorante propone una carta di piatti classici e creativi, a cui si aggiunge un buffet (a
pranzo) per chi è di fretta.

a Olmo Sud : 6 km per viale Giotto – ✉ 52040

🏨 **Le Capanne** Ⓝ 🌶 🌶 🍴 🏊 📶 ⚟ AC 🏋 🅿

Località il Matto 44/45 – 𝒞 05 75 95 96 34 – www.hotellecapanne.com
15 cam 🍽 – ♦85/120 € ♦♦95/130 € – **1 suite**
Un hotel che nasce dalla completa ristrutturazione di un vecchio casolare in
aperta campagna e che quindi gode del verde e della tranquillità assoluta. Alla
conduzione una dinamica coppia che ha optato per il mantenimento di camere
non grandi, ma dall'originale stile tra il rustico e il moderno. Bella piscina con
solarium ed ampi spazi esterni.

ARGEGNO

Como (CO) – ✉ 22010 – 688 ab. – Alt. 210 m – Carta regionale n° 9-A2
▶ Roma 645 km – Como 20 km – Lugano 43 km – Menaggio 15 km
Carta stradale Michelin 561-E9

🏠 **Argegno**
via Milano 4 – ✆ 0 31 82 14 55 – www.hotelargegno.it
14 cam ☐ – †75/90 € ††95/105 €
Buona accoglienza in un piccolo albergo centrale a gestione familiare, ristrutturato da pochi anni; camere dignitose e ben tenute, con arredi funzionali. Al ristorante: cucina tradizionale italiana con specialità ittiche di acqua dolce e salata, nonché pizze (a pranzo).

a Sant'Anna Sud-Ovest : 3 km – ✉ 22010 Argegno

✗✗ **La Griglia**
– ✆ 0 31 82 11 47 – www.lagriglia.it – Chiuso 11 gennaio-12 febbraio
Menu 35 € – Carta 33/57 € – *(chiuso martedì escluso luglio e agosto)*
11 cam ☐ – †40/80 € ††60/110 €
Trattoria di campagna con camere: ambiente rustico nelle due sale completamente rinnovate; servizio estivo all'aperto e ampia selezione di vini e distillati.

✗✗ **Locanda Sant'Anna**
via per Schignano 152 – ✆ 0 31 82 17 38 – www.locandasantanna.it
Carta 36/52 € – *(chiuso mercoledì in novembre-aprile)*
8 cam ☐ – †70/100 € ††80/130 € – **1 suite**
Locanda con camere in una bella casa totalmente ristrutturata; due sale da pranzo attigue, con divanetti e soffitto con travi a vista, affacciate sulla valle e sul lago.

ARGELATO

Bologna (BO) – ✉ 40050 – 9 799 ab. – Alt. 25 m – Carta regionale n° 5-C3
▶ Roma 401 km – Bologna 25 km – Ferrara 43 km – Modena 41 km
Carta stradale Michelin 562-I16

✗✗ **L'800**
via Centese 33 – ✆ 0 51 89 30 32 – www.ristorante800.it – Chiuso sabato a mezzogiorno, domenica sera e lunedì
Menu 15 € (pranzo in settimana)/35 € – Carta 22/48 €
Tante specialità regionali da gustare nell'elegante sala con grandi tavoli ornati di argenti e cristalli o nella saletta più intima. Volete che ve ne suggeriamo qualcuna? Ravioli alle melanzane con salsa di Fiaschetto di Torre Guaceto e bufala - millefoglie di filetto di maialino con carciofi croccanti e Asiago Mezzano - semifreddo al mandarino.

a Funo Sud-Est : 9 km – ✉ 40050

✗✗ **Il Gotha**
via Galliera 92 – ✆ 0 51 86 40 70 – www.ilgotha.com
– Chiuso 26 dicembre- 6 gennaio, 9-30 agosto e domenica
Menu 35/55 € – Carta 31/86 €
Elegante ristorante dalle tonalità chiare, con vezzose sedie zebrate ed un grande trompe-l'oeil che conferisce profondità all'ambiente. La carta contempla piatti di mare classici o ricercati, ma non mancano proposte a base di carne.

ARGENTA

Ferrara (FE) – ✉ 44011 – 22 039 ab. – Carta regionale n° 5-C2
▶ Roma 432 km – Bologna 53 km – Ravenna 40 km – Ferrara 34 km
Carta stradale Michelin 562-I17

🏠 **Agriturismo Val Campotto**
strada Margotti 2, Sud-Ovest : 2 km – ✆ 05 32 80 05 16 – www.valcampotto.it
9 cam ☐ – †54/64 € ††72/82 €
All'interno del parco del delta del Po, agriturismo e fattoria didattica con camere in stile rustico, biciclette a disposizione e birdwatching per gli amanti della natura. Al ristorante, la cucina riscopre i sapori del territorio, utilizzando spesso ingredienti di produzione propria; nella bella stagione il servizio si sposta all'aperto.

ARIANO IRPINO

Avellino (AV) – ✉ 83031 – 22 890 ab. – Alt. 788 m – Carta regionale n° **4-C1**

▶ Roma 275 km – Avellino 55 km – Benevento 44 km – Napoli 108 km

Carta stradale Michelin 564-D27

XX   **La Pignata**   🗚 ⇦

viale Dei Tigli 7 – ☎ 08 25 87 25 71 – www.ristorantelapignata.it
– Chiuso 29 giugno-10 luglio e martedì escluso agosto
Menu 23/39 € – Carta 23/44 €
Nell'ampia sala dal soffitto ad archi aleggia un'atmosfera piacevolmente rustica, anticipo di ciò che arriverà dalla cucina: ravioli di ricotta "Cavaiuoli" al tartufo nero di Bagnoli Irpino - baccalà fritto con peperoni cruschi - semifreddo al torrone con crema alla Strega e cioccolato caldo. Ma la carta ha ancora tanto da raccontare...

ARMA DI TAGGIA

Imperia (IM) – ✉ 18011 – Carta regionale n° **8-A3**

▶ Roma 640 km – Imperia 18 km – Savona 94 km – Ventimiglia 32 km

Carta stradale Michelin 561-K5

XXX   **La Conchiglia** (Anna Parisi)   🕸 🍴 🗚 🍽

Lungomare 33 – ☎ 0 18 44 31 69 – www.la-conchiglia.it – Chiuso 15 giorni in giugno, 15 giorni in novembre, giovedì a mezzogiorno e mercoledì
Menu 45 € (pranzo in settimana)/70 € – Carta 48/103 €
Una cucina leggera, dalle linee semplici, che aliena ogni tentativo di procurare eccessivo stupore: il successo risiede nella qualità del pescato, valorizzato in ogni piatto. Qualche proposta di carne.
➔ Ravioli di carciofo alle vongole. Gamberi di Sanremo su vellutata di fagioli di Conio. Sfoglia croccante farcita con crema al frutto della passione e ravioli di mango.

ARMENZANO – Perugia (PG) ➔ Vedere Assisi

ARONA

Novara (NO) – ✉ 28041 – 14 161 ab. – Alt. 212 m – Carta regionale n° **13-B2**

▶ Roma 641 km – Stresa 18 km – Milano 68 km – Novara 40 km

Carta stradale Michelin 561-E7

XXX   **Taverna del Pittore**   🕸 ⇐ ⇦

piazza del Popolo 39 – ☎ 03 22 24 33 66 – www.ristorantetavernadelpittore.it
– Chiuso giovedì
Carta 35/88 €
Di scorta al porto di Arona, la guarnigione spagnola contemplava - quattro secoli or sono - lo spettacolo che ancora oggi il cliente può ammirare dalla veranda di questo raffinato locale. Due le linee culinarie proposte: una gourmet per appassionati e l'offerta bistrot con piatti meno impegnativi, ma sempre di qualità.

a Montrigiasco Nord-Ovest : 6 km – ✉ 28041 Arona

XX   **Castagneto**   🕸 ⇐ 🚲 🍴 🗚 🅿

via Vignola 14 – ☎ 0 32 25 72 01 – www.ristorantecastagneto.com
– Chiuso 22 dicembre-15 gennaio, 10 giorni in giugno, lunedì e martedì
Menu 15 € (pranzo in settimana) – Carta 22/50 €
Attivo da alcuni decenni, il locale ha visto avvicendarsi la nuova generazione della medesima famiglia, ma lo spirito genuino è immutato così come l'atmosfera, calda e rilassata. I filetti di pesce persico del lago e la zuppetta di crema pasticcera, panna e castagne glassate sono tra i piatti più gettonati del menu.

ARPINO

Frosinone (FR) – ✉ 03033 – 7 286 ab. – Alt. 447 m – Carta regionale n° **7-D2**

▶ Roma 123 km – Frosinone 36 km – Latina 87 km – Isernia 91 km

Carta stradale Michelin 563-R22

🏠   **Il Cavalier d'Arpino**   🚲 ⬧ 🗚 🅿

via Vittoria Colonna 21 – ☎ 07 76 84 93 48 – www.cavalierdarpino.it
28 cam ⬒ – �45/55 € – ♦♦65/75 €
Ai margini di uno dei più bei centri storici della zona, l'albergo si trova all'interno di un palazzo settecentesco. Optate per una camera con vista.

a Carnello Nord : 5 km – ✉ 03030

XX **Mingone**

via Pietro Nenni 96 – ✆ 07 76 86 91 40 – www.mingone.it
Carta 19/44 € – (prenotare) **21 cam** ☕ – 🚹35/50 € 🚹🚹90/130 € – **2 suites**
Da oltre un secolo intramontabile rappresentante della cucina locale, ai consueti piatti laziali si aggiungono le specialità a base di trota, baccalà e gamberi di fiume. La cantina sottostante nasconde piccole rarità; le camere sono spaziose e in piacevole stile rustico.

ARQUÀ PETRARCA

Padova (PD) – ✉ 35032 – 1 856 ab. – Alt. 80 m – Carta regionale n° **23-B3**
Roma 478 km – Padova 29 km – Mantova 85 km – Rovigo 31 km
Carta stradale Michelin 562-G17

Franciscus

via Valleselle 20 – ✆ 04 29 71 82 45 – www.enotecadaloris.it – Chiuso 1°-15 gennaio
10 cam ☕ – 🚹45/60 € 🚹🚹70/80 €
Al limitare del paese, tranquillità e ambienti curati in una semplice struttura agrituristica (si produce vino nella cantina presso l'enoteca di famiglia proprio davanti alla casa natale del Petrarca). Prenotate la camera con il letto a baldacchino: decisamente la più romantica!

XXX **La Montanella**

via dei Carraresi 9 – ✆ 04 29 71 82 00 – www.montanella.it – Chiuso 7-31 gennaio, 2-10 agosto, mercoledì, anche martedì sera in agosto-maggio
Menu 40/50 € – Carta 37/70 €
Dentro alla bella villa panoramica, circondata da un giardino con ulivi secolari e fiori, non c'è soltanto un ottimo ristorante, ma il cuore grande di un'intera famiglia che offre ai propri ospiti il meglio del territorio: ricercato o prodotto direttamente con vera passione.

ARTA TERME

Udine (UD) – ✉ 33022 – 2 188 ab. – Alt. 442 m – Carta regionale n° **6-B1**
Roma 696 km – Udine 61 km – Trieste 132 km – Tarvisio 71 km
Carta stradale Michelin 562-C21

a Piano d'Arta Nord : 2 km – ✉ 33022 – Alt. 564 m

Gardel

via Marconi 6/8 – ✆ 0 43 39 25 88 – www.gardel.it – Chiuso 5 novembre-25 dicembre
50 cam ☕ – 🚹55/85 € 🚹🚹75/95 € – **1 suite**
Non lontano dalle terme, ideale per una vacanza salutare e rigenerante, un hotel classico della cui conduzione si occupa una famiglia dalla lunga tradizione alberghiera.

ARTIMINO – Prato (PO) ➜ Vedere Carmignano

ARZACHENA

Olbia-Tempio (OT) (OT) – ✉ 07021 – 13 544 ab. – Alt. 85 m
– Carta regionale n° **16-B1**
▶ Cagliari 311 km – Olbia 26 km – Palau 14 km – Sassari 129 km
Carta stradale Michelin 366-R37

A. Addis / Sime / Photononstop

sulla strada provinciale Arzachena-Bassacutena Ovest : 5 km

Tenuta Pilastru
località Pilastru ✉ 07021 Arzachena – ✆ 0 78 98 29 36
– www.tenutapilastru.it
32 cam ⌷ – †50/129 € ††76/228 € – **2 suites**
Rist Tenuta Pilastru – Vedere selezione ristoranti
Abbracciato dal verde e dalla tranquillità della campagna gallurese, un cascinale
ottocentesco ristrutturato ed ampliato offre ai turisti graziose camere in stile
country. Ora, c'è anche un nuovissimo wellness center.

XX Tenuta Pilastru – Hotel Tenuta Pilastru
località Pilastru ✉ 07021 Arzachena – ✆ 0 78 98 29 36
– www.tenutapilastru.it
Menu 35 € – (solo a cena escluso domenica da ottobre a giugno)
Per una volta, lasciate il mare e la mondanità della costa e godetevi la natura e la
pace dell'entroterra: in un ambiente elegante, ma con spunti tipici locali, piatti
sardi, buon vino e cordiale ospitalità.

a Cannigione Nord Est : 8 km – ✉ 07021

Cala di Falco
via Micalosu – ✆ 07 89 89 92 00 – www.delphina.it
– Aperto 14 maggio-2 ottobre
80 cam ⌷ – †134/308 € ††168/356 € – **40 suites**
Direttamente sul mare e immerso nel verde, un complesso di notevoli dimensioni che dispone di ambienti curati nei dettagli, sale convegni, campi da gioco
e teatro all'aperto. Nelle capienti ed eleganti sale ristorante, piatti dai sapori semplici e prelibati.

XxX La Risacca
via Lipari 181 – ✆ 07 89 89 20 25 – www.ristorantelarisacca.it
– Chiuso 6 gennaio-6 febbraio e martedì escluso 7 aprile-ottobre
Carta 56/137 €
Sul lungomare di Cannigione, un ristorante signorile con bella terrazza e ambienti
originali, che richiamano le pietre e i colori locali. La cucina propone interessanti
piatti a base di pesce, ma non solo.

COSTA SMERALDA Carta regionale n° 16-B1

a Porto Cervo – ✉ 07021

XXX **Madai** ← 🛅 🍴 AC

Promenade du Port-via del Porto Vecchio 1 – ℰ 0 78 99 10 56 – www.eliosironi.it
– Aperto 1° maggio-31 ottobre
Carta 66/90 €
Al termine dell'elegante passeggiata tra le grandi firme di Porto Cervo, il ristorante punta sui sapori mediterranei in piatti semplici e gustosi, nonché su una terrazza (meglio prenotare) affacciata sul porto per cene romantiche ed esclusive.

XXX **La Mola** Ⓝ ← 🍴 ऴ AC 🕸 P

località Piccolo Pevero, Sud: 1,5 km – ℰ 0 78 99 21 45 – www.lamolaportocervo.it
– Aperto settimana di Pasqua e maggio-settembre
Carta 50/85 € – *(solo a cena)*
Gusterete piatti di pesce in tre sale con richiami marinari e ampie finestre, da cui d'estate "spariscono" i vetri, dandovi la piacevole sensazione di essere all'aperto.

XX **Aruanà** Ⓝ 🛅 🍴

🕮 *località Liscia Di Vacca, Ovest: 1 Km – ℰ 07 89 90 60 85 – www.aruana.it*
– Aperto 7 aprile-15 ottobre
Menu 25/42 € – *(solo a cena)*
Sulla strada per Baja Sardinia, un locale da non perdere per passare una serata magica, tra ameni giardini ed atmosfera carioca, rodizio a volontà e ricco buffet.

a Romazzino – ✉ 07021 Porto Cervo

🏨 **Romazzino** 🎣 🏖 ← 🛅 🛶 ⅃ 🕸 ⅂ﻭ 🍴 🖼 🔲 🏊 AC 🚗

località Romazzino – ℰ 07 89 97 71 11 – www.romazzinohotel.com – Aperto 1° maggio-30 settembre
100 cam ⊑ – 🛏610/2500 € 🛏🛏750/2500 €
Un'architettura bianca incorniciata dal colore e dal profumo dei fiori ospita un'accoglienza calorosa, eleganti camere dai chiari arredi e un'invitante piscina d'acqua salata. Insolito connubio tra rustico e chic nella sala ristorante con vista, dove assaporare una cucina classica in cui regna la creatività.

a Cala di Volpe – ✉ 07021 Porto Cervo

🏨 **Cala di Volpe** 🎣 🏖 ← 🛅 🛶 ⅃ ⅂ﻭ 🍴 🔲 🏊 AC 🕸 🎾 P

– ℰ 07 89 97 61 11 – www.caladivolpe.com – Aperto 1° maggio-30 settembre
121 cam ⊑ – 🛏1425/1425 € 🛏🛏2400/2400 € – **19 suites**
Dietro la facciata policroma un'oasi di quiete nello smeraldo della costa: ambienti da sogno, dove i colori e le pietre della Sardegna si fondono in una suggestiva armonia. Cucina internazionale reinterpretata con i migliori prodotti locali negli accoglienti ristoranti.

🏨 **Petra Bianca** 🎣 🏖 ← 🛅 ⅃ ⅂ﻭ 🔲 AC 🏊 P

– ℰ 0 78 99 60 84 – www.petrabiancahotel.com – Aperto 1° aprile-31 ottobre
46 cam ⊑ – 🛏139/338 € 🛏🛏140/674 € – **2 suites**
Dalla sua location leggermente elevata e panoramica, questo elegante resort domina una delle baie più belle dell'isola, Cala di Volpe. L'originale costruzione in pietra locale, immersa nel verde della macchia mediterranea, dispone di accoglienti camere quasi tutte fronte mare.

a Baia Sardinia – ✉ 07021

🏨 **L'Ea Bianca Luxory Resort** Ⓝ 🎣 🏖 ⅃ 🕸 ⅂ﻭ 🔲 AC 🕸 🏊 P

Cala dei Ginepri, Sud: 2 km – ℰ 07 89 97 43 11 – www.eabianca.it – Aperto 15 aprile-15 ottobre
31 cam ⊑ – 🛏300/1500 € 🛏🛏400/1500 € – **1 suite**
Ambiente esclusivo per un hotel che abbraccia il giardino con piscina, offrendo scorci di un panorama mozzafiato; eleganza di taglio moderno anche nel ristorante dove gustare sfiziosi piatti di cucina mediterranea.

La Bisaccia

– *☎ 0 78 99 90 02 – www.hotellabisaccia.it – Aperto 17 maggio-6 ottobre*
102 cam – **†**200/350 € **††**270/450 € – **7 suites**
In una zona tranquilla, circondata da prati che declinano verso il mare, la struttura è ideale per una vacanza all'insegna del riposo ed ospita camere ampie e luminose. Nelle raffinate sale del ristorante, la vista sull'arcipelago e i sapori della cucina sarda.

 Mon Repos

via Tre Monti – ☎ 0 78 99 90 11 – www.hotelmonrepos.it – Aperto 10 maggio-30 settembre
59 cam – **†**56/250 € **††**120/280 € – **1 suite**
Rist *Corbezzolo* – Vedere selezione ristoranti
A due passi dalla piazzetta ed in posizione dominante sulla baia, una conduzione familiare attenta che offre luminosi spazi e camere confortevoli nella loro semplicità.

 Pulicinu

località Pulicinu, Sud: 3 km – ☎ 07 89 93 30 01 – www.hotelpulicinu.com – Aperto 1° giugno-30 settembre
34 cam – **†**210/356 € **††**210/356 € – **6 suites**
In posizione tranquilla e panoramica, piacevole hotel a conduzione familiare circondato da curati giardini e macchia mediterranea. La struttura ospita una piscina rigenerante, camere di medio confort e suites. Dalla cucina, i saporiti piatti della tradizione regionale da gustare nell'elegante e luminosa sala.

XX **Corbezzolo** – Hotel Mon Repos

piazzetta della Fontana – ☎ 0 78 99 98 93 – www.ristorantecorbezzolo.it – Aperto 10 maggio-30 settembre
Menu 28/48 € – Carta 28/63 €
Tempo permettendo, optate per la terrazza dalla splendida vista panoramica, sapendo tuttavia che il punto forte del ristorante, oltre alla cortesia, è la cucina marinara (ma ci sono anche pizze!).

a Pitrizza – ✉ 07021 Porto Cervo

 Pitrizza

– *☎ 07 89 93 01 11 – www.pitrizzahotel.com – Aperto 1° maggio-30 settembre*
65 cam – **†**620/2500 € **††**780/3160 € – **17 suites**
Circondato dai colori e dai profumi del paesaggio sardo, un hotel dall'antico splendore cela negli ambienti interni lusso e ricercatezza mentre all'esterno offre spazi curati. Ville esclusive con maggiordomo al servizio dell'ospite.

ARZIGNANO

Vicenza (VI) – ✉ 36071 – 25 926 ab. – Alt. 118 m – Carta regionale n° **23-B2**
▐ Roma 546 km – Verona 48 km – Venezia 87 km – Vicenza 24 km
Carta stradale Michelin 562-F15

 St.Ar Hotel

via Giuriolo 5 – ☎ 04 44 45 09 51 – www.star-hotel.it
17 cam – **†**60/70 € **††**80/100 €
Vicino al centro, all'interno di un ex fabbrica tessile, piccolo albergo di recente apertura a conduzione familiare: piccoli e moderni gli ambienti comuni, più ampie le camere.

 Macelleria Damini & Affini (Giorgio Damini)

via Cadorna 31 – ☎ 04 44 45 29 14 – www.daminieaffini.com – Chiuso 3 settimane in agosto, domenica sera e lunedì
Carta 32/77 €
Gastronomia, enoteca e macelleria di lusso, dietro le scintillanti vetrine si nascondono i tavoli e una cucina di rimarchevoli prodotti e gustose elaborazioni, mentre i tantissimi vini sono suggeriti a voce dal patron: senza dubbio, un'originale esperienza gourmet!
➜ I maccheroncini all'uovo all'amatriciana. La carne cruda al naturale e secondo lo chef. La crema bruciata.

ASCIANO

Siena (SI) – ✉ 53041 – 7 174 ab. – Alt. 200 m – Carta regionale n° **18-C2**

▶ Roma 208 km – Siena 27 km – Arezzo 46 km – Firenze 108 km

Carta stradale Michelin 563-M16

🏠🏠 Borgo Casabianca ☆ ♨ ⇐ ⇔ ☐ ⅍ ✖ AC 益 P

località Casa Bianca, Est: 10,5 km – ☎ *05 77 70 43 62* – *www.casabianca.it*
– *Chiuso 3 gennaio-31 marzo*

27 cam 🔲 – ♦110/129 € ♦♦170/200 € – **2 suites**

Rist *La Tinaia* – Vedere selezione ristoranti

Immerso in un paesaggio agreste, questo borgo dai caratteristici edifici in pietra si propone per un soggiorno di relax (dispone anche di appartamenti con cucina) nei suoi ambienti arredati con pezzi d'antiquariato.

✕✕ La Tinaia – Hotel Borgo Casabianca ⅍ ⇔ ⇔ AC ✕ P

località Casa Bianca, Est: 10,5 km – ☎ *05 77 70 43 62* – *www.casabianca.it*
– *Chiuso 3 gennaio-31 marzo e mercoledì*

Carta 29/54 €

Immerso nel verde della proverbiale campagna toscana, il ristorante è riscaldato da un piacevole caminetto e propone piatti legati al territorio, accompagnati da qualche rivisitazione. Décor rustico-elegante.

ASCOLI PICENO

✉ 63100 – 49 875 ab. – Alt. 154 m – Carta regionale n° **11-D3**

▶ Roma 185 km – Ancona 122 km – L'Aquila 101 km – Teramo 39 km

Carta stradale Michelin 563-N22

🏠🏠 Palazzo Guiderocchi ☆ ⊡ 🕭 AC 益 P

via Cesare Battisti 3 – ☎ *07 36 25 97 10*   Pianta: B2**c**
– *www.palazzoguiderocchi.com*

32 cam 🔲 – ♦69/139 € ♦♦79/159 € – **6 suites**

Rist *Rua dei Notari* – Vedere selezione ristoranti

Palazzo patrizio della fine del XVI secolo, centralissimo e con una pittoresca corte interna e camere in stile molto grandi. A 100 metri la dipendenza di taglio più moderno.

🏠🏠 Residenza 100 Torri ⊡ 🕭 AC ✕ 益 P

via Costanzo Mazzoni 4 – ☎ *07 36 25 51 23*   Pianta: A1**b**
– *www.centotorri.com*

17 cam 🔲 – ♦60/190 € ♦♦76/260 € – **2 suites**

Hotel ricavato da un'antica filanda e dalle scuderie di un palazzo del 1700, dove fascino storico e confort aggiornati costituiscono un buon mix per un'accoglienza raffinata.

🏠 Palazzo dei Mercanti ⅏ ⊡ 🕭 AC

corso Trento e Trieste 35 – ☎ *07 36 25 60 44*   Pianta: B1**a**
– *www.palazzodeimercanti.it*

18 cam 🔲 – ♦69/139 € ♦♦89/199 €

In pieno centro storico e a soli 20 metri dalla suggestiva piazza del Popolo, Palazzo dei Mercanti è l'eccellente risultato del recupero di una dimora medioevale del centro storico: piacevolissima area relax, camere eleganti e luminose.

🏠 Pennile ♨ AC ✕ P

via Gaetano Spalvieri, 13/A, per viale Napoli - C2 – ☎ *0 73 64 16 45*
– *www.hotelpennile.it*

33 cam 🔲 – ♦45/60 € ♦♦70/85 €

Non lontano dal centro della località, immerso nel verde e nella tranquillità, l'albergo si presenta con interni ariosi e camere semplici, ma ben tenute. Una comoda struttura per partire alla scoperta della città.

Agriturismo Villa Cicchi ☆ ♨ ⇐ ⇔ ☐ ⊡ 益 P

via Salaria Superiore 137, Ovest : 4 km per viale Treviri - A2 – ☎ *07 36 25 22 72*
– *www.villacicchi.it* – *Chiuso 2 settimane in gennaio o febbraio*

6 cam 🔲 – ♦60/200 € ♦♦80/300 €

Grande fascino in questa rustica dimora di fine '600, dove i proprietari hanno conservato con grande passione suppellettili artigiane e contadine. Belle camere, alcune con soffitti decorati a tempera.

ASCOLI PICENO

XX **Rua dei Notari** – Hotel Palazzo Guiderocchi   🛜 ᵹ AC 🛇 P

via Cesare Battisti 3 – ℰ *07 36 25 97 10*   Pianta: B2**c**
– www.ruadeinotari.it
Menu 25/60 € – Carta 21/42 € – (prenotare)
Nel cuore pulsante della località, ad un passo dalla splendida piazza del Popolo, un palazzo patrizio di fine '500 ospita negli antichi locali di guardia questo raffinato ristorante. Cucina di "entroterra" costituita da antichi sapori e da vecchie tradizioni.

X **Del Corso**   AC 🛇

corso Mazzini 277 – ℰ *07 36 25 67 60*   Pianta: B1**d**
– Chiuso 24 dicembre-1° gennaio, 15-30 luglio, 15-30 ottobre, domenica sera e lunedì
Carta 28/51 € – (consigliata la prenotazione)
In un antico palazzo del centro storico, il ristorante dispone di una piccolissima sala dalla pareti in pietra e volte a vela. La cucina è di mare, fragrante e gustosa: i piatti sono esposti a voce.

ASIAGO

Vicenza (VI) – ✉ 36012 – 6 462 ab. – Alt. 1 001 m – Carta regionale n° **23-B2**
▶ Roma 584 km – Trento 74 km – Treviso 80 km – Vicenza 65 km
Carta stradale Michelin 562-E16

🏨 **Europa**   ✿ 🦃 🖰 ᵹ AC P

corso IV Novembre 65/67 – ℰ *04 24 46 26 59 – www.hoteleuroparesidence.it*
22 cam ☟ – ♥90/180 € ♥♥130/180 € – **5 suites**
Rist *Stube Gourmet* – Vedere selezione ristoranti
Signorile ed imponente palazzo nel cuore di Asiago apparentemente d'epoca ma in realtà completamente ricostruito. Al primo piano un'elegante stufa riscalda le zone comuni.

🏨 **Meltar** ⓝ   ✿ 🦢 ← 🛏 🐴 �s🌊 🦃 ℒᵹ 🖪 🖰 ᵹ P

via Meltar 1, Est : 3 km – ℰ *04 24 46 06 26 – www.meltarhotel.com*
16 cam ☟ – ♥150/210 € ♥♥200/250 € – **2 suites**
All'interno dei campi da golf, elegante hotel di raffinato arredo e pezzi originali dispone anche di un moderno centro benessere dove rilassarsi. Due le opzioni per soddisfare il palato: luminosa club house o, su prenotazione, cena gourmet.

🏨 **Erica**   ✿ 🐴 ℒᵹ 🖰 AC 🛇 P

via Garibaldi 55 – ℰ *04 24 46 21 13 – www.relaxhotelasiago.it*
– Aperto 5 dicembre-20 marzo e 1° giugno-15 settembre
31 cam – ♥52/82 € ♥♥76/114 € – ☟ 10 € – **1 suite**
Cordiale e cortese conduzione familiare in un albergo in centro paese che offre un confortevole e tipico ambiente di montagna; graziose camere essenziali. Gradevole sala da pranzo con soffitto a cassettoni, abbellita da vetri colorati.

XXX **La Tana Gourmet** ⓝ (Alessandro Dal Degan)   🎇 🛜 ᵹ AC
🕸

località Kaberlaba 19, Sud: 3,8 Km – ℰ *04 24 46 25 21 – www.latanaristorante.it*
– Chiuso 10 giorni in maggio, 10 giorni in ottobre, domenica sera e lunedì escluso dicembre e agosto
Menu 45/120 € – Carta 63/90 €
Usciti da "La Tana" troverete - non molto distanti - le piste da sci. La sede è quindi nuova, ma la tradizione e la creatività sono sempre le cifre distintive di questa casa.
➜ Lumache stufate nel fieno, crema di erbe spontanee e pigne fermentate. Orzotto ai margini del bosco. Sella di capriolo alla resina di ginepro, funghi trombette, ginepro acerbo e germogli di senape.

XX **Stube Gourmet** – Hotel Europa   ᵹ 🛇 P

corso IV Novembre 65/67 – ℰ *04 24 46 26 59 – www.hoteleuroparesidence.it*
– chiuso 3 settimane in aprile, 3 settimane in ottobre-novembre, lunedì e martedì escluso 15 dicembre-15 gennaio e luglio-agosto
Menu 55/75 € – Carta 53/82 € – (solo a cena) (prenotazione obbligatoria)
Al primo piano dell'hotel Europa, la caratteristica sala vi accoglierà per un intrigante percorso culinario dove piatti di cucina moderna flirtano con i prodotti del territorio.

159

⚔ Locanda Aurora　　　　　　　　　⇦ ⅋ P

via Ebene 71, Nord-Est: 1,5 km – ☏ 04 24 46 24 69 – www.locandaurora.it
Menu 20 € (pranzo in settimana)/35 € – Carta 22/39 €
8 cam ⌸ – ♂30/42 € ♂♂60/80 € – **5 suites**
Gnocchetti con fonduta di Asiago e speck croccante, filetto stracciato alle erbe,
mousse di nocciolata su crema chantilly, ma di specialità ce ne sono tante altre,
in una tipica locanda poco distante dagli innumerevoli sentieri dell'altopiano. Il
calore della casa di montagna e l'affabilità della padrona di casa anche nelle semplici camere.

ASOLA

Mantova (MN) – ✉ 46041 – 10 184 ab. – Alt. 42 m – Carta regionale n° **9-C3**
▶ Roma 496 km – Brescia 44 km – Mantova 40 km – Parma 55 km

⚔⚔ La Chiusa　　　　　　　　　　　　　Ⓐ P

*via Parma 82 – ☏ 03 76 71 02 42 – www.ristorantelachiusa.it – Chiuso sabato a
mezzogiorno e martedì*
Carta 40/62 € – (consigliata la prenotazione)
Una strada sterrata per raggiungere la chiusa sul Chiese - nei secoli al centro di
dispute tra Asola e le vicine comunità - oggi tappa gastronomica per chi ama il
pesce: grande varietà di golose crudités.

ASOLO

Treviso (TV) – ✉ 31011 – 9 116 ab. – Alt. 190 m – Carta regionale n° **23-C2**
▶ Roma 543 km – Treviso 37 km – Belluno 63 km – Vicenza 51 km
Carta stradale Michelin 562-E17

⌂ Al Sole　　　　　　　　🌣 ⅋ ⟨ ᴌ ⊡ ⅋ Ⓐ P

via Collegio 33 – ☏ 04 23 95 13 32 – www.albergoalsole.com – Chiuso gennaio
22 cam ⌸ – ♂120/160 € ♂♂190/285 € – **1 suite**
Rist *La Terrazza* – Vedere selezione ristoranti
Sovrastante la piazza centrale di Asolo, signorilità e raffinatezza in un hotel di
charme. Camere eleganti, ma il gioiello è la terrazza per pasti e colazioni panoramiche.

⌂ Villa Cipriani　　🌣 ⅋ ⟨ ⅋ ᴣ 🎐 ᴌ ⊡ Ⓐ ⅋ ꙮ ⟿

via Canova 298 – ☏ 04 23 52 34 11 – www.villacipriani.it
31 cam ⌸ – ♂170/310 € ♂♂220/800 €
Rist *Villa Cipriani* – Vedere selezione ristoranti
In centro, ma in zona tranquilla, un'elegante dimora cinquecentesca con vista
sulle colline dagli spazi comuni, da alcune camere e, soprattutto, dalla bella
piscina. Le stanze - distribuite tra Villa e Casa Giardino - sono arredate con mobili
in stile, i bagni ornati con piastrelle di Vietri dipinte a mano.

⌂ Asolo　　　　　　　　　　　⅋ ⊡ ⅋ Ⓐ P

*via Castellana 9, Sud : 1 km – ☏ 04 23 95 29 63 – www.hotel-asolo.com
– Chiuso vacanze di Natale e 2 settimane in agosto*
31 cam ⌸ – ♂65/80 € ♂♂100 € – **1 suite**
A un passo da Asolo, la settecentesca dimora del podestà Raselli offre, ora, un'o-
spitalità schietta con qualche dettaglio classico, accanto a qualcun altro più
moderno.

⚔⚔⚔ La Terrazza – Hotel Al Sole　　　🍴 Ⓐ ⇦ P

via Collegio 33 – ☏ 04 23 95 13 32 – www.albergoalsole.com – Chiuso gennaio
Carta 39/66 € – (chiuso domenica in inverno) (solo a cena in inverno)
La Terrazza: un salotto en plein air affacciato sul centro storico di Asolo, dove farsi
coccolare dai manicaretti dello chef e del suo staff. In un ambiente raffinato e alla
moda, una cucina sicuramente innovativa, ma anche in grado di esaltare al
meglio i prodotti della tradizione. Ideale per una romantica cena tête-à-tête.

XxX Villa Cipriani – Hotel Villa Cipriani

via Canova 298 – ℰ 04 23 52 34 11 – www.villacipriani.it
Menu 60 € – Carta 62/107 €
Nella terra dove artisti come Tiziano e Giorgione immortalarono i loro celebri paesaggi, le grandi vetrate ad arco di questo ristorante si aprono sulla vallata, mentre la cucina ha un respiro classico, senza voltare le spalle ai sapori della tradizione locale.

XX Locanda Baggio

via Bassane 1, località Casonetto, Nord-Est: 1 km – ℰ 04 23 52 96 48 – www.locandabaggio.it – Chiuso martedì a mezzogiorno e lunedì
Carta 41/82 €
Posizionato in zona tranquilla alle spalle di Asolo, con piacevole giardino estivo, il ristorante propone una cucina schietta che valorizza la materia prima. Per gli amanti del succo di Bacco notevole selezione anche internazionale.

ASSISI

(PG) – ✉ 06081 – 28 266 ab. – Alt. 424 m – Carta regionale n° **20-B2**

▶ Roma 175 km – Perugia 25 km – Gubbio 46 km – Spoleto 45 km
Carta stradale Michelin 563-M19

G. Bertolissio / hemis.fr

● Alberghi

Nun Assisi Relais

via Eremo delle Carceri 1a – ☎ 07 58 15 51 50
– www.nunassisi.com   Pianta: C1**r**
10 suites ☲ – ♦♦290/1350 € – 8 cam
Rist *Eat Out Osteria Gourmet* – Vedere selezione ristoranti
All'interno di un ex monastero del 1275, le forme sobrie ed essenziali degli arredi ne rispettano ancor oggi l'antica destinazione religiosa. Spettacolare "Museum Spa" ricavata tra i pilastri di un anfiteatro romano.

Grand Hotel dei Congressi Assisi

via Giovanni Renzi 2, 2 km per Spello - C2 – ☎ 07 58 15 01
155 cam ☲ – ♦75/115 € ♦♦90/140 €
Alle pendici del monte Subasio, la terrazza roof garden propone una pregevole vista sui dintorni, mentre le camere si differenziano per tipologia, le migliori quelle deluxe. Attrezzato centro benessere, nonché varie soluzioni per meeting ed eventi, chi preferisce trattenersi in hotel per i pasti troverà piatti classici al ristorante.

Fontebella

via Fontebella 25 – ☎ 0 75 81 28 83 – *www.fontebella.com*   Pianta: A1**e**
– Chiuso gennaio-febbraio
43 cam ☲ – ♦64/139 € ♦♦89/320 € – **3 suites**
Camere su vari piani - sopra e sotto la reception - ma dagli arredi simili, le migliori (con sovrapprezzo) si affacciano sulla valle; come il ristorante Frantoio, panoramico nella veranda chiusa e dalla saporita cucina umbra. Proverbiali i porcini e i tartufi!

La Terrazza

via F.lli Canonichetti, 2 km per Spello - C2 – ☎ 0 75 81 23 68
– www.laterrazzahotel.it
41 cam ☲ – ♦70/90 € ♦♦90/130 €
Gli spazi all'aperto, tra prati e piscina, sono il punto di forza dell'albergo, come la vista di molte camere sulla vallata, l'ospitalità e il piccolo centro benessere; le otto camere della dépendance sono le migliori.

Dei Priori

corso Mazzini 15 – ☎ 0 75 81 22 37 – *www.hoteldeipriori.it*   Pianta: B1**n**
34 cam ☲ – ♦55/155 € ♦♦79/169 €
Vicino alla piazza centrale, albergo ben inserito nel complesso storico; le camere sono tutte confortevoli, ma se volete un'atmosfera più romantica optate per le due sole con affreschi al soffitto. Piccola osteria per ritrovare i sapori e i vini della regione.

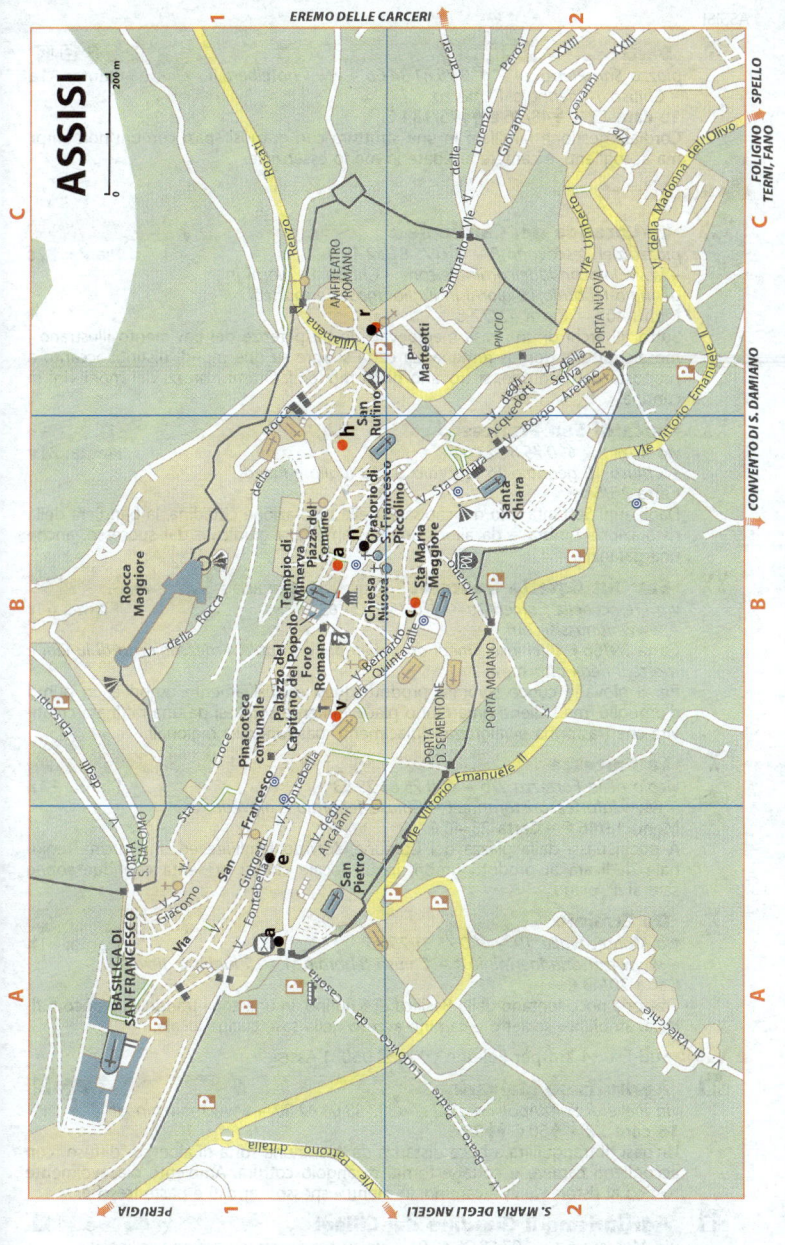

ASSISI

200 m

EREMO DELLE CARCERI

PERUGIA

S. MARIA DEGLI ANGELI

FOLIGNO
TERNI, FANO

SPELLO

CONVENTO DI S. DAMIANO

AMFITEATRO ROMANO

Rocca Maggiore

San Rufino

Oratorio di
S. Francesco
Piccolino

Chiesa
Nuova

Santa
Chiara

Sta Maria
Maggiore

Tempio di
Minerva
Piazza del
Comune

Palazzo del
Capitano del Popolo
Foro
Romano

Pinacoteca
comunale

BASILICA DI
SAN FRANCESCO

San
Pietro

PORTA NUOVA

PORTA MOIANO

PORTA
D. SEMENTONE

PORTA
S. GIACOMO

163

⌂ **Berti** ⚐ ⬆ AC

piazza San Pietro 24 – ☎ 0 75 81 34 66 – www.hotelberti.it — Pianta: A1**a**
– Chiuso 10 gennaio-1° marzo
10 cam ☐ – †45/76 € ††75/134 €
Cordiale gestione familiare in una struttura con graziosi spazi comuni non ampi, ma accoglienti, e camere arredate in modo essenziale.

● Ristoranti

✗✗✗ **La Locanda del Cardinale** 🐎

piazza del Vescovado 8 – ☎ 0 75 81 52 45 — Pianta: B2**c**
– www.lalocandadelcardinale.com – Chiuso 15 giorni in gennaio-febbraio,15 giorni in luglio-agosto e martedì
Menu 40 € – Carta 42/72 €
Sotto gli archi di una casa medioevale, le trasparenze del pavimento illustrano i mosaici di una domus romana. La carta si apre su due mondi distinti: accanto a proposte del territorio, si trovano piatti moderni. Ottimi i prezzi dei molti vini in cantina.

✗✗ **Buca di San Francesco** 🛋

via Brizi 1 – ☎ 0 75 81 22 04 — Pianta: B1**v**
– Chiuso 15 gennaio-15 febbraio, 1°-15 luglio e lunedì
Carta 25/53 €
Dagli anni Settanta uno dei capisaldi della ristorazione cittadina, la bandiera della ristorazione umbra è da allora una costante e, a giudicare dal successo, anche una garanzia.

✗✗ **Eat Out Osteria Gourmet** – Hotel Nun Assisi Relais 🚗 🛋 ㅺ AC ㅿ

via Eremo delle Carceri 1a – ☎ 0 75 81 31 63 — Pianta: C1**r**
– www.nunassisi.com
Carta 39/66 € – *(chiuso lunedì da novembre ad aprile, i mezzogiorno di lunedì e martedì negli altri mesi)*
Per il giovane cuoco lavorare prodotti quasi esclusivamente umbri è un punto d'orgoglio, ma i clienti rimarranno piacevolmente sorpresi da una raffinata creatività che trasforma e valorizza i "giacimenti" gastronomici regionali.

✗ **La Fortezza** AC

vicolo della Fortezza 2/b – ☎ 0 75 81 29 93 — Pianta: B1**a**
– www.lafortezzaristorante.it – Chiuso febbraio e giovedì
Menu 18/46 € – Carta 23/46 €
A pochi passi dalla piazza del Comune, servizio familiare ed una cucina regionale dedicata ai prodotti umbri, in un locale che si presenta con due sobrie sale al 1° piano.

✗ **Da Erminio** 🛋

via Montecavallo 19 – ☎ 0 75 81 25 06 — Pianta: B1**h**
– www.trattoriadaerminio.it – Chiuso febbraio, 1° -15 luglio e giovedì
Carta 20/43 €
Trattoria poco lontano dalla Basilica di S.Rufino, in una zona tranquilla e poco turistica: ambiente schietto e camino acceso nella sala; cucina locale.

a Viole Sud-Est : 4 km per Foligno C2 – ✉ 06081 Assisi

⌂ **Agriturismo Malvarina** ⚐ 🌿 🚗 ▦ P

via Pieve di Sant'Apollinare 32 – ☎ 07 58 06 42 80 – www.malvarina.it
15 cam ☐ – †60 € ††95 €
Un'oasi di tranquillità a poca distanza da Assisi: una sorta di albergo "diffuso" con accoglienti camere e cottage forniti di angolo cottura. Ambiente piacevolmente rustico al ristorante con camino: in menu - spesso - arrosti e paste fresche.

⌂ **Agriturismo il Giardino dei Ciliegi** ⚐ 🌿 🚗 ▦ ㅺ AC P

via Massera 6 – ☎ 07 58 06 40 91 – www.agriturismoilgiardinodeiciliegi.it
– Chiuso 8-12 febbraio
8 cam ☐ – †60/80 € ††80/100 €
Circondato da 2500 ciliegi, del cui frutto i clienti possono approfittarne in stagione, all'interno i caratteri rustici del casale si fondono con camere confortevoli ed accoglienti. Piccola stalla con asinello: il preferito dai bambini!

ad Armenzano Est : 12 km per via Renzo Rosati A1 – ✉ 06081 Assisi – Alt. 759 m

 Le Silve
– *☎ 07 58 01 90 00 – www.lesilve.it – Aperto 1° aprile-2 novembre*
19 cam ⊇ – †90/150 € ††130/220 €
Rist *Armentum* – Vedere selezione ristoranti
Ideale per chi ama il silenzio e la solitudine, ci vuole tempo per raggiungerlo, ma
il contesto naturalistico ai piedi del monte Subasio è da cartolina. Arredi d'arte
povera nelle camere.

 Armentum – Hotel Le Silve
– *☎ 07 58 01 90 00 – www.lesilve.it – Aperto 1° aprile-2 novembre*
Carta 35/65 €
Armenzano era un zona di transumanza e la sala con camino del ristorante, un
tempo, fu un ovile: oggi - inaspettatamente - vi trovate una cucina sofisticata,
ma dalle forte radici umbre.

a Santa Maria degli Angeli Sud-Ovest : 5 km per via Patrono d'Italia A1 –
✉ 06081

 Cenacolo
via Patrono d'Italia 70 – ☎ 07 58 04 10 83 – www.hotelcenacolo.com
111 cam ⊇ – †75/280 € ††89/450 €
Tutto sembra ispirarsi alla sacralità del luogo: si inizia dal nome, per proseguire
nell'architettura dell'edificio che si dipana attorno ad un chiostro (in origine, un
convento), e terminare in una piccola cappella ancora consacrata. Il tutto in un'atmosfera non più di sobrietà francescana, ma di moderno minimalismo.

 **Dal Moro Gallery Hotel**
via Becchetti 2 – ☎ 07 58 04 36 88 – www.dalmorogalleryhotel.com
51 cam ⊇ – †69/146 € ††84/240 € – **2 suites**
Vicino alla Porziuncola di San Francesco, si può scegliere tra camere classiche o più
moderne: da preferire, le ultime nate con soluzioni design e decorazioni personalizzate. Menu capace di stimolare appetiti esigenti e attenti alla cucina del territorio.

> Gli esercizi segnalati con il simbolo 🏠 non offrono gli stessi servizi di un hotel.
> Queste forme alternative di ospitalità si distinguono spesso per l'accoglienza
> e l'ambiente: specchio della personalità del proprietario. Quelli contraddistinti in
> rosso 🏠 sono i più ameni.

ASTI
✉ 14100 – 76 673 ab. – Alt. 123 m – Carta regionale n° **14-D1**
▶ Roma 615 km – Alessandria 40 km – Torino 58 km – Cuneo 88 km
Carta stradale Michelin 561-H6

 Aleramo
via Emanuele Filiberto 13 – ☎ 01 41 59 56 61   Pianta: B2**a**
– www.aleramo.it – Chiuso 7-16 agosto
42 cam ⊇ – †80/95 € ††120/150 € – **3 suites**
La passione del proprietario per il design contemporaneo prende forma in camere
moderne e mai banali, dal lontano e mitico Giappone alle decorazioni in
cera. Il tutto sempre molto lineare e minimalista, in una struttura comodamente
ubicata in centro città.

 Palio
via Cavour 106 – ☎ 0 14 13 43 71 – www.hotelpalio.com   Pianta: B2**b**
– Chiuso 23-28 dicembre e 3-8 gennaio
37 cam ⊇ – †85/105 € ††115/155 €
In posizione centrale, hotel dalle piacevoli camere arredate in ferro battuto e
legno d'artigianato piemontese. Cucina regionale nella piccola e moderna sala
ristorante al 1° piano.

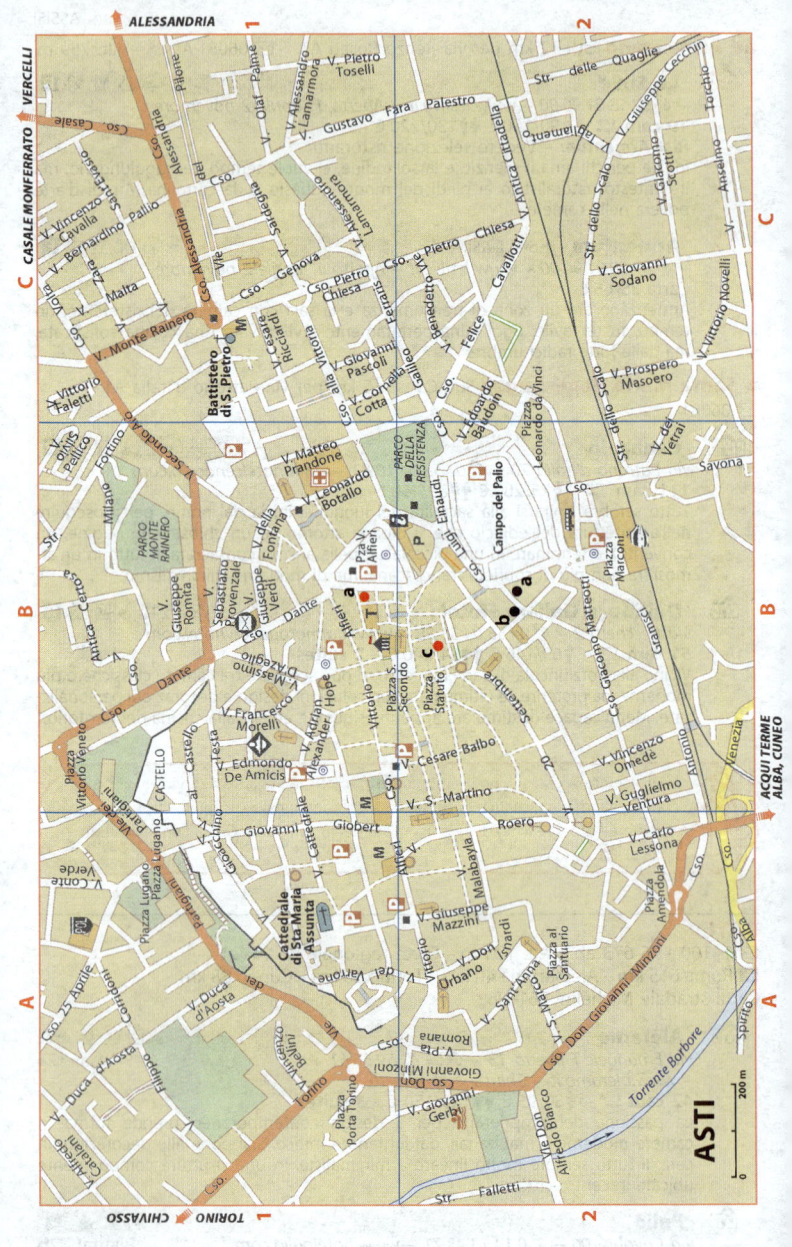

ASTI

XX **Gener Neuv**   🖐 AK ⇔

via Carlo Leoni Grandi 3 – 𝒞 01 41 55 72 70   Pianta: B1**a**
– www.generneuv.it – Chiuso domenica sera e lunedì
Menu 34 € (pranzo in settimana)/80 € – Carta 42/76 €
In pieno centro, Eataly apre le porte a questo storico locale astigiano: una cucina con i "piedi per terra", ma non scevra di modernità. Più informale al piano terra, il Tuit propone piatti mediterranei, in cui il protagonista indiscusso rimane sempre il prodotto.

X **Osteria Casamar**   🏠 🖐 AK ⇔

😊 *vicolo G.B Giuliani, 3 – 𝒞 01 41 35 11 00 – www.casamar.it*   Pianta: B2**c**
– Chiuso i mezzogiorno di sabato, domenica (escluso settembre) e lunedì
Menu 30 € – Carta 30/50 €
Il re del menu è sua maestà, il pesce, ma non mancano proposte di carne tipiche della regione, in un locale articolato su più piani, ognuno con una propria peculiarità. Interrato, zona lounge per degustazioni, aperitivi e cocktail di fine serata. Piano terra, piccolo bistrot con tovagliette per un quick lunch. Una sala più classica con spunti moderni alle pareti al primo piano. Specialità: spaghetti alla chitarra con amatriciana di gamberi - involtino di spigola ai profumi del mediterraneo - delizia alla ricotta.

ATENA LUCANA

Salerno (SA) – ✉ 84030 – 2 328 ab. – Alt. 625 m – Carta regionale n° **4-D2**
▶ Roma 346 km – Potenza 43 km – Potenza 43 km – Salerno 87 km
Carta stradale Michelin 564-F28

🏠 **Villa Torre Antica**   🌳 ≤ 🖻 🖐 AK

via Indipendenza 32 – 𝒞 09 75 77 90 16 – www.hoteltorreantica.com
13 cam 🍽 – ♦50/100 € ♦♦70/120 € – **1 suite**
Nato dal restauro di un vecchio torrione del XVIII secolo, questo hotel di charme propone raffinati confort ispirati alla modernità e camere personalizzate con mobili in stile.

sulla strada statale 19 Sud : 4 km

🏠 **Villa Venus**   🌳 🛋 🏊 🖻 🖐 AK 🛁 P

via Maschero 5 – 𝒞 0 97 57 11 28 – www.hotelvillavenus.it
39 cam 🍽 – ♦60/70 € ♦♦70/80 €
Sei torri realizzate con pietre dell'Appennino Lucano, caratterizzano l'architettura esterna di questo grande albergo che offre camere di moderno confort. Gli amanti del verde apprezzeranno il bel giardino con graziosi giochi d'acqua. Originale la sala ristorante.

🏠 **Magic Hotel**   🌳 🐾 🖻 🖐 AK 🛁 P

via Maglianiello 13 ✉ 84030 – 𝒞 0 97 57 12 92 – www.magichotel.it
43 cam 🍽 – ♦40/45 € ♦♦60/65 € – **1 suite**
Costruzione d'ispirazione contemporanea lungo la statale: interni in stile lineare, con luminosi ed essenziali spazi comuni; camere semplici, ma molto accoglienti.

ATRANI

Salerno (SA) – ✉ 84010 – 1 008 ab. – Alt. 12 m – Carta regionale n° **4-B2**
▶ Roma 270 km – Napoli 69 km – Amalfi 2 km – Salerno 23 km
Carta stradale Michelin 564-F25

XX **'A Paranza**   🎴 AK 🍴

😊 *via Traversa Dragone 1 – 𝒞 0 89 87 18 40 – www.ristoranteparanza.com*
– Chiuso 7-25 gennaio e martedì
Menu 22/50 € – Carta 32/65 €
Nel centro del caratteristico paese, due brillanti fratelli propongono specialità di mare: espressione di saporite ricette, con ottimo rapporto qualità/prezzo.

ATRIPALDA

Avellino (AV) – ✉ 83042 – 11 056 ab. – Carta regionale n° **4-C2**
▶ Roma 251 km – Avellino 4 km – Benevento 42 km – Napoli 63 km
Carta stradale Michelin 564-E26

 Civita

via Manfredi 124 – ℰ 08 25 61 04 71 – www.hotelcivita.it
29 cam 🖵 – 🛉55/70 € 🛉🛉75/95 €
In centro paese, non lontano dalla zona archeologica, albergo dagli ambienti comuni signorili e accoglienti, arredati in stile moderno. Il settore notte si distingue per camere graziose e confortevoli; nella bella stagione i pasti si consumano nell'ampio dehors.

AUGUSTA

Sicilia – Siracusa (SR) – ✉ 96011 – 36 490 ab. – Carta regionale n° **17-D2**
▶ Catania 42 km – Siracusa 37 km – Palermo 240 km – Ragusa 103 km
Carta stradale Michelin 365-BA60 – Guida Verde Michelin SICILIA

a Brucoli Nord-Ovest : 7,5 km – ✉ 96010

 Venus Sea Garden

via Pantelleria 22, contrada Monte Amara, Est: 3,5 km – ℰ 09 31 99 89 46
– www.hotel-venus.it – Aperto 15 aprile-31 ottobre
56 cam 🖵 – 🛉115/170 € 🛉🛉135/190 € – **3 suites**
Seducente complesso articolato in tipici edifici di arenaria gialla, i cui ambienti interni si caratterizzano per vivacità cromatica e mediterranea semplicità. Ma non c'è tempo per chiudersi tra quattro mura: la vita si svolge all'aperto, intorno alla splendida piscina o sulle piattaforme sugli scogli.

AURONZO DI CADORE

Belluno (BL) – ✉ 32041 – 3 388 ab. – Alt. 866 m – Carta regionale n° **23-C1**
▶ Roma 663 km – Cortina d'Ampezzo 34 km – Belluno 62 km – Tarvisio 135 km
Carta stradale Michelin 562-C19

 La Nuova Montanina

via Monti 3 – ℰ 04 35 40 00 05 – www.lanuovamontanina.it – Chiuso
2-31 maggio e 2-30 novembre
17 cam 🖵 – 🛉45/60 € 🛉🛉70/110 €
Nel centro della località, hotel a conduzione familiare che offre camere confortevoli e spazi comuni caratteristici. Il ristorante propone le classiche ricette nazionali e specialità cadorine.

 Panoramic

via Padova 15 – ℰ 04 35 40 01 98 – www.panoramichotel.com
– Aperto 20 dicembre-28 febbraio e 1° aprile-30 settembre
30 cam 🖵 – 🛉35/60 € 🛉🛉70/120 €
In riva al lago e in posizione panoramica, un ampio giardino avvolge la quiete di questo albergo familiare dagli ambienti in stile montano. Proposte del territorio nella sala da pranzo di tono leggermente più moderno.

AVELENGO (HAFLING)

Bolzano (BZ) – ✉ 39010 – 760 ab. – Alt. 1 290 m – Carta regionale n° **19-B2**
▶ Roma 676 km – Bolzano 40 km – Merano 12 km – Trento 92 km
Carta stradale Michelin 562-C15

 Mirabell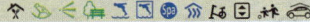

via Falzeben 112 – ℰ 04 73 27 93 00 – www.residence-mirabell.com
– Chiuso 10 novembre-17 dicembre
30 suites 🖵 – 🛉🛉130/300 € – 24 cam
Una struttura che incarna appieno quello che i turisti cercano in Alto Adige: tipicità, calda atmosfera, ma anche modernità e confort. Degno di nota, il nuovissimo centro benessere, ma anche il laghetto balneabile con acqua riscaldata.

Miramonti

via St. Kathrein 14 – 🕿 *04 73 27 93 35 – www.hotel-miramonti.com – Aperto 2 dicembre-28 febbraio e 3 maggio-7 novembre*

30 cam � – 🛉110/150 € 🛉🛉202/300 € – **6 suites**
Rist *Panorama Fine Dining* – Vedere selezione ristoranti

In posizione deliziosamente panoramica, appoggiato sulla roccia sopra Merano, questo moderno hotel è un'oasi verde dove rilassarsi grazie ad un'eccellente e calorosa gestione. Più che varia la ristorazione con il plus di una piccolissima stube serale per gustare i genuini sapori della regione.

 Viertlerhof

via Falzeben 126 – 🕿 *04 73 27 94 28 – www.viertlerhof.it – Chiuso 3-24 aprile e 6 novembre-20 dicembre*

33 cam – solo ½ P 71/110 € – **8 suites**

Immerso nella tranquillità d'un bel giardino, un tradizionale hotel ben accessoriato, dagli spazi interni rinnovati con molto legno in stile moderno; pregevole settore relax.

 Mesnerwirt

via alla Chiesa 2 – 🕿 *04 73 27 94 93 – www.mesnerwirt.it – Chiuso 10 novembre- 4 dicembre*

39 cam ⊐ – 🛉75/96 € 🛉🛉128/170 € – **6 suites**

Moderno centro benessere, grande giardino solarium sapientemente organizzato, camere confortevoli e belle suite: insomma, vale sempre la pena di fermarsi in questa piacevole struttura… anche perché, al ristorante, i prodotti locali si sposano con la creatività.

 **Panorama Fine Dining**

via St. Kathrein 14 – 🕿 *04 73 27 93 35 – www.hotel-miramonti.com – Aperto 2 dicembre-28 febbraio e 3 maggio-7 novembre*
Menu 43/57 € – Carta 36/73 €

La promessa contenuta nel nome si dischiuderà in una parete vetrata con spettacolare vista sulla vallata. La carta invece delizierà con proposte creative ed elaborate, non necessariamente legate al territorio.

AVELLINO

✉ 83100 – 55 171 ab. – Alt. 348 m – Carta regionale n° **4-B2**
▶ Roma 245 km – Napoli 57 km – Benevento 39 km – Caserta 58 km
Carta stradale Michelin 564-E26

 De la Ville

via Palatucci 20 – 🕿 *08 25 78 09 11 – www.hoteldelavilleavellino.it*

63 cam ⊐ – 🛉90/170 € 🛉🛉95/250 € – **6 suites**
Rist *Il Cavallino* – Vedere selezione ristoranti

Da sempre attivi nella realtà edile, i proprietari stessi hanno ideato e costruito quest'enorme struttura con camere signorili ed ampi spazi personalizzati con molto verde.

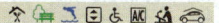 **Il Cavallino** – Hotel De la Ville

via Palatucci 20 – 🕿 *08 25 78 09 11 – www.hoteldelavilleavellino.it*
Menu 33/66 € – Carta 35/65 €

Mozzarella di bufala di Battipaglia, orecchiette irpine con broccoli, paccheri… Cucina campana, allegra e solare come la regione in cui nasce: piatti semplici e ricchi di fantasia in un ambiente piacevolmente sofisticato.

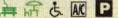 **Antica Trattoria Martella**

via Chiesa Conservatorio 10 – 🕿 *0 82 53 11 17 – www.ristorantemartella.it – Chiuso domenica sera e lunedì*
Carta 24/56 € – (prenotare)

Un'accogliente trattoria arredata in modo classico con tavoli quadrati, propone un buffet d'antipasti accanto ad una cucina e ad una cantina che riflettono i sapori regionali.

in prossimità casello autostra A 16 Avellino Est Nord-Est : 6 km

 Bel Sito Hotel le Due Torri 🌿 ⌘ 🖥 🕭 AC 🕭 🗚 **P**
strada statale 7 bis ✉ *83030 Manocalzati –* 𝒞 *08 25 67 00 01*
– www.belsitohotelduetorri.it
32 cam ⌐ – 🛉65/95 € 🛉🛉75/125 € – **1 suite**
A circa 500 metri dal casello autostradale, un piacevole albergo commerciale con
stanze standard ben tenute e una buona distribuzione degli ambienti comuni;
generoso e attrezzato spazio attorno alla bella piscina, nonché ampio parcheggio.

AVENZA – Massa-Carrara (MS) ➜ Vedere Carrara

AVETRANA
Taranto (TA) – ✉ 74020 – 6 875 ab. – Alt. 62 m – Carta regionale n° **15-D3**
▶ Roma 566 km – Taranto 48 km – Brindisi 45 km – Lecce 44 km
Carta stradale Michelin 564-F35

 Relais Terre di Terre 🌿 🥗 🖧 ⌘ 🕅 AC 🕭 🗚 **P**
via per Erchie, Nord : 2 km – 𝒞 *09 99 70 40 99 – www.masseriabosco.it – Aperto*
1° aprile-31 ottobre
29 cam ⌐ – 🛉77/126 € 🛉🛉110/200 € – **5 suites**
Rist *Masseria Bosco* – Vedere selezione ristoranti
Tra il verde odoroso degli ulivi e l'azzurro del mar Mediterraneo, la struttura è
composta da due masserie: caratteristiche camere con soffitto in tufo e bagni
policromi in una, stanze più moderne nell'altra.

✗ **Masseria Bosco** – Hotel Relais Terre di Terre 🖧 🏠 AC ⇔ **P**
via per Erchie, Nord : 2 km – 𝒞 *09 99 70 40 99 – www.masseriabosco.it – Aperto*
1° aprile-31 ottobre
Carta 24/52 € – (prenotare)
La tradizione si esprime anche in cucina: tra piatti a base di legumi, pasta fatta in
casa e carne locale, l'olio che troverete sulla tavola proviene dagli ulivi secolari
che circondano il relais. Bello e suggestivo, il ristorante presenta un'apertura di
quattro metri nel pavimento: un'antica via di fuga.

AVEZZANO
L'Aquila (AQ) – ✉ 67051 – 42 394 ab. – Alt. 695 m – Carta regionale n° **1-A2**
▶ Roma 107 km – L'Aquila 55 km – Frosinone 77 km – Pescara 110 km
Carta stradale Michelin 563-P22

 Dei Marsi 🌿 🏋 🖥 🕭 AC 🕭 🗚 **P**
via Cavour 79/B, Sud: 3 km – 𝒞 *08 63 46 01 – www.hoteldeimarsi.it*
112 cam ⌐ – 🛉59/130 € 🛉🛉80/200 €
Nel cuore industriale di Avezzano, efficiente struttura di moderna concezione con
spazi interni funzionali e camere in stile lineare d'ispirazione contemporanea: se
disponibili, optare per quelle sul retro, sicuramente più tranquille!

AVOLA
Sicilia – Siracusa (SR) – ✉ 96012 – 31 785 ab. – Alt. 40 m
– Carta regionale n° **17-D3**
▶ Palermo 275 km – Siracusa 28 km – Ragusa 63 km – Catania 82 km
Carta stradale Michelin 365-AZ62

 Agriturismo Masseria sul Mare 🌿 🥗 ◁ 🕭 AC **P**
contrada Gallina, S.S 115 km 392,60, Nord-Est: 5 km – 𝒞 *09 31 56 01 01*
– www.masseriasulmare.it – Aperto da inizio marzo a fine ottobre
20 cam ⌐ – 🛉75/95 € 🛉🛉80/180 €
50 ettari di coltivazioni, frumento e ortaggi, circondano la masseria dagli ambienti
curati e accoglienti; poco distante l'incantevole spiaggia ad accesso privato, con
sabbia fine e scogli. La cucina propone il meglio della tradizione isolana.

Agriturismo Avola Antica

contrada Avola Antica, Nord : 9 Km – ℰ *09 31 81 10 08* – *www.avolaantica.it*
– Aperto 1° aprile-30 settembre
9 cam ☑ – ♦40/60 € ♦♦75/105 €
Armatevi di pazienza e partite in salita fino ad uno spettacolare panorama di scenografiche rocce, muretti a secco e riserve naturali: la piacevolezza della struttura
vi ricompenserà! Al ristorante, prodotti dell'azienda agricola in piatti siciliani.

AYAS

Aosta (AO) – ✉ 11020 – 1 281 ab. – Alt. 1 453 m – Carta regionale n° **21-B2**
▶ Roma 736 km – Aosta 63 km – Ivrea 63 km – Torino 103 km
Carta stradale Michelin 561-E5

ad Antagnod Nord : 3,5 km – ✉ 11020 – Alt. 1 699 m

 Petit Prince

route Tchavagnod 1 – ℰ *01 25 30 66 62* – *www.hotelpetitprince.com* – *Aperto*
1° dicembre-Pasqua e 26 giugno-4 settembre
28 cam ☑ – ♦39/125 € ♦♦59/219 €
In splendida posizione tranquilla e panoramica, vicino agli impianti da sci, una struttura di recente costruzione; spazi comuni confortevoli e camere con arredi in legno.

AZZATE

Varese (VA) – ✉ 21022 – 4 656 ab. – Alt. 332 m – Carta regionale n° **10-A1**
▶ Roma 632 km – Milano 55 km – Varese 8 km – Como 42 km
Carta stradale Michelin 561-E8

 Locanda dei Mai Intees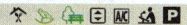

via Monte Grappa 22 – ℰ *03 32 45 72 23* – *www.mai-intees.it*
11 cam ☑ – ♦124/200 € ♦♦148/250 € – **1 suite**
Rist *Locanda dei Mai Intees* – Vedere selezione ristoranti
Un antico sonetto narra di un gruppo di amici che solevano riunirsi qui per discutere e far musica... sebbene non fossero mai d'accordo. Incantevole fusione di due
edifici del '400, la struttura propone un'atmosfera ricca di charme con mobili in
stile ed un salotto nella veranda: Mai Intees, ma concordi sull'amenità!

XX **Locanda dei Mai Intees** – Hotel Locanda dei Mai Intees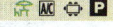

via Monte Grappa 22 – ℰ *03 32 45 72 23* – *www.mai-intees.it*
Carta 53/69 € – *(solo a cena)*
Se nel Medioevo il piano inferiore dell'attuale Locanda dei Mai Intees ospitava le
carceri, ora è un bel ristorante ad occuparne gli spazi. Piatti della tradizione regionale ed internazionali in un ambiente caratteristico, composto da più sale: la
principale, ovvero quella degli Affreschi, era anticamente una farmacia.

X **Hosteria da Bruno**

via Piave 43/a – ℰ *03 32 45 40 93* – Chiuso 1°-7 gennaio, 2 settimane in agosto,
lunedì sera e martedì
Menu 15 € (pranzo in settimana) – Carta 29/57 € – (consigliata la prenotazione la sera)
Bruno, che dal nonno ha ereditato nome e passione, ripropone quest'insegna con
oltre mezzo secolo di storia. Il ristorante è rustico, ma piacevole proprio per quest'aura di autenticità, nelle sedie impagliate, nelle panche disposte intorno ad un
caminetto, nelle foto di famiglia appese alle pareti. Cucina regionale.

BACOLI

Napoli (NA) – ✉ 80070 – 26 723 ab. – Carta regionale n° **4-A2**
▶ Roma 248 km – Napoli 30 km – Avellino 79 km – Pozzuoli 9 km
Carta stradale Michelin 564-E24

Cala Moresca

via del Faro 44, località Capo Miseno – ℰ *08 15 23 55 95* – *www.calamoresca.it*
25 cam ☑ – ♦350/350 € ♦♦99/350 €
Discesa a mare con area attrezzata sugli scogli, camere luminose, nonché una
panoramica e tranquilla posizione per questo hotel moderno e di sobria eleganza.
D'estate, animazione a bordo piscina. Accomodatevi al ristorante per contemplare
la scenografica vista sul golfo e sulla costa; la sera, anche pizzeria.

🏠 **Villa Oteri** ✿ ≼ AK P

via Miliscola 18 – 𝒞 08 15 23 49 85 – www.villaoteri.it
9 cam ⌫ – 🛏65/90 € 🛏🛏75/110 €
Villa di inizio Novecento, dall'esterno colorata ed appariscente, conserva all'interno le caratteristiche della struttura originale ed offre camere confortevoli e una speciale accoglienza. Proposte culinarie dell'area flegrea.

XX **A Ridosso** 🏠 AK P

via Mercato di Sabato 320 – 𝒞 08 18 68 92 33 – www.ristorantearidosso.com
– Chiuso 23 dicembre-4 gennaio, 13-28 agosto e lunedì
Menu 40/50 € – Carta 38/58 € – *(solo a cena)* (prenotazione obbligatoria a mezzogiorno)
A ridosso di una collina, un locale piccolo ed elegante, la cui costante cura per i dettagli è testimoniata da numerose ceramiche e vetrinette. Nei piatti solo i prodotti del mare. (Su prenotazione, anche menu di terra).

BADALUCCO
Imperia (IM) – ✉ 18010 – 1 157 ab. – Alt. 179 m – Carta regionale n° **8-A3**
▶ Roma 643 km – Imperia 31 km – Savona 103 km – San Remo 24 km
Carta stradale Michelin 561-K5

🏠 **Macine del Confluente** ✿ 🍴 ⬜ P

località Oxentina, Sud: 2,5 km – 𝒞 01 84 40 70 18
– www.lemacinedelconfluente.com – Chiuso 3 settimane in novembre
6 cam ⌫ – 🛏75/85 € 🛏🛏90/100 €
Rist *Macine del Confluente* – Vedere selezione ristoranti
Una graziosa locanda con sei camere - romantiche e spaziose - tutte allietate da un caminetto e letti in ferro battuto, nel pittoresco scenario di un vecchio mulino. In una costruzione a parte, sebbene sempre facente parte del complesso, il ristorante.

X **Macine del Confluente** – Macine del Confluente 🍴 ⬜ P

località Oxentina, Sud: 2,5 km – 𝒞 01 84 40 70 18 – Chiuso 3 settimane in novembre
Carta 34/44 € – *(chiuso lunedì e martedì) (solo a cena escluso i giorni festivi)* (consigliata la prenotazione)
Se già la bellezza del posto è un valido presupposto per la sosta, l'offerta si è ulteriormente ampliata proponendo oltre ad un menu degustazione (ma con scelta fra tre primi e tre secondi), alcune specialità dell'entroterra ligure.

BADIA = **ABTEI** – Bolzano (BZ) ➡ Vedere Alta Badia

BADIA A PASSIGNANO – Firenze (FI) ➡ Vedere Tavarnelle Val di Pesa

BADIA DI DULZAGO – Novara (NO) ➡ Vedere Bellinzago Novarese

BADIOLA – Grosseto (GR) ➡ Vedere Castiglione della Pescaia

BAGGIOVARA – Modena (MO) ➡ Vedere Modena

BAGHERIA
Sicilia – Palermo (PA) – ✉ 90011 – 55 615 ab. – Alt. 78 m
– Carta regionale n° **17-B2**
▶ Palermo 18 km – Trapani 126 km – Caltanissetta 115 km – Agrigento 127 km
Carta stradale Michelin 565-M22

XX **I Pupi** (Tony Lo Coco) 🔆 ⬇ AK 🚫
🌸
via del Cavaliere 59 – 𝒞 09 19 90 25 79 – www.ipupiristorante.it – Chiuso lunedì a mezzogiorno e domenica dal 15 giugno al 15 settembre, domenica sera e lunedì negli altri mesi
Menu 35 € – Carta 45/73 € – (consigliata la prenotazione)
I tavoli in cristallo risaltano su un originale pavimento in pietra lavica in questo piccolo ristorante di eleganza moderna e minimalista, dove lo chef rielabora con ottima tecnica e fantasia numerose ricette della tradizione isolana. Il tutto nel massimo rispetto per la purezza dei sapori!
➡ Caramelle con ragù di tonno e acqua di melanzane cotte nel forno a legna. La stigghiola (interiora d'agnello). Cassata.

BAGNAIA – Livorno (LI) ➜ Vedere Elba (Isola d') : Rio nell'Elba

BAGNARA CALABRA

Reggio di Calabria (RC) – ✉ 89011 – 10 406 ab. – Alt. 50 m
– Carta regionale n° **3-A3**
▶ Roma 678 km – Reggio Calabria 35 km – Catanzaro 130 km – Vibo Valentia 39 km
Carta stradale Michelin 564-M29

Grand Hotel Victoria   ⚐ ⬅ 🛁 ⊞ ⛁ AK ⚙ ⚗
piazza Marconi 4 – ✆ 09 66 37 61 26 – www.victoriagrandhotel.it
41 cam ⌷ – ♦50/120 € ♦♦70/160 €
Sulla piazza centrale, ma affacciato anche sul lungomare, ambienti comuni e
camere di gusto classico. Al ristorante è il pesce, il gran signore del menu!

Taverna Kerkira   AK
corso Vittorio Emanuele 217 – ✆ 09 66 37 22 60
– Chiuso 20 dicembre-15 gennaio, 1° agosto-15 settembre, lunedì e martedì
Carta 28/56 € – (consigliata la prenotazione)
Farfalle allo yogurt o "dolmades" (involtini avvolti in foglie di vite)? Lasciatevi tentare da una delle tante specialità di mare, ma anche da qualche sapore ellenico,
che vi trasporterà idealmente nell'Egeo, senza muoversi dallo Ionio.

BAGNARA DI ROMAGNA

Ravenna (RA) – 2 423 ab. – Alt. 22 m – Carta regionale n° **5-C2**
▶ Roma 369 km – Bologna 47 km – Imola 14 km – Ravenna 35 km
Carta stradale Michelin 562-I17

La Locanda di Bagnara   ⚐ ⊞ AK
piazza Marconi 10 – ✆ 0 54 57 69 51 – www.locandabagnara.it
– Chiuso 10-20 agosto
8 cam ⌷ – ♦60/90 € ♦♦90/180 €
Rist *Rocca* – Vedere selezione ristoranti
Nel cuore di questa piccola frazione, edificio del 1870 restaurato su modello di
una raffinata e moderna locanda: arredi eleganti e confort al passo con i tempi
odierni.

Rocca – Agriturismo La Locanda di Bagnara   AK ⇔
piazza Marconi 10 – ✆ 0 54 57 69 51 – www.locandabagnara.it
– Chiuso 10-20 agosto e lunedì
Carta 37/53 €
Dopo molteplici esperienze in giro per il mondo (Londra, New York, Kuala Lum-
pur, Capri), lo chef-patron, Mirko, gestisce questa piacevole locanda tra Emilia e
Romagna, preparando gustosi piatti di terra e di mare, moderni, ma non dimenti-
chi della tradizione.

BAGNARIA ARSA

Udine (UD) – ✉ 33050 – 3 491 ab. – Alt. 18 m – Carta regionale n° **6-C3**
▶ Roma 624 km – Udine 26 km – Grado 31 km – Trieste 55 km
Carta stradale Michelin 562-E21

Agriturismo Mulino delle Tolle   ⚐ ⛁ AK ⚙ P
località Sevegliano, statale Palmanova-Grado, Sud-Ovest: 2 km
– ✆ 04 32 92 47 23 – www.mulinodelletolle.it – Chiuso 31 dicembre-15 gennaio
10 cam ⌷ – ♦55 € ♦♦77/85 €
Lazzaretto secentesco o dogana di confine all'epoca degli Asburgo? Una testina
votiva in cotto - oggi marchio dell'azienda - ammicca invece alla sua lunga tradizione vitivinicola. Al ristorante: proposte giornaliere di cucina regionale e piatti di
terra (carni di produzione propria).

BAGNI DI LUCCA

Lucca (LU) – ⊠ 55022 – 6 211 ab. – Alt. 150 m – Carta regionale n° **18-B1**
▶ Roma 370 km – Pisa 49 km – Firenze 100 km – Lucca 29 km
Carta stradale Michelin 563-J13

Regina Park Hotel

viale Umberto I° 157 – 𝒞 *05 83 80 55 08 – www.coronaregina.it*
12 cam ⌷ – **†**35/105 € – **††**39/160 € – **1 suite**
In un palazzo della fine del XVIII secolo, comodo indirizzo tanto per chi sceglie una vacanza culturale, quanto per chi opta per un soggiorno di relax; giardino con piscina sul retro e café-bistrot.

Hotel & Terme Bagni di Lucca

via del Paretaio 1, frazione Ponte a Serraglio – 𝒞 *0 58 38 60 34*
– www.termebagnidilucca.it
27 cam ⌷ – **†**61/104 € – **††**99/185 €
Il nome anticipa la caratteristica della struttura: collegato direttamente con un tunnel alle Terme, dispone di una bella piscina termale interna con acqua fluente a 32°C, ambienti accoglienti e camere ben accessoriate.

Corona

frazione Ponte a Serraglio – 𝒞 *05 83 80 51 51 – www.coronaregina.it*
– Aperto 1° aprile-15 ottobre
20 cam ⌷ – **†**35/90 € – **††**39/110 €
Nel centro della località, l'edificio ottocentesco si affaccia sulle cascatelle del torrente Lima: al suo interno, camere accoglienti ed un ristorante orientato verso i sapori locali.

BAGNI NUOVI – Sondrio (SO) ➜ Vedere Valdidentro

BAGNO A RIPOLI

Firenze (FI) – ⊠ 50012 – 25 700 ab. – Alt. 75 m – Carta regionale n° **18-D3**
▶ Roma 270 km – Firenze 9 km – Arezzo 74 km – Montecatini Terme 63 km
Carta stradale Michelin 563-K15

a Candeli Nord : 1 km – ⊠ 50012

Villa La Massa

via della Massa 24 – 𝒞 *05 56 26 11 – www.villalamassa.com*
– Aperto 8 aprile-1° novembre
23 cam ⌷ – **†**460/620 € – **††**460/620 € – **14 suites**
Rist *Il Verrocchio* – Vedere selezione ristoranti
Più che un hotel, è un gioiello architettonico dell'epoca medicea, un'oasi bucolica affacciata sul fiume Arno, a un quarto d'ora da Firenze (quest'ultima facilmente raggiungibile grazie ad un servizio di navetta messo a disposizione degli ospiti). Letti a baldacchino, boiserie, soffitti affrescati, tappezzerie, bagni in marmo: sobria e insieme calorosa, Villa La Massa invita a riscoprire l'arte di vivere della nobiltà fiorentina, sottilmente rivisitata dal confort più raffinato.

Il Verrocchio – Hotel Villa La Massa

via della Massa 24 – 𝒞 *05 56 26 11 – www.villalamassa.com*
– Aperto 8 aprile-1° novembre
Menu 55/160 € – Carta 63/120 € – *(solo a cena)*
Soffitto a volte e camino, vasta selezione enologica di vini italiani e regionali, nonché cucina del territorio, ma non solo, in un bel locale che mutua il nome dall'artista fiorentino alla cui bottega si formò Leonardo da Vinci. Le imponenti vetrate permettono di approfittare della vista sull'Arno e sul Chianti; d'estate i pasti sono serviti sulla terrazza a filo d'acqua.

BAGNO DI ROMAGNA

Forlì-Cesena (FC) – ✉ 47021 – 6 154 ab. – Alt. 491 m – Carta regionale n° **5-D3**
◻ Roma 275 km – Rimini 94 km – Forlì 68 km – Firenze 88 km
Carta stradale Michelin 562-K17

Ròseo Euroterme

via Lungosavio 2 – ℰ 05 43 91 14 14 – www.euroterme.com
254 cam ⌑ – †116/168 € ††180/282 € – **4 suites**
Albergo moderno ed accogliente con numerose aree relax dove ognuno può trovare il proprio angolo preferito, a cui si aggiungono tanti servizi, nonché un centro benessere e termale molto ben organizzato.

Tosco Romagnolo

piazza Dante 2 – ℰ 05 43 91 12 60 – www.hoteltoscoromagnolo.it
44 cam ⌑ – †49/168 € ††78/288 € – **4 suites**
Rist *Prêt-à-Porter* • **Rist** *Paolo Teverini* – Vedere selezione ristoranti
Al timone di questa elegante struttura vi è un'appassionata gestione familiare coadiuvata da personale altrettanto cordiale e competente. I punti forti dell'hotel sono sicuramente le spaziose camere - eccellenti quelle più moderne - la piscina panoramica e la beauty spa.

Balneum

via Lungosavio 15/17 – ℰ 05 43 91 10 85 – www.hotelbalneum.it
– Chiuso 15 gennaio-12 febbraio
39 cam ⌑ – †57/120 € ††74/164 €
Tranquilla struttura all'ingresso del paese e dall'ottima gestione familiare dispone di graziose camere personalizzate, alcune dotate di bagno turco. Al ristorante, cucina regionale curata dai titolari stessi.

𝕏𝕏𝕏 Paolo Teverini – Hotel Tosco Romagnolo

via del Popolo 2 – ℰ 05 43 91 12 60 – www.paoloteverini.it – Chiuso lunedì e martedì escluso agosto
Menu 44/88 € – Carta 45/100 € – *(solo a cena escluso sabato e domenica)*
(consigliata la prenotazione)
In ambienti di grande raffinatezza, la cucina reinterpreta in chiave moderna e personale le tradizioni romagnole e toscane. Attenzione particolare per i formaggi, funghi e tartufi ma, soprattutto, per i vini: molti al bicchiere, tanti dalla Francia.

𝕏𝕏 Prêt-à-Porter – Hotel Tosco Romagnolo

piazza Dante 2 – ℰ 05 43 91 12 60 – www.paoloteverini.it
Menu 23/29 € – Carta 30/57 €
E' la versione più easy di casa Teverini: sempre elegante e curato dal celebre chef, il ristorante offre piatti del territorio - ottima, l'intercostata di manza chianina grigliata al formaggio di fossa con verdure marinate all'aceto balsamico - e qualche sorpresa di cucina moderna. Nella sala ampia, invece, si può scegliere di servirsi al ricco buffet, a prezzo fisso e assai vantaggioso!

---

ad Acquapartita Nord-Est : 8 km – ✉ 47021 San Piero In Bagno – Alt. 806 m

---

Miramonti

via Acquapartita 103 – ℰ 05 43 90 36 40 – www.selecthotels.it – Aperto 28 dicembre-6 gennaio e 1° aprile-31 ottobre
46 cam ⌑ – †40/115 € ††70/135 €
Ubicata tra i boschi appenninici, la struttura dispone di buoni servizi, arredi e camere confortevoli, circa la metà con vista sul lago. Al ristorante: la regionale cucina tosco-romagnola.

𝕏𝕏 Del Lago

via Acquapartita 147 – ℰ 05 43 90 34 06 – www.albergoristorantedellago.it – Chiuso gennaio, lunedì-martedì escluso giugno-settembre
Menu 35/45 € – Carta 31/53 € – (consigliata la prenotazione)
Che bella sorpresa in quel di Acquapartita! Un giovane chef, anche sommelier, affiancato dai genitori che eseguono un servizio in sala accurato e professionale, convince i suoi ospiti con una cucina creativa e molto attenta alla selezione delle materie prime.

175

BAGNOLO IN PIANO

Reggio nell'Emilia (RE) – ⊠ 42011 – 9 714 ab. – Alt. 32 m – Carta regionale n° **5-B3**
▶ Roma 433 km – Parma 39 km – Modena 39 km – Reggio nell'Emilia 10 km
Carta stradale Michelin 562-H14

✗ **Trattoria da Probo**   ❀ 🗛 ✗ ⇔ 🅿

via Provinciale Nord 13 – ✆ 05 22 95 13 00 – www.trattoriadaprobo.it
– Chiuso 16-22 agosto e le sere di domenica, lunedì e martedì
Menu 15 € (pranzo in settimana)/40 € – Carta 28/53 €
Vecchia trattoria di campagna dalla squisita gestione familiare, che si esprime nella cordiale accoglienza e nella cucina fedele alla tradizione: bolliti e paste fresche, le specialità.

BAGNOLO SAN VITO

Mantova (MN) – ⊠ 46031 – 6 000 ab. – Alt. 19 m – Carta regionale n° **9-D3**
▶ Roma 460 km – Verona 48 km – Mantova 17 km – Modena 62 km
Carta stradale Michelin 561-G14

✗✗ **Villa Eden**   🚗 🏠 & 🗛 ⇔ 🅿

via Gazzo 6 – ✆ 03 76 41 56 84 – www.ristorantevillaeden.it
– Chiuso 1°-7 gennaio, 4-20 agosto, domenica sera, lunedì e martedì
Menu 35/85 € – Carta 38/67 € – (consigliata la prenotazione)
Gestita da una famiglia assai cordiale, questa villa tra i campi si presenta come un'ospitale abitazione privata. La cucina sa valorizzare le materie prime con piatti mantovani, stagionalità italiane ed alcune sorprese dal mare. Tra i migliori ristoranti della provincia!

BAGNOREGIO

Viterbo (VT) – ⊠ 01022 – 3 664 ab. – Alt. 484 m – Carta regionale n° **7-A1**
▶ Roma 125 km – Viterbo 28 km – Orvieto 19 km – Terni 77 km
Carta stradale Michelin 563-O18

🏠 **Romantica Pucci**   ✗ 🗛 🅿

piazza Cavour 1 – ✆ 07 61 79 21 21 – www.hotelromanticapucci.it
7 cam ☑ – †80 € ††80 €
In un palazzo del XIV sec., piacevole risorsa caratterizzata da camere arredate con gusto e attenzioni particolari, ma tutte diverse tra loro. Si respira un'atmosfera d'intima familiarità. La cucina propone pochi piatti fatti al momento, una cucina semplice e casalinga.

✗ **Hostaria del Ponte**   ≼ 🏠 🗛 ✗

località Mercatello 11 – ✆ 07 61 79 35 65 – www.hostariadelponte.it
25 febbraio-9 marzo, 15 giorni in novembre, domenica sera escluso da maggio a settembre e lunedì
Carta 27/47 € – (solo a pranzo escluso da giugno a settembre)
Il ponte è quello che porta al borgo di Civita: uno dei paesaggi più spettacolari della regione, imperdibile dalla terrazza del locale. Dalla cucina - invece - gli intramontabili piatti del territorio.

BAGNO VIGNONI – Siena (SI) ➜ Vedere San Quirico d'Orcia

BAIA DOMIZIA

Caserta (CE) – ⊠ 81030 – Carta regionale n° **4-A2**
▶ Roma 183 km – Frosinone 104 km – Caserta 59 km – Gaeta 35 km
Carta stradale Michelin 563-S23

🏠 **Della Baia**   

via dell'Erica – ✆ 08 23 72 13 44 – www.hoteldellabaia.it – Aperto 14 maggio-25 settembre
50 cam – †100/115 € ††130/190 € – ☑ 10 €
Un roseto e ampio giardino con piscina separano la calda elegante struttura dal mare. Se uno dei punti di forza è l'avvolgente ospitalità, non si può tuttavia non sottolineare i suoi ambienti raffinati che coniugano mobili ottocenteschi e pezzi di modernariato, pavimenti in cotto lavorato a mano e comodi divani. Sulle bianche terrazze si affacciano le preziosi camere dai letti a cassettoni. Difficile stabilire se siano più belli gli interni o gli esterni.

BAIA SARDINIA – Olbia-Tempio (OT) → Vedere Arzachena: Costa Smeralda

BALDICHIERI D'ASTI
Asti (AT) – ✉ 14011 – 1 123 ab. – Alt. 173 m – Carta regionale n° **14-C1**
▶ Roma 626 km – Torino 50 km – Alessandria 47 km – Asti 12 km
Carta stradale Michelin 561-H6

🏠 **Madama Vigna** ☆ 🖶 ৬ AC P
via Nazionale 41 – ☎ 0 14 16 64 71 – www.madamavigna.it
16 cam ⌆ – †50/80 € ††70/80 €
Rist *Madama Vigna* – Vedere selezione ristoranti
All'incrocio di una strada trafficata, un edificio in mattoni di fine Ottocento: al suo interno, confort e tranquillità nelle camere dai colori vivaci e porte dipinte a mano. Ideale per una clientela business.

✗ **Madama Vigna** – Hotel Madama Vigna 🍴 ৬ AC P
😊 *via Nazionale 41* – ☎ 0 14 16 64 71 – www.madamavigna.it – Chiuso
2-14 gennaio, 6-26 agosto e lunedì a mezzogiorno
Menu 20/35 €
Una bella carta dei vini, con particolare attenzione al territorio, fa da "spalla" ad una cucina che propone tante specialità regionali: agnolotti al plin con fonduta, fassone piemontese, gallina bionda di Villanova, l'immancabile bunet, ed altro ancora.

BALDISSERO TORINESE
Torino (TO) – ✉ 10020 – 3 783 ab. – Alt. 421 m – Carta regionale n° **12-B1**
▶ Roma 656 km – Torino 13 km – Asti 42 km – Biella 77 km
Carta stradale Michelin 561-G5

✗✗ **Osteria del Paluch** 🍴 P
via Superga 44, Ovest : 3 km – ☎ 01 19 40 87 50 – www.ristorantepaluch.it
– Chiuso 2 settimane in gennaio, 2 settimane in novembre e lunedì
Carta 39/52 € – *(solo a cena)*
Elegante e ben curato, a classica conduzione diretta, propone una cucina piemontese con predilezione verso percorsi moderni e creativi. Servizio estivo all'aperto.

a Rivodora Nord-Ovest : 5 km – ✉ 10020

✗ **Torinese** 🍴 AC ⇔
😊 *via Torino 42* – ☎ 01 19 46 00 25 – www.ristorantetorinese.it
– Chiuso 7-20 gennaio, 2-14 agosto, martedì e mercoledì
Menu 25 € – Carta 26/47 € – *(solo a cena escluso sabato e domenica)*
Semplici piatti piemontesi fatti in casa delizieranno gli ospiti nelle due sale di questa tipica trattoria vecchio stile situata sulla collina di Superga, a pochi passi da Torino.

BALLABIO
Lecco (LC) – ✉ 23811 – 4 083 ab. – Alt. 661 m – Carta regionale n° **9-B2**
▶ Roma 632 km – Milano 70 km – Como 38 km – Lecco 10 km
Carta stradale Michelin 561-E10

🏠 **Sporting Club** ☆ 🖶
via Casimiro Ferrari 3, a Ballabio Superiore, Nord: 1 km – ☎ 03 41 53 01 85
– www.albergosportingclub.com
14 cam ⌆ – †55/65 € ††75/85 €
Ai piedi delle Grigne, palestra per molti noti alpinisti, una risorsa sicuramente adatta ad un soggiorno di gradevole essenzialità. Solarium in terrazza, buoni spazi comuni. Classico ristorante d'albergo a conduzione familiare.

BANCHETTE D'IVREA – Torino (TO) → Vedere Ivrea

BARANO D'ISCHIA – Napoli (NA) → Vedere Ischia (Isola d')

BARBARANO – Brescia (BS) → Vedere Salò

BARBARANO VICENTINO

Vicenza (VI) – ✉ 36021 – 4 594 ab. – Alt. 72 m – Carta regionale n° **23-B3**
▶ Roma 517 km – Vicenza 22 km – Padova 33 km – Venezia 86 km
Carta stradale Michelin 562-F16

✗✗ Aqua Crua ⇦ & AC
❀

*via IV Novembre 25 – ✆ 04 44 77 60 96 – www.aquacrua.it – Chiuso
1°-14 gennaio, 10 agosto-3 settembre e martedì*
Menu 70 € – Carta 50/78 € – *(solo a cena escluso sabato e domenica)* (coperti
limitati, prenotare)
5 cam – ♦55 € ♦♦80 € – ⬜ 10 €
Essenziale e minimalista, la sala è rivolta verso il suo palcoscenico naturale: la
cucina a vista, un laboratorio gourmet. Scelta molto ridotta per assicurare la freschezza e il ricambio dei prodotti, i piatti sono spesso originali e di ricerca, il risultato ottimo, a volte eccellente. Le camere sono una buona e moderna soluzione,
in particolar modo se non si vuole guidare dopo la cena.
➔ Il grano saraceno. Il carpaccio di manzo. La crema carbonizzata.

BARBARESCO

Cuneo (CN) – ✉ 12050 – 670 ab. – Alt. 274 m – Carta regionale n° **14-C2**
▶ Roma 642 km – Cuneo 72 km – Torino 66 km – Alessandria 63 km
Carta stradale Michelin 561-H6

⌂ Casa Boffa AC ✗ P

*via Torino 9/a – ✆ 01 73 63 51 74 – www.boffacarlo.it – Chiuso
15 dicembre-1° febbraio*
5 cam ⬜ – ♦70 € ♦♦90 €
Bei bagni nelle curate camere e due terrazze affacciate sui vigneti - una delle
quali con vasca idromassaggio - in una casa del centro storico, dove è anche possibile acquistare vini dell'omonima azienda.

✗✗✗ Al Vecchio Tre Stelle 88 ⇦ AC

*località Tre Stelle, Sud: 3 km – ✆ 01 73 63 81 92 – www.vecchiotrestelle.it
– Chiuso 24 dicembre-10 gennaio e 10-20 agosto*
Menu 35/60 € – Carta 37/84 € – *(chiuso martedì)* (consigliata la prenotazione a
pranzo)
6 cam ⬜ – ♦60/80 € ♦♦75/105 €
A pochi chilometri dal centro di Barbaresco, eleganza e spazi si moltiplicano all'interno di questo locale, mentre i prodotti regionali vivacizzano il menu: dalle paste
fresche alle pregiate carni.

✗✗ Antinè 88 AC

*via Torino 16 – ✆ 01 73 63 52 94 – www.antine.it
– Chiuso 24 dicembre-30 gennaio e mercoledì*
Menu 50 € – Carta 49/77 €
Nel cuore di una delle capitali dell'enologia italiana, giovane e brillante gestione
per questo ristorante ubicato al primo piano di un edificio del centro storico; l'of-
ferta gastronomica spazia dalla tradizione all'innovazione.

BARBERINO DI MUGELLO

Firenze (FI) – ✉ 50031 – 10 861 ab. – Alt. 270 m – Carta regionale n° **18-C1**
▶ Roma 308 km – Firenze 39 km – Bologna 85 km – Pistoia 49 km
Carta stradale Michelin 563-J15

in prossimità casello autostrada A 1 Sud-Ovest : 4 km

✗✗ Cosimo de' Medici AC P

*viale del Lago 19 ✉ 50030 Cavallina – ✆ 05 58 42 03 70
– www.ristorantecosimodemedici.com – Chiuso 11 agosto-1° settembre,
domenica sera e lunedì*
Carta 24/77 €
Storico ristorante in cui gustare una cucina tradizionale con proposte prevalentemente toscane. Professionalità e cortesia nell'unica ampia sala.

BARBERINO VAL D'ELSA

Firenze (FI) – ✉ 50021 – 4 384 ab. – Alt. 373 m – Carta regionale n° **18-D1**

▶ Roma 269 km – Firenze 38 km – Siena 41 km – Prato 50 km

Carta stradale Michelin 563-L15

a Petrognano Ovest : 3 km – ✉ 50021 Barberino Val D'Elsa

✗✗ Il Paese dei Campanelli

località Petrognano 4 – ℰ 05 58 07 53 18 – www.ilpaesedeicampanelli.it

Carta 30/52 € – *(solo a cena escluso sabato e festivi in aprile-ottobre, solo nei week-end negli altri mesi)*

Originale collocazione all'interno di un antico casale di campagna con pareti in pietra e rifiniture in legno; d'estate si mangia anche all'aperto, tra vigne e ulivi.

a Ponzano Sud : 2 km – ✉ 50021 Barberino Val D'Elsa

🏠 La Torre di Ponzano

strada di Ponzano 8 – ℰ 05 58 05 92 55 – www.torrediponzano.it – Chiuso 7-28 febbraio

6 cam 🔲 – ♦59/99 € ♦♦75/150 €

In un contesto collinare di bellezza mozzafiato, la parte più antica della struttura, la torre, risale al 945. Camere rustiche ed accoglienti per immergersi in una Toscana autentica e campestre.

BARBIANELLO

Pavia (PV) – ✉ 27041 – 893 ab. – Alt. 67 m – Carta regionale n° **9-B3**

▶ Roma 557 km – Piacenza 45 km – Pavia 20 km – Milano 54 km

Carta stradale Michelin 561-G9

✗ Da Roberto

via Barbiano 21 – ℰ 0 38 55 73 96 – www.daroberto.it – Chiuso 1°-7 gennaio, luglio, lunedì e martedì

Menu 18 € (pranzo in settimana)/32 € – *(solo a cena escluso venerdì, sabato e domenica)*

Trattoria di fine '800 caratterizzata da ambienti rustici e curati: in due sale con camino, proposte tipiche dai sapori genuini presentate a voce. I secondi prevedono solo carne: il cotechino caldo e il sottofiletto su sasso del Trebbia, tra le specialità più richieste.

BARBIANO – Parma (PR) → Vedere Felino

BARCUZZI – Brescia (BS) → Vedere Lonato

BARD

Aosta (AO) – ✉ 11020 – 122 ab. – Alt. 400 m – Carta regionale n° **21-B2**

▶ Roma 711 km – Aosta 46 km – Torino 69 km – Milano 141 km

Carta stradale Michelin 561-F5

🏠 Ad Gallias

via Vittorio Emanuele II 5/7 – ℰ 01 25 80 98 78 – www.hoteladgallias.com – Chiuso novembre

17 cam 🔲 – ♦100/110 € ♦♦130/175 € – **1 suite**

Rist Ad Gallias – Vedere selezione ristoranti

Ricavato dalla roccia viva della montagna, proprio di fronte al castello di Bard, uno scrigno di buona accoglienza e confort moderno all'inizio della valle, con camere moderne, originali, attrezzate di tutto punto ed un accogliente centro benessere.

✗✗ Ad Gallias

via Vittorio Emanuele II 5/7 – ℰ 01 25 80 98 78 – www.hoteladgallias.com – Chiuso novembre e mercoledì

Menu 40/45 € – Carta 34/64 € – *(solo a cena)*

In salette romantiche e curate, o nel super privé in terrazza all'ultimo piano (servizio esclusivo, a fronte di un piccolo sovrapprezzo) per un'ottima cucina che - a trattti - si fa anche fantasiosa.

BARDINO VECCHIO – Savona (SV) → Vedere Tovo San Giacomo

BARDOLINO

Verona (VR) – ✉ 37011 – 7 037 ab. – Alt. 65 m – Carta regionale n° **23-A3**
▶ Roma 526 km – Verona 32 km – Brescia 66 km – Mantova 65 km
Carta stradale Michelin 562-F14

Caesius Thermae

via Peschiera 3 – ☎ 04 57 21 91 00 – www.hotelcaesiusterme.com – Chiuso 1°-20 dicembre
185 cam ☖ – †84/225 € ††130/375 € – **27 suites**
Imponente struttura avvolta dalla tranquillità del proprio giardino. Inutile elencare i servizi: l'offerta è completa e generosa, addirittura superba per quanto riguarda le proposte della Spa (trattamenti ayurvedici al top!). Cucina moderna e un interessante menu vegetariano al ristorante Benacus, che nelle serate estive si sposta all'aperto diventando Le Vele.

Color Hotel

via Santa Cristina 5 – ☎ 04 56 21 08 57 – www.colorhotel.it – Aperto 1° aprile-31 ottobre
73 cam ☖ – †115/250 € ††140/340 € – **17 suites**
Rist *La Veranda* – Vedere selezione ristoranti
Splendidi giardini tropicali e varie piscine (due anche riscaldate) contornano questa struttura di taglio moderno e personalizzato; tante attenzioni e grande professionalità fanno del soggiorno un'esperienza memorabile.

San Pietro

via Madonnina 15 – ☎ 04 57 21 05 88 – www.hotelsanpietro.eu – Aperto 29 dicembre-7 gennaio e 4 marzo-6 novembre
46 cam ☖ – †90/300 € ††100/300 €
A due passi dal centro, elegante hotel con piccola zona piscina e camere ben accessoriate. La giornata inizia sotto i migliori auspici con una buona prima colazione al roof garden (5° piano), dove viene servita anche la cena.

Aqualux

via Europa Unita 24/b – ☎ 04 56 22 99 99 – www.aqualuxhotel.com
125 cam ☖ – †149/535 € ††185/535 €
A 300 metri dal centro, albergo di recente apertura e dal design moderno, che ha sposato la sostenibilità, nonché la filosofia green. All'ampia offerta di piscine fanno eco zone benessere per farsi coccolare. E, poi, ancora stile minimalista, ma tutta l'intensità dei sapori mediterranei al ristorante Drops Food & Wine.

Kriss Internazionale

lungolago Cipriani 3 – ☎ 04 56 21 24 33 – www.hotelkriss.it – Aperto 22 marzo-2 novembre
34 cam ☖ – †65/125 € ††90/190 €
Sulla bella passeggiata fronte lago, la quasi totalità delle stanze è stata recentemente ristrutturata in stile moderno, mentre presso l'enoteca Kambusa vi attendono degustazioni e sapori del territorio.

Bologna

via Mirabello 19 – ☎ 04 57 21 00 03 – www.hotelbologna.info – Aperto 1° aprile-16 ottobre
33 cam ☖ – †45/95 € ††76/130 €
Sono le due figlie dei fondatori ad occuparsi ora di questa piccola risorsa poco distante sia dal centro che dal lago; camere curate, una veranda dalle grandi vetrate e, in un terrazzino, la piscina.

XX La Veranda – Color Hotel

via Santa Cristina 5 – ☎ 04 56 21 08 57 – www.ristorantelaverandabardolino.it – Aperto 1° aprile-31 ottobre
Menu 55/65 € – Carta 38/93 € – (solo a cena) (prenotazione obbligatoria)
Non sarà facile scegliere fra le varie specialità della superba carta: carne e pesce, sia di lago sia di mare, sono lì a dimostrare la bravura del giovane, ma già esperto, chef.

X **Il Giardino delle Esperidi**   🐝 🍴 🛣 ⚙ AC

via Mameli 1 – 𝒞 04 56 21 04 77 – Chiuso 10 gennaio-12 febbraio e martedì
Carta 35/53 € – *(solo a cena escluso sabato e i giorni festivi)*
In pieno centro storico, locale tutto al femminile, dove gustare una golosa ed
intrigante cucina - fortemente legata ai prodotti di stagione - elaborata con
curiose ricette personali.

BARDONECCHIA

Torino (TO) – ✉ 10052 – 3 232 ab. – Alt. 1 312 m – Carta regionale n° **12-A2**
▶ Roma 754 km – Briançon 46 km – Torino 101 km – Sestriere 35 km
Carta stradale Michelin 561-G2

🏠 **Bucaneve**   ⚘ 🛏 🖵 ⚙ ⚙ P

viale della Vecchia 2 – 𝒞 01 22 99 93 32 – www.hotelbucanevebardonecchia.it
– Aperto 1° dicembre- 9 maggio e 9 giugno-29 settembre
8 cam ⬛ – ♦60/90 € ♦♦70/100 € – **6 suites**
Ai margini del centro, ma vicino a diversi impianti sportivi (compresi quelli di risalita), la dinamica gestione familiare è sempre attiva nel rinnovare l'hotel. Le ultime
nate sono delle suite in stile moderno e colori grigi, ma la clientela più tradizionalista continuerà a preferire le camere in stile locale, calde e con tanto legno.

🏠 **La Nigritella**   ⚘ 🛏 ⚙ P

via Melezet 96 – 𝒞 01 22 98 04 77 – www.lanigritella.it – Chiuso
30 aprile-1° giugno e 20 ottobre-6 dicembre
7 cam ⬛ – ♦50/56 € ♦♦85/100 €
Una piccola e graziosa realtà ubicata nella parte alta della località, riparata dal
traffico della strada principale, appare come una palazzina-villetta, più privata
che albergo. Poche camere, ma tutte molto confortevoli e ben tenute; le piste
da sci sono nelle vicinanze, raggiungibili a piedi o con il bus navetta.

X **Locanda Biovey**   ⇐ 🛏 P

via General Cantore 2 – 𝒞 01 22 99 92 15 – www.biovey.it
Menu 35 € – Carta 48/64 € – *(chiuso lunedì e martedì) (solo a pranzo)*
(consigliata la prenotazione)
8 cam ⬛ – ♦40/60 € ♦♦60/98 €
Esercizio ospitato in una palazzina d'epoca del centro e circondato da un giardino, propone una cucina del territorio preparata con moderata creatività. Al
piano superiore, camere nuove, colorate e confortevoli, arredate in stili diversi,
dall'800 al Luigi XV.

BARGE

Cuneo (CN) – ✉ 12032 – 7 789 ab. – Alt. 372 m – Carta regionale n° **12-B3**
▶ Roma 681 km – Torino 61 km – Cuneo 54 km – Sestriere 72 km
Carta stradale Michelin 561-H3

🏠 **Alter Hotel**   ⚘ 🛏 📶 🛋 ⚙ 🖵 ⚙ AC 🛁 P

piazza Stazione 1 – 𝒞 01 75 34 90 92 – www.alterhotel.com
15 cam ⬛ – ♦110/175 € ♦♦125/180 € – **6 suites**
Nato dal restauro di un'antica industria manifatturiera, un design hotel che gioca
sulle tinte del bianco e del nero ed ospita ambienti originali tra cui un museo del-
l'auto d'epoca. Piatti del territorio, formaggi d'alpeggio, dolci tradizionali piemontesi al restaurant-bistrot.

XX **D'Andrea**   🛣 P

via Bagnolo 37 – 𝒞 01 75 34 57 35 – www.dandrea.info – Chiuso 1 settimana in
gennaio, 2 settimane in luglio o agosto e mercoledì
Menu 35/38 € – Carta 30/47 €
Moglie in sala e marito ai fornelli, in tandem si adoperano per valorizzare i prodotti della propria zona: in carta completati anche da alcune proposte ittiche di
mare e d'acqua dolce.

a Crocera Nord-Est : 8 km – ⊠ 12032 Barge

🕱🕱🕱 D'la Picocarda 🕸 🏠 AC 🌿 P

via Cardè 71 – 𝒞 0 17 53 03 00 – www.picocarda.it – Chiuso 2 settimane in agosto, lunedì sera e martedì
Menu 38/49 € – Carta 36/67 €
Un'intera famiglia gestisce con grande capacità questa bella casa colonica di origine seicentesca, dalla cui veranda è possibile ammirare lo spettacolo del Monviso. In carta piatti del territorio, ma anche proposte di mare. Altrettanto apprezzabile la carta dei vini.

BARGNI – Pesaro e Urbino (PU) ➜ Vedere Serrungarina

BARI

⊠ 70128 – 327 361 ab. – Carta regionale n° **15-C2**
▶ Roma 431 km – Barletta 59 km – Taranto 97 km – Matera 66 km
Carta stradale Michelin 564-D32

🏠🏠🏠🏠 Grande Albergo delle Nazioni 🖢 ⟵ 🌊 🖭 🕭 AC 🌿 🛎

lungomare Nazario Sauro 7/9, per via Goffredo di Crollalanza - B1 - ⊠ 70121 – 𝒞 08 05 92 01 11 – www.albergodellenazioni.com
112 cam 🖙 – ✦150/250 € ✦✦190/380 € – **3 suites**
Sul lungomare, questo prestigioso albergo sfoggia originali soluzioni di design che contrappongono linee vintage a una gamma cromatica di forte impatto visivo. All'ultimo piano, il ristorante panoramico e la terrazza con piscina.

🏠🏠🏠 Mercure Villa Romanazzi Carducci 🖢 🕊 🌊 🌊 🕸 🕭 🕭 🕭 AC 🛎

via Capruzzi 326 ⊠ 70124 – 𝒞 08 05 42 74 00
– www.villaromanazzi.com 🚗
Pianta: A2**c**
125 cam 🖙 – ✦59/138 € ✦✦69/187 €
Curioso contrasto tra la villa dell'800 e l'edificio moderno che compongono questo elegante complesso situato in un parco con piscina. Il servizio e la colazione con l'angolo pugliese fanno presto dimenticare la zona periferica in cui sorge la struttura, mentre le moderne e ampie camere doppie offrono il meglio del settore notte (ma c'è anche qualche singola più piccola).

🏠🏠🏠 Hilton Garden Inn 🖢 🌊 🕭 🖭 🕭 🕭 AC 🌿 🛎 🚗

via Don Guanella 15/l, per Ponte 20 Settembre - B2 - ⊠ 70124 – 𝒞 08 05 02 68 15 – www.bari.stayhgi.com
88 cam 🖙 – ✦80/190 € ✦✦90/215 €
La clientela commerciale troverà anche un business corner in questa ottima struttura dagli spazi ridotti, ma di grande funzionalità, la cui ubicazione in zona periferica e residenziale diventa garante di una certa tranquillità. Altrettanto moderne e confortevoli le camere.

🏠🏠🏠 Grand Hotel Leon d'Oro 🖢 🖭 AC 🛎 🚗

piazza Aldo Moro 4 ⊠ 70122 – 𝒞 08 05 23 50 40
– www.grandhotel-leondoro.it Pianta: B2**c**
80 cam 🖙 – ✦80/100 € ✦✦100/120 €
Particolarmente comodo per chi raggiunge la città in treno – l'albergo si trova, infatti, sulla piazza della stazione ferroviaria – dispone di un'accogliente hall e camere classiche.

🏠🏠 Excelsior Congressi 🖢 🕸 🕭 🖭 🕭 AC 🛎 🚗

via Giulio Petroni 15 ⊠ 70124 – 𝒞 08 05 56 43 66
– www.hotelexcelsioronline.it Pianta: B2**b**
146 cam 🖙 – ✦80/160 € ✦✦100/240 € – **6 suites**
A due passi dalla stazione ferroviaria, centrale ma facilmente raggiungibile in auto, struttura ideale per una clientela d'affari e commerciale. Ambienti comuni di ampio respiro e camere funzionali nella loro sobrietà. Sapori mediterranei al ristorante.

BARI

MARE ADRIATICO

PORTO NUOVO

Pzale Cristoforo Colombo

STAZIONE MARITTIMA

GRAN PORTO

Museo Nicolaiano

Basilica di S. Nicola

Pza dell'Odegitria

Castello normanno svevo

CITTÀ VECCHIA

San Sabino

Pal. Simi

Pza Federico

Molo

Sant'Antonio

PORTO VECCHIO

Teatro Margherita

Piazza G. Massari

Piazza Garibaldi

AIR TERMINAL

Teatro Petruzzelli

Pal. Mincuzzi

Pza C. Battisti

Piazza Umberto I

Pza Aldo Moro

CENTRALE

CALABRO LUCANE

PINACOTECA

BRINDISI

TARANTO FOGGIA

BARLETTA FOGGIA, MATERA

🏠 **Boston**
via Niccolò Piccinni 155 ✉ 70122 – ☏ 08 05 21 66 33
– www.bostonbari.it   Pianta: A1**e**
69 cam ☐ – ♟70/135 € ♟♟90/175 €
In pieno centro, funzionalità e confort adeguato in un albergo ideale per clientela di lavoro; camere di dimensioni non ampie, ma con curato arredamento recente.

✕✕✕ **La Pignata**
corso Vittorio Emanuele 173 ✉ 70122 – ☏ 08 05 23 24 81
– www.ristorantelapignatabari.com – Chiuso agosto e lunedì   Pianta: A1**c**
Menu 35 € – Carta 27/63 € – (consigliata la prenotazione)
Collezione di opere e dediche di personaggi famosi realizzate sui tovaglioli, il menu conquista con piatti della tradizione pugliese e gustose specialità di mare.

XX   **Ai 2 Ghiottoni**   AC

via Putignani 11 ⊠ 70121 – ℰ 08 05 23 22 40   Pianta: B2**d**
– www.ai2ghiottoni.it – Chiuso martedì in inverno e domenica in estate
Carta 32/83 €

Ampia esposizione di pesci all'ingresso e rivestimento delle pareti in tufo leccese.
Accoglienza e servizio informali, cucina d'ispirazione pugliese con gustose specialità di mare.

XX   **La Bul**   AC

via Villari 52 ⊠ 70122 – ℰ 08 05 23 05 76   Pianta: A1**g**
*– www.ristorantelabul.com – Chiuso 6-12 gennaio, 7-21 agosto, domenica sera
e lunedì (anche domenica a mezzogiorno in estate)*
Carta 36/49 € – *(solo a cena escluso domenica)* (consigliata la prenotazione)

E' il ristorante preferito da chi ama una cucina più inventiva e sperimentale che
propone tecniche e accostamenti più personali. Se a ciò si aggiunge la qualità
dei prodotti, potrete star certi di trovare, qui, uno dei migliori ristoranti di Bari.

X   **Osteria delle Travi "Il Buco"**   AC

largo Chyurlia 12 ⊠ 70122 – ℰ 33 91 57 88 48 – Chiuso   Pianta: A1**b**
10-20 agosto, domenica sera e lunedì
Menu 16 € (in settimana)/25 € – Carta 20/31 €

Dal 1813, una delle più rinomate trattorie del borgo antico di Bari vecchia: buon
vino e cucina casalinga per celebrare i sapori delle tradizione gastronomica locale.

sulla tangenziale sud-uscita 15 Sud-Est : 5 km per Brindisi B2

🏨   **Majesty**   P

*via Giovanni Gentile 97/B ⊠ 70126 – ℰ 08 05 49 10 99 – www.hotelmajesty.it
– Chiuso agosto*
105 cam ⊡ – ♥76/130 € ♥♥87/180 €

Vicino alla tangenziale per Brindisi, le camere non sono per questo penalizzate in
termini di tranquillità: ampie ed accoglienti garantiscono un buon livello di confort. Importante area congressuale e comodo parcheggio.

a Carbonara di Bari Sud : 6,5 km B2 – ⊠ 70100

XX   **Taberna**   P

*via Ospedale di Venere 8 – ℰ 08 05 65 05 57 – www.latabernabari.it
– Chiuso 3 luglio-31 agosto e lunedì*
Carta 31/78 € – (consigliata la prenotazione la sera)

Ambiente caratteristico in un accogliente locale storico della zona (dal 1959),
ricavato in vecchie cantine; la carne, anche alla brace, è elemento portante
del menù.

a Palese Nord-Ovest: 10 km A1 – ⊠ 70128

🏨   **Parco dei Principi Hotel Congress & Spa**

*Prolungamento viale Europa 6 – ℰ 08 05 39 48 00
– www.parcodeiprincipibari.it*
229 cam ⊡ – ♥84/100 € ♥♥120/150 € – **2 suites**

Si distingue per la sua vocazione spiccatamente business, quest'hotel di moderna
concezione dalle cui ampie vetrate si scorgono le piste dell'aeroporto con gli
aerei che decollano e il blu del mare a fare da sfondo (ma l'insonorizzazione è
ottima!)… Stanze più o meno ampie, ma tutte generose nei confort, nonché una
penthouse suite con tre camere da letto e sauna privata.

BARLETTA

Barletta-Andria-Trani (BT) – ⊠ 76121 – 94 971 ab. – Carta regionale n° **15-B2**
🚗 Roma 379 km – Bari 59 km – Foggia 75 km – Matera 94 km
Carta stradale Michelin 564-D30

BARLETTA

FOGGIA, NAPOLI, CANOSA

185

🏠 Dei Cavalieri

via Foggia 40, litoranea di Ponente per Foggia - A1
– 𝒞 08 83 57 14 61 – www.hoteldeicavalieri.net   Pianta: A1**b**
94 cam 🛏 – ♦44/93 € ♦♦69/111 € – **3 suites**
Hotel moderno e funzionale, ubicato alle porte della città: è quindi un punto di riferimento indicato per chi viaggia per lavoro e per turisti di passaggio. Ambiente confortevole dalle tinte delicate, tavoli ben disposti, confort e tranquillità anche per la clientela d'affari. Menu stabile con alcune proposte del giorno.

🏠 Itaca

viale Regina Elena 30, litoranea di Levante per Bari - C1   Pianta: C1**c**
– 𝒞 08 83 34 77 41 – www.itacahotel.it
41 cam 🛏 – ♦52/75 € ♦♦75/120 € – **3 suites**
Architettura recente, in posizione fortunata con vista sul mare, presenta interni signorili, soprattutto nelle gradevoli e curate zone comuni; camere ampie e luminose. Sala da pranzo ariosa, contrassegnata da un tocco di ricercata eleganza.

🏠 Nicotel

viale Regina Elena s.n., - C1 – 𝒞 08 83 34 89 46 – www.nicotelhotels.com
64 cam 🛏 – ♦100 € ♦♦150 €
Albergo di taglio lineare e contemporaneo, affacciato sulla passeggiata a mare, dispone di camere dotate di tutti i confort. Arredamento di design, con linee curve ricorrenti.

🍴🍴🍴 Bacco ⓝ (Cassano e Takesci)

piazza Marina 30 – 𝒞 08 83 33 46 16   Pianta: C1**a**
– www.ristorantebacco.it – Chiuso 25 agosto-10 settembre, domenica sera e lunedì
Carta 46/96 €
Uno tra i più rinomati locali storici di Puglia e sud Italia, ora in una nuova sede intima ed elegante, la sua cucina rimane sempre un capitolo interessante: di terra e di mare, con spunti creativi, l'attenzione è tutta rivolta ai prodotti del territorio.
➜ Frutti di mare crudi ed altro. Capretto glassato al moscato di Trani. Cassatina di torrone con gelato di nocciole.

🍴🍴 Antica Cucina 1983

piazza Marina 4/5 – 𝒞 08 83 52 17 18   Pianta: C1**b**
– www.anticacucina1983.it – Chiuso le sere dei giorni festivi e lunedì
Menu 30/70 € – Carta 34/57 € – (consigliata la prenotazione)
Cucina del territorio con una lettura contemporanea, per questo rinomato locale trasferitosi in un ex opificio su due sale luminose e di design classico.

BAROLO

Cuneo (CN) – ✉ 12060 – 743 ab. – Alt. 301 m – Carta regionale n° **14-C2**
▶ Roma 642 km – Cuneo 59 km – Asti 42 km – Torino 73 km
Carta stradale Michelin 561-I5

a Vergne Ovest : 2 km – ✉ 12060

🏠 Ca' San Ponzio

via Rittane 7 – 𝒞 01 73 56 05 10 – www.casanponzio.com – Chiuso gennaio
12 cam – ♦54/68 € ♦♦68/75 € – 🛏 8 €
Un inaspettato prato all'inglese "disseminato" di noccioli, l'ingresso sotto un caratteristico balcone alla piemontese, mobili in stile e camere mansardate. Non mancano: una saletta per degustare qualche vino e la proverbiale cugnà (tipica salsina a base di frutta che accompagna i bolliti). Davvero bello!

BARONE CANAVESE

Torino (TO) – ✉ 10010 – 579 ab. – Alt. 325 m – Carta regionale n° **12-B2**
▶ Roma 681 km – Torino 38 km – Aosta 90 km – Ivrea 20 km
Carta stradale Michelin 561-G5

✗ Al Girasol

via Roma 8 – ✆ 01 19 89 85 65 – www.algirasol.com – Chiuso 2 settimane in gennaio, 2 settimane in agosto e mercoledì
Menu 27/35 € – Carta 30/45 €

Varcato l'ingresso è possibile vedere la cucina, mentre al piano superiore si trovano le tre salette, di cui una affrescata e riscaldata da uno scoppiettante camino. Cucina rigorosamente piemontese: primi piatti, carni, e - solo - trota per chi non vuol rinunciare al pesce.

BARONISSI

Salerno (SA) – ✉ 84081 – Carta regionale n° **4-B2**
▶ Roma 254 km – Napoli 67 km – Salerno 12 km – Avellino 29 km

✗✗ Pensando A Te ⓝ

via dei Due Principati 40h – ✆ 0 89 95 47 40 – www.pensandoate.it – Chiuso 10 giorni in gennaio, 3 settimane in agosto, domenica sera e lunedì
Menu 38/50 € – Carta 32/55 €

E poi, una volta a casa sarete voi a pensare a lui: all'ambiente moderno e d'informale signorilità, giovane e dinamico, alla sua gustosa cucina che indugia molto sul territorio arricchita dalle tecniche apprese dallo chef-patron presso importanti ristoranti della costa.

BARZANÒ

Lecco (LC) – ✉ 23891 – 5 143 ab. – Alt. 370 m – Carta regionale n° **10-B1**
▶ Roma 615 km – Como 27 km – Lecco 19 km – Milano 49 km
Carta stradale Michelin 561-E9

🏨 Red's Redaelli

via Don Rinaldo Beretta 24 – ✆ 03 99 27 21 20 – www.redshotel.com
34 cam ⭤ – ♦100/160 € ♦♦140/200 €
Rist Zafferano Bistrot – Vedere selezione ristoranti

Ottimo indirizzo, situato sui primi colli della provincia, in zona verdeggiante e residenziale: tutto moderno, l'ispirazione è una linea sobria e minimalista, non priva di eleganza. Nessuna differenza tra le camere, se non il colore.

🏠 Redaelli

via Garibaldi 77 – ✆ 0 39 95 53 12 – www.hotelredaelli.it – Chiuso 3 settimane in agosto
20 cam – ♦50/75 € ♦♦73/111 € – ⭤ 8 € – **4 suites**

In centro paese, piccola struttura con camere distribuite sia nel corpo principale, sia nell'edificio sul retro, separato dal primo da un cortile-parcheggio: arredi semplici, quasi familiari, ma ben tenuti per i rinnovi frequenti.

✗✗ Zafferano Bistrot – Hotel Red's Redaelli

via Don Rinaldo Beretta 24 – ✆ 03 99 27 21 20 – www.zafferanobistrot.com
Menu 15 € (pranzo in settimana)/50 € – Carta 37/64 € – *(chiuso sabato a mezzogiorno e venerdì escluso in estate)* (consigliata la prenotazione)

Carta vasta ed interessante, che consacra anche un piccolo spazio per proposte della tradizione, sebbene i piatti siano fondamentalmente d'impostazione creativa. Locale di tendenza.

BASCAPÈ

Pavia (PV) – ✉ 27010 – 1 717 ab. – Alt. 89 m – Carta regionale n° **9-B3**
▶ Roma 560 km – Milano 25 km – Piacenza 53 km – Pavia 25 km
Carta stradale Michelin 561-G9

🏨 Agriturismo Tenuta Camillo

località Trognano, Nord : 2 km – ✆ 0 38 26 65 09 – www.tenutacamillo.com
10 cam – ♦80/100 € ♦♦80/120 € – ⭤ 5 €

Un tuffo nel passato in un tipico cascinale lombardo dei primi del '900. Intorno all'aia, la villa padronale e le case coloniche: camere accoglienti e invitante piscina nel verde.

BASCHI

Terni (TR) – ✉ 05023 – 2 763 ab. – Alt. 165 m – Carta regionale n° **20-B3**

▶ Roma 124 km – Viterbo 46 km – Orvieto 15 km – Terni 70 km
Carta stradale Michelin 563-N18

sulla strada statale 448 km 6,600

XXXX **Vissani** 🎏 ⇦ 🍴 AC P

❀❀ *S.S. 448 Todi-Baschi al km 6,6, località Cannitello, Nord: 12 km* ✉ *05020 Civitella del Lago* – ☎ *07 44 95 02 06* – *www.casavissani.it* – *Chiuso 22-26 dicembre e 3 settimane in gennaio*

Menu 90/180 € – Carta 93/246 € – *(chiuso domenica sera, mercoledì e i mezzogiorno di lunedì e giovedì)*

8 cam ⌷ – ♦150/300 € ♦♦190/350 €

In una sorta di elegante open space dalle pareti color tortora, il piacere di vedere sfilare piatti elaborati partendo da un'accurata selezione delle materie prime, a cui lo chef di Baschi aggiunge la propria personalissima firma.

→ Gnocchi di patate con scampi crudi al burro di basilico e crumble di bruschetta. Costata di chianina alle spezie, foie gras al porro bruciato e colatura di nocino. Pesca al peperoncino con cappelletti alla birra e marmellata di pesche.

a Civitella del Lago Nord-Est : 12 km – ✉ 05020

XX **Trippini** ≼ AC

❀ *via Italia 14* – ☎ *07 44 95 03 16* – *www.trippini.net* – *Chiuso 10-25 gennaio, 1 settimana in settembre-ottobre, lunedì da maggio a settembre, anche martedì negli altri mesi*

Menu 25 € (pranzo)/90 € – Carta 45/61 € – *(consigliata la prenotazione)*

Ospiti di una raffinata sala -rinnovata recentemente- affacciata su uno straordinario belvedere, ma alla fine è la cucina a strappare l'applauso: Trippini offre una delle più interessanti ricerche sui prodotti e ricette umbre rivisitati con estro.

BASELGA DI PINÈ

Trento (TN) – ✉ 38042 – 5 038 ab. – Alt. 964 m – Carta regionale n° **19-B3**

▶ Roma 610 km – Trento 19 km – Belluno 116 km – Bolzano 75 km
Carta stradale Michelin 562-D15

X **2 Camini** ⇦ 🍴 P

❀ *via del 26 Maggio 65* – ☎ *04 61 55 72 00* – *www.locanda2camini.it*

Menu 25/35 € – Carta 26/44 € – *(chiuso domenica sera e lunedì escluso 30 giugno-15 settembre)*

10 cam ⌷ – ♦50/70 € ♦♦80/120 €

Il ristorante è in realtà una casa di montagna all'inizio del paese, ravvivata dal calore e dalla cortesia della titolare Franca, paladina della più tipica cucina trentina. E dopo una piacevole passeggiata attraverso l'altipiano, le graziose camere vi attendono per un ben meritato riposo.

a Montagnaga Sud : 2,5 km – ✉ 38042

 Posta 1899 ⚘ 🖼 🕙 ♨ ⅃₆ 🔁 🐾 😘 P

via Targa 1 – ☎ *04 61 55 83 22* – *www.postahotel1899.it*

33 cam ⌷ – ♦40/59 € ♦♦88/118 € – **2 suites**

Come si intuisce facilmente dal nome, la casa ha più di 100 anni, ma nel 2011 si è concessa un restauro totale, offrendo oggi tutti i confort ed i servizi più moderni, tra i quali un delizioso centro benessere. Della cucina di Cà dei Boci si occupa uno dei titolari con ovvia predilezione per i sapori locali, non mancano piatti a base di pesce di lago, talvolta anche di mare.

BASSANO DEL GRAPPA

Vicenza (VI) – ✉ 36061 – 43 363 ab. – Alt. 129 m – Carta regionale n° **23-B2**

▶ Roma 538 km – Padova 45 km – Venezia 84 km – Vicenza 39 km
Carta stradale Michelin 562-E17

Ca' Sette
via Cunizza da Romano 4, Nord : 1 km – ☏ *04 24 38 33 50 – www.ca-sette.it*
17 cam ⌧ – **†**100/140 € **††**145/190 € – **2 suites**
Rist *Ca' 7* – Vedere selezione ristoranti
Design contemporaneo in una villa del 1700, un hotel in cui tradizione, storia e soluzioni d'avanguardia sono state fuse con sapienza. Un soggiorno originale ed esclusivo.

Belvedere
piazzale Gaetano Giardino 14 – ☏ *04 24 52 98 45 – www.bonotto.it*
83 cam ⌧ – **†**75/130 € **††**89/190 €
Attività dalla storia antica (sembrerebbe risalire al XV secolo), sorge a pochi passi dalle mura cittadine. Camere arredate secondo differenti stili, ma di uguale confort. Al ristorante, cucina locale e classica in un ambiente decisamente signorile.

Victoria
viale Diaz 33 – ☏ *04 24 50 36 20 – www.hotelvictoria-bassano.com*
21 cam – **†**30/65 € **††**52/100 € – ⌧ 8 €
Nei pressi del centro e non lontano dal famoso ponte, architettura moderna per una struttura dagli ambienti confortevoli e ben arredati. Piccole personalizzazioni creano un'atmosfera familiare rendendo la risorsa appetibile non solo per una clientela d'affari, ma anche per turisti di passaggio in città.

Dal Ponte
viale De Gasperi 2/4 – ☏ *04 24 21 91 00 – www.hoteldalponte.it*
24 cam ⌧ – **†**50/85 € **††**75/100 €
Hotel di nuova costruzione a pochi metri dal centro storico, dispone di luminosi spazi comuni e camere semplici d'arredo moderno: un buon indirizzo per ogni tipo di clientela.

Al Castello
via Bonamigo 19 – ☏ *04 24 22 86 65 – www.hotelalcastello.it*
11 cam – **†**45/60 € **††**75/120 € – ⌧ 6 €
Risorsa situata a ridosso del castello medioevale e poco lontana dal celebre Ponte Coperto; stanze non ampie, ma confortevoli, dotate di complementi d'arredo in stile.

Brennero
via Torino 7 – ☏ *04 24 22 85 38 – www.hotelbrennero.com*
28 cam ⌧ – **†**47/52 € **††**73/80 €
Piccolo albergo a conduzione familiare, semplice e con camere funzionali: il tutto a due passi dalle mura del centro storico.

Ca' 7 – Hotel Ca' Sette
via Cunizza da Romano 4, Nord : 1 km – ☏ *04 24 38 33 50 – www.ca-sette.it*
– Chiuso domenica sera e lunedì
Carta 51/67 €
Struttura, colonne e materiali d'epoca si uniscono a quadri e illuminazione moderni in un ardito ma affascinante accostamento. In estate la magia si sposta in giardino.

Bauto
via Trozzetti 27 – ☏ *0 42 43 46 96 – www.ristorantebauto.it – Chiuso 3-18 luglio, sabato a mezzogiorno e domenica escluso aprile-maggio*
Menu 32/45 € – Carta 33/66 €
Bella saletta e veranda altrettanto accogliente per un locale ubicato nella zona industriale e che quindi presenta un buon menù d'affari; specialità: carne alla griglia.

Ottocento Ⓝ
contrà San Giorgio 2, Nord-Ovest: 1,5 Km – ☏ *04 24 50 35 10*
– www.800simplyfood.com – Chiuso lunedì a mezzogiorno
Carta 38/73 €
Nella bella cornice delle colline, un locale dai toni rustico-moderni dove la naturalità degli elementi prosegue nella filosofia che ispira la cucina, piatti eseguiti con attenzione e fantasia. Da non dimenticare i suoi prodotti "lievitati": pizze proverbiali!

BASTIA UMBRA

Perugia (PG) – ⊠ 06083 – 21 937 ab. – Alt. 202 m – Carta regionale n° **20-B2**
▶ Roma 176 km – Perugia 17 km – Assisi 8 km – Terni 88 km
Carta stradale Michelin 563-M19

sulla strada statale 147 Assisana Est : 4 km :

 Campiglione　　　　　　　　☆ ⇐ ⤵ ⊡ ﾋ AK ﾟ sA P
via Campiglione 11 – ✆ *07 58 01 07 67 – www.hotel-campiglione.it*
52 cam ⌷ – ♦40/75 € ♦♦60/100 €
Lungo l'arteria stradale principale del paese, sorge quest'accogliente struttura che
dispone di camere arredate con cura: le più belle sono nella dépendance chia-
mata Relais Villa Giulia. Al ristorante attenzioni dedicate ad una cucina biologica,
sana e genuina.

ad Ospedalicchio Ovest : 5 km – ⊠ 06083

 Lo Spedalicchio　　　　　　　　☆ ⇐ ⊡ AK sA P
piazza Bruno Buozzi 3 – ✆ *07 58 01 03 23 – www.lospedalicchio.it*
25 cam ⌷ – ♦45/75 € ♦♦60/130 €
Nato come fortezza medioevale, i sontuosi ambienti in mattoni trasmettono
ancora l'importanza dell'antica funzione. Arredi d'arte povera, bagni moderni
nelle camere, alcune con affreschi e cornicioni. Piacevole atmosfera nel curato
ristorante.

BATTIPAGLIA

Salerno (SA) – ⊠ 84091 – 50 868 ab. – Alt. 72 m – Carta regionale n° **4-C2**
▶ Roma 288 km – Avellino 59 km – Napoli 78 km – Salerno 27 km
Carta stradale Michelin 564-F26

🏠 **San Luca**　　　　　　　　☆ ⇐ ⤵ ⊡ ﾋ AK sA P
strada statale 18 km 76,5 – ✆ *08 28 30 45 95 – www.sanlucahotel.it*
74 cam ⌷ – ♦50/80 € ♦♦70/95 € – **2 suites**
Rist *Taverna la Falanghina* – Vedere selezione ristoranti
Sulla strada statale, al centro di un complesso commerciale e residenziale, un'imponente struttura fornitissima nella gamma di confort e servizi. Camere funzionali.

✗✗ **Taverna la Falanghina** – Hotel San Luca　　　🏠 ﾋ AK ⇔
strada statale 18 km 76,5 – ✆ *08 28 30 45 95 – www.sanlucahotel.it*
Carta 21/44 €
Sono le gustose specialità regionali di carne e di pesce, le "protagoniste" del
menu di questa taverna dall'ambiente curato e grazioso. Il dehors si affaccia su
un giardino interno.

BAVENO

Verbano-Cusio-Ossola (VB) – ⊠ 28831 – 4 994 ab. – Alt. 205 m
– Carta regionale n° **13-A1**
▶ Roma 671 km – Stresa 5 km – Domodossola 42 km – Verbania 12 km
Carta stradale Michelin 561-E7

 Grand Hotel Dino　　☆ ⇐ ⇐ ⤵ ⊡ 🌐 ♨ ᴸᶠ ✗ ⊡ ﾋ AK sA 🚗
corso Garibaldi 20 – ✆ *03 23 92 22 01 – www.zaccherahotels.com – Aperto*
15 marzo-31 ottobre
367 cam – ♦50/250 € ♦♦90/350 € – ⌷ 25 € – **8 suites**
Rist *Last Hall* – Vedere selezione ristoranti
Circondato da un giardino con alberi secolari, un maestoso complesso a indirizzo
congressuale sulle rive del lago con spazi comuni ampi e camere dall'atmosfera
principesca. L'elegante sala ristorante offre una splendida vista sul golfo e propone una cucina classica.

Splendid

strada statale del Sempione 12 – 𝒞 03 23 92 41 27 – www.zaccherahotels.com
– Aperto 15 marzo-15 dicembre
102 cam – †50/200 € ††80/300 € – 16 € – **8 suites**
In riva al lago, questa bella risorsa - completamente rinnovata - dispone ora di eleganti camere arredate con grande raffinatezza. Spiaggia privata, attrezzato centro benessere, campo da tennis e piscina per godere appieno del soggiorno. Ampie vetrate affacciate sullo splendido panorama e cucina classica al ristorante.

Lido Palace

strada statale del Sempione 30 – 𝒞 03 23 92 44 44 – www.lidopalace.com
– Aperto 1° maggio-30 settembre
82 cam – †90/150 € ††155/275 € – **1 suite**
Dalla ristrutturazione ed ampliamento dell'ottocentesca Villa Durazzo, questa bella risorsa - negli anni meta di numerosi ospiti illustri - dispone di immensi spazi comuni e camere arredate con eleganza. Cucina tradizionale al ristorante e sulla capiente terrazza con vista lago ed isole Borromee.

 Rigoli

via Piave 48 – 𝒞 03 23 92 47 56 – www.hotelrigoli.com
– Aperto 15 aprile-10 ottobre
31 cam – †60/120 € ††100/150 €
Direttamente sul lago e con spiaggia privata, questa struttura a gestione familiare dispone di camere accoglienti - sobriamente eleganti - dotate di balcone. Per chi cerca una formula più indipendente: gli appartamenti con angolo cottura nel vicino Residence Ortensia.

 Azalea

via Domo 6 – 𝒞 03 23 92 43 00 – www.azaleahotel.it – Aperto
15 marzo-1° novembre
37 cam – †50/70 € ††75/130 €
Sita nel centro storico della località, la risorsa dispone di un'ampia zona soggiorno, camere confortevoli arredate con gusto moderno e appartamenti con angolo cottura. Piccola piscina in terrazza.

XX **SottoSopra**

corso Garibaldi 40 – 𝒞 03 23 92 52 54 – www.sottosoprabaveno.com
– Chiuso 25 gennaio-15 febbraio e martedì , anche lunedì in inverno
Menu 20/42 € – Carta 34/56 €
C'era una volta uno chef, che dopo svariate esperienze in locali importanti, decise di realizzare il suo sogno ed aprire con la moglie (pasticcera) questo delizioso ristorante. In centro paese, la sua cucina mediterranea si sta guadagnando un posto al sole, mentre il buon rapporto qualità/prezzo regala - a fine pasto - una piacevole sorpresa.

XX **Last Hall** ⓝ – Grand Hotel Dino

corso Garibaldi 20 – 𝒞 03 23 91 39 47 – www.lasthall.it – Aperto
15 marzo-31 ottobre
Menu 55/145 € – Carta 35/70 €
Ristorazione gourmet a km zero con un menu essenzialmente legato al territorio: piatti piemontesi, formaggi locali e anche pesce di lago in chiave moderna. Ambiente simpaticamente informale.

BAZZANO

Bologna (BO) – ✉ 40053 – 6 786 ab. – Alt. 93 m – Carta regionale n° **5-C3**
▶ Roma 388 km – Bologna 26 km – Modena 25 km – Reggio nell'Emilia 54 km
Carta stradale Michelin 562-I15

 Alla Rocca

via Matteotti 76 – 𝒞 0 51 83 12 17 – www.allarocca.com
52 cam – †59/140 € ††79/290 € – **3 suites**
Struttura di gran fascino ricavata da un imponente e colorato palazzo del 1796. Lo stile della casa ha ispirato anche l'arredamento: molto classico, sia nelle zone comuni, sia nelle camere.

BEDIZZOLE

Brescia (BS) – ✉ 25081 – 12 257 ab. – Alt. 184 m – Carta regionale n° **9-D1**
▶ Roma 539 km – Brescia 24 km – Milano 111 km – Verona 60 km
Carta stradale Michelin 561-F13

La Corte
via Benaco 117 – ☎ *03 06 87 16 88 – www.hotellacorte.net*
16 cam ⚏ – ♦42/60 € ♦♦75/110 €
Hotel a conduzione familiare ospitato negli inusuali spazi di una deliziosa cascina:
piacevoli ambienti comuni, camere ampie e confortevoli.

BEE

Verbano-Cusio-Ossola (VB) – ✉ 28813 – 743 ab. – Alt. 591 m
– Carta regionale n° **13-B1**
▶ Roma 682 km – Stresa 27 km – Verbania 10 km – Novara 97 km
Carta stradale Michelin 561-E7

✕✕ Chi Ghinn
via Maggiore 21 – ☎ *0 32 35 63 26 – www.chighinn.com*
– Chiuso 8 gennaio-18 marzo e 2 novembre-4 dicembre
Menu 58/60 € – Carta 43/68 € – *(chiuso martedì escluso giugno-agosto) (solo a
cena escluso sabato e domenica in giugno-settembre)* (prenotazione
obbligatoria)
6 cam ⚏ – ♦80/110 € ♦♦110/150 €
Sita nel centro del paese, una struttura dalla giovane conduzione ospita una
saletta riscaldata da un bel camino e una terrazza-giardino dove gustare una
cucina contemporanea. Dispone anche di poche camere spaziose e semplici
negli arredi, alcune delle quali con zona salotto.

BELLAGIO

Como (CO) – ✉ 22021 – 3 085 ab. – Alt. 229 m – Carta regionale n° **9-B2**
▶ Roma 643 km – Como 31 km – Bergamo 64 km – Lecco 23 km
Carta stradale Michelin 561-E9

Grand Hotel Villa Serbelloni
via Roma 1 – ☎ *0 31 95 02 16*
– www.villaserbelloni.com – Aperto 1° aprile-31 ottobre
91 cam ⚏ – ♦274/335 € ♦♦389/722 € – **4 suites**
Rist *Mistral* ❀ – Vedere selezione ristoranti
Scaloni marmorei, colonne in stucco e splendidi trompe-l'oeil conferiscono alla
struttura personalità ed uno stile che la rendono tra le più esclusive risorse del
Bel Paese. Immerso nella lussureggiante vegetazione dei suoi giardini all'italiana,
l'hotel ha ospitato regnanti e personalità da ogni continente: ora aspetta voi,
non fatelo attendere…

Belvedere
via Valassina 31 – ☎ *0 31 95 04 10 – www.belvederebellagio.com – Aperto
1° aprile-31 ottobre*
63 cam ⚏ – ♦99/209 € ♦♦156/517 € – **7 suites**
Tra il cielo ed il lago, sopra il caratteristico porticciolo di Pescallo, un romantico
nido dove trascorrere un piacevole soggiorno cullati dal lago; piscina estiva nel
giardino fiorito ed un centro benessere con piccola beauty sono solo alcuni dei
servizi offerti dalla struttura. Cucina italiana all'omonimo ristorante panoramico
dotato di bella terrazza estiva.

Florence
piazza Mazzini 46 – ☎ *0 31 95 03 42 – www.hotelflorencebellagio.it – Aperto
15 aprile-20 ottobre*
27 cam ⚏ – ♦125 € ♦♦150/220 € – **3 suites**
In posizione centralissima, prospiciente il lago, una bella casa dall'allure elegante
è diventata una struttura alberghiera tra le più gettonate del luogo. Le ragioni di
tanto successo sono da ricercarsi nelle raffinate camere, nel moderno centro
benessere o nella terrazza la cui pregevole vista regala tante emozioni.

Bellagio

salita Grandi 6 – ☎ 0 31 95 22 02 – www.bellagio.info – Aperto 10 marzo-20 novembre
29 cam ⌂ – †80/135 € ††110/170 €
In pieno centro storico, a due passi dal lungolago e dall'imbarcadero, vi si accede percorrendo una suggestiva scalinata: camere confortevoli, di stampo moderno, nonché una bella terrazza.

Mistral – Grand Hotel Villa Serbelloni

via Roma 1 – ☎ 0 31 95 64 35 – www.ristorante-mistral.com – Aperto 1° aprile-31 ottobre
Menu 150/155 € – Carta 96/202 € – *(solo a cena escluso sabato, domenica e festivi)*
La superba terrazza con vista impareggiabile sul lago sarà seconda solo alla cucina che sperimenta ricette molecolari e cotture innovative accanto a piatti più tradizionali, sempre e necessariamente preparati con eccellenti materie prime il cui studio e ricerca sono le grandi passioni dello chef.
➔ Crudo e cotto di mare in insalata con piselli e purea di vegetali. Il pesce del nostro lago al burro e salvia con verdure di stagione. La millefoglie croccante con pere, crema di formaggio e gelato al miele.

Alle Darsene

via Melzi d'Eril 1, frazione Loppia, Sud: 1 km – ☎ 0 31 95 20 69 – www.ristorantedarsenediloppia.com – Chiuso 15 gennaio-1° marzo, lunedì, in inverno anche martedì
Menu 45/50 € – Carta 40/63 €
All'ombra del pergolato affacciato sul porticciolo di Loppia o nella curata sala interna, cucina contemporanea che spazia tra terra e mare: ricette giudiziosamente moderne ed un'attenzione tutta particolare alle cotture (basse temperature e bolliti).

BELLARIA IGEA MARINA

Rimini (RN) – 19 517 ab. – Carta regionale n° **5-D2**
▶ Roma 350 km – Ravenna 42 km – Rimini 15 km – Bologna 111 km
Carta stradale Michelin 562-J19

a Bellaria – ✉ 47814

Orizzonte e Villa Ariosa

via Rovereto 10 – ☎ 05 41 34 42 98 – www.hotelorizzonte.com – Aperto Pasqua-15 settembre
45 cam ⌂ – †45/60 € ††70/140 €
Moderno e non privo di ricercatezza, con un'annessa villa fine secolo affacciata direttamente sul mare. Bello e scenografico il piccolo centro benessere con piscina coperta.

Ermitage

via Ala 11 – ☎ 05 41 34 76 33 – www.hotelermitage.it – Aperto Pasqua-30 settembre
66 cam ⌂ – †49/399 € ††69/599 € – **4 suites**
Posizione invidiabile - direttamente sulla spiaggia - per questa risorsa dotata di un'ampia gamma di servizi, accoglienti camere dalla contemporanea atmosfera e suite panoramiche. Per il pranzo, servizio ristorante anche a bordo piscina.

Residence & Suites

via Rovereto 2 – ☎ 05 41 34 94 22 – www.residencesuite.it
20 cam ⌂ – †40/80 € ††60/100 €
A pochi passi dal mare, camere moderne e mini-appartamenti con angolo cottura in un albergo i cui ospiti possono utillizzare i servizi del vicino hotel Ermitage (stessa proprietà).

X **Antica Trattoria Barslon** 🛖 🗚

Via Rubicone 13 – 𝒞 05 41 34 75 85 – www.barslon.it – Chiuso 1 settimana in gennaio e 1 settimana in settembre, lunedì e martedì
Carta 28/58 €
Lungo il canale, fresca e luminosa trattoria dalla motivata conduzione familiare: i piatti classici a base di pesce vengono affiancati da proposte più moderne.

a Igea Marina – ✉ 47813

🏨 **Blu Suite Hotel** 🌂 ≤ 🛋 🌐 📶 🎿 🖨 🖐 👫 🗚 ⚡ 🔅 🅿

viale Pinzon 290 – 𝒞 05 41 33 24 54 – www.blusuitehotel.it – Aperto 13 marzo-10 novembre
33 cam 🖵 – ♦69/359 € ♦♦89/409 € – **13 suites**
Ideale per gli amanti dello stile moderno, camere dal design minimalista molto spaziose e con angolo cottura; ambienti comuni non ampissimi, ma molto bella la zona benessere con percorsi e trattamenti ayurvedici.

🏨 **Agostini** 🌂 ≤ 🛋 📶 🖨 👫 🗚 🔅 🅿

viale Pinzon 68 – 𝒞 05 41 33 15 10 – www.hotelagostini.it – Aperto 1° marzo-30 settembre
68 cam 🖵 – ♦40/100 € ♦♦40/150 € – **2 suites**
Struttura a ferro di cavallo con piscina interna, dispone di gradevoli spazi comuni e stanze di confort contemporaneo: bell'arredamento e tessuti coordinati.

🏨 **Strand** 🌂 ≤ 📶 🎿 🖨 🅿

viale Pinzon 161 – 𝒞 05 41 33 17 26 – www.hstrand.com – Aperto 1° aprile-20 settembre
37 cam – ♦35/70 € ♦♦40/116 € – 🖵 10 € – **2 suites**
Valida struttura caratterizzata da interni moderni, a tratti signorili, e camere con forti elementi di personalizzazione. Direttamente sul mare, si è in spiaggia senza attraversare strade!

🏨 **K2** 🌂 🎿 🖨 🖐 👫 🗚 🅿

viale Pinzon 212 – 𝒞 05 41 33 00 64 – www.hotelk2.it – Aperto Pasqua-30 settembre
73 cam – ♦70/120 € ♦♦110/220 € – 🖵 20 € – **7 suites**
Albergo tutto al femminile che si sta rinnovando di in anno in anno: da preferire le camere superior, le standard son più semplici e convenienti.

🏨 **Aris** 🌂 📶 🎿 🖐 🗚 🔅 🅿

via Ennio 32/34 – 𝒞 05 41 33 00 07 – www.aris-hotel.com – Aperto 1° aprile-30 settembre
55 cam 🖵 – ♦65/80 € ♦♦80/130 €
Lungo il viale centrale, dedicato a shopping e passeggio, a cento metri dal mare, moderna e confortevole struttura che si presta anche ad esigenze di soggiorni di lavoro.

🏨 **Mediterraneo** 🌂 🛋 🖨 🖐 👫 🗚 🔅 🅿

Via Tacito, 12 ✉ 47814 Bellaria – 𝒞 05 41 33 01 78 – info@hmediterraneo.net – Aperto 1° aprile-31 ottobre e vacanze di Natale
75 cam 🖵 – ♦60/90 € ♦♦70/110 € – **20 suites**
Camere di differenti stili e grazioso centro benessere in un hotel a conduzione diretta, rinnovato in anni recenti. (Leggermente arretrato rispetto al mare).

BELLINZAGO LOMBARDO

Milano (MI) – ✉ 20060 – 3 875 ab. – Alt. 129 m – Carta regionale n° **10-C2**
▶ Roma 588 km – Milano 29 km – Monza 81 km – Bergamo 32 km

XX **Macelleria Motta** 🛖 🅿
👓 *strada Padana Superiore 90 – 𝒞 02 95 78 41 23
– www.ristorantemacelleriamotta.it – Chiuso 1°-6 gennaio, 3-24 agosto e domenica*
Menu 15 € (pranzo in settimana)/60 € – Carta 44/72 €
Ne assaporerete di cotte e di crude, bollite e alla brace... sono le specialità di carne di questo ottimo ristorante, che d'estate offre anche il piacere del servizio all'aperto in una tipica corte lombarda.

BELLINZAGO NOVARESE

Novara (NO) – ⊠ 28043 – 9 764 ab. – Alt. 192 m – Carta regionale n° **12-C2**

▶ Roma 634 km – Milano 60 km – Novara 15 km – Varese 49 km

Carta stradale Michelin 561-F7

a Badia di Dulzago Ovest : 3 km – ⊠ 28043 Bellinzago Novarese

✗ Osteria San Giulio ⒶⒸ

- 𝄐 0 32 19 81 01 – www.osteriasangiulio.it
- Chiuso 23 dicembre-7 gennaio, agosto, domenica sera, lunedì e martedì

Menu 25/35 € – Carta 25/46 €

Un'esperienza sensoriale a partire dalla collocazione all'interno di un'antica abbazia rurale, passando per l'accoglienza, l'atmosfera e la cucina. Tra le specialità: stracotto alla Barbera, paniscia e torta di mele tiepida con zabajone.

BELLUNO

⊠ 32100 – 35 703 ab. – Alt. 383 m – Carta regionale n° **23-C1**

▶ Roma 617 km – Cortina d'Ampezzo 71 km – Pordenone 78 km – Trento 112 km

Carta stradale Michelin 562-D18

Park Hotel Villa Carpenada

via Mier 158, Sud: 2,5 Km – 𝄐 04 37 94 83 43
– www.hotelvillacarpenada.it

28 cam ⌷ – †75/96 € ††100/160 € – **4 suites**

Abbracciata da un parco, una grande villa seicentesca caratterizzata da interni signorili e mobili d'epoca, per un soggiorno esclusivo a pochi chilometri dal centro città. Stessa ambientazione per il ristorante Lorenzo III, in carta sia carne sia pesce.

Europa Executive

via Vittorio Veneto 158 – 𝄐 04 37 93 01 96
– www.europaexecutive.it

40 cam ⌷ – †60/100 € ††80/130 €

Poco fuori dal centro - nelle adiacenze dello stadio civico - spazi comuni in stile minimalista e non ampi: a differenza delle grandi, moderne, camere.

Delle Alpi ⒶⒸ

via Jacopo Tasso 13 – 𝄐 04 37 94 05 45
– www.dellealpi.it

38 cam ⌷ – †45/100 € ††60/130 € – **2 suites**

Camere semplici, spaziose e funzionali per questo indirizzo in comoda posizione centrale, adatto a una clientela business o per turisti di passaggio.

✗ Al Borgo ⒫

via Anconetta 8 – 𝄐 04 37 92 67 55 – www.alborgo.to
– Chiuso 1°-9 febbraio

Menu 30/50 € – Carta 29/47 € – (chiuso lunedì sera e martedì)

3 cam ⌷ – †30/50 € ††60/120 €

All'interno di una villa settecentesca in un antico e piccolo borgo, ambiente caldamente rustico e cucina del territorio. Il menu racconta: gnocchi di zucca - risotto ai funghi - minestrone d'orzo e fagioli - faraona al forno con pancetta - polenta e pastin - torta di farro alle pere - panna cotta al caramello...

a Castion Sud-Est : 3 km – ⊠ 32024

Nogherazza ⒫

via Gresane 78 – 𝄐 04 37 92 74 61 – www.nogherazza.it
– Chiuso febbraio

6 cam ⌷ – †80/150 € ††80/150 €

Piccolo borgo rurale composto da due edifici ben inseriti nel contesto paesaggistico circostante: d'atmosfera le camere, rivestite in legno. Cucina tipica bellunese nella sala da pranzo, ma anche in terrazza da dove ammirare il sole spegnersi tra le cime.

BELMONTE CALABRO

Cosenza (CS) – ⊠ 87033 – 2 018 ab. – Alt. 262 m – Carta regionale n° **3-A2**
◤ Roma 520 km – Cosenza 61 km – Catanzaro 76 km – Vibo Valentia 77 km
Carta stradale Michelin 564-J30

🏠 **Villaggio Albergo Belmonte** ✿ 🐾 ◀ 🖙 🍴 ☕ 👫 AC ℀ ♨ P

località Piane, Nord: 2 km – ✆ *09 82 40 01 77 – www.vabbelmonte.it – Aperto 1°
Aprile-31 ottobre*
44 cam � – ♦50/80 € ♦♦100/160 € – **2 suites**
Struttura organizzata in diversi padiglioni (4 camere ognuno) ad un solo livello, in
un contesto naturale di grande bellezza grazie alla vista mozzafiato. Specialità
calabresi e i "classici" italiani serviti in abbondanti porzioni al ristorante.

BENACO → Vedere Garda (Lago di)

BENEVELLO

Cuneo (CN) – ⊠ 12050 – 475 ab. – Alt. 671 m – Carta regionale n° **14-C2**
◤ Roma 626 km – Cuneo 74 km – Alessandria 82 km – Asti 46 km
Carta stradale Michelin 561-I6

🏠 **Villa d'Amelia** ✿ 🐾 ◁ 🖙 🖙 🍴 🎵 ♨ 🖃 ♨ 👫 AC ♨ P

località Manera 1 – ✆ *01 73 52 92 25 – www.villadamelia.com
– Aperto 8 aprile-28 novembre*
35 cam ⊔ – ♦180/550 € ♦♦225/550 € – **2 suites**
Rist *Villa d'Amelia* ✿ – Vedere selezione ristoranti
Una cascina ottocentesca raccolta attorno ad una corte è diventata oggi una
villa signorile, caratterizzata da interni di moderno design che si alternano ad
oggetti d'epoca.

✗✗✗ **Villa d'Amelia** – Hotel Villa d'Amelia ✿ ◁ 🖙 🖙 ♨ AC P
✿
località Manera 1 – ✆ *01 73 52 92 25 – www.villadamelia.com
– Aperto 8 aprile-28 novembre; chiuso martedì a mezzogiorno e lunedì*
Menu 55/85 € – Carta 48/107 €
Nel vecchio ricovero di attrezzi agricoli, ristorante moderno e minimalista con
proposte tradizionali piemontesi reinterpretate in chiave moderna. La carta dei
vini annovera le più prestigiose etichette della zona, ma anche nazionali ed
internazionali.
→ Riso mantecato con fave e piselli, basilico e fonduta di pecorino (primavera).
Controfiletto di fassona cotto rosso, salsa al vino rosso, verdure e maionese di
nocciola. Tiramisù alla nocciola.

BENEVENTO

⊠ 82100 – 60 504 ab. – Alt. 135 m – Carta regionale n° **4-B1**
◤ Roma 236 km – Napoli 99 km – Caserta 50 km – Salerno 75 km
Carta stradale Michelin 564-D26

🏠 **UNA Hotel il Molino** ✿ 🖙 🖃 ♨ AC ♨ P

via dei Mulini, 48 – ✆ *08 24 31 12 13 – www.hotelilmolino.it*
46 cam ⊔ – ♦85/100 € ♦♦110/150 €
Rist *Le Macine* – Vedere selezione ristoranti
Costruito dal recupero architettonico dell'antico mulino presso lo storico pastificio
Rummo, l'hotel si contraddistingue per modernità, tecnologia e per la raffinatezza
delle sue ampie camere.

🏠 **Villa Traiano** 🖃 AC ℀ ♨ 🚗

viale dei Rettori 9 – ✆ *08 24 32 62 41 – www.hotelvillatraiano.it*
36 cam ⊔ – ♦77/105 € ♦♦120/150 € – **2 suites**
All'interno di una bella villa d'inizio Novecento, un grazioso giardino d'inverno
come zona comune ed uno spazio relax sul roof garden; le camere sono tutte
confortevoli, ma quelle realizzate nella nuova ala sono sicuramente più moderne
ed ampie.

XxX **Le Macine** – UNA - Hotel il Mulino 🚗 🅿

via dei Mulini, 48 – *☎ 08 24 31 12 13* – *www.hotelilmolino.it*
Menu 30 € – Carta 32/53 € – *(chiuso domenica sera) (solo a cena)*
Un giovane chef con tanta voglia di fare e una buona conoscenza delle materie prime dà vita ad una solida cucina del territorio con qualche guizzo creativo, padrona assoluta delle tecniche di cottura.

sulla provinciale per San Giorgio del Sannio Sud-Est : 7 km :

X **Pascalucci** 🐾 🚗 AC 🅿

😀 *via Appia 1* – *☎ 08 24 77 84 00* – *www.pascalucci.it*
Carta 20/59 €
Ristorante nato dalla tradizione e che oggi, oltre a proposte locali, presenta anche una cucina di pesce elaborata con capacità, a base di prodotti freschi e genuini. Tra le specialità: scarpariello (pasta alla chitarra con sugo piccante) o aspic di polipo.

BENTIVOGLIO

Bologna (BO) – ✉ 40010 – 5 520 ab. – Alt. 19 m – Carta regionale n° **5-C3**
▣ Roma 397 km – Bologna 21 km – Ferrara 37 km – Modena 61 km
Carta stradale Michelin 562-I16

🏨 **Centergross** 🍴 ⅃ 🐾 Ⅰ4 ⊡ ⅃ AC ⅃4 🚗

via Saliceto 8, Sud: 5 km – *☎ 05 18 65 89 11* – *www.zanhotel.it*
152 cam – �79/250 € – ♦♦99/250 € – ⊑ 9 € – **2 suites**
La hall anticipa lo stile pomposo delle camere in questa struttura che mutua il proprio nome dal più grande centro all'ingrosso d'Europa. Il confort non si limita alle camere, ma sconfina anche nell'area benessere.

BERGAMO

(BG) – ✉ 24122 – 119 002 ab. – Alt. 249 m – Carta regionale n° **10-C1**

▶ Roma 601 km – Brescia 57 km – Milano 53 km

Carta stradale Michelin 561-E11

B. Gardel / hemis.fr

● Alberghi

NH Bergamo

via Paleocapa 1/G ✉ 24122 – ☎ 03 52 27 18 11   Pianta: A2**d**
– www.nh-hotels.com

88 cam ☐ – †75/366 € ††85/376 €

Nel cuore di Bergamo bassa, hotel dallo stile minimal-chic con largo impiego di marmi e legno: ottime camere, sia per arredo sia per confort.

Excelsior San Marco

piazza della Repubblica 6 ✉ 24122 – ☎ 0 35 36 61 11   Pianta: A1**a**
– www.hotelsanmarco.com

147 cam ☐ – †75/200 € ††80/280 € – **8 suites**

Rist *Roof Garden* – Vedere selezione ristoranti

Grande operazione di restyling per questo albergo, grande classico dell'hôtellerie di Bergamo, che vanta una trentina di camere con vista su Città Alta.

Mercure Bergamo Palazzo Dolci

viale Papa Giovanni XXIII 100 ✉ 24121 – ☎ 0 35 22 74 11   Pianta: AB2**e**
– www.mercure.com

88 cam – †69/319 € ††77/349 € – ☐ 12 €

Lo storico palazzo neo-rinascimentale, in posizione comoda e centrale, fa da guscio ad un albergo di design contemporaneo dalle linee pulite e armoniose. Piccolo wine-bar per spuntini veloci.

Petronilla

via San Lazzaro 4 ✉ 24121 – ☎ 0 35 27 13 76   Pianta: A2**f**
– www.petronillahotel.com

12 cam ☐ – †150/250 € ††180/420 €

Splendido albergo del centro in cui convivono suggestioni anni '50, influenze Bauhaus design contemporaneo: molti i quadri disegnati ad hoc, con dettagli d'opere di Hopper, De Chirico, Caravaggio. Un soggiorno esclusivo, perfetto per coloro che amano le raffinate personalizzazioni.

Arli

largo Porta Nuova 12 ✉ 24122 – ☎ 0 35 22 20 77   Pianta: A2**s**
– www.arli.net

66 cam ☐ – †80/180 € ††90/220 €

Rist *La Delizia* – Vedere selezione ristoranti

Ottima struttura, moderna e centrale, dispone di camere omogenee nel confort - mansardate quelle all'ultimo piano - e di un attrezzato centro benessere (aperto anche al pubblico).

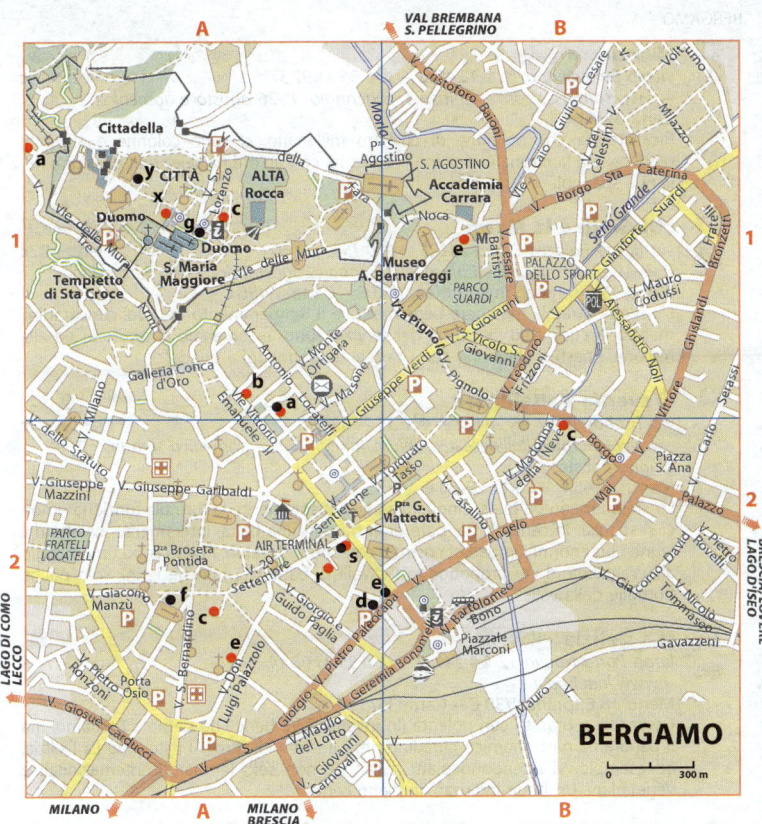

🟡 Ristoranti

XXX Lio Pellegrini

via San Tomaso 47 ✉ *24121* – ☎ *0 35 24 78 13*   🌿 AC

– www.liopellegrini.it – Chiuso 8 agosto-1° settembre, martedì a mezzogiorno e lunedì   Pianta: B1**e**

Menu 51/55 € – Carta 53/120 €

Locale del centro, accanto all'Accademia Carrara ed al GAMeC, la bellezza di tanta arte accoglie con piacere i raffinati interni del ristorante così come il bel dehors coi suoi ariosi drappi, un'insolita e piacevole oasi di pace. La cucina propone sapori mediterranei, di carne e di pesce, tra classico e moderno.

XXX Roof Garden – Hotel Excelsior San Marco

🔙 🌿 ♿ AC P

piazza della Repubblica 6 ✉ *24122* – ☎ *0 35 36 61 59*   Pianta: A1**a**

– www.roofgardenrestaurant.it – Chiuso 2 settimane in gennaio, 2 settimane in agosto, sabato a mezzogiorno e domenica

Menu 65/100 € – Carta 52/106 €

Cucina creativa, ma a pranzo c'è anche una carta più light, in questo ristorante che offre una romantica vista su Città Alta. (Prenotare un tavolo lungo la parete-vetrata!).

199

XX **Sarmassa**   ⭐ AC

vicolo Bancalegno 1h ✉ *24122 –* 📞 *0 35 21 92 57*   Pianta: A2**c**
– www.sarmassa.com – Chiuso 1°-8 gennaio, 1°-26 agosto e domenica
Carta 32/61 €
Ricavato da una porzione di chiostro millenario, ci sono colonne e affreschi
d'epoca, ma la cucina è giovane e brillante, con un'ottima selezione di salumi italiani e spagnoli.

XX **Ol Giopì e la Margì**   AC ⌺ ⌂

via Borgo Palazzo 27 ✉ *24125 –* 📞 *0 35 24 23 66*   Pianta: B2**c**
– www.giopimargi.eu – Chiuso 1°-8 gennaio, agosto, domenica sera e lunedì
Menu 19 € (pranzo in settimana)/50 € – Carta 39/56 €
L'insegna ritrae la maschera bergamasca e il temperamento dei suoi concittadini,
mentre la cucina ed i costumi del servizio sono un omaggio al territorio ed alla
regione. I pasti si chiudono con i carrelli dei formaggi e dei dolci.

XX **Taverna Valtellinese**   AC ⌂

via Tiraboschi 57 ✉ *24122 –* 📞 *0 35 24 33 31*   Pianta: A2**r**
*– www.tavernavaltellinese.it – Chiuso lunedì, anche domenica sera in
giugno-agosto*
Menu 33/45 € – Carta 29/60 €
Lo stesso menu da quasi cinquant'anni: evidentemente la formula funziona e non
ci si sbaglia! In centro città, pare di entrare in una baita, interamente avvolta dal
legno con enormi lampadari costruiti con corna di cervo. I piatti sono un omaggio
alla Valtellina di cui propongono i cavalli di battaglia, nonché i vini, solo poche
bottiglie della valle.

XX **La Delizia** – Hotel Arli   AC

largo Porta Nuova 12 ✉ *24122 –* 📞 *0 35 23 08 14*   Pianta: A2**s**
– www.ladelizia.it
Menu 18 € (pranzo)/30 € – Carta 35/51 €
Casoncelli o brasato con polenta (in inverno)? Va bene che siamo a Bergamo, ma
il panorama gastronomico cittadino offre anche dell'altro. Al ristorante La Delizia,
ad esempio, vi attendono piatti italiani (e non solo lombardi), internazionali e
vegetariani. Un buon indirizzo, in pieno centro!

X **Shiva**   ⌺

via Don Luigi Palazzolo 44 ✉ *24122 –* 📞 *03 55 29 18 80*   Pianta: A2**e**
– www.shivabergamo.it
Menu 18/25 € – Carta 18/36 €
Legno di tek intarsiato e toni caldi per questo ristorante etnico, fratello gemello di
quello meneghino. In menu, i più accattivanti sapori dell'India del Nord: piatti vegetariani, specialità al curry, fragranti tandoori, dolci tipici…insomma di tutto e di più!

X **A Modo**   🌿 AC

viale Vittorio Emanuele II 19 ✉ *24121 –* 📞 *0 35 21 02 95*   Pianta: A1**b**
– www.ristoranteamodo.com – Chiuso domenica
Menu 25/50 € – Carta 35/67 €
Sulla strada che porta alla funicolare per Città Alta, la moderna sala è impreziosita
da un'originale collezione di vetri artistici. Se la sera la carta si fa importante, a
mezzogiorno il menu è più ristretto e i prezzi interessanti. Cucina contemporanea.

alla città alta Alt. 249 m

🏠 **Gombit Hotel**   ↕ ⭐ AC

via Mario Lupo 6 ✉ *24121 –* 📞 *0 35 24 70 09*   Pianta: A1**g**
– www.gombithotel.it
11 cam ⌺ – 🛇160/380 € 🛇🛇210/450 € – **2 suites**
Adiacente alla torre del Gombito, il palazzo duecentesco riserva l'inaspettata sorpresa di un albergo moderno dagli arredi design, tonalità sobrie ed eleganti
bagni con ampie docce.

La Valletta Relais   ⟨⟨ .✦✦ AC ⚡ P

via Castagneta 19, Nord: 1 km - A1 ✉ *24129 –* ℰ *0 35 24 27 46*
– www.lavallettabergamo.it – Aperto 1° marzo-30 novembre
8 cam – 🛏70/85 € 🛏🛏85/100 € – ⌱ 7 € – **2 suites**
Lungo le strade che portano al centro storico di Bergamo Alta - a piedi sono venti minuti, ma i proprietari con grande senso dell'ospitalità offrono un servizio navetta per gli ospiti - una casa d'epoca per chi predilige la tranquillità e il silenzio, evitando gli schiamazzi e le comitive del centro. Camere ampie, alcune con vista sui colli.

 Piazza Vecchia   ⬆ ⭷ AC

via Colleoni 3/5 ✉ *24129 –* ℰ *0 35 25 31 79*   Pianta: A1**y**
– www.hotelpiazzavecchia.it – Chiuso 1 settimana in gennaio
13 cam ⌱ – 🛏100/180 € 🛏🛏120/350 €
Situato in prossimità di piazza Vecchia, che il grande architetto Le Corbusier definì come "la più bella piazza d'Europa", camere spaziose, vivaci e colorate in un'antica casa del 1300.

Ⅹ‭Ⅹ‭Ⅹ **Colleoni & dell'Angelo**   ⁂ 🏡 AC ⇔

piazza Vecchia 7 ✉ *24129 –* ℰ *0 35 23 25 96*   Pianta: A1**x**
– www.colleonidellangelo.com – Chiuso lunedì
Menu 50 € (pranzo)/70 € – Carta 56/110 €
In un antico palazzo di piazza Vecchia - una delle più belle d'Italia, su cui per altro si apparecchia il dehors - ristorante di rara eleganza con cucina di terra, ma soprattutto di mare. Servizio all'altezza.

Ⅹ **La Colombina**   ⟨⟨ 🏡 AC

via borgo Canale 12 ✉ *24129 –* ℰ *0 35 26 14 02*   Pianta: A1**a**
– www.trattorialacolombina.it – Chiuso lunedì
Menu 22 € (pranzo in settimana)/37 € – Carta 29/43 €
Lungo una caratteristica strada della città vecchia, poco fuori le mura, antica è anche l'osteria, qui da inizio '900. Da allora poco è mutato: interni liberty, pavimento, lampadari, tutto ha uno stile piacevolmente retrò e culminante in un'incantevole terrazzina con vista sui colli. Dalla cucina, piatti rigorosamente bergamaschi con gli immancabili salumi locali, i casoncelli, lo stinco e il brasato.

a San Vigilio Ovest : 1 km o 5 mn di funicolare A1 Alt. 461 m

Ⅹ **Baretto di San Vigilio**   ⁂ 🏡 ⇔

via Al Castello 1 ✉ *24129 –* ℰ *0 35 25 31 91 – www.baretto.it*
Menu 35/45 € – Carta 40/61 €
Nella piazzetta antistante la stazione di arrivo della funicolare, caratteristico bar-ristorante di tono retrò, vagamente anglosassone, dove gustare piatti della tradizione italiana. Servizio estivo in terrazza con incantevole vista sulla città.

BERGEGGI

Savona (SV) – ✉ 17028 – 1 142 ab. – Alt. 110 m – Carta regionale n° **8-B2**
▶ Roma 556 km – Genova 58 km – Savona 11 km – Imperia 66 km
Carta stradale Michelin 561-J7

 Claudio   ⚘ ⬟ ⟨⟨ 🏡 ⬙ 🗔 ⬆ AC ⭷ 🚗

via XXV Aprile 37 – ℰ *0 19 85 97 50 – www.hotelclaudio.it – Aperto*
1° aprile-1° novembre
22 cam ⌱ – 🛏80/130 € 🛏🛏130/200 € – **4 suites**
Rist *Claudio* ❀ – Vedere selezione ristoranti
Suggestiva collocazione con vista eccezionale sul golfo sottostante. Camere ampie ed eleganti, piscina, spiaggia privata e numerosi altri servizi a disposizione.

XXX **Claudio** (Claudio e Lara Pasquarelli) – Hotel Claudio

via XXV Aprile 37 – ℰ 019 85 97 50 – www.hotelclaudio.it
– Aperto 1° aprile-1° novembre, chiuso lunedì
Menu 85/120 € – Carta 80/145 € – *(solo a cena escluso sabato e i giorni festivi)*
Una delle migliori cucine di pesce della zona, frutto del sodalizio padre-figlia: alla qualità indiscutibile delle materie prime, si unisce la cura estetica delle presentazioni, senza rinunciare alla generosità delle porzioni.
→ Crudo di pesci e crostacei. Zuppa di pesce nella pietra ollare. Bouquet di crostacei agli agrumi mediterranei.

BERNALDA

Matera (MT) – ✉ 75012 – 12 505 ab. – Alt. 126 m – Carta regionale n° **2-D2**
▶ Roma 464 km – Taranto 60 km – Matera 40 km – Potenza 102 km
Carta stradale Michelin 564-F32

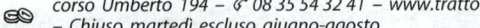 **Agriturismo Relais Masseria Cardillo**

strada statale 407 Basentana al km 97,5 – ℰ 08 35 74 89 92
– www.masseriacardillo.it – Aperto Pasqua-30 settembre
10 cam ⌑ – †78/101 € ††120/192 €
A pochi chilometri dal lido di Metaponto, elegante risorsa ricavata dai granai di una masseria di fine '700, le cui spaziose camere dispongono di terrazzini affacciati sulla campagna. Splendido pergolato per le cene d'estate e dall'azienda agricola una qualificata produzione di vino, nonché olio.

X **La Locandiera**

corso Umberto 194 – ℰ 08 35 54 32 41 – www.trattorialalocandiera.it
– Chiuso martedì escluso giugno-agosto
Menu 25/50 € – Carta 24/48 € – (consigliata la prenotazione)
Linguine purè di fave, scalogno e cozze - guancia di maialino, riduzione di aglianico e funghi - semifreddo al torroncino, crema pasticcera e vin cotto al carrubo... sono solo alcune delle specialità lucane proposte in questo locale piacevolmente rustico. Se non bastasse, c'è anche un'ottima selezione di vini.

 Un pasto con i fiocchi senza spendere una fortuna? Cercate i Bib Gourmand 🅐. Vi aiuteranno a trovare le buone tavole che coniugano una cucina di qualità al prezzo giusto!

BERSANO – Piacenza (PC) → Vedere Besenzone

BERTINORO

Forlì-Cesena (FC) – ✉ 47032 – 11 165 ab. – Alt. 254 m – Carta regionale n° **5-D2**
▶ Roma 323 km – Forlì 14 km – Rimini 54 km – Bologna 77 km
Carta stradale Michelin 562-J18

a Fratta Ovest : 4 km – ✉ 47032

 Grand Hotel Terme della Fratta

via Loreta 238 – ℰ 05 43 46 09 11 – www.termedellafratta.it
64 cam ⌑ – †50/100 € ††100/180 €
Aperto nel 2007, propone programmi terapeutici diversi grazie alla disponibilità contemporanea di sette tipologie di acqua, i cui benefici effetti erano già decantati in epoca romana. Nel giardino, percorsi vita e fontane termali; nel moderno centro benessere, massaggi e trattamenti di bellezza.

BESENZONE

Piacenza (PC) – ✉ 29010 – 999 ab. – Alt. 48 m – Carta regionale n° **5-A1**
▶ Roma 499 km – Parma 50 km – Piacenza 26 km – Milano 91 km
Carta stradale Michelin 561-H11

a Bersano Est : 5,5 km – ⊠ 29010 Besenzone

XXX   La Fiaschetteria   🕸 ⇔ 🦢 🗚 🄿

via Bersano 59/bis – 𝒞 *05 23 83 04 44* – *www.la-fiaschetteria.it* – *Chiuso 23 dicembre-6 gennaio e agosto*
Menu 55 € – Carta 39/68 € – *(chiuso lunedì e martedì) (solo a cena escluso i giorni festivi)* (consigliata la prenotazione)
3 cam – †85 € ††120 € – senza 🛏
Elegante cascina immersa nelle terre verdiane, la cucina offrirà agli appassionati l'occasione di un viaggio nella bassa padana, tra salumi, paste fresche e arrosti. Per gli amanti del pesce, non manca qualche proposta di mare, oltre che di fiume. Infine, per prolungare il soggiorno, ci sono anche tre romantiche, incantevoli camere.

BETTOLA

Piacenza (PC) – ⊠ 29021 – 2 879 ab. – Alt. 329 m – Carta regionale n° **5-A2**
▶ Roma 546 km – Piacenza 39 km – Parma 97 km – Milano 107 km
Carta stradale Michelin 562-H10

X   Agnello   🏯

⇔   *piazza Colombo 70* – 𝒞 *05 23 91 77 60* – *Chiuso febbraio e martedì*
Menu 12 € (pranzo in settimana)/48 € – Carta 22/45 €
Affacciato sulla scenografica piazza del centro storico, il ristorante è idealmente diviso in due sale: la parte più antica con volte in mattoni e colonne in pietra. Curiosi e interessati potranno accedere alle cantine, dove stagionano i salumi.

BETTOLLE – Siena (SI) ➜ Vedere Sinalunga

BETTONA

Perugia (PG) – ⊠ 06084 – 4 333 ab. – Alt. 353 m – Carta regionale n° **20-B2**
▶ Roma 167 km – Perugia 24 km – Assisi 17 km – Orvieto 70 km
Carta stradale Michelin 563-M19

🏠   Relais la Corte di Bettona   🌳 ⇐ ⅃ 🐾 🖙 🗐 🕭 🗚

via Santa Caterina 2 – 𝒞 *0 75 98 71 14* – *www.relaisbettona.com* – *Chiuso 11 gennaio-11 febbraio*
36 cam 🛏 – †60/110 € ††75/160 € – **2 suites**
Rist *Taverna del Giullare* – Vedere selezione ristoranti
Nel cuore del centro storico un palazzo del 1300, suddiviso in due corpi distinti, dove le camere ubicate nell'edificio più a valle godono di una spettacolare vista sulla natura circostante. Centro benessere con massaggi.

XX   Taverna del Giullare – Relais la Corte di Bettona   ⇐ 🏯 🕭 🗚 🎇

via del Forte 11 – 𝒞 *0 75 98 72 54* – *www.tavernadelgiullare.com* – *Chiuso 11 gennaio-11 febbraio*
Menu 28/55 € – Carta 32/67 € – *(chiuso lunedì, martedì e mercoledì escluso in estate)*
Cucina di stampo regionale in un locale dallo stile tra il classico ed il rustico. D'inverno godetevi la bella verandina completamente chiusa da vetrate, ma assolutamente panoramica.

a Passaggio Nord-Est : 3 km – ⊠ 06084

XX   Il Poggio degli Olivi   

località Montebalacca, Sud: 3 km – 𝒞 *07 59 86 90 23* – *www.poggiodegliolivi.com* – *Chiuso 7 gennaio-11 febbraio*
Menu 30/40 € – Carta 27/51 € – *(chiuso mercoledì)*
12 cam 🛏 – †60/90 € ††88/135 €
Da questo luogo - cinto dai propri ulivi - quando il cielo è più limpido, la vista arriva fino ad Assisi, mentre nel piatto - a sorpresa - è il pesce a fare capolino.

BEVAGNA

Perugia (PG) – ✉ 06031 – 5 120 ab. – Alt. 210 m – Carta regionale n° **20-C2**
▶ Roma 148 km – Perugia 42 km – Assisi 24 km – Terni 60 km
Carta stradale Michelin 563-N19

🏠 Il Chiostro di Bevagna   < & ⚒ ⚑ P

corso Matteotti 107 – ☎ 07 42 36 19 87 – www.ilchiostrodibevagna.com – Chiuso 11 gennaio-28 febbraio
14 cam ⊏ – †55 € ††80 €
Quello che in origine era un convento domenicano, si è trasformato ora in albergo familiare con camere semplici, ma spaziose. Come corte, l'antico chiostro.

🏨 Residenza Porta Guelfa   🛏 🍴 & AC P

via Ponte delle Tavole 2 – ☎ 07 42 36 20 41 – www.residenzaportaguelfa.com
12 cam ⊏ – †90/120 € ††120/140 €
Appena fuori le mura del centro storico, questa residenza dal fascino antico, ma dai confort moderni, dispone di camere arredate in stile locale, attrezzate con angolo cottura. La colazione viene servita in camera.

✕✕ Trattoria da Oscar Ⓝ   🍸

piazza del Cirone 2 – ☎ 07 42 36 11 07 – www.latrattoriadioscar.it
Menu 35/50 € – Carta 35/76 €
E' Filippo, lo chef-patron, a gestire con passione e professionalità questo piccolo, quanto piacevole, locale in pieno centro (zona a traffico limitato, si posteggia fuori le mura). Cucina con ovvi riferimenti al territorio, ma che spazia con disinvoltura su tutta l'Italia.

BIANZONE

Sondrio (SO) – ✉ 23030 – 1 298 ab. – Alt. 444 m – Carta regionale n° **9-B1**
▶ Roma 680 km – Sondrio 24 km – Bergamo 131 km – Como 131 km
Carta stradale Michelin 561-D12

✕ Altavilla   🐌 ⇦ 🍴 P

via Monti 46 – ☎ 03 42 72 03 55 – www.altavilla.info – Chiuso 15 giorni in gennaio e 15 giorni in novembre
Menu 20/35 € – Carta 25/50 € – *(chiuso lunedì escluso agosto)*
12 cam – †55/75 € ††65/75 € – ⊏ 8 €
Nella parte alta della località, circondato da boschi e vigneti, il ristorante propone piatti del territorio in un'atmosfera rustica ed informale. Bella terrazza panoramica.

BIBBIENA

Arezzo (AR) – ✉ 52011 – 12 403 ab. – Alt. 425 m – Carta regionale n° **18-D1**
▶ Roma 249 km – Arezzo 32 km – Firenze 60 km – Prato 91 km
Carta stradale Michelin 563-K17

✕✕ Il Tirabusciò   😊

via Rosa Scoti 12 – ☎ 05 75 59 54 74 – www.tirabuscio.it – Chiuso lunedì a mezzogiorno e martedì
Carta 29/44 € – *(prenotare)*
Tirabusciò, il cavatappi, una tappa imperdibile per conoscere la gastronomia del casentino: dalle patate rosse ai salumi, passando per la chianina, i funghi, i tartufi e i proverbiali tortelli di patate di cetica con ragù di maiale grigio del casentino.

a Soci Nord : 4 km – ✉ 52010

🏠 Le Greti   🌿 < 🛏 🍴 & P

via Privata le Greti, Ovest: 1,5 km – ☎ 05 75 56 17 44 – www.legreti.it
16 cam ⊏ – †40/60 € ††65/90 € – **1 suite**
Appena fuori dal centro abitato, sulla sommità di un poggio panoramico, un albergo connotato da una conduzione familiare dallo stile apprezzabile. Buoni spazi comuni.

XX **La Buca**

piazza Garibaldi 24 – 𝒞 05 75 56 00 94 – Chiuso mercoledì
Carta 23/40 €

In un ambiente rustico e personalizzato si possono gustare le tipiche specialità casentinesi: dalla pasta fatta in casa alla carne alla brace, senza trascurare la cacciagione.

BIBBONA

Livorno (LI) – ✉ 57020 – 3 157 ab. – Carta regionale n° **18-B2**

▶ Roma 273 km – Pisa 68 km – Livorno 48 km – Piombino 47 km
Carta stradale Michelin 563-M13

 Relais di Campagna Podere Le Mezzelune

località Mezzelune 126, Ovest: 4 km – 𝒞 05 86 67 02 66 – www.mezzelune.com
– Chiuso 10 dicembre-28 febbraio
4 cam ⌂ – ♦140/150 € ♦♦160/180 €

Risorsa ricavata da una casa colonica di fine '800, all'interno di una proprietà con ortaggi e ulivi (da cui la produzione di olio extravergine). Bucolica posizione per un soggiorno rilassante in ambienti signorili.

BIBIONE

Venezia (VE) – ✉ 30020 – Carta regionale n° **23-D2**

▶ Roma 613 km – Udine 69 km – Mestre 93 km – Venezia 104 km
Carta stradale Michelin 562-F21

 Bibione Palace Suite

via Taigete 20 – 𝒞 04 31 44 72 20 – www.hotelbibionepalace.it – Aperto
20 aprile-30 settembre
110 cam ⌂ – ♦130/230 € ♦♦180/340 € – **50 suites**

Centrale e contemporaneamente frontemare, le camere sono tutte terrazzate e luminose, gli spazi comuni arredati con gusto minimalista. All'esterno, piscina e parco giochi per i giovani ospiti; all'ultimo piano il piccolo e luminoso centro benessere. Una struttura veramente completa!

 Palace Hotel Regina

corso Europa 7 – 𝒞 0 43 14 34 22 – www.palacehotelregina.it – Aperto
15 maggio-15 settembre
49 cam ⌂ – ♦120/160 € ♦♦140/180 €

Gestione seria e dinamica per questo signorile hotel a metà strada tra centro e mare; all'interno spazi realizzati in una sobria ed elegante ricercatezza a cui si uniscono, per le camere, funzionalità e semplicità.

 Corallo

via Pegaso 38 – 𝒞 0 43 14 32 22 – www.hotelcorallobibione.com – Aperto
1° maggio-30 settembre
76 cam ⌂ – ♦98/160 € ♦♦140/228 €

Caratteristico nella particolare forma cilindrica della sua architettura, signorile hotel con ampi terrazzi che si affacciano sul mare. La piscina è proprio a bordo spiaggia.

 Italy

via delle Meteore 2 – 𝒞 0 43 14 32 57 – www.hotel-italy.it
– Aperto 10 maggio-21 settembre
77 cam ⌂ – ♦68/105 € ♦♦108/210 €

Tanta cura, a cominciare dalle camere, in un hotel frontemare non lontano dalle terme; piacevole giardino sul retro e zona relax con sabbia, vicino alla piscina.

 Leonardo da Vinci

corso Europa 76 – 𝒞 0 43 14 34 16 – www.hoteldavinci.it – Aperto
15 maggio-20 settembre
52 cam ⌂ – ♦49/100 € ♦♦78/140 €

A breve distanza dalla spiaggia e dal centro della località, hotel in cui alcune zone demodé si abbinano ad altre rinnovate di recente e quindi più moderne: sono queste ad evidenziare la brillantezza della giovane gestione.

🏠 **Concordia**　　　　　　　　　　　　　　　　　　　🏊 ⇄ ⛰ ⤴ 🔲 🅺 **P**
via Maia 149 – ℰ 0 43 14 34 33 – www.hotelconcordia.net – Aperto
15 maggio-20 settembre
44 cam 🛏 – ✚40/78 € ✚✚80/156 €
A pochi passi dal mare, hotel a conduzione familiare con vocazione soprattutto per famiglie, linee e arredi di taglio moderno, colorata zona hall-bar. Specialità di pesce al ristorante.

a Bibione Pineda Ovest : 5 km – ✉ 30020

🏘 **San Marco**　　　　　　　　　　　　　　🏊 🦤 🛶 ⛰ ⤴ 🔲 🅺 🛇 **P**
via delle Ortensie 2 – ℰ 0 43 14 33 01 – www.sanmarco.org – Aperto
22 maggio-20 settembre
61 cam 🛏 – ✚102/115 € ✚✚144/170 € – **3 suites**
In zona tranquilla, non lontano dal mare, albergo a conduzione diretta che si è
ampliato e rinnovato negli ultimi anni: spazi comuni moderni, camere ampie
sobriamente eleganti.

BIELLA
✉ 13900 – 45 016 ab. – Alt. 420 m – Carta regionale n° **12-C2**
▶ Roma 676 km – Torino 83 km – Milano 102 km – Novara 57 km
Carta stradale Michelin 561-F6

🏘 **Agorà Palace**　　　　　　　　　　　　　　　🏊 ⤴ 🕭 🅺 🛆 🚗
via Lamarmora 13/A – ℰ 01 58 40 73 24　　　　　　　　　Pianta: A2**e**
– www.agorapalace.com
82 cam 🛏 – ✚100/110 € ✚✚120/130 € – **2 suites**
Particolarmente gradito da una clientela business, l'hotel si trova in pieno centro
e dispone di un comodo garage, mentre le camere si caratterizzano per gli arredi
moderni con accessori dell'ultima generazione. Formula buffet a self service è
quanto propone il ristorante per il pranzo; carta più tradizionale la sera.

🏠 **Augustus**　　　　　　　　　　　　　　　　　🦤 ⤴ 🅺 🛆 **P**
via Orfanotrofio 6, ang. via Italia – ℰ 01 52 75 54　　　　Pianta: A1**s**
– www.augustus.it
38 cam 🛏 – ✚78/110 € ✚✚99/125 €
Una risorsa del centro che, grazie al parcheggio privato, risulta essere comoda e
frequentata soprattutto da una clientela d'affari. Camere dotate di ottimi confort.

🏠 **Bugella**　　　　　　　　　　　　　　　　🏊 ⤴ 🕭 🅺 🛆 **P**
via Cottolengo 65, per Torino - B2 – ℰ 0 15 40 66 07 – www.hotelbugella.it
22 cam 🛏 – ✚60/75 € ✚✚80/85 €
Ricavato dalla ristrutturazione di una villa liberty dei primi del '900, l'hotel dispone
di camere dal confort omogeneo, ma di differenti dimensioni (in quanto assecondano l'architettura della casa). Piccola zona comune e comodo parcheggio
interno. Cucina tipica piemontese al ristorante.

✗✗ **La Mia Crota**　　　　　　　　　　　　　　　　　🎇 🕭 🅺
🍷　*via Torino 36/c – ℰ 01 53 05 88 – www.lamiacrota.it*　　　Pianta: B2**a**
– Chiuso dal 1° al 7 gennaio, 3 settimane in agosto, domenica e lunedì
Menu 13 € (pranzo) – Carta 28/59 € – (consigliata la prenotazione la sera)
Ristorante di tono rustico-elegante con annessa enoteca per sbizzarrirsi nella
scelta dei vini (anche al bicchiere). La cucina trae spunto dal territorio, conceden-
dosi qualche divagazione contemporanea.

✗✗ **Matteo Caffè** Ⓝ　　　　　　　　　　　　　　　　🏡 🕭 🅺
piazza Duomo 6 – ℰ 0 15 35 52 09　　　　　　　　　　　Pianta: A1**c**
– www.matteocaffeecucina.it – chiuso 15-30 agosto e domenica
Carta 35/58 €
Da poco trasferitosi nella bella piazza del Duomo, in due eleganti sale di uno storico palazzo, Matteo Caffè rimane un "imperdibile" per un coffee-break o per
piatti ricchi di gusto e fantasia.

Un pasto accurato a prezzo contenuto? Cercate i Bib Gourmand 🅰.

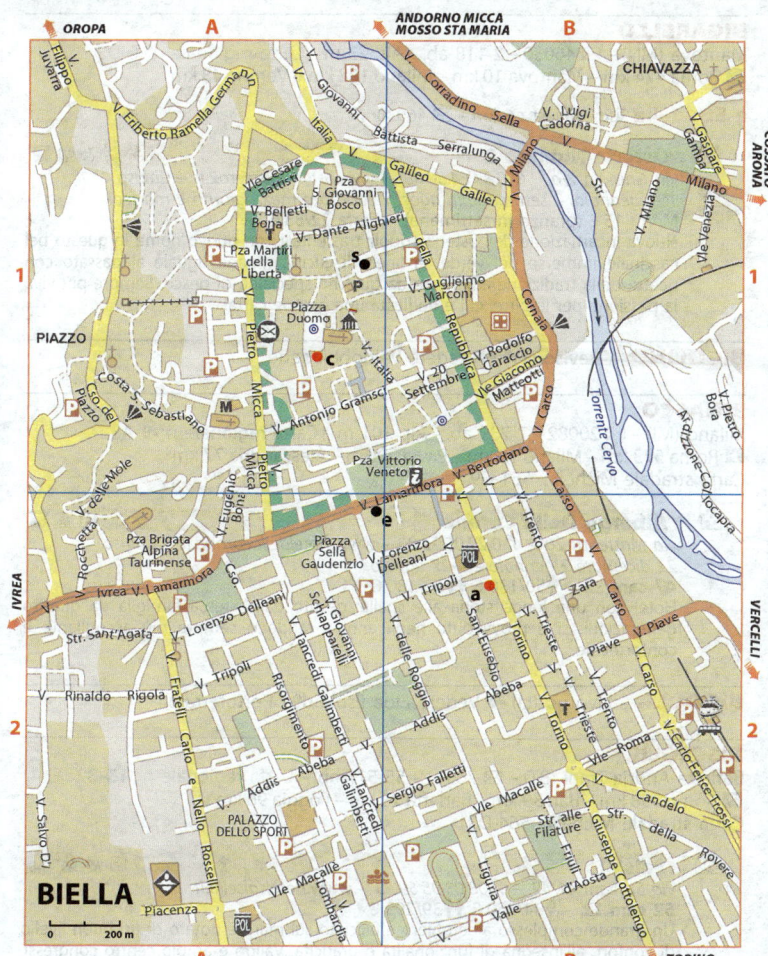

BIELLA

BIENTINA

Pisa (PI) – ✉ 56031 – 8 095 ab. – Alt. 10 m – Carta regionale n° **18-B2**

▶ Roma 338 km – Pisa 27 km – Firenze 66 km – Pistoia 40 km
Carta stradale Michelin 563-K13

✗✗ **Osteria Taviani** Ⓝ

piazza Vittorio Emanuele II 28 – 𝄞 05 87 75 73 74 – www.osteriataviani.it
– Chiuso mercoledì
Menu 30/45 € – Carta 30/55 € – (solo a cena)
Proprio nel cuore del paesino, una giovane coppia ha aperto nel 2014 questo gradevole locale: lei in sala, lui ai fornelli, e nel piatto una fragrante linea di cucina moderna - carne e pesce - con solide basi nella tradizione toscana.

BIGARELLO

Mantova (MN) – ✉ 46030 – 2 118 ab. – Alt. 23 m – Carta regionale n° **9-D3**

▶ Roma 474 km – Mantova 10 km – Milano 188 km – Verona 48 km

a Stradella Sud - Ovest : 6 km – ✉ 46030

✗ **Osteria Numero 2**

☜ *via Ghisiolo 2/a* – ℰ *0 37 64 50 88* – *www.osterianumero2.it* – *Chiuso*
1°-7 gennaio, 2 settimane in agosto, sabato a mezzogiorno e martedì
Menu 15 € (pranzo in settimana) – Carta 22/53 €
Nuova incarnazione dell'Osteria Tripoli: trasferitasi con nuovo nome in questo bel
cascinale immerso nel verde, la linea di cucina rimane uguale al passato con
ricette della tradizione affiancate da qualche specialità di pesce. Sempre più viva
la passione per le birre, cui è dedicata una grande carta!

BIGOLINO – Treviso (TV) ➜ Vedere Valdobbiadene

BINASCO

Milano (MI) – ✉ 20082 – 7 239 ab. – Alt. 101 m – Carta regionale n° **9-A3**

▶ Roma 573 km – Milano 18 km – Pavia 20 km – Alessandria 77 km
Carta stradale Michelin 561-G9

🏠 **Albergo Della Corona**

via Matteotti 20 – ℰ *0 29 05 22 80* – *www.hoteldellacorona.it* – *Chiuso*
22 dicembre-2 gennaio e 4-27 agosto
47 cam ☷ – ♦50/130 € ♦♦60/180 €
Hotel con una lunga storia alle spalle: gestito dalla stessa famiglia da quattro
generazioni, si è provveduto negli anni a renderlo sempre più accogliente e
confortevole.

BIODOLA – Livorno (LI) ➜ Vedere Elba (Isola d') : Portoferraio

BISCEGLIE

Barletta-Andria-Trani (BT) – ✉ 76011 – 55 517 ab. – Carta regionale n° **15-B2**

▶ Roma 398 km – Bari 39 km – Barletta 23 km – Foggia 96 km
Carta stradale Michelin 564-D31

🏠 **Salsello**

via Siciliani 41/42 – ℰ *08 03 95 59 53* – *www.hotelsalsello.it*
52 cam ☷ – ♦34/250 € ♦♦39/299 €
Un grande complesso alberghiero affacciato sul mare e dotato di un buon livello
di confort, all'insegna di funzionalità e praticità. Valido e ampio centro congressi.
Ristorante anche a vocazione congressuale e banchettistica.

🏠 **Agriturismo le Vedute**

strada provinciale 23 al km 9, Sud: 7 km – ℰ *34 97 73 01 86*
– www.agriturismolevedute.it
20 cam ☷ – ♦40/50 € ♦♦70/80 €
Nel verde degli ulivi, camere arredate con gusto e semplicità in un agriturismo
con annesso centro ippico. A rendere il soggiorno ancora più rilassante, la piscina
nel curato giardino.

✗✗ **Memory Resort**

Panoramica Umberto Paternostro 239 – ℰ *08 03 98 01 49*
– www.memoryristorante.it – *Chiuso lunedì*
Menu 58/88 € – Carta 42/68 € – *(solo a cena)*
6 cam ☷ – ♦76/96 € ♦♦88/108 €
Locale totalmente rinnovato con gusto moderno, elegante e minimalista: la nuova
e giovane gestione, con alle spalle importanti esperienze all'estero, è tornata a
casa e ha impostato una proposta più creativa e alla moda. Dello stesso tono le
moderne camere.

BLEVIO

Como (CO) – ⊠ 22020 – 1 191 ab. – Alt. 231 m – Carta regionale n° **10-B1**

▶ Roma 634 km – Milano 58 km – Como 6 km – Bellinzona 64 km

Carta stradale Michelin 561-E9

CastaDiva Resort

*via Caronti 69 – ℰ 03 13 25 11 – www.castadivaresort.com
– Chiuso gennaio-febbraio*

50 suites ⏾ – ♙♙1330/3500 € – 23 cam

Per un soggiorno lacustre esclusivo e raffinato, con un'inedita grande piscina fluttuante sul lago, tra le diverse ville del resort spicca quella centrale dallo stile eclettico-rinascimentale, un tempo residenza della cantante lirica G. Pasta, musa ispiratrice di Vincenzo Bellini. Il ristorante L'Orangerie la sera propone una cucina moderna mentre a pranzo la carta si fa light.

BOARIO TERME – Brescia (BS) ➔ Vedere Darfo Boario Terme

BOBBIO

Piacenza (PC) – ⊠ 29022 – 3 643 ab. – Alt. 272 m – Carta regionale n° **5-A2**

▶ Roma 556 km – Genova 87 km – Piacenza 48 km – Alessandria 86 km

Carta stradale Michelin 561-H10

Piacentino

piazza San Francesco 19 – ℰ 05 23 93 62 66 – www.hotelpiacentino.it – Chiuso lunedì escluso in luglio-agosto

Menu 26/40 € – Carta 28/53 €   **20 cam** – ♙50/70 € ♙♙60/85 € – ⏾ 7 €

Nel centro storico, la tradizione familiare continua da più di un secolo all'insegna di salumi, paste e secondi di carne, in questo piacevole ristorante che dispone anche di un delizioso giardino estivo. Camere con letti in ferro battuto e mobili in arte povera, ma anche stanze più moderne.

Enoteca San Nicola

contrada di San Nicola 11/a – ℰ 05 23 93 23 55 – www.ristorantesannicola.it

Carta 28/39 € – *(chiuso lunedì e martedì)* (consigliata la prenotazione)

3 cam ⏾ – ♙60 € ♙♙80 €

Originale la cucina, che si sta impegnando verso i canoni della modernità, così come il book bar - nel fine settimana - dove è possibile fermarsi per un calice di vino, una cioccolata o un infuso particolare. Nell'intrico di stradine, intorno a San Colombano.

BOCCA DI MAGRA

La Spezia (SP) – ⊠ 19030 – Carta regionale n° **8-D2**

▶ Roma 404 km – La Spezia 20 km – Massa 20 km – Lucca 62 km

Carta stradale Michelin 561-J11

Sette Archi

via Fabbricotti 242 – ℰ 01 87 60 90 17 – www.hotelsettearchi.com – Chiuso gennaio e febbraio

24 cam ⏾ – ♙40/70 € ♙♙70/140 €

Atmosfera familiare ed invidiabile posizione fronte mare, per questa risorsa confortevole con bel giardino e piscina. Piatti prevalentemente di pesce al ristorante l'Archetto.

Capannina Ciccio

*via Fabbricotti 71 – ℰ 0 18 76 55 68 – www.ristoranteciccio.it
– Chiuso 10 giorni in gennaio e martedì in inverno*

Carta 28/69 €

Ristorante della tradizione, con proposte marinare talvolta rivisitate e alleggerite. Nella bella stagione si può godere di un'incantevole veranda con vista sul mare.

BODIO LOMNAGO

Varese (VA) – ✉ 21020 – 2 164 ab. – Alt. 273 m – Carta regionale n° **9-A2**

▶ Roma 636 km – Milano 60 km – Varese 10 km – Torino 136 km

✗✗ **Villa Baroni** 🄽   ⟸ 🖙 🎄 🍽 **P**

via Acquadro 12 – www.villabaroni.it – Chiuso lunedì
Menu 35/50 € – Carta 46/84 €   **7 cam** 🛏 – ♦90/110 € ♦♦140/170 €
Romantica struttura in riva al lago dagli ambienti accoglienti ed eleganti ed una
splendida terrazza per il servizio estivo; la cucina propone diversi menu degustazione composti da varie portate, nonché una carta delle specialità. Nelle camere
atmosfera provenzale ed intima.

BOGLIASCO

Genova (GE) – ✉ 16031 – 4 496 ab. – Carta regionale n° **8-C2**

▶ Roma 501 km – Genova 13 km – Savona 64 km – Portofino 27 km
Carta stradale Michelin 561-I9

✗✗ **Al Solito Posto**   🅰🅲

via Mazzini 228 – ✆ 01 03 46 10 40 – www.alsolitoposto.net – Chiuso martedì
Menu 46/55 € – Carta 42/74 € – *(solo a cena)*
Datevi appuntamento "al solito posto", se volete gustare piatti ricchi di fantasia,
ma rispettosi della tradizione, in un'atmosfera intimamente informale.

a San Bernardo Nord : 4 km – ✉ 16031 Stella

✗✗ **Il Tipico**   ⟵ 🅰🅲

via Poggio Favaro 20 – ✆ 01 03 47 07 54 – www.ristoranteiltipico.it
– Chiuso lunedì e i mezzogiorni di martedì e mercoledì
Menu 30/50 € – Carta 30/78 €
L'ambiente è gradevole, con qualche tocco d'eleganza, ma ciò che incanta è il
panorama sul mare. Ubicato in una piccola frazione collinare, propone cucina
ligure di pesce.

BOLGHERI – Livorno (LI) → Vedere Castagneto Carducci

BOLLATE

Milano (MI) – ✉ 20021 – 36 264 ab. – Alt. 156 m – Carta regionale n° **10-B2**

▶ Roma 595 km – Milano 10 km – Como 37 km – Novara 45 km
Carta stradale Michelin 561-F9

Pianta d'insieme di Milano

La Torretta   ⚘ 🖥 ⴵ 🅰🅲 🛆 **P**

via Trento 111, Nord-Ovest: 2 km – ✆ 0 23 50 59 96   Pianta: 1A1**d**
– www.hotellatorretta.it – Chiuso 3- 24 agosto
68 cam 🛏 – ♦45/600 € ♦♦55/600 € – **3 suites**
Oltre che per la scrupolosa gestione familiare, questa struttura si distingue anche
per l'apprezzabile continuità con cui sono stati apportati aggiornamenti. Due tipologie di stanze tra il classico ed il moderno; sala ristorante luminosa e moderna.

BOLOGNA

(BO) – ✉ 40124 – 386 181 ab. – Alt. 54 m – Carta regionale n° **5-C3**
▶ Roma 379 km – Firenze 105 km – Milano 210 km – Venezia 152 km
Carta stradale Michelin 562-I15

J. Arnold / hemis.fr

 Alberghi

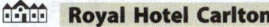 **Royal Hotel Carlton**   ⚡ 🌊 👙 📶 ⚑ 🔤 🏋 🚗
via Montebello 8 ✉ *40121* – ☎ *0 51 24 93 61*   Pianta: E1**g**
– www.monrifhotels.com – Chiuso agosto
206 cam ⌧ – †134/800 € †·†154/800 € – **30 suites**
Per chi non vuole sorprese design e preferisce la rassicurante e sempre attuale
tradizione, moderno e sobrio edificio anni '70: gli interni si aprono sui più classici,
ovattati ed eleganti ambienti alberghieri dove non manca un'area benessere
completa e signorile. Cucina regionale e più ampiamente mediterranea nel ristorantino a piano terra, caratterizzato da una vetrinetta con esposizione di vini.

 Grand Hotel Majestic già Baglioni   ⚡ 🌊 👙 📶 🔤 🏋
via dell'Indipendenza 8 ✉ *40121* – ☎ *0 51 22 54 45*   Pianta: E2**e**
– www.duetorrihotels.com
103 cam ⌧ – †250/550 € †·†300/850 € – **6 suites**
Rist *I Carracci* – Vedere selezione ristoranti
Dal '600 ad oggi, dal barocco al liberty, è una galleria di lusso e sfarzo: ambienti
sontuosi, grazioso centro relax, camere raffinate e i resti di una strada romana per
un soggiorno in grande stile!

 Savoia Hotel Regency   ⚡ 🏊 👙 📶 ⚑ 👫 🔤 🏋 🅿
via del Pilastro 2 ✉ *40127* – ☎ *05 13 76 77 77*   Pianta: C1**b**
– www.savoia.eu
82 cam ⌧ – †75/340 € †·†85/420 € – **4 suites**
Benvenuti in questa villa d'ispirazione neoclassica che nell'architettura ricorda le
belle dimore settecentesche: all'interno sarete accolti in ambienti classici ed eleganti per un soggiorno di tranquillità e charme. Un padiglione e una luminosa
veranda, rallegrati con pagine di giornali d'epoca e inserti colorati, caratterizzano
il ristorante; la cucina è sia internazionale, sia tradizionale.

AC Hotel Bologna by Marriott   ⚡ 🌊 👙 📶 ⚑ 🔤 🏋 🚗
via Sebastiano Serlio 28 ✉ *40128* – ☎ *0 51 37 72 46*   Pianta: B1**c**
– www.hotelacbologna.com
121 cam ⌧ – †60/500 € †·†70/510 €
Camere di moderno design, interamente arredate nelle sfumature della scacchiera,
in un albergo moderno ed accogliente, che dispone anche di una palestra con area
relax all'ultimo piano; ristorante molto ben organizzato, in linea con la struttura.

BOLOGNA

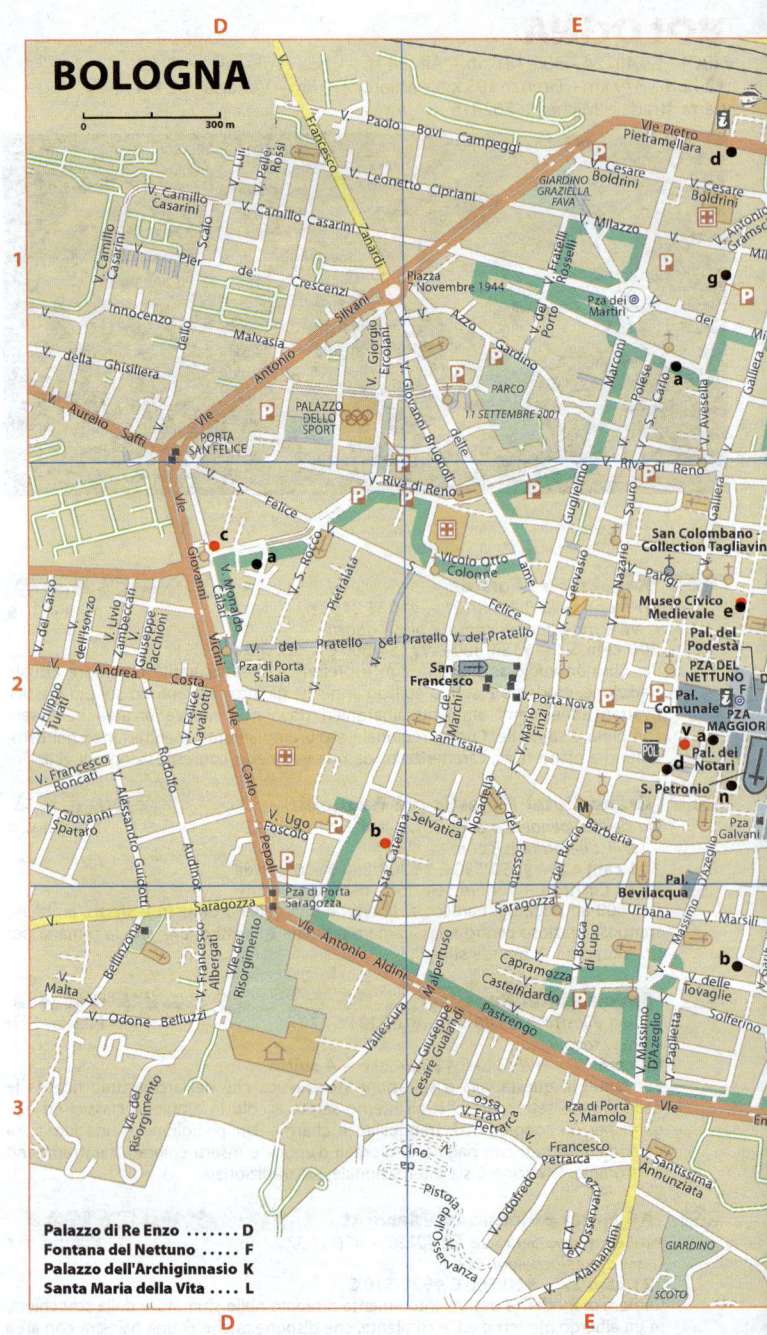

Palazzo di Re Enzo . . . . D
Fontana del Nettuno . . . . . F
Palazzo dell'Archiginnasio . K
Santa Maria della Vita L

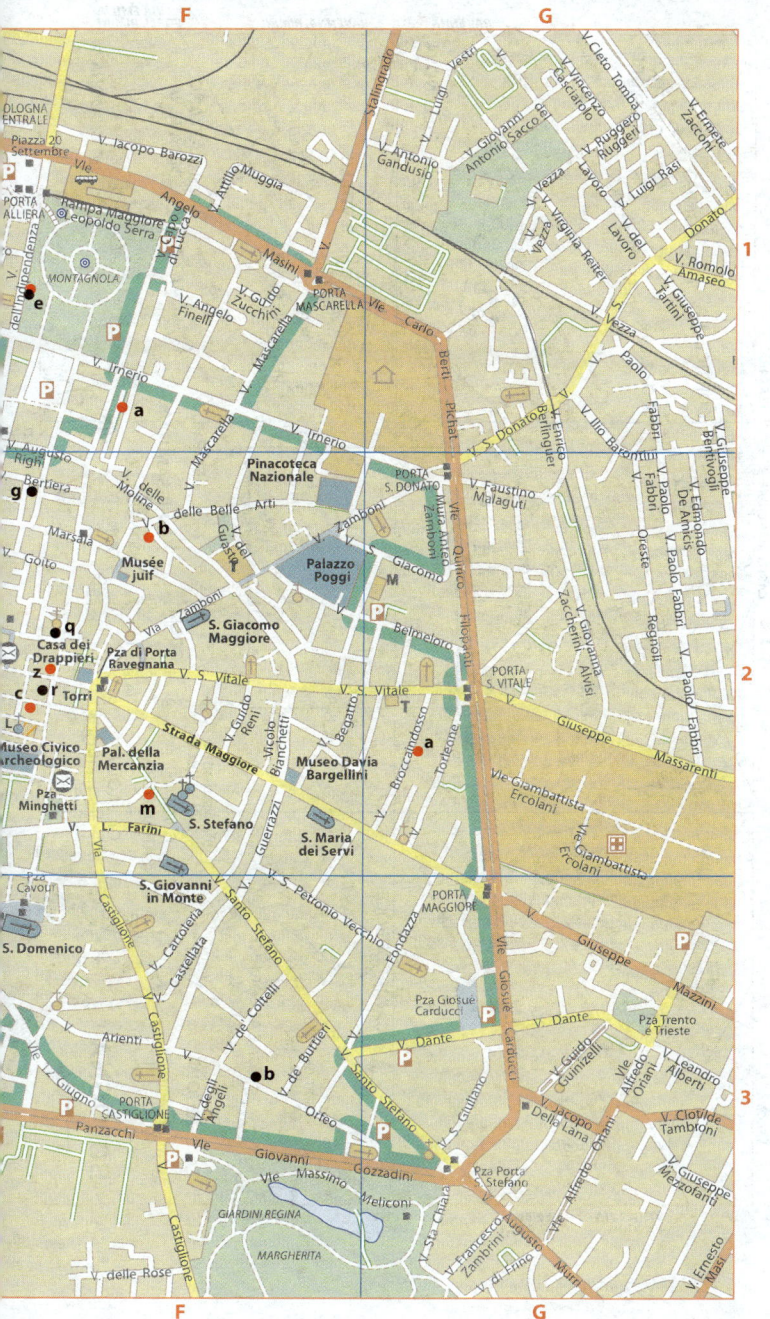

213

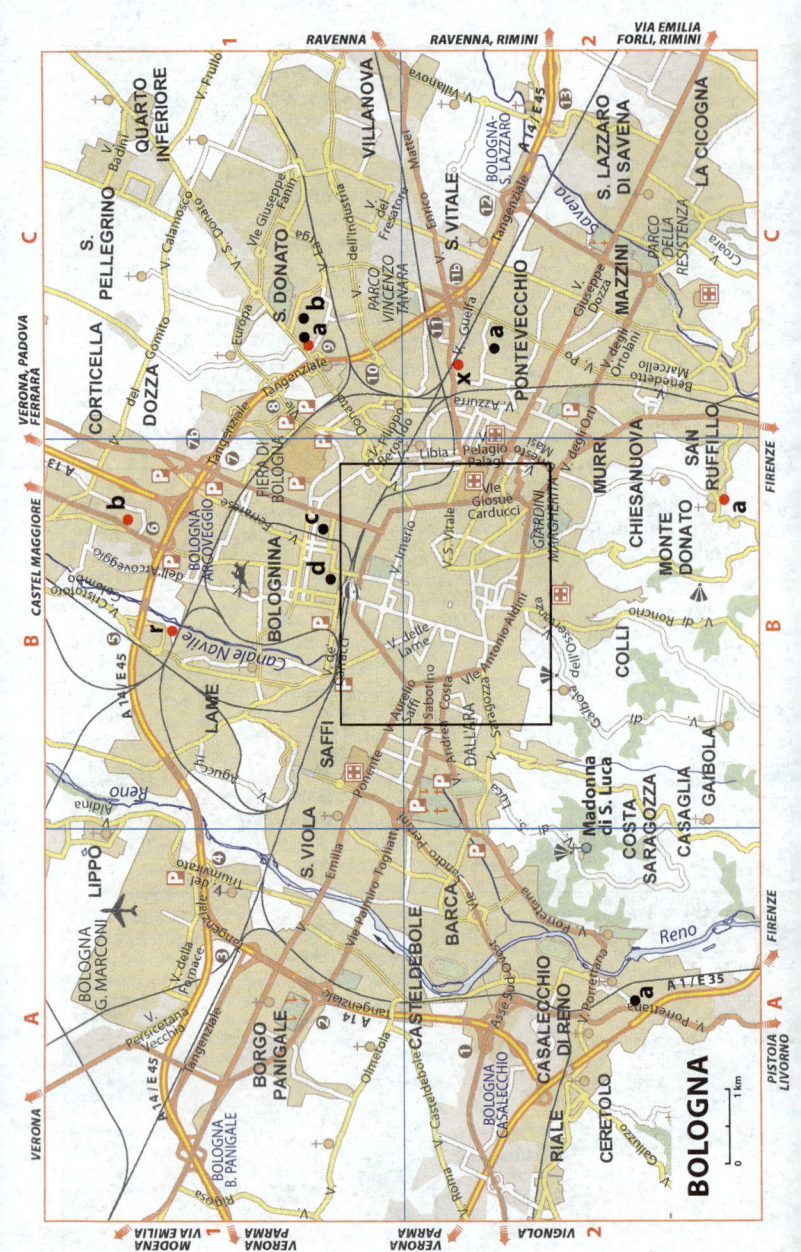

BOLOGNA

I Portici ⚞ 🔲 ⚐ 🄰🄲 🌊 ♨ 🅿

via dell'Indipendenza 69 ✉ *40121 –* ☎ *05 14 21 85 62*　Pianta: F1**e**
– www.iporticihotel.com
86 cam – ♦80/670 € ♦♦80/670 € – ⊑ 12 € – **3 suites**
Rist I Portici ❀ – Vedere selezione ristoranti
All'insegna del design e del minimalismo, del palazzo ottocentesco sono rimasti i soffitti affrescati di buona parte delle camere, il resto è di una semplicità quasi francescana. Al ristorante: piccola carta con piatti locali e nazionali, per chi preferisce un'alternativa più snella alle cene gourmet de I Portici.

 Corona d'Oro 🔲 ⚐ 🄰🄲 ♨

via Oberdan 12 ✉ *40126 –* ☎ *05 17 45 76 11 – www.hco.it*　Pianta: F2**q**
– Chiuso 1°-22 agosto
37 cam ⊑ – ♦120/380 € ♦♦140/420 € – **3 suites**
Viaggio nell'eleganza cittadina: dalle origini medievali, attraverso il Rinascimento, fino alle decorazioni liberty. La Belle Époque rivive nelle camere, alcune con terrazza.

 Savoia Hotel Country House 🌿 🔲 ⚐ 🄰🄲 🅿

via San Donato 161 ✉ *40127 –* ☎ *05 16 33 23 66*　Pianta: C1**a**
– www.savoia.eu
44 cam ⊑ – ♦65/320 € ♦♦75/400 €
Un ampio giardino circonda questo esclusivo complesso colonico del '700, dove l'antico fascino campestre si sposa con un lusso discreto ed elegante. L'ozio vi attende in veranda.

 UNA Hotel Bologna ⚞ 🔲 ⚐ 🄰🄲 ♨

viale Pietramellara 41/43 ✉ *40121 –* ☎ *05 16 08 01*　Pianta: E1**d**
– www.unahotels.it
93 cam ⊑ – ♦89/599 € ♦♦89/599 € – **6 suites**
Particolare, diverso, colorato: ogni spazio è una realtà a sé disegnato nel moderno stile minimalista, che si avvale di tinte inusuali e personalizzate. Spaziose e luminosissime le camere.

 Commercianti 🔲 🄰🄲 🚗

via dè Pignattari 11 ✉ *40124 –* ☎ *05 17 45 75 11*　Pianta: E2**n**
– www.bolognarthotels.it – Chiuso 3 settimane in luglio
33 cam ⊑ – ♦93/370 € ♦♦132/420 € – **2 suites**
All'ombra della basilica di S. Petronio, un edificio del '200 è pronto ad accogliervi in ambienti di grande raffinatezza: camini, travi a vista, letti a baldacchino. Sospesi tra storia e squisita ospitalità.

 Novecento 🔲 ⚐ 🄰🄲

piazza Galileo 4/3 ✉ *40123 –* ☎ *05 17 45 73 11*　Pianta: E2**d**
– www.bolognarthotels.it – Chiuso 2 settimane in agosto
24 cam ⊑ – ♦93/370 € ♦♦132/410 € – **3 suites**
Nel centro medievale della città, un palazzo dei primi del Novecento è stato convertito in un design hotel in cui confort e ricercatezza si uniscono a forme di sobria eleganza.

 Orologio 🔲 🄰🄲

via IV Novembre 10 ✉ *40123 –* ☎ *05 17 45 74 11*　Pianta: E2**a**
– www.bolognarthotels.it
27 cam ⊑ – ♦90/340 € ♦♦117/380 € – **6 suites**
Di fronte all'orologio della torre comunale, piccolo hotel di tradizione con camere curate nei dettagli e ben rifinite, alcune con vista sul centro città. Attenzione: ascensore a partire dal 1° piano.

 Il Guercino 〰 ⛵ 🔲 ⚐ 🄰🄲 ♨

via Luigi Serra 7 ✉ *40129 –* ☎ *0 51 36 98 93*　Pianta: B1**d**
– www.guercino.it
61 cam ⊑ – ♦55/330 € ♦♦69/480 € – **1 suite**
Atmosfera e decorazioni indiane per questa bella risorsa tra stazione e Fiera; le camere più caratteristiche dispongono anche di un terrazzino. Recente realizzazione di un centro benessere con area relax, bagno turco e vasca idromassaggio.

Il Convento dei Fiori di Seta இ ⚹⚹ ⚹ 🅰🅲

via Orfeo 34/4 ✉ *40124 –* 𝒞 *0 51 27 20 39* Pianta: F3**b**
– www.ilconventodeifioridiseta.com
10 cam 🖵 *–* 🛉59/399 € 🛉🛉59/399 €
Lo straordinario esito della ristrutturazione di un convento del '400 trasformato in una risorsa che fonde con incredibile armonia design e classicità, nel cuore della città.

 Re Enzo ⚘ ⊡ 🅰🅲 ⚶

via Santa Croce 26 ✉ *40122 –* 𝒞 *0 51 52 33 22* Pianta: D2**a**
– www.mchotels.it
51 cam 🖵 *–* 🛉105/550 € 🛉🛉125/600 €
Turista o businessman? Poco importa: la struttura, funzionale e confortevole, soddisfa le esigenze di entrambe le categorie. Ospitalità e cortesia proverbiali, come quelle riservate a re Enzo (catturato dai bolognesi nel 1249).

 Touring ⊡ ⚹ 🅰🅲

via dè Mattuiani 1/2, angolo piazza dei Tribunali ✉ *40124* Pianta: E3**b**
– 𝒞 *0 51 58 43 05 – www.hoteltouring.it*
34 cam 🖵 *–* 🛉69/280 € 🛉🛉89/280 € *–* **4 suites**
Nelle vicinanze di S. Domenico, una piacevole vista sui tetti della città è lo spettacolo che offre la terrazza solarium con jacuzzi. Atmosfera familiare e camere di buon confort, quelle dell'ultimo piano con balconcino privato.

 Nuovo Hotel Del Porto ⊡ 🅰🅲

via del Porto 6 ✉ *40122 –* 𝒞 *0 51 24 79 26* Pianta: E1**a**
– www.nuovohoteldelporto.com
63 cam 🖵 *–* 🛉40/260 € 🛉🛉50/295 €
Il nome si riferisce all'antica presenza di un porto canale: oggi questo albergo in posizione centrale dispone di spazi comuni limitati, ma accoglienti, e camere confortevoli ben insonorizzate.

 Delle Drapperie 🅰🅲

via delle Drapperie 5 ✉ *40124 –* 𝒞 *0 51 22 39 55* Pianta: F2**r**
– www.albergodrapperie.com
19 cam *–* 🛉63/105 € 🛉🛉95/160 € *–* 🖵 5 €
Nel cuore medievale della città, fra le bancarelle e i negozi di gastronomia della tradizione bolognese, camere d'atmosfera tra soffitti decorati e graziosi bagni. La reception si trova al primo piano del palazzo, da qui è poi possibile usufruire di un ascensore.

 Paradise ⊡ 🅰🅲

vicolo Cattani 7 ✉ *40126 –* 𝒞 *0 51 23 17 92* Pianta: F2**g**
– www.hotelparadisebologna.it – Chiuso 23-28 dicembre e 7-21 agosto
18 cam 🖵 *–* 🛉47/300 € 🛉🛉60/400 €
Gestione al femminile per questo comodo indirizzo che coniuga vicinanza al centro, camere semplici e prezzi interessanti. Graziose le stanze all'ultimo piano in stile provenzale.

 Villa Azzurra 🌿 ⚹ 🅿

viale Felsina 49 ✉ *40139 –* 𝒞 *0 51 53 54 60* Pianta: C2**a**
– www.hotelvillaazzurra.com
15 cam *–* 🛉60/110 € 🛉🛉65/170 € *– senza* 🖵
Un silenzioso giardino avvolge questa dimora del tardo Ottocento, che dell'epoca conserva l'aspetto e l'atmosfera. Accoglienza ed ospitalità come ci si attende in Emilia.

Voglia di partire all'ultimo momento?
Consultate i siti Internet degli hotel per beneficiare di eventuali promozioni.

 **Ristoranti**

XxX **I Portici** – Hotel I Portici ⁣   AC ✗
✿   *via dell'Indipendenza 69 ✉ 40121 – ✆ 05 14 21 85 62*   Pianta: F1**e**
– www.iporticihotel.com – Chiuso due settimane a Natale, 3 settimane in agosto,
domenica e lunedì
Carta 69/100 € – *(solo a cena)*
Il palcoscenico dell'antico caffè chantant trova un grande protagonista, un giovane
cuoco di Castellammare che ha conquistato Bologna con gli ingredienti e la veracità
della cucina napoletana: generosità di prodotti e di emozioni sbarcano quotidianamente dalla Campania per "invadere" i portici. E, sul retro, un'ex ghiacciaia pavimentata
in vetro sopra la cantina, dove trova posto un solo tavolo per cenette intime.
➜ Tagliatelle con asparagi, menta e ricci di mare. Tonno rosso del mediterraneo con cremoso di fagiolini, veli di pomodoro, salsa di pinoli. Babà a tre lie-
vitazioni.

XxX **I Carracci** – Grand Hotel Majestic già Baglioni ⁣   AC
via dell'Indipendenza 8 ✉ 40121 – ✆ 0 51 22 20 49   Pianta: E2**e**
– www.duetorrihotels.com
Menu 60/150 € – Carta 53/101 €
Il soffitto è interamente dedicato ai meravigliosi affreschi della scuola dei fratelli
Carracci, da cui il ristorante trae il nome, mentre la cucina indugia sui grandi classici italiani accompagnati da un'interessante scelta enologica che abbraccia il
mondo intero.

XX **Trattoria Battibecco** ⁣   🍽 AC
via Battibecco 4 ✉ 40123 – ✆ 0 51 22 32 98   Pianta: E2**v**
– www.battibecco.com – Chiuso 2 settimane in gennaio, 2 settimane
tra giugno-luglio, sabato a mezzogiorno e domenica
Carta 41/82 €
In un vicolo centrale, un locale di classe e di tono elegante, che spicca nel
panorama della ristorazione cittadina per la cucina tradizionale e le proposte
di mare.

XX **Da Sandro al Navile** ⁣   🐾 🍽 AC ⇔ P
🍤   *via del Sostegno 15 ✉ 40131 – ✆ 05 16 34 31 00*   Pianta: B1**r**
– www.dasandroalnavile.it – Chiuso domenica sera; sabato a mezzogiorno e
domenica in luglio e agosto; chiuso anche il mezzogiorno dal 10 al 23 agosto
Menu 25 € (pranzo in settimana)/45 € – Carta 38/64 €
Punto di ristoro dall'Unità D'Italia ed iscritto alla camera di commercio dal 1883
- come ricorda una targa all'ingresso - è nel piatto che va ricercata la ragione di
tanto successo: cucina emiliana tradizionale (ottime le tagliatelle al ragù). Eccezionale collezione di whisky.

XX **La Terrazza** ⁣   🍽 AC ⇔
🍤   *via del Parco 20 ✉ 40138 – ✆ 0 51 53 13 30*   Pianta: C2**x**
– www.ristorantelaterrazza.it – Chiuso 10-25 agosto e domenica
Menu 20 € (pranzo) – Carta 35/74 € – (consigliata la prenotazione)
In una via tranquilla, un ristorante di dimensioni contenute con un piacevole
dehors per il servizio estivo. Le specialità in menu spaziano dalla carne al pesce,
ma sono anche molte le proposte vegane e vegetariane.

XX **Da Cesarina** ⁣   🍽 AC
via Santo Stefano 19 ✉ 40125 – ✆ 0 51 23 20 37   Pianta: F2**m**
– www.ristorantecesarina.it – Chiuso 26 dicembre-12 gennaio, martedì a
mezzogiorno e lunedì
Carta 41/73 €
Accanto alla splendida chiesa, ristorante con quasi un secolo di storia alle
spalle. In tavola viene proposta la tradizionale cucina emiliana con numerosi
piatti di mare.

X 🕸 **Sale Grosso** 🛋 AC

vicolo De' Facchini 4a ✉ *40126 –* ☏ *0 51 23 17 21 – info@*   Pianta: F2**b**
salegrossobologna.it – Chiuso 25 dicembre-4 gennaio, 9 agosto-2 settembre e
domenica
Menu 25 € (pranzo in settimana) – Carta 39/54 € – (consigliata la
prenotazione)
Ristorante in stile bistrot, semplice nell'impostazione, ma dalla cucina a tratti sontuosa, che elegge il mare quale suo principale testimonial: variazione di crudi con
salse... giusto per invogliarvi!

X **Posta** 🛋 AC ⇔

via della Grada 21/a ✉ *40122 –* ☏ *05 16 49 21 06*   Pianta: D2**c**
– www.ristoranteposta.it – Chiuso vacanze di Natale, 2 settimane in
agosto sabato a mezzogiorno e lunedì
Carta 27/48 € – (solo a cena in agosto)
Zuppa lucchese, tagliata di manzo con osso e un'insalata dedicata alla nobildonna
fiorentina, Caterina de' Medici. Nessun errore: siamo in una sobria trattoria poco
distante dal centro, ma la cui rinomata cucina si apre ad abbracciare anche i piatti
dei "vicini di casa". Siete pronti ad un divertente viaggio culinario?

X **Teresina** 🛋 AC

via Oberdan 4 ✉ *40126 –* ☏ *0 51 22 89 85*   Pianta: F2**z**
– www.ristoranteteresinabologna.it – Chiuso 13-25 agosto e domenica
Menu 35/70 € – Carta 35/61 € – (consigliata la prenotazione)
C'è un'intera famiglia impegnata in questa moderna e semplice trattoria, dove
gustare piatti della tradizione gastronomica italiana ed interessanti proposte ittiche. In un locale collegato - lo "Spazio Teresina", solo a pranzo dal lunedì al
venerdì - si può scegliere fra quattro piatti, tutti a 8 euro.

X **Trattoria Monte Donato** 🛋 ⇔

via Siepelunga 118, località Monte Donato, Sud: 4 km   Pianta: B2**a**
✉ *40141 –* ☏ *0 51 47 29 01 – www.trattoriamontedonato.it – Chiuso domenica*
in agosto
Menu 30 € – Carta 27/53 €
E' soprattutto con la bella stagione che si possono apprezzare i colori e i profumi
di questa trattoria tra i colli; in inverno, la terrazza si chiude, ma il bel panorama
rimane sempre a portata di occhi. La cucina - abbondante e tipica - conquista
ogni palato.

X **All'Osteria Bottega** 🛋 AC

via Santa Caterina 51 ✉ *40123 –* ☏ *0 51 58 51 11 – Chiuso*   Pianta: D2**b**
agosto, domenica e lunedì
Menu 35/50 € – Carta 29/57 € – (consigliata la prenotazione)
Roccaforte della cucina bolognese, in una sala tanto semplice quanto autenticamente familiare e conviviale, arrivano i migliori salumi emiliani, le paste fresche
e le carni della tradizione.

X **Scaccomatto** AC ✗

via Broccaindosso 63/b ✉ *40125 –* ☏ *0 51 26 34 04*   Pianta: G2**a**
– www.ristorantescaccomatto.com – Chiuso agosto e lunedì a mezzogiorno
Menu 45/50 € – Carta 38/69 €
A dispetto della semplicità del locale e dei tavoli ravvicinati, è uno dei migliori ristoranti in città: creatività mediterranea, sia pesce sia carne, in piatti colorati e saporiti.

X **Antica Trattoria della Gigina** ♿ AC ⇔

via Stendhal 1 ✉ *40128 –* ☏ *0 51 32 23 00*   Pianta: B1**b**
– www.trattoriagigina.it – Chiuso 3 settimane in agosto
Carta 26/49 €
Gigina, la fondatrice, ne sarebbe orgogliosa: dopo più di mezzo secolo dall'apertura di questa roccaforte della tradizione gastronomica emiliana, in menu campeggiano ancora i classici del "repertorio".

✗ **Eataly** AK

via degli Orefici 19 ✉ *40124 –* ✆ *05 10 95 28 20* Pianta: F2**c**
– www.eataly.it
Carta 27/49 €
All'interno di un grande bookshop - dislocati su piani diversi - bar, ristorante e osteria: si mangia fra gli scaffali dei libri e delle selezioni gastronomiche targate Eataly. Un punto di eccellenza culinaria in un'originale location!

✗ **Aroma de Roma** AK

via Alessandrini 19/D ✉ *40126 –* ✆ *0 51 24 74 10* Pianta: F1**a**
– www.aromaderoma.com – Chiuso 7-30 agosto, domenica
Carta 26/44 € – *(solo a cena escluso sabato)* (consigliata la prenotazione)
No, non vi sbagliate! Siamo proprio nella città dotta, sebbene questa caratteristica trattoria si faccia apprezzare per le sue specialità gastronomiche romane - dal cacio e pepe alle braciole d'abbacchio - servite ai piccoli tavoli, sotto cimeli sportivi della magica Roma (appesi a un filo, come un bucato steso, maglia, calzoncini e calze del "pupone", alias Francesco Totti).

✗ **Danilo e Patrizia** AK P

via del Pilastro 1 ✉ *40127 –* ✆ *05 16 33 25 34 – Chiuso* Pianta: C1**a**
27 dicembre-3 gennaio, 15 giorni in agosto, domenica sera e lunedì
Menu 18/40 € – Carta 25/48 € – (consigliata la prenotazione)
La sfoglia viene tirata a mano e i tortellini preparati in maniera tradizionale, in questa caratteristica trattoria, dove gustare specialità emiliane, soprattutto a base di funghi e tartufo.

✗ **Vicolo Colombina** N AK

Vicolo Colombina 5/b ✉ *40124 –* ✆ *0 51 23 39 19* Pianta: F2**f**
– www.vicolocolombina.it – Chiuso 1 settimana a gennaio e martedì in agosto
Carta 29/54 € – (consigliata la prenotazione)
In pienissimo centro storico fra i vicoletti adiacenti il mercato e piazza Maggiore, piatti tendenzialmente tradizionali leggermente rielaborati in chiave contemporanea; due salette piuttosto moderne negli arredi e discreta lista dei vini. Un buon riferimento per chi visita la città!

BOLSENA

Viterbo (VT) – ✉ 01023 – 4 072 ab. – Alt. 350 m – Carta regionale n° **7-A1**
▶ Roma 138 km – Viterbo 31 km – Perugia 91 km – Terni 85 km
Carta stradale Michelin 563-O17

🏨 **Holiday** AK P

viale Diaz 38 – ✆ *07 61 79 69 00 – www.bolsena.com – Chiuso*
8 gennaio-26 febbraio
23 cam ⌑ – ♦90/160 € ♦♦90/160 €
In riva al lago, in zona leggermente decentrata, una grande villa anni '50 con ampio, curato giardino e piscina. Camere in stile classico, arredate con mobili di pregio. Bella e luminosa sala da pranzo.

🏨 **Royal** AK P

piazzale Dante Alighieri 8/10 – ✆ *07 61 79 70 48 – www.bolsenahotel.it*
37 cam ⌑ – ♦50/70 € ♦♦80/110 €
Eleganti salotti e piacevole piscina, in un albergo storico che offre camere di tono classico: un soggiorno in riva al lago, coccolati dalla bellezza del paesaggio.

🏨 **Columbus** AK P

viale Colesanti 27 – ✆ *07 61 79 90 09 – www.hotelcolumbusbolsena.it*
– Aperto 27 marzo-1° novembre
36 cam – ♦48/74 € ♦♦64/92 € – ⌑ 5 €
Alla fine del viale, sulla piazza prospiciente il lago, una piacevole struttura con spazi comuni di buon livello e camere confortevoli. E' il pesce il primo attore del menu del ristorante La Conchiglia: di mare o di lago si presta ad ottime ricette mediterranee. La carta, però, annovera anche qualche piatto di terra.

219

BOLZANO

(BZ) – ⊠ 39100 – 106 110 ab. – Alt. 262 m – Carta regionale n° **19-D3**
▶ Roma 641 km – Innsbruck 118 km – Belluno 113 km – Trento 59 km
Carta stradale Michelin 562-C16

H. Krinitz / hemis.fr

🟢 Alberghi

🏨 Parkhotel Laurin
via Laurin 4 – ℰ 04 71 31 10 00 – www.laurin.it   Pianta: B1**e**
100 cam ☐ – 🛏119/231 € 🛏🛏174/309 € – **7 suites**
Rist *Laurin* – Vedere selezione ristoranti
Chi ama i fasti d'inizio Novecento troverà al Laurin tutta l'espressione di un'epoca favolosa, dal sontuoso palazzo che lo ospita ai saloni affrescati, nonché un esclusivo privilegio: un parco con alberi secolari nel cuore della città. Camere più sobrie, bagni in marmo.

🏨 Greif
piazza Walther – ℰ 04 71 31 80 00 – www.greif.it   Pianta: B1**n**
33 cam ☐ – 🛏130/254 € 🛏🛏194/327 €
Cinquecento anni di storia, da due secoli gestito dalla stessa famiglia, oggi felice connubio di antico e moderno: le camere - per metà circa affacciate su piazza Walther - sono decorate da artisti contemporanei, ma anche impreziosite da mobili d'epoca.

🏨 Stadt Hotel Città
piazza Walther 21 – ℰ 04 71 97 52 21 – www.hotelcitta.info   Pianta: B1**a**
99 cam ☐ – 🛏88/125 € 🛏🛏126/190 €
L'albergo ha festeggiato il secolo di vita ed è tanto amato dai turisti quanto dai bolzanini che ne frequentano l'ottimo caffè. Le camere sono arredate in un piacevole stile contemporaneo e in diverse le finestre si aprono su piazza Walther.

🏨 Parkhotel Luna Mondschein
via Piave 15 – ℰ 04 71 97 56 42 – www.hotel-luna.it   Pianta: B1**c**
79 cam ☐ – 🛏89/152 € 🛏🛏130/195 € – **4 suites**
Rist *Lunas* – Vedere selezione ristoranti
Circondato da un bel parco giardino, questo hotel di tradizione offre il vantaggio di essere in zona centralissima, ma con un ampio garage, e piccola area benessere.

🏨 Magdalenerhof
via Rencio 48, per via Renon - B1 – ℰ 04 71 97 82 67
– www.bolzano-hotel-bozen.com
48 cam ☐ – 🛏85/115 € 🛏🛏125/145 € – **11 suites**
Edificio in tipico stile tirolese in posizione tranquilla, dalla gestione diretta ed attenta ai dettagli, presenta stanze di buon livello. La cucina spazia da una linea regionale classica a piatti anche di mare. Sprigiona fascino da ogni angolo, l'elegante dépendance Magdalener Suite & Lounge con camere minimal-chic, quasi una moderna rivisitazione delle classiche linee altoatesine, accessori all'avanguardia e, al piano terra, spazi comuni molto intriganti.

BOLZANO

Scale: 0 — 300 m

🏠 **Figl** ⊕ ♿ AC

piazza del Grano 9 – 𝒞 04 71 97 84 12 – www.figl.net — Pianta: **B1p**
– Chiuso 7-27 febbraio e 21 giugno-10 luglio
23 cam – ♦87/110 € ♦♦122/135 € – ☕ 14 € – **1 suite**
Ospitalità di tono familiare e per certi versi piacevolmente informale in un piccolo ma grazioso hotel del centro, con soluzioni all'avanguardia. Spazi comuni ridotti.

🔴 Ristoranti

𝕏𝕏𝕏 **Laurin** – Parkhotel Laurin   🌿 🛋 AC 🗴

via Laurin 4 – 𝒞 04 71 31 10 00 — Pianta: **B1e**
– www.laurin.it/it/ristorante/restaurant-laurin/ – Chiuso 6 gennaio-7 febbraio
Menu 35/85 € – Carta 47/83 € – *(chiuso domenica in inverno)*
Nella sontuosa cornice dell'hotel Laurin, il giovane cuoco delizia i clienti con una cucina che reinterpreta i classici italiani, rivisitandoli con estro: è un'inarrestabile carrellata dai monti al mare.

𝕏𝕏 **Loewengrube**   🎋 🛋 🗴

💰 *piazza della Dogana 3 – 𝒞 04 71 97 00 32* — Pianta: **B1g**
– www.loewengrube.it – Chiuso domenica e giorni festivi
Menu 25 € (pranzo in settimana)/80 € – Carta 37/87 €
Si narra che un tempo qui, nella "fossa dei leoni", venisse gettato chi non pagava il dazio della dogana. Trattoria dal 1500, cantina con tavolo prenotabile del 1200, oggi elegante ristorante con stube ed una delle migliori cucine di Bolzano.

XX **Lunas** – Parkhotel Luna Mondschein
via Piave 15 – ℰ 04 71 98 00 01 – www.lunas.bz.it   Pianta: B1**c**
Carta 37/77 €
Nonostante sia il ristorante di un albergo, il locale è ben conosciuto in città, sia per la sua gradevole location nel giardino, dove in estate si mangia rinfrescati dall'ombra degli alberi, sia per la cucina che spazia dalla tradizionale altoatesina ai classici italiani.

X **Vögele**
via Goethe 3 – ℰ 04 71 97 39 38 – www.voegele.it   Pianta: A1**b**
– Chiuso domenica e giorni festivi
Carta 23/65 €
Un'istituzione in città, le cui radici si perdono nel Medioevo. Oggi si può mangiare sotto il passaggio dei portici, nella romantica stube o nell'atmosfera più borghese delle sale al primo piano. Ovunque vi sediate, vi aspetta una cucina locale e qualche piatto di pesce.

X **Forsterbräu Central**
via Goethe 6 – ℰ 04 71 97 72 43 – www.forsterbrau.it   Pianta: A1**f**
– Chiuso domenica escluso dicembre
Carta 38/67 €
Storico indirizzo cittadino nato nell'Ottocento come birrificio e successivamente trasformato in ristorante. Ancora oggi tuttavia gli amanti della birra troveranno in carta più di una traccia, insieme ad altre gradevoli proposte gastronomiche.

a Colle di Villa Sud : 12 km A2 – ⌧ 39100 Bolzano

X **Colle-Kohlern**
– ℰ 04 71 32 99 78 – www.albergocolle.com – Aperto 15 dicembre-3 gennaio e 29 aprile-6 novembre
Carta 35/64 € – *(chiuso lunedì)* (prenotazione obbligatoria la sera)
18 cam ⌧ – ♦105/150 € ♦♦200/280 €
Con la pazienza di seguire diversi tornanti, vi si può accedere con la macchina sino a dominare Bolzano dall'alto, ma i più romantici sceglieranno di raggiungerlo con la prima funivia al mondo, costruita nel 1908. Territorio e qualche piatto di pesce in carta, non perdetevi un soggiorno nelle romantiche camere.

a Signato Nord-Est: 5 km per viale Brennero – ⌧ 39054

X **Patscheider Hof**
via Signato 178 – ℰ 04 71 36 52 67 – www.patscheiderhof.com
– Chiuso 7-31 gennaio, luglio, lunedì sera e martedì
Carta 22/66 €
In un autentico maso, cucina regionale di incontrastata qualità realizzata partendo da un'ottima materia prima: tra i nostri preferiti, il tris di canederli!

BOLZANO VICENTINO
Vicenza (VI) – ⌧ 36050 – 6 547 ab. – Alt. 45 m – Carta regionale n° **22-B1**
▶ Roma 533 km – Padova 41 km – Treviso 54 km – Vicenza 13 km
Carta stradale Michelin 562-F16

X **Locanda Grego**
via Roma 24 – ℰ 04 44 35 05 88 – www.ristorantegrego.it – Chiuso1°-6 gennaio e 10-31 agosto
Menu 45 € – Carta 21/50 € – *(chiuso mercoledì sera e domenica sera, in luglio-agosto chiuso sabato e domenica)*
15 cam ⌧ – ♦70/110 € ♦♦95/150 €
Tra i tavoli di una locanda che esiste dagli inizi dell'Ottocento, proposte di cucina regionale con piatti preparati secondo stagione e tradizione. Le camere sono state rinnovate per offrire un'accoglienza di gusto contemporaneo pur mantenendo il peculiare carattere di calore e familiarità che contraddistingue la casa.

BOLZONE – Cremona (CR) ➜ Vedere Ripalta Cremasca

BOMPORTO

Modena (MO) – ✉ 41030 – 10 155 ab. – Alt. 25 m – Carta regionale n° 5-B2
▶ Roma 417 km – Bologna 50 km – Modena 16 km – Reggio nell'Emilia 47 km
Carta stradale Michelin 562-H15

a Sorbara Nord-Ovest : 4 km

🏠 Rosso Frizzante   ⌖ ⅍ 🚗

via Falcone Borsellino 66 – ✆ 0 59 90 29 31 – www.rossofrizzante.it – Chiuso
24 dicembre-6 gennaio e 7-25 agosto
40 cam 🛏 – ♦49 € ♦♦150 €
Il nome dell'albergo rende omaggio al lambrusco che proprio a Sorbara ha una
delle sue doc. Offre camere spaziose, semplici e moderne; i prezzi contenuti
sono un ulteriore vantaggio, frutto della riduzione dei costi di servizio (la colazione ad esempio è self-service).

BONAGIA – Trapani (TP) ➜ Vedere Valderice

BONASSOLA

La Spezia (SP) – ✉ 19011 – 889 ab. – Carta regionale n° 8-D2
▶ Roma 456 km – La Spezia 38 km – Genova 83 km – Massa 72 km
Carta stradale Michelin 561-J10

🏠 Delle Rose   ⌖ 🔲 ⅍

via Garibaldi 8 – ✆ 01 87 81 37 13 – www.hoteldellerosebonassola.it
– Aperto 9 aprile-16 ottobre
25 cam 🛏 – ♦60/120 € ♦♦90/140 €
Sulla piazza di questo bel borgo di mare, a pochi passi dalla spiaggia, solida
gestione familiare che garantisce un'attenta ospitalità. E la giornata inizia sotto
una buona stella, grazie alla prima colazione al roof garden panoramico, dove è
anche possibile consumare light lunch di un certo livello.

🏠 Villa Belvedere   ⌖ ⇐ 🛏 🐾 🅿

via Ammiraglio Serra 15 – ✆ 01 87 81 36 22 – www.hotelvillabelvedere.eu
– Aperto da fine marzo a fine ottobre
22 cam 🛏 – ♦75/100 € ♦♦125/150 €
Piccolo albergo contornato da terrazze verdeggianti con vista mare. Gestione
attenta, camere e ambienti comuni arredati con cura e tocchi etnici qua e là.

✗ Antica Guetta   ⇐ 🍴 ⌖

via Marconi 1 – ✆ 01 87 81 37 97 – www.ristoranteanticaguetta.com – Aperto
15 marzo-15 novembre, chiuso mercoledì escluso giugno-settembre
Carta 29/55 € – (consigliata la prenotazione)
Affacciato sul mare con terrazze e veranda, simpatico ambiente dalle originali
decorazioni; sulla tavola specialità liguri con influenze partenopee e, quindi, l'immancabile pizza.

BONDENO

Ferrara (FE) – ✉ 44012 – 14 724 ab. – Alt. 11 m – Carta regionale n° 5-C1
▶ Roma 443 km – Bologna 66 km – Ferrara 20 km – Mantova 76 km
Carta stradale Michelin 562-H16

✗ Tassi   ⇦ 🔲 ⅍ ⌖ 🅿

viale Repubblica 23 – ✆ 05 32 89 30 30 – Chiuso 1°-4 gennaio
Menu 35/50 € – Carta 32/58 € – (chiuso domenica sera e lunedì)
10 cam 🛏 – ♦45/75 € ♦♦45/75 €
Attivo dal 1918, in questo storico locale si cucina - ancora oggi - la "salama da
sugo", esattamente come 50 anni fa. Ad essa si sono aggiunte, la pasta (rigorosamente tirata con il mattarello), i celebri bolliti, la lingua di cinghiale affumicata e
cotta nel vino rosso, nonché qualche palmipede delle vicine zone lagunari. Senza
carta, tutto a voce!

BONDONE (Monte)

Trento (TN) – 670 ab. – Alt. 2 098 m – Carta regionale n° **19-B3**
▶ Roma 599 km – Trento 24 km – Bolzano 85 km – Riva del Garda 57 km
Carta stradale Michelin 562-D15

a Vason Nord : 2 km – ⊠ 38123 Vaneze – Alt. 1 561 m

Le Blanc Hotel & Spa

località Vason 64 – ☏ 04 61 94 74 57 – www.leblanchotelspa.com – Aperto
1° dicembre-Pasqua e 15 giugno-15 settembre
80 cam ⌁ – ♦70/135 € ♦♦85/155 €
Moderno e lineare, con ampie vetrate panoramiche, le sue camere spaziose lo rendono ideale per famiglie con figli al seguito (vicino alla hall c'è un piccolo spazio riservato ai bambini e – in stagione – è presente anche un'animatrice). Massaggi, bagno turco e piscina coperta attendono l'ospite presso il centro benessere.

Alpine Mugon

località Vason 118 – ☏ 04 61 94 71 16 – www.mugon.it – Aperto inizio
dicembre-inizio aprile e 15 giugno-15 settembre
44 cam ⌁ – ♦55/150 € ♦♦100/290 €
Albergo montano di ultima generazione, funzionale e lineare nel suo stile asciutto che abbina legno e modernità. Si sottolinea la completezza dei servizi, tra cui il bel centro benessere con grande piscina coperta.

Chalet Caminetto

strada di Vason 139 – ☏ 04 61 94 82 00 – www.chaletcaminetto.it
– Aperto 6 dicembre-10 aprile e 20 giugno-10 settembre
31 cam ⌁ – ♦45/90 € ♦♦60/150 €
Appena oltre il passo, albergo alpino con l'appeal del piccolo, ma attrezzato, centro benessere con minuscola beauty (a pagamento) e camere con balcone: il tutto, sotto la diretta supervisione dei titolari!

BONFERRARO

Verona (VR) – ⊠ 37060 – Alt. 20 m – Carta regionale n° **23-A3**
▶ Roma 483 km – Verona 35 km – Ferrara 77 km – Mantova 19 km
Carta stradale Michelin 562-G15

Sarti

via Don Giovanni Benedini 1 – ☏ 04 57 32 02 33 – www.ristorantesarti.it – Chiuso
9-31 agosto e martedì
Menu 25/45 € – Carta 24/57 €
Ristorante classico, a conduzione familiare ed elegante negli arredi, propone una cucina tradizionale, nonché un'ampia carta di vini e distillati. Tra i nostri piatti preferiti la "contadina": salame, pancetta, pepata, polenta, gras pistà e funghetti all'agro. E per finire in dolcezza, l'immancabile sbrisolona!

BORCA DI CADORE

Belluno (BL) – ⊠ 32040 – 768 ab. – Carta regionale n° **23-C1**
▶ Roma 655 km – Venezia 144 km – Belluno 56 km – Cortina d'Ampezzo 15 km
Carta stradale Michelin 562-C18

Antelao

via Roma 11 – ☏ 04 35 48 25 63 – www.hotelantelao.it
33 cam ⌁ – ♦70/210 € ♦♦98/380 €
Sulla strada per la mondana Cortina, camere moderne con grande profusione di legno in un hotel che dispone di un centro benessere presso la struttura stessa e di un altro molto grande - in gestione - a circa 800 m (servizio navetta a disposizione degli ospiti). Piatti cadorini, ampezzani e regionali al ristorante: filetti di carne, tra le specialità della casa.

BORDIGHERA

Imperia (IM) – ⊠ 18012 – 10 453 ab. – Carta regionale n° **8-A3**
▶ Roma 656 km – Imperia 43 km – Genova 155 km – San Remo 13 km
Carta stradale Michelin 561-K4

Grand Hotel del Mare Resort & SPA
*via Portico della Punta 34, Est: 2 km – ℰ 01 84 26 22 01
– www.grandhoteldelmare.it*
44 cam ⌷ – ♛120/420 € ♛♛120/420 € – **20 suites**
In posizione isolata su una punta costiera, moderna struttura con generosi spazi comuni. Di due tipologie le camere: alcune con arredi d'epoca, altre di tono più classico, tutte affacciate sul mare. Ampie vetrate illuminano l'ariosa sala da pranzo arredata con eleganza d'impronta classica.

Piccolo Lido
lungomare Argentina 2 – ℰ 01 84 26 12 97 – www.hotelpiccololido.it – Chiuso 1° ottobre-24 dicembre
33 cam ⌷ – ♛75/190 € ♛♛92/200 €
Recentemente dotata di una piacevole terrazza-solarium con vista sul mare, offre interni nei quali dominano i colori pastello e camere fresche dall'arredo fantasioso. All'inizio della passeggiata lungomare.

Villa Elisa
via Romana 70 – ℰ 01 84 26 13 13 – www.villaelisa.com – Aperto 23 dicembre-8 gennaio e 15 febbraio-11 novembre
30 cam ⌷ – ♛80/110 € ♛♛115/180 € – **2 suites**
Lungo la strada che ha visto i fasti della belle époque, una villa circondata da un incantevole giardino in cui aleggiano fragranze di aranci, limoni e ulivi. Interni d'atmosfera. Cucina ligure e più ampiamente marinara al ristorante l'Aranceto.

Le Chaudron
via Vittorio Emanuele 7 – ℰ 01 84 26 35 92 – Chiuso 12-31 gennaio e lunedì
Menu 40 € – Carta 37/100 €
E' in un vecchio deposito merci vicino al lungomare che questo ristorante di famiglia ha trovato posto; dell'epoca rimane il suggestivo soffitto in mattoni e a volte sotto cui si mangia, il resto dell'arredo è nelle mani della fantasia.

Romolo Mare
*lungomare Argentina 1 – ℰ 01 84 26 11 05 – www.romolomare.it
– Chiuso 7-31 gennaio, martedì sera e mercoledì escluso dal 15 giugno al 15 settembre*
Menu 19 € (pranzo in settimana) – Carta 31/82 €
In splendida posizione sulla spiaggia di fine passeggiata, piatti a base di pesce per rifocillarsi dopo una bella nuotata o per una cena ad alto tasso di romanticismo.

Magiargè Vini e Cucina
*piazza Giacomo Viale, centro storico – ℰ 01 84 26 29 46 – www.magiarge.it
– Chiuso 1 settimana in giugno, 3 settimane in novembre e lunedì*
Menu 19/25 € – Carta 32/52 € – (solo a cena in luglio-agosto) (consigliata la prenotazione)
Caratteristico e vivace, nell'affascinante centro storico, le salette sembrano scavate nella roccia, coperte da un soffitto a volta. Nessuna sorpresa dalla cucina: cappon magro, stoccafisso mantecato "brandacujon", ciuppin alla sanremasca (zuppa di pesce). La Liguria è tutta nel piatto!

BORGARO TORINESE
Torino (TO) – ⊠ 10071 – 13 599 ab. – Alt. 254 m – Carta regionale n° **12-A1**
▶ Roma 691 km – Torino 14 km – Asti 77 km – Biella 76 km
Carta stradale Michelin 561-G4

Atlantic
via Lanzo 163 – ℰ 01 14 50 00 55 – www.hotelatlantic.com
150 cam ⌷ – ♛75/180 € ♛♛95/250 €
Rist *Il Rubino* – Vedere selezione ristoranti
Nuova spa con trattamenti all'avanguardia e belle camere, alcune addirittura con angolo cottura per lunghi soggiorni, in una risorsa dagli ampi ambienti destinati all'attività congressuale.

XX **Il Rubino** – Hotel Atlantic   ＆ ⒶⓀ ⇔

🕮 via Lanzo 163 – 𝒞 01 14 50 00 55 – www.hotelatlantic.com
Menu 23/45 € – Carta 31/63 € – *(chiuso domenica)*
Ci sono tutti i presupposti per scegliere questo indirizzo: spazi ampi, proposte regionali e nazionali, ambiente curato e accogliente. Difficile uscirne non soddisfatti!

BORGHETTO – Verona (VR) ➜ Vedere Valeggio sul Mincio

BORGHETTO DI BORBERA

Alessandria (AL) – ✉ 15060 – 1 980 ab. – Alt. 295 m – Carta regionale n° **12-D3**
▶ Roma 550 km – Pavia 81 km – Alessandria 55 km – Genova 56 km
Carta stradale Michelin 561-H8

X **Il Fiorile**   ⇔ 🐾 🛋 🏡 🚿 🅿

😊 via XXV Aprile 6, frazione Castel Ratti, Sud-Est: 2 km – 𝒞 01 43 69 73 03
– www.ilfiorile.com – Chiuso 11 gennaio-11 febbraio, in autunno e inverno aperto solo su prenotazione
Menu 35 € – Carta 23/46 € – *(chiuso domenica sera, lunedì e martedì) (solo a cena)*
6 cam ⌑ – †65/70 € ††70/80 €
Quasi come in una cartolina, il calore di un vecchio fienile immerso nel silenzio dei boschi induce a riscoprire i profumi e le ricette del passato: trofie di castagne e montébore, filetto di maiale brasato all'anice, soufflé di fondente su crema di vaniglia.

BORGIO VEREZZI

Savona (SV) – ✉ 17022 – 2 233 ab. – Carta regionale n° **8-B2**
▶ Roma 576 km – Genova 77 km – Imperia 49 km – Savona 30 km
Carta stradale Michelin 561-J6

XXX **Doc**   🏡 🏮 🍴 ⇔

via Vittorio Veneto 1 – 𝒞 0 19 61 14 77 – www.ristorantedoc.it – Chiuso lunedì, anche martedì da ottobre a maggio
Carta 48/76 € – *(solo a cena)*
All'interno di una signorile villetta d'inizio secolo adornata da un grazioso giardino - a cui si è aggiunto un nuovo spazio adibito ad arte ed eventi - un ristorante dall'ambiente raccolto e curato, in cui godere di una certa eleganza.

XX **Da Casetta**   🏮

😊 piazza San Pietro 12 – 𝒞 0 19 61 01 66 – Chiuso da lunedì a giovedì in ottobre-aprile, solo martedì negli altri mesi
Carta 25/60 € – *(solo a cena escluso sabato e domenica) (consigliata la prenotazione)*
Una piacevole passeggiata attraverso il centro storico, vi condurrà fino a questo caratteristico ristorante che propone piatti legati alle tradizioni gastronomiche locali: cappon magro, lumache alla verezzina, frittura alla ligure di verdure.

BORGO A MOZZANO

Lucca (LU) – ✉ 55023 – 7 093 ab. – Alt. 97 m – Carta regionale n° **18-B1**
▶ Roma 364 km – Pisa 43 km – Firenze 94 km – Lucca 22 km
Carta stradale Michelin 563-K13

 Milano   ⇞ 🖻 ＆ 🛁 🅿

via del Brennero, 9, località Socciglia, Sud-Est: 1,5 km – 𝒞 05 83 88 91 91
– www.hotelmilano-lucca.it – Chiuso 2-15 gennaio
34 cam ⌑ – †45/60 € ††80/120 €
Sulle rive del Serchio, un hotel ecofriendly la cui attenta conduzione diretta ha fatto sì che fossero apportate - nel corso degli anni - molte migliorie: ampie camere, un po' più moderne quelle recentemente ristrutturate. Stile retrò per il ristorante dalla calda atmosfera.

BORGO FAITI – Latina (LT) ➜ Vedere Latina

BORGOMANERO

Novara (NO) – ⊠ 28021 – 21 757 ab. – Alt. 307 m – Carta regionale n° **13-A3**

▶ Roma 650 km – Stresa 29 km – Novara 33 km – Milano 74 km

Carta stradale Michelin 561-E7

XX **Pinocchio**   🏵 ⛄ 🌳 AK ⇔ P

    via Matteotti 147 – ℰ 0 32 28 22 73 – www.ristorantepinocchio.it
    – Chiuso vacanze di Natale, 13-22 agosto e mercoledì
    Menu 55/80 € – Carta 43/95 € – (consigliata la prenotazione)
    Circondato da un delizioso giardino, dove viene anche svolto il servizio estivo, un elegante ristorante che continua a proporre una cucina tra passato e presente, tradizioni del territorio piemontese (piatti di carne e pesce di lago) ed interpretazioni più raffinate: una fusione che sorprende per naturalezza ed armonia del risultato.

BORGO MOLARA – Palermo (PA) ➜ Vedere Palermo

BORGONATO – Brescia (BS) ➜ Vedere Corte Franca

BORGONOVO VAL TIDONE

Piacenza (PC) – ⊠ 29011 – 7 881 ab. – Alt. 114 m – Carta regionale n° **5-A1**

▶ Roma 542 km – Piacenza 23 km – Pavia 41 km – Milano 63 km

Carta stradale Michelin 561-G10

XXX **La Palta** (Maria Luisa Mazzocchi)   🏵 AK P

🌸   *località Bilegno, Sud Est: 3 km – ℰ 05 23 86 21 03 – www.lapalta.it*
    – Chiuso 10 giorni in gennaio, 20 giorni in luglio e lunedì
    Carta 45/78 €
    In una sperduta frazione nella campagna piacentina, per una volta la retorica della finta trattoria cede il passo ad un locale moderno, dove la cucina aspira a preparazioni creative - ben presentate - con qualche richiamo alla tradizione locale: in particolare, i salumi rigorosamente stagionati in casa.
    ➜ Tagliolini alle biete con lumache affumicate su trucioli di ciliegio. Piccione arrostito con foglie e more di gelso. Cannoli di ricotta con sorbetto al sedano su zuppa di albicocche.

BORGO PANIGALE – Bologna (BO) ➜ Vedere Bologna

BORGO PRIOLO

Pavia (PV) – ⊠ 27040 – 1 398 ab. – Alt. 144 m – Carta regionale n° **9-B3**

▶ Roma 572 km – Alessandria 60 km – Pavia 31 km – Milano 68 km

Carta stradale Michelin 561-H9

🏠 **Agriturismo Torrazzetta**   🌾 🐾 ⛄ 🛋 ※ AK 🚲 P

    frazione Torrazzetta 1, Nord-Ovest: 2 km – ℰ 03 83 87 10 41 – www.torrazzetta.it
    – Chiuso 10 giorni in agosto
    32 cam ▭ – ♦55/90 € ♦♦75/100 €
    Camere semplici e funzionali, alcune soppalcate, in una grande cascina immersa nel verde e dal piacevole côté rustico. Se ad occuparsi della cucina è il figlio dei titolari, per i vini ci si affida esclusivamente alla produzione propria; il sabato sera e la domenica a pranzo, si può approfittare del menu degustazione, che include una panoramica di piatti tipici.

BORGORICCO

Padova (PD) – ⊠ 35010 – 8 703 ab. – Alt. 18 m – Carta regionale n° **23-C2**

▶ Roma 511 km – Venezia 51 km – Padova 18 km – Treviso 40 km

Carta stradale Michelin 562-F17

XX **Storie d'Amore**   🏵 🌳 & AK ⇔ P

    via Desman 418, località San Michele delle Badesse – ℰ 04 99 33 65 23
    – www.storiedamorerestaurant.it – Chiuso 10 giorni in gennaio, 1 settimana in luglio e giovedì
    Menu 60/100 € – Carta 43/107 € – (prenotazione obbligatoria)
    Non lontano dalla città di Padova, una piacevole pausa gastronomica all'insegna della modernità con piatti di terra e di mare, accompagnati da un'interessante selezione enologica. Un po' alla moda, un po' romantico: sicuramente un ottimo indirizzo!

BORGO SAN LORENZO

Firenze (FI) – ✉ 50032 – 18 241 ab. – Alt. 193 m – Carta regionale n° **18-C1**
▶ Roma 296 km – Firenze 34 km – Bologna 100 km – Forlì 89 km
Carta stradale Michelin 563-K16

 Park Hotel Ripaverde
viale Giovanni XXIII 36 – ☎ 05 58 49 60 03 – www.ripaverde.it
54 cam ⌂ – †75/242 € ††95/242 € – **3 suites**
La struttura mantiene immutate le sue caratteristiche di comodità ed elevato livello di confort in virtù di una gamma completa di servizi. Bella la zona piscina servita anche da un bar.

sulla strada statale 302 Sud-Ovest : 15 km :

 **Casa Palmira**
località Feriolo-Polcanto ✉ 50032 – ☎ 05 58 40 97 49 – www.casapalmira.it
– Aperto 10 marzo-10 dicembre
6 cam ⌂ – †45/55 € ††75/95 €
Un fienile ristrutturato di un'antica casa colonica nel quale l'ospitalità ha un sapore antico e intimo. Nella verde campagna del Mugello, ci si sente come a casa di amici, ospitati in camere dal piacevole stile rustico-elegante.

BORGOSESIA

Vercelli (VC) – ✉ 13011 – 12 982 ab. – Alt. 354 m – Carta regionale n° **12-C1**
▶ Roma 674 km – Vercelli 59 km – Milano 97 km – Novara 44 km
Carta stradale Michelin 561-E6

XX **Casa Galloni 1669**
via Cairoli 42 – ☎ 0 16 32 32 54 – Chiuso domenica sera e lunedì
Carta 31/55 €
Nel centro storico, una casa intima e raccolta sin dalla corte interna che si attraversa per salire alle tre sale: cucina della tradizione, abilmente rivisitata, e servizio solo serale alla Stube con salumi, formaggi, qualche piatto classico, nonché vini al bicchiere.

BORGO VAL DI TARO

Parma (PR) – ✉ 43043 – 7 043 ab. – Alt. 411 m – Carta regionale n° **5-A2**
▶ Roma 473 km – La Spezia 73 km – Parma 72 km – Reggio nell'Emilia 103 km
Carta stradale Michelin 562-I11

 **Agriturismo Cà Bianca**
località Ostia Parmense 84, Nord-Est: 7 km – ☎ 0 52 59 84 86
– www.agriturismocabianca.it – Chiuso 11 gennaio-15 marzo
7 cam ⌂ – †56/70 € ††80/100 €
Ai bordi di un affluente del Taro, un piacevole cascinale interamente ristrutturato: camere con arredi d'epoca e recuperati da vari mercatini. Uno scrigno fiabesco!

BORGO VALSUGANA

Trento (TN) – ✉ 38051 – 6 939 ab. – Alt. 380 m – Carta regionale n° **19-C3**
▶ Roma 591 km – Trento 36 km – Venezia 137 km – Vicenza 93 km
Carta stradale Michelin 562-D16

 Locanda in Borgo
corso Ausugum 90 – ☎ 04 61 75 71 03 – www.locandainborgo.it
15 cam ⌂ – †45/55 € ††90/100 €
L'antico palazzo sorto in pieno centro a fine Settecento rinasce come accogliente e raffinata locanda, mentre il passato rivive in parte nei pavimenti, ma anche nei serramenti fantasiosamente "riciclati" in alcune testiere dei letti o per creare una dispensa con i sapori del territorio. A soli 5 km da Arte Sella.

BORGO VERCELLI

Vercelli (VC) – ✉ 13012 – 2 245 ab. – Alt. 126 m – Carta regionale n° **12-C2**
▶ Roma 640 km – Vercelli 7 km – Milano 68 km – Novara 15 km
Carta stradale Michelin 561-F7

XXX **Osteria Cascina dei Fiori**   `AC`   P

regione Forte - Cascina dei Fiori – ℰ *0 16 13 28 27 – Chiuso 15 giorni in luglio, domenica e lunedì*
Carta 38/81 €
Linea gastronomica legata al territorio, anche se non mancano alcune proposte innovative, in un ambiente rustico-elegante. Interessante scelta enologica.

BORGO VIRGILIO – Mantova (MN) → Vedere Mantova

BORMIO
Sondrio (SO) – ✉ 23032 – 4 103 ab. – Alt. 1 225 m – Carta regionale n° **9-C1**
◼ Roma 704 km – Sondrio 64 km – Bolzano 123 km – Trento 139 km
Carta stradale Michelin 561-C13

 Eden

via Funivie 3 – ✉ 23032 Bormio – ℰ *03 42 91 16 69 – www.edenbormio.it – Chiuso maggio, ottobre e novembre*
21 suites ⌷ – ♦♦400/700 € – 6 cam
Rist *Umami* ✿ – *Vedere selezione ristoranti*
Si differenzia dai tipici alberghi alpini sin dall'esterno, quattro torrette in legno collegate, semplici ed essenziali. L'elegante sobrietà continua all'interno nelle ampie camere in larice, alcune con giardino privato.

 Baita dei Pini

via Don Peccedì 15 – ℰ *03 42 90 43 46 – www.baitadeipini.com – Aperto 1° dicembre-30 aprile e 1° giugno-30 settembre*
30 cam ⌷ – ♦60/140 € ♦♦100/300 € – **7 suites**
Vicino al centro storico, agli impianti di risalita e alle terme, l'hotel dispone di spazi comuni riscaldati da scoppiettanti camini, romantiche camere interamente avvolte nel legno e raffinate suite impreziosite da tappeti persiani. Piatti valtellinesi, ma non solo, nella tipica stube o nell'elegante sala da pranzo.

 Genzianella   P

via Funivie, angolo via Zandilla 6 – ℰ *03 42 90 44 85 – www.genzianella.com – Aperto 4 dicembre-10 aprile e 25 maggio-20 settembre*
39 cam ⌷ – ♦80/200 € ♦♦99/300 € – **1 suite**
Legno, stoffe preziose, stufe antiche ed alcuni mobili di antiquariato locale si sono dati appuntamento qui per creare un ambiente accogliente, fortemente personalizzato. Praticamente di fronte agli impianti di risalita, l'hotel è ideale anche per le famiglie. Ristorante classico e piccola, caratteristica, stube.

 **Alù**

via Btg. Morbegno 20 – ℰ *03 42 90 45 04 – www.hotelalu.it – Aperto 5 dicembre-15 aprile e 15 giugno-15 settembre*
30 cam – ♦68/130 € ♦♦120/250 € – ⌷ 15 €
A pochi metri di distanza dalla partenza della funivia per Bormio2000, una risorsa molto curata con camere rinnovate in un moderno stile montano ed un grazioso centro benessere. Ristorante d'albergo dalle sale "calde" e signorili.

 Miramonti Park Hotel

via Milano 50 – ℰ *03 42 90 33 12 – www.miramontibormio.it*
50 cam ⌷ – ♦80/150 € ♦♦120/200 €
C'è di tutto nel nuovissimo centro benessere "The Flower": palestra, piscina con idromassaggio e doccia cervicale, biosauna, bagno turco, angolo tisaneria ed altro ancora in un albergo - appena fuori dal centro - con belle camere, di cui cinque mansardate.

🏠 **Larice Bianco**   P

via Funivie 10 – ℰ *03 42 90 46 93 – www.laricebianco.it – Aperto 5 dicembre-14 aprile e 16 giugno-19 settembre*
42 cam ⌷ – ♦60/120 € ♦♦100/200 €
In comoda posizione, nei pressi degli impianti di risalita, un hotel a conduzione familiare, confortevole e con spazi comuni di gran respiro. Giardino ombreggiato. Sala da pranzo in stile.

Agriturismo Rini ⚘ 🐾 🍴 ♿ P

via Rini Cav. Pietro 2 – 𝒞 03 42 90 12 24 – www.rini.it
14 cam ⌷ – 🛏85/132 € 🛏🛏120/250 € – **3 suites**
Per gli amanti della vita rurale, camere in legno chiaro, tessuti di buon livello e
un'intrigante vista sulla moderna stalla nella sala ristorante.

✕✕ **Umami** – Hotel Eden ♿ 🚗

via Funivie 3 ✉ 23032 Bormio – 𝒞 03 42 90 34 18
– www.umamirestaurantbormio.com – Chiuso maggio, ottobre e novembre
Menu 70/80 € – Carta 57/86 € – (consigliata la prenotazione la sera)
Due mondi così distanti, Napoli e le Alpi, s'incontrano in questo ristorante: pizzoccheri e selvaggina, ragù partenopeo e pastiera. Merito del cuoco di origini campane e della sua cucina all'insegna dell'Umami, il gusto dei sapori.
➔ Esplosione di ragù partenopeo. Capriolo bitto e karkadè. Omaggio alla montagna.

BORNO

Brescia (BS) – ✉ 25042 – 2 644 ab. – Alt. 912 m – Carta regionale n° **9-C2**
▶ Roma 622 km – Brescia 77 km – Bergamo 72 km – Milano 121 km
Carta stradale Michelin 561-E12

 Zanaglio 🐾 P

via Trieste 3 – 𝒞 0 36 44 15 20 – www.bedzanaglio.it
6 cam ⌷ – 🛏50/66 € 🛏🛏75/95 €
Il fascino di una quattrocentesca casa di montagna, con rustiche e personalizzate
salette, nonché camere di calda atmosfera.

BORROMEE (Isole) – Verbano-Cusio-Ossola (VB) ➔ Vedere Stresa

BOSA

Oristano (OR) – ✉ 08013 – 7 965 ab. – Alt. 2 m – Carta regionale n° **16-A2**
▶ Alghero 46 km – Cagliari 174 km – Nuoro 83 km – Oristano 66 km
Carta stradale Michelin 366-L42

a Bosa Marina Sud-Ovest : 2,5 km – ✉ 08013

🏠 **Al Gabbiano** ⚘ ⛵ 📶 🆒 P

viale Mediterraneo 5 – 𝒞 07 85 37 41 23 – www.hotelalgabbiano.it
35 cam ⌷ – 🛏55/75 € 🛏🛏80/120 €
Continue opere di ristrutturazione e 5 nuove camere moderne all'ultimo piano,
per questo albergo sempre molto ben tenuto dalla famiglia che lo gestisce sin
dalla sua fondazione.

BOSCO – Perugia (PG) ➔ Vedere Perugia

BOSCO CHIESANUOVA

Verona (VR) – ✉ 37021 – 3 625 ab. – Alt. 1 106 m – Carta regionale n° **23-A2**
▶ Roma 546 km – Verona 32 km – Brescia 112 km – Trento 90 km
Carta stradale Michelin 562-F15

🏠 **Lessinia** ⚘ 🐾 📶 📶 🆒 ♿ 🏃 🚗

piazzetta degli Alpini 2/3 – 𝒞 04 56 78 01 51 – www.hotellessinia.it – Chiuso
1°-30 gennaio, 11-19 giugno e 1°-19 settembre
22 cam – 🛏35/50 € 🛏🛏60/120 €
Ad un'altitudine di circa 1000 metri, camere rustiche e due belle stanze interamente in legno in una risorsa dalla gestione tipicamente familiare. Ambiente
informale e piatti del territorio al ristorante: gnocchi "sbatui" e cacciagione, tra
le specialità della casa.

BOSCO MARENGO

Alessandria (AL) – ✉ 15062 – 2 464 ab. – Alt. 121 m – Carta regionale n° **12-C2**
▶ Roma 578 km – Alessandria 15 km – Genova 81 km – Milano 96 km
Carta stradale Michelin 561-H8

✗ **Locanda dell'Olmo**   AC ☼ ⇱
☕ *piazza Mercato 7 – ☎ 01 31 29 91 86 – www.locandadellolmo.it*
– Chiuso 25 dicembre-5 gennaio, 27 luglio-21 agosto, martedì sera e lunedì
Menu 25/35 € – Carta 28/50 €
Locale sempre molto frequentato, in virtù della sua valida cucina di matrice prevalentemente regionale con agnolotti, rabattoni, brasati, ma con influenze liguri
per alcuni altri piatti come la cima, lo stoccafisso in umido o i frittini.

BOSNASCO
Pavia (PV) – ✉ 27040 – 638 ab. – Alt. 124 m – Carta regionale n° **9-B3**
▶ Roma 541 km – Milano 64 km – Pavia 26 km – Brescia 112 km

✗✗ **Lo**   🛜 ☕ AC P
via Mandelli 60, località Cardazzo, Est: 1 km – ☎ 03 85 27 20 28
– www.ristorantelo.it – Chiuso domenica
Menu 30/35 € – Carta 33/56 €
Moderno locale gestito direttamente dalla famiglia Losio: padre, madre ed il figlio
Tiziano, lo chef. A lui il compito di selezionare le migliori carni, preparare ottime
paste, proporre alcune ricette a base di pesce. In menu anche i celebri salumi
della zona.

BOSSOLASCO
Cuneo (CN) – ✉ 12060 – 702 ab. – Alt. 757 m – Carta regionale n° **14-C3**
▶ Roma 611 km – Cuneo 61 km – Asti 59 km – Savona 60 km
Carta stradale Michelin 561-I6

🏠 **La Panoramica**   ☕ ⇱ 🛏 🖥 ☕ 🚗
via Circonvallazione 1 – ☎ 01 73 79 34 01 – www.lapanoramica.com – Aperto
1° marzo-30 novembre
24 cam ☷ – †50/75 € ††60/85 €
Rist *La Panoramica* – Vedere selezione ristoranti
Dalla pianura del cuneese all'arco alpino: è la panoramica offerta di questa risorsa,
familiare e funzionale, tappa ideale per rilassarsi dalla frenetica routine quotidiana.

✗ **La Panoramica** – Hotel La Panoramica   🛏 P
☕ *via Circonvallazione 1 – ☎ 01 73 79 34 01 – www.lapanoramica.com – Aperto*
1° marzo-30 novembre; chiuso lunedì e martedì escluso in giugno-settembre
Menu 20/30 € – Carta 17/31 €
Cucina langarola e rossi vini piemontesi (Barolo, Barbaresco, nebbiolo...), ma se
preferite restare sui classici italiani, la cuoca non sdegnerà di accontentarvi. La cantina custodisce anche saporiti bianchi come l'arneis, la favorita e lo chardonnay.

BOTTANUCO
Bergamo (BG) – ✉ 24040 – 5 151 ab. – Alt. 222 m – Carta regionale n° **10-C2**
▶ Roma 609 km – Bergamo 22 km – Milano 43 km – Lecco 32 km
Carta stradale Michelin 561-F10

🏠 **Villa Cavour**   ☕ 🛏 🖥 AC 🍽 🛁 P
via Cavour 49 – ☎ 0 35 90 72 42 – www.villacavour.com – Chiuso 1°-7 gennaio e
10-30 agosto
16 cam ☷ – †68/78 € ††88/110 €
Rist *Villa Cavour* – Vedere selezione ristoranti
Molto gettonato da una clientela d'affari - in zona per le ricche attività produttive
- hotel a gestione familiare, curato e confortevole. Le camere sfoggiano arredi di
diverso stile.

✗✗ **Villa Cavour** – Hotel Villa Cavour   🛏 ☕ AC 🍽 ☼ P
via Cavour 49 – ☎ 0 35 90 72 42 – www.villacavour.com – Chiuso 1°-7 gennaio,
10-30 agosto, sabato a mezzogiorno e domenica sera
Menu 43/75 € – Carta 41/90 €
Cucina fondamentalmente classica italiana, in alcuni piatti con rivisitazioni
moderne, qualche proposta di mare e una cordialità che mette d'accordo tutti i
clienti.

BOTTICINO

Brescia (BS) – ✉ 25082 – 10 945 ab. – Alt. 153 m – Carta regionale n° **9-C1**

▶ Roma 552 km – Brescia 13 km – Milano 112 km – Verona 71 km
Carta stradale Michelin 561-F12

🍴 **Trattoria Eva** ⬅ 🏠 **P**

*via Gazzolo 75, località Botticino Mattina, Nord-Est: 2,5 km – 📞 03 02 69 15 22
– www.trattoriaeva.net – Chiuso 10 giorni in gennaio, martedì sera, escluso
giugno-settembre, e mercoledì*
Menu 12 € (pranzo in settimana)/45 € – Carta 30/51 €
Un rustico di campagna e una famiglia con un passato nel settore delle carni, ma
da sempre interessata alla ristorazione: senza dubbio un bel connubio, reso
ancora più piacevole dalla panoramica terrazza estiva! La specialità delle specialità: "Peccati di Eva", un'entrecôte da leccarsi i baffi...

BOVES

Cuneo (CN) – ✉ 12012 – 9 862 ab. – Alt. 590 m – Carta regionale n° **12-B3**

▶ Roma 641 km – Cuneo 9 km – Torino 105 km – Savona 90 km
Carta stradale Michelin 561-J4

🏠 **Trieste** 🛐 🚪 🗗 **P**

corso Trieste 33 – 📞 01 71 38 03 75 – www.albergotrieste-boves.it
17 cam 🛏 – ♗40/60 € ♗♗60/80 € – **2 suites**
Alle pendici del monte Risalta, questo piccolo hotel - rinnovato nelle zone comuni
- dispone di camere accoglienti e confortevoli, di due tipologie: standard o confort.

a Fontanelle Ovest : 2 km – ✉ 12012 Boves

🍴 **Da Politano** ⬅ 🚪 🗗 **P**

via Santuario 125 – 📞 01 71 38 03 83 – www.hotelpolitano.it
Carta 20/35 € – *(chiuso lunedì sera e martedì)*
15 cam 🛏 – ♗50/55 € ♗♗65/70 €
Nella piccola frazione di Fontanelle, a pochi metri dal Santuario Regina Pacis,
ottime materie prime danno vita a gustose ricette, fedeli alla tradizione regionale.
Graziose anche le camere.

a Rivoira Sud-Est :2 km – ✉ 12012 Boves

🏠 **Agriturismo La Bisalta** 🛐 🌿 ⬅ 🚪 ♿ **P**

via Tetti Re 5 – 📞 01 71 38 87 82 – Aperto 15 maggio-15 ottobre
5 cam – ♗45/70 € ♗♗60/80 € – 🛏 6 €
Risorsa ben organizzata, gestita con attenzione e intraprendenza. L'edificio conserva al proprio interno elementi architettonici settecenteschi di indubbio pregio.
Cucina con vari piatti a base di lumache, allevate biologicamente dai proprietari,
nel ristorante Locanda del Re.

BOZEN = BOLZANO

BRA

Cuneo (CN) – ✉ 12042 – 29 744 ab. – Alt. 290 m – Carta regionale n° **12-B3**

▶ Roma 652 km – Cuneo 47 km – Torino 61 km – Asti 44 km
Carta stradale Michelin 561-H5

🏠 **Cantine Ascheri** 🛐 🗗 ♿ **AC** **P**

via Piumati 25 – 📞 01 72 43 03 12 – www.ascherihotel.it
– Chiuso 22 dicembre-9 gennaio e 5-22 agosto
27 cam 🛏 – ♗105/115 € ♗♗140/150 €
Hotel dal design fortemente personalizzato ed originale, costruito sopra le cantine
dell'omonima azienda vinicola. Ottimi livelli di confort nelle luminose camere.

🏠 **Cavalieri** 🛐 🕌 🗗 ♿ **AC** 🔧 🚗

piazza Giovanni Arpino 37 – 📞 01 72 42 15 16 – www.hotelcavalieri.net
88 cam 🛏 – ♗95/115 € ♗♗109/149 €
Proprio di fronte al campo da hockey su prato - nella zona degli impianti sportivi
- moderna e funzionale struttura, ideale per chi si sposta per affari o per un'escursione nelle Langhe. Al ristorante, alcune tra le specialità più tipiche del territorio,
come i ravioli del "plin" o la salsiccia di Bra.

L'Ombra della Collina ⚐ **P**

via Mendicità Istruita 47 – ☎ 32 89 64 44 36 – www.lombradellacollina.it
6 cam ⌖ – ♦62 € ♦♦78 €
Il nome (leggermente modificato) si rifà al titolo di un famoso romanzo dello scrittore G. Arpino, che a Bra trascorse la propria giovinezza. Affascinante location in una corte del centro storico per questa graziosa struttura composta da sole 6 camere, tutte nello stesso stile sobrio, ma confortevole.

✕ Battaglino 🏵 AK

piazza Roma 18 – ☎ 01 72 41 25 09 – www.ristorantebattaglino.it – Chiuso 2 settimane in gennaio, 2 settimane in agosto, domenica sera e lunedì
Carta 32/40 € – (consigliata la prenotazione)
Completo rinnovo del locale nel 2014, ma è dal lontano 1919 che una gestione familiare - vivace e cortese - propone i più tradizionali piatti piemontesi: sicuramente una garanzia per chi ama questo tipo di cucina! Specialità: trippa ai porri di Cervere, agnolotti del plin fatti a mano, bollito misto (in inverno).

✕ Boccondivino 🐝 🏵 ⇔

via Mendicità Istruita 14 – ☎ 01 72 42 56 74 – www.boccondivinoslow.it – Chiuso lunedì, anche domenica escluso 1° aprile-30 maggio e 1° settembre 31 dicembre
Menu 20 € (pranzo in settimana)/35 € – Carta 26/41 €
Al primo piano di una casa di ringhiera in pieno centro storico, due salette ed una più grande tappezzata di bottiglie per una cucina fedele alla tradizione langarola: brasato di vitello al Barolo, tajarin "40 tuorli" al sugo di salsiccia di Bra, e altro ancora...

a Pollenzo Sud-Est : 7 km – ✉ 12060

Albergo dell'Agenzia ♠ 🍴 ⚐ 🏊 🎵 ⊡ ⛫ AK 🚗

via Fossano 21 – ☎ 01 72 45 86 00 – www.albergoagenzia.it – Chiuso 22 dicembre-20 gennaio
44 cam ⌖ – ♦99/240 € ♦♦126/280 € – **3 suites**
All'interno di un'ala di quella che era una tenuta reale di casa Savoia - datata 1835 - si è ricavato questo delizioso albergo le cui camere sono arredate con cura e dotate d'ogni confort. Al ristorante, la cucina del territorio.

BRACCIANO

Roma (RM) – ✉ 00062 – 19 477 ab. – Alt. 280 m – Carta regionale n° **7-B2**
▶ Roma 41 km – Viterbo 49 km – Civitavecchia 51 km – Terni 100 km
Carta stradale Michelin 563-P18

Villa Clementina ♠ 🐾 🍴 🏊 🎵 ✕ ⛫ 🎾 🚗

traversa Quarto del Lago 12/14 – ☎ 0 69 98 62 68 – www.hotelvillaclementina.it – Aperto 1° aprile-2 novembre
7 cam ⌖ – ♦110/145 € ♦♦145/185 € – **1 suite**
Bucolica posizione non lontana dal lago, per questa villa dal fascino vagamente inglese con un curato giardino punteggiato di fiori, piscina, campo da tennis. L'ottima tenuta e la personalizzazione delle ampie camere - con affreschi dipinti dal titolare stesso - sono altri punti di forza della struttura.

BRAIES (PRAGS)

Bolzano (BZ) – ✉ 39030 – 634 ab. – Alt. 1 383 m – Carta regionale n° **19-D1**
▶ Roma 744 km – Cortina d'Ampezzo 47 km – Bolzano 106 km – Brennero 97 km
Carta stradale Michelin 562-B18

Erika ♠ 🎵 ⊡ ⛫ **P**

via Braies di Fuori 66 – ☎ 04 74 74 86 84 – www.hotelerika.net – Aperto 20 dicembre-1° aprile e 20 maggio-20 ottobre
30 cam ⌖ – ♦60/100 € ♦♦100/180 €
In posizione isolata, ma con una comoda navetta che conduce alle piste da sci, hotel caratterizzato da una bella architettura esterna e da una gestione familiare, molto ospitale e schietta. All'interno, ambienti in stile alpino con camere spaziose e ben arredate.

BRANZI

Bergamo (BG) – ⊠ 24010 – 721 ab. – Alt. 874 m – Carta regionale n° **9-B2**
▶ Roma 652 km – Bergamo 48 km – Milano 91 km – Lecco 72 km
Carta stradale Michelin 562-D11

⌂ **Pedretti** ✿ 🖭 P
via Umberto I, 23 – 𝒞 *0 34 57 11 21 – www.hotelpedretti.com*
20 cam 🖵 – †50/60 € ††80/90 €
Rist *Branzi* – Vedere selezione ristoranti
Da più generazioni la stessa famiglia gestisce questa risorsa dei primi Novecento:
un successo dovuto all'accogliente conduzione e alle camere sempre curate.

✗ **Branzi** – Hotel Pedretti ✗ P
∽ *via Umberto I, 23 –* 𝒞 *0 34 57 11 21 – www.hotelpedretti.com – Chiuso martedì
escluso giugno-settembre*
Menu 15 € (pranzo in settimana)/25 € – Carta 23/49 € – (consigliata la
prenotazione)
Nel cuore delle alpi Orobie, la cucina di questo rustico locale - recentemente rinnovato - mantiene stretti legami con le tradizioni locali: dalla polenta taragna agli
altri piatti bergamaschi.

BRATTO – Bergamo (BG) → Vedere Castione della Presolana

BRENTA (Gruppo di) – Trento

BRENZONE

Verona (VR) – ⊠ 37010 – 2 398 ab. – Alt. 75 m – Carta regionale n° **23-A2**
▶ Roma 545 km – Verona 57 km – Brescia 91 km – Mantova 83 km
Carta stradale Michelin 562-E14

✗ **Giuly** 🖼 AC
via XX Settembre 28 – 𝒞 *04 57 42 04 77 – www.ristorantegiuly.it – Chiuso
novembre e lunedì*
Carta 24/78 € – *(solo a cena escluso sabato e i giorni festivi)*
Nonostante sia proprio in riva alle acque del Garda, la linea gastronomica di questo ristorante si è concentrata sul mare. I crostacei sono "pescati" vivi dall'acquario.

a Castelletto di Brenzone Sud-Ovest : 3 km – ⊠ 37010

✗✗ **Alla Fassa** ← 🖼 ✿ P
via Nascimbeni 13 – 𝒞 *04 57 43 03 19 – www.ristoranteallafassa.com – Chiuso
6 gennaio-28 febbraio e martedì escluso agosto*
Carta 28/60 €
Una romantica sala ed una bella veranda affacciata sulle rive del lago, la cucina si
affida alla tradizione locale proponendo specialità ittiche di lago e di mare.

BRESCIA

⊠ 25121 – 196 058 ab. – Alt. 149 m – Carta regionale n° **9-C1**
▶ Roma 556 km – Milano 104 km – Verona 74 km – Bergamo 54 km
Carta stradale Michelin 561-F12

🏨 **Vittoria** ✿ ᒲ 🖭 AC 🖢
via delle X Giornate 20 ⊠ *25121* Ⓜ *Vittoria* Pianta: D2**a**
– 𝒞 *03 07 68 72 00 – www.hotelvittoria.com*
65 cam 🖵 – †70/500 € ††100/900 € – **3 suites**
Dopo un'accurata ristrutturazione, questo caratteristico edificio anni '30 è tornato
al suo antico splendore, riconfermandosi - ancora una volta - punto di riferimento
nel panorama della ricettività alberghiera cittadina. Sala da pranzo di elegante
classicità, dove gusto e leggerezza costituiscono una costante.

🏨 **Master** ✿ ᒲ 🖭 AC 🖢 P
via Apollonio 72 ⊠ *25128* Ⓜ *San Faustino* Pianta: E1**a**
– 𝒞 *0 30 39 90 37 – www.hotelmaster.net*
74 cam 🖵 – †64/139 € ††74/239 € – **3 suites**
Una delle più belle strutture alberghiere in città: a due passi dal centro storico,
camere spaziose, eleganti e confortevoli, sale riunioni ed angoli relax.

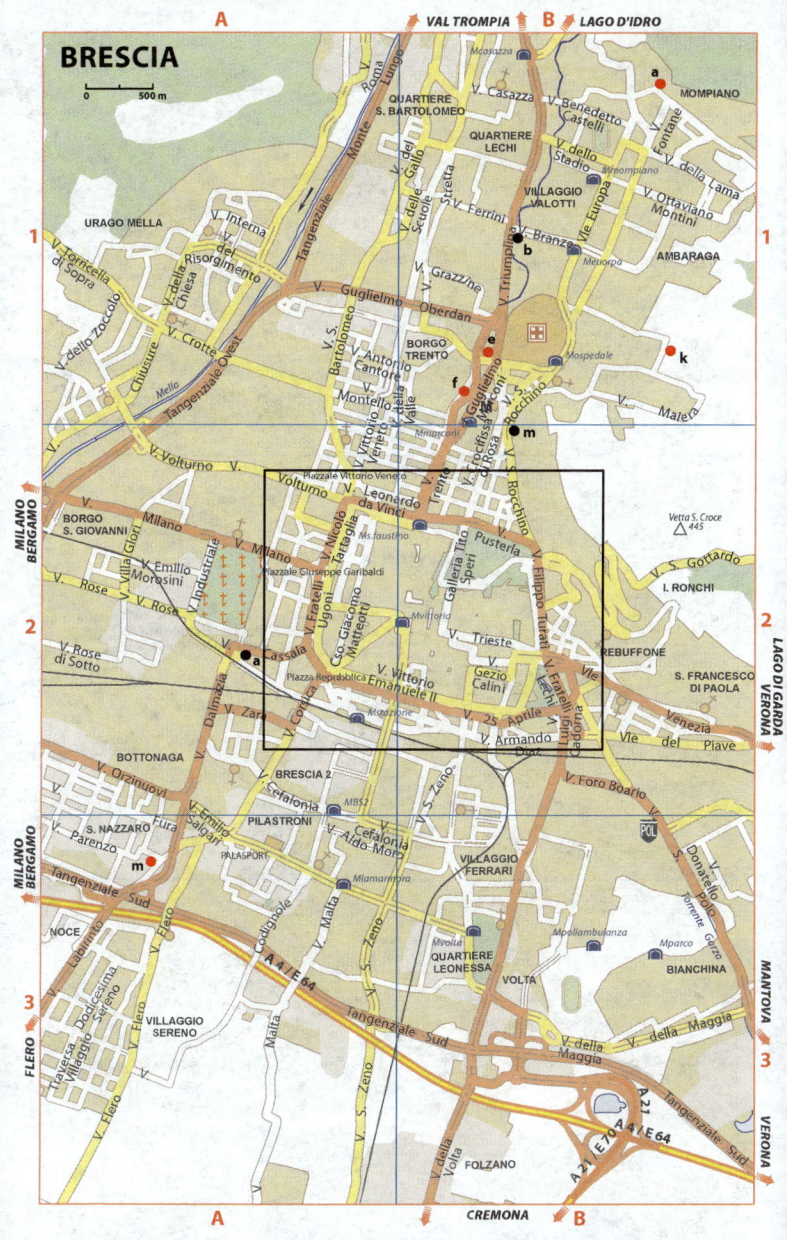

BRESCIA

0   500 m

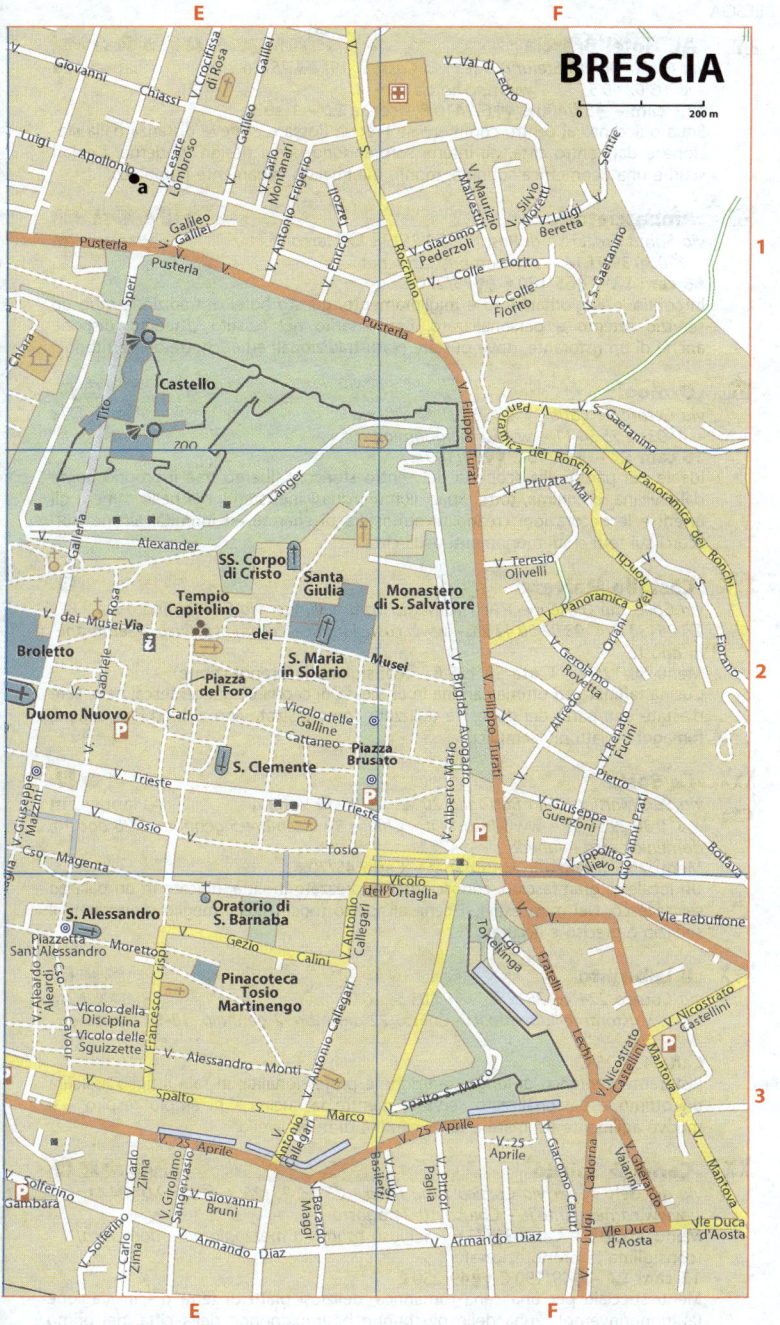

BRESCIA

0   200 m

AC Hotel Brescia
via Giulio Quinto Stefana 3 (ex via Cassala 19) ✉ *25126*   Pianta: A2**a**
– ☎ 03 02 40 55 11 – www.ac-hotels.com
112 cam – †57/400 € ††67/410 € – senza ☕ – **1 suite**
Situato accanto al centro commerciale Freccia Rossa e a breve distanza dalla stazione e dal centro città, gli interni sorprendono per il design moderno, i colori scuri e una geometrica sobrietà: trionfo minimalista vagamente nipponico.

Ambasciatori
via Santa Crocifissa di Rosa 92 ✉ *25128* Ⓜ *Marconi*   Pianta: B2**m**
– ☎ 0 30 39 91 14 – www.ambasciatori.net
66 cam ☕ – †65/180 € ††75/220 €
In continuo aggiornamento e miglioramento, questo hotel di tradizione offre un servizio attento e personalizzato. Ben inserito nel tessuto cittadino, dispone anche di un ristorante, dove gustare piatti tradizionali ed etichette del territorio.

Orologio
via Cesare Beccaria 17 ✉ *25121* Ⓜ *Vittoria*   Pianta: D2**c**
– ☎ 03 03 75 54 11 – www.albergoorologio.it
16 cam ☕ – †49/98 € ††69/109 €
Ideale per partire alla scoperta del centro storico, l'albergo trae il proprio nome dalla vicina, omonima, torre. Spazi comuni quasi inesistenti, ma nelle camere gli arredi e le decorazioni creano un'atmosfera di charme ed intimità: alcune, con scorci sui tetti e sui monumenti della città.

Castello Malvezzi
via Colle San Giuseppe 1 (via Torquato Taramelli), per via S. Rocchino 6 km - EF1
✉ *25133 – ☎ 03 02 00 42 24 – www.castellomalvezzi.com – Chiuso 2 settimane in agosto*
Menu 50/125 € – Carta 50/125 € – (consigliata la prenotazione)
Cucina raffinata ed ottima cantina in una casa di caccia cinquecentesca; nelle sere d'estate una parte del dehors è utilizzata come bistrot, vino al bicchiere, salumi, fomaggi e piatti più semplici.

La Sosta
via San Martino della Battaglia 20 ✉ *25121* Ⓜ *Vittoria*   Pianta: D3**n**
– ☎ 0 30 29 56 03 – www.lasosta.it – Chiuso 30 dicembre-5 gennaio, 7-28 agosto, domenica sera e lunedì
Menu 25 € (pranzo in settimana) – Carta 45/70 €
Un locale di gran fascino, conosciuto e apprezzato in città, ubicato in un palazzo seicentesco. Nei mesi estivi si cena all'aperto (pochi posti, meglio prenotare!), il servizio è preciso e accurato.

Il Labirinto
via Corsica 224 ✉ *25125 – ☎ 03 03 54 16 07*   Pianta: A3**m**
– www.ristoranteillabirinto.it – Chiuso 22 dicembre-2 gennaio, 12-19 agosto e domenica
Carta 45/125 €
Ristorante periferico di lunga tradizione e professionalità, in sala il figlio assicura un ottimo e personalizzato servizio, mentre la cucina - di ampio respiro - si muove agilmente tra mare e terra; cantina di buon livello.

Carne & Spirito
via dei Gelsi 2, per via Corsica zona Fiera - C3 ✉ *25125 – ☎ 03 02 07 04 41*
– www.carneespirito.it – Chiuso 10-24 agosto
Menu 35/30 € – Carta 35/73 € – (chiuso sabato a mezzogiorno e domenica) (consigliata la prenotazione)
12 cam ☕ – †49/190 € ††49/250 €
Menu speciale per una cena romantica, deliziosi piatti di terra o - in stagione (autunno/inverno) - una delle più buone bourguignonne della città, nel primo ristorante afrodisiaco di Brescia: lasciatevi sedurre nella carne e nello spirito…

✕✕ Eden

piazzale Corvi ✉ 25128 Ⓜ *Ospedale –* ✆ 0 30 30 33 97   Pianta: B1**e**
– www.edenristorante.com – Chiuso 2-10 gennaio, 16 agosto-3 settembre,
domenica sera e martedì
Menu 25 € (pranzo in settimana)/50 € – Carta 34/73 €
Dotato di un piccolo e grazioso dehors estivo, è un ristorantino di taglio moderno, con qualche tocco di eleganza. Cucina di stagione, ricca cantina.

✕✕ Trattoria Rigoletto

via Fontane 54/b ✉ 25133 – ✆ 03 02 00 41 40 – *Chiuso*   Pianta: B1**a**
agosto e lunedì
Carta 52/98 €
Un locale che pur nella propria elegante semplicità, riesce ad esprimere una cucina interessante. La lista è abbastanza estesa, le preparazioni creative.

✕ Trattoria La Campagnola

via Val Daone 25 ✉ 25123 – ✆ 0 30 30 06 78   Pianta: B1**k**
– www.trattorialacampagnolabrescia.it – Chiuso 27 dicembre-4 gennaio,
16-30 agosto, domenica sera, lunedì sera e martedì
Menu 25/50 € – Carta 27/49 €
Il capolavoro di due generazioni, nutrire di sapore e genuinità una tradizione mai perduta nell'incanto di un vecchio cascinale avvolto dal verde che racconta l'arte dell'ospitare.

✕ Trattoria Porteri

via Trento 52/d ✉ 25128 Ⓜ *Marconi –* ✆ 0 30 38 09 47   Pianta: B1**f**
– www.trattoriaporteri.com – Chiuso 1 settimana in gennaio, 2 settimane in
agosto, domenica sera e lunedì
Carta 30/55 €
Alle pareti e al soffitto il racconto di una passione che ha coinvolto due generazioni, al vostro tavolo la tradizione bresciana con un occhio di riguardo per polenta e formaggi. Ottimi anche: il risotto con asparagi e robiola delle terre basse - variazione di maialino con friarielli e fagioli piccanti - semifreddo al caffe con polvere di liquirizia e riduzione di limoncello.

✕ Lanzani Bottega & Bistrot Ⓝ

via Albertano da Brescia 41, per via Milano - A2 ✉ 25121 – ✆ 0 30 31 34 71
– www.gastronomialanzani.it
Carta 36/66 €
In origine era la macelleria di famiglia, ora un moderno locale (aperto dalle 7 alle 23) che è anche gastronomia da asporto ed enoteca con grandi vini. Alle ore canoniche è un vero e proprio ristorante, più ridotta e meno golosa la proposta del pranzo. Posizione defilata e periferica.

a Sant'Eufemia della Fonte Est : 2 km per Lago di Garda B2 – ✉ 25135

✕✕✕ La Piazzetta

via Indipendenza 87/c – ✆ 0 30 36 26 68 – *www.allapiazzetta.com – Chiuso*
1°-7 gennaio, 10-23 agosto, sabato a mezzogiorno e domenica
Menu 30 € (pranzo)/55 € – Carta 36/70 € – (consigliata la prenotazione)
Piccolo ed elegante ristorante alle porte della città. La cucina si indirizza prevalentemente sul mare con elaborazioni fantasiose e originali: ottimi i crudi!

BRESSANONE (BRIXEN)

Bolzano (BZ) – ✉ 39042 – 21 384 ab. – Alt. 559 m – Carta regionale n° **19-C1**
▶ Roma 683 km – Bolzano 43 km – Brennero 44 km – Cortina d'Ampezzo 94 km
Carta stradale Michelin 562-B16

Elefante

via rio Bianco 4 – ✆ 04 72 83 27 50   Pianta: A1**a**
– www.hotelelephant.com
44 cam ☑ – ♦92/120 € ♦♦158/240 €
Rist *Elefante* – Vedere selezione ristoranti
Elegante ed austera dimora del XIV secolo, con dépendance circondata da un prezioso parco-frutteto, dove si trovano anche la piscina e il tennis. Fine ed esclusiva: racconta la storia.

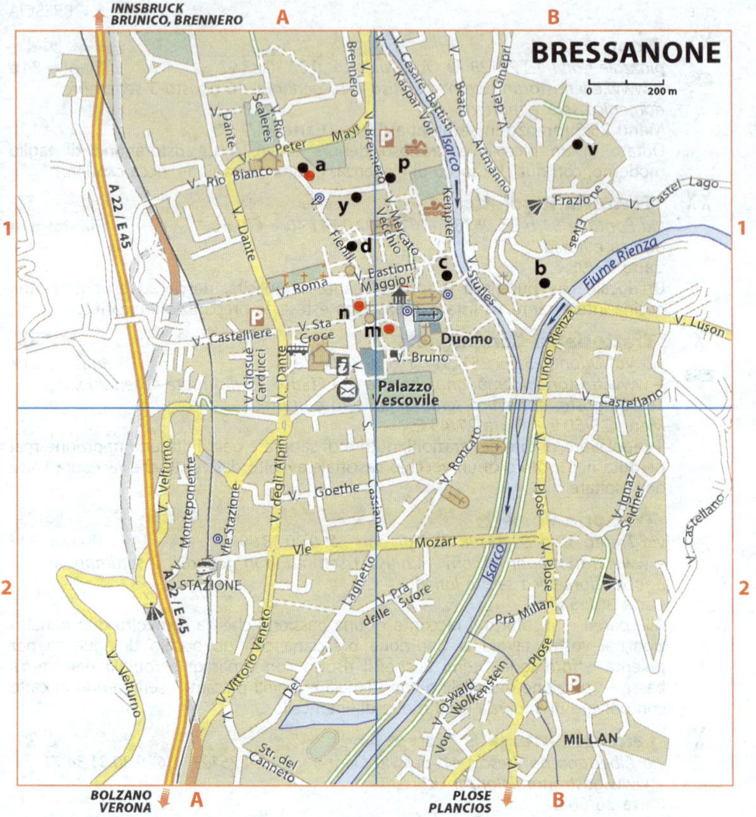

BRESSANONE

Map of Bressanone showing streets and points of interest

Goldener Adler

☆ ⽅ ☯ P

via Ponte Aquila 9 – ☏ *04 72 20 06 21*
– *www.goldener-adler.com*   Pianta: B1**c**
23 cam ⊆ – ♦91/103 € – ♦♦140/186 € – **5 suites**
Rist *Oste Scuro-Finsterwirt* – Vedere selezione ristoranti
Caratteristico edificio del '500, da secoli vocato all'ospitalità, offre ai propri clienti la possibilità di un soggiorno sobriamente elegante (mobili antichi nell'unica junior suite della struttura).

Goldene Krone

☆ ⽅ ☯ ⚟ ⽅ ⚘

via Fienili 4 – ☏ *04 72 83 51 54* – *www.coronadoro.com*
                                                    Pianta: A1**d**
50 cam ⊆ – ♦85/170 € – ♦♦100/200 € – **2 suites**
Praticamente un'istituzione in città: una passato secolare, ma una veste moderna, per questa piacevole risorsa dotata di piccola area wellness e camere dal buon confort. Ambiente tranquillo ed intimo al ristorante.

Dominik

☆ ⚘ ⟵ ⚟ ▦ ⑩ ⽅ ⚟ ⽅ ⚘

via Terzo di Sotto 13 – ☏ *04 72 83 01 44*
                                                    Pianta: B1**b**
– *www.hoteldominik.com* – *Chiuso 10-30 gennaio, 5 aprile-10 maggio e 30 ottobre-29 novembre*
35 cam ⊆ – ♦85/130 € – ♦♦126/280 €
Il torrente Rienza scorre davanti a questa risorsa rivolta a chi desidera godere di un soggiorno curato sotto ogni profilo: servizio attento, espletato in ambienti eleganti, e attrezzato centro benessere. Ideale per allestire importanti eventi, la sala da pranzo è illuminata da ampie finestre.

Temlhof

via Elvas 76 – ℰ 04 72 83 66 58 – www.temlhof.com   Pianta: B1**v**
– Chiuso novembre
38 cam ⌑ – †65/87 € ††104/180 € – **2 suites**
Situato in una zona panoramica e tranquilla, abbracciato da un giardino con piscina-solarium, l'albergo dispone di un'interessante raccolta di attrezzi agricoli e mobili antichi. Varie sale ristorante, tutte abbastanza intime e raccolte.

 Pupp

via Mercato Vecchio 38 – ℰ 04 72 26 83 55   Pianta: B1**p**
– www.small-luxury.it – Chiuso novembre
11 cam ⌑ – †120/160 € ††188/318 €
Un cubo di neve crea un'ideale spaccatura con la tradizionale architettura tirolese ed introduce in un albergo dal design moderno ed essenziale. Quasi tutte le camere hanno balcone o terrazza, l'ottima colazione porta la firma dell'omonima e dirimpettaia pasticceria Pupp.

 Pension Mayrhof

via Tratten 17 – ℰ 04 72 83 63 27 – www.mayrhofer.it   Pianta: A1**y**
– Chiuso 10 novembre-18 dicembre e 14-30 giugno
12 cam ⌑ – †67 € ††94 €
Un'ottima soluzione per chi vuole soggiornare in centro e contenere i costi. Si tratta di una pensione familiare in un edificio storico, le camere sono semplici, ma accoglienti - alcune particolarmente ampie - e si affacciano sul passeggio della strada pedonale o sul giardino interno. Il ristorante è aperto da luglio a ottobre.

 Elefante – Hotel Elefante   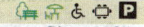

via rio Bianco 4 – ℰ 04 72 83 27 50   Pianta: A1**a**
– www.hotelelephant.com – Chiuso 15 febbraio-15 marzo
Menu 45/95 € – Carta 49/97 €
Cucina del territorio, ma d'impostazione moderna con qualche accattivante accenno all'Oriente. A voi, la scelta dell'ambiente: la settecentesca stube tedesca, quella in cembro o quella degli Apostoli. Numerosi i vini dell'enoteca Soliman Wines.

 Sunnegg

via Vigneti 67, per via Beato Artmanno - B1 – ℰ 04 72 83 47 60
– www.sunnegg.com – Chiuso 7 gennaio-1° febbraio e 15 giugno-11 luglio
Menu 38/55 € – Carta 28/59 € – *(chiuso giovedì a mezzogiorno e mercoledì)*
8 cam ⌑ – †45/70 € ††66/94 €
Locale fuori Brixen, piacevolmente circondato da vigneti (alcuni di proprietà): il figlio del titolare si destreggia con abilità in cucina, facendo poi arrivare sulla tavola il meglio dei sapori locali, nonché tante specialità stagionali. Servizio estivo all'aperto con vista sui monti.

 Oste Scuro-Finsterwirt – Hotel Goldener Adler   

vicolo del Duomo 3 – ℰ 04 72 83 53 43   Pianta: B1**m**
– www.finsterwirt.com – Chiuso 2 settimana in gennaio, 2 settimane in giugno,
domenica sera, lunedì
Menu 18/80 € – Carta 39/69 €
Il ristorante è situato nel centro storico e si contraddistingue per le sue conforte-voli stube, la moderna terrazza nel cortile interno e un servizio cordiale, mentre lo chef delizia i suoi ospiti con specialità regionali, talvolta rivisitate, nonché qualche piatto di pesce.

 Alpenrose   

località Pinzago 24, per via Velturno : 3 km - A2 – ℰ 04 72 83 21 91
– www.gasthofalpenrose.it – Chiuso 6 gennaio-16 febbraio e 19 giugno-4 luglio
Menu 24 € (in settimana)/50 € – Carta 23/65 €
17 cam ⌑ – †50/61 € ††103/117 €
Lo "scotto" da pagare è la sua posizione non proprio centrale, subito risarcito dal panorama che però essa offre: un ristorante-albergo a conduzione familiare, dove gustare piatti del territorio (in primis, tris della Valle Isarco) con leggere rivisita-zioni. Più semplici le camere, dall'arredo montano.

241

a Cleran Sud : 5 km per via Plose – ✉ 39042 Sant'Andrea In Monte – Alt. 856 m

 Fischer

Cleran 196 – ✆ 04 72 85 20 75 – www.hotel-fischer.it
– Chiuso 6 novembre-5 dicembre
41 cam ⌷ – **†**67/82 € **††**124/160 €
Architettura tipica per questa risorsa isolata e con un'incantevole vista sul fondovalle. Camere di due tipi: tradizionali o più recenti (qui il prezzo lievita), ma anche
più eleganti per spazi, arredi ed esposizione. Per i pasti la rustica e caratteristica
stube o l'ariosa e luminosa sala da pranzo.

BREUIL-CERVINIA

Aosta (AO) – ✉ 11021 – Alt. 2 050 m – Carta regionale n° **21-B2**
▶ Roma 751 km – Aosta 55 km – Biella 104 km – Torino 118 km
Carta stradale Michelin 561-E4

 Hermitage

via Piolet 1 – ✆ 01 66 94 89 98 – www.hotelhermitage.com – Aperto
1° dicembre-30 aprile e 1° luglio-31 agosto
38 cam ⌷ – **†**180/500 € **††**180/800 € – **9 suites**
Rist *La Chandelle* – Vedere selezione ristoranti
Grande chalet di montagna, in cui risulta dolce e naturale sentirsi coccolati e conquistati: eleganza e tradizione, per un'ospitalità esclusiva. Sosta rigenerante
presso l'ottimo centro benessere, dove offrirsi un itinerario completo di trattamenti effettuati con prodotti di una prestigiosa casa cosmetica svizzera.

 Excelsior-Planet

piazzale Planet 1 – ✆ 01 66 94 94 26 – www.excelsiorplanet.com – Aperto
1° dicembre-30 aprile
41 cam – **†**85/300 € **††**125/400 € – ⌷ 15 € – **5 suites**
Rist *Excelsior-Planet* – Vedere selezione ristoranti
A 100 m dagli impianti di risalita, un'ospitalità attenta e vicina alle esigenze di una
clientela moderna: camere molto confortevoli ed una completa area benessere.

 Saint Hubertus

via Piolet n. 5/a – ✆ 01 66 54 59 16 – www.sainthubertusresort.it – Chiuso
6 maggio-15 giugno e 15 settembre-26 ottobre
18 suites – **††**210/615 € – ⌷ 20 €
Lusso alpino in questo delizioso resort con veri e propri appartamenti (tutti forniti
di cucina), impreziositi da legni pregiati e marmi scavati "convertiti" in lavabo.
Ovunque si posi lo sguardo, s'incontrerà la bellezza: anche nella moderna spa
con vista sul monte Cervino. Servizio serale di piatti à la carte in camera o nella
saletta dedicata.

 Sertorelli Sporthotel

piazza Guido Rey 28 – ✆ + 39 01 66 94 97 97 – www.hotelsertorelli.it
– Aperto 2 luglio-28 agosto e 19 novembre-1° maggio
69 cam ⌷ – **†**80/205 € **††**150/310 €
Posizione centrale e panoramica per un hotel in cui confort moderni e professionalità possono regalare soggiorni ideali a turisti esigenti; le famiglie con figli al
seguito saranno invece più interessate alle ampie dimensioni delle camere, nonché alle tante soluzioni offerte.

 **Bucaneve**

piazza Jumeaux 10 – ✆ 01 66 94 91 19 – www.bucanevehotel.it – Aperto
29 ottobre-5 maggio e 30 giugno-8 settembre
20 cam ⌷ – **†**95/225 € **††**190/450 €
Rist *Le Vieux Braconnier* – Vedere selezione ristoranti
Già a cominciare dal nome, omaggio ad un fiore alpino, Bucaneve è un inno alla
montagna: camere di moderno confort, personalizzate con legni e tessuti locali. A
voi, scegliere tra quelle che beneficiano di una superba vista sul Cervino o quelle
che godono di una maggiore esposizione solare.

Mignon

*via Carrel 50 – ℰ 01 66 94 93 44 – www.mignoncervinia.com – Aperto
30 ottobre-1° maggio e 30 giugno-4 settembre*
20 cam ⌷ – ♦65/135 € ♦♦130/270 €
Come suggerisce il nome, in questo caratteristico chalet di montagna - a 100 m
dagli impianti di risalita e dal Golf Club del Cervino - tutto è molto raccolto ed
elegante. Raffinatezza che si ritrova anche al ristorante, dove gustare alcune specialità regionali.

 Jumeaux

*piazza Jumeaux 8 – ℰ 01 66 94 90 44 – www.hoteljumeaux.it – Aperto
1° novembre-30 aprile e 5 luglio-28 agosto*
30 cam ⌷ – ♦90/205 € ♦♦90/205 €
Risorsa attiva sin dal 1905, in comoda posizione centrale, presenta ambienti
comuni accoglienti e confortevoli con una caratteristica e luminosissima saletta
relax.

 Mollino Rooms

*strada Funivie 9 – ℰ 01 66 94 93 51 – www.mollino.it
– Chiuso 1° maggio-25 giugno e 4 settembre-28 ottobre*
6 cam ⌷ – ♦65/110 € ♦♦110/180 €
Una valida alternativa alla classica sistemazione alberghiera: stanze moderne e
ben accessoriate per questo nuovo affittacamere nel centro di Cervinia.

XXXX **La Chandelle** – Hotel Hermitage

*via Piolet 1 – ℰ 01 66 94 89 98 – www.hotelhermitage.com – Aperto
1° dicembre-30 aprile e 1° luglio-31 agosto*
Carta 56/90 €
In uno dei migliori ristoranti d'albergo della Valle d'Aosta, lasciatevi ammaliare da
un servizio professionale e da una cucina regionale, ma non solo. In sala, fa bella
mostra di sé una grande griglia per succulenti piatti alla brace. La bella vista sulle
montagne aggiunge piacevolezza alla sosta.

XXX **Excelsior-Planet** – Hotel Excelsior-Planet

*piazzale Planet 1 – ℰ 01 66 94 94 26 – www.excelsiorplanet.com – Aperto
1° dicembre-30 aprile*
Carta 44/88 € – *(solo a cena)*
La grande passione per la cucina del proprietario, ne fa uno fra i più apprezzati
ristoranti della località: complice la posizione in pieno centro, ma soprattutto una
serie di piatti regionali e mediterranei di ottima qualità.

XX **Wood**

*Via Guido Rey 26 – ℰ 01 66 94 81 61 – Aperto 10 novembre-30 Aprile e
25 luglio-30 agosto*
Carta 44/86 € – *(solo a cena escluso sabato e domenica)* (consigliata la
prenotazione)
Wood, come il legno che caratterizza questo moderno bistrot all'inizio del paese:
linee sobrie negli arredi, ma tanta creatività nei piatti, in un ideale percorso
intorno al mondo.

XX **Le Vieux Braconnier** – Hotel Bucaneve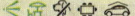

*piazza Jumeaux 10 – ℰ 01 66 94 91 19 – www.bucanevehotel.it – Aperto
29 ottobre-5 maggio e 30 giugno-8 settembre*
Carta 42/69 € – *(solo a cena)*
Nel contesto elegante dell'hotel, legni e tessuti in perfetta armonia fanno da
sfondo a proposte che si legano al territorio, ma con un pizzico di fantasia.

 Attenzione! In alcuni ristoranti è consigliata la prenotazione: non fatevi
cogliere impreparati.

sulla strada regionale 46

🏠 Les Neiges d'Antan　　　　　🕏 🐾 ⫷ 🏔 Ⴊ 🅿

Cret de Perreres 10, Sud-Ovest: 4,5 km ✉ 11021 – 𝒞 01 66 94 87 75
– www.lesneigesdantan.it – Aperto 1° luglio-15 settembre e
30 ottobre-1° maggio
24 cam ⌧ – †78/286 € ††120/440 € – **3 suites**
Per raggiungere gli impianti di risalita, un comodo servizio navetta vi permetterà
di lasciare la macchina proprio là, ben posteggiata nel parcheggio di questa
signorile struttura: ex baita in posizione defilata e tranquilla, dove perdura inalte-
rata un'atmosfera antica, ricca di armoniosi silenzi.

🏠 Lac Bleu　　　　　　　　🕏 ⫷ 🛏 🏔 🖸 Ⴊ 🚗

località Campeggio 1, Sud-Ovest : 1 km ✉ 11021 – 𝒞 01 66 94 91 03
– www.hotel-lacbleu.com – Aperto 29 novembre-3 maggio
17 cam – †65/120 € ††120/200 € – ⌧ 15 € – **3 suites**
Albergo a gestione familiare in cui semplicità e cortesia costituiscono un binomio molto apprezzato, anche grazie alla bellezza data dal panorama sul maestoso Cervino.

BREZ
Trento (TN) – ✉ 38021 – 731 ab. – Alt. 792 m – Carta regionale n° **19-B2**
▶ Roma 638 km – Trento 52 km – Bolzano 42 km
Carta stradale Michelin 562-C15

✗✗ Locanda Alpina　　　　　　　　　　🖛 Ⴊ
🐵
piazza Municipio 23 – 𝒞 04 63 87 43 96 – www.locandalpina.it – Chiuso
2 settimane in giugno e 2 settimane in novembre
Carta 34/55 € – *(chiuso giovedì escluso luglio e agosto)*
10 cam ⌧ – †40/50 € ††70/90 €
Locale dalla lunga storia e dalla cucina moderatamente creativa, che comunque
non disdegna le tradizioni locali pur "aprendosi" a sapori più moderni, come
la guancetta di maialino brasata alla birra scura, purè di patate e composta agrodolce. Accoglienti anche le camere per un soggiorno magari breve, ma rilassante.

BRIAGLIA
Cuneo (CN) – ✉ 12080 – 287 ab. – Alt. 557 m – Carta regionale n° **12-C3**
▶ Roma 612 km – Cuneo 34 km – Savona 61 km – Torino 85 km
Carta stradale Michelin 561-I5

✗✗ Marsupino　　　　　　🐾 🖛 🖸 Ⴊ 🆎 🅿
via Roma Serra 20 – 𝒞 01 74 56 38 88 – www.trattoriamarsupino.it
– Chiuso 7 gennaio-7 febbraio
Menu 38 € – Carta 37/64 € – *(chiuso giovedì a mezzogiorno e mercoledì)*
(prenotare)
5 cam ⌧ – †60 € ††110 € – **2 suites**
In un paesino di poche case, una trattoria dall'atmosfera insieme rustica ed elegante. Cucina rigorosamente del territorio, attenta alle stagioni, nonché eccellente
cantina con grandi vini: Barolo soprattutto, ma non solo. Camere arredate con
mobili antichi, abbellite con stucchi ed affreschi.

BRIENZA
Potenza (PZ) – ✉ 85050 – 4 066 ab. – Alt. 713 m – Carta regionale n° **2-B2**
▶ Roma 358 km – Potenza 32 km – Napoli 151 km – Bari 157 km
Carta stradale Michelin 564-F28

🏠 La Voce del Fiume　　　　　　　　🛏 🆎
Vico del carmine 7 – 𝒞 33 32 66 62 56 – www.vocedelfiume.it
7 cam ⌧ – †50/70 € ††70/100 €
Romantico B&B nel centro storico della località all'ombra del Castello Caracciolo:
camere contraddistinte dal nome di una pietra preziosa per soggiorni all'insegna
del relax.

BRINDISI

✉ 72100 – 88 667 ab. – *Carta regionale n° **15-D2***
▶ Roma 563 km – Bari 115 km – Lecce 39 km – Taranto 73 km
Carta stradale Michelin 564-F35

🏠 **Grande Albergo Internazionale**   ✿ 🖥 ⏏ 🚻 🗚 🏃

lungomare Regina Margherita 23 – ☎ 08 31 52 34 73   Pianta: B1**a**
– www.albergointernazionale.it
67 cam 🛏 – ♦85/160 € ♦♦110/300 €
Di fronte alla passeggiata del lungomare, l'albergo si trova in un imponente edificio del 1861, dove si rifugiò anche il re nei mesi in cui la città fu capitale. Interni sontuosi, è il grande albergo di Brindisi!

🏠 **Palazzo Virgilio**   ✿ 🖥 ⏏ 🚻 🗚 ✂ 🏃 🅿

corso Umberto I 141 – ☎ 08 31 59 79 41   Pianta: A2**d**
– www.palazzovirgilio.it
63 cam 🛏 – ♦90/115 € ♦♦135/288 €
In comoda posizione di fronte alla stazione ferroviaria, Palazzo Virgilio propone camere confortevoli di modeste dimensioni e gradevoli spazi comuni: particolarmente piacevole, la bella terrazza all'aperto.

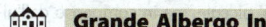

BRINDISI

Colonna　　　　　　　　　　　　　　　　　　　　　▣ 風

corso Roma 83 – ℰ 08 31 56 25 57 – www.albergocolonna.it　　　Pianta: B2**c**

43 cam ☟ – ♦50/65 € ♦♦75/90 €

Accoglienti camere di taglio classico-signorile in una struttura che ha il privilegio di trovarsi in centro. Le zone comuni sono un po' piccole, ma in compenso dall'ultimo piano che ospita la sala colazioni, la vista abbraccia la costa brindisina.

 Barsotti　　　　　　　　　　　　　　　　▣ 風 ᎒ 🚗

via Cavour 1 – ℰ 08 31 56 08 77 – www.hotelbarsotti.com　　　Pianta: B2**e**

60 cam ☟ – ♦55/80 € ♦♦80/110 €

Piccolo e utile indirizzo a gestione familiare, ben posizionato in centro località e frequentato principalmente da chi viaggia per lavoro, dispone di garage privato e di camere fresche e confortevoli.

✕✕ **Pantagruele**　　　　　　　　　　　　　　　　　　　　　　㐅 風

salita di Ripalta 1/5 – ℰ 08 31 56 06 05 – Chiuso
7-15 settembre, sabato a mezzogiorno e domenica　　　Pianta: B1**b**

Menu 28/50 € – Carta 21/44 € – (consigliata la prenotazione)

E' gestito con passione questo locale di tono moderno - fresco e ben tenuto - che propone una cucina casalinga essenzialmente di mare: si va dal pesce di primissima qualità cotto alla griglia o al forno, alla sbriciolata di babà al rum su crema chantilly con fili di caramello e cioccolato...

sulla strada provinciale Acquaro 44 Ovest: 17 km A2

Masseria Baroni Nuovi　　　　　　　　　　

per via Provinciale San Vito - A1 – ℰ 08 31 55 57 62
– www.masseriabaroninuovi.it – Chiuso gennaio-febbraio

12 cam ☟ – ♦65/97 € ♦♦85/130 €

Masseria baronale d'inizio Novecento in posizione isolata nella campagna brindisina, è la meta di chi cerca una vacanza di relax. Al ristorante troverete i prodotti dell'orto di casa, oltre al vino e all'olio.

BRIONE

Brescia (BS) – ✉ 25060 – 720 ab. – Alt. 614 m – Carta regionale n° **9-C2**

▶ Roma 578 km – Milano 101 km – Brescia 21 km – Bergamo 55 km

Carta stradale Michelin 561-F12

✕ **La Madia**　　　　　　　　　　　　　　　　　　　　　　⬲ 🏠

via Aquilini 5 – ℰ 03 08 94 09 37 – www.trattorialamadia.it – Chiuso 1 settimana
in febbraio e 1 settimana ad agosto

Menu 27/32 € – Carta 21/52 € – (solo a cena escluso sabato e domenica)
(consigliata la prenotazione)

Affacciata sulla vallata e sulla Franciacorta, questa autentica trattoria di campagna privilegia i prodotti del territorio e i presidi gastronomici nazionali: nel menu (ottima la zuppa di verdure e trippa) ogni piatto ha la tracciabilità degli ingredienti utilizzati, nome ed indirizzo del produttore. Grande qualità a prezzi competitivi.

BRISIGHELLA

Ravenna (RA) – ✉ 48013 – 7 689 ab. – Alt. 115 m – Carta regionale n° **5-C2**

▶ Roma 372 km – Bologna 68 km – Ravenna 53 km – Faenza 13 km

Carta stradale Michelin 562-J17

Relais Varnello　　　　　　　　　　　

via Rontana 34, Ovest: 3 km – ℰ 33 85 49 83 73 – www.varnello.it – Aperto
1° aprile-31 dicembre

6 cam ☟ – ♦80/120 € ♦♦80/160 €

Lungo l'antica via etrusca - tra colline e calanchi - il casale si trova all'interno del Parco Regionale dei Gessi Romagnoli e dispone di camere moderne, ben accessoriate.

 Modus Vivendi　　　　　　　　　　　　　　🎐 ▣ 風

via Roma 5/d – ℰ 0 54 68 02 50 – www.rermodusvivendi.it – Chiuso febbraio

8 cam ☟ – ♦40/50 € ♦♦60/70 €

Camere confortevoli, due delle quali con angolo cottura, in una struttura del centro storico. Last, but not least, una piccola zona relax con vasca idromassaggio e sauna.

XX **La Casetta**

via G. Ugonia 6 – ℰ 0 54 68 02 50 – www.trattoria-lacasetta.it – Chiuso febbraio
Menu 20 € (pranzo in settimana)/25 € – Carta 26/31 € – (prenotare)
Nel centro della località, ristorante con piccolo spazio all'aperto e ambiente accogliente in stile rustico elegante; nel piatto cucina del territorio e alcune sorprese dal mare.

BRISSOGNE

Aosta (AO) – ✉ 11020 – 962 ab. – Alt. 894 m – Carta regionale n° **21-B2**
▶ Roma 743 km – Aosta 11 km – Torino 111 km
Carta stradale Michelin 561-E4

Agriturismo Le Clocher du Mont-Blanc

frazione Pallù Dessus 2 – ℰ 01 65 76 21 96 – www.leclocherdumontblanc.com
8 cam ⌷ – †27/35 € ††42/65 €
Una casa in sasso, interamente ristrutturata, all'interno di un piccolo borgo ubicato tra vigne e meli. Una decina di camere con arredi standard, graziose e rifinite con cura.

BRIXEN = BRESSANONE

BROGLIANO

Vicenza (VI) – ✉ 36070 – 3 946 ab. – Alt. 172 m – Carta regionale n° **23-B2**
▶ Roma 555 km – Verona 54 km – Venezia 95 km – Vicenza 21 km
Carta stradale Michelin 562-F16

Locanda Perinella

via Bregonza 19 – ℰ 04 45 94 76 88 – www.locandaperinella.it – Chiuso
1°-6 gennaio e agosto
22 cam ⌷ – †65/100 € ††90/130 € – **6 suites**
Rist Locanda Perinella – Vedere selezione ristoranti
Mobili d'epoca e pregevoli elementi architettonici originali in un antico edificio di campagna ristrutturato con intelligenza.

XX **Locanda Perinella** – Hotel Locanda Perinella

via Bregonza 19 – ℰ 04 45 94 76 88 – www.locandaperinella.it – Chiuso
1°-6 gennaio e agosto
Menu 27 € (pranzo)/55 € – Carta 24/43 € – (chiuso domenica sera e lunedì)
Una carta che segue le stagioni e il territorio (a prezzi interessanti!) in questo ristorante dagli ambienti eleganti: nella bella stagione il vasto giardino si presta per il servizio all'aperto.

BRUCOLI – Siracusa (SR) → Vedere Augusta

BRUGNERA

Pordenone (PN) – ✉ 33070 – 9 387 ab. – Alt. 16 m – Carta regionale n° **6-A3**
▶ Roma 591 km – Venezia 80 km – Pordenone 15 km – Treviso 49 km
Carta stradale Michelin 562-E19

Ca' Brugnera

via Villa Varda 4 – ℰ 04 34 61 32 32 – www.cabrugnera.com – Chiuso agosto
60 cam ⌷ – †63/103 € ††89/155 € – **4 suites**
Albergo d'ispirazione classica, concepito principalmente per una clientela business: ampie le soluzioni congressuali, ma anche le camere.

BRUNECK = BRUNICO

BRUNICO (BRUNECK)

Bolzano (BZ) – ✉ 39031 – 16 010 ab. – Alt. 838 m – Carta regionale n° **19-C1**

▶ Roma 715 km – Cortina d'Ampezzo 60 km – Bolzano 75 km – Brennero 66 km

Carta stradale Michelin 562-B17

Post

via Bastioni 9 – ℰ 04 74 55 51 27 – www.hotelpost-bruneck.com – Chiuso
10 giorni in aprile e 10 giorni in novembre
39 cam ☑ – ♦104/140 € ♦♦172/260 € – **6 suites**
Giunto ormai alla quinta generazione - esiste dal 1850! - i suoi interni in stile classico e gli ampi spazi garantiscono confort moderni, mentre le camere si caratterizzano per gli eleganti arredi cittadini e le generose dimensioni. Frequentatissimo è anche il ristorante, ma soprattutto il bar-pasticceria per il tè delle cinque o un bicchiere di buon vino.

Rosa d'Oro-Goldene Rose

via Bastioni 36/b – ℰ 04 74 41 30 00 – www.hotelgoldenerose.com
– Chiuso 3 settimane in giugno e 3 settimane in ottobre
21 cam ☑ – ♦75/115 € ♦♦110/170 €
Esempio eccellente di come sia possibile coniugare la modernità dei servizi e delle installazioni, con il calore della tradizione. Camere ottime e la possibilità di check-in notturno (automatico).

✗ Oberraut

località Ameto 1, Nord-Est: 4 km – ℰ 04 74 55 99 77 – Chiuso
15-30 gennaio, 20 giugno-5 luglio e 15-30 ottobre
Carta 29/79 € – (chiuso giovedì) **5 cam** – ♦38/48 € ♦♦76/90 € – ☑ 9 €
Ubicato nel verde di un bosco, questa sorta di maso propone al suo interno un servizio ristorante di tutto rispetto con gustosi piatti regionali, rivisitati in chiave moderna. D'estate ci si sposta all'aperto.

a Stegona Nord-Ovest : 2 km – ✉ 39031 Brunico – Alt. 817 m

Langgenhof

via San Nicolò 11 – ℰ 04 74 55 31 54 – www.langgenhof.com – Aperto
20 novembre-15 marzo e 15 luglio-30 ottobre
27 cam ☑ – ♦75/96 € ♦♦122/184 €
Per ospiti in cerca di genuinità, ma non manca di piacere anche alla clientela commerciale, un maso riadattato con materiali biologici e molto buon gusto; originali e meravigliose stufe nella sala da pranzo.

a Riscone Sud-Est : 3 km – ✉ 39031 – Alt. 960 m

Majestic

via Im Gelande 20 – ℰ 04 74 41 09 93 – www.hotel-majestic.it
– Chiuso 10 aprile-2 giugno e 1° novembre-3 dicembre
52 cam ☑ – ♦112/140 € ♦♦176/300 € – **8 suites**
Non difetta certo di silenzio e tranquillità, quest'esclusiva struttura dotata di un piacevole centro benessere, ma anche vicino alle belle piscine comunali e al golf a 9 buche. Sicuramente un indirizzo più adatto a coppie in cerca di romanticismo, che a famiglie con bambini piccoli al seguito…

Royal Hotel Hinterhuber

via Ried 1/A – ℰ 04 74 54 10 00 – www.royal-hinterhuber.com – Aperto
1° dicembre-30 marzo e 1° giugno-30 settembre
47 cam ☑ – ♦100/175 € ♦♦160/360 €
In posizione un po' isolata, ma questo è sicuramente uno dei suoi punti di forza, è l'hotel adatto a chi cerca un luogo nel quale trovare assoluto relax e praticare sport. Parco con piscina riscaldata e tennis.

Schönblick

via Reiperting 1 – ℰ 04 74 54 17 77 – www.schoenblick.it
– Chiuso 10 aprile-22 maggio e 12 ottobre-27 novembre
56 cam ☑ – ♦70/120 € ♦♦140/280 € – **4 suites**
A 300 m dagli impianti di risalita, un'elegante struttura cinta dal verde, interni in stile montano moderni e signorili, nonché spaziose stanze dotate di ogni confort. Al ristorante serate gastronomiche tematiche.

BRUSAPORTO

Bergamo (BG) – ✉ 24060 – 5 562 ab. – Alt. 255 m – Carta regionale n° **10-C1**

▶ Roma 598 km – Bergamo 12 km – Brescia 53 km – Milano 60 km

Carta stradale Michelin 561-E11

🏨 **Relais da Vittorio** ♀ 🐾 ⬅ 🈺 ✕ 🔲 AC 🛁 P

via Cantalupa 17 – ☎ 0 35 68 10 24 – www.davittorio.com – Chiuso 2 settimane in agosto

10 cam ⌂ – ♦300/350 € ♦♦400/450 €

Rist *Da Vittorio* ✿✿✿ – Vedere selezione ristoranti

I proprietari la descrivono come una piccola locanda di charme immersa nel verde, ma noi aggiungiamo grande nel confort. Belle camere diverse fra loro, contraddistinte dai nomi dei primi dieci nipoti della famiglia Cerea e bagni che seguono la felice linea della personalizzazione con rivestimenti in marmo e cromatismi.

🍴🍴🍴🍴 **Da Vittorio** (Enrico e Roberto Cerea) – Hotel Relais da Vittorio 🍸 🈺 🔲 AC

✿✿✿ via Cantalupa 17 – ☎ 0 35 68 10 24 – www.davittorio.com – Chiuso P
2 settimane in agosto e mercoledì a mezzogiorno

Menu 70 € (pranzo in settimana)/250 € – Carta 127/322 €

Coquillage e crostacei, ma anche crudi a volontà: non siamo in un elegante ristorante affacciato sul mare, bensì in un raffinato relais adagiato sugli ultimi colli della Val Cavallina e la carta ci riconduce, infatti, alla realtà ricordandoci altre ottime proposte di terra.

➜ Linguine all'amatriciana di pesce con trippa di baccalà. Merluzzo d'Alaska alla mediterranea in giallo. Millefoglie di mela verde gratinata con gelato alla cannella.

BRUSCIANO

Napoli (NA) – ✉ 80031 – 16 402 ab. – Alt. 27 m – Carta regionale n° **4-B2**

▶ Roma 223 km – Napoli 22 km – Caserta 29 km – Salerno 61 km

Carta stradale Michelin 564-E25

🍴🍴🍴 **Taverna Estia** (Armando e Francesco Sposito) 🍸 🈺 🈺 AC P

✿✿ via Guido De Ruggiero 108 – ☎ 08 15 19 96 33 – www.tavernaestia.it – Chiuso
1 settimana in gennaio, 3 settimane in agosto, martedì e mercoledì

Menu 75/110 € – Carta 66/122 € – (consigliata la prenotazione)

"Laboratorio" gastronomico dello chef Francesco Sposito, che "reinventa" con grande capacità e finezza elementi della sua terra, la taverna è un'oasi di elegante rusticità, tra camino e travi a vista. Non pago della carne, il menu propone anche il mare in raffinate preparazioni.

➜ Risotto al limone con crudo di gamberi, vongole veraci ed olio ai pistacchi di Bronte. Variazione di maialino e peperoni papaccelle. Millefoglie al burro di Normandia, crema alla vaniglia e caramello al latte.

BRUSSON

Aosta (AO) – ✉ 11022 – 894 ab. – Alt. 1 338 m – Carta regionale n° **21-B2**

▶ Roma 726 km – Aosta 53 km – Ivrea 53 km – Torino 94 km

Carta stradale Michelin 561-E5

🏨 **Laghetto** ♀ ⬅ 🈺 ⅙ 🈺 P

rue Trois Villages 291 – ☎ 01 25 30 01 79 – www.hotellaghetto.it – Chiuso ottobre e novembre

19 cam ⌂ – ♦55/110 € ♦♦80/180 €

Rist *Laghetto* 🅰 – Vedere selezione ristoranti

Albergo a gestione familiare, in cui trascorrere un soggiorno rilassante e sobrio. Attratti dalle montagne e anche dall'adiacente laghetto per la pesca sportiva.

🍴🍴 **Laghetto** – Hotel Laghetto 🈺 ⅙ 🈺 P

 rue Trois Villages 291 – ☎ 01 25 30 01 79 – www.hotellaghetto.it – Chiuso
maggio, ottobre e novembre

Menu 22/40 € – Carta 23/55 € – (consigliata la prenotazione)

Sapori di una solida cucina valdostana e piatti più moderni, ma sempre d'ispirazione regionale, in una bella sala rivestita in legno e dalle cui vetrate si può ammirare l'incantevole paesaggio della natura circostante. Non ripartite senza aver visitato la bella cantina! Specialità: filetto di trota iridea glassata all'Enfer d'Arvier.

BUDOIA

Pordenone (PN) – ⊠ 33070 – 2 576 ab. – Alt. 140 m – Carta regionale n° **6-A2**
▶ Roma 604 km – Belluno 67 km – Pordenone 16 km – Treviso 62 km
Carta stradale Michelin 562-D19

✗ Il Rifugio   ⇔ 🖙 🅿

via San Tomè 85 località Val de Croda, Nord-Ovest: 3 km – 𝒞 04 34 65 49 15
– www.ilrifugio.net – Chiuso 2 settimane in gennaio, 1 settimana in giugno,
giovedì a mezzogiorno e mercoledì
Menu 25 € – Carta 28/55 €
Nella cornice naturale della Val di Croda, ristorante rustico a conduzione
diretta, con piatti legati al territorio e qualche piccola variante.

BUDRIO

Bologna (BO) – ⊠ 40054 – 18 426 ab. – Alt. 25 m – Carta regionale n° **5-C2**
▶ Roma 401 km – Bologna 22 km – Ferrara 52 km – Ravenna 71 km
Carta stradale Michelin 562-I16

✗ Centro Storico   ⛓ 🆑 ⊗

via Garibaldi 10 – 𝒞 0 51 80 16 78
Menu 35/60 € – Carta 35/58 € – (prenotare)
Non poteva che essere in pieno centro storico, un locale con un siffatto
nome: ambiente semplice e familiare, dove tutti gli sforzi sono indirizzati verso
una cucina sfiziosa, qualche proposta creativa, carne e un po' di pesce.

BULLA = PUFELS – Bolzano (BZ) ➜ Vedere Ortisei

BURAGO DI MOLGORA

Monza e Brianza (MB) – ⊠ 20875 – 4 269 ab. – Alt. 182 m
– Carta regionale n° **10-B2**
▶ Roma 593 km – Milano 27 km – Bergamo 33 km – Monza 12 km
Carta stradale Michelin 561-F10

🏨 Brianteo   ✿ 🖥 ⛓ 🆑 ⊗ 🔺 🅿

via Martin Luther King 3/5 – 𝒞 03 96 08 21 18 – www.brianteo.it
– Chiuso 23 dicembre-6 gennaio e 6-26 agosto
59 cam ⚏ – †100/130 € ††130/160 € – **3 suites**
Struttura votata alla soddisfazione delle esigenze della clientela d'affari. Camere
ampie, curate e funzionali, benché semplici; sono validi anche gli spazi comuni.
Accanto all'omonimo hotel, un ristorante composto da un grande salone e due
sale più raccolte. Il menù propone la più rassicurante e classica cucina nazionale.

BURANO – Venezia (VE) ➜ Vedere Venezia

BURGSTALL = POSTAL

BURGUSIO = BURGEIS – Bolzano (BZ) ➜ Vedere Malles Venosta

BURIANO

Grosseto (GR) – ⊠ 58040 – Carta regionale n° **18-C3**
▶ Roma 200 km – Piombino 64 km – Grosseto 19 km – Siena 85 km
Carta stradale Michelin 563-N14

✗ Osteria Il Cantuccio   🖙 🆑

piazza Indipendenza 31 – 𝒞 05 64 94 80 11 – www.osteriacantuccioburiano.it
– Chiuso 15 novembre-4 dicembre, 7 gennaio-10 febbraio e lunedì
Menu 35/40 € – Carta 27/56 € – (solo a cena escluso domenica) (coperti
limitati, prenotare)
Piccolo è il borgo, così come piccolissima è l'osteria, che propone piatti regionali
(di terra e di mare), paste fatte in casa, curiose zuppe e, soprattutto, degli accattivanti revival di antiche ricette.

BURIASCO

Torino (TO) – ✉ 10060 – 1 440 ab. – Alt. 301 m – Carta regionale n° **12-B2_3**

▶ Roma 694 km – Torino 38 km – Cuneo 65 km – Asti 80 km

Carta stradale Michelin 561-H4

Tenuta La Cascinetta ☆ 🌿 🖙 ⅙ AC P

regione Rena, Est: 3 km – ℰ 01 21 36 80 40 – www.tenutalacascinetta.it

13 cam 🖵 – †90/120 € ††120/220 € – **1 suite**

Rist Tenuta La Cascinetta – Vedere selezione ristoranti

Anticamente un convento, successivamente una dimora colonica, la Cascinetta è ora una struttura di charme che vi accoglierà all'ingresso con una saletta di raffinata eleganza e graziosi spazi comuni da casa privata.

XX Tenuta La Cascinetta – Hotel Tenuta la Cascinetta 🖙 🏤 ⅙ AC P

regione Rena, Est: 3 km – ℰ 01 21 36 80 40 – www.tenutalacascinetta.it – Chiuso lunedì

Menu 50/70 € – Carta 40/81 € – *(solo a cena)*

La tenuta è seicentesca, ma la luminosa veranda è inaspettatamente moderna, come la cucina - creativa - in cui trova posto anche una carta di sushi: fiore all'occhiello di un cuoco giapponese.

BUSALLA

Genova (GE) – ✉ 16012 – 5 647 ab. – Alt. 358 m – Carta regionale n° **8-C1**

▶ Roma 523 km – Genova 29 km – Alessandria 71 km – Milano 117 km

Carta stradale Michelin 561-I8

X Grit 🏤 ⇦

piazza Garibaldi 9 – ℰ 01 09 64 17 98 – www.ristorantegrit.com – Chiuso 1°-8 gennaio, 15-30 agosto e lunedì

Carta 26/55 €

L'indirizzo giusto per gli amanti del tartufo e per chi cerca una cucina casalinga a tratti creativa. Sviluppato su tre salette, d'estate alcuni tavolini sono sistemati nella minuscola piazzetta antistante.

BUSCA

Cuneo (CN) – ✉ 12022 – 10 197 ab. – Alt. 500 m – Carta regionale n° **12-B3**

▶ Roma 660 km – Torino 80 km – Cuneo 17 km – Asti 85 km

Carta stradale Michelin 561-I4

XX San Quintino Resort ⇦ 🌿 🏤 AC P

via Vigne 6 – ℰ 01 71 93 37 43 – www.sanquintinoresort.com – Chiuso 15 giorni in gennaio, 1 settimana in agosto, martedì a mezzogiorno e lunedì

Menu 39/75 € – Carta 40/77 € – (consigliata la prenotazione)

4 cam 🖵 – †90 € ††98 €

In una residenza di campagna - attigua all'omonima scuderia - ambienti signorili e accoglienti per una cucina in bilico fra tradizione ed innovazione; le camere si faranno ricordare per il loro côté romantico.

BUSCATE

Milano (MI) – ✉ 20010 – 4 786 ab. – Alt. 178 m – Carta regionale n° **10-A2**

▶ Roma 613 km – Milano 40 km – Varese 39 km – Novara 25 km

Carta stradale Michelin 561-F8

Scià on Martin ☆ 🛁 🖙 ⅙ AC 🕭 P

viale 2 Giugno 1 – ℰ 03 31 80 30 00 – www.sciaonmartin.it – Chiuso 24 dicembre-1° gennaio e agosto

41 cam 🖵 – †87/107 € ††107/132 € – **3 suites**

Rist Scià on Martin – Vedere selezione ristoranti

Una grande corte interna con un doppio porticato è quanto rimane dell'antica cascina lombarda. Ora, qui, è tutto confort moderno e se prima mancava una zona benessere, adesso c'è anche quella. A disposizione degli ospiti, un comodo servizio navetta per aeroporti e fiera.

XX **Scià on Martin** – Hotel Scià on Martin

viale 2 Giugno 1 – ℰ 03 31 80 30 00 – www.sciaonmartin.it – Chiuso 24 dicembre-1° gennaio e agosto

Carta 41/60 € – *(chiuso sabato a mezzogiorno)*

Insalatina di mare e salsa pizzaiola, salmone marinato all'aneto con rucola, avocado e composta di agrumi, trancio di ombrina agli asparagi crudi. Ristorante di solo pesce? Assolutamente no! Il menu di questo elegante locale si divide equamente fra mare e terra: quindi largo anche alle costolette d'agnello al profumo di timo o alla nocetta di vitello ai pistacchi.

BUSETO PALIZZOLO

Trapani (TP) – ⊠ 91012 – 2 983 ab. – Alt. 249 m – Carta regionale n° **17-A2**

▶ Palermo 87 km – Trapani 21 km – Marsala 48 km

 Baglio Case Colomba

via Toselli 165 – ℰ 09 23 85 27 29 – www.casecolomba.com – Chiuso 13 gennaio-1° marzo

10 cam ⊇ – ♦35/55 € ♦♦60/90 €

In una struttura ottocentesca composta da un baglio ed un casale, camere in stile rustico e mobili in arte povera, dove i ventilatori a pale vi conforteranno dell'assenza di aria condizionata. In posizione strategica per visitare l'entroterra trapanese e le riserve naturali della zona, è un indirizzo di un certo interesse in virtù anche dei suoi prezzi contenuti.

BUSSANA – Imperia (IM) ➔ Vedere San Remo

BUSSETO

Parma (PR) – ⊠ 43011 – 7 099 ab. – Alt. 40 m – Carta regionale n° **5-A1**

▶ Roma 490 km – Parma 41 km – Piacenza 33 km – Milano 99 km

Carta stradale Michelin 562-H12

 I Due Foscari

piazza Carlo Rossi 15 – ℰ 05 24 93 00 39 – www.iduefoscari.it – Chiuso 3 settimane in agosto

20 cam ⊇ – ♦70/78 € ♦♦90/104 €

Per farsi avvolgere da un'autentica atmosfera verdiana, una suggestiva e scenografica dimora di campagna con arredi in stile "moresco-veneziano".

BUSSOLENGO

Verona (VR) – ⊠ 37012 – 20 028 ab. – Alt. 127 m – Carta regionale n° **22-A2**

▶ Roma 504 km – Verona 17 km – Garda 20 km – Mantova 45 km

Carta stradale Michelin 562-F14

 Montresor Hotel Tower

via Mantegna 30/a – ℰ 04 56 76 10 00 – www.montresorgroup.com

144 cam ⊇ – ♦50/500 € ♦♦50/500 €

Pare un piccolo grattacielo color melanzana dagli interni che colpiscono per la modernità e la generosità di spazi, soprattutto nelle camere davvero molto ampie, ed una bella vista dai piani più alti. Anche il ristorante offre ambienti ariosi, mentre il menu alletta con specialità venete e sapori mediterranei.

BUSTO ARSIZIO

Varese (VA) – ⊠ 21052 – 82 518 ab. – Alt. 226 m – Carta regionale n° **10-A2**

▶ Roma 616 km – Milano 40 km – Varese 29 km – Como 40 km

Carta stradale Michelin 561-F8

XXX **I 5 Campanili**

via Maino 18 – ℰ 03 31 63 04 93 – www.i5campanili.com – Chiuso 7-15 gennaio, 16-28 agosto e lunedì

Carta 40/84 €

Può vantare una nutrita ed affezionata clientela d'habitué, questo elegante ristorante - con bel giardino per il servizio estivo - ospitato in una villa del '900. La cucina si affida a valide e fantasiose elaborazioni.

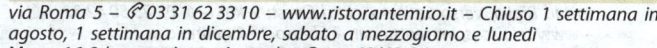

XX 🍷 **Mirò il Ristorante** 🏠 ♿

via Roma 5 – 𝒞 03 31 62 33 10 – www.ristorantemiro.it – Chiuso 1 settimana in agosto, 1 settimana in dicembre, sabato a mezzogiorno e lunedì
Menu 16 € (pranzo in settimana) – Carta 49/69 €
In un ex convento in pieno centro, ambienti piacevoli suddivisi tra una sala romantica e un godibile dehors per una cucina ricercata, fatta di elaborazioni fantasiose e ben riuscite.

BUTTRIO
Udine (UD) – ✉ 33042 – 4 101 ab. – Alt. 79 m – Carta regionale n° **6-C2**
▶ Roma 643 km – Udine 17 km – Gorizia 26 km – Trieste 63 km
Carta stradale Michelin 562-D21

🏠 **Il Castello di Buttrio** 🔆 🌿 ⟨ 🛏 ⊡ ⛝ AC 🛉 🅿
via Morpugo 9 – 𝒞 04 32 67 30 40 – www.castellodibuttrio.it
8 cam ⬛ – ♦100/140 € ♦♦140/190 €
Splendida risorsa ricavata dalla riuscita ristrutturazione di un castello tra le vigne; al suo interno ambienti raffinati caratterizzati da bei tessuti, lampadari preziosi e camere molto confortevoli. A completamento, una piccola osteria con menu a voce di sola cucina del territorio ed una splendida terrazza per l'estate.

X 😊 **Trattoria al Parco** 🛏🏠 AC 🅿
via Stretta 7 – 𝒞 04 32 67 40 25 – Chiuso 8-31 agosto, martedì e mercoledì
Carta 28/46 €
Quando il clima è mite, il parco secolare che abbraccia la struttura rallegra il servizio all'aperto, mentre ricette della tradizione sfilano tutto l'anno in menu, di solito raccontate a voce. Panzerotto con verdure di stagione, pollo alla diavola, zabaione al verduzzo tra i piatti forti della casa; i vini sono prodotti dalla propria azienda.

CABRAS
Sardegna – Oristano (OR) – ✉ 09072 – 9 247 ab. – Carta regionale n° **16-A2**
▶ Alghero 108 km – Cagliari 101 km – Oristano 8 km – Nuoro 95 km
Carta stradale Michelin 566-H7

🏠 **Villa Canu** 🔆 ⤢ ⛝ AC
via Firenze 9 – 𝒞 07 83 29 01 55 – www.hotelvillacanu.com
– Aperto 1° marzo-30 ottobre
22 cam ⬛ – ♦50/90 € ♦♦80/130 €
Rist *Il Caminetto* – Vedere selezione ristoranti
Nel centro della località, grazioso hotel a conduzione familiare ricavato dalla ristrutturazione di una casa padronale del 1893: ambienti comuni signorili ed intimi, camere confortevoli nella loro semplicità.

X **Il Caminetto** – Hotel Villa Canu AC ⚞
via Battisti 8 – 𝒞 07 83 39 11 39 – www.ristorante-ilcaminetto.com
– Aperto 1° marzo-31 ottobre; chiuso lunedì
Carta 21/49 €
Nella caratteristica cittadina di Cabras, fragranti piatti di pesce in un accogliente ristorante, a 100 m dall'albergo Villa Canu. Zona famosa per l'allevamento ittico, non ripartite senza aver assaggiato la proverbiale bottarga di muggine e la merca (muggine bollito in acqua salata e conservato con un'erba palustre).

CADEO
Piacenza (PC) – ✉ 29010 – 5 463 ab. – Alt. 67 m – Carta regionale n° **5-A1**
▶ Roma 501 km – Piacenza 15 km – Cremona 34 km – Milano 76 km
Carta stradale Michelin 562-H11

🏠 **Relais Cascina Scottina** 🔆 🛏 ♒ ⌕ ⛝ AC 🛉 🅿
strada Riglio, verso Saliceto, Nord-Ovest: 2 km – 𝒞 05 23 50 42 32
– www.relaiscascinascottina.it – Chiuso 1°-6 gennaio
17 cam ⬛ – ♦80/100 € ♦♦110/130 €
Rist *Antica Osteria della Pesa* – Vedere selezione ristoranti
Nel cuore della campagna piacentina, nuovo ed accogliente relais ambientato in un antico casale del '700 con camere spaziose - curate nei minimi dettagli - per garantire agli ospiti un soggiorno indimenticabile.

XX **Antica Osteria della Pesa** – Hotel Relais Cascina Scottina 🕸 🏠 🔥 AK
strada Riglio, verso Saliceto, Nord-Ovest: 2 km – 📞 *05 23 50 42 32* 🅿
– www.relaiscascinascottina.it – Chiuso 1°-6 gennaio
Menu 30 € (pranzo in settimana)/70 € – Carta 51/96 €
In aperta campagna, un'ex cascina ristrutturata ospita questa graziosa trattoria
che per accontentare tutti propone un "menu della tradizione" a base di carne,
un "menu degustazione pesce" per gli amanti delle specialità ittiche, e per i
celiaci piatti realizzati con ingredienti non contenenti glutine.

X **Lanterna Rossa** 🕸 🏠 AK 🍸 🔄 🅿
via Ponte 8, località Saliceto, Nord-Est: 4 km – 📞 *05 23 50 05 63*
*– www.lanternarossa.it – Chiuso 11-19 gennaio, 16 agosto-6 settembre, lunedì e
martedì*
Menu 45/50 € – Carta 36/60 € – (prenotazione obbligatoria)
Due accoglienti salette entrambe con camino, una in legno ed una in marmo
rosso, per una cucina che trae ispirazione dal mare. Coloro che amano stare all'a-
perto - tempo permettendo - potranno accomodarsi nel piacevole dehors.

CADIPIETRA = **STEINHAUS** – Bolzano (BZ) ➜ Vedere Valle Aurina

---

CAERANO DI SAN MARCO
Treviso (TV) – ✉ 31031 – 8 019 ab. – Alt. 124 m – Carta regionale n° **23-C2**
▶ Roma 544 km – Padova 53 km – Belluno 61 km – Treviso 28 km
Carta stradale Michelin 562-E17

🏠 **Agriturismo Col delle Rane** 🌿 ≼ 🛏 🔥 AK 🍸 🅿
via Mercato Vecchio 18, Nord-Est: 1 km – 📞 *04 23 38 55 85 – www.coldellerane.it*
19 cam 🍽 – 🛇45/57 € 🛇🛇75/93 €
Risorsa tranquilla e confortevole all'interno di un'elegante casa colonica di fine
'700, volendo ci sono anche quattro appartamenti. Momenti di relax presso la
piscina a ridosso dei vigneti.

CAGGIANO
Salerno (SA) – ✉ 84030 – 2 780 ab. – Alt. 828 m – Carta regionale n° **4-D2**
▶ Roma 338 km – Napoli 128 km – Salerno 76 km – Potenza 42 km
Carta stradale Michelin 564-F28

XX **Locanda Severino** (Vitantonio Lombardo) 🔄 🌿 📧 🔥 AK 🍸
🌸 *largo Re Galantuomo 11* – 📞 *09 75 39 39 05 – www.locandaseverino.it – Chiuso
10 giorni in gennaio, 10 giorni in luglio, lunedì e martedì*
Menu 45/65 € – Carta 46/68 € – *(chiuso lunedì, martedì e domenica sera)*
(prenotazione obbligatoria a mezzogiorno)
5 cam 🍽 – 🛇60/70 € 🛇🛇80/100 €
Un intrigante gioco cromatico fra il testa di moro e il bianco, in questo locale rinnovato in tempi recenti, dove il filo conduttore è ora l'essenzialità, sebbene la
cucina continui a promuovere gli autentici piatti caggianesi, tra prodotti rari e
sapori perduti, alla ricerca di antiche ricette.
➜ Lagane in due consistenze su passata di ceci bianchi, ceci neri e pancetta croc-
cante.Tagliata non tagliata su brace di erbe, riduzione d'aglianico e patata sotto
cenere. Pizza di ricotta: pasta frolla con spuma di ricotta al rhum e gelato di amarene.

CAGLI
Pesaro e Urbino (PU) – ✉ 61043 – 8 785 ab. – Alt. 276 m – Carta regionale n° **11-B2**
▶ Roma 236 km – Ancona 107 km – Pesaro 62 km

X **La Gioconda** 🕸 🏠
🌸 *via Brancuti* – 📞 *07 21 78 15 49 – www.ristorantelagioconda.it – Chiuso
1 settimana in febbraio, 1 settimana in settembre e lunedì*
Menu 30/50 € – Carta 24/55 €
In pieno centro storico, questa moderna osteria si trova all'interno di spessi muri
che custodivano un tempo la cantina. La cucina parla marchigiana - in stagione
molti piatti sono dedicati al tartufo, bianco e nero - ma con qualche concessione
alla creatività. Un esempio? I maccheroncini di Campofilone "risottati" con ortica,
mascarpone e faraona.

CAGLIARI

Sardegna – ✉ 09124 – 154 478 ab. – Carta regionale n° **16-B3**
▶ Nuoro 182 km – Oristano 98 km – Sassari 211 km
Carta stradale Michelin 366-P48

 Regina Margherita ⬚ AC ℅ ⬚ 🚗
viale Regina Margherita 44 ✉ *09124* – ☎ *0 70 67 03 42* Pianta: Z**g**
– www.hotelreginamargherita.com
93 cam � – †100/135 € ††140/175 € – **7 suites**
Nella via che dall'antico quartiere fortificato di Castello scende verso la passeggiata elegante davanti al porto, un grande albergo recentemente rinnovato in
stile minimalista, con qualche concessione a echi etnici e mobili in legno wengé.

 T Hotel ⬚ 🏊 Ⅰ₅ ⬚ ⬚ AC ℅ ⬚ 🚗
via dei Giudicati 66, per via Dante - B1 ✉ *09131* – ☎ *07 04 74 00* – *www.thotel.it*
200 cam ⊵ – †109/219 € ††129/279 € – **7 suites**
Tecnologia e design: una torre in vetro rivoluziona il paesaggio cagliaritano senza
dimenticare le tradizioni, grazie alle frequenti esposizioni sull'artigianato locale
allestite nella hall. Belle camere, moderno centro benessere e fitness. Cucina
veloce a pranzo, piatti sardi ed internazionali più elaborati la sera.

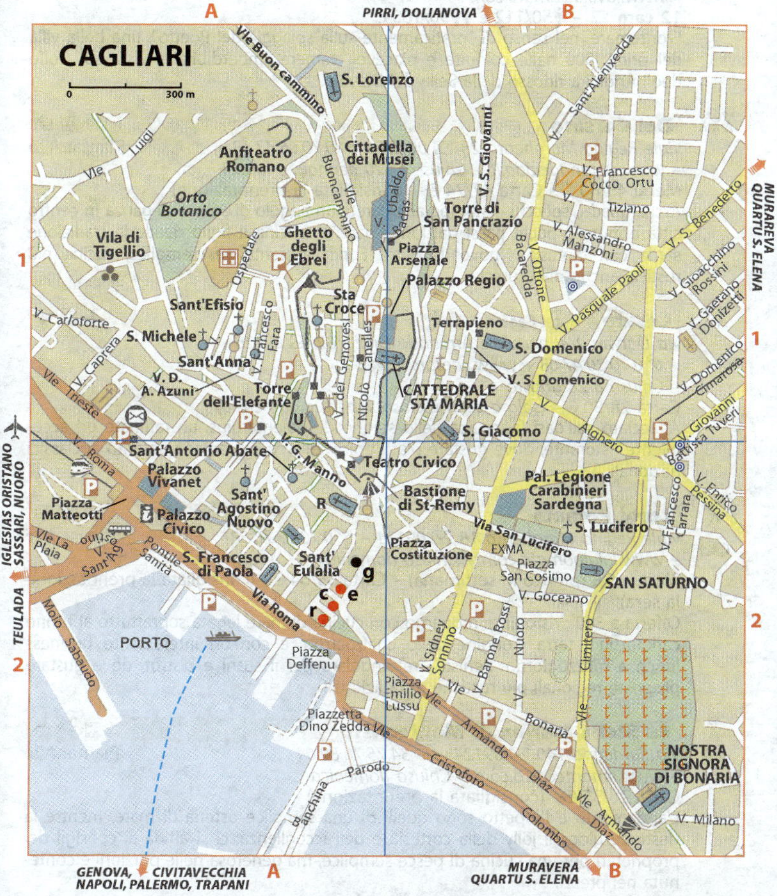

⛫ Caesar's ⌂ 📶 ♿ AK ⚡ 🏋 🚗

via Darwin 2, per viale Armando Diaz - B2 ✉ 09126
– ✆ 0 70 34 07 50 – www.caesarshotel.it
– Chiuso 10-28 agosto
48 cam ⌄ – ♦80/150 € ♦♦99/200 €
Rist Cesare – Vedere selezione ristoranti
Nella cornice di un quartiere moderno, solo varcato l'ingresso si svela la particolarità architettonica di questo atrium lobby hotel: la struttura si sviluppa, infatti, curiosamente intorno ad una corte interna.

⛫ Sardegna ⌂ 📶 AK 🏋 P

via Lunigiana 50, 2,5 km per Oristano - A2 ✉ 09122
– ✆ 0 70 28 62 45 – www.sardegnahotelcagliari.it
78 cam ⌄ – ♦59/103 € ♦♦79/137 € – **6 suites**
Perfetto punto d'appoggio per la clientela d'affari, ad un paio di chilometri dal centro, l'hotel vanta un buon settore notte, moderno e confortevole.

⛫ La Villa del Mare ❻ 🛏 AK ⚡

lungomare Poetto 248 – ✆ 34 92 35 13 59
– www.lavilladelmare.com
12 cam ⌄ – ♦50/112 € ♦♦90/180 €
Frontemare, nel senso di "praticamente sulla spiaggia del Poetto", una bella villa dei primi '900 dalle colorate e piacevoli camere. Imperdibile la vista sul Golfo degli Angeli a ridosso della Sella del Diavolo.

✗✗✗ Dal Corsaro 🍴 AK ⚡

via Regina Margherita 28 ✉ 09124 – ✆ 0 70 66 43 18   Pianta: A2**e**
– www.stefanodeidda.it – Chiuso 1°-20 gennaio e lunedì
Menu 45/80 € – Carta 47/74 € – (consigliata la prenotazione)
Archi, quadri, specchi e stampe alle pareti, un angolo di sobria eleganza in centro città eppure a pochi passi dal lungomare; in cucina il figlio rivede la tradizione sarda con fantasia. Nuovo il bistrot Fork: ambiente più semplice, cucina più rustica, anche piatti unici.

✗✗ Cesare – Hotel Caesar's ♿ AK ⚡

via Darwin 2/4, per viale Armando Diaz - B2 ✉ 09126
– ✆ 0 70 30 47 68 – www.caesarshotel.it
– Chiuso 8-28 agosto
Carta 28/50 € – (solo a cena escluso sabato e domenica)
Affacciato sull'oasi faunistica dello stagno di Molentargius, un raffinato ed accogliente ristorante, dove gustare piatti tipici della cucina isolana accanto ai classici nazionali.

✗ Luigi Pomata 🍴 AK

via Regina Margherita 18 ✉ 09124 – ✆ 0 70 67 20 58   Pianta: A2**r**
– www.luigipomata.com – Chiuso domenica
Menu 15 € (pranzo in settimana) – Carta 35/64 € – (consigliata la prenotazione la sera)
Offerta a 360°: ristorante moderno con cucina di mare legata soprattutto al tonno carlofortino, terra d'origine dello chef/patron, e con un interessante business lunch a mezzogiorno. Penisola rettangolare per il sushi e bistrot, dove gustare proposte regionali più rustiche e tradizionali.

✗ La Stella Marina di Montecristo AK ⚡ ↔

via Sardegna 140 ✉ 09124 – ✆ 34 75 78 89 64   Pianta: A2**c**
– www.ilmontecristo.com – Chiuso domenica
Carta 26/35 € – (consigliata la prenotazione)
L'andamento e l'aspetto sono quelli di una semplice osteria di mare, mentre la gestione gioca il jolly della cortesia e dell'accoglienza: ci si affida ai consigli dei proprietari per una cucina di pesce semplice, ma generosa nelle porzioni e contenuta nei prezzi.

al bivio per Capoterra Ovest : 12 km per Teulada A2

XX **Sa Cardiga e Su Schironi** 🕸️ 🏠 AC ⇆ P

strada statale 195 bivio per Capoterra ✉️ *09012 Capoterra –* ✆ *07 07 16 52*
– www.sacardigaesuschironi.it – Chiuso 20 giorni in gennaio, domenica sera,
lunedì a mezzogiorno in agosto, anche lunedì sera negli altri mesi
Menu 25 € (pranzo in settimana)/60 € – Carta 31/76 €
Diverse sale avvolte nel legno, colori e un ampio espositore di pesce all'ingresso.
Si può scegliere già qui il pesce, poi proposto in semplici elaborazioni perlopiù
alla griglia.

CALA DI VOLPE – Olbia-Tempio (OT) ➔ Vedere Arzachena : Costa Smeralda

---

CALA GONONE – Nuoro (NU) ➔ Vedere Dorgali

CALAMANDRANA
Asti (AT) – ✉️ 14042 – 1 767 ab. – Alt. 151 m – Carta regionale n° **14-D2**
▶ Roma 590 km – Alessandria 38 km – Torino 84 km – Asti 28 km
Carta stradale Michelin 561-H7

X **Violetta** 🕸️ 🏠 ♿ AC ⇆ P

località Valle San Giovanni 1, Nord: 2,5 km – ✆ *01 41 76 90 11*
– www.ristorantevioletta.it – Chiuso 11 gennaio-13 febbraio, mercoledì e le sere
di domenica e martedì
Menu 30/43 € – Carta 29/48 €
Echi contadini in un locale che non lascia indifferenti: dal carretto in bella mostra
nel cortile, ai piatti dalle sfumature alessandrine. Non meravigliatevi quindi di trovare in menu i classici tajarin ai funghi porcini, gli gnocchi al sugo di salsiccia e lo
stracotto di vitello alla Barbera.

CALAMBRONE – Pisa (PI) ➔ Vedere Tirrenia

CALANGIANUS
Olbia-Tempio (OT) – ✉️ 07023 – 4 175 ab. – Alt. 500 m – Carta regionale n° **16-B1**
▶ Cagliari 255 km – Nuoro 144 km – Olbia 37 km – Sassari 79 km
Carta stradale Michelin 366-Q38

X **Il Tirabusciò** 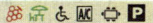 AC ⇆

Via Nino Bixio 5 – ✆ *0 79 66 18 49 – Chiuso domenica*
Carta 16/44 €
Piccolo e curato locale dal caldo arredo rustico, il giovane titolare ai fornelli vi farà
assaggiare piatti ispirati al territorio e qualche piccola creazione dettata dal suo
gusto personale.

CALA PICCOLA – Grosseto (GR) ➔ Vedere Porto Santo Stefano

CALASETTA
Sardegna – Carbonia-Iglesias (CI) – ✉️ 09011 – 2 920 ab. – Carta regionale n° **16-A3**
▶ Cagliari 93 km – Oristano 145 km – Carbonia 29 km
Carta stradale Michelin 366-L49

🏠 **Luci del Faro** ⛱️ 🌿 ⪪ 🛖 🏊 ✗ ♿ 🦽 P

località Mangiabarche, Sud: 5 km – ✆ *07 81 81 00 89 – www.hotelucidelfaro.com*
– Aperto 25 marzo-3 novembre
40 cam 🛏️ – ♦54/160 € ♦♦100/260 € – **1 suite**
Di fronte ad una costa rocciosa, è un borgo mediterraneo raccolto attorno ad una
grande piscina; all'interno ampie camere dai moderni arredi ed aree giochi per i
più piccoli.

CALATABIANO

Catania (CT) – ✉ 95011 – 5 309 ab. – Alt. 60 m – Carta regionale n° **17**-D2
Palermo 249 km – Catania 45 km – Messina 58 km

Castello di San Marco

via San Marco 40 – ✆ 0 95 64 11 81 – www.castellosanmarco.it – Aperto 20 aprile-31 ottobre
22 cam – 100/180 € 140/300 € – **8 suites**
Borgo seicentesco con prestigiosi ambienti comuni al piano terra del castello e camere indipendenti negli antichi fabbricati annessi. Il nome del ristorante - I Mastri Flavetta - rende omaggio agli abili intagliatori che eseguirono i decori in pietra lavica; cucina regionale in menu.

CALAVINO

Trento (TN) – ✉ 38072 – 1 561 ab. – Alt. 409 m – Carta regionale n° **19**-B3
Roma 605 km – Trento 18 km – Bolzano 73 km – Brescia 105 km
Carta stradale Michelin 562-D14

Da Cipriano

via Graziadei 13 – ✆ 04 61 56 47 20 – Chiuso mercoledì
Menu 25 € – Carta 22/39 € – *(solo a cena escluso domenica)*
Avrete solo l'imbarazzo della scelta, tra le varie proposte - presentate a voce - dal patron Cipriano. Degni di nota restano comunque il poker di primi, nonché la tagliata di manzo e trota, ma lasciate un piccolo spazio per i dolci perchè anche questi meritano!

CALCERANICA AL LAGO

Trento (TN) – ✉ 38050 – 1 379 ab. – Alt. 465 m – Carta regionale n° **19**-B3
Roma 606 km – Trento 18 km – Belluno 95 km – Bolzano 75 km
Carta stradale Michelin 562-D15

Energy Hotel

corso Alpini 1 – ✆ 04 61 72 30 08 – www.energyhotel.it – Chiuso novembre
13 cam – 40/70 € 70/120 €
Piccolo, moderno albergo familiare a soli 200 metri di distanza dal lago e rinnovato completamente nel 2013: gli spazi comuni sono un po' limitati, ad eccezione del Vital Bar che - nella bella stagione - si trasferisce sotto un pergolato.

CALCINATO

Brescia (BS) – ✉ 25011 – 12 861 ab. – Alt. 171 m – Carta regionale n° **9**-D1
Roma 539 km – Brescia 24 km – Milano 117 km – Verona 57 km
Carta stradale Michelin 561-F13

a Ponte San Marco Nord : 2,5 km – ✉ 25011

Della Torre 1850

via strada statale 11, Padana Superiore 33 – ✆ 03 09 65 51 11 – www.hoteldellatorre1850.it
40 cam – 55/100 € 70/140 €
Attorno ad una torre colombaia del XIX secolo, in un ex opificio dalla caratteristica struttura "a ringhiera", camere sobrie e mobili di qualità. L'hotel si trova lungo la strada statale, ma rimane un po' defilato grazie all'ampio parcheggio privato.

CALDANA – Grosseto (GR) ➔ Vedere Gavorrano

CALDARO SULLA STRADA DEL VINO (KALTERN AN DER WEINSTRASSE)

Bolzano (BZ) – ✉ 39052 – 7 812 ab. – Alt. 425 m – Carta regionale n° **19**-D3
Roma 637 km – Bolzano 15 km – Merano 35 km – Trento 53 km
Carta stradale Michelin 562-C15

La Residenza Gius

località Trutsch 1 – ℰ 04 71 96 32 95
– www.designhotel-kaltern.com – Chiuso 21 dicembre-28 febbraio
9 suites ⌸ – ♦129/298 € ♦♦199/578 €
Non lontano dal centro del paese, edificio moderno dalle zone comuni limitate ma grandi camere, modernamente arredate, svariati servizi previsti per gli ospiti e un'incantevole terrazza panoramica.

 Schlosshotel Aehrental

via dell'Oro 19 – ℰ 04 71 96 22 22
– www.schlosshotel.it – Aperto 24 marzo-1° novembre
19 cam ⌸ – ♦96/200 € ♦♦174/290 € – **2 suites**
Bell'edificio nobiliare di metà '600 a due passi dal centro, ma circondato da un bel giardino. Camere e ambienti signorili, per un soggiorno all'insegna del buon gusto. Servizio ristorante estivo all'aperto.

al lago Sud : 5 km

 Parc Hotel

Campi al lago 9 – ℰ 04 71 96 00 00 – www.parchotel.cc
– Aperto Pasqua-novembre
40 cam – ♦120/300 € ♦♦140/420 € – **3 suites**
Lunga la costa orientale e più tranquilla del lago, solo il curato giardino lo separa dalle trasparenti acque per le quali si può partire con il pedalò. Eleganti e spaziose camere, per un esclusivo rifugio.

 Seeleiten

strada del Vino 30 ✉ 39052 – ℰ 04 71 96 02 00
– www.seeleiten.it – Aperto 1° aprile-10 novembre
49 cam ⌸ – ♦124/160 € ♦♦230/300 € – **10 suites**
Uno dei migliori alberghi della zona, sin dall'esterno vi appare un originale edificio dall'andamento sinuoso, imprigionato in una gabbia di legno. Dentro un brulichio di attività e servizi attendono gli ospiti, nonché camere grandi ed impeccabili.

 Hasslhof

San Giuseppe al Lago 62 – ℰ 04 71 96 00 59
– www.hasslhof.com – Aperto Pasqua-2 novembre
21 cam – solo ½ P 100/120 €
Immersa nei vigneti, è un'originale struttura dalle ampie camere (43 mq e 15 di terrazza), nonché arredi moderni, piacevolmente ispirati ai materiali locali, dal legno alla pietra; splendidi i bagni. Giardino-solarium con piscina e pittoresca vista sull'intero lago di Caldaro.

 Seegarten

lago di Caldaro 17 – ℰ 04 71 96 02 60
– www.seegarten.com – Aperto 27 marzo-2 novembre
33 cam ⌸ – ♦95/110 € ♦♦180/200 € – **4 suites**
Per gli amanti del nuoto è davvero ideale la spiaggia attrezzata di questa risorsa immersa nel verde a bordo lago e con vista sui monti; camere spaziose, luminose e ben tenute. Cucina regionale e servizio estivo in terrazza: i due punti di forza del ristorante.

 Haus Am Hang

lago di Caldaro 57 – ℰ 04 71 96 00 86
– www.hausamhang.it – Aperto 1° aprile-15 novembre
28 cam ⌸ – ♦85/120 € ♦♦180/210 € – **5 suites**
In posizione leggermente sopraelevata sul lago, dalla terrazza e dalla maggior parte delle camere si può ammirare quasi l'intero specchio d'acqua. Arredi e atmosfere tradizionali.

259

CALDIERO

Verona (VR) – ✉ 37042 – 7 741 ab. – Alt. 44 m – Carta regionale n° **22-B3**
▶ Roma 520 km – Verona 19 km – Venezia 103 km – Padova 68 km
Carta stradale Michelin 562-F15

⌂ **Bareta** 🖼 🖼 AC 🚫 🏊 🚗

via Strà 88 – ☎ 04 56 15 07 22 – www.hotelbareta.it – Chiuso 21 dicembre-7 gennaio
45 cam 🛏 – ♦45/85 € ♦♦65/140 €
Comodo da raggiungere sulla strada statale, albergo di concezione moderna - a gestione familiare - che propone confortevoli camere dalle rilassanti tinte azzurre. Dalle 18 alle 22 circa, servizio di wine-bar anche per apertivi con affettati misti e formaggi vari.

sulla strada statale 11 Nord-Ovest : 2,5 km

✗✗ **Renato** 🐸 🏡 AC ⇔ P

località Vago 6 ✉ 37042 – ☎ 0 45 98 25 72 – www.ristoranterenato.it – Chiuso agosto, lunedì sera e martedì, anche lunedì a mezzogiorno in giugno-luglio
Carta 29/100 €
Se il locale ha ormai festeggiato il mezzo secolo, da più di due lustri il timone della gestione è passato dal padre - quel Renato che diede il nome al tutto - al figlio, Daniele. La cucina, invece, rimane nelle mani della madre ed è squisitamente di pesce.

CALDOGNO

Vicenza (VI) – ✉ 36030 – 11 327 ab. – Alt. 53 m – Carta regionale n° **22-A1**
▶ Roma 540 km – Padova 48 km – Trento 93 km – Vicenza 11 km
Carta stradale Michelin 562-F16

✗✗ **Molin Vecio** 🏡 ⇔ P
😎
via Giaroni 116 – ☎ 04 44 58 51 68 – www.molinvecio.it – Chiuso martedì
Menu 25/40 € – Carta 26/53 €
Il vecchio mulino affonda le proprie radici nel Cinquecento e i successivi eventi storici non ne hanno alterato il carattere, ancor oggi si mangia in caratteristico contesto rurale. Cucina rigorosamente veneta, qui ci si erge a difesa del territorio!

CALENZANO

Firenze (FI) – ✉ 50041 – 17 433 ab. – Alt. 68 m – Carta regionale n° **18-C1**
▶ Roma 290 km – Firenze 20 km – Bologna 100 km – Prato 10 km
Carta stradale Michelin 563-K15

Pianta di Firenze : percorsi di attraversamento

⌂ **Valmarina** 🖼 AC 🚫

via Baldanzese 146 – ☎ 05 58 82 53 36 Pianta: A1**f**
– www.hotelvalmarina.it
34 cam 🛏 – ♦48/83 € ♦♦50/120 €
Non lontano dal casello autostradale, è frequentato in prevalenza da una clientela commerciale che trova camere semplici ma ben tenute; dinnanzi all'albergo c'è un ampio parcheggio pubblico.

a Carraia Nord : 4 km – ✉ 50041

✗ **Gli Alberi** P
😎
via Bellini 173 – ☎ 05 58 81 99 12 – Chiuso martedì
Menu 12 € (pranzo)/45 € – Carta 20/44 €
Piacevole trattoria con quattro sale di tono rustico e dalla cortese gestione familiare situata lungo la strada per Barberino, mentre la cucina sforna ricette della tradizione toscana.

a Pontenuovo di Calenzano Nord : 6 km – ⊠ 50041 Calenzano

Meridiana Country Hotel ⟨icons⟩ 🅿

via di Barberino 253 – ✆ *05 58 81 94 72 – www.meridianacountryhotel.it*
32 cam 🛏 – †90/242 € ††100/242 €
L'interior design contemporaneo incontra i colori tipici della Toscana in questa struttura di grande fascino dotata di camere luminose con terrazzo o giardino privato, ed un piccolo centro wellness.

CALESTANO

Parma (PR) – ⊠ 43030 – 2 117 ab. – Alt. 417 m – Carta regionale n° **5-B2**
▶ Roma 488 km – Parma 38 km – Reggio nell'Emilia 57 km – La Spezia 91 km
Carta stradale Michelin 561-I12

Locanda Mariella 🐝 🌳 🅿

località Fragnolo, Sud-Est: 5 km – ✆ *0 52 55 21 02 – Chiuso lunedì e martedì*
Carta 29/41 €
Strade tortuose incidono il paesaggio collinare che avvolge la locanda: una risorsa familiare - ormai generazionale - dove fermarsi a gustare i celebri tortelli di patate o il guancialino di vitello brasato. Il tutto annaffiato da ottimi vini, elencati in una carta quasi enciclopedica.

CALIZZANO

Savona (SV) – ⊠ 17057 – 1 494 ab. – Alt. 647 m – Carta regionale n° **8-A2**
▶ Roma 594 km – Genova 94 km – Savona 48 km – Imperia 72 km
Carta stradale Michelin 561-J6

Villa Elia ⟨icons⟩ 🅿

via Valle 26 – ✆ *01 97 96 19 – www.villaelia.it – Chiuso gennaio-febbraio*
33 cam 🛏 – †36/55 € ††60/90 €
Nel verde entroterra ligure, un piacevole albergo di paese con camere carine e spaziose; tranquilla e circondata da un giardino cintato, la struttura è ideale per famiglie con bambini.

CALTAGIRONE

Catania (CT) – ⊠ 95041 – 38 828 ab. – Alt. 608 m – Carta regionale n° **17-C2**
▶ Palermo 190 km – Catania 71 km – Enna 62 km – Ragusa 59 km
Carta stradale Michelin 365-AW60 – Guida Verde Michelin SICILIA

Agriturismo Colle San Mauro ⟨icons⟩ 🅿

Contrada San Mauro Sotto, Sp 39 II Sud-Ovest: 7,5 Km – ✆ *0 93 35 38 90 – www.collesanmauro.it*
38 cam 🛏 – †75/90 € ††120/140 €
Lungo una strada costellata di vigneti, frutteti e giardini coltivati, si giunge ad un bel nucleo di caseggiati totalmente rinnovati. Interni rustici, ma non privi di signorilità, camere di vari stili ed una piscina che offre una magnifica vista sulla tranquilla valle; possibilità di svolgere diverse attività organizzate dalla struttura.

Coria (Domenico Colonnetta e Francesco Patti) 🐝 AK

via Infermeria 24 – ✆ *0 93 32 65 96 – www.ristorantecoria.it – Chiuso 20 giorni in febbraio, 10 giorni in novembre, domenica sera e lunedì*
Menu 60/100 € – Carta 45/73 € – (consigliata la prenotazione)
Due giovani chef vi stupiranno con le loro rivisitazioni di classici isolani. In pieno centro, la scelta di colori forti nelle due belle sale conferisce carattere al locale, che ha preso spunto dal proprio nome dall'autore di "Profumi di Sicilia", G. Coria.
→ Spaghettino artigianale al nero di seppia, cozze, gamberi marinati e cavolo. Agnellino da latte con zuppetta di lenticchia nera, carote e cavolo. L'evoluzione siciliana: ricotta al forno, spugna di pistacchio di Bronte e cioccolato.

sulla strada statale 124 Nord : 5 km

 Villa Tasca ☆ 🐾 ← 🍴 ♨ 🐚 ⅃₅ ⅃ AC P

contrada Fontana Pietra S.P. 37/II ✉ *95041* – ✆ *0 93 32 27 60*
– www.villatasca.it – Chiuso 10 gennaio-10 febbraio e 5-30 novembre
10 cam � – 🛏70/100 € 🛏🛏90/120 €
In posizione defilata e tranquilla, una villa nobiliare settecentesca ospita ampi spazi en plein air, una grande piscina ed il maneggio per passeggiate equestri. La cucina rielabora i sapori del territorio in chiave contemporanea.

sulla strada statale 177 bis km 68 Ovest: 16 km

 Vecchia Masseria ☆ 🐾 ← 🍴 ♨ AC ⅃ P

contrada Cutuminello ✉ *95041* – ✆ *33 38 73 55 73* – *www.vecchiamasseria.com*
– Chiuso 6 novembre-6 dicembre e 6 gennaio-6 febbraio
24 cam ⊞ – 🛏55/90 € 🛏🛏70/140 €
All'interno di un parco naturale, la location è sicuramente bucolica e la struttura - ricavata da una masseria del 1850 – propone ambienti di moderno design e richiami ad elementi architettonici locali. Camere semplici e menu degustazione con specialità dell'entroterra al ristorante.

CALTANISSETTA

Sicilia – ✉ *93100* – *63 290 ab.* – Alt. 568 m – Carta regionale n° **17-C2**
▶ Palermo 128 km – Agrigento 56 km – Catania 111 km – Enna 33 km
Carta stradale Michelin 365-AT59 – Guida Verde Michelin SICILIA

 San Michele ☆ ← ⅃ ⅃₅ 🖸 & AC ⅃ P

via Fasci Siciliani 6 – ✆ *09 34 55 37 50* – *www.hotelsanmichelesicilia.it*
122 cam ⊞ – 🛏95/105 € 🛏🛏117/130 € – **13 suites**
In posizione periferica e tranquilla, non mancano gli spazi, benché semplici nelle decorazioni. Camere come piccoli gioielli, alcune ulteriormente impreziosite da una vista panoramica. Piatti siciliani e nazionali al ristorante.

CALTIGNAGA

Novara (NO) – ✉ *28010* – *2 587 ab.* – Alt. 178 m – Carta regionale n° **12-C2**
▶ Roma 633 km – Stresa 53 km – Milano 58 km – Novara 10 km
Carta stradale Michelin 561-F7

XX
🍴🍴 **Cravero** ⇦ 🍴 🏡 AC P

via Novara 8 – ✆ *03 21 65 26 96* – *www.hotelcravero.it* – *Chiuso 27 dicembre-10 gennaio e 3 settimane in agosto*
Menu 18 € (pranzo in settimana)/48 € – Carta 31/58 € – (prenotare)
12 cam ⊞ – 🛏55/75 € 🛏🛏70/90 €
Da oltre trent'anni, Cravero vizia i suoi ospiti con proposte del territorio rielaborate con creatività, in un ambiente curato e signorile. Si mangia anche all'aperto, nella bella stagione.

CALUSO

Torino (TO) – ✉ *10014* – *7 606 ab.* – Alt. 303 m – Carta regionale n° **12-B2**
▶ Roma 678 km – Torino 36 km – Aosta 90 km – Novara 71 km
Carta stradale Michelin 561-G5

XXX **Gardenia** (Mariangela Susigan) 🍴🍴 🏡 & AC ⇦ P

corso Torino 9 – ✆ *01 19 83 22 49* – *www.gardeniacaluso.it*
– Chiuso 7-23 gennaio, 16-23 agosto e martedì
Menu 25 € (pranzo in settimana)/85 € – Carta 47/91 €
Un elegante indirizzo piemontese: dalla casa di ringhiera ai raffinati interni, passando naturalmente per la cucina, a cui tuttavia si affiancano piatti più creativi.
➜ Antica zuppa d'ajucche (erbe). La finanziera reale. Elogio alla pesca ripiena.

CALVIGNANO

Pavia (PV) – ✉ *27040* – *131 ab.* – Alt. 275 m – Carta regionale n° **9-B3**
▶ Roma 566 km – Alessandria 56 km – Piacenza 55 km – Milano 63 km
Carta stradale Michelin 561-H9

La Locanda ✿ AC P

Via Roma 10/12 – ☎ 03 83 39 80 14 – www.lalocandacalvignano.it – Chiuso febbraio

5 cam ⌚ – ♦70/90 € ♦♦80/100 €

Una buona base per visitare i dintorni: piacevoli camere arredate in modo moderno ed accoglienti sale ristorante per proposte non solo regionali.

CALVISANO

Brescia (BS) – ✉ 25012 – 8 604 ab. – Alt. 67 m – Carta regionale n° **9-C2**

▶ Roma 523 km – Brescia 32 km – Cremona 50 km – Mantova 55 km

Carta stradale Michelin 561-F13

XXX **Al Gambero** (Mariapaola Geroldi) 🥨 AC ✿ ⇔
✿

via Roma 11 – ☎ 0 30 96 80 09 – Chiuso 1 settimana in gennaio, agosto e mercoledì

Menu 40 € (pranzo in settimana)/87 € – Carta 55/99 €

Nel centro di Calvisano, dietro all'apparente semplicità dei piatti ci sono grande cura e l'equilibrio tra tradizione e modernità affinato in oltre un secolo e mezzo di storia familiare: una cucina solida, di gusto e sostanza.

→ Risotto con punte d'asparagi alla crema di formaggi. Lingua di manzo leggermente affumicata, soffice di patate e pere al kren. Parfait alla vaniglia, crema al caffè, cialda croccante di mandorle.

XX **Fiamma Cremisi** 🏠 P

via De Gasperi 37, località Viadana, Nord: 2 km – ☎ 03 09 68 63 00 – www.ristorantefiammacremisi.it – Chiuso 23-31 gennaio, 2 settimane in agosto, sabato a mezzogiorno e martedì

Menu 28/48 € – Carta 28/60 € – (consigliata la prenotazione)

Cucina del territorio rivisitata e servizio estivo all'aperto sotto un gazebo, in un ristorante di campagna la cui sala principale è allietata da un caminetto. A pranzo solo menu business o carta più ridotta ed economica.

CAMAIORE

Lucca (LU) – ✉ 55041 – 32 550 ab. – Alt. 34 m – Carta regionale n° **18-B1**

▶ Roma 376 km – Firenze 107 km – Livorno 53 km – Lucca 34 km

Carta stradale Michelin 563-K12

🏠 **Locanda le Monache** ✿ 🔄 AC

piazza XXIX Maggio 36 – ☎ 05 84 98 92 58 – www.lemonache.com – Chiuso novembre

13 cam ⌚ – ♦50/60 € ♦♦60/75 €

Nel cuore del paese, questa locanda a gestione familiare offre camere arredate con dovizia di fantasia, tra allegri tocchi ed arredi d'epoca o di gusto moderno. Comodi al ristorante, accolti da un camino e da una riproduzione di Bruegel, per gustare i piatti della tradizione toscana.

XX **Emilio e Bona** 🥨 🏠 ⇔ P

via Nuova 1641, località Lombrici, Nord: 3 km – ☎ 05 84 98 92 89 – www.ristoranteemilioebona.com – Chiuso 15-31 gennaio, 15-30 novembre e lunedì

Carta 28/62 € – (solo a cena escluso sabato e domenica)

In origine era un opificio, ma per la sua ubicazione strategica sulla riva di un torrente fu convertito presto in frantoio. Oggi è un originale ristorante, che denuncia il suo passato grazie a macine esposte in sala. Anche la cucina rimane fedele alla tradizione: solo piatti regionali, prevalentemente di carne.

a Montemagno Sud-Est : 6 km – ✉ 55041

X **Le Meraviglie** 🏠 ♿ AC ✿ P

via Provinciale 13 – ☎ 05 84 95 17 50 – www.lemeraviglie.it – Chiuso 12-20 gennaio, 4-26 novembre, mercoledì e i mezzogiorno di giovedì e venerdì

Carta 20/26 €

Lungo una piacevole strada collinare che conduce a Lucca, il locale è gestito da due fratelli che propongono una cucina regionale a base di carne o baccalà. Pesce su ordinazione.

CAMARDA – L'Aquila (AQ) ➜ Vedere L'Aquila

CAMERANO
Ancona (AN) – ✉ 60021 – 7 325 ab. – Alt. 231 m – Carta regionale n° **11-C1**
▶ Roma 293 km – Ancona 12 km – Pesaro 78 km – Macerata 44 km
Carta stradale Michelin 563-L22

🏠 **3 Querce** ☆ 🖭 👌 Ⓐ🖪 🏔 🅿
    via Papa Giovanni XXIII 44 ✉ 60021 – 𝒞 07 19 53 16 – www.hotel3querce.com
    – Chiuso 23-27 dicembre
    33 cam ☑ – 🛇30/250 € 🛇🛇40/350 € – **1 suite**
    Dispone di ambienti ordinati ed una capiente sala conferenze, questo hotel
    vocato ad una clientela business e gestito con professionalità. Camere di due
    tipologie: meglio le superior, in quanto più recenti.

CAMERI
Novara (NO) – ✉ 28062 – 11 020 ab. – Alt. 161 m – Carta regionale n° **12-C2**
▶ Roma 621 km – Stresa 52 km – Milano 53 km – Novara 10 km
Carta stradale Michelin 561-F7

✕✕ **Al Caminetto** Ⓐ🖪
    via Cavour 30 – 𝒞 03 21 51 87 80 – www.alcaminettocameri.com – Chiuso
    1 settimana in agosto, martedì a mezzogiorno e lunedì
    Menu 46 € – Carta 43/66 €
    Bel locale sorto all'interno di una casa padronale nel centro della località. Soffitti
    con travi a vista, gestione esperta, cucina appetitosa e interessante.

CAMERINO
Macerata (MC) – ✉ 62032 – 6 986 ab. – Alt. 661 m – Carta regionale n° **11-C2**
▶ Roma 203 km – Macerata 51 km – Ancona 111 km – Perugia 85 km
Carta stradale Michelin 563-M16

a Polverina Sud-Est : 10 km – ✉ 62037

🏠 **Il Cavaliere** ☆ 🖭 Ⓐ🖪 🕸 🏔 🅿
    via Mariani 33/35 – 𝒞 0 73 74 61 28 – www.hotelilcavaliere.com
    18 cam ☑ – 🛇59 € 🛇🛇74 €
    Dopo avervi abitato per generazioni, il proprietario ha trasformato un edificio del-
    l'Ottocento in una piacevole risorsa dotata di camere spaziose, nuove, con mobili
    di legno scuro. Simpatico ambiente di taglio rustico nella sala da pranzo.

CAMIGLIATELLO SILANO
Cosenza (CS) – ✉ 87052 – Alt. 1 272 m – Carta regionale n° **3-A2**
▶ Roma 556 km – Cosenza 34 km – Catanzaro 97 km – Crotone 78 km
Carta stradale Michelin 564-I31

🏠 **Aquila-Edelweiss** ☆ 🖭 🕸 🏔 🅿
    via Stazione 11 – 𝒞 09 84 57 80 44 – www.hotelaquilaedelweiss.com
    – Chiuso 11 novembre-20 dicembre e 10 marzo-24 aprile
    40 cam ☑ – 🛇60/80 € 🛇🛇70/120 €
    Pluridecennali e collaudate l'accoglienza e l'ospitalità della famiglia in questo
    albergo all'inizio del paese: tanto legno negli spazi comuni e camere recente-
    mente rinnovate. Specialità del territorio al ristorante.

verso il lago di Cecita Nord-Est : 5 km

 San Lorenzo ☆ ≼ 🛋 🖭 🅿
    contrada campo San Lorenzo 14 ✉ 87052 Camigliatello Silano
    – 𝒞 09 84 57 90 26 – www.sanlorenzosialberga.it/ – Chiuso 10 giorni in marzo e
    10 giorni in novembre
    20 cam ☑ – 🛇59/79 € 🛇🛇69/109 € – **2 suites**
    Rist *La Tavernetta* – Vedere selezione ristoranti
    Camere dal design minimalista e dai colori vivaci, ideale punto di partenza per
    apprezzare la quiete offerta dai boschi e dalla montagna silana.

XX **La Tavernetta** – Hotel San Lorenzo

*contrada campo San Lorenzo 14 – ⊠ 87052 Camigliatello Silano
– ✆ 09 84 57 08 09 – www.sanlorenzosialberga.it – Chiuso 10 giorni in marzo e
10 giorni in novembre*
Carta 35/60 € – *(chiuso lunedì escluso agosto)*
Grande passione da parte dei titolari per i sapori della loro Calabria: si parte con
l'aperitivo nella fornita cantina, quindi, ci si accomoda nelle moderne sale per
assaporare sapidi piatti locali. Tra le specialità: i funghi.

CAMIN – Padova (PD) ➜ Vedere Padova

CAMOGLI
Genova (GE) – ⊠ 16032 – 5 400 ab. – Carta regionale n° **8-C2**
▶ Roma 486 km – Genova 30 km – La Spezia 90 km – Portofino 16 km
Carta stradale Michelin 561-I9

Cenobio dei Dogi

via Cuneo 34 – ✆ 01 85 72 41 – www.cenobio.it
95 cam � – ♦120/195 € ♦♦360/540 € – **5 suites**
Per un esclusivo soggiorno in questa "perla" ligure, prestigioso e panoramico
albergo immerso in un lussureggiante parco, con camere eleganti recentemente
rinnovate. Al ristorante: sapori regionali e meravigliosa vista del golfo di Camogli.
Come suggerisce il nome stesso, c'è anche un altro ristorante, La Playa, situato
proprio sulla spiaggia.

Casmona

*salita Pineto 13 – ✆ 01 85 77 00 15 – www.casmona.com – Chiuso 9-25 dicembre
e 10-31 gennaio*
19 cam ⊔ – ♦60/130 € ♦♦80/215 €
Direttamente sul caratteristico lungomare, camere con bella vista - soprattutto le
tre con ampio terrazzo affacciato sul mare - e graziose sale per la prima colazione.

La Camogliese

via Garibaldi 55 – ✆ 01 85 77 14 02 – www.lacamogliese.it
21 cam ⊔ – ♦50/115 € ♦♦70/130 €
All'inizio del centro storico, accogliente e ospitale gestione familiare in un piccolo
hotel con camere confortevoli ed un interessante rapporto qualità/prezzo.

X **Da Paolo**

*via San Fortunato 14 – ✆ 01 85 77 35 95 – www.ristorantedapaolocamogli.com
– Chiuso 15-28 febbraio, martedì a mezzogiorno e lunedì*
Carta 37/81 € – *(consigliata la prenotazione)*
Ristorantino rustico a conduzione familiare, ubicato nel borgo antico poco lontano
dal porticciolo; cucina di mare secondo le disponibilità quotidiane del mercato.

a San Rocco Sud : 6 km – ⊠ 16032 San Rocco Di Camogli – Alt. 221 m

X **La Cucina di Nonna Nina**

via Molfino 126 – ✆ 01 85 77 38 35 – www.nonnanina.it – Chiuso mercoledì
Carta 32/60 € – *(prenotare)*
In una classica casa ligure della pittoresca frazione, si trova questa trattoria dal-
l'accogliente atmosfera familiare e con un'ambitissima verandina panoramica. In
menu: piatti locali, di terra e di mare.

CAMPAGNA – Novara (NO) ➜ Vedere Arona

CAMPAGNA LUPIA
Venezia (VE) – ⊠ 30010 – 7 168 ab. – Carta regionale n° **23-C3**
▶ Roma 511 km – Padova 27 km – Venezia 32 km – Treviso 50 km
Carta stradale Michelin 562-F18

a Lughetto Nord-Est : 7,5 km – ⊠ 30010 Campagna Lupia

XxX   **Antica Osteria Cera** (Daniele Cera)   𝔸𝔸 🆎 **P**

❀ ❀   *via Marghera 24 – ℰ 04 15 18 50 09 – www.osteriacera.it*
– Chiuso 2 settimane tra gennaio-febbraio, 2 settimane in agosto, domenica sera e lunedì
Menu 150 € – Carta 78/126 €
Di fronte all'incalzare di cucine tecniche e sofisticate, gli amanti del pesce in purezza troveranno in questa elegante villa a gestione familiare l'appagamento che cercano: ricette tradizionali, "minimal" ed incentrate sulla proverbiale qualità del prodotto.
→ Risotto con brodo di seppia, gambero rosso e lumachine di mare. Sanpietro cotto sulla pelle con salsa di pane, carciofi, e prosciutto di Montagnana. Essenza fredda di menta con sorbetto al lime e granita al rum.

CAMPAGNANO DI ROMA

Roma (RM) – ⊠ 00063 – 11 618 ab. – Alt. 270 m – Carta regionale n° **7-B2**
▶ Roma 34 km – L'Aquila 139 km – Terni 85 km – Viterbo 45 km
Carta stradale Michelin 563-P19

🏠   **Il Postiglione-Antica Posta dei Chigi** Ⓝ   ⚡ ⇦ ⌐ 🆎 ⚿ **P**

via Cassia Antica 15 – ℰ 0 69 04 12 14 – www.ilpostiglione.it
20 cam ⊑ – ♦65/90 € ♦♦95/250 €
Nel giardino c'è ancora un tratto della via Cassia romana; locanda già nel '400, il salto della qualità avvenne nel '600 con l'acquisto e l'abbellimento della stazione di posta da parte dei Chigi. Tappa dei grand tour nell'Ottocento, vi alloggiò anche Goethe. Lo splendore continua ai giorni nostri, in camere raffinate ed eleganti bagni.

CAMPALTO – Venezia (VE) → Vedere Mestre

CAMPEGINE

Reggio nell'Emilia (RE) – ⊠ 42040 – 5 062 ab. – Alt. 34 m – Carta regionale n° **5-B3**
▶ Roma 447 km – Parma 25 km – Bologna 90 km – Reggio nell'Emilia 18 km
Carta stradale Michelin 562-H13

in prossimità strada statale 9 - via Emilia Sud-Ovest : 3,5 km

XX   **Lago di Gruma**   𝔸𝔸 🍴 🆎 ⚿ **P**

vicolo Lago 7 ⊠ 42040 – ℰ 05 22 67 93 36 – Chiuso 15 giorni in agosto, martedì e mercoledì
Carta 38/60 €
Atmosfera d'altri tempi in una villetta di campagna, vicino ad un laghetto. La cucina è volutamente in bilico tra classico e moderno: di terra e di mare, riserva un occhio di riguardo ai prodotti di stagione.

CAMPERTOGNO

Vercelli (VC) – ⊠ 13023 – 235 ab. – Alt. 815 m – Carta regionale n° **12-C1**
▶ Roma 711 km – Novara 84 km – Vercelli 94 km – Biella 78 km
Carta stradale Michelin 561-E6

🏠   **Relais San Rocco**   ⇦ ⇦ 🅱 🏃 ⚿ **P**

via San Rocco 2 – ℰ 0 16 37 71 61 – www.relaissanrocco.it
– Aperto 15 giugno-15 settembre
24 cam ⊑ – ♦99/129 € ♦♦129/149 € – **11 suites**
Spettacolare la scala in pietra che domina questa prestigiosa villa ottocentesca. Incastonata in un piccolo borgo secentesco, unisce con gusto gli antichi affreschi e i mobili d'epoca con un ricercato arredo dal design contemporaneo.

CAMPESTRI – Firenze (FI) → Vedere Vicchio

CAMPIANI – Brescia (BS) → Vedere Collebeato

CAMPI BISENZIO

Firenze (FI) – ⊠ 50013 – 45 761 ab. – Alt. 38 m – Carta regionale n° **18-D3**
▶ Roma 291 km – Firenze 12 km – Livorno 97 km – Pistoia 20 km
Carta stradale Michelin 563-K15

500 Firenze

via di Tomerello 1, uscita autostrada – ℰ *05 58 80 35 00*
– www.hotel500firenze.com
59 cam ⊑ – ♦128/250 € ♦♦148/300 € – **1 suite**
E' uno splendido viale alberato a condurvi alle porte della cinquecentesca villa
nobiliare immersa in un ampio giardino con piscina-solarium; all'interno spazi
moderni e confortevoli. Al ristorante: cucina regionale con qualche spunto di
fantasia.

West Florence

via Guido Guinizelli 15/17 – ℰ *05 58 95 34 88* – *www.westflorencehotel.it*
69 cam ⊑ – ♦60/90 € ♦♦75/110 € – **1 suite**
Alla periferia di Firenze, un indirizzo business attrezzato ad hoc per l'attività congressuale: al suo interno, tutto è moderno a partire dall'arredo d'avanguardia.

CAMPIGLIA

La Spezia (SP) – ⊠ 19132 – Alt. 382 m – Carta regionale n° **8-D2**
▶ Roma 430 km – La Spezia 8 km – Genova 111 km – Massa 47 km
Carta stradale Michelin 561-J11

✗ La Lampara

via Tramonti 4 – ℰ *01 87 75 80 35* – *Chiuso gennaio, febbraio, dal 20 settembre
al 25 ottobre e lunedì*
Carta 29/42 €
La vista e il sapore del mare nella luminosa e panoramica sala di una trattoria la
cui proprietaria prepara gustosi piatti di pesce ormai da 50 anni, festeggiati nel
2013: auguri!

CAMPIONE D'ITALIA

Como (CO) – ⊠ 22060 – 2 038 ab. – Alt. 273 m – Carta regionale n° **9-A2**
▶ Roma 648 km – Como 27 km – Lugano 11 km – Milano 72 km
Carta stradale Michelin 561-E8

✗✗ Da Candida (Bernard Fournier)

❀ *viale Marco da Campione 4* – ℰ *0 04 19 16 49 75 41* – *www.dacandida.net
– Chiuso 27 giugno-25 luglio, martedì a mezzogiorno e lunedì*
Menu 37 € (pranzo in settimana)/63 € – Carta 53/90 €
Se credete che i sapori aiutino a viaggiare restando seduti ad un tavolo, in questo
raccolto ed elegante ristorante vi attende un entusiasmante incontro con il gusto
e la raffinatezza della cucina francese.
➜ Tagliatelle di crespelle al salmone affumicato in casa. Confit d' anatra all'aran-
cia. Tarte Tatin di mele golden.

CAMPITELLO DI FASSA

Trento (TN) – ⊠ 38031 – 725 ab. – Alt. 1 448 m – Carta regionale n° **19-C2**
▶ Roma 684 km – Bolzano 48 km – Cortina d'Ampezzo 64 km – Trento 102 km
Carta stradale Michelin 562-C17

Gran Paradis

streda Dolomites 2/6 – ℰ *04 62 75 01 35* – *www.granparadis.com
– Aperto 19 dicembre-3 aprile e 25 maggio-4 ottobre*
31 cam ⊑ – ♦80/140 € ♦♦120/230 € – **8 suites**
All'ingresso del paese, la breve distanza dal centro non è un problema, tante sono
le occasioni per distrarsi: dalla taverna con musica e sigari alla cantina-enoteca
per degustazioni. Si ritorna in una dimensione più classicamente alberghiera nel-
l'ampia sala ristorante con i tipici legni trentini e piatti nazionali.

Villa Kofler

*streda Dolomites 63 – ✆ 04 62 75 04 44 – www.villakofler.it – Aperto
1° dicembre-30 aprile e 1° giugno-30 settembre*
6 cam ⌷ – ♦110/200 € ♦♦110/200 € – **4 suites**
Per gli amanti dei viaggi in giro per il mondo, ogni camera - dotata di sauna privata!- è dedicata ad una città di cui ne ripropone stile e motivi: Campitello, Sali-
sburgo e Montreal, tra le migliori, poi ci sono New York, Tokyo, Montecarlo, etc...

 Gran Chalet Soreghes

*via Pent de Sera 18 – ✆ 04 62 75 00 60 – www.unionhotelscanazei.it – Aperto
4 dicembre-18 aprile e 1° giugno-20 settembre*
45 cam ⌷ – ♦60/175 € ♦♦110/240 € – **8 suites**
Legni e decorazione in tipico stile locale che accompagnano i clienti sino alle
camere. La distinzione sono il centro benessere e soprattutto la palestra: professionale e a pagamento. La cucina si ispira naturalmente alle tradizioni locali.

Park Hotel Rubino

*via Sot Ciapiaà 3 – ✆ 04 62 75 02 25 – www.unionhotelscanazei.it
– Aperto dicembre-Pasqua e giugno-settembre*
37 cam ⌷ – ♦70/185 € ♦♦120/260 € – **2 suites**
Ambienti confortevoli arricchiti da legno pregiato, nonché una zona benessere
con piscina ed ampio idromassaggio. Al ristorante, la cucina si divide tra tipica e
mediterranea.

Salvan

*streda Dolomites 10 – ✆ 04 62 75 03 07 – www.hotelsalvan.it – Aperto
20 dicembre-Pasqua e 22 giugno-24 settembre*
33 cam ⌷ – ♦53/105 € ♦♦86/180 €
Hotel a gestione familiare, situato alle porte della località, con discrete zone
comuni, piscina coperta e centro salute; mobili di legno chiaro nelle piacevoli
camere. Tre spazi per il ristorante: uno ampio e classico, uno intimo e "montano"
e poi la veranda.

CAMPOBASSO

✉ 86100 – 49 434 ab. – Alt. 701 m – Carta regionale n° **1-D3**
▶ Roma 226 km – Benevento 63 km – Foggia 88 km – Isernia 49 km
Carta stradale Michelin 564-C25

Donguglielmo

contrada San Vito 15/b – ✆ 08 74 41 81 78 – www.donguglielmo.it
36 cam ⌷ – ♦75/90 € ♦♦100/130 €
Nuova struttura nell'immediata periferia della città, moderna e funzionale dispone
di camere accoglienti, piacevole zona relax e una panoramica sala da thé. Anche
il ristorante rispecchia lo stile moderno dell'hotel.

CentrumPalace

via Gianbattista Vico 2/a – ✆ 08 74 41 33 41 – www.centrumpalace.it
144 cam ⌷ – ♦70/90 € ♦♦90/140 €
Struttura moderna ed imponente che si colloca ai vertici dell'offerta alberghiera
della città: grandi spazi comuni arredati con poltroncine in pelle color tabacco, a
cui fanno eco i pavimenti e i numerosi inserti in wengè. Nelle confortevoli
camere, predominanza di legno chiaro e tessuti coordinati. La sua posizione strategica permette di raggiungere comodamente le diverse località del Molise.

San Giorgio

via Insorti d'Ungheria – ✆ 08 74 49 36 20 – www.hotelsangiorgio.org
48 cam ⌷ – ♦75/95 € ♦♦110/140 €
In zona commerciale prossima al centro, l'hotel è frequentato da una clientela
business, ma offre ambienti accoglienti e d'atmosfera.

✕✕ Miseria e Nobiltà ⇦ ≋ AC

*via Sant'Antonio Abate 16 – ✆ 0 87 49 42 68 – www.ristorantemiseriaenobilta.it
– Chiuso 19 luglio-4 agosto e domenica*
Menu 30/50 € – Carta 24/44 €   **4 cam** ⌷ – ⭦35/45 € ⭦⭦60/75 €
In un palazzo di fine '700 dagli splendidi pavimenti e lampadari di Murano, la
miseria allude alle tradizioni contadine, nobilitate in piatti ricercati e creativi:
ravioli con ripieno di fiori di zucchine e mandorle al pomodorino e basilico, lom-
batine di coniglio con porri e mele annurche, solo per citarne alcune. Ad eccezione del martedì, di sera va in scena anche la pizza preparata con lievito madre,
farine macinate a pietra ed ingredienti a chilometro zero.

✕✕ Vecchia Trattoria da Tonino 🏠 AC ⊗
⊜
🐷
*corso Vittorio Emanuele 8 – ✆ 08 74 41 52 00
– www.vecchiatrattoriadatonino.com – Chiuso 7-15 gennaio, 1°-10 luglio, sabato
e domenica in luglio-agosto, lunedì e sabato negli altri mesi*
Menu 22 € (pranzo in settimana)/38 € – Carta 26/40 € – (prenotare)
Lungo l'elegante viale di passeggio cittadino, fermatevi a gustare la celebre
faraona disossata farcita con ricotta, verdurine e pistacchio o altre ricette regionali
in un'atmosfera familiare e cordiale.

✕ Aciniello 🏠 AC ⊗ ⇔
⊜
via Torino 4 – ✆ 32 85 58 54 84 – Chiuso 10-20 agosto e domenica
Menu 20 € (in settimana)/35 € – Carta 18/39 €
Una semplice e schietta trattoria a carattere familiare: due salette una delle quali
più raccolta, con tavoli ravvicinati e colori vivaci. I tanti habitué e la convivialità dei
titolari rendono l'ambiente allegro, mentre la cucina riflette le tradizioni molisane.

CAMPO CARLO MAGNO – Trento (TN) ➜ Vedere Madonna di Campiglio

---

CAMPO FISCALINO = **FISCHLEINBODEN** – Bolzano (BZ) ➜ Vedere Sesto

---

CAMPOGALLIANO
Modena (MO) – ✉ 41011 – 8 789 ab. – Alt. 43 m – Carta regionale n° **5-B2**
▶ Roma 415 km – Bologna 59 km – Reggio nell'Emilia 29 km – Modena 13 km
Carta stradale Michelin 562-H14

🏠🏠 Modena District ⓝ ✧ 🛗 🔆 AC 🔆 P
via del Passatore 160, zona Dogana – ✆ 0 59 85 15 05 – www.modenadistrict.it
91 cam – ⭦⭦88/300 € – ⌷ 4 €
Rist *Osteria Emilia* – Vedere selezione ristoranti
Ben insonorizzato e in posizione strategica per chi viaggia in auto, l'hotel propone
camere di diversa tipologia adatte soprattutto ad una clientela d'affari.

✕✕ Osteria Emilia ⓝ – Hotel Modena District AC P
⊜
via del Passatore 160, zona Dogana – ✆ 33 93 06 59 92 – www.osteriaemilia.it
Menu 18/45 € – Carta 31/39 €
Sapori e i vini regionali lo fanno da padroni, ma un occhio è rivolto anche alla
modernità e alla fantasia nelle preparazioni.

in prossimità del casello autostradale A 22 Sud-Est : 3,5 km

✕✕ Magnagallo ⇦ 🛏 🏠 🔆 AC P
🐷
via Magnagallo Est 7 – ✆ 0 59 52 87 51 – www.magnagallo.it
Carta 23/48 € – (chiuso domenica sera)   **28 cam** ⌷ – ⭦50/100 € ⭦⭦70/140 €
Quanti pregi riassume questo ristorante! Facile da raggiungere, a pochi metri dal
casello, all'ingresso sarà la tipica ospitalità della gente di queste parti ad accogliervi insieme ad un goloso tavolo di torte. Ma prima, spazio ai tortelloni dorati
e al fritto misto all'emiliana.

✕ Trattoria Barchetta 🐜 🏠 AC ⇔
🐷
*via Magnagallo Est 20 – ✆ 0 59 52 62 18
– Chiuso 25 dicembre-12 gennaio, 15 agosto-12 settembre e domenica*
Carta 25/37 € – (solo a pranzo da lunedì a giovedì)
Ad un km dal casello, ma già in aperta campagna, tipica trattoria familiare all'insegna della gastronomia regionale, dove tra gli "imperdibili" figurano sicuramente i
tortelloni di ricotta al burro e salvia e la tagliata di filetto di cavallo. Bel pergolato
per il servizio estivo.

269

CAMPO LOMASO – Trento (TN) → Vedere Comano Terme

CAMPOMARINO → Vedere Maruggio

CAMPO TURES (SAND IN TAUFERS)

Bolzano (BZ) – ⊠ 39032 – 5 332 ab. – Alt. 864 m – Carta regionale n° **19-C1**

▶ Roma 730 km – Cortina d'Ampezzo 75 km – Bolzano 90 km – Brennero 81 km

Carta stradale Michelin 562-B17

Alte Mühle

via San Maurizio 1/2 – ℰ 04 74 67 80 77 – www.alte-muehle.it – Chiuso
15 aprile-15 maggio e 2 novembre-2 dicembre

15 cam ⊑ – ✝90/140 € ✝✝192/240 € – **5 suites**

Calda accoglienza e cordialità in questo albergo in posizione centrale, con tanto
legno, nonché qualche inserto antico, negli ambienti curati. Il ristorante (aperto
solo la sera) è distribuito fra sala, stube e veranda.

Drumlerhof ⓝ

Via del Municipio 6 – ℰ 04 74 67 80 68 – www.drumlerhof.com
– Chiuso 1° aprile-5 maggio e 6 novembre-4 dicembre

35 cam ⊑ – ✝102/113 € ✝✝180/280 €

Nel cuore della località, gestito dalla stessa famiglia dal 1902 ma rinnovato di
recente, offre camere avvolte nel legno, una piscina panoramica al quarto piano,
escursioni guidate e un buon ristorante orientato sui prodotti del territorio.

Feldmilla

via Castello 9 – ℰ 04 74 67 71 00 – www.feldmilla.com – Chiuso 2 settimane in
maggio e 2 settimane in dicembre

35 cam ⊑ – ✝90/150 € ✝✝160/290 € – **5 suites**

Rist Toccorosso – Vedere selezione ristoranti

Ai piedi dello storico castello, un design hotel - certificato ad impatto 0 - dalle
linee sobrie, dove legno e pietra "gareggiano" a riscaldare l'ambiente. Molto
belle, le camere.

Toccorosso – Hotel Feldmilla

via Castello 9 – ℰ 04 74 67 71 00 – www.feldmilla.com – Chiuso 2 settimane
in maggio e 2 settimane in dicembre

Carta 28/61 € – (solo a cena) (prenotare)

In linea con il design hotel che lo ospita, il ristorante è tra i più belli di questa
valle. Tutto è giocato sul territorio: a partire dalla carta, sino agli arredi con profusione di legno e cromatismi moderni. Il nome? E' il tocco nella mise en place: può
essere il bicchiere o un fiore, ma il rosso non manca mai!

CANALE

Cuneo (CN) – ⊠ 12043 – 5 636 ab. – Alt. 193 m – Carta regionale n° **14-C2**

▶ Roma 637 km – Torino 50 km – Asti 24 km – Cuneo 71 km

Carta stradale Michelin 561-H5

Agriturismo Villa Tiboldi

via Case Sparse 127, località Tiboldi, Ovest: 2 km – ℰ 01 73 97 03 88
– www.villatiboldi.it – Chiuso 7 gennaio-13 febbraio

10 cam ⊑ – ✝125/165 € ✝✝150/195 €

Rist Villa Tiboldi – Vedere selezione ristoranti

Imponente villa del Settecento, restaurata con cura, affacciata sul paesaggio collinare: interni di grande eleganza e signorilità.

Agriturismo Villa Cornarea

via Valentino 150 – ℰ 01 73 97 90 91 – www.villacornarea.com – Aperto
22 marzo-12 dicembre

10 cam ⊑ – ✝90/100 € ✝✝100/130 €

Tra i celebri vigneti del Roero - molti di proprietà - villa liberty del 1908 dominante un suggestivo paesaggio collinare. Camere raffinate e suggestiva terrazza
panoramica fra le due torri.

XxX **All'Enoteca** (Davide Palluda)

via Roma 57 – ✆ 0 17 39 58 57 – www.davidepalluda.it – Chiuso
24 dicembre-2 gennaio
Menu 60/85 € – Carta 57/90 € – *(chiuso lunedì a mezzogiorno e domenica,
escluso domenica a mezzogiorno dal 1° di ottobre al 15 dicembre)* (consigliata la
prenotazione)
Al primo piano di un centrale palazzo ottocentesco, la sala è tanto moderna ed
essenziale, quanto la cucina variopinta e creativa. Il trampolino di molti piatti
sono gli straordinari prodotti piemontesi, ma ci sono anche pesce ed originali
interpretazioni. All'Osteria, sapori più legati al territorio in un ambiente dall'accoglienza informale.
➔ Plin al fumo. Costata, midollo, pinoli e tatin di cipolle. Mela ghiacciata, gianduia con salsa alla menta, ottofile in millefoglie.

XX **Villa Tiboldi** – Agriturismo Villa Tiboldi

via Case Sparse 127, località Tiboldi, Ovest: 2 km – ✆ 01 73 97 03 88
– Chiuso 7 gennaio-13 febbraio
Menu 29/46 € – Carta 40/54 € – *(chiuso martedì a pranzo e lunedì,
1° ottobre-15 novembre aperto lunedì sera)*
Il celebre Roero docg è nella carta dei vini, insieme agli altri grandi del Piemonte,
Barolo e Barbaresco su tutti. La bevanda di Bacco, però, non è nulla se dissociata
dalla buona tavola. Ma anche a questo, l'agriturismo ci ha pensato: cucina regio-
nale declinata in vari menu.

CANALE D'AGORDO

Belluno (BL) – ✉ 32020 – 1 147 ab. – Alt. 976 m – Carta regionale n° **23-B1**
▶ Roma 662 km – Belluno 45 km – Cortina d'Ampezzo 51 km – Bolzano 69 km
Carta stradale Michelin 562-C17

X **Alle Codole**

via 20 Agosto 27 – ✆ 04 37 59 03 96 – www.allecodole.eu – Chiuso
10 giugno-10 luglio e novembre
Menu 20/40 € – Carta 25/61 € – *(chiuso lunedì escluso luglio-agosto e vacanze
di Natale)*
10 cam ⌂ – †40/50 € ††80/100 €
"Codole" è il soprannome del casato, cui appartengono i proprietari, che deve la
propria fama all'attività dei suoi avi nelle miniere di rame. Oggi, la famiglia ha tra-
dito l'antico impiego per dedicarsi all'ospitalità e alla cucina. Qualche idea? Fagottini di patate e porcini con ragù di cervo e fonduta al formaggio Agordino
- lombo di cervo in farcia di porcini - semifreddo al torroncino con ragù di fragole.

CANAZEI

Trento (TN) – ✉ 38032 – 1 917 ab. – Alt. 1 465 m – Carta regionale n° **19-C2**
▶ Roma 687 km – Bolzano 51 km – Trento 104 km – Cortina d'Ampezzo 60 km
Carta stradale Michelin 562-C17

 Croce Bianca

strèda Roma 3 – ✆ 04 62 60 11 11 – www.hotelcrocebianca.com – Aperto
1° dicembre-31 marzo e 1° giugno-30 settembre
44 cam ⌂ – †85/220 € ††150/460 € – **2 suites**
Rist *Wine & Dine* – Vedere selezione ristoranti
Saloni con biliardo, camino, stube ed area fumatori in questo accogliente hotel,
faro dell'ospitalità locale dal 1869. Poche camere standard, il resto con salottino
e caratteristici arredi. Piscina coperta e ben due all'aperto, nella zona benessere
recentemente potenziata.

Rita

strèda de Pareda 16 – ✆ 04 62 60 12 19 – www.hotelrita.com – Aperto
1° dicembre-Pasqua e 15 giugno-30 settembre
18 cam ⌂ – †60/150 € ††90/220 € – **3 suites**
Centrale e bella costruzione in stile ladino che ripropone anche negli interni la
stessa atmosfera montana. La zona benessere è stata potenziata con una piccola
beauty. Rivisitazione di piatti tradizionali nella deliziosa, omonima, stube.

Gries

via Lungo Rio di Soracrepa 22 – ☎ 04 62 60 13 32 – www.hotelgries.it – Aperto 1° dicembre-Pasqua e 20 giugno-30 settembre

12 cam – solo ½ P 87/94 € – **7 suites**

In una zona più tranquilla ma non distante dal centro, piccola gestione familiare che offre camere accoglienti e spaziose, quasi tutte con balcone, una sola con romantico letto a baldacchino.

El Paél

via Roma 58 – ☎ 04 62 60 14 33 – www.elpael.com – Aperto 1° dicembre-15 aprile e 15 giugno-30 settembre; chiuso mercoledì a mezzogiorno in inverno

Menu 27 € – Carta 30/59 €

Interni accoglienti ed un'atmosfera invitante, per una gustosa cucina del territorio sapientemente rivisitata e piatti a tema. Da accompagnarsi con l'ottimo racconto che il patron dedica ai vini in carta. Servizio pizzeria.

Wine & Dine – Hotel Croce Bianca

strèda Roma 5 – ☎ 04 62 60 11 11 – www.hotelcrocebianca.com – Aperto 1° dicembre-31 marzo e 1° giugno-30 settembre; chiuso martedì

Carta 30/72 €

Un ristorante che riscuote un certo successo in zona: ricreando l'atmosfera di una baita con legni vecchi ed angoli romantici, la cucina si fa sfiziosa e creativa. La carta dei vini propone alcune etichette anche al bicchiere.

ad Alba Sud-Est : 1,5 km – ✉ 38032

La Cacciatora

strèda de Contrin 26 – ☎ 04 62 60 14 11 – www.lacacciatora.it – Chiuso ottobre-novembre

37 cam ⌧ – ✝70/130 € ✝✝144/312 €

Rist *La Cacciatora* – Vedere selezione ristoranti

Sito vicino alla funivia del Ciampac, una gestione familiare - premurosa ed ospitale - propone camere confortevoli ad un ottimo prezzo ed uno splendido centro benessere. Al piano interrato c'è anche una pizzeria con pub.

Chalet Vites

strèda de Costa 161 – ☎ 04 62 60 16 04 – www.chaletvites.it – Aperto inizio dicembre-Pasqua e 15 giugno-20 settembre

11 cam ⌧ – ✝42/60 € ✝✝60/145 € – **1 suite**

Come il nome annuncia, si tratta proprio di uno chalet disegnato molto bene per valorizzare legni - alcuni secolari - e pietre di montagna che lo rendono caldo ed accogliente. Abete, larice e cirmolo coccoleranno il vostro riposo nelle belle camere, ognuna contraddistinta da un nome ladino.

La Cacciatora – Hotel La Cacciatora

strèda de Contrin 26 – ☎ 04 62 60 14 11 – www.lacacciatora.it – Chiuso ottobre-novembre

Carta 34/65 €

Una tavola di ampio respiro che partendo da specialità ladine si apre ad una cucina mitteleuropea, fondata su un'ottima selezione di materie prime e su un'eccezionale cantina: grandi vini da tutto il mondo ed annate speciali, in tutto circa 800 etichette.

CANDELI – Firenze (FI) ➜ Vedere Bagno a Ripoli

CANDIA CANAVESE

Torino (TO) – ✉ 10010 – 1 281 ab. – Alt. 285 m – Carta regionale n° **12-B2**

🖪 Roma 680 km – Torino 40 km – Aosta 84 km – Milano 119 km

Carta stradale Michelin 561-G5

Residenza del Lago

via Roma 48 – ☎ 01 19 83 48 85 – www.residenzadelago.it – Chiuso 1°-7 agosto

Menu 25/32 € – Carta 31/56 €

10 cam – ✝60/70 € ✝✝70/90 € – ⌧ 7 € – **1 suite**

In una tipica casa colonica, la cucina ripercorre nostalgicamente il passato con ricette dove l'utilizzo di materie prime locali dà luogo a specialità uniche: dai tajarin al ragù del vecchio Piemonte alla faraona con granella di nocciola. Carta dei vini cosmopolita, ma con un doveroso occhio di riguardo alla regione.

CANELLI

Asti (AT) – ⊠ 14053 – 10 604 ab. – Alt. 157 m – Carta regionale n° **14-D2**

▶ Roma 594 km – Alessandria 43 km – Torino 84 km – Asti 29 km

Carta stradale Michelin 561-H6

⌂ **Tre Poggi** ❶   ⇧ ⌇ ⇐ ⤴ ⋒ ᴌ ℀ 🅿

Regione Merlini, 22, Sud Ovest: 3 km – ☏ 01 41 82 25 48 – www.itrepoggi.it
– Chiuso 8 dicembre-8 marzo

12 cam ⊡ – ❶70/160 € ❶❶130/200 €

Si gode di uno spettacolare panorama da questa bella struttura che unisce il
fascino di un antico casolare ristrutturato ad un arredo d'impronta più moderna.
Per chi desidera prendersi cura di sé o semplicemente rilassarsi, la piccola zona
benessere farà al caso suo.

⌂ **Agriturismo La Casa in Collina**   ⌇ ⇐ ⤴ ⤴ ⋒ ℀ 🅿

località Sant'Antonio 54, Nord-Ovest: 2 km – ☏ 01 41 82 28 27
– www.casaincollina.com – Chiuso gennaio-febbraio

6 cam ⊡ – ❶90/110 € ❶❶100/110 €

Dal romanzo di Cesare Pavese, uno dei luoghi più panoramici delle Langhe con
vista fino al Monte Rosa nei giorni più limpidi. In casa: elegante atmosfera piemontese. Piccola produzione propria di moscato d'Asti e Barbera.

✕✕ **San Marco** (Mariuccia Roggero)   🕸 🄰🄲 ⇦
ⓔ
🌸   *via Alba 136 – ☏ 01 41 82 35 44 – www.sanmarcoristorante.it – Chiuso 10 giorni*
in gennaio, 15 giorni in luglio-agosto, mercoledì a mezzogiorno e martedì

Menu 25 € (in settimana)/55 € – Carta 42/62 €

Sentirsi a casa, ma al ristorante: camino acceso, una bella accoglienza familiare,
l'intramontabile cucina piemontese e un ottimo rapporto qualità/prezzo.

→ I tajarin 40 tuorli con tartufo bianco d'Alba (autunno). Rollata di coniglio
nostrano, purea di peperoni rossi e gialli, patate Goffredo. Tortino caldo al cioccolato gianduja con zabaione al moscato d'Asti, gelato di crema.

CANEVA

Pordenone (PN) – ⊠ 33070 – 6 430 ab. – Carta regionale n° **6-A3**

▶ Roma 593 km – Belluno 54 km – Pordenone 18 km – Treviso 51 km

Carta stradale Michelin 562-E19

⌂ **Ca' Damiani**   ⌇ ⤴ 🄰🄲 🅿

via Vittorio Veneto 3, località Stevenà – ☏ 04 34 79 90 92 – Chiuso 8-21 agosto

11 cam ⊡ – ❶75/85 € ❶❶95/130 €

Abbracciata da un ampio parco secolare, la maestosa villa settecentesca dalla
calda accoglienza propone al suo interno saloni impreziositi con arredi d'epoca e
raffinate camere, contraddistinte da nomi di grandi orologiai.

CANEZZA – Trento (TN) → Vedere Pergine Valsugana

CANGELASIO – Parma (PR) → Vedere Salsomaggiore Terme

CANNARA

Perugia (PG) – ⊠ 06033 – 4 349 ab. – Alt. 191 m – Carta regionale n° **20-B2**

▶ Roma 160 km – Perugia 30 km – Assisi 13 km – Orvieto 79 km

Carta stradale Michelin 563-N19

✕ **Perbacco-Vini e Cucina**

via Umberto I°, 14 – ☏ 07 42 72 04 92 – Chiuso 20 giugno-20 luglio e lunedì

Carta 28/45 € – *(solo a cena escluso giorni festivi)*

Semplice, ma colorata trattoria familiare nel bel centro storico di Cannara, la
cucina celebra l'omonima famosa cipolla, ma anche frittate, paste fresche, gnocchi e carni.

CANNERO RIVIERA

Verbano-Cusio-Ossola (VB) – ⊠ 28821 – 976 ab. – Alt. 225 m
– Carta regionale n° **12-C1**
▶ Roma 694 km – Stresa 30 km – Verbania 17 km – Milano 119 km
Carta stradale Michelin 561-D8

Cannero
piazza Umberto I° 2 – ℰ 03 23 78 80 46 – www.hotelcannero.com
– *Aperto 4 marzo-3 novembre*
71 cam ⊂⊃ – †102/138 € ††124/170 € – **1 suite**
Rist *I Castelli* – Vedere selezione ristoranti
Prestigiosa ubicazione sul lungolago e la sensazione di trovarsi in un piccolo borgo con viuzze private tra un edificio e l'altro della struttura, angoli bar, relax e salette lettura. Le camere offrono uno standard molto competitivo e la cura maniacale della titolare le rende anche ordinate e pulitissime.

I Castelli – Hotel Cannero
piazza Umberto I° 2 – ℰ 03 23 78 80 47 – www.hotelcannero.com
– *Aperto 4 marzo-3 novembre*
Menu 34/50 € – Carta 34/76 €
Non solo specialità lacustri, ma anche proposte internazionali, sulla terrazza di questo signorile ristorante, nella cornice di una delle più belle e romantiche passeggiate del lago Maggiore.

Il Cortile
via Massimo D'Azeglio 73 – ℰ 03 23 78 72 13 – www.cortile.net
– *Aperto 25 marzo-25 ottobre*
Carta 45/87 € – *(chiuso mercoledì escluso 15 luglio-15 agosto) (solo a cena escluso sabato e domenica)*
9 cam ⊂⊃ – †75/85 € ††115/120 €
Sito nel cuore della località e raggiungibile solo a piedi, un locale grazioso e curato, frequentato soprattutto da una clientela straniera, propone una cucina creativa. Dispone anche di alcune camere signorili dall'arredo ricercato.

CANNETO SULL'OGLIO

Mantova (MN) – ⊠ 46013 – 4 474 ab. – Alt. 34 m – Carta regionale n° **9-C3**
▶ Roma 496 km – Mantova 38 km – Brescia 51 km – Cremona 32 km
Carta stradale Michelin 561-G13

a Runate Nord-Ovest : 3 km – ⊠ 46013 Canneto Sull'Oglio

Dal Pescatore (Nadia e Giovanni Santini)
✿✿✿ – ℰ 03 76 72 30 01 – www.dalpescatore.com – *Chiuso 2-24 gennaio, 10 agosto-2 settembre, mercoledì a mezzogiorno, lunedì e martedì*
Menu 189 € – Carta 101/207 €
Rimane sempre un punto fermo della ristorazione italiana, questa ex trattoria sulle rive dell'Oglio, oggi uno dei templi della haute cuisine e orgoglio nazionale che ha saputo rinnovare con gusto, passione e tanta umiltà le ricette tradizionali dello Stivale: è la grandezza dei semplici!
➜ Mezzelune di pasta con melanzane al profumo di menta e timo, mousse di burrata e pomodoro. Sella di capriolo con salsa al nebbiolo, frutti di bosco e verdure croccanti. Pinguino al cioccolato con mousse di ricotta e miele, noci e salsa al gianduja.

CANNIGIONE – Olbia-Tempio (OT) ➜ Vedere Arzachena

CANNIZZARO – Catania (CT) ➜ Vedere Aci Castello

CANNOBIO

Verbano-Cusio-Ossola (VB) – ⊠ 28822 – 5 203 ab. – Alt. 214 m
– Carta regionale n° **12-C1**
▶ Roma 701 km – Verbania 24 km – Locarno 18 km – Milano 125 km
Carta stradale Michelin 561-D8

Park Hotel Villa Belvedere

via Casali Cuserina 2, Ovest: 1 km – ☎ *0 32 37 01 59* – *www.villabelvederehotel.it*
– *Aperto 19 marzo-23 ottobre*
27 cam ☲ – †120/150 € †⊺170/200 € – **1 suite**

All'interno di un meraviglioso parco secolare con piscina, la struttura è ideale per
una vacanza a tutto relax, nonché a contatto diretto con la natura. Camere ampie
e confortevoli, dove colori solari si abbinano a materiali naturali quali legno, cotto
e pietra; tutte le stanze dispongono di terrazzo o balcone.

Cannobio

piazza Vittorio Emanuele III 6 – ☎ *03 23 73 96 39* – *www.hotelcannobio.com*
– *Aperto 15 marzo-15 novembre*
19 cam ☲ – †120/160 € †⊺180/230 € – **1 suite**

Sulla piazza principale prospiciente il lago, la struttura si caratterizza per i suoi eleganti spazi comuni e le camere deliziosamente personalizzate. Ovunque il piacere
di scoprire le sfumature dell'acqua. Ristorante con proposte classiche.

Pironi

via Marconi 35 – ☎ *0 32 37 06 24* – *www.pironihotel.it* – *Aperto 19
marzo-6 novembre*
12 cam ☲ – †100/120 € †⊺150/195 €

Delizioso hotel d'atmosfera in un palazzo quattrocentesco nel cuore della località: un insieme di antichi affreschi, soffitti a volta, colonne medievali e moderni
elementi di arredo. Il tutto in perfetta armonia tra funzionalità e ricordi di epoche passate.

✗✗ Antica Stallera

via Zaccheo 3 – ☎ *0 32 37 15 95* – *www.anticastallera.com* – *Aperto
10 marzo-10 novembre*
Carta 32/70 € – *(chiuso martedì)* **18 cam** ☲ – †70/75 € †⊺110/125 €

Nel centro storico di questo grazioso borgo, invidiatoci da tanti stranieri, prelibatezze regionali ed i "classici" italiani in questo accogliente ristorante con giardino.

✗✗ Lo Scalo

piazza Vittorio Emanuele 32 – ☎ *0 32 37 14 80* – *www.loscalo.com* – *Chiuso
1 settimana in febbraio, 2-26 novembre, martedì a mezzogiorno e lunedì escluso
luglio-agosto*
Menu 25 € (pranzo)/54 € – Carta 48/76 € – *(consigliata la prenotazione)*

Merita di fare "scalo", questo ristorante sul lungolago con un bel dehors per il servizio all'aperto ed un ambiente rustico-elegante al suo interno. La cucina reinterpreta la tradizione locale con guizzi di fantasia.

sulla strada statale 34 Sud : 2 km

✗✗✗ Del Lago

via Nazionale 2, località Carmine Inferiore ☒ *28822* – ☎ *0 32 37 05 95*
– *www.hoteldellagocannobio.it* – *Aperto 20 marzo-1° novembre*
Carta 52/96 € – *(chiuso mercoledì a mezzogiorno e martedì)*
9 cam – †80/100 € †⊺120/160 € – ☲ 10 € – **1 suite**

Una moderna e raffinata cucina con piatti di carne e soprattutto di pesce, sia di
lago che di mare, una sala di sobria eleganza avvolta da vetrate oppure, d'estate,
in terrazza, in riva al lago. Graziose le camere, per sentirsi quasi ospiti di una
dimora privata.

CANOSA DI PUGLIA

Barletta-Andria-Trani (BT) – ☒ 76012 – 30 459 ab. – Alt. 105 m
– Carta regionale n° **15-B2**
🚗 Roma 365 km – Bari 78 km – Foggia 28 km – Barletta 23 km
Carta stradale Michelin 564-D30

✗✗ Locanda di Nunno

via Balilla 2 – ☎ *08 83 61 50 96* – *Chiuso 22-30 agosto, domenica sera e lunedì*
Carta 35/50 € – *(consigliata la prenotazione)*

Look raffinato per un ristorante con pochi tavoli e una cucina che - sebbene
attinga al territorio - riesce ad essere originale: sicuramente una sosta da consigliare!

CANOVE

Vicenza (VI) – ✉ 36010 – Alt. 1 001 m – Carta regionale n° **23-B2**
▶ Roma 579 km – Trento 74 km – Padova 88 km – Vicenza 60 km
Carta stradale Michelin 562-E16

 Alla Vecchia Stazione

via Roma 147 – ☎ 04 24 69 20 09 – www.allavecchiastazione.it – Chiuso ottobre
40 cam ⬡ – ♦60/80 € ♦♦100/120 € – **1 suite**
Ubicato di fronte al museo locale un hotel che presenta ambienti di buon livello
con accessori e dotazioni in grado di garantire un soggiorno piacevole. Bella
piscina e zona benessere, dove effettuare anche trattamenti e massaggi. Tre
diverse sale ristorante per gli ospiti dell'hotel, i clienti di passaggio e i banchetti.

CANTALUPA

Torino (TO) – ✉ 10060 – 2 578 ab. – Alt. 459 m – Carta regionale n° **12-B2**
▶ Roma 708 km – Torino 40 km – Milano 183 km – Cuneo 73 km
Carta stradale Michelin 561-H3

 La Locanda della Maison Verte

via Rossi 34, per via XX Settembre – ☎ 01 21 35 46 10
– www.maisonvertehotel.com – Chiuso 1°-7 gennaio
28 cam ⬡ – ♦67/80 € ♦♦90/108 € – **1 suite**
È stato ispirandosi al verde circostante che la maison si è specializzata nella cure
per la salute e la bellezza. In questa bucolica atmosfera l'antica cascina ottocentesca ha saputo mantenere intatto il fascino d'antan. Anche il ristorante è un omaggio al passato: è qui che si riscoprono i sapori tipici del territorio.

 Il Furtin

*via Rocca 28, Nord: 2,5 km – ☎ 01 21 35 46 10 – www.ilfurtin.com – Chiuso
2 gennaio-31 marzo*
6 cam ⬡ – ♦65/70 € ♦♦80/95 €
Dedicato a tutti gli amanti della quiete e della storia: affacciato su una collina
panoramica, un borgo contadino ottocentesco tra arredi semplici e qualche
pezzo d'epoca.

CANTALUPO – Milano (MI) → Vedere Cerro Maggiore

CANTALUPO LIGURE

Alessandria (AL) – ✉ 15060 – 523 ab. – Alt. 383 m – Carta regionale n° **12-D3**
▶ Roma 553 km – Alessandria 65 km – Genova 59 km – Piacenza 117 km
Carta stradale Michelin 561-H9

XX **Belvedere**

*località Pessinate 53, Nord: 7 km – ☎ 0 14 39 31 38 – www.belvedere1919.it
– Chiuso gennaio o febbraio e lunedì*
Menu 32 € – Carta 30/51 € – (prenotazione obbligatoria)
Animati da una coinvolgente passione per la cucina del territorio, riattualizzata,
Fabrizio e Serena, fratello e sorella, si destreggiano mirabilmente ai fornelli; in
sala, l'esperienza della madre. Ambiente rustico con elementi moderni.

CANTELLO

Varese (VA) – ✉ 21050 – 4 684 ab. – Alt. 404 m – Carta regionale n° **10-A1**
▶ Roma 640 km – Como 26 km – Varese 10 km – Milano 67 km
Carta stradale Michelin 561-E8

 Madonnina

*largo Lanfranco da Ligurno 1, località Ligurno – ☎ 03 32 41 77 31
– www.madonnina.it*
24 cam – ♦70/90 € ♦♦100/120 € – ⬡ 10 € – **2 suites**
Rist *Madonnina* – Vedere selezione ristoranti
Un hotel di charme con camere raffinate, in una stazione di posta del '700 circondata da un bel parco-giardino: suite di Edda Ciano nella parte storica, camere per
famiglie in quella moderna con piscina in terrazza e solarium.

XX **Madonnina** – Hotel Madonnina

largo Lanfranco da Ligurno 1, località Ligurno – ✆ 03 32 41 77 31
– *www.madonnina.it*
Carta 39/55 € – *(chiuso lunedì)*
Cucina che segue le stagioni e piatti ricchi d'estro, in un ristorante di ricercata eleganza composto da vari ambienti per banchetti ed eventi.

CANTÙ

Como (CO) – ✉ 22063 – 39 995 ab. – Alt. 369 m – Carta regionale n° **10-B1**
▶ Roma 614 km – Como 15 km – Milano 40 km – Lecco 33 km
Carta stradale Michelin 561-E9

Canturio

via Vergani 28 – ✆ 0 31 71 60 35 – *www.hotelcanturio.it*
– *Chiuso 24 dicembre-6 gennaio e 20 giorni in agosto*
29 cam ⊡ – †60/90 € ††80/110 €
Gestito da oltre 30 anni dalla stessa famiglia, a soli 10 minuti a piedi dal centro, un hotel ideale per clientela di lavoro e di passaggio; camere funzionali, quelle sul retro hanno un terrazzino sul verde.

XX **La Scaletta**

via Milano 30 – ✆ 0 31 71 65 40 – *www.trattorialascaletta.it* – *Chiuso*
1 settimana in gennaio e 3 settimane in agosto
Menu 40 € – Carta 39/64 € – *(chiuso venerdì sera e sabato a mezzogiorno)*
8 cam ⊡ – †45/50 € ††70/75 €
Tono classico-elegante per un ristorante con camere confortevoli, ubicato alle porte della città: cucina tradizionale in sintonia con le stagioni e proposte originarie di varie regioni.

XX **Le Querce**

via Marche 27 – ✆ 0 31 73 13 36 – *www.ristorantelequerce.com* – *Chiuso*
2 settimane in gennaio, 2 settimane in agosto, lunedì e martedì
Menu 50 € – Carta 32/64 €
Le Querce, come gli alberi che ombreggiano il grande giardino nel quale si trova questo signorile ristorante, ben attrezzato anche per banchetti e ricevimenti. Cucina regionale e gustose proposte di pesce.

XX **Il Truciolo-Atelier Paul Schrott**

viale Italia 6, località Vighizzolo – ✆ 0 31 73 38 20 – *www.paulschrott.it* – *Chiuso*
12-22 gennaio, agosto e martedì
Menu 59/150 € – Carta 45/70 € – *(consigliata la prenotazione)*
Il nome evoca l'attività svolta in passato tra queste mura: i suoi spazi ospitavano, infatti, una falegnameria. Oggi sono invece la corografia – curata e minimalista – di una cucina elaborata e creativa, che si accompagna ad un servizio attento e premuroso.

CAORLE

Venezia (VE) – ✉ 30021 – 11 741 ab. – Carta regionale n° **23-D2**
▶ Roma 594 km – Udine 83 km – Venezia 70 km – Treviso 60 km
Carta stradale Michelin 562-F20

Garden Sea

piazza Belvedere 2 – ✆ 04 21 21 00 36 – *www.hotelgarden.info*
– *Aperto 15 aprile-16 ottobre*
52 cam ⊡ – †79/119 € ††99/199 €
Solo la piazza divide dal mare questo hotel dagli ambienti luminosi arredati con gusto moderno e minimal; camere confortevoli, spesso ampie. Al ristorante, piatti con prevalenza di proposte mediterranee e stile moderno: in estate - a pranzo - si mangia a buffet.

International Beach Hotel ☆ ⚄ ⚅ 🎦 ⚄ P

viale Santa Margherita 57 – ℰ 0 42 18 11 12 – www.internationalbeachhotel.it
– Chiuso 20-28 dicembre e 7 gennaio-15 febbraio
59 cam ⊊ – ⍓70/100 € ⍓⍓90/150 €
Leggermente arretrato rispetto al mare, lungo un'arteria commerciale che in estate viene chiusa al traffico, due strutture sobriamente eleganti con aree riservate per il gioco dei più piccoli. Alcune camere sono state rinnovate in tempi recenti.

Savoy ☆ ⚄ ⚅ ⚄ 🎦 AC P

via Pascoli 1 – ℰ 0 42 18 18 79 – www.savoyhotel.it
– Aperto 28 aprile-25 settembre
62 cam ⊊ – ⍓85/90 € ⍓⍓100/186 € – **2 suites**
Per una vacanza tra bagni e tintarella è perfetto questo hotel fronte spiaggia dalla seria conduzione familiare; le camere sono state rinnovate in anni recenti. Capiente e luminosa la sala da pranzo, dove gustare una sana cucina mediterranea.

Principe ☆ ⚅ ⚄ 🎦 AC P

lungomare Trieste 59/60 – ℰ 0 42 18 12 23 – www.hotelprincipecaorle.it
– Aperto 20 maggio-20 settembre
62 cam ⊊ – ⍓67/87 € ⍓⍓118/158 €
Frontemare sulla spiaggia di Levante, hotel a conduzione diretta con accoglienti spazi comuni e camere al passo con i tempi. Particolarmente gradevole la piscina riscaldata.

Marzia Holiday Queen ☆ ⚅ ⚄ 🎦 AC ⚒ P

viale Dante Alighieri 2 – ℰ 0 42 18 14 77 – www.hotelmarzia.it – Aperto
1° maggio-30 settembre
29 cam ⊊ – ⍓65/100 € ⍓⍓98/160 € – **3 suites**
Piccolo grazioso hotel a conduzione familiare a pochi metri dalla spiaggia, dispone di una hall dalle moderne poltrone colorate e di ampie camere all'attico, con soppalco e idromassaggio. Per i pasti, la cucina tipica veneta con un'ampia scelta di carne e pesce ed un buffet di vedure.

XX Al Postiglione ⚐ ⚅ AC

viale Santa Margherita 42 – ℰ 0 42 18 15 20 – www.alpostiglione.it – Aperto
1° marzo-31 ottobre
Carta 20/78 €
Con un bel dehors lungo la via del passeggio serale, un locale moderno dove gustare piatti di pesce, classici italiani e, in alternativa, la pizza (anche a mezzogiorno).

XX Sporting By Liù' Ⓝ ⚐ ⚅ AC

via Venier 1 – ℰ 04 21 21 01 56 – www.ristorantesportingbyliu.com – Chiuso
lunedì da gennaio a maggio
Menu 45/90 € – Carta 47/81 €
Sicuramente una risorsa dall'anima moderna. Si divide, infatti, tra ristorante tradizionale con cucina sia di pesce sia di carne, il bar aperto dal mattino presto sino alla sera tardi e, last but not least, il salottino gourmet "By Liù": come una matrioska è un ristorantino all'interno del locale principale, dove la cuoca esprime attraverso un menu degustazione la propria vena creativa.

a Porto Santa Margherita Sud-Ovest : 6 km oppure 2 km e traghetto – ✉ 30021

Oliver ☆ ⚅ 🛏 ⚅ ⚄ 🎦 ⚄ ⚒ AC ⚒ P

viale Lepanto 3 – ℰ 04 21 26 00 02 – www.hoteloliver.it
– Aperto 15 maggio-20 settembre
66 cam – ⍓78/102 € ⍓⍓105/185 € – ⊊ 15 €
Offre ampi spazi esterni e un ambiente familiare questo piacevole albergo, posizionato direttamente sul mare, con piccola pineta e piscina al limitare della spiaggia. Classica e luminosa la sala da pranzo.

a Duna Verde Sud-Ovest : 10 km – ✉ 30021 Caorle

Playa Blanca ✿ ≤ 🛏 🖼 🔄 AC P

viale Cherso 80 – 𝒞 04 21 29 92 82 – www.playablanca.it – Aperto
15 maggio-15 settembre
43 cam ⌑ – †62/120 € ††84/124 € – **1 suite**
Curiosa struttura circolare cinta da un curato giardino nel quale si trovano una
piscina e un'area giochi attrezzata per i più piccoli. Al timone della conduzione,
tre fratelli. Altrettanto particolare la sala ristorante, sempre tondeggiante, cinta
da grandi vetrate e con proposte mediterranee.

a San Giorgio di Livenza Nord-Ovest : 12 km – ✉ 30020

Al Cacciatore 🛪 AC ⇔ P

corso Risorgimento 35 – 𝒞 0 42 18 03 31 – www.ristorantealcacciatore.it – Chiuso
20 giorni in gennaio, 20 giorni in luglio e mercoledì
Menu 15/100 € – Carta 32/80 €
Qui la qualità del pesce teme pochi confronti: guidati dal titolare che vi illustrerà
il pescato del giorno, ne serberete il ricordo di uno dei migliori ristoranti di mare
della zona.

CAPALBIO

Grosseto (GR) – ✉ 58011 – 4 139 ab. – Alt. 217 m – Carta regionale n° **18-C3**
▶ Roma 130 km – Grosseto 59 km – Civitavecchia 62 km – Orbetello 23 km
Carta stradale Michelin 563-O16

Valle del Buttero 🌿 🖼 🛏 🏛 🔄 & AC 🦿 P

via Silone 21 – 𝒞 05 64 89 60 97 – www.valledelbuttero.it – Aperto
1° aprile-31 ottobre
42 cam ⌑ – †64/154 € ††69/159 €
La sua location - a ridosso delle antiche mura - è sicuramente un punto positivo
per chi cerca relax, senza necessariamente allontanarsi dalla bella cittadina. All'interno, accoglienti camere e perlopiù bilocali con angolo cottura confortevoli e
ben tenuti; palestra con sauna.

Agriturismo Ghiaccio Bosco 🌿 🛏 🖼 & AC 🦿 P

strada della Sgrilla 4, Nord-Est: 4 km – 𝒞 05 64 89 65 39
– www.ghiacciobosco.com – Chiuso 10 gennaio-15 marzo
14 cam ⌑ – †50/80 € ††85/150 €
Bella piscina e confortevoli camere con piccole personalizzazioni (alcune dispongono di romantico letto a baldacchino), nonché accesso indipendente dal giardino. Tutt'intorno un lussureggiante parco.

Tullio 🛖 AC

via Nuova 27 – 𝒞 05 64 89 61 96 – www.tulliocapalbio.it – Chiuso mercoledì
escluso luglio-agosto; aperto solo venerdì sera, domenica a pranzo e sabato dal
1° ottobre a Pasqua
Carta 26/65 €
Poco distante dall'antica cinta muraria, ristorante familiare che dispone di una sala
interna d'atmosfera e di una terrazza, dove assaporare le specialità del territorio.

CAPANNORI – Lucca (LU) ➔ Vedere Lucca

CAPO D'ORLANDO

Messina (ME) – ✉ 98071 – 13 307 ab. – Carta regionale n° **17-C1**
▶ Catania 128 km – Palermo 143 km – Messina 88 km
Carta stradale Michelin 365-AX55 – Guida Verde Michelin SICILIA

La Tartaruga ✿ ≤ 🛶 🛏 🏛 🔄 AC 🦴 P

Lido San Gregorio 41 – 𝒞 09 41 95 54 21 – www.hoteltartaruga.it – Aperto
1° aprile-31 ottobre
45 cam ⌑ – †55/85 € ††80/125 €
Ubicato nel vero fulcro turistico della località, questa risorsa, affacciata sulla spiaggia, offre una buona ospitalità grazie a camere confortevoli e alla gestione attenta.

Il Mulino

lungomare Andrea Doria 46 – ℰ 09 41 90 24 31 – www.hotelilmulino.it
85 cam ⌑ – ⸸70/110 € ⸸⸸100/150 €
Albergo ubicato sul lungomare offre ai suoi ospiti ambienti totalmente rinnovati, sia nel settore camere sia nelle aree comuni. Al ristorante, oltre alla carta tradizionale anche proposte del giorno secondo il mercato.

CAPOLAGO – Varese (VA) ➜ Vedere Varese

CAPOLIVERI – Livorno (LI) ➜ Vedere Elba (Isola d')

CAPPELLA DÉ PICENARDI

Cremona (CR) – ✉ 26030 – 432 ab. – Alt. 42 m – Carta regionale n° **9-C3**
▶ Roma 498 km – Parma 51 km – Cremona 18 km – Mantova 48 km

 Locanda degli Artisti

via XXV Aprile 13/1 – ℰ 03 72 83 55 76 – www.locandadegliartisti.it – Chiuso domenica sera e giovedì
Menu 17 € (pranzo in settimana) – Carta 31/50 €
All'interno di una cascina ristrutturata con fantasia e originalità, ricca di cimeli storici, la cucina ripercorre la storia della tradizione lombarda, a cavallo tra Cremona e Mantova, fra marubini e tortelli di zucca.

CAPRAIA E LIMITE

Firenze (FI) – ✉ 50056 – 7 624 ab. – Carta regionale n° **18-C1**
▶ Roma 314 km – Firenze 33 km – Prato 39 km – Pisa 65 km
Carta stradale Michelin 563-K14

 I' Fiorino

via S. Allende 97/a – ℰ 05 71 58 39 41 – www.hotelifiorino.it
17 cam ⌑ – ⸸50/60 € ⸸⸸60/80 €
Moderno e confortevole, questo piccolo hotel vanta una luminosa veranda sulla quale viene allestita la prima colazione a buffet. Camere accoglienti nella loro semplicità.

CAPRESE MICHELANGELO

Arezzo (AR) – ✉ 52033 – 1 450 ab. – Alt. 653 m – Carta regionale n° **18-D1**
▶ Roma 262 km – Arezzo 40 km – Firenze 113 km – Perugia 93 km
Carta stradale Michelin 563-L17

 Buca di Michelangelo

via Capoluogo 51 – ℰ 05 75 79 39 21 – www.bucadimichelangelo.it – Chiuso 10-25 febbraio
23 cam ⌑ – ⸸45/60 € ⸸⸸65/80 €
Nel centro del paese che diede i natali a Michelangelo, un hotel con camere semplici, ma accoglienti, così come accogliente e familiare risulta essere la gestione. Piatti toscani serviti in un ampio salone panoramico.

Il Rifugio

località Lama 47, Ovest: 2 km – ℰ 05 75 79 39 68 – Chiuso mercoledì escluso agosto
Menu 15/38 € – Carta 18/52 €
Funghi e tartufi, ma anche pesce e la sera pizza, in un rustico locale di campagna con veranda esterna e gazebo in legno nel giardino. Solida e simpatica gestione familiare.

CAPRI (Isola di)

(NA) – 7 224 ab. – Carta regionale n° **4-B3**
Carta stradale Michelin 564-F24

L. Maisant / hemis.fr

ANACAPRI – ✉ 80071 – 6 926 ab. – Alt. 275 m – Carta regionale n° 4-B3
Carta stradale Michelin 564-F24

 Capri Palace Hotel   ⌂ ≤ ⌂ ⌂ ⌶ ⌱ SPA ⌂ L₆ ⊞ ✻ AC ⌘ ⌂
via Capodimonte 14 – ℰ 08 19 78 01 11   Pianta: B1**p**
– www.capripalace.com – Aperto 1° aprile-31 ottobre
57 cam ⊡ – ♦396/1320 € ♦♦396/1320 € – **15 suites**
Rist *L'Olivo* ✿✿ – Vedere selezione ristoranti
Svetta sui tetti di Anacapri, domina il mare e custodisce straordinarie opere d'arte
contemporanea, questo celebre albergo dai soffici colori e camere di alto livello,
alcune con piscina privata. Un inno allo stile mediterraneo nella sua massima
espressione! A pranzo ci si accomoda al Ragù per una cucina campana e,
volendo, anche per la pizza.

 Caesar Augustus   ⌂ ⌂ ≤ ⌂ ⌶ ⌂ ⊞ AC ⌘ ⌂ P
via Orlandi 4 – ℰ 08 18 37 33 95   Pianta: B1**c**
– www.caesar-augustus.com – Aperto 13 aprile-29 ottobre
47 cam ⊡ – ♦400/950 € ♦♦400/950 € – **8 suites**
Nell'altera e discreta Anacapri, la vista da questo albergo è tra le più belle del-
l'intera isola! Qui nulla è lasciato al caso: gli eleganti arredi o l'ascensore
d'epoca cattureranno la vostra attenzione, come del resto la suggestiva la
piscina a picco sul mare. Se a pranzo, magari all'aperto, le proposte sono
decisamente easy, la sera si cena scegliendo da una carta importante e soli
due tavolini proiettati sul mare.

⌂ **Villa Ceselle**   ⌂ AC ⌘
via Ceselle 18 – ℰ 08 18 38 22 36 – www.villaceselle.com   Pianta: A1**g**
– Aperto 2 aprile-3 novembre
10 cam ⊡ – ♦100/130 € ♦♦150/210 € – **3 suites**
Non lontano dal centro di Anacapri, la villa fu un salotto letterario che ospitò tra gli
altri Moravia e Morante; oggi si apre ai turisti con camere moderne e confortevoli.

⌂ **Al Mulino**   ⌂ ⌂ AC P
via La Fabbrica 9 – ℰ 08 18 38 20 84
– www.mulino-capri.com – Aperto 1° marzo-31 ottobre   Pianta: A1**f**
7 cam ⊡ – ♦80/200 € ♦♦100/250 €
Una ex fattoria immersa in un curatissimo giardino, collocato nella parte più
"nobile" e riservata della località, quindi distante da centro, shopping e frastuono.
Tutte le camere sono dotate di un grazioso patio privato.

ISOLA DI CAPRI

ISCHIA ◄   ◄ NAPOLI, SORRENTO

PUNTA DEL CAPO

Salto di Tiberio
Villa Jovis

▲ Arco Naturale

BELVEDERE DI TRAGARA

PUNTA DI TRAGARA

V. Tiberio
CAPRI
V. Tiberio
V. Tamborio

CENTRO CONGRESSI

Certosa di San Giacomo

PARCO CERTOSA

MARINA PICCOLA

MARINA GRANDE

V. Roma

Belvedere Cannone

V. delle Fate
V. Croce
IL CASTIGLIONE

PUNTA VENTROSO

MONTE SOLARO

Villa S. Michele

ANACAPRI

V. Giuseppe Orlandi
V. Capodimonte
Capodimonte
SEGGIOVIA

S. Michele
V. Tiberio
V. Axel Munthe

V. Tuoro
V. Vigna
V. Tiparo
V. Grotta Azzurra
▲ Grotta Azzurra

PUNTA DELL'ARCERA

CALA DEL RIO

V. Migliara
V. Migliara
V. Caprile
V. Lucano

Belvedere di Migliara

V. Cannula
V. Masola

PUNTA CARENA

0   500 m

282

Bellavista
via Orlandi 10 – ☎ *08 18 37 14 63* Pianta: B1**m**
– *www.bellavistacapri.com* – *Aperto 1° aprile-31 ottobre*
15 cam 🖙 – 🛏80/160 € 🛏🛏100/250 €
Sfoggia un'aria démodé negli interni anni '60 questa struttura con caratteristica architettura del luogo, dove la realtà non smentisce il nome: è davvero splendido il panorama del golfo da uno dei più antichi alberghi dell'isola!

Biancamaria
via Orlandi 54 – ☎ *08 18 37 10 00* Pianta: AB1**w**
– *www.hotelbiancamaria.com* – *Aperto 21 aprile-21 ottobre*
25 cam 🖙 – 🛏120/140 € 🛏🛏150/170 €
Lungo la strada dei negozi e del passeggio anacaprese, piccola risorsa dotata di camere classiche con mobili in legno naturale e tessuti coordinati.

Casa Mariantonia
via Orlandi 180 – ☎ *08 18 37 29 23* Pianta: A1**a**
– *www.casamariantonia.com* – *Aperto marzo-novembre*
10 cam 🖙 – 🛏120/280 € 🛏🛏140/340 €
Nel pieno centro di Anacapri, questa storica risorsa ospitò anche Totò e Moravia. L'attuale giovane gestione ha dato un nuovo slancio alla casa, che rimane sempre raffinata negli arredi e con un delizioso giardino agrumeto dove si apparecchiano i tavoli del semplice ristorante La Zagara.

Il Giardino dell'Arte
traversa la Vigna 32/b – ☎ *08 18 37 30 25* Pianta: A1**d**
– *www.capri-ilgiardino.com* – *Aperto 1° aprile-5 novembre*
5 cam 🖙 – 🛏60/90 € 🛏🛏80/150 €
Tra gli orti e i giardini delle ville di Anacapri, gli ospiti passano ore indimenticabili sulle terrazze vista mare. Ceramiche vietresi e letti in ferro battuto nelle accoglienti camere.

L'Olivo – Capri Palace Hotel
via Capodimonte 14 – ☎ *08 19 78 01 11* Pianta: B1**p**
– *www.capripalace.com* – *Aperto Pasqua-20 ottobre*
Carta 127/187 € – *(solo a cena)* (prenotare)
Un vasto e raffinato salotto dove illuminazione, tessuti e decorazioni creano un'ineguagliata armonia di stile e benessere; in cucina il giovane Migliaccio si fa portabandiera di piatti mediterranei e creativi, eleganti e sofisticati.
➜ Risotto al provolone del monaco con carciofi, limone candito e gamberi rossi. Scorfano in guazzetto con peperoncini verdi, pomodori brasati e crostini all'aglio. Spuma ghiacciata al caffè con salsa caramello e gelato alla liquirizia.

alla Grotta Azzurra Nord-Ovest : 4,5 km

Il Riccio
via Gradola 4/11 – ☎ *08 18 37 13 80* – *www.capripalace.com* Pianta: A1**e**
– *Aperto Pasqua-20 ottobre; chiuso le sere di lunedì, martedì e mercoledì*
Carta 85/195 €
L'alta cucina mediterranea si fa strada in un ristorante balneare a picco sul mare, informale ed elegante, semplice e sofisticato al tempo stesso. Troverete tanto pesce, nelle più saporite interpretazioni campane, ma lasciate un posto anche per i dolci facendovi accompagnare nella stanza delle tentazioni.
➜ Tagliolini con crema di melanzane, tonno, burrata e bottarga. Spiedino di pesce. La stanza delle tentazioni (buffet di dolci).

a Migliara Sud-Ovest : 30 mn a piedi

Da Gelsomina
via Migliara 72 – ☎ *08 18 37 14 99* – *www.dagelsomina.com* Pianta: A2**r**
– *Aperto 16 marzo-19 novembre*
Carta 36/93 € – *(chiuso martedì escluso aprile-ottobre)*
5 cam 🖙 – 🛏70/125 € 🛏🛏120/195 €
A piedi, o (previa telefonata) in navetta, si raggiunge un'autentica trattoria familiare e a pochi metri dal locale, i panorami mozzafiato del parco dei filosofi.

CAPRI – ✉ 80073 – 7 224 ab. – Alt. 142 m – Carta regionale n° 4-B3

Carta stradale Michelin 564-F24

Grand Hotel Quisisana
via Camerelle 2 – ℰ 08 18 37 07 88 – www.quisisana.com Pianta: C1**a**
– Aperto 24 marzo-30 ottobre
131 cam ⊡ – ♦300/1045 € – ♦♦300/1045 € – **16 suites**
Rist *Rendez Vous* – Vedere selezione ristoranti
Nato nell'Ottocento come sanatoro, oggi è una delle icone dell'isola. Davanti scorre la rutilante mondanità dello shopping, nel giardino: silenzio, mare e faraglioni. Vicino alla piscina, il ristorante La Colombaia propone specialità regionali, grigliate ed anche pizza al forno a legna.

Capri Tiberio Palace
via Croce 11/15 – ℰ 08 19 78 71 11 Pianta: C1**g**
– www.capritiberiopalace.com – Aperto 17 aprile-18 ottobre
46 cam ⊡ – ♦457/660 € – ♦♦457/660 € – **14 suites**
A pochi minuti dal centro, architettura eclettica che sposa richiami agli anni Cinquanta e Sessanta con soluzioni più contemporanee. Si crea così una convincente idea di viaggio. Belli gli ampi balconi incorniciati da archi e suggestive soluzioni di design per la sala da pranzo con sfogo in terrazza; cucina tradizionale e kosher.

Punta Tragara
via Tragara 57 – ℰ 08 18 37 08 44 – www.hoteltragara.com Pianta: C2**p**
– Aperto 1° aprile-31 ottobre
38 cam ⊡ – ♦450/950 € – ♦♦500/1000 € – **6 suites**
Rist *Monzù* – Vedere selezione ristoranti
Posizione irripetibile su Capri e i Faraglioni, per una struttura disegnata da Le Corbusier. Oggi i suoi interni moderni ospitano camere di attuale, riposante sobrietà, mentre dalle favolose terrazze si gode di una vista mozzafiato.

Scalinatella
via Tragara 8 – ℰ 08 18 37 06 33 – www.scalinatella.com Pianta: C2**e**
– Aperto 1° aprile-31 ottobre
30 cam ⊡ – ♦330/860 € – ♦♦330/860 € – **1 suite**
Chi ama gli spazi non rimarrà deluso! In questa splendida costruzione "a cascata" si dorme quasi sempre in junior suite con pavimenti in ceramica di Vietri e arredi d'epoca. Dalla maggior parte delle camere la vista si posa su mare e certosa di San Giacomo.

Casa Morgano
via Tragara 6 – ℰ 08 18 37 01 58 – www.casamorgano.com Pianta: C1**y**
– Aperto 1° aprile-31 ottobre
27 cam ⊡ – ♦230/580 € – ♦♦230/580 €
Immersa nel verde, sorge questa raffinata struttura che vanta camere spaziose, arredate con estrema ricercatezza. A pranzo, possibilità di un pasto leggero a bordo piscina.

Luna
viale Matteotti 3 – ℰ 08 18 37 04 33 – www.lunahotel.com Pianta: C1-2**j**
– Aperto Pasqua-31 ottobre
52 cam ⊡ – ♦200/230 € – ♦♦480/510 € – **4 suites**
Una struttura in perfetto stile caprese - a picco sulla scogliera - con ambienti luminosi e fresche maioliche. Grande giardino fiorito e terrazza da cui contemplare il mare, i Faraglioni e la Certosa: un sogno mediterraneo!

Villa Brunella
via Tragara 24 – ℰ 08 18 37 01 22 – www.villabrunella.it Pianta: C2**w**
– Aperto 25 marzo-22 ottobre
20 cam ⊡ – ♦160/230 € – ♦♦210/400 €
Rist *Terrazza Brunella* – Vedere selezione ristoranti
Camere spaziose ed eleganti, dove gli arredi vi guidano alla scoperta del fascino locale: alcune offrono grandi terrazze e comodi salotti, optando invece per quelle più in basso si perde parte della vista per guadagnare in spazi verdi di giardino. La vita qui si svolge in verticale, quale modo del resto per essere più fedeli all'immagine di Capri?

La Minerva

via Occhio Marino 8 – ℰ 08 18 37 70 67   Pianta: C1**m**
– www.laminervacapri.com – Aperto 17 marzo-3 novembre
16 cam ⌨ – ✶80/140 € ✶✶170/440 €
Gestione familiare all'insegna dell'ospitalità in una zona verde e tranquilla; le camere sono ampie, panoramiche e decorate con le tipiche ceramiche vietresi. Ottima la prima colazione, mentre pranzi leggeri sono serviti a bordo piscina.

 Canasta

via Campo di Teste 6 – ℰ 08 18 37 05 61   Pianta: C1**c**
– www.hotelcanastacapri.it – Aperto 1° marzo-30 novembre
16 cam ⌨ – ✶80/290 € ✶✶90/300 €
Semplice nei servizi e negli spazi comuni, non deluderanno invece le camere: in genere spaziose e con eleganti ceramiche vietresi.

 Villa Sarah

via Tiberio 3/a – ℰ 08 18 37 78 17   Pianta: C1**f**
– www.villasarahcapri.com – Aperto 1° aprile-31 ottobre
19 cam ⌨ – ✶90/160 € ✶✶165/235 €
Coccolati da un'autentica ed ospitale famiglia caprese, è una villa immersa nel verde dell'orto di casa. Al secondo piano alcune camere con vista mare.

XxX **Monzù** – Hotel Punta Tragara

via Tragara 57 – ℰ 08 18 37 08 44 – www.hoteltragara.com   Pianta: C2**p**
– Aperto 1° aprile-31 ottobre
Carta 66/129 €
La vista su Faraglioni, mare e Capri, soprattutto se si opta per il servizio all'aperto, vale già metà dell'esperienza: al resto, ci pensa il giovane cuoco che propone i sapori campani in piatti semplici per pranzo, più elaborati e fantasiosi la sera.

XX **Rendez Vous** – Grand Hotel Quisisana

via Camerelle 2 – ℰ 08 18 37 07 88 – www.quisisana.com   Pianta: C1**a**
– Aperto 24 marzo-30 ottobre
Menu 30 € (pranzo)/90 € – Carta 55/137 €
Nell'elegante sala interna, o in terrazza affacciati sulla via dello shopping, l'appuntamento - dalle 11 alle 24 - è con i piatti campani, ma anche con piacevoli aperitivi e tante bollicine.

XX **Aurora**

via Fuorlovado 18 – ℰ 08 18 37 01 81   Pianta: C1**k**
– www.auroracapri.com – Aperto 1° aprile-31 ottobre
Carta 50/116 € – (consigliata la prenotazione)
In un caratteristico vicolo del centro, la terza generazione ha fatto decollare il ristorante verso mete più ambiziose e una raffinata cucina campana, dove trova spazio anche la pizza all'acqua. Per ingannare l'attesa del tavolo, ci si può intrattenere nella modaiola champagneria davanti al locale.

XX **Mammà** (Gennaro Esposito)

via Madre Serafina 6 – ℰ 08 18 37 74 72   Pianta: B1**t**
– www.ristorantemamma.com – Aperto 16 aprile-15 ottobre
Menu 45 € (pranzo)/115 € – Carta 64/124 €
A pochi passi dalla celebre piazzetta, porta la cifra Gennaro Esposito, chef pluristellato, questo grazioso ristorante dalle tinte mediterranee e dai sapori campani, con un occhio di riguardo per i piatti della grande tradizione caprese. Nell'adiacente locale dalle caratteristiche volte seicentesche troverete una fornita cantina vini con zona degustazione e aperitivi.
→ Gnocchi di patate ripieni di ricotta, basilico e salsa ai frutti di mare. Trancio di pescato del giorno, cotto a bassa temperatura, con cipollotto e capperi. Babà napoletano al rhum con fragoline e crema pasticcera.

Terrazza Brunella – Hotel Villa Brunella
via Tragara 24 – ℰ 08 18 37 01 22 — Pianta: C2**w**
– www.terrazzabrunella.com – Aperto 25 marzo-23 ottobre
Carta 47/159 € – (consigliata la prenotazione)
In posizione panoramica sulla baia di Marina Piccola, ristorante la cui veranda è aperta su tre lati, la cucina spazia con abilità dalle specialità capresi e campane, ai piatti italiani più celebri nel mondo.

Da Tonino
via Dentecala 12 – ℰ 08 18 37 67 18 — Pianta: C1**b**
– www.ristorantedatonino.it – Chiuso 10 gennaio-14 marzo
Carta 46/62 € – (consigliata la prenotazione)
Armatevi di pazienza, perché per raggiungerlo bisogna camminare un po', ma una volta arrivati a destinazione, vi attendono sapori mediterranei ed una carta dei vini veramente inebriante: la bella cantina custodisce infatti più di 15000 etichette.

MARINA GRANDE – ✉ 80073 – Carta regionale n° 4-B3
Carta stradale Michelin 564-F24

J.K. Place Capri
via Provinciale 225 – ℰ 08 18 38 40 01 – www.jkcapri.com — Pianta: B1**b**
– Aperto 21 aprile-23 ottobre
22 cam ⌂ – ♥800/2050 € ♥♥800/2050 €
L'atmosfera e l'accoglienza di un'elegante residenza privata, dove una successione di salotti vi porta tra librerie e oggetti d'arte. Per chi non vuole rinunciare a bagnarsi nell'acqua di mare, nonostante la splendida piscina, l'albergo offre uno dei pochi accessi diretti alla spiaggia dell'isola.

Da Paolino Lemontrees
via Palazzo a Mare 11 – ℰ 08 18 37 61 02 — Pianta: B1**s**
– www.paolinocapri.com – Aperto 20 aprile-23 ottobre; chiuso mercoledì escluso giugno-agosto
Carta 59/106 € – *(solo a cena escluso in aprile-maggio)* (consigliata la prenotazione)
Locale rustico, molto luminoso, immerso nel verde: la "sala" è la limonaia sotto le cui fronde sono allestiti i tavoli. Cucina ricca e variegata secondo la migliore tradizione campana.

CAPRIATA D'ORBA
Alessandria (AL) – ✉ 15060 – 1 862 ab. – Alt. 176 m – Carta regionale n° **12-C3**
▶ Roma 575 km – Alessandria 25 km – Genova 63 km – Milano 101 km
Carta stradale Michelin 561-H8

Il Moro
piazza Garibaldi 7 – ℰ 0 14 34 61 57 – www.ristoranteilmoro.it
– Chiuso 26 dicembre-4 gennaio, 30 agosto-15 settembre, lunedì, anche domenica sera da settembre a maggio
Carta 26/53 €
In centro paese, all'interno di un palazzo del '600, una trattoria dai soffitti a volta e sulla tavola la vera cucina alessandrina: corzetti novesi con salsiccia e funghi - guancino di fassone con peperonata - tortino alla pera e fondente Novi. Piccola enoteca annessa.

CAPRIATE SAN GERVASIO
Bergamo (BG) – ✉ 24042 – 8 006 ab. – Alt. 190 m – Carta regionale n° **10-C2**
▶ Roma 606 km – Milano 47 km – Bergamo 18 km – Monza 29 km
Carta stradale Michelin 561-F10

Kanton Restaurant
via Antonio Gramsci 17 – ℰ 02 90 96 26 71 – www.kantonrestaurant.it – Chiuso lunedì
Carta 22/108 €
Tutt'altro che il solito cinese... Al Kanton Restaurant l'arte della cucina prende nuove forme e finezze inaspettate: fatevi consigliare il percorso più intrigante per scoprire i sapori d'Oriente. Non ne rimarrete delusi!

CAPRILE – Belluno (BL) ➜ Vedere Alleghe

CAPRI LEONE

Sicilia – Messina (ME) – ⊠ 98070 – 4 564 ab. – Alt. 400 m
– Carta regionale n° **17-C2**
▶ Catania 192 km – Messina 97 km – Palermo 139 km
Carta stradale Michelin 365-AX55

☒☒ **Antica Filanda** 🐝 ⇔ 🌿 < 🛏 🗻 🗚 🅿
contrada Raviola strada statale 157 – 🕾 *09 41 91 97 04* – *www.anticafilanda.net*
– *Chiuso 15 gennaio-28 febbraio*
Menu 40 € (in settimana)/55 € – Carta 25/54 € – *(chiuso lunedì)*
16 cam ⌷ – ♦55/85 € ♦♦80/125 €
La vista unisce mare e monti, ma la cucina sceglie questi ultimi: la tradizione
dell'entroterra rivisitata con ottimi prodotti del territorio ed una predilizione per
il maialino nero in tutte le declinazioni, dai salumi ai ragù. Camere nuove ed
accoglienti.

CAPRIOLO

Brescia (BS) – ⊠ 25031 – 9 433 ab. – Alt. 216 m – Carta regionale n° **10-D1**
▶ Roma 581 km – Brescia 36 km – Milano 73 km – Bergamo 27 km
Carta stradale Michelin 562-F11

⌂ **Sole** 🕯 🖃 ⅙ 🗚 🏊 🚗
via Sarnico 2 – 🕾 *03 07 46 15 48* – *www.hotelsolefranciacorta.com*
39 cam ⌷ – ♦60/100 € ♦♦75/140 €
Rist Sole – Vedere selezione ristoranti
Nel cuore della Franciacorta, sulla statale che porta ad Iseo, hotel a conduzione
diretta che propone camere molto ampie e ben attrezzate.

☒☒ **Sole** – Hotel Sole ⅙ 🗚 🅿
⊜ *via Sarnico 2* – 🕾 *03 07 46 15 50* – *www.ristorantesolefranciacorta.it*
Menu 10 € (pranzo in settimana)/50 € – Carta 24/66 €
In un ambiente moderno e tranquillo scoprirete la semplicità e la concretezza di
una gestione familiare, che raccoglie i favori sia di una clientela commerciale, sia
di quella turistica. Se a pranzo s'impone la formula business, a cena la scelta spazia tra le proposte della carta, pizze e la griglia sempre accesa!

CAPRIVA DEL FRIULI

Gorizia (GO) – ⊠ 34070 – 1 732 ab. – Alt. 49 m – Carta regionale n° **6-C2**
▶ Roma 636 km – Udine 27 km – Gorizia 9 km – Pordenone 74 km
Carta stradale Michelin 562-E22

🏰 **Castello di Spessa** – Residenza d'epoca 🌿 < 🛏 🖻 🗚 🏌 🅿
via Spessa 1, Nord: 1,5 km – 🕾 *04 81 80 81 24* – *www.castellodispessa.it*
15 cam ⌷ – ♦152 € ♦♦205 €
Poche ed esclusive camere per una vacanza di relax a contatto con la storia, in
questo castello ottocentesco che ha ospitato i signori della nobiltà friulana, celato
da un parco secolare. Splendida vista sui vigneti e sul campo da golf.

🏰 **Relais Russiz Superiore** 🌿 < 🛏 🗚 🅿
località Russiz Superiore, via Russiz 7 – 🕾 *00 39 33 16 63 69 19*
– *www.marcofelluga.it* – *Chiuso dicembre, gennaio e febbraio*
7 cam ⌷ – ♦90 € ♦♦136 €
Circondato da vigneti di proprietà, senza telefono né televisore nelle camere, un
antico casale ristrutturato si propone come oasi ideale per chi è in cerca di tranquillità e relax. Incantevole posizione panoramica.

☒☒ **Tavernetta al Castello** 🐝 ⇔ 🌿 < 🛏 🌳 🖻 ⅙ 🗚 🅿
via Spessa 7, Nord: 1 km – 🕾 *04 81 80 82 28* – *www.tavernettaalcastello.it*
– *Chiuso 2 settimane in gennaio-febbraio*
Menu 49 € – Carta 29/60 € – *(chiuso domenica sera e lunedì)*
10 cam ⌷ – ♦92 € ♦♦134 €
Il verde dei vigneti e del vicino campo da golf allieta la taverna di tono rustico-
elegante con l'immancabile camino, dove gustare piatti regionali legati alle stagioni. Camere confortevoli per un soggiorno di tranquillità e al di là della strada,
oltre alla club house, c'è anche una gradevole osteria.

CARAGLIO

Cuneo (CN) – ✉ 12023 – 6 818 ab. – Alt. 575 m – Carta regionale n° **12-B3**

▶ Roma 660 km – Cuneo 12 km – Alessandria 131 km – Torino 99 km
Carta stradale Michelin 561-I4

XX **Il Portichetto** 🌿 P

✿ *via Roma 178 – ✆ 01 71 81 75 75 – www.ilportichetto.altervista.org – Chiuso lunedì a mezzogiorno*
Menu 24/30 € – Carta 28/48 €
Nel cortiletto di un edificio d'epoca, un piccolo portico introduce a questo grazioso ristorante ricco di personalizzazioni ed eleganza. Dalla cucina piatti piemontesi e sapori regionali.

CARAMANICO TERME

Pescara (PE) – ✉ 65023 – 1 962 ab. – Alt. 650 m – Carta regionale n° **1-B2**

▶ Roma 191 km – Pescara 54 km – L'Aquila 79 km – Chieti 43 km
Carta stradale Michelin 563-P23

🏨 **La Réserve** ✿ 🌿 ← 🏊 🔲 📶 🎴 🛗 🔌 P

località Santa Croce – ✆ 08 59 23 91 – www.lareserve.it – Chiuso 6 gennaio-fine marzo
72 cam ⌸ – †130/235 € ††220/350 € – **4 suites**
Oasi di pace e benessere nel parco della Maiella, l'hotel che vanta una bella posizione panoramica dispone di ambienti moderni e di design. Attrezzato centro benessere-termale. Ampiezza e luminosa ariosità degli spazi anche nel ristorante.

🏨 **Cercone** ✿ ← 🔲 📶 🎴 🔌 🛗 🔌 P

viale Torre Alta 17/19 – ✆ 0 85 92 21 18 – www.hotelcercone.com – Chiuso 15 gennaio-15 marzo
33 cam ⌸ – †50/70 € ††80/120 € – **2 suites**
Di fronte all'ingresso delle Terme, hotel a conduzione diretta rinnovatosi negli anni: sale di caldo tono rustico, camere ampie e confortevoli con terrazzine panoramiche. Piccolo, ma nuovissimo centro benessere.

X **Locanda del Barone** ⇔ 🌿 🛗 🔌 🌿

✿ *località San Vittorino, Sud: 3 km – ✆ 08 59 25 84 – www.locandadelbarone.it*
Carta 24/41 € – *(chiuso lunedì escluso da maggio a settembre)* (consigliata la prenotazione)
6 cam ⌸ – †40/50 € ††80 €
Posizione tranquilla e panoramica per una bella casa dai toni rustici, ma molto accogliente. Specialità: ravioli di ricotta con guanciale di maiale nero e pecorino, costatine di pecora alla brace, mousse di ricotta con miele di lupinella.

CARATE BRIANZA

Monza e Brianza (MB) – ✉ 20841 – 17 795 ab. – Alt. 250 m
– Carta regionale n° **10-B1**

▶ Roma 600 km – Como 30 km – Monza 15 km – Milano 34 km
Carta stradale Michelin 561-E9

XX **Il Ritrovo** 🔌 🌿

via Ugo Bassi 1 bis – ✆ 03 62 90 22 87 – www.ristoranteilritrovo.mb.it – Aperto 16 ottobre-14 giugno
Menu 40/55 € – Carta 45/77 € – *(solo a cena escluso domenica)*
E' un piacere ritrovarsi in questo locale curato ed accogliente, in cui gustare specialità di pesce d'ispirazione siciliana (con tocchi esotici che derivano dalle esperienze di viaggio dello chef), nonché ricette a base di carne d'impronta più tradizionale lombarda.

XX **La Piana** 🌿 🌿

via Zappelli 15 – ✆ 03 62 90 92 66 – www.ristorantelapiana.it – Chiuso 10 giorni in gennaio, 15-30 agosto, domenica sera e lunedì
Menu 28/35 € – Carta 25/47 €
Nel centro della località, piccolo locale di tono moderno ospitato in un'accogliente corte lombarda. Cucina regionale e lariana, qualche piatto tipico del passato rispolverato e menu d'affari a pranzo.

X **Camp di Cent Pertigh** ※ 🏠 ⚹ 🅿

Cascina Contrevaglio, via Trento Trieste 63, Est: 1 km, strada per Besana
– ℰ 03 62 90 03 31 – www.campdicentpertigh.it – Chiuso
27 dicembre-22 gennaio, 9-20 agosto e martedì
Menu 25 € (pranzo in settimana)/50 € – Carta 44/67 €
All'interno di una caratteristica cascina lombarda, il ristorante che occupa soltanto
una parte dell'edificio, è arredato secondo uno stile rustico-elegante; cucina di
taglio regionale e ampia selezione di vini.

CARATE URIO

Como (CO) – ✉ 22010 – 1 186 ab. – Alt. 204 m – Carta regionale n° **10-B1**
▶ Roma 646 km – Como 13 km – Varese 39 km – Milano 60 km
Carta stradale Michelin 561-E9

XX **Acquadolce** < 🏠 ⚹ 🏖

via Regina Vecchia 26 – ℰ 0 31 40 02 60 – www.ristoranteacquadolce.it – Chiuso
lunedì e martedì a mezzogiorno
Menu 58 € – Carta 39/73 € – (consigliata la prenotazione)
Direttamente sul lago - raggiungibile anche in barca grazie al suo pontile - due
luminose sale ed una meravigliosa veranda per una cucina di stampo moderno,
sia di carne sia di pesce.

CARAVAGGIO

Bergamo (BG) – ✉ 24043 – 16 042 ab. – Alt. 111 m – Carta regionale n° **10-C2**
▶ Roma 573 km – Bergamo 26 km – Brescia 64 km – Cremona 60 km
Carta stradale Michelin 561-F10

 Tre Re ⚘ 🛏 ⬆ ⚹ 🅰

via Papa Giovanni XXIII 19 – ℰ 0 36 35 13 81 – www.albergotrere.it
10 cam 🛏 – ♦55/80 € ♦♦75/90 € – **1 suite**
All'inizio del viale che conduce al Santuario, siamo in un'elegante villa liberty del
1910: arredi d'epoca all'interno in una piacevole atmosfera più familiare, che
alberghiera. Al ristorante, i classici della cucina italiana, a cui si aggiunge - la sera
- anche la pizza.

CARBONARA DI BARI – Bari (BA) ➔ Vedere Bari

CARBONARA DI PO

Mantova (MN) – ✉ 46020 – 1 313 ab. – Alt. 14 m – Carta regionale n° **9-D3**
▶ Roma 469 km – Modena 60 km – Ferrara 52 km – Mantova 45 km
Carta stradale Michelin 561-G15

 Passacör ⚘ ⬆ 🅰 🅿

strada provinciale Ferrarese 4 – ℰ 0 38 64 14 61 – www.hotelpassacor.it
37 cam 🛏 – ♦80/100 € ♦♦80/100 €
Struttura a conduzione familiare, funzionale e ben tenuta con camere essenziali.
Siamo nella zona del tartufo mantovano che, infatti, in stagione non manca sulla
tavola del ristorante casalingo.

CARBONARA SCRIVIA

Alessandria (AL) – ✉ 15050 – 1 127 ab. – Alt. 177 m – Carta regionale n° **12-C2**
▶ Roma 563 km – Alessandria 27 km – Genova 71 km – Milano 80 km
Carta stradale Michelin 561-H8

XX **Locanda Malpassuti** ⇦ 🛏 🏠 🅿

vicolo Cantù 11 – ℰ 01 31 89 26 43 – www.malpassutiguest.it – Chiuso lunedì
Menu 45 € – Carta 41/67 € – (solo a cena escluso domenica) (consigliata la
prenotazione)
6 cam 🛏 – ♦70/100 € ♦♦100/150 €
Un'insegna in ferro, un vecchio edificio in centro, una sala con mobili e sedie in
stile; in cucina però la tradizione viene rinnovata con elaborazioni interessanti.

289

CARISIO

Vercelli (VC) – ✉ 13040 – 870 ab. – Alt. 183 m – Carta regionale n° **12-C2**
▶ Roma 659 km – Torino 61 km – Vercelli 26 km – Biella 25 km
Carta stradale Michelin 561-F6

sulla strada statale 230 Nord-Est : 6 km

 La Bettola ⚘ 🔾 AC P

strada statale Vercelli-Biella 9 ✉ *13040* – 🖀 *01 61 85 80 45*
35 cam 🍽 – ♦50/65 € ♦♦80/110 €
Facilmente raggiungibile dall'uscita autostradale, funzionale struttura articolata su due corpi con ambienti comuni limitati, ma stanze spaziose. Altro che bettola: il moderno ristorante propone piatti squisitamente italiani.

CARISOLO

Trento (TN) – ✉ 38080 – 975 ab. – Alt. 808 m – Carta regionale n° **19-B3**
▶ Roma 633 km – Trento 62 km – Bolzano 116 km – Brescia 118 km
Carta stradale Michelin 562-D14

 Orso Grigio ⚘ 🔾 🕉 🔾 ⅙ 🚗

via Roncag 6 – 🖀 *04 65 50 15 94* – *www.hotel-orsogrigio.it*
– *Chiuso aprile e novembre*
35 cam 🍽 – ♦45/90 € ♦♦70/110 €
Tranquillità e relax sono i principali atout di questa graziosa struttura, tipicamente montana, con camere curate e confortevoli. Grazioso il nuovo centro benessere.

CARLENTINI

Sicilia – Siracusa (SR) – ✉ 96013 – 17 901 ab. – Alt. 200 m
– Carta regionale n° **17-D2**
▶ Catania 33 km – Palermo 227 km – Ragusa 77 km – Siracusa 54 km
Carta stradale Michelin 365-AZ60

verso Villasmundo Sud-Est : 4 km

 Agriturismo Tenuta di Roccadia ⚘ 🔾 🔾 🔾 AC P

contrada Roccadia, str. prov. 95 al km 43 ✉ *96013 Carlentini*
– 🖀 *0 95 99 03 62* – *www.roccadia.com*
20 cam 🍽 – ♦45/70 € ♦♦70/100 €
Camere semplici per una vacanza che si svolgerà all'aperto in una tenuta agricola, tra orto botanico ed equitazione. Sala dall'ambientazione rustica al ristorante, dove si utilizzano i prodotti dell'azienda elaborati in ricette isolane.

CARLOFORTE – Carbonia-Iglesias (CI) ➜ Vedere San Pietro (Isola di)

CARMAGNOLA

Torino (TO) – ✉ 10022 – 29 092 ab. – Alt. 240 m – Carta regionale n° **12-B3**
▶ Roma 663 km – Torino 29 km – Asti 58 km – Cuneo 71 km
Carta stradale Michelin 561-H5

 San Marco ⚘ 🔾 ⅙ AC ⚶ P

via San Francesco di Sales 18 – 🖀 *01 19 62 69 53*
– *www.sanmarcoalbergo.com* – *Chiuso 2-7 gennaio e 7-23 agosto*
20 cam 🍽 – ♦50/90 € ♦♦80/105 €
Non lontana dal centro, la struttura offre camere spaziose, sobriamente eleganti e modernamente accessoriate: ideali per una clientela business.

CARMIGNANO

Prato (PO) – ⊠ 59015 – 14 398 ab. – Alt. 189 m – Carta regionale n° **18-C1**
▶ Roma 298 km – Firenze 30 km – Prato 14 km – Pistoia 18 km
Carta stradale Michelin 563-K15

ad Artimino Sud : 7 km – ⊠ 59015 – Alt. 260 m

🏛️ **Paggeria Medicea** ✿ 🐾 ← 🛏 ⅃ ※ 🅰🅲 🕭 🅿
viale Papa Giovanni XXIII 3 – ✆ 0 55 87 51 41 – www.artimino.com – Chiuso 20-27 dicembre
37 cam ⊑ – ♦98/149 € ♦♦125/209 €

Un edificio rinascimentale ospita l'elegante hotel, le cui camere si trovano negli ex alloggi dei paggi medicei. Tra gli spazi comuni: un giardino, una piscina panoramica e belle sale ricevimento nell'imponente Villa. La gastronomia che ha reso celebre nel mondo la Toscana, presso il ristorante del borgo.

✕✕ **Da Delfina** 🍽 ⟲ 🅿
via della Chiesa 1 – ✆ 05 58 71 80 74 – www.dadelfina.it – Chiuso 2 settimane in gennaio o febbraio, 22-28 agosto, domenica sera escluso in estate, martedì a pranzo e lunedì
Carta 31/52 €

Tipicità e lunga tradizione per questo locale, dove gustare piatti del territorio: d'estate, sulla bella terrazza panoramica.

CARNELLO – Frosinone (FR) ➡ Vedere Arpino

CARONA

Bergamo (BG) – ⊠ 24010 – 339 ab. – Alt. 1 110 m – Carta regionale n° **9-B1**
▶ Roma 656 km – Milano 101 km – Bergamo 53 km – Lecco 76 km
Carta stradale Michelin 561-D11

🏠 **Carona** ✿ 🚭 🅿
via Bianchi 22 – ✆ 0 34 57 71 25 – www.albergocarona.it – Chiuso maggio e ottobre
9 cam ⊑ – ♦60 € ♦♦90/110 €

In alta Val Brembana, albergo a conduzione familiare - semplice, ma ben tenuto - dispone di camere arredate in gran parte con mobili inizio '900 dal confort essenziale. Ubicata al primo piano, la sala ristorante d'impostazione classica propone anche piatti d'asporto.

CAROVIGNO

Brindisi (BR) – ⊠ 72012 – 16 555 ab. – Alt. 161 m – Carta regionale n° **15-C2**
▶ Roma 525 km – Brindisi 33 km – Bari 97 km – Taranto 60 km
Carta stradale Michelin 564-E34

✕✕✕ **Già Sotto l'Arco** (Teresa Galeone) 🥢 🅰🅲 ✇ ⟲
❀
corso Vittorio Emanuele 71 – ✆ 08 31 99 62 86 – www.giasottolarco.it – Chiuso 15-30 novembre e lunedì, anche domenica sera da ottobre a maggio, sempre aperto in agosto
Menu 70 € – Carta 44/89 € – (consigliata la prenotazione)

Un salotto la piazza su cui si affaccia, ma ancor più signorile il ristorante, al primo piano di un bel palazzo barocco. Cortesia e professionalità nel servizio, dalla cucina arrivano piatti creativi, sia di pesce che di carne.

➡ Gnocchi di patate ripieni di melanzane con salsa al timo e parmigiano. Spiedino di sgombro, limone e rosmarino con scapece di melanzane e salsa ponzu. Mousse al limone con colatura di cioccolato bianco.

CARPANETO PIACENTINO

Piacenza (PC) – ⊠ 29013 – 7 673 ab. – Alt. 114 m – Carta regionale n° **5-A2**
▶ Roma 508 km – Piacenza 19 km – Alessandria 114 km – Milano 88 km
Carta stradale Michelin 562-H11

XX **Nido del Picchio** (Daniele Repetti)   88   AC ⇔
✿

viale Patrioti 6 – ℘ 05 23 85 09 09 – www.ristorantenidodelpicchio.it – Chiuso lunedì
Menu 45 € – Carta 54/96 € – *(solo a cena escluso i giorni festivi)* (consigliata la
prenotazione)
Atmosfera sobria e sussurrata, l'ambiente è quello di una casa privata con poco
spazio per orpelli o decorazioni. Tavoli rotondi e distanti, sulla carta si concentra
tutto il lavoro dei titolari e soprattutto la personalità del cuoco: piatti creativi,
ingegnosi, spesso a base di pesce.
→ Fagottini di gamberi con crema piccante di piselli, pomodoro e limone candito. Filetto di capriolo con yogurt al rafano e fondente di cipolla rossa. Cannoli
di cioccolato in salsa d'agrumi e frutti di bosco.

CARPENETO

Alessandria (AL) – ✉ 15071 – 993 ab. – Alt. 329 m – Carta regionale n° **12-C3**
▶ Roma 572 km – Alessandria 31 km – Asti 67 km – Torino 120 km
Carta stradale Michelin 561-H7

🏠 **Villa Carmelita**   ✿ 🛬 ⚒ 🐾 🖭 & AC P

via Torino 58 – ℘ 01 43 84 58 00 – www.villacarmelita.it
14 cam 🖵 – †80/90 € ††90/110 € – **1 suite**
Nasce da una sapiente ristrutturazione di un antico casolare, questa bella realtà
ubicata nella prima periferia della piccola località: posizione soleggiata e aperta
ad un ampio panorama sulle colline circostanti, poche camere, tutte personalizzate, nonché una grande piscina con solarium.

CARPI

Modena (MO) – ✉ 41012 – 70 419 ab. – Alt. 26 m – Carta regionale n° **5-B2**
▶ Roma 424 km – Bologna 70 km – Modena 21 km – Mantova 57 km
Carta stradale Michelin 562-H14

🏠🏠 **Touring**   ✿ ℔ 🖭 AC

viale Dallai 1 – ℘ 0 59 68 15 35 – www.hoteltouringcarpi.it – Chiuso agosto
65 cam 🖵 – †68/175 € ††89/260 € – **2 suites**
A due passi dal centro storico, l'albergo - benché avvolto in una struttura
moderna - è ideale per chi vuole andare alla scoperta della vecchia Carpi, pernot-
tando in camere classiche e con un ottimo servizio. Circondato da vetrate affacciate sul dehors e sul giardino interno, il ristorante La Bottiglieria propone piatti
della tradizione rivisitati (ottime, le specialità di pesce!) accompagnati da una
buona offerta enologica.

🏠 **Gabarda**   ✿ 🛬 & AC 🐾 P

via Carlo Marx 172 – ℘ 0 59 69 36 46 – www.gabarda.it – Chiuso
25 dicembre-6 gennaio e 2 settimane in agosto
32 cam 🖵 – †85/110 € ††98/130 € – **3 suites**
Lo stile è quello di una casa colonica con il portico che corre tutto intorno; le
camere, particolarmente spaziose ed arredate con mobili chiari, hanno tutte
ingresso indipendente. Di taglio rustico, il ristorante si trova in una struttura attigua e propone gustosi piatti tipici regionali.

🏠 **Carpi**   🖭 & AC 🐾 🚗

via delle Magliaie 2/4 – ℘ 0 59 64 59 15 – www.hotelcarpi.it
80 cam 🖵 – †55/180 € ††75/220 €
Particolarmente adatto ad una clientela d'affari - in posizione decentrata, comodo
per gli spostamenti in auto - bianco edificio dalle ampie vetrate, offre ambienti
moderni, alle cui pareti sono esposte fotografie della città e vedute d'epoca.

XX **Il Barolino**   88 AC
🍃

via Giovanni XXIII 110 – ℘ 0 59 65 43 27 – www.ilbarolinoristorante.com
– Chiuso 31 dicembre-6 gennaio, 1°-23 agosto, sabato a mezzogiorno
e domenica
Menu 20 € (pranzo in settimana)/40 € – Carta 30/59 €
Piatti unicamente del territorio e conduzione strettamente familiare per questo
locale in posizione periferica. Propone anche vendita di vini e di prodotti alimentari.

XX Il 25

via San Francesco 20 – ℰ 0 59 64 52 48 – www.il25.it – Chiuso martedì a mezzogiorno e lunedì
Menu 18 € (pranzo in settimana)/60 € – Carta 34/107 €
In un palazzo di fine '800, la cucina non si pone confini: terra e mare, tradizione e creatività, ma un solo dogma, la pienezza del gusto tutta emiliana.

XX L'incontro

via delle Magliaie 4/1 – ℰ 0 59 69 31 36 – www.lincontroristorante.it – Chiuso 1°-5 gennaio, 1 settimana in agosto, domenica sera e lunedì a mezzogiorno in settembre-maggio, anche domenica a mezzogiorno negli altri mesi
Menu 30/50 € – Carta 33/66 € – (consigliata la prenotazione)
Passione e impegno caratterizzano questo locale raccolto e accogliente, articolato in quattro salette classicamente arredate in colori caldi e vivaci. Di stampo più creativo la proposta gastronomica.

CARRAIA – Firenze (FI) ➔ Vedere Calenzano

CARRARA

Massa-Carrara (MS) – ✉ 54033 – 63 861 ab. – Alt. 100 m – Carta regionale n° **18-A1**
▶ Roma 400 km – La Spezia 36 km – Firenze 132 km – Massa 8 km
Carta stradale Michelin 563-J12

ad Avenza Sud-Ovest : 4 km – ✉ 54031

Carrara

via Petacchi 21 – ℰ 05 85 85 76 16 – www.hotelcarrara.it
32 cam ⌨ – †57/70 € ††90 €
Nelle immediate vicinanze della stazione ferroviaria, risorsa a conduzione familiare caratterizzata da camere signorili e rallegrata da un fresco giardino con gazebo. Simpatica e colorata sala ristorante, non priva d'eleganza.

a Colonnata Est : 7 km – ✉ 54033

X Venanzio

piazza Palestro 3 – ℰ 05 85 75 80 33 – www.ristorantevenanzio.com – Chiuso 21 dicembre-12 gennaio, domenica sera e giovedì escluso in agosto
Menu 25 € – Carta 28/66 €
E' l'indirizzo giusto dove gustare una cucina di terra con specialità di funghi, cacciagione e l'immancabile lardo: uno dei prodotti più apprezzati di questo paesino, insieme alle cave di marmo. Qualche suggestione dal menu: lasagnette verdi impastate con borragine al ragù di salsiccia, coniglio disossato farcito al lardo con lamelle di mandorle e verdure al vapore, mousse al caffe con cioccolata fondente calda.

CARRÈ

Vicenza (VI) – ✉ 36010 – 3 614 ab. – Alt. 219 m – Carta regionale n° **23-B2**
▶ Roma 558 km – Padova 66 km – Vicenza 32 km – Treviso 86 km
Carta stradale Michelin 562-E16

La Rua

località Cà Vecchia 1, Est : 4 km – ℰ 04 45 89 30 88 – www.hotellarua.it
21 cam ⌨ – †55/75 € ††75/85 €
Isolato sulle colline sovrastanti la pianura, offre camere classiche e spaziose o, da preferire, più recenti e moderne negli arredi anche se di metratura a volte più ridotta. Piacevolissima terrazza panoramica per il servizio estivo.

Locanda La Corte dei Galli

via Prà Secco 1/a – ℰ 04 45 89 33 33 – www.lacortedeigalli.it
7 cam ⌨ – †110 € ††130 €
Struttura di charme ricavata nella barchessa di un edificio rurale del '700, rinnovato con elegante raffinatezza; mobili d'epoca nelle camere e piccola piscina interna.

293

CARSOLI

L'Aquila (AQ) – ✉ 67061 – 5 404 ab. – Alt. 616 m – Carta regionale n° **1-A2**
▶ Roma 68 km – Avezzano 45 km – Rieti 52 km – L'Aquila 59 km
Carta stradale Michelin 563-P21

Il Casale del Colonnello

via degli Alpini, Nord: 4 Km – 𝒞 33 91 99 51 36 – www.ilcasaledelcolonnello.it
– Aperto giugno-agosto e i fine settimana in maggio e settembre
6 cam ⌑ – †50/55 € ††70/80 €
La posizione elevata regala alla struttura una bella vista, mentre l'architettura riprende un po' lo stile di certi chalet di montagna; camere personalizzate e un bel parco avventura con percorsi salute e didattici nel bosco. I sapori della regione caratterizzano il menu del ristorante.

XX Al Caminetto

via degli Alpini 95 – 𝒞 08 63 99 51 05 – www.al-caminetto.it – Chiuso lunedì
Menu 20 € – Carta 22/44 €
Décor rustico in un locale poliedrico con sala enoteca per degustazioni. In menu, l'offerta è ampia e variegata: si va dalle più tipiche specialità regionali, alle carni cotte alla brace, funghi e tartufi.

XX L'Angolo d'Abruzzo

piazza Aldo Moro 8 – 𝒞 08 63 99 74 29 – www.langolodiabruzzo.it – Chiuso
lunedì sera
Menu 30/50 € – Carta 38/92 €
Per gli appassionati della cucina abruzzese, i migliori prodotti e i sapori più autentici della gastronomia regionale: carni, paste, salumi, formaggi, nonché funghi e tartufi (in stagione). Ottima cantina.

in prossimità dello svincolo Carsoli-Oricola Sud-Ovest : 2 km :

Nuova Fattoria

via Tiburtina km 68,3 ✉ 67063 Oricola – 𝒞 08 63 99 73 88
– www.lanuovafattoria.it
20 cam ⌑ – †50/60 € ††70/80 € – **2 suites**
Davanti al casello autostradale, Nuova Fattoria offre ambienti omogenei e di buon livello, arredi di legno massiccio nelle camere allegramente variopinte e bagni sempre diversi, a volte estrosi. Sala ristorante con alto spiovente in legno e brace a vista per la carne.

CARTOSIO

Alessandria (AL) – ✉ 15015 – 765 ab. – Alt. 230 m – Carta regionale n° **12-C3**
▶ Roma 578 km – Genova 83 km – Acqui Terme 13 km – Alessandria 47 km
Carta stradale Michelin 561-I7

XX Cacciatori

via Moreno 30 – 𝒞 0 14 44 01 23 – www.cacciatoricartosio.com
– Chiuso 22 dicembre-22 gennaio e 29 giugno-16 luglio
Menu 35/50 € – Carta 35/55 € – (chiuso mercoledì e giovedì) (coperti limitati, prenotare)
10 cam – †55 € ††70 € – ⌑ 7 € – **2 suites**
Nascosto tra le viuzze del paese, volutamente demodé, ma allo stesso tempo molto accogliente, questo ristorante dall'eccellente gestione familiare propone - a voce - piatti che seguono le stagioni: tutto fresco e cucinato al momento sulla fornella a legna. Ottimi sia il servizio sia la carta dei vini.

CARZAGO RIVIERA

Brescia (BS) – ✉ 25080 – Alt. 202 m – Carta regionale n° **9-D1**
▶ Roma 542 km – Brescia 30 km – Verona 58 km – Milano 122 km
Carta stradale Michelin 561-F13

Palazzo Arzaga

via Arzaga 1, località Calvagese della Riviera, Sud: 2 km – 𝒞 *0 30 68 06 00*
– www.palazzoarzaga.it – Aperto 1° marzo-31 ottobre
84 cam ⌑ – ♦150/300 € – ♦♦200/600 € – **3 suites**
Rist *Il Moretto* – Vedere selezione ristoranti
In un suggestivo palazzo del XV secolo, poliedrico hotel di lusso, per congressi, per chi ama il golf, le terapie rigenerative o il semplice relax. Più informale del ristorante Moretto, il Grill-Club House è il luogo ideale dove gustare piatti leggeri tra una partita e l'altra.

XXX **Il Moretto** – Hotel Palazzo Arzaga

via Arzaga 1, località Calvagese della Riviera, Sud: 2 km – 𝒞 *0 30 68 06 00*
– www.palazzoarzaga.it – Aperto 1° marzo-31 ottobre
Menu 40/75 € – Carta 46/94 €
Grandi lampadari rinascimentali, candele sui tavoli, arredi antichi: sotto alte volte si consuma il rito serale della cena. Raffinata cucina moderna.

CASACANDITELLA

Chieti (CH) – ✉ 66010 – 1 331 ab. – Alt. 432 m – Carta regionale n° **1-C2**
▶ Roma 211 km – L'Aquila 102 km – Chieti 24 km – Pescara 39 km
Carta stradale Michelin 563-P24

 Castello di Semivicoli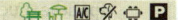

via San Nicola 24, contrada Semivicoli – 𝒞 *08 71 89 00 45*
– www.castellodisemivicoli.com – Chiuso 8 gennaio-8 marzo
11 cam ⌑ – ♦70/100 € – ♦♦120/160 €
Un mirabile lavoro di restauro ha restituito splendore al palazzo baronale del XVII sec, ora vanta splendide camere, dove mobili d'epoca si alternano a pezzi più moderni. La vista spazia dai monti abruzzesi al mare: impossibile rimanere indifferenti a tanto fascino!

CASALECCHIO DI RENO

Bologna (BO) – ✉ 40033 – 36 233 ab. – Alt. 61 m – Carta regionale n° **5-C3**
▶ Roma 374 km – Bologna 11 km – Modena 44 km – Ferrara 60 km
Carta stradale Michelin 562-I15

Pianta d'insieme di Bologna

 Calzavecchio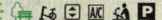

via Calzavecchio 1 – 𝒞 *05 13 76 16 16*   Pianta: A2**a**
– www.calzavecchio.eu
79 cam ⌑ – ♦70/270 € – ♦♦90/390 € – **1 suite**
E' il risultato di una totale ristrutturazione che riporta in attività un sito dalla lunga storia: in stile neoclassico rivisitato, il tutto si gioca sulle tonalità del grigio, mentre due suite - la Blu e la Rossa - soddisfano i clienti più esigenti. Specialità del territorio nel luminoso ristorante.

CASALE MARITTIMO

Pisa (PI) – ✉ 56040 – 1 106 ab. – Alt. 214 m – Carta regionale n° **18-B2**
▶ Roma 282 km – Pisa 67 km – Firenze 120 km – Grosseto 104 km
Carta stradale Michelin 563-M13

 La Gelinda-Fattoria della Gioiosa

via Nardini 14 – 𝒞 *33 43 84 01 88 – www.fattoriadellagioiosa.it – Chiuso 10 giorni in novembre e 10 giorni in gennaio*
3 cam ⌑ – ♦40/70 € – ♦♦70/100 € – **3 suites**
Casolare seicentesco in posizione centrale, ma facente parte di un'azienda di oltre 100 ettari: camere curate nei dettagli e dall'elegante atmosfera fine secolo, galleria d'arte e sala di soggiorno al primo piano.

CASALE MONFERRATO

Alessandria (AL) – ⊠ 15033 – 34 706 ab. – Alt. 116 m – Carta regionale n° **12-C2**
▶ Roma 611 km – Alessandria 31 km – Asti 42 km – Milano 75 km
Carta stradale Michelin 561-G7

Candiani   🏠🏠🏠   ⌘ 🖃 ⚹ AK ⚹A P

via Candiani d'Olivola 36 – ℰ 01 42 41 87 28 – www.hotelcandiani.com
47 cam ⊐ – **†**80/90 € **††**120/130 € – **2 suites**
Rist *La Torre* – Vedere selezione ristoranti
Da una sapiente ristrutturazione che ha salvaguardato l'originario stile liberty di
un vecchio mattatoio del 1913, è sorto un elegante albergo, dotato di camere
spaziose. Cucina legata alla tradizione culinaria del territorio e basata su materie
prime accuratamente selezionate.

Business   🏠🏠   ⌘ 🌡 ʃↄ 🖃 ⚹ AK ⚹A P

strada Valenza 4/G – ℰ 01 42 45 64 00 – www.business-hotel.it
– Chiuso 23 dicembre-6 gennaio
49 cam ⊐ – **†**60/130 € **††**80/150 €
Hotel d'impronta business, che mantiene inalterato il calore dell'accoglienza di
una gestione diretta. Giardino con piscina e sala colazioni di taglio moderno.

✕✕   La Torre – Hotel Candiani   ⌘ ⚹ AK P

via Candiani d'Olivola 36 – ℰ 0 14 27 02 95 – www.ristorante-latorre.it
– Chiuso mercoledì a mezzogiorno e martedì
Menu 40/47 € – Carta 42/64 €
Cucina del territorio in un originale ristorante che occupa parte di un ex matta-
toio; oltre alla bella sala, il locale dispone anche di un apprezzato dehors estivo.

CASALFIUMANESE

Bologna (BO) – ⊠ 40020 – 3 448 ab. – Alt. 125 m – Carta regionale n° **5-C2**
▶ Roma 387 km – Bologna 47 km – Firenze 84 km – Modena 93 km
Carta stradale Michelin 562-I16

✕   Valsellustra   ⌘ ⚹ AK P
🍝
via Valsellustra 16, Nord: 11 km – ℰ 05 42 68 40 73
🍷   *– www.ristorantevalsellustra.com – Chiuso giovedì*
Menu 25 € (in settimana)/35 € – Carta 26/64 €
Tipico ristorante di campagna, in posizione isolata, sobrio con tavoli ampi e ravvicinati. Piatti saporiti e appetitosi con specialità a base di funghi e cacciagione, prosciutto e culatello. Specialità: tortelli al tarassaco burro e timo, tagliata al sale di
Cervia, semifreddo.

CASALGRANDE

Reggio nell'Emilia (RE) – ⊠ 42013 – 19 160 ab. – Alt. 97 m – Carta regionale n° **5-B2**
▶ Roma 439 km – Bologna 74 km – Reggio nell'Emilia 74 km – Modena 22 km
Carta stradale Michelin 561-I14

Casalgrande   🏠🏠   🖃 ⚹ AK ⚹A 🚗

via XXV Aprile 27, località Salvaterra, Nord: 6 km – ℰ 05 22 84 95 34
– www.casalgrandehotel.com
50 cam ⊐ – **†**60/130 € **††**80/170 €
L'architettura moderna della struttura non stride con la campagna circostante: la
tranquillità che caratterizza il luogo è presente anche nelle belle camere, arredate
con gusto minimalista ed insonorizzate.

✕✕   Badessa **N**   ⌘ AK P

Via Case Secchia 2, Nord: 5 Km ⊠ 42013 Casalgrande – ℰ 05 22 98 91 38
– www.ristorantebadessa.it – Chiuso 1 settimana in gennaio, 2 settimane in
estate, sabato a mezzogiorno e lunedì
Carta 30/56 € – (prenotare)
In un antico caseificio del XIX secolo, una giovane e appassionata gestione propone piatti del territorio con selezionate materie prime dei dintorni. Il loro motto
è "antichi sapori a Km 0 e aceto balsamico tradizionale".

CASALMAGGIORE

Cremona (CR) – ✉ 26041 – 15 402 ab. – Alt. 26 m – Carta regionale n° **9-C3**
▶ Roma 487 km – Parma 24 km – Brescia 69 km – Cremona 40 km
Carta stradale Michelin 561-H13

🏠 Bifi   🕱 🖪 🕹 🟥 🔜 🚗

strada statale 420 km 36, località Rotonda – ☎ 03 75 20 09 38 – www.bifihotel.it
76 cam ☲ – 🛏50/75 € 🛏🛏60/95 €
Anche le camere riflettono i desideri di funzionalità e praticità della clientela di
questo albergo a vocazione commerciale, comodo da raggiungere in posizione
stradale.

CASALNOCETO

Alessandria (AL) – ✉ 15052 – 991 ab. – Alt. 159 m – Carta regionale n° **12-D2**
▶ Roma 598 km – Alessandria 33 km – Genova 89 km – Milano 76 km
Carta stradale Michelin 561-H8

✕✕ La Locanda del Seicento   🟥 ⇔

piazza Martiri della Libertà – ☎ 01 31 80 96 14 – www.lalocandadelseicento.it
– Chiuso lunedì
Carta 36/72 €
Diverse salette ricavate dai due piani di una casa del '600: ambiente di tono
rustico-elegante e dalla cucina, piatti piemontesi, ma anche fragranti specialità di
mare con arrivi giornalieri dalla Liguria.

CASALOTTO – Asti (AT) ➡ Vedere Mombaruzzo

CASAL VELINO

Salerno (SA) – ✉ 84040 – 5 219 ab. – Alt. 170 m – Carta regionale n° **4-C3**
▶ Roma 346 km – Avellino 119 km – Salerno 87 km – Sapri 61 km
Carta stradale Michelin 564-G27

🏠 Agriturismo i Moresani   🕱 🌿 🟩 🔜 🅿

località Moresani – ☎ 09 74 90 20 86 – www.imoresani.com
– Aperto 7 marzo-31 ottobre e nei week end negli altri mesi
14 cam ☲ – 🛏65/98 € 🛏🛏100/150 €
Poco sopra la località, oasi di pace e serenità, immersa tra gli ulivi. Camere semplici ma arredate con gusto, piscina per rinfrescarsi nei caldi pomeriggi estivi. A
tavola la genuinità e i sapori degli ottimi prodotti locali.

CASAMICCIOLA TERME – Napoli (NA) ➡ Vedere Ischia (Isola d')

CASCIA

Perugia (PG) – ✉ 06043 – 3 248 ab. – Alt. 653 m – Carta regionale n° **20-C3**
▶ Roma 138 km – Ascoli Piceno 75 km – Perugia 104 km – Rieti 60 km
Carta stradale Michelin 563-N21

🏠 Monte Meraviglia e Sporting Center La Reggia   🕱 🔜 🛁 🐾

via Roma 15 – ☎ 0 74 37 61 42 – www.magrelli.com   🖪 🕹 🟥 🅿
159 cam ☲ – 🛏50/90 € 🛏🛏70/140 €
Complesso formato da due strutture: una imponente, di taglio moderno per
grandi numeri, l'altra più piccola con attrezzato centro sportivo a disposizione di
tutti gli ospiti dell'hotel. La prima risorsa ospita il ristorante Il Tartufo, dove
gustare sapori locali rivisitati e - tutto l'anno - il profumato fungo ipogeo da cui
trae il nome.

🏠 Cursula   🕱 🖪 🟥 🔜 🅿

viale Cavour 3 – ☎ 0 74 37 62 06 – www.hotelcursula.com – *Chiuso
gennaio-febbraio*
45 cam ☲ – 🛏45/80 € 🛏🛏55/140 € – **2 suites**
Albergatori ormai alla terza generazione, garantiscono un soggiorno confortevole
tanto ai gruppi di pellegrini, quanto a coloro che vogliono trascorrere qualche
giorno di vacanza a Cascia. In attività dal 1949, il rinomato ristorante "Locanda
Giustini" è sempre apprezzato da chi ama la schietta cucina del territorio, ma
anche da chi osa rivisitazioni in chiave più moderna.

CASCIANA TERME

Pisa (PI) – ✉ 56034 – 3 607 ab. – Alt. 125 m – Carta regionale n° **18-B2**

▸ Roma 335 km – Pisa 39 km – Firenze 77 km – Livorno 41 km

Carta stradale Michelin 563-L13

Roma
⚅ 🚪 ⌷ ⊟ ⅁ 🆎 🅿

via Roma 13 – ℰ 05 87 64 62 25 – www.albergo-roma.it – Chiuso dicembre, gennaio e febbraio

36 cam ⊐ – ♦55/80 € ♦♦85/115 €

D'altri tempi i corridoi ampi e i soffitti alti negli spazi comuni di un hotel centrale con giardino ombreggiato e bella piscina, dove il tutto concorre a creare un insieme piacevolmente retrò.

CASEI GEROLA

Pavia (PV) – ✉ 27050 – 2 510 ab. – Alt. 81 m – Carta regionale n° **9-A3**

▸ Roma 574 km – Alessandria 37 km – Milano 58 km – Pavia 38 km

Carta stradale Michelin 561-G8

Bellinzona
⚅ ⊟ 🆎 🚗

via Mazzini 69 – ℰ 0 38 36 15 25 – www.hotelbellinzona.it

18 cam ⊐ – ♦50/55 € ♦♦60/65 €

Rist *Bellinzona* – Vedere selezione ristoranti

La quarta generazione, insieme ai genitori, ha festeggiato nel 2011 i 50 anni di questo hotel centrale, ben tenuto e che offre un buon livello di confort generale.

✗ Bellinzona – Hotel Bellinzona
🆎 ⇦⇨ 🚗

via Mazzini 71 – ℰ 0 38 36 15 25 – www.hotelbellinzona.it – Chiuso 1°-7 gennaio, 5-24 agosto e sabato

Menu 20/35 € – Carta 24/43 €

Nell'ampio ristorante con un suo ingresso separato rispetto all'hotel, si offrono piatti genuini con paste fatte in casa e, come specialità, la brace accesa sia a pranzo sia a cena; carrello dei bolliti nel periodo invernale.

CASE NUOVE – Varese (VA) → Vedere Somma Lombardo

CASERE = KASERN – Bolzano (BZ) → Vedere Valle Aurina

CASERTA

✉ 81100 – 76 887 ab. – Alt. 68 m – Carta regionale n° **4-B2**

▸ Roma 203 km – Napoli 36 km – Avellino 64 km – Benevento 52 km

Carta stradale Michelin 564-D25

Plaza Caserta
⚅ ⌷ ⅃ふ ⊟ ⅁ 🆎 ⅍ 🚗

viale Lamberti – ℰ 08 23 52 30 01 – www.plazacaserta.com

304 cam ⊐ – ♦45/160 € ♦♦55/190 € – **16 suites**

Un'avveniristica struttura in posizione periferica, sviluppata attorno ad una piazza centrale - interamente coperta da una enorme cupola in vetro (tra le più grandi di Europa) - che racchiude camere, ristoranti, bar, centro congressi ed hall.

Amadeus
⅃ふ ⊟

via Verdi 72/76 – ℰ 08 23 35 26 63 – www.hotelamadeuscaserta.it

12 cam ⊐ – ♦45/62 € ♦♦69/87 €

Centrale, ristrutturato seguendo lo spirito del palazzo del '700 in cui è inserito, un piccolo albergo confortevole, con camere ben tenute e accessoriate.

✗✗✗ Le Colonne (Rosanna Marziale)
🆎

viale Giulio Douhet 7/9 – ℰ 08 23 46 74 94 – www.lecolonnemarziale.it – Chiuso 7-21 agosto e martedì

Carta 44/70 € – (solo a pranzo)

Gli appassionati di mozzarella di bufala troveranno qui di che deliziarsi, il ristorante celebra il famoso latticino reinterpretandone forme e consistenze, mentre la pasticceria di famiglia è la migliore garanzia per un gran finale all'insegna dei dolci; i sapori, infine, sono quelli del sud, intensi e travolgenti.

→ Sfera di mozzarella (mozzarella farcita con taglierini al basilico impanata e fritta). Vitellone cotto a bassa e alta temperatura con riduzione di mosto di palla-grello. Crema ai limoni di Sorrento con cioccolato fondente.

X **Antica Locanda** AC

piazza della Seta, località San Leucio, Nord-Ovest: 4 km – ℰ 08 23 30 54 44
– www.ristoranteanticalocanda.com – Chiuso 26 luglio-8 agosto, domenica sera
e lunedì
Carta 23/52 €
Quasi una trattoria, si mangia in due caratteristiche sale separate da un arco in
mattoni. Cucina di influenza partenopea, ma la specialità della casa è il risotto.

in prossimità casello autostrada A 1 - Caserta Sud Sud : 6 km

Grand Hotel Vanvitelli

viale Carlo III°, località Cantone, in prossimità casello autostrada A1
✉ *81020 San Marco Evangelista – ℰ 08 23 21 71 11*
– www.grandhotelvanvitelli.it
240 cam – †90/150 € ††100/180 € – **7 suites**
Grande struttura a vocazione commerciale dispone di ampi ambienti, nei quali la
raffinata eleganza del passato si unisce alla funzionalità e ai confort più moderni.
Sofisticato centro congressi. Capienti, curate sale per l'attività banchettistica e
roof-garden per gli individuali.

CASIER
Treviso (TV) – ✉ 31030 – 7 752 ab. – Alt. 5 m – Carta regionale n° **23**-A1
▶ Roma 539 km – Venezia 32 km – Padova 52 km – Treviso 6 km
Carta stradale Michelin 562-F18

a Dosson Sud-Ovest : 3,5 km – ✉ 31030

Villa Contarini Nenzi

via Guizzetti 78/82, Sud Ovest: 2 km – ℰ 04 22 49 32 49
– www.hotelvillacontarininenzi.com
43 cam – †110/180 € ††150/220 € – **1 suite**
Splendida ed elegante villa veneta del '700, con camere eleganti, ampio parco e
moderna spa: il tutto per un soggiorno all'insegna del più totale relax. Ubicato
nelle vecchie scuderie da cui prende il nome, il ristorante promuove una cucina
eclettica che saprà soddisfarvi.

XX **Alla Pasina**

via Marie 3 – ℰ 04 22 38 21 12 – www.pasina.it – Chiuso 1°-7 gennaio
Menu 18 € (pranzo in settimana)/50 € – Carta 30/55 € – *(chiuso domenica*
sera e lunedì) (solo a cena in agosto)
7 cam – †55 € ††80 €
Non è solo una casa di campagna a gestione familiare, le tre intime salette sono
ben curate e la cucina si muove tra tradizione e fantasia: in stagione il radicchio
spopola, ad esempio come ripieno dei calamari. Dopo un intervento architettonico, il vecchio granaio ospita camere affacciate sul fresco giardino.

CASINALBO – Modena (MO) ➡ Vedere Formigine

CASINO DI TERRA – Pisa (PI) ➡ Vedere Guardistallo

CASOLE D'ELSA
Siena (SI) – ✉ 53031 – 3 941 ab. – Alt. 417 m – Carta regionale n° **18**-C2
▶ Roma 269 km – Siena 48 km – Firenze 63 km – Livorno 97 km
Carta stradale Michelin 563-L15

Castello di Casole

località Querceto – ℰ 05 77 96 15 01 – www.castellodicasole.com – Aperto
17 marzo-31 ottobre
41 cam – †430/2245 € ††430/2245 € – **27 suites**
Rist *Tosca* – Vedere selezione ristoranti
All'interno di una vasta proprietà (1700 ettari) si erge questa dimora dalle origini
medioevali, restaurata e riedificata nel XIX e XX secolo, diventata oggi un elegante ed esclusivo resort per soggiorni da fiaba; cena gourmet ai ristorante
Tosca o più tipica ed informale al ristorante-pizzeria Pazzia.

XxX **Tosca** – Hotel Castello di Casole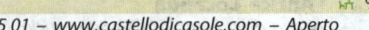

località Querceto – ☎ 05 77 96 15 01 – www.castellodicasole.com – Aperto 17 marzo-31 ottobre

Menu 77/95 € – Carta 52/98 € – *(solo a cena)* (prenotazione obbligatoria)

Stile accattivante che fonde classica eleganza e tipicità toscana, archi e pareti in pietra, eleganti divanetti o comode poltroncine; la cucina richiama la tradizione locale, ma con uno spunto fresco ed innovativo.

XX **Il Colombaio**

☼ *S.P. 27 in Cavallano – ☎ 05 77 94 90 02 – www.ilcolombaio.it – Aperto 19 marzo-13 novembre; chiuso martedì a mezzogiorno e lunedì*

Carta 65/108 €

La signora Mariva è sempre presente come supervisore ai fornelli, ma ora il testimone è nelle capaci mani di Maurizio (Bardotti) che con umiltà, ma anche tanto entusiasmo e vena creativa porta avanti il discorso – intrapreso anni fa - di rivisitazione della tradizione gastronomica locale.

→ Mezzelune, astice, il suo consommè e verdurine croccanti. Piccione, funghi estivi, cipollotto e mora. Cioccolato fondente, mango, caramello salato.

a Pievescola Sud-Est : 12 km – ✉ 53031

⌂⌂⌂⌂ **Relais la Suvera**

via La Suvera 70 – ☎ 05 77 96 03 00 – www.lasuvera.it – Aperto 22 aprile-1° novembre

26 cam ⊊ – ♦328/560 € ♦♦348/580 € – **10 suites**

Rist *Oliviera* – Vedere selezione ristoranti

Nella campagna senese, questo castello del XVI sec (appartenuto anche a Papa Giulio II) rappresenta un perfetto connubio di storia, esclusiva eleganza e lussuoso confort: ogni camera è personalizzata con arredi d'epoca provenienti dalle collezioni private dei proprietari. Rimarchevole, il giardino all'italiana.

XxX **Oliviera** – Hotel Relais la Suvera

via La Suvera – ☎ 05 77 96 03 00 – www.lasuvera.it – Aperto 22 aprile-1° novembre

Menu 65/90 € – Carta 55/111 € – *(solo a cena)* (prenotazione obbligatoria)

Ricavato all'interno di un frantoio, il ristorante "punta" sulle specialità toscane, pur non mancando qualche divagazione su altri piatti italiani per accontentare la clientela internazionale. Ottima anche la selezione dei vini: in particolare, dei prestigiosi rossi toscani.

CASPERIA

Rieti (RI) – ✉ 02041 – 1 254 ab. – Alt. 397 m – Carta regionale n° **7-B1**

▶ Roma 70 km – Terni 36 km – Rieti 38 km – Viterbo 77 km

Carta stradale Michelin 563-O20

⌂⌂ **B&B La Torretta**

via Mazzini 7 – ☎ 0 76 56 32 02 – www.latorrettabandb.com – Chiuso gennaio-febbraio

7 cam ⊊ – ♦65/75 € ♦♦70/95 €

In un borgo pittoresco, da visitare inerpicandosi per stradine strette per lo più fatte a scala, una casa signorile del XV secolo e una terrazza che offre un'ampia magnifica vista.

CASSINO

Frosinone (FR) – ✉ 03043 – 35 913 ab. – Alt. 40 m – Carta regionale n° **7-D2**

▶ Roma 140 km – Frosinone 61 km – Caserta 78 km – Gaeta 49 km

Carta stradale Michelin 563-R23

⌂⌂⌂ **Rocca**

via Sferracavalli 105 – ☎ 07 76 31 12 12 – www.hotelrocca.it

68 cam ⊊ – ♦59/89 € ♦♦71/109 € – **1 suite**

Hotel a conduzione diretta che ha saputo mantenersi al passo con i tempi, camere classiche e accoglienti. Agli ospiti è concesso l'accesso gratuito all'adiacente parco acquatico.

Alba
☆ ⊡ AC ⅍ ⅍ ⇔

via G. di Biasio 53 – 𝒞 0 77 62 18 73 – www.albahotel.it
29 cam ⇆ – ♦60/75 € ♦♦70/85 €
A qualche centinaio di metri dal centro, le dimensioni ridotte della struttura si dimenticano presto nelle belle camere, colorate ed accattivanti.

XX **Evan's**
☆ AC
∞

Via Gari 1/3 – 𝒞 0 77 62 67 37 – www.evans1960.it
– Chiuso 16-31 agosto-domenica sera e lunedì
Menu 25/45 € – Carta 28/51 €
Gestito con tanta passione dalla famiglia Evangelista – da cui l'abbreviazione Evan's – il ristorante si è specializzato in gustose proposte di mare, elaborate prevalentemente secondo ricette classiche, ma talvolta anche locali.

CASSOLA
Vicenza (VI) – ✉ 36022 – 14 692 ab. – Alt. 92 m – Carta regionale n° **23-B2**
▶ Roma 536 km – Venezia 81 km – Vicenza 37 km – Padova 44 km
Carta stradale Michelin 562-E17

Glamour
☆ ⅃ ⊡ ⅙ AC ⅍ ⇔

via Valsugana 90 – 𝒞 04 24 56 67 65 – www.hotelglamour.it
64 cam ⇆ – ♦65/180 € ♦♦90/180 € – **8 suites**
Glamour e non solo nel nome…belle camere, ampie e accessoriate, in una struttura di moderno design dove non manca una piccola palestra.

CASTAGNETO CARDUCCI
Livorno (LI) – ✉ 57022 – 8 935 ab. – Alt. 194 m – Carta regionale n° **18-B2**
▶ Roma 263 km – Livorno 62 km – Pisa 82 km – Piombino 38 km
Carta stradale Michelin 563-M13

B&B Villa le Luci
< ⇔ AC ⅍ P

via Umberto I 47 – 𝒞 05 65 76 36 01 – www.villaleluci.it
6 cam ⇆ – ♦80/150 € ♦♦90/170 €
Alle porte del paese, in posizione panoramica, elegante villa del 1910 con salotti e camere personalizzate. L'incanto di una vista che spazia sul mare e sulla costa...

a Donoratico Nord-Ovest : 6 km – ✉ 57024

Il Bambolo
⇔ ⅃ ⊚ ⅙ AC ⅍ P

via del Bambolo 31, Nord: 1 km – 𝒞 05 65 77 52 06 – www.hotelbambolo.com
– Chiuso dicembre
42 cam ⇆ – ♦58/110 € ♦♦84/150 € – **1 suite**
A qualche km dal mare, nella quiete della campagna toscana, un grande cascinale ristrutturato con camere calde e accoglienti; indirizzo ideale per gli amanti del cicloturismo e sede di allenamento per squadre professionistiche.

a Marina di Castagneto Carducci Nord-Ovest : 9 km – ✉ 57022 Donoratico

Tombolo Talasso Resort
☆ ⅍ < ⇔ ⚓ ⅃ ⅃ ◉ ⊚ ⅙ ⊡ ⅙ ✚ AC

via del Corallo 3 – 𝒞 05 65 74 45 30 – www.tombolotalasso.it
⅍ P
91 cam ⇆ – ♦204/305 € ♦♦388/499 € – **5 suites**
Uno dei vertici alberghieri della zona, si sviluppa orizzontalmente nella pineta con accesso diretto alla spiaggia; eleganti camere e bagni in travertino, splendido centro benessere con scenografiche piscine d'acqua salata incastonate nella roccia.

Alta la Vista
☆ < ⊡ ⅙ AC

via del Tirreno 23 – 𝒞 05 65 74 59 92 – www.hotelaltalavista.com
22 cam ⇆ – ♦78/150 € ♦♦120/230 €
Costruito quasi sulla spiaggia - difficile immaginare un accesso più diretto al mare - eleganti arredi color sabbia, otto camere con vista mare ed un bel solarium attrezzato. E, senza andar lontano, un ottimo ristorante: piatti di pesce con qualche divagazione creativa.

⌂ Villa Tirreno   ✿ ← ㏇ ⌖

via della Triglia 4 – ☎ 05 65 74 40 36 – www.villatirreno.com – Aperto
1° marzo-31 ottobre
29 cam ⌷ – ❙50/90 € ❙❙85/120 €
Ospitato in un bell'edificio d'epoca, a due passi dal mare, albergo confortevole
con camere spaziose e curate: chiedete una delle 5 con grande terrazza. Specialità di mare al ristorante.

✕✕ La Tana del Pirata   ← ㏗ ← ㏒ & ㏇ P

via Milano 17 – ☎ 05 65 74 41 43 – www.latanadelpirata.net – Aperto
1° marzo-31 ottobre; chiuso martedì escluso giugno-settembre
Menu 45 € (cena)/70 € – Carta 42/99 €
Sulla Costa degli Etruschi, nell'alta Maremma Toscana, uno stabilimento balneare
sicuramente glamour: tra ombrelloni di rafia e tende gitane, accattivanti piatti di
pesce da gustare in riva al mare, in un ambiente curato e con una luminosa
veranda. La struttura ora ospita anche una nuova piscina, nonché uno spazio per
massaggi e trattamenti.

a Bolgheri Nord : 10 km – ✉ 57020

✕✕ Osteria Magona ⓝ   ㏗ ㏇ P
😊
località Vallone dei Messi 199, str. prov. 16 b al km 2.400, Sud: 3,5 Km
– ☎ 05 65 76 21 73 – www.osteriamagona.com – Chiuso febbraio e lunedì
Carta 28/58 € – (consigliata la prenotazione)
L'eccellente rapporto qualità/prezzo ha già conquistato un'amplia platea di buongustai ed anche voi non vi sottrarrete al suo fascino… tra ulivi e vigneti, in questa
dimora rurale la "ciccia" è la vera padrona di casa, in tutte le sue possibili, intriganti, declinazioni. Il menu racconta: "degustazione di tartare, bocconcini di
manzo, arrosticini".

CASTELBELLO CIARDES (KASTELBELL TSCHARS)
Bolzano (BZ) – ✉ 39020 – 2 333 ab. – Alt. 587 m – Carta regionale n° **19-B2**
▶ Roma 688 km – Bolzano 51 km – Merano 25 km – Trento 104 km
Carta stradale Michelin 562-C14

✕✕✕ Kuppelrain (Jörg e Kevin Trafoier)   ❀ ← ㏗ ⌖ P
❀
via Stazione 16 località Maragno – ☎ 04 73 62 41 03 – www.kuppelrain.com
– Chiuso febbraio
Menu 90/115 € – Carta 68/90 € – *(chiuso domenica e lunedì) (solo a cena)*
(consigliata la prenotazione)
Carta ristretta, eccellenze locali e tanti prodotti fatti in casa: genitori e tre figli vi
accoglieranno al Kuppelrain con straordinario affetto, offrendovi una cucina raffinata ed elegante. Più semplice la proposta del Bistrot, aperto a pranzo con prezzi
più contenuti.
➜ Tartare di manzo nostrano con mela, senape e kashmir-curry. Agnello di montagna con carote, rape e gel al limone. Yougurt di capra con lamponi e fiori di
sambuco.

sulla strada statale 38 Est : 4,5 km

㏂ Sand   ✿ ← ㏠ ㏒ ▭ ⊕ ㏒ ㏘ ☆ ㏇ P
via Molino 2 ✉ 39020 – ☎ 04 73 62 41 30 – www.hotel-sand.com – Aperto
1° marzo-30 novembre
30 cam ⌷ – ❙90/150 € ❙❙134/180 € – **4 suites**
Ottimamente attrezzato per praticare attività sportive o semplicemente per rilassarsi all'aperto, vanta un piacevole giardino-frutteto con piscina, laghetto e centro
benessere. Ambiente romantico nelle caratteristiche stube, tutte rivestite in legno.

CASTELBIANCO
Savona (SV) – ✉ 17030 – 290 ab. – Alt. 343 m – Carta regionale n° **8-A2**
▶ Roma 605 km – Imperia 45 km – Genova 104 km – Savona 56 km
Carta stradale Michelin 561-J6

XX Gin ⠿ ◁ 🚗 🎾 🅿

via Pennavaire 99 – ☎ 0 18 27 70 01 – www.dagin.it
– Aperto 9 dicembre-7 gennaio e 9 marzo-30 ottobre
Menu 25/35 € – Carta 31/47 € – *(chiuso lunedì) (solo a cena escluso i giorni festivi)*
8 cam ⌷ – †50/70 € ††80/100 € – **1 suite**
Altro punto di forza è il ristorante che propone piatti elaborati, partendo da tradizioni locali. Un hotel caratterizzato da camere belle e curate e da spazi comuni ridotti. Per un soggiorno immerso nel verde, da apprezzare dalla grande terrazza/solarium.

XX Scola ◁ 🏠 🅿

via Pennavaire 166 – ☎ 0 18 27 70 15 – www.scolarist.it – Chiuso 11-30 gennaio
Menu 30/60 € – Carta 32/77 € – *(chiuso martedì sera e mercoledì)* (consigliata la prenotazione)
7 cam ⌷ – †60/80 € ††70/90 €
Si è da poco concluso il restyling di questa piacevole risorsa, intima ed elegante, che da più di ottant'anni delizia i suoi ospiti con intriganti rielaborazioni di piatti dell'entroterra ligure.

CASTELBUONO

Sicilia – Palermo (PA) – ⊠ 90013 – 9 012 ab. – Alt. 423 m
– Carta regionale n° **17-C2**
▶ Caltanissetta 99 km – Cefalù 22 km – Palermo 89 km – Enna 106 km
Carta stradale Michelin 365-AT56 – Guida Verde Michelin SICILIA

XX Palazzaccio 🅰🅲

via Umberto I 23 – ☎ 09 21 67 62 89 – www.ristorantepalazzaccio.it – Chiuso gennaio e lunedì
Menu 28/35 € – Carta 30/51 € – (prenotare)
Un piacevolissimo ristorantino a conduzione familiare ubicato in pieno centro storico, lungo una via pedonale. All'interno l'ambiente rustico è impreziosito da volte in pietra, mentre la cucina rimane fortemente ancorata al territorio con molte specialità delle Madonie. Sicuramente da assaggiare le pappardelle al ragú e fiori di zucca, il filetto di maialino in crosta di olive nere, nonché la specialità dolce del luogo, la testa di turco.

X Nangalarruni ⠿ 🏠 🅰🅲

via Delle Confraternite 5 – ☎ 09 21 67 12 28 – www.hostariananangalarruni.it
– Chiuso febbraio e mercoledì escluso da maggio a settembre
Menu 24/32 € – Carta 26/78 €
Nel centro storico della località, pareti con mattoni a vista, antiche travi in legno ed esposizione di bottiglie, in una sala di origini ottocentesche. Piatti tipici della tradizione locale, ben fatti e curati.

CASTEL D'AIANO

Bologna (BO) – ⊠ 40034 – 1 898 ab. – Alt. 805 m – Carta regionale n° **5-C2**
▶ Roma 365 km – Bologna 48 km – Firenze 89 km – Pistoia 52 km
Carta stradale Michelin 562-J15

a Rocca di Roffeno Nord-Est : 7 km – ⊠ 40034

🏠 Agriturismo La Fenice 🎾 🐾 🚗 ⛷ 🅿

via Santa Lucia 29 – ☎ 0 51 91 92 72 – www.lafeniceagritur.it – Chiuso gennaio-marzo
12 cam ⌷ – †50/60 € ††80/100 €
Piccolo agglomerato di case coloniche del XVI secolo, dove dominano le pietre unite al legno, per vivere a contatto con la natura in un'atmosfera di grande suggestione.

CASTEL D'APPIO – Imperia (IM) → Vedere Ventimiglia

CASTEL D'AZZANO

Verona (VR) – ⬚ 37060 – 11 813 ab. – Alt. 44 m – Carta regionale n° **23-A3**
◪ Roma 495 km – Verona 12 km – Mantova 32 km – Padova 91 km
Carta stradale Michelin 562-F14

Villa Malaspina

via Cavour 6 – ☏ 04 58 52 19 00 – www.hotelvillamalaspina.com
67 cam ⬚ – †75/300 € ††90/350 € – **6 suites**
Rist *Vignal de la Baiardina* – Vedere selezione ristoranti
Molto affascinanti le camere nella parte storica di questa bella villa di origini cinquecentesche: ideale per congressi e banchetti, riserva grandi attenzioni anche ai clienti individuali.

Vignal de la Baiardina – Hotel Villa Malaspina

via Cavour 6 – ☏ 04 58 52 91 20 – www.ristorantevignal.com – Chiuso sabato a mezzogiorno e domenica
Menu 30 € (in settimana)/90 € – Carta 37/80 €
In ambienti d'atmosfera con travi a vista e un grande camino del '500, la cucina rispetta la tradizione veneta, ma si diletta anche con l'innovazione, e - cosa ormai rara - cotture al flambé fatte in sala, sia per piatti dolci che salati.

CASTEL DEL PIANO

Grosseto (GR) – ⬚ 58033 – 4 698 ab. – Alt. 637 m – Carta regionale n° **18-C3**
◪ Roma 196 km – Grosseto 56 km – Orvieto 72 km – Siena 71 km
Carta stradale Michelin 563-N16

Antica Fattoria del Grottaione

via della Piazza, località Montenero d'Orcia, Nord-Ovest: 14 km – ☏ 05 64 95 40 20 – www.anticafattoriadelgrattaione.it
Menu 30/40 € – Carta 26/46 € – (consigliata la prenotazione)
C'era una volta... una fattoria, oggi divenuta trattoria, piacevolmente rustica e variopinta nella sala interna, ma con un appuntamento imperdibile sulla terrazza panoramica nella bella stagione. Il peposo, un brasato di manzo al pepe, è tra le specialità.

CASTEL DI LAMA

Ascoli Piceno (AP) – ⬚ 63031 – 7 568 ab. – Alt. 201 m – Carta regionale n° **11-D3**
◪ Roma 208 km – Ascoli Piceno 17 km – Ancona 113 km – Pescara 88 km

Borgo Storico Seghetti Panichi

via San Pancrazio 1 – ☏ 07 36 81 25 52 – www.seghettipanichi.it
12 cam ⬚ – †150/500 € ††150/500 €
Soggiorno esclusivo con camere nella villa settecentesca con parco storico e saloni sfarzosi o nell'attigua foresteria dall'eleganza più sobria ma più vicina alla piscina.

CASTELDIMEZZO

Pesaro e Urbino (PU) – ⬚ 61100 – Alt. 197 m – Carta regionale n° **11-B1**
◪ Roma 312 km – Rimini 31 km – Urbino 38 km – Pesaro 12 km
Carta stradale Michelin 563-K20

La Canonica

via Borgata 20 – ☏ 07 21 20 90 17 – www.ristorantelacanonica.it – Chiuso martedì in inverno
Menu 30/45 € – Carta 37/47 € – (solo a cena escluso sabato e i giorni festivi)
Dove gustare un brodetto dell'Adriatico di pesci spinati? Ma sicuramente in questa caratteristica osteria ricavata nel tufo, che oltre a proporre piatti tipici di mare delizia anche con golosità di terra.

CASTEL DI SANGRO

L'Aquila (AQ) – ⬚ 67031 – 6 523 ab. – Alt. 793 m – Carta regionale n° **1-C3**
◪ Roma 206 km – Campobasso 80 km – L'Aquila 123 km – Isernia 31 km
Carta stradale Michelin 563-Q24

Casadonna

contrada Santa Liberata, località Casadonna – ℰ *0 86 46 93 82*
– www.casadonna.it – Chiuso 7 gennaio-3 marzo e 7-12 ottobre
6 cam ⌑ – ✚180/250 € ✚✚180/250 €
Rist Reale ✿✿✿ – Vedere selezione ristoranti
Chi è alla ricerca di un Abruzzo intimo e appartato troverà a Casadonna il suo
paradiso, un ex monastero cinquecentesco alle pendici di un monte oggi trasformato in albergo. Le camere riflettono l'anima dell'antica funzione: sobrie ed
essenziali, non rinunciano tuttavia ad un'eleganza discreta e misurata.

 Don Luis

via Sangro - parco del Sangro – ℰ *08 64 84 70 61* – *www.hoteldonluis.com*
41 cam ⌑ – ✚45/70 € ✚✚70/140 € – **1 suite**
All'interno di un parco con laghetto e centro sportivo, un hotel in grado di accontentare tanto la clientela di passaggio quanto quella di villeggiatura. Camere spaziose e ben curate.

 Natura

località Piana Santa Liberata – ℰ *08 64 84 11 51* – *www.hotelnaturasnc.com*
17 cam ⌑ – ✚90/110 € ✚✚120/150 €
A pochi km dal Parco Nazionale d'Abruzzo, la struttura si rifà idealmente ad uno
chalet di montagna, ma ne reinterpreta l'architettura con gusto moderno e raffinato. "Naturale" è il dettame principe che caratterizza le camere, mentre la spa
propone una panoplia di trattamenti estetici.

 Il Lavatoio

via Paradiso 18 – ℰ *08 64 84 70 09* – *www.lavatoio.com*
13 cam ⌑ – ✚40/90 € ✚✚60/140 €
Il progetto di recupero architettonico del lavatoio quattrocentesco prevedeva
(anche) la costruzione di un luogo di ospitalità per turisti e viandanti. L'opera è
ormai compiuta: a voi la scelta di pernottare in una delle luminose stanze dei
due piani o in quelle delle torri, accessibili da ampie scale a chiocciola.

XXXX **Reale** (Niko Romito) – Hotel Casadonna
✿✿✿ *contrada Santa Liberata, località Casadonna* – ℰ *0 86 46 93 82*
*– www.ristorantereale.it – Chiuso 7 gennaio-3 marzo, 7-12 ottobre, mercoledì a
mezzogiorno, lunedì e martedì escluso agosto*
Menu 120/170 € – Carta 83/135 € – (consigliata la prenotazione)
La cucina "chirurgica" di Niko Romito celebra gli ingredienti estraendone l'essenza
e bandendo tutto ciò che di superfluo può offuscare la purezza dei sapori: creazioni solo apparentemente minimaliste. Di fatto, ogni boccone suggella un
ricordo che scalfisce con indelebile piacere la memoria.
➔ Ravioli con ricotta di bufala, distillato di bufala, pepe e capperi. Piccione fondente e pistacchio. Cioccolato bianco, aceto balsamico, granita di liquirizia e
aceto bianco.

CASTELFIDARDO

Ancona (AN) – ✉ 60022 – 18 850 ab. – Alt. 199 m – Carta regionale n° **11-C2**
▶ Roma 288 km – Ancona 22 km – Macerata 34 km – Ascoli Piceno 107 km
Carta stradale Michelin 563-L22

sulla strada statale 16 Est: 6 km

 Klass Hotel

via Adriatica 22, al Km 317 – ℰ *07 17 82 12 54* – *www.klasshotel.it*
71 cam ⌑ – ✚50/100 € ✚✚70/180 €
Lungo la strada statale, hotel moderno dai variopinti e vivaci ambienti, nonché
camere molto ampie e accessoriate. Nello stesso complesso, ristorante dalle proposte nazional-regionali di carne e di pesce.

CASTELFRANCO D'OGLIO – Cremona (CR) ➔ Vedere Drizzona

CASTELFRANCO EMILIA

Modena (MO) – ⊠ 41013 – 32 724 ab. – Alt. 42 m – Carta regionale n° **5-C3**
▶ Roma 398 km – Bologna 34 km – Ferrara 76 km – Modena 14 km
Carta stradale Michelin 562-I15

🏠 Aquila   ⊡ AC ⅍ P

via Leonardo da Vinci 5 – ☎ 0 59 92 32 08 – www.hotelaquila.it
34 cam ⌕ – †60/90 € ††90/150 €
Ospitalità tutta emiliana in un albergo centrale e di tradizione decennale. Ordine e
pulizia ovunque, ma consigliamo di prenotare le camere più recentemente rinnovate.

✗ La Lumira   ⇔ P

*corso Martiri 74 – ☎ 0 59 92 65 50 – www.ristorantelumira.com – Chiuso agosto,
domenica sera e lunedì*
Carta 32/59 €
Al termine dei portici che ombreggiano la passeggiata lungo i negozi del centro storico, il ristorante propone i classici emiliani, a cominciare dai celebri tortellini in brodo.

CASTELFRANCO VENETO

Treviso (TV) – ⊠ 31033 – 33 258 ab. – Alt. 43 m – Carta regionale n° **23-C2**
▶ Roma 527 km – Padova 34 km – Belluno 77 km – Treviso 28 km
Carta stradale Michelin 562-E17

🏨 Fior   ⇗ 🛒 ⊒ ✗ ⊡ AC ⅏ 🚗

via dei Carpani 18 – ☎ 04 23 72 12 12 – www.hotelfior.com
41 cam ⌕ – †68/81 € ††100/122 € – **1 suite**
Nel cuore della Marca Trevigiana, un'imponente dimora di campagna con ampie
zone comuni, eleganti e signorili, e camere più modeste, sebbene arredate con
buon gusto e mobili massicci.

🏨 Al Moretto   ⇗🛒 ⊡ ₰ AC P

*via San Pio X 10 – ☎ 04 23 72 13 13 – www.albergoalmoretto.it
– Chiuso 24 dicembre-6 gennaio e agosto*
44 cam ⌕ – †65/78 € ††85/100 €
Palazzo del '500, fin dal secolo successivo locanda, oggi offre cura e accoglienza
tutte al femminile con una gestione familiare prossima ai 100 anni. Molte camere
sono rese fresche e gradevoli da disegni floreali alle pareti.

🏨 Alla Torre   ⊡ ₰ AC ⅏ ⇗

piazzetta Trento e Trieste 7 – ☎ 04 23 49 87 07 – www.hotelallatorre.it
53 cam ⌕ – †55/70 € ††80/120 € – **1 suite**
Un edificio del 1600, adiacente alla torre civica dell'orologio su cui si "appog-
giano" tre junior suite, le migliori camere di un hotel con molti bagni in marmo
e pavimenti in parquet; colazione estiva in terrazza.

✗✗ Feva (Nicola Dinato)   🍴 ₰ AC P

*via Borgo Treviso 62 – ☎ 04 23 19 75 65 – www.fevaristorante.it – Chiuso
1 settimana in gennaio, 15 giorni in agosto e mercoledì*
Menu 25/60 € – Carta 48/86 €
Se la corte è d'epoca, lo stile del locale s'ispira - invece - ad un contemporaneo
minimalismo, come la sua raffinata cucina che propone piatti di matrice
moderna, dove tecnica ed ottime materie prime gareggiano per un risultato di
grande spessore.
➡ Paccheri alla carbonara di canestrelli, pesto di ricci di mare e santoreggia.
Pescato del giorno e raccolto dell'orto. Tiramigiù.

a Salvarosa Nord-Est : 3 km – ⊠ 31033

✗✗ Barbesin   ❀ ⇔ ⇗🛒 ⊡ AC P

*via Montebelluna di Salvarosa 41 – ☎ 04 23 49 04 46 – www.barbesin.it
– Chiuso 28 dicembre-7 gennaio e 8-28 agosto*
Menu 18 € (in settimana)/45 € – Carta 24/45 € – *(chiuso domenica sera)*
18 cam ⌕ – †45/55 € ††72/80 €
Piacevole locale a gestione familiare con uno stile che abbina tocchi di rusticità e
di eleganza, la cucina propone piatti del territorio con tracce di modernità, mentre in estate si organizzano nel giardino serate con dj o musica dal vivo. Al piano
superiore, le camere dell'hotel Cà delle Rose.

CASTEL GANDOLFO

Roma (RM) – ⊠ 00040 – 9 033 ab. – Alt. 426 m – Carta regionale n° **7-B2**
▶ Roma 25 km – Anzio 36 km – Frosinone 76 km – Latina 46 km
Carta stradale Michelin 563-Q19

✗✗ Antico Ristorante Pagnanelli

via Gramsci 4 – ✆ 0 69 36 00 04 – www.pagnanelli.it
Carta 36/97 €
Raffinata eleganza, piatti di mare e proposte dai monti nella splendida cornice del
lago di Albano; caratteristiche le labirintiche cantine scavate nel tufo, con possibilità di degustazione.

✗ Il Grottino

*via Saponara 2 – ✆ 0 69 36 14 13 – www.ristoranteilgrottino.net – Chiuso
gennaio e lunedì*
Menu 15 € (pranzo)/33 € – Carta 29/54 €
Nella parte alta della città, con una saletta panoramica che si affaccia sul lago, il
locale vi conquisterà per i suoi piatti - di mare e di terra - dalle porzioni generose.

al lago Nord-Est : 4,5 km

⌂ Villa degli Angeli

*via Spiaggia del Lago 32 ⊠ 00040 Castel Gandolfo – ✆ 06 93 66 82 41
– www.villadegliangeli.com*
36 cam ⊃ – †65/75 € ††90/130 €
Avvolto dal verde nel parco dei Castelli, al limitare della strada che costeggia il
lago, proverbiale la tranquillità che l'hotel offre nelle confortevoli camere, alcune
con vista. La cucina della villa vi attende in sala da pranzo o sulla splendida terrazza panoramica, allestita durante la bella stagione.

CASTELLABATE

Salerno (SA) – ⊠ 84048 – 7 892 ab. – Alt. 278 m – Carta regionale n° **4-C3**
▶ Roma 328 km – Salerno 69 km – Agropoli 13 km – Napoli 122 km
Carta stradale Michelin 564-G26

a San Marco Sud-Ovest : 5 km – ⊠ 84071

⌂ Giacaranda

*contrada Cenito, Sud: 1 km – ✆ 38 90 52 80 26 – www.giacaranda.com – Aperto
16 dicembre-9 gennaio e 1° marzo-31 ottobre*
6 cam ⊃ – †60/84 € ††100/140 €
Prende il nome da una pianta che rallegra il suo giardino, questa dimora ricca di
charme tra il verde della campagna circostante e le mille attenzioni di Luisa, la
padrona di casa; cucina tradizionale del territorio nel piacevole ristorantino.

a Santa Maria di Castellabate Nord-Ovest : 5 km – ⊠ 84048

⌂ Villa Sirio

*via lungomare De Simone 15 – ✆ 09 74 96 10 99 – www.villasirio.it – Aperto
1° aprile-31 ottobre*
34 cam ⊃ – †100/200 € ††120/330 € – **1 suite**
Rist Da Andrea – Vedere selezione ristoranti
Una dimora padronale dei primi del '900 nel centro storico, ma direttamente sul
mare, dai raffinati interni ed ottime camere con alcuni pezzi di antiquariato. Le
suite dotate di terrazza privata e vasca idromassaggio si trovano nella nuova ala
della struttura.

✗✗ Da Andrea – Hotel Villa Sirio

*via lungomare De Simone 15 – ✆ 09 74 96 10 99 – www.villasirio.it – Aperto
1° giugno-30 settembre*
Menu 30/60 € – Carta 34/77 €
A tenervi compagnia, il rumore della onde che s'infrangono sugli scogli, a conquistare la vostra approvazione, invece, la cucina mediterranea con le sue specialità
di pesce, nonché la carta dei vini ricca di etichette prestigiose.

XX **I Due Fratelli**   ⇐ 🏠 P

via Sant'Andrea, Nord: 1,5 km – 𝒞 09 74 96 80 04 – Chiuso gennaio e mercoledì
Menu 30/45 € – Carta 25/56 €
Due fratelli gestiscono con professionalità e savoir-faire questo ristorante di tono
classico, dotato di un'ampia e bella terrazza con vista sulla costa. Piatti campani
per lo più di pesce e pizze, il fine settimana.

CASTELL'ALFERO
Asti (AT) – ⊠ 14033 – 2 787 ab. – Alt. 235 m – Carta regionale n° **12-C2**
▶ Roma 625 km – Alessandria 47 km – Asti 14 km – Vercelli 50 km
Carta stradale Michelin 561-H6

X **Del Casot**   🛏 🏠 AC

regione Serra Perno 76/77, Sud: 2 km – 𝒞 01 41 20 41 18
– www.ristorantedelcasot.it – Chiuso 15-30 gennaio, martedì e mercoledì
Menu 35 € – Carta 32/56 €
Accogliente e piccolo locale in posizione dominante a conduzione strettamente
familiare, dove gustare ricette della tradizione piemontese e qualche piatto fantasioso.

CASTELLAMMARE DEL GOLFO
Sicilia – Trapani (TP) – ⊠ 91014 – 15 142 ab. – Carta regionale n° **17-B2**
▶ Agrigento 144 km – Trapani 52 km – Palermo 68 km
Carta stradale Michelin 365-AM55 – Guida Verde Michelin SICILIA

🏠🏠 **Al Madarig**   ⇐ ⊡ AC ⅏ 🖑

piazza Petrolo 7 – 𝒞 0 92 43 35 33 – www.almadarig.com
34 cam ☕ – ♦49/124 € ♦♦49/144 €
Ricorda nel nome l'antico appellativo arabo della località questo hotel ricavato
da alcuni vecchi magazzini del porto. Camere semplici e spaziose e una simpatica gestione.

🏠🏠 **Punta Nord Est**   ⇐ 🔲 ⊡ 🖑 ⅏ 🖑 P

viale Leonardo Da Vinci 67 – 𝒞 0 92 43 05 11 – www.puntanordest.com – Aperto
1° aprile-30 ottobre
56 cam ☕ – ♦49/150 € ♦♦49/150 € – **1 suite**
Che siate in giro per affari o in vacanza - la struttura è specializzata per l'accoglienza dei ciclisti (vasca lavaggio bici, piccola officina, etc.) - troverete qui graziose camere per momenti di autentico relax.

🏠 **Cala Marina**   ⇐ 🖑 🖑 ☈ AC 🚗

via Don L. Zangara 1 – 𝒞 09 24 53 18 41 – www.hotelcalamarina.it – Chiuso
gennaio e febbraio
14 cam ☕ – ♦40/130 € ♦♦50/160 €
Squisita gestione familiare per questa accogliente struttura sul mare, incorniciata
dal borgo marinaro, e provvista di una bella terrazza bar con vista. D'estate, anche
un servizio di animazione per i più piccoli.

XX **Mirko's**   🏠

discesa Annunziata 1 – 𝒞 09 24 04 05 92 – www.mirkosristorante.it
Carta 37/99 € – (solo a cena) (consigliata la prenotazione)
Sta guadagnando un proprio spazio nell'ambito della ristorazione locale, questo
ristorantino ubicato sulla scalinata che porta a Cala Piccola. A gestirlo vi è un
intero nucleo familiare: il figlio in cucina, dopo una lunga esperienza sotto gli
altri, ha deciso di tentare questa avventura che si sta dimostrando appagante. In
un ambiente curato e raccolto, ottime specialità di mare elaborate in chiave
mediterranea e - più tipicamente - siciliana. Bravo, Mirko!

CASTELLAMMARE DI STABIA
Napoli (NA) – ⊠ 80053 – 66 681 ab. – Carta regionale n° **4-B2**
▶ Roma 238 km – Napoli 31 km – Avellino 50 km – Caserta 55 km
Carta stradale Michelin 564-E25

La Medusa Hotel

via passeggiata Archeologica 5 – ℰ 08 18 72 33 83 – www.lamedusahotel.com
46 cam ⬚ – ⫯90/200 € ⫯⫯120/280 € – **3 suites**
In un vasto e curato giardino-agrumeto, questa villa ottocentesca ha conservato anche nei raffinati interni lo stile e l'atmosfera del suo tempo cedendo il destro ad una nuovissima e completa Spa con area relax e tisaneria. Lo stesso romantico ambiente fin-de-siècle caratterizza il ristorante.

XX Piazzetta Milù

corso Alcide De Gasperi 23 – ℰ 08 18 71 57 79 – www.piazzettamilu.it – chiuso domenica sera e mercoledì
Menu 32/45 € – Carta 39/49 €
Parallelo al lungomare, è un'intera famiglia che si adopera a coccolarvi in un ambiente elegantemente moderno: il menu vi stuzzicherà con piatti creativi ed ottime carni alla griglia.

sulla strada statale 145 Sorrentina km 11 Ovest : 4 km

Towers Hotel Stabiae Sorrento Coast

località Pozzano – ℰ 08 13 94 67 00
– www.towershotelsorrento.com – Aperto 1° aprile-31 ottobre
142 cam ⬚ – ⫯80/150 € ⫯⫯80/450 € – **8 suites**
Ex cementificio convertito in hotel, dallo stile decisamente moderno e curioso: in riva al mare, camere al passo con i tempi nel design e negli accessori. Light lunch a bordo piscina e, nelle calde sere d'estate, cena in terrazza con meravigliosa vista sul golfo.

CASTELL'APERTOLE – Vercelli (VC) ➜ Vedere Livorno Ferraris

CASTELL'ARQUATO

Piacenza (PC) – ✉ 29014 – 4 704 ab. – Alt. 224 m – Carta regionale n° **5-A2**
▶ Roma 495 km – Piacenza 34 km – Milano 98 km – Cremona 46 km
Carta stradale Michelin 562-H11

Leon d'Oro

piazza Europa 6 – ℰ 05 23 80 53 19 – www.leondorocastellarquato.it
14 cam ⬚ – ⫯100/105 € ⫯⫯140/155 € – **1 suite**
Appoggiato alle mura medioevali e accanto al parco del castello, piccolo hotel totalmente rinnovato che vi accoglierà con camere e ambienti signorili. Cucina regionale al ristorante.

XX Maps

piazza Europa 3 – ℰ 05 23 80 44 11 – www.ristorantemaps.com
– Chiuso 7-20 gennaio e lunedì in giugno-settembre, anche martedì negli altri mesi
Carta 36/64 €
Una collezione di quadri di artisti locali arreda il locale, ricavato in un vecchio mulino ristrutturato. Piccole salette moderne e servizio estivo all'aperto per una cucina di ispirazione contemporanea.

X La Rocca-da Franco

piazza del Municipio – ℰ 05 23 80 51 54 – www.larocca1964.it – Chiuso 5-27 febbraio, 16 luglio-7 agosto e mercoledì
Menu 25/40 € – Carta 33/45 € – (prenotazione obbligatoria la sera)
Nel cuore del centro storico, accolto tra i maggiori monumenti della piazza, il ristorante offre una bella vista sulla campagna; la cucina proposta è semplice e fatta in casa.

X Da Faccini

località Sant'Antonio, Nord : 3 km – ℰ 05 23 89 63 40
– www.ristorantecastellarquato.it – Chiuso 15-31 gennaio, 1 settimana in luglio e mercoledì
Carta 27/54 €
Lunga tradizione familiare per questa tipica trattoria, che unisce alle proposte classiche piatti più fantasiosi, stagionali. Una piccola elegante sala riscaldata dal caminetto e una attrezzata per i fumatori.

CASTELLETTO DI BRENZONE – Verona (VR) ➜ Vedere Brenzone

CASTELLETTO SOPRA TICINO
Novara (NO) – ⊠ 28053 – 10 062 ab. – Alt. 226 m – Carta regionale n° **13-B2**
◨ Roma 646 km – Torino 123 km – Novara 42 km – Aosta 167 km
Carta stradale Michelin 561-E7

XX **Rosso di Sera**   88 AK
☜ *via Pietro Nenni 2 – ℰ 03 31 96 31 73 – www.osteriarossodisera.it*
– Chiuso 3 settimane in agosto, sabato a mezzogiorno e mercoledì
Menu 11 € (pranzo in settimana)/38 € – Carta 37/55 €
"Rosso di sera", come l'antico adagio che preannunciava il bel tempo o come un
buon bicchiere di vino da gustare in questo informale, ma elegante, wine-bar, che
propone una grande scelta di etichette e distillati, nonché piatti della tradizione
(prevalentemente di terra).

CASTELLINA IN CHIANTI
Siena (SI) – ⊠ 53011 – 2 899 ab. – Alt. 578 m – Carta regionale n° **18-D1**
◨ Roma 251 km – Firenze 61 km – Siena 24 km – Arezzo 67 km
Carta stradale Michelin 563-L15

🏠 **Palazzo Squarcialupi**   ⚲ ← ⊐ 🎐 ⊡ ㅊ AK P
via Ferruccio 22 – ℰ 05 77 74 11 86 – www.palazzosquarcialupi.com
– Aperto 23 marzo-6 novembre
17 cam ⊇ – †90/150 € ††105/175 €
Nel centro storico della località, tipico palazzo del '400 ricco di decorazioni, camini
e arredi d'epoca, sia negli spazi comuni sia nelle ampie camere, centro relax nelle
antiche cantine, nonché giardino con piscina. Cucina regionale al ristorante.

🏠 **Locanda Le Piazze**   ⚲ ← ☖ ⊐ ㅊ AK P
località Le Piazze 41, Sud-Ovest: 6 km – ℰ 05 77 74 31 90
– www.locandalepiazze.com – Aperto 1° maggio-31 ottobre
20 cam ⊇ – †245/380 € ††245/380 €
Splendida ristrutturazione di un casolare ubicato sulla sommità di una dolce collina circondata dai vigneti: ambienti di design caldi e accoglienti, cucina attenta
nella selezione delle materie prime.

🏠 **Salivolpi**   ☖ ⊐ AK ✂ P
via Fiorentina 89, Nord-Est: 1 km – ℰ 05 77 74 04 84 – www.hotelsalivolpi.com
– Chiuso 7 gennaio-18 marzo
19 cam – †49/189 € ††49/189 € – ⊇ 7 €
Appena fuori il piccolo centro storico, un'antica casa ristrutturata e con due dépendance: accoglienti interni in stile rustico-elegante e piacevole giardino con piscina.

🏠 **Villa Cristina**   ☖ ⊐ P
via Fiorentina 34 – ℰ 05 77 74 14 10 – www.villacristinachianti.it – Chiuso
8 gennaio-28 febbraio
5 cam ⊇ – †60/75 € ††75/98 €
Villino d'inizio Novecento con spazi comuni limitati, ma graziose camere, soprattutto quella luminosissima nella torretta. Sul retro si trova il piccolo giardino con
piscina.

XX **Albergaccio di Castellina**
via Fiorentina 63 – ℰ 05 77 74 10 42 – www.albergacciocast.com – Chiuso
domenica escluso in estate
Carta 41/77 €
All'interno di un rustico in pietra e legno, non privo d'eleganza, la cucina toscana
vi si presenta con piatti leggermente fantasiosi, senza mai tradire la sapidità e i
prodotti regionali. E di recente realizzazione un angolo bar con salottino per
intrattenere gli ospiti con un aperitivo.

a San Leonino Sud : 8 km – ⊠ 53011 Castellina In Chianti

Belvedere di San Leonino
località San Leonino 23 – ☎ 05 77 74 08 87 – www.hotelsanleonino.com – Aperto 1° aprile-31 ottobre
28 cam – ♦69/349 € – ♦♦69/349 € – ⊊ 10 €
Conserva l'atmosfera originale quest'antica casa colonica trasformata in confortevole albergo: arredi rustici in legno e travi a vista nelle camere. Dal giardino si passa direttamente nelle meravigliose vigne del Chianti.

sulla strada regionale 222 al Km 51 Sud : 8 km

Casafrassi
località Casafrassi – ☎ 05 77 74 06 21 – www.casafrassi.it – Aperto 15 aprile-31 ottobre
25 cam ⊊ – ♦100/160 € ♦♦100/160 €
All'interno di una tenuta agricola che produce vino ed olio, un'oasi di silenzio ingentilita da una villa nobiliare del Settecento con camere signorili e stucchi ai soffitti. In un altro edificio, confort in stile country e travi a vista. Il ristorante si fa portavoce delle specialità del territorio.

CASTELLO DI BRIANZA
Lecco (LC) – ⊠ 23884 – 2 081 ab. – Alt. 394 m – Carta regionale n° **10**-B1
▶ Roma 598 km – Como 26 km – Bergamo 35 km – Lecco 14 km
Carta stradale Michelin 561-E10

Dac a trà
via San Lorenzo 1, località Brianzola, Nord-Est: 1 km – ☎ 03 95 31 24 10 – www.dacatra.it – Chiuso 1°-14 gennaio, 3 settimane in agosto, domenica sera e lunedì
Menu 18 € (pranzo in settimana)/85 € – Carta 53/87 € – (consigliata la prenotazione)
Informale e dal design originale, questo ristorante affida la sua cucina ad uno chef giovane, ma dal curriculum già interessante, che la colloca in un'area di modernità, grazie ad una particolare attenzione per i prodotti a km 0 e "bio".
→ Gnocchi morbidi di zucca con burro e tartufo nero. Filetto di fassona in crosta di pane, tartufo nero, asparagi selvatici e salsa al pecorino. Cupola cremosa ai tre cioccolati, oro e mango.

CASTELLO DI GODEGO
Treviso (TV) – ⊠ 31030 – 7 217 ab. – Alt. 51 m – Carta regionale n° **23**-C2
▶ Roma 546 km – Venezia 75 km – Treviso 31 km – Trento 110 km
Carta stradale Michelin 562-E17

Locanda al Sole
via San Pietro 1 – ☎ 04 23 76 04 50 – www.locandaalsole.it
20 cam ⊊ – ♦45/55 € ♦♦65/75 €
Rist Locanda al Sole – Vedere selezione ristoranti
L'attenta ristrutturazione e l'ampliamento di un'antica locanda ha dato vita ad un albergo "moderno" in quanto a confort, ma nostalgicamente "antico" per quanto concerne l'atmosfera di schietta e tipica ospitalità veneta.

Locanda al Sole – Hotel Locanda al Sole
via San Pietro 1 – ☎ 04 23 76 04 50 – www.locandaalsole.it – Chiuso agosto e lunedì
Menu 25/35 € – Carta 48/75 € – (solo a cena escluso i giorni festivi)
Gestione familiare, da sempre impegnata con uguale energia sia nel ristorante, sia nell'omonimo albergo. Uno dei titolari si occupa direttamente della cucina: paste e dolci fatti in casa, carni preparate rispettando le lunghe cotture di una volta e, come piatto forte, le ricche degustazioni di antipasti.

CASTEL MAGGIORE

Bologna (BO) – ⊠ 40013 – 18 036 ab. – Alt. 29 m – Carta regionale n° **5-C3**
▶ Roma 387 km – Bologna 10 km – Ferrara 38 km – Milano 214 km
Carta stradale Michelin 562-I16

XX **Alla Scuderia**   AC P

*località Castello, via San pierino 48, Est: 1,5 km – ℰ 0 51 71 33 02
– www.ristorantelascuderiabologna.com – Chiuso agosto, sabato a mezzogiorno
e domenica*
Carta 21/67 €
L'antica scuderia di palazzo Ercolani - riconvertita in ristorante - mantiene intatto
il suo fascino: sotto le alte volte in mattoni gusterete una cucina fedele alle tradizioni emiliane.

a Trebbo di Reno Sud-Ovest : 6 km – ⊠ 40013

 Antica Locanda il Sole   ⤢ ⊡ 🕭 AC P

*via Lame 65 – ℰ 05 16 32 53 81 – www.hotelilsole.com – Chiuso
23 dicembre-9 gennaio e 2 settimane in agosto*
19 cam ⊡ – ♥45/210 € ♥♥65/240 €
Un'antica stazione di posta ristrutturata nel colore rosso vivo dell'architettura
bolognese; camere semplici, tutte con parquet alcune mansardate. Tortellini,
tagliatelle, lasagne e secondi di carne: i migliori piatti della tradizione gastronomica emiliana al ristorante.

CASTELMEZZANO

Potenza (PZ) – ⊠ 85010 – 816 ab. – Alt. 750 m – Carta regionale n° **2-B2**
▶ Roma 418 km – Potenza 65 km – Matera 107 km
Carta stradale Michelin 564-F30

X **Al Becco della Civetta**   ⇦ 🌿 AC 🌾

vico I Maglietta 7 – ℰ 09 71 98 62 49 – www.beccodellacivetta.it
Carta 30/42 € – *(chiuso martedì)* (prenotare)
24 cam ⊡ – ♥50/100 € ♥♥80/140 €
Nel centro del paesino, isolato tra le suggestive Dolomiti Lucane, ad occuparsi
della cucina è la proprietaria, che fa rivivere le ricette - sovente proposte a voce
- delle sue muse, mamma e nonna, come il proverbiale agnello alle erbe. Dalle
finestre delle camere, la maestosa scenografia naturale; all'interno, tranquillità e
calorosa accoglienza.

CASTELMOLA – Messina (ME) ➔ Vedere Taormina

CASTELNOVO DI BAGANZOLA – Parma (PR) ➔ Vedere Parma

CASTELNOVO DI SOTTO

Reggio nell'Emilia (RE) – ⊠ 42024 – 8 411 ab. – Alt. 27 m – Carta regionale n° **5-B3**
▶ Roma 440 km – Parma 29 km – Bologna 86 km – Reggio nell'Emilia 17 km
Carta stradale Michelin 562-H13

 Poli   ⤢ ⅂ ⊡ 🕭 AC 🔥 P

via Puccini 1 – ℰ 05 22 68 31 68 – www.hotelpoli.it
53 cam ⊡ – ♥65/78 € ♥♥90/115 €
Rist *Poli-alla Stazione* – Vedere selezione ristoranti
Camere dotate di ogni confort in un'accogliente struttura, costantemente potenziata e rinnovata negli anni da una dinamica gestione familiare; sale convegni.

XXX **Poli-alla Stazione** – Hotel Poli   🕸 🍴 AC P

*viale della Repubblica 10 – ℰ 05 22 68 23 42 – www.ristorantepoli.it – Chiuso
8-21 agosto, domenica sera e lunedì a mezzogiorno*
Carta 36/87 €
Oltrepassata una promettente carrellata di antipasti e l'esposizione di diversi tagli
di carne e tipi di pesce, vi accomoderete in due ariose sale di tono elegante o
nella gradevole terrazza estiva.

CASTELNOVO NE' MONTI

Reggio nell'Emilia (RE) – ✉ 42035 – 10 566 ab. – Alt. 700 m
– Carta regionale n° **5-B2**
▶ Roma 470 km – Parma 67 km – Bologna 119 km – Reggio nell'Emilia 42 km
Carta stradale Michelin 562-I13

⚘ Locanda da Cines ⟵ 🛏 📶 P

piazzale Rovereto 2 – ☎ 05 22 81 24 62 – www.locandadacines.it – Chiuso gennaio e febbraio
Menu 20 € (pranzo in settimana)/35 € – Carta 23/33 € – *(chiuso sabato)*
(consigliata la prenotazione)
10 cam 🛏 – 🛏50/55 € 🛏🛏75/80 €
Calorosa gestione familiare in un piccolo ristorante di tono rustico e moderno, dove i piatti del giorno, quali ad esempio la sella di coniglio ripiena, esplorano le tradizioni conservate nel verde dell'Appennino. I boschi dei dintorni e la salubre aria di montagna garantiscono relax anche nelle semplici camere.

CASTELNUOVO – Padova ➡ Vedere Teolo

CASTELNUOVO BELBO

Asti (AT) – ✉ 14043 – 894 ab. – Alt. 122 m – Carta regionale n° **14-D1_2**
▶ Roma 599 km – Torino 93 km – Asti 35 km – Alessandria 28 km

🏠 Relais 23 🅽 ⚘ 🛏 ⟵ 🛏 🔲 AC P

via San Colombano 25 – ☎ 01 41 79 91 80 – www.relais23.it
10 cam 🛏 – 🛏90/140 € 🛏🛏110/140 €
Rist Ristorante 23 – Vedere selezione ristoranti
Troverete camere moderne ed una bella piscina, in questa raffinata villa padronale circondata da armoniose colline. Biciclette in utilizzo gratuito per i clienti.

⚘⚘ Ristorante 23 🅽 – Hotel Relais 23 🛏 🏡 AC P

via San Colombano 25 – ☎ 01 41 79 91 80 – www.relais23.it
Carta 29/47 €
E' il moderno design a prevalere in questo luminoso ristorante situato proprio di fronte alla palazzina del Relais 23; i piatti fanno riferimento alla più tradizionale cucina italiana e piemontese, sebbene non disdegnino qualche spunto contemporaneo.

CASTELNUOVO BERARDENGA

Siena (SI) – ✉ 53019 – 9 125 ab. – Alt. 351 m – Carta regionale n° **18-C2**
▶ Roma 215 km – Siena 19 km – Arezzo 50 km – Perugia 93 km
Carta stradale Michelin 563-L16

🏘 Castel Monastero ⚘ 🛏 ⟵ 🛏 🔲 📶 🛀 AC 🏊 P

località Monastero d'Ombrone 19, Est: 10 km – ☎ 05 77 57 00 01
– www.castelmonastero.com – Chiuso 7 gennaio-25 marzo
62 cam 🛏 – 🛏395/890 € 🛏🛏395/890 € – **12 suites**
Rist Contrada – Vedere selezione ristoranti
Nella Valle dell'Ombrone, tra foreste di castagni e lunghi filari di cipressi, sorge questo imponente Country House Resort, che dispone di camere lussuose ed una Spa tra le più belle della regione. A completare, il quadro una tisaneria con erbario privato.

🏠 Relais Borgo San Felice ⚘ 🛏 ⟵ 🛏 📶 🛀 ✗ AC 🏊 P

località San Felice, Nord-Ovest: 10 km – ☎ 05 77 39 64
– www.borgosanfelice.com – Aperto 18 aprile-31 ottobre
40 cam 🛏 – 🛏445/600 € 🛏🛏445/600 € – **13 suites**
Rist Poggio Rosso – Vedere selezione ristoranti
Lussuoso resort all'interno di un antico borgo, la cui storia si perde nel Medio Evo. Tra i vigneti del Chianti classico, belle camere distribuite in più strutture ed un moderno centro benessere, dove tra le tante opzioni i benefici del vino si estendono al corpo in trattamenti per la pelle. A pranzo, la sosta è presso il nuovo ristorante tipico toscano La Terrazza San Felice.

Villa Curina Resort

strada provinciale 62, località Curina – ✆ 05 77 35 56 30
– www.villacurinaresort.com – Aperto 15 marzo-31 ottobre
21 cam ⌷ – **♦**148/225 € **♦♦**158/235 € – **5 suites**
Rist *Il Convito di Curina* – Vedere selezione ristoranti
In posizione tranquilla e con una vista che spazia fino a Siena, questa dimora cinquecentesca ospita camere personalizzate con mobili in stile e pareti allegramente colorate; alcune stanze sono situate nella villa, altre nei tipici casali toscani. Tutt'intorno, l'armonia di un curato giardino all'italiana.

Poggio Rosso – Relais Borgo San Felice

località San Felice, Nord-Ovest: 10 km – ✆ 05 77 39 64
– www.borgosanfelice.com – Aperto 18 aprile-31 ottobre
Menu 95/140 € – Carta 80/132 € – *(solo a cena)*
Il nome del ristorante, gemma dell'albergo Borgo San Felice, introduce nel paradiso vinicolo toscano, di cui il Chianti Classico Poggio Rosso costituisce una delle eccellenze della produzione. In menu, proposte accattivanti di tono moderno si alternano a piatti di matrice più territoriale.

Contrada – Hotel Castel Monastero

località Monastero d'Ombrone 19, Est: 10 km – ✆ 05 77 57 00 01
– www.castelmonastero.com – Aperto 1° maggio-31 ottobre; chiuso domenica e lunedì
Menu 94 € – Carta 69/120 € – *(solo a cena)*
Nel suggestivo scenario dell'albergo Castel Monastero, vale la pena di attendere la bella stagione perché i tavoli delle tradizionali sale interne si trasferiscono sulla piazzetta di un tipico borgo toscano. Prodotti locali, qualche piatto di mare e un finale più estroso con i dolci.

Il Convito di Curina – Hotel Villa Curina Resort

strada provinciale 62, località Curina – ✆ 05 77 35 56 30
– www.villacurinaresort.com – Aperto 15 marzo-31 ottobre; chiuso mercoledì
Carta 46/75 € – *(solo a cena)*
Cucina toscana, nonché ampia scelta enologica con vini regionali e champagne di piccoli produttori, in un ambiente rustico-signorile, dove (meteo permettendo) vi consigliamo di optare per la terrazza panoramica.

La Bottega del 30 (Hélène Stoquelet)

via Santa Caterina 2, località Villa a Sesta, Nord: 5 km – ✆ 05 77 35 92 26
– www.labottegadel30.it – Chiuso martedì
Menu 65/85 € – Carta 56/86 € – *(solo a cena escluso i giorni festivi da settembre a maggio)*
Il caratteristico borgo in pietra varrebbe già la visita, ma il suo gioiello è il ristorante, grondante di decorazioni come una bottega e con romantico dehors estivo. Nel piatto i sapori toscani ingentiliti.
→ Ravioli al piccione con pesto di pinoli e rosmarino. Quaglia disossata avvolta nel lardo di Colonnata, ripiena di salsiccia toscana e bietole. Semifreddo al pistacchio con anacardi sabbiati e caramello salato.

a San Gusmè Nord : 5 km – ✉ 53019

La Porta del Chianti

piazza Castelli 10 – ✆ 05 77 35 90 36 – www.ristorantenelchianti.it
– Chiuso 8 gennaio-10 febbraio, 15 giorni in novembre, domenica sera e lunedì escluso luglio-agosto
Carta 21/49 € – *(consigliata la prenotazione)*
Nel cuore del piccolo e suggestivo borgo di San Gusmé, all'interno di un vecchio caseggiato del '600, una squisita cucina della tradizione con specialità di pesce fresco abbinate a sapori siciliani. Nella carta dei vini anche molti piccoli produttori locali.

sulla strada provinciale 408 km 14,7 Nord-Ovest: 20 km

Le Fontanelle

località Fontanelle di Pianella ✉ *53019 Castelnuovo Berardenga*
– ☏ 0 57 73 57 51 – www.hotelfontanelle.com – Aperto 15 aprile-31 ottobre
23 cam ☑ – 451/671 € 451/671 € – **2 suites**
In posizione dominante e tranquilla, suggestivo borgo agricolo "scolpito" nella pietra con rilassante vista sui dintorni. Interni raffinati, pur mantenendo un certo coté rustico. Cucina toscana nell'elegante ristorante con stupendi spazi all'aperto.

a Villa a Sesta Nord - Est : 8 km – ✉ 53019

L'Asinello

via Nuova 6 – ☏ 05 77 35 92 79 – www.asinelloristorante.it – Chiuso 10 giorni in gennaio, 10 giorni in novembre, lunedì e martedì; solo lunedì in aprile-settembre
Menu 35/48 € – Carta 38/56 € – *(solo a cena escluso domenica)* (consigliata la prenotazione)
Un interessante locale molto ben condotto da una coppia di coniugi capaci e professionali: in cucina il marito assicura piatti di stampo tradizionale rivisitati in chiave moderna, ma non mancano anche i grandi classici più semplici.

CASTELNUOVO CILENTO
Salerno (SA) – ✉ 84040 – 2 737 ab. – Alt. 280 m – Carta regionale n° **4-C3**
▶ Roma 344 km – Avellino 114 km – Napoli 134 km – Salerno 83 km
Carta stradale Michelin 564-G27

a Velina Sud-Ovest : 8 km – ✉ 84040

La Palazzina

via contrada Coppola 41 – ☏ 0 97 46 28 80 – www.hotellapalazzina.com
12 cam ☑ – 40/60 € 70/104 € – **4 suites**
Poco distante dal lago artificiale, l'hotel è stato ricavato in seguito allo scrupoloso restauro di una villa settecentesca ed offre confortevoli ambienti con arredi d'epoca. Prodotti tipici e di stagione presso la caratteristica sala da pranzo.

CASTELNUOVO DELL'ABATE – Siena (SI) ➜ Vedere Montalcino

CASTELNUOVO DEL ZAPPA – Cremona (CR) ➜ Vedere Castelverde

CASTELNUOVO DI GARFAGNANA
Lucca (LU) – ✉ 55032 – 5 969 ab. – Alt. 270 m – Carta regionale n° **18-B1**
▶ Roma 389 km – Pisa 67 km – Lucca 48 km – Firenze 119 km
Carta stradale Michelin 563-J13

La Lanterna

località alle Monache-Piano Pieve, Est: 1,5 km – ☏ 05 83 63 93 64
– www.lalanterna.eu
30 cam ☑ – 55/60 € 80/90 €
Rist *La Lanterna* – Vedere selezione ristoranti
Nella parte più alta della località - a pochi minuti dal centro - una piacevole villetta cinta dal verde con ampi spazi comuni e confortevoli camere.

La Lanterna – Hotel La Lanterna

località alle Monache-Piano Pieve, Est: 1,5 km – ☏ 05 83 63 93 64
– www.lalanterna.eu – Chiuso 1 settimana in novembre e martedì a mezzogiorno escluso luglio e agosto
Menu 20 € – Carta 23/35 €
Un'intera parete è affrescata con un trompe-l'oeil raffigurante una scena agreste, mentre il cielo è dipinto su una volta a cupola; dalla cucina, piatti del territorio ed una selezione più ristretta di proposte di mare.

CASTELNUOVO FOGLIANI – Piacenza (PC) ➜ Vedere Alseno

CASTELNUOVO MAGRA

La Spezia (SP) – ⊠ 19033 – 8 441 ab. – Alt. 181 m – Carta regionale n° **8-D2**
▶ Roma 404 km – La Spezia 30 km – Pisa 63 km – Massa 17 km
Carta stradale Michelin 561-J12

Armanda

piazza Garibaldi 6 – ℰ 01 87 67 44 10
– www.trattoriaarmanda.com – Chiuso 24 dicembre-15 gennaio,
1 settimana in settembre, mercoledì da aprile a ottobre, anche martedì sera
negli altri mesi
Menu 25/37 € – Carta 26/62 € – *(solo a cena in luglio-agosto escluso sabato,*
domenica e festivi)
In un caratteristico borgo dell'entroterra, andamento e ambiente familiari in una
trattoria che propone piatti stagionali del territorio ben elaborati. Se volete
gustare un piatto veramente speciale optate per il coniglio farcito.

La Valle

via delle Colline 24, Sud-Ovest : 1 km – ℰ 01 87 67 01 01
– www.agriturismolavallesp.it – Chiuso lunedì
Menu 25/35 € **6 cam** ⊑ – ♦70 € ♦♦80 €
Bella casa immersa nel verde dell'entroterra ligure - al confine con l'Emilia e la
Toscana - è l'indirizzo ideale per gustare i genuini sapori locali. Ma c'è anche un
ambiente dedicato agli irriducibili della pizza (solo la sera!).

CASTELPETROSO

Isernia (IS) – ⊠ 86090 – 1 673 ab. – Alt. 872 m – Carta regionale n° **1-C3**
▶ Roma 196 km – Campobasso 41 km – Benevento 72 km – Isernia 17 km
Carta stradale Michelin 564-C25

sulla strada statale 17 uscita Santuario dell'Addolorata Ovest : 6 km

Fonte del Benessere Resort

via Santuario 15/b – ℰ 08 65 93 62 58
– www.fontedelbenessereresort.it – Chiuso 8 gennaio-21 marzo
13 suites ⊑ – ♦♦180/240 € – 7 cam
Per soggiorni all'insegna del relax e della remise in forme, un albergo elegante
ed estremamente curato in ognuno dei suoi ambienti: dalle camere alla spa, affi-
data alla qualificata consulenza Mésségué.

La Fonte dell'Astore

via Santuario – ℰ 08 65 93 60 85
– www.lafontedellastore.it – Aperto 21 marzo-2 novembre
46 cam ⊑ – ♦70 € ♦♦100/130 €
Nei pressi del Santuario dell'Addolorata, una confortevole risorsa, di concezione
moderna, con ampi spazi comuni, camere di buona fattura e ben accessoriate.

CASTELRAIMONDO

Macerata (MC) – ⊠ 62022 – 4 688 ab. – Alt. 307 m – Carta regionale n° **11-C2**
▶ Roma 212 km – Ancona 85 km – Macerata 40 km – Perugia 92 km
Carta stradale Michelin 563-M21

Borgo Lanciano

località Lanciano 5, Sud: 2 km – ℰ 07 37 64 28 44
– www.borgolanciano.it
49 cam ⊑ – ♦89/159 € ♦♦134/199 € – **1 suite**
Confortevole hotel sorto entro un antico borgo, offre camere e suite diverse per
forma e arredamento, nonchè aree comuni per dedicarsi ad una chiacchierata o
alla lettura. Suddiviso in sale più piccole, il ristorante propone una cucina tradizionale, fedele ai prodotti della zona.

a Castel Sant'Angelo Ovest : 7 km – ✉ 62022 Castelraimondo

✗ **Il Giardino degli Ulivi**   ⇦ ⅏ ≤ P

via Crucianelli 64 – ☏ 33 85 03 60 78 – www.ilgiardinodegliulivi.com
Carta 32/48 € – *(chiuso martedì in giugno-settembre, anche lunedì, mercoledì e
giovedì negli altri mesi)* (prenotazione obbligatoria)
5 cam ⌂ – †50/60 € ††75/85 €
Nel verde e nella quiete della campagna marchigiana, in un antico casolare il cui
nucleo è una torre medioevale, pochi, ma gustosi, piatti della tradizione locale e
camere suggestive con inserimenti etnici.

CASTEL RIGONE – Perugia (PG) ➜ Vedere Passignano sul Trasimeno

---

CASTELROTTO (KASTELRUTH)
Bolzano (BZ) – ✉ 39040 – 6 703 ab. – Alt. 1 060 m – Carta regionale n° **19-C2**
▶ Roma 667 km – Bolzano 26 km – Bressanone 25 km – Trento 84 km
Carta stradale Michelin 562-C16

⌂ **Mayr**   ✿ ⅏ ≤ ⋒ ⒃ P

*via Marinzen 5 – ☏ 04 71 70 63 09 – www.hotelmayr.com
– Chiuso 1° novembre-5 dicembre e 5 aprile-22 maggio*
20 cam ⌂ – †75/122 € ††106/174 € – **8 suites**
Piccolo hotel, gestito dall'omonima famiglia da oltre quaranta anni, ben ubicato a
ridosso del centro storico di Castelrotto, ovvero una delle sorprese dell'Altipiano
dello Sciliar. Al suo interno tutto è in stile montano impreziosito da decori tirolesi.
Sarete colpiti dall'armonia d'insieme in cui, tuttavia, domina un elemento sugli
altri: il legno che dal pavimento sale persino su gran parte dei soffitti con i classici
cassettoni. Belle camere, in pratica delle junior-suite.

⌂ **Cavallino d'Oro**   ✿ ≤ ⋒ ⊡ 🚗

piazza Krausen – ☏ 04 71 70 63 37 – www.cavallino.it – Chiuso 5-25 novembre
19 cam ⌂ – †70/97 € ††130/180 € – **3 suites**
Sulla piazza del paese, suggestiva atmosfera tirolese in una casa di tradizione centenaria (già hotel nel 1326): per un surplus di romanticismo, chiedete le camere
con i letti a baldacchino. Per i pasti, invece, una sala rustica o le caratteristiche
stube del XVII secolo.

⌂ **Alpine Boutique Villa Gabriela**   ✿ ⅏ ≤ 🛏 ♣♣ P

*San Michele 31/1, Nord-Est: 4 km – ☏ 04 71 70 00 77 – www.villagabriela.com
– Aperto 18 dicembre-7 aprile e 14 maggio-26 ottobre*
8 cam – solo ½ P 90/122 €
Per godere appieno di uno tra i più magici panorami dolomitici, è ideale questa
bella villetta circondata dal verde; camere graziose e ricche di personalizzazioni.

⌂ **Silbernagl Haus**   ⅏ ≤ 🛏 ▦ ⋒ P ⊟

*via Bullaccia 1 – ☏ 04 71 70 66 99 – www.garni-silbernagl.com
– Aperto 20 dicembre-20 marzo e 14 maggio-15 ottobre*
12 cam ⌂ – †44/65 € ††87/130 € – **2 suites**
In zona tranquilla, ad una breve passeggiata dal centro storico, calorosa gestione
familiare che vizia i propri ospiti con un bel centro relax ed un grazioso giardino-
solarium per l'estate. Le dimensioni generose delle camere saranno sicuramente
apprezzate.

✗✗ **Zum Turm** Ⓝ   ⇦ 🍴 ⊟ P

*via Colle 8 – ☏ 04 71 70 63 49 – www.zumturm.com – Aperto
dicembre-31 marzo e maggio-20 ottobre; chiuso mercoledì*
Carta 25/65 € – **15 cam** ⌂ – †45/85 € ††80/160 €
A pochi metri dal campanile, in un tipico edificio del 1511, la cucina vi farà conoscere i prodotti alpini in porzioni generose, accuratamente selezionati e cucinati.
C'è una sala classica, ma vi consigliamo di prenotare un tavolo nella Stube del
1880, così come di optare per le camere più recenti.

CASTEL SAN PIETRO TERME

Bologna (BO) – ✉ 40024 – 20 821 ab. – Alt. 75 m – Carta regionale n° **5-C2**
▶ Roma 385 km – Bologna 24 km – Ferrara 75 km – Forlì 54 km
Carta stradale Michelin 562-I16

🏠 **Castello**   ✿ 🖭 ♿ AC 🏋 **P**
viale delle Terme 1010/b-c – ✆ 0 51 94 35 09 – www.hotelcastello.net
54 cam ⊡ – †49/400 € ††49/440 € – **3 suites**
Rist *Da Willy* – Vedere selezione ristoranti
Adiacente ad uno dei più grandi centri congressi della provincia, "Artemide", in
una zona verde davanti ad un parco pubblico, piccolo albergo dotato di camere
semplici, ma ben tenute.

XX **Da Willy** – Hotel Castello   🌤 AC **P**
😊 *viale delle Terme 1010/b* – ✆ 0 51 94 51 13 – www.hotelcastello.com
Menu 15 € (pranzo in settimana) – Carta 23/58 €
Nello stesso edificio dell'hotel Castello, ma con gestione separata, ristorante con
alcuni tavoli rotondi nelle ampie sale con vetrate sul giardino, piatti emiliano-
romagnoli.

CASTELSARDO

Sardegna – Sassari (SS) – ✉ 07031 – 5 814 ab. – Carta regionale n° **16-A1**
▶ Cagliari 246 km – Sassari 33 km – Olbia 97 km – Porto Torres 33 km
Carta stradale Michelin 366-N38

🏠 **Bajaloglia**   ✿ 🌿 ≤ 🛋 ⌨ AC 🌤 **P**
località Bajaloglia, Sud-Ovest: 4 km – ✆ 0 79 47 45 44 – www.bajalogliaresort.it
– *Aperto 1° aprile-30 ottobre*
12 cam ⊡ – †100/180 € ††140/280 €
Rist *L'Incantu* – Vedere selezione ristoranti
Sulle primi pendici da cui si gode di un panorama eccezionale, davanti il mare e
Castelsardo illuminata la sera, una bella struttura composta da un corpo centrale,
dove si trova anche il ristorante, ed alcune piccole costruzioni disseminate nel
giardino. Le camere brillano per confort: moderne e colorate si caratterizzano
per gli arredi minimalisti di ultima generazione.

🏠 **Baga Baga**   ✿ 🌿 ≤ 🛋 AC **P**
località Terra Bianca, Est: 2 km – ✆ 0 79 47 00 75 – www.hotelbagabaga.it
– *Chiuso novembre*
10 cam ⊡ – †70/150 € ††80/180 €
Immersa nella macchia mediterranea, un'oasi di relax con camere solari dai tipici
arredi sardi. Cucina isolana e di mare nel panoramico ristorante: la sera, d'estate,
saranno i suggestivi tramonti a tenervi compagnia.

XX **L'Incantu** – Hotel Bajaloglia   🌤 AC
località Bajaloglia Sud-Ovest: 4 km – ✆ 0 79 47 45 44 – www.bajalogliaresort.it
– *Aperto 1° aprile-31 ottobre*
Carta 33/101 €
Accompagnati da un panorama mozzafiato, il ristorante vi proporrà specialità di
pesce e piatti tipici: i presupposti per una serata romantica sono tutti là.

XX **Il Cormorano** 🅽   🌤 AC ⇔
via Colombo 5 – ✆ 0 79 47 06 28 – www.ristoranteilcormorano.net – *Chiuso
lunedì in bassa stagione, aperto solo nei week end da inizio novembre a Pasqua*
Carta 42/75 €
Appena dietro la piazza centrale di uno dei rari borghi medievali dell'isola,
ambienti curati e piacevole veranda: le specialità sono a base di pesce locale.

X **Da Ugo**   ≤ AC
corso Italia 7/c, località Lu Bagnu, Sud-Ovest: 4 km – ✆ 0 79 47 41 24 – *Chiuso
1° febbraio-1° marzo e giovedì in bassa stagione*
Menu 35/90 € – Carta 40/79 €
Lungo la strada costiera, è da anni un indirizzo ben noto in zona per la freschezza
e la fragranza dell'offerta ittica; la carne, "porceddu" compreso, è da prenotare.

CASTEL TOBLINO

Trento (TN) – ⊠ 38076 Sarche – Alt. 243 m – ⊠ Sarche – Carta regionale n° **19-B3**

▶ Roma 605 km – Trento 18 km – Bolzano 78 km – Brescia 100 km

Carta stradale Michelin 562-D14

 **Castel Toblino**

*via Caffaro 1 – ℰ 04 61 86 40 36 – www.casteltoblino.com – Chiuso
24 dicembre-1° marzo, lunedì sera e martedì*
Menu 35/55 € – Carta 53/68 €

Affascinante castello medioevale proteso sull'omonimo lago, in questa bucolica
zona trentina dove si produce il grande Vino Santo; la cucina di stile moderno è
curata dal patron mentre - davvero suggestiva - è la terrazza per il servizio estivo.

CASTELVECCANA

Varese (VA) – ⊠ 21010 – 1 994 ab. – Alt. 257 m – Carta regionale n° **9-A2**

▶ Roma 663 km – Varese 32 km – Como 73 km – Milano 87 km

Carta stradale Michelin 561-E8

✗ **Sunset**

*località Caldè di Castelveccana, Nord-Est: 2 km – ℰ 03 32 52 13 07
– www.santaveronicaguesthouse.com – Chiuso martedì*
Carta 34/52 €

I tavolini danno sul piccolo porticciolo per questa risorsa in stile bistrot, ubicata
proprio sulla piazzetta della suggestiva frazione di Castelveccana, in posizione
fronte lago. Piatti decisamente mediterranei in menu ed un'accoglienza, nonché ospitalità, davvero proverbiali!

CASTELVERDE

Cremona (CR) – ⊠ 26022 – 5 791 ab. – Alt. 52 m – Carta regionale n° **9-C3**

▶ Roma 528 km – Cremona 9 km – Piacenza 50 km – Milano 84 km

Carta stradale Michelin 561-G11

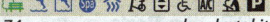 **Cremona Palace Hotel**

via Castelleone 62, Sud : 5 km – ℰ 03 72 47 13 74 – www.cremonapalacehotel.it
77 cam ⊇ – †30/130 € ††70/220 €

Senza perdervi in Castelverde, troverete l'albergo lungo la provinciale 415 che
porta a Cremona, ma in posizione arretrata e protetto dai rumori del traffico. E'
una grande struttura ideale per chi ama camere spaziose e moderne.

a Castelnuovo del Zappa Nord-Ovest : 3 km – ⊠ 26022 Castelverde

✗ **Valentino**

*via Manzoni 27 – ℰ 03 72 42 75 57 – Chiuso 17 agosto-5 settembre, lunedì sera e
martedì*
Menu 11 € (pranzo in settimana) – Carta 18/32 €

In una piccola frazione della bassa, bar-trattoria dalla calorosa gestione familiare
che propone una cucina casalinga fedele alla gastronomia cremonese e mantovana.

CASTELVETRO DI MODENA

Modena (MO) – ⊠ 41014 – 11 306 ab. – Alt. 152 m – Carta regionale n° **5-B2**

▶ Roma 406 km – Bologna 50 km – Reggio nell'Emilia 52 km – Modena 21 km

Carta stradale Michelin 562-I14

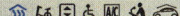 **Guerro**

via Destra Guerro 18 – ℰ 0 59 79 97 91 – www.hotelguerro.it
29 cam ⊇ – †55/85 € ††70/130 €

Ideale per una clientela business, questa moderna struttura a gestione familiare si
trova lungo l'omonimo fiume ed offre camere spaziose e luminose. D'estate, la
colazione è in terrazza.

Zoello je suis

*via Modena 171, località Settecani, Nord: 5 km – ℰ 0 59 70 26 24 – www.zoello.it
– Chiuso 10-28 agosto*
30 cam ⊇ – †70/85 € ††85/95 € – **3 suites**

Fondato nel 1938, questo hotel è ormai un capitolo negli annali della storia; animato da una familiare ed accogliente ospitalità, dispone di camere confortevoli.

Locanda del Feudo

via Trasversale 2 – 𝒞 0 59 70 87 11 – www.locandadelfeudo.it – Chiuso 11-19 gennaio e 14-23 agosto
Carta 41/56 € – *(chiuso domenica sera e lunedì)* (consigliata la prenotazione)
6 suites ⚏ – ♥♥120/180 €
Sulla sommità del suggestivo borgo, un romantico nido di fantasiosa cucina, nonché eleganti suite per un soggiorno immersi nella storia, lontano dal traffico e dalla modernità.

a Levizzano Rangone Sud-Ovest : 5 km – ✉ 41014

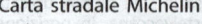 **Agriturismo Opera 02**

via Medusia 32 – 𝒞 0 59 74 10 19 – www.opera02.it
8 cam ⚏ – ♥110 € ♥♥140 €
In un idilliaco contesto di colline e vigneti, cinquecento botti di aceto balsamico fiancheggiano le eleganti camere, moderne, quasi tutte soppalcate e con ampio terrazzo su un paesaggio mozzafiato.

CASTEL VOLTURNO

Caserta (CE) – ✉ 81030 – 25 135 ab. – Carta regionale n° **4-A2**
▶ Roma 190 km – Napoli 40 km – Caserta 37 km
Carta stradale Michelin 564-D23

 Marina di Castello Resort Golf & SPA

via Domitiana km 35,300, Sud : 3 km
– 𝒞 08 15 09 51 50 – www.marinadicastelloresort.com
273 cam ⚏ – ♥60/100 € ♥♥90/150 € – **14 suites**
Vicino al mare, ai bordi di una pineta, un'imponente struttura moderna, con ampi interni eleganti; piscina con acqua di mare, maneggio a disposizione, centro congressi. Di notevoli dimensioni gli spazi per la ristorazione, con sale curate e luminose.

 La Perla

via Domitiana km 38,300 – 𝒞 08 15 09 02 57 – www.laperla-hotel.com
51 cam ⚏ – ♥56/100 € ♥♥76/155 €
Albergo prevalentemente commerciale dai servizi completi e dalle camere omogenee, attrezzate per chi ci deve soprattutto lavorare.

CASTIGLIONCELLO

Livorno (LI) – ✉ 57016 – Carta regionale n° **18-B2**
▶ Roma 291 km – Pisa 46 km – Firenze 116 km – Livorno 28 km
Carta stradale Michelin 563-L13

 Villa Martini

via Martelli 3 – 𝒞 05 86 75 21 40 – www.villamartini.it – Chiuso 10 dicembre-15 febbraio
30 cam ⚏ – ♥120/200 € ♥♥120/200 € – **3 suites**
In un'imponente villa degli anni '50 raccolta intorno a un incantevole giardino, camere rinnovate in stile moderno e minimalista, alcune con vista mare.

⌂ **Villa Parisi**

via Romolo Monti 10 ✉ 57016 – 𝒞 05 86 75 16 98 – www.villaparisi.com – Aperto 30 aprile-9 ottobre
21 cam ⚏ – ♥105/200 € ♥♥130/370 €
Le camere accoglienti e personalizzate rivaleggiano con la splendida posizione di questa villa patrizia circondata dalla pineta e sospesa sugli scogli. Un vialetto facilita il raggiungimento della piattaforma-solarium affacciata sul blu. Ristorante classico con servizio all'aperto.

✗ **In Gargotta da Francesco**

via Fucini 39 – 𝒞 05 86 75 43 57 – www.ristoranteingargotta.it – Aperto 1° marzo-31 ottobre
Carta 33/51 € – (coperti limitati, prenotare)
Piccolo ristorante nel centro della località dalla conduzione motivata e dinamica; cucina di mare con qualche tocco di fantasia e gradevole dehors.

CASTIGLIONE DEL BOSCO – Siena (SI) → Vedere Montalcino

CASTIGLIONE DEL LAGO

Perugia (PG) – ⊠ 06061 – 15 680 ab. – Alt. 304 m – Carta regionale n° **20-A2**
▶ Roma 182 km – Perugia 46 km – Arezzo 65 km – Firenze 122 km
Carta stradale Michelin 563-M18

Locanda Poggioleone ⓝ

*via Indipendenza 116 b, località Pozzuolo, Ovest: 8 Km – ℰ 0 75 95 95 19 – www.
locandapoggioleone.it – Aperto da inizo aprile a metà novembre*
12 cam ⊡ – †60/120 € ††80/170 €
Piacevole casolare convertito in albergo tradizionale: se la frazione in cui si
trova non offre grandi spunti, va decisamente meglio all'interno con arredi originali d'antiquariato e bagni in travertino. Sul retro vi stupirà il bel giardino con
ulivi e piscina.

Duca della Corgna

via Buozzi 143 – ℰ 0 75 95 32 38 – www.hotelcorgna.com
35 cam ⊡ – †50/70 € ††70/95 €
Ambiente familiare in un hotel con arredi essenziali nelle camere: sia nel corpo
centrale, sia in una dépendance che dà sulla piscina.

L'Acquario ⓝ

*via Vittorio Emanuele 69 – ℰ 07 59 65 24 32 – www.ristorantelacquario.it
– Chiuso 7 gennaio-1° marzo e mercoledì escluso luglio-agosto*
Menu 22/25 € – Carta 26/51 €
Nel centro storico di questo gradevole borgo sopra al lago, una buona tappa per
conoscere la cucina umbra e, soprattutto, la tradizione di piatti a base di pesce
d'acqua dolce: il caviale del Trasimeno, i tagliolini con la tinca affumicata, la
carpa in porchetta.

CASTIGLIONE DELLA PESCAIA

Grosseto (GR) – ⊠ 58043 – 7 359 ab. – Carta regionale n° **18-C3**
▶ Roma 198 km – Grosseto 23 km – Siena 104 km – Livorno 116 km
Carta stradale Michelin 563-N14

Miramare

*via Veneto 35 – ℰ 05 64 93 35 24 – www.hotelmiramare.info – Aperto
1°-31 dicembre e 16 marzo-31 ottobre*
37 cam ⊡ – †59/115 € ††78/220 €
Rist *Miramare* – Vedere selezione ristoranti
Ubicato sul lungomare di Castiglione della Pescaia e ai piedi del borgo medievale,
l'hotel dispone di camere accoglienti (in fase di rinnovo) e di una gestione attenta
e premurosa.

Sabrina

*via Ricci 12 – ℰ 05 64 93 35 68 – www.hotelsabrinaonline.it – Aperto
15 maggio-30 settembre*
37 cam ⊡ – †60/90 € ††80/135 €
Gestione diretta per un hotel ubicato nella zona di parcheggio a pochi metri dal
porto canale: spazi ben distribuiti, camere non amplissime, ma complete.

...La Terra di Nello

*località Poggetto – ℰ 34 79 54 62 58 – www.laterradinello.it – Chiuso novembre
e 2 settimane in marzo*
Menu 38 € – Carta 33/57 € – (solo a cena)
Seguendo l'imprinting di nonno Nello, oggi il nipote, Gianni, continua a proporre
sapori regionali: con la discendenza, però, i piatti si arricchiscono di modernità. E
dalla griglia la specialità: la bistecca!

✖ Osteria del mare già Il Votapentole

via IV Novembre 15 – ☎ 05 64 93 47 63 – Chiuso lunedì escluso in giugno-settembre
Carta 32/51 € – *(solo a cena in estate)*
Partendo da ottime materie prime, lo chef vi aggiunge la sua "firma" creando così piatti sempre personalizzati ed intriganti (ottimi, ad esempio, i pici all'amatriciana di tonno e la ricciola all'acquapazza) serviti in un carinissimo ed informale bistrot. Il locale è molto piccolo, ma questo non è un difetto: anzi, l'intimità è garantita!

✖ Miramare – Hotel Miramare

via Veneto 35 – ☎ 05 64 93 35 24 – www.ristorantemiramare.info – Aperto 1°-31 dicembre e 16 marzo-31 ottobre
Menu 75 € – Carta 23/77 €
La sala-veranda di questo ristorante si affaccia sul mare appagando la vista, mentre al palato ci pensa la cucina con i suoi piatti di matrice nazionale e le fragranti specialità di pesce.

a Riva del Sole Nord-Ovest : 2 km – ✉ 58043

🏘 Riva del Sole

viale Kennedy – ☎ 05 64 92 81 11 – www.rivadelsole.it – Aperto 23 aprile-16 ottobre
160 cam 🖵 – †108/320 € ††138/358 €
In riva al mare ed abbracciato da una rigogliosa pineta, l'hotel è ideale per un soggiorno di relax, bagni e sole. Sale dalle ampie vetrate ed un giardino, per il ristorante con accanto la pizzeria serale.

a Tirli Nord : 17 km – ✉ 58040

✖ Tana del Cinghiale

via del Deposito 10 – ☎ 05 64 94 58 10 – www.tanadelcinghiale.it – Chiuso 1° febbraio-5 marzo
Menu 25 € (pranzo in settimana) – Carta 23/50 € – *(chiuso mercoledì)*
7 cam 🖵 – †50/70 € ††75/120 €
Due sale ristorante arredate nello stile tipico di una rustica trattoria propongono una carta regionale con specialità a base di cinghiale. Un piccolo albergo a gestione familiare, offre camere semplici e curate.

a Badiola Est : 10 km – ✉ 58043 Castiglione Della Pescaia

🏘 L'Andana-Tenuta La Badiola

– ☎ 05 64 94 48 00 – www.andana.it – Aperto 1° aprile-5 novembre
26 cam 🖵 – †350/1400 € ††350/1400 € – **7 suites**
Rist *Trattoria Toscana-Tenuta la Badiola* – Vedere selezione ristoranti
Dimora estiva del duca Leopoldo, il mare brilla in lontananza, ma sono i vigneti e gli ulivi a cingerla dappresso. Colori pastello e uno stile bucolico-contemporaneo ispirano i lussuosi interni, la cifra della casa è un lusso campestre ed ovattato.

✖✖✖ Trattoria Toscana-Tenuta la Badiola – Hotel L'Andana-Tenuta La Badiola

– ☎ 05 64 94 48 00 – www.andana.it – Aperto 1° aprile-5 novembre; chiuso lunedì
Menu 85 € – Carta 72/136 € – *(solo a cena)* (consigliata la prenotazione)
Tradizione mediterranea e soprattutto cucina maremmana, ingentilite molto spesso da cotture moderne, in un ambiente di grande eleganza e ricercatezza estetica. Diverse sono le proposte alla brace ed anche la carta dei vini non passa inosservata.

CASTIGLIONE DELLE STIVIERE

Mantova (MN) – ✉ 46043 – 23 157 ab. – Alt. 116 m – Carta regionale n° **9-D1**
▶ Roma 509 km – Brescia 28 km – Cremona 57 km – Mantova 38 km
Carta stradale Michelin 561-F13

La Grotta

viale dei Mandorli 22 – ✆ 03 76 63 25 30 – www.grottahotel.it
26 cam ⌂ – ✚40/60 € ✚✚50/70 €

Lontano dal traffico del centro, nella verde quiete delle colline, una villa a caratere familiare - così come lo stile del ristorante – con camere semplici e un bel giardino curato.

Osteria da Pietro

via Chiassi 19 – ✆ 03 76 67 37 18 – www.osteriadapietro.it
– Chiuso 2-10 gennaio, 2 settimane in agosto, mercoledì e domenica sera, anche domenica a mezzogiorno in giugno-agosto
Menu 22 € (pranzo in settimana)/60 € – Carta 47/82 € – (consigliata la prenotazione)
Territorialmente alla confluenza tra la tradizione mantovana e gardesana, la cucina riprende entrambe le zone con l'aggiunta di elementi moderni. Il ristorante si trova nel centro storico della località, in un edificio seicentesco con soffitto dalle caratteristiche volte ad "ombrello".

Hostaria Viola

via Verdi 32 – ✆ 03 76 67 00 00 – www.hostariaviola.com
– Chiuso 30 dicembre-5 gennaio, 1 settimana in agosto, domenica sera e lunedì
Carta 27/47 € – (consigliata la prenotazione)
E' dal 1909 che la famiglia Viola gestisce l'Hostaria, facendo rivivere - sotto i caratteristici soffitti a volta - la tradizione gastronomica locale, accompagnata da tutti i vini in carta anche al bicchiere (bollicine, escluse!). Specialità: trittico di paste ripiene mantovane.

Hostaria del Teatro

via Ordanino 5b – ✆ 03 76 67 08 13 – www.hostariadelteatro.it
– Chiuso 7-12 gennaio, 10 giorni in agosto e giovedì
Menu 28 € (pranzo in settimana)/58 € – Carta 43/68 €
Un locale accogliente nel centro della località, un'appassionata coppia lo conduce con grande savoir-faire proponendo una cucina venata di fantasia e - al tempo stesso - legata alle tante tradizioni locali.

Trattoria Paola

via Porta Lago 23 – ✆ 03 76 63 88 29 – www.trattoriapaola.it – Chiuso 1°-21 agosto, lunedì sera, martedì sera e mercoledì
Menu 13 € (pranzo in settimana)/80 € – Carta 25/92 € – (prenotare)
Gestione familiare in un'accogliente trattoria dalla doppia anima: se a pranzo il menu è ridotto ed economico, la sera la proposta si fa più articolata e l'interpretazione dei piatti piacevolmente personale.

CASTIGLIONE D'ORCIA

Siena (SI) – ✉ 53023 – 2 400 ab. – Alt. 540 m – Carta regionale n° **18-C2**
▶ Roma 191 km – Siena 55 km – Chianciano Terme 27 km – Firenze 129 km
Carta stradale Michelin 563-M16

Osteria dell'Orcia

podere Osteria 15, Nord: 4 km – ✆ 05 77 88 71 11 – www.osteriadellorcia.com
– Chiuso 6 gennaio-4 marzo
16 cam ⌂ – ✚70/160 € ✚✚120/220 €
Isolata nella campagna senese, all'inteno del parco dell'omonima valle, un'antica stazione postale ospita camere con differenti tipologie d'arredo, due salotti ed una piscina. Cucina regionale con alcuni spunti personali dello chef nel ristorante con bella sala interna e dehors.

a Rocca d'Orcia Nord : 1 km – ✉ 53023

Osteria Perillà

via Borgo Maestro 74 – ✆ 05 77 88 72 63 – www.podereforte.it – Chiuso gennaio, febbraio, mercoledì a mezzogiorno e martedì
Carta 35/56 €
Perfetto connubio tra modernità e storia in questa dinamica osteria al centro di un borgo medievale; la semplice proposta gastronomica può avvalersi degli ottimi prodotti del podere di casa.

CASTIGLIONE FALLETTO

Cuneo (CN) – ⊠ 12060 – 719 ab. – Alt. 350 m – Carta regionale n° **14-C2**
▶ Roma 614 km – Cuneo 68 km – Torino 70 km – Asti 39 km
Carta stradale Michelin 561-I5

🏠 Le Torri

via Roma 29 – ☏ 0 17 36 29 61 – www.letorri-hotel.com – Chiuso gennaio e febbraio
16 cam 🛌 – †85/150 € ††85/150 €
In posizione strategica per visitare le Langhe, questa bella dimora patrizia vanta nuove camere, piacevolissime ed arredate con accessori moderni, nonché un curato giardino con vista panoramica sulle colline circostanti.

XX Le Torri

piazza Vittorio Veneto 10 – ☏ 0 17 36 29 37 – www.ristoranteletorri.it – Chiuso febbraio e martedì
Menu 30/35 € – Carta 29/53 €
Ristorante del centro dotato di panoramiche terrazze e ambienti classici con qualche spunto di modernità. La sua cucina? Di stretta osservanza langarola!

CASTIGLIONE TINELLA

Cuneo (CN) – ⊠ 12053 – 893 ab. – Alt. 408 m – Carta regionale n° **14-D2**
▶ Roma 605 km – Torino 81 km – Cuneo 82 km – Asti 24 km
Carta stradale Michelin 561-H6

🏠 Castiglione

via Cavour 5 – ☏ 01 41 85 54 10 – www.albergocastiglione.com – Aperto 1° maggio-30 novembre
11 cam 🛌 – †105/135 € ††135/165 €
Deliziosa casa di campagna, un tempo locanda, con camere moderne e confortevoli. La sorpresa a poco meno di 500 m. dall'edificio principale: una zona relax con piscina, sauna e bagno turco... in mezzo al verde.

CASTIGLION FIORENTINO

Arezzo (AR) – ⊠ 52043 – 13 317 ab. – Alt. 345 m – Carta regionale n° **18-D2**
▶ Roma 198 km – Perugia 57 km – Arezzo 17 km – Chianciano Terme 51 km
Carta stradale Michelin 563-L17

a Pieve di Chio Est : 7 km – ⊠ 52043 Castiglion Fiorentino

🏠 B&B Casa Portagioia

Pieve di Chio 56 – ☏ 05 75 65 01 54 – www.tuscanbreaks.com – Aperto inizio marzo-fine novembre
7 cam 🛌 – †185 € ††195 €
In aperta campagna, un suggestivo viale di cipressi vi condurrà a quest'elegante risorsa circondata da un grande e curato giardino; camere in stile rustico, ma tutte personalizzate da raffinati dettagli.

a Polvano Est : 8 km – ⊠ 52043 Castiglion Fiorentino

🏠 Relais San Pietro in Polvano

– ☏ 05 75 65 01 00 – www.polvano.com – Aperto 20 aprile-10 ottobre
10 cam 🛌 – †100/120 € ††140/210 €
Tutto il fascino del passato e della terra di Toscana con i suoi materiali "poveri" (il cotto, la pietra, il legno) in un settecentesco edificio di rustica raffinatezza. Servizio ristorante in terrazza con vista su colli e vallate; cucina toscana.

CASTIGLIONI – Ancona (AN) ➔ Vedere Arcevia

CASTION – Belluno (BL) ➔ Vedere Belluno

CASTIONE DELLA PRESOLANA

Bergamo (BG) – ⌧ 24020 – 3 440 ab. – Alt. 870 m – Carta regionale n° **9-B2**

▶ Roma 628 km – Brescia 83 km – Bergamo 46 km – Milano 103 km

Carta stradale Michelin 561-E12

a Bratto Nord-Est : 2 km – ⌧ 24020 – Alt. 1 007 m

Milano 🔆 🕊 🚍 🖥 ⌂ ♨ ⑂ Ⓔ ⚷ ᴬᴷ 🎿 🅿

via Silvio Pellico 3 – ☎ 0 34 63 12 11 – www.hotelmilano.com

54 cam ⌧ – ♦90/180 € ♦♦115/220 € – **9 suites**

Camere distribuite nel corpo centrale o in due dépendance, in un hotel moderno e funzionale in grado di ospitare anche meeting e congressi. Cucina classica al ristorante Al Caminone; a tema savoiardo o bergamasco presso l'Enoteca (solo serale).

CASTREZZATO

Brescia (BS) – ⌧ 25030 – 7 095 ab. – Alt. 125 m – Carta regionale n° **10-D2**

▶ Roma 576 km – Brescia 33 km – Milano 69 km – Bergamo 44 km

Carta stradale Michelin 561-F11

✕✕ Da Nadia (Nadia Vincenzi) 🚍 ⚷ ᴬᴷ 🅿

🏵

*via Campagna 15 – ☎ 03 07 04 06 34 – www.ristorantedanadia.com
– Chiuso 1°-12 gennaio, 15 giorni in agosto e lunedì*

Menu 60 € – Carta 60/90 € – *(solo a cena escluso i giorni festivi)* (consigliata la prenotazione)

Seduti al tavolo, la titolare vi snocciolerà i dogmi della sua cucina: solo pesce pescato, ricette della tradizione con olio d'oliva, paste fatte in casa, verdure fresche... E' un ritorno alla semplicità osannata da chi predilige la forza dei sapori e la qualità del pescato.

➔ Crudo di mare. Zuppa di pesce di scoglio. Zabaione al Marsala riserva.

CASTROCARO TERME

Forlì-Cesena (FC) – ⌧ 47011 – 6 445 ab. – Alt. 68 m – Carta regionale n° **5-C2**

▶ Roma 342 km – Bologna 74 km – Forlì 12 km – Rimini 72 km

Carta stradale Michelin 562-J17

Grand Hotel Terme 🔆 🚍 🗔 🖥 ⌂ ♨ ⑂ Ⓔ ⚷ ᴬᴷ 🎿 🅿

*via Roma 2 – ☎ 05 43 76 71 14 – www.termedicastrocaro.it
– Chiuso 9 gennaio-13 febbraio*

103 cam ⌧ – ♦100/136 € ♦♦100/170 € – **4 suites**

Nato negli anni '30, l'albergo conserva ancora lo stile dell'epoca. Spazi comuni e camere di notevoli dimensioni, splendida spa e la possibilità di prenotare una long life: tipologia di stanza che prevede l'abbinamento a trattamenti benessere personalizzati. Proposte di cucina nazionale al ristorante, la cui ampia sala si affaccia sulla veranda del giardino.

✕✕ Trattoria Bolognesi da Melania 🚐 ⇔ 🅿

🏵

via Matteotti 34 – ☎ 05 43 76 74 71 – www.trattoriabolognesi.it – Chiuso lunedì

Menu 29/39 € – Carta 26/58 € – *(solo a cena escluso i giorni festivi)*

Gestione cordiale ed informale in un locale rustico, ma non privo di tocchi di raffinatezza, sulla cui tavola arrivano generosi piatti dai sapori locali. Un esempio? Tortelloni verdi con punte di asparagi e guanciale croccante e la cupola di semifreddo al cioccolato fondente. Ampio e fresco dehors.

CASTROCIELO

Frosinone (FR) – ⌧ 03030 – 3 985 ab. – Alt. 250 m – Carta regionale n° **7-D2**

▶ Roma 116 km – Frosinone 42 km – Caserta 85 km – Gaeta 61 km

Carta stradale Michelin 563-R23

Villa Euchelia 🔆 🌸 🚍 Ⓔ ⚷ ᴬᴷ ⚭ 🅿

via Giovenale 3 – ☎ 07 76 79 98 29 – www.villaeuchelia.com

7 cam ⌧ – ♦65/80 € ♦♦85/100 € – **1 suite**

Rist *Villa Euchelia* – Vedere selezione ristoranti

In una villa d'epoca riccamente arredata, una coppia gestisce con stile questo albergo-ristorante dalle camere graziosamente personalizzate e dagli ottimi servizi.

XX   **Al Mulino**   🛜 AC ⇦ P
*via Casilina 61, Sud: 2 km – 𝒞 0 77 67 93 06 – www.almulinolicheri.it – Chiuso
23 dicembre-10 gennaio e lunedì*
Menu 35 € (in settimana) – Carta 29/81 €
Nella sala di tono elegante, un assaggio del mar Tirreno in fragranti ricette di mare.
Un consiglio: chiedete il carrello-espositore per conoscere il pescato del giorno.

XX   **Villa Euchelia** – Hotel Villa Euchelia   🚶 🛜 ♿ AC ⇦ P
🍪   *via Giovenale 3 – 𝒞 07 76 79 98 29 – www.villaeuchelia.com – Chiuso martedì*
Menu 20/50 € – Carta 25/39 €
Sulle prime alture del piccolo paese, in posizione isolata e tranquilla, il servizio è
professionale e l'accoglienza familiare, ma ancor più degna di lode la cucina:
ottime materie prime e un guizzo di creatività!

CASTRO MARINA
Lecce (LE) – ✉ 73030 – 2 469 ab. – Carta regionale n° **15-D3**
▶ Roma 632 km – Brindisi 91 km – Otranto 24 km – Lecce 48 km
Carta stradale Michelin 564-G37

alla grotta Zinzulusa Nord : 2 km

🏠   **Orsa Maggiore**   ⛲ 🌿 ← 🚶 ⬆ AC ⚲ P
*litoranea per Santa Cesarea Terme 303 ✉ 73030 – 𝒞 08 36 94 70 29
– www.orsamaggiore.it*
29 cam ⚏ – ♦50/140 € ♦♦60/160 €
In posizione panoramica, in prossimità dello svincolo che conduce alla grotta Zin-
zulusa, un hotel a conduzione familiare che dispone di confortevoli spazi comuni
e camere lineari, quasi tutte con vista. Ampia e luminosa, la sala ristorante annovera proposte di mare e di terra.

CASTROVILLARI
Cosenza (CS) – ✉ 87012 – 22 284 ab. – Alt. 362 m – Carta regionale n° **3-A1**
▶ Roma 459 km – Cosenza 74 km – Catanzaro 168 km – Matera 153 km
Carta stradale Michelin 564-H30

🏠   **La Locanda di Alia**   ⛲ 🌿 🚶 🛋 AC ⚲ P
via Jetticelli 55 – 𝒞 0 98 14 63 70 – www.alia.it
14 cam ⚏ – ♦75/95 € ♦♦88/110 €
Rist *Il Ristorante di Alia* – Vedere selezione ristoranti
Leggermente periferica rispetto al centro paese, la locanda è composta da diversi
cottage che ospitano le ampie camere: tutt'intorno un curato giardino.

XX   **Il Ristorante di Alia** – Hotel La Locanda di Alia   🥂 🚶 🛜 AC ⚲ P
*via Jetticelli 55 – 𝒞 0 98 14 63 70 – www.alia.it – Chiuso 10-20 agosto e
domenica sera*
Menu 35 € (pranzo in settimana)/50 € – Carta 33/56 €
Nato agli inizi degli anni '50, questo ristorante di tono rustico-elegante non
smette di piacere ai suoi ospiti: sarà per la qualità del servizio, o per la cucina
rigorosamente calabrese? Probabilmente, entrambi!

CATABBIO – Grosseto (GR) ➜ Vedere Semproniano

CATANIA

(CT) – ✉ 95124 – 315 601 ab. – Carta regionale n° **17-D2**
▶ Messina 100 km – Siracusa 66 km – Palermo 210 km
Carta stradale Michelin 365-AZ58 – Guida Verde Michelin SICILIA

N. Thibault / Photononstop

● Alberghi

 **Romano Palace**

viale Kennedy 28, località la Playa, 1 km per Siracusa - A2 ✉ 95121
– ☎ 09 55 96 71 11 – www.romanopalace.it
104 cam ⌁ – †100/220 € ††140/280 €
All'inizio della zona balneare detta La Playa, l'albergo è dedicato all'idea della Sicilia come crocevia di culture diverse, suggestioni arabe ed arredi etnici: tra il Barocco della città e il mare, un'oasi di incanto dominata dalla magica imponenza dell'Etna. Piatti mediterranei e moderni al ristorante Il Coriandolo.

 Mercure Catania Excelsior

piazza Verga 39 ✉ *95129 – ☎ 09 57 47 61 11*   Pianta: D1**a**
– www.excelsiorcatania.com
162 cam – †80/550 € ††80/550 € – ⌁ 12 € – **14 suites**
Imponente albergo all'insegna della classica sobrietà, senza sfarzi eccesivi negli interni, ma con qualità assoluta nel confort. Raffinata ambientazione in stile e servizio accurato nel ristorante.

 UNA Hotel Palace

via Etnea 218 ✉ *95131 – ☎ 09 52 50 51 11*   Pianta: C1**b**
– www.unahotels.it
87 cam ⌁ – †94/539 € ††104/549 € – **7 suites**
Nel cuore della via Etnea, l'arteria centrale della città, ampi ed eleganti spazi comuni, in un palazzo d'inizio '900 ristrutturato. Ristorante panoramico al roof garden, la cui vista sul vulcano è sicuramente uno degli atout più apprezzati della struttura: è qui che si serve anche una particolare prima colazione à la carte con specialità siciliane.

 Villa del Bosco & VdB Next

via del Bosco 62 ✉ *95125 – ☎ 09 57 33 51 00*   Pianta: A1**a**
– www.hotelvdbnext.it
48 cam ⌁ – †69/189 € ††79/499 € – **4 suites**
Sulle prime colline della città, dimora ottocentesca con mobili d'epoca, decorazioni in stile pompeiano e tappeti. Nella dépendance camere dallo stile più moderno e colori scuri. Il nome del ristorante è da attribuirsi ai due magnifici cani in pietra del '700: cucina tra classico e moderno.

MONTE ETNA — A — MESSINA TAORMINA — B — MESSINA TAORMINA

CATANIA

0   500 m

MARE IONIO

GELA PALERMO — A — SIRACUSA — SIRACUSA — REGGIO DI CALABRIA — B

🏠🏠 **Romano House**   ♱ ⚘ ⬆ ⬇ 🅰 ♨ 🅿
via G. Di Prima 20 ✉ 95124 – ☎ 09 53 52 06 11   Pianta: D2**a**
– *www.romanohouse.it*
46 cam ⌷ – 🛏90/180 € 🛏🛏110/220 € – **1 suite**
Nato dall'unione di due palazzi, di cui uno ottocentesco che ospita una decina di camere con affreschi, stucchi o soffitti a volta, un insieme molto piacevole, che non mancherà di conquistare i turisti in visita alla "città dell'elefante". Al Riccio, ambienti moderni e minimalisti per una classica cucina divisa tra terra e mare. All'House Bar, anche insalate e sandwich; alle 19 l'aperitivo.

🏠🏠 **Il Principe**   ♨ ⬆ ⬇ 🅰 ♨
via Alessi 24 ✉ 95124 – ☎ 09 52 50 03 45   Pianta: C2**c**
– *www.ilprincipehotel.com*
73 cam ⌷ – 🛏74/574 € 🛏🛏89/599 € – **7 suites**
Tre palazzi nobiliari collegati tra loro formano un unico, omogeneo, albergo che conserva ancora diversi elementi originali, sapientemente coniugati con arredi moderni e lineari.

328

Katane Palace   ♿ ☐ & 🅰🄲 🕯

via Finocchiaro Aprile 110 ✉ *95129 –* ☎ *09 57 47 07 02*   Pianta: D1**b**
– www.katanepalace.it
58 cam ☐ *–* 🛏70/180 € 🛏🛏80/260 €
Costruito ex novo e suddiviso in due distinti edifici, gli eleganti interni di questo palazzo degli inizi del Novecento vantano sobri arredi accostati ad antichità
di pregio. Piatti moderni, ma dagli inconfondibili sapori isolani al ristorante Il
Cuciniere.

 NH Parco degli Aragonesi   ♿ 🛏 ⚓ 🏊 ☐ & 🅰🄲 🕯 🅿

viale Kennedy 2, località la Playa, 1 km per Siracusa - A2 ✉ *95121*
– ☎ *09 57 23 40 73 – www.nh-hotels.it*
124 cam ☐ *–* 🛏115/276 € 🛏🛏140/301 €
Hotel di taglio moderno ubicato sul lungomare: la disposizione razionale degli
spazi nelle camere e negli ambienti comuni, lo rendono ideale per una clientela
business. Servizio navetta per il centro e l'aeroporto.

 Liberty   ☐ & 🅰🄲 ⌧

via San Vito 40 ✉ *95124 –* ☎ *0 95 31 16 51*   Pianta: C1**a**
– www.libertyhotel.it
11 cam ☐ *–* 🛏70/119 € 🛏🛏129/199 € *– 7 suites*
Gli amanti del Liberty apprezzeranno questo piccolo hotel in un palazzo di inizio
'900, le cui atmosfere richiamano alla mente il celebre romanzo Il Gattopardo. Le
camere sono contraddistinte da un nome evocante il sentimento che ispirano, ma
è il giardino d'inverno a porre il sigillo dello charme sulla struttura.

 Residence Hotel La Ville   ☐ & 🅰🄲

via Monteverdi 15 ✉ *95131 –* ☎ *09 57 46 52 30*   Pianta: D1**c**
– www.rhlaville.it
14 cam ☐ *–* 🛏55/80 € 🛏🛏70/100 €
Risorsa del centro ospitata in un edificio di inizio '900 ristrutturato con grande
maestria, si presenta con bella hall e graziosa sala colazioni, camere eleganti,
alcune con angolo cottura.

 Plaza Hotel Catania   ⌧ ☐ & 🅰🄲 🕯 🚗

viale Ruggero di Lauria 43 ✉ *95127 –* ☎ *09 58 73 70 40*   Pianta: B1**a**
48 cam ☐ *–* 🛏75/120 € 🛏🛏90/140 €
Rist *Pepe Nero* – Vedere selezione ristoranti
Ubicata sul lungomare, questa struttura vocata ad una clientela business, non
manca di offrire ai suoi ospiti alcune camere con vista sul Mediterraneo. Le
stanze sono moderne, minimaliste, con legno scuro tipo wengé ed inserti in
pelle.

 Royal   ⌧ 🚿 ☐ 🅰🄲 🅿

via A. Di Sangiuliano 337 ✉ *95124 –* ☎ *09 52 50 33 47*   Pianta: C2**d**
– www.hotelroyalcatania.it
18 cam ☐ *–* 🛏50/130 € 🛏🛏55/149 € *– 2 suites*
Palazzo storico sito in un grazioso quartiere universitario non lontano dal Duomo,
gli ambienti sono ricchi di dettagli: tra parquet ed affreschi, c'è l'opportunità di
scegliere alcune camere con letto a baldacchino.

 **Ristoranti**

 Pepe Nero – Plaza Hotel Catania   🍴 & 🅰🄲

viale Ruggero di Lauria 43 ✉ *95027 –* ☎ *0 95 38 23 68*   Pianta: B1**a**
– www.pepeneroristorante.it
Carta 23/59 €
Locale di tono contemporaneo dispone di due sale dall'arredo moderno e funzionale. In menu: gustose proposte di carne e di pesce, mentre per gli irrinunciabili
della pizza (forno elettrico) anche una piccola carta ad essa dedicata.

✗ La Siciliana   🛋 AC

viale Marco Polo 52/a ✉ *95126 –* 📞 *0 95 37 64 00*   Pianta: **B1x**
– www.lasiciliana.it – Chiuso lunedì e la sera nei giorni festivi
Carta 31/44 €
E' diventato uno tra i più rinomati in città, questo ristorante di stile classico e un po' demodé, la cui proposta gastronomica abbraccia specialità locali e - più genericamente - piatti nazionali. In esposizione, il pesce fresco.

✗ Osteria Antica Marina   🛋 AC

via Pardo 29 ✉ *95121 –* 📞 *0 95 34 81 97*   Pianta: **C2a**
– www.anticamarina.it – Chiuso 15 giorni in novembre e mercoledì
Menu 25/65 € – Carta 30/106 € – (consigliata la prenotazione)
Nell'effervescente zona dei mercati, a pochi passi dal duomo, una vivace trattoria dove gustare fragranti specialità ittiche: il pesce viene venduto a peso, le proposte suggerite al tavolo.

✗ Mé Cumpari Turiddu   🛋 AC

via Monsignor Ventimiglia 15 ✉ *95124 –* 📞 *09 57 15 01 42*   Pianta: **D2c**
Carta 29/64 € – (consigliata la prenotazione)
Se "cumpare" è un appellativo usato nel passato per identificare le persone con cui si intrattenevano rapporti di familiarità, in Sicilia ha ancora una tale valenza e l'ospite in questo locale è trattato alla stregua di un amico, al quale proporre il meglio della cucina isolana di terra e di mare. Tra le specialità, spaghetti alla Turiddu con "masculina da magghia" (acciughe intrappolate nella rete) e "muddica atturata" (pangrattato tostato).

CATANZARO

✉ 88100 – 90 840 ab. – Alt. 320 m – Carta regionale n° **3-B2**
▶ Roma 615 km – Cosenza 99 km – Crotone 73 km – Reggio di Calabria 161 km
Carta stradale Michelin 564-K31

🏨 Guglielmo   ☆ ♨ 🖥 ♿ AC 🛎

via A. Tedeschi 1 – 📞 *09 61 74 19 22 – www.hotelguglielmo.it*
36 cam 🛏 – ♦75/190 € ♦♦85/235 €
Ambienti confortevoli ed eleganti, funzionali e tecnologicamente up-to-date (ora c'è anche una nuovissima area relax con grotta di sale), Guglielmo è la struttura ideale per soggiorni business, ma anche pleasure.

✗✗ Antonio Abbruzzino (Luca Abbruzzino)   🛋 AC 🍷

via Fiume Savuto, località Santo Janni, Sud Est: 4 km – 📞 *09 61 79 90 08*
– www.antonioabbruzzino.it – Chiuso 15 giorni in gennaio, 15 giorni in luglio, domenica sera e lunedì
Menu 60/85 € – Carta 41/72 € – (prenotazione obbligatoria a mezzogiorno)
C'è un po' di tutto in questo locale: spunti contemporanei, elementi rustici e - sicuramente - eleganza. La cucina, passata oramai di mano al figlio dello chef-patron, reinterpreta in chiave moderna i sapori del territorio.
➜ Fusilli, 'nduja, pecorino e ricci di mare. La pescatrice per il gaglioppo (vino rosso). Pane olio e zucchero, "la merenda di una volta".

a Catanzaro Lido Sud : 14 km – ✉ 88063

🏨 Perla del Porto   ☆ ♨ 🖥 ♿ AC 🍷 🛎 P

Martiri di Cefalonia 64 – 📞 *09 61 36 03 25 – www.hotelperladelporto.it*
41 cam 🛏 – ♦79/109 € ♦♦99/169 € – **4 suites**
Direttamente sul mare, nuovo albergo adatto sia ad una clientela business sia leasure: ampie sale riunioni, piccolo centro benessere e ambiente elegante al ristorante caratterizzato da volte con vetrate artistiche.

🏨 Palace   ☆ < 🏖 ♨ 🖥 ♿ AC 🛎 P

via lungomare 221 – 📞 *0 96 13 18 00 – www.hotel-palace.it*
73 cam 🛏 – ♦99/133 € ♦♦130/196 € – **5 suites**
Sul lungomare, hotel di tono elegante con arredi in stile Impero: eleganza anche nelle camere di differenti tipologie, tutte modernamente attrezzate. Sala meeting panoramica, al settimo piano. La cucina si divide tra pesce e carne nel bel ristorante con vista sul Mediterraneo.

Grand Hotel Paradiso 🍴 ⌛ 🌐 📶 ⅃ᵦ ⊡ ♿ Ⓜ 🛁 🅿

via Michele Maria Manfredi 30, Ovest : 2 km – ✆ 0 96 13 21 93
– www.grandhotelparadiso.it
75 cam ⌑ – ♦45/145 € ♦♦70/180 € – **5 suites**
Panoramico sul mare, un grande albergo di taglio business: si va dai bagni con cromoterapia, alle suite con box doccia-sauna. Di suggestiva atmosfera, anche il centro benessere.

Sunrise Beach Ⓝ 🍴

località Giovino – ✆ 33 88 42 41 93 – www.sunrisebeach.it – Chiuso lunedì
Menu 30/40 € – Carta 23/55 €
Appena fuori dal centro e direttamente sulla spiaggia, è questo l'indirizzo giusto per gli amanti del pesce: schietta cucina mediterranea e pizze (la sera). In sala c'è anche la lampada speciale per crêpes ed elaborazioni varie.

CATTOLICA
Rimini (RN) – ⌧ 47841 – 17 084 ab. – Carta regionale n° **5-D2**
▶ Roma 315 km – Rimini 22 km – Ancona 92 km – Bologna 130 km
Carta stradale Michelin 562-K20

Carducci 76 🍴 ← 🛏 ⌛ 📶 ⅃ᵦ ⊡ Ⓜ 🚗

via Carducci 76 – ✆ 05 41 95 46 77 – www.carducci76.it – Aperto
1° aprile-30 settembre
39 cam ⌑ – ♦112/280 € ♦♦140/350 € – **6 suites**
Un'enclave in stile neocoloniale nel cuore di Cattolica: corte interna con giardino islamico ed ispirazioni orientali. Camere originali e minimaliste.

Europa Monetti 🍴 ⌛ 📶 ⅃ᵦ ⊡ ♣🏂 🛁 🚗

via Curiel 39 – ✆ 05 41 95 41 59 – www.europamonetti.com – Aperto
1° marzo-31 ottobre
70 cam ⌑ – ♦90/130 € ♦♦160/250 € – **7 suites**
Vicino al mare, in zona di negozi e locali, l'impronta moderna di una gestione familiare sempre attenta alle più recenti innovazioni.

Moderno-Majestic 🍴 ← ⌛ 🖵 ⅃ᵦ ⊡ ♣🏂 Ⓜ 🅿

via D'Annunzio 15 – ✆ 05 41 95 41 69 – www.modernomajestic.it – Aperto
20 maggio-15 settembre
60 cam – ♦70/80 € ♦♦140/160 € – ⌑ 8 €
Bell'edificio fronte mare, dove il binomio cromatico bianco-blu vi accompagnerà in una vacanza tipicamente balneare dalle confortevoli camere e graziosi bagni.

Park Hotel 🍴 ← ⌛ ⊡ ♣🏂 Ⓜ 🛁 🚗

lungomare Rasi Spinelli 46 – ✆ 05 41 95 37 32 – www.parkhotels.it
47 cam ⌑ – ♦60/195 € ♦♦86/250 € – **5 suites**
Un albergo costruito nel 1989, sulla strada che costeggia la spiaggia; luminose sia le aree comuni che le camere, rinnovate in massima parte, con vetrate e vista mare.

Aurora 🍴 ← 📶 ⅃ᵦ ⊡ ♣🏂 Ⓜ ✕ 🅿

via Genova 26 – ✆ 05 41 83 04 64 – www.hotelauroracattolica.info – Aperto
21 aprile-18 settembre
18 cam ⌑ – ♦34/60 € ♦♦68/108 €
Ambienti recentemente rinnovati, in questa risorsa dalla dinamica conduzione familiare: camere ampie e confortevoli. La proverbiale pasta tirata al mattarello e tante altre specialità romagnole al ristorante.

Sole 🍴 ← ⊡ ♣🏂 Ⓜ 🚗

via Verdi 7 – ✆ 05 41 96 12 48 – www.hotel-sole.it – Aperto
25 maggio-15 settembre
43 cam ⌑ – ♦40/50 € ♦♦80/110 € – **1 suite**
Familiari la gestione e l'ospitalità in questo hotel situato in una via alle spalle del lungomare; tinte pastello nelle camere, semplici, ma luminose e ben tenute.

Gambrinus Mare ⚂ ⚃ 🚻 AK

Via Carducci 86 – 𝒞 05 41 96 13 47 – www.hotelgambrinusmare.com – Aperto Pasqua-30 settembre

40 cam 🛏 – †37/70 € ††60/130 €

Tra l'acquario e il centro, hotel dalla dinamica e attenta gestione familiare che ha saputo mantenersi al passo con i tempi: sale moderne e camere accessoriate.

XX **Locanda Liuzzi** ❀❀ AK

via Fiume 61, angolo via Carducci – 𝒞 05 41 83 01 00 – www.locandaliuzzi.com – Chiuso i mezzogiorno di lunedì e martedì in estate, chiuso lunedì negli altri mesi

Menu 40/75 € – Carta 37/66 € – (consigliata la prenotazione)

La semplicità e la tradizione non abitano in questo ritrovo di estrosi e creativi: la cucina è una continua sperimentazione di forme, colori e consistenze, per gli amanti del genere.

CAVA DE' TIRRENI

Salerno (SA) – ✉ 84013 – 54 071 ab. – Alt. 180 m – Carta regionale n° **4-B2**

▶ Roma 258 km – Napoli 47 km – Avellino 49 km – Salerno 13 km

Carta stradale Michelin 564-E26

XX **Pappacarbone** AK

via Rosario Senatore 30 – 𝒞 0 89 46 64 41 – www.ristorantepappacarbone.it – Chiuso agosto, domenica sera e lunedì

Menu 50/70 € – Carta 47/86 €

In un locale di tono sobrio contemporaneo, lo chef-patron bandisce dalla sua cucina ogni sofisticazione a favore dei veri sapori regionali. Una forchettata, ad occhi chiusi, e subito si riconosce cosa c'è nel piatto!

a Corpo di Cava Sud-Ovest : 4 km – ✉ 84013 Badia Di Cava De Tirreni – Alt. 400 m

🏨 **Scapolatiello** ⚂ 🍃 ⟵ 🛏 📺 🌐 🐾 ⚃ AK P

piazza Risorgimento 1 – 𝒞 0 89 44 36 11 – www.hotelscapolatiello.it – Chiuso gennaio e febbraio

42 cam 🛏 – †44/194 € ††49/199 € – **2 suites**

Gestito dalla stessa famiglia ormai alla sesta generazione, signorile albergo panoramico vicino all'Abbazia Benedettina. Ampi spazi comuni e un curato giardino con piscina, ma anche le camere non son da meno, in quanto a confort e piacevolezza. L'incanto della terrazza fiorita e la bella vista dalle vetrate della luminosa sala ristorante.

CAVAGLIÀ

Biella (BI) – ✉ 13881 – 3 541 ab. – Alt. 271 m – Carta regionale n° **12-C2**

▶ Roma 662 km – Torino 59 km – Biella 19 km – Milano 97 km

Carta stradale Michelin 561-F6

🏨 **UNA Golf Hotel Cavaglià** ⚂ ⟵ 🛏 ⅃⚙ ⚃ ⚄ ⅃ AK 🏋 P

via Santhià 75 – 𝒞 01 61 96 67 71 – www.unagolfhotelcavaglia.it

37 cam 🛏 – †65/105 € ††100/125 €

Circondata dal verde, questa bella struttura è caratterizzata da un'ampia hall e da varie salette relax, nonché camere di due tipologie - standard e superior - entrambe ben accessoriate. Il retro dell'albergo ospita un campo da golf con un'accogliente club house e luminoso ristorante.

X **Osteria dell'Oca Bianca** ❀❀ ⚄ AK ❀ ⟷

via Umberto I 2 – 𝒞 01 61 96 68 33 – www.osteriadellocabianca.it – Chiuso 11-21 gennaio, 30 giugno-14 luglio, martedì e mercoledì

Carta 35/61 €

Nel cuore della località, di fronte alla chiesa, classica osteria di paese che mantiene intatto lo spirito originario. Cantina ben fornita e affidabile cucina del territorio.

333

CAVAGLIETTO

Novara (NO) – ✉ 28010 – 398 ab. – Alt. 233 m – Carta regionale n° **12-C2**
▶ Roma 647 km – Stresa 42 km – Milano 74 km – Novara 22 km
Carta stradale Michelin 561-F7

XX **Arianna**

*via Umberto 4 – ☎ 03 22 80 61 34 – www.ristorantearianna.net
– Chiuso 1°-10 gennaio, 22 luglio-14 agosto, mercoledì a mezzogiorno e martedì*
Menu 32 € – Carta 35/45 €
In un piccolo e tranquillo borgo agricolo, imprevedibilmente, un ristorante d'impronta elegante: tavoli distanziati, comode sedie, piatti di concezione moderna.

CAVAGNANO – Varese (VA) ➜ Vedere Cuasso al Monte

CAVAION VERONESE

Verona (VR) – ✉ 37010 – 5 783 ab. – Alt. 190 m – Carta regionale n° **23-A3**
▶ Roma 521 km – Verona 24 km – Brescia 81 km – Milano 169 km

🏠🏠🏠 **Villa Cordevigo**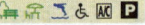

*località Cordevigo, Sud-Est: 3 km – ☎ 04 57 23 52 87 – www.villacordevigo.com
– Chiuso 6 gennaio-18 marzo*
34 cam ☑ – ♦200/435 € ♦♦200/435 €
Rist Oseleta ✿ – Vedere selezione ristoranti
Buen retiro collinare alle spalle del lago, vigneti, chiesa con reliquie e un parco di piante secolari sono il contorno di una raffinata dimora di origini cinquecentesche con lampadari di Murano e romantici bagni retrò.

XX **Oseleta** – Villa Cordevigo
✿

*località Cordevigo, Sud-Est: 3 km – ☎ 04 57 23 52 87 – www.ristoranteoseleta.it
– Chiuso 7 gennaio-18 marzo, lunedì e i mezzogiorno di martedì e mercoledì*
Menu 80/120 € – Carta 64/127 €
All'interno dei sontuosi e romantici ambienti di Villa Cordevigo, l'Oseleta, nel suo ampio salone con decorazioni in stile, offre ricette e sapori inaspettatamente campani e mediterranei. L'artefice è un cuoco napoletano di sorprendente talento. Nella bella stagione, pasti all'aperto tra le colline ed i vigneti.
➜ Spaghetti al pomodoro del piennolo, burrata e scorza di limone. Maialino da latte, scalogno glassato, patata ricomposta. Sfera.

CAVALESE

Trento (TN) – ✉ 38033 – 4 065 ab. – Alt. 1 000 m – Carta regionale n° **19-D3**
▶ Roma 648 km – Bolzano 43 km – Trento 50 km – Belluno 92 km
Carta stradale Michelin 562-D16

🏠🏠🏠 **Lagorai**

*via Val di Fontana 2 – ☎ 04 62 34 04 54 – www.hotel-lagorai.com
– Chiuso novembre e maggio*
40 cam ☑ – ♦81/151 € ♦♦116/216 € – **10 suites**
Ad 1 km dal centro, in splendida posizione panoramica, l'hotel sembra un promontorio affacciato sulla valle: profusione di legno abete nelle ottime camere ed un incantevole giardino a terrazze. In generale, una generosa offerta di servizi in tutti i settori!

🏠🏠 **Bellavista**

via Pizzegoda 5 – ☎ 04 62 23 02 28 – www.bienvivrehotels.it – Chiuso maggio e novembre
42 cam ☑ – ♦59/139 € ♦♦79/159 € – **3 suites**
All'interno di un bell'edificio con decorazioni che continuano nell'elegante hall, camere semplici - le più spaziose sono le tre suite su due piani - e piatti locali nella classica sala ristorante.

🏠🏠🏠 **Laurino**

via Antoniazzi 14 – ☎ 04 62 34 01 51 – www.hotelgarnilaurino.it
8 cam ☑ – ♦45/90 € ♦♦110/190 € – **4 suites**
La posizione centrale di questo incantevole palazzo del '600 non ne penalizza la tranquillità; camere confortevoli e gran cura del dettaglio per un soggiorno all'insegna del romanticismo. La sera, al piccolo bistrot, taglieri di salumi e formaggi e qualche zuppa calda.

Romantic Hotel Excelsior

piazza Cesare Battisti 11 – ℰ *04 62 34 04 03 – www.excelsiorcavalese.com
– Chiuso aprile, maggio, novembre*
26 cam ☐ – ♦50/86 € ♦♦110/152 €
In un palazzo del '500 - nel cuore storico del paese - dai pavimenti alla splendida stufa decorata, il passato ha lasciato più di una traccia. Camere più semplici dagli arredi contemporanei. Cucina classica o pizzeria, le opzioni per i pasti sono variegate.

 Park Hotel Azalea

via delle Cesure 1 – ℰ *04 62 34 01 09 – www.ecoparkhotelazalea.it – Chiuso
11 aprile-31 maggio e 15-31 novembre*
34 cam ☐ – ♦50/104 € ♦♦90/232 €
Nel centro della rinomata località trentina, profusione di legno e design moderno per una risorsa che fa della calorosa gestione familiare il proprio punto di forza.

Salvanel

via Carlo Esterle 3 – ℰ *04 62 23 20 57 – www.salvanel.com
– Chiuso 25 giorni in giugno e 25 giorni in novembre*
7 cam ☐ – ♦80/130 € ♦♦90/130 €
A due passi dal centro, piccolissimo albergo ricavato da una casa del Settecento. La gestione è familiare, attenta alla cura e alla pulizia delle camere piacevolmente in stile montano; l'ultimo piano ospita - ora - anche sauna e bagno turco.

✗✗✗ **El Molin** (Alessandro Gilmozzi)
❀

piazza Cesare Battisti 11 – ℰ *04 62 34 00 74 – www.alessandrogilmozzi.it
– Aperto 1° dicembre-5 aprile e 15 giugno-15 ottobre; chiuso martedì*
Menu 70/110 € – Carta 63/99 € – *(solo a cena ; sabato e domenica a pranzo su prenotazione)*
In un mulino del '600, l'interno è un susseguirsi di ballatoi e decorazioni in legno tra le antiche macine, mentre la cucina - tecnica e creatività - porta il bosco nel piatto. Per i più tradizionalisti, wine-bar al 1° piano con scelta ristretta di piatti e salumi trentini; spesso grandi vini al bicchiere.
→ Tagliolini affumicati, fontal di Cavalese e tartufo nero dei monti Lessini. Lombata di cervo rosè all'olio extravergine d'oliva, salsa moscato e chips di verdura. Border-line.

✗✗ **Costa Salici**
❀

via Costa dei Salici 10 – ℰ *04 62 34 01 40 – www.costasalici.com – Chiuso
10 giorni in ottobre e lunedì*
Menu 25/36 € – Carta 29/59 € – *(prenotare)*
E' una famiglia a gestire con grande passione e dinamismo questa casa di montagna, con sala classica e caratteristica stube in legno di cirmolo, rivisitando con fantasia i "baluardi" della tradizione.

CAVALLINO
Venezia (VE) – ✉ 30013 – Carta regionale n° **23-C2**
▣ Roma 574 km – Venezia 56 km – Padova 90 km – Treviso 50 km
Carta stradale Michelin 562-F19

 Art & Park Hotel Union Lido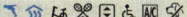

via Fausta 270 – ℰ *0 41 96 80 43 – www.parkhotelunionlido.com
– Aperto 23 aprile-11 ottobre*
95 cam ☐ – ♦63/150 € ♦♦89/180 €
All'interno di un complesso turistico che si estende per oltre 1 km sul mare, piacevoli sale classiche, una piccola zona fitness e beauty-wellness centre. Accanto c'è il ristorante con pizzeria.

a Treporti Ovest : 11 km – ⊠ 30010

✕ **Ai Do Campanili** ⓝ   🛱 AC

piazza Santissima Trinità – ℰ 04 15 30 17 16 – aidocampanili.it – Chiuso
15 giorni in gennaio e mercoledì, anche domenica sera da novembre a marzo
Menu 60/80 € – Carta 38/82 € – (prenotare)
Ridotte sono le dimensioni della casa che lo ospita e piccola è anche la saletta al
1° piano, ma se non gli spazi, sarà la qualità del cibo un valido motivo per venire
a trovare questa giovane e dinamica gestione. In carta non mancano mai i crudi e
variazioni più moderne sul tema del pesce. Ricca selezione di vini, da acquistare
anche per asporto.

CAVASSO NUOVO

Pordenone (PN) – ⊠ 33092 – 1 560 ab. – Alt. 300 m – Carta regionale n° **6-B2**
▶ Roma 637 km – Pordenone 34 km – Trieste 119 km
Carta stradale Michelin 562-D20

✕ **Ai Cacciatori**   AC P

via Diaz 4 – ℰ 04 27 77 78 00 – Chiuso 1 settimana in gennaio, 3 settimane in
luglio, domenica sera, lunedì e martedì
Menu 35 € – Carta 29/40 € – (prenotare)
Daniel e la moglie Angelina propongono - rigorosamente a voce - fragranti e
gustosi piatti, fieri della propria forte radice territoriale. Non mancano, quindi: i
formaggi, la "pitina" (polpetta di carne affumicata), la cipolla di Cavasso, la
polenta e, come il nome lascia intuire, la cacciagione!

CAVATORE

Alessandria (AL) – ⊠ 15010 – 296 ab. – Alt. 516 m – Carta regionale n° **12-C3**
▶ Roma 557 km – Alessandria 42 km – Genova 80 km – Asti 51 km
Carta stradale Michelin 561-I7

✕✕ **Da Fausto**    P

località Valle Prati 1 – ℰ 01 44 32 53 87 – www.relaisborgodelgallo.it
– Chiuso 4 gennaio-10 febbraio
Menu 16 € (pranzo in settimana)/34 € – Carta 26/46 € – *(chiuso martedì*
a pranzo e lunedì, anche martedì sera in ottobre-giugno) (consigliata la
prenotazione)
4 cam ⌨ – †80/100 € ††100/110 €
Agnolotti al ristretto d'arrosto ed altri piatti casalinghi dalle porzioni generose,
ben curati nelle presentazioni, in una tipica casa dalla facciata in pietra. E se la
giornata è tersa, il piacere dell'incantevole vista sulla catena alpina.

CAVAZZO CARNICO

Udine (UD) – ⊠ 33020 – 1 068 ab. – Carta regionale n° **6-B1**
▶ Roma 681 km – Trieste 118 km – Udine 46 km
Carta stradale Michelin 562-C21

✕ **Borgo Poscolle**   🛱 ᵹ P

via Poscolle 21/a – ℰ 04 33 93 50 85 – Chiuso 1 settimana in gennaio,
1 settimana in ottobre, martedì e mercoledì
Carta 29/46 €
Cucina casalinga legata al territorio (ottimo il petto di faraona al forno con pancetta croccante) in una gradevole trattoria familiare, dove la ricerca del prodotto
locale - possibilmente a km 0 e biologico - si è trasformata in piacevole osses-
sione: i dolci, la passione della cuoca-titolare! Volete una dritta? Torta di nocciole
e cioccolato con gelato al pistacchio.

CAVENAGO DI BRIANZA

Monza e Brianza (MB) – ⊠ 20873 – 7 245 ab. – Alt. 176 m
– Carta regionale n° **10-B2**
▶ Roma 595 km – Milano 30 km – Monza 19 km – Lecco 39 km
Carta stradale Michelin 561-F10

Devero   ⌂ ▢ ⋒ Ɫⱌ ⊡ ⅙ AC ♨ ⇔

largo Kennedy 1 – ℰ 02 95 33 54 12 – www.deverohotel.it – Chiuso 2 settimane in agosto

138 cam ⌑ – ♦79/169 € ♦♦85/250 € – **10 suites**

Rist *Devero Ristorante* ✿✿ – Vedere selezione ristoranti

Ampliata con la nuova "torre", questa struttura dalle linee nette e moderne si presenta con spazi comuni funzionali e camere ben accessoriate. Cucina mediterranea al ristorante, la cui apertura - come evoca il nome - è dalle 12 alle 24.

XⅹX **Devero Ristorante** (Enrico Bartolini)   88 ⌂ AC ⇔ P

✿✿ *largo Kennedy 1 – ℰ 02 95 33 52 68 – www.enricobartolini.net – Chiuso 2 settimane in agosto, domenica e i mezzogiorno di lunedì e sabato*

Menu 75/150 € – Carta 75/136 €

Con caparbietà e bravura il poco più che trentenne chef-gestore Bartolini concretizza il proprio talento culinario che non si limita alla sola cucina, oramai sempre più sicura nel miscelare nello stesso piatto gusto classico e moderno, ma che comprende a 360° tutto ciò che costituisce e rende affascinante "l'alta ristorazione".

→ Risotto alle rape rosse e salsa al gorgonzola. Brochette di piccione. Crema bruciata con mirtilli ghiacciati, amarene e meringhe.

CAVERNAGO

Bergamo (BG) – ✉ 24050 – 2 627 ab. – Alt. 199 m – Carta regionale n° **10-C2**

▶ Roma 600 km – Bergamo 13 km – Brescia 45 km – Milano 54 km

Carta stradale Michelin 561-F11

Xⅹ **Il Saraceno** (Roberto Proto)   AC P

✿ *piazza Don Verdelli 2 – ℰ 0 35 84 00 07 – www.ristorante-ilsaraceno.it – Chiuso 1 settimana in gennaio, 2 settimane in agosto, lunedì e martedì*

Menu 65/75 € – Carta 60/110 €

Un cucina seria, capace di accostamenti creativi, realizzata con prodotti di ottimo valore qualitativo: il pesce è il grande protagonista del menu, bollicine e vini bianchi i suoi degni accompagnatori. La ricchezza di sapori nei piatto sarà il ricordo che porterete con voi.

→ Risotto alla zucca, astice e polvere di prosciutto crudo. Variazione di gambero rosso. Sfera di cioccolato e nocciole di Giffoni.

Xⅹ **Giordano**   88 ⇔ ⌂ ⌂ ⋒ Ɫⱌ AC P

⊜ *via Leopardi 1 – ℰ 0 35 84 02 66 – www.hotelgiordano.it – Chiuso 26 dicembre-6 gennaio e agosto*

Menu 23 € (in settimana)/60 € – Carta 41/116 € – *(chiuso domenica sera e lunedì)*

19 cam ⌑ – ♦50/65 € ♦♦60/80 € – **1 suite**

Si rifanno alla Toscana, terra d'origine del titolare, le specialità di questo ristorante, particolarmente attento nella scelta dei prodotti. Una grande vetrata separa la sala dalla griglia. Camere confortevoli e moderne: le più belle - al piano terra - sono contraddistinte con i nomi di grandi vini.

CAVI – Genova (GE) → Vedere Lavagna

CAVOUR

Torino (TO) – ✉ 10061 – 5 572 ab. – Alt. 300 m – Carta regionale n° **12-B3**

▶ Roma 698 km – Torino 54 km – Asti 93 km – Cuneo 51 km

Carta stradale Michelin 561-H4

 Locanda la Posta   ⌂ AC

via dei Fossi 4 – ℰ 0 12 16 99 89 – www.locandalaposta.it – Chiuso 28 dicembre-4 gennaio

18 cam ⌑ – ♦55/80 € ♦♦80/120 €

Rist *La Posta* – Vedere selezione ristoranti

Guidata dalla stessa famiglia sin dalle sue origini settecentesche, la locanda vanta camere accoglienti e in stile, intitolate ai personaggi storici che vi hanno alloggiato.

XX **La Posta** – Hotel Locanda la Posta   🏄 ♿ AC ⇔

via dei Fossi 4 – ☏ 0 12 16 99 89 – www.locandalaposta.it
– Chiuso 28 dicembre-4 gennaio
Menu 12/38 € – Carta 25/56 €
La fantasiosa insalata di mele ed il paté di fegato di selvaggina, gli agnolotti (o i
tagliolini) fatti a mano, i bolliti con le mille salse, il bonet: insomma, se volevate
gustare la vera cucina piemontese siete cascati bene!

XX **La Nicchia**   🏠

*via Roma 9 – ☏ 01 21 60 08 21 – www.lanicchia.net – Chiuso 2 settimane in
agosto, giovedì a mezzogiorno e mercoledì*
Menu 13 € (pranzo in settimana)/42 € – Carta 34/63 €
Una nicchia di "buon gusto" all'interno di un edificio di fine 700, già indicato in
un'antica mappa napoleonica. Sulla tavola, il meglio delle materie prime locali in
ricette regionali, benevolmente aperte a qualche intrusione moderna.

CAVRIGLIA

Arezzo (AR) – ✉ 52022 – 9 656 ab. – Alt. 281 m – Carta regionale n° **18-C2**
▶ Roma 238 km – Firenze 58 km – Siena 41 km – Arezzo 49 km
Carta stradale Michelin 563-L16

a Meleto Nord : 9 km – ✉ 52020

🏡 **Villa Barberino**   🏠 🌿 ≤ 🛏 🛋 ⚒ AC 🐕 P

viale Barberino 19 – ☏ 0 55 96 18 13 – www.villabarberino.it
14 cam ⊑ – †70/130 € ††99/150 € – **3 suites**
In una fattoria del '300 con annesso borgo, un giardino all'italiana perfettamente tenuto ed una bella piscina che, oltre ad offrire momenti di piacevole relax, regala
alla vista il panorama di dolci colline. La cucina toscana è rivisitata con garbo e i
sapori cambiano con il mutar delle stagioni al ristorante Il Tributo.

CAZZAGO SAN MARTINO

Brescia (BS) – ✉ 25046 – 10 967 ab. – Alt. 200 m – Carta regionale n° **10-D2**
▶ Roma 560 km – Brescia 17 km – Bergamo 40 km – Milano 81 km
Carta stradale Michelin 561-F12

XXX **Il Priore**   🏠 P

*via Sala 70, località Calino, Ovest: 1 km – ☏ 03 07 25 46 65 – Chiuso 10 giorni in
gennaio e martedì*
Menu 20 € (pranzo in settimana)/40 € – Carta 51/102 €
Due sale ampie e luminose con una piccola collezione di opere d'arte del '900 e
servizio estivo in terrazza panoramica per un'interessante cucina di ampio respiro.

CECCHINI DI PASIANO – Pordenone (PN) → Vedere Pasiano di Pordenone

CECINA

Livorno (LI) – ✉ 57023 – 28 172 ab. – Alt. 15 m – Carta regionale n° **18-B2**
▶ Roma 276 km – Pisa 62 km – Livorno 40 km – Firenze 117 km
Carta stradale Michelin 563-M13

🏡 **Posta**   📶 ♿ AC

piazza Gramsci 12 – ☏ 05 86 68 63 38 – www.postahotel.it
15 cam ⊑ – †50/100 € ††80/140 €
Piccolo albergo d'atmosfera ospitato in un edificio d'epoca di una delle piazze principali di Cecina; parquet e mobili di legno scuro nelle camere accoglienti e curate.

🏠 **Il Palazzaccio**   🏠 ⚒ 📶 ♿ AC 🐕 P

via Aurelia Sud 300 – ☏ 05 86 68 25 10 – www.hotelpalazzaccio.it
35 cam – †55/75 € ††75/110 € – ⊑ 9 € – **2 suites**
In comoda posizione stradale, ma un po' arretrato rispetto al traffico, un hotel
ricavato in una vecchia stazione di posta con camere spaziose e funzionali.

XX Scacciapensieri

via Verdi 22 – ℰ 05 86 68 09 00 – www.ristorantescacciapensieri.com – Chiuso lunedì
Menu 25 € (pranzo in settimana)/70 € – Carta 33/78 €
Lasciate ogni preoccupazione fuori dalla porta e concedetevi una pausa golosa, assaporando le specialità – soprattutto di mare – di questo storico ristorante in pieno centro. E se questo non bastasse, una buona bottiglia scelta nella fornita cantina contribuirà alla vostra spensieratezza!

XX Trattoria Senese

via Diaz 23 – ℰ 05 86 68 03 35 – Chiuso martedì
Carta 24/80 € – (consigliata la prenotazione)
A gestione familiare, l'impostazione e i piatti sono quelli del classico ristorante di pesce e, sebbene vi sia un menu, vi consigliamo di farvi guidare nella scelta dallo chef.

XX Il Doretto

via Pisana Livornese 32, Nord: 2,8 km – ℰ 05 86 66 83 63 – Chiuso 7-24 novembre e mercoledì
Carta 35/77 € – (coperti limitati, prenotare)
Nella gradevole atmosfera di un cascinale ristrutturato, il cuoco, appassionato di Champagne di cui serve una buona selezione, reinterpreta i classici toscani, sia di terra che di mare. Concretezza di sapori ed estro inventivo ne sanciscono il successo.

CEFALÙ

Sicilia – Palermo (PA) – ✉ 90015 – 14 452 ab. – Carta regionale n° **17-C2**
▶ Palermo 68 km – Caltanissetta 101 km – Enna 107 km
Carta stradale Michelin 365-AT55

Riva del Sole

lungomare Giardina 25 – ℰ 09 21 42 12 30 – www.rivadelsole.com – Chiuso novembre
28 cam ⬚ – †90/100 € ††110/130 €
Fronte spiaggia e mare, senza dimenticare il centro storico a due passi, questo albergo moderno dispone di camere rinnovate, alcune con vista sul Tirreno.

XX Locanda del Marinaio

Via Porpora 5 – ℰ 09 21 42 32 95 – Chiuso martedì
Carta 28/50 €
Gustosi piatti che profumano di Mediterraneo – sebbene realizzati dalla chef/tito-lare tedesca – in un grazioso locale del brulicante centro di Cefalù. L'ambiente è semplice, ma la cucina sicuramente interessante!

CEGLIE MESSAPICA

Brindisi (BR) – ✉ 72013 – 20 243 ab. – Alt. 298 m – Carta regionale n° **15-C2**
▶ Roma 564 km – Brindisi 38 km – Bari 92 km – Taranto 38 km
Carta stradale Michelin 564-F34

Madonna Delle Grazie

via Fedele Grande snc, contrada Pisciacalze – ℰ 08 31 38 13 71 – www.hotelmadonnadellegrazie.it
26 cam ⬚ – †75/95 € ††105/150 €
Alchimie cosmetiche e percorsi di bellezza nell'attrezzato centro benessere di questo nuovo hotel dai confort contemporanei e dallo stile signorile; la posizione tranquilla vi ripagherà della sua ubicazione periferica rispetto al paese. Piatti regionali al ristorante con una carta vincente: una grande terrazza panoramica sulla campagna per la bella stagione.

XX **Al Fornello-da Ricci** (Ricci e Sookar) 🐝 ⌂ 🟩 🛋 AC 🍽 P

contrada Montevicoli – 𝒞 08 31 37 71 04 – www.alfornellodaricci.com – Chiuso 15 giorni in aprile, 15 giorni in settembre-ottobre, lunedì e martedì
Menu 45/62 € – Carta 44/62 € – *(solo a cena escluso domenica)* (consigliata la prenotazione)
1 cam 🛏 – 👥40 €
La Puglia che vi aspetta servita in tavola: dai Ricci c'è una calorosa accoglienza famigliare, un ristorante dall'atmosfera calda e avvolgente, nonché un'ottima cucina regionale che punta sui prodotti della terra.
→ Piccola lasagna ai 7 cereali, con fonduta di stracciatella ortaggi al vapore e tartufo. Filetto di vitello cotto in riduzione di negroamaro e chips di tuberi agli aromi. Crostatina alle mele murgine, gelato al latte di capra e fili di gelatine di bucce di mele.

XX **Cibus** 🐝 🛋 AC

via Chianche di Scarano 7 – 𝒞 08 31 38 89 80 – www.ristorantecibus.it – Chiuso 24 giugno-2 luglio e martedì
Carta 23/51 €
Parlare di cucina regionale qui sarebbe riduttivo, il ristorante custodisce infatti ricette di Ceglie, a volte persino familiari, con una straordinaria ricerca di prodotti, quando ancora a chilometro zero neppure si parlava. Tra indimenticabili antipasti e gustose paste fresche, è una tappa immancabile di ogni viaggio in Puglia. Specialità: spaghettone di grano arso con asparagi selvatici - mousse di ricotta con mosto cotto di fichi.

X **Da Gino** ⇔ P

via Tratturo Cappelle 25, contrada Montevicoli – 𝒞 08 31 37 79 16 – www.ristorantedagino.it – Chiuso venerdì
Carta 21/36 €
Qui dagli anni Settanta, in sale semplici ma piacevolmente ornate di legno, il ristorante è la meta prediletta per gli amanti della cucina vegetariana: verdure ed erbe aromatiche, coltivate dal titolare, insaporiscono i tradizionali piatti pugliesi.

CELANO
L'Aquila (AQ) – ✉ 67043 – 11 018 ab. – Alt. 800 m – Carta regionale n° **1-B2**
▶ Roma 118 km – Avezzano 16 km – L'Aquila 44 km – Pescara 94 km
Carta stradale Michelin 563-P22

🏠 **Le Gole** ⚲ 🟩 ⬆ AC ♿ P

via Borgo Sardellino 3, Sud: 1,5 km ✉ 67041 Aielli – 𝒞 08 63 71 10 09 – www.hotellegole.it
39 cam 🛏 – 👤50/60 € 👥80/100 € – **3 suites**
Rist *Locanda dei Priori* – Vedere selezione ristoranti
Un albergo recente, costruito con materiali "antichi" - legno, pietra e mattoni - ovunque a vista; belle camere in stile intorno alla corte interna; giardino ombreggiato.

🏠 **Lory** ⚲ 🛗 ⬆ ♿ AC ♨ 🚗

via Oreste Ranelletti 279 – 𝒞 08 63 79 36 56 – www.loryhotel.it
34 cam 🛏 – 👤35/60 € 👥60/100 €
Lungo una curva verso Celano Alta, hotel dotato di installazioni all'avanguardia e luminose zone comuni con comode poltrone; parquet nelle confortevoli camere.

XX **Locanda dei Priori** – Hotel Le Gole 🛋 AC P

via Borgo Sardellino 3, Sud: 1,5 km ✉ 67041 Aielli – 𝒞 08 63 71 10 09 – www.hotellegole.it
Carta 18/42 €
Piatti tradizionali della regione con ottime materie prime e buone elaborazioni, in un locale dall'interessante rapporto qualità/prezzo; grande brace e ampia gamma di carni, nonché piccola selezione di pizze cotte nel forno a legna.

CELLARENGO
Asti (AT) – ✉ 14010 – 727 ab. – Alt. 321 m – Carta regionale n° **14-C1**
▶ Roma 621 km – Torino 41 km – Asti 28 km – Cuneo 77 km
Carta stradale Michelin 561-H5

Agriturismo Cascina Papa Mora

via Ferrere 16, Sud: 1 km – ℰ 01 41 93 51 26 – www.cascinapapamora.it – Chiuso gennaio

7 cam ⌷ – ♥35/40 € ♥♥60/70 €

In aperta campagna e circondata da coltivazioni biologiche, questa bella cascina offre camere semplici, ma curate e personalizzate, nonché la possibilità di effettuare turismo equestre con corsi, escursioni e attività varie. Piatti piemontesi al ristorante e animazione per i bambini la domenica.

CELLE LIGURE

Savona (SV) – ✉ 17015 – 5 259 ab. – Carta regionale n° **8-B2**

▶ Roma 541 km – Genova 42 km – Alessandria 91 km – Savona 9 km

Carta stradale Michelin 561-I7

 San Michele

via Monte Tabor 26 – ℰ 0 19 99 00 17 – www.hotel-sanmichele.it – Aperto 15 maggio-25 ottobre

42 cam – ♥65/120 € ♥♥110/200 € – ⌷ 13 €

Confortevole struttura con un grazioso giardino, piscina e comodo sottopassaggio per la spiaggia. Ariosi spazi comuni in un mix di moderno e vintage, arredi più classici nelle funzionali camere.

CELLE SUL RIGO – Siena (SI) ➜ Vedere San Casciano dei Bagni

CENERENTE – Perugia (PG) ➜ Vedere Perugia

CENOVA

Imperia (IM) – ✉ 18026 – Alt. 558 m – Carta regionale n° **8-A2**

▶ Roma 619 km – Imperia 30 km – Genova 120 km – Savona 73 km

Carta stradale Michelin 561-J5

 Negro

via Canada 10 – ℰ 0 18 33 40 89 – www.hotelnegro.it

12 cam ⌷ – ♥75/90 € ♥♥75/90 € – **1 suite**

Un paese medievale circondato dai boschi con case in pietra addossate le une alle altre e questo grazioso albergo sapientemente ristrutturato, pur conservando le porte basse e le ripide scale. Le camere sono tutte belle, ma la junior suite vanta anche un terrazzino privato. Cucina casalinga al ristorante.

CERASO

Salerno (SA) – ✉ 84052 – 2 437 ab. – Alt. 340 m – Carta regionale n° **4-C3**

▶ Roma 356 km – Avellino 125 km – Napoli 145 km – Salerno 94 km

Carta stradale Michelin 564-G27

a Petrosa Sud-Ovest : 7,5 km – ✉ 84052 Ceraso

 Agriturismo La Petrosa

via Fabbrica 25 – ℰ 0 97 46 13 70 – www.lapetrosa.it – Aperto 1° aprile-31 dicembre

11 cam ⌷ – ♥50/100 € ♥♥80/180 €

Voglia di una vacanza rurale nel Parco del Cilento? C'è anche un agricampeggio con alcune piazzole, in questo agriturismo dalle camere in stile rustico ed alcuni letti in ferro battuto. La posizione è piuttosto decentrata, ma proprio per questo garantisce una certa tranquillità, da godere anche a bordo piscina.

CERBAIA – Firenze (FI) ➜ Vedere San Casciano in Val di Pesa

CERCOLA

Napoli (NA) – ✉ 80040 – 18 465 ab. – Alt. 75 m – Carta regionale n° **4-B2**
▶ Roma 225 km – Napoli 15 km – Caserta 32 km – Benevento 87 km
Carta stradale Michelin 564-E25

 Relais Villa Buonanno

via Buonanno 10 – ℰ 08 17 33 22 02 – www.relaisvillabuonanno.it
34 cam ☲ – †44/89 € †† 59/99 € – **2 suites**
Villa di origini seicentesche con parco/giardino curatissimo, interni più moderni, ottimo confort e buoni spazi. Piatti regionali al ristorante, in alternativa c'è anche un wine-bar.

CEREA

Verona (VR) – ✉ 37053 – 16 456 ab. – Alt. 18 m – Carta regionale n° **23-B3**
▶ Roma 479 km – Venezia 135 km – Verona 43 km – Mantova 37 km
Carta stradale Michelin 562-G15

 Villa Ormaneto

Via Isolella Bassa 7 – ℰ 0 44 28 37 95 – www.villaormaneto.com
7 cam ☲ – †65/90 € †† 80/110 €
Camere molto confortevoli in una splendida villa storica in aperta campagna: all'armonia dell'architettura esterna fanno eco spunti di moderno design negli ambienti interni.

CERMENATE

Como (CO) – ✉ 22072 – 9 245 ab. – Alt. 297 m – Carta regionale n° **10-B1**
▶ Roma 612 km – Como 15 km – Milano 32 km – Varese 28 km
Carta stradale Michelin 561-E9

 Castello

via Castello 28 – ℰ 0 31 77 15 63 – www.comiristorantecastello.it – Chiuso 26 dicembre-6 gennaio, agosto, martedì sera e lunedì
Menu 25 € – Carta 40/68 €
Locale storico in zona, ma moderno e minimalista negli arredi, con tante bottiglie (soprattutto di distillati) a riempire le molte teche in vetro. Cucina stagionale e territoriale con qualche spunto di fantasia.

CERMES (TSCHERMS)

Bolzano (BZ) – ✉ 39010 – 1 499 ab. – Alt. 292 m – Carta regionale n° **19-B2**
▶ Roma 666 km – Trento 82 km – Bolzano 31 km – Innsbruck 149 km
Carta stradale Michelin 354-AB4

 Miil

via Palade 1 – ℰ 04 73 56 37 33 – www.miil.info – Chiuso domenica e lunedì
Carta 38/50 €
All'interno della tenuta vinicola Kränzelhof, le sale del ristorante propongono un elegante mix di legni antichi e moderni, un'atmosfera raffinata e alla moda per una cucina creativa, sia di carne che pesce.

CERNOBBIO

Como (CO) – ✉ 22012 – 6 776 ab. – Alt. 201 m – Carta regionale n° **10-A1**
▶ Roma 630 km – Como 5 km – Lugano 33 km – Milano 53 km
Carta stradale Michelin 561-E9

Villa d'Este

*via Regina 40 – ℰ 0 31 34 81 – www.villadeste.com
– Aperto 10 marzo-13 novembre*
145 cam ☲ – †460/720 € †† 540/1380 € – **7 suites**
Rist *La Veranda* – Vedere selezione ristoranti
Più che un hotel, Villa d'Este è una destinazione ed una leggenda: eleganza classica, confort assoluto, glamour hollywoodiano. In una dimora cinquecentesca, che è un invito alla "dolce vita", il lusso si veste d'intemporalità sfoggiando stucchi, arcate, quadri, lampadari di Murano. Le alternative al ristorante Veranda sono diverse: l'ambiente del Grill si fa più rilassato, mentre il Platano si propone come bistrot internazionale. Entrambi dotati di belle terrazze.

🏠 Miralago   ☆ ⇐ ⬆ AK

piazza Risorgimento 1 – ✆ 0 31 51 01 25 – www.hotelmiralago.it – Aperto 1° marzo-15 novembre

42 cam ⬛ – ▮75/150 € ▮▮105/280 €

Una signorile casa liberty affacciata sul lago e sulla passeggiata pedonale ospita un albergo accogliente; moderne camere di dimensioni limitate, ma ben accessoriate. Bella veduta del paesaggio lacustre dalla sala ristorante.

🏠 Centrale   ☆ AK P

via Regina 39 – ✆ 0 31 51 14 11 – www.albergo-centrale.com – Chiuso 4 gennaio-15 febbraio

33 cam ⬛ – ▮70/110 € ▮▮80/160 €

Un edificio inizio '900, ristrutturato in anni recenti, per una piccola, curata risorsa a gestione familiare; arredi classici nelle camere non ampie, ma confortevoli. Ameno servizio ristorante estivo in giardino.

XXXXX La Veranda – Hotel Villa d'Este   ⇐ 🕮 🎋 ⛱ ✖ AK ✂ P

via Regina 40 – ✆ 0 31 34 87 20 – www.villadeste.com – Aperto 10 marzo-13 novembre

Carta 80/254 €

Il nome non lascia dubbi: la sala è una splendida ed elegante veranda che con il bel tempo si trasferisce sulla terrazza fronte lago, il miglior contorno immaginabile per una cucina dallo stile moderno ed internazionale con ovvi rimandi al Bel Paese.

XX Trattoria del Vapore   🏵🏵 🎋 ✂

via Garibaldi 17 – ✆ 0 31 51 03 08 – www.trattoriadelvapore.it – Chiuso 25 dicembre-25 gennaio e mercoledì

Menu 30 € (pranzo in settimana) – Carta 42/58 €

Un grande camino troneggia nell'accogliente sala di questo raccolto locale, in centro, a pochi passi dal lago; cucina legata alle tradizioni lacustri, ricca enoteca.

XX Casa Santo Stefano Ⓝ   ⇐ 🕮 🎋 AK P

Via Caronti 7/b, località Santo Stefano, Nord : 1 km – ✆ 03 13 34 76 21 – www.casasantostefano.it – Chiuso 1-6 gennaio, 7-20 novembre, martedì a mezzogiorno e lunedì

Carta 54/71 €

3 cam ⬛ – ▮180/240 € ▮▮180/240 €

Locale interessante ricavato in una gradevole villa liberty al centro di una piccola frazione sopra Cernobbio: ambienti eleganti, molto belle anche le camere, mentre la cucina del giovane cuoco esprime modernità e sapore.

CERNUSCO SUL NAVIGLIO

Milano (MI) – ✉ 20063 – 33 009 ab. – Alt. 134 m – Carta regionale n° **10-B2**

▶ Roma 583 km – Milano 14 km – Bergamo 39 km – Monza 13 km

Carta stradale Michelin 561-F10

XXX Due Spade   🏵🏵 🎋 AK

via Pietro da Cernusco 2/a – ✆ 0 29 24 92 00 – www.ristoranteduespade.it – Chiuso 25 dicembre-6 gennaio, 8-31 agosto e domenica

Menu 45 € – Carta 39/74 €

Un "salotto" elegante, con soffitto e pavimento di legno, questo locale raccolto, che ruota tutt'intorno al camino della vecchia filanda e - d'estate - si apre ad un piacevole dehors immerso nel verde; cucina stagionale rivisitata è quanto propone il menu.

CERRETO GUIDI

Firenze (FI) – ✉ 50050 – 10 924 ab. – Alt. 123 m – Carta regionale n° **18-B1**

▶ Roma 316 km – Firenze 47 km – Bologna 143 km – Pistoia 28 km

Carta stradale Michelin 563-K14

X PS Ristorante   🎋 ⚕ AK P

via Pianello val Tidone 41 – ✆ 05 71 55 92 42 – www.ps-ristorante.it – Chiuso 1 settimana in agosto, domenica e lunedì

Menu 35/60 € – Carta 42/68 € – (prenotazione obbligatoria a mezzogiorno)

All'ingresso del paese, PS sono le iniziali del giovane cuoco che sposa le esperienze gastronomiche apprese in giro per il mondo con un cucina imperniata sui prodotti del territorio: fantasia ed elaborazione sono il condimento di ottimi piatti.

CERRETO LANGHE

Cuneo (CN) – ✉ 12050 – 441 ab. – Alt. 687 m – Carta regionale n° **14-C3**

▶ Roma 630 km – Cuneo 67 km – Torino 89 km – Alessandria 90 km

Carta stradale Michelin 561-I6

XX **Trattoria del Bivio**

località Cavallotti 9, Nord-Ovest: 4 km – ✆ *01 73 52 03 83*
– *www.trattoriadelbivio.it* – *Chiuso 7-30 gennaio, lunedì e martedì*
Menu 42/70 € – Carta 41/72 €   **6 cam** ⌧ – ♦70/80 € ♦♦90/120 €

Tipica cascina piemontese ristrutturata nel rispetto della sua originaria architettura, piacevolmente ubicata sulla sommità di una collinetta, offre una bella vista sulle Langhe. Dalla cucina, tradizione gastronomica del territorio riproposta in veste moderna.

CERRO MAGGIORE

Milano (MI) – ✉ 20023 – 15 243 ab. – Alt. 205 m – Carta regionale n° **10-A2**

▶ Roma 603 km – Milano 26 km – Como 31 km – Varese 32 km

Carta stradale Michelin 561-F8

🏨 **UNA Hotel Malpensa**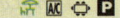

via Turati 84, uscita A8 di Legnano – ✆ *03 31 51 31 11* – *www.unahotels.it*
160 cam ⌧ – ♦69/550 € ♦♦69/550 € – **1 suite**

A metà strada tra il capoluogo lombardo e l'aeroporto di Malpensa, un moderno grattacielo - ben visibile anche dall'autostrada - propone grande confort e servizi attuali: ideale per una clientela business!

a Cantalupo Sud-Ovest : 3 km – ✉ 20020

XXX **Corte Lombarda**

piazza Matteotti 9 – ✆ *03 31 53 56 04* – *www.cortelombarda.it* – *Chiuso 26 dicembre-10 gennaio, 3-28 agosto, domenica sera e lunedì*
Carta 36/61 €

Eleganti sale interne, anche con camino, in una vecchia cascina che offre servizio estivo all'aperto; tocco fantasioso nella cucina, di pesce e di tradizione lombarda.

CERTOSA = KARTHAUS – Bolzano (BZ) ➔ Vedere Senales

CERTOSA DI PAVIA

Pavia (PV) – ✉ 27012 – 3 341 ab. – Alt. 91 m – Carta regionale n° **9-A3**

▶ Roma 579 km – Lodi 44 km – Pavia 11 km – Milano 29 km

Carta stradale Michelin 561-G9

XXX **Locanda Vecchia Pavia "Al Mulino"** (Annamaria Leone)

🌼 *via al Monumento 5* – ✆ *03 82 92 58 94*
– *www.vecchiapaviaalmulino.it* – *Chiuso 1°-20 gennaio, 6-26 agosto, domenica sera e lunedì*
Menu 40 € (pranzo in settimana)/75 € – Carta 58/95 €

Presso la certosa, ambientazione idilliaca in un mulino d'epoca nella campagna lombarda, più raffinati gli interni. La cucina tende al moderno, spaziando dalla carne al pesce.

➔ Cappellacci di pasta fresca ai gamberi, in guazzetto di piccole verdure. Suprema di piccione arrostita in forno alle bacche di Goji con le sue coscette confit. Zuppetta di ciliegie Vignola al Brachetto con gelato allo yogurt naturale.

CERVERE

Cuneo (CN) – ✉ 12040 – 2 221 ab. – Alt. 304 m – Carta regionale n° **12-B3**

▶ Roma 656 km – Cuneo 43 km – Torino 58 km – Asti 52 km

Carta stradale Michelin 561-I5

Antica Corona Reale-da Renzo (Gian Piero Vivalda)

via Fossano 13 – ℰ 01 72 47 41 32 – www.anticacoronareale.com
– Chiuso 26 dicembre-10 gennaio, 3-20 agosto, martedì sera e mercoledì
Menu 90/250 € – Carta 68/116 €
Straordinaria carrellata di prodotti e ricette piemontesi, il ristorante è un tempio per gli amanti della tradizione. Festeggia due secoli di fedeltà a piatti leggendari interpretati alla grande: tartufo bianco, lumache, paste ripiene, battuta di fassone, brasato al Barolo, nocciole, zabaione, gianduja…
→ Uovo in cocotte al tartufo bianco d'Alba. Cappone di Morozzo arrosto, carciofi d'Albenga e radicchio di Treviso. Sentieri di Langa.

CERVESINA
Pavia (PV) – ⊠ 27050 – 1 228 ab. – Alt. 72 m – Carta regionale n° **9-A3**
▶ Roma 575 km – Alessandria 46 km – Pavia 24 km – Milano 60 km
Carta stradale Michelin 561-G9

 Il Castello di San Gaudenzio

via Mulino 1, località San Gaudenzio, Sud: 3 km – ℰ 03 83 33 31
– www.castellosangaudenzio.com
42 cam ⊑ – †90/120 € ††140/200 € – **3 suites**
Un'oasi di pace, questo castello del XIV secolo con interni in stile e dépendance intorno ad un bel giardino all'italiana. L'attrezzata area congressi rende, inoltre, la struttura particolarmente interessante per una clientela business. Cucina del territorio, in sintonia con le stagioni nel raffinato ristorante.

CERVIA
Ravenna (RA) – ⊠ 48015 – 29 066 ab. – Carta regionale n° **5-D2**
▶ Roma 382 km – Ravenna 22 km – Rimini 31 km – Bologna 96 km
Carta stradale Michelin 562-J19

 Gambrinus

lungomare Grazia Deledda 102 – ℰ 05 44 97 17 73 – www.gambrinushotel.it
– Aperto 14 maggio-18 settembre
79 cam – solo ½ P 108/156 € – **3 suites**
Sul lungomare, l'elegante hotel dispone di spazi comuni molto ampi, camere arredate con gusto neoclassico e centro benessere (cabine per trattamenti e vasca idromassaggio). I piatti della cucina nazionale allietano i commensali nel lussuoso ristorante.

 Universal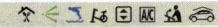

lungomare Grazia Deledda 118 – ℰ 0 54 47 14 18 – www.selecthotels.it – Aperto 1° aprile-10 ottobre
93 cam ⊑ – †65/105 € ††95/200 € – **1 suite**
20 metri è la distanza che vi separa dalla spiaggia dorata, in questa struttura i cui toni pastello della facciata sono riproposti nelle luminose camere, dotate di moderni confort, tutte con balcone.

XX **Locanda dei Salinari**

circonvallazione Sacchetti 152 – ℰ 05 44 97 11 33 – Chiuso 10 giorni in febbraio, 10 giorni in novembre, mercoledì e govedì escluso giugno-agosto
Menu 30/47 € – Carta 30/66 €
Locale raccolto ed accogliente nell'antico borgo dei Salinari: lo chef-patron propone una cucina pacatamente moderna usufruendo dei migliori prodotti della Romagna, sia di terra sia di mare.

a Pinarella Sud : 2 km – ⊠ 48015

 Everest

viale Italia 230 – ℰ 05 44 98 72 14 – www.severihotels.it – Aperto 1° giugno-4 settembre
47 cam – †40/145 € ††50/175 € – ⊑ 12 €
In posizione tranquilla, davanti alla pineta marittima e a pochi passi dalla spiaggia, l'albergo dispone di riposanti aree comuni. Al ristorante, le classiche proposte della tradizione culinaria italiana.

a Milano Marittima Nord : 2 km – ⊠ 48015 Cervia-

 Palace Hotel

viale 2 Giugno 60 – ✆ 05 44 99 36 18 – www.selecthotels.it – Aperto 28 dicembre-9 gennaio e 16 marzo-19 ottobre

112 cam 🖵 – **†**220/400 € **††**240/420 € – **13 suites**

A pochi metri dal mare, immersa nella tranquillità di un parco di ulivi millenari, prestigiosa struttura dagli eleganti spazi arredati con mobili intarsiati, lampadari Venini e marmi provenienti dalla Turchia. Piatti sia di terra sia di mare, nel rispetto della stagionalità dei prodotti, nella capiente sala da pranzo affacciata sul giardino.

 Waldorf

VII Traversa 17 – ✆ 05 44 99 43 43 – www.premierhotels.it – Aperto 1° aprile-30 settembre

30 cam 🖵 – **†**145/600 € **††**145/600 € – **4 suites**

Rist *La Settima* – Vedere selezione ristoranti

Dotate di terrazze le camere sono arredate con ricercatezza, mentre le lussuose suite sono dislocate su due livelli con giardino pensile ed angolo benessere: design, raffinatezza, innovazione, in una struttura i cui spazi ripropongono i colori e i movimenti del mare. Nella bella stagione si pranza sulla spiaggia, al Palm Beach.

 Premier & Suites

VII Traversa 15 – ✆ 05 44 99 58 39 – www.premierhotels.it

40 cam 🖵 – **†**110/500 € **††**500/600 € – **3 suites**

Spiaggia privata, belle camere e lussuose suite con terrazzo benessere, in una struttura tutta design e minimalismo con un confort di ottimo livello: sicuramente adatta per un turismo leisure, la risorsa offre anche spazi per la clientela business. Al ristorante, un viaggio nel gusto che fa tappa soprattutto nei sapori regionali.

 Mare e Pineta

viale Dante 40 – ✆ 05 44 99 22 62 – www.selecthotels.it – Aperto 1° aprile-30 settembre

165 cam 🖵 – **†**100/190 € **††**150/360 €

Uno dei primi alberghi aperti a Milano Marittima alla fine degli anni '20, Mare e Pineta sta subendo un totale ed interessante restyling già visibile in alcuni ambienti, come nella hall tutta vetro e luce. Il lussureggiante giardino è sicuramente un punto di forza della struttura, ma anche la spiaggia privata: una tra le più ampie della località!

 Grand Hotel Gallia

piazzale Torino 16 – ✆ 05 44 99 46 92 – www.selecthotels.it – Aperto 1° aprile-10 ottobre

99 cam 🖵 – **†**95/165 € **††**120/310 €

Un luminoso salotto all'ingresso accoglie i clienti in questo hotel dai grandi spazi arredati con preziose ceramiche ed eleganza di eco settecentesca. Attrezzata sala riunioni e piscina in giardino. Al ristorante, i sapori della gastronomia tradizionale.

 Aurelia

viale 2 Giugno 34 – ✆ 05 44 97 54 51 – www.selecthotels.it

94 cam 🖵 – **†**75/160 € **††**95/235 € – **2 suites**

Sito direttamente sul mare e circondato da un ampio giardino che conduce alla spiaggia, l'hotel annovera camere suddivise tra corpo centrale e villa, un centro benessere e piscina climatizzata. I sapori della tradizione vengono serviti presso la sala ristorante arredata in calde tonalità.

 Globus

viale 2 Giugno 59 – ✆ 05 44 99 21 15 – www.hotelglobus.it – Aperto 1° aprile-30 settembre

80 cam – **†**70/130 € **††**85/220 € – 🖵 15 €

Hotel elegante con ingresso al 1° piano tra lampadari in pregiato cristallo, camere di gusto classico e un moderno centro benessere. Medesima atmosfera nella piacevole sala ristorante.

Le Palme

VII Traversa 12 – ☎ 05 44 99 46 61 – www.premierhotels.it – Aperto
27 dicembre-6 gennaio e 19 marzo-2 novembre
100 cam ⌨ – ♦80/200 € ♦♦99/350 € – **2 suites**
Fronte mare e vicino al centro, ma discosto dalle vie più affollate, questo hotel coniuga la quiete della pineta con il côté glamour di Milano Marittima. Camere confortevoli, spiaggia privata, due zone benessere e due piscine: una semi olimpica e un'altra più piccola. Ricette regionali di terra e di mare al ristorante.

Delizia

VIII Traversa 23 – ☎ 05 44 99 54 41 – www.hoteldelizia.it – Aperto
1° marzo-31 ottobre
40 cam ⌨ – ♦80/125 € ♦♦110/175 €
Sita direttamente sul mare e a pochi passi dal centro, questa struttura dispone di camere luminose e confortevoli dall'arredo moderno: le più belle sono le cinque denominate "wellness". Piscina in terrazza all'ultimo piano.

Alexander

viale 2 Giugno 68 – ☎ 05 44 99 15 16 – www.alexandermilanomarittima.it
– Aperto 26 marzo-30 settembre
52 cam ⌨ – ♦150/230 € ♦♦250 €
Tavolini e piscina dominano l'ingresso di questo hotel costruito in posizione centrale che offre accoglienti camere, una terrazza-solarium ed un centro benessere.

Mazzanti

via Forlì 51 – ☎ 05 44 99 12 07 – www.hotelmazzanti.it – Aperto
Pasqua-26 settembre
48 cam ⌨ – ♦55/190 € ♦♦55/190 € – **5 suites**
In una zona tranquilla direttamente sul mare, struttura tradizionale che si avvale di un'ottima e valida gestione familiare. Negli ultimi anni, la proprietà ha provveduto al rinnovo delle camere, diventate - ora - ancora più accoglienti e confortevoli che in passato.

Majestic

X Traversa 23 – ☎ 05 44 99 41 22 – www.mimaclubhotel.it – Aperto
Pasqua-30 settembre
49 cam ⌨ – ♦80/150 € ♦♦90/180 € – **5 suites**
Adatta per una vacanza con famiglia al seguito, Majestic è una struttura semplice dotata di ambienti confortevoli, sita direttamente sulla spiaggia. Buffet di insalate e self-service a bordo piscina (solo a pranzo) oppure cucina classica nell'ampia sala ristorante.

Kent

viale 2 Giugno 142 – ☎ 05 44 99 20 48 – www.cerviaclubhotels.it
50 cam ⌨ – ♦49/349 € ♦♦49/349 € – **5 suites**
Praticamente rinata dopo il totale rinnovo nel 2010, graziosa struttura dai piacevoli spazi comuni arredati con tanto buon gusto; più semplici e minimal le camere. C'è anche un piccolo beauty center per trattamenti estetici e massaggi.

Isabella

viale 2 Giugno 152 – ☎ 05 44 99 40 68 – www.mimaclubhotel.it – Aperto
Pasqua-30 settembre
31 cam ⌨ – ♦45/90 € ♦♦55/122 €
Se volete un bagno di mondanità, il viale principale non è molto lontano. Altrimenti godetevi la quiete del grazioso giardino, in questa struttura dagli ambienti familiari ed accoglienti.

La Settima – Hotel Waldorf

VII Traversa 17 – ☎ 05 44 99 43 43 – www.premierhotels.it – Aperto
1° giugno-30 settembre
Menu 45 € – Carta 45/95 € – *(solo a cena)* (consigliata la prenotazione)
Salendo le scale, accompagnati dal rumore rilassante di cascate e fontana, si ha l'impressione di camminare sospesi sull'acqua, ma una volta accomodati al tavolo ci si ritrova – piacevolmente – con i piedi per terra: cucina regionale reinterpretata con gusto moderno.

XX **Terrazza Bartolini** ⌂

via Leoncavallo 13 – ℰ 0 54 41 82 05 39 – www.terrazzabartolini.com – Aperto 15 maggio-30 settembre
Carta 45/81 € – *(solo a cena)*
Non una, ma due terrazze, fronte mare, per gustare una cucina che privilegia la qualità del pescato senza troppe elaborazioni: crudi, paste e pesci cotti alla plancia sono irrinunciabili, a cui poi l'estro del cuoco affianca le proposte del giorno.

XX **Sale Grosso** ⌂ AC

*viale 2 Giugno 15 – ℰ 05 44 97 15 38
– www.ristorantesalegrossomilanomarittima.it – Chiuso novembre e lunedì escluso in aprile-settembre*
Menu 35 € – Carta 35/79 € – *(solo a cena escluso in inverno il sabato e la domenica)*
Ristorante di pesce diventato un autentico punto di riferimento in città: ambiente gradevole dai colori chiari e decorazioni d'ispirazione marinara, cucina eclettica dalle tapas al crudo.

X **Osteria del Gran Fritto** ⌂
⊕

via Leoncavallo 11 – ℰ 05 44 97 43 48 – www.osteriadelgranfritto.com – Chiuso lunedì escluso aprile-settembre
Carta 28/51 €
Nella zona del porto canale, dei cantieri e del centro velico, bianca struttura in legno con dehors sulla spiaggia. Specialità di pesce campeggiano in menu, ma già dal nome s'intuisce che da padrone lo fa il fritto, insieme al pesce azzurro; volendo anche piatti anche da asporto.

CERVIGNANO DEL FRIULI

Udine (UD) – ✉ 33052 – 13 895 ab. – Carta regionale n° **6-C3**
▶ Roma 627 km – Udine 32 km – Gorizia 30 km – Trieste 55 km
Carta stradale Michelin 562-E21

⌂ **Internazionale** ⌂ ⊞ ⅰ AC ⌘ ♨ P

via Ramazzotti 2 – ℰ 0 43 13 07 51 – www.hotelinternazionale.it – Chiuso 24-27 dicembre
69 cam ⊑ – ♦45/83 € ♦♦75/108 €
Nato negli anni '70 e concepito soprattutto per una clientela d'affari, l'albergo dispone di un centro congressi con sale polivalenti e camere confortevoli. Specialità tipiche friulane e piatti mediterranei al ristorante La Rotonda.

CERVINIA – Aosta (AO) ➔ Vedere Breuil-Cervinia

CERVO

Imperia (IM) – ✉ 18010 – 1 188 ab. – Alt. 66 m – Carta regionale n° **8-B3**
▶ Roma 612 km – Imperia 12 km – Savona 66 km – Genova 112 km
Carta stradale Michelin 561-K6

XX **San Giorgio** (Caterina Lanteri Cravet) ⌘ ⇐ ⇆ ⌂ AC
✿

*via Alessandro Volta 19, centro storico – ℰ 01 83 40 01 75
– www.ristorantesangiorgio.net – Chiuso martedì a mezzogiorno in luglio-agosto, anche martedì sera negli altri mesi, da ottobre a Pasqua anche lunedì sera*
Menu 35 € (pranzo in settimana)/60 € – Carta 61/128 € – *(consigliata la prenotazione)*
2 cam ⊑ – ♦130/180 € ♦♦130/200 €
Rist *San Giorgino* – Vedere selezione ristoranti
Come in una raffinata casa privata, coccolati dall'affabile padrona, ottime materie prime danno vita ad una fragrante cucina di mare. Anche la selezione enologica contribuirà alla piacevolezza della sosta.
➔ Gnocchetti di patata con pomodoro fresco, gamberi, parmigiano e peperoncino. Scampi di Oneglia alla piastra con verdure grigliate. Bavarese di fragole con evanescenza al fondente e crumble di nocciole.

✗ San Giorgino

via Ugo Foscolo 36, centro storico – ✆ 01 83 40 01 75
– www.ristorantesangiorgio.net – Chiuso martedì a mezzogiorno in
luglio-agosto, anche martedì sera negli atri mesi, da ottobre a Pasqua anche
lunedì sera
Menu 18 € – Carta 24/61 €
E' l'alternativa più economica ed informale al San Giorgio, ma sempre di buon
livello: in un frantoio del XIII secolo, la cucina stuzzicherà il vostro appetito con
piatti dai marcati sapori regionali.

CESANA TORINESE
Torino (TO) – ✉ 10054 – 999 ab. – Alt. 1 354 m – Carta regionale n° **12-A2**
▶ Roma 752 km – Bardonecchia 26 km – Briançon 23 km – Torino 99 km
Carta stradale Michelin 561-H2

✗ La Ginestra

via Roma 20 – ✆ 01 22 89 78 84 – www.laginestra-cesana.it
Carta 28/50 € – *(chiuso lunedì sera e martedì in bassa stagione)*
8 cam ⬓ – †55/75 € ††90/160 €
In centro paese, piacevole ambiente familiare con una solida cucina della regione
rivisitata in chiave moderna. La struttura conta anche nuove camere in stile: particolarmente accoglienti quelle mansardate.

a Champlas Seguin Est : 7 km – ✉ 10054 Cesana Torinese – Alt. 1 776 m

✗ La Locanda di Colomb

frazione Champlas Seguin 27 – ✆ 01 22 83 29 44
– www.ristorantelocandacolomb.com – Aperto 1° novembre-Pasqua; chiuso
lunedì
Carta 25/50 € – (consigliata la prenotazione)
Nella piccola e pittoresca frazione, quella che una volta era una stalla è stata trasformata in una locanda con pareti in pietra, dove potrete gustare la cucina tipica
piemontese.

CESANO BOSCONE
Milano (MI) – ✉ 20090 – 23 535 ab. – Alt. 119 m – Carta regionale n° **10-B2**
▶ Roma 582 km – Milano 10 km – Novara 48 km – Pavia 35 km
Carta stradale Michelin 561-F9

Pianta d'insieme di Milano

🏠 Roma

via Poliziano 2 – ✆ 0 24 58 18 05   Pianta: 1A3**k**
– www.roma-wagner.com
34 cam ⬓ – †40/399 € ††80/399 €
Camere signorili e particolarmente confortevoli, in una struttura molto curata sia a
livello di confort e servizi, sia sotto il profilo delle soluzioni d'arredo ad effetto.

CESENA
Forlì-Cesena (FC) – ✉ 47521 – 96 885 ab. – Alt. 44 m – Carta regionale n° **5-D2**
▶ Roma 321 km – Forlì 22 km – Rimini 38 km – Bologna 89 km
Carta stradale Michelin 562-J18

Casali

via Benedetto Croce 81 ✉ 47521 – ✆ 0 54 72 27 45
– www.hotelcasalicesena.com
47 cam ⬓ – †89/104 € ††107/121 € – **1 suite**
L'hotel più rappresentativo della città in questi mesi sta cambiando "abito" e si
appresta a diventare un piacevole wellness hotel, dove, grazie al calore della
gestione, ogni ospite può sentirsi come a casa propria.

Meeting Hotel ⬆ AC P

via Romea 545 ✉ *47522 –* ☏ *05 47 33 31 60 – www.meetinghotelcesena.it*
– Chiuso vacanze di Natale
26 cam ⬚ – †60/150 € ††80/150 €
In zona periferica, la risorsa annovera camere spaziose e confortevoli di taglio moderno, arredate con mobili in legno scuro e parquet che danno loro un tono quasi signorile.

uscita autostrada A 1 Cesena Nord

 Unaway Hotel Cesena Nord 🛗 ⬆ 👫 AC 🏋 P

piazza Modigliani 104, località Pievesestina di Cesena ✉ *47023*
– ☏ *05 47 31 30 07 – www.unawayhotels.it – Chiuso 22 dicembre-11 gennaio*
117 cam ⬚ – †60/170 € ††70/190 €
Albergo di catena dalle linee moderne e dai colori vivaci garantisce confort e servizi up-to-date: camere funzionali, ideali per una clientela business e di passaggio.

CESENATICO

Forlì-Cesena (FC) – ✉ 47042 – 26 016 ab. – Carta regionale n° **5-D2**
▶ Roma 342 km – Forlì 41 km – Rimini 23 km – Bologna 102 km
Carta stradale Michelin 562-J19

 **Grand Hotel da Vinci** 🎾 �‍ 🛥 🔄 ♨ 🛗 ⬆ 👫 AC 🏋 P

via Carducci, 7 – ☏ *05 47 78 33 88 – www.grandhoteldavinci.com*
80 cam ⬚ – †105/305 € ††135/335 € – **6 suites**
Non passa certo inosservato, per eleganza ed originalità, questo albergo immerso nel verde, dove il lusso è di casa e la lounge può competere per generosità di spazi con le hall di certi colossi americani. Nelle camere predomina il colore bianco, il confort è anche qui ad ottimi livelli! A completare l'offerta, una gigantesca piscina ed una moderna spa.

 Grand Hotel Cesenatico 🎾 🏊 🛥 🍴 ⬆ AC 🏋 P

piazza Andrea Costa 1 – ☏ *0 54 78 00 12 – www.grandhotelcesenatico.com*
– Aperto Pasqua-15 ottobre
78 cam – †85/260 € ††150/260 € – ⬚ 18 €
Centralissimo, in uno splendido edificio del '29, è un omaggio ad una mondanità sfarzosa e rutilante. Camere più sobrie, eleganti e funzionali. Raffinata sala ristorante con possibilità di gustare in terrazza sia la prima colazione, sia una classica cucina a base di pesce.

 Internazionale 🎾 🏊 🛥 🔄 🚍 AC

via Ferrara 7 – ☏ *05 47 67 33 44 – www.hinternazionale.it – Aperto*
Pasqua-30 settembre
59 cam ⬚ – †85/164 € ††125/260 € – **1 suite**
Direttamente sul lungomare, annovera una spiaggia privata dove si trova anche la piscina attrezzata con scivoli ad acqua e una cabina per ogni stanza dell'albergo. Camere arredate in stile sia classico sia moderno; la hall e le parti comuni sono state totalmente rinnovate in tempi recenti. La cucina proposta è di impostazione tradizionale, ma soprattutto di pesce.

 Maree Hotel ⬆ 👫 AC P

via N. Da Recco 12 – ☏ *05 47 67 33 57 – www.mareehotel.com*
– Aperto 15 aprile-30 settembre
30 cam ⬚ – †35/75 € ††70/200 €
Ottima struttura a gestione familiare che al suo interno ripropone, con gusto e mano felice, uno stile moderno, ma pulito, giocato molto sul bianco e su una modernità calda ed accogliente.

 Sporting 🎾 🏊 🛥 ⬆ AC 🐕 P

viale Carducci 191 – ☏ *0 54 78 30 82 – www.hotelsporting.it – Aperto*
26 maggio-13 settembre
46 cam ⬚ – †60/90 € ††80/120 €
A più di un km dal centro - direttamente sulla spiaggia - l'hotel è consigliato a chi vuole evitare gli schiamazzi notturni e preferisce una zona verde e tranquilla. Graziose camere con carta da parati in stile inglese.

Miramare 🌡️ ← ⛶ 🖽 AC ॐ ♨️ P

viale Carducci 2 – 𝄂 *0 54 78 00 06* – *www.welcompany.it*
27 cam ⛱️ – †122/132 € ††145/200 €
Rist *Capo del Molo* – Vedere selezione ristoranti
L'hotel offre un'atmosfera rilassante, camere semplici e spaziose arredate in stile moderno, adatte a nuclei familiari. Possibili anche soluzioni business.

Atlantica 🌡️ ← ⛰️ 🖽 🛖 AC ॐ P

viale Bologna 28 – 𝄂 *0 54 78 36 30* – *www.hotelatlantica.it* – *Aperto Pasqua-30 settembre*
24 cam – †80/100 € ††100/150 € – ⛱️ 15 €
Affacciata sul mare, è una caratteristica villa degli anni '20 successivamente trasformata in albergo. Piacevole veranda in ferro battuto, camere semplici e gestione familiare.

Casadodici 🌡️ 🖽 AC ॐ

via Armellini 12a – 𝄂 *05 47 40 17 09* – *www.casadodici.com*
6 cam – †89/120 € ††119/189 € – ⛱️ 7 €
Rist *12 Ristorante* – Vedere selezione ristoranti
Sul porto canale leonardesco, ogni camera è stata arredata in modo diverso e s'ispira a sei icone del mondo cinematografico - Sofia Loren, Brigitte Bardot, Greta Garbo, Audrey Hepburn, Jane Birkin e Grace Kelly - in una casa che offre al suo interno una sorta di show room riassumente il piacere dei viaggi dei titolari. A tutto vantaggio degli ospiti più curiosi!

XxX   Magnolia (Alberto Faccani) 🍃 🏡 AC
❀

viale Trento 31 – 𝄂 *0 54 78 15 98* – *www.magnoliaristorante.it* – *Chiuso 2 settimane in marzo, 2 settimane in novembre e mercoledì*
Menu 60/75 € – Carta 59/89 € – *(solo a cena escluso sabato e domenica da settembre a maggio)*
Giovane astro della gastronomia nazionale, propone una cucina personalizzata, ardita e fantasiosa negli accostamenti, quanto rispettosa di eccellenti prodotti.
→ Strozzapreti, astice, lumachine e stridoli. Branzino, asparagi, pistacchi e capperi. Biancolatte.

XX   La Buca 🏡 ♿ AC
❀

corso Garibaldi 45 – 𝄂 *0 54 71 86 07 64* – *www.labucaristorante.it* – *Chiuso lunedì*
Menu 65 € – Carta 48/75 € – *(consigliata la prenotazione)*
Affacciata sulla romantica passeggiata del porto canale, la Buca vi accoglie in ambienti moderni ed essenziali. Apertura su ostriche e crudi, dalla cucina a vista si prosegue con piatti semplici che puntano sulla qualità del pesce esposto in sala, come le tradizionali cotture al sale e alla griglia, nonché i fritti.
→ Spaghetti, gambero rosso crudo, bottarga e lime. Sogliole, carciofo alla griglia, e acetosa. Caffè, gelato al miele, sale e spezie.

XX   Vittorio 🏡

porto turistico Onda Marina, via Andrea Doria 3 – 𝄂 *05 47 67 25 88* – *www.vittorioristorante.it* – *Chiuso gennaio, mercoledì a pranzo e martedì in maggio-settembre, anche mercoledì sera negli altri mesi*
Menu 50/60 € – Carta 31/105 €
Affacciato sulla darsena, le serate estive in terrazza sono un incanto di fronte agli alberi delle barche ormeggiate. La cucina celebra il mare e segue il pescato del giorno.

XX   12 Ristorante – Casadodici 🏡 AC ॐ

via Armellini 12a – 𝄂 *0 54 78 20 93* – *www.12ristorante.com* – *Chiuso martedì*
Menu 40/49 € – Carta 40/93 € – *(chiuso lunedì) (solo a cena escluso sabato-domenica e in estate)* (consigliata la prenotazione)
Ambiente originale di grande personalità per una cucina di pesce ad alti livelli, delizioso dehors affacciato sul canale che ospita i battelli storici del museo della marineria.

✗ Marè ❶ ← 🍴 🛴 ♿

Via Molo Di Levante 74 – ☎ 05 47 67 21 88 – www.marecesenatico.it – Aperto 1° aprile-30 ottobre
Carta 26/56 € – *(solo a pranzo escluso venerdì, sabato e domenica in aprile e ottobre)*
Non solo ristorante, ma anche spiaggia, bar e bottega, dalla colazione del mattino agli aperitivi con tapas, dallo spuntino veloce alla cenetta intima, sarete accolti in un ambiente informale, fresco, personalizzato.

✗ Osteria del Gran Fritto 🍴 ♿ 🅰🅲

corso Garibaldi 41 – ☎ 0 54 78 24 74 – www.osteriadelgranfritto.com
Carta 28/51 €
Lungo il suggestivo porto canale, il nome ne indica già la specialità, il fritto, a cui si aggiungono piatti della tradizione popolare adriatica: seppie, sarde, poverazze, calamari...

✗ Capo del Molo – Hotel Miramare ← 🍴 🏊 🅰🅲 🅿

viale Carducci 2 – ☎ 0 54 78 00 06 – www.welcompany.it – Chiuso martedì escluso in giugno-agosto
Carta 26/51 € – *(chiuso martedì escluso in aprile-ottobre)*
Affacciato sul porto leonardesco e con una bella sala luminosa, Capo del Molo propone ricette classiche che puntano sulle specialità ittiche. Ma c'è anche la pizza!

a Valverde Sud : 2 km – ✉ 47042 Cesenatico

🏠 Caesar 🍴 ← 🛴 🏊 ♨ 🛎 🛗 👫 🅰🅲 🅿

viale Carducci 290 – ☎ 0 54 78 65 00 – www.hotel-caesar.com – Aperto 1° aprile-30 settembre
48 cam – ♦60/90 € ♦♦80/140 €
Una gestione con 40 anni di esperienza nel settore: ecco il punto forte di questa struttura, ideale per famiglie con bambini. Piscina riscaldata tra i servizi. Il ristorante propone piatti classici e, ovviamente, tanto pesce.

🏠 Colorado 🍴 ← 🛴 🏊 🛗 🅰🅲 ✂ 🅿

viale Carducci 306 – ☎ 0 54 78 62 42 – www.hotelcolorado.it – Aperto 15 maggio-15 settembre
55 cam ☕ – ♦75/100 € ♦♦90/160 €
Una struttura moderna che dispone di camere semplici ma accoglienti arredate con sobrietà, tutte con balcone vista mare. Prima colazione a buffet anche all'aperto.

a Villamarina Sud : 3 km – ✉ 47030 Cesenatico

🏠 Nettuno 🍴 🛴 🏊 🛎 🛗 ♿ 🅰🅲 ✂ 🏋 🅿

Lungomare Carducci 338 – ☎ 0 54 78 60 86 – www.riccihotels.it
53 cam ☕ – ♦70/140 € ♦♦80/160 € – **4 suites**
Sul lungomare, la struttura si è trasformata da bruco in farfalla: camere nuove e di moderno design, confort di livello superiore, piscina a sfioro con angolo idromassaggio… Un piccolo paradiso sulla riviera romagnola!

🏠 Sport & Residenza 🍴 🛴 🏊 🛎 🛗 ♿ 👫 🅰🅲 🅿

via Pitagora 5 – ☎ 0 54 78 71 02 – www.riccihotels.it – Aperto 17 maggio-14 settembre
70 cam ☕ – ♦65/90 € ♦♦80/170 € – **30 suites**
In posizione tranquilla a 100 metri dalla spiaggia, questo hotel recentemente rinnovato dispone, ora, di attrezzate camere e possibilità di appartamenti anche in formula residence.

a Zadina Pineta Nord : 2 km – ✉ 47042 Cesenatico

🏠 Renzo 🍴 🐾 🚲 🛴 🏊 🛗 🅰🅲 ✂ 🅿

viale dei Pini 55 – ☎ 0 54 78 23 16 – www.renzohotel.it – Aperto Pasqua-20 settembre
36 cam – ♦50/60 € ♦♦90/120 € – ☕ 15 €
Al termine di una strada chiusa, 50 metri di pineta e poi il mare: verde e silenzio. Piscina sul roof garden con solarium e camere di due tipologie, le standard più semplici o le confort più moderne.

CETARA

Salerno (SA) – ✉ 84010 – 2 180 ab. – Alt. 10 m – Carta regionale n° **4-B2**
▶ Roma 255 km – Napoli 56 km – Amalfi 15 km – Avellino 45 km
Carta stradale Michelin 564-F26

Cetus

strada statale 163 – ☏ *0 89 26 13 88 – www.hotelcetus.com*
36 cam ⌑ – ♦100/210 € ♦♦140/260 € – **1 suite**
Aggrappato alla roccia dell'incantevole costiera amalfitana, un'incomparabile vista sul golfo di Salerno dalle camere di questo hotel a picco sul mare, che dispone anche di una saletta per massaggi e qualche trattamento estetico. Quasi foste a bordo di una nave, ancora una volta dalle raffinate sale ristorante dominerete il Tirreno.

San Pietro

piazzetta San Francesco 10 – ☏ *0 89 26 10 91 – www.sanpietroristorante.it*
– Chiuso 15 gennaio-4 febbraio e martedì escluso giugno-settembre
Menu 25/50 € – Carta 25/37 €
Gestione familiare per questa piccola e sobria trattoria marinara, rinnovata pochi anni fa e dotata di un grazioso dehors estivo, in parte sotto un porticato. Il titolare si fa garante della freschezza del pesce!

Al Convento

piazza San Francesco 16 – ☏ *0 89 26 10 39 – www.alconvento.net – Chiuso mercoledì in ottobre-maggio*
Menu 32/45 € – Carta 24/53 €
Bella trattoria-pizzeria dalle sale decorate con affreschi risalenti al medioevo e, in menu, tante gustose specialità marinare, nonché piatti della tradizione locale (serviti d'estate anche sulla suggestiva piazzetta). Imperdibili, gli spaghetti con la colatura di alici.

CETONA

Siena (SI) – ✉ 53040 – 2 790 ab. – Alt. 385 m – Carta regionale n° **18-D2**
▶ Roma 155 km – Perugia 59 km – Orvieto 62 km – Siena 89 km
Carta stradale Michelin 563-N17

La Locanda di Cetona

piazza Balestrieri 6 – ☏ *05 78 23 70 75 – www.iltigliodipiazza.it*
11 cam ⌑ – ♦70/120 € ♦♦85/140 €
In fondo alla scenografica piazza Garibaldi e sotto l'imponente Rocca Medioevale, si tratta di un semplice quanto affascinante bed & breakfast, dalle camere curate e, graziosamente, personalizzate.

La Frateria di Padre Eligio

via San Francesco 2, Nord-Ovest: 1 km – ☏ *05 78 23 82 61 – www.lafrateria.it*
– Chiuso gennaio-febbraio
Menu 70/100 € – *(chiuso martedì)* (prenotazione obbligatoria)
In un parco, la frateria è un convento fondato da San Francesco nel 1212 - gestito da una comunità, "Mondo X" - i cui prodotti provengono dalle varie loro sedi. Tra suggestioni mistiche, ci si lascia andare a peccati di gola.

Il Tiglio di Piazza Da Nilo

piazza Garibaldi 33 – ☏ *05 78 23 90 40 – www.iltigliodipiazza.com – Chiuso 15 gennaio-10 febbraio e martedì escluso 20 giugno-30 settembre*
Carta 28/54 €
Direttamente sulla piazza principale, un edificio del Seicento ospita questo piccolo locale di tono rustico-moderno, dove gustare una cucina tradizionale.

CHAMPAGNE – Aosta (AO) ➜ Vedere Verrayes

CHAMPLAS SEGUIN – Torino (TO) ➜ Vedere Cesana Torinese

CHAMPOLUC

Aosta (AO) – ⊠ 11020 – Alt. 1 570 m – Carta regionale n° **21-B2**

▶ Roma 737 km – Aosta 64 km – Biella 95 km – Torino 105 km

Carta stradale Michelin 561-E5

Relais des Glacier

route G.B. Dondeynaz – ℰ 01 25 30 81 82 – www.hotelrelaisdesglaciers.com
– Aperto 6 dicembre-12 aprile e 20 giugno-10 settembre
42 cam ⊊ – **†**80/185 € – **††**120/334 € – **6 suites**
Per una ritemprante "remise en forme" in una splendida cornice montana è ideale l'attrezzato centro benessere, con cure naturali, di un elegante hotel inaugurato nel 2000. Soffitti di legno nel raffinato ristorante che propone tre linee diversificate di menù.

Petit Tournalin

località Villy 2 – ℰ 01 25 30 75 30 – www.hotelpetittournalin.it
19 cam ⊊ – **†**40/80 € **††**80/110 €
Caldi e tipici ambienti per un hotel a conduzione familiare ubicato ai margini della pineta: camere spaziose arredate con semplicità, ma impeccabilmente tenute, piacevole zona relax.

Villa Anna Maria

via Croues 5 – ℰ 01 25 30 71 28 – www.hotelvillaannamaria.com
13 cam ⊊ – **†**90/155 € **††**90/155 €
Vista sulla bella natura circostante, quiete silvestre e fascino d'altri tempi in un rustico chalet d'atmosfera, i cui interni sono tutti rigorosamente di legno; vasca idromassaggio e relax in giardino davanti allo splendido scenario del Monte Rosa.

Petit Coeur ⓝ

Route Varasc 19 – ℰ 01 25 94 10 80 – www.petitcoeur-champoluc.it
6 cam ⊊ – **†**45/130 € **††**70/180 €
Alle porte del paese, attraversato il ponticello, un pezzettino del vostro cuore non vi apparterrà più, conquistato inesorabilmente da questa piccola risorsa dalle camere e ambienti ricchi di fascino e calore.

CHANAVEY – Aosta (AO) ➜ Vedere Rhêmes Notre Dame

CHATILLON

Aosta (AO) – ⊠ 11024 – 4 844 ab. – Alt. 549 m – Carta regionale n° **21-B2**

▶ Roma 723 km – Aosta 28 km – Breuil-Cervinia 29 km – Torino 90 km

Carta stradale Michelin 561-E4

Relais du Foyer

località Panorama 37 – ℰ 01 66 51 12 51 – www.relaisdufoyer.it
32 cam ⊊ – **†**75/90 € **††**120/210 €
Vicino al Casinò di Saint Vincent, per turisti o clientela d'affari un'elegante struttura con zona fitness e solarium, boiserie nelle camere in stile classico. E per gli amanti della buona tavola, oltre al servizio à la carte, buffet libero sia a pranzo sia a cena a prezzi contenuti.

CHERASCO

Cuneo (CN) – ⊠ 12062 – 9 052 ab. – Alt. 288 m – Carta regionale n° **12-B3**

▶ Roma 646 km – Cuneo 52 km – Torino 53 km – Asti 51 km

Carta stradale Michelin 561-I5

Somaschi

via Nostra Signora del Popolo 9 – ℰ 01 72 48 84 82 – www.monasterocherasco.it
17 cam ⊊ – **†**65/99 € **††**80/149 € – **3 suites**
Rist *Walter Eynard* – Vedere selezione ristoranti
Un'offerta di alto livello per soggiorni dedicati al relax e al benessere psicofisico, in una dimora storica all'interno del monastero settecentesco di Cherasco. La struttura si sviluppa a ferro di cavallo intorno ad un curato giardino all'italiana, le sue camere brillano in quanto a confort e tenuta, mentre le originali suite sono intitolate a tre famosi stilisti: Armani, Cavalli e Versace.

XxX **Walter Eynard** – Hotel Somaschi 🕸 & 🅰🄲 🅿

via Nostra Signora del Popolo 9 – ✆ *01 72 48 84 82 – www.monasterocherasco.it*
– Chiuso domenica sera e lunedì
Carta 62/82 € – (consigliata la prenotazione)
Al primo piano dell'antico complesso, nello spazio un tempo adibito a teatro, è la cucina a salire oggi sul palcoscenico per interpretare - in chiave moderna - le tradizionali ricette del territorio. Ma c'è anche una cigar room per gli irriducibili del fumo.

X **La Lumaca** 🕸 🅰🄲

via San Pietro 26/a – ✆ *01 72 48 94 21 – www.osterialalumaca.it – Chiuso*
28 dicembre-4 gennaio, 4-26 agosto e lunedì, anche martedì escluso in luglio
Menu 30/35 € – Carta 35/45 €
Nelle cantine di un edificio di origini cinquecentesche, caratteristico ambiente con volte in mattoni per una cucina tradizionale dove regnano due elementi: la lumaca nel piatto e i vini in cantina.

a Veglia Nord-Ovest : 8,5 km

🏠 **Il Campanile** 🕯 🛏 🛗 🅰🄲 🔧

frazione Veglia 56 – ✆ *01 72 49 00 00 – www.hotelilcampanile.com*
15 cam ⌷ – ♦55/65 € ♦♦70/100 €
L'Antico "Palazzo delle Anime" - luogo di ritiro spirituale - è stato trasformato in un albergo ricco di fascino e personalità, le cui sale principali dedicate all'accoglienza degli ospiti e agli eventi sono caratterizzate dagli affreschi di C. Balocco (noto pittore della zona, specializzato in ex voto e in sacre raffigurazioni).

CHIAMPO

Vicenza (VI) – ✉ 36072 – 12 991 ab. – Alt. 175 m – Carta regionale n° **23-B2**
◼ Roma 539 km – Verona 52 km – Venezia 91 km – Vicenza 24 km
Carta stradale Michelin 562-F15

🏠 **La Pieve** 🕯 🛗 & 🅰🄲 🌂 🔧 🚗

via Pieve 69 – ✆ *04 44 42 12 01 – www.lapievehotel.it – Chiuso dicembre e*
agosto
61 cam ⌷ – ♦60/90 € ♦♦75/120 € – **4 suites**
In una lineare struttura di taglio moderno un albergo recente, dotato di buoni confort e piacevoli camere d'impostazione classica; ideale per un turismo d'affari. Gustose ricette del territorio da assaporare nell'ampia e piacevole sala da pranzo.

CHIANCIANO TERME

Siena (SI) – ✉ 53042 – 7 134 ab. – Alt. 475 m – Carta regionale n° **18-D2**
◼ Roma 167 km – Siena 86 km – Arezzo 71 km – Firenze 128 km
Carta stradale Michelin 563-M17

🏠 **Admiral Palace** 🕯 ⛄ 📺 📶 🌀 ⅃♨ 🛗 & 🅰🄲 🔧 🚗

via Umbria 2 – ✆ *0 57 86 32 97 – www.admiralpalace.it*
111 cam ⌷ – ♦65/180 € ♦♦85/360 € – **1 suite**
Ecco un indirizzo per chi è alla ricerca del confort e della qualità a 360°! Nato nel 2007, Admiral Palace è prodigo di spazi comuni contraddistinti da uno stile moderno con qualche spunto di design. A completare l'offerta: un'ampia zona benessere e un attrezzato centro congressi.

🏠 **Moderno** 🕯 🛏 ⛄ 🌀 ⅃♨ 🍽 📺 🅰🄲 🅿

viale Baccelli 10 – ✆ *0 57 86 37 54 – www.hotelmodernochianciano.com – Aperto*
1° aprile-31 ottobre
64 cam ⌷ – ♦50/80 € ♦♦80/120 € – **2 suites**
Albergo dagli ariosi spazi, dove il bianco regna sovrano dalle zone comuni alle camere. Piacevoli angoli relax nel parco con tennis e piscina riscaldata; nel piccolo centro benessere una (rara) stanza del sale, mentre una maestosa stalattite di cristallo troneggia al centro della sala da pranzo.

Grand Hotel Terme

piazza Italia 8 – ☎ *0 57 86 32 54 – www.grand-hotel-terme-chianciano.com*
58 cam ⌑ – ♦60/150 € ♦♦100/200 €
E' sempre al passo con i tempi questa bella struttura con camere signorili, ben attrezzate, ed un eccellente centro benessere.

Ambasciatori

viale della Libertà 512 – ☎ *0 57 86 43 71 – www.barbettihotels.it*
112 cam ⌑ – ♦60/120 € ♦♦70/160 € – **3 suites**
Clientela termale, ma anche congressuale, in un centrale e comodo albergo degli anni '60. Camere confortevoli, alcune recentemente rinnovate, piscina riscaldata e solarium in terrazza panoramica. Ristorante d'impostazione classica.

Grande Albergo Fortuna

via della Valle 76 – ☎ *0 57 86 27 74 – www.grandealbergofortuna.it – Aperto 20 marzo-10 novembre*
84 cam ⌑ – ♦60/65 € ♦♦80/115 € – **4 suites**
Poco fuori dal centro con bella vista su colline e centro storico, albergo dagli ambienti caldi e signorili, camere aggiornate e ben accessoriate.

Ave

via Piave 27 – ☎ *0 57 86 36 19 – www.hotelave.it – Chiuso febbraio*
55 cam ⌑ – ♦25/50 € ♦♦50/90 €
Piccolo albergo ben tenuto. I colori pastello sono protagonisti tanto negli spazi comuni quanto nelle camere, confortevoli e con arredi in legno; piscina e solarium al roof garden.

Sole ed Esperia

via delle Rose 40 – ☎ *0 57 86 01 94 – www.hotelsolechianciano terme.it – Aperto Pasqua-31 ottobre*
101 cam ⌑ – ♦35/50 € ♦♦50/70 € – **4 suites**
In zona tranquilla vicina alle terme, la struttura si compone di un corpo centrale e di una dépendance, l'Esperia, con camere più moderne. Giardino ombreggiato e terrazza solarium. Grandi finestre affacciate sul verde illuminano la sala ristorante.

Cristina

via Adige 31, angolo viale di Vittorio – ☎ *0 57 86 05 52 – www.hotelcristinachianciano terme.it – Aperto 1° aprile-31 ottobre*
43 cam ⌑ – ♦40/56 € ♦♦60/82 €
Hotel familiare, ben tenuto e ben gestito dai genitori insieme ai figli, presenta camere sobrie, con arredi pratici e bagni di diverso confort (quattro con vasca idromassaggio). Piacevole terrazza solarium.

✗ Hostaria il Buco

via Della Pace 39 – ☎ *0 57 83 02 30 – Chiuso 2-15 novembre e mercoledì*
Carta 21/40 €
Appena sotto al centro storico, nella parte alta della località, un piccolo locale dalla calorosa atmosfera familiare. In menu: proposte tipiche toscane, come pici, ravioli ripieni di pecorino, tagliata, fiorentina e torta di Chianciano.

CHIARAMONTE GULFI

Sicilia – Ragusa (RG) – ✉ 97012 – 8 218 ab. – Alt. 668 m – Carta regionale n° **17-D3**
▣ Siracusa 109 km – Catania 89 km – Ragusa 19 km – Palermo 234 km
Carta stradale Michelin 365-AX61 – Guida Verde Michelin SICILIA

Locanda Gulfi

contrada Patria, Nord-Ovest: 3 km – ☎ *09 32 92 80 81 – www.locandagulfi.it*
7 cam ⌑ – ♦50/65 € ♦♦98/180 €
Rist *Locanda Gulfi* – Vedere selezione ristoranti
All'interno dell'omonima azienda vinicola è stata ricavata una bella locanda con camere molto confortevoli ed un eccellente ristorante che offre due viste particolari: una sulla cucina e l'altra sulla cantina!

XX **Locanda Gulfi** – Agriturismo Locanda Gulfi   ﾆ AC P

Contrada Patria, Nord-Ovest: 3 km – www.locandagulfi.it
Menu 45/90 € – Carta 35/71 € – *(solo a cena in novembre-marzo)* (consigliata la
prenotazione)
La sala consente una veduta della moderna cantina, ma se si lascia vagare lo
sguardo non sfuggirà la bucolica bellezza della campagna e dei vigneti circostanti, mentre i più "curiosi" spieranno il lavoro dei cuochi nella cucina a vista. Ai
sapori dell'isola s'ispirano i piatti.

X **Majore** 彝 AC

via Martiri Ungheresi 12 – ✆ 09 32 92 80 19 – www.majore.it
Carta 17/28 €
Il maiale: immancabile presenza nella storia di una famiglia e la centenaria tradizione nell'arte di cucinarlo. Majore è tutto questo e la sorpresa finale sarà un
conto davvero contenuto!

CHIAVARI

Genova (GE) – ✉ 16043 – 27 567 ab. – Carta regionale n° **8-C2**
▶ Roma 467 km – Genova 42 km – La Spezia 70 km – Massa 85 km
Carta stradale Michelin 561-J9

🏠 **Monte Rosa** 🍴 ⌁ ☐ 梵 AC 🐾 🚗

*via Monsignor Marinetti 6 – ✆ 01 85 31 48 53 – www.hotelmonterosa.it – Chiuso
10-27 novembre*
62 cam ⌁ – ♦40/150 € ♦♦60/200 €
Bell'area relax con piscina e solarium, nonché camere curate, in un albergo in pieno
centro storico. Cucina di mare, senza trascurare i classici nazionali, al ristorante.

XXX **Lord Nelson** 彝 ⇦ < 🐾

*corso Valparaiso 27 – ✆ 01 85 30 25 95 – www.thelordnelson.it – Chiuso
15 giorni in novembre*
Menu 55 € – Carta 46/91 € – *(chiuso mercoledì)* **5 suites** ⌁ – ♦♦150/180 €
Direttamente sul lungomare, locale raffinato con american bar ed enoteca: una
profusione di legno lucidato a specchio in elegante stile marinaro e stuzzicanti
proposte a base di pesce.

XX **Da Felice** 🍴 AC ⇔

corso Valparaiso 136 – ✆ 01 85 30 80 16 – www.ristorantefelice.it
Carta 27/61 € – *(solo a cena in estate)* (consigliata la prenotazione)
Nuova sede per questo storico ristorante presente in città dal 1903! Oggi, un
ambiente moderno dai toni caldi e dallo stile minimalista, con cucina a vista e
dehors estivo. In menu: pesce in tante varianti, ma subordinato al mercato del
giorno.

X **Vecchio Borgo** 🍴 AC

*piazza Gagliardo 15/16 – ✆ 01 85 30 90 64 – Chiuso 6-30 gennaio e martedì
escluso luglio-agosto*
Carta 27/61 €
In un vecchio edificio alla fine della passeggiata, sale in stile rustico ricercato e un
bel dehors sulla piazzetta; fragranti piatti classici per lo più di pesce.

CHIAVENNA

Sondrio (SO) – ✉ 23022 – 7 374 ab. – Alt. 333 m – Carta regionale n° **9-B1**
▶ Roma 684 km – Sondrio 61 km – Bergamo 96 km – Como 85 km
Carta stradale Michelin 561-D10

🏠 **Sanlorenzo** 🍴 ☐ ﾆ AC 🚗

corso Garibaldi 3 – ✆ 0 34 33 49 02 – www.sanlorenzochiavenna.it
29 cam ⌁ – ♦70/100 € ♦♦100/140 €
Nuova struttura adiacente il centro ed a pochi passi dalla stazione, si caratterizza
per gli arredi moderni di buon confort e le camere luminose nonché funzionali. Il
ristorante propone piatti del territorio gustosamente rivisitati.

Aurora

via Rezia 73, località Campedello, Est: 1 km – ℰ *0 34 33 27 08* – *www.albergoaurora.it*

48 cam – ♦50/80 € ♦♦70/100 €
Rist *Garden* – Vedere selezione ristoranti

Una struttura fuori dal centro, con spazi comuni ridotti e camere dagli arredi essenziali ma ben tenute; di particolare interesse la piscina in un grazioso giardino.

Al Cenacolo

via Pedretti 16 – ℰ *0 34 33 21 23* – *www.alcenacolo.info* – *Chiuso giugno, martedì sera e mercoledì*
Carta 40/51 €

Tocchi di rusticità (legni al soffitto, camino, pavimento in cotto), ma tono elegante in un ristorante del centro, con minuscolo terrazzino; specialità locali, ma non solo.

Garden – Hotel Aurora

via Rezia 73, località Campedello, Est: 1 km – ℰ *0 34 33 27 08* – *www.albergoaurora.it* – *Chiuso giovedì*
Carta 24/66 €

Il nome è il miglior biglietto da visita: immerso in un giardino ai piedi delle montagne, nel Garden dell'albergo Aurora troverete un'accoglienza familiare, specchio di una cucina schietta e locale: ecco l'immancabile bresaola, i pizzoccheri filanti di formaggio e la selvaggina di bosco. Ma c'è anche la pizza!

a Mese Sud-Ovest : 2 km – ✉ 23020

Crotasc

via Don Primo Lucchinetti 63 – ℰ *0 34 34 10 03* – *www.ristorantecrotasc.com* – *Chiuso 17 giugno-9 luglio, lunedì e martedì*
Menu 40/50 € – Carta 38/63 €

Dal 1928 il fuoco del camino scalda le giornate più fredde e le due sale riscoprono nella pietra la storia del crotto e una cordiale accoglienza; in cucina, la tradizione rivive con creatività.

CHIENES (KIENS)

Bolzano (BZ) – ✉ 39030 – 2 788 ab. – Alt. 784 m – Carta regionale n° **19-C1**
▶ Roma 706 km – Bolzano 65 km – Trento 122 km – Brunico 11 km
Carta stradale Michelin 562-B17

Gassenwirt

via Paese 42 – ℰ *04 74 56 53 89* – *www.gassenwirt.it*
Menu 22 € – Carta 21/47 € **40 cam** – ♦56/80 € ♦♦106/150 €

A fianco alla chiesa del piccolo paese, l'ospitalità qui ha radici antiche, risale al 1602, e continua ancor oggi, con i sapori del territorio sudtirolese. I canederli pressati, i Gröstel con insalta di krauti e i Buchteln tra i dolci valgono la sosta!

CHIERI

Torino (TO) – ✉ 10023 – 36 680 ab. – Alt. 283 m – Carta regionale n° **12-B1**
▶ Roma 649 km – Torino 18 km – Asti 35 km – Cuneo 96 km
Carta stradale Michelin 561-G5

Sandomenico

via San Domenico 2/b – ℰ *01 19 41 18 64* – *Chiuso domenica e lunedì*
Menu 40/55 € – Carta 43/94 € – *(solo a cena)* (prenotare)

Luminoso ed elegante dal soffitto con travi a vista ed arredato con pochi tavoli rotondi. Dalle cucine, piatti di terra e di mare, dalle cantine, bottiglie italiane e francesi.

CHIESA IN VALMALENCO

Sondrio (SO) – ✉ 23023 – 2 539 ab. – Alt. 960 m – Carta regionale n° **9-B1**
▶ Roma 718 km – Sondrio 16 km – Bergamo 129 km – Lecco 92 km
Carta stradale Michelin 561-D11

Tremoggia

via Bernina 6 – ℰ 03 42 45 11 06 – www.tremoggia.it
– Aperto 4 dicembre-9 aprile e 10 giugno-25 settembre
39 cam ⌐ – †85/157 € – ††132/264 € – **4 suites**
Calda accoglienza familiare in un albergo storico della località rinnovato nel tempo; oggi offre servizi completi e di alto livello; centro benessere all'ultimo piano. Ristorante che dispone di varie, confortevoli sale.

La Volta

via Milano 48 – ℰ 03 42 45 40 51 – Chiuso maggio, ottobre, martedì e mercoledì
escluso agosto e vacanze di Natale
Menu 28/32 € – Carta 38/62 €
Tradizione e modernità: è il binomio che descrive un locale classico all'interno di un edificio storico ristrutturato; ai fornelli si fondono creatività e competenza.

Il Vassallo

via Vassalini 27 – ℰ 03 42 45 12 00 – www.ristorantevassallo.it – Chiuso lunedì
escluso luglio, agosto e festivi
Carta 25/43 €
Costruita intorno ad un grande masso di granito dalle sfumature policrome, l'antica residenza vescovile offre atmosfere suggestive e stuzzicanti ricette del territorio.

Malenco

via Funivia 20 – ℰ 03 42 45 21 82 – Chiuso 15-30 giugno, 20-30 novembre
e martedì
Menu 13 € (pranzo in settimana)/30 € – Carta 30/60 €
Di taglio moderno l'arredo della sala, con vetrata panoramica sulla valle, di impostazione tipica-locale invece la carta: piatti della tradizione a prezzi contenuti.

CHIETI

✉ 66100 – 52 163 ab. – Alt. 330 m – Carta regionale n° **1-B2**
▶ Roma 205 km – Pescara 14 km – L'Aquila 101 km – Ascoli Piceno 103 km
Carta stradale Michelin 563-O24

Harri's

via Padre Alessandro Valignani 219 – ℰ 08 71 32 15 55 – www.harrishotels.it
15 cam ⌐ – †55/89 € – ††70/100 € – **4 suites**
Ubicata su una collina, con la vista che abbraccia la vallata, questa piccola struttura non manca di un'attrezzata area benessere e dispone di camere classiche, ma moderne nelle installazioni (Sky e wi-fi gratuito), tutte con balcone.

sulla strada statale 5 Tiburtina - località Brecciarola Sud-Ovest : 9 km

Enrica

via Aterno 441 – ℰ 08 71 68 50 68 – www.hotelenrica.it
15 cam ⌐ – †40/60 € – ††65/90 €
Un piccolo ascensore panoramico conduce alle confortevoli e moderne camere di questa elegante struttura: dai balconi la vista spazia sul Gran Sasso. Sotto, momenti di relax nel bar-gelateria.

Da Gilda

via Aterno 464 – ℰ 08 71 68 41 57 – Chiuso 10-20 agosto e lunedì
Carta 23/43 € – (solo a pranzo escluso giovedì, venerdì e sabato)
Oltre 40 anni di cucina semplice e genuina a prezzi onesti! Ecco il segreto di questa schietta trattoria, che punta su ricette locali - pasta fatta in casa o agnello alla brace - ma anche grigliate di pesce.

CHIOANO – Perugia (PG) ➜ Vedere Todi

CHIOGGIA

Venezia (VE) – ⊠ 30015 – 49 832 ab. – Carta regionale n° **23-C3**

▶ Roma 449 km – Venezia 53 km – Ferrara 98 km – Padova 46 km
Carta stradale Michelin 562-G18

✕✕ **El Gato**   ⇔ & AC

corso del Popolo 653 – ✆ 0 41 40 02 65 – www.elgato.it – Chiuso lunedì
Menu 50 € – Carta 34/99 €

In pieno centro, tre moderne sale dove pareti e soffitti bianchi contrastano con il nero degli arredi, creando un originale effetto positivo/negativo, mentre in estate si può scegliere il dehors sul corso. Sulla tavola il mare in ricette fragranti e gustose: difficile non rimanere soddisfatti!

---

a Sottomarina Est : 1 km – ⊠ 30015

🏨 **Bristol**   ⇔ ⇐ 🛏 🔌 ⅃ ⩩ ⬆ ⋔ AC 🅿

*lungomare Adriatico 46 – ✆ 04 15 54 03 89 – www.hotelbristol.net
– Chiuso 18 dicembre-17 gennaio*
64 cam ⊒ – ♦75/200 € ♦♦90/250 €

Sobria eleganza sia nelle sale, sia nelle accoglienti camere di questa struttura di taglio classico. Sebbene ubicato sul lungomare, con la spiaggia a due passi, il giardino e la piscina meritano una sosta.

🏨 **Le Tegnue**   ⇔ ⇐ 🛏 🔌 ⅃ ⬆ AC 🐾 🛎 🅿

*lungomare Adriatico 48 – ✆ 0 41 49 17 00 – www.hotelletegnue.it – Aperto
25 marzo-31 ottobre*
83 cam ⊒ – ♦89/120 € ♦♦128/168 € – **2 suites**

Situato davanti al mare e circondato dal proprio giardino, questo grande complesso a conduzione diretta dispone di una spiaggia e camere di diverse tipologie. La vista dell'Adriatico si propone da tutte le stanze. Cucina tradizionale chioggiotta e specialità marinare al ristorante.

🏠 **Sole**   ⇔ 🔌 ⅃ ⬆ & ⋔ AC 🐾 🛎 🚗

*viale Mediterraneo 9 – ✆ 0 41 49 15 05 – www.hotel-sole.com – Aperto
1° aprile-31 ottobre*
58 cam ⊒ – ♦70/90 € ♦♦90/120 €

Elegante, all'inizio del lungomare, tra i servizi offre una spiaggia riservata, con piscina e con ristorazione self service - estiva - per il pranzo, a pochi metri di distanza. Luminosi gli spazi comuni, mentre le camere sono funzionali.

CHIRIGNAGO – Venezia (VE) ➡ Vedere Mestre

CHIUDUNO

Bergamo (BG) – ⊠ 24060 – 5 948 ab. – Alt. 218 m – Carta regionale n° **10-D1**

▶ Roma 598 km – Milano 70 km – Bergamo 23 km – Lecco 99 km
Carta stradale Michelin 561-F11

✕✕✕ **A'anteprima** (Daniel Facen)   ⅋ & AC 🅿

*via F.lli Kennedy 12 – ✆ 03 54 49 64 14 – www.ristoranteanteprima.it – Chiuso
1°-14 gennaio, 3-26 agosto, domenica e lunedì*
Carta 90/148 € – (consigliata la prenotazione)

Tra fornelli e microscopi, pentole e provette - in un intrigante equilibrismo tra scienza e ristorazione - lo chef trae ispirazione dalla sua regione d'origine, il Trentino, e la creatività non manca all'appuntamento nel piatto. Scelta enologica superlativa.

➡ Capesante, crema di piselli e acqua solida distillata di ricci di mare. Risotto con pesci, crostacei e anemoni di mare. Scampagnata.

CHIURO

Sondrio (SO) – ⊠ 23030 – 2 518 ab. – Alt. 390 m – Carta regionale n° **9-B1**

▶ Roma 708 km – Sondrio 10 km – Edolo 37 km – Milano 148 km

XX **Cantarana** N

via Ghibellini 10 – ☎ 03 42 21 24 47 – www.ristorantecantaranachiuro.it – Chiuso domenica
Menu 14 € (pranzo in settimana)/35 € – Carta 28/48 €
Tra mura quattrocentesche, ma c'è anche un gradevole servizio estivo all'aperto, la proposta gastronomica si divide equamente tra piatti del territorio e specialità prettamente della casa.

CHIUSA (KLAUSEN)

Bolzano (BZ) – ✉ 39043 Chiusa D'Isarco – 4 863 ab. – Alt. 525 m – ✉ Chiusa D'Isarco – Carta regionale n° **19-C1**
◨ Roma 671 km – Bolzano 30 km – Bressanone 11 km – Cortina d'Ampezzo 98 km
Carta stradale Michelin 562-C16

⌂ **Ansitz Fonteklaus**

via Freins 4, Est: 3,6 km, alt. 897 – ☎ 04 71 65 56 54 – www.fonteklaus.it – Aperto 21 marzo-5 novembre
8 cam ⌇ – ♦58/65 € ♦♦90/100 € – **2 suites**
Potreste incontrare i caprioli, il picchio o lo scoiattolo in questa incantevole oasi di pace; laghetto-piscina naturale; confort e relax in un hotel tutto da scoprire. Calda atmosfera nella sala da pranzo in stile stube.

⌂ **Bischofhof**

via Gries 4 – ☎ 04 72 84 74 48 – www.bischofhof.it – Chiuso 3 settimane in aprile
20 cam ⌇ – ♦70/145 € ♦♦92/190 €
Rist Jasmin ❀❀ – Vedere selezione ristoranti
Pochi minuti a piedi dal centro della cittadina e raggiungerete questa pensione familiare: all'interno camere comode ed accoglienti, una piscina e giochi per i più piccoli.

XXX **Jasmin** (Martin Obermarzoner) – Hotel Bischofhof

❀❀ via Gries 4 – ☎ 04 72 84 74 48 – www.bischofhof.it – Chiuso 3 settimane in aprile, martedì e domenica sera in maggio-settembre
Menu 105/180 € – (solo a cena , anche domenica a mezzogiorno in ottobre-aprile) (prenotazione obbligatoria)
Chi ama stare a tavola affrontando lunghi menu degustazione troverà qui di che saziarsi (in tutti i sensi!): nessuna scelta, ma una decina di piatti-assaggi per entrare nell'universo creativo di un giovane enfant prodige della ristorazione sud-tirolese. L'energica e simpatica moglie in sala.
→ Tataki di tonno rosso Balfegò al sesamo e torcione di foie gras al riesling. Il manzo di Kagoshima servito in due portate. La variazione di frutta di stagione del nostro frutteto.

a Gudon Nord-Est : 4 km – ✉ 39043

XX **Unterwirt**

Gudon 45 – ☎ 04 72 84 40 00 – www.unterwirt-gufidaun.com
– Chiuso 15-30 giugno
Menu 65/75 € – Carta 44/86 € – (chiuso domenica sera e lunedì) (solo a cena)
7 cam ⌇ – ♦65/75 € ♦♦124/132 €
Se il tempo non consente di approfittare della gradevole terrazza, allora vi consigliamo di prenotare un tavolo nella stube del XIII secolo, una romantica culla di legno. Cucina creativa, carne e pesce, di grandi livelli.

CHIUSA DI PESIO

Cuneo (CN) – ✉ 12013 – 3 693 ab. – Alt. 575 m – Carta regionale n° **12-B3**
◨ Roma 642 km – Cuneo 16 km – Torino 98 km – Alessandria 127 km
Carta stradale Michelin 561-J5

X **Locanda Alpina**

Via Provinciale 71, loc. San Bartolomeo – ☎ 01 71 73 82 87 – Chiuso febbraio
Carta 20/30 € – (chiuso mercoledì a mezzogiorno e martedì) (consigliata la prenotazione)
6 cam – ♦35 € ♦♦45 € – ⌇ 5 €
Cucina del territorio sempre attenta e fragrante in una semplice, ma graziosa, trattoria con possibilità di alloggio.

CHIUSDINO

Siena (SI) – ✉ 53012 – 1 928 ab. – Alt. 564 m – Carta regionale n° **18-C2**
▶ Roma 266 km – Siena 32 km – Firenze 96 km – Grosseto 58 km
Carta stradale Michelin 563-M15

Borgo Santo Pietro   ☆ ☜ ⇐ ⛾ ⊐ ゟ ⯅C P
località Palazzetto 110, Est: 7 km – ✆ 05 77 75 12 22
– www.borgosantopietro.com – Aperto 1° aprile-31 ottobre
9 cam ☲ – **†**435/695 € – **††**435/695 € – **6 suites**
Rist *Meo Modo* ❀ – Vedere selezione ristoranti
Non solo per una fuga romantica, ma per tutti coloro che sono in cerca di un resort esclusivo dove trascorrere un soggiorno all'insegna di un raffinato lusso. In una villa del XIII secolo, immersa nel verde di un curato giardino, camere barocche, ma non prive di confort moderni ed un centro olistico per ritrovare serenità mentale e benessere fisico.

XXX   **Meo Modo** – Hotel Borgo Santo Pietro   ❀ ⛾ 屏 ゟ ⯅C ⅗
❀ *località Palazzetto 110, Est: 7 km – ✆ 05 77 75 12 22*
– www.borgosantopietro.com – Aperto 1° aprile-31 ottobre
Menu 90/200 € – Carta 80/150 € – *(chiuso lunedì) (solo a cena escluso venerdì, sabato e domenica)* (consigliata la prenotazione)
Nella lussuosa enclave di Borgo Santo Pietro, appena il tempo lo permette si cena sotto un porticato, davanti allo splendido giardino e colline da favola. La cucina è di marca toscana, per prodotti ed ispirazione, ma sorprende poi per tecnica, accostamenti e colori.
➜ Risotto affumicato, pomodoro e basilico. Agnello in ghisa, cannellini e formaggio ravaggiolo. More, orzo, olio extravergine e birra.

CHIUSI

Siena (SI) – ✉ 53043 – 8 747 ab. – Alt. 398 m – Carta regionale n° **18-D2**
▶ Roma 161 km – Perugia 52 km – Arezzo 65 km – Siena 80 km
Carta stradale Michelin 563-M17

X   **Osteria La Solita Zuppa**   ❀ ⯅C
via Porsenna 21 – ✆ 0 57 82 10 06 – www.lasolitazuppa.it – Chiuso 11 gennaio-10 febbraio e martedì escluso luglio-agosto-settembre
Carta 26/44 €
Un'ottima accoglienza riscalda questa rustica trattoria del centro. La cucina "parla" toscano con un occhio di riguardo per i piatti antichi e le ricette povere.

in prossimità casello autostrada A1 Ovest : 3 km

   Il Patriarca   ☆ ⇐ ⛾ ⊐ ⊡ ゟ ⯅C ⅐A P
località Querce al Pino, strada statale 146 ✉ 53043 Chiusi – ✆ 05 78 27 44 07
– www.ilpatriarca.it
22 cam ☲ – **†**79/89 € **††**99/159 €
Rist *I Salotti* ❀ – Vedere selezione ristoranti
Racchiusa in un parco meraviglioso, la villa ottocentesca è stata edificata su un insediamento di origine etrusca e ottimamente ristrutturata con buon gusto. I classici regionali alla Taverna del Patriarca.

XXX   **I Salotti** (Katia Maccari) – Hotel Il Patriarca   ❀ ⛾ 屏 ゟ ⯅C ⅗ P
❀ *località Querce al Pino, strada statale 146 ✉ 53043 Chiusi – ✆ 05 78 27 44 07*
– www.ilpatriarca.it – Aperto 1° maggio-31 ottobre; chiuso lunedì e martedì
Menu 80/100 € – *(solo a cena)* (prenotazione obbligatoria)
Ambiente elegante e pochi tavoli (consigliamo di prenotare con largo anticipo) per un ottimo ristorante che propone solo due menu degustazione: uno legato alla tradizione toscana, essenzialmente a base di carne, l'altro equamente diviso tra terra e mare.
➜ Uovo, insalatina di asparagi, petto d'anatra marinato in aceto balsamico, sesamo nero. Variazione di baccalà alla mediterranea. Mousse al cioccolato con gelatina di fragola e polvere di pistacchio.

CHIVASSO

Torino (TO) – ⊠ 10034 – 26 717 ab. – Alt. 183 m – Carta regionale n° **12-B2**
▶ Roma 667 km – Torino 25 km – Aosta 101 km – Asti 55 km
Carta stradale Michelin 561-G5

XX **Locanda del Sole**　　　　　　　　　　　　　　 🅰🅲 ⇔
> *via Roma 16 – ✆ 01 19 13 19 68 – www.lalocandadelsole.com – Chiuso lunedì a mezzogiorno*
> Carta 29/57 €
> Nel centro della località, due salette molto curate ed una veranda in stile giardino d'inverno, dove gustare una casalinga cucina regionale.

CICOGNOLO

Cremona (CR) – ⊠ 26030 – 978 ab. – Alt. 44 m – Carta regionale n° **9-C3**
▶ Roma 541 km – Milano 108 km – Cremona 15 km – Mantova 55 km
Carta stradale Michelin 561-G12

🏠 **Pilgrim's**　　　　　　　　　 🔲 🖥 🖧 🅰🅲 🏋 🅿
> *strada provinciale 33, 9 – ✆ 03 72 83 00 85 – www.pilgrimshotel.it – Chiuso agosto*
> **34 cam** 🍽 – ♦45/90 € ♦♦70/150 €
> Gestione giovane e competente per una struttura efficiente con buoni spazi comuni e camere rinnovate nei confort: la maggior parte delle quali offre una suggestiva vista sul maestoso castello di Cicognolo.

CIMASAPPADA – Belluno (BL) ➜ Vedere Sappada

CINISELLO BALSAMO

Milano (MI) – ⊠ 20092 – 75 191 ab. – Alt. 154 m – Carta regionale n° **10-B2**
▶ Roma 583 km – Milano 13 km – Bergamo 42 km – Como 41 km
Carta stradale Michelin 561-F9

Pianta d'insieme di Milano

🏨 **Cosmo Hotel Palace**　　　　 🏋 🈂 🖧 🖥 🖧 🅰🅲 🏋 🛋
> *via De Sanctis 5 – ✆ 02 61 77 71 – www.cosmohotels.it* 　Pianta: 2C1**x**
> **201 cam** 🍽 – ♦60/300 € ♦♦80/360 € – **4 suites**
> Struttura imponente, visibile anche dall'autostrada da cui è facilmente raggiungibile. Interni comunque perfettamente insonorizzati, arredati in stile semplice e funzionali. Grande sala open-space, a pranzo nei giorni feriali fornito self-service.

🏨 **Premier Monza e Brianza Palace**　 🏋 🈂 🖧 🖥 🖧 🅰🅲 🏋 🅿
> *viale Brianza 160/166 – ✆ 0 26 60 21 11 – www.monzaebrianzapalace.it*
> **104 cam** 🍽 – ♦75/600 € ♦♦79/600 € – **1 suite**
> Nasce dalla ristrutturazione di un edificio industriale degli anni '60, questo moderno albergo particolarmente vocato ad una clientela business: attrezzate sale riunioni, spazio fitness ed interessanti proposte gastronomiche al ristorante. Piatti veloci, leggeri e gustosi presso il Chillin' Bar (dalle ore 12 alle 24).

CINQUALE – Massa-Carrara (MS) ➜ Vedere Montignoso

CIOCCARO – Asti (AT) ➜ Vedere Penango

CIPRESSA

Imperia (IM) – ⊠ 18017 – 1 276 ab. – Alt. 240 m – Carta regionale n° **8-A3**
▶ Roma 628 km – Imperia 19 km – San Remo 12 km – Savona 83 km
Carta stradale Michelin 561-K5

X **La Torre**　　　　　　　　　　　　　　　　　　　 📶
> *piazza Mazzini 2 – ✆ 0 18 39 80 00 – Chiuso 20 gennaio-10 febbraio e lunedì*
> Menu 15/30 € – Carta 21/53 €
> Una serie di tornanti vi condurrà alla volta di Cipressa e di una spettacolare vista sul mare. E' nel centro di questo caratteristico paese che si trova la trattoria: accoglienza familiare e cucina di terra.

CIRELLA

Cosenza (CS) – ✉ 87020 – Alt. 27 m – Carta regionale n° **3-A1**

▶ Roma 446 km – Cosenza 83 km – Castrovillari 78 km

Carta stradale Michelin 564-H29

Agriturismo Fattoria di Arieste

strada per Maierà, Est: 1,5 km – ☏ 09 85 88 90 50 – www.fattoriadiarieste.it – Aperto 1° aprile-30 settembre

6 cam �'' – ♦40/50 € ♦♦70/90 €

Azienda agricola con meravigliosa vista sul golfo di Policastro: amabile accoglienza familiare in colorate ed accoglienti camere. Cucina casalinga e genuina.

CIRÒ MARINA

Crotone (KR) – ✉ 88811 – 14 973 ab. – Carta regionale n° **3-B1**

▶ Roma 567 km – Cosenza 124 km – Catanzaro 105 km – Crotone 38 km

Carta stradale Michelin 564-I33

Il Gabbiano

località Punta Alice, Nord: 2 km – ☏ 0 96 23 13 38 – www.gabbiano-hotel.it

36 cam �'' – ♦80/120 € ♦♦80/120 €

Alla fine del lungomare - alle porte del paese - hotel recentemente rinnovato: modernità e confort sia nelle camere sia negli spazi comuni. Due sale di tono elegante nel ristorante, con servizio estivo di fronte alla piscina. La sera si propongono anche pizze.

CISANO BERGAMASCO

Bergamo (BG) – ✉ 24034 – 6 372 ab. – Alt. 267 m – Carta regionale n° **10-C1**

▶ Roma 610 km – Bergamo 18 km – Brescia 69 km – Milano 46 km

Carta stradale Michelin 561-E10

La Sosta

via Sciesa 7, Ovest: 1,5 km – ☏ 03 54 36 42 32 – www.hotellasosta.it – Chiuso 1°-7 gennaio

11 cam �'' – ♦80/90 € ♦♦100/120 € – **1 suite**

Rist *La Sosta* – Vedere selezione ristoranti

Bella ristrutturazione di una palazzina proprio sulla sponda del fiume Adda, su cui si affaccia con le sue terrazze: camere semplici e funzionali, in uno stile minimalista che non eslude il confort.

✕✕ La Sosta – Hotel la Sosta

via Sciesa 3, Ovest : 1,5 km – ☏ 0 35 78 10 66 – www.ristorantelasosta.it – Chiuso 1°-7 gennaio e 16-26 agosto

Menu 18 € (pranzo in settimana)/40 € – Carta 33/89 €

Locale di tradizione e di sapore classico caratterizzato da grandi vetrate, nonché da una bella veranda romanticamente affacciata sul fiume Adda. Cucina di ampio respiro con ricette di carne, ma anche specialità di pesce: d'acqua dolce e di mare.

✕✕ Fatur

via Roma 2 – ☏ 0 35 78 12 87 – www.fatur.it – Chiuso 2-10 gennaio e 16-30 agosto

Menu 15 € (pranzo in settimana)/45 € – Carta 39/69 € – *(chiuso venerdì)*

12 cam �'' – ♦55/60 € ♦♦80/90 € – **1 suite**

Ai piedi del castello, nel centro del paese, questo accogliente ristorante propone i sapori del territorio, rivisitati con fantasia. Nella bella stagione, approfittate del piacevole servizio in giardino. Al piano superiore, camere spaziose ed arredate in stile funzionale.

CISON DI VALMARINO

Treviso (TV) – ✉ 31030 – 2 700 ab. – Alt. 261 m – Carta regionale n° **23-C2**

▶ Roma 582 km – Belluno 32 km – Trento 114 km – Treviso 41 km

Carta stradale Michelin 562-E18

CastelBrando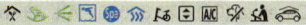

via Brandolini 29 – 𝄞 *04 38 97 61 – www.castelbrando.it*
78 cam ⌿ – †99/140 € ††119/200 € – **2 suites**
Sorge in posizione elevata questo complesso storico, le cui fondamenta risalgono all'epoca romana: grandi spazi e servizi completi, anche per congressi, area museale aperta al pubblico (su prenotazione). Ambiente e cucina classici al ristorante Sansovino; piatti più semplici e servizio pizzeria alla Fucina.

CISTERNA D'ASTI

Asti (AT) – ✉ 14010 – 1 268 ab. – Alt. 350 m – Carta regionale n° **14-C1**
▶ Roma 626 km – Torino 46 km – Asti 21 km – Cuneo 82 km
Carta stradale Michelin 561-H6

✗ **Garibaldi** ⬅ AC

via Italia 1 – 𝄞 *01 41 97 91 18 – www.albergoristorantegaribaldi.it*
Menu 30/40 € – Carta 21/39 € – *(chiuso mercoledì)*
12 cam ⌿ – †40/80 € ††60/100 €
C'è tutta la storia di una famiglia nella raccolta di oggetti d'epoca di uso comune (dalle pentole alle fotografie) esposta in questo originale locale, il cui menu propone la vera cucina piemontese. Sei nuove camere - di cui due con cucina - e una bella terrazza panoramica, si aggiungono a quelle già presenti nel corpo centrale.

CISTERNA DI LATINA

Latina (LT) – ✉ 04012 – 36 742 ab. – Alt. 77 m – Carta regionale n° **7-C2**
▶ Roma 50 km – Anzio 26 km – Frosinone 72 km – Latina 16 km
Carta stradale Michelin 563-R20

✗✗ **Il Piccolo Ducato**

via Tivera, Sud Est: 6 km – 𝄞 *0 69 60 12 84 – www.ilpiccoloducato.it – Chiuso 17-24 agosto e lunedì sera*
Carta 33/89 €
In aperta campagna, piatti mediterranei di terra e di mare secondo ricette abbastanza classiche e, soprattutto, senza fronzoli. Ambiente piacevolmente rustico, ma se il tempo è bello, meglio optare per il fresco dehors sotto moderni ombrelloni.

CISTERNINO

Brindisi (BR) – ✉ 72014 – 11 678 ab. – Alt. 393 m – Carta regionale n° **15-C2**
▶ Roma 524 km – Brindisi 56 km – Bari 74 km – Lecce 87 km
Carta stradale Michelin 564-E34

Lo Smeraldo

contrada Don Peppe Sole 7, località Monti, Nord-Est: 3 km – 𝄞 *08 04 44 87 09 – www.hotellosmeraldo.com*
82 cam ⌿ – †55/65 € ††80/100 €
Si vedono il mare e la costa in lontananza da questa funzionale struttura di taglio moderno, in zona verdeggiante e soleggiata; gestione familiare attenta e ospitale. Varie sale, luminose e signorili, nel ristorante a vocazione banchettistica.

CITARA – Napoli (NA) ➜ Vedere Ischia (Isola d') : Forio

CITTADELLA

Padova (PD) – ✉ 35013 – 20 152 ab. – Alt. 48 m – Carta regionale n° **22-B1**
▶ Roma 523 km – Padova 31 km – Venezia 69 km – Vicenza 27 km
Carta stradale Michelin 562-F17

Filanda

via Palladio 34 – 𝄞 *04 99 40 00 00 – www.hotelfilanda.it*
70 cam ⌿ – †60/90 € ††80/120 € – **1 suite**
Poco fuori dal centro storico della località, il vecchio opificio ottocentesco è stato riconvertito in hotel, con camere funzionali e confortevoli: molte con vista sulle mura duecentesche. Ricette di terra e di mare al ristorante, che dispone anche di un fresco gazebo per la bella stagione.

CITTADELLA DEL CAPO

Cosenza (CS) – ✉ 87020 – Alt. 23 m – Carta regionale n° **3-A1**

▶ Roma 465 km – Cosenza 61 km – Castrovillari 86 km – Catanzaro 123 km

Carta stradale Michelin 564-I29

Palazzo del Capo ✿ ⬥ ← 🏠 🌊 🏊 🐎 🔲 AC 🍴 ♨ P

via Cristoforo Colombo 5 – ✆ 0 98 29 56 74 – www.palazzodelcapo.it – Chiuso 24 dicembre-2 gennaio

11 cam ⌑ – ♦120/180 € ♦♦200/265 €

Uno scrigno di insospettate sorprese questa residenza storica fortificata sul mare, con torre spagnola nel giardino: eleganti interni d'epoca e servizi di elevato profilo tra cui la nuova beauty farm. Molti spazi per la ristorazione; a disposizione - solo in estate - anche la rotonda sul mare.

CITTÀ DELLA PIEVE

Perugia (PG) – ✉ 06062 – 7 765 ab. – Alt. 509 m – Carta regionale n° **20-A2**

▶ Roma 154 km – Perugia 41 km – Arezzo 76 km – Chianciano Terme 22 km

Carta stradale Michelin 563-N18

Vannucci ✿ 🏠 🐎 I♨ 🔲 ⅙ AC

viale Vanni 1 – ✆ 05 78 29 80 63 – www.hotel-vannucci.com

30 cam ⌑ – ♦65/100 € ♦♦95/125 €

Rist Zafferano – Vedere selezione ristoranti

Una villa di fine Ottocento alle porte dell'incantevole paese accoglie tra le sue mura un ottimo albergo: le camere sono accoglienti con pregevoli arredi in legno, al secondo piano con vista sui tetti e sulle colline.

Relais dei Magi ✿ ⬥ ← 🏠 🏊 🐎 I♨ AC ♨ P

località le Selve Nuove 45, Sud-Est: 4 km – ✆ 05 78 29 81 33 – www.relaismagi.it – Chiuso 7 gennaio-31 marzo

12 cam ⌑ – ♦120/130 € ♦♦160/180 €

Occorre percorrere una strada sterrata per giungere a quest'incantevole risorsa che accoglie i propri ospiti in tre diversi edifici. Un soggiorno appartato e raffinato con tanto di piccolo centro benessere con sauna, bagno turco, ampio idromassaggio e zona trattamenti.

Agriturismo Madonna delle Grazie ✿ ⬥ ← 🏠 🏊 ♨ P

località Madonna delle Grazie 6, Ovest: 1 km – ✆ 05 78 29 98 22 – www.madonnadellegrazie.it

10 cam ⌑ – ♦55/80 € ♦♦90/140 €

Offre uno spaccato di vita contadina questo agriturismo immerso nella quiete dei colli tosco-umbri, perfetto per una vacanza a contatto con la natura, tra passeggiate a piedi e a cavallo e qualche tuffo in piscina. Nella sala ristorante interna o all'aperto, la cucina si avvale dei prodotti biologici dell'azienda.

XX Zafferano – Hotel Vannucci 🏠 🍴 ⅙ AC
⊗⊗

viale Vanni 1 – ✆ 05 78 29 80 63 – www.hotel-vannucci.com

Menu 20 € – Carta 22/49 €

Città della Pieve è famosa per lo zafferano e questo gradevole ristorante ne celebra degnamente colori e sapori, insieme ad una cucina sapida a cavallo tra Umbria e Toscana con molto spazio in carta per la vera protagonista: la griglia. Anche pizzeria.

CITTÀ DEL VATICANO – Vaticano (VAT) ➜ Vedere Roma

CITTÀ DI CASTELLO

Perugia (PG) – ✉ 06012 – 40 072 ab. – Alt. 288 m – Carta regionale n° **20-B1**

▶ Roma 220 km – Perugia 54 km – Arezzo 42 km – Ravenna 135 km

Carta stradale Michelin 563-L18

Tiferno ✿ 🐾 ⅃₄ 🔳 🏧 🕎 🖐 🅿

piazza Raffaello Sanzio 13 – 𝒞 07 58 55 03 31 – www.hoteltiferno.it

46 cam ⬚ – 🛏60/85 € 🛏🛏90/145 € – **2 suites**

Porta l'antico nome della località questo raffinato albergo ricavato in un ex-convento seicentesco nel centro storico, adiacente a Palazzo Albizzini che ospita il museo dedicato al grande artista Burri. Bei soffitti a cassettone e pregevoli mobili antichi; alcune camere hanno design di metà secolo scorso, altre sono minimal-moderne.

 Borgo di Celle ✿ 🐾 ⟨ 🔂 ⅃ 🔲 🐾 🔳 ⅃

località Celle 7, Nord-Ovest: 7 km – 𝒞 07 58 51 00 25 – www.borgodicelle.it

23 cam ⬚ – 🛏50/80 € 🛏🛏100/140 € – **1 suite**

Una gran bella risorsa ubicata in collina e all'interno di un piccolo borgo medioevale: cotto e arredi essenziali in arte povera negli spazi comuni composti da sale e salette. Superlativi i giardini con la piscina panoramica. L'attrezzato centro relax completa l'offerta di questo angolo di paradiso.

 Le Mura ✿ 🔳 ⅃ 🏧 ⅃ 🅿

via borgo Farinario 24/26 – 𝒞 07 58 52 10 70 – www.hotellemura.it

35 cam ⬚ – 🛏40/50 € 🛏🛏70/90 €

A ridosso delle antiche mura di cinta del 1100, cui poggia un lato dell'albergo, la risorsa dispone di camere molto sobrie, ma all'insegna di un buon rapporto qualità/prezzo. Ristorante con vetrate affacciate sulla fontana nella corte interna.

CITTANOVA

Reggio di Calabria (RC) – ✉ 89022 – 10 430 ab. – Alt. 400 m
– Carta regionale n° **3-A3**
▶ Roma 661 km – Reggio di Calabria 69 km – Catanzaro 121 km –
Lamezia Terme 94 km
Carta stradale Michelin 564-L30

⌂ **Casalnuovo** ✿ ⅃ 🏧 🕎 ⅃ 🚗

viale Merano 103 – 𝒞 09 66 65 58 21 – www.hotelcasalnuovo.com

18 cam ⬚ – 🛏40/45 € 🛏🛏60/70 €

Curato albergo a gestione familiare, ideale come sosta per chi è in viaggio di lavoro ma anche come base d'appoggio per visitare i dintorni. Camere con arredi lineari. Sobria e ampia sala ristorante, dove - solo la sera - viene servita anche la pizza.

CITTÀ SANT'ANGELO

Pescara (PE) – ✉ 65013 – 14 914 ab. – Alt. 317 m – Carta regionale n° **1-B1**
▶ Roma 223 km – Pescara 25 km – L'Aquila 120 km – Chieti 34 km
Carta stradale Michelin 563-O24

in prossimità casello autostrada A 14 Est : 9,5 km :

Villa Michelangelo ✿ 🔂 ⅃ ⅃₄ ⅃ 🕎 ⅃ 🅿

via Lungofino 2 – 𝒞 08 59 61 45 23 – www.hotelvillamichelangelo.net

32 cam ⬚ – 🛏85/120 € 🛏🛏105/150 € – **2 suites**

Rist *Jacaranda* – Vedere selezione ristoranti

In prossimità delle vie di comunicazione stradale, ma anche a pochi passi dal mare, una struttura che offre un servizio business e leisure per chi ama lo stile classico permeato da qualche concessione moderna.

XX **Jacaranda** – Hotel Villa Michelangelo 🔂 ⅃ 🕎 🅿

via Lungofino 2 – 𝒞 08 59 61 45 23 – www.hotelvillamichelangelo.net

Menu 35/80 € – Carta 33/90 €

Allo Jacaranda la migliore espressione della cucina del territorio rinnovata nello stile e nella presentazione. La cucina segue le stagioni della terra e del mare.

CITTIGLIO

Varese (VA) – ⊠ 21033 – 4 012 ab. – Alt. 254 m – Carta regionale n° **9-A2**
▶ Roma 650 km – Varese 20 km – Milano 75 km – Como 62 km
Carta stradale Michelin 561-E7

✗ **La Bussola**　　　　　　　　　　　　⇦ 🚲 & 🅿

via Marconi 28 – ℰ 03 32 60 22 91 – www.hotellabussola.it
Menu 45/65 € – Carta 37/74 € – *(chiuso martedì)*
26 cam ☱ – ♦40/80 € ♦♦60/120 € – **1 suite**
Un locale che può soddisfare esigenze e gusti diversi: sale eleganti di cui una per la pizzeria serale, salone banchetti, cucina eclettica e camere curate.

CIVIDALE DEL FRIULI

Udine (UD) – ⊠ 33043 – 11 360 ab. – Alt. 135 m – Carta regionale n° **6-C2**
▶ Roma 655 km – Udine 20 km – Gorizia 30 km – Trieste 70 km
Carta stradale Michelin 562-D22

🏠 **Roma**　　　　　　　　　　　　　　🔄 & ⌘ 🅿

piazza Picco 17 – ℰ 04 32 73 18 71 – www.hotelroma-cividale.it
53 cam ☱ – ♦65/80 € ♦♦95/140 €
In centro paese, questo albergo a conduzione diretta saprà ospitarvi in camere funzionali e confortevoli. Ideale per una clientela business.

🏠 **Locanda al Castello**　　🖇 🍴 < 🚲 🖥 📶 ♨ 🔄 & 🎿 ♨ 🅿

via del Castello 12, Nord-Ovest: 1,5 km – ℰ 04 32 73 32 42 – www.alcastello.net
27 cam ☱ – ♦60/85 € ♦♦99/140 €
All'interno dell'ottocentesco castello che fu, inizialmente, convento dei gesuiti, un albergo a gestione familiare ricco di servizi, come il centro benessere con la beauty, nonché l'omonimo ristorante con cucina di terra e di mare. Immancabile, il fogolar in sala.

✗✗✗ **Orsone**　　　　　　　　　⇦ 🍴 < 🚲 & 🅰🅲 🅿

Via Darnazzacco 63, frazione Gagliano – ℰ 04 32 73 20 53 – www.orsone.com – Chiuso domenica sera, lunedì e martedì
Menu 59/69 € – Carta 70/95 € **5 cam** ☱ – ♦90/110 € ♦♦150/175 €
Neonato ristorante della famiglia Bastianich, circondati dalle vigne, in un ambiente di esclusiva eleganza, la cucina segue una linea moderna ed internazionale, mentre alla Taverna - variante più easy - vanno in scena i sapori americani, in primis l'hamburger. Accoglienti e raffinate camere attendono gli ospiti al piano superiore.

✗ **Al Monastero**　　　　　　　　　　　　　⇦ 🅰🅲
🍴
via Ristori 9 – ℰ 04 32 70 08 08 – www.almonastero.com – Chiuso gennaio e giugno
🌸 Menu 25/60 € – Carta 28/39 € – *(chiuso domenica sera e lunedì)*
5 cam – ♦50/100 € ♦♦80/120 € – ☱ 10 €
Guancette di manzo brasate con porcini e polenta, salumi locali ed altre golosità del territorio, in un ristorante dalle accoglienti sale: originale quella con il tipico fogolar furlan o quella con l'affresco celebrativo di Bacco. Cinque graziosi appartamenti con soppalco e angolo cottura, per chi vuole prolungare la sosta.

CIVITA CASTELLANA

Viterbo (VT) – ⊠ 01033 – 16 526 ab. – Alt. 145 m – Carta regionale n° **7-B1**
▶ Roma 55 km – Viterbo 50 km – Perugia 119 km – Terni 50 km
Carta stradale Michelin 563-P19

🏠 **Relais Falisco**　　　　　　　🌸 ♨ 🛁 🔄 & 🅰🅲 ♨ 🅿

via Don Minzoni 19 – ℰ 07 61 54 98 – www.relaisfalisco.it
37 cam ☱ – ♦70/90 € ♦♦90/105 € – **6 suites**
Rist *Le Scuderie* – Vedere selezione ristoranti
Il soggiorno in un palazzo signorile con origini secentesche offre atmosfere suggestive sia per il turista sia per chi viaggia per affari. Vasca idromassaggio negli originali sotterranei scavati nel tufo. Cucina regionale ed un'armoniosa fusione di tipicità ed eleganza nel caratteristico ristorante ricavato nelle scuderie.

XX **Le Scuderie** – Hotel Relais Falisco   AC ⌘ ⇔ P

via Don Minzoni 19 – ✆ *07 61 51 57 86* – *www.relaisfalisco.it*
Menu 23 € – Carta 30/47 € – *(chiuso domenica sera e lunedì)* (consigliata la prenotazione)
Nei suoi ambienti eleganti trovano spazio anche un privé ed una sala con divisori a ricordare l'impianto delle scuderie che furono; il menu elenca piatti d'impronta moderna che non disdegna la tradizione, naturalmente rivisitata.

X **La Giaretta**   AC

via Ferretti 108 – ✆ *07 61 51 33 98* – *Chiuso 9-25 agosto, domenica sera e lunedì*
Carta 20/37 €
Piatti laziali a cui si affiancano gustose specialità di pesce, in un sobrio locale situato in zona centrale; seria ed esperta conduzione familiare.

a Quartaccio Nord-Ovest : 5,5 km – ✉ 01034 Fabrica Di Roma

🏠 **Aldero**   ✿ 🛏 🖥 ઇ 🛫 AC ⚒ P

– ✆ *07 61 51 47 57* – *www.aldero.it*
60 cam 🍽 – ♦60/72 € ♦♦75/85 € – **1 suite**
Ampliato in tempi diversi, Aldero si propone come un ottimo indirizzo per la clientela d'affari. Si consigliano le camere nella parte più recente; semplici ed economiche - invece - le altre. Al ristorante, piatti della tradizione regionale.

CIVITANOVA MARCHE

Macerata (MC) – ✉ 62012 – 38 706 ab. – Carta regionale n° **11-D2**
▶ Roma 276 km – Ancona 47 km – Ascoli Piceno 79 km – Macerata 27 km
Carta stradale Michelin 563-M23

🏠 **Palace**   🖥 AC 🚗

piazza F.lli Rosselli 6 – ✆ *07 33 81 04 64* – *www.hotelpalace.biz*
35 cam 🍽 – ♦70 € ♦♦120 € – **2 suites**
Ubicazione di fronte alla stazione per questa risorsa che offre un'ospitalità curata nelle sue camere in stile classico-contemporaneo.

XX **Galileo**   🐝 🍴 AC 🍽

via IV Novembre conc. 25 – ✆ *07 33 81 76 56* – *Chiuso 20 dicembre-20 gennaio e martedì*
Carta 30/70 € – (consigliata la prenotazione)
Il mare a 360° grandi: non solo perché il locale è ospitato in uno stabilimento balneare con una luminosa sala a vetrate che guardano la distesa blu, ma anche perché il menu è un invitante inno alla ricchezza ittica del Mediterraneo.

CIVITAVECCHIA

Roma (RM) – ✉ 00053 – 53 069 ab. – Carta regionale n° **7-A2**
▶ Roma 71 km – Viterbo 59 km – Grosseto 110 km – Terni 114 km
Carta stradale Michelin 563-P17

X **La Bomboniera**   🍴 AC 🍽

corso Marconi 50 – ✆ *0 76 62 57 44* – *www.labomboniera.info* – *Chiuso 15 settembre-10 ottobre e lunedì*
Menu 45 € – Carta 34/69 €
Grazioso localino dove troneggia un grande camino e alle pareti, dal vivace colore arancione, stampe e riproduzioni. La cucina è prevalentemente a base di pesce con specialità sarde (per quest'ultime si consiglia la prenotazione).

CIVITELLA ALFEDENA

L'Aquila (AQ) – ✉ 67030 – 292 ab. – Alt. 1 123 m – Carta regionale n° **1-B3**
▶ Roma 174 km – Frosinone 88 km – L'Aquila 134 km – Isernia 51 km
Carta stradale Michelin 563-Q23

🏠 **Antico Borgo La Torre**   ✿ 🛏 🍽 P

via Castello 3 – ✆ *08 64 89 01 21* – *www.albergolatorre.com*
24 cam 🍽 – ♦30/50 € ♦♦50/60 €
Nel centro del paese, preservato nella sua integrità storica, due strutture divise dalla torre del '300 che dà il nome all'albergo; camere semplici e rinnovate.

CIVITELLA CASANOVA

Pescara (PE) – ✉ 65010 – 1 838 ab. – Alt. 400 m – Carta regionale n° **1-B2**

▶ Roma 209 km – Pescara 33 km – L'Aquila 97 km – Teramo 100 km

Carta stradale Michelin 563-O23

𝕏𝕏𝕏   **La Bandiera** (Marcello Spadone)   🍴 ⇔ 🌿 🏡 🍽 ⚭ 𝔸ℂ **ℙ**

contrada Pastini 4, Est: 4 km – 𝒞 *0 85 84 52 19 – www.labandiera.it – Chiuso 20 giorni in gennaio*

Menu 35/65 € – Carta 38/64 € – *(chiuso domenica sera e mercoledì)*

4 cam ⌑ – ♦70 € ♦♦90 €

Isolato e sperduto (meglio farsi consigliare la strada migliore per arrivarci), il ristorante è un'oasi di tranquillità, la cucina una bandiera delle specialità abruzzesi di terra. Avvolti dalla cortesia e dalle attenzioni dei titolari, c'è anche la possibilità di pernottare in camere semplici, ma che eviteranno viaggi dopo la cena.

→ Tortelli di pecorino, liquirizia e salsa di latticello allo zafferano dell'Aquila. Il signore degli agnelli 2015, stinco glassato, costoletta, crocchetta mais e mandorle. La bolla di Mattia.

𝕏𝕏   **Il Ritrovo d'Abruzzo**   ⇔ 🏡 ⚭ 𝔸ℂ

contrada Bosco 16 – 𝒞 *08 58 46 00 19 – www.ilritrovodabruzzo.it – Chiuso lunedì a mezzogiorno e martedì*

Menu 35/42 € – Carta 34/47 € – *(prenotare)*

In posizione isolata (meglio consultare una carta o farsi spiegare la strada), locale d'impronta rustico-elegante, dove assaporare piatti del territorio in chiave moderna.

CIVITELLA D'AGLIANO

Viterbo (VT) – ✉ 01020 – 1 653 ab. – Alt. 262 m – Carta regionale n° **7-B1**

▶ Roma 109 km – Viterbo 30 km – Perugia 85 km – Terni 63 km

🏠   **La Tana dell'Istrice**   ⚑ 𝔸ℂ ⚭ 🏔

piazza Unità d'Italia 12 – 𝒞 *07 61 91 45 33 -3 – www.sergiomottura.com – Chiuso 15-28 dicembre e 7 gennaio-21 marzo*

11 cam ⌑ – ♦90 € ♦♦158 €

Dentro al piccolo centro storico, un palazzo medievale ampliato nel 1500 diventa nel 1996 un'originale realtà ricettiva con camere rustico-eleganti. Al ristorante si assaggiano i vini prodotti dal patron Sergio Mottura: tra gli altri, l'autoctono grechetto.

CIVITELLA DEL LAGO – Terni (TR) → Vedere Baschi

CIVITELLA DEL TRONTO

Teramo (TE) – ✉ 64010 – 5 203 ab. – Alt. 589 m – Carta regionale n° **1-A1**

▶ Roma 194 km – Ascoli Piceno 25 km – Teramo 18 km – Pescara 79 km

Carta stradale Michelin 563-N23

𝕏𝕏   **Zunica 1880**   ⇔ ⇔ 🏡 ⬍

piazza Filippi Pepe 14 – 𝒞 *0 86 19 13 19 – www.hotelzunica.it – Chiuso 10-30 gennaio*

Menu 40/60 € – Carta 33/68 €   **17 cam** ⌑ – ♦60/85 € ♦♦89/119 € – **3 suites**

All'interno di un borgo in pietra in cima ad un colle dal quale abbracciare con lo sguardo colline, mare e montagne, un locale elegante ormai tappa gourmet dove gustare il meglio della cucina regionale. Camere confortevoli, recentemente ristrutturate.

CIVITELLA IN VAL DI CHIANA

Arezzo (AR) – ✉ 52040 – 9 099 ab. – Alt. 280 m – Carta regionale n° **18-C2**

▶ Roma 209 km – Siena 52 km – Arezzo 18 km – Firenze 72 km

Carta stradale Michelin 563-L17

𝕏   **L'Antico Borgo**   ⇔

via di Mezzo 31 – 𝒞 *05 75 44 80 51 – www.antborgo.it – Chiuso martedì, anche lunedì, mercoledì, giovedì in ottobre-maggio*

Carta 28/40 € – *(solo a cena escluso sabato e domenica)* (consigliata la prenotazione)

5 cam ⌑ – ♦50/60 € ♦♦75/90 €

Nel cuore del borgo medioevale che domina la valle, in un piccolo palazzetto del '500, caratteristico ristorante ricavato in un ex locale per la macina dei cereali. Sulla tavola: la tipica cucina toscana, rigorosamente stagionale.

CIVITELLA MARITTIMA

Grosseto (GR) – ⊠ 58045 – Alt. 329 m – Carta regionale n° **18-C2**
▶ Roma 211 km – Grosseto 33 km – Firenze 117 km – Siena 43 km
Carta stradale Michelin 563-N15

✗ Locanda nel Cassero ⇔ ♨ ☞

via del Cassero 29/31 – ☎ 05 64 90 06 80 – www.locandanelcassero.com
– Chiuso dicembre-marzo
Carta 26/43 € – *(chiuso martedì) (solo a cena in luglio-agosto)* (coperti limitati, prenotare)
5 cam ☞ – ♦55/76 € ♦♦80/96 €
All'ombra del campanile del paese, questa piccola locanda propone specialità toscane sapide e gustose. Oltre al ristorante c'è anche un'osteria, per piatti più semplici, alcuni freddi, a prezzi molto ridotti. Al piano superiore: camere arredate in modo semplice, in armonia con l'ambiente.

CLAVIERE

Torino (TO) – ⊠ 10050 – 217 ab. – Alt. 1 760 m – Carta regionale n° **12-A2**
▶ Roma 758 km – Bardonecchia 32 km – Sestriere 19 km – Torino 105 km
Carta stradale Michelin 561-H2

✗ 'l Gran Bouc ☞

via Nazionale 24/a – ☎ 01 22 87 88 30 – www.granbouc.it – *Chiuso maggio, novembre e mercoledì in bassa stagione*
Menu 14 € (pranzo)/55 € – Carta 27/55 €
Nato nel 1967 come sala giochi e bar, il locale è suddiviso in due sale di stile diverso - una rustica e l'altra più raffinata - dove gustare piatti nazionali, specialità piemontesi e pizze.

CLERAN = KLERANT – Bolzano (BZ) → Vedere Bressanone

CLUSANE SUL LAGO – Brescia (BS) → Vedere Iseo

CLUSONE

Bergamo (BG) – ⊠ 24023 – 8 599 ab. – Alt. 648 m – Carta regionale n° **9-B2**
▶ Roma 635 km – Bergamo 36 km – Brescia 64 km – Edolo 74 km
Carta stradale Michelin 561-E11

✗✗ Commercio e Mas-cì ⇔ ☞

piazza Paradiso 1 – ☎ 0 34 62 12 67 – www.mas-ci.it – *Chiuso giugno*
Carta 27/71 € – *(chiuso giovedì)* **18 cam** ☞ – ♦60 € ♦♦80 €
Albergo, ma soprattutto ristorante, nel grazioso centro storico. Due belle salette con camino - intime ed accoglienti - fanno da palcoscenico ad una cucina dove primeggiano le specialità locali: molta carne, anche alla griglia, e polenta.

COCCAGLIO

Brescia (BS) – ⊠ 25030 – 8 772 ab. – Alt. 162 m – Carta regionale n° **10-D2**
▶ Roma 573 km – Bergamo 35 km – Brescia 20 km – Cremona 69 km
Carta stradale Michelin 561-F11

🏨 Touring

via Vittorio Emanuele II° 40 – ☎ 03 07 72 10 84 – www.hotel-touring.it
96 cam ☞ – ♦75/105 € ♦♦100/160 €
Per affari o relax in Franciacorta, un albergo di ottimo confort, con annesso centro sportivo (c'è addirittura un campo da calcio regolamentare!): raffinata scelta di tessuti d'arredo negli eleganti interni in stile e moderna zona benessere. Piatti internazionali, specialità locali e, la sera, anche pizza, tra le proposte del ristorante.

XxX **Alessandro Cappotto in Villa Calini**

via Ingussano 19 – ℰ 03 07 24 35 74 – www.villacalini.it – Chiuso 1°-15 gennaio, 8-21 agosto, martedì e le sere di lunedì e mercoledì
Menu 20 € (pranzo in settimana)/75 € – Carta 43/87 € – (consigliata la prenotazione)
Non lontano dal centro, una sorta di borgo del '700 con una splendida villa interamente ristrutturata e adibita a ristorante: la linea di cucina è moderna, ma si fa tutto rigorosamente in casa come una volta (grissini, pane, pasticceria…). Una simpatica alternativa: l'orto-giardino ospita qualche tavolo per chi desidera restare ancora più a contatto con la campagna.

COCCONATO

Asti (AT) – ✉ 14023 – 1 529 ab. – Alt. 491 m – Carta regionale n° **12-C2**
▶ Roma 649 km – Torino 50 km – Alessandria 67 km – Asti 32 km
Carta stradale Michelin 561-G6

⌂ **Locanda Martelletti** ☆ ⫷ 🛌 🏃

piazza Statuto 10 – ℰ 01 41 90 76 86 – www.locandamartelletti.it – Chiuso gennaio-febbraio e 1 settimana in agosto
9 cam ⌷ – †65 € ††98/115 €
Nella parte alta del paese, spicca l'armonia tra le parti più antiche dell'edificio e soluzioni attuali di confort. Prima colazione servita in un delizioso dehors. Piccola ed accogliente sala da pranzo con proposte piemontesi e toscane.

CODIGORO

Ferrara (FE) – ✉ 44021 – 12 134 ab. – Carta regionale n° **5-D1**
▶ Roma 408 km – Ravenna 60 km – Bologna 90 km – Ferrara 43 km
Carta stradale Michelin 562-H18

XX **La Zanzara** (Sauro Bison) 🎴 🄰🄲 ⌖ ⇄

via per Volano 52, località Porticino – ℰ 05 33 35 52 36
– www.ristorantelazanzara.com – Chiuso 7-31 gennaio, lunedì e martedì
Menu 55 € – Carta 46/66 € – (coperti limitati, prenotare)
In un affascinante contesto naturalistico, su un'isoletta del parco del delta del Po, un casone di pesca settecentesco fa da sfondo ad una cucina in prevalenza marina, servita in una raffinata sala con un bel camino.
➜ Pasta all'emiliana fatta in casa con intingolo di canocchie. Anguilla di cattura cotta sulle braci. Millefoglie croccante con crema Chantilly, salsa di caramello.

XX **La Capanna di Eraclio** (Maria Grazia Soncini) 🌫 🄰🄲 ⇄ 🅿

località Ponte Vicini, Nord-Ovest: 8 km – ℰ 05 33 71 21 54
– www.lacapannadieraclio.it – Chiuso 19 agosto-9 settembre, mercoledì e giovedì
Carta 54/130 € – (consigliata la prenotazione)
Dal 1922, anno di apertura, l'atmosfera pare essere mutata di poco: una trattoria del cuore, piacevolmente retrò, autenticamente familiare, dove gustare degli straordinari prodotti del mare, freschi (a volte persino vivi!), paste al mattarello e selvaggina di piuma.
➜ Pasta con sgombro fresco, capperi, pomodorini e olive taggiasche. Anguilla "arost in umad". Zabaione al vin santo.

CODOGNÈ

Treviso (TV) – ✉ 31013 – 5 320 ab. – Carta regionale n° **23-C2**
▶ Roma 589 km – Venezia 71 km – Treviso 46 km – Pordenone 33 km
Carta stradale Michelin 562-E19

🏠 **Agriturismo Villa Toderini** 🛌 🔄 🄰🄲 ⌖ 🅿

via Roma 4/a – ℰ 04 38 79 60 84 – www.villatoderini.com – Chiuso 24 dicembre-6 gennaio e 15-25 agosto
10 cam ⌷ – †75/85 € ††105/120 €
Lo specchio d'acqua della peschiera riflette la maestosità e l'eleganza della nobile dimora settecentesca, dalla quale questa bella casa dista solo un breve viale di piante secolari e silenzio!

CODROIPO

Udine (UD) – ✉ 33033 – 16 046 ab. – Alt. 43 m – Carta regionale n° **6-B2**
▶ Roma 612 km – Udine 24 km – Trieste 82 km – Treviso 85 km
Carta stradale Michelin 562-E20

Ai Gelsi

via Circonvallazione Ovest, 12, Ovest: 1 km – 𝄞 *04 32 90 70 64*
– www.gelsi.com – Chiuso 10-25 agosto
39 cam ⌑ – ♦50/100 € ♦♦50/130 € – **1 suite**

A soli 2,5 km dalla storica Villa Manin, un piacevole hotel dagli ambienti accoglienti e dalle camere semplici nella loro linearità, ma confortevoli. Atmosfera sobriamente elegante al ristorante La Veranda, dove gustare qualche specialità di terra e tanto mare. Proposte gastronomiche più semplici al Flame'n Co. Brasserie.

COGNE

Aosta (AO) – ✉ 11012 – 1 442 ab. – Alt. 1 534 m – Carta regionale n° **21-A2**
▶ Roma 774 km – Aosta 27 km – Courmayeur 52 km –
Colle del Gran San Bernardo 60 km
Carta stradale Michelin 561-F4

Bellevue & SPA

rue Grand Paradis 22 – 𝄞 *0 16 57 48 25*
– www.hotelbellevue.it – Chiuso 3-21 aprile e 9 ottobre-3 dicembre
34 cam ⌑ – ♦170/260 € ♦♦190/420 € – **4 suites**
Rist *Le Petit Restaurant* ❀ – Vedere selezione ristoranti

Elegante chalet con interni da fiaba: mobili d'epoca, boiserie, raffinata scelta di stoffe e colori, nonché un piccolo museo d'arte popolare valdostana. La piacevolezza e la cura del dettaglio che i titolari mettono con la loro assidua presenza continua nella grande spa: oltre 1000 m² di assoluto benessere!

Miramonti

viale Cavagnet 31 – 𝄞 *0 16 57 40 30*
– www.miramonticogne.com
35 cam ⌑ – ♦96/240 € ♦♦160/264 € – **3 suites**

L'hotel ha tutto il fascino della tradizione alpina: soffitti a cassettoni, legno alle pareti, il calore del camino e libri antichi in esposizione. Nel centro benessere, invece, le più moderne installazioni per la remise en forme. E' nel soffitto ligneo dell'elegante sala ristorante che si svela il significato del suo nome.

Sant'Orso

via Bourgeois 2 – 𝄞 *0 16 57 48 22 – www.cognevacanze.com*
– Aperto 26 dicembre-Pasqua e 1° giugno-30 settembre
27 cam ⌑ – ♦86/135 € ♦♦136/240 €

Elegante e accogliente, centrale e silenzioso, questo hotel si presenta con un grande prato proprio di fronte al Gran Paradiso; anche le camere fanno eco alla piacevolezza della struttura. Per chi volesse invece approfittare del soggiorno per coltivare la forma fisica, il centro benessere vi attende con la sua panoramica piscina.

Belvedere

località Gimillan, Nord: 2 Km – 𝄞 *01 65 75 18 12*
– www.albergobelvedere.net – Chiuso 10 novembre-20 dicembre
12 cam ⌑ – ♦30/60 € ♦♦70/100 €

Un hotel che ha già dalla "sua", la stupenda ubicazione: nella parte alta e panoramica della località, la vista spazia su tutta Cogne e sul Gran Paradiso. E poi - nella sua semplicità - la struttura non manca di nulla, dalla piccola area relax in una struttura staccata dal corpo centrale, alle camere con graziose personalizzazioni. In tal senso, le più tipiche sono quelle ospitate nella dépendance.

XxX 🕸️ ⟵ 🏚️ 🛋️ 🔥 ♿ **P**
❀ **Le Petit Restaurant** – Hotel Bellevue & SPA
rue Grand Paradis 22 – ☎ 0 16 57 48 25 – www.hotelbellevue.it – Chiuso
3-21 aprile e 9 ottobre-3 dicembre e mercoledì
Menu 75/90 € – Carta 54/105 € – *(solo a cena escluso 8 luglio-28 agosto, sabato*
e domenica) (consigliata la prenotazione)
Pochi coperti, del resto il nome stesso del locale ne anticipa la caratteristica, ma
le attenzioni profuse ai suoi ospiti sono immense! Solo quattro tavoli, ciascuno di
un secolo diverso, il legno è nudo senza tovaglia. Ci penseranno i piatti ad appa-
recchiarli: specialità valdostane in grande stile, dalle carni ai formaggi quest'ultimi
affinati in casa.
→ Neve di foie gras su trota affumicata in casa. Tortello al tuorlo d'uovo, ricotta di
alpeggio, veli di tartufo. Il bosco incantato: pan di spagna leggero, crema pasticcera e frutti di bosco.

XX **Lou Ressignon** ⟵ **P**
via des Mines 23 – ☎ 0 16 57 40 34 – www.louressignon.it
– Chiuso 29 maggio-24 giugno e 2 novembre-2 dicembre
Carta 28/54 € – *(chiuso lunedì sera e martedì escluso luglio-agosto)*
4 cam 🛏️ – 🛏40/60 € 🛏🛏80/100 €
Simpatica tradizione di famiglia sin dal 1966! La cucina semplice e genuina valorizza i prodotti del territorio valdostano, mentre nei week-end, musica e allegria
animano la taverna. Quattro accoglienti camere sono a disposizione per chi
volesse prolungare la sosta.

X **Bar à Fromage** 🔥 **P**
rue Grand Paradis 21 – ☎ 01 65 74 96 96 – www.hotelbellevue.it
– Chiuso ottobre-novembre, giovedì e i mezzogiorno di martedì, mercoledì
e venerdì escluso vacanze di Natale, Carnevale e 10 luglio-30 agosto
Carta 32/56 €
Particolare e ricercato, un piccolo ristorante in legno dove il formaggio è re e il
legno e lo stile valligiano creano un'atmosfera intima e calda.

a Cretaz Nord : 1,5 km – ✉ 11012 Cogne

🏠 **Notre Maison** 🌲 ⟵ 🏚️ 🖼️ 💻 📶 🔼 ♿ 🚗
– ☎ 0 16 57 41 04 – www.notremaison.it – Aperto
17 dicembre-1° maggio e 10 giugno-2 ottobre
30 cam – solo ½ P 85/130 € – **6 suites**
In un giardino-solarium e collegati da un passaggio coperto, un caratteristico chalet e un corpo più recente, con centro fitness e nuove camere molto confortevoli.
Rustica e accogliente sala ristorante.

XX **Lou Bequet** ⟵ ♿ **P**
– ☎ 0 16 57 46 51 – www.loubequet.it – Chiuso novembre, martedì sera e
mercoledì escluso alta stagione
Carta 33/52 € – *(coperti limitati, prenotare)*
Con grandi vetrate sulle montagne, un localino molto accogliente dove lo chef-
patron propone piatti regionali o sue allettanti creazioni, colorate e gustose.

a Valnontey Sud-Ovest : 3 km – ✉ 11012 Cogne

🏠 **La Barme** 🌲 🦌 ⟵ 🏚️ 📶 ♿ 🚗
– ☎ 01 65 74 91 77 – www.hotelcogne.com – Chiuso novembre
16 cam 🛏️ – 🛏50/90 € 🛏🛏70/140 € – **2 suites**
Se rifuggite dalla mondanità, avventuratevi ai piedi del Gran Paradiso: antiche
baite in pietra e legno, calda e quieta atmosfera, e forse avvisterete anche gli
stambecchi. Arredato nel rispetto del caldo stile valdostano, il ristorante propone
piatti tipici regionali.

COGNOLA – Trento (TN) → Vedere Trento

COGOLETO
Genova (GE) – ✉ 16016 – 9 161 ab. – Carta regionale n° **8-B2**
▶ Roma 531 km – Genova 31 km – Alessandria 80 km – Savona 21 km
Carta stradale Michelin 561-I7

Eco del Mare

via della Madonnina Inferiore 5 – ☏ *01 09 18 20 09 – www.hotelecodelmare.net*
16 cam – †70/90 € ††80/170 €
In posizione elevata e frontemare, hotel dalla cordiale conduzione familiare con ariosi spazi comuni ed ampie, comode, camere. Bellissima anche la terrazza esterna dalla generosa vista.

XXX Class

piazza Stella Maris 7 – ☏ *01 09 18 19 25 – www.ristoranteclass.it*
– Chiuso 2 settimane in gennaio, 2 settimane in novembre e lunedì escluso giugno-agosto
Carta 40/83 €
Non lontano dal centro, locale di tono moderno e dalla giovane, appassionata conduzione: dopo una lunga esperienza all'estero, lo chef-patron intrattiene i suoi ospiti con gustose specialità di pesce. Gran bel dehors con vista mare per cene ad alto tasso di romanticismo.

COGOLO – Trento (TN) ➜ Vedere Peio

COLFIORITO

Perugia (PG) – ✉ 06034 – Alt. 760 m – Carta regionale n° **20-C2**
▶ Roma 182 km – Perugia 62 km – Ancona 127 km – Macerata 66 km
Carta stradale Michelin 563-M20

Benessere Villa Fiorita

via del Lago 9 – ☏ *07 42 68 13 26 – www.hotelvillafiorita.com*
38 cam – †45/70 € ††80/140 €
Belle camere, nonché una romantica suite con letto a baldacchino e vasca idromassaggio (matrimoniale) in questa struttura dall'accogliente gestione familiare. Sosta al centro benessere per prendersi cura di sé o distensive passeggiate nel fresco giardino. La cucina ammicca ai sapori locali.

COLLALBO = **KLOBENSTEIN** – Bolzano (BZ) ➜ Vedere Renon

COLLEBEATO

Brescia (BS) – ✉ 25060 – 4 692 ab. – Alt. 192 m – Carta regionale n° **9-C1**
▶ Roma 534 km – Brescia 8 km – Bergamo 54 km – Milano 96 km
Carta stradale Michelin 561-F12

a Campiani Ovest : 2 km – ✉ 25060 Collebeato

XXX Carlo Magno

via Campiani 9 – ☏ *03 02 51 11 07 – www.carlomagno.it*
– Chiuso 1°-15 gennaio, 1°-19 agosto, lunedì e martedì
Menu 35/58 € – Carta 44/106 €
In una possente, austera casa di campagna dell'800, sale di suggestiva eleganza d'epoca, con travi o pietra a vista, dove gustare piatti del territorio in chiave moderna.

COLLECCHIO

Parma (PR) – ✉ 43044 – 14 295 ab. – Alt. 112 m – Carta regionale n° **5-A3**
▶ Roma 474 km – Parma 19 km – Bologna 117 km – Piacenza 70 km
Carta stradale Michelin 562-H12

Campus

via Nazionale Est 40 – ☏ *05 21 80 26 80 – www.hotelcampus.com – Chiuso vacanze di Natale*
53 cam – †42/99 € ††53/129 € – **2 suites**
Dispone di comodo parcheggio questa moderna struttura, costantemente aggiornata da una giovane e dinamica gestione, che offre buoni servizi, camere spaziose e un bistrot - aperto solo alla sera - con piccola scelta a prezzi contenuti.

Daytona ⬚ ⬚ AK ⬚ P

via del Giardinetto 6 – ℰ 05 21 80 11 62 – www.daytonahotel.it
38 cam ⬚ – ♦50/120 € ♦♦65/140 €
Non può che evocare il mondo dei motori, il nome di questo business hotel in posizione strategica rispetto alla rete autostradale: camere moderne, sale congressi ed un vicino centro sportivo a cui gli ospiti possono accedere.

COLLE D'ANCHISE

Campobasso (CB) – ✉ 86020 – 815 ab. – Alt. 649 m – Carta regionale n° **1-C3**
▶ Roma 208 km – Campobasso 22 km – Isernia 34 km – Napoli 140 km
Carta stradale Michelin 564-C25

 La Piana dei Mulini Ⓝ ⬚ ⬚ AK P

sulla strada statale 647 Nord: 7 km – ℰ 08 74 78 73 30 – www.lapianadeimulini.it
12 cam ⬚ – ♦40/60 € ♦♦60/70 €
Piccolo borgo d'origine settecentesca, nel corso dei secoli è stato mulino, centro per la colorazione delle lane e centrale idroelettrica. Ora è un accogliente albergo diffuso nel contesto del parco fluviale del Biferno.

COLLE DI VAL D'ELSA

Siena (SI) – ✉ 53034 – 21 664 ab. – Alt. 141 m – Carta regionale n° **18-D1**
▶ Roma 255 km – Firenze 50 km – Siena 24 km – Arezzo 88 km
Carta stradale Michelin 563-L15

 Palazzo San Lorenzo ⬚ ⬚ ⬚ ⬚ ⬚ ⬚ AK ⬚

via Gracco del Secco 113 – ℰ 05 77 92 36 75 – www.palazzosanlorenzo.it
48 cam ⬚ – ♦85/134 € ♦♦85/204 €
Nel centro storico di Colle Alta, l'ex ospedale seicentesco propone una raffinata e moderna reinterpretazione del tradizionale stile alberghiero. Sono cinque, le imperdibili camere con vista sul borgo.

 Relais della Rovere ⬚ ⬚ ⬚ ⬚ ⬚ ⬚ AK ⬚ ⬚ P

*via Piemonte 10 – ℰ 05 77 92 46 96 – www.relaisdellarovere.it – Aperto
1° aprile-31 ottobre*
26 cam ⬚ – ♦105/145 € ♦♦129/209 € – **4 suites**
Rist *Il Cardinale* – Vedere selezione ristoranti
Eclettica fusione di stili e di design, tra antico e moderno, in un complesso di gran classe, nato dal recupero di un'antica dimora patrizia e di un'abbazia dell'XI sec.

 Arnolfo (Gaetano Trovato) ⬚ ⬚ ⬚ AK
⬚⬚ *via XX Settembre 50/52 – ℰ 05 77 92 05 49 – www.arnolfo.com – Chiuso
14 gennaio-2 marzo*
Menu 110/150 € – Carta 125/210 € – *(chiuso martedì e mercoledì)* (consigliata la prenotazione)
4 cam ⬚ – ♦190 € ♦♦220 €
L'immagine che ogni turista ha della Toscana tra colline, cipressi e la cinta di mura medievali. La ricetta del sogno si sublima nei piatti: carosello dei migliori prodotti regionali, interpretati con fantasia. Splendido servizio estivo sulla terrazza panoramica. Bomboniera per charme e dimensioni il piccolo albergo.
→ Tortelli, cinta senese, porri, punte di asparagi e liquirizia. Capretto delle crete senesi, carrè, coscio e cuori di carciofi. Cioccolato, mango, frutto della passione e caramello salato.

 Il Cardinale – Relais della Rovere

*via Piemonte 10 – ℰ 05 77 92 20 89 – www.relaisdellarovere.it – Aperto
1° aprile-31 ottobre; chiuso martedì*
Carta 32/53 €
Nel complesso alberghiero del Relais della Rovere, i tavoli del ristorante si perdono in quasi mille anni di storia: fu nel 1100 che i monaci benedettini gettarono le fondamenta del monastero. Oggi, è nelle cantine che si celebra il rito della cucina toscana o, durante la bella stagione, in giardino.

XX **L'Antica Trattoria**

piazza Arnolfo 23 – ☏ 05 77 92 37 47 – Chiuso 1 settimana in gennaio e martedì
Menu 35/45 € – Carta 37/74 €
Boiserie e lampadari di Murano in un ristorante caldo ed elegante, che d'estate si
espande nel dehors sulla bella piazza recentemente rinnovata. In menu: proposte
eclettiche con un occhio di riguardo per la tradizione.

COLLE DI VILLA = BAUERNKOHLERN – Bolzano (BZ) ➜ Vedere Bolzano

COLLEPIETRA (STEINEGG)
Bolzano (BZ) – ✉ 39053 – Alt. 820 m – Carta regionale n° **19-D3**
▶ Roma 656 km – Bolzano 15 km – Merano 46 km – Trento 71 km
Carta stradale Michelin 561-C16

 Steineggerhof

*Collepietra 128, Nord-Est: 1 km – ☏ 04 71 37 65 73 – www.steineggerhof.com
– Aperto 21 marzo-31 ottobre*
35 cam – solo ½ P 78/95 €
Per ritemprarsi e rilassarsi nello splendido scenario dolomitico, una panoramica
casa tirolese dai tipici interni montani, dove il legno regna sovrano. Struttura
ideale per gli amanti della mountain bike. Curata sala ristorante dal soffitto ligneo.

COLLI DEL TRONTO
Ascoli Piceno (AP) – ✉ 63079 – 3 701 ab. – Alt. 168 m – Carta regionale n° **11-D3**
▶ Roma 208 km – Ascoli Piceno 23 km – Ancona 106 km – L'Aquila 93 km
Carta stradale Michelin 563-N23

 Villa Picena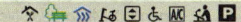

via Salaria 66 – ☏ 07 36 89 24 60 – www.villapicena.it
39 cam ⌖ – ♦55/110 € ♦♦75/150 € – **2 suites**
Nel cuore della vallata del Tronto, la dimora ottocentesca offre ambienti ricchi di
fascino e camere arredate con gusto e sobrietà, in sintonia con lo stile della villa.
Ricavata nella parte più antica della villa, la sala da pranzo propone menù degustazione e la possibilità di consumare piatti veloci o leggeri.

COLLI SUL VELINO
Rieti (RI) – ✉ 02010 – 534 ab. – Alt. 465 m – Carta regionale n° **7-B1**
▶ Roma 102 km – Rieti 19 km – Perugia 104 km – Terni 19 km
Carta stradale Michelin 563-O20

 Relais Villa d'Assio

*strada statale 79, località Mazzetelli, Sud-Est: 3km – ☏ 07 46 63 62 00
– www.relaisvilladassio.com – Chiuso 1°-14 dicembre e gennaio*
40 cam ⌖ – ♦70/120 € ♦♦70/120 € – **3 suites**
A dieci minuti di macchina da Rieti, un grazioso borgo del 1500 convertito in
albergo con arredi semplici ed essenziali nelle camere ospitate in casette in pietra. Determinanti gli spazi esterni, il parco e le attività sportive: caccia a tre dimensioni, tiro con l'arco, basket e calcetto.

COLLOREDO DI MONTE ALBANO
Udine (UD) – ✉ 33010 – 2 252 ab. – Alt. 212 m – Carta regionale n° **6-B2**
▶ Roma 652 km – Udine 15 km – Tarvisio 80 km – Trieste 85 km
Carta stradale Michelin 562-D21

XX **La Taverna** (Piero Galliano Zanini)
ॐ
*piazza Castello 2 – ☏ 04 32 88 90 45 – www.ristorantelataverna.it – Chiuso
2 settimane in novembre, domenica sera e mercoledì*
Carta 63/95 €
Di fronte al castello, ambiente curato ma informale, sfumature rustiche e camino
con affaccio sul bellissimo giardino che si fa "contorno" con la bella stagione.
Cucina contemporanea che valorizza le materie prime.
➜ Garganelli all'aglio, olio e peperoncino, con crostacei d'Istria e crema d'aglio
orsino. Carré d'agnello in panura di erbe spontanee e spinacini spadellati. Sfera
di Foresta Nera.

COLMEGNA – Varese (VA) → Vedere Luino

COLOGNE
Brescia (BS) – ✉ 25033 – 7 653 ab. – Alt. 187 m – Carta regionale n° **10-D2**
🚗 Roma 575 km – Bergamo 31 km – Brescia 27 km – Cremona 72 km
Carta stradale Michelin 561-F11

🏨 **Cappuccini Resort** 🕊 🐾 🛋 ▣ 🌐 🏔 ⓛ ▣ 📶 ㊱ 🅿
via Cappuccini 54, Nord: 1,5 km – ℰ *03 07 15 72 54* – *www.cappuccini.it*
14 cam ⌚ – ♦84/110 € ♦♦168 € – **3 suites**
Rist *Cappuccini cucina San Francesco* – Vedere selezione ristoranti
Pernottare in un antico convento circondati dal silenzio, in camere eleganti e
d'atmosfera, con un piccolo centro benessere dove coccolarsi...Sembra un sogno,
ma non lo è!

🍴🍴🍴 **Cappuccini cucina San Francesco** – Cappuccini Resort 📶 🅿
via Cappuccini 54, Nord: 1,5 km – ℰ *03 07 15 72 54* – *www.cappuccini.it*
Menu 28 € (pranzo in settimana)/55 € – Carta 38/72 €
Ricercatezza enologica e cucina moderna in sintonia con le stagioni, in un'elegante sala ricca di fascino storico, fra candide fiandre e candelabri. Il tutto all'interno dell'omonimo resort.

COLOGNO AL SERIO
Bergamo (BG) – ✉ 24055 – 11 097 ab. – Alt. 156 m – Carta regionale n° **10-C2**
🚗 Roma 581 km – Bergamo 14 km – Brescia 45 km – Milano 47 km
Carta stradale Michelin 561-F11

🏨 **Antico Borgo la Muratella** 🕊 🐾 🏔 ▣ ㊱ 📶 ㊱ 🅿
località Muratella, Nord-Est: 2,5 km – ℰ *03 54 87 22 33* – *www.lamuratella.it*
68 cam ⌚ – ♦52/115 € ♦♦60/200 € – **2 suites**
Pronti per un viaggio nella storia? La cinquecentesca dimora appartenente ai
Conti di Medolago vi attende per un soggiorno di relax o di lavoro in un'atmosfera d'altri tempi: giardino, laghetto e curati interni in stile. Nuovo piccolo centro
benessere.

COLOMBARE DI SIRMIONE – Brescia (BS) → Vedere Sirmione

COLOMBARO – Brescia (BS) → Vedere Corte Franca

COLONNATA – Massa-Carrara (MS) → Vedere Carrara

COLORETO – Parma → Vedere Parma

COLORNO
Parma (PR) – ✉ 43052 – 9 093 ab. – Alt. 29 m – Carta regionale n° **5-B1**
🚗 Roma 466 km – Parma 16 km – Bologna 104 km – Brescia 79 km
Carta stradale Michelin 562-H13

🏨 **Versailles** ▣ ㊱ 📶 ㊱ 🅿
via Saragat 3 – ℰ *05 21 31 20 99* – *www.hotelversailles.it* – Chiuso
23 dicembre-10 gennaio e agosto
48 cam ⌚ – ♦65/95 € ♦♦89/130 €
Nell'ex "Versailles dei Duchi di Parma", un albergo a conduzione familiare, indicato per clientela turistica e d'affari; camere semplici, ma funzionali.

a Vedole Sud-Ovest : 2 km – ✉ 43052 Colorno

🍴🍴 **Al Vedel** 🐝 ㊱ 📶 ⇔ 🅿
via Vedole 68 – ℰ *05 21 81 61 69* – *www.alvedel.it*
– Chiuso 24 dicembre-5 gennaio, agosto, lunedì e martedì
Menu 35/40 € – Carta 28/66 €
Da generazioni fedele alla lunga tradizione di ospitalità e alla buona cucina emiliana, arricchisce ora le proprie elaborazioni con una vena di fantasia: i "tortel dols
di Colorno" con mele cotogne, pere nobili, mosto cotto e zucca da mostarda,
ne sono un esempio. Visitabile la cantina, tra vini e salumi di produzione propria.

COL SAN MARTINO – Treviso (TV) ➜ Vedere Farra di Soligo

COLTODINO – Rieti (RI) ➜ Vedere Fara in Sabina

COMABBIO
Varese (VA) – ✉ 21020 – 1 130 ab. – Alt. 307 m – Carta regionale n° **9-A2**
▶ Roma 634 km – Stresa 44 km – Varese 19 km – Milano 61 km
Carta stradale Michelin 561-E8

sulla strada statale 629 direzione Besozzo al Km 4,5

✗ **Cesarino** ⟨ 🏠 ♻ 🅿
via Labiena 1861 ✉ *21020* – ☎ *03 31 96 84 72 – www.ristorantecesarino.com*
– Chiuso 15-20 agosto e mercoledì
Menu 28 € – Carta 33/65 €
Fate attenzione a non mancare la stretta ed unica entrata di questo locale famiiare di lunga tradizione, in riva al lago. Proposte del territorio legate alle stagioni.

COMACCHIO
Ferrara (FE) – ✉ 44022 – 22 744 ab. – Carta regionale n° **5-D2**
▶ Roma 419 km – Ravenna 37 km – Bologna 93 km – Ferrara 53 km
Carta stradale Michelin 562-H18

🏠 **Locanda La Comacina** 🏠 🖿 ₺ 🄰🄲
Via E. Fogli 17/19 – ☎ *05 33 31 15 47 – www.locandalacomacina.it – Chiuso*
15 giorni in gennaio e 15 giorni in novembre
14 cam ☷ – ✝50/85 € ✝✝85/105 €
Nel cuore del centro storico, camere confortevoli ed accoglienti in una graziosa
locanda sul canale Maggiore, a due passi dalla torre dell'Orologio. Nel periodo
estivo: servizio-navetta gratuito (in barca, su una piccola batana tradizionale) dal
parcheggio dei Trepponti all'albergo. Pesce e grigliate di qualità nel rinomato
ristorante.

🏠 **B&B Al Ponticello** 🛏 🖿 ₺ ⚹ 🄰🄲 🅿
via Cavour 39 – ☎ *05 33 31 40 80 – www.alponticello.it*
8 cam ☷ – ✝50/130 € ✝✝70/130 €
Lungo un romantico canale del centro sul quale si affacciano quasi tutte le
camere, è una sistemazione elegante e piacevolmente decorata. Il titolare, guida
ambientale, vi porterà alla scoperta degli uccelli del parco.

✗✗ **La Barcaccia** 🏠 ₺ 🄰🄲
☜ *piazza XX Settembre 41* – ☎ *05 33 31 10 81 – www.trattorialabarcaccia.com*
– Chiuso 15 giorni in gennaio, 15 giorni in novembre e lunedì
Menu 25 € (pranzo in settimana)/53 € – Carta 26/78 €
Fiancheggia il duomo ed è un ristorante semplice e familiare che propone con
successo i classici di pesce dell'Adriatico. Le cotture sulla griglia di carbone di
legno sono la specialità della casa.

a Porto Garibaldi Est : 5 km – ✉ 44029

✗✗ **Da Pericle** 🏠 ₺ 🄰🄲
via dei Mille 203 – ☎ *05 33 32 73 14 – www.ristorantepericle.it – Chiuso*
5-11 novembre e lunedì
Menu 35 € – Carta 31/104 €
Non esitate a prendere posto nella panoramica terrazza al primo piano per restare
ammaliati dalla vista. La cucina predilige il pesce, servito in abbondanti porzioni.

a Lido degli Estensi Sud-Est : 7 km – ✉ 44024

🏠 **Logonovo** ⊼ 🛋 🖿 🄰🄲 🕎 🅿
viale delle Querce 109 – ☎ *05 33 32 75 20 – www.hotellogonovo.com*
45 cam ☷ – ✝55/90 € ✝✝80/150 €
In zona residenziale, a poca distanza dal mare, l'indirizzo è adatto tanto ai vacanzieri, quanto alla clientela di lavoro. Particolarmente confortevoli le camere al
quinto piano, ampie e arredate con gusto.

COMANO TERME

Trento (TN) – ⊠ 38070 Ponte Arche – Alt. 395 m – ⊠ Ponte Arche
– Carta regionale n° **19-B3**
▶ Roma 586 km – Trento 24 km – Brescia 103 km – Verona 106 km
Carta stradale Michelin 562-D14

a Ponte Arche – ⊠ 38077 – Alt. 400 m

  Grand Hotel Terme ☆ 🐾 ← 🛏 🍴 🖥 🌐 🎧 ⬇ ♿ 🔗 🏊 🚗
– ℰ 04 65 70 14 21 – www.ghtcomano.it – *Aperto 18 dicembre-8 gennaio
e 24 marzo-2 novembre*
80 cam ☑ – †50/206 € ††80/352 € – **2 suites**
Circondata dalla tranquillità del Parco delle Terme, interni spaziosi e di design per
questa struttura, leader per la cura della pelle ed ottimo centro termale. Dal ristorante una splendida vista sul parco e nel piatto cucina nazionale.

  Cattoni-Plaza ☆ ← 🛏 🖥 🌐 🎧 ⬇ 🍴 🖥 ♿ 🔗 AC 🏊 🚗
via Battisti 19 – ℰ 04 65 70 14 42 – www.comanocattoniholiday.it
– *Aperto 5 dicembre-16 gennaio e 1° aprile-2 novembre*
73 cam ☑ – †53/79 € ††94/144 €
Hotel che dispone di confortevoli spazi, camere classiche, piscina coperta, centro
benessere ed un'area animazione per i bambini. Ariosa ed ampia anche la sala
ristorante per una cucina nazionale.

a Campo Lomaso – ⊠ 38070 Lomaso – Alt. 492 m

  Villa di Campo ☆ 🐾 🛏 🎧 🍴 🖥 P
frazione Campo Lomaso 40 – ℰ 04 65 70 00 72 – www.villadicampo.it – *Chiuso
febbraio-marzo e novembre*
21 cam ☑ – †60/110 € ††110/180 €
Un edificio ottocentesco sapientemente ristrutturato ospita questa bella dimora
d'epoca immersa in un grande parco: camere di diverse tipologie e centro benessere per trattamenti olistici. Nell'elegante sala ristorante, atmosfere d'altri tempi e
prodotti biologici legati ai colori ed ai sapori delle stagioni.

COMELICO SUPERIORE

Belluno (BL) – ⊠ 32040 – 2 634 ab. – Alt. 1 210 m – Carta regionale n° **23-C1**
▶ Roma 678 km – Cortina d'Ampezzo 52 km – Belluno 77 km – Dobbiaco 32 km
Carta stradale Michelin 562-C19

a Padola Nord-Ovest : 4 km – ⊠ 32040

  La Torre ☆ 🐾 ← 🎧 ⬇ 🖥 ♿ P
via Milano 2 A – ℰ 04 35 47 01 60 – www.hotelspalatorre.com
18 cam ☑ – †95/110 € ††120/170 €
Struttura di concezione del tutto moderna: colori chiari, grandi vetrate e, di conseguenza, tanta luce caratterizzano ogni suo settore, anche il centro benessere.

COMMEZZADURA

Trento (TN) – ⊠ 38020 – 903 ab. – Alt. 852 m – Carta regionale n° **19-B2**
▶ Roma 648 km – Bolzano 89 km – Passo del Tonale 25 km – Trento 62 km
Carta stradale Michelin 562-D14

  Tevini ☆ 🐾 ← 🛏 🖥 🌐 🎧 ⬇ 🖥 ♿ AC 🚗
località Almazzago – ℰ 04 63 97 49 85 – www.hoteltevini.com – *Aperto
8 dicembre-15 aprile e 1° giugno-15 ottobre*
52 cam ☑ – †70/200 € ††108/330 € – **2 suites**
In Val di Sole, un soggiorno di sicuro confort in un albergo curato; spazi comuni
rifiniti in legno e gradevole centro benessere; suggestiva la camera nella torretta.
Boiserie e tende di pizzo alle finestre, affacciate sul verde, nella sala ristorante.

COMO

✉ 22100 – 84 687 ab. – Alt. 201 m – Carta regionale n° **10-A1**

▶ Roma 625 km – Bergamo 56 km – Milano 48 km – Monza 42 km

Carta stradale Michelin 561-E9

Sheraton Lake Como Hotel

via per Cernobbio 41/a, 2,5 km per Lugano A1 – ☎ 0 31 51 61
– www.sheratonlakecomo.com

112 cam – ♦180/350 € ♦♦180/350 € – ☑ 18 € – **4 suites**

La moderna efficienza delle installazioni si coniuga con la raffinatezza degli interni in una struttura - completamente ristrutturata - che dispone di superbe camere e di un attrezzato centro congressi. Nell'incantevole parco è incastonata come un'acquamarina la piscina, con area riscaldata ed idromassaggio. Proposte dai sapori italiani al ristorante Gusto; churrascheria e pizzeria nell'informale dehors del Kincho.

Terminus

lungo Lario Trieste 14 – ☎ 0 31 32 91 11   Pianta: AB1**c**
– www.albergoterminus.it – *Chiuso 20 dicembre-31 gennaio*

46 cam ☑ – ♦150/210 € ♦♦190/360 € – **4 suites**

Prestigioso palazzo in stile liberty dagli interni personalizzati ed eleganti, per un soggiorno esclusivo in riva al lago: meravigliosa la penthouse all'ultimo piano di 300 metri quadrati! Calda ambientazione d'epoca nella raccolta saletta del caffè-ristorante.

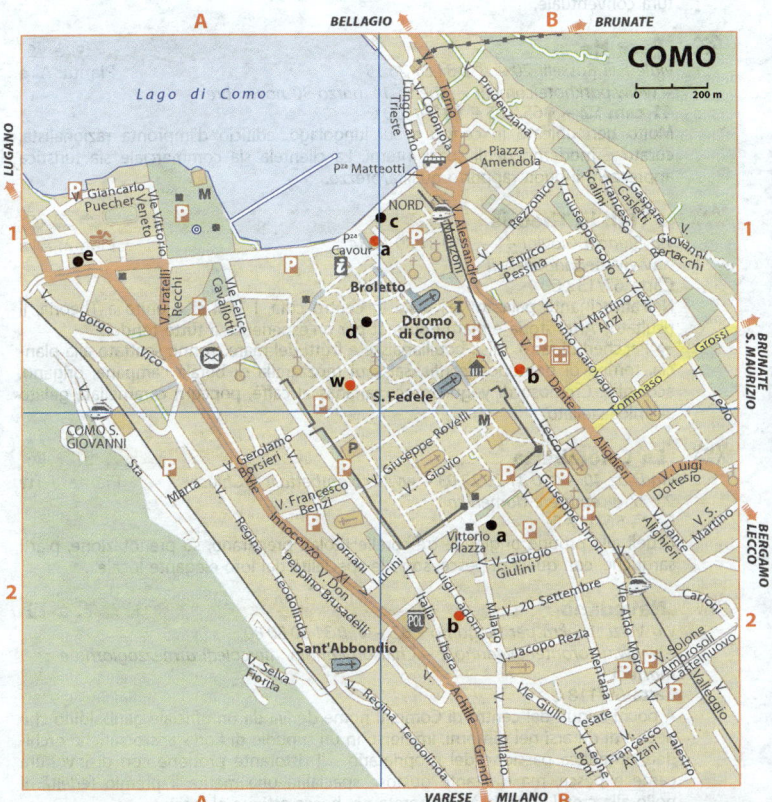

Le Due Corti 　　　　　　　　　　　　　🔾 ⌷ 🗗 ♿ AC 🔇 🎿 P

piazza Vittoria 12/13 – ☎ 0 31 32 81 11 　　　　　　　Pianta: B2**a**
– www.hotelduecorti.it – Chiuso 15 dicembre-15 gennaio
63 cam ⌹ – †90/170 € ††158/220 € – **2 suites**
Magistrale, raffinato connubio di vecchio e nuovo in un hotel elegante ricavato in
un'antica stazione di posta; mobili d'epoca nelle camere, con pareti in pietra a
vista. Ristorante di sobria eleganza con arredi in stile.

Villa Flori 　　　　　　　　　　🔾 ⟨ 🍴 ♨ 🗗 ♿ AC 🎿 P

via per Cernobbio 12, 2 km per Lugano - A1 – ☎ 03 13 38 20
– www.hotelvillaflori.com – Aperto 1° marzo-15 novembre
53 cam ⌹ – †170/223 € ††232/410 €
In splendida posizione panoramica, una bella struttura rinnovata di recente con
camere minimaliste, ma chic, come moda impone. Cucina contemporanea nel
luminoso ristorante dotato di romantica terrazza affacciata sul lago.

Tre Re 　　　　　　　　　　　　　　　　🔾 🗗 AC P

via Boldoni 20 – ☎ 0 31 26 53 74 – www.hoteltrere.com 　　　Pianta: A1**d**
– Chiuso 18 dicembre-10 gennaio
47 cam ⌹ – †85/120 € ††120/180 € – **1 suite**
Potenziato e rinnovato in anni recenti, è un albergo confortevole, a conduzione
familiare, che dispone di comodo parcheggio custodito; arredi moderni nelle
stanze. Sale da pranzo con elementi (colonne e pitture murali) di un'antica struttura conventuale.

Park Hotel 　　　　　　　　　　　　　　　🗗 ♿ AC

viale F.lli Rosselli 20 – ☎ 0 31 57 26 15 　　　　　　　Pianta: A1**e**
– www.parkhotelcomo.it – Aperto 1° marzo-30 novembre
41 cam ⌹ – †65/105 € ††89/150 €
Molto ben ubicato in centro e sul lungolago, edificio d'impronta razionalista,
curato e moderno negli spazi interni. La clientela sia commerciale sia turistica
apprezzerà il buon rapporto qualità/prezzo.

I Tigli in Theoria 　　　　　　　　　　　　🏠 AC ⇔

via Bianchi Giovini 41 – ☎ 0 31 30 13 34 　　　　　　　Pianta: A1**a**
– www.theoriagallery.it
Carta 67/132 €
Nell'affascinante palazzo vescovile in centro città, I Tigli si è unito a Theoria. Il
risultato? Arte, storia e piatti gourmet per un'esperienza a tutto tondo!
➜ Paccheri di farro, salsa bouillabaisse e frutti del mare. Tonno scottato alla plancia, terrina di pomodori confit, salsa di mozzarella di bufala campana, origano,
acciughe. Cremoso di yogurt greco, ananas al caffè, popcorn caramellati, gelato
all'anice stellato

La Colombetta 　　　　　　　　　　　　　　　　AC

via Diaz 40 – ☎ 0 31 26 27 03 – www.colombetta.it – Chiuso 　Pianta: A1**w**
23-27 dicembre e domenica
Carta 56/117 €
Fedeli alle proprie origini, le tre sorelle titolari preparano, su prenotazione, piatti
sardi che, con quelli di pesce, sono le specialità del loro elegante locale.

Navedano 　　　　　　　　　　　🌿 🍴 🏠 ♿ ⇔ P

via Velzi, 1,5 km per Bergamo - B2 – ☎ 0 31 30 80 80
– www.ristorantenavedano.it – Chiuso gennaio, mercoledì a mezzogiorno e
martedì
Carta 69/118 €
A pochi minuti dal centro di Como, il nome deriva da un ufficiale garibaldino che
decise di ritirarsi nei dintorni. Immerso in un tripudio di fiori - aristocratiche orchi-
dee, autentica passione del proprietario - il ristorante propone con disinvoltura
carne e pesce, ma tra tante gustose specialità una merita il premio fedeltà: il
pollo alla creta! L'argilla è recuperata nel bosco attiguo al locale.

XX Locanda dell'Oca Bianca ⇐ 🏠 P

via Canturina 251, 5 km per Bergamo - B2 – 𝄞 *0 31 52 56 05*
– *www.hotelocabianca.it* – *Chiuso 2 settimane in gennaio*
Menu 35 € – Carta 31/56 € – *(chiuso lunedì) (solo a cena escluso domenica)*
21 cam ☕ – ♦55/75 € ♦♦80/100 €
Calda atmosfera e ambiente curato in un ristorante sulla strada per Cantù, dove
d'estate si mangia all'aperto; camere ristrutturate, ottimo rapporto qualità/prezzo.

XX Er Più 🗚 ⇔

via Pastrengo 1, per via Achille Grandi - B2 – 𝄞 *0 31 27 21 54*
– *www.erpiucomo.com* – *Chiuso 2-10 gennaio, 5-30 agosto e martedì*
Menu 19 € (pranzo) – Carta 35/69 €
Oltre quarant'anni di attività per uno dei ristoranti più popolari della città: impres-
sionante scelta di specialità, dai primi piatti alle carni, passando per i prodotti del
mare. Difficile uscirne scontenti.

XX L'Angolo del Silenzio 🏠 🗚

viale Lecco 25 – 𝄞 *03 13 37 21 57* Pianta: B1**b**
– *www.osterialangolodelsilenzio-como.com* – *Chiuso 10-17 gennaio,*
10-24 agosto e lunedì
Menu 22 € (pranzo in settimana)/42 € – Carta 34/61 €
Esperta gestione per un locale classico, con dehors estivo nel cortile; la cucina, di
matrice lombarda, è senza fronzoli e fa della concretezza la sua arma vincente.

XX L'Antica Trattoria 🗚

via Cadorna 26 – 𝄞 *0 31 24 27 77* Pianta: B2**b**
– *www.lanticatrattoria.co.it* – *Chiuso 16-31 agosto e domenica*
Menu 23 € (pranzo)/28 € – Carta 35/62 €
Locale storico ubicato in centro città: ampia sala luminosa e ricette della tradizione italiana, gastronomia di stagione nonché specialità di carne con braciere a
vista. Per i celiaci, un menu completo con preparazioni senza glutine.

X Namaste 🗚

piazza San Rocco 8, per via Achille Grandi - B2 – 𝄞 *0 31 26 16 42*
– *www.ristorante-namaste.it* – *Chiuso lunedì*
Menu 14 € (pranzo in settimana)/26 € – Carta 18/41 €
La semplicità di un'autentica ambientazione indiana, senza orpelli folcloristici, per
provare specialità etniche che vengono da molto lontano: un'alternativa esotica.

COMO (Lago di) o LARIO – Como

CONCA DEI MARINI

Salerno (SA) – ✉ 84010 – 688 ab. – Carta regionale n° **4-B2**
▶ Roma 272 km – Napoli 58 km – Amalfi 5 km – Salerno 30 km
Carta stradale Michelin 564-F25

🏨 Monastero Santa Rosa Hotel & Spa ☆ 🌿 🛥 🏊 🌐 🎎 🗗 ⊕ 🗚 🗙 P

via Roma 2 – 𝄞 *08 98 32 11 99* – *www.monasterosantarosa.com*
– *Aperto 22 aprile-30 ottobre*
12 cam ☕ – ♦400/890 € ♦♦400/890 € – **8 suites**
Rist *Santa Rosa* – Vedere selezione ristoranti
In un ex monastero del XVII sec., le raffinate camere non hanno più nulla a che
vedere con la spartana ospitalità di un tempo, se non per le porticine d'accesso
che le caratterizzano. Arroccato sulla scogliera, alla bellezza del panorama fanno
eco terrazze fiorite, angoli relax e una bellissima piscina a sbalzo le cui linee si
confondono armoniosamente con il mare.

🏠 Le Terrazze 🌿 ⇐ ⊕ 🗚 🗙 P

via Smeraldo 11 – 𝄞 *0 89 83 12 90* – *www.hotelleterrazze.it*
– *Aperto 23 aprile-23 ottobre*
27 cam ☕ – ♦49/499 € ♦♦49/499 €
A picco sul mare, quasi aggrappato alla roccia, l'hotel dispone di una terrazza
panoramica mozzafiato ed ampie camere dalle tonalità pastello.

✕✕✕ **Santa Rosa** – Monastero Santa Rosa Hotel & Spa 🚙 🏡 AC ⚟ P
via Roma 2 – ✆ *08 98 32 11 99 – www.monasterosantarosa.com*
– Aperto 22 aprile-30 ottobre
Menu 55/150 € – Carta 62/106 €
E' stato solo dopo aver acquisito un'indubbia esperienza presso alcuni dei più
celebri ristoranti al mondo, che lo chef si è fermato sulla costiera amalfitana: sicuramente per amore, ma anche un po' per giocare con i sapori mediterranei e la
sua intrigante creatività.

CONCA VERDE – Olbia-Tempio (OT) ➜ Vedere Santa Teresa Gallura

CONCESIO
Brescia (BS) – ✉ 25062 – 15 442 ab. – Alt. 216 m – Carta regionale n° **9-C1**
▶ Roma 544 km – Brescia 10 km – Bergamo 50 km – Milano 91 km
Carta stradale Michelin 561-F12

✕✕✕ **Miramonti l'Altro** (Philippe Léveillé) 🌸 🏡 AC P
❀❀ *via Crosette 34, località Costorio –* ✆ *03 02 75 10 63 – www.miramontilaltro.it*
– Chiuso lunedì
Menu 45 € (pranzo in settimana)/125 € – Carta 77/147 €
Elegante villa in zona periferica, l'ospitalità dei titolari è celebrata quanto la
cucina: spunti bresciani e lacustri, divagazioni marine, ispirazioni francesi.
➜ Risotto ai funghi e formaggi dolci. Crescendo di agnello con finale del suo
carré. Gelato di crema Miramonti.

CONCO
Vicenza (VI) – ✉ 36062 – 2 174 ab. – Alt. 830 m – Carta regionale n° **23-B2**
▶ Roma 556 km – Padova 72 km – Vicenza 40 km – Trento 64 km
Carta stradale Michelin 562-E16

🏠 **La Bocchetta** ⚟ 🚙 🖼 🎣 🛗 🔽 🚗
sulla strada per Asiago località Bocchetta 6, Nord : 5 km – ✆ *04 24 70 00 24*
– www.labocchetta.it
13 suites 🛏 – 🛏120/145 € 🛏🛏120/145 € – 8 cam
Rist *La Bocchetta* – Vedere selezione ristoranti
Sono in stile tirolese, sia la struttura, sia i caldi interni di questo albergo, dove troverete graziose camere personalizzate con boiserie e tessuti a motivi floreali.
Appartamenti familiari in nuova dépendance.

✕✕ **La Bocchetta** – Hotel La Bocchetta 🚙 ♿ P
sulla strada per Asiago località Bocchetta 6, Nord : 5 km – ✆ *04 24 70 00 24*
– www.labocchetta.it – Chiuso lunedì e martedì escluso in luglio-agosto
Carta 22/50 €
Specialità tipicamente locali, con un'ampia scelta di vini anche pregiati, in una
sala dallo stile smaccatamente altoatesino.

CONDINO
Trento (TN) – ✉ 38083 – 1 515 ab. – Alt. 444 m – Carta regionale n° **19-A3**
▶ Roma 610 km – Brescia 79 km – Bolzano 119 km – Trento 64 km
Carta stradale Michelin 562-E13

🏠 **Da Rita** 🎣 ⬅ 🚙 🔽 🚶 AC ⚟ P
via Roma 140 – ✆ *04 65 62 12 25 – www.hoteldarita.it – Chiuso 20-31 agosto*
16 cam 🛏 – 🛏48 € 🛏🛏86 € – **2 suites**
Nella zona industriale della località, l'albergo ne rappresenta la nota più colorata,
come gli interni: moderni e variopinti. Valido indirizzo per una clientela, soprattutto, commerciale.

CONEGLIANO

Treviso (TV) – ✉ 31015 – 34 963 ab. – Alt. 72 m – Carta regionale n° **23**-C2

▶ Roma 574 km – Belluno 47 km – Venezia 64 km – Treviso 33 km

Carta stradale Michelin 562-E18

Relais le Betulle

via Costa Alta 56, Nord-Ovest: 2,5 : km – ℰ *0 43 82 10 01* – *www.relaislebetulle.it*

39 cam ⌷ – ♦80/170 € ♦♦100/270 €

E' sicuramente una bella risorsa questo albergo in collina e vicino al castello con camere dal design moderno, nonché bellissima piscina a sfioro. Nella piacevole Tea Room viene servita la prima colazione, mentre il ristorante evoca il nome di colei che lo gestisce, Enrica Miron: cucina a base di prodotti tipici.

Canon d'Oro

via 20 Settembre 131 – ℰ *0 43 83 42 46* – *www.hotelcanondoro.it*

46 cam ⌷ – ♦80/175 € ♦♦84/275 € – **2 suites**

Hotel del centro storico ospitato in un edificio del '500 con loggia ed affreschi originali sulla facciata; le camere assicurano un buon standard di confort. Adiacente c'è il ristorante InContrada, a gestione separata, per una cucina classica sia di terra sia di mare.

Al Refosso

corso Mazzini 45 – ℰ *04 38 41 29 16* – *www.ristorantealrefosso.it* – *Chiuso 1 settimana in gennaio, 2 settimane in agosto e martedì*

Menu 40 € – Carta 29/47 €

Le antiche mura che delimitano il centro storico fanno da sfondo a questo locale dal look moderno con al centro un bellissimo lampadario. Dalla cucina, piatti del territorio e tanto pesce; piacevole dehors estivo.

Città di Venezia

via 20 Settembre 77/79 – ℰ *0 43 82 31 86* – *www.trattoriacittadivenezia.it* – *Chiuso lunedì*

Carta 25/62 €

Nel salotto cittadino, raffinata atmosfera veneziana nelle sale interne o più fresca nel dehors estivo, ma in entrambi le situazioni - a farla da padrona - un'appetitosa scelta di piatti di pesce. Identiche proposte gastronomiche nella piccola osteria annessa, dove non di rado si propongono anche i classici "cicchetti".

CONERO (Monte) – Ancona (AN) ➔ Vedere Sirolo

CONVENTO ➔ Vedere nome proprio del convento

CONVERSANO

Bari (BA) – ✉ 70014 – 26 078 ab. – Alt. 219 m – Carta regionale n° **15**-C2

▶ Roma 440 km – Bari 31 km – Brindisi 87 km – Matera 68 km

Carta stradale Michelin 564-E33

Corte Altavilla

vico Altavilla 8 – ℰ *08 04 95 96 68* – *www.cortealtavilla.it* – *Chiuso 7-15 gennaio*

31 cam ⌷ – ♦59/249 € ♦♦69/249 € – **5 suites**

Più di mille anni di storia, nel centro storico di Conversano, tra i vicoli medievali che accolgono camere, appartamenti e suite di notevole fascino. Al terzo piano, la suggestiva vista proposta dal ristorante panoramico si arricchisce di magia, la sera.

Agriturismo Montepaolo

contrada Montepaolo 2, Nord-Est: 4 km – ℰ *08 04 95 50 87* – *www.montepaolo.it*

10 cam ⌷ – ♦72/105 € ♦♦95/150 €

Tra ulivi e macchia mediterranea, una dimora cinquecentesca - meticolosamente restaurata - con diversi arredi e pavimenti d'epoca. A 200 m, la Torre del Brigante dispone di appartamenti per 4 persone ciascuno (affitto settimanale). Piatti regionali nella sala ristorante, un tempo utilizzata per la vinificazione.

XX **Pashà** (Maria Cicorella)   🐝 🍴 AC ⇦

☙ *piazza Castello 5/7 – 𝒞 08 04 95 10 79 – www.ristorantepasha.com*
– Chiuso 3 settimane in gennaio o febbraio, martedì, anche domenica sera in
ottobre-aprile
Menu 60/100 € – Carta 53/117 € – (consigliata la prenotazione)
Elegante edificio di fronte al castello normanno: si sale al primo piano per accomodarsi nel ristorante. Al suo interno, vi attende un viaggio alla scoperta di sapori
antichi, gli svolazzi coreografici anticipano assaggi che si dimostrano netti e nitidi
nel presentare il meglio della materia prima pugliese.
➜ Minestra di fave e cicorie, chips di cipolla, olive e friggitello. Coniglio, lampascioni, tartufo nero. Tiramisù Pashà: vellutata di mandorle, granita di caffè,
biscotto all'olio extravergine..

CORATO
Bari (BA) – ✉ 70033 – 48 506 ab. – Alt. 232 m – Carta regionale n° **15-B2**
▶ Roma 414 km – Bari 44 km – Barletta 27 km – Foggia 97 km
Carta stradale Michelin 564-D31

🏨 **Nicotel Sport Hotel Corato**   🎾 🛖 🏊 🖥 🌸 🏊 ℒ🅑 🖬 🕭 AC 🕭 🅿

via Gravina s.n – 𝒞 08 08 72 24 30 – www.nicotelhotels.com/corato
76 cam 🛏 – ♦55/85 € ♦♦65/95 €
Recente realizzazione frutto di design moderno, lineare ed essenziale, particolarmente adatta ad una clientela sportiva o d'affari, tra centro benessere e business
rooms. Analoga atmosfera al ristorante: nessun orpello e cucina protagonista.

CORIANO – Rimini (RN) ➜ Vedere Rimini

CORIANO VERONESE – Verona (VR) ➜ Vedere Albaredo d'Adige

CORLO – Modena (MO) ➜ Vedere Formigine

CORMONS
Gorizia (GO) – ✉ 34071 – 7 477 ab. – Alt. 56 m – Carta regionale n° **6-C2**
▶ Roma 645 km – Udine 30 km – Gorizia 15 km – Trieste 54 km
Carta stradale Michelin 562-E22

🏨 **Felcaro**   🎾 🐕 🛖 🏊 🏊 🍴 🖬 🕭 AC 🕭 🅿

via San Giovanni 45 – 𝒞 0 48 16 02 14 – www.hotelfelcaro.it
60 cam 🛏 – ♦65/96 € ♦♦110/152 €
In posizione tranquilla, alle pendici della collina sovrastante il paese, la villa ottocentesca offre camere spaziose e confortevoli, alcune delle quali arredate con
mobili antichi. Articolato in più sale dall'aspetto rustico, il ristorante propone
piatti regionali.

XX **Al Cacciatore-della Subida**   🐝 ⇦ 🐕 🛖 🍴 🐝 🅿

☙ *via Subida 52, Nord-Est: 2 km – 𝒞 0 48 16 05 31 – www.lasubida.it – Chiuso*
20 giorni in febbraio
Menu 52/60 € – Carta 45/75 € – (chiuso martedì e mercoledì) (solo a cena
escluso sabato e domenica)
17 cam – ♦90/130 € ♦♦140/200 € – 🛏 12 €
In ambiente bucolico, ma al tempo stesso elegante, tradizione regionale ed innovazione si fondono in una ricerca gastronomica che ricorda il passato... guar-
dando già al futuro. A 100 metri, le belle camere "perse" nella natura e la versione
easy di ristorazione: l'osteria!
➜ Zlikrofi (piccoli tortelli). Stinco di vitello al forno. Gnocchi di susine.

CORNAIANO = GIRLAN – Bolzano (BZ) ➜ Vedere Appiano sulla Strada del
Vino

CORNAREDO

Milano (MI) – ⊠ 20010 – 20 355 ab. – Alt. 140 m – Carta regionale n° **10-A2**
🚗 Roma 584 km – Milano 17 km – Bergamo 56 km – Brescia 102 km
Carta stradale Michelin 561-F9

Le Favaglie

via Merendi 26 – ℰ 0 29 34 84 11 – www.hotelfavaglie.it
– Chiuso 23 dicembre-6 gennaio
109 cam ⊡ – †299/399 € ††399/499 € – **3 suites**
Rist *Corniolo* – Vedere selezione ristoranti
Strategico per il polo fieristico di Rho-Pero, hotel dal design minimalista con dotazioni di ultima generazione. Navetta gratuita per la stazione metropolitana di Molino Dorino e fiera; a pagamento per aeroporti e Milano centro.

✕✕ Corniolo – Hotel Le Favaglie

via Merendi 26 – ℰ 02 93 48 44 50 – www.ristoranteilcorniolo.it
– Chiuso 23 dicembre-6 gennaio, domenica a mezzogiorno e sabato
Carta 35/50 €
Il ristorante riprende lo stile dell'albergo, fatto di linee semplici e colori caldi, mentre il menu sciorina una serie di specialità d'ispirazione regionale-mediterranea, basati sulla filosofia dei "tre elementi": piatti dove non prevalgono mai più di tre prodotti, contraddistinti da colore, sapore e presentazione. A pranzo un solo e ricco buffet a prezzo fisso.

a San Pietro all'Olmo Sud-Ovest : 2 km – ⊠ 20010

✕ D'O (Davide Oldani)

via Magenta 18 – ℰ 0 29 36 22 09 – www.cucinapop.do – Chiuso
23 dicembre-7 gennaio, 22 luglio-2 settembre, domenica, lunedì e i giorni festivi
Menu 32 € – Carta 35/50 € – (prenotazione obbligatoria)
I prezzi contenuti e la qualità della cucina hanno messo il suggello sulle capacità di Davide Oldani. In sale semplici e senza pretese, una cucina innovativa, ma sempre rispettosa della tradizione lombarda ed italiana.
→ Cipolla caramellata con grana padano caldo e freddo. Tonnato D'O. Ricotta al cucchiaio con nespole, cannella e gelato di lattuga.

CORNIGLIANO LIGURE – Genova (GE) → Vedere Genova

CORONA – Gorizia (GO) → Vedere Mariano del Friuli

CORPO DI CAVA – Salerno (SA) → Vedere Cava de' Tirreni

CORREGGIO

Reggio nell'Emilia (RE) – ⊠ 42015 – 25 905 ab. – Alt. 31 m – Carta regionale n° **5-B2**
🚗 Roma 430 km – Bologna 73 km – Reggio nell'Emilia 20 km – Modena 25 km
Carta stradale Michelin 562-H14

Dei Medaglioni

corso Mazzini 8 – ℰ 05 22 63 22 33 – www.albergodeimedaglioni.com – Chiuso
25 dicembre-6 gennaio e 3 settimane in agosto
51 cam ⊡ – †58/137 € ††82/196 € – **3 suites**
Camere curate, fascino del passato con tutti i confort del presente, in due eleganti palazzi del centro storico. Nel cortile interno, il ristorante dai proverbiali piatti della tradizione emiliana.

President

via Don Minzoni 61 – ℰ 05 22 63 37 11 – www.hotelpresident.re.it
– Chiuso 15 dicembre-15 gennaio e agosto
87 cam ⊡ – †70/88 € ††105/120 € – **3 suites**
Una bella hall con possenti colonne vi accoglie in questa moderna struttura dotata di attrezzate sale convegni e camere ben accessoriate. Luminoso ristorante con un'originale soffittatura in legno.

CORRIDONIA

Macerata (MC) – ✉ 62014 – 15 469 ab. – Alt. 255 m – Carta regionale n° **11-C2**

▶ Roma 261 km – Ancona 71 km – Ascoli Piceno 107 km – Macerata 10 km

Carta stradale Michelin 563-M22

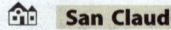

San Claudio

frazione San Claudio 14, Nord-Est: 7 km – ☎ *07 33 28 81 44*
– www.hotelsanclaudio.it – Chiuso vacanze di Natale
25 cam ⌷ – ♦39/65 € ♦♦58/95 € – **3 suites**
Adiacente un'abbazia del 1200, alla fine di un lungo viale di cipressi che ricorda la
Toscana, una bella dimora contadina sapientemente ristrutturata con tipiche volte
in mattoni e ambienti rustici. Seria gestione.

CORRUBBIO – Verona (VR) ➜ Vedere San Pietro in Cariano

CORSANICO – Lucca (LU) ➜ Vedere Massarosa

CORTACCIA SULLA STRADA DEL VINO
(KURTATSCH AN DER WEINSTRASSE)

Bolzano (BZ) – ✉ 39040 – 2 217 ab. – Alt. 333 m – Carta regionale n° **19-D3**

▶ Roma 623 km – Bolzano 20 km – Trento 37 km

Carta stradale Michelin 562-D15

Schwarz-Adler Turmhotel

Kirchgasse 2 – ☎ *04 71 09 64 00 – www.turmhotel.it – Chiuso 22-28 dicembre*
23 cam ⌷ – ♦85/120 € ♦♦160/200 € – **1 suite**
Stilemi tradizionali con materiali moderni in questo hotel nel cuore del piccolo e
pittoresco centro storico della località: ampie camere di particolare confort
- molte con loggia o balcone - e un bel giardino con piscina.

✕✕ Schwarz Adler

piazza Schweiggl 1 – ☎ *04 71 09 64 05 – www.schwarzadler.it – Chiuso martedì
in luglio-agosto*
Carta 41/58 €
All'interno di un palazzo d'epoca, locale modaiolo dalla veste rustico-signorile
diviso in più salette arredate in legno e al centro una grande griglia. Completa il
delizioso quadretto l'originale cantina a vista: per scegliere direttamente tra un'articolata varietà di etichette. Cucina prevalentemente altoatesina.

CORTE DE' CORTESI

Cremona (CR) – ✉ 26020 – 1 065 ab. – Alt. 60 m – Carta regionale n° **9-C3**

▶ Roma 535 km – Brescia 42 km – Piacenza 47 km – Cremona 16 km

Carta stradale Michelin 561-G12

✕✕ Il Gabbiano

piazza Vittorio Veneto 10 – ☎ *0 37 29 51 08 – www.trattoriailgabbiano.it
– Chiuso 1°-10 gennaio, mercoledì sera e giovedì*
Menu 12/20 € – Carta 31/51 €
Affacciata sulla piazza centrale, la ricerca dei prodotti di nicchia è un punto d'orgoglio di questa trattoria familiare con enoteca, insieme alle specialità del territorio, come i salumi o la coscia d'oca. E la star de menu? La faraona di nonna Bigina
con mostarda casalinga!

CORTE FRANCA

Brescia (BS) – ✉ 25040 – 5 952 ab. – Alt. 214 m – Carta regionale n° **10-D1**

▶ Roma 576 km – Bergamo 32 km – Brescia 28 km – Milano 76 km

Carta stradale Michelin 562-F11

a Colombaro Nord : 2 km – ✉ 25040 Corte Franca

Relaisfranciacorta

via Manzoni 29 – ☎ *03 09 88 42 34 – www.relaisfranciacorta.it*
48 cam ⌷ – ♦120/140 € ♦♦175/195 € – **2 suites**
Adagiata su un vasto prato, una cascina seicentesca ristrutturata offre la tranquillità e i confort adatti ad un soggiorno sia di relax, sia d'affari.

a Borgonato Sud : 3 km – ⊠ 25040

XXX **Due Colombe** (Stefano Cerveni)   ⅋⅋ ⒶⓀ ⇦

⊗   *via Foresti 13 – ☏ 03 09 82 82 27 – www.duecolombe.com*
– Chiuso 1°-7 gennaio, 2 settimane in agosto, domenica sera e lunedì, anche
domenica a mezzogiorno in luglio-agosto
Menu 75/85 € – Carta 60/124 € – (consigliata la prenotazione)
Un borgo millenario custodisce la preziosa cucina del ristorante che non rinuncia,
al pari delle antiche mura, a citazioni storiche di piatti divenuti ormai irrinunciabili
classici. Pesce e carne in accostamenti spesso originali e sempre creativi.
➜ Risotto mantecato al grana padano, zeste di limone, polvere di caviale. Manzo
all'olio con polenta. Sfera di meringa, spuma di frutto della passione, fonduta di
cioccolato al latte.

CORTEMILIA

Cuneo (CN) – ⊠ 12074 – 2 363 ab. – Alt. 247 m – Carta regionale n° **14-D2**
▶ Roma 606 km – Torino 108 km – Alessandria 73 km – Cuneo 86 km
Carta stradale Michelin 561-I6

🏠 **Villa San Carlo**   ⇪ ⌷ ⊒ 🅴 🅿

corso Divisioni Alpine 41 – ☏ 0 17 38 15 46 – www.hotelsancarlo.it – Aperto
10 marzo-28 novembre
21 cam ⊐ – ✝78/88 € ✝✝109/125 € – **2 suites**
Ottima risorsa a gestione familiare, che ha nel bel giardino sul retro - al centro la
piscina - il suo punto di forza. La cucina si affida alla tradizione, mentre in cantina
sosta ad invecchiare un'interessante selezione di vini.

CORTERANZO – Alessandria (AL) ➜ Vedere Murisengo

CORTINA D'AMPEZZO

(BL) – ✉ 32043 – 5 920 ab. – Alt. 1 211 m – Carta regionale n° **23-C1**

▶ Roma 670 km – Belluno 70 km – Bolzano 132 km – Bressanone 93 km
Carta stradale Michelin 562-C18

E. Rooney / age fotostock

Alberghi

  Cristallo Hotel Spa & Golf

via Rinaldo Menardi 42 – ☎ 04 36 88 11 11 – www.cristallo.it
– Aperto 19 dicembre-28 marzo e 5 luglio-5 settembre　　　Pianta: B3**a**
52 cam ☒ – ♦345/1980 € ♦♦345/2575 € – **22 suites**
Rist *Il Gazebo* – Vedere selezione ristoranti
Marmo di Carrara, boiserie e migliaia di rose dipinte a mano sono solo alcune
delle ricercatezze che fanno del Cristallo la quintessenza del lusso e il tempio de
l'art de vivre. Ma qui troverete anche ampie camere e un moderno centro benessere, nonché molte scelte disponibili per la ristorazione, che vanno dalla Veranda
del Cristallo alla Stube, senza tralasciare il gourmet Gazebo.

  Grand Hotel Savoia

via Roma 62 – ☎ 04 36 32 01　　　　　　　　　　　　　　　Pianta: B3**b**
– www.grandhotelsavoiacortina.it – Aperto 18 dicembre-28 marzo
e 15 luglio-8 settembre
130 cam ☒ – ♦200/1500 € ♦♦200/1500 € – **5 suites**
Un grand hotel in pieno centro che sfoggia una veste di moderno design e confort dell'ultima generazione. Belle camere dai toni caldi ed una spa che s'ispira ad
un famoso guru del benessere; gradevole anche il salotto per fumatori. Cucina di
tipo mediterraneo con qualche rivisitazione al ristorante.

  Rosapetra Spa Resort

località Zuel di Sopra 1, 2 km per Campo di Sotto - B3 – ☎ 04 36 86 90 62
– www.rosapetracortina.it
27 cam ☒ – ♦165/550 € ♦♦195/600 € – **2 suites**
Rispettoso del legno e delle atmosfere locali, confort tecnologici ed impianti ecosostenibili, l'hotel conquista anche chi è orientato verso un'accoglienza moderna
e personalizzata; belle camere ed eccellente centro benessere per ritemprare
corpo e mente. Essenza di lampone nella "corte" che accoglie i suoi ospiti con
piatti dalle raffinate presentazioni.

  Park Hotel Faloria

località Zuel di Sopra 46, 2,5 km per Campo di Sotto - B3 – ☎ 04 36 29 59
– www.parkhotelfaloria.it – Chiuso 1° ottobre-30 novembre
31 cam ☒ – ♦100/400 € ♦♦150/600 €
Nasce dalla fusione di due chalet dei quali conserva il caratteristico stile montano e
ai quali aggiunge eleganza, esclusività e un attrezzato centro benessere. Per un
soggiorno di classe. La calda e raffinata atmosfera è riproposta nella sala da pranzo.

CORTINA D'AMPEZZO

0   200 m

Bellevue & Spa   ⚷ 🐾 ♨ 🔲 🛁 🚗
corso Italia 197 – ✆ 04 36 88 34 00   Pianta: A2**a**
*– www.bellevuecortina.com – Aperto 4 dicembre-28 marzo e
19 giugno-6 settembre*
66 cam 🛏 – 👤110/300 € 👥130/320 €
In pieno centro, questo gioiello dall'accoglienza ampezzana dispone di ampie
camere e, numerose, raffinate suite, arredate con eleganti stoffe e legni naturali. Come lascia intuire il nome, la struttura ospita anche una piacevole spa.

 Europa   ⚷ ← 🔲 🅿
corso Italia 207 – ✆ 04 36 32 21   Pianta: A2**g**
*– www.hoteleuropacortina.it – Aperto 19 dicembre-31 marzo e
10 giugno-30 settembre*
47 cam 🛏 – 👤67/200 € 👥200/400 € – **1 suite**
Vicino al centro, ma l'impressione è di trovarsi in una baita: legni grezzi, camino e
arredi d'epoca per un caldo soggiorno anche in pieno inverno. Atmosfera rustica al
Vip Club, buona cucina e - la notte - trasformazione in locale con musica dal vivo.

 Cortina   ⚷ 🔲
corso Italia 92 – ✆ 04 36 42 21 – www.hotelcortina.com   Pianta: A2**c**
– Aperto 5 dicembre-28 marzo e 29 maggio-15 settembre
45 cam – 👤110/350 € 👥150/700 € – 🍽 30 € – **14 suites**
Per chi non vuole perdersi proprio nulla della movida ampezzana, questo hotel in
pieno centro offre ambienti in stile classico locale, un piccolo centro benessere
ed una stupenda terrazza dove darsi appuntamento per un aperitivo. Al ristorante, vi attendono varie specialità della tradizione gastronomica italiana oltre
che l'offerta del bar.

 Menardi   ⚷ ← 🛏 🐾 🔲 🅿
via Majon 110 – ✆ 04 36 24 00 – www.hotelmenardi.it   Pianta: A1**p**
– Aperto 22 dicembre-30 marzo e 27 maggio-18 settembre
49 cam 🛏 – 👤50/120 € 👥100/220 €
Divenuta albergo negli anni '20, ma già esistente ad inizio Ottocento, questa casa
di famiglia sfoggia pezzi d'antiquariato locale e religioso negli interni e mette a
disposizione rilassanti distese nel giardino ombreggiato. Si affacciano sulla vegetazione esterna le vetrate della curata sala ristorante di tono rustico.

 Columbia   ← 🛏 🔲 🍴 🅿
via Ronco 75 – ✆ 04 36 36 07 – www.hcolumbia.it   Pianta: A2**c**
– Aperto 23 dicembre-8 aprile e 18 giugno-5 ottobre
24 cam – 👤55/120 € 👥74/154 € – 🍽 8 €
Sulla strada per il Falzarego, hotel a conduzione familiare con ampie e gradevoli
camere arredate in legno naturale. Deliziosa prima colazione a buffet con torte
fatte in casa.

 Natale   🐾 🔲 🍴 🅿
corso Italia 229 – ✆ 04 36 86 12 10 – www.hotelnatale.it   Pianta: A2**w**
– Chiuso maggio, ottobre e novembre
13 cam 🛏 – 👤66/185 € 👥90/330 €
A due passi dal centro della rinomata località, una confortevole casa di montagna
con ampie camere rivestite in legno ed arredate con mobili realizzati da artigiani
locali. Confortevole zona relax.

 Franceschi Park Hotel   ⚷ 🛏 🐾 🍴 🔲 🍴 🅿
via Cesare Battisti 86 – ✆ 04 36 86 70 41   Pianta: A2**x**
*– www.franceschiparkhotel.com – Aperto 4 dicembre-31 marzo
e 17 giugno-18 settembre*
47 cam 🛏 – 👤59/190 € 👥100/380 €
Spazi comuni curati e signorili, nonché un parco di 10.000 m2: puro stile alpino
per questo bell'albergo centrale dalla sicura gestione familiare.

Ambra 🏠 ✏ **P**

via XXIX Maggio 28 – 𝒞 04 36 86 73 44 — Pianta: B2**d**
– www.hotelambracortina.it
24 cam 🛏 – 👤130/440 € 👤👤150/440 €
Il legno la fa da padrone con boiserie e soffitti a cassettoni in questa deliziosa casa ampezzana, dove non manca un pizzico di glamour e romanticismo voluti dalla stessa locandiera. Molto belle le 5 camere luxury.

 Cornelio 🗶 ✏ **P**

via Cantore 1 – 𝒞 04 36 22 32 – www.hotelcornelio.com — Pianta: A2**h**
– Chiuso 15-30 aprile e 5-30 novembre
20 cam 🛏 – 👤80/120 € 👤👤110/240 € – **3 suites**
Nel centro di Cortina, in posizione panoramica e soleggiata, questo accogliente albergo in stile montano dispone di camere graziose e confortevoli. Da oltre mezzo secolo, il ristorante conquista i palati con piatti storici e tradizionali.

 Montana ✏ **P**

corso Italia 94 – 𝒞 04 36 86 21 26 – www.cortina-hotel.com — Pianta: A2**u**
– Chiuso 2 maggio-2 giugno e 2 novembre-5 dicembre
30 cam 🛏 – 👤39/90 € 👤👤76/178 €
Risorsa semplice, di piccole dimensioni, dalla cordiale e amichevole ospitalità. In pieno centro storico, la struttura offre tutto ciò che serve per una vacanza piacevole e rilassante, a cominciare dalla ricca prima colazione a buffet.

 Oasi **P**

via Cantore 2 – 𝒞 04 36 86 20 19 – www.hoteloasi.it — Pianta: A2**q**
– Chiuso 10-22 aprile e 25 settembre-28 ottobre
10 cam 🛏 – 👤50/80 € 👤👤80/130 €
A pochi passi dalla zona pedonale e dalla funivia, questo piccolo e curato hotel racconta dagli anni Venti la storia della famiglia. Camere semplici dal piacevole arredo ligneo.

🔴 Ristoranti

XXXX **Il Gazebo** – Cristallo Hotel Spa & Golf ✏

via Rinaldo Menardi 42 – 𝒞 04 36 88 11 11 – www.cristallo.it — Pianta: B3**a**
– Aperto 19 dicembre-28 marzo e 5 luglio-5 settembre
Carta 65/132 € – *(solo a cena in inverno)*
Una sala circolare tutta vetrate sulle montagne della conca ed una cucina a metà tra classico ed internazionale per la clientela raffinata che frequenta la perla delle Dolomiti.

XX **Tivoli** (Graziano Prest)  **P**
❀
località Lacedel 34, 2 km per Passo Pordoi - A2 – 𝒞 04 36 86 64 00
– www.ristorantetivolicortina.it – Aperto 4 dicembre-Pasqua
e 18 giugno-25 settembre; chiuso lunedì escluso agosto e vacanze di Natale, anche martedì a mezzogiorno in bassa stagione
Menu 85/105 € – Carta 71/144 € – (consigliata la prenotazione)
Cucina sfavillante e portentosa: a suo agio con la tradizione, così come con piatti più creativi e - a sorpresa, considerata la posizione geografica - anche con il pesce. Bella casa alpina fuori dal centro, lungo la strada per passo Falzarego.
➜ Gnocchi di patate ripieni di baccalà liquido con funghi cantarelli e polvere di capperi. Composizione di agnello dell'altopiano di Alpago. Carosello di cioccolati.

XX **Baita Fraina** 🛏↔🌿🍴🛏 **P**
località Fraina, 2 km per Campo di Sotto - B3 – 𝒞 04 36 36 34
– www.baitafraina.it – Aperto 5 dicembre-15 aprile e 15 giugno-30 settembre
Carta 41/73 € – *(chiuso lunedì in bassa stagione)*
3 cam 🛏 – 👤45/80 € 👤👤50/120 € – **3 suites**
Tre accoglienti salette arredate con oggetti e ricordi tramandati da generazioni in una tipica baita, dove gustare curati piatti del territorio accompagnati da una fornita cantina. E per intrattenersi più a lungo nel silenzio e nel profumo dei monti, deliziose camere in calde tonalità di colore.

XX **El Camineto**

località Rumerlo 1, 6 km per Passo Pordoi - A2 – 𝒞 04 36 44 32
– www.ilmeloncino.it – Chiuso giugno e martedì; in ottobre-novembre aperto
solo nei fine settimana)
Carta 36/75 €
Il menu propone un'ampia scelta con un corretto mix fra tradizione e fantasia.
Oltre alla buona cucina, si segnala la proverbiale vista da godersi appieno - nella
bella stagione - ai tavoli all'aperto.

XX **Villa Oretta**

via Ronco 115 – 𝒞 04 36 86 67 41 – www.villaoretta.com   Pianta: A2**r**
– Aperto 1° dicembre-30 aprile e 1° luglio-30 settembre
Carta 47/109 €   **8 cam** ⌿ – ♦100/120 € ♦♦150/200 €
Cucina tradizionale veneta, ma c'è anche qualche piatto a base di pesce, in que-
sto tipico ristorante ampezzano, la cui strepitosa terrazza con vista sui monti
regala piacevoli momenti di relax ai suoi ospiti.

X **Baita Piè Tofana**

località Rumerlo, 6,5 km per Passo Pordoi - A2 – 𝒞 04 36 42 58
– www.baitapietofana.it – Aperto 1° luglio-15 settembre e 15 novembre-Pasqua;
chiuso mercoledì in bassa stagione
Carta 42/116 € – (coperti limitati, prenotare)
Alle pendici del Tofana, questa caratteristica e romantica baita propone accattivanti piatti che spaziano tra terra e mare, in chiave moderna.

X **Lago Ghedina**

via Lago Ghedina 2, 5 km per Passo Pordoi - A2 ⌂ 32043 Cortina d'Ampezzo
– 𝒞 04 36 56 46 – www.lagoghedinaristorante.it – Aperto 1° dicembre-Pasqua
e15 giugno-30 settembre; chiuso lunedì
Carta 42/119 €
Posizione idilliaca sull'omonimo lago, per questo locale storico di Cortina che a
fine 2013 è stato preso in gestione da un'abile coppia di ristoratori locali: piatti
del territorio, pesce d'acqua dolce e qua e là spunti moderni. Splendida terrazza
sull'acqua.

sulla strada statale 51 per Passo del Brennero : 11 km A1

XX **Ospitale**

via Ospitale 1 ⌂ 32043 – 𝒞 04 36 45 85 – www.ristoranteospitale.com – Chiuso
3 maggio-15 giugno
Carta 34/63 €   **7 cam** ⌿ – ♦70/120 € ♦♦100/150 €
Il nome è quello della località lungo la strada per Dobbiaco, dove si trova questo
ristorante (tra i più antichi d'Italia) che nel 2012 si è rifatto il look: ora appare
rustico-romantico e, con le sue belle camere, è ancora più accogliente di prima.
Si confermano, invece, i piatti della tradizione locale e qualche sapore nazionale.

CORTINA VECCHIA – Piacenza (PC) ➜ Vedere Alseno

CORTINA

Arezzo (AR) – ⌂ 52044 – 22 566 ab. – Alt. 494 m – Carta regionale n° **18-D2**
▶ Roma 200 km – Perugia 51 km – Arezzo 29 km – Chianciano Terme 55 km
Carta stradale Michelin 563-M17

🏛 **Villa Marsili**

viale Cesare Battisti 13 – 𝒞 05 75 60 52 52   Pianta: B2**b**
– www.villamarsili.net – Aperto 1° aprile-2 novembre
26 cam ⌿ – ♦100/130 € ♦♦160/300 € – **3 suites**
Dal restauro di una struttura del '700 è nato nel 2001 un hotel raffinato, dove affreschi e mobili antichi si sposano con soluzioni impiantistiche moderne e funzionali.

CORTONA

0 — 100 m

S. MARIA NUOVA — **CITTÀ DI CASTELLO**

CAMUCIA, AREZZO, PERUGIA FIRENZE, ROMA

🏨 San Michele

via Guelfa 15 – ℰ 05 75 60 43 48 – www.hotelsanmichele.net
– Aperto 21 marzo-31 ottobre

Pianta: A2**a**

38 cam 🛏 – ♦99/159 € ♦♦109/300 € – **4 suites**

Camere di standard elevato e interni signorili in un palazzo cinquecentesco, che vanta anche una sala colazioni dall'imponente soffitto a cassettoni. Tre stanze hanno il privilegio di un terrazzino dal quale si può godere di una vista spettacolare sulla valle.

🏠 Italia

via Ghibellina 5/7 – ℰ 05 75 63 02 54
– www.hotelitaliacortona.com – Chiuso 8-31 gennaio

Pianta: A1**d**

25 cam 🛏 – ♦60/75 € ♦♦85/120 €

A pochi metri dalla piazza centrale, palazzo seicentesco restaurato di cui ricordare gli alti soffitti e soprattutto la vista sulla Val di Chiana dalla sala colazioni.

✖✖ Osteria del Teatro

via Maffei 2 – ℰ 05 75 63 05 56 – www.osteria-del-teatro.it
– Chiuso 10-30 novembre e mercoledì

Pianta: A1**e**

Carta 29/52 €

Cucina della tradizione in diverse sale che spaziano dall'eleganza cinquecentesca con camino, ad ambienti più conviviali in stile trattoria, ma sempre accomunate dalla passione per il teatro. E per una pausa informale, la prospiciente fiaschetteria - Fett'unta - con piatti del giorno e salumi tipici.

✖ La Bucaccia

via Ghibellina 17 – ℰ 05 75 60 60 39 – www.labucaccia.it
– Chiuso 15-30 gennaio e lunedì (escluso in estate)

Pianta: A2**f**

Carta 22/35 € – (consigliata la prenotazione)

Se volete gustare degli ottimi ravioli fatti in casa al sugo di carne chianina, questo è l'indirizzo giusto... In un antico palazzo del XIII secolo, edificato su una strada romana il cui lastricato costituisce oggi il pavimento della saletta principale, una cucina squisitamente regionale e casalinga.

CORTONA

sulla strada provinciale 35 verso Mercatale B2

 Relais la Corte dei Papi 🌲🚲⛳🛏️🎿♿🅿️
località Pergo, via la Dogana 12, Est: 5 km – ✆ *05 75 61 41 09*
– *www.lacortedeipapi.com* – *Chiuso 11 gennaio-10 marzo*
14 cam � – †180/250 € ††210/280 € – **1 suite**
In un casolare padronale settecentesco, situato all'interno di un parco, si può alloggiare in esclusive camere e junior suite col plus della zona benessere individuale e del ristorante ricavato nelle antiche cantine, in estate, il servizio si sposta anche in giardino.

 Villa di Piazzano – Residenza d'Epoca 🌲🚲⬅️⛳🎿🅲🆊♿🅿️
località Piazzano 7, Est: 8 km ✉ *06069 Tuoro sul Trasimeno* – ✆ *0 75 82 62 26*
– *www.villadipiazzano.com* – *Aperto 24 marzo-31 ottobre*
27 cam ⊟ – †150/450 € ††170/450 € – **1 suite**
Voluta dal Cardinale Passerini come casino di caccia, una splendida villa patrizia del XVI secolo sita tra le colline della Val di Chiana, il Lago Trasimeno e Cortona. Cucina italiana, con una particolare predilezione per i sapori umbri e toscani.

✕✕ **Locanda del Molino** ⬅️🏠🎿🆊🅿️
località Montanare 8/9/10, Est: 9 km ✉ *52044 Montanare* – ✆ *05 75 61 40 16*
– *www.locandadelmolino.com* – *Chiuso 15 gennaio-15 febbraio*
Carta 31/86 € – *(chiuso martedì in bassa stagione) (solo a cena escluso i giorni festivi)*
8 cam ⊟ – †70/90 € ††100/130 €
Se le belle camere sfoggiano l'elegante semplicità della campagna toscana, il vecchio mulino di famiglia rinasce nella veste di ristorante rustico, ma vezzoso. Il gentil sesso si adopera in cucina, mentre la tradizione campeggia in menu. Qualche idea? Fritto di coniglio, nonché gnudi di ortica e ricotta con pomodoro fresco.

a San Martino Nord: 4,5 km A1 – ✉ 52044 Cortona

 Il Falconiere Relais 🌲🚲⬅️⛳🎿🏊♨️🅲♿🆊🅿️
– ✆ *05 75 61 26 79* – *www.ilfalconiere.com* – *Chiuso 16 novembre-18 marzo*
14 cam ⊟ – †210/290 € ††250/305 € – **8 suites**
Rist *Il Falconiere* ✿ – Vedere selezione ristoranti
All'interno di una vasta proprietà, questa villa seicentesca ricca di fascino e di suggestioni, dispone anche di un piccolo centro benessere con vinoterapia. Camere di raffinata e nobile eleganza, per un soggiorno straordinario.

✕✕✕ **Il Falconiere** – Hotel Il Falconiere Relais 🍴🏠🆊♺⬅️🅿️
✿
– ✆ *05 75 61 26 79* – *www.ilfalconiere.com* – *Chiuso 16 novembre-18 marzo e martedì*
Carta 89/123 € – *(consigliata la prenotazione)*
Gli appassionati di cucina toscana ne ritroveranno qui tutta la forza, tra carni, spezie ed erbe aromatiche: non manca il pesce e neppure l'eleganza delle grandi occasioni!
➜ Mezzemaniche farcite d'oca su passata di granturco. Piccione in casseruola con pancetta e fagiolini verdi. Macaron con mousse alla vaniglia, piselli dolci e salsa al caffè.

CORVARA IN BADIA – Bolzano (BZ) ➜ Vedere Alta Badia

COSENZA
✉ 87100 – 67 679 ab. – Alt. 238 m – Carta regionale n° **3-A2**
▶ Roma 524 km – Catanzaro 101 km – Vibo Valentia 102 km – Crotone 109 km
Carta stradale Michelin 564-J30

 Italiana Hotels Cosenza 🌲🎿🅲♿🆊♺🏊🚗
via Panebianco 452, - A1 – ✆ *0 98 43 11 09* – *www.hicosenza.it*
79 cam ⊟ – †60/84 € ††75/95 €
Annesso ad un centro commerciale, hotel di taglio moderno con confort e soluzioni di ultima generazione. Ideale per un soggiorno d'affari.

Home Club

♗ ⊡ ⇕ AC 🚗

viale Giacomo Mancini 28 – ☏ *0 98 47 68 33*
– *www.homeclub.it*

Pianta: B1**c**

80 cam ⊑ – ♟60/80 € ♟♟65/100 € – **16 suites**

Non ci sono camere in questo moderno hotel-residence, ma solo appartamenti ben attrezzati con angolo cottura. Risorsa ideale per chi è alla ricerca di spazi generosi con comodo garage (compreso nel prezzo).

Link

♗ ⊡ ⇕ ও AC ⿻ 🚗

via Raffaele Coscarella, uscita A3 Cosenza Centro
– ☏ *09 84 48 20 27* – *www.linkhotel.it*

Pianta: AB**s**

24 cam ⊑ – ♟65/115 € ♟♟75/130 € – **1 suite**

Rist *Windows Restaurant* – Vedere selezione ristoranti

Interni impreziositi da quadri e sculture di un artista locale, in questa moderna struttura con camere di design contemporaneo, molto confortevoli. Indirizzo d'elezione per la clientela business.

Windows Restaurant – Hotel Link   🛜 &. 🅰🕊 P

 via Raffaele Coscarella, uscita A3 Cosenza Centro Pianta: AB1**s**
– 🕾 09 84 40 85 48 – *www.windowsrestaurant.it*
Menu 25/45 € – Carta 28/51 €
Specialità di terra e di mare, accompagnate da una buona scelta enologica, in un piacevolissimo, moderno, ristorante alle porta della città. In posizione strategica, due schermi Lcd vi permetteranno di seguire la preparazione dei piatti in cucina.

in prossimità uscita A 3 Cosenza Nord - Rende B1

Il Setaccio-Osteria del Tempo Antico 🛜 🅰🕊 P

contrada Santa Rosa 62 ✉ *87036 Rende* – 🕾 09 84 83 72 11 – *Chiuso domenica*
Menu 18/30 € – Carta 21/53 €
Arredi rustici e ambiente informale, in questo ristorante che propone in veste casalinga la sapida cucina calabrese. Alle pareti le foto autografate dei molti artisti, cantanti e vip che hanno onorato il locale.

COSSATO
Biella (BI) – ✉ 13836 – 14 826 ab. – Alt. 253 m – Carta regionale n° **12-C2**
▶ Roma 672 km – Torino 80 km – Biella 14 km – Aosta 123 km
Carta stradale Michelin 561-F6

Panta Rei 🅰🕊

via Martiri della Libertà 67 – 🕾 0 15 92 10 84 – *www.ristorantepantarei.com*
– *Chiuso 10-20 agosto*
Carta 34/61 € – (prenotare)
Lungo la strada che attraversa il paese, locale di tono moderno e accogliente: marito in sala e moglie in cucina a preparare gustose ricette piemontesi e qualche specialità di pesce. A pranzo, anche buffet d'antipasti e piatti più semplici per chi vuole contenere la spesa. Particolare attenzione è riservata ai clienti celiaci.

COSTA DORATA – Olbia-Tempio (OT) ➡ Vedere Porto San Paolo

COSTALOVARA = WOLFSGRUBEN – Bolzano (BZ) ➡ Vedere Renon

COSTA MERLATA – Brindisi (BR) ➡ Vedere Ostuni

COSTA SMERALDA – Olbia-Tempio (OT) ➡ Vedere Arzachena

COSTERMANO
Verona (VR) – ✉ 37010 – 3 730 ab. – Alt. 237 m – Carta regionale n° **23-A2**
▶ Roma 531 km – Verona 35 km – Brescia 68 km – Mantova 69 km
Carta stradale Michelin 562-F14

Boffenigo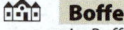

via Boffenigo 6 – 🕾 04 57 20 01 78 – *www.boffenigo.it*
– *Aperto 20 marzo-2 novembre*
75 cam 🖵 – ✝100/200 € ✝✝100/400 € – **3 suites**
C'è tutto quello che uno cerca in un hotel: bella vista sul golfo di Garda e sulle colline, camere molto confortevoli, un grande giardino con piscina. Ma l'elenco dei punti forti non finisce qui…Se avete indugiato nei piaceri della tavola presso il ristorante (sempre dell'albergo), la moderna spa sarà il luogo ideale dove rimettersi in forma.

Locanda San Verolo   🛜 & 🅰🕊 P

località San Verolo – 🕾 04 57 20 09 30 – *www.sanverolo.it* – *Aperto 1° marzo-31 ottobre*
13 cam 🖵 – ✝150/240 € ✝✝195/260 €
Camere eleganti, classiche ed arredate con bei mobili d'antiquariato, in una piacevole locanda, il cui ristorante (solo serale) propone piatti che spaziano dalla terra al mare.

a Gazzoli Sud-Est : 2,5 km – ✉ 37010 Costermano

XX **Da Nanni**

via Gazzoli 34 – 𝒞 04 57 20 00 80 – Chiuso 15-28 febbraio, 1 settimana in luglio, 15-30 novembre
Carta 37/68 € – *(chiuso martedì a mezzogiorno e lunedì)*
3 cam ⌿ – †80/90 € ††100/120 € – **1 suite**
Preparazioni classiche e venete, pesce di lago e di mare in questo piacevole locale di tono rustico-signorile situato nella piccola frazione non lontana dal Garda; d'estate si mangia all'aperto. Belle le nuove eleganti camere arredate con pezzi d'antiquariato.

a Marciaga Nord : 3 km – ✉ 37010 Costermano

🏠 **Madrigale**

via Ghiandare 1 – 𝒞 04 56 27 90 01 – www.madrigale.it – Aperto 5 marzo-31 ottobre
59 cam ⌿ – †79/221 € ††158/278 € – **1 suite**
Circondato dalle colline e dall'azzurrità del lago, la risorsa garantisce un soggiorno di relax e perfetta tranquillità nei suoi ampi e freschi ambienti. Un'ottima cucina tipica da assaporare in una sala moderna e romantica o in un panoramico dehors estivo.

verso San Zeno di Montagna

XXXX **La Casa degli Spiriti**
❀
via Monte Baldo 28, Nord-Ovest: 5 km – 𝒞 04 56 20 07 66 – www.casadeglispiriti.it – Chiuso 11 gennaio-11 febbraio e martedì anche mercoledì da novembre a Pasqua
Menu 115/135 € – Carta 86/175 €
Un luogo magico, il nome lo indica, con superba vista sul lago. All'interno, l'appuntamento è con la grande cucina di pesce, anche di lago, e qualche proposta di carne. Alla Terrazza piatti più semplici e tradizionali, nonché grigliate.
➔ Raviolo al riccio di mare e patate all'olio del Garda con mozzarella affumicata e basilico. Ostriche e rombo al vapore di mare con dressing al Franciacorta e patata disidratata. Chocolate Sensation 2015: stecca croccante alle mandorle di Sicilia, fondente al cacao Manjari.

COSTIERA AMALFITANA – Napoli e Salerno

COSTIGLIOLE SALUZZO
Cuneo (CN) – ✉ 12024 – 3 366 ab. – Alt. 460 m – Carta regionale n° **12-B3**
▶ Roma 668 km – Cuneo 23 km – Asti 80 km – Sestriere 96 km
Carta stradale Michelin 561-I4

🏠 **Castello Rosso**

via Ammiraglio Reynaudi 5 – 𝒞 01 75 23 00 30 – www.castellorosso.com
24 cam ⌿ – †105/140 € ††132/165 € – **1 suite**
Antico maniero, naturalmente rosso, eretto nel XVI secolo sulla sommità di un colle, oggi - come allora - avvolto dai vigneti. Charme e attenzioni all'altezza di chi ricerca confort e buon gusto. Eleganti sale accolgono il ristorante che propone una cucina eclettica.

COSTOZZA – Vicenza (VI) ➔ Vedere Longare

COURMAYEUR

(AO) – ✉ 11013 – 2 809 ab. – Alt. 1 224 m – Carta regionale n° **21-A2**
▶ Roma 784 km – Aosta 35 km – Chamonix 24 km –
Colle del Gran San Bernardo 70 km
Carta stradale Michelin 561-E2

S. Torrione / hemis.fr

 Alberghi

 Grand Hotel Royal e Golf 〽️ ← 🏊 🔟 ⚡ 🚗
via Roma 87 – 𝒞 01 65 83 16 11 – www.hotelroyalegolf.com   Pianta: D2**a**
– Aperto 1° dicembre-30 aprile e 25 giugno-18 settembre
70 cam ☕ – ♦279/585 € ♦♦289/685 € – **5 suites**
Rist *Petit Royal* ❄️ – Vedere selezione ristoranti
Regnanti, intellettuali e jet set internazionale sono stati ospiti degli accoglienti
spazi di questo splendido albergo nel centro della località, che vanta più di duecento anni di storia: un intramontabile punto di riferimento per trascorrere una
vacanza all'insegna della tranquillità e del benessere.

 Villa Novecento 〽️ ← ⚡ 🚗
viale Monte Bianco 64 – 𝒞 01 65 84 30 00   Pianta: B2**a**
– www.villanovecento.it
26 cam ☕ – ♦95/215 € ♦♦120/360 € – **4 suites**
Rist *Villa Novecento* – Vedere selezione ristoranti
Villa liberty completamente ristrutturata che presenta una hall raffinata attraverso cui accedere a camere accoglienti, dotate di ogni confort, con arredi
ricercati.

 Maison Saint Jean 〽️ 🔟 ⚡ 🅿️
vicolo Dolonne 18 – 𝒞 01 65 84 28 80 – www.msj.it   Pianta: D2**c**
– Chiuso 5-30 giugno e 2 novembre-2 dicembre
20 cam ☕ – ♦70/165 € ♦♦100/240 € – **1 suite**
Rist *Aria* – Vedere selezione ristoranti
Vicino all'elegante via Roma e a 300 m dagli impianti di risalita, albergo interamente rinnovato nel caldo stile valdostano: legno e raffinata rusticità.

Cresta et Duc 〽️ ← ⚡ 🅿️
via Circonvallazione 7 – 𝒞 01 65 84 25 85   Pianta: D2**e**
– www.alpissima.it – Chiuso maggio, ottobre e novembre
44 cam ☕ – ♦95/215 € ♦♦100/360 €
Al limitare del centro e a 150 metri dagli impianti di risalita, l'hotel è stato completamente ristrutturato in anni recenti, mantenendo immutate affabilità e cortesia. Cucina locale al ristorante.

 Un pasto accurato a prezzo contenuto? Cercate i Bib Gourmand 🅰️.

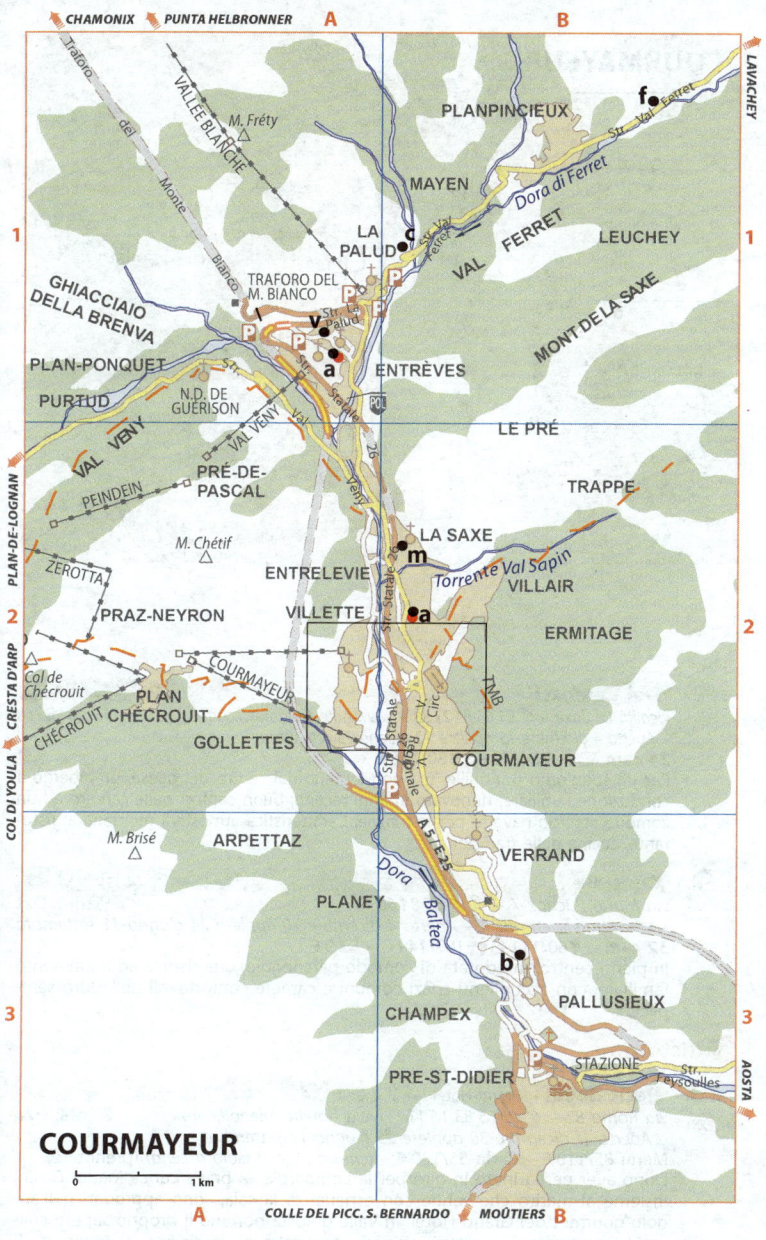

COURMAYEUR

0   1 km

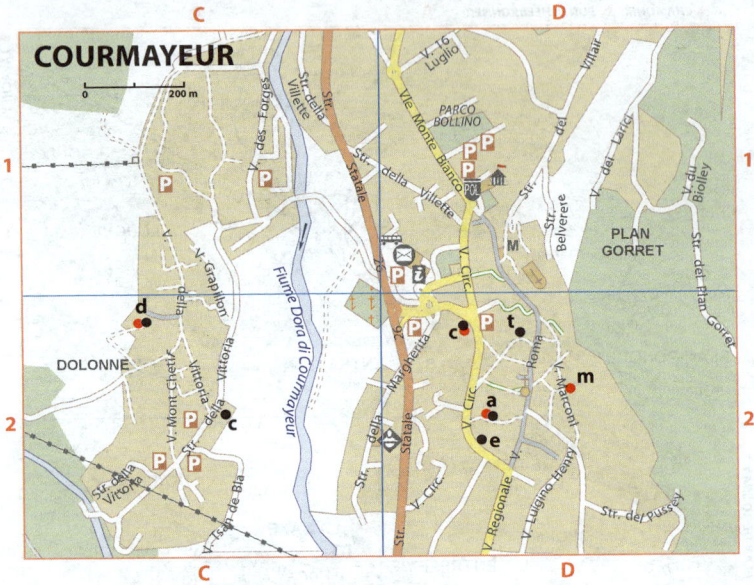

COURMAYEUR

🏠 **Dei Camosci**   ⚲ ← ⇦ 🛗 ♿ **P**

località La Saxe – ☎ 01 65 84 23 38 – www.hoteldeicamosci.com   Pianta: **B2m**
– Aperto 4 dicembre-15 aprile e 12 giugno-23 settembre
24 cam ☕ – ♦50/75 € ♦♦80/115 €
Per un soggiorno tranquillo, ma non lontano dal centro del paese, un albergo a conduzione familiare, rinnovato in anni recenti; buon confort nelle camere ed un comodo servizio navetta per le funivie. Caratteristica atmosfera montana al ristorante, cucina della tradizione.

🏠 **Centrale**   ⚲ ← ⇦ 🌊 💆 🛗 ♿ ✂ 🛋

via Mario Puchoz 7 – ☎ 01 65 84 66 44   Pianta: **D2t**
– www.hotelscentrale.it – Aperto 4 dicembre-10 aprile e 24 giugno-11 settembre
32 cam – ♦60/111 € ♦♦102/149 € – ☕ 9 €
In pieno centro, ma dotata di comodo parcheggio, una risorsa ad andamento familiare, con accoglienti spazi comuni e camere confortevoli nella loro semplicità.

🟡 **Ristoranti**

✕✕✕ **Petit Royal** – Grand Hotel Royal e Golf   🌿
✿ *via Roma 87 – ☎ 01 65 83 16 11 – www.hotelroyalegolf.com*   Pianta: **D2a**
– Aperto 1° dicembre-30 aprile e 25 giugno-17 settembre
Menu 85/110 € – Carta 55/130 € – *(chiuso lunedì) (solo a cena)* (prenotare)
Dopo aver peregrinato in giro per la Lombardia, la brava cuoca Maura Gosio, insieme al marito che segue con esperienza la sala, sono approdati nell'angolo gourmet del Grand Hotel. In Valle d'Aosta portano il proprio sapere culinario improntato su piatti classici eseguiti con precisione e maestria, il tutto arricchito, ora, da un bistrot ed una "ostricheria": piatti più semplici a prezzi contenuti.
➜ Orzotto alla brossa (latticino) con zucchine in fiore e scampi. Fracosta di cervo, frutti rossi, cipolla estiva al sale e croccante alle mandorle. Cheesecake alla ricotta caprina, gelato al pistacchio, ananas candito e lime.

XX **Villa Novecento** – Hotel Villa Novecento   ⟨icons⟩ **P**

viale Monte Bianco 64 – ℰ *01 65 84 30 00*   Pianta: B2**a**
– www.villanovecento.it – Chiuso maggio, ottobre e novembre
Menu 28 € – Carta 35/63 €
Nei pressi del centro paese, il ristorante rispecchia l'atmosfera del piccolo hotel-bomboniera. Anche la cucina merita di essere provata: soprattutto, per chi non chiede solo specialità regionali. Ampia scelta enologica.

XX **Pierre Alexis 1877**

via Marconi 50/A – ℰ *01 65 84 67 00*   Pianta: D2**m**
– www.pierrealexiscourmayeur.it – Chiuso 15 giorni in giugno, 15 giorni in ottobre e lunedì
Carta 40/72 € – (consigliata la prenotazione)
Nel cuore antico di Courmayeur, i sapori della tradizione elaborati con un pizzico di fantasia, in questo locale tradizionale rinato con una nuova gestione.

XX **Aria** – Hotel Maison Saint Jean   ⟨icons⟩

vicolo Dolonne 18 – ℰ *01 65 84 28 80 – www.msj.it – Chiuso*   Pianta: D2**c**
5-30 giugno e 2 novembre-2 dicembre
Carta 32/64 € – *(solo a cena)*
Nell'elegante località ai piedi del Monte Bianco, ricette fantasiose e della antica tradizione valdostana rivisitata. Ottima carta dei vini: il titolare è sommelier!

ad Entrèves Nord : 4 km – ✉ 11013 – Alt. 1 306 m

⟨icon⟩ **Auberge de la Maison**   ⟨icons⟩

via Passerin d'Entreves 16 – ℰ *01 65 86 98 11*   Pianta: A1**a**
– www.aubergemaison.it – Chiuso novembre
33 cam ⌑ – ♦130/290 € ♦♦140/320 € – **1 suite**
Rist *Aubergine* – Vedere selezione ristoranti
Fedele al suo nome, un'atmosfera da raffinata "casa" di montagna con tanto di boiserie, camino, camere personalizzate e rinnovato centro relax.

⟨icon⟩ **Pilier d'Angle**   ⟨icons⟩

via Grandes Jorasses 18 – ℰ *01 65 86 97 60*   Pianta: A1**v**
– www.pilierdangle.it – Chiuso maggio e ottobre
24 cam ⌑ – ♦80/130 € ♦♦110/210 € – **3 suites**
Tre chalet collegati tra loro compongono questa risorsa, che ha camere di diversa tipologia, ma tutte accoglienti e con lo stesso livello di confort. Il calore del camino della sala da pranzo è il miglior accompagnamento alla saporita cucina.

XXX **Aubergine** – Hotel Auberge de la Maison   ⟨icons⟩ **P**

via Passerin d'Entreves 16 – ℰ *01 65 86 98 11*   Pianta: A1**a**
– www.aubergemaison.it – Chiuso novembre
Carta 40/66 €
All'interno di una struttura fra le più esclusive di Courmayeur, la suggestiva vista del Monte Bianco dall'elegante sala esalta una cucina fatta di tradizione e prodotti locali. In estate, non perdete l'occasione di una sosta gastronomica sulla tranquilla terrazza-dehors.

a La Palud Nord : 4,5 km

⟨icon⟩ **Dente del Gigante**   ⟨icon⟩ **P**

strada la Palud 42 – ℰ *0 16 58 91 45*   Pianta: B1**c**
– www.dentedelgigante.com – Aperto 3 dicembre-26 aprile e
24 giugno-25 settembre
13 cam ⌑ – ♦79/169 € ♦♦79/169 €
Ai piedi del Monte Bianco, vicino alle funivie e alla Val Ferret, legno e pietra conferiscono alla struttura quell'inconfondibile atmosfera montana. Lo stesso "calore" lo si ritrova nelle belle camere: diverse tipologie, ma tutte curate nei minimi dettagli.

in Val Ferret

✗ **Miravalle** ⇔ 🍴 ← 🏡 **P**
località Planpincieux 20, Nord: 7 km – ☎ 01 65 86 97 77 Pianta: B1**f**
– www.courmayeur-hotelmiravalle.it – Aperto 1° dicembre-30 aprile,
21 giugno-30 settembre e i week end in ottobre
Menu 22 € – Carta 27/84 € – (chiuso martedì in bassa stagione)
11 cam ⌿ – ♦70/150 € ♦♦85/150 €
Nella cornice di una valle unica al mondo, al cospetto di sua maestà il Monte
Bianco, un giovane chef rielabora con gusto personale specialità regionali e qualche piatto di matrice più nazionale. L'ambiente? Simpaticamente alpino!

a Dolonne

🏠 **Stella del Nord** ← 🖃 ♨ 🚗
strada della Vittoria 2 – ☎ 01 65 84 80 39 Pianta: C2**c**
– www.stelladelnord.com – Aperto 20 dicembre-15 aprile e 1° luglio-15 settembre
12 cam ⌿ – ♦45/110 € ♦♦60/190 €
Conduzione familiare per un albergo situato nella parte alta della frazione; arredi
in legno e smart tv in tutte le camere.

🏠 **Maison lo Campagnar** ♨ ← 🛏 🏮 🚗
rue de Granges 14 – ☎ 01 65 84 68 40 Pianta: C2**d**
– www.maisonlocampagnar.com – Chiuso maggio
11 cam ⌿ – ♦70/150 € ♦♦100/220 €
Ubicato nel verde e sulle piste da sci, un elegante chalet in legno dagli spazi
interni raccolti e ricchi di charme. Molto belle le camere personalizzate: piccole
bomboniere di confort.

CRANDOLA VALSASSINA
Lecco (LC) – ✉ 23832 – 254 ab. – Alt. 780 m – Carta regionale n° **9-B2**
▶ Roma 647 km – Como 59 km – Lecco 30 km – Milano 87 km
Carta stradale Michelin 561-D10

✗✗ **Da Gigi** ⇔ ←
piazza IV Novembre 4 – ☎ 03 41 84 01 24 – www.dagigicrandola.it – Chiuso 15-30 giugno
Menu 15 € (pranzo in settimana)/39 € – Carta 32/57 € – (chiuso mercoledì
escluso luglio-agosto)
8 cam – ♦45/60 € ♦♦60/75 € – senza ⌿
Per gustare le specialità della Valsassina, un simpatico locale in posizione panoramica con sale di tono rustico e una cucina attenta ai prodotti del territorio (molti
di origine biologica), nonché a quelli dell'orto di casa.

CRAVANZANA
Cuneo (CN) – ✉ 12050 – 413 ab. – Alt. 585 m – Carta regionale n° **14-C2**
▶ Roma 617 km – Torino 97 km – Alessandria 67 km – Cuneo 74 km
Carta stradale Michelin 561-I6

✗ **Da Maurizio** ⇔ 🍴 🏡 🖃 ♨ **P**
via Luigi Einaudi 5 – ☎ 01 73 85 50 19 – www.ristorantedamaurizio.net
– Chiuso 7 gennaio-13 febbraio e 27 giugno-8 luglio
Menu 35 € – Carta 27/43 € – (chiuso giovedì a pranzo e mercoledì)
(prenotazione obbligatoria)
11 cam ⌿ – ♦60/68 € ♦♦78/80 €
Camere accoglienti, con gradevole vista sulle colline circostanti e cucina langarola,
arricchita da una buona selezione di formaggi. Pollo alla cacciatora, tra le specialità.

CREAZZO
Vicenza (VI) – ✉ 36051 – 11 281 ab. – Alt. 99 m – Carta regionale n° **22-A2**
▶ Roma 530 km – Padova 40 km – Verona 51 km – Vicenza 7 km
Carta stradale Michelin 562-F16

AC Hotel Vicenza

via Carducci 1 – 🕿 *04 44 52 36 11 – www.hotelacvicenza.com*
123 cam – †70/360 € ††78/368 € – **2 suites**
Alle porte di Vicenza e a pochi chilometri dal casello autostradale, la fiera è raggiungibile a piedi. All'interno, moderno minimalismo, ma con tante comodità e funzionalità.

CREDERA RUBBIANO

Cremona (CR) – ⬛ 26010 – 1 643 ab. – Alt. 70 m – Carta regionale n° **10-C3**
▶ Roma 547 km – Milano 53 km – Cremona 43 km – Lodi 16 km
Carta stradale Michelin 561-G10

Il Postiglione 🆕

via Boschiroli 17 – 🕿 *0 37 36 61 14 – www.trattoriapostiglione.it – Chiuso
7-17 gennaio e lunedì*
Menu 30/35 € – Carta 30/63 €
Affascinante restauro di una cascina storica, soffitti in legno, camini e arredi d'epoca conducono ad una cucina del territorio che si apre, però, anche al pesce per il quale la trattoria si è conquistata un nome.

CREMA

Cremona (CR) – ⬛ 26013 – 34 212 ab. – Alt. 79 m – Carta regionale n° **10-C2**
▶ Roma 546 km – Milano 46 km – Bergamo 43 km – Cremona 43 km
Carta stradale Michelin 561-F11

Il Ponte di Rialto

via Cadorna 5/7 – 🕿 *0 37 38 23 42 – www.pontedirialto.it*
33 cam – †70/100 € ††85/125 €
In un palazzo d'epoca, l'albergo dispone di camere arredate alternativamente in stile classico o con pezzi d'antiquariato ed ospita, inoltre, un'attrezzata sala conference.

Botero 🆕

via del Ginnasio 4 – 🕿 *0 37 38 79 11 – www.ristorantebotero.it – Chiuso
1°-10 gennaio, 8-22 agosto, domenica sera e lunedì*
Menu 15 € (pranzo in settimana)/60 € – Carta 33/58 €
A pochi passi dal duomo, anche le sale del ristorante partecipano alla storia cittadina, tra antiche mura e rinnovata eleganza. In carta ci sono i tortelli dolci, gaudente specialità cremasca a base di amaretti al cioccolato, ma anche piatti più creativi, in buona parte di pesce, ad un buon rapporto qualità/prezzo. A mezzogiorno i piatti sono più semplici.

CREMNAGO

Como (CO) – ⬛ 22044 – Alt. 335 m – Carta regionale n° **10-B1**
▶ Roma 605 km – Como 17 km – Bergamo 44 km – Lecco 23 km
Carta stradale Michelin 561-E9

Antica Locanda la Vignetta dal 1910

via Garibaldi 15 – 🕿 *0 31 69 82 12 – www.ristorantelavignetta.com
– Chiuso gennaio, agosto, lunedì sera e martedì*
Menu 15 € (pranzo in settimana) – Carta 42/73 €
Cordiale accoglienza in un frequentato, simpatico locale con solida cucina del territorio; servizio estivo sotto un pergolato.

CREMOLINO

Alessandria (AL) – ⬛ 15010 – 1 082 ab. – Alt. 405 m – Carta regionale n° **12-C3**
▶ Roma 559 km – Genova 59 km – Alessandria 49 km – Milano 121 km
Carta stradale Michelin 561-I7

Bel Soggiorno

via Umberto I 69 – 🕿 *01 43 87 90 12 – www.ristorantebelsoggiorno.it – Chiuso
15 giorni in gennaio e 15 giorni in luglio*
Menu 30/40 € – Carta 28/61 € – *(chiuso mercoledì)*
3 cam – †55/60 € ††75/85 €
Da oltre 40 anni fedele alle tradizioni culinarie piemontesi, i cui piatti tipici e stagionali (proverbiale, il fritto misto) vengono proposti in una piacevole sala con vetrata affacciata sui colli.

CREMONA

✉ 26100 – 71 657 ab. – Alt. 45 m – Carta regionale n° **9-C3**
▶ Roma 522 km – Parma 72 km – Piacenza 44 km – Parma 72 km
Carta stradale Michelin 561-G12

Delle Arti
via Geremia Bonomelli 8 – ☎ *0 37 22 31 31* — Pianta: B2**a**
– www.cremonahotels.it – Chiuso 23 dicembre-2 gennaio e 2-24 agosto
30 cam ⌾ – ♦79/169 € ♦♦100/169 € – **3 suites**
Sin dall'esterno si presenta come un design hotel caratterizzato da forme geometriche e colori sobri, prevalentemente scuri. La sala colazioni è adibita anche a galleria d'arte visitabile: una vera eccezione di modernità nel centro storico.

Impero
piazza Pace 21 – ☎ *03 72 41 30 13 – www.cremonahotels.it* — Pianta: AB2**d**
53 cam ⌾ – ♦65/155 € ♦♦80/155 €
Nel cuore del centro storico, in un austero edificio anni '30, albergo rinnovato con camere più tranquille sul retro o con vista su piazza o Torrazzo dagli ultimi piani.

XX La Sosta

via Sicardo 9 – 𝄞 03 72 45 66 56 – www.osterialasosta.it   Pianta: B2**b**
– Chiuso 1 settimana in febbraio, 2 settimane in agosto, domenica sera e lunedì
Carta 33/66 €
Osteria nel nome ma un moderno e colorato locale nell'ambiente. A pochi passi dal Duomo, i classici della cucina cremonese ed altre specialità nazionali.

X Kandoo Nippon

piazza Cadorna 15 – 𝄞 0 37 22 17 75 – www.sushikandoo.it   Pianta: A2**b**
– Chiuso 13-20 agosto e lunedì escluso festivi
Menu 12 € (pranzo in settimana)/18 € – Carta 25/64 €
Colori scuri e look moderno per una pausa relax tutta nipponica a base di ottime specialità del Sol Levante: sia crude, sia cotte.

CRETAZ – Aosta (AO) ➜ Vedere Cogne

CROCERA – Alessandria (AL) ➜ Vedere Barge

CRODO
Verbano-Cusio-Ossola (VB) – ✉ 28862 – 1 426 ab. – Alt. 505 m
– Carta regionale n° **12-C1**
▶ Roma 718 km – Stresa 57 km – Domodossola 17 km – Verbania 56 km
Carta stradale Michelin 561-D6

XX Marconi

via Pellanda 21 – 𝄞 03 24 61 87 97 – www.ristorantemarconi.com – Chiuso martedì dal 16 giugno al 14 settembre, anche lunedì negli altri mesi
Menu 24/45 € – Carta 36/70 €
Cucina contemporanea e tanta cura nelle presentazioni in questo ristorante all'interno di una villetta indipendente con piccolo dehors sul retro.

a Viceno Nord-Ovest : 4,5 km – ✉ 28862 Crodo – Alt. 896 m

🏠 Edelweiss

– 𝄞 03 24 61 87 91 – www.albergoedelweiss.com – Chiuso gennaio e novembre
30 cam ⌧ – †65/80 € ††100/130 €
Rist *Edelweiss*☺ – Vedere selezione ristoranti
Imbiancato dalla neve d'inverno, baciato dai raggi di un tiepido sole d'estate, un rifugio di montagna dalla calorosa gestione familiare, moderno e curato, con una piccola sala giochi.

X Edelweiss – Hotel Edelweiss

– 𝄞 03 24 61 87 91 – www.albergoedelweiss.com – Chiuso gennaio e novembre
Menu 15/36 € – Carta 23/53 €
 Un vero caposaldo della gastronomia locale: piatti della tradizione montana, in primis gli gnocchetti di ricotta vicenese, in un ambiente rilassato ed informale. Buona scelta di vini locali e non.

CROTONE
✉ 88900 – 61 131 ab. – Carta regionale n° **3-B2**
▶ Roma 601 km – Cosenza 109 km – Catanzaro 72 km – Lamezia Terme 103 km
Carta stradale Michelin 564-J33

🏠 Lido degli Scogli & Palace

viale Magna Grecia 49 – 𝄞 0 96 22 86 25 – www.lidodegliscogli.com
35 cam ⌧ – †79/130 € ††105/220 €
Due strutture, di cui una direttamente sul mare, l'altra a pochi passi, ma entrambe con camere ampie e dall'arredo curato: indirizzo ideale per una vacanza a tutto tondo!

🏠 Palazzo Foti

via Colombo 79 – 𝄞 09 62 90 06 08 – www.palazzofoti.it
39 cam ⌧ – †85/105 € ††130/160 €
Sul lungomare del centro città, nuovo albergo design dalle linee moderne e dalle camere luminose, dotate di ogni confort.

🏠 **Helios** ⚘ ⟨ ◣ ⌇ ⊡ ⓐⓒ ⚡ ⚙ 🅿

viale Magna Grecia, traversa via Makalla 2, Sud: 2 km – ✆ *09 62 90 12 91*
– *www.helioshotels.it*
42 cam ⊏⊐ – †65/88 € ††85/145 €
A pochi passi dalla spiaggia, questo sobrio, ma gradevole albergo dispone di piacevoli terrazze con piscina e bella vista. Camere funzionali.

✕✕ **Da Ercole** ⟵ 🏡 ⓐⓒ

viale Gramsci 122 – ✆ *09 62 90 14 25* – *www.daercole.com* – *Chiuso domenica
escluso luglio-agosto*
Menu 50 € – Carta 38/93 € **2 cam** ⊏⊐ – †60/80 € ††80/100 €
Il sapore e il profumo del mar Ionio esaltati nei piatti cucinati da Ercole nel suo
accogliente locale classico sul lungomare della località. Una sala è decorata con
mosaici.

CUASSO AL MONTE
Varese (VA) – ⊠ 21050 – 3 644 ab. – Alt. 530 m – Carta regionale n° **9-A2**
▶ Roma 650 km – Como 36 km – Varese 17 km – Milano 74 km
Carta stradale Michelin 561-E8

✕✕ **Al Vecchio Faggio** 🏡 ⅖ 🅿
⊜⊜
via Garibaldi 8, località Borgnana, Est: 1 km – ✆ *03 32 93 80 40*
– *www.vecchiofaggio.com* – *Chiuso 7-22 gennaio, 15-30 giugno e mercoledì*
⊛ Menu 15 € (pranzo)/35 € – Carta 30/58 €
All'ombra del secolare faggio che domina il giardino, la vista si rilassa ammirando
la fitta vegetazione dell'argine del lago di Lugano. Dalla cucina piatti del territorio
e specialità quali: coscia di coniglio ai pistacchi - torta di nocciole con uva sulta-
nina e cioccolato.

a Cavagnano Sud-Ovest : 2 km – ⊠ 21050 Cuasso Al Monte

🏠 **Alpino** ⚘ 🛏 ⊡ 🅿

via Cuasso al Piano 1 – ✆ *03 32 93 90 83* – *www.hotelalpinovarese.com*
19 cam ⊏⊐ – †50/60 € ††80/90 €
Una risorsa accogliente nella sua semplicità, per un soggiorno tranquillo e familiare in una verde località prealpina; camere con arredi essenziali. Ambiente semplice di tono rustico, con soffitto a cassettoni e grande camino in sala da pranzo.

a Cuasso al Piano Sud-Ovest : 4 km – ⊠ 21050

✕✕ **Molino del Torchio** ⟵ ♨ 🅿

via Molino del Torchio 17 – ✆ *03 32 92 03 18* – *www.molinodeltorchio.com*
Menu 35/45 € – Carta 32/58 € – *(chiuso lunedì e martedì)*
2 cam ⊏⊐ – †60 € ††80 €
All'interno di un suggestivo vecchio mulino, antiche ricette lombarde animano
menu giornalieri attenti alla stagionalità dei prodotti. Camere personalizzate e
ben tenute.

CUMA – Napoli (NA) ➜ Vedere Pozzuoli

CUNEO
⊠ 12100 – 56 116 ab. – Alt. 534 m – Carta regionale n° **12-B3**
▶ Roma 643 km – Alessandria 125 km – Torino 99 km – Asti 89 km
Carta stradale Michelin 561-I4

🏛 **Palazzo Lovera Hotel** ⚘ ⓦ 🛋 ⊡ ⅖ 🚻 ⓐⓒ 🚗

via Roma 37 – ✆ *01 71 69 04 20* – *www.palazzolovera.com* Pianta: B1**d**
40 cam ⊏⊐ – †85/130 € ††99/160 € – **7 suites**
Rist *Lovera* – Vedere selezione ristoranti
Nel cuore della città, un palazzo nobiliare del XVI secolo che ebbe illustri ospiti, è
oggi un albergo di prestigio con spaziose, eleganti, camere in stile, nonché un'eccellente gestione diretta.

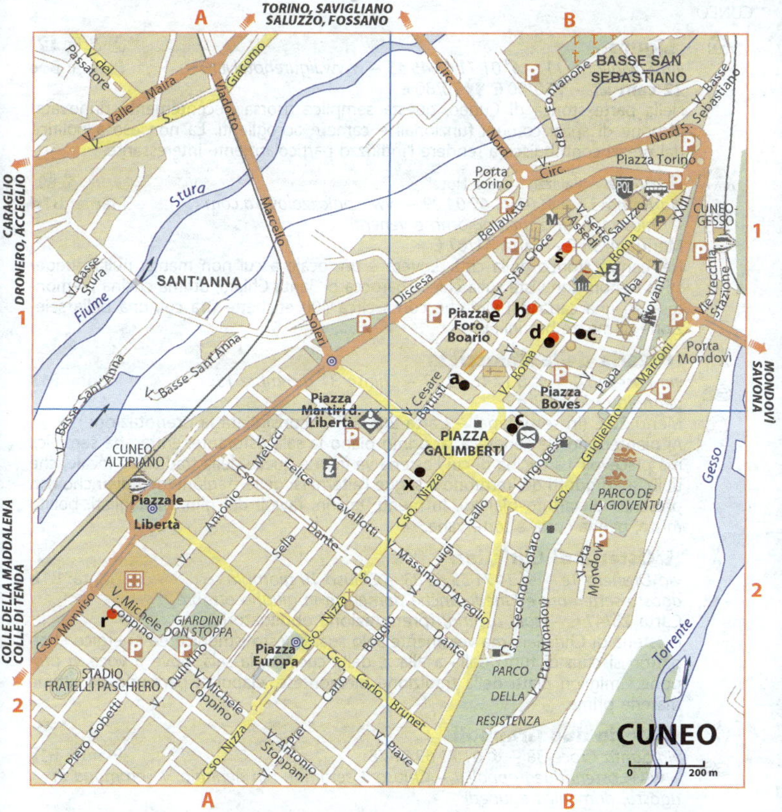

CUNEO

0   200 m

🏠🏠🏠 **Principe**   ⬆ AC 🧖

piazza Galimberti 5 – ☏ 01 71 69 33 55   Pianta: **B2c**
– www.hotel-principe.it

49 cam 🍴 – 🛏90/118 € – 🛏🛏109/130 € – **1 suite**

Dalla piazza principale un ingresso "importante" con scalinata di marmo introduce in un hotel di lunga storia, rinnovatosi nel tempo: camere moderne, ben accessoriate. A disposizione anche pochi posti auto.

🏠🏠🏠 **Royal Superga**   ⬆ ♿ AC 🧖 P

via Pascal 3 – ☏ 01 71 69 32 23   Pianta: **B1a**
– www.hotelroyalsuperga.com

39 cam 🍴 – 🛏51/99 € – 🛏🛏71/149 €

In una dimora storica ottocentesca, la dinamica gestione al timone dell'hotel è sicuramente uno dei suoi punti di forza, ma anche le continue migliorie in termini di confort e tecnologie lo rendono ideale sia per un clientela business sia per un turismo leisure.

🏠 **Cuneo Hotel**   ⬆ ♿

via Vittorio Amedeo II, 2 – ☏ 01 71 68 19 60   Pianta: **B2x**
– www.cuneohotel.com

20 cam 🍴 – 🛏50/70 € – 🛏🛏70/95 €

Confort ed essenzialità negli arredi, moderni e in stile minimalista, per questa piccola risorsa situata in comoda posizione centrale. Disponibilità di alcuni posti auto (solo per la notte).

Ligure ⬆ 🛗 🄰🄲 🄿

via Savigliano 11 – ✆ *01 71 63 45 45 – www.ligurehotel.it*   Pianta: B1**c**
22 cam 🛏 – ♦50/60 € ♦♦70/80 €
Nella parte storica di Cuneo, questa semplice risorsa (recentemente rinnovata) dispone di spazi comuni funzionali e camere accoglienti. La non esosa politica dei prezzi contribuisce a rendere l'indirizzo particolarmente interessante.

XX Lovera – Palazzo Lovera Hotel 🕳 🍴 🄰🄲

via Roma 37 – ✆ *01 71 69 04 29 – www.palazzolovera.com*   Pianta: B1**d**
– Chiuso lunedì a mezzogiorno e venerdì
Menu 24/38 € – Carta 31/67 €
Nel centro storico della città, Lovera è un locale a cui non manca nulla: suggestivo dehors con vista sulla chiesa barocca di Santa Chiara, ottima cucina piemontese ed una carta dei vini che conta circa 400 etichette (tra cui, una bella selezione di mezze bottiglie).

XX Osteria della Chiocciola 🕳

via Fossano 1 – ✆ *0 17 16 62 77 – Chiuso 31 dicembre-15*   Pianta: B1**s**
gennaio e domenica
Menu 20 € (in settimana) – Carta 26/45 € – (consigliata la prenotazione)
Al pianterreno c'è l'enoteca, al primo piano la sala ristorante: entrambi semplici, ma piacevoli. La cucina di cui l'osteria va fiera è quella della tradizione locale, che utilizza i prodotti del territorio e segue l'alternarsi delle stagioni (quindi anche con presenza di tartufo bianco). In menu: tajarin, ravioli del plin, maltagliati, bollito misto, panna cotta e torte varie.

X L'Osteria di Christian 🄰🄲

via Dronero 1e – ✆ *34 71 55 63 83 – Chiuso 10 giorni in*   Pianta: B1**b**
agosto-settembre e lunedì, anche domenica in giugno-ottobre
Carta 25/47 € – *(solo a cena)* (prenotazione obbligatoria)
L'Osteria di Christian: ma veramente solo sua! Questo istrionico ed energico chef-patron si cura di tutto dalla a alla z, dalla cucina alla sala, dove a voce vi propone i migliori piatti della tradizione piemontese, elaborati partendo da ottime materie prime.

X Osteria due Grappoli 🍴

via Santa Croce 38 – ✆ *01 71 69 81 78*   Pianta: B1**e**
– www.osteriaduegrappoli.it – Chiuso 1 settimana in gennaio, 1 settimana in agosto, domenica e lunedì
Menu 24/28 € – Carta 28/41 €
Cambio d'indirizzo e d'insegna, ma non di gestione e di stile di cucina, che rimane infatti saldamente ancorata a specialità di terra con qualche "intrusione" dal mare.

X Torrismondi 🄰🄲

via Coppino 33 – ✆ *0 17 16 55 15 – www.torrismondi.it*   Pianta: A2**r**
– Chiuso domenica e le sere di lunedì, martedì e mercoledì
Carta 30/43 €
Stessa affidabile gestione dal 1988, per un locale semplice dove godere della convivialità e di un'affezionata clientela di habitué buongustai: amanti della cucina locale, rigorosamente fatta in casa. Una lavagnetta elenca i vini al bicchiere.

CUORGNÈ

Torino (TO) – ✉ 10082 – 9 963 ab. – Alt. 414 m – Carta regionale n° **12-B2**
🚆 Roma 700 km – Torino 38 km – Aosta 86 km – Ivrea 24 km
Carta stradale Michelin 561-F4

XX Rosselli 77 🄰🄲 ↔ 🄿

via F.lli Rosselli 77 – ✆ *01 24 65 16 13 – Chiuso agosto, vacanze di Natale, domenica e lunedì*
Menu 15/25 € – *(solo a pranzo)* (consigliata la prenotazione)
Cosa c'è di meglio che fare shopping comodamente seduti al tavolo di un ristorante? Tutti i preziosi mobili che compongono l'arredamento di questo originale locale sono, infatti, acquistabili tra una forchettata e l'altra di specialità piemontesi (piatti che variano giornalmente in base alla disponibilità del mercato). Specialità: ravioli di salame di patate su fonduta di taleggio - cappello del prete all'olio extra-vergine - cremino al gianduiotto.

CUPRA MARITTIMA

Ascoli Piceno (AP) – ✉ 63064 – 5 410 ab. – Carta regionale n° **11**-D2-3
▶ Roma 240 km – Ascoli Piceno 47 km – Ancona 80 km – Macerata 60 km
Carta stradale Michelin 563-M23

Europa ⇧ ⊞ AC ⇔

*via Gramsci 8 – ℰ 07 35 77 80 33 – www.hoteleuropaweb.it – Chiuso
7-29 novembre*
30 cam �rⁱⁿ – †30/40 € ††45/70 €
Una semplice pensione a gestione familiare, ideale per una vacanza in famiglia,
dispone di camere di gusto sobriamente moderno, alcune recentemente ristrutturate. Cucina marchigiana di mare al ristorante.

CUREGGIO

Novara (NO) – ✉ 28060 – 2 655 ab. – Alt. 289 m – Carta regionale n° **13**-A3
▶ Roma 657 km – Stresa 42 km – Milano 80 km – Novara 33 km
Carta stradale Michelin 561-E7

Agriturismo La Capuccina ⇧ ⇘ ⇐ ⍿ ⌂ 𝄞 ⚹ AC 𝄞 P

*via Novara 19/b, località Capuccina – ℰ 03 22 83 99 30 – www.lacapuccina.it
– Chiuso 1°-20 gennaio*
8 cam ⊑ – †60/70 € ††95/100 €
Cascina restaurata, in aperta campagna, presenta un'ambientazione rustico-
moderna con camere di buon confort. Intorno le attività dell'azienda, coltivazioni
e bestiame. Grazioso ristorante con quadri moderni e vecchi utensili di campagna.

CURNO

Bergamo (BG) – ✉ 24035 – 7 751 ab. – Alt. 244 m – Carta regionale n° **10**-C1
▶ Roma 607 km – Bergamo 6 km – Lecco 28 km – Milano 49 km
Carta stradale Michelin 561-E10

Trattoria del Tone ⍾ AC ⇔ P

*via Roma 4 – ℰ 0 35 61 31 66 – www.trattoriadeltone.com – Chiuso 3 settimane
in agosto, martedì e mercoledì*
Menu 17 € (pranzo in settimana)/50 € – Carta 33/58 €
Siamo ormai alla terza generazione per questo piacevole ristorante, la
cui cucina può permettersi di diversificarsi con estrema sicurezza: classica, legata
al territorio come negli immortali casoncelli o nel coniglio al rosmarino, oppure
ispirata al mare.

CURTATONE

Mantova (MN) – ✉ 46010 – 100 ab. – Alt. 26 m – Carta regionale n° **9**-C3
▶ Roma 475 km – Verona 55 km – Bologna 112 km – Mantova 8 km
Carta stradale Michelin 561-G14

a Grazie Ovest : 2 km – ✉ 46010

Locanda delle Grazie ⇦ ⍾

*via San Pio X 2 – ℰ 03 76 34 80 38 – locandagrazie.com – Chiuso 1 settimana in
gennaio, 1 settimana a fine giugno e 16-30 agosto*
Menu 25/30 € – Carta 23/53 € – *(chiuso martedì e mercoledì)* (consigliata la
prenotazione)
3 cam ⊑ – †40 € ††60 €
A voce vi sarà suggerito anche qualche piatto di mare, ma il ristorante è diventato un faro per gli appassionati della cucina mantovana: tortelli di zucca, luccio
in salsa, zabaione e sbrisolona, tra gli imperdibili!

CUSAGO

Milano (MI) – ✉ 20090 – 3 811 ab. – Alt. 126 m – Carta regionale n° **10**-A2
▶ Roma 582 km – Milano 12 km – Novara 45 km – Pavia 40 km
Carta stradale Michelin 561-F9

Mulino Grande

via Cisliano 26 – ☎ 02 90 39 07 31 – www.hotelmulinogrande.it – Chiuso 25 dicembre-7 gennaio e agosto

14 cam ⌶ – †120/350 € ††120/400 € – **7 suites**

Dal restauro di un mulino cinquecentesco, questo elegante albergo dall'atmosfera rurale, ma dai comfort moderni racchiude design, gastronomia, benessere, sostenibilità, high-tech ed un attento recupero degli elementi del passato. Tutto è curato nei minimi dettagli per offrire il massimo lusso nel pieno rispetto della natura.

✗✗ **Da Orlando**

piazza Soncino 19 – ☎ 02 90 39 03 18 – www.daorlando.com – Chiuso 24 dicembre-1° gennaio, 6-22 agosto, sabato a mezzogiorno e domenica

Menu 18 € (pranzo in settimana)/45 € – Carta 35/57 €

Su una scenografica piazza con castello, ambienti classici con tavoli distanziati e accogliente gestione familiare. La cucina si divide equamente tra carne e pesce con interessanti elaborazioni.

✗ **Brindo by Orlando**

via Libertà 18 – ☎ 02 90 39 44 29 – www.brindo.it – Chiuso 2 settimane in agosto, sabato a mezzogiorno e domenica

Carta 32/42 €

Piccola e piacevole trattoria moderna, più informale dell'altro ristorante di famiglia (Da Orlando), ma con la stessa passione e ricerca: oltre ad alcuni classici, le specialità sono i crudi e le tartare.

CUSTOZA – Verona (VR) ➡ Vedere Sommacampagna

CUTIGLIANO

Pistoia (PT) – ✉ 51024 – 1 522 ab. – Alt. 678 m – Carta regionale n° **18-B1**
▶ Roma 348 km – Firenze 78 km – Pistoia 42 km – Lucca 55 km
Carta stradale Michelin 563-J14

 Villa Basilewsky

via Cantamaggio 20 – ☎ 0 57 36 80 67 – www.hotelcutigliano.com

24 cam ⌶ – †40/80 € ††60/140 € – **1 suite**

Abbracciata da un tranquillo parco, questa villa nobiliare di fine '800 dispone di ambienti eleganti e signorili. Alcune camere sono addirittura affrescate!

✗ **Trattoria da Fagiolino**

via Carega 1 – ☎ 0 57 36 80 14 – www.trattoriadafagiolino.it – Chiuso novembre

Carta 20/50 € – (chiuso martedì e mercoledì escluso luglio-agosto)

4 cam ⌶ – †50/55 € ††82/90 €

Nel cuore di un grazioso paese dell'Appennino toscano, la cucina ne ripropone le specialità: salumi, paste fresche e capretto al forno sono alcuni dei piatti forti, insieme a funghi e tartufi. All'altezza delle aspettative anche le camere, moderne e ben tenute.

CUTROFIANO

Lecce (LE) – ✉ 73020 – 9 140 ab. – Alt. 85 m – Carta regionale n° **15-D3**
▶ Roma 613 km – Taranto 139 km – Brindisi 71 km – Lecce 29 km
Carta stradale Michelin 564-G36

Sangiorgio Resort & Spa

provinciale Noha-Collepasso – ☎ 08 36 54 28 48 – www.sangiorgioresort.it

18 cam ⌶ – †123/178 € ††196/324 €

Nato come residenza estiva per le suore del convento di Santa Maria di Leuca, di cui conserva ancora una cappella consacrata, il resort si estende in orizzontale ed è circondato da una grande proprietà: due piscine distanti l'una dall'altra assicurano agli ospiti una certa privacy. Stile elegante ed opulento.

DALMINE

Bergamo (BG) – ✉ 24044 – 23 304 ab. – Alt. 207 m – Carta regionale n° **10**-C1
▶ Roma 610 km – Bergamo 10 km – Brescia 63 km – Milano 49 km
Carta stradale Michelin 561-F10

XX **Osteria del Conte**   ⅙ 🅰🅲
    via J.F. Kennedy 18 – ℰ 0 35 37 00 63 – www.ristoranteosteriadelconte.com
    – Chiuso 2 settimana in agosto, 1 settimana in gennaio, domenica sera e lunedì
    Menu 40 € – Carta 35/83 €
    Elegante ristorante all'insegna dei sapori italiani, anche di mare, declinati in
    maniera moderna dallo chef che, non dimentico delle sue origini bergamasche,
    mantiene sempre in carta qualche piatto legato al territorio.

DARFO BOARIO TERME

Brescia (BS) – ✉ 25047 – 15 627 ab. – Alt. 218 m – Carta regionale n° **9**-C2
▶ Roma 613 km – Brescia 54 km – Bergamo 54 km – Milano 105 km
Carta stradale Michelin 561-E12

a Boario Terme – ✉ 25041

🏠 **Rizzi Aquacharme**   🌣 🛎 🏊 🐾 ⅃⅚ 🔁 ⅙ 🅰🅲 🔄 🚗
    via Carducci 5/11 – ℰ 03 64 53 16 17 – www.rizziaquacharme.it
    85 cam ⌂ – †60/150 € ††80/160 €
    Una struttura in grado di accontentare qualsiasi tipo di clientela, dal manager in
    cerca di spazi dove organizzare riunioni ed eventi, alla coppia che vuole trascor-
    rere un week-end romantico tra natura e remise en forme. Nell'ariosa sala da
    pranzo l'eleganza incontra il gusto: piatti tradizionali e menu benessere.

🏠 **Brescia**   🌣 🔁 🔄 🚗
    via Zanardelli 6 – ℰ 03 64 53 14 09 – www.hotelbrescia.it
    50 cam ⌂ – †50/58 € ††70/75 € – **1 suite**
    Signorili spazi comuni con decorativi pavimenti a scacchiera e camere di sobria
    classicità, in un'accogliente struttura a pochi metri dalle rinomate terme. Specia-
    lità valligiane al ristorante illuminato da grandi finestre.

XX **La Svolta**   🛖
    viale Repubblica 15 – ℰ 03 64 53 25 80 – www.ristorantepizzerialasvolta.it
    – Chiuso 2-9 febbraio e mercoledì
    Carta 24/51 € – *(solo a cena)*
    Locale accogliente con fresca veranda chiusa, le specialità sono a base di pesce,
    ma non mancano piatti di terra, pizza e alcune specialità locali.

a Montecchio Sud-Est : 2 km – ✉ 25047 Darfo Boario Terme

XX **La Storia**   🛖 🅰🅲 🅿

    via Fontanelli 1, Est: 2 km – ℰ 03 64 53 87 87 – www.ristorantelastoria.it
    – Chiuso mercoledì
    Menu 13 € (pranzo in settimana)/40 € – Carta 25/54 €
    In zona periferica e verdeggiante, villetta che ospita due sale di taglio classico;
    cucina che spazia tra terra e mare con specialità camune.

DEIVA MARINA

La Spezia (SP) – ✉ 19013 – 1 418 ab. – Carta regionale n° **8**-D2
▶ Roma 450 km – Genova 74 km – Massa 70 km – La Spezia 55 km
Carta stradale Michelin 561-J10

🏠 **Clelia**   🌣 🛎 🏊 🔁 🅰🅲 🅿

    corso Italia 23 – ℰ 0 18 78 26 26 – www.clelia.it
    – Aperto Pasqua-inizio novembre
    29 cam ⌂ – †50/110 € ††65/188 € – **1 suite**
    Ottima gestione familiare, ospitale e professionale, in un albergo a 100 mt. dal
    mare, con bella piscina circondata da un giardino e solarium. Camere molto con-
    fortevoli e funzionali. Apprezzato ristorante dove assaporare specialità liguri,
    molte delle quali a base di pesce.

Riviera
                ⌂ 🛋 ⬅ AK ❄ 🅿

località Fornaci 12 – ☏ 01 87 81 58 05 – www.hotelrivieradeivamarina.it
– Aperto 1° aprile-15 ottobre
27 cam ☖ – †60/120 € ††80/140 €
A pochi passi dalle spiagge, un hotel a conduzione diretta caratterizzato da camere essenziali, ma accoglienti e personalizzate. Stupenda vista sul mare dalla fresca sala ristorante, dove apprezzare specialità regionali rivisitate e un menu degustazione a base di pesce.

✗✗ Lido
                🦐 ⬅ 🎏 ⬆ AK ❄ 🅿

località Fornaci, 15 – ☏ 01 87 81 59 97 – www.hotelristorantelido.com
– Aperto 25 marzo-31 ottobre
Carta 37/85 €   **14 cam** ☖ – †80/135 € ††100/160 €
In un piccolo albergo-ristorante a due passi dal mare, l'ospitale conduzione diretta rende la sosta piacevole, mentre la cucina sorprende l'ospite con le sue specialità ittiche fragranti e classiche. Eccellente la carta dei vini che abbraccia il mondo, con una predilezione per Italia e Francia.

DELEBIO

Sondrio (SO) – ✉ 23014 – 3 176 ab. – Alt. 218 m – Carta regionale n° **9-B1**
▶ Roma 674 km – Sondrio 34 km – Bergamo 88 km – Como 76 km
Carta stradale Michelin 561-D10

✗✗ Osteria del Benedet
                🦐 AK ⇦
🍝

via Roma 2 – ☏ 03 42 69 60 96 – www.osteriadelbenedet.com
– Chiuso 1°-8 gennaio, agosto e domenica
Menu 20 € (pranzo in settimana)/48 € – Carta 35/67 €
Osteria di antica tradizione, si sviluppa oggi in verticale: wine-bar al piano terra e sale al piano superiore. Cucina di ispirazione contemporanea e tradizionale.

DESENZANO DEL GARDA

Brescia (BS) – ✉ 25015 – 28 312 ab. – Alt. 67 m – Carta regionale n° **9-D1**
▶ Roma 528 km – Brescia 31 km – Mantova 67 km – Verona 48 km
Carta stradale Michelin 561-F13

Park Hotel
                ⌂ ← 🏊 ⬆ AK 🧖 🚗

lungolago Cesare Battisti 17 – ☏ 03 09 14 34 94
– www.parkhotelonline.it
50 cam ☖ – †90/220 € ††120/230 € – **11 suites**
Albergo storico fronte lago: l'ingresso si apre su un'elegante hall dal gusto retrò, quasi un caffè letterario. Camere recentemente rinnovate e, all'ultimo piano, la piscina panoramica dotata di idromassaggio e cascata a lame d'acqua.

Villa Rosa
           ⌂ ← 🛋 🏊 🛗 ⬆ ♿ AK 🧖 🚗

lungolago Battisti 89 – ☏ 03 09 14 19 74
– www.villarosahotel.eu – Chiuso gennaio
62 cam ☖ – †90/200 € ††120/250 €
Hotel poco distante dal centro storico e fronte lago, si caratterizza per i suoi ambienti luminosi e le camere modernamente allestite. Imperdibile, la cucina raffinata del ristorante Rose & Sapori.

Nazionale
                🏊 ⬆ AK 🧖 🚗

via Marconi 23 – ☏ 03 09 15 85 55
– www.hotelnazionaledesenzano.it
41 cam ☖ – †90/190 € ††120/210 € – **2 suites**
Vicino al centro, storico albergo di Desenzano risorto dopo un completo restauro propone ambienti moderni, rilassanti e dai colori sobri, nonché una piacevole zona piscina.

Desenzano

viale Cavour 40/42 – ℰ 03 09 14 14 14 – www.hoteldesenzano.it
40 cam – †65/110 € ††90/150 €
A soli 5 minuti a piedi dal centro e non lontano dalla stazione, hotel dalla capace conduzione diretta, con ampie e comode camere: particolarmente moderne quelle rinnovate di recente.

Admiral Villa Erme

*viale Motta 13, località Rivoltella, Est: 2 Km – ℰ 03 09 11 03 71
– www.mistralhotels.it – Aperto 10 marzo-31 ottobre*
32 cam – †45/125 € ††45/148 € – **2 suites**
A pochi passi dal lago, piacevole hotel dalle accoglienti camere dotate di tutti i confort della categoria; comodo garage interno e - al primo piano - piscina semi-coperta con idromassaggio, sauna, nonché piccolo angolo fitness.

Esplanade (Massimo Fezzardi)

via Lario 10 – ℰ 03 09 14 33 61 – www.ristorante-esplanade.com – Chiuso mercoledì a mezzogiorno in estate, anche mercoledì sera negli altri mesi
Menu 75/100 € – Carta 68/153 €
In posizione panoramica sul lago, gestione di lunga data che propone piatti soprattutto di mare in preparazioni che ne esaltano la freschezza e l'ottima qualità. Per una cena all'insegna del romanticismo, prenotate un tavolo sul pontile.
→ Linguine ai ricci di mare con crostacei marinati all'olio del Garda (autunno-inverno). Filetto di manzo fassone in crosta di sale e pepe con olio al timo. Semi-freddo al cioccolato bianco con cremino ai lamponi e mandorle sabbiate.

DEUTSCHNOFEN = NOVA PONENTE

DEVINCINA – Trieste (TS) → Vedere Sgonigo

DIACCETO – Firenze (FI) → Vedere Pelago

DIANO MARINA
Imperia (IM) – ✉ 18013 – 6 047 ab. – Carta regionale n° **8-A3**
▶ Roma 612 km – Imperia 6 km – Genova 109 km – San Remo 31 km
Carta stradale Michelin 561-K6

Grand Hotel Diana Majestic

via degli Oleandri 15 – ℰ 01 83 40 27 27 – www.dianamajestic.com – Aperto 12 febbraio-30 ottobre
82 cam – †69/340 € ††79/360 € – **4 suites**
Frontemare, cinto da un profumato giardino-uliveto che accoglie ben due piscine, l'albergo offre spaziosi ambienti dotati di ogni confort e moderne, eleganti, camere. I più conosciuti piatti italiani dalla cucina.

Bellevue et Mediterranée

*via Generale Ardoino 2 – ℰ 01 83 40 93 – www.bellevueetmediterranee.it
– Aperto 25 marzo-10 ottobre*
73 cam – †80/160 € ††130/210 € – **4 suites**
Imponente, signorile e spiccatamente familiare, l'hotel dispone di due piscine - una riscaldata, l'altra coperta per la talassoterapia – e di un ristorante con vista panoramica sul golfo di Diano Marina.

Torino

via Milano 72 – ℰ 01 83 49 51 06 – www.hoteltorinodiano.it – Chiuso novembre e dicembre
69 cam – †55/180 € ††65/260 € – **11 suites**
Servizio accurato in un hotel signorile e centrale, dotato di camere di buon confort, ristorante a bordo piscina, nonché uno panoramico per le colazioni, palestra e jacuzzi con acqua riscaldata su terrazza elioterapica. Nuovissima l'area benessere.

Gabriella

via dei Gerani 9 – ☎ 01 83 40 31 31 – www.hotelgabriella.it
– Chiuso 26 ottobre-15 febbraio
50 cam ☐ – †65/125 € ††100/220 €
Sul mare verso San Bartolomeo, un'imponente struttura circondata da un verde giardino: semplice nelle zone comuni, offre camere spaziose e di recente rinnovo.

 Caravelle

via Sausette 34 – ☎ 01 83 40 53 11 – www.hotelcaravelle.it
– Aperto Pasqua-inizio ottobre
51 cam ☐ – †130/270 € ††130/270 €
Diverse piscine con acqua di mare, alcune riscaldate altre con idromassaggi: gran parte delle attenzioni della gestione è stata destinata al centro di cure estetiche e talassoterapiche. Il ristorante, moderno e da poco rinnovato, dispone di grandi vetrate che permettono allo sguardo di spaziare.

 Eden Park

via Generale Ardoino 70 – ☎ 01 83 40 37 67 – www.edenparkdiano.it
33 cam ☐ – †75/115 € ††128/242 €
E' sufficiente una breve passeggiata attraverso i gradevoli ambienti comuni per arrivare al bel giardino con piscina, proprio in riva al mare. Quanto alle camere, fresche e luminose, sono tutte arredate con vivaci colori. La sala ristorante offre una gradevole vista sul giardino, piatti locali ed internazionali.

 Jasmin

viale Torino 15 – ☎ 01 83 49 53 00 – www.hoteljasmin.com
– Aperto 27 dicembre-10 gennaio e 1° febbraio-10 ottobre
29 cam – †35/90 € ††40/180 € – ☐ 10 € – **3 suites**
Molte le vetrate musive policrome, alcune anche nelle stanze: accogliente, vivace e dinamico, grazie all'uso sapiente dei colori, l'hotel si trova direttamente sulla spiaggia (privata).

 Arc en Ciel

viale Torino 39 – ☎ 01 83 49 52 83 – www.hotelarcenciel.it
– Aperto 28 marzo-15 ottobre
50 cam ☐ – †70/140 € ††105/200 €
Circondato da ville di prestigio, tra pini marittimi e palme secolari, l'hotel si affaccia sul mare regalando romantici scorci sul golfo di Diano; camere tutte confortevoli, alcune sono provviste di un balcone coperto.

DIGONERA – Belluno (BL) ➜ Vedere Rocca Pietore

DIMARO
Trento (TN) – ✉ 38025 – 1 293 ab. – Alt. 766 m – Carta regionale n° **19-B2**
▶ Roma 633 km – Trento 62 km – Bolzano 61 km – Madonna di Campiglio 19 km
Carta stradale Michelin 562-D14

 Sporthotel Rosatti

via Campiglio 14 – ☎ 04 63 97 48 85 – www.sporthotel.it
55 cam ☐ – †55/140 € ††80/180 € – **5 suites**
Lungo la strada che porta al passo, una bella struttura che sdoppia le camere in due edifici distinti collegati da un tunnel sotterraneo. La caratteristica che accomuna le stanze è l'accoglienza anche se nella dépendance sono più moderne. Piacevole taverna in legno per serate in allegra compagnia.

DIOLO – Parma (PR) ➜ Vedere Soragna

DOBBIACO (TOBLACH)

Bolzano (BZ) – ⊠ 39034 – 3 348 ab. – Alt. 1 256 m – Carta regionale n° **19-D1**
◩ Roma 705 km – Cortina d'Ampezzo 33 km – Belluno 104 km – Bolzano 105 km
Carta stradale Michelin 562-B18

Santer

via Alemagna 4 – ℰ 04 74 97 21 42 – www.hotel-santer.com – Chiuso
15 aprile-15 maggio e novembre
50 cam ⌷ – †146/292 € ††182/308 € – **10 suites**
Rist Santer – Vedere selezione ristoranti
Per trascorrere delle vacanze in grande stile, questo è un albergo che non cessa
mai di migliorarsi e ingrandirsi. Ampi saloni, splendide camere e soprattutto un
eccellente centro benessere.

Park Hotel Bellevue

via Dolomiti 23 – ℰ 04 74 97 21 01 – www.parkhotel-bellevue.com
– Aperto 18 dicembre-28 marzo e 13 maggio-2 ottobre
37 cam ⌷ – †84/128 € ††138/262 € – **5 suites**
Ambienti accoglienti e centro fitness con piscina, in un albergo di tradizione nel
centro della località. Arredi lineari con qualche tocco di eleganza al ristorante:
cucina del territorio in menu.

Cristallo

via San Giovanni 37 – ℰ 04 74 97 21 38 – www.hotelcristallo.com
– Aperto 19 dicembre-29 marzo e 27 maggio-2 ottobre
36 cam ⌷ – †75/150 € ††130/250 € – **2 suites**
In centro paese, professionalità e accoglienza qui sono di casa, nonché una
costante manutenzione delle camere, luminose, per la maggior parte con arredi
in legno d'abete e pavimenti in larice.

Villa Monica

via F.lli Baur 8 – ℰ 04 74 97 22 16 – www.hotel-monica.com – Aperto
5 dicembre-24 marzo e 15 maggio-25 ottobre
30 cam ⌷ – †68/130 € ††90/160 €
Grazioso albergo a conduzione familiare con camere spaziose ed arredi in stile
sudtirolese. Serate di festa in tavernetta; cene a base di un'accurata cucina regionale e mediterranea.

Santer – Hotel Santer

via Alemagna 4 – ℰ 04 74 97 21 42 – www.hotel-santer.com – Chiuso
15 aprile-15 maggio e novembre
Menu 30/55 € – Carta 31/60 €
Porta lo stesso nome dell'hotel, il ristorante à la carte che ne riprende anche lo
stile da grande casa di montagna. Al timone del locale il figlio dei titolari, che propone piatti altoatesini, ma anche proposte di mare e creative.

Tilia (Chris Oberhammer)

via Dolomiti 31b – ℰ 33 58 12 77 83 – www.tilia.bz – Chiuso domenica sera e
lunedì
Menu 85 € – Carta 70/117 € – (coperti limitati, prenotare)
Un cubo di vetro al centro di un giardino circondato da un sontuoso edificio ottocentesco: è l'originale collocazione dei cinque tavoli per sedici coperti che il
cuoco di Dobbiaco delizia con una cucina contemporanea.
➔ Caponata di verdure al tartufo nero e caprino fresco. Vitello nostrano bollito in
crosta di morchelle (funghi) e patate novelle. Praliné al cioccolato fondente e
pepe rosa.

sulla strada statale 49 Sud-Ovest : 1,5 km

Gratschwirt

via Grazze 1 ⊠ 39034 – ℰ 04 74 97 22 93 – www.gratschwirt.com
– Aperto 20 dicembre-30 marzo e 20 giugno-20 settembre
Carta 33/63 € – (chiuso martedì)
28 cam ⌷ – †50/100 € ††85/170 € – **4 suites**
All'ombra dell'imponente gruppo delle Tre Cime, in una casa dalle origini cinquecentesche ai margini della località, un ristorante dagli interni curati dove gustare
piatti tipici regionali. Camere di differenti tipologie.

a Monte Rota Nord-Ovest : 5 km – ✉ 39034 – Alt. 1 650 m

Alpenhotel Ratsberg-Monte Rota

via Monte Rota 12 – ℰ 04 74 97 22 13 – www.alpenhotel-ratsberg.com
– Aperto 20 dicembre-13 marzo e 28 maggio-15 ottobre
29 cam – solo ½ P 55/100 €
Più indicato per vacanze ed escursioni estive, cinque chilometri di tornanti dal paese ripagano con una vista mozzafiato sulla valle e montagne. Un piccolo supplemento e il panorama continua in metà delle camere, alcune recentemente rinnovate.

DOGANA NUOVA – Modena (MO) → Vedere Fiumalbo

DOGLIANI

Cuneo (CN) – ✉ 12063 – 4 831 ab. – Alt. 295 m – Carta regionale n° **14-C3**
▶ Roma 613 km – Cuneo 49 km – Asti 54 km – Torino 76 km
Carta stradale Michelin 561-I5

Il Verso del Ghiottone

via Demagistris 5 – ℰ 01 73 74 20 74 – www.ilversodelghiottone.it – Chiuso 26 dicembre-22 gennaio e 29 giugno-21 luglio, lunedì e martedì
Carta 32/67 € – *(solo a cena escluso sabato e domenica)*
Nel cuore del centro storico, in un palazzo settecentesco, tavoli neri quadrati con coperto all'americana e bei quadri alle pareti: ne risulta un ambiente giovanile, ma elegante. La cucina simpatizza con le ricette del territorio, che rivisita e alleggerisce, ma non mancano interessanti proposte di pesce.

DOLEGNA DEL COLLIO

Gorizia (GO) – ✉ 34070 – 369 ab. – Alt. 90 m – Carta regionale n° **6-C2**
▶ Roma 646 km – Udine 27 km – Gorizia 25 km – Trieste 61 km
Carta stradale Michelin 562-D22

Agriturismo Venica e Venica-Casa Vino e Vacanze

località Cerò 8, Nord: 1 km ✉ 34070
– ℰ 0 48 16 01 77 – www.venica.it – Aperto fine marzo-31 ottobre
6 cam – ♦70/77 € ♦♦100/110 € – 🍽 14 €
Immerso nel verde e nella tranquillità della propria azienda vinicola, questo agriturismo dall'attenta conduzione familiare offre camere ampie ed accoglienti.

a Ruttars Sud : 6 km – ✉ 34070

Castello di Trussio dell'Aquila d'Oro (Anna Tuti)

località Trussio 13 – ℰ 0 48 16 12 55 – Chiuso domenica e lunedì
Menu 65 €
Elegante ristorante con piacevole servizio estivo in giardino. Ambiente in sintonia con la struttura, dove l'eleganza e la cucina si esprimono in armonioso parallelismo.
→ L'orzotto di Trussio mantecato con erbe, verdurine dell'orto e magro di faraona ruspante. La trancia spinata di branzino di lenza al fiordiburro. La piccola bavarese al fondente glassata.

a Vencò Sud : 4 km – ✉ 34070

L'Argine di Vencò 🆕 (Antonia Klugmann)

località Vencò 15 – ℰ 0 48 11 99 98 82 – www.largineavenco.it – Chiuso martedì
Menu 40/100 € – Carta 51/66 € – *(consigliata la prenotazione)*
3 cam 🍽 – ♦65 € ♦♦85 €
In un edificio rurale tra le colline e i vigneti, solo una quindicina di coperti ricevono le attenzioni di Antonia Klugmann: scelta ristretta per assicurare la freschezza dei prodotti che subiscono poche trasformazioni, accostamenti originali, sapiente uso di erbe aromatiche. La cifra della sua cucina!
→ Carpaccio, midollo, betulla e cavolo nero. Risotto burro e salvia. Animelle, latte e limone.

DOLO

Venezia (VE) – ✉ 30031 – 15 099 ab. – Carta regionale n° **23**-C3
▶ Roma 519 km – Padova 18 km – Treviso 48 km – Venezia 30 km
Carta stradale Michelin 562-F18

🏠 Villa Gasparini   AK

riviera Martiri della Libertà 37, Est : 1,8 km – 📞 *04 15 60 81 56*
– www.villagasparini.it
15 cam ⌷ – †50/135 € ††50/165 €
Lungo la Riviera di Brenta, una romantica villa del '700 con soffitti originali e mobili in stile veneziano: un soggiorno aristocratico a prezzi contenuti.

✕✕ Villa Goetzen   🌊 🖼 AK P

via Matteotti 2/C – 📞 *04 15 10 23 00 – www.villagoetzen.it – Chiuso 9-31 agosto*
Carta 43/55 € – *(chiuso domenica sera e giovedì)*
12 cam ⌷ – †70/100 € ††100/140 €
La villa, appartenuta all'omonimo conte austriaco, delizia oggi i palati con piatti
esclusivamente di pesce: affidatevi al titolare per conoscere a voce il pescato
del giorno. Al piano superiore le camere, quelle sul retro più silenziose e con
vista sul canale.

DOLOMITI – Belluno, Bolzano e Trento

DOLONNE – Aosta (AO) → Vedere Courmayeur

DOMODOSSOLA

Verbano-Cusio-Ossola (VB) – ✉ 28845 – 18 247 ab. – Alt. 272 m
– Carta regionale n° **12**-C1
▶ Roma 706 km – Stresa 44 km – Verbania 44 km – Lugano 94 km
Carta stradale Michelin 561-D6

🏠 Corona   🌿 🔲 🈳 🔼 AK 🛁 P

via Marconi 8 – 📞 *03 24 24 21 14 – www.coronahotel.net*
56 cam ⌷ – †72/90 € ††80/120 €
Sito nel centro della località, una risorsa di lunga tradizione e dalla solida conduzione familiare ospita ambienti arredati con signorilità e camere recentemente
rinnovate. Nella spaziosa ed elegante sala da pranzo, proposte gastronomiche
dai tipici sapori piemontesi.

🏠 Eurossola   🌿 🔼 AK 🈵 🛁 P

piazza Matteotti 36 – 📞 *03 24 48 13 26 – www.eurossola.com*
25 cam ⌷ – †65/80 € ††85/105 €
Rist *Eurossola* – Vedere selezione ristoranti
Sarà il franco sorriso di Elisabetta ad accogliervi in questa moderna risorsa - in
posizione centrale – dalle confortevoli camere vivacemente colorate (in parte rinnovate!) e dagli ampi spazi comuni arredati con sobria eleganza.

✕✕ La Stella   🌊 ⛵ 🍴🖼 👍 P

borgata Baceno di Vagna 29, strada per Domobianca 1,5 Km – 📞 *03 24 24 84 70*
*– www.ristorantelastella.com – Chiuso 15 giorni in febbraio e 6 giorni in
novembre*
Menu 15 € (pranzo in settimana)/65 € – Carta 46/83 € – *(chiuso lunedì)*
(consigliata la prenotazione)
3 cam – solo ½ P 80/120 €
Un originale caminetto di design moderno (girevole a 360°), legno e travi a vista
conferiscono "calore" e tipicità a questo rustico sapientemente ristrutturato. La
cucina subisce il fascino del mare, proponendo ottime specialità di pesce. Tre
camere piacevoli e moderne in sintonia con la semplicità del luogo.

XX **Eurossola** – Hotel Eurossola 🛖 ⊗ ⇆ **P**

piazza Matteotti 36 – ☏ 03 24 48 13 26 – www.eurossola.com
– Chiuso 10 gennaio-10 febbraio e lunedì
Menu 15/45 € – Carta 44/65 €
In un periodo dove aprono continuamente ristoranti con pretese più o meno alte, Eurossola rimane sempre un punto fisso della località ed il suo nome echeggia da un versante all'altro della valle. Le ragioni di tanto successo sono presto dette: una cucina che unisce tradizione e innovazione con l'utilizzo di materie prime di stagione e del territorio. Che volete di più dalla vita? Un tavolo, subito!

X **La Meridiana** 🄰🄲

via Rosmini 11 – ☏ 03 24 24 08 58 – www.ristorantelameridiana.it – Chiuso
20 giugno-10 luglio, domenica sera e lunedì
Menu 17 € (pranzo in settimana)/38 € – Carta 25/63 €
Totalmente rinnovato nell'estate 2012, il locale sfoggia oggi un look da moderno bistrot. Pesce e selvaggina continuano ad essere proposti in due modi: secondo la tradizione italiana oppure ispirandosi a quella spagnola.

DONORATICO – Livorno (LI) ➜ Vedere Castagneto Carducci

DORGALI
Sardegna – Nuoro (NU) – ✉ 08022 – 8 584 ab. – Alt. 390 m
– Carta regionale n° **16-B2**
▶ Cagliari 213 km – Nuoro 32 km – Olbia 97 km – Oristano 126 km
Carta stradale Michelin 366-S42

X **Colibrì** 🄰🄲 **P**

via Gramsci ang. via Floris – ☏ 0 78 49 60 54 /3 40 72 11 56
– www.ristorantecolibridorgali.it – Aperto 1° marzo-10 novembre; chiuso
domenica escluso luglio-agosto
Carta 28/45 €
Una cucina casalinga fedele ai sapori e alle tradizioni della gastronomia dorgolese, accompagnata dalla cordiale ospitalità dei gestori; tra le specialità più invitanti del menu spicca l'agnellino da latte in umido (saccaju, in sardo).

a Cala Gonone Est : 9 km – ✉ 08020

 Nuraghe Arvu ⊗ 🛏 🔄 🕭 🄰🄲 🏋 **P**

viale Bue Marino – ☏ 07 84 92 00 75 – www.hotelnuraghearvu.com – Aperto
15 maggio-15 ottobre
47 cam �⊐ – ♦80/160 € ♦♦124/260 € – **3 suites**
Belle camere costruite ad anfiteatro intorno alla piscina in questo albergo dagli interni in stile locale, curati e luminosi. Tra il verde dei millenari ulivi, il relax non è mai stato così a portata di mano! (Una navetta conduce alla spiaggia, a circa 500 m).

 Villa Gustui Maris Ⓝ ⊗ ⊗ ≤ 🛏 🔄 🕀 🄰🄲 ⊗

Via Marco Polo 57 ✉ 08022 Dorgali – ☏ 07 84 92 00 76
– www.villagustuimaris.it – Aperto 1° maggio-30 settembre
34 cam ⊐ – ♦62/182 € ♦♦97/399 €
In posizione panoramica, hotel dai toni moderni ed eleganti dove i dettagli vengono curati direttamente dai titolari. Per un soggiorno in pieno relax, godetevi il sole a bordo della bella piscina.

🏠 **Costa Dorada** ⊗ ≤ 🄰🄲 🏋

lungomare Palmasera 45 – ☏ 0 78 49 33 32 – www.hotelcostadorada.it – Aperto
1° aprile-31 ottobre
28 cam ⊐ – ♦75/120 € ♦♦110/190 € – **1 suite**
Ubicato direttamente sul lungomare, l'hotel ospita camere raccolte arredate in stile sardo-spagnolo, un solarium ed ampie terrazze ombreggiate con vista sul golfo. Piatti di carne, ma soprattutto di pesce, nonché proposte regionali sul terrazzino affacciato sul blu.

Il Pescatore

*via Acqua Dolce 7 – 𝒞 0 78 49 31 74 – www.ristoranteilpescatoredorgali.com
– Aperto Pasqua-31 ottobre*
Menu 28/60 € – Carta 44/83 €
Ricordando un antico borgo marinaro, il locale annovera un dehors e una semplice sala interna più informale, dove gustare specialità regionali e piatti di pesce. Non lasciatevi fuorviare: Il Pescatore che raccomandiamo si trova fronte mare!

alla Grotta di Ispinigoli Nord : 12 km

Ispinigoli

*strada statale 125 al km 210 ⊠ 08022 Dorgali – 𝒞 0 78 49 52 68
– www.hotelispinigoli.it – Aperto 31 marzo-31 ottobre*
Menu 30/45 € – Carta 25/62 € **26 cam** 🛏 – ♦60/80 € ♦♦80/100 €
Valido punto d'appoggio per chi desidera visitare le omonime grotte, celebri perchè conservano la più alta stalagmite d'Europa, e per assaporare una buona cucina regionale. Dalle camere, semplici e confortevoli con arredi in legno, si può contemplare la tranquillità della campagna circostante.

DOSSOBUONO – Verona (VR) ➜ Vedere Villafranca di Verona

DOSSON – Treviso (TV) ➜ Vedere Casier

DOVADOLA
Forlì-Cesena (FC) – ⊠ 47013 – 1 661 ab. – Alt. 140 m – Carta regionale n° **5-C2**
▶ Roma 324 km – Ravenna 53 km – Rimini 73 km – Bologna 82 km
Carta stradale Michelin 562-J17

Corte San Ruffillo

*via Ruffillo 1 – 𝒞 05 43 93 46 74 – www.cortesanruffillo.it – Chiuso
7 gennaio-13 febbraio*
12 cam 🛏 – ♦75/110 € ♦♦100/160 €
La splendida opera di restauro della canonica della chiesa di San Ruffillo e dell'attigua casa padronale hanno dato vita a un piccolo e romantico country resort nella quiete delle colline romagnole. Ristorante elegante fra le pareti e le volte in pietra.

DOVERA
Cremona (CR) – ⊠ 26010 – 3 908 ab. – Alt. 76 m – Carta regionale n° **10-C2**
▶ Roma 554 km – Piacenza 43 km – Brescia 85 km – Cremona 56 km
Carta stradale Michelin 561-H15

La Kuccagna

*località Barbuzzera via Milano 14, Nord-Ovest: 2,5 km – 𝒞 03 73 97 84 57
– www.lakuccagna.it – Chiuso 27 dicembre-2 gennaio, 5-20 agosto e lunedì*
Menu 35 € (in settimana)/42 € – Carta 34/59 € – (solo a cena escluso domenica)
In una frazione isolata e tranquilla, questa vecchia trattoria punta ora su proposte più elaborate, ma sempre partendo dalla tradizione. Immutata la gestione squisitamente familiare.

DOZZA
Bologna (BO) – ⊠ 40060 – 6 605 ab. – Alt. 190 m – Carta regionale n° **5-C2**
▶ Roma 392 km – Bologna 32 km – Ferrara 76 km – Forlì 38 km
Carta stradale Michelin 562-I16

Monte del Re

via Monte del Re 43, Ovest: 3 km – 𝒞 05 42 67 84 00 – www.montedelre.it
38 cam 🛏 – ♦59/499 € ♦♦84/499 €
Un'atmosfera che invita alla meditazione e alla speculazione filosofica: del resto, la struttura si trova all'interno di un convento del XIII sec, sapientemente ristrutturato, con mobili in stile e tappeti persiani. Notevoli il chiostro ed il pozzo del 1200, nonché la bella terrazza panoramica.

XX **Canè** ⇐ < 🏠 占 AC P
via XX Settembre 27 – 𝒞 *05 42 67 81 20 – www.ristorantecanet.it*
Menu 28/35 € – Carta 23/56 € – *(chiuso lunedì)*
12 cam ⌷ – †50/75 € ††70/100 €
Nel centro storico, ristorante con una sala classica ed elegante e un'altra più caratteristica aperta ai fumatori; servizio estivo sulla bella terrazza. Camere confortevoli.

DRAGA SANT' ELIA – Trieste (TS) → Vedere Pesek

DRIZZONA
Cremona (CR) – ✉ 26034 – Carta regionale n° **9-C3**
▶ Roma 491 km – Parma 44 km – Cremona 26 km – Mantova 41 km
Carta stradale Michelin 561-G13

a Castelfranco d'Oglio Nord : 1,5 km – ✉ 26034 Drizzona

 Agriturismo l'Airone 🌲 🍃 🗲 占 AC 🏊 P
strada comunale per Isola Dovarese 2 – 𝒞 *03 75 38 99 02*
– www.laironeagriturismo.com – Chiuso 1°-20 gennaio
14 cam ⌷ – †55 € ††80 €
Nel verde della campagna del parco naturale del fiume Oglio, una risorsa accolta
da un tipico cascinale ottocentesco, sapientemente ristrutturato. Le camere,
spesso arredate con mobili d'epoca, sono personalizzate e romantiche.

DRONERO
Cuneo (CN) – ✉ 12025 – 7 097 ab. – Alt. 622 m – Carta regionale n° **12-B3**
▶ Roma 655 km – Cuneo 20 km – Asti 106 km – Torino 119 km
Carta stradale Michelin 561-I4

XX **Rosso Rubino**
☎ *piazza Marconi 2 –* 𝒞 *01 71 90 56 78 – www.ristoranterossorubino.it – Chiuso*
15-28 febbraio, 2-16 novembre e lunedì
Menu 17 € *(pranzo in settimana)*/45 € – Carta 25/52 €
Piccolo quanto grazioso locale che offre interessanti proposte - anche con menu
a prezzo fisso - alcune derivanti dalla tradizione, altre più moderne. Qualche
ricetta di mare per gli amanti del pesce.

DUINO AURISINA
Trieste (TS) – ✉ 34013 – 8 633 ab. – Carta regionale n° **6-D3**
▶ Roma 655 km – Udine 59 km – Gorizia 31 km – Trieste 18 km
Carta stradale Michelin 562-E22

X **Gruden** 🏠 P
località San Pelagio 49, Nord-Est: 5 km ✉ *34011 San Pelagio –* 𝒞 *0 40 20 01 51*
– www.myresidence.it – Chiuso settembre, lunedì e martedì
Carta 18/30 €
La passione per la buona tavola non ha mai abbandonato questa trattoria familiare, che da più di cent'anni propone ricette locali e cucina casalinga.

a Sistiana Sud-Est : 4 km – ✉ 34019

 Eden 🔲 占 AC P
Sistiana 42/a – 𝒞 *04 02 90 70 42 – www.edensistiana.it – Aperto*
2 marzo-29 novembre
15 cam – †65/85 € ††85/130 € – ⌷ 5 €
Lungo la strada che attraversa il paese - in un edificio del 1906 - interni di ricercata e moderna semplicità, nonché camere dai colori pastello (mansardate quelle
al secondo piano).

XX **Antica Trattoria Gaudemus**

Sistiana 57 – 𝒞 *0 40 29 92 55 – www.gaudemus.com – Chiuso gennaio*
Menu 30/50 € – Carta 38/72 € – *(chiuso domenica e lunedì) (solo a cena)*
(prenotazione obbligatoria a mezzogiorno)
9 cam ⌑ – †70/100 € ††80/150 €
Paradiso o purgatorio? In ciascuna di queste - già dal nome - originali sale, due
confessionali dell'Ottocento perfettamente conservati. Sulla tavola: piatti della tradizione carsica, altri più moderni e soprattutto molto pesce. Camere accoglienti e
sauna all'aperto.

DUNA VERDE – Venezia (VE) → Vedere Caorle

EBOLI

Salerno (SA) – ✉ 84025 – 39 838 ab. – Alt. 145 m – Carta regionale n° **4-C2**
▶ Roma 296 km – Potenza 77 km – Napoli 85 km – Salerno 34 km
Carta stradale Michelin 564-F27

XX **Il Papavero**
❀
corso Garibaldi 112/113 – 𝒞 *08 28 33 06 89 – Chiuso domenica sera e lunedì*
Menu 35/45 € – Carta 32/42 € – *(consigliata la prenotazione)*
Al primo piano di un palazzo centrale, quattro salette sposano tradizione e con-
temporaneità all'insegna di una cucina che, oltre che per i rimarchevoli esiti
gastronomici, si segnala anche per l'eccellente rapporto qualità-prezzo.
→ Gnocchetto tiepido di melanzane con seppia, pomodoro candito e sesamo.
Totanetto ripieno di burrata, peperoni cornetti, cedro candito e pesto di olive.
Cheese cake cilentana.

EGADI (Isole)

Sicilia – Trapani (TP) – 4 314 ab. – Carta regionale n° **17-A2**
Carta stradale Michelin 365-AI56 – Guida Verde Michelin SICILIA

FAVIGNANA – ✉ 91023 – Carta regionale n° **17-A2**
Carta stradale Michelin 565-N18

 Cave Bianche
Strada Comunale Fanfalo – 𝒞 *09 23 92 54 51 – www.cavebianchehotel.it*
– Aperto 21 maggio-5 ottobre
32 cam ⌑ – †50/165 € ††60/320 €
Definirlo originale è riduttivo. L'albergo si trova infatti all'interno di un grande
scavo di calcarenite (tipo di roccia sedimentaria) con delle alte pareti che gli
fanno da perimetro; nei suoi spazi trovano posto un bel giardino con piscina,
una terrazza-ristorante per la prima colazione e la cena, nonché signorili camere
complete di tutto, sebbene essenzialissime.

 Egadi ⌑ AC
via Colombo 17/19 – 𝒞 *09 23 92 12 32 – www.albergoegadi.it – Aperto*
2 aprile-30 ottobre
11 cam ⌑ – †60/130 € ††100/260 €
Un'accogliente risorsa a gestione familiare nel cuore della località con colorate e
funzionali camere in tinte pastello, nonché vista panoramica sul mare e sulla
costa. Nella raffinata ed intima sala ristorante, piatti tipici a base di pesce interpretati con creatività.

 Aegusa ⌑
via Garibaldi 11 – 𝒞 *09 23 92 24 30 – www.aegusahotel.it – Aperto 1°*
aprile-31 ottobre
28 cam ⌑ – †75/135 € ††95/210 € – **3 suites**
Rist *Il Giardino dell'Aegusa* – Vedere selezione ristoranti
In un signorile palazzo nel cuore di Favignana, l'hotel dispone di arredi semplici e
freschi, che ingentiliscono le già graziose camere. A 50 metri, una dépendance
con altre 13 camere per chi desidera maggiore indipendenza.

Insula   🅰️🐾

*via Manin 2 – 𝒞 09 23 92 54 37 – www.insulahotel.it – Aperto
1° maggio-30 settembre*
15 cam 🛏 – ♦80/110 € ♦♦90/190 €
Di recente costruzione, questo albergo dal design contemporaneo a 150 metri dal
corso principale dispone di camere spaziose e ben accessoriate.

 Il Giardino dell'Aegusa – Hotel Aegusa   🌿🏡🅰️🐾

*via Garibaldi 11/17 – 𝒞 09 23 92 24 30 – www.aegusahotel.it – Aperto
1° aprile-30 settembre*
Carta 30/63 €
Piatti della tradizione isolana, all'ombra di un pino secolare o sotto il pergolato di
questo ristorante abbracciato da un curato giardino.

EGNA (NEUMARKT)

Bolzano (BZ) – ✉ 39044 – 5 176 ab. – Alt. 214 m – Carta regionale n° **19-D3**
▶ Roma 625 km – Bolzano 25 km – Trento 42 km – Belluno 115 km
Carta stradale Michelin 562-D15

🏠 **Andreas Hofer**   ⚜🏊🐾🛗♿🐾 **P**

*via delle Vecchie Fondamenta 21-23 – 𝒞 04 71 81 26 53
– www.hotelandreashofer.com*
29 cam 🛏 – ♦60/65 € ♦♦96/100 € – **3 suites**
Si trova nel caratteristico centro storico di Egna, sotto i portici, in un edificio cinquecentesco che all'interno ha uno sviluppo labirintico, ricavato com'è da tre edifici uniti a formare l'albergo: camere di diversa tipologia - prenotare le più recenti
- nonché piccola area relax con sauna e bagno turco. Proposte altoatesine al
ristorante.

✗ **Johnson & Dipoli**   🌿

via Andreas Hofer 3 – 𝒞 04 71 82 03 23 – Chiuso 23-30 novembre
Carta 38/69 €
L'atmosfera è quella vivace e colorata di un bistrot dai tavolini piccoli e rotondi, in
bella stagione sistemati anche sotto i pittoreschi portici di Egna. Ma la qualità del-
l'originale cucina, tra prodotti locali e non, prenderà presto il sopravvento per
deliziarvi.

ELBA (Isola d')

(LI) – 31 059 ab. – Alt. 1 019 m – Carta regionale n° **18-B3**
Carta stradale Michelin 563-N12

Cultura / hemis.fr

CAPOLIVERI – ✉ 57031 – 3 993 ab. – Carta regionale n° **18-B3**
▶ Porto Azzurro 5 km – Portoferraio 16 km
Carta stradale Michelin 563-N13

🍴 **Il Chiasso** 🕸 🏡 AC
vicolo Nazario Sauro 13 – ✆ 05 65 96 87 09
– Aperto 1° aprile-30 settembre; chiuso martedì escluso giugno-settembre
Carta 37/80 € *– (solo a cena)* (consigliata la prenotazione)
Caratteristiche sale separate da un vicolo nelle viuzze del centro storico: piatti di
terra e di mare in un ambiente simpaticamente conviviale.

🍴 **Da Pilade** ⇦ 🏡 ♿ AC
località Marina di Mola, Nord: 2,5 km – ✆ 05 65 96 86 35
– www.hoteldapilade.it – Aperto 20 aprile-20 ottobre
Carta 33/95 € *– (solo a cena)*   **30 cam** ☱ – ♦40/90 € ♦♦65/115 €
Sulla strada per Capoliveri, ristorante a conduzione familiare dove gustare piatti
tradizionali sia di carne sia di pesce. Ottime specialità alla brace.

a Pareti Sud : 4 km – ✉ 57031 Capoliveri

🏠 **Dino** ♙ 🦆 ⪡ 🛋 ⪧ ⌘ P
– ✆ 05 65 93 91 03 – www.elbahoteldino.com
– Aperto Pasqua-31 ottobre
36 cam ☱ – ♦67/122 € ♦♦89/178 €
Ospitalità familiare per un semplice albergo in piacevole posizione: camere lineari
e accesso diretto alla spiaggia privata. Cucina classica servita in un'ampia sala e in
una terrazza esterna.

a Lido Nord-Ovest : 7,5 km – ✉ 57031 Capoliveri

🏠 **Antares** ♙ 🦆 ⪡ 🛋 ⪧ ⧗ ✗ ⚓ AC P
– ✆ 05 65 94 01 31 – www.elbahotelantares.it
– Aperto 23 aprile-9 ottobre
49 cam ☱ – ♦48/120 € ♦♦96/280 €
A ridosso di un'insenatura, tra spiaggia e mare, due bianche strutture immerse in
una tranquilla e verdeggiante macchia mediterranea; arredi in stile marinaro.

MARCIANA – ✉ 57030 – 2 223 ab. – Alt. 375 m – Carta regionale n° **18-B3**
▶ Porto Azzurro 37 km – Portoferraio 28 km
Carta stradale Michelin 563-N12

ELBA (Isola d')

a Poggio Est : 3 km – ⊠ 57030 – Alt. 300 m

✗✗ Publius   ⪡ ⌂ ♿

*piazza Del Castagneto 11 – 𝒞 0 56 59 92 08 – www.ristorantepublius.it – Aperto
1° aprile-10 novembre; chiuso lunedì a mezzogiorno dal 15 giugno al
15 settembre, tutto il giorno negli altri mesi*
Carta 27/68 € – (consigliata la prenotazione la sera)
In posizione elevata, la vista si bea di costa e mare, il locale - caratteristico nell'arredo e nei piatti - propone una squisita cucina con solide radici isolane e toscane.

a Sant' Andrea Nord-Ovest : 6 km – ⊠ 57030 Marciana

⌂ Gallo Nero   ✿ ⪢ ⪡ 🛏 ⅃ ⚲ ✗ AC P

*via San Gaetano 20 – 𝒞 05 65 90 80 17 – www.hotelgallonero.it – Aperto
15 aprile-15 ottobre*
29 cam ⌹ – ♦50/120 € ♦♦80/180 €
Suggestiva posizione panoramica, contornata da rigogliose terrazze-giardino con
piscina. Grande cura dei particolari, nonché arredi di buon gusto. Ristorante dalle
enormi vetrate semicircolari per una vista mozzafiato a 180°; carne e pesce si
spartiscono il menu.

⌂ Barsalini   ✿ ⪢ ⪡ 🛏 ⅃ ⚲ P

*piazza Capo Sant'Andrea 2 – 𝒞 05 65 90 80 13 – www.hotelbarsalini.com
– Aperto 15 aprile-15 ottobre*
32 cam ⌹ – ♦140/215 € ♦♦140/215 €
In zona nota per le belle scogliere e i fondali, Barsalini nasce dall'unione di piccole
strutture rinnovate in anni diversi: camere differenti nel confort, quasi tutte vista
mare. Sala da pranzo panoramica, ventilata e luminosa.

⌂ Cernia Isola Botanica   ✿ ⪢ ⪡ 🛏 ⅃ AC P

*via San Gaetano 23 – 𝒞 05 65 90 82 10 – www.hotelcernia.it – Aperto
15 aprile-15 ottobre*
27 cam ⌹ – ♦60/140 € ♦♦88/200 €
Nati dalla passione dei proprietari, un giardino fiorito e un orto botanico con
piscina avvolgono una struttura ricca di personalità e tocchi di classe. Interessanti
proposte al ristorante, dove si valorizza il territorio in chiave moderna.

⌂ Da Giacomino   ✿ ⪢ ⪡ 🛏 ⅃ ✗ AC ⚗

– 𝒞 05 65 90 80 10 – www.hoteldagiacomino.it – Aperto 1° aprile-31 ottobre
33 cam ⌹ – ♦60/110 € ♦♦60/120 €
Cercate la natura e gli spazi aperti? Un grande parco (in parte frutteto ed orto)
attrezzato con sdraio vi separa, a terrazze digradanti, da un'incantevole costa rocciosa. Camere rinnovate in uno stile classico, squisita ospitalità familiare e
sapori casalinghi al ristorante.

a Spartaia Est : 12 km – ⊠ 57030 Procchio

⌂ Desiree   ✿ ⪢ ⪡ 🛏 ⚓ ⅃ ⅃♭ ✗ ⚲ AC ♿ P

*via Spartaia 15 – 𝒞 05 65 90 73 11 – www.desireehotel.it – Aperto
15 maggio-30 settembre*
69 cam – solo ½ P 100/450 € – **7 suites**
Appartato, in un giardino mediterraneo frontestante l'incantevole ed esclusiva
baia di Spartaia, hotel dagli spazi ben organizzati e confortevoli camere con
vista. Accesso diretto alla spiaggia privata.

a Procchio Est : 13,5 km – ⊠ 57030

⌂ Del Golfo   ✿ ⪢ ⪡ 🛏 ⚓ ⅃ ✗ ⊡ ⚲ AC ♿ P

*via delle Ginestre 31 – 𝒞 05 65 90 21 – www.hoteldelgolfo.it
– Aperto 24 aprile-4 ottobre*
114 cam ⌹ – ♦126/226 € ♦♦320/520 €
Hotel composto da più strutture che abbracciano una parte della pittoresca baia:
ampie e confortevoli camere inserite in curati giardini e piscina con acqua di
mare. Al ristorante La Capannina: varie proposte di pesce da gustare vicino alla
distesa blu.

426

a Pomonte Sud-Ovest : 15 km – ✉ 57030

⌂ **Sardi** ♤ AC ⌖ P
via del Maestrale 1 – ☏ 05 65 90 60 45 – www.hotelsardi.it
– Aperto 20 marzo-4 novembre
24 cam ⌷ – †39/79 € ††62/106 €
Nella parte rocciosa dell'isola, albergo a gestione familiare ampliato di recente,
con camere che brillano per tenuta e pulizia: qualcuna è stata recentemente rinnovata. Ristorante dalle classiche proposte sia di carne sia di pesce.

⌂ **Corallo** ♤ ⌖ AC P
via del Passatoio 28 – ☏ 05 65 90 60 42 – www.elbacorallo.it – Aperto
15 marzo-5 novembre
15 cam ⌷ – †60/100 € ††70/140 €
Piccola struttura ben curata e gradevole con un numero di stanze non elevato.
Mare vicino, entroterra invitante, se disponibili richiedere una delle due nuove
camere. Al ristorante: tipica cucina elbana a base di pece.

MARCIANA MARINA – ✉ 57033 – 1 955 ab. – Carta regionale n° **18-B3**
▶ Porto Azzurro 29 km – Portoferraio 20 km
Carta stradale Michelin 563-N12

XX **Capo Nord** 🍴 ⌖ AC
al porto, località La Fenicia 69 – ☏ 05 65 99 69 83 – www.ristorantecaponord.it
– Aperto 15 marzo-15 novembre; chiuso lunedì in bassa stagione
Carta 49/81 € – (prenotare)
Un palcoscenico sul mare da cui godere di tramonti unici: sale sobriamente ele-
ganti e proposte a base di pesce.

XX **Scaraboci** 🍴 AC
via XX Settembre 27 – ☏ 05 65 99 68 68 – Chiuso 11 gennaio-9 marzo e martedì
escluso 1° giugno-15 settembre
Menu 35/38 € – Carta 42/67 € – (solo a cena) (consigliata la prenotazione)
A pochi metri dall'incantevole lungomare di Marciana, ecco uno dei gioielli
gastronomici dell'isola: di terra, o più spesso di mare, i piatti esaltano in prodotti,
intrigano per accostamenti, seducono con le presentazioni. Terrazzo privé per
cene intime nel periodo estivo.

MARINA DI CAMPO – ✉ 57034 – Carta regionale n° **18-B3**
▶ Marciana Marina 13 km – Porto Azzurro 26 km – Portoferraio 17 km
Carta stradale Michelin 563-N12

⌂⌂ **Dei Coralli** ♤ ⌖ 🍴 ⌖ AC P
viale degli Etruschi 567 – ☏ 05 65 97 63 36 – www.hoteldeicoralli.it
– Aperto fine aprile-15 ottobre
62 cam ⌷ – †80/211 € ††120/252 €
Edificio di moderna concezione, con servizi funzionali e buon livello di ospitalità.
Non lontano dal centro cittadino e dal mare dal quale lo separa una fresca pineta.

⌂⌂ **Meridiana** ⌖ ⌖ AC P
viale degli Etruschi 465 – ☏ 05 65 97 63 08 – www.hotelmeridiana.info – Aperto
15 aprile-15 ottobre
36 cam ⌷ – †49/145 € ††98/196 €
Camere confortevoli e luminosi spazi comuni in questa piacevole struttura a conduzione familiare, immersa in una fresca pineta. La sera, possibilità di ristorarsi
con insalate, primi e piatti freddi.

a Fetovaia Ovest : 8 km – ✉ 57034 Seccheto

⌂⌂ **Montemerlo** ♤ ⌖ AC P
via Canaletto 280 – ☏ 05 65 98 80 51 – www.welcometoelba.com – Aperto
Pasqua-15 ottobre
38 cam ⌷ – †40/96 € ††80/192 €
Stanze confortevoli con arredi classici, ricavate da quattro villette sparse nel delizioso giardino con piscina. Non lontano dalla spiaggia, in posizione arretrata e
panoramica, la tranquillità regna sovrana.

🏠 Galli   🌳 ⟨ AK 🐾 P

via Fetovaia 115 – 𝒞 05 65 98 80 35 – www.hotelgalli.it – Aperto 22 aprile-3 ottobre

29 cam ⌑ – ♦40/87 € ♦♦64/174 €

Nella splendida cornice della Fetovaia, belle camere (6 con vista mare) e terrazza comune attrezzata, in un insieme composito di logge e spazi differentemente articolati. In stile isolano, la genuinità di una solida gestione familiare.

PORTO AZZURRO – ✉ 57036 – 3 723 ab. – Carta regionale n° 18-B3
Carta stradale Michelin 563-N13

✖ Osteria dei Quattro Gatti   🛋 AK ⇔

piazza Mercato 4 – 𝒞 05 65 95 52 40 – Chiuso 15 giorni in febbraio, 15 giorni in novembre e lunedì escluso 15 giugno-15 settembre

Carta 33/58 € – *(solo a cena)* (coperti limitati, prenotare)

Tra le viette del centro storico, una "ruspante" osteria con un côté vagamente romantico: gattini in ceramica, centrini e ninnoli vari. In menu: proposte a base di pesce, presentate con un pizzico di fantasia.

✖ Tamata 🅝   🏡

via Cesare Battisti 3 ang. via Cavallotti – 𝒞 05 65 94 00 48 – www.tamataristorante.it – Chiuso 7 gennaio-29 febbraio

Carta 44/80 € – *(solo a cena dal 3 giugno al 16 ottobre)* (coperti limitati, prenotare)

"Tamata" è una parola polinesiana che significa "tentare" ed è proprio cogliendo questa esortazione che Barbara e Fabio hanno aperto - più di un lustro fa - questo singolare ristorantino, la cui cucina trae ispirazione dai prodotti locali e dalla loro stagionalità, privilegiando sempre il biologico, il rispetto degli animali e dell'ambiente. Insomma, di esotico qua c'è solo il nome!

PORTOFERRAIO – ✉ 57037 – 12 011 ab. – Carta regionale n° 18-B3
▶ Marciana Marina 20 km – Porto Azzurro 15 km
Carta stradale Michelin 563-N12

🏠 Villa Ombrosa   🌳 ⟨ 🛋 ⚓ ↕ AK P

via De Gasperi 9 – 𝒞 05 65 91 43 63 – www.villaombrosa.it

38 cam ⌑ – ♦50/135 € ♦♦75/250 €

In zona panoramica, a 20 m dalla spiaggia delle Ghiaie, albergo a conduzione diretta dagli ambienti sobri e dalle camere lineari, ma non prive di confort. Due ambienti per la tavola - il più caratteristico ricorda una piacevole taverna - e in menu gustose ricette sia di carne sia di pesce.

✖✖ Stella Marina   🦐 🏡 AK

via Vittorio Emanuele II 1 – 𝒞 05 65 88 05 66 – www.stellamarinaportoferraio.it – Aperto 16 dicembre-6 gennaio e Pasqua-30 ottobre, chiuso martedì

Menu 25 € (pranzo) – Carta 31/76 €

La posizione sul porto di questo ristorantino recentemente rinnovato è strategica, la cucina di mare affidabile e gustosa. Apprezzabili anche la cantina e il servizio.

---

a Viticcio Ovest : 5 km – ✉ 57037 Portoferraio

🏠 Viticcio   🌳 ⟨ 🛋 ♿ P

– 𝒞 05 65 93 90 58 – www.hotelviticcio.it – Aperto 22 aprile-25 settembre

32 cam ⌑ – ♦40/200 € ♦♦80/230 €

Costruito su un incantevole promontorio, in un piccolo angolo di paradiso, l'hotel Viticcio si affaccia sull'omonimo golfo con una vista mozzafiato dalla terrazza panoramica: qui, tempo permettendo, vengono serviti i pasti. Luminosa sala.

---

a Biodola Ovest : 9 km – ✉ 57037 Portoferraio

🏨 Hermitage   🌳 🐾 ⟨ 🛋 ⚓ 🏊 ☀ 🎾 ⬆ ✖ ◼ ↕ 🎿 AK 🏋 P

– 𝒞 05 65 97 40 – www.hotelhermitage.it – Aprile 25 aprile-9 ottobre

127 cam ⌑ – ♦145/900 € ♦♦246/1040 € – **2 suites**

Un hotel esclusivo ed elegante, il cui parco-giardino ospita una piscina con acqua di mare: tanti confort in una struttura ineccepibile, completata dall'amenità della posizione.

Biodola

via Biodola 21 – ℰ 05 65 97 48 12 – www.biodola.it – Aperto 1° aprile-30 ottobre
88 cam – †121/246 € ††210/510 €
Giardino fiorito con piscina per questo complesso ubicato in una delle baie più esclusive dell'isola. Stile classico con servizi e ospitalità sicuramente ad alto livello.

a Scaglieri Ovest : 9 km – ⊠ 57037 Portoferraio

Danila

golfo della Biodola – ℰ 05 65 96 99 15 – www.hoteldanila.it – Aperto 15 marzo-20 ottobre
27 cam – †90/200 € ††90/200 €
Gestione squisitamente al femminile che enfatizza l'attenzione al particolare delle signorili sale e delle confortevoli camere. Fiorite terrazze. Nella luminosa sala ristorante, i sapori del territorio.

ad Ottone Sud-Est : 11 km – ⊠ 57037 Portoferraio

Villa Ottone

località Ottone – ℰ 05 65 93 30 42 – www.villaottone.com – Aperto 1° maggio-5 ottobre
69 cam – †150/400 € ††200/600 € – **6 suites**
Suggestiva vista sul golfo di Portoferraio per questa raffinata struttura composta da una neoclassica villa ottocentesca (interamente affrescata), da un hotel e da graziosi cottage immersi in un parco secolare esteso fino alla spiaggia privata. Ultra-moderno centro benessere e golf a soli 3 km.

RIO NELL'ELBA – ⊠ 57039 – 1 180 ab. – Alt. 165 m – Carta regionale n° 18-B3
▶ Porto Azzurro 8 km – Portoferraio 15 km
Carta stradale Michelin 563-N13

a Bagnaia Sud-Est : 12 km – ⊠ 57037 Rio Nell'Elba

Locanda del Volterraio

località Bagnaia-Residenza Sant'Anna – ℰ 05 65 96 12 36 – www.volterraio.it – Aperto 1° maggio-30 settembre
18 cam – †100/210 € ††100/210 €
All'interno di un complesso residenziale turistico, abbracciato da giardini fioriti e uliveti, grazioso hotel dalle ampie e confortevoli camere. Servizi in comune con l'intero complesso.

ENNA

Sicilia – ⊠ 94100 – 28 219 ab. – Alt. 931 m – Carta regionale n° **17-C2**
▶ Agrigento 86 km – Caltanissetta 33 km – Catania 88 km – Palermo 137 km
Carta stradale Michelin 365-AU58 – Guida Verde Michelin SICILIA

Federico II Palace Hotel

contrada Salerno, Sud: 5 km – ℰ 0 93 52 01 76 – www.hotelfedericoenna.it
85 cam – †95/165 € ††130/270 € – **1 suite**
A pochi chilometri dal centro, circondato da una rilassante cornice verde, un albergo moderno con camere molto spaziose ed un'attrezzata spa.

Sicilia

piazza Napoleone Colajanni 7 – ℰ 09 35 50 08 50 – www.hotelsiciliaenna.it
60 cam – †40/60 € ††60/120 €
Rist *Ariston* – Vedere selezione ristoranti
A cento metri dal Duomo, un albergo a gestione familiare con camere dagli arredi in stile e fantasiose: alcune orientate sulla città, altre sulle motagne.

✕✕ Ariston – Hotel Sicilia

piazza Napoleone Colajanni 6 – ℰ 0 93 52 60 38 – www.aristonenna.com
Carta 29/42 €
Un'insegna ben conosciuta in città risorta da tempo presso i locali attigui all'albergo Sicilia, si propone con un look contemporaneo e cucina del territorio con influenze nazionali. Non manca la pizza.

Centrale

piazza 6 Dicembre 9 – ℰ 09 35 50 09 63 – www.ristorantecentrale.net – Chiuso sabato a mezzogiorno
Menu 15/40 € – Carta 16/42 €
Ristorante a conduzione familiare, situato come evoca l'insegna nel cuore della città. Un salone dagli alti soffitti con arredi in bilico tra tradizione e modernità. Ogni giorno: gustoso buffet di antipasti, ma riservate un po' di appetito per il controfiletto all'ennese.

ENTRACQUE

Cuneo (CN) – ✉ 12010 – 795 ab. – Alt. 894 m – Carta regionale n° **12-B3**
▶ Roma 672 km – Cuneo 24 km – Torino 124 km – Colle di Tenda 49 km
Carta stradale Michelin 561-J4

 Miramonti

*viale Kennedy 2 – ℰ 01 71 97 82 22 – www.hotelmiramontientracque.com
– Chiuso 20-30 novembre*
18 cam ☲ – ♦35/50 € ♦♦55/70 €
Caratteristica casa di montagna con giardinetto antistante e balconi punteggiati di fiori. La conduzione familiare è immutata nel tempo, così pure l'offerta di camere semplici, sempre piacevolmente ordinate.

ENTRÈVES – Aosta (AO) ➜ Vedere Courmayeur

EOLIE (Isole)

(ME) – 13 920 ab. – Carta regionale n° **17-D1**
Carta stradale Michelin 365-AY53 – Guida Verde Michelin SICILIA

M. Chapeaux / Tips / Photononstop

LIPARI – ✉ 98055 – 12 634 ab. – Carta regionale n° **17-C1**
Carta stradale Michelin 365-AY35

 Tritone

via Mendolita – ℰ 09 09 81 15 95 – www.bernardigroup.it – Aperto
1° aprile-31 ottobre
38 cam ⌷ – ♦95/195 € ♦♦140/290 € – **1 suite**
Non lontano dal centro, costruzione moderna con interni di classica eleganza e terrazza panoramica. Ottimo centro benessere con un'ampia scelta di trattamenti estetici e massaggi. Un'unica enorme sala è destinata alla ristorazone, ma d'estate ci si sposta a bordo piscina per il pranzo a buffet.

 Aktea

via Falcone e Borsellino – ℰ 09 09 81 42 34 – www.hotelaktea.it – Aperto
1° aprile-24 ottobre
40 cam ⌷ – ♦80/320 € ♦♦80/320 € – **3 suites**
Recente struttura moderna e di prestigio accolta in due edifici, con molti spazi a disposizione degli ospiti: alcuni originali dettagli richiamano lo stile della casa eoliana.

Mea

via Falcone e Borsellino – ℰ 09 09 81 20 77 – www.hotelmealipari.it – Chiuso
7 gennaio-4 marzo
37 cam ⌷ – ♦50/200 € ♦♦80/350 €
In posizione panoramica, lo stile eoliano è ripreso con attenzione ai particolari nelle belle terrazzine; echi arabeggianti caratterizzano le moderne camere, mentre la cucina riscopre i sapori mediterranei nel ristorante con vista mare.

A' Pinnata

baia Pignataro – ℰ 09 09 81 16 97 – www.pinnata.it – Aperto
1° marzo-31 ottobre
12 cam ⌷ – ♦105/130 € ♦♦140/260 €
Perfetto per chi vi approda con un'imbarcazione, la vecchia piccola pizzeria di un tempo è oggi un hotel dagli spazi arredati con belle ceramiche. Prima colazione in terrazza dalla vista impagabile.

Bougainville

via Balestrieri snc – ℰ 09 09 81 27 57 – www.hotelbougainvillelipari.com – Aperto
1° aprile-31 ottobre
35 cam ⌷ – ♦80/200 € ♦♦80/300 €
Un vicolo stile vecchia Lipari vi condurrà tra le camere di questa piccola risorsa, un po' defilata, ma questo è il suo pregio, perchè fa della tranquillità il suo punto di forza.

Villa Meligunis

*via Marte 7 – ℰ 09 09 81 24 26 – www.villameligunis.it – Aperto
25 marzo-30 ottobre*
43 cam ⊑ – †72/180 € ††170/270 €
Nel caratteristico quartiere di pescatori, un'elegante struttura all'interno di un edificio storico con fontana all'ingresso e quadri di arte contemporanea a vivacizzare gli spazi comuni. Roof garden con piccola piscina. Fantastica la vista panoramica dalla sala da pranzo.

Rocce Azzurre

*via Maddalena 69 – ℰ 09 09 81 32 48 – www.hotelrocceazzurre.it – Aperto
1° aprile-31 ottobre*
33 cam ⊑ – †101/140 € ††170/230 €
Piattaforma-solarium sul mare e piccola spiaggetta per questa struttura non lontano dal centro, ma in posizione tranquilla. Camere in stile classico, marina o con ceramiche di Caltagirone.

Poseidon

*via Ausonia 7 – ℰ 09 09 81 28 76 – www.hotelposeidonlipari.com – Aperto
1° aprile-31 ottobre*
18 cam – †35/110 € ††50/150 € – ⊑ 10 €
Semplici graziose camere con letti in ferro battuto dalle sfumature cerulee, premura e cortesia di un servizio familiare sempre presente e attento. In un vicolo del centro.

Oriente

*via Marconi 35 – ℰ 09 09 81 14 93 – www.hotelorientelipari.com – Aperto
1° aprile-30 ottobre*
30 cam ⊑ – †40/85 € ††60/150 €
Piccolo e semplice, raccoglie negli spazi comuni un'originale collezione di oggetti di interesse etnografico, vera passione del titolare. Comodo il servizio navetta gratuito dal porto.

Filippino

*piazza Municipio – ℰ 09 09 81 10 02 – www.eolieexperience.it – Chiuso
16 novembre-15 dicembre e lunedì escluso aprile-settembre*
Menu 30 € (pranzo in settimana)/40 € – Carta 37/55 €
Piacevole e fresco il pergolato esterno di questo storico locale al traguardo dei 100 anni, dove vi verrà proposta una gustosa e ampia gamma di pescato locale elaborato in preparazioni tipiche.

Nenzyna

*via Roma 4 – ℰ 09 09 81 16 60 – www.ristorantenenzyna.it – Aperto
1° maggio-31 ottobre*
Carta 24/56 €
Curiosa risorsa articolata in due accoglienti salette, l'una di fronte all'altra, divise tra di loro dal vicolo della Marina Corta. Nessuna ricercatezza invece in cucina, il pesce è una garanzia.

PANAREA – ✉ 98050 – Carta regionale n° 17-D1
Carta stradale Michelin 365-AZ52

Quartara

*via San Pietro 15 – ℰ 0 90 98 30 27 – www.quartarahotel.com – Aperto
1° aprile-31 ottobre*
13 cam ⊑ – †100/250 € ††150/500 €
La terrazza panoramica offre una vista notevole, considerata la posizione arretrata rispetto al porto. Arredi nuovi e di qualità che offrono eleganza e personalizzazioni. Il ristorante offre una grande atmosfera.

Lisca Bianca

via Lani 1 – ℰ 0 90 98 30 04 – www.liscabianca.it – Aperto 1° aprile-31 ottobre
33 cam ⊑ – †100/480 € ††100/480 €
Affacciato sul porto, offre una delle terrazze più suggestive dell'isola e camere personalizzate con arredi e maioliche eoliani.

Cincotta

via San Pietro – *℡ 0 90 98 30 14* – *www.hotelcincotta.it*
– *Aperto 22 aprile-9 ottobre*
29 cam ⌙ – ♦90/350 € ♦♦140/380 €
Terrazza con piscina d'acqua di mare, una zona comune davvero confortevole e camere in classico stile mediterraneo, gradevoli anche per l'ubicazione con vista mare.

 Hycesia

via San Pietro – *℡ 0 90 98 30 41* – *www.hycesia.it*
– *Aperto 20 maggio-14 ottobre*
Carta 48/107 € – *(solo a cena)*   **8 cam** ⌙ – ♦75/120 € ♦♦100/280 € – **1 suite**
Un ristorante esclusivo nel cuore di Panarea: una delle più fornite cantine ed una selezione dei migliori prodotti, in un ambiente piacevole ed elegante in stile eoliano...con qualche contaminazione etnica.

FILICUDI – ✉ 98050 – Carta regionale n° **17**-C1
Carta stradale Michelin 365-AW52

 La Canna

contrada Rosa – *℡ 09 09 88 99 56* – *www.lacannahotel.it*
– *Aperto 15 aprile-15 ottobre*
14 cam – ♦50/110 € ♦♦70/140 € – ⌙ 10 €
Rist *La Canna* – Vedere selezione ristoranti
Ubicata nella parte alta e panoramica dell'isola, a picco sul porticciolo, risorsa a gestione familiare con ampie terrazze, dotata anche di una godibile piscina-solarium.

 La Canna – Hotel La Canna

contrada Rosa – *℡ 09 09 88 99 56* – *www.lacannahotel.it*
– *Aperto 15 aprile-15 ottobre*
Menu 24/33 € – Carta 28/36 €
Di grandissimo impatto la terrazza coperta davanti all'immensità del mare e poi una schietta, fragrante, cucina di pesce elaborata in chiave casalinga con prodotti locali e tanta buona volontà ai fornelli!

STROMBOLI – ✉ 98050 – Carta regionale n° **17**-D1
Carta stradale Michelin 365-BA51

 La Sirenetta Park Hotel

via Marina 33, località Ficogrande – *℡ 0 90 98 60 25* – *www.lasirenetta.it*
– *Aperto 15 aprile-30 ottobre*
55 cam ⌙ – ♦90/150 € ♦♦120/300 € – **3 suites**
Il bianco degli edifici che assecondano la caratteristica architettura eoliana, il verde della vegetazione, la nera sabbia vulcanica e il blu del mare: dotazioni complete! Si può gustare il proprio pasto quasi in riva al mare, ai piedi del vulcano.

 La Locanda del Barbablu

via Vittorio Emanuele 17-19 – *℡ 0 90 98 61 18* – *www.barbablu.it*
– *Aperto 3 aprile-28 ottobre*
5 cam ⌙ – ♦78/135 € ♦♦120/208 €
Lungo la strada sopraelevata che costeggia la spiaggia, arredi artigianali e grande attenzione ai dettagli in una tipica casa stromboliana dalle camere molto curate e personalizzate.

Punta Lena

via Marina 8, località Ficogrande – *℡ 0 90 98 62 04* – *Aperto 20 aprile-15 ottobre*
Carta 28/60 €
Il servizio sotto un pergolato con eccezionale vista sul mare e sullo Strombolicchio, è la compagnia migliore per qualsiasi tipo di occasione. In cucina tanto pesce.

VULCANO – ✉ 98055 – Carta regionale n° **17-D1**
Carta stradale Michelin 365-AY54

Therasia Resort
località Vulcanello – ☏ 09 09 85 25 55 – www.therasiaresort.it – Aperto
18 aprile-10 ottobre
94 cam ⌓ – ♦170/850 € ♦♦220/850 € – **2 suites**
Rist *Cappero* ✿ – Vedere selezione ristoranti
A strapiombo sul mare, è l'unico punto dell'arcipelago da cui si vedono tutte le
isole! Circondata da un giardino con piante esotiche e palme, la struttura in stile
mediterraneo privilegia gli spazi e la luminosità: qualche inserzione di elementi
d'epoca, ma fondamentalmente ambienti moderni ed essenziali. Sintesi perfetta
tra territorio, cultura, creatività la cucina flirta con i prodotti del territorio.

Eros
via Porto di Levante 64 – ☏ 09 09 85 32 65 – www.eroshotel.it – Aperto da
inizio maggio a fine ottobre
24 cam ⌓ – ♦70/140 € ♦♦90/240 € – **1 suite**
E' facile innamorarsi di questa piccola risorsa dal nome promettente… A ridosso
della spiaggia di acqua calda, dove si può godere di bagni con fanghi sulfurei,
camere semplici, ma accoglienti, si snodano attorno alla piscina nell'ampio giardino.

Cappero – Hotel Therasia Resort
località Vulcanello – ☏ 09 09 85 25 55 – Aperto 18 aprile -10 ottobre
Menu 85/100 € – Carta 54/98 € – *(solo a cena)* (consigliata la prenotazione)
Ottima cucina mediterranea rielaborata in chiave moderna da uno chef che brilla
per doti interpretative: partendo da un'accurata selezione delle materie prime
coniuga spunti ischitani (sua terra d'origine) con peculiarità locali. A strapiombo
sul mare, è l'unico punto dell'arcipelago da cui si vedono tutte le isole Eolie.
→ L'arriminata (pasta con broccoli) secondo lo chef con gelato salato di mandorla
di Noto. Maialino dei Nebrodi laccato alla birra con gnocchi liquidi di mela. La
cassata inversa.

SALINA – 2 381 ab. – Carta regionale n° **17-C1**
Carta stradale Michelin 365-AY52

Signum
via Scalo 15, località Malfa ✉ 98050 Malfa – ☏ 09 09 84 42 22
– www.hotelsignum.it – Aperto 1° aprile-31 ottobre
23 cam ⌓ – ♦120/550 € ♦♦150/550 € – **4 suites**
Rist *Signum* ✿ – Vedere selezione ristoranti
Costruito come un tipico borgo eoliano dai caratteristici ambienti e dagli arredi
artigianali, quest'oasi di tranquillità dispone di un centro benessere con numerose
vasche tra cui una termale. La gestione è nelle mani di un nucleo familiare coeso
e ospitale.

La Salina Borgo di Mare
via Manzoni 4, frazione Lingua ✉ 98050 Santa Marina di Salina
– ☏ 09 09 84 34 41 – www.lasalinahotel.com – Aperto 1° aprile-31 ottobre
24 cam ⌓ – ♦60/180 € ♦♦80/360 €
Attiguo alla salina, ormai dismessa, un borgo anticamente destinato ad abitazione
di chi della salina si occupava… Oggi, un'elegante ristrutturazione rispettosa del-
l'architettura eoliana originaria consente di godere appieno delle belle camere e
della deliziosa posizione in riva al mare.

Punta Scario
via Scalo 8, località Malfa ✉ 98050 Malfa – ☏ 09 09 84 41 39
– www.hotelpuntascario.it – Aperto 15 maggio-15 ottobre
17 cam ⌓ – ♦52/265 € ♦♦75/265 €
Albergo di sobria eleganza, ricavato in uno dei luoghi più suggestivi dell'isola, a
strapiombo sulla scogliera, accanto ad una delle poche spiagge del litorale.

⌂ **Ravesi** ⊲ 🛏 ⟍ ⟁ AC P

via Roma 66, località Malfa ⊠ *98050 Santa Marina Salina –* 📞 *09 09 84 43 85*
– www.hotelravesi.it – Aperto 17 aprile-10 ottobre
14 cam ⌹ – †67/240 € ††95/240 €
A fianco di una piccola chiesetta, nel cuore del paese, piacevole struttura – sebbene di modeste dimensioni - con camere standard un po' defilate e superior con vista mare (terrazzino privato in quasi tutte). Bella, anche la piscina a sfioro.

XX **Signum** (Martina Caruso) – Hotel Signum ⅋ ⊲ 🛏 ⟐ ⟍ AC ⌀
❀ *via Scalo 15, località Malfa* ⊠ *98050 Malfa –* 📞 *09 09 84 42 22*
– www.hotelsignum.it – Aperto 1° aprile-31 ottobre
Menu 40 € (in settimana)/90 € – Carta 49/98 € – (consigliata la prenotazione)
Un piacevolissimo pergolato con una terrazza molto caratteristica, belle maioliche e tipici colori eoliani anticipano quanto arriverà in tavola: piatti gustosi dove emerge la straordinaria capacità della cuoca nell'interpretare ricette tradizionali locali con fantasia ed originalità. Ottima anche la selezione enologica, mirata a far conoscere anche l'eccellenze meno note dell'isola.

→ Linguine con latte di mandorla e vongole. Baccalà in pastella di ceci, composta di peperoni e sorbetto di sedano. Gelato al cappero di Salina.

X **Nni Lausta** ⟐

via Risorgimento 188, località Santa Marina Salina ⊠ *98050 Santa Marina di Salina –* 📞 *09 09 84 34 86 – www.isolasalina.com – Aperto 1° aprile-5 novembre*
Menu 45 € (in settimana) – Carta 35/71 €
E' il pesce il protagonista della tavola, la tradizione genuina e gustosa della cucina eoliana viene interpretata con abilità, fantasia e innovazione. Se non fa troppo caldo, optare per la fresca terrazza ombreggiata.

EPPAN AN DER WEINSTRASSE = APPIANO SULLA STRADA DEL VINO

ERACLEA
Venezia (VE) – ⊠ 30020 – 12 494 ab. – Carta regionale n° **23-D2**
▶ Roma 569 km – Udine 79 km – Venezia 46 km – Belluno 102 km
Carta stradale Michelin 562-F20

ad Eraclea Mare Sud-Est : 10 km – ⊠ 30020

⌂ **Park Hotel Pineta** ⟐ ⟍ 🛏 ⟍ ⟍ ⟁ AC ⌀ 🚗
via della Pineta 30 – 📞 *0 42 16 60 63 – www.parkhotelpineta.com – Aperto 10 maggio-30 settembre*
34 cam ⌹ – †60/95 € ††75/175 € – **23 suites**
A pochi passi dal mare, avvolto dalla tranquillità di una pineta, hotel a conduzione familiare diviso in più strutture: comode camere ed appartamenti. Ideale per famiglie.

ERBUSCO
Brescia (BS) – ⊠ 25030 – 8 660 ab. – Alt. 236 m – Carta regionale n° **10-D2**
▶ Roma 578 km – Bergamo 35 km – Brescia 22 km – Milano 69 km
Carta stradale Michelin 561-F11

⌂ **L'Albereta** ⟐ ⟍ ⊲ 🛏 ⟍ 📺 💿 ⟑ ↳ ⌀ ⊡ AC ♨ 🚗
via Vittorio Emanuele 23, Nord: 1,5 km – 📞 *03 07 76 05 50 – www.albereta.it*
47 cam – †200/1300 € ††270/1300 € – ⌹ 28 € – **10 suites**
Rist *LeoneFelice* – Vedere selezione ristoranti
Immersa in un rigoglioso parco secolare e circondata dalle vigne di Franciacorta, questa antica dimora padronale, con affreschi d'epoca e opere d'arte contemporanea, gode di una splendida vista sul lago d'Iseo: raffinate camere ed una cabriolet suite in un'oasi di pace. A pranzo e a cena, cucina classica al Vista Lago Bistrò; snack e insalate lungo tutto l'arco della giornata.

XxX   **LeoneFelice** – Hotel L'Albereta

via Vittorio Emanuele 23, Nord: 1,5 km – ☎ *03 07 76 05 50* – *www.albereta.it*
– *Chiuso 12-23 gennaio, 16-27 agosto, domenica e lunedì*
Menu 90 € – Carta 70/117 € – *(solo a cena)*
Uno chef giovane e preparato propone, in un ambiente elegantemente minimalista, una cucina contemporanea di grande qualità. Nuovo dehors affacciato sul verde.

ERCOLANO

Napoli (NA) – ✉ 80056 – 53 972 ab. – Carta regionale n° **4-B2**
▶ Roma 230 km – Napoli 13 km – Caserta 38 km – Benevento 95 km
Carta stradale Michelin 564-E25

Miglio D'Oro Parkhotel

corso Resina 296 – ☎ *08 17 39 99 99* – *www.migliodoroparkhotel.it*
40 cam ☷ – ♦79/149 € ♦♦89/179 € – **3 suites**
Imponente villa settecentesca nel cuore di Ercolano, gli scavi a due passi e un lussureggiante parco con fontana. Arredi moderni nelle spaziose camere e bagni di pregio: la vista più bella vi aspetta in alcune stanze dell'ultimo piano.

X   **Viva Lo Re**

corso Resina 261 – ☎ *08 17 39 02 07* – *www.vivalore.it* – *Chiuso 1°-7 gennaio,
3 settimane in agosto, domenica sera e lunedì*
Menu 35/35 € – Carta 25/54 €
Se il nome rimanda all'antico brindisi borbonico, la cucina parte da basi regionali per stupire poi con qualche spunto di riuscita creatività. Ubicato nella dépendance di una prestigiosa villa vesuviana, è un imperdibile tra i ristoranti della località.

ERICE

Sicilia – Trapani (TP) – ✉ 91016 – 28 356 ab. – Alt. 751 m
– Carta regionale n° **17-A2**
▶ Palermo 117 km – Marsala 45 km – Trapani 14 km
Carta stradale Michelin 365-AK55 – Guida Verde Michelin SICILIA

Moderno

via Vittorio Emanuele 63 – ☎ *09 23 86 93 00* – *www.hotelmodernoerice.it*
40 cam ☷ – ♦50/80 € ♦♦70/90 €
Centrale e familiare, una piccola dependance di fronte. Si può scegliere tra due tipologie di camere, moderne oppure arredate con mobili antichi, tutte confortevoli. Specialità del ristorante, molto noto in zona, indubbiamente il cous cous di pesce.

XX   **Monte San Giuliano**

vicolo San Rocco 7 – ☎ *09 23 86 95 95* – *www.montesangiuliano.it*
– *Chiuso 7-31 gennaio, 10-30 novembre e lunedì*
Carta 23/43 €
In pieno centro e sulla via pedonale, passando per la piccola corte interna, corredata da un pozzo, si arriva nella singolare terrazza-giardino, perfetta cornice in cui gustare i piatti della tradizione isolana. Specialità: couscous di pesce alla trapanese, millefoglie di mupa agli agrumi, cassata siciliana.

a Erice Mare Ovest : 10 km – ✉ 91016 Casa Santa-Erice Mare

Baia dei Mulini

lungomare Dante Alighieri 7 – ☎ *09 23 58 41 11* – *www.baiadeimulini.it* – *Aperto
15 marzo-31 ottobre*
104 cam ☷ – ♦60/95 € ♦♦90/150 €
La splendida posizione sul mare lo rende perfetto per una clientela estiva che vuole dedicarsi solamente a bagni e relax. Dalla piscina si accede direttamente alla spiaggia. Ampi spazi dedicati alla ristorazione, cucina nazionale con alcune specialità locali.

I Mulini Resort

lungomare Dante Alighieri – ✆ *09 23 58 45 00 –* *www.imuliniresort.it*
– Aperto 15 aprile-30 settembre
22 cam ⌷ **–** ✝80/140 € ✝✝100/190 € **– 2 suites**
Ricavato dalla riconversione di un'antica casa salinara sul mare con un mulino che
azionava la macina ed un altro poco lontano utilizzato per la regolazione delle
acque, un hotel con camere dotate dei migliori confort per un soggiorno all'insegna dell'originalità e del relax.

ESTE

Padova (PD) – ✉ 35042 – 16 581 ab. – Alt. 15 m – Carta regionale n° **23-B3**
▶ Roma 480 km – Padova 33 km – Ferrara 64 km – Mantova 76 km
Carta stradale Michelin 562-G16

⌂ **Beatrice d'Este**

viale delle Rimembranze 1 – ✆ *04 29 60 05 33 –* *www.hotelbeatricedeste.it*
30 cam ⌷ **–** ✝55/60 € ✝✝85/90 €
Accanto all'omonimo Castello, una bella costruzione dagli interni funzionali, ideale
base per visitare i dintorni e i Colli Euganei. Sapori regionali al ristorante e, in un
ambiente a sé stante, giovane e moderno, pizze (solo la sera).

ETROUBLES

Aosta (AO) – ✉ 11014 – 520 ab. – Alt. 1 270 m – Carta regionale n° **21-A2**
▶ Roma 760 km – Aosta 18 km – Colle del Gran San Bernardo 18 km –
Torino 129 km
Carta stradale Michelin 561-E3

✗ **La Croix Blanche**

via Nazionale Gran San Bernardo 10 – ✆ *0 16 57 82 38 –* *www.croixblanche.it*
– Chiuso 7 gennaio-28 febbraio, lunedì sera e martedì escluso luglio-agosto
Menu 23/46 € – Carta 26/59 €
In una locanda del XVII secolo, con tipici tetti in losa del posto e ubicazione stra-
tegica verso il Gran San Bernardo: ambiente rustico, sapori locali e nazionali.

FABBRICA CURONE

Alessandria (AL) – ✉ 15050 – 808 ab. – Alt. 480 m – Carta regionale n° **12-D2**
▶ Roma 545 km – Alessandria 55 km – Genova 79 km – Milano 97 km
Carta stradale Michelin 561-H9

✗ **La Genzianella**

frazione Selvapiana 7, Sud-Est: 4 km - alt. 780 – ✆ *01 31 78 01 35*
– www.lagenzianella-selvapiana.it – Chiuso settembre
Menu 25/50 € – Carta 22/70 € – *(chiuso lunedì e martedì escluso luglio-agosto)*
10 cam ✝50/80 € ✝✝70/80 € – senza ⌷
In posizione isolata, il locale vanta una cordiale gestione familiare e propone un
solo menu degustazione d'ispirazione regionale, da cui però si possono scegliere
anche solo alcuni piatti. La filosofia? Km zero, prodotti bio e proprio orto. Dispone
anche di camere semplici e curate.

FABBRICO

Reggio nell'Emilia (RE) – ✉ 42042 – 6 787 ab. – Alt. 25 m – Carta regionale n° **5-B2**
▶ Roma 446 km – Bologna 90 km – Reggio nell'Emilia 33 km – Modena 47 km
Carta stradale Michelin 562-H14

 San Genesio

via Piave 35 – ✆ *05 22 66 52 40 –* *www.hotelsangenesio.it – Chiuso*
23 dicembre-7 gennaio ed agosto
16 cam ⌷ **–** ✝60/85 € ✝✝95/110 € **– 2 suites**
Ideale "fil rouge" con il patrono e la chiesetta del Santo sita in campagna, un edificio d'inizio secolo scorso aggiornato nel confort ma fedele nello stile degli arredi.

437

FABRIANO

Ancona (AN) – ✉ 60044 – 31 596 ab. – Alt. 325 m – Carta regionale n° **11-B2**
▶ Roma 216 km – Perugia 72 km – Ancona 76 km – Foligno 58 km
Carta stradale Michelin 563-L20

Gentile da Fabriano 🖾 ᚣ 🔁 AC ⚡ 👍 P

via Di Vittorio 13 – ℰ 07 32 62 71 90 – www.hotelgentile.it – Chiuso agosto
90 cam ☐ – †55/100 € ††90/140 € – **6 suites**
In zona commerciale, conduzione di grande professionalità in un albergo dotato di camere spaziose e ben tenute. Il ristorante, ideale per banchetti nel fine settimana, propone una cucina classica e prodotti tipici regionali.

Residenza La Ceramica 🔁 AC 👍 P

via della Ceramica 10 – ℰ 07 32 41 36 – www.residenzalaceramica.com
– Chiuso 23 dicembre-10 gennaio e 5-21 agosto
12 cam ☐ – †90/110 € ††120/150 € – **4 suites**
Un piacevole palazzo del centro, già carcere e poi convento, ripropone ora ambienti moderni e alla moda, rallegrati da confortevoli spazi colorati; la struttura ospita fra le sue mura anche una piccolissima taverna-enoteca.

Agriturismo Gocce di Camarzano 🖾 🌿 ← 🛏 ⚡ 👍 P

località Mascano 70, Nord-Est: 3,5 km – ℰ 3 36 64 90 28
– www.goccedicamarzano.it
6 cam ☐ – †60/70 € ††90/120 €
Bella villa secentesca circondata dalle verdi colline marchigiane, dispone di spaziose camere arredate con letti in legno e di una piacevole sala lettura.

sulla strada statale 76 in prossimità uscita Fabriano Est Nord-Est : 6 km

XXX Villa Marchese del Grillo 🏵 ← 🌿 🛏 🍴 🔁 P

località Rocchetta Bassa ✉ 60044 – ℰ 07 32 62 56 90
– www.marchesedelgrillo.com – Chiuso 10 giorni in gennaio e 1 settimana in agosto
Menu 35/55 € – Carta 37/48 € – *(chiuso domenica sera e lunedì) (solo a cena escluso domenica)*
15 cam ☐ – †80/120 € ††100/180 € – **5 suites**
Splendido edificio settecentesco fatto costruire dal celebre Marchese Onofrio: le ex cantine ospitano oggi una cucina creativa ed elaborata, ricca di fantasia. Un soggiorno aristocratico nelle camere, tra affreschi e lampadari di Murano.

FAENZA

Ravenna (RA) – ✉ 48018 – 58 621 ab. – Alt. 35 m – Carta regionale n° **5-C2**
▶ Roma 368 km – Bologna 58 km – Ravenna 35 km – Firenze 104 km
Carta stradale Michelin 562-J17

Relais Villa Abbondanzi 🖾 🛏 🍸 ☕ 🔥 ᚣ 🔁 AC ⚡ P

via Emilia Ponente 23, Ovest: 1 km – ℰ 05 46 62 26 72
– www.villa-abbondanzi.com
10 cam ☐ – †129/205 € ††159/230 € – **5 suites**
Rist *Cinque Cucchiai* – Vedere selezione ristoranti
In una dimora dei primi '800 - non proprio in centro, ma questo è solo un vantaggio in termini di tranquillità - il relais dispone di camere con mobili d'epoca, soppalchi e caminetti. Se l'India vi sembra lontana, la sua scienza di vita, o meglio Ayurveda, la ritrovate nei trattamenti del centro benessere.

XX Cinque Cucchiai – Hotel Relais Villa Abbondanzi 🍴 🔁 AC ⚡

via Emilia Ponente 23, Ovest: 1 km – ℰ 05 46 62 15 27
– www.villa-abbondanzi.com – Chiuso martedì a pranzo e lunedì
Menu 16 € (pranzo in settimana)/55 € – Carta 40/105 €
Situato sotto una grande quercia secolare, all'interno del giardino della villa, il ristorante è apparecchiato in una luminosa sala-veranda all'insegna di arredi bianchi. La cucina è specializzata nel pesce con piatti classici ed altri più moderni.

438

✗ **Cà Murani**   ⚷ Ⓐ🅒
☺ *vicolo Sant'Antonio 7 – ℰ 0 54 68 80 54 – Chiuso 15 giorni in maggio e giovedì*
Carta 30/38 € – (solo a cena escluso sabato e domenica)
Lo chef-patron, Remo, vi preparerà gustosi piatti basati sui prodotti stagionali del
territorio, intrigandovi con specialità come i ravioli di formaggio fresco ed
erbette all'olio di Brisighella o coniglio al tegame con olive nere profumate alla
maggiorana.

✗ **La Baita**   🎇 🏠 ⚷ Ⓐ🅒 ⌘
☺ *via Naviglio, 25c – ℰ 0 54 62 15 84 – www.labaitaosteria.it – Chiuso 15 giorni in*
gennaio, 15 giorni in agosto, domenica e lunedì
Carta 29/46 € – (prenotare)
Osteria familiare del centro, varcato l'uscio si passa per la fornita drogheria che
preannuncia le specialità della casa: salumi e formaggi in gran quantità, paste
fatte in casa tirate al mattarello, ma anche vino con una fornitissima cantina (più
di 1000 etichette). Dalla cucina, piatti stagionali del territorio come tagliatelle al
ragù di mora romagnola, arrosto di campagna, peschine romagnole.

FAGANNA
Udine (UD) – ✉ 33034 – 6 352 ab. – Alt. 177 m – Carta regionale n° **6-B2**
▶ Roma 634 km – Udine 14 km – Gemona del Friuli 30 km – Pordenone 54 km
Carta stradale Michelin 562-D21

✗✗ **Al Castello**   ← 🏠 Ⓐ🅒 ⇔ 🅿
☺ *via San Bartolomeo 18 – ℰ 04 32 80 01 85 – www.ristorantealcastello.com*
☺ *– Chiuso 10 giorni in gennaio e lunedì*
Menu 18 € (pranzo in settimana)/36 € – Carta 27/49 €
Nella parte alta della località, poco distante dal castello che ricorda nel nome, l'atmosfera coniuga rusticità ed eleganza, la tradizione della linea gastronomica e la
modernità delle presentazioni. Per chi vuole assaggiare un piatto veramente
tipico: "Gnocs di Sedon" (ricotta affumicata, bocconcini di fegato con mele e fondente di cipolla di Cavasso).

✗✗ **Al Bàcar**   🏠 Ⓐ🅒
Via Umberto I, 29 – ℰ 04 32 81 10 36 – www.ristorantealbacar.com – Chiuso
1°-15 gennaio, 9-16 agosto e domenica
Carta 34/83 €
Tutta una famiglia, i Lizzi, coinvolta tra l'adiacente macelleria-gastronomia e questo interessante ristorante dove il giovane figlio, a suo agio con le ottime carni
selezionate da papà, ma anche con il pesce, dà vita a piatti moderni permeati da
influenze territoriali.

FAGNANO – Verona (VR) ➜ Vedere Trevenzuolo

FAGNANO OLONA
Varese (VA) – ✉ 21054 – 12 339 ab. – Alt. 265 m – Carta regionale n° **10-A2**
▶ Roma 616 km – Milano 40 km – Varese 29 km – Stresa 60 km
Carta stradale Michelin 561-F8

✗✗ **Menzaghi**   Ⓐ🅒 ⇔
via San Giovanni 74 – ℰ 03 31 36 17 02 – www.ristorantemenzaghi.it
– Chiuso 15-31 agosto, domenica sera e lunedì
Carta 34/51 €
Ingresso attraverso un ampio disimpegno con numerose bottiglie in bellavista:
menu vario ed invitante, i piatti vi verranno serviti in una sala di tono signorile.
La solida conduzione familiare - ormai alla terza generazione - è garante di un'e-
sperienza gastronomica sicuramente felice!

XX **Acquerello**  (Silvio Salmoiraghi)

via Patrioti 5 – ℰ 03 31 61 13 94 – Chiuso 11-18 agosto, domenica sera e lunedì
Menu 25 € (pranzo in settimana)/90 € – Carta 44/79 € – (coperti limitati,
prenotare)

C'è anche una carta, ma vi consigliamo di affidarvi alla degustazione che vi proporrà lo chef: scoprirete un percorso calibrato di sapori ricercati e combinazioni
originali in straordinaria armonia, accenni all'oriente con piacevoli contrasti di cotture e temperature.

➔ Cardi, nocciola e tabacco. Coniglio all'ischitana. Brodo di cacao.

FAI DELLA PAGANELLA

Trento (TN) – ✉ 38010 – 904 ab. – Alt. 957 m – Carta regionale n° **19-B2**

▶ Roma 616 km – Trento 31 km – Bolzano 58 km – Bressanone 98 km
Carta stradale Michelin 562-D15

Al Sole

*via Cesare Battisti 11 – ℰ 04 61 58 10 65 – www.alsolehotel.info – Chiuso aprile,
maggio e novembre*

38 cam □ – solo ½ P 125/168 € – **3 suites**

Moderno, confortevole, in bella posizione panoramica sui prati: anche le camere
si presentano bene in quanto a generosità di spazi e luminosità. L'attrezzato
centro benessere, dotato anche di ampia beauty farm, vi rigenererà dallo stress
quotidiano.

Agriturismo Florandonole

*via ai Dossi 22 ✉ 38010 Fai della Paganella – ℰ 04 61 58 10 39
– www.florandonole.it*

6 cam □ – †42/55 € ††84/110 €

Piacevole casa di campagna circondata da prati verdi ed una moderna, intrigante,
rivisitazione dello stile alpino negli arredi. La "apicoltura nomade" produce miele
(di eucalipto, di rododendro, di castagno ed altri ancora) da accompagnare - già
al mattino - a torte fatte in casa e salumi locali.

FALCADE

Belluno (BL) – ✉ 32020 – 2 233 ab. – Alt. 1 145 m – Carta regionale n° **23-B1**

▶ Roma 667 km – Belluno 52 km – Cortina d'Ampezzo 59 km – Bolzano 64 km
Carta stradale Michelin 562-C17

Belvedere

*via Garibaldi 24 – ℰ 04 37 59 90 21 – www.belvederehotel.info
– Chiuso 1° aprile-31 maggio e 27 settembre-5 dicembre*

40 cam – solo ½ P 35/110 €

Tripudio di legni per questa deliziosa e tipica casa di montagna, già piacevole dal-
l'esterno: a 600 m dal centro e non lontano dalle piste, confortevoli camere di
tono rustico, nonché attrezzata area wellness. Caratteristiche stube d'epoca costituiscono splendidi inviti per gustare la buona cucina del territorio.

Sport Hotel Cristal

*piazza Municipio 4 – ℰ 04 37 50 73 56 – www.sporthotelcristal.net – Aperto
6 dicembre-31 marzo e 15 giugno-10 settembre*

46 cam □ – †48/98 € ††76/176 €

I prati tutt'intorno si trasformano in estate in una splendida spiaggia baciata dal
sole e da una piacevole brezza; all'interno ambienti riscaldati dal tepore del legno
e da luminose stoffe carminio. Rilassante pausa gastronomica al ristorante, dove
gustare piatti dai sapori regionali preparati direttamente dal titolare dell'hotel.

FALCONARA MARITTIMA

Ancona (AN) – ✉ 60015 – 26 823 ab. – Carta regionale n° **11-C1**

▶ Roma 279 km – Ancona 13 km – Macerata 61 km – Pesaro 63 km
Carta stradale Michelin 563-L22

Touring

via degli Spagnoli 18 – ✆ 0 71 91 31 36 – www.touringhotel.it
75 cam ☷ – ♦54/79 € ♦♦74/89 €
Ideale soprattutto per clienti di lavoro, l'albergo, di stampo moderno e non vicino al mare, ma verso Falconara alta, è dotato di confort e di stanze abbastanza spaziose.

L'Arnia del Cuciniere

via Baluffi 12 – ✆ 07 19 16 00 55 – www.arniadelcuciniere.it – Chiuso 15 giorni in novembre, lunedì e i mezzogiorno di sabato e domenica in luglio e agosto
Menu 30/40 € – Carta 24/53 €
Ai piedi del castello nel caratteristico centro di Falconara alta, l'intraprendente patron ha portato la sua cucina di mare e di terra, dove il prodotto - accuratamente selezionato - è protagonista assoluto, più che la sua elaborazione. La sera, anche pizza gastronomica. Ambienti sobriamente moderni.

FALERNA

Catanzaro (CZ) – ✉ 88042 – 4 057 ab. – Alt. 550 m – Carta regionale n° **3-A2**
▶ Roma 573 km – Catanzaro 64 km – Cosenza 57 km – Crotone 131 km
Carta stradale Michelin 564-J30

a Falerna Marina Ovest : 11 km – ✉ 88042

Lion's

via strada statale 18 60/a – ✆ 09 68 99 98 70 – www.lionshotel.it
29 cam ☷ – ♦45/70 € ♦♦60/120 €
Fronte mare, separato dalla distesa blu solo dalla statale, le camere sono semplici, ma curate, e il ristorante propone una gustosa cucina casalinga: un indirizzo da tenere in considerazione quando il budget è un po' ristretto!

FALZES (PFALZEN)

Bolzano (BZ) – ✉ 39030 – 2 761 ab. – Alt. 1 022 m – Carta regionale n° **19-C1**
▶ Roma 711 km – Cortina d'Ampezzo 64 km – Bolzano 65 km – Brunico 5 km
Carta stradale Michelin 562-B17

Sichelburg

via Castello 1 – ✆ 04 74 05 56 03 – www.sichelburg.it – Chiuso 2 settimane in gennaio, 1 settimana in giugno e mercoledì
Menu 36/55 € – Carta 31/75 €
Regalatevi un grande pasto in un contesto da sogno: in paese, il ristorante si trova al primo piano di un castello di origini trecentesche. Romantiche sale avvolte nel legno, la cucina è creativa, ma fortemente legata ai prodotti della montagna.

ad Issengo Nord-Ovest : 1,5 km – ✉ 39030 Falzes

Tanzer

via del Paese 1 – ✆ 04 74 56 53 66 – www.tanzer.it – Chiuso 13-26 novembre
Menu 57/69 € – Carta 36/69 € – (chiuso mercoledì a mezzogiorno e martedì)
20 cam ☷ – ♦50/100 € ♦♦80/140 € – **3 suites**
Proprio sotto il campanile della piccola frazione, due romantiche stube, una signorile dell'Ottocento, l'altra più semplice e contadina, ma del Seicento, accolgono una cucina in prevalenza locale accompagnata da qualche proposta internazionale, ma sempre di ottimo livello.

a Molini Nord-Ovest : 2 km – ✉ 39030 Chienes

Schöneck (Karl Baumgartner)

via Schloss Schöneck 11 – ✆ 04 74 56 55 50 – www.schoeneck.it – Chiuso 20 giugno-5 luglio, lunedì e martedì (escluso alta stagione)
Menu 52/82 € – Carta 41/92 €
Quando il tempo non consente di mangiare all'aperto, la scelta è fra le romantiche stube storiche o la luminosa veranda coperta. Da tempo sugli allori, la cucina offre piatti per tutti i gusti, carne e pesce, tradizione e creatività.
→ Ravioli ripieni di faraona al sauté di tartufo di Norcia. Stufato di capretto con patate e verdure novelle. Millefoglie di pasta sfoglia croccante con crema di frutto della passione.

441

FANNA

Pordenone (PN) – ✉ 33092 – 1 609 ab. – Alt. 274 m – Carta regionale n° **6-B2**
▶ Roma 620 km – Udine 50 km – Belluno 75 km – Pordenone 29 km
Carta stradale Michelin 562-D20

🏠 Al Giardino   🍴🛋️🗗👤🕮🛁🅿

*via Circonvallazione Nuova 3 – 𝒞 0 42 77 71 78 – www.algiardino.com
– Chiuso 11 gennaio-10 febbraio*
25 cam 🖃 – 🛏55/70 € 🛏🛏70/95 €
Il nome prelude all'indovinata cornice verde della struttura, ornata da specchi
d'acqua concepiti quasi all'orientale. Tutto spicca per l'estrema cura: la bella
piscina e le deliziose camere, mentre terra e mare coabitano nel menu dell'omonimo ristorante.

FANO

Pesaro e Urbino (PU) – ✉ 61032 – 61 192 ab. – Carta regionale n° **11-B1**
▶ Roma 289 km – Ancona 65 km – Rimini 55 km – Pesaro 11 km
Carta stradale Michelin 563-K21

🏠 Siri   🛗👤🕮🚗

viale Buozzi 69 – 𝒞 07 21 80 25 93 – www.sirihotelfano.it
20 cam 🖃 – 🛏109/159 € 🛏🛏129/212 €
Appena fuori le mura del centro storico, grazioso albergo riaperto nel 2010 dopo
un totale restauro che gli ha conferito un appeal moderno e modaiolo. Noleggio
bici e wi-fi gratuiti, camere elegantemente allestite.

🏠 Elisabeth Due   🍴👥🛗🕮🍴🅿

piazzale Amendola 2 – 𝒞 07 21 82 31 46 – www.hotelelisabethdue.it
28 cam 🖃 – 🛏85/110 € 🛏🛏100/140 € – **4 suites**
Rist *Il Galeone* – Vedere selezione ristoranti
Situato sulla passeggiata principale del lido, l'albergo vanta una meravigliosa vista
sull'Adriatico ed offre camere e spazi comuni d'impronta classica.

🏠 Augustus   🍴♨️🛋️🛗👤🕮

via Puccini 2 – 𝒞 07 21 80 97 81 – www.hotelaugustus.it
22 cam 🖃 – 🛏60/98 € 🛏🛏76/130 €
A pochi passi dal centro storico e dalle spiagge, l'hotel dispone di tutti i servizi
necessari a garantire un piacevole soggiorno: una palestra e una sauna per
momenti di remise en forme, nonché una sala lettura per rilassare la mente. Il ristorante specializzato nel pesce, Casa Nolfi alla Darsena, insieme alla cortese accoglienza della struttura si fondono in un unico spazio a beneficio dei propri ospiti.

🏠 Angela   🍴👥🛋️🛗🕮🍴

*viale Adriatico 13 – 𝒞 07 21 80 12 39 – www.hotelangela.it
– Chiuso 18 dicembre-11 gennaio*
37 cam – 🛏57/63 € 🛏🛏83/95 € – 🖃6 €
Ubicato direttamente sul mare, l'hotel vanta una gestione familiare, graziosi spazi
comuni, camere semplici e funzionali. La cucina propone specialità regionali e
soprattutto di pesce.

🏠 Astoria   🍴🛗🕮

*viale Cairoli 86 – 𝒞 07 21 80 00 77 – www.hotelastoriafano.it – Aperto
1° aprile-25 settembre*
42 cam 🖃 – 🛏50/85 € 🛏🛏70/130 €
Sul lido di Fano, hotel a conduzione familiare rinnovato in anni recenti, luminosi
ambienti che come le camere dispongono di arredi moderni e funzionali.

🏠 Villa Giulia – Residenza storica   🍴👥👤🗗🛋️🕮🅿

*via di Villa Giulia, località San Biagio 40 – 𝒞 07 21 82 31 59
– www.relaisvillagiulia.com – Aperto 15 aprile-5 novembre*
17 cam 🖃 – 🛏70/140 € 🛏🛏110/190 €
Immersa nel verde, struttura ricavata da un'antica residenza napoleonica con
camere arredate secondo lo stile originale e 5 appartamenti con soggiorno e
cucina (disponibili anche per brevi periodi).

XX **Il Galeone** – Hotel Elisabeth Due   AC P

piazzale Amendola 2 – ℰ 07 21 82 31 46 – www.ilgaleone.net
– Chiuso domenica sera e lunedì escluso in estate
Menu 35/60 € – Carta 38/71 €
Accolto tra gli spazi dell'albergo Elisabeth Due, il ristorante da tempo si è conquistato una fama che va ben oltre i frequentatori dell'hotel. Le proposte prediligono il mare in elaborazioni moderne ed accattivanti.

X **Da Maria al Ponte Rosso**   🛖 AC ✂

via IV Novembre 86 – ℰ 07 21 80 89 62
– Chiuso Natale e Pasqua
Carta 30/50 € – (prenotazione obbligatoria)
Preparatevi, prenotare qui non è un'impresa facile, ma questo vorrà pur significare qualcosa... Pochi tavoli, molte piante, qualche scultura realizzata da Domenica, figlia della proprietaria che segue la sala. L'ambiente è familiare ed ancor più l'accoglienza, nonché la gustosa cucina, a base di solo pesce fresco a seconda dell'offerta ittica del giorno: così vuole Maria, la titolare, che ha fatto della semplicità la propria forza!

sulla strada nazionale Adriatica Sud 78 Sud-Est : 5 km

XX **Alla Lanterna**   ⇦ 🛖 AC P
😊
località Metaurilia – ℰ 07 21 88 47 48 – www.allalanterna.com
– Chiuso 20 dicembre-15 gennaio
Menu 25 € (pranzo in settimana)/45 € – Carta 31/95 € – *(chiuso domenica sera e lunedì)*
18 cam 🖵 – †47/60 € ††70/95 €
Un indirizzo da memorizzare se siete amanti del mare nel piatto: proprietari e figli sono infatti impegnati a servirvi il miglior pesce dell'Adriatico, in un ambiente curato e piacevole. Sopra, anche la possibilità di pernottare.

FARA FILIORUM PETRI
Chieti (CH) – ✉ 66010 – 1 942 ab. – Alt. 227 m – Carta regionale n° **1-C2**
▶ Roma 205 km – Pescara 36 km – Chieti 18 km – L'Aquila 97 km
Carta stradale Michelin 563-P24

XX **Casa D'Angelo**   🏛 🛖 ⅛ ⇄ P

via San Nicola 5 – ℰ 0 87 17 02 96 – Chiuso 1°-24 novembre, domenica sera e lunedì
Menu 36/55 € – Carta 30/65 € – (consigliata la prenotazione)
La vecchia casa di famiglia, un locale intimo e raffinato cui si aggiunge la sapienza di una gestione dalla lunga esperienza. Piatti del territorio vivacizzati dalla fantasia dello chef.

FARA IN SABINA
Rieti (RI) – ✉ 02032 – 13 749 ab. – Alt. 482 m – Carta regionale n° **7-B1**
▶ Roma 55 km – Rieti 36 km – Terni 65 km – Viterbo 83 km
Carta stradale Michelin 563-P20

a Coltodino Sud-Ovest : 4 km – ✉ 02030

🏠 **Ille-Roif**   🎿 🐾 ⇇ 🏕 ⤳ 🏊 🐎 ✕ ⅛ AC ✂ P

via Valle Pisciarello 22, località Talocci, Ovest: 5,5 km – ℰ 07 65 38 67 49
– www.ille-roif.it – Chiuso gennaio
12 cam 🖵 – †150/290 € ††200/290 €
Originale, stravagante e colorato: a questo albergo sono state messe le ali della fantasia e chi vi soggiorna non potrà che volare con essa per scoprire spazi e forme, talvolta, persino bizzarri! Prima di prenotare, date un'occhiata alla camera che più vi aggrada sul loro sito.

443

FARRA DI SOLIGO

Treviso (TV) – ✉ 31010 – 9 014 ab. – Alt. 163 m – Carta regionale n° **23-C2**
▶ Roma 590 km – Belluno 40 km – Treviso 35 km – Venezia 72 km
Carta stradale Michelin 562-E18

a Soligo Est : 3 km – ✉ 31010

✗✗ La Candola

via San Gallo 43 – ✆ 04 38 90 00 06 – www.locandacandola.com
– Chiuso 15 febbraio-1° marzo
Menu 30/55 € – Carta 33/68 € – *(chiuso martedì a mezzogiorno in estate, anche martedì sera negli altri mesi)* (consigliata la prenotazione)
6 cam ⌂ – ♦110/120 € ♦♦120/140 €
In posizione panoramica, questa romantica locanda - oltre ad offrire un'ottima cucina legata alle stagioni - ruota attorno all'eccellente ospitalità dei coniugi titolari: passione e cordialità sono infatti i loro tratti distintivi. Comode camere per un relax nel verde.

a Col San Martino Sud-Ovest : 3 km – ✉ 31010

✗✗ Locanda Marinelli

via Castella 5 – ✆ 04 38 98 70 38 – www.locandamarinelli.it
– Chiuso 1 settimana in gennaio, 2 settimane in settembre
Menu 25 € (pranzo in settimana) – Carta 35/61 € – *(chiuso martedì)*
3 cam ⌂ – ♦60 € ♦♦90 €
Nella quiete di una tranquilla frazione tra i vigneti di Prosecco, cucina dallo stile pacatamente moderno a base di ottimi prodotti, sia di terra sia di mare. Bella anche la terrazza panoramica.

✗ Locanda da Condo

via Fontana 134 – ✆ 04 38 89 81 06 – www.locandadacondo.it – Chiuso 20 giorni in luglio, martedì sera e mercoledì
Carta 25/45 €
Un'antica locanda che una famiglia gestisce da almeno tre generazioni. Diverse sale ricche di fascino tutte accomunate dallo stile tipico di una trattoria. Cucina veneta, come l'immancabile pasta e fagioli.

FARRA D'ISONZO

Gorizia (GO) – ✉ 34072 – 1 713 ab. – Carta regionale n° **6-C3**
▶ Roma 655 km – Trieste 57 km – Gorizia 11 km

🏠 Ai Due Leoni

via Verdi 55/57 – ✆ 04 81 88 80 37 – www.aidueleoni.go.it
21 cam ⌂ – ♦55/60 € ♦♦70/80 €
Piccolo hotel a conduzione familiare rinnovato e ampliato in anni recenti: due tipologie di camere, tra moderno e rustico, ma il confort è presente in entrambe. Al ristorante proposte che spaziano dalla tradizione locale ai classici nazionali.

✗ Borgo Colmello

strada della Grotta 8 – ✆ 04 81 88 90 13 – www.borgocolmello.it – Chiuso domenica sera e lunedì
Carta 24/60 € **8 cam** ⌂ – ♦54/65 € ♦♦80/90 €
Appena fuori paese, grazioso borgo rurale rinnovato attorno al museo della civiltà contadina. La struttura offre un'enoteca-bar, un ristorante di tono classico con bel dehors in giardino e, nel piatto, sapori regionali rigorosamente in sintonia con le stagioni; al piano superiore alcune camere.

FASANO

Brindisi (BR) – ✉ 72015 – 39 913 ab. – Alt. 118 m – Carta regionale n° **15-C2**
▶ Roma 507 km – Bari 60 km – Brindisi 56 km – Lecce 96 km
Carta stradale Michelin 564-E34

✕ Rifugio dei Ghiottoni ⏹AC⏹

via Nazionale dei Trulli 116 – ✆ 08 04 41 48 00 – Chiuso 20-30 giugno e mercoledì
Carta 21/45 €
E' il rifugio-pizzeria di chi cerca i sapori caserecci di una cucina regionale basata su proposte locali da riscoprire in un ambiente piacevolmente semplice. Le realizzazioni più ghiotte sono certamente quelle elaborate a partire dall'impiego di prodotti ittici: freschezza, semplicità e abbondanza gli ingredienti principali.

a Selva Ovest : 5 km – ✉ 72010 Selva Di Fasano – Alt. 396 m

🏠 Sierra Silvana

via Don Bartolo Boggia 5 – ✆ 08 04 33 13 22 – www.sierrasilvana.com – Aperto 1° aprile-30 ottobre
124 cam ⬚ – ♦96/155 € ♦♦140/220 €
In una delle zone più attraenti della Puglia, un complesso di moderne palazzine e qualche trullo in un giardino mediterraneo; arredi in midollino e bambù, validi spazi. Per ristorante un gazebo con bouganvillee ed eleganti sale con bei soffitti a tendaggi.

a Speziale Sud-Est : 10 km – ✉ 72015 Montalbano Di Fasano – Alt. 84 m

🏠 Agriturismo Masseria Narducci

via Lecce 144 – ✆ 33 47 22 44 85 – www.agriturismonarducci.it – Chiuso novembre
9 cam ⬚ – ♦45/65 € ♦♦70/110 €
Lungo la strada per Ostuni, si tratta di una masseria ottocentesca, dalle camere semplici, piacevole corte interna e riposante giardino sul retro. Degustazione e vendita d'olio al ristorante.

FASANO DEL GARDA – Brescia (BS) ➜ Vedere Gardone Riviera

FAVARA
Agrigento (AG) – ✉ 92026 – 32 942 ab. – Alt. 338 m – Carta regionale n° **17-C2**
▶ Agrigento 11 km – Palermo 123 km – Caltanissetta 46 km – Enna 80 km
Carta stradale Michelin 565-P22

🏠 Belmonte

via Sottotenente Saieva 10, piazza Cavour – ✆ 09 22 43 71 46 – www.belmontehotel.com
12 cam ⬚ – ♦45/70 € ♦♦55/95 €
A poco più di 10 km dalla Valle dei Templi, una piccola gestione familiare per un piacevole e moderno albergo completato dall'adiacente B&B. Ambienti ravvivati da splendide fotografie e per chi ama i sapori locali - o più in generale la buona cucina - sosta obbligata al ristorante Le Traveggole.

FAVIGNANA – Trapani (TP) ➜ Vedere Egadi (Isole)

FELINO
Parma (PR) – ✉ 43035 – 8 762 ab. – Alt. 185 m – Carta regionale n° **5-A3**
▶ Roma 478 km – Parma 17 km – Reggio nell'Emilia 42 km – Modena 76 km
Carta stradale Michelin 562-H12

a Barbiano Sud : 4 km – ✉ 43035

✕ Trattoria Leoni

via Ricò 42 – ✆ 05 21 83 11 96 – www.trattorialeoni.it – Chiuso gennaio e lunedì
Menu 15 € (pranzo in settimana)/29 € – Carta 26/46 €
In una cornice di affascinanti dolci colline, la classica sala propone piatti parmigiani che si aprono a suggestioni di montagna, funghi e cacciagione; imperdibile panorama estivo.

FELTRE

Belluno (BL) – ⊠ 32032 – 20 652 ab. – Alt. 325 m – Carta regionale n° **23-B2**

▶ Roma 577 km – Belluno 32 km – Trento 79 km – Padova 87 km

Carta stradale Michelin 562-D17

🏠 **Doriguzzi** 🖶 ⚿ 🅿

viale Piave 2 – ☎ 04 39 20 03 – www.hoteldoriguzzi.it

26 cam ⊑ – †60/85 € ††90/140 €

Accogliente struttura vicino al centro storico, è un valido punto di riferimento soprattutto per una clientela di lavoro grazie agli ambienti ben accessoriati a disposizione degli ospiti.

🏠 **La Casona** 🌣 🛋 🖶 ⚿ 🗚 ⚿ 🚗

via Segusini 17/a – ☎ 04 39 30 27 30 – www.lacasona.it

22 cam ⊑ – †47/70 € ††78/110 €

In una zona particolarmente tranquilla - alle spalle dell'ospedale e del campo sportivo - piccola risorsa familiare dagli ambienti moderni e camere confortevoli, ben accessoriate: ideale per una clientela business. Servizio ristorante (anche) in terrazza, nonché interessante menu con specialità alla griglia.

✕✕ **Panevin** � ⚿ 🗚 🅿
🍝

via Cart 16, Nord-Est: 3 km – ☎ 0 43 98 34 66 – www.ristorantepanevin.it
– Chiuso domenica sera

Menu 20 € (pranzo in settimana) – Carta 32/69 €

In una frazione verdeggiante, appena fuori Feltre, il ristorante è gestito da una coppia di giovani soci che propongono una cucina moderna, ma senza inutili stravaganze, con i sapori del mare in prima linea.

FENEGRÒ

Como (CO) – ⊠ 22070 – 3 211 ab. – Alt. 290 m – Carta regionale n° **10-A1**

▶ Roma 604 km – Como 26 km – Milano 34 km – Saronno 10 km

Carta stradale Michelin 561-E9

✕✕ **In** 🌣 🗚 ⟳ 🅿
🍝

via Monte Grappa 20 – ☎ 0 31 93 57 02 – www.ristorante-in.com
– Chiuso 1°-7 gennaio, agosto e lunedì

Menu 20 € (pranzo in settimana) – Carta 37/64 €

Un locale di tono moderno e accogliente, con interni signorili e un'atmosfera comunque familiare; un po' fuori paese, piatti di mare, ora più classici ora rivisitati.

FENER

Belluno (BL) – ⊠ 32031 – Alt. 198 m – Carta regionale n° **23-C2**

▶ Roma 560 km – Belluno 44 km – Treviso 39 km – Padova 70 km

Carta stradale Michelin 562-E17

🏠 **Tegorzo** 🌣 🍴 🖶 ⚿ 🗚 ⚿ 🅿

via Nazionale 25 – ☎ 04 39 77 97 40 – www.hoteltegorzo.it

30 cam ⊑ – †50/67 € ††70/97 €

Ubicato nella prima periferia della località, un hotel a gestione familiare - semplice e funzionale - con bel giardino e campo da tennis. Cucina casereccia al ristorante.

FENIS

Aosta (AO) – ⊠ 11020 – 1 607 ab. – Alt. 537 m – Carta regionale n° **21-B2**

▶ Roma 722 km – Aosta 20 km – Breuil-Cervinia 36 km – Torino 82 km

Carta stradale Michelin 561-E4

🏠 **Comtes de Challant** 🌣 🥂 🖶 🗚 ⚿ 🚗

frazione Chez Sapin 95 – ☎ 01 65 76 43 53 – www.hcdc.it
– Chiuso 6 gennaio-1° marzo e 1° novembre-1° dicembre

28 cam ⊑ – †58/82 € ††89/118 €

Ubicazione tranquilla, ai piedi dell'omonimo Castello, per questa tipica costruzione di montagna con bei terrazzi esterni e camere confortevoli, nuove, con parquet. Proposte sia valdostane che nazionali in un classico ristorante d'albergo.

FERENTILLO

Terni (TR) – ✉ 05034 – 1 919 ab. – Alt. 260 m – Carta regionale n° **20**-C3

▶ Roma 122 km – Terni 18 km – Rieti 38 km – Perugia 82 km
Carta stradale Michelin 563-O20

Abbazia San Pietro in Valle

strada statale 209 Valnerina km 20, Nord-Est: 3,5 km – 𝒞 *07 44 78 01 29*
– www.sanpietroinvalle.com – Aperto 25 marzo-3 novembre
21 cam ⌂ – 👤👤95/155 €
Nel cuore del misticismo umbro, un'esperienza irripetibile all'interno di un'abbazia d'origine longobarda del IX sec. Camere semplici in linea con lo spirito del luogo. Il ristorante ha una sua gestione separata.

XX Piermarini

via Ancaiano 23 – 𝒞 *07 44 78 07 14 – www.saporipiermarini.it – Chiuso domenica sera e lunedì*
Menu 40 € (in settimana)/65 € – Carta 28/70 € – *(solo a cena)*
Poco fuori dal centro, giardino, veranda e sale sono l'elegante cornice di una cucina spesso incentrata sul tartufo, sempre sui sapori della tradizione con ingredienti locali ed un'ottima griglia accesa in permanenza. Tra i must del menu: picchiettini alle erbette, lombello al rosmarino e zuppa inglese.

FERENTINO

Frosinone (FR) – ✉ 03013 – 21 272 ab. – Alt. 395 m – Carta regionale n° **7**-C2

▶ Roma 75 km – Frosinone 14 km – Fiuggi 23 km – Latina 66 km
Carta stradale Michelin 563-Q21

Bassetto

via Casilina Sud al km 74,600 – 𝒞 *07 75 24 49 31 – www.hotelbassetto.it*
99 cam ⌂ – 👤40/70 € 👤👤70/140 €
Un esercizio storico da queste parti, ubicato sulla statale Casilina, ampliato e rinnovato in tempi recenti e con una gestione familiare ormai consolidata e capace. Un'ampia sala ristorante e ricette della consuetudine ciociara.

Il migliore amico dell'uomo è benvenuto in tutti gli esercizi ad esclusione di quelli contrassegnati dal simbolo 🐾.

FERIOLO

Verbano-Cusio-Ossola (VB) – ✉ 28831 – Alt. 195 m – Carta regionale n° **13**-A1

▶ Roma 672 km – Stresa 8 km – Domodossola 39 km – Verbania 9 km
Carta stradale Michelin 561-E7

Carillon

strada nazionale del Sempione 2 – 𝒞 *0 32 32 81 15 – www.hotelcarillon.it*
– Aperto 25 marzo-20 ottobre
32 cam ⌂ – 👤50/110 € 👤👤60/150 €
A conduzione familiare con accogliente hall e veranda con vista, tutte le camere si affacciano sul lago, dove c'è anche una deliziosa spiaggetta privata.

XX Serenella

via 42 Martiri 5 – 𝒞 *0 32 32 81 12 – www.hotelserenella.net – Chiuso gennaio*
Menu 35/50 € – Carta 36/78 € – *(chiuso mercoledì)*
13 cam ⌂ – 👤75/110 € 👤👤85/145 €
Da oltre mezzo secolo il punto di riferimento in zona per gli amanti della buona tavola: cucina di respiro classico-moderno in un ristorante dall'atmosfera calda e raccolta. Poco distante dal lago, l'hotel dispone di camere recentemente rinnovate con un taglio moderno.

FERMO

✉ 63900 – 37 728 ab. – Alt. 319 m – Carta regionale n° **11-D2**

◩ Roma 251 km – Ascoli Piceno 70 km – Ancona 65 km – Macerata 43 km

Carta stradale Michelin 563-M23

sulla strada statale 16-Adriatica

🏨 **Royal**   ✥ ≤ 🗲 🗎 ㅊ 🅦 ⚷ 🅿

piazza Piccolomini 3, al lido, Nord-Est: 8 km ✉ *63023 –* ☏ *07 34 64 22 44*
– www.royalre.it

56 cam ⌂ – ♦85/100 € ♦♦120/135 € – **2 suites**

Terrazza solarium con piccola piscina su questa bianca costruzione di stile
moderno sita sul limitare della spiaggia: materiali pregiati, arredi di design, ogni
confort. Tenuta impeccabile nel moderno ristorante, dotato anche di fresca ed
accogliente terrazza.

🍴🍴🍴 **Emilio** (Danilo Bei)   ⇪

⊗ *via Girardi 1, località Casabianca, Nord-Est: 12 km –* ☏ *07 34 64 03 65*
– www.ristoranteemilio.it – Chiuso 23 dicembre-3 gennaio,
25 agosto-5 settembre e lunedì

Menu 65 € – Carta 45/80 € – *(solo a cena)*

Un comodo parcheggio libero proprio di fronte all'ingresso di questo elegante
locale, dove spiccano opere d'arte contemporanea. Piatti di pesce a seguire la fal-
sariga delle tradizioni adriatiche, con molte sorprese proposte anche a voce.

→ Ravioli di capasanta in salsa di finocchi. Guazzetto di pesce sfilettato. Tortino al
croccante.

FERRARA

(FE) – ✉ 44121 – 133 682 ab. – Alt. 9 m – Carta regionale n° **5-C1**
▶ Roma 428 km – Bologna 51 km – Rovigo 39 km – Padova 77 km
Carta stradale Michelin 562-H16

N. Tondini / age fotostock

● Alberghi

⚐ Annunziata   ☐ AC ☖

piazza Repubblica 5 ✉ 44121 – ☏ 05 32 20 11 11   Pianta: A1**f**
– www.annunziata.it
21 cam ☲ – †94/450 € ††114/450 €
Dedicato a chi ama gli ambienti moderni, l'arte contemporanea e gli arredi sobri,
ma vivacemente colorati. Per rendere il soggiorno più esclusivo, prenotate una
delle sei camere affacciate sul castello.

⚐ Orologio   ☐ ☖ AC ☖

via Darsena 67 ✉ 44122 – ☏ 05 32 76 95 76   Pianta: A2**a**
– www.hotelorologio.com
46 cam ☲ – †85/140 € ††115/220 € – **2 suites**
Spaziose, confortevoli, arredate con mobili in legno sbiancato di stile classico, le
camere così come l'intera struttura sono piacevolmente realizzate secondo criteri
di moderna ispirazione.

⚐ Nazionale   AC

corso Porta Reno 32 ✉ 44121 – ☏ 05 32 24 35 96   Pianta: A2**n**
– www.hotelnazionaleferrara.it
14 cam ☲ – †60/90 € ††70/110 €
A due passi dalla Cattedrale e dal castello Estense, non manca certo di personalità
questo piccolo boutique hotel, le cui camere di design sono contraddistinte da
nomi d'importanti città italiane. Bagni con cromoterapia.

⚐ Corte Estense   ☐ ☖ AC ⛭

via Correggiari 4/a ✉ 44121 – ☏ 05 32 24 21 68   Pianta: A2**e**
– www.corteestense.it – Chiuso 20-27 dicembre e 1°-24 agosto
18 cam ☲ – †70/110 € ††100/170 €
A pochi passi dalla Cattedrale e dal Castello, il restauro dell'antico palazzo realizzato attorno ad una corte interna offre soluzioni di confort moderni accanto ad
un tuffo nella storia.

⚐ Ferrara   ✿ ☐ ☖ AC ☖

largo Castello 36 ✉ 44121 – ☏ 05 32 20 50 48   Pianta: A1**h**
– www.hotelferrara.com
58 cam ☲ – †70/140 € ††90/210 €
Rist *Big Night-da Giovanni* – Vedere selezione ristoranti
Dinnanzi al castello, gli spazi comuni sono limitati, ma troverete le camere funzionali e moderne, ideali per chi predilige la praticità, senza troppi fronzoli; leggermente migliori quelle dell'antistante dépendance.

449

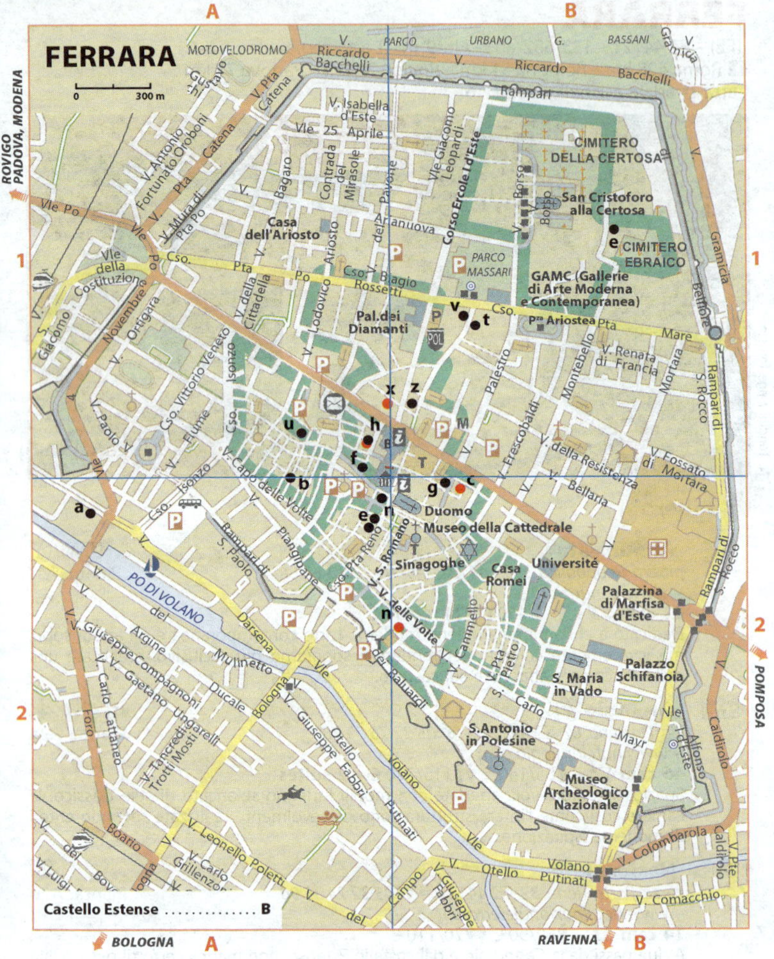

FERRARA

Castello Estense .... B

De Prati

via Padiglioni 5 ✉ *44121 – ☎ 05 32 24 19 05*   Pianta: B1**z**
– www.hoteldeprati.com – Chiuso 21-26 dicembre
16 cam ☕ – ♦50/85 € ♦♦75/120 € – **1 suite**
In questa casa centrale, già locanda agli inizi del '900, soggiornavano uomini di cultura e di teatro; oggi è un hotel rinnovato che ospita, a rotazione, opere di artisti contemporanei.

 Horti della Fasanara

via delle Vigne 34 ✉ *44121 – ☎ 33 81 54 37 21*   Pianta: B1**e**
– www.hortidellafasanara.com
6 cam ☕ – ♦90/150 € ♦♦120/350 €
La campagna in città: all'interno dell'ex riserva di caccia degli Estensi, una residenza ottocentesca con camere moderne - bianche e luminose - bagni a vista, cromoterapia.

 Alchimia

via Borgo dei Leoni 122 ✉ *44121 Ferrara*   Pianta: B1**t**
– ☎ 0 53 21 86 46 56 – www.alchimiaferrara.it
6 cam ☕ – ♦75/85 € ♦♦90/120 €
Al piano terra di un palazzo quattrocentesco, qui troverete non solo un elegante alloggio, ma anche una piccola galleria d'arte contemporanea, raffinate camere e spaziosi bagni.

 Avanguardia

via Borgo dei Leoni 99 ✉ *44121 Ferrara – ☎ 05 32 76 91 64*   Pianta: B1**v**
– www.avanguardiasuiteferrara.it
5 cam ☕ – ♦70/80 € ♦♦90/120 €
Nel cuore della città rinascimentale, un palazzo seicentesco ospita un riuscito mix d'antico e arte contemporanea; l'assistenza dei clienti è uno dei punti forti della struttura...oltre agli originali i bagni!

 Dolcemela

via della Sacca 35 ✉ *44121 – ☎ 05 32 76 96 24*   Pianta: A1-2**b**
– www.dolcemela.it
9 cam ☕ – ♦60/80 € ♦♦80/100 €
In un quartiere di origini popolari dalle deliziose casette d'epoca, troverete anche una piccola corte-giardino con fontana di Serafini. Camere semplici, ma curate, diverse mansardate con travi a vista. Il risveglio sarà dolce con gustose torte della casa per colazione.

🏠 **Locanda il Bagattino**

corso Porta Reno 24 ✉ *44121 – ☎ 05 32 24 18 87*   Pianta: A2**n**
– www.ilbagattino.it
6 cam ☕ – ♦60/80 € ♦♦80/100 €
Al secondo piano di un palazzo a venti metri dalla piazza della cattedrale, l'atmosfera è quella di un'elegante casa privata, ricca d'arredi e con quasi tutte le camere mansardate, più alte o più basse.

🏠 **Locanda Borgonuovo**

via Cairoli 29 ✉ *44121 – ☎ 05 32 21 11 00*   Pianta: B2**g**
– www.borgonuovo.com
6 cam ☕ – ♦45/65 € ♦♦79/100 €
Ottima accoglienza e arredi in stile ma è indubbiamente la colazione il punto forte della locanda: quasi "personalizzata" secondo i vostri gusti, d'estate servita in una piccola corte interna.

 Agriturismo Corte dei Gioghi

via Pellegrina 8, 2 km per Ravenna - B2 ✉ *44124 – ☎ 05 32 74 50 49*
– www.cortedeigioghi.com
7 cam ☕ – ♦50/80 € ♦♦75/100 €
Spaziose, arredate con gusto rustico, le camere sono state ricavate nel vecchio fienile della casa colonica; spazio all'esterno per colazioni estive e gradevole piscina.

🟠 Ristoranti

XX **Il Don Giovanni** (Pierluigi Di Diego)   🎇 ⛬ AC
❀ *corso Ercole I° D'Este 1* ✉ *44121 –* 📞 *05 32 24 33 63*   Pianta: AB1**x**
*– www.ildongiovanni.com – Chiuso 2 settimane in agosto, domenica sera
e lunedì*
Carta 61/96 € – *(solo a cena escluso domenica)* (prenotare)
In un ambiente ricercato e d'atmosfera, la cucina indugia sulla creatività: permeato da una sensibilità moderna, lo chef lavora infatti la materia prima con
risultati inconsueti, lasciando volutamente riconoscere i sapori e i profumi
della memoria.
→ Terrina di canocchie con pomodori confit ai tre pesti. Germano "terra ed
acqua". Cassatina di pomodori verdi con gel al pepe verde, lime e coriandolo.

XX **Big Night-da Giovanni** *– Hotel Ferrara*   🎇 🍴 ⛬ AC 🛇
via largo Castello 38 ✉ *44121 –* 📞 *05 32 24 23 67*   Pianta: A1**h**
– www.ristorantebignight.com
Menu 35/65 € – Carta 42/71 € – (consigliata la prenotazione)
Dalla vetrata della sala ammirerete uno scorcio del castello, ma l'attenzione si
sposterà presto ai piatti: i classici ferraresi, carne, dell'ottimo pesce e, per gli
appassionati, ampia selezione di distillati.

XX **Quel Fantastico Giovedì**   🍴 AC
via Castelnuovo 9 ✉ *44121 –* 📞 *05 32 76 05 70*   Pianta: B2**n**
*– www.quelfantasticogiovedi.com – Chiuso 20-30 gennaio, 27 luglio-17 agosto e
mercoledì*
Menu 28/38 € – Carta 28/52 € – (consigliata la prenotazione)
Un libro di Steinbeck - scelto casualmente fra tanti-battezzò il ristorante, ma
da allora poco fu lasciato al caso: sale moderne ed eleganti, qui troverete i
classici ferraresi, sebbene la nomea della cucina sia prevalentemente legata
all'ottimo pesce.

X **Ca' d'Frara**   ⛬ AC
🕸 *via del Gambero 4* ✉ *44121 –* 📞 *05 32 20 50 57*   Pianta: B2**c**
😊 *– www.ristorantecadfrara.it – Chiuso 25 luglio-7 agosto, mercoledì a
mezzogiorno e martedì*
Menu 24 € – Carta 27/63 € – (consigliata la prenotazione)
Tappa irrinunciabile per chi vuole conoscere la grande cucina ferrarese, il cuoco
rende uno straordinario omaggio ai cappellacci di zucca, al pasticcio di maccheroni in crosta di pasta frolla, alla salama da sugo e a tante altre leccornie.

X **La Borsa Wine-Bar**   🎇 🍴 ⛬ AC
corso Ercole I D'Este 1 ✉ *44121 –* 📞 *05 32 24 33 63*   Pianta: AB1**x**
*– www.ildongiovanni.com – Chiuso 2 settimane in agosto, lunedì a mezzogiorno
e domenica in luglio-agosto, domenica sera e lunedì negli altri mesi*
Carta 40/50 €
Informale e alla mano, con alcuni tavoli sistemati sotto il suggestivo lucernaio di
un palazzo d'epoca, qui troverete le proposte più svariate, da un'ottima selezione
di salumi agli arrivi quotidiani elencati su una lavagna di piatti più elaborati.

a Ponte Gradella Est : 3 km per corso Giovecca B2 – ✉ 44123

🏠 **Locanda Corte Arcangeli**   🌂 🛋 ⚓ ⚒ AC 🅿
via Pontegradella 503 – 📞 *05 32 70 50 52 – www.locandacortearcangeli.it*
7 cam ⬜ – †50/75 € ††75/85 €
Antico monastero rinascimentale, divenuta villa di campagna della famiglia Savonarola, la locanda propone ambienti rustico-eleganti, camere impreziosite da
mobili d'epoca, relax, piscine ed ottimi servizi. Gustosa sintesi di cucina emiliana,
umbra (dalla chianina al tartufo nero) e qualche proposta di pesce, il ristorante:
sicuramente meritevole di una tappa!

a Gaibana Sud : 10 km per Ravenna B2 – ✉ 44124

✕ | **Trattoria Lanzagallo** | AC P

🍝
😊 *via Ravenna 1048 –* 𝒞 *05 32 71 80 01 – Chiuso 1°-15 luglio, 2 settimane in agosto, domenica e lunedì*
Menu 25/60 € – Carta 21/60 €
Non fatevi ingannare dall'ambiente semplice e privo di fronzoli, la Trattoria Lanzagallo è uno dei punti di riferimento in provincia per la qualità del pesce in preparazioni schiette e gustose. Un suggerimento? Filetto di rombo in crosta di patate!

a Ravalle Ovest : 16 km per Rovigo A1 – ✉ 44123

✕✕ | **L'Antico Giardino** | 🦋 🌿 AC P

via Martelli 28 – 𝒞 *05 32 41 25 87 – Chiuso martedì a mezzogiorno e lunedì*
Menu 45/55 € – Carta 40/70 €
Una cucina ricca di spunti fantasiosi, che mostra una predilezione per i sapori della terra, carne, funghi e tartufi particolarmente. Moderna anche l'atmosfera all'interno della villetta, nel centro della località.

FERRAZZE – Verona (VR) ➜ Vedere San Martino Buon Albergo

FERRO DI CAVALLO – Perugia (PG) ➜ Vedere Perugia

FETOVAIA – Livorno (LI) ➜ Vedere Elba (Isola d') : Marina di Campo

---

FIANO
Torino (TO) – ✉ 10070 – 2 683 ab. – Carta regionale n° **12-B2**
◨ Roma 697 km – Torino 29 km – Aosta 127 km – Vercelli 93 km
Carta stradale Michelin 561-G4

🏠 | **Relais Bella Rosina** | 🌂 🌿 🛋 ⚒ 🐾 🔲 🕭 AC P

via Agnelli 2 – 𝒞 *01 19 23 36 00 – www.bellarosina.it*
21 cam 🛏 – †95/250 € ††105/320 € – **2 suites**
Rist *Gemma di Rosa* – Vedere selezione ristoranti
Non lontano dalla Reggia di Venaria, tranquillo e con ampi spazi esterni, il relais si trova in una residenza sabauda patrimonio mondiale dell'Unesco. Camere eleganti ed una beauty farm nella cascina settecentesca appartenuta a Vittorio Emanuele II.

✕✕✕ | **Gemma di Rosa** – Hotel Relais Bella Rosina | 🌿 ⚒

via Agnelli 2 – 𝒞 *01 19 23 36 33 – www.bellarosina.it – Chiuso domenica sera e lunedì*
Carta 28/52 €
Soffitto con volte di mattoni a vista, pavimento in cotto, lampadari in rame: sono solo alcuni degli elementi che contribuiscono a rendere suggestivo questo elegante ristorante affacciato su un'antica corte. La cucina ripercorre le ricette della tradizione locale e, in aggiunta, anche qualche piatto internazionale.

FIANO ROMANO
Roma (RM) – ✉ 00065 – 15 173 ab. – Alt. 97 m – Carta regionale n° **7-B2**
◨ Roma 39 km – Rieti 50 km – Terni 78 km – Viterbo 81 km
Carta stradale Michelin 563-P19

in prossimità casello autostrada A 1 di Fiano Romano Sud : 5 km

🏠 | **Park Hotel** | 🌂 🌿 🛋 ⚒ 🛋 🔲 ⚒ AC 🔅 P

via Milano 33 – 𝒞 *07 65 45 30 80 – www.parkhotelromanord.it*
91 cam 🛏 – †90/130 € ††117/150 € – **2 suites**
Tradizionale e moderno, non privo di una sobria eleganza, l'hotel propone camere standard e funzionali nel corpo principale, più eleganti e spaziose nella dépendance; per tutti un bel giardino con piscina. Cucina romana ai tavoli della graziosa sala da pranzo, affacciata sul verde e sulla piscina.

FIASCHERINO – La Spezia (SP) ➜ Vedere Lerici

FIDENZA
Parma (PR) – ✉ 43036 – 26 627 ab. – Alt. 75 m – Carta regionale n° **5-A2**
▶ Roma 476 km – Parma 21 km – Piacenza 38 km – Cremona 48 km
Carta stradale Michelin 562-H12

✗ Podere San Faustino
*via San Faustino 33 (strada statale Emilia nord) – ℰ 05 24 52 01 84 – Chiuso
1°-10 gennaio, sabato a mezzogiorno, domenica sera e lunedì*
Carta 29/56 €
Piacevolissima trattoria familiare nel verde di una casa colonica, la sua cucina delizia gli ospiti con sapori regionali. Tra i nostri preferiti ci sono: i tagliolini di soli rossi con pasta di salame, cipolla dolce, pomodorini secchi e il galletto marinato alla paprika dolce.

FIÈ ALLO SCILIAR (VÖLS AM SCHLERN)
Bolzano (BZ) – ✉ 39050 – 3 528 ab. – Alt. 880 m – Carta regionale n° **19-D3**
▶ Roma 657 km – Bolzano 16 km – Bressanone 36 km – Trento 74 km
Carta stradale Michelin 562-C16

Turm
*piazza della Chiesa 9 – ℰ 04 71 72 50 14 – www.hotelturm.it – Chiuso
29 marzo-3 maggio e 13 novembre-22 dicembre*
36 cam ⌑ – †129/174 € ††204/354 € – **12 suites**
Rist *Turm* – Vedere selezione ristoranti
Affacciato sulla piazza centrale, l'antico edificio medioevale svela all'interno eleganti camere, spesso impreziosite da contrasti tra arredi storici e moderni. C'è anche un romantico centro benessere e un'importante raccolta d'arte: Picasso, Dalì e diversi artisti sudtirolesi.

Heubad
*via Sciliar 12 – ℰ 04 71 72 50 20 – www.heubad.info – Chiuso 3-28 aprile
e 6 novembre-23 dicembre*
45 cam ⌑ – †75/200 € ††150/250 €
Da menzionare certamente i bagni di fieno, metodo di cura qui praticato ormai da 100 anni e da cui l'hotel trae il nome: per farsi viziare in un'atmosfera di coccolante relax. Cucina locale servita in diversi ambienti raccolti, tra cui tre stube originali.

✗✗✗ Turm – Hotel Turm
*piazza della Chiesa 9 – ℰ 04 71 72 50 14 – www.hotelturm.it – Chiuso
29 marzo-3 maggio e 13 novembre-22 dicembre*
Menu 51/58 € – Carta 40/87 € – (consigliata la prenotazione)
Piatti ricchi di fantasia, a volte elaborati, vi verranno serviti in un'elegante e luminosa sala, ma se siete alla ricerca di una serata romantica, vi suggeriamo di prenotare un tavolo nella Stube medioevale o, tempo permettendo, nell'incantevole giardino.

FIERA DI PRIMIERO
Trento (TN) – ✉ 38054 – 462 ab. – Alt. 710 m – Carta regionale n° **19-C2**
▶ Roma 600 km – Belluno 65 km – Bolzano 104 km – Trento 96 km
Carta stradale Michelin 562-D17

Iris Park Hotel
*via Roma 26 – ℰ 04 39 76 20 00 – www.brunethotels.it – Chiuso
31 marzo-21 aprile e 23 novembre-3 dicembre*
55 cam ⌑ – †82/110 € ††84/214 € – **13 suites**
Lungo la strada principale, hotel che presenta un ambiente montano davvero signorile, confortevole e personalizzato. Camere di varie tipologie, valido centro benessere. Calda atmosfera nell'elegante sala ristorante.

Tressane

via Roma 30 – ℰ 04 39 76 22 05 – www.brunethotels.it – Chiuso 1°-21 aprile e 22 novembre-4 dicembre

33 cam ⌂ – †82/99 € ††154/198 € – **16 suites**

Da bozzolo a farfalla: la piccola locanda, che già nel 1923 accoglieva i propri ospiti con calore e savoir-faire, è diventata oggi una struttura moderna nei confort, ma sempre tradizionale nello stile. Non manca, un ampio centro benessere (in condivisione con l'Iris Park Hotel) ed un ristorante à la carte per gli esterni. Piccola e riservata dépendance, il Relais Le Gemme si caratterizza per i suoi ampi spazi arredati in stile montano, opulento e ricercato: idromassaggio o sauna in camera ed, in alcuni casi, anche angolo cottura.

Castel Pietra

via Venezia 28 – ℰ 04 39 76 31 71 – www.hotelcastelpietra.it – Chiuso 9 aprile-22 maggio e 17 ottobre-21 novembre

50 cam ⌂ – †50/67 € ††80/114 €

Una giovane coppia conduce con passione un albergo carino ed accogliente, completo nella gamma dei servizi offerti: camere linde e ben organizzate, molte delle quali dotate di balconcino. Tocco modaiolo all'omonimo ristorante con bucolico servizio all'aperto e un sorprendente menu con tanto pesce.

La Perla

via Venezia 26 – ℰ 04 39 76 21 15 – www.hotelaperla.it

63 cam ⌂ – †37/91 € ††54/132 €

Se avete voglia di mondanità, una breve passeggiata vi condurrà in centro; altrimenti, godetevi la tranquillità di questa bella struttura dalla simpatica gestione familiare, dove le camere più recenti offrono una splendida vista sulla valle. Al ristorante I Sapori della Perla, cucina trentina ed una pagina dedicata alla spaghetteria.

Chalet Piereni

località Piereni 8, a Val Canali – ℰ 0 43 96 27 91 – www.chaletpiereni.it – Chiuso 10 gennaio-Pasqua

Menu 20/40 € – Carta 21/48 € – *(chiuso mercoledì in bassa stagione)*

19 cam ⌂ – †45/80 € ††80/110 €

Tra boschi punteggiati da piccole e vecchie malghe, una terrazza sulle Dolomiti e, in sala, piatti della tradizione trentina con tanta carne e formaggi locali. Verdi pascoli, incantevoli scorci e silenzio dalle finestre delle camere.

FIESOLE

Firenze (FI) – ✉ 50014 – 14 075 ab. – Alt. 295 m – Carta regionale n° **18-D3**
▶ Roma 285 km – Firenze 8 km – Arezzo 89 km – Livorno 124 km
Carta stradale Michelin 563-K15

Pianta di Firenze : percorsi di attraversamento

Villa San Michele

via Doccia 4 – ℰ 05 55 67 82 01 – www.belmond.com – Aperto 1° aprile-30 ottobre

Pianta: B1**b**

39 cam ⌂ – †550 € ††890/1130 € – **6 suites**

Se sentite nostalgia di Florentia, in 10 minuti una navetta gratuita vi condurrà nel cuore della città. Altrimenti, godetevi la tranquillità e la maestosa vista di questa raffinata dimora del '400 immersa nel verde, la cui facciata è attribuita al più grande maestro italiano: Michelangelo.

Il Salviatino

via del Salviatino 21 – ℰ 05 59 04 11 11 – www.salviatino.com

Pianta: B2**e**

45 cam ⌂ – †300/1100 € ††330/1100 € – **8 suites**

Rist *Il Salviatino* – Vedere selezione ristoranti

Il lusso non contraddistingue solo gli spazi di questa villa cinquecentesca, con parco e vista panoramica sulla città, ma si esprime anche attraverso una formula di service ambassador: un referente a cui ogni cliente può rivolgersi 24h su 24h. Preparatevi: un soggiorno da sogno vi attende.

Villa dei Bosconi

via Francesco Ferrucci 51, Nord: 1,5 km – ℰ 05 55 95 78 – www.villadeibosconi.it
– Chiuso 15 novembre-15 marzo
21 cam � – †79/160 € ††89/180 €
Tranquillo e accogliente albergo, condotto con professionalità, dispone di ottimi spazi all'aperto, camere di taglio moderno e una bella piscina con solarium recentemente inaugurata.

Pensione Bencistà

via Benedetto da Maiano 4 – ℰ 05 55 91 63   Pianta: B1c
– www.bencista.com – Aperto 15 marzo-15 novembre
41 cam ⊑ – †80/130 € ††130/200 € – **2 suites**
Sulle pendici dei colli fiesolani, Firenze da questa villa trecentesca pare una cartolina. All'interno troverete un'eleganza piacevolmente retrò, a volte datata, ma ricca di fascino per chi sa apprezzare il romanticismo del tempo che fu.

Il Salviatino – Hotel Salviatino

via del Salviatino 21 – ℰ 05 59 04 11 11   Pianta: B2e
– www.salviatino.com
Carta 79/125 €
Arredi dai toni bianchi e classici e poi la chicca del locale: una bella terrazza affacciata sul verde del parco. In menu, ricette elaborate partendo dai migliori ingredienti locali, presentate con semplicità ed eleganza.

a Montebeni Est : 5 km – ✉ 50014 Fiesole

Tullio a Montebeni

via Ontignano 48 – ℰ 0 55 69 73 54 – www.ristorantetullio.it – Chiuso agosto, martedì a mezzogiorno e lunedì
Carta 23/67 € – (consigliata la prenotazione)
Tutto ha avuto inizio nel lontano 1958: una bottega di paese con qualche piatto caldo per ristorare contadini e cacciatori della zona. Oggi sono i figli di Tullio a riproporre con passione e fedeltà, i medesimi sapori e i vini di propria produzione.

ad Olmo Nord-Est : 9 km – ✉ 50014 Fiesole

Dino

via Faentina 329 – ℰ 0 55 54 89 32 – www.hotel-dino.it
18 cam ⊑ – †50/65 € ††70/90 €
Tutto è all'insegna dell'accurata semplicità in quest'angolo di tranquilla collina: un albergo familiare, ben gestito, stanze con arredi sul rustico, ben tenute. Capiente sala ristorante e cucina di impronta locale. Nei fine settimana anche pizzeria.

FIGHINE – Siena (SI) ➜ Vedere San Casciano dei Bagni

FILANDARI

Vibo Valentia (VV) – ✉ 89841 – 1 856 ab. – Alt. 486 m – Carta regionale n° **3-A2**
▶ Roma 629 km – Reggio di Calabria 89 km – Catanzaro 81 km –
Vibo Valentia 11 km
Carta stradale Michelin 564-L30

a Mesiano Nord-Ovest : 3 km – ✉ 89851 Filandari

Frammichè

contrada Ceraso – ℰ 33 88 70 74 76 – Chiuso domenica in estate, domenica sera e lunedì negli altri mesi
Menu 20/35 € – Carta 15/35 € – (solo a cena escluso domenica)
In aperta campagna, al termine di una strada sterrata, questo piccolo casolare è una piacevole sorpresa. Il pergolato esterno per il servizio estivo, così come la saletta dal monumentale camino, accolgono una cucina casalinga dalle porzioni generose. Specialità: trofie con fiori di zucca e pinoli, stinco di maiale, sfoglia con crema chantilly.

FILICUDI – Messina (ME) ➜ Vedere Eolie (Isole)

FINALBORGO – Savona (SV) ➜ Vedere Finale Ligure

FINALE EMILIA

Modena (MO) – ✉ 41034 – 15 728 ab. – Alt. 15 m – Carta regionale n° **5-C2**
▶ Roma 417 km – Bologna 58 km – Modena 42 km – Ferrara 31 km
Carta stradale Michelin 562-H15

Estense Park Hotel　　　　　🔄 🕭 AK ✍ P
via per Modena 32 – 𝒞 0 53 59 28 85 – www.estenseparkhotel.it
43 cam 🍽 – 🛏50/65 € 🛏🛏70/90 €
Alle porte della località, albergo di taglio conteporaneo con camere fornite di tutti
i servizi della categoria ed accesso gratuito al centro fitness adiacente. Carne e
pesce nel menu del ristorante.

Casa Magagnoli　　　　　　🔄 🏃 AK
piazza Garibaldi 10 – 𝒞 05 35 76 00 46 – www.casamagagnoli.com
12 cam 🍽 – 🛏65/100 € 🛏🛏80/100 €
Nell'Ottocento ospitò un pioniere dell'arte fotografica, oggi invece dedica ogni
camera, arredata con gusto minimalista, ai personaggi di Finale ricordati tra gli
annali della storia.

✕✕　Osteria la Fefa　　　　　　🔠 🛖 AK
via Trento-Trieste 9/C – 𝒞 05 35 78 02 02 – www.osterialafefa.it
– Chiuso 3 settimane in gennaio, 3 settimane in agosto e martedì
Menu 30 € – Carta 28/49 € – (consigliata la prenotazione)
In un edificio del Seicento, trattoria già nel Settecento, l'abile cuoca della Fefa continua la sua strenua difesa della cucina emiliana, all'insegna, tra l'altro, di gnocco
fritto e ottimi salumi, nonché ottime paste fresche. Suggestioni dal menu: cappellacci di zucca con salvia mandorle e amaretti, coscia di anatra in dolce e agro con
salsa al lambrusco, gelato al fior di latte con fichi caramellati al rum.

FINALE LIGURE

Savona (SV) – ✉ 17024 – 11 867 ab. – Carta regionale n° **8-B2**
▶ Roma 576 km – Genova 74 km – Savona 28 km – Imperia 52 km
Carta stradale Michelin 561-J7

Punta Est　　　🌲 ⬳ 🛏 ⌸ 🔄 AK ✍ P
*via Aurelia 1 – 𝒞 0 19 60 06 11 – www.puntaest.com – Aperto
15 aprile-15 ottobre*
34 cam 🍽 – 🛏110/220 € 🛏🛏190/310 € – **2 suites**
Antica dimora settecentesca in un parco ombreggiato da pini secolari e da palme;
tutti da scoprire i deliziosi spazi esterni, tra cui una caverna naturale con stalag-
miti. Elegante sala da pranzo: soffitti a travi lignee, archi, camino centrale, dehors
panoramico.

San Pietro Palace Hotel　　🌲 ⬳ 🔄 🕭 AK ✍ P
via San Pietro 9 – 𝒞 01 96 04 91 56 – www.hotelsanpietropalace.it
30 cam 🍽 – 🛏120/210 € 🛏🛏140/220 € – **1 suite**
Rist *Sottosale* – Vedere selezione ristoranti
Sul lungomare, grazioso hotel che si propone con spazi comuni moderni e minimalisti di piccole dimensioni: il fascino e il confort sono concentrati nelle armoniose camere.

Rosita　　　　　　　　🌲 🍴 ⬳ 🔄 P
*via Mànie 67, Nord-Est: 3 km – 𝒞 0 19 60 24 37 – www.hotelrosita.it – Chiuso
7 gennaio-20 febbraio*
11 cam 🍽 – 🛏50/80 € 🛏🛏90/160 € – **1 suite**
Rist *Rosita* – Vedere selezione ristoranti
Panorama sul golfo per un piccolo albergo a conduzione familiare, in zona collinare vicina ad una oasi protetta dell'entroterra. Le semplici camere non lesinano
sul confort.

Villa Italia-Careni　　🌲 ♿ 🍴 🔄 🕭 AK
*via Torino 111 – 𝒞 0 19 69 06 17 – www.hotelcareni.it – Chiuso
1° ottobre-28 dicembre*
73 cam 🍽 – 🛏100/120 € 🛏🛏100/140 €
Hotel a conduzione familiare - in posizione leggermente arretrata rispetto al lungomare, ma raggiungibile con due passi - dispone di ambienti semplici e curati: gradevoli le due terrazze solarium. Il ristorante riserva particolari attenzioni ai celiaci.

XX **Sottosale** – San Pietro Palace Hotel 🛱 AK

via San Pietro 9 – ℰ 01 96 04 95 23 – www.ristorantesottosale.it
Carta 34/56 €

Il design minimalista conferisce all'ambiente un côté giovane e alla moda: anche la cucina occhieggia alla modernità, pur attingendo al grande repertorio della regione. Dehors estivo sul viale del lungomare.

X **Rosita** – Hotel Rosita 🛱 🍴 P

via Mànie 67, Nord-Est: 3 km – ℰ 0 19 60 24 37 – www.hotelrosita.it – Chiuso 7 gennaio-20 febbraio
Menu 20 € (in settimana)/45 € – Carta 28/55 € – *(solo a cena)* (consigliata la prenotazione)

Stile rustico, ma soprattutto una bella terrazza affacciata sul mare e sulla costa, che vi ripaga di un tratto di strada un po' stretto e tortuoso, necessario a raggiungere il locale. Curata direttamente dai titolari, la cucina è squisitamente all'insegna del territorio.

a Finalborgo Nord-Ovest : 2 km – ⊠ 17024

XX **Ai Torchi**

via dell'Annunziata 12 – ℰ 0 19 69 05 31 – www.ristoranteaitorchi.com – Chiuso 7 gennaio-10 febbraio e martedì escluso vacanze di Natale
Menu 48 € – Carta 29/70 €

Antico frantoio in un palazzo del centro storico: in sala sono ancora presenti la macina in pietra e il torchio in legno. Se, poi, la bella atmosfera, il servizio curato e la gustosa cucina marinara vi avranno ben predisposto verso lo shopping, sappiate che il ristorante comunica con un grazioso negozio di oggettistica per la casa.

FINO DEL MONTE

Bergamo (BG) – ⊠ 24020 – 1 128 ab. – Alt. 700 m – Carta regionale n° **9-B2**
▶ Roma 600 km – Bergamo 38 km – Brescia 61 km – Milano 85 km
Carta stradale Michelin 561-E11

🏠 **Garden** ✿ 🌿 🐾 🗓 🎿 🚗

via Papa Giovanni XXIII, 1 – ℰ 0 34 67 23 69 – www.fratelliferrari.com – Chiuso 2 settimane in gennaio
20 cam 🛏 – †50/90 € ††68/140 € – **1 suite**

In un angolo verdeggiante, tra l'Altopiano di Clusone e la Conca della Presolana, una comoda struttura alberghiera mantenuta sempre "fresca" ed aggiornata da un'attenta gestione familiare. Semplice e colorato ristorante disposto su due salette classiche dove gustare anche ottimi piatti di pesce.

FIORANO AL SERIO

Bergamo (BG) – ⊠ 24020 – 3 021 ab. – Alt. 396 m – Carta regionale n° **10-D1**
▶ Roma 597 km – Bergamo 22 km – Brescia 65 km – Milano 70 km
Carta stradale Michelin 561-E11

XX **Trattoria del Sole** 🛱

piazza San Giorgio 20 – ℰ 0 35 71 14 43 – www.trattoriadelsole.it – Chiuso 1°-10 gennaio, 10-30 agosto, sabato a mezzogiorno e le sere di martedì e mercoledì
Menu 28 € (in settimana)/30 € – Carta 41/57 €

E' Gian, lo chef-patron, che con capacità e fantasia mescola innovazione e tradizione, ispirandosi ai prodotti di stagione, attingendo in egual misura da terra e mare. Pietra a vista e mattoni di inizio '900 caratterizzano il locale, che raggiunge la sua massima espressione nella suggestiva cantina scavata nella roccia.

FIORANO MODENESE

Modena (MO) – ⊠ 41042 – 17 138 ab. – Alt. 115 m – Carta regionale n° **5-B2**
▶ Roma 421 km – Bologna 57 km – Modena 15 km – Reggio nell'Emilia 35 km
Carta stradale Michelin 562-I14

Alexander 🔲 ♿ AK 🐾 **P**

via della Resistenza 46, località Spezzano, Ovest: 3 km ✉ *41040 Spezzano*
– ☎ *05 36 84 59 11 – www.alexander-hotel.it – Chiuso 10-20 agosto*
48 cam ☲ – ♦45/75 € ♦♦65/95 €
In quello che anticamente era luogo di villeggiatura di nobili famiglie locali ed
oggi un'area a forte vocazione industriale, una struttura moderna ideale per una
clientela business.

 Executive 🔲 AK ⚲ **P**

circondariale San Francesco 2 – ☎ *05 36 83 20 10 – www.hotel-executive.eu*
– Chiuso 23 dicembre-6 gennaio e 31 luglio-21 agosto
51 cam ☲ – ♦49/110 € ♦♦68/160 € – **9 suites**
Nel cuore dell'area dell'industria ceramica, questo elegante hotel dispone di
ambienti spaziosi e luminosi, arredati con mobili color crema e raffinati tessuti
ricercati.

FIORENZUOLA D'ARDA

Piacenza (PC) – ✉ 29017 – 15 331 ab. – Alt. 80 m – Carta regionale n° **5-A2**
◪ Roma 495 km – Piacenza 24 km – Cremona 31 km – Milano 87 km
Carta stradale Michelin 562-H11

 Concordia AK

via XX Settembre 54 – ☎ *05 23 98 28 27 – www.hotelconcordiapc.com*
22 cam ☲ – ♦45/60 € ♦♦60/80 €
Gestione familiare, tranquillità ed una gentile accoglienza per questo albergo
situato in pieno centro storico. L'ambiente è piacevole ed intimo, le stanze eleganti e in stile.

✗ **Mathis** ⇦ **P**
⊷
via Matteotti 68 – ☎ *05 23 98 28 50 – www.mathis.it – Chiuso 15-21 agosto*
Menu 18 € – Carta 25/46 € – *(chiuso domenica)* **16 cam** ☲ – ♦65 € ♦♦85 €
Piacevole atmosfera retrò con oggetti d'altri tempi a far da contorno alle specialità piacentine. Moto e macchine d'epoca in cantina. Originale, come il suo nome!

459

FIRENZE

(FI) – ⊠ 50122 – 381 037 ab. – Alt. 50 m – Carta regionale n° **18-D3**
▶ Roma 274 km – Bologna 116 km – Livorno 105 km – Prato 25 km
Carta stradale Michelin 563-K15
Piante pagine seguenti

K. Cabanis / age fotostock

Alberghi

 Four Seasons Hotel Firenze ⬝⬝⬝⬝⬝

borgo Pinti 99 ⊠ *50121* – ☏ *05 52 62 61*   Pianta: F1**a**
– *www.fourseasons.com/florence* – *Chiuso gennaio-febbraio*
116 cam ⊡ – †325/695 € ††325/695 € – **20 suites**
Rist *Il Palagio* ❀ – Vedere selezione ristoranti
Le austere mura di un palazzo quattrocentesco celano il più grande parco privato
della città: camere sontuose, arredi classici, luminose corti riparate da lucernai per
un soggiorno esclusivo. La dépendance del Conventino è preferita, invece, da chi
predilige privacy e tranquillità. Gustosa carrellata sui piatti toscani e nazionali
all'Atrium; pizza e grigliate estive in giardino.

 The St. Regis Florence ⬝⬝⬝⬝⬝

piazza Ognissanti 1 ⊠ *50123* – ☏ *05 52 71 63*   Pianta: D2**a**
– *www.stregisflorence.com*
83 cam – †320/920 € ††350/980 € – ⊡ 42 € – **17 suites**
Rist *Winter Garden by Caino* ❀ – Vedere selezione ristoranti
Raffinato palazzo fiorentino, originariamente progettato da Brunelleschi, gli interni
risplendono per ricercatezza e buon gusto, le camere - alcune con vista sull'Arno
- reinterpretano lo stile tradizionale toscano.

The Westin Excelsior ⬝⬝⬝⬝⬝

piazza Ognissanti 3 ⊠ *50123* – ☏ *05 52 71 51*   Pianta: D2**b**
– *www.westinflorence.com*
171 cam – †275/890 € ††285/920 € – ⊡ 41 € – **16 suites**
Rist *SE.STO* – Vedere selezione ristoranti
In un imponente palazzo affacciato sull'Arno e su una graziosa piazzetta, l'Excelsior offre la più classica atmosfera da grande albergo, ideale per chi non ama
soprese di design e preferisce essere coccolato dal lusso più tradizionale.

Grand Hotel Villa Cora ⬝⬝⬝⬝⬝

viale Machiavelli 18 ⊠ *50125* – ☏ *0 55 22 87 90*   Pianta: D3**b**
– *www.villacora.it*
46 cam – †250/800 € ††270/900 € – ⊡ 25 € – **6 suites**
E' tutto un susseguirsi di sale affrescate, marmi e stucchi in questa signorile villa
di fine '800, immersa in un parco secolare con piscina. Dei giorni nostri, invece,
l'attrezzato centro benessere. Cucina di ricerca nel ristorante con servizio estivo
in veranda.

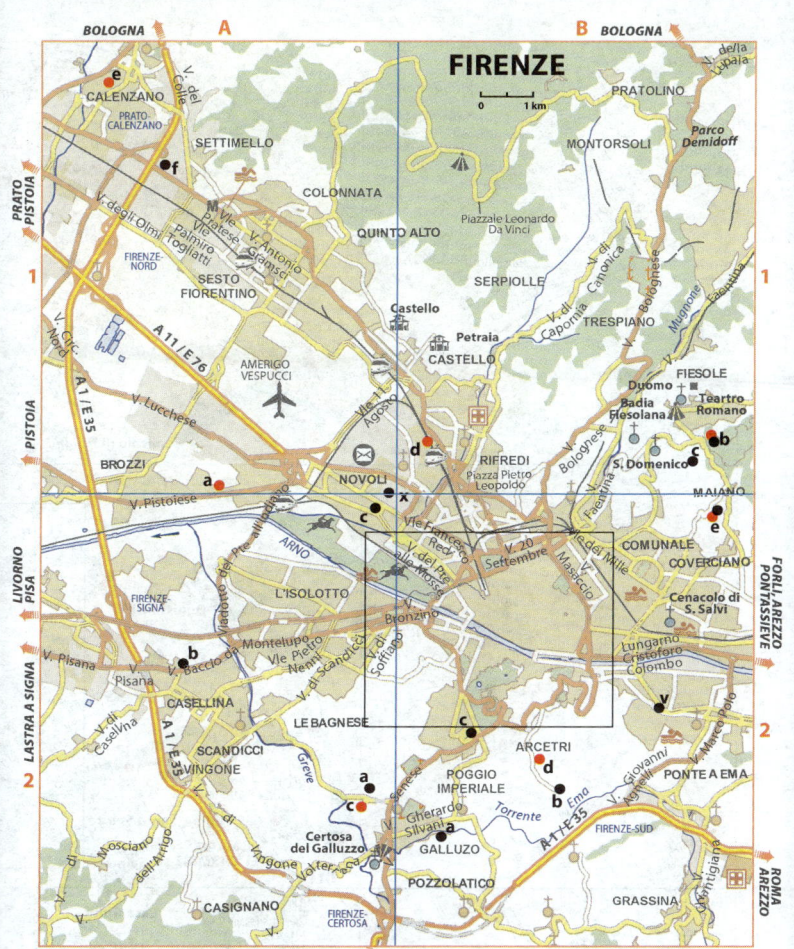

FIRENZE

🏨 **Savoy** ⚐ ⚐ ⚐ ⚐ ⚐ ⚐ ⚐ ⚐
piazza della Repubblica 7 ✉ *50123* – ☎ *05 52 73 51*
– *www.hotelsavoy.it*   Pianta: H1**q**
102 cam – ♦225/487 € – ♦♦290/953 € – ⬚ 30 € – **14 suites**
Affacciato sull'elegante piazza della Repubblica, salotto dei caffè storici fiorentini, al
Savoy sarete avvolti da un eccellente servizio, sorrisi e attenzioni. Raffinate camere
in stile classico rivisitato, alcune sulla piazza, altre sulla cupola di Brunelleschi.

🏨 **Montebello Splendid** ⚐ ⚐ ⚐ ⚐ ⚐ ⚐ ⚐
via Garibaldi 14 ✉ *50123* – ☎ *05 52 74 71*
– *www.montebellosplendid.com*   Pianta: D2**e**
58 cam ⬚ – ♦150/390 € – ♦♦199/600 € – **3 suites**
Tra strade caratteristiche e palazzi storici, questo sontuoso e signorile palazzo vi
accoglierà tra i marmi policromi dei suoi ambienti e nel grazioso giardino interno.

FIRENZE

0   300 m

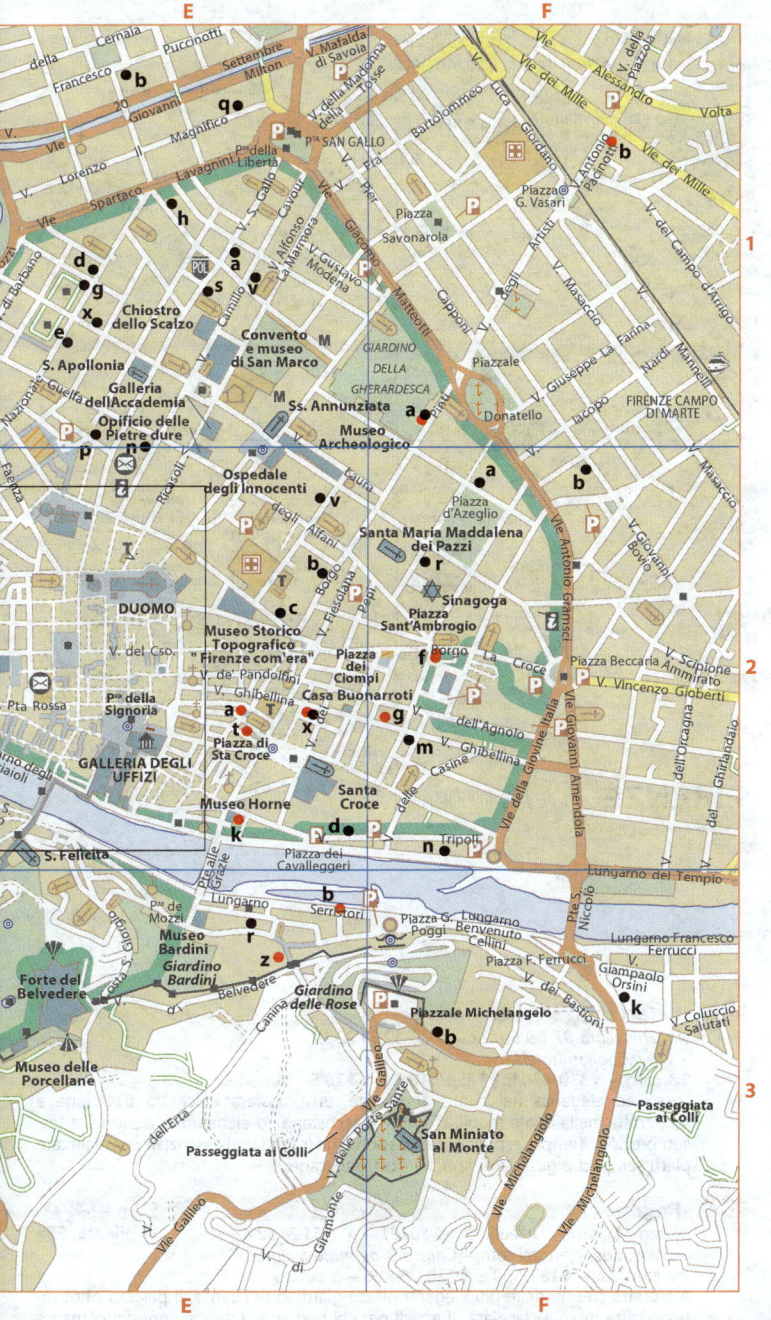

463

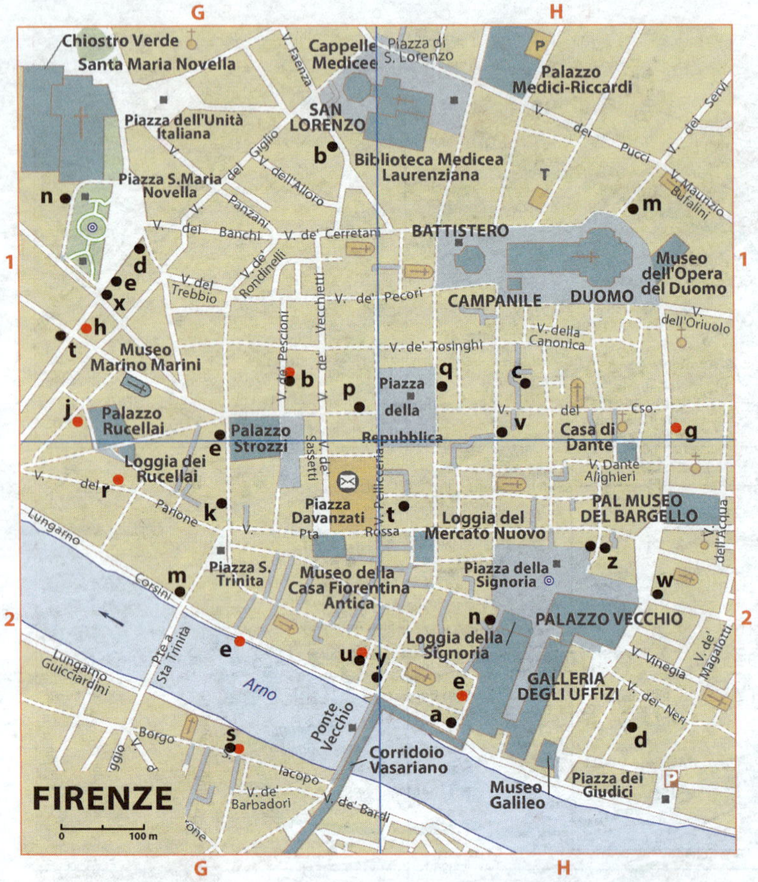

Map: FIRENZE

Chiostro Verde
Santa Maria Novella

Piazza dell'Unità Italiana

Piazza S.Maria Novella

n

Cappelle Medicee

Piazza di S. Lorenzo

P

Palazzo Medici-Riccardi

SAN LORENZO

b

Biblioteca Medicea Laurenziana

V. de' Servi

V. del Giglio

V. de' Pucci

V. de' Martelli

V. dell'Alloro

V. dei Panzani

V. Maurizio Bufalini

m

V. de' Banchi

V. de' Cerretani

BATTISTERO

d

e
x

h

t

Museo Marino Marini

V. del Trebbio

V. de' Rondinelli

V. de' Pecori

CAMPANILE

DUOMO

Museo dell'Opera del Duomo

dell'Oriuolo

V. della Canonica

j

Palazzo Rucellai

Loggia dei Rucellai

Palazzo Strozzi

e

b

V. de' Pescioni

V. de' Vecchietti

V. de' Tosinghi

p

Piazza della Repubblica

q

c

v

V. del Corso

Casa di Dante

Cso.

g

r

V. del Parione

k

V. de' Sassetti

V. Calzaiuoli

Piazza Davanzati

t

Pta. Rossa

Loggia del Mercato Nuovo

V. Dante Alighieri

PAL MUSEO DEL BARGELLO

V. dell'Acqua

Piazza S. Trinita

Museo della Casa Fiorentina Antica

Piazza della Signoria

z

w

m

Lungarno Corsini

Pte. a Sta Trinita

e

Arno

u **y**

n

Loggia della Signoria

PALAZZO VECCHIO

GALLERIA DEGLI UFFIZI

V. de' Magalotti

V. Vinegia

V. de' Neri

Lungarno Guicciardini

V. de' Bardi

s

Ponte Vecchio

e

a

Corridoio Vasariano

Museo Galileo

Piazza dei Giudici

P

d

V. de' Barbadori

FIRENZE

0   100 m

Relais Santa Croce
via Ghibellina 87 ✉ *50122* – ☎ *05 52 34 22 30*
– *www.baglionihotels.com*   Pianta: E2**x**

18 cam – 🛏 330/490 € 🛏🛏 350/510 € – ☕ 28 € – **6 suites**
Lusso ed eleganza nel cuore di Firenze, un'atmosfera unica tra tradizione e
modernità, nella quale mobili d'epoca si accostano ad elementi di design e a tessuti preziosi. Tempo, esperienza e passione: gli ingredienti essenziali per realizzare
piatti semplici e gustosi di antiche ricette toscane.

Regency
piazza Massimo D'Azeglio 3 ✉ *50121* – ☎ *0 55 24 52 47*
– *www.regency-hotel.com* – *Chiuso 3 gennaio-5 aprile*   Pianta: F2**a**

29 cam ☕ – 🛏 183/530 € 🛏🛏 203/640 € – **3 suites**
Affacciato su una delle più eleganti piazze-giardino di Firenze, il palazzo ottocentesco offre lusso e classicità di arredi per chi non ama il design contemporaneo e
preferisce essere rassicurato da uno stile intramontabile.

Helvetia e Bristol

via dei Pescioni 2 ✉ *50123 –* ✆ *05 52 66 51*   Pianta: G1**b**
– www.royaldemeure.com
67 cam ⌷ **– ♦270/310 € ♦♦440/510 € – 15 suites**
Rist *Hostaria Bibendum* – Vedere selezione ristoranti
Nel centro di Firenze, di fronte a Palazzo Strozzi, albergo dall'armoniosa facciata ottocentesca, ideale base di partenza per scoprire i vicini luoghi d'interesse. Le raffinate camere e le splendide suite sono arredate con aristocratiche personalizzazioni.

 Grand Hotel Minerva

piazza Santa Maria Novella 16 ✉ *50123 –* ✆ *05 52 72 30*   Pianta: G1**n**
– www.grandhotelminerva.com
101 cam ⌷ **– ♦150/300 € ♦♦250/500 € – 5 suites**
E' uno degli hotel più antichi della città ed offre un'accogliente atmosfera impreziosita da opere d'arte, camere arredate con eleganza ed una terrazza con piscina e splendida vista. Delizioso anche il dehors sulla celebre piazza.

 Bernini Palace

piazza San Firenze 29 ✉ *50122 –* ✆ *0 55 28 86 21*   Pianta: H2**w**
– www.hotelbernini.duetorrihotels.com
74 cam ⌷ **– ♦200/400 € ♦♦220/600 € – 11 suites**
Nella sala Parlamento si riunivano deputati e senatori ai tempi di Firenze, capitale del Regno d'Italia. Nei suoi ampi corridoi e nelle sue splendide camere (proverbiali quelle del Tuscan Floor), nonché nel suo delizioso ristorante, si aggirano oggi turisti esigenti in termini di qualità.

 Albani

via Fiume 12 ✉ *50123 –* ✆ *05 52 60 30*   Pianta: D1**a**
– www.albanihotels.com
95 cam ⌷ **– ♦100/420 € ♦♦120/660 € – 2 suites**
Non lontano dal centro fieristico della Fortezza, è frequentato in prevalenza da una clientela d'affari che ne apprezza le strutture congressuali. Camere e atmosfera da grande albergo un po' retrò.

 Brunelleschi

piazza Santa Elisabetta 3 ✉ *50122 –* ✆ *05 52 73 70*   Pianta: H1**c**
– www.hotelbrunelleschi.it
82 cam ⌷ **– ♦209/949 € ♦♦234/1054 € – 14 suites**
Nella bizantina Torre della Pagliazza, camere molto accoglienti (all'ultimo piano la strepitosa Tower Suite) e nelle fondamenta un piccolo museo con cimeli d'epoca romana. Una saletta cinta in parte dai vecchi muri è il ristorante Santa Elisabetta: un angolo gourmet contrapposto all'elegante bistrot Osteria della Pagliazza.

 Villa La Vedetta

viale Michelangiolo 78 ✉ *50125 –* ✆ *0 55 68 16 31*   Pianta: F3**b**
– www.villalavedettahotel.com
11 cam ⌷ **– ♦150/980 € ♦♦150/1100 € – 7 suites**
Circondata da un parco secolare, una villa neorinascimentale è stata trasformata in raffinato albergo nei cui interni convivono arredi di design e pezzi d'antiquariato. Ogni camera ha un suo carattere, ma tutte sono ricche di preziosi dettagli: comodini in onice o in coccodrillo, scrivanie in cristallo e sete pregiate.

 Lungarno

borgo San Jacopo 14 ✉ *50125 –* ✆ *05 52 72 61*   Pianta: G2**s**
– www.lungarnocollection.com
63 cam – ♦225/750 € ♦♦255/850 € – ⌷ 35 € – 10 suites
Rist *Borgo San Jacopo* ❀ – Vedere selezione ristoranti
Il nome di questo albergo non mente: salotto di charme posto nel cuore dell'Oltrarno fiorentino, con affaccio diretto sul fiume e vista speciale su Ponte Vecchio. L'hotel vanta una collezione di oltre 450 opere d'arte originali, tra cui Picasso e Cocteau, distribuite nelle camere, suite e luoghi comuni.

J.K. Place Firenze

piazza Santa Maria Novella 7 ✉ *50123 –* ☎ *05 52 64 51 81* Pianta: G1**e**
– www.jkplace.com

18 cam ⊑ – ♦380/600 € ♦♦380/600 € – **2 suites**

Una casa-bomboniera piuttosto che un albergo, un romantico rifugio dove storia e modernità si affiancano con gran classe. Abbiate cura di prenotare una camera con vista sulla magnifica piazza o sui tetti di Firenze.

Hilton Garden Inn Florence Novoli

via Sandro Pertini 2/9, Novoli ✉ *50127 –* ☎ *05 54 24 01* Pianta: A1-2**x**
– www.florencenovoli.hgi.com

119 cam ⊑ – ♦90/420 € ♦♦90/420 € – **2 suites**

Tra il palazzo di giustizia e l'università, di fronte ad un parco, è un albergo moderno in un bel contesto residenziale che privilegia l'ergonomia dei propri ospiti, dalle poltrone ai materassi di consistenza modificabile.

Continentale

vicolo dell'Oro 6 r ✉ *50123 –* ☎ *05 52 72 62* Pianta: GH2**y**
– www.lungarnocollection.com

43 cam – ♦155/410 € ♦♦200/720 € – ⊑ 28 €

In un'antica torre del '500 dominante Ponte Vecchio, oggi regna il design anni 50 e in cima ad essa La Terrazza: rooftop bar con vista a 360° sulla città. La White Iris Spa by Confort Zone propone un'ottima lista di trattamenti benessere dedicati al corpo e al viso.

Santa Maria Novella

piazza Santa Maria Novella 1 ✉ *50123 –* ☎ *0 55 27 18 40* Pianta: G1**d**
– www.hotelsantamarianovella.it

69 cam ⊑ – ♦150/350 € ♦♦185/590 € – **2 suites**

Affacciata sull'omonima piazza, la struttura riserva agli ospiti un'accogliente atmosfera, fatta di piccoli salottini ed eleganti camere tutte diverse per colori, nonché arredi. E per non perdersi nulla di questa magica città, a disposizione anche una graziosa, panoramica, terrazza.

Gallery Hotel Art

vicolo dell'Oro 5 ✉ *50123 –* ☎ *05 52 72 63* Pianta: G2**u**
– www.lungarnocollection.com

71 cam – ♦190/440 € ♦♦190/440 € – ⊑ 28 € – **3 suites**

Rist *The Fusion Bar & Restaurant* – Vedere selezione ristoranti

Dedicato agli amanti dell'arte contemporanea, l'albergo ospita esposizioni tematiche, mentre le camere offrono ambienti rilassanti di tonalità sabbia, alcune con vista sul centro storico.

Plaza Hotel Lucchesi N

lungarno della Zecca Vecchia 38 ✉ *50122 –* ☎ *05 52 62 36* Pianta: E2**d**
– www.hotelplazalucchesi.it

93 cam ⊑ – ♦150/350 € ♦♦180/700 € – **10 suites**

Elegante albergo sul lungarno caratterizzato da camere con arredi in stile impero e generosi spazi comuni; vista a 360° su tetti e monumenti cittadini dalla terrazza all'ultimo piano con bar e piccola piscina per rinfrescarsi.

Bespoke Number Nine

via dei Conti 9/31r ✉ *50123 –* ☎ *0 55 29 37 77* Pianta: G1**b**
– www.firenzenumbernine.com

42 cam ⊑ – ♦99/199 € ♦♦149/499 €

Colori soffici e tenui reinterpretano la tradizione alberghiera fiorentina con un soffio di modernità; la camera 107 dà un tocco di classe in più, come la cortesia del personale. Per gli appassionati c'è un'ottima palestra.

AC Firenze

via Luciano Bausi 5 ✉ *50144 –* ☎ *05 53 12 01 11* Pianta: C1**c**
– www.ac-hotels.com

117 cam – ♦90/432 € ♦♦90/432 € – **1 suite**

A pochi metri dal centro congressuale della stazione Leopolda e non lontano dalle fiere della Fortezza da Basso, le camere moderne privilegiano la comodità e il riposo.

Starhotels Michelangelo

viale Fratelli Rosselli 2 ✉ *50123* – ✆ *05 52 78 41*   Pianta: C2**f**
– www.starhotels.com
119 cam ☕ – ♦90/700 € ♦♦90/700 € – **3 suites**
Situato di fronte al Parco delle Cascine, offre spaziosi ambienti moderni e funzionali, camere confortevoli con dotazioni di ottimo livello e sale riunioni ben attrezzate. Sobria sala da pranzo al piano interrato.

 Starhotels Tuscany

via Di Novoli 59 ✉ *50127* – ✆ *0 55 43 14 41*   Pianta: A2**c**
– www.starhotels.it
101 cam – ♦90/450 € ♦♦90/450 € – ☕ 20 € – **1 suite**
Uno dei tanti palazzi periferici della zona rivela all'interno camere inaspettatamente eleganti, quasi signorili. Da preferire quelle agli ultimi piani - la strada è trafficata - e affacciate sul parco pubblico antistante.

 UNA Hotel Vittoria

via Pisana 59 ✉ *50143* – ✆ *05 52 27 71* – *www.unahotels.it*   Pianta: C2**b**
84 cam ☕ – ♦99/549 € ♦♦99/549 €
Albergo di ultima generazione dalle forme bizzarre, una miscela di confort, colori ed innovazione. La fantasia ha avuto pochi limiti e il risultato è assolutamente particolare, unico.

 Adler Cavalieri

via della Scala 40 ✉ *50123* – ✆ *0 55 27 78 10*   Pianta: D2**x**
– www.hoteladlercavalieri.com
60 cam ☕ – ♦115/325 € ♦♦145/410 €
Albergo di equilibrata eleganza in prossimità della stazione. Ottimamente insonorizzato, dispone di camere luminose e di accoglienti spazi comuni dove il legno è stato ampiamente usato.

 Grand Hotel Adriatico

via Maso Finiguerra 9 ✉ *50123* – ✆ *05 52 79 31*   Pianta: D2**d**
– www.hoteladriatico.it
126 cam ☕ – ♦90/270 € ♦♦100/410 € – **3 suites**
Ampia hall e moderne camere di sobria eleganza per questa struttura in comoda posizione centrale. Proposte toscane e nazionali nella tranquilla sala ristorante o nel piacevole giardino.

 Il Guelfo Bianco

via Cavour 29 ✉ *50129* – ✆ *0 55 28 83 30*   Pianta: E1-2**n**
– www.ilguelfobianco.it
40 cam ☕ – ♦90/160 € ♦♦100/260 €
Intrigante commissione d'opere d'arte contemporanea e arredi storici, molte delle camere al primo piano offrono anche soffitti a casettoni originali. Simpatico bistrot aperto a pranzo con piatti a chilometro zero, olio e verdure della proprietà.

 San Gallo Palace

via Lorenzo il Magnifico 2 ✉ *50129* – ✆ *0 55 46 38 71*   Pianta: E1**q**
– www.sangallopalace.it
54 cam ☕ – ♦79/350 € ♦♦99/350 € – **2 suites**
Moderno e funzionale, è adatto sia per la clientela d'affari sia per quella turistica, che può raggiungere il centro con una breve passeggiata. Camere accoglienti e ben tenute.

 Palazzo Magnani Feroni

borgo San Frediano 5 ✉ *50124* – ✆ *05 52 39 95 44*   Pianta: D2**f**
– www.palazzomagnaniferoni.it
13 suites ☕ – ♦200/960 € ♦♦200/960 €
Straordinario palazzo seicentesco che custodisce una favolosa collezione d'oggetti d'arte, corridoi principeschi, camere enormi e un'incantevole terrazza con vista sui tetti di Firenze.

Cellai
via 27 Aprile 14 ⌧ *50129* – ☎ *0 55 48 92 91*
– *www.hotelcellai.it*   Pianta: E1**x**
68 cam ⌷ – ♦120/169 € ♦♦150/295 €
Prendete tempo e frequentate gli eleganti salotti di quest'albergo, tra foto
d'epoca e arredi del '900; nella bella stagione ci si trasferisce in una romantica terrazza. Per spiriti romantici e vintage.

 Calzaiuoli
via Calzaiuoli 6 ⌧ *50122* – ☎ *0 55 21 24 56*
– *www.calzaiuoli.it*   Pianta: H1**v**
52 cam ⌷ – ♦120/500 € ♦♦150/650 € – **1 suite**
In pieno centro storico, tra piazza del Duomo e piazza della Signoria, sorge sulle
vestigia di una torre medievale; al suo interno, spazi comuni di modeste dimensioni e camere confortevoli.

 Pierre
via Dè Lamberti 5 ⌧ *50123* – ☎ *0 55 21 62 18*
– *www.remarhotels.com*   Pianta: H2**t**
49 cam ⌷ – ♦150/330 € ♦♦180/410 € – **1 suite**
L'eleganza si affaccia ovunque in questo hotel sito in pieno centro dai caldi e
confortevoli ambienti arredati in stile, ma dotati di accessori moderni; da alcuni
tavoli della sala colazioni si scorge il Duomo.

 Rivoli
via della Scala 33 ⌧ *50123* – ☎ *05 52 78 61*
– *www.hotelrivoli.it*   Pianta: D2**m**
82 cam ⌷ – ♦90/270 € ♦♦100/410 € – **3 suites**
Rist *Benedicta* – Vedere selezione ristoranti
Nel centro storico della Città del Giglio, un convento quattrocentesco è diventato,
oggi, un raffinato hotel dai soffitti a volta (o a cassettoni) e con un grazioso
patio che ospita la vasca idromassaggio. Camere spaziose.

 Athenaeum
via Cavour 88 ⌧ *50129* – ☎ *0 55 58 94 56*
– *www.hotelathenaeum.com*   Pianta: E1**v**
60 cam ⌷ – ♦100/200 € ♦♦120/280 €
Ambiente moderno e di tendenza con camere dall'arredo essenziale, in sintonia
con il resto della casa. Design contemporaneo anche al ristorante che vanta una
cucina toscana e nazionale; patio interno per piacevoli cene estive.

 Roma
piazza Santa Maria Novella 8 ⌧ *50123* – ☎ *0 55 21 03 66*
– *www.hotelromaflorence.com*   Pianta: G1**x**
57 cam ⌷ – ♦140/240 € ♦♦158/335 €
Ubicata in maniera strategica per visitare la città, questa bella risorsa dispone di
piacevoli spazi comuni e camere (praticamente quasi tutte nuove) con arredi
moderni ed eleganti.

 Home Florence
piazza Piave 3 ⌧ *50122* – ☎ *0 55 24 36 68* – *www.hhflorence.it*
39 cam ⌷ – ♦89/230 € ♦♦119/280 €
All'interno della graziosa palazzina si respira un'atmosfera giovane, modaiola,
ma - come il nome lascia intendere - anche di casa. La prima colazione si condivide su tre soli tavoli e il colore bianco regna sovrano. Originale!

De Rose Palace
via Solferino 5 ⌧ *50123* – ☎ *05 52 39 68 18*
– *www.florencehotelderose.com*   Pianta: D2**c**
18 cam ⌷ – ♦120/350 € ♦♦140/380 €
Ospitato in un palazzo fiorentino nei pressi del teatro Comunale, offre eleganti e
spaziose camere, alcune con arredo ricercato ed una piacevole atmosfera familiare.

Antica Torre di via Tornabuoni 1 – Residenza d'epoca

via Tornabuoni 1 ⊠ *50123* – ℰ *05 52 65 81 61*   Pianta: **G2m**
– www.tornabuoni1.com
19 cam ⊑ – †200/495 € ††200/495 € – **6 suites**
Alloggiati in una torre duecentesca o nell'adiacente palazzo quattrocentesco, troverete comunque camere eleganti, sovente spaziose: per tutti, delle terrazze mozzafiato con vista a 360° su Firenze.

 Monna Lisa

via Borgo Pinti 27 ⊠ *50121* – ℰ *05 52 47 97 51*   Pianta: **E2b**
– www.monnalisa.it
45 cam ⊑ – †89/209 € ††139/279 € – **4 suites**
Nel centro storico, un palazzo di origini medievali con un imponente scalone,
pavimenti in cotto e soffitti a cassettoni, ospita camere e spazi comuni arredati
in stile rinascimentale. Stanze più recenti, ma sempre eleganti come la restante
parte della dimora, nelle due dépendance al di là dello splendido giardino.

 Villa Belvedere

via Benedetto Castelli 3 ⊠ *50124* – ℰ *0 55 22 25 01*   Pianta: **B2c**
– www.villabelvederefirenze.it – Aperto 1° marzo-15 novembre
26 cam ⊑ – †80/207 € ††120/207 €
Al centro di uno splendido giardino con piscina, dal quale si possono ammirare
la città e le colline tutt'intorno, la villa assicura tranquillità ed ambienti signorili,
ma familiari.

 River

lungarno della Zecca Vecchia 18 ⊠ *50122*   Pianta: **F2n**
– ℰ 05 52 34 35 29 – www.lhphotels.com
38 cam ⊑ – †99/169 € ††109/199 €
Elegante e raffinato, in una bella palazzina ottocentesca, le camere sono classiche
o in stile più contemporaneo: alcune - all'ultimo piano - offrono una romantica
vista sull'Arno.

 Caravaggio

piazza Indipendenza 5 ⊠ *50129* – ℰ *0 55 49 63 10*   Pianta: **E1e**
– www.hotelcaravaggio.it
37 cam ⊑ – †50/280 € ††70/380 €
Camere spaziose e ben arredate, accoglienza familiare ed una moderna saletta
per la colazione a buffet in questo edificio del XIX secolo, sorto sulle ceneri di
tre vecchie pensioni. Un dehors ombreggiato sul retro vi accoglierà nelle giornate
più calde.

 Inpiazzadellasignoria – Residenza d'epoca

via de' Magazzini 2 ⊠ *50122* – ℰ *05 52 39 95 46*   Pianta: **H2z**
– www.inpiazzadellasignoria.it
10 cam ⊑ – †200/250 € ††250/300 € – **2 suites**
Semplice gestione familiare, ma con tante premure e piccole attenzioni per i
suoi ospiti; alcune camere offrono una vista sulla piazza, altre sui tetti e campanili del centro.

 Malaspina

piazza dell'Indipendenza 24 ⊠ *50129* – ℰ *0 55 48 98 69*   Pianta: **E1g**
– www.malaspinahotel.it
31 cam ⊑ – †50/175 € ††60/275 €
Affacciato su un'elegante piazza-giardino in cui si giocarono i destini della Firenze
rinascimentale, palazzo ed ingresso signorili lasciano spazio a camere più semplici, ma ben tenute (in genere ampie).

 Rapallo

via Santa Caterina d'Alessandria 7 ⊠ *50122 Firenze*   Pianta: **E1d**
– ℰ 0 55 47 24 12 – www.hotelrapallofirenze.it
26 cam ⊑ – †90/300 € ††120/350 €
Sobria eleganza e una moderna rivisitazione dello stile fiorentino in tonalità
bianco-grigie sono il marchio dell'albergo, insieme alla competenza artistica del
titolare che vi darà utili consigli per il vostro soggiorno in città.

Tornabuoni Beacci   ⌂ ⬍ AC ⌚

via de' Tornabuoni 3 ✉ *50123* – ☏ *0 55 21 26 45*   Pianta: G2**k**
– www.tornabuonihotels.com
40 cam ⌷ – �100/250 € ♦♦150/300 € – **10 suites**
Numerosi salotti arredati con mobili antichi e camere spaziose - alcune affrescate, altre con colonne e portali - conferiscono a questa dimora un côté da casa privata. Il terrazzino all'ultimo piano con bella vista su Firenze diventa, in estate, il palcoscenico per cene romantiche.

 Rosary Garden   ⬍ AC P

via di Ripoli 169 ✉ *50126* – ☏ *05 56 80 01 36*   Pianta: B2**v**
– www.rosarygarden.it
13 cam ⌷ – ♦70/190 € ♦♦80/280 €
Intimo e piacevole hotel alla periferia della città, dall'atmosfera piuttosto inglese; propone confortevoli ed eleganti camere; un must il tè delle cinque, servito con torte e cantucci.

 David   ⛽ ⬍ AC P

viale Michelangiolo 1 ✉ *50125* – ☏ *05 56 81 16 95*   Pianta: F3**k**
– www.hoteldavid.com
29 cam ⌷ – ♦145/170 € ♦♦155/180 €
Leggermente decentrato, la passeggiata necessaria per raggiungere il centro è ripagata dalla simpatia del personale, dal decoro personalizzato delle camere e dal buon rapporto qualità/prezzo.

 Silla   ⬍ AC 🚗

via dei Renai 5 ✉ *50125* – ☏ *05 52 34 28 89*   Pianta: E3**r**
– www.hotelsilla.it
36 cam ⌷ – ♦90/260 € ♦♦90/320 €
Semplice ma confortevole, in un palazzo storico d'Oltrarno, le camere sono in corso di rinnovo (optare per le più recenti): d'inverno, quando il fogliame non impedisce la vista, alcune si affacciano sull'Arno.

 Degli Orafi   ⬍ ♿ AC ⚡

lungarno Archibusieri 4 ✉ *50122* – ☏ *05 52 66 22*   Pianta: H2**a**
– www.hoteldegliorafi.it
42 cam ⌷ – ♦140/280 € ♦♦190/550 €
L'albergo rivela le sue carte un po' alla volta: semplice hall all'ingresso, ma già al primo piano c'è una sala colazioni mozzafiato con soffitto affrescato e, all'ultimo, una romantica vista dalle terrazze del bar.

 Palazzo Guadagni   ⬍ AC

piazza Santo Spirito 9 ✉ *50125* – ☏ *05 52 65 83 76*   Pianta: D2**a**
– www.palazzoguadagni.com
14 cam ⌷ – ♦80/160 € ♦♦90/200 €
In un affascinante palazzo cinquecentesco, che fu tra l'altro la sede dei primi ministri all'epoca di Firenze capitale, qui troverete affreschi e arredi d'epoca, romantici viste sulla città, ma soprattutto uno dei più grandi loggiati privati di Firenze.

 Della Robbia   ⬍ AC P

via dei della Robbia 7/9 ✉ *50132* – ☏ *05 52 63 85 70*   Pianta: F2**b**
– www.hoteldellarobbia.it – Chiuso agosto
19 cam ⌷ – ♦85/139 € ♦♦95/210 €
Pratico ed utile indirizzo per chi sceglie un soggiorno alla scoperta della cultura artistica fiorentina: costruito nel primo Novecento, il villino sfoggia suggestioni liberty nei signorili interni.

 Fiorino   AC

via Osteria del Guanto 6 ✉ *50122* – ☏ *05 52 10 57 9- 80*   Pianta: H2**d**
– www.hotelfiorino.it – Chiuso 15 giorni in dicembre, 15 giorni in agosto e 15 giorni in novembre
23 cam ⌷ – ♦50/170 € ♦♦60/180 €
Accoglienza cortese e familiare, passione per l'ospitalità e arredi semplici in questo piccolo albergo che occupa tre piani di un edificio alle spalle degli Uffizi e di palazzo Vecchio.

La Casa di Morfeo

via Ghibellina 51 ✉ *50122 Firenze –* ✆ *0 55 24 11 93* Pianta: F2**m**
– www.lacasadimorfeo.it
9 cam ⌷ – ♦90/240 € ♦♦90/240 €
Al primo piano di un palazzo seicentesco, solo due camere hanno soffitti affrescati, ma quasi tutte dispongono di cromoterapia e sono piacevolmente arredate in stile contemporaneo e personalizzato (bagni con idromassaggio!).

 Botticelli

via Taddea 8 ✉ *50123 –* ✆ *0 55 29 09 05* Pianta: E1**p**
– www.hotelbotticelli.it
34 cam ⌷ – ♦70/150 € ♦♦100/240 € – **1 suite**
Poco distante dal mercato di S.Lorenzo e dalla cattedrale, l'hotel si trova in un palazzo del '500 nelle cui zone comuni conserva volte affrescate; camere graziose ed una piccola terrazza coperta.

 Relais Uffizi

chiasso de' Baroncelli-chiasso del Buco 16 ✉ *50122* Pianta: H2**n**
– ✆ *05 52 67 62 39 – www.relaisuffizi.it*
12 cam ⌷ – ♦80/130 € ♦♦100/210 €
In un vicoletto a due passi dagli Uffizi, un palazzo medievale dalla calda atmosfera con camere ampie e luminose, arredate con mobili d'epoca. Una sosta nel bel salotto sarà ricompensata dalla vista di piazza della Signoria, sulla quale le grandi finestre si affacciano.

 Unicorno

via dei Fossi 27 ✉ *50123 –* ✆ *0 55 28 73 13* Pianta: G1**t**
– www.hotelunicorno.it
27 cam ⌷ – ♦60/150 € ♦♦80/250 €
Nei pressi di piazza S.Maria Novella, un albergo che dispone di zone comuni contenute, ma di camere spaziose e confortevoli, con parquet e arredi recenti.

 Room Mate Isabella

via Tornabuoni 13 ✉ *50122 Firenze –* ✆ *05 52 39 64 64* Pianta: G1**e**
– www.room-matehotels.com
22 cam ⌷ – ♦70/600 € ♦♦90/750 €
Nel cuore dello shopping di lusso, le camere si trovano a partire dal secondo piano di un palazzo seicentesco (con facchino per le valige), sono tutte raffinate negli arredi e vivaci nei colori. Consigliamo la junior suite, mansardata e panoramica.

 Palazzo Vecchietti

via degli Strozzi 4 – ✆ *05 52 30 28 02* Pianta: G1**p**
– www.palazzovecchietti.com
7 cam ⌷ – ♦249/559 € ♦♦249/649 € – **5 suites**
Qui troverete ancora i resti delle duecentesche mura fiorentine, nonché un'incantevole corte interna trasformata in salottino, su cui si affacciano romantici ballatoi che portano alle camere, lussuose, con piccola cucina e di una rara raffinatezza negli arredi contemporanei.

 Palazzo Niccolini al Duomo – Residenza d'epoca

via dei Servi 2 ✉ *50122 –* ✆ *0 55 28 24 12* Pianta: H1**m**
– www.niccolinidomepalace.com
12 cam ⌷ – ♦130/230 € ♦♦150/250 €
Nel '400 in questo palazzo accanto al Duomo, Donatello aveva la sua bottega. Oggi, potrete trovare camere con soffitti affrescati, arredi di pregio e marmi bellissimi, anche la metratura si farà ricordare... mentre dalla "Dome suite" la cupola la si tocca quasi con la mano!

 Villa Antea

via Francesco Puccinotti 46 ✉ *50129 –* ✆ *0 55 48 41 06* Pianta: E1**b**
– www.villaantea.com
6 cam ⌷ – ♦99/250 € ♦♦99/250 €
Villa del 1887 in zona residenziale circondata da un piccolo giardino, sarete sorpresi dalla cura degli ambienti, dall'ospitalità familiare, ma soprattutto dall'ampiezza ed eleganza dei bagni.

B&B Antica Dimora Firenze

via Sangallo 72 ✉ *50129 –* ☎ *05 54 62 72 96* Pianta: E1**s**
– www.anticadimorafirenze.it
6 cam 🛏 – 📍80/140 € 📍📍80/180 €
Ogni camera racconta qualcosa di sè, a cominciare dalla tinta pastello che la contraddistingue: dal verde all'azzurro. La grammatica di base è però la stessa: cura e attenzione assolute, mobili antichi e tutte - salvo una - coccolano il sonno dell'ospite dentro letti a baldacchino impreziositi da vaporosi tendaggi.

1865 Residenza d'epoca

via Luigi Carlo Farini 12 ✉ *50121 –* ☎ *34 03 83 80 20* Pianta: F2**r**
– www.1865.it
5 cam 🛏 – 📍115/285 € 📍📍125/295 €
Nel 1865 Firenze diventa capitale e nasce l'elegante quartiere in cui si trova questa residenza; cinque camere dedicate ad altrettanti scrittori con raffinati arredi che vi si ispirano, quattro con soffitti affrescati.

Antica Dimora Johlea

via Sangallo 80 ✉ *50129 –* ☎ *05 54 63 32 92* Pianta: E1**a**
– www.johanna.it
6 cam 🛏 – 📍50/160 € 📍📍80/220 €
Al terzo piano di un elegante palazzo d'epoca, il centro a due passi, tante ricercatezze nelle camere e cortesie del personale sono benvenute, ma più di tutto sarete ammaliati dalla romantica terrazza con vista sui tetti di Firenze.

Residenza Il Villino

via della Pergola 53 ✉ *50122 Firenze –* ☎ *05 52 00 11 16* Pianta: E2**v**
– www.ilvillino.it
6 cam 🛏 – 📍60/110 € 📍📍80/150 €
Romantico e tranquillo, tutte le camere si affacciano sulla piccola corte interna di un ex monastero: quelle al secondo piano anche sulla cupola del Brunelleschi. Arredi d'arte povera, colazioni all'aperto e un loggiato completano la cartolina fiorentina.

B&B Residenza Johanna I

via Bonifacio Lupi 14 ✉ *50129 –* ☎ *0 55 48 18 96* Pianta: E1**h**
– www.johanna.it
10 cam 🛏 – 📍55/95 € 📍📍68/130 €
Una cordiale accoglienza sarà il benvenuto offerto da questo sobrio e familiare b&b al primo piano di un palazzo dell'Ottocento caratterizzato da camere spaziose e di buon confort. A due passi, vi attende la basilica di S. Lorenzo con le tombe medicee ed il vivace mercato.

Palazzo Galletti B&B – Residenza d'epoca

via Sant'Egidio 12 ✉ *50122 –* ☎ *05 53 90 57 50* Pianta: E2**c**
– www.palazzogalletti.it
11 cam 🛏 – 📍100/170 € 📍📍100/170 €
Se già Firenze è una città magica, pernottare in questa residenza ottocentesca sarà aggiungere ulteriore fascino al soggiorno… Camere eclettiche, dove pezzi etnici si alternano a mobili in stile toscano, in una sinfonia ben orchestrata che conferisce carattere e personalità alle stanze.

La Casa del Garbo

piazza della Signoria 8 ✉ *50122 –* ☎ *0 55 29 33 66* Pianta: H2**z**
– www.casadelgarbo.it
9 cam 🛏 – 📍85/180 € 📍📍85/180 €
Gode di una posizione veramente unica, questo piccolo bed & breakfast ricco di charme, che propone camere eleganti – molte delle quali affacciate su piazza della Signoria e Palazzo Vecchio – nonché miniappartamenti con angolo cottura: una piacevole soluzione per sentirsi "come a casa".

La Terrazza su Boboli 🔲 AC

viale Francesco Petrarca 122 ✉ *50122 Firenze* — Pianta: D3**t**
– ✆ *05 52 33 73 94* – *www.laterrazzasuboboli.com*
6 cam 🛏 – †50/80 € – ††100/129 €
A cinquanta metri dall'ingresso dei celebri giardini, siamo al primo piano di un palazzo settecentesco; tre camere si affacciano su Porta Romana, ma preferite quelle sul retro, con terrazza e più tranquille.

● Ristoranti

❌❌❌❌ **Enoteca Pinchiorri** (Annie Féolde) 🕸 🍴 AC ⇔
❀❀❀ *via Ghibellina 87* ✉ *50122* – ✆ *05 55 24 27 77* — Pianta: E2**x**
– *www.enotecapinchiorri.com* – *Chiuso 1 settimana a Natale, 3 settimane in agosto, domenica e lunedì*
Menu 175/250 € – Carta 145/270 € – *(solo a cena)* (consigliata la prenotazione)
La cucina oscilla tra il classico ed il moderno attingendo da entrambi la parte più intrigante: piatti raffinati, ma al tempo stesso concreti in un ambiente lussuoso e cosmopolita. La cantina è assolutamente leggendaria!
➜ Spaghetti alla chitarra, frutti di mare e briciole di pane con bottarga. Maialino di razza mora romagnola con radicchio, asparagi e fagiolini marinati. Cristallo di pera con caffè e agrumi.

❌❌❌❌ **Il Palagio** – Four Seasons Hotel Firenze 🕸 🛋 🍴 ♿ AC
❀ *borgo Pinti 99* ✉ *50121* – ✆ *05 52 62 64 50* — Pianta: F1**a**
– *www.fourseasons.com/florence* – *Chiuso gennaio-febbraio e domenica sera da ottobre a maggio*
Menu 105 € – Carta 88/164 € – *(solo a cena)*
Lo sfarzo di uno dei palazzi più eclatanti di Firenze si rinnova in uno stile più agile e contemporaneo, al pari della sua cucina, tesa verso la reinterpretazione della tradizione italiana in piatti elaborati e gustosi.
➜ Cavatelli cacio e pepe, crudo di gamberi rossi e calamaretti spillo. Quaglia ripiena ai fichi di Carmignano con crema di sedano rapa. Cremoso al cioccolato.

❌❌❌❌ **Winter Garden by Caino** – The St. Regis Florence 🍴 ♿ AC
❀ *piazza Ognissanti 1* – ✆ *0 55 27 16* — Pianta: D2**a**
– *www.stregisflorence.com*
Menu 95 € – Carta 78/125 € – *(solo a cena)* (consigliata la prenotazione)
Un tempo vi entravano le carrozze, oggi l'antica corte del St. Regis, trasformata in giardino d'inverno, ospita la cucina maremmana di Valeria Piccini, nel lussureggiante contorno di uno degli alberghi più raffinati di Firenze.
➜ Tagliolini con zafferano e astice. Il gioco del galletto. Cioccolato, liquirizia e frutti esotici.

❌❌❌ **SE.STO** – Hotel The Westin Excelsior 🍴 AC 🎭 ⇔
piazza Ognissanti 3 ✉ *50123* – ✆ *05 52 71 51* — Pianta: D2**b**
– *www.sestoonarno.com/en/*
Carta 74/111 € – (consigliata la prenotazione)
Al sesto piano dell'albergo Excelsior, se anche d'inverno la vista è mozzafiato attraverso le pareti vetrate, nella bella stagione in terrazza vi sembrerà di volare su Firenze. Cucina creativa, ma a pranzo la carta è più semplice e ristretta.

❌❌❌ **Ora D'Aria** (Marco Stabile) AC
❀ *via de' Georgofili 11/13 r* ✉ *50122* – ✆ *05 52 00 16 99* — Pianta: H2**e**
– *www.oradariaristorante.com* – *Chiuso 7-21 febbraio, 7-28 agosto, lunedì a mezzogiorno e domenica*
Menu 35/85 € – Carta 74/116 € – (consigliata la prenotazione)
La sala si specchia nelle cucine a vista, il dialogo tra i clienti e i cuochi è continuo: molti piatti vi verranno serviti dalla brigata di cucina, che utilizza in prevalenza prodotti toscani mischiando con destrezza tradizione e modernità.
➜ Risotto alla terra e sottobosco: ricordo di mio padre. Piccione con cibreo e mela caramellata al vinsanto. Caramello, latte, sale.

XXX **The Fusion Bar & Restaurant** – Gallery Hotel Art   🔥 AC
vicolo dell'Oro 5 ✉ *50123* – ✆ *0 55 27 26 69 87*   Pianta: G2**u**
– *www.lungarnocollection.com*
Carta 24/65 €
Giovane e modaiolo, è un bar-ristorante dagli elaborati cocktail, carta semplice a pranzo e un bel mix di cucina occidentale e asiatica la sera, a cominciare dal sushi.

XXX **Borgo San Jacopo** – Hotel Lungarno   🍸 AC
✿ *borgo San Jacopo 14* ✉ *50125* – ✆ *0 55 28 16 61*   Pianta: G2**s**
– *www.borgosanjacopo.com* – *Chiuso 18 gennaio-2 marzo*
Menu 90/115 € – Carta 80/153 € – *(solo a cena)*
Affascinante e romantico per la sua particolare atmosfera, Borgo San Jacopo offre una cucina gourmet da accompagnare con il vino più amato, scelto nell'ottima carta (oltre 600 etichette). Durante la bella stagione, concedetevi il privilegio dell'esclusivo terrazzino affacciato sull'Arno: sulla sua superficie, riflesse, le luci delle candele.
→ Bottoni di cinghiale con fondo di cinta. Branzino alla piastra, polpo alla brace, melanzane, cetriolo e peperoni. Passione per la nocciola.

XXX **Hostaria Bibendum** – Hotel Helvetia e Bristol   AC ⅁
via dei Pescioni 8/r ✉ *50123* – ✆ *05 52 66 56 20*   Pianta: G1**b**
– *www.royaldemeure.com*
Carta 28/62 €
Nella zona dello shopping di lusso, ci si può fermare per un pranzo leggero in uno dei grandi alberghi fiorentini, mentre la sera dà spazio ad una carta più vasta ed elaborata.

XXX **Benedicta** – Hotel Rivoli   🌿🌳 AC ⅁
via Benedetta 12/r ✉ *50123* – ✆ *05 52 78 61*   Pianta: D2**m**
– *www.ristorantebenedicta.it* – *Chiuso domenica*
Carta 35/84 € – *(solo a cena)*
Nel quartiere di Santa Maria Novella, le antiche volte a crociera e i mattoni della Firenze di un tempo s'intrecciano ad elementi architettonici high-tech, per dar vita ad un locale fresco, giovane, informale. Modernità anche ai fornelli, dove la tradizione toscana cede il passo ad una cucina gustosamente creativa.

XXX **Cibrèo**   🍸 🔥 AC ⇔
via A. Del Verrocchio 8/r ✉ *50122* – ✆ *05 52 34 11 00*   Pianta: F2**f**
– *www.cibreo.com* – *Chiuso 2 settimane in febbraio, agosto e lunedì*
Menu 77/120 €
Un'elegante sala - quasi un salotto privato - ed un servizio piacevolmente cordiale e amichevole sono il contorno di una cucina che punta su grandi sapori, seguendo una carrellata di piatti ormai storici. Un'istituzione a Firenze.

XX **Alle Murate**   AC
via del Proconsolo 16 r ✉ *50122* – ✆ *0 55 24 06 18*   Pianta: H1**g**
– *www.allemurate.it* – *Chiuso domenica a pranzo e lunedì*
Carta 70/99 € – *(carta semplice a pranzo dal lunedì al sabato)*
Il locale di giorno è aperto alle visite turistiche e anche a cena (su richiesta) viene fornita una guida sonora con cui orientarsi tra affreschi e scavi. Anche la cucina si lascia ammaliare dal fascino del passato proponendo i tradizionali sapori regionali. Inimitabile!

XX **Il Santo Graal**   🔥 AC ⇔
via Romana 70r ✉ *50122 Firenze* – ✆ *05 52 28 65 33*   Pianta: D3**s**
– *www.ristorantesantograal.it* – *Chiuso 24-31 gennaio, 1°-7 agosto e mercoledì*
Menu 35/60 € – Carta 39/61 € – *(solo a cena escluso venerdì, sabato e domenica)* (consigliata la prenotazione)
Un'atmosfera monastica e raffinata aleggia al Santo Graal, laboratorio gourmet di un giovane cuoco che dà nuova linfa alla tradizione toscana: sapori intensi, scomposizioni e rivisitazioni sono all'ordine del giorno.

XX **Baccarossa** `AC`

via Ghibellina 46/r ✉ *50122 –* ☎ *0 55 24 06 20* Pianta: F2**g**
– www.baccarossa.it
Menu 30 € (in settimana) – Carta 37/82 € – *(solo a cena)* (consigliata la prenotazione)
Tavoli in legno, vivaci colori ed eleganza in questa enoteca bistrot che propone una gustosa cucina mediterranea: paste fatte in casa, specialità di pesce e qualche piatto a base di carne.

XX **Belcore** `AC`

via dell'Albero 30r ✉ *50123 –* ☎ *0 55 21 11 98* Pianta: D2**y**
– www.ristorantebelcore.it – Chiuso 25-31 gennaio e 16-25 agosto
Menu 30/45 € – Carta 38/58 € – *(solo a cena)*
Una carta dei vini generosa in quanto a numero di etichette ed un menu che contempla "idealmente" tre linee di cucina: specialità di pesce, ricette della tradizione italo-toscana e piatti più moderni.

XX **Buca Mario** `AC` ✛

piazza Degli Ottaviani 16 r ✉ *50123 –* ☎ *0 55 21 41 79* Pianta: G1**h**
– www.bucamario.it – Chiuso 9-20 dicembre
Carta 40/111 € – *(solo a cena)*
Dal 1886 un baluardo della tradizione cittadina, è spesso frequentatissimo, eppure vi troverete una rara cortesia e affabilità, nonché un'ottima bistecca alla fiorentina, vero piatto culto della Buca.

XX **Enoteca La Barrique** 🌳 🍽 `AC`

via Leone 40/r ✉ *50127 –* ☎ *0 55 22 41 92* Pianta: D2**f**
– www.enotecalebarrique.com – Chiuso lunedì
Menu 35 € (cena in settimana) – Carta 31/55 €
Caratteristico e romantico, ancor di più se avete la fortuna di cenare nel piccolo spazio all'aperto, è l'indirizzo per chi vuole uscire dalla tradizione e provare piatti più creativi e personali.

XX **La Bottega del Buon Caffè** Ⓝ 🍽 `AC` 🚭
☼ *lungarno Benvenuto Cellini, 63/r* ✉ *50122* Pianta: F3**b**
☎ *0 55 53 56 77 – www.borgointhecity.com*
– Chiuso novembre, domenica sera e lunedì; da maggio a settembre chiuso lunedì a mezzogiorno e domenica
Menu 65 € (pranzo) – Carta 83/107 €
La Bottega del Buon Caffè cambia sede per il 2015 e approda sul Lungarno con servizio all'aperto per le fresche serate primaverili e l'inconfondibile mano creativa del bravo chef; cucina rigorosamente a vista!
➔ Crema bruciata di fegato grasso. Cappelletti ripieni di piccione, burro e timo fresco. Filetto di ricciola in crosta di pane nero, sedano e cipolle.

XX **Cucina Torcicoda** Ⓝ 🍽 `AC`
🍴 *via Torta 5/r –* ☎ *05 52 65 43 29* Pianta: E2**t**
– www.cucinatorcicoda.com
Menu 25/55 € – Carta 32/54 €
Osteria, pizzeria e ristorante (serale): in un solo indirizzo, tre formule diverse, in ambienti informali o più eleganti a seconda dell'opzione. La tradizione toscana all'osteria, pizze di tipo napoletano e piatti più ricercati al ristorante. Per tutti, la specialità della casa: la bistecca fiorentina preparata con diverse razze di manzo, a scelta del cliente quale ordinare.

XX **Pane e Vino** `AC`

piazza di Cestello 3 r ✉ *50124 –* ☎ *05 52 47 69 56* Pianta: D2**t**
– www.ristorantepaneevino.it – Chiuso 10-20 agosto e domenica
Menu 30/45 € – Carta 30/50 € – *(solo a cena)*
Familiare e curato, provvisto di un curioso soppalco in legno, questo piacevole locale propone una cucina fantasiosa che prevede comunque anche piatti della tradizione locale.

✗ Il Santo Bevitore ⟷

via Santo Spirito 64/66 r ✉ *50125 –* ✆ *0 55 21 12 64* Pianta: D2**h**
– www.ilsantobevitore.com – Chiuso 10-20 agosto e domenica a mezzogiorno
Carta 28/55 €
Rustico, semplice e conviviale, a pranzo la proposta è semplice e ristretta, di sera
il locale si anima e la cucina dà il meglio di sé con piatti della tradizione e proposte più creative.

✗ Io Osteria Personale ♿ AC

Borgo San Frediano 167r ✉ *50124 Firenze* Pianta: D2**s**
– ✆ *05 59 33 13 41 – www.io-osteriapersonale.it – chiuso 3 settimane in
gennaio, 3 settimane in agosto e domenica*
Menu 40/55 € – Carta 40/62 € – *(solo a cena)* (consigliata la prenotazione)
Sala di grande semplicità con mattoni e travi a vista, tavoli affiancati, praticamente nient'altro; tutto è concentrato sulla cucina, creativa e personalizzata, per
chi vuole sfuggire ai cliché della tradizione fiorentina da trattoria.

✗ Osteria Caffè Italiano AC ⟷

via Isola delle Stinche 11 ✉ *50122 –* ✆ *0 55 28 93 68* Pianta: E2**a**
– www.caffeitaliano.it
Carta 29/59 €
Tipica trattoria informale e conviviale, a pranzo in settimana viene servita una
selezione di piatti ristretta e più economica, che si amplia la sera e nel week-end
con una variegata scelta di carni alla griglia: autentica specialità della casa!

✗ Trattoria Cibrèo-Cibreino AC
⊛
via dei Macci 122/r ✉ *50122 –* ✆ *05 52 34 11 00* Pianta: F2**f**
*– www.edizioniteatrodelsalecibreofirenze.it – Chiuso 10 giorni in febbraio, agosto
e lunedì*
Carta 30/37 €
Nella trattoria troverete l'anima più popolare dell'adiacente ristorante Cibreo, un
ambiente semplice e piacevolmente conviviale che non riceve prenotazioni, ma
la stessa gustosa cucina: ribollita, coniglio farcito e torta al cioccolato per citare
solo alcuni grandi classici.

✗ Da Burde AC
⊛
via Pistoiese 154 ✉ *50122 –* ✆ *0 55 31 72 06 – www.burde.it* Pianta: A1**a**
– Chiuso 13-21 agosto ed i giorni festivi
Carta 23/42 € – *(solo a pranzo escluso venerdì)*
Nato agli inizi del secolo scorso come bottega di alimentari e trattoria, è un locale
storico lontano dai soliti circuiti turistici. I due fratelli che attualmente lo gestiscono hanno lasciato tutto com'era in origine: salumi in vendita, banco bar con
tabacchi e sul retro una saletta familiare dove gustare la vera cucina toscana.
Ribollita, minestra di farro, pappa al pomodoro, fiorentina e peposo, tra le specialità della casa.

✗ Fiorenza AC ⌗

via Reginaldo Giuliani 51 r ✉ *50141 –* ✆ *0 55 41 28 47* Pianta: B1**d**
– Chiuso agosto, sabato a mezzogiorno e domenica
Carta 34/77 €
Decentrata, non semplice da raggiungere, priva di pretese per quanto accogliente, ma nel piatto rivela tutte le sue potenzialità: grande cucina toscana, dal
giovedì al sabato ci sono anche diversi piatti di pesce.

✗ Il Profeta 🌳 AC ⟷

borgo Ognissanti 93 r ✉ *50123 –* ✆ *0 55 21 22 65* Pianta: D2**c**
*– www.ristoranteilprofeta.com – Chiuso 1°-25 dicembre,
16 gennaio-28 febbraio e domenica in agosto*
Carta 39/90 €
L'ospitalità qui è di casa, autentica e familiare, come la vera griglia a carbone per
la cottura delle carni. Per un tuffo nel passato gastronomico della città, c'è anche
un menu rinascimentale.

✗ Baldini `AC`

via il Prato 96 r ✉ *50123 –* ☎ *0 55 28 76 63* Pianta: D1**h**
*– www.trattoriabaldini.com – Chiuso 24 dicembre-3 gennaio, 1°-20 agosto,
sabato, domenica sera, anche domenica a mezzogiorno in giugno-luglio*
Carta 28/46 €
Semplice e familiare trattoria, nei pressi della Porta al Prato, si articola in due
salette informali nelle quali gustare una cucina genuina, piatti tipici fiorentini ma
anche nazionali.

✗ Alla Vecchia Bettola `AC`

viale Vasco Pratolini 3/7 n ✉ *50124 –* ☎ *0 55 22 41 58* Pianta: D2**m**
*– www.allavecchiabettola.it – Chiuso vacanze di Natale, 15-22 agosto, domenica
e lunedì*
Carta 30/71 €
Caratteristica ed informale trattoria di S.Frediano, con tavoloni di marmo e fiasco
di Chianti a consumo. Casalinga cucina fiorentina, atmosfera ospitale e servizio
veloce.

✗ Il Latini `AC`
☺
via dei Palchetti 6 r ✉ *50123 –* ☎ *0 55 21 09 16* Pianta: G1**j**
– www.illatini.com – Chiuso 20 dicembre-2 gennaio, 1°-15 agosto e lunedì
Carta 35/77 €
Fiaschi di vino alle pareti, prosciutti appesi al soffitto, servizio schietto ed informale e una tradizione secolare: è la trattoria cittadina per eccellenza che celebra
la cucina toscana... ribollita, grandi arrosti e, per finire, cantucci con vin santo.

✗ Del Fagioli `AC` 🚭

corso Tintori 47 r ✉ *50122 –* ☎ *0 55 24 42 85 – Chiuso* Pianta: E2**k**
agosto, sabato e domenica
Carta 26/74 €
Trattoria popolare con tutti i crismi del genere: cucina a vista all'ingresso, atmosfera chiassosa ed informale, piatti toscani con gran scelta di carni, anche alla griglia. Turisti, fiorentini e tanta convivialità si ritrovano qui.

✗ Il Borro Tuscan Bistro ♿ `AC`

lungarno Acciaiuoli 80r ✉ *50122 –* ☎ *0 55 29 04 23* Pianta: G2**e**
*– www.ilborrotuscanbistro.it – Chiuso 25 gennaio-10 febbraio e lunedì da
novembre ad aprile*
Carta 27/51 €
Ristorante, wine-bar e negozio: uno spazio poliedrico dove gustare i più tradizionali sapori toscani a due passi dall'Arno. Ambiente moderno ed informale.

✗ Zeb ♿ `AC`
☺
via San Miniato 2r ✉ *50122 Firenze –* ☎ *05 52 34 28 64* Pianta: E3**z**
*– www.zebgastronomia.com – Chiuso 10 giorni in agosto, mercoledì e le sere di
domenica, lunedì e martedì*
Carta 21/60 €
Nel delizioso quartiere di San Niccolò, l'antica gastronomia si è trasformata in un
originale ristorante: seduti intorno al banco centrale, come in un sushi bar, si
mangia gomito a gomito scegliendo piatti gustosamente casarecci. Il nostro preferito? Parmigiana di melanzane!

sui Colli

 Torre di Bellosguardo 🌿 ← 🛏 🏊 ⊟ `AC`

via Roti Michelozzi 2 ✉ *50124 –* ☎ *05 52 29 81 45* Pianta: C3**a**
– www.torrebellosguardo.com
16 cam – †110/160 € ††260/300 € – ⊑ 20 € – **7 suites**
Si respira un fascino d'antan nei saloni e nelle camere di austera eleganza di questo albergo, che fa della vista mozzafiato su Firenze il proprio punto di forza. Parco
con giardino botanico e piscina: sembra uscito direttamente da un libro di fiabe.

a Galluzzo Sud : 6,5 km B2 – ⊠ 50124

 Marignolle Relais & Charme 🐎 ⩽ 🛁 🏊 AC 🌿 P
via di San Quirichino 16, località Marignolle — Pianta: A2**a**
– 𝒞 05 52 28 69 10 – www.marignolle.com
8 cam ⬚ – †125/235 € ††140/250 € – **1 suite**
In posizione incantevole sui colli, questa signorile residenza offre molte attenzioni e stanze tutte diverse, dai raffinati accostamenti di tessuti; piscina panoramica nel verde.

 B&B Residenza la Torricella 🐎 🛁 🏊 P
via Vecchia di Pozzolatico 25 – 𝒞 05 52 32 18 18 — Pianta: B2**a**
– www.farmholidaylatorricella.it – Aperto 1° aprile-10 novembre
6 cam ⬚ – †70/90 € ††100/140 €
Circondata dai colli e dalla tranquillità della campagna, questa antica casa colonica offre un'affabile accoglienza familiare, camere personalizzate, giardini e piccola piscina estiva. A 300 m, fermata dell'autobus per la stazione.

🍴 **Trattoria Bibe** ⇦ 🏡 P
😊 *via delle Bagnese 15 – 𝒞 05 52 04 90 85* — Pianta: A2**c**
*– www.trattoriabibe.com – Chiuso 2 settimane in febbraio, 1 settimana in
novembre e mercoledì*
Carta 29/48 € – *(solo a cena)* **3 cam** – †60/120 € ††90/120 € – senza ⬚
Anche Montale immortalò nei suoi versi questa trattoria, gestita dalla stessa famiglia da quasi due secoli, dove trovare piatti tipici della tradizione toscana, in primis i pici al sugo di cinghiale, e un piacevole servizio estivo all'aperto. Appartamenti con cucina a disposizione non solo per soggiorni medio-lunghi.

ad Arcetri Sud : 5 km B2 – ⊠ 50125

 Villa Le Piazzole 🌤 🐎 ⩽ 🛁 🏊 ↕ 🔲 AC 🛁 P
via Suor Maria Celeste 28 – 𝒞 0 55 22 35 20 — Pianta: B2**b**
– www.lepiazzole.com – Chiuso 20 dicembre-10 gennaio
12 cam ⬚ – †150/200 € ††180/265 € – **2 suites**
Qui troverete l'alchimia di trovarsi a pochi chilometri dal centro di Firenze, eppure
già immersi nel più tipico paesaggio toscano di colline, ulivi e cipressi, in una villa
signorile con incantevole giardino all'italiana e arredi d'epoca.

🍴🍴 **Omero** 🐎 ⩽ 🏡
via Pian de' Giullari 49 – 𝒞 0 55 22 00 53 — Pianta: B2**d**
– www.ristoranteomero.it
Carta 31/59 €
Storico ristorante fiorentino, è la meta di chi vuole aprire una finestra sulla campagna senza allontanarsi da Firenze. Cucina locale, d'inverno la ribollita è imperdibile, ma proverbiali sono anche la pasta e ceci, i fritti e le grigliate.

FISCIANO
Salerno (SA) – ⊠ 84084 – 13 828 ab. – Alt. 320 m – Carta regionale n° **4-B2**
▶ Roma 260 km – Napoli 67 km – Avellino 28 km – Salerno 16 km
Carta stradale Michelin 564-E26

a Gaiano Sud-Est : 2 km – ⊠ 84084 Fisciano

 **Agriturismo Barone Antonio Negri** 🌤 🐎 ⩽ 🛁 🏊 🐎 🛁 ♨ P
*via Teggiano 8 – 𝒞 0 89 95 85 61 – www.agrinegri.it – Chiuso
7 gennaio-15 marzo*
5 cam ⬚ – †80/100 € ††90/110 €
In posizione tranquilla e dominante, agriturismo biologico di charme all'interno
di una vasta tenuta con ampio giardino, deliziosa piscina e spaziose camere in
stile rustico. Al ristorante: cucina casalinga, sapori tipici campani e squisiti dolci
alla nocciola.

FIUGGI

Frosinone (FR) – ✉ 03014 – 10 488 ab. – Alt. 747 m – Carta regionale n° **7-C2**
▶ Roma 82 km – Frosinone 33 km – Avezzano 94 km – Latina 88 km
Carta stradale Michelin 563-Q21

X **La Locanda**

via Padre Stanislao 4 – ☎ 07 75 50 58 55
– www.lalocandafiuggi.com – Chiuso febbraio, 1°-7 luglio e lunedì
Carta 21/39 €
Troverete i sapori della tradizione ciociara nella rustica e caratteristica sala di questo ristorante, accolto nelle cantine di un edificio del '400. Cucina del territorio.

 Un esercizio evidenziato in rosso enfatizza il fascino della struttura 🏨🏨🏨 XXX.

a Fiuggi Fonte Sud : 4 km – ✉ 03014 – Alt. 621 m

Grand Hotel Palazzo della Fonte

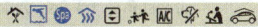

via dei Villini 7 – ☎ 07 75 50 81
– www.palazzodellafonte.com – Aperto 1° marzo-30 novembre
152 cam 🍽 – †130/245 € ††180/297 € – **1 suite**
Non sono tanti gli alberghi che possono vantare una tenuta così impeccabile. Qui, veramente, c'è un posto per ogni cosa ed ogni cosa è al suo posto… Sulla cima di un colle, un parco con piscina e, poi, stucchi , decorazioni, camere raffinate e bagni marmorei, in una dimora Liberty (già hotel dal 1912).

Fiuggi Terme

via Capo i Prati 9 – ☎ 07 75 51 52 12
– www.hotelfiuggiterme.it
60 cam 🍽 – †120/190 € ††170/240 € – **4 suites**
All'interno di un parco, elegante struttura con camere belle e confortevoli. Per gli amanti dello sport, una grande piscina e due campi da tennis tra pini ed ippocastani. Per tutti, una spa che coniuga tecnologie innovative nel campo del benessere e raffinate ambientazioni. Cucina mediterranea nel luminoso ristorante.

Ambasciatori

via dei Villini 8 – ☎ 07 75 51 43 51
– www.ambasciatoriplacehotel.com – Chiuso 23-26 dicembre
86 cam 🍽 – †69/269 € ††89/269 €
Centrale, vicino a terme e negozi, due grandi terrazze consentono di evadere dal rumore. Marmi lucenti nella hall, camere d'impostazione classica. Diverse sale ristorante, la più grande con soffitti a lucernari in vetro colorato.

Argentina

via Vallombrosa 22 – ☎ 07 75 51 51 17
– www.albergoargentina.it – Aperto 1° aprile-6 novembre
54 cam 🍽 – †50/80 € ††75/110 €
Cinto dal verde di un piccolo parco che gli regala tanta tranquillità, seppur ubicato a pochi passi dalle Fonti Bonifacio, un albergo semplice, ma dalla squisita conduzione familiare. A disposizione degli ospiti una graziosa spa.

Belsito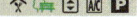

via Fiume 4 – ☎ 07 75 51 50 38
– www.hotelbelsitofiuggi.it – Aperto 1° maggio-31 ottobre
34 cam 🍽 – †30/40 € ††50/70 €
Sito in centro, in una via di scarso traffico, un indirizzo comodo e interessante; piccolo spazio antistante, per briscolate serali all'aperto. Cortesia e familiarità.

FIUMALBO

Modena (MO) – ✉ 41022 – 1 290 ab. – Alt. 953 m – Carta regionale n° **5-B2**
▶ Roma 369 km – Firenze 97 km – Modena 87 km – Lucca 74 km
Carta stradale Michelin 562-J13

a Dogana Nuova Sud : 2 km – ✉ 41022

 Val del Rio
    ⚜ ≤ ⅃⚭ ⊡ ⅊ ❊ **P**

via Giardini 221 – ℰ 0 53 67 39 01 – www.valdelrio.com – Chiuso 1°-15 maggio
34 cam ⌒ – †70/150 € ††70/150 € – **4 suites**
Circondato da sentieri che vi condurranno alle più alte cime dell'Appennino, l'hotel offre un'atmosfera familiare, ambienti in stile montano e camere rinnovate. Boiserie e drappeggi nell'ampia ed elegante sala da pranzo, dove troverete le specialità della cucina regionale. Per cene informali, la moderna pizzeria.

 Bristol
    ⚜ ≤ ⅍ **P**

*via Giardini 274 – ℰ 0 53 67 39 12 – www.hotelbristol.tv – Chiuso
ottobre-novembre*
23 cam ⌒ – †35/60 € ††70/100 €
Situato all'inizio della Val di Luce, un elegante hotel realizzato in tipico stile montano che dispone di moderne e confortevoli camere. Ideale punto di partenza per escursioni estive. Accomodatevi nell'accogliente sala da pranzo per gustare i piatti della tradizione emiliana.

FIUME VENETO

Pordenone (PN) – ✉ 33080 – 11 645 ab. – Alt. 20 m – Carta regionale n° **6-B3**
▶ Roma 590 km – Udine 51 km – Pordenone 6 km – Portogruaro 20 km
Carta stradale Michelin 562-E20

 L'Ultimo Mulino
    ⚜ ⅍ ⅍ Ⓚ ⅍ **P**

*via Molino 45, località Bannia, Sud-Est: 3,5 km – ℰ 04 34 95 79 11
– www.lultimomulino.com – Chiuso gennaio e agosto*
8 cam ⌒ – †75/110 € ††140/160 €
Rist *L'Ultimo Mulino* – Vedere selezione ristoranti
Questo magnifico esempio di architettura rurale ha mantenuto intatta la sua anima, trasformandosi nel tempo in un affascinante luogo di soggiorno, con camere arredate in chiave romantica. Le finestre regalano uno scorcio sulla natura circostante, tra fiori variopinti e l'allegro gorgoglio dei torrenti.

✕✕ **L'Ultimo Mulino** – Hotel L'Ultimo Mulino
    ⅍ ⅍ Ⓚ **P**

*via Molino 45, località Bannia, Sud-Est: 3,5 km – ℰ 04 34 95 79 11
– www.lultimomulino.com – Chiuso gennaio, agosto, domenica e lunedì*
Carta 35/65 € – *(solo a cena)*
Variazioni sul tema della cucina veneto-friulana: tanto pesce, ottime materie prime ed interessanti spunti creativi. Nella bella stagione, l'atmosfera si arricchisce dello scenario di una cena lungo il fiume.

FIUMICELLO SANTA VENERE – Potenza (PZ) → Vedere Maratea

FIUMICINO

Roma (RM) – ✉ 00054 – Carta regionale n° **7-B2**
▶ Roma 31 km – Anzio 52 km – Civitavecchia 66 km – Latina 78 km
Carta stradale Michelin 563-Q18

🏨 **Hilton Rome Airport**
    ⚜ ⊡ ⅍ ⅃⚭ ❊ ⊡ ⅊ Ⓚ ⅍ **P**

via Arturo Ferrarin 2 – ℰ 0 66 52 58 – www.romeairport.hilton.com
517 cam ⌒ – †185/375 € ††195/385 € – **6 suites**
Ideale per una clientela business ed internazionale, questa maestosa e moderna struttura dispone di camere particolarmente ampie ed eleganti.

XX **Pascucci al Porticciolo**

🕄 *viale Traiano 85 – 𝒞 06 65 02 92 04 – www.alporticciolo.net*
– Chiuso 16-23 agosto
Menu 70/90 € – Carta 51/94 € – *(chiuso domenica sera e lunedì)*
9 cam 🖵 – ♥70/90 € ♥♥80/120 €
Dimenticate i viaggi aeroportuali e fermatevi da Pascucci, Fiumicino è ormai sulla mappa gourmet e non solo su quella del traffico internazionale. Rarità e ricercatezze premiano la sfida del cuoco che riesce ad essere originale pur nella necessaria e rispettosa semplicità di proposte in prevalenza ittiche. Anche le camere sono un porto sicuro.
→ Trenette aglio, olio, succo di gamberi rossi e telline. Triglia croccante, foie gras al Marsala, lamponi e nocciole. Tiramisù espresso.

X **L'Osteria dell'Orologio** Ⓝ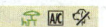

via di Torre Clementina 114 – 𝒞 0 66 50 52 51 – www.osteriadellorologio.net
– Chiuso lunedì
Menu 38/55 € – Carta 44/57 €
Giovani e pieni di entusiasmo, qui troverete un'intelligente proposta di pesce, basata su un pescato locale che a volte ricerca varietà di pesce più rare o povere, tutte da scoprire, nonché crudi. Le basi sono quelle della cucina marinara classica, a cui il cuoco aggiunge qualche personalizzazione.

FIVIZZANO
Massa-Carrara (MS) – ✉ 54013 – 8 032 ab. – Alt. 326 m – Carta regionale n° **18-A1**
▶ Roma 437 km – La Spezia 40 km – Firenze 163 km – Massa 41 km
Carta stradale Michelin 563-J12

🏰 **Castello dell'Aquila**

località Gragnola, Sud : 9 km – 𝒞 0 58 59 91 57 – www.castellodellaquila.it
9 cam 🖵 – ♥150/200 € ♥♥150/200 €
Stanze riccamente personalizzate per momenti di totale relax, in un castello trecentesco con forte connotazione storica e sapiente recupero privato. La cena è servita presso la dimora della proprietaria stessa.

FLAIBANO
Udine (UD) – ✉ 33030 – 1 170 ab. – Carta regionale n° **6-B2**
▶ Roma 642 km – Trieste 97 km – Udine 23 km
Carta stradale Michelin 562-D20

XX **Grani di Pepe**

via Cavour 44 – 𝒞 04 32 86 93 56 – www.granidipepe.com
Menu 38/52 € – Carta 35/57 € – (prenotazione obbligatoria a mezzogiorno)
7 cam 🖵 – ♥65/75 € ♥♥95/100 €
Di antico c'è solo il fatto che nel '700 l'attuale ristorante era un umile casolare. Oggi, nella nuova e luminosa sala-veranda, il design si è piacevolmente impadronito degli spazi, mentre accenti moderni caratterizzano la cucina, equamente divisa tra terra e mare. Sobrio ed elegante minimalismo nelle camere.

FOGGIA
✉ 71121 – 152 770 ab. – Alt. 76 m – Carta regionale n° **15-A2**
▶ Roma 345 km – Bari 135 km – Potenza 108 km – Barletta 76 km
Carta stradale Michelin 564-C28

🏨 **Hotel Cicolella**

viale 24 Maggio 60 ✉ 71121 – 𝒞 08 81 56 61 11   Pianta: B1**c**
– www.hotelcicolella.it
102 cam 🖵 – ♥100/145 € ♥♥160/190 € – **13 suites**
Rist *Cicolella al Viale* – Vedere selezione ristoranti
In centro città e nei pressi della stazione ferroviaria, prestigioso hotel dei primi '900, da sempre gestito dai Cicolella: struttura versatile, in quanto indirizzo di riferimento per uomini d'affari e turisti.

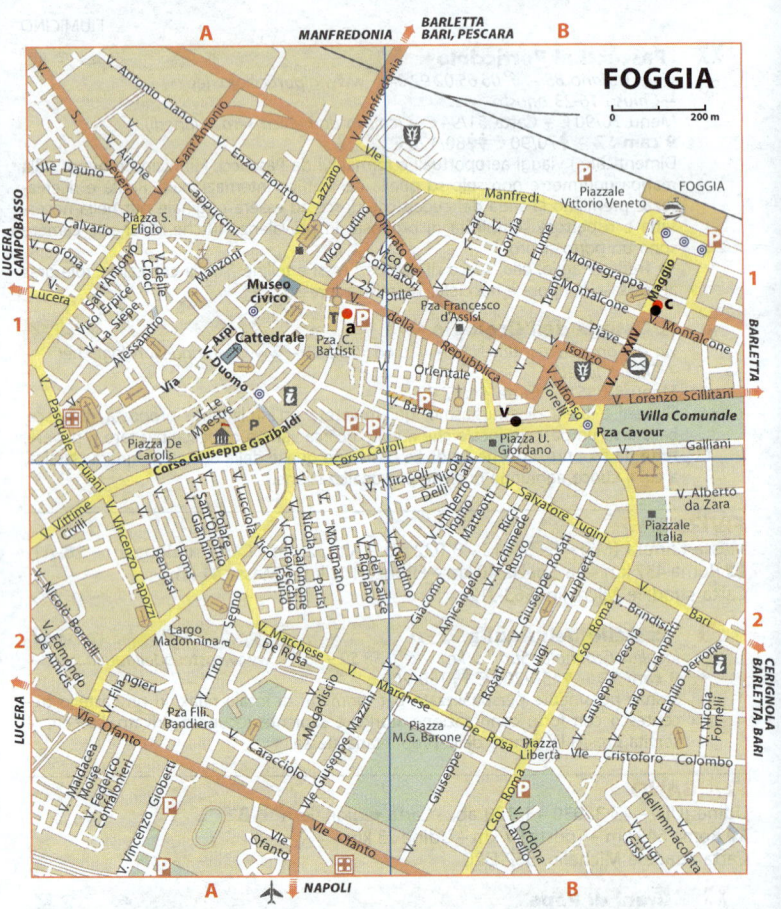

FOGGIA

0   200 m

🏠 **La Civetta**   🅰️🅲

piazza Umberto Giordano 77 ✉ 71121 Foggia   Pianta: B1**v**
– 📞 08 81 77 77 17 – www.lacivetta.net – Chiuso 5-25 agosto
6 cam 🛏 *– ♟49/79 € ♟♟59/89 €*
Nell'elegante quartiere di passeggio e negozi, gli arredi di ciascuna delle raffinate
camere sono ispirati ad un celebre film. Ottimo e continuativo anche il servizio: la
colazione viene portata in camera.

✕✕ **Cicolella al Viale** – Hotel Mercure Cicolella   🅰️🅲

viale 24 Maggio 60 ✉ 71121 – 📞 08 81 56 61 11   Pianta: B1**c**
*– www.hotelcicolella.it – Chiuso 2 settimane in dicembre-gennaio, 2 settimane in
agosto, sabato e domenica*
Menu 35 € (in settimana) – Carta 40/68 €
Se arrivate a Foggia e non volete allontanarvi dall'omonimo albergo, il ristorante
è un buon approdo gastronomico per chi ama il servizio classico del "tutto a
vista": buffet di antipasti, espositore di pesci e formaggi, carrello dei dolci. Troverete le specialità nazionali e l'immancabile pizza, ma i piatti forti sono quelli della
tradizione pugliese.

✕✕ Giordano-Da Pompeo

vico al Piano 14 ✉ *71121 –* ☎ *08 81 72 46 40 – Chiuso*   Pianta: A1**a**
14-24 agosto e domenica
Carta 21/40 €
Nel cuore della città, ristorante con cucina a vista e proposte legate al territorio, elaborate a partire da prodotti scelti in base all'offerta quotidiana del mercato.

FOIANA = **VOLLAN** – Bolzano (BZ) ➜ Vedere Lana

FOIANO DELLA CHIANA

Arezzo (AR) – ✉ 52045 – 9 644 ab. – Alt. 318 m – Carta regionale n° **18-D2**
▶ Roma 187 km – Siena 55 km – Arezzo 30 km – Perugia 59 km
Carta stradale Michelin 563-M17

a Pozzo Nord : 4,5 km – ✉ 52045 Foiano Della Chiana

Villa Fontelunga

via Cunicchio 5 – ☎ *05 75 66 04 10 – www.fontelunga.com – Aperto*
21 marzo-5 novembre
9 cam ☑ – 🛏160/230 € 🛏🛏199/350 €
In posizione panoramica e tranquilla, le camere sono arredate con semplicità ed eleganza: il colore grigio si declina in varie sfumature, interrotto solo dalla cromaticità di falsi d'autore. L'ampio giardino accoglie una scenografica piscina, mentre un buffet è sempre disponibile a pranzo e a cena; talvolta anche serate tradizionali.

FOLGARIA

Trento (TN) – ✉ 38064 – 3 185 ab. – Alt. 1 166 m – Carta regionale n° **19-B3**
▶ Roma 587 km – Trento 29 km – Bolzano 87 km – Vicenza 82 km
Carta stradale Michelin 562-E15

Villa Wilma

via della Pace 12 – ☎ *04 64 72 12 78 – www.hotelvillawilma.it – Aperto*
1° dicembre-31 marzo e 1° giugno-30 settembre
24 cam ☑ – 🛏50/70 € 🛏🛏76/120 €
Nella parte alta e più tranquilla della località, vista sui tetti e sul campanile del paese per un'accogliente gestione familiare con profusione di legni in stile tirolese. Per quanto piccolo, è gradevole il luminoso centro benessere. Sala ristorante calda e accogliente.

Relais Fior di Bosco

via Papa Giovanni XXIII 18 ✉ *38064 Folgaria –* ☎ *04 64 72 30 03*
– www.relais-fiordibosco.it
6 cam ☑ – 🛏79/149 € 🛏🛏99/199 €
Moderna gestione familiare in una casa che offre il confort di camere gradevoli, tutte dotate di terrazzo. Nella stube tirolese, per gli alloggiati e solo la sera, il patron si diletta ai fornelli.

FOLGARIDA

Trento (TN) – ✉ 38025 Dimaro – Alt. 1 302 m – ✉ Dimaro
– Carta regionale n° **19-B2**
▶ Roma 654 km – Trento 69 km – Bolzano 95 km – Merano 118 km
Carta stradale Michelin 562-D14

Alp Hotel Taller

strada del Roccolo 39 – ☎ *04 63 98 62 34 – www.hoteltaller.it – Aperto*
1° dicembre-15 aprile e 15 giugno-30 settembre
30 cam ☑ – 🛏55/95 € 🛏🛏112/194 € – **4 suites**
Nella parte alta della località, di fronte al palazzo del ghiaccio, l'hotel dispone di ampi spazi comuni, centro benessere completo e camere luminose. La conduzione è appassionata anche nella gestione del ristorante, in raffinato stile rustico.

FOLIGNO
Perugia (PG) – ⊠ 06034 – 57 245 ab. – Alt. 234 m – Carta regionale n° **20**-C2
▶ Roma 158 km – Perugia 36 km – Macerata 94 km – Assisi 19 km
Carta stradale Michelin 563-N20

 Villa dei Platani ⊡ ⴺ AC P
viale Mezzetti 29 – ☎ *07 42 35 58 39 – www.villadeiplatani.com*
27 cam ☲ – ♦75/150 € ♦♦85/495 €
Pregevole realtà ricettiva nata dal sapiente restauro di un'eclettica villa del primo
'900, con spazi interni di tono minimalista e dalle calde tonalità. Moderni confort
hi-tech nelle belle camere e stupenda terrazza, al secondo piano della struttura,
arredata con eleganti mobili da esterno. Area benessere, Luxury Wellness Room,
aperta tutti i giorni (su prenotazione).

 Casa Mancia 🛋 ⌇ ⴺ AC ᐓ P
via dei Trinci 44 – ☎ *0 74 22 22 65 – www.casamancia.com*
14 cam ☲ – ♦58/68 € ♦♦80/92 €
A poca distanza dall'uscita Foligno Nord della superstrada, un albergo ricavato
da una ex casa padronale con torre e chiesa sconsacrata. Camere moderne e
confortevoli.

 Le Mura ⌂ ⴺ AC ᐓ
via Bolletta 25 – ☎ *07 42 35 73 44 – www.lemura.net*
36 cam ☲ – ♦50/65 € ♦♦60/95 €
Rist *Le Mura* – Vedere selezione ristoranti
Nome già eloquente sulla collocazione: a ridosso della chiesa romanica di S. Giacomo e all'interno delle mura medievali. Un accogliente albergo, facile da raggiungere.

✗ **Le Mura** – Hotel Le Mura ⴺ AC
Via Mentana 25, angolo via Bolletta – ☎ *07 42 35 46 48 – www.lemura.net
– Chiuso 30 luglio-12 agosto e martedì*
Carta 24/37 €
Griglia ardente in sala, paste fresche e atmosfera conviviale, in un piacevole risto-
rante rinomato per le specialità umbre. Da Foligno si raggiungono facilmente le
principali località storiche e turistiche della "regione verde" per eccellenza.

sulla strada statale 77 Nord-Est : 10 km

 Guesia Village Hotel ⌂ 🛋 ⌇ ᗰ ⅃₄ ⊡ ⴺ AC ᚚ ᐓ P
località Ponte Santa Lucia 46 ⊠ 06034 Foligno – ☎ *07 42 31 15 15
– www.guesia.com – Chiuso 23-26 dicembre*
19 cam ☲ – ♦60/115 € ♦♦80/180 € – **5 suites**
Sulla statale che porta verso Macerata, una struttura di stile moderno, comoda,
con grande giardino attrezzato e belle camere, arredate con gusto e soluzioni
personali. Ampie sale ristorante, affacciate sul verde esterno.

FOLLINA
Treviso (TV) – ⊠ 31051 – 3 910 ab. – Alt. 191 m – Carta regionale n° **23**-C2
▶ Roma 572 km – Belluno 36 km – Venezia 84 km – Treviso 40 km
Carta stradale Michelin 562-E18

 Villa Abbazia ⌂ 🛋 AC 🚗
via Martiri della Libertà – ☎ *04 38 97 12 77 – www.hotelabbazia.it
– Chiuso 7 gennaio-15 marzo*
21 cam ☲ – ♦160/270 € ♦♦224/380 € – **6 suites**
Rist *La Corte* ⁕ – Vedere selezione ristoranti
Straordinario mix di eleganza ed accoglienza familiare, dormirete in una bomboniera risalente al 1600 con annesso villino liberty. Un romantico giardino fa da
corona a camere personalizzate e raffinate. Ambiente piacevolmente rustico al
Bistrot per gustare le specialità della cucina veneta. Il B&B La Rosa è l'alternativa
meno impegnativa nel medesimo contesto strutturale dell'hotel.

Dei Chiostri

piazza 4 Novembre 20 – ☎ 04 38 97 18 05 – www.hoteldeichiostri.com
– Chiuso 7 gennaio-28 febbraio
15 cam – †70/120 € – ††100/160 € – ⌷ 20 €
All'interno di un palazzo adiacente al municipio, struttura dotata di spazi comuni limitati, ma di piacevoli personalizzazioni e buon gusto nelle camere. E se l'appetito si fa sentire, il vicino ristorante la Corte vi attende con tante specialità.

La Corte – Hotel Villa Abbazia

via Roma 24 – ☎ 04 38 97 17 61 – www.lacortefollina.com
– Chiuso 7 gennaio-10 marzo e martedì
Menu 47/79 € – Carta 63/93 € – (prenotazione obbligatoria a mezzogiorno)
Ambienti sontuosi impreziositi da camino, affreschi e decorazioni d'epoca ricevono la meritata ricompensa gastronomica: dalla laguna veneta arrivano diverse interpretazioni marine, ma ci sono anche piatti di carne che uniscono creatività e semplicità, il marchio di fabbrica del giovane cuoco.
➡ Fiore di zucca croccante, panzanella di zucchine, gambero rosso di Sicilia. Agnello dell'Alpago, confit di cipolla di Tropea, melanzane, peperoni e basilico. Tiramisù.

Osteria dei Mazzeri ⓝ

via Pallade 18 – ☎ 04 38 97 12 55 – www.osteriadaimazzeri.com – Chiuso martedì a mezzogiorno e lunedì
Carta 29/52 €
In un edificio del 1704 che fu municipio di Follina, due fratelli propongono i migliori sapori del territorio scanditi dal ritmo delle stagioni. Un bel gelso, antico simbolo del paese particolarmente attivo nell'allevamento del bacco da seta, allieta la sosta nel dehors.

FOLLONICA

Grosseto (GR) – ✉ 58022 – 21 741 ab. – Carta regionale n° **18-B3**
▶ Roma 234 km – Grosseto 47 km – Firenze 152 km – Livorno 91 km
Carta stradale Michelin 563-N14

Il Veliero

via delle Collacchie 20, località Puntone Vecchio, Sud-Est: 3 km
– ☎ 05 66 86 62 19 – www.ristoranteilveliero.it – Chiuso mercoledì da settembre a giugno e i mezzogiorno di mercoledì e giovedì in luglio
Menu 25/50 € – Carta 33/69 €
Conduzione familiare ormai più che trentennale e corretta proporzione qualità/prezzo per un classico ristorante con piatti tipicamente marinari, sito sulla via che conduce verso Punta Ala.

Il Sottomarino ⓝ

Via Fratti 1 – ☎ 0 56 64 07 72 – www.ilsottomarino.it – Chiuso martedì
Carta 31/70 € – (solo a cena dal 15 giugno al 31 agosto) (consigliata la prenotazione la sera)
Elegante nella sala interna, ma in alta stagione vale la pena prenotare in anticipo un tavolo in terrazza con vista mare. A ragion veduta: il pesce è ottimo e i prezzi ragionevoli. Piatti classici di mare e qualche spunto di cucina siciliana: tagliatelle fatte in casa ai frutti di mare, fritto misto in tempura con verdure, semifreddo al pistacchio di Bronte.

FONDI

Latina (LT) – ✉ 04022 – 39 683 ab. – Carta regionale n° **7-D3**
▶ Roma 133 km – Frosinone 55 km – Latina 57 km – Caserta 95 km
Carta stradale Michelin 563-R22

 Mblo B&B

largo Luigi Fortunato 9 – ☎ 07 71 50 23 85 – www.mblo.it
9 cam ⌷ – †40/60 € – ††70/100 €
Percorrendo le tranquille strade del centro storico troverete questo palazzo due-centesco con graziosa corte interna. Arredi d'epoca, pavimenti in cotto e pareti in pietra completano il quadro. Per chi desidera un tocco di romanticismo, molte camere sono dotate di camino.

Riso Amaro 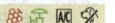 🖾 🐾 AC

viale Regina Margherita 22 – ☎ 07 71 52 36 55 – www.ristoranterisoamaro.it
– Chiuso 1 settimana a febbraio, 2 settimane a novembre, martedì a
mezzogiorno e lunedì
Menu 30/50 € – Carta 39/52 € – *(solo a cena in estate)*
Da poco trasferitosi in pieno centro, vicino al castello, locale elegantemente contemporaneo dove le proposte rimangono di tono creativo con sfiziose elaborazioni.

Vicolo di Mblò 🖾 🐾 AC 🖾

corso Appio Claudio 11 – ☎ 07 71 50 23 85 – www.mblo.it – Chiuso
23-30 dicembre e martedì escluso luglio-agosto
Menu 35 € – Carta 18/55 €
Proprio al termine del corso pedonale, dove si erge la torre con castello, un antico
edificio di origine gonzaghesca nelle cui stalle è nato un caratteristico ristorante.
Cucina regionale ed un'importante carta dei vini: 500 etichette sia italiane sia
estere, con una grande selezione di champagne.

FONDO

Trento (TN) – ⊠ 38013 – 1 419 ab. – Alt. 987 m – Carta regionale n° **19-B2**
▶ Roma 637 km – Bolzano 36 km – Merano 40 km – Trento 52 km
Carta stradale Michelin 562-C15

Lady Maria ☆ 🖾 🖾 🛱 🖾 🖾 AC 🖾 P

via Garibaldi 20 – ☎ 04 63 83 03 80 – www.ladymariahotel.com – Chiuso
3-30 novembre
42 cam ⊑ – †40/60 € ††64/120 € – **4 suites**
Struttura a seria conduzione familiare con ambientazione e arredi tipicamente
montani: le camere più belle si trovano al terzo piano. Specialità della cucina trentina, servite nel luminoso ristorante.

FONDOTOCE – Verbano-Cusio-Ossola (VB) ➜ Vedere Verbania

FONTANAFREDDA

Pordenone (PN) – ⊠ 33074 – 12 120 ab. – Carta regionale n° **14-C2**
▶ Roma 596 km – Belluno 60 km – Pordenone 9 km – Portogruaro 36 km
Carta stradale Michelin 562-E19

Luna 🖾 AC 🖾 P

via Osoppo 127, località Vigonovo – ☎ 04 34 56 55 35 – www.hoteluna.net
– Chiuso 24 dicembre-8 gennaio
37 cam ⊑ – †53/55 € ††78/80 €
Alle porte del paese, la struttura si sviluppa orizzontalmente ed è ideale per una
clientela d'affari. Camere ampie, ben accessoriate, con anche accesso esterno indipendente.

FONTANAFREDDA – Cuneo (CN) ➜ Vedere Serralunga d'Alba

FONTANASALSA – Trapani (TP) ➜ Vedere Trapani

FONTANELLE – Cuneo (CN) ➜ Vedere Boves

FONTANELLE – Parma (PR) ➜ Vedere Roccabianca

FONTEBLANDA

Grosseto (GR) – ⊠ 58010 – Carta regionale n° **18-C3**
▶ Roma 154 km – Grosseto 26 km – Civitavecchia 85 km – Viterbo 99 km
Carta stradale Michelin 563-O15

Rombino 🖾 🖾 🖾 AC 🖾 P

via Aurelia Vecchia 40 – ☎ 05 64 88 55 16 – www.hotelrombino.it – Chiuso
dicembre, gennaio e febbraio
39 cam ⊑ – †55/80 € ††70/110 €
Nel cuore della Maremma, fra Talamone e il Monte Argentario, un hotel a conduzione familiare con camere semplici, ma pulite, e simpatica gestione familiare. Non
lontano, la spiaggia.

a Talamone Sud-Ovest : 4 km – ✉ 58010

⌂ **Baia di Talamone** ← ⬆ AC P

via della Marina 23 – 📞 *05 64 88 73 10 – www.hbt.it – Aperto
1° aprile-15 ottobre*
18 cam 🍴 – †50/100 € ††100/130 €
Affacciata sul porticciolo turistico, una bella struttura color salmone, contenuta,
ma comoda soprattutto a partire dall'ampio parcheggio; alcune stanze con salottino e angolo cottura.

FONTENO

Bergamo (BG) – ✉ 24060 – 656 ab. – Carta regionale n° **10-D1**
▶ Roma 618 km – Milano 91 km – Bergamo 43 km – Brescia 73 km
Carta stradale Michelin 561-E12

XX **Panoramico** ⇔ ← 🚗 ⬆ ⬆ ⬆ P

via Palazzine 30 – 📞 *0 35 96 90 27 – www.panoramicohotel.com – Chiuso
novembre*
Menu 35 € – Carta 40/69 € – *(chiuso lunedì e martedì escluso in estate)*
(prenotare)
13 cam 🍴 – †60/90 € ††90/140 €
Splendida posizione dominante sul lago d'Iseo, per una cucina d'ispirazione contemporanea che trova in un ambiente familiare, curato ed accogliente il proprio palcoscenico. Comode camere da cui rimirare la bellezza della natura.

FOPPOLO

Bergamo (BG) – ✉ 24010 – 195 ab. – Alt. 1 508 m – Carta regionale n° **9-B1**
▶ Roma 659 km – Sondrio 93 km – Bergamo 58 km – Brescia 110 km
Carta stradale Michelin 561-D11

XX **K 2** ← P

via Foppelle 42 – 📞 *0 34 57 41 05 – www.ristorantek2.com – Chiuso maggio e
novembre escluso sabato e domenica*
Menu 20 € (pranzo)/35 € – Carta 28/55 € – *(prenotare)*
Ambiente grazioso, con arredi in caldo legno chiaro e una curata rusticità; fuori dal
centro abitato, offre piatti locali, come la selvaggina, e una conduzione familiare.

FORIO – Napoli (NA) ➡ Vedere Ischia (Isola d')

FORLÌ

✉ 47121 – 118 255 ab. – Alt. 34 m – Carta regionale n° **5-D2**
▶ Roma 354 km – Ravenna 29 km – Rimini 54 km – Bologna 63 km
Carta stradale Michelin 562-J18

⌂⌂ **Globus City** 🌳 ⬆ ⬆ ⬆ AC 🍴 P

via Traiano Imperatore 4, 3,5 km per Ravenna ✉ 47122 – 📞 *05 43 72 22 15
– www.hotelglobuscity.com – Chiuso 24 luglio-14 agosto*
96 cam 🍴 – †79/149 € ††109/189 € – **2 suites**
Hotel di stile classico tra la città e il casello autostradale caratterizzato da ambienti
di buon confort e camere accoglienti. Ottima la prima colazione. Al ristorante I
Mediterranei: cucina classica con alcune proposte locali.

⌂⌂ **Michelangelo** ⬆ AC 🍴 P

via Buonarroti 4/6 ✉ 47122 – 📞 *05 43 40 02 33 – www.hotelmichelangelo.fc.it*
39 cam 🍴 – †59/99 € ††69/120 €
Poco fuori del centro storico, l'albergo è stato totalmente ristrutturato in anni
recenti, pur mantenendo le facciata originale con le vetrate a specchio; le camere
sono ampie e ben accessoriate.

⌂⌂ **San Giorgio** ⬆ ⬆ ⬆ AC 🍴 P

via Ravegnana 538/d, 4 km per Ravenna ✉ 47122 – 📞 *05 43 79 66 99
– www.hotelsangiorgioforli.it*
66 cam 🍴 – †59/149 € ††69/189 €
Sito nelle immediate vicinanze del casello autostradale, hotel di taglio moderno-
commerciale con camere accessoriate, alcune delle quali con angolo cottura,
ideali per una clientela d'affari.

⌂ **Masini**   ⊡ & AC ⚐

corso Garibaldi 28 ⊠ *47121 –* ☏ *0 54 32 80 72 – www.hotelmasini.it*
51 cam ⬃ **– †60/180 € ††75/250 € – 2 suites**
E' da fine '800 che questo hotel continua ininterrottamente a proporsi come riferimento cittadino: oggi offre spazi funzionali e confortevoli, nonché pass gratuiti
per posteggiare l'auto in centro.

XX **Casa Rusticale dei Cavalieri Templari**   ☆ & AC ⇔ P
∞
viale Bologna 275, 1 km per Faenza ⊠ *47121 –* ☏ *05 43 70 18 88*
– www.osteriadeitemplari.it – Chiuso 1°-7 gennaio, agosto, lunedì e domenica
sera, anche domenica a mezzogiorno in giugno-luglio
Menu 15/35 € – Carta 26/57 € – (prenotare)
"Hospitale" di S. Bartolo dei Cavalieri Templari sin dal XIII secolo, il bel locale
continua la tradizione di accoglienza e ottima cucina romagnola sotto l'egida di
tre donne.

XX **Elsa** ⓝ   & AC ℘

via Benedetta Bianchi Porro 16 – ☏ *05 43 40 55 04 – www.elsaristorante.it*
– Chiuso 27 gennaio-11 febbraio, agosto, martedì e mercoledì
Menu 40/45 € – Carta 36/48 € – (consigliata la prenotazione)
Da poco sulla scena locale, questo moderno ristorante propone un originale sviluppo della carta che non distingue fra antipasti, primi e secondi, ma propone
"pietanze" secondo una sequenza gustativa in base all'intensità dei piatti. Bello e
intrigante!

X **Trattoria 'petito**   ☆ & AC P

via Corridoni 14 – ☏ *0 54 33 57 84 – www.trattoriapetito.com – Chiuso*
7-21 agosto e domenica
Carta 27/51 €
Il nome è la contrazione dell'augurio "buon appetito": una promessa che non sarà
delusa! La cucina attinge a piene mani dal territorio emiliano-romagnolo, fra carni,
salumi, qualche specialità di pesce, vini (molto Sangiovese, naturalmente) ed altro
ancora... Il tutto in un ambiente vivace e piacevole.

X **Don Abbondio**   ✿✿ ☆ & AC

piazza Guido da Montefeltro 16 ⊠ *47121 –* ☏ *0 54 32 54 60*
– www.osteriadonabbondio.it – Chiuso 1°-5 gennaio, 10-25 agosto, lunedì in
gennaio-giugno, sabato a mezzogiorno e domenica in luglio-dicembre
Menu 28/30 € – Carta 26/44 €
Nei pressi del complesso di S. Domenico, ambiente rustico-moderno diviso su due
piani: sulla tavola, i migliori prodotti della regione, sia di terra sia di mare, e qualche interessante binomio piatto-vino al bicchiere. Specialità: passatelli con cozze
vongole poveracce e lischi basotti con crema di piselli - stracotto di manzo al sangiovese con purè di sedano rapa - cassata romagnola.

FORMAZZA
Verbano-Cusio-Ossola (VB) – ⊠ 28863 – 445 ab. – Alt. 1 280 m
– Carta regionale n° **12-C1**
▶ Roma 743 km – Domodossola 40 km – Verbania 81 km
Carta stradale Michelin 561-C7

X **Walser Schtuba**   ⇦ ⯯ ☆ ℘

località Riale – ☏ *03 24 63 43 52 – www.locandawalser.it – Chiuso ottobre*
Carta 35/62 € – (chiuso domenica sera e mercoledì nel periodo invernale; solo il
mercoledì negli altri mesi)
6 cam ⬃ **– †55 € ††100 €**
Nella parte più alta e pittoresca della Val Formazza: una piacevolissima risorsa in
perfetto stile alpino: grazioso dehors per la bella stagione e tante gustose specialità locali, rivisitate con estro e alleggerite quanto basta.

FORMIA

Latina (LT) – ✉ 04023 – 38 264 ab. – Carta regionale n° **7-D3**
▶ Roma 153 km – Frosinone 90 km – Caserta 71 km – Latina 76 km
Carta stradale Michelin 563-S22

Grande Albergo Miramare

via Appia 44, Est: 2 km – ☎ *07 71 32 00 47 – www.grandealbergomiramare.it*
58 cam � – ♦99/124 € ♦♦133/168 € – **1 suite**
Serie di dependance tra i pini e il mare per un soggiorno di tono poco alberghiero e di esclusiva riservatezza. Le camere più affascinanti si affacciano sul golfo. Ampie sale al ristorante dal fascino retrò.

Fagiano Palace

via Appia 80, Est: 3 km – ☎ *07 71 72 09 00 – www.grandhotelfagiano.it*
51 cam ⊒ – ♦60/85 € ♦♦70/120 €
Per affari o vacanze, in direzione di Napoli, l'hotel dispone di camere spaziose (anche se non sempre recenti i bagni), la maggior parte con vista mare. L'ampio parcheggio vi risolverà il problema di dove lasciare la macchina.

Italo

via Unità d'Italia 96, Ovest: 2 km – ☎ *07 71 77 12 64 – www.ristoranteitalo.com – Chiuso 21 dicembre-4 gennaio, da lunedì a venerdì in novembre, lunedì e martedì negli altri mesi*
Menu 25/35 € – Carta 28/51 €
Per ogni esigenza, gastronomica, banchettistica o di semplice eleganza, un punto di riferimento di tutto rispetto qui a Formia; lungo la strada che affianca la costa.

FORMIGINE

Modena (MO) – ✉ 41043 – 34 272 ab. – Alt. 82 m – Carta regionale n° **5-B2**
▶ Roma 411 km – Bologna 54 km – Reggio nell'Emilia 40 km – Modena 13 km
Carta stradale Michelin 562-I14

La Fenice

via Gatti 3/73 – ☎ *0 59 57 33 44 – www.fenicehotel.it*
48 cam – ♦38/60 € ♦♦38/100 € – ⊒ 6 €
In una tranquilla zona residenziale, albergo a conduzione familiare le cui camere semplici, ma generalmente ampie, faranno la felicità di coloro che amano gli spazi generosi. Prima colazione a buffet.

Agriturismo La Corte della Barchessa

via Sant'Onofrio 51 – ☎ *0 59 46 21 24 – www.lacortedellabarchessa.com – Chiuso 26 luglio-2 agosto e 16-30 agosto*
6 cam ⊒ – ♦50/75 € ♦♦75/120 €
All'interno di un parco, dormirete nell'ex fienile di una cascina ottocentesca, tra arredi d'epoca e una simpatica gestione familiare. C'è anche un'acetaia visitabile con rivendita.

a Corlo Ovest : 3 km – ✉ 41043

Due Pini

via Radici in Piano 177, Est: 0,5 km – ☎ *0 59 57 26 97 – www.hotelduepini.it – Chiuso 10-16 agosto*
56 cam ⊒ – ♦45/90 € ♦♦65/130 €
Ristrutturati, ampliati e dotati delle attuali tecnologie, tre antichi edifici di epoche differenti ospitano questo hotel - confortevole e moderno - circondato da un piccolo parco e con cucina emiliana al ristorante: lasagne o tortellini in brodo, tra i piatti forti.

a Casinalbo Nord : 2 km – ✉ 41041

Modena Resort

via Giardini Nord 438 – ☎ *0 59 51 11 51 – www.modenaresort.it*
76 cam ⊒ – ♦94/240 € ♦♦114/290 €
Moderna struttura lungo la strada per Modena: d'inverno il lavoro è legato alla clientela commerciale, ma d'estate sono le famiglie ad approfittare delle camere dedicate con piccola cucina e giardino privato.

FORMIGLIANA

Vercelli (VC) – ⊠ 13030 – 513 ab. – Alt. 157 m – Carta regionale n° **12-C2**
▶ Roma 651 km – Stresa 76 km – Vercelli 18 km – Torino 69 km
Carta stradale Michelin 561-F6

XX **Franz**   ⚞ AC ⟷

via Roma 35 – ℰ 01 61 87 70 05 – www.ristorantefranz.it – Chiuso lunedì e martedì
Carta 27/111 €
Un locale d'impronta classica, periodicamente rinnovato e molto ben tenuto, gestito da una famiglia allargata, con accenti femminili. Cucina quasi esclusivamente di mare.

FORNI DI SOPRA

Udine (UD) – ⊠ 33024 – 1 016 ab. – Alt. 907 m – Carta regionale n° **6-A1**
▶ Roma 673 km – Cortina d'Ampezzo 64 km – Belluno 73 km – Udine 91 km
Carta stradale Michelin 562-C19

🏠 **Edelweiss**   ⚘ ← ⬚ 🔁 ⚞ ⚹⚹ 🐾 **P**

via Nazionale 19 – ℰ 0 43 38 80 16 – www.edelweiss-forni.it – Chiuso ottobre-novembre
27 cam ⚏ – ♦35/50 € ♦♦75/100 €
Nel Parco delle Dolomiti Friulane, albergo a conduzione familiare dotato di camere funzionali e di un bel giardino. In cucina predominano erbe spontanee e i prodotti della Carnia.

FORNO DI ZOLDO

Belluno (BL) – ⊠ 32012 – 2 370 ab. – Alt. 848 m – Carta regionale n° **23-C1**
▶ Roma 638 km – Belluno 37 km – Cortina d'Ampezzo 43 km – Treviso 95 km
Carta stradale Michelin 562-C18

X **Tana de 'l Ors**   ⇜
⊛⊛
via Roma 28 – ℰ 04 37 79 40 97 – www.ristorantetanadelors.it – Chiuso 30 marzo-22 aprile e 2-24 novembre
Menu 18 € (pranzo in settimana)/60 € – Carta 32/60 € – *(chiuso domenica sera e lunedì in bassa stagione)* (consigliata la prenotazione la sera)
5 cam – ♦50/70 € ♦♦70/100 € – ⚏ 8 €
In questa zona di caccia, lo chef propone una cucina moderna, dove la carne è la protagonista principale, ma troverete anche qualche ispirazione proveniente dal mare. La struttura mette a disposizione mono e bilocali con angolo cottura.

a Mezzocanale Sud-Est : 10 km – ⊠ 32013 Forno Di Zoldo – Alt. 620 m

X **Mezzocanale-da Ninetta**   🖼 ⟷ **P**
⊛
via Canale 22 – ℰ 0 43 77 82 40 – www.trattoriadaninetta.it – Chiuso settembre, martedì sera e mercoledì
Carta 24/53 €
Oltre 120 anni di storia per questo punto di ristoro lungo la strada Forno di Zoldo-Longarone: sala-bar riscaldata dal fogolar ottocentesco o sala classica, una cortese accoglienza familiare a voce spiega le specialità della cucina dolomitica. Imperdibili i canederli integrali ai formaggi, ma anche tagliolini ai lamponi con porcini e pomodorini.

FORNOVO DI TARO

Parma (PR) – ⊠ 43045 – 6 171 ab. – Alt. 158 m – Carta regionale n° **5-B2**
▶ Roma 488 km – Parma 34 km – Reggio nell'Emilia 65 km – Piacenza 77 km
Carta stradale Michelin 562-H12

X **A la Maison**   AC

piazza Matteotti 18 – ℰ 05 25 26 91 – www.ristorantemaison.com – Chiuso martedì sera e mercoledì
Carta 29/61 €
Conduzione familiare in un accogliente locale ricavato nelle cantine di un antico palazzo del centro. In menu: gustose proposte di cucina regionale e stagionale.

FORTE DEI MARMI

Lucca (LU) – ✉ 55042 – 7 642 ab. – Carta regionale n° **18-A1**
▶ Roma 381 km – Pisa 39 km – Livorno 56 km – Lucca 38 km
Carta stradale Michelin 563-K12

 Grand Hotel Imperiale ✿ 🛋 🎿 ☾ 🖥 🔲 🕭 🗚 🍴 🚗

via Mazzini 20 – 𝒞 0 58 47 82 71 – www.grandhotelimperiale.it – Aperto
2 marzo-30 ottobre
24 cam – 🛏300/900 € 🛏🛏300/900 € – ☕ 28 € – **22 suites**
Atmosfera e servizio impeccabile sono i principali atout di questo albergo, dove il
lusso si declina nei dettagli dipinti color oro, nonché nell'attrezzata beauty farm. E
l'esclusività raggiunge il mare: spiaggia privata a pagamento Minerva Beach con
servizio ristorante annesso.

Principe Forte dei Marmi ✿ 🍽 🛋 🎿 ☾ 🌐 🕭 🔲 🖥 🗚 🍴 🚗

viale A. Morin 67 – 𝒞 05 84 78 36 36 – www.principefortedeimarmi.com
28 cam ☕ – 🛏770/1331 € 🛏🛏770/1331 €
Rist *Lux Lucis* – Vedere selezione ristoranti
Lontano dalla classicità alberghiera tradizionale, Principe Forte dei Marmi è un
hotel di lusso immerso nel verde sullo sfondo delle Alpi Apuane e a pochi metri
dalla spiaggia. Inondata da luce, minimalista negli arredi, la struttura è al tempo
stesso sofisticata e moderna.

Augustus Lido ✿ 🍽 🛋 ☾ 🖥 🗚 🅿

viale Morin 72 – 𝒞 05 84 78 74 42 – www.augustushotelresort.com – Aperto
1° maggio-30 settembre
21 cam ☕ – 🛏260/620 € 🛏🛏300/900 € – **2 suites**
Splendida villa neorinascimentale di fine Ottocento, fu anche celebre dimora degli
Agnelli: dell'epoca rimangono molti arredi e tessuti, nonché un'atmosfera tra l'inglese e il retrò. Piacevole plus: è l'unico albergo con sottopasso per la spiaggia!

Villa Roma Imperiale 🌿 🍽 ☾ 🖥 🕭 🗚 🍴 🅿

via Corsica 9 – 𝒞 0 58 47 88 30 – www.villaromaimperiale.com
– Aperto 21 aprile-24 settembre
25 cam ☕ – 🛏250/960 € 🛏🛏300/960 € – **6 suites**
Abbracciata da un tranquillo giardino con piscina, una villa anni '20 d'impeccabile
tenuta: interni sobri ed eleganti giocati sulle sfumature del colore sabbia e qualche accenno etnico in alcune camere.

 Byron ✿ 🍽 ☾ 🖥 🗚 🍴 🅿

viale Morin 46 – 𝒞 05 84 78 70 52 – www.hotelbyron.net
– Aperto 1° aprile-1° ottobre
29 cam ☕ – 🛏190/390 € 🛏🛏290/570 €
Rist *La Magnolia* ❀ – Vedere selezione ristoranti
Si respira un'atmosfera discreta e riservata - quasi da dimora privata - in questa
elegante struttura nata dall'unione di due ville di fine '800, immersa in un delizioso giardino con piscina.

Augustus ✿ 🌿 🍽 ☾ 🕭 🖥 🗚 🍴 🅿

viale Morin 169 – 𝒞 05 84 78 72 00 – www.augustushotelresort.com – Aperto
1° aprile-30 ottobre
70 cam ☕ – 🛏260/620 € 🛏🛏300/900 € – **10 suites**
All'interno di villa Pesenti, edificio razionalista degli anni '30 poi ampliato, o in
sette villini distribuiti nel parco, l'Augustus è meta di chi cerca il silenzio e un
fascino retrò mai sorpassato.

 Villa Grey ✿ 🍽 🛋 🖥 🕭 🗚 🅿

viale Italico 84 – 𝒞 05 84 78 74 96 – www.villagrey.it – Chiuso novembre
19 cam ☕ – 🛏140/330 € 🛏🛏180/590 € – **2 suites**
Fronte mare, siamo in un'elegante villa di fine '800 trasformata all'interno in
ambienti moderni giocati sulle sfumature del grigio, a cui fa eco il verde dell'incantevole giardino sul retro.

California Park Hotel

via Cristoforo Colombo 32 – 05 84 78 71 21 – www.californiaparkhotel.com – Aperto 1° maggio-30 settembre

40 cam – **190/450 € 210/660 € – 6 suites**

Immersa in un lussureggiante parco, una bella struttura - moderna e funzionale - dall'aspetto estivo e mediterraneo. Composta da un corpo principale e da dépendence vanta un comune denominatore: l'ottimo confort.

Il Negresco

viale Italico 82 – 0 58 47 88 20 – www.hotelilnegresco.com – Chiuso 20 giorni in dicembre e 10 giorni in gennaio

40 cam – **110/550 € 150/700 €**

Sul lungomare, l'albergo splende di marmi con camere tematiche per piano e colori; circa metà si affacciano sul mare, per tutti c'è una terrazza solarium panoramica sul litorale.

Hermitage

via Cesare Battisti 50 – 05 84 78 71 44 – www.albergohermitage.it – Aperto maggio-settembre

56 cam – **140/295 € 180/520 € – 3 suites**

Tra il verde dei pini e dei lecci, cinto da un giardino con piscina, un albergo piacevole, sito in una zona quieta della località. Simpatica area giochi per i bambini e comoda navetta per la spiaggia.

Mignon

via Carducci 58 – 05 84 78 74 95 – www.hotelmignon.it – Aperto 1° aprile-31 ottobre

34 cam – **80/230 € 120/260 €**

Quasi una piccola bomboniera composta da un curato giardino, eleganti salotti, verande e camere confortevoli: nella categoria, uno dei migliori alberghi di Forte. Terrazza-solarium con piccola piscina.

Hotel 1908

via Flavio Gioia 2 – 05 84 78 75 31 – www.hotel1908.com – Chiuso 20-28 dicembre

27 cam – **80/390 € 120/680 € – 1 suite**

Un edificio liberty degli anni '30 è il bel biglietto da visita di questa struttura, centrale e con piccola piscina, che si apre all'interno su ambienti e camere eterogenee, sobri ma confortevoli.

Kyrton

via Raffaelli 16 – 00 39 05 84 78 74 61 – www.hotelkyrton.it – Aperto 10 marzo-20 ottobre

33 cam – **40/149 € 65/260 € – 1 suite**

Camere semplici, ma confortevoli, in un hotel immerso nel verde di un curato giardino con piscina, la cui cordiale gestione familiare vi farà sentire un po' come ospiti da amici.

Sonia

via Matteotti 42 – 05 84 78 71 46 – www.albergosonia.it

20 cam – **70/150 € 90/230 €**

Tra cimeli e decorazioni, il Sonia assomiglia più ad un'accogliente casa privata che ad un albergo. Raccolto intorno ad un piccolo giardino interno, la sua anima è la proprietaria, una simpatica amica per gli ospiti dell'hotel.

Piccolo Hotel

viale Morin 24 – 05 84 78 74 33 – www.albergopiccolohotel.it – Aperto 1° maggio-30 settembre

32 cam – **70/150 € 120/280 €**

Immerso nel verde e vicino alla spiaggia (con accesso anche dal lungomare), un hotel a gestione familiare, che da oltre mezzo secolo offre buoni confort e piacevoli camere.

President ⌂ ⚲ ⚓ 🔲 AC P

via Caio Duilio 4 ang. viale Morin – 𝒞 *05 84 78 74 21 – www.presidentforte.it*
– Aperto Pasqua-30 settembre
44 cam ⌴ – †100/260 € ††160/340 €
A pochi passi dal mare - in zona verde e residenziale - una struttura moderna
con interni signorili e spaziose zone comuni. Spiaggia privata a disposizione
degli ospiti.

Le Pleiadi ⌂ ⚲ ⚓ 🔲 AC ⚆ P

via Civitali 51 – 𝒞 *05 84 88 11 88 – www.hotellepleiadi.it*
– Aperto 22 aprile-30 settembre
30 cam ⌴ – †75/230 € ††90/250 €
Pini marittimi ad alto fusto lo circondano e in parte lo nascondono. Nella quiete
delle vie più interne, camere fresche e la semplicità di una gestione familiare.

Tarabella ⌂ ⚲ ⚓ 🔲 ⚆ AC ⚆ P

viale Versilia 13/b – 𝒞 *05 84 78 70 70 – www.tarabellahotel.it – Aperto*
15 aprile-10 ottobre
32 cam ⌴ – †60/110 € ††80/190 €
Piacevole edificio niveo con qualche decorazione dipinta, un piccolo giardino lo
circonda. E' una risorsa dal sapore familiare, confortevole e tranquilla, con una
sala giochi per i bambini.

Lorenzo ❀❀ AC ⚆ ⇔

via Carducci 61 – 𝒞 *0 58 48 96 71 – www.ristorantelorenzo.com – Chiuso*
15 dicembre-31 gennaio, martedì a mezzogiorno e lunedì
Menu 80/110 € – Carta 65/135 €
Una leggenda trentennale cesellata d'imperdibili momenti, dalla celebre maionese preparata in sala alla qualità del servizio, ma, su tutto, il pesce, una garanzia
di freschezza firmata Lorenzo.
→ Bavette sul pesce. Aragosta rosa di fondale in crosta con indivia all' acqua di
pomodoro.Variazione ai tre cioccolati.

Bistrot ❀❀ AC ⇔

viale Franceschi 14 – 𝒞 *0 58 48 98 79 – www.bistrotforte.it – Chiuso*
14-29 dicembre e martedì
Menu 80/95 € – Carta 69/95 € – *(solo a cena escluso sabato e domenica)*
(consigliata la prenotazione)
L'abbondanza, la generosità e la qualità del pesce stupiranno anche gli avventori
più navigati. Tra proposte di crudo, al vapore e alla brace, nella cornice di eleganti
sale sul lungomare, l'esperienza renderà memorabile la vacanza al Forte.
→ Variazione sul tonno rosso. Agnolotto di astice e burrata con guazzetto di vongole veraci e filetti di sedano. Aragosta in crosta di pane al timo con caprese di
pomodoro, olio al basilico e mozzarelline arrostite.

La Magnolia – Hotel Byron ❀❀ ⚓ 🔲 AC ⚆ P

viale Morin 46 – 𝒞 *05 84 78 70 52 – www.hotelbyron.net*
– Aperto 1° aprile-1° ottobre
Menu 80/110 € – Carta 77/116 €
Il nuovo, giovane, chef sorrentino porta tutta la solarità della sua terra natale qui
in Versilia e forte dell'esperienza maturata presso importanti ristoranti stellati,
continua la tradizione creativa del locale, personalizzandola però con un'impronta
schietta e scevra da ogni tecnicismo: una cucina "fusion tosco-campana", come lui
stesso ma definirla.
→ Spaghettone di Gragnano al pomodoro giallo e burrata, gamberi rossi e
cotenna soffiata. Come il cacciucco: pesce di scoglio, crostacei e molluschi cotti e
crudi. Torrone ghiacciato, crumble al pistacchio e sorbetto all'arancia.

Lux Lucis – Principe Forte dei Marmi ⚓ 🔲 AC 🚗

viale A. Morin 67 – 𝒞 *05 84 78 36 36 – www.principefortedeimarmi.com – Chiuso*
in inverno esclusi i giorni festivi, lunedì e martedì escluso luglio e agosto
Menu 60/90 € – Carta 64/90 € – *(solo a cena)*
Gli appassionati di cucina creativa e sperimentale troveranno qui la loro destinazione: piatti all'apparenza semplici, ma imperniati su accostamenti e presentazioni originali.

XX **Osteria del Mare**

viale Franceschi 4 – 𝒞 0 58 48 36 61 – www.marcodavid.com – Chiuso giovedì escluso luglio-agosto
Menu 45/70 € – Carta 41/86 € – (prenotare)
Sul lungomare di questa prestigiosa stazione balneare, due luminose sale ed un gradevole dehors dove gustare piatti (soprattutto) a base di pesce. Ampia carta dei vini.

X **The Fratellini's**

via Franceschi 2b – 𝒞 0 58 48 29 31 – www.marcodavid.com – Chiuso lunedì
Menu 40/75 € – Carta 38/88 €
Ambiente moderno e semplice, tavoli serrati ed ottimo servizio in questo ristorante quasi esclusivamente votato al pesce. La specialità è il crudo: al naturale, in piatti più elaborati o in versione giapponese, sushi e sashimi.

FORTUNAGO

Pavia (PV) – ✉ 27040 – 384 ab. – Alt. 482 m – Carta regionale n° **9-B3**
▶ Roma 585 km – Alessandria 66 km – Milano 78 km – Pavia 41 km
Carta stradale Michelin 561-H9

Agriturismo Cascina Casareggio

località Casareggio 1, Ovest: 5 km – 𝒞 03 83 87 52 28
– www.cascinacasareggio.it
10 cam – †65/75 € ††80/90 €
In posizione isolata e tranquilla, immerso in un parco, l'agriturismo ha preso il posto del piccolo paesino. Nei diversi caseggiati, il fascino di camere accoglienti, inaspettatamente arredate con mobili classici. Piacevoli e curate, le sale del ristorante si aprono su una cucina casalinga e regionale.

FORZA D'AGRÒ

Sicilia – Messina (ME) – ✉ 98030 – 906 ab. – Alt. 420 m – Carta regionale n° **17-D2**
▶ Catania 61 km – Messina 41 km – Palermo 271 km – Taormina 15 km
Carta stradale Michelin 565-N27 – Guida Verde Michelin SICILIA

Baia Taormina

via Nazionale km 39, Est: 5 km – 𝒞 09 42 75 62 92 /3 /4
– www.baiataormina.com – Aperto 1° aprile-31 ottobre
122 cam ⌿ – †80/250 € ††120/350 € – **3 suites**
Sito sullo scoglio panoramico che si affaccia sull'omonima baia, un suggestivo hotel recentemente ampliatosi con una nuova ala: spiaggia privata e, in terrazza, due piscine raggiungibili con l'ascensore.

FOSDINOVO

Massa-Carrara (MS) – ✉ 54035 – 4 909 ab. – Alt. 500 m – Carta regionale n° **18-A1**
▶ Roma 413 km – La spezia 26 km – Massa 24 km – Livorno 88 km
Carta stradale Michelin 563-J12

La Castellana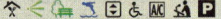

via Pilastri 18, Sud-Est: 4 km – 𝒞 01 87 68 00 10 – www.albergolacastellana.com
30 cam ⌿ – †70/90 € ††90/120 €
Sulla strada per Fosdinovo e in posizione panoramica, ambienti ariosi, piacevolmente arredati con mobili in stile contemporaneo e linee sobrie nelle confortevoli camere. Sala ristorante panoramica con possibilità anche di pizze cotte in forno a legna.

FOSSANO

Cuneo (CN) – ✉ 12045 – 24 747 ab. – Alt. 375 m – Carta regionale n° **12-B3**
▶ Roma 645 km – Torino 73 km – Cuneo 30 km – Asti 65 km
Carta stradale Michelin 561-I5

Palazzo Righini 🏠 🛜 📺 ♿ AC 🧖

via Negri 20 – ℰ 01 72 66 66 66 – www.palazzorighini.it
23 cam 🖃 – 🛏️110/160 € 🛏️🛏️135/185 € – **1 suite**
Rist *Antiche Volte* – Vedere selezione ristoranti
Camere lussuosamente classiche, dove ognuna si caratterizza per un dettaglio
- volte e pareti affrescate, soffitti a cassettoni, tende in taffetà di seta o letti a baldacchino - in un'affascinante dimora nobiliare del Seicento, che rimanendo al
passo con i tempi moderni offre anche un piccolo centro benessere.

🏠 **Dama** 📺 AC 🧖 P

via Circonvallazione 10 – ℰ 01 72 69 18 60 – www.damahotelfossano.com
33 cam 🖃 – 🛏️56/64 € 🛏️🛏️76/84 €
Albergo ad indirizzo commerciale nella immediata periferia della località, ambienti
classicamente sobri e ben curati.

XxX **Antiche Volte** – Hotel Palazzo Righini 🍴 ♿ AC 🔄

via Negri 20 – ℰ 01 72 66 66 66 – www.palazzorighini.it
Menu 43/62 € – Carta 48/71 € – (consigliata la prenotazione)
Sotto le antiche volte di Palazzo Righini una sosta gourmet: cucina moderna -
soprattutto a base di carne - e qualche specialità di mare. Con oltre 4000 bottiglie tra vini d'autore, annate prestigiose, bollicine italiane e straniere, la cantina
merita la lode.

FRABOSA SOPRANA

Cuneo (CN) – ✉ 12082 – 790 ab. – Alt. 891 m – Carta regionale n° **12-B3**
🛣 Roma 630 km – Cuneo 32 km – Torino 99 km – Savona 79 km
Carta stradale Michelin 561-J5

🏠 **Miramonti** 🏠 🌿 ⬅ 🍴 🖨 🏃 🧖 🚗

*via Roma 84 – ℰ 01 74 24 45 33 – www.miramonti.cn.it – Chiuso
28 marzo-1° maggio e 2 novembre-1° dicembre*
48 cam – 🛏️55/65 € 🛏️🛏️85/116 € – 🖃 8 €
La si sta rinnovando pian piano questa bella risorsa situata in un parco, specializzata nell'ospitare congressi e corsi di formazione inerenti la medicina olistica,
shiatsu, yoga. Accogliente e familiare, non manca di riservare un occhio di
riguardo ai piccoli ospiti. Invitante menu degustazione (i sapori della tradizione!)
al ristorante.

FRANCAVILLA AL MARE

Chieti (CH) – ✉ 66023 – 25 409 ab. – Carta regionale n° **1-C1**
🛣 Roma 216 km – Pescara 7 km – L'Aquila 115 km – Chieti 19 km
Carta stradale Michelin 563-O24

🏠 **Villa Maria Hotel & Spa** 🏠 🌿 ⬅ 🏊 ⚓ 🎿 🖼 🌐 🛜 🦶 📺 ♿ 🏃 AC

contrada Pretaro, via San Paolo, Nord-Ovest: 3 km 🧖 P
– ℰ 085 45 00 51 – www.hvillamaria.it
87 cam 🖃 – 🛏️99/139 € 🛏️🛏️130/189 € – **10 suites**
Piacevole soggiorno nella quiete di un grande parco e nel confort delle camere;
attrezzata zona relax con doccia emozionale e una sala colazioni panoramica per
lasciarsi svegliare dai riflessi del mare. In un'atmosfera intima e raffinata, la
sobrietà del ristorante si coniuga alla valorizzazione del territorio.

🏠 **Punta de l'Est** 🏠 ⬅ 🏃 AC P

*viale Alcione 188 – ℰ 08 54 98 20 76 – www.puntadelest.it – Aperto
23 aprile-15 ottobre*
48 cam 🖃 – 🛏️50/120 € 🛏️🛏️70/160 €
Praticamente sulla spiaggia, albergo a conduzione diretta composto dall'unione di
due belle ville: luminosi gli spazi comuni, confortevoli le camere.

XX **Il Brigantino - Chiavaroli** AC

*viale Alcione 101 – ℰ 0 85 81 09 29 – Chiuso lunedì, anche domenica sera da
settembre a giugno*
Menu 30/42 € – Carta 25/62 €
Ristorante non lontano dal mare, vanta una gestione di lunga ed affidabile esperienza (40 anni!), nonché piatti principalmente di pesce.

XX **La Nave** ⩤ 🍴 AK ⇔

🔄 *viale Kennedy 2 – ☏ 0 85 81 71 15 – Chiuso mercoledì*
Menu 25/100 € – Carta 29/101 €
Una sorta di Titanic felliniano arenato sulla spiaggia di Francavilla questa nave-ristorante: sul "ponte", il servizio estivo, nei piatti, le fragranze del mare presentate a voce.

FRASCATI

Roma (RM) – ✉ 00044 – 21 984 ab. – Alt. 320 m – Carta regionale n° **7-B2**
▶ Roma 19 km – Castel Gandolfo 10 km – Fiuggi 66 km – Frosinone 68 km
Carta stradale Michelin 563-Q20

🏨 **Flora** ⚡ 🍴 🔲 AK ♨ P

viale Vittorio Veneto 8 – ☏ 0 69 41 61 10 – www.hotel-flora.it
37 cam ⌂ – ♦90/125 € ♦♦110/150 € – **3 suites**
A due passi dal centro, lo stile Liberty della struttura vi farà certamente assaporare l'aristocratica atmosfera di quando Frascati era meta di villeggiatura della nobiltà romana. Roof garden panoramico.

🏨 **Colonna** ♿ AK ♻ 🚗

piazza del Gesù 12 – ☏ 06 94 01 80 88 – www.hotelcolonna.it
20 cam ⌂ – ♦65/90 € ♦♦80/120 €
Siete nel centro storico, ma il palazzo che ospita l'albergo è di epoca più recente, ideale per chi vuole scoprire le ricchezze artistiche di Frascati senza rinunciare al confort moderno. Deliziosamente affrescata la sala per la prima colazione.

🏨 **Cacciani** ⚡ ⩤ 🔲 AK ♻ 🚗

via Diaz 15 – ☏ 0 69 42 03 78 – www.cacciani.it
22 cam ⌂ – ♦55/90 € ♦♦65/110 €
Rist *Cacciani* – Vedere selezione ristoranti
In posizione centrale, è un albergo semplice pensato per una clientela di lavoro ed offre una bella vista sui dintorni e su villa Aldobrandini; qualche camera con terrazza panoramica.

XX **Cacciani** – Hotel Cacciani ✕ ⩤ 🍴 AK

🔄 *via Diaz 13 – ☏ 0 69 42 03 78 – www.cacciani.it – Chiuso 7-14 gennaio,
16-21 agosto, domenica sera e lunedì*
Menu 25 € (pranzo in settimana)/50 € – Carta 34/57 €
Molte generazioni hanno contribuito al successo di questo locale, le cui proposte spaziano dai classici laziali a piatti più innovativi. Terrazza panoramica per il servizio estivo.

X **Zarazà** 🍴

*viale Regina Margherita 45 – ☏ 0 69 42 20 53 – www.trattoriazaraza.it – Chiuso
2 settimane in agosto, 1 settimana in gennaio, domenica sera escluso
giugno-settembre e lunedì*
Carta 25/35 €
Locale a gestione familiare che nell'insegna ricorda il nome del nonno; semplice ma ben tenuto, propone l'autentica cucina popolare laziale. D'estate il servizio è all'aperto.

FRATTA – Forlì-Cesena (FC) ➡ Vedere Bertinoro

FRATTA TODINA

Perugia (PG) – ✉ 06054 – 1 864 ab. – Alt. 215 m – Carta regionale n° **20-B2**
▶ Roma 139 km – Perugia 43 km – Assisi 55 km – Orvieto 43 km
Carta stradale Michelin 563-N19

🏨 **La Palazzetta del Vescovo** – Country House ⚡ 🐕 ⩤ 🍴 🏊 ⅃ ♿ ♻ P

*via Clausura 17, località Spineta, Ovest: 3 km – ☏ 07 58 74 51 83
– www.lapalazzettadelvescovo.com – Aperto 1° aprile-2 novembre*
9 cam ⌂ – ♦150/180 € ♦♦195/240 €
Elegante e ricca di fascino, arredata con mobili antichi, attenzione ai particolari e una calda armonia di colori; nel rigoglioso giardino, essenze mediterranee e un'ampia piscina a raso.

FREIBERG – Bolzano (BZ) → Vedere Merano

FROSINONE
✉ 03100 – 46 507 ab. – Alt. 291 m – Carta regionale n° **7-C2**
▶ Roma 94 km – Avezzano 77 km – Latina 57 km – Isernia 103 km
Carta stradale Michelin 563-R22

Astor
via Marco Tullio Cicerone 194 – 𝒞 07 75 27 01 32 – www.astorhotel-frosinone.it
53 cam ⊡ – ♦45/64 € ♦♦75/100 € – **1 suite**
Per chi vuole trovare comodità e confort, una risorsa dotata di parcheggio e
garage, in una zona centrale e trafficata. Spazi comuni con foto di celebrità passate
di qui. Una cucina improntata alle tradizioni ciociare, nell'elegante sala da pranzo.

Palombella
*via Maria 234 – 𝒞 33 85 20 81 74 – www.palombella.com – Chiuso domenica
sera*
Menu 20 € (pranzo in settimana) – Carta 31/51 €
Elegante atmosfera liberty con marmi, vetri colorati e specchi; il recente cambio
di gestione ha apportato alcune intriganti modifiche. Molte le proposte di pesce
e la sera anche pizza.

FROSSASCO
Torino (TO) – ✉ 10060 – 2 891 ab. – Alt. 376 m – Carta regionale n° **12-B2**
▶ Roma 665 km – Torino 36 km – Asti 79 km – Cuneo 71 km
Carta stradale Michelin 561-H4

Adriano Mesa
via Principe Amedeo 57 – 𝒞 01 21 35 34 55 – Chiuso lunedì
Menu 40 € – (prenotazione obbligatoria)
Il segreto della qualità? Una carta limitata, meno di dieci proposte tra cui scegliere, che garantiscono la freschezza e la bontà dei prodotti, nonché prezzi contenuti. Specialità: risotto agli asparagi e, per gli irriducibili della carne, agnello pré
salé alla lavanda.

FUMANE
Verona (VR) – ✉ 37022 – 4 148 ab. – Alt. 198 m – Carta regionale n° **22-A2**
▶ Roma 515 km – Verona 18 km – Brescia 69 km – Mantova 52 km
Carta stradale Michelin 562-F14

Costa degli Ulivi
via Costa 5 – 𝒞 04 56 83 80 88 – www.costadegliulivi.com – Chiuso 7-31 gennaio
18 cam ⊡ – ♦60/90 € ♦♦100/120 €
Vecchio casolare di campagna cinto da una vasta proprietà; all'interno camere
semplici arredate con mobili rustici in legno, luminose quelle con nuove affacciate
sui vigneti. Polenta abbrustolita con soppressa e lardo, pasta e fagioli, grigliate
miste e dolci casalinghi nell'ampia sala verandata del ristorante.

FUNO – Bologna (BO) → Vedere Argelato

FURLO – Pesaro e Urbino (PU) → Vedere Acqualagna

FURORE
Salerno (SA) – ✉ 84010 – 830 ab. – Alt. 300 m – Carta regionale n° **4-B2**
▶ Roma 264 km – Napoli 55 km – Salerno 35 km – Sorrento 40 km
Carta stradale Michelin 564-F25

Agriturismo Sant'Alfonso
*via S. Alfonso 6 – 𝒞 0 89 83 05 15 – www.agriturismosantalfonso.it – Chiuso
15 gennaio-15 febbraio*
9 cam – solo ½ P 55/70 €
Tra i tipici terrazzamenti della Costiera, un ex convento dell'800, ora agriturismo;
conserva cappella, ceramiche, affreschi e forno a legna di quel periodo. Camere
semplici. Prodotti di stagione, il vino dell'azienda ed il profumo elle erbe aromatiche in sala o in terrazza.

XX **Hostaria di Bacco** 🖇 ⬅ 🏠 🌳 AC ⅋ P
via G.B. Lama 9 – ℰ 0 89 83 03 60 – www.baccofurore.it – Chiuso 15-30 gennaio
Carta 33/62 € – *(chiuso martedì)* **19 cam** ⌴ – ✝70/100 € ✝✝130/70 €
Ampia scelta di piatti del territorio molto ben elaborati in un locale dall'ottima
conduzione famigliare con terrazza panoramica; se dalla carta fanno capolino i
"ndunderi di Minori" (pasta fatta a mano tipica della località) con pomodorini,
vongole e pesto al basilico, il menu saprà soddisfare anche bambini e vegani.

FUSIGNANO
Ravenna (RA) – ✉ 48010 – 8 226 ab. – Carta regionale n° **5-C2**
▶ Roma 372 km – Bologna 68 km – Ravenna 29 km – Faenza 26 km
Carta stradale Michelin 562-I17

🏠 **Cà Ruffo** ✿ 🔄 ⅊ AC
*via Leardini 8 – ℰ 05 45 95 40 34 – www.caruffo.it – Chiuso 1° -7 gennaio e
3 settimane in agosto*
8 cam ⌴ – ✝80 € ✝✝100 € – **1 suite**
Rist *La Voglia Matta* – Vedere selezione ristoranti
Centrale, piccolo e raccolto: un palazzotto nobiliare oggi trasformato in
hotel, dispone di poche stanze, tutte personalizzate, per sentirsi coccolati con
eleganza.

XX **La Voglia Matta** – Hotel Cà Ruffo 🐎 🌳 AC ⟷
*via Vittorio Veneto 63 – ℰ 05 45 95 40 34 – www.caruffo.it – Chiuso
1°-7 gennaio, 3 settimane in agosto, sabato a pranzo e domenica*
Menu 15 € (pranzo in settimana)/35 € – Carta 33/69 €
Al piano terra dell'albergo Ca' Ruffo, una piccola bomboniera dove gustare una
saporita cucina divisa equamente tra terra e mare. Qualche ricetta vegetariana
ed economiche proposte per pranzi di lavoro.

GABBIANO – Firenze (FI) ➔ Vedere Scarperia

GABICCE MARE
Pesaro e Urbino (PU) – ✉ 61011 – 5 811 ab. – Carta regionale n° **11-B1**
▶ Roma 325 km – Rimini 26 km – Ancona 93 km – Pesaro 17 km
Carta stradale Michelin 563-K20

🏨 **Grand Hotel Michelacci** ✿ ⬅ 🏊 🔄 🌐 ⌴ 🚹 AC 🎰 P
piazza Giardini Unità d'Italia 1 – ℰ 05 41 95 43 61 – www.michelacci.com
140 cam ⌴ – ✝115/170 € ✝✝200/270 € – **10 suites**
Nel cuore della città, l'elegante risorsa si affaccia sul golfo ed offre ambienti
curati nei dettagli: bella piscina, moderno centro benessere ed un'attrezzata sala
congressi.

🏨 **Sans Souci** ✿ ⬅ 🏠 🌳 Ⅼ⌴ 🚹 AC 🎰 P
*viale Mare 9 – ℰ 05 41 95 01 64 – www.parkhotels.it – Aperto
1° marzo-30 novembre*
56 cam ⌴ – ✝55/131 € ✝✝79/252 € – **10 suites**
In posizione panoramica, questo moderno hotel, recentemente rinnovato,
domina la costa ed offre ambienti dai semplici arredi di gusto moderno ed una
dependance.

🏨 **Alexander** ✿ ⬅ 🏠 🔄 Ⅼ⌴ 🚹 AC 🎰 P
*via Panoramica 35 – ℰ 05 41 95 41 66 – www.alexanderhotel.it – Aperto
1° aprile-30 settembre*
48 cam ⌴ – ✝50/120 € ✝✝96/210 €
Ubicata tra mare e collina, una struttura classica con ambienti di moderna eleganza, area fitness, animazione ed attrezzature per le vacanze dei più piccoli. Inoltre, speciali attenzioni ai cicloturisti: è un bike hotel ben attrezzato!

🏨 **Majestic** ✿ 🔄 Ⅼ⌴ 🚹 AC P
*via Balneare 10 – ℰ 05 41 95 37 44 – www.majestichotel.it
– Aperto 15 maggio-20 settembre*
56 cam – ✝60/100 € ✝✝80/145 € – ⌴8 €
Nella zona alta della località, una piscina separa la struttura principale dalla
dépendance, camere gradevoli e dalle linee semplici.

Du Parc ⭐ 🛅 🖪 🕭 AC 🅿

via Panoramica 48 – ☏ 05 41 95 47 61 – www.duparchotel.it – Aperto Pasqua-30 settembre
39 cam – 🛏60/130 € 🛏🛏60/160 €
Hotel rinnovato in anni recenti, a conduzione familiare offre spazi e camere modernamente allestite. Sulla terrazza panoramica vi è la piscina ed è qui che viene servita la prima colazione.

Thea ⭐ < 🛋 🖪 🕭 AC 🚗

via Vittorio Veneto 11 – ☏ 05 41 95 00 52 – www.hotelthea.it – Aperto 1° aprile-1° ottobre
29 cam 🛏 – 🛏39/99 € 🛏🛏49/149 €
Direttamente sul mare con accessso diretto alla spiaggia, l'hotel mette a disposizione degli ospiti ambienti recentemente rinnovati negli arredi e camere con echi orientali. Sala da pranzo al primo piano con vista sul Mediterraneo.

Marinella ⭐ < 🛁 🕭 🖪 🕭 AC 🚗

via Vittorio Veneto 127 – ☏ 05 41 95 45 71 – www.hotel-marinella.it – Aperto 1° aprile-30 settembre
54 cam 🛏 – 🛏50/150 € 🛏🛏50/150 € – **8 suites**
In pieno centro, la risorsa è gestita da una famiglia di provata esperienza e dispone di ampie camere. Ideale punto di appoggio per escursioni nei dintorni, serba un occhio di riguardo ai cicloturisti! Nella sala ristorante affacciata sul mare, in giardino o in veranda, vi attende un ricco buffet.

Atlantic ⭐ 🛁 🖪 🕭 AC 🅿

via Panoramica 22 – ☏ 05 41 95 42 54 – www.hatlantic.it – Aperto 1° aprile-30 settembre
46 cam 🛏 – 🛏50/120 € 🛏🛏70/140 €
Hotel che ha subito negli ultimi tempi una profonda ristrutturazione: le nuove camere dispongono di un arredo semplice (di categoria superiore quelle all'ultimo piano), gli ambienti comuni sono moderni e c'è anche una piccola zona benessere.

Il Traghetto 🍴 AC

via del Porto 27 – ☏ 05 41 95 81 51 – www.ristoranteiltraghetto.com – Chiuso 25 novembre-12 febbraio e martedì escluso agosto
Carta 34/60 €
Dotato di uno spazio riservato ai fumatori, il ristorante propone una gustosa cucina regionale e di pesce con qualche proposta più moderna. Tra le specialità: l'antipasto Traghetto. Bel dehors sulla banchina del porto canale.

a Gabicce Monte Est : 2,5 km – ✉ 61011 Gabicce Mare – Alt. 144 m

Posillipo ⭐ 🛐 < 🍴 🛅 🕭 🖪 🕭 AC 🛗 🅿

via dell'Orizzonte 1 – ☏ 05 41 95 33 73 – www.hotelposillipo.com – Aperto 15 marzo-31 ottobre
31 cam 🛏 – 🛏80/140 € 🛏🛏110/220 € – **2 suites**
Rist *Posillipo* – Vedere selezione ristoranti
Sovrastando il verde e il mare in cima al colle di Gabicce, l'hotel dispone di rilassanti spazi comuni tra cui una bella piscina ed ampie camere (di standard superiore le junior suiteall'ultimo piano della casa).

Posillipo – Hotel Posillipo 🍴 < 🍴 🍴 🛅 🕭 AC 🅿

via dell'Orizzonte 1 – ☏ 05 41 95 33 73 – www.ristoranteposillipo.com – Aperto 15 marzo-31 ottobre
Menu 30 € (pranzo in settimana)/85 € – Carta 40/98 € – (chiuso lunedì escluso da maggio a settembre)
Si sono avvicendate ben tre generazioni in questo rinomato ristorante che entusiasma i suoi clienti per l'incantevole vista sull'Adriatico e per l'interessante reinterpretazione di piatti del territorio. La carta dei vini meriterebbe un capitolo a parte... più di mille etichette in lista!

Osteria della Miseria

*via Dei Mandorli 2, Est: 1,5 km – ℰ 05 41 95 83 08 – www.osteriadellamiseria.it
– Chiuso lunedì escluso giugno-agosto*
Carta 25/48 € – *(solo a cena)* (consigliata la prenotazione)
Un'allegra osteria con pareti tappezzate da foto in bianco e nero, che ritraggono
musicisti di blues e di jazz. Cucina regionale semplice, ma curata.

GADANA – Pesaro e Urbino (PU) → Vedere Urbino

GAETA

Latina (LT) – ⊠ 04024 – 20 936 ab. – Carta regionale n° **7-D3**
▶ Roma 141 km – Frosinone 99 km – Caserta 79 km – Latina 74 km
Carta stradale Michelin 563-S23

Villa Irlanda Grand Hotel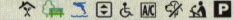

lungomare Caboto 6, Nord: 4 km – ℰ 07 71 71 25 81 – www.villairlanda.com
48 cam ⊐ – †82/229 € ††89/340 € – **5 suites**
In un susseguirsi di situazioni diverse, ogni ambiente della risorsa celebra il gusto
del bello in un mix di antico e moderno: si parte dalla piscina immersa nel parco
con villa neoclassica e convento del '900, sino ai resti di una domus romana. Un
complesso di grande fascino, tra il mare e le prime alture.

Claudio Petrolo

*piazza Conca 20/21 – ℰ 07 16 51 29 – www.claudiopetrolo.com – Chiuso
2 settimane in febbraio e lunedì escluso luglio-agosto*
Menu 36/60 € – Carta 41/57 € – *(solo a cena escluso domenica e festivi)*
Nella città vecchia ai piedi della cattedrale e a due passi dal mare, la passione del
titolare per la cucina si esprime in fantasiosi piatti di pesce elaborati partendo da
un'ottima materia prima.

sulla strada statale 213

Grand Hotel Le Rocce

*via Flacca km 23,300, Ovest: 6,8 km ⊠ 04024 – ℰ 07 71 74 09 85
– www.lerocce.com – Aperto 1° maggio-30 settembre*
57 cam ⊐ – †90/400 € ††135/550 € – **4 suites**
Armoniosamente inserito in una suggestiva insenatura, fra una natura rigogliosa e
un'acqua cristallina, ariose terrazze fiorite e camere di differenti tipologie. Ristorante di sobria eleganza con un'incantevole vista: la cucina delizia i palati con
piatti tradizionali e specialità di pesce la sera, proposte più semplici a pranzo.

Grand Hotel Il Ninfeo

*via Flacca km 22,700, Ovest: 7,4 km ⊠ 04024 – ℰ 07 71 74 22 91
– www.grandhotelilninfeo.it – Aperto 1° aprile-30 ottobre*
40 cam ⊐ – †80/140 € ††94/250 €
Proprio sulla spiaggia dell'incantevole insenatura di S. Vito, una bella risorsa digradante sul mare: adiacenti alla struttura i resti della villa romana "Il Ninfeo" con
angoli perfetti per un cocktail o un aperitivo, tra una moltitudine di fiori ed un
parco secolare. Un vero quadro sulla marina blu la suggestiva sala ristorante.

GAGGIANO

Milano (MI) – ⊠ 20083 – 9 060 ab. – Alt. 117 m – Carta regionale n° **10-A2**
▶ Roma 580 km – Alessandria 92 km – Milano 14 km – Novara 37 km
Carta stradale Michelin 561-F9

a Vigano Sud : 3 km – ⊠ 20083 Gaggiano

Antica Trattoria del Gallo

*via Privata Gerli 3 – ℰ 0 29 08 52 76 – www.trattoriadelgallo.com – Chiuso
10-25 agosto, lunedì e martedì*
Menu 45 € – Carta 34/53 €
Meta di gite fuoriporta - fin dal 1870 - è la "trattoria dei milanesi" che, gestita per
ben tre generazioni dalla famiglia Gerli, conserva ancora oggi ricette e calore di
un tempo. E se poi volete portarvi a casa i sapori gustati in loco, nella graziosa
bottega all'ingresso troverete alcuni prodotti artigianali.

GAIANO – Salerno (SA) → Vedere Fisciano

GAIBANA – Ferrara (FE) → Vedere Ferrara

GAIOLE IN CHIANTI
Siena (SI) – ⊠ 53013 – 2 786 ab. – Alt. 360 m – Carta regionale n° **18-C2**
▶ Roma 252 km – Firenze 60 km – Siena 28 km – Arezzo 56 km
Carta stradale Michelin 563-L16

Castello di Spaltenna ⚘ ⬥ ⬅ 🏠 ⌇ ☷ 🕸 🛏 ✗ AC ✧ 🅿
località Spaltenna 13 – ☎ *05 77 74 94 83 – www.spaltenna.it*
– Aperto 1° aprile-31 ottobre
32 cam ⊆ – ♦160/230 € ♦♦210/270 € – **5 suites**
Rist *Il Pievano* – Vedere selezione ristoranti
La pieve anticipa il carattere storico della struttura, che già fu monastero nel 1000, ed ora accoglie non più pellegrini, ma gentili ospiti in ambienti straripanti di charme. La location è speciale ed altrettanto la vista, soprattutto dalla terrazza sulle vigne di proprietà.

L'Ultimo Mulino ⚘ ⬥ 🏠 ⌇ 🖧 AC 🅿
località La Ripresa di Vistarenni 43, Ovest: 6 km – ☎ *05 77 73 85 20*
– www.ultimomulino.it – Aperto 1° aprile-31 ottobre
13 cam ⊆ – ♦109/189 € ♦♦119/259 € – **1 suite**
Celato dalla tranquillità dei boschi, l'hotel nasce dal restauro di un antico mulino medievale arredato in stile e dotato di confort moderni. In estate, allegri apertivi a bordo piscina.

Castello di Meleto ⚘ ⬅ 🏠 ⌇ AC 🅿
località Meleto Sud: 2 km – ☎ *05 77 74 91 29 – www.castellomeleto.it*
11 cam ⊆ – ♦70/120 € ♦♦120/170 € – **11 suites**
Circondato da tanto verde e vigneti, questo vero castello del 1200 ospita saloni e poche camere, ma molto belle e in stile. A dar manforte all'ospitalità, c'è però il borgo che consta di più rustici disseminati nella proprietà con altre stanze ed appartamenti affittabili anche per una sola notte; terrazze e piscine completano la cartolina.

XxX Il Pievano – Hotel Castello di Spaltenna 🍴 AC ✗ ⇔ 🅿
località Spaltenna 13 – ☎ *05 77 74 94 83 – www.spaltenna.it – Aperto*
1° aprile-31 ottobre
Menu 65/85 € – Carta 64/90 € – *(solo a cena)*
La gastronomia si confonde con la storia: all'interno di un convento del Quattrocento, d'inverno i piatti saranno serviti nella sala dei papi o in quella degli arazzi, nella bella stagione ci si sposta nell'incantevole chiostro. Cucina sia regionale, sia di esplorazione nazionale e proposte light a mezzogiorno in terrazza.

XX Badia a Coltibuono 🍴 🅿
località Coltibuono, Nord-Est: 5,5 km – ☎ *05 77 74 90 31 – www.coltibuono.com*
– Aperto 20 marzo-8 novembre
Menu 55 € – Carta 34/49 €
Fondata quale luogo di culto e di meditazione, oggi la badia è un ambiente sobriamente elegante dove assaporare i profumi della terra del Chianti.

sulla strada statale 408

Le Pozze di Lecchi ⚘ ⬥ 🏠 ⌇ 🕸 🔲 AC 🅿
località Molinaccio al km 21, Sud-Ovest: 6,3 km – ☎ *05 77 74 96 55*
– www.lepozzedilecchi.it – Aperto 25 marzo-1° novembre
14 cam ⊆ – ♦90/120 € ♦♦120/210 €
Atmosfera tra il fiabesco ed il romantico per questa bella risorsa nata sulle fondamenta di un mulino quattrocentesco. Tanto verde, tranquillità ed un ponticello in pietra che attraversa il torrente; nelle camere letti in ferro battuto: difficile resistere a tanto fascino!

GAIONE – Parma (PR) → Vedere Parma

GALATINA

Lecce (LE) – ✉ 73013 – 27 216 ab. – Alt. 75 m – Carta regionale n° **15-D3**

▶ Roma 588 km – Brindisi 58 km – Gallipoli 22 km – Lecce 20 km

Carta stradale Michelin 564-G36

 Palazzo Baldi

corte Baldi 2 – ☎ *08 36 56 83 45 – www.hotelpalazzobaldi.it*

15 cam 🛏 – ♥50/85 € ♥♥60/100 € – **5 suites**

In pieno centro, un'elegante residenza vescovile di origini cinquecentesche custodisce camere di differenti tipologie con arredi in stile, arricchiti con inserti in ceramica. Dall'ampia terrazza la vista spazia su tetti e chiese del centro storico.

✗ **Anima & Cuore**

corso Giuseppe Garibaldi 7 – ☎ *08 36 56 43 01*

– www.animaecuore.it – Chiuso giovedì da novembre a maggio e domenica sera da gennaio a marzo

Carta 24/75 €

A due passi dal Duomo, al primo piano di in un affascinante palazzo settecentesco dai pavimenti originali a mosaico, la gestione è giovane e affabile, la cucina pugliese, sia di mare che di terra, talvolta rivisitata. Servizio estivo in ampia terrazza.

GALEATA

Forlì-Cesena (FC) – ✉ 47010 – 2 544 ab. – Alt. 237 m – Carta regionale n° **5-CD2**

▶ Roma 308 km – Rimini 85 km – Firenze 99 km – Forlì 34 km

✗ **La Campanara**

località Pianetto via Borgo 24/a – ☎ *05 43 98 15 61*

– www.osterialacampanara.it – Chiuso 15-30 gennaio

Menu 30/35 € – Carta 28/39 € – *(chiuso lunedì) (solo a cena escluso sabato e domenica)* (consigliata la prenotazione)

6 cam 🛏 – ♥60 € ♥♥90 €

La cinquecentesca canonica dell'adiacente chiesa dei Miracoli è diventata una bella osteria gestita da una vivace coppia, dove gustare specialità tosco-romagnole, casalinghe e fragranti. Nella casa accanto si trova la locanda con sei eccellenti camere, un paio addirittura con bagno turco.

GALLARATE

Varese (VA) – ✉ 21013 – 52 850 ab. – Alt. 238 m – Carta regionale n° **10-A2**

▶ Roma 619 km – Varese 21 km – Milano 42 km – Como 55 km

Carta stradale Michelin 561-F8

 Astoria

piazza Risorgimento 9/A – ☎ *03 31 79 10 43*

– www.astoria.ws

28 cam – ♥58/150 € ♥♥90/200 € – 🛏 7 €

Ubicato nel centro del paese, costituisce un valido punto d'appoggio per il vicino aeroporto di Malpensa; camere pulite e ordinate, arredi sobri e confortevoli.

✗✗✗ **Ilario Vinciguerra**

via Roma 1 – ☎ *03 31 79 15 97 – www.ilariovinciguerra.it*

– Chiuso 10-31 agosto, domenica sera e mercoledì

Menu 95/120 € – Carta 76/132 € – (consigliata la prenotazione)

Simpatia e genuina ospitalità all'interno di un'imponente villa liberty sono il biglietto da visita di un'eccellente cucina che non cessa di crescere e sorprendere all'insegna di prodotti e colori mediterranei. È un regalo per gli amanti dell'olio d'oliva, i sapori intensi e i prodotti di qualità.

→ Risolio mele annurche e capperi. Selezione di crudo di mare. Ricotta e pere.

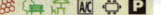

X **Trattoria del Ponte** AC P

corso Sempione 99 – ℰ 03 31 77 72 92 – www.trattoriadelponte.com
Carta 24/54 €
Frequentata trattoria non molto distante dal centro. Le specialità profumano di mare e valgono una cena, ma per chi ha fretta c'è un'ottima lista di pizze.

a Malpensa Aeroporto Terminal 1 Ovest : 11 km

Sheraton Milan Malpensa

Terminal 1 ✉ 21013 Gallarate – ℰ 0 22 33 51
– www.sheratonmilanmalpensa.com
427 cam – ♦109/499 € ♦♦130/509 € – ☑ 20 € – **6 suites**
Design contemporaneo per un hotel dalle imponenti dimensioni e dai grandi confort: camere dotate del proverbiale Sweet Sleeper Bed (lenzuola morbidissime, piumino deluxe ed una selezione di cuscini in piuma o ipoallergenici), moderna Spa ed un attrezzato fitness center per una clientela in transito a Malpensa. La struttura è situata infatti all'interno del Terminal 1.

a Malpensa Aeroporto Terminal 2 Ovest : 13 km

Moxy Hotels ⊡ AC

Terminal 2 ✉ 21013 Gallarate – ℰ 02 94 75 71 00 – moxy-hotels.marriott.com
162 cam – ♦50/150 € ♦♦50/150 € – ☑ 10 €
Contiguo al Terminal 2 dell'aeroporto di Malpensa, una moderna struttura dal design contemporaneo e dalla impostazione molto informale, confortevoli camere con dotazioni tecnologiche di ottimo livello e servizio snack 24h/24.

GALLIATE
Novara (NO) – ✉ 28066 – 15 685 ab. – Alt. 153 m – Carta regionale n° **12-C2**
▶ Roma 623 km – Torino 102 km – Novara 9 km – Vercelli 33 km
Carta stradale Michelin 561-F8

XX **Osteria del Borgo** AC

via Pietro Custodi 5 – ℰ 03 21 86 63 12 – www.osteriadelborgo.eu – Chiuso lunedì
Carta 55/86 €
Partito con una cucina tipicamente piemontese, l'intraprendente cuoco se ne è via via discostato - sebbene alcuni piatti figurino ancora in menu - per proporre sue personalissime elaborazioni e anche pesce: ormai l'attrazione principale del locale!

GALLIERA VENETA
Padova (PD) – ✉ 35015 – 7 105 ab. – Alt. 49 m – Carta regionale n° **22-B1**
▶ Roma 535 km – Padova 37 km – Trento 109 km – Treviso 32 km
Carta stradale Michelin 562-F17

X **Al Palazzon** ⟳ & AC ⇔ P

via Cà Onorai 2, località Mottinello Nuovo – ℰ 04 95 96 50 20
– www.alpalazzon.it – Chiuso 12-18 agosto, domenica sera e lunedì
Menu 19 € (pranzo in settimana)/45 € – Carta 29/55 €
Esternamente la struttura è quella di un cascinale, all'interno si scoprono tre eleganti salette, curate nei particolari. In menu: ravioli d'oca con burro e timo, spiedo della corte (faraona, maialino e vitello), crostata di frutta fresca, nonché altre gustose specialità.

GALLIO
Vicenza (VI) – ✉ 36032 – 2 380 ab. – Alt. 1 090 m – Carta regionale n° **23-B2**
▶ Roma 587 km – Trento 78 km – Treviso 81 km – Vicenza 68 km
Carta stradale Michelin 562-E16

Gaarten

via Kanotole 13/15 – ℰ 0 42 46 55 68 – www.hotelgaarten.com
45 cam ☑ – ♦105/130 € ♦♦190/240 €
Risorsa polifunzionale d'impostazione moderna, decisamente confortevole e ideale per congressi in altura. Grazie al nuovo centro benessere, la struttura risulta anche indicata per vacanze "relax". Cucina internazionale nel rispetto e nell'attenta valorizzazione dei prodotti tipici.

GALLIPOLI

Lecce (LE) – ✉ 73014 – 20 766 ab. – Carta regionale n° **15-D3**

▶ Roma 621 km – Brindisi 80 km – Otranto 49 km – Lecce 41 km

Carta stradale Michelin 564-G35

 Palazzo del Corso

corso Roma 145 – ✆ 08 33 26 40 40 – www.hotelpalazzodelcorso.it – Aperto 1° marzo-30 novembre

8 cam ⊊ – †139/399 € ††149/559 € – **6 suites**

A pochi passi dal centro storico, sarete ospiti di un palazzo ottocentesco dagli eleganti ambienti arredati con tessuti e mobili di pregio ed un roof-garden dove trova posto il ristorante La Dolce Vita. A lato della reception accogliente saletta/enoteca per degustazioni e asporto.

 Relais Corte Palmieri

corte Palmieri 3 – ✆ 08 33 26 68 14 – www.relaiscortepalmieri.it – Aperto 1° aprile-31 ottobre

20 cam ⊊ – †74/299 € ††74/359 € – **4 suites**

In un palazzo del '700 restaurato nel pieno rispetto della struttura originaria - tra terrazzamenti e muri bianchi - una risorsa unica, curata e ricca di personalizzazioni. Un gioiello nel cuore di Gallipoli!

 Palazzo Mosco Inn

via Micetti 26 – ✆ 08 33 26 65 62 – www.palazzomoscoinn.it – Aperto 1° aprile-31 ottobre

11 cam ⊊ – †74/299 € ††74/329 €

Tra vicoli e palazzi storici, un edificio dell'Ottocento ospita nei suoi ambienti decorati con mosaici originali, raffinate camere e terrazze con vista sul golfo (per la prima colazione e l'aperitivo serale).

XX **La Puritate**

via Sant'Elia 18 – ✆ 08 33 26 42 05 – Chiuso novembre e mercoledì escluso giugno-settembre

Carta 32/107 €

Sulla passeggiata che costeggia le mura, il ristorante dispone di un'elegante veranda in legno e una cucina con proposte esclusivamente a base di pesce. Imperdibili: il giro di antipasti e i gamberi.

sulla strada litoranea per Santa Maria di Leuca Sud-Est : 6 km

 Costa Brada Resort

litoranea per Santa Maria di Leuca ✉ 73014 – ✆ 08 33 20 25 51 – www.grandhotelcostabrada.it – Aperto 1° aprile-31 ottobre

76 cam ⊊ – †60/460 € ††70/550 €

Direttamente sulla spiaggia, questa struttura dalle bianche pareti dispone di ampie zone comuni e camere confortevoli dagli arredi curati. I tradizionali sapori mediterranei trovano consenso nell'elegante sala da pranzo.

 Masseria Li Foggi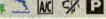

contrada Li Foggi – ✆ 08 33 27 72 17 – www.kalekora.it – Aperto 16 aprile-18 ottobre

12 cam ⊊ – †70/90 € ††120/190 €

Immerso nella campagna salentina, l'eco-resort invita a ristabilire un autentico contatto con la natura: i colori, i suoni e l'aria lievemente profumata di salmastro ed erbe selvatiche riconciliano l'ospite con il mondo. Colori caldi e graziose personalizzazioni nelle belle camere e negli appartamenti.

GALLODORO

Sicilia – Messina (ME) – ✉ 98030 – 363 ab. – Alt. 388 m – Carta regionale n° **17-D2**

▶ Catania 57 km – Messina 52 km – Palermo 267 km – Taormina 11 km

Carta stradale Michelin 565-N27

Noemi

via Manzoni 8 – ℰ 0 94 23 71 62 – Chiuso 27 giugno-15 luglio, martedì, anche lunedì sera in inverno
Menu 30/35 € – Carta 22/46 €
Splendida la vista sulla costa, suggestivo biglietto da visita per questa trattoria che propone un menu fisso con vari assaggi di cucina siciliana, ma anche una bella carta che annovera specialità quali: pappardelle ai funghi porcini e pistacchio, involtini, polpette, semifreddi alla mandorla e la proverbiale cassata.

GALLUZZO – Firenze (FI) ➜ Vedere Firenze

GALZIGNANO TERME

Padova (PD) – ✉ 35030 – 4 426 ab. – Alt. 22 m – Carta regionale n° **23-B3**
▶ Roma 484 km – Padova 26 km – Bologna 108 km – Rovigo 34 km
Carta stradale Michelin 562-G17

 Belvedere Resort ai Colli

via Siesa 5 – ℰ 04 99 13 00 05 – www.resortbelvedere.it – Chiuso 1 settimana in gennaio e 1 settimana in agosto
20 cam ⛏ – ♦45/70 € ♦♦80/130 €
Piccola intima struttura, gestita con passione e cortesia dai titolari, che hanno personalizzato gli ambienti rendendoli deliziosi: camere in stile classico-retrò, ristorante d'atmosfera shabby. In estate, il servizio si sposta in terrazza.

verso Battaglia Terme Sud-Est : 3,5 km

 Radisson Blu Resort Terme di Galzignano

viale delle Terme 84 ✉ 35030 – ℰ 04 99 19 55 55
– www.galzignano.it
197 cam ⛏ – ♦80/170 € ♦♦80/220 € – **10 suites**
Resort composto da 3 alberghi: il Majestic che dopo un totale restyling sfoggia un look moderno ed ecocompatibile, in un mirabile accordo tra estetica architettonica e natura, lo Sporting e il più economico Splendid. Le tre strutture si trovano all'interno di un parco termale e con alcuni servizi condivisi, come la Spa Revival Center.

GAMBARA

Brescia (BS) – ✉ 25020 – 4 700 ab. – Alt. 51 m – Carta regionale n° **9-C3**
▶ Roma 530 km – Brescia 42 km – Cremona 29 km – Mantova 63 km
Carta stradale Michelin 561-G12

 Gambara

via campo Fiera 22 – ℰ 03 09 95 62 60 – www.hotelgambara.it
12 cam ⛏ – ♦50/65 € ♦♦75/105 €
La tradizione alberghiera di questo edificio risale ai primi del '900: sempre attuale, invece, il confort e l'atmosfera caldamente familiare. Belle camere personalizzate.

GAMBARIE

Reggio di Calabria (RC) – ✉ 89050 – Alt. 1 300 m – Carta regionale n° **3-A3**
▶ Roma 698 km – Reggio di Calabria 39 km – Vibo Valentia 89 km –
Lamezia Terme 122 km
Carta stradale Michelin 564-M29

 Centrale

piazza Mangeruca 23 – ℰ 09 65 74 31 33 – www.hotelcentrale.net
48 cam ⛏ – ♦50/70 € ♦♦70/90 €
Rist *L'Angolo del Gusto* – Vedere selezione ristoranti
Nel centro della località e a pochi passi dalla seggiovia, una semplice risorsa con camere dall'arredo montano ed un grazioso centro benessere. Possibilità di escursioni in mountain-bike (presso un'associazione esterna).

Park Hotel Bellavista

via delle Albe 5 – 𝒞 09 65 74 41 43 – www.bellavistapark.it – Aperto 20 dicembre-31 marzo e 1° luglio-30 settembre
13 cam ⌷ – †70/90 € ††100/130 €
Camere ampie e accessoriate, splendida vista da alcune di esse e dal curato giardino, in questo hotel che dispone di caldi ambienti in stile contemporaneo: piacevole camino nella lobby.

L'Angolo del Gusto – Hotel Centrale

piazza Mangeruca 23 – 𝒞 09 65 74 31 33 – www.hotelcentrale.net
Menu 18/30 € – Carta 20/34 €
In ambienti rinnovati, ma nel classico stile montano, potrete gustare prelibatezze della cucina regionale: zuppa di fagioli, funghi e carni (di provenienza prevalentemente locale). La cantina propone una buona offerta di vini calabresi e nazionali.

GAMBASSI TERME

Firenze (FI) – ✉ 50050 – 4 856 ab. – Alt. 332 m – Carta regionale n° **18-B2**
▶ Roma 285 km – Firenze 59 km – Siena 53 km – Pisa 73 km
Carta stradale Michelin 563-L14

Villa Bianca

via Gramsci 113 – 𝒞 05 71 63 80 75 – www.villabiancahotel.it
9 cam ⌷ – †90/150 € ††150/250 €
Immersa in un parco con piscina, si accede da una piccola elegante hall per arrivare alle camere: tutte personalizzate e arredate con cura del dettaglio. Sobria e raffinata.

GAMBELLARA

Vicenza (VI) – ✉ 36053 – 3 419 ab. – Alt. 70 m – Carta regionale n° **23-B3**
▶ Roma 537 km – Verona 37 km – Padova 56 km – Vicenza 26 km
Carta stradale Michelin 562-F16

Antica Osteria al Castello

via Castello 23, località Sorio, Sud: 1 km – 𝒞 04 44 44 40 85 – www.anticaosteriaalcastello.com – Chiuso domenica
Carta 30/56 €
Gestito da due dinamici fratelli, lei ai fornelli, lui in sala, piacevoli ambienti per una cucina che riuscirà a stupirvi per fantasia e regionalità.

GAMBOLÒ

Pavia (PV) – ✉ 27025 – 10 129 ab. – Alt. 106 m – Carta regionale n° **9-A3**
▶ Roma 601 km – Pavia 35 km – Milano 48 km – Novara 36 km
Carta stradale Michelin 561-G8

Da Carla

via Necchi 3/5 fraz.Molino Isella, Est: 6 km – 𝒞 03 81 93 00 06 – www.trattoriadacarla.com
Menu 16 € (in settimana)/50 € – Carta 26/68 € – (chiuso mercoledì)
9 cam ⌷ – †70/95 € ††90/120 €
Nei pressi di un pittoresco canale, una trattoria di campagna dove gustare piatti regionali. Tra le specialità: oca, rane e la fiorentina/costata di fassona piemontese. I vini sono proposti a voce; le camere dotate di ogni confort.

GANZIRRI – Messina (ME) ➔ Vedere Messina

GARBAGNATE MILANESE

Milano (MI) – ✉ 20024 – 27 226 ab. – Alt. 179 m – Carta regionale n° **10-B2**
▶ Roma 588 km – Milano 16 km – Como 33 km – Novara 48 km
Carta stradale Michelin 561-F9

La Refezione   AC P

*via Milano 166 – ℰ 0 29 95 89 42 – www.larefezione.it – Chiuso
25 dicembre-6 gennaio, agosto, lunedì a mezzogiorno e domenica*
Menu 22 € (pranzo in settimana)/55 € – Carta 52/76 €
Una fantasiosa cucina per l'elegante "club-house" all'interno di un centro sportivo;
lasciatevi guidare dall'esperto titolare e dalla sua giovane équipe di collaboratori.

GARDA

Verona (VR) – ⊠ 37016 – 4 062 ab. – Alt. 67 m – Carta regionale n° **23-A2**
▶ Roma 527 km – Verona 30 km – Brescia 64 km – Mantova 65 km
Carta stradale Michelin 562-F14

 Regina Adelaide   

via San Francesco d'Assisi 23 – ℰ 04 57 25 59 77 – www.regina-adelaide.it
49 cam � – ♦120/240 € – ♦♦160/280 € – **10 suites**
Rist *Regio Patio* – Vedere selezione ristoranti
Uno tra gli alberghi più blasonati del Garda. La fama che lo procede ha sicuramente un fondamento: la famiglia Tedeschi ed il suo staff coniugano la proverbiale simpatia italiana con una professionalità e una precisione quasi austro-unga-
rica, mentre le belle camere tradiscono l'amore del patron per l'antiquariato e i
mobili d'epoca.

 Poiano   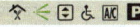

*via Poiano, Est: 2 km – ℰ 04 57 20 01 00 – www.poiano.com – Aperto
1° marzo-31 ottobre*
120 cam ⊐ – ♦77/168 € – ♦♦96/210 €
Non lontano dal lago, albergo circondato da ampi spazi verdi e attrezzati per differenti sport; l'ultima nata è un'elegante spa per rendere il soggiorno un'occasione
d'impagabile relax.

 La Vittoria   ♈ ⊟ ✚ AC P

*lungolago regina Adelaide 57 – ℰ 04 56 27 04 73 – www.hotellavittoria.it
– Chiuso 4-30 novembre e 2 gennaio-15 marzo*
12 cam ⊐ – ♦70/150 € – ♦♦80/185 €
Fronte lago e nel centro della località, l'hotel occupa gli ambienti di una villa
Liberty ristrutturata: camere spaziose e ben arredate, alcuni mobili d'epoca disse-
minati qua e là.

 Benaco e Silvestro   ♈ ✚ AC ✄ P

*corso Italia 126 – ℰ 04 57 25 52 83 – www.hotelbenacogarda.it
– Chiuso 7 gennaio-17 marzo*
29 cam ⊐ – ♦50/80 € – ♦♦80/140 € – **1 suite**
Moderno, con qualche accenno di design nelle zone comuni, questo grazioso
hotel a due passi dal lago e dal centro propone camere signorili arredate con
mobili in legno scuro.

🏠 **Remat**   ♈ ⊟ AC

piazza Catullo 10 – ℰ 04 56 27 04 48 – www.hotelremat.it – Chiuso gennaio
6 cam – ♦80/130 € – ♦♦100/200 € – **1 suite**
In pieno centro, poche, ma affascinanti, camere arredate con gusto e armonia, tra
linee antiche e moderne. L'adiacente ristorante propone un menu mediterraneo e
pizza; dehors in piazza molto frequentato.

XxX **Regio Patio** – Hotel Regina Adelaide   🍴 ✚ AC ✄ ⇄ P

via San Francesco d'Assisi 23 – ℰ 04 57 25 59 77 – www.regiopatio.it
Menu 50/85 € – Carta 49/97 €
Nella luminosa veranda abbellita da grandi affreschi che riproducono paesaggi
locali, la carta illustra una cucina regionale con alcune cose più internazionali,
sempre presentate in maniera moderna.

GARDA (Lago di) o BENACO – Brescia, Trento e Verona

GARDONE RIVIERA

(BS) – ✉ 25083 – 2 661 ab. – Alt. 71 m – Carta regionale n° **9-C2**
Roma 551 km – Brescia 34 km – Bergamo 88 km – Mantova 90 km
Carta stradale Michelin 561-F13

J. Arnold / hemis.fr

Alberghi

Grand Hotel Gardone

corso Zanardelli 84 – ☎ 0 36 52 02 61 – www.grandhotelgardone.it – Aperto 1° aprile-31 ottobre
167 cam – 180/325 € 180/325 €
Oziare negli ambienti accoglienti ed eleganti che furono testimoni dell'idillio tra Gabriele D'Annunzio ed Eleonora Duse. Oppure, godere delle vedute mutevoli ed accattivanti offerte dalla stupenda terrazza-giardino: un grand hotel, non solo nel nome.

Villa Sofia

via Cornella 9 – ☎ 0 36 52 27 29 – www.villasofiahotel.it – Aperto 1° aprile-31 ottobre
35 cam – 103/211 € 138/285 €
Villa d'inizio '900 in posizione dominante e panoramica. Tanto verde ben curato vicino alle piscine, confort elevato e accoglienza cordiale nei caldi ambienti interni.

Savoy Palace

via Zanardelli 2/4 – ☎ 03 65 29 05 88 – www.savoypalace.it – Aperto aprile-ottobre
60 cam – 113/210 € 150/300 €
Imponente edificio liberty dominante il lago: panoramica terrazza e camere dagli arredi eleganti, ben rifiniti. Raffinata sala da pranzo con accesso diretto alla piscina; buona scelta in menu.

Villa Capri

corso Zanardelli 172 – ☎ 0 36 52 15 37 – www.hotelvillacapri.com – Aperto 15 aprile-15 ottobre
45 cam – 110/120 € 220/270 €
Grande e moderna struttura in riva al lago: ambienti spaziosi, ma il gioiello è il giardino-solarium affacciato sull'acqua.

Bellevue

corso Zanardelli 87 – ☎ 03 65 29 00 88 – www.hotelbellevuegardone.com – Aperto 1° aprile-7 ottobre
30 cam – 75/79 € 115/124 €
Giardino con terrazza vista lago in questa villa di inizio '900 dallo stile eclettico-liberty. Spazi interni più semplici rispetto alla maestosità della facciata, camere sobrie, ma accoglienti.

Dimora Bolsone

via Panoramica 23, Nord-Ovest: 2,5 km – ℰ 0 36 52 10 22
– www.dimorabolsone.it – Aperto 1° marzo-31 ottobre
6 cam ⌑ *– †180 € ††220 €*
Storico casale di campagna, le cui origini risalgono al XV sec., inserito in un grande parco che arriva a lambire il Vittoriale. "Giardino dei sensi" con piante di diverse specie ed idromassaggio all'aperto in una bella vasca marmorea.

● **Ristoranti**

✗✗✗ **Villa Fiordaliso**

corso Zanardelli 150 – ℰ 0 36 52 01 58 – www.villafiordaliso.it
– Aperto 21 marzo-4 novembre
Menu 130 € – Carta 65/140 € – *(chiuso martedì a mezzogiorno e lunedì)*
3 suites ⌑ *– ††350/700 € – 2 cam*
Cucina creativa in una delle ville di inizio '900 che punteggiano il lungolago: circondata da un bel parco e protesa sulla distesa blu con un pontile, qui più che altrove non si contano i personaggi celebri che ai suoi tavoli si accomodarono.

✗✗ **Osteria Antico Brolo**

via Carere 10 – ℰ 0 36 52 14 21 – www.ristoranteanticobrolo.it – Chiuso 1° gennaio-15 febbraio e lunedì; anche martedì e mercoledì in novembre-marzo
Menu 42 € – Carta 36/57 € – *(prenotazione obbligatoria a mezzogiorno)*
In una vecchia abitazione del '700, alcune salette vi accoglieranno per gustare i prodotti del territorio sapientemente elaborati. Il tavolo sul balconcino...un'emozione!

✗✗ **Agli Angeli**

piazza Garibaldi 2, località Vittoriale – ℰ 0 36 52 08 32 – www.agliangeli.biz
– Aperto 5 marzo-6 novembre
Carta 34/67 € – *(chiuso martedì escluso in luglio-agosto)*
14 cam ⌑ *– †65/85 € ††95/150 € – 2 suites*
Tra il Giardino Botanico e il Vittoriale, una locanda accogliente e romantica dove la cucina flirta con il pesce, ma non dimentica le carne: piatti, comunque, d'impronta regionale. In alternativa, la pizzeria antistante con terrazza panoramica per la bella stagione e a pochi metri, in un edificio d'epoca dalla caratteristica corte interna, graziose camere con letti a baldacchino.

Fasano del Garda Nord-Est : 2 km – ✉ 25083

 Grand Hotel Fasano e Villa Principe

corso Zanardelli 190 – ℰ 03 65 29 02 20 – www.ghf.it
– Aperto Pasqua-2 novembre
75 cam ⌑ *– †140/200 € ††240/550 € – 5 suites*
Rist *Il Fagiano* – Vedere selezione ristoranti
Camere affacciate sul lago, oppure all'interno, con scenografici elementi barocchi che ben si inseriscono in quel contesto di sobria eleganza dell'intera risorsa. Aqua Parc è il nome della nuova zona wellness all'aria aperta: due piscine sono state aggiunte, una delle quali è collegata direttamente con l'interno del centro benessere dove un percorso Kneipp e saune varie rappresentano la moderna alternativa all'antica arte venatoria della caccia al fagiano.

 Villa del Sogno

corso Zanardelli 107 – ℰ 03 65 29 01 81 – www.villadelsogno.it – Aperto 1° aprile-25 ottobre
29 cam ⌑ *– †175/305 € ††250/450 € – 4 suites*
Rist *Maximilian 1904* – Vedere selezione ristoranti
Dal lontano 1904 (anno in cui fu costruita), questa raffinata risorsa non smette di affascinare grazie ai suoi spazi di neoclassica memoria con mobili antichi, preziosi tappeti e grandi quadri mitteleuropei: retaggi dell'Austria di fine '800. La struggente bellezza di una dimensione onirica, o meglio, Villa del Sogno!

Bella Riva

via Mario Podini 1/2 – ℰ 03 65 54 07 73 – www.bellarivagardone.it – Aperto
1° aprile-31 ottobre
23 cam ⊑ – ♦200/750 € – ♦♦200/750 € – **8 suites**
Rist *Riva Carne al Fuoco* – Vedere selezione ristoranti
Frontelago, la ristrutturazione di un edificio d'epoca ha dato vita a questo design
hotel abile negli originali soluzioni: ad accogliervi, la splendida hall con riproduzioni di
opere di G. Klimt. Belle camere e prestigiose suite con terrazza.

Il Fagiano – Grand Hotel Fasano e Villa Principe

corso Zanardelli 190 – ℰ 03 65 29 02 20 – www.ghf.it – Aperto
Pasqua-2 novembre
Carta 75/150 € – *(solo a cena)*
Per accedere a questo ristorante - all'interno del Grand Hotel Fasano e Villa Principe - si passa attraverso una suggestiva sala in legno: una delle più antiche e
meglio conservate della struttura. La sala da pranzo, invece, ritorna ad un elegante classicismo alberghiero, mentre la carta propone diverse specialità lacustri.

Maximilian 1904 – Hotel Villa del Sogno

corso Zanardelli 107 – ℰ 03 65 29 01 81 – www.villadelsogno.it – Aperto
1° aprile-25 ottobre
Menu 50 € – Carta 32/64 €
All'interno dell'hotel Villa del Sogno, ambiente fin-de-siècle con soffitto decorato
e bel pavimento ligneo: luci soffuse, sapori sublimi e ottima cucina nazionale
con un occhio di riguardo per i prodotti del lago.

Lido 84 (Riccardo Camanini)

corso Zanardelli 196 – ℰ 0 36 52 00 19 – www.ristorantelido84.com – Chiuso
7 gennaio-11 febbraio, 16 novembre-3 dicembre, mercoledì a mezzogiorno e
martedì
Menu 48/65 € – Carta 49/71 € – (consigliata la prenotazione la sera)
Che si mangi all'interno, nella veranda o nella piccola dépendance in giardino,
l'acqua è a pochi metri (con possibilità di attracco), la vista romantica e la cucina
eccellente: spunti lacustri e bresciani, creatività unita alla flessibilità di ciò che
offre il mercato di più fresco.
→ Spaghettone al burro e lievito. Anguilla di lago alla brace con crema di aglio
dolce. Zuppetta di fragole e rabarbaro, pan brioche caldo e mascarpone cremoso
alla bacca Tonka.

Riva Carne al Fuoco – Hotel Bella Riva

via Mario Podini 1/2 – ℰ 03 65 54 07 73 – www.bellarivagardone.it – Aperto
1° aprile-31 ottobre; chiuso mercoledì in aprile e ottobre
Carta 39/76 €
Il nome solletica l'immaginazione, mentre il palato si delizia con piatti prevalentemente di terra e specialità alla brace: il grill a vista permette all'ospite di scegliere
la provenienza ed il taglio delle carni. Ambiente informale.

GARGANO (Promontorio del) – Foggia

GARGNANO

Brescia (BS) – ✉ 25084 – 2 937 ab. – Alt. 66 m – Carta regionale n° **9-C2**
▶ Roma 563 km – Verona 51 km – Bergamo 100 km – Brescia 46 km
Carta stradale Michelin 561-E13

Grand Hotel a Villa Feltrinelli

via Rimembranze 38/40 – ℰ 03 65 79 80 00 – www.villafeltrinelli.com – Aperto
1° aprile-11 ottobre
17 cam ⊑ – ♦1080/2850 € – ♦♦1080/2850 € – **4 suites**
Rist *Villa Feltrinelli* ✿✿ – Vedere selezione ristoranti
Costruita alla fine dell'Ottocento in stile eclettico-liberty, è una delle ville più
straordinarie della zona: ancora, oggi, più dimora che albergo, si propone come
romantico rifugio retrò in riva al lago.

Villa Giulia

viale Rimembranza 20 – ℰ 0 36 57 10 22
– www.villagiulia.it – Aperto 15 aprile-12 ottobre
23 cam ⌑ – †155/175 € ††280/380 € – **1 suite**
Posizione incantevole, leggermente decentrata, per un'ex residenza estiva in stile Vittoriano, avvolta da un curato giardino in riva al lago e con due piccoli annessi. In riva al lago, il ristorante propone una cucina interessante venata di modernità con radici nelle tradizioni locali e nazionali.

 Meandro

via Repubblica 40 – ℰ 0 36 57 11 28
– www.hotelmeandro.it – Aperto 15 marzo-14 novembre
44 cam ⌑ – †70/120 € ††90/180 €
In posizione dominante il lago, edificio moderno le cui camere sono quasi tutte rivolte sul Garda, alcune rinnovate in stile moderno; sala da pranzo affacciata sul delizioso panorama circostante.

 Riviera

via Roma 1 – ℰ 0 36 57 22 92
– www.garniriviera.it – Aperto Pasqua-31 ottobre
20 cam ⌑ – †50/88 € ††65/103 €
Nel centro storico, a pochi metri dall'incantevole porticciolo, gestione familiare in un palazzo del 1840: camere accoglienti e splendida terrazza panoramica per la prima colazione.

 Palazzina

via Libertà 10 – ℰ 0 36 57 11 18
– www.hotelpalazzina.it – Aperto 1° aprile-10 ottobre
25 cam ⌑ – †66/73 € ††108/122 €
Sopraelevato rispetto al paese, un albergo dotato di piscina su terrazza panoramica protesa sul blu; conduzione familiare e clientela per lo più abituale. Suggestiva anche l'atmosfera al ristorante grazie alla particolare vista sul lago e sui monti che offre ai commensali.

XXXX **Villa Feltrinelli** – Grand Hotel a Villa Feltrinelli
❀❀ *via Rimembranza 38/40 – ℰ 03 65 79 80 00*
– www.villafeltrinelli.com – Aperto 1° aprile-11 ottobre; chiuso martedì
Menu 120/180 € – Carta 103/218 € – *(solo a cena)* (prenotazione obbligatoria)
Un'insalata con cento diversi tipi di erbe e venticinque fiori: è uno dei piatti più celebri di Stefano Baiocco, cuoco alfiere di una cucina verde (ma non solo) e creativa, sfoggiata in uno dei contesti più sfarzosi del lago. Si cena nei salotti della villa, in terrazza, o in cinque, romanticissimi tavoli in riva all'acqua.
→ Insalata di trota salmonata, avocado, mela verde e cetriolo, guanciale di maiale e quinoa. Risotto carnaroli cotto in acqua di pomodoro e limone, crudo di gamberi rossi. Semifreddo di Franciacorta, insalata di rabarbaro e spinaci, granita al pompelmo rosa.

XX **La Tortuga** (Maria Cozzaglio)
❀ *via XXIV Maggio 5 – ℰ 0 36 57 12 51*
– www.ristorantelatortuga.it – Aperto 1° marzo-31 ottobre; chiuso martedì
Menu 80/90 € – Carta 73/116 € – *(solo a cena escluso domenica da settembre a giugno)*
Piccola, ma incantevole bomboniera a pochi metri dalla piazzetta del porticciolo, è la meta ideale per una serata romantica; anche i gourmet appassionati di pesce di lago non saranno delusi, per quanto non manchino carne e pescato d'acqua salata.
→ Tavolozza di piccoli assaggi di lago e mare. Filetto di vitello, salsa al vino rosso e foie gras. Parfait di pistacchio e zabaione.

sulla strada provinciale 9 Ovest : 7 km

Lefay Resort & Spa

via Angelo Feltrinelli 118 – ℰ 03 65 24 18 00 – www.lefayresorts.com – Chiuso 6 gennaio-4 febbraio

93 cam ⌤ – †205/600 € ††260/750 € – **5 suites**

Rist *La Grande Limonaia* – Vedere selezione ristoranti

Sette chilometri tutti in salita per godere di uno dei panorami più belli del lago in una struttura moderna, dalle camere ampie ed eleganti, tutte con vista e con splendidi bagni; vasto centro benessere con incantevole piscina a sfioro sul lago.

La Grande Limonaia – Lefay Resort & Spa

via Angelo Feltrinelli 118 – ℰ 03 65 24 18 00 – www.lefayresorts.com – Chiuso 6 gennaio-4 febbraio

Carta 60/99 € – *(solo a cena)*

Qui tutto è di ampio respiro: la limonaia che profuma dei suoi frutti dorati l'ampia ed elegante sala, la vista panoramica sul lago di Garda, la cucina solare e mediterranea.

GARGONZA – Arezzo (AR) ➜ Vedere Monte San Savino

GARLENDA

Savona (SV) – ✉ 17033 – 890 ab. – Alt. 70 m – Carta regionale n° **8-A2**

▶ Roma 597 km – Imperia 37 km – Albenga 10 km – Savona 51 km

Carta stradale Michelin 561-J6

La Meridiana

via ai Castelli – ℰ 01 82 58 02 71 – www.lameridianaresort.com – Aperto 1° aprile-31 ottobre

22 cam – †192/375 € ††192/375 € – ⌤ 22 € – **3 suites**

Rist *Il Rosmarino* – Vedere selezione ristoranti

A metà strada fra la mondana Montecarlo e la pittoresca Portofino, ospitalità ad alti livelli per una deliziosa residenza di campagna avvolta dal profumo del mirto e della ginestra.

Il Rosmarino – Hotel La Meridiana

via ai Castelli – ℰ 01 82 58 02 71 – www.lameridianaresort.com – Aperto 1° aprile-31 ottobre; chiuso lunedì escluso luglio-agosto

Menu 65/80 € – *(solo a cena)* (consigliata la prenotazione)

Piatti della tradizione mediterranea esaltati dai profumi di questa terra: il sentore del timo e della salvia, accompagnati dall'irrinunciabile basilico e da una vasta scelta enologica, che spazia dai vini già affermati a quelli più emergenti.

GASSINO TORINESE

Torino (TO) – ✉ 10090 – 9 459 ab. – Alt. 230 m – Carta regionale n° **12-B1**

▶ Roma 665 km – Torino 16 km – Asti 52 km – Vercelli 69 km

Cascina Domina

strada Trinità 42 – ℰ 01 19 60 14 15 – www.cascinadomina.com – Chiuso 16 agosto-1° settembre

10 cam ⌤ – †60 € ††90 €

Cascina ottocentesca immersa nella quiete delle colline con lo sguardo che spazia da Superga alle Alpi; si farà fatica a credere che Torino dista meno di un quarto d'ora!

GATTEO A MARE

Forlì-Cesena (FC) – ✉ 47043 – 5 992 ab. – Carta regionale n° **5-D2**

▶ Roma 345 km – Ravenna 38 km – Rimini 20 km – Forlì 47 km

Carta stradale Michelin 562-J19

Flamingo

viale Giulio Cesare 31 – ℰ 0 54 78 71 71 – www.hotel-flamingo.com – Aperto 1° maggio-30 settembre

48 cam ⌤ – †65/109 € ††124/210 €

In un affascinante e bizzarro palazzo, troverete una gestione familiare di rara ospitalità: ottime camere con vista mare ed accesso diretto in spiaggia.

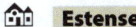 Estense

via Gramsci 30 – ☏ 0 54 78 70 68 – www.hotelestense.net – Chiuso novembre
77 cam ⌷ – †38/60 € ††66/110 €
In una traversa interna con il mare ad un centinaio di metri, ambienti accoglienti e colorati, carta da parati e richiami marinari. Piccolo centro benessere, tutto nuovo, e sala da pranzo semplice con proposte nazionali.

GATTINARA
Vercelli (VC) – ✉ 13045 – 8 144 ab. – Alt. 263 m – Carta regionale n° **12-C2**
▶ Roma 661 km – Vercelli 46 km – Torino 93 km – Milano 87 km
Carta stradale Michelin 561-F7

 Il Vigneto

piazza Paolotti 2 – ☏ 01 63 83 48 03 – www.ristoranteilvigneto.it – Chiuso 1°-15 gennaio e 30 luglio-18 agosto
12 cam ⌷ – †77/79 € ††98/105 €
In posizione centrale, albergo e ristorante a conduzione familiare dotato di piacevoli camere dall'arredo classico. La cucina pone l'accento - in ugual misura - sia su piatti di carne che di pesce.

GAVARDO
Brescia (BS) – ✉ 25085 – Carta regionale n° **9-D1**
▶ Roma 560 km – Brescia 29 km – Milano 128 km – Verona 78 km
Carta stradale Michelin 563-F13

Villa dei Campi Boutique Hotel Ⓝ

via Limone 27, Sud-Est: 2 Km – ☏ 03 65 37 45 48 – www.hotelvilladeicampi.com – Aperto 4 marzo-10 ottobre
10 cam – †80/120 € ††125/195 €
Cascina recuperata con anni di ristrutturazione: filosofia bio, materiali eco-compatibili, nonché camere personalizzate ognuna diversa dall'altra. Insomma, un vero gioiellino di ospitalità!

GAVI
Alessandria (AL) – ✉ 15066 – 4 633 ab. – Alt. 233 m – Carta regionale n° **12-C3**
▶ Roma 554 km – Alessandria 34 km – Genova 48 km – Acqui Terme 42 km
Carta stradale Michelin 561-H8

L'Ostelliere

frazione Monterotondo, 56, Nord-Est: 4 km – ☏ 01 43 60 78 01 – www.ostelliere.it – Aperto 1° marzo-30 novembre
33 cam ⌷ – †153/187 € ††180/220 € – **8 suites**
Rist *La Gallina* – Vedere selezione ristoranti
All'interno dell'azienda vinicola, proprio sopra le cantine, un'importante azione di recupero per una risorsa di charme e confort. Bella vista su colline e vigneti.

✗✗ Cantine del Gavi

via Mameli 69 – ☏ 01 43 64 24 58 – www.ristorantecantinedelgavi.it – Chiuso febbraio, luglio, martedì a mezzogiorno e lunedì
Carta 38/70 €
Solo ottime materie prime vengono accolte nella cucina di questo raffinato ristorante, che propone piatti del territorio con qualche sguardo alla vicina Liguria. Interrata la scenografica cantina con inaspettate vecchie annate di grandi vini.

✗✗ La Gallina – Hotel L'Ostelliere

frazione Monterotondo, 56, Nord-Est: 4 km – ☏ 01 43 68 51 32 – www.la-gallina.it – Aperto 20 marzo-30 novembre
Menu 60 € – Carta 45/83 € – *(solo a cena)* (consigliata la prenotazione)
In una location molto suggestiva, dove trova posto anche un'elegante e romantica sala ricavata nell'antico fienile, cucina creativa che fa del contrasto dei sapori giusto un accenno e mai un'esaltazione.

513

GAVINANA

Pistoia (PT) – ✉ 51025 – Alt. 820 m – Carta regionale n° **18-B1**
▶ Roma 337 km – Firenze 68 km – Lucca 72 km – Pistoia 32 km
Carta stradale Michelin 563-J14

🏠 **Franceschi**
piazza Ferrucci 121 – ☎ 0 57 36 64 44 – www.albergofranceschi.it
28 cam ⬚ – ♦40/60 € ♦♦65/80 €
Antiche origini per questo bianco edificio, posizionato nel cuore di un paesino medievale; rinnovato totalmente all'interno, offre un'atmosfera accogliente e familiare. Sala da pranzo di taglio moderno, con un camino in uno stile d'altri tempi.

GAVIRATE

Varese (VA) – ✉ 21026 – 9 331 ab. – Alt. 261 m – Carta regionale n° **9-A2**
▶ Roma 641 km – Stresa 53 km – Milano 66 km – Varese 10 km
Carta stradale Michelin 561-E8

✗ **Tipamasaro**
via Cavour 31 – ☎ 03 32 74 35 24 – Chiuso 1°-21 luglio, lunedì, anche domenica sera in inverno
Carta 31/48 €
A metà strada tra il centro storico e il lago, l'intera famiglia si dedica con passione al locale: un ambiente simpatico e un fresco gazebo estivo per riscoprire l'appetitosa cucina locale. Mezzelune con baccalà in "zimino", petto di faraona farcito al radicchio, bavarese alla liquirizia.

GAZZOLA

Piacenza (PC) – ✉ 29010 – 2 065 ab. – Alt. 139 m – Carta regionale n° **5-A2**
▶ Roma 528 km – Piacenza 20 km – Cremona 64 km – Milano 87 km
Carta stradale Michelin 562-H10

a Rivalta Trebbia Est : 3,5 km – ✉ 29010 Gazzola

🏠 **Agriturismo Croara Vecchia**
località Croara Vecchia, Sud: 1,5 km – ☎ 33 32 19 38 45 – www.croaravecchia.it – Aperto 15 marzo-15 novembre
15 cam ⬚ – ♦75/110 € ♦♦95/110 €
Fino al 1810 fu un convento, poi divenne un'azienda agricola che oggi ospita graziose camere (sei con angolo cottura), tutte identificabili dal nome di un fiore. In un prato sempre curato, che domina il fiume, la bella piscina, nonché un centro equestre con istruttori.

✗ **Locanda del Falco**
Castello di Rivalta, 4 – ☎ 05 23 97 81 01 – www.locandadelfalco.com – Chiuso martedì
Menu 12 € (pranzo in settimana)/43 € – Carta 34/62 €
In un antico borgo medievale una locanda caratteristica dove vengono serviti i piatti della tradizione piacentina; ampi camini all'interno ravvivano le serate invernali, mentre nella bella stagione un glicine secolare ombreggia i tavoli dell'accogliente cortile interno.

GAZZOLI – Verona (VR) ➜ Vedere Costermano

GENAZZANO

Roma (RM) – ✉ 00030 – 6 085 ab. – Alt. 375 m – Carta regionale n° **7-C2**
▶ Roma 57 km – Latina 55 km – Frosinone 59 km – L'Aquila 101 km
Carta stradale Michelin 563-Q20

✗✗✗ **Aminta Resort**
via Trovano 5 – ☎ 0 69 57 86 61 – www.amintaresort.it – Chiuso domenica sera e lunedì
Menu 35/85 € – Carta 49/66 € **6 cam** ⬚ – ♦60/90 € ♦♦80/100 €
Tra colline disseminate di ulivi e prodotti agricoli che troverete poi anche in tavola, il casolare ottocentesco è la casa di uno dei più interessanti giovani cuochi della campagna romana. Spunti di cucina laziale, ma spazio a divagazioni di ogni genere, sempre all'insegna di una cucina gustosa; gli amanti dello Champagne troveranno qui una straordinaria proposta.

GENGA

Ancona (AN) – ⊠ 60040 – 1 813 ab. – Alt. 322 m – Carta regionale n° **11-B2**
▶ Roma 224 km – Ancona 66 km – Gubbio 44 km – Macerata 72 km
Carta stradale Michelin 563-L20

 Le Grotte ⚘ ⟨ ⌂ ⤬ 🐾 🗗 ⬇ ⬅ 📶 🛜 ♨ **P**

località Pontebovesecco, Sud: 2 km – ✆ *07 32 97 20 65 – www.hotellegrotte.it*
24 cam ⬭ – **†**75 € **††**110 € – **1 suite**
In un suggestivo paesaggio naturalistico fra gole e grotte di Frasassi, un albergo moderno con piccolo centro benessere, nonché camere spaziose ed eleganti. Nel ristorante dalla lunga tradizione gastronomica vi attendono ottimi piatti di cucina regionale. E' possibile organizzare colazioni di lavoro e cerimonie.

GENOVA

(GE) – ✉ 16124 – 592 507 ab. – Alt. 19 m – Carta regionale n° **8-C2**
Roma 513 km – Alessandria 88 km – Savona 49 km – La Spezia 115 km
Carta stradale Michelin 561-I8

C. Bruzzone / Tips / Photononstop

Alberghi

Grand Hotel Savoia

via Arsenale di Terra 5 ✉ 16126 – ✆ 01 02 77 21 Pianta: D1**c**
– www.grandhotelsavoiagenova.it
117 cam – 🚹119/529 € 🚹🚹134/544 € – **2 suites**
Rist *Tralalero* – Vedere selezione ristoranti
A lato della stazione di Piazza Principe, storico hotel riportato allo splendore di un tempo grazie ad un accurato restauro: raffinatezza negli arredi e confort di alto livello, nonché una bellissima terrazza panoramica al 7° piano che ospita - in estate - le colazioni e il ristorante serale "La terrazza di Salgari".

Melià Genova

via Corsica 4 ✉ 16128 – ✆ 01 05 31 51 11 Pianta: F3**a**
– www.melia.com
97 cam – 🚹150/420 € 🚹🚹165/420 € – **2 suites**
In un bel palazzo dei primi '900, nel prestigioso quartiere Carignano, hotel di lusso caratterizzato da spazi moderni, centro benessere con piccola piscina, camere confortevoli dove predominano colori ricercati ed eleganti: platino, titanio e rame. Sapori mediterranei, rivisitati in chiave moderna e talvolta "alleggeriti", al Blue Lounge bar and restaurant.

NH Marina

molo Ponte Calvi 5 ✉ 16124 – ✆ 01 02 53 91 Pianta: E1**f**
– www.nhcollection.com
133 cam – 🚹89/684 € 🚹🚹119/699 € – **7 suites**
Ardesia, mogano e acero sono il leitmotiv degli eleganti, caldi interni di questo moderno, ideale "vascello", costruito sul Molo Calvi, di cui restano tracce nella hall. Decorazioni che evocano vele e navi nel ristorante "a prua" dell'hotel; dehors estivo.

Starhotels President

corte Lambruschini 4 ✉ 16129 – ✆ 01 05 72 71 Pianta: G2**c**
– www.starhotels.com
183 cam – 🚹75/650 € 🚹🚹85/650 € – 23 € – **8 suites**
Nel centro direzionale Corte Lambruschini, una torre di vetro e cemento ospita questo accogliente albergo, che per le sue caratteristiche di confort e funzionalità risulta ideale per una clientela business.

GENOVA

SS. Annunziata del Vastato . **A**
San Filippo Neri............ **C**
San Siro .... **F**
Santa Maria delle Vigne..... **G**
San Pietro in Banchi .... **Q**
San Matteo ....**S**
Teatro Carlo Felice ....**T**
Santa Maria Maddalena .... **V**
Chiesa del Gesù ....**W**
Santa Maria di Castello ..... **X**

GENOVA

0   200 m

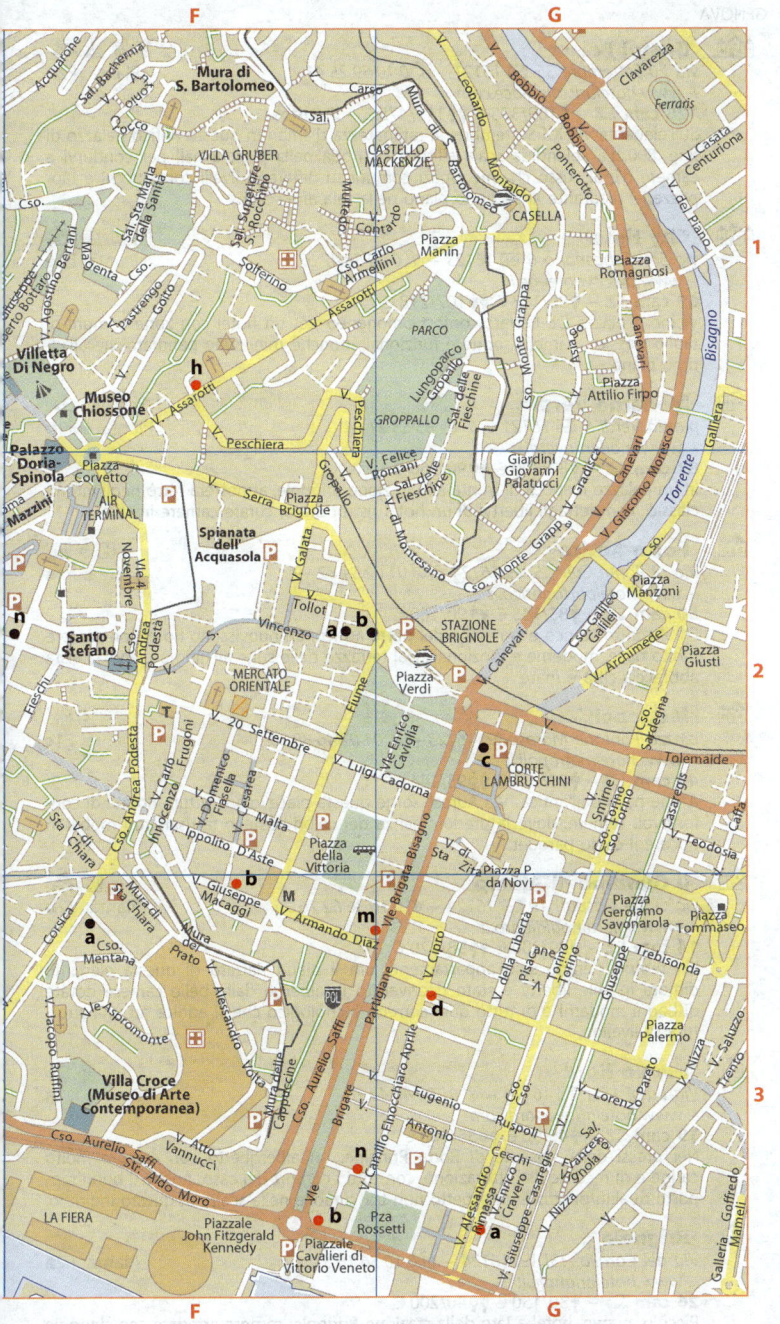

Bristol Palace 🍴 🛗 AC 🧖 🚗

via 20 Settembre 35 ✉ *16121 –* 📞 *0 10 59 25 41*　　　　Pianta: F2**n**
– www.hotelbristolpalace.com
128 cam 🛏 *–* 🧍109/375 € 🧍🧍119/475 € *– 5 suites*
Sull'elegante via XX Settembre, la raffinatezza d'antan in questo antico palazzo di
fine '800. La splendida scala ellittica si snoda nella piccola hall per condurvi a
camere d'indiscusso charme. Spazi comuni su differenti livelli con stucchi e tappezzerie; ristorante al secondo piano nella sala affrescata.

 City Hotel 🛗 AC 🧖 🚗

via San Sebastiano 6 ✉ *16123 –* 📞 *0 10 58 47 07*　　　　Pianta: E2**e**
– www.bwcityhotel-ge.it
65 cam 🛏 *–* 🧍89/173 € 🧍🧍107/218 €
Vicino a piazza De Ferrari, confort omogeneo per un hotel con zone comuni di
taglio classico, camere sobrie e funzionali, nonché mini suite panoramiche all'ultimo piano.

 Moderno Verdi 🍴 🛗 AC 🚗

piazza Verdi 5 ✉ *16121 –* 📞 *01 05 53 21 04*　　　　Pianta: FG2**b**
– www.modernoverdi.it
87 cam 🛏 *–* 🧍80/300 € 🧍🧍90/360 €
In un palazzo d'epoca di fronte alla stazione Brignole, atmosfera retrò negli interni
classici, con dettagli liberty, di un hotel ristrutturato; curate camere in stile.

 Porto Antico 🛗 ♿ AC

Via al Ponte Calvi, 5 ✉ *16124 –* 📞 *01 02 51 82 49*　　　　Pianta: E1**a**
– www.hotelportoantico.it
50 cam 🛏 *–* 🧍85/145 € 🧍🧍90/160 €
Fra il centro storico e la marina del porto antico, un nuovissimo hotel con camere
molto belle, moderne e funzionali. Dal terrazzo delle suite all'ultimo piano, la vista
abbraccia città e mare.

 Metropoli 🛗 AC

piazza Fontane Marose ✉ *16123 –* 📞 *01 02 46 88 88*　　　　Pianta: E1**c**
– www.hotelmetropoli.it
49 cam 🛏 *–* 🧍80/137 € 🧍🧍93/144 €
A due passi dall'antica "Via Aurea" sorge questa piacevole struttura dotata di confortevoli camere, dove la predominanza dei colori pastello fa risaltare i mobili in
noce e il caldo parquet.

 Il Giardino di Albaro ♿ AC 🚗

via O. De Gaspari 19 ✉ *16124 –* 📞 *0 10 36 62 76*　　　　Pianta: B2**b**
– www.ilgiardinodialbaro.it
14 cam 🛏 *–* 🧍89/200 € 🧍🧍98/320 €
Un tempo c'erano solo appartamenti, ora il piano rialzato di questa elegante
dimora in stile liberty è stato riconvertito in albergo dalle belle camere dotate
di bagni moderni e di tutto quel corredo tecnologico che si addice ad una struttura di livello.

 Nuovo Nord AC 🚳

Via Balbi 155r ✉ *16124 –* 📞 *01 02 46 44 70*　　　　Pianta: D1**a**
– www.hotelnuovonord.com
19 cam 🛏 *–* 🧍45/90 € 🧍🧍55/180 €
Nei pressi della stazione di Porta Principe, un alberghetto con camere molto
carine e di recente ristrutturazione, con tutti i confort del caso. Anche il buon rapporto qualità/prezzo è un aspetto non trascurabile nella scelta di questo indirizzo.

 Brignole AC

Via del Corallo, 13r ✉ *16124 –* 📞 *0 10 56 16 51*　　　　Pianta: F2**a**
– www.hotelbrignole.it
26 cam 🛏 *–* 🧍30/150 € 🧍🧍40/200 €
Piccolo, nuovo, hotel a lato della stazione Brignole; camere arredate con signorile
semplicità ed un rapporto qualità/prezzo che lo rende subito interessante.

🏠 Locanda di Palazzo Cicala   🔲 AC 🚫

piazza San Lorenzo 16 ✉ *16123 –* ✆ *01 02 51 88 24*   Pianta: E2**g**
– www.palazzocicala.it
10 cam 🛏 **–** 👤99/195 € 👥👥109/225 €
Nel cuore della città storica - proprio dinnanzi al Duomo - tra design e stile moresco, modernità in un palazzo cinquecentesco con Wi-Fi gratuito nelle aree comuni.

🟠 Ristoranti

🟡🟡🟡 Ippogrifo   AC ⇔

via Gestro 9/r ✉ *16129 –* ✆ *0 10 59 27 64*   Pianta: F3**n**
– www.ristoranteippogrifo.it – Chiuso 8-26 agosto
Carta 49/96 €
In zona Fiera, tra boiserie e lampade in ferro battuto, un'ottima cucina a base di pesce per questo ampio ristorante - non privo di eleganza - frequentato da estimatori e gestito da due abili fratelli.

🟡🟡🟡 Le Perlage   AC

via Mascherpa 4/r ✉ *16129 –* ✆ *0 10 58 85 51*   Pianta: F3**b**
– www.leperlage.com – Chiuso 15-29 agosto
Menu 30 € (pranzo in settimana)/80 € – Carta 39/106 €
Ottimo indirizzo per gli amanti del pesce: nelle due piccole, ma eleganti salette, il patron vi farà assaggiare le squisitezze di mare preparate dalla moglie.

🟡🟡 Il Marin - Eataly   ← 🍴 ♿ AC

porto Antico, edificio Millo ✉ *16121 –* ✆ *01 08 69 87 22*   Pianta: E2**a**
– www.genova.eataly.it
Menu 34 € (pranzo)/62 € – Carta 46/91 €
Nel Porto Antico, al terzo piano dell'edificio Millo, un ristorante panoramico e dalla originale semplicità con un menu ispirato al territorio e al marchio Eataly. Per una sosta più informale si possono utilizzare anche le varie postazioni di cucina a tema lungo il percorso.

🟡🟡 San Giorgio   🟤🟤 AC

via Alessandro Rimassa 150 r ✉ *16129 –* ✆ *01 05 95 52 05*   Pianta: G3**a**
– www.ristorantesangiorgiogenova.it
Menu 25 € (pranzo in settimana)/50 € – Carta 32/62 € – (consigliata la prenotazione)
Non lontano dalla Fiera, cucina di mare e specialità liguri in questo moderno ristorantino gestito da una coppia di fratelli con provata esperienza nel settore. Il nostro piatto preferito: acciughe impanate e fritte.

🟡🟡 Gran Gotto   ♿ AC

viale Brigate Bisagno 69/r ✉ *16129 –* ✆ *0 10 56 43 44*   Pianta: FG3**m**
– www.grangotto.com – Chiuso sabato a mezzogiorno e domenica escluso festività
Menu 45 € – Carta 44/71 €
Due luminosi ambienti (nuova sala fumatori) con quadri contemporanei, in un locale di tradizione, presente in città dal 1938; invoglianti proposte di pesce e non solo.

🟡🟡 Kapperi   🍴 AC

Vico dei Lavatoi 6r ✉ *16124 –* ✆ *01 08 69 69 01 – Chiuso*   Pianta: E2**c**
gennaio, lunedì e i mezzogiorno di sabato e domenica
Carta 41/56 € – (consigliata la prenotazione)
Nel cuore della Genova marinara, un delizioso ristorantino dalle molteplici sfaccettature: sapori classici mediterranei, crudo di mare, sushi e prelibatezze del Sol Levante, serviti anche nell'ambita terrazza affacciata sul porto antico.

🟡🟡 Da Toto al Porto Antico   ← 🍴 AC

via Molo Ponte Morosini Sud 20 ✉ *16124*   Pianta: D1**d**
– ✆ *01 02 54 38 79 – www.ristorantedatoto.it – Chiuso domenica*
Menu 35/60 € – Carta 47/72 € – (prenotare nei week-end)
In fondo al molo, praticamente sul mare del porto dove sono attraccate barche e yacht, un piacevole locale in stile marina-elegante per una cucina a tutto pesce.

XX Le Cicale in Città `AC` ⇔

via Macaggi 53 ✉ *16121 –* ☎ *0 10 59 25 81*   Pianta: F3**b**
– www.le-cicale.it – Chiuso agosto, sabato a mezzogiorno e domenica
Carta 38/80 €
Intima atmosfera in questo locale diviso in ambienti comunicanti, impreziositi da specchi antichi: piatti prevalentemente a base di pesce fresco, cucinati in maniera classica.

XX Da Rina `AC`

via Mura delle Grazie 3/r ✉ *16128 –* ☎ *01 02 46 64 75*   Pianta: E2**b**
– www.ristorantedarina.it – Chiuso 5 agosto-1° settembre e lunedì
Menu 25/70 € – Carta 32/85 €
Sotto le caratteristiche volte del '400 di una trattoria presente dal 1946, un "classico" della ristorazione cittadina, che da anni garantisce il meglio del mercato ittico.

XX Voltalacarta `AC`

via Assarotti 60/r ✉ *16122 –* ☎ *01 08 31 20 46*   Pianta: F1**h**
– www.voltalacartagenova.it – Chiuso 1°-5 gennaio,
25 agosto-9 settembre, sabato a mezzogiorno e domenica
Menu 20 € (pranzo in settimana)/45 € – Carta 42/85 € – *(solo a cena in giugno-agosto)* (coperti limitati, prenotare)
"Volta la carta" è una canzone estremamente allegorica: dietro ogni figura si nasconde un personaggio. Dietro la porta di questo locale si cela un ambiente grazioso e curato, dove un giovane e dinamico chef prepara intriganti specialità di mare, selezionando ottimi prodotti.

X Soho-Ristorante e Pescheria ⇗ `AC` ⅜ ⇔

via al Ponte Calvi 20 r ✉ *16124 Genova –* ☎ *01 08 69 25 48*   Pianta: E1**a**
– www.ristorantesoho.it
Carta 28/55 €
In uno dei vicoli di fronte all'Acquario, locale multitasking ed informale, dominato dal contrasto fra antico e moderno: è un ristorante, wine-bar, pescheria. Pleonastico dire che le specialità attingono al mare.

X Spin Ristorante-Enoteca Sola ✿ `AC` ⇔

via Carlo Barabino 120/r ✉ *16129 –* ☎ *0 10 59 45 13*   Pianta: G3**d**
– www.enotecasola.it – Chiuso 10-20 agosto e domenica
Carta 29/62 €
Un piccolo locale stile bistrot, nato come enoteca e poi trasformatosi anche in ristorante: ampia scelta di etichette con grande attenzione ai vini biodinamici e una cucina schietta, che punta sulla qualità della materia prima.

X Tralalero – Grand Hotel Savoia ⇗ `AC`

via Arsenale di Terra 5 – ☎ *01 02 77 28 34*   Pianta: D1**c**
– www.trattoriatralalero.it
Menu 18 € (pranzo in settimana)/55 € – Carta 30/50 €
Un'ottima cucina che poggia le sue basi sulla tradizione locale, proponendo i proverbiali cavalli di battaglia del ricettario regionale non disgiunti da altre specialità di pesce: più classiche, ma comunque convincenti!

X Tiflis ⇗ `AC` ⇔

vico del Fico 35R ✉ *16128 –* ☎ *0 10 25 64 79 – www.tiflis.it*   Pianta: E2**m**
– Chiusa 1 settimana in agosto e i mezzogiorno di sabato e domenica
Menu 15 € (pranzo in settimana)/35 € – Carta 28/49 €
Simpatico ristorante che, rispecchiando le origini estoni di uno dei titolari, è arredato in stile nordico. Cucina di terra e di mare con ottimi spiedoni di carne o pesce: il braciere campeggia in bella vista!

verso Molassana Nord: 5,5 km B1

X La Pineta ⇗ `P`

via Gualco 82, a Struppa ✉ *16165 –* ☎ *0 10 80 27 72*   Pianta: C1**b**
– Chiuso 1 settimana in febbraio, 3 settimane in agosto, domenica sera e lunedì
Menu 35/45 € – Carta 35/49 €
Un gran camino troneggia in questo luminoso e caldo ristorante, che dispone anche di un grazioso dehors. Cucina tradizionale casalinga, tra le specialità: carne e pesce alla brace.

a Molassana Nord: 6 km B1 – ✉ 16138

✗ **Osteria della Collina**   AK ⌖ P

*via San Felice angolo salita Cotella, per via Gelasio Adamoli - B1
– ℰ 01 08 35 33 90 – Chiuso 15 agosto-15 settembre e lunedì*
Carta 42/60 € – (consigliata la prenotazione)
La cucina di mare qui è interpretata nel modo più semplice possibile, con giusto
qualche accenno di modernità per non essere out. Strutturalmente il locale è
molto rustico: archi, pietra a vista e, perfino, un caminetto.

all'aeroporto Cristoforo Colombo Ovest: 6 km A1

🏨 **CHC Airport**   ✿ 🛏 ℔ ⬆ AK ⚒ 🚗

via Albareto, 15 A1-2 ✉ 16124 – ℰ 01 06 01 89 63 – www.chcairport.it
115 cam ⚏ – ♦99 € ♦♦360 €
Un ottimo punto di riferimento per il turismo business, questo nuovissimo
albergo ubicato in prossimità dell'aeroporto: camere estremamente moderne e
confortevoli, piccola zona relax con palestra e sauna, sale conferenze modulari.

a Quarto dei Mille Est: 7 km direzione aeroporto – ✉ 16148

🏨 **AC Hotel Genova by Marriot**   ✿ ℔ ⬆ & AK ⚒ 🚗

corso Europa 1075 – ℰ 01 03 07 11 80 – www.achotels.com   Pianta: C2**a**
139 cam ⚏ – ♦75/220 € ♦♦85/230 €
Ambiente moderno e minimalista, due tipologie di camere (standard e business),
bar self-service aperto 24 ore: una struttura capace di armonizzare innovazione e
buon gusto. Presso una sala moderna e d'avanguardia potrete gustare piatti tradizionali ed internazionali.

🏨 **Iris**   ⬆ & AK ⚒ P

via Rossetti 3/5 – ℰ 01 03 76 07 03 – www.hoteliris.it   Pianta: C2**e**
34 cam ⚏ – ♦60/90 € ♦♦90/180 €
A pochi passi dal mare, camere confortevoli e piacevole solarium per la bella stagione, in un albergo con comodo parcheggio. Un indirizzo di sicuro interesse per
la clientela commerciale.

a Cornigliano Ligure Ovest: 7 km direzione Nervi – ✉ 16152

✗ **Da Marino**   AK

via Rolla 36/r – ℰ 01 06 51 88 91 – Chiuso agosto, sabato   Pianta: A1**d**
e domenica
Carta 32/67 € – (solo a pranzo)
Locale semplice ed accogliente, grazie alla grande dedizione delle titolari. La
stessa cura è riservata alla cucina: tradizionale ligure, eseguita con grande amore.

a San Desiderio Nord-Est: 8 km per via Timavo – ✉ 16133

✗✗ **Bruxaboschi**   ⚭ 🌿 P

via Francesco Mignone 8 – ℰ 01 03 45 03 02   Pianta: C1**a**
*– www.bruxaboschi.com – Chiuso 24 dicembre-5 gennaio, 3 settimane in agosto,
domenica sera e lunedì*
Carta 32/54 € – (prenotazione obbligatoria a mezzogiorno)
Dal 1862 la tradizione si è perpetuata di generazione in generazione in una trattoria con servizio estivo in terrazza. Cucina del territorio e periodiche serate a
tema alla riscoperta di antichi piatti delle valli liguri, nonché interessante selezione di vini e distillati. Indecisi sulla scelta? Il fritto misto alla genovese è sempre
una certezza!

a Sestri Ponente Ovest: 10 km direzione aeroporto – ✉ 16154

✗✗ **Toe Drûe**   AK

*via Corsi 44/r – ℰ 01 06 50 01 00 – www.toedrue.it – Chiuso 1 settimana in
agosto, sabato a mezzogiorno e domenica*
Menu 35 € (cena) – Carta 36/68 €
Toe Drûe - tavole spesse, per chi non mastica il ligure – come di spessore e senza
fronzoli è la sua cucina fatta di specialità regionali rivisitate con fantasia a cui si
aggiungono menu a tema.

a Voltri Ovest: 18 km direzione aeroporto – ✉ 16158

XX **Il Gigante** `AC`

via Lemerle 12/r – ℰ 01 06 13 26 68 – www.ristoranteilgigante.it
Menu 30/50 € – Carta 33/88 €
Un ex olimpionico di pallanuoto appassionato di pesca gestisce questo simpatico locale: due salette di taglio classico e sobria semplicità e piatti, ovviamente, di mare.

XX **La Voglia Matta** `&` `AC`

via Cerusa 63 r – ℰ 01 06 37 06 00 – www.lavogliamatta.org – Chiuso domenica sera e lunedì, anche domenica a mezzogiorno in luglio-agosto
Menu 35/60 € – Carta 33/74 € – (consigliata la prenotazione)
Avete una voglia matta di gustare specialità di pesce? Bussate in questo bel palazzo del Cinquecento: fra le sue mura troverete un locale fresco e giovanile, con tante fantasiose proposte ittiche.

X **Ostaia da ü Santü** `<` `🏡` `P`

*via al Santuario delle Grazie 33, Nord: 1,5 km – ℰ 01 06 13 04 77
– www.ostaiadausantu.com – Chiuso 25 dicembre-10 febbraio, 16-30 settembre, domenica sera, lunedì, martedì e le sere di mercoledì e giovedì da ottobre a giugno*
Carta 29/35 € – (consigliata la prenotazione)
La breve passeggiata a piedi lungo una stradina di campagna sarà l'anticipo di quello che troverete all'osteria: una gustosa cucina casalinga per riscoprire i genuini sapori locali, come i ravioli genovesi con sugo di carne. Piacevole pergolato per il servizio estivo.

a Pegli Ovest: 13 km direzione aeroporto – ✉ 16155

XX **Teresa** `🐟` `&` `AC`

piazza Lido di Pegli 5 – ℰ 01 06 97 37 74 – www.ristoranteteresa.com
Menu 45/65 € – Carta 40/118 €
Foto d'epoca alle pareti e conduzione tutta al femminile per proposte di mare, ma non solo, in un ristorante che ha festeggiato più di 40 anni! Ambiente piacevolmente classico.

GERACE

Reggio di Calabria (RC) – ✉ 89040 – 2 690 ab. – Alt. 500 m
– Carta regionale n° **3-A3**
▶ Roma 694 km – Reggio di Calabria 93 km – Vibo Valentia 86 km –
Lamezia Terme 117 km
Carta stradale Michelin 564-M30

🏠 **La Casa di Gianna** `🌿` `🌿`

via Paolo Frascà 4 – ℰ 09 64 35 50 18 – www.lacasadigianna.it – Chiuso novembre
8 cam 🛏 – ❖70/84 € ❖❖110/150 €
Una casa incantevole, un angolo pittoresco in questo spaccato del nostro Mezzogiorno; un'antica dimora gentilizia rinnovata con grande stile e ovunque pervasa dal passato. La cucina locale su tavole dalle ricche tovaglie, servizio più informale in veranda.

GHEDI

Brescia (BS) – ✉ 25016 – 18 985 ab. – Alt. 85 m – Carta regionale n° **9-C1**
▶ Roma 525 km – Brescia 21 km – Mantova 56 km – Milano 118 km
Carta stradale Michelin 561-F12

X **Trattoria Santi**

*via Calvisano 73, Sud-Est: 4 km – ℰ 0 30 90 13 45 – www.trattoriasanti.it
– Chiuso gennaio, martedì sera e mercoledì*
Menu 17 € (pranzo in settimana)/36 € – Carta 18/24 €
Dal 1919 un'intramontabile osteria di campagna, che si fregia di avere come obiettivo la riscoperta della genuina cucina locale: casoncelli, paste fatte in casa e grigliate miste.

GHIFFA

Verbano-Cusio-Ossola (VB) – ✉ 28823 – 2 423 ab. – Alt. 201 m
– Carta regionale n° **13-B1**
▶ Roma 686 km – Stresa 23 km – Verbania 9 km – Milano 110 km
Carta stradale Michelin 561-E7

🏠 **Ghiffa** ✿ ≼ 🛋 🔦 ⌁ 🗗 ⅙ 🅰🅲 🏄 🅿
corso Belvedere 88 – ℰ 0 32 35 92 85 – www.hotelghiffa.com – Aperto
13 aprile-11 ottobre
37 cam ⌂ – ♦140/180 € ♦♦160/280 €
In riva al lago, signorile struttura di fine '800 dotata di terrazza-giardino con piscina riscaldata: ottimi confort e conduzione professionale. Pavimento in parquet nella sala da pranzo con grandi vetrate; cucina classica e del territorio.

GHIRLANDA – Grosseto ➜ Vedere Massa Marittima

GIARDINI NAXOS

Sicilia – Messina (ME) – ✉ 98035 – 9 524 ab. – Carta regionale n° **17-D2**
▶ Catania 47 km – Messina 54 km – Palermo 257 km – Taormina 5 km
Carta stradale Michelin 365-BA56 – Guida Verde Michelin SICILIA

🏠 **Palladio** ✿ ≼ 🔦 🗗 🅰🅲
via Umberto 470 – ℰ 0 94 25 22 67 – www.hotelpalladiogiardini.com – Chiuso
11 gennaio-28 febbraio
19 cam ⌂ – ♦50/120 € ♦♦70/200 € – **1 suite**
Affacciato sulla baia, un roof garden all'aperto con bellissima vista sul golfo di Naxos e un'ondata di genuina ospitalità siciliana che vi avvolgerà in ambienti carichi di artigianato e prodotti isolani. L'amore per questa terra continua anche nei piatti del ristorante con prodotti locali selezionati tra il biologico e il commercio equosolidale.

🏠 **La Riva** ≼ 🗗 🅰🅲 🚗
via lungomare Tysandros 52 – ℰ 0 94 25 13 29 – www.hotellariva.com – Aperto
1° marzo-31 ottobre
40 cam ⌂ – ♦50/77 € ♦♦60/120 €
La hall introduce ad un settore notte in cui tanti sono gli arredi e le decorazioni riferibili alla tradizione e all'artigianato siciliani. Dalle finestre delle camere: l'affascinante spettacolo della baia fino alla colata vulcanica preistorica.

XX **Sea Sound** 🛖
via Jannuzzo 37 – ℰ 0 94 25 43 30
– Aperto 22 aprile-31 ottobre
Carta 29/62 €
Sentirete il suono del mare in questo locale estivo con servizio su una bella terrazza immersa nel verde: indiscutibile punto di riferimento per una cucina di pesce schietta e fragrante.

XX **Sabbie d'Oro** ⇦ ≼ 🛖 🔦 🗗 🅰🅲
via Schisò 12 – ℰ 0 94 25 23 80 – www.ristorantesabbiedoro.it – Aperto
1° marzo-30 novembre
Carta 35/103 € **38 cam** – ♦80/120 € ♦♦160/230 € – senza ⌂
Ristorante di stile marinaro noto ed apprezzato in zona, sia per la qualità del pesce fresco in bella mostra, sia per la posizione fronte mare. Accanto c'è l'omonimo albergo, con davanti anche il proprio lido.

GIAU (Passo di) – Belluno ➜ Vedere Cortina d'Ampezzo

GIGLIO (Isola del)
Grosseto (GR) – 1 413 ab. – Alt. 498 m – Carta regionale n° **18-C3**
Carta stradale Michelin 563-O14

GIGLIO PORTO – ✉ 58012 – Carta regionale n° 18-C3
Carta stradale Michelin 563-O14

🏠 **Bahamas**
via Cardinale Oreglia 22 – 𝒞 05 64 80 92 54 – www.bahamashotel.it
27 cam ☐ – †70/90 € ††80/130 €
Alle spalle della chiesa, una struttura bianca a conduzione familiare dagli arredamenti lineari con camere semplici, ma dotate di terrazzini da cui si scorge il porto e il mare.

🏠 **Castello Monticello**
bivio per Arenella, Nord: 1 km – 𝒞 05 64 80 92 52
– www.hotelcastellomonticello.com – Aperto 1° aprile-31 ottobre
26 cam ☐ – †65/80 € ††89/159 €
In posizione elevata rispetto al paese, una villa-castello arredata in legno scuro con camere e terrazza che si affacciano direttamente sul mare.

✗ **La Vecchia Pergola**
⊜ *via Thaon de Revel 31 – 𝒞 05 64 80 90 80 – Aperto 15 marzo-15 ottobre; chiuso mercoledì*
Menu 16 € (pranzo) – Carta 26/47 €
La risorsa a gestione familiare, consta di un'unica sala e di una terrazza, con vista contemporaneamente sul paese e sul porto, dove assaggiare prelibatezze di mare.

a Giglio Campese Nord-Ovest : 8,5 km – ✉ 58012

🏠 **Campese**
via Della Torre 18 – 𝒞 05 64 80 40 03 – www.hotelcampese.com – Aperto da inzio maggio a fine settembre
47 cam ☐ – †58/90 € ††116/190 €
Direttamente sulla spiaggia, l'hotel vanta ampi ambienti di tono classico con soluzioni d'arredo lineari in tinte chiare e sfumature azzurre (da preferirsi le 8 nuove camere superior con balcone!). In posizione panoramica, affacciato sul mare, il ristorante propone ricette regionali di carne e di pesce.

🏠 **Le Poste di Simplicio** ⓝ
via di Mezzo Franco 12 – 𝒞 34 71 74 48 09 – www.lepostedisimplicio.it – Aperto Pasqua-2 novembre
6 cam ☐ – †80/140 € ††100/160 €
Tipica casa isolana affacciata sulla romantica spiaggia di Campese, le camere sono semplici e bianco-azzurre, ciascuna dispone di un piccolo terrazzino con sedie sdraio dove viene servita la colazione. Pochi gradini e si è al mare.

a Giglio Castello Nord-Ovest : 6 km – ✉ 58012

✗ **Da Maria**
via della Casamatta 12 – 𝒞 05 64 80 60 62 – Chiuso gennaio, febbraio e mercoledì escluso 15 giugno-15 settembre
Carta 34/58 €
Nel centro medievale del Castello, una casa d'epoca dai toni rustici ospita un ristorante a conduzione familiare con proposte del territorio e soprattutto specialità di pesce.

GIGNOD
Aosta (AO) – ✉ 11010 – 1 677 ab. – Alt. 988 m – Carta regionale n° **21-A2**
🚗 Roma 753 km – Aosta 7 km – Colle del Gran San Bernardo 25 km
Carta stradale Michelin 561-E3

La Clusaz (Maurizio Grange) 🕸 ⇐ P

*località La Clusaz, Nord-Ovest: 4,5 km – ℰ 0 16 55 60 75 – www.laclusaz.it
– Chiuso 9-31 maggio e 14 novembre-6 dicembre*
Menu 42 € (pranzo in settimana)/60 € – **Carta 43/81 €** – *(chiuso mercoledì a mezzogiorno e martedì escluso agosto)*
14 cam – ♦60/65 € ♦♦75/90 € – ☲ 8 €
La storia di questa casa montana è ormai millenaria, le sue pietre e i suoi ambienti vi raccontano le tradizioni valdostane non meno della cucina, giunta ora ad emozionanti livelli. Tra ricette storiche e prodotti locali, il territorio regala piatti di grande originalità che non troverete altrove. L'ospitalità continua nelle camere, da quelle più semplici a quelle decorate da un'artista locale.
➔ Ravioli di "boudin" (salume tipico) saltati al burro alle erbe con chutney di mele e arance. Quaglia disossata e farcita con castagne e carciofi, puré di sedano rapa. Tarte Tatin con gelato alla vaniglia Bourbon.

GIOIA DEL COLLE
Bari (BA) – ✉ 70023 – 27 682 ab. – Alt. 358 m – Carta regionale n° **15-C2**
▶ Roma 443 km – Bari 39 km – Brindisi 107 km – Taranto 35 km
Carta stradale Michelin 564-E32

Svevo ☆ 🔙 🕸 🛌 ⬆ 🆎 ❄ 🐾 🚗

via Cassano 319 – ℰ 08 03 48 27 39 – www.hotelsvevo.it
78 cam ☲ – ♦68/75 € ♦♦83/95 € – **3 suites**
Non lontano dal casello autostradale, dalla stazione e dall'aeroporto - nel cuore dell'antica Puglia Peuceta - camere spaziose e confortevoli in un albergo di stile classico. Al ristorante: interessanti proposte gastronomiche, perlopiù regionali, e prezzi competitivi.

Osteria del Borgo Antico 🕸 🆎

corso Cavour 89 – ℰ 08 03 43 08 37 – www.borgoanticaosteria.it – Chiuso 15-30 agosto, domenica sera e lunedì
Menu 25 € (pranzo in settimana)/45 € – **Carta 26/51 €**
Nel centro storico, sotto le volte in tufo, ma d'estate si mangia anche all'aperto, un ristorante che promuove la cucina del territorio in chiave moderna. Specialità: spaghettoni alla "poveraccia", filetto di maialino da latte con cicorielle selvatiche e funghi cardoncelli, sporcamuss con crema pasticciera calda e vin cotto di fichi.

Trattoria Pugliese Ⓝ 🆎

via Concezione 9/11 – ℰ 08 03 43 17 28 – www.trattoriapugliese.it – Chiuso domenica sera e lunedì
Carta 21/43 €
La trattoria sarà anche pugliese, ma ai fornelli ci sta un intraprendete chef siciliano i cui piatti (rigorosamente locali!) "danzano" al ritmo delle stagioni.

GIOVI – Arezzo (AR) ➔ Vedere Arezzo

GIOVINAZZO
Bari (BA) – ✉ 70054 – 20 575 ab. – Carta regionale n° **15-B2**
▶ Roma 432 km – Bari 21 km – Barletta 37 km – Foggia 115 km
Carta stradale Michelin 564-D32

Lafayette ☆ 🔙 🔟 ⬆ 🔥 🆎 🐾 P

s.s. 16, km 781+400 – ℰ 08 03 94 70 22 – www.lafaiette.com
20 cam ☲ – ♦65/75 € ♦♦90/110 €
Lungo la litoranea per Molfetta, l'albergo offre camere accoglienti dagli arredi contemporanei, una grande piscina, un'altra più piccola per bambini e accesso diretto a due spiagge, in cemento o ghiaia.

GIOVO

Trento (TN) – ⊠ 38030 – 2 464 ab. – Alt. 496 m – Carta regionale n° **19-B2**

▶ Roma 593 km – Trento 14 km – Bolzano 52 km – Vicenza 102 km

Carta stradale Michelin 562-D15

Maso Franch

località Maso Franch 2, Ovest: 3 km – ℰ 04 61 24 55 33 – www.masofranch.it – Chiuso novembre

12 cam – solo ½ P 90/130 €

Rist Maso Franch ✿ – Vedere selezione ristoranti

Alle porte della Valle di Cembra, camere tradizionali in stile montano o di design moderno (più cittadino): in entrambe le situazioni, il confort è assicurato. A disposizione degli ospiti un piccolo, ma accogliente spazio wellness.

✕✕ Maso Franch – Hotel Maso Franch
✿

località Maso Franch 2, Ovest: 3 km – ℰ 04 61 24 55 33 – www.masofranch.it – Chiuso novembre

Menu 50 € (pranzo in settimana)/110 € – Carta 48/93 € – (consigliata la prenotazione)

Lungo una strada punteggiata da vigne, ci si accomoda nella sala dall'ambiente avveniristico ed "insolito" per la montagna. Un giovane chef, maturato dall'esperienza in locali importanti, propone una cucina moderna, a tratti creativa; in alternativa - a pranzo - anche l'ormai canonico menu light.

➜ Tortelli al grano saraceno ripieni di polenta concia, intingolo di coniglio ruspante. Variazione di galletto ruspante, verdure "bio" e consistenze di mais. Impressionismo... il sottobosco.

a Palù Ovest : 2 km – ⊠ 38030 Palù Di Giovo

Agriturismo Maso Pomarolli

località Maso Pomarolli 10 – ℰ 04 61 68 45 71 – www.agriturmasopomarolli.it – Chiuso 11 gennaio-26 febbraio

7 cam 🍽 – ♦65/70 € ♦♦65/70 €

Piacevole e semplice gestione familiare, dove le camere senza fronzoli assicurano pulizia: prenotazione obbligatoria per quelle con imperdibile vista sulla valle di Cembra.

GIULIANOVA LIDO

Teramo (TE) – ⊠ 64021 – 21 634 ab. – Carta regionale n° **1-B1**

▶ Roma 196 km – Ascoli Piceno 50 km – Pescara 54 km – Teramo 28 km

Carta stradale Michelin 563-N23

Sea Park Spa Resort

via Arenzano 19 – ℰ 08 58 02 53 23 – www.seaparkresort.com – Aperto 1° aprile-30 settembre

50 cam – solo ½ P 98/175 €

A 100 m dal mare, un'architettura originale tra terrazze pensili, piscina e confortevoli camere di tono moderno. Struttura con una spiccata vocazione sportiva dispone di palestra, campo e scuola calcio. Al ristorante, un ricco buffet di verdure calde e fredde, i prodotti classici nazionali e proposte di pesce.

Cristallo

lungomare Zara 73 – ℰ 08 58 00 37 80 – www.hcristallo.it

70 cam 🍽 – ♦55/110 € ♦♦70/170 € – **1 suite**

Frontemare, l'hotel offre luminosi spazi comuni arredati con gusto moderno in calde tonalità di colore e camere confortevoli, adatte ad una clientela d'affari e turistica. Al ristorante, una delle più interessanti cucine di pesce della città.

Parco dei Principi

lungomare Zara – ℰ 08 58 00 89 35 – www.giulianovaparcodeiprincipi.it – Aperto 15 maggio-17 settembre

87 cam 🍽 – ♦60/170 € ♦♦70/240 €

In prima fila sul lungomare - in un contesto tranquillo, immerso nel verde dei pini - l'hotel propone camere confortevoli (le migliori ai piani più alti), con vista panoramica sul mare o sulla collina. Per i piccoli ospiti, un bellissimo parco giochi per momenti di magico divertimento.

Europa

lungomare Zara 57 – 𝒞 08 58 00 36 00 – www.htleuropa.it
77 cam ⌷ – †59/120 € ††69/130 € – **2 suites**
In posizione centrale e davanti al mare, la clientela d'affari apprezzerà l'efficienza dei servizi mentre quella balneare sarà conquistata dalla singolare piscina in spiaggia. Presso le ampie sale del ristorante è possibile anche allestire banchetti.

XXX **Beccaceci**

via Zola 28 – 𝒞 08 58 00 35 50 – www.ristorantebeccaceci.com
– Chiuso 1°-8 gennaio, domenica sera escluso luglio-agosto e lunedì
Carta 44/95 €
Bastione delle specialità adriatiche, il meglio del pescato arriva qui: servito in preparazioni tradizionali e gustose, dalle paste alle grigliate di pesce.

X **Osteria dal Moro**

lungomare Spalato 74 – 𝒞 08 58 00 49 73 – Chiuso 2-15 gennaio, 20-25 giugno, 7-21 settembre, martedì, anche mercoledì in settembre-maggio
Menu 25 € (pranzo in settimana)/45 € – Carta 21/53 €
Ristorantino stile bistrot, dove la cucina esclusivamente di pesce cambia in funzione della disponibilità del mercato. La proposta è a voce: lasciatevi quindi consigliare, ma non perdetevi la frittura mista.

GIUSTINO – Trento (TN) ➜ Vedere Pinzolo

GIZZERIA LIDO
Catanzaro (CZ) – ✉ 88048 – 3 648 ab. – Carta regionale n° **3-A2**
▶ Roma 576 km – Cosenza 60 km – Catanzaro 39 km –
Lamezia Terme (Nicastro) 13 km
Carta stradale Michelin 564-K30

sulla strada statale 18

 La Lampara

località Caposuvero, Nord-Ovest: 6 km ✉ 88040 – 𝒞 09 68 46 61 93
– www.lalampararistorante.it – Chiuso 22 dicembre-5 gennaio
10 cam ⌷ – †70/90 € ††100/120 €
Rist *La Lampara* – Vedere selezione ristoranti
In ottima posizione con accesso diretto alla spiaggia, questa moderna struttura - non grande nelle dimensioni, ma dal confort di livello - dispone di belle camere arredate con gusto e cura: si consigliano quelle lato mare per tranquillità e vista.

 Palmed

via Nazionale 35, Nord-Ovest: 2 km ✉ 88040 – 𝒞 09 68 46 63 83
– www.palmedhotel.com
20 cam ⌷ – †65/70 € ††85/107 €
Rist *Pesce Fresco* – Vedere selezione ristoranti
Hotel a conduzione familiare collegato al ristorante di famiglia: camere ampie e confortevoli adatte sia per un soggiorno di lavoro sia per una vacanza. Più tranquille quelle orientate verso il mare. L'aeroporto è a 5 minuti.

XX **La Lampara** – Hotel La Lampara

località Caposuvero, Nord-Ovest: 6 km ✉ 88040 – 𝒞 09 68 46 61 93
– www.lalampararistorante.it – Chiuso 22 dicembre-5 gennaio e martedì escluso luglio-agosto
Carta 35/60 €
A pochi metri dal mare su cui si affaccia con la sua grande terrazza, un ristorante in stile classico-contemporaneo la cui attività risale al 1966. Da sempre paladini di una cucina marinara, fra i piatti più apprezzati: l'antipasto della Lampara e gli appetitosi fritti.

XX **Pesce Fresco** – Hotel Palmed
via Nazionale 33, Nord-Ovest: 2 km ✉ 88040 – ☎ 09 68 46 62 00
– www.ristoranteilpescefresco.com – Chiuso 24 dicembre-5 gennaio e domenica sera
Menu 35 € (in settimana)/60 € – Carta 32/83 €
Il nome è già un'indicazione: fresco pescato giornaliero alla base dei piatti, seppur non manchino le carni. In posizione comoda, sulla statale ma non lontano dal mare.

GLORENZA (GLURNS)
Bolzano (BZ) – ✉ 39020 – 894 ab. – Alt. 907 m – Carta regionale n° **19-A2**
▶ Roma 720 km – Sondrio 113 km – Bolzano 83 km – Merano 56 km
Carta stradale Michelin 562-C13

⌂ **Zur Post**
via Flora 15 – ☎ *04 73 83 12 08 – www.hotelpostglorenza.com*
– Chiuso 7 gennaio-23 marzo
29 cam ☲ – †50/68 € ††100/136 €
Rist Zur Post – Vedere selezione ristoranti
All'interno della cinta muraria della pittoresca Glorenza, un albergo di antichissime tradizioni: una sorta di Gasthaus familiare e semplicissima, ormai alla quinta generazione, ideale per chi vuole soggiornare in una struttura "corretta" a prezzi contenuti.

X **Zur Post** – Hotel Zur Post
via Flora 15 – ☎ *04 73 83 12 08 – www.hotelpostglurns.com*
– Chiuso 7 gennaio-23 marzo
Menu 25 € (in settimana)/32 € – Carta 28/69 €
Locale sempre affollatissimo (gettonatissima la graziosa terrazza esterna), un po' per la sua cucina a metà strada tra il regionale ed il classico-italiano, un po' per la tipicità dell'ambiente: ultimo, ma non ultimo il buon rapporto qualità/prezzo. Il gröstl alla tirolese, in alternativa allo speck, tra i piatti forti della casa.

GLURNS = GLORENZA

GODIA – Udine (UD) ➜ Vedere Udine

GODIASCO SALICE TERME
Pavia (PV) – ✉ 27052 – 3 207 ab. – Alt. 196 m – Carta regionale n° **9-A3**
▶ Roma 580 km – Alessandria 37 km – Pavia 37 km – Milano 74 km
Carta stradale Michelin 561-H9

XX **Guado**
viale delle Terme 57 – ☎ *0 38 39 12 23 – www.ristoranteguado.it – Chiuso 15 giorni in gennaio, venerdì a mezzogiorno e giovedì*
Carta 38/53 €
Se la moderna sala al piano superiore si propone per aperitivi e piccole proposte gastronomiche - salumi e schiacciate ripiene (focacce) - ambienti più classici al pianterreno ospitano una cucina del territorio e qualche caposaldo della tradizione nazionale.

GOLFO ARANCI
Sardegna – Olbia-Tempio (OT) – ✉ 07020 – 2 401 ab. – Carta regionale n° **16-B1**
▶ Cagliari 283 km – Olbia 20 km – Nuoro 118 km – Sassari 123 km
Carta stradale Michelin 366-S37

⌂⌂ **Villa Margherita**
via Libertà 91 – ☎ *0 78 94 69 12 – www.margheritahotel.net – Aperto 25 marzo-31 ottobre*
42 cam ☲ – †119/285 € ††139/315 € – **2 suites**
Signorile hotel a conduzione diretta che si ubica in centro, ma fronteggia la spiaggia: ameno giardino con piscina, camere di buon livello tutte rinnovate. Piacevole zona relax con bagno turco. Ambiente ricercato dai caldi colori al ristorante, dove la cucina locale sposa sapori forti e semplici, terra e mare.

Gabbiano Azzurro

via dei Gabbiani – ℰ 78 94 69 29 – www.hotelgabbianoazzurro.com – *Aperto 1° maggio-31 ottobre*
80 cam ☲ – †80/400 € ††99/480 € – **5 suites**
Hotel a conduzione familiare ubicato all'inizio della "Terza Spiaggia". Bella vista dalle terrazze e da alcune delle confortevoli camere. Anche dalla sala ristorante si scorge l'isola di Tavolara. Cucina prevalentemente a base di pesce.

Terza Spiaggia

via degli Asfodeli, località Terza Spiaggia – ℰ 0 78 94 64 85
– www.terzaspiaggia.com – *Aperto 1° aprile-30 settembre; chiuso mercoledì in aprile-maggio*
Carta 40/96 € – *(solo a cena)* (consigliata la prenotazione)
Approdare ad una spiaggia così, è il sogno di tutti: stabilimento balneare di giorno e romantico ristorante la sera, pochi coperti ed un'interessante cucina a base di pesce.

GORGO AL MONTICANO

Treviso (TV) – ✉ 31040 – 3 935 ab. – Alt. 11 m – Carta regionale n° **23-A1**
▶ Roma 574 km – Venezia 60 km – Treviso 32 km – Trieste 116 km
Carta stradale Michelin 562-E19

Villa Revedin

via Palazzi 4 – ℰ 04 22 80 00 33 – www.villarevedin.it – *Chiuso 1°-15 gennaio*
28 cam ☲ – †55/80 € ††81/120 € – **4 suites**
Rist *Villa Revedin* – Vedere selezione ristoranti
C'è anche una chiesetta privata in questa villa veneta del XVII secolo, antica dimora dei nobili Foscarini, cinta da un parco secolare, ampio e tranquillo: un'atmosfera raffinata e rilassante per sostare nella storia.

Villa Revedin – Hotel Villa Revedin

via Palazzi 4 – ℰ 04 22 80 00 33 – www.villarevedin.it – *Chiuso 1°-15 gennaio*
Menu 25/35 € – Carta 35/56 €
Un'ampia sala della villa è dedicata alla ristorazione che nel 2014 ha visto un cambio di gestione: il pesce rimane l'ingrediente prediletto, ora anche con vasta scelta di crudi. Non mancano, però, alcuni piatti a base di carne.

GORIZIA

✉ 34170 – 35 114 ab. – Alt. 84 m – Carta regionale n° **6-D2**
▶ Roma 649 km – Udine 53 km – Trieste 48 km – Ljubljana 106 km
Carta stradale Michelin 562-E22

Grand Hotel Entourage

piazza Sant'Antonio 2 – ℰ 04 81 55 02 35 – www.entouragegorizia.com
40 cam ☲ – †60/80 € ††76/110 € – **8 suites**
Nel cinquecentesco palazzo dei conti Strassoldo, in un'atmosfera di raffinata tranquillità, ampie ed eleganti camere di gusto classico, nonché una corte interna ricca di storia.

Gorizia Palace

corso Italia 63 – ℰ 0 48 18 21 66 – www.goriziapalace.com
69 cam ☲ – †70/160 € ††80/170 €
Moderno albergo situato in posizione centrale, dispone di ambienti funzionali e confortevoli, ideali tanto per soggiorni di relax quanto per incontri di lavoro.

Rosenbar

via Duca d'Aosta 96 – ℰ 04 81 52 27 00 – www.rosenbar.it – *Chiuso domenica sera e lunedì*
Carta 27/66 €
Piacevole bistrot dal gusto retrò con ampio dehors estivo: il menu viene stabilito di giorno in giorno e i piatti di pesce hanno sicuramente la meglio. Tuttavia, può capitare che vi venga suggerita - a voce - qualche altra specialità.

GOVONE

Cuneo (CN) – ✉ 12040 – 2 225 ab. – Alt. 301 m – Carta regionale n° **14-C2**

▶ Roma 634 km – Cuneo 76 km – Torino 61 km – Asti 20 km

Carta stradale Michelin 561-H6

🏠 **Il Molino**
via XX Settembre 15 – ✆ 01 73 62 16 38 – www.ilmolinoalba.it – Chiuso gennaio e febbraio

5 cam 🛏 – ♦55/75 € ♦♦75/90 €

Un'atmosfera d'altri tempi aleggia negli ambienti di questo mulino ottocentesco adiacente al castello sabaudo e che ospita eleganti camere in stile, dotate di balcone dall'impareggiabile vista panoramica. Gestione giovane e vivace.

✗✗ **Il San Pietro**
strada per Priocca 3, frazione San Pietro – ✆ 0 17 35 84 45 – www.ristoranteilsanpietro.it – Chiuso agosto e mercoledì

Menu 75 € – Carta 48/144 € – *(solo a cena escluso domenica e giorni festivi)* (prenotazione obbligatoria)

Intimo ed elegante locale gestito con grande savoir-faire da due fratelli. Due sono anche le loro passioni: lo champagne da aprire sempre con la scenografica sciabola ed il pesce, quasi esclusivamente di provenienza sarda.

✗ **Trattoria Pautassi** 🆕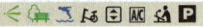
via Boetti 21 – ✆ 0 17 35 80 10 – www.trattoriapautassi.it – Chiuso 7 gennaio-13 febbraio, lunedì e martedì, anche mercoledì da febbraio a Pasqua

Menu 20/30 € – Carta 27/40 €

Ai piedi del castello, gradevole trattoria dall'arredo sobrio e moderno, per una cucina del territorio che investe tanta energia nella ricerca di prodotti locali. Tra le "star" del menu, il coniglio con pomodorini secchi e pesto di lardo.

GRADARA

Pesaro e Urbino (PU) – ✉ 61012 – 4 862 ab. – Alt. 142 m – Carta regionale n° **11-B1**

▶ Roma 319 km – Rimini 29 km – Pesaro 15 km – Forlì 77 km

Carta stradale Michelin 563-K20

🏠 **Villa Matarazzo**
via Farneto 1, località Fanano – ✆ 05 41 96 46 45 – www.villamatarazzo.it – Aperto 1° aprile-30 settembre

15 cam 🛏 – ♦70/130 € ♦♦100/230 €

Su un colle di fronte al castello di Gradara, una serie di terrazze con vista panoramica su mare e costa; un complesso esclusivo, raffinato, piccolo paradiso nella natura.

✗ **Osteria del Borgo**
piazza V Novembre 11 – ✆ 05 41 96 44 04 – www.labottegradara.it – Chiuso novembre e mercoledì escluso giugno-settembre

Menu 15 € – Carta 23/44 €

Nel cuore del borgo medievale di Gradara, in un ambiente piacevolmente rustico ed informale, piatti dagli spiccati sapori regionali. Tra mura antiche che sussurrano il passato, atmosfera più raffinata e ricercatezza nelle presentazioni al ristorante La Botte.

GRADISCA D'ISONZO

Gorizia (GO) – ✉ 34072 – 6 537 ab. – Alt. 32 m – Carta regionale n° **6-C3**

▶ Roma 639 km – Udine 41 km – Gorizia 16 km – Trieste 46 km

Carta stradale Michelin 562-E22

🏠 **Al Ponte**
viale Trieste 124, Sud-Ovest: 2 km – ✆ 04 81 96 11 16 – www.albergoalponte.it – Chiuso 20-30 dicembre

39 cam 🛏 – ♦60/90 € ♦♦90/140 € – **3 suites**

Rist *Al Ponte* – Vedere selezione ristoranti

Alle porte della località in una zona verdeggiante e tranquilla, capace conduzione familiare in un hotel dagli ambienti signorili e dalle confortevoli camere. Inedito e unico nel suo genere il campo da tennis in ...erba!

Franz

viale Trieste 45 – 𝒞 0 48 19 92 11 – www.hotelfranz.it
52 cam ⌸ – ♦66/94 € – ♦♦84/125 €
Poco distante dal centro, l'albergo ha ultimato nel 2013 il totale rinnovo che con-
segna agli ospiti, soprattutto business, uno stile minimal-moderno e nuovi spazi
all'aperto con giardino e piscina.

Al Ponte – Hotel Al Ponte

viale Trieste 122, Sud-Ovest: 2 km – 𝒞 0 48 19 92 13 – www.albergoalponte.it
– Chiuso agosto, domenica sera e lunedì
Menu 25/60 € – Carta 31/90 €
Tre sale di cui due con camino ed uno stile che spazia con disinvoltura dal rustico
al moderno della luminosa veranda; cucina locale di lunga tradizione, bella scelta
di vini regionali e servizio estivo sotto un fresco pergolato.

GRADO

Gorizia (GO) – ✉ 34073 – 8 350 ab. – Carta regionale n° **6-C3**
▶ Roma 644 km – Udine 50 km – Gorizia 48 km – Trieste 55 km
Carta stradale Michelin 562-E22

Grand Hotel Astoria

largo San Grisogono 3 – 𝒞 0 43 18 35 50 – www.hotelastoria.it
– Chiuso 7 gennaio-17 marzo
124 cam ⌸ – ♦64/214 € – ♦♦69/299 € – **54 suites**
A due passi da centro e spiaggia, albergo storico nella tradizione turistica dell'I-
sola del Sole dispone di camere confortevoli, piscina e solarium sulla bella terrazza, centro thalassoterapico con cure a base di acqua marina. Al settimo piano
c'è ...il Settimo Cielo, panoramico ristorante à la carte.

Savoy

*riva Slataper 12 – 𝒞 04 31 89 71 11 – www.hotelsavoy-grado.it – Aperto
18 marzo-30 ottobre*
79 cam – solo ½ P 114/132 € – **12 suites**
Nel cuore di Grado, sorge questo bel gioiello di confort e ospitalità; diversificata
possibilità di camere ed appartamenti per soddisfare qualsiasi tipo di clientela.

Fonzari

*piazza Biagio Marin – 𝒞 04 31 87 63 60 – www.hotelfonzari.com – Aperto
15 marzo-1° novembre*
71 cam ⌸ – ♦105/142 € – ♦♦140/190 € – **47 suites**
Rist *Altogradimento* – Vedere selezione ristoranti
Adiacente il grazioso centro storico, questa moderna struttura ospita ampie
camere e belle suite. Per gli amanti del fitness, l'hotel dispone di una piccola palestra.

Abbazia

*via Colombo 12 – 𝒞 0 43 18 00 38 – www.hotel-abbazia-grado.com – Aperto
1° aprile-31 ottobre*
48 cam – ♦39/109 € – ♦♦49/209 € – ⌸ 11 €
Ai margini della zona pedonale, hotel a conduzione diretta con spazi comuni personalizzati, camere ben accessoriate ed ampia piscina coperta. Il ristorante in
estate si trasferisce nella veranda dai vetri decorati.

Metropole

piazza San Marco 15 – 𝒞 04 31 87 62 07 – www.gradohotel.com
– Chiuso 1° novembre-31 gennaio
19 cam ⌸ – ♦59/150 € – ♦♦59/299 € – **4 suites**
Gradevole atmosfera ed accogliente servizio in un mitico albergo di Grado, meta
di vacanze degli Asburgo e della nobiltà mitteleuropea. Anche la gestione non
delude: giovane e motivata, si farà in quattro per soddisfare le vostre richieste!

Diana

via Verdi 1 – ℰ 0 43 18 00 26 – www.hoteldiana.it – Aperto 15 aprile-15 ottobre
85 cam 🖵 – 💲60/105 € 💲💲120/150 €
Nelle camere e negli eleganti spazi comuni domina una rilassante tonalità verde.
Da oltre cinquant'anni una lunga tradizione familiare su una delle vie pedonali a
vocazione commerciale. Proposte d'albergo con divagazioni marine al ristorante.
Tra la Riva prospiciente l'Isola della Schiusa e il Lungomare verso la spiaggia principale, sorge la piccola dépendance Villa Rosa con stanze semplici, ma dove non
manca nulla!

Eden

*via Marco Polo 2 – ℰ 0 43 18 01 36 – www.hoteledengrado.it – Aperto
19 marzo-15 ottobre*
39 cam 🖵 – 💲49/64 € 💲💲86/97 €
Nei pressi del Palazzo dei Congressi e del Parco delle Rose, albergo a conduzione
diretta dagli ambienti e dalle camere in gradevole stile retrò; le piccole attenzioni
al cliente arricchiscono il confort generale, vedi le gite in barca - attracco a
100 metri circa - per la laguna.

Park Spiaggia

*via Mazzini 1 – ℰ 0 43 18 23 66 – www.hotelparkspiaggia.it
– Aperto 1° aprile-31 ottobre*
28 cam 🖵 – 💲40/75 € 💲💲70/140 €
Nella zona pedonale, che la sera diviene un mondano passeggio, non lontano
dalla grande e attrezzata spiaggia privata della località, l'hotel vanta spazi comuni
confortevoli e camere luminose.

Antares

*via delle Scuole 4 – ℰ 0 43 18 49 61 – www.antareshotel.info
– Chiuso 21 dicembre-12 gennaio*
19 cam 🖵 – 💲75/130 € 💲💲100/180 €
Ai margini del centro storico, nei pressi del mare, una piccola struttura a conduzione familiare, dove l'attenzione al cliente è costante. Comode camere tutte
con balcone.

XX Tavernetta all'Androna

*calle Porta Piccola 6 – ℰ 0 43 18 09 50 – www.androna.it – Chiuso
20 novembre-20 dicembre e martedì da ottobre a marzo*
Menu 65 € – Carta 47/81 €
Tra le strette calli del centro, un locale d'atmosfera tra il rustico ed il moderno,
dove gustare deliziosi piatti di pesce ricchi di fantasia.

XX De Toni

*piazza Duca d'Aosta 37 – ℰ 0 43 18 01 04 – www.trattoriadetoni.it – Chiuso
gennaio-febbraio e mercoledì escluso in estate*
Carta 39/62 €
Nel centro storico, sulla via pedonale, ristorante familiare di lunga esperienza (più
di 60 anni!). Ricette gradesi e specialità di pesce, da gustare in un ambiente particolarmente curato: nella luminosa sala o nella bella veranda.

XX Altogradimento – Hotel Fonzari

*piazza Biagio Marin – ℰ 04 31 87 63 60 – www.hotelfonzari.com
– Aperto 15 marzo-1° novembre*
Carta 26/42 €
Questo ristorante all'ultimo piano dell'hotel Fonzari, non solo propone sapori
mediterranei, ma offre anche uno stupendo panorama sulla città.

X Alla Buona Vite

*via Dossi 7, località Boscat, Nord : 10 km – ℰ 0 43 18 80 90
– www.girardi-boscat.it – Chiuso dicembre e gennaio*
Carta 27/52 € – *(chiuso giovedì escluso in estate)*
4 cam – 💲35/45 € 💲💲70/90 € – 🖵 7 €
Superata la laguna prendete la prima strada a destra, per raggiungere questa trattoria gestita da una famiglia di viticoltori. Servizio estivo accanto al piccolo parco-
giochi. Dispone anche di confortevoli appartamenti per chi desidera prolungare il
soggiorno, immersi nella natura.

alla pineta Est : 4 km

 Mar del Plata
viale Andromeda 5 – ℰ 0 43 18 10 81 – www.hotelmardelplata.it – Aperto 1° maggio-1° ottobre
35 cam ⌷ – ♦47/80 € ♦♦94/160 €
Nella verdeggiante zona della pineta, hotel a conduzione familiare, dotato di camere moderne e piacevole piscina sul retro. La spiaggia attrezzata dista circa 100 metri.

GRADOLI
Viterbo (VT) – ✉ 01010 – 1 383 ab. – Alt. 470 m – Carta regionale n° **7-A1**
▶ Roma 143 km – Viterbo 44 km – Terni 97 km – Grosseto 102 km
Carta stradale Michelin 563-O17

 La Ripetta
via Roma 38 – ℰ 07 61 45 61 00 – Chiuso martedì a mezzogiorno e lunedì
Carta 19/38 €
All'ingresso della località, lungo la strada principale, un ristorante dove gustare fragranti piatti di pesce, sia di lago che di mare. Servizio estivo su una grande terrazza.

GRANCONA
Vicenza (VI) – ✉ 36040 – 1 700 ab. – Alt. 36 m – Carta regionale n° **23-B3**
▶ Roma 553 km – Padova 54 km – Verona 42 km – Vicenza 24 km
Carta stradale Michelin 562-F16

sulla strata statale per San Vito Nord-Est : 3 km :

 Vecchia Ostaria Toni Cuco
via Arcisi 12 – ℰ 04 44 88 95 48 – www.vecchiaostariatonicuco.it – Chiuso 2 settimane in gennaio-febbraio, 2 settimane in agosto-settembre, lunedì e martedì
Carta 30/68 €
In zona tranquilla a ridosso delle prime colline della località, un'intera famiglia lavora alacremente in cucina per deliziarvi con i sapori del territorio.

GRANDZON – Aosta (AO) ➔ Vedere Verrayes

GRAPPA (Monte) – Belluno, Treviso e Vicenza

GRAVEDONA
Como (CO) – ✉ 22015 – 4 248 ab. – Alt. 201 m – Carta regionale n° **9-B1**
▶ Roma 683 km – Como 54 km – Sondrio 52 km – Lugano 46 km
Carta stradale Michelin 428-D9

 **La Villa**
via Regina Ponente 21 – ℰ 0 34 48 90 17 – www.hotel-la-villa.com – Chiuso 20 dicembre-10 febbraio
14 cam ⌷ – ♦72/100 € ♦♦100/155 €
Luminosa, moderna e accogliente: sono gli aggettivi che più si addicono a questa curata villa nell'incantevole scenario del lago di Como. Le ampie camere assicurano confort e relax, il giardino e la piscina garantiscono distensivi momenti en plein air.

 Ca dè Matt
via al Castello 6 – ℰ 0 34 48 56 40 – Chiuso gennaio e mercoledì escluso maggio-settembre
Carta 29/58 €
Prodotti locali, specialità ittiche lacustri, formaggi, salumi e, in stagione, funghi: insomma, schietta cucina regionale in una ruspante trattoria nel vecchio borgo, a due passi dal lungolago.

GRAVINA IN PUGLIA

Bari (BA) – ✉ 70024 – 43 960 ab. – Alt. 338 m – Carta regionale n° **15**-B2
▶ Roma 417 km – Bari 58 km – Altamura 12 km – Matera 30 km
Carta stradale Michelin 564-E31

✗ **Madonna della Stella** ← 🚗 🍴 AK ⇔ P
via Madonna della Stella – ✆ 08 03 25 63 83
– www.madonnadellastellaresort.com
Menu 30/65 € – Carta 23/78 € – *(chiuso martedì)* (consigliata la prenotazione la
sera)
La sala scavata nella roccia naturale, il bianco e antico villaggio di fronte sarà il
suggestivo ritratto da contemplare, dalla sapienza dei due fratelli i sapori e le tradizioni di un passato mai dimenticato!

GRAZIE – Mantova (MN) ➜ Vedere Curtatone

GRESSONEY LA TRINITÉ

Aosta (AO) – ✉ 11020 – 304 ab. – Alt. 1 624 m – Carta regionale n° **21**-B2
▶ Roma 733 km – Aosta 84 km – Ivrea 51 km – Torino 99 km
Carta stradale Michelin 561-E5

🏨 **Jolanda Sport** 🌲 ← 🔳 ⓦ ❀ 🕭 🛗 ♨ P
località Edelboden Superiore 31 – ✆ 01 25 36 61 40
– www.hoteljolandasport.com – Chiuso maggio, ottobre e novembre
32 cam 🛏 – 🛏125/250 € 🛏🛏140/280 €
Costruito con l'omonima seggiovia nel 1957, ma completamente ristrutturato in
anni recenti, l'hotel ripropone la tradizione dei tipici Stadel Walzer: camere curate
nei minimi particolari, con colori caldi e legno a vista. Assolutamente da provare,
il moderno ed attrezzato centro benessere.

🏨 **Lysjoch** 🅝 🌲 ← 🚗 ❀ ♨ 🛎 P
località Fohre – ✆ 01 25 36 61 50 – www.hotellysjoch.it
– Aperto 25 novembre-1° maggio e 20 giugno-12 settembre
12 cam 🛏 – 🛏45/65 € 🛏🛏90/130 €
Direttamente sulle piste, in questa località a nord di Gressoney La Trinité, piccola
struttura con un ambiente familiare e accogliente, reso ancor più caldo dal legno.
Ai fornelli, la titolare stessa per deliziarvi con specialità valdostane.

GRESSONEY SAINT JEAN

Aosta (AO) – ✉ 11025 – 809 ab. – Alt. 1 385 m – Carta regionale n° **21**-B2
▶ Roma 725 km – Aosta 78 km – Ivrea 44 km – Torino 93 km
Carta stradale Michelin 561-E5

🏨 **Gran Baita** 🌲 🦢 ← ❀ 🛗 ♿ P
strada Castello Savoia 26, località Gresmatten – ✆ 01 25 35 55 35
– www.hotelgranbaita.it – Aperto 26 dicembre-30 marzo,
23 giugno-10 settembre e sempre nei fine settimana
12 cam 🛏 – 🛏80/100 € 🛏🛏100/150 €
Non lontano dal Castello Savoia e dalla passeggiata della Regina Margherita, in
una baita del XVIII secolo, un'atmosfera da sogno ove coccolarsi a lungo tra ogni
confort. Proposte nella tradizione gastronomica dei Walser.

GREVE IN CHIANTI

Firenze (FI) – ✉ 50022 – 13 967 ab. – Alt. 236 m – Carta regionale n° **18**-D3
▶ Roma 260 km – Firenze 31 km – Siena 43 km – Arezzo 64 km
Carta stradale Michelin 563-L15

🏨 **Villa Bordoni** 🌲 🦢 ← 🚗 ⒥ 🛗 🛗 ♿ AK ♨ P
via San Cresci 31/32, località Mezzuola, Ovest: 3 Km – ✆ 05 58 54 62 30
– www.villabordoni.com – Aperto 1° marzo-30 novembre
9 cam 🛏 – 🛏185/395 € 🛏🛏185/395 € – **2 suites**
Rist *Villa Bordoni* – Vedere selezione ristoranti
Un riuscito mix di lusso e design, rustico toscano e ultime mode del mondo in
questa bella villa patrizia circondata dalla campagna chiantigiana: una bomboniera country-hip, dove trascorrere un indimenticabile soggiorno.

Agriturismo Villa Vignamaggio

strada per Lamole, Sud-Est: 4 km – ☎ 05 58 54 66 53 – www.vignamaggio.com – Chiuso 15 dicembre-15 marzo

29 cam – ♦100/150 € ♦♦120/220 € – � 14 €

C'è anche un piccolo centro estetico in questo elegante podere quattrocentesco, che racchiude la memoria del Rinascimento toscano. Fra vigneti e uliveti, un'ospitalità da sogno nelle belle camere e negli appartamenti (con angolo cottura).

Villa Bordoni – Hotel Villa Bordoni

via San Cresci 31/32, località Mezzuola, Ovest: 3 Km – ☎ 05 58 54 62 30 – www.ristorantevillabordoni.com – Aperto 1° marzo-30 novembre

Carta 45/77 € – (prenotare)

Nelle due intime stanze affacciate sul giardino che profuma di rose o, nella bella stagione, direttamente all'aperto tra le palme e le siepi, la terra e il mare s'incontrano nei piatti di questo ristorante: charmant, come il resto della casa.

a Panzano Sud : 6 km – ✉ 50020 – Alt. 478 m

Villa Sangiovese

piazza Bucciarelli 5 – ☎ 0 55 85 24 61 – www.villasangiovese.it – Chiuso 15 dicembre-15 marzo

19 cam � – ♦110/130 € ♦♦120/150 € – **1 suite**

Gestione svizzera per una signorile villa ottocentesca, con annessa casa colonica, sita nel centro del paese e con una visuale di ampio respiro sui bei colli circostanti. Specialità toscane nell'elegante ristorante o sulla panoramica terrazza-giardino.

Villa le Barone

via San Leonino 19, Est: 1,5 km – ☎ 0 55 85 26 21 – www.villalebarone.com – Aperto 27 marzo-31 ottobre

28 cam � – ♦140/350 € ♦♦150/380 €

Nel cuore del Chianti Classico - tra uliveti e vigne - in questa villa padronale di proprietà dei Della Robbia, si sono dati appuntamento charme e raffinatezza. Sulla fresca terrazza o all'interno dell'elegante ristorante viene servita una saporita ed intrigante cucina con prodotti del territorio.

Antica Macelleria Cecchini-Solociccia

via Chiantigiana 5 – ☎ 0 55 85 27 27 – www.dariocecchini.com

Menu 10 € (pranzo in settimana)/50 € – (prenotare)

Uno dei più celebri macellai d'Italia diventa anche cuoco! Propone pochi piatti, naturalmente incentrati sulla carne di manzo: elaborati e di vari tagli al ristorante Solociccia, mentre all'Officina troverete la tradizionale bistecca fiorentina e medaglioni di hamburger.

a Strada in Chianti Nord : 9 km – ✉ 50027

Il Caminetto del Chianti

via della Montagnola 52, Nord: 1 km – ☎ 05 58 58 89 09 – www.ilcaminettodelchianti.com – Chiuso mercoledì a mezzogiorno e martedì

Carta 30/52 €

Fuori dal centro della località, lungo la strada che porta a Firenze, un ristorantino dalla cordiale gestione familiare, dove gustare piatti della tradizione regionale ben presentati sulla carta (quasi giornaliera).

GREZZANA

Verona (VR) – ✉ 37023 – 10 831 ab. – Alt. 169 m – Carta regionale n° **22-A2**
▶ Roma 526 km – Verona 13 km – Vicenza 60 km – Venezia 125 km
Carta stradale Michelin 562-F15

La Pergola

via La Guardia 1 – ☎ 0 45 90 70 71 – www.hotellapergolaverona.it

35 cam � – ♦50/65 € ♦♦72/88 €

Albergo a conduzione familiare che ogni anno s'inventa qualcosa di diverso: ottime le camere in stile moderno, semplici e confortevoli le restanti.

GRIGNANO – Trieste (TS) ➜ Vedere Trieste

GRINZANE CAVOUR

Cuneo (CN) – ✉ 12060 – 1 786 ab. – Alt. 260 m – Carta regionale n° **14-C2**

▶ Roma 650 km – Cuneo 61 km – Torino 74 km – Asti 36 km

Carta stradale Michelin 561-I5

 Casa Pavesi

via IV Novembre 11 – ✆ 01 73 23 11 49 – www.hotelcasapavesi.it – Chiuso 22 dicembre-30 gennaio

10 cam ⬚ – ♦100/140 € ♦♦120/180 € – **2 suites**

Vicino al celebre castello dove soggiornò il grande statista risorgimentale Camillo Benso, una casa ottocentesca sapientemente restaurata evoca atmosfere da country house inglese: salotti con boiserie si accompagnano infatti a mobili d'antiquariato, cura ed eleganza caratterizzano ogni suo spazio.

❀❀❀ **Marc Lanteri Al Castello**

via Castello 5 – ✆ 01 73 26 21 72 – www.castellogrinzane.com – Chiuso gennaio, lunedì sera e martedì

Menu 47/59 € – Carta 45/72 €

All'interno dell'affascinante castello che fu dimora di Camillo Benso conte di Cavour, vi sentirete parte della "storia", in compagnia di piatti curati in ogni ben che minimo dettaglio. Cucina del territorio con divagazioni moderne.

→ Vitello tonnato cotto a bassa temperatura, salsa all'antica e verdure croccanti. Garganelli fatti a mano, scampi, cannellini e datterini. Foresta nera, sorbetto al Barolo chinato.

GRISIGNANO DI ZOCCO

Vicenza (VI) – ✉ 36040 – 4 278 ab. – Alt. 23 m – Carta regionale n° **22-B2**

▶ Roma 513 km – Padova 21 km – Vicenza 20 km – Venezia 56 km

Carta stradale Michelin 562-F17

 Magnolia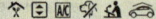

via Mazzini 1 – ✆ 04 44 41 42 22 – www.hmagnolia.it

24 cam ⬚ – ♦75/90 € ♦♦90/145 €

Frequentato da clientela d'affari, quasi unicamente abituale, un albergo di stile classico, comodo e con camere spaziose, sulla statale Padova-Vicenza, vicino al casello. Confortevole e moderna anche l'area ristorante.

GROPPARELLO

Piacenza (PC) – ✉ 29025 – 2 339 ab. – Carta regionale n° **5-A2**

▶ Roma 519 km – Parma 69 km – Piacenza 30 km – Milano 98 km

Carta stradale Michelin 562-H11

 Torre del Borgo

via Gavazzini 11, località Sariano di Gropparello, Nord: 3 km – ✆ 05 23 24 65 03 – www.torredelborgo.it

9 cam ⬚ – ♦90/110 € ♦♦130/150 €

Adagiata sulle prime colline della lussureggiante Val Vezzeno, una raffinata Residenza d'Epoca avvolta da suggestive atmosfere: belle camere, una romantica junior suite nella torre del '400 e una prima colazione arricchita da specialità del luogo. Ospitalità discreta, ma attenta ai particolari.

GROSIO

Sondrio (SO) – ✉ 23033 – 4 518 ab. – Alt. 656 m – Carta regionale n° **9-C1**

▶ Roma 683 km – Sondrio 43 km – Passo dello Stelvio 47 km – Bormio 27 km

Carta stradale Michelin 561-D12

❀❀ **Sassella**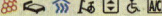

via Roma 2 – ✆ 03 42 84 72 72 – www.hotelsassella.it

Menu 25/45 € – Carta 25/63 € **26 cam** ⬚ – ♦55/75 € ♦♦78/114 €

Ai piedi della splendida chiesa di S. Giuseppe, la gestione familiare centenaria custodisce i tesori gastronomici dell'alta Valtellina: pizzoccheri, ma non solo. Camere confortevoli (nella loro semplicità), quelle all'ultimo piano offrono una graziosa vista sui tetti del centro storico.

GROSOTTO

Sondrio (SO) – ✉ 23034 – 1 621 ab. – Alt. 590 m – Carta regionale n° **9**–C1
▶ Roma 685 km – Milano 183 km – Sondrio 41 km – Bormio 28 km
Carta stradale Michelin 561-D12

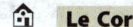 **Le Corti**

via Patrioti 73 – ℰ 03 42 84 86 24
– www.garnilecorti.it
15 cam ⊆ – ♦40/65 € ♦♦70/110 €
Grazioso albergo, ideale per famiglie, suddiviso in due edifici distanti un centinaio
di metri. Camere spaziose con arredi in legno, gustosa e abbondante colazione.

GROSSETO

✉ 58100 – 81 837 ab. – Alt. 10 m – Carta regionale n° **18**-C3
▶ Roma 178 km – Livorno 138 km – Siena 75 km – Civitavecchia 109 km
Carta stradale Michelin 563-N15

Airone

via Senese 35 – ℰ 05 64 41 24 41
– www.hotelairone.eu
68 cam ⊆ – ♦70/140 € ♦♦100/180 € – **4 suites**
A pochi passi dal centro storico, l'hotel dispone di belle camere dal confort
moderno e con soluzioni d'arredo di design. Una panoramica Spa al piano attico,
parcheggio privato e 5 sale conferenze rendono la struttura ideale per una clientela d'affari (ma non solo).

Granduca

via Senese 170 – ℰ 05 64 45 38 33
– www.hotelgranduca.com
71 cam ⊆ – ♦65/75 € ♦♦85/95 € – **1 suite**
A soli 2 km dal centro storico, oltre a disporre di un ampio parcheggio gratuito,
l'hotel si caratterizza per le sue camere finemente arredate, moderne sale riunioni
e uno spazioso ristorante, dove gustare ottime specialità regionali.

XxX **Canapone**

piazza Dante 3 – ℰ 0 56 42 45 46
– www.ristorantecanapone.blogspot.it – Chiuso 10-20 agosto, mercoledì sera e
domenica; solo domenica sera in estate
Menu 35/60 € – Carta 37/63 € – (consigliata la prenotazione)
Nel cuore della "capitale" della Maremma, un ristorante storico - ormai alla terza
generazione - affacciato sulla piazza centrale, che oggi si presenta con un aspetto
elegante e raffinato. All'Enoteca Canapino una buona scelta di piatti tradizionali a
prezzo contenuto.

XX **Grantosco**

via Solferino 4 – ℰ 0 56 42 60 27
– www.grantosco.it
Menu 20 € (pranzo) – Carta 34/70 €
Elegantemente informale, questo bistrot-ristorante ubicato in pieno centro è l'indirizzo giusto dove gustare un'ottima cucina maremmana, elaborata partendo da
prodotti, spesso, a Km 0. Cordiale accoglienza da parte della titolare, la vera
anima del locale!

X **L'Uva e il Malto**

via Mazzini 165 – ℰ 05 64 41 12 11
– www.luvaeilmalto.it – Chiuso domenica sera
Carta 33/70 €
In pieno centro, è una coppia molto brillante a gestire questo intimo e moderno
locale con annesso wine-bar. In carta si trova soprattutto pesce, a voce il meglio
del mercato ittico.

GROTTAFERRATA

Roma (RM) – ✉ 00046 – 20 337 ab. – Alt. 320 m – Carta regionale n° **7-B2**

▶ Roma 21 km – Anzio 44 km – Frascati 3 km – Frosinone 71 km

Carta stradale Michelin 563-Q20

Park Hotel Villa Grazioli

via Umberto Pavoni 19 – ℰ 06 94 54 00 – www.villagrazioli.com

60 cam – †80/150 € ††90/200 € – ☕ 10 € – **2 suites**

Abbracciata da un immenso parco, questa villa cinquecentesca vanta una splendida posizione panoramica sulle colline di Frascati. Ma il suo fascino non si esaurisce nella location: l'antica dimora custodisce al suo interno diverse sale decorate dal pennello di importanti artisti e camere con pregevoli mobili in noce.

La Locanda dei Ciocca

via Anagnina 134 – ℰ 06 94 31 53 90 – www.alfico.it

21 cam ☕ – †115 € ††170/210 €

Calda atmosfera rustica fra travi a vista e camini, quiete, camere in stile e personalizzate: una locanda dove riscoprire il relax. Particolarmente curata la prima colazione.

Locanda dello Spuntino

via Cicerone 22 – ℰ 06 94 31 59 85 – www.locandadellospuntino.com

9 cam ☕ – †135/265 € ††155/330 € – **1 suite**

Rist *Taverna dello Spuntino* – Vedere selezione ristoranti

Divani e caminetti rendono piacevole l'ingresso di questa locanda, ma tutta la cura è riservata alle camere, dal parquet ai bagni in travertino con intarsi in marmo e mosaici.

L' Oste della Bon'Ora

viale Vittorio Veneto133 – ℰ 06 94 13 77 8 – www.lostedellabonora.com – Chiuso 1 settimana a fine giugno, 1 settimana a fine agosto e lunedì

Menu 29/40 € – Carta 29/48 € – (consigliata la prenotazione)

Il simpatico titolare, l'oste come ama definirsi, vi guiderà nei sapori della cucina del territorio con piatti stuzzicanti. Ambiente piacevole e accogliente: in sottofondo, la musica della ricca collezione di vinili.

Nando

via Roma 4 – ℰ 06 94 59 89 – www.ristorantenando.it – Chiuso lunedì escluso in estate

Menu 35 € – Carta 31/60 € – (solo a cena escluso sabato e domenica)

Il ristorante è stato rinnovato ed ora le due piccole sale si presentano in caldo ed avvolgente stile vintage, da visitare la caratteristica cantina nella grotta di tufo; la cucina rimane regionale, con un occhio anche alla creatività.

Taverna dello Spuntino – Hotel Locanda dello Spuntino

via Cicerone 20 – ℰ 06 94 59 36 6 – www.tavernadellospuntino.com

Menu 40/60 € – Carta 44/79 €

E' tutta all'interno la peculiarità di questa trattoria romana: scenografiche sale sotto archi in mattoni ed una coreografica esposizione di prosciutti, fiaschi di vino, frutta e antipasti.

GROTTAMMARE

Ascoli Piceno (AP) – ✉ 63066 – 15 965 ab. – Carta regionale n° **11-D3**

▶ Roma 236 km – Ascoli Piceno 43 km – Ancona 84 km – Macerata 64 km

Carta stradale Michelin 563-N23

La Torretta sul Borgo

via Camilla Peretti 2 – ℰ 07 35 73 68 64 – www.latorrettasulborgo.it

6 cam ☕ – †40/80 € ††55/90 €

Un'attenta opera di restauro ha mantenuto le caratteristiche di questa bella casa nel centro del borgo antico: ambienti rustici con una caratteristica saletta dai soffitti a volte e camere personalizzate.

verso San Benedetto del Tronto

 Parco dei Principi
lungomare De Gasperi 90, Sud: 1 km ⊠ 63013 – ℰ 07 35 73 50 66
– www.hotelparcodeiprincipi.it
54 cam ⊑ – †70/115 € ††100/175 € – **10 suites**
Nel contesto di un paesaggio tropicale, avvolto da un parco in cui si collocano
campi da gioco e persino una vivace voliera, dispone di ambienti in stile mediterraneo e spazi ad hoc per i più piccoli. La sua posizione fronte mare è un altro
asso nella manica.

Roma
lungomare De Gasperi 60 – ℰ 07 35 63 11 45
– www.hotelromagrottammare.com – Aperto Pasqua-14 novembre
59 cam ⊑ – †50/75 € ††90/130 €
Nel corso del 2003 l'albergo è stato riaperto dopo aver subito un rinnovo completo. Oggi si presenta come una struttura fresca e attuale, sul lungomare con
piccolo giardino.

XX **Lacchè**
via Procida 1/3, Sud: 2,5 km ⊠ 63013 – ℰ 07 35 58 27 28
– Chiuso 24 dicembre-10 gennaio e lunedì
Menu 25/60 € – Carta 35/86 €
Menù a voce, sulla base del mercato ittico giornaliero, e alla carta: uno degli indi-
rizzi più "gettonati" in paese, ove lasciarsi sedurre da sapori strettamente marini.

X **Don Diego**
Viale De Gasperi, 35 – ℰ 07 35 58 82 57 – www.ristorantechaletdondiego.it
– Aperto 1° aprile-14 ottobre
Menu 35 € – Carta 42/89 € – (consigliata la prenotazione)
Senza grandi fronzoli, ma con un pescato giornaliero davvero proverbiale per
varietà e qualità, le elaborazioni sono molto classiche e fedeli alle tradizioni regio-
nali. Un indirizzo, senza ombra di dubbio, da consigliare.

GROTTA ZINZULUSA – Lecce (LE) ➜ Vedere Castro Marina

GRUMELLO DEL MONTE
Bergamo (BG) – ⊠ 24064 – 7 332 ab. – Alt. 208 m – Carta regionale n° **10-D1**
▶ Roma 598 km – Milano 68 km – Bergamo 22 km – Brescia 42 km
Carta stradale Michelin 561-F11

Fontana Santa
via Fontana Santa – ℰ 03 54 49 10 08 – www.fontanasanta.it – Chiuso
2 settimane in dicembre e 2 settimane in agosto
17 cam ⊑ – †60 € ††95 €
In un suggestivo contesto paesaggistico, tra colline e vigneti, sorge questa bella
risorsa ricavata dalla ristrutturazione di un vecchio cascinale. Nelle camere la
modernità dei confort flirta con la rusticità dei soffitti con travi a vista.

XXX **Al Vigneto**
via Don P. Belotti 1 – ℰ 0 35 83 19 79 – www.alvigneto.it – Chiuso 1°-9 gennaio,
8-28 agosto e martedì
Menu 18 € (pranzo in settimana)/52 € – Carta 48/88 €
In zona precollinare, il vecchio fienile è stato trasformato in un elegante ristorante, circondato dai propri vigneti e frutteti, scorgibili dalle vetrate della sala.
Nel piatto molto pesce - soprattutto siciliano - proposto in chiave moderna.

X **Vino Buono**
via Castello 20 – ℰ 03 54 42 04 50 – www.vinobuono.net – Chiuso 10 giorni in
agosto, domenica e lunedì
Carta 25/41 € – (solo a cena)
Un'osteria con piccola cucina, o meglio: un originale wine-bar in pieno centro con
ottima mescita di vini al bicchiere e possibilità di scegliere tra salumi, formaggi,
primi piatti, insalate e qualche specialità di carne, nonché di pesce (rigorosamente di lago).

GUALDO CATTANEO

Perugia (PG) – ✉ 06035 – 6 262 ab. – Alt. 446 m – Carta regionale n° **20-B2**

▶ Roma 160 km – Perugia 48 km – Assisi 28 km – Foligno 32 km

Carta stradale Michelin 563-N19

a Saragano Ovest : 5 km – ✉ 06035

 Agriturismo la Ghirlanda

via del Poggio 4 – ℰ 0 74 29 87 31 – www.laghirlanda.it
– Chiuso 7 gennaio-20 aprile
12 cam ⬚ – ♦82/93 € ♦♦114/136 €

Una struttura ricca di charme: una casa padronale di fine '800 nel verde e nella tranquillità delle colline umbre. Ambienti personalizzati con mobili d'epoca, caminetti, qualche letto a baldacchino. Ristorante di cucina italiana, spesso nel piatto specialità locali, e servizio estivo all'aperto.

GUARDAMIGLIO

Lodi (LO) – ✉ 26862 – 2 718 ab. – Alt. 49 m – Carta regionale n° **9-B3**

▶ Roma 520 km – Piacenza 9 km – Cremona 46 km – Lodi 36 km

Carta stradale Michelin 561-G11

Nord

via I Maggio 3 – ℰ 0 37 75 12 23 – www.hotelnord.it
80 cam ⬚ – ♦99/180 € ♦♦99/180 €

A due passi dall'uscita autostradale Piacenza Nord, l'impostazione dell'hotel ricalca lo stile attualmente in voga: moderno e confortevole. Ampio e comodo parcheggio interno. Ristorante per i clienti alloggiati con un menu che cambia settimanalmente.

GUARDIAGRELE

Chieti (CH) – ✉ 66016 – 9 141 ab. – Alt. 576 m – Carta regionale n° **1-C2**

▶ Roma 230 km – Pescara 41 km – Chieti 25 km – Lanciano 23 km

Carta stradale Michelin 563-P24

Villa Maiella (Angela Di Crescenzo)

località Villa Maiella 30, Sud-Ovest: 1,5 km – ℰ 08 71 80 93 19
– www.villamaiella.it – Chiuso 1 settimana in gennaio, 2 settimane in luglio,
domenica sera e lunedì
Menu 45/60 € – Carta 38/77 € **14 cam** – ♦60/70 € ♦♦70/90 € – ⬚ 10 €

Al limitare del Parco della Maiella, il vero Km 0 con allevamento per il solo ristorante di alcuni animali e un bel giardino di verdure: il locale è stato recentemente rinnovato, ma sulla tavola continuano a trionfare i migliori sapori abruzzesi preparati con maestria dai proprietari. Per chi volesse indugiare nel romanticismo, spettacolare servizio estivo sulla terrazza e confortevoli camere, realizzate secondo le moderne tecnologie.

➜ Tacconcelli con fave fresche, guanciale, cipollotto. Il maialino nero della nostra fattoria. Semifreddo al parrozzo.

GUARDIALFIERA

Campobasso (CB) – ✉ 86030 – 1 075 ab. – Alt. 285 m – Carta regionale n° **1-D2**

▶ Roma 257 km – Campobasso 40 km – Isernia 83 km – Chieti 137 km

Carta stradale Michelin 564-B26

 Terre del Sacramento

contrada Colle Falcone snc, Nord-Ovest: 2,5 Km – ℰ 34 76 01 69 23
– www.leterredelsacramento.com – chiuso martedì
Menu 25/35 € – Carta 19/26 € **4 cam** ⬚ – ♦25/30 € ♦♦50/60 €

Mutuando il nome dal romanzo omonimo di Francesco Jovine, scrittore locale del Novecento, in questo caratteristico casale si gusta una cucina che segue le tipicità territoriali e la stagionalità dei prodotti. Al primo piano, quattro camere semplici, ma linde e ben tenute.

GUARDISTALLO

Pisa (PI) – ✉ 56040 – 1 259 ab. – Alt. 278 m – Carta regionale n° **18-B2**
▶ Roma 276 km – Pisa 65 km – Grosseto 100 km – Livorno 44 km
Carta stradale Michelin 563-M13

a Casino di Terra Nord-Est : 5 km – ✉ 56040

XX **Mocajo**
strada statale 68 – 𝒞 05 86 65 50 18 – www.ristorantemocajo.it
– Chiuso 20 gennaio-15 febbraio e mercoledì (escluso le sere di agosto)
Menu 40/50 € – Carta 36/59 € – (prenotazione obbligatoria a mezzogiorno)
Per fortuna l'esterno poco invitante, un'ex fabbrica abbandonata, verrà cancellato
dall'interno: ambiente di tono, coperto elegante e camino, in un locale dalla
solida gestione familiare che propone i migliori prodotti del territorio ed ottime
specialità di carne, anche cacciagione. Ancora piatti regionali nell'informale La
Dispensa. Al top nella provincia di Pisa.

GUARENE

Cuneo (CN) – ✉ 12050 – 3 529 ab. – Alt. 360 m – Carta regionale n° **14-C2**
▶ Roma 649 km – Torino 57 km – Asti 32 km – Cuneo 68 km
Carta stradale Michelin 561-H6

🏰 **Castello di Guarene** Ⓝ
via Alessandro Roero 2 – 𝒞 01 73 44 13 32 – www.castellodiguarene.com
10 cam – †350/1500 € ††350/1500 € – **2 suites**
Maestoso castello costruito nel 1726 dai conti Roero con giardino all'italiana e
vista a 360° su Langhe, Roero ed Alpi; gli interni si aprono su sontuose camere,
atmosfere fiabesche e cimeli storici. Al piano nobile, imperdibile museo con percorso lungo le stanze originali dei conti.

🏠 **Casalora**
località Lora, Ovest: 2,5 km – 𝒞 33 48 29 93 39 – www.casalora.it
6 cam ⌷ – †70/100 € ††80/120 €
Casolare della seconda metà dell'800 ristrutturato in chiave moderna e minimalista: sala massaggi nell'ex fienile, vasca idromassaggio e terrazza panoramica. La
piscina si trova, invece, a pochi metri presso il ristorante.

XX **La Madernassa**
località Lora 2, Ovest: 2,5 km – 𝒞 01 73 61 17 16 – www.lamadernassa.it
– Chiuso lunedì
Menu 45/65 € – Carta 38/74 €
Bellissima villa che ospita un locale polivalente: al piano terra vengono allestite
mostre d'arte e riunioni, al piano superiore due eleganti sale per una moderna
cucina del territorio, con qualche specialità di mare.

X **Io e Luna**
località Montebello 1 – 𝒞 01 73 61 17 24 – www.ioeluna.com – Chiuso 22-28
febbraio, mercoledì a mezzogiorno e martedì
Menu 18 € (pranzo in settimana)/40 € – Carta 37/61 €
Ambienti classici e cucina del territorio rivisitata, in un ristorante affacciato sulle
colline circostanti grazie ad una gradevole terrazza.

GUBBIO

Perugia (PG) – ✉ 06024 – 32 490 ab. – Alt. 522 m – Carta regionale n° **20-B1**
▶ Roma 217 km – Perugia 40 km – Ancona 109 km – Arezzo 92 km
Carta stradale Michelin 563-L19

🏰 **Park Hotel ai Cappuccini**
via Tifernate, per Fano - A1 – 𝒞 0 75 92 34 – www.parkhotelaicappuccini.it
87 cam ⌷ – †130/270 € ††148/320 € – **5 suites**
Rist Nicolao – Vedere selezione ristoranti
Non correte subito in camera, ma fermatevi nelle zone comuni: quasi un museo
d'arte dal '400 ad oggi. Nell'ex convento le stanze sono in stile antico; un riuscito
mix con il moderno, invece, nell'ala nuova. Splendida piscina, enorme palestra.

GUBBIO

(map of Gubbio with labels: PORTA METAURO, PORTA CASTELLO, BASILICA E CONVENTO DI S. UBALDO, SENIGALLIA SCHEGGIA, Fontana dei Matti, CITTÀ VECCHIA, Pal. Ducale, Duomo, PORTA S. UBALDO, Museo diocesano, Pal. dei Consoli, Pza Grande, Pal. del Podestà, Piazza S. Giovanni, Teatro Romano, P.za 40 Martiri, San Francesco, P.ᴬ DEGLI ORTACCI, S. Maria Nuova, PORTA ROMANA, MAUSOLEO 40 MARTIRI, PORTA VITTORIA, FANO PERUGIA, ANCONA FOLIGNO, Rimembranza)

0   100 m

🏨 **Bosone Palace**   ⇅ AC

via 20 Settembre 22 – ☎ 07 59 22 06 88   **Pianta: B1d**
– www.hotelbosone.com – Chiuso 10 gennaio-12 febbraio
28 cam ⌑ – ♦80/90 € ♦♦110/140 € – **2 suites**
Nello storico palazzo Raffaelli, tessuti rossi e un'imponente scala portano alle camere, qualcuna con vista sul centro e due con soffitti affrescati, come la sala colazioni.

🏨 **Relais Ducale**   🌿 ⇅ ⛓ AC 🧖

via Galeotti 19 – ☎ 07 59 22 01 57 – www.relaisducale.com   **Pianta: AB1a**
26 cam ⌑ – ♦110/130 € ♦♦155/242 € – **5 suites**
Nella parte più nobile di Gubbio, giardino pensile con vista città e colline per un hotel di classe, ricavato da un complesso di tre antichi palazzi del centro storico.

🏨 **Gattapone**   ⇐ ⇅ ⛓

via Beni 13 – ☎ 07 59 27 24 89 – www.hotelgattapone.net   **Pianta: A1b**
– Chiuso 10 gennaio-6 febbraio
18 cam ⌑ – ♦60/80 € ♦♦65/110 €
In edificio medievale di pietra e mattoni, con persiane ad arco, camere in tinte pastello e scorci sui pittoreschi vicoli eugubini e sulla centrale chiesa di S. Giovanni.

XxX Taverna del Lupo ⚑ 🍴 AC

via Ansidei 21 – ☎ *07 59 27 43 68* Pianta: AB1**f**
– *www.mencarelligroup.com*
Menu 19/50 € – Carta 29/76 €
Una successione di sale creano ambienti caratteristici con soffitti a volta, mentre dalla cucina arrivano le specialità umbre, dai tartufi alle carni. Per una cena romantica ed elegante, è il ristorante da consigliare!

XxX Porta Tessenaco ⓝ 🍴

via Piccardi 21 – ☎ *07 59 27 73 45* Pianta: A1**e**
– *www.ristorantediportatessenaca.it* – *Chiuso 16-31 gennaio e lunedì*
Menu 22/40 € – Carta 34/63 €
In uno dei tanti edifici storici del centro, sotto a volte di mattoni altissimi, si apparecchiano le eleganti sale di un locale dove gustare le migliori materie prime della regione e dove non mancano mai alcuni piatti a base di pesce.

XxX Nicolao – Park Hotel ai Cappuccini 🍴 🍴 ঙ AC ⌖ ⇄ 🅿

via Tifernate, per Fano - A1 – ☎ *0 75 92 34* – *www.parkhotelaicappuccini.it*
Carta 45/69 €
In un attento mix di opere d'arte moderna e arredi d'epoca, anche la cucina si diverte a coniugare due stili diversi, recuperando da una parte le tradizioni umbre con grande impiego di sua maestà il tartufo, dall'altra aprendosi alla modernità.

XX Bosone Garden 🍴 🍴 AC

via Mastro Giorgio 1 – ☎ *07 59 22 12 46* Pianta: B1**d**
– *www.mencarelligroup.com* – *Chiuso gennaio, febbraio e mercoledì*
Menu 19/35 € – Carta 28/66 €
L'ingresso al ristorante sito in Palazzo Raffaelli è legato ai due nobili Bosone, membri della casata, introduce a spazi con arredi d'epoca dove gustare una cucina essenzialmente legata al territorio. Servizio estivo in giardino... immersi nel verde.

X Fabiani 🍴 ঙ AC

piazza 40 Martiri 26 A/B – ☎ *07 59 27 46 39* Pianta: A1**t**
– *www.ristorantefabiani.it* – *Chiuso 10 gennaio-28 febbraio, lunedì e martedì*
Menu 16/40 € – Carta 24/72 €
Tra le mura di Palazzo Fabiani, ambienti semplici dislocati in varie ampie sale e una magnifica "scenografia" cittadina per il servizio estivo nella piazzetta. Cucina umbra, naturalmente.

a Pisciano Ovest : 14 km per Perugia A1 – ✉ 06024 Gubbio – Alt. 640 m

🏠 Agriturismo Le Cinciallegre 🌿 ≤ 🍴 🅿

frazione Pisciano 7 – ☎ *34 50 62 52 29* – *www.lecinciallegre.it*
– *Aperto 28 marzo-28 settembre*
5 cam 🖵 – †40 € ††80 €
In un angolo fuori dal mondo, quest'accogliente dimora gode di una posizione panoramica e quieta: una piccola bomboniera con gran cura dei dettagli e delle forme originali. In veranda appartata si è ricavata una cucina con tavoli, anche all'aperto, a disposizione degli ospiti.

a Scritto Sud : 14 km per Foligno A2 – ✉ 06020

🏠 Agriturismo Castello di Petroia ⇗ 🌿 🍴 🅿

località Petroia, Sud-Est: 2 km – ☎ *0 75 92 02 87* – *www.petroia.it* – *Chiuso 8 gennaio-10 marzo*
13 cam 🖵 – †100/150 € ††150/180 €
Nell'assoluta tranquillità e nel verde dei propri 200 ettari, dove si produce olio e si allevano bovini, incantevole castello medioevale ricco di storia: torre del 1000, castello del 1380, ma soprattutto nel 1422 qui vi nacque Federico da Montefeltro. Ambienti raffinati con arredi in stile.

a Santa Cristina Sud-Ovest : 21,5 km per Foligno A2 – ⊠ 06024 Gubbio

🏠 | **Locanda del Gallo** – Country House   🏠 ⤴ ⪡ 🏡 ⥿ P
località Santa Cristina – *℘ 07 59 22 99 12* – *www.locandadelgallo.it* – *Aperto 15 aprile-3 novembre*
10 cam � – †110/120 € ††150/160 €
Lontano dal mondo, ma facilmente raggiungibile, quest'antica magione nobiliare, immersa nel verde, è il luogo ideale per trascorrere vacanze di assoluto relax. Nei suoi interni il calore rustico umbro si sposa con mobili d'epoca orientali, soprattutto indonesiani.

GUDON = **GUFIDAUN** – Bolzano (BZ) → Vedere Chiusa

GUGLIONESI
Campobasso (CB) – ⊠ 86034 – 5 380 ab. – Alt. 369 m – Carta regionale n° **1-D2**
▶ Roma 271 km – Campobasso 59 km – Foggia 103 km – Isernia 103 km
Carta stradale Michelin 563-Q26

verso Termoli Nord-Est : 5,5 km

XX | **Ribo**   ⬅ 🏡 ⪡ 🅰 ⤴ P
⊗ | *contrada Malecoste 7* ⊠ 86034 – *℘ 08 75 68 06 55* – *www.ribomolise.it*
Menu 25 € – Carta 21/72 € – *(chiuso lunedì)* (consigliata la prenotazione)
9 cam ⊑ – †40/50 € ††75/80 € – **2 suites**
In campagna, sulle colline molisane, il rosso e il nero: Bobo e Rita, due figure veraci e "politiche". Nei piatti, una grande passione e la maniacale ricerca della qualità: strepitoso il pesce.

GUSPINI
Sardegna – Medio Campidano (VS) – ⊠ 09036 – 12 100 ab.
– Carta regionale n° **16-A3**
▶ Cagliari 70 km – Carbonia 77 km – Sanluri 26 km – Oristano 54 km
Carta stradale Michelin 366-M46

🏠 | **Tarthes**   🏠 🏡 ⤴ ⊡ ⪡ ⣿ 🅰 ⥿ P
via Parigi sn – *℘ 07 09 72 90 00* – *www.tartheshotel.com*
38 cam ⊑ – †99/138 € ††120/216 €
Suggestioni etniche, influenze arabe e artigianato sardo in ambienti moderni e ricchi di fascino. Splendida piscina.

HAFLING = **AVELENGO**

IGEA MARINA – Rimini (RN) → Vedere Bellaria Igea Marina

IGLIANO
Cuneo (CN) – ⊠ 12060 – 77 ab. – Alt. 532 m – Carta regionale n° **12-C3**
▶ Roma 609 km – Cuneo 51 km – Torino 100 km – Savona 57 km
Carta stradale Michelin 561-I6

🏠 | **Le Piemontesine**   🏠 ⤴ ⪡ 🏡 🅰 P
via San Luigi 25 – *℘ 01 74 78 50 12* – *www.le-piemontesine.com* – *Chiuso 15 febbraio-7 marzo*
10 cam – †70/95 € ††95/125 € – ⊑ 12 €
Rist *Le Piemontesine* – Vedere selezione ristoranti
Nel cuore delle Langhe, un albergo dal confort moderno ricavato laddove un tempo vi erano due cascine: architettura nel rispetto del territorio, tanta quiete e uno scorcio da cartolina sull'arco alpino.

XX | **Le Piemontesine**  – Hotel Le Piemontesine   ⪡ 🏡 🏠 P
via San Luigi 25 – *℘ 01 74 78 50 12* – *www.le-piemontesine.com* – *Chiuso 15 febbraio-7 marzo*
Menu 32/48 € – Carta 40/66 €
Lo chef d'Oltralpe ha fatto suoi i prodotti del territorio per creare sfiziosi piatti che seguono le stagioni. Ambiente squisitamente moderno e rilassante.

ILLASI

Verona (VR) – ⊠ 37031 – 5 331 ab. – Alt. 157 m – Carta regionale n° **22-B2**
▶ Roma 517 km – Verona 20 km – Padova 74 km – Vicenza 44 km
Carta stradale Michelin 562-F15

✗✗ Le Cedrare 🦐 🍴 AC ⚘

stradone Roma 8 – ℰ 04 56 52 07 19 – www.lecedrare.it – Chiuso
10 gennaio-10 febbraio, lunedì e martedì, anche mercoledì in inverno
Carta 36/62 € – (solo a cena)
Nella settecentesca villa Perez-Pompei-Sagramoso, nello spazio che un tempo era
adibito a serra per la conservazione delle piante di agrumi, cucina regionale reinterpretata creativamente. Il luogo è incantevole, la tavola altrettanto.

IMOLA

Bologna (BO) – ⊠ 40026 – 69 638 ab. – Alt. 47 m – Carta regionale n° **5-C2**
▶ Roma 384 km – Bologna 35 km – Ferrara 81 km – Firenze 98 km
Carta stradale Michelin 562-I17

🏨 Donatello Imola ♞ 🛁 🈂 ℡ 🈯 ⅙ AC 🕍 🚗

via Rossini 25 – ℰ 05 42 68 08 00 – www.imolahotel.it
125 cam � – †49/380 € ††69/620 €
Nell'area residenziale della zona periferica sud della località, la creatività dell'architetto ha avuto modo di esprimersi al meglio nelle camere al decimo piano; all'un-
dicesimo, c'è un raccolto e molto funzionale spazio benessere. Cucina della tradizione al ristorante.

🏠 Ziò ⅙ AC P

viale Nardozzi 14 – ℰ 0 54 23 52 74 – www.hotelzioimola.com – Chiuso
24 dicembre-6 gennaio e 9-24 agosto
37 cam � – †60/110 € ††74/130 €
Nel centro storico, presso la rocca sforzesca e il teatro, il più antico albergo di
Imola: aperto nel 1926, oggi propone camere semplici, ma ben tenute.

🏡 B&B Callegherie 21 AC 🚗

via Callegherie 21/23 – ℰ 0 54 22 67 93 – www.callegherie21.it
3 cam � – †95/110 € ††110/130 €
Per vivere il centro storico in modo un po' diverso, un accogliente "boutique bed
+ breakfast" dagli ambienti minimalisti, ma ben accessoriati, ed una colazione
preparata a misura di cliente (attenta ad eventuali intolleranze alimentari).

✗✗✗✗ San Domenico (Valentino Marcattilii e Max Mascia) 🕸 🍴 AC
❀❀

via Sacchi 1 – ℰ 0 54 22 90 00 – www.sandomenico.it – Chiuso 1 settimana in
gennaio, 3 settimane in agosto, domenica sera e lunedì; anche i mezzogiorno di
sabato e domenica in giugno-agosto
Menu 60 € (pranzo in settimana)/160 € – Carta 108/178 € – (consigliata la
prenotazione)
Affacciato su un'elegante piazza del centro storico, una successione di sale moltiplica i piaceri di una cucina ad un tempo regionale e creativa, di terra e di mare.
Assolutamente da visitare la cantina: suggestiva e fornitissima.
➜ Uovo in raviolo San Domenico con burro di malga, parmigiano dolce e tartufo. Petto e coscia di piccione al rosmarino con riduzione al Madeira e salsa al
tartufo nero. Barretta al cioccolato, croccante al gianduja e sorbetto ai frutti rossi.

✗✗ Osteria Callegherie AC

via Callegherie 13 – ℰ 0 54 23 35 07 – www.callegherie.it – Chiuso 1°-8 gennaio,
agosto, sabato a mezzogiorno e domenica; anche sabato sera in luglio
Carta 35/55 €
Per chi vuole abbandonare - il tempo di una sosta - la classica cucina regionale,
tanto diffusa in zona, per assaporare i piatti forti dello Stivale rivisitati in chiave
moderna, questo ristorantino in pieno centro farà al caso suo. Ambiente signorile.

547

Hostaria 900
viale Dante 20 – ✆ 0 54 22 42 11 – www.hostaria900.it – Chiuso sabato a mezzogiorno e domenica
Menu 14 € (pranzo)/30 € – Carta 31/53 €
Villa d'inizio '900 in mattoni rossi, circondata da un giardino rigoglioso che d'estate accoglie il servizio all'aperto. All'interno, una sala principale con tavoli spaziosi e ben allestiti, nonché una seconda saletta al piano superiore. Cucina tradizionale compiacente dei prodotti della regione, con qualche proposta di pesce fresco.

Osteria del Vicolo Nuovo
via Codronchi 6, ang. via Calatafimi – ✆ 0 54 23 25 52 – www.vicolonuovo.it – Chiuso 20 luglio-20 agosto, domenica sera e lunedì
Menu 13 € (pranzo in settimana)/29 € – Carta 29/45 €
In uno storico palazzo del '600, una trattoria tutta al femminile con 30 anni di gestione alle spalle! Sempre eclettica la sua cucina; da a maggio a ottobre si chiude la strada e la si allestisce con tavoli per il servizio all'aperto.

E Parlamintè
via Mameli 33 – ✆ 0 54 23 01 44 – www.eparlaminte.it – Chiuso 25 dicembre-6 gennaio, 15 luglio-20 agosto, domenica sera e lunedì, anche domenica a mezzogiorno in maggio-agosto
Menu 29 € – Carta 20/39 €
Una parte della storia politica italiana è passata di qui, a discutere sotto le stesse travi dell'800 ove, oggi, si gustano il pesce e i piatti della tradizione emiliana.

in prossimità casello autostrada A 14 Nord : 4 km

Molino Rosso
via Provinciale Selice 49 ✉ 40026 – ✆ 0 54 26 31 11 – www.hotelmolinorosso.com
120 cam – 🚹50/150 € 🚹🚹80/250 €
All'uscita dell'autostrada, albergo con stanze di differenti tipologie, distribuite in tre edifici: le migliori sono quelle situate nel corpo centrale.

IMPERIA
✉ 18100 – 42 450 ab. – Carta regionale n° **8-A3**
Roma 615 km – Genova 118 km – Savona 71 km – San Remo 27 km
Carta stradale Michelin 561-K6

ad Oneglia – ✉ 18100

Rossini al Teatro
piazza Rossini 14 – ✆ 0 18 37 40 00 – www.hotel-rossini.it Pianta: C1**b**
48 cam – 🚹72/140 € 🚹🚹90/195 € – **2 suites**
Sorto sulle vestigia dell'antico teatro, moderno hotel di design, all'avanguardia per dotazioni, dispone di camere decisamente confortevoli. Ascensore panoramico.

Agrodolce (Augusto Valzelli)
via Calata G.B. Cuneo 25 – ✆ 01 83 29 37 02 Pianta: C1**d**
– www.agrodolceimperia.it – Chiuso 15 giorni in novembre, 10 giorni in gennaio e martedì
Menu 38 € – Carta 39/77 € – *(solo a cena 15 giugno-15 settembre)*
L'ubicazione è comune a tanti locali della città: sotto i portici del porto, l'ingresso è duplice e altrettante sono le sale, entrambe bianche con soffitto a volta e quadri moderni alle pareti. Specialità di pesce.
→ Cappellotti al blu di capra in guazzetto leggermente piccante di totanetti alla ligure. Il gambero ed il kiwi. Tortino dal cuore caldo e rum.

Salvo-Cacciatori
via Vieusseux 12 – ✆ 01 83 29 37 63 – www.salvocacciatori.it Pianta: C1**e**
– Chiuso 1 settimana in gennaio, 2 settimane in agosto, domenica sera e lunedì
Carta 36/68 €
Ristorante di fama storica, nato come piccola osteria annessa alla mescita di vini e cresciuto negli anni. Sul retro una sala dello stesso stile classico-moderno già proposto nel resto del locale: ovunque primeggiano il pesce e i sapori liguri.

IMPERIA ONEGLIA
E PORTO MAURIZIO

MARE LIGURE

PORTO MAURIZIO

0 — 500 m

✗ **Didù** AC

viale Matteotti 76 – ✆ 01 83 27 36 36 – www.osteriadidu.it   Pianta: B1**a**
– Chiuso 3 settimane in ottobre, lunedì e martedì
Carta 24/40 € – (solo a cena escluso sabato e domenica) (consigliata la
prenotazione)
Piccola veranda sulla via Aurelia, ambiente informale con menu scritto su due
lavagnette, prezzi contenuti, ma non crediate: nessuna economia sulla qualità!
Specialità: tagliolini con ragù di polpo - calamari ripieni - zimino di seppie - pala-
mita con purè di stagione.

a Porto Maurizio – ✉ 18100

🏠 **Croce di Malta** 🛠 < 🔱 🖿 🕭 AC 🏊 P

via Scarincio 148 – ✆ 01 83 66 70 20
– www.hotelcrocedimalta.com   Pianta: A2**a**
39 cam 🖵 – ♦65/90 € ♦♦78/130 €
Richiama nel nome all'antico "Borgo Marina" di Porto Maurizio, dove sorgeva la
chiesa dei Cavalieri Maltesi. Maggiormente vocato ad una clientela commerciale,
una risorsa moderna a pochi passi dal mare e con comodo parcheggio privato (a
pagamento). Spaziosa e dalle linee sobrie la sala da pranzo.

✗✗ **Sarri** 🐟 🏠 🕭 AC ⇔

via C. Colombo 108 (borgo Prino) ✉ 18100 Imperia – ✆ 01 83 75 40 56
– www.ristorantesarri.it – Chiuso 2 settimane in febbraio, 1 settimana in
novembre, giovedì a mezzogiorno e mercoledì
Menu 38 € – Carta 39/76 € – (consigliata la prenotazione)
In un piccolo borgo di ex pescatori - incastonato fra le case del lungomare - accogliente ristorante dai colori caldi e dall'atmosfera d'informale eleganza; la cucina
vuole essere divertente, i piatti sono leggeri e gustosi, la loro esecuzione impeccabile!
→ Raviolini del plin ripieni di pesto con muscoli, vongole veraci e crema di piselli.
La pescata del giorno con crema di cipolle affumicata, verdura di stagione e olive.
Come una pastiera!

IMPRUNETA

Firenze (FI) – ✉ 50023 – 14 611 ab. – Alt. 275 m – Carta regionale n° **18-D3**
▶ Roma 276 km – Firenze 14 km – Arezzo 79 km – Siena 66 km
Carta stradale Michelin 563-K15

🏡 **Relais Villa L' Olmo** 🌿 < 🖿 🏊 ↕ AC 🐾 P

via Imprunetana per Tavarnuzze 19 – ✆ 05 52 31 13 11
– www.relaisfarmholiday.it
20 cam – ♦60/250 € ♦♦60/250 € – 🖵 7 €
Fattoria del '700 con un interessante ventaglio di sistemazioni: una casa colonica
a più stanze, due villette (con piscina a loro uso esclusivo) e appartamenti dalla
calda atmosfera familiare. Ideale per chi desidera vivere la tranquillità della campagna o la raccolta delle olive. Palestra per i cultori del fitness.

INCISA IN VAL D'ARNO

Firenze (FI) – ✉ 50064 – 6 373 ab. – Alt. 122 m – Carta regionale n° **18-C2**
▶ Roma 248 km – Firenze 30 km – Siena 62 km – Arezzo 52 km
Carta stradale Michelin 563-L16

a Palazzolo Nord : 5 km – ✉ 50064

🏡 **Relais Villa al Vento** 🛠 🌿 < 🖿 🏊 AC P

via Santa Maria Maddalena 9-13 – ✆ 34 83 81 28 22
– www.relaisvillaalvento.com
13 cam 🖵 – ♦90/110 € ♦♦100/130 €
Villa d'inizio Novecento in posizione panoramica e facilmente raggiungibile; più
che altrove - qui - le camere sono individualizzate, moderne, retrò o antiche, ma
sempre all'insegna di romantiche atmosfere e deliziosi particolari.

INDUNO OLONA

Varese (VA) – ✉ 21056 – 10 354 ab. – Alt. 394 m – Carta regionale n° **10-A1**

▶ Roma 640 km – Como 30 km – Varese 6 km – Milano 63 km

Carta stradale Michelin 561-E8

XXX **Olona-da Venanzio dal 1922**   `&` `🛏` `🏡` `♻` **P**

via Olona 38 – ✆ 03 32 20 03 33 – www.ristorantedavenanzio.it – Chiuso lunedì
Menu 40/55 € – Carta 33/74 €
Indirizzo di grande tradizione, con cucina del territorio rivisitata ed interessanti
proposte enologiche. Ambiente elegante e servizio ad ottimi livelli.

INNICHEN = SAN CANDIDO

INTRA – Verbano-Cusio-Ossola (VB) ➔ Vedere Verbania

INVERNO-MONTELEONE

Pavia (PV) – ✉ 27010 – 1 474 ab. – Alt. 74 m – Carta regionale n° **9-B3**

▶ Roma 543 km – Piacenza 35 km – Milano 44 km – Pavia 30 km

Carta stradale Michelin 561-G10

MONTELEONE – ✉ 27010 – Carta regionale n° 9-B3

X **Trattoria Righini Ines**   `&` `AC` **P**

via Miradolo 108 – ✆ 0 38 27 30 32 – Chiuso gennaio, 15 luglio-31 agosto,
lunedì, martedì, i mezzogiorno di giovedì-venerdì e le sere di mercoledì-domenica
Menu 20/37 €
Ambiente semplice e vivace, voi sedetevi e loro inizieranno a portarvi un'infinità
di assaggi che faranno sì che vi alziate da tavola sazi, allegri e con un "arrivederci
a presto"! Una delle specialità: coniglia all'aceto.

INVORIO

Novara (NO) – ✉ 28045 – 3 958 ab. – Alt. 416 m – Carta regionale n° **13-A2**

▶ Roma 649 km – Stresa 20 km – Novara 42 km – Varese 40 km

Carta stradale Michelin 561-E7

XXX **Pascia** (Paolo Gatta)   `&` `AC` `✗` **P**

✿ *via Monte Rosa 9 – ✆ 03 22 25 40 08 – www.ristorantepascia.it – Chiuso*
domenica sera e lunedì
Menu 80/110 € – Carta 58/110 €
Appena trentenne, ma il giovane cuoco imbastisce già una carta che spazia con
disinvoltura tra i migliori prodotti dello stivale e le sue ricette più golose, con due
grandi amori: il Piemonte - i suoi ravioli, le sue carni, i suoi formaggi - e il pesce.
➔ Cappelletti di Bettelmatt con calamaretti spillo e infuso di spezie. Piccione
arrosto laccato allo sciroppo d'acero e carote al frutto della passione. Dolcemente
white.

ISCHIA (Isola d')

(NA) – 61 347 ab. – Carta regionale n° **4-A2**
Carta stradale Michelin 564-E23

M. Santini / Photononstop

BARANO D'ISCHIA – ✉ 80070 Barano D'Ischia – 10 143 ab. – Alt. 210 m
– Carta regionale n° 4-A2
Carta stradale Michelin 564-E23

a Maronti Sud : 4 km – ✉ 80070 Barano D'Ischia

Parco Smeraldo Terme

spiaggia dei Maronti – ✆ 0 81 99 01 27 Pianta: B2**a**
– www.hotelparcosmeraldo.com – Aperto 19 marzo-23 ottobre
67 cam – 11/190 € 200/380 €
A ridosso della rinomata spiaggia dei Maronti, albergo dal confort concreto con una terrazza fiorita in cui si colloca una piscina termale e un nuovo centro termale.

San Giorgio Terme

spiaggia dei Maronti – ✆ 0 81 99 00 98 Pianta: B2**b**
– www.hotelsangiorgio.com – Aperto 19 marzo-23 ottobre
80 cam – 93/143 € 150/280 €
Leggermente elevata rispetto al mare, una breve salita conduce alla moderna risorsa dai vivaci colori, nata dalla fusione di due strutture collegate tra loro; dalla fiorita terrazza, un panorama mozzafiato.

LACCO AMENO – ✉ 80076 – 4 830 ab. – Carta regionale n° 4-A2
Carta stradale Michelin 564-E23

L'Albergo della Regina Isabella

piazza Santa Restituta 1 – ✆ 0 81 99 43 22 – www.reginaisabella.it
– Aperto 27 dicembre-4 gennaio e Pasqua-1° novembre Pianta: B1**f**
128 cam – 148/759 € 215/847 € – **9 suites**
Rist *Indaco* – Vedere selezione ristoranti
Con quest'albergo, negli anni '50, Angelo Rizzoli inventò il turismo ischitano d'alto livello, rubò clienti a Capri e portò qui il bel mondo. Oggi l'incanto continua e si moltiplica in suggestivi saloni, arredi d'epoca e preziose decorazioni: un meraviglioso universo in cui perdersi...

Grazia Terme

via Borbonica 2 – ✆ 0 81 99 43 33 – www.hotelgrazia.it Pianta: B1**y**
– Aperto 1° aprile-31 ottobre
80 cam – 105/190 € 170/320 € – **3 suites**
Sulla via Borbonica, la risorsa si sviluppa su diversi corpi raccolti intorno ad un grande giardino con piscina; dispone anche di un nuovo parco idro aromaterapico (5000 mq!!!) completissimo nell'offerta.

ISOLA D'ISCHIA

553

Villa Angelica

via 4 Novembre 28 – ✆ 0 81 99 45 24 – www.villaangelica.it Pianta: B1**t**
– Aperto 25 marzo-4 novembre
20 cam – 75/95 € 110/150 €
Raccolta attorno ad un piccolo rigoglioso giardino nel quale è stata realizzata anche una piscina, semplice struttura ad andamento familiare che si cinge del fascino di una casa privata.

Indaco – L'Albergo della Regina Isabella

piazza Restituta 1 – ✆ 0 81 99 43 22 – www.reginaisabella.it Pianta: B1**f**
– Aperto 27 dicembre-4 gennaio e Pasqua-1° novembre
Menu 65/115 € – Carta 63/118 € – *(solo a cena)*
A pochi metri dall'acqua, affacciato su una delle baie più incantevoli dell'isola, l'arrivo dei piatti vi introdurrà in un'altra magia: quella del giovane cuoco ischitano e i suoi ricordi d'infanzia che riemergono tra i fornelli trasformandosi in piatti creativi, giocosi e sorprendenti.
➜ Spaghetti trafilati al bronzo, bottarga di muggine, pinoli alla brace, buccia di limone. Pezzogna e foie gras, crema di carote e alghe di mare. Una gallina dalle uova di pastiera e sorbetto di sedano, mela e carota.

SANT'ANGELO – ✉ 80070 – Carta regionale n° 4-A2

 Miramare Sea Resort

via Comandante Maddalena 29 – ☎ 0 81 99 92 19
Pianta: B2**n**
– www.hotelmiramare.it – Aperto 1° aprile-4 novembre
50 cam ⌂ – ♦160/700 € ♦♦260/700 €
Nel parco termale Aphrodite Apollon, adagiato sulla baia più bella di S. Angelo, dalle camere o dalle terrazze, la vista sarà comunque memorabile. Ambienti spaziosi, servizio professionale e piatti mediterranei nel ristorante di taglio elegante, affacciato sul mare.

 Casa Celestino

via Chiaia di Rose 20 – ☎ 0 81 99 92 13
Pianta: B2**t**
– www.hotelcelestino.it – Aperto 29 aprile-12 ottobre
20 cam ⌂ – ♦85/150 € ♦♦100/270 € – **1 suite**
All'inizio del paese, ma già in zona pedonale, una dimora caratterizzata da un solare stile mediterraneo, dove il bianco abbinato al blu rallegra tessuti e ceramiche. Le stanze si adeguano a tale piacevolezza: spaziose e quasi tutte con balconcino.

🏠 **Casa Sofia**

via Sant'Angelo 29/B – ☎ 0 81 99 93 10
Pianta: B2**v**
– www.hotelcasasofia.com – Aperto 15 marzo-10 novembre
11 cam ⌂ – ♦55/75 € ♦♦90/120 €
In cima ad una ripida stradina percorribile solo a piedi o con navetta (servizio organizzato dall'albergo stesso), quasi tutte le camere si affacciano sull'incantevole baia. A disposizione degli ospiti, una bella terrazza ed un salotto con libreria.

CASAMICCIOLA TERME – ✉ 80074 – 8 358 ab. – Carta regionale n° 4-A2

 **Terme Manzi Hotel & Spa**

piazza Bagni 4 – ☎ 0 81 99 47 22
Pianta: B1**a**
– www.termemanzihotel.com – Aperto 17 aprile-19 ottobre
58 cam ⌂ – ♦169/309 € ♦♦229/429 € – **2 suites**
Rist *Gli Ulivi* – Vedere selezione ristoranti
Meravigliosa sintesi delle più disparate influenze, mai semplice, sempre grandioso, spesso sfarzoso; un edificio moderno che ha saputo ben integrarsi nell'architettura dell'isola con richiami moreschi mischiati ad impronte eclettiche a testimoniare gli eterogenei destini di Ischia. Ma tanta meraviglia nasconde un gioiello intorno al quale il palazzo si chiude e si raccoglie quasi a volerlo proteggere: una splendida corte che svela un lussureggiante giardino impreziosito da fontane e statue neoclassiche.

✕✕ **Gli Ulivi** – Terme Manzi Hotel & Spa

piazza Bagni 4 – ☎ 0 81 99 47 22
Pianta: B1**a**
– www.termemanzihotel.com – Aperto 1° aprile-31 ottobre
Carta 88/170 € – *(solo a cena)*
Ed è proprio allietati dai riflessi argentei degli ulivi che circondano la terrazza estiva, che gusterete i grandi piatti della tradizione gastronomica campana accompagnati da vini locali, ma anche nazionali ed internazionali; come ogni grande albergo che si rispetti, c'è anche una carta dedicata alle migliori acque.

FORIO – ✉ 80075 – 17 646 ab. – Carta regionale n° 4-A2
Carta stradale Michelin 564-E23

🏨 **Mezzatorre Resort & Spa**

via Mezzatorre 23, località San Montano, Nord: 3 km
Pianta: A1**c**
– ☎ 0 81 98 61 11 – www.mezzatorre.it – Aperto 21 aprile-22 ottobre
49 cam ⌂ – ♦260/420 € ♦♦360/800 € – **10 suites**
Il buen retiro ischitano per eccellenza. Immerso in un bosco e arroccato su un promontorio, il complesso sorge intorno ad una torre saracena del XVI sec: eleganti camere e privacy.

Garden & Villas Resort
via Provinciale Lacco 284 – 📞 *0 81 99 79 78* Pianta: A1**g**
– www.gardenvillasresort.it – Aperto 23 aprile-16 ottobre
52 cam ☐ – 🛉160/210 € 🛉🛉200/420 € – **3 suites**
I numeri sono eloquenti: 3 ettari di boschi e giardini ospitano 9 ville-palazzine con
sette diverse categorie di camere. Ovunque generosità di spazi, è un soggiorno
all'insegna del verde e dell'indipendenza!

Umberto a Mare
via Soccorso 4 – 📞 *0 81 99 71 71 – www.umbertoamare.it* Pianta: A1**z**
– Aperto 2 aprile-31 ottobre
Menu 54/64 € – Carta 46/84 € – (consigliata la prenotazione)
11 cam ☐ – 🛉50/100 € 🛉🛉100/180 €
Resterà indelebile una cena sulla terrazza, una ringhiera a strapiombo sul mare,
per gustare una cucina in continua evoluzione eppure sempre fedele ad una tradizione di famiglia. Belle anche le camere, anch'esse panoramiche.

Il Saturnino
via Marina, al porto – 📞 *0 81 99 82 96 – ristorantesaturnino.it* Pianta: A1**k**
*– Chiuso martedì escluso 15 giugno-15 settembre e 27 dicembre-10 gennaio; in
novembre-marzo aperto solo venerdì, sabato e domenica*
Menu 38/45 € – Carta 42/79 € – (consigliata la prenotazione)
Vicino alla torre saracena, una giovane ed ospitale coppia, una veranda chiusa
sulla baia, ma soprattutto un'autentica cucina mediterranea: semplice, schietta e
saporita.

Da "Peppina" di Renato
via Montecorvo 42 – 📞 *0 81 99 83 12* Pianta: AB2**p**
*– www.trattoriadapeppina.it – Chiuso 15 novembre-15 febbraio e mercoledì
escluso giugno-settembre*
Carta 24/75 € – (solo a cena) (consigliata la prenotazione)
Occorre essere prudenti lungo la stretta strada ma la tipicità del posto costruita
su tradizione e originalità sarà una gradita ricompensa; in una grotta tufacea, la
cantina-enoteca. Piatti locali a partire dai prodotti dell'orto.

a Panza Sud : 4,5 km – ✉ 80070 – Alt. 155 m

Punta Chiarito
via Sorgeto 51, Sud: 1 km – 📞 *0 81 90 81 02* Pianta: B2**d**
*– www.puntachiarito.it – Aperto 27 dicembre-9 gennaio
e 25 marzo-1° novembre*
26 cam ☐ – 🛉70/200 € 🛉🛉80/280 €
Rist *Chiarito* – Vedere selezione ristoranti
Camere semplici, ma panoramiche e con arredi in ciliegio, in una graziosa risorsa
in posizione isolata, su uno scenografico promontorio a picco sul mare: attraverso una comoda scala si raggiunge la famosa Baia di Sorgeto sede di acqua
calda termale.

Chiarito – Hotel Punta Chiarito
via Sorgeto 51, Sud: 1 km – 📞 *0 81 90 81 02* Pianta: B2**d**
*– www.puntachiarito.it – Aperto 27 dicembre-9 gennaio
e 25 marzo-1° novembre*
Menu 40/75 € – Carta 36/87 € – (chiuso lunedì in aprile-giugno
e settembre-ottobre) (solo a cena) (consigliata la prenotazione)
Si viene per il panorama, si torna per la cucina: pochi tavoli e una terrazza affacciati su S. Angelo, i piatti esaltano con fantasia i prodotti campani, rivisitandoli
secondo l'estro di chi sta dietro ai fornelli.

a Citara Sud : 2,5 km – ✉ 80075 Forio

Capizzo
via Provinciale Panza 189 – 📞 *0 81 90 71 68* Pianta: A2**e**
– www.hotelcapizzo.it – Aperto 18 aprile-31 ottobre
34 cam ☐ – 🛉65/95 € 🛉🛉110/140 €
Splendida cornice per ammirare lo spettacolo d'infuocati tramonti sulla baia, un
taglio moderno caratterizza gli ambienti, freschi e luminosi. Ampi spazi per il
relax all'esterno.

Providence Terme

via Giovanni Mazzella 162 – ☏ *0 81 99 74 77* — Pianta: A1**g**
– www.hotelprovidence.it – Aperto 16 aprile-31 ottobre
65 cam ⌷ – ♦50/115 € ♦♦100/260 € – **1 suite**
Si affaccia sulla spiaggia di Citara la bella struttura in stile mediterraneo che
dispone anche di una grande terrazza-solarium con piscina termale e di uno spazio dedicato al benessere. Una bella vista sulla baia, cucina casereccia e pizze
nella luminosa sala da pranzo.

ISCHIA – ✉ 80077 – 19 877 ab. – Carta regionale n° 4-A2
Carta stradale Michelin 564-E23

Punta Molino Hotel Beach Resort & Spa

lungomare Cristoforo Colombo 23
– ☏ *0 81 99 15 44 – www.hotelpuntamolinoischia.com* — Pianta: E1-2**b**
– Aperto 23 aprile-18 ottobre
84 cam – solo ½ P 160/305 € – **3 suites**
Signorile e direttamente sul mare, due grandi piscine, nonché stanze abbellite
dalle preziose ceramiche di Vietri e arredate con pezzi d'antiquariato. L'attigua
villa per chi desidera maggior riservatezza.

Grand Hotel Excelsior

via Emanuele Gianturco 19 – ☏ *0 81 99 15 22* — Pianta: E1**a**
– www.excelsiorischia.it – Aperto 30 aprile-9 ottobre
78 cam ⌷ – ♦180/240 € ♦♦220/460 € – **5 suites**
Tra la vegetazione, l'imponente struttura dall'architettura mediterranea fa capolino sul mare con le sue eleganti camere dai colori freschi e marini accentuati da
belle maioliche. Completa zona benessere. La cucina regionale nell'elegante sala e
in terrazza.

Il Moresco

via Emanuele Gianturco 16 – ☏ *0 81 98 13 55* — Pianta: E1**c**
– www.ilmoresco.it – Aperto 23 aprile-16 ottobre
66 cam ⌷ – ♦180/390 € ♦♦220/460 € – **2 suites**
Nasce come dimora privata questa casa dal fascino esclusivo: la piscina coperta
è stata realizzata dove era prevista la serra e la zona benessere è negli ex
alloggi del personale. All'ombra del pergolato o nella sala interna, le fragranze
del Mediterraneo.

Le Querce

via Baldassarre Cossa 29 – ☏ *0 81 98 23 78* — Pianta: BC1**m**
– www.albergolequerce.it – Aperto 20 marzo-10 novembre
75 cam ⌷ – ♦120/220 € ♦♦180/380 € – **4 suites**
Camere non tutte nuove, alcune un po' datate, ma l'albergo offre una dei panorami più incantevoli dell'isola. Affascinanti terrazze a picco sul blu.

Floridiana Terme

corso Vittoria Colonna 153 – ☏ *0 81 99 10 14* — Pianta: E1**b**
– www.hotelfloridianaischia.com – Aperto 1° aprile-2 novembre
69 cam ⌷ – ♦80/140 € ♦♦130/240 €
Villa d'inizio '900 dalla gestione seria e competente. Gli ambienti comuni sono
caratterizzati da dipinti murali che ne dilatano gli spazi, le camere fresche e luminose. In questa località rinomata per le terme, la risorsa propone un centro
benessere con piscine varie, percorso Kneipp, doccia eudermica ed altro ancora.

Central Park Hotel Terme

via Alfredo De Luca 6 – ☏ *0 81 99 35 17* — Pianta: E2**n**
– www.centralparkhotel.it – Aperto Pasqua-31 ottobre
60 cam ⌷ – ♦120/155 € ♦♦180/270 €
Avvolta da un rigoglioso giardino, annovera un articolato complesso termale con
una vasca termo minerale utilizzata per i trattamenti; all'esterno una bella piscina
per i momenti di relax. Per i pasti, accomodatevi in un ambiente piacevolmente
familiare, buffet di antipasti la sera.

ISCHIA (Isola d')

 La Villarosa
via Giacinto Gigante 5 – ℰ 0 81 99 13 16 — Pianta: E1**w**
– www.dicohotels.it – Aperto 13 aprile-30 ottobre
37 cam – †65/128 € ††110/224 €
In pieno centro ma varcata la soglia del giardino sarete come inghiottiti da un'atmosfera d'altri tempi, un insieme di ambienti dal fascino antico, un susseguirsi di sale e salette tutte diverse fra loro. Panoramica sala ristorante all'ultimo piano.

 Solemar Terme
via Battistessa 49 – ℰ 0 81 99 18 22 – www.hotelsolemar.it — Pianta: E1**a**
– Aperto 1° aprile-31 ottobre
78 cam – †90/170 € ††120/300 €
Frequentato particolarmente da famiglie con bambini proprio per la sua tranquilla posizione sulla spiaggia, risorsa particolarmente vocata alla balneazione. Ospita anche un centro termale.

 Alberto
lungomare Cristoforo Colombo 8 – ℰ 0 81 98 12 59 — Pianta: E1**d**
– www.albertoischia.it – Aperto 20 marzo-4 novembre
Menu 25 € (pranzo)/60 € – Carta 25/79 € – (consigliata la prenotazione la sera)
Quasi una palafitta sulla spiaggia risalente ai primi anni '50, una sola sala verandata aperta sui tre lati per gustare una cucina di mare tradizionale reinterpretata con fantasia. A pranzo, formule più semplici ed economiche, ma sempre di qualità.

 Damiano
via Variante Esterna strada statale 270 – ℰ 0 81 98 30 32 — Pianta: D2**m**
– Chiuso da lunedì a venerdì da ottobre ad aprile
Carta 31/68 € – (solo a cena da maggio ad ottobre)
Lasciata l'auto, alcuni gradini conducono alla veranda dalle grandi finestre affacciate sulla città e sulla costa. Semplici le proposte della cucina basata soprattutto su aragoste e coniglio di fosso. Andamento familiare.

ISEO
Brescia (BS) – ✉ 25049 – 9 202 ab. – Alt. 198 m – Carta regionale n° **10-D1**
▶ Roma 581 km – Brescia 22 km – Bergamo 39 km – Milano 80 km
Carta stradale Michelin 561-F12

 Iseolago
via Colombera 2, Ovest: 1 km – ℰ 03 09 88 91 – www.iseolagohotel.it
56 cam – †80/116 € ††114/179 € – **10 suites**
Inserito nel verde di un vasto impianto turistico alle porte della località, elegante complesso alberghiero con belle camere ed accesso diretto al lago. Alla scoperta dei piatti e dei vini della Franciacorta nell'elegante ristorante L'Alzavola; fresco pergolato per la stagione estiva.

sulla strada provinciale per Polaveno Est : 6 km

 I Due Roccoli
via Silvio Bonomelli ✉ 25049 – ℰ 03 09 82 29 77 – www.idueroccoli.com
– Aperto 1° aprile-31 ottobre
26 cam – †90/135 € ††100/176 € – ☑ 10 € – **3 suites**
All'interno di una vasta proprietà affacciata sul lago, un'antica ed elegante residenza di campagna con parco, adeguata alle più attuali esigenze e con locali curati. Ristorante raffinato, con angoli intimi, camino moderno e uno spazio all'aperto, "sull'aia".

a Clusane sul Lago Ovest : 5 km – ✉ 25049

 Relais Mirabella
via Mirabella 34, Sud: 1,5 km – ℰ 03 09 89 80 51 – www.relaismirabella.it
– Aperto 1° aprile-31 ottobre
29 cam – †100/190 € ††140/190 € – **1 suite**
Rist *Relais Mirabella Iseo* – Vedere selezione ristoranti
Un'elegante oasi di tranquillità, in un borgo di antiche case coloniche con eccezionale vista sul lago, 70 ettari di bosco e piscina. All'atto della prenotazione, se disponibili, richiedere le camere con terrazzino panoramico.

XxX **Relais Mirabella Iseo** – Hotel Relais Mirabella

*via Mirabella 34, Sud: 1,5 km – ℰ 03 09 89 80 51 – www.relaismirabella.it
– Aperto 1° aprile-31 ottobre*
Carta 36/83 €
In posizione dominante con splendida vista sul lago, il ristorante "mutua" il nome dalla prima tragedia di A. Manzoni. Elegante e à la page, la sua cucina propone piatti internazionali e specialità del lago, con grande attenzione all'olio (di produzione propria), nonché alla carta dei vini che annovera le eccellenze della Franciacorta.

X **Al Porto**

piazza Porto dei Pescatori 12 – ℰ 0 30 98 90 14 – www.alportoclusane.it – Chiuso mercoledì escluso aprile-ottobre
Carta 28/48 €
Una tradizione ultracentenaria in un bel palazzo di fronte al porticciolo, tante sale con richiami storici e lacustri e qualche tavolo con vista sul lago... che arriva poi nel piatto con il pescato del giorno: Iseo in tavola!

ISERA

Trento (TN) – ✉ 38060 – 2 715 ab. – Carta regionale n° **19-B3**
▶ Roma 575 km – Trento 29 km – Verona 75 km – Schio 52 km
Carta stradale Michelin 562-E15

X **Casa del Vino**

piazza San Vincenzo 1 – ℰ 04 64 48 60 57 – www.casadelvino.info
Carta 30/42 €
Il fior fiore della gastronomia locale, ininterrottamente dalle 12 alle 22, in un palazzo cinquecentesco del centro. Il menu è fisso, ma si può mangiare anche solo qualche piatto (il baccalà alla trentina con polenta, il nostro preferito!), mentre tutti i vini in carta sono serviti al bicchiere. Molto belle le camere ai piani superiori della casa.

ISERNIA

✉ 86170 – 21 981 ab. – Alt. 423 m – Carta regionale n° **1-C3**
▶ Roma 182 km – Caserta 83 km – Benevento 83 km – Campobasso 52 km
Carta stradale Michelin 564-C24

Grand Hotel Europa

*viale dei Pentri 76, svincolo Isernia Nord – ℰ 08 65 21 26
– www.grandhotel-europa.it*
152 cam ☐ – ♦85 € ♦♦110 €
E' stato recentemente ampliato con molte nuove camere questo hotel d'impostazione moderna situato nei pressi dell'entrata principale in Isernia. Per una clientela commerciale e turistica. Ambienti di gusto contemporaneo e sapori tipici molisani al ristorante.

ISOLA... ISOLE → Vedere nome proprio della o delle isole

ISOLA D'ASTI

Asti (AT) – ✉ 14057 – 2 012 ab. – Alt. 245 m – Carta regionale n° **14-D1**
▶ Roma 625 km – Torino 67 km – Asti 10 km – Alessandria 47 km
Carta stradale Michelin 561-H6

Castello di Villa

*via Bausola 2, località Villa, Est: 2,5 km – ℰ 01 41 95 80 06
– www.castellodivilla.it – Aperto 24 marzo-27 novembre*
12 cam ☐ – ♦120/250 € ♦♦220/300 € – **2 suites**
Questa imponente villa patrizia del XVII sec. non smette di far sognare il viandante: splendidi spazi comuni, nonché lussuose camere con soffitti affrescati, arredi e decorazioni eclettiche. Uno stile barocco, ricco ma non kitsch, per rivivere i fasti del passato senza rinunciare ai confort moderni.

sulla strada statale 231 Sud-Ovest : 2 km

XXX **Il Cascinalenuovo** (Walter Ferretto)

statale Asti-Alba 15 ✉ 14057 – ☎ 01 41 95 81 66 – www.walterferretto.com
– Chiuso 1°-20 gennaio, 12-18 agosto, domenica sera e lunedì
Menu 50/80 € – Carta 50/83 € – *(solo a cena escluso da settembre a marzo su
prenotazione)*
15 cam – ♦70 € ♦♦100 € – ☷ 10 €
La sala elegante - sebbene essenziale - si allontana dall'ufficialità piemontese: non
la cucina, che ne propone glorie e tradizioni in un carosello dei migliori piatti; in
aggiunta anche del pesce. D'estate, situazione alternativa nel fresco dehors con
l'Altro Cascinale, dove gustare ricette più semplici, pizze e schiacciate, a prezzi
contenuti.
→ Risotto cremoso alla zucca gialla con ragù di galletto speziato. Cubo di fassona
piemontese, salsa al vino rosso. Girotondo di...Langa.

ISOLA DELLA SCALA
Verona (VR) – ✉ 37063 – 11 575 ab. – Alt. 31 m – Carta regionale n° **23-A3**
▶ Roma 497 km – Verona 19 km – Ferrara 83 km – Mantova 34 km
Carta stradale Michelin 562-G15

XX **L'Artigliere**

via Boschi 5 – ☎ 04 56 63 07 10 – www.artigliere.net – Chiuso 1°-6 gennaio,
1°-26 agosto, lunedì e martedì
Menu 55/100 € – Carta 43/82 €   **5 cam** ☷ – ♦80/100 € ♦♦110/140 €
Tra le mura ristrutturate di un antico mulino seicentesco, uno chef "navigato"
rilancia la propria cucina dal taglio decisamente moderno; possibilità anche di
pernottamento in comode camere.

ISOLA DELLE FEMMINE
Sicilia – Palermo (PA) – ✉ 90040 – 7 295 ab. – Alt. 6 m – Carta regionale n° **17-B2**
▶ Palermo 21 km – Trapani 93 km – Marsala 109 km
Carta stradale Michelin 365-AO54

 Sirenetta

viale Dei Saraceni 81, Sud-Ovest: 1,5 km – ☎ 09 18 67 15 38 – www.sirenetta.it
22 cam ☷ – ♦80/120 € ♦♦85/160 € – **7 suites**
Incastrato tra splendide montagne e un'affascinante baia, gestione familiare con
camere semplici, ma accoglienti. Sala e cucina classiche d'albergo: spiccano i sot-
topiatti in ceramica siciliana.

ISOLA DEL LIRI
Frosinone (FR) – ✉ 03036 – 11 781 ab. – Alt. 217 m – Carta regionale n° **7-D2**
▶ Roma 107 km – Frosinone 23 km – Avezzano 62 km – Isernia 91 km
Carta stradale Michelin 563-Q22

 Scala

piazza Gregorio VII – ☎ 07 76 80 81 00 – www.scalallacascata.it
18 cam ☷ – ♦40/50 € ♦♦60/70 €
Una risorsa suddivisa in due edifici, sulla piazza principale e sul lato del fiume, per
una proposta di camere semplici, ma particolarmente spaziose, dove il legno la fa
da padrone. Proposte di terra e di mare nelle due sale del ristorante.

ISOLA DI CAPO RIZZUTO
Crotone (KR) – ✉ 88841 – 17 552 ab. – Alt. 90 m – Carta regionale n° **3-B2**
▶ Roma 612 km – Cosenza 125 km – Catanzaro 58 km – Crotone 17 km
Carta stradale Michelin 564-K33

✗✗ Ruris 🔳 🅿

località Mazzotta, Sud-Est: 3 Km – ✆ 09 62 79 14 60 – www.ruris.it – Chiuso lunedì e martedì
Menu 35 € (in settimana) – Carta 24/66 € – *(solo a cena escluso domenica)* (consigliata la prenotazione)
Un ampio giardino dove razzolano galline e conigli, ma ci sono anche dei giochi per bambini che - insieme agli animali – costituiscono un bel passatempo per le famiglie che sostano qui. All'interno una grande sala rustica con arredi tuttavia classici, a tratti anche eleganti; la carta trova nel pesce il suo alleato preferito, rielaborato con guizzi di fantasia.

ISOLA DOVARESE

Cremona (CR) – ✉ 26031 – 1 190 ab. – Alt. 35 m – Carta regionale n° **9-C3**
🔁 Roma 500 km – Parma 48 km – Brescia 75 km – Cremona 27 km
Carta stradale Michelin 561-G12

🏠 Palazzo Quaranta 🔲 ⬜ ♿ 🔳 🅿

via Largo Vittoria 12 – ✆ 03 75 39 61 62 – www.palazzoquaranta.it
8 cam ⬜ – ♗50/75 € ♗♗90/200 €
Nel cuore di un suggestivo complesso architettonico, il palazzo tardo settecentesco ospita camere signorili, quasi tutte affrescate, diverse con bagni principeschi.

✗ Caffè La Crepa 🕸 🛜 ⇔

piazza Matteotti 13 – ✆ 03 75 39 61 61 – www.caffelacrepa.it – Chiuso lunedì e martedì
Menu 35/55 € – Carta 29/52 €
Affacciato su una scenografica piazza rinascimentale, il caffè risale al primo '800, poco più tarda la trattoria. Oggi vi invita ad un nostalgico viaggio dal risorgimento agli anni '60, passando per il liberty. Dalla cucina, piatti del territorio come il savaren di riso con ragù classico e lingua salmistrata o i rognoncini di vitello trifolati.

Le migliori tavole d'Italia selezionate dalla guida? Ora è possibile trovarle anche sull'app gratuita MICHELIN Ristoranti.

ISOLA RIZZA

Verona (VR) – ✉ 37050 – 3 286 ab. – Alt. 23 m – Carta regionale n° **23-B3**
🔁 Roma 487 km – Verona 27 km – Ferrara 91 km – Mantova 55 km
Carta stradale Michelin 562-G15

all'uscita superstrada 434 verso Legnago

✗✗✗ Perbellini 🕸 ♿ 🔳 ⇔ 🅿

via Muselle 130 ✉ 37050 – ✆ 04 57 13 53 52 – www.perbellini.com – Chiuso 10 giorni in gennaio, 3 settimane in agosto, domenica sera, lunedì e martedì; anche domenica a mezzogiorno in luglio-agosto
Menu 22 € (pranzo in settimana)/65 € – Carta 41/94 €
Senza in realtà essersi mai interrotto, il discorso gastronomico del ristorante cambia: lo storico, seppur ancora giovane, sous-chef Francesco Baldissarutti ha preso in mano il timone della cucina che si fa meno complessa, ma ugualmente fantasiosa, sempre ricercata e di alto livello qualitativo.
➜ Tortelli di mascarpone glassati allo zafferano e gamberi rossi di Sicilia.Guancia di maiale Mora Romagnola brasata, carote e salsa alla senape e menta. Millefoglie "Strachin".

ISOLA ROSSA – Olbia-Tempio (OT) ➜ Vedere Trinità d'Agultu

ISOLA SANT'ANTONIO

Alessandria (AL) – ✉ 15050 – 726 ab. – Carta regionale n° **12-C2**

▶ Roma 596 km – Torino 125 km – Alessandria 39 km – Novara 106 km

Carta stradale Michelin 561-G8

XX **Da Manuela**

frazione Capraglia, Nord-Ovest: 3 km – ✆ 01 31 85 71 77
– www.ristorantedamanuela.it – Chiuso 1°-21 agosto e lunedì
Menu 35/45 € – Carta 27/64 €
Cucina lombarda con qualche spunto piemontese, in un accogliente locale ubicato in aperta campagna. Le specialità sono le rane e i pesci d'acqua dolce, ma ottima è anche la cantina!

ISSENGO = ISSENG – Bolzano (BZ) → Vedere Falzes

ISSOGNE

Aosta (AO) – ✉ 11020 – 1 343 ab. – Alt. 387 m – Carta regionale n° **21-B2**

▶ Roma 713 km – Aosta 41 km – Biella 70 km – Torino 80 km

Carta stradale Michelin 561-F5

XX **Al Maniero**

frazione Pied de Ville 58 – ✆ 01 25 92 92 19 – *www.ristorantealmaniero.it*
– Chiuso 15-30 giugno
Menu 24/35 € – Carta 27/47 € – *(chiuso lunedì escluso agosto)*
6 cam 🛏 – †55/65 € ††70/90 €
Giovane coppia, pugliese lui, ferrarese lei, nei pressi del maniero locale: ambiente semplice con piatti del territorio, come i tagliolini di barbariato con pezzata valdostana o l'agnello alle erbe di montagna. Per finire in dolcezza: torta di mele piata d'Issogne e zabaione caldo preparato al tavolo. Solo su prenotazione, pesce.

IVREA

Torino (TO) – ✉ 10015 – 23 657 ab. – Alt. 253 m – Carta regionale n° **12-B2**

▶ Roma 683 km – Aosta 68 km – Torino 49 km – Breuil-Cervinia 74 km

Carta stradale Michelin 561-F5

XX **La Mugnaia** 🆕

via Arduino 53 – ✆ 0 12 54 05 30 – *www.mugnaia.com – Chiuso 23-30 gennaio, 20-29 giugno, 5-15 settembre e lunedì*
Menu 36/50 € – Carta 36/54 €
Nascosto in una vietta del centro, locale gestito da una giovane coppia per una cucina moderna e accattivante: un percorso che dal Piemonte arriva in Puglia, ovvero alle origini dei proprietari.

a Banchette d'Ivrea Sud-Ovest : 2,5 km – ✉ 10015

🏠 **Crystal Palace Hotel**

via Circonvallazione 4/f – ✆ 01 25 61 30 60 – *www.hcrystalpalace.com – Chiuso 23 dicembre-10 gennaio*
29 cam – †70/100 € ††85/130 € – 🛏 10 €
Rist *Trattoria Moderna Il Simposio* – Vedere selezione ristoranti
A pochi minuti dal casello autostradale di Ivrea (A5 Torino/Aosta), moderna costruzione che pur soddisfacendo le esigenze di funzionalità della clientela commerciale, non è priva di eleganti accorgimenti ed originali trovate estetiche: l'atmosfera trasmette una piacevole sensazione di nuovo.

XX **Trattoria Moderna Il Simposio** – Crystal Palace Hotel

via Circonvallazione 4 – ✆ 01 25 61 02 10 – *www.trattoriamodernailsimposio.it*
– Chiuso 23 dicembre-10 gennaio
Carta 30/51 € – *(chiuso domenica)*
Se a pranzo diverse possibilità di piatti unici e piccole proposte soddisfano anche il cliente più frettoloso, la sera una carta fantasiosa si accompagna ad un più ampio menu degustazione.

al lago Sirio Nord : 2 km :

  Sirio ⚐ ⌖ ⇐ ⌂ ⌃ AC ⚒ P

via lago Sirio 85 ✉ *10015* – ✆ *01 25 42 42 47* – *www.hotelsirio.it*
43 cam ⌷ – †75/125 € ††80/145 €
Rist *Finch* – Vedere selezione ristoranti
In posizione panoramica nei pressi del lago, una risorsa di stampo moderno. con
camere molto carine e spaziose. Le aree comuni appaiono eleganti, a tratti, alla
moda con luci soffuse e arredi essenziali.

XX **Finch** – Hotel Sirio ⌂ ⌃ AC ⌖ P

via lago Sirio 85 ✉ *10015* – ✆ *01 25 42 42 47* – *www.hotelsirio.it* – *Chiuso
domenica in ottobre-aprile e martedì in maggio-settembre*
Menu 35/45 € – Carta 41/66 € – *(solo a cena)*
Totalmente rinnovato in anni recenti, questo moderno ristorante che negli arredi
sfoggia un certo minimalismo modaiolo, in cucina non rinnega la tradizione: specialità alla griglia.

a San Bernardo Sud : 3 km – ✉ 10015

⌂ **La Villa** ⚐ ⌂ ⌃ & AC P

via Torino 334 – ✆ *01 25 63 16 96* – *www.ivrealavilla.com*
35 cam ⌷ – †62/72 € ††72/90 €
Accogliente e calda atmosfera familiare in questa villa in zona periferica, quasi
una casa privata. Alcune camere e la sala colazioni si affacciano sulla catena
alpina. Vicino agli stabilimenti.

JESI

Ancona (AN) – ✉ 60035 – 40 361 ab. – Alt. 97 m – Carta regionale n° **11-C2**
▶ Roma 260 km – Ancona 32 km – Gubbio 80 km – Macerata 41 km
Carta stradale Michelin 563-L21

  Federico II ⚐ ⌖ ⇐ ⌂ ⛝ ⌧ ⦿ ⋔ ⌗ ⌃ & AC ⚒ P

via Ancona 100 – ✆ *07 31 21 10 79* – *www.hotelfederico2.it*
129 cam ⌷ – †70/105 € ††89/221 € – **16 suites**
Elegante complesso immerso nel verde, garantisce un soggiorno confortevole e
rilassante grazie anche al moderno centro benessere. Gli spazi comuni sono
ampi e le camere arredate con gusto classico. Una luminosa sala panoramica
invita a gustare una cucina classica e locale.

⌂ **Mariani** AC

via Orfanotrofio 10 – ✆ *07 31 20 72 86* – *www.hotelmariani.com*
33 cam ⌷ – †45/60 € ††65/86 €
A pochi passi dal centro storico, la struttura offre camere confortevoli e ben arredate per un soggiorno sia di turismo che di lavoro.

JESOLO

Venezia (VE) – ✉ 30016 – 26 026 ab. – Carta regionale n° **23-D2**
▶ Roma 564 km – Venezia 46 km – Belluno 111 km – Padova 80 km
Carta stradale Michelin 562-F19

XXX **Da Guido** ⚑ ⌂ ⌃ & AC P

via Roma Sinistra 25 – ✆ *04 21 35 03 80* – *www.ristorantedaguido.com* – *Chiuso
gennaio, febbraio, martedì a mezzogiorno e lunedì*
Menu 28 € (pranzo in settimana)/67 € – Carta 34/90 €
Se il bianco è l'attore principale delle sale di tono elegantemente contemporaneo,
sulla tavola il riflettore è puntato su appetitosi piatti di mare, la specialità è la cottura alla griglia. L'atmosfera diventa romantica in giardino.

JESOLO PINETA – Venezia (VE) ➜ Vedere Lido di Jesolo

JOUVENCEAUX – Torino (TO) ➜ Vedere Sauze d'Oulx

JOVENÇAN – Aosta (AO) ➜ Vedere AOSTA

KALTERN AN DER WEINSTRASSE
= CALDARO SULLA STRADA DEL VINO

KASTELBELL TSCHARS = CASTELBELLO CIARDES

KASTELRUTH = CASTELROTTO

KLAUSEN = CHIUSA

KOLFUSCHG = COLFOSCO

KURTATSCH AN DER WEINSTRASSE
= CORTACCIA SULLA STRADA DEL VINO

LABICO
Roma (RM) – ✉ 00030 – 6 273 ab. – Alt. 319 m – Carta regionale n° **7-C2**
▶ Roma 39 km – Avezzano 116 km – Frosinone 44 km – Latina 50 km
Carta stradale Michelin 563-Q20

Antonello Colonna Labico Resort
via di Valle Fredda 52 – ☏ 06 95 1 00 32
– www.antonellocolonna.it – Chiuso 7-31 gennaio
12 cam ☲ – †150/800 € ††180/800 €
Rist *Antonello Colonna Labico* ✿ – Vedere selezione ristoranti
Immersa nel verde della campagna di Vallefredda, una bella struttura il cui design minimalista e luminoso viene completato dal servizio pronto ad accontentare qualunque richiesta. Le pareti sono spoglie, ma all'arte contemporanea è dedicata una sala-museo. Camere "nude".

Agriturismo Fontana Chiusa
via Di Fontana Chiusa 3, via Casilina al km 35.100 – ☏ 06 95 1 03 57
– www.fontanachiusa.it
7 cam ☲ – †65/80 € ††90/120 €
Avvolto dal verde, tra giardini fioriti e noccioli, il casolare ottocentesco è stato sapientemente ristrutturato per offrire camere in stile rustico arredate con buon gusto ed eleganza. Nell'accogliente ristorante, carni e verdure dell'azienda compongono piatti dai sapori del territorio.

Antonello Colonna Labico – Antonello Colonna Labico Resort
via di Valle Fredda 52 – ☏ 06 95 1 00 32
– www.antonellocolonna.it – Chiuso 7-31 gennaio, domenica sera e lunedì
Menu 90 € – Carta 65/103 € – (consigliata la prenotazione)
Natura e modernità armoniosamente fuse in una struttura originale ed avveniristica: siamo all'interno di un parco, tra grandi spazi quasi museali ed opere d'arte, dove la cucina recupera la tradizione campestre laziale sostenuta dall'abilità tecnica di un grande cuoco.
→ Negativo di carbonara. Maialino. Diplomatico: crema, cioccolato e caramello al sale.

LA CALETTA – Nuoro (NU) → Vedere Siniscola

LACCO AMENO – Napoli (NA) → Vedere Ischia (Isola d')

LACES (LATSCH)
Bolzano (BZ) – ✉ 39021 – 5 183 ab. – Alt. 639 m – Carta regionale n° **19-B2**
▶ Roma 692 km – Bolzano 56 km – Merano 28 km – Trento 108 km
Carta stradale Michelin 562-C14

Paradies
via Sorgenti 12 – ☏ 04 73 62 22 25 – www.hotelparadies.com
– Aperto 18 marzo-6 novembre
48 cam ☲ – †120/150 € ††240/300 € – **20 suites**
Rist *Paradiso* – Vedere selezione ristoranti
In posizione davvero paradisiaca, bella struttura nella pace dei frutteti e del giardino ombreggiato con piscina; accoglienti ambienti interni e curato centro benessere.

Paradiso

via Sorgenti 12 – ℰ 04 73 62 22 25 – www.hotelparadies.com
– Aperto 23 marzo-7 novembre; chiuso lunedì e martedì sera
Menu 60/120 € – *(solo a cena)* (consigliata la prenotazione)
Alta cucina sudtirolese con frequenti citazioni internazionali all'interno di una deliziosa stube in cirmolo. A pranzo la proposta è più ridotta per numero e meno articolata nelle preparazioni.

LADISPOLI

Roma (RM) – ✉ 00055 – 40 891 ab. – Carta regionale n° **7-B2**
▶ Roma 39 km – Civitavecchia 34 km – Ostia Antica 43 km – Tarquinia 53 km
Carta stradale Michelin 563-Q18

 La Posta Vecchia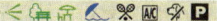

località Palo Laziale, Sud: 2 km – ℰ 0 69 94 95 01 – www.lapostavecchia.com
– Aperto 21 aprile-23 ottobre
14 cam ⌷ – †355/725 € ††355/725 € – **5 suites**
Rist *The Cesar* – Vedere selezione ristoranti
Costruita nel '600 dal Principe Odescalchi, che la volle appositamente per accogliere amici e viaggiatori, come in una sorta di predestinazione, la residenza è stata trasformata oggigiorno in esclusivo hotel: uno scrigno di tesori d'arte di ogni epoca con pavimenti musivi e lussuose camere.

 The Cesar – Hotel La Posta Vecchia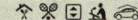

località Palo Laziale, Sud: 2 km – ℰ 0 69 94 95 01 – www.thecesar.it
– Aperto 21 aprile-23 ottobre
Menu 98/130 € – Carta 79/141 €
Piatti mediterranei preparati in gran parte con i prodotti biologici del proprio orto in un ristorante romanticamente affacciato sulla distesa blu del Mare Nostrum.

LAGO → Vedere nome proprio del lago

LAGO MAGGIORE o VERBANO – Novara, Varese e Cantone Ticino

LAGONEGRO

Potenza (PZ) – ✉ 85042 – 5 614 ab. – Alt. 666 m – Carta regionale n° **2-B3**
▶ Roma 389 km – Potenza 93 km – Battipaglia 106 km – Salerno 127 km
Carta stradale Michelin 564-G29

in prossimità casello autostrada A 3 - Lagonegro Sud Nord : 3 km

 Midi

viale Colombo 76 ✉ 85042 – ℰ 0 97 34 11 88 – www.midihotel.it
36 cam ⌷ – †50/60 € ††75/85 €
In prossimità dello svincolo autostradale, albergo d'ispirazione classica, particolarmente adatto ad una clientela business, con camere moderne e funzionali. Ampia sala da pranzo e salone banchetti con capienza fino a 500 persone.

LAGUNDO (ALGUND)

Bolzano (BZ) – ✉ 39022 – 5 002 ab. – Alt. 350 m – Carta regionale n° **19-B1**
▶ Roma 670 km – Bolzano 34 km – Merano 5 km – Trento 89 km
Carta stradale Michelin 562-B15

Pianta: vedere Merano

 Pergola

san Cassiano 40 – ℰ 04 73 20 14 35 Pianta: A1**f**
– www.pergola-residence.it – Aperto 21 marzo-15 novembre
12 suites – ††236/310 € – ⌷ 15 € – 2 cam
Eccellente esercizio architettonico del celebre Matteo Thun: in una piccola casa, profusione di legno, luce e - grazie alla posizione rialzata sul paese - splendido panorama. Le ampie camere dispongono tutte di un cucinino.

🏠 Agriturismo Plonerhof   ♿ 🔤 🅿 🚭

via Peter Thalguter 11 – ℰ 04 73 44 87 28   Pianta: A1**b**
– www.plonerhof.it
9 cam ⌑ – †40/50 € ††72/100 €
Non lontano dal centro, circondata da una riposante natura, casa contadina del XIII secolo con tipiche iscrizioni di motti tirolesi; interessanti arredi di epoche diverse.

✗ Zur Blauen Traube   🏠

strada Vecchia 44 – ℰ 04 73 44 71 03 – www.blauetraube.it   Pianta: A1**e**
– Chiuso 10 gennaio-1° marzo, 25 giugno-3 luglio e martedì
Menu 28 € (pranzo in settimana) – Carta 38/71 €
Una delle trattorie più antiche della zona, la sua esistenza è accertata almeno dal 1454. Testimonianze storiche anche nelle sale interne, la carta propone prodotti e ricette del territorio.

✗ Schnalshuberhof   ← ♿ 🅿 🚭

Oberplars 2 – ℰ 04 73 44 73 24 – www.gallorosso.it – Chiuso   Pianta: A1**d**
14 dicembre-18 febbraio, 25 luglio-10 agosto, lunedì, martedì e mercoledì
Menu 23/38 € – (solo a cena) (prenotazione obbligatoria)
Tra le mura di una casa del 1300, in due stube (unica nel suo genere quella ricoperta di giornali), la famiglia Pinggera propone gustosi piatti a base di ingredienti biologici, accompagnati da vini di produzione propria. Ottimo speck e distillati.

a Vellau/ Velloi Nord-Ovest : 8 km – ✉ 39022

✗ Oberlechner 🆕   ⇦ 🌿 ← ♿ 🏡 🅿

– ℰ 04 73 44 83 50 – www.gasthofoberlechner.com – Chiuso
15 gennaio-15 marzo e mercoledì
Menu 30/40 € – Carta 26/73 €   **10 cam** ⌑ – †55 € ††110 €
Da Merano si sale fino a mille metri di altitudine, dove lo sguardo abbraccia città e monti in un panorama mozzafiato. Ma anche la cucina si rivela all'altezza: molti prodotti locali, all'insegna della tradizione, a cui si aggiunge un po' d'estro. La vista continua nelle belle camere, tutte con balcone.

LAIGUEGLIA

Savona (SV) – ✉ 17053 – 1 802 ab. – Carta regionale n° **8-B2**
▶ Roma 603 km – Imperia 23 km – Savona 57 km – San Remo 51 km
Carta stradale Michelin 561-K6

🏠 Splendid Mare   ⚘ 🔆 🔤 ⬆ 🆈 ❀ 🅿

piazza Badarò 3 – ℰ 01 82 69 03 25 – www.splendidmare.it – Aperto
24 marzo-30 settembre
43 cam ⌑ – †60/95 € ††100/210 € – **2 suites**
Un soggiorno rilassante negli ambienti signorili di un edificio quattrocentesco, ristrutturato nel 1700 e poi ancora in anni recenti, che conserva il fascino di un antico passato. Camere piacevoli, alcune si affacciano sul mare, altre sulla bella piscina.

🏠 Mediterraneo   ⚘ 🌿 ⬆ 🆈 🅿

via Andrea Doria 18 – ℰ 01 82 69 02 40 – www.hotelmedit.it – Chiuso novembre
e dicembre
32 cam – †40/74 € ††60/125 € – ⌑ 8 €
La gestione familiare, le grandi camere ben arredate, la posizione tranquilla e comoda, fuori ma non lontana dal centro, la grande terrazza solarium: buone vacanze!

LAINATE

Milano (MI) – ✉ 20020 – 25 704 ab. – Alt. 176 m – Carta regionale n° **10-A2**
▶ Roma 609 km – Milano 20 km – Bergamo 62 km – Brescia 107 km
Carta stradale Michelin 561-F9

Litta Palace

via Lepetit 1, uscita autostrada A 8 – ℰ 02 93 57 16 40
– www.hotellittapalace.com
88 cam 🔲 – 🛏70/299 € 🛏🛏90/399 € – **4 suites**
Vicino all'ingresso dell'autostrada, ma con un piccolo e piacevole giardino per momenti di relax all'aria aperta, Litta Palace è la struttura ideale per una clientela business: camere confortevoli, sale riunioni ed una zona fitness dove trovano posto piscina, palestra, nonché sauna. Di gusto contemporaneo, le accattivanti proposte culinarie del ristorante.

LAIVES (LEIFERS)

Bolzano (BZ) – ✉ 39055 – 17 606 ab. – Alt. 255 m – Carta regionale n° **19-D3**
▶ Roma 636 km – Bolzano 11 km – Trento 52 km – Merano 35 km

 Rotwand

via Gamper 2, Nord-Est: 2 km – ℰ 04 71 95 45 12 – www.rotwand.com – Chiuso febbraio
43 cam 🔲 – 🛏71/90 € 🛏🛏120/150 €
A soli 10 minuti dal centro storico di Bolzano, conduzione diretta in una bella struttura in quieta e panoramica zona residenziale: ambienti tradizionali e succulente specialità altoatesine al ristorante.

LAMA MOCOGNO

Modena (MO) – ✉ 41023 – 2 783 ab. – Alt. 842 m – Carta regionale n° **5-B2**
▶ Roma 382 km – Bologna 88 km – Modena 58 km – Pistoia 76 km
Carta stradale Michelin 562-J14

 Vecchia Lama

via XXIV Maggio 24 – ℰ 0 53 64 46 62 – www.ristotantevecchialama.it
– Chiuso lunedì escluso luglio-agosto
Menu 15/35 € – Carta 20/41 €
Cordialità ed ospitalità sono i padroni di casa, insieme ad un'ottima cucina di sola carne con specialità emiliane e montane, tartufi e funghi in stagione. D'estate si pranza sulla terrazza affacciata sul giardino.

LAMEZIA TERME

Catanzaro (CZ) – ✉ 88046 – 70 515 ab. – Alt. 216 m – Carta regionale n° **3-A2**
▶ Roma 580 km – Cosenza 66 km – Catanzaro 44 km
Carta stradale Michelin 564-K30

 Bräm Hotel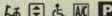

via del Mare 63 – ℰ 0 96 85 15 98 – www.bramhotel.it
14 cam 🔲 – 🛏69/100 € 🛏🛏89/120 € – **3 suites**
In prossimità della stazione ferroviaria e poco distante anche dall'aeroporto, una nuova struttura elegante nello stile e raffinata nei dettagli: con questi presupposti il soggiorno non potrà che essere all'insegna della qualità e del confort.

a Nicastro – ✉ 88046

 Novecento

largo Sant'Antonio 5 – ℰ 09 68 44 86 25 – www.ristorantenovecento.biz – Chiuso 1 settimana in agosto, sabato a mezzogiorno e domenica
Carta 25/50 €
Nel centro storico della località, in fondo alla sala con mattoni a vista è stata ricavata nel pavimento un'area trasparente e calpestabile, il cui interno custodisce una riproduzione della vecchia Nicastro. La calda ospitalità accompagna invece i numerosi piatti della tradizione.

sulla strada statale 18 Sud-Ovest : 11 km

Ashley 🏨

località Marinella ✉ *88046 Lamezia Terme* – ✆ *0 96 85 18 51*
– www.hotelashley.it
43 cam 🖵 – 👤80/85 € 👤👤95/105 € – **2 suites**
Nelle vicinanze dell'aeroporto, una nuova realtà dalla raffinata ed elegante atmosfera, caratterizzata da mobili d'antiquariato in stile Impero e da spazi curati in ogni settore. La piacevolezza della struttura non risparmia il ristorante: gustose specialità di pesce ed un'interessante carta dei vini.

sulla strada complanare SP 170/2 Est : 10 km

THotel Lamezia 🏨

località Garrubbe ✉ *88043 Feroleto Antico* – ✆ *09 68 75 40 09*
– www.thotelamezia.it
106 cam 🖵 – 👤120/150 € 👤👤145/190 € – **1 suite**
Una nuova struttura a vocazione prettamente business dotata dei migliori confort moderni e completa di ogni servizio. Ideale per congressi, il ristorante propone una saporita cucina regionale, elaborata partendo da materie prime di buona qualità.

LA MORRA
Cuneo (CN) – ✉ 12064 – 2 754 ab. – Alt. 513 m – Carta regionale n° **14-C2**
▶ Roma 644 km – Cuneo 55 km – Asti 42 km – Torino 67 km
Carta stradale Michelin 561-I5

Corte Gondina 🏨

via Roma 100 – ✆ *01 73 50 97 81* – *www.cortegondina.it* – *Chiuso 20-27 dicembre e 17 gennaio-27 febbraio*
14 cam 🖵 – 👤105/130 € 👤👤130/165 €
Elegante casa d'epoca a due passi dal centro, curata in ogni dettaglio: all'interno camere personalizzate, mentre la sala colazioni e il salottino hanno un respiro quasi anglosassone. Nel rilassante giardino la piscina.

Palas Cerequio - Barolo Cru Resort 🏨

Borgata Cerequio – ✆ *01 73 35 06 57* – *www.palascerequio.com – Chiuso 7 gennaio-15 marzo*
7 suites 🖵 – 👤👤190/295 € – **2 cam**
Nella tranquillità di una settecentesca residenza di campagna con tanto di cappella privata, camere in stile moderno minimalista o barocco piemontese: la maggior parte, con piccola spa privata (sauna e idromassaggio). Piatti della tradizione locale ed alcune specialità di pesce al ristorante.

Rocche Costamagna Art Suites 🏨

via Vittorio Emanuele 6 – ✆ *01 73 50 92 25* – *www.rocchecostamagna.it – Chiuso 15 dicembre-15 marzo*
4 cam 🖵 – 👤140/160 € 👤👤140/160 €
Le camere sono sopra la cantina storica dell'azienda (che è possibile visitare): semplici ed eleganti, offrono relax e vista panoramica dalle belle terrazze individuali.

Fior di Farine 🏨

via Roma 110 – ✆ *01 73 50 98 60* – *www.fiordifarine.com – Chiuso gennaio e febbraio*
5 cam 🖵 – 👤80/85 € 👤👤100/110 €
Nella corte interna di uno dei più celebri mulini in pietra, una struttura del '700 con soffitti a cassettoni e camere arredate in stile rustico-elegante; nuoto controcorrente nella piccola piscina-solarium. Imperdibile la prima colazione: proverbiali pizze e dolci fatti con farina di loro produzione.

Massimo Camia

strada provinciale 3 Alba-Barolo 122, Sud-Est: 5 km ✉ 12064 La Morra – ✆ 0 17 35 63 55 – www.massimocamia.it – Chiuso 15 giorni in marzo, 10 giorni in agosto, mercoledì a mezzogiorno e martedì
Menu 50/75 € – Carta 56/96 € – (consigliata la prenotazione)
E' la nuova sede dell'ex Locanda nel Borgo Antico di Barolo, che qui lascia spazio al nome del suo chef-patron. In un ambiente moderno ed elegante, ma di raffinata semplicità, la cucina si ritrae talvolta dal territorio per dare spazio a sapori mediterranei.

➜ Spaghetti alla chitarra caserecci con ragù di salsiccia di Bra, tartufo nero dolce e cime di rapa. Cubo di filetto di maialino avvolto nel lardo d'Arnad con semi di sesamo, scalogno glassato e semolino dolce fritto. Omaggio a Michele Ferrero.

Bovio

via Alba 17 bis – ✆ 01 73 59 03 03 – www.ristorantebovio.it – Chiuso 15 febbraio-12 marzo, 27 luglio-13 agosto, mercoledì e giovedì
Carta 40/69 € – (consigliata la prenotazione)
Famiglia storica di ristoratori, i Bovio, da qualche anno si sono trasferiti in questa bella villa con vista sui vigneti, dove continuano a portar avanti l'importante tradizione gastronomica delle langhe. La vista dalla terrazza è, a dir poco, spettacolare!

a Rivalta Nord : 4 km – ✉ 12064 La Morra

Bricco dei Cogni

frazione Rivalta Bricco Cogni 39 – ✆ 01 73 50 98 32 – www.briccodeicogni.it – Chiuso 15-28 dicembre
6 cam – 🚹80/120 € 🚹🚹100/140 € – ☕ 8 €
Abbracciata dalle dolci colline dei nobili vigneti, un'elegante ed imponente casa padronale in stile ottocentesco. Bella piscina soleggiata e romantiche camere, arredate nei tenui colori del giallo, del rosa o del blu, impreziosite da antichi mobili e suppellettili d'epoca.

a Annunziata Est : 4 km – ✉ 12064 La Morra

Agriturismo La Cascina del Monastero

cascina Luciani 112/a – ✆ 01 73 50 92 45 – www.cascinadelmonastero.it – Chiuso 15 dicembre-1° marzo
10 cam ☕ – 🚹90/110 € 🚹🚹115/130 €
Anticamente utilizzata dai frati per produrre il vino, la cascina offre accoglienti spazi dove soggiornare alla scoperta dei sentieri di Langa e degustare prodotti tipici locali. L'agriturismo vanta, ora, anche un piccolo centro benessere.

Agriturismo Risveglio in Langa

borgata Ciotto 52, Sud-Est: 3 km – ✆ 0 17 35 06 74 – www.risveglioinlanga.it – Chiuso gennaio-febbraio
5 cam ☕ – 🚹85 € 🚹🚹110 €
Ricavata da un cascinale ottocentesco, la risorsa è immersa nel verde di colline e vigneti: i proprietari sono infatti anche piccoli produttori di vino. La generosità in metri quadrati delle camere, permette loro di avere anche un angolo cottura.

Red Wine

frazione Annunziata 105 – ✆ 01 73 50 92 50 – www.red-wine.it – Aperto 9 marzo-8 dicembre
9 cam ☕ – 🚹63/95 € 🚹🚹88/120 €
La piccola cascina secolare si è trasformata in colorato hotel, dove il passato si allea a confort moderni per offrire ambienti accoglienti e di elegante essenzialità. Tutt'attorno, il verde delle vigne.

a Santa Maria Nord-Est : 4 km – ⌧ 12064 La Morra

✗ **L'Osteria del Vignaiolo**

– ✆ 0 17 35 03 35 – www.osteriadelvignaiolo.it – Chiuso gennaio e 15-30 giugno
Carta 31/42 € – (chiuso mercoledì e giovedì)   **5 cam** ⌣ – †50 € ††70/80 €
In questa piccola frazione nel cuore del Barolo, un piacevole edificio in mattoni
ospita quella che è diventata una piacevole osteria. Nella luminosa sala, i piatti
della tradizione sono reintepretati con fantasia: i cubetti di scamone scottati
con pane alle erbette aromatiche, ne sono un esempio. Spaziose e confortevoli
le camere.

LAMPEDUSA (Isola di)
Sicilia – Agrigento (AG) – 6 590 ab. – Alt. 16 m – Carta regionale n° **17-C3**
Carta stradale Michelin 365-AK70 – Guida Verde Michelin SICILIA

LAMPEDUSA – ⌧ 92010
Carta stradale Michelin 565-U19

 O'Scià

via Cameroni 8 – ✆ 09 22 97 57 99 – www.osciahotel.it – Aperto
1° aprile-18 ottobre
26 cam ⌣ – †45/90 € ††70/170 € – **5 suites**
In prossimità del porto turistico e a pochi passi dal centro storico, raggiungibile
tramite una lunga scalinata, struttura molto carina dalle atmosfere e arredi orientaleggianti: colori sgargianti già nella hall, camere spaziose e con accessori dell'ultima generazione. Senza ombra di dubbio, tra le più intriganti risorse dell'isola!

🏠 **Cavalluccio Marino**

contrada Cala Croce 3 – ✆ 09 22 97 00 53 – www.hotelcavalucciomarino.com
– Aperto 1° aprile-31 ottobre
10 cam – solo ½ P 115/130 €
Affacciato sul mare, fuori dal caotico centro storico e portuale, una bella struttura con una ricca macchia mediterranea a farle da cornice. Camere graziose e,
al ristorante, piatti tradizionali rielaborati anche in chiave moderna.

 Luagos Club

via del Mediterraneo, 1 – ✆ 09 22 97 01 31 – www.luagos.it – Aperto
15 maggio-15 ottobre
7 cam ⌣ – †40/80 € ††100/240 €
In un'originale struttura a semicerchio, le ampie camere dispongono di entrata
con piccolo patio esterno e tutte convergono verso una sorta di piazzetta caratterizzata da una fitta macchia mediterranea. Gestione molto ospitale, gentile e premurosa. Difficile pretendere di più!

✗✗ **Gemelli**

via Cala Pisana 2 – ✆ 09 22 97 06 99 – Aperto Pasqua-31 ottobre
Carta 36/73 € – (solo a cena)
Ristorante a poca distanza dall'aeroporto, dove è possibile gustare al meglio i pro-
dotti ittici locali. Il servizio estivo viene effettuato sotto ad un fresco pergolato.

✗✗ **Lipadusa**

via Bonfiglio 12 – ✆ 09 22 97 02 67 – www.lipadusa.com – Aperto
1° maggio-31 ottobre
Menu 35/55 € – Carta 34/65 € – (solo a cena)
Nel centro del paese, fragrante cucina di pesce proposta in chiave tradizionale
e ampio dehors sotto un fresco pergolato. Servizio attento e dinamico!

✗ **Lampegusto**
☜

via Vittorio Emanuele 19 – ✆ 38 86 28 43 56 – www.lampegusto.it – Aperto
1° giugno-30 settembre
Menu 15/30 € – Carta 19/54 € – (consigliata la prenotazione la sera)
Tranquillamente seduti in uno dei tavolini del piccolo dehors o utilizzando la formula take away per coloro che fanno gite in barca o abitano da queste parti,
piatti mediterranei sostanzialmente a base di pesce.

LAMPORECCHIO

Pistoia (PT) – ⊠ 51035 – 7 553 ab. – Alt. 56 m – Carta regionale n° **18-B1**
▶ Roma 318 km – Firenze 49 km – Prato 31 km – Pistoia 20 km
Carta stradale Michelin 563-K14

Antico Masetto

piazza Berni 12 – ℰ 0 57 38 27 04 – www.anticomasetto.it – Chiuso vacanze di Natale
21 cam ⊊ – ✝49/80 € ✝✝59/125 €
In pieno centro, stabile d'inizio Novecento completamente rinnovato. Al piano terra, hall e ambienti comuni non ampi, ma piacevoli. Sopra, camere curate e ben attrezzate.

Atman a Villa Rospigliosi  (Igles Corelli)

via Borghetto 1, località Spicchio – ℰ 0 57 31 60 30 51
– www.atmanavillarospigliosi.it – Chiuso domenica sera e lunedì
Menu 55 € – Carta 86/115 € – *(solo a cena escluso domenica)*
In una splendida villa seicentesca alle porte della località si è insediato lo chef Igles Corelli con la sua cucina "garibaldina" e creativa, nata per unire gusti e sapori di tutta Italia.
➜ Gamberi e zagare: gamberi rossi crudi, cipollotto e fiori d'arancia. Agnello in due cotture con fave, piselli, salsa di camomilla e fumo di olivo. La mia dacquoise: biscotto con croccantino pralinato, nocciola e cioccolato.

LANA

Bolzano (BZ) – ⊠ 39011 – 11 653 ab. – Alt. 310 m – Carta regionale n° **19-B2**
▶ Roma 661 km – Bolzano 24 km – Merano 10 km – Trento 77 km
Carta stradale Michelin 562-C15

Eichhof

via Querce 4 – ℰ 04 73 56 11 55 – www.eichhof.net – Aperto 18 aprile-26 ottobre
20 cam – solo ½ P 55/65 €
A pochi passi dal centro, un piccolo albergo immerso in un ameno giardino ombreggiato con piscina. Accoglienti e razionali gli spazi comuni in stile, spaziose le camere: più ampie quelle al primo piano.

G. Lounge and Vinothek

via Brandis 13, golf club – ℰ 04 73 56 24 47 – www.casa-g.com
– Chiuso 1° gennaio-15 febbraio, 21-30 novembre e lunedì
Menu 15 € (pranzo)/54 € – Carta 28/69 € – *(consigliata la prenotazione)*
Immerso nel verde del Golf Club di Lana, ma anche delle montagne circostanti, ristorante dagli ambienti di contemporanea signorilità e una pregevole terrazza dove pranzare godendosi la vista sui dintorni. La cucina propone in chiave moderna e fantasiosa ricette tradizionali, ma non solo: se siete in zona, è sicuramente un imperdibile!

a Foiana Sud-Ovest : 5 km – ⊠ 39011 Lana D'Adige – Alt. 696 m

Alpiana Resort

via prevosto Wieser 30 – ℰ 04 73 56 80 33 – www.alpiana.com
– Aperto 20 dicembre-10 gennaio e 15 marzo-30 novembre
52 cam ⊊ – ✝155/190 € ✝✝270/320 € – **10 suites**
Un'oasi di pace nella cornice di una natura incantevole: piacevole giardino con piscina riscaldata, interni d'ispirazione moderna e splendido wellness. Lodevole attenzione alla qualità della cucina!

Waldhof2

via Mayenburg 32 – ℰ 04 73 56 80 81 – www.derwaldhof.com
– Chiuso 6 gennaio-17 marzo
43 cam – solo ½ P 130/170 € – **7 suites**
Due costruzioni distinte: classica con i tipici arredi altoatesini la prima, splendidamente avvolta dal legno la seconda. Spazio e luce in ambienti moderni.

XX **Kirchsteiger** 🚭🚬🚸🚪🚗 **P**
via prevosto Wieser 5 – ✆ 04 73 56 80 44 – www.kirchsteiger.com
– Chiuso 10 gennaio-15 marzo
Menu 42/62 € – Carta 24/75 € – *(chiuso giovedì)*
16 cam 🛏 – 🛊45/55 € 🛊🛊90/160 € – **4 suites**
Da tempo uno dei ristoranti più interessanti della zona, il cuoco continua la sua
abile operazione di sintesi fra tradizione e modernità in cucina, ma anche nelle
sale, raffinate rivisitazioni di materiali locali. Per le camere, invece, preferire quelle
più recenti.

a San Vigilio Nord-Ovest : 5 mn di funivia – ✉ 39011 Vigiljoch – Alt. 1 485 m

🏘 **Vigilius Mountain Resort** ✿🌿🚸🚪🖥💻🛋🎦🛗🚗
via Pavicolo 43 – ✆ 04 73 55 66 00 – www.vigilius.it – Chiuso 6-24 marzo
e 8-27 novembre
35 cam 🛏 – 🛊230/470 € 🛊🛊310/630 € – **6 suites**
Rist *1500* – Vedere selezione ristoranti
Raggiunto l'albergo con la funivia di Lana, troverete ambienti semplici e minimalisti, atmosfere di elegante essenzialità tra legno e architettura ecologica. "Ida"
offre il calore di una stube storica, nonché una cucina tipica altoatesina.

XX **1500** – Vigilius Mountain Resort 🚸🚪🛗🍽🚗
via Pavicolo 43 – ✆ 04 73 55 66 00 – www.vigilius.it
– Chiuso 6-24 marzo 8-27 novembre
Menu 50/75 € – Carta 57/91 € – *(solo a cena)* (consigliata la prenotazione)
Luce, spazio e legno sono l'architrave del ristorante, al primo piano dell'albergo
Vigilius. Cucina tecnica e sofisticata, troverete prodotti locali, ma si ricorre volen-
tieri anche altrove, pesce compreso.

LANCIANO
Chieti (CH) – ✉ 66034 – 35 624 ab. – Alt. 265 m – Carta regionale n° **1-C2**
▶ Roma 199 km – Pescara 51 km – Chieti 48 km – Isernia 113 km
Carta stradale Michelin 563-P25

🏘 **Excelsior** ✿🛋🖥🎦🔲🏵🚗
viale della Rimembranza 19 – ✆ 08 72 71 30 13 – www.hotelexcelsiorlanciano.it
70 cam 🛏 – 🛊110 € 🛊🛊140 € – **3 suites**
Nel centro della località, questa imponente struttura sottoposta a costanti migliorie dispone di spazi comuni abbelliti da mobili d'epoca e camere dagli arredi lineari.
All'ultimo piano, gradevole zona relax e ristorante con vista panoramica.

LANGHIRANO
Parma (PR) – ✉ 43013 – 10 257 ab. – Alt. 265 m – Carta regionale n° **5-B2**
▶ Roma 476 km – Parma 23 km – La Spezia 119 km – Modena 81 km
Carta stradale Michelin 562-I12

XX **La Ghiandaia** 🚭🚪🚗 **P**
località Berzola, Sud: 3 km – ✆ 05 21 86 10 59 – www.la-ghiandaia.it – Aperto
1° aprile-10 ottobre; chiuso lunedì
Carta 31/65 € – *(solo a cena escluso i giorni festivi)*
Originale collocazione in un fienile ristrutturato, con un particolare spazio estivo
all'aperto nel giardino in riva al fiume. Gustose specialità di pesce, all'insegna
della semplicità.

a Pilastro Nord : 9 km – ✉ 43013 – Alt. 176 m

X **Masticabrodo** 🚪🛗🔲 **P**
strada provinciale per Torrechiara 45/A, Nord: 7 km – ✆ 05 21 63 91 10
– www.masticabrodo.com
– Chiuso 24 dicembre-11 gennaio, 30 luglio-11 agosto, domenica sera e lunedì
Carta 24/41 €
All'ombra del Castello di Torrechiara, in aperta campagna, la trattoria propone
piatti legati alle tradizioni locali e specialità di stagione. L'accurata selezione di
materie prime, qui, è un imperativo categorico!

LANGTAUFERS = VALLELUNGA

LANZO D'INTELVI

Como (CO) – ✉ 22024 – 1 447 ab. – Alt. 907 m – Carta regionale n° **9-A2**
▶ Roma 653 km – Como 30 km – Argegno 15 km – Menaggio 30 km
Carta stradale Michelin 561-E9

 **Milano**

via Martino Novi 26 – ℰ 0 31 84 01 19 – www.hotelmilanolanzo.com – Aperto 1° aprile-31 ottobre
30 cam ☑ – †45/55 € ††85/95 €
Solida gestione familiare ormai generazionale in un albergo classico abbracciato da un fresco giardino ombreggiato; spazi comuni razionali e camere ben accessoriate. Pareti in caldo color ocra ornate da piccoli quadri nella bella sala ristorante.

 Rondanino

via Rondanino 1, indicazioni per C.O.F ospedale, Nord: 3 km – ℰ 0 31 83 98 58 – www.rondanino.it
14 cam ☑ – †39/55 € ††50/80 €
Nell'assoluta tranquillità dei prati e delle pinete che lo circondano, un rustico caseggiato ristrutturato: spazi interni gradevoli e camere complete di ogni confort. Accogliente sala da pranzo riscaldata da un camino in mattoni; servizio estivo in terrazza.

LANZO TORINESE

Torino (TO) – ✉ 10074 – 5 104 ab. – Alt. 515 m – Carta regionale n° **12-B2**
▶ Roma 689 km – Torino 28 km – Aosta 131 km – Ivrea 68 km
Carta stradale Michelin 561-G4

🍴 **Trattoria del Mercato**

🐚 *via Diaz 29 – ℰ 0 12 32 93 20 – Chiuso 15-30 giugno, domenica sera e giovedì*
Menu 14/45 € – Carta 22/40 €
Nato nel 1938 e gestito sempre dalla stessa famiglia, è un locale molto semplice, forse un po' demodè, dove gustare piatti casalinghi della tradizione piemontese.

LA PALUD – Aosta (AO) ➜ Vedere Courmayeur

LAPIO – Vicenza (VI) ➜ Vedere Arcugnano

L'AQUILA

✉ 67100 – 70 230 ab. – Alt. 714 m – Carta regionale n° **1-A2**
▶ Roma 121 km – Teramo 59 km – Pescara 107 km – Terni 96 km
Carta stradale Michelin 563-O22

 San Michele

via dei Giardini 6 – ℰ 08 62 42 02 60 – www.stmichelehotel.it　　Pianta: B2**a**
32 cam ☑ – †60/194 € ††80/199 €
E' rimasta indenne al terremoto del 2009 questa struttura dalla gestione squisitamente familiare, al limitare del centro storico. Gli esigui spazi comuni sono ampiamente riscattati dalle ottime, confortevoli, camere. Bagni all'avanguardia.

 Magione Papale

via Porta Napoli 67/l, 1 km per Avezzano - A2 – ℰ 08 62 41 49 83 – www.magionepapale.it – Chiuso gennaio
17 cam ☑ – †80/120 € ††100/140 €
Rist Magione Papale ❀ – Vedere selezione ristoranti
Un relais di campagna, dove tutti (almeno una volta nella vita) dovrebbero pernottare. In un mulino ristrutturato, camere tutte diverse, ma accomunate da elementi architettonici che rimandano all'originaria funzione della struttura.

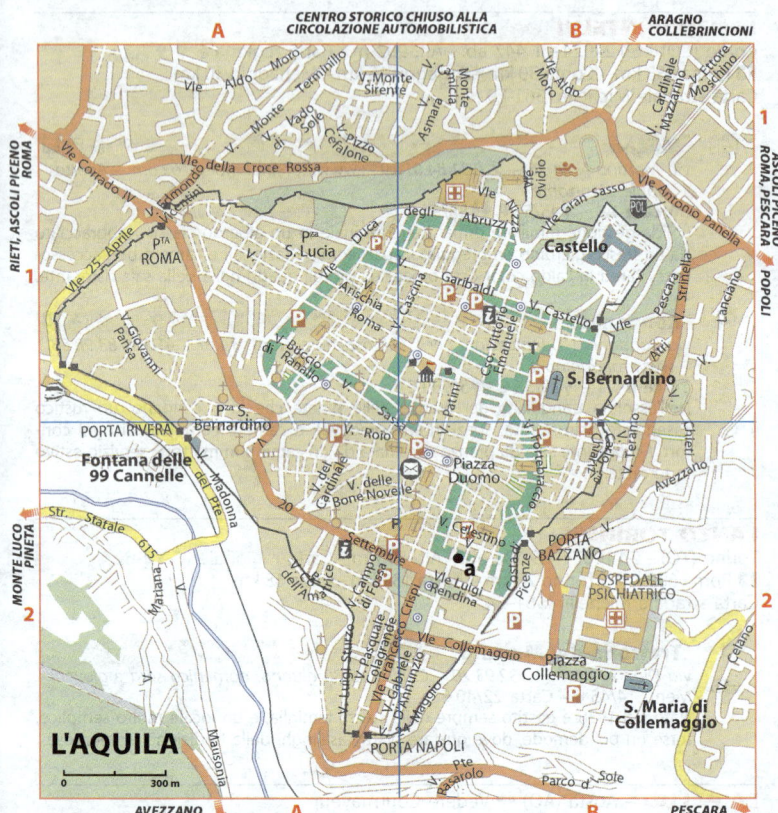

L'AQUILA

0 — 300 m

XXX **Magione Papale** – Hotel Magione Papale   ♿ AC

*via Porta Napoli 67/l, 1 km per Avezzano - A2 – ☎ 08 62 40 44 26
– www.magionepapale.it – Chiuso gennaio, domenica sera e lunedì*
Menu 50/90 € – Carta 53/80 € – *(solo a cena escluso domenica)* (prenotazione
obbligatoria)
Di straniero, qui, c'è solo il nome dello chef. In realtà, William è originario della
zona e la cucina si avvale dei migliori prodotti locali, plasmati dalla sua grande
creatività e con una quasi "maniacale" attenzione alle cotture. Non è nella sala
grande che si cena, ma in quella un po' più piccola e comunque accogliente.
➜ "A Occhi Chiusi" - parmigiana di melanzane (risotto). Manzetto alla pizzaiola.
Cocco, cioccolato e origano.

a Camarda Nord-Est: 14 km direzione Ascoli Piceno B1 – ✉ 67010

🏠 **Elodia nel Parco**   ♨ 🔊 🛏 AC ✂ 📶 P

*via Valle Perchiana 22 – ☎ 08 62 60 68 30 – www.elodia.it – Aperto
26 dicembre-6 gennaio e 1° giugno-30 settembre*
5 cam ⌷ – 🚹89 € 🚹🚹119 € – **4 suites**
Rist *Elodia* – Vedere selezione ristoranti
Come evoca il nome il relais è immerso nel verde, ma non di un qualsiasi giardino, bensì del Parco Nazionale del Gran Sasso! In questo bucolico contesto,
l'unica concessione alla modernità è data dalle camere: arredamento dalle linee
contemporanee, tv al plasma e connessione Internet.

574

XXX **Elodia** – Hotel Elodia nel Parco   88 🍴 🏡 AK 🍽 P
via Valle Perchiana – ✆ 08 62 60 68 30 – www.elodia.it – Aperto
26 dicembre-6 gennaio e 1° giugno-30 settembre; chiuso domenica sera e lunedì
Menu 40/55 € – Carta 31/57 € – (prenotazione obbligatoria)
Al primo piano dell'omonimo relais, Elodia è un ideale viaggio gourmet tra tipici prodotti abruzzesi - zafferano, agnello, legumi - in ricette elaborate e raffinate.

LARI
Pisa (PI) – ✉ 56035 – 8 779 ab. – Alt. 130 m – Carta regionale n° **18-B2**
▶ Roma 335 km – Pisa 37 km – Firenze 75 km – Livorno 33 km
Carta stradale Michelin 563-L13

a Lavaiano Nord-Ovest : 9 km – ✉ 56030

XX **Castero-Banca della Bistecca**   88 🍴 🏡 & AK ⇔ P
via Galilei 2 – ✆ 05 87 61 61 21 – www.ristorantecastero.it
Menu 30 € (pranzo in settimana) – Carta 30/52 €
Locale all'interno di una villa d'epoca con ameno giardino: ambiente accogliente ed impreziosito da alcuni affreschi, servizio informale e veloce. La specialità? Il nome è un ottimo indizio: carne e ancora carne, naturalmente cotta alla brace.

LARIO → Vedere Como (Lago di)

LA SALLE
Aosta (AO) – ✉ 11015 – 2 114 ab. – Alt. 1 001 m – Carta regionale n° **21-A2**
▶ Roma 775 km – Aosta 29 km – Courmayeur 14 km – Gèneve 114 km
Carta stradale Michelin 561-E3

🏨 **Mont Blanc Hotel Village**   ✿ 🛝 < 🍴 ⴵ 🖥 🐕 🐾 L6 🐟 🚗 🚙
La Croisette 36 – ✆ 01 65 86 41 11 – www.hotelmontblanc.it – Chiuso ottobre-novembre
27 cam 🍽 – ♦200/410 € ♦♦224/440 € – **13 suites**
Rist *La Cassolette* – Vedere selezione ristoranti
A darvi il benvenuto un caldo stile valdostano con tappeti, legno e camino. Nelle camere gli ambienti diventano ancora più originali, dormirete tra materiali tipici locali, ma in un'atmosfera di grande confort. Dalla sala colazioni è spettacolare la vista sulla cima da cui prende il nome.

XXX **La Cassolette** – Mont Blanc Hotel Village   < 🍴 & 🍽 ⇔ P
La Croisette 36 – ✆ 01 65 86 41 11 – www.hotelmontblanc.it – Chiuso ottobre-novembre
Menu 45/90 €
Chi ama le atmosfere di montagna troverà qui di che deliziarsi, non solo per l'eleganza della sala d'ispirazione alpina, ma soprattutto per le proposte della carta, una deliziosa carrellata di prodotti valdostani a cui si aggiunge qualche divagazione marina.

LA SPEZIA
✉ 19124 – 93 990 ab. – Carta regionale n° **8-D2**
▶ Roma 422 km – Massa 39 km – Genova 101 km – Livorno 94 km
Carta stradale Michelin 561-J11

🏨 **Firenze e Continentale**   📶 AK 🐟
via Paleocapa 7 ✉ 19122 – ✆ 01 87 71 32 10   Pianta: A1**n**
– www.hotelfirenzecontinentale.it
66 cam 🍽 – ♦70/170 € ♦♦74/200 € – **2 suites**
Albergo in un palazzo d'inizio '900, vicino alla stazione ferroviaria; gradevoli aree comuni arredate, così come le confortevoli camere, con indovinati accostamenti cromatici.

🏨 **Genova**   📶 AK 🍽
via Fratelli Rosselli 84/86 ✉ 19121 – ✆ 01 87 73 29 72   Pianta: A2**d**
– www.hotelgenova.it – Chiuso 22 dicembre-10 gennaio
37 cam 🍽 – ♦80/125 € ♦♦100/160 €
Cordiale gestione familiare in un hotel in pieno centro; camere semplici con qualche personalizzazione, gradevole giardino interno.

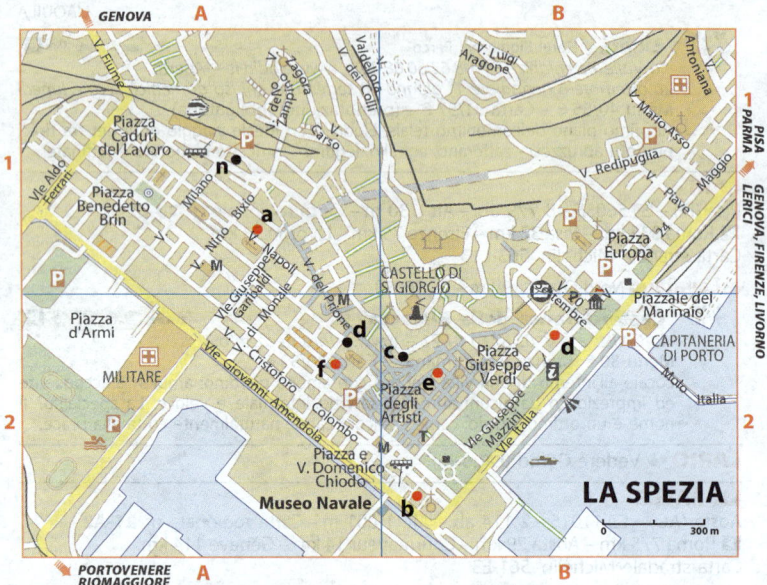

🏠 **My One Hotel La Spezia**   � 🚭 AC

via 20 settembre 81 ✉ *19121* – ☎ *01 87 73 88 48*   Pianta: B2**c**
– www.compagniedeshotels.com
60 cam 🛏 – ♦70/250 € ♦♦85/300 € – **6 suites**
Hotel di catena con spazi comuni ridotti e camere di taglio moderno, molto attuali nello stile. Ha un secondo comodo accesso pedonale nel centro città, in via del Poggio.

🏠 **Le Ville Relais**   🌳 🐕 🚶 🏡 ⛱ 🐾 AC P

salita al Piano 18/19, per Portovenere - A2 ✉ *19131* – ☎ *01 87 73 52 99*
– www.levillerelais.it – Aperto 1° marzo-31 ottobre
12 cam 🛏 – ♦90/150 € ♦♦90/220 €
La posizione elevata con superba vista sul golfo, rende la struttura un'autentica oasi di tranquillità, dove trovano posto camere signorili, verdi terrazze ed una scenografica piscina. Sfiziose proposte liguri, nell'intimo ristorante.

✕✕✕ **La Posta**   🍽 AC

via Giovanni Minzoni 24 ✉ *19121* – ☎ *01 87 76 04 37*   Pianta: B2**d**
– www.lapostadiclaudio.com – Chiuso 1 settimana in agosto e domenica
Carta 52/87 €
Sobria eleganza ed oggetti d'arte creano l'ambiente ideale per gustare una cucina di terra e di mare, che riserva grosse attenzioni alla qualità delle materie prime: vera passione del patron così come, in stagione, il celebre tartufo bianco! Ottimo indirizzo.

✕✕ **Antica Trattoria Sevieri** N   🌿

via della Canonica 13 ✉ *19124* – ☎ *01 87 75 17 76* – *Chiuso*   Pianta: A2**f**
1 settimana in febbraio, 1 settimana in novembre e domenica
Carta 29/82 € – (consigliata la prenotazione)
Ristorante di tradizione nei pressi del mercato coperto dove si approvvigiona giornalmente, una garanzia per la freschezza dei prodotti! Piacevole dehors ed un piccolo ambiente - all'ingresso del locale - nel quale intrattenersi per sorseggiare un aperitivo.

✗✗ L'Osteria della Corte

via Napoli 86 ✉ *19122 –* ☎ *01 87 71 52 10*   Pianta: A1**a**
– www.osteriadellacorte.com – Chiuso 1 settimana in gennaio e lunedì a mezzogiorno
Menu 35/50 € – Carta 30/82 € – (consigliata la prenotazione)
Appassionata gestione familiare in un accogliente locale dai toni rustici, con piacevole cortile interno. La cucina, di terra e di mare, cresce, cresce ed ogni anno che passa si fa sempre più personale e moderna.

✗ La Suprema

piazza Sant'Agostino 7 ✉ *19121 –* ☎ *01 87 73 04 53*   Pianta: B2**e**
– www.lasuprema.it
Carta 39/66 € – *(chiuso domenica e le sere di lunedì-martedì)* (coperti limitati, prenotare)
Accanto alla propria omonima forneria con bar, in pieno centro pedonale, ecco un piccolo salottino modaiolo e gourmet dove viene servita una cucina di mare e di terra in chiave moderna, ma senza esagerazioni. A pranzo, l'offerta è ridotta, il prezzo più economico.

✗ Bago dalle Corriere

piazza Chiodo 6/7 ✉ *19124 –* ☎ *01 87 73 46 94*   Pianta: B2**b**
– Chiuso domenica
Menu 35 € – Carta 36/62 €
In prossimità del Museo Navale, un simpatico ristorantino con mura in pietra e pavimento in legno, un ambiente informale e giovanile per una cucina che potrebbe anche sorprendervi. Lasciatevi consigliare da Bago.

LA THUILE

Aosta (AO) – ✉ 11016 – 785 ab. – Alt. 1 441 m – Carta regionale n° **21-A2**
▶ Roma 786 km – Aosta 41 km – Courmayeur 14 km
Carta stradale Michelin 561-E2

🏨 Le Miramonti

via Piccolo San Bernardo 3 – ☎ *01 65 88 30 84*
– www.lemiramonti.it – Chiuso maggio, ottobre e novembre
36 cam ⬜ – †80/230 € ††110/320 € – **4 suites**
Recentemente ristrutturato, questo hotel ha il grande pregio di trovarsi in centro paese e nei pressi degli impianti di risalita. Internamente rivestito in legno presenta pochi spazi comuni, ma signorili, una piccola area benessere e camere piacevolmente arredate.

🏨 Chalet Eden

frazione Villaret 74 – ☎ *01 65 88 50 50*
– www.chaleteden.it – Chiuso 4-31 maggio e 1°-27 ottobre
19 cam ⬜ – †90/190 € ††110/280 € – **8 suites**
Rist *Le Coq au Vin* – Vedere selezione ristoranti
Una bella struttura familiare, ma rinnovata e moderna senza tradire legno e tradizioni locali, con tante camere di dimensioni generose. La sua ubicazione ai margini della località, non può che essere un pregio...

🏨 Nira Montana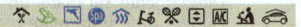

Località Arly 87 – ☎ *01 65 88 31 25*
– www.niramontana.com – Aperto 4 dicembre-10 aprile e 1° giugno-30 settembre
55 cam ⬜ – †175/255 € ††255/365 €
Vasta gamma di servizi, compresa una moderna spa, in un hotel dal design moderno che strizza l'occhio ai tradizionali materiali locali: il legno che riveste pavimenti e soffitti gli conferisce, infatti, un senso di "calda" atmosfera. Armonia e funzionalità tra le caratteristiche più rilevanti.

Locanda Collomb

frazione Bathieu 51 – ☏ 01 65 88 51 19 – www.locandacollomb.it – Chiuso maggio; in giugno, ottobre e novembre aperto solo nel week end
8 cam ⌘ – †114/150 € ††132/190 €
"Gli uomini potevano chiudere gli occhi davanti alla grandezza, davanti all'orrore, davanti alla bellezza, e turarsi le orecchie davanti a melodie o a parole seducenti. Ma non potevano sottrarsi al profumo" P. Süskind…Camere a tema letterario e aromaterapiche in una deliziosa locanda dalla conduzione cordialmente familiare. Impianti di risalita a soli 200 metri.

Martinet

frazione Petite Golette 159 – ☏ 01 65 88 46 56 – www.hotelmartinet.it
13 cam ⌘ – †30/60 € ††60/120 €
In una frazione di La Thuile, piccolo albergo immerso nella pace e nel silenzio dei monti, in posizione panoramica. Camere con legni tradizionali e nuova zona benessere.

✕✕ Le Coq au Vin – Hotel Chalet Eden

frazione Villaret 74 – ☏ 01 65 88 50 50 – www.chaleteden.it – Chiuso 4-31 maggio e 1°-27 ottobre
Menu 37/70 € – Carta 39/80 €
Un'ottima cucina - moderatamente creativa - realizzata con prodotti biologici e dove trovano spazio anche piatti vegetariani. La sera, ci si può accomodare nella più intima stube con camino.

LATINA

✉ 04100 – 125 496 ab. – Alt. 21 m – Carta regionale n° **7-C3**
▶ Roma 75 km – Frosinone 59 km – Fiumicino 81 km
Carta stradale Michelin 563-R20

Europa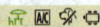

via E. Filiberto 14 – ☏ 07 73 40 71 99 – www.hoteleuropalatina.com
56 cam ⌘ – †98/139 € ††120/159 € – **2 suites**
Albergo particolarmente indicato per una clientela business, dispone di camere accoglienti e confortevoli; la gestione cordiale e competente rende il soggiorno ancora più piacevole.

✕✕ Enoteca dell'Orologio

piazza del Popolo 20 – ☏ 07 73 47 36 84 – www.enotecadellorologio.it – Chiuso 1°-7 gennaio, 15-30 agosto, lunedì a mezzogiorno e domenica
Carta 39/76 €
Accogliente locale di tono elegante dove provare piatti della tradizione, serviti all'aperto in estate. Allettanti e più semplici proposte anche nell'adiacente enoteca.

a Lido di Latina Sud : 9 km – ✉ 04010 Borgo Sabotino

Il Fogliano Ⓝ

piazzale Gaetano Loffredo – ☏ 07 73 27 34 18 – www.ilfoglianohotel.it – Aperto marzo-20 dicembre
14 cam ⌘ – †100/350 € ††144/480 € – **5 suites**
Rist *Vistamare* – Vedere selezione ristoranti
Direttamente sul mare, una piccola ed esclusiva risorsa dall'arredo moderno con camere tutte vista mare e suite con vasca idromassaggio: quest'ultima presente anche nel bel solarium sul tetto.

✕✕ Vistamare Ⓝ – Hotel Il Fogliano

piazzale Gaetano Loffredo ✉ 04100 – ☏ 07 73 27 34 18 – Aperto marzo-20 dicembre
Carta 46/68 € – (solo a cena in luglio e agosto)
Cosa c'è di meglio di una bella vista sulla spiaggia e mare che accompagna piatti ricchi di fantasia e creatività? Forse l'opportunità di tornarci sia a pranzo sia a cena!

XX Pino Il Tarantino

via lungomare 2509, località Foce Verde – ☎ 07 73 27 32 53 – Chiuso mercoledì
Menu 50 € – Carta 31/66 €
Locale tradizionale dalla conduzione solida ed esperta. Nella curata e capiente sala potrete gustare pesce e crostacei preparati con buona tecnica e capacità. Piccolo e piacevole dehors per la bella stagione.

XX Il Funghetto

*strada Litoranea 11412, località Borgo Grappa – ☎ 07 73 20 80 09
– www.ristoranteilfunghetto.it – Chiuso mercoledì, anche domenica sera da settembre a giugno*
Menu 35/50 € – Carta 37/88 € – *(solo a cena in luglio-agosto escluso domenica)*
Dietro i fornelli e in sala lavora ormai la seconda generazione della medesima famiglia, e lo stile del locale continua a migliorare, tanto tra i tavoli quanto in cucina.

a Borgo Faiti Est : 10 km – ⊠ 04010

⌂ Foro Appio Mansio

via Appia km 72,800 – ☎ 07 73 87 74 34 – www.foroappiohotel.it
37 cam ⊆ – †85 € ††90 € – **1 suite**
Rist *Cucinarium* – Vedere selezione ristoranti
Ex stazione di posta romana, l'attuale edificio fu disegnato da Valadier e conserva la sobrietà monastica del progetto originale. Pavimenti in antico cotto conducono alle camere volutamente essenziali: spiccano tuttavia le spalliere dei letti di fine '800. Ampi spazi esterni e anche gite fluviali sul canale che costeggia l'hotel.

XX Locanda del Bere

via Foro Appio 64 – ☎ 07 73 25 86 20 – Chiuso 15-30 agosto e domenica sera
Carta 33/60 €
Solida gestione per questo ristorante dall'accogliente e calda atmosfera. Le proposte della cucina si orientano su piatti di carne, in inverno, e sul pesce nei mesi più caldi.

XX Cucinarium – Hotel Foro Appio Mansio

via Appia km 72,800 – ☎ 07 73 87 74 34 – www.foroappiohotel.it
Menu 25 € – Carta 32/68 €
La carta è solo uno spunto: il maître vi guiderà, infatti, con piacere nella scelta di piatti - soprattutto a base di prodotti locali - sia di carne che di pesce.

LATSCH = LACES

LAURIA

Potenza (PZ) – 13 033 ab. – Alt. 430 m – Carta regionale n° **2-B3**
▶ Roma 408 km – Cosenza 126 km – Potenza 113 km
Carta stradale Michelin 564-G29

a Pecorone Nord : 5 km – ⊠ 85044

X Da Giovanni

contrada Pecorone 312/a – ☎ 09 73 82 10 03
Menu 15/25 € – Carta 17/26 €
Bar-ristorante in stile fresco e moderno con proposte casalinghe a base, soprattutto, di carne alla brace. La quarantennale esperienza della cuoca è una garanzia!

LAVAGNA

Genova (GE) – ⊠ 16033 – 12 834 ab. – Carta regionale n° **8-C2**
▶ Roma 466 km – Genova 45 km – La Spezia 68 km – Rapallo 18 km
Carta stradale Michelin 561-J10

⌂ Tigullio

*via Matteotti 1 – ☎ 01 85 39 29 65 – www.hoteltigullio.com
– Chiuso 10-28 febbraio, 2 settimane in marzo e 20 ottobre-22 dicembre*
39 cam ⊆ – †40/100 € ††60/120 €
Albergo a conduzione familiare ubicato in zona centrale, si presenta con ampi spazi comuni ben distribuiti e rinnovati nel corso degli anni: arredi non nuovi, ma tenuti in modo impeccabile, camere di media ampiezza.

⌂ **Ancora Riviera** ⚹ ⌦ ⅃ᶟ ⊡

via dei Devoto 81 – ☎ *01 85 30 85 80 – www.hotelancorariviera.com*
28 cam ⌷ – ♦60/80 € ♦♦80/160 €
Attenta e cordiale gestione familiare in un hotel fronte porto: in costante miglio-ramento - ora c'è anche un nuovo solarium a lato piscina - dispone di camere dal confort attuale (chiedere quelle con vista mare).

XX **Il Gabbiano** ⬉ ⌂ AC **P**

via San Benedetto 26, Est: 1,5 km – ☎ *01 85 39 02 28*
– www.ristoranteilgabbiano.com – Chiuso 1 settimana in gennaio, 1 settimana in febbraio, 2 settimane in novembre, lunedì, anche martedì da novembre a febbraio
Menu 38 € – Carta 30/55 € – (consigliata la prenotazione)
In posizione panoramica sulle prime colline prospicienti il mare, specialità ittiche e di terra da gustare nell'accogliente sala o nella veranda con vista.

a Cavi Sud-Est : 3 km – ✉ 16030

X **Raieû** AC
☺ *via Milite Ignoto 25 –* ☎ *01 85 39 01 45 – www.raieu.it – Chiuso 2 settimane in febbraio-marzo, novembre e lunedì*
Carta 29/64 €
Autentiche lampare sono sospese sopra i tavoli di questa caratteristica trattoria con una sala dagli arredi in legno e tavoli divisi da panche, nonché un'altra più tradizionale e luminosa. Cucina regionale: spaghetti con bottarga, cavolobroccolo di Lavagna ripieno di pesce, burrida di seppie… il pescato arriva direttamente da una barca di proprietà per essere poi preparato secondo ricette locali.

LAVAGNO

Verona (VR) – ✉ 37030 – 6 222 ab. – Alt. 70 m – Carta regionale n° **22-B3**
▶ Roma 519 km – Verona 18 km – Vicenza 44 km – Padova 74 km
Carta stradale Michelin 561-F15

X **Antica Ostaria de Barco** ⬉ ⌂ **P**

via Barco di Sopra 5 – ☎ *04 58 98 04 20 – www.anticaostariadebarco.it*
– Chiuso 1°-7 gennaio, sabato a mezzogiorno e domenica sera
Menu 30/50 € – Carta 30/77 €
Tra i vigneti, in una casa colonica riadattata conservando l'architettura originale, un ristorante a cui si accede passando dalla cucina. Tra le specialità spiccano le carni alla brace. Servizio estivo in terrazza.

LAVAIANO – Pisa (PI) ➜ Vedere Lari

LAVENO MOMBELLO

Varese (VA) – ✉ 21014 – 8 901 ab. – Alt. 205 m – Carta regionale n° **9-A2**
▶ Roma 654 km – Milano 81 km – Varese 26 km – Como 49 km
Carta stradale Michelin 561-E7

⌂⌂ **Il Porticciolo** ⚹ ⬇ ⬉ ⊡ AC ⌸ **P**

via Fortino 40, Ovest: 1,5 km – ☎ *03 32 66 72 57 – www.ilporticciolo.com*
– Chiuso 7-31 gennaio e 2 settimane in novembre
12 cam ⌷ – ♦95/130 € ♦♦120/200 €
Rist *La Tavola* – Vedere selezione ristoranti
Lungo la strada che costeggia il lago, una volta all'interno il traffico è presto dimenticato: buone camere dagli arredi contemporanei, ma soprattutto una romantica vista sul Maggiore, da una costa all'altra.

XX **La Tavola** – Hotel il Porticciolo ⬉ ⌂ **P**

via Fortino 40, Ovest: 1,5 km – ☎ *03 32 66 72 57 – www.ilporticciolo.com*
– Chiuso 7-31 gennaio e 2 settimane in novembre, martedì e mercoledì
Menu 50/95 € – Carta 59/89 €
Sala classica all'interno, ma l'imperdibile appuntamento è sulla terrazza, costruita proprio sull'acqua, con la vista che abbraccia il lago. Cucina raffinata ed estrosa, l'artefice è un giovane cuoco a suo agio sia con il pesce di mare che di lago, non-ché la carne.

LA VILLA = **STERN** – Bolzano (BZ) ➔ Vedere Alta Badia

LAVIS
Trento (TN) – ✉ 38015 – 8 883 ab. – Alt. 232 m – Carta regionale n° **19-B3**
▶ Roma 587 km – Trento 9 km – Bolzano 49 km – Verona 101 km
Carta stradale Michelin 562-D15

a Sorni Nord : 6,5 km – ✉ 38015 Lavis

Trattoria Vecchia Sorni
piazza Assunta 40 – ✆ 04 61 87 05 41 – www.trattoriavecchiasorni.it
– Chiuso 1° febbraio-6 marzo, domenica sera e lunedì
Carta 26/44 € – (consigliata la prenotazione)
Accoglienza vera e dialettale per una trattoria panoramica sita nella zona nord e
vinicola di Trento, da godersi al meglio nella terrazza panoramica sulla valle. La
cucina è fragrante e gustosa, ovviamente regionale, ma ben presentata: ravioli di
salmerino alpino al fiore di sambuco - filetto di lucioperca con orzotto al pino
mugo e salsa al formaggio di capra - ciliegie al vino rosso con gelato alla cannella.

LAZISE
Verona (VR) – ✉ 37017 – 6 953 ab. – Alt. 76 m – Carta regionale n° **23-A3**
▶ Roma 521 km – Verona 22 km – Brescia 54 km – Mantova 60 km
Carta stradale Michelin 562-F14

Corte Valier

via della Pergolana 9 – ✆ 04 56 47 12 10 – www.cortevalier.com – Chiuso
7 gennaio- febbraio
78 cam 🖙 – †214/248 € ††168/338 € – **6 suites**
Grande e moderno complesso che si svolge intorno ad una corte, in realtà un
parco con enorme piscina: è questo il punto forte della struttura che gli ospiti si
godono senza alcun disturbo di rumori, neppure delle macchine, giacché soltanto
il lungolago pedonale li separa dall'acqua. Stesso stile per il Dome, accogliente
ristorante con una sorpresa: un singolo tavolo per chi desideri cenare sul terrazzo
di fronte alla magia del lago.

Principe di Lazise
via Greghe 7, Sud: 3 km – ✆ 04 56 49 01 77 – www.hotelprincipedilazise.com
– Chiuso 6 gennaio-28 febbraio
84 cam 🖙 – †85/200 € ††120/250 € – **5 suites**
In posizione defilata rispetto al paese, ma non lontano dai parchi di divertimento,
complesso alberghiero di tono moderno con camere spaziose, centro benessere:
il tutto di taglio moderno. Stuzzicanti piatti al ristorante.

Villa Cansignorio
corso Cangrande 30 – ✆ 04 57 58 13 39 – www.hotelcansignorio.com – Aperto
10 marzo-3 novembre
8 cam 🖙 – †100/109 € ††130/145 €
Signorili interni, poche le camere a disposizione degli ospiti ma deliziose e ben
arredate in questa elegante villa situata in pieno centro; il giardino confina con
le mura di cinta.

Cangrande
corso Cangrande 16 – ✆ 04 56 47 04 10 – www.cangrandehotel.it
– Chiuso 8 dicembre-20 febbraio
23 cam 🖙 – †90/95 € ††160/180 € – **1 suite**
In un bell'edificio del 1930 addossato alle mura, sorto come sede di cantine vinicole, un albergo con camere di taglio moderno. Junior suite ricavata in un'antica
torretta. Accanto la cantina vinicola di proprietà.

Lazise
via Manzoni 10 – ✆ 04 56 47 04 66 – www.hotellazise.it – Aperto
1° aprile-30 settembre
73 cam 🖙 – †60/85 € ††80/157 €
Piacevole posizione per un albergo tradizionale a conduzione diretta: confortevoli
zone comuni e grande solarium con piscina, camere di taglilio semplice.

XX Alla Grotta ⇐ 🏠 AK P

via Fontana 8 – 𝒞 04 57 58 00 35 – www.allagrotta.it
– Chiuso 20 dicembre-15 febbraio
Carta 31/87 € – *(chiuso martedì)* **12 cam** – 🕇90 € 🕇🕇90/114 € – 🍽 12 €
La brace a vista invita a gustare le tante proposte ittiche (d'acqua dolce e salata)
di questo frequentatissimo ristorante sul lungolago. Situato all'interno di un edifi-
cio d'epoca, durante la bella stagione il servizio si sposta anche all'aperto.

sulla strada statale 249 Sud : 1,5 km

🏠 Casa Mia ☆ 🖙 🏊 🐾 ✗ 🖬 🌡 🏖 P

via del Terminon 1 ✉ 37017 – 𝒞 04 56 47 02 44 – www.hotelcasamia.com
– Aperto 1° marzo-31 ottobre
41 cam 🍽 – 🕇70/145 € 🕇🕇97/180 € – **2 suites**
Lontano dall'animato centro storico, immerso in un grande parco con piscina,
l'hotel propone camere differenti, alcune classiche alcune un po' vecchio stile.
Interessante proposta regionale nella sala dalle tonalità rustiche con camino.

LECCE

(LE) – ✉ 73100 – 94 148 ab. – Alt. 49 m – Carta regionale n° **15**-D2
▶ Roma 581 km – Brindisi 40 km – Bari 153 km – Taranto 108 km
Carta stradale Michelin 564-F36

A. Alborno / hemis.fr

🟢 Alberghi

🏨 Risorgimento Resort
via Augusto Imperatore 19 – ℰ 08 32 24 63 11   Pianta: D1**d**
– www.risorgimentoresort.it
42 cam 🖵 – ✝120/155 € ✝✝155/250 € – **5 suites**
Rist *Le Quattro Spezierie* – Vedere selezione ristoranti
Un albergo esclusivo nei pressi della centrale piazza Oronzo, il risultato del recupero di un antico palazzo, l'attenzione e la cura posta nella scelta dei materiali e dei confort sono garanzia di un soggiorno al top.

🏨 Hilton Garden Inn
via Cosimo de Giorgi 62 – ℰ 08 32 52 52   Pianta: B1**h**
– www.hgilecce.com
143 cam – ✝82/260 € ✝✝95/305 € – 🖵 12 € – **3 suites**
In un moderno ed imponente edificio, la comodità e il benessere degli ospiti sono il "credo" dell'albergo, dai materassi alle sedie ergonomiche. All'ultimo piano, piscina panoramica su Lecce.

🏨 Patria Palace Hotel
piazzetta Gabriele Riccardi 13 – ℰ 08 32 24 51 11   Pianta: D1**b**
– www.patriapalacelecce.com
67 cam 🖵 – ✝90/140 € ✝✝130/290 €
In centro, l'elegante hotel dispone di spazi comuni piacevolmente arredati in legno e camere in stile classico, lievemente liberty, impreziosite da antichi inserti decorativi. In cucina, proposte accattivanti legate alla tradizione ma sapientemente rielaborate con gusto e ricercatezza.

🏨 Suite Hotel Santa Chiara
via degli Ammirati 24 – ℰ 08 32 30 49 98   Pianta: D1-2**s**
– www.santachiaralecce.it
21 cam 🖵 – ✝70/120 € ✝✝90/180 €
Tessuti straripanti, marmi preziosi e un panoramico roof garden, dove si serve anche la prima colazione, in un palazzo del '700 adiacente all'omonima chiesa: alcune camere hanno una spettacolare vista sulla piazza alberata.

🏨 Grand Hotel Lecce
via Oronzo Quarta 28 – ℰ 08 32 30 94 05   Pianta: C2**a**
– www.grandhoteldilecce.it
49 cam 🖵 – ✝100/140 € ✝✝120/190 € – **4 suites**
Per chi vuole scoprire le bellezze del capoluogo salentino, camere ampie ed arredate con gusto in un'accogliente struttura che offre sul retro un piccolo giardino con grande solarium e piscina.

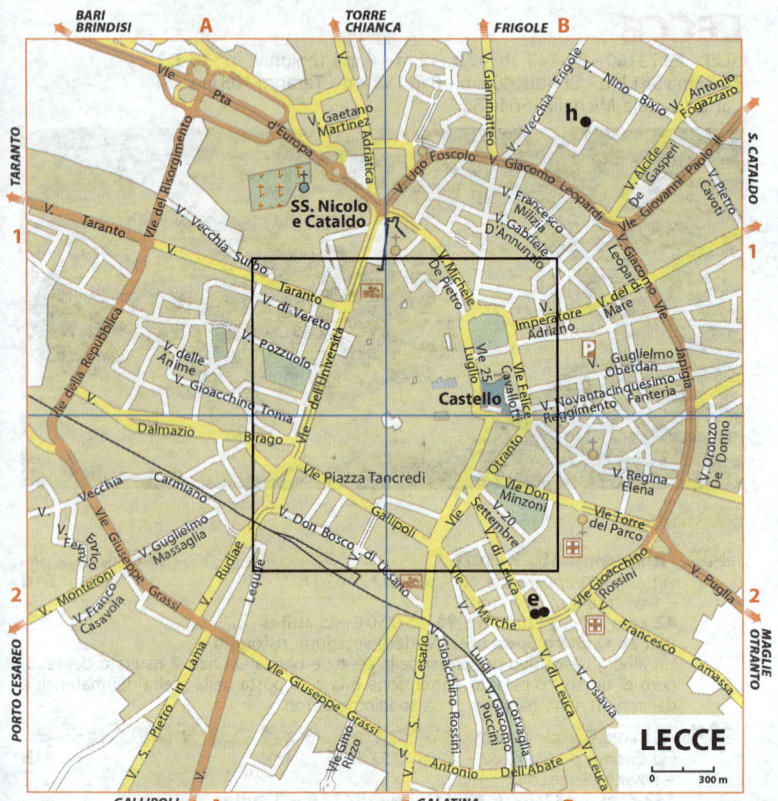

LECCE

0   300 m

🏠 **eoshotel**

viale Alfieri 11 – 𝒞 08 32 23 00 30 – www.hoteleos.it   Pianta: B2**e**

30 cam 🍽 – ✝48/90 € ✝✝58/190 €

Design hotel dalla facciata in pietra leccese, i cui interni – moderni e lineari – sono comunque ispirati al Salento. Come del resto le camere: realizzazione di progetti concepiti da giovani architetti nell'ambito di un concorso avente come tema questa terra. Lo spazio per la prima colazione diventa anche wine-bar ed offre un servizio snack, 24 ore su 24. Piccola sala riunioni all'ultimo piano.

🏠 **Palazzo Rollo**

via Vittorio Emanuele 14 – 𝒞 08 32 30 71 52   Pianta: C1**p**
– www.palazzorollo.it

9 cam 🍽 – ✝55/75 € ✝✝75/95 €

Affacciato su un'elegante strada pedonale, un palazzo del '600 con arredi d'epoca e splendidi pavimenti: non mancate di visitare il roof garden, la sera, con vista sul campanile del Duomo illuminato.

🟡 **Ristoranti**

✗✗✗ **Le Quattro Spezierie** – Hotel Risorgimento Resort

via Augusto Imperatore 19 – 𝒞 08 32 24 63 11   Pianta: D1**d**
– www.risorgimentoresort.it – Chiuso 7-28 gennaio
Carta 29/85 € – *(solo a cena escluso domenica)*
La cucina cambia rotta e torna ad esprimere la sua territorialità, prodotti, sapori e colori della terra salentina; immutato lo stile della sala, ma in estate si può cenare al roof con vista sui tetti e le chiese della città.

LECCE

0 — 200 m

✕✕ **Osteria degli Spiriti**   AC

via Cesare Battisti 4 – ℰ 08 32 24 62 74   Pianta: **D1a**
*– www.osteriadeglispiriti.it – Chiuso 2 settimane in ottobre, domenica sera e
lunedì a mezzogiorno*
Carta 28/67 € – (consigliata la prenotazione)
Vicino ai giardini pubblici, ampliata con una nuova sala di design più moderno, una
trattoria dagli alti soffitti - tipici di una vecchia masseria - e cucina mediterranea.

✕✕ **La Torre di Merlino**   🕸 🍽 AC

via G. B. del Tufo 10 – ℰ 08 32 24 20 91   Pianta: **D2e**
– www.torredimerlino.it – Chiuso lunedì a mezzogiorno
Menu 50/70 € – Carta 44/70 € – (consigliata la prenotazione)
Nel centro storico barocco della città, cuore della "movida" cittadina, un caratteristico ristorante dall'eclettica proposta: dalla pizza ai gamberoni rossi di Gallipoli, la
cucina non è mai banale e interpreta in chiave moderna il territorio.

a Villa Convento Ovest : 10 km – ✉ 73051

✕✕ **Folie** Ⓝ   🍴 🍽 AC 🅿

*strada provinciale 4 Lecce - Novoli – ℰ 34 05 36 40 24 – www.ristorantefolie.it
– Chiuso lunedì, martedì e mercoledì*
Menu 35 € – Carta 30/53 € – (solo a cena escluso domenica)
All'interno del complesso banchettistico Verdalia, in una cava dismessa in un
parco, un angolo gourmet che trae origine dalle tradizioni gastronomiche salen-
tine per rivisitarle con gusto molto moderno.

585

LECCO

✉ 23900 – 48 141 ab. – Alt. 214 m – Carta regionale n° **10-B1**

▶ Roma 621 km – Como 29 km – Bergamo 33 km – Lugano 61 km

Carta stradale Michelin 561-E10

NH Pontevecchio
☆ 🖵 ⚐ AC 🛁

via Azzone Visconti 84 – ☎ 03 41 23 80 00 — Pianta: A2**a**
– www.nh-hotels.com

109 cam 🖵 – ♥77/220 € ♥♥77/240 € – **2 suites**

Circondato dai monti, albergo moderno a vocazione congressuale, con amena terrazza-solarium: spazi comuni di taglio lineare ed eleganti camere d'ispirazione contemporanea. Ariosa sala da pranzo dalle linee essenziali; servizio in terrazza con vista sull'Adda.

LECCO

0   200 m

🏠 Alberi   ← 🖼 ⛅ AC 🐾

lungo Lario Isonzo 4 – ☎ *+ 39 03 41 35 09 92*   Pianta: A1**a**
– www.hotelalberi.it – Chiuso 20 dicembre-10 gennaio
20 cam 🛏 – 🛏63/73 € 🛏🛏90/125 €
Hotel di recente costruzione a gestione diretta, in posizione panoramica di fronte al lago: aree comuni essenziali, belle camere di tono moderno, spaziose e confortevoli.

✕✕ Nicolin   ⬅ 🍴 **P**

via Paisiello 4, località Maggianico, 3,5 km per Milano - B2 – ☎ *03 41 42 21 22*
– Chiuso 26 dicembre-3 gennaio, agosto, domenica sera e martedì
Menu 25 € (pranzo in settimana)/2 € – Carta 44/78 €
10 cam 🛏 – 🛏65/95 € 🛏🛏85/130 €
Gestito dalla stessa famiglia da oltre trent'anni, ma totalmente rinnovato in tempi recenti, ristorante con proposte tradizionali affiancate da piatti più fantasiosi e da una buona cantina; servizio estivo in terrazza.

✕✕ Al Porticciolo 84 (Fabrizio Ferrari)   🍴

via Valsecchi 5/7, per corso Matteotti - B1 – ☎ *03 41 49 81 03*
– www.porticciolo84.it – Chiuso 25 dicembre-5 gennaio, 8-31 agosto, lunedì e martedì
Carta 52/94 € – *(solo a cena escluso i giorni festivi)* (consigliata la prenotazione)
Lungo la strada della Valsassina, il ristorante si trova in un vicolo di un quartiere periferico: l'ambiente è rustico/elegante, caratterizzato da un camino e da due grandi acquari. Cucina di mare rispettosa del pescato in preparazioni gustose.
➔ Trenette di farro al pomodoro verde con calamari, crema di bottarga e zucchine fritte. Pescato del giorno e crostacei cotti su carbone di legna naturale. Tortino con cioccolato, nocciole, caramello.

✕ Trattoria Vecchia Pescarenico   AC

via Pescatori 8 – ☎ *03 41 36 83 30*   Pianta: B2**b**
– www.vecchiapescarenico.it – Chiuso 6-15 gennaio, 20-28 agosto e lunedì
Carta 35/75 € – (prenotazione obbligatoria a mezzogiorno)
Nel vecchio borgo di pescatori de "I Promessi Sposi" troverete una trattoria semplice, dall'ambiente simpatico e accogliente dove vi attenderà una gustosa cucina di mare.

LE CLOTES – Torino (TO) ➔ Vedere Sauze d'Oulx

LEGNAGO
Verona (VR) – ✉ 37045 – 25 344 ab. – Alt. 16 m – Carta regionale n° **23-B3**
▶ Roma 475 km – Verona 45 km – Mantova 46 km – Padova 93 km
Carta stradale Michelin 562-G15

a San Pietro Ovest : 3 km – ✉ 37045 San Pietro Di Legnago

🏠 Pergola   🐾 🏠 ⛵ ⛅ 🖼 AC 🏋 🚗

via Verona 140 – ☎ *04 42 62 91 03 – www.hotelpergola.com – Chiuso 7-23 agosto*
78 cam 🛏 – 🛏59/180 € 🛏🛏79/300 €
Rist *Pergola* – Vedere selezione ristoranti
Piacevoli camere - tutte rinnovate ultimamente - ed ambienti accoglienti, in una valida struttura sita in zona industriale. Da poco c'è anche un bel centro benessere.

✕✕ Pergola – Hotel Pergola   🎎 🖼 AC ⬌ **P**

via Verona 140 – ☎ *04 42 62 91 03 – www.hotelpergola.com – Chiuso 23 dicembre-6 gennaio, 29 luglio-28 agosto, domenica sera e venerdì*
Menu 22 € (in settimana)/24 € – Carta 28/72 €
La famiglia Montagnoli nasce nella ristorazione, prima ancora che nell'attività alberghiera e... si vede! Ottimi piatti, soprattutto del territorio, ed una bella carta dei vini in un ambiente piacevole, nonché elegante.

LEGNANO

Milano (MI) – ⌧ 20025 – 60 451 ab. – Alt. 199 m – Carta regionale n° **10-A2**
▶ Roma 605 km – Milano 28 km – Como 33 km – Novara 37 km
Carta stradale Michelin 561-F8

🏠🏠 Welcome Hotel Legnano   ☆ 🕭 Łⅎ 🖪 ㅎ ㎰ ⅀ 🚗

via Grigna 14 – 𝒞 03 31 54 00 01 – www.welcomehotel.info – Chiuso 8-24 agosto
38 cam ⌷ – †70/150 € ††90/240 € – **2 suites**
Ha una vocazione spiccatamente business, quest'albergo dall'impeccabile tenuta che offre ai suoi ospiti accoglienti camere dai toni caldi ed una piccola zona relax. Grazioso e semplice ristorante con proposte classiche.

🏠 2 C   🖪 ㅎ ㎰ 🚗

via Colli di Sant'Erasmo 51 – 𝒞 03 31 44 01 59 – www.hotel2c.it
60 cam ⌷ – †50/200 € ††75/280 €
A un km dall'uscita (Legnano) dell'autostrada A8 MI-VA, l'hotel si compone di due strutture dagli ambienti e camere di tono contemporaneo, più economiche quelle nella dépendance.

LEGNARO

Padova (PD) – ⌧ 35020 – 8 733 ab. – Alt. 8 m – Carta regionale n° **23-C3**
▶ Roma 508 km – Venezia 48 km – Padova 20 km – Rovigo 50 km
Carta stradale Michelin 562-F17

✗✗ AB Baretta   ⇦ 🍴🏠 🏠 ㅎ ㎰ 🅿
🍝

via Roma 33 ⌧ 35020 – 𝒞 04 98 83 00 88 – www.ristorantebaretta.it – Chiuso 1°-18 gennaio
Menu 22 € (pranzo in settimana)/75 € – Carta 28/95 € – *(chiuso domenica sera e lunedì)*
17 cam ⌷ – †90/110 € ††90/110 €
In una villa del '700, suggestivi affreschi nell'eleganti sale per una cucina che dà il meglio di sé nelle specialità di pesce e crostacei. Una cornice di grande fascino per "fare colpo"!

LE GRAZIE – La Spezia (SP) ➜ Vedere Portovenere

LEIFERS = LAIVES

LEMEGLIO – Genova (GE) ➜ Vedere Moneglia

LENNO

Como (CO) – ⌧ 22016 – 1 832 ab. – Alt. 209 m – Carta regionale n° **9-A2**
▶ Roma 652 km – Como 27 km – Menaggio 8 km – Milano 75 km
Carta stradale Michelin 561-E9

🏠🏠🏠 Lenno   ☆ 🍃 ⇦ ⅂ 🕭 🖪 ㅎ ㎰ ⅀ 🚗

via Lomazzi 23 – 𝒞 0 34 45 70 51 – www.albergolenno.com – Aperto 15 marzo-31 ottobre
46 cam ⌷ – †70/170 € ††80/210 €
Ospitalità signorile in hotel moderno in posizione panoramica sul delizioso e tranquillo lungolago; ampie camere ben accessoriate, con vista sulla quieta distesa d'acqua. Ariosa sala da pranzo, con grandi vetrate che "guardano" un incantevole paesaggio.

LENTATE SUL SEVESO

Monza e Brianza (MB) – ⌧ 20823 – 15 788 ab. – Alt. 250 m
– Carta regionale n° **10-B1**
▶ Roma 606 km – Milano 30 km – Monza 21 km – Como 24 km
Carta stradale Michelin 561-E9

✗✗ Le Groane   🍴🏠 🏠 ㅎ 🅿

via Nazionale dei Giovi 101 – 𝒞 03 62 57 21 19 – www.ristorantelegroane.it – Chiuso 1°-6 gennaio, 16-30 agosto, lunedì sera e martedì
Carta 37/53 €
Al piano terra di un villino periferico, elegante e luminosa sala ornata da numerose piante che la rendono ancora più "fresca"; molto gradevole il servizio estivo in giardino.

LEONESSA

Rieti (RI) – ✉ 02016 – 2 454 ab. – Carta regionale n° **7-C1**

▶ Roma 131 km – Rieti 37 km – Terni 50 km – L'Aquila 66 km

Carta stradale Michelin 563-O20

✗ Leon d'Oro

corso San Giuseppe 120 – ℰ 07 46 92 33 20
– www.ristoranteleondoroleonessa.com – Chiuso 30 giugno-6 luglio e lunedì
Menu 20 € – Carta 21/50 €

Griglia e camino a vista per la cottura delle carni in questo accogliente locale rustico nel cuore della città, un ambiente simpatico ed informale, in cui regna la mano femminile.

LEPORANO

Taranto (TA) – ✉ 74020 – 8 051 ab. – Alt. 47 m – Carta regionale n° **15-C3**

▶ Roma 546 km – Brindisi 64 km – Lecce 77 km – Taranto 14 km

✗✗ Oblò 🅝

viale Lido Gandoli s.n., alla Marina – ℰ 09 95 33 49 85 – www.obloristorante.it
– Chiuso lunedì e novembre
Menu 35/70 € – Carta 38/578 €

E' la classica cucina di mare, elaborata partendo da ottime materie prime, la fedele compagna di questo moderno locale affacciato su una panoramica baia ed un'attrezzata spiaggia. Nella bella stagione, la terrazza si presta per romantiche cene.

LE REGINE – Pistoia (PT) → Vedere Abetone

LERICI

La Spezia (SP) – ✉ 19032 – 10 362 ab. – Carta regionale n° **8-D2**

▶ Roma 408 km – La Spezia 11 km – Genova 107 km – Livorno 84 km

Carta stradale Michelin 561-J11

Doria Park Hotel

via Carpanini 9 – ℰ 01 87 96 71 24 – www.doriahotels.it
49 cam ☑ – †80/190 € ††120/300 €
Rist I Doria – Vedere selezione ristoranti

In posizione tranquilla, sulla collina che domina Lerici, hotel dotato di terrazza con suggestiva vista sul golfo; piacevoli interni ben accessoriati, camere luminose. Per il lunch c'è una carta di piatti freddi.

Piccolo Hotel del Lido

lungomare Biaggini 24 – ℰ 01 87 96 81 59 – www.hoteldellido.it – Aperto
1° aprile-11 ottobre
12 cam ☑ – †210/230 € ††230/320 €

Poco distante dal centro, sulla bella spiaggetta della località, una risorsa non di grandi dimensioni, ma esclusiva nello stile, dotata di grande vasca idroterapica, nonché camere caratterizzate da arredi minimalisti e romanticamente affacciate sul mare; ogni stanza dispone di un solarium privato e attrezzato con lettini e tende da sole.

Florida

lungomare Biaggini 35 – ℰ 01 87 96 73 32 – www.hotelflorida.it – Chiuso
20 dicembre-1° marzo
40 cam ☑ – †90/130 € ††140/190 €

Gestione familiare attenta e dinamica in un albergo tradizionale, di fronte al mare e alla spiaggia libera; l'elegante hall annnuncia camere di stile più funzionale, quasi tutte vista mare.

✗✗ I Doria – Doria Park Hotel

via Carpanini 9 – ℰ 01 87 96 71 24 – www.doriahotels.it
– Chiuso 22 dicembre-13 gennaio e domenica
Carta 37/87 € – (solo a cena) (consigliata la prenotazione)

Elegante la sala ma, in stagione, meglio ancora la terrazza con bella vista sul Golfo dei Poeti. Dalla cucina specialità ittiche e qualche interessante piatto a base di carne. La carta dei vini abbraccia le più importanti regioni vinicole, ma non si fa scappare qualche pezzo forte d'Oltralpe. Proposte anche al bicchiere.

a Fiascherino Sud-Est : 3 km – ✉ 19032

 Il Nido

via Fiascherino 75 – ℰ 01 87 96 72 86 – www.hotelnido.com – Aperto 11 marzo-31 ottobre
31 cam ☕ – ♦60/100 € ♦♦90/170 €
Gestione capace in un hotel sul mare, immerso nella pace di una strepitosa natura: belle terrazze-giardino e graziose camere con arredi, semplici, ma confortevoli. Giù alla spiaggetta, c'è anche un beach-bar.

 Cristallo

via Fiascherino 158 – ℰ 01 87 96 72 91 – www.albergo-cristallo.it – Aperto 20 marzo-20 ottobre
44 cam ☕ – ♦45/85 € ♦♦65/150 €
Sulla strada per Fiascherino, struttura in posizione tranquilla e panoramica, circondata da ulivi, le cui camere ben accessoriate dispongono tutte di balcone. Proposte tipiche italiane nella classica sala ristorante.

a Tellaro Sud-Est : 4 km – ✉ 19032

✗✗ **Miranda**

via Fiascherino 92 – ℰ 01 87 96 81 30 – www.miranda1959.com – Chiuso 14 dicembre-15 gennaio
Menu 30/50 € – Carta 59/90 € – *(chiuso lunedì)*
5 cam ☕ – ♦100 € ♦♦120 € – **2 suites**
Nella splendida cornice del Golfo dei Poeti, locanda con interni raffinati e una sala ristorante che sembra un salotto, dove assaporare idilliache rielaborazioni culinarie.

LESA

Novara (NO) – ✉ 28040 – 2 273 ab. – Alt. 198 m – Carta regionale n° **13-B2**
Roma 650 km – Stresa 9 km – Novara 49 km – Milano 77 km
Carta stradale Michelin 561-E7

✗✗ **Battipalo**

viale Vittorio Veneto, 2 – ℰ 0 32 27 60 69 – www.battipalolesa.it – Chiuso 2 settimane in gennaio-febbraio, giovedì a mezzogiorno, lunedì e martedì, in luglio-agosto aperto tutte le sere
Carta 32/58 € – (consigliata la prenotazione)
Adiacente all'attracco dei traghetti, una giovane coppia ha aperto tempo fa questo bel ristorantino, le cui ampie vetrate offrono romantici scorci del lago. Pur essendo decisamente moderna, la cucina spazia con concretezza fra carne e pesce, quest'ultimo non necessariamente di lago. Ottima cura anche nella lista dei vini e piacevole dehors per il servizio estivo.

verso Comnago Ovest : 2 km

✗ **Al Camino**

via per Comnago 30 ✉ 28040 – ℰ 03 22 74 71 – www.alcaminolesa.com – Chiuso mercoledì
Carta 26/50 €
Lavarello alle mandorle ed altri piatti regionali campeggiano nel menu di questa ex cascina dei primi del '900 ristrutturata: ambiente rustico accentuato da un intonaco grezzo, sala con camino e una deliziosa veranda affaciata sul lago.

LESINA

Foggia (FG) – ✉ 71010 – 6 393 ab. – Alt. 5 m – Carta regionale n° **15-A1**
Roma 334 km – Termoli 41 km – Foggia 57 km – Campobasso 100 km
Carta stradale Michelin 564-B28

 Liù Palazzo Ducale

via Dante 19/21 – ℰ 08 82 99 02 58 – www.liupalazzoducale.it
8 cam ☕ – ♦30/40 € ♦♦50/60 €
Nella "città dell'anguilla", il lago si trova a pochi passi da questo grazioso palazzo d'inizio '900: camere personalizzate, alcune di gusto retrò, altre moderne, deliziosi bagni.

LEVANTO

La Spezia (SP) – ⊠ 19015 – 5 550 ab. – Carta regionale n° **8-D2**

▶ Roma 448 km – La Spezia 32 km – Genova 85 km – Massa 65 km
Carta stradale Michelin 561-J10

Park Hotel Argento

via per Sant'Anna – ☎ *01 87 80 12 23* – *www.parkhotelargento.com* – *Chiuso 11 dicembre-9 marzo*
40 cam ⌷ – ✝170/220 € ✝✝260/340 € – **7 suites**
Ideale punto di partenza per visitare le Cinque Terre, questo hotel di recente costruzione offre ampie camere (alcune, non molte per la verità, con vista mare) ed un grazioso centro benessere. In posizione leggermente elevata rispetto alla cittadina, la tranquillità è assicurata.

Nazionale

via Jacopo da Levanto 20 – ☎ *01 87 80 81 02* – *www.nazionale.it* – *Aperto 15 aprile-31 ottobre*
36 cam ⌷ – ✝70/90 € ✝✝90/145 €
Solida gestione diretta in un accogliente albergo dall'ambiente familiare: piacevoli spazi comuni e camere in stile lineare arredate con gusto. Il mare dista circa 100 m.

L'Abetaia 🅽

località Pian del Momo, (uscita autostrada A12 Carrodano), Nord: 7 km – ☎ *01 87 89 30 36* – *www.hotelabetaia.it* – *Chiuso 7 gennaio-10 febbraio*
12 cam ⌷ – ✝70/90 € ✝✝90/140 €
Salendo le colline che fanno da sfondo alla località, circondate dall'ombra e dal profumo legnoso degli abeti, camere moderne e personalizzate: ideali punto di partenza per escursioni nelle vicine Cinque Terre o nella magica Portofino.

La Sosta di Ottone III

località Chiesanuova 39 – ☎ *01 87 81 45 02* – *www.lasosta.com* – *Aperto 1° aprile-31 ottobre*
4 cam – ✝220 € ✝✝220 € – ⌷ 18 €
In mezzo al verde e lontani dalla calca, bisogna amare l'esclusività e le camminate: è necessario, infatti, percorrere un tratto a piedi per raggiungere quest'incantevole residenza del 16° secolo che, sebbene di piccole dimensioni, tra i suoi assi propone un bel ristorantino, "paladino" del territorio e della freschezza delle materie prime.

Agriturismo Villanova

località Villanova, Est: 1,5 km – ☎ *01 87 80 25 17* – *www.agriturismovillanova.it* – *Aperto 4 marzo-6 novembre*
7 cam ⌷ – ✝90/130 € ✝✝100/140 € – **6 suites**
Si producono olive e uva da vino, in questo signorile agriturismo ricavato da un antico borgo settecentesco con chiesetta (consacrata). Le camere si dividono tra la storica casa e un rustico, qualche mini-appartamento per chi volesse effettuare soggiorni più lunghi: per tutti, il verde della natura circostante.

✗✗ L'Oasi 🅽

piazza Cavour – ☎ *01 87 80 08 56* – *www.oasihotel.eu* – *Chiuso 7 gennaio-15 marzo, 15 novembre-24 dicembre e mercoledì (escluso luglio-agosto)*
Carta 30/81 €
Una bella e luminosa veranda e un piccolo giardino per un ristorante che fa dell'eccellente selezioni delle materie prime la sua bandiera in preparazioni semplici e schiette. Per gli amanti del crudo di pesce, questo è sicuramente l'indirizzo giusto!

✗ L'Antica Abetaia

località Pian del Momo, uscita autostrada A12 Carrodano, Nord: 7 km – ☎ *01 87 89 33 23* – *www.ristoranteanticaabetaia.it* – *Chiuso 15 gennaio-15 febbraio e martedì*
Menu 18 € (pranzo in settimana) – Carta 23/73 €
Non siamo sul mare e nemmeno nel centro storico, però il locale offre la comodità della vicinanza all'autostrada e, soprattutto, una buona cucina sia di mare sia di terra (anche cacciagione in autunno-inverno). Camere moderne e lineari nell'omonimo albergo a 100 metri.

591

✗ **Trattoria Cavour** 🏠 AC

piazza Cavour 1 – 𝒞 01 87 80 77 86 – www.trattoriacavour.it
– Chiuso 8 dicembre-10 febbraio e lunedì
Carta 28/58 €
Trattoria storica che si affaccia sulla centrale piazza del Municipio con un'ampia veranda. Non fatevi scoraggiare dai tavoli un po' serrati, la cucina è fragrante ed elaborata con cura e passione dalle titolari.

✗ **Osteria Tumelin** 🏠 AC

via Grillo 32 – 𝒞 01 87 80 83 79 – www.tumelin.it
– Chiuso 11 gennaio-11 febbraio e giovedì escluso 15 giugno-15 settembre
Carta 38/75 €
Interni classici in un ristorante gestito da un'intera famiglia e collocato nel cuore della cittadina: si propone una classica cucina di mare, intuibile dal vivaio di aragoste sito in una delle sale.

a Mesco Sud : 3,5 km – ✉ 19015 Levanto

🏠 **La Giada del Mesco**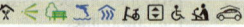

via Mesco 16 – 𝒞 01 87 80 26 74 – www.lagiadadelmesco.it – Aperto
1° marzo-31 ottobre
12 cam ☕ – †110/140 € ††140/180 €
L'incantevole vista su mare e costa è garantita da tutte le camere di questo edificio ottocentesco in splendida posizione su un promontorio. Ma c'è anche una bella terrazza per la prima colazione, nonché la navetta gratuita per stazione, spiaggia e ristoranti del centro.

LEVICO TERME

Trento (TN) – ✉ 38056 – 7 826 ab. – Alt. 506 m – Carta regionale n° **19-B3**
▶ Roma 610 km – Trento 21 km – Belluno 90 km – Bolzano 82 km
Carta stradale Michelin 562-D15

🏠 **Bellavista Relax Hotel**

via Vittorio Emanuele III 7 – 𝒞 04 61 70 61 36 – www.bellavistarelax.it – Aperto
1° maggio-30 ottobre
87 cam ☕ – †60/110 € ††90/170 € – **1 suite**
Immerso in un gradevole giardino con piscina, un complesso alberghiero risalente al primo Novecento dotato di ampi spazi comuni, confortevoli camere di gusto classico e pregevole centro benessere. Proposte del Bel Paese nella capiente sala ristorante utilizzata anche per cerimonie.

🏠 **Al Sorriso Green Park**

lungolago Segantini 14 – 𝒞 04 61 70 70 29 – www.hotelsorriso.it – Aperto
Pasqua-3 novembre
63 cam ☕ – †49/89 € ††98/178 € – **2 suites**
In posizione piacevolmente decentrata – a soli 100 metri dal lago, attorno un parco che dispone di numerose attrezzature sportive – hotel dalla brillante gestione familiare caratterizzato da ambienti luminosi ed un bel centro benessere con piscina coperta. Nell'elegante sala ristorante, cucina nazionale e locale con verdure del proprio orto.

🏠 **Lucia**

viale Roma 20 – 𝒞 04 61 70 62 29 – www.luciahotel.it – Aperto
1° dicembre-6 gennaio e Pasqua-31 ottobre
33 cam ☕ – †30/65 € ††60/120 €
Immersa in un parco con alberi d'alto fusto che circondano la piscina, una casa a gestione familiare con camere semplici, alcune in stile montano. Indirizzo ideale per vacanze di relax o sugli sci, la gustosa cucina del ristorante è un motivo in più per sceglierlo.

⌂ **Scaranò** ☆ ⚘ ⟵ ⌿ ⛱ 🖰 🕸 ℗

strada provinciale per Vetriolo 86, Nord: 2 km – 📞 *04 61 70 68 10*
– www.hotelscarano.it – Chiuso 8 gennaio-13 febbraio
33 cam ⬜ – 🛏50/60 € 🛏🛏88/92 €
In posizione tranquilla e un po' isolata, questa casa nasce dove sorgeva un vecchio maso ed ospita al suo interno ambienti spaziosi. Stessa gestione, ormai quasi quarantennale, per il ristorante che propone la tipica cucina trentina e piatti di pesce. Splendida la vista sulla vallata.

✗ **Boivin** ⇦ 🏠 🕸 ⊡
🍴
via Garibaldi 9 – 📞 *04 61 70 16 70 – www.boivin.it – Chiuso 13-31 gennaio*
e 7-18 novembre
Menu 27/35 € – Carta 30/47 € – *(chiuso lunedì) (solo a cena escluso*
15 luglio-31 agosto e domenica)
29 cam – 🛏54/69 € 🛏🛏54/78 €
All'interno di un'antica casa del centro, il locale si basa sulla personalità e le idee dello chef-patron, Riccardo, che mixa con originalità tradizione trentina ed inserti pacatamente moderni. Specialità: trio di canederlotti di pane al burro e salvia, puntine di maiale con polenta e cavolo rosso in agrodolce, strudel di mele. Accanto c'è l'hotel Romanda gestito dal fratello.

LEVIZZANO RANGONE – Modena (MO) ➜ Vedere a Castelvetro di Modena

LICATA
Sicilia – Agrigento (AG) – ✉ 92027 – 38 007 ab. – Carta regionale n° **17-C3**
▶ Agrigento 45 km – Caltanissetta 52 km – Palermo 189 km – Ragusa 88 km
Carta stradale Michelin 365-AS61

⌂⌂ **Villa Giuliana** ⚘ ⟵ 🏠 ⊡ 🖰 🆎 ℗
via Oreto Grata snc – 📞 *09 22 89 44 24 – www.hotelvillagiuliana.com*
12 cam ⬜ – 🛏69/84 € 🛏🛏79/119 €
E' piccolo nelle dimensioni, ma non nel confort, questo grazioso hotel che gode di una stupenda posizione panoramica. Spazi comuni e camere di gusto classico.

✗✗✗ **La Madia** (Pino Cuttaia) 🦋🦋 🖰 🆎 🕸
❀❀
corso Filippo Re Capriata 22 – 📞 *09 22 77 14 43 – www.ristorantelamadia.it*
– Chiuso 15 giorni in giugno, martedì, anche domenica sera in inverno
e domenica a mezzogiorno in luglio-agosto
Menu 85/120 € – Carta 72/112 € – (consigliata la prenotazione)
Comode sedie in pelle e alle pareti - dalle calde tinte mediterranee - belle foto d'autore i cui soggetti sono legati ai prodotti e ai colori dell'isola. In tavola va in scena la Grande Sicilia che lo chef-patron, consapevole della propria tecnica affinata con importanti esperienze, propone in maniera semplice ed accativante, non scevra di fantasia.
➜ Minestra di crostacei. Tataki sicano. Cassata gelata.

✗ **L'Oste e il Sacrestano** ⓝ 🏠 🆎 🕸
via Sant'Andrea 19 – 📞 *09 22 77 47 36 – www.losteeilsacrestano.it – Chiuso*
novembre, domenica sera e lunedì escluso agosto
Menu 40/60 € – Carta 41/72 €
Un piccolo ristorante accogliente a "denominazione di origine siciliana": a darvi il benvenuto Chiara, ai fornelli invece Peppe da cui farvi consigliare per un percorso fra rivisitazione e tradizione.

LIDO – Livorno (LI) ➜ Vedere Elba (Isola d') : Capoliveri

LIDO DEGLI ESTENSI – Ferrara (FE) ➜ Vedere Comacchio

LIDO DI CAMAIORE

Lucca (LU) – ✉ 55041 – Carta regionale n° **18-B1**

▶ Roma 371 km – Pisa 28 km – Lucca 31 km – Livorno 50 km

Carta stradale Michelin 563-K12

UNA Hotel Versilia

viale Bernardini 335/337 – 𝒸 *05 84 01 20 01 – www.unahotels.it*
99 cam ⭤ – 🛏125/952 € 🛏🛏125/952 € – **72 suites**

Nuova ed imponente struttura sul lungomare progettata per offrire un alto standing di confort. Zone comuni ariose e luminose: non mancano lussureggianti spazi verdi. Ottime anche le camere.

Caesar

viale Sergio Bernardini 325 – 𝒸 *05 84 61 78 41 – www.caesarhotel.it*
37 suites ⭤ – 🛏🛏210/280 € – 35 cam

Sul lungomare, camere in stile marinaresco tutte di diversa tipologia e un parco giochi per bambini (ma c'è anche un campo di calcetto!). Al ristorante, la vista si posa sul verde e sulle piscine, mentre la cucina sollecita il palato con i sapori della Toscana.

Siesta

viale Bernardini 327 – 𝒸 *05 84 61 91 61 – www.hotelsiesta.it – Chiuso dicembre*
33 cam ⭤ – 🛏70/120 € 🛏🛏80/190 €

Sono ora i figli a condurre questa risorsa sul lungomare cinta da un piacevole giardino; camere confortevoli e ben rifinite, una terrazza per la prima colazione e noleggio biciclette. Al ristorante è stato potenziato il servizio dei dolci con angolo di esposizione anche caldo.

Sylvia

via Manfredi 15 – 𝒸 *05 84 61 79 94 – www.hotelsylvia.it*
– Aperto 25 marzo-30 ottobre
34 cam ⭤ – 🛏60/100 € 🛏🛏65/180 €

Il mare è raggiungibile a piedi, ma una via più tranquilla e il verde che circonda l'albergo assicurano il riposo dei clienti. Ospitalità e camere accoglienti coronano il soggiorno.

Giulia

lungomare Pistelli 77 – 𝒸 *05 84 61 75 18 – www.giuliahotel.it – Aperto 20 aprile-30 settembre*
40 cam ⭤ – 🛏44/118 € 🛏🛏54/179 €

Felicemente ubicata di fronte al mare, la struttura dispone di zone comuni dagli arredi curati e camere spaziose, molte con balconcino abitabile. Calorosa conduzione familiare e tradizione alberghiera.

Bacco

via Rosi 24 – 𝒸 *05 84 61 95 40 – www.bacco-hotel.it – Aperto Pasqua-15 ottobre*
28 cam – solo ½ P 87/152 € – **1 suite**

In una strada tranquilla non lontano dal mare, la hall è un omaggio alla figura mitologica di Bacco. Camere di diverse tipologie (da preferire quelle con grande terrazza). Sul retro, una semplice sala da pranzo per una cucina particolarmente curata.

Sirio

via Italica 6 – 𝒸 *05 84 61 80 47 – www.hotelsirio.com – Chiuso 15 dicembre-15 gennaio*
24 cam ⭤ – 🛏40/90 € 🛏🛏70/160 €

Nonno Sirio aprì l'albergo nel 1964 in una traversa del lungomare; oggi siamo alla terza generazione e l'albergo, ristrutturato, offre camere semplici, ma accoglienti, nonché una simpatica ospitalità familiare.

✕✕ Ariston Mare

viale Bernardini 660 – 𝒸 *05 84 90 47 47 – www.aristonmare.it – Chiuso novembre e martedì*
Menu 50/60 € – Carta 40/89 € – *(solo a cena)* (consigliata la prenotazione)

In un locale arioso ed elegante - dalla suggestiva ubicazione a ridosso della spiaggia - specialità ittiche elaborate partendo da un'accurata selezione delle materie prime. Belle presentazioni.

LIDO DI JESOLO

Venezia (VE) – ✉ 30016 – Carta regionale n° **23-D2**
▶ Roma 568 km – Venezia 50 km – Belluno 114 km – Padova 84 km
Carta stradale Michelin 562-F19

Almar Jesolo Resort & Spa

via Dante Alighieri 106 – ☎ 04 21 38 81 11
– www.almarjesolo.com – Aperto 1° marzo-30 novembre
179 cam ☕ – ♦124/460 € ♦♦134/470 € – **16 suites**
Grande, moderna struttura concepita per garantire ai propri privilegiati ospiti spazio e luce in ogni momento della giornata: lo stile minimal ed i colori tenui sono l'ideale contenitore ideale per un ventaglio di servizi davvero ampio, tra i quali un centro benessere con zona umida e ampia beauty. Nel bel mezzo della terrazza fa bella mostra una piscina lunga 70 metri!

Ril

via Zanella 2 – ☎ 04 21 97 28 61 – www.hotelril.it – Aperto
31 marzo-30 settembre
51 cam ☕ – ♦140/180 € ♦♦140/270 €
Uno degli alberghi più eleganti di Jesolo, interamente giocato su tonalità écru, si contraddistingue per le sue linee semplici e moderne; piscina con solarium, accesso diretto al mare e palestra panoramica all'ultimo piano.

Park Hotel Brasilia

via Levantina, 2° accesso al mare – ☎ 04 21 38 08 51
– www.parkhotelbrasilia.com – Aperto Pasqua-20 ottobre
64 cam ☕ – ♦119/369 € ♦♦149/409 €
Eleganza, signorilità e il mare a due passi per una struttura dalla gestione professionale con camere ben accessoriate, recentemente rinnovate, nonché bella piscina. Specialità ittiche al ristorante Ipanema, carta light a pranzo.

Delle Nazioni

via Padova 55 – ☎ 04 21 97 19 20 – www.nazioni.it
– Aperto 8 maggio-29 settembre
46 cam ☕ – ♦116/180 € ♦♦156/242 € – **4 suites**
L'imponente torre che svetta sul fonte mare ospita tra le sue mura spazi comuni essenziali e signorili e camere recentemente rinnovate con gusto moderno, tutte con splendida vista sul mare. Al primo piano il ristorante, dalle interessanti proposte culinarie.

Cavalieri Palace

via Mascagni 1 – ☎ 04 21 97 19 69 – www.hotelcavalieripalace.com – Aperto
Pasqua-inizio ottobre
56 cam ☕ – ♦65/150 € ♦♦130/190 € – **4 suites**
Bianco e blu si ripetono armonicamente nelle accoglienti sale di questa bella struttura che gode di una panoramica posizione frontemare: tutte le camere dispongono di un balcone, ma particolarmente gradevoli sono quelle personalizzate da colorati tessuti. Graziosa anche la sala ristorante, a pranzo ci si sposta a bordo piscina.

Adriatic Palace

via Vittorio Veneto 30, 2° accesso al mare – ☎ 04 21 38 00 27
– www.hoteladriaticpalace.com – Aperto 15 aprile-15 ottobre
46 cam ☕ – ♦90/269 € ♦♦99/289 € – **2 suites**
E' il bianco a caratterizzare tutti gli ambienti di questa moderna struttura con camere accoglienti e confortevoli. Frontemare, l'hotel dispone anche di una gradevole terrazza con piscina, per i più flemmatici che non vogliono compiere nemmeno due passi per raggiungere la spiaggia!

Beny

via Levantina, 4° accesso al mare 3 – ☎ 04 21 96 17 92 – www.beny.it – Aperto
1° maggio-30 settembre
75 cam ☕ – ♦79/109 € ♦♦158/218 €
Camere accoglienti in un'imponente struttura frontemare dagli ampi spazi arredati con oggetti della tradizione marinara ed area attrezzata per lo svago dei bambini. Particolare attenzione per le specialità della cucina veneta al ristorante.

Atlantico

*via Bafile, 3° accesso al mare 11 – ℰ 04 21 38 12 73 – www.hotel-atlantico.it
– Aperto 1° aprile-30 settembre*
66 cam ⊡ – ♦80/150 € ♦♦150/230 €
Piacevolmente affacciato sulla spiaggia, l'hotel dispone di ambienti curati e
camere di diversa tipologia, rinnovate in tempi recenti o più classiche. Dalla panoramica piscina situata all'ultimo piano (ce n'è una anche in basso) vi sembrerà di
toccare il cielo con un dito!

Termini Beach Hotel

*via Altinate 4, 2° accesso al mare – ℰ 04 21 96 01 00 – www.hoteltermini.it
– Aperto 25 aprile-21 settembre*
48 cam ⊡ – ♦110/198 € ♦♦110/198 € – **9 suites**
Albergo che domina il mare, dotato di spazi comuni eleganti ed ariosi, arredati
con gusto e camere di differenti tipologie, tutte confortevoli e personalizzate. Al
ristorante, bianche colonne ed ampie finestre affacciate sul blu.

Rivamare

*via Bafile, 17° accesso al mare – ℰ 04 21 37 04 32 – www.rivamarehotel.com
– Aperto 1° maggio-30 settembre*
53 cam ⊡ – ♦85/140 € ♦♦130/180 € – **6 suites**
Conduzione familiare di grande esperienza in un albergo recentemente rinnovato,
a due passi dalla spiaggia: camere dalle linee moderne e spazi comuni abbelliti da
tappeti. Gradevole zona piscina.

Montecarlo

*via Bafile 5, 16° accesso al mare – ℰ 04 21 37 02 00 – www.montecarlhotel.com
– Aperto 1° aprile-30 settembre*
42 cam ⊡ – ♦75/96 € ♦♦138/180 €
La stessa famiglia è al timone dell'hotel dalla sua apertura, a garanzia di un servizio familiare che si rivela pieno di cure ed attenzioni; la struttura si trova direttamente sul mare.

Cucina da Omar

*via Dante 21 – ℰ 0 42 19 36 85 – www.ristorantedaomar.it
– Chiuso 22 dicembre-10 gennaio, mercoledì a mezzogiorno in estate, tutto il
giorno negli altri mesi*
Menu 35 € (pranzo in settimana)/80 € – Carta 48/139 € – (consigliata la
prenotazione la sera)
Affacciato sul passeggio della zona centrale, Omar è il ritrovo degli appassionati
di pesce fresco che non amano elaborazioni eccessive, ma prediligono la fragranza dei sapori: qui trovano un porto di sicura qualità.

Don Claudio

*via Ugo Foscolo 61 – ℰ 04 21 37 10 17 – www.ristorantedonclaudio.it – Aperto
15 aprile-30 settembre; chiuso martedì fino al 15 maggio*
Menu 20 € (pranzo in settimana)/40 € – Carta 34/76 €
L'ambiente fantasioso e colorato, così come i moderni piatti a base di pesce, sono
figli della creatività del patron: sarà facile paragonare i suoi disegni alle pareti all'e-
stetica dei piatti stessi. Mezze porzioni di cucina stagionale sono servite nella
moderna cicchetteria "Il Magazzino delle Scope", aperta tutto l'anno.

a Jesolo Pineta Est : 6 km – ✉ 30016 Lido Di Jesolo

Mediterraneo

*via Oriente 106 – ℰ 04 21 96 11 75 – www.mediterraneojesolo.com – Aperto
15 maggio-15 settembre*
54 cam ⊡ – ♦90/200 € ♦♦150/300 € – **6 suites**
Immerso nella quiete di un lussureggiante giardino che lambisce la spiaggia, l'albergo anno dopo anno è cresciuto e migliorato parecchio diventando un riferimento per la zona. Sembra di pranzare nel parco nella sala ristorante con vetrate
che si aprono sul verde!

Jesolopalace

via Airone 1/3 – ℰ 04 21 96 10 13 – www.jesolopalace.it – Aperto 1° maggio-30 settembre
34 cam ⊠ – ♦87/126 € ♦♦132/243 € – **25 suites**
Immerso nella quiete di un lussureggiante giardino che lambisce la spiaggia, la struttura propone camere ampie, tutte con terrazza: le suite dispongono di angolo cottura particolarmente apprezzato dalle famiglie.

 Gallia

via del Cigno Bianco 5 – ℰ 04 21 96 10 18 – www.hotelgallia.com – Aperto 1° maggio-30 settembre
57 cam ⊠ – ♦70/250 € ♦♦240/400 € – **10 suites**
Una splendida pineta separa dal mare e dalla piscina questo elegante hotel in stile neoclassico, dotato di spaziose zone comuni. Perfetto per una vacanza a tutto relax.

 Bauer & Sporting

via Bucintoro 6 – ℰ 04 21 96 13 63 – www.hotelbauer.it – Aperto 1° maggio-30 settembre
42 cam ⊠ – ♦102/168 € ♦♦150/268 € – **6 suites**
All'interno di un giardino e con diretto accesso al mare, si compone di un edificio principale con camere fresche e moderne, e da una dépendance con camere più spaziose, alcune con angolo cottura.

LIDO DI LATINA – Latina (LT) ➜ Vedere Latina

LIDO DI NOTO – Siracusa (SR) ➜ Vedere Noto

LIDO DI OSTIA

Roma (RM) – Carta regionale n° **7-B2**
▶ Roma 36 km – Anzio 45 km – Civitavecchia 69 km – Frosinone 108 km
Carta stradale Michelin 563-Q18 – Guida Verde Michelin ROMA

Il Tino (Daniele Usai)

via dei Lucilii 17/19 ✉ 00122 – ℰ 0 65 62 27 78 – www.ristoranteiltino.com – Chiuso 2-15 gennaio, 25 agosto-7 settembre, lunedì in settembre-maggio, domenica negli altri mesi
Menu 50/90 € – Carta 48/75 € – *(solo a cena escluso domenica a mezzogiorno dal 15 settembre al 15 giugno)*
Tecnica, abbinamenti simpatici e non stravolgenti, contrasti sempre ben bilanciati rendono questa cucina originale ed intrigante. In una via leggermente defilata, il ristorante è stato rinnovato in tempi recenti ed ora dispone anche di uno spazio per corsi e degustazioni.
➜ Agnolotto alle mazzancolle con asparagi e zafferano. Guance di arzilla con piselli, tapioca e aglio nero. Latte e caffè.

LIDO DI PORTONUOVO – Foggia (FG) ➜ Vedere Vieste

LIDO DI SAVIO

Ravenna (RA) – Carta regionale n° **5-D2**
▶ Roma 385 km – Ravenna 20 km – Bologna 98 km – Forlì 32 km
Carta stradale Michelin 562-J19

 Vistamare

viale Romagna 199 – ℰ 05 44 94 96 13 – www.vistamaresuite.com
16 cam ⊠ – ♦70/270 € ♦♦140/340 € – **6 suites**
Strizza l'occhio alla moda e cerca di anticiparla il patron di questo relais sul mare, comodamente unito a Milano Marittima dal servizio navetta con divertente auto americana. Confort e stile in tutti gli ambienti, ma soprattutto il mare: a portata di vista e di mano! Al ristorante, buona cucina di pesce e tante bollicine nel bicchiere.

Strand Hotel Colorado

viale Romagna 201 ✉ *48125 –* ☎ *05 44 94 90 02*
– www.strandhotelcolorado.com – Aperto Pasqua-23 settembre
44 cam ⌷ – ♦49/109 € ♦♦98/218 €
Una hall moderna e spaziosa introduce in questa risorsa che dispone di ambienti luminosi e confortevoli dall'arredo moderno (soprattutto nelle camere all'ultimo piano) e di un'invitante piscina.

LIDO DI SPISONE – Messina (ME) ➜ Vedere Taormina

LIDO DI TARQUINIA – Viterbo (VT) ➜ Vedere Tarquinia

LIDO DI VENEZIA – Venezia (VE) ➜ Vedere Venezia

LIERNA
Lecco (LC) – ✉ 23827 – 2 176 ab. – Alt. 202 m – Carta regionale n° **9-B2**
▶ Roma 636 km – Como 45 km – Bergamo 49 km – Lecco 16 km
Carta stradale Michelin 561-E9

 **La Breva**

via Roma 24 – ☎ *03 41 74 14 90 – www.ristorantelabreva.it – Chiuso gennaio, lunedì sera e martedì escluso in giugno-settembre*
Menu 25 € (pranzo in settimana)/45 € – Carta 37/76 €
Prende il nome da una brezza foriera di bel tempo, questo accogliente salotto a conduzione familiare con un'appendice anche estiva per banchetti. Squisita cucina a base di pesce.

LIGNANO SABBIADORO
Udine (UD) – ✉ 33054 – 6 883 ab. – Carta regionale n° **6-C3**
▶ Roma 616 km – Udine 65 km – Trieste 97 km – Treviso 104 km
Carta stradale Michelin 562-E21

 Italia Palace

viale Italia 7 – ☎ *0 43 17 11 85 – www.hotelitaliapalace.it – Aperto 23 marzo-9 ottobre*
62 cam ⌷ – ♦98/250 € ♦♦150/250 € – **9 suites**
Sembra ancora di sentire il fruscio delle crinoline o il profumo di cipria, in questo storico albergo della Belle Epoque ritornato al suo antico splendore. Lo charme non risparmia le camere: generose per dimensioni, eleganti negli arredi e nei toni azzurro/bianco. All'ultimo piano si cena nella Terrazza per una cucina classica con molto pesce.

 Florida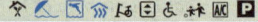

via dell'Arenile 22 – ☎ *04 31 72 01 01 – www.hotelflorida.net – Aperto 1° aprile-15 ottobre*
86 cam ⌷ – ♦102/147 € ♦♦136/196 €
In posizione leggermente arretrata rispetto al lungomare, albergo formato da due corpi adiacenti, piccolo centro benessere ed una piscina panoramica, che in qualche occasione indurrà gli ospiti a "tradire" la spiaggia.

 Bellavista

lungomare Trieste 70 – ☎ *0 43 17 13 13 – www.bellavistalignano.it – Aperto 1° aprile-30 settembre*
44 cam ⌷ – ♦95/145 € ♦♦140/210 € – **4 suites**
A pochi passi dal centro della località, l'immacolata facciata di questa bella struttura - ubicata direttamente sul lungomare - incanta i passanti… Ma non finisce qui: camere accoglienti ed una piacevole terrazza-solarium per vivere appieno la vacanza!

 Atlantic

lungomare Trieste 160 – ☎ *0 43 17 11 01 – www.hotelatlantic.it – Aperto 15 maggio-20 settembre*
58 cam ⌷ – ♦80/120 € ♦♦115/180 €
Cordiale e premurosa gestione in un albergo classico di fronte alla celebre e rinomata spiaggia, visibile dalla maggior parte delle accoglienti camere: ideale per una vacanza a tutto mare!

⌂ Trieste Mare ☒ ⚙ AC P

via Tirolo 13 – ☎ 04 31 72 11 65 – www.hoteltrieste lignano.it – Aperto 15 maggio-30 settembre

32 cam ⊑ – †53/95 € ††65/159 €

A due passi dalla spiaggia - in una tranquilla via laterale del lungomare - piccolo e moderno albergo: il confort non manca nelle funzionali camere. Posteggio a circa 400 metri.

✗✗ Bidin 🍴 🏠 AC P

viale Europa 1 – ☎ 0 43 17 19 88 – www.ristorantebidin.com – Chiuso 7 gennaio-29 febbraio, mercoledì a mezzogiorno da metà maggio a metà settembre, anche mercoledì sera negli altri mesi
Carta 31/61 €

Solida gestione familiare da parte di due fratelli: la carta spazia dai piatti di pesce alla tradizione friulana, servita in una sala elegante o, in estate, nell'ambiente più informale sotto al piccolo porticato.

✗✗ Al Bancut 🏠 AC ♿

viale dei Platani 63 – ☎ 0 43 17 19 26 – www.albancut.it – Chiuso 2 settimane in novembre, lunedì e martedì, solo i mezzogiorno di lunedì e martedì in estate
Menu 35/45 € – Carta 35/74 €

Arredato sullo stile degli yacht-club di prestigio, il ristorante propone, come s'intuisce, ricette ittiche ma anche saporiti piatti di carne: antipasti di pesce crudo, pescato del giorno alla griglia, al forno o al sale ed altro ancora.

a Lignano Pineta Sud-Ovest : 5 km – ✉ 33054

🏘 Greif ☆ 🛎 ⚓ 🏊 ⛱ 🏐 🐾 ☒ ⚙ AC 🐕 P

arco del Grecale 25 – ☎ 04 31 42 22 61 – www.greifhotel.it – Aperto 1° marzo-30 novembre

87 cam ⊑ – †100/320 € ††160/420 € – **22 suites**

La rigogliosa pineta custodisce il solo albergo 5 stelle della zona, un grande complesso alberghiero dai raffinati interni, pensato per un soggiorno di completo relax. Spazioso e raffinato il ristorante, illuminato da ampie vetrate che si aprono sul verde.

🏠 Park Hotel ☆ 🏊 ☒ AC P

viale delle Palme 41 – ☎ 04 31 42 23 80 – www.parkhotel-lignano.com – Aperto 1° maggio-30 settembre

36 cam ⊑ – †67/97 € ††114/174 € – **5 suites**

Albergo d'ispirazione moderna dal design essenziale, dispone di ambienti essenziali e luminosi; forse un po' decentrato rispetto al centro della località, poco distante dal mare.

🏠 Medusa Splendid ☆ 🛎 ⚓ 🏊 ☒ ⚙ AC P

raggio dello Scirocco 33 – ☎ 04 31 42 22 11 – www.hotelmedusa.it – Aperto 15 maggio-15 settembre

56 cam ⊑ – †75/105 € ††120/180 €

Verde e blu si ripetono ritmicamente in questo hotel dotato di ampi spazi, anche nelle confortevoli camere; il mare è distante solo poche centinaia di metri. Fresca e piacevole sala ristorante semicircolare, con vetrate che guardano verso il giardino e la piscina.

⌂ Erica ☆ ⚓ 🏊 ☒ ⚙ AC 🚗

arco del Grecale 21/23 – ☎ 04 31 42 21 23 – www.ericahotel.it – Aperto 12 maggio-16 settembre

40 cam ⊑ – †80/106 € ††114/166 € – **1 suite**

Poltrone in midollino nella fresca hall con affaccio sulla moderna piscina e camere sobrie, ma sicuramente confortevoli; la prima colazione è servita nella luminosa sala-veranda attigua al ristorante.

⌂ Bella Venezia Mare ☆ ⚓ 🏊 ☒ AC P

arco del Grecale 18/a – ☎ 04 31 42 21 84 – www.bellaveneziamare.it – Aperto 15 maggio-20 settembre

50 cam ⊑ – †63/83 € ††104/164 €

A breve distanza tanto dal centro quanto dalla spiaggia, un hotel a gestione diretta. Piacevole lo spazio destinato alla piscina, con vasca idromassaggio.

a Lignano Riviera Sud-Ovest : 7 km – ✉ 33054 Lignano Sabbiadoro

🏠 **Arizona** ⚐ 🔧 ⊡ ⚒ 🆎 **P**
calle Prassitele 2 – ℰ 04 31 42 85 28 – www.hotel-arizona.it
– Aperto 14 maggio-13 settembre
42 cam ⊡ – †85/110 € ††150/200 €
Accoglienza familiare e dinamica per un soggiorno di relax. All'ingresso, qualche arredo etnico in legno intrecciato e un design dalle linee moderne. Il mare poco distante.

🏠 **Smeraldo** ⚐ ⚓ 🔧 ♨ ⊡ 🆎 **P**
viale della Musica 4 – ℰ 04 31 42 87 81 – www.hotelsmeraldo.net
– Aperto 20 maggio-15 settembre
64 cam ⊡ – †46/95 € ††140/160 €
Camere fresche e luminose, vivacizzate dai colorati pannelli alle pareti, un nuovo piccolo centro benessere e la piacevole atmosfera da vacanze tra sole e mare. Conduzione familiare.

LIMBIATE
Monza e Brianza (MB) – ✉ 20812 – 35 258 ab. – Alt. 187 m
– Carta regionale n° **10-B2**
▶ Roma 610 km – Milano 23 km – Monza 20 km – Bergamo 56 km
Carta stradale Michelin 561-F9

🏠 **AS Hotel Limbiate Fiera** ⚐ ⊡ ⚒ 🆎 ⚐ 🚲 🚗
corso Como 52, Nord: 3 km – ℰ 0 29 96 76 41 – www.ashotelimbiatefiera.it
178 cam ⊡ – †90/350 € ††90/350 € – **5 suites**
Nella zona commerciale, hotel recente dal taglio moderno, sia negli ambienti sia nelle funzionali camere. Al ristorante, cucina mediterranea con piatti elaborati e specialità alla griglia.

LIMITO – Milano (MI) ➜ Vedere Pioltello

LIMONE PIEMONTE
Cuneo (CN) – ✉ 12015 – 1 474 ab. – Alt. 1 009 m – Carta regionale n° **12-B3**
▶ Roma 666 km – Cuneo 29 km – Milano 243 km – Imperia 109 km
Carta stradale Michelin 561-J4

🏠 **Grand Palais Excelsior** ⚐ 🔧 🌐 ♨ ⊡ 🚲 🚗
largo Roma 9 – ℰ 01 71 92 90 02 – www.grandexcelsior.com – Chiuso maggio, ottobre e novembre
20 cam ⊡ – †70/120 € ††85/140 € – **8 suites**
Rist *Il San Pietro* – Vedere selezione ristoranti
Tipiche decorazioni a graticcio sulle pareti esterne e all'interno raffinati spazi di moderna concezione in un albergo provvisto di dépendance con appartamenti ad uso residence; spa di ottimo livello e suite per i trattamenti di coppia.

🍴🍴🍴 **Il San Pietro** – Hotel Grand Palais Excelsior ⛲ ⇄
largo Roma 9 – ℰ 01 71 92 90 74 – www.san-pietro.it – Chiuso maggio, ottobre, novembre e mercoledì
Menu 20 € (pranzo in settimana)/25 € – Carta 29/58 €
Il locale giusto per chi ama il fascino retrò: nella sala in stile liberty riscaldata da boiserie in legno di castagno e da un grande camino, una cucina di grande spessore che dà spazio ai sapori locali e alle materie prime della zona. Ciliegina sulla torta: il coperto non è addebitato!

🍴🍴 **Osteria Il Bagatto** ⛲
via XX Settembre 16 – ℰ 01 71 92 75 43 – www.osteriailbagatto.it – Chiuso 6 giugno-1° luglio, 2-25 novembre, giovedì a mezzogiorno e mercoledì escluso alta stagione
Menu 25 € (pranzo in settimana)/40 € – Carta 34/58 € – (consigliata la prenotazione)
Avvolti da un ambiente tipicamente montano, una cucina attenta ai dettagli, dove ottime materie prime vengono plasmate dalle abili mani dello chef. La carta propone piatti del territorio, ma non solo: ci sono, infatti, proposte di pesce ed altre d'ispirazione contemporanea.

LINATE (Aeroporto di) → Vedere Milano

LINGUAGLOSSA
Sicilia – Catania (CT) – ☒ 95015 – 5 418 ab. – Alt. 550 m – Carta regionale n° **17-D2**
▶ Palermo 254 km – Catania 50 km – Messina 71 km – Enna 132 km
Carta stradale Michelin 365-AZ56 – Guida Verde Michelin SICILIA

Villa Neri Resort & Spa ⓝ   ⌂ ⌁ ⌕ 🕙 🕙 ⊡ & AC P
contrada Arrigo – ✆ *09 58 13 30 02 – www.hotelvillanerietna.com – Aperto
25 marzo-31 ottobre*
24 cam ⌑ – ♦130/170 € ♦♦160/200 € – **3 suites**
In posizione defilata e circondata da un grande parco curato, questa lussuosa
struttura porta il nome dei suoi proprietari che hanno voluto per i propri ospiti
camere luminose ed eleganti. Uno chef talentuoso è dietro ai fornelli del ristorante Dodici Fontane: preparatevi a grandi emozioni...

Shalai Resort   ⌂ 🕙 & AC ⌕ P
via Guglielmo Marconi 25 – ✆ *0 95 64 31 28 – www.shalai.it – Chiuso novembre*
12 cam ⌑ – ♦120/190 € ♦♦120/190 €
Rist *Shalai* ⌘ – Vedere selezione ristoranti
Punto di partenza ideale per le escursioni sulle pendici del vulcano, questo resort,
nato da un palazzo d'epoca del centro, è un delizioso gioiellino che saprà coccolarvi con belle camere - prenotate una di quelle affrescate - ed un intimo centro
benessere con personale altamente qualificato.

Il Nido dell'Etna   ⌂ ⌁ ⌕ ⊡ & AC ⌕ 🚗 🚗
via Matteotti, angolo via Livatino – ✆ *0 95 64 34 04 – www.ilnidodelletna.it
– Chiuso 1° novembre-20 dicembre*
18 cam ⌑ – ♦80/90 € ♦♦100/140 €
Alle pendici dell'Etna, albergo a gestione familiare, ma sorprendentemente
moderno con arredi geometrici ed essenziali: per chi predilige la funzionalità.

✕✕   Shalai – Hotel Shalai Resort   🍴 & AC ⌕ P

via Guglielmo Marconi 25 – ✆ *0 95 64 31 28 – www.shalai.it – Chiuso novembre*
Menu 50/70 € – Carta 45/84 € – *(solo a cena escluso sabato ed i giorni festivi)*
(consigliata la prenotazione)
Se "shalai" in dialetto siciliano significa gioia piena, sappiate che è questo lo stato
d'animo che vi abiterà sedendovi al desco di questo elegante ristorante, dove vi
attendono sapori mediterranei rivisitati in chiave moderna ed una lista di vini prevalentemente etnei.
→ Calamaretto all'aglio con zuppetta ai pesci di roccia e vongole veraci. Riso Carnaroli
al fumetto di triglia rossa con battuto di gamberi. Provola del casale cotta al cartoccio
con cipollotto candito e crostoni all'olio extravergine d'oliva e origano.

✕✕   Boccaperta   AC
via Umberto 98 – ✆ *09 57 77 43 33 – www.ristoranteboccaperta.com – Chiuso martedì*
Carta 28/41 €
Un piacevolissimo ambiente - tra il rustico e il signorile - con pareti in sasso e luci
soffuse: piatti della tradizione locale, a kilometro zero, molto ben fatti e in porzioni generose.

LIPARI – Messina (ME) → Vedere Eolie (Isole)

LIVIGNO
Sondrio (SO) – ☒ 23030 – 6 014 ab. – Alt. 1 816 m – Carta regionale n° **9-B1**
▶ Roma 736 km – Sondrio 77 km – Bormio 38 km – Passo dello Stelvio 55 km
Carta stradale Michelin 561-C12

Lac Salin Spa & Mountain Resort   ⌂ ⌁ 🖥 🕙 🕙 🛁 ⊡ & 🚗 🚗
via Saroch 496/d – ✆ *03 42 99 61 66 – www.lungolivigno.com – Chiuso
14 ottobre-30 novembre e 1° maggio-4 giugno*
58 cam ⌑ – ♦95/295 € ♦♦98/420 € – **7 suites**
Hotel dal design minimalista, in armonia con l'atmosfera montana. Originali le
feeling room: sette camere ispirate ai chakra (punti energetici del corpo, secondo
la filosofia orientale) ed arredate in base ai principi del feng-shui. Ottimo confort
anche nelle camere più classiche.

Baita Montana

*via Mont da la Nef 87 – ℰ 03 42 99 77 98 – www.hotelbaitamontana.com
– Aperto 4 dicembre-30 aprile e 11 giugno-31 ottobre*
39 cam ⊒ – ♟85/150 € ♟♟150/280 € – **5 suites**
Valida gestione in un hotel completamente rinnovato, con bella vista su paese e
montagne; spazi comuni sui toni chiari del legno, luminose e recenti camere con
balcone. Ampia sala da pranzo di tono elegante con arredi in legno e un'intera
parete di vetro.

Posta

*plaza dal Comun 67 – ℰ 03 42 99 60 76 – www.hposta.it – Chiuso maggio,
ottobre e novembre*
32 cam ⊒ – ♟60/110 € ♟♟60/220 €
Nel cuore del paese, vicino ai campi da sci, un esercizio ristrutturato da poco, dal-
l'ambiente essenziale e funzionale, ideale per gli amanti degli sport invernali.
Calda atmosfera nella sala da pranzo.

Sonne

*via Plan 151/c – ℰ 03 42 99 64 33 – www.hotelsonne.net
– Chiuso 2 maggio-20 giugno e 15 ottobre-30 novembre*
16 cam ⊒ – ♟90/220 € ♟♟140/380 €
In centro, questa risorsa totalmente rinnovata è un fulgido esempio di armonia
tra pietra e legno, linee tradizionali e spunti di design. Le camere si differenziano
per tipologia e dimesioni. Piacevole centro benessere.

Bivio

via Plan 422/a – ℰ 03 42 99 61 37 – www.alpinehotelslivigno.it
30 cam ⊒ – ♟120/267 € ♟♟160/356 € – **8 suites**
In pieno centro storico, hotel a conduzione diretta dagli interni piacevoli e accoglienti, con pareti rivestite in perlinato; gradevoli camere in moderno stile montano. Piatti gourmet al ristorante Cantina.

Concordia

via Plan 114 – ℰ 03 42 99 02 00 – www.hotel-concordia.it
24 cam ⊒ – ♟70/290 € ♟♟138/460 € – **7 suites**
Nel cuore della località, albergo di recente ristrutturazione, con interni curati dove
il legno, lavorato o decorato, è l'elemento essenziale; confort di alto livello. Divanetti a parete e atmosfera distinta nell'ampia sala da pranzo.

Crosal

*via dal Gesa 38 – ℰ 03 42 99 62 14 – www.hotelcrosal.com – Chiuso
2-26 maggio e 7-25 novembre*
14 cam ⊒ – ♟60/120 € ♟♟110/184 €
Centrale, lungo la strada pedonale del passeggio, semplice gestione familiare con
camere di quattro tipologie: dalle più piccole alle più grandi.

Palù

*via Ostaria 313 – ℰ 03 42 99 62 32 – www.paluhotel.it – Chiuso maggio,
ottobre e novembre*
33 cam – ♟55/160 € ♟♟55/160 €
Camere ampie e luminose con arredi in pino e abete, bagni di grandi dimensioni
e spazi comuni accoglienti caratterizzano questa risorsa ubicata accanto alle piste
da sci. Luminosa sala ristorante con vetrate su impianti e discese.

Francesin

via Ostaria 442 – ℰ 03 42 97 03 20 – www.francesin.it
14 cam ⊒ – ♟50/120 € ♟♟90/180 €
Accoglienza e servizio familiari in un piccolo albergo, che dispone di comode
camere ed attrezzato centro fitness con palestra. In sintesi, l'indirizzo ideale per
gli sportivi.

XX **Camana Veglia**

via Ostaria 583 – ℰ 03 42 99 63 10 – www.camanaveglia.com – Aperto
1° dicembre-30 aprile e 1° luglio-30 settembre, in ottobre solo nei week-end
Menu 30/49 € – Carta 40/90 € – *(chiuso i mezzogiorno di martedì e giovedì in*
inverno e martedì in luglio e settembre)
14 cam ⊑ – †90/180 € ††130/180 € – **1 suite**
Un ristorante che è anche un piccolo museo: i suoi interni, infatti, risalgono all'inizio del '900 e provengono da vecchie baite di Livigno. Davvero particolare è la
"Stua Mata" nella quale cenare diventa una vera e propria esperienza polisenso-
riale. In menu, proposte del territorio, ma con spunti di moderna creatività.

XX **Chalet Mattias** (Mattias Peri)

via Canton 124 – ℰ 03 42 99 77 94 – www.chaletmattias.com – Chiuso
novembre
Menu 65/98 € – Carta 54/101 € – *(chiuso mercoledì a mezzogiorno e*
martedì escluso Natale-Pasqua ed agosto) (consigliata la prenotazione)
5 cam ⊑ – †160/180 € ††220/300 € – **3 suites**
Per contrastare i rigori dell'inverno, che da queste parti non scherza affatto, o
semplicemente per festeggiare il ritorno della bella stagione: cosa c'è di meglio
di una buona tavola? All'interno di un caratteristico chalet, una giovane coppia
saprà sedurvi con piatti del territorio rivisitati con intelligenza.
→ Gnocchi alle ortiche con spuma di taleggio e finferli trifolati. Guanciale di
vitello stufato con mousse di polenta taragna. Crema bruciata alle gemme di
pino con salsa al rabarbaro.

LIVORNO

✉ 57123 – 156 998 ab. – Carta regionale n° **18-B2**
▶ Roma 321 km – Pisa 23 km – Firenze 94 km – Lucca 51 km
Carta stradale Michelin 563-L12

 NH Grand Hotel Palazzo

viale Italia 195 ✉ 57127 – ℰ 05 86 26 08 36   Pianta: A3**a**
– www.nh-hotels.it
113 cam ⊑ – †94/349 € ††99/579 € – **10 suites**
Nacque alla fine dell'Ottocento come residenza di villeggiatura dei Savoia e ancor
oggi la sontuosità dell'edificio svetta sul lungomare di Livorno. All'interno troverete ambienti opulenti, eleganti camere in stile contemporaneo e una piscina
panoramica all'ultimo piano, dove c'è anche il ristorante con vista sul mare.

 Al Teatro

via Mayer 42 ✉ 57125 – ℰ 05 86 89 87 05   Pianta: A2**a**
– www.hotelalteatro.it – Chiuso 24 dicembre-6 gennaio
8 cam ⊑ – †70/90 € ††100/120 €
Vicino al teatro, un piccolo ma delizioso albergo con camere personalizzate dall'atmosfera retrò e qualche arredo d'antiquariato. Sul retro, un gradevole giardinetto
con magnolia secolare, dove, nella bella stagione, vengono servite le colazioni.

Gran Duca

piazza Giuseppe Micheli 16 ✉ 57123 – ℰ 05 86 89 10 24   Pianta: A2**b**
– www.granduca.it
60 cam ⊑ – †80/95 € ††98/130 € – **2 suites**
Rist *Gran Duca* – Vedere selezione ristoranti
Albergo ubicato nel tipico ambiente del Bastione Mediceo: spaziosa hall e camere
di diversa tipologia, più o meno recenti nei rinnovi, ma comunque confortevoli.

Navy Ⓝ

viale Italia 231 ✉ 57123 – ℰ 05 86 80 20 77   Pianta: A3**c**
– www.hotelnavy.it – Chiuso 23 dicembre - 6 gennaio
9 cam ⊑ – †69/75 € ††80/95 €
Se siete in visita all'Accademia Navale o amate correre sul lungomare, ecco l'albergo che cercate: in un piccolo edificio liberty, gli spazi comuni sono ridotti, ma
le camere - più silenziose quelle sul retro - sono più che accoglienti.

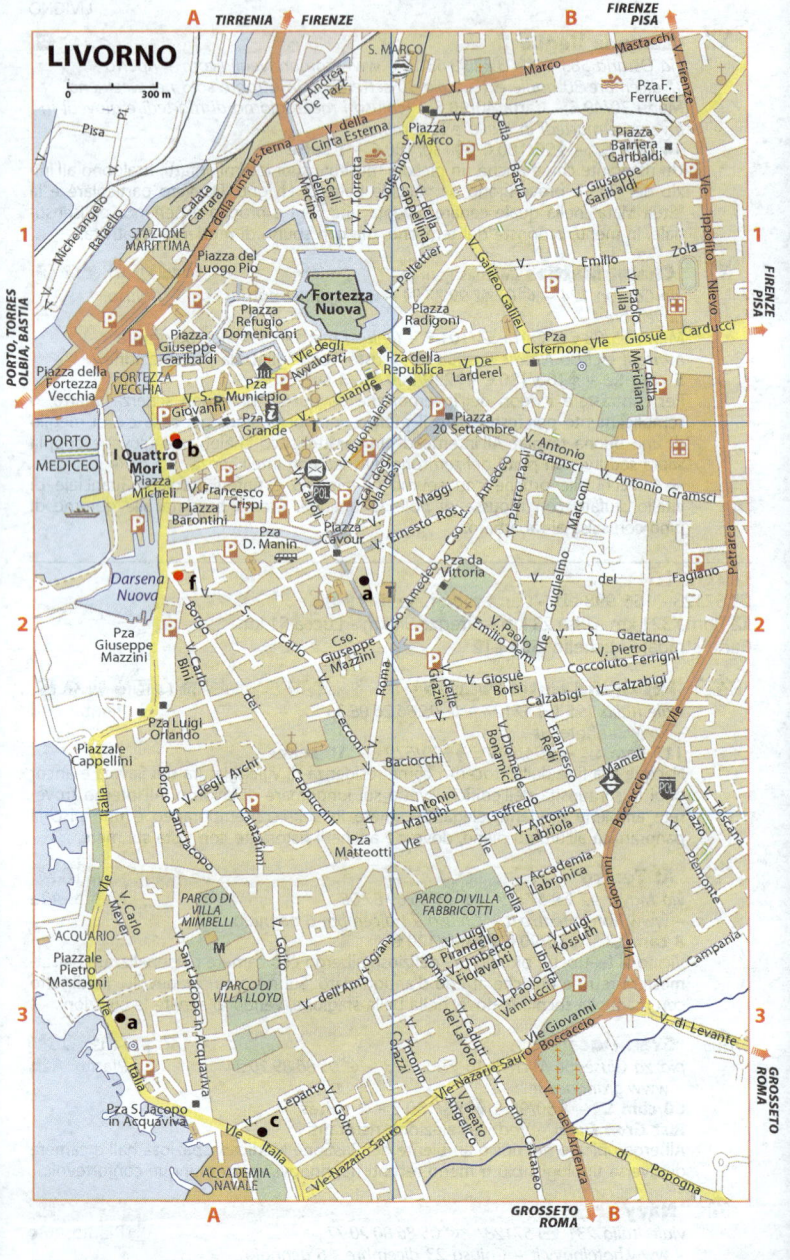

LIVORNO

0   300 m

Gran Duca – Hotel Gran Duca ⚠️ ⇔

piazza Giuseppe Micheli 16 ✉ *57123* – ✆ *05 86 89 13 25*   Pianta: A2**b**
– www.ristorantegranduca.com – Chiuso 26 dicembre-6 gennaio
Menu 25/50 € – Carta 33/59 €
Di fronte al mare e a poche centinaia di metri dall'imbarco per le isole, un'ottima tappa gastronomica con l'immancabile caciucco. In menu, anche tante altre specialità di pesce.

ad Ardenza Sud : 4 km per Grosseto B3 – ✉ 57128 Ardenza

✗ **Oscar** 🏠 ⚠️ 🚫 ⇔

via Franchini 78 – ✆ *05 86 50 12 58* – *www.ristoranteoscar.it* – *Chiuso 27 dicembre-18 gennaio e lunedì*
Carta 40/85 €
Fuori dalle rotte turistiche - in una graziosa zona residenziale - il ristorante è la meta prediletta dei livornesi che desiderano mangiare pesce fresco, in preparazioni semplici e senza tanti fronzoli, in un ambiente informale.

LIVORNO FERRARIS

Vercelli (VC) – ✉ 13046 – 4 515 ab. – Alt. 188 m – Carta regionale n° **12**-C2
▶ Roma 673 km – Torino 41 km – Milano 104 km – Vercelli 42 km
Carta stradale Michelin 561-G6

a Castell'Apertole Sud-Est : 10 km – ✉ 13046 Livorno Ferraris

 Balin 🦋 ⚠️ ⇔ 🅿️

frazione Castell'Apertole 10 – ✆ *0 16 14 71 21* – *www.balinrist.it* – *Chiuso domenica sera e lunedì*
Menu 15 € (pranzo in settimana)/45 € – Carta 35/64 €
In un'antica cascina in aperta campagna, varcata la soglia si ha già la sensazione di aver fatto una buona scelta: ambienti in stile rustico-elegante separati da un grande camino e piatti della tradizione piemontese.

LIZZANO

Taranto (TA) – ✉ 74020 – 10 141 ab. – Alt. 67 m – Carta regionale n° **15**-C3
▶ Roma 543 km – Taranto 26 km – Lecce 69 km – Bari 114 km
Carta stradale Michelin 564-F34

 Masseria Bagnara 🔆 🐾 🏡 🛋 ♿ ⚠️ 🅿️

strada provinciale 125, Sud: 6 km – ✆ *09 99 55 83 37* – *www.masseriabagnara.it*
15 cam ⛲ – ♥170/280 € ♥♥170/280 € – **3 suites**
Masseria di origini settecentesche a meno di due chilometri dal mare, tufo e ceramiche ispirano l'elegante sobrietà degli interni, affascinate tributo alle tradizioni locali. La piscina panoramica sulla campagna è il fiore all'occhiello.

LIZZANO IN BELVEDERE

Bologna (BO) – ✉ 40042 – 2 250 ab. – Alt. 640 m – Carta regionale n° **5**-B2
▶ Roma 361 km – Bologna 68 km – Firenze 87 km – Lucca 93 km
Carta stradale Michelin 562-J14

a Vidiciatico Nord-Ovest : 4 km – ✉ 40042 – Alt. 810 m

 Montegrande 🔆

via Marconi 27 – ✆ *0 53 45 32 10* – *www.montegrande.it* – *Chiuso 15 aprile-15 maggio e 15 ottobre-30 novembre*
14 cam ⛲ – ♥60/70 € ♥♥70/80 €
Ideale per una vacanza semplice e tranquilla, un albergo dall'atmosfera familiare a gestione pluriennale; spazi non ampi, ma curati e accoglienti, camere dignitose. Piacevole sala ristorante con camino; piatti del territorio, con funghi e tartufi in stagione.

LOANO

Savona (SV) – ⊠ 17025 – 11 581 ab. – Carta regionale n° **8-B2**

▶ Roma 578 km – Imperia 44 km – Genova 79 km – Savona 33 km
Carta stradale Michelin 561-J6

🏨 Grand Hotel Garden Lido

lungomare Nazario Sauro 9 – ℰ *0 19 66 96 66* – *www.gardenlido.com*
70 cam ⊡ – †75/208 € ††105/258 €
Albergo di fronte al porto turistico, in buona parte già ristrutturato negli ultimi anni, ma i progetti non sono ancora finiti! Gradevole giardino con piscina e belle camere di diverse tipologie. Quadri alle pareti e grandi finestre nella curata sala da pranzo.

🏠 Villa Mary

viale Tito Minniti 6 – ℰ *0 19 66 83 68* – *www.panozzohotels.it*
– *Chiuso 5 ottobre-23 dicembre*
30 cam – †40/50 € ††80/95 € – ⊡ 8 € – **4 suites**
Fuori dal centro, gestione cordiale e ambiente familiare in un albergo con spazi comuni non grandi, ma abbelliti da tappeti e comode poltrone; camere funzionali.

🍴 Bagatto

via Ricciardi 24 – ℰ *0 19 67 58 44* – *Chiuso mercoledì sera e martedì, in estate sempre aperto la sera*
Carta 26/58 € – (coperti limitati, prenotare)
Nascosta in un carruggio del centro, simpatica trattoria dal particolare soffitto con mattoni a vista: un ottimo indirizzo per gli amanti della cucina ligure e di mare. Tagliolini con pescato, totani ripieni, tortino al cioccolato tra le specialità della casa.

LOCOROTONDO

Bari (BA) – ⊠ 70010 – 14 265 ab. – Alt. 410 m – Carta regionale n° **15-C2**

▶ Roma 518 km – Bari 70 km – Brindisi 68 km – Taranto 36 km
Carta stradale Michelin 564-E33

🏨 Sotto le Cummerse

via Vittorio Veneto 138 – ℰ *08 04 31 32 98* – *www.sottolecummerse.it*
10 cam ⊡ – †60/140 € ††80/160 €
Un sistema simpatico per vivere il caratteristico centro storico della località: camere ed appartamenti seminati in vari punti, sempre piacevoli e dotati di ogni confort.

🍴 Centro Storico

via Eroi di Dogali 6 – ℰ *08 04 31 54 73* – *www.ilcentrostorico.biz* – *Chiuso mercoledì*
Menu 25/40 € – Carta 22/38 €
In pieno centro storico, cordiale accoglienza in una trattoria di tono semplice, ma dall'atmosfera piacevole. Proposte di casalinga cucina barese e piatti di ispirazione più classica.

LODI

⊠ 26900 – 44 769 ab. – Alt. 87 m – Carta regionale n° **9-B3**

▶ Roma 551 km – Piacenza 38 km – Milano 38 km – Cremona 59 km
Carta stradale Michelin 561-G10

🏨 Concorde Lodi Centro

piazzale Stazione 2 – ℰ *03 71 42 13 22* – *www.hotel-concorde.it* – *Chiuso 20 dicembre-3 gennaio e 2 settimane in agosto*
28 cam ⊡ – †75/140 € ††100/200 €
In questa cittadina dal tipico carattere lombardo, un hotel centrale - situato proprio di fronte alla stazione ferroviaria - la cui attenta gestione apporta continue migliorie. Camere confortevoli nella loro semplicità.

🏠 Anelli

viale Vignati 7 – ℰ *03 71 42 13 54* – *www.albergoanelli.com*
– *Chiuso 22-31 dicembre*
28 cam ⊡ – †85/105 € ††95/145 €
Conduzione diretta pluridecennale in questa comoda struttura - in prossimità del centro - che dispone di graziose camere funzionali con parquet.

XX **3 Gigli all'Incoronata**

piazza della Vittoria 47 – ℰ 03 71 42 14 04 – Chiuso 3 settimane in agosto, domenica sera, lunedì
Menu 14 € (pranzo in settimana)/35 € – Carta 35/58 €
Cucina creativa di terra e di mare, in questo ristorante a due passi dalla scenografica piazza. A pranzo, oltre alla carta, anche qualche formula più leggera ed economica.

LODRONE – Trento (TN) → Vedere Storo

LOIANO

Bologna (BO) – ⌂ 40050 – 4 347 ab. – Alt. 714 m – Carta regionale n° **5-C2**
▶ Roma 361 km – Bologna 33 km – Firenze 91 km – Prato 85 km
Carta stradale Michelin 562-J15

Palazzo Loup

via Santa Margherita 21, località Scanello, Est: 3 km – ℰ 05 16 54 40 40 – www.palazzo-loup.it
49 cam ⌥ – †60/150 € ††90/225 €
Incredibile fusione di passato e presente, in una dimora di origine medievale immersa in uno splendido parco con piscina e vista sulle colline tosco-emiliane. La struttura si è recentemente arricchita di 450 mq di spa.

LONATO

Brescia (BS) – ⌂ 25017 – 16 175 ab. – Alt. 188 m – Carta regionale n° **9-D1**
▶ Roma 533 km – Brescia 29 km – Mantova 71 km – Verona 51 km
Carta stradale Michelin 561-F13

a Barcuzzi Nord : 3 km – ⌂ 25080 Lonato

XX **Da Oscar**

via Barcuzzi 16 – ℰ 03 09 13 04 09 – www.daoscar.it – Chiuso 15-28 gennaio, lunedì (escluso la sera in luglio-agosto) e martedì a mezzogiorno
Menu 45 € – Carta 37/66 €
Specialità ittiche (anche d'acqua dolce) e ricette di terra, nonché un'interessante proposta di pizze lievitate, in un raffinato locale ubicato sulle colline che guardano il lago di Garda; servizio estivo in terrazza.

LONGARE

Vicenza (VI) – ⌂ 36023 – 5 682 ab. – Alt. 29 m – Carta regionale n° **22-B2**
▶ Roma 522 km – Padova 31 km – Vicenza 11 km – Verona 60 km
Carta stradale Michelin 562-F16

Agriturismo Le Vescovane

via San Rocco 19/2, Ovest: 4 km – ℰ 04 44 27 35 70 – www.levescovane.com
9 cam ⌥ – †55/75 € ††80/110 €
Rist *Le Vescovane* – Vedere selezione ristoranti
Pochi chilometri fuori Vicenza per trovare, meglio se facendosi consigliare la strada dai proprietari, una torre di caccia cinquecentesca nel silenzio dei monti Berici.

XX **Le Vescovane** – Agriturismo Le Vescovane

via San Rocco 19/2, Ovest: 4 km – ℰ 04 44 27 35 70 – www.levescovane.com
Carta 33/63 € – (chiuso lunedì e martedì) (solo a cena escluso sabato, domenica e festivi)
Spariti i cavalli, le ex stalle della casa-fortezza cinquecentesca ospitano oggi una cucina imperniata su ottimi prodotti, talvolta di nicchia - sia dell'azienda agrituristica che del territorio veneto - in piatti estrosi ed elaborati.

a Costozza Sud-Ovest : 1 km – ⌂ 36023 Longare

XX **Aeolia**

piazza Da Schio 1 – ℰ 04 44 55 50 36 – www.aeolia.com – Chiuso martedì
Menu 13 € (pranzo in settimana)/32 € – Carta 20/48 €
Un'esperienza artistica ancor prima che gastronomica, dalla sala del 1568 con affreschi di Zelotti e Fasolo, ai chilometrici cunicoli che ospitano le cantine. Cucina veneta e specialità di carne; tra i più gettonati i fagottini prosciutto e pere.

LONGIANO

Forlì-Cesena (FC) – ✉ 47020 – 7 066 ab. – Alt. 179 m – Carta regionale n° **5-D2**
▶ Roma 350 km – Rimini 28 km – Forlì 32 km – Ravenna 46 km
Carta stradale Michelin 562-J18

✕✕ Terre Alte ⓝ   🛋 AC P

via Olmadella 11, località Balignano – ✆ 05 47 66 61 38
– www.ristoranteterrealte.com – Chiuso 10 giorni in gennaio, 10 giorni
in maggio, 10 giorni in agosto, martedì a mezzogiorno e lunedì
Carta 44/95 € – (consigliata la prenotazione)
Un ristorante dai toni eleganti per trovare il pescato del giorno accuratamente
selezionato dal titolare stesso ed una cucina semplice che ne valorizza la qualità.

✕ Dei Cantoni   🛋 AC

via Santa Maria 19 – ✆ 05 47 66 58 99 – www.ristorantedeicantoni.it – Chiuso
15 febbraio-15 marzo e mercoledì
Carta 25/48 €
All'ombra del castello malatestiano, due sale con mattoni a vista che ricordano il
bel ciotttolato del centro ed una simpatica gestione dal servizio veloce, ma cortese. Piacevole il servizio estivo in veranda e, assolutamente, da provare il tortello
di grano saraceno ripieno di erbe di campo con olio al timo e scorzone.

LONIGO

Vicenza (VI) – ✉ 36045 – 16 309 ab. – Alt. 31 m – Carta regionale n° **23-B3**
▶ Roma 503 km – Verona 40 km – Vicenza 29 km – Padova 59 km
Carta stradale Michelin 562-F16

✕✕✕ La Peca (Nicola Portinari)   🕸 & AC ⇔ P

❀❀ *via Alberto Giovanelli 2 – ✆ 04 44 83 02 14 – www.lapeca.it*
– Chiuso 25-30 dicembre, 1 settimana in febbraio, 2 settimane in giugno, la
settimana di Ferragosto, domenica sera e lunedì, anche domenica a
mezzogiorno in estate
Menu 45 € (pranzo in settimana)/140 € – Carta 83/141 €
Creativa, ma senza strafare, regionale, ma senza interdirsi esperienze diverse, elegante, ma lasciando che i clienti si sentano a loro agio: la Peca è una straordinaria
tappa gastronomica con vista sui colli.
→ Bigoli integrali con acciughe, alici marinate e gelato di cipolle rosse. Zuppa speziata
di pesci dell'Adriatico, limone candito e prezzemolo. Davanti al camino....: bacco,
tabacco, caffè caldo, legno di cedro e fumo di pipa con zucchero

LOREGGIA

Padova (PD) – ✉ 35010 – 7 610 ab. – Alt. 26 m – Carta regionale n° **23-C2**
▶ Roma 504 km – Padova 26 km – Venezia 30 km – Treviso 36 km
Carta stradale Michelin 562-F17

✕ Locanda Aurilia   🕸 ⇦ 🖥 & AC

via Aurelia 27 – ✆ 04 99 30 06 77 – www.locandaaurilia.com – Chiuso
1°-8 gennaio, 1°-22 agosto e martedì
Menu 30 € (pranzo in settimana)/40 € – Carta 25/45 € – (consigliata la
prenotazione)
16 cam 🛏 – ♦40/50 € ♦♦80/90 €
La passione per la cucina e un forte legame per le tradizioni del territorio hanno
scandito gli oltre cinquant'anni di attività della locanda, che continua a proporre
gustosi piatti sia di terra sia di mare. Tra i must del menu: rognone trifolato al
vino friularo.

LORETO

Ancona (AN) – ✉ 60025 – 12 777 ab. – Alt. 127 m – Carta regionale n° **11-D2**
▶ Roma 294 km – Ancona 31 km – Macerata 31 km – Pesaro 90 km
Carta stradale Michelin 563-L22

🏨 San Francesco   ✿ 🖥 & AC 🔐 P

Via San Francesco 15 – ✆ 0 71 97 71 28 – www.loretosanfrancescohotel.it
43 cam 🛏 – ♦50/74 € ♦♦64/114 €
... E, infatti, siamo in un convento francescano sapientemente ristrutturato, che
ora propone ambienti e camere dall'arredo moderno, ma dalle linee sobrie.

XxX **Andreina** (Errico Recanati)
🕸
via Buffolareccia 14 – ✆ 0 71 97 01 24
– www.ristoranteandreina.it – Chiuso 2 settimane in giugno, martedì e mercoledì, solo i mezzogiorno di martedì e mercoledì in agosto
Menu 60/80 € – Carta 42/91 €
Una coppia di coniugi e una grande passione per la materia prima: in costante crescita gastronomica negli anni, ricevono oggi i meritati riconoscimenti con una cucina che rivede la tradizione, quasi esclusivamente di carne, con succulenti proposte alla brace e allo spiedo tra i secondi piatti.
➜ Gnocco di patate viola ripieno di lepre in salmì, burro, salvia e mirtilli. Cartoccio di quaglia e fegato grasso in salsa di visciole. Dolcemente caramello.

LORETO APRUTINO
Pescara (PE) – ✉ 65014 – 7 539 ab. – Alt. 294 m – Carta regionale n° **1-B1**
▶ Roma 226 km – Pescara 24 km – Teramo 77 km
Carta stradale Michelin 563-O23

 Castello Chiola
via degli Aquino 12 – ✆ 08 58 29 06 90
– www.castellochiolahotel.com
32 cam ⌂ – †79/149 € ††89/189 € – **4 suites**
Si respira una romantica atmosfera nelle sale ricche di fascino di un'incantevole, antica residenza medioevale, nella parte panoramica della cittadina; camere raffinate. Elegante ristorante dove apprezzare la tradizionale cucina italiana.

XX **Carmine**
contrada Remartello 52, Est: 4,5 km – ✆ 08 58 20 85 53
– www.ristorantecarmine.it – Chiuso martedì a pranzo e lunedì
Carta 21/62 €
Gestione familiare di grande esperienza per un grazioso locale con veranda, dove gustare piatti di mare a base di ricette tradizionali abruzzesi. Il giovane chef vi aiuterà nella scelta, ma noi vi suggeriamo un imperdibile: la carbonara di mare!

LORO CIUFFENNA
Arezzo (AR) – ✉ 52024 – 5 832 ab. – Alt. 330 m – Carta regionale n° **18-C2**
▶ Roma 238 km – Firenze 54 km – Siena 63 km – Arezzo 31 km
Carta stradale Michelin 563-L16

 Dimora Casa Eugenia
piazza Nannini 2/a – ✆ 05 59 17 12 57
– www.dimoracasaeugenia.com – Chiuso 15 gennaio-15 febbraio
6 cam ⌂ – †80/100 € ††90/120 € – **2 suites**
Nel centro storico della località, questa dimora trecentesca affacciata da un lato sulla gola e sul torrente, propone ambienti comuni affrescati e camere tutte contraddistinte da un diverso colore. Piccola terrazza-giardino per momenti di piacevole relax.

X **Il Cipresso-da Cioni**
via De Gasperi 28 – ✆ 05 59 17 11 27
– www.ilcipresso.it – Chiuso mercoledì sera e sabato a mezzogiorno
Carta 23/57 €
Quadri di arte contemporanea realizzati dal titolare-pittore rallegrano la sala, mentre le migliori specialità del territorio - salumi, pane, paste e le celebri carni toscane – deliziano gli avventori, che potranno prolungare la piacevolezza dei sapori gustati portandosi a casa prodotti locali acquistabili nella piccola enoteca.

LORO PICENO

Macerata (MC) – ✉ 62020 – 2 414 ab. – Alt. 436 m – Carta regionale n° **11-C2**
▶ Roma 248 km – Ascoli Piceno 74 km – Ancona 73 km – Macerata 22 km
Carta stradale Michelin 563-M22

Casa Azzurra   ✿ ⑤ ⫷ 🖥 ⌁ 𝕞 ⅙ 🅰 🅿

contrada Grazie Fiastra 67/b, Ovest: 1 km – ✆ *07 33 50 69 08*
– www.casaazzurra.it – Chiuso 8-20 dicembre e 8-20 gennaio
8 cam ⌑ – ♦80/100 € ♦♦80/100 €
Progettata secondo i più avanzati concetti di bioarchitettura e l'applicazione dei
principi del Feng-Shui, l'eliminazione notturna dei campi elettromagnetici, nonché il corretto allineamento dei meridiani è l'indirizzo ideale per gli spiriti green,
che troveranno un ambiente d'ispirazione orientale ed una cucina prevalentemente bio.

LOVENO – Como (CO) ➡ Vedere Menaggio

LOVERE

Bergamo (BG) – ✉ 24065 – 5 345 ab. – Alt. 208 m – Carta regionale n° **10-D1**
▶ Roma 611 km – Brescia 49 km – Bergamo 41 km – Edolo 57 km
Carta stradale Michelin 561-E12

Castello �   ✿ ⫷ ▣ ⅙ ⚙ 🚗

via del Santo 1 – ✆ *0 35 96 41 29 – www.hotelcastellolovere.it*
9 suites ⌑ – ♦♦120/195 €
Piccolo nelle dimensioni, ma grande nel confort, grazie alle sue moderne suite
tutte con balcone e vista lago (sebbene alcune laterali). E il panorama si ripropone dalla terrazza del ristorante rinomato per le sue specialità di pesce.

Moderno   ✿ ▣ 🅰 ⚙

piazza 13 Martiri 21 – ✆ *0 35 96 06 07 – www.albergomoderno.eu*
24 cam ⌑ – ♦60/70 € ♦♦80/85 €
Davanti al lungolago, hotel storico dalla piacevole facciata rosa che guarda la
piazza centrale del paese: camere molto spaziose e funzionali. Al piano terra,
un'accogliente sala da pranzo sobriamente arredata.

✗ Mas   🦟 ⅙ ⚙ ⟳

via Gregorini 21 – ✆ *0 35 98 37 05 – Chiuso 1°-7 febbraio, 15-30 giugno e
martedì*
Carta 19/54 €
Simpatico, informale e modaiolo: Mas ha praticamente tutto per piacere ad un
target che va dai giovani ai più maturi, soprattutto se si opta - a pranzo - per la
formula più semplice di cucina mediterranea. La sera, invece, come una vera
signora, la carta si fa più sofisticata!

LUCARELLI – Siena (SI) ➡ Vedere Radda in Chianti

LUCCA

(LU) – ✉ 55100 – 89 290 ab. – Alt. 19 m – Carta regionale n° **18-B1**

▶ Roma 351 km – Pisa 24 km – Livorno 50 km – Firenze 81 km

Carta stradale Michelin 563-K13

G. Lenz / imageBroker / age fotostock

 Alberghi

 **San Luca Palace** 🔲 🚿 AC 🏃 🚗

via San Paolino 103 – ℰ 05 83 31 74 46 *Pianta: A2**d***

– www.sanlucapalace.com

23 cam ☕ – ▮80/190 € – ▮▮150/290 € – **3 suites**

All'interno di un palazzo del '500 - a pochi passi dal centro - ospitalità e indiscussa professionalità in ambienti eleganti dai morbidi colori. Le camere si distinguono per l'ottimo livello e la cura del dettaglio. Attrezzata sala riunioni, bar/tea room, parcheggio e garage con servizio cortesia, biciclette gratuite.

 Noblesse 🍴 🔲 🚿 AC 🚗

via Sant'Anastasio 23 – ℰ 05 83 44 02 75 *Pianta: B2**e***

– www.hotelnoblesse.it

15 cam ☕ – ▮179/479 € – ▮▮199/499 € – **5 suites**

Rist *Antica Osteria* – Vedere selezione ristoranti

Eleganti camere con tappeti persiani, preziosi arredi d'epoca, un grande impiego di tessuti e decorazioni dorate fanno di questo palazzo settecentesco un fastoso albergo.

 Grand Hotel Guinigi 🍴 📶 ⅃♨ 🔲 🚿 AC 🏃 🅿

via Romana 1247, per viale Cadorna - *C2* – ℰ 05 83 49 91

– www.grandhotelguinigi.it

157 cam ☕ – ▮90/250 € – ▮▮100/300 € – **11 suites**

Moderna struttura, sita fuori dal centro, dotata di ampi ambienti luminosi provvisti di ogni confort; ideale per una clientela di lavoro, ma adatto anche al turista di passaggio. Colori ambrati e arredi classici nella sala da pranzo con colonne e soffitto ad archi.

 Ilaria e Residenza dell'Alba 🔲 🚿 AC 🏃 🚗

via del Fosso 26 – ℰ 0 58 34 76 15 – www.hotelilaria.com *Pianta: C2**z***

39 cam ☕ – ▮69/139 € – ▮▮99/299 € – **5 suites**

Alle porte del centro storico, ma ancora accessibile in macchina, troverete arredi semplici e funzionali nelle camere, una gradevole terrazza per le colazioni estive, nonché spaziose suite in una vicina dépendence.

 Hambros il Parco 🌿 🛏 🔲 🚿 AC 🏃 🅿

via Pesciatina 197, località Lunata, 4,5 km per Pistoia - *C1* – ℰ 05 83 93 53 55

– www.hotelhambros.com – Chiuso 22 dicembre-6 gennaio

52 cam – ▮180/220 € – ▮▮250 € – ☕ 20 €

Un bel parco ospitante numerose sculture di un artista locale fa da cornice a questa villa settecentesca, caratterizzata da un susseguirsi di sale secondo lo schema delle residenze dell'epoca. Nelle camere si è optato, invece, per uno stile più minimalista. Tranquillità e relax qui non mancano.

LUCCA

0 — 200 m

Battistero e Chiesa dei
S. Giovanni e Chiesa Reparata ..... B

ABETONE · CAMAIORE, CASTELNUOVO

VIAREGGIO, PISA
GENOVA

PISA · VIAREGGIO

Passeggiata delle Mura

V. dei Bacchettoni

Vle Guglielmo Marconi

Vle Giovanni Pacini

Museo nazionale
di Villa Guinigi

Orto botanico

S. Pietro
Somaldi

Pza S.
Pietro

Piazza dell'
Anfiteatro

CITTÀ VECCHIA

S. Frediano

S.
Cristoforo

Pza del
Bernardini

Museo della
Cattedrale

Duomo di
S. Martino

Pza S.
Martino

Piazza
Antelminelli

S. Michele
in Foro

Pza S.
Michele

Piazza
Napoleone

Pza del
Giglio

S. Paolino

Pinacoteca

V. S.
Tommaso

S. Paolino

Museo nazionale
del Fumetto e
dell'Immagine

Piazza dell'
Indipendenza

Piazzale
G. Verdi

Piazza L.
Boccherini

Passeggiata

612

Alla Corte degli Angeli 📶 AC P

via degli Angeli 23 – ☎ 05 83 46 92 04 Pianta: B1**b**
– www.allacortedegliangeli.com – Chiuso 15 gennaio-15 febbraio
21 cam ⊡ – †90/150 € ††180/270 €
Incastonato in una struttura storica, ma dotato dei migliori confort moderni, l'hotel propone ambienti dai colori vivaci, travi a vista e camere arredate con estrema ricercatezza, seguendo come leit motiv le peculiarità cromatiche di un fiore.

 Celide 🍴 🐾 📶 AC ⚕ P

viale Giuseppe Giusti 25 – ☎ 0 58 35 41 06 Pianta: C2**a**
– www.albergocelide.it
49 cam ⊡ – †75/115 € ††95/350 €
Di fronte alle antiche mura, l'hotel propone camere dagli arredi moderni e funzionali, particolarmente confortevoli quelle al secondo piano, ricche di colore e design. Gli amanti del pesce apprezzeranni la cucina di mare dell'omonimo ristorante.

 San Marco 🦉 📶 ⚙ ६ AC 🚗

via San Marco 368, per Castelnuovo - B1 – ☎ 05 83 49 50 10
– www.hotelsanmarcolucca.com
42 cam ⊡ – †75/150 € ††80/200 €
Moderno e originale edificio in mattoni che esternamente ricorda una chiesa, mentre al suo interno propone ariosi ambienti in stile contemporaneo. Piacevoli serate sorseggiando vino e birra (di produzione propria) sulla bella terrazza, dove viene anche servita la prima colazione.

 San Martino AC P

via Della Dogana 9 – ☎ 05 83 46 91 81 Pianta: B2**m**
– www.albergosanmartino.it
12 cam ⊡ – †60/160 € ††80/160 €
In posizione tranquilla nelle vicinanze del Duomo, un gioiellino d'atmosfera - caldo ed accogliente - sin dal suo piccolo ingresso. La struttura propone camere di modeste dimensioni, ma particolarmente curate nei dettagli. La prima colazione può essere consumata anche nel piccolo dehors.

 La Luna 📶 AC 🚗

via Fillungo, corte Compagni 12 – ☎ 05 83 49 36 34 Pianta: B1**u**
– www.hotellaluna.it – Chiuso 15 gennaio-15 febbraio
28 cam ⊡ – †60/120 € ††80/160 € – **1 suite**
A pochi passi dalla celebre piazza dell'Anfiteatro, dispone di ambienti accoglienti e ben tenuti, seppur non molto ampi, e camere funzionali. Nelle adiacenze, una dependance.

 Melecchi 📶 AC 🍽️ P

via Romana 41, per viale Cadorna - C2 – ☎ 05 83 95 02 34
– www.hotelmelecchi.it
14 cam – †40/55 € ††55/75 € – ⊡ 5 €
Poco lontano dal centro - facilmente raggiungibile anche a piedi - hotel dagli ampi spazi comuni, ricchi di personalità e calore familiare. Camere curate e ben tenute; prima colazione di tipo continentale.

 Piccolo Hotel Puccini

via di Poggio 9 – ☎ 0 58 35 54 21 – www.hotelpuccini.com Pianta: B2**c**
14 cam – †50/75 € ††75/100 € – ⊡ 4 €
Cortese ospitalità in questo albergo ospitato all'interno di un antico palazzo sito nel cuore della città; all'interno ambienti non molto spaziosi e camere semplici e colorate.

 Palazzo Tucci 📶 AC 🍽️ ⚕ P

via Cesare Battisti 13 – ☎ 05 83 46 42 79 Pianta: B1**z**
– www.palazzotucci.com
6 cam ⊡ – †150/170 € ††150/170 €
Sono principesche le camere di questo palazzo nobiliare del '700 in pieno centro. Ma anche i saloni ricchi di fascino e storia, stucchi e affreschi, contribuiscono a rendere fiabesco il soggiorno.

🏠 Palazzo Rocchi ⬆ AC

piazza San Michele 30 – ☎ 05 83 46 74 79   Pianta: B2**r**
– www.palazzorocchi.it – Chiuso 9 gennaio-19 marzo
5 cam ☲ – ♦90 € ♦♦120/135 €
Alle spalle della chiesa di San Michele, al terzo piano di un palazzo trecentesco con affreschi e arredi d'epoca, quattro camere si affacciano sull'omonima piazza. Per chi volesse regalarsi un sogno, suggeriamo la suite dell'ammiraglio.

🏠 A Palazzo Busdraghi AC

via Fillungo 170 – ☎ 05 83 95 08 56   Pianta: B1**d**
– www.apalazzobusdraghi.it – Chiuso 10-24 gennaio
8 cam ☲ – ♦75/180 € ♦♦80/250 €
Al primo piano dell'omonimo palazzo affacciato sul corso principale del centro, offre ambienti luminosi nei quali si incontrano il fascino dell'antiquariato e accessori d'avaguardia.

🏠 Villa Romantica 🛋 🖴 AC ✗ P

via Inigo Campioni 19, per Pescia - C1 – ☎ 05 83 49 68 72
– www.villaromantica.it – Chiuso 13-27 dicembre e 7 gennaio-7 febbraio
6 cam ☲ – ♦59/89 € ♦♦79/129 €
Se il nome è già un'eloquente presentazione, all'interno troverete colori ed un'attenta cura per i dettagli. Romanticamente nel sottotetto, un piccolo centro benessere con bagno turco.

🏠 Alla Dimora Lucense AC 🚗

via Fontana 19 – ☎ 05 83 49 57 22 – www.dimoralucense.it   Pianta: B1**e**
8 cam ☲ – ♦90/120 € ♦♦110/160 €
In una struttura del centro storico - a pochi passi dalle Mura e da piazza dell'Anfiteatro - piacevoli camere e godibile patio per momenti di fresco relax.

🏠 Piccolo Ritz ⬆ AC P

viale Giacomo Puccini 450, per via Catalani - A2 – ☎ 0 58 31 90 03 29
– www.piccoloritz.it
9 cam ☲ – ♦50/130 € ♦♦65/350 €
Grazioso villino liberty d'inizio Novecento, il centro dista meno di un chilometro: l'atmosfera è semplice, ma curata, con pavimenti originali al primo e al secondo piano. Vasca idromassaggio e noleggio bicilette.

🟠 Ristoranti

✕✕✕ Buca di Sant'Antonio 🍴 🍷 AC ⬌
😊

via della Cervia 1/5 – ☎ 0 58 35 58 81   Pianta: B2**a**
– www.bucadisantantonio.com – Chiuso 12-18 gennaio, domenica sera e lunedì
Menu 22 € (pranzo)/35 € – Carta 35/50 €
Al piano terra quella che in origine era la stalla per il cambio dei cavalli, mentre la "buca" è la sala al piano inferiore. Una grande varietà di oggetti appesi alle pareti o pendenti dal soffitto tipicizzano l'ambiente; il menu è invece vivacizzato da piatti regionali eseguiti secondo antiche ricette.

✕✕ All'Olivo 🍴 🍷 AC ⬌

piazza San Quirico 1 – ☎ 05 83 49 62 64   Pianta: B2**p**
– www.ristoranteolivo.it – Chiuso mercoledì
Menu 35/50 € – Carta 39/79 € – (consigliata la prenotazione)
In una delle caratteristiche piazze del centro storico, tre sale elegantemente arredate, di cui una adibita ai fumatori, dove gustare una squisita cucina del territorio di terra e di mare. Piacevole servizio estivo all'aperto.

✕✕ Antica Locanda dell'Angelo 🍴 🍷 AC ⬌
😊

via Pescheria 21 – ☎ 05 83 46 77 11   Pianta: B2**x**
– www.anticalocandadellangelo.com – Chiuso 2 settimane in gennaio,
1 settimana in novembre, domenica sera e lunedì escluso in estate
Menu 15 € (pranzo in settimana)/60 € – Carta 39/58 €
Sorto probabilmente come locanda, oggi è certamente un locale elegante. Dalle cucine, un buon equilibrio tra tradizione locale e piatti nazionali. Un occhio di riguardo anche al vino.

XX **Antica Osteria** – Hotel Noblesse
via Santa Croce 55 – 𝒞 *05 83 44 02 75*   Pianta: B2**e**
– www.hotelnoblesse.it
Carta 32/79 €
Giusto rapporto qualità/prezzo per una cucina che celebra il territorio: il tutto, in
graziose e curate sale, ricche di atmosfera. Nella bella stagione c'è un grazioso
servizio esterno.

X **L'Imbuto** (Cristiano Tomei)
via della Fratta 38 – 𝒞 *32 90 84 31 80* – *www.limbuto.it*   Pianta: B1**t**
– Chiuso lunedì
Menu 40/90 €
All'interno del museo d'arte contemporanea, la cucina, creativa e fantasiosa, ne
riflette la vocazione avanguardista. Si sceglie solo il numero delle portate e si
parte per uno straordinario viaggio di sorprese.
→ Ravioli all'olio extravergine e parmigiano reggiano con polvere di cavolo nero.
Manzo gourmet. Crema catalana al tabacco da pipa.

X **Osteria Verciani "il Mecenate a Lucca"**
via del Fosso 94 – 𝒞 *05 83 51 18 61*   Pianta: C1**v**
– www.ristorantemecenate.it – *Chiuso 5-20 novembre*
Carta 30/54 €
Nei locali di una storica tintoria lucchese, qui respirerete l'atmosfera di un'autentica, conviviale trattoria; dal menu una straordinaria carrellata delle eccellenze
gastronomiche locali quali i tordelli lucchesi o la tagliata alle erbe aromatiche.
Scenografico servizio estivo di fronte alla chiesa di San Francesco.

sulla strada statale 12 r   per viale Europa A2

Marta Guest House
via del Querceto 47, località Santa Maria del Giudice, Sud: 10 km ✉ *55100*
– 𝒞 *05 83 37 85 55* – *www.martaguesthouse.it* – *Chiuso 10 gennaio-20 marzo*
6 cam ⌷ – †55/75 € ††80/110 €
Tra Lucca e Pisa, la nostalgica bellezza di una villa in stile tardo Liberty con splendidi pavimenti, bei soffitti ed arredi d'epoca. Due camere con ampio terrazzo e,
per tutti, generosa colazione sia dolce che salata.

X **La Cecca**
località Coselli, Sud: 5 km ✉ *55060 Capannori* – 𝒞 *0 58 39 42 84*
– www.lacecca.it – *Chiuso 1°-10 gennaio, 1 settimana in agosto, mercoledì sera
e lunedì*
Carta 24/45 €
Alle pendici della collina di Coselli, il locale ricorda nell'insegna il nome della fondatrice che negli anni '40 aprì qui un negozio di alimentari. A distanza di qualche
generazione, la trattoria si infittisce ancora di buongustai alla ricerca di un
ambiente accogliente e familiare, ma soprattutto dei piatti più famosi della
regione.

a Marlia Nord : 6 km per Camaiore B1 – ✉ 55014

XxX **Butterfly** (Fabrizio Girasoli)
strada statale 12 dell'Abetone – 𝒞 *05 83 30 75 73* – *www.ristorantebutterfly.it*
– Chiuso 2 settimane in gennaio e mercoledì
Menu 75 € – Carta 59/92 € – *(solo a cena escluso giorni festivi)* (consigliata la
prenotazione)
Immerso in un curato giardino, ottocentesco casolare dove cotto e travi si uniscono ad un'elegante atmosfera. Gestione familiare, cucina elaborata dalle presentazioni ricercate.
→ Risotto carnaroli alla robiola con vongole veraci nel loro succo e lime. Astice in
caprese con tartare delle sue chele e gelato al pomodoro rosso. "Il pozzo dei desideri".

a Capannori Est : 6 km per Pontedera C2 – ✉ 55012

XX **Forino**   🏨 🏡 ♿ AC ⇔ P
*via Carlo Piaggia 21 – ℰ 05 83 93 53 02 – www.ristoranteforino.it – Chiuso
26 dicembre-1° gennaio, 16-31 agosto, domenica sera e lunedì*
Menu 36/40 € – Carta 27/60 €
Gestione simpatica e competente in un locale rinomato nella zona per la sua
cucina di mare sapientemente elaborata, realizzata con selezionate materie
prime.

a Ponte a Moriano Nord : 9 km per Camaiore B1 – ✉ 55029

XX **Antica Locanda di Sesto**   AC P
😊
*via Ludovica 1660, a Sesto di Moriano, Nord-Ovest: 2,5 km – ℰ 05 83 57 81 81
– www.anticalocandadisesto.it – Chiuso 24 dicembre-1° gennaio e sabato*
Carta 25/59 €
Simpatica e calorosa gestione familiare per questa storica locanda di origini
medievali che ha saputo conservare autenticità e genuinità, oggi riproposte in
gustose ricette regionali. Un esempio? Zuppa di farro della Garfagnana - trippa
in casseruola - frutta caramellata al forno.

a Segromigno in Monte Nord : 10 km per Camaiore B1 – ✉ 55018

🏠 **Fattoria Mansi Bernardini**   ⇑ 🌿 🛖 ⤸ ✎ P
*via di Valgiano 34, Nord : 3 km – ℰ 05 83 92 17 21
– www.fattoriamansibernardini.it – Aperto 1° aprile-29 novembre*
15 cam 🛏 – ♦100/110 € ♦♦130/160 €
In un'affascinante cornice, tra colline e vigneti, la grande azienda agricola produt-
trice di olio si compone di diversi casolari e riserva agli ospiti arredi d'epoca e
camere spaziose. L'atmosfera è piacevolmente retrò!

sulla strada statale 435 per Pescia C1

XX **Serendepico**   ⇦ 🏡 AC ✎ P
*via della Chiesa di Gragnano 36, Est: 12 km ✉ 55102 Capannori
– ℰ 05 83 97 50 26 – www.serendepico.com – Chiuso 3 gennaio-3 febbraio*
Menu 35/70 € – Carta 23/59 € – *(chiuso martedì, escluso agosto)* (consigliata la
prenotazione)
7 cam 🛏 – ♦70/100 € ♦♦90/170 € – **2 suites**
Raffinata modernità all'interno di un casolare seicentesco circondato da un grazioso giardino e isolato sulle colline della lucchesia. La cucina rielabora con fantasia le risorse della regione.

X **I Diavoletti**   🏡 AC P
😊
*via stradone di Camigliano 302, Est: 9 km ✉ 55012 Capannori
– ℰ 05 83 92 03 23 – www.ristorantepizzeriaidiavoletti.it – Chiuso mercoledì*
Carta 22/40 € – *(solo a cena escluso domenica)*
In questa ex casa del popolo (dove si riunivano i "diavoletti" rossi), tre sorelle al
lavoro in difesa dei prodotti della lucchesia: in sale allegre e variopinte, qui sarete
introdotti alle specialità del territorio dal tordello lucchese alla tagliata di capocollo al finocchietto selvatico.

a Cappella per Nord: 10 km per Camaiore B1 – ✉ 55100

🏠 **Relais La Cappella** Ⓝ   ⇑ 🌿 ⟨ 🛖 ⤸ P
*via dei Tognetti 469, località Ceccuccio – ℰ 05 83 39 43 47
– www.relaislacappella.com – Aperto 1° marzo-6 novembre*
12 cam 🛏 – ♦110/135 € ♦♦155/175 €
Si procede in salita per qualche chilometro, prima di arrivare alle porte di questo
ex convento del '600 adagiato tra le colline: vista panoramica e mobili d'epoca
nelle accoglienti camere. E per chi volesse fare acquisti, vendita di vini locali e di
olio dell'azienda.

sulla strada per Valgiano Nord-Est: 8 km direzione Abetone B1

 Tenuta San Pietro ✦ ⬚ ≤ 🛏 🛋 ⬚ 🅰️ 🅿️
via per San Pietro 22/26, località San Pietro a Marcigliano – 𝒞 05 83 92 66 76
– www.tenuta-san-pietro.com – Aperto 1° aprile-31 ottobre
8 cam – 🛏170/450 € 🛏🛏170/450 € – 🍽 15 € – **2 suites**
In posizione bucolica e panoramica - piccola nelle dimensione, ma non nel confort - la risorsa offre camere personalizzate e moderne che ben si armonizzano al contesto. Cucina del territorio reinterpretata con gusto contemporaneo.

LUCERA
Foggia (FG) – ✉ 71036 – 33 898 ab. – Alt. 219 m – Carta regionale n° **15-A2**
▶ Roma 301 km – Foggia 21 km – Barletta 97 km – Campobasso 71 km
Carta stradale Michelin 564-C28

XX **Il Cortiletto** 🏠 🅰️ 🍽
via De Nicastri 26, adiacenze Museo Fiorelli – 𝒞 08 81 54 25 54
– www.ristoranteilcortiletto.it – Chiuso domenica sera
Carta 31/66 € – (prenotare)
Il nome è mutuato dal patio di un palazzo nobiliare del XVII secolo, ambiente caldo e signorile dai soffitti a mattoni a vista e in menu il territorio con i suoi prodotti e piatti ricercati.

LUCRINO – Napoli (NA) ➡ Vedere Pozzuoli

LUGANA – Brescia (BS) ➡ Vedere Sirmione

LUGHETTO – Venezia ➡ Vedere Campagna Lupia

LUGO
Ravenna (RA) – ✉ 48022 – 32 501 ab. – Alt. 12 m – Carta regionale n° **5-C2**
▶ Roma 385 km – Bologna 61 km – Ravenna 32 km – Faenza 19 km
Carta stradale Michelin 562-I17

 San Francisco ♿ 🅰️ 🍽
via Amendola 14 – 𝒞 0 54 52 23 24 – www.sanfranciscohotel.it – Chiuso
23 dicembre-2 gennaio e 1°-28 agosto
25 cam 🍽 – 🛏65/75 € 🛏🛏96 € – **1 suite**
Interni arredati con design anni '70, dove l'essenzialità non è mancanza del superfluo, ma capacità di giocare con linee e volumi per creare confortevole piacevolezza. Luminose zone comuni e camere ampie (disponibile anche un appartamento per soggiorni medio-lunghi).

LUINO
Varese (VA) – ✉ 21016 – 14 833 ab. – Alt. 202 m – Carta regionale n° **9-A2**
▶ Roma 661 km – Stresa 80 km – Milano 86 km – Varese 29 km
Carta stradale Michelin 561-E8

a Colmegna Nord : 2,5 km – ✉ 21016 Luino

 Camin Hotel Colmegna 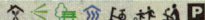 ✦ ≤ 🛏 🐾 🛁 🍴 🧖 🅿️
via Palazzi 1 – 𝒞 03 32 51 08 55 – www.caminhotel.com
– Aperto 15 marzo-31 ottobre
30 cam 🍽 – 🛏120/165 € 🛏🛏190/230 €
Circondata da un ameno parco in riva al lago, in splendida posizione panoramica, questa villa d'epoca dispone di camere confortevoli per un soggiorno piacevole e rilassante: le nuove stanze mansardate offrono un respiro ampio e romantico.

LUSIA

Rovigo (RO) – ✉ 45020 – 3 530 ab. – Alt. 10 m – Carta regionale n° **23-B3**
▶ Roma 461 km – Padova 47 km – Ferrara 45 km – Rovigo 12 km
Carta stradale Michelin 562-G16

in prossimità strada statale 499 Sud : 3 km

✗ Trattoria al Ponte 🛖 AC ⇔ P

via Bertolda 27, località Bornio ✉ 45020 – ✆ 04 25 66 98 90
– www.trattorialponte.it
Menu 25 € (in settimana)/45 € – Carta 25/45 €
Fragranze di terra e di fiume si intersecano ai sapori di una volta e alla fantasia
dello chef per realizzare instancabili piatti della tradizione, come il mitico risotto
alle verdure, le anguille fritte o le trippe alla parmigiana. Un'oasi nel verde, al limitare di un ponte.

LUTAGO = LUTTACH – Bolzano (BZ) ➜ Vedere Valle Aurina

MACCHIE – Terni (TR) ➜ Vedere AMELIA

MACERATA

✉ 62100 – 42 731 ab. – Alt. 315 m – Carta regionale n° **11-C2**
▶ Roma 288 km – Ancona 71 km – Ascoli Piceno 107 km – Fermo 44 km
Carta stradale Michelin 563-M22

🏨 Claudiani 🔼 ⅟ AC 🕍 🚗

vicolo Ulissi 8 – ✆ 07 33 26 14 00 – www.hotelclaudiani.it
– Chiuso 24-27 dicembre
36 cam ⌷ – †70/99 € ††105/137 € – **2 suites**
Un blasonato palazzo del centro storico che nei suoi interni offre agli ospiti
sobria, ovattata eleganza e raffinate atmosfere del passato, rivisitate in chiave
moderna.

🏨 Le Case 🌣 🐾 ⬅ 🛋 🔳 💆 ♨ 🗗 🔼 🔳 AC 🌿 🕍 P

contrada Mozzavinci 16/17, Nord-Ovest: 6 km – ✆ 07 33 23 18 97
– www.ristorantelecase.it – Chiuso 10 giorni in gennaio e 10 giorni in agosto
19 cam ⌷ – †75/90 € ††100/120 € – **5 suites**
Rist *L'Enoteca* – Vedere selezione ristoranti
L'ombra dei cipressi conduce ad un complesso rurale del X sec., che comprende
anche un piccolo, ma ben strutturato, museo contadino. Eleganza e buon gusto
fanno da cornice a soggiorni di classe, immersi nella pace della campagna. Al
ristorante, piatti a km 0 e pizze gourmet.

🏨 I Colli ⬅ 🔼 ⅟ AC 🕍 🚗

via Roma 151 – ✆ 07 33 36 70 63 – www.hotelicolli.com
60 cam ⌷ – †40/66 € ††56/99 €
In posizione semicentrale, una buona struttura con discreti spazi comuni, ma
soprattutto camere accoglienti e confortevoli.

🏨 Arena 🔼 ⅟ AC

vicolo Sferisterio 16 – ✆ 07 33 23 09 31 – www.albergoarena.com
27 cam ⌷ – †40/80 € ††50/120 €
Chi si nasconde dietro all'Arena dello Sferisterio, all'interno delle mura del centro
storico? Questo piccolo hotel dagli ambienti e dalle camere funzionali, ma accoglienti.

✗✗ L'Enoteca – Hotel Le Case 🍴 🛖 AC 🌿 ⇔ P

contrada Mozzavinci 16/17, Nord-Ovest: 6 km – ✆ 07 33 23 18 97
– www.ristorantelecase.it – Chiuso10 giorni in gennaio, 10 giorni in
agosto, domenica sera, lunedì e martedì
Menu 45/90 € – Carta 42/83 € – *(solo a cena escluso domenica)*
In un ambiente rustico-elegante, un cuoco fantasioso e dalle idee precise: carni
del territorio selezionate personalmente, pesci dell'Adriatico ed una sfrenata passione per le erbe aromatiche.

a Montecassiano Nord : 4 km – ✉ 62010

 Recina   ⊼ ⊞ 🄰🄲 🕸 🚗

via Alcide De Gasperi 32F – ℰ 07 33 59 86 39 – www.recinahotel.it
56 cam 🛏 – †50/70 € ††90/130 € – **3 suites**
Arredi di gusto moderno, ma con tocchi di classicità, nonché abbondanti spazi comuni in una struttura lungo la statale. Alcune camere, più tranquille di altre.

MADDALENA (Arcipelago della)
Sardegna – Olbia-Tempio (OT) – Carta regionale n° **16-B1**
Carta stradale Michelin 366-R36

LA MADDALENA – ✉ 07024 – 11 408 ab. – Carta regionale n° 16-B1
Carta stradale Michelin 366-R36

 Ma&Ma   🍃 🐾 🌿 🏠 ⊼ 🖥 💯 🕸 📶 ✕ ⊞ 🄰🄲 🕸 🅿

località Nido d'Aquila, Ovest : 3 km – ℰ 07 89 72 24 06
– www.grandhotelmaema.com – Aperto maggio-settembre
84 cam 🛏 – †159/430 € ††198/538 € – **7 suites**
A 300 metri dal mare, questa recente struttura vi accoglierà con moderne soluzioni ed un appeal accattivante. Le camere propongono stili diversi: a voi scegliere quello che più vi aggrada... compatibilmente con la disponibilità!

 Excelsior   ⊞ 🔟 🄰🄲

via Amendola 7 – ℰ 07 89 72 10 47 – www.excelsiormaddalena.com – Aperto
1° marzo-31 ottobre
27 cam 🛏 – †50/294 € ††60/499 € – **1 suite**
In centro e fronte porto, questa struttura piccola nelle dimensioni, ma non nel confort, si contraddistingue per la moderna eleganza e il design. Piacevole terrazza-solarium con vista mare ed ottime camere, ampie e funzionali.

MADESIMO
Sondrio (SO) – ✉ 23024 – 587 ab. – Alt. 1 536 m – Carta regionale n° **9-B1**
◨ Roma 711 km – Sondrio 82 km – Bergamo 127 km – Passo dello Spluga 15 km
Carta stradale Michelin 561-C10

 La Meridiana   🍃 🏠 🕸 🚗

via Carducci 8 – ℰ 0 34 35 31 60 – www.hotel-lameridiana.com – Aperto
1° dicembre-10 aprile e 24 giugno-31 agosto
23 cam 🛏 – †35/85 € ††90/165 €
Per godere appieno delle bellezze naturali della zona, fermatevi in questa accogliente baita dagli arredi tipici. Praticamente sulle piste da sci, dopo una giornata di sport, vi attendono camere confortevoli ed un rigenerante centro benessere.

Andossi   🍃 🖥 💯 🕸 📶 ⊞ 🛗 ✕ 🕸 🅿

via A. De Giacomi 37 – ℰ 0 34 35 70 00 – www.hotelandossi.com – Aperto
1° dicembre-30 aprile e 1° luglio-15 settembre
40 cam 🛏 – †90/110 € ††150/190 €
Hotel di tradizione non lontano dal centro, completamente ristrutturato; ambienti in stile montano di taglio moderno e camere semplici, ma funzionali; centro benessere.

✕✕ **Il Cantinone e Sport Hotel Alpina** (Stefano Masanti)   ₿₿ 🔄 🖥 💯 🕸
❀ *via A. De Giacomi 39 – ℰ 0 34 35 61 20*   📶 ⊞ 🔟 ✕ 🐝
– www.ristorantecantinone.com – Aperto 1° dicembre-3 aprile
Menu 60/90 € – *(chiuso lunedì, martedì e mercoledì escluso 20 dicembre-20 marzo) (solo a cena escluso vacanze di Natale)*
8 cam 🛏 – †120/150 € ††170/340 €
Locale elegante con belle camere e una sala da pranzo d'impostazione classica, "riscaldata" dall'ampio impiego del legno. La cucina sorprende grazie alla fantasia dello chef autodidatta e dei suoi menu degustazione a sorpresa.
➔ Gnocchi di polenta, spugnole e bitto. Spalla d'agnello arrosto alle verdure invernali. Neve.

a Pianazzo Ovest : 2 km – ✉ 23024

X **Bel Sit** ⟵ P

🍴🍴 *via Nazionale 19 – ℰ 0 34 35 33 65 – www.albergobelsit.com
– Chiuso 1°-15 dicembre*
Menu 20 € – Carta 23/44 € – *(chiuso giovedì)*
8 cam ⌂ – 🛏45/65 € 🛏🛏80/100 €
Ristorante ubicato lungo una strada di passaggio, presenta ambienti di estrema semplicità. Noto in zona per la cucina tradizionale, con ampio utilizzo di selvaggina.

MADONE

Bergamo (BG) – ✉ 24040 – 3 986 ab. – Carta regionale n° **10-C1**
◨ Roma 621 km – Milano 44 km – Bergamo 17 km – Monza 33 km
Carta stradale Michelin 562-F10

XX **Le Ciel Restaurant** ⓖ AC P

piazza dei Vignali 2 – ℰ 03 54 94 29 80 – www.lecielrestaurant.it – Chiuso 3-26 agosto, martedì e mercoledì
Menu 35 € – Carta 35/65 € – *(consigliata la prenotazione)*
Sotto la volta stellata (in realtà un ingegnoso sistema d'illuminazione a fibre ottiche), vi sembrerà di toccare il cielo con un dito. La cucina vi ricorderà - invece - piaceri più terreni o, meglio, di mare: il menu è quasi interamente consacrato alle specialità ittiche.

MADONNA DI CAMPIGLIO

(TN) – ✉ 38086 – 700 ab. – Alt. 1 522 m – Carta regionale n° **19-B2**
▶ Roma 645 km – Trento 79 km – Bolzano 106 km – Pinzolo 13 km
Carta stradale Michelin 562-D14

H. Rier / Suedtirolfoto / Look / Photononstop

 **Alberghi**

 Cristal Palace ✿ ⪕ 🏡 🖼 🕸 ♨ 🛗 🔳 ᴆ ⛵ ⛷ 🚗
via Cima Tosa 104/a – ℰ 04 65 44 60 20 – www.cristalpalacecampiglio.it
– *Aperto 4 dicembre-10 aprile e 1° luglio-12 settembre*
61 cam ⌅ – ♦60/999 € ♦♦70/1200 € – **2 suites**
Rist *Osteria del Circo* – Vedere selezione ristoranti
Nella parte alta della località, l'alternanza di legno e marmo conferisce un côté
modernamente raffinato a questo hotel di recente apertura, che dispone di
camere molto confortevoli, nonché di un attrezzato centro benessere per
momenti di piacevole relax.

 Alpen Suite Hotel ✿ 🖼 ♨ 🕸 🔳 ᴆ 🚗
viale Dolomiti di Brenta 84 – ℰ 04 65 44 01 00 – www.alpensuitehotel.it – *Aperto
1° dicembre-Pasqua e 25 giugno-15 settembre*
28 suites ⌅ – ♦♦260/480 €
Rist *Il Convivio* – Vedere selezione ristoranti
Per chi ama gli spazi, una sobria essenzialità e qualche richiamo montano: le
camere sono ampie con pochi, eleganti arredi. Per gli appassionati anche una
cigar room. Charme e relax alpino al centro benessere.

Bio-Hotel Hermitage ✿ 🐾 ⪕ 🏡 🖼 🕸 🔳 ⛵ 🐾 🚗
via Castelletto Inferiore 69 – ℰ 04 65 44 15 58 – www.biohotelhermitage.it
– *Aperto 4 dicembre-31 marzo e 1° luglio-14 settembre*
25 cam ⌅ – ♦120/200 € ♦♦270/600 € – **5 suites**
Rist *Stube Hermitage* – Vedere selezione ristoranti
Immerso in un parco con le cime del Brenta come sfondo, la natura si trasferisce
all'interno: costruito secondo i criteri della bioarchitettura, la tranquillità e l'eleganza sono di casa.

DV Chalet Boutique Hotel Gourmet & Spa ✿ 🖼 ♨ 🕸 🔳 ᴆ
via Castelletto Inferiore 10 – ℰ 04 65 44 31 91 – www.dvchalet.it   🚗
– *Aperto 6 dicembre-6 aprile e 24 giugno-31 agosto*
20 cam ⌅ – ♦150/500 € ♦♦150/500 €
Rist *Dolomieu* ❀ – Vedere selezione ristoranti
Affascinanti ambienti moderni, profili geometrici e colori sobri: se cercate raffinatezza e design sulle Alpi, DV Chalet Boutique Hotel & Spa è sicuramente l'indirizzo
che fa per voi!

Chalet Laura

via Pradalago 21 – ℰ 04 65 44 12 46 – www.chaletlaura.it – Aperto
1° dicembre-19 aprile e 16 giugno-14 settembre
20 cam ⌷ – ♦100/220 € ♦♦180/300 € – **4 suites**
A due passi dalla piazza principale, un albergo che si ispira alla natura: l'unicità del luogo si riflette nell'esclusività e semplicità del progetto di design, caratterizzato da interni delicati, prestigiose suite ed una rilassante area wellness. E' come alloggiare in una casa privata di lusso.

Chalet del Sogno

via Spinale 37/bis – ℰ 04 65 44 10 33 – www.hotelchaletdelsogno.com
– Aperto 25 novembre-9 aprile e 20 giugno-11 settembre
12 suites ⌷ – ♦♦150/850 € – **6 cam**
Il sogno diventa realtà: a pochi passi dagli impianti di risalita, albergo in stile montano con ambienti signorili ed ampie camere. Al termine di una giornata attiva e dinamica, quanto di meglio che una sosta nel moderno ed attrezzato centro benessere? Al ristorante Due Pini, cucina della tradizione rivisitata in chiave contemporanea con un'attenzione particolare all'eccellenze del territorio.

Campiglio Bellavista

via Pradalago 38 – ℰ 04 65 44 10 34 – www.hotelcampigliobellavista.it – Aperto
1° dicembre-15 aprile e 1° luglio-15 settembre
38 cam ⌷ – ♦75/256 € ♦♦120/420 €
A ridosso della piste da sci, rimodernato secondo i più severi dettami di bioarchitettura, un hotel tutto in legno completo nella gamma dei servizi offerti ed aggiornato nei confort: compreso il buon ristorante che porta il nome dei titolari.

Lorenzetti

viale Dolomiti di Brenta 119, Sud: 1,5 km – ℰ 04 65 44 14 04
– www.hotellorenzetti.com – Aperto 1° dicembre-30 aprile e
1° luglio-30 settembre
48 cam ⌷ – ♦80/250 € ♦♦140/300 € – **12 suites**
Faro dell'ospitalità a Campiglio, il personale prevede e realizza ogni esigenza dei clienti. Relax sulla terrazza-solarium e dolci a volontà per i più golosi. Cucina ladina nell'elegante sala ristorante: i clienti privi di camera panoramica si rifaranno con le finestre sulle cime di Brenta.

Gianna

via Vallesinella 16 – ℰ 04 65 44 11 06 – www.hotelgianna.it – Aperto
1° dicembre-30 aprile e 1° luglio- 30 settembre
25 cam ⌷ – ♦70/230 € ♦♦110/460 € – **3 suites**
In posizione tranquilla, ma non lontano dal centro, la tradizione trentina si sposa con il gusto moderno, grazie ad una gestione familiare che si adopera al continuo rinnovo. Appetitosa cucina regionale nelle due graziose sale ristorante e nella stube.

Bertelli

via Cima Tosa 80 – ℰ 04 65 44 10 13 – www.hotelbertelli.it
– Aperto 4 dicembre-10 aprile e 1° luglio-11 settembre
49 cam ⌷ – ♦48/232 € ♦♦80/388 € – **5 suites**
Rist *Il Gallo Cedrone* ✸ – Vedere selezione ristoranti
Apprezzabile la serietà della gestione e l'ampiezza degli spazi (mansarde comprese), in questo edificio montano da diversi lustri nelle mani della stessa famiglia. All'interno: ambienti in stile, con qualche arredo anni '70.

🏠 Spinale

via Monte Spinale 39 – ℰ 04 65 44 11 16 – www.spinalehotelcampiglio.it
– Aperto inizio dicembre-30 aprile e 15 giugno-30 settembre
55 cam ⌷ – ♦69/329 € ♦♦89/450 € – **6 suites**
Praticamente attaccata all'omonimo impianto di risalita, gran bella casa dall'inconfondibile stile alpino che si fa decisamente signorile al suo interno. I servizi? Non c'è spazio per elencarli tutti! Meglio scoprirli di persona. Angolo per pizza gourmet al ristorante.

Majestic Mountain Charme

*piazza Righi 33 – ☎ 04 65 44 10 80 – www.majesticmchotel.com – Aperto
5 dicembre-Pasqua e 1° luglio-15 settembre*
40 cam ☐ – †65/300 € ††130/540 € – **3 suites**
In pieno centro, a lato degli impianti di risalita, hotel elegante con lounge bar
- fashion e ricercato - aperto agli esterni con menu light per il pranzo. In stile
alpino con inserti moderni, le signorili camere si abbandoneranno con meno rim-
pianto se la destinazione è il grazioso centro benessere all'ultimo piano. Il ristorante serale Majestic Gourmet ha nel nome la propria vocazione.

Crozzon

*viale Dolomiti di Brenta 96 – ☎ 04 65 44 22 22 – www.hotelcrozzon.com
– Aperto 4 dicembre-7 aprile e 26 giugno-6 settembre*
34 cam ☐ – †60/130 € ††99/280 €
Sulla strada principale della località, albergo ampliato e ristrutturato nel 2012, con
un moderno centro benessere e nuove stanze di varie tipologie. Cucina del territorio proposta in un'accogliente sala e garage (gratuito).

Dello Sportivo

*via Pradalago 29 – ☎ 04 65 44 11 01 – www.dellosportivo.com – Aperto inizio
dicembre-Pasqua e 20 giugno-inizio ottobre*
11 cam ☐ – †45/100 € ††80/180 €
Ambiente simpatico in un hotel dal confort essenziale e gestito con passione. Ben
posizionato tra impianti di risalita e centro, vi consentirà piacevoli soggiorni.

Ristoranti

XXX Il Gallo Cedrone – Hotel Bertelli

*via Cima Tosa 80 – ☎ 04 65 44 10 13 – www.ilgallocedrone.it – Aperto
4 dicembre-10 aprile e 1° luglio-10 settembre; chiuso lunedì*
Menu 65/110 € – Carta 61/111 € – *(solo a cena)*
I profumi del bosco entrano nei piatti! Al Gallo Cedrone si celebra la montagna,
dalle cotture al fumo di fieno ai salumi e formaggi trentini. Il lago e i pesci d'acqua dolce non sono lontani, le selvaggina immancabile: il ristorante vi invita ad
un viaggio gourmet nel cuore dei monti.
→ Risotto alle erbe di montagna e mugolio (olio estratto dal pino mugo). Filetto
di cervo cotto nel fieno in crosta di sale con ortaggi saltati. Cioccolato, profumi
di sottobosco e gelatina di grappa.

XX Dolomieu – DV Chalet Boutique Hotel et Spa

*via Castelletto Inferiore 10 – ☎ 04 65 44 31 91 – www.dvchalet.it
– Aperto 6 dicembre-6 aprile e 24 giugno-31 agosto*
Menu 90/120 € – Carta 66/119 € – *(solo a cena)* (prenotare)
Pochi tavoli d'alta cucina sulle vette di Madonna di Campiglio e dei piatti che vi
faranno volare ancora più in alto! È al Dolomieu che troverete uno dei più giovani
e migliori cuochi delle Dolomiti con proposte di sorprendente creatività e fantasia.
→ Riso al latte di capra, caprino erborinato ai frutti rossi e fiori. Nocette di
capriolo al lardo, tortelli di zucca e mirtilli. Un campo di carote: stratificazione di
nocciole, cioccolato e carote in 3D.

XX Stube Hermitage – Bio-Hotel Hermitage

*via Castelletto Inferiore 69, Sud: 1,5 km – ☎ 04 65 44 15 58
– www.stubehermitage.it – Aperto 3 dicembre-31 marzo e 1° luglio-15 settembre*
Carta 68/113 € – *(solo a cena)*
Il nome è eloquente: si cena all'interno di una romantica ed antica stube, un inno
ai piaceri alpini, meta di chi vuole portare la montagna in tavola. E con l'estate
2015 si è ripartiti con un nuovo ed interessante progetto gourmet: al timone
un promettente chef.

XX Il Convivio – Alpen Suite Hotel

*viale Dolomiti di Brenta 84 – ☎ 04 65 44 01 00 – www.alpensuitehotel.it – Aperto
1° dicembre-Pasqua e 25 giugno-15 settembre*
Menu 55/90 € – Carta 42/72 € – (prenotare)
Nel cuore della località, questa moderna stube propone - la sera - piatti tipici
della tradizione locale e della migliore cucina italiana. A pranzo, invece, ci si accomoda in uno spazio tipo tea room per una carta più semplice.

623

XX Osteria del Circo – Hotel Cristal Palace

via Cima Tosa 104/a – ℰ 04 65 44 60 20 – www.osteriadelcirco.it – Aperto 4 dicembre-10 aprile e 1° luglio-12 settembre
Carta 43/75 € – *(solo a cena)*
Tra colori ed oggetti dalla calda stravaganza, ecco a voi il nuovo angolo gourmet del bell'hotel Cristal Palace! Solida è la radice italiana dei piatti in carta, completati da soprese annunciate a voce, ma anche dalla possibilità di degustare taglieri con i migliori salumi nostrani e non solo.

XX Da Alfiero

via Vallesinella 5 – ℰ 04 65 44 01 17 – www.hotellorenzetti.it – Aperto 1° dicembre-31 marzo e 1° luglio-31 agosto
Carta 37/64 €
Colori, decorazioni e travi a vista: Alfiero è un locale d'impostazione classica sia nel servizio sia nella cucina, che cita nel piatto tanto il territorio quanto i sapori d'Italia.

a Campo Carlo Magno Nord : 2,5 km – ✉ 38086 Madonna Di Campiglio – Alt. 1 682 m

▥ Casa del Campo

via Pian dei Frari 3/5 – ℰ 04 65 44 31 30 – www.casadelcampo.it
13 cam ⌑ – ♦100/200 € – ♦♦100/300 € – **2 suites**
Situato nei pressi di un passo di montagna, la vista è tra le più suggestive di Campiglio, mentre le spaziose camere - arredate con buon gusto - faranno dimenticare gli spazi comuni un po' ridotti della struttura.

MADONNA DI SENALES = UNSERFRAU – Bolzano (BZ) → Vedere Senales

---

MAGENTA
Milano (MI) – ✉ 20013 – 23 482 ab. – Alt. 138 m – Carta regionale n° **10-A2**
▶ Roma 599 km – Milano 26 km – Novara 21 km – Pavia 43 km
Carta stradale Michelin 561-F8

XXX Trattoria alla Fontana

via Petrarca 6 – ℰ 0 29 79 26 14 – www.trattoriaallafontana.it – Chiuso 25 dicembre-7 gennaio, 16-24 agosto, sabato a mezzogiorno e domenica
Menu 40/60 € – Carta 44/76 € – *(coperti limitati, prenotare)*
A 200 metri dalla piazza principale, in una cornice di sobria e classica eleganza, il servizio è curato direttamente dal titolare, mentre le proposte seguono le stagioni. Notevole, la grande varietà di risotti.

MAGGIORE (Lago) → Vedere Lago Maggiore

MAGIONE
Perugia (PG) – ✉ 06063 – 14 870 ab. – Alt. 299 m – Carta regionale n° **20-B2**
▶ Roma 193 km – Perugia 20 km – Arezzo 58 km – Orvieto 87 km
Carta stradale Michelin 563-M18

X Al Coccio

via del Quadrifoglio 12 a/b – ℰ 0 75 84 18 29 – www.alcoccio.it – Chiuso lunedì
Menu 22 € (pranzo in settimana)/50 € – Carta 20/52 €
Alle porte del paese, una semplice trattoria, familiare ed informale, dove gustare specialità regionali, in primis gli umbricelli al sagrantino, presentate dal simpatico titolare.

MAGLIANO ALFIERI
Cuneo (CN) – ✉ 12050 – 2 132 ab. – Alt. 328 m – Carta regionale n° **14-C2**
▶ Roma 613 km – Torino 60 km – Cuneo 72 km – Asti 24 km
Carta stradale Michelin 561-H6

XX **Stefano Paganini alla Corte degli Alfieri** 🔠 ⌘ ⇔

via Alfieri 4 – 𝒞 0 17 36 62 44 – www.stefanopaganini.it – Chiuso 10 giorni in gennaio, mercoledì a mezzogiorno e martedì
Menu 25/55 €
Nella splendida cornice della storica residenza nobiliare che ospita anche un museo, sale eleganti di cui una affrescata, per una cucina contemporanea che rivisita piatti e prodotti del territorio.

MAGLIANO IN TOSCANA

Grosseto (GR) – ✉ 58051 – 3 643 ab. – Alt. 128 m – Carta regionale n° **18-C3**
▶ Roma 158 km – Grosseto 29 km – Siena 103 km – Viterbo 104 km
Carta stradale Michelin 563-O15

XX **Antica Trattoria Aurora** 🍴 🏠 ⇔

via Lavagnini 12/14 – 𝒞 05 64 59 27 74 – Chiuso gennaio, febbraio e mercoledì
Carta 34/59 €
All'ingresso del borgo antico cinto da mura, nelle sale il tono è piacevolmente rustico, incantevole (zanzare permettendo) il servizio all'aperto in giardino, ma su tutto s'impone la cucina, che elabora creativamente le risorse locali: un ottimo ristorante.

MAGLIANO SABINA

Rieti (RI) – ✉ 02046 – 3 819 ab. – Alt. 222 m – Carta regionale n° **7-B1**
▶ Roma 69 km – Terni 42 km – Perugia 113 km – Rieti 54 km
Carta stradale Michelin 563-O19

XX **Degli Angeli** 🍴 ⇔ ≤ 🏠 ⌛ 🖃 ⚡ 🔠 🅿

*località Madonna degli Angeli, Nord: 3 km – 𝒞 0 74 49 13 77
– www.hoteldegliangeli.it – Chiuso 2 settimane in luglio*
Carta 31/57 € – *(chiuso domenica sera e lunedì)*
8 cam ⌂ – ✝67/83 € ✝✝83/100 €
Affacciata sulla valle del Tevere, cucina tipicamente locale in un locale dove ora trova posto anche una cantina che ospita oltre 400 etichette di vini, distillati e champagne. Ospitalità, discrezione e semplicità avvolgono l'hotel, in posizione ideale per un weekend lontano dai ritmi frenetici della città. E, per non farsi mancare nulla, gli ospiti possono acquistare prodotti di produzione propria nell'adiacente Bottega delle Delizie; fiore all'occhiello l'oleoteca con 80 produttori Italiani in lista.

sulla strada statale 3 - via Flaminia Nord-Ovest : 3 km

🏠 **La Pergola** ⌛ ⌛ 🖃 ⛰ 🔠 🔠 🅿

via Flaminia km 63,900 ✉ 02046 – 𝒞 07 44 91 98 41 – www.lapergola.it
23 cam ⌂ – ✝45/60 € ✝✝65/85 €
Rist *La Pergola* – Vedere selezione ristoranti
Letti in ferro battuto, archi di mattoni a vista, nonostante sia ubicato sulla via Flaminia, si ha la piacevole impressione di alloggiare in un relais di campagna.

XX **La Pergola** – Hotel La Pergola 🏠 ⛰ 🔠 🅿

via Flaminia km 63,900 ✉ 02046 – 𝒞 07 44 91 98 41
Carta 29/67 €
Cucina laziale nelle due sale ricavate in un'antica stazione di posta: una rustica, dove si trovano due griglie per la cottura delle carni, ed una elegante, illuminata da grandi vetrate.

MAGLIE

Lecce (LE) – ✉ 73024 – 14 532 ab. – Alt. 81 m – Carta regionale n° **15-D3**
▶ Roma 617 km – Brindisi 73 km – Lecce 33 km – Otranto 17 km
Carta stradale Michelin 564-G36

🏠 **Corte dei Francesi** 🔠

via Roma 138 – 𝒞 08 36 42 42 82 – www.cortedeifrancesi.it
9 cam ⌂ – ✝60/120 € ✝✝80/180 € – **1 suite**
All'interno di un museo d'arte conciaria (visibili ancora le vasche di lavorazione e molti attrezzi utilizzati all'epoca), la risorsa dispone di belle camere dai caratteristici muri in pietra, dove predomina il bianco e lo stile mediterraneo; ariosa corte e terrazza soleggiata per il relax degli ospiti.

MAIORI

Salerno (SA) – ⊠ 84010 – 5 607 ab. – Carta regionale n° **4-B2**

◪ Roma 267 km – Napoli 65 km – Amalfi 5 km – Salerno 20 km

Carta stradale Michelin 564-E25

 Botanico San Lazzaro

via Lazzaro 25 – ℰ 0 89 87 77 50 – www.hbsl.com – Aperto 1° aprile -31 ottobre
14 cam ⬩ – ♦185/315 € ♦♦240/500 € – **4 suites**

Vi sembrerà di toccare il cielo con un dito, quando l'ascensore panoramico vi condurrà in questa romantica struttura; la vista si fa regina nelle camere di grande charme, in piscina e nei vari terrazzamenti dove poter godere della massima tranquillità. Una breve passeggiata nel giardino botanico donerà nuovo vigore al vostro spirito, ma risparmiate le energie se intendete raggiungere il centro a piedi…

XX **Torre Normanna**

via Diego Taiani 4 – ℰ 0 89 87 71 00 – www.ristorantetorrenormanna.it
– Chiuso 3 settimane in gennaio, 3 settimane in novembre e lunedì in ottobre-aprile
Menu 70/90 € – Carta 50/126 €

Lungo questa costa che tutto il mondo ci invidia, specialità a base di pesce e vista "ravvicinata" sul mare, in un delizioso locale all'interno dell'antica torre. Per chi desidera piatti più semplici o pizza vi è l'alternativa sulle terrazze in basso alla costruzione.

sulla costiera amalfitana Sud-Est : 4,5 km

 Relais Tenuta Solomita

via Diego Taiani 51 – ℰ 0 89 87 70 22 – www.ilfarodicapodorso.it – Aperto Pasqua-31 ottobre
6 cam ⬩ – ♦100/200 € ♦♦100/200 €

I sensi vi saranno grati: soprattutto la vista che si beerà degli splendidi scorci sul golfo dalle terrazze con piscine e dai vari angoli relax che questo raffinato relais propone. Una dimensione paradisiaca avvolta dal profumo di erbe officinali.

XxX **Il Faro di Capo d'Orso** (Pierfranco Ferrara)
❀

via Diego Taiani 48 – ℰ 0 89 87 70 22 – www.ilfarodicapodorso.it
– Chiuso 3 novembre-25 gennaio e martedì, anche mercoledì dal 25 gennaio al 31 marzo
Menu 65/130 € – Carta 66/103 €

Arrampicato su un promontorio, la sala offre uno strepitoso panorama della costiera amalfitana. Lo stupore continua nel piatto con una cucina mediterranea e dai sapori campani, non priva di fantasia.

→ Ricci di pasta fatta a mano della tradizione minorese con totanetti di paranza, piselli e limone. Dentice locale cotto al forno in salsa di capperi e origano fresco. Duplo al cioccolato pralinato e oro con salsa di arachidi.

MALALBERGO

Bologna (BO) – ⊠ 40051 – 8 985 ab. – Alt. 12 m – Carta regionale n° **5-C2**

◪ Roma 403 km – Bologna 33 km – Ferrara 12 km – Ravenna 84 km

Carta stradale Michelin 562-I16

XX **Rimondi**

via Nazionale 376 – ℰ 0 51 87 20 12 – Chiuso 15-30 giugno, domenica sera e lunedì
Carta 42/72 € – *(solo a cena escluso i giorni festivi)*

In centro paese, si entra in quella che pare una casa privata, per arredi e atmosfera, con due sale riscaldate da altrettanti camini. Il ristorante si è fatto un nome per la cucina di pesce che, nei classici piatti nazionali, esaurisce il menu, ma lo chef-cacciatore prepara anche selvaggina di valle (su prenotazione).

ad Altedo Sud : 5 km – ✉ 40051

 Agriturismo Il Cucco

via Nazionale 83, al km 115,600 – 𝒞 05 16 60 11 24 – www.ilcucco.it – Chiuso 27 dicembre-5 gennaio e agosto
11 cam ☕ – ♦60/100 € ♦♦80/120 €
Rist Il Cucco – Vedere selezione ristoranti
Un centinaio di metri di strada sterrata e giungerete in un casolare, con orto e pollame, che offre stanze arredate con bei mobili di arte povera e antiquariato, ma non prive di tecnologie moderne.

✗ **Il Cucco** – Agriturismo Il Cucco

via Nazionale 83, al Km 115,600 – Chiuso 27 dicembre-5 gennaio, agosto e domenica
Carta 20/40 € – (consigliata la prenotazione)
Nella città dell'asparago, questo è solo uno dei prodotti che troverete al Cucco, da sempre impegnato a garantire non solo la bontà, ma anche la derivazione biologica di parte degli ingredienti utilizzati in cucina. E per finire, i biscotti del re, creati in occasione della visita di Vittorio Emanuele III ed insaporiti con mandorle, anice e cedro.

MALCESINE

Verona (VR) – ✉ 37018 – 3 728 ab. – Alt. 89 m – Carta regionale n° **23-A2**
▶ Roma 556 km – Trento 56 km – Verona 67 km – Mantova 93 km
Carta stradale Michelin 562-E14

 Bellevue San Lorenzo

via Gardesana 164, Sud: 1,5 km – 𝒞 04 57 40 15 98 – www.bellevue-sanlorenzo.it – Aperto 15 aprile-20 ottobre
51 cam ☕ – ♦150/250 € ♦♦180/250 € – **2 suites**
È il giardino la punta di diamante di questa villa d'epoca: dotato di piscina e con un'incantevole vista panoramica del lago, congiunge i diversi edifici della struttura. Tutte le camere sono confortevoli, alcune più classiche, altre più moderne, da molte si scorge il Garda.

 Maximilian

località Val di Sogno 8, Sud: 2 km – 𝒞 04 57 40 03 17 – www.hotelmaximilian.com – Aperto Pasqua-7 ottobre
36 cam ☕ – ♦115/160 € ♦♦170/240 € – **14 suites**
Un giardino-uliveto in riva al lago e un piccolo centro benessere con vista panoramica caratterizzano questo hotel dalla dinamica gestione diretta, sempre attenta alla cura dei servizi.

 Val di Sogno

via Val di Sogno 16, Sud: 2 km – 𝒞 04 57 40 01 08 – www.hotelvaldisogno.com – Aperto 1° Aprile-15 ottobre
35 cam ☕ – ♦75/320 € ♦♦98/390 € – **1 suite**
Sogno o son desto? È la domanda che ci si potrebbe porre svegliandosi la mattina in una delle sue belle camere realizzate usando materiali legati all'ambiente esterno - legno, sasso, marmo - e con un'attenzione encomiabile all'eco-sostenibilità. Anche gli spazi esterni brillano per piacevolezza: dal giardino con piscina riscaldata, la vista che vi si offre è quella di una delle più suggestive insenature del lago di Garda.

 Baia Verde

via Gardesana 142, località Val di Sogno – 𝒞 04 57 40 03 96 – www.hotelbaiaverde-malcesine.it – Aperto 1° marzo-30 ottobre
43 cam ☕ – ♦110/170 € ♦♦110/270 € – **3 suites**
Struttura moderna, ma arredata senza eccessi, badando più alla funzionalità e confort degli ospiti, che possono godere di svariati servizi tra cui la buona cucina del ristorante.

Park Hotel Querceto

via Panoramica 113, Est: 5 km, alt. 378 – ℰ 04 57 40 03 44
– www.parkhotelquerceto.com – Aperto 1° maggio-3 ottobre

22 cam – †110/140 € ††160/200 €

In posizione elevata, assai fuori dal paese e quindi tranquillissimo, l'albergo si contraddistingue per i suoi originali interni in pietra e legno, nonché per un certo gusto per le cose semplici. I sapori della tradizione altoatesina avvolti dal calore di una romantica stube.

Primaluna

via Gardesana 165 – ℰ 04 57 40 03 01 – www.ambienthotel.it – Aperto
25 marzo-30 ottobre

36 cam ☲ – †60/200 € ††90/309 €

Gestito da una giovane coppia, l'albergo offre ai suoi ospiti accattivanti interni dal design modaiolo ed il calore di chi da sempre lavora nel settore. Durante la bella stagione, il beach bar BB diventa uno dei locali più gettonati dalla movida locale.

Casa Barca

via Panoramica 15 – ℰ 04 57 40 08 42 – www.casabarca.com
– Aperto 1° aprile-25 ottobre

24 cam ☲ – †117/205 € ††138/214 € – **2 suites**

In "seconda linea" rispetto al lago, ma circondata dal verde del proprio giardino con uliveto e piscina, una risorsa a conduzione familiare dotata di camere dal design moderno, piccola zona benessere e solarium panoramico all'ultimo piano.

Meridiana

via Navene Vecchia 39 – ℰ 04 57 40 03 42 – www.hotelmeridiana.it – Aperto
28 marzo-28 ottobre

23 cam – †90/120 € ††100/130 €

Vicino alla funivia del monte Baldo, struttura dalla squisita gestione femminile con interni moderni dal design personalizzato e buon confort. Gradito bonus: la saletta relax con sauna (su richiesta, anche massaggi).

Erika

via Campogrande 8 – ℰ 04 57 40 04 51 – www.erikahotel.net – Aperto
1° aprile-1° novembre

14 cam ☲ – †70/100 € ††120/150 €

In prossimità del centro storico, questo piccolo e tranquillo albergo familiare dispone di accoglienti camere colorate e di una raccolta, ma graziosa sala colazioni.

Vecchia Malcesine (Leandro Luppi)

via Pisort 6 – ℰ 04 57 40 04 69 – www.vecchiamalcesine.com – Chiuso
25 gennaio-10 marzo, novembre e mercoledì
Menu 70/100 € – Carta 65/124 €

Due passi a piedi, poi, superato il giardino, si entra nel locale colorato e panoramico, dove lo chef-patron reinterpreta con fantasiosa leggerezza le tradizioni del territorio proponendo sia carne sia pesce con predilezione per quello di lago.
→ Carbonara di lago. Carpaccio di lavarello alla pizzaiola. Frutta candita a freddo con olio del Garda.

Re Lear

piazza Cavour 23 – ℰ 04 57 40 06 16 – www.relear.com – Chiuso martedì
Menu 40/45 € – Carta 31/61 €

Nel centro storico, locale dai toni rustici, ma dal trend giovanile, i cui piatti creativi riescono a coniugare tradizione ed innovazione.

sulla strada statale 249 Nord : 3,5 km

Piccolo Hotel

via Gardesana 450 ⊠ 37018 – ℰ 04 57 40 02 64 – www.navene.com – Aperto
3 marzo-2 novembre

26 cam ☲ – †45/65 € ††72/112 € – **4 suites**

Attenzioni particolari per i velisti, in questo piccolo hotel fuori dal centro della località (sulla litoranea): camere moderne, spaziose per la categoria e quasi tutte con vista lago. Al ristorante, menu fisso e splendida finestra panoramica.

MALEO

Lodi (LO) – ✉ 26847 – 3 180 ab. – Alt. 58 m – Carta regionale n° **9-B3**

▶ Roma 527 km – Piacenza 17 km – Lodi 31 km – Milano 63 km

Carta stradale Michelin 561-G11

XX **Leon d'Oro**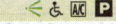

⊗⊗ via Dante 69 – ✆ 0 37 75 81 49 – www.leondoromaleo.com
– Chiuso 1°-5 gennaio, 10-24 agosto, sabato a mezzogiorno e mercoledì
Menu 25/40 € – Carta 33/62 €
Prodotti scelti con cura garantiscono una cucina del territorio interpretata con abilità dallo chef; un piccolo ingresso immette in tre salette eleganti in un piacevole stile rustico.

XX **Albergo Del Sole**

⊗⊗ via Monsignor Trabattoni 22 – ✆ 0 37 75 81 42 – www.ilsoledimaleo.com
– Chiuso gennaio, agosto, domenica sera e lunedì
Menu 25 € (pranzo in settimana)/45 € – Carta 34/69 €
3 cam ⌂ – †70 € ††120 €
Locanda di antica tradizione affacciata su un cortile interno, ricco di un pittoresco giardino. Nella bella stagione vale la pena di approfittare del servizio all'aperto.

MALGRATE

Lecco (LC) – ✉ 23864 – 4 313 ab. – Alt. 231 m – Carta regionale n° **10-B1**

▶ Roma 623 km – Como 27 km – Bellagio 20 km – Lecco 2 km

Carta stradale Michelin 561-E10

🏨 **Il Griso**

via Provinciale 51 – ✆ 0 34 12 39 81 – www.griso.info
43 cam ⌂ – †80/140 € ††90/180 €
Rist Terrazza Manzoni – Vedere selezione ristoranti
Affacciata sul celebre lago quest'affascinante architettura segue il profilo della costa: le camere di conseguenza beneficiano tutte di un'impareggiabile vista sulla natura circostante, oltre ad essere ampie ed accoglienti.

XXX **Terrazza Manzoni** – Hotel Il Griso

via Provinciale 51 – ✆ 0 34 12 39 87 21 – www.griso.info – Chiuso lunedì
Menu 29 € – (solo a cena)
Eleganza, cucina e panorama: qui tutto congiura per un pasto da favola. All'ultimo piano dell'albergo Il Griso, la città di Lecco e il lago sembrano un quadro incorniciato dalle vetrate della sala (abbiate cura, alla prenotazione, di riservare un tavolo con vista). Nei piatti, una cucina brillante, alleggerita ed originale.

MALLES VENOSTA (MALS)

Bolzano (BZ) – ✉ 39024 – 5 131 ab. – Alt. 1 051 m – Carta regionale n° **19-A2**

▶ Roma 721 km – Merano 58 km – Bolzano 85 km – Bormio 56 km

Carta stradale Michelin 562-B13

🏠 **Greif**

via Verdross 40/A – ✆ 04 73 83 11 89 – www.hotel-greif.com – Chiuso
1°-21 novembre
12 cam ⌂ – †50/65 € ††100/110 €
Hotel centralissimo, dal buon confort generale, che oltre a camere ben tenute dispone di un pregevole ristorante dall'interessante linea gastronomica e diverse proposte vegetariane; bella terrazza estiva sulla via pedonale del centro.

---

a Burgusio Nord : 3 km – ✉ 39024 Malles Venosta – Alt. 1 215 m

---

🏨 **Weisses Kreuz**

Burgusio 82 – ✆ 04 73 83 13 07 – www.weisseskreuz.it – Chiuso
10 aprile-12 maggio e 1° novembre-21 dicembre
28 cam ⌂ – †90/180 € ††150/240 € – **17 suites**
Totale ristrutturazione per questo hotel, il più signorile e completo in termini di servizi della località: camere molto confortevoli, un'ampia zona relax ed, ultimo ma non ultimo, una bella terrazza baciata dal sole.

Plavina ✿ ❧ ← 🛏 🖼 🌀 ᴸ🏠 🖃 🏃 🎿 📶 **P**

piazza Centrale 81 – 📞 04 73 83 12 23 – www.mohren-plavina.com – Chiuso 5 novembre-31 dicembre

49 cam ⌷ – ♦60/140 € ♦♦70/140 €

Ideale punto di appoggio per chi ama le montagne, l'hotel dispone di ampie camere in stile altoatesino e una zona benessere con saune ed idromassaggio. Per i pasti, è possibile rivolgersi al vicino ristorante Al Moro.

MALNATE

Varese (VA) – ✉ 21046 – 16 912 ab. – Alt. 355 m – Carta regionale n° **10-A1**

▶ Roma 641 km – Como 24 km – Varese 7 km – Milano 63 km

Carta stradale Michelin 561-E8

✕✕ **Crotto Valtellina** 🐝 🏠 AK ⟷ **P**

via Fiume 11, località Valle – 📞 03 32 42 72 58 – www.crottovaltellina.it – Chiuso martedì

Menu 46 € – Carta 35/70 € – *(solo a cena escluso sabato e domenica)*

All'ingresso la zona bar-cantina, a seguire la sala rustica ed elegante nel contempo. Cucina di rigida osservanza valtellinese e servizio estivo a ridosso della roccia.

MALO

Vicenza (VI) – ✉ 36034 – 15 021 ab. – Alt. 116 m – Carta regionale n° **22-A1**

▶ Roma 556 km – Verona 66 km – Padova 65 km – Vicenza 19 km

Carta stradale Michelin 562-F16

✕✕✕ **La Favellina** 🏠 📶 **P**

via Cosari 4/6, località San Tomio, Sud: 2,5 km – 📞 04 45 60 51 51 – www.lafavellina.it – Chiuso 1°-15 gennaio, 1°-15 novembre, lunedì e martedì

Carta 40/73 € – *(solo a cena escluso domenica)*

La signora Gianello, innamoratasi di questo delizioso borgo di fine '800, acquistò un locale e lo ristrutturò con gusto femminile e raffinato. Lei ai fornelli ed il figlio ad occuparsi della sala, La Favellina ha saputo crearsi una propria fama in zona, grazie alla sua cucina di stampo moderno e all'accurata selezione di materie prime.

MALOSCO

Trento (TN) – ✉ 38013 – 468 ab. – Alt. 1 041 m – Carta regionale n° **19-B2**

▶ Roma 638 km – Bolzano 64 km – Merano 41 km – Trento 52 km

Carta stradale Michelin 562-C15

 Bel Soggiorno ✿ ❧ ← 🛏 🌀 🖃 ♨ **P**

via Miravalle 7 – 📞 04 63 83 12 05 – www.h-belsoggiorno.com – Chiuso febbraio-marzo e novembre

38 cam ⌷ – ♦46/57 € ♦♦62/100 €

In posizione rilassante, circondato da un giardino soleggiato, l'albergo offre camere in stile rustico, sale da lettura e una piccola area benessere. Al ristorante, la classica cucina trentina.

MALPENSA (Aeroporto di) → Vedere Gallarate

MALS = MALLES VENOSTA

MANAROLA

La Spezia (SP) – ✉ 19017 – Carta regionale n° **8-D2**

▶ Roma 434 km – La Spezia 14 km – Genova 108 km – Massa 53 km

Carta stradale Michelin 561-J11

🏠 **Ca' d'Andrean** ❧ 🛏 AK 📶

via Discovolo 101 – 📞 01 87 92 00 40 – www.cadandrean.com – Aperto 2 marzo-14 novembre

10 cam – ♦70/95 € ♦♦90/155 € – ⌷ 7 €

Nel centro pedonale del grazioso borgo, alberghetto a gestione familiare dotato anche di un piccolo giardino, dove nella bella stagione viene servita la prima colazione. Risorsa semplice, ma assolutamente valida.

Marina Piccola

via Birolli 120 – ℰ 01 87 92 07 70
– www.hotelmarinapiccola.com – Chiuso 15 dicembre-13 febbraio
12 cam ⬜ – ♥100/120 € ♥♥120/140 €
Rist *Marina Piccola* – Vedere selezione ristoranti
Rinnovato totalmente, questo piccolo gioiello con camere ampie e arredate in modo originale, vi darà il "buongiorno" con una simpatica colazione servita in modo conviviale sul grande tavolo della hall.

 La Torretta Lodge

piazza della Chiesa (vico Volto 20) – ℰ 01 87 92 03 27
– www.torrettas.com – Aperto 1° aprile-21 dicembre
11 cam ⬜ – ♥70/170 € ♥♥120/220 €
Romantica e intima casa d'epoca in centro storico, arredata con gusto e perfino lusso: per una risorsa così piccola il servizio è incredibilmente attento ad ogni momento della giornata, a partire dalla colazione servita in camera sino all'aperitivo delle 18. Il tutto coronato da una splendida vista sul mare.

✗ **Marina Piccola** – Hotel Marina Piccola

via lo Scalo 16 – ℰ 01 87 92 09 23
– www.ristorantemarinapiccola.it – Chiuso 15 dicembre-13 febbraio e martedì
Carta 25/60 €
Se non volete perdervi nulla dello spirito delle Cinque Terre, concedetevi una sosta a base di prodotti ittici in questo ristorante con gradevole servizio all'aperto.

a Volastra Nord-Ovest : 7 km – ✉ 19017 Manarola

 Il Saraceno

– ℰ 01 87 76 00 81 – www.thesaraceno.com
– Chiuso 7 gennaio-20 febbraio
7 cam ⬜ – ♥60/70 € ♥♥90/100 €
Il verde e la quiete regnano sovrani in questa confortevole struttura dagli spazi comuni lineari e dalle ampie camere di moderna essenzialità. Piacevole solarium per una sosta en plein air.

✗ **Cappun Magru in Casa di Marin**

via Volastra 19, località Groppo – ℰ 01 87 92 05 63
– Chiuso 9 dicembre-13 febbraio, lunedì e martedì
Menu 42/48 € – Carta 42/60 € – (coperti limitati, prenotare)
All'interno rispetto alla costa del piccolissimo borgo pedonale di Groppo e, infine, della casa che fu dimora della nonna dello chef, un locale intimo, confortevole, non privo di tocchi di eleganza. Tra le ottime specialità di pesce, ne spicca una: il cappon magro.

MANCIANO

Grosseto (GR) – ✉ 58014 – 7 368 ab. – Alt. 444 m – Carta regionale n° **18-C3**
▶ Roma 141 km – Grosseto 61 km – Orvieto 65 km – Viterbo 69 km
Carta stradale Michelin 563-O16

 Locanda il Poderino

strada statale 74, Ovest: 1 km – ℰ 05 64 62 50 31
– www.3querce.it – Aperto Pasqua-5 novembre
6 cam ⬜ – ♥75/100 € ♥♥85/105 €
Leggermente fuori rispetto al paese, con vista sulle colline che conducono all'Argentario, una dimora di campagna in pietra e mattoni, riadattata per accogliere turisti in cerca dei profumi della natura toscana. Alloggi più economici nell'annesso agriturismo e servizio ristorante sulla panoramica terrazza.

Agriturismo Quercia Rossa

strada statale 74 km 23,800, Ovest: 13 Km – ℰ 05 64 62 95 29
– www.querciarossa.net – Aperto 15 marzo-16 novembre
6 cam ⌑ – †64/90 € ††80/125 €
In posizione tranquilla e panoramica, ampi spazi esterni, accoglienza signorile e
nelle camere un raffinato mix di antico e moderno, nonché produzione propria
di miele e marmellate: insomma, un angolo di paradiso nel verde delle colline
maremmane!

XX La Filanda

*via Marsala 8 – ℰ 05 64 62 51 56 – www.lafilanda.biz – Chiuso 1 settimana in
gennaio, 1 settimana in luglio, 1 settimana in novembre e martedì*
Menu 50/70 € – Carta 45/56 € – (consigliata la prenotazione)
Nel centro storico, il ristorante realizza un elegante mix di modernità - in una sala
che pare sospesa al secondo piano - e il contesto d'epoca. E' anche l'anima della
cucina, tradizionale, ma rivisitata.

MANDURIA
Taranto (TA) – ⊠ 74024 – 31 526 ab. – Alt. 79 m – Carta regionale n° **15**-C2
▶ Roma 555 km – Taranto 38 km – Brindisi 42 km – Lecce 52 km
Carta stradale Michelin 564-F34

Corte Borromeo

vico I Marco Gatti 11 – ℰ 09 99 74 25 10 – www.corteborromeohotel.it
5 cam ⌑ – †79/129 € ††89/149 € – **2 suites**
Celebre per il vino, Manduria vanta anche un grazioso centro storico, di cui questo palazzo del 1572 costituisce un'eclatante testimonianza. All'interno, un elegante mix di tufo e arredi contemporanei e una bella terrazza sui tetti della città.

MANERBA DEL GARDA
Brescia (BS) – ⊠ 25080 – 3 378 ab. – Alt. 132 m – Carta regionale n° **9**-D1
▶ Roma 541 km – Brescia 38 km – Mantova 80 km – Verona 60 km
Carta stradale Michelin 561-F13

XxX Capriccio (Giuliana Germiniasi)

*piazza San Bernardo 6, località Montinelle – ℰ 03 65 55 11 24
– www.ristorantecapriccio.it – Chiuso gennaio, febbraio, martedì a pranzo e
lunedì in luglio-agosto, martedì negli altri mesi*
Menu 40 € (pranzo in settimana)/60 € – Carta 52/128 €
Raffinato e spazioso ristorante, la cucina propone versioni moderne dei classici
italiani con particolare cura nelle presentazioni. Apoteosi nei dolci, irrinunciabili.
➜ Mezzemaniche alla maionese di mare, calamari ed olio al nero. Spigola croccante alla mediterranea su crema di pane integrale. Zuppetta di frutti rossi marinata al mosto cotto, mantecato al latte e meringa.

X Il Gusto

*piazza San Bernardo, località Montinelle – ℰ 03 65 55 02 97 – Chiuso gennaio,
febbraio, martedì a mezzogiorno e lunedì in luglio-agosto, martedì negli altri
mesi*
Carta 26/45 € – (prenotazione obbligatoria a mezzogiorno)
Su una piazzetta con tanto di belvedere sul lago, una sala semplice e disimpe-
gnata per piatti classici e sfiziosi: particolare attenzione è riservata ai vini.

MANFREDONIA
Foggia (FG) – ⊠ 71043 – 57 331 ab. – Carta regionale n° **15**-B1
▶ Roma 413 km – Foggia 39 km – Bari 113 km – Barletta 56 km
Carta stradale Michelin 564-C29

Regio Hotel Manfredi 🛱 🚗 🗷 🗖 ◉ 🛜 ↱ 🔁 AK 🛋 P
strada statale per San Giovanni Rotondo al km 12, Ovest: 2 km
– ✆ 08 84 53 01 22 – *www.regiohotel.it*
100 cam ☲ – 🛏39/169 € 🛏🛏39/189 €
Poco lontano dal centro, ma già immersa tra grandi spazi verdi, struttura di taglio
decisamente moderno dotata di un centro congressuale attrezzato e di uno spazio benessere.

✕✕ **Coppola Rossa** 🛱 ⴲ AK
via Maddalena 28 – ✆ 08 84 58 25 22 – *www.coppolarossa.com* – *Chiuso
domenica sera e lunedì escluso in agosto*
Menu 25 € (in settimana)/45 € – Carta 17/53 €
Nel centro storico e non lontano dal mare, che ritorna nei piatti in un caratteristico ristorante a conduzione familiare. Buffet di antipasti e tanto pesce, c'è
anche una griglia a vista di utilizzo invernale per qualche proposta di carne.

MANGO

Cuneo (CN) – ✉ 12056 – 1 316 ab. – Alt. 521 m – Carta regionale n° **14-C2**
▶ Roma 612 km – Cuneo 79 km – Torino 91 km – Genova 112 km
Carta stradale Michelin 561-H6

Villa Althea ⴲ ⴲ 🚗 🗖 🛜 ↱ 🛋
località Luigi 18, Nord-Ovest: 1 km – ✆ 33 55 29 55 08 – *www.villaalthea.it*
– *Chiuso inizio gennaio-15 marzo*
6 cam ☲ – 🛏120/150 € 🛏🛏140/170 € – **1 suite**
Atmosfera allo stesso tempo familiare e raffinata, in una graziosa struttura riscaldata da sorprendenti accostamenti di colore, nonché arredi in vari stili, tutti però
rigorosamente autentici! Per i vostri momenti ludici: una sala biliardo e un'enorme
scacchiera all'aperto, avvolta dalla tranquillità delle colline.

MANIAGO

Pordenone (PN) – ✉ 33085 – 11 800 ab. – Alt. 283 m – Carta regionale n° **6-A2**
▶ Roma 626 km – Udine 49 km – Pordenone 27 km – Venezia 115 km
Carta stradale Michelin 562-D20

Eurohotel Palace Maniago 🛱 🚗 🔁 ⴲ AK 🛋 🚙
viale della Vittoria 3 – ✆ 0 42 77 14 32 – *www.eurohotelfriuli.it* – *Chiuso
1°-10 gennaio e 10-20 agosto*
37 cam ☲ – 🛏68/85 € 🛏🛏102/137 € – **1 suite**
Rist *Parco Vittoria* – Vedere selezione ristoranti
Con un parco secolare alle spalle, hotel dagli spaziosi e confortevoli ambienti,
arredati in elegante stile minimalista.

✕✕ **Parco Vittoria** – Eurohotel Palace Maniago 🚗 🛱 AK 🚙
viale della Vittoria 3 – ✆ 0 42 77 14 32 – *www.eurohotelfriuli.it* – *Chiuso
1°-10 gennaio, 10-20 agosto, domenica sera e i mezzogiorno di lunedì e sabato*
Carta 25/59 €
Eleganza e soluzioni moderne nell'ampia sala con piacevole vista sul parco: nella bella
stagione, il servizio si sposta anche all'esterno. La cucina punta essenzialmente su piatti
locali e prodotti stagionali; ciò nonostante il menu non dimentica il pesce.

MANOPPELLO

Pescara (PE) – ✉ 65024 – 6 987 ab. – Alt. 257 m – Carta regionale n° **1-B2**
▶ Roma 192 km – Pescara 32 km – L'Aquila 80 km – Chieti 21 km
Carta stradale Michelin 563-P24

a Manoppello Scalo Nord : 8 km

✕ **Trita Pepe** Ⓝ ⴲ AK P
via Gabriele D'Annunzio 4 – ✆ 08 58 56 15 10 – *www.trattoriatritapepe.it*
Menu 22 € – Carta 18/35 € – (consigliata la prenotazione)
In un ambiente di stile contemporaneo, la cucina è schietta e genuinamente
locale con qualche espressione di modernità come nel lonzino marinato con
salsa al sesamo nero e pepe. Si propone anche un menu degustazione piuttosto
interessante, ma anche scegliendo à la carte i prezzi rimangono contenuti.

MANTELLO

Sondrio (SO) – ✉ 23016 – 763 ab. – Alt. 211 m – Carta regionale n° **9-B1**
▶ Roma 675 km – Milano 110 km – Sondrio 34 km – Monza 90 km
Carta stradale Michelin 353-R7

La Fiorida

via Lungo Adda 12 – ☏ 03 42 68 08 46 – www.lafiorida.com
29 cam ☐ – †65/130 € ††99/168 €
Rist *La Préséf* ❀ – Vedere selezione ristoranti
Camere in larice e pietra, spaziosissime e sobriamente eleganti, per una moderna struttura dedicata agli amanti del benessere e della buona cucina. Aperto per tutti coloro che desiderano incontrare la Valtellina nel piatto, il ristorante Quattro Stagioni offre splendide sale caratterizzate con oggetti che richiamano la stagione nel nome di ognuna.

La Préséf – Agriturismo La Fiorida

via Lungo Adda 12 – ☏ 03 42 68 08 46 – www.lapresef.it – Chiuso domenica e lunedì
Carta 59/75 €
La Preséf è una romantica ed intima "stüa" valtellinese in legno di pino cembro, dal profumo arboreo, che si affaccia sul giardino interno. I piatti creativi del cuoco rendono l'atmosfera ancor più magica: gli ingredienti a chilometro zero e la sperimentazione visivo-sensoriale sono i tratti distintivi della sua carta.
➔ Primavera in riva all'Adda. Gnocco di patata di montagna con cuore di bitto. Puntine di maialino marinate alla birra, crema di patate.

MANTOVA

(MN) – ✉ 46100 – 48 747 ab. – Alt. 19 m – Carta regionale n° **9-C3**
▶ Roma 469 km – Verona 42 km – Brescia 66 km – Ferrara 89 km
Carta stradale Michelin 561-G14

FoodCollection / Photononstop

🟢 Alberghi

🏨 Casa Poli
corso Garibaldi 32, per via Trieste - *B2* – ✆ 03 76 28 81 70 – www.hotelcasapoli.it
– Chiuso 23-26 dicembre
34 cam ☖ – ✝95/125 € ✝✝100/170 €
Bella struttura nel panorama alberghiero cittadino, gestita dall'intera famiglia Poli:
confort moderno e omogeneo, con camere diverse per disposizione, ma identiche
nello stile e servizi.

🏨 Rechigi
via Calvi 30 – ✆ 03 76 32 07 81 – www.rechigi.com   Pianta: B2**c**
45 cam ☖ – ✝80/300 € ✝✝80/300 €
Se l'hotel è a due passi dalle meraviglie architettoniche rinascimentali del centro
storico, i suoi suggestivi spazi comuni raccolgono una collezione d'arte contemporanea. Camere dal confort recente.

🏨 La Favorita
via S. Cognetti De Martiis, 4,5 km direz. Padova - *B1* – ✆ 03 76 25 47 11
– www.hotellafavorita.it – Chiuso 24-27 dicembre
81 cam ☖ – ✝80/209 € ✝✝179/299 € – **12 suites**
In posizione decentrata, all'interno di una zona commerciale di uffici, la struttura
sfoggia un look decisamente moderno e - al suo interno - buoni spazi e camere
confortevoli.

🏠 Broletto l'Hotel e la Residenza
via Accademia 1 – ✆ 03 76 32 67 84   Pianta: B2**a**
– www.hotelbroletto.com
25 cam ☖ – ✝65/80 € ✝✝85/130 €
A pochi passi da piazza delle Erbe, l'hotel Broletto raddoppia con la dépendance
- a circa 100 metri - la Residenza (medesimi i confort moderni!). Se gli spazi
comuni sono inesistenti, risulta invece interessante il rapporto qualità/prezzo.

🏠 Residenza Ca' delle Erbe
via Broletto 24 – ✆ 03 76 22 61 61 – www.cadelleerbe.it   Pianta: B2**e**
14 cam ☖ – ✝80/160 € ✝✝100/250 €
Tranne le mansardate, le camere si affacciano sulla splendida piazza delle Erbe:
quasi tutte ampie, se la maggior parte offre ambienti minimalisti e bianchi, tre
sfoggiano dipinti ottocenteschi. Colazione all'omonimo ristorante o, con voucher,
al bar.

635

Map of MANTOVA with scale 0 — 200 m

Residenza La Villa

strada Ghisiolo 6, 5 km direz. Padova - *B1*

– ✆ 03 76 34 09 05

– www.residenzalavilla.it

9 cam – 🛏 75/100 € 👫 90/120 €

Gradevole villa del Settecento circondata dal proprio giardino, dove nella bella stagione viene servita la prima colazione; spazi interni generosi e camere molto accoglienti, le tre più originali sfoggiano scenografici soffitti a cassettoni, uno addirittura dipinto!

Casa San Domenico

vicolo Scala 8   Pianta: A2a

– ✆ 3 35 25 92 92

– www.casasandomenico.it

4 cam – 🛏 110/220 € 👫 110/220 € – 🍽 15 €

Piccola risorsa priva di spazi comuni ricavata all'interno di una casa del Settecento; attraverso un dedalo di scale ci si accomoda nelle suite inaspettatamente grandi, dotate di ogni confort e dallo stile signorile. E' qui che viene servita - su richiesta ed a pagamento - la prima colazione.

All'atto della prenotazione fatevi precisare il prezzo e la categoría della camera.

● Ristoranti

✕✕✕ Aquila Nigra (Vera Caffini) 🕸 AC ↔

vicolo Bonacolsi 4 – 📞 03 76 32 71 80 – www.aquilanigra.it Pianta: B1**b**
– Chiuso domenica sera e lunedì in aprile-maggio e settembre-dicembre, anche domenica a mezzogiorno negli altri mesi
Carta 54/96 €

Vecchia casa in un vicolo nei pressi del Palazzo Ducale, che conserva ancora alcune caratteristiche originali: soffitti a cassettoni, affreschi alle pareti e tipica cucina mantovana. La porta accanto si schiude su un bistrot di design contemporaneo con scelta gastronomica più ridotta, a prezzi più contenuti.

➡ Tortelli di zucca al burro fuso e grana padano. Luccio in salsa d'acciughe, prezzemolo e capperi con polenta abbrustolita. Torta Sbrisolona.

✕✕ Il Cigno Trattoria dei Martini 🏠 ♿ AC ↔

piazza Carlo d'Arco 1 – 📞 03 76 32 71 01 Pianta: A1**u**
– www.ristoranteilcignomantova.com – Chiuso 31 dicembre-5 gennaio, 2 settimane in agosto, lunedì e martedì
Menu 40 € – Carta 38/69 €

Lunga tradizione familiare, in una casa del Cinquecento, ovviamente classica, ma magicamente accogliente nel ricordare il passato. Le proposte partono dal territorio per arrivare in tavola.

✕✕ Acqua Pazza 🏠 🅿

viale Monsignore Martini 1, 1 km direz. Cremona - A2 – 📞 03 76 22 08 91
– www.ristorante-acquapazza.it – Chiuso lunedì
Menu 30 € – Carta 29/68 €

L'insegna dà un incipit sulla cucina: squisitamente di mare e di ottima qualità, convince gli amanti del pesce a spingersi fino alle porte della città, dove si è "nascosto". Un ristorante che farà parlare di sé.

✕ Osteria della Fragoletta 🕸 AC ↔

piazza Arche 5/a – 📞 03 76 32 33 00 – www.fragoletta.it Pianta: B2**r**
– Chiuso lunedì
Carta 26/44 €

In un angolo del centro, due sale vivaci e colorate nelle quali vengono proposte le specialità della cucina locale, talvolta rielaborate con gusto; notevole assortimento di formaggi accompagnati dall'immancabile mostarda.

✕ Cento Rampini 🏠

piazza delle Erbe 11 – 📞 03 76 36 63 49 Pianta: B2**z**
– www.ristorantecentorampini.com – Chiuso domenica sera e lunedì
Menu 30/40 € – Carta 34/53 €

Uno dei locali storici della città, in splendida posizione centrale: fortunatamente non ha ceduto alle lusinghe della moda rustico-chic. Cucina tradizionalmente "ortodossa".

✕ L'Ochina Bianca AC 🍽 ↔

via Finzi 2 – 📞 03 76 32 37 00 – www.ochinabianca.it Pianta: A1**c**
– Chiuso 1°-21 agosto, domenica sera e lunedì
Carta 32/51 € – *(solo a cena escluso venerdi, sabato e domenica)* (consigliata la prenotazione)

Un piccolo ristorante dal côté bistrot: due salette ed un piccolo privé - decorati con foto, quadri e ricordi di viaggio - accolgono una cucina di chiara ispirazione mantovana con qualche piatto di pesce. Il fritto di mare e verdure, tra le specialità della casa.

a Porto Mantovano Nord : 3 km per Verona - A1 – ✉ 46047

🏨 Abacus 📶 ♿ AC 🚗 🅿

strada Martorelli 92/94 – 📞 03 76 39 29 03 – www.hotelabacusmantova.it
– Chiuso 24 dicembre-7 gennaio e 2 settimane in agosto
30 cam 🛏 – ✝68/95 € ✝✝80/125 €

Un hotel capace di coniugare la tranquillità tipica di una zona residenziale, con la vicinanza a strutture produttive e industriali, molto apprezzata dalla clientela d'affari.

a Pietole Sud : 7 km per Reggio Emilia - B2 – ✉ 46030

 Paradiso

via Piloni 13 – ✆ 03 76 44 07 00 – www.albergohotelparadiso.it – Chiuso 27 dicembre-2 gennaio
7 cam ⊑ – †47/60 € ††77/85 €
Inaspettata quanto semplice risorsa gestita da madre e figlia, entrambe gentilissime, ricavata da una graziosa villetta familiare in posizione defilata e tranquilla. Un piccolo angolo di paradiso!

a Borgo Virgilio Sud : 4 km per Reggio Emilia - B2 – ✉ 46030

Cristallo

via Cisa 1/e – ✆ 03 76 44 83 91 – www.hotelcristallomantova.it – Chiuso 10-20 agosto
65 cam – †50/100 € ††70/180 € – ⊑ 7 €
Interni moderni e lineari, in questa struttura indicata soprattutto per una clientela business che, a sorpresa, dispone anche di un bel giardino con piscina! Cucina nazionale e specialità mantovane al ristorante.

XX **Corte Bertoldo Antica Locanda**

strada statale Cisa 116 – ✆ 03 76 44 80 03 – www.cortebertoldo.it – Chiuso 2 settimane in gennaio, 1 settimana in agosto, domenica sera e lunedì, anche domenica a mezzogiorno in luglio-agosto
Carta 26/49 €
Appassionata gestione per un locale di classica atmosfera: bella sala dall'alto soffitto con l'unico vezzo dei lampadari moderni. Cucina prevalentemente di carne, si cita il territorio senza però dimenticare che siamo nel terzo millennio...

MARANELLO
Modena (MO) – ✉ 41053 – 17 215 ab. – Alt. 137 m – Carta regionale n° **5-B2**
▶ Roma 411 km – Bologna 53 km – Modena 22 km – Reggio nell'Emilia 49 km
Carta stradale Michelin 562-I14

 Planet Hotel

via Verga 22 – ✆ 05 36 94 67 82 – www.planethotelmaranello.com
24 cam ⊑ – †90/160 € ††115/240 € – **1 suite**
Circondato dagli stabilimenti della Ferrari, sui balconi dell'albergo potrà capitarvi di sentire il rombo dei celebri motori. Atmosfera, frequentazione e arredi business: tutto è all'insegna della semplicità e praticità!

XXX **MikEle**

via Flavio Gioia 1 – ✆ 05 36 94 10 27 – www.ristorantemikele.com – Chiuso 1 settimana in gennaio, 3 settimane in agosto, sabato a mezzogiorno, domenica sera e lunedì
Carta 50/75 €
In zona periferica e residenziale, un'inaspettata "parentesi" ittica tra tanti bolliti modenesi: dalla cucina, infatti, i classici piatti marinari all'italiana.

sulla strada statale 12 - Nuova Estense Sud-Est : 4 km

Locanda del Mulino

via Nuova Estense 3430 ✉ 41053 Maranello – ✆ 05 36 94 41 75 – www.locandadelmulino.com
17 cam ⊑ – †49/66 € ††59/107 €
Per chi vuole sfuggire le zone industriali, qui si dorme in posizione isolata, ma di facile raggiungibilità con la vettura. All'interno, una piacevole atmosfera rustica che sa già di montagna.

XX **Locanda del Mulino**

via Nuova Estense 3430 ✉ 41053 Maranello – ✆ 05 36 94 88 95 – www.locandadelmulino.com – Chiuso sabato a mezzogiorno
Menu 28 € – Carta 23/47 €
Simpatico locale dai sapori emiliani rivisitati, dalle cui vetrate è ancora possibile vedere parti del vecchio mulino che lo ospita. Piacevole il dehors estivo immerso nel verde.

MARANO LAGUNARE

Udine (UD) – ⌧ 33050 – 1 867 ab. – Carta regionale n° **6-C3**
▶ Roma 626 km – Udine 43 km – Gorizia 51 km – Latisana 21 km
Carta stradale Michelin 562-E21

XX Alla Laguna-Vedova Raddi   🛜 ⒜ↂ

piazza Garibaldi 1 – ☏ 0 43 16 70 19 – www.vedovaraddi.it – Chiuso 15 giorni in novembre, domenica sera da ottobre a maggio e lunedì
Carta 33/73 €

Situato sul porto - di fronte al mercato ittico - il locale valorizza in preparazioni semplici, ma gustose, i prodotti del mare. Ristoratori da sempre, la lunga tradizione familiare è una garanzia!

MARANO VICENTINO

Vicenza (VI) – ⌧ 36035 – 9 622 ab. – Alt. 136 m – Carta regionale n° **22-A1**
▶ Roma 563 km – Venezia 95 km – Vicenza 32 km – Verona 89 km
Carta stradale Michelin 562-E16

XX El Coq (Lorenzo Cogo)   ⒜

🍃🍃
via Canè 2/c – ☏ 0 44 51 88 63 67 – www.elcoq.com – Chiuso 2 settimane in agosto, lunedì a mezzogiorno e domenica
❀
Menu 24 € (pranzo) – Carta 31/43 € – (coperti limitati, prenotare)

Che si guardi in sala o in cucina, è difficile trovare un locale così giovane! Il cuoco, classe 1986 ma uno straordinario curriculum di ristoranti di mezzo mondo, si destreggia fra tradizione e avanguardia, carni alla brace e sofisticati tecnicismi. Business lunch a mezzogiorno con piccola carta dedicata al territorio, la sera invece si sceglie tra due menu degustazione a mano libera.

→ Crema di patata, seppia alla brace, caviale d'aringa e paprika. Pancia di maialino alla brace con yoghurt caramellato e verdure agrodolci. Gelato alla vaniglia, pera, nocciola e caramello al wasabi.

MARATEA

Potenza (PZ) – ⌧ 85046 – 5 195 ab. – Alt. 300 m – Carta regionale n° **2-B3**
▶ Roma 417 km – Potenza 122 km – Castrovillari 105 km
Carta stradale Michelin 564-H29

🏠 La Locanda delle Donne Monache   ❀ 🛏 ⌁ ⅃⒜ 🏊 ♨ 🅿

via Carlo Mazzei 4 – ☏ 09 73 87 61 39 – www.locandamonache.com – Aperto 23 aprile-23 ottobre
27 cam ⊠ – ♦115/335 € ♦♦115/335 € – **5 suites**
Rist Il Sacello – Vedere selezione ristoranti

In un ex convento del XVIII sec., le spaziose camere - alcune con letto a baldacchino e vista panoramica - propongono una dimensione epicurea della vacanza: lo splendore della Lucania e il ritrovare il ritmo lento del tempo.

XX Il Sacello – Hotel La Locanda delle Donne Monache   🛏 🛜 ⒜ 🅿

via Carlo Mazzei 4 – ☏ 09 73 87 61 39 – www.locandamonache.com – Aperto 23 aprile-23 ottobre
Carta 29/55 €

I sapori del Mediterraneo pervadono la tavola di questo grazioso ristorante: stracci di pasta fresca con baccalà e pepi cruschi - cernia di scoglio in umido con patate, capperi, pomodorini e olive - sformatino di ricotta di bufala con sorbetto al limone.

X Taverna Rovita   ⒜ ♨

via Rovita 13 – ☏ 09 73 87 65 88 – www.tavernarovitamaratea.it – Aperto 1° aprile-15 settembre; chiuso martedì
Carta 35/62 € – *(solo a cena)* (consigliata la prenotazione)

Nel centro storico di Maratea, dal 1981 gestita con passione dalla stessa famiglia, la cucina di Taverna Rovita fa della ricerca della migliore materia prima la propria bandiera.

a Fiumicello Santa Venere Ovest : 5 km – ✉ 85046

Santavenere

via Conte Stefano Rivetti 1 – ℰ 09 73 87 69 10 – www.hotelsantavenere.com
34 cam ⌂ – ♦350/750 € ♦♦350/750 € – **5 suites**
In posizione ineguagliabile, all'interno di un parco con pineta affacciato sulla scogliera, camere con pavimenti in ceramica di Vietri, finestre come quadri aperti sul mare. A pranzo si mangia sulla "Terrazza" in spiaggia oppure - per una pausa più veloce - a bordo piscina; la sala classica è a disposizione la sera.

Villa delle Meraviglie

località Ogliastro, Nord: 1,5 km – ℰ 09 73 87 13 19
– www.hotelvilladellemeraviglie.com – Aperto 12 maggio-30 settembre
16 cam ⌂ – ♦60/85 € ♦♦70/210 €
Costruzione affacciata sulla costa e circondata da un parco privato con piscina. Accesso diretto al mare, camere sobrie e, in gran parte, dotate di patio o terrazzo.

Zà Mariuccia

via Grotte 2, al porto – ℰ 09 73 87 61 63 – www.zamariuccia.it – Aperto
1° marzo-31 novembre; chiuso lunedì escluso agosto
Carta 39/80 € – *(solo a cena)*
Caratteristico ristorante che coniuga felicemente specialità di mare e bell'ambiente. In estate, accomodatevi nella terrazza affacciata sul porto (pochi tavoli: è preferibile prenotare). Uno dei migliori locali della costa!

ad Acquafredda Nord-Ovest : 10 km – ✉ 85046

Villa Cheta Elite

via Timpone 46, Sud: 1 km – ℰ 09 73 87 81 34 – www.villacheta.it – Aperto
30 aprile-31 ottobre
23 cam ⌂ – ♦70/140 € ♦♦146/282 €
Pregevole villa liberty d'inizio secolo, dove vivere una dolce atmosfera vagamente retrò. O dove assaporare la fragranza delicata delle meravigliose terrazze fiorite. Sala sobria ma elegante e servizio ristorante estivo nell'incantevole giardino.

Gabbiano

via Luppa 24 – ℰ 09 73 87 80 11 – www.hotelgabbianomaratea.it – Aperto
Pasqua- 31 ottobre
39 cam ⌂ – ♦40/80 € ♦♦60/160 €
Gode di una splendida posizione, direttamente sulla spiaggia, questo albergo stagionale che ad ogni riapertura viene sottoposto ad un'accurata manutenzione per offrire il meglio di sé, regalando – in certe sue parti - la piacevole impressione di essere su una nave. Il rapporto qualità/prezzo qui è decisamente ottimo!

MARCIAGA – Verona (VR) ➜ Vedere Costermano

MARCIANA – Livorno (LI) ➜ Vedere Elba (Isola d')

MARCIANA MARINA – Livorno (LI) ➜ Vedere Elba (Isola d')

MARCON
Venezia (VE) – ✉ 30020 – 17 268 ab. – Carta regionale n° **23-A2**
▶ Roma 522 km – Venezia 22 km – Padova 46 km – Treviso 16 km
Carta stradale Michelin 562-F18

Antony Palace Hotel

via Mattei 26 – ℰ 04 15 96 23 01 – www.antonypalace.it
139 cam – ♦70/260 € ♦♦70/260 € – ⌂ 15 € – **1 suite**
Pensato per una clientela business o come punto di partenza per escursioni, hotel di moderna concezione con spazi comuni in hi-tech e sobrio design nelle ampie camere. Ristorante open space con proposte di cucina nazionale e qualche piatto locale.

Relais Agriturismo Ormesani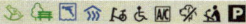

via Zuccarello 42/g, località San Liberale – 🕿 *04 15 96 95 10*
– www.ormesanivenice.com – Chiuso luglio e agosto
11 cam 🖙 *–* †80/120 € ††95/140 €
Sofisticato agriturismo all'interno di una tenuta di oltre 20 ettari con rare piante autoctone, animali in libertà, vigne, frutteti e tanto altro ancora. Tutto da assaggiare al ristorante aperto però solo per gruppi e qualche volta il sabato. Le camere sono semplici ed essenziali.

MARCONIA – Matera (MT) → Vedere Pisticci

MARGHERITA DI SAVOIA
Barletta-Andria-Trani (BT) – ✉ 76016 – 12 097 ab. – Carta regionale n° **15-B2**
▶ Roma 374 km – Foggia 66 km – Bari 73 km – Barletta 14 km
Carta stradale Michelin 564-C30

XX Canneto Beach 2

via Amoroso 11 – 🕿 *08 83 65 10 91 – www.ristorantecannetobeach2.com*
Carta 27/67 € *– (chiuso martedì)* **10 cam** 🖙 *–* †35/55 € ††50/85 €
Tra distese di sabbia e sale che hanno reso celebre la località, specialità di mare e ricette tipiche della Valle dell'Ofanto, nonché pizze per gli irriducibili dell'impasto lievitato. La struttura ospita anche alcune camere al piano superiore; altre si trovano invece in un bed and breakfast distante solo pochi passi.

MARIANO COMENSE
Como (CO) – ✉ 22066 – 24 245 ab. – Alt. 252 m – Carta regionale n° **10-B1**
▶ Roma 619 km – Como 17 km – Bergamo 54 km – Lecco 32 km
Carta stradale Michelin 561-E9

XXX La Rimessa

via Cardinal Ferrari 13/bis – 🕿 *0 31 74 96 68 – www.larimessa.it – Chiuso*
2-6 gennaio, 1 settimana in agosto, domenica sera e lunedì
Menu 29/45 € – Carta 34/64 €
In una villa di fine '800, all'interno della ex rimessa per le carrozze, un caratteristico ristorante con un'ulteriore, intima saletta, ricavata nel fienile soppalcato. Dalla cucina, tante proposte moderne e creative pronte a soddisfare ogni palato!

MARIANO DEL FRIULI
Gorizia (GO) – ✉ 34070 – 1 558 ab. – Alt. 32 m – Carta regionale n° **6-C2**
▶ Roma 645 km – Udine 27 km – Gorizia 19 km – Trieste 40 km
Carta stradale Michelin 562-E22

a Corona Est : 1,7 km – ✉ 34070

X Al Piave

via Cormons 6 – 🕿 *0 48 16 90 03 – www.trattoriaalpiave.it – Chiuso 1 settimana*
in febbraio, 1 settimana in luglio e martedì
Carta 28/49 €
Curata e accogliente trattoria a gestione familiare, che si articola in due gradevoli sale con camino e bel giardino estivo; in menu i piatti del territorio che si avvicendano a seconda delle stagioni. Tra i più gettonati: gnocchi con lepre e gelato alla crema con fichi al rhum.

MARIGLIANO
Napoli (NA) – ✉ 80034 – 30 149 ab. – Carta regionale n° **4-B2**
▶ Roma 224 km – Napoli 24 km – Salerno 55 km – Caserta 26 km
Carta stradale Michelin 564-E25

Casal dell'Angelo

via Variante 7 bis km 40,400 – 🕿 *08 18 41 24 71 – www.casaldellangelo.it*
40 cam 🖙 *–* †60/95 € ††70/125 €
Un piccolo gioiello di cura e personalizzazione, scelta di arredi e materiali di pregio in un antico casolare divenuto albergo. Particolarmente raffinate le camere mansardate.

MARINA DEL CANTONE – Napoli (NA) → Vedere Massa Lubrense

MARINA DELLA LOBRA – Napoli (NA) → Vedere Massa Lubrense

MARINA DI ASCEA
Salerno (SA) – ⊠ 84046 – Carta regionale n° **4-C3**
▶ Roma 354 km – Salerno 92 km – Avellino 124 km – Sapri 59 km
Carta stradale Michelin 564-G27

Iscairia 　　　　　　　　　　　　　　　　🏠 ⚂ ⚌ 🕭 ♿ 🚸 ⚑ P
via Isacia 7, località Velia – ℰ 34 70 18 04 75 – www.iscairia.it – Chiuso 12-27 dicembre
11 cam � – ∦48/66 € ∦∦80/100 €
Nel giardino un laghetto balneabile, all'interno camere personalizzate con qualche pezzo di antiquariato e la possibilità di acquistare alcuni prodotti tipici campani (ceramiche di Vietri, marmellate, etc.). Dalla cucina, la tradizione del Cilento, pane e dolci fatti in casa.

MARINA DI BIBBONA
Livorno (LI) – ⊠ 57020 – Carta regionale n° **18-B2**
▶ Roma 277 km – Pisa 69 km – Grosseto 92 km – Livorno 47 km
Carta stradale Michelin 563-M13

Marinetta 　　　　　🏠 ⚂ ⚓ ⚌ 🕭 🛁 ♿ 🚸 🔲 ⚑ 🏋 P
via dei Cavalleggeri Nord 3 – ℰ 05 86 60 05 98 – www.hotelmarinetta.it
133 cam ⊠ – ∦49/270 € ∦∦49/300 € – **6 suites**
Immerso in una pineta con sentiero che conduce alla spiaggia, è un albergo ideale per vacanze in famiglia. Camere di due tipi, le standard sono più semplici, quelle nella torre più eleganti.

XX **La Pineta** (Luciano Zazzeri) 　　　　　　🏵 ⋜ 🕭 ⚓ P
✿ *via dei Cavalleggeri Nord 27 – ℰ 05 86 60 00 16 – www.lapinetadizazzeri.it – Chiuso 7-21 gennaio, 15 ottobre-1° novembre, martedì a mezzogiorno e lunedì, anche martedì sera in inverno*
Menu 75/85 € – Carta 65/115 € – (consigliata la prenotazione)
Con la vettura, attraversata una pineta, si arriva quasi in spiaggia e quello che sembra un ordinario stabilimento balneare svela all'interno un raffinato ristorante di pesce. Piatti di mare toscani, italiani e qualche proposta più creativa, in genere all'insegna della semplicità, protagonista qui è la qualità del pescato.
→ Straccetti di pasta fresca con triglie. Bollito misto di pesce e crostacei con maionese e mostarda. Semifreddo al croccante di pistacchio.

MARINA DI CAMEROTA
Salerno (SA) – ⊠ 84059 – Carta regionale n° **4-D3**
▶ Roma 390 km – Battipaglia 103 km – Sapri 38 km – Salerno 128 km
Carta stradale Michelin 564-G28

X **Da Pepè** 　　　　　　　　　　　　　　⚂ 🕭 ⚓ P
via delle Sirene 41 – ℰ 09 74 93 24 61 – www.villaggiodapepe.net – Aperto 1° maggio-30 settembre
Carta 31/70 €
Lungo la strada che conduce a Palinuro, tra i riflessi argentei degli ulivi, ottima cucina di pesce approvvigionata da un peschereccio di proprietà del ristorante stesso.

MARINA DI CAMPO – Livorno (LI) → Vedere Elba (Isola d')

MARINA DI CAPOLIVERI – Livorno (LI) → Vedere Elba (Isola d') : Capoliveri

MARINA DI CARRARA
Massa-Carrara (MS) – ⊠ 54036 – Carta regionale n° **18-A1**
▶ Roma 396 km – La Spezia 26 km – Carrara 7 km – Massa 11 km
Carta stradale Michelin 563-J12

XX **Ciccio Marina**   🌿 ⛓ AC

viale da Verrazzano 1 – 𝒞 05 85 78 02 86 – www.ristoranteciccio.it – Chiuso
lunedì sera escluso in estate
Carta 34/68 €
Sul lungomare nei pressi del porto, moderno ristorante dalle luminose sale e con
bar pubblico per ottimi aperitivi. Il pesce è tra le specialità della casa.

MARINA DI CASTAGNETO CARDUCCI – Livorno (LI) → Vedere
Castagneto Carducci

MARINA DI CECINA
Livorno (LI) – ✉ 57023 – Carta regionale n° **18-B2**
▶ Roma 278 km – Pisa 65 km – Cecina 3 km – Livorno 42 km
Carta stradale Michelin 563-M13

XX **Da Andrea** Ⓝ   🌿 AC

viale della Vittoria 68 – 𝒞 05 86 62 01 43 – www.ristorantedaandrea.net
– Chiuso gennaio e martedì
Menu 40 € – Carta 42/74 €
Moderno, bianco e lineare, su tutto prevale la vista del Tirreno attraverso la parete
vetrata, ma ancor di più dalla terrazza estiva. E sempre il mare ritorna nel piatto,
con proposte elencate a voce a seconda del pescato giornaliero.

X **El Faro**   ← 🌿 ⚓

⊗⊗ *viale della Vittoria 70 – 𝒞 05 86 62 01 64 – www.ristorantelfaro.it – Chiuso*
10 giorni in gennaio, 10 giorni in novembre e mercoledì
Menu 25 € (pranzo in settimana)/50 € – Carta 39/76 €
Oltre a gustosi piatti di mare, nel menu troverete le proposte del pescaturismo,
che consiste nel prenotare un'uscita in mare con la barca del locale (naturalmente
accompagnati da uno dei proprietari) e, una volta tornati, si pranza sulla terrazza
del ristorante - in riva al mare - quanto pescato. Più fresco di così!

MARINA DI GIOIOSA IONICA
Reggio di Calabria (RC) – ✉ 89046 – 6 602 ab. – Carta regionale n° **3-B3**
▶ Roma 684 km – Reggio di Calabria 103 km – Catanzaro 91 km –
Vibo Valentia 75 km
Carta stradale Michelin 564-M30

XX **Gambero Rosso** (Riccardo Sculli)   🦪 AC ⇦

✿ *via Montezemolo 65 – 𝒞 09 64 41 58 06 – www.gamberorosso.rc.it – Chiuso*
10-30 gennaio e lunedì
Menu 35/75 € – Carta 31/90 €
Gli amanti del pesce troveranno qui uno dei migliori ristoranti della regione: le
proposte di crudo attirano clienti da ogni angolo della Calabria, le paste fresche
sono imperdibili, i secondi accostano il mare ai prodotti della campagna. Dolci
freschi a base di frutta, mandorle e liquirizia per citarne solo alcuni.
→ Spaghetto con vongole, bottarga e pane profumato. Merluzzo e foie gras. Tiramisù di cioccolato.

MARINA DI GROSSETO
Grosseto (GR) – ✉ 58100 – Carta regionale n° **18-C3**
▶ Roma 189 km – Grosseto 14 km – Orbetello 53 km – Siena 95 km
Carta stradale Michelin 563-N14

🏨 **Terme Marine-Leopoldo II**   ⚟ 🛋 🖥 ☻ ♨ 🔁 ⛓ AC 🎿 🄿

via 4 Novembre 133 – 𝒞 05 64 01 01 00 – www.termemarine.com – Aperto
22 marzo-1° novembre
150 cam � – 🛏78/142 € 🛏🛏96/224 €
Poco distante dal mare e dal cuore della località, una gran bella struttura che ha
come centro l'imponente piscina con idromassaggio e solarium; camere accoglienti e spaziose con arredi signorili e accessori moderni. L'attrezzata spa e le sale
conferenze fanno della risorsa il luogo ideale per un soggiorno business & pleasure.

Rosmarina

via delle Colonie 33/35 – ℰ 0 56 43 44 08 – www.rosmarina.it – Chiuso gennaio-febbraio e novembre

38 cam ⌷ – ♦80/120 € ♦♦90/200 €

A pochi passi dal litorale marino, in una zona molto tranquilla, una risorsa totalmente immersa nella macchia mediterranea e dall'accogliente gestione. Complimenti alla cuoca che prepara pane fatto in casa, paste e marmellate!

MARINA DI LEUCA

Lecce (LE) – ✉ 73040 – Carta regionale n° **15-D3**

▶ Roma 676 km – Brindisi 112 km – Lecce 71 km – Gallipoli 48 km

Carta stradale Michelin 564-H37

 L'Approdo

via Panoramica 1 – ℰ 08 33 75 85 48 – www.hotelapprodo.com – Aperto 1° aprile-31 ottobre

52 cam ⌷ – ♦60/180 € ♦♦100/300 € – **1 suite**

Poco distante dal lungomare, l'hotel dalla caratteristica facciata nivea offre un comodo parcheggio, un'invitante piscina, luminose sale curate negli arredi e una boutique. Proposte di pesce presso l'ampia sala ristorante o sulla veranda panoramica con vista sul mare.

 Terminal

lungomare Colombo 59 – ℰ 08 33 75 82 42 – www.attiliocaroli.it – Aperto 25 marzo-31 ottobre

55 cam ⌷ – ♦80/130 € ♦♦100/190 €

Sul lungomare, un albergo dagli spazi luminosi caratterizzati da sobri arredi e camere in legno chiaro ciascuna dedicata ad un monumento della penisola salentina. Particolarmente organizzata per ospitare cicloturisti, la struttura mette a disposizione biciclette per i meno attrezzati. Nella suggestiva sala ristorante è il pesce a dominare la tavola, accanto ad ortaggi, frutta, vini ed olii tipici della zona.

 Villa La Meridiana

lungomare Colombo 61 – ℰ 08 33 75 82 42 – www.attiliocaroli.it

5 cam ⌷ – ♦160/300 € ♦♦160/300 €

Visto l'esiguo numero di camere non vi sembrerà nemmeno di essere clienti, ma ospiti: in un'originale villa ottocentesca affacciata sul mare, lo stile della dimora è stato mantenuto integro e l'atmosfera è quella delle case dell'epoca.

MARINA DI MASSA

Massa-Carrara (MS) – ✉ 54100 – Carta regionale n° **18-A1**

▶ Roma 392 km – Pisa 50 km – La Spezia 38 km – Massa 7 km

Carta stradale Michelin 563-J12

 Excelsior

via Cesare Battisti 1 – ℰ 05 85 86 01 – www.hotelexcelsior.it

66 cam ⌷ – ♦120/200 € ♦♦150/250 € – **4 suites**

Sul lungomare, hotel di taglio contemporaneo adatto sia per una clientela business sia per vacanzieri in cerca di relax. Cucina mediterranea nell'elegante ristorante, venerdì e sabato sera sushi bar con cuoca giapponese.

 Villa Maremonti

viale lungomare di Levante 19, località Ronchi – ℰ 05 85 24 10 08 – www.hotelmaremonti.com – Aperto 1° aprile-15 ottobre

21 cam ⌷ – ♦110/250 € ♦♦130/290 €

Di fronte al mare, villa ottocentesca tipica della Versilia, con parco e piscina: signorile negli arredi, sia nelle parti comuni sia nelle confortevoli camere. Al ristorante la cura dei dettagli è una piacevole compagna di pranzi e cene.

 Dany

via del Falasco 4 – ℰ 05 85 24 14 90 – www.hoteldany.com

27 cam ⌷ – ♦100/170 € ♦♦130/210 € – **2 suites**

Rinnovato in anni recenti, questo albergo moderno e funzionale con una spiccata vocazione business dispone di camere curate e confortevoli. Un piccolo scorcio del mare dalla sala colazioni.

Matilde   ☆ ☆ P

via Tagliamento 4 – ☎ 05 85 24 14 41 – www.hotelmatilde.it
10 cam ☐ – ♦60/85 € ♦♦70/130 €
Arretrato rispetto al mare, questo piccolo hotel dall'attenta gestione familiare
dispone di camere molto confortevoli, ben arredate e accessoriate, che riscattano
gli spazi comuni un po' limitati. Molto buona e ricca anche la prima colazione.

Nedy   ☆ 🐕 🔌 ⚒ 🅵 🔆 🆊 🆊 P

via del Fescione, località Ronchi ✉ 54039 Ronchi – ☎ 05 85 80 70 11
– www.hotelnedy.it – Aperto 1° febbraio-20 ottobre
25 cam ☐ – ♦60/120 € ♦♦80/170 €
In zona decentrata e molto traquila, questo grazioso hotel totalmente rinnovato
in anni recenti dispone di gradevoli sale e confortevoli camere: ideale per un soggiorno all'insegna del relax!

𝕏𝕏𝕏 **Da Riccà**   🏵 🍽 ⇔ P

lungomare di Ponente, angolo via Casola – ☎ 05 85 24 10 70
– www.ristorantedaricca.com – Chiuso 1°-10 ottobre e lunedì
Menu 50/80 € – Carta 48/109 €
Ottima professionalità e grande competenza da parte dei titolari di questo elegante ristorante con bella cucina a vista: luminose sale e piccolo giardino zen.

𝕏𝕏 **La Péniche**   🍽 🅐🅒

via Lungo Brugiano 3 – ☎ 05 85 24 01 17 – www.lapeniche.com
Menu 32/44 € – Carta 40/82 €
Originale collocazione su una palafitta e arredi curiosi con richiami a Parigi e alla
Senna. La cucina offre piatti di pesce, dal forno invece una buona lista di pizze.

MARINA DI NOCERA TERINESE – Catanzaro (CZ) ➜ Vedere Nocera
Terinese

MARINA DI PIETRASANTA
Lucca (LU) – ✉ 55044 – Carta regionale n° **18-B1**
▶ Roma 381 km – Pisa 39 km – La Spezia 51 km – Lucca 38 km
Carta stradale Michelin 563-K12

🏨🏨 **Mondial Resort & Spa**   ☆ 🌊 ⚒ 🎭 🔆 🕹 �� 🅐🅒 🆊 P

via Duca della Vittoria 129/131 – ☎ 05 84 74 59 11 – www.mondialresort.it
– Aperto 1° febbraio-30 settembre
43 cam ☐ – ♦100/150 € ♦♦150/200 €
Rist *Blanco* – Vedere selezione ristoranti
A 200 metri dal mare, è consigliato per la tranquillità, ma soprattutto per il design
moderno d'ispirazione americana; vista sul Tirreno dagli ultimi piani e motoscafo
per gite al largo. Autentici sapori toscani nell'immacolato ristorante Blanco.

𝕏𝕏 **Blanco** – Mondial Resort & Spa   🍽 🌊 ⚒ 🅐🅒 P

via Duca della Vittoria 129/131 – ☎ 05 84 74 59 11 – www.mondialresort.it
– Aperto 1° febbraio-30 settembre
Menu 60/120 € – Carta 25/53 €
Bianco come il colore che ispira gli interni: il ristorante propone una carta elabo-
rata e fantasiosa, apprezzata da chi vuole per una volta sottrarsi alla classicità
della tradizione.

𝕏𝕏 **Alex**   🏵 🍽 🕹 🅐🅒

via Versilia 157/159 – ☎ 05 84 74 60 70 – www.ristorantealex.it – Chiuso
novembre, martedì e mercoledì (escluso giugno-settembre)
Menu 40/75 € – Carta 43/89 € – *(solo a cena escluso i giorni festivi in
giugno-agosto)*
In un palazzo d'inizio '900, un piacevole ristorante-enoteca arredato con echi
etnici che propone specialità di mare e di terra. Interessante selezione di vini
della solatia Spagna!

MARINA DI PISA

Pisa (PI) – ✉ 56128 – Carta regionale n° **18-B2**

▶ Roma 346 km – Pisa 13 km – Firenze 103 km – Livorno 16 km

Carta stradale Michelin 563-K12

XXX **Foresta**

via Litoranea 2 – ℰ 05 03 50 82 – www.ristoranteforesta.it – Chiuso giovedì

Menu 30 € (pranzo)/55 € – Carta 42/95 € – (consigliata la prenotazione)

Ristorante dall'ambiente elegante, affacciato sul Tirreno. Servizio attento e ottima accoglienza. La cucina è di qualità e propone molti piatti di pesce.

XX **Da Gino**

via delle Curzolari 2 – ℰ 05 03 54 08 – www.daginoamarina.it – Chiuso 1 settimana in gennaio, 1 settimana in settembre, lunedì e martedì

Carta 35/73 €

Di fronte al nuovo porto turistico, una gestione familiare dalla collaudata esperienza vi dà il benvenuto in un ambiente accogliente e luminoso; la ricca esposizione di pesce fresco all'ingresso non lascia dubbi sullo stile del rinomato locale.

MARINA DI PULSANO – Taranto (TA) ➜ Vedere Pulsano

MARINA DI RAGUSA

Sicilia – Ragusa (RG) – ✉ 97010 – Carta regionale n° **17-C3**

▶ Palermo 254 km – Siracusa 106 km – Catania 126 km – Ragusa 24 km

Carta stradale Michelin 365-AW63

🏠 **La Moresca**

via Dandolo 63 – ℰ 09 32 23 94 95 – www.lamorescahotel.it

15 cam ☐ – †300 € ††300 €

Leggermente arretrata rispetto alla piazza principale, ma questo è solo un vantaggio in termini di tranquillità, amena risorsa dalla facciata barocca offre confort e un grazioso cortile interno dove d'estate vengono servite le colazioni.

XX **Da Serafino**

lungomare Doria – ℰ 09 32 23 95 22 – www.locandadonserafino.it – Aperto 1° aprile-31 ottobre; chiuso martedì a mezzogiorno in aprile-maggio

Carta 38/53 €

Classica trattoria di mare con un'esperienza alle spalle di oltre 60 anni: semplice, ma corretta nella preparazione di piatti di pesce, oltre al servizio ristorante ci sono anche la pizzeria, il bar e la spiaggia attrezzata.

MARINA DI SAN VITO

Chieti (CH) – ✉ 66035 – Carta regionale n° **1-C2**

▶ Roma 237 km – Pescara 34 km – Chieti 38 km – Teramo 101 km

Carta stradale Michelin 563-P25

🏠 **Garden**

contrada Portelle 77 – ℰ 0 87 26 11 64 – www.hotelgarden.abruzzo.it

49 cam ☐ – †40/90 € ††60/120 €

Lungo la Statale Adriatica, appena fuori dal centro, albergo con ottime attrezzature sia per la clientela turistica, che per chi viaggia per lavoro. A due passi dal mare. Ristorante distribuito in due ampie sale.

XX **L'Angolino da Filippo**

via Sangritana 1 – ℰ 0 87 26 16 32 – www.langolinodafilippo.com – Chiuso lunedì

Carta 38/71 €

A pochi metri dal mare, affacciato sul molo, ristorante dall'ambiente rustico-elegante e cucina di pesce: alcuni piatti preparati secondo ricette tradizionali, altri leggermente più attuali.

MARINA DI VASTO

Chieti (CH) – ✉ 66054 – Carta regionale n° **1-C2**

▶ Roma 275 km – Pescara 72 km – Chieti 74 km – Vasto 3 km

Carta stradale Michelin 563-P26

sulla strada statale 16

 Excelsior

contrada Buonanotte 266, Sud: 4 km ✉ *66055* – ☎ *08 73 80 22 22*
– www.hotelexcelsiorvasto.com
45 cam 🛏 – 🛏70/110 € 🛏🛏90/150 € – **10 suites**
Ideale per una clientela d'affari, funzionalità e confort in questa accogliente struttura a circa 400 metri dal mare: spazi comuni moderni, camere più classiche, nuova e completa area relax. Tono elegante nell'ampia sala ristorante.

 Sporting

località San Tommaso 67, Sud: 2,5 km ✉ *66055* – ☎ *08 73 80 19 08*
– www.hotelsportingvasto.it
20 cam 🛏 – 🛏55/82 € 🛏🛏80/138 € – **2 suites**
Circondato da una fiorita terrazza-giardino, a circa 400 m dal mare, la curata struttura è ideale per un soggiorno di relax in un ambiente signorile, ma dal calore familiare. Lo stesso spirito con cui il titolare, Vittorio, si occupa della cucina: genuina e a base di prodotti locali.

 Villa Vignola

località Vignola, Nord: 6 km ✉ *66054* – ☎ *08 73 31 00 50* – *www.villavignola.it*
Carta 35/82 € – *(chiuso domenica sera)* **7 cam** 🛏 – 🛏120/160 € 🛏🛏150/200 €
In un giardino con accesso diretto al mare e con una splendida vista della costa, ristorante di tono elegante, dove trovare soprattutto proposte di mare. La sera, servizio all'aperto. Camere curate e accoglienti, arredate con mobili d'antiquariato, per un soggiorno votato alla tranquillità.

MARINA EQUA – Napoli (NA) ➜ Vedere Vico Equense

MARINA GRANDE – Napoli (NA) ➜ Vedere Capri (Isola di)

MARINELLA – Trapani ➜ Vedere Selinunte

MARINO
Roma (RM) – ✉ 00047 – 42 299 ab. – Alt. 360 m – Carta regionale n° **7-B2**
▶ Roma 26 km – Frosinone 73 km – Latina 44 km
Carta stradale Michelin 563-Q19

 Grand Hotel Helio Cabala

via Spinabella 13/15, Ovest: 3 km – ☎ *06 93 66 12 35* – *www.heliocabala.it*
80 cam 🛏 – 🛏50/100 € 🛏🛏60/110 €
In posizione panoramica e tranquilla, grande albergo composto da tre strutture: un corpo principale, il Borgo, dallo stile più rustico con pavimenti in cotto e mobili in arte povera, nonché il Cabalino che riprende il concept della casa principale. Il gorgoglio dei giochi d'acqua della piscina eccheggia nel ristorante.

MARLENGO (MARLING)
Bolzano (BZ) – ✉ 39020 – 2 594 ab. – Alt. 363 m – Carta regionale n° **19-B2**
▶ Roma 666 km – Bolzano 30 km – Merano 3 km – Trento 82 km
Carta stradale Michelin 562-C15

Pianta : vedere Merano

 Oberwirt

vicolo San Felice 2 – ☎ *04 73 22 20 20* – *www.oberwirt.com*   Pianta: A2**n**
– Aperto 11 marzo-9 novembre
59 cam 🛏 – 🛏133/142 € 🛏🛏200/325 € – **17 suites**
Rist *Oberwirt* – Vedere selezione ristoranti
In pieno centro paese, una gran bella struttura ubicata da più di due secoli e mezzo nelle mani della stessa famiglia - gestione sicuramente da record! - tradizione elegante, ma anche confort moderni.

⌂⌂⌂ Jagdhof ⚲ ⚘ ⟨ ⟨ ⤚ ⤏ ⤐ ⑨⑨ ⟦ ⟧ ⟨⟨ ⟫ ⊡ ⋌⋌ 🄰🄸 🅿

via San Felice 18 – ☎ 04 73 44 71 77 – *www.jagdhof.it*   Pianta: A2**m**
– *Aperto 1 ° marzo-30 novembre*
33 cam – solo ½ P 130/195 € – **12 suites**
Tra le Dolomiti, definite da Le Corbusier come "l'architettura naturale più bella del mondo", Jagdhof ha tutto per piacere: una bellissima Spa, eleganti camere, un fitto bosco che lo circonda. Le eccellenze dell'Alto Adige contribuiscono, invece, a creare piatti memorabili, mentre la vista spazia tra i frutteti di Marlengo.

⌂⌂⌂ Marlena ⚲ ⚘ ⟨ ⟨ ⤚ ⤏ ⤐ ⑨⑨ ⟦ ⟧ ⟨⟨ ⟫ ⊡ ⟨ ⋌⋌ 🄰🄸 🆂🄰 🚗

via Tramontana 6 – ☎ 04 73 22 22 66 – *www.marlena.it*   Pianta: A2**k**
– *Aperto 28 marzo-10 novembre*
50 cam ⚏ – †105/172 € †† 186/314 €
Nel relax di un paesaggio verdeggiante e panoramico, struttura dall'architettura innovativa, in linea con il moderno design degli interni. Contributi di artisti locali e piacevole giardino con piante di varia provenienza.

✗✗✗ Oberwirt – Hotel Oberwirt ⚶ ⛱ ⚙ ⇆ 🚗

vicolo San Felice 2 – ☎ 04 73 22 20 20 – *www.oberwirt.com*   Pianta: A2**n**
– *Aperto 11 marzo-9 novembre*
Carta 41/78 €
Romantici ambienti tirolesi nelle diverse stube in cui potrete sedervi, la cucina dell'albergo Oberwirt vi sorprenderà per qualità ed elaborazione, nonché varietà, dai classici regionali al mare.

MARLIA – Lucca (LU) → Vedere Lucca

MARLING = MARLENGO

MARONTI – Napoli (NA) → Vedere Ischia (Isola d') : Barano

MAROSTICA
Vicenza (VI) – ✉ 36063 – 13 941 ab. – Alt. 103 m – Carta regionale n° **23-B2**
▶ Roma 555 km – Padova 63 km – Vicenza 30 km – Treviso 53 km
Carta stradale Michelin 562-E16

✗✗ Al Castello Superiore ⟨ ⤚ ⛱ 🄰🄸 🅿

via Consignorio della Scala 4/A – ☎ 0 42 47 33 15 – *www.castellosuperiore.it*
– *Chiuso giovedì a mezzogiorno e mercoledì*
Menu 30/50 € – Carta 30/55 €
All'interno del bel castello duecentesco che domina la località, cucina sia di carne sia di pesce con qualche attenzione al territorio. L'ambiente signorile è arricchito da un bellissimo dehors per la stagione estiva.

a Valle San Floriano Nord : 3 km – ✉ 36063 – Alt. 127 m

✗✗ La Rosina ⇆ ⚘ ⟨ 🄰🄸 ⚙ 🅿
☺
via Marchetti 4, Nord: 2 km – ☎ 04 24 47 03 60 – *www.larosina.it*
Menu 34 € – Carta 27/50 € – *(chiuso martedì)*
10 cam ⚏ – †60/80 € †† 90/110 €
L'insegna ricorda la capostipite della famiglia, che negli anni della I guerra mondiale iniziò ad offrire vino e un piatto di minestra ai soldati. Oggi è un elegante ristorante, con un monumentale camino, dove gustare piatti della tradizione (in primis, i bigoli al sugo d'anitra). Affacciatevi ai balconi delle stanze: sarà il riposante verde dei colli a cullare il vostro riposo.

MAROTTA
Pesaro e Urbino (PU) – ✉ 61032 – Carta regionale n° **11-B1**
▶ Roma 301 km – Ancona 49 km – Urbino 58 km – Pesaro 30 km
Carta stradale Michelin 563-K21

Imperial

*lungomare Faà di Bruno 119 – ✆ 07 21 96 94 45 – www.hotel-imperial.it
– Aperto 1° aprile-19 settembre*
42 cam – ✝45/90 € ✝✝70/160 € – ☲ 8 €
Hotel completo di buoni confort, spazi generosi nelle parti comuni e camere dal
lineare arredo. Bel giardino attorno alla piscina.

verso Mondolfo Sud-Ovest : 3,5 km

Locanda Per Bacco

*via dell'Artigianato 26 – ✆ 07 21 95 96 98 – www.countryhouseperbacco.it
– Chiuso novembre*
Menu 22/25 € – Carta 24/51 € – (chiuso martedì)
4 cam – ✝40/50 € ✝✝60/70 €
Cucina del territorio dove tutto è fatto in casa, ottime le specialità alla brace, in
un ristorante con dépendance immerso nel verde di un ampio giardino. Se c'è
posto, vi consigliamo di prenotare nella vecchia struttura in pietra, a nostro giudizio più suggestiva.

MARRADI

Firenze (FI) – ✉ 50034 – 3 165 ab. – Alt. 328 m – Carta regionale n° **18-C1**
▶ Roma 332 km – Firenze 58 km – Bologna 85 km – Faenza 36 km
Carta stradale Michelin 563-J16

 Il Camino

*viale Baccarini 38 – ✆ 05 58 04 50 69 – www.ristoranteilcamino.net – Chiuso
10 giorni a settembre*
Menu 16/25 € – Carta 35/40 €
Tipica trattoria familiare di paese, la cucina si ispira alle specialità del Mugello:
crostini tra gli antipasti e carni tra i secondi. I primi - dai passatelli ai tortellini in
brodo - propongono un'eco della vicina Romagna.

MARTINA FRANCA

Taranto (TA) – ✉ 74015 – 49 222 ab. – Alt. 431 m – Carta regionale n° **15-C2**
▶ Roma 498 km – Brindisi 57 km – Taranto 31 km – Bari 77 km
Carta stradale Michelin 564-E34

 Relais Villa San Martino

*via Taranto 59, Sud: 2,8 km – ✆ 08 04 80 51 52 – www.relaisvillasanmartino.com
– Chiuso 7 gennaio-28 febbraio e novembre*
15 cam ☲ – ✝80/150 € ✝✝120/200 € – **6 suites**
Nella campagna pugliese punteggiata da ulivi e trulli, stampe antiche, sete preziose e mobili in stile Luigi XIV arricchiscono le camere e gli spazi comuni di questa struttura, mentre ampie terrazze sul parco ed un patio in prossimità della
piscina si fanno garanti di tranquillità e relax. Cucina regionale e creativa nelle
romantiche sale del ristorante.

 Villa Rosa

*via Taranto 70, sulla strada statale 172 – ✆ 08 04 83 80 04
– www.ramahotels.com*
65 cam – ✝67/111 € ✝✝94/139 € – ☲ 8 €
Nella barocca Martina Franca, calda accoglienza, nonché ambienti luminosi e confortevoli dall'arredo ligneo. Al ristorante: proposte a carattere regionale con menu
a prezzo fisso.

La Tana

*via Mascagni 2 – ✆ 08 04 80 53 20 – www.ristorantelatana.it – Chiuso mercoledì
escluso 15 giugno-15 settembre*
Carta 25/45 €
Nella facciata destra del barocco Palazzo Ducale, in quelli che una volta erano gli
uffici del dazio, un locale informale in stile trattoria. Specialità locali rivisitate.

MARTINSICURO

Teramo (TE) – ✉ 64014 – 16 153 ab. – Carta regionale n° **1-B1**

▶ Roma 216 km – Ascoli Piceno 34 km – Ancona 98 km – Teramo 43 km

Carta stradale Michelin 563-N23

Sympathy

lungomare Europa 26 – 𝒞 08 61 76 02 22 – www.sympathyhotel.it – Aperto 1° aprile-31 ottobre

40 cam ⊑ – †50/70 € ††60/150 €

Fronte mare, nella zona più animata del centro, la prima colazione è servita su un'indimenticabile terrazza panoramica. Le camere migliori sono al terzo e quarto piano.

a Villa Rosa Sud : 5 km – ✉ 64014

Paradiso

via Ugo La Malfa 14 – 𝒞 08 61 71 38 88 – www.hotelparadiso.it – Aperto 14 maggio-19 settembre

67 cam ⊑ – †50/75 € ††60/120 €

Un hotel dedicato ai bambini: sin dall'arrivo, ogni momento della giornata sarà organizzato per loro con attività ad hoc, garantendo agli adulti un soggiorno di sport e relax.

Haway

lungomare Italia 62 – 𝒞 08 61 71 26 49 – www.hotelhaway.it – Aperto 15 maggio-30 settembre

52 cam ⊑ – †50/80 € ††70/120 €

In riva al mare, una struttura semplice con spazi confortevoli e ricca di cordialità, simpatia ed animazione sia per i grandi che per i piccini. Ideale per le famiglie.

MARZAMEMI – Siracusa (SR) → Vedere Pachino

MARZOCCA – Ancona (AN) → Vedere Senigallia

MASARÈ – Belluno (BL) → Vedere Alleghe

MASERA

Verbano-Cusio-Ossola (VB) – ✉ 28855 – 1 556 ab. – Alt. 297 m – Carta regionale n° **12-C1**

▶ Roma 710 km – Torino 182 km – Verbania 48 km – Bellinzona 67 km

Carta stradale Michelin 561-D6

Divin Porcello ⓝ

frazione Cresta 11 – 𝒞 0 32 43 50 35 – www.divinporcello.it – Chiuso 11-18 gennaio

Menu 35/45 € – Carta 28/49 € – *(chiuso lunedì)* (prenotare nei week-end)

3 cam – †40 € ††80 € – senza ⊑

Calde e rustiche sale personalizzate vi accoglieranno per farvi assaggiare la proverbiale cucina ossolana. Tra le specialità, le carni ed i salumi provenienti dalla loro norcineria.

MASERÀ DI PADOVA

Padova (PD) – ✉ 35020 – 9 092 ab. – Alt. 9 m – Carta regionale n° **23-C3**

▶ Roma 496 km – Venezia 50 km – Padova 16 km – Rovigo 37 km

Carta stradale Michelin 562-G17

Ca' Murà Natura & Resort

via Ca' Murà 21/b, località Bertipaglia, Sud-Est: 2 km – 𝒞 04 98 86 82 29 – www.ca-mura.com

24 cam ⊑ – †85/130 € ††130/160 €

Nella tranquillità di un frutteto che confina con l'antica chiesetta di Ca' Murà, l'hotel ricrea al suo interno l'atmosfera agreste del luogo, ma lo fa sotto la cifra dell'eleganza: camere ampie in stile moderno ed un piccolo centro relax. Piatti freddi al wine-bar serale.

MASIO

Alessandria (AL) – ✉ 15024 – 1 423 ab. – Alt. 142 m – Carta regionale n° **14-D1**
▶ Roma 597 km – Alessandria 23 km – Asti 26 km – Torino 80 km
Carta stradale Michelin 561-H7

Trattoria Losanna

via San Rocco 40, Est: 1 km – ☎ 01 31 79 95 25
– Chiuso 27 dicembre-13 gennaio, agosto, domenica sera e lunedì
Menu 28 € (in settimana)/40 €
Iniziando con un antipasto misto della casa, potrete poi proseguire con
abbondanti piatti della tradizione monferrina (ottimi, gli agnolotti di stufato!),
tutto proposto a voce in un ambiente familiare e dall'atmosfera simpaticamente chiassosa.

MASON VICENTINO

Vicenza (VI) – ✉ 36064 – 3 532 ab. – Alt. 103 m – Carta regionale n° **23-B2**
▶ Roma 537 km – Vicenza 26 km – Padova 59 km – Venezia 94 km
Carta stradale Michelin 562-E16

Al Pozzo

via Chiesa 10 – ☎ 04 24 41 18 16
– www.alpozzoilristorante.it – Chiuso 2 settimane in agosto e martedì
Carta 33/79 € – (solo a cena)
Ristorante del centro storico, attiguo ad uno dei due pozzi artesiani che un tempo
rifornivano d'acqua la località: ambienti volutamente rustici, ma signorili, e piatti
interessanti che prediligono il mare.

MASSA

✉ 54100 – 69 836 ab. – Alt. 65 m – Carta regionale n° **18-A1**
▶ Roma 394 km – La Spezia 41 km – Carrara 8 km – Lucca 51 km
Carta stradale Michelin 563-J12

Il Trillo

via Bergiola Vecchia 30, località Castagnetola
– ☎ 0 58 54 67 55 – www.iltrillo.net
– Chiuso 9 dicembre-10 febbraio e lunedì escluso luglio-agosto
Carta 34/62 € – (solo a cena escluso i giorni festivi) (consigliata la prenotazione)
Sulle colline che dominano la città, in un'antica residenza che oggi ospita anche
la cantina dell'azienda vinicola di proprietà, la bella stagione permette di cenare
sulla terrazza panoramica. Allora sarà difficile stabilire chi ha la meglio: i sapori
della cucina o il fascino del luogo?

Osteria del Borgo

via Beatrice 17 – ☎ 05 85 81 06 80
– Chiuso martedì
Menu 20/35 € – Carta 14/29 € – (solo a cena escluso domenica) (prenotare)
Sotto le volte in pietra di questo ristorante, tra foto in bianco e nero alle
pareti e un'esposizione di bottiglie d'epoca, rivivono i sapori decisi e le
genuine tradizioni gastronomiche locali. Se poi amate gli arrosticini di angus,
l'indirizzo farà per voi!

L'Arco di Cybo

piazza Portone 5 – ☎ 0 58 54 10 10
– www.larcodicybo.it – Chiuso domenica
Carta 28/61 € – (solo a cena) (consigliata la prenotazione)
Una cucina ricca di fantasia e creatività ha trovato dimora in un palazzo storico, dove le antiche mura contribuiscono a creare un'atmosfera suggestiva
ed intima.

MASSACIUCCOLI (Lago di) – Lucca (LU) ➔ Vedere Torre del Lago Puccini

MASSA LUBRENSE

Napoli (NA) – ✉ 80061 – 14 182 ab. – Alt. 121 m – Carta regionale n° **4-B2**
▶ Roma 263 km – Napoli 55 km – Positano 21 km – Salerno 56 km
Carta stradale Michelin 564-F25

Delfino

via Nastro d'Oro 2, Sud-Ovest: 2,5 km – ✆ 08 18 78 92 61
– www.hoteldelfino.com – Aperto 1° aprile-30 ottobre
65 cam ⌷ – ♦100/300 € ♦♦120/500 € – **1 suite**
In una pittoresca insenatura con terrazze e discesa a mare, un albergo da cui
godere di un panorama eccezionale sull'isola di Capri. Struttura d'impostazione
classica. Ariosa sala ristorante ed elegante salone banchetti.

Antico Francischiello-da Peppino

via Partenope 40, Nord: 1,5 km – ✆ 08 15 33 97 80 *– www.francischiello.com*
– Chiuso mercoledì escluso aprile-ottobre
Menu 55/85 € – Carta 38/80 €
Gli oggetti di varia natura che ricoprono le pareti testimoniano i cento anni di
attività di questo locale, giunto ormai alla quarta generazione. La cucina segue la
tradizione con una predilezione per i piatti di mare.

a Marina della Lobra Ovest : 2 km – ✉ 80061 Massa Lubrense

Piccolo Paradiso

piazza Madonna della Lobra 5 – ✆ 08 18 78 92 40 *– www.piccolo-paradiso.com*
– Aperto 15 marzo-15 novembre
57 cam ⌷ – ♦45/75 € ♦♦80/150 €
Nella piccola frazione costiera, albergo fronte mare dotato anche di una bella
piscina disposta lungo un'ampia terrazza. Gestione familiare seria e professionale.
Impostazione semplice, ma confortevole, nella grande sala ristorante dai "sapori"
mediterranei.

a Santa Maria Annunziata Sud : 2,5 km – ✉ 80061 Massa Lubrense

La Torre

piazza Annunziata 7 – ✆ 08 18 08 95 66 *– www.latorreonefire.it*
– Chiuso gennaio-febbraio e martedì escluso 10 luglio-10 settembre
Menu 25/40 € – Carta 29/63 €
I gamberetti di Crapolla gratinati su foglia di limone e la caprese agli agrumi di
Massa Lubrense sono solo due delle tante specialità partenopee di questa verace
trattoria, a pochi metri da un belvedere con vista su Capri.

a Nerano-Marina del Cantone Sud-Est : 11 km – ✉ 80061 Termini

Quattro Passi (Antonio Mellino)

via Vespucci 13/n, Nord: 1 km – ✆ 08 18 08 28 00
*– www.ristorantequattropassi.com – Aperto 11 marzo-29 ottobre; chiuso martedì
sera e mercoledì escluso 15 giugno-15 settembre*
Menu 80/150 € – Carta 80/143 € – **6 cam** ⌷ – ♦150 € ♦♦220 € – **3 suites**
In posizione panoramica su una delle più romantiche baie della costiera o avvolti
da una lussureggiante vegetazione quando il tempo permette di mangiare all'a-
perto, il ristorante rappresenta un distillato di Campania, dalla cucina, verace e
passionale, al proprietario, di travolgente accoglienza.
→ Mezza manica al ragu di coccio e scorfano. Pescato del giorno in tempura. Crostatina calda agli agrumi e cioccolato bianco.

Taverna del Capitano (Alfonso Caputo)

piazza delle Sirene 10/11 – ✆ 08 18 08 10 28 *– www.tavernadelcapitano.it*
– Aperto 12 marzo-2 novembre; chiuso lunedì, anche martedì in ottobre-aprile
Menu 70/110 € – Carta 62/118 € – (consigliata la prenotazione)
10 cam ⌷ – ♦120/150 € ♦♦160/190 € – **2 suites**
Il viaggio per arrivarci non è breve, ma si è alla fine premiati con due sale affacciate su una delle più belle spiagge della costa. Da questo mare i piccoli pescherecci portano al ristorante il pesce che troverete in tavola, talvolta di specie locali
e poco conosciute, spesso proposto in originali elaborazioni.
→ Spaghetti aglio e olio con seppie e le loro uova. Palamito cotto sulla pietra di
mare, riso nero e arancia speziata. Chupa chups alle noci di Sorrento e salsa al
caramello.

a Termini Sud : 5 km – ✉ 80061

XxX **Relais Blu** ⇦ ⌾ ← 🏠 🏡 & AC 🌿
✿
Via Roncato 60 – ☎ 08 18 78 95 52 – www.relaisblu.com – Aperto 24 marzo-31 ottobre, chiuso lunedì escluso agosto
Menu 75/85 € – Carta 53/109 €
13 cam ⌑ – 🛉195/345 € 🛉🛉245/420 € – **1 suite**
Un posto incantevole, che raggiunge il proprio apice nella bella terrazza per il servizio estivo con vista su Capri, dove troverete una cucina fantasiosa, colorata, generosa, saporita, moderna... nell'uso di erbe del proprio orto e di molti prodotti locali.
➜ Totani e patate. Pescato del giorno in crosta di mandorle, caviale di melanzane e gazpacho. Soufflé al limone con gelato alla crema.

MASSA MARITTIMA
Grosseto (GR) – ✉ 58024 – 8 483 ab. – Alt. 380 m – Carta regionale n° **18-B2**
🖸 Roma 226 km – Siena 64 km – Grosseto 48 km – Follonica 21 km
Carta stradale Michelin 563-M14

🏠 **Duca del Mare** ← 🏡 ⅀ & AC 🌿 P
piazza Dante Alighieri 1/2 – ☎ 05 66 90 22 84 – www.ducadelmare.it – Chiuso 1° gennaio-31 marzo
28 cam ⌑ – 🛉50/65 € 🛉🛉70/100 €
Camere accoglienti e un bel giardino con piscina, dove si può godere di un piacevole panorama, in una struttura a conduzione familiare appena fuori le mura del centro storico.

X **Osteria da Tronca** AC
⊗
vicolo Porte 5 – ☎ 05 66 90 19 91 – Chiuso 15 dicembre-1° marzo e mercoledì escluso agosto
Menu 18 € (pranzo in settimana)/45 € – Carta 22/41 € – *(solo a cena da marzo a Pasqua e da ottobre a dicembre)*
In un vicolo ai margini del corso centrale - nel bel centro storico cittadino - l'atmosfera è rustica e familiare, la cucina maremmana, tra crostini, tortelli, carni e baccalà.

X **Taverna del Vecchio Borgo** 🌿
⊗
via Parenti 12 – ☎ 05 66 90 21 67 – Chiuso 15 gennaio-15 febbraio e lunedì
Menu 25/40 € – Carta 24/54 € – *(solo a cena)*
Caratteristico locale, o meglio, tipica taverna ricavata nelle antiche cantine di un palazzo sorto nel Seicento. Insieme gestito con cura, specialità della cucina toscana.

a Ghirlanda Nord-Est : 2 km – ✉ 58024

XxxX **Bracali** 🐝 AC P
✿✿
via di Perolla 2 – ☎ 05 66 90 23 18 – www.mondobracali.it – Chiuso domenica e lunedì
Menu 125/160 € – Carta 125/170 € – *(consigliata la prenotazione)*
La piccola e sobria frazione nasconde un locale d'inaspettata eleganza, la cucina propone accostamenti originali, a volte lontano dalla tradizione. Due fratelli, uno in sala, l'altro ai fornelli, sono gli artefici di questa piccola gemma maremmana.
➜ Ravioli di pecorino fuso con crema di piselli. Piccione con salsa di carote e cioccolato. Pistacchi e lamponi.

al lago di Accesa Sud : 10 km

🏠 **Agriturismo Tenuta del Fontino** 🌳 ⌾ ← 🏡 ⅀ 🌀 P
località Accesa, Est: 1,5 km ✉ 58024 Massa Marittima – ☎ 05 66 91 92 32 – www.tenutafontino.it – Aperto 1° aprile-30 novembre
23 cam ⌑ – 🛉68/118 € 🛉🛉100/190 €
Imponente villa ottocentesca in posizione isolata e collinare, le camere - a seconda delle preferenze - dispongono di arredi d'epoca o più moderni. Splendida piscina panoramica, vino e salumi di cinta prodotti dall'azienda.

a Tatti Est : 23 km – ✉ 58040

 La Fattoria dei Tatti

via Matteotti 10 – ☎ 05 66 91 20 01 – www.tattifattoria.it – Aperto 15 marzo-31 ottobre
8 cam ⊑ – 👤50/80 € 👥👥90/115 €
Nella parte più alta del paese, vicino al castello e agli ultimi piani di un palazzo ottocentesco, è l'indirizzo per chi desidera una vacanza nella tranquillità di una piccola frazione, ma con vista che abbraccia sino al mare.

MASSA MARTANA
Perugia (PG) – ✉ 06056 – 3 766 ab. – Carta regionale n° **20-B2**
▶ Roma 134 km – Perugia 63 km – Terni 34 km – Rieti 71 km
Carta stradale Michelin 563-N19

 San Pietro Sopra Le Acque

vocabolo Capertame 533, Sud-Ovest: 2 Km – ☎ 0 75 88 91 32 – www.sanpietroresort.com
13 cam ⊑ – 👤90/140 € 👥👥120/180 € – **3 suites**
Affreschi originali restaurati, in un ex convento del '600, convertito in elegante residenza di campagna completa nella mappa dei servizi offerti: interni curati, arredi d'epoca, la chiesetta, nonché un piccolo centro benessere. Il tutto nella magica quiete di un parco secolare con piscina e campo da tennis.

MASSAROSA
Lucca (LU) – ✉ 55054 – 22 556 ab. – Alt. 10 m – Carta regionale n° **18-B1**
▶ Roma 363 km – Pisa 29 km – Livorno 52 km – Lucca 19 km
Carta stradale Michelin 563-K12

XX **La Chandelle**

via Casa Rossa 303 – ☎ 05 84 93 82 90 – www.lachandelle.it
Menu 30/45 € – Carta 33/66 € – *(chiuso martedì)*
8 cam ⊑ – 👤60/110 € 👥👥80/150 €
In posizione dominante sulle colline, circondato da un fiorito e fresco giardino in cui d'estate si trasferisce il servizio, è soprattutto per i suoi piatti di pesce - oltre alla cacciagione - che questo bel locale è apprezzato. Eleganti camere, spaziose e decorate a mano, alcune panoramiche.

a Corsanico Nord-Ovest : 10 km – ✉ 55040

 Agriturismo Le Querce

via delle Querce 200 – ☎ 05 84 95 46 80 – www.quercedicorsanico.com – Aperto Pasqua-30 novembre
10 cam ⊑ – 👤60/65 € 👥👥115/125 €
Edificio rustico in collina tra gli ulivi. Posizione panoramica sulla costa e sul mare aperto. Interni ristrutturati con risultati positivi; piscina nel verde del giardino.

MATERA
✉ 75100 – 60 524 ab. – Alt. 401 m – Carta regionale n° **2-D1**
▶ Roma 463 km – Bari 66 km – Potenza 102 km – Taranto 75 km
Carta stradale Michelin 564-E31

 Palazzo Gattini

piazza Duomo 13/14 – ☎ 08 35 33 43 58 – www.palazzogattini.it
16 cam ⊑ – 👤160/500 € 👥👥190/700 € – **4 suites**
Rist **Don Matteo** – Vedere selezione ristoranti
Nella piazza centrale che dà sui Sassi, un albergo di lusso - già casa nobiliare riportata all'antico splendore grazie ad un accurato restauro - con centro benessere piccolo, ma fornito di tutto punto: zona relax tisaneria, bagno turco, doccia sensoriale, grande vasca idromassaggio.

Sant' Angelo

piazza San Pietro Caveoso – ℰ 08 35 31 40 10 – www.hotelsantangelosassi.it
12 cam ⌷ – ✦150/300 € ✦✦150/399 € – **7 suites**
Un concetto di ospitalità originale ed intrigante: centro nevralgico della struttura, dalla hall si diramano cortili e viottoli che portano alle varie "case-grotte" dalle pareti in tufo e dagli arredi eco-chic.

 Sextantio - Le Grotte della Civita

via Civita 28 – ℰ 08 35 33 27 44 – www.sextantio.it
18 cam ⌷ – ✦200/1000 € ✦✦200/1000 € – **6 suites**
Sapiente opera di recupero di spazi antichissimi oggi trasformati, nel pieno rispetto della loro integrità strutturale, in un resort di lusso per vivere la magia di un soggiorno in grotta.

 Del Campo

via Tito Lucrezio snc – ℰ 08 35 38 88 44 – www.hoteldelcampo.it
35 cam ⌷ – ✦90/180 € ✦✦180/270 €
Ricavato dove nel '700 sorgeva una villa, di cui rimangono alcuni resti nel bel giardino, un albergo che coniuga professionalità e personalità ad ottimi livelli. Alcune camere sono più moderne delle altre, ma gli ospiti di tutte quante possono godere della nuova piscina all'aperto.

 Palace Hotel

piazza Michele Bianco 1 – ℰ 08 35 74 19 55 – www.palacehotel-matera.it
65 cam ⌷ – ✦84/120 € ✦✦105/150 €
Ideale per una clientela di lavoro, questo hotel - in posizione strategica poco distante dal centro storico e vicino alla stazione - dispone di ampie camere dal confort moderno. Ristorante di tono garbato, accogliente con qualche piccolo tocco d'eleganza.

 Locanda di San Martino

via Fiorentini 71 – ℰ 08 35 25 66 00 – www.locandadisanmartino.it
25 cam ⌷ – ✦70/102 € ✦✦89/149 € – **8 suites**
Nel cuore del centro storico, la risorsa dispone di originali camere ricavate all'interno di grotte naturali: stanze sobriamente eleganti, ingegnosamente collegate agli spazi comuni attraverso cunicoli. In un contesto altamente suggestivo e solo apparentemente spartano, trova posto anche un piccolo centro benessere.

 Sassi Hotel

via San Giovanni Vecchio 89 – ℰ 08 35 33 10 09 – www.hotelsassi.it
33 cam ⌷ – ✦70/110 € ✦✦90/125 € – **2 suites**
Risorsa ideale per chi vuole scoprire l'attrazione più famosa della città, i Sassi. L'hotel s'inserisce a meraviglia in questo straordinario tessuto urbanistico: i suoi ambienti, infatti, sono stati ricavati da una serie di abitazioni del '700 restaurate rispettandone l'anima sobria.

 Italia

via Ridola 5 – ℰ 08 35 33 35 61 – www.albergoitalia.com
43 cam ⌷ – ✦70/80 € ✦✦95/110 € – **3 suites**
Nel centro storico, in un palazzo d'epoca ottimamente restaurato ed affacciato sui celebri Sassi, camere confortevoli ed accoglienti.

 Le Monacelle

via Riscatto 9 – ℰ 08 35 34 40 97 – www.lemonacelle.com
12 cam ⌷ – ✦75/90 € ✦✦110/140 €
A ridosso del Duomo e nei pressi dei Sassi, splendide terrazze fiorite, biblioteca multilingue con circa 2000 volumi e cappella consacrata in un antico convento cinquecentesco. Stanze ampie, anche su due livelli e due camerate adibite ad ostello.

 Don Matteo – Hotel Palazzo Gattini

via San Potito – ℰ 08 35 33 43 58 – www.donmatteoristorante.com
Carta 53/110 € – *(solo a cena)*
Piatti del Bel Paese e qualche specialità lucana (per tutte le materie prime utilizzate in cucina, se ne individua la tracciabilità) in un raffinato ristorante tra le mura di Palazzo Gattini, dimora storica nel cuore dei Sassi.

✗✗ Baccanti

via Sant'Angelo 58/61 – ✆ 08 35 33 37 04 – www.baccantiristorante.com
– Chiuso 2 settimane in febbraio, 2 settimane in luglio, domenica sera e lunedì
Carta 33/49 € – (consigliata la prenotazione)
Una serie di grotte che si affacciano sulla Gravina per questo locale d'atmosfera, che fa della cucina del territorio il suo punto di forza. In menu, c'è comunque anche dell'altro...

✗ Trattoria Lucana

via Lucana 48 – ✆ 08 35 33 61 17 – www.trattorialucana.it – Chiuso 2 settimane in luglio e domenica escluso in marzo-ottobre
Carta 26/34 €
Le genuine specialità lucane servite in un ristorante dall'ambiente simpatico e informale. Sia in cucina che in sala domina un'atmosfera allegra e conviviale.

✗ Alle Fornaci

piazza Cesare Firrao 7 – ✆ 08 35 33 50 37 – www.ristoranteallefornaci.it – Chiuso 1 settimana in gennaio, 1 settimana in agosto, domenica sera e lunedì
Carta 32/97 €
Locale in posizione centrale a pochi passi dai Sassi, ambiente curato dove gustare fragranti piatti di mare: il pescato viene comprato giornalmente nei mercati dello Ionio e del Tirreno.

MATTINATA

Foggia (FG) – ✉ 71030 – 6 450 ab. – Alt. 75 m – Carta regionale n° **15-B1**
▶ Roma 430 km – Foggia 58 km – Bari 138 km – Monte Sant'Angelo 19 km
Carta stradale Michelin 564-B30

🏠 Il Porto

via del Mare, strada provinciale 53 al km 1,5 – ✆ 08 84 55 25 11
– www.hotelresidenceilporto.it
31 suites ⊿ – ♛♛140/280 € – 17 cam
In un nuovo complesso turistico-residenziale a circa 500 m dal mare, camere luminose e moderne, ma anche mini appartamenti per soggiorni brevi o lunghi.

sulla strada litoranea Nord-Est : 17 km

🏠 Baia dei Faraglioni

località Baia dei Mergoli ✉ 71030 – ✆ 08 84 55 95 84 – www.allegroitalia.it
– Aperto 1° maggio-30 settembre
96 cam ⊿ – ♛160/400 € ♛♛200/1800 € – **17 suites**
La posizione di questo hotel offre una piacevole tranquillità, ci si trova a pochi passi dalla spiaggia della baia di Mergoli, con una vista incantevole sui faraglioni. Cene raffinate o meno formali, da gustare al ristorante o in terrazza.

MAULS = MULES

MAZARA DEL VALLO

Sicilia – Trapani (TP) – ✉ 91026 – 51 799 ab. – Carta regionale n° **17-A2**
▶ Agrigento 117 km – Palermo 133 km – Marsala 24 km – Trapani 54 km
Carta stradale Michelin 365-AK58 – Guida Verde Michelin SICILIA

🏠 Mahara

lungomare San Vito 3 – ✆ 09 23 67 38 00 – www.maharahotel.it
81 cam ⊿ – ♛100/200 € ♛♛120/250 €
Dell'antica vineria appartenuta agli Hobbs, famosa dinastia inglese che insieme ad altri connazionali contribuì alla diffusione del Marsala, vi è rimasto solo qualche sbiadito ricordo: ora è un hotel moderno ed accogliente, piacevolmente frontemare.

MAZZARÒ – Messina (ME) ➡ Vedere Taormina

MEDUNO
Pordenone (PN) – ✉ 33092 – 1 588 ab. – Alt. 313 m – Carta regionale n° **6-B2**
▶ Roma 637 km – Udine 46 km – Belluno 81 km – Pordenone 37 km
Carta stradale Michelin 562-D20

La Stella

via Principale 38 – ℰ 0 42 78 61 24 – Chiuso 1°-10 gennaio, 1°-7 settembre, sabato a pranzo, domenica sera e mercoledì
Carta 31/71 €
Rimane fedele alla tradizione, ai prodotti tipici della zona ed alla loro stagionalità, la cucina di questa graziosa trattoria di paese dalla brillante gestione familiare. Tutto - dal cibo al vino - viene proposto a voce!

MEINA
Novara (NO) – ✉ 28046 – 2 513 ab. – Alt. 214 m – Carta regionale n° **13-B2**
▶ Roma 645 km – Stresa 12 km – Milano 68 km – Novara 44 km
Carta stradale Michelin 561-E7

 Villa Paradiso

via Sempione 125 – ℰ 03 22 66 04 88 – www.hotelvillaparadiso.com – Aperto 26 marzo-31 ottobre
56 cam ⬜ – ♦90/120 € ♦♦138/160 €
Grande costruzione d'inizio '900, in posizione panoramica, avvolta da un parco, in cui è inserita la piscina, dotata anche di spiaggetta privata. Gestione intraprendente. Al ristorante le ricercatezze negli arredi donano all'atmosfera una certa eleganza.

 Bel Sit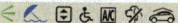

via Sempione 76 – ℰ 03 22 66 08 80 – www.bel-sit.it – Aperto 1° aprile-31 ottobre
18 cam ⬜ – ♦90/120 € ♦♦140/160 €
Piccola struttura dagli interni confortevoli e lineari, soprattutto nelle camere moderne. Il retro dell'hotel è tutto proiettato sul lago con attracco per barche e spiaggetta.

MELDOLA
Forlì-Cesena (FC) – ✉ 47014 – 10 052 ab. – Alt. 58 m – Carta regionale n° **5-D2**
▶ Roma 418 km – Ravenna 41 km – Rimini 64 km – Forlì 13 km
Carta stradale Michelin 562-J18

Il Rustichello

via Vittorio Veneto 7 – ℰ 05 43 49 52 11 – www.rustichellofc.altervista.org – Chiuso 1°-25 agosto, lunedì e martedì
Menu 15 € (pranzo in settimana)/35 € – Carta 22/34 €
Trattoria appena fuori dal centro in cui rivivono i sapori della tradizione gastronomica romagnola. Paste e dolci fatti in casa e specialità di carne, ma non mancano alcune proposte di mare. Specialità: mezzelune di zucca e patate al formaggio di fossa.

MELEGNANO
Milano (MI) – ✉ 20077 – 17 537 ab. – Alt. 88 m – Carta regionale n° **10-B2**
▶ Roma 548 km – Milano 17 km – Piacenza 51 km – Pavia 29 km
Carta stradale Michelin 561-F9

 Il Telegrafo

via Zuavi 54 – ℰ 0 29 83 40 02 – www.hoteliltelegrafo.it – Chiuso agosto
34 cam – ♦65/70 € ♦♦86/90 € – ⬜ 8 €
Una volta era un'antica locanda con stazione di posta, oggi rimane un riferimento di affidabile gestione familiare e calda atmosfera nelle sale. Al ristorante, sfizioso buffet o proposte del giorno.

MELENDUGNO

Lecce (LE) – ✉ 73026 – 9 900 ab. – Alt. 36 m – Carta regionale n° **15-D3**
▶ Roma 581 km – Brindisi 55 km – Gallipoli 51 km – Lecce 19 km
Carta stradale Michelin 564-G37

a San Foca Est : 7 km – ✉ 73026

🏠 Côte d'Est   ⇐ 🛋 ✂ 🅰🅲

lungomare Matteotti – 📞 *08 32 88 11 46 – www.hotelcotedest.it*
– Aperto 1° giugno-30 settembre
48 cam 🛏 – †58/150 € ††58/200 €
Direttamente sul lungomare, un hotel a conduzione familiare rinnovato negli
ultimi anni, offre stanze e spazi comuni arredati nelle tonalità del blu con decorazioni marittime.

MELETO – Arezzo (AR) → Vedere Cavriglia

MELFI

Potenza (PZ) – ✉ 85025 – 17 718 ab. – Alt. 530 m – Carta regionale n° **2-A1**
▶ Roma 333 km – Matera 108 km – Foggia 60 km – Potenza 53 km
Carta stradale Michelin 564-E28

🏠 Relais la Fattoria   🌇 ⇐ 🛏 🛋 ✂ 🅰🅲 🎾 🐾 🅿

strada statale 658-uscita Melfi Nord – 📞 *0 97 22 47 76*
– www.relaislafattoria.it
112 cam 🛏 – †70/75 € ††80/120 €
Alle porte della città, questa imponente struttura contornata dal verde di ulivi e
vigneti, dispone di ampi spazi congressuali ed eleganti camere vagamente country. Ristorante con due sale curate, ora anche pizzeria.

XX Novecento   🕸 ⇔ 🌂 🅰🅲 🅿

contrada Incoronata, Ovest: 1,5 km – 📞 *09 72 23 74 70*
– www.novecentomelfi.it
Carta 23/45 € **7 cam** 🛏 – †65/75 € ††85/95 € – **3 suites**
Piatti del territorio proposti a voce, nonché golose torte casalinghe, in un accogliente ristorante appena fuori dal centro della cittadina. Specialità: cavatelli con
punte di salsiccia e croccante di peperone crusco su crema di ceci - filetto di
maiale ai funghi del Vulture - delizia al limone.

X La Villa   🅰🅲 ⇔ 🅿

strada statale 303, verso Rocchetta Sant'Antonio, Nord: 1,5 Km
– 📞 09 72 23 60 08 – Chiuso 23 luglio-7 agosto, domenica sera e lunedì
Menu 18/60 € – Carta 19/37 €
Ricette locali rispettose dei prodotti del territorio, in un ristorante con orto e produzione propria di uova e farina: ambiente intimo e curato, grazie alle tante
attenzioni della famiglia che lo gestisce. Vivamente consigliati il baccalà alla trai-
niera e la torretta al pistacchio di Stigliano.

MELITO IRPINO

Avellino (AV) – ✉ 83030 – 1 929 ab. – Alt. 242 m – Carta regionale n° **4-C1**
▶ Roma 255 km – Foggia 70 km – Avellino 55 km – Benevento 45 km
Carta stradale Michelin 564-D27

X Antica Trattoria Di Pietro   🅰🅲 ✂

corso Italia 8 – 📞 *08 25 47 20 10 – www.anticatrattoria-dipietro.com – Chiuso*
settembre e mercoledì
Menu 23/50 € – Carta 17/46 €
Trattoria con alle spalle una lunga tradizione familiare, giunta ormai alla terza
generazione. Pizze e cucina campana, preparata e servita con grande passione.

MELIZZANO

Benevento (BN) – ✉ 82030 – 1 915 ab. – Alt. 190 m – Carta regionale n° **4-B1**
▶ Roma 203 km – Napoli 50 km – Avellino 70 km – Benevento 35 km
Carta stradale Michelin 564-D25

Tenuta Giravento

*contrada Nido Laura, via Vicinale Castagneto 7 – ℰ 34 72 70 81 53
– www.giravento.it – Aperto 1° giugno-30 settembre*
4 cam ⌂ – 🛉90/100 € 🛉🛉90/100 €
Piacevolissimo agriturismo a pochi chilometri dal centro paese. A gestirlo sono
due signori che dopo essersi occupati per tanto tempo di olivicoltura, e conse-
guente produzione di olio extra vergine, hanno deciso di aprire la loro bella casa
ad ospiti esterni. Poche camere, ma molto accoglienti, ed una piscina panoramica:
l'indirizzo giusto per chi vuole "staccare la spina".

MENAGGIO

Como (CO) – ✉ 22017 – 3 157 ab. – Alt. 203 m – Carta regionale n° **9-A2**
▶ Roma 661 km – Como 35 km – Lugano 28 km – Milano 83 km
Carta stradale Michelin 561-D9

Grand Hotel Menaggio

*via 4 Novembre 77 – ℰ 0 34 43 06 40 – www.grandhotelmenaggio.com – Aperto
1° marzo-31 ottobre*
94 cam ⌂ – 🛉170/200 € 🛉🛉200 € – **1 suite**
Prestigioso hotel affacciato direttamente sul lago, presenta ambienti di grande
signorilità ed eleganza e una terrazza con piscina dalla meravigliosa vista panoramica. Le emozioni di un pasto consumato in compagnia della bellezza del lago.

Grand Hotel Victoria

lungolago Castelli 9/13 – ℰ 0 34 43 20 03 – www.grandhotelvictoria.it
53 cam ⌂ – 🛉80/120 € 🛉🛉150/280 € – **1 suite**
Grand hotel in stile liberty, capace di regalare sogni e suggestioni di un passato
desiderabile. Nelle zone comuni abbondanza di stucchi, specchi e decorazioni. Il
ristorante si apre sul giardino antico e curato dell'hotel.

Du Lac

via Mazzini 27 – ℰ 0 34 43 52 81 – www.hoteldulacmenaggio.it
10 cam – 🛉70/125 € 🛉🛉100/145 € – ⌂ 10 €
Casa centralissima e a bordo lago, completamente ristrutturata ed adibita ad hotel
dai giovani proprietari. Al piano terra il bar, sopra le camere nuove ed accoglienti.

a Nobiallo Nord : 1,5 km – ✉ 22017 Menaggio

Garden

*via Diaz 30 – ℰ 0 34 43 16 16 – www.hotelgarden-menaggio.com – Aperto
Pasqua-31 ottobre*
13 cam ⌂ – 🛉70/90 € 🛉🛉90/110 €
Una dozzina di camere affacciate sul lago, così come sul bel giardino. Una villa
ben tenuta, con esterni di un rosa leggero, e spazi interni sobri e confortevoli.

a Loveno Nord-Ovest : 2 km – ✉ 22017 Menaggio – Alt. 320 m

Royal

*largo Vittorio Veneto 1 – ℰ 0 34 43 14 44 – www.royalcolombo.com – Aperto
20 marzo-23 ottobre*
18 cam ⌂ – 🛉100/125 € 🛉🛉136/156 €
Nel verde di un curato giardino con piscina, in posizione tranquilla e soleggiata, un hotel in grado di offrire soggiorni rilassanti in una cornice familiare,
ma signorile. Al ristorante ambiente distinto, arredi disposti per offrire calore
e intimità.

MENFI

Sicilia – Agrigento (AG) – ✉ 92013 – 12 690 ab. – Alt. 119 m
– Carta regionale n° **17-B2**
▶ Agrigento 79 km – Palermo 122 km – Trapani 100 km
Carta stradale Michelin 365-AM58

in prossimità del bivio per Porto Palo Sud-Ovest : 4 km

La Foresteria-Planeta Estate ⓝ   ⇧ ⤳ 🛏 ⌿ 🆒 ⊡ ⎱ 🆎 🅿
Contrada Gurra – ℰ 0 92 51 95 54 60 – www.planetaestate.it
14 cam – ♦152/280 € ♦♦180/310 €
Per un soggiorno all'insegna del relax, a pochi minuti d'auto c'è anche la spiaggia
privata presso il Lido dei Fiori, un "wine resort" come amano definirsi, circondati
dai vigneti dell'azienda ed avvolti dai profumi delle erbe aromatiche, che con il
loro nome contraddistinguono le camere. Cucina siciliana contemporanea al ristorante.

Il Vigneto Resort   ⇧ ⤳ 🛏 ⌿ ⎱ 🆎 ⅋ 🅿
contrada Gurra di Mare – ℰ 0 92 57 17 32 – www.ristoranteilvigneto.com
17 cam ⊠ – ♦60/90 € ♦♦90/130 €
Non distante dal mare, piacevole relais circondato dai vigneti e aperto di recente
accanto al ristorante, offre ambienti confortevoli, moderni, minimalisti; le junior
oltre ad essere le camere più spaziose sono dotate di vasca idromassaggio.

MERANO

(BZ) – ✉ 39012 – 39 373 ab. – Alt. 325 m – Carta regionale n° **19-B2**

▶ Roma 667 km – Bolzano 31 km – Brennero 71 km – Trento 83 km
Carta stradale Michelin 562-C15

S. Scata / Tips / Photononstop

 **Alberghi**

 Meister's Hotel Irma ⛄ 🐾 ≼ 🛋 🛋 🖥 🛜 🛎 🌀 ⛲ ❌ 🛗 🖥 🕌 AC 🚗
via Belvedere 17 – ☎ *04 73 21 20 00* – *www.hotel-irma.com*   Pianta: B2**p**
– Aperto 15 marzo-15 novembre
50 cam ⊆ – 🍴150/212 € 🍴🍴300/424 € – **19 suites**
C'è la casa principale e le dépendance, ognuna con il suo stile, un giardino con roseto, il laghetto dei cigni, la terrazza panoramica all'ultimo piano per le straordinarie colazioni, una romantica stube, ma soprattutto la più affettuosa accoglienza familiare: ecco uno degli alberghi più belli della regione!

 Park Hotel Mignon ⛄ 🐾 ≼ 🛋 🖥 🛜 🌀 🛎 🌀 🖥 🖥 🕌 🏋 AC 🕌 🚗
via Grabmayr 5 – ☎ *04 73 23 03 53*   Pianta: D2**v**
– www.hotelmignon.com – Aperto 23 marzo-8 novembre
50 cam ⊆ – 🍴195/245 € 🍴🍴300/410 € – **13 suites**
A due passi dal centro, ma immerso in un parco alberato e con uno straordinario centro benessere; non deluderanno neppure le camere, moderne, spesso arredate con materiali locali e una splendida terrazza-solarium.

 Terme Merano ⛄ 🛋 🖥 🛜 🌀 🛎 🌀 🖥 🖥 🕌 🏋 AC 🕌 🚗
piazza delle Terme 1 – ☎ *04 73 25 90 00*   Pianta: C2**a**
– www.hoteltermemerano.it – Chiuso 14 febbraio-2 marzo
114 cam ⊆ – 🍴137/284 € 🍴🍴137/284 € – **25 suites**
In pieno centro, hotel dal design moderno, direttamente collegato alle nuove terme di Merano (il cui ingresso per i clienti dell'albergo è gratuito), ospita camere dai vivaci colori e splendide suite con preziosi dettagli.

Ansitz Plantitscherhof ⛄ 🐾 🛋 🛋 🖥 🛜 🌀 🛎 🌀 🖥 🖥 🕌 AC 🕌 🕌 🚗
via Dante 56 – ☎ *04 73 23 05 77* – *www.plantitscherhof.com*   Pianta: B2**k**
– Chiuso da inizio gennaio ad inizio marzo
30 cam ⊆ – 🍴90/220 € 🍴🍴168/300 € – **5 suites**
Un gradevolissimo buen retiro immerso nei vigneti: non parrà neppure di essere alla periferia di Merano! Splendido giardino con terrazze, le camere sono continuamente rinnovate.

La selezione degli esercizi varia ogni anno. Anche voi, rinnovate ogni anno la vostra guida MICHELIN!

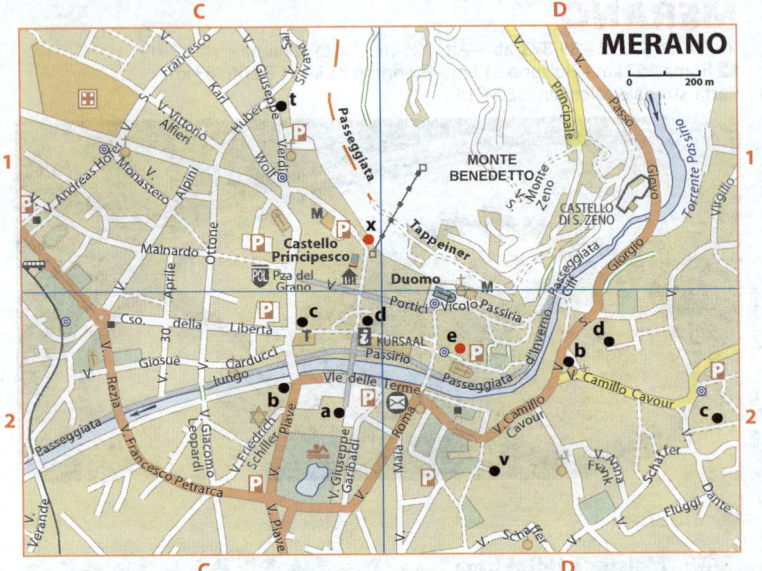

Pienzenau am Schlosspark

Pianta: B2**d**

via Pienzenau 1 – ℰ 04 73 23 40 30
– www.hotelpienzenau.com – Aperto 1° aprile-7 novembre
25 cam ⚏ – ♦140/180 € ♦♦220/260 € – **5 suites**

In zona collinare alla periferia di Merano ma ben collegato con il centro grazie ad un autobus che passa ogni quindici minuti, l'hotel è un inno a sua maestà la rosa, che si ritrova ovunque, a cominciare dai saponi profumati in vendita alla reception. In stile country, vagamente inglese, le camere sono tutte ampie e spesso anche i bagni. Terrazza solarium panoramica.

Villa Tivoli

Pianta: A1**x**

via Verdi 72 – ℰ 04 73 44 62 82 – www.villativoli.it – Aperto
19 marzo-10 novembre
18 cam ⚏ – ♦130/190 € ♦♦190/310 € – **3 suites**
Rist *Artemis* – Vedere selezione ristoranti

Risorsa di livello, in posizione soleggiata e isolata, connotata da un piacevole stile d'ispirazione mediterranea e da un lussureggiante parco-giardino. Nelle camere troverete un sapiente mix di antico e moderno, alcune di design contemporaneo, mentre in una dépendance - aperta tutto l'anno - anche 10 luminosi (e ancor più defilati) appartamenti.

Meranerhof

Pianta: C2**b**

via Alessandro Manzoni 1 – ℰ 04 73 23 02 30
– www.meranerhof.com – Chiuso 10 gennaio-20 marzo
61 cam ⚏ – ♦120/140 € ♦♦220/270 € – **3 suites**

All'interno di un edificio in stile liberty, la posizione centrale e la qualità dei servizi fanno sì che questo albergo sia eletto da una clientela d'affari, così come da turisti alla scoperta delle bellezze meranesi. Vital center completo e giardino con piscina riscaldata.

Bavaria

Pianta: D2**b**

via salita alla Chiesa 15 – ℰ 04 73 23 63 75
– www.bavaria.it – Aperto 1° aprile-31 ottobre
50 cam ⚏ – ♦95/165 € ♦♦196/320 €

Una delle espressioni più belle dell'architettura cittadina, la villa fu costruita nel 1883 dal fratello dell'imperatrice Sissi ed è circondata da un parco rigoglioso. Arredi classici all'interno, la sala ristorante ricorda i fasti dell'epoca.

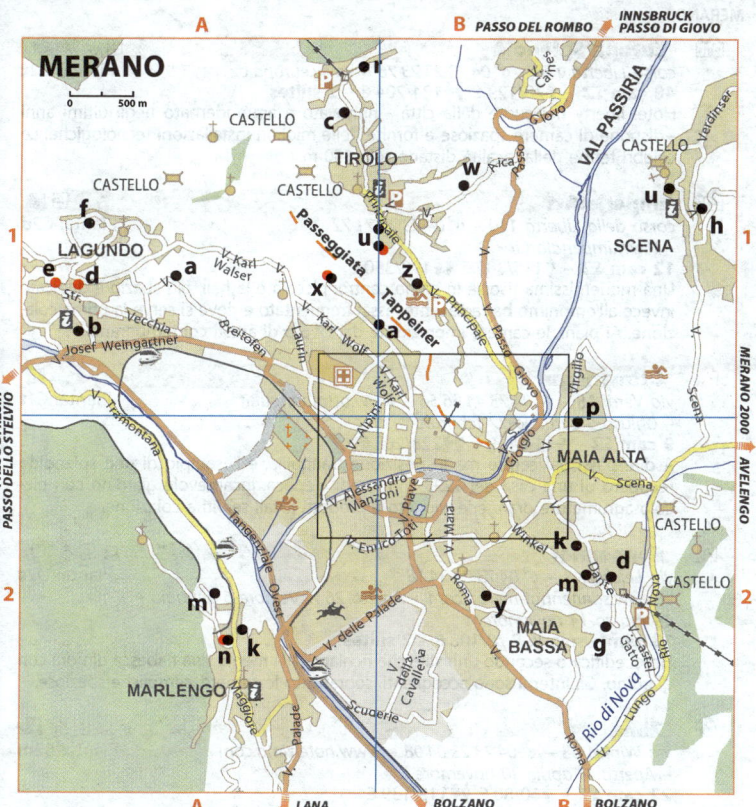

MERANO

0 — 500 m

CASTELLO

TIROLO

CASTELLO

CASTELLO

LAGUNDO

V. Karl Walser

Passeggiata

Tappeiner

Vecchia

Josef Weingartner

V. Karl Wolf

V. Alpini

V. Karl Wolf

Tramontana

V. Alessandro Manzoni

Enrico Toti

Tangenziale Ovest

V. delle Palade

della Cavalleria

Scuderie

Palade

Maggiore

MARLENGO

MAIA ALTA

MAIA BASSA

CASTELLO

CASTELLO

SCENA

VAL PASSIRIA

INNSBRUCK
PASSO DI GIOVO

PASSO DEL ROMBO

PASSO DI RESIA
PASSO DELLO STELVIO

MERANO 2000

AVELENGO

LANA

BOLZANO

BOLZANO

Adria
Pianta: D2**d**

via Gilm 2 – ☎ 04 73 23 66 10 – www.hotel-adria.com
– Chiuso 7 gennaio-29 febbraio
40 cam – solo ½ P 99/143 € – **5 suites**
In zona verde e residenziale, l'albergo sfoggia centotrent'anni di storia, nonché un romantico ascensore vecchio di un secolo, ma le camere sono più recenti e in stile contemporaneo.

Alexander
Pianta: B2**g**

via Dante 110 – ☎ 04 73 23 23 45 – www.hotel-alexander.it
– Chiuso 15 gennaio-15 marzo
20 cam ⚏ – ♦65/130 € ♦♦130/240 € – **10 suites**
Elegante albergo familiare, in posizione periferica e panoramica, a tutto vantaggio della tranquillità e della piacevole ubicazione tra i vigneti. Ricco di accessori.

Pollinger
Pianta: B2**y**

via Santa Maria del Conforto 30 – ☎ 04 73 27 00 04
– www.pollinger.it – Chiuso 6 gennaio-26 marzo
32 cam ⚏ – ♦98/136 € ♦♦166/242 €
L'ubicazione consente di godere di una notevole tranquillità, aspetto che certamente è apprezzato dagli ospiti di questa ben attrezzata risorsa. Balconi in tutte le camere.

Europa Splendid
⚘ ⊡ ⟨AC⟩ ⊖

Pianta: C2**c**

corso Libertà 178 – ℰ *04 73 23 23 76* – *www.europa.bz*
48 cam ⊻ – †78/129 € ††124/204 € – **2 suites**
Hotel liberty nel cuore della città - rinnovato e ammodernato negli ultimi anni - dispone di camere spaziose e fornite delle migliori installazioni tecnologiche. Le celebri terme della località distano solo 150 m.

ImperialArt
⊡ ⟨AC⟩

Pianta: C2**d**

corso della Libertà 110 – ℰ *04 73 23 71 72*
– *www.imperialart.it*
12 cam ⊻ – †115/300 € ††190/350 €
Una modernissima risorsa in pieno centro: piccola è la hall, più spazio è dedicato invece all'omonimo bar adiacente, assai frequentato e dove si serve la prima colazione. Ai piani, le camere impreziosite dal lavoro di artisti contemporanei.

Ottmanngut ⓝ
⊖ ⓟ

Pianta: C1**t**

via Verdi 18 – ℰ *04 73 44 96 56* – *www.ottmanngut.it*
– *Chiuso 5 gennaio-22 febbraio*
9 cam ⊻ – †114/119 € ††228/268 €
A due passi dal centro ma in posizione tranquilla, è l'esempio di uno splendido recupero di una casa del 1290 con arredi d'epoca, incantevole giardino con piccolo agrumeto e orangerie, vigneto e prodotti locali serviti a colazione.

Sonnenhof
⚘ ⚘ ⊖ ⤳ ⟨〰〉 ⛐ ⊡ ⟨AC⟩ ⊖

Pianta: D2**c**

via Leichter 3 – ℰ *04 73 23 34 18*
– *www.sonnenhof-meran.com* – *Aperto 26 novembre-6 gennaio e 19 marzo-14 novembre*
13 cam – *solo ½ P* 78/108 € – **2 suites**
Hotel edificato secondo uno stile che richiama alla mente una fiabesca dimora con giardino. Gli interni sono accoglienti, soprattutto le camere, semplici e spaziose.

Zima
⚘ ⊖ ⤳ ⟨〰〉 ⛐ ⊡ ⚿ ⓟ

Pianta: B2**m**

via Winkel 83 – ℰ *04 73 23 04 08* – *www.hotelzima.com*
– *Aperto 1° aprile-30 novembre*
22 cam ⊻ – †60/80 € ††119/139 €
In zona tranquilla e residenziale, a soli 15 minuti a piedi dal centro, la struttura non solo vi "solleva" dal problema del parcheggio, ma offre ambienti di calda atmosfera e camere accoglienti.

Agriturismo Sittnerhof
⊖ ⤳ ⚿ ⓟ

Pianta: AB1**a**

via Verdi 60 – ℰ *04 73 22 16 31* – *www.bauernhofurlaub.it*
6 cam ⊻ – †72/82 € ††102/122 €
Un indirizzo straordinario e per più di un motivo! Non lontano dal centro - eppure già inserito in un contesto verde con le colline alle spalle - quest'edificio rustico del 1366 molto ben restaurato, pratica prezzi interessanti, accoglienza simpatica e familiare, camere nuove, ma anche tre appartamenti. La prima colazione è servita in una romantica stube dell'Ottocento.

🔴 Ristoranti

✗✗ ✿ Sissi (Andrea Fenoglio)
❀ ⟨AC⟩ ⇔

Pianta: C1**x**

via Galilei 44 – ℰ *04 73 23 10 62*
– *www.sissi.andreafenoglio.com* – *Chiuso 3 settimane tra febbraio e marzo, martedì a mezzogiorno e lunedì*
Menu 74/90 € – Carta 56/87 €
Lampadari, pavimenti, decorazioni... una sala liberty e dal sapore retrò che costituisce un gioiello in sé. La cucina invece si evolve in continuazione, sempre tesa a dare nuove forme e colori a vecchi classici.
➔ Filetto di sgombro affumicato con mela e zenzero. Spalla d'agnello da latte al forno in crosta di pistacchi. Nuova Foresta Nera.

XX **Artemis** – Hotel Villa Tivoli
via Verdi 72 – ✆ *04 73 44 62 82*   Pianta: A1**x**
– *www.villativoli.it* – *Aperto 19 marzo-10 novembre*
Carta 39/68 €
In un luminoso giardino d'inverno o sulla terrazza avvolti dagli alberi del parco se ci venite con il bel tempo, all'Artemis si serve comunque un'ottima cucina, con diversi piatti ispirati ai prodotti mediterranei.

XX **Kallmünz**
piazza Rena 12   Pianta: D2**e**
– ✆ *04 73 21 29 17* – *www.kallmuenz.it*
– *Chiuso 2 settimane in gennaio, 1 settimana in luglio e domenica*
Carta 37/71 €
Riferimenti alla tradizione gastronomica del territorio e qualche specialità a base di pesce - in sintesi, quindi, cucina classica variegata - in un piacevole locale del centro.

a Freiberg Sud-Est : 7 km per Avelengo B2 – ⊠ 39012 Merano – Alt. 800 m

Castel Fragsburg
via Fragsburg 3
– ✆ *04 73 24 40 71* – *www.fragsburg.com*
– *Aperto 15 aprile-11 novembre*
16 suites ⊡ – ♦275/325 € ♦♦400/500 € – 4 cam
Rist *Castel Fragsburg* ❀ – Vedere selezione ristoranti
Un romantico ed esclusivo rifugio, in posizione isolata e panoramica su monti e vallata, che custodisce incantevoli camere in legno, bagni in marmo e preziosi arredi d'epoca. Al ristorante Lois troverete le proposte della tradizione gastronomica locale.

XX **Castel Fragsburg** – Hotel Castel Fragsburg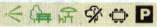
❀ *via Fragsburg 3*
– ✆ *04 73 24 40 71* – *www.fragsburg.com*
– *Aperto 15 aprile-11 novembre; chiuso lunedì*
Menu 125 € – Carta 60/119 €
– *(solo a cena escluso sabato, domenica e festivi)* (consigliata la prenotazione)
Se siete fortunati, col bel tempo, mangerete su una delle terrazze più romantiche della regione, a strapiombo sulla vallata. Dovunque sarete, vi attende comunque una cucina sofisticata e di alto livello, dalle preparazioni complesse e sorprendenti.
➜ Trilogia di fegato grasso d'oca (mousse, arrostito e crema bruciata). Zuppa di lenticchie con petto di maialino da latte, uovo di quaglia e crema di mela. Mousse di cioccolato bianco con essenza all'aneto, sorbetto al finocchio e briciole di pasta frolla.

MERCATALE – Firenze (FI) ➜ Vedere San Casciano in Val di Pesa

---

MERCATO SAN SEVERINO

Salerno (SA) – ⊠ 84085 – 22 322 ab. – Alt. 146 m – Carta regionale n° **4-B2**
▶ Roma 256 km – Napoli 61 km – Salerno 17 km – Avellino 27 km
Carta stradale Michelin 564-E26

San Severino Park Hotel & Spa
via Bagnara 11
– ✆ *08 98 20 09 6* – *www.sanseverinoparkhotel.com*
102 cam ⊡ – ♦44/54 € ♦♦60/70 € – **6 suites**
In comoda posizione all'uscita dell'autostrada, la struttura offre ambienti e camere di taglio moderno-funzionale, ideali per una clientela business.

XX **Casa del Nonno 13** (Raffaele Vitale)   🏵 ♿ AC

❀ *via Caracciolo 13, località Sant'Eustachio – ℰ 0 89 89 43 99*
– www.casadelnonno13.it – Chiuso luglio, domenica sera e lunedì
Menu 45/50 € – Carta 41/63 €
Originale atmosfera in una cantina ristrutturata dal patron-architetto, dove rustico ed elegante convivono in armonia. In tavola è la semplicità che regna sovrana: pomodoro San Marzano, mozzarella e carne - rigorosamente - italiana! Solo merluzzo, invece, nel locale "monotematico", Nonno Baccalà.
➜ Cappellacci ripieni alla clorofilla di basilico in salsa marinata di San Marzano. Guancia di maialino nero casertano con spuma di patate e piselli in due consistenze. Coni di sfogliatella ripieni di ricotta mantecata con salsa di pere e liquirizia.

MERCENASCO
Torino (TO) – ✉ 10010 – 1 246 ab. – Alt. 249 m – Carta regionale n° **12-B2**
▶ Roma 687 km – Torino 41 km – Aosta 81 km – Milano 119 km
Carta stradale Michelin 561-F5

XX **Darmagi**   🏵 🌳 AC ⇧ P

🍲 *via Rivera 7 – ℰ 01 25 71 00 94 – www.ristorantedarmagi.it – Chiuso 1 settimana in giugno, lunedì e martedì*
Menu 21/35 € – Carta 36/53 €
Villetta in posizione defilata caratterizzata da una calda atmosfera familiare, soprattutto nella bella sala con camino. La cucina è ricca di proposte della tradizione.

MERGOZZO
Verbano-Cusio-Ossola (VB) – ✉ 28802 – 2 204 ab. – Alt. 204 m
– Carta regionale n° **13-A1**
▶ Roma 679 km – Verbania 11 km – Domodossola 33 km – Milano 102 km
Carta stradale Michelin 561-E7

🏨 **Due Palme**   ⚔ < ◣ 🖽 ✳

via Pallanza 1 – ℰ 0 32 38 01 12 – www.hotelduepalme.it
– Aperto 15 marzo-20 ottobre
48 cam 🍽 – ♦60/80 € – ♦♦100/130 €
In un'oasi di tranquillità - sulle rive del lago di Mergozzo, ma a pochi passi dal centro - un'elegante residenza d'epoca trasformata in hotel offre camere di taglio classico. Al ristorante: tradizionale cucina del territorio servita nelle belle sale dal caratteristico stile leggermente retrò o sulla terrazza. A 30 metri circa dalla casa madre, su cui ci si appoggia per i servizi generali, una graziosa realtà anch'essa d'indiscusso confort.

XX **La Quartina**   ⟿ < 🌳 ♿ P

via Pallanza 20 – ℰ 0 32 38 01 18 – www.laquartina.com – Aperto 1° marzo-31 ottobre
Menu 30/65 € – Carta 39/71 € – (chiuso martedì a pranzo in estate, tutto il giorno negli altri mesi)
10 cam – ♦70/100 € – ♦♦120/150 € – 🍽 12 € – **5 suites**
Alle porte della località, un piacevole locale affacciato sul lago con una luminosa sala ed un'ampia terrazza dove assaporare la cucina del territorio e specialità lacustri. Camere semplici, accoglienti e sempre curate.

X **Caffetteria la Fugascina**   🌳 ⌗ ⊘

piazza Vittorio Veneto 8 – ℰ 03 23 80 09 70 – www.fugascina.it
– Chiuso 8 gennaio-10 febbraio, lunedì escluso giugno-settembre
Carta 33/43 € – (solo su prenotazione la sera da ottobre a marzo)
Direttamente sulla piazzetta con piacevole dehors, simpatico locale-caffetteria dove potersi accomodare per gustare piatti della tradizione regionale oppure per un aperitivo.

MERONE
Como (CO) – ✉ 22046 – 4 206 ab. – Alt. 284 m – Carta regionale n° **10-B1**
▶ Roma 611 km – Como 18 km – Bellagio 32 km – Bergamo 47 km
Carta stradale Michelin 561-E9

Il Corazziere ♨ ⤳ ⇦ 🏊 �ℒ𝓈 🔁 & 🅰🅒 🛁 🅿

via Mazzini 4 – 𝒞 0 31 61 71 81 – www.corazziere.it
73 cam ⤶ – 🛏50/100 € 🛏🛏80/160 €
Rist *Il Corazziere* – Vedere selezione ristoranti
Camere accoglienti, nonché buon confort generale, in una struttura moderna e
signorile - ideale per una clientela sia business sia leisure - ubicata in riva al
fiume Lambro.

XX **Il Corazziere** – Hotel Il Corazziere   🐎 ⇦ � 🅰🅒 🎐 ⇨ 🅿

*via Cesare Battisti 17 – 𝒞 0 31 65 01 41 – www.corazziere.it – Chiuso agosto e
martedì*
Carta 33/81 €
Spazi per tutte le esigenze - dal piccolo privé al salone per banchetti - dove
gustare la classica cucina italiana e qualche proposta di pesce.

MESAGNE

Brindisi (BR) – ✉ 72023 – 27 352 ab. – Alt. 72 m – Carta regionale n° **15-D2**
▶ Roma 574 km – Brindisi 15 km – Bari 125 km – Lecce 42 km
Carta stradale Michelin 564-F35

 Castello   🔁 & 🅰🅒 🎐 🚗

*piazza Vittorio Emanuele II 2 – 𝒞 08 31 77 75 00
– www.hotelcastellomesagne.com*
11 cam ⤶ – 🛏50/55 € 🛏🛏70/80 €
Al primo piano di un edificio del Quattrocento sito sulla piazza principale, una
piccola risorsa con soffitti a volta e dagli arredi semplici e lineari.

MESCO – La Spezia (SP) ➡ Vedere Levanto

MESE – Sondrio (SO) ➡ Vedere Chiavenna

MESIANO – Vibo Valentia (VV) ➡ Vedere Filandari

MESSADIO – Asti (AT) ➡ Vedere Montegrosso d'Asti

MESSINA

Sicilia – ✉ 98122 – 240 414 ab. – Carta regionale n° **17-D1**
▶ Catania 100 km – Palermo 225 km
Carta stradale Michelin 365-BC54 – Guida Verde Michelin SICILIA

XX **La Durlindana**   🌿 & 🅰🅒

via Nicola Fabrizi 143/145 ✉ 98123 – 𝒞 09 06 41 31 56   Pianta: AB3**a**
– www.ladurlindana.com
Carta 23/52 € – (consigliata la prenotazione)
Alle spalle del tribunale, cucina a vista, nonché ambienti originali valorizzati da un
curato cortile interno con veranda e dehors, per una cucina a carattere regionale.
Tra gli imperdibili: stocco alla ghiotta e il Colapesce (pesce spada in umido con
sautè di cozze e vongole).

XX **Piero**   & 🅰🅒 ⇨

via Ghibellina 119 ✉ 98123 – 𝒞 09 06 40 93 54 – Chiuso   Pianta: B3**s**
2 settimane in agosto e domenica sera
Menu 35 € – Carta 29/53 €
Dal 1962 l'omonimo titolare gestisce questo ristorante classico ed elegante,
recentemente rinnovato; specialità marinare, ma non mancano insalatone e
piatti di carne.

a Ganzirri per viale della Libertà Nord : 9 km B1 – ✉ 98165

X **La Sirena**   🌿 🅰🅒
🌸
via Lago Grande 96 – 𝒞 0 90 39 12 68 – Chiuso mercoledì
Menu 30/50 € – Carta 23/45 € – (consigliata la prenotazione)
Sul lago di Ganzirri, una trattoria che propone solo pesce locale, dagli involtini di
spada, di aguglia reale o di spatola alle vongole veraci: preparazioni schiette e
semplici, ma di grande gusto per il palato.

MESSINA

668

MESTRE

Venezia (VE) ⊠ Mestre – Carta regionale n° **23-C2**
▶ Roma 525 km – Venezia 13 km – Treviso 29 km – Padova 41 km
Carta stradale Michelin 562-F18

 NH Laguna Palace ⬥ 🔳 & 🆔 🛎 🚗
viale Ancona 2 ⊠ *30172 –* ☎ *04 18 29 69 11* Pianta: B2**a**
– www.nh-hotels.com
376 cam – †105/560 € ††120/560 €
Due edifici chiamati "building", distinti e ingegnosamente separati da un canale-
darsena: in entrambi camere spaziose ed una propria sala per la prima colazione,
ma l'edificio A ospita in più il ristorante ed un grande centro congressi.

 Bologna ⬥ 🔳 🆔 🛎 🅿
via Piave 214 ⊠ *30171 –* ☎ *0 41 93 10 00* Pianta: A2**e**
– www.hotelbologna.com
109 cam 🍽 – †105/165 € ††265/370 €
Rist *Da Tura* – Vedere selezione ristoranti
Davanti la stazione ferroviaria, oltre cent'anni di attività e nemmeno una ruga! Il
merito è della famiglia che lo gestisce, sempre la stessa e sempre con la stessa
passione. L'hotel offre confort e camere di taglio moderno.

 Hilton Garden Inn ⬥ 🌿 🛏 🧺 🔳 & 🆔 🛎 🚗
via Orlanda 1, per via Amerigo Vespucci: 3,5 km – B1 ⊠ *30175*
– ☎ *04 15 45 59 01 – www.hgivenice.com*
130 cam – †90/260 € ††100/270 € – 🍽 13 € – **6 suites**
A metà strada tra il centro storico di Venezia e l'aeroporto Marco Polo, funzionalità e modernità sono le note distintive di questa struttura, le cui camere si
faranno sicuramente ricordare per la comodità dei letti (king-size o queen-size). Il
ristorante, The Garden Grille & Bar con ampia terrazza sulla piscina, propone piatti
della tradizione italiana, mentre presso il minimarket Pavilion Pantry potrete
acquistare snack e bevande.

 Plaza ⬥ 🔳 🆔 🛎
viale Stazione 36 ⊠ *30171 –* ☎ *0 41 92 93 88* Pianta: A2**f**
– www.hotelplazavenice.com
209 cam 🍽 – †54/195 € ††69/350 €
Di fronte alla stazione ferroviaria, albergo di respiro internazionale, ideale tanto
per una clientela business quanto leisure. Ambienti confortevoli e camere di differenti tipologie: la maggior parte di stile classico. Cocktail e cucina mediterranea
nell'informale Soul Kitchen Cafè, aperto dalle 7 alle 24.

 Ai Pini Park Hotel ⬥ 🌿 🛏 🔳 & 🆔 🛎 🅿
via Miranese 176 ⊠ *30174 –* ☎ *0 41 91 77 22* Pianta: A2**b**
– www.aipini.it
47 cam 🍽 – †70/124 € ††90/250 € – **1 suite**
L'ampio e curato giardino fa da cornice a una grande villa che propone interni
moderni, arredati con linee e colori particolarmente studiati per rendere piacevole
il vostro soggiorno. Cucina prettamente italiana e stagionale nei locali del ristorante "Al Parco dei Pini".

 Villa Costanza 🔳 & 🆔 🍴 🚗
via Monte Nero 25 – ☎ *0 41 93 26 24* Pianta: A2**r**
– www.hotelvillacostanza.com
23 cam – †50/179 € ††60/259 € – senza 🍽 – **3 suites** senza 🍽
Camere dai toni caldi, ma dalle linee moderne, in una casa del 1800 ristrutturata
in tempi recenti. Non trascurabile, il comodo parcheggio sul retro.

Vivit 🔳 & 🆔 🅿
piazza Ferretto 73 ⊠ *30174 –* ☎ *0 41 95 13 85* Pianta: B1**a**
– www.hotelvivit.com
30 cam 🍽 – †40/150 € ††50/250 € – **2 suites**
Chi è alla difficoltosa ricerca del piccolo centro storico di Mestre troverà il suo nido:
affacciato sulla piazza centrale, vicino al teatro, cortesia e accoglienza sono di casa.

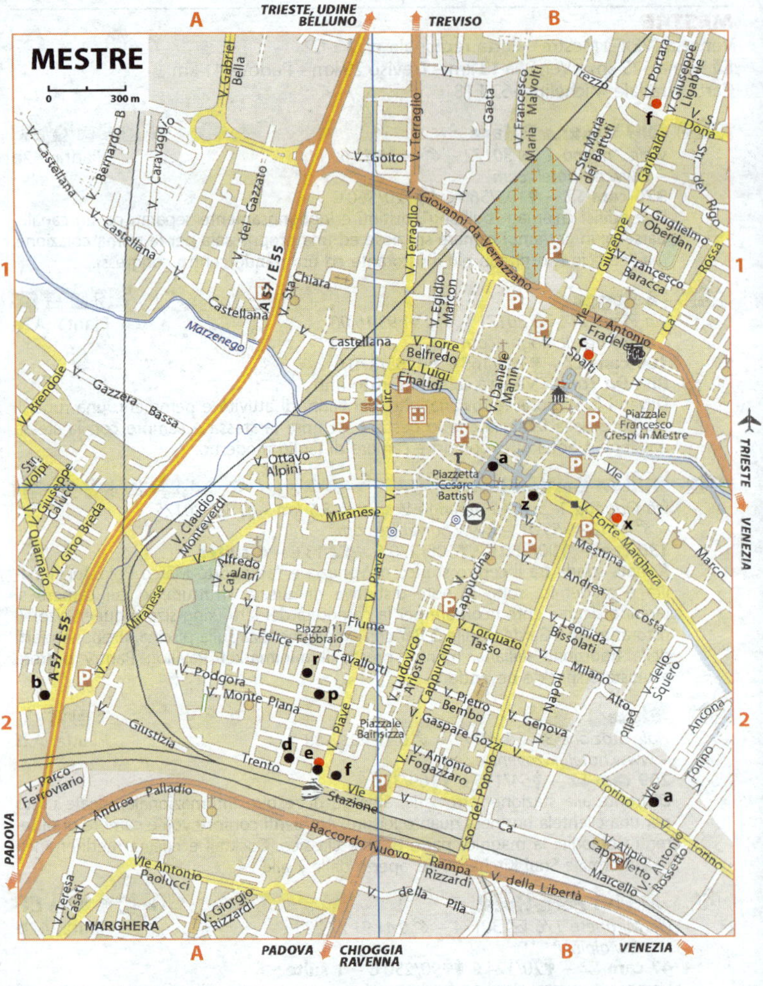

Venezia

via Teatro Vecchio 5, ang. piazza 27 Ottobre ✉ *30171*
– ☎ *0 41 98 55 33 – www.hotel-venezia.com*
100 cam 🛏 – 💧55/139 € 💧💧59/169 €
In centro un hotel che vi introdurrà allo spirito veneziano, grazie a piacevoli spazi
comuni e camere non ampie, la maggior parte con arredi decorati.

Pianta: B2**z**

Quid

via Terraglio 15, per Treviso - B1 ✉ *30174* – ☎ *04 12 39 56 11*
– www.quidhotelvenice.com
128 cam 🛏 – 💧70/190 € 💧💧80/200 €
In zona industriale non lontana dall'uscita della tangenziale e dall'ospedale, un
albergo moderno e funzionale, ideale per la clientela d'affari; navetta per l'aeroporto in 15 minuti.

⌂ Paris ⊡ AC

viale Venezia 11 ✉ *30171 –* ☎ *0 41 92 60 37*   Pianta: A2**d**
– www.hotelparis.it – Chiuso 9-22 gennaio
18 cam ⌷ – ♦50/95 € ♦♦70/150 €
Centrale, economico e semplice, ma confortevole: ecco l'offerta di uno degli alberghi più popolari della città, comodo per chi arriva a Mestre in treno.

⌂ Cris ⚹ AC ⚹ P

via Monte Nero 3/A ✉ *30171 –* ☎ *0 41 92 67 73*   Pianta: A2**p**
– www.hotelcris.it – Chiuso dicembre-gennaio
18 cam ⌷ – ♦49/100 € ♦♦59/149 €
In posizione tranquilla, albergo a conduzione familiare con camere accoglienti e caldi ambienti: è un po' come sentirsi a casa propria.

XXX Marco Polo 🍴 AC

via Forte Marghera 67 ✉ *30173 –* ☎ *34 97 74 49 21*   Pianta: B2**x**
– www.ristorantemarcopolo.it – Chiuso 1°-7 gennaio e domenica
Menu 70 € – Carta 30/88 €
Un riferimento in città per l'eleganza classica della sala al primo piano di una casa al limitar del centro, così come per le più tipiche portate venete a base di pesce.

XX Da Tura – Hotel Bologna 🍴 AC ⚹ ⇄ P

⊜
via Piave 214 ✉ *30171 –* ☎ *0 41 93 10 00*   Pianta: A2**e**
– www.hotelbologna.com
Menu 25 € – Carta 32/57 €
Ha una propria vita autonoma e non potrebbe essere diversamente visto che nacque prima il ristorante dell'hotel; la cucina si destreggia abilmente tra piatti veneti e classici nazionali. Si raddoppia con il bar-bistrot: carta light a pranzo e piatti regionali la sera.

X Al Leone di San Marco 🍴 AC

via Trezzo 6, località Carpenedo ✉ *30174 –* ☎ *04 15 34 17 42*   Pianta: B1**f**
– Chiuso 31 dicembre-13 gennaio, 8-23 agosto, domenica sera e lunedì
Carta 50/90 €
Sono ormai parecchi anni che il ristorante - a gestione diretta - si fa apprezzare per le sue fragranti specialità di pesce: non mancano mai le crudità così come la griglia accesa pranzo e cena. Il tutto da gustare in un ambiente semplice, ma accogliente.

X Ostaria da Mariano AC

🌸
via Spalti 49 ✉ *30137 –* ☎ *0 41 61 57 65*   Pianta: B1**c**
– www.ostariadamariano.it – Chiuso vacanze di Natale, 2 settimane in agosto, sabato e domenica
Menu 35/45 € – Carta 24/52 €
Vicino al centro storico, il patron è cresciuto tra le mura di questa osteria che ha varcato la soglia dei 50 anni di storia: allegra e conviviale come sempre, qui si possono gustare i piatti della tradizione come i bigoi in salsa, il fegato alla veneziana o il baccalà mantecato.

a Zelarino Nord : 2 km per Treviso B1 – ✉ 30174

⌂ Antico Moro ⚹ AC P

via Castellana 149 – ☎ *04 15 46 18 34 – www.anticomoro.com*
– Chiuso 18-27 dicembre
14 cam – ♦40/199 € ♦♦45/230 € – ⌷ 7 € – **1 suite**
In questo piccolo paese ben collegato con Venezia, è una residenza del XVIII secolo ad ospitare questo signorile hotel con piacevoli camere ed un buon livello di confort.

🏠 Agriturismo al Segnavento-Fiori e Frutti ⚹ 🌿 ⇄ ⛱ 🏊 AC ⚹ P

via Gatta 76/c, località Santa Lucia di Tarù – ☎ *04 15 02 00 75*
– www.alsegnavento.it
15 cam ⌷ – ♦70/122 € ♦♦79/199 €
Rist *Al Segnavento* – Vedere selezione ristoranti
In una splendida tenuta di campagna, questo elegante agriturismo vi accoglierà in raffinate camere, dove ognuna di esse propone un leit motiv decorativo.

X **Al Segnavento** – Agriturismo al Segnavento-Fiori e Frutti 🚐 🍴 🎿 AC P
via Gatta 76/c, località Santa Lucia di Tarù – Chiuso domenica sera, lunedì
e martedì
Carta 38/68 € – (prenotazione obbligatoria a mezzogiorno)
Dall'azienda agricola al piatto: frutta, verdura, ovini, maiali e un'invitante varietà
d'anatre sono il fiore all'occhiello di un ristorante a chilometro zero.

a Campalto Est : 5 km per Trieste A1 – ✉ 30030

🏨 **Antony** 🍴 ⟨ 📶 🏃 AC 🛁 P
via Orlanda 182 – ✆ 04 15 42 00 22 – www.antonyhotel.it
114 cam 🛏 – †70/200 € ††70/260 €
Alcune camere dei piani più alti offrono la più bella vista sulla Serenissima che si
possa trovare a Mestre; camere sobrie, navetta per l'aeroporto (5 minuti) e Venezia.

X **Trattoria Al Passo** Ⓝ 🍴 AC
via Passo 118 ✉ 30124 – ✆ 04 19 00 47 – Chiuso 26 dicembre-6 gennaio,
agosto, lunedì e martedì
Carta 54/136 €
Da oltre 70 anni un avvicendarsi di generazioni appartenenti alla stessa famiglia
guidano questo gradevole ristorante fuori città, nella sala interna stile marina o
nella luminosissima sala-veranda vi verrà proposta una cucina a tutto pesce:
crudi, cotture alla griglia, fritti e numerosi condimenti per i primi piatti. A sancire
il gran finale un'ampia carta dei dessert.

a Chirignano Ovest : 2 km per via Miranese A2 – ✉ 30030

XX **Ai Tre Garofani** 🍴 ✿ P
⟨⟩ *via Assegiano 308 – ✆ 0 41 99 13 07 – www.aitregaroi.it – Chiuso 1°-10 gennaio,*
8-22 agosto e lunedì
Menu 18 € (pranzo in settimana) – Carta 37/72 € – (solo a cena escluso
domenica)
Un inaspettato angolo di eleganza nella campagna veneta unito a tocchi di calda
rusticità; tanto pesce cotto in sala allo spiedo e un celebre risotto con i gò (pesce
di laguna).

MEZZANA
Trento (TN) – ✉ 38020 Mezzana – 893 ab. – Alt. 940 m – ✉ Mezzana
– Carta regionale n° **19-B2**
▶ Roma 651 km – Trento 66 km – Bolzano 93 km – Passo del Tonale 21 km
Carta stradale Michelin 562-D14

🏨 **Val di Sole** 🍴 ⟨ 🚐 🏊 ⓢ 🗌 ⅃ 🗌 🚗
via 4 Novembre 135 – ✆ 04 63 75 72 40 – www.hotelvaldisole.it
– Aperto 5 dicembre-4 aprile e 21 giugno-19 settembre
66 cam 🛏 – †62/90 € ††100/178 €
In posizione rientrante, ma sempre lungo la via principale del paese, un hotel a
conduzione familiare - di medie dimensioni - con camere semplici e discreti servizi. Il ristorante propone una cucina di fattura casalinga.

MEZZANE DI SOTTO
Verona (VR) – ✉ 37030 – 2 525 ab. – Alt. 122 m – Carta regionale n° **22-B2**
▶ Roma 524 km – Verona 23 km – Vicenza 49 km – Padova 79 km
Carta stradale Michelin 562-F15

🏠 **Agriturismo i Tamasotti** 🍴 🐾 ⟨ 🚐 AC 🍴 P
via dei Ciliegi 8, Nord: 2 km – ✆ 04 58 88 00 03 – www.itamasotti.it
6 cam 🛏 – †80/100 € ††100/150 €
Per chi è in cerca di tranquillità, qui ce n'è da vendere. Tra il verde dei vigneti, è
la proprietaria ad occuparsi dei fornelli, proponendo gustosi piatti del territorio in
un grazioso agriturismo con poche camere, tutte ben curate.

MEZZOCANALE – Belluno (BL) ➜ Vedere Forno di Zoldo

MEZZOLOMBARDO

Trento (TN) – ⊠ 38017 – 7 093 ab. – Alt. 227 m – Carta regionale n° **19-B2**
▶ Roma 606 km – Bolzano 45 km – Trento 19 km
Carta stradale Michelin 562-D15

✗✗   **Per Bacco**

> *via E. De Varda 28* – *☎ 04 61 60 03 53* – *www.ristorante-perbacco.com* – *Chiuso*
> *2 settimane in agosto o settembre, domenica e martedì*
> Menu 28/39 € – Carta 31/55 € – *(solo a cena)*
> Il ristorante è stato ricavato nelle stalle di una casa di fine Ottocento e arredato con
> lampade di design; nato come wine-bar vanta una bella scelta di vini locali al calice.

MIANE

Treviso (TV) – ⊠ 31050 – 3 372 ab. – Alt. 259 m – Carta regionale n° **23-C2**
▶ Roma 570 km – Belluno 37 km – Treviso 43 km – Venezia 86 km
Carta stradale Michelin 562-E18

✗✗   **Da Gigetto**   ⅋ ⅍ ⇔ 🅿

> *via De Gasperi 5* – *☎ 04 38 96 00 20* – *www.ristorantedagigetto.it*
> – *Chiuso 10 giorni in gennaio, 15 giorni in agosto, lunedì sera e martedì*
> Carta 29/52 €
> Grazie alla solida gestione familiare, il locale si segnala come uno dei miglior indi-
> rizzi della provincia: in ambiente rustico-elegante, la cucina cavalca l'onda della
> tradizione regionale con alcune aggiunte dal mare ed un menu degustazione
> più moderno. Eccellente e da visitare la cantina con tante sorprese e verticali!

MIGLIARA – Napoli (NA) ➜ Vedere Capri (Isola di) : Anacapri

MILANO

Milano (MI) – 1 240 173 ab. – Alt. 122 m – Carta regionale n°**18** B2
▶Roma 574 km – Bellinzona 104 km – Genova 146 km – Torino 142 km
Carta stradale Michelin n° 561-F9

M. Chapeaux / Tips / Photononstop

→ In sintesi...

→ Piante ed esercizi

→ Elenco alfabetico degli alberghi
→ Index of hotels

MILANO

➜ Elenco alfabetico dei ristoranti
➜ Index of Restaurants

MILANO

→ Gli esercizi con stelle
→ Starred Restaurants

Bib Gourmand

→ Pasti accurati a prezzi contenuti
→ Good food at moderate prices

➜ Ristoranti per genere di cucina
➜ Restaurants by cuisine type

MILANO

→ Tavoli all'aperto
→ Outside dining

→ **Ristoranti aperti in agosto**
→ **Restaurants open in August**

Acanto	XxxX	704
Alice-Eataly Smeraldo	XxX ❀	701
Armani	XxX ❀	698
Armani Nobu	XX	698
Barbacoa	XX	701
Bianca	XX	712
Bon Wei	XX	712
Bulgari-Il Ristorante	XxX	698
La Cantina di Manuela - Stazione Centrale	X	705
La Cantina di Manuela - Fiera Sempione	XX ⊛	713
Ceresio 7	XxX	701
Dou Asian Passion	XX	709
Finger's	XX	706
Finger's Garden	XX	701
Al Fresco	X	709
Da Giacomo	XX	706
Giacomo Bistrot	XX	706
Da Giannino-L'Angolo d'Abruzzo	X ⊛	705
Just India	X	705
Kitchen	X	717
Kiyo	X	713
Lady Bu	X	714
Langosteria 10	XX	708
Il Liberty	XX	701
Michelangelo Restaurant	XX	718
Mio Bar	XxX	698
Nassa Osteria di Mare	XX	716
Da Noi In	XxX	708
Olei	XX	712
Osaka	X	702
Osteria di Porta Cicca	X	709
Osteria I Valtellina	XX	718
Pisacco	X ⊛	702
Roses	XX	699
Serendib	X ⊛	702
Shiva	X	710
Teatro alla Scala - il Marchesino	XxX	698
Tokuyoshi	XX ❀	708
Trattoria Aurora	X	709
Trattoria Trinacria	X	710
13 Giugno	XX	705
Unico Milano	XxX ❀	715
Un Posto a Milano-Cascina Cuccagna	X	707
28 Posti	XX	709
La Veranda	XxX	698
Wicky's - Wicuisine Seafood	XX	699

MILANO

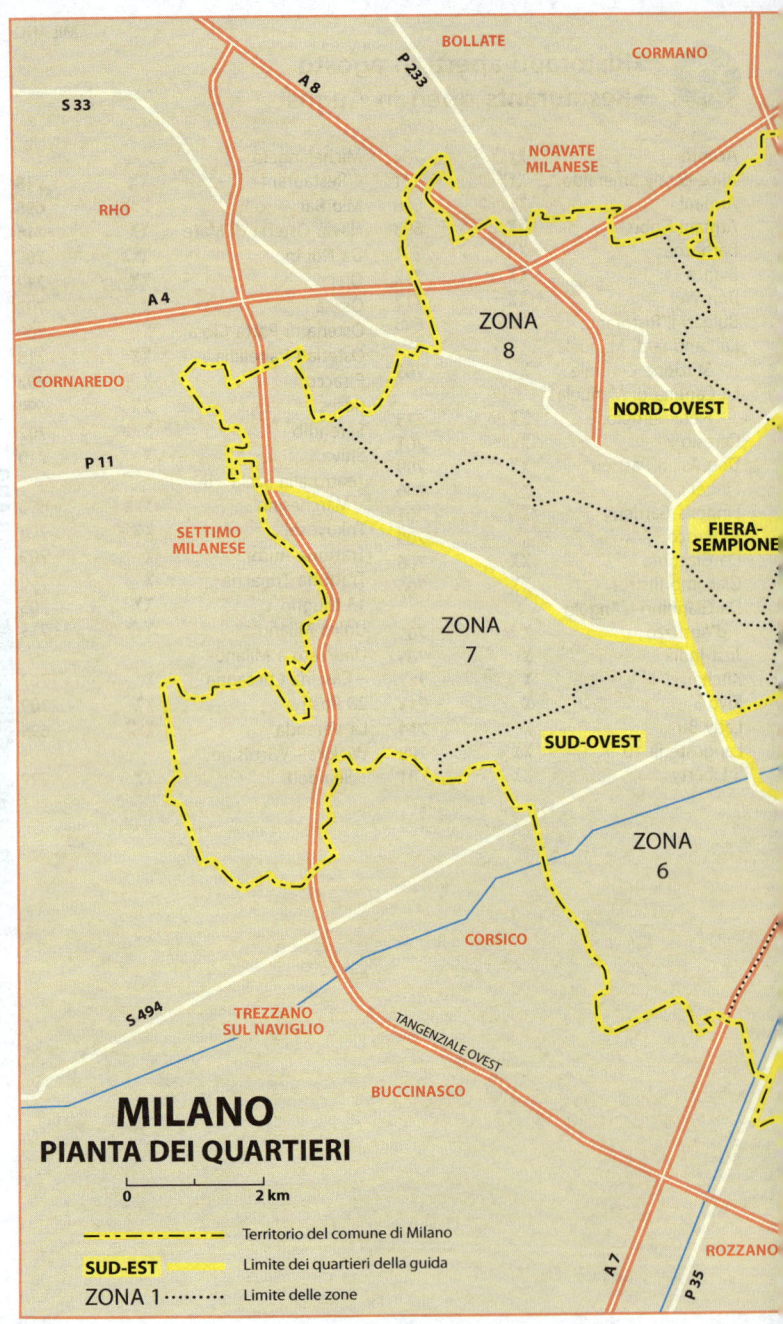

BOLLATE

CORMANO

S 33

A 8

P 233

NOAVATE MILANESE

RHO

A 4

ZONA 8

CORNAREDO

NORD-OVEST

P 11

SETTIMO MILANESE

FIERA-SEMPIONE

ZONA 7

SUD-OVEST

ZONA 6

CORSICO

S 494

TREZZANO SUL NAVIGLIO

TANGENZIALE OVEST

BUCCINASCO

MILANO
PIANTA DEI QUARTIERI

0   2 km

ROZZANO

A 7

P 35

— · — · —   Territorio del comune di Milano

SUD-EST   Limite dei quartieri della guida

ZONA 1 ··········   Limite delle zone

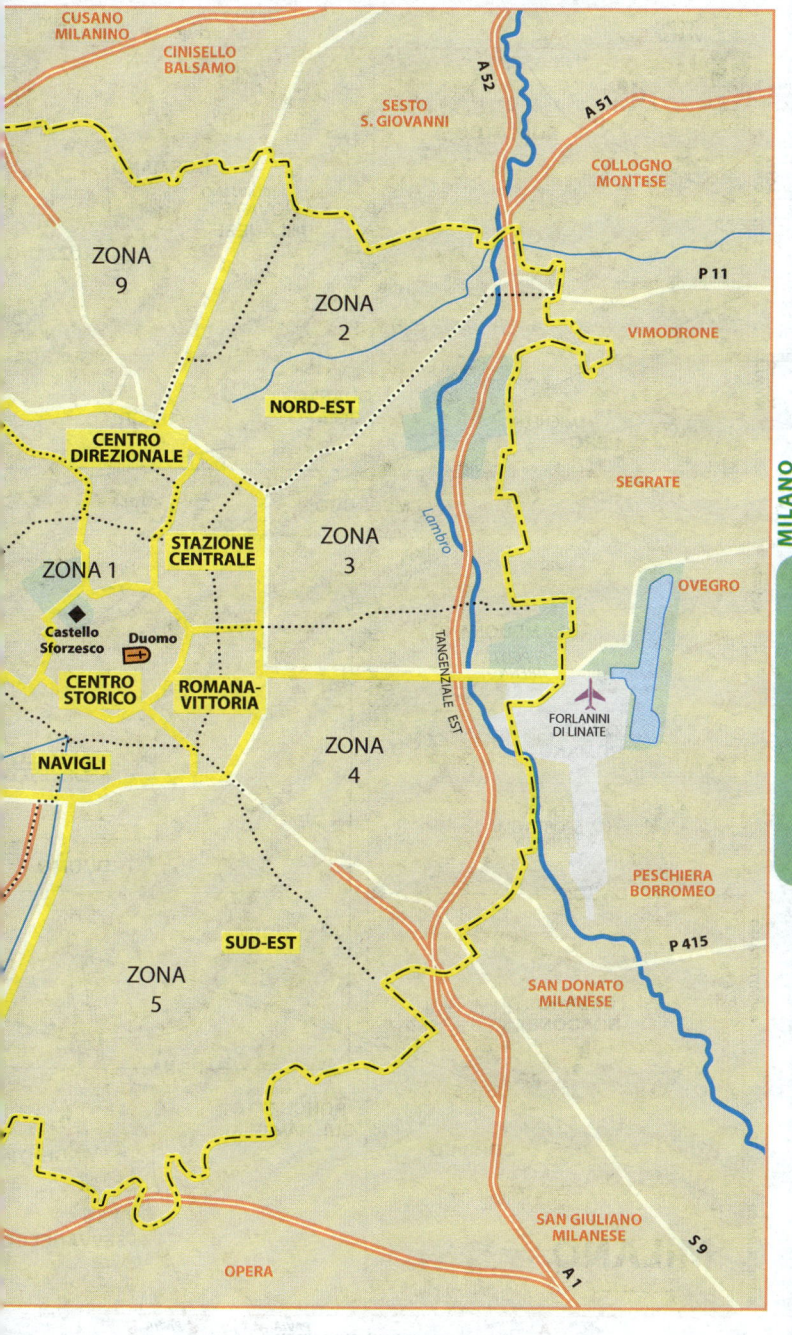

2

CUSANO MILANINO

CINISELLO BALSAMO

A 4 / E 64

BRUGHERIO

V. Turolde

V. Massimo

V. Fratelli Cairoli

Testi

V.le Italia

V.le ZARA

V.S. Maurizio al Lambro

V. Marsala

V.le Lombardia

BRESSO

PARCO NORD

SESTO S. GIOVANNI

BRUGHERO

A 51

Quarto

V. Gian Carlo Clerici

V.le Italia

V. Generale Cantore

V.le Brianza

COLOGNO MONZESE

V. Emilia

Giosuè Carducci

V. Barbera

V. Fratelli Di Dio

V. Fratelli Di Dio

V. Giuseppe Di Vittorio

V. Milano

V. Trento

V.le Giuseppe Di Vittoria

BICOCCA

V. Ernesto Breda

PRECOTTO

PALMANOVA

V.le Monza

V.le Europa

P.le Maresana

VIMODRONE

V. Olgettina

V. Monzese

CRESCENZAGO

V. Padova

Padova

A 51

GORLA

GRECO

V. Aslago

Palmanova

CIMIANO

V.le Turchia

V. Cassanese

V. Cassanese

V. Brianza

Ruggiero Leoncavallo

V. Carnia

PARCO LAMBRO

V. Cassanese

SEGRATE

b

V. Rombon

V. Rodolfo Morandi

V.le Abruzzi

V. Edoardo Bassini

LAMBRATE

A 51

RUBATTINO

V. Rivoltana

V. Rivoltana

V. Mondadori

V. del Mille

V. Luigi Majno

V.le Romagna

ORTICA

h

NOVEGRO

V.le Tunisia

V.le Umbria

LINATE

PARCO FORLANINI

Lago Idroscalo

V.le B. Buozzi

Trento

Cso. 22 Marzo

V.le Enrico Forlanini

MONULE

MILANO LINATE

LINATE

Gioia

V.le Molise

Mecenate

V.le Puglie

V. Oreste Salomone

MECENATE

V.le Ungheria

V.le Emilio Caldara

Cso. Lodi

Zama

V. Vincenzo Toffetti

MORSENCHIO

PONTE LAMBO

MEZZATE

z

V.le Ortles

V. Marco d'Agrate

ROGOREDO

PAULESSE

PESCHIERA BORROMEO

V. Omero

A 1

25 Aprile

V. Giacomo Matteotti

V. Giuseppe Ripamonti

NOSEDO

V. Rogoredo

r

Milano

V. della Liberazione

c

CHIARAVALLE

u

S. DONATO MILANESE

Abbazia

Fiume Lambro

MILANO

BERGAMO

BERGAMO

MELZO

BRESCIA

CREMA

1

2

3

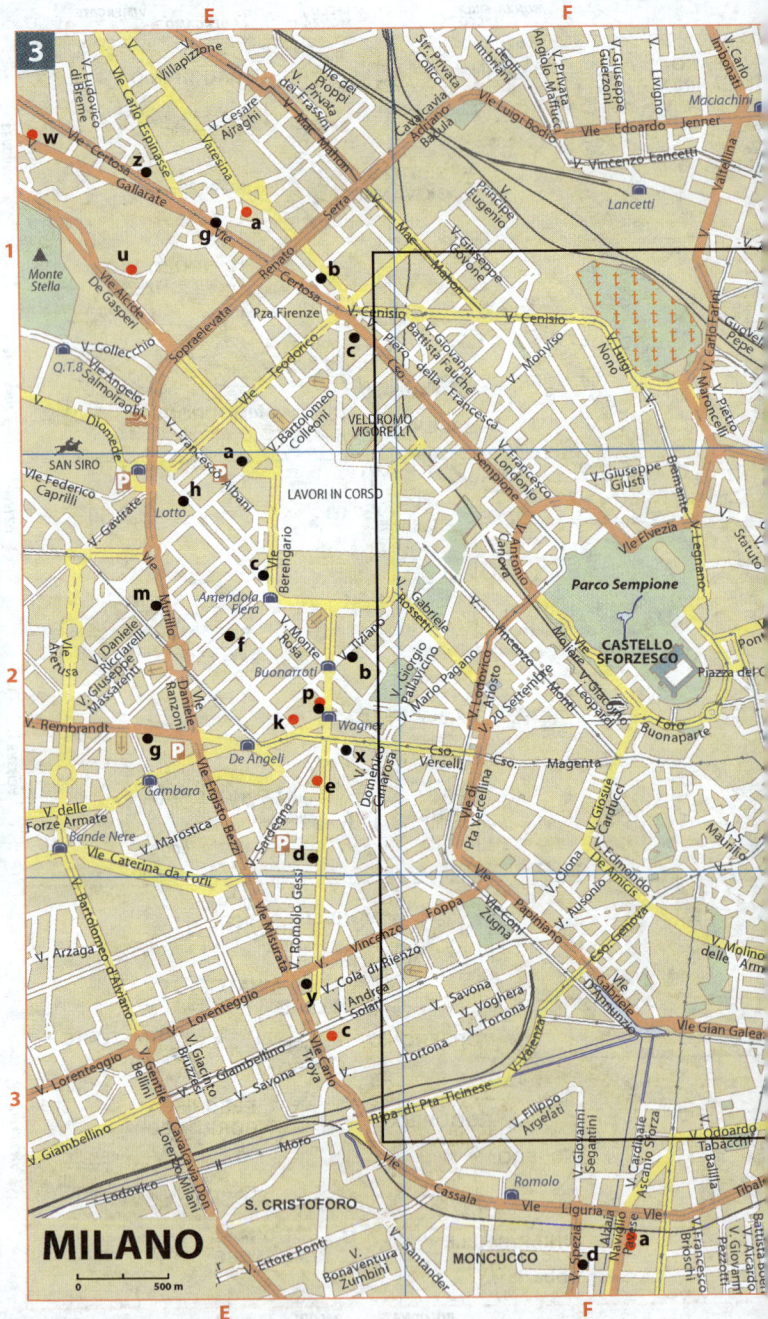

MILANO

3

MILANO

0   500 m

686

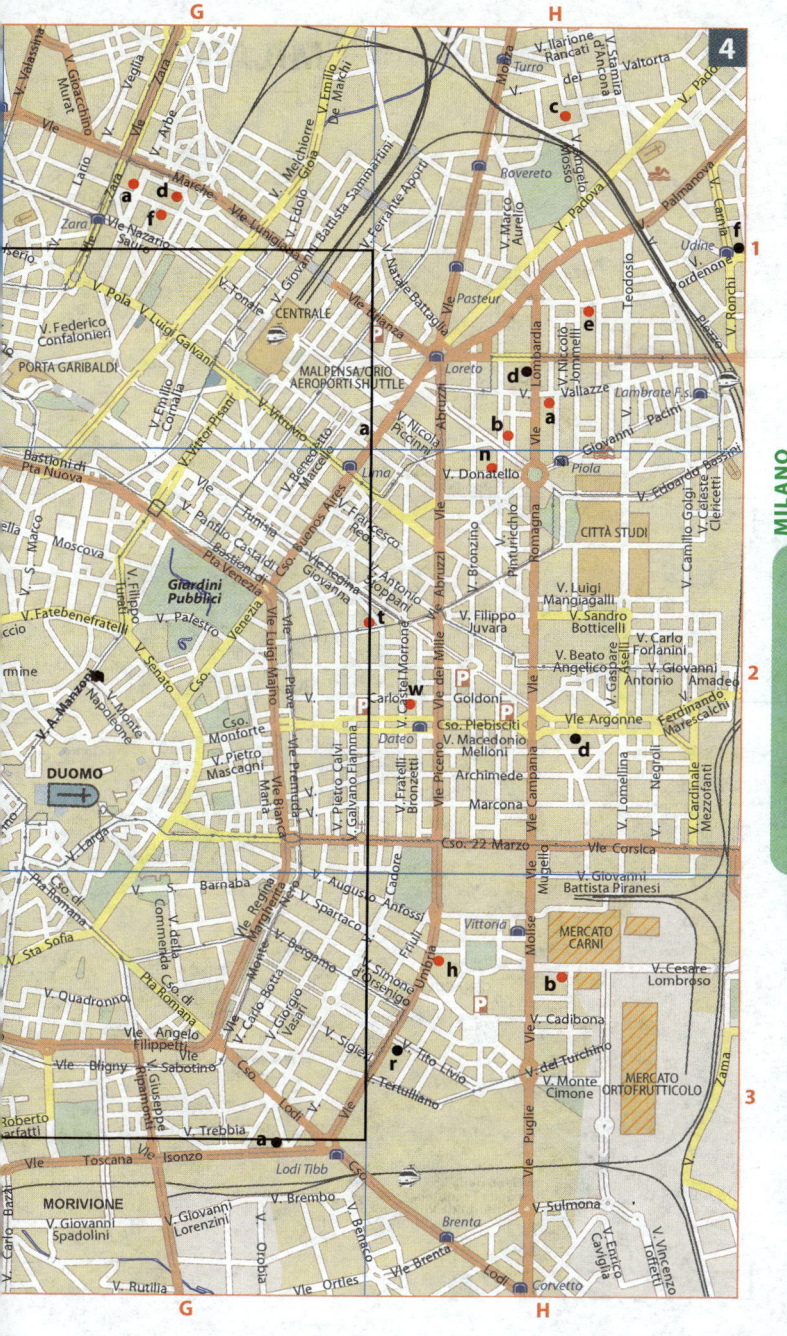

MILANO

687

5
MILANO
0
300 m
J
K
1
2
3
CIMITERO MONUMENTALE
PORTA VOLTA
Arena
Arco della Pace
Parco Sempione
Torre Branca
Triennale Design Museum Pal. d'Arte
CASTELLO SFORZESCO
S. Simpliciano
Pza del Carmine
Cairoli
Cadorna
NORD
Lanza
Moscova
Conciliazione
Pagano
S. Ambrogio
Palazzo Litta
Teatro dal Verme
Piccolo Teatro
BORSA
CENACOLO
S. Maria d. Grazie
Museo Civico Archeologico
S. Maurizio
S. AMBROGIO
S. SEPOLCRO
SAN VITTORE AL CORPO
Museo della Scienza e della Tecnologia Leonardo da Vinci
Piazza Gramsci
Piazza Giovanni XXIII
Largo Carabinieri d'Italia
V. Cenisio
Cso. Sempione
Vle Elvezia
Vle Giorgio Byron
V. Francesco Melzi D'Eril
Bastioni di Pta Volta
Foro
V. Dante
Buonaparte
Corso Magenta
Cso. Vercelli
Vle di Pta Vercellina
V. Giovanni Boccaccio
V. Giovanni Rasori
Vle Emilio Zola
Via Ariosto
V. Luigi Nono
V. Bramante
V. Paolo Sarpi
V. Giordano Bruno
V. Cesare Correnti
Via Edmondo
Lanzone
V. Stampa
Olona
Vittore
V. Bernardino Zenale
V. Tolentino
V. Giuseppe Govone
V. Valtellina
V. Pietro Maroncelli
Vle Pasubio
Vle Montello
V. Legnano
Corso
V. Mercato
V. Meravigli
V. Morigi
V. Borromei
V. Cappuccio
V. Sta Valeria
V. Lipari
V. Giuseppe Dezza
Vle Coni Zugna
V. Numa Pompilio
V. Andrea Verga
V. Paolo Giovio
V. Bartolomeo Panizza
Vle S. Michele del Carso
V. Alberto da Giussano
V. Lorenzo Mascheroni
V. Gabriele Rossetti
V. Ippolito Nievo
V. Leone XIII
Vle Cassiodoro
V. Giovanni da Procida
V. Francesco Ferrucci
V. Andrea Massena
V. Arona
V. Antonio Canova
V. Mario Pagano
V. Giuseppe Revere
V. Vincenzo Monti
V. Giacomo Leopardi
V. Aurelio Saffi
V. Giuseppe Rovani
V. Pietro Tamburini
V. XX Settembre
V. Giosuè Carducci
V. Alessandro Volta
V. Giovanni Battista Niccolini
V. Giovanni Battista Bertini
V. Lomazzo
V. Messina
V. Luigi Canonica
V. Pietro Moscati
V. Tartaglia
V. Nicolò
V. Giacomo Soldati
V. Fratelli Induno
V. Bullona
V. Fratelli Salvioni
V. Privata Giovanni Calvin
V. Mac Mahon
V. Carlo Farini
V. della Boscaiola
V. Gerolamo Gadio
V. Giuseppe Giusti
Ugo Foscolo

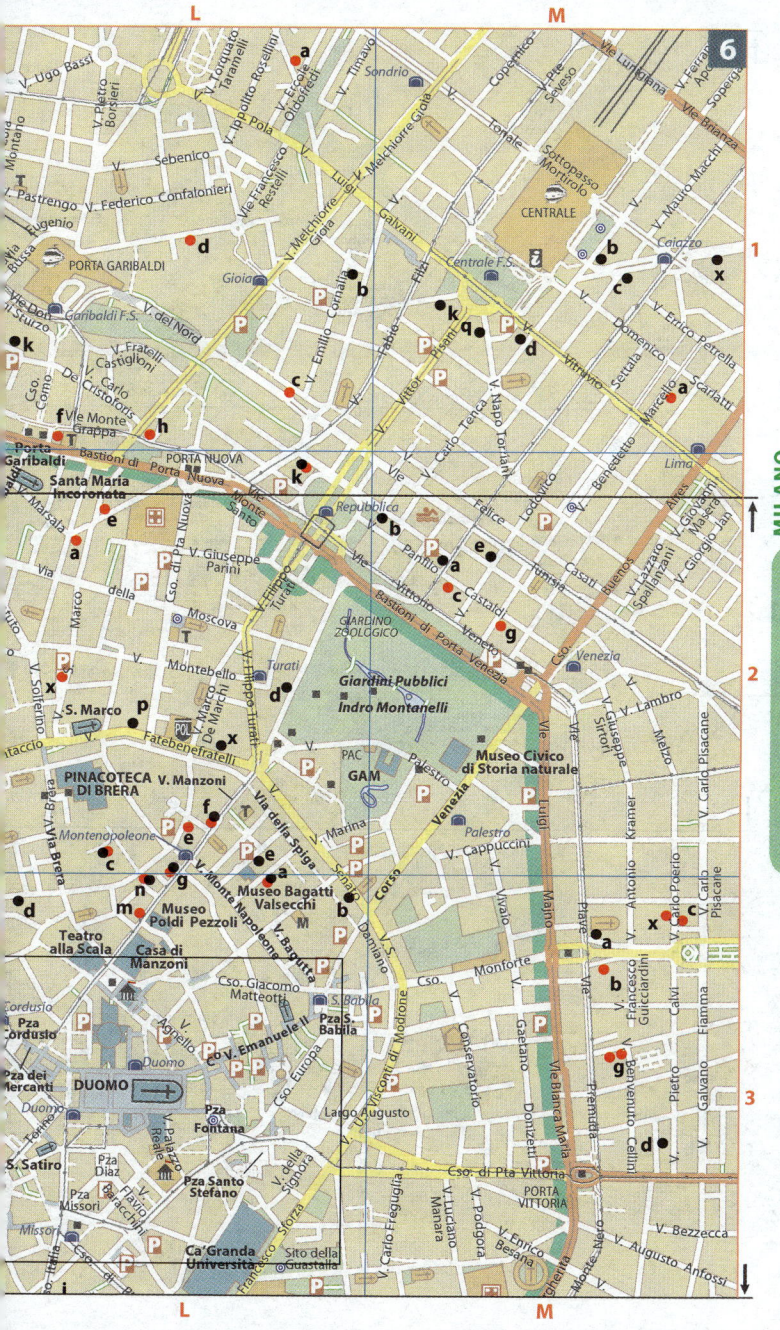

MILANO

J   K

V. Elia Ferruti
V. Sempione
V. Francesco Melzi d'Eril

Viale Cassiodoro

V. Andrea Massena
V. Antonio Canova

Piazza Giovanni XXIII
Piazza Giovanni XXIII
c

V. Ippolito Nievo
V. Leone XIII

r

Viale George Byron
Vie Elvezia

Arena

V. Paleo...

Viale Legnano

V. Gabriele Rosetti
V. Ippolito Nievo

Arco della Pace

Parco   Sempione

S. Simpliciano

V. Mario Pagano
Torre Branca

V. Anastagio
V. Mauro
V. Alpinini
V. Giuseppe Revere
V. Vincenzo Monti

Lanza
c

V. Lorenzo Mascheroni

Largo Carabinieri d'Italia

Triennale Design Museum Pal. d'Arte

Gerolamo
Pza del Carmine

Pagano

V. Alberto da Giussano
V. Artesto

V. Pietro Tamburini
V. 20 Settembre

Vie Emilio Zola

CASTELLO SFORZESCO

Mercato
d

V. Giovanni Rasori

V. Giuseppe Rovani
V. Aurelio Saffi

NORD

Leopardi

Cadorna

Cairoli

Buonaparte
a

V. S. Michele del Carso
V. Pta Vercellina

Conciliazione

Cso. Vercelli

CENACOLO

V. Giovanni Boccaccio
V. Vincenzo Monti

Foro

V. Dante

V. Paolo Giovio

Corso
z
a

m

Corso Magenta

S. Maria d. Grazie

V. Carducci

Palazzo Litta

Teatro dal Verme

Piccolo Teatro
Meravigli
BORSA

V. Andrea Verga
V. Lipari

V. Bernardino Zenale

Magenta

Museo Civico Archeologico
e
f

S. Maurizio

S. SEPOLCRO

V. Giuseppe

SAN VITTORE AL CORPO

Vittore

S. AMBROGIO

V. Sta Valeria
V. Capuccio

P

V. Conti Zugna

S. Ambrogio

Museo della Scienza e della Tecnologia Leonardo da Vinci

Olona

V. Lanzone

V. Edmondo de

V. Cesare Correnti

d

V. Stampa

Vie Conti Zugna
Dezza
Foppa

V. Numa Pompilio
V. Ausonio

Vincenzo
Montevideo

PARCO SOLARI

S. Agostino

Papiniano

Alberto

Genova

n

Amicis
Tichese

S. Lorenzo Maggiore

Parco delle Basiliche

V. Andrea Solari
q

V. Marco d'Oggiono
V. Gaudenzio Ferrari

PORTA GENOVA
h

Molino

V. S. Croce

Via Savona
m
Voghera

Porta
di
Arena

Sant'Eustorgio

e

V. Andrea Solari

Via Tortona
d

PORTA GENOVA
c

Porta Genova F.S.

Vigevano

k
f

Darsena

b

Pta Ticinese

V. Enrico Stendhal
w

Tortona

V. Valenzia

P

V. Col

Del F

e

V. Ma. Burig...

b

Naviglio Grande

a
n

c

V. Gentilino
d

V. Emilio Gola

Ripa di Pta Ticinese

Alzaia

Naviglio

V. Filippo Argelati

CONCHETTA

Cso. S. Gottardo

f

V. Glosué Borsi
V. Odoardo Tabacchi

J   K

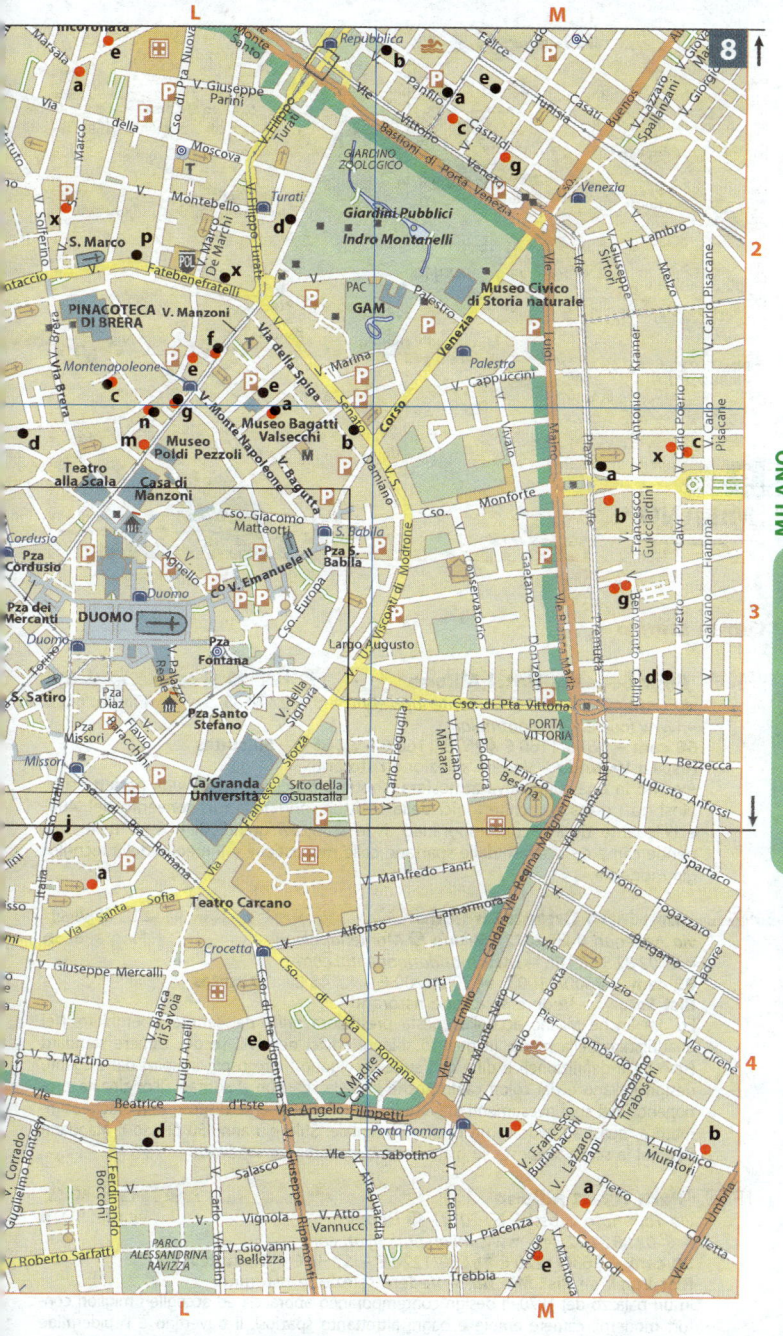

MILANO

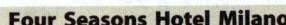

Centro Storico

Four Seasons Hotel Milano

via Gesù 6/8 ✉ *20121* Ⓜ *Montenapoleone –* ☏ *0 27 70 88*   Pianta: 6L3**a**
– www.fourseasons.com/milan
68 cam – ♦570/1160 € ♦♦570/1160 € – ☕ 35 € – **50 suites**
Rist *La Veranda* – Vedere selezione ristoranti
Avvolto in una suggestiva atmosfera, l'hotel è riuscito a creare una perfetta simbiosi tra i dettagli architettonici della struttura originaria (un convento del '400) e l'elegante design contemporaneo. Non stupitevi quindi di trovare nelle stupende camere - ricavate dalle spartane celle monastiche – il meglio della tecnologia moderna.

Mandarin Oriental Milano Ⓝ

via Andegari 9 ✉ *20121 Milano* Ⓜ *Montenapoleone*   Pianta: 8L3**n**
– ☏ *02 87 31 88 88 – www.mandarinoriental.com*
85 cam – ♦600/1100 € ♦♦700/1200 € – ☕ 45 € – **19 suites**
Rist *Seta* ✳ – Vedere selezione ristoranti
Ed ora anche Milano accoglie questa prestigiosa griffe del settore alberghiero. Nel quadrilatero della moda, in quattro solenni edifici del XVIII secolo, camere standard (solo nella definizione!) e differenti suite accolgono i loro ospiti in spazi dall'elegante design italiano e dai colori caldi. Anche la bella spa non si sottrae all'originalità proponendo nei suoi rivestimenti, travetti in legno volutamente disposti in maniera asimmetrica, quasi ad evocare un canneto orientale. Stile più anni '50 presso il Mandarin Bar: qui la scelta si sposta su piatti italiani, insalatone e sandwich.

Park Hyatt Milano

via Tommaso Grossi 1 ✉ *20121* Ⓜ *Duomo*   Pianta: 9O1**n**
– ☏ *02 88 21 12 34 – www.milan.park.hyatt.com*
90 cam – ♦630/1220 € ♦♦630/1220 € – ☕ 38 € – **16 suites**
Rist *Vun* ✳ • **Rist *Mio Bar*** – Vedere selezione ristoranti
In un palazzo del 1870, il design contemporaneo abbraccia ed accoglie i migliori confort moderni: camere ampie e bagni altrettanto spaziosi. Il travertino è l'epidermide della casa introdotta da uno splendido quadro di Anish Kapoor, "Untitled" (2013).

693

Grand Hotel et de Milan

via Manzoni 29 ✉ *20121* Ⓜ *Montenapoleone*
– ✆ 02 72 31 41 – www.grandhoteletdemilan.it   Pianta: 6L2-3**g**
86 cam – ♦450/725 € – ♦♦480/750 € – ☕ 35 € – **8 suites**
Rist *Don Carlos* – Vedere selezione ristoranti
Oltre un secolo e mezzo di vita per questo hotel che ha ospitato grandi nomi della musica, del teatro, del cinema e della politica nei suoi raffinati e suggestivi ambienti. Luminoso ristorante dedicato al tenore che in questo albergo registrò il suo primo disco.

Carlton Hotel Baglioni

via Senato 5 ✉ *20121* Ⓜ *San Babila* – ✆ *0 27 70 77*
– www.baglionihotels.com   Pianta: 6L3**b**
80 cam ☕ – ♦200/650 € ♦♦250/850 € – **7 suites**
Ospiti d'élite hanno pernottato in questa splendida struttura che si propone come una sorta di "casa fuori casa", trasmettendo una sensazione di calda familiarità, senza rinunciare al lusso. Pezzi d'antiquariato e dipinti impreziosiscono gli spazi comuni, mentre nelle camere convivono stucchi e moderne tecnologie.

Bulgari

via privata Fratelli Gabba 7/b ✉ *20121*   Pianta: 8L2**c**
Ⓜ *Montenapoleone* – ✆ *0 28 05 80 51* – *www.bulgarihotels.com*
47 cam – ♦550/750 € ♦♦550/750 € – ☕ 35 € – **11 suites**
Rist *Bulgari-Il Ristorante* – Vedere selezione ristoranti
Dalla famosa maison di gioielli, un tributo all'hôtellerie di lusso. Colori caldi e materiali preziosi nelle camere, nonchè una delle più belle spa della città, dove l'hammam in vetro verde ricorda uno smeraldo.

Armani Hotel Milano

via Manzoni 31 ✉ *20123* Ⓜ *Montenapoleone*
– ✆ 02 88 83 88 88 – www.armanihotels.com   Pianta: 8L2**f**
95 cam – ♦500/1600 € – ♦♦500/1600 € – ☕ 40 € – **32 suites**
Rist *Armani* ✿ – Vedere selezione ristoranti
Nel rigore di un austero edificio del 1937, espressione più pura dello stile Armani, un'ospitalità innovativa curata da lifestyle manager che assistono ospiti e non clienti. Lussuosa spa di oltre 1000 metri quadrati e camere molto ampie.

Starhotels Rosa Grand

piazza Fontana 3 ✉ *20122* Ⓜ *Duomo* – ✆ *0 28 83 11*
– www.starhotels.com   Pianta: 9P1**v**
324 cam ☕ – ♦165/900 € ♦♦300/1300 € – **6 suites**
Rist *Roses* – Vedere selezione ristoranti
Nel cuore di Milano, risorsa il cui interno ruota attorno alla corte, replicando forme semplici e squadrate, unite ad una naturale ricercatezza. Confort ed eleganza sono presenti in tutte le camere, ma solo da alcune è possibile ammirare le guglie del Duomo. A pranzo movimentata insalateria, la frequentazione replica anche per l'aperitivo.

NH President

largo Augusto 10 ✉ *20122* Ⓜ *San Babila* – ✆ *0 27 74 61*
– www.nh-hotels.it   Pianta: 9P2**q**
274 cam – ♦419/1049 € ♦♦439/1069 € – ☕ 25 € – **12 suites**
Un hotel di taglio internazionale adatto ad una clientela d'affari o turistica, offre ambienti ampi ed accoglienti nonché spazi per sfilate, colazioni di lavoro o congressi. Il ristorante propone piatti della tradizione mediterranea e soprattutto specialità della cucina lombarda.

UNA Hotel Cusani

via Cusani 13 ✉ *20121* Ⓜ *Cairoli* – ✆ *0 28 56 01*
– www.unahotels.it   Pianta: 5K3**a**
87 cam ☕ – ♦200/1100 € ♦♦220/1120 € – **5 suites**
Situato in pieno centro storico, una posizione comoda per gli affari e per il turismo, la struttura dispone di camere molto ampie ed accoglienti con arredi semplici e moderni. La nuova palestra sarà apprezzata dagli sportivi.

The Gray　　　　　　　　　　　　　　　　❄ ⊡ ⅙ 🅰🅲
via San Raffaele 6 ✉ 20121 Ⓜ Duomo – ☏ 0 27 20 89 51　　Pianta: 9P1**g**
– www.sinahotels.com – Chiuso agosto
19 cam – 🛏500/650 € 🛏🛏550/900 € – ⊒ 33 € – **2 suites**
Camere diverse fra loro, tutte da scoprire nei loro dettagli di pregio e dove la tecnologia regna sovrana. "Gray" solo nel nome - quasi un ironico omaggio al gri-
giore di certe giornate milanesi - in realtà, un esercizio di classe e stile come
pochi in città. Le Noir è ristorante dall'atmosfera notturna e cucina mediterranea.

 Milano Scala　　　　　　　　　　　　❄ ⅃ₐ ⊡ ⅙ 🅰🅲 ⅌ 🔊
via dell'Orso 7 ✉ 20121 Ⓜ Cairoli – ☏ 02 87 09 61　　Pianta: 8L3**d**
– www.hotelmilanoscala.it – Chiuso 23 dicembre-6 gennaio
58 cam ⊒ – 🛏150/520 € 🛏🛏210/680 € – **4 suites**
Albergo di charme, a propensione ecosostenibile, nato nel 2010. Gli ambienti
comuni non sono molto spaziosi, per contro offrono un'atmosfera di stile: estatico
momento la prima colazione accompagnata dalle note di eccellenti musicisti. Il
ristorante propone - la sera - una grande carta; a pranzo, menu light e un po' di
street food.

 Straf　　　　　　　　　　　　　　　　❄ ⅃ₐ ⊡ ⅙ 🅰🅲 🔊
via San Raffaele 3 ✉ 20121 Ⓜ Duomo – ☏ 02 80 50 81　　Pianta: 9O1**p**
– www.straf.it
62 cam ⊒ – 🛏209/689 € 🛏🛏219/689 € – **2 suites**
Adiacente al Duomo, un albergo modernissimo dal design modaiolo declinato
con materiali inusuali come ardesia, ottone brumato, cemento e dove prevalgono
i toni scuri tra cui il nero. Piacerà ai viaggiatori più curiosi e alla moda. Ottimo
l'aperitivo (martedì con musica dal vivo) all'omonimo bar.

 Manzoni　　　　　　　　　　　　　❄ ⅃ₐ ⊡ ⅙ 🅰🅲 ⅌ 🔊
via Santo Spirito 20 ✉ 20121 Ⓜ Montenapoleone　　Pianta: 8L2**e**
– ☏ 02 76 00 57 00 – www.hotelmanzoni.com – Chiuso 23 dicembre-2 gennaio e
agosto
44 cam – 🛏270/550 € 🛏🛏470/1200 € – ⊒ 23 € – **3 suites**
Elegante, come la zona centrale in cui si trova, hotel sorto nel 1951 e rinnovato
totalmente pochi anni fa all'insegna di boiserie, marmi, parquet e specchi. Dotato
anche di un piccolo centro benessere con vasca idromassaggio, bagno turco
e sala per massaggi. In linea lo stile, quasi british, del ristorante.

 Spadari al Duomo　　　　　　　　　　　　　⊡ 🅰🅲 ⅌
via Spadari 11 ✉ 20123 Ⓜ Duomo – ☏ 02 72 00 23 71　　Pianta: 9O2**f**
– www.spadarihotel.com – Chiuso 23-27 dicembre
39 cam ⊒ – 🛏198/420 € 🛏🛏198/420 € – **1 suite**
Soggiornare allo Spadari significa pernottare in una moderna struttura del centro,
che omaggia con discrezione il mondo dell'arte di cui i proprietari sono appassionati collezionisti: camino di Giò Pomodoro nella hall, mobili unici e studiato gioco
di luci, affinché gli oggetti non si sostituiscano ai soggetti. A disposizione degli
ospiti per pranzo e cena anche un American Bar.

 De la Ville　　　　　　　　　❄ ◩ 🕸 ⅃ₐ ⊡ ⅙ 🅰🅲 ⅌ 🔊
via Hoepli 6 ✉ 20121 Ⓜ Duomo – ☏ 0 28 79 13 11　　Pianta: 9P1**h**
– www.sinahotels.com
107 cam ⊒ – 🛏250/480 € 🛏🛏300/500 € – **1 suite**
Di "meneghino", qui, c'è solo la sua posizione strategica nel cuore di Milano, perché il nome è francese e lo stile old british: boiserie, camino, nonché belle stampe
con soggetti ippici e caccia alla volpe. Aristocratica raffinatezza anche nelle
camere, sia in stile classico sia contemporaneo, e rilassante piscina al roof con
cupola trasparente da cui s'intravedono le guglie del Duomo.

Cavour　　　　　　　　　　　　❄ ⊡ ⅙ 🅰🅲 ⅌ 🔊
via Fatebenefratelli 21 ✉ 20121 Ⓜ Turati – ☏ 02 62 00 01　　Pianta: 6L2**x**
– www.hotelcavour.it – Chiuso 7-20 agosto
125 cam ⊒ – 🛏115/700 € 🛏🛏126/900 € – **7 suites**
Preziosi i materiali usati, dai pavimenti alle boiserie, in questo albergo di sobria
eleganza, poco distante dai principali siti d'interesse socio-culturale della città. Al
ristorante una linea "brasserie" (h. 11-19) a prezzi contenuti.

MILANO

Antica Locanda dei Mercanti   🔲 AK

via San Tomaso 6 ✉ *20121* Ⓜ *Cordusio* – 𝄢 *0 28 05 40 80*   Pianta: 7O1**a**
– www.locanda.it
12 cam ⌑ – 👤205/325 € 👤👤225/365 € – **3 suites**
All'interno di un palazzo storico (di cui occupa tre piani), piccolo, quanto accogliente albergo di sobria eleganza, dispone di camere spaziose all'insegna del parquet e dei tessuti bianchi. Alcune sono provviste di terrazzo.

Gran Duca di York   🔲 AK ℀

via Moneta 1/a ✉ *20123* Ⓜ *Duomo* – 𝄢 *02 87 48 63*   Pianta: 9O2**d**
– www.ducadiyork.com – Chiuso 21-27 dicembre
33 cam ⌑ – 👤88/280 € 👤👤145/280 €
Un palazzo settecentesco a pochi passi dal Duomo e dalla Borsa di Milano, ospita un piccolo hotel con ambienti classici, ma con tocchi di inaspettata eleganza, come i bei quadri d'arte contemporanea: tutto merito dell'ottimo gusto degli eccellenti gestori!

King   🔲 AK

corso Magenta 19 ✉ *20123* Ⓜ *Cadorna F.N.M.*   Pianta: 7K3**e**
– 𝄢 02 87 44 32 – www.mokinba.it
48 cam ⌑ – 👤170/517 € 👤👤230/670 €
Una struttura poco distante dal Duomo: arredi con qualche sfarzo nei piccoli spazi comuni e camere non grandi, ma confortevoli.

Carrobbio   🔲 AK

via Medici 3 ✉ *20123* Ⓜ *Duomo* – 𝄢 *02 89 01 07 40*   Pianta: 7K3**d**
– www.hotelcarrobbiomilano.com – Chiuso vacanze di Natale e agosto
56 cam ⌑ – 👤90/180 € 👤👤120/356 €
In zona tranquilla nelle vicinanze del centro storico, si tratta di un hotel caratterizzato da una piacevole atmosfera che la titolare definisce "di casa". Dispone di un piccolo e rilassante giardino d'inverno ed anche di 7 posti auto nel proprio garage.

Zurigo   ✿ 🔲 AK

corso Italia 11/a ✉ *20122* Ⓜ *Missori* – 𝄢 *02 72 02 22 60*   Pianta: 8L4**j**
– www.brerahotels.com
47 cam ⌑ – 👤65/490 € 👤👤65/730 €
Un hotel moderno ricavato da un edificio d'epoca, dove l'arredamento gioca con le luci ed alterna colori caldi e freddi negli ambienti.

XxxX   Vun – Hotel Park Hyatt Milano   🕸 ♿ AK ℀ ⇔

✿ *via Silvio Pellico 3* ✉ *20121* Ⓜ *Duomo* – 𝄢 *02 88 21 12 34*   Pianta: 9O1**n**
– www.ristorante-vun.it – Chiuso vacanze di Natale, agosto, domenica e lunedì
• CUCINA MODERNA • Menu 115/150 € – Carta 91/130 € – *(solo a cena)*
(consigliata la prenotazione)
E' il regno di un giovane cuoco napoletano nella cui cucina troverete echi di piatti e prodotti partenopei, ma soprattutto un fenomenale viaggio attraverso i migliori prodotti dello stivale. Ambiente elegante e cosmopolita.
➜ Caprese ...dolce salato. Riso carnaroli riserva, scampi, limone, rosmarino, capperi. Gianduia e lamponi.

XxxX   Seta Ⓝ – Hotel Mandarin Oriental Milano   🕸 🏠 ♿ AK

✿ *via Monte di Pietà 18* ✉ *20121* Ⓜ *Montenapoleone*   Pianta: 8L3**n**
– 𝄢 02 22 66 41 47 – www.mandarinoriental.com – Chiuso 7-21 agosto, sabato a mezzogiorno e domenica
• CUCINA MODERNA • Menu 130 € – Carta 85/120 € – (consigliata la prenotazione)
Se la caratteristica strutturale del ristorante si esplicita nelle ampie vetrate che creano un continuum tra interno ed esterno, la cucina abbraccia in uno solo slancio terra e mare, Nord e Sud (da cui trae le proprie origini lo chef), senza dimenticare l'esotismo che trova a sua volta un proprio spazio nei dolci. Esaltazione dei singoli sapori e riuscito connubio tra essi.
➜ Animelle di vitello, rigaglie di pollo e crema di carote agli agrumi. Spaghetti alla crema di rape rosse e crostacei al lime. Parfait alla liquirizia, crema di caffè, pera alle spezie e tabacco cristallizzato.

XxXX **Cracco**　　　　　　　　　　　　　　　　　　　🕸 ⅃ AC
🕸 🕸　　*via Victor Hugo 4* ✉ *20123* Ⓜ *Duomo*　　　　Pianta: 9O1**e**
　　– 𝒞 *02 87 67 74 – www.ristorantecracco.it*
　　– *Chiuso 24 dicembre-7 gennaio, agosto, domenica e i mezzogiorno di sabato e lunedì*
　　• CREATIVA • Menu 120/181 € – Carta 112/150 € – (consigliata la prenotazione)
Piatti della cucina tradizionale milanese, e non solo, reinterpretati in chiave contemporanea, giocando su contrasti e sapori, colori e consistenze: il tutto in un ambiente elegante ed avvolgete reso ancora più ovattato dalla boiserie di ciliegio che ricopre le pareti. La "table d'hôte", un piccolo tavolo al massimo per quattro persone, si affaccia sulla cucina per ammirare tutta la brigata all'opera.
➜ Musetto di maiale fondente con pomodoro verde e scampi. Risotto allo zafferano con midollo alla piastra. Cubo di vitello impanato alla milanese, petalo di pomodoro farcito, agretti e zucchine.

XxXX **Il Ristorante Trussardi alla Scala**　　　　　🕸 ⅃ AC
　　piazza della Scala 5, palazzo Trussardi ✉ *20121*　　　Pianta: 9O1**d**
　　Ⓜ *Duomo* – 𝒞 *02 80 68 82 01 – www.trussardiallascala.com*
　　– *Chiuso 1°-21 gennaio, 2 settimane in agosto, sabato a mezzogiorno e domenica*
　　• CUCINA MODERNA • Menu 150 € – Carta 100/168 € – (consigliata la prenotazione)
Rist *Café Trussardi* – Vedere selezione ristoranti
In uno splendido palazzo affacciato sulla piazza che riassume alcuni dei simboli meneghini per eccellenza (abbiate cura di prenotare un tavolo con vista!), ci sono gli inevitabili omaggi alla città che si accompagnano tuttavia anche a piatti di altre regioni o più creativi.

XxXX **Savini**　　　　　　　　　　　　　　　　　　🕸 ⅃ AC ⇱
　　galleria Vittorio Emanuele II ✉ *20121* Ⓜ *Duomo*　　Pianta: 9O1**s**
　　– 𝒞 *02 72 00 34 33 – www.savinimilano.it*
　　– *Chiuso 10 giorni in gennaio, 20 giorni in agosto, sabato a mezzogiorno e domenica*
　　• CUCINA TRADIZIONALE • Menu 110/165 € – Carta 79/172 €
L'ingresso è attraverso le vetrine del Caffè Savini, che propone una carrellata dei piatti più rinomati della cucina italiana, ma è un ascensore che vi porterà alle delizie gourmet del ristorante al primo piano: dal 1867, la tradizione meneghina, ma anche piatti più estrosi.

XxX **Larte**　　　　　　　　　　　　　　　　　　　AC ⇱
　　via Manzoni 5 ✉ *20123* Ⓜ *Montenapoleone*　　　Pianta: 8L3**m**
　　– 𝒞 *02 89 09 69 50 – www.lartemilano.com*
　　– *Chiuso 24 dicembre 3 gennaio, agosto e domenica*
　　• CUCINA MODERNA • Menu 35 € (pranzo) – Carta 60/98 € – (consigliata la prenotazione)
Una sorta di valorizzazione del made in Italy, questo nuovo "salotto" milanese, che oltre a proporre una cucina classica italiana che spazia con disinvoltura – e capacità (!) – dalla terra al mare, si offre anche come punto vendita di ottimi prodotti. Larte è infatti cioccolateria, osteria, caffetteria e, last but not least, galleria d'arte!

XxX **Don Carlos** – Grand Hotel et de Milan　　　　　AC
　　via Manzoni 29 ✉ *20121* Ⓜ *Montenapoleone*　　　Pianta: 6L2-3**g**
　　– 𝒞 *02 72 31 46 40 – www.ristorantedoncarlos.it*
　　– *Chiuso agosto*
　　• CUCINA MODERNA • Menu 75 € – Carta 77/115 € – *(solo a cena)* (coperti limitati, prenotare)
Il nome e la colonna sonora sono un tributo all'opera verdiana, mentre l'atmosfera si fa raccolta con boiserie, bel parquet e foto d'epoca. La carta dà spazio ad ottime materie prime di terra e di mare, cucinate in chiave moderna.

MILANO

XXX **Armani** – Armani Hotel Milano

via Manzoni 31 ✉ 20123 Ⓜ Montenapoleone Pianta: 8L2**f**
– ✆ 02 88 83 88 88 – www.armanihotels.com – Chiuso domenica sera
• CUCINA MODERNA • Menu 120/180 € (cena) – Carta 75/130 € – (consigliata la prenotazione)

Sopra una "scacchiera" e con la cornice di ampie vetrate che regalano sublimi scorci di Milano, si accomodano gli ospiti di questo esclusivo ristorante dallo stile griffato, in linea con l'hotel. Piatti sapidi e ben preparati - alcuni con una buona dose di sfide tecniche - in linea con le tendenze attuali: un mix di creatività ed ingredienti mediterranei. Business lunch a pranzo e brunch domenicale.

➜ Riso carnaroli, crescione, spugnole, terriccio alle mandorle, arancia. Scampo gigante, burrata, pesca, 'nduja, pata negra, coriandolo. Ricotta, mango, arachide salata, tartufo nero.

XXX **Teatro alla Scala - il Marchesino**

via Filodrammatici 2, angolo piazza della Scala ✉ 20121 Pianta: 9O1**c**
Ⓜ Duomo – ✆ 02 72 09 43 38 – www.ilmarchesino.it – Chiuso 1°-6 gennaio e domenica
• CUCINA MODERNA • Menu 39 € (pranzo in settimana)/150 € – Carta 65/124 € – (consigliata la prenotazione)

Nel corpo del Teatro alla Scala, un ristorante con caffetteria e sala da tè: un calibrato mix di colonne classiche, quadri moderni ed arredi di design. Cucina raffinata e presentazioni di elegante essenzialità, in puro stile Gualtiero Marchesi.

XXX **Bulgari-Il Ristorante** – Hotel Bulgari

via privata Fratelli Gabba 7/b ✉ 20121 Pianta: 8L2**c**
Ⓜ Montenapoleone – ✆ 0 28 05 80 51 – www.bulgarihotels.com
• CUCINA MODERNA • Menu 39 € (pranzo)/100 € – Carta 67/119 € – (consigliata la prenotazione)

La stessa esclusività dell'hotel si ripropone nel piacevole ristorante affacciato su un inaspettato, quanto bellissimo giardino. La cucina gioca in chiave moderna ed attuale con i migliori sapori italiani.

XXX **La Veranda** – Hotel Four Seasons

via Gesù 6/8 ✉ 20121 Ⓜ Montenapoleone Pianta: 6L3**a**
– ✆ 02 77 08 14 78 – www.fourseasons.com/milan
• CUCINA CLASSICA • Menu 48/57 € – Carta 73/137 €

Anche i più giovani non avranno difficoltà a scegliere un piatto, visto che la casa mette a disposizione un menu a loro interamente dedicato; per tutti gli altri, sapori mediterranei ed un'ampia proposta di specialità vegetariane mentre la vista indugia sul chiostro attraverso le grandi vetrate della moderna sala.

XXX **Mio Bar** – Hotel Park Hyatt Milano

via Tommaso Grossi 1 – ✆ 02 88 21 12 34 Pianta: 9O1**n**
– www.milan.park.hyatt.com
• CUCINA MODERNA • Menu 35 € (pranzo in settimana) – Carta 64/109 €

Presso il bar del prestigioso hotel Park Hyatt Milan, un luogo accogliente e dinamico - aperto dalle sei del mattino all'una di notte - con una piccola, ma rappresentativa, carta ed un menu "Assaggi" per le ore che precedono la cena.

XX **Armani Nobu**

via Pisoni 1 ✉ 20121 Ⓜ Montenapoleone Pianta: 6L2**e**
– ✆ 02 72 31 86 45 – www.armanirestaurants.com – Chiuso domenica a mezzogiorno
• GIAPPONESE • Menu 100 € – Carta 47/118 €

Linee pure e minimaliste nel più tipico stile Armani, ma anche caratteristiche di un certo design nipponico, in un locale che ha "gemelli" sparsi per il mondo... La sua cucina? Fusion con influenze sudamericane.

MILANO

XX **Wicky's - Wicuisine Seafood** 🅝   🕭 AK 🍸 ⇔

corso Italia 6 ✉ *20123* Ⓜ *Missori –* ☏ *02 89 09 37 81*   Pianta: 9O2**a**
– www.wicuisine.it – Chiuso domenica ed i mezzogiorno di lunedì e sabato
• GIAPPONESE • Menu 15 € (pranzo in settimana)/85 € – Carta 53/138 €
– (consigliata la prenotazione)
Una cucina quasi fusion, che ispirandosi ai concetti della filosofia ayurvedica, si
avvale poi di prodotti mediterranei con "intrusioni" di sapori orientali e tecnica
tutta giapponese… appresa dallo chef-patron, direttamente, nella terra del Sol
Levante!

XX **Roses** – Starhotels Rosa Grand   AK 🚗

piazza Fontana 3 ✉ *20122* Ⓜ *Duomo –* ☏ *0 28 83 11*   Pianta: 9P2**v**
– www.starhotels.com
• CUCINA MODERNA • Menu 55/70 € – Carta 50/66 €
Servizio impeccabile, fantasia in cucina ed ottime materie prime: sono questi gli
atout del ristorante Roses che non pecca nemmeno dal punto di vista dell'ambiente. Con i suoi spazi fluidi e molto chic è il luogo ideale per una romantica
cena o per un pranzo di lavoro.

XX **Emilia e Carlo**   🕸 AK

via Sacchi 8 ✉ *20121* Ⓜ *Cairoli –* ☏ *02 87 59 48*   Pianta: 5K2-3**d**
*– www.emiliaecarlo.it – Chiuso vacanze Natale, agosto, sabato a mezzogiorno e
domenica*
• CUCINA MODERNA • Carta 52/82 €
In un palazzo del primo Ottocento, ambientazione rustica con archi e soffitto con
travetti a vista per una cucina giovane e creativa. Ottima, la scelta enologica.

XX **La Brisa**   🕸 🏠

via Brisa 15 ✉ *20123* Ⓜ *Cairoli Castello. –* ☏ *02 86 45 05 21*   Pianta: 7K3**f**
*– Chiuso 2 settimane a Natale e 3 settimane in agosto, domenica a mezzogiorno
e sabato*
• CREATIVA • Menu 27 € (pranzo in settimana)/55 € – Carta 46/88 €
– (consigliata la prenotazione)
Due sale, di cui la più caratteristica in una veranda nella corte interna del
palazzo, la cucina incanta con fegato grasso e risotti, pescato del giorno e maialini da latte iberici.

XX **Jade Café** 🅝   AK

via Palazzo Reale 5 ✉ *20121 –* ☏ *02 72 09 55 35*   Pianta: 9P2**a**
– www.jadecafe.it – Chiuso agosto
• ASIATICA • Carta 23/35 € – (consigliata la prenotazione)
A pochi metri dal Duomo, un ristorante etnico che propone cucina giapponese e
thailandese in un ambiente moderno e informale, vari menu a prezzo fisso per il
mezzogiorno.

X **Rovello 18**   🕸 AK

via Tivoli 2 ang. Corso Garibaldi ✉ *20123* Ⓜ *Lanza*   Pianta: 5K2**c**
– ☏ *02 72 09 37 09 – www.rovello18.com – Chiuso 2 settimane in agosto e
domenica a mezzogiorno*
• CUCINA CLASSICA • Carta 39/73 €
Nuova sede a circa 300 metri dalla precedente, che rimane come ricordo nel
nome. Il resto si riconferma senza il minimo dubbio: ambiente piacevolmente
retro, informale e ricercato allo stesso tempo. La cucina è italiana: pesce ma,
soprattutto, ottima carne ed una intelligente carta dei vini.

X **Spazio Milano** 🅝   AK

galleria Vittorio Emanuele II (3° piano del Mercato del   Pianta: 9O1**m**
Duomo) ✉ *20123 –* ☏ *02 87 84 00 – www.nikoromitoformazione.it/spazio
– Chiuso 2 settimane in gennaio e 2 settimane in agosto*
• CREATIVA • Carta 39/52 € – (consigliata la prenotazione)
All'ultimo piano del Mercato del Duomo, qui muovono i primi passi professionali i
ragazzi della scuola di cucina di Romito, tre stelle in Abruzzo, ma non aspettatevi
degli apprendisti... Tre sale con vista rispettivamente sulle cucine, Galleria e
Duomo (vi consigliamo quest'ultima), e una gustosa cucina, incentrata sulla valo-
rizzazione dei prodotti.

✗ **Café Trussardi** – Ristorante Trussardi alla Scala   ᝣ 🅰🅒
piazza della Scala 5 ✉ *20121* Ⓜ *Duomo*   Pianta: 9O1**d**
– ℰ *02 80 68 82 95 – www.cafetrussardi.com – Chiuso 1°-7 gennaio, 2 settimane
in agosto e domenica*
• MEDITERRANEA • Carta 40/78 €
Se il vostro obiettivo è quello di consumare un pasto veloce, senza fronzoli o tecnicismi, fermatevi qui: in un ambiente effervescente e cosmopolita, i sapori più
intriganti della cucina mediterranea.

✗ **Al Mercato**   ᝣ 🅰🅒
via Sant'Eufemia 16 ✉ *20121* Ⓜ *Missori* – ℰ *02 87 23 71 67*   Pianta: 8L4**a**
– *www.al-mercato.it – Chiuso 1°-6 gennaio, agosto e domenica sera*
• CUCINA MODERNA • Menu 55/80 € – Carta 52/132 € – (coperti limitati,
prenotare)
Formula originale e moderna di due giovani chef. Nella prima piccolissima sala
- intima e ben arredata - cucina gourmet, a cena, e, a pranzo, carta light con
aggiunta di alcuni piatti presenti nel menu della sera (solo su prenotazione), nonché variazioni sul tema dell'hamburger. Nell'altra area del locale, il dinamico Bur-
ger Bar (senza prenotazione e con tempi d'attesa, talvolta, un po' importanti), propone street food e l'immancabile hamburger.

Centro Direzionale

🏨 **AC Milano**   🍴 🎿 📺 ᝣ 🅰🅒 🛗 🚗
via Tazzoli 2 ✉ *20154* Ⓜ *Porta Garibaldi FS*   Pianta: 5K1**b**
– ℰ *02 20 42 42 11 – www.ac-hotels.com*
156 cam – ✝96/500 € ✝✝106/510 € – senza 🍽 – **3 suites** senza 🍽
A due passi dalla movida milanese, che anima corso Como la sera, un contesto di
modernità e design al servizio di una clientela business di alto livello. Camere di
gran pregio in linea con lo standard della struttura.

🏨 **Palazzo Parigi**   🍴 🍸 📺 🌀 ♨ 🎿 📺 ᝣ 🅰🅒 🛗 🚗
corso di Porta Nuova 1 ✉ *20121* – ℰ *02 62 56 25*   Pianta: 8L2**p**
– *www.palazzoparigi.com*
65 cam 🍽 – ✝450/1250 € ✝✝450/1250 € – **33 suites**
Uno straordinario palazzo, sorto ex novo per garantire tutti i confort della più elevata classe alberghiera, coniugata con una minuziosa ricerca di raffinati arredi,
marmi preziosi, luminosità e una vista sulla città dalle camere degli ultimi piani.

🏨 **Four Points Sheraton Milan Center**   🍴 ᝣ 📺 ᝣ 🅰🅒 🛗
via Cardano 1 ✉ *20124* Ⓜ *Gioia* – ℰ *02 66 74 61*   Pianta: 6L1**b**
– *www.fourpointsmilan.com*
254 cam 🍽 – ✝120/490 € ✝✝150/530 €
Vicino alla fermata della metropolitana e non lontano dalle principali stazioni fer-
roviarie, i continui rinnovi delle camere mantengono a buoni livelli gli standard
dell'albergo, particolarmente apprezzato anche da chi cerca un pregevole ristorante in hotel senza l'obbligo di uscire.

🏨 **UNA Hotel Tocq**   🍴 📺 🅰🅒 🛗
via A. de Tocqueville 7/D ✉ *20154* Ⓜ *Porta Garibaldi FS*   Pianta: 6L1**k**
– ℰ *0 26 20 71 – www.unahotels.it*
121 cam 🍽 – ✝119/699 € ✝✝119/699 € – **1 suite**
A pochi metri dalla metropolitana e dalla stazione di porta Garibaldi, ma anche
dai locali e dalla vita serale di corso Como, le camere, ben tenute, offrono i classici arredi d'albergo.

✗✗✗ **Berton**   🕸 ᝣ 🅰🅒 🍴
 viale della Liberazione 13 ✉ *20123* Ⓜ *Gioia*   Pianta: 6L1**c**
– ℰ *02 67 07 58 01 – www.ristoranteberton.com – Chiuso vacanze di Natale,
2 settimane in agosto, domenica e i mezzogiorno di sabato e lunedì*
• CREATIVA • Menu 45 € (pranzo in settimana)/120 € – Carta 76/140 €
Luminoso, moderno ed essenziale, il ristorante riflette la personalità della cucina, i
cui piatti sono imperniati su pochi prodotti, talvolta combinati in forma originale,
sempre elegantemente presentati.
➜ Risotto con gambero crudo, corallo e crostacei. Spalla d'agnello da latte arrosto, crema di patate fritte e bietoline. Soufflé al cioccolato e gelato al fior di latte.

XxX **Alice-Eataly Smeraldo** (Viviana Varese)   ⅽ AC
ⁿ *piazza XXV Aprile 10 ✉ 20123 Ⓜ Porta Garibaldi FS*   Pianta: 6L1**f**
– ☎ 02 49 49 73 40 – www.aliceristorante.it – Chiuso 24-26 dicembre
• CREATIVA • Menu 90/100 € – Carta 66/117 € – (consigliata la prenotazione)
Il celebre Teatro Smeraldo diviene nel 2014 un grande Eataly milanese di cui certamente il ristorante Alice è uno degli assi nella manica: l'ambiente dal design accattivante è luogo perfetto per gustare una cucina creativa con tanto pesce e tanta fantasia.
→ "Superspaghettino" con brodo affumicato, julienne di calamaro, vongole, polvere di tarallo e limone. Pasta e fagioli con polpo, cozze e pasta mista. Sole: rivisitazione della pastiera napoletana.

XxX **Daniel**   ⅽ AC
via Castelfidardo 7, angolo via San Marco ✉ 20121   Pianta: 6L2**e**
– ☎ 02 63 79 38 37 – www.ristorantedanielmilano.com – Chiuso 1°-7 gennaio, agosto, sabato a mezzogiorno e domenica
• CUCINA TRADIZIONALE • Menu 60 € (cena)/80 € – Carta 57/105 €
Il biglietto da visita, all'ingresso, è la cucina a vista, dove troverete il cuoco che interagisce simpaticamente con i clienti. Meta di chi ama i classici italiani con qualche divagazione più estrosa, nel piatto, solo il meglio delle materie prime. A pranzo c'è anche una proposta più semplice.

XxX **Ceresio 7**   ← 🛉 🏠 AC 🗓
via Ceresio 7 ✉ 20123 – ☎ 02 31 03 92 21
– www.ceresio7.com – Chiuso 5 giorni in gennaio   Pianta: 5K1**s**
• CUCINA MODERNA • Menu 85 € (cena) – Carta 61/117 € – (consigliata la prenotazione la sera)
Al 4° piano del palazzo storico dell'ENEL, ristrutturato e divenuto quartier generale di Dsquared2, uno splendido esempio di interior design che gioca con ottone, marmo, legno in un riuscito mix di colori suadenti e stile vintage. La vista su Milano (ancora più bella dal lungo terrazzo-dehors con sfogo sulle due piscine) completa il bel quadro, mentre la cucina risvolera, modernizzandoli, i grandi classici della tradizione italiana.

Xx **Finger's Garden**   🚲 🏠 AC 🗓
via Keplero 2 ✉ 20121 – ☎ 02 60 65 44   Pianta: 4G1**f**
– www.fingersrestaurants.com – Chiuso domenica
• INTERNAZIONALE • Menu 60/100 € – Carta 40/70 € – (solo a cena)
Locale dall'atmosfera orientale con luci soffuse ed un deciso target mondano. Lo chef-patron si destreggia con disinvoltura fra proposte di pesce crudo e originali creazioni fusion, in cui inserisce qualche tocco brasiliano. I più gourmet si affideranno al suo menu a mano libera.

Xx **Il Liberty**   AC
viale Monte Grappa 6 ✉ 20124 – ☎ 02 29 01 14 39   Pianta: 6L1**h**
– www.il-liberty.it – Chiuso 1°-7 gennaio, 12-18 agosto, sabato a mezzogiorno e domenica
• CREATIVA • Menu 50 € – Carta 43/69 €
All'interno di un palazzo liberty, un locale piccolo nelle dimensioni – due sale ed un soppalco – ma grande in quanto ad ospitalità e piacevolezza. La cucina s'interessa sia al mare, sia alla terra. A pranzo ci sono anche proposte più semplici ed economiche.

Xx **Barbacoa**   🏠 🛉 AC 🗓 ⇄
via delle Abbadesse 30 ✉ 20123 – ☎ 0 26 88 38 83   Pianta: 6L1**a**
– www.barbacoa.it
• INTERNAZIONALE • Carta 40/75 € – (solo a cena escluso domenica)
Prima apertura europea di una catena di ristoranti brasiliani, il Barbacoa celebra la carne: il manzo regna sovrano, ma ci sono anche pollo, maiale e agnello. Il tour continua con la caipirinha, bevanda tipica a base di zucchero, lime e cachaça. Insalate miste e dessert di frutta esotica chiudono l'offerta.

Pisacco
AC

via Solferino 48 ✉ *20121* Ⓜ *Moscova –* ☏ *02 91 76 54 72*   Pianta: 6L2**a**
– www.pisacco.it – Chiuso 12-19 agosto e lunedì
• CREATIVA • Menu 12 € (pranzo in settimana) – Carta 30/52 €
Moderno ed informale, ma attento al servizio così come ai prezzi, da Pisacco troverete un'ottima selezione di piatti creativi, nonché una rivisitazioni di grandi classici, dalla polenta e baccalà alla Caesar salad. Tra le specialità che meritano attenzione vi sono anche gli spinaci, uovo morbido, pane tostato e bottarga di muggine, nonché il crumble, menta, liquirizia.

Ratanà
AC

via de Castilla 28 ✉ *20124 –* ☏ *02 87 12 88 55*   Pianta: 6L1**d**
– www.ratana.it – Chiuso 30 dicembre-10 gennaio e 9-19 agosto
• CUCINA CLASSICA • Menu 19 € (pranzo in settimana)/45 € – Carta 43/78 €
– (consigliata la prenotazione)
Ritmo e dinamismo all'interno di un edificio ristrutturato che fu cinema e poi rimessa tramviaria: oggi è un locale dove la materia prima è protagonista, il piacevole dehors sul piccolo parco pubblico un atout in più!

Casa Fontana-23 Risotti
AC

piazza Carbonari 5 ✉ *20125* Ⓜ *Sondrio –* ☏ *0 26 70 47 10*   Pianta: 4G1**d**
– www.23risotti.it – Chiuso 1°-12 gennaio, 15 giorni in agosto, lunedì, anche sabato a mezzogiorno in estate
• LOMBARDA • Menu 30/35 € – Carta 41/63 €
Val la pena aspettare i canonici 25 minuti per assaggiare la specialità della casa, celebrata anche dalle immagini di mondine alle pareti: il proverbiale risotto. Declinato in tante gustose varianti.

Timé
AC

via San Marco 5 ✉ *20121* Ⓜ *Moscova –* ☏ *02 29 06 10 51*   Pianta: 6L2**x**
– www.ristorantetime.it – Chiuso 25 dicembre-1° gennaio, agosto, sabato a mezzogiorno e domenica
• CUCINA MODERNA • Carta 32/64 €
La sala è ariosa, di taglio moderno, con tavoli ravvicinati in un ambiente vivace: il servizio attento, e pronto a raccontare l'affidabile cucina. Solo a pranzo, disponibilità di una seconda carta più economica.

Osaka
AC

corso Garibaldi 68 ✉ *20121* Ⓜ *Moscova*   Pianta: 5K2**v**
– ☏ *02 29 06 06 78 – www.milanoosaka.com*
• GIAPPONESE • Menu 12 € (pranzo)/35 € – Carta 44/84 €
Lungo l'antica via che portava da Milano a Como, nascosto in una breve galleria, in sala regna un'atmosfera sobria e minimalista - tipicamente orientale - riservata a pochi commensali. Dalla cucina piatti nipponici, serviti anche al banco, di fronte allo chef che li prepara espressi. A pranzo prevale la formula menu: se volete una carta più articolata e complessa è preferibile venire a cena.

Serendib
AC

via Pontida 2 ✉ *20121* Ⓜ *Moscova –* ☏ *0 26 59 21 39*   Pianta: 5K2**b**
– www.serendib.it
• INDIANA • Menu 15/23 € – Carta 18/37 €
Serendib, l'antico nome dello Sri Lanka, significa "rendere felici": una sfida ardua, ma questo ristorante vince la scommessa! Fedele alle sue origini, la cucina conquista con ricette indiane e cingalesi. Chicken curry, il re del menu!

Vietnamonamour
AC

via Taramelli 67 ✉ *20124 Milano* Ⓜ *Zara*   Pianta: 4G1**a**
– ☏ *02 70 63 46 14 – www.vietnamonamour.com – Chiuso agosto*
• VIETNAMITA • Carta 29/60 € – (chiuso lunedì)
4 cam 🛏 – †80/220 € ††120/320 €
L'amore per il Vietnam ha un fratello gemello nel quartiere Isola. Differente rispetto all'omonimo ristorante sito in zona Città Studi, ma uguale nel fascino esotico e nelle azzeccate personalizzazioni, i piatti sono sempre stuzzicanti e le camere, intriganti scenari dove coccolarsi.

Stazione Centrale

Principe di Savoia ♀ 🔲 💷 🛖 ㉝ 🔲 🗛 🎿

piazza della Repubblica 17 ✉ *20124* Ⓜ *Repubblica*　　Pianta: 6L2**k**
– ☎ *0 26 23 01 – www.dorchestercollection.com*
257 cam – 🛏300/800 € – 🛏🛏350/900 € – ☷ 45 € – **44 suites**
Rist *Acanto* – Vedere selezione ristoranti
Affacciata su piazza della Repubblica, la bianca costruzione ottocentesca offre subito di sé un'immagine maestosa e signorile, ma è forse il respiro internazionale che la contraddistingue, il suo vero fiore all'occhiello. Splendide camere, attrezzature sportive e spazi benessere per un soggiorno di relax.

Excelsior Hotel Gallia ♀ 🔲 💷 🛖 ㉝ 🔲 🗛 🎿

piazza Duca d'Aosta 9 ✉ *20124* Ⓜ *Centrale FS*　　Pianta: 6M1**g**
– ☎ *0 26 78 51 – www.excelsiorgallia.com*
182 cam – 🛏30/900 € 🛏🛏300/900 € – ☷ 40 € – **53 suites**
In questa nuova veste totalmente rinnovata, Excelsior Gallia ha saputo coniugare l'eleganza dello storico edificio dei primi '900 con un design contemporaneo milanese; cromature e marmi danno vita ad un effetto scenografico di grande impatto estetico, supportato comunque da servizi di ottimo livello. Raffinati momenti di piacere attendono gli ospiti nella splendida spa, dove moderne attrezzature incontrano l'expertise di una lussuosa casa di cosmetici.

The Westin Palace ♀ 🛖 ㉝ 🔲 🗛 🎿 🚗

piazza della Repubblica 20 ✉ *20124* Ⓜ *Repubblica*　　Pianta: 6M2**b**
– ☎ *0 26 33 61 – www.westinpalacemilan.it*
227 cam – 🛏850/1150 € – 🛏🛏850/1150 € – ☷ 42 € – **5 suites**
A pochi minuti a piedi dalla Stazione Centrale e ben collegato a Fieramilano, l'hotel dispone di moderne camere e suite (splendida quella Presidenziale con terrazza privata e mini pool). The Westin Palace dispone anche di 13 sale riunioni modulari, che possono ospitare fino ad un massimo di 400 persone. Cucina mediterranea reinterpretata con maestria al ristorante Casanova.

Starhotels Anderson ♀ ㉝ 🔲 🔲 🗛 🎿

piazza Luigi di Savoia 20 ✉ *20124* Ⓜ *Centrale FS*　　Pianta: 6M1**b**
– ☎ *0 26 69 01 41 – www.starhotels.com*
106 cam ☷ – 🛏99/1500 € 🛏🛏99/1500 €
Hotel dalla calda atmosfera design: ambienti intimi e alla moda, camere accoglienti dotate di tutti i confort della categoria. Un piccolo ristorante serale allestito nella raffinata lounge con proposte gastronomiche di tono moderno.

NH Machiavelli ♀ 🔲 🔲 🗛 🎿

via Lazzaretto 5 ✉ *20124* Ⓜ *Repubblica* – ☎ *02 63 11 41*　　Pianta: 6M2**a**
– *www.nh-hotels.com*
100 cam ☷ – 🛏99/799 € 🛏🛏99/799 € – **3 suites**
Una struttura moderna con camere sobrie e luminose ed un ambiente open space che può inglobare più spazi comuni in uno solo. Eccellente prima colazione.

ADI Doria Grand Hotel ♀ 🔲 🔲 🗛 🎿

viale Andrea Doria 22 ✉ *20124* Ⓜ *Caiazzo*　　Pianta: 6M1**x**
– ☎ *02 67 41 14 11 – www.adihotels.com*
124 cam ☷ – 🛏99/400 € 🛏🛏105/650 €
Struttura classica dotata di un'elegante hall con arredi del primo Novecento, ampi spazi comuni (sede anche di eventi culturali e musicali), camere spaziose e confortevoli. Il raffinato ristorante propone una squisita cucina regionale ed internazionale.

Auriga 🔲 🗛 🛐 🎿

via Giovanni Battista Pirelli 7 ✉ *20124* Ⓜ *Centrale FS*　　Pianta: 6M1**k**
– ☎ *02 66 98 58 51 – www.auriga-milano.com – Chiuso 1°-6 gennaio*
52 cam ☷ – 🛏90/320 € 🛏🛏110/380 €
La compresenza di stili diversi, una facciata particolare ed i vivaci colori creano un originale effetto scenografico. Confort ed efficienza per turisti e clientela d'affari.

MILANO

Starhotels Echo
👥 ♿ 🔄 ♿ AK 🛗

viale Andrea Doria 4 ✉ 20123 Ⓜ Caiazzo – 𝒞 0 26 78 91   Pianta: 6M1**c**
– www.starhotels.com
137 cam 🛏 – †99/1100 € ††99/1100 € – **6 suites**
Eco Contemporary Hotel: è la definizione di questa moderna struttura che fonde principi di ecosostenibilità, design e confort. Insomma, un indirizzo che non mancherà di piacere agli spiriti green.

Manin
👥 < 🔄 🔄 ♿ AK 🛗

via Manin 7 ✉ 20121 Ⓜ Palestro – 𝒞 0 26 59 65 11   Pianta: 6L2**d**
– www.hotelmanin.it
124 cam 🛏 – †132/520 € ††160/550 € – **2 suites**
Sito nel cuore dell'attività socio-culturale della città, l'hotel propone camere in stile classico con graziose scene decorative sopra le testiere dei letti e stanze di design contemporaneo, alcune con terrazza affacciata sul parco. Piatti della tradizione nell'ambiente raccolto dell'omonimo ristorante.

Augustus
🔄 AK

via Napo Torriani 29 ✉ 20124 Ⓜ Centrale FS   Pianta: 6M1**q**
– 𝒞 02 66 98 82 71 – www.augustushotel.it
56 cam 🛏 – †110/250 € ††140/300 €
In prossimità della stazione centrale, un hotel di taglio classico a conduzione diretta, particolarmente tranquillo in quanto tutte le camere si affacciano sul retro. La ricca colazione ben predispone alla giornata.

Colombia
🔄 ♿ 🔄 AK

via Lepetit 15 ✉ 20124 Ⓜ Centrale FS – 𝒞 0 26 69 25 32   Pianta: 6M1**d**
– www.hotelcolombiamilano.com – Chiuso 24-29 dicembre
48 cam 🛏 – †90/320 € ††120/480 €
Grazioso hotel a gestione familiare, ristrutturato negli ultimi tempi, dispone di camere confortevoli in stile minimal design. Piacevole giardinetto interno per la prima colazione: praticamente una rarità a Milano!

Sanpi
♿ 🔄 AK 🍽 🛗

via Lazzaro Palazzi 18 ✉ 20124 Ⓜ Porta Venezia   Pianta: 6M2**e**
– 𝒞 02 29 51 33 41 – www.hotelsanpimilano.it
79 cam 🛏 – †95/450 € ††120/700 €
Struttura di dimensioni ridotte, ma di grande piacevolezza, soprattutto nelle camere al piano B1 (le più nuove). Snack bar con piatti freddi e, prima di tuffarsi nella frenetica vita milanese, colazione nella graziosa corte interna.

 Acanto – Hotel Principe di Savoia
AK 🍽 🔄

piazza della Repubblica 17 ✉ 20124 Ⓜ Repubblica   Pianta: 6L2**k**
– 𝒞 02 62 30 20 26 – www.dorchestercollection.com
• CUCINA MODERNA • Menu 29 € (pranzo in settimana) – Carta 72/137 €
Grandi spazi luminosi ed eleganti sono le vesti di questo moderno ristorante dove sarete coccolati da un ottimo servizio e potrete assaporare una cucina classico-contemporanea. Ma la sua modernità sta anche nel buffet del pranzo e nei menu business, così come nella possibilità di accomodarsi ai tavoli del bar per godere dei medesimi piatti.

 Joia (Pietro Leemann)
🦋 AK 🔄
🕸

via Panfilo Castaldi 18 ✉ 20124 Ⓜ Repubblica   Pianta: 6M2**c**
– 𝒞 02 29 52 21 24 – www.joia.it – Chiuso 25 dicembre-7 gennaio, 3 settimane ad agosto, sabato a mezzogiorno e domenica
• VEGETARIANA • Menu 35 € (pranzo)/115 € – Carta 70/101 €
La cucina del Joia rimane sempre saldamente ancorata alla filosofia del suo chef-patron: vegetariana, in alcuni casi vegana, si autorizza solo una piccola concessione con il carrello dei formaggi... Scenografiche presentazioni per portate permeabili ad influssi orientali e con vasto utilizzo di verdure ed erbe del proprio giardino "sinergico".
→ Di non solo pane vive l'uomo: panzanella con verdure croccanti e cuore di cannellini al wasabi su letto di zafferano e lampone. Un indovino mi disse: formaggio di soia arrostito con soia e zenzero, rosmarino, letto di pomodoro e balsamico, coste impanate e foglie di rapanelli. Finalmente c'è stata la pioggia: zuppa rinfrescante di albicocca, melone e anguria con sorbetto di prugna.

XX **I Malavoglia** `AC`

via Lecco 4 ✉ *20124* Ⓜ *Porta Venezia – ℰ 02 29 53 13 87*   Pianta: 6M2**g**
– www.ristorante-imalavoglia.com – Chiuso 25 dicembre-7 gennaio, agosto,
lunedì a mezzogiorno e domenica
• SICILIANA • Menu 48 € – Carta 44/110 €
Vicino ai bastioni di Porta Venezia, il nome di questo locale suggerisce l'estrazione
della cucina: siciliana e di mare, moderna, ma non scevra di antichi afflati. Cannolo al mantecato di pesce, carpaccio di ricciola agli agrumi, Stilnovo di pasta
con le sarde, tra gli imperdibili del menu.

XX **13 Giugno** `AC` ⇔

via Goldoni 44 ang.via Uberti 5 ✉ *20129 – ℰ 02 71 96 54*
– www.ristorante13giugno.it   Pianta: 4H2**w**
• SICILIANA • Carta 51/92 €
Pasta con i ricci di mare, caponata di melanzane, sarde a beccafico, cous-cous:
sono solo alcune anticipazioni dei sapori siciliani che vi attendono in questo effervescente locale, dove non manca un delizioso giardino d'inverno.

X **La Cantina di Manuela** `AC`

via Carlo Poerio 3 ✉ *20129 – ℰ 02 76 31 88 92*   Pianta: 6M3**x**
– www.lacantinadimanuela.it
• CUCINA MODERNA • Carta 33/50 € – (consigliata la prenotazione)
Si mangia circondati da bottiglie di vino in un ambiente giovane e dinamico. Ad
una carta di piatti particolarmente elaborati si aggiungono la sera gli antipasti,
sostituiti a pranzo da insalate assortite per una clientela business orientata a proposte veloci.

X **Da Giannino-L'Angolo d'Abruzzo** `AC`

via Pilo 20 ✉ *20129* Ⓜ *Porta Venezia – ℰ 02 29 40 65 26*   Pianta: 4GH2**t**
• ABRUZZESE • Carta 29/40 €
Una calorosa accoglienza, un ambiente semplice ma vivace e sempre molto frequentato e il piacere di riscoprire, in piatti dalle abbondanti porzioni, la tipica
cucina abruzzese. Ottimi, gli spaghetti alla chitarra al sugo di agnello e i mitici
arrosticini!

X **Just India** Ⓝ `AC`

via Benedetto Marcello 34 ✉ *20124 – ℰ 02 20 48 03 85*
– www.ristoranteindianojustindia.com – Chiuso lunedì   Pianta: 6M1**a**
• INDIANA • Menu 22/30 € – Carta 20/35 €
Buon rapporto qualità/prezzo, cordialità e pulizia: già potrebbero bastare questi
tre presupposti per prenderlo in considerazione. Di fatto, ci sta anche una cucina
sapida e variegata.

Romana-Vittoria

🏠 **Château Monfort**

corso Concordia 1 ✉ *20129 – ℰ 02 77 67 61*   Pianta: 8M3**a**
– www.chateaumonfort.com
77 cam ⌂ – ♦295/990 € ♦♦351/1046 €
Eleganza non ostentata in un prestigioso palazzo liberty che porta la firma dell'architetto Paolo Mezzanotte: camere glamour-chic, da sogno quelle ispirate all'o-
pera, ed una piccola SPA per momenti di grande relax. Piatti mediterranei nel
menu del ristorante e nel nome una promessa...

🏠 **Grand Visconti Palace**

viale Isonzo 14 ✉ *20135* Ⓜ *Lodi TIBB – ℰ 02 54 03 41*   Pianta: 4G3**a**
– www.grandviscontipalace.com
166 cam ⌂ – ♦100/1000 € ♦♦100/1100 € – **6 suites**
Nei grandi spazi di un ex mulino industriale è stato ricavato questo grande albergo
di tono elegante: accogliente centro benessere, sale congressi e grazioso giardino.
Se l'espressione al "settimo cielo" indica uno stato di grazia, al ristorante Quinto
Piano il gusto ha trovato di che appagarsi... Cucina di ricerca, di fantasia e di cuore.

MILANO

Vittoria 🅝   AC

via Pietro Calvi 32 ✉ 20121 – 𝒞 0 25 45 65 20   Pianta: 6M3**d**
– www.hotelvittoriamilano.it
44 cam ☲ – 🛆80/450 € 🛉🛉110/550 €
Albergo dai tratti eleganti e quasi sontuosi, camere non grandi, ma curate nei dettagli, ambienti comuni confortevoli; per le colazioni, in estate, ci si avvale di un piccolo cortiletto interno.

Finger's   🖔 AC ⟺

via San Gerolamo Emiliani 2 ✉ 20121 🅜 Lodi T.I.B.B.   Pianta: 8M4**a**
– 𝒞 02 54 12 26 75 – www.fingersrestaurants.com
• GIAPPONESE • Menu 60/100 € – Carta 42/66 € – *(solo a cena)* (prenotazione obbligatoria)
Esperienza nipponica a tuttotondo, mangiando sul tatami, o più occidentalizzata optando per dei normali tavolini, ma quello che vi suggerisce il menu allude ad una cucina giapponese creativa con qualche influenza brasiliana (la moglie di Okabe, lo chef, è in effetti di Rio). Un promettente ristorante nel panorama meneghino.

Da Giacomo   AC

via P. Sottocorno 6 ✉ 20129 – 𝒞 02 76 02 33 13   Pianta: 6M3**g**
– www.giacomoristorante.com
• PESCE E FRUTTI DI MARE • Carta 58/106 €
Ai nostalgici del mare, tante specialità di pesce - sebbene il menu annoveri anche qualche piatto di terra e (in stagione) tartufo d'Alba, ovoli e funghi porcini - in una vecchia trattoria milanese dei primi del '900.

Giacomo Bistrot   AC

via P. Sottocorno 6 ✉ 20129 – 𝒞 02 76 02 26 53   Pianta: 6M3**g**
– www.giacomobistrot.com
• CUCINA MODERNA • Carta 55/102 €
Tavoli ravvicinati come in un bistrot parigino, ma anche atmosfere british come le belle librerie con ranghi serrati di volumi in marocchino, per un locale aperto fino a notte fonda, che propone una linea di cucina focalizzata su carne, selvaggina, ostriche e tartufi (in stagione).

Gong 🅝   🕸 🖔 AC ✗

corso Concordia 8 ✉ 20123 – 𝒞 02 76 02 98 73   Pianta: 6M3**b**
– www.gongmilano.it – Chiuso 15 giorni in agosto e lunedì
• CINESE • Carta 41/58 €
Espressione della modernità della cucina cinese, "contaminazioni" internazionali e grande attenzione nella scelta delle materie prime sono gli ingredienti della ricetta felice che fa balzare questo locale ai vertici dei ristoranti etnici più alla moda in città.

Masuelli San Marco   AC

viale Umbria 80 ✉ 20135 🅜 Lodi TIBB – 𝒞 02 55 18 41 38   Pianta: 4H3**h**
– www.masuellitrattoria.it – Chiuso 25 dicembre-6 gennaio, 3 settimane in agosto, lunedì a mezzogiorno e domenica
• LOMBARDA • Menu 35/45 € – Carta 35/70 €
Ambiente rustico di tono signorile in una trattoria tipica, con la stessa gestione dal 1921; linea di cucina saldamente legata alle tradizioni lombardo-piemontesi.

Dongiò   AC

via Corio 3 ✉ 20135 🅜 Porta Romana – 𝒞 0 25 51 13 72   Pianta: 8M4**u**
– Chiuso 2 settimane in agosto, sabato a mezzogiorno e domenica
• CALABRESE • Carta 25/42 € – (consigliata la prenotazione)
Come poteva approdare la Calabria tra i meneghini? Così come tutti la conosciamo: un ambiente semplice e frequentatissimo - a conduzione familiare - come ormai se ne trovano pochi. Se la specialità della casa sono gli schiaffoni al pistacchio, in menu primeggiano comunque paste fresche, 'nduja e l'immancabile peperoncino.

Un Posto a Milano-Cascina Cuccagna

via Cuccagna 2 ✉ *20121 Milano –* 𝄄 *0 25 45 77 85*   Pianta: 8M4**b**
– www.unpostoamilano.it – Chiuso 1°-6 gennaio e lunedì
• CUCINA CLASSICA • Menu 15 € (in settimana)/38 € – Carta 34/56 €
Un angolo verde e naturalistico nel contesto cittadino di Milano: la ristrutturazione di una ex cascina comunale ha dato vita a questa oasi non solo gastronomica, ma anche culturale. A pranzo, si può approfittare di un buffet molto ricco
ad un prezzo interessante; la sera, la carta è più articolata, senza pertanto "infie-
rire" sul rapporto qualità/prezzo.

Navigli

Magna Pars Suites Milano

via Forcella 6 ✉ *20123* Ⓜ *Porta Genova FS*   Pianta: 7J4**c**
– 𝄄 0 28 33 83 71 – www.magnapars-suitesmilano.it
39 suites ⌑ – ♦♦**370/1050 €**
Rist *Da Noi In* – Vedere selezione ristoranti
Espressione tangibile degli stupendi, ma - per definizione - eterei profumi creati
dai titolari, ogni camera di questo hotel di lusso vive di una sua nota olfattiva, a
cui s'ispirano anche le opere d'arte che l'arredano. E per gli irriducibili, ora c'è
anche la "LabSolue": perfume laboratory in cui scoprire e acquistare le 39 fragranze che contraddistinguono ogni stanza.

Nhow Milano

via Tortona 35 ✉ *20144 –* 𝄄 *0 24 89 88 61*   Pianta: 7J4**b**
– www.nhow-hotels.com
245 cam ⌑ – ♦**89/999 €** ♦♦**109/1019 € – 1 suite**
Ha fascino da vendere questo design hotel ospitato in un'ex area industriale: uno
show room permanente in cui sono esposte eccellenze stilistiche ed artistiche,
nonché confort inappuntabile nelle camere eclettiche.

D'Este

viale Bligny 23 ✉ *20136 –* 𝄄 *02 58 32 10 01*   Pianta: 8L4**d**
– www.hoteldestemilano.it – Chiuso vacanze di Natale
84 cam ⌑ – ♦**100/280 €** ♦♦**120/440 €**
Nella bohémien zona dei Navigli, tutte le camere di questa risorsa dagli ampi
spazi comuni sono state recentemente ristrutturate. Non temete l'assegnazione
di una stanza su strada: l'insonorizzazione è eccezionale!

Crivi's

corso Porta Vigentina 46 ✉ *20122* Ⓜ *Crocetta*   Pianta: 8L4**e**
– 𝄄 02 58 28 91 – www.crivis.com – Chiuso vacanze di Natale e agosto
86 cam ⌑ – ♦**120/250 €** ♦♦**160/350 €**
In comoda posizione vicino al metrò, una confortevole risorsa dalle gradevoli
zone comuni e camere con arredi classici, adeguate nei confort e negli spazi.

Maison Borella

Alzaia Naviglio Grande 8 ✉ *20144 –* 𝄄 *02 58 10 91 14*   Pianta: 7K4**f**
– www.hotelmaisonborella.com – Chiuso 11-17 agosto
30 cam ⌑ – ♦**135/500 €** ♦♦**135/800 €**
Nel cuore della vecchia Milano, in una tipica casa di ringhiera direttamente affacciata sul Naviglio, le camere precipitano l'ospite in un'atmosfera fine Ottocento
con travi a vista, ma arredi in stile moderno.

Des Etrangers

via Sirte 9 ✉ *20146 –* 𝄄 *02 48 95 53 25*   Pianta: 3E3**y**
– www.hoteldesetrangers.it
94 cam ⌑ – ♦**50/350 €** ♦♦**60/370 €**
Una risorsa ben tenuta ed ubicata in una via tranquilla; buon confort e funzionalità nelle aree comuni e nelle camere. Comodo garage sotterraneo.

XxX Sadler 🎴 AC ⇔

via Ascanio Sforza 77 ✉ 20141 Ⓜ Romolo   Pianta: 3F3**a**
– 🕾 02 58 10 44 51 – www.sadler.it – Chiuso 1°-8 gennaio, 2 settimane in agosto e domenica
• CREATIVA • Menu 75 € (in settimana)/160 € – Carta 69/154 € – (solo a cena)
Affacciato su un Naviglio ormai periferico e di scarso fascino, tutta l'attenzione è rapita dalla cucina: imperniata su ottimi prodotti, si ispira, come le sale, al gusto contemporaneo, specializzandosi sul pesce, benché non manchino piatti di carne.
➜ Spaghetti trafilati in oro con scampi e pomodoro datterino al peperoncino. Padellata di crostacei, broccoletti e melanzane croccanti con spuma al dragoncello. Insalata di pesche con gelatina di moscato, spuma di latte alle mandorle e biscotto soffice.

XxX Da Noi In – Hotel Magna Pars Suites Milano   🎴 ⌖ AC Ⓟ

via Forcella 6 ✉ 20123 Ⓜ Porta Genova FS   Pianta: 7J4**c**
– 🕾 0 28 37 81 11 – www.danoi-in.it
• CUCINA CLASSICA • Menu 25 € (pranzo in settimana)/80 € – Carta 55/88 €
Al fornelli uno chef di consolidata esperienza propone una solida cucina basata su classici italiani; in estate gettonatissimo il dehors. Se per voi, il tempo non è poi così tiranno, l'optimum sarebbe iniziare con un aperitivo al Liquidambar. Servizio valet parking!

XX Tokuyoshi Ⓝ   ⌖ AC

via San Calogero 3 ✉ 20123 Ⓜ Sant'Ambrogio   Pianta: 7K4**n**
– 🕾 02 84 25 46 26 – www.ristorantetokuyoshi.com – Chiuso lunedì
• CREATIVA • Menu 65/100 € – Carta 48/95 € – (solo a cena escluso domenica)
Dopo esperienze in locali importanti, Tokuyoshi diventa ora regista – in proprio – di una cucina che definirla "contaminata", giusto per usare le parole stesse dello chef, parrebbe riduttivo considerata la molteplicità della sue espressioni. Con l'umiltà che contraddistingue i popoli del Sol Levante, ma con quel rigore che trova pochi pari altrove, Yoji porta in tavola piatti dai sapori decisi, talvolta insoliti, senza ombra di dubbio indimenticabili.
➜ Insalata di cucurbitacea e salsa al basilico acido. Gli spaghetti nella patata. Cemento e terra (finto cemento di meringa, gelato di radici).

XX Al Porto   AC

piazzale Generale Cantore ✉ 20123 Ⓜ Porta Genova FS   Pianta: 7K4**h**
– 🕾 02 89 40 74 25 – www.alportomilano.it – Chiuso 24 dicembre-3 gennaio, agosto, lunedì a mezzogiorno e domenica
• PESCE E FRUTTI DI MARE • Carta 48/78 €
Nell'800 era il casello del Dazio di Porta Genova, oggi un ristorante classico d'intonazione marinara molto frequentato sia a cena che a pranzo, sicuramente per la qualità del pesce, fresco, proposto anche crudo.

XX Tano Passami l'Olio (Gaetano Simonato)   AC

via Villoresi, 16 ✉ 20143 – 🕾 0 28 39 41 39   Pianta: 7J4**f**
– www.tanopassamilolio.it – Chiuso 24 dicembre-6 gennaio, agosto e domenica
• CREATIVA • Menu 70/125 € – Carta 95/140 € – (solo a cena) (consigliata la prenotazione)
Luci soffuse, atmosfera romantica e creativi piatti di carne e di pesce, ingentiliti con olii extra-vergine scelti ad hoc da una fornita dispensa. Salotto fumatori con divano.
➜ Tiramisù di seppia, mascarpone e patata. Piccione laccato, crema di frattaglie, porto e more. Cannoli croccanti con variazioni di mandorla.

XX Langosteria 10 Ⓝ   🎴 AC

via Savona 10 ✉ 20123 – 🕾 02 58 11 16 49   Pianta: 7J4**q**
– www.langosteria10.it – Chiuso 1 settimana in dicembre, 1 settimana in agosto e domenica
• PESCE E FRUTTI DI MARE • Menu 70/90 € – Carta 70/95 € – (solo a cena) (consigliata la prenotazione)
Per gli amanti delle specialità ittiche questo locale può essere una vera e propria rivelazione: crudo, ostriche e frutti di mare sono alla base di questa cucina, senza dimenticare il pesce esclusivamente di cattura. Un'ottima cantina ed un ambiente glamour completano il quadro.

XX **Pirandello** [AC]

viale Gian Galeazzo 6 ⊠ 20136 – 𝒞 02 89 40 29 01   Pianta: 7K4**e**
*– www.ristorantepirandellomilano.com – Chiuso 7-30 agosto, sabato a
mezzogiorno e domenica*
• SICILIANA • Menu 15 € (pranzo in settimana) – Carta 38/77 €
Atmosfera, gestione e cucina sono decisamente siciliane: fragranti piatti di pesce
e ricette trinacrie in entrambe le sale da pranzo.

XX **28 Posti** [AC]

via Corsico 1 ⊠ 20123 Ⓜ Porta Genova – 𝒞 0 28 39 23 77   Pianta: 7K4**k**
– www.28posti.org – Chiuso lunedì
• CUCINA MODERNA • Menu 35/60 € – Carta 38/84 €
Il nome anticipa la capacità ricettiva del locale: 28 posti a sedere. Cucina a vista in
un ambiente rustico con tavoli e sedie in legno grezzo, accostati a muri in alcuni
punti volutamente non intonacati. Total window offrono alla vista un piacevole
continuum con l'esterno; piatti di stampo moderno.

XX **Dou Asian Passion** Ⓝ [AC]

piazza Napoli 25 ⊠ 20123 – 𝒞 02 49 63 63 18   Pianta: 3E3**c**
– www.douasianpassion.com – Chiuso domenica in estate, lunedì negli altri mesi
• ASIATICA • Menu 8 € (pranzo) – Carta 26/51 €
Realizzato da un famoso architetto di Milano, Mattia Oddone, il locale sfoggia uno
stile contemporanea-internazionale, con qualche intrigante spunto orientale. La
cucina abbraccia diverse zone dell'Asia: il menu spazia infatti dai dim sum, alla
carne e al pesce, senza dimenticare i proverbiali ravioli al vapore (uno dei piatti
più gettonati del take-away).

X **Osteria di Porta Cicca** Ⓝ [AC]

ripa di Porta Ticinese 51 ⊠ 20143 Ⓜ Porta Genova   Pianta: 7J4**p**
– 𝒞 0 28 37 27 63 – www.osteriadiportacicca.com – Chiuso lunedì
• CUCINA MODERNA • Menu 35/55 € – Carta 41/86 € – *(solo a cena escluso
domenica)* (consigliata la prenotazione)
Ambiente accogliente e intimo di sapore un po' provenzale nella vivace cornice
dei navigli. La cucina vira verso la modernità e l'innovazione, dell'osteria - oltre
al nome - vi è ben poco!

X **Trattoria Aurora**

via Savona 23 ⊠ 20144 Ⓜ Sant' Agostino   Pianta: 7J4**m**
– 𝒞 0 28 32 31 44 – www.trattoriaauroramilano.it
• PIEMONTESE • Carta 35/53 €
Vetrate smerigliate con motivi floreali e decorazioni liberty ovunque: la cucina del
mezzogiorno è semplice ma mai banale, piatti tipici della tradizione piemontese
come la bagna cauda e il carrello dei bolliti.

X **Al Fresco** [AC]

via Savona 50 ⊠ 20121 Ⓜ Porta Genova   Pianta: 7J4**e**
– 𝒞 02 49 53 36 30 – www.alfrescomilano.it – Chiuso lunedì
• CREATIVA • Carta 45/63 €
All'interno di un'ex fabbrica d'inizio Novecento, l'atmosfera è originale e bohémien, ma il gioiello è il servizio estivo nell'incantevole cortile interno. Dalla cucina
tante verdure, accenti meridionali e carni piemontesi; a pranzo c'è solo una proposta più semplice e ristretta.

X **Al Pont de Ferr** [AC]

Ripa di Porta Ticinese 55 ⊠ 20143 Ⓜ Porta Genova FS   Pianta: 7J4**a**
*– 𝒞 02 89 40 62 77 – www.pontdeferr.it – Chiuso 24 dicembre-6 gennaio
e 9-24 agosto*
• CREATIVA • Menu 65/130 € – Carta 60/91 €
Lungo quel canale artificiale ideato e costruito nel 1179 a Milano, inizialmente utilizzato per l'irrigazione dei campi e in seguito solcato da barconi, davanti al vecchio ponte di ferro, quest'osteria rustica propone una cucina atemporale che
abbraccia terra e mare incondizionatamente.

MILANO

MILANO

✗ Chic'n Quick   🅰🅲

via Ascanio Sforza 77 ✉ 20141 Ⓜ Romolo   Pianta: 3F3**a**
– ✆ 02 89 50 32 22 – www.sadler.it – Chiuso 1 settimana in gennaio, 2 settimane
in agosto, lunedì a mezzogiorno e domenica
• CREATIVA • Menu 20 € (pranzo) – Carta 35/71 €
Chic'n Quick, per non rinunciare al fascino di una tavola curata ed un servizio
veloce. Cucina semplice, ma non priva di spunti fantasiosi: salumi e grigliate tra
le specialità.

✗ Trattoria Trinacria   🅰🅲 🍴

via Savona 57 ✉ 20144 Ⓜ Sant' Agostino   Pianta: 7J4**w**
– ✆ 0 24 23 82 50 – www.trattoriatrinacria.it – Chiuso sabato a mezzogiorno e
domenica
• SICILIANA • Carta 24/68 €
A gestione familiare, un locale accogliente nella sua semplicità confermata dal
servizio informale. Tra luci soffuse e candele sui tavoli, il menu in dialetto (con
sottotitoli in italiano) celebra le specialità siciliane.

✗ Shiva   🅰🅲 🍴 ⇔

viale Gian Galeazzo 7 ✉ 20136 – ✆ 02 89 40 47 46   Pianta: 7K4**b**
– www.ristoranteshiva.it – Chiuso lunedì a mezzogiorno
• INDIANA • Menu 18/25 € – Carta 18/36 €
Ristorante indiano con grandi sale e un intimo soppalco. Ambienti confortevoli e
caratteristici con luci soffuse e decori tipici. Cucina del nord con diverse specialità.

✗ Trattoria Madonnina   🏠

via Gentilino 6 ✉ 20136 – ✆ 02 89 40 90 89 – Chiuso   Pianta: 7K4**d**
agosto, domenica e le sere di lunedì, martedì e mercoledì escluso dicembre
• MILANESE • Carta 19/28 €
Trattoria milanese d'inizio '900 rimasta invariata nello stile: arredi d'epoca con
locandine e foto, cucina semplice e gustosa. Piccolo dehors con pergola e tavoli
in pietra.

Fiera-Sempione

🏨 Hermitage   🍴 🔽 ♿ 🅰🅲 🛎 🚗

via Messina 10 ✉ 20154 Ⓜ Porta Garibaldi FS   Pianta: 5K1**q**
– ✆ 02 31 81 70 – www.hotelhermitagemilano.com – Chiuso 1°-24 agosto
122 cam 🔲 – 🕯109/360 € 🕯🕯129/380 € – **8 suites**
Rist Il Giorno Bistrot – Vedere selezione ristoranti
In un quartiere brulicante di attività e negozi, un indirizzo sempre valido nel
panorama dell'hôtellerie milanese. Raffinatezza e confort, interni in stile classico
e modernità delle installazioni: difficile, pretendere di più.

🏨 Milan Marriott Hotel   🍴 🎞 🔽 🅰🅲 🍴 🛎

via Washington 66 ✉ 20146 Ⓜ Wagner – ✆ 0 24 85 21   Pianta: 3E2**d**
– www.milanmarriotthotel.com
321 cam – 🕯120/590 € 🕯🕯120/590 € – 🔲 20 €
Non lontano dal brulicante corso Vercelli, la struttura si caratterizza per la sua doppia anima: architettura esterna moderna ed ampi interni classicheggianti. Camere
funzionali in stile. Specialità regionali e sapori mediterranei a La Brasserie de Milan.

🏨 Wagner   🔽 🅰🅲

via Buonarroti 13 ✉ 20149 Ⓜ Buonarroti – ✆ 02 46 31 51   Pianta: 3E2**p**
– www.hotelwagnermilano.it
48 cam 🔲 – 🕯115/210 € 🕯🕯150/320 € – **1 suite**
Accanto all'omonima stazione della metropolitana, l'hotel è stato completamente
ristrutturato e offre ambienti ben curati nei dettagli, arredati con marmi e
moderni accessori.

🏨 Mercure Regency Milano   🎞 🔽 🅰🅲 🛎

via Arimondi 12 ✉ 20155 – ✆ 02 39 21 60 21   Pianta: 3E1**b**
– www.regencymilano.com – Chiuso 20 dicembre-6 gennaio
71 cam 🔲 – 🕯290 € 🕯🕯380 €
All'interno di un originale ed eclettico palazzo del 1925, zone comuni e camere
propongono uno stile ovattato, riccamente decorato e vagamente inglese; una
corte interna con tavolini offre un piccolo spazio all'aperto.

Enterprise Hotel

corso Sempione 91 ✉ *20149* Ⓜ *Domodossola* — Pianta: 3E1**c**
– ☏ *02 31 81 81* – *www.enterprisehotel.com*
126 cam ⌑ – 🛏120/514 € 🛏🛏135/529 € – **2 suites**
Moderno, elegante e funzionale, l'albergo non dimentica tuttavia un tocco personale dedicato all'oriente: arredi e decorazioni asiatici ornano la struttura, compreso il piccolo centro benessere all'ultimo piano.

 ADI Hotel Poliziano Fiera

via Poliziano 11 ✉ *20154* Ⓜ *Domodossola* — Pianta: 5J1**a**
– ☏ *0 23 19 19 11* – *www.hotelpolizianofiera.it*
98 cam ⌑ – 🛏73/336 € 🛏🛏80/397 € – **2 suites**
Albergo d'impostazione moderna per un'ospitalità cordiale e attenta: piacevoli ambienti comuni, nonché spaziose camere arredate nei toni verde chiaro e sabbia.

 Mozart

piazza Gerusalemme 6 ✉ *20154* Ⓜ *Domodossola* — Pianta: 5J1**b**
– ☏ *02 33 10 42 15* – *www.hotelmozartmilano.it* – *Chiuso 3 settimane in agosto*
116 cam ⌑ – 🛏90/690 € 🛏🛏100/760 € – **3 suites**
L'eleganza classica della hall si stempera nel design delle camere, quasi tutte ristrutturate, riposanti nell'assenza di colori, piacevolmente moderne nelle decorazioni.

 Domenichino

via Domenichino 41 ✉ *20149* Ⓜ *Amendola* — Pianta: 3E2**f**
– ☏ *02 48 00 96 92* – *www.hoteldomenichino.com*
– *Chiuso 20 dicembre-10 gennaio e 29 luglio-21 agosto*
70 cam ⌑ – 🛏55/320 € 🛏🛏60/360 € – **2 suites**
In una via alberata, a due passi dalla Fieramilanocity, un hotel signorile che offre dotazioni e servizi di buon livello, accoglienti spazi comuni e camere confortevoli.

 Metrò

corso Vercelli 61 ✉ *20144* Ⓜ *Wagner* – ☏ *0 24 98 78 97* — Pianta: 3E2**x**
– *www.hotelmetro.it*
40 cam ⌑ – 🛏70/230 € 🛏🛏80/330 €
Conduzione familiare per una risorsa in una delle vie più rinomate per lo shopping; camere piuttosto eleganti, gradevolissima sala colazioni panoramica al roof-garden.

 Lancaster

via Abbondio Sangiorgio 16 ✉ *20145* Ⓜ *Cadorna F.N.M.* — Pianta: 5J2**c**
– ☏ *02 34 47 05* – *www.hotellancaster.it* – *Chiuso agosto*
30 cam ⌑ – 🛏65/139 € 🛏🛏99/324 €
Un edificio ottocentesco situato in zona residenziale ospita una piacevole risorsa con spazi comuni non enormi, ma gradevoli ed accoglienti. Camere in stile.

 Astoria

viale Murillo 9 ✉ *20149* Ⓜ *Lotto* – ☏ *02 40 09 00 95* — Pianta: 3E2**m**
– *www.astoriahotelmilano.com*
68 cam ⌑ – 🛏80/300 € 🛏🛏100/400 €
Lungo un viale di circonvallazione, albergo frequentato soprattutto dalla clientela d'affari; camere con arredi moderni e ottima insonorizzazione.

Mini Hotel Portello

via Guglielmo Silva 12 ✉ *20149* – ☏ *0 24 81 49 44* — Pianta: 3E2**a**
– *www.minihotel.it* – *Chiuso 24 dicembre-6 gennaio e agosto*
96 cam – 🛏60/500 € 🛏🛏80/800 € – ⌑ 12 €
A due passi da FieraMilanoCity, la hall vi accoglie con poltroncine in pelle bianca ed uno stile moderno e piacevolmente minimalista. Le camere - anch'esse recentemente ristrutturate - sono piuttosto semplici, ma senza dubbio funzionali, in gran parte caratterizzate da grandi foto della Milano d'epoca.

🏠 **Montebianco** ⬧ AC P

via Monte Rosa 90 ✉ *20149* Ⓜ *Lotto –* ☎ *02 48 01 21 30* Pianta: 3E2**h**
– www.mokinba.it
46 cam ⬡ – 👤150/517 € 👥220/670 €
In un grazioso edificio d'epoca - lasciata la vettura nel parcheggio - si soggiorna all'insegna della comodità, davanti all'ingresso della metropolitana e con la vecchia FieraMilanoCity raggiungibile a piedi.

🏠 **Mini Hotel Tiziano** 🛏 ⬧ AC 🍽 🚗

via Tiziano 6 ✉ *20123* Ⓜ *Buonarroti –* ☎ *0 24 69 90 35* Pianta: 3E2**b**
– www.minihotel.it
52 cam – 👤60/500 € 👥80/800 € – ⬡ 12 €
A pochi metri dalla stazione metropolitana Buonarroti, l'hotel fa parte di una mini-catena a carattere familiare e dispone di un parco secolare su cui si affacciano parte delle moderne stanze.

🏠 **Antica Locanda Leonardo** 🛏 ⬧ AC

corso Magenta 78 ✉ *20123* Ⓜ *Conciliazione* Pianta: 7J3**m**
– ☎ *02 48 01 41 97 – www.anticalocandaleonardo.com*
– Chiuso 2-7 gennaio e 6-25 agosto
16 cam ⬡ – 👤95/170 € 👥158/395 €
L'atmosfera signorile si sposa con l'accoglienza familiare in un albergo affacciato su un piccolo cortile interno, in ottima posizione vicino al Cenacolo leonardesco. Camere con arredi d'epoca o contemporanei.

🏠 **Campion** ⬧ ♿ AC

viale Berengario 3 ✉ *20149* Ⓜ *Amendola* Pianta: 3E2**c**
– ☎ *02 46 23 63 – www.hotelcampion.com*
– Chiuso 23 dicembre-7 gennaio e agosto
27 cam ⬡ – 👤69/290 € 👥89/430 €
Hotel situato di fronte all'ingresso di Fieramilano City, a pochi passi dal metrò. Conduzione familiare efficiente, camere classiche e confortevoli.

XX **Bon Wei** ♿ AC

via Castelvetro 16/18 ✉ *20154* Ⓜ *Domodossola* Pianta: 5J1**h**
– ☎ *02 34 13 08 – www.bon-wei.it – Chiuso lunedì a pranzo*
• CINESE • Carta 27/65 € – (consigliata la prenotazione)
Abbandonato il ritrito assioma per cui la cucina cinese è equivalente a cibi iper-fritti, di scarsa qualità, economici, qui scopriamo il ristorante di questa categoria più raffinato di Milano e non solo. In sale, scure, moderne ed eleganti, le specialità attingono un po' da tutta la Cina.

XX **Olei** AC ⟷

via Washington 20 ✉ *20146* Ⓜ *Wagner* Pianta: 3E2**e**
– ☎ *0 24 98 39 97 – www.ristoranteolei.it*
– Chiuso sabato a mezzogiorno e domenica
• PESCE E FRUTTI DI MARE • Menu 45/79 € – Carta 45/93 €
Dedicato al prodotto principe della dieta mediterranea, l'olio è il filo condut-tore di molti piatti del ristorante, quasi tutti di pesce, ispirati ai classici della cucina italiana, semplici e senza eccessive elaborazioni. Una sala interna è stata inoltre adibita a bistrot, con proposte diverse, veloci, ma sempre di ele-vata qualità.

XX **Bianca** 🏠 ♿ AC

via Panizza 10 ✉ *20121* Ⓜ *Conciliazione* Pianta: 7J3**a**
– ☎ *02 45 40 90 37 – www.ristorantebianca.com*
– Chiuso sabato a mezzogiorno
• CUCINA CLASSICA • Carta 48/74 €
Bianco come gli essenziali e moderni arredi delle sale: ci pensa la cucina ad intro-durre i colori con qualche classico milanese, dal risotto allo zafferano alla coto-letta, ma il pesce è favorito da molti clienti, graziosamente presentato in piatti semplici e gustosi.

XX **Arrow's**

via A. Mantegna 17/19 ✉ 20154 Ⓜ Domodossola Pianta: 5J1**f**
– ✆ 02 34 15 33 – www.ristorantearrows.it – Chiuso 3 settimane in agosto, lunedì a mezzogiorno e domenica
• PESCE E FRUTTI DI MARE • Menu 25 € (pranzo in settimana) – Carta 37/84 €
Un espositore di pesce all'ingresso è il migliore biglietto da visita per chi vuole sincerarsi della freschezza del pescato, che la cucina prepara in ricette siciliane, marchigiane e di altre regioni.

XX **La Cantina di Manuela**

via Procaccini 41 ✉ 20154 Ⓜ Domodossola Pianta: 5J1**g**
– ✆ 0 23 45 20 34 – www.lacantinadimanuela.it
• CUCINA MODERNA • Menu 35 € – Carta 31/61 €
Lo chef è cambiato, ma restano i piatti forti che hanno fatto la fortuna del locale, come il risotto alla milanese - la guancia di fassone piemontese brasato al Barolo - tiramisù. Oltre ad altri piatti tradizionali rivisitati.

XX **La Rosa dei Venti**

via Piero della Francesca 34 ✉ 20154 Ⓜ Domodossola Pianta: 5J1**c**
– ✆ 02 34 73 38 – www.ristorantelarosadeiventi.it – Chiuso 31 dicembre-3 gennaio, 10-22 agosto, sabato a mezzogiorno e lunedì
• PESCE E FRUTTI DI MARE • Menu 40 € – Carta 33/70 €
Piccolo locale ideale per chi ama il pesce, preparato secondo ricette semplici ma personalizzate e proposto puntando su un interessante rapporto qualità/prezzo.

XX **Il Giorno Bistrot** – Hotel Hermitage

via Messina 10 ✉ 20154 Ⓜ Porta Garibaldi FS Pianta: 5K1**q**
– ✆ 02 31 81 70 – www.hotelhermitagemilano.com – Chiuso agosto domenica a mezzogiorno e sabato
• CUCINA CLASSICA • Carta 33/56 €
Lo storico ristorante dell'hotel Hermitage rinnova la sua passione per la cucina locale, dal risotto alla cotoletta alla milanese con un'attenzione particolare per celiaci ed intolleranti al glutine.

X **Zero**

corso Magenta 87 ✉ 20123 Ⓜ Conciliazione Pianta: 7J3**z**
– ✆ 02 45 47 47 33 – www.zeromagenta.com – Chiuso 24 dicembre-6 gennaio e 2 settimane in agosto
• GIAPPONESE • Menu 52/68 € – Carta 37/93 € – *(solo a cena)* (consigliata la prenotazione)
Non mancano i classici giapponesi, ma l'anima del ristorante sono i piatti "zero", frutto della contaminazione con la cucina occidentale e parziali cotture alla fiamma. Consigliamo di prenotare al sushi-bar per assistere dal vivo alle preparazioni tra panelli di onice retroilluminati.

X **Iyo**

via Piero della Francesca 74 ✉ 20154 Ⓜ Domodossola Pianta: 3J1**x**
– ✆ 02 45 47 68 98 – www.iyo.it – Chiuso vacanze di Natale, 2 settimane in agosto, lunedì e martedì a mezzogiorno
• GIAPPONESE • Menu 85 € – Carta 44/81 € – (consigliata la prenotazione)
Il "mondo fluttuante" (in giapponese, ukiyo) ammalia i suoi ospiti con una serie di proposte che - partendo dai classici del Sol Levante - si estende ad interpretazioni fusion, creative e occidentalizzate, con un gran finale di dolci europei e frutti asiatici. Servizio attento e premuroso, qui troverete una grande espressione di cucina nipponica!
→ Taiyo: millefoglie di gambero argentino scottato con gambero rosso, maionese allo yuzu, calamaro e pomodoro. Kobe tataki: tagliata di manzo giapponese con erbette al burro di soia e crema di asparagi al wasabi fresco. Sfera esotica.

X **Kiyo**

via Carlo Ravizza 4 ✉ 20121 Ⓜ Wagner – ✆ 0 24 81 42 95 Pianta: 3E2**k**
– www.kiyo.it
• GIAPPONESE • Menu 55 € – Carta 32/52 €
Gestione italiana, ma cuoco giapponese: limpide e pure - questo il significato di Kyio - le sale ornate di legno accolgono le classiche proposte nipponiche, affiancate da gustosi dolci europei.

MILANO

MILANO

Trattoria Montina ⛱ AC
via Procaccini 54 ⊠ 20154 🚇 Porta Garibaldi FS   Pianta: 5J1**d**
– 🕾 0 23 49 04 98 – www.trattoriamontina.it – Chiuso 26 dicembre-3 gennaio,
Pasqua, 9-30 agosto, lunedì a mezzogiorno e domenica
• CUCINA TRADIZIONALE • Carta 31/63 €
Se della trattoria si riprende lo stile, semplice e familiare, ma non privo di d'atmosfera, dalla cucina arrivano piatti di mare, benché ci sia anche spazio per chi preferisce la carne.

Osteria Opera Prima AC
via Paolo Lomazzo 29 ⊠ 20123 – 🕾 02 31 63 00   Pianta: 5K1**c**
– www.osteriaoperaprima.it – Chiuso agosto, sabato a mezzogiorno, domenica
sera e lunedì sera
• PESCE E FRUTTI DI MARE • Menu 15 € (pranzo in settimana)/35 €
– Carta 35/54 €
Semplice e fragrante cucina mediterranea (ottimo, il fritto misto di calamari,
scampi, gamberi e zucchine) in un simpatico ristorantino "child-friendly": ovvero,
con uno spazio dedicato ai bambini operativo la sera.

Al Vecchio Porco ⛱ ⅙ AC
via Messina 8 ⊠ 20154 🚇 Cenisio – 🕾 02 31 38 62   Pianta: 5K1**e**
– www.alvecchioporco.it – Chiuso agosto, lunedì a mezzogiorno e domenica
• DEL TERRITORIO • Carta 38/68 € – (consigliata la prenotazione)
Forse il nome non è troppo elegante, ma si rifà ai tanti maialini che decorano
i vari angoli di questo simpatico locale formato da due sale principali e da una
taverna (utilizzata soprattutto per feste private, nonché eventi). Cucina locale,
attenta ai prodotti stagionali.

Quadrifoglio AC P
via Procaccini 21 angolo via Aleardi ⊠ 20154   Pianta: 5K1**n**
🚇 Domodossola – 🕾 02 34 17 58 – www.trattoriailquadrifoglio.net – Chiuso
1°-6 gennaio, 5-25 agosto, mercoledì a mezzogiorno e martedì
• CUCINA TRADIZIONALE • Carta 29/52 €
In una delle zone più brillanti di Milano, due salette rallegrate da quadri e ceramiche alle pareti. In menu: piatti della cucina classica nazionale, tante insalate e
sostanziosi piatti unici.

Lady Bu ⛱ ⅙ AC
via Buonarroti 11 ⊠ 20121 🚇 Buonarroti   Pianta: 3E2**p**
– 🕾 02 39 40 14 87 – www.ladybu.com – Chiuso 1°-6 gennaio, domenica in
estate, domenica sera e lunedì in inverno
• CUCINA CLASSICA • Menu 15/35 € – Carta 32/54 € – (consigliata la
prenotazione)
Rivendita di eccellenze casearie, oltre al banco c'è anche un bistrot con pochi
piatti ma imperniati su ottimi prodotti, come i pomodori del piennolo, il pane di
Matera, legumi, cereali e naturalmente i formaggi di latte di bufala.

Zona urbana Nord-Ovest

Radisson Blu Hotel Milan ☆ ▧ ⋙ ♨ ⬆ ⅙ AC ⚐
via Villapizzone 24 ⊠ 20156 – 🕾 0 23 63 18 88   Pianta: 1B2**a**
– www.radissonblu.com/hotel-milan
250 cam – ♦100/650 € ♦♦100/650 € – ☲ 25 € – **34 suites**
E' sicuramente l'indirizzo ideale per una clientela business: a pochi minuti dall'imbocco autostradale, il minimalismo qui è riconducibile solo al tipo di eleganza. Per
il resto, grandi spazi - alcune camere veramente ampie – e qualche richiamo ad
atmosfere indonesiane che dà un ulteriore tocco di personalità.

Klima Hotel Milano Fiere ☆ ⋙ ♨ ⬆ ⅙ AC ⚐ 🛏
via privata Venezia Giulia 8 ⊠ 20157 – 🕾 0 24 55 04 61   Pianta: 1A1**k**
– www.klimahotelmilanofiere.com
175 cam ☲ – ♦85/450 € ♦♦105/470 €
L'albergo "verde" di Milano: la facciata nord sfoggia un giardino verticale e l'intera
struttura è gestita secondo criteri di ecosostenibilità. Camere moderne e minimaliste, è ideale per chi vuole soggiornare vicino all'area fieristica.

Rubens
🏄 ⅃♨ ⬆ AC 🕍 **P**

via Rubens 21 ✉ 20148 Ⓜ *Gambara –* 📞 *0 24 03 02* — Pianta: 3E2**g**
– www.hotelrubensmilano.com

87 cam ⬜ – 🛏95/350 € 🛏🛏110/450 €

Hall di design e wine-bar in un hotel che vanta eleganti ambienti, nonché spaziose e confortevoli camere impreziosite da affreschi di artisti contemporanei. E per propiziarsi la giornata, un'abbondante prima colazione nell'evocativa Sala delle Nuvole, all'ultimo piano, con vista panoramica sulla città.

Accademia
🏄 ⅃♨ ⬆ AC 🕍 🚗

viale Certosa 68 ✉ 20155 – 📞 *02 39 21 11 22* — Pianta: 3E1**g**
– www.hotelaccademiamilano.com

65 cam ⬜ – 🛏90/350 € 🛏🛏99/450 € – **1 suite**

Se la posizione - al crocevia di una zona trafficata - farà arricciare il naso all'arrivo, la musica cambia all'interno: camere ovattate e ben insonorizzate dagli eleganti e raffinati arredi. Navetta gratuita per la stazione metropolitana.

The Hub Hotel
🏄 🖥 💯 📶 ⅃♨ ⬆ AC 🕍 🚗

via Privata Polonia 10 ✉ 20157 – 📞 *02 78 62 70 00* — Pianta: 1A1**c**
– www.thehubhotel.com

162 cam ⬜ – 🛏79/890 € 🛏🛏89/890 €

In una zona un po' defilata, ma di fronte all'Expo, un moderno urban hotel con camere abbastanza ampie, buoni spazi congressuali ed un'attrezzata spa all'ultimo piano. I classici italiani rivisitati e minimalismo metropolitano al ristorante.

Mirage
🏄 ⅃♨ ⬆ 👫 AC 🕍 🚗

viale Certosa 104/106 ✉ 20156 – 📞 *02 39 21 04 71* — Pianta: 3E1**z**
– www.hotelmirage-milano.com – Chiuso 24 dicembre-2 gennaio e agosto

86 cam ⬜ – 🛏99/279 € 🛏🛏150/369 €

In virtù della sua posizione strategica, vicino all'imbocco delle principali autostrade e non lontano dal polo fieristico di Rho-Pero, è la struttura ideale per una clientela business. Camere rinnovate in stile classico, alcune con parquet.

🍴🍴🍴 La Pobbia 1850
👫 AC ⬄
☕

via Gallarate 92 ✉ 20151 – 📞 *02 38 00 66 41* — Pianta: 3E1**w**
– www.lapobbia.com – Chiuso 26 dicembre-6 gennaio, 3 settimane in agosto e domenica

• LOMBARDA • Menu 18 € (in settimana) – Carta 40/69 €

La Pobbia, un omaggio ai pioppi che scuotevano le loro fronde lungo questa via che a fine '800 era ancora aperta campagna, una vecchia ma elegante cascina in cui si celebra la cucina meneghina: pochi piatti, quasi esclusivamente di carne, in buona parte dedicati alla cucina lombarda.

🍴🍴🍴 Unico Milano
≼ 👫 AC
🌸

via Achille Papa 30, palazzo World Join Center ✉ 20149 — Pianta: 3E1**u**
Ⓜ *Lotto –* 📞 *02 39 21 48 47 – www.unicorestaurant.it*

• CREATIVA • Menu 100 € (cena)/130 € – Carta 74/128 €

Unico ristorante a Milano ad offrire una vista che abbraccia tutto lo skyline cittadino, la cucina raccoglie invece prodotti e ricette di diverse regioni e le reinterpreta con fantasia in curate presentazioni. A pranzo c'è una selezione di piatti più ristretta, semplice ed economica.

→ Risotto mantecato al succo di peperone rosso, burro d'arachidi e acciughe affumicate. Merluzzo gratinato alle mandorle con cipollotto e peperone. Granita di fragole e Champagne con semifreddo all'ananas e lime.

🍴🍴 Innocenti Evasioni (Arrigoni e Picco)
🌿 🍴 🌳 AC ⬄
🌸

via privata della Bindellina ✉ 20155 – 📞 *02 33 00 18 82* — Pianta: 3E1**a**
– www.innocentievasioni.com – Chiuso 1°-10 gennaio, 6-31 agosto e domenica

• CREATIVA • Menu 49/68 € – Carta 47/74 € – *(solo a cena)* (consigliata la prenotazione)

Un piacevole locale dalle grandi vetrate che si aprono sul giardino dove incontrare una cucina classica rivisitata con tecnica creativa. Splendido servizio estivo all'aperto.

→ Risotto al brodo di grana padano, coriandolo fresco, bottarga e asparagi. Lombata di maialino iberico con rabarbaro allo zenzero, piselli freschi e cialda al pepe. Meringata alle more, cioccolatoso al 70% e riduzione di panna al dragoncello.

MILANO

Zona urbana Nord-Est

Starhotels Tourist

viale Fulvio Testi 300 ✉ *20126* Ⓜ *Bignami*
– 𝄽 *0 26 43 77 77 – www.starhotels.com*   Pianta: 2C1**c**
134 cam – 👤75/890 € 👥👤75/890 €
Comodo per raggiungere l'autostrada, è un albergo a frequentazione commerciale caratterizzato da camere funzionali e moderne - personalizzate con immagini dei principali monumenti della città - ed un servizio solerte.

Nu

via Feltre 19b ✉ *20132* Ⓜ *Udine –* 𝄽 *0 29 71 54 51*   Pianta: 4H1**f**
– www.nu-hotel.com
38 cam – 👤88/424 € 👥👤145/1017 €
Art hotel di recente apertura, dove elementi naturali flirtano con tecnologia e modernità dando vita ad un'atmosfera ad alto tasso di originalità. Un esempio? Circa 2000 lampadine avvolgono la struttura di una luce calda e personalizzata. All'ultimo piano, presso il ristorante panoramico, sfiziosi piatti di terra e di mare.

Degli Arcimboldi Ⓝ

viale Sarca 336 ✉ *20126* Ⓜ *Bignami –* 𝄽 *02 84 26 68 00*   Pianta: 2C2**d**
– www.hotelarcimboldi.it
216 cam – 👤40/1000 € 👥👤50/1000 €
Nel più puro e imperante stile minimalista, risorsa periferica nei pressi del teatro degli Arcimboldi e zona business/universitaria della Bicocca. Camere tutte uguali, ma quelle d'angolo beneficiano di qualche metro in più!

Susa

viale Argonne 14 ✉ *20133 –* 𝄽 *02 70 10 28 97*   Pianta: 4H2**d**
– www.hotelsusamilano.it
19 cam – 👤80/200 € 👥👤100/300 €
Situato in una zona strategica di Milano, Città Studi, l'hotel si propone come un valido riferimento sia per una clientela business sia per turisti in visita al capoluogo lombardo. Camere moderne e funzionali; spazi comuni arredati in stile sobrio e minimalista.

San Francisco

viale Lombardia 55 ✉ *20131 –* 𝄽 *0 22 36 03 02*   Pianta: 4H1**d**
– www.hotel-sanfrancisco.it
28 cam – 👤40/300 € 👥👤60/400 €
Lungo una graziosa strada di edifici e villini d'inizio secolo, anche l'albergo ne ripropone la tipologia architettonica con un piccolo giardino sul retro per le colazioni. Camere semplici ed essenziali.

Manna

XX

piazzale Governo Provvisorio 6 ✉ *20127*   Pianta: 4H1**c**
– 𝄽 *02 26 80 91 53 – www.mannamilano.it*
– Chiuso 1°-7 gennaio, 15 agosto-7 settembre e domenica
• CUCINA MODERNA • Menu 18 € (pranzo in settimana) – Carta 38/58 €
Lontano dai riflettori, in un angolo inaspettatamente grazioso della periferia milanese, una cucina creativa e riuscita, attenta alle presentazioni, con proposte sia di carne che di pesce.

Nassa Osteria di Mare Ⓝ

XX

via Donatello 22 ✉ *20123 –* 𝄽 *0 22 66 48 10*   Pianta: 4H2**n**
– www.nassaosteria.it – Chiuso 1°-6 gennaio, 11-18 agosto, sabato a mezzogiorno e domenica
• PESCE E FRUTTI DI MARE • Menu 21 € (pranzo in settimana)/49 €
– Carta 33/81 €
Un indirizzo senza ombra di dubbio da consigliare, in virtù dei suoi molteplici atout: ambiente moderno e molto raccolto, titolare con ampia conoscenza del mercato ittico, chef dal curriculum interessante. Quanto basta per un'esperienza gastronomica positiva!

X **Vietnamonamour** ⇦ 🍴 AC

via A. Pestalozza 7 ✉ *20131* Ⓜ *Piola* – ✆ *02 70 63 46 14* Pianta: 4H1**b**
– www.vietnamonamour.com – Chiuso 2 settimane in agosto
• VIETNAMITA • Carta 29/60 € – *(chiuso lunedì a mezzogiorno e domenica)*
(consigliata la prenotazione)
4 cam 🛏 – 🕴80/250 € 🕴🕴120/320 €

Lungo una graziosa strada punteggiata di edifici d'inizio Novecento, specialità del Vietnam settentrionale nella raccolta sala con soppalco e nell'intimo giardino d'inverno. L'atmosfera continua nelle romantiche camere, un angolo d'Asia a Milano.

X **Mirta** ♿ AC

piazza San Materno 12 ✉ *20131* – ✆ *02 91 18 04 96* Pianta: 4H1**e**
– www.trattoriamirta.it – Chiuso 2 settimane in dicembre, agosto, sabato e i giorni festivi
• LOMBARDA • Carta 32/52 €

Una simpatica trattoria dalla doppia anima: affollata ed economica a pranzo, più tranquilla la sera. L'ambiente è semplice ed informale, mentre la cucina propone piatti della tradizione lombarda, ma non solo.

X **Baia Chia** AC ⇔

via Bazzini 37 ✉ *20131* Ⓜ *Piola* – ✆ *0 22 36 11 31* Pianta: 4H1**a**
– www.ristorantesardobaiachia.it – Chiuso vacanze di Natale e 10-25 agosto
• SARDA • Carta 31/53 €

Un semplice, ma genuino locale come la cucina che una famiglia sarda ha portato con sé dall'isola. In prevalenza pesce, non manca - tuttavia - il celebre maialino, da ordinare con qualche giorno d'anticipo.

Zona urbana Sud-Est

🏠 **Mec** 🛗 🔼 AC ♿ 🚗

via Tito Livio 4 ✉ *20137* Ⓜ *Lodi TIBB* – ✆ *0 25 45 67 15* Pianta: 4H3**r**
– www.hotelmec-milano.it
40 cam 🛏 – 🕴40/220 € 🕴🕴50/330 €

Camere e spazi comuni raccolti, ma non per questo poco confortevoli! Comodo hotel a sicura gestione familiare con garage privato per chi arriva in auto.

X **Trattoria del Nuovo Macello** AC ⇔

via Cesare Lombroso 20 ✉ *20137* – ✆ *02 59 90 21 22* Pianta: 4H3**b**
– www.trattoriadelnuovomacello.it – Chiuso 31 dicembre-6 gennaio, 10-31 agosto e domenica, sabato a mezzogiorno e domenica
• CREATIVA • Menu 18 € (pranzo in settimana)/33 € – Carta 25/62 €

Battezzata con questo nome nel 1927 - quando di fronte ad essa sorse il nuovo macello - trent'anni dopo il nonno di uno degli attuali soci la prese in gestione, fiutando il "buon affare" in base all'usura della soglia. Non si sbagliò affatto! Piatti fedeli ai sapori di un tempo, rielaborati in chiave contemporanea.

X **Kitchen** 🍴 ♿ AC

via Neera 40 ✉ *20143* Ⓜ *Abbiategrasso* Pianta: 2B3**k**
– ✆ 02 84 89 57 49 – www.kitchenristorante.com – Chiuso sabato a mezzogiorno e domenica
• CUCINA MODERNA • Carta 30/64 € – (consigliata la prenotazione la sera)

Piccolo, ma grazioso, ristorante che fa delle verdure provenienti dai propri orti il suo punto di forza, insieme a ricette tradizionali regionali ed ad una particolare attenzione alle intolleranze al glutine. A pranzo, proposta più semplice ed economica, nonché un estratto dalla carta serale.

Zona urbana Sud-Ovest

🏠 **La Spezia** 🔼 ♿ AC 🚗

via La Spezia 25 ✉ *20142* Ⓜ *Romolo* – ✆ *02 84 80 06 60* Pianta: 3F3**d**
– www.minihotel.it – Chiuso 24 dicembre-7 gennaio
76 cam 🛏 – 🕴65/500 € 🕴🕴85/800 €

Vicino a tangenziali e autostrade - dotato di ampio parcheggio - è ideale per chi deve muoversi in auto. Camere semplici e moderne: preferite quelle sul retro, indubbiamente più tranquille.

717

XxX Il Luogo di Aimo e Nadia (Aimo Moroni)

via Montecuccoli 6 ✉ 20147 **Ⓜ** Primaticcio   Pianta: 1A2**e**
– 𝄢 02 41 68 86 – www.aimoenadia.com – Chiuso 1°-8 gennaio, 3 settimane in
agosto, sabato a mezzogiorno e domenica
• CREATIVA • Menu 45 € (pranzo in settimana)/140 € – Carta 84/173 €
Portarono a Milano la cucina toscana per poi ampliarla alle altre regioni; fedele a
se stesso, la selezione di prodotti italiani che oggi il ristorante propone è diffícil-
mente eguagliabile.
➜ Spaghettoni in salsa di cicale di mare, fave fresche, cozze "pelose" tarantine e
cacao venezuelano. Anguilla caramellata alla birra Nora, con cavolfiore all'aspretto
e finocchio selvatico. Black lemon: crema ai limoni di Sorrento, spuma al lime e
polvere di 'loomi'.

Dintorni di Milano

al Parco Forlanini (lato Ovest) Est : 10 km (Milano : pianta 2)

XX Osteria I Valtellina

via Taverna 34 ✉ 20134 – 𝄢 0 27 56 11 39   Pianta: 2D2**h**
– www.ivaltellina.it – Chiuso sabato a mezzogiorno e venerdì
• VALTELLINESE • Menu 55 € – Carta 42/81 € – (consigliata la prenotazione)
Un ambiente caratteristico, quasi un museo della vita quotidiana lombarda, l'osteria propone una cucina classica con piatti dai sapori tipicamente valtellinesi.

a Linate Aeroporto Est : 10 km (Milano : pianta 2 D3)

XX Michelangelo Restaurant Ⓝ

via Forlanini ✉ 20090 Segrate – 𝄢 02 76 11 99 75
– www.michelangelorestaurantlinate.it – Chiuso Domenica
• CUCINA MODERNA • Menu 24 € (pranzo in settimana)/59 € – Carta 33/75 €
– (consigliata la prenotazione)
All'interno dell'aeroporto di Linate, le ampie vetrate regalano l'insolito spettacolo
di decolli ed atterraggi; la sala è moderna, come del resto la sua cucina…quella a
vista e quella proposta al palato.

Vedere anche risorse alberghiere a **Malpensa Aeroporto**

MILANO 2 – Milano (MI) ➜ Vedere Segrate

MILANO MARITTIMA – Ravenna (RA) ➜ Vedere Cervia

MILAZZO
Sicilia – Messina (ME) – ✉ 98057 – 31 798 ab. – Carta regionale n° **17-D1**
◨ Catania 133 km – Taormina 86 km – Messina 39 km – Palermo 200 km
Carta stradale Michelin 365-BA54 – Guida Verde Michelin SICILIA

🏠 La Chicca Palace Hotel

via Tenente La Rosa 1 – 𝄢 09 09 24 01 51 – www.lachiccahotel.com
21 cam ⬚ – ♦60/100 € ♦♦80/160 €
In pieno centro ad un passo sia dal porto che dal lungomare, una nuova struttura
raccolta e accogliente. Modernità ed essenzialità caratterizzano ogni settore con
omogeneità.

🏠 La Bussola

via Nino Bixio 11/12 – 𝄢 09 09 22 12 44 – www.hotelabussola.it
23 cam ⬚ – ♦70/130 € ♦♦80/230 € – **3 suites**
Agile punto di riferimento per quanti, dopo una buona e abbondante colazione,
desiderano riprendere il viaggio alla volta delle Eolie: il recente rinnovo con soluzioni di design lo caratterizza per eleganza e originalità. Al ristorante, cucina semplice e sapori di mare come ostriche, astici e crudi vari.

🏠 Cassisi

via Cassisi 5 – 𝄢 09 09 22 90 99 – www.cassisihotel.com
14 cam ⬚ – ♦60/110 € ♦♦70/150 €
Nell'area del porto, un albergo design dagli arredi sobri ed essenziali: linee geometriche e moderne. Prima colazione a buffet, ricca per varietà e qualità.

Hotel San Michele

via Magistri 65 – ℰ 09 09 22 49 94 – www.sanmichelehotel.com
37 cam ⌑ – †50/80 € – ††60/120 € – **1 suite**
Non distante dal porto e interamente ristrutturato in anni recenti, l'hotel si presenta - ora - con camere decisamente moderne, confortevoli e molto ampie; spazi comuni ben distribuiti e un bar pubblico a lato con piccola pasticceria. Aperto tutto l'anno, è l'indirizzo ideale per chi soggiorna per affari.

 Locanda il Bagatto

via M. Regis 11 – ℰ 09 09 22 42 12 – www.locandadelbagatto.com
6 cam ⌑ – †70/80 € – ††90/130 €
Rist *Il Bagatto* – Vedere selezione ristoranti
Mai come in questo caso, il vecchio adagio "poco, ma buono" risulta azzeccato. Solo sei camere, moderne e di design, dove l'architetto non ha tenuto a freno la fantasia. Il risultato è un insieme intrigante e originale!

XX **Doppio Gusto**

via Luigi Rizzo 1/2 – ℰ 09 09 24 00 45 – Chiuso lunedì
Carta 41/89 €
Sono le specialità di pesce a connotare la cucina di questo locale dal design contemporaneo con tratti di eleganza, ma informale nel servizio. Buona scelta enologica con proposte anche al calice.

X **Il Bagatto** – Locanda del Bagatto

via M. Regis 11 – ℰ 09 09 22 42 12 – www.locandadelbagatto.com
Menu 30/45 € – Carta 28/58 € – *(chiuso febbraio) (solo a cena)* (consigliata la prenotazione)
Cucina strettamente di terra con prodotti di nicchia provenienti anche da altre regioni, in un ristorante dai toni rustici; le camere sfoggiano invece uno stile di moderno design.

MILETO

Vibo Valentia (VV) – ✉ 89852 – 6 794 ab. – Alt. 365 m – Carta regionale n° **3-A3**
▶ Roma 629 km – Reggio di Calabria 86 km – Catanzaro 83 km –
Vibo Valentia 12 km
Carta stradale Michelin 564-L30

X **Il Normanno**

via Duomo 12 – ℰ 09 63 33 63 98 – www.ilnormanno.com – Chiuso lunedì escluso in agosto
Menu 12 € (pranzo in settimana)/25 € – Carta 18/36 €
Marito in sala e moglie ai fornelli a preparare piatti della tradizione locale, come la fileda (pasta filata a mano) con sugo alla "normanna" (peperoni, porcini e pomodoro), in una rustica trattoria nel cuore della località.

MILLESIMO

Savona (SV) – ✉ 17017 – 3 429 ab. – Carta regionale n° **8-B2**
▶ Roma 580 km – Genova 81 km – Cuneo 62 km – Savona 29 km
Carta stradale Michelin 561-I6

XX **Locanda dell'Angelo**

*via Roma 30 – ℰ 0 19 56 56 57 – www.lalocandadellangelo.eu
– Chiuso 1°-15 giugno, martedì sera e mercoledì*
Menu 40/70 € – Carta 57/100 €
In un incantevole borgo di origini medioevali, gli interni rivelano un sapiente mix di antico e moderno, mentre la cucina del giovane cuoco sposa con originalità sapori di mare e di terra.
➜ Tortello 40 tuorli, farcito di ricotta di capra, zucchine trombetta d'Albenga e gambero crudo. Quaglietta rosticciata con verdure di stagione e maionese alla senape. Millefoglie nocciola al gusto gianduia e caffè.

MINERBIO

Bologna (BO) – ⊠ 40061 – 8 741 ab. – Alt. 16 m – Carta regionale n° **5-D3**
▶ Roma 399 km – Bologna 23 km – Ferrara 30 km – Modena 59 km
Carta stradale Michelin 562-I16

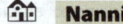 **Nanni** 🏠 🛏 ⊡ ᕀ ⊁⊁ AC 🛰 ⊿⊿ **P**

*via Garibaldi 28 – ☎ 0 51 87 82 76 – www.hotelnanni.com – Chiuso
25 dicembre-6 gennaio e 9-23 agosto*
46 cam ☷ – ☗70/90 € ☗☗90/180 €
Albergo dalla solida tradizione familiare: luminosi interni arredati in modo molto
piacevole e belle camere, le più nuove e carine sono frutto del recente ampliamento. Un plus non indifferente: nel parcheggio attacchi per la ricarica di auto
elettriche.

MINERVINO MURGE

Barletta-Andria-Trani (BT) – ⊠ 76013 – 9 131 ab. – Alt. 429 m
– Carta regionale n° **15-B2**
▶ Roma 364 km – Foggia 68 km – Bari 75 km – Barletta 39 km
Carta stradale Michelin 564-D30

✗ **La Tradizione-Cucina Casalinga** AC

🐷 *via Imbriani 11/13 – ☎ 08 83 69 16 90 – www.osterialatradizione.net – Chiuso
21-28 febbraio, 1°-15 settembre, domenica sera e giovedì*
Menu 15/30 € – Carta 16/37 €
Celebre trattoria del centro storico, accanto alla chiesa dell'Immacolata. Ambiente
piacevole, in stile rustico, foto d'epoca alle pareti e piatti tipici del territorio come
i troccoli alla murgese, il cutturiello di agnello da latte con cime di rape.

MINORI

Salerno (SA) – ⊠ 84010 – 2 791 ab. – Carta regionale n° **4-B2**
▶ Roma 269 km – Napoli 67 km – Amalfi 3 km – Salerno 22 km
Carta stradale Michelin 564-E25

 Santa Lucia 🏠 ◣ ⊡ AC 🚗

*via Strada Nuova 44 – ☎ 0 89 87 71 42 – www.hotelsantalucia.it – Chiuso
7 gennaio-15 marzo*
35 cam ☷ – ☗65/90 € ☗☗85/169 €
Nella ridente cittadina dell'incantevole costiera Amalfitana, un albergo a gestione
familiare, con camere nuove e davvero graziose. Sapori campani nella capiente
sala da pranzo dai colori caldi.

✗✗ **Giardiniello** 🛖

*corso Vittorio Emanuele 17 – ☎ 0 89 87 70 50 – www.ristorantegiardiniello.com
– Chiuso mercoledì escluso 1° aprile-15 ottobre*
Carta 33/77 €
Ristorante e pizzeria situato nel centro della località, dove gustare piatti del luogo,
soprattutto di mare; gradevole servizio estivo sotto un pergolato.

MIRA

Venezia (VE) – ⊠ 30034 – 38 779 ab. – Carta regionale n° **23-C3**
▶ Roma 514 km – Padova 22 km – Venezia 20 km – Chioggia 39 km
Carta stradale Michelin 562-F18

🏠🏠 **Villa Franceschi** 🏠 🛏 ⊡ ᕀ AC ⊿⊿ **P**

via Don Minzoni 28 – ☎ 04 14 26 65 31 – www.villafranceschi.com
15 cam ☷ – ☗135/195 € ☗☗215/450 € – **10 suites**
Rist *Margherita* – Vedere selezione ristoranti
In una villa risalente al XVI secolo in stile palladiano con arredi d'epoca o in una
barchessa in stile country: a ciascuno la sua scelta, ma per tutti c'è un romantico
soggiorno affacciato sul fiume Brenta.

Villa Margherita   🛏 AC P

via Nazionale 416 – ☎ 04 14 26 58 00 – www.villa-margherita.com

15 cam ⬚ – ♦100/127 € ♦♦148/215 € – **4 suites**

All'ombra di un ampio parco, una splendida villa secentesca anticipata da un romantico viale costellato di tigli, per un soggiorno di classe: ambienti raffinati, riccamente ornati e abbelliti da affreschi e quadri d'autore.

 Isola di Caprera   🛏 ⬚ & AC ⊗ 🛁 P

riviera Silvio Trentin 13 – ☎ 04 14 26 52 55 – www.isoladicaprera.com – Chiuso 22 dicembre-3 gennaio

16 cam ⬚ – ♦70/100 € ♦♦85/200 €

Lungo il fiume Brenta, gradevole giardino con piscina ed atmosfera da casa privata, sia nella bella villa ottocentesca, sia nelle due romantiche barchesse.

 Do Ciacole In Relais Ⓝ   🌳 🐾 🛏 ⬚ 🛋 & AC P

via Malpaga 116, località Olmo, Nord-Est: 3 km – ☎ 04 14 26 52 10 – www.dociacoleinrelais.it

11 cam ⬚ – ♦70/120 € ♦♦110/260 €

Piacevole relais di campagna sorto all'interno di muri antichi, oggi rappresenta una risorsa, ospitale, arredata con cura e stile moderno cinta oltre che dalla tranquillità della campagna, dal proprio piccolo giardino con piscina. Ottima fama per l'omonimo ristorante dove il patron prepara carne e pesce con uguale bravura.

𝕏𝕏𝕏 **Margherita** – Hotel Villa Franceschi   🛏 🍴 AC ⟷ P

via Don Minzoni 28 – ☎ 04 14 26 65 31 – www.villafranceschi.com

Menu 38/95 € – Carta 63/115 €

Le grandi vetrate della sala offrono deliziosi scorci del giardino, mentre l'interno è all'insegna di una calda eleganza. Il menu allude ad una cucina classica basata su un'attenta selezione dei migliori ingredienti, in primis il pesce.

𝕏𝕏 **Nalin**   🍷 AC P

via Argine sinistro Novissimo 29 – ☎ 0 41 42 00 83 – www.trattorianalin.it – Chiuso 27 dicembre-7 gennaio, 17 agosto-1° settembre e lunedì

Menu 35 € (in settimana)/85 € – Carta 27/72 €

Una lunga tradizione - iniziata nel 1914 - da parte della stessa famiglia, per questo locale che propone piatti d'ispirazione ittica e dove la cottura su una vera brace è la specialità del ristorante. Cent'anni portati con grazia!

𝕏𝕏 **Dall'Antonia**   AC P

via Argine Destro del Novissimo 75, Sud: 2 km – ☎ 04 15 67 56 18 – www.trattoriadallantonia.it – Chiuso gennaio, agosto, domenica sera e martedì

Carta 31/52 €

Romanticamente affacciato sulla riva del Brenta, un tripudio di piante e fiori vi accoglierà all'interno, insieme alle classiche proposte venete di pesce.

a Oriago Est : 4 km – ✉ 30034

 Il Burchiello   🍷 ⬆ AC ⊗ P

via Venezia 19 – ☎ 0 41 42 95 55 – www.burchiello.it

63 cam ⬚ – ♦75/95 € ♦♦100/120 €

Situato in posizione strategica per chi volesse effettuare escursioni sul fiume Brenta, hotel dalla gestione seria e professionale offre camere confortevoli. Basta attraversare la strada per accedere all'omonimo ristorante specializzato in menu di pesce.

𝕏 **Nadain**   AC ⊗ P

via Ghebba 26 – ☎ 0 41 42 93 87 – www.nadain.it – Chiuso 2 settimane in luglio, giovedì a mezzogiorno e mercoledì

Menu 18 € (pranzo in settimana)/75 € – Carta 29/77 €

Ha ormai più di 50 anni di vita questo ristorante a conduzione familiare in zona periferica: ricette della tradizione regionale a tutto pesce e rigorosamente presentate a voce, mentre nel pomeriggio si apre la "cicchetteria".

MIRABELLA ECLANO

Avellino (AV) – ⊠ 83036 – 7 762 ab. – Alt. 372 m – Carta regionale n° **4-C1**

▶ Roma 244 km – Foggia 79 km – Avellino 34 km – Benevento 24 km

Carta stradale Michelin 564-D26

sulla strada statale 90 al km 4,100 Sud : 10 km

🏠🏠 **Radici Resort** ⓝ   ☂ 🦮 ← 🛁 🖪 ᴋ AC

contrada Corpo di Cristo, località Piano Pantano – ☎ 08 25 43 15 37
– www.morabianca.com

8 cam ☲ – †120/180 € ††150/200 € – **1 suite**

Rist Morabianca – Vedere selezione ristoranti

Il piccolo e grazioso centro benessere fornirà una ragione in più per farvi optare per questa bella struttura: a voi, scegliere tra le camere nel relais immerso nel verde e campo da golf o quelle sopra il ristorante Morabianca.

XX **Morabianca** ⓝ – Hotel Radici Resort   ← 🛱 ᴋ AC

contrada Corpo di Cristo, località Piano Pantano – ☎ 08 25 43 15 37
– www.morabianca.com

Carta 27/47 € – (chiuso domenica sera e lunedì-martedì-mercoledì) (solo a cena escluso sabato e domenica)

Una volta accomodati nella bella sala dai colori pastello, godetevi lo spettacolo di chi ha deciso di proporvi la semplicità del territorio, ma con tendenze alla modernità.

MIRAMARE – Rimini (RN) ➔ Vedere Rimini

MIRANO

Venezia (VE) – ⊠ 30035 – 27 055 ab. – Alt. 9 m – Carta regionale n° **23-C2**

▶ Roma 516 km – Padova 32 km – Venezia 26 km – Treviso 35 km

Carta stradale Michelin 562-F18

🏠🏠 **Park Hotel Villa Giustinian**   🛋 🏊 🗗 AC 🕍 🅿

via Miranese 85 – ☎ 04 15 70 02 00 – www.villagiustinian.com

40 cam ☲ – †51/80 € ††100/130 € – **2 suites**

In un ampio parco con piscina, una villa del Settecento dagli ambienti rilassanti e ornati in stile - sia nelle camere sia nella hall - affiancata da due dépendance con stanze più sobrie.

🏠🏠 **Relais Leon d'Oro**   ☂ 🦮 🛋 🏊 🛁 🗗 ᴋ AC 🕍 🅿

via Canonici 3, Sud: 3 km – ☎ 0 41 43 27 77 – www.leondoro.it – Chiuso 22-28 dicembre

31 cam ☲ – †69/88 € ††74/109 €

Costruito nel 1860 dal Vescovado di Padova per il ritiro dei Padri Francescani, il relais si presenta oggi come una raffinata residenza di campagna non priva di moderni confort: interni curati, ambienti signorili e camere personalizzate.

X **Da Flavio e Fabrizio "Al Teatro"**   🛱 AC 🌂

☎️ via della Vittoria 75 – ☎ 0 41 44 06 45 – www.ristorantedaflavioefabrizio.it
– Chiuso 11-18 agosto e lunedì

😋 Menu 24/45 € – Carta 25/42 € – (consigliata la prenotazione)

Adiacente al cinema-teatro, la sala d'ingresso si presta a pasti veloci; per occasioni più importanti salite al primo piano. In ogni caso, cucina tradizionale veneta di mare, tra cui i tagliolini gialli e neri con scampi zucchine e calamaretti, code di gambero avvolte nella pancetta cruda affumicata con salsa al gorgonzola, sfogliatina con crema Chantilly e fragole.

a Vetrego Sud : 4 km – ⊠ 30035

X **Il Sogno**   🛋 🛱 AC 🅿

☎️ via Vetrego 8 – ☎ 04 15 77 04 71 – www.trattoriailsogno.com – Chiuso domenica sera e lunedì

😋 Menu 11 € (pranzo in settimana) – Carta 20/39 €

In un locale di campagna, ex circolo culturale, buona cucina personalizzata da un pizzico di fantasia, ma con evidenti radici regionali. Sempre presente il carrello dei bolliti con salse e mostarda; da poco si propone anche un po' di pesce. Suggestioni dal menu: fiori di zucca ripieni di ricotta e menta, gallina padovana in saor.

MISANO ADRIATICO

Rimini (RN) – ✉ 47843 – 12 910 ab. – Carta regionale n° **5-D2**
▶ Roma 318 km – Rimini 13 km – Bologna 126 km – Forlì 65 km
Carta stradale Michelin 562-K20

Atlantic Riviera 🏠

via Sardegna 28 – ✆ *05 41 61 41 61* – *www.atlanticriviera.com* – *Aperto Pasqua-30 settembre*
53 cam ⌚ – †70/120 € ††100/200 €
Particolare la terrazza solarium sulla quale si trova anche una bella piscina panoramica affacciata sulla Riviera; funzionali le camere, non prive di qualche tocco di eleganza. Dalla cucina romagnola ai classici nazionali, al ristorante.

Le Vele ✗✗

via Litoranea Sud, Bagni 70 – ✆ *05 41 61 13 99* – *www.ristorantelevele.net* – *Chiuso lunedì-martedì-mercoledì da ottobre a maggio*
Carta 29/70 € – *(solo a cena da giugno a settembre escluso sabato e domenica)*
Con i piedi quasi nella sabbia ed il mare a portata di mano, un locale moderno, lineare, dove tutto è finalizzato ad offrire agli ospiti specialità ittiche presentate, senza esagerazioni, in chiave moderna.

MISSIANO = **MISSIAN** – Bolzano (BZ) ➜ Vedere Appiano sulla Strada del Vino

MISURINA

Belluno (BL) – ✉ 32040 – Alt. 1 756 m – Carta regionale n° **23-C1**
▶ Roma 686 km – Cortina d'Ampezzo 14 km – Auronzo di Cadore 24 km – Belluno 86 km
Carta stradale Michelin 562-C18

Lavaredo 🏠

via Monte Piana 11 – ✆ *0 43 53 92 27* – *www.lavaredohotel.it* – *Aperto 21 dicembre-Pasqua e 30 maggio-30 settembre*
27 cam – †60/160 € ††80/160 € – ⌚ 9 € – **1 suite**
Si riflette sullo specchio lacustre antistante questa risorsa a gestione familiare che offre un'incantevole vista sulle cime e camere semplici, ma accoglienti. Cucina classica italiana nel ristorante anch'esso affacciato sul lago.

MOCRONE – Massa-Carrara (MS) ➜ Vedere Villafranca in Lunigiana

MODENA

(MO) – ✉ 41121 – 185 148 ab. – Alt. 34 m – Carta regionale n° **5-B2**

▶ Roma 408 km – Bologna 49 km – Reggio nell'Emilia 37 km – Mantova 74 km
Carta stradale Michelin 562-I14

M. Dallaglio / Tips / Photononstop

 Alberghi

Canalgrande

corso Canalgrande 6 ✉ *41121* – ☎ *0 59 21 71 60*   Pianta: B2**v**
– www.canalgrandehotel.it
68 cam ☲ – ♜79/130 € ♜♜99/180 € – **2 suites**
Rist *La Secchia Rapita* – Vedere selezione ristoranti
In un antico palazzo che fu anche convento, sale affrescate e stuccate di grande
impatto estetico: camere di tono signorile e di confort adeguati alla categoria,
tutte con tappezzerie differenti. Il cortile interno, racchiuso tra le dimore storiche
del centro, è un vero gioiello.

Real Fini-Via Emilia

via Emilia Est 441, per Bologna - B3 ✉ *41122* – ☎ *05 92 05 15 11*
– www.hotelviaemilia.it
87 cam ☲ – ♜79/162 € ♜♜89/228 € – **1 suite**
Nell'antica città estense, questo hotel di prestigio propone eleganti zone comuni
con boiserie in ciliegio e camere arredate con mobili su misura. Ampio centro
congressi.

Central Park

via Vittorio Veneto 10 ✉ *41124* – ☎ *0 59 22 58 58*   Pianta: A2**d**
– www.centralparkmodena.com
45 cam ☲ – ♜90/150 € ♜♜130/180 € – **2 suites**
Albergo moderno a frequentazione prevalentemente commerciale: i colori e la
qualità degli arredi si faranno tuttavia apprezzare anche da chi è alla ricerca
della Modena più turistica.

Libertà

via Blasia 10 ✉ *41121* – ☎ *0 59 22 23 65*   Pianta: B2**e**
– www.hotelliberta.it
51 cam ☲ – ♜70/150 € ♜♜110/230 € – **1 suite**
Centrale, poco distante dal Palazzo Ducale e provvisto di un comodo garage,
offre graziose e sobrie camere e moderni spazi comuni. Clientela soprattutto
commerciale.

Daunia

via del Pozzo 158, per Bologna - B3 ✉ *41124* – ☎ *0 59 37 11 82*
– www.hoteldaunia.it
42 cam ☲ – ♜75 € ♜♜110 €
All'interno di un edificio dei primi '900, hotel di piccole dimensioni con camere
funzionali e piacevole terrazza allestita con gazebo, utilizzata anche per la prima
colazione.

MODENA

0   200 m

 Ristoranti

XXXX Osteria Francescana (Massimo Bottura) 🕸 ⅃ AC ⅌ ⇔
via Stella 22 ✉ 41121 – ☎ 0 59 22 39 12 — Pianta: A2**b**
– www.osteriafrancescana.it – Chiuso gennaio, 2 settimane in agosto, domenica
e lunedì
Menu 175/190 € – Carta 145/245 € – (consigliata la prenotazione)
Una cucina certamente con una marcia in più: grande equilibrio, capacità di innovare piatti della tradizione grazie ad un approccio critico e non nostalgico, molta
attenzione anche alla leggerezza. Insomma, l'Osteria Francescana si riconferma ai
vertici della ristorazione del Bel Paese e Bottura, un talento ai fornelli osannato da
tutto il mondo.
➜ Tortellino classico modenese. La Cina è vicina: anatra. Ooops, mi è caduta la
crostatina al limone.

XXX L'Erba del Re (Luca Marchini) 🕸 🏠 ⅃ AC ⅌ ⇔
via Castelmaraldo 45 ✉ 41121 – ☎ 0 59 21 81 88 — Pianta: A2**c**
– www.lerbadelre.it – Chiuso 1°-6 gennaio, 6-24 agosto, lunedì a mezzogiorno e
domenica
Menu 50/95 € – Carta 66/105 € – (consigliata la prenotazione)
Essenziale, luminoso, con quadri contemporanei alle pareti: è il contesto in cui
opera il giovane cuoco che affianca ai piatti della tradizione emiliana proposte
più personali ed estrose.
➜ Passatelli asciutti con ragù di pollo ed uvetta. Piccione con salsa di mais
e peperoni. Il "CioccoRe".

XX Zelmira 🏠 ⅃ AC ⇔
piazzetta San Giacomo 17 ✉ 41121 – ☎ 0 59 22 23 51 — Pianta: A2**g**
– Chiuso venerdì a mezzogiorno e giovedì
Carta 36/69 € – (consigliata la prenotazione)
Cucina emiliana e qualche piatto innovativo sono le proposte di questo locale
dalla gestione esperta, situato in pieno centro storico. Servizio estivo sulla suggestiva piazzetta.

XX Bianca 🏠 AC 🅿
via Spaccini 24 ✉ 41122 – ☎ 0 59 31 15 24 — Pianta: B1**n**
– Chiuso 23 dicembre-2 gennaio, vacanze di Pasqua, 1°-15 agosto,
sabato a mezzogiorno e domenica
Carta 31/71 €
Trattoria dal 1948, è il bastione della tradizione modenese che si esplicita in
alcuni piatti irrinunciabili: dagli gnocchi fritti al carrello dei bolliti, passando per i
tortellini in brodo.

XX La Secchia Rapita – Hotel Canalgrande 🔄 🏠 AC
corso Canalgrande 6 ✉ 41121 – ☎ 05 94 27 07 43 — Pianta: B2**v**
– www.ristorantelasecchiarapita.it – Chiuso agosto e domenica
Carta 29/61 € – (solo a cena escluso venerdì e sabato)
Prende il nome dal famoso poema di Alessandro Tassoni, che narra - tra vicende
fantastiche e fatti storici - la storia del conflitto tra Bologna e Modena, ma la lotta
tra le due città qui si sana in cucina: specialità squisitamente locali vanno a braccetto con piatti più genericamente regionali.

XX Oreste AC ⇔
piazza Roma 31 ✉ 41121 – ☎ 0 59 24 33 24 — Pianta: B2**c**
– Chiuso 26 dicembre-6 gennaio, 10-31 luglio, domenica sera e mercoledì
Carta 38/58 €
Immutato dal '59, soffermatevi sull'atmosfera retrò delle sedie di Gio Ponti, i lampadari di Murano e l'argenteria. Anche la cucina si adegua a questo amarcord
modenese, fra tortellini, un ottimo zampone e il carrello dei dolci.

X **Hosteria Giusti**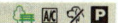

vicolo Squallore 46 ✉ *41121* – ✆ *0 59 22 25 33* Pianta: B2**e**
– *www.hosteriagiusti.it* – *Chiuso dicembre, agosto, lunedì e i giorni festivi*
Carta 54/77 € – *(solo a pranzo)* (prenotazione obbligatoria)
Nel retrobottega di un'elegante ed antica salumeria, troverete solo quattro tavoli in una sala gustosamente retrò. In carta poche proposte, ma di gran qualità e imperniate sulle tradizioni emiliane.

sulla strada statale 9 - via Emilia Est località Fossalta per : 4 km B2-3

🏠 **Rechigi Park Hotel**

via Emilia Est 1581 ✉ *41122 Modena* – ✆ *0 59 28 36 00*
– *www.rechigiparkhotel.it* – *Chiuso vacanze di Natale e agosto*
72 cam � – ♦85/160 € ♦♦125/240 €
Ospitato in un'antica residenza di grande fascino, l'hotel è circondato da un piccolo giardino e propone camere classiche e caldi spazi comuni. Encomiabile la cortesia.

🏠 **La Corte dei Sogni**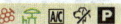

stradello Romano 8 ✉ *41100 Modena* – ✆ *0 59 28 31 38*
– *www.lacortedeisogni.it*
5 cam ⊏ – ♦80/90 € ♦♦90 €
Di pochi metri arretrata dalla via Emilia, ma sufficienti a garantire un po' di tranquillità, è una casa padronale del 1804: quasi tutte le camere sono molto spaziose (bagni compresi). C'è anche una piccola collezione di moto d'epoca Maserati.

XXX **Antica Moka**

via Emilia Est 1496 ✉ *41126 Modena* – ✆ *0 59 28 40 08* – *www.anticamoka.it*
– *Chiuso 1 settimana in agosto e sabato a mezzogiorno*
Menu 55/75 € – Carta 51/95 €
I sapori regionali profumano le eleganti sale di questa ex scuola di inizio '900: i celebri tortellini in brodo, i succulenti arrosti ed una considerevole proposta di pesce.

XXX **Vinicio**

via Emilia Est 1526 ✉ *41126 Modena* – ✆ *0 59 28 03 13*
– *www.ristorantevinicio.it* – *Chiuso 24 dicembre-5 gennaio, agosto e lunedì*
Menu 35/35 € – Carta 38/56 €
Caldo ed elegante il look di questo ristorante: ricavato negli ambienti in cui un tempo c'erano le stalle, propone piatti locali. D'estate si pranza anche all'aperto.

sulla strada statale 486 Sud-ovest 4,5 Km per via Giardini A2

🏠 **Le Ville**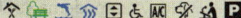

via Giardini 1270, Sud: 4,5 km ✉ *41126 Modena* – ✆ *0 59 51 00 51*
– *www.minihotelleville.it* – *Chiuso vacanze di Natale e 2 settimane in agosto*
46 cam ⊏ – ♦85/120 € ♦♦110/180 €
Comodo per chi predilige gli spostamenti in auto, casa principale e dépendance sono circondate da un giardino, mentre le camere, senza tanti orpelli, privilegiano lo spazio, la comodità e la funzionalità.

in prossimità casello autostrada A1 Modena Sud Sud-Est : 8 km per strada Vignolese B3

🏠 **Real Fini-Baia del Re**

via Vignolese 1684 ✉ *41126 Modena* – ✆ *05 94 79 21 11*
– *www.hotelbaiadelre.com*
84 cam ⊏ – ♦59/165 € ♦♦59/210 € – **6 suites**
A pochi metri dall'ingresso dell'autostrada, l'albergo si compone di una struttura principale e due dépendance: in queste ultime le camere, ovunque moderne e sobrie, sono tuttavia leggermente più grandi, alcune con piccolo giardino.

sulla strada statale 9 - via Emilia Ovest A2

XX ✿ **Strada Facendo** (Emilio Barbieri)

via Emilia Ovest 622 ✉ 41123 Modena – ✆ 0 59 33 44 78 – www.ristorantestradafacendo.it – Chiuso 1 settimana in gennaio, 3 settimane in agosto, sabato a mezzogiorno e domenica

Menu 32 € (pranzo in settimana)/90 € – Carta 54/110 €

Il marito-cuoco in cucina e la moglie-sommelier in sala sono gli artefici di un piccolo e grazioso locale: vi troverete i classici modenesi, ma lo chef si lascia prendere volentieri la mano da proposte più estrose, sia di carne che di pesce.

→ Riso carnaroli al parmigiano 24 mesi con aceto balsamico tradizionale di Modena. Maialino croccante, con patate affumicate, latte di mandorla, salsa di senape e miele. Semifreddo alla nocciola con foglioline d'oro e crema di pistacchio.

XX **La Masseria**

via Chiesa 61, località Marzaglia, Ovest: 9 km ✉ 41123 Modena – ✆ 0 59 38 92 62 – www.ristorantemasseria.com – Chiuso 17 agosto-6 settembre e lunedì

Menu 30/35 € – Carta 28/60 €

Un angolo di Puglia dove trovare piccoli capolavori di una cucina solare e saporita, nonché un titolare di grande simpatia e competenza. Paste fresche, imperdibili e fantasiose torte di verdure, nonché grigliate di carne.

a Baggiovara Sud-Ovest: 8 km per via Giardini A2 – ✉ 41126

UNA Hotel Modena

via Settembrini 10 – ✆ 05 95 13 95 95 – www.unahotels.it – Chiuso 8-21 agosto

95 cam ☕ – 🚹160/250 € 🚹🚹190/300 €

Ad un km dalla tangenziale, struttura interamente nuova, dove le esigenze del soggiorno d'affari incontrano un design avanguardista, geometrico e colorato. Terrazza solarium con giardino pensile.

MODICA

Sicilia – Ragusa (RG) – ✉ 97015 – 54 651 ab. – Alt. 296 m
– Carta regionale n° **17-D3**

Palermo 257 km – Ragusa 16 km – Catania 119 km – Siracusa 70 km

Carta stradale Michelin 565-Q26 – Guida Verde Michelin SICILIA

Modica Palace Hotel

via Vanella 106-Polo Commerciale – ✆ 09 32 45 60 33 – www.modicapalacehotel.it

31 cam ☕ – 🚹49/180 € 🚹🚹59/500 € – **2 suites**

Nuova e moderna struttura nella zona commerciale della città: camere design, full optional, ma la "regina" è la suite Pasha. Al sobrio ristorante, guizzi creativi personalizzano ricette locali.

Palazzo Failla

via Blandini 5 – ✆ 09 32 94 10 59 – www.palazzofailla.it

10 cam ☕ – 🚹55/69 € 🚹🚹69/129 €

In una città tanto bella e superba da regalarsi due centri storici, Palazzo Failla fu costruito nel '700 scegliendo la parte alta di Modica. Le camere sono di due tipologie: quelle al primo piano risalgono all'originaria dimora con preziosi mobili antichi, mentre al secondo gli arredi si fanno più moderni e funzionali.

Principe d'Aragona

corso Umberto I° 281 – ✆ 09 32 75 60 41 – www.hotelprincipedaragona.it

35 cam ☕ – 🚹55/80 € 🚹🚹80/120 €

In posizione strategica per visitare la città, al vostro ritorno in hotel vi aspetta un tuffo in piscina o una pausa rilassante sui lettini del solarium. Le camere sono moderne e confortevoli: come del resto tutta la struttura!

Relais Modica

via Campailla 99 – ℰ 09 32 75 44 51 – www.hotelrelaismodica.it
9 cam ⊑ – ♦65/85 € ♦♦85/110 €
A pochi metri dal centrale corso Umberto, ma già in posizione rialzata per ammirare la città illuminata di sera, un antico palazzo nobiliare (in zona pedonale) apre
i battenti per accogliervi nel fascino discreto di un'elegante casa. Prenotare le
spaziose camere con vista.

 Casa Talia

via Exaudinos 1 – ℰ 09 32 75 20 75 – www.casatalia.it
– Chiuso 16 gennaio-15 febbraio
10 cam ⊑ – ♦110/140 € ♦♦140/220 €
Camere ispirate ai paesi mediterranei in un contesto di straordinario fascino storico, giardino pensile e vista indimenticabile...

 Fattoria delle Torri

vico Napolitano 14 – ℰ 09 32 75 12 86 – www.fattoriadelletorri.it – Chiuso lunedì
escluso in estate
Menu 30 € (pranzo)/80 € – Carta 43/69 €
Percorso un vicolo, il ristorante si mostra d'improvviso nel suo splendore al primo
piano di un palazzo del centro: forti radici siciliane e divagazioni nazionali caratterizzano la cucina che non fa preferenze tra terra e mare. In stagione, sarà
bello cenare all'aperto in un originale limoneto.

 Accursio

via Grimaldi 41 – ℰ 09 32 94 16 89 – www.accursioristorante.it – Aperto
15 marzo-31 ottobre; chiuso lunedì
Carta 54/65 € – *(solo a cena in agosto)* (consigliata la prenotazione)
Il ristorante vuole esprimere l'intimità della casa privata nelle sue salette interne,
mentre l'ampio dehors affacciato sul corso Umberto si apre alla vivacità della
città. La cucina ha numerosi spunti di creatività con cui rielabora le ricette della
tradizione.

MOENA

Trento (TN) – ✉ 38035 – 2 681 ab. – Alt. 1 184 m – Carta regionale n° **19-C2**
◻ Roma 671 km – Trento 87 km – Bolzano 44 km – Cortina d'Ampezzo 77 km
Carta stradale Michelin 562-C16

 Alle Alpi

strada de Moene 67 – ℰ 04 62 57 31 94 – www.hotelallealpi.it
– Aperto 18 dicembre-6 aprile e 20 giugno-15 settembre
33 cam ⊑ – ♦90/180 € ♦♦170/380 € – **5 suites**
Situato nella parte superiore della località, albergo con interni caldi ed eleganti,
cura dei dettagli e centro benessere dotato di piccola beauty. Cucina d'ispirazione
contemporanea nella capiente e luminosa sala ristorante; la carta dei vini è impostata dalla titolare (sommelier!).

 Garden

strada de le Chiesure 3 – ℰ 04 62 57 33 14 – www.hotelgarden-moena.it
– Aperto 16 dicembre-14 aprile e 21 giugno-19 settembre
43 cam ⊑ – ♦140/250 € ♦♦140/250 € – **1 suite**
Albergo a ridosso del centro che punta ad offrire una vacanza "benessere" ai propri
ospiti, sciatori e non. Vasta gamma di programmi di animazione o cure estetiche.

 Park Hotel Leonardo

strada dei Ciroch 15 – ℰ 04 62 57 33 55 – www.parkhotelleonardo.it
– Aperto 16 giugno-23 settembre e 30 novembre-15 aprile
30 cam ⊑ – ♦50/80 € ♦♦100/180 € – **7 suites**
Tranquillo, panoramico, immerso nel verde: gli accoglienti interni s'ispirano alle
tradizioni locali e quattro camere beneficiano di una terrazza-giardino. Il centro
della località? Ancora raggiungibile a piedi.

🏨 Cavalletto

strada de Fachin 1 – 𝒞 04 62 57 31 64 – www.hotelcavalletto.it
38 cam ⌷ – †55/80 € †† 100/150 € – **1 suite**
Gli "ingredienti" per un rilassante soggiorno in Val di Fassa, qui ci sono tutti: camere accoglienti e di varia tipologia, centro benessere dotato anche di grotta di sale, wine-bar, nonché la proverbiale gentilezza della gente di queste parti.

🏨 Rancolin

strada de Moene 31 – 𝒞 04 62 57 31 15 – www.hotelrancolin.it – Aperto Natale-Pasqua e 1° giugno-30 settembre
23 cam ⌷ – †50/90 € †† 100/160 € – **1 suite**
Profusione di legno in questo piccolo hotel a gestione familiare, tranquillo sebbene centrale. Non trascurabile il buon rapporto qualità/prezzo.

✕✕ Malga Panna (Paolo Donei)

strada de Sort 64, località Sorte, Ovest: 1,5 km – 𝒞 04 62 57 34 89 – www.malgapanna.it – Aperto 1° dicembre-30 aprile e 21 giugno-2 ottobre
Menu 65/100 € – Carta 48/94 € – *(chiuso lunedì escluso luglio-agosto e vacanze di Natale)*
Della malga c'è giusto il nome e la panoramica posizione sopra Moena e la valle. Il resto, invece, è alta ristorazione, grazie alla bravura e alla creatività dello chef-patron che vi emozionerà con piatti ispirati al territorio. Sempre presenti, alcune ricette più semplici.
➜ Riso affumicato, essenza di pino mugo e bocconcini di maialino croccante. Agnello della Val di Fiemme con olio di iperico e mais soffiato. Il gelato: ricordo dell'alpeggio in Val di Fassa.

✕✕ Tyrol

piaz de Ramon 9 – 𝒞 04 62 57 37 60 – www.posthotelmoena.it – Aperto 1° dicembre-Pasqua e 25 giugno-20 settembre; chiuso martedì in inverno
Menu 35 € (pranzo)/49 € – Carta 35/60 € **12 cam** ⌷ – †40/73 € †† 80/146 €
La sala classica - in legno - l'avrete già vista in tanti ristoranti, ma non la cucina: legata al territorio, esalta i sapori ladini senza inutili artifici. Per un'esperienza indimenticabile.

✕ Agritur El Mas

strada de Saslonch, località Col de Soldai – 𝒞 04 62 57 42 21 – www.agriturelmas.it – Chiuso lunedì
Menu 25/45 € – Carta 25/45 € **7 cam** ⌷ – †45/65 € †† 90/130 €
Sopra il paese, un vero e proprio agritur-ristorante con allevamento di mucche, cavalli, maiali e produzione di carne, salumi e formaggi: il tutto da gustare insieme ad altre prelibatezze della valle (ottimi i canederli al formaggio puzzone), in un bell'ambiente tra legni antichi. Nello stesso edificio costruito secondo i criteri della bioedilizia ci sono anche delle gradevoli camere.

sulla strada statale 48 Sud : 3 km

🏨 Foresta

strada de la Comunità de Fiem 42 – 𝒞 04 62 57 32 60 – www.hotelforesta.it – Chiuso 9-25 dicembre e 15 giugno-10 luglio
17 cam ⌷ – †75/120 € †† 130/200 € – **6 suites**
Rist Foresta ⊚ – Vedere selezione ristoranti
Un'accoglienza calorosa in una bella casa sita lungo la strada che porta a Moena: spazi comuni caratteristici, sebbene non amplissimi, e ai piani graziose camere.

✕✕ Foresta – Hotel Foresta

strada de la Comunità de Fiem 42 – 𝒞 04 62 57 32 60 – www.hotelforesta.it – Chiuso 9-25 dicembre e 15 giugno-10 luglio, domenica sera e venerdì in bassa stagione
Menu 34 € – Carta 30/61 €
Alle spalle di una fitta abetaia, un classico della valle all'interno dell'omonimo hotel dove poter assaggiare i sapori del territorio da accompagnarsi con uno dei tanti vini che forniscono la bella cantina. I nostri preferiti: orzotto mantecato con trota fumé e rucola oppure guanciale al Teroldego con polenta di Storo.

MOGGIONA – Arezzo (AR) ➜ Vedere Poppi

MOGLIANO VENETO

Treviso (TV) – ✉ 31021 – 27 720 ab. – Carta regionale n° **23-A2**
▶ Roma 532 km – Venezia 21 km – Treviso 13 km – Padova 48 km
Carta stradale Michelin 562-F18

in prossimità casello autostrada A 27 Sud-Ovest : 5 km

 Double Tree By Hilton Venice North   ✿ ☱ ⟆ ⟑ 🖧 ⊡ 🔥 AC ⋈

via Bonfadini 1 – ☏ 04 15 97 70 01   **P**
– www.venicenorth.doubletree.com
185 cam ⌑ – †90/209 € ††102/221 € – **18 suites**
Grande struttura ad impronta business, progettata e realizzata per quel tipo di
clientela: linee minimaliste, camere confortevoli ed essenziali, quasi spoglie. Molti
spazi per l'attività congressuale; per rilassarsi piscina e sauna. Aeroporto a
10 minuti d'auto.

MOIA DI ALBOSAGGIA – Sondrio (SO) ➜ Vedere Sondrio

MOLASSANA – Genova (GE) ➜ Vedere Genova

MOLINELLA

Bologna (BO) – ✉ 40062 – 15 876 ab. – Carta regionale n° **5-C2**
▶ Roma 413 km – Bologna 38 km – Ferrara 34 km – Ravenna 54 km
Carta stradale Michelin 562-I17

 Cesare Magli & Figli   AC **P**

via Guido Reni 10 – ☏ 0 51 88 08 28 – www.cesaremagli.it
9 cam ⌑ – †70/110 € ††80/150 €
Nell'intrigante cornice di un borgo settecentesco, non è il solito hotel, ma un'originale risorsa le cui camere personalizzate evocano atmosfere diametralmente
diverse tra loro: l'epopea dei toreri e dei cow-boy, gli ambienti coloniali dei possedimenti in Africa negli anni '30, il rock e le sue star...

MOLINI = MÜHLEN – Bolzano (BZ) ➜ Vedere Falzes

MOLTRASIO

Como (CO) – ✉ 22010 – 1 612 ab. – Alt. 247 m – Carta regionale n° **10-B1**
▶ Roma 634 km – Como 9 km – Menaggio 26 km – Milano 57 km
Carta stradale Michelin 561-E9

XX **Posta**   ⇔ ⟨ ☆ ⊡ AC

*piazza San Rocco 5 – ☏ 0 31 29 04 44 – www.hotel-posta.it – Chiuso
gennaio-febbraio*
Carta 35/59 € – *(chiuso mercoledì a mezzogiorno)*
17 cam ⌑ – †99/159 € ††109/199 €
In centro, ristorante a gestione diretta, con camere in parte ristrutturate: sala da
pranzo di tono elegante dove gustare pesce lacustre; "fresco" servizio estivo
all'aperto.

MOLVENO

Trento (TN) – ✉ 38018 – 1 138 ab. – Alt. 865 m – Carta regionale n° **19-B3**
▶ Roma 627 km – Trento 44 km – Bolzano 69 km – Riva del Garda 49 km
Carta stradale Michelin 562-D14

 Alexander   ✿ ⟨ ☱ ⟑ 🖥 ❀ 🖧 ⊡ ⋈ ⚡ ⋈ ⛟

*via Nazionale 6/A – ☏ 04 61 58 69 28 – www.alexandermolveno.com – Chiuso
29 marzo-22 aprile e 2 novembre-17 dicembre*
35 cam ⌑ – †65/105 € ††98/178 € – **6 suites**
Affacciata sul lago, con il gruppo del Brenta a farle da sfondo, un'elegante dimora
le cui camere si faranno ricordare per ampiezza e vivacità. La struttura pensa
anche al divertimento dei più piccoli, riservando loro un'apposita sala. Piatti e
vini soprattutto regionali al ristorante L'Aquila Nera e Cima Tosa.

731

Alle Dolomiti

via Lungolago 18 – ℰ 04 61 58 60 57 – www.alledolomiti.com
– Chiuso 6-20 aprile e 5 novembre 20 dicembre
38 cam – solo ½ P 47/95 € – **5 suites**
Dinnanzi al parco del lungolago, una storica casa di famiglia è stata convertita in albergo: le accoglienti camere sono anticipate dallo splendido pavimento in onice della hall. Ampio giardino con piscina sul retro e nella raffinata sala da pranzo, cucina classica trentina preparata dal titolare.

 Belvedere

via Nazionale 9 – ℰ 04 61 58 69 33 – www.belvedereonline.com
– Chiuso 29 marzo-21 aprile e 6 novembre-7 dicembre
46 cam – solo ½ P 70/133 € – **10 suites**
L'albergo è stato completamente rinnovato in uno stile moderno-montano, senza esagerazioni o stravaganti eccessi, ma ampliando quasi ovunque gli spazi a disposizione degli ospiti. Camere ancora più ampie e confortevoli, nonché la certezza di una spa attrezzata.

 Du Lac

via Nazionale 4 – ℰ 04 61 58 69 65 – www.hoteldulac.it – Chiuso aprile e
novembre
40 cam ⊊ – †60/120 € ††80/200 €
Alle porte del paese, una struttura tipica montana abbracciata dal verde e sita vicino al lago dispone di camere classiche ed accoglienti rinnovate in anni recenti.

 El Filò

piazza Scuole 5 – ℰ 04 61 58 61 51 – Aperto vacanze di Natale e
Pasqua-31 ottobre; negli altri mesi aperto solo il week-end escluso
16 ottobre-30 novembre
Menu 25/45 € – Carta 24/52 €
Incantevole caratteristica stube, completamente rifinita in legno: luci soffuse, divanetti a muro rossi e proposte di cucina tipica, ma anche piatti legati alla stagione.

MOMBARUZZO

Asti (AT) – ✉ 14046 – 1 106 ab. – Carta regionale n° **12-C3**
▶ Roma 610 km – Torino 98 km – Asti 37 km – Alessandria 28 km
Carta stradale Michelin 561-H7

a Casalotto Ovest : 4 km – ✉ 14046

 La Villa

via Torino 7 – ℰ 01 41 79 38 90 – www.lavillahotel.net – Aperto
1° aprile-30 novembre
14 cam ⊊ – †110 € ††200/235 € – **5 suites**
Nel cuore delle colline del Monferrato, una signorile villa dei primi del '700 gestita da una coppia inglese, dispone di camere diverse negli arredi e una terrazza panoramica.

MOMBELLO MONFERRATO

Alessandria (AL) – ✉ 15020 – 1 067 ab. – Alt. 273 m – Carta regionale n° **12-C2**
▶ Roma 626 km – Alessandria 48 km – Asti 38 km – Milano 95 km
Carta stradale Michelin 561-G6

 Dubini

via Roma 34 – ℰ 01 42 94 41 16 – www.cadubini.it
– Chiuso 1°-20 gennaio, 1°-20 agosto e mercoledì
Menu 25 € (pranzo in settimana)/40 € **4 cam** ⊊ – †80 € ††80 €
Gestione familiare di grande ospitalità e simpatia in un locale ubicato tra le splendide colline del Monferrato. Specialità del territorio ricche di gusto proposte a voce e, dall'altra parte della stradina, la cascina con le camere in stile country.

MOMO

Novara (NO) – ✉ 28015 – 2 598 ab. – Alt. 213 m – Carta regionale n° **12-C2**
▶ Roma 640 km – Stresa 46 km – Milano 66 km – Novara 15 km
Carta stradale Michelin 561-F7

✗✗✗ **Macallè**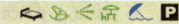

via Boniperti 2 – ☎ 03 21 92 60 64 – www.macalle.it – *Chiuso 10 giorni in gennaio e 10 giorni in luglio*
Menu 25/60 € – Carta 36/73 € – *(chiuso mercoledì)*
8 cam 🖵 – ♦70/80 € ♦♦100/120 €
Elegante locale storico della zona, con alcune accoglienti stanze e un'ampia sala luminosa di taglio moderno, dove si propongono ricercati piatti della tradizione.

MONASTEROLO DEL CASTELLO
Bergamo (BG) – ✉ 24060 – 1 164 ab. – Alt. 365 m – Carta regionale n° **10-D1**
◼ Roma 585 km – Bergamo 28 km – Brescia 61 km – Milano 72 km
Carta stradale Michelin 561-E11

✗✗ **Locanda del Boscaiolo**

via Monte Grappa 41 – ☎ 0 35 81 45 13 – www.locandadelboscaiolo.it – *Chiuso novembre*
Carta 27/51 € – *(chiuso martedì escluso maggio-settembre)*
11 cam 🖵 – ♦50/65 € ♦♦60/76 €
Con la bella stagione potrete accomodarvi sotto un pergolato, in riva al lago; nelle serate più fredde vi attenderà invece l'accogliente e romantica saletta. Genuine proposte culinarie tipiche del luogo. Semplici e sempre tenute con cura le camere, ideali per un soggiorno di tranquillità.

MONASTIER DI TREVISO
Treviso (TV) – ✉ 31050 – 3 496 ab. – Carta regionale n° **23-A1**
◼ Roma 555 km – Venezia 44 km – Treviso 19 km – Padova 71 km
Carta stradale Michelin 562-F19

✗ **Menegaldo**

via Pralongo 216, Est: 4 km – ☎ 04 22 89 88 02 – www.trattoriamenegaldo.it
– *Chiuso agosto, martedì sera e mercoledì*
Menu 35 € (pranzo in settimana) – Carta 28/81 €
L'insegna subito anticipa il carattere familiare del ristorante; all'interno, un ambiente piacevolmente retrò che si distingue per la calorosa accoglienza e le ottime specialità ittiche dell'Adriatico.

MONASTIR
Sardegna – Cagliari (CA) – ✉ 09023 – 4 572 ab. – Carta regionale n° **16-B3**
◼ Cagliari 24 km – Carbonia 68 km – Oristano 77 km
Carta stradale Michelin 366-P47

🏠 **Palladium**

viale Europa – ☎ 07 09 16 80 40 – www.hotelpalladiumweb.com
22 cam 🖵 – ♦55/65 € ♦♦80/100 € – **1 suite**
Moderne e recenti negli arredi, le camere di questo elegante edificio sono tutte simili tra loro. In comoda posizione non lontano dalla statale per Oristano.

MONCALIERI
Torino (TO) – ✉ 10024 – 56 960 ab. – Alt. 219 m – Carta regionale n° **12-A1**
◼ Roma 662 km – Torino 10 km – Asti 47 km – Cuneo 86 km
Carta stradale Michelin 561-G5

Pianta d'insieme di Torino

✗✗ **Ca' Mia**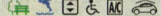

strada Revigliasco 138 – ☎ 01 16 47 28 08 – www.camia.it   Pianta: 2D3**c**
– *Chiuso mercoledì*
Menu 28/32 € – Carta 30/44 €
Nella cornice delle colline di Moncalieri - un locale classico e affermato - ideale per ogni occasione, dai pranzi di lavoro alle cerimonie: cucina tradizionale e del territorio, ma anche forno a legna per pizze d'autore!

La Maison Delfino 🍸 AC ☒

via Lagrange 4, borgo Mercato – ☎ 0 11 64 25 52 – *www.lamaisondelfino.it*
– Chiuso 1°-10 gennaio, 9-22 agosto, domenica e lunedì
Menu 48 € – Carta 44/62 € – *(solo a cena)*
Sono due fratelli a gestire con passione e capacità questo elegante locale fuori
dal centro. Due menu: uno semplice, l'altro più creativo, dai quali è possibile sce-
gliere anche solo alcuni piatti, ma tutti rigorosamente di pesce!

Al Borgo Antico AC ⇔

via Santa Croce 34 – ☎ 0 11 64 44 55 – *www.al-borgoantico.it* – *Chiuso*
30 luglio-30 agosto, domenica sera e lunedì
Menu 20/32 € – Carta 26/49 €
Nel suggestivo centro storico di Moncalieri, tutto sali scendi ed eleganti piazze, al
Borgo Antico si officia la cucina tradizionale piemontese, ma anche qualche pro-
posta di pesce.

a Revigliasco NE : 8 km – ✉ 10024

La Taverna di Fra' Fiusch AC

via Beria 32 – ☎ 01 18 60 82 24 – *www.frafiusch.it* – *Chiuso*   Pianta: D3**d**
lunedì
Menu 35/40 € – Carta 27/54 € – *(solo a cena escluso sabato, domenica)*
(consigliata la prenotazione)
Incastonato in un delizioso borgo collinare, gli amanti della tradizione troveranno
tutti i cavalli di battaglia della zona aggiornati con un gusto ed un'estetica più
moderni, come nel guanciale di vitella brasata o nel dessert "Piemonte in bocca"
(zabaione, bunet, panna cotta, bicerin e baci di dama). Splendido omaggio ad
un'intramontabile regione!

MONCALVO
Asti (AT) – ✉ 14036 – 3 091 ab. – Alt. 305 m – Carta regionale n° **12-C2**
🛣 Roma 633 km – Alessandria 48 km – Asti 21 km – Milano 98 km
Carta stradale Michelin 561-G6

La Locanda del Melograno ◁ ⬆ & AC P

corso Regina Margherita 38 – ☎ 01 41 91 75 99 – *www.lalocandadelmelograno.it*
9 cam ☲ – ♦70 € ♦♦90/100 €
Camere molto spaziose in un edificio di fine '800 sottoposto a restauro con esiti
mirabili: rispetto per le origini e affascinanti incursioni nel moderno. Rivendita di
vini e prodotti del territorio.

MONCENISIO
Torino (TO) – ✉ 10050 – 37 ab. – Alt. 1 461 m – Carta regionale n° **12-B2**
🛣 Roma 722 km – Torino 88 km – Moncalieri 84 km
Carta stradale Michelin 561-G2

Chalet sul Lago ⇔ ☒ ◁ ⛺ 🍸 P

regione lago 8 – ☎ 01 22 65 33 15 – *www.chaletsullago.it* – *Chiuso*
3 novembre-3 dicembre
Menu 19 € (in settimana)/25 € – Carta 23/38 €
6 cam ☲ – ♦65/80 € ♦♦65/80 €
Cucina genuina e casereccia con molti piatti di cacciagione, nonché diversi menu
a tema, in questo chalet situato in posizione panoramica sulla riva di un laghetto
naturale (c'è anche un piacevole dehors!). Magnifica la vista dalle finestre ed accoglienti le stanze, sobriamente arredate.

MONCHIERO
Cuneo (CN) – ✉ 12060 – 594 ab. – Alt. 235 m – Carta regionale n° **14-C3**
🛣 Roma 635 km – Cuneo 53 km – Torino 71 km – Asti 50 km

Antico Borgo Monchiero  🍽 ◁ 🔥 🛁 🏊 ⬆ & AC 🧖 P

località Monchiero Alto 3 – ☎ 01 73 79 21 90 – *www.anticoborgomonchiero.it*
17 cam ☲ – ♦80/150 € ♦♦110/190 € – **4 suites**
Nel borgo, in cima alla collina che domina la valle del Tanaro, elegante hotel ricavato da un antico monastero settecentesco. Ma la modernità ha poi il sopravvento nella piccola zona benessere e nel giardino con piscina.

MONCIONI – Arezzo (AR) ➜ Vedere Montevarchi

MONDAVIO

Pesaro e Urbino (PU) – ✉ 61040 – 3 859 ab. – Alt. 280 m – Carta regionale n° **11-B1**
▶ Roma 264 km – Ancona 56 km – Macerata 106 km – Pesaro 44 km
Carta stradale Michelin 563-K20

 La Palomba　　　　　　　　　　　　⇡ ⤓ AC P

via Gramsci 13 – ☏ 072 19 71 05 – www.lapalomba.it – Chiuso 1 settimana in settembre
15 cam – ♦50/60 € ♦♦70/80 € – ⌷ 5 €
Di fronte all'antica Rocca Roveresca, una piacevole realtà familiare caratterizzata da interni curati e semplici, ma accoglienti, camere. Pizze e cucina regionale con materie prime DOP, sala con camino e luminosa veranda.

MONDELLO – Palermo (PA) ➜ Vedere Palermo

MONDOVÌ

Cuneo (CN) – ✉ 12084 – 22 023 ab. – Alt. 559 m – Carta regionale n° **12-B3**
▶ Roma 617 km – Cuneo 27 km – Torino 84 km – Savona 66 km
Carta stradale Michelin 561-I5

XX **La Borsarella**　　　　　　　　　⇐ ⤓ AC ⇆ P
⊜

via del Crist 2, Nord-Est: 2,5 km – ☏ 017 44 29 99 – www.laborsarella.it – Chiuso 1°-7 gennaio, 1 settimana in agosto e domenica sera
Menu 25/35 € – Carta 32/49 €
Ricavato negli ambienti di un cascinale di origine settecentesca, propone una cucina piemontese ancorata ai sapori della tradizione. Nel cortile anche il vecchio forno per il pane e un laghetto artificiale.

MONEGLIA

Genova (GE) – ✉ 16030 – 2 874 ab. – Carta regionale n° **8-C2**
▶ Roma 457 km – Genova 61 km – La Spezia 59 km – Massa 74 km
Carta stradale Michelin 561-J10

 Villa Edera　　⇡ ⤓ ⇐ 🛏 ⤓ 🐾 ⌂ 🗗 ⤓ AC ⤓ 🚗

via Venino 12/13 – ☏ 018 54 92 91 – www.villaedera.com – Aperto 19 marzo-19 ottobre
27 cam ⌷ – ♦115/185 € ♦♦120/190 €
In posizione predominante e poco distante dal centro, un hotel a conduzione diretta d'ispirazione contemporanea: ampie e ariose sale, camere accoglienti. Nuovo ristorante con selezione di prodotti locali di alta qualità e degustazione di olii e vino, nonché corsi di cucina per piccoli gruppi.

 Piccolo Hotel　　　　⇡ ⤓ 🐾 ⌂ 🗗 🚶 AC 🚗

corso Longhi 19 – ☏ 018 54 93 74 – www.piccolohotel.it – Aperto 20 marzo-14 ottobre
38 cam ⌷ – ♦80/100 € ♦♦100/140 €
A pochi passi dalla spiaggia, valido albergo del centro che si sviluppa su due edifici collegati tra loro: accoglienti spazi comuni e piacevoli camere di buon confort. Grande e luminosa sala da pranzo.

 Villa Argentina　　　　⇡ 🛏 ⌂ ⤓ AC ⤓ P

via Torrente San Lorenzo 2 – ☏ 018 54 92 28 – www.villa-argentina.it
18 cam ⌷ – ♦50/90 € ♦♦80/130 €
Salda e professionale la gestione familiare di questa moderna struttura, non lontana dal centro e circondata da un bel giardino ombreggiato. Le sue camere sono spaziose e ben insonorizzate.

 Abbadia San Giorgio　　　　🐾 🛏 AC ⤓ P

piazzale San Giorgio – ☏ 01 85 49 11 19 – www.abbadiasangiorgio.com – Aperto 15 marzo-1° novembre
6 cam ⌷ – ♦175/310 € ♦♦195/330 €
Nella parte alta della località, eleganti camere ricavate da un ex convento francescano del 1484: un bel chiostro con alcuni affreschi originali conferisce ulteriore fascino e storicità alla struttura.

a Lemeglio Sud-Est : 2 km

XX **La Ruota** ← &P

via per Lemeglio 6, alt. 200 – ℰ 0 18 54 95 65 – www.laruotamoneglia.it – Chiuso novembre e mercoledì
Menu 36 € (pranzo)/53 € – *(solo a cena escluso sabato e domenica da metà settembre a metà giugno)* (consigliata la prenotazione)
Giovane e dinamica conduzione in un locale dall'ambiente familiare, che propone solo menu degustazione a base di pesce fresco. Bella vista del mare e di Moneglia.

MONFALCONE
Gorizia (GO) – ✉ 34074 – 28 122 ab. – Carta regionale n° **6-C3**
▶ Roma 641 km – Udine 42 km – Gorizia 24 km – Grado 24 km
Carta stradale Michelin 562-E22

🏨 **Europalace** 🔼 & Ⓐ🖪 ⚙ P

via Callisto Cosulich 20 – ℰ 04 81 71 07 09 – www.europalacehotel.com
40 cam ⊑ – †60/85 € ††84/140 €
Dalla ristrutturazione di un palazzo degli anni '20, che fu albergo degli impiegati dei cantieri, nasce questa bella struttura con raffinati spazi comuni e camere elegantemente moderne.

X **Ai Campi di Marcello** ← ⇦ 🍴 🏡 P
🕷
via Napoli 11 – ℰ 04 81 48 19 37 – Chiuso lunedì
Carta 30/70 € – (consigliata la prenotazione)
14 cam ⊑ – †54/70 € ††82/110 €
Non lontano dai cantieri navali, piacevole atmosfera in un locale a conduzione familiare dalle valide proposte ittiche. Tra le tante specialità, noi consigliamo: fregola sarda con canestrelli.

MONFORTE D'ALBA
Cuneo (CN) – ✉ 12065 – 2 094 ab. – Alt. 480 m – Carta regionale n° **14-C3**
▶ Roma 640 km – Cuneo 58 km – Asti 47 km – Torino 76 km
Carta stradale Michelin 561-I5

🏨 **Villa Beccaris** ॐ ← ⇦ ⊒ Ⓐ🖪 ⚙ 🚗

via Bava Beccaris 1 – ℰ 0 17 37 81 58 – www.villabeccaris.it – Chiuso 24-27 dicembre e 7-30 gennaio
22 cam ⊑ – †150/300 € ††150/330 € – **1 suite**
Immersa in un parco secolare, questa dimora settecentesca ospitò il famoso generale da cui ereditò il nome. All'eleganza degli spazi comuni fanno eco camere di alto livello, mentre il savoir-faire e la calorosa accoglienza costituiscono un ulteriore motivo per soggiornare in questo spaccato di storia italiana.

🏠 **Le Case della Saracca** ✿ ॐ

via Cavour 5 – ℰ 01 73 78 92 22 – www.saracca.com
6 cam – †110/130 € ††135/155 € – ⊑ 10 €
Rist **Le Case della Saracca** – Vedere selezione ristoranti
Curioso e originale, chi potrebbe dire che questo un tempo era il quartiere dei poveri? Nella parte alta della località, tra le mura millenarie del castello, rocce, arredi indiani e design moderno.

🏠 **Agriturismo il Grillo Parlante** ॐ ← ⇦ ⋆⋆ P ⊟

località Sant'Anna, Est: 2 km – ℰ 01 73 78 92 28 – www.piemonte-it.com – Chiuso gennaio, febbraio e marzo
6 cam – †58/62 € ††78/86 € – ⊑ 10 €
Occorre percorrere una stradina sterrata avvolta dalla campagna langarola per giungere a questa risorsa. Vita agreste senza fronzoli in ambienti raccolti e curati.

XXX **Giardino-da Felicin**

via Vallada 18 – ℰ 0 17 37 82 25 – www.felicin.it
– Chiuso 15 dicembre-22 febbraio e 3 settimane in agosto
Menu 40/65 € – Carta 42/66 € – *(chiuso domenica sera e lunedì) (solo a cena escluso domenica)*
30 cam ☺ – †90/135 € ††125/175 €
Se la tradizione gastronomica si perpetua in cucina, anche attraverso l'uso di prodotti biologici e carni locali, il nome fa intuire che nel periodo estivo il servizio si sposta felicemente all'aperto, sotto un verde pergolato. Parte delle camere sono presso l'omonimo residence a circa 500 m, dove si trovano anche la piscina e il garage.

XXX **Trattoria della Posta**

località Sant'Anna 87, Est: 2 km – ℰ 0 17 37 81 20 – www.trattoriadellaposta.it
– Chiuso venerdì a mezzogiorno e giovedì
Menu 45 € – Carta 30/82 € – (consigliata la prenotazione)
In aperta campagna, un caldo sorriso e tanto savoir faire vi accoglieranno sin dall'ingresso in questa casa di campagna, non priva di tocchi romantici e spunti eleganti: lume di candela ed argenteria. La cucina perpetua la tradizione locale ed anche il proverbiale carrello dei formaggi propone il meglio della regione.

X **Le Case della Saracca** – Le Case della Saracca

via Cavour 5 – ℰ 01 73 78 92 22 – www.saracca.com – Chiuso mercoledì in agosto-settembre
Carta 24/53 € – *(solo a cena)* (consigliata la prenotazione)
Si sviluppa su molti livelli nel suggestivo scenario delle Case della Saracca: cristallo e acciaio sono elementi distintivi assieme a intimi tavolini, cucina regionale e wine-bar.

MONFUMO

Treviso (TV) – ✉ 31010 – 1 403 ab. – Alt. 227 m – Carta regionale n° **23-C2**
▶ Roma 561 km – Belluno 57 km – Treviso 38 km – Venezia 78 km
Carta stradale Michelin 562-E17

XX **Da Gerry**

via Chiesa 6 – ℰ 04 23 54 50 82 – www.ristorantedagerry.com – Chiuso 1 settimana in gennaio e 25-31 agosto
Carta 36/70 € – *(chiuso martedì a mezzogiorno e lunedì)*
5 cam ☺ – †70 € ††90 €
Carne e pesce si contendono la carta di questa moderna trattoria nel centro del paese, dotata anche di camere spaziose e confortevoli.

MONGARDINO – Bologna (BO) ➜ Vedere Sasso Marconi

MONGHIDORO

Bologna (BO) – ✉ 40063 – 3 788 ab. – Alt. 841 m – Carta regionale n° **5-C2**
▶ Roma 333 km – Bologna 43 km – Firenze 65 km – Imola 54 km
Carta stradale Michelin 562-J15

in Valle Idice Nord : 10 km

🏠 **Agriturismo La Cartiera dei Benandanti**

via Idice 13, strada provinciale 7 km 28 ✉ 40063 Monghidoro
– ℰ 05 16 55 14 98 – www.lacartiera.it
7 cam ☺ – †47/52 € ††76/86 €
Come indica il nome, si tratta di una vecchia cartiera risalente al XVII secolo, oggi, convertita in un semplice agriturismo isolato nel verde: tutto in pietra con legni a vista, anche le camere sono all'insegna dell'essenzialità, ma pur sempre confortevoli. Disponibili anche due appartamenti con uso cucina, uno nella struttura stessa, l'altro nella vicina azienda agricola.

MONGUELFO (WELSBERG)

Bolzano (BZ) – ✉ 39035 – 2 869 ab. – Alt. 1 087 m – Carta regionale n° **19-D1**
▶ Roma 732 km – Cortina d'Ampezzo 42 km – Bolzano 94 km – Brunico 17 km
Carta stradale Michelin 562-B18

 Bad Waldbrunn   ✿ ⅋ ≤ 🛋 🖾 🎐 🖃 🚗
via Bersaglio 7, Sud : 1 km – ✆ *04 74 94 41 77 – www.hotelbadwaldbrunn.com
– Aperto 17 dicembre-29 marzo e 1° luglio-30 settembre*
22 cam ⊑ – ♦69/98 € ♦♦108/166 € – **3 suites**
Albergo in stile montano-tirolese, felicemente ubicato in zona quieta e dominante
la vallata, dispone di gradevoli interni, centro fitness e belle camere con vista
panoramica. La piccola zona benessere ospita anche la piscina.

a Tesido Nord : 2 km – ✉ 39035 Monguelfo – Alt. 1 219 m

 **Alpen Tesitin**   ✿ ⅋ ≤ 🛋 🗗 🖾 🔟 🎐 ⨍🛋 🖃 🕭 🎿 🚗
Riva di Sotto 22, Ovest : 1 km – ✆ *04 74 95 00 20 – www.alpentesitin.it – Chiuso
4 aprile-5 maggio e 8 novembre-3 dicembre*
42 cam – solo ½ P 105/154 € – **14 suites**
Nella parte più alta della frazione, l'albergo offre tranquillità, vista e straordinari
ambienti in legno, dagli eleganti salotti della hall alle ultime nuove camere. Splendido centro benessere, tra i migliori della valle. Il menu del ristorante si declina in
tante formule: gourmet, à la carte, dietetico o vital per vegetariani.

MONIGA DEL GARDA

Brescia (BS) – ✉ 25080 – 2 504 ab. – Alt. 125 m – Carta regionale n° **9-D1**
▶ Roma 537 km – Brescia 28 km – Mantova 76 km – Milano 127 km
Carta stradale Michelin 561-F13

✕✕ **L'Osteria H20**   ≤ 🗗 🅰🅲 🅿
via Pergola 10 – ✆ *03 65 50 32 25 – www.losteriah2o.it – Chiuso gennaio e
novembre*
Menu 45/110 € – Carta 49/92 €
Posizione stradale, ma sala rivolta verso il lago, per un ambiente solare e minimalista dove gustare una cucina personalizzata e fantasiosa sia di acqua che di terra.

MONOPOLI

Bari (BA) – ✉ 70043 – 49 246 ab. – Carta regionale n° **15-C2**
▶ Roma 494 km – Bari 45 km – Brindisi 70 km – Matera 80 km
Carta stradale Michelin 564-E33

 Vecchio Mulino   ✿ ≤ 🖃 🕭 🅰🅲 ✂ 🕭 🅿
viale Aldo Moro 192 – ✆ *08 07 77 71 33 – www.vecchiomulino.it*
31 cam ⊑ – ♦102/120 € ♦♦150/165 € – **1 suite**
Deve il nome alla sua primigena funzione: un mulino per l'appunto. All'interno,
spazi comuni razionali e ben organizzati, nonché camere arredate con buon
gusto. Piccolo eliporto e spiaggia privata con navetta di collegamento. Caratteristico soffitto a volta nel piacevole ristorante.

 **La Peschiera**   ✿ ⅋ ≤ ⬗ 🗗 🅰🅲 ✂ 🅿
contrada Losciale 63, Sud-Est: 9 km ✉ 70043 Monopoli – ✆ *0 80 80 10 66
– www.peschierahotel.com – Aperto 1° maggio-31 ottobre*
12 cam ⊑ – ♦430/750 € ♦♦430/750 € – **3 suites**
Lussuoso hotel ricavato da un'antica peschiera borbonica: posizione invidiabile
con il mare di fronte e tre grandi piscine alle spalle. Per un soggiorno in assoluta
tranquillità, non sono ammessi bambini di età inferiore ai 12 anni. Ristorante dallo
stile fresco e marino, ma elegante. Cucina di mare e del territorio.

 Don Ferrante   ✿ ⅋ ≤ ⬗ 🅰🅲 ✂
via San Vito 27 – ✆ *0 80 74 25 21 – www.donferrante.it – Chiuso gennaio e
febbraio*
9 cam ⊑ – ♦145/240 € ♦♦210/330 € – **1 suite**
Nel cuore del centro storico, inaccessibile alle auto che possono essere parcheg-
giate comunque non lontano, un'antica fortezza restaurata nel rispetto delle
forme originarie. Spazi contenuti, ma di grande fascino.

Angelo Sabatelli

via Aldo Moro 27 – ℰ 0 80 80 23 96 – www.angelosabatelliristorante.com
– Chiuso 1°-21 novembre, lunedì e anche domenica sera da settembre a giugno
Menu 50/100 € – Carta 60/85 € – (prenotare)
In una masseria di origini cinquecentesche, gli interni sono semplici, ma accatti-vanti, e rivisitano con qualche tocco moderno l'atmosfera tradizionale pugliese. La cucina propone una delle riletture più entusiasmanti dei piatti regionali, sia di terra che di mare.
➔ Crema di fave con cicoria fritta e ostriche marinate. Piccione arrosto alle noc-ciole con mosto cotto di fichi. Bon bon di cioccolato con lampascioni canditi e liquore al carciofo.

MONREALE

Sicilia – Palermo (PA) – ✉ 90046 – 39 410 ab. – Alt. 310 m
– Carta regionale n° **17-B2**
◼ Agrigento 135 km – Palermo 10 km – Marsala 108 km – Trapani 92 km
Carta stradale Michelin 365-AO55 – Guida Verde Michelin SICILIA

 Palazzo Ducale Suites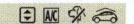

via Duca degli Abruzzi 8 – ℰ 09 16 40 42 98 – www.palazzoducalesuites.it
7 cam ☕ – ♦40/90 € ♦♦50/100 €
Nella centro storico della splendida Monreale, una recente ristrutturazione ha dato vita a belle camere e suite anche con terrazzo, arredi moderni e raffinati accessori.

 Taverna del Pavone

vicolo Pensato 18 – ℰ 09 16 40 62 09 – www.tavernadelpavone.eu – Chiuso
2 settimane in giugno e lunedì
Menu 25 € (in settimana)/38 € – Carta 23/45 €
Nel caotico centro storico, ma nei pressi del meraviglioso duomo, tavoli piuttosto ravvicinati per chi desidera gustare semplici "capolavori" della Trinacria gastrono-mica in un ambiente familiare e simpatico.

MONRUPINO

Trieste (TS) – ✉ 34016 – 868 ab. – Alt. 418 m – Carta regionale n° **6-D3**
◼ Roma 669 km – Udine 71 km – Gorizia 43 km – Trieste 11 km
Carta stradale Michelin 562-E23

 Krizman

località Repen 76, Ovest: 1,5 km – ℰ 0 40 32 71 15 – www.hotelkrizman.eu
– Chiuso gennaio
Menu 18/40 € – Carta 19/45 € – (chiuso lunedì a mezzogiorno e martedì)
17 cam ☕ – ♦50/55 € ♦♦68/80 €
Strucolo bollito con spinaci e ricotta, filetto di manzo cotto nel fieno, braciole d'agnello con erbe del Carso e tante altre specialità del territorio, in un piacevole locale dall'ambiente rustico e dalla consolidata gestione familiare. Servizio estivo in giardino e, in posizione privilegiata per una rilassante vacanza nel verde, Kriz-man offre anche camere semplici, ideali per un soggiorno lontano dai rumori della città.

MONSANO

Ancona (AN) – ✉ 60030 – 3 423 ab. – Alt. 191 m – Carta regionale n° **11-C1**
◼ Roma 249 km – Ancona 31 km – Gubbio 76 km – Macerata 41 km
Carta stradale Michelin 563-L21

Pineta

via Cassolo 6 – ℰ 07 31 61 91 61 – www.pinetahotel.net
81 cam ☕ – ♦59/73 € ♦♦79/85 €
L'architetto ha snobbato la verticalità e la struttura - moderna ed ecologica - si svi-luppa in orizzontale, riservando un posto auto davanti all'ingresso di ogni camera. La sobrietà delle linee è sicuramente il tratto distintivo delle stanze, ma non del confort che raggiunge ottimi livelli!

MONSELICE

Padova (PD) – ⊠ 35043 – 17 675 ab. – Carta regionale n° **23-B3**

▶ Roma 471 km – Padova 23 km – Ferrara 54 km – Mantova 85 km

Carta stradale Michelin 562-G17

XX **La Torre** [AC]

piazza Mazzini 14 – € 0 42 97 37 52 – www.ristorantelatorremonselice.it
– Chiuso 25 luglio-21 agosto, domenica sera e lunedì
Carta 31/60 €

In pieno centro storico, nella piazza principale della città, piatti di cucina della tradizione e ricette a base di prodotti pregiati: tra le specialità la cottura alla griglia. Ambiente classico.

sulla strada regionale 104 al km 1,100 Sud-Est : 4 km

⌂ **Ca' Rocca Relais**

via Basse 2 – € 04 29 76 71 51 – www.carocca.it – Chiuso 23 dicembre-2 gennaio
19 cam ⊡ – †60/75 € ††80/100 € – **1 suite**

Recupero di un edificio rurale dei primi '900, Ca' Rocca dispone di camere ampie e dotate di ogni confort: base ideale per escursioni nei dintorni.

MONSUMMANO TERME

Pistoia (PT) – ⊠ 51015 – 21 357 ab. – Alt. 20 m – Carta regionale n° **18-B1**

▶ Roma 322 km – Firenze 52 km – Pistoia 18 km – Lucca 34 km

Carta stradale Michelin 563-K14

Grotta Giusti

via Grotta Giusti 1411, Est : 2 km – € 0 57 29 07 71 – www.grottagiustispa.com
64 cam ⊡ – †260/680 € ††260/680 €

Nella quiete di un grande parco con piscina - all'interno del celebre complesso termale con grotte naturali (di cui una vanta il primato europeo per dimensioni) - una bella struttura completa nella gamma dei servizi e camere di diverse ampiezze, eleganti, in stile: alcune sono davvero grandi!

Villa San Bastiano

località Monsummano Alto, piazza Castello 10 – € 05 72 52 00 97
– www.villasanbastiano.it
5 cam ⊡ – †80/85 € ††110/120 €

Rist *La Foresteria* – Vedere selezione ristoranti

Se nel curato giardino vi si offre una vista a 360° sulla vallata di Nievole, all'interno belle camere di moderno design, armoniose ed accoglienti. La struttura si trova in un piccolo borgo medievale.

XX **La Foresteria** – Agriturismo Villa San Bastiano

località Monsummano Alto, piazza Castello 10 – € 05 72 52 00 97 – Chiuso
novembre e lunedì
Carta 29/51 € – *(solo a cena da giugno ad agosto)* (consigliata la prenotazione a pranzo)

Sovrasta la vallata di Nievole questo locale elegante e sobrio, all'interno di un piccolo borgo medievale. Un paesaggio suggestivo nel quale gustare specialità del territorio - leggermente rivisitate ed alleggerite - con buona cura delle presentazioni.

X **Osteria Il Maialetto**

via Della Repubblica 372 – € 05 72 95 38 49 – www.macelleriadagiacomo.com
Carta 23/49 € – *(solo a cena)*

Accanto alla macelleria di famiglia, vivace osteria dallo spirito giovanile dove gustare una schietta cucina toscana, nonché carni e prosciutti di allevamenti propri.

MONTÀ

Cuneo (CN) – ⊠ 12046 – 4 737 ab. – Alt. 316 m – Carta regionale n° **14-C2**

▶ Roma 544 km – Torino 48 km – Asti 29 km – Cuneo 76 km

Carta stradale Michelin 561-H5

Casa Americani ☆ 🖂 🔄 ♿ AC

piazzetta della Vecchia Segheria 1ex piazza Vittorio Veneto – ✆ *01 73 97 67 44
– www.casaamericani.it – Chiuso 15 giorni in gennaio*
7 cam 🖂 – 🛏60/65 € 🛏🛏85/95 €
Rist Marcelin – Vedere selezione ristoranti
Il nome dell'albergo ricorda che i vecchi proprietari della casa emigrarono negli
Stati Uniti, guadagnandosi quindi il soprannome di "americani"; le sue camere
situate in un edificio a ringhiera di fine '800 assicurano però confort moderni.

Belvedere ☆ ✕ 🔄 🖂 AC ✿ P

vicolo San Giovanni 3 – ✆ *01 73 97 61 56 – www.albergobelvedere.com
– Chiuso 10 giorni in gennaio e 20 giorni in agosto*
10 cam 🖂 – 🛏65 € 🛏🛏90 €
Tra frutteti e vigne, la cortesia e la professionalità della gestione familiare mettono a proprio agio anche l'ospite di passaggio e l'abbondante colazione allieterà
l'inizio di ogni giornata. Camere ampie, alcune con balcone. Ottima cucina casalinga e specialità del territorio arricchite da tartufi e funghi porcini.

✕✕ Marcelin – Hotel Casa Americani 🍴 ♿ AC

piazzetta della Vecchia Segheria 1ex piazza Vittorio Veneto – ✆ *01 73 97 55 69
– www.marcelin.it – Chiuso 15 giorni in gennaio, domenica sera e lunedì*
Menu 45 € (cena)/60 € – Carta 48/76 €
Originale riconversione di un'antica segheria in moderno ristorante, caratterizzato
da due raccolte salette e da una cucina che, senza voltare le spalle alle tradizione
locale, riesce ad essere fantasiosa e contemporanea.

MONTAGNA (MONTAN)

Bolzano (BZ) – 🖂 39040 – 1 617 ab. – Alt. 497 m – Carta regionale n° **19-D3**
▶ Roma 627 km – Bolzano 27 km – Merano 50 km – Trento 43 km
Carta stradale Michelin 562-D15

Tenz ☆ ✕ 🍴 🎿 📺 💈 🖂 🏃 🛁 P

via Doladizza 3, Nord: 2 km – ✆ *04 71 81 97 82 – www.hotel-tenz.com
– Chiuso 15 febbraio-17 marzo e 7 novembre-16 dicembre*
40 cam 🖂 – 🛏50/80 € 🛏🛏100/160 €
Si gode una bella vista su monti e vallata da un albergo a gestione familiare
dotato di accoglienti ambienti in stile montano di taglio moderno e luminose
camere. Cucina del territorio nel ristorante distribuito tra una stube e la veranda
panoramica.

✕ Dorfnerhof ⇨ ❀ ✕ 🍴 ✿ P

località Casignano 5, Sud: 8 Km – ✆ *04 71 81 99 24 – www.dorfner.it
– Chiuso 6 settimane in gennaio-febbraio, 1 settimana in giugno e lunedì*
Carta 28/65 € **6 cam** 🖂 – 🛏55/65 € 🛏🛏80/100 €
Se vi trovate a salire tra boschi e romantici villaggi, non vi siete persi, ma è la
lunga strada che vi conduce al Dorfner, un'eccellente tappa gastronomica per
chi vuol scoprire antichi sapori di montagna. Manzo, verdura e frutta fra gli ottimi
prodotti del maso. Specialità: rosato di bue con insalatina selvatica - steack di
cervo con rotolati di polenta e cappucci rossi - mousse di laticcella con amarene
caserecce.

MONTAGNAGA – Trento (TN) ➡ Vedere Baselga di Pinè

MONTAGNA IN VALTELLINA – Sondrio (SO) ➡ Vedere Sondrio

MONTAGNANA

Padova (PD) – 🖂 35044 – 9 276 ab. – Alt. 16 m – Carta regionale n° **23-B3**
▶ Roma 475 km – Padova 49 km – Ferrara 57 km – Mantova 60 km
Carta stradale Michelin 562-G16

Aldo Moro

via Marconi 27 – ℰ 0 42 98 13 51 – www.hotelaldomoro.com
– Chiuso 2-10 gennaio e 7-23 agosto
24 cam – †65/70 € ††95/100 € – � 9 € – **5 suites**
Cinta dalle mura carraresi risalenti al XIV secolo, il borgo medioevale di Montagnana ospita questa ex locanda degli anni '40 riconvertita in hotel con camere
inserite in palazzi storici nel centro della località.

XX **Hostaria San Benedetto**

via Andronalecca 13 – ℰ 04 29 80 09 99 – www.hostariasanbenedetto.it – Chiuso
mercoledì
Menu 29/39 € – Carta 32/56 €
Locale ubicato nel cuore della "città murata": una sala di tono signorile in cui provare proposte di cucina del luogo rivisitata; servizio estivo all'aperto.

MONTAGNANA – Modena (MO) ➜ Vedere Serramazzoni

MONTAIONE

Firenze (FI) – ✉ 50050 – 3 729 ab. – Alt. 242 m – Carta regionale n° **18-B2**
◨ Roma 289 km – Firenze 59 km – Siena 61 km – Livorno 75 km
Carta stradale Michelin 563-L14

 UNA Palazzo Mannaioni

via Marconi 2 – ℰ 05 71 69 27 77 – www.unahotels.it
– Chiuso 5 gennaio-28 febbraio
47 cam ☐ – †110/259 € ††110/259 € – **3 suites**
In un'antica dimora cinquecentesca addossata alle mura castellane, un hotel
abbellito da un giardino con piscina: eleganti interni in stile rustico e confortevoli
camere. La vera cucina toscana vi attende nella raffinata sala ristorante, un tempo
frantoio, dal suggestivo soffitto a vela.

a San Benedetto Nord-Ovest : 5 km – ✉ 50050 Montaione

 B&B Villa Sestilia

via Collerucci 39 – ℰ 05 71 67 70 81 – www.villasestilia.it
4 cam ☐ – †70/140 € ††90/180 €
Rist *Casa Masi* – Vedere selezione ristoranti
In un caratteristico borgo agricolo, questa elegante casa di campagna - accuratamente restaurata - ospita poche camere, ma tutte spaziose e personalizzate.

XX **Casa Masi** – B&B Villa Sestilia

via Collerucci 53 – Chiuso martedì a mezzogiorno e lunedì
Carta 30/50 € – (consigliata la prenotazione)
Una terra ricca di ottimi prodotti, tra i quali eccelle il tartufo bianco, e l'abilità di
Luciana ai fornelli danno vita ad una cucina che si rifà alla tradizione montaio-
nese, pur rimanendo moderna. Anche l'ambiente non è lasciato al caso: uno stu-
diato mix di rustico ed elegante, una romantica limonaia, un bel giardino.

MONTALBANO – Rimini (RN) ➜ Vedere Santarcangelo di Romagna

MONTALCINO

Siena (SI) – ✉ 53024 – 5 110 ab. – Alt. 567 m – Carta regionale n° **18-C2**
◨ Roma 213 km – Siena 41 km – Arezzo 86 km – Firenze 109 km
Carta stradale Michelin 563-M16

 Il Giglio

via Soccorso Saloni 5 – ℰ 05 77 84 81 67 – www.gigliohotel.com – Chiuso
7-31 gennaio
12 cam ☐ – †90/110 € ††135/150 €
A pochi passi dal Palazzo Comunale, in un albergo di antica tradizione, tipica
ambientazione toscana con travi e mattoni a vista. Camere sempre molto ben
tenute. Fiori freschi e buon vino (anche al bicchiere) nell'ottimo ristorante. Cucina
regionale.

Vecchia Oliviera ⌂

porta Cerbaia – ☏ 05 77 84 60 28 – www.vecchiaoliviera.com
– Chiuso 1° dicembre-1° febbraio
10 cam 🖙 – †70/85 € – ††120/180 € – **1 suite**
A 2 minuti a piedi dal centro, con vista sulla Val d'Orcia, un antico frantoio è stato
trasformato in hotel con eleganti interni in stile locale e molte camere con vasca
idromassaggio. All'aperto: piscina, giardino e bella terrazza panoramica per la
prima colazione.

Boccon DiVino ✗

via Traversa dei Monti 201, località Colombaio Tozzi, Est: 1 km
– ☏ 05 77 84 82 33 – www.boccondivinomontalcino.it
– Chiuso martedì
Carta 30/50 € – (prenotare)   **4 cam** 🖙 – †60 € ††80 €
Una casa colonica alle porte del paese: si può scegliere fra la curata sala rustica o
la terrazza estiva con vista. Nel piatto, i sapori del territorio leggermente rivisitati
in chiave moderna.

a Castiglione del Bosco Nord-Ovest : 12 km – ✉ 53024

Castiglion del Bosco

– ☏ 0 57 71 91 30 01 – www.rosewoodhotels.com/castigliondelbosco
– Aperto 12 febbraio-12 novembre
20 suites 🖙 – †693/8580 € – ††693/8580 € – 3 cam
Rist *Campo del Drago* – Vedere selezione ristoranti
Gli amanti del golf troveranno di che soddisfare la loro passione con un percorso
a 18 buche, ma anche gli estimatori del lusso garbato apprezzeranno i dettagli di
pregio di questo esclusivo resort immerso nella campagna senese, dotato di suite
e ville con la possibilità, per chi opta per quest'ultime, di avere room service e
chef esclusivo.

Campo del Drago – Hotel Castiglion del Bosco ✗✗✗

– ☏ 0 57 71 91 30 01 – www.rosewoodhotels.com/castigliondelbosco
– Aperto 12 febbraio-12 novembre
Carta 56/93 € – (solo a cena)
Strategicamente al centro del borgo, una cucina di alta fattura assecondata da
una raffinata atmosfera ed un accurato servizio, che donano allo spirito quella
rilassatezza per godere al top.

a Castelnuovo dell'Abate Sud-Est : 10 km – ✉ 53020

Castello di Velona

località Velona – ☏ 05 77 83 90 02 – www.castellodivelona.it
– Chiuso 7 gennaio-31 marzo
37 cam 🖙 – †290/850 € ††395/850 € – **11 suites**
Soggiorno esclusivo negli eleganti ambienti di un castello dell'XI secolo completamente restaurato: moderna spa, nonché vista a 360° su colline e Val d'Orcia.
Diverse possibilità ristorative, dalle migliori ricette della tradizione gastronomica
toscana a piatti gourmet del ristorante Settimo Senso.

a Poggio Antico Sud : 5 km per Grosseto – ✉ 53024 Montalcino

Poggio Antico ℕ ✗✗✗

*– ☏ 05 77 84 92 00 – www.ristorantepoggioantico.com – chiuso lunedì, anche
domenica sera da novembre a marzo*
Menu 50 € – Carta 44/76 € – (consigliata la prenotazione)
All'interno dell'omonima azienda vinicola, due filari di maestosi cipressi conducono al ristorante, il cui dehors dall'incantevole vista meriterebbe già di per sé il
viaggio, se non fosse che - accomodati al tavolo - si scopre il vero asso nella
manica: piatti di cucina moderna su base regionale, ottimi prodotti e tanta maestria da parte dello chef!

a Poggio alle Mura Sud-Ovest : 19 km – ✉ 53024 Montalcino

🏠 **Castello Banfi-Il Borgo**   ♣ ⅗ ≺ ⊊ ⅄ ₤ 🆔 ℅ ♨ 🅿

località Sant'Angelo Scalo – ☏ *05 77 87 77 00* – *www.castellobanfiilborgo.it*
– Aperto 20 marzo-8 novembre
9 cam ⊡ – †500/900 € †500/900 € – **5 suites**
Rist *Sala dei Grappoli* – Vedere selezione ristoranti
In un tipico borgo in pietra del '700, se l'esterno di questa esclusiva risorsa
rimanda alle forme architettoniche locali, l'interno è stato finemente ristrutturato
per garantire il massimo confort. Camere eleganti ed intime, dove i colori tenui si
alternano ai toni a contrasto delle nicchie. Su una terrazza a sbalzo, la
piscina domina la magnifica Val d'Orcia.

✗✗✗ **Sala dei Grappoli** Ⓝ – Hotel Castello Banfi-Il Borgo   ⅞ ₪ ₤ 🆔 ℅ 🅿

località Sant'Angelo Scalo – ☏ *05 77 87 75 24* – *www.castellobanfiilborgo.com*
– Aperto 20 marzo-8 novembre
Menu 90/120 € – Carta 70/107 € – *(solo a cena)* (consigliata la prenotazione)
Si viene qui per due motivi: l'ampia terrazza-dehors la cui vista rapisce il cuore e
la cucina. Quest'ultima, basandosi sempre sulle ricette della tradizione le tra-
scende in un afflato di grande fantasia.

MONTALLEGRO

Agrigento (AG) – ✉ 92010 – 2 529 ab. – Alt. 100 m – Carta regionale n° **17-B2**
▶ Roma 985 km – Palermo 128 km – Agrigento 29 km – Caltanissetta 87 km
Carta stradale Michelin 365-AP59

✗✗ **Capitolo Primo del Relais Briuccia**   ⇦ 🆔

via Trieste 1 – ☏ *09 22 84 77 55* – *www.relaisbriuccia.it* – *Chiuso lunedì*
Menu 42/48 € – Carta 30/43 € – (consigliata la prenotazione)
5 cam ⊡ – †65/80 € †100/135 €
Un angolo di amena familiarità in un anonimo vicolo del centro: protagonista è una
coppia che mettendo a frutto la propria esperienza internazionale propone piatti
siciliani (ottimo il filetto di tonno su insalatina di cous cous aromatica), nonché
ospitalità di ottima qualità. La sala e le camere evidenziano un eccellente gusto.

MONTAN = MONTAGNA

MONTE = BERG – Bolzano (BZ) ➜ Vedere Appiano sulla Strada del Vino

MONTE ... MONTI ➜ Vedere nome proprio del o dei monti

MONTEBELLO VICENTINO

Vicenza (VI) – ✉ 36054 – 6 601 ab. – Alt. 53 m – Carta regionale n° **22-A2**
▶ Roma 537 km – Verona 37 km – Vicenza 21 km – Venezia 86 km
Carta stradale Michelin 562-F16

a Selva Nord-Ovest : 3 km – ✉ 36054 Montebello Vicentino

✗✗ **La Marescialla**   ≺ ₪ 🆔 ⇔ 🅿

via Capitello 3 – ☏ *04 44 64 92 16* – *www.ristorantelamarescialla.it* – *Chiuso*
7-10 gennaio, 10-19 agosto, domenica sera e lunedì
Carta 36/68 € – (consigliata la prenotazione)
Pur non mancando qualche specialità di carne, è il pesce il prediletto del menu di
questo accogliente locale in aperta campagna, che propone nella stagione estiva
anche un fresco dehors.

MONTEBELLUNA

Treviso (TV) – ✉ 31044 – 31 332 ab. – Alt. 109 m – Carta regionale n° **23-C2**
▶ Roma 542 km – Padova 52 km – Belluno 63 km – Treviso 22 km
Carta stradale Michelin 562-E18

Bellavista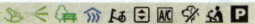

via Zuccareda 20, località Mercato Vecchio – ✆ *04 23 30 10 31*
– www.bellavistamontebelluna.it – Chiuso 21 dicembre-7 gennaio e agosto
42 cam ⊡ – 👤105/125 € 👥👤160/200 € – **2 suites**
Sulle prime colline alle spalle di Montebelluna; spaziose e confortevoli le zone comuni e le stanze con vista sulla città o, sul retro, sul Monte Grappa.

✗ **Nidaba**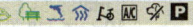

via Argine 15 – ✆ *04 23 60 99 37 – www.nidabaspirit.it – Chiuso 2 settimane in agosto o settembre e domenica*
Carta 17/47 € – *(solo a cena)* (consigliata la prenotazione)
L'esperienza di Andrea e Daniela, con l'entusiasmo dei giovani collaboratori, dà corpo ad un locale realmente moderno, frutto di una visione cosmopolita nonostante si trovi in provincia. Cucina moderna, ma anche fritti accanto a sandwich, nonché hamburger gourmet. E poi il nuovo angolo dei cocktail e l'importante mescita di birre: in un anno girano circa 200 tipi diversi alla spina. Insomma, un indirizzo giustamente premiato dal successo di una grande affluenza!

MONTEBENI – Firenze (FI) ➔ Vedere Fiesole

MONTEBENICHI

Arezzo (AR) – ✉ 52021 Pietraviva – Alt. 508 m – ✉ Pietraviva
– Carta regionale n° **18-C2**
▶ Roma 205 km – Siena 31 km – Arezzo 40 km – Firenze 73 km
Carta stradale Michelin 563-L15

 Castelletto di Montebenichi

piazza Gorizia 19 – ✆ *05 59 91 01 10 – www.castelletto.it – Aperto 18 aprile-18 ottobre*
9 cam ⊡ – 👤250/340 € 👥👤250/340 € – **3 suites**
L'emozione di soggiornare nei ricchi interni di un piccolo castello privato in un borgo medioevale, tra quadri e reperti archeologici; panoramico giardino con piscina.

✗ **Osteria L'Orciaia** 🏠

via Capitan Goro 10 – ✆ *05 59 91 00 67 – Aperto 18 aprile-18 ottobre; chiuso martedì*
Carta 24/52 € – (prenotazione obbligatoria)
Caratteristico localino rustico all'interno di un edificio cinquecentesco, con un raccolto dehors estivo. Cucina tipica toscana elaborata partendo da ottimi prodotti.

MONTECALVO VERSIGGIA

Pavia (PV) – ✉ 27047 – 547 ab. – Alt. 410 m – Carta regionale n° **9-B3**
▶ Roma 559 km – Piacenza 48 km – Pavia 34 km – Milano 69 km
Carta stradale Michelin 561-H9

✗✗ **Prato Gaio**

località Versa, bivio per Volpara, Est: 3 km – ✆ *0 38 59 97 26*
– www.ristorantepratogaio.it – Chiuso 7 gennaio-7 febbraio, lunedì e martedì
Menu 38/55 € – Carta 35/60 €
La ristorazione è nel Dna di famiglia: osti già nell'Ottocento, ci si ispira ancora oggi alla tradizione dell'Oltrepò, talvolta riproposta come si faceva un tempo, talvolta corretta con personalità e attualità. Una tappa obbligatoria per gli amanti dei sapori locali.

MONTECARLO

Lucca (LU) – ✉ 55015 – 4 445 ab. – Alt. 162 m – Carta regionale n° **18-B1**
▶ Roma 333 km – Pisa 46 km – Firenze 63 km – Lucca 18 km
Carta stradale Michelin 563-K14

Agriturismo Fattoria la Torre 🗆 🗆 🗆 🗆 🗆 🗆 🅿

via provinciale di Montecarlo 7 – ✆ 0 58 32 29 81 – www.fattorialatorre.it
6 cam 🗆 – †80/110 € ††100/140 €
Rist *Enoteca la Torre* – Vedere selezione ristoranti
Accanto alla produzione di olio e vino, l'ospitalità alberghiera: all'interno, un curioso contrasto tra l'atmosfera di una casa ottocentesca e camere realizzate in design. A completare la struttura anche nove appartamenti con cucina arredati in stile toscano.

 Antica Dimora Patrizia 🅰🅲 🗆

piazza Carmignani 12 – ✆ 0 58 31 79 70 17 – www.anticadimorapatrizia.it
6 cam 🗆 – ††90/130 €
Il nome è già un ottimo biglietto da visita… in un antico palazzo del XV secolo appartenuto alla nobile famiglia Lavagna, sete, broccati e opere d'arte concorrono a rievocare l'atmosfera medievale della Toscana. Il piano nobile ospita le due stanze dei conti Sinibaldo e Gaia, oggi trasformate in spazi per cene private ed eventi. Ma anche le altre camere brillano per cura e personalizzazione.

𝗫𝗫𝗫 **Antico Ristorante Forassiepi**

via della Contea 1 – ✆ 05 83 22 94 75 – www.ristoranteforassiepi.it – Chiuso 15-31 gennaio, 10-20 luglio, mercoledì a mezzogiorno e martedì
Menu 50/55 € – Carta 39/84 €
Qui troverete la storia di un grazioso borgo medioevale, un bel panorama sulla valle, ma soprattutto un'eccellente cucina. Se il risotto al piccione è il piatto storico, il successo delle proposte di pesce è enorme e giustificato.

𝗫𝗫 **Nina**

via San Martino 54, Nord-Ovest: 2,5 km – ✆ 0 58 32 21 78 – www.lanina.it
– Chiuso 15 febbraio a 15 marzo
Carta 30/54 € – *(chiuso lunedì sera e martedì)* (prenotare)
10 cam 🗆 – †50 € ††65 € – 🗆 8 €
In posizione panoramica, Nina propone la cucina della tradizione e diverse specialità alla griglia, agnello, manzo e piccione. Nella bella stagione scegliete i tavoli allestiti all'esterno del casolare, nella veranda che profuma di glicine e vite americana. Camere spaziose, arredate in stile. Prezzi interessanti.

𝗫 **Enoteca la Torre** – Agriturismo Fattoria la Torre 🗆 🗆 🅰🅲 🅿

via provinciale di Montecarlo 7 – ✆ 0 58 32 29 81 – www.fattorialatorre.it
– Chiuso martedì
Carta 29/46 € – *(solo a cena escluso festivi)*
Un ristorante che si esprime al meglio in estate, quando tutto si trasferisce all'aperto. La cucina, invece, non subisce influenze particolari se non un'attenzione encomiabile nel promuovere i prodotti di stagione. Specialità toscane.

MONTECASSIANO – Macerata (MC) → Vedere Macerata

MONTE CASTELLO DI VIBIO
Perugia (PG) – ✉ 06057 – 1 609 ab. – Alt. 423 m – Carta regionale n° **20-B2**
▶ Roma 143 km – Perugia 43 km – Assisi 54 km
Carta stradale Michelin 563-N19

a Doglio Sud-Ovest : 9,5 km – ✉ 06057 Monte Castello Di Vibio

Agriturismo Fattoria di Vibio 🗆 🗆 🗆 🗆 🗆 🗆 🗆 🗆 🗆 🅿

località Buchella 9 – ✆ 07 58 74 96 07 – www.fattoriadivibio.com – chiuso 5 novembre-28 febbraio
14 cam 🗆 – †100/150 € ††120/160 €
Calda, informale ospitalità in un antico casale trasformato in una raffinata residenza di campagna immersa nel verde: eleganza e cura del dettaglio nei suoi confortevoli interni, molto bello il centro benessere. Della cucina si occupano direttamente i titolari.

MONTECATINI TERME
Pistoia (PT) – ✉ 51016 – 20 388 ab. – Alt. 29 m – Carta regionale n° **18-B1**
▶ Roma 322 km – Firenze 52 km – Pisa 56 km – Pistoia 17 km
Carta stradale Michelin 563-K14

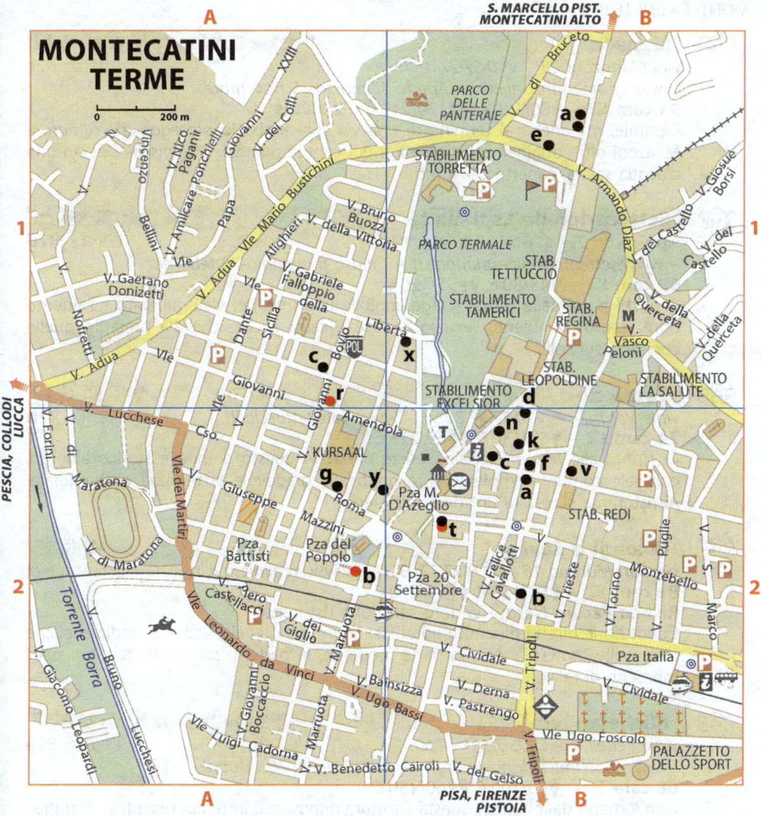

MONTECATINI TERME

0 — 200 m

S. MARCELLO PIST.
MONTECATINI ALTO

A   B

PESCIA, COLLODI
LUCCA

PISA, FIRENZE
PISTOIA

PARCO DELLE PANTERAIE

STABILIMENTO TORRETTA

PARCO TERMALE

STAB. TETTUCCIO

STABILIMENTO TAMERICI

STAB. REGINA

STABILIMENTO LEOPOLDINE

STABILIMENTO LA SALUTE

STABILIMENTO EXCELSIOR

KURSAAL

Pza M. D'Azeglio

Pza del Popolo

Pza Battisti

Pza 20 Settembre

STAB. REDI

Pza Italia

PALAZZETTO DELLO SPORT

Grand Hotel e La Pace

Pianta: A2**y**

via della Torretta 1 – ☎ 05 72 92 40
– www.grandhotellapace.it – Aperto 1° dicembre-1° febbraio e
1° aprile-3 novembre
120 cam 🛏 – †150/250 € ††200/500 € – **10 suites**
Gli amanti di un gusto retrò e d'antan, spesso grandioso, ma a volte anche un po'
sorpassato, troveranno qui il grande albergo per eccellenza: enormi saloni e tanta
nostalgia per la belle époque.

Grand Hotel Croce di Malta

Pianta: B1**x**

viale 4 Novembre 18 – ☎ 05 72 92 01
– www.grandhotelcrocedimalta.com
136 cam 🛏 – †90/180 € ††110/260 € – **27 suites**
La proverbiale tradizione alberghiera di Montecatini s'intreccia con quella di questo storico albergo, che tuttavia si rinnova in continuazione. Oggi offre ambienti
moderni, chiari e luminosi, camere più o meno recenti con eleganti bagni.

Columbia

Pianta: A2**g**

corso Roma 19 – ☎ 0 57 27 06 61 – www.hotelcolumbia.it
– Chiuso 3 novembre-26 dicembre e 8 gennaio-28 febbraio
64 cam 🛏 – †49/159 € ††98/298 € – **2 suites**
L'elegante edificio preannuncia gli originali interni di un giocoso albergo che reinterpreta in forma moderna vari stili, dal liberty all'impero; mai sottotono, ad un
passo dall'eccesso, ma sempre con stile. Ristorante panoramico al quinto piano.

Manzoni

viale Manzoni 28 – ℰ 0 57 27 01 75
– www.hotelmanzoni.info – Aperto 1° marzo-15 novembre
Pianta: B2**c**
94 cam ⌷ – **●**80/120 € **●●**120/210 € – **2 suites**
Centrale, ma anche al termine di una via chiusa che lo protegge dai rumori, il Manzoni offre originali soluzioni di arredi contemporanei. Due piscine, di cui una d'acqua salata, coperte d'inverno.

Settentrionale Esplanade

via Grocco 2 – ℰ 0 57 27 00 21
– www.settentrionaleesplanade.it – Chiuso 8 gennaio-28 febbraio
Pianta: B2**d**
99 cam ⌷ – **●**45/80 € **●●**55/120 €
A pochi passi dalle terme - raggiungibili lungo un bel viale alberato - l'albergo offre spaziosi ambienti, servizio cortese e camere classiche: da preferire quelle con vista sui colli.

Tettuccio

viale Verdi 74 – ℰ 0 57 27 80 51 – www.hoteltettuccio.it
Pianta: B2**n**
74 cam ⌷ – **●**59/130 € **●●**69/225 €
Di fronte alle terme Excelsior, esiste dal 1894 questo grande e storico albergo, con sale comuni completamente rinnovate; gradevole la terrazza ombreggiata. Al ristorante si respira un'aria fin de siècle.

Ercolini e Savi

via San Martino 18 – ℰ 0 57 27 03 31 – www.ercoliniesavi.it
Pianta: B2**t**
81 cam ⌷ – **●**50/110 € **●●**59/200 €
Rist *La Pecora Nera* – Vedere selezione ristoranti
Conduzione diretta dinamica ed efficiente in un hotel classico e di tradizione, che offre belle camere ariose: in parte moderne, in parte in stile. Bella terrazza per i momenti di relax.

Michelangelo

viale Fedeli 9 – ℰ 05 72 91 17 00
– www.hotelmichelangelo.org – Aperto 2 aprile-30 ottobre
Pianta: B1**a**
68 cam ⌷ – **●**50/100 € **●●**60/150 €
Non lontano dalle terme, questa struttura rinnovatasi in tempi recenti si distingue per confort e arredi attuali. Citazioni orientali nella graziosa zona benessere. Ampio menu proposto nella moderna sala ristorante.

Adua & Regina di Saba

viale Manzoni 46 – ℰ 0 57 27 81 34 – www.hoteladua.it
– Aperto 1° marzo-8 dicembre
Pianta: B2**a**
72 cam ⌷ – **●**55/100 € **●●**65/180 € – **2 suites**
Variopinti ed eleganti salotti vi accolgono in un albergo che fa dei colori e di un bel centro benessere i propri punti di forza; la piscina all'aperto viene coperta nei mesi freddi.

Parma e Oriente

via Cavallotti 135 – ℰ 0 57 27 21 35
– www.hotelparmaoriente.it – Aperto 25 marzo-10 novembre
Pianta: B2**k**
65 cam ⌷ – **●**39/115 € **●●**49/200 € – **2 suites**
Un soggiorno termale in un ambiente ospitale in questo hotel, gestito da una storica famiglia di albergatori: camere arredate con mobilio decorato in stile e bagni perlopiù rinnovati. Bella piscina e area relax.

Da Vinci

viale Bicchierai 31 – ℰ 0 57 27 03 78 – www.davincihotel.it
Pianta: B2**b**
44 cam ⌷ – **●**49/299 € **●●**49/299 €
Albergo totalmente rinnovato in anni recenti con gradevoli spazi comuni e confortevoli, moderne camere. La piscina si trova all'ultimo piano di un vicino palazzo.

Brennero e Varsavia ⤢ 🔄 AC **P**

viale Bicchierai 70/72 – ℰ 0 57 27 00 86 — Pianta: B2**v**
– www.hotelbrenneroevarsavia.it – Aperto 1° marzo-30 novembre
54 cam 🔲 – 👤40/45 € 👥70/75 €
In comoda posizione per il centro e per le terme, una risorsa a gestione familiare con spazi comuni gradevoli e camere di confort attuale. Il ristorante dispone di una sala di taglio classico e di tono moderno.

 Torretta ⤢ 🔳 🔄 🔥 AC **P**

viale Bustichini 63 – ℰ 0 57 27 03 05 – www.hoteltorretta.it — Pianta: B1**e**
– Aperto 19 marzo-2 novembre
59 cam 🔲 – 👤60/95 € 👥80/130 €
Camere semplici, tuttavia ben tenute, ma ciò che fa la differenza al Torretta è la generosità dell'accoglienza familiare, che da più di cinquant'anni e tre generazioni accoglie i clienti come fossero amici!

 Smart Hotel Bartolini Ⓝ AC 🍴

via Felice Cavallotti 106 – ℰ 05 72 77 09 00 — Pianta: B2**f**
– www.smarthotelbartolini.com – Chiuso febbraio
12 cam 🔲 – 👤49/79 € 👥54/94 €
All'interno della ZTL, un piccolo, ma omogeneo albergo a conduzione familiare che ha assunto uno stile attuale e minimalista; la sala colazioni ospita spesso mostre pittoriche.

 Villa le Magnolie 🛏 🔄 AC 🚗

viale Fedeli 15 – ℰ 05 72 91 17 00 – www.villalemagnolie.it — Pianta: B1**a**
6 cam 🔲 – 👤70 € 👥90 €
Tra le mura di un incantevole villino d'inizio Novecento, questo b&b offre ricercatezza e dettagli d'epoca non frequenti neppure nei più blasonati alberghi. In più, tutti i servizi dell'adiacente hotel Michelangelo.

 Petit Château 🛏 AC

viale Rosselli 10 – ℰ 05 72 90 59 00 – www.petitchateau.it — Pianta: A1**c**
6 cam – 👤50/85 € 👥65/150 €
Vicino alle terme, questa piccola risorsa familiare ospitata in una villa liberty dispone di camere arredate con signorili personalizzazioni. Sempre un buon indirizzo!

✕✕✕ **Gourmet** 🍽 AC

viale Amendola 6 – ℰ 05 72 77 10 12 — Pianta: A1**r**
– www.gourmetristorante.com – Chiuso mercoledì a mezzogiorno e martedì
Carta 44/113 €
Moderno e sobrio, elegante e raffinato: se il nome è una promessa, il ristorante vi sedurrà con una serie di proposte territoriali e non, nonché una giustificata celebrità legata ai piatti di pesce.

✕✕ **La Pecora Nera** – Hotel Ercolini e Savi AC

via San Martino 18 – ℰ 0 57 27 03 31 – www.ercoliniesavi.it — Pianta: B2**t**
– Chiuso 18 gennaio-4 febbraio
Carta 34/99 € – *(solo a cena escluso sabato e i giorni festivi)*
Ci sono i lampadari di Murano e gli eleganti pavimenti d'epoca, ma in ambienti freschi e rivisitati con un gusto attuale e soprattutto un'ottima cucina fantasiosa, in buona parte di pesce.

✕✕ **Enoteca Giovanni** 🍽 🌿 AC ⇔

via Garibaldi 25/27 – ℰ 0 57 27 30 80 — Pianta: A2**b**
– www.enotecagiovanni.it – Chiuso 14-28 febbraio, 16-30 agosto e lunedì
Menu 40 € – Carta 53/103 €
Chi non ama i guizzi di cucina sperimentale o gli ambienti design, qui troverà una piacevole classicità nella sala, un servizio attento e dei piatti in prevalenza di pesce su cui nel tempo il ristorante ha costruito la sua fama. Sala fumatori.

a Nievole Est : 7 km B1 – ⊠ 51010

X   **Da Pellegrino**   🔊 ⟲ **P**

località Renaggio 6 – ℰ 0 57 26 71 58 – Chiuso 15 febbraio-5 marzo e mercoledì
Menu 15/40 € – Carta 21/48 € – *(solo a cena escluso sabato e i giorni festivi)*
Trattoria a gestione familiare dall'ambiente semplice e conviviale. La carne è la
specialità della casa - in particolare la chianina e il maiale di cinta senese - tra le
cotture, un'ottima griglia.

MONTECCHIO – Brescia (BS) ➜ Vedere Darfo Boario Terme

MONTECCHIO EMILIA

Reggio nell'Emilia (RE) – ⊠ 42027 – 10 535 ab. – Alt. 99 m – Carta regionale n° **5-A3**
▶ Roma 452 km – Bologna 95 km – Reggio Emilia 17 km – Parma 22 km
Carta stradale Michelin 562-H13

🏨   **Conteverde**   🌳 🛎 🔁 ⅃ AC **P**

strada Barco 1 – ℰ 05 22 86 46 23 – www.albergoconteverde.it
54 cam ⊆ – ✝50/90 € ✝✝70/120 € – **1 suite**
Adiacente il Santuario della Madonna dell'Olmo, hotel di taglio classico-signorile
che ben si integra nel contesto locale. Non ripartite senza aver fatto una sosta al
ristorante: qui, la generosità del territorio sposa la fantasia.

X   **La Ghironda**   AC 🍴

*via XX Settembre 61 – ℰ 05 22 86 35 50 – Chiuso 1 settimana in
gennaio, 3 settimana in luglio-agosto, domenica sera e lunedì*
Carta 32/47 € – *(coperti limitati, prenotare)*
Camillo in sala e Daniele in cucina, vi danno il benvenuto in questo locale semplice
locale che propone specialità emiliane e piatti della tradizione italiana, sapientemente alleggeriti. In stagione, assolutamente da assaggiare, i tortelli di zucca!

MONTECCHIO PRECALCINO

Vicenza (VI) – ⊠ 36030 – 5 019 ab. – Alt. 84 m – Carta regionale n° **22-A1**
▶ Roma 544 km – Padova 57 km – Trento 84 km – Vicenza 17 km
Carta stradale Michelin 562-F16

XXX   **La Locanda di Piero** (Renato Rizzardi)   🐝 🏡 AC ⟲ **P**
🌼
via Roma 32, strada per Dueville, Sud: 1 km – ℰ 04 45 86 48 27
*– www.lalocandadipiero.it – Chiuso 1°-14 gennaio, 13-31 agosto, domenica e i
mezzogiorno di lunedì e sabato*
Menu 33 € (in settimana)/70 € – Carta 48/82 €
Quasi una residenza privata, a fatica si intuisce l'esistenza di un ristorante dentro
questa villetta di campagna. Ma i piatti sono inequivocabili: con maestria il cuoco
padroneggia materie prime d'ogni parte d'Italia in piatti personali che sposano
gusto e amore per le presentazioni.
➜ Tortelloni alle melanzane e robiola fresca. Controfiletto di manzo con salsa
all'amarone, finferle trifolate e animelle di vitello.Trasparenze di riso al latte con
ciliegie di Marostica al marzemino e spuma alla menta.

MONTECHIARO D'ASTI

Asti (AT) – ⊠ 14025 – 1 300 ab. – Alt. 292 m – Carta regionale n° **12-C2**
▶ Roma 627 km – Torino 78 km – Alessandria 58 km – Asti 20 km
Carta stradale Michelin 561-G6

X   **Tre Colli**   🔊 ⟲

*piazza del Mercato 3/5 – ℰ 01 41 90 10 27 – www.trecolli.com – Chiuso lunedì,
martedì e mercoledì*
Menu 15 € (pranzo in settimana)/35 € – Carta 35/47 € – *(consigliata la
prenotazione)*
La dinamica gestione al femminile ha ringiovanito il locale con toni più luminosi e
colorati; sempre apprezzata la terrazza panoramica e le loro specialità piemontesi.

MONTECHIARUGOLO

Parma (PR) – ✉ 43022 – 10 791 ab. – Alt. 128 m – Carta regionale n° **5-A3**
▶ Roma 464 km – Milano 141 km – Parma 17 km – Bologna 98 km
Carta stradale Michelin 562-H13

🍴 **Mulino di Casa Sforza**

via Maestà 63, località Basilicanova – ℰ *05 21 68 31 58*
– www.ristorantemulinodicasasforza.com – Chiuso lunedì
Menu 28 € – Carta 28/62 €
Ambienti d'atmosfera e ricchi di fascino in un antico mulino quattrocentesco con spazi all'aperto per le sere d'estate; nella sala sono ancora visibili le antiche macine in pietra, mentre nel canale continua a scorrere l'acqua che alimentava la ruota. Cucina del territorio.

MONTECILFONE

Campobasso (CB) – ✉ 86032 – 1 364 ab. – Alt. 405 m – Carta regionale n° **1-D2**
▶ Roma 267 km – Campobasso 63 km – Isernia 88 km – Chieti 110 km
Carta stradale Michelin 564-B26

🏠 **Masseria Grande**

contrada Pezze di Corundoli – ℰ *08 75 97 60 06 – www.masseria-grande.it*
– Aperto 1° maggio-30 settembre
10 cam ⬄ – ✝64/84 € ✝✝84/114 €
Camere spaziose e confortevoli, in una struttura di signorile familiarità: la posizione è incantevole, la vista abbraccia – infatti – la lussureggiante campagna circostante.

MONTECOSARO

Macerata (MC) – ✉ 62010 – 7 067 ab. – Alt. 252 m – Carta regionale n° **11-D2**
▶ Roma 266 km – Ancona 60 km – Macerata 25 km – Perugia 147 km
Carta stradale Michelin 563-M22

🏠 **La Luma**

via Cavour 1 – ℰ *07 33 22 94 66 – www.laluma.it*
10 cam ⬄ – ✝35/55 € ✝✝70/85 € – **1 suite**
In una struttura medievale, un delizioso alberghetto d'atmosfera, con terrazza panoramica e suggestive grotte tufacee nei sotterranei; camere in stile, alcune con vista.

🍴🍴 **Due Cigni**

via Santissima Annunziata 21, località Scalo – ℰ *07 33 86 51 82*
– www.duecigniristorante.com – Chiuso 3 settimane in agosto, domenica sera e lunedì
Menu 45 € – Carta 38/68 € – (prenotazione obbligatoria)
Il locale è classico e dai toni eleganti, ma la cordialità della gestione ha un calore tutto genuino; la cucina riscopre le specialità tipiche regionali, attualizzandole con accostamenti inusitati e sul menu ai piatti è abbinato l'anno di creazione dello stesso.

MONTECRESTESE

Verbano-Cusio-Ossola (VB) – ✉ 28864 – 1 258 ab. – Alt. 486 m
– Carta regionale n° **12-C1**
▶ Roma 713 km – Stresa 52 km – Domodossola 10 km – Verbania 51 km
Carta stradale Michelin 561-D6

🍴 **Osteria Gallo Nero**

località Pontetto 102 – ℰ *03 24 23 28 70 – www.osteriagallonero.it – Chiuso lunedì escluso agosto*
Carta 23/59 €
Due fratelli hanno saputo valorizzare questo locale che deve il suo successo all'ambiente informale - soprattutto a mezzogiorno - alla cucina del territorio e ad una ricca cantina con oltre 400 etichette (alcuni vini sono serviti anche al calice e conservati sotto azoto in un'apposita apparecchiatura).

MONTECRETO

Modena (MO) – ✉ 41025 – 976 ab. – Alt. 864 m – Carta regionale n° **5-B2**
▶ Roma 386 km – Bologna 91 km – Pistoia 79 km – Modena 67 km
Carta stradale Michelin 562-J14

ad Acquaria Nord-Est : 7 km – ✉ 41025

XX **Ca' Cerfogli**

*via Montegrappa 6/8 – ☏ 0 53 66 50 52 – www.albergocerfogli.it – Chiuso
2 settimane in gennaio e 2 settimane in giugno*
Carta 19/47 € – *(chiuso lunedì e mercoledì)*
7 cam ☲ – ♦50/70 € ♦♦90/110 € – **1 suite**
Ricavata da un convento del '400, Ca' Cerfogli è una bella dimora in pietra totalmente ristrutturata in anni recenti, con sale impreziosite da mobili d'antiquariato
che ben si armonizzano con le signorili rusticità dell'ambiente. Piatti della tradizione montanara e funghi tra le specialità della casa.

MONTEDORO – Bari (BA) ➜ Vedere Noci

MONTEFALCO

Perugia (PG) – ✉ 06036 – 5 710 ab. – Alt. 472 m – Carta regionale n° **20-C2**
▶ Roma 145 km – Perugia 46 km – Assisi 30 km – Foligno 12 km
Carta stradale Michelin 563-N19

 Palazzo Bontadosi

piazza del Comune 19 – ☏ 07 42 37 93 57 – www.hotelbontadosi.it
9 cam ☲ – ♦130/200 € ♦♦170/260 € – **1 suite**
Antichi muri rinascimentali ospitano moderne forme di design, e se gli ambienti
comuni accolgono una piccola galleria d'arte, la struttura coccola anche gli
amanti della forma fisica con un piccolo centro benessere. Offerta culinaria seria
e professionale al ristorante Locanda del Teatro.

 Agriturismo Camiano Piccolo

località Camiano Piccolo 5 – ☏ 07 42 37 94 92 – www.camianopiccolo.com
23 cam ☲ – ♦50/79 € ♦♦70/119 €
Un borgo ristrutturato, immerso tra ulivi secolari, a poche centinaia di metri dalle
mura della località. Bella piscina scoperta in giardino per chi è in cerca di relax.

a San Luca Sud-Est : 9 km – ✉ 06036 Montefalco

 Villa Zuccari

– ☏ 07 42 39 94 02 – www.villazuccari.com
31 cam ☲ – ♦95/175 € ♦♦110/250 € – **3 suites**
Imponente villa d'epoca immersa nella campagna, estesi spazi verdi e ampie
camere con lampadari di Murano faranno sognare un passato ricco e signorile.
Al ristorante Le Zuppiere cucina e vini soprattutto regionali.

MONTEFIASCONE

Viterbo (VT) – ✉ 01027 – 13 556 ab. – Alt. 590 m – Carta regionale n° **7-A1**
▶ Roma 96 km – Viterbo 17 km – Orvieto 28 km – Perugia 95 km
Carta stradale Michelin 563-O18

 Urbano V

corso Cavour 107 – ☏ 07 61 83 10 94 – www.hotelurbano-v.it
22 cam ☲ – ♦54/70 € ♦♦70/110 €
Palazzo storico seicentesco, completamente ristrutturato, raccolto attorno ad un
cortiletto interno e impreziosito da una terrazza con vista quasi a 360° su tetti
e colline.

MONTEFIORINO

Modena (MO) – ⌧ 41045 – 2 225 ab. – Alt. 797 m – Carta regionale n° **5-B2**
▶ Roma 463 km – Bologna 106 km – Modena 55 km – Reggio nell'Emilia 64 km
Carta stradale Michelin 562-I13

✕✕ Lucenti ⇦ ⪍

via Mazzini 38 – ✆ 05 36 96 51 22 – www.lucenti.net
Menu 24/39 € – Carta 31/51 € – (prenotare)
7 cam – ♦50/65 € ♦♦50/65 € – ⌷ 8 €
In questa piccola casa a gestione familiare trova posto un locale di taglio classico, arredato in caldi colori pastello, dove potrete gustare una cucina fedele al territorio. Accoglienti e ben tenute le camere, tutte con vista sulla valle del Dolo.

MONTEFIRIDOLFI

Firenze (FI) – ⌧ 50020 – Alt. 310 m – Carta regionale n° **18-D3**
▶ Roma 289 km – Firenze 27 km – Siena 57 km – Livorno 90 km
Carta stradale Michelin 563-L15

⌂ Agriturismo Fonte de' Medici ✿ ⪑ ⪍ ⪐ ⌁ 🕸 ⌂ ⅃⅘ ✕ ⋇ AC

località Santa Maria a Macerata 41, Sud-Est: 3 km ♿ P
– ✆ 05 58 24 47 00 – www.fontedemedici.com – Chiuso 10 gennaio-10 febbraio
28 cam ⌷ – ♦90/130 € ♦♦120/190 €
Risorsa armoniosamente distribuita all'interno di tre antichi poderi dell'azienda vinicola Antinori. Per una vacanza difficile da dimenticare, tra viti e campagne.

MONTEFOLLONICO

Siena (SI) – ⌧ 53040 – Alt. 567 m – Carta regionale n° **18-D2**
▶ Roma 188 km – Siena 61 km – Arezzo 53 km – Perugia 74 km
Carta stradale Michelin 563-M17

⌂ Relais La Costa ✿ ⪑ ⪍ ⪐ ⌁ AC

via Coppoli 15/19/25 – ✆ 05 77 66 94 88 – www.lacosta.it – Chiuso
10-20 gennaio
7 cam ⌷ – ♦65/90 € ♦♦90/250 € – **2 suites**
Rist *La Costa* – Vedere selezione ristoranti
Fattoria del 1300 in centro paese con camere rustiche, ma eleganti, alcune con vista sull'incantevole Val di Chiana.

✕✕ La Costa – Relais La Costa ⪍ ⌸ ⋇ ⇦ P

via Coppoli 15/19/25 – ✆ 05 77 66 80 26 – www.lacosta.it – Chiuso
10-21 gennaio e giovedì escluso aprile-ottobre
Carta 20/69 €
Sulla terrazza estiva o sotto gli archi in pietra degli ex granai, la cucina perpetua la storia: ricette antiche legate al territorio, pici, risotti e grigliate.

MONTEFORTINO

Fermo (FM) – ⌧ 63858 – 1 193 ab. – Alt. 612 m – Carta regionale n° **11-C3**
▶ Roma 193 km – Ascoli Piceno 38 km – Ancona 112 km – Fermo 53 km
Carta stradale Michelin 563-N22

⌂ Agriturismo Antico Mulino ✿ ⪑ ⪐ ⌸ ⪍ ⋇ P

località Tenna 2, Nord: 2 km – ✆ 07 36 85 95 30 – www.anticomulino.it – Aperto
Pasqua-2 novembre
15 cam ⌷ – ♦60/80 € ♦♦60/80 €
Un mulino ad acqua fortificato, con origini trecentesche, ristrutturato per accogliere una struttura caratteristica, di tono sobrio e con arredi in arte povera. Alla dimensione agreste contribuiscono anche gli animali dell'azienda agricola (cavalli, caprette, etc.) che si aggirano liberamente nei pressi.

MONTEGABBIONE

Terni (TR) – ⊠ 05010 – 1 231 ab. – Alt. 594 m – Carta regionale n° **20-A2**

▶ Roma 149 km – Perugia 40 km – Orvieto 39 km – Terni 106 km

Carta stradale Michelin 563-N18

sulla strada per Parrano Sud-Ovest : 9 km

🏠 **Agriturismo Il Colombaio** ⚘ 🌿 🍴 🛋 🍽 🅰🅺 🏖 🅿

località Colombaio – ℰ 07 63 83 84 95 – www.agriturismoilcolombaio.it – Chiuso 15 gennaio-15 febbraio

22 cam ⌑ – ♦40/70 € ♦♦80/100 €

Immerso nel verde di grandi prati, un agriturismo a conduzione familiare caratte-rizzato da arredi rustici, ma confortevoli. Pietra a vista nella sala da pranzo, che in estate si trasferisce in terrazza.

MONTEGIORGIO

Fermo (FM) – ⊠ 63833 – 6 938 ab. – Alt. 411 m – Carta regionale n° **11-D2**

▶ Roma 270 km – Fermo 21 km – Ancona 78 km – Macerata 32 km

Carta stradale Michelin 563-M22

a Piane di Montegiorgio Sud : 5 km – ⊠ 63025

🏨 **Oscar e Amorina** ⚘ 🍴 🛋 🔄 🅰🅺 🏖 🅿

via Faleriense Ovest 69 – ℰ 07 34 96 73 51 – www.oscareamorina.it

19 cam ⌑ – ♦50/60 € ♦♦80 €

Rist Oscar e Amorina🍴 – Vedere selezione ristoranti

Cinto da un grazioso giardino con piscina, un accogliente hotel che si contraddi-stingue per la garbata eleganza degli ambienti. Ottime camere a prezzi più che competitivi.

XX **Oscar e Amorina** – Hotel Oscar e Amorina 🍴 🔄 🅰🅺 ↔ 🅿

⊗⊗ *via Faleriense Ovest 69 – ℰ 07 34 96 73 51 – www.oscareamorina.it*

Menu 25/40 € – Carta 30/50 €

😊 Sala rossa o sala rosa? Qualsiasi sia la scelta, la cucina "sforna" tipiche specialità marchigiane in porzioni abbondanti. Tra le tante proposte, la nostra preferita rimane il capretto all'Amorina.

MONTEGRIDOLFO

Rimini (RN) – ⊠ 47837 – 1 038 ab. – Alt. 290 m – Carta regionale n° **5-D3**

▶ Roma 297 km – Rimini 35 km – Ancona 89 km – Pesaro 24 km

Carta stradale Michelin 562-K20

🏰 **Relais Palazzo Viviani** ⚘ 🌿 < 🍴 🛋 🅰🅺 🏖 🚗

via Roma 38 – ℰ 05 41 85 53 50 – www.palazzoviviani.com – Aperto 1° aprile-31 ottobre

54 cam ⌑ – ♦90/300 € ♦♦90/300 € – **3 suites**

Un tempo residenza di una nobile famiglia (le cui origini risalgono al XIII sec), la struttura è stata restaurata nel rispetto dell'originale architettura. Oggi, l'hotel si diffonde su tutta l'area del borgo medievale e propone diverse sistemazioni, per soddisfare le più disparate esigenze.

MONTEGROSSO – Barletta-Andria-Trani (BT) ➜ Vedere Andria

MONTEGROSSO D'ASTI

Asti (AT) – ⊠ 14048 – 2 343 ab. – Alt. 244 m – Carta regionale n° **14-D1**

▶ Roma 616 km – Alessandria 45 km – Asti 9 km – Torino 70 km

Carta stradale Michelin 561-H6

a Messadio Sud-Ovest : 3 km – ⊠ 14048 Montegrosso D'Asti

XX **Locanda del Boscogrande** 🛏 ↔ 🌿 < 🍴 🏠 🛋 🅿

via Boscogrande 47 – ℰ 01 41 95 63 90 – www.locandaboscogrande.com

Carta 29/53 € – *(chiuso martedì)*   **7 cam** ⌑ – ♦75/90 € ♦♦110/130 €

Per godersi il rilassante panorama delle colline del Monferrato, cascina ristruttu-rata con un ottimo equilibrio tra qualità gastronomica e confort delle camere.

MONTEGROTTO TERME

Padova (PD) – ⊠ 35036 – 11 259 ab. – Alt. 11 m – Carta regionale n° **23-B3**
▶ Roma 483 km – Padova 16 km – Venezia 56 km – Rovigo 36 km
Carta stradale Michelin 562-F17

Grand Hotel Terme

viale Stazione 21 – ☏ 04 98 91 14 44 – www.grandhotelterme.it
– Chiuso 15 novembre-20 dicembre
107 cam ⌷ – ♦96/122 € ♦♦166/218 € – **29 suites**
Grandi lavori di restyling hanno recentemente interessato questa imponente struttura - in pieno centro - con eleganti spazi comuni, giardino e piscine termali (scoperte e coperte). Ristorante panoramico al 7° piano.

Continental Terme

via Neroniana 8 – ☏ 0 49 79 35 22 – www.continentaltermehotel.it
– Chiuso 9-18 dicembre e 7 gennaio-8 febbraio
172 cam ⌷ – ♦64/97 € ♦♦110/170 €
Il parco ricco di servizi sportivi è il punto di forza di questo hotel un po' defilato dal centro, ma che - in compenso - fa del relax e delle cure termali il suo fiore all'occhiello. Suite di stampo sia moderno sia classico per gli amanti di entrambi i generi.

Garden Terme

corso delle Terme 7 – ☏ 04 98 91 15 49 – www.gardenterme.it – Chiuso
1° dicembre-1° marzo
112 cam ⌷ – ♦74/100 € ♦♦128/180 € – **7 suites**
In un parco-giardino con piscina termale, un bel complesso, che offre un'ampia gamma di cure rigenerative psico-fisiche; eleganti interni, con un'esotica "sala indiana".

Terme Bellavista

via dei Colli 5 – ☏ 0 49 79 33 33 – www.bellavistaterme.com – Chiuso
10 gennaio-10 marzo
72 cam ⌷ – ♦97/118 € ♦♦174/200 €
Cordiale conduzione diretta che vi accoglierà in curati salotti ed un'attrezzata zona benessere: camere totalmente rinnovate e di piacevole stile. Nella spaziosa sala ristorante sobriamente arredata, le tradizionali proposte culinarie.

Terme Preistoriche

via Castello 5 – ☏ 0 49 79 34 77 – www.termepreistoriche.it
– Chiuso 9-26 dicembre
47 cam ⌷ – ♦40/190 € ♦♦60/400 €
Piacevole villa dei primi '900 con ampio parco-giardino e piscine termali: gli interni riflettono l'eleganza esterna grazie a raffinate sale ed accoglienti camere. Ottimo servizio.

Terme Sollievo

viale Stazione 113 – ☏ 0 49 79 36 00 – www.hotelsollievoterme.it
– Chiuso 21 novembre-22 dicembre
108 cam ⌷ – ♦68/96 € ♦♦116/150 €
Non lontano dalla stazione, un hotel di signorile ospitalità circondato da un tranquillo e rilassante parco. Attrezzato centro benessere.

Terme Olimpia

viale Stazione 25 – ☏ 0 49 79 34 99 – www.hoteltermeolimpia.com – Chiuso
24 novembre-20 dicembre
102 cam ⌷ – ♦60 € ♦♦130 € – **6 suites**
Il tocco femminile della gestione si fa sentire nella calorosa accoglienza e nei gradevoli spazi comuni. Camere confortevoli - in parte rinnovate - ed attrezzato centro benessere. Originale, il giardino zen. Cucina mediterranea al ristorante.

XX Da Cencio

via Fermi 11, Ovest: 1,5 km – ☏ 0 49 79 34 70 – Chiuso lunedì
Carta 26/52 € – (consigliata la prenotazione)
Affezionata clientela di habitué per questo ristorante d'impostazione classica con luminosa veranda stile giardino d'inverno. La cucina propone specialità del territorio e qualche piatto di pesce.

XX **Da Mario** 🏠 AC

corso delle Terme 4 – ℰ 0 49 79 40 90 – Chiuso mercoledì a mezzogiorno e martedì
Carta 34/43 € – (consigliata la prenotazione)
All'entrata della località, una sala con ampie vetrate e un dehors per una linea gastronomica tradizionale, di terra e di mare. Ideale per una gratificante sosta culinaria, dopo una giornata alle terme!

XX **Al Bosco** ⓝ ⇐ 🏠 AC P

via Cogolo 8 – ℰ 0 49 79 43 17 – www.alboscomontegrotto.it – Chiuso 7 gennaio-13 febbraio, martedì a mezzogiorno e mercoledì
Carta 30/65 € – (consigliata la prenotazione)
Poco lontano dal centro, ma già in posizione collinare in un contesto verde ed ombreggiato, un ristorante rustico-elegante con caminetti e pareti decorate: dal soffitto pendono originali paioli di rame.

MONTELEONE – Pavia (PV) ➜ Vedere Inverno-Monteleone

MONTELUCCI – Arezzo (AR) ➜ Vedere Pergine Valdarno

MONTEMAGGIORE AL METAURO
Pesaro e Urbino (PU) – ✉ 61030 – 2 907 ab. – Alt. 197 m – Carta regionale n° **11-B1**
▶ Roma 288 km – Ancona 86 km – Pesaro 30 km – Perugia 122 km
Carta stradale Michelin 563-K20

🏠 **Agriturismo Villa Tombolina** 🦌 ⇐ 🏠 ⌗ AC P

via Tombolina, Sud: 4,5 km – ℰ 07 21 89 19 18 – www.villatombolina.it – Aperto 1° maggio-31 ottobre
14 cam ⌣ – ♦50/90 € ♦♦70/150 €
Nell'antica residenza estiva degli arcivescovi di Urbino, un agriturismo con vista sulle colline, che accosta ambienti spaziosi e signorili (nella residenza principale) a zone più informali (nel casale). A Villa Tombolina è possibile anche acquistare prelibatezze di produzione propria: olio extravergine di oliva, vino, salumi nostrani.

MONTEMAGNO
Asti (AT) – ✉ 14030 – 1 135 ab. – Alt. 260 m – Carta regionale n° **12-C2**
▶ Roma 614 km – Alessandria 30 km – Asti 21 km – Torino 75 km
Carta stradale Michelin 561-G6

XXX **La Braja** AC ⌗ ⇄ P

via San Giovanni Bosco 11 – ℰ 01 41 65 39 25 – www.labraja.it – Chiuso 27 dicembre-20 gennaio, 2 settimane in agosto, lunedì e martedì
Carta 45/87 €
I bei dipinti che decorano le pareti sono realizzati dal titolare e da suo figlio, ma l'arte non si limita ai quadri e trova una propria espressione anche in cucina: proposte locali condite da un pizzico di fantasia.

MONTEMAGNO – Lucca (LU) ➜ Vedere Camaiore

MONTEMARCELLO – La Spezia (SP) ➜ Vedere Ameglia

MONTEMARCIANO – Arezzo (AR) ➜ Vedere Terranuova Bracciolini

MONTEMERANO
Grosseto (GR) – ✉ 58014 – Alt. 303 m – Carta regionale n° **18-C3**
▶ Roma 189 km – Grosseto 50 km – Orvieto 79 km – Viterbo 85 km
Carta stradale Michelin 563-O16

🏠 **Villa Acquaviva** ⚘ 🦌 ⇐ 🏠 ⌗ ⌗ ⇄ P

località Acquaviva 10, Nord: 2 km – ℰ 05 64 60 28 90 – www.villacquaviva.com – Chiuso 10 gennaio-12 febbraio
23 cam ⌣ – ♦75/85 € ♦♦105/185 € – **2 suites**
Rist *La Limonaia* – Vedere selezione ristoranti
Gode di splendida vista sui colli e sui vigneti di proprietà, questa villa di fine Ottocento con vicina dépendance immersa in un grande parco: raffinata rusticità negli interni e bella piscina.

Caino (Valeria Piccini)

via della Chiesa 4 – ℰ 05 64 60 28 17 – www.dacaino.it – Chiuso
8 gennaio-8 febbraio, 2 settimana in luglio, giovedì a mezzogiorno e mercoledì
Carta 111/155 € **3 cam** ⊑ – ♦180/250 € ♦♦180/250 €
Nel cuore di un grazioso borgo medioevale, l'elegante ma sobrio ristorante ha fatto conoscere al mondo la cucina maremmana, fatta d'intensi sapori, legati alla terra e reinterpretati dalla personalità di una grande cuoca.
➜ Crema soffice di pecorino con bottone tiepido di fava, cialda di mais e fragole. Piccione, fragole, friggitelli e fegato grasso. Diversamente Caffè.

La Limonaia – Hotel Relais Villa Acquaviva

località Acquaviva 10, Nord: 2 km – ℰ 05 64 60 28 90 – www.villacquaviva.com
– Aperto 1° aprile-30 novembre, chiuso lunedì
Menu 50/95 € – Carta 42/52 € – *(solo a cena)*
E' la titolare stessa ad occuparsi della cucina: piatti maremmani con ampio uso di materie prime (e vini) di produzione propria. Dalle ampie vetrate, si scorge in lontananza l'antico borgo medievale di Montemerano.

MONTEMONACO
Ascoli Piceno (AP) – ✉ 63088 – 624 ab. – Carta regionale n° **11-C3**
▶ Roma 185 km – Ancona 127 km – Ascoli Piceno 37 km – L'Aquila 99 km
Carta stradale Michelin 563-N21

Il Tiglio

località Isola San Biagio, Nord-Ovest: 4,5 km – ℰ 07 36 85 64 41 – enricodeltiglio.
it – Aperto 1° giugno-30 settembre, da venerdì a domenica negli altri mesi
Menu 35/50 € – Carta 37/74 € – (consigliata la prenotazione)
L'esterno semplice non vi tragga in inganno... Varcata la soglia sarete avvolti da un'atmosfera elegante e coccolati da un servizio in "guanti bianchi". In menu: piatti della tradizione e di cacciagione rivisitati in chiave moderna.

MONTE PETRIOLO – Perugia (PG) ➜ Vedere Perugia

MONTE PORZIO CATONE
Roma (RM) – ✉ 00040 – 8 704 ab. – Alt. 451 m – Carta regionale n° **7-B2**
▶ Roma 24 km – Frascati 4 km – Frosinone 64 km – Latina 55 km
Carta stradale Michelin 563-Q20

Villa Vecchia

via Frascati 49, Ovest: 3 km – ℰ 06 94 34 00 96 – www.villavecchia.it
96 cam ⊑ – ♦59/159 € ♦♦69/259 €
Incastonato in una quieta cornice di ulivi centenari, il convento cinquecentesco è stato ampliato e modernamente ristrutturato per ospitare congressi e soggiorni di relax. Il ristorante è stato ricavato sotto antiche volte, nelle ex cantine dell'edificio.

Il Monticello

via Romoli 27 – ℰ 0 69 44 93 53 – www.ristoranteilmonticello.it – Chiuso
24 agosto-3 settembre e lunedì, anche domenica sera in inverno
Carta 31/44 €
Poco fuori dal centro, cucina romano-laziale con sapiente uso dei sapori e, come chicca, le verdure del proprio orto, in un ristorante dal piacevole e caldo ambiente rustico.

MONTEPULCIANO
Siena (SI) – ✉ 53045 – 14 212 ab. – Alt. 605 m – Carta regionale n° **18-D2**
▶ Roma 184 km – Siena 66 km – Arezzo 57 km – Perugia 68 km
Carta stradale Michelin 563-M17

San Biagio

via San Bartolomeo 2 – ℰ 05 78 71 72 33 – www.albergosanbiagio.it
– Chiuso gennaio e febbraio
27 cam ⊑ – ♦70/95 € ♦♦95/135 €
Leggermente decentrato, con vista sul tempio di San Biagio e su Montepulciano, salotti signorili e camere curate per un buon rapporto qualità/prezzo.

Villa Cicolina

via Provinciale 11, Nord-Est: 2 Km – ☎ *05 78 75 86 20* – *www.villacicolina.it*
– Aperto 30 dicembre-5 gennaio e 1° aprile-31 ottobre
7 suites 🖙 – ♥♥180/280 € – 4 cam
Villa nobiliare di campagna immersa in un curato giardino con piscina: ambienti signorili ricchi di fascino ed un ristorante di tono rustico dove gustare specialità locali.

Villa Poggiano

via di Poggiano 7, Ovest: 2 km – ☎ *05 78 75 82 92* – *www.villapoggiano.com*
– Aperto 1° aprile-2 novembre
11 suites 🖙 – ♥♥220/330 € – 3 cam
Un vasto parco, con pochi eguali in zona, accoglie gli ospiti tra silenzio e profumi. Nel mezzo una villa del '700 che ha mantenuto intatta l'atmosfera della dimora storica.

Relais San Bruno

via di Pescaia 5/7 – ☎ *05 78 71 62 22* – *www.sanbrunorelais.com* – *Aperto 1° aprile-10 dicembre*
9 cam 🖙 – ♥150/180 € ♥♥180/240 €
Ai piedi della Basilica di San Biagio, varie villettine ospitano camere ariose e personalizzate. Curatissimi spazi verdi e l'eleganza prende forma!

XX **La Grotta**

località San Biagio 16, Ovest: 1 km – ☎ *05 78 75 74 79*
– www.lagrottamontepulciano.it – *Chiuso 10 gennaio-10 marzo e mercoledì*
Menu 50 € – Carta 43/72 €
Di fronte alla chiesa di San Biagio, all'interno di un edificio del '500, locale rustico-elegante, con bel servizio estivo in giardino. Ottima la cucina: toscana, sapientemente rivisitata.

XX **Le Logge del Vignola**

via delle Erbe 6 – ☎ *05 78 71 72 90* – *www.leloggedelvignola.com* – *Chiuso 2 settimane in novembre-dicembre e martedì*
Menu 49 € – Carta 34/59 € – (consigliata la prenotazione)
Buona risorsa questo piccolo locale nel centro storico, con tavoli un po' ravvicinati, ma coperto e materia prima regionale assai curati. Interessante anche la carta dei vini.

MONTERIGGIONI

Siena (SI) – ✉ 53035 – 9 665 ab. – Alt. 274 m – Carta regionale n° **18-D1**
▶ Roma 245 km – Siena 15 km – Firenze 55 km – Livorno 103 km
Carta stradale Michelin 563-L15

 Il Piccolo Castello

Strada Provinciale Colligiana 8, Ovest: 1,5 km – ☎ *05 77 30 73 00*
– www.ilpiccolocastello.com
50 cam 🖙 – ♥50/160 € ♥♥60/180 € – **1 suite**
Elegante complesso nato pochi anni fa, che si sviluppa orizzontalmente attorno alla corte con giardino all'italiana. Gli interni s'ispirano al lavoro dell'architetto Agostino Fantastici, che lavorò nel senese tra '700 e '800.

 Monteriggioni

via 1° Maggio 4 – ☎ *05 77 30 50 09* – *www.hotelmonteriggioni.net*
– Aperto 15 marzo-5 novembre
11 cam 🖙 – ♥160/230 € ♥♥180/250 € – **1 suite**
All'interno del borgo medievale, un hotel in pietra di piccole dimensioni con camere in stile rustico dai letti in ferro battuto, un piacevole giardino sul retro e piscina.

Borgo Gallinaio

*strada del Gallinaio 5, Ovest: 2 km – ℰ 05 77 30 47 51 – www.gallinaio.it
– Aperto 16 aprile-16 ottobre*
12 cam ⌾ – †107/124 € ††130/164 €
Dopo un tratto di strada sterrata, eccovi giunti a questo splendido casale del '400, abbracciato da ulivi e tanto verde, con camere signorili nella loro semplicità ed impeccabili nella tenuta. Ma non finisce qui: al limitare del bosco - in posizione isolata e suggestiva - sua maestà, la piscina!

XX **Il Pozzo**

*piazza Roma 20 – ℰ 05 77 30 41 27 – www.ilpozzo.net
– Chiuso 7 gennaio-13 febbraio, domenica sera (escluso giugno-agosto) e lunedì*
Menu 45 € – Carta 32/67 €
Nel cuore del piccolo borgo chiuso da mura, con la chiesa e il piccolo pozzo al centro, un locale rustico dove soffermarsi a gustare i sapori della Toscana, dai cibi al vino. Suggestivo giardino per il servizio all'aperto.

a Strove Sud-Ovest : 4 km – ✉ 53035

 Castel Pietraio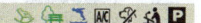

*località Castelpietraio strada di Strove 33, Sud-Ovest: 4 km – ℰ 05 77 30 00 20
– www.castelpietraio.it*
13 cam ⌾ – †100/130 € ††130/175 €
Meta ideale per trascorrere romantici soggiorni a contatto con la natura, la struttura di origine altomedievale - un avamposto difensivo senese - ospita ora camere ben arredate ed una piscina. Nel castello, anche 5 appartamenti con cucina.

 Relais Castel Bigozzi

località Bigozzi – ℰ 05 77 30 00 00 – www.castellobigozzi.it
18 cam ⌾ – †80/120 € ††100/140 €
Per soggiorni all'insegna del relax, nella quiete della campagna senese, questo castello-fortezza di origini medioevali dispone di ampie camere ed appartamenti in un contesto di bucolica bellezza.

XX **Casalta**

*via XVII Marzo 22 – ℰ 05 77 30 10 02 – www.ristorantecasalta.it – Chiuso
10 gennaio-10 febbraio*
Menu 40/55 € – Carta 53/68 € – *(chiuso mercoledì e domenica sera in
novembre-marzo)* (prenotazione obbligatoria a mezzogiorno)
Ristorante dagli interni moderni, composto da raccolte salette con poltroncine in pelle e pareti gialle. Tavola raffinata e cucina contemporanea, che non fa preferenze tra terra e mare.

MONTERONI D'ARBIA

Siena (SI) – ✉ 53014 – 9 007 ab. – Alt. 161 m – Carta regionale n° **18-C2**
▶ Roma 226 km – Siena 16 km – Arezzo 74 km – Firenze 90 km
Carta stradale Michelin 563-M16

verso Buonconvento Sud-Est : 6 km

 Casa Bolsinina

*località Casale Caggiolo – ℰ 05 77 71 84 77 – www.bolsinina.com – Aperto
15 marzo-5 novembre*
6 cam ⌾ – †125/140 € ††125/140 €
Tipico esempio di architettura toscana, questa casa di campagna si caratterizza per i suoi interni caldi e familiari. Dopo una giornata all'aria aperta, sarà piacevole ritirarsi nelle sue belle camere arredate con qualche mobile d'epoca.

MONTEROSSO AL MARE

La Spezia (SP) – ✉ 19016 – 1 476 ab. – Carta regionale n° **8-D2**
▶ Roma 460 km – La Spezia 32 km – Genova 95 km – Massa 75 km
Carta stradale Michelin 561-J10

Porto Roca

☆ ⑤ ⇐ 🛏 ⚒ 🌊 ⬆ AC

via Corone 1 – ✆ 01 87 81 75 02 – www.portoroca.it
– Aperto 25 marzo-1° novembre
41 cam ⊑ – **†**130/310 € **††**160/340 € – **3 suites**
Rist *La Terrazza del Porto Roca* – Vedere selezione ristoranti
E' paradisiaca la posizione di questa struttura abbarbicata alla scogliera a strapiombo sul mare e dall'atmosfera un po' démodé negli interni in stile; camere di differenti tipologie, accomunate da un alto standard di confort, nonché un'originale piscina a sfioro con vista sull'orizzonte.

La Colonnina

⑤ 🛏 ⬆ AC ⚠ ⚔

via Zuecca 6 – ✆ 01 87 81 74 39 – www.lacolonninacinqueterre.it
– Aperto 15 aprile-31 ottobre
21 cam ⊑ – **†**100/130 € **††**120/200 €
Nei tranquilli carruggi pedonali, si presenta con un piccolo giardino ombreggiato questo hotel dall'attenta conduzione familiare. All'interno camere confortevoli: noi vi consigliamo di prenotate quelle con terrazza.

Pasquale

⇐ ⬆ AC ⚠

via Fegina 4 – ✆ 0 18 78 17 47 7- 81 75 50 – www.pasini.com – Aperto
1° marzo-7 novembre
15 cam ⊑ – **†**85/150 € **††**135/190 €
Piccola gestione familiare con più di 60 anni sulle spalle, ma che - come si dice in questi casi - non li avverte per nulla, essendosi l'albergo rinnovato completamente anno dopo anno.

Ca' du Gigante

AC ⚠

via IV Novembre 11 – ✆ 01 87 81 74 01 – www.ilgigantecinqueterre.it
6 cam ⊑ – **†**80/190 € **††**80/190 €
A pochi metri dal mare, signorili ambienti comuni e confort contemporaneo di buon livello nelle accoglienti camere: per una vacanza romantica e rilassante.

Locanda il Maestrale

AC ⚠

via Roma 37 – ✆ 01 87 81 70 13 – www.locandamaestrale.net – Chiuso gennaio e febbraio
6 cam ⊑ – **†**90/115 € **††**100/155 €
In un palazzo del 1700, un rifugio raffinato e romantico: soffitti affrescati nella sala comune e nelle due junior-suite, belle camere in stile, terrazza per colazioni all'aperto.

XxX La Terrazza del Porto Roca – Hotel Porto Roca

⇐ 🛏 🍴 AC

via Corone 1 – ✆ 01 87 81 75 02 – www.portoroca.it – Aperto
25 marzo-1° novembre
Carta 41/72 € – (consigliata la prenotazione)
Impareggiabile la vista che si gode da questo esclusivo ristorante e soprattutto dalla sua terrazza che per scenografica bellezza è forse al primo posto fra tutte quelle delle Cinque Terre! La cucina punta sui prodotti regionali, dal pesce fresco pescato nel golfo ai primi piatti che profumano di basilico.

XX Miky

🍄 🍴 AC

via Fegina 104 – ✆ 01 87 81 76 08 – www.ristorantemiky.it – Aperto
15 marzo-2 novembre; chiuso martedì
Carta 47/88 €
Sempre tra i più quotati in zona, piacevole ristorante frontemare dove gustare fragranti specialità di pesce e non solo. Una saletta ospita anche un'interessante esposizione di prodotti locali.

X La Cantina di Miky

🍴 AC

via Fegina 90 – ✆ 01 87 80 25 25 – www.cantinadimiky.it – Aperto
1° aprile-31 ottobre; chiuso mercoledì
Carta 30/64 €
Sulla passeggiata del lungomare di Fegina, locale moderno, alla moda ed informale dove gustare piatti regionali, ma anche bruschette e focacce fantasiose; in carta selezione sia di vini sia di birre. Due i dehors: meglio quello vista mare.

✗ L'Ancora della Tortuga

via salita Cappuccini 4 – ℰ 01 87 80 00 65 – Aperto inizio marzo-fine novembre; chiuso lunedì
Menu 35 € – Carta 37/71 €
Locale in stile marina letteralmente aggrappato alla scogliera (una parete è di roccia viva): dal dehors superiore la vista è mozzafiato, mentre la cucina onora il mare, ma non dimentica la terra.

MONTE ROTA = RADSBERG – Bolzano (BZ) ➜ Vedere Dobbiaco

MONTEROTONDO
Roma (RM) – ✉ 00015 – 40 682 ab. – Alt. 165 m – Carta regionale n° **7-B2**
▶ Roma 27 km – Rieti 55 km – Terni 84 km – Tivoli 32 km
Carta stradale Michelin 563-P19

⌂ Dei Leoni

via Vincenzo Federici 23 – ℰ 06 90 62 35 91 – www.albergodeileoni.it
34 cam ⊑ – †35/140 € ††55/140 € – **3 suites**
Nel centro storico, poco oltre la porta delle mura, camere accoglienti e funzionali. Il ristorante sfoggia ora una veste più moderna, non lesinando sulla cura dei piatti e le specialità alla griglia.

MONTE SAN PIETRO = PETERSBERG – Bolzano (BZ) ➜ Vedere Nova Ponente

---

MONTE SAN SAVINO
Arezzo (AR) – ✉ 52048 – 8 770 ab. – Alt. 330 m – Carta regionale n° **18-C2**
▶ Roma 191 km – Siena 41 km – Arezzo 21 km – Firenze 83 km
Carta stradale Michelin 563-M17

⌂ Logge dei Mercanti

corso San Gallo 40/42 – ℰ 05 75 81 07 10 – www.loggedeimercanti.it
12 cam ⊑ – †55/65 € ††75/90 € – **1 suite**
Nel centro storico, di fronte alle cinquecentesche logge dei mercanti, la vecchia farmacia di paese è stata trasformata in un incantevole albergo, specchio di un altrettanto piccolo gioiello: Monte S. Savino. Le tante decorazioni introdotte in fase di rinnovo hanno aggiunto un ulteriore tocco di amenità alla struttura.

✗✗ La Terrasse

via di Vittorio 2/4 – ℰ 05 75 84 41 11 – www.ristorantelaterrasse.it – Chiuso 15-30 novembre e mercoledì
Carta 22/47 €
A ridosso delle mura del centro storico, il ristorante dispone anche di una bella veranda estiva: un angolo verde e raccolto affacciato sulle colline. Cucina toscana - proverbiali le pappardelle tirate a mano al ragù di chianina - e nazionale con qualche specialità di pesce; la carta dei vini non manca di farsi onore.

a Gargonza Ovest : 7 km – ✉ 52048 Monte San Savino – Alt. 543 m

⌂ Castello di Gargonza

– ℰ 05 75 84 70 21 – www.gargonza.it – Chiuso 10 gennaio-1° marzo
40 cam ⊑ – †90/110 € ††136/160 €
Isolamento, silenzio e la suggestione di un glorioso passato: gli ospiti che hanno alloggiato al castello non sono solo vip, ma anche illustri personaggi nazionali (Dante, ad esempio, si fermò qui in fuga da Firenze). Una strada a mulinello si arrampica fino a una piazzetta: intorno, camere di sobria eleganza.

MONTE SANT' ANGELO

Foggia (FG) – ⊠ 71037 – 12 815 ab. – Alt. 796 m – Carta regionale n° **15-B1**
▶ Roma 408 km – Foggia 56 km – Barletta 76 km – Manfredonia 18 km
Carta stradale Michelin 564-B29

Palace Hotel San Michele

via Madonna degli Angeli – ℰ 08 84 56 56 53 – www.palacehotelsanmichele.it
61 cam ⊑ – ♦39/89 € ♦♦49/180 € – **5 suites**
Sulla sommità del paese, dalla quale si domina il Gargano, l'hotel si è ampliato col centro benessere e la dépendance dotata di camere con vista: foresta, castello o golfo, a voi la scelta. Ristorazione disponibile in vari ambienti, ugualmente curati.

Li Jalantuùmene

piazza de Galganis 9 – ℰ 08 84 56 54 84 – www.li-jalantuumene.it – *Chiuso 8-28 gennaio*
Menu 20 € (pranzo in settimana)/45 € – Carta 37/57 € – *(chiuso martedì escluso aprile-ottobre)* (consigliata la prenotazione)
3 cam ⊑ – ♦100/140 € ♦♦100/140 €
Affacciato su un'incantevole piazzetta, la travolgente passione del cuoco vi guiderà alla scoperta dei giacimenti gastronomici pugliesi, in un piccolo, ma romantico, ristorante diretto dalla moglie.

Medioevo

via Castello 21 – ℰ 08 84 56 53 56 – www.ristorantemedioevo.it – *Chiuso lunedì*
Carta 25/48 €
Pancotto con verza, patate e fave ed altre specialità regionali elaborate partendo da prodotti stagionali, in questo semplice ristorante del centro, raggiungibile solo a piedi.

MONTE SAN VITO

Ancona (AN) – ⊠ 60037 – 6 888 ab. – Alt. 135 m – Carta regionale n° **11-C1**
▶ Roma 270 km – Ancona 26 km – Rimini 100 km – Pesaro 65 km
Carta stradale Michelin 563-L21

Poggio Antico

via Malviano b, località Santa Lucia – ℰ 0 71 74 00 72 – www.poggio-antico.com – *Aperto 2 aprile-31 ottobre*
13 suites – ♦♦110/199 € – ⊑ 14 €
La risorsa, in posizione panoramica tra le colline, dispone di appartamenti, zona notte separata, in stile rustico-contadino, arredati con un tocco di romanticismo.

MONTESARCHIO

Benevento (BN) – ⊠ 82016 – 13 501 ab. – Alt. 300 m – Carta regionale n° **4-B2**
▶ Roma 223 km – Napoli 53 km – Avellino 54 km – Benevento 18 km
Carta stradale Michelin 564-D25

Cristina Park Hotel

via Benevento 104, Est: 1 km – ℰ 08 24 83 58 88 – www.cristinaparkhotel.com
28 cam ⊑ – ♦65/72 € ♦♦80/88 €
A breve distanza da Benevento, preceduto da un bel giardino fiorito, Cristina Park Hotel propone due le tipologie di camere: classiche o moderne, le ultime le nostre preferite.

MONTESCUDAIO

Pisa (PI) – ⊠ 56040 – 2 173 ab. – Alt. 242 m – Carta regionale n° **18-B2**
▶ Roma 281 km – Pisa 59 km – Cecina 10 km – Grosseto 108 km
Carta stradale Michelin 563-M13

Il Frantoio

via della Madonna 9 – ℰ 05 86 65 03 81 – www.ristorantefrantoio.com – *Chiuso 15 gennaio-15 febbraio e martedì*
Carta 25/50 € – *(solo a cena escluso i giorni festivi da ottobre a giugno)*
Sotto i caratteristici archi in mattone di un vecchio frantoio nell'entroterra toscano, una simpatica gestione familiare propone cucina del territorio, in sintonia con le stagioni.

MONTESILVANO MARINA

Pescara (PE) – ⊠ 65015 – 53 577 ab. – Carta regionale n° **1-B1**

▶ Roma 215 km – Pescara 13 km – L'Aquila 112 km – Chieti 26 km
Carta stradale Michelin 563-O24

Promenade

viale Aldo Moro 63 – ℰ 08 54 45 22 21 – www.hotelpromenadeonline.com
74 cam ⌂ – †65/90 € ††75/150 € – **6 suites**
Proprio di fronte al mare e alla spiaggia, una bella struttura caratterizzata da camere confortevoli, nonché spazi comuni piacevoli e signorili. Al ristorante: piatti di mare e specialità di terra si dividono equamente il menu.

La Polena

viale Aldo Moro 3 – ℰ 08 56 60 07 – www.lapolena.it
Menu 40/45 € – Carta 33/100 €
Protagonista è il mare, non solo per la strategica posizione del locale a pochi passi dalla spiaggia, o per la scelta del nome, ma soprattutto per le fragranti specialità ittiche presenti in menu: il cui posto d'onore è riservato ai crostacei. Una zona lounge per rilassarsi nel dopocena è la novità dell'ultim'ora.

Ninì

piazza Giardino 1, località Montesilvano Colle, Ovest: 4 km – ℰ 08 54 68 91 74
– Chiuso 1 settimana in novembre, 1 settimana in gennaio e lunedì
Menu 35 € – Carta 33/48 € – (prenotare)
Se la cucina omaggia soprattutto la terra con interessanti rivisitazioni, il locale si farà ricordare per la sua pietra a vista, le volte a vela e - ultimo, ma non ultimo – il panorama del mare. Servizio estivo all'aperto.

MONTESPERTOLI

Firenze (FI) – ⊠ 50025 – 13 543 ab. – Alt. 257 m – Carta regionale n° **18-C2**

▶ Roma 287 km – Firenze 34 km – Siena 60 km – Livorno 79 km
Carta stradale Michelin 563-L15

L'Artevino

via Sonnino 28 – ℰ 05 71 60 84 88 – Chiuso 15 gennaio-5 febbraio
Carta 32/56 €
Nel centro storico, tanta passione per servire pochi tavoli in un'unica saletta; troverete i piatti toscani di sempre, ma anche qualche proposta più creativa e alcune a base di pesce.

MONTESPLUGA

Sondrio (SO) – ⊠ 23024 – Alt. 1 908 m – Carta regionale n° **9-B1**

▶ Roma 718 km – Sondrio 90 km – Passo dello Spluga 3 km
Carta stradale Michelin 561-C9

Posta

via Dogana 8 – ℰ 0 34 35 42 34 – www.albergopostaspluga.it – Chiuso gennaio-febbraio
Carta 25/50 € **8 cam** – †60/80 € ††100/120 € – senza ⌂
In un paesino di alta montagna, quasi al confine svizzero, un'accogliente sala in stile montano con molto legno, cucina ispirata alla tradizione e camere personalizzate. E per chi vuole continuare a godere delle prelibatezze di questo indirizzo, c'è anche un piccolo negozio di alimentari ed enoteca da asporto.

MONTEU ROERO

Cuneo (CN) – ⊠ 12040 – 1 642 ab. – Alt. 395 m – Carta regionale n° **14-C2**

▶ Roma 625 km – Torino 53 km – Asti 33 km – Cuneo 65 km
Carta stradale Michelin 561-H5

Cantina dei Cacciatori

*località Villa Superiore 59, Nord-Ovest: 2 km – ℰ 0 17 39 08 15
– www.cantinadeicacciatori.it – Chiuso 15-30 gennaio, 1°-15 luglio, martedì a mezzogiorno e lunedì*
Menu 22/28 € – Carta 25/44 €
L'insegna originale dipinta sulla facciata ammicca alla storia ultracentenaria del locale. Nato dal recupero di una vecchia trattoria fuori paese, fra castagni e rocce di tufo, il ristorante propone piatti tipici piemontesi, come i tajarin della casa al ragù di salsiccia di Bra. Incantevole dehors per la bella stagione.

MONTEVARCHI

Arezzo (AR) – ✉ 52025 – 24 454 ab. – Alt. 144 m – Carta regionale n° **18-C2**
▶ Roma 233 km – Firenze 49 km – Siena 50 km – Arezzo 39 km
Carta stradale Michelin 563-L16

Valdarno

via Traquandi 13/15 – ℰ 05 59 10 34 89 – www.hotelvaldarno.net – Chiuso 24-27 dicembre
65 cam ⌷ – †60/85 € ††70/120 €
Struttura recente che coniuga la modernità dei confort e delle infrastrutture con la sobria ed elegante classicità delle scelte d'arredo; belle camere ben insonorizzate.

a Moncioni Sud-Ovest : 8,5 km – ✉ 52025

Villa Sassolini

piazza Rotondi 17 – ℰ 05 59 70 22 46 – www.villasassolini.it – Aperto 15 marzo-2 novembre
8 cam ⌷ – †198/244 € ††268/344 € – **4 suites**
Albergo "diffuso" - sebbene con un corpo centrale - dispone di camere eleganti dove le tonalità del grigio sono declinate nelle varie sfumature e riscaldate da elementi d'arredo di grande suggestione. Recentemente è stata realizzata anche una moderna spa. Villa Sassolini: la vacanza in una residenza d'epoca, quando il lusso diventa accessibile.

MONTEVECCHIA

Lecco (LC) – ✉ 23874 – 2 605 ab. – Alt. 479 m – Carta regionale n° **10-B1**
▶ Roma 602 km – Como 34 km – Bergamo 44 km – Lecco 24 km
Carta stradale Michelin 561-E10

La Piazzetta

largo Agnesi 3 – ℰ 03 99 93 01 06 – www.ristolapiazzetta.it – Chiuso 15 giorni in gennaio, 15 giorni in agosto o settembre, martedì a mezzogiorno e lunedì
Menu 40 € – Carta 32/46 €
Nella parte alta del paese, un locale ubicato all'interno di un edificio ristrutturato. Un ristorante di taglio classico con due sale luminose e una cucina interessante con proposte classiche e contemporanee.

MONTIANO

Forlì-Cesena (FC) – ✉ 47020 – 1 704 ab. – Alt. 159 m – Carta regionale n° **5-D2**
▶ Roma 347 km – Bologna 98 km – Forlì 38 km
Carta stradale Michelin 562-J18

Le Giare

*via al Castello 368 A/B, località Montenovo, Est: 2 km – ℰ 0 54 75 14 30
– www.legiare.com – Chiuso gennaio, lunedì e martedì*
Menu 35/85 € – Carta 57/76 € – (solo a cena escluso la domenica) (consigliata la prenotazione)
In posizione panoramica, la terrazza offre un bello scorcio sulla costa, mentre gli ambienti interni di moderna eleganza accolgono un'ottima cucina, tra terra e mare: dal 2013 nelle mani di un nuovo, giovane, chef, ma già con esperienza.

MONTICCHIELLO – Siena (SI) ➔ Vedere Pienza

MONTICELLI BRUSATI

Brescia (BS) – ⊠ 25040 – 4 532 ab. – Alt. 283 m – Carta regionale n° **10-D1**

▶ Roma 573 km – Brescia 28 km – Milano 96 km – Bergamo 50 km

Carta stradale Michelin 561-F12

✗✗ Hostaria Uva Rara 🍽 ৬ AC

via Foina 42 – ☏ 03 06 85 26 43 – www.hostariauvarara.it – Chiuso mercoledì

Menu 28 € (pranzo in settimana)/55 € – Carta 37/65 €

Gestione professionale in un antico cascinale del '400 con arredi di gusto e caratteristici soffitti sorretti da volte in pietra. La cucina si divide equamente tra terra,
lago e mare; a pranzo, disponibilità di menu più economici.

MONTICELLI D'ONGINA

Piacenza (PC) – ⊠ 29010 – 5 288 ab. – Alt. 40 m – Carta regionale n° **5-A1**

▶ Roma 530 km – Parma 57 km – Piacenza 23 km – Brescia 63 km

Carta stradale Michelin 562-G11

✗ Antica Trattoria Cattivelli 🍽 AC P

*via Chiesa 2, località Isola Serafini – ☏ 05 23 82 94 18 – www.trattoriacattivelli.it
– Chiuso 15 giorni in luglio, martedì sera e mercoledì*

Menu 19 € (pranzo in settimana) – Carta 30/56 €

Timballo di riso Venere ai gamberi di fiume o storione stufato alle verdure?
Insomma, una cucina del territorio con molti ingredienti di produzione propria,
in questa trattoria da sempre gestita dall'omonima famiglia.

---

a San Pietro in Corte Sud : 3 km – ⊠ 29010 Monticelli D'Ongina

---

✗ Le Giare AC ⇦

*via San Pietro in corte Secca 6 – ☏ 05 23 82 02 00 – www.legiareristorante.com
– Chiuso 1°-10 gennaio, agosto, domenica sera e lunedì; anche domenica
a mezzogiorno in luglio*

Carta 40/68 € – (consigliata la prenotazione)

Sotto il campanile di una piccola frazione, una casa colonica sorta sulle ceneri di
una vecchia osteria e tre salette arredate con mobili in bambù. La cucina sposa
tradizione e pesce.

MONTICELLI TERME

Parma (PR) – ⊠ 43022 – Alt. 99 m – Carta regionale n° **5-A3**

▶ Roma 455 km – Parma 12 km – Bologna 99 km – Reggio nell'Emilia 23 km

Carta stradale Michelin 562-H13

🏨 Delle Rose ⚘ 🌿 ⇦ ⌁ 🏊 🐾 Fà ⊡ ৬ AC 🛁 P

*via Montepelato Nord 4/a – ☏ 05 21 65 74 25 – www.rosehotel.it
– Chiuso 7 gennaio-7 febbraio*

58 cam ⌷ – †65/80 € ††85/130 € – **10 suites**

In un parco-pineta, una struttura con piacevoli spazi comuni e una piscina termale
coperta. Per chi è in cura alle terme, ma anche per clientela d'affari e di passaggio.

MONTICHIARI

Brescia (BS) – ⊠ 25018 – 24 953 ab. – Alt. 104 m – Carta regionale n° **9-D1**

▶ Roma 490 km – Brescia 20 km – Cremona 56 km – Mantova 40 km

Carta stradale Michelin 561-F13

🏠 Palazzo Novello 🆕 ⇦ AC P

via Tito Speri 17 – ☏ 03 09 65 09 07 – www.palazzonovello.it

18 cam ⌷ – †70/130 € ††95/160 €

In un palazzo settecentesco nel centro storico della località, un bellissimo scalone
centrale conduce ai piani: ovunque aleggia un'atmosfera antica, ma la gestione è
giovane e dinamica, le camere arredate con cura. Un piccolo gioiello vicino a fiera
ed aeroporto.

✗ Osteria dei Matti 🆕 🍽 ৬ AC

via G.A. Poli 26 – ☏ 03 09 65 71 75 – www.osteriadeimatti.it – Chiuso lunedì

Menu 17 € (pranzo) – Carta 29/61 €

Simpatica e moderna osteria dove gustare un'ottima cucina di terra preparata
scegliendo accuratamente le materie prime; camino acceso e atmosfera più
"calda" nella confortevole cantina.

❌ **Dal Dosso Salamensa** 🅽   AC

via Monsignor Oscar Romero 69 – ☎ *0 30 96 10 25 – www.daldossosalamensa.it*
Carta 38/42 €
Un open space aperto 7 giorni su 7, 365 giorni all'anno, dal bar per le prime colazioni al ristorante classico con pizze a lievitazione naturale. Se l'ambientazione è
molto semplice, l'attenzione riservata alla scelta delle materie prime e alle preparazioni è di ottimo livello.

MONTICIANO
Siena (SI) – ✉ 53015 – 1 578 ab. – Alt. 375 m – Carta regionale n° **18-C2**
▶ Roma 261 km – Siena 39 km – Grosseto 63 km – Firenze 95 km
Carta stradale Michelin 563-M15

❌ **Da Vestro**   ⇦ 🛖 🚗 ⚎ 🏊 **P**

via 2 Giugno 1 – ☎ *05 77 75 66 18 – www.davestro.it – Chiuso 14-25 dicembre*
e 1° febbraio-18 marzo; aperto solo nei week end in inverno
Menu 20/29 € – Carta 21/52 € – *(chiuso lunedì)* (prenotare)
14 cam ⊠ – †40/60 € ††65/85 €
Alle porte della località e circondato da un ampio giardino, un antico podere ospita
una trattoria dalle cui cucine si affacciano i piatti e i sapori della tradizione toscana.
Dispone anche di alcune camere semplici dagli arredi in legno e ben curate.

MONTICOLO = MONTIGGLER SEE – Bolzano (BZ) ➔ Vedere Appiano sulla
Strada del Vino

MONTIERI
Grosseto (GR) – ✉ 58026 – 1 216 ab. – Alt. 704 m – Carta regionale n° **18-C2**
▶ Roma 233 km – Siena 45 km – Grosseto 55 km – Firenze 100 km
Carta stradale Michelin 563-M15

🏠 **Agriturismo La Meridiana-Locanda in Maremma**   🏊 🐾 ⚕ **P**

strada provinciale 5 le Galleraie, Sud-Est: 2,5 km
– ☎ *05 66 99 70 18 – www.lameridiana.net – Aperto 1° maggio-30 settembre*
13 cam ⊠ – †65/85 € ††110/150 €
Arredi di grande gusto in questa elegante country house ricavata da un'antica
stalla: letti in ferro battuto e ampio scrittoio in travertino nelle amene camere.
Percorso vita di circa 1 km e grazioso giardino che sconfina nel bosco. Piatti
regionali nel rustico ristorante.

MONTIGNOSO
Massa-Carrara (MS) – ✉ 54038 – 9 798 ab. – Alt. 132 m – Carta regionale n° **18-A1**
▶ Roma 386 km – Pisa 46 km – La Spezia 43 km – Massa 5 km
Carta stradale Michelin 563-J12

❌❌ **Il Bottaccio**   ⇦ 🌿 🛖 🚗 **P**

via Bottaccio 1 – ☎ *05 85 34 00 31 – www.bottaccio.com*
Menu 75/120 € – Carta 58/112 €   **5 suites** – ††280/850 € – ⊡ 28 € – 3 cam
Dolci colline fanno da cornice a questa dimora di campagna, che di rurale ha giusto qualche elemento architettonico, come i pavimenti in cotto o i soffitti a cassettoni. Terra e mare si contendono il menu, ma sono i dessert a scatenare la fantasia dello chef: dolci che evocano le tele di Matisse, Gauguin, Klimt…

a Cinquale Sud-Ovest : 5 km – ✉ 54030

🏠 **Villa Undulna-Terme della Versilia**   ✳ 🛖 🏊 🖥 🌐 ♨ ♨ 😘 ❌ 🖥 **P**

viale Marina 191 – ☎ *05 85 80 77 88 – www.villaundulna.com*   AC ⚕ **P**
– Aperto 1° aprile-30 settembre
24 suites ⊡ – ††119/360 € – 20 cam
Un curato e piacevole giardino incornicia le varie strutture di questo hotel a pochi
passi dal mare: centro benessere ed ampie camere per una vacanza a tutto relax.
Il ristorante propone una cucina nazionale e regionale in sale sobrie e signorili.

Eden

viale Gramsci 26 – ☎ 05 85 80 76 76 – www.edenhotel.it
– Chiuso 20 dicembre-1° febbraio
27 cam ⌷ – †68/150 € ††99/250 €
A pochi passi dal mare, l'hotel dispone di ariosi e freschi ambienti, nonché ampie camere. Piacevole giardino con piscina: ideale per una vacanza all'insegna del relax!

Giulio Cesare

via Giulio Cesare 29 – ☎ 05 85 30 93 18 – www.hotelgiuliocesarecinquale.com
– Aperto Pasqua-30 settembre
12 cam ⌷ – †42/140 € ††52/180 €
Un piccolo giardino garantisce un soggiorno all'insegna della tranquillità presso questa risorsa familiare; all'interno gli ambienti sono arredati con gusto moderno e sobrio.

MONTOGGIO

Genova (GE) – ✉ 16026 – 2 051 ab. – Alt. 438 m – Carta regionale n° **8-C1**
▶ Roma 535 km – Genova 41 km – Alessandria 83 km – Pavia 109 km
Carta stradale Michelin 561-I9

Roma

via Roma 15 – ☎ 0 10 93 89 25 – Chiuso 1°-7 luglio e giovedì
Menu 18 € (pranzo in settimana)/45 € – Carta 25/50 €
La sua cucina altro non è che un inno alla tradizione locale sia di carne sia di pesce. Tra le tante proposte del menu quella che ci ha maggiormente convinto è la tagliata di fassone con tartufo nero e, a seguire, la crema al mascarpone con canestrelli.

MONTONE

Perugia (PG) – ✉ 06014 – 1 684 ab. – Alt. 482 m – Carta regionale n° **20-B1**
▶ Roma 209 km – Perugia 42 km – Arezzo 60 km
Carta stradale Michelin 563-L18

Torre di Moravola ⓝ

località Moravola Alta 70, Pietralunga – ☎ 07 59 46 09 65 – www.moravola.com
– Aperto 1° aprile-1° novembre
6 suites ⌷ – ††245/625 € – 1 cam
Splendido lavoro di design e restauro di un'antica casa con torre del XII secolo persa nel verde del giardino d'Italia. Non c'è che dire: i coniugi che la gestiscono, un architetto ed una designer dalla vision internazionale, sono riusciti nel difficile intento di sposare muri storici con uno stile moderno e rilassante, nonché dettagli di alto livello.

La Locanda del Capitano

via Roma 7 – ☎ 07 59 30 65 21 – www.ilcapitano.com
– Chiuso 15 novembre-26 dicembre e 7 gennaio-10 marzo
Carta 40/76 € – (chiuso lunedì) (solo a cena escluso sabato e i giorni festivi)
10 cam ⌷ – †90/100 € ††100/140 €
La cucina si avventura in piatti estrosi e personali in cui si incontrano Umbria e Puglia, riferimenti alla Francia nonché al Mediterraneo con risultati a dir poco eccellenti: insomma, è il ristorante per chi desidera uscire dalle proposte più turistiche e prevedibili.

MONTOPOLI IN VAL D'ARNO

Pisa (PI) – ✉ 56020 – 11 204 ab. – Alt. 98 m – Carta regionale n° **18-B2**
▶ Roma 307 km – Firenze 45 km – Pisa 39 km – Livorno 44 km
Carta stradale Michelin 563-K14

Quattro Gigli

piazza Michele da Montopoli 2 – ☎ 05 71 46 68 78 – www.quattrogigli.it
Menu 25/40 € – Carta 25/55 € – (chiuso lunedì a mezzogiorno)
21 cam ⌷ – †50/65 € ††70/80 €
Nel centro del caratteristico borgo, in un'atmosfera calda ed accogliente, Fulvia incanta i suoi ospiti con piatti regionali di terra e di mare serviti in ceramiche disegnate ad hoc, mentre passione e attenzioni particolari sono riservate alle ricette storiche, nonché alla cucina rinascimentale.

MONTORIO

Verona (VR) – ✉ 37141 – Carta regionale n° **22-B2**
▶ Roma 522 km – Verona 8 km – Brescia 84 km – Padova 82 km
Carta stradale Michelin 562-F15

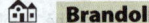 **Brandoli** ✿ 🖥 ⚥ AC ⚘ P
via Antonio da Legnago 11 – ℰ 04 58 84 01 55 – www.hotelbrandoli.it
39 cam ⌓ – ♦70/90 € ♦♦85/105 €
Dopo attenti interventi interni è finalmente tornato a nuova vita, questo hotel appena fuori Verona è ora un ottimo punto di riferimento per chi si sposta per lavoro. Spaziose camere. Ampia sala ristorante e servizio estivo all'aperto. Specialità del territorio.

MONTRIGIASCO – Novara (NO) ➔ Vedere Arona

MONTÙ BECCARIA

Pavia (PV) – ✉ 27040 – 1 715 ab. – Alt. 277 m – Carta regionale n° **9-B3**
▶ Roma 550 km – Piacenza 40 km – Pavia 26 km – Milano 61 km
Carta stradale Michelin 561-G9

XX **La Locanda dei Beccaria** ⛲ AC ⇔
via Marconi 10 – ℰ 03 85 26 23 10 – www.lalocandadeibeccaria.it – Chiuso 2 settimane in gennaio, lunedì e martedì
Menu 38/42 € – Carta 39/56 €
All'interno della Cantina Storica della località, un ristorante rustico e curato con caratteristici soffitti in legno, dove assaporare due linee di cucina: una con proposte curiose e innovative, una più tradizionale.

XX **Colombi** AC ⇔ P
⊜ *località Loglio di Sotto 1, Sud-Ovest: 5 km – ℰ 0 38 56 00 49 – www.ristorantecolombi.it – Chiuso lunedì*
Menu 18 € (pranzo in settimana) – Carta 29/52 €
Da quasi 70 anni la famiglia Colombi offre la propria esperienza nel settore della ristorazione, gestendo con grande professionalità e calorosa ospitalità questo bel locale. La cucina, così come la carta dei vini, celebra la solida tradizione dell'Oltrepò.

MONZA

✉ 20900 – 122 367 ab. – Alt. 162 m – Carta regionale n° **10-B2**
▶ Roma 592 km – Milano 21 km – Bergamo 38 km
Carta stradale Michelin 561-F9

🏨 **De la Ville** ✿ 🖥 ⚥ AC ⚘ 🕍 🚗
viale Regina Margherita di Savoia 15 – ℰ 03 93 94 21 – www.hoteldelaville.com – Chiuso 24 dicembre-7 gennaio e 1°-29 agosto
70 cam – ♦129/295 € ♦♦189/485 € – ⌓ 29 € – **3 suites**
Rist *Derby Grill* – Vedere selezione ristoranti
Un lusso discreto tutto inglese avvolge gli ospiti (tra cui VIP della Formula Uno) in un grande albergo di fronte alla Villa Reale; collezione di oggetti d'antiquariato.

XXX **Derby Grill** – Hotel De la Ville AC ⚘ P
viale Regina Margherita di Savoia 15 – ℰ 0 39 /3 94 21 – www.derbygrill.it – Chiuso 24 dicembre-7 gennaio e 1°-29 agosto
Menu 39 € (pranzo)/55 € – Carta 57/89 € – *(solo a cena sabato e domenica)* (consigliata la prenotazione)
Boiserie, quadri di soggetto equestre, argenti e porcellane in un raffinatissimo ristorante, perfetto per un pranzo d'affari o una cena romantica; creatività in cucina.

XX **Il Gusto della Vita** AC ⚘
via Bergamo 5 – ℰ 0 39 32 54 76 – www.ilgustodellavita.it – Chiuso 1°-10 gennaio, 3 settimane in agosto e martedì
Menu 45/50 € – Carta 38/62 €
Una giovane coppia gestisce con passione e professionalità questo curato locale nei pressi del centro cittadino. Pochi coperti, ambiente lindo e gradevole per una cucina classica con qualche excursus nella creatività.

MONZUNO

Bologna (BO) – ⊠ 40036 – 6 414 ab. – Carta regionale n° **5-C2**

▶ Roma 366 km – Bologna 45 km – Prato 75 km – Firenze 82 km

Carta stradale Michelin 562-J15

Lodole Country House

località Lodole 325, Ovest: 2,4 km – 𝒞 05 16 77 11 89 *– www.lodole.com*

7 cam ⊏⊐ – †40/70 € ††60/90 €

Questa rustica dimora del Seicento, adiacente il Golf Club Molino del Pero, ripropone l'atmosfera informale di una vera country house, non priva di spunti di eleganza made in Italy.

Gustavino & Passalacqua

località Le Selve 261/a – 𝒞 05 16 77 05 49 *– www.gustavinopassalacqua.com*

Menu 13 € (pranzo in settimana)/45 € – Carta 24/44 € – *(solo a pranzo escluso venerdì e sabato)* (consigliata la prenotazione)

Se a pranzo, in settimana, potete approfittare di un conveniente menu, la domenica va in scena quello del "dì di festa", mentre il venerdì e il sabato è disponibile una carta con piatti e vini selezionati. In un ambiente semplice ed informale, la simpatia di Sergio e Angela è contagiosa!

MORANO CALABRO

Cosenza (CS) – ⊠ 87016 – 4 654 ab. – Alt. 694 m – Carta regionale n° **3-A1**

▶ Roma 448 km – Cosenza 84 km – Lamezia Terme 145 km – Potenza 153 km

Carta stradale Michelin 564-H30

Villa San Domenico

via Sotto gli Olmi snc – 𝒞 09 81 39 98 81 *– www.albergovillasandomenico.it*

11 cam ⊏⊐ – †80 € ††110 € – **3 suites**

All'ombra di olmi secolari e nelle vicinanze del monastero di San Bernardino, signorile dimora del '700 con alcune vestigia ancora più antiche, come uno scorcio del sistema idraulico d'epoca romana. Al suo interno, raffinatezza e mobili d'epoca; mentre i balconi delle camere offrono lo spettacolo naturale del Pollino.

Agriturismo la Locanda del Parco

contrada Mazzicanino 12, Nord-Est: 4 km – 𝒞 0 98 13 13 04
– www.lalocandadelparco.it

10 cam ⊏⊐ – †40/50 € ††60/80 €

Circondato dalla campagna e incorniciato dai monti del Parco del Pollino, signorile agriturismo dove si tengono anche corsi di cucina. Sulla tavola, squisite ricette calabresi e per gli amanti del benessere, un simpatico percorso salute nel verde, nonché piscina a forma di lago.

L'Antico Borgo

via Domenico Cappelli 53 – 𝒞 0 98 13 00 02 *– www.ristoranteanticoborgo.com*
– Chiuso lunedì

Menu 30/45 € – Carta 21/52 €

Cucina di mare che mutua qualche elemento dal territorio in un ristorante del centro storico: ambiente piacevole e colori vivaci.

MORBEGNO

Sondrio (SO) – ⊠ 23017 – 12 111 ab. – Alt. 262 m – Carta regionale n° **9-B1**

▶ Roma 680 km – Sondrio 25 km – Lecco 54 km – Lugano 70 km

Carta stradale Michelin 561-D10

Osteria del Crotto

via Pedemontana 22-24, seguire per via Santuario – 𝒞 03 42 61 48 00
– www.osteriadelcrotto.it – Chiuso 24 agosto-10 settembre, domenica sera e lunedì a mezzogiorno

Menu 20 € (pranzo in settimana)/35 € – Carta 30/42 €

Risale all'inizio dell'800 questo caratteristico crotto addossato alla parete boscosa delle montagne composto da due salette interne più una fresca terrazza estiva. Dalla cucina, piatti della tradizione locale come i tortelli di ricotta di capra e ortiche, l'agnello nostrano al forno e la golosa crème brûlée ai fiori d'acacia.

MORCIANO DI ROMAGNA

Rimini (RN) – ✉ 47833 – 7 026 ab. – Alt. 83 m – Carta regionale n° **5-D2**

▶ Roma 323 km – Rimini 27 km – Ancona 95 km – Ravenna 92 km

🍴 **Controcorrente** 🏡 AC

via XXV luglio 23 – ✆ 05 41 98 80 36 – Chiuso lunedì

Menu 40 € – Carta 30/59 €

In pieno centro, ambienti accoglienti leggermente rustici, andamento giovanile e vivace, piatti che prediligono il pesce in preparazioni per nulla scontate: difficile non rimanerne conquistati!

MORDANO

Bologna (BO) – ✉ 40027 – 4 747 ab. – Alt. 21 m – Carta regionale n° **5-C2**

▶ Roma 396 km – Bologna 45 km – Ravenna 45 km – Forlì 35 km

Carta stradale Michelin 562-I17

🏠 **Ville Panazza** 🌳 🛏 🏊 ⅙ 🔕 🔥 🕭 AC ≾ 🅿

via Lughese nord 269 – ✆ 0 54 25 14 34 – www.villepanazza.it

45 cam ⬚ – 🛏 49/109 € 🛏🛏 59/258 €

Nel verde di un piccolo parco con piscina, camere di diverse tipologie in due edifici d'epoca, tra cui una villa dell'Ottocento ristrutturata. L'ex cappella sconsacrata ospita una saletta riunioni.

MORGEX

Aosta (AO) – ✉ 11017 – 2 092 ab. – Alt. 923 m – Carta regionale n° **21-A2**

▶ Roma 771 km – Aosta 27 km – Courmayeur 9 km

Carta stradale Michelin 561-E3

🍴🍴🍴 **Café Quinson** (Agostino Buillas) 🎖 AC ⅙ ⇔

😊 *piazza Principe Tomaso 10 – ✆ 01 65 80 94 99 – www.cafequinson.it – Chiuso mercoledì escluso agosto*

Menu 60/100 € – Carta 70/115 € – *(solo a cena)* (consigliata la prenotazione)

La passione per i vini e per i formaggi qui si unisce ad una saggia carta di prodotti locali, anche interpretati con fantasia; caldo legno scuro e pietra a vista in sala.

➜ Tagliolini con lumache di Morgex, pesto di salvia, scalogno e noci. Scaloppa di foie gras d' anatra con marmellata di fiori di glicine e condimento balsamico di mela. La breusà: gelato di biancospino con coulis di fragole e tegola di cioccolato.

MORIMONDO

Milano (MI) – ✉ 20081 – 1 174 ab. – Alt. 109 m – Carta regionale n° **10-A3**

▶ Roma 587 km – Alessandria 81 km – Milano 30 km – Novara 37 km

Carta stradale Michelin 561-F8

🍴🍴 **Trattoria di Coronate** 🎖 🏡 ⅙ AC 🅿

località Cascina Coronate di Morimondo, Sud: 2 km – ✆ 02 94 52 98 – www.trattoriadicoronate.it – Chiuso 26 dicembre-5 gennaio, agosto, domenica sera e lunedì

Carta 40/74 € – (consigliata la prenotazione)

Sull'antica strada del sale, una cascina lombarda di origini cinquecentesche ospita un ristorante di raffinata semplicità, dove gustare una cucina di taglio contemporaneo. Nella bella stagione, il servizio si sposta all'aperto: allora, vi si proporrà uno scorcio da cartolina di altri tempi.

MORNAGO

Varese (VA) – ✉ 21020 – 5 045 ab. – Alt. 281 m – Carta regionale n° **10-A1**

▶ Roma 631 km – Milano 55 km – Como 48 km – Varese 15 km

Carta stradale Michelin 561-E8

🍴🍴 **Alla Corte Lombarda** 🎖 ⅙ ⇔ 🅿

😊 *via De Amicis 13 – ✆ 03 31 90 43 76 – www.allacortelombarda.it – Chiuso 1° -10 gennaio, 20 agosto-5 settembre, domenica sera e lunedì*

Menu 25/65 € – Carta 42/81 € – (prenotazione obbligatoria a mezzogiorno)

In un bel rustico ai margini del paese, un vecchio fienile ristrutturato racchiude un locale suggestivo: cucina tradizionale rivisitata, ricca carta dei vini ed ottima selezione di birre.

MORRANO NUOVO – Terni (TR) ➜ Vedere Orvieto

MORTARA
Pavia (PV) – ⊠ 27036 – 15 448 ab. – Alt. 108 m – Carta regionale n° **9-A3**
▶ Roma 612 km – Pavia 42 km – Milano 64 km – Novara 26 km
Carta stradale Michelin 561-G8

XX **Guallina**   🕸 AC P
via Molino Faenza 19, località Guallina, Est: 4 km – ✆ 0 38 49 19 62
– www.trattoriaguallina.it – Chiuso 20 giorni in giugno-luglio e martedì
Carta 30/68 €
Nella generosa campagna lomellina, circondata da acacie e sambuchi, sorge questa bella trattoria, intima e raccolta. La cucina è prevalentemente legata al territorio e alla tradizione, riveduta e corretta in base alla stagionalità dei prodotti, nonché all'offerta del mercato.

X **Il Cuuc**   ⇦ AC P
corso Garibaldi 20 – ✆ 0 38 49 91 06 – www.ilcuuc.it – Chiuso 4-28 agosto
Menu 38/55 € – Carta 32/64 € – *(chiuso domenica sera e lunedì)*
18 cam ☐ – ♦57/70 € ♦♦90/110 € – **1 suite**
Colorate sale ospitano un piacevole ristorante condotto da una giovane coppia,
dove gustare una cucina legata alle tradizione in leggera chiave moderna. La specialità della casa? L'oca! Comode camere per chi vuole prolungare la sosta.

MORTEGLIANO
Udine (UD) – ⊠ 33050 – 5 024 ab. – Alt. 41 m – Carta regionale n° **6-C2**
▶ Roma 617 km – Udine 16 km – Trieste 65 km – Venezia 111 km

XX **Da Nando**   🕸 ⇦ 🏠 ⬆ AC P
via Divisione Julia 4 – ✆ 04 32 76 01 87 – www.danando.it
– Chiuso 4-10 gennaio e 15 giorni in agosto
Menu 38/98 € – Carta 34/59 € – *(chiuso domenica sera e martedì)*
12 cam ☐ – ♦84 € ♦♦122 €
E' un'intera famiglia a gestire questa tipica trattoria diventata ormai un portabandiera della regione. In ambienti di tono classico-signorile, i piatti denunciano
influenze territoriali: ottimi prosciutti, buon pesce e, in stagione, anche sua maestà il tartufo! Con le sue 120.000 bottiglie, la vasta cantina riuscirà a soddisfare
qualunque desiderio.

MOSCIANO – Firenze (FI) ➜ Vedere Scandicci

MOSCIANO SANT'ANGELO
Teramo (TE) – ⊠ 64023 – 9 338 ab. – Alt. 227 m – Carta regionale n° **1-B1**
▶ Roma 193 km – Ascoli Piceno 42 km – Pescara 52 km – Teramo 25 km
Carta stradale Michelin 563-N23

🏠 **Breaking Business Hotel**   ✾ 🕸 ⅃ ⬆ ♿ AC ✗ ♨ P
via Italia, Sud: 3,5 km – ✆ 08 58 06 90 39 – www.breakinghotel.com
48 cam ☐ – ♦68/90 € ♦♦77/150 €
Indirizzo ideale per una clientela d'affari, la struttura dispone di camere ben
accessoriate, terrazza panoramica con vasche idromassaggio e piccolo centro
relax. Carne e pesce tra le proposte del ristorante.

XX **Borgo Spoltino**   🕸 ⇦ 🏠 AC P
strada Selva Alta, Sud: 3 km – ✆ 08 58 07 10 21 – www.borgospoltino.it – Chiuso
domenica sera, lunedì e martedì
Menu 30/45 € – Carta 24/45 € – *(solo a cena escluso domenica)*
Tra colline e campi di ulivi e, all'orizzonte, mare e monti, un locale luminoso con
mattoni e cucina a vista, dove assaporare piatti regionali accanto a fantasiose
creazioni.

MOSO = **MOOS** – Bolzano (BZ) ➜ Vedere Sesto

MOZZO

Bergamo (BG) – ✉ 24030 – 7 566 ab. – Alt. 252 m – Carta regionale n° **10-C1**
▶ Roma 607 km – Bergamo 8 km – Lecco 28 km – Milano 49 km
Carta stradale Michelin 561-E10

XXX   La Caprese

*via Garibaldi 7, località Borghetto – ☎ 03 54 37 66 61 – Chiuso
22 dicembre-4 gennaio, domenica sera e lunedì*
Menu 35 € (pranzo in settimana)/70 € – Carta 43/127 €
Padre, madre e figlia vi accolgono nel proprio raffinato salotto: una bomboniera
ospitale dove poter saggiare i sapori ed i profumi della bella Capri, proposti sempre
pre secondo il mercato giornaliero.

MUGGIA

Trieste (TS) – ✉ 34015 – 13 277 ab. – Carta regionale n° **6-D3**
▶ Roma 689 km – Udine 93 km – Gorizia 65 km – Trieste 19 km
Carta stradale Michelin 562-F23

XX   La Risorta

*riva De Amicis 1/a – ☎ 0 40 27 12 19 – www.trattoriarisorta.it – Chiuso domenica
sera e lunedì escluso 15 giugno-15 settembre*
Menu 38/67 € – Carta 39/64 € – (consigliata la prenotazione)
Direttamente sul caratteristico molo della località, piccola trattoria rustica dove
gustare una fragrante cucina di pesce non priva di spunti di creatività. D'estate si
mangia in terrazza, affacciati sul mare.

a Santa Barbara Sud-Est : 3 km – ✉ 34015 Muggia

🏠   Taverna Famiglia Cigui

via Colarich 92/D – ☎ 0 40 27 33 63 – www.tavernacigui.it
6 cam ⊑ – ✝32/40 € ✝✝70/80 €
In zona verdeggiante, un indirizzo di tono rustico e dalla calda, cordiale e simpatica
tica gestione familiare. Le camere sono semplici e gradevoli, ideali per chi cerca
un soggiorno all'insegna della tranquillità. In sala da pranzo sopravvivono i sapori
della tradizione, una cucina casalinga che segue le stagioni.

MULES (MAULS)

Bolzano (BZ) – ✉ 39040 – Alt. 905 m – Carta regionale n° **19-C1**
▶ Roma 699 km – Bolzano 56 km – Brennero 23 km – Brunico 44 km
Carta stradale Michelin 562-B16

🏠   Stafler

Campo di Trens – ☎ 04 72 77 11 36 – www.stafler.com – Chiuso novembre
34 cam ⊑ – ✝69/89 € ✝✝122/172 € – **2 suites**
Rist *Gourmetstube Einhorn* ❀❀ – Vedere selezione ristoranti
Quella che sul finire del XIII secolo era una stazione di posta, si è trasformata oggi
in un hotel ricco di fascino, eleganza e tradizione tirolese: romantik, per parlare
nella loro lingua! Al ristorante, sapori della regione con qualche delicata reinterpretazione.
pretazione.

XXX   Gourmetstube Einhorn – Hotel Stafler

❀❀   *Campo di Trens – ☎ 04 72 77 11 36 – www.stafler.com – Chiuso novembre,
15 giugno-1° luglio, martedì e mercoledì*
Menu 84/135 € – (solo a cena escluso i giorni festivi) (coperti limitati, prenotare)
tare)
Pochi tavoli, la romantica atmosfera di una stube in legno intarsiato di origini
medioevali e una scelta ristretta di menu degustazione con piatti ordinabili
anche alla carta: Peter Girtler, chef qui all'Unicorno (Einhorn auf deutsch!), saprà
stupirvi con una delle cucine creative più interessanti della regione.
➜ "La carbonara in Alto Adige". Trilogia di arrosto alla cipolla. Variazione di cioccolato.
colato.

MURANO – Venezia (VE) ➜ Vedere Venezia

MURISENGO

Alessandria (AL) – ⊠ 15020 – 1 437 ab. – Alt. 338 m – Carta regionale n° **12-C2**

▶ Roma 641 km – Torino 51 km – Alessandria 57 km – Asti 28 km
Carta stradale Michelin 561-G6

a Corteranzo Nord : 3 km – ⊠ 15020 Murisengo – Alt. 377 m

Canonica di Corteranzo   ☆ ⌇ ⋖ 🛏 ⅄ 🕭 ↕ 🄰🄲 ⅏ 🄿

*via Recinto 15 Murisengo – 𝒞 01 41 69 31 10 – www.canonicadicorteranzo.it
– Chiuso 1° gennaio-28 febbraio*
10 cam ⌷ – 🛉100 € 🛉🛉135 €
Nel cuore del piccolo paese - all'interno di una casa di fine '600, che fu anche canonica - ambienti raffinati e camere personalizzate, alcune con affreschi. Sul retro, la cantina dove si producono vini: barbera, in primis!

MUTIGNANO – Teramo (TE) ➜ Vedere Pineto

NÀLLES / NALS

Bolzano (BZ) – ⊠ 39010 – 1 911 ab. – Alt. 321 m – Carta regionale n° **19-B2**

▶ Roma 651 km – Bolzano 18 km – Trento 70 km – Innsbruck 137 km
Carta stradale Michelin 562-C15

Zum Rosen Baum ⓝ   ☆ 🛏 ⅄ 🕭 ↕ 🚗

*vicolo d'Oro 3 – 𝒞 04 71 67 86 36 – www.rosenbaum.it – Aperto
20 marzo-1° novembre*
23 cam ⌷ – 🛉107/115 € 🛉🛉196/214 € – **6 suites**
Elegante sin dalla facciata, l'albergo, ricavato da un edificio seicentesco, esce dalle consuete atmosfere montane proponendo ambienti piacevolmente moderni, talvolta di design, altrove in connubio con caratteri piacevolmente rustici e tirolesi.

a Sirmiano di Sopra Sud-Ovest : 3 km – ⊠ 39010 – Alt. 1 000 m

🍴 **Apollonia** ⓝ   🛏 🎇 🄿

*via Sant'Apollonia 3, località Sirmiano Sopra, Sud-Ovest: 2 km – 𝒞 04 71 67 86 56
– www.restaurant-apollonia.it – Aperto 15 marzo-20 dicembre; chiuso lunedì
(anche martedì e mercoledì dal 15 novembre al 20 dicembre)*
Carta 24/64 €
Al termine di una salita dove ad ogni svolta il paesaggio si arricchisce di affascinanti scorci, da tre generazioni la famiglia Geiser allieta i clienti con una cucina che oggi si è fatta più creativa, ma sempre fedele al territorio, dagli asparagi alle castagne. Giardino con sdrai per chi vuole prolungare la giornata rilassandosi nel verde.

NAPOLI

(NA) – ⊠ 80133 – 978 399 ab. – Carta regionale n° **4-B2**
▶ Roma 229 km – Caserta 36 km – Avellino 61 km – Salerno 56 km
Carta stradale Michelin 564-E24
Piante pagine seguenti

A. Capone / Sime / Photononstop

 **Alberghi**

 Grand Hotel Vesuvio   Pianta: 3F3**n**
via Partenope 45 ⊠ *80121* – ℰ *08 17 64 00 44*
– www.vesuvio.it
160 cam ⊡ – †260/290 € ††430/470 € – **21 suites**
Rist *Caruso Roof Garden* – Vedere selezione ristoranti
Lussuosi saloni distribuiti sotto lampadari di Murano, splendide camere e wellness
center: Grand Hotel Vesuvio domina l'offerta alberghiera cittadina, quanto l'omonimo vulcano svetta sul golfo di Napoli.

 Romeo   Pianta: 5K3**a**
via Cristoforo Colombo 45 ⊠ *80133* – ℰ *08 10 17 50 01*
– www.romeohotel.it
83 cam ⊡ – †265/330 € ††290/350 € – **14 suites**
Rist *Il Comandante* ❀ – Vedere selezione ristoranti
Superato il non brillante approccio della zona portuale, gli interni sono una splendida sintesi d'arte moderna e antica, acqua e trasparenze; avveniristica spa con
trattamenti al sale e vasta palestra. Serate di cucina giapponese al Romeo Sushi
Bar e carta mediterranea al Beluga.

Grand Hotel Parker's   Pianta: 3E3**r**
corso Vittorio Emanuele 135 ⊠ *80121* ⓜ *Amedeo*
– ℰ 08 17 61 24 74 – www.grandhotelparkers.com
82 cam ⊡ – †163/250 € ††189/445 € – **6 suites**
Rist *George's* – Vedere selezione ristoranti
Eleganti saloni in marmo e camere dagli arredi classici, ideali per chi non desidera
brividi modernisti high-tech, in un albergo nato dall'infatuazione di un turista
inglese per la città partenopea. Facile suggerire di prenotare una camera nei
piani alti: da qui le finestre si aprono sul golfo e sul Vesuvio.

Palazzo Caracciolo   Pianta: 6L1**a**
via Carbonara 111/112 ⊠ *80139* ⓜ *Cavour*
– ℰ 08 10 16 01 11 – www.hotel-palazzo-caracciolo-naples.com
138 cam ⊡ – †79/198 € ††88/208 € – **3 suites**
Dopo una sosta nell'antico salone di epoca angioina, trasformato in tearoom, le
camere vi aspettano per offrirvi momenti di relax in un ambiente sobrio ed elegante, dove geometria e confort moderno si fondono con il classico e la storia
del luogo. Cucina mediterranea al ristorante.

Grand Hotel Santa Lucia

via Partenope 46 ✉ 80121 – ✆ *08 17 64 06 66*
Pianta: **4F3a**
– www.santalucia.it
95 cam ⌑ – ♦150/200 € ♦♦170/220 € – **6 suites**
Ospitalità curata in una struttura di fine '800 con splendida vista sul golfo e su Castel dell'Ovo: interni di grande fascino e raffinatezza classica, camere all'altezza.

Palazzo Decumani

piazzetta Giustino Fortunato 8 ✉ 80138 – ✆ *08 14 20 13 79*
Pianta: **6L1c**
– www.palazzodecumani.com
28 cam ⌑ – ♦90/180 € ♦♦100/200 € – **4 suites**
A pochi passi da via San Gregorio Armeno - la celebre strada degli artigiani del presepe - un'inserzione inaspettatamente moderna nella Napoli barocca: minimalismo, essenzialità, ed eleganti camere color ocra.

Palazzo Esedra

piazzale Vincenzo Tecchio 50 ✉ 80133 – ✆ *08 12 42 11 11*
Pianta: **1A3a**
– www.palazzoesedra.it
106 cam ⌑ – ♦99/160 € ♦♦130/180 €
Originale recupero di un edificio nato agli albori della seconda guerra mondiale, all'interno del complesso della Mostra d'Oltremare (proprio di fianco allo stadio cittadino), con camere moderne ed un comodissimo parcheggio per gli ospiti.

Palazzo Alabardieri

via Alabardieri 38 ✉ 80121 – ✆ *0 81 41 52 78*
Pianta: **3F3f**
– www.palazzoalabardieri.it
38 cam ⌑ – ♦115/200 € ♦♦145/250 €
Piacevole atmosfera e servizio accurato, in un palazzo di fine '800 tra i negozi più chic della città. American bar con boiserie ed accoglienza giovane e dinamica.

Costantinopoli 104

via Santa Maria di Costantinopoli 104 ✉ 80138
Pianta: **5K1b**
Ⓜ *Cavour-Museo* – ✆ *08 15 57 10 35* – *www.costantinopoli104.it*
19 cam ⌑ – ♦130/160 € ♦♦160/210 € – **6 suites**
Poco rimane dell'originaria villa Spinelli, ma la splendida vetrata, il giardino con piscina, le eleganti camere e gli ottimi spazi comuni, assicurano un soggiorno unico.

Culture Hotel Villa Capodimonte

via Moiariello 66 ✉ 80131 – ✆ *0 81 45 90 00*
Pianta: **1B2a**
– www.villacapodimonte.it
55 cam ⌑ – ♦115/135 € ♦♦145/165 €
Decentrato, sulla collina di Capodimonte, immerso in un quieto giardino con vista sul golfo, ha davvero le fattezze di una villa; ampie camere, eleganti e accessoriate. Sala ristorante con gradevole dehors estivo.

Paradiso

via Catullo 11 ✉ 80122 – ✆ *08 12 47 51 11*
Pianta: **1B3a**
– www.hotelparadisonapoli.it
72 cam ⌑ – ♦90/122 € ♦♦100/220 €
E' davvero paradisiaca la vista su golfo, città e Vesuvio da questo hotel in posizione impagabile sulla collina di Posillipo; comode camere di taglio classico moderno. Rinomato ristorante: dalla raffinata sala alla terrazza, la cucina è protagonista con il Golfo.

La Ciliegina Lifestyle Hotel

via P. E. Imbriani 30 ✉ 80132 – ✆ *0 81 19 71 88 00*
Pianta: **5K3n**
– www.cilieginahotel.com
14 cam ⌑ – ♦110/200 € ♦♦135/350 €
In comoda posizione per gli imbarchi, la struttura offre poche camere - tutte al terzo piano - d'una moderna eleganza ed immerse nel bianco. Dalla terrazza panoramica con idromassaggio, la vista spazia dal Vesuvio alla cupola della galleria Umberto I.

NAPOLI

0   1 km

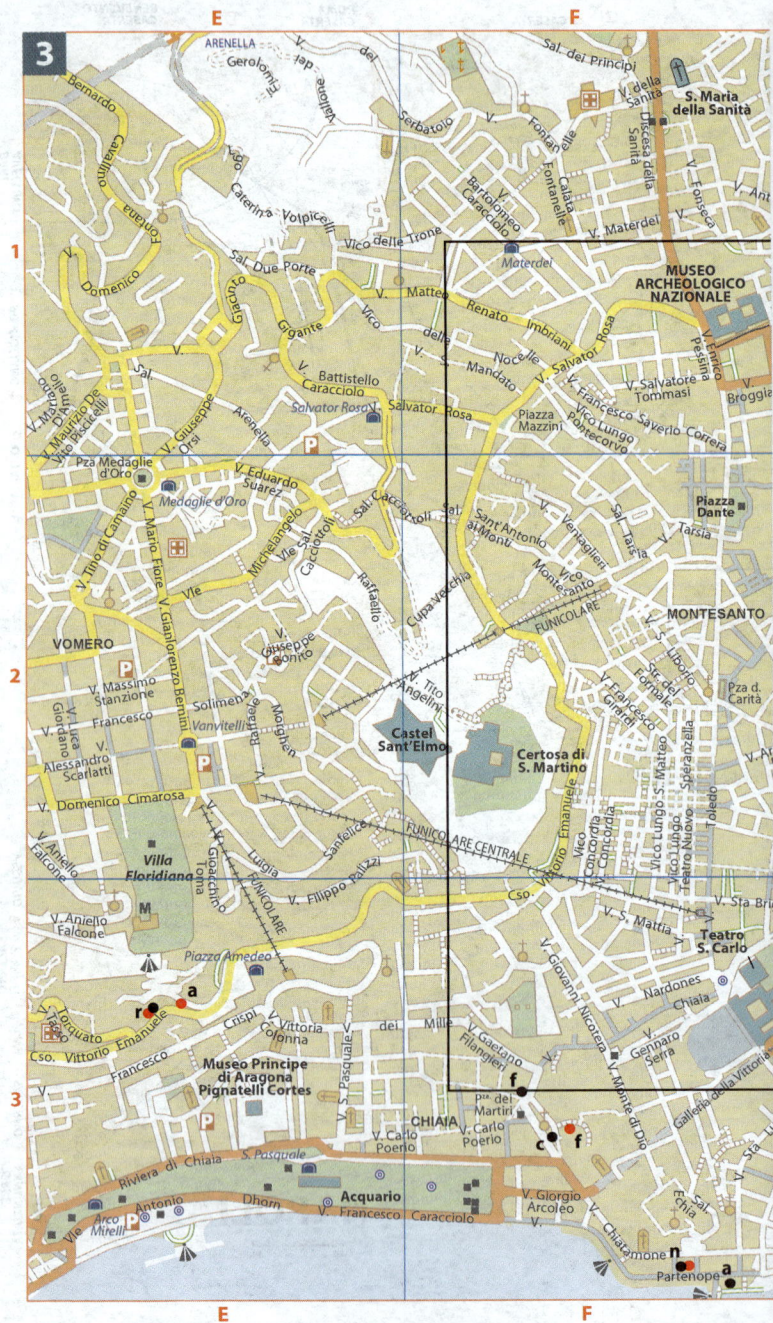

NAPOLI

0   300 m

779

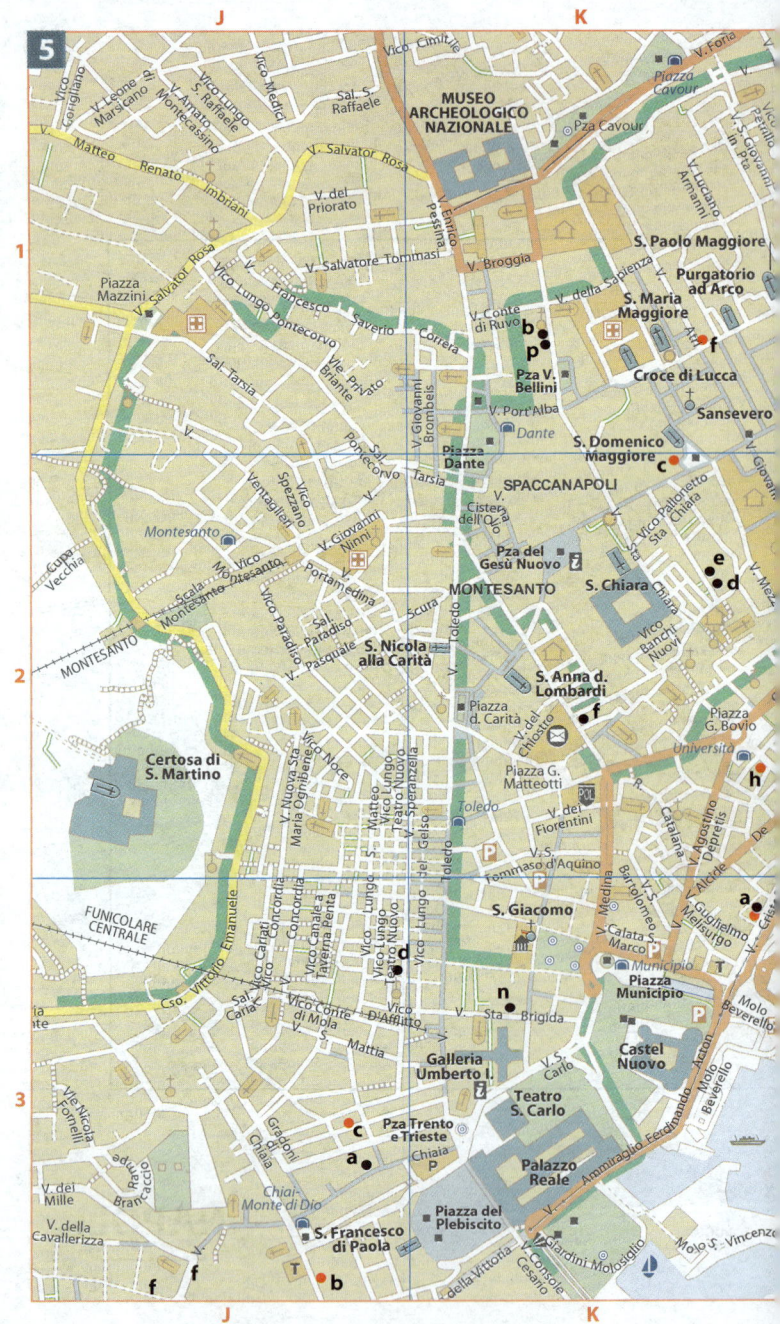

5

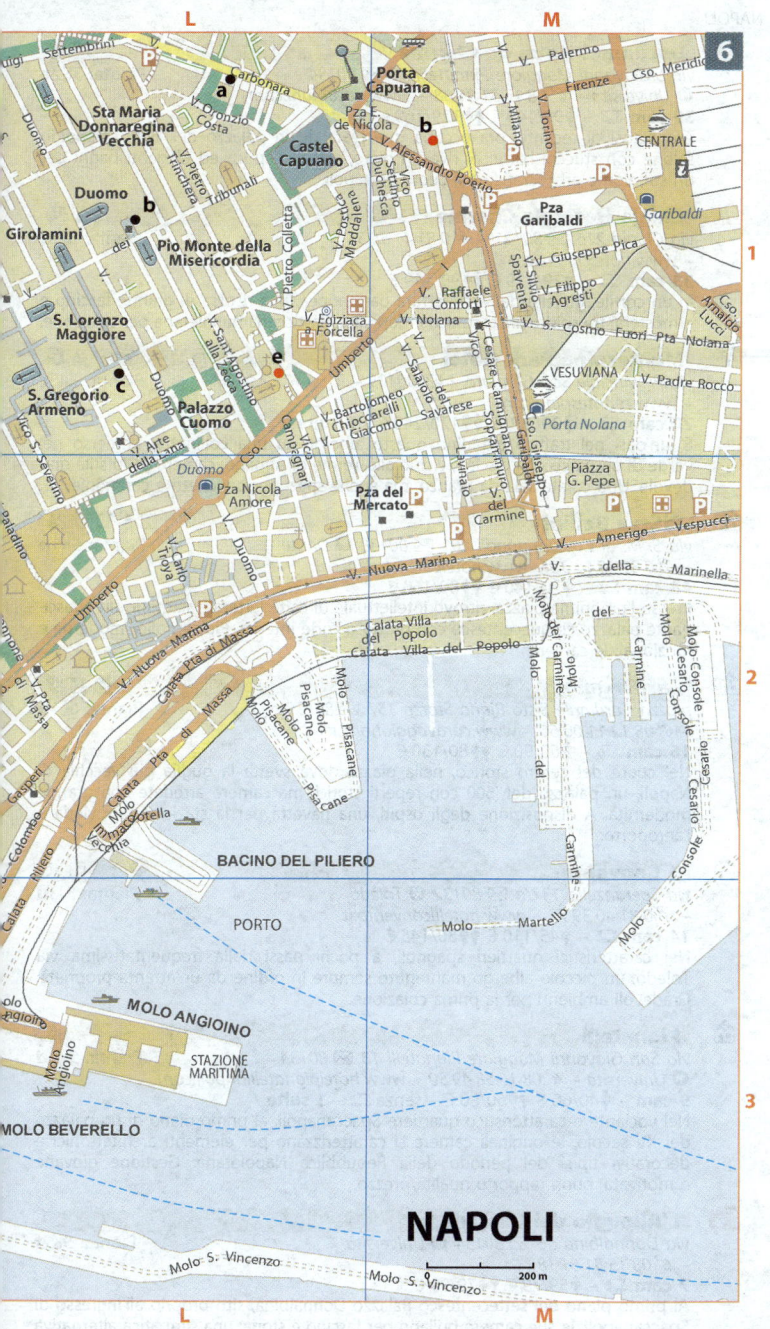

NAPOLI

Decumani Hotel de Charme ⬍ AC

via S.Giovanni Maggiore Pignatelli 15 ✉ *80134* — Pianta: 5K2**e**
Ⓜ *Università* – ☎ *08 15 51 81 88* – *www.decumani.com*
39 cam ☕ – 🛏️99/149 € 🛏️🛏️129/169 €
Ampliatosi di recente, ora occupa due piani di un palazzo del '600, splendido salone con stucchi barocchi rivestiti d'oro, arredi d'epoca ed eleganti bagni per un soggiorno aristocratico nel cuore di Napoli.

Chiaja Hotel de Charme ⬍ AC

via Chiaia 216 ✉ *80121* – ☎ *0 81 41 55 55* — Pianta: 5J3**a**
– *www.hotelchiaia.it*
33 cam ☕ – 🛏️79/119 € 🛏️🛏️99/149 €
In un cortile, gioiello dell'architettura partenopea, una risorsa di grande fascino e atmosfera, tra spirito aristocratico e popolare. Pasticceria napoletana per colazione.

Montespina Park Hotel ⚲ 🛋️ 🏊 🛗 ⬍ ♿ AC ⚄ 🏛️ 🅿️

via Provinciale San Gennaro 2 ✉ *80125* – ☎ *08 17 62 96 87* — Pianta: 1A3**c**
– *www.montespina.it*
70 cam ☕ – 🛏️90/200 € 🛏️🛏️120/240 € – **6 suites**
E' un'oasi nel traffico cittadino questo albergo su una collinetta, immerso nel verde di un parco con piscina, vicino alle Terme di Agnano; camere dallo stile gradevole. Una curata sala da pranzo, ma anche spazi per banchetti e cerimonie.

Piazza Bellini ⬍ ♿ AC ⚄ 🏛️

via S. M. di Costantinopoli 101 ✉ *80138* Ⓜ *Dante* — Pianta: 5K1**p**
– ☎ *0 81 45 17 32* – *www.hotelpiazzabellini.com*
48 cam ☕ – 🛏️70/140 € 🛏️🛏️80/160 €
Presso l'omonima piazza, ritrovo intellettuale di caffè letterari, siamo in un affascinante palazzo cinquecentesco con graziosa corte interna. Più semplici, moderne e funzionali le camere.

Caravaggio ⬍ AC ⚄

piazza Cardinale Sisto Riario Sforza 157 ✉ *80139* — Pianta: 6L1**b**
– ☎ *08 12 11 00 66* – *www.caravaggiohotel.it*
16 cam ☕ – 🛏️60/90 € 🛏️🛏️80/130 €
Nel cuore del centro storico, nella piazza dove svetta la guglia più vecchia di Napoli, un palazzo del '600 con reperti storici, ma camere arredate con grande modernità. A disposizione degli ospiti, una navetta per la stazione ferroviaria e l'aeroporto.

Il Convento ⬍ AC

via Speranzella 137/a ✉ *80132* Ⓜ *Toledo* — Pianta: 5J3**d**
– ☎ *0 81 40 39 77* – *www.hotelilconvento.it*
14 cam ☕ – 🛏️45/110 € 🛏️🛏️50/145 €
Nei caratteristici quartieri spagnoli, a pochi passi dalla frequentatissima via Toledo, un piccolo albergo mantenuto sempre in ordine da un'attenta proprietà. Gradevoli ambienti per la prima colazione.

Pignatelli ⚄

via San Giovanni Maggiore Pignatelli 16 ✉ *80134* — Pianta: 5K2**d**
Ⓜ *Università* – ☎ *08 16 58 49 50* – *www.hotelpignatellinapoli.com*
9 cam ☕ – 🛏️40/60 € 🛏️🛏️60/80 € – senza ☕ – **1 suite**
Nel vociante e caratteristico quartiere Spaccanapoli, al primo piano di un palazzo del XV secolo, le originali camere si caratterizzano per elementi architettonici e decorativi tipici del periodo della Repubblica Napoletana. Gestione giovane e motivata; buon rapporto qualità/prezzo.

L'Alloggio dei Vassalli AC

via Donnalbina 56 ✉ *80134* Ⓜ *Università* — Pianta: 5K2**f**
– ☎ *08 15 51 51 18*
7 cam ☕ – 🛏️59/79 € 🛏️🛏️79/99 €
Al primo piano del settecentesco Palazzo Donnalbina, sito proprio all'ingresso di Spaccanapoli, le sue camere brillano per fascino e storia: una simpatica alternativa per chi rifugge dal formalismo alberghiero.

Cappella Vecchia 11　　　🔲 🆎 🚫

via Santa Maria a Cappella Vecchia 11 ✉ *80121*　　Pianta: 3F3**c**
– 📞 *08 12 40 51 17 – www.cappellavecchia11.it*
6 cam 🍽 *–* 🛏*50/70 € –* 🛏🛏*75/100 €*
Al piano nobile di un bel palazzo centrale, una risorsa dotata di due tipologie di camere più o meno moderne e caratterizzata da piccoli spazi comuni di uguale livello.

 Ristoranti

𝕏𝕏𝕏𝕏 **Caruso Roof Garden** – Grand Hotel Vesuvio　　🡠 🌳 🆎 🚫

via Partenope 45 ✉ *80121 –* 📞 *08 17 64 00 44*　　Pianta: F3**n**
– www.vesuvio.it – Chiuso lunedì
Carta 56/106 €
In una città già ricca di roof garden, Caruso si segnala come uno dei ristoranti più prestigiosi per frequentazione e vista panoramica. In menu, qualche piatto di cucina internazionale, ma sono le proposte napoletane che vi consigliamo di provare: dalla pasta, alla celebre mozzarella.

𝕏𝕏𝕏 **La Cantinella**　　🦪 🆎

via Cuma 42 ✉ *80132 –* 📞 *08 17 64 86 84*　　Pianta: 3G3**v**
– www.lacantinella.it
Menu 40 € – Carta 40/93 € – (consigliata la prenotazione la sera)
Uno scrigno di bambù con finestre sul Golfo e sul Vesuvio per una cucina che sposa la tradizione partenopea a piatti più inventivi e personali. Buona selezione anche di distillati.

𝕏𝕏𝕏 **Palazzo Petrucci**　　🆎
🕸
piazza San Domenico Maggiore 4 ✉ *80134* Ⓜ *Dante*　　Pianta: 5K2**c**
– 📞 *08 15 52 40 68 – www.palazzopetrucci.it*
– Chiuso 1°-23 agosto, domenica sera e lunedì a mezzogiorno;
anche domenica a mezzogiorno in estate
Menu 70 € – Carta 52/100 €
Affacciato su una delle piazze più belle di Napoli, Palazzo Petrucci ospita questo splendido ristorante dall'eleganza minimalista: l'ex stalla-grotta dell'edificio cinquecentesco si farà ricordare per la sobrietà di linee e arredi. La cucina, per i sapori locali, esaltati e rivisitati.
➔ Lasagnetta di mozzarella di bufala e crudo di gamberi. Paccheri ripieni di ricotta con ragù napoletano. Stratificazione di pastiera napoletana.

𝕏𝕏𝕏 **Il Comandante** – Hotel Romeo　　🦪 🡠 ♿ 🆎 🚫
🕸
via Cristoforo Colombo 45 ✉ *80133*　　Pianta: 5K3**a**
– 📞 *08 10 17 50 01 – www.romeohotel.it*
– Chiuso martedì
Menu 105/130 € – Carta 63/116 € – (solo a cena) (consigliata la prenotazione)
All'ultimo piano dell'avveniristico albergo Romeo, dal porto la vista si estende sul golfo di Napoli, ma gli interni, moderni e originali, non sono meno scenografici. La cucina sorprende per la sofisticata semplicità e le raffinate presentazioni dei piatti.
➔ Cannelloni di ricotta con maionese di acciughe e crema di broccoletti. Piccione marinato all'anice con salsa di ibisco, pera e fegato grasso. Dessert: uovo allevato a terra.

𝕏𝕏𝕏 **George's** – Grand Hotel Parker's　　🡠 ♿ 🆎 🚫 🔄

corso Vittorio Emanuele 135 ✉ *80121* Ⓜ *Amedeo*　　Pianta: 3E3**r**
– 📞 *08 17 61 24 74 – www.grandhotelparkers.com*
Carta 52/86 €
All'ultimo piano del Grand Hotel Parker's, da qui la vista sul golfo è inevitabilmente mozzafiato. Di giorno il mare, la sera le luci: vale la pena fare il bis perché ogni volta lo spettacolo è diverso. Non meno della cucina che reinterpreta con creatività i classici campani.

XX Mimì alla Ferrovia
`AC`
Pianta: 6M1**b**

via Alfonso d'Aragona 21 ✉ *80139* Ⓜ *Garibaldi*
*– ☎ 08 15 53 85 25 – www.mimiallaferrovia.com – Chiuso 1 settimana in agosto
e domenica escluso dicembre*
Carta 20/36 € – (consigliata la prenotazione)
Ne sono passati di personaggi da questo storico locale e, le foto ricordo appese
alle pareti, ne testimoniano la sosta. Anche la cucina è un inno alla città: ricette
di mare e di terra elaborate secondo la più classica tradizione partenopea. Una
tappa obbligatoria per chi passa da Napoli!

XX Veritas
`AC`
Pianta: 3E3**a**

corso Vittorio Emanuele 141 ✉ *80121* Ⓜ *Amedeo*
*– ☎ 0 81 66 05 85 – www.veritasrestaurant.it – Chiuso 3 settimane in agosto,
lunedì da ottobre a maggio, domenica negli altri mesi*
Menu 45/55 € – Carta 43/78 € – *(solo a cena escluso domenica)*
Gli arredi sono minimalisti, un po' come la moda del momento impone, ma la
cucina si riappropria della "napoletaneità" offrendo gustosi piatti di matrice
mediterranea.

XX L'Altro Coco Loco
`AC`
Pianta: 5F3**f**

vicoletto Cappella Vecchia 4 ✉ *80133 – ☎ 08 17 64 17 22*
*– www.ristorantelaltroloco.com – Chiuso agosto e domenica da maggio a
settembre*
Carta 52/106 € – *(solo a cena esluso domenica da ottobre ad aprile)* (prenotare)
Piatti creativi prevalentemente di mare, ma non solo, in un ambiente moderno e
accogliente: il titolare - ai fornelli - seleziona le migliori materie prime.

X Amici miei
`AC`
Pianta: 5J3**b**

via Monte di Dio 77/78 ✉ *80133 – ☎ 08 17 64 49 81*
*– www.ristoranteamicimiei.com – Chiuso 30 giugno-10 settembre, domenica sera
e lunedì*
Carta 23/62 €
Vegetariani astenersi! Sostanzialmente piatti di carne di fattura classica e alla
brace di carbone, ma ultimamente - nel fine settimana - anche il baccalà.

X Locanda N'Tretella
`AC`
Pianta: 5J3**c**

salita S. Anna di Palazzo 25 – ☎ 0 81 42 77 83
– www.locandantretella.com – Chiuso mercoledì
Menu 20/40 € – Carta 22/53 €
Porta il nome della fidanzata di Pulcinella, maschera per antonomasia di Napoli,
questa minuscola, ma accogliente trattoria gestita con passione e signorilità,
dove gustare una cucina verace a prezzi imbattibili.

X L'Europeo di Mattozzi
`AC`
Pianta: 5K2**h**

via Campodisola 4/6/8 ✉ *80133* Ⓜ *Università*
*– ☎ 08 15 52 13 23 – www.mattozzieuropeo.com – Chiuso 16-31 agosto e
domenica escluso in inverno*
Carta 40/50 € (+12 %)
Habitué o no, sarete comunque coccolati dal titolare di un frequentato, semplice
ristorante-pizzeria, dal 1852 con la stessa gestione familiare; cucina locale.

PIZZERIE : in ambienti vivaci ed informali il meglio delle pizze partenopee

---

X La Notizia
`AC`
Pianta: 1B2**c**

via Caravaggio 53/55 ✉ *80133 – ☎ 08 17 14 21 55*
– www.enzococcia.com – Chiuso agosto e lunedì
Carta 12/19 € – *(solo a cena)*
E' la prima e storica pizzeria del maestro Enzo Coccia: a dispetto di una collocazione non centrale, la ricerca dei prodotti e lo studio della cottura hanno reso le
sue pizze famose in tutto il mondo.

❌ **Sorbillo** 🅰🅲

via Tribunali 38 ✉ *80138* – ☎ *08 10 33 10 09*   Pianta: 5K1**f**
– www.sorbillo.eu – Chiuso domenica
Carta 8/21 €
Uno dei nomi più celebrati fra le pizzerie cittadine, tanto da moltiplicarsi in filiali.
Questa è l'ultima nata: per chi desidera un confort più attento rispetto ad altri
indirizzi più spartani.

❌ **La Notizia** 🅰🅲

via Caravaggio 94/a ✉ *80126* – ☎ *0 81 19 53 19 37*   Pianta: 1B2**f**
– www.enzococcia.com – Chiuso agosto e domenica
Carta 10/22 € – *(solo a cena)* (consigliata la prenotazione)
Piccolo laboratorio d'avanguardia, dal martedì al giovedì la prenotazione è obbligatoria, ma consente di evitare lunghe attese: oltre alle versioni tradizionali, largo
spazio a pizze più creative ed innovative.

❌ **Da Michele**

via Cesare Sersale 1/7 ✉ *80139* – ☎ *08 15 53 92 04*   Pianta: 6L1**e**
– www.damichele.net – Chiuso 8-21 agosto e domenica escluso dicembre
Carta 6/7 €
La pizzeria dei record: qui dal 1870 - con i numeri distribuiti all'esterno per rego-
lare l'affluenza - è anche una delle migliori di Napoli. Solo "marinara" e "margherita". Orario continuato dalle 10 alle 23.

NAPOLI (Golfo di) – Napoli

NARNI

Terni (TR) – ✉ 05035 – 19 931 ab. – Alt. 240 m – Carta regionale n° **20-C3**
▶ Roma 89 km – Terni 13 km – Perugia 84 km – Viterbo 45 km
Carta stradale Michelin 563-O19

a Narni Scalo Nord : 2 km – ✉ 05035 Narni Stazione

🏠 **Terra Umbra Hotel** 🕭 🗵 🕅 ᴸᵇ 🖪 ⟨ 🅰🅲 🔊 🅿

via Maratta Bassa 61, Nord-Est: 3 km – ☎ *07 44 75 03 04* – *www.terraumbra.it*
27 cam ⊟ – †44/95 € ††49/135 € – **2 suites**
Serve comodamente la zona industriale di Narni Scalo, ma è anche riparato dai
rumori in un contesto verde e poco rumoroso. La capiente sala con travi a vista
del ristorante Al Canto del Gallo ospita una cucina di matrice regionale dai sapori
decisi: carne, tartufo, pizza (la sera).

NATURNO (NATURNS)

Bolzano (BZ) – ✉ 39025 – 5 731 ab. – Alt. 528 m – Carta regionale n° **19-B2**
▶ Roma 682 km – Bolzano 46 km – Merano 19 km – Trento 98 km
Carta stradale Michelin 562-C15

🏠 **Lindenhof** 🕭 🦪 ⟨ 🕋 🗵 🖥 🕭 🕅 ᴸᵇ 🖪 ⟨ ⚑ 🔊 🚗

via della Chiesa 2 – ☎ *04 73 66 62 42* – *www.lindenhof.it* – *Aperto*
13 marzo-27 novembre
48 suites – solo ½ P 110/200 € – 12 cam
Uno splendido giardino con piscina riscaldata, centro benessere e ambienti eleganti, felice connubio di moderno e tradizionale, per regalarvi un soggiorno
esclusivo. Sala da pranzo molto luminosa che d'estate si sposta in terrazza; per
chi vuole è prenotabile un tavolo direttamente in cucina.

🏠 **Preidlhof** 🕭 🦪 ⟨ 🕋 🗵 🖥 🕭 🕅 ᴸᵇ 🖪 ⟨ 🚗

via San Zeno 13 – ☎ *04 73 66 62 51* – *www.preidlhof.it* – *Chiuso 1°-25 dicembre*
e 7-31 gennaio
34 cam – solo ½ P 130/255 € – **16 suites**
Rist *Dolce Vita Stube* ✿ – Vedere selezione ristoranti
In posizione leggermente rialzata sul paese, le camere, soprattutto quelle dell'edificio sul retro, sono di un'eleganza mozzafiato. Straordinario centro benessere con
diverse terrazze panoramiche per rilassarsi dopo i trattamenti.

785

Feldhof

via Municipio 4 – ℰ 04 73 66 63 66 – www.feldhof.com
– Aperto 20 marzo-22 novembre
38 cam – solo ½ P 145/187 € – **21 suites**
Albergo centrale, circondato da un ameno giardino con piscine (di cui una di acqua salata); interni in stile tirolese, graziose camere e completo centro benessere in cui ritagliarsi momenti di relax.

 Funggashof

via al Fossato 1 – ℰ 04 73 66 71 61 – www.funggashof.it – Aperto
19 marzo-10 novembre
24 cam – solo ½ P 95/115 € – **10 suites**
In posizione panoramica, hotel immerso in un giardino-frutteto con piscina, ideale per gli amanti della quiete; eleganti ambienti "riscaldati" dal sapiente uso del legno. Nella stube tirolese, una cucina leggera e gustosa con prodotti del territorio.

Dolce Vita Stube – Hotel Preidlhof

via San Zeno 13 – ℰ 04 73 66 62 51 – www.preidlhof.it – Chiuso 1°-25 dicembre
e 7-31 gennaio
Menu 85 € – Carta 71/95 € – *(chiuso domenica e lunedì)* (solo a cena)
(prenotazione obbligatoria)
Di territoriale vi sono i prodotti, compresi quelli dell'orto di casa, ma per il resto i piatti - una scelta limitata per assicurarne la qualità - sono l'espressione della sofisticata tecnica creativa di un giovane e talentuoso cuoco austriaco. La fantasia in cucina!
→ "Risveglio primaverile in Alto Adige" (salmerino alpino, rapanelli, olio di nocciola e aglio orsino). Capretto della val Venosta, dal naso alla coda. Fragola nell'aceto ai fiori di sambuco, aglio nero fermentato.

NAVA (Colle di)

Imperia (IM)Alt. 934 m – Carta regionale n° **8-A2**
▶ Roma 624 km – Imperia 34 km – Cuneo 91 km – Savona 79 km
Carta stradale Michelin 561-J5

 Colle di Nava

via Nazionale 65 – ℰ 01 83 32 50 44 – www.albergolorenzina.com – Chiuso
12 gennaio-19 marzo
37 cam – ♦40/45 € ♦♦60/65 € – ☐ 12 €
Rist *Lorenzina* – Vedere selezione ristoranti
Semplice e accogliente struttura dall'esperta e attenta gestione familiare, dispone di un grande giardino attrezzato anche con giochi per gli ospiti più piccoli.

Lorenzina – Hotel Colle di Nava

via Nazionale 65 – ℰ 01 83 32 50 44 – www.albergolorenzina.com – Chiuso
12 gennaio-19 marzo, lunedì sera e martedì escluso in estate
Menu 22/38 € – Carta 28/50 € – *(consigliata la prenotazione)*
Sul colle, con la sua tranquilla bellezza e i suoi 940 m di altitudine, cucina ligure e piemontese in due ampie sale: stile rustico per momenti d'informale convivialità.

NE

Genova (GE) – ✉ 16040 – 2 459 ab. – Alt. 186 m – Carta regionale n° **8-C2**
▶ Roma 473 km – Genova 50 km – Rapallo 26 km – La Spezia 75 km
Carta stradale Michelin 561-I10

La Brinca

via Campo di Ne 58 – ℰ 01 85 33 74 80 – www.labrinca.it – Chiuso lunedì
Menu 32/37 € – Carta 32/53 € – *(solo a cena escluso sabato e i giorni festivi)*
(consigliata la prenotazione)
Animato da una grande passione enologica, il proprietario ha curato personalmente l'allestimento della cantina, che vanta infatti un'ampia selezione di etichette nazionali ed estere. Tale entusiasmo permea anche la tavola: piatti del territorio alleggeriti e presentati con cura. Se volete provare una specialità veramente unica, noi consigliamo gli gnocchetti di castagna al pesto di mortaio, prescinseua (prodotto tipico caseario della provincia di Genova) e verdure.

NEGRAR

Verona (VR) – ✉ 37024 – 17 126 ab. – Alt. 190 m – Carta regionale n° **22-A2**
▶ Roma 520 km – Verona 113 km – Brescia 82 km – Mantova 58 km
Carta stradale Michelin 562-F14

XX **Locanda '800**   ⌂ P

via Moron 46 – ℰ 04 56 00 01 33 – www.locanda800.it
Carta 36/76 € – *(chiuso lunedì) (solo a cena in luglio-agosto)*
Nell'intima sala di questa bella villa oppure nelle sue graziose cantine,
piatti interessanti di gusto moderno realizzati con prodotti stagionali e
del territorio.

X **Trattoria alla Ruota**   ⬥ ⌂ & AK P

via Proale 6, località Mazzano, Nord: 5 km – ℰ 04 57 52 57 84
– www.trattoriaallaruota.it – Chiuso lunedì e martedì
Carta 29/45 € – *(prenotare)*
Sulle prime alture con splendida vista dalla terrazza estiva, locale luminoso e
vivace: la conduzione familiare ripropone i sapori del territorio. Proverbiali, i tortelli all'amarone.

NEIVE

Cuneo (CN) – ✉ 12052 – 3 431 ab. – Alt. 308 m – Carta regionale n° **14-C2**
▶ Roma 643 km – Cuneo 71 km – Torino 65 km – Asti 29 km
Carta stradale Michelin 561-H6

XX **La Luna nel Pozzo**   ♨ ⌂ AK

piazza Italia – ℰ 0 17 36 70 98 – www.lalunanelopozzo-neive.it
– Chiuso 7-17 gennaio, 25 giugno-15 luglio, martedì sera e mercoledì
Menu 43/55 € – Carta 42/65 € – *(consigliata la prenotazione)*
La passione per la cucina e per l'accoglienza ha incentivato un medico ed una
biologa a passare alla ristorazione: in questo locale del centro storico, la tradi-
zione è regina incontrastata.

NEPI

Viterbo (VT) – 9 713 ab. – Alt. 227 m – Carta regionale n° **7-B1**
▶ Roma 53 km – Viterbo 36 km – Terni 62 km – Perugia 131 km
Carta stradale Michelin 563-P19

XX **Casa Tuscia**   ⌂ & AK ⇔

via di Porta Romana – ℰ 07 61 55 50 70 – www.ristorantecasatuscia.it
Menu 25/35 € – Carta 18/42 €
Una passeggiata archeologica tra porte romane, mura e castello rinascimentali:
nell'ex mattatoio novecentesco una sorprendente cucina nazionale rivisitata con
fantasia.

NERANO – Napoli (NA) ➡ Vedere Massa Lubrense

NERVESA DELLA BATTAGLIA

Treviso (TV) – ✉ 31040 – 6 841 ab. – Alt. 78 m – Carta regionale n° **23-C2**
▶ Roma 570 km – Belluno 67 km – Venezia 61 km – Treviso 22 km
Carta stradale Michelin 562-E18

XX **Miron**   ⌂ AK ⇔

piazza Sant'Andrea 26 – ℰ 04 22 88 51 85 – www.ristorantemirontv.com
– Chiuso 3-18 agosto, domenica sera, lunedì e giovedì
Menu 18 € *(in settimana)*/50 € – Carta 35/65 €
Specialità ai funghi e non solo, in un locale classico gestito dal 1935 dalla
stessa famiglia. Nella carta dei vini non mancano proposte francesi e distillati
di ogni tipo.

NERVI

Genova (GE) – ✉ 16167 – Carta regionale n° **8-C2**

▶ Roma 497 km – Genova 10 km – La Spezia 99 km – Savona 60 km

Carta stradale Michelin 561-I9

 Villa Pagoda   ⚶ ⪤ ⛱ ⬛ AK ⚿ ♨ P

via Capolungo 15 – ✆ 0 10 32 32 00 – www.villapagoda.it

13 cam ⚏ – ✝75/215 € ✝✝95/360 € – **4 suites**

Rist *Il Roseto* – Vedere selezione ristoranti

Una villa ottocentesca, costruita per volere di un ricco mercante che sperava, in tal modo, di placare la struggente nostalgia della sua asiatica compagna, ospita raffinati interni con candelieri di Murano e pavimenti in marmo. Tra olii essenziali e musiche di sottofondo, è bello concedersi un massaggio nel moderno centro benessere.

 Astor   ⚶ ⪤ ⬛ AK ♨ P

viale delle Palme 16 – ✆ 0 10 32 90 11 – www.astorhotel.it

41 cam ⚏ – ✝80/110 € ✝✝110/165 €

Abbracciato da un piccolo parco secolare, l'hotel totalmente ristrutturato dispone di interni di taglio classico e camere confortevoli. Ideale per una clientela d'affari, ma anche per gli amanti di un soggiorno rilassante. Servizio ristorante estivo sulla fresca veranda.

 Esperia   ⚶ ⬛ AK ♨ P

via Val Cismon 1 – ✆ 0 10 32 17 77 – www.hotelesperia.it – Chiuso 3 settimane in novembre

27 cam ⚏ – ✝65/105 € ✝✝75/155 €

Albergo fine anni '50 - completamente ristrutturato nel corso degli ultimi anni - dispone di ambienti interni d'ispirazione contemporanea, camere lineari e possibilità di accesso gratuito al vicino stabilimento balneare (sugli scogli).

XXX   **Il Roseto** – Hotel Villa Pagoda   ⪤ 🍴 AK ⚿ ⭲ P

via Capolungo 15 – ✆ 0 10 32 32 00 – www.villapagoda.it

Carta 35/59 €

Se l'architettura che ospita questo ristorante è una celebrazione dell'Oriente, la cucina si riappropria dell'identità locale con piatti regionali e i classici italiani. Splendida terrazza estiva ed ambienti raffinati.

NERVIANO

Milano (MI) – ✉ 20014 – 17 430 ab. – Alt. 175 m – Carta regionale n° **10-A2**

▶ Roma 600 km – Milano 25 km – Como 45 km – Novara 34 km

Carta stradale Michelin 561-F8

 Antica Locanda del Villoresi   ⚶ AK P

strada statale Sempione 4 – ✆ 03 31 55 94 50 – www.locandavilloresi.it

16 cam ⚏ – ✝60/150 € ✝✝70/180 €

Rist *Antica Locanda del Villoresi* – Vedere selezione ristoranti

Ex stazione di posta e cascina lombarda di fine Ottocento, la locanda dispone di piccoli spazi comuni e accessoriate camere in stile moderno-contemporaneo.

XX   **La Guardia**   🍴 AK ⭲ P
🍽

via 20 Settembre 73, angolo statale Sempione – ✆ 03 31 58 76 15

– www.ristorantelaguardia.it – Chiuso 1°-8 gennaio, 16-28 agosto e lunedì

Menu 18 € (pranzo in settimana)/45 € – Carta 38/70 €

Lungo la statale del Sempione, un villino indipendente arredato in stile rustico-elegante e ingentilito da una bella veranda affacciata sul giardino. La cucina attinge alla tradizione, ma non mancano anche interessanti piatti di pesce.

X   **Antica Locanda del Villoresi** – Hotel Antica Locanda del Villoresi

strada statale Sempione 4 – ✆ 03 31 55 94 50

– www.locandavilloresi.it – Chiuso sabato a mezzogiorno e lunedì

Carta 35/67 €

Tante specialità d'impronta mediterranea in un caratteristico ristorante, le cui ampie vetrate si affacciano sul canale Villoresi. Piatti di pesce, pasta fresca e dolci fatti in casa, fra gli highlights del menu.

NETTUNO

Roma (RM) – ✉ 00048 – 48 654 ab. – Carta regionale n° **7-C3**

▶ Roma 55 km – Anzio 3 km – Frosinone 78 km – Latina 22 km

Carta stradale Michelin 563-R19

Astura Palace Hotel
viale Matteotti 75 – ☎ 0 69 80 56 54 – www.asturapalace-hotel.it
56 cam ⌲ – †76/100 € ††79/190 € – **1 suite**
Di fronte al porto turistico, nella zona più elegante e commerciale della città, un moderno ed imponente albergo, particolarmente indicato per una clientela d'affari.

NEUMARKT = EGNA

NEUSTIFT = NOVACELLA

NEVIANO DEGLI ARDUINI

Parma (PR) – ✉ 43024 – 3 714 ab. – Alt. 517 m – Carta regionale n° **5-B2**

▶ Roma 463 km – Parma 32 km – Modena 65 km – Reggio nell'Emilia 35 km

Carta stradale Michelin 561-I12

Trattoria Mazzini
via Bruno Ferrari 84 – ☎ 05 21 84 31 02 – Chiuso lunedì e martedì in luglio-agosto, anche mercoledì e giovedì negli altri mesi
Carta 28/48 € – *(solo a cena escluso sabato e domenica)*
Cucina del territorio con varianti creative in una graziosa sala in stile provenzale rinfrescata con colori pastello. Piacevole anche la bella terrazza in legno.

NEVIGLIE

Cuneo (CN) – ✉ 12050 – 390 ab. – Carta regionale n° **14-C2**

▶ Roma 662 km – Torino 98 km – Cuneo 78 km – Asti 36 km

Locanda San Giorgio
località Castellero 9 – ☎ 01 73 63 01 15 – www.locandasangiorgio.it – Chiuso gennaio
Menu 35/45 € – Carta 26/80 € – *(chiuso lunedì escluso aprile-15 novembre) (solo a cena escluso aprile-15 novembre)* (consigliata la prenotazione)
14 cam ⌲ – †85/110 € ††110/140 €
Raffinato ristorante situato fuori paese, nella splendida e tranquilla cornice delle Langhe, propone piatti tradizionali a base di funghi e tartufi. Questo casolare ottocentesco, che un tempo è stato convento per frati, propone camere personalizzate e molto carine.

NIBIONNO

Lecco (LC) – ✉ 23895 – Carta regionale n° **10-B1**

▶ Roma 620 km – Milano 44 km – Lecco 21 km – Monza 24 km

La California Relais
località California 2 – ☎ 0 31 69 09 12 – www.relaislacalifornia.it
20 cam ⌲ – †110 € ††140 €
Rist *I Melograni* – Vedere selezione ristoranti
Lunghi anni di restauri e poi il fiocco azzurro per questo relais immerso nel verde e dagli ambienti personalizzati: la maggior parte delle eleganti camere si trovano nel corpo centrale, le rimanenti in una dépendance di fronte alla piscina. Percorso vita nel giardino, centro benessere e vista pregevole.

I Melograni – Hotel La California Relais
località California 2 – ☎ 0 31 69 09 12 – www.ristoranteimelograni.com
Menu 25 € (pranzo in settimana) – Carta 32/122 €
All'interno del suggestivo relais La California, il ristorante propone la tradizionale cucina del territorio con i suoi ineguagliabili sapori rivisitati in chiave moderna. Ambiente elegante e, a pranzo, un vantaggioso menu business.

NICASTRO – Catanzaro (CZ) ➡ Vedere Lamezia Terme

NICOLOSI
Sicilia – Catania (CT) – ✉ 95030 – 7 415 ab. – Alt. 700 m – Carta regionale n° **17-D2**
▶ Catania 17 km – Palermo 222 km – Messina 102 km – Siracusa 81 km
Carta stradale Michelin 365-AZ58 – Guida Verde Michelin SICILIA

a Piazza Cantoniera Etna Sud Nord : 18 kmAlt. 1 881 m

⌂ **Corsaro** ☂ ⌘ ← ⌂ ⌗ P
piazza Cantoniera – ☏ 0 95 91 41 22 – www.hotelcorsaro.it – Aperto
1° aprile-2 novembre
17 cam �'☰ – †69/125 € ††79/140 €
In un paesaggio lunare di terreno lavico, è quasi un rifugio con vista su un quarto
della Sicilia, mare e Calabria da alcune camere del secondo piano. Autentici sapori
locali nell'omonimo ristorante, dove si mangia a buffet: paste, funghi, verdure e
grigliate di carne. Impianti di risalita nelle vicinanze.

NIEDERDORF = VILLABASSA

NIEVOLE – Pistoia (PT) ➜ Vedere Montecatini Terme

NIZZA MONFERRATO
Asti (AT) – ✉ 14049 – 10 476 ab. – Alt. 138 m – Carta regionale n° **14-D2**
▶ Roma 604 km – Alessandria 32 km – Asti 28 km – Torino 82 km
Carta stradale Michelin 561-H7

 Agriturismo Tenuta La Romana ☂ ⌘ ← ⌂ ⌧ & ⌧ ⌕ P
strada Canelli 59, Sud: 2 km – ☏ 01 41 72 75 21 – www.tenutalaromana.it
– Chiuso 3 gennaio-4 febbraio
20 cam �'☰ – †80/130 € ††120/175 €
In posizione panoramica, fra le armoniose colline delle Langhe e del Monferrato,
Tenuta La Romana è una cascina settecentesca completamente ristrutturata dagli
ampi e gradevoli spazi comuni, sia interni sia esterni. Cucina regionale nel grazioso ristorante all'interno della villa nobiliare.

NOALE
Venezia (VE) – ✉ 30033 – 15 965 ab. – Alt. 18 m – Carta regionale n° **23-C2**
▶ Roma 522 km – Padova 25 km – Treviso 22 km – Venezia 20 km
Carta stradale Michelin 562-F18

⌂ **Due Torri Tempesta** ⌑ & ⌧ ⌗ ⌕ P
via dei Novale 59 – ☏ 04 15 80 07 50 – www.hotelduetorritempesta.it – Chiuso
1°-6 gennaio e 1°-25 agosto
40 cam �'☰ – †55/75 € ††80/105 €
Poco fuori dal centro, hotel dall'originale design d'impronta contemporanea con
piacevoli spazi nei quali predominano materiali fatti a mano (pietra faccia vista,
tavelle, etc.) il tutto su progetto di un famoso architetto. Una sorta di curiosa
"ossatura" centrale in legno curvato domina la sala delle colazioni.

NOBIALLO – Como (CO) ➜ Vedere Menaggio

NOCERA SUPERIORE
Salerno (SA) – ✉ 84015 – 24 307 ab. – Alt. 70 m – Carta regionale n° **4-B2**
▶ Roma 246 km – Napoli 43 km – Avellino 36 km – Salerno 15 km
Carta stradale Michelin 564-E26

XX **La Fratanza** ⌂ ⌂ ⌧ P
⇔ *via Garibaldi 37 – ☏ 08 19 36 83 45 – www.lafratanzaristorante.it – Chiuso*
20-31 dicembre, domenica sera e lunedì
Menu 22/45 € – Carta 24/46 €
Poco fuori dal paese, due linee e due allestimenti per un locale curato: proposte legate al territorio, una in chiave moderna e l'altra più tradizionale. Splendido
giardino per la bella stagione.

NOCERA TERINESE

Catanzaro (CZ) – ✉ 88047 – 4 743 ab. – Alt. 240 m – Carta regionale n° **3-A2**

▶ Roma 560 km – Cosenza 47 km – Catanzaro 59 km – Reggio di Calabria 152 km
Carta stradale Michelin 564-J30

Agriturismo Vota

contrada Vota – ℰ 0 96 89 15 17 – www.agriturismovota.it
12 cam ⌧ – †45/60 € ††60/70 €
Piacevole sintesi di quello che un agriturismo dovrebbe offrire: semplicità e
genuinità. Camere spartane, ma ben tenute, una piscina e la possibilità di passeggiate all'interno della proprietà fino al bosco, area giochi per bambini e sulla
tavola i migliori frutti dell'azienda agricola.

a Marina di Nocera Terinese Sud-Ovest : 6 km – ✉ 88040

L'Aragosta

villaggio del Golfo – ℰ 0 96 89 33 85 – www.ristorantelaragosta.com
– Chiuso 15-30 ottobre e lunedì escluso luglio-agosto
Carta 44/84 € – (consigliata la prenotazione)
Una sala arredata in stile vecchia marina inglese accompagna fragranti piatti a
base di pesce, mentre la cantina custodisce più di 500 etichette provenienti da
tutto il mondo. In sintesi, the place to be!

NOCI

Bari (BA) – ✉ 70015 – 19 367 ab. – Alt. 420 m – Carta regionale n° **15-C2**

▶ Roma 497 km – Bari 49 km – Brindisi 79 km – Matera 57 km
Carta stradale Michelin 564-E33

Abate Masseria

zona F 83/C, strada provinciale per Massafra, Sud-Est: 1 km – ℰ 08 04 97 82 88
– www.abatemasseria.it – Aperto 1° aprile-30 ottobre
8 cam ⌧ – †84/149 € ††99/179 €
Bel complesso agricolo con edifici in tufo e trulli intorno ad un curato giardino
cinto da mura. Le camere affacciate sul prato - alcune di esse con un proprio spazio riservato – vantano una tenuta perfetta e bei mobili. Per chi non rinuncia allo
sport neanche in vacanza: piscina, campo da tennis e da calcetto.

Cavaliere

via Tommaso Siciliani 47 – ℰ 08 04 97 75 89 – www.hotelcavaliere.it
33 cam ⌧ – †45/60 € ††60/75 €
Una completa ristrutturazione ha riconsegnato un albergo accogliente, con stanze
eleganti dalle linee classiche e una bella terrazza per piacevoli serate o per il
relax. Due ampie sale da pranzo, molto luminose.

L'Antica Locanda

via Spirito Santo 49 – ℰ 08 04 97 24 60 – www.pasqualefatalino.it – Chiuso
domenica sera e martedì
Menu 35/50 € – Carta 24/50 €
In uno dei vicoli del caratteristico borgo - sotto volte in tufo - i sapori autentici
della regione ispirano la cucina, elaborata partendo dai prodotti di questa terra.
Stile rustico e allegre tovaglie colorate.

a Montedoro Sud-Est : 3 km – ✉ 70015 Noci

Il Falco Pellegrino

zona B 47/c – ℰ 08 04 97 43 04 – www.ilfalcopellegrino.com – Chiuso
7-22 gennaio e domenica sera
Carta 30/55 €
Ristorante all'interno di una bella villetta nel cuore della campagna, propone specialità di pesce e proposte di cucina locale; invitante servizio estivo in giardino.

NOGAREDO

Trento (TN) – ✉ 38060 – 2 014 ab. – Alt. 216 m – Carta regionale n° **19-B3**

▶ Roma 568 km – Trento 25 km – Verona 80 km – Bolzano 81 km

 Relais Palazzo Lodron

via Conti Lodron 5 – ℰ 04 64 41 31 52 – www.relaispalazzolodron.it
10 cam – 🛏45/80 € 🛏🛏60/120 € – ☐ 8 €
Risale addirittura al 1400 l'origine di questo palazzo la cui lunga storia annovera anche i processi alle streghe…Ora in ambienti ampi ed eleganti, arredati con mobili di design, preziosi e minimal, l'ospite può contare sui migliori confort moderni, quali un delizioso centro benessere.

 Locanda D&D Maso Sasso

via Maso 2, località Sasso, Sud-Ovest: 3 km – ℰ 04 64 41 07 77
– www.locandaded.it – Chiuso martedì
Menu 30 € – Carta 37/50 € **7 cam** ☐ – 🛏50 € 🛏🛏75 €
Strigolo fatto a mano al ragù di scottona o medaglioni di struzzo all'aceto balsamico con polenta? Magari tutti e due! Cucina regionale venata di fantasia in un maso che domina buona parte della valle dell'Adige; bella terrazza panoramica per l'estate e confortevoli camere per un tranquillo soggiorno.

NOICATTARO

Bari (BA) – ✉ 70016 – 26 089 ab. – Carta regionale n° **15-C2**

▶ Roma 449 km – Bari 19 km – Taranto 92 km – Barletta 82 km
Carta stradale Michelin 564-D32

 UNA Hotel Regina

strada provinciale 57 Torre a Mare-Noicattaro, Nord: 4 Km – ℰ 08 05 43 09 07
– www.unahotelreginabari.it
100 cam ☐ – 🛏59/231 € 🛏🛏59/246 €
Suggestiva riproduzione di un borgo in pietra, lo stile piacevolmente rustico si coniuga con la vocazione sportiva: 400 m2 di palestra, piscine semiolimpioniche e vasca con acqua termale.

NOLA

Napoli (NA) – ✉ 80035 – 34 401 ab. – Alt. 34 m – Carta regionale n° **4-B2**

▶ Roma 217 km – Napoli 33 km – Benevento 55 km – Caserta 34 km
Carta stradale Michelin 564-E25

 Le Baccanti

via Puccini 5 – ℰ 08 15 12 21 17 – Chiuso 9-26 agosto, domenica sera e lunedì
Carta 28/57 €
Semplice locale dotato di due grandi finestre che si affacciano sulle cucine, dalle quali giungono piatti fantasiosi in cui tradizione e creatività diventano un tutt'uno; servizio informale.

NOLI

Savona (SV) – ✉ 17026 – 2 764 ab. – Carta regionale n° **8-B2**

▶ Roma 564 km – Genova 65 km – Imperia 63 km – Savona 18 km
Carta stradale Michelin 561-J7

 Italia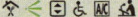

corso Italia 23 – ℰ 0 19 74 83 26 – www.hotelitalianoli.com – Chiuso
novembre-dicembre
13 cam ☐ – 🛏90/130 € 🛏🛏110/170 € – **3 suites**
Nel centro di Noli, ma affacciato sul mare, questo hotel rinnovato in anni recenti propone ambienti comuni e camere arredate in modo moderno e dalle calde tonalità.

Residenza Palazzo Vescovile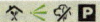
piazzale Rosselli – ℰ 01 97 49 90 59 – www.hotelvescovado.it – *Chiuso*
10 gennaio-12 febbraio e 5 novembre-20 dicembre
8 cam 🖙 – ♦140/280 € ♦♦140/280 €
Rist *Il Vescovado* ✿ – Vedere selezione ristoranti
Una suggestiva e indimenticabile vacanza nell'antico Palazzo Vescovile, in
ambienti ricchi di fascino: alcuni impreziositi da affreschi e con splendidi arredi
d'epoca. Vista sublime dalle terrazze. Si posteggia accanto al mare e si sale con
ascensore e piccola cremagliera.

Il Vescovado – Residenza Palazzo Vescovile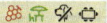
✿
piazzale Rosselli – ℰ 01 97 49 90 59 – www.ristorantevescovado.it – *Chiuso*
10 gennaio-12 febbraio e 5 novembre-20 dicembre, i mezzogiorno di martedì e
mercoledì dal 15 giugno al 15 settembre, anche martedì sera negli altri mesi
Menu 30 € (pranzo in settimana)/98 € – Carta 60/90 € – *(solo a cena dal*
15 giugno al 15 settembre)
Tre deliziose salette all'interno del prestigioso complesso architettonico noto
come Palazzo Vescovile e nel periodo estivo un piacevole servizio in terrazza con
vista mare. Curiosi di saperne di più circa la cucina? Decisamente ligure, con qualche apprezzabile tocco estroso.
➜ Palamita in crosta di pane con maionese di bottarga e giardiniera di verdure. Coniglio alla ligure. Cappon magro.

Nazionale [AC]
corso Italia 37 – ℰ 34 78 48 50 68 – *Aperto 24 dicembre-6 gennaio e*
14 febbraio-1° novembre
Carta 31/57 € – *(chiuso lunedì)*
Lungo la statale, all'estremità della località, locale di lunga tradizione familiare
"vecchia maniera". Preparazioni semplici, sapori netti, porzioni abbondanti.

a Voze Nord-Ovest : 4 km – ✉ 17026 Noli

Lilliput
via Zuglieno 49 – ℰ 0 19 74 80 09 – *Chiuso 10 gennaio-31 marzo e lunedì*
Menu 40/55 € – Carta 44/90 € – *(solo a cena escluso sabato, domenica e festivi)*
In una piacevole casa circondata da un giardino ombreggiato con minigolf, un
locale dall'ambiente curato che propone piatti di mare; servizio estivo in terrazza.

NORCIA
Perugia (PG) – ✉ 06046 – 4 937 ab. – Alt. 604 m – Carta regionale n° **20-D2**
▶ Roma 172 km – Spoleto 43 km – L'Aquila 108 km – Perugia 97 km
Carta stradale Michelin 563-N21

Palazzo Seneca
via Cesare Battisti 10 – ℰ 07 43 81 74 34 – www.palazzoseneca.com – *Chiuso*
7-31 gennaio
23 cam 🖙 – ♦160/240 € ♦♦200/300 € – **1 suite**
Rist *Vespasia* ✿ – Vedere selezione ristoranti
All'interno di un signorile palazzo cinquecentesco, le zone comuni si frammen-
tano in una serie di salotti e biblioteche, le camere austere rivisitano in chiave
moderna l'artigianato umbro con qualche arredo d'epoca e bagni in marmo.

Salicone
viale Umbria – ℰ 07 43 82 80 81 – www.bianconi.com
71 cam 🖙 – ♦54/140 € ♦♦68/170 €
Alle porte della cittadina, nei pressi del centro sportivo, struttura indicata per una
clientela d'affari: ambienti comuni ridotti, ma camere ampie dagli arredi classici,
provviste di spazioso piano lavoro.

Grotta Azzurra
via Alfieri 12 – ℰ 07 43 81 65 13 – www.hotelgrottaazzurra.com
46 cam 🖙 – ♦41/109 € ♦♦52/137 € – **4 suites**
Rist *Granaro del Monte* ☺ – Vedere selezione ristoranti
A pochi metri dal cuore monumentale di Norcia, l'inizio dell'attività alberghiera
risale all'Ottocento; da allora una serie di rinnovi, ma lo stesso, immutabile fascino
retrò e familiare.

Agriturismo Casale nel Parco dei Monti Sibillini

località Fontevena 8, Nord: 1,5 km – 𝒞 07 43 81 64 81
– www.casalenelparco.com – Chiuso 9 novembre-18 dicembre e
7 gennaio-19 febbraio
15 cam 🛏 – ♦70/90 € ♦♦100/120 €
Casa colonica trasformata in agriturismo: il corpo centrale, i pollai e la stalla sono stati riconvertiti in camere con letti a baldacchino e travi a vista. Alcune di esse attrezzate con angolo cottura, ma per tutti c'è a disposizione una cucina per preparare le pappe ai bimbi o una tisana.

 Il Casale San Martino

viale della Stazione, località Case Sparse ✉ 06046 Norcia – 𝒞 07 43 81 78 00
– www.ilcasalesanmartino.it – Chiuso 9 dicembre-26 febbraio
12 cam 🛏 – ♦50/60 € ♦♦80/100 €
A 300 metri dal centro storico, davanti alla grotta in cui pregava San Bernardino, un bel casale ristrutturato dalle camere semplici, ma confortevoli, con lampadari in ceramica di Vietri.

XXX **Vespasia** – Hotel Palazzo Seneca

via Cesare Battisti 10 – 𝒞 07 43 81 74 34 – www.vespasia.com – Chiuso
11 gennaio-4 febbraio
Menu 75/100 € – Carta 63/112 € – (prenotazione obbligatoria)
Con l'inizio del 2014, il raffinato ed elegante Vespasia ha visto l'arrivo di un nuovo cuoco ai fornelli; la carta continua giustamente a citare il meglio della produzione umbra, mentre le tecniche di cottura si fanno moderne, ma con leggerezza, in aggiunta un vago pizzico mediterraneo.
→ Tagliolini al tartufo nero di Norcia. Trota in due cotture. Maialino alla senape con cicerchie e verdure di stagione.

X **Granaro del Monte** – Hotel Grotta Azzurra

via Alfieri 12 – 𝒞 07 43 81 65 13 – www.bianconi.com
Menu 20/28 € – Carta 24/80 €
Pietra miliare della ristorazione locale, un'ampia sala rustica dominata da uno scoppiettante camino con le antiche volte a fare da sfondo ospita una cucina che "sponsorizza" la tradizione regionale, come i salumi, i tagliolini al limone e prosciutto di Norcia, le carni alla griglia. Il tartufo pregiato (in inverno) dà un'impennata ai prezzi.

NOSADELLO – Cremona (CR) → Vedere Pandino

NOTARESCO
Teramo (TE) – ✉ 64024 – 6 891 ab. – Alt. 267 m – Carta regionale n° **1-B1**
▶ Roma 182 km – Teramo 26 km – Chieti 55 km – Pescara 46 km
Carta stradale Michelin 563-O23

sulla strada statale 150 Sud : 5 km

XX **3 Archi**

via Antica Salara 25 ✉ 64024 – 𝒞 0 85 89 81 40 – www.trearchi.net – Chiuso
novembre, martedì sera e mercoledì
Menu 25 € – Carta 22/42 €
Cucina abruzzese e teramana in un locale caldo ed accogliente, caratterizzato da un grande disimpegno arredato in stile rustico e due sale con spazio per la cottura di carni alla griglia. Specialità: chitarrina abruzzese, spallina d'agnello e pizza dolce.

NOTO
Sicilia – Siracusa (SR) – ✉ 96017 – 23 834 ab. – Alt. 152 m
– Carta regionale n° **17-D3**
▶ Catania 92 km – Ragusa 55 km – Siracusa 40 km – Palermo 285 km
Carta stradale Michelin 365-AZ62 – Guida Verde Michelin SICILIA

Masseria degli Ulivi

contrada Porcari, S.S. 287 al km 16,5, Nord: 9 km – ☎ *09 31 81 30 19*
– www.masseriadegliulivi.com – Aperto 20 aprile-30 ottobre
34 cam ⊡ – ♦70/120 € ♦♦90/160 €
Immersa nel verde della campagna iblea, un bella masseria ristrutturata ed ampliata: tipica corte interna con zone relax, piscina e vasche idromassaggio con acqua riscaldata. Sullo sfondo, i riflessi argentei degli ulivi.

La Dépendance

via Rocco Pirri 57 – ☎ *09 31 83 88 31 – www.ladependancehotel.com*
9 cam ⊡ – ♦110/160 € ♦♦150/220 €
Palazzo del '700 in pieno centro dispone di camere dall'originale eleganza e dallo stile classico-contemporaneo; al ristorante potrete ordinare tra un'ampia scelta di piatti della tradizione.

✕ Crocifisso

via principe Umberto 48 – ☎ *09 31 57 11 51 – www.ristorantecrocifisso.it*
– Chiuso 15 gennaio-29 febbraio e 30 novembre-15 dicembre
Carta 30/57 € – (consigliata la prenotazione)
Nella parte alta di questa splendida città barocca, una risorsa familiare d'impostazione moderna dove incontrare i sapori della tradizione siciliana - sia di terra sia di mare - reinterpretati con leggerezza e attualità. Vivamente consigliati gli spaghetti con le sarde e, per finire in dolcezza, il cannolo di ricotta con gelato al torroncino.

a Lido di Noto Sud-Est : 7,5 km – ✉ 96017 Noto

La Corte del Sole

contrada Bucachemi, località Eloro-Pizzuta – ☎ *09 31 82 02 10*
– www.lacortedelsole.it – Aperto 27 dicembre-4 gennaio e 1° marzo-5 novembre
34 cam ⊡ – ♦80/120 € ♦♦128/242 €
Tipica struttura siciliana ottocentesca con baglio interno: camere accoglienti, possibilità di massaggi classici e ayurvedici, ristorante panoramico con giardino-terrazza su campagna e mare. Nel vecchio frantoio viene servita la colazione.

Villa Mediterranea

viale Lido – ☎ *09 31 81 23 30 – www.villamediterranea.it*
– Aperto 22 aprile-30 ottobre
15 cam ⊡ – ♦60/120 € ♦♦80/160 €
Il nome la descrive in pieno: una bianca villa mediterranea riconvertita in albergo familiare davvero accogliente, dotato da poco anche di un suo grazioso ristorante serale. Accesso diretto alla spiaggia.

NOVACELLA (NEUSTIFT)

Bolzano (BZ) – ✉ 39040 – Alt. 590 m – Carta regionale n° 19-C1
▶ Roma 685 km – Bolzano 44 km – Brennero 46 km – Cortina d'Ampezzo 112 km
Carta stradale Michelin 562-B16

Pacher

via Pusteria 6 – ☎ *04 72 83 65 70 – www.hotel-pacher.com – Chiuso 7 gennaio-7 febbraio*
37 cam ⊡ – ♦67/87 € ♦♦136/178 € – **2 suites**
Sarà piacevole soggiornare in questa struttura circondata dal verde, con gradevoli interni in moderno stile tirolese e ariose camere. Ampia sala da pranzo completamente rivestita in legno; servizio ristorante estivo in giardino.

Pacherhof

vicolo Pacher 1, località Varna – ☎ *04 72 83 57 17 – www.pacherhof.com*
– Chiuso 15 gennaio-16 marzo
22 cam ⊡ – ♦78/116 € ♦♦156/284 € – **5 suites**
Splendidamente incorniciata dai vigneti dei bianchi dell'Alto Adige, questa bella casa in stile garantisce piacevoli soggiorni conditi con una sana eleganza agreste. Cucina servita in tre caratteristiche stube di cui una è tra le più antiche della regione; piacevole piscina all'aperto riscaldata.

Ponte-Brückenwirt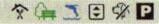

*via Abbazia 2 – ℰ 04 72 83 66 92 – www.hotel-brueckenwirt.com
– Chiuso 15 gennaio-10 marzo*
14 cam ⌷ – ♦65/75 € ♦♦100/130 €
A pochi passi dalla famosa abbazia, hotel immerso in un piccolo parco con piscina riscaldata: accoglienti spazi comuni arredati in stile locale, belle camere mansardate. Grande e luminosa sala ristorante, servizio all'aperto nella bella stagione.

NOVAFELTRIA
Rimini (RN) – ✉ 47863 – 7 220 ab. – Alt. 275 m – Carta regionale n° **5-D3**
▶ Roma 315 km – Rimini 32 km – Perugia 129 km – Pesaro 83 km
Carta stradale Michelin 563-K18

 Del Turista-da Marchesi ⌂ ♻ **P**

*località Cà Gianessi 7, Ovest: 4 km – ℰ 05 41 92 01 48 – www.damarchesi.it
– Chiuso 20 giugno-5 luglio e martedì escluso agosto*
Menu 20/30 € – Carta 19/49 €
Tra Marche e Romagna, un rifugio per chi riconosce la buona cucina, quella attenta a ciò che la tradizione ha consegnato. Piacevole l'ambiente, di tono turistico, riscaldato da un caminetto in pietra.

NOVA LEVANTE (WELSCHNOFEN)
Bolzano (BZ) – ✉ 39056 – 1 942 ab. – Alt. 1 182 m – Carta regionale n° **19-D3**
▶ Roma 665 km – Bolzano 21 km – Cortina d'Ampezzo 91 km – Trento 81 km
Carta stradale Michelin 562-C16

 Engel

*via San Valentino 3 – ℰ 04 71 61 31 31 – www.hotel-engel.com – Chiuso
10-19 dicembre e 25 aprile-14 maggio*
63 cam ⌷ – ♦120/202 € ♦♦140/213 € – **3 suites**
Rist *Johannes-Stube* ✿ – Vedere selezione ristoranti
Albergo dal 1862, ora gestito dalla quinta generazione, continui interventi ne hanno fatto una delle strutture più eleganti della zona. Ampie camere in stile alpino ma con tocchi personalizzati, anche la qualità del servizio è tra i punti forti dell'Engel.

✗✗✗ **Johannes-Stube** – Hotel Engel ♿ ♻ **P**
✿

*via San Valentino 3 – ℰ 04 71 61 31 31 – www.hotel-engel.com
– Chiuso 9-19 dicembre, 2 aprile-10 maggio, lunedì e martedì*
Menu 85/138 € – Carta 60/92 € – *(solo a cena escluso domenica)* (prenotazione obbligatoria)
E' il gioiello dell'albergo Engel: per la romantica bellezza della Stube storica in cui si svolge il servizio, nonché per la qualità della cucina. In sala il giovane figlio Johannes, esperto di vini, vi orienterà alla scelta.
→ Salmone selvatico cotto nel legno con limone e succo di rapa. L'agnello. Cinque cioccolati e topinambur.

NOVA PONENTE (DEUTSCHNOFEN)
Bolzano (BZ) – ✉ 39050 – 3 906 ab. – Alt. 1 357 m – Carta regionale n° **19-D3**
▶ Roma 652 km – Bolzano 26 km – Merano 56 km – Trento 67 km
Carta stradale Michelin 562-C16

 Pfösl

*via rio Nero 2, Est: 1,5 km – ℰ 04 71 61 65 37 – www.pfoesl.it – Chiuso
30 marzo-3 maggio e 3 novembre-2 dicembre*
30 cam ⌷ – ♦200/400 € ♦♦200/400 € – **10 suites**
Grande casa in stile montano ristrutturata con gusto moderno, in mezzo al verde, con incantevole veduta delle Dolomiti; camere rinnovate di recente, bel centro relax. Per soddisfare l'appetito si può optare per la sala con vista sulla valle o per la stube.

a Monte San Pietro Ovest : 8 km – ⊠ 39050 – Alt. 1 389 m

🏠 **Peter** ⌂ ⟵ 🏠 🖼 🌀 🍽 🖨 🏃 🚗
via Centro 24 – ⌀ 04 71 61 51 43 – www.hotel-peter.it
– Chiuso 3 novembre-20 dicembre
40 cam ⌸ – ♦75/110 € ♦♦150/220 € – **4 suites**
Tipico albergo tirolese in una graziosa struttura immersa nel verde e nella tranquillità: romantici spazi interni, camere confortevoli, luminosa zona fitness.

NOVARA

⊠ 28100 – 104 452 ab. – Alt. 162 m – Carta regionale n° **12-C2**
▶ Roma 625 km – Stresa 56 km – Alessandria 78 km – Milano 51 km
Carta stradale Michelin 561-F7

🏨 **La Bussola** ⌂ 🖨 ♿ AC 🛁
via Boggiani 54 – ⌀ 03 21 45 08 10   Pianta: A2c
– www.labussolanovara.it
93 cam ⌸ – ♦89/170 € ♦♦114/185 € – **3 suites**
Albergo dallo stile ricercato, un po' barocco, con zone comuni che abbondano di
preziosi divanetti, statue liberty ed orologi antichi (vera passione del titolare-colle-
zionista). Generosità di metri quadrati nelle camere e nei bagni. Curato ristorante
di tono elegante.

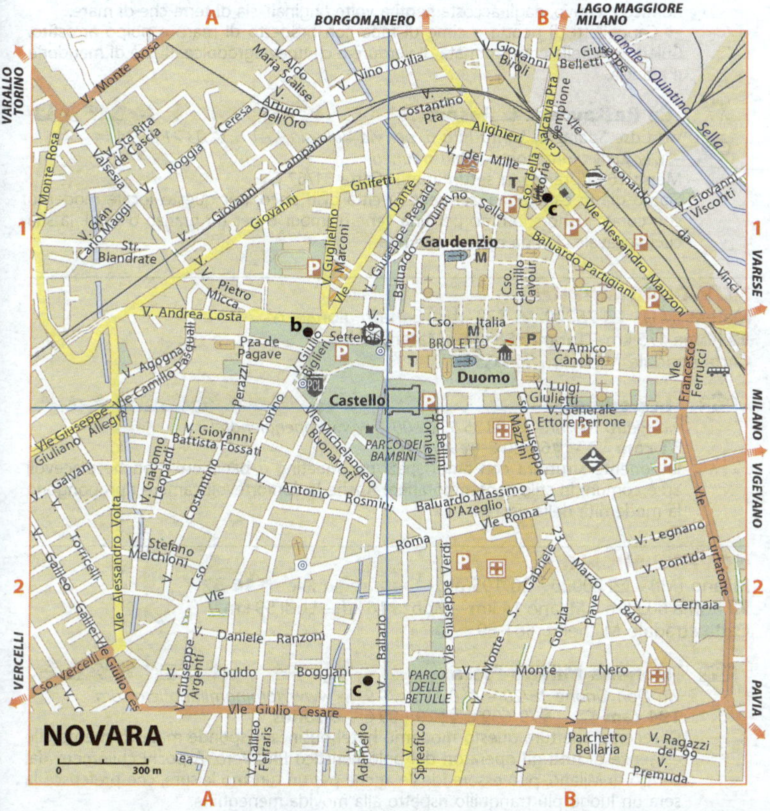

Cavour 〰 Ⓛ ⊡ ⓐ Ⓐ ⓢ 🚗

via San Francesco d'Assisi 6 – 🕾 *03 21 65 98 89*   Pianta: B1**c**
– *www.hotelcavournovara.com*
38 cam ⌑ – †90/150 € ††100/180 €
La bella hall con ampie vetrate affacciate sul piazzale della stazione anticipa lo stile moderno dell'hotel. Taglio contemporaneo e soluzioni di design anche nelle camere, dove il minimalismo delle testiere in legno wengé s'intreccia con l'eleganza degli armadi in legno laccato bianco.

🏠 Croce di Malta ⊡ Ⓐ

via Biglieri 2/a – 🕾 *0 32 13 20 32*   Pianta: A1**b**
– *www.crocedimaltanovara.it* – *Chiuso 5-25 agosto*
20 cam ⌑ – †50/100 € ††54/150 €
In posizione centrale, un piccolo albergo che dispone di ambienti comuni un po' ridotti, ma camere molto spaziose con mobili classici, angolo salotto e un grande piano di lavoro. Una valida struttura, prevalentemente ad indirizzo business.

🕽🕽🕽 Tantris (Marta Grassi) ⇔ ⓐ Ⓐ ⓢ
🕸

corso Risorgimento 384, località Vignale, Nord: 3 km – 🕾 *03 21 65 73 43*
– *www.ristorantetantris.com* – *Chiuso 1°-7 gennaio e 3 settimane in agosto, domenica sera e lunedì*
Menu 60/85 € – Carta 60/95 € – (consigliata la prenotazione)
2 cam ⌑ – †80/90 € ††120/130 €
Un'unica sala, moderna ed elegante, e una carta che vi invita a un viaggio gastronomico creativo, dagli accostamenti a volte originali, sia di terra che di mare.
➜ Cappelletti di ricotta e cime di rapa con brodetto di mare e polpo arrostito. Culatta di vitella con caponata di verdure e chutney agrodolce. Bignè di mandorle e arancia.

🕽🕽 Cà Restaurant & Resort Ⓝ 🍴 🍸 🍽 Ⓐ Ⓟ
🔗

via Case Sparse di Santa Rita 6, per via Valsesia - A1 – 🕾 *03 21 61 24 14*
– *www.cavallotta.com* – *Chiuso lunedì*
Menu 16 € (pranzo in settimana) – Carta 31/67 €
Siamo già in campagna, sebbene la città disti poco, per questo locale moderno con curato dehors: ottimo per una cena glamour o per un pranzo d'affari, la sua cucina cavalca l'onda della modernità.

NOVA SIRI MARINA

Matera (MT) – ✉ 75020 – 6 729 ab. – Carta regionale n° **2-D3**
▶ Roma 475 km – Taranto 88 km – Matera 87 km
Carta stradale Michelin 564-G31

Imperiale 🌤 ⚓ ⊡ Ⓐ ⓢ ⓢ 🚗

via Pietro Nenni – 🕾 *08 35 53 69 00* – *www.imperialehotel.it*
31 cam ⌑ – †65/80 € ††90/120 €
Imponente struttura con ampi spazi per meeting e banchetti, nonché piacevoli aree comuni in stile contemporaneo. Anche le confortevoli camere ripropongono la modernità della risorsa.

NOVATE MILANESE

Milano (MI) – ✉ 20026 – 20 195 ab. – Carta regionale n° **10-B2**
▶ Roma 605 km – Milano 14 km – Monza 16 km – Lodi 59 km
Carta stradale Michelin 561-F9

Domina Milano Fiera 🌤 Ⓛ ⊡ ⓐ Ⓐ ⓢ 🚗

via Don Orione 18/20 – 🕾 *0 23 56 79 91* – *www.dominamilanofiera.com*
194 cam ⌑ – †79/699 € ††79/699 € – **6 suites**
Di recente apertura questo moderno hotel business risponde magistralmente alle esigenze di tutti gli operatori del polo fieristico Rho/Pero. A pochi chilometri dal centro di Milano, può essere ideale anche per un turismo leisure, che preferisce la sera un luogo più tranquillo rispetto alla movida meneghina.

NOVE

Vicenza (VI) – ✉ 36055 – 5 069 ab. – Alt. 91 m – Carta regionale n° **23-B2**
▶ Roma 536 km – Venezia 82 km – Vicenza 29 km – Padova 44 km
Carta stradale Michelin 562-E17

🏠🏠 **Le Nove**   ☆ ⊡ 占 AC ⅏ 🚗
    via Rizzi 51 – 𝒞 04 24 59 09 47 – www.lenovehotel.it
    37 cam ⌷ – ♦69/110 € ♦♦96/180 €
    Rist Momi – Vedere selezione ristoranti
    Tra Marostica e Bassano del Grappa, camere ampie con connessione wi-fi gratuita
    e concept moderno in un hotel dagli ambienti minimal, impreziositi però da cera-
    miche locali.

XX **Momi** – Hotel Le Nove   AC 🚗
    via Rizzi 51 – 𝒞 04 24 59 09 47 – www.momirestaurant.it – Chiuso 1°-8 gennaio
    e 3-21 agosto
    Carta 40/59 € – (solo a cena escluso domenica)
    Ristorante all'ultimo piano dell'hotel, uno splendido panorama su Marostica e din-
    torni vi accompagnera per una cena con sfiziosi piatti in un ambiente decisa-
    mente alla moda.

NOVENTA DI PIAVE

Venezia (VE) – ✉ 30020 – 6 985 ab. – Carta regionale n° **23-A1**
▶ Roma 556 km – Venezia 46 km – Padova 72 km – Treviso 29 km
Carta stradale Michelin 562-F19

🏠🏠 **Omniahotel**   ⅏ ₤ ⊡ 占 AC ⅏ ⅏ 🚗
    via Rialto 1 – 𝒞 04 21 30 73 05 – www.omniahotel.com
    58 cam ⌷ – ♦58/65 € ♦♦79/119 € – **2 suites**
    Facile da raggiungere, all'uscita autostradale, proprio davanti all'Outlet, hotel di
    taglio business con spazi comuni confortevoli e stanze di varie tipologie: al
    primo piano quelle migliori.

XX **Guaiane**   AC 🅿
    via Guaiane 146, Est: 2 km – 𝒞 0 42 16 50 02 – www.guaiane.com – Chiuso
    1°-15 gennaio, 3 settimane in agosto, martedì sera e lunedì
    Carta 33/73 €
    Tradizionale casa di campagna che si è creata una meritata fama per la qualità
    del pesce, dal crudo alla cottura su brace di legna. C'è anche un'osteria per chi
    preferisce piatti più semplici.

NOVENTA PADOVANA

Padova (PD) – ✉ 35027 – 11 257 ab. – Alt. 13 m – Carta regionale n° **23-C3**
▶ Roma 498 km – Padova 8 km – Venezia 39 km – Vicenza 42 km
Carta stradale Michelin 562-F17

XX **Boccadoro**   ⅏ AC ⅏ ⇔
    via della Resistenza 49 – 𝒞 0 49 62 50 29 – www.boccadoro.it
    – Chiuso 1°-15 gennaio, 12- 28 agosto e mercoledì
    Menu 26 € (pranzo in settimana)/45 € – Carta 37/65 €
    Un'intera famiglia al lavoro per proporvi il meglio di una cucina legata al territorio
    e alle stagioni, in un ambiente curato e piacevole. Degna di nota, la cantina.

NOVENTA VICENTINA

Vicenza (VI) – ✉ 36025 – 8 996 ab. – Alt. 16 m – Carta regionale n° **23-B3**
▶ Roma 494 km – Padova 49 km – Vicenza 34 km – Verona 54 km
Carta stradale Michelin 562-G16

🏠 **Alla Busa**   ☆ ⅏ ⅏ ₤ ⊡ 占 AC ⅏ 🅿
    corso Matteotti 70 – 𝒞 04 44 88 71 20 – www.alla-busa.it
    18 cam ⌷ – ♦50/60 € ♦♦80/100 € – **1 suite**
    Rist Alla Busa – Vedere selezione ristoranti
    Forme ed elementi che si rifanno alle case padronali rurali di scuola palladiana, in
    questo albergo caratterizzato dalla pietra bianca di Vicenza, il marmo rosso di
    Verona, il biancone di Asiago. Un gioiellino di ospitalità nel pieno centro della
    località!

XX **Alla Busa** – Hotel Alla Busa
corso Matteotti 70 – 𝒞 *04 44 88 71 20 – www.alla-busa.it – Chiuso lunedì*
Carta 23/61 €
Nel centro storico, struttura a tradizione familiare ampliatasi nel tempo fino alle
attuali quattro sale decorate con quadri realizzati dal titolare stesso. Piatti veneti,
i capisaldi del menu!

NOVERASCO – Milano (MI) → Vedere Opera

NOVI LIGURE
Alessandria (AL) – ✉ 15067 – 28 310 ab. – Alt. 197 m – Carta regionale n° **12-C3**
▶ Roma 552 km – Alessandria 24 km – Genova 58 km – Milano 87 km
Carta stradale Michelin 561-H8

🏠🏠🏠 **Relais Villa Pomela**
via Serravalle 69, Sud: 2 km – 𝒞 *01 43 32 99 10 – www.pomela.it – Chiuso*
25 dicembre-7 gennaio e 2 settimane in agosto
46 cam � – ▮90/225 € ▮▮110/250 € – **1 suite**
Rist *Al Cortese* – Vedere selezione ristoranti
Su di una collina dominante la pianura e la città di Novi, avvolta nel soave silenzio
di un parco, questa elegante villa dell'800 dispone di ambienti signorili, sale per
congressi, camere accoglienti.

XXX **Al Cortese** – Hotel Relais Villa Pomela
via Serravalle 69, Sud: 2 km – 𝒞 *01 43 32 32 19 – www.alcortese.com – Chiuso*
25 dicembre-7 gennaio e 2 settimane in agosto
Carta 49/108 €
Locale a gestione separata rispetto all'hotel che lo ospita, di gusto vagamente british, con ampie vetrate sul bel giardino e dehors per il servizio estivo. Cucina
sospesa tra Piemonte e Liguria, per cui non mancano alcune proposte a base di
pesce.

NUMANA
Ancona (AN) – ✉ 60026 – 3 713 ab. – Carta regionale n° **11-D1**
▶ Roma 303 km – Ancona 20 km – Loreto 15 km – Macerata 42 km
Carta stradale Michelin 563-L22

🏠🏠 **Scogliera**
via del Golfo 21 – 𝒞 *07 19 33 06 22 – www.hotelscogliera.it – Aperto*
24 marzo-23 ottobre
36 cam ⊆ – ▮70/130 € ▮▮100/190 €
In prossimità del centro e del porto turistico, a ridosso della scogliera di Numana,
hotel a conduzione familiare con camere confortevoli, che fa della cucina regionale - soprattutto di mare - il proprio punto di forza.

🏠🏠 **Eden Gigli**
viale Morelli 11 – 𝒞 *07 19 33 06 52 – www.giglihotels.com – Aperto*
1° maggio-30 settembre
40 cam ⊆ – ▮85/110 € ▮▮130/190 €
Nel centro storico, ma già immerso in un giardino digradante su un'incantevole
spiaggia incastonata fra le rocce bianche, camere confortevoli nella loro squisita
semplicità. Cucina classica nelle sale ristorante: una semplice, l'altra moderna.

🏠 **La Spiaggiola**
via Colombo 12 – 𝒞 *07 17 36 02 71 – www.laspiaggiola.it – Aperto*
Pasqua-30 settembre
21 cam ⊆ – ▮60/70 € ▮▮70/135 €
Al termine di una strada chiusa, che conduce al mare, l'albergo si trova proprio di
fronte alla spiaggia. Camere semplici, ma confortevoli e un ristorante - tra terra e
mare - dove rinfrescarsi con insalatone, lasciando che la vista spazi sulla distesa blu.

XX **La Torre**

via La Torre 1 – ✆ 07 19 33 07 47
– www.latorrenumana.it
Menu 35/60 € – Carta 31/51 €
In prossimità del belvedere, il ristorante offre una spettacolare vista a 180° del litorale. Cucina eclettica: si passa dalle tradizionali grigliate dell'Adriatico a piatti più estrosi.

NUSCO

Avellino (AV) – ✉ 83051 – 4 218 ab. – Alt. 914 m – Carta regionale n° **4-C2**
▶ Roma 287 km – Potenza 107 km – Avellino 41 km – Napoli 99 km
Carta stradale Michelin 564-E27

XX **Locanda di Bu presso Cenaschool** Ⓝ

via Stigmatine 1 – ✆ 0 82 76 46 44
– www.lalocandadibu.com – Chiuso 1°-7 febbraio, 1°-7 luglio, domenica sera e lunedì
Menu 40 € – Carta 35/98 €
In mezzo alla splendida campagna avellinese, sulle colline dell'Alta Irpinia sorge Nusco, una ridente località di origine medievale. Il ristorante – anche scuola di cucina in un progetto più ampio – s'inserisce nei locali di un ex convento. Si cena all'interno o nel cortile: sono infatti i cuochi a godere dello splendido panorama dalle cucine ben organizzate. I sapori? Rigorosamente del territorio!

OBEREGGEN = SAN FLORIANO

ODERZO

Treviso (TV) – ✉ 31046 – 20 413 ab. – Alt. 13 m – Carta regionale n° **23-A1**
▶ Roma 571 km – Venezia 59 km – Treviso 30 km – Udine 95 km
Carta stradale Michelin 562-E19

Postumia Hotel Design

via Cesare Battisti 2 – ✆ 04 22 71 38 20
– www.postumiahoteldesign.it – Chiuso 21 dicembre-7 gennaio e 8-26 agosto
28 cam ☕ – 🚹90/135 € 🚹🚹140/175 € – **1 suite**
In pieno centro, ma con parcheggio privato videosorvegliato, un hotel dal design moderno, personalizzato con opere di artisti trevisani ed accessori rari. L'art de bien vivre caratterizza anche le camere, che dispongono di aroma e cromoterapia. Il Bully's è un moderno locale serale: una sorta di bistrot ribattezzato "prosciutteria".

Primhotel

via Martiri di Cefalonia 13 – ✆ 04 22 71 36 99
– www.primhotel.it
50 cam ☕ – 🚹63/68 € 🚹🚹83/98 €
Albergo moderno a vocazione commerciale, con ampie zone comuni ben tenute e in stile contemporaneo; camere confortevoli e funzionali.

XXX ✿ **Gellius** (Alessandro Breda)

calle Pretoria 6 – ✆ 04 22 71 35 77
– www.ristorantegellius.it – Chiuso 2 settimane tra gennaio-febbraio e 2 settimane tra giugno-luglio
Menu 65/95 € – Carta 62/96 € – *(chiuso domenica sera e lunedì)*
Cucina moderna, a tratti creativa, in un ambiente unico: metà ristorante, metà museo con resti archeologici d'epoca romana, la stessa atmosfera intrigante non risparmia il bistrot Nyù, che propone piatti più semplici - express made - alla piastra.
➜ Baccalà cotto e crudo con crema di patate affumicate e cenere di verdure. Costata disossata di Sorana all'amatriciana. Crema bruciata di "Serse" al mango e frutto della passione.

OFFIDA

Ascoli Piceno (AP) – ✉ 63073 – 5 092 ab. – Alt. 293 m – Carta regionale n° **11-D3**
▶ Roma 215 km – Ascoli Piceno 29 km – Ancona 101 km – L'Aquila 99 km
Carta stradale Michelin 563-N23

verso San Benedetto del Tronto e Castorano Est : 6 km

Agriturismo Nascondiglio di Bacco

contrada Ciafone 97 – ☎ 07 36 88 95 37 – www.nascondigliodibacco.it – Chiuso
gennaio e novembre
7 cam ⊑ – †65/75 € ††75/85 €
Immersa nella campagna marchigiana, una vecchia cascina ristrutturata, dove si
produce vino e olio, offre confortevoli camere in stile rustico realizzate tra travi a
vista e mattoni.

OLANG = VALDAORA

OLBIA

Sardegna – ✉ 07026 – 58 723 ab. – Carta regionale n° **16-B1**
▶ Cagliari 264 km – Nuoro 98 km – Sassari 104 km
Carta stradale Michelin 366-S38

Martini

via D'Annunzio 21 – ☎ 0 78 92 60 66   Pianta: B1**a**
– www.hotelmartiniolbia.it
70 cam ⊑ – †65/130 € ††80/180 € – **2 suites**
Cenni d'insospettabile eleganza all'interno di un grande complesso commerciale
affacciato sul porto romano. Chiedete le camere che danno sul retro (sono le più
tranquille) e non ripartite senza aver fatto un salto nel nuovissimo wellness center.

Doubletree by Hilton Olbia Sardinia

via Isarco 5/7 – ☎ 07 89 55 61   Pianta: B1**b**
– www.olbia.doubletreebyhilton.com
111 cam ⊑ – †60/150 € ††75/180 € – **13 suites**
Un grande lucernario al centro di questa struttura ottagonale illumina la sottostante hall e gli spazi comuni: interni moderni e raffinati in stile minimal-chic e
camere essenziali, ma non prive di confort.

Panorama

via Mazzini 7 – ☎ 0 78 92 66 56   Pianta: B2**a**
– www.hotelpanoramaolbia.it
34 cam ⊑ – †60/130 € ††70/160 €
Nel centro storico, camere spaziose, materiali di pregio e bagni in marmo sono i
punti di forza dell'albergo, insieme ad una terrazza con sdraio prendisole e vista a
360° su Olbia.

Ospitalità del Conte

via delle Terme 8 – ☎ 0 78 92 30 08   Pianta: B2**b**
– www.lalocandadelcontemameli.com
30 cam ⊑ – †59/149 € ††69/159 €
A pochi passi dall'elegante e commerciale corso Umberto, un'aristocratica dimora
ottocentesca dai raffinati interni offre un "rifugio" di grande confort al viandante
di passaggio; alcuni mono e bilocali con angolo cottura, più moderni ed essenziali, trovano invece spazio nel palazzo di fronte.

Cavour

via Cavour 22 – ☎ 07 89 20 40 33 – www.hotelcavourolbia.it   Pianta: A2**c**
21 cam ⊑ – †50/65 € ††75/90 €
Dall'elegante ristrutturazione di un edificio d'epoca del centro storico è nato un
hotel dai sobri interni rilassanti, arredati con gusto; parcheggio e piccolo solarium.

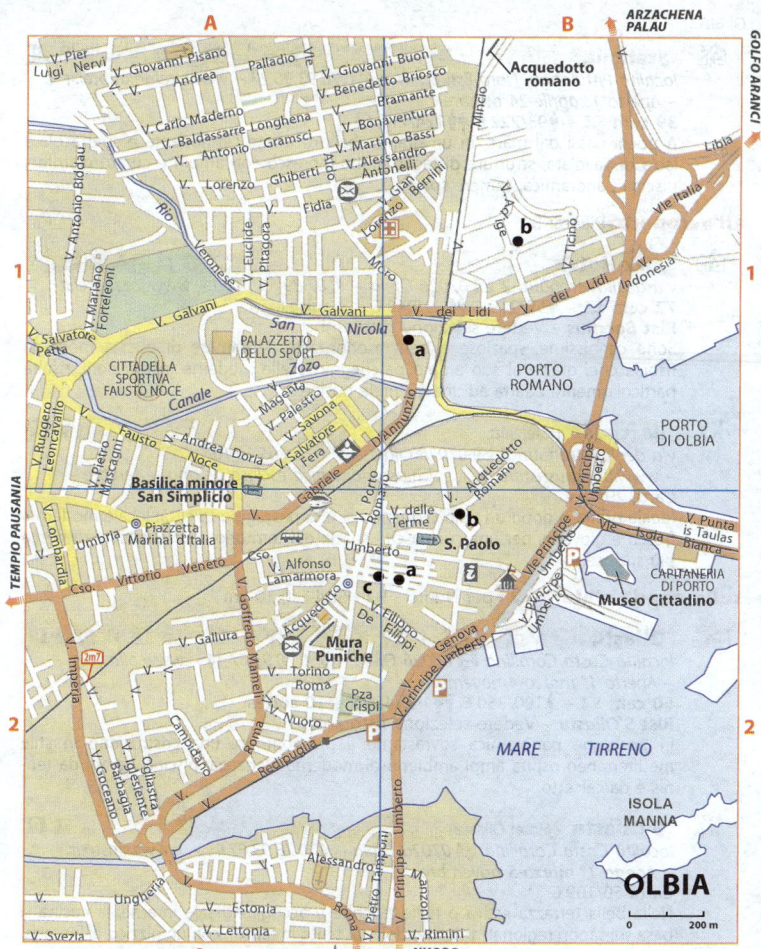

OLBIA

sulla strada Panoramica Olbia-Golfo Aranci per - **B1**

🏠🏠🏠 Geovillage

via Georgia snc – 📞 07 89 55 40 04 – www.geovillage.it
255 cam 🛏 – 👤49/349 € 👤👤99/389 €
Una struttura imponente circondata dal mare, realizzata in stile moderno e funzionale, dispone di ampie camere eleganti e di un'originale e ombreggiata piscina con pool-bar. Al ristorante vengono proposti interessanti percorsi gastronomici nei quali la tradizione isolana incontra la cucina internazionale.

🏠🏠🏠 Pellicano d'Oro Beach Hotel

via Mar Adriatico 34, località Pittulongu, Nord-Est: 7 km – 📞 0 78 93 90 94
– www.thepelicanbeachresort.it – Aperto 1° maggio-30 settembre
64 cam 🛏 – 👤160/460 € 👤👤185/490 € – **4 suites**
Circondata da un verde giardino, questa bella risorsa si divide in due strutture: l'edificio principale "casa garden" e la villa sul mare "casa beach". Camere confortevoli in entrambe le costruzioni. Al ristorante oltre al menu degustazione, la carta offre specialità locali e di pesce. Attenzione: per assicurare il relax e la tranquillità dei propri ospiti, la direzione accetta prenotazioni solo per adulti.

Stefania

località Pittulongu, Nord-Est: 6 km – ℰ 0 78 93 90 27 – www.stefaniahotel.it
– Aperto 1° aprile-24 ottobre
39 cam ⊑ – †93/222 € ††124/279 €
A pochi passi dal mare, in un grande baia di fronte l'imponente e spettacolare isola di Tavolara, struttura di taglio arabo-moresco con ampio e curato giardino, piscina panoramica, camere spaziose.

all'aeroporto Pianta: B2

 Jazz Hotel

via degli Astronauti 2 ⊠ 07026 Olbia – ℰ 07 89 65 10 00 – www.jazzhotel.it
72 cam ⊑ – †59/219 € ††59/249 € – **3 suites**
Rist *Bacchus* – Vedere selezione ristoranti
Sono carinissime, spaziose e ben insonorizzate, le camere di questa moderna risorsa che, grazie al suo ampio parcheggio e alle moderne installazioni, risulta particolarmente adatta ad una clientela business.

✗✗ **Bacchus** – Hotel Jazz

via degli Astronauti 2 ⊠ 07026 Olbia – ℰ 07 89 65 10 10
– www.bacchusristorante.it – Chiuso domenica escluso giugno-settembre
Carta 29/78 €
Ideale prima o dopo un volo o quando si è di passaggio in città: locale moderno, fresco e giovane, per una cucina che spazia dal territorio a preparazioni di pesce più sfiziose.

sulla strada statale 125 per Nuoro - B2 - Sud-Est: 10 km

 Ollastu

località Costa Corallina ⊠ 07026 Olbia – ℰ 0 78 93 67 44 – www.ollastu.it
– Aperto 1° marzo-4 novembre
60 cam ⊑ – †100/350 € ††140/450 € – **10 suites**
Rist *S'Ollastu* – Vedere selezione ristoranti
In posizione panoramica sovrastante il promontorio, una costruzione in stile mediterraneo ospita ampi ambienti di moderna eleganza, piscina, campi da tennis e da calcetto.

✗✗ **S'Ollastu** – Hotel Ollastu

località Costa Corallina ⊠ 07026 Olbia – ℰ 0 78 93 67 44 – www.ollastu.it
– Aperto 1° marzo-5 novembre
Carta 50/109 €
Nella bella terrazza estiva o nelle raccolte e accoglienti sale interne, la cucina si basa sui sapori regionali arricchendoli - di tanto in tanto - con un pizzico di fantasia.

a Porto Rotondo Nord : 15,5 km per Arzachena B1 – ⊠ 07020

 Sporting

via Clelia Donà dalle Rose 16 – ℰ 0 78 93 40 05
– www.sportingportorotondo.com – Aperto 1°maggio-1° ottobre
47 cam ⊑ – †184/480 € ††225/595 € – **1 suite**
Cuore della mondanità, un elegante villaggio mediterraneo con camere simili a villette affiancate, affacciate sul giardino o splendidamente proiettati sulla spiaggetta privata. In sala e soprattutto in veranda, la tradizione regionale a base di pesce rivisitata con creatività.

 S'Astore

via Monte Ladu 36, Sud: 2 km – ℰ 0 78 93 00 00 – www.hotelsastore.it
– Aperto 20 marzo-20 ottobre
30 cam ⊑ – †69/399 € ††69/399 €
Ubicato nel verde e nella tranquillità, un caratteristico hotel, piccolo e confortevole, con camere accoglienti arredate con pezzi di artigianato locale, veranda e piscina. Cucina nazionale e locale da assaporare nella calda e particolare sala ristorante.

OLEGGIO CASTELLO

Novara (NO) – ✉ 28040 – 2 029 ab. – Alt. 293 m – Carta regionale n° **13-A2**
▶ Roma 639 km – Stresa 20 km – Milano 72 km – Novara 43 km
Carta stradale Michelin 561-E7

 Castello dal Pozzo

*via Visconti 8 – ☎ 0 32 25 37 13 – www.castellodalpozzo.com – Aperto
1° marzo-30 ottobre*
39 cam ☲ – ♦210/250 € ♦♦240/290 € – **6 suites**
Ambienti storici di grande fascino per una realtà che ha origini intorno all'anno
1000: camere nel palazzo padronale e otto "chicche" nel vero e proprio castello
(visitabile anche con la guida del marchese). Il tutto circondato da un grande parco.

 Luna Hotel Motel Airport

via Vittorio Veneto 54/c – ☎ 03 22 23 02 57 – www.lunahotelmotel.it
51 cam ☲ – ♦89/350 € ♦♦110/350 €
Sito lungo la strada che conduce al lago, questo hotel di nuova costruzione è
ideale per una clientela d'affari ed offre funzionali ambienti arredati con gusto
moderno.

XX **Bue D'Oro**

*via Vittorio Veneto 2 – ☎ 0 32 25 36 24 – www.buedoro.it
– Chiuso 1°-8 gennaio, 10 agosto-1° settembre e mercoledì*
Carta 28/57 €
Ambiente rustico-elegante, per una cucina che segue le stagioni: in autunno, pre-
dominanza di carne abbinata a funghi, tartufi, etc., nelle altre stagioni prevalenza
di pesce. Un grazioso dehors, vi attende se il tempo lo permette!

OLEVANO ROMANO

Roma (RM) – ✉ 00035 – 6 698 ab. – Alt. 571 m – Carta regionale n° **7-C2**
▶ Roma 60 km – Frosinone 46 km – L'Aquila 97 km – Latina 64 km
Carta stradale Michelin 563-Q21

XX **Sora Maria e Arcangelo**

*via Roma 42 – ☎ 0 69 56 40 43 – www.soramariaearcangelo.com
– Chiuso domenica sera, lunedì e mercoledì*
Menu 30/35 € – Carta 37/47 €
Scendete le scale per raggiungere le sale ricche di atmosfera, situate negli stessi
spazi in cui un tempo si trovavano i granai. Dalla cucina, piatti da sempre legati
alle tradizioni con un'attenta ricerca di prodotti genuini e di qualità, possibilmente km zero.

OLGIASCA – Lecco (LC) ➔ Vedere Colico

OLGIATE OLONA

Varese (VA) – ✉ 21057 – 12 410 ab. – Alt. 239 m – Carta regionale n° **10-A2**
▶ Roma 610 km – Milano 34 km – Como 46 km – Varese 28 km
Carta stradale Michelin 561-F8

XX **Ma.Ri.Na.** (Rita Possoni)

 *piazza San Gregorio 11 – ☎ 03 31 64 04 63 – Chiuso 24 dicembre-4 gennaio,
6 agosto-5 settembre e mercoledì*
Menu 115/135 € – Carta 80/160 € – *(solo a cena escluso i giorni festivi)*
Dopo 40 anni di attività, le specialità di pesce - generalmente proposte in
maniera classica - cedono talvolta il destro ad interpretazioni molto fantasiose
ed insolite. Sicuramente, un caposaldo della ristorazione in provincia.
➔ Gnocchi di ricotta con carciofi, aragosta e tartufo. Calamaretti spillo spadellati
con purea di patate al nero di seppia. Crema ai 3 cioccolati con mandorle, nocciole e gelato.

in prossimità uscita autostrada di Busto Arsizio Nord-Ovest : 2 km:

XX **Idea Verde**

via San Francesco 17/19 – ☏ 03 31 62 94 87 – www.ristoranteideaverde.it
– Chiuso 26 dicembre-5 gennaio e 8-31 agosto, sabato a pranzo e domenica
Menu 26 € (pranzo in settimana)/65 € – Carta 45/83 €
Continua a preferire il mare, la cucina di questo allegro locale dalle ampie vetrate, immerso in un tranquillo giardino.

OLIENA

Sardegna – Nuoro (NU) – ✉ 08025 – 7 236 ab. – Alt. 379 m
– Carta regionale n° **16-B2**
▶ Cagliari 193 km – Nuoro 11 km – Olbia 101 km – Lanusei 70 km
Carta stradale Michelin 366-R42

X **Enis**

località Monte Maccione, Est: 4 km – ☏ 07 84 28 83 63 – www.coopenis.it
– Aperto vacanze di Natale e 1° marzo-30 novembre
Menu 22/37 € – Carta 21/43 € – (consigliata la prenotazione)
17 cam ⌁ – ♦40/50 € ♦♦48/92 €
In posizione isolata, circondato dal verde e dalla tranquillità ed ideale per gli amanti delle escursioni in montagna, ristorante-pizzeria con proposte di cucina regionale. Dispone anche di alcune camere semplici ma confortevoli, dalle quali si ha una bella vista sulle cime.

X **Sa Corte**

via Nuoro 143 – ☏ 0 78 41 87 61 31 – www.sacorte.it – Chiuso
10 gennaio-29 febbraio
Menu 27/40 € – Carta 26/48 €   **10 cam** ⌁ – ♦♦75/85 €
La tradizione gastronomica nuorese è presentata al meglio in questo locale rustico che propone squisite paste, ottime carni e profumati vini sardi. Il nostro piatto preferito? L'agnello al mirto.

alla sorgente Su Gologone Nord-Est : 8 km

ⓜ **Su Gologone**

✉ 08025 – ☏ 07 84 28 75 12 – www.sugologone.it – Aperto
28 marzo-3 novembre
60 cam ⌁ – ♦132/1000 € ♦♦179/1200 € – **8 suites**
Rist *Su Gologone* ⓐ – Vedere selezione ristoranti
Su Gologone, trent'anni anni fa un chiosco rivendita di panini e bibite per chi andava al mare, è diventato oggi uno dei migliori alberghi dell'isola senza temere il confronto con i più blasonati della costa Smeralda, ma con un'anima ben più sarda e artistica.

XX **Su Gologone** – Hotel Su Gologone

✉ 08025 – ☏ 07 84 28 75 12 – www.sugologone.it – Aperto
15 marzo-3 novembre
Carta 35/80 €
Tre sale, scegliere la più suggestiva non è facile: quella con immenso camino per assistere alla cottura del celebre porceddu, quella più intima dedicata ad una celebre ceramista, o ancora quella di un pittore sardo. Comunque sia, il ristorante si fa scrupolo di seguire e ricercare la tradizione sarda, ovviamente dell'entroterra.

OLMO – Firenze (FI) ➜ Vedere Fiesole

OLMO – Perugia (PG) ➜ Vedere Perugia

OLMO – Arezzo (AR) ➜ Vedere Arezzo

ONEGLIA – Imperia (IM) ➜ Vedere Imperia

OPI

L'Aquila (AQ) – ✉ 67030 – 426 ab. – Alt. 1 250 m – Carta regionale n° **1-B3**
▶ Roma 164 km – Campobasso 111 km – L'Aquila 119 km – Isernia 62 km
Carta stradale Michelin 563-Q23

sulla strada statale 83-bivio per Forca D'Acero Sud : 1 km

X **La Madonnina** 🏡 ♿ ⊗

 via Forca D'Acero – ✆ 08 63 91 27 14 – Chiuso lunedì
Menu 18/35 € – Carta 20/40 €
Ai piedi di Opi, bar-trattoria a gestione familiare specializzato in carni alla griglia, ma con un'appetitosa selezione di salumi, formaggi e paste fresche in lista.

OPPEANO

Verona (VR) – ✉ 37050 – 9 813 ab. – Carta regionale n° **23-B3**
▶ Roma 492 km – Venezia 114 km – Verona 27 km – Vicenza 53 km
Carta stradale Michelin 562-G15

🏠 **Il Chiostro** 🅰🅲 ♨ 🚗

via Roma 85 – ✆ 04 56 97 08 68 – www.hotelilchiostro.it – Chiuso 15-21 agosto
27 cam � – †50/80 € ††75/110 €
Nel centro della località, fiori, stucchi e persino una fontana decorano il bel chiostro secentesco da cui l'hotel prende il nome e che conduce direttamente alle camere, arredate in calde e morbide tonalità. Accogliente la sala da pranzo e suggestivo il terrazzo costeggiato da un fossato naturale.

ORA (AUER)

Bolzano (BZ) – ✉ 39040 – 3 602 ab. – Alt. 242 m – Carta regionale n° **19-D3**
▶ Roma 617 km – Bolzano 20 km – Merano 49 km – Trento 40 km
Carta stradale Michelin 562-C15

🏠 **Amadeus** 🏡 ♨ ⊡ ♿ ⊗ 🅿

via Val di Fiemme 1 – ✆ 04 71 81 00 53 – www.hotel-amadeus.it
32 cam ⊒ – †57/65 € ††88/98 €
In un elegante edificio vicino al centro, camere graziose e una gestione familiare particolarmente ospitale. Al ristorante, la cucina classica, si accompagna ai vini della zona.

ORBASSANO

Torino (TO) – ✉ 10043 – 23 265 ab. – Alt. 273 m – Carta regionale n° **12-A1**
▶ Roma 675 km – Torino 19 km – Asti 62 km – Milano 162 km
Carta stradale Michelin 561-G4

Pianta d'insieme di Torino

XXX **Il Vernetto** 🅰🅲

via Nazario Sauro 37 – ✆ 01 19 01 55 62 Pianta: 1A3**e**
– www.ilvernetto.it – Chiuso agosto, domenica sera e lunedì
Menu 45 € – (prenotazione obbligatoria)
Sembra un salotto caldo e accogliente questo locale familiare ed elegante con soffitti affrescati e mobili in stile; così come i vini, il patron presenta a voce una cucina fantasiosa.

ORIAGO – Venezia (VE) ➜ Vedere Mira

ORISTANO

Sardegna – ✉ 09170 – 31 677 ab. – Carta regionale n° **16-A2**
▶ Sassari 126 km – Cagliari 97 km – Iglesias 108 km – Nuoro 90 km
Carta stradale Michelin 366-M44

🏠 **Mistral 2** 🏡 ♨ ⊡ 🅰🅲 ♨ 🚗

 via XX Settembre 34 – ✆ 07 83 21 03 89 – www.hotel-mistral.it
132 cam ⊒ – †40/90 € ††50/130 €
Non lontano dal centro, hotel di contemporanea fattura con ambienti sobri e funzionali adatti ad una clientela di lavoro. Al ristorante ampi spazi adatti anche per banchetti.

ORMEA

Cuneo (CN) – ⊠ 12078 – 1 639 ab. – Alt. 736 m – Carta regionale n° **12**-C3
▶ Roma 628 km – Cuneo 81 km – Imperia 44 km – Savona 77 km
Carta stradale Michelin 561-J5

sulla strada statale 28 verso Ponte di Nava Sud-Ovest : 4,5 km

🏠 **San Carlo** ⚲ ⪪ 🛋 ✖ ⊡ 🚗
*via Nazionale 23 ⊠ 12078 Ormea – ☎ 01 74 39 99 17
– www.albergosancarlo.com – Aperto 27 febbraio-2 ottobre*
36 cam ⌸ – †48 € ††82/84 €
Rist *San Carlo* – Vedere selezione ristoranti
In posizione panoramica, al centro di una riserva di pesca privata, atmosfera informale e camere spaziose.

✖ **San Carlo** – Hotel San Carlo 🛋 🛏 **P**
*via Nazionale 23 ⊠ 12078 Ormea – ☎ 01 74 39 99 17
– www.albergosancarlo.com – Aperto 27 febbraio-2 ottobre*
Carta 24/46 €
Non solo ospitalità alberghiera, i clienti si prendono anche per la gola! Una lezione che i proprietari, Renzo e Suzanne, hanno ormai capito da anni: in un'ampia sala, la cucina abbraccia due regioni - Liguria e Piemonte – in una panoplia di piatti gustosi e genuini.

a Ponte di Nava Sud-Ovest : 6 km – ⊠ 12078

✖ **Ponte di Nava-da Beppe** 🕭 ⪪ ⪪ ⊡ **P**
*via Nazionale 32 – ☎ 01 74 39 99 24 – www.albergopontedinava.ormea.eu
– Chiuso 8 gennaio-15 marzo e mercoledì (escluso luglio-agosto)*
Menu 20/27 € – Carta 21/52 € – (consigliata la prenotazione la sera)
15 cam ⌸ – †35/40 € ††60/65 €
Il menu riflette l'ambiguità territoriale in cui sorge Ponte di Nava, fondendo le tradizioni langarole con quelle dell'entroterra ligure. Ecco allora che dalla cucina giungono funghi e tartufi, bagna caoda, cacciagione, nonché i nostri preferiti: lasagnette di grano saraceno con fonduta di Castelmagno e rape di Caprauna - tagliata di fassona piemontese.

ORNAGO

Monza e Brianza (MB) – ⊠ 20876 – 4 921 ab. – Alt. 193 m
– Carta regionale n° **10**-B2
▶ Roma 597 km – Monza 15 km – Milano 32 km – Lecco 34 km
Carta stradale Michelin 561-E10

✖✖ **Osteria della Buona Condotta** 🕭 🛏 🅰🅲 **P**
*via per Cavenago 2 – ☎ 03 96 91 90 56 – www.osteriabuonacondotta.it
– Chiuso domenica sera*
Menu 25 € (pranzo in settimana)/50 € – Carta 34/62 €
Un cascinale d'inizio '900, sapientemente ristrutturato, ospita questo piacevole ristorante che propone una cucina d'impronta regionale. Pregevole e vasta cantina, ottima varietà di formaggi, antipasti e piatti di carne.

OROSEI

Sardegna – Nuoro (NU) – ⊠ 08028 – 6 993 ab. – Alt. 19 m
– Carta regionale n° **16**-B2
▶ Dorgali 21 km – Nuoro 40 km – Olbia 83 km – Cagliari 218 km
Carta stradale Michelin 366-T41

✖✖ **Su Barchile** ⪪ 🛏 ⊡ 🅰🅲
via Mannu 5 – ☎ 0 78 49 88 79 – www.subarchile.it
Menu 25/55 € – Carta 27/80 €   **12 cam** ⌸ – †60/110 € ††80/110 €
Nella cornice della costa sarda, grazioso ristorante arredato con piacevole gusto femminile, fedele ai colori locali. Piatti derivati dalla tradizione agropastorale dell'isola, ma anche qualche ricetta di pesce, nonché pizze preparate con farine alternative, integrale bianca e teff, tutte prive di glutine e di lattosio, specialità vegane e vegetariane. Per i più golosi, piccola rivendita di composte di frutta e verdure da abbinare ai formaggi.

ORTACESUS

Sardegna – Cagliari (CA) – ⊠ 09040 – 953 ab. – Carta regionale n° **16-B3**

▶ Oristano 74 km – Cagliari 44 km – Quartu Sant' Elena 44 km – Selargius 39 km
Carta stradale Michelin 366-P46

XX **Da Severino "Il Vecchio"**   ⇦ 🍴 🔼 & 🆗 ❌ 🅿

via Kennedy 1 – ✆ 07 09 80 41 97
– www.severinoilvecchio.com
Menu 28 € (in settimana) – Carta 20/90 €
25 cam ⌂ – ♥65/80 € ♥♥65/80 €
Un'intera famiglia ruota intorno al successo di questo ristorante all'ingresso del paese; diversi piatti di carne ma la brillante nomea è stata costruita intorno al pesce. Avvolte dalla medesima familiare atmosfera, confortevoli e semplici camere ben arredate.

ORTA SAN GIULIO

Novara (NO) – ⊠ 28016 – 1 120 ab. – Alt. 294 m – Carta regionale n° **13-A2**

▶ Roma 663 km – Stresa 29 km – Novara 49 km – Milano 85 km
Carta stradale Michelin 561-E7

 San Rocco   ⋔ ⌂ ⟨ 🛏 🏊 🌀 🔼 🆗 ❌ 🚠 🚗

via Gippini 11 – ✆ 03 22 91 19 77 – www.hotelsanrocco.it
73 cam ⌂ – ♥195/230 € ♥♥230/275 € – **2 suites**
In un ex monastero del '600 e villa barocca della prima metà del '700, esclusivo albergo con vista sull'isola di San Giulio. La posizione è idilliaca, gli interni signorili non sono da meno; amena terrazza fiorita in riva al lago con piscina.

 Villa Crespi   ⋔ 🛏 🌀 ♨ 🔼 🆗 🅿

via Fava 18, Est: 1,5 km – ✆ 03 22 91 19 02
– www.villacrespi.it – Chiuso 1°gennaio-15 marzo
14 cam ⌂ – ♥335/425 € ♥♥335/425 € – **8 suites**
Rist *Villa Crespi* ❀❀ – Vedere selezione ristoranti
Sulla struttura campeggia un minareto a ricordo di quel signor Crespi che, incantato dal fascino di Baghdad dove acquistava partite di cotone, fece costruire qui - a fine '800 - questa villa in stile moresco. Letti a baldacchino e mobili del XVIII e XIX secolo nelle splendide suite: tutte diverse tra loro per la scelta di un colore dominante nell'arredo, altro non fanno che contribuire alla magia da "Mille e Una Notte" di questa raffinata dimora.

 La Bussola   ⋔ ⟨ 🛏 🏊 🔼 & 🆗 🅿

via Panoramica 24 – ✆ 03 22 91 19 13
– www.hotelbussolaorta.it – Chiuso novembre
42 cam ⌂ – ♥100/130 € ♥♥130/185 € – **2 suites**
A ridosso del centro in posizione elevata, un hotel dall'atmosfera vacanziera con una bella vista sul lago e sull'isola di San Giulio. Camere recenti, bella piscina. La sala ristorante si apre sulla terrazza e sul panorama.

 La Contrada dei Monti   🌿 🔼 & ❌

via dei Monti 10 – ✆ 03 22 90 51 14
– www.lacontradadeimonti.it – Aperto 1° aprile-31 ottobre
16 cam ⌂ – ♥90/100 € ♥♥110/160 €
Affascinante risorsa, ricca di stile e cura per i dettagli. Un nido ideale per soggiorni romantici dove si viene accolti con cordialità familiare e coccolati dal buon gusto.

 Aracoeli   🌿 ⟨ 🔼 🆗

piazza Motta 34 – ✆ 03 22 90 51 73 – www.ortainfo.com
7 cam ⌂ – ♥90/140 € ♥♥90/150 €
Arredi moderni di tono minimalista in questo piccolo e originale hotel. Ottima illuminazione naturale degli ambienti e bagni con particolari docce "a vista".

XXXX **Villa Crespi** (Antonino Cannavacciuolo) – Hotel Villa Crespi

via Fava 18, Est: 1,5 km – ℰ 03 22 91 19 02 – www.villacrespi.it
– Chiuso 1° gennaio-15 marzo, lunedì, martedì a mezzogiorno, anche martedì sera nei mesi di marzo, novembre e dicembre
Menu 95/140 € – Carta 98/200 €
L'ottima materia prima utilizzata dal noto chef campano si allea con tecnica e precisione estetica per creare piatti dai sapori netti e ben distinti, che valorizzano il sud e il mare. Un vero ambasciatore della cucina italiana!
→ "Pasta e fiori", crema fresca di capra, crudo di seppie. Suprema di piccione, fegato grasso al grué di cacao, salsa al Banyuls. Mango e carote, mela verde e sedano.

XX **Locanda di Orta**

via Olina 18 – ℰ 03 22 90 51 88 – www.locandaorta.com – Chiuso 7 gennaio-13 febbraio
Menu 80/95 € – Carta 60/115 € – *(chiuso martedì)* (consigliata la prenotazione)
9 cam ⊑ – ♦70/160 € ♦♦85/160 €
Orta San Giulio è uno dei borghi lacustri più romantici d'Italia, una cartolina d'altri tempi: la meritata cornice di una cucina sfavillante, estrosa negli accostamenti, di un eccellente giovane cuoco.
→ Spaghetti con salsa al corallo di astice blu, crudo di gamberi e caviale. Lombatina di coniglio, rognoncino in porchetta, patè e fegatini. Lingotto pralinato con sfoglie di cioccolato, crumble e spugna di pistacchi.

X **Ai Due Santi**

piazza Motta 18 – ℰ 0 32 29 01 92 – www.aiduesanti.com – Chiuso febbraio, novembre e mercoledì
Carta 26/54 €
Un bel dehors sulla suggestiva piazzetta davanti all'imbarcadero per l'isola di San Giulio e due caratteristiche salette in sasso per una cucina mediterranea in sintonia con le stagioni.

ORTE

Viterbo (VT) – ✉ 01028 – 8 982 ab. – Alt. 132 m – Carta regionale n° **7-B1**
▶ Roma 88 km – Terni 33 km – Perugia 103 km – Viterbo 35 km
Carta stradale Michelin 563-O19

La Locanda della Chiocciola

località Seripola, Nord-Ovest: 4 km – ℰ 07 61 40 27 34 – www.lachiocciola.net
– Chiuso 14-26 dicembre e 18 gennaio-8 febbraio
8 cam ⊑ – ♦70/100 € ♦♦110/140 €
Tra verdi colline, un casale del XV sec ospita camere raffinate ed eleganti, arredate con mobili di antiquariato. La bella vallata è lo spettacolo offerto dall'intimo centro benessere, che propone diversi trattamenti. Cucina casalinga servita in una bella sala da pranzo, impreziosita da un camino del XVI secolo.

ORTISEI (ST. ULRICH)

Bolzano (BZ) – ✉ 39046 – 4 752 ab. – Alt. 1 234 m – Carta regionale n° **19-C2**
▶ Roma 677 km – Bolzano 36 km – Bressanone 32 km – Cortina d'Ampezzo 79 km
Carta stradale Michelin 562-C17

Gardena-Grödnerhof

via Vidalong 3 – ℰ 04 71 79 63 15 – www.gardena.it
– Aperto 4 dicembre-28 marzo e 1° luglio-9 ottobre
48 cam ⊑ – ♦165/628 € ♦♦254/698 € – **6 suites**
Rist *Anna Stuben* – Vedere selezione ristoranti
Il palace alpino per eccellenza, svetta sul centro della località come un palazzo da mille e una notte. Ampi spazi e un eccellente servizio vi attendono all'interno, mentre le camere sono arredate nel tipico stile montano, destinate a chi ama l'eleganza classica senza sussulti modaioli.

Adler Dolomiti & Adler Balance

via Rezia 7 – ℰ 04 71 77 50 01 – www.adler-resorts.com
– Chiuso 15 aprile-15 maggio
130 cam – solo ½ P 140/250 € – **9 suites**

Cinto da un grazioso parco, questo storico hotel nel cuore di Ortisei offre ambienti eleganti in stile montano. Adler Balance, il "fratello" di dimensioni più contenute, ospita anche una medical Spa. L'ampio e completo centro benessere è a disposizione di entrambi le strutture, ma ognuna di esse ha il suo ristorante: ampio per l'Adler, più intimo al Balance.

 Alpin Garden Wellness Resort

via J. Skasa 68 – ℰ 04 71 79 60 21 – www.alpingarden.com – Chiuso
6 aprile-12 maggio
27 cam – solo ½ P 120/370 € – **5 suites**

Ai piani eleganti camere in stile alpino, ma se volete un brivido di raffinato design scegliete quelle dislocate al quarto: legni antichi, arredi moderni e vivaci colori!

 Arnaria

strada Arnaria 15 – ℰ 04 71 79 66 49 – www.arnaria.com – Aperto
3 dicembre-4 aprile e 2 giugno-10 ottobre
21 cam – solo ½ P 80/280 €

Fuori dal paese, ma collegato al centro con navetta d'inverno e bus d'estate, l'albergo, costruito nel 2008, offre ambienti freschi e luminosi, camere molto ampie arredate con legni chiari in stile alpino.

 Angelo-Engel

via Petlin 35 – ℰ 04 71 79 63 36 – www.hotelangelo.net – Chiuso novembre
38 cam – solo ½ P 70/160 € – **6 suites**

Imponente e tipico edificio di montagna, vi si può accedere in macchina ma, dall'albergo, in pochi passi sarete nel centro pedonale commerciale. Interni tipici in legno.

 Alpenhotel Rainell

strada Vidalong 19 – ℰ 04 71 79 61 45 – www.rainell.com – Aperto
20 dicembre-Pasqua e 10 giugno-15 ottobre
27 cam ⌫ – ♦100/170 € ♦♦150/310 € – **2 suites**

Circondato dal verde, l'albergo si trova in posizione isolata e vanta una splendida vista su Ortisei e sulle Dolomiti: interni caratteristici, nonché camere confortevoli. E per gli irriducibili romantici, un'unica suite nel suggestivo chalet in giardino.

 Digon

via Digon 22 – ℰ 04 71 79 72 66 – www.hoteldigon.com – Chiuso
15 aprile-24 maggio e 15 ottobre-3 novembre
18 cam ⌫ – ♦40/130 € ♦♦80/260 € – **6 suites**

Ad 1,5 km da Ortisei, con la fermata dell'autobus proprio di fronte all'albergo, qui apprezzerete un bel panorama sulla città da quasi tutte le camere, cinque con accesso diretto al parco che circonda la struttura.

 Grien

via Mureda 178, Ovest: 1 km – ℰ 04 71 79 63 40 – www.hotel-grien.com – Chiuso
15 aprile-25 maggio e 2 novembre-3 dicembre
21 cam ⌫ – ♦85/270 € ♦♦168/320 € – **4 suites**

Nella parte più alta e residenziale della località, è l'hotel prediletto da chi cerca tranquillità, nonché camere con panorama mozzafiato sul paese e le cime dolomitiche, una vista che accompagna gli ospiti anche nella sala ristorante.

 Fortuna

via Stazione 11 – ℰ 04 71 79 79 78 – www.hotel-fortuna.it – Chiuso
20 aprile-31 maggio e 20 ottobre-30 novembre
15 cam ⌫ – ♦59/125 € ♦♦96/210 €

In prossimità del centro, ma non per questo poco tranquillo, piccolo hotel a valida conduzione diretta: ambienti arredati in modo semplice ed essenziale, secondo lo stile del luogo. Particolarmente belle le camere mansardate.

XXX Anna Stuben – Hotel Gardena-Grödnerhof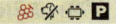

*via Vidalong 3 – ℰ 04 71 79 63 15 – www.annastuben.it
– Aperto 4 dicembre-28 marzo e 1° luglio-9 ottobre*
Menu 75/95 € – Carta 60/113 € – *(chiuso domenica in inverno, anche lunedì in estate) (solo a cena)* (prenotare)
Tante signore "Anna", spesso eccellenti cuoche, si sono succedute nella famiglia che gestisce il ristorante. Anche se oggi ai fornelli c'è un brillante giovane cuoco, nel nome delle incantevoli Stuben in cui si mangia se ne coltiva il ricordo, mentre la cucina prende il volo verso proposte più sofisticate, spesso basate su prodotti del territorio alpino.

➜ Carpaccio di carabineros (gamberi rossi) con sorbetto alla carota, mango e panna acida. Filetto di vitello con cavolfiore, arachidi e radicchio. Crema di barbabietola con caviale al frutto della passione e gelato allo yogurt.

XX Tubladel

via Trebinger 22 – ℰ 04 71 79 68 79 – www.tubladel.com – Chiuso maggio e novembre
Carta 31/83 € – (consigliata la prenotazione la sera)
Avvolti nei legni e nel calore di quella che sembra un'antica baita di montagna, la cucina prevede qualche spunto del territorio, ma se ne discosta volentieri, verso interpretazioni più creative, spesso di grande qualità. E' un'ottima tappa gourmet da non perdere nel vostro soggiorno ad Ortisei.

XX Concordia

via Roma 41 – ℰ 04 71 79 62 76 – www.restaurantconcordia.com – Chiuso maggio e novembre
Carta 31/64 €
C'è una sala classica, ma vi consigliamo di prenotare un tavolo nella piccola ed accogliente stube, per sentire tutta l'atmosfera tirolese. Tra i piatti i crafuncins (ravioli di spinaci) e le costine di maiale meritano più di un assaggio!

a Bulla Sud-Ovest : 6 km – ✉ 39040 Ortisei – Alt. 1 481 m

Uhrerhof-Deur

*Bulla 26 – ℰ 04 71 79 73 35 – www.uhrerhof.com
– Chiuso 3 aprile-21 maggio e 9 ottobre-20 dicembre*
10 cam ☞ – †96/270 € ††180/270 € – **4 suites**
In una piccola frazione, Ortisei appare piccola e lontana da questo nido di romanticismo di origini quattrocentesche, tra cimeli d'epoca, stanze in legno e un giardino con 6000 rose. Splendide Stuben al ristorante, di cui una originale del '400.

ORVIETO

(TR) – ✉ 05018 – 20 735 ab. – Alt. 325 m – Carta regionale n° **20-B3**
▶ Roma 120 km – Perugia 77 km – Viterbo 45 km – Terni 75 km
Carta stradale Michelin 563-N18

S. Torrione / hemis.fr

● Alberghi

⊞ La Badia   ⚐ 🐕 ⬅ ⬚ ⛱ 🍽 AC ⚡ 🏊 **P**
*località La Badia 8, per Viterbo - A2 – ☎ 07 63 30 19 59 – www.labadiahotel.it
– Chiuso 1° gennaio- 31 marzo*
22 cam 🍽 – ♦140/240 € ♦♦180/260 € – **5 suites**
Rist *La Badia* – Vedere selezione ristoranti
Ai piedi della rocca orvietana, la Badia è un imponente complesso in tufo, quasi
un museo di architettura medioevale; più semplici le camere dagli arredi classici
alberghieri.

⊞ Duomo   ⊞ ⛱ AC ⚡ **P**
vicolo Maurizio 7 – ☎ 07 63 34 18 87   Pianta: B2**a**
– www.orvietohotelduomo.com – Chiuso gennaio
18 cam 🍽 – ♦70/90 € ♦♦100/130 €
Per chi non ama le sorprese, l'albergo offre ambienti classici, comodi e funzionali,
non privi di qualche ricercatezza negli arredi in ciliegio; da alcune camere si vede
uno scorcio del Duomo.

⊞ Filippeschi   AC ⚡
via Filippeschi 19 – ☎ 07 63 34 32 75   Pianta: A2**c**
– www.hotelfilippeschi.it – Chiuso vacanze di Natale
15 cam 🍽 – ♦45/72 € ♦♦60/130 €
Nel cuore della cittadina, un albergo piacevolmente collocato in un palazzo con
origini settecentesche: accogliente hall e camere confortevoli con parquet.

⊞ Corso   ⊞ ⛱ AC
corso Cavour 343 – ☎ 07 63 34 20 20 – www.hotelcorso.net   Pianta: B1**d**
– Chiuso 23-26 dicembre
16 cam 🍽 – ♦50/75 € ♦♦80/95 €
Le dimensioni ridotte della hall e la gestione simpatica, ma familiare, non lasciano
sospettare camere d'inaspettata cura: un raffinato soggiorno lungo il viale pedonale e commerciale del centro storico.

⊞ Virgilio   ⬅ ⛱ AC ⚡
piazza del Duomo 5 – ☎ 07 63 39 49 37   Pianta: B2**b**
– www.orvietohotelvirgilio.com – Chiuso 15 novembre-5 dicembre
13 cam 🍽 – ♦60/100 € ♦♦75/180 €
Intimo e accogliente, metà delle camere si affacciano su una delle chiese più belle
d'Italia: stanze semplici, ma con graziosi armadi dipinti a mano e bagni moderni.
La splendida piazza ospita i tavolini del bar.

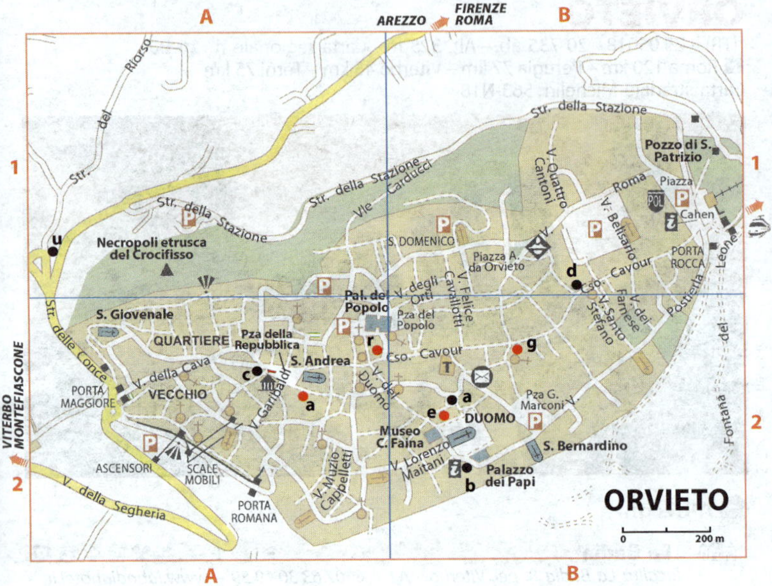

Map labels (ORVIETO):

AREZZO — FIRENZE ROMA

Str. dal Riorso
Str. della Stazione
Str. della Stazione
Str. della Stazione
Vle Carducci
V.-Quattro Cantoni
V.ia Roma
Piazza Cahen
Pozzo di S. Patrizio
VITERBO MONTEFIASCONE
Necropoli etrusca del Crocifisso
S. Giovenale
QUARTIERE
Pza della Repubblica
S. Andrea
Pal. dei Popolo
Piazza A. da Orvieto
S. DOMENICO
V. degli Orti
Pza del Popolo
V. F. Felice Cavallotti
Cso. Cavour
V. di Belisario
PORTA ROCCA
Cso. Cavour
V. Farnese
V.-Santo Stefano
Postierla
PORTA MAGGIORE
V. della Cava
VECCHIO
V. Garibaldi
V. del Duomo
Pza G. Marconi
DUOMO
Museo C. Faina
V. Lorenzo Maitani
S. Bernardino
ASCENSORI
SCALE MOBILI
XI Mizio Cappelletti
Palazzo dei Papi
PORTA ROMANA
V. della Segheria

ORVIETO

0 — 200 m

Villa degli Ulivi

via Adige 23 – ℰ 33 98 19 18 23
Pianta: A1**u**
6 cam ⌑ – ♦50/60 € ♦♦70/90 €
Presso l'ascensore per il vicino centro storico, un bed & breakfast in tufo di nuova costruzione, ma tipico stile orvietano. Il secondo piano ospita le camere più panoramiche; terrazza-belvedere per romantiche colazioni.

🟡 Ristoranti

✕✕ I Sette Consoli

piazza Sant'Angelo 1/A – ℰ 07 63 34 39 11
Pianta: B2**g**
– www.isetteconsoli.it – Chiuso domenica sera e mercoledì
Menu 42 € – Carta 38/59 € – (consigliata la prenotazione)
In un locale sobrio eppure dal tono signorile, indimenticabili proposte di cucina moderna accanto a richiami del territorio; servizio estivo serale in giardino con splendida vista sul Duomo.

✕✕ La Badia – Hotel La Badia

località La Badia 8, per Viterbo - A2 – ℰ 07 63 30 31 32 – www.labadiahotel.it
– Chiuso 1° gennaio-31 marzo
Carta 43/59 €
Un ristorante che si caratterizza per il susseguirsi di sale e salette, la principale dominata da un enorme camino con griglia che completa un'offerta di cucina decisamente legata al territorio umbro.

✕✕ Giglio d'Oro

piazza Duomo 8 – ℰ 07 63 34 19 03 – www.ilgigliodoro.it
Pianta: B2**e**
– Chiuso mercoledì
Carta 39/60 €
Ristorante elegante, con una saletta dagli arredi essenziali, pareti bianche e raffinati tavoli con cristalli e argenteria; incantevole servizio estivo in piazza Duomo.

✕ Del Moro - Aronne `AC`

via San Leonardo 7 – ✆ *07 63 34 27 63* Pianta: A2**r**
– www.trattoriadelmoro.info – Chiuso 10 giorni in luglio, 10 giorni in novembre e martedì
Carta 21/41 €
Tre salette all'insegna della semplicità e un'informale, ma cordiale, accoglienza familiare: dalla cucina piatti casarecci, umbri e sapori intensi quanto ruspanti.

✕ La Palomba ❶ `AC`

via Cipriano Manente 16 – ✆ *07 63 34 33 95 – Chiuso* Pianta: A2**a**
1 settimana in dicembre, 7-13 marzo, 3 settimane in luglio e mercoledì
Carta 27/50 € (+10 %) – (consigliata la prenotazione)
Vera e ruspante trattoria del centro storico, gestita dalla stessa famiglia da più di 50 anni: da sempre propongono agli ospiti la cucina umbra con paste fatte in casa, cacciagione e il proverbiale piccione!

sulla strada statale 71 Nord : 4 km per Arezzo AB1

🏠 Villa Ciconia `AC` `P`

via dei Tigli 69 ✉ *05018 –* ✆ *07 63 30 55 82 – www.hotelvillaciconia.com*
– Chiuso 10 gennaio-28 febbraio
12 cam ⌓ – ♦70/140 € ♦♦80/180 €
Immersa nel verde del suo parco, elegante casa cinquecentesca con camere che mantengono inalterato il fascino di un tempo, la maggior parte con letti a baldacchino. Piacevole anche la sala ristorante col grande camino ed una serie di disegni ottocenteschi che ritraggono il territorio, cucina umbra con in più la pizza.

a Morrano Nuovo Nord : 15 km per Arezzo AB1 – ✉ 05018

🏠 Relais Borgo San Faustino `AC` `P`

borgo San Faustino 11/12 – ✆ *07 63 21 53 03 – www.borgosanfaustino.it*
21 cam ⌓ – ♦80/100 € ♦♦110/140 €
Adagiato sulle colline, il borgo invita ad una vacanza all'insegna del relax, tra arredi artigianali in legno ed un incantevole giardino con piscina.

a Rocca Ripesena Ovest : 5 km per Viterbo A2 – ✉ 05018

🏠 Locanda Palazzone `AC` `P`

Rocca Ripesena 67, Ovest: 7 km – ✆ *07 63 39 36 14*
– www.locandapalazzone.com – Chiuso 7 gennaio-20 marzo
7 cam – ♦180/340 € ♦♦180/340 € – ⌓ 9 €
Residenza cardinalizia del 1299, incastonata in uno straordinario paesaggio, bifore e tufo introducono in camere dagli arredi moderni e ricercati, tutte soppalcate tranne una. Tutto attorno vigne, alcune di proprietà: di fatti sul retro c'è la propria omonima cantina.

🏠 Altarocca Wine Resort `AC` `P`

Rocca Ripesena 62, Ovest: 7 km – ✆ *07 63 34 42 10 – www.laroccaorvieto.com*
37 cam ⌓ – ♦70/110 € ♦♦90/170 €
Rist Altarocca – Vedere selezione ristoranti
Una moderna country house diffusa su più edifici in uno splendido paesaggio collinare, dove funzionalità ed organizzazione sono a livello di un vero e proprio hotel: camere accoglienti, un bel centro benessere e tanto, tanto verde tutto attorno.

✕✕ Altarocca – Altarocca Wine Resort `AC` `P`

Rocca Ripesena 62, Ovest: 7 km – ✆ *07 63 34 42 10 – www.laroccaorvieto.com*
– Chiuso lunedì
Carta 33/81 €
Cinto da una vetrata sui colli orvietani e assistito da un ottimo servizio, il ristorante offre spunti di cucina umbra e segue la stagionalità della materia prima.

OSIMO

Ancona (AN) – ⊠ 60027 – 34 829 ab. – Alt. 265 m – Carta regionale n° **11-C2**

◘ Roma 308 km – Ancona 19 km – Macerata 28 km – Pesaro 82 km

Carta stradale Michelin 563-L22

✗ **Gustibus** 🍃 🍴 AK

piazza del Comune 11 – ✆ 0 71 71 44 50 – Chiuso domenica, anche lunedì in ottobre-maggio
Carta 22/42 €
Un moderno ristorante wine bar in centro, propone pranzi semplici e cene ricercate, da gustare attingendo ad una carta dei vini per accompagnare degnamente i prodotti locali.

sulla strada statale 16 Est: 4 km

G Hotel 🛗 🖥 ♿ AK 🆑 P

via Sbrozzola 26 ⊠ 60027 – ✆ 07 17 21 19 – www.ghotelancona.it
84 cam ⊒ – †59/199 € ††74/214 €
A vocazione commerciale, è un albergo moderno, essenziale, a tratti minimalista negli arredi. Ampie camere, grandi docce e un'ottima colazione servita fino a mezzogiorno.

OSNAGO

Lecco (LC) – ⊠ 23875 – 4 850 ab. – Alt. 249 m – Carta regionale n° **10-B1**

◘ Roma 613 km – Milano 36 km – Bergamo 48 km – Lecco 23 km

Carta stradale Michelin 561-E10

✗✗ **Osteria Roncate di Papà Nenè** 🍴 AK P

via Pinamonte 24 – ✆ 03 95 82 20 – www.osteriaroncate.it
– Chiuso 27 dicembre-4 gennaio, 10-24 agosto e lunedì
Menu 50 € – Carta 42/82 €
Specialità di mare e appetitosa cucina siciliana in un locale moderno ed informale: nella raccolta ed intima sala un bel camino decorativo.

OSOPPO

Udine (UD) – ⊠ 33010 – 2 942 ab. – Alt. 184 m – Carta regionale n° **6-B2**

◘ Roma 666 km – Udine 30 km – Trieste 102 km – Gorizia 79 km

Carta stradale Michelin 562-D21

Pittis ⚲ 🖥 AK P

via Andervolti 2 – ✆ 04 32 97 53 46 – www.hotelpittis.com
40 cam ⊒ – †52/65 € ††80 €
Nel centro storico del paese, albergo dalla cortese conduzione familiare con camere essenziale in stile inizio anni Ottanta. Fogolar a vista nello spazioso ristorante che propone piatti casalinghi della tradizione veneta e friulana.

OSPEDALETTI

Imperia (IM) – ⊠ 18014 – 3 339 ab. – Carta regionale n° **8-A3**

◘ Roma 653 km – Imperia 40 km – Savona 107 km – San Remo 8 km

Carta stradale Michelin 561-K5

✗✗ **Acquerello** 🍴 AK

corso Regina Margherita 25 – ✆ 01 84 68 20 48 – www.ristoranteacquerello.com
– Chiuso 1 settimana in ottobre, martedì e mercoledì
Menu 45/55 € – Carta 35/70 € – *(solo a cena escluso domenica)*
La nostalgia può fare anche questo...ritornare dagli Stati Uniti ed aprire un piccolo, ma raffinato, ristorante con cucina a vista e piatti della migliore tradizione mediterranea.

✗✗ **Byblos** 🍴 ✧ AK P

lungomare Colombo 6/8 – ✆ 01 84 68 90 02 – www.ristorantebyblos.com
– Chiuso 1 settimana in giugno, 3 settimane in novembre e lunedì
Carta 36/80 €
All'estremo della bella passeggiata, ristorante di una certa eleganza affacciato sul mare: piatti a base di pesce semplici e gustosi.

OSPEDALETTO – Verona (VR) ➜ Vedere Pescantina

OSPEDALETTO D'ALPINOLO

Avellino (AV) – ⊠ 83014 – 2 092 ab. – Alt. 725 m – Carta regionale n° **4-B2**

▶ Roma 248 km – Napoli 59 km – Avellino 8 km – Salerno 44 km
Carta stradale Michelin 564-E26

XX **Osteria del Gallo e della Volpe**

*piazza Umberto I° 14 – ℰ 08 25 69 12 25 – www.osteriadelgalloedellavolpe.it
– Chiuso domenica sera e lunedì*
Carta 27/42 € – *(solo a cena escluso sabato, solo a pranzo nei giorni festivi)*
(prenotare)
Una sala accogliente, pochi tavoli e molto spazio. Conduzione familiare, servizio
curato e cordiale, menù che propone la tradizione locale con alcune personalizzazioni.

OSPEDALICCHIO – Perugia (PG) → Vedere Bastia Umbra

OSSANA

Trento (TN) – ⊠ 38026 – 863 ab. – Alt. 1 003 m – Carta regionale n° **19-B2**

▶ Roma 659 km – Trento 74 km – Bolzano 82 km – Passo del Tonale 17 km
Carta stradale Michelin 562-D14

 Pangrazzi

*frazione Fucine alt. 982 – ℰ 04 63 75 11 08 – www.hotelpangrazzi.com – Aperto
1° dicembre-30 aprile e 15 giugno-10 settembre*
34 cam – solo ½ P 48/70 € – **4 suites**
Struttura rifinita in legno e pietra con invitanti spazi comuni in stile montano.
Abbellita da un gradevole piccolo giardino è ideale per un turismo familiare. Al
ristorante si servono piatti del territorio e tradizionali.

OSTELLATO

Ferrara (FE) – ⊠ 44020 – 6 308 ab. – Carta regionale n° **5-C2**

▶ Roma 395 km – Ravenna 65 km – Bologna 63 km – Ferrara 33 km
Carta stradale Michelin 562-H17

 Villa Belfiore

via Pioppa 27 – ℰ 05 33 68 11 64 – www.villabelfiore.com
18 cam ⌷ – †65/100 € ††80/150 €
Una bella casa di campagna nel silenzio della pianura ferrarese, ma anche
comoda per muoversi a poca distanza com'è dalla superstrada. Atmosfera rustica
attualizzata, ospitalità familiare.

OSTUNI

Brindisi (BR) – ⊠ 72017 – 31 573 ab. – Alt. 218 m – Carta regionale n° **15-C2**

▶ Roma 530 km – Brindisi 42 km – Bari 80 km – Lecce 73 km
Carta stradale Michelin 564-E34

 La Sommità

*via Scipione Petrarolo 7 – ℰ 08 31 30 59 25 – www.lasommita.it – Chiuso
gennaio-febbraio*
10 cam ⌷ – †110/650 € ††130/650 € – **5 suites**
Rist *Cielo* ✿ – Vedere selezione ristoranti
Nella parte più alta di Ostuni, in un palazzo cinquecentesco, eleganti camere in
stile moderno-minimalista ed imperdibili terrazze con vista mozzafiato. Tutti i
giorni a pranzo e il lunedì sera, lo chef propone un menu con gustosi piatti della
tradizione.

 Ostuni Palace

corso Vittorio Emanuele 218/222 – ℰ 08 31 33 88 85 – www.ostunipalace.com
34 cam ⌷ – †100/130 € ††170/290 €
Antico e moderno fusi insieme: raggiungibile in macchina e dotato delle più
recenti facilitazioni, una passeggiata vi porterà nel centro storico. Da alcune
camere la vista su Ostuni è mozzafiato.

La Terra

via Petrarolo 20/24 – ℰ 08 31 33 66 52 – www.laterrahotel.it
17 cam ⌺ – †80/105 € ††130/200 € – **3 suites**
Nella zona pedonale, all'interno di un palazzo del '500, i soffitti a stella e i saloni del secondo piano testimoniano gli antichi splendori; le camere al terzo sono mansardate e panoramiche.

Masseria Cervarolo

contrada Cervarolo, Sud-Ovest: 7 km, lungo la SP14 Ostuni-Martina Franca
– ℰ 08 31 30 37 29 – www.masseriacervarolo.it
– Aperto 1° marzo-3 novembre
17 cam ⌺ – †165/295 € ††165/295 €
Adagiata su un riposante paesaggio collinare, la masseria cinquecentesca è stata convertita in elegante dimora di campagna, ricorrendo ai raffinati arredi dell'artigianato pugliese; tre camere in altrettanti trulli.

Monte Sarago

corso Mazzini 233 – ℰ 08 31 33 44 70
– www.hotelmontesarago.it
38 cam ⌺ – †65/200 € ††90/260 € – **2 suites**
Ad un chilometro dal centro storico, linee moderne ed essenziali ispirano gli arredi delle camere, alcune con vista sulla città bianca. Piscina raggiungibile salendo 150 gradini o con navetta.

Masseria Tutosa

contrada Tutosa, Nord-Ovest: 7,5 km – ℰ 08 31 35 90 46
– www.masseriatutosa.com – Aperto 1° aprile-4 novembre
21 cam ⌺ – †50/160 € ††70/200 €
Una vacanza a tutto relax - tra piscina e spazi verdi - in un'antica masseria fortificata: poche camere semplici ed essenziali, nonché qualche appartamento con angolo cottura.

Masseria Il Frantoio

strada statale 16 km 874, Nord-Ovest: 5 km – ℰ 08 31 33 02 76
– www.masseriailfrantoio.it
14 cam ⌺ – †80/160 € ††130/260 €
Se volete scoprire lo spirito di un'autentica masseria, questo è l'indirizzo in cui dormire e sognare. Di origini cinquecentesche, gli ambienti retrò sono un romantico omaggio al bel tempo che fu; non mancano un vecchio frantoio e una rivendita di oli della casa.

Cielo – Hotel La Sommità

via Scipione Petrarolo 7 – ℰ 08 31 30 59 25
– www.cieloristorante.it – Chiuso gennaio, febbraio e lunedì, anche martedì in dicembre-aprile; sempre aperto in luglio-agosto
Menu 50/90 € – Carta 51/92 € – (consigliata la prenotazione)
Protagonisti di romantiche cene estive tra gli agrumi del piccolo giardino spagnolo oppure ospiti della bianca sala dal soffitto a botte, vi sembrerà di toccare il cielo con un dito... la cucina parte dall'eccellenze gastronomiche della regione per farsi - via via - più creativa.
→ Gamberi, ciliegie piccanti, burrata e lime. Risotto, albicocche e sedano. Caccia al piccione.

Porta Nova

via Petrarolo 38 – ℰ 08 31 33 89 83
– www.ristoranteportanova.it
Menu 35/80 € – Carta 41/101 €
Location invidiabile su un torrione aragonese con vista panoramica sulla distesa di ulivi e sulla Marina di Ostuni, per questo elegante ristorante che propone essenzialmente cucina di mare.

XX **Osteria Piazzetta Cattedrale**   AC ⊗

*largo Arcidiacono Trinchera 7 – ℰ 08 31 33 50 26 – www.piazzettacattedrale.it
– Chiuso 10 gennaio-20 febbraio e martedì escluso luglio-agosto*
Menu 30 € – Carta 29/58 € – (consigliata la prenotazione)
A pochi metri dalla cattedrale, moglie in cucina e marito in sala gestiscono questo
locale come una piccola bomboniera. Brillante per la qualità dei prodotti, in prevalenza pugliesi, come la purea di fave con verdure di stagione. Specialità: strasci-
nate alle cime di rape, mollica di pane e acciughe - coda di rospo con crostini di
pane - sfogliatine calde con crema pasticcera alla vaniglia.

X **Osteria del Tempo Perso**   AC

*via Tanzarella Vitale 47 – ℰ 08 31 30 48 19 – www.osteriadeltempoperso.com
– Chiuso lunedì escluso giugno-settembre*
Carta 28/62 €
Nel centro storico, le sale sembrano scavate nelle grotta. Esistente dal Cinque-
cento, fu a lungo il forno in cui si cuoceva il pane impastato in casa, oggi è la
fucina di una cucina pugliese, sapida e casareccia.

a Costa Merlata Nord-Est : 15 km – ✉ 72017

🏘 **Grand Hotel Masseria Santa Lucia**   ⊗ ☘ ⟋ ⊥ ⌂ ※ ⅋ ♣ AC
                                                                              ⊗ ⚐ P
*strada statale 379 km 23,500 – ℰ 08 31 35 61 11
– www.masseriasantalucia.it*
128 cam ⊑ – †140/290 € ††140/290 € – **4 suites**
Ricavato dal riadattamento di un'antica masseria, ogni ambiente si distingue per
funzionalità ed omogeneità degli arredi, nonché per l'atmosfera di relax e tranquillità che vi aleggia. Vocazione turistica e congressuale.

OTRANTO

Lecce (LE) – ✉ 73028 – 5 713 ab. – Carta regionale n° **15-D3**
▶ Roma 630 km – Brindisi 88 km – Lecce 46 km – Gallipoli 49 km
Carta stradale Michelin 564-G37

🏘 **Degli Haethey**   ⊗ ⊥ ⊡ & AC ⅋ ⚐ ⇔
*via Sforza 33 – ℰ 08 36 80 15 48 – www.hoteldeglihaethey.com – Aperto 1°
aprile-15 novembre*
49 cam ⊑ – †45/138 € ††90/276 €
Ad un quarto d'ora dal centro e non lontano dalla spiaggia, apprezzerete la tranquillità della zona residenziale e il confort delle recenti e moderne camere all'ultimo piano.

🏘 **Relais Valle dell'Idro**   ⟨ ⇔ ⊡ & AC ⅋ P
*via Giovanni Grasso 4 – ℰ 08 36 80 44 27 – www.otrantohotel.com – Aperto
1° aprile-31 ottobre*
27 cam ⊑ – †74/299 € ††74/359 €
I dettagli qui non sono lasciati al caso, ma studiati con grande senso estetico: ne
deriva una bella realtà con accoglienti camere e un piccolo, ma grazioso giardino,
dove nella bella stagione viene servita la prima colazione. La terrazza con vasca
idromassaggio propone una suggestiva vista sulla città vecchia e sul mare.

🏠 **Villa Rosa Antico**   ⇔ & AC ⅋ P
*strada statale 16 – ℰ 08 36 80 15 63 – www.hotelrosaantico.it – Aperto
15 aprile-15 ottobre*
25 cam ⊑ – †60/160 € ††80/180 € – **2 suites**
E' una storica villa di fine Cinquecento ad ospitare il piccolo albergo dall'attenta e
capace gestione familiare. Graziose e ben accessoriate le camere, piacevole
sostare in giardino.

🏘 **Masseria Panareo**   ⊗ ☘ ⟨ ⇔ ⊥ ※ AC ⅋ P
*litoranea Otranto-S. Cesarea Terme, Sud: 8 km – ℰ 08 36 81 29 99
– www.masseriapanareo.com – Chiuso 4 novembre-27 dicembre*
18 cam ⊑ – †70/150 € ††74/220 €
Un antico eremo ospita questa bella masseria, interamente ristrutturata, ubicata
in aperta campagna ma non troppo lontana dal mare. Moderna piscina con bella
terrazza-solarium per momenti di piacevole relax.

XX Atlantis-Bel Ami

*via Porto Craulo – ℰ 08 36 80 44 01 – www.atlantisbeach.it – Aperto
15 marzo-20 ottobre*
Carta 29/67 € – (consigliata la prenotazione)
Gustose ricette di pesce, oltre a vari crudi e frutti di mare, in un ristorante sulla
spiaggia con annesso stabilimento balneare: la zona è di suggestiva bellezza!

X Retrogusto

*via Tenente Eula 7 – ℰ 32 07 77 64 06 – www.ristoranteretrogusto.com – Chiuso
novembre, febbraio e martedì escluso giugno-settembre*
Carta 30/59 €
Ambiente classico con arredo semplice, ma di qualità, musica di sottofondo ed
atmosfera informale: leggermente arretrato rispetto al lungomare, è solo una piccola deviazione di pochi metri compensata da una cucina di qualità dai tipici
sapori salentini.

OTTONE – Livorno (LI) ➜ Vedere Elba (Isola d') : Portoferraio

OVADA
Alessandria (AL) – ⌂ 15076 – 11 613 ab. – Alt. 186 m – Carta regionale n° **12-C3**
▶ Roma 549 km – Genova 50 km – Acqui Terme 24 km – Alessandria 40 km
Carta stradale Michelin 561-I7

XX La Volpina

*strada Volpina 1, Sud: 1 km – ℰ 0 14 38 60 08 – www.ristorantelavolpina.it
– Chiuso 23-26 dicembre, 13-27 gennaio, 5-27 agosto, domenica sera
e lunedì; anche mercoledì sera e martedì in inverno*
Menu 40/52 € – Carta 40/56 € – (consigliata la prenotazione)
In tranquilla posizione collinare, La Volpina è una casa accogliente dove si propone una cucina del territorio - tra Piemonte e Liguria - con caratteristiche di
entrambe le regioni: ricette reinterpretate ed alleggerite.

X L'Archivolto-Osteria Nostrale

*piazza Garibaldi 25/26 – ℰ 01 43 83 52 08 – www.archivoltoosterianostrale.it
– Chiuso 27 gennaio-9 febbraio, 22 giugno-5 luglio e mercoledì*
Menu 30 € (pranzo in settimana)/55 € – Carta 38/80 €
Atmosfera calda ed accogliente in una tipica trattoria di paese con prosciutti
appesi. In cucina, la scelta di valide materie prime dà vita a specialità piemontesi
con influenze liguri. Interessante anche la carta dei vini.

OVIGLIO
Alessandria (AL) – ⌂ 15026 – 1 262 ab. – Alt. 107 m – Carta regionale n° **12-C2**
▶ Roma 601 km – Torino 83 km – Alessandria 21 km – Asti 31 km
Carta stradale Michelin 561-H7

Castello di Oviglio

via 24 Maggio 1 – ℰ 01 31 77 61 66 – www.castellodioviglio.it
7 cam ⌂ – ♦90/120 € – ♦♦100/120 € – **2 suites**
All'interno di un affascinante castello del XIII secolo, raffinato hotel per un soggiorno d'atmosfera: camere di prestigio e spazi comuni ricercati. L'accoglienza è
nelle mani dei cordiali titolari.

XX Bistrot Donatella

*Piazza Umberto I°, 1 – ℰ 01 31 77 69 07 – www.donatellabistrot.it – Chiuso
10 giorni in gennaio, 3 settimane in estate, lunedì e martedì*
Carta 32/40 € – (solo a cena escluso sabato e domenica)
Nel cuore del piccolo paese, la variopinta sala vi accoglierà nella stagione fredda,
ma col bel tempo è una corsa a prenotare un tavolo nella corte interna, sotto il
campanile di Oviglio. Materie prime e ricette piemontesi sono il vanto di una
carta semplice, ma gustosa.

OZZANO DELL'EMILIA

Bologna (BO) – ⊠ 40064 – 13 449 ab. – Alt. 66 m – Carta regionale n° **5-D3**
▶ Roma 399 km – Bologna 15 km – Forli 63 km – Modena 60 km
Carta stradale Michelin 562-I16

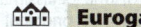 **Eurogarden Hotel** 🛠️🔲&🔲✗P
 via dei Billi 2/a – ☏ 0 51 79 45 11 – www.eurogardenhotel.com – Chiuso vacanze
 di Natale
 72 cam ⊑ – ♦49/320 € ♦♦59/320 €
 Albergo moderno dagli interni arredati in ciliegio e dotati di ogni confort: le
 camere al piano terra beneficiano di un piccolo giardino, che le rende particolarmente adatte agli ospiti con animali. Salumi, formaggi e pizze al bistrot.

PACECO – Trapani (TP) ➔ Vedere Trapani

PACENTRO

L'Aquila (AQ) – ⊠ 67030 – 1 199 ab. – Alt. 690 m – Carta regionale n° **1-B2**
▶ Roma 166 km – Pescara 77 km – L'Aquila 71 km – Chieti 68 km
Carta stradale Michelin 563-P23

✗✗ **Taverna De Li Caldora** 🌳 AC ✗
 piazza Umberto I 13 – ☏ 0 86 44 11 39 – www.ristorantecaldora.it – Chiuso
 1 settimana in gennaio, 1 settimana in giugno, domenica sera e martedì
 Menu 25/40 € – Carta 21/41 €
 Un curioso intrico di stradine disegna il centro storico di Pacentro, mentre nelle
 cantine di un imponente palazzo del '500 si celebra la cucina regionale, che trova
 la propria massima espressione nel cosciotto d'agnello alle erbe della Majella.

PACHINO

Sicilia – Siracusa (SR) – ⊠ 96018 – 22 198 ab. – Alt. 65 m
– Carta regionale n° **17-D3**
▶ Palermo 301 km – Siracusa 55 km – Ragusa 58 km – Catania 108 km
Carta stradale Michelin 365-AZ63

a Marzamemi Nord-Est : 4 km – ⊠ 96010

✗ **La Cialoma** ← 🌳 AC
 piazza Regina Margherita 23 – ☏ 09 31 84 17 72 – www.tavernalacialoma.it
 – Chiuso novembre e martedì in ottobre-febbraio
 Carta 36/58 € – (consigliata la prenotazione)
 Con una bella terrazza sul mare che a pranzo si sostituisce all'assolato dehors
 sulla scenografica piazza di questo borgo-tonnara, un'incantevole trattoria di
 mare con tovaglie ricamate e il pesce più fresco: l'eccellenza nella semplicità!

PADENGHE SUL GARDA

Brescia (BS) – ⊠ 25080 – 4 441 ab. – Alt. 127 m – Carta regionale n° **9-D1**
▶ Roma 526 km – Brescia 36 km – Mantova 53 km – Verona 43 km
Carta stradale Michelin 561-F13

sulla strada statale Gardesana Est : 1 km

 Relais Sant'Emiliano
 via Marconi 99 ⊠ 25080 – ☏ 0 30 99 95 82 – www.santemiliano.it
 83 cam ⊑ – ♦100/300 € ♦♦120/400 €
 Rist *Il Rivale* – Vedere selezione ristoranti
 Con ampio giardino digradante verso il lago, Relais Sant'Emiliano dispone di confortevoli camere classiche o appartamenti dotati di angolo cottura, ma anche
 questi con trattamento alberghiero.

✗✗ **Il Rivale** 🅽 – Hotel Relais Sant'Emiliano 🌳 AC ✗ P
 via Marconi 93 ⊠ 25080 – ☏ 03 09 90 83 06 – www.ilrivale.it
 Menu 35/50 € – Carta 34/67 €
 Elaborazioni su basi classiche ed una formula a prezzo fisso secondo il numero di
 piatti scelti. Accogliente saletta in cantina con tante bottiglie a fare da arredo. Un
 rivale per molti altri ristoranti.

XX **Aquariva** &&\ \ ⇔

via Marconi 57 ⊠ *25080 –* 𝒞 *03 09 90 88 99 – www.aquariva.it*
Menu 62/80 € – Carta 54/95 €
In riva al lago, totale ristrutturazione per questo locale dotato di una bellissima
terrazza affacciata sul porticciolo; il menu suggerisce piatti gourmet principalmente di mare, possibilmente accompagnati da una flûte della mirabile selezione
di champagne.

PADERNO – Treviso (TV) ➜ Vedere Ponzano Veneto

PADERNO DEL GRAPPA

Treviso (TV) – ⊠ 31017 – 2 196 ab. – Alt. 292 m – Carta regionale n° **23-B2**
▶ Roma 547 km – Padova 61 km – Treviso 41 km – Venezia 72 km
Carta stradale Michelin 562-E17

X **Osteria Bellavista** \ AC P

via Piovega 30 – 𝒞 *04 23 94 93 29 – Chiuso 10 giorni in agosto, 10 giorni in
febbraio e mercoledì*
Carta 36/55 €
Ottima osteria di moderna concezione dalla calda accoglienza familiare. La
cucina asseconda l'estro, il mercato e le tradizioni, orientandosi equamente su
carne e pesce.

PADOLA – Belluno (BL) ➜ Vedere Comelico Superiore

PADOVA

(PD) – ✉ 35122 – 211 210 ab. – Alt. 12 m – Carta regionale n° **23-C3**
▶ Roma 496 km – Rovigo 49 km – Venezia 50 km – Vicenza 39 km
Carta stradale Michelin 562-F17

R. Sala / age fotostock

● Alberghi

NH Mantegna
via Tommaseo 61, zona Fiera ✉ 35131 – ℰ 04 98 49 41 11   Pianta: B1**e**
– www.nh-hotels.com
180 cam ⌷ – †69/259 € ††131/319 € – **10 suites**
A pochi minuti dal centro storico, l'architettura contemporanea di questo enorme grattacielo anticipa gli ottimi spazi di cui la risorsa è dotata. 13 piani di design, ambienti moderni e luminosi, camere ultra confortevoli. Non perdetevi la stupenda vista dal ristorante panoramico, al dodicesimo piano.

Grand'Italia
corso del Popolo 81 ✉ 35131 – ℰ 04 98 76 11 11   Pianta: D1**a**
– www.hotelgranditalia.com
61 cam ⌷ – †50/200 € ††69/300 € – **3 suites**
Palazzo Folchi è un bell'edificio sorto nel 1907 e trasformato in elegante hotel negli anni '50: le stanze, dai confort decisamente moderni, sono tuttavia arredate riprendendo lo stile degli anni '20.

Methis
riviera Paleocapa 70 ✉ 35142 – ℰ 04 98 72 55 55   Pianta: C3**a**
– www.methishotel.com
45 cam ⌷ – †95/129 € ††125/159 € – **2 suites**
Lungo il canale e non lontano dalla Specola, aria, acqua, terra e fuoco sono gli elementi che ispirano i quattro piani di questo albergo minimal dagli interni moderni e funzionali.

Majestic Toscanelli
via dell'Arco 2 ✉ 35122 – ℰ 0 49 66 32 44   Pianta: D2**b**
– www.toscanelli.com
34 cam – †99/109 € ††119/159 € – ⌷ 10 € – **3 suites**
Uno degli storici alberghi nel centro cittadino, raggiungibile anche in auto grazie ai permessi concessi a chi vi alloggia, dispone di camere personalizzate con arredi di vari stili ed epoche. American bar serale per piacevoli momenti di relax.

Europa
largo Europa 9 ✉ 35137 – ℰ 0 49 66 12 00   Pianta: D2**c**
– www.hoteleuropapd.it
80 cam ⌷ – †69/144 € ††89/180 €
Rist *Zaramella* – Vedere selezione ristoranti
Cappella degli Scrovegni e centro storico sono a pochi metri, così come la stazione: l'hotel è in continuo miglioramento e presenta camere moderne, nonché spazi comuni luminosi e dai caldi toni. Ideale per una clientela business.

823

The map shows Padova and surroundings with labels including:

CASTELFRANCO VENETO, BASSANO DEL GRAPPA, A — B

VICENZA, PONTEROTTO, PONTEVIGODARZERE, CADONEGHE, TORRE, PONTE DI BRENTA **k**, VENEZIA

MONTA, Canale Brentella, BRENTELLE, ARCELLA, FIERA DI PADOVA, **b**, **g**, **e** **a**, Canale S. Gregorio

CHIESANUOVA, ABANO TERME, BRUSEGANA, CAMIN **d**

BASSANELLO, VOLTA BAROZZO, RONCAGLIA, Bacchiglione

MANDRIA, MANDRIOLA, **PADOVA**

MONSELICE, ROVIGO, A — B

0 — 1 km

🏠 **Biri**   ⚡ 🛗 ♿ 🅰🅲 🅿 🚗   Pianta: B1**a**

via Grassi 2 ✉ *35129 –* ☎ *04 98 06 77 00*
– www.hotelbiri.com
100 cam ⚞ – **†**60/178 € **††**80/237 € – **1 suite**
Non lontano dalla zona fieristica, un albergo con camere accoglienti e un ristorante panoramico al 7° piano, la cui terrazza offre uno scorcio della basilica del
santo patrono della città.

🏠 **Milano**   ⚡ 🛗 ♿ 🅰🅲 🚗   Pianta: C2**g**

via Bronzetti 62/d ✉ *35138 –* ☎ *04 98 71 25 55*
– www.hotelmilano-padova.it
80 cam – **†**62/115 € **††**67/185 € – ⚞ 12 €
Offre un insieme funzionale e ha caratteristiche tipiche degli alberghi dell'ultima
generazione, con tutti i confort e le modernità, in un'area cittadina molto
comoda. Ampie sale ristorante, gestione familiare, cucina del territorio.

🏠 **Donatello**   ⬅ 🛗 🅰🅲 ✨   Pianta: D3**z**

via del Santo 102/104 ✉ *35123 –* ☎ *04 98 75 06 34*
– www.hoteldonatello.net – Chiuso 15 dicembre-6 gennaio
40 cam ⚞ – **†**90/100 € **††**140/160 €
Nel cuore storico della città, struttura dei primi '900 gestita - di generazione in
generazione - dalla stessa famiglia. Alcune stanze offrono una vista pregevole:
chiedete queste, naturalmente!

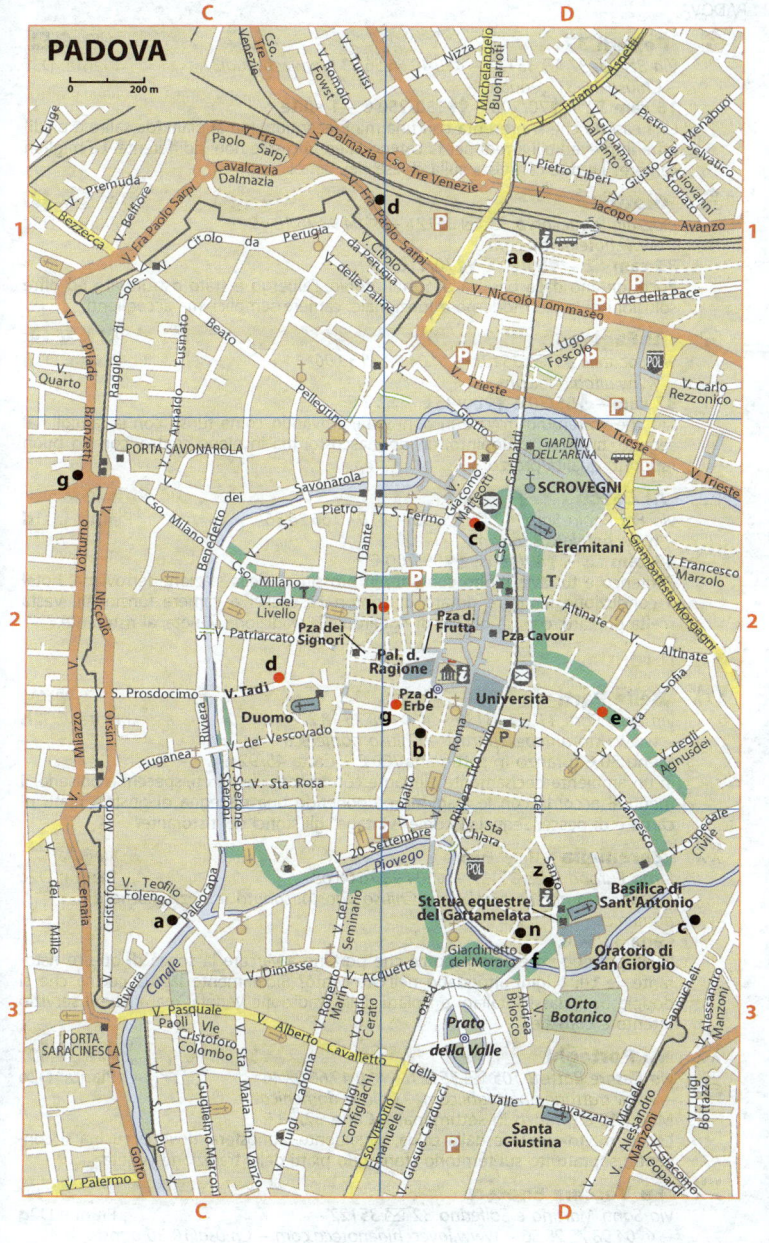

PADOVA

0   200 m

🏠 Belludi 37   AK ⚡ P

Via Belludi 37 ⊠ 35123 – ℰ 0 49 66 56 33 – www.belludi37.it   Pianta: D3**f**
– Chiuso 15-31 gennaio
16 cam ⛱ – ♦70/200 € ♦♦130/250 € – **1 suite**
Una casetta che si presenta con una mini reception, ma ai piani (da salire a piedi) offre imprevedibili arredi per la categoria ed uno stile non indifferente. Le migliori camere? Le due con vista sulla chiesa del Santo!

🏠 Giotto   🔄 ♿ AK P

piazzale Pontecorvo 33 ⊠ 35121 – ℰ 04 98 76 18 45   Pianta: D3**c**
– www.hotelgiotto.com
35 cam ⛱ – ♦50/80 € ♦♦70/110 €
Poco lontano dalla basilica di Sant'Antonio, l'albergo è stato ristruttuato ed offre soluzioni di taglio moderno e funzionale, camere semplici, ma accoglienti.

🏠 Al Fagiano   🔄 ♿ AK P

via Locatelli 45 ⊠ 35123 – ℰ 04 98 75 33 96   Pianta: D3**n**
– www.alfagiano.com
37 cam – ♦55/70 € ♦♦80/95 € – ⛱ 7 €
Ciò che vorremmo trovare in ogni città, arrivando come turisti con la famiglia al seguito: un hotel variopinto, un po' nascosto, ma in pieno centro, con un buon rapporto qualità/prezzo.

🏠 Al Cason   📶 🔄 AK 🛎 🚗

via Frà Paolo Sarpi 40 ⊠ 35138 – ℰ 0 49 66 26 36   Pianta: CD1**d**
– www.hotelalcason.com
48 cam ⛱ – ♦49/180 € ♦♦59/200 €
Periferico e tuttavia molto comodo, in prossimità della stazione ferroviaria, hotel a conduzione familiare dotato di confort essenziali e camere funzionali. Vasta scelta di piatti, con un occhio di riguardo alla tradizione veneta, al ristorante.

🟡 Ristoranti

XXX Belle Parti   AK ⇄

via Belle Parti 11 ⊠ 35139 – ℰ 04 98 75 18 22   Pianta: CD2**h**
– www.ristorantebelleparti.it – Chiuso domenica
Menu 30 € (pranzo in settimana)/60 € – Carta 45/92 €
In un ambiente decisamente elegante con quadri alle pareti, specchi e boiserie, il menu si accorda con le stagioni, proponendo una rassegna di gustosi piatti di carne e di pesce. Segnalati come "vintage" gli storici del ristorante.

XX Zaramella – Hotel Europa   ♿ AK ⇄

largo Europa 9 ⊠ 35137 – ℰ 04 98 76 08 68   Pianta: D2**c**
– www.ristorantezaramella.it – Chiuso agosto, sabato a mezzogiorno e domenica
Carta 32/54 €
Quali potrebbero essere i motivi che portano a varcare la soglia di questo ristorante, le cui origini affondano nell'Ottocento? Sicuramente la sua cucina che si doppia tra i classici italiani e i piatti della tradizione veneta, ma anche il servizio attento e cordiale.

XX Ai Porteghi   AK ⚡ ⇄

via Cesare Battisti 105 ⊠ 35121 – ℰ 0 49 66 07 46   Pianta: D2**e**
– www.trattoriaaiporteghi.com – Chiuso domenica
Menu 15 € (pranzo in settimana) – Carta 32/62 €
Locale molto curato e dalla calda, avvolgente, atmosfera, dove la cucina si concentra soprattutto sul territorio sfornando piatti della tradizione veneta.

XX La Vecchia Enoteca   🌿 AK

via Santi Martino e Solferino 32 ⊠ 35122   Pianta: D2**g**
– ℰ 04 98 75 28 56 – www.lavecchiaenoteca.com – Chiuso 10-30 agosto, domenica sera e lunedì; lunedì a mezzogiorno e domenica in luglio-15 settembre
Carta 35/55 € – (coperti limitati, prenotare)
In pieno centro storico, la profusione di legno rende il locale raccolto e romantico; la cucina classica a mezzogiorno viene ampliata da un menu economico detto Cheap & Chic.

La Finestra 🅐🅚

via dei Tadi 15 ✉ *35139 –* ☎ *0 49 65 03 13* Pianta: C2**d**
– www.ristorantefinestra.it – Chiuso 1 settimana in gennaio, 10 giorni in agosto, domenica sera e lunedì
Carta 36/57 € – *(solo a cena escluso venerdì, sabato e domenica)*
Ambiente raccolto ed accogliente, dove le importanti esperienze professionali dello chef si riflettono in una prelibata cucina contemporanea, resa originale da qualche spunto creativo, "misurato" e non invadente.

a Camin Est : 4 km per A 4 BX – ✉ 35127

Admiral ॐ ☑ ☑ 🅢 P

via Vigonovese 90 – ☎ *04 98 70 02 40 – www.hoteladmiral.it* Pianta: B2**d**
46 cam ☑ – ✝50/100 € ✝✝60/180 €
Sito nella zona industriale, sull'arteria principale che attraversa la località, un albergo di fattura moderna, distribuito su tre edifici, ideale per la clientela d'affari.

in prossimità casello autostrada A 4 Padova Est 5 km B1

Sheraton Padova Hotel & Conference Center 🅕 🅛 ☑

corso Argentina 5 (via Canaletta) ✉ *35129* 🅚 🅢 P
– ☎ *04 97 80 82 30 – www.sheratonpadova.com* Pianta: B1**b**
226 cam ☑ – ✝93/250 € ✝✝103/260 € – **9 suites**
In posizione strategica per scoprire le bellezze della città, ma anche di Venezia, un hotel che soddisfa sia la clientela turistica sia quella d'affari con standard di confort in linea con la catena. Atmosfera ovattata al ristorante e, per il pranzo, anche un menu "bistrot" semplice ed economico.

AC Hotel Padova by Marriot 🅕 🅛 ☑ 🅚 🅢 🚗

via Prima Strada 1 ✉ *35129 –* ☎ *0 49 77 70 77* Pianta: B1**g**
– www.ac-hotels.com
98 cam – ✝75/160 € ✝✝75/160 € – senza ☑
Non lontano dalla fiera e dall'uscita autostradale, il design moderno caratterizza questo hotel di catena. Spazi comuni non ampissimi, ma organizzati con grande raziocinio; camere di media ampiezza e notevole confort.

in prossimità casello autostrada A 4 Padova Ovest 6 km A1

Crowne Plaza Padova 🅕 ॐ 🅛 ☑ 🅚 🅢 🚗

via Po 197 ✉ *35135 –* ☎ *04 98 65 65 11 – www.promohotels.it*
177 cam ☑ – ✝70/150 € ✝✝70/150 € – **2 suites**
Recente ed elegante, nel contesto di una città d'arte ricca di storia, annovera ampi spazi arredati in un design contemporaneo particolarmente luminoso e colorato. Classe e raffinatezza continuano al ristorante dalle dimensioni modulabili a seconda delle esigenze.

a Ponte di Brenta Nord-Est : 6 km B1 – ✉ 35129

Sagittario 🅕 🗘 ☑ 🅚 🅢 P

via Randaccio 6, località Torre – ☎ *0 49 72 58 77* Pianta: B1**k**
– www.hotelsagittario.com – Chiuso 24 dicembre-6 gennaio e 9-27 agosto
43 cam – ✝62/108 € ✝✝72/155 € – ☑ 8 €
Rist *Dotto di Campagna* – Vedere selezione ristoranti
Decentrato, ma immerso nel verde, un valido appoggio per chi è soltanto di passaggio o per chi desidera visitare meglio le località vicine. Un consiglio: all'atto della prenotazione richiedere le camere rinnovate di recente.

Dotto di Campagna – Hotel Sagittario 🅚 🅢 🗘 P

via Randaccio 4, località Torre – ☎ *0 49 62 54 69* Pianta: B1**k**
– www.hotelsagittario.com – Chiuso 26 dicembre-6 gennaio, agosto, domenica sera e lunedì
Carta 29/53 €
Un simpatico indirizzo, un po' fuori città, ove poter assaporare i piatti della tradizione veneta nella più completa rilassatezza e in un ambiente di elegante rusticità.

PAESTUM

Salerno (SA) – ✉ 84047 – Carta regionale n° **4-C3**
▶ Roma 305 km – Potenza 98 km – Napoli 99 km – Salerno 48 km
Carta stradale Michelin 564-F27

Savoy Beach

via Poseidonia 41 – ✆ 08 28 72 01 00 – www.hotelsavoybeach.it
42 cam ⊑ – **†**90/247 € – **††**120/330 € – **1 suite**
Rist Tre Olivi – Vedere selezione ristoranti
Si parte dall'amplissima hall in stile neo-classico, così come l'esterno che cita il tempio degli scavi archeologici, per proseguire nelle confortevoli camere, anch'esse generose in metri quadrati. Gli spazi si dilatano ulteriormente negli esterni, dove padroneggia l'ampia piscina ad anfiteatro.

Grand Hotel Paestum Tenuta Lupo'

via Laura 201 – ✆ 08 28 85 18 13 – www.grandhotelpaestum.it
62 cam ⊑ – **†**90/179 € **††**90/179 € – **4 suites**
All'interno di una vasta proprietà, nel XIX secolo tenuta di caccia, eleganti soluzioni sia nella residenza originaria, sia nel moderno corpo centrale costruito in anni recenti. A disposizione degli ospiti un vasto giardino ed una piscina.

Le Palme

via Poseidonia 123 – ✆ 08 28 85 10 25 – www.lepalme.it – Aperto 26 marzo-10 novembre
84 cam ⊑ – **†**75/110 € **††**110/170 €
Separato dal mare e dalla spiaggia solo dalla rigogliosa pineta, l'albergo propone camere gradevoli e piacevole zona piscina. Gestione attenta e cordiale.

Schuhmann

via Marittima 5 – ✆ 08 28 85 11 51 – www.hotelschuhmann.com
53 cam ⊑ – **†**60/100 € **††**80/160 €
Alle spalle una piccola pineta, mentre di fronte l'affaccio è sul mare, dove si trova la spiaggia privata. Camere spaziose ed arredate in stile classico. Enormi sale e veranda al ristorante.

Il Granaio dei Casabella

via Tavernelle 84 – ✆ 08 28 72 10 14 – www.ilgranaiodeicasabella.com – Aperto 1° marzo-31 novembre
14 cam ⊑ – **†**60/80 € **††**80/100 €
Di fronte alla Porta Aurea, una delle quattro porte dell'Antica Città di Paestum, questa dimora di campagna è l'esito della sapiente ristrutturazione di un antico granaio: camere arredate con gusto, mobili d'epoca o in arte povera. Sapori del Cilento nella piccola, ma elegante sala ristorante con bellissimo dehors sull'erba.

Villa Rita

via Nettuno 9, zona archeologica – ✆ 08 28 81 10 81 – www.hotelvillarita.it – Aperto 15 marzo-15 novembre
22 cam ⊑ – **†**70/100 € **††**90/130 €
Nella campagna prospiciente le antiche mura, immersa in un parco-giardino, Villa Rita è una tranquilla risorsa a conduzione familiare in cui si respira semplicità e sobrietà; le rovine sono solo a due passi!

Agriturismo Seliano

via Seliano – ✆ 08 28 72 36 34 – www.agriturismoseliano.it – Aperto 5 aprile-2 novembre
14 cam ⊑ – **†**60/90 € **††**70/110 €
In posizione tranquilla, tra curati giardini e una bella piscina, le antiche stalle sono state accuratamente ristrutturate per offrire camere con arredi d'epoca e moderni confort. Menu fisso al ristorante, dove gustare i prodotti dell'azienda.

Tre Olivi – Hotel Savoy Beach

via Poseidonia 291 – ✆ 08 28 72 00 23 – www.hotelsavoybeach.it
Carta 39/96 €
Invitanti specialità del Cilento nell'elegante sala, affacciata sul giardino dalla lussureggiante vegetazione sub-tropicale. Mozzarella di bufala, pasta di Gragnano, pesce locale, ed altro ancora: nel piatto, il top gastronomico del meridione.

XX **Nonna Sceppa** 🔥 AC 🍴

via Laura 45 – 𝒞 08 28 85 10 64 – www.nonnasceppa.com – Chiuso 2 settimane in ottobre e giovedì escluso luglio-agosto
Carta 25/77 € – *(solo a pranzo da ottobre a Pasqua escluso il sabato)*
Fondata negli anni '60 da nonna Giuseppa, la trattoria è diventata oggi ristorante, ma la conduzione è sempre nelle mani della stessa famiglia: nipoti e pronipoti si dividono tra sala e cucina. Ricette del Cilento nel menu, che cambia quotidianamente. Pizzeria solo la sera.

XX **Nettuno** 🌿 🔥 AC P
🍝

*via Nettuno 2, zona archeologica – 𝒞 08 28 81 10 28
– www.ristorantenettuno.com – Chiuso 15 novembre-1° marzo e lunedì*
Menu 18 € (pranzo in settimana)/60 € – Carta 26/69 € – *(solo a pranzo escluso in estate)*
Adiacente all'ingresso dell'area archeologica, cucina ittica e cilentana in una casa colonica di fine '800, già punto di ristoro negli anni '20, con servizio estivo in veranda: splendida vista su Basilica e tempio di Nettuno.

sulla strada statale 166 Nord-Est : 7,5 km

XXX **Le Trabe** 🍸 🌿 🔥 AC 🍴 P
🏵

*via Capodifiume 4 ✉ 84047 Paestum – 𝒞 08 28 72 41 65 – www.letrabe.it
– Chiuso 18 dicembre-10 gennaio, domenica sera e lunedì*
Menu 60/75 € – Carta 40/72 € – *(solo a cena escluso sabato e domenica a mezzogiorno)* (consigliata la prenotazione)
Immerso nel verde di una splendida tenuta, paesaggi bucolici ed orizzonti campestri sono la cornice di sale rustiche ed eleganti, dove materiali antichi sono combinati con finezze moderne. Il viaggio gastronomico vi porta nella cucina campana, dai prodotti di bufala a quelli del mare.
→ Mezzo paccchero con pomodori gialli del Cilento e spuma di provola di bufala affumicata al fieno. Guanciale di annutolo con schiacciata di patate e ristretto all'aglianico del Cilento. Bufala e lamponi.......

PALADINA – Bergamo (BG) → Vedere Almè

PALAU
Sardegna – Olbia-Tempio (OT) – ✉ 07020 – 4 204 ab. – Carta regionale n° **16**-B1
▶ Cagliari 303 km – Sassari 119 km – Olbia 42 km – Porto Torres 121 km
Carta stradale Michelin 366-R36

🏠 **La Vecchia Fonte** 🔲 🔥 AC 🚗

*via Fonte Vecchia 48 – 𝒞 07 89 70 97 50 – www.lavecchiafontehotel.it
– Aperto 25 marzo-16 ottobre*
36 cam 🔲 – 🛏80/200 € 🛏🛏89/270 € – **2 suites**
In centro paese di fronte al porto turistico, piccolo hotel di arredo signorile con ampie e confortevoli sale dai caldi colori. La vista sulla Maddalena rapisce...

🏠 **La Roccia** AC 🍴 P

*via dei Mille 15 – 𝒞 07 89 70 95 28 – www.hotellaroccia.com – Aperto
1° aprile-31 ottobre*
22 cam 🔲 – 🛏39/72 € 🛏🛏64/144 €
Un ambiente familiare sito nel cuore della località offre camere semplici ed ordinate e deve il suo nome all'imponente masso di granito che domina sia il giardino che la hall.

XXX **La Gritta** < 🌿 🔥 P

*località Porto Faro – 𝒞 07 89 70 80 45 – www.ristorantelagritta.it – Aperto
1° aprile-31 ottobre; chiuso mercoledì escluso 15 giugno-15 settembre*
Carta 59/104 €
Un indirizzo ideale per chi desidera deliziare insieme vista, spirito e palato: lo sguardo si perderà tra i colori dell'arcipelago di fronte ad una sapiente cucina di pesce.

✗ Da Robertino ⒜ⒸAC

via Nazionale 20 – ☏ 07 89 70 96 10 – Chiuso gennaio e lunedì escluso in giugno-settembre
Menu 30 € – Carta 24/53 €
Esperta gestione familiare in una simpatica trattoria sulla via principale della località. In una terra tradizionalmente di pastori, il locale non dimentica il mare... Gustose ricette di cucina marinara a prezzi interessanti.

PALAZZAGO
Bergamo (BG) – ✉ 24030 – 4 507 ab. – Alt. 397 m – Carta regionale n° **10-C1**
▶ Roma 599 km – Bergamo 18 km – Brescia 68 km – Milano 61 km
Carta stradale Michelin 561-E10

✗ Osteria Burligo

località Burligo 12, Nord-Ovest: 2,5 km – ☏ 0 35 55 04 56 – Chiuso 1°-10 settembre, lunedì e martedì
Carta 26/38 € – (solo a cena)
Semplice esercizio fuori porta dalla vivace gestione familiare, che propone piatti genuini e gustosi - il capretto di Burligo al timo ne è un esempio - memoria di una tradizione contadina. Terrazza estiva.

PALAZZOLO – Firenze (FI) ➜ Vedere Incisa in Val d'Arno

PALAZZOLO ACREIDE
Siracusa (SR) – ✉ 96010 – 8 873 ab. – Alt. 670 m – Carta regionale n° **17-D3**
▶ Siracusa 41 km – Catania 90 km – Palermo 293 km – Ragusa 40 km
Carta stradale Michelin 365-AY61 – Guida Verde Michelin SICILIA

✗✗ Andrea - Sapori Montani ⒺⒷ Ⓔ AC Ⓔ

via Gabriele Judica 4, angolo corso Vittorio Emanuele – ☏ 09 31 88 14 88 – www.ristoranteandrea.it – Chiuso 1 settimana in novembre e martedì
Menu 30/34 € – Carta 25/50 €
Nel centro della cittadina barocca di origini greche, testimone ne è lo stupendo teatro, locale gestito da una capace coppia: ambienti piacevoli e, nel piatto, i migliori prodotti dell'entroterra siciliano (ottimi, il maialino nero al pistacchio e la crema cotta alla carruba). Ben articolata anche la carta dei vini che omaggia l'isola.

PALAZZOLO SULL'OGLIO
Brescia (BS) – ✉ 25036 – 20 088 ab. – Alt. 166 m – Carta regionale n° **10-D2**
▶ Roma 581 km – Bergamo 26 km – Brescia 32 km – Cremona 77 km
Carta stradale Michelin 561-F11

✗✗ La Corte ⒺⒷ AC Ⓔ Ⓔ Ⓟ

via San Pancrazio 41 – ☏ 03 07 40 21 36 – ilristorantelacorte.it – Chiuso 2 settimane in gennaio, 3 settimane in agosto, sabato a mezzogiorno e lunedì
Menu 18 € (pranzo in settimana)/50 € – Carta 39/62 €
Romantica ed elegante casa di campagna impreziosita da arredi d'epoca - la passione del titolare - insieme ad un'ottima cucina, in prevalenza di pesce.

✗ Osteria della Villetta Ⓔ Ⓔ

via Marconi 104 – ☏ 03 07 40 18 99 – www. osteriadellavilletta.it – Chiuso 25 dicembre-3 gennaio, agosto, domenica, lunedì e le sere di martedì e mercoledì
Carta 29/45 €
Da oltre cent'anni baluardo della tradizione bresciana, arredi liberty e atmosfera retrò sono il contorno di gustosi piatti del territorio come le polpette di manzo, gli involtini di verza e la crostata con marmellata: tutti conditi da una genuina ospitalità familiare!

PALAZZUOLO SUL SENIO

Firenze (FI) – ✉ 50035 – 1 168 ab. – Alt. 437 m – Carta regionale n° **18-C1**
Roma 318 km – Bologna 86 km – Firenze 56 km – Faenza 46 km
Carta stradale Michelin 563-J16

Locanda Senio

borgo dell'Ore 1 – ✆ 05 58 04 60 19 – www.locandasenio.com – Chiuso 7 gennaio-12 febbraio
6 cam – †80/115 € ††115/135 € – **2 suites**
Rist *Locanda Senio* – Vedere selezione ristoranti
Come cornice un caratteristico borgo medievale, come note salienti la cura, le personalizzazioni, la bella terrazza con piscina...insomma un soggiorno proprio piacevole.

Locanda Senio – Locanda Senio

borgo dell'Ore 1 – ✆ 05 58 04 60 19 – www.locandasenio.com – Chiuso 7 gennaio-12 febbraio, lunedì, martedì e mercoledì escluso giugno-settembre
Carta 35/49 € – *(solo a cena escluso sabato e i giorni festivi)*
Ci sono tanti locali che vantano una cucina del territorio, ma in questa locanda si fa della tradizione il proprio verbo! In una bella atmosfera familiare, Roberta vi proporrà i piatti forti della regione, accompagnandovi inoltre alla scoperta di ricette medievali rivisitate con passione.

PALERMO

(PA) – ✉ 90133 – 678 492 ab. – Carta regionale n° **17-B2**
▶ Agrigento 127 km – Trapani 111 km
Carta stradale Michelin 365-AP55 – Guida Verde Michelin SICILIA

K. Siduna / John Warburton-Lee / Photononstop

Alberghi

Grand Hotel Villa Igiea

salita Belmonte 43 ✉ 90142 – ✆ 09 16 31 21 11 Pianta: B2**e**
– www.villa-igiea.it – Chiuso gennaio e febbraio
121 cam – 160/210 € 180/230 € – 18 € – **6 suites**
Rist *Cuvée du Jour* – Vedere selezione ristoranti
Imponente villa Liberty di fine '800, strategicamente posizionata sul golfo di Palermo e da sempre esclusivo ritiro per principi e regnanti. Nel ristorante le emozioni gastronomiche si mescolano a quelle artistiche con un dipinto di G. Boldini, che fa da sfondo ad una cucina eclettica e siciliana.

Centrale Palace Hotel

corso Vittorio Emanuele 327 ✉ 90134 – ✆ 0 91 85 39 Pianta: D2**b**
– www.centralepalacehotel.com
102 cam – 80/150 € 100/180 € – **2 suites**
Si respira un fascino d'epoca in questa nobile dimora settecentesca, ma dietro a questa cortina c'è un hotel che offre tecnologia moderna in ogni ambiente. Nuova palestra con piccola sauna. Piccola sala all'ultimo piano e terrazza panoramica per l'estate; la cucina, rivisitata, è a base di soli prodotti locali.

Grand Hotel Wagner

via Wagner 2 ✉ 90139 – ✆ 0 91 33 65 72 Pianta: D1**f**
– www.grandhotelwagner.it
58 cam – 115/290 € 140/380 € – **3 suites**
Sorto nel 1921 come palazzo nobiliare, stucchi, boiserie ed affreschi ne ripropongono lo stile sontuoso e neobarocco. Amanti del minimalismo: astenersi!

Principe di Villafranca

via G. Turrisi Colonna 4 ✉ 90141 – ✆ 09 16 11 85 23 Pianta: C1**d**
– www.principedivillafranca.it
32 cam – 89/209 € 99/253 €
Sono molto ben accessoriate e con arredi di moderna eleganza le camere di questa risorsa totalmente ristrutturata qualche anno fa, che ora si presenta in una veste decisamente fashion, dove il contrasto tra il bianco e il grigio è un must. Tra le originalità dell'hotel, una serie di quadri che ritraggono solo gambe femminili in ogni loro forma ed esposizione.

PALERMO

0 — 1 km

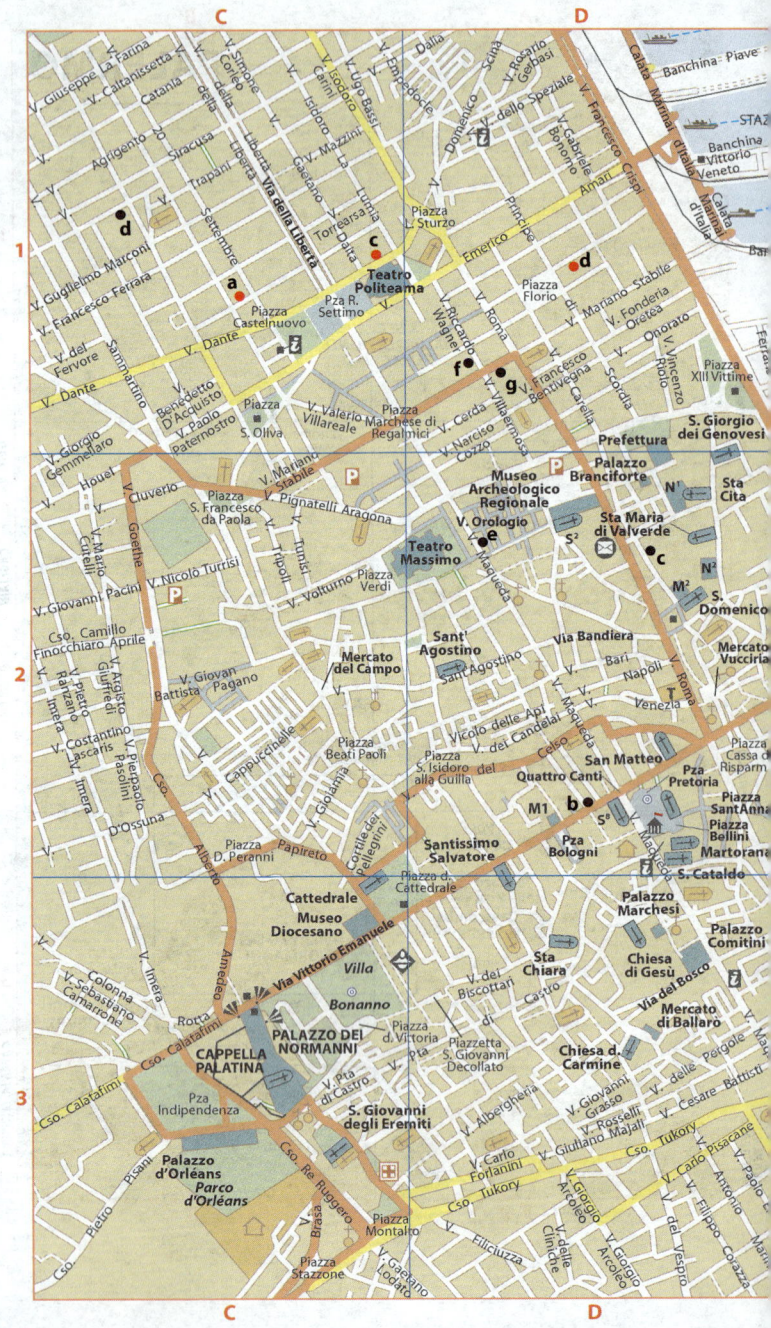

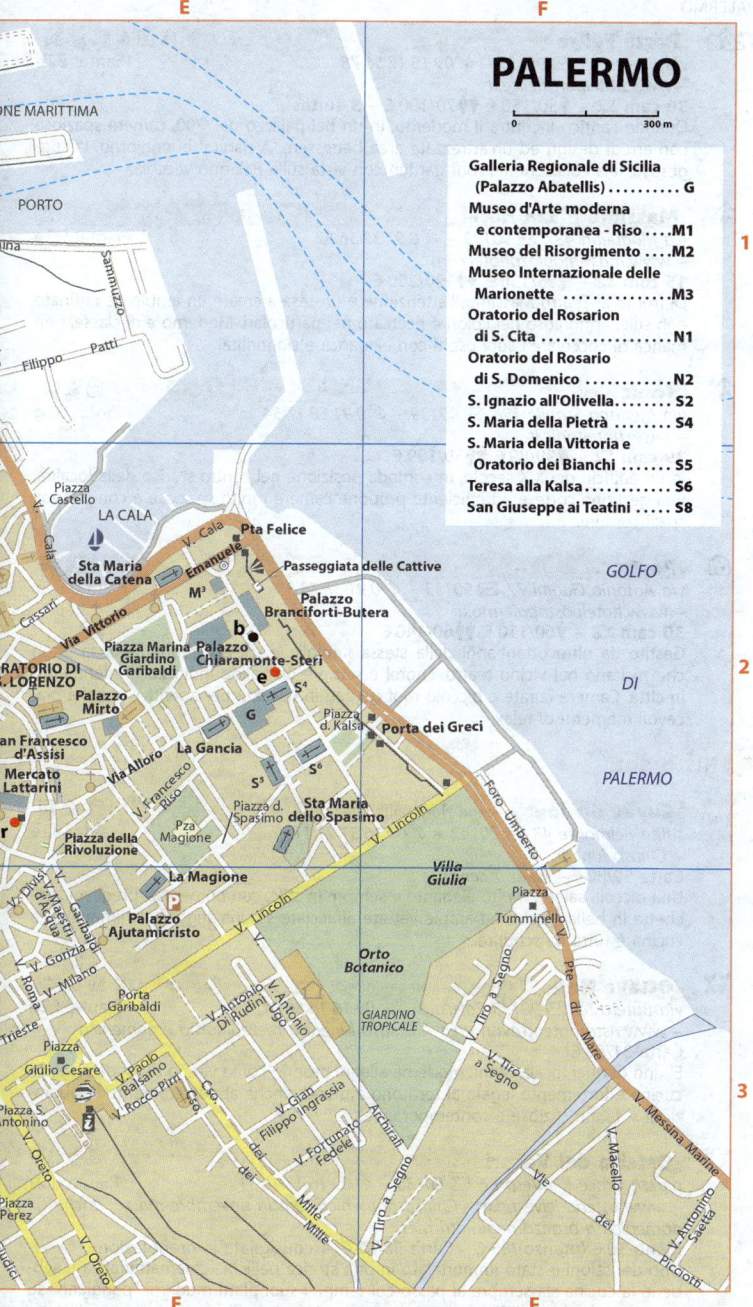

PALERMO

0   300 m

Galleria Regionale di Sicilia
(Palazzo Abatellis) .... G
Museo d'Arte moderna
e contemporanea - Riso M1
Museo del Risorgimento M2
Museo Internazionale delle
Marionette M3
Oratorio del Rosarion
di S. Cita N1
Oratorio del Rosario
di S. Domenico N2
S. Ignazio all'Olivella.......S2
S. Maria della Pietrà S4
S. Maria della Vittoria e
Oratorio dei Bianchi S5
Teresa alla Kalsa...........S6
San Giuseppe ai Teatini S8

GOLFO

DI

PALERMO

Porta Felice

via Butera 45 ✉ *90133 –* ✆ *09 16 17 56 78* — Pianta: E2**b**
– www.hotelportafelice.it
30 cam ⌂ – ♦50/150 € ♦♦70/190 € – **3 suites**
Quando l'antico incontra il moderno: in un bel palazzo del '700, camere spaziose con arredi design ed un'attrezzata area benessere. A darvi il buongiorno, la suggestiva sala colazioni nel roof garden con vista sulla Palermo vecchia.

Massimo Plaza Hotel

via Maqueda 437 ✉ *90133 –* ✆ *0 91 32 56 57* — Pianta: D2**e**
– www.massimoplazahotel.com
15 cam ⌂ – ♦95/150 € ♦♦120/250 €
Di fronte al Teatro Massimo, l'attenzione è protesa a creare un ambiente raffinato e in stile, armonioso nei colori e ricercato nei particolari. Moderno e di classe, non manca di coccolare i suoi ospiti con eleganza e signorilità.

Tonic

via Mariano Stabile 126 ✉ *90139 –* ✆ *0 91 58 17 54* — Pianta: D1**g**
– www.hoteltonic.it
39 cam ⌂ – ♦39/89 € ♦♦59/109 €
In un edificio del XIX secolo, in comoda posizione nel centro storico della località, una gestione cortese ed efficiente propone camere molto spaziose e confortevoli spazi comuni.

Posta

via Antonio Gagini 77 ✉ *90133 –* ✆ *0 91 58 73 38* — Pianta: D2**c**
– www.hotelpostapalermo.it
30 cam ⌂ – ♦60/110 € ♦♦60/140 €
Gestito da oltre ottant'anni dalla stessa famiglia e spesso frequentato da attori che recitano nel vicino teatro, l'hotel è sempre un valido indirizzo di riferimento in città. Camere curate e piccolo roof garden in terrazza per aperitivi, nonché piacevoli momenti di relax.

● Ristoranti

✕✕✕ Cuvée du Jour – Grand Hotel Villa Igiea

salita Belmonte 43 ✉ *90142 –* ✆ *09 16 31 21 11* — Pianta: B2**e**
– Chiuso lunedì
Carta 59/80 € – *(solo a cena)*
Una piccola saletta molto elegante e sempre in stile, con numerose, pregevoli, etichette in bella mostra ed ampie vetrate affacciate su una suggestiva limonaia. La cucina è tutta da scoprire...

✕✕ Ottava Nota

via Butera 55 ✉ *90133 Palermo –* ✆ *09 16 16 86 01* — Pianta: E2**e**
– www.ristoranteottavanota.it – Chiuso lunedì a mezzogiorno e domenica
Carta 31/55 €
E' uno di quei locali, carini, moderni, allegri: proprio come vanno di moda oggi. La cucina è fortemente legata al territorio e quindi anche al pesce, mentre l'elaborazioni si fanno sfiziose e contemporanee.

✕✕ Osteria dei Vespri

piazza Croce dei Vespri 6 ✉ *90133 –* ✆ *09 16 17 16 31* — Pianta: E2**r**
– www.osteriadeivespri.it – Chiuso domenica sera in novembre-marzo, anche domenica a pranzo negli altri mesi
Menu 30 € (pranzo)/85 € – Carta 58/92 € – (consigliata la prenotazione)
Uno dei saloni è stato immortalato in una storica pellicola cinematografica e sebbene la cucina sia sempre al passo coi tempi, i suoi piatti moderni "poggiano" su veraci prodotti locali. Ma è da novembre a marzo che il locale diventa un'osteria in pieno stile con piatti giornalieri a prezzi molto contenuti.

XX **Lo Scudiero**   ⛓ AC

via Turati 7 ✉ 90139 – ℰ 0 91 58 16 28   Pianta: C1**c**
– www.ristoranteloscudiero.com – Chiuso 2 settimane in agosto e domenica
Carta 33/105 € – (consigliata la prenotazione)
Attento e garbato il personale ben si destreggia in questo elegante ristorante del
centro, sempre molto apprezzato dalla clientela locale: un ambiente vivace dove
gustare pesce fresco e tradizione.

XX **Bellotero**   AC 🖤

via Giorgio Castriota 3 ✉ 90139 – ℰ 0 91 58 21 58   Pianta: B2**d**
– Chiuso 10-25 agosto e lunedì
Carta 35/50 € – (consigliata la prenotazione la sera)
Al piano interrato di un palazzo, alle pareti un'esposizione di opere d'arte con-
temporanea, dalla cucina le maggiori ricette siciliane, di mare così come di terra.

XX **Sapori Perduti**   AC
♋

via Principe di Belmonte 32 ✉ 90139 – ℰ 0 91 32 73 87   Pianta: D1**f**
– www.saporiperduti.com – Chiuso domenica
Menu 25/30 € – Carta 33/54 € – (solo a cena) (prenotazione obbligatoria a
mezzogiorno)
Un ristorantino molto buono e accogliente, che propone una fantasiosa e ben
fatta cucina di mare. L'ambiente è moderno, raccolto, piacevolmente arredato
con vivaci cromatismi.

X **Trattoria Biondo**   AC

via Carducci 15 ✉ 90141 – ℰ 0 91 58 36 62   Pianta: C1**a**
*– www.trattoriabiondo.com – Chiuso 10 agosto-1° settembre e mercoledì a
mezzogiorno*
Carta 33/65 €
Nei pressi del teatro Politeama, questa semplice ed accogliente trattoria propone
gustose specialità regionali e molto pesce. In stagione, piatti a base di funghi.

a Mondello Nord-ovest: 11 km – ✉ 90151

XX **Bye Bye Blues** (Patrizia Di Benedetto)   🖤 AC
♋

via del Garofalo 23 – ℰ 09 16 84 14 15   Pianta: A1**d**
– www.byebyeblues.it – Chiuso lunedì
Menu 60 € – Carta 45/80 € – (solo a cena in luglio-agosto) (prenotare)
Un televisore piatto in sala mostra in diretta i gustosi e curati piatti elaborati in
cucina da Patrizia, che riscopre la tradizione regionale, arricchendola con fantasia.
In un ambiente moderno e minimalista - tra tanti vini al bicchiere - sarà facile dire
"addio" alla malinconia.
➜ Cavatelli neri con gamberi rossi e schiuma di ricci. Scottata di ricciola in salsa
caprese. Cagliata di gelsomino su gelo di anguria e meringhe alla cannella.

a Borgo Molara Sud-ovest: 8 km A3 – ✉ 90100 Palermo

🏨 **Baglio Conca d'Oro**   🌳 🐾 ⬆ ⛓ AC 🔥 P

– ℰ 09 16 40 62 86 – www.hotelbaglioconcadoro.com
27 cam 🛏 – ∲60/90 € ∲∲70/120 €
Situato nella periferia di Palermo, l'antica corte accentra intorno a sè il passato e
la memoria di questo hotel di classe e di eleganza, sorto sulle ceneri di una cartiera settecentesca. Arredi d'epoca nelle camere. Ristorante di austera raffinatezza
d'altri tempi, in armonia con la struttura che lo ospita.

PALINURO

Salerno (SA) – ✉ 84064 – Carta regionale n° **4-D3**
▶ Roma 382 km – Salerno 120 km – Battipaglia 94 km – Sapri 49 km
Carta stradale Michelin 564-G27

🏨 **Grand Hotel San Pietro**   🌳 🐾 ⬅ 🏊 🍃 ⬆ AC 🔥 P

corso Carlo Pisacane – ℰ 09 74 93 14 66 – www.grandhotelsanpietro.com
– Aperto 1° aprile-31 ottobre
48 cam 🛏 – ∲99/190 € ∲∲119/240 € – **1 suite**
In pieno centro e - al tempo stesso - direttamente sul mare, camere spaziose ed
un'esclusiva suite con grande vasca idromassaggio interna, in una struttura raffinata la cui ubicazione offre un'impareggiabile vista su Tirreno e costa cilentina.

⌂ Santa Caterina　　　　　　　　　　☆ ≼ ⊡ AC P
via Indipendenza 53 – ℰ 09 74 93 10 19 – www.albergosantacaterina.com
– Aperto 1° aprile-10 novembre
27 cam ⌐ – ✝70/180 € ✝✝80/180 €
Un rinnovo radicale per un risultato ottimale, così oggi l'hotel appare moderno e
al passo coi tempi, ma nel rispetto della propria storia. Bella vista dalle camere.
Affidabile ristorante con ampi scorci sul paesaggio.

⌂ La Conchiglia　　　　　　　　　　☆ ≼ ⊡ AC P
via Indipendenza 52 – ℰ 09 74 93 10 18 – www.hotellaconchiglia.it – Chiuso
18-27 dicembre
28 cam ⌐ – ✝60/180 € ✝✝70/220 €
Rist *Il Vicoletto* – Vedere selezione ristoranti
Hotel di taglio moderno, completamente ristrutturato, ubicato in pieno centro.
Spazi comuni completi, camere spaziose, arredi di qualità e una bella terrazza
vista mare.

XX Da Carmelo　　　　　　　　　　⇦ 🛋 AC ⅋ P
località Isca, Est: 1 km – ℰ 09 74 93 11 38 – ristorantebebdacarmelo.it
– Aperto 28 marzo-1° novembre; chiuso lunedì
Carta 25/46 €　**7 cam** ⌐ – ✝35/70 € ✝✝60/110 €
Al confine della località, lungo la statale per Camerota, il ristorante propone una
gustosa cucina di mare, basata su ottime materie prime. Specialità: spaghetti alla
"Carmelo".

XX Il Vicoletto – Hotel La Conchiglia　　　　≼ 🛋 AC ⅋ P
via Indipendenza 52 – ℰ 09 74 93 10 18 – www.hotellaconchiglia.it – Aperto
25 marzo-31 ottobre
Carta 25/62 € – (consigliata la prenotazione)
Raggiungibile dal piano inferiore dell'hotel Conchiglia, in realtà il ristorante offre un
ingresso anche da un vicoletto - a lato dell'albergo - da cui prende il nome. All'interno ambienti curati nella loro semplicità ed una gran bella terrazza con vista
mare. Cucina schietta regionale con tanto pesce fresco in un ventaglio di ricette.

PALLANZA – Verbano-Cusio-Ossola (VB) ➜ Vedere Verbania

PALLEUSIEUX – Aosta (AO) ➜ Vedere Pré Saint Didier

PALMANOVA
Udine (UD) – ✉ 33057 – 5 465 ab. – Alt. 27 m – Carta regionale n° **6-C3**
▶ Roma 612 km – Udine 31 km – Gorizia 33 km – Grado 28 km
Carta stradale Michelin 562-E21

⌂ Ai Dogi　　　　　　　　　　　　ₐ AC ♨ P
piazza Grande 11 – ℰ 04 32 92 39 05 – www.hotelaidogi.it
15 cam ⌐ – ✝68/75 € ✝✝88 €
Accanto alla cattedrale, piccolo albergo di recente apertura dagli ambienti raccolti
e sobriamente arredati: camere di taglio classico-elegante dotate di ogni confort.

PALMI
Reggio di Calabria (RC) – ✉ 89015 – 19 024 ab. – Alt. 228 m
– Carta regionale n° **3-A3**
▶ Roma 667 km – Reggio di Calabria 53 km – Catanzaro 121 km –
Vibo Valentia 59 km
Carta stradale Michelin 564-L29

XX De Gustibus-Maurizio　　　　　　　　ₐ AC
viale delle Rimembranze 58/60 – ℰ 0 96 62 50 69 – www.degustibuspalmi.it
– Chiuso 2 settimane in settembre, domenica e lunedì escluso
15 luglio-30 agosto
Carta 30/59 € – (solo a cena in agosto)
Ristorante del centro, nei decori l'omaggio alla città ed a alcuni personaggi illustri,
nel piatto l'inno ai frutti della pesca. Carta a voce, illustrata dal titolare.

PALÙ – Trento (TN) ➜ Vedere Giovo

PANAREA – Messina (ME) ➜ Vedere Eolie (Isole)

PANCHIÀ
Trento (TN) – ⊠ 38030 – 813 ab. – Alt. 981 m – Carta regionale n° **19-D3**
▶ Roma 656 km – Bolzano 50 km – Trento 59 km – Belluno 84 km
Carta stradale Michelin 562-D16

Castelir Suite Hotel
via Nazionale 57 – 𝒞 04 62 81 00 01 – www.castelir.it – Aperto
1° dicembre-6 aprile e 1° giugno-27 settembre
5 cam ⌷ – ♦98/140 € ♦♦140/280 € – **2 suites**
Camere enormi con stufe d'epoca e accesso diretto sul giardino per questo albergo in legno d'abete costruito per celebrare la natura e lo spazio come prerogativa del lusso. Molto bella la piscina riscaldata nel mezzo del giardino.

✗✗ Osteria de l'Acquarol
via Nazionale 42 – 𝒞 04 62 81 30 82 – www.osteriadelacquarol.it – Aperto
25 novembre-5 maggio, 1° giugno-15 ottobre; chiuso lunedì
Menu 30/40 € – Carta 30/52 € **25 cam** ⌷ – ♦55/90 € ♦♦45/90 €
Nel riposante contesto delle alpi trentine, un giovane chef è alle prese con una fantasiosa cucina di stampo moderno, in cui alterna carne e pesce in egual misura. A pranzo disponibile anche una piccola carta light (anche nel prezzo). Possibilità di pernottamento nelle camere dell'hotel Rio Bianco, all'interno dello stesso edificio.

PANICALE
Perugia (PG) – ⊠ 06064 – 5 721 ab. – Alt. 431 m – Carta regionale n° **20-A2**
▶ Roma 158 km – Perugia 39 km – Chianciano Terme 33 km
Carta stradale Michelin 563-M18

Villa Rey
località Santa Maria Seconda, Sud-Est: 4 km – 𝒞 07 58 35 22 86
– www.villarey.eu – Aperto 15 marzo-15 novembre
6 cam – solo ½ P 115/135 €
Bella situazione verdeggiante per questa country house distribuita su più strutture le quali offrono interni dal confort moderno, ma il meglio si esprime - tempo permettendo - all'aperto, nel giardino, dove far colazione, pranzo e cena. Qui trova posto anche la piscina.

✗ Lillo Tatini
piazza Umberto I 13-14 – 𝒞 0 75 83 77 71 – www.lillotatini.it – Chiuso
6 gennaio-marzo e lunedì
Carta 31/50 € – (consigliata la prenotazione)
Nel cuore di un borgo-castello di origini medioevali, la fiaba continua nella piccola sala decorata con gusto femminile, dalla cucina salumi locali, paste fresche, tartufo, pesce di lago e selvaggina.

 verso Montali – ⊠ 06068 Panicale

Villa di Monte Solare – Country House
via Montali 7, località Colle San Paolo, Est : 11 km – 𝒞 07 58 35 58 18
– www.villamontesolare.com – Chiuso gennaio e febbraio
19 cam ⌷ – ♦94/120 € ♦♦149/188 € – **6 suites**
All'interno di un'area sottoposta a vincolo paesaggistico e archeologico, una villa patrizia di fine '700 con annesse fattoria e piccola chiesa; elevata ospitalità e cura dei particolari: c'è anche una piacevole beauty farm. Al ristorante gustosi piatti del territorio.

Agriturismo Montali
via Montali 23, località Montali, Nord-Est : 15 km – 𝒞 07 58 35 06 80
– www.montalionline.com – Aperto 20 aprile-6 ottobre
9 cam ⌷ – solo ½ P 110/140 €
Cinque chilometri di strada panoramica non asfaltata, con una vista che spazia sul Lago Trasimeno, il basso senese e il perugino: al termine si giunge ad un complesso rurale in posizione isolata e cinto dai propri 1500 ulivi. Tipica cartolina dell'Umbria? Non proprio! L'arredo delle stanze arriva tutto direttamente da Bali.

PANTELLERIA (Isola di)

Sicilia – Trapani (TP) – 7 442 ab. – Carta regionale n° **17-A3**
Carta stradale Michelin 365-AG62 – Guida Verde Michelin SICILIA

PANTELLERIA – ✉ 91017 – Carta regionale n° 17-A3
Carta stradale Michelin 565-Q17

🏠 Zubebi Resort ✿ 🦤 ← 🛏 🛗 AC P

contrada Zubebi – ✆ *09 23 91 36 53* – *www.zubebi.it* – *Aperto
15 aprile-15 ottobre*
8 cam ☑ – 🛉120/230 € 🛉🛉210/300 €
In una vasta e quieta proprietà dove la macchia mediterranea fa da sfondo ai
tipici dammusi che costituiscono l'albergo, il ristorante è in un giardino arabo
molto pittoresco. Assolutamente da non perdere: l'aperitivo sul tetto con il tramonto sullo sfondo!

XX Al Tramonto ← 🛋 P

C.da Scauri Basso 12/a (loc. Penna) – ✆ *34 95 37 20 65
– www.ristorantealtramonto.it – Aperto 15 maggio-15 ottobre*
Carta 35/62 €
Ristorante con una romantica terrazza da cui ammirare il tramonto, magari sorseggiando un aperitivo, in attesa delle specialità pantesche riproposte in chiave
moderna.

X La Nicchia 🛋

a Scauri Basso – ✆ *09 23 91 63 42* – *www.lanicchia.it* – *Aperto
10 aprile-30 ottobre*
Carta 30/70 € – *(solo a cena)*
Un locale semplice, ma ben tenuto dove provare specialità marinare tipiche, nelle
sale interne con arredi essenziali o all'esterno, sotto un delizioso pergolato.

X Osteria il Principe e il Pirata 🍴🍴 ← 🛋 P

a Punta Karace 7 – ✆ *09 23 69 11 08* – *www.principeepirata.it
– Aperto 1° aprile-31 ottobre; chiuso lunedì escluso 1° luglio-15 settembre*
Carta 31/57 €
In una tipica casa isolana con una grande terrazza vista mare e arredi rustici, la
cucina, curata personalmente dalla titolare, è attenta già dalla scelta delle materie
prime. Specialità siciliane.

TRACINO – ✉ 91017 Pantelleria – Carta regionale n° 17-A3
Carta stradale Michelin 565-Q18

🏠 Pantelleria Dream ✿ 🦤 ← 🛏 ⛵ AC P

Contrada Tracino loc. Kania – ✆ *09 23 91 56 70* – *www.pantelleriadreamresort.it
– Aperto 1° maggio-30 settembre*
46 cam ☑ – 🛉95/329 € 🛉🛉158/548 €
Nella suggestiva macchia mediterranea, affacciate sul mare, tipiche costruzioni
pantesche con il caratteristico patio offrono un sobrio confort per soggiorni all'insegna del relax.

PANTIERE – Pesaro e Urbino (PU) ➜ Vedere Urbino

PANZA – Napoli (NA) ➜ Vedere Ischia (Isola d') : Forio

PANZANO – Firenze (FI) ➜ Vedere Greve in Chianti

PARABIAGO

Milano (MI) – ✉ 20015 – 27 665 ab. – Alt. 184 m – Carta regionale n° **10-A2**
▶ Roma 598 km – Milano 21 km – Bergamo 73 km – Como 40 km
Carta stradale Michelin 561-F8

XX Da Palmiro ⅃ AC

via del Riale 16 – ✆ *03 31 55 20 24* – *www.ristorantedapalmiro.it
– Chiuso 1°-7 gennaio, 10-20 agosto, domenica sera e lunedì*
Menu 22 € (pranzo in settimana) – Carta 44/76 €
In posizione centrale, una vera chicca per gli amanti della cucina di mare: ampia
scelta e grande varietà anche di crudo, da abbinare all'ampia selezione di sali e
pepi di tutto il mondo.

PARADISO – Udine (UD) → Vedere Pocenia

PARAGGI

Genova (GE) – ⊠ 16038 – Carta regionale n° **8-C2**
▶ Roma 485 km – Genova 39 km – La Spezia 87 km – Rapallo 8 km
Carta stradale Michelin 561-J9

 Eight Paraggi ⛲ ⬅ 🛁 ⬍ AC
via Paraggi a Mare 8 – ☏ *01 85 28 99 61 – www.eighthotels.it – Aperto*
1° aprile-31 ottobre
12 cam ⌂ – ♦580 € ♦♦580 € – **1 suite**
In una delle baie più esclusive della Penisola - tra Portofino e S. Margherita - spazi
comuni ridotti, ma signorili, e camere ineccepibili dal punto di vista del confort.
Splendida location sul mare.

 Argentina AC
via Paraggi a Monte 56 – ☏ *01 85 28 67 08 – www.hotelargentinaportofino.com*
– Aperto 1° aprile-31 ottobre
12 cam ⌂ – ♦100/170 € ♦♦120/195 €
A pochi passi dal mare, l'interessante rapporto qualità/prezzo ne fa di lui una simpatica alternativa ai più impegnativi alberghi della zona. In poche parole: semplicità, ma buoni confort.

PARCINES (PARTSCHINS)

Bolzano (BZ) – ⊠ 39020 – 3 651 ab. – Alt. 626 m – Carta regionale n° **19-B2**
▶ Roma 674 km – Bolzano 37 km – Merano 10 km – Trento 89 km
Carta stradale Michelin 562-B15

a Rablà Ovest : 2 km – ⊠ 39020

 Hanswirt ⛲ 🛏 ⌿ 🌫 ⬍ ♿ 🚗
piazza Gerold 3 – ☏ *04 73 96 71 48 – www.hanswirt.com*
– Aperto 14 dicembre e 20 marzo-8 novembre
16 cam ⌂ – ♦110/200 € ♦♦155/240 € – **5 suites**
Rist *Hanswirt* – Vedere selezione ristoranti
Uno dei pochi alberghi storici di tutto l'Alto Adige, questa recente struttura nata
dall'ampliamento di un bell'edificio antico va ad arricchire l'offerta dell'omonimo
ristorante. Ampi spazi e camere eleganti.

 **Roessl** ⛲ ⬅ 🛏 ⌿ 📺 🌐 🌫 ♨ ⬍ 🕺 AC 🚗
via Venosta 26 – ☏ *04 73 96 71 43 – www.roessl.com*
– Chiuso 24 novembre-14 febbraio
35 cam ⌂ – ♦85/140 € ♦♦170/280 € – **8 suites**
Rist *Roessl* – Vedere selezione ristoranti
Decorato e sito lungo la via principale, con molte stanze affacciate sui frutteti,
albergo con buone attrezzature e piacevole giardino con piscina.

XX **Roessl** – Hotel Rooesl ⬅ 🛏 🏡 ⌿ ♿ 🚗
via Venosta 26 – ☏ *04 73 96 71 43 – www.roessl.com*
– Chiuso 24 novembre-14 febbraio
Carta 34/74 €
La cucina alterna piatti della tradizione ad altri più contemporanei e - soprattutto
- di stagione, in un locale gettonatissimo anche dagli abitanti del posto. Atmosfera curata.

XX **Hanswirt** – Hotel Hanswirt 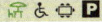 🏡 ♿ ⬆ P
piazza Gerold 3 – ☏ *04 73 96 71 48 – www.hanswirt.com*
– Aperto 14 dicembre-6 gennaio e 20 marzo-8 novembre
Carta 35/77 €
Ricavato all'interno di un antico maso, stazione di posta, un locale elegante e piacevole, dall'ambiente caldo e tipicamente tirolese. In menu, piatti di cucina contemporanea rivisitata in chiave moderna.

PARCO NAZIONALE D'ABRUZZO – L'Aquila-Isernia-Frosinone

PARETI – Livorno (LI) → Vedere Elba (Isola d') : Capoliveri

PARMA

(PR) – ✉ 43121 – 190 284 ab. – Alt. 57 m – Carta regionale n° **5-A3**
▶ Roma 460 km – Bologna 103 km – Reggio nell'Emilia 38 km – Piacenza 66 km
Carta stradale Michelin 562-H12

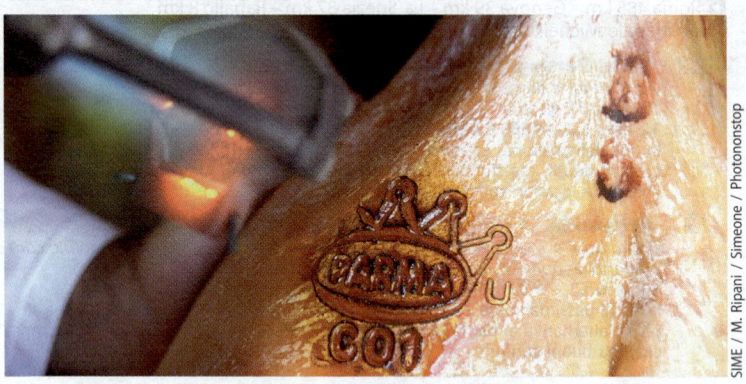

SIME / M. Ripani / Simeone / Photononstop

🔴 Alberghi

Park Hotel Pacchiosi
🍃 🍴 ⬆ AC ⚒ P

strada del Quartiere 4 ✉ *43121* – ☏ *05 21 07 70 77*   Pianta: A2**a**
– *www.parkhotelpacchiosi.it*
45 cam ⬜ – 🛏110/330 € 🛏🛏130/660 € – **14 suites**
"Il verde in città": in questo caso non è lo slogan di un nuovo complesso residenziale, ma sono i 10.000 mq di parco che abbracciano quest'imponente edificio dei
primi del '900 convertito in lussuoso albergo. Camere ed ambienti eleganti in stile
neorinascimentale, per un soggiorno all'insegna della raffinatezza.

Grand Hotel de la Ville
🍴 〰 ⓕ5 ⬆ ⬇ AC ⚒ 🚗

largo Piero Calamandrei 11, Barilla Center ✉ *43121*   Pianta: C2**a**
– ☏ *05 21 03 04* – *www.grandhoteldelaville.it*
107 cam ⬜ – 🛏110/360 € 🛏🛏155/400 € – **3 suites**
Elegante hall con spazi e luci d'avanguardia per questa risorsa ricavata da un ex
pastificio, riprogettato all'esterno da Renzo Piano. Ottima insonorizzazione nelle
belle camere dagli arredi più classici. Ristorante con proposte di ogni origine:
ricette parmigiane, elaborazioni classiche e specialità di pesce.

Stendhal
⬆ AC ⚒ 🚗

piazzetta Bodoni 3 ✉ *43121* – ☏ *05 21 20 80 57*   Pianta: B1**r**
– *www.hotelstendhal.it*
63 cam – 🛏89/210 € 🛏🛏93/320 € – ⬜ 12 €
Nel cuore di Parma, in un'area cortilizia dell'antico Palazzo della Pilotta, una piacevole struttura con camere variamente decorate, dallo stile veneziano al Luigi XIII.
Al primo piano, invece, nuove stanze dall'arredo più moderno.

Farnese
🍴 ⌣ ⓕ5 ⬆ AC ⚒ P

via Reggio 51/a, per via Reggio - B1 ✉ *43126* – ☏ *05 21 99 42 47*
– *www.farnesehotel.it*
76 cam ⬜ – 🛏65/390 € 🛏🛏75/390 €
Moderno complesso totalmente rinnovato negli ultimi anni, la cui posizione strategica - a pochi metri dalla tangenziale - consente di raggiungere agevolmente
stazione, aeroporto e fiera.

NH Parma 🅝
🍴 ⓕ5 ⬆ ⬇ AC ⚒ 🚗

viale Paolo Borsellino ✉ *43100 Parma* – ☏ *05 21 79 28 11*   Pianta: B1**n**
– *www.nh-hotels.com*
120 cam ⬜ – 🛏70/245 € 🛏🛏80/255 €
Ideale per chi arriva a Parma in treno, l'albergo si trova a venti metri dalla stazione, ma è ben isolato dai rumori. Camere moderne e minimaliste nelle riposanti
tonalità di grigio: finestra in bagno e qualche accessorio in più nelle superior.

843

Button 🔼 AC

via della Salina 7 ✉ *43121 –* 📞 *05 21 20 80 39*   Pianta: B2**a**
– www.hotelbutton.it – Chiuso 23 dicembre-2 gennaio e 1°-23 agosto
40 cam ⌂ **–** 🛏65/115 € 🛏🛏85/180 €
Nel cuore di Parma, nei pressi dell'Università e altre mete cittadine, sorge questa risorsa dove la semplicità delle camere è compensata dall'ampiezza e cortesia nel servizio.

Daniel 🕿 🔼 AC P

via Gramsci 16 ang. via Abbeveratoia, per Piacenza - A1 ✉ *43126*
– 📞 *05 21 99 51 47 – www.hoteldaniel.biz – Chiuso agosto*
32 cam ⌂ **–** 🛏75/150 € 🛏🛏100/200 €
Rist *Cocchi* – Vedere selezione ristoranti
Importanti lavori di rinnovo effettuati negli ultimi anni hanno conferito un confort moderno ed aggiornato a questo piacevole albergo, a soli 100 m dall'inizio del centro storico. Camere dal design contemporaneo e dai colori sobri.

Holiday Inn Express 🕿 🔼 ♿ AC 🛁 P

via Naviglio Alto 50, per Mantova - B1 ✉ *43122 –* 📞 *05 21 27 05 93*
– www.parma.hiexpress.it
70 cam ⌂ **–** 🛏79/360 € 🛏🛏79/360 €
Nei pressi dei centri commerciali e in prossimità delle grandi arterie di comunicazione, una struttura moderna ed accogliente con piacevoli family room. Cucina nazionale, nonché specialità emiliane al ristorante.

Ibis Parma Toscanini ⪪ 🔼 ♿ AC 🕸 🛁 🚗 🌊

viale Toscanini 4 ✉ *43121 –* 📞 *05 21 28 91 41*   Pianta: B2**e**
– www.hoteltoscanini.it
88 cam ⌂ **–** 🛏70/225 € 🛏🛏75/225 €
Sul Lungo Parma e vicinissima al centro, la struttura propone diverse situazioni: camere dallo stile piacevolmente tradizionale ed altre dall'impronta più moderna. Confort garantito in entrambi i casi.

Palazzo dalla Rosa Prati 🔼 AC 🛁

strada al Duomo 7 ✉ *43121 –* 📞 *05 21 38 64 29*   Pianta: B1**b**
– www.palazzodallarosaprati.it
11 cam ⌂ **–** 🛏95/200 € 🛏🛏105/350 €
Affacciato sul Battistero e sul Duomo, oggi, dopo sei secoli, la famiglia Dalla Rosa Prati apre le porte del suo palazzo agli ospiti e li riceve in camere spaziose, con arredi dal '700 al liberty, tutte con angolo cottura. Nuova sala polifunzionale per riunioni, mostre, eventi.

Parizzi Suites & Studio 🕿 🔼 AC

strada della Repubblica 71 ✉ *43121 –* 📞 *05 21 20 70 32*   Pianta: C2**h**
– www.parizzisuite.it
13 cam ⌂ **–** 🛏80/300 € 🛏🛏90/300 €
Rist *Parizzi* ✿ – Vedere selezione ristoranti
Una soluzione residenziale che si adatta anche a soggiorni lunghi: appartamentini dotati di cucina, dai più piccoli studio di 50 metri quadrati alla sontuosa stanza (n. 155) con soffitto affrescato, fino ad un moderno e romantico loft con ampia vasca idromassaggio in mansarda.

🔴 Ristoranti

XXXX Parizzi – Parizzi Suites & Studio 🕸 ♿ AC 🕸 ✧
✿ *strada della Repubblica 71* ✉ *43121*   Pianta: C2**h**
– www.ristoranteparizzi.it – Chiuso 4-11 gennaio, 7-28 agosto e lunedì
Menu 70 € – Carta 48/73 € – (consigliata la prenotazione)
La sala moderna e minimalista sembra voler eliminare distrazioni e preparare il palato all'incontro con la cucina di Parizzi. Vi troverete riferimenti parmigiani, ma anche una creatività sofisticata ed intelligente che reinterpreta con stile classici italiani ed internazionali.
➔ Battuta di cavallo con polline, caviale e pane al curry. Risotto al pomodoro con melanzane e mozzarella. Sogliola ripiena di gamberi crudi al basilico, asparagi e salsa alla verdure.

XxX Inkiostro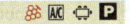

via San Leonardo 124, 4 km per Mantova - B1 ✉ 43122 – ☏ 05 21 77 60 47
*– www.ristoranteinkiostro.it – Chiuso 1°-7 gennaio, 3 settimane in agosto e
domenica*
Carta 65/125 €
Locale dal design elegante-minimalista, la cui cucina propone piatti incentrati su
una materia prima di grande qualità trattata con intelligenza e rispetto in un
twist creativo, prevalentemente di mare, ma non solo. Vivamente consigliata la
visita della cantina che con circa 900 etichette vivacizza la carta.
→ La spirale di uovo cotto "a freddo" con albume montato, contrasti acidi e piccanti. Sopra una crema di mandorle, gli gnocchi di patate con sarde marinate,
succo di tartufo e le loro spine fritte. Il trancio di merluzzo fresco, in lenta cottura,
bagnato con un'infusione di pasta sfoglia tostata ed aromatizzata alle radici di
citronella, olio alla senape, aglio nero fermentato.

XX Cocchi – Hotel Daniel

via Gramsci 16/a, per Piacenza - A1 ✉ 43126 – ☏ 05 21 98 19 90
*– www.ristorantecocchi.it – Chiuso 24 dicembre-6 gennaio, agosto, sabato,
anche domenica in giugno-luglio*
Carta 32/63 €
Annessa all'hotel Daniel, una gloria cittadina che, in due ambienti raccolti e rustici,
propone la tipica cucina parmigiana accompagnata da una ricercata lista vini.

XX Al Tramezzo

via Del Bono 5/b, 3 km per Modena-Bologna - C2 ✉ 43123 – ☏ 05 21 48 79 06
– www.altramezzo.it – Chiuso 1°-15 luglio e domenica
Carta 46/96 €
In zona periferica, locale semplice e classico negli arredi, le energie si concentrano
su una cucina che spazia dalla tradizione parmense, con tante paste e salumi, a
piatti più creativi anche a base di pesce.
→ Riso mantecato al Franciacorta con sautée di granchio reale e lime. Pesce sciabola con gamberi rosa e orzo alla nocciola con zabaione di asparagi. Omaggio a
Giuseppe Verdi: le sue opere tradotte in dessert.

XX Angiol d'Or

vicolo Scutellari 1 – ☏ 05 21 28 26 32 *– www.angioldor.it*   Pianta: B1a
– Chiuso 11-21 gennaio, 8-22 agosto e lunedì
Carta 29/59 €
Ambiente confortevole ed informale per un ristorante con una bella veranda
affacciata sulla piazza del Duomo e sul Battistero. In menu, il meglio della tipicità
parmigiana.

XX Shakespeare Cafè

via Goito 1 ✉ 43100 Parma – ☏ 05 21 23 79 69   Pianta: B2d
– www.shakespearecafe.it – Chiuso 5-25 agosto
Menu 25/35 € – Carta 25/34 € – (consigliata la prenotazione)
Giovane e di tendenza, moderno ed informale, la cucina, a vista, è in funzione
fino a mezzanotte, mentre la musica dal vivo rallegra gli ospiti - tutte le sere
- dalle 22.00. Specialità: tortelli sia di erbette alla parmigiana sia di zucca, pesce
e carne, semifreddo ai tre cioccolati.

XX Parma Rotta

strada Langhirano 158, per viale Francesco Basetti - B2 ✉ 43124
– ☏ 05 21 96 67 38 *– www.parmarotta.com – Chiuso 23 dicembre-10 gennaio,
domenica e lunedì*
Menu 30/35 € – Carta 34/74 €
Il nome è quello attribuito al quartiere ai tempi in cui le piene del torrente Parma
rompevano gli argini. All'interno di una vecchia casa colonica, un labirinto di
salette ospita una cucina che trova la propria massima espressione nei dolci, nonché nelle specialità allo spiedo e alla brace rigorosamente di legna.

XX   Il Trovatore

via Affò 2/A ☒ *43121* – ☎ *05 21 23 69 05*   Pianta: B1**d**
– *www.iltrovatoreristorante.com* – *Chiuso 24-26 dicembre, 10-25 agosto e domenica*
Menu 30/45 € – Carta 38/68 €
Un omaggio a Verdi per l'appassionata gestione che ha rinnovato, anche nel nome, un vecchio locale in pieno centro. Vari i piatti, dal parmense al mare, e una bella cantina visitabile: una scelta enologica che mette le ali alla fantasia.

XX   Osteria del Gesso

via Ferdinando Maestri 11 ☒ *43121* – ☎ *05 21 23 05 05*   Pianta: B2**b**
– *www.osteriadelgesso.it* – *Chiuso 4-14 gennaio, 2-10 luglio, mercoledì e giovedì in ottobre-maggio, domenica e lunedì in giugno-settembre*
Carta 37/55 € – *(solo a cena periodo estivo)*
Indubbiamente le specialità locali, ma la ricerca dei prodotti e i voli della fantasia fanno fare ai piatti il giro del mondo! La piccola sala al piano interrato riporta alla memoria la locanda settecentesca.

X   Osteria del 36

via Saffi 26/a ☒ *43121* – ☎ *05 21 28 70 61*   Pianta: C1**m**
– *Chiuso 15 luglio-20 agosto e domenica*
Carta 28/55 €
Paste fresche preparate all'istante, selezione di formaggi e torte sono solo alcuni dei piatti forti di questo semplice ed informale locale.

X   I Tri Siochètt

strada Farnese 74, per viale della Villetta - A2 ☒ *43125* – ☎ *05 21 92 94 15*
– *www.itrisiochett.it* – *Chiuso 24 dicembre-2 gennaio, 8-22 agosto e domenica sera*
Menu 25/35 € – Carta 22/43 €
C'era una volta una sorella e due fratelli un po' pazzerelli, tri siochètt, che gestivano la trattoria con annessa drogheria. Del tempo che fu, è rimasta la bella casa colonica: fucina di specialità gastronomiche locali per golosi buongustai.

a Coloreto Sud-Est : 4 km per viale Duca Alessandro C2 – ☒ 43100 Parma

X   Trattoria Ai Due Platani

via Budellungo 104/a – ☎ *05 21 64 56 26* – *Chiuso 15 febbraio-2 marzo, 16 agosto-8 settembre, lunedì sera e martedì, anche lunedì a mezzogiorno da maggio a settembre*
Carta 29/47 € – *(consigliata la prenotazione)*
I due alberi che prestano il nome a questo storico locale sono sempre lì, mentre la conduzione dei due giovani ed appassionati titolari ha saputo rinnovare - senza stravolgere - quell'atmosfera di calda convivialità delle migliori trattorie di paese. Dalla cucina, non solo una montagna di gelato alla crema mantecato al momento, ma preparazioni e tecniche di cottura moderne.

a Gaione Sud-Ovest : 5 km per via della Villetta A2 – ☒ 43100

XX   Trattoria Antichi Sapori

via Montanara 318 – ☎ *05 21 64 81 65* – *www.trattoria-antichisapori.com*
– *Chiuso 2 settimane in agosto e martedì*
Menu 20 € (pranzo in settimana)/35 € – Carta 29/48 €
Trattoria di campagna alle porte della città, propone una cucina regionale, accompagnata da qualche piatto di pesce e dal dinamismo di una giovane conduzione.

a Castelnovo di Baganzola Nord : 6 km per viale Europa B1 – ☒ 43126

XX   Le Viole

strada nuova di Castelnuovo 60/a – ☎ *05 21 60 10 00*
– *Chiuso 15-31 gennaio 15-30 agosto, lunedì e martedì*
Carta 29/42 €
Cucina creativa in questo simpatico indirizzo alle porte di Parma, dove due dinamiche sorelle sapranno allettarvi prendendo semplicemente spunto dai prodotti di stagione.

PASIANO DI PORDENONE

Pordenone (PN) – ⊠ 33087 – 7 749 ab. – Alt. 13 m – Carta regionale n° **6-A3**

▶ Roma 570 km – Udine 66 km – Belluno 75 km – Pordenone 11 km

Carta stradale Michelin 562-E19

a Cecchini di Pasiano Nord-Ovest : 3 km – ⊠ 33087

Il Cecchini   ✿ ⅏ 🔁 & 🅰🅲 🚗

via Sant'Antonio 9 – ℰ 04 34 61 06 68 – www.ilcecchini.it – Chiuso 10-26 agosto

30 cam ⌑ – ♦46/60 € ♦♦56/70 €

Rist *Il Cecchini* ✿ • **Rist *Il Bistrot*** – Vedere selezione ristoranti

Forte della sua posizione tranquilla, in un piccolo paesino, l'hotel offre spazi comuni confortevoli e camere di taglio moderno. Buon rapporto qualità prezzo.

Il Cecchini (Marco Carraro) – Hotel Il Cecchini   🕸 🔥 🅰🅲 ⇔ 🅿

via Sant'Antonio 9 – ℰ 04 34 61 06 68 – www.ilcecchini.it – Chiuso 10-26 agosto, sabato a mezzogiorno e domenica

Menu 65/155 € – Carta 50/143 €

In un ristorante che unisce il rustico fascino di un'antica casa alla raffinatezza d'arredo delle sale, le capacità tecniche del brillante chef consentono alla cucina di mare di abbandonare i sentieri battuti per intraprendere gustosi percorsi nella creatività.

→ Salvagente: degustazione di crudo di mare del giorno. La grande catalana di aragosta e crostacei. Mango & yogurt.

Il Bistrot – Hotel Il Cecchini   🕸 🅿

via Sant'Antonio 9 – ℰ 04 34 61 06 68 – www.ilcecchini.it – Chiuso 10-26 agosto e domenica

Menu 26/48 € – Carta 30/74 €

Ambientazione moderna e à la page per una proposta che spazia da moderne rivisitazioni dei cicchetti ad influenze asiatiche, con qualche piatto unico. Piacevole "anticamera" di una cucina gourmet!

a Rivarotta Ovest : 6 km – ⊠ 33087

Villa Luppis   ✿ ⅏ 🛏 🏊 ♨ 🎐 💆 ✕ 🔁 🅰🅲 🎿 🅿

via San Martino 34 – ℰ 04 34 62 69 69 – www.villaluppis.it

39 cam ⌑ – ♦80/155 € ♦♦110/190 € – **5 suites**

Rist *Lupus in Tabula* – Vedere selezione ristoranti

Storia e raffinatezza negli antichi ambienti di un convento dell'XI secolo circondato da un ampio parco con giardino all'italiana, piscina e campi da tennis. Il Carpe Luppis è il "ristorantino" della Villa: ambiente piacevolissimo e cucina con ottimo rapporto qualità/prezzo.

Lupus in Tabula   🕸 🛏 🔥 🅰🅲 🅿

via San Martino 34 – ℰ 04 34 62 69 69 – www.villaluppis.it – Chiuso lunedì

Carta 45/74 € – *(solo a cena escluso domenica a mezzogiorno su prenotazione)*

Il ristorante si trova in una sala della Villa e ne ripropone la stessa eleganza, mentre in cucina la bontà e la fragranza dei piatti sono nelle mani di un giovane ed appassionato chef che propone una linea moderna e gustosa.

PASSAGGIO – Perugia (PG) → Vedere Bettona

PASSIGNANO SUL TRASIMENO

Perugia (PG) – ⊠ 06065 – 5 776 ab. – Alt. 289 m – Carta regionale n° **20-A2**

▶ Roma 211 km – Perugia 27 km – Arezzo 48 km – Siena 80 km

Carta stradale Michelin 563-M18

Kursaal   ✿ ⅏ ⇐ 🛏 ♨ 🏊 🔁 & 🅿

via Europa 24 – ℰ 0 75 82 80 85 – www.kursaalhotel.net – Aperto 1° aprile-30 ottobre

18 cam ⌑ – ♦65/75 € ♦♦80/98 €

Direttamente sul lago, un piccolo albergo ricavato in una villa dei primi '900 (nella proprietà anche un camping) con camere accoglienti ed eleganti: l'attenta conduzione si avverte anche nelle zone comuni, luminose e spaziose. Servizio ristorante estivo effettuato nella bella veranda.

🏠 Villa Trasimeno

via San Donato 21, Est: 4 km – 📞 *07 58 29 62 94 – www.villatrasimeno.eu
– Aperto 1° aprile-31 ottobre*
6 cam ☄ – †50/80 € ††80/110 €
Un'accogliente coppia italo-americana, una villa a mezza collina in posizione isolata e camere personalizzate dagli eleganti bagni: quattro con vista sul Trasimeno!

XX Il Fischio del Merlo

località Calcinaio 17/A, Est: 3 km – 📞 *0 75 82 92 83 – www.ilfischiodelmerlo.it
– Chiuso novembre e martedì*
Menu 30/50 € – Carta 24/47 €
Il lago non è distante, ma qui a farla da padrone è il pesce di mare, oltre a qual-
che proposta regionale di carne, in sale arredate a profusione con tavoli in cera-
mica di Deruta.

a Castel Rigone Est : 10 km – ✉ 06065

🏠 Relais la Fattoria

via Rigone 1 – 📞 *0 75 84 53 22 – www.relaislafattoria.com – Chiuso
8 gennaio-8 febbraio*
29 cam ☄ – †49/89 € ††59/159 €
La posizione elevata e la distanza dai luoghi più turistici hanno preservato questo
seicentesco complesso patronale: due case raccolte intorno ad un cortiletto in
pietra e lo stile rustico delle zone comuni. Cucina umbra a La Corte.

PASSO → Vedere nome proprio del passo

PASTENA
Frosinone (FR) – ✉ 03020 – 1 473 ab. – Alt. 318 m – Carta regionale n° **7-D2**
▶ Roma 122 km – Frosinone 33 km – Latina 86 km – Formia 41 km
Carta stradale Michelin 563-R22

X Mattarocci

piazza Municipio – 📞 *07 76 54 65 37*
Carta 15/25 €
Vicoli stretti in cima al paese, poi la piazza del Municipio: qui un bar-tabacchi.
All'interno, un localino noto per le leccornie sott'olio. Servizio estivo in terrazza.

PASTRENGO
Verona (VR) – ✉ 37010 – 3 060 ab. – Alt. 192 m – Carta regionale n° **23-A3**
▶ Roma 509 km – Verona 18 km – Garda 16 km – Mantova 49 km
Carta stradale Michelin 561-F14

XxX Stella d'Italia

piazza Carlo Alberto 25 – 📞 *04 57 17 00 34 – www.stelladitalia.it*
Menu 35 € (pranzo in settimana) – Carta 33/55 € – *(chiuso mercoledì da giugno
a settembre; anche la domenica sera negli altri mesi)*
2 cam ☄ – †50/70 € ††70/80 € – **1 suite**
Da architetto, l'attuale patron, si è convertito a ristoratore per onorare un'attività di
famiglia che ormai supera il mezzo secolo. In ambienti caldi ed eleganti, si mangia la tradizionale cucina del territorio: la specialità sono le lumache. Piacevole
giardino per il servizio estivo.

a Piovezzano Nord : 1,5 km – ✉ 37010

X Eva

via Due Porte 43 – 📞 *04 57 17 01 10 – www.ristoranteeva.com
– Chiuso 13-21 agosto e sabato*
Carta 19/34 €
Nelle colline appena fuori dal paese, una trattoria vecchia maniera, con un'ampia
sala dagli alti soffitti, gestione familiare e piatti locali, tra cui i bolliti al carrello.

PAVIA
✉ 27100 – 72 205 ab. – Alt. 77 m – Carta regionale n° **9-A3**
▶ Roma 565 km – Alessandria 71 km – Novara 88 km – Milano 41 km
Carta stradale Michelin 561-G9

Moderno ⌂ 🅿

viale Vittorio Emanuele 41 – ☎ 03 82 30 34 01 — Pianta: A1**a**
– www.hotelmoderno.it – Chiuso 23 dicembre-3 gennaio
49 cam ⌷ **– †85/145 € ††115/180 € – 2 suites**
Sul piazzale della stazione, questo albergo d'inizio '900 si sta rinnovando progressivamente, soppiantando le vecchie camere - ancora funzionali - con stanze assai più moderne ed accattivanti. Cucina del territorio, ma non solo, al ristorante.

 Cascina Scova 🅿

via Vallone 18, per Piacenza - B2 – ☎ 03 82 57 26 65 – www.cascinascova.it
– Chiuso 24 dicembre-2 gennaio
39 cam ⌷ **– †100/130 € ††120/165 €**
Non lontano dal centro, sebbene già in aperta campagna, relais contornato da curati giardini e piccoli specchi d'acqua: camere moderne e ampie, come anche il centro benessere, nonché cucina italiana al ristorante (a pranzo c'è un servizio snack bar).

 Excelsior 🅿

piazza Stazione 25 – ☎ 0 38 22 85 96 — Pianta: A1**b**
– www.hotelexcelsiorpavia.com – Chiuso 1 settimana a Ferragosto
24 cam ⌷ **– †60/95 € ††85/110 €**
Comoda posizione nei pressi della stazione, gestione diretta e attenta all'ospitalità. Camere piacevolmente arredate, spazi comuni limitati.

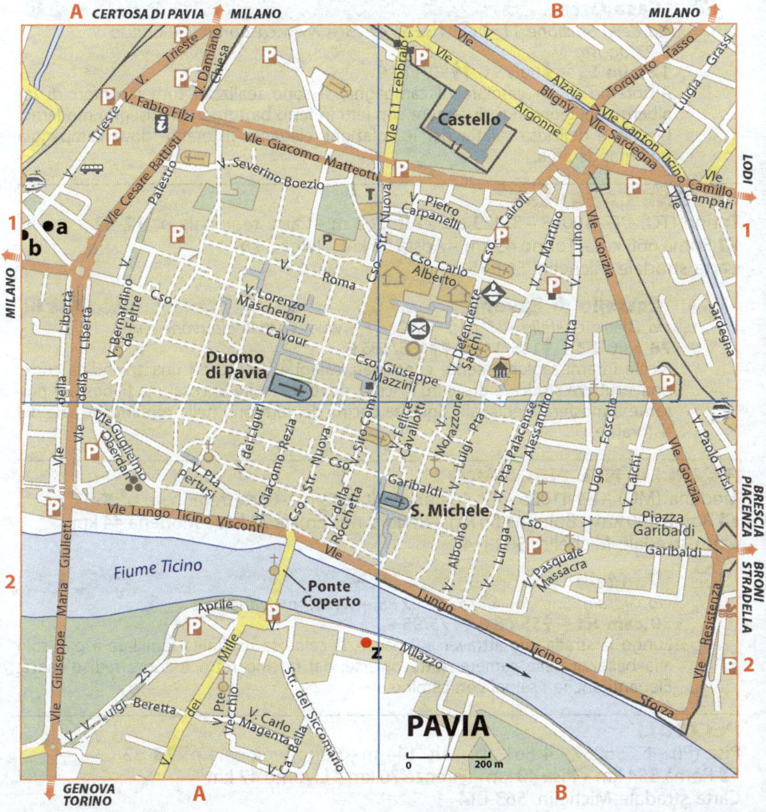

PAVIA

0   200 m

PAVIA

Antica Osteria del Previ ⓐⓚ

via Milazzo 65, località Borgo Ticino – ℰ 0 38 22 62 03   Pianta: A2**z**
– www.anticaosteriadelprevi.com – Chiuso 1°-10 gennaio, agosto e domenica sera
Menu 22/30 € – Carta 29/52 €
Nel vecchio borgo di Pavia lungo il Ticino, un piacevole e curato locale con specialità tipiche della cucina lombarda; travi in legno, focolare, aria d'altri tempi.

sulla strada statale 35 Nord : 4 km per Milano A1

Al Cassinino 🎖🎖🎖

via Cassinino 1 ✉ 27100 – ℰ 03 82 42 20 97 – Chiuso 15 giorni in agosto e mercoledì
Carta 62/101 €
Sul Naviglio pavese, tra Pavia e la Certosa, elegante casa direttamente sul corso d'acqua, dove gustare sapori classici sia del territorio sia di mare. La carta non le riporta, ma in cantina ci sono tante importanti etichette.

PAVIA DI UDINE

Udine (UD) – ✉ 33050 – Carta regionale n° **6-C2**
▶ Roma 653 km – Trieste 79 km – Udine 17 km – Gorizia 39 km
Carta stradale Michelin 562-E21

a Risano Sud-Ovest : 6 km – ✉ 33050

Casa Orter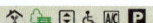

via della Stazione 11 – ℰ 04 32 56 47 73 – www.casaorter.it – Chiuso 8-23 agosto
12 cam ⌑ – †60/75 € ††90/110 €
All'interno di un casolare di campagna, si sono realizzati tutti i confort di un albergo dei giorni nostri: camere con letti in ferro battuto e dal disegno moderno, piccola e deliziosa saletta per le colazioni, elegante ristorante dove campeggia una grande arpa.

PAVONE CANAVESE

Torino (TO) – ✉ 10018 – 3 929 ab. – Alt. 262 m – Carta regionale n° **12-B2**
▶ Roma 668 km – Torino 45 km – Aosta 65 km – Ivrea 5 km
Carta stradale Michelin 561-F5

Castello di Pavone

via Dietro Castello – ℰ 01 25 67 21 11 – www.castellodipavone.com
28 cam ⌑ – †105/145 € ††135/165 €
Ricchi interni sapientemente conservati, saloni affrescati ed una splendida corte: una struttura storica e di sicuro fascino, dove si respira ancora una fiabesca e pulsante atmosfera medievale. Squisita cucina del territorio nelle romantiche sale del ristorante.

PAVULLO NEL FRIGNANO

Modena (MO) – ✉ 41026 – 17 460 ab. – Alt. 682 m – Carta regionale n° **5-B2**
▶ Roma 400 km – Bologna 66 km – Reggio nell'Emilia 74 km – Modena 44 km
Carta stradale Michelin 562-I14

Vandelli

via Giardini Sud 7 – ℰ 0 53 62 02 88 – www.hotelvandelli.it
39 cam ⌑ – †55/68 € ††75/95 €
Lungo la strada che attraversa il paese, la calorosa ospitalità familiare è pari solo alla bellezza delle camere: tutte diverse, dal fascino retrò e con arredi d'epoca. Eleganti anche i saloni con camino.

PECCIOLI

Pisa (PI) – ✉ 56037 – 4 861 ab. – Alt. 144 m – Carta regionale n° **18-B2**
▶ Roma 354 km – Pisa 40 km – Firenze 76 km – Livorno 47 km
Carta stradale Michelin 563-L14

Pratello Country Resort ⚐ 🐾 ⇐ 🛏 ⌗ ✕ ⅙ AK P

località Pratello via di Libbiano 70, Est: 5 km – 📞 *05 87 63 00 24*
– www.pratello.it – Aperto 24 aprile-25 ottobre
10 cam 🖵 – 🕴110/300 € 🕴🕴130/320 € – **2 suites**
Una villa settecentesca al centro di una tenuta faunistico-venatoria, ambienti comuni e camere elegantemente allestite con pezzi di antiquariato ed una cappella del '600. Interessanti, anche i tre appartamenti familiari annessi alla struttura.

PECETTO TORINESE
Torino (TO) – ✉ 10020 – 3 975 ab. – Alt. 407 m – Carta regionale n° **12-A1**
▶ Roma 661 km – Torino 13 km – Alessandria 81 km – Asti 46 km
Carta stradale Michelin 561-G5

Pianta d'insieme di Torino

 Hostellerie du Golf ⚐ 🐾 ⌗ ﾙ 🖻 ⊡ AK 🖳 P

strada Valle Sauglio 130, Sud: 2 km – 📞 *01 18 60 81 38*   Pianta: 2D3**a**
– www.hostelleriedugolf.it – Chiuso 20 dicembre-6 gennaio
26 cam 🖵 – 🕴65/76 € 🕴🕴76/97 €
Nel contesto del Golf Club, l'hotel offre belle camere in stile country ed è ideale tanto per una clientela sportiva che per quella d'affari, considerata la vicinanza a Torino.

PECORONE – Potenza (PZ) ➡ Vedere Lauria

PEDEGUARDA – Treviso (TV) ➡ Vedere Follina

PEDEMONTE – Verona (VR) ➡ Vedere San Pietro in Cariano

PEDENOSSO – Sondrio (SO) ➡ Vedere Valdidentro

PEGLI – Genova (GE) ➡ Vedere Genova

PEIO
Trento (TN) – ✉ 38020 – 1 908 ab. – Alt. 1 389 m – Carta regionale n° **19-A2**
▶ Roma 668 km – Trento 83 km – Bolzano 109 km – Passo di Gavia 53 km
Carta stradale Michelin 562-C14

a Cogolo Est : 3 km – ✉ 38024

 Kristiania Alpin Wellness ⚐ ⇐ 🛏 🔳 ⑩ 🌀 ﾙ ⊡ ⅙ ♨ 🖳 🖴

via Sant'Antonio 18 – 📞 *04 63 75 41 57 – www.hotelkristiania.it – Chiuso maggio, ottobre e novembre*
43 cam 🖵 – 🕴75/95 € 🕴🕴120/160 € – **5 suites**
Ideale per svagare la mente, ci si trastullerà tra il disco-pub, il bar après-ski, la pizzeria o nelle eleganti camere in stile montano; riappropriandosi, invece, del corpo nel seducente centro benessere con piscina, sauna, trattamenti ayurvedici ed altro ancora. Cucina classica e piatti locali al ristorante.

 Cevedale ⚐ 🔳 ⑩ 🌀 ﾙ ⊡ ⅙ ✕ 🖳 🖴

via Roma 33 – 📞 *04 63 75 40 67 – www.hotelcevedale.it – Chiuso maggio e ottobre-novembre*
31 cam 🖵 – 🕴50/65 € 🕴🕴90/120 € – **2 suites**
Sulla piazza centrale, senza essere sfarzoso la gestione familiare moltiplica le cure per i classici ambienti montani. Piacevole centro benessere dallo stile inaspettatamente moderno. Al ristorante, si cena avvolti nel legno: specialità tradizionali trentine e vini consigliati dai titolari sommelier.

🏠 **Chalet Alpenrose** ⚐ 🐾 🛏 🌀 P

via Malgamare, località Masi Guilnova, Nord: 1,5 km – 📞 *04 63 75 40 88*
– www.chaletalpenrose.it – Aperto 5 dicembre-5 aprile e 30 maggio-5 ottobre
19 cam 🖵 – 🕴45/110 € 🕴🕴89/220 € – **4 suites**
Fuori località, nella tranquillità del verde, un maso settecentesco ristrutturato con estrema cura e intimità. Caratteristica sauna ricavata nel capanno del giardino. Ambienti caldi, rifiniti in legno e ben curati in ogni particolare nella zona ristorante.

PELAGO

Firenze (FI) – ⊠ 50060 – 7 645 ab. – Alt. 309 m – Carta regionale n° **18-C1**

▶ Roma 279 km – Firenze 25 km – Prato 55 km – Arezzo 69 km

Carta stradale Michelin 563-K16

a Diacceto Nord : 3 km – ⊠ 50060

 Locanda Tinti

via Casentinese 65 – ✆ 05 58 32 70 07 – www.locandatinti.it

6 cam ⊑ – †70/80 € ††70/80 €

In posizione panoramica su colli e vallata, la locanda aprì negli anni '30 come gelateria. Oggi un bar, gestito dalla stessa famiglia, conduce a delle camere semplici ma accoglienti, con arredi d'epoca. Grazioso e allettante anche il ristorante.

PELLARO – Reggio di Calabria (RC) → Vedere Reggio di Calabria

---

PELLIO INTELVI

Como (CO) – ⊠ 22020 – 1 013 ab. – Alt. 750 m – Carta regionale n° **9-A2**

▶ Roma 669 km – Como 34 km – Bergamo 128 km – Milano 82 km

 La Locanda del Notaio

piano delle Noci 22, Est: 1,5 km – ✆ 03 18 42 70 16
– www.lalocandadelnotaio.com – Aperto 23 marzo-31 ottobre

18 cam ⊑ – †80/130 € ††95/250 € – **2 suites**

Rist *La Locanda del Notaio* ❀ – Vedere selezione ristoranti

Villa dell'Ottocento che in passato fu locanda e oggi è una risorsa arredata con grande cura. Belle camere in legno personalizzate; giardino con laghetto d'acqua sorgiva.

 **La Locanda del Notaio**

piano delle Noci 42, Est: 1,5 km – ✆ 03 18 42 70 16
– www.lalocandadelnotaio.com – Aperto 23 marzo-31 ottobre, chiuso martedì a mezzogiorno e lunedì

Menu 85 € – Carta 54/93 €

Nel 2015 si "ricomincia" con un nuovo, giovane chef, la cui abile mano - affinata con esperienze in grandi ristoranti internazionali - darà alla carta un'impronta pacatamente moderna con carne e pesce sia d'acqua dolce sia di mare. Nella regione dei laghi, a due passi dalla Svizzera, un "buen retiro" affacciato sul verde.
→ Tagliolini al pistacchio di Bronte con bottarga di tonno rosso. Doppio filetto di sogliola con crema di peperoni e misticanza di erbette. Toast di gianduia e frutti rossi.

PENANGO

Asti (AT) – ⊠ 14030 – 499 ab. – Alt. 264 m – Carta regionale n° **12-C2**

▶ Roma 631 km – Alessandria 54 km – Asti 19 km – Vercelli 42 km

Carta stradale Michelin 561-G6

a Cioccaro Est : 3 km – ⊠ 14030 Cioccaro Di Penango

 Relais Sant'Uffizio

strada Sant'Uffizio 1 – ✆ 01 41 91 62 92 – www.relaissantuffizio.com
– Chiuso 10 gennaio-5 marzo

54 cam ⊑ – †100/200 € ††110/250 € – **4 suites**

Nel cuore del Monferrato, all'interno di un parco con piscina, un edificio seicentesco - ex convento domenicano - è stato convertito in struttura di lusso con belle camere personalizzate e un modernissimo centro benessere. Nuove stanze nella struttura che un tempo ospitava le scuderie.

 Relais Il Borgo

via Biletta 60 – ✆ 01 41 92 12 72 – www.ilborgodicioccaro.com
– Aperto 3 aprile-20 dicembre

12 cam ⊑ – †120 € ††120 €

Un piccolo borgo costruito ex novo con fedeli richiami alla tradizione piemontese. Invece è quasi inglese l'atmosfera delle camere, ricche di tessuti e decorazioni.

PENNA ALTA – Arezzo (AR) → Vedere Terranuova Bracciolini

PENNABILLI

Rimini (RN) – ✉ 47864 – 2 928 ab. – Alt. 629 m – Carta regionale n° **5-D3**
▶ Roma 286 km – Rimini 45 km – Pesaro 76 km – San Marino SMR 35 km
Carta stradale Michelin 563-K18

XX   **Il Piastrino** (Riccardo Agostini)   🏡 🍴 ⬆ **P**
❀   *via Parco Begni 9 –* 📞 *05 41 92 81 06 – www.piastrino.it – Chiuso mercoledì in*
luglio-agosto, anche martedì in aprile-dicembre, da lunedì a giovedì in
gennaio-marzo
Menu 45/80 € – Carta 44/66 € – (prenotazione obbligatoria a mezzogiorno)
Bella costruzione in pietra all'interno di un parco: pavimento in cotto, sedie e
divanetti in pelle, il tutto sapientemente dosato e misurato negli accostamenti.
La cucina si distingue per le sue spaziali alchimie di molecole ricche e povere, territoriali e lontane, stagionali e perenni.
→ Spaghetti alla chitarra con borlotti e fegato grasso. Piccione con erbe di
campo, mandorle e cannella. Freddo di mascarpone con sedano e zenzero.

PERA – Trento (TN) → Vedere Pozza di Fassa

PERGINE VALDARNO

Arezzo (AR) – ✉ 52020 – 3 171 ab. – Alt. 361 m – Carta regionale n° **18-C2**
▶ Roma 227 km – Firenze 63 km – Arezzo 17 km – Siena 45 km
Carta stradale Michelin 563-L17

a Montelucci Sud-Est : 2,5 km – ✉ 52020 Pergine Valdarno

🏠   **Agriturismo Fattoria Montelucci**   🌤 🐾 🚲 🍴 🎾 **P**
    – 📞 *32 46 90 66 11 – www.montelucci.it – Chiuso 1° gennaio-31 marzo*
34 cam 🛏 – †79/95 € ††109/134 €
Rist *Locanda di Montelucci* – Vedere selezione ristoranti
Fattoria seicentesca isolata sulle colline e completa di ogni confort, ideale per una
vacanza di relax, ma anche per un soggiorno di sport: mountain bike, escursioni
in pick up, pesca sportiva, caccia, nonché ippica.

X   **Locanda di Montelucci** – Agriturismo Fattoria di Montelucci   🚲 🍴
    – 📞 *32 46 90 66 11 – Chiuso 1° gennaio-31 marzo*   **P**
Carta 30/45 € – *(solo a cena)* (prenotare)
Nel centro della sala campeggia la macina in pietra dell'ex frantoio, mentre in
menu è tutto un inseguirsi di piatti legati al territorio con molti ingredienti di produzione propria.

PERGINE VALSUGANA

Trento (TN) – ✉ 38057 – 21 117 ab. – Alt. 482 m – Carta regionale n° **19-B3**
▶ Roma 603 km – Trento 13 km – Belluno 101 km – Bolzano 68 km
Carta stradale Michelin 562-D15

XX   **Castel Pergine**   🏡 ⇦ 🐾 🚲 🍴 🌿 **P**
    via al Castello 10, Est: 2,5 km – 📞 *04 61 53 11 58 – www.castelpergine.it*
– Aperto 24 marzo-8 novembre
Menu 39 € – Carta 35/53 € – *(chiuso lunedì a mezzogiorno)*
21 cam 🛏 – †42/66 € ††84/132 €
Cucina regionale reinterpretata con gusto moderno in un suggestivo locale dagli
alti soffitti a cassettoni, all'interno di un castello medievale. La risorsa dispone
anche di alcune camere sobrie ed essenziali, in linea con lo stile del maniero.

X   **Osteria Storica Morelli**   **P**
📖 *piazza Petrini 1, località Canezza di Pergine, Est: 2,5 km* ✉ *38057 Pergine*
Valsugana – 📞 *04 61 50 95 04 – www.osteriastoricamorelli.it – Chiuso*
😊 *1 settimana in gennaio, 2 settimane in giugno e lunedì*
Menu 25/35 € – Carta 27/53 €
Una cucina che prende spunto dalla regione e che si esprime in un'accorta selezione delle materie prime, a cui si aggiunge un interessante rapporto qualità/
prezzo. Specialità: gnocchi di polenta al ragù di capriolo - risotto al pino mugo
- stufato di agnello alla contadina.

PERO

Milano (MI) – ✉ 20016 – 11 026 ab. – Alt. 144 m – Carta regionale n° **10-B2**
▶ Roma 578 km – Milano 10 km – Como 29 km – Novara 40 km
Carta stradale Michelin 561-I7

 Atahotel Expo Fiera   🏦 🕰 ♨ 🖭 🖶 ⚙ 🕍 🚗 �'
via Giovanni Keplero 12 – 𝒞 02 30 05 51 – www.atahotels.it – Chiuso
25 luglio-20 agosto
527 cam ☑ – †99/810 € ††99/810 €
Vicino al nuovo polo fieristico di Rho/Pero, una struttura moderna prodiga di servizi
e confort. Camere ampie ed un centro congressuale concepito per la massima flessibilità degli spazi. Nel ristorante con cucina a vista, non mancano i classici italiani.

PERUGIA

(PG) – ✉ 06121 – 165 668 ab. – Alt. 493 m – *Carta regionale n° 20-B2*
▶ Roma 172 km – Firenze 151 km – Ancona 139 km – Pescara 262 km
Carta stradale Michelin 563-M19

J. Arnold / hemis.fr

🟢 Alberghi

🏨 **Brufani Palace**
piazza Italia 12 ✉ *06121* – ✆ *07 55 73 25 41* Pianta: A3**x**
– *www.sinahotels.com*
59 cam – 🛏250/390 € 🛏🛏350/450 € – ☕ 33 € – **35 suites**
Rist *Collins* – Vedere selezione ristoranti
Storico e sontuoso hotel aperto nella parte alta della città già dal 1884, Brufani Palace vanta un roof-garden strepitoso: da qui si gode, infatti, di un'incantevole vista su Perugia e dintorni. Le camere non smentiscono lo standard
dell'albergo.

🏨 **Perugia Plaza Hotel**
via Palermo 88, per via dei Filosofi - B3 ✉ *06129* – ✆ *07 53 46 43*
– *www.hotelplazaperugia.com*
106 cam ☕ – 🛏70/150 € 🛏🛏80/200 € – **2 suites**
A ridosso del centro storico, l'esterno grigio ed "ospedaliero" si rifà decisamente
all'interno con eccellenti servizi, ambienti ben distribuiti e stanze con ogni confort: ideale quindi per una clientela sia business che pleasure. Cucina classica
nazionale con ovvi richiami alla tradizione umbra.

🏨 **Castello di Monterone** – *Residenza d'epoca*
strada Monteville 3, 2,5 km per via dal Pozzo - B2 ✉ *06126*
– ✆ *07 55 72 42 14 – www.castellomonterone.com*
– *Chiuso 7 gennaio-12 febbraio*
18 cam ☕ – 🛏100/390 € 🛏🛏110/390 €
Lungo l'ultimo tratto dell'antica via regalis che conduce da Roma a Perugia, un
piccolo ed incantevole castello ottocentesco per immergersi in una fiaba
medioevale. Camere monastiche per semplicità, ma dagli arredi in stile, scegliete le migliori tra quelle che si affacciano sulla vallata e le poche con affreschi medievali.

🏨 **Sangallo Palace Hotel**
via Masi 9 ✉ *06121* – ✆ *07 55 73 02 02* Pianta: A3**m**
– *www.sangallo.it*
98 cam ☕ – 🛏80/120 € 🛏🛏95/180 € – **2 suites**
Sito nel centro storico, a pochi passi dall'antica Rocca Paolina, l'hotel dispone di
buoni spazi interni e confort moderni. Al suo interno anche l'omonimo ristorante,
classico sia nell'ambiente sia nella cucina.

PERUGIA

0 _____ 200 m

Museo del Capitolo
della Cattedrale di San Lorenzo . . . . M

Giò Wine e Jazz Area

via Ruggero D'Andreotto 19, per Città della Domenica - *A3* ✉ 06124
– ✆ 07 55 73 11 00 – www.hotelgio.it
206 cam – †66/150 € ††70/150 € – **4 suites**
Rist *Giò Arte e Vini* – Vedere selezione ristoranti
Due aree distinte, Wine e Jazz appunto, per un hotel originale: troverete insoliti e curiosi scrittoi che diventano teche per la conservazione di ricercate bottiglie, così come richiami dal mondo del jazz.

 La Rosetta

piazza Italia 19 ✉ 06121 – ✆ 07 55 72 08 41   Pianta: A2**r**
– www.larosetta.eu
86 cam – †65/95 € ††85/130 €
Affacciato sull'elegante viale di passeggio perugino, è un albergo storico con camere diversificate: solo un paio sono affrescate, alcune dispongono di balconcino, una trentina invece ripropongono lo stile anni Venti quale omaggio all'apertura avvenuta nel 1922.

 Fortuna

via Bonazzi 19 ✉ 06123 – ✆ 07 55 72 28 45   Pianta: A2**t**
– www.umbriahotels.com
51 cam – †69/105 € ††77/160 €
Annunciato da una romantica edera che ne ricopre la facciata, si compone di due torri medioevali con sale affrescate, terrazzi con vista sui tetti di Perugia e arredi d'epoca: se amate la storia è il vostro albergo!

 Ristoranti

XXX **Collins** – Hotel Brufani Palace

piazza Italia 12 ✉ 06121 – ✆ 07 55 73 25 41   Pianta: A3**x**
– www.sinahotels.com
Carta 50/75 €
All'interno del prestigioso albergo, diretto un tempo da George Collins, nipote del suo fondatore, Giacomo Brufani, si cena accanto ad un bel camino in ambienti signorili. La cucina segue le stagioni con specialità regionali e classici nazionali.

XX **Antica Trattoria San Lorenzo**

piazza Danti 19/A ✉ 06122 – ✆ 07 55 72 19 56   Pianta: B2**c**
– www.anticatrattoriasanlorenzo.com – Chiuso domenica
Menu 40/75 € – Carta 47/83 €
E' attorno al simpatico chef che ruota il ristorante, situato proprio nel cuore del salotto cittadino, egli vi propone la sua cucina moderna con alcune citazioni del territorio.

XX **Giò Arte e Vini** – Hotel Giò Wine e Jazz Area

via Ruggero D'Andreotto 19, per Città della Domenica - *A3* ✉ 06124
– ✆ 07 55 73 11 00 – www.hotelgio.it
Menu 32/37 € – Carta 26/45 €
Grappoli d'uva ai tavoli e una sfilata di pietanze della tradizione umbra in un ristorante originale, come l'hotel che lo ospita. Ogni giorno, a rotazione, c'è qualche vino interessante servito al bicchiere.

X **L'Officina**

Borgo XX Giugno 56 ✉ 06121 – ✆ 07 55 72 16 99   Pianta: B3**f**
– www.l-officina.net – Chiuso domenica nel periodo estivo
Menu 20 € – Carta 30/45 € – (solo a cena)
Stanchi della cucina tradizionale e desiderosi di novità? La sera all'Officina troverete fantasia, piatti di ricerca e accostamenti originali. A pranzo ci si accomoda al piccolo ed adiacente Emporio dove la scelta si fa più semplice, ristretta ed economica.

verso Ponte Felcino Est : 5 km per Gubbio B2

🏠 **Agriturismo San Felicissimo**
strada Poggio Pelliccione ✉ 06134 Perugia – ☎ 34 80 92 43 46
– www.sanfelicissimo.net
8 cam ⌲ – †45/60 € ††60/98 €
Un piccolo agriturismo periferico, raggiungibile dopo un breve tratto di strada sterrata; edificio rurale, con arredi rustici, tutto rinnovato e cinto da colline e uliveti.

a Casaglia Ovest : 4 km per Firenze A2 – ✉ 06126

🍴 **Stella**
via dei Narcisi 47/a – ☎ 07 56 92 00 02 – *www.stellaristorantevineria.it*
– Chiuso 2 settimane in agosto e martedì
Carta 26/39 € – *(solo a cena)*
Un'intraprendente coppia ha fatto crescere con cura e passione il locale dei genitori di lei ed – oggi – questo ristorantino ben impostato è l'indirizzo giusto per gustare una cucina fragrante, tra tipicità e gusto nazionale, aggiornata quotidianamente e supportata da una discreta selezione enologica.

a Ferro di Cavallo Ovest : 6 km per Città della Domenica A3 – ✉ 06132
– Alt. 287 m

🏠 **La Meridiana**
via del Discobolo 42 – ☎ 07 55 17 23 47 – *www.edenhotels.it*
97 cam ⌲ – †60/160 € ††75/500 €
Comodo per la vicinanza all'uscita Ferro di Cavallo del raccordo, è tuttavia un albergo tranquillo, circondato dal verde, con arredi ispirati alla comodità e praticità. Per raggiungere il centro storico c'è una navetta per il mini metrò.

a Ponte San Giovanni Sud-Est : 7 km per Torgiano B3 – ✉ 06135 – Alt. 189 m

🏨 **Park Hotel**
via Volta 1 – ☎ 07 55 99 04 44 – *www.perugiaparkhotel.com* – *Chiuso 24-27 dicembre*
137 cam ⌲ – †50/80 € ††80/120 €
A pochi metri dall'uscita della superstrada E45, ma ben insonorizzato, offre camere in genere ampie che privilegiano la comodità e la funzionalità. Piscina di 25 metri per gli amanti del nuoto.

🏨 **Decohotel**
via del Pastificio 8 – ☎ 07 55 99 09 50 – *www.decohotel.it*
35 cam ⌲ – †49/80 € ††59/146 €
Rist *Deco* – Vedere selezione ristoranti
Negli anni in cui imperversava l'art déco in Francia e all'estero, in Italia sorge questa caratteristica costruzione all'interno di un giardino con piante secolari e dépendance annessa. Buoni confort nelle belle camere.

🏠 **Tevere**
via Mario Bochi 14 – ☎ 0 75 39 43 41 – *www.tevere.it*
49 cam ⌲ – †30/100 € ††40/150 €
Vicino all'uscita Ponte San Giovanni della superstrada, le camere sono ben insonorizzate, all'insegna della semplicità e gestite dalla stessa famiglia dell'omonimo ristorante adiacente: qui, la "star" è la griglia.

🍴🍴 **Deco** – Hotel Decohotel
via del Pastificio 8 – ☎ 0 75 39 42 20 – *www.decohotel.it* – *Chiuso 13-20 agosto e 24-30 dicembre*
Carta 32/91 €
Sito entro il Decohotel, ma in una struttura a parte, ristorante classico di tono elegante che pur proponendo sapori locali, si è fatto conoscere per la sua linea ittica. Servizio estivo all'aperto.

ad Olmo Ovest : 8 km per Firenze A2 – ✉ 06012 Corciano – Alt. 284 m

🏠🏠 **Relais dell'Olmo** 🗻 🎝 Ⅰ⅚ 🖰 ⅙ 🅰🅲 🕳 🚗
strada Olmo Ellera 2/4 – 𝄞 07 55 17 30 54 – www.relaisolmo.com
52 cam ⌷ – 🛏89/259 € 🛏🛏99/359 €
Una casa colonica ospita una bella struttura alberghiera, moderna e funzionale, caratterizzata da arredi curati e di stile elegante e da un'ampia gamma di servizi tra cui il piccolo centro benessere (a pagamento) da utilizzare su prenotazione.

a Cenerente Nord-Ovest : 8 km per via Vecchi A1 – ✉ 06070

🏠 **Castello dell'Oscano** 🗻 🎝 ≤ 🖛 Ⅰ 🖰 ⅙ 🕳 🅿
strada della Forcella 37 – 𝄞 0 75 58 43 71 – www.oscano.com
37 cam ⌷ – 🛏120/160 € 🛏🛏120/160 € – **5 suites**
Salottini, biblioteche, qualche camera col camino (funzionante!), angoli sempre da scoprire e una terrazza immensa in un castello neogotico abbracciato da un parco secolare. Romantica atmosfera incorniciata dalla boiserie per il ristorante con menu giornaliero. In un'ex foresteria rinascimentale, la dépendance Villa Ada condivide gli spazi verdi del corpo centrale, ma propone arredi più "leggeri" in camere a prezzo più contenuto.

a Bosco Est : 12 km per Gubbio B2 – ✉ 06134

🏠🏠 **Relais San Clemente** 🗻 🎝 ≤ 🖛 Ⅰ 🍴 🖰 ⅙ 🅰🅲 🕳 🅿
strada Passo dell' Acqua 34 – 𝄞 07 55 91 51 00 – www.relais.it – Chiuso 7 gennaio-15 marzo
64 cam ⌷ – 🛏48/138 € 🛏🛏58/218 €
Un'antica dimora in un grande parco di 5 ettari dove trovano posto anche i campi da tennis coperti; un relais che trae il nome dalla chiesa ancora presente nel complesso; camere ineccepibili per tenuta e confort.

a Ripa Est : 17 km per Gubbio B2 – ✉ 06134

🏠 **Ripa Relais Colle del Sole** 🗻 🎝 ≤ Ⅰ 🅰🅲 🕳 🅿
via Aeroporto Sant'Egidio 5, Sud: 1,5 km – 𝄞 07 56 02 01 31 – www.riparelais.com – Chiuso 7 gennaio-12 febbraio
16 cam ⌷ – 🛏45/70 € 🛏🛏60/120 €
Romantici letti a baldacchino, pavimenti in cotto e travi a vista, suite con graziosi angoli soggiorno: tutto concorre a creare un'atmosfera raffinata in questa risorsa che si sviluppa su quattro costruzioni, raccolte intorno ad un giardino ricco di profumi ed erbe aromatiche.

a Monte Petriolo Sud-Ovest : 19 km per Firenze A3 – ✉ 06100

🏠🏠 **Borgo dei Conti Resort** 🗻 🎝 🖛 Ⅰ 🎝 Ⅰ⅚ ⅙† 🅰🅲 🕳 🅿
strada Montepetrolio 26 – 𝄞 0 75 60 03 38 – www.borgodeicontiresort.com
58 cam ⌷ – 🛏170/270 € 🛏🛏200/290 €
Abbracciato da un bosco secolare, un antico borgo composto da una dimora padronale, vari complessi abitativi e la chiesa d'ispirazione barocca è diventato un lussuoso resort con camere molto confortevoli. Curati gli spazi all'aperto per momenti d'indiscusso relax. La qualità, naturalmente, si ripresenta anche nei piatti d'impronta regionale del ristorante.

PESARO

✉ 61121 – 94 604 ab. – Carta regionale n° **11-B1**
▶ Roma 296 km – Rimini 42 km – Ancona 74 km – Forlì 90 km
Carta stradale Michelin 563-K20

🏠🏠 **Excelsior** 🗻 ≤ Ⅰ 🖲 🎝 Ⅰ⅚ 🖰 ⅙ ⅙† 🅰🅲 🕳 🚗
lungomare Nazario Sauro 30/34 ✉ 61121 Pianta: B2**b**
– 𝄞 07 21 63 00 11 – www.excelsiorpesaro.it
40 cam ⌷ – 🛏115/368 € 🛏🛏135/399 € – **12 suites**
Rist **'59 Restaurant** – Vedere selezione ristoranti
Lussuoso design hotel in prima fila che coniuga linee moderne con richiami ai mitici anni '50 americani. Tra i tanti servizi offerti, ricordiamo l'esclusiva spa e la spiaggia privata. Al Bistrot: carta semplice di piatti mediterranei, ma si servono anche insalate e piadine.

PESARO

0   200 m

MARE

ADRIATICO

PORTO

STRADA PANORAMICA

BOLOGNA / ANCONA

URBINO

Piazzale della Libertà

Piazalle d'Annunzio

Museo Civico

Roca Constanza

Piazza Matteotti

Piazzale Garibaldi

PESCARA / ANCONA

URBINO

🏛 **Vittoria**   ⚐ ← ⚓ ♨ ⋔ 🏋 ⊡ 🌳 🎾 AC 🛁 P

piazzale della Libertà 2 ✉ 61121 – ☎ 0 72 13 43 43   Pianta: **B1-2e**
– www.grandhotelvittoriapesaro.it

27 cam 🍽 – ♟150/800 € ♟♟180/1300 € – **9 suites**

In una zona tranquilla e con un'eccellente vista mare, questa storica villa che
ospita eleganti spazi arredati con mobili antichi, sale conferenza, sauna ed una piccola palestra ha ricevuto - a ragione - il marchio di qualità dell'ospitalità italiana.

🏛 **Alexander Museum Palace**   ⚐ ← ⚓ ⊡ ♿ 🌳 🛁

viale Trieste 20, - B2 ✉ 61121 – ☎ 0 72 13 44 41 – *www.alexandermuseum.it*

63 cam 🍽 – ♟68/240 € ♟♟95/260 € – **4 suites**

Albergo-museo dove ogni stanza è unica, in quanto concepita e arredata da artisti vari, per vivere l'arte in maniera insolita. Questa piacevole atmosfera non
risparmia le aree comuni impreziosite da opere di Chia, Pomodoro, Palladini ed
altri ancora. Al ristorante carta ridotta, ma che cambia ogni giorno con le migliori
materie prime del momento.

Savoy

viale della Repubblica 22 ✉ *61121 –* ✆ *0 72 13 31 33*   Pianta: B2**n**
– www.hotelsavoypesaro.it

61 cam – †80/150 € ††100/210 € – ⌧ 11 € – **9 suites**

Sul viale principale, a pochi passi dal mare e dai monumenti più importanti, piacevole atmosfera signorile nelle sale comuni e camere di classico confort.

Imperial Sport Hotel

via Ninchi 6 ✉ *61121 –* ✆ *07 21 37 00 77*   Pianta: B1**z**
– www.imperialsporthotel.it – Aperto 1° aprile-30 ottobre

40 cam ⌧ – †40/80 € ††65/110 € – **8 suites**

Direttamente sul mare, la struttura dispone di ampi spazi arredati in stile moderno, una grande piscina ed aree attrezzate per i bambini. Camere semplici, ma moderne.

Perticari

viale Zara 67 ✉ *61121 –* ✆ *0 72 16 84 11*   Pianta: B1**a**
– www.hotelperticari.com

58 cam ⌧ – †40/115 € ††60/170 €

Direttamente sul mare, in posizione centrale, la struttura accoglie i suoi ospiti in una calda atmosfera familiare. Camere spaziose, molte delle quali con balcone vista Adriatico, nonché attrezzato solarium dove trovano spazio una bella piscina e la jacuzzi.

Bellevue

viale Trieste 88 ✉ *61121 –* ✆ *0 72 16 59 64*   Pianta: B2**k**
– www.bellevuehotel.net – Aperto 20 maggio-10 ottobre

55 cam ⌧ – †45/80 € ††75/150 €

Sul mare e poco distante dal centro di Pesaro, è un albergo dai caratteristici balconi con mosaici in stile mediterraneo, camere confortevoli, palestra, bagno turco e sauna.

'59 Restaurant – Hotel Excelsior

lungomare Nazario Sauro 30/34 ✉ *61121*   Pianta: B2**b**
– ✆ *07 21 63 00 04 – www.59restaurantpesaro.it*

Menu 40/90 € – Carta 48/84 € – (consigliata la prenotazione)

Cucina prevalentemente di pesce con leggeri tocchi moderni in ambienti eleganti dal design retrò. La sera, ci si può accomodare ai tavoli del Lido a bordo spiaggia.

Lo Scudiero

via Baldassini 2 ✉ *61121 Pesaro –* ✆ *0 72 11 65 18 04*   Pianta: A2**e**
– www.ristorantescudiero.it – Chiuso lunedì escluso dicembre ed agosto

Menu 48 € – Carta 42/78 €

Lo storico locale del centro ha riaperto grazie a due intraprendenti giovani; eleganti ambienti nelle storiche scuderie per una cucina che si fa - di volta, in volta - tradizionale o moderna.

Nostrano

piazzale della Libertà 7 ✉ *61121 –* ✆ *07 21 63 98 13*   Pianta: B2**a**
– www.nostranoristorante.it – Chiuso 12-20 gennaio e martedì in ottobre-maggio

Menu 38/80 € – Carta 46/87 €

Animato dal giusto spirito modaiolo dell'Adriatico (vedi i tavoli a nudo!), nuovo, frizzante locale a pochi metri dalla celebre scultura a sfera di A. Pomodoro. In questo simpatico contesto, è però la cucina a spiccare più in alto, grazie all'ottima mano dello chef, Stefano Ciotti. Nostrano: appena arrivato nel panorama gastronomico pesarese e subito consigliato.

Gibas

strada Panoramica Adriatica, 4 km per Bologna - A2 ✉ *61121*
– ✆ *07 21 40 53 44 – www.gibasristorante.it – Chiuso mercoledì escluso luglio-agosto*

Menu 40 € – Carta 38/84 €

Lungo la strada che partendo dalla città va verso nord, locale moderno in posizione panoramica sul mare, da godersi appieno - in estate - sulla pedana all'aperto. Cucina prevalentemente di pesce d'impronta contemporanea.

Commodoro 🛋 & AC

viale Trieste 269 ✉ *61121 –* ☎ *0 72 13 26 80* Pianta: B1**g**
– www.ilcommodoro.com – Chiuso lunedì
Menu 20/70 € – Carta 35/127 €
Accogliente ristorante dall'arredo contemporaneo, ma diventato un indirizzo "classico" in città, dove gustare una cucina mediterranea attenta alle proposte giornaliere, soprattutto a base di pesce.

in prossimità casello autostrada A 14 Ovest : 5 km per Bologna A2

Locanda di Villa Torraccia 🐾 ← 🛏 AC P

strada Torraccia 3 ✉ *61122 –* ☎ *0 72 12 18 52 – www.villatorraccia.it – Chiuso 20 dicembre-4 gennaio*
5 cam ⌓ – †65/80 € ††100/130 €
Ricavata da una piccola torre medievale circondata da piante secolari, una risorsa accogliente con suite di taglio rustico per un soggiorno all'insegna della tradizione.

PESCANTINA
Verona (VR) – ✉ 37026 – 17 040 ab. – Alt. 80 m – Carta regionale n° **22-A2**
▶ Roma 503 km – Verona 14 km – Brescia 69 km – Trento 85 km
Carta stradale Michelin 562-F14

ad Ospedaletto Nord-Ovest : 3 km – ✉ 37026 Pescantina

Villa Quaranta Park Hotel 🏊 🐾 🛏 ⬛ 🍽 ☎ 🐕 ♨ 🆚 ⬆ AC 🏋 🚗

via Ospedaletto 57 – ☎ *04 56 76 73 00 – www.villaquaranta.com*
69 cam ⌓ – †98/235 € ††129/285 € – **10 suites**
Antico e moderno, gli opposti si attraggono! Una villa del '600 (con tanto di cappella consacrata) ed un edificio più recente formano questo raffinato complesso, poliedrico nell'offerta dei servizi: camere classiche, sale congressi ed una bella spa con centro medico. Il tutto immerso nella splendida cornice di un grande parco. Il Borgo Antico è un ristorante elegante con cucina tradizionale e classica che raddoppia con la sala rustica cinta da bottiglie di vino della Bottega del Gusto.

✗ Alla Coà 🛋 AC P

via Ospedaletto 70 – ☎ *04 56 76 74 02 – www.trattoriaallacoa.it*
– Chiuso domenica e lunedì
Carta 37/58 €
Lungo una strada piuttosto trafficata, la vecchia casa di paese è stata arredata in stile country e un pizzico di romanticismo e propone ai suoi avventori piatti legati al territorio e alle stagioni.

PESCARA
✉ 65122 – 121 366 ab. – Carta regionale n° **1-C1**
▶ Roma 211 km – L'Aquila 107 km – Teramo 66 km – Chieti 19 km
Carta stradale Michelin 563-O24

Plaza AC 🍸 🏋 P

piazza Sacro Cuore 55 ✉ *65122 –* ☎ *08 54 21 46 25* Pianta: A1**b**
– www.plazapescara.it
68 cam ⌓ – †82/93 € ††115/135 €
In posizione centrale, ma tranquilla (poco distante dalla stazione e dal mare), l'hotel dispone di sale conferenza ed accoglienti ambienti arredati con tessuti eleganti, nonché marmo. Punto di forza della struttura è sicuramente la sala colazioni con bella vista sulla zona pedonale.

Victoria ♨ ⬆ & AC 🍸 🏋 P

via Piave 142 ✉ *65122 –* ☎ *0 85 37 41 32* Pianta: A1**c**
– www.victoriapescara.com
22 cam ⌓ – †80/109 € ††129/139 € – **1 suite**
In pieno centro, nuova risorsa di grande effetto e squisito confort. Modernità e design per una clientela esigente. Piccola zona benessere.

PESCARA

MARE ADRIATICO

PORTO CANALE

Pescara

SS 16dir

Map of Pescara showing streets including Vie Regina Margherita, Vie Leopoldo Muzii, Vie Cesare Battisti, Riviera, Lungo, V. Giosuè Carducci, Cso. Umberto, V. Vittorio Emanuele II, V. Michelangelo, V. Salara Vecchia, V. Enzo Ferrari, V. Pisa, V. Teramo, V. Alcide De Gasperi, Raffaele Paolucci, V. Andrea Doria, etc.

Duca D'Aosta

piazza Duca d'Aosta 4 ✉ *65121* – ☎ *0 85 37 42 41*
– www.ducadaostapescara.it – Chiuso 21 dicembre-10 gennaio

Pianta: B2**a**

72 cam 🛏 – ♦68/71 € ♦♦72/99 €

L'insegna svetta sull'omonima piazza, in vicinanza del Porto Canale, a pochi passi di distanza dal centro. Spazi comuni non ampissimi, ma ben distribuiti, e camere accoglienti.

Alba

via Forti 14 ✉ *65122* – ☎ *0 85 38 91 45*
– www.hotelalba.pescara.it

Pianta: A1**r**

50 cam 🛏 – ♦80 € ♦♦120 €

Nel centro turistico-commerciale della città, piccolo ma piacevole hotel caratterizzato da sale in stile liberty - stuccate ed affrescate - più classiche, invece, le camere.

⌂ Ambra Palace 〔⬆〕 AK ⌀
via Quarto dei Mille 28/30 ✉ 65122 – ✆ 0 85 37 82 47   Pianta: A1**u**
– www.hotelambrapalace.it
61 cam ⚏ – ✝39/69 € ✝✝55/95 €
In centro città, a 300 m dal mare, comodo albergo a gestione familiare, in attività dal 1963; spazi comuni adeguati, camere classiche, con bagni completi e funzionali.

✕✕✕ Café Les Paillotes 🏵️ 🏡 ⬅️ AK ⌀ ⇔
❀ *piazza Le Laudi 2, per viale Guglielmo Marconi - B2 ✉ 65129 – ✆ 08 56 18 09*
– www.cafelespaillotes.it – Chiuso gennaio, domenica è lunedì
Menu 60/80 € – Carta 54/111 €
Affacciato sulla spiaggia, pare un elegante stabilimento balneare con atmosfere dalle allusioni orientali. Tutta italiana invece la cucina: dalla tradizione adriatica ai piatti più creativi, il Cafè è un'eccellente tappa gastronomica.
➜ Calamarata aglio, olio e peperoncino con spuma di patate. Composizione di pesci dell' Adriatico alla griglia. Roccia: polvere di nocciola , fragole, caramello Fisherman's e sorbetto al cocco.

✕✕ Carlo Ferraioli 🏵️ AK ⌀
⚉ *via Paolucci 79 ✉ 65121 – ✆ 08 54 21 02 95*   Pianta: B2**d**
– www.carloferraioli.it – Chiuso lunedì
Menu 25 € (pranzo)/45 € – Carta 29/70 €
Elegante ristorante affacciato sul canale e sui caratteristici pescherecci: cucina rigorosamente a base di pesce. A disposizione, una sala per fumatori.

✕ La Rete 🏡 AK ⌀ ⇔
⚉ *via De Amicis 41 ✉ 65123 – ✆ 08 52 70 54*   Pianta: A1**m**
– www.lareteristorante.com – Chiuso domenica sera e lunedì a mezzogiorno
Menu 19/50 € – Carta 26/57 € – (consigliata la prenotazione)
Solo pesce in questo locale dalla cordiale gestione familiare: semplice e gustoso, il menu della giornata è tracciato ogni mattina a seconda di quello che offrono l'Abruzzo e l'Adriatico.

✕ Taverna 58 ♿ AK ⇔
⚉ *corso Manthoné 46 ✉ 65127 – ✆ 0 85 69 07 24*   Pianta: B2**s**
🍐 *– www.taverna58.it – Chiuso 24 dicembre-1° gennaio, agosto, domenica e i mezzogiorno di venerdì e sabato*
Menu 20/35 € – Carta 31/49 €
Trattoria dall'ambiente curato, dove un'interessante cucina legata alla tradizione gastronomica abruzzese dà vita a piatti sapidi e generosi, difficilmente ritrovabili altrove. Un esempio? Pecora al tegame! Visitabili le cantine con vestigia medievali e romane.

PESCASSEROLI
L'Aquila (AQ) – ✉ 67032 – 2 240 ab. – Alt. 1 167 m – Carta regionale n° **1-B3**
▶ Roma 164 km – Frosinone 82 km – Frosinone 82 km – Isernia 66 km
Carta stradale Michelin 563-Q23

⌂⌂ Villa Mon Repos ✿ 🛋️ 〔⬆〕 P
viale Santa Lucia – ✆ 08 63 91 28 58 – www.villamonrepos.it
13 cam ⚏ – ✝110/120 € ✝✝120/140 € – **1 suite**
Costruita nel 1919 dallo zio di Benedetto Croce, una residenza d'epoca in un parco non lontano dal centro; stile tardo liberty, molto eclettico, anche all'interno. Piatti abruzzesi o di pesce serviti nell'elegante ristorante.

⌂⌂ Villino Quintiliani ✿ 🛋️ 〔⬆〕 ⌀ P
viale Santa Lucia 1 – ✆ 08 63 91 07 55 – www.villinoquintiliani.it
10 cam ⚏ – ✝80/150 € ✝✝120/190 €
All'ingresso del paese, siamo in un grazioso villino dei primi '900 dalle camere moderne e confortevoli. La gestione familiare organizza attività all'insegna dello sport e della natura.

Paradiso

via Fonte Fracassi 4 – 𝒞 08 63 91 04 22 – www.albergo-paradiso.it
21 cam ⌷ – ♟46/90 € ♟♟70/140 €
A meno di 2 km dal centro, è ideale per una vacanza familiare nel verde: il parco entra in albergo con atmosfere rustiche in legno, camino e una tavernetta.

Alle Vecchie Arcate

via della Chiesa 57/a – 𝒞 08 63 91 06 18 – www.vecchiearcate.com
30 cam ⌷ – ♟40/60 € ♟♟70/95 €
Dal sapiente restauro conservativo di un edificio d'epoca in pieno centro storico, un hotel dalle graziose camere con arredi in legno ed una gustosa cucina casalinga nella sala in stile alpino.

Alle Vecchie Arcate

via della Chiesa 41 – 𝒞 39 21 94 80 97 – Chiuso novembre e lunedì in maggio-giugno ed ottobre
Carta 25/35 €
Parenti, ma non della stessa famiglia che gestisce l'omonimo albergo, il locale offre una casareccia cucina abruzzese in una struttura di inizi '600: caratteristica, la sala con arcate in pietra e camino.

PESCHICI

Foggia (FG) – ✉ 71010 – 4 557 ab. – Carta regionale n° **15-B1**
▶ Roma 408 km – Foggia 116 km – Barletta 135 km – Manfredonia 77 km
Carta stradale Michelin 564-B30

Elisa

borgo Marina 20 – 𝒞 08 84 96 40 12 – www.hotelelisa.it – Aperto 1° aprile-30 settembre
43 cam ⌷ – ♟60/75 € ♟♟85/125 €
Ai piedi del borgo marinaro di Peschici e vicino al porto turistico, un hotel dall'ottima gestione familiare con camere luminose dagli arredi in legno bianco o azzurro e vista sul mare. Ampie vetrate ed ottimi piatti di pesce al ristorante: buonissime le paste fatte in casa.

La Chiusa delle More

località Padula, Ovest: 1,5 km – 𝒞 3 30 54 37 66 – www.lachiusadellemore.it – Aperto 23 maggio-30 settembre
10 cam ⌷ – ♟104/156 € ♟♟160/240 €
Circondati da un parco di ulivi secolari, dormirete in un antico frantoio rupestre trasformato in elegante agriturismo, a meno di 1 km dal mare.

Porta di Basso

via Colombo 38 – 𝒞 08 84 35 51 67 – www.portadibasso.it – Chiuso gennaio-febbraio
Menu 60 € – Carta 38/67 € – *(chiuso giovedì escluso giugno-settembre)*
(consigliata la prenotazione)
3 cam ⌷ – ♟80/160 € ♟♟120/240 €
Nella città vecchia, abbiate cura di prenotare uno dei pochi tavoli a strapiombo sul mare, in terrazza o all'interno. Il cuoco è impegnato in una meritoria ricerca dei prodotti del Gargano, di terra e di mare... dagli ottimi risultati!

PESCHIERA BORROMEO

Milano (MI) – ✉ 20068 – 23 077 ab. – Alt. 101 m – Carta regionale n° **10-B2**
▶ Roma 571 km – Milano 15 km – Piacenza 66 km – Lodi 25 km
Carta stradale Michelin 561-F9

Pianta d'insieme di Milano

NH Linate

via Grandi 12 – 𝒞 02 54 77 68 81 – www.nh-hotels.com — Pianta: 2D3**z**
– Chiuso agosto
67 cam ⌷ – ♟99/569 € ♟♟99/569 €
Nuovo albergo commerciale e congressuale vicino all'aeroporto di Milano Linate propone una buona serie di servizi ed accoglienti camere. Omogeneo, funzionale e dal design minimalista. Zona ristorante ricavata nella hall: piccola carta con servizio sia a pranzo, sia a cena.

🏠 **Montini** ⚐ 🖵 ⚙ 🅰🅲 🔗 🅿

via Giuseppe di Vittorio 39 – 📞 0 25 47 50 31 Pianta: **2D3c**
– www.hotelmontini.com – Chiuso 23 dicembre-3 gennaio e 12-28 agosto
65 cam 🛏 – †55/220 € ††70/240 €
Camere tra il classico e il moderno e, sul lato opposto dell'hotel, il ristorante a gestione autonoma con cucina mediterranea. Posizione strategica per l'areoporto con servizio navetta incluso.

🍴 **Trattoria dei Cacciatori** � � ⚙ 🅰🅲 ⇔ 🅿

via Trieste 2, Nord: 4 km – 📞 0 27 53 11 54 – www.trattoriacacciatori.it
– Chiuso 27 dicembre-5 gennaio, 9-18 agosto, domenica sera e lunedì
Menu 37/45 € – Carta 31/57 €
Cascinale all'interno del castello di Longhignana, antica residenza di caccia della famiglia Borromeo; belle sale rustiche, cucina legata alle tradizioni e grigliate.

PESCHIERA DEL GARDA
Verona (VR) – ✉ 37019 – 10 252 ab. – Alt. 68 m – Carta regionale n° **23-A3**
▶ Roma 513 km – Verona 23 km – Brescia 46 km – Mantova 52 km
Carta stradale Michelin 562-F14

🏠 **Puccini** 🚗 🏊 🖵 🅰🅲 🔗 🅿

via Puccini 2 – 📞 04 56 40 14 28 – www.hotelpuccini.it
– Aperto 9 marzo-12 novembre
33 cam – †50/80 € ††80/120 € – 🛏 6 €
Piacevole hotel, con bella piscina e giardino, posizionato in prossimità del lungolago, defilato dal centro; ampie stanze, ben tenute, alcune con gradevole tappezzeria colorata.

🏠 **Acquadolce** ← 🚗 ♨ 🗗 🖵 ⚙ 🅰🅲 🚗

lungolago Garibaldi 3 – 📞 04 56 40 14 22 – www.acquadolcehotel.com – Aperto 26 marzo-1° novembre
29 cam 🛏 – †70/150 € ††106/160 €
Moderno e dalle linee pulite, questo grazioso albergo non ha ancora compiuto un lustro… Belle camere e un piccolo centro benessere da affittarsi a pagamento, ma all'ultimo piano si può godere gratuitamente della vasca idromassaggio panoramica.

🍴🍴 **Piccolo Mondo** 🅰🅲

riviera Carducci 6 – 📞 04 57 55 00 25 – www.ristorantepiccolomondo.com
– Chiuso 24 dicembre-14 gennaio, 23 giugno-7 luglio, lunedì e martedì
Carta 35/75 €
Un'unica ampia sala affacciata sul lago per questa conduzione diretta consolidata ormai da oltre 50 anni di esperienza. Le specialità s'indirizzano sempre verso il mare, in primis: la mitica zuppa di pesce, il San Pietro al forno e i crudi.

🍴 **Luisa** 🚗 🅰🅲 🅿
😊
via Frassino 16 – 📞 04 57 55 07 60 – Chiuso 23 dicembre-20 gennaio,
21-30 giugno e martedì
Carta 21/64 €
Graziosa trattoria di stampo familiare in zona decentrata. In cucina lo chef-proprietario con la sua esperienza elabora prodotti regionali e stagionali, molta carne, ma anche pesce di lago. Lavarello ai ferri e rustica di mele, i nostri preferiti!

a San Benedetto di Lugana Ovest : 2,5 km – ✉ 37019

🏠 **The Ziba Hotel & Spa** 🚗 🗗 ♨ 🖵 ⚙ 🅰🅲 ⚐ 🔗 🅿

via Bell'Italia 41 – 📞 04 56 40 25 22 – www.thezibahotel.it – Chiuso
10 gennaio-10 febbraio
23 cam 🛏 – †80/175 € ††100/360 € – **2 suites**
Stupendo e d'impatto già al primo sguardo, questo moderno hotel nato dalla ristrutturazione di un edificio ottocentesco dispiega il proprio fascino anche all'interno: arredi lineari ed essenziali, belle camere equipaggiate con tecnologia d'avanguardia. Nel sottosuolo un'area benessere molto carina ed attrezzata.

PESCIA

Pistoia (PT) – ⊠ 51017 – 19 740 ab. – Alt. 62 m – Carta regionale n° **18-B1**
▶ Roma 336 km – Firenze 66 km – Pistoia 31 km – Lucca 20 km
Carta stradale Michelin 563-K14

 San Lorenzo e Santa Caterina

località San Lorenzo 15/24, Nord: 2 km – ✆ 05 72 40 83 40 – www.rphotels.com
– Aperto 1° aprile-31 ottobre
74 cam ⊑ – †65/95 € ††89/150 € – **4 suites**
Hotel ricavato dalla sapiente ristrutturazione di una cartiera del 1700 affacciata sul
fiume Pescia: ambienti piacevolmente rustici e confort moderni. Sala ristorante
con soffitti a volte; simpatica enoteca con vecchi macchinari.

PESCOCOSTANZO

L'Aquila (AQ) – ⊠ 67033 – 1 147 ab. – Alt. 1 395 m – Carta regionale n° **1-B2**
▶ Roma 199 km – Campobasso 96 km – L'Aquila 104 km – isernia 47 km
Carta stradale Michelin 563-Q24

 Relais Ducale

via dei Mastri Lombardi 26 – ✆ 08 64 64 24 84 – www.relaisducale.it – Aperto
1° dicembre-30 aprile e 15 luglio-15 settembre
22 cam ⊑ – †115/210 € ††190/380 € – **5 suites**
Rist *La Corniola* – Vedere selezione ristoranti
All'ingresso del paese, la montagna è protagonista in albergo con le tipiche decorazioni in legno, camino e selvaggina. Camere più classiche, navetta per le piste
da sci e mini club per bambini.

 Il Gatto Bianco

viale Appennini 3 – ✆ 08 64 64 14 66 – www.ilgattobianco.it
6 cam ⊑ – †150/250 € ††180/300 € – **2 suites**
Nuova risorsa di grande fascino avvolta da un'atmosfera di eleganza ed intimità.
Insolito connubio di legno antico e moderno. Piccola zona benessere.

 Garni lo Scrigno

piazza Manzi 5 – ✆ 08 64 64 24 68 – www.lo-scrigno.net
6 cam ⊑ – †65/120 € ††75/120 €
Nel centro storico della località - gioiello in pietra tra i paesi abruzzesi - camere
recenti ed accoglienti, nonché una gestione giovane e premurosa da far venire
voglia di ritornarci.

XX **La Corniola** – Hotel Relais Ducale

via dei Mastri Lombardi 26 – ✆ 08 64 64 24 70 – www.lacorniola.com – Chiuso
1 settimana in maggio, 1 settimana in ottobre, martedì e mercoledì
Menu 40 € – Carta 39/63 € – (consigliata la prenotazione)
Se la cittadina di Pescocostanzo è rinomata in tutta Italia per i suoi merletti al
tombolo, i veri sapori abruzzesi hanno trovato dimora alla Corniola: polenta grigliata, lardo di montagna, ricotta affumicata al ginepro e ultimo, ma non ultimo,
il proverbiale zafferano. Il tutto ingentilito e rivisitato con passione.

PETACCIATO

Campobasso (CB) – ⊠ 86038 – 3 679 ab. – Alt. 225 m – Carta regionale n° **1-D2**
▶ Roma 290 km – Campobasso 81 km – Isernia 92 km – Chieti 97 km
Carta stradale Michelin 564-A26

 Di Nardo

via Pier Paolo Pasolini 7 – ✆ 08 75 67 87 20 – www.hoteldinardo.it
24 cam ⊑ – †40/70 € ††60/140 €
In posizione tranquilla - a pochi chilometri dalla costa - recente struttura dal confort moderno: ideale per una sosta a prezzi contenuti, anche il ristorante/pizzeria
ha un suo "perché".

PETRALIA SOTTANA

Sicilia – Palermo (PA) – ⊠ 90027 – 2 872 ab. – Carta regionale n° **17-C2**
▶ Agrigento 104 km – Caltanissetta 54 km – Enna 61 km – Palermo 103 km
Carta stradale Michelin 365-AT57 – Guida Verde Michelin SICILIA

svincolo A 19 uscita Resuttano Sud : 7 km

 Agriturismo Monaco di Mezzo
contrada Monaco di Mezzo ⊠ 90027 – ✆ 09 34 67 39 49
– *www.monacodimezzo.com*
15 cam ⌷ – ♦60/80 € ♦♦60/80 €
Nel verde delle Madonie, un'antica masseria ristrutturata offre diversi appartamenti
con cucina dall'aspetto curato. Il paesaggio si può ammirare comodamente anche
dal bordo della piscina. Nel ristorante vengono proposti piatti della tradizione.

PETRIGNANO DEL LAGO – Perugia (PG) ➜ Vedere Castiglione del Lago

PETROGNANO – Firenze (FI) ➜ Vedere Barberino Val d'Elsa

PETROSA ➜ Vedere Ceraso

PETTENASCO

Novara (NO) – ⊠ 28028 – 1 383 ab. – Alt. 300 m – Carta regionale n° **13-A2**
▶ Roma 663 km – Stresa 25 km – Milano 86 km – Novara 48 km
Carta stradale Michelin 561-E7

 L'Approdo
corso Roma 80 – ✆ 0 32 38 93 45 – *www.approdohotelorta.it*
– *Aperto 25 marzo-23 ottobre*
72 cam ⌷ – ♦82/128 € ♦♦97/203 € – **5 suites**
Con un grande sviluppo orizzontale e un grazioso giardino con vista lago e monti,
completamente protesa sull'acqua, una valida risorsa per clienti d'affari e turisti. Al
ristorante ambienti curati e di tono o una gradevole terrazza esterna.

 Giardinetto
via Provinciale 1 – ✆ 0 32 38 91 18 – *www.giardinettohotel.com*
– *Aperto Pasqua-20 ottobre*
58 cam ⌷ – ♦76/110 € ♦♦92/160 € – **1 suite**
Rist *Giardinetto* – Vedere selezione ristoranti
Un bianco albergo lambito dalle acque del lago, una struttura confortevole dotata
di camere più che discrete, con arredi classici di buona funzionalità.

✕✕ **Giardinetto** – Hotel Giardinetto
via Provinciale 1 – ✆ 0 32 38 91 18 – *www.giardinettohotel.com*
– *Aperto Pasqua-20 ottobre*
Menu 33/40 € – Carta 35/65 €
Con numerose terrazze, sia interne, sia esterne, d'estate l'atmosfera si fa particolarmente romantica: lumi di candela ed ampia vista sul lago. I piatti sono creativi
con una solida base regionale e dalla cantina etichette pregevoli.

PETTINEO

Sicilia – Messina (ME) – ⊠ 98070 – 1 370 ab. – Alt. 300 m
– Carta regionale n° **17-C2**
▶ Caltanissetta 134 km – Palermo 101 km – Enna 96 km – Messina 146 km
Carta stradale Michelin 365-AU56 – Guida Verde Michelin SICILIA

 Casa Migliaca
contrada Migliaca – ✆ 09 21 33 67 22 – *www.casamigliaca.com*
8 cam ⌷ – ♦78 € ♦♦78 €
Appena fuori dal paese e contornato da ulivi, un ex frantoio del '600 propone una
tranquillità assoluta e una vista impagabile attraverso la vallata, fino al mare. I 12
ettari dell'azienda agrituristica sono in parte coltivati con metodi biodinamici.
Alcuni di questi prodotti imbandiscono la tavola del ristorante.

PFALZEN = FALZES

PIACENZA

✉ 29121 – 102 269 ab. – Alt. 61 m – Carta regionale n° **5-A1**
Roma 514 km – Milano 67 km – Cremona 43 km – Parma 65 km
Carta stradale Michelin 562-G11

Park Hotel

strada Valnure 5/7, per via Genova - A2 ✉ *29122 – ✆ 05 23 71 26 00*
– www.parkhotelpiacenza.it
97 cam – 79/225 € 89/225 € – **2 suites**
Taglio spiccatamente moderno per questa struttura a vocazione commerciale, comoda e facile da raggiungere dal centro storico e dall'autostrada. Cortese e disponibile il personale. Eleganza e tocchi di contemporaneità nella sala del ristorante.

Hotel Ovest

via I° Maggio 82, per strada della Raffalda - A2 ✉ *29121 – ✆ 05 23 71 22 22*
– www.hotelovest.it
59 cam – 70/180 € 70/180 €
La conduzione è cordiale e attenta, l'insonorizzazione perfetta, la posizione stradale estremamente pratica. In sintesi: un indirizzo interessante con camere dal design moderno e minimalista oppure più classiche e riccamente decorate.

Antica Osteria del Teatro (Filippo Chiappini Dattilo)

via Verdi 16 ✉ *29121 – ✆ 05 23 32 37 77* Pianta: B2**f**
– www.anticaosteriadelteatro.it – Chiuso 1° -10 gennaio, 1° -25 agosto, domenica e lunedì
Menu 30 € (pranzo)/75 € – Carta 62/112 € – (consigliata la prenotazione)
Vero salotto piacentino, l'austero palazzo del '400 si è rinnovato negli eleganti interni. Squisita cucina regionale e di mare, nonché splendida cantina con i più rinomati château.
➜ Tortelli dei Farnese al burro e salvia. Terrina di fegato grasso d'anatra marinata al porto e armagnac. Parfait allo zenzero con crumble alle mandorle.

XX **Vecchia Piacenza**   ⓑ AC ⇨

via San Bernardo 1 ✉ *29121 –* 𝄢 *05 23 30 54 62*   Pianta: A1**b**
– www.ristorantevecchiapiacenza.it – Chiuso 1°-6 gennaio, luglio e domenica
Carta 26/54 € – (consigliata la prenotazione)
Sulla via per il centro storico, un ambiente caratteristico, stracarico di ornamenti,
dove gustare la vera cucina piacentina ed altre specialità tipiche della regione.

XX **Peppino**   AC ⇨

via Scalabrini 49/a ✉ *29121 –* 𝄢 *05 23 32 92 79*   Pianta: B2**c**
– Chiuso domenica in giugno-agosto, lunedì negli altri mesi
Carta 34/62 €
Eleganti salette in un palazzo del 1700, per una cucina che predilige il mare
aprendosi, tuttavia, anche ad altre proposte. Molte le influenze siciliane, terra
d'origine del titolare.

X **Osteria del Trentino da Marco**   🌿 AC

🍴 *via Castello 71* ✉ *29121 –* 𝄢 *05 23 32 42 60 – Chiuso*   Pianta: A1**d**
domenica
Menu 25 € (pranzo in settimana) – Carta 49/75 € – (consigliata la prenotazione
la sera)
Ristorante storico: il nome allude all'origine di uno dei primi titolari, ma il locale
oggi è la roccaforte di una cucina piacentina con le tipiche specialità cittadine.

X **Trattoria San Giovanni**   AC

🍴 *via Garibaldi 49/a* ✉ *29121 Piacenza –* 𝄢 *05 23 32 10 29*   Pianta: AB1**s**
– www.trattoriasangiovanni.net – Chiuso 10 giorni in agosto, 10 giorni in
luglio, lunedì e anche domenica da giugno ad agosto
Menu 20 € (pranzo in settimana)/38 € – Carta 27/48 €
Sotto antiche volte a vela, in un ambiente semplice, ma accogliente, qui la cucina
lombardo-emiliana risполvera i suoi cavalli di battaglia: salumi piacentini, pisa-
rei, tortelli "con le code" e le immancabili carni, dalla tartare agli stracotti. A
pranzo la scelta è più ridotta.

PIADENA

Cremona (CR) – ✉ 26034 – 3 589 ab. – Alt. 34 m – Carta regionale n° **9-C3**
▶ Roma 489 km – Parma 41 km – Cremona 28 km – Mantova 38 km
Carta stradale Michelin 561-G13

X **Dell'Alba**   🎴 AC ⇨

🍴 *via del Popolo 31, località Vho, Est: 1 km –* 𝄢 *0 37 59 85 39*
– www.trattoriadellalba.com – Chiuso 25 dicembre-2 gennaio, 17-30 giugno,
🍷 *5-24 agosto, domenica sera e lunedì*
Menu 25/37 € – Carta 26/47 €
Qui dal 1850, ora alla sesta generazione, è un'autentica e storica trattoria familiare, mecca degli amanti della cucina della bassa padana. Straordinari salumi,
ma anche bolliti, arrosti e mostarde.

PIANAZZO – Sondrio (SO) → Vedere Madesimo

PIANCASTAGNAIO

Siena (SI) – ✉ 53025 – 4 276 ab. – Alt. 772 m – Carta regionale n° **18-D3**
▶ Roma 177 km – Grosseto 78 km – Perugia 101 km – Siena 81 km
Carta stradale Michelin 563-N17

X **Anna**   ⇦

🍴 *viale Gramsci 486 –* 𝄢 *05 77 78 60 61 – www.annaristorante.com – Chiuso*
7-15 gennaio e 15-30 settembre
Menu 20/35 € – Carta 18/37 € – (chiuso lunedì escluso 15 luglio-15 settembre)
8 cam 🛏 – ♦35/40 € ♦♦60/65 €
Accogliente ristorante a conduzione familiare che sazierà il vostro appetito con
genuini piatti del territorio. Per chi desidera fare una sosta, camere semplici e
decorose.

PIANE DI MONTEGIORGIO – Fermo (FM) → Vedere Montegiorgio

PIANFEI

Cuneo (CN) – ✉ 12080 – 2 251 ab. – Alt. 503 m – Carta regionale n° **12-B3**
▶ Roma 626 km – Cuneo 17 km – Torino 92 km – Asti 84 km
Carta stradale Michelin 561-I5

🏠🏠 **La Ruota** 🛎️ 🚗 ⛵ 🐾 ♨️ ☰ ♿ 🎿 AK 🏋️ 🚘
strada statale Monregalese 5 – 📞 *01 74 58 57 01 – www.hotelruota.it*
61 cam 🖵 – †65/90 € ††85/110 € – **6 suites**
Rist La Ruota – Vedere selezione ristoranti
Sulla statale Cuneo-Mondovì, una grande struttura particolarmente indicata per
accogliere clientela d'affari e gruppi numerosi. Camere spaziose e confortevoli.

✕✕ **La Ruota** – Hotel La Ruota 🚗 AK **P**
strada statale Monregalese 5 – 📞 *01 74 58 51 64 – www.hotelruota.it – Chiuso
lunedì*
Carta 21/61 €
Accomodatevi nella sua ampia sala (con possibilità di zone riservate) e non
abbiate fretta di ordinare: il menu spazia, infatti, dalla tipica cucina piemontese a
quella internazionale.

PIANIGA

Venezia (VE) – ✉ 30030 – 12 252 ab. – Carta regionale n° **23-C2**
▶ Roma 517 km – Padova 18 km – Ferrara 98 km – Venezia 31 km
Carta stradale Michelin 562-F18

🏠 **In** ♨️ ☰ ♿ AK 🍽️ **P**
*via Provinciale Nord 47, località Cazzago di Pianiga, Sud-Est : 5 Km
–* 📞 *04 15 13 83 36 – www.hotel-in.it*
12 cam 🖵 – †70/80 € ††90/120 €
Apprezzato dalla clientela commerciale, ma anche da chi non vuole rinunciare al
design: forme e colori originali nelle camere si accompagnano a docce a vista nei
bagni. Terrazza estiva attrezzata.

🏠 **15.92** 🐾 ☰ ♿ AK 🍽️ **P**
*via provinciale Nord 5, località Cazzago di Pianiga, Sud-Est: 5 km
–* 📞 *0 41 46 45 05 – www.hotel15-92.com*
14 cam 🖵 – †60/80 € ††80/90 € – **1 suite**
Suggerito dall'architetto, l'insolito nome indica il grado di curvatura del tetto di
questo piacevole hotel dall'arredo sobrio e minimalista. Il bianco domina ovunque.

✕ **Trattoria da Paeto** Ⓝ AK **P** 🚭
via Patriarcato 78 – 📞 *0 41 46 93 80 – Chiuso 1 settimana in agosto, lunedì e
martedì*
Carta 22/43 € – (consigliata la prenotazione)
Piccola trattoria persa tra canali e campagna, gestita da una coppia di soci che
con serietà e impegno porta avanti la tradizione di queste terre. In menu: frittura
mista (a seconda del pescato del giorno), sarde in saor e l'immancabile baccalà
mantecato. Sempre presenti anche alcuni piatti un po' più moderni.

PIANO D'ARTA – Udine (UD) ➜ Vedere Arta Terme

PIANOPOLI

Catanzaro (CZ) – ✉ 88040 – 2 581 ab. – Alt. 250 m – Carta regionale n° **3-A2**
▶ Roma 594 km – Cosenza 81 km – Catanzaro 33 km
Carta stradale Michelin 564-K31

🏠 **Agriturismo Le Carolee** 🌿 🐾 🍃 🚗 ⛵ **P**
contrada Gabella 1, Est: 3 km – 📞 *0 96 83 50 76 – www.lecarolee.it*
7 cam 🖵 – †50/60 € ††80/100 €
In lontananza si scorge la bella vista della costa e del mare da questa casa ottocentesca fortificata, immersa nel silenzio degli ulivi; il glorioso passato di questa
terra riproposto in chiave moderna.

PIANORO

Bologna (BO) – ⊠ 40065 – 17 461 ab. – Alt. 200 m – Carta regionale n° **5-C2**

▶ Roma 370 km – Bologna 16 km – Firenze 96 km – Modena 59 km

Carta stradale Michelin 562-I16

a Rastignano Nord : 8 km – ⊠ 40067

✕ **Osteria al numero Sette**   AK ᗺ

ⓐ *via Costa 7 – ℰ 0 51 74 20 17 – Chiuso lunedì*
Carta 30/39 € – (consigliata la prenotazione)
Ottime tagliatelle al ragù bolognese, ma non solo minestre, come da queste parti vengono chiamati i primi piatti... L'offerta si è ampliata e il merito è da ricondurre alla passione per la ricerca degli ingredienti: territorio e qualità!

PIAZZA ARMERINA

Sicilia – Enna (EN) – ⊠ 94015 – 22 006 ab. – Alt. 697 m – Carta regionale n° **17-C2**

▶ Caltanissetta 46 km – Catania 100 km – Enna 32 km – Palermo 159 km

Carta stradale Michelin 365-AV59 – Guida Verde Michelin SICILIA

✕✕ **Al Fogher**   ፠ 舄 ఉ 🅿

strada statale 117 bis, Nord: 3 km – ℰ 09 35 68 41 23 – www.alfogher.net
– Chiuso 1 settimana in gennaio, domenica sera e lunedì
Menu 55/65 € – Carta 38/77 €
Nel cuore di una Sicilia dagli spettacolari paesaggi, intorno al focolare sta prendendo forma e decollando una cucina che interpreta con grande estro i prodotti isolani con divagazioni sul continente.

✕ **Trattoria la Ruota**   舄 🅿

ⓐ *contrada Paratore Casale, Ovest: 3,5 km – ℰ 09 35 68 05 42*
– www.trattorialaruota.it
Menu 15 € – Carta 22/35 € – (solo a pranzo)
A pochi metri dai resti archeologici della villa romana, un piacevole edificio con rustico porticato dove godersi una sana e genuina cucina siciliana; il servizio - a pranzo - è protratto fino alle h. 16.00.

PICERNO

Potenza (PZ) – ⊠ 85055 – 6 002 ab. – Alt. 721 m – Carta regionale n° **2-A2**

▶ Roma 352 km – Potenza 20 km – Salerno 91 km – Matera 117 km

Carta stradale Michelin 564-F28

in prossimità Superstrada Basentana Ovest : 3 km

🏨 **Bouganville**   ఫ ᗺ ᗘ 🔲 ఉ AK ᗺ 🅿

strada provinciale 83 ⊠ 85055 Picerno – ℰ 09 71 99 10 84
– www.hotelbouganville.it
67 cam ⊑ – ✝58/68 € ✝✝80/120 € – **1 suite**
Camere sempre molto up-to-date e wellness center dotato delle più moderne attrezzature, in una struttura che non smette di essere ai vertici delle classifiche. Al ristorante: eleganti ambienti, vasti e luminosi, con affaccio esterno.

PICINISCO

Frosinone (FR) – ⊠ 03040 – 1 219 ab. – Alt. 725 m – Carta regionale n° **7-D2**

▶ Roma 145 km – Frosinone 61 km – Isernia 74 km – Napoli 128 km

Carta stradale Michelin 563-R23

🏠 **Sotto le Stelle**   ᗘ ⪦ ᗺ AK ᗺ

via Giustino Ferri 1/7 – ℰ 34 66 02 71 20 – www.sottolestellepicinisco.it
6 cam ⊑ – ✝90/110 € ✝✝130/160 €
Un gioiellino nel cuore di un piccolo borgo d'origine medievale in posizione dominante sulla Val Comino: lussuosi appartamenti dotati di angolo cottura, modernamente arredati, ognuno con computer incorporato nel televisore. Prima colazione eventualmente servita in camera.

PIEGARO

Perugia (PG) – ✉ 06066 – 3 719 ab. – Alt. 356 m – Carta regionale n° **20-A2**
▶ Roma 155 km – Perugia 33 km – Arezzo 82 km – Chianciano Terme 28 km
Carta stradale Michelin 563-N18

Ca' de Principi – Residenza d'epoca
via Roma 43 – ☎ 07 58 35 80 40 – www.dimorastorica.it – Aperto
1° aprile-2 novembre
21 cam ⌷ – ♦65/90 € ♦♦90/120 €
Un edificio settecentesco, appartenuto alla nobile famiglia dei Pallavicini, con affreschi d'epoca, all'interno di un borgo ricco di fascino. Insieme di notevole pregio.

PIENZA

Siena (SI) – ✉ 53026 – 2 129 ab. – Alt. 491 m – Carta regionale n° **18-C2**
▶ Roma 188 km – Siena 52 km – Arezzo 61 km – Chianciano Terme 22 km
Carta stradale Michelin 563-M17

Relais Il Chiostro di Pienza
corso Rossellino 26 – ☎ 05 78 74 81 29 – www.relaisilchiostrodipienza.com
– Aperto 24 marzo-2 novembre
37 cam ⌷ – ♦65/95 € ♦♦87/114 €
Rist La Terrazza del Chiostro – Vedere selezione ristoranti
Nel cuore di questo gioiellino toscano voluto da Pio II Piccolomini, un chiostro quattrocentesco incastonato in un convento: per soggiornare nella suggestione della storia.

Corsignano
via della Madonnina 11 – ☎ 05 78 74 85 01 – www.hotelcorsignano.it – Aperto
15 marzo-10 novembre e i week-end da novembre a febbraio
30 cam ⌷ – ♦80/120 € ♦♦90/150 €
Un green hotel, accogliente e funzionale ma, soprattutto, ecologico, le cui camere portano la firma di Letizia, che si è occupata in prima persona del loro arredo, introducendo in ciascuna di esse un dettaglio caratterizzante. Al ristorante piatti legati alla tradizione.

San Gregorio
via della Madonnina 4 – ☎ 05 78 74 80 59 – www.sangregorioresidencehotel.it
19 cam ⌷ – ♦70/90 € ♦♦80/95 € – **16 suites**
Rist La Piazzetta – Vedere selezione ristoranti
La città rinascimentale progettata dal Rossellino, il vecchio teatro del 1935, oggi riproposto come risorsa ricettiva. Ampie e comode camere, la maggior parte con angolo cottura (affittate anche in formula residence). Delizie toscane nel raffinato ristorante: ideale per cerimonie e feste private.

Piccolo Hotel La Valle
via di Circonvallazione 7 – ☎ 05 78 74 94 02 – www.piccolohotellavalle.it
– Chiuso 11-23 dicembre
15 cam ⌷ – ♦65/100 € ♦♦90/130 €
Ubicata in comoda posizione, risorsa recente di buon confort con spazi comuni contenuti e camere arredate con letti in ferro battuto e pavimento in parquet.

L'Arca di Pienza
via San Gregorio 19 – ☎ 05 78 74 94 26 – www.arcadipienza.it – Chiuso gennaio
8 cam ⌷ – ♦60/70 € ♦♦90/105 €
A pochi passi dal centro storico, un albergo di ridotte dimensioni, ricco - tuttavia - di fascino e personalità!

La Bandita Townhouse
corso Rossellino 111 ✉ 53026 Pienza – ☎ 05 78 74 90 05
– www.labanditatownhouse.com – Chiuso febbraio
12 cam ⌷ – ♦250/325 € ♦♦250/550 €
Boutique hotel dal design intrigante, dove linee contemporanee flirtano con l'antica struttura. Piatti del territorio e qualche proposta più light e moderna nel ristorante con cucina a vista; d'estate si mangia anche all'aperto.

XX **La Terrazza del Chiostro** – Hotel Relais il Chiostro di Pienza

corso Rossellino 26 – ℰ 05 78 74 81 83
– www.terrazzadelchiostro.it – Aperto 24 marzo-2 novembre; chiuso mercoledì in bassa stagione
Carta 63/82 €
Il connubio cibo-paesaggio raggiunge qui una delle vette della Val d'Orcia: attendete l'estate per cenare all'aperto ed ammirare l'incanto di una vista che pare uscita da un libro di favole. La cucina, conseguentemente, rispecchierà i sapori di una delle eccellenze gastronomiche italiane, quella toscana.

XX **La Piazzetta** – Hotel San Gregorio

via della Madonnina 4 – ℰ 05 78 75 41 45
– www.ristorantelapiazzetta.it – Chiuso 1°-28 febbraio e martedì
Carta 18/44 €
Si affaccia proprio su una piazzetta, dove c'è anche un piacevole dehors, questo ristorante di stile classico la cui ampia carta soddisfa sia gli ospiti dell'hotel sia i clienti di passaggio. Cucina della tradizione toscana.

sulla strada statale 146 Nord-Est : 7,5 km

Relais La Saracina

strada statale 146 km 29,7 – ℰ 05 78 74 80 22
– www.lasaracina.it – Aperto 1° aprile-4 novembre
6 cam ⊡ – †180/250 € ††220/270 €
In un antico podere tra l'ocra senese degli antichi pendii, la suggestiva magia di un ambiente di rustica signorilità con camere amene di differenti tipologie.

a Monticchiello Sud-Est : 6 km – ✉ 53026

X **La Porta**

via del Piano 2 – ℰ 05 78 75 51 63
– www.osterialaporta.it – Chiuso 10 gennaio-10 febbraio e giovedì
Menu 23 € (pranzo)/35 € – Carta 30/56 €
Come dice il nome, si trova all'ingresso del piccolo e caratteristico borgo di Monticchiello per un'osteria - simpatica e informale - in cui non manca la terrazza panoramica. Cucina regionale e ampia scelta enologica (anche al bicchiere).

PIETOLE – Mantova (MN) → Vedere Mantova

PIETRA LIGURE
Savona (SV) – ✉ 17027 – 9 054 ab. – Carta regionale n° **8-B2**
▶ Roma 579 km – Imperia 46 km – Genova 78 km – Savona 31 km
Carta stradale Michelin 561-J6

De la Plage

corso Italia 179 – ℰ 0 19 61 00 96
– www.hoteldelaplage.it – Aperto Pasqua-30 settembre
16 cam ⊡ – †70/120 € ††90/140 €
Rinnovato in anni recenti, questo piccolo e piacevole albergo si trova all'inizio del lungomare di Levante. Dall'altro lato della strada, vi è il moderno ristorante, il lido e la piscina.

XX **Buca di Bacco**

corso Itulla 149 – ℰ 0 19 61 53 07
– Chiuso 8 gennaio-8 febbraio e lunedì escluso luglio-agosto
40 € – Carta 38/105 €
Le specialità marinare, la cura nella scelta delle materie prime e l'originalità del proprietario caratterizzano questo locale, sito nel seminterrato di un edificio.

PIETRALUNGA

Perugia (PG) – ✉ 06026 – 2 118 ab. – Alt. 566 m – Carta regionale n° **20-B1**
▶ Roma 225 km – Perugia 54 km – Arezzo 64 km – Gubbio 24 km
Carta stradale Michelin 563-L19

Agriturismo La Cerqua

case San Salvatore 27, Ovest: 2,2 km alt. 650 – ℰ 07 59 46 02 83 – www.cerqua.it
– Chiuso gennaio-febbraio
11 cam ⊡ – ♗50/60 € ♗♗80/90 €
Sulle spoglie di un antico monastero in cima a un colle, un casolare arredato con
mobili d'arte povera e la fattoria didattica per una vacanza tutta relax e belle passeggiate a cavallo. Legumi, cereali, pasta e birra dell'azienda sono i punti forti
della ristorazione.

La Locanda del Borgo

via Roma 139 – ℰ 07 59 46 07 98 – www.locandadelborgo.com
7 cam ⊡ – ♗60/70 € ♗♗70/90 €
Gestita da un'intera famiglia, questa villa nobiliare del 1600 non lontana dal centro storico, dispone di accoglienti ambienti di tono rustico suddivisi su più piani
con molte scale; gradevoli le sale con camino. Specialità umbro-romane per chi
vuole testare la cucina del ristorante.

PIETRANSIERI – L'Aquila (AQ) → Vedere Roccaraso

PIETRAPIANA – Firenze (FI) → Vedere Reggello

PIETRASANTA

Lucca (LU) – ✉ 55045 – 24 157 ab. – Alt. 14 m – Carta regionale n° **18-B1**
▶ Roma 381 km – Pisa 39 km – La Spezia 51 km – Lucca 39 km
Carta stradale Michelin 563-K12

Versilia Golf

via della Sipe 100 – ℰ 05 84 88 15 74 – www.versiliagolf.com – *Aperto
1° marzo-30 settembre*
17 cam ⊡ – ♗250/370 € ♗♗300/400 € – **1 suite**
Per gli amanti del golf ma anche de l'art de vivre, una raffinata struttura pregna di
fascino: eleganti camere arredate con mobili d'antiquariato e con autentiche
opere d'arte.

Albergo Pietrasanta

via Garibaldi 35 – ℰ 05 84 79 37 26 – www.albergopietrasanta.com – *Aperto
1° aprile-25 ottobre*
20 cam ⊡ – ♗165/275 € ♗♗270/460 € – **2 suites**
A pochi passi dal Duomo, una straordinaria dimora seicentesca con giardino d'inverno e collezione d'arte contemporanea. Arredi d'epoca e marmi pregiati nelle
lussuose camere: un vero palazzo all'italiana!

Palagi

piazza Carducci 23 – ℰ 0 58 47 02 49 – www.hotelpalagi.it
14 cam ⊡ – ♗50/95 € ♗♗80/170 €
Albergo semplice e senza pretese di lusso, ma pulito e confortevole. Da non perdere la piccola terrazza con vista sui tetti del centro e su uno scorcio del Duomo.

Filippo

via Stagio Stagi 22 – ℰ 0 58 47 00 10 – www.filippopietrasanta.it – *Chiuso
febbraio*
Menu 45 € – Carta 35/65 €   **4 cam** ⊡ – ♗50/65 € ♗♗90/140 €
Moderno ed essenziale all'interno, i clienti si contendono tuttavia i pochi tavoli
disseminati su una strada pedonale del centro storico. Dalla cucina arrivano
gustose ed intelligenti proposte gastronomiche, sia di terra che di mare.

PIETRAVAIRANO

Caserta (CE) – ✉ 81040 – 2 975 ab. – Alt. 250 m – Carta regionale n° **4-A1**

▶ Roma 173 km – Napoli 74 km – Benevento 64 km – Caserta 48 km

Carta stradale Michelin 564-D24

✗ **La Caveja** ↩ 🛡 ⊡ ੬ AC P

via Santissima Annunziata 10 – ✆ 08 23 98 48 24 – www.lacaveja.com – Chiuso
le sere di domenica e lunedì

Menu 30/45 € – Carta 26/38 €   **16 cam** ⌂ – ♦55 € ♦♦80 € – **1 suite**

La cucina proposta da questo antico cascinale è un'istituzione in zona. Spontanea,
varia e genuina, ripercorre i sentieri della tradizione gastronomica locale con qualche divagazione. Specialità: spaghetti con peperoni di fiume, agnello del Matese
al forno con patate, crostatine fatte in casa con marmellata di mele annurche.

PIETRELCINA

Benevento (BN) – ✉ 82020 – 3 123 ab. – Alt. 345 m – Carta regionale n° **4-B1**

▶ Roma 242 km – Benevento 15 km – Foggia 90 km – Campobasso 63 km

Carta stradale Michelin 564-D26

🏠 **Lombardi Park Hotel** ⚘ 🛝 ⊡ ੬ AC ⚘ 🏊 P

via Nazionale 1 – ✆ 08 24 99 12 06 – www.lombardiparkhotel.it

52 cam ⌂ – ♦95/105 € ♦♦110/120 € – **3 suites**

Nel paese natale di Padre Pio, vicino al convento dei Cappuccini, un complesso di
moderna concezione dagli arredi classici. Servizio impeccabile, valida gestione
familiare.

PIEVE A NIEVOLE – Pistoia (PT) ➡ Vedere Montecatini Terme

PIEVE D'ALPAGO

Belluno (BL) – ✉ 32010 – 1 888 ab. – Alt. 690 m – Carta regionale n° **23-C1**

▶ Roma 614 km – Belluno 18 km – Cortina d'Ampezzo 70 km – Treviso 72 km

Carta stradale Michelin 562-D19

✗✗✗ **Dolada** (Riccardo De Prà) 🎖 ↩ 🍸 ੬ 🍴 P

via Dolada 21, località Plois alt. 870 – ✆ 04 37 47 91 41 – www.dolada.it
– Chiuso 2 settimane in gennaio e 2 settimane in marzo

Menu 65/88 € – Carta 55/128 € – (chiuso domenica sera, lunedì e martedì a
pranzo) (consigliata la prenotazione)

6 cam ⌂ – ♦72/85 € ♦♦98/121 € – **1 suite**

Splendidamente arroccato sul monte Dolada nella conca dell'Alpago, la saga
familiare continua da oltre 90 anni all'insegna della ricerca gastronomica, ma nel
rispetto dei sapori della tradizione locale; più semplice e con un ottimo rapporto
qualità/prezzo il Doladino Osteria.

➡ Nuovi spaghetti alla carbonara. Piccione della nostra fattoria farcito con fegato
grasso d'anatra e timo di montagna. "Golosessi" (frutta caramellata) veneziani.

PIEVE DI CHIO – Arezzo (AR) ➡ Vedere Castiglion Fiorentino

PIEVE DI CORIANO

Mantova (MN) – ✉ 46020 – 1 069 ab. – Alt. 16 m – Carta regionale n° **9-D3**

▶ Roma 473 km – Verona 56 km – Mantova 39 km – Bologna 102 km

Carta stradale Michelin 561-G15

✗✗ **Corte Matilde** ੬ AC ⚘ ↩

via Pelate 38 – ✆ 0 38 63 93 52 – www.cortematilde.it – Chiuso 15 giorni in
gennaio, agosto, lunedì, martedì, sabato a mezzogiorno e domenica sera

Menu 15 € (pranzo in settimana)/50 € – Carta 30/64 € – (consigliata la
prenotazione)

La professionalità e la passione dei titolari si accompagnano ad una cucina fatta
con prodotti eccellenti, in preparazioni semplici, ma gustose, che esaltano il
sapore degli ingredienti (mostarde e confetture fatte in casa con i frutti del proprio orto). La location: una bella cascina ristrutturata sulla strada che percorse
Matilde di Canossa.

PIEVE DI LIVINALLONGO

Belluno (BL) – ✉ 32020 – Alt. 1 475 m – Carta regionale n° **23-B1**

▶ Roma 677 km – Belluno 64 km – Cortina d'Ampezzo 31 km – Bressanone 78 km

Carta stradale Michelin 562-C17

 Cèsa Padon

via Sorarù 62 – 𝒞 *04 36 71 09 – www.cesa-padon.it*
– Chiuso 12 aprile-11 maggio e 4 ottobre-4 dicembre
16 cam – solo ½ P 55/95 €

In un'incantevole posizione panoramica, ideale soggiorno in ambienti accoglienti e camere in stile montano permeate dal calore della titolare che le ha personalmente curate. Servizio navetta per gli impianti da sci e piatti regionali al ristorante.

PIEVE DI SOLIGO

Treviso (TV) – ✉ 31053 – 12 132 ab. – Alt. 132 m – Carta regionale n° **23-C2**

▶ Roma 587 km – Belluno 54 km – Treviso 33 km – Venezia 77 km

Carta stradale Michelin 562-E18

 Contà

borgo Stolfi 25 – 𝒞 *04 38 98 04 35 – www.hotelconta.it*
47 cam ⌷ – †80/85 € ††110/120 € – **2 suites**

Hotel a pochi passi dalla piazza centrale, con porticato prospiciente il corso d'acqua, all'interno propone confort moderni e camere generalmente spaziose.

PIEVESCOLA – Siena (SI) ➡ Vedere Casole d'Elsa

PIGANO = PIGEN – Bolzano (BZ) ➡ Vedere Appiano sulla Strada del Vino

PIGNA

Imperia (IM) – ✉ 18037 – 855 ab. – Alt. 280 m – Carta regionale n° **8-A3**

▶ Roma 681 km – Imperia 66 km – Savona 133 km – San Remo 35 km

Carta stradale Michelin 561-K4

 La Casa Rosa

corso De Sonnaz 35 – 𝒞 *34 75 22 71 19 – www.bebcasarosa.com – Chiuso gennaio-febbraio*
5 cam ⌷ – †45/55 € ††70/90 €

Nel centro storico un'ingegnosa ristrutturazione ha dato vita a questa particolare risorsa con poche camere, ma tanta originalità, all'interno di un antico edificio tinteggiato di rosa.

 Terme

via Madonna Assunta – 𝒞 *01 84 24 10 46 – Chiuso 12 gennaio-20 febbraio e mercoledì*
Menu 30 € – Carta 23/42 € **11 cam** ⌷ – †40/50 € ††60 €

Nell'entroterra ligure, un ristorante-trattoria di rustica semplicità che offre una serie di piatti ben fatti e fragranti. I nostri "eletti": zuppa di maltagliati e fagioli bianchi di Pigna, cosciotto di agnello da latte alle erbe al forno, la striscia all'olio di oliva.

PILA – Aosta (AO) ➡ Vedere Aosta

PILASTRO – Parma (PR) ➡ Vedere Langhirano

PINARELLA – Ravenna (RA) ➡ Vedere Cervia

PINEROLO

Torino (TO) – ✉ 10064 – 35 697 ab. – Alt. 376 m – Carta regionale n° **12-B2**

▶ Roma 694 km – Torino 41 km – Asti 80 km – Cuneo 63 km

Carta stradale Michelin 561-H3

 Il Torrione

via Galoppatoio 20 – 𝒞 *01 21 32 33 58 – www.iltorrione.com*
10 cam ⌷ – †40/70 € ††80/100 €

È su un curato prato all'inglese che si apre il cancello di questa villa neoclassica progettata dall'architetto di casa Savoia, Xavier Kurten. Al suo interno gli antichi criteri di ospitalità si affiancano a ricercate forme barocche, soggetti mitologici e moderne soluzioni di confort.

XX Taverna degli Acaja   🦀 ⚬ AC

*corso Torino 106 – 𝄞 01 21 79 47 27 – www.tavernadegliacaja.it – Chiuso
1°-8 gennaio, lunedì a mezzogiorno e domenica*
Menu 43 € – Carta 35/61 €
Per chi vuole uscire dai confini piemontesi e conoscere le specialità di altre
regioni, un locale moderno che affianca alle proposte locali piatti più creativi,
anche di pesce.

XX Regina   ⇦ P

*piazza Barbieri 22 – 𝄞 01 21 32 21 57 – www.albergoregina.net – Chiuso
domenica*
Menu 25/54 € – Carta 29/50 €   **15 cam** ⌑ – 💲55/75 € 💲💲90/110 €
La scenografia è quella di un ristorante in cui si respira la tradizione piemontese,
il cast è costituito dai piatti e dai vini del territorio che qui si susseguono. La
risorsa dispone anche di camere semplici ma confortevoli per quanti desiderano
prolungare il loro soggiorno nel cuore della città.

XX Zappatori   AC

corso Torino 34 – 𝄞 01 21 37 41 58 – Chiuso gennaio e lunedì
Menu 45/80 € – Carta 44/67 € – (consigliata la prenotazione)
Le due anime strutturali si sono ora ricongiunte nello spazio fisico di un'unica
sala, che ospita 9 tavoli. Il menu si caratterizza invece per la sua doppia lettura:
se da un lato recita i classici piemontesi, dall'altro inneggia a piatti più creativi,
con la possibilità di appetitosi incroci.

PINETO

Teramo (TE) – ✉ 64025 – 14 807 ab. – Carta regionale n° **1-B1**
▶ Roma 195 km – Ascoli Piceno 73 km – Pescara 31 km – Teramo 41 km
Carta stradale Michelin 563-O24

🏨 Ambasciatori   ⚘ 🌿 ⇦ 🛎 ⚔ ⛵ 🔲 🏊 AC ⚑ P

*via XXV Aprile 110 – 𝄞 08 59 49 29 00 – www.pineto.it – Aperto
15 maggio-20 settembre*
31 cam ⌑ – 💲70/124 € 💲💲80/140 €
Fronte mare - in zona molto tranquilla - pochi minuti a piedi e siete già sulla bella
passeggiata, ma anche in centro. Le camere presentano arredi "freschi" e leggeri, perfettamente in linea con la vacanza balneare.

🏠 Villa Arlini   ⚘ 🌿 🛎 AC ⚑ P

*Via Messico 10 – 𝄞 08 59 49 35 86 – www.villarlini.com – Aperto
1° giugno-30 settembre, solo giovedì, venerdì e sabato negli altri mesi*
9 cam ⌑ – 💲40/60 € 💲💲50/80 €
Ubicato fuori città, lungo la costa ma in posizione elevata e collinare, alti soffitti
- talvolta anche affrescati - e graziose camere. Al pian terreno, il ristorante dalle
ampie vetrate affacciate sul giardino.

XX La Conchiglia d'Oro   ⚬ AC ⚑

*via Nazionale Adriatica nord (Complesso Poseidon) – 𝄞 08 59 49 23 33
– www.ristorantelaconchigliadoro.it – Chiuso 7-20 gennaio, domenica sera e
lunedì*
Menu 35/48 € – Carta 37/79 €
Nuova sede per un locale di tradizione: ambienti moderni, delicate tonalità lilla
alle pareti e la gigantografia di una marina, quasi ad introdurre alla cucina schiettamente di pesce.

a Mutignano Sud-Ovest : 6,5 km – ✉ 64038

X Bacucco d'Oro   ⇦ P

via del Pozzo 10 – 𝄞 0 85 93 62 27 – www.bacuccodoro.com – Chiuso mercoledì
Carta 21/35 €
Piccolo ristorante di tono rustico a conduzione familiare, dalla cui terrazza estiva si
gode una splendida vista della costa. Spaghetti alla chitarra con polpettine, baccalà
arrosto, crema al cucchiaio sono solo tre delle gustose specialità presenti in menu.

PINO TORINESE

Torino (TO) – ✉ 10025 – 8 373 ab. – Alt. 495 m – Carta regionale n° **12-A1**

▶ Roma 656 km – Torino 12 km – Asti 42 km – Biella 82 km

Carta stradale Michelin 561-G5

Pianta d'insieme di Torino

XX **Pigna d'Oro**   🏠 **P**

🐾 *via Roma 130 – 𝒞 0 11 84 10 19*   Pianta: 2D2**t**
– *www.ristorantepignadoro.com – Chiuso 3 settimane in gennaio, 1 settimana in agosto, martedì a mezzogiorno e lunedì*
Menu 25 € (pranzo in settimana)/55 € – Carta 37/58 €
Lungo la strada che taglia il paese, un piacevole edificio rustico, tipico delle campagne piemontesi, nel quale gustare la vera cucina locale, i cui ingredienti seguono le stagioni. Qualche specialità alternativa di mare.

PINZOLO

Trento (TN) – ✉ 38086 – 3 120 ab. – Alt. 770 m – Carta regionale n° **19-B3**

▶ Roma 632 km – Trento 60 km – Bolzano 115 km – Madonna di Campiglio 13 km

Carta stradale Michelin 562-D14

 Beverly   🏠◁🛏🖥⊕📶⊡&♨ **P**

via Carè Alto 2 – 𝒞 04 65 50 11 58
– *www.beverlyhotel.it – Aperto 1° dicembre-15 aprile e 15 giugno-15 settembre*
24 cam ⊿ – ♦80/150 € ♦♦120/200 € – **12 suites**
Strategicamente ubicato fra il centro e gli impianti di risalita, l'hotel ripropone il tipico stile trentino: ambienti luminosi e legno chiaro, relax e bella piscina.

 Europeo   🏠◁🛏🖥⊕📶⊡🍴🚗

corso Trento 63 – 𝒞 04 65 50 11 15
– *www.hoteleuropeo.com – Aperto 1° dicembre-30 marzo e 1° giugno-30 settembre*
37 cam ⊿ – ♦140/210 € ♦♦200/260 € – **5 suites**
Vicino al centro, ma anche adiacente al parco, negli anni questa risorsa si è saputa rinnovare ed - oggi - offre camere montane dal design moderno, a cui si aggiunge un piacevole e completo centro benessere. Nell'ampio ristorante: la cucina, l'orgoglio della casa!

🏠 **Cristina**   🏠🖥⊕📶🦶🏋 **P**

viale Bolognini 39 – 𝒞 04 65 50 16 20
– *www.hotelcristina.info – Aperto 1° dicembre-15 aprile e 15 giugno-20 settembre*
30 cam – solo ½ P 85/150 €
Albergo nel più classico stile montano, a conduzione diretta e dotato di un piccolo e completo centro benessere. Ambiente familiare, in posizione strategica per gli impianti.

🏠 **Corona**   🏠📶⊡&🏋 **P**

corso Trento 27 – 𝒞 04 65 50 10 30
– *www.hotelcoronapinzolo.it – Aperto 6 dicembre-14 aprile e 16 giugno-14 settembre*
41 cam ⊿ – ♦100/200 € ♦♦100/200 €
Nel centro cittadino, gestione familiare dai gradevoli spazi comuni e dalle accoglienti camere. Il wellness center vi aspetta per rimettervi in forma dalla testa ai piedi; ampia la sala ristorante.

 La Locanda   ◁⊡& **P**

viale Dolomiti 20 – 𝒞 04 65 50 11 22
– *www.residencelalocanda.eu*
18 cam ⊿ – ♦60/90 € ♦♦80/170 €
Alle porte di Pinzolo, una piccola locanda dal caratteristico stile montano: caldi arredi in legno, ampie camere e suite con possibilità di angolo cottura.

a Giustino Sud : 1,5 km – ⊠ 38086 – Alt. 770 m

XX **Mildas** ⇔ P

via Rosmini 7, località Vadaione, Sud: 1 km – ℰ 04 65 50 21 04
– www.ristorantemildas.it – Chiuso 1° maggio-20 giugno,
20 settembre-31 ottobre e lunedì
Menu 38 € – Carta 30/89 € – *(solo a cena in inverno escluso sabato e domenica)*
(consigliata la prenotazione)
In una cripta del '300 con moderno refettorio, la cucina rivisita i classici trentini:
a cominciare dalla polenta, protagonista di diversi piatti. Carta dei vini illustrata
e descritta.

PIOLTELLO
Milano (MI) – ⊠ 20096 – 36 912 ab. – Alt. 122 m – Carta regionale n° **10-B2**
◨ Roma 563 km – Milano 17 km – Bergamo 38 km
Carta stradale Michelin 561-F9

a Limito Sud : 2,5 km – ⊠ 20090

XX **Antico Albergo** 😤 AC ⇔

via Dante Alighieri 18 – ℰ 0 29 26 61 57 – www.anticoalbergo.it
– Chiuso 26 dicembre-7 gennaio, 8-31 agosto, sabato a mezzogiorno
e domenica
Menu 40 € – Carta 40/62 €
Nel centro storico, è da tre generazioni che l'amore per la cucina lombarda e per
l'ospitalità vengono celebrate in quest'antica, elegante, locanda con servizio
estivo sotto un pergolato.

PIOMBINO
Livorno (LI) – ⊠ 57025 – 34 359 ab. – Carta regionale n° **18-B3**
◨ Roma 254 km – Pisa 109 km – Grosseto 72 km – Livorno 89 km
Carta stradale Michelin 563-N13

X **Lo Scoglietto** AC
😊

via Carlo Pisacane 118 – ℰ 0 56 53 05 94 – Chiuso domenica sera
Menu 15 € (pranzo)/25 € – Carta 26/48 € – (prenotare)
L'impegno e la passione profusi in cucina si concretizzano in piatti sorprendenti,
per i quali l'attenta ricerca dei prodotti si unisce all'esaltazione del gusto degli
stessi; per gli amanti della pizza c'è anche un forno a legna.

PIOVE DI SACCO
Padova (PD) – ⊠ 35028 – 19 797 ab. – Carta regionale n° **23-C3**
◨ Roma 514 km – Padova 19 km – Ferrara 88 km – Venezia 43 km
Carta stradale Michelin 562-G18

🏠 **Point Hotel** ⊡ ᵹ AC ⅋ 🛁 P

via Adige 2 – ℰ 04 99 70 52 79 – www.pointhotel.it
71 cam ⌸ – †70/90 € ††115/150 €
Ubicato in posizione leggermente periferica propone una gestione squisitamente
femminile con camere di tono classico, ben tenute e dai confort adeguati alla
categoria.

XX **La Saccisica** 🎏 😤 ᵹ AC ⇔ P
😊

via Adige 18 – ℰ 04 99 70 40 10 – www.lasaccisica.it – Chiuso 13-20 agosto
e lunedì
Menu 25 € (in settimana)/40 € – Carta 26/51 €
In un edificio circolare, anche gli ambienti sono divisi in spicchi, mentre il vino
costituisce l'elemento decorativo predominante, oltre che importante "accompa-
gnatore" a piatti di terra, ma soprattutto di mare.

PIOVEZZANO – Verona (VR) → Vedere Pastrengo

PIOZZO

Cuneo (CN) – ✉ 12060 – 998 ab. – Alt. 327 m – Carta regionale n° **12-C3**

▶ Roma 637 km – Torino 82 km – Cuneo 45 km – Asti 58 km

Carta stradale Michelin 561-I5

✗ Casa Baladin   ⇦ AC

*piazza 5 Luglio 35 – ☎ 01 73 79 52 39 – www.casabaladin.it – Chiuso
2 settimane in gennaio e mercoledì*
Menu 35/50 € – *(solo a cena)* (prenotazione obbligatoria)
5 cam ⌷ – ♦90 € ♦♦120 €
Conturbante, giovane, alla moda: una casa della birra - unica bevanda, oltre a
qualche tè - intesa ad accompagnare in tavola il menu degustazione di cucina
moderna e creativa. Lo stile si ripropone anche nelle camere impreziosite da
materiali naturali e affreschi recenti.

PISA

✉ 56125 – 89 523 ab. – Carta regionale n° **18-B2**

▶ Roma 335 km – Firenze 89 km – Livorno 23 km – Lucca 23 km

Carta stradale Michelin 563-K13

Relais dell'Orologio   ✿ ⊡ & AC ⅔ ⇔

via della Faggiola 12 ✉ 56126 – ☎ 0 50 83 03 61   Pianta: AB1**d**
– www.hotelrelaisorologio.com
19 cam ⌷ – ♦70/90 € ♦♦100/279 € – **2 suites**
A due passi da piazza dei Miracoli, una casa-torre trecentesca da sempre appartenuta alla stessa famiglia: eleganza, personalizzazioni in ogni ambiente e un'imperdibile sala-lettura. Piccolo servizio ristorante su richiesta.

San Ranieri   ✿ ⇤ ⊡ & AC ⅔ ⇔

*via Filippo Mazzei 2, Est: 4,5 Km, per Pontedera - B2 ✉ 56124 – ☎ 0 50 97 19 51
– www.sanranierihotel.com*
88 cam ⌷ – ♦79/240 € ♦♦89/260 € – **2 suites**
Dietro l'ospedale Cisanella, uno scenografico involucro di cristallo che la sera si
accende di diverse sfumature: all'interno, linee essenziali, il bianco e il nero la
fanno da padroni, insieme agli specchi dove si celano le luci e i televisori. Cucina
moderna di carne e pesce al ristorante Squisita; a mezzogiorno - oltre alla carta
- è attivo un servizio self-service.

NH Pisa   ⊡ & AC ⅔ ⇔

piazza Stazione 2 ✉ 56125 – ☎ 05 04 32 90   Pianta: A2**a**
– www.nh-hotels.com
98 cam ⌷ – ♦55/95 € ♦♦65/135 € – **2 suites**
A pochi metri dalla stazione ferroviaria e dall'air terminal, una valida struttura in
stile moderno, ideale per una clientela business; ricette classiche nella lineare
sala ristorante.

Grand Hotel Bonanno   ✿ ⊡ & ⅔ P

*via Carlo Francesco Gabba 17, per via Risorgimento - A1 ✉ 56122
– ☎ 0 50 52 40 30 – www.grandhotelbonanno.it*
81 cam ⌷ – ♦60/110 € ♦♦75/200 € – **6 suites**
Camere di confort omogeneo e ambienti comuni ben distribuiti in un hotel adiacente al centro storico, molto comodo per chi viaggia in automobile.

✗✗ La Clessidra   ⇱ & AC ⇔

via del Castelletto 26/30 ✉ 56127 – ☎ 0 50 54 01 60   Pianta: B1**b**
– www.ristorantelaclessidra.net – Chiuso1°-7 gennaio, 5-25 agosto e domenica
Menu 30/38 € – Carta 21/50 € – *(solo a cena)*
Sito in centro, un locale classico che si distingue per la poliedricità dell'offerta:
accanto ad una carta che si divide tra cucina di mare e di terra, ora si è aggiunta
anche la pizza.

Osteria dei Cavalieri

via San Frediano 16 ✉ *56126* – ✆ *0 50 58 08 58* Pianta: **B1e**
– www.osteriacavalieri.pisa.it – Chiuso 24 dicembre-1° gennaio, 8-28 agosto,
sabato a mezzogiorno e domenica
Menu 28/33 € – Carta 26/48 € – (coperti limitati, prenotare)
A pochi passi dall'università Normale, un'osteria ben frequentata con ambienti semplici e una cucina che si divide tra terra e mare. Buona selezione di vini e distillati,
la stessa che si trova anche a 50 metri alla "Sosta": più piccola, ma con cucina
assai rimarchevole.

PISCIANO – Perugia (PG) ➜ Vedere Gubbio

PISCIOTTA

Salerno (SA) – ✉ 84066 – 2 669 ab. – Alt. 170 m – Carta regionale n° **4-C3**
▶ Roma 366 km – Avellino 136 km – Castellammare di Stabia 139 km –
Salerno 105 km
Carta stradale Michelin 564-G27

 Marulivo

via Castello – ℰ 09 74 97 37 92 – www.marulivohotel.it – Aperto 24 marzo-1° novembre
11 cam ⌷ – ♦60/128 € ♦♦80/170 €
Un giorno il fascino bussò alle porte di un convento trecentesco nel centro storico del pittoresco borgo di Pisciotta, e nacque Marulivo: una splendida struttura con una suggestiva terrazza affacciata sul mare e camere dove l'austerità monastica ha lasciato il posto a raffinate personalizzazioni e confort moderni.

✗✗ **Angiolina**

*via Passariello 2, località Marina di Pisciotta, Sud: 4 km – ℰ 09 74 97 31 88
– www.ristoranteangiolina.it – Aperto Pasqua-15 ottobre*
Carta 22/56 € – (consigliata la prenotazione)
Se avete - giustamente - optato per questo tranquillo localino dal piacevole servizio estivo all'aperto, non potete non gustare le tipiche ricette a base di alici di "menaica" (una particolare rete a maglie strette utilizzata per la pesca da queste parti). In menu, però, anche tanti altri piatti campani.

PISOGNE

Brescia (BS) – ✉ 25055 – 8 055 ab. – Alt. 187 m – Carta regionale n° **10-D1**
▶ Roma 567 km – Brescia 40 km – Bergamo 48 km – Edolo 54 km
Carta stradale Michelin 561-E12

 La Pieve di Pisogne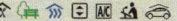

*via Don G. Recaldini 1 – ℰ 0 36 48 62 14 – www.lapievedipisogne.it – Chiuso
7-20 gennaio e mercoledì*
15 cam ⌷ – ♦50/65 € ♦♦95/125 €
Albergo moderno e funzionale - nella parte alta del paese, proprio a fianco alla pieve di Santa Maria in Silvis - il lungolago, ad un chilometro, è comunque raggiungibile a piedi; nel giardino c'è comunque una piccola piscina rinfrescante. Le camere di dimensioni medie e arredi funzionali, verranno apprezzate più per la modernità che per la personalità, salvo il fatto che alcune offrono un suggestivo scorcio.

PISTICCI

Matera (MT) – ✉ 75015 – 17 849 ab. – Carta regionale n° **2-D2**
▶ Roma 455 km – Potenza 93 km – Matera 76 km
Carta stradale Michelin 564-F31

a Marconia Sud-Est : 15 km – ✉ 75015

 Agriturismo San Teodoro Nuovo

contrada San Teodoro Nuovo km 442 – ℰ 08 35 47 00 42 – www.santeodoronuovo.com
10 cam ⌷ – ♦75/90 € ♦♦120/140 €
Tra le mura di una masseria del Novecento adagiata nella pianura metapontina, una tenuta agricola orto-frutticola ospita appartamenti arredati con ricercatezza e personalità. Presso le antiche scuderie, le specialità della gastronomia regionale.

PISTOIA

✉ 51100 – 90 542 ab. – Alt. 67 m – Carta regionale n° **18-B1**
▶ Roma 311 km – Firenze 41 km – Prato 22 km – Lucca 45 km
Carta stradale Michelin 563-K14

 Villa Giorgia - Albergo in Collina

*via Bolognese 164, 5 km per Modena - A1 – ℰ 05 73 48 00 42
– www.villagiorgia.it – Chiuso 21 febbraio-20 marzo*
18 cam ⌷ – ♦75/105 € ♦♦110/180 €
Abbandonata la città, ci si inerpica tra le tipiche colline pistoiesi: l'edificio è d'inizio '900, ma le camere sono moderne e sobrie (optate per quelle panoramiche, oltre alla vista sono più tranquille!). Nel curato giardino, potrete invece rilassarvi e godere del bel panorama.

PISTOIA

0 ──── 200 m

🏨 **Patria**

via Crispi 8 – 📞 *05 73 35 88 00 >– www.patriahotel.com*   Pianta: **AB2n**

26 cam 🛏 – ♦90/110 € ♦♦90/130 € – **1 suite**

Ideale per scoprire il centro storico, è piccolo nelle dimensioni, ma raffinato e curato nei dettagli (bagni compresi!). Per i più romantici, camera-attico con vista sui tetti di Pistoia.

🏨 **Villa de' Fiori**

via di Bigiano e Castel Bovani 39, per via di Porta San Marco 2,5 km - **B1**
– 📞 *05 73 45 03 51 – www.villadefiori.it – Chiuso 4 gennaio-11 febbraio e in febbraio-marzo aperto solo nel fine settimana*

8 cam 🛏 – ♦70/90 € ♦♦80/140 €

Tanti salotti uno di seguito all'altro con raccolta di cimeli d'antan, vera passione del titolare, in una villa settecentesca immersa nel verde della campagna pistoiese; il gusto per la storia non risparmia le camere, che sfoggiano pavimenti e arredi originali. Piatti di terra al ristorante con i prodotti dell'agriturismo (pesce, su ordinazione).

🏨 **Villa Parri**

via Modenese 206, Nord: 4 km per via Dalmazia - **A1** *–* 📞 *05 73 41 70 62 – www.villaparri.it – Chiuso 10 gennaio-28 febbraio e 5 novembre-25 dicembre*

8 suites – ♦80/135 € ♦♦95/145 € – 🛏 10 € – **2 cam**

Villa ottocentesca con parco e giardino a terrazze: nei saloti troverete una piccola raccolta d'oggetti di altri tempi, in molte camere una cucina per chi preferisce il fai-da-te al ristorante.

✗ **Trattoria dell'Abbondanza**

via dell'Abbondanza 10/14 – ✆ 05 73 36 80 37 Pianta: A1**b**
– Chiuso 12-22 maggio, 6-16 ottobre, giovedì a mezzogiorno e mercoledì
Carta 25/41 €
All'insegna della tipicità e della tradizione, in un'atmosfera accogliente e simpa-
tica, propone una cucina di prelibatezze caserecce riscoprendo l'antica gastrono-
mia pistoiese.

✗ **Il Cucciolo**

piazza Leonardo Da Vinci 33 – ✆ 0 57 32 92 30 Pianta: B2**a**
– www.ristoranteilcucciolo.it – chiuso sabato a mezzogiorno e domenica
Carta 56/104 €
Il nuovo Cucciolo è ricavato all'interno delle antiche mura: più raccolto e moderno
propone sempre piatti di mare (anche d'asporto), così come il chiosco street food
per una formula più attuale.

PITIGLIANO

Grosseto (GR) – ✉ 58017 – Carta regionale n° **18-D3**
▶ Roma 153 km – Viterbo 48 km – Grosseto 78 km – Orvieto 51 km
Carta stradale Michelin 563-O16

✗ **Il Tufo Allegro**

vicolo della Costituzione 5 – ✆ 05 64 61 61 92
– www.iltufoallegro.com – Chiuso 9 gennaio-9 febbraio, mercoledì a
mezzogiorno e martedì
Menu 29/55 € – Carta 33/73 €
Nel cuore della località etrusca, nei pressi della Sinagoga: piatti toscani, un piccolo
ristorante con una nutrita cantina di vini e salette ricavate nel tufo.

PITRIZZA – Olbia-Tempio (OT) → Vedere Arzachena : Costa Smeralda

PIZZIGHETTONE

Cremona (CR) – ✉ 26026 – 6 593 ab. – Alt. 46 m – Carta regionale n° **9-B3**
▶ Roma 526 km – Piacenza 23 km – Cremona 22 km – Lodi 33 km
Carta stradale Michelin 561-G11

✗✗ **Da Giacomo**

piazza Municipio 2 – ✆ 03 72 73 02 60
– www.dagiacomo.it – Chiuso 8-18 gennaio, 16 agosto-5 settembre e lunedì
Carta 36/61 € – (coperti limitati, prenotare)
Nel centro storico di questa pittoresca località cinta da mura, un ristorantino che
esprime una riuscita miscela di rusticità e design. Cucina del territorio reinterpretata.

PIZZO

Vibo Valentia (VV) – ✉ 89812 – 9 293 ab. – Alt. 44 m – Carta regionale n° **3-A2**
▶ Roma 603 km – Vibo Valentia 11 km – Catanzaro 59 km – Cosenza 88 km
Carta stradale Michelin 564-K30

🏠 **Marinella**

contrada Marinella Prangi, Nord: 4 km – ✆ 09 63 53 48 60
– www.hotelmarinella.info
45 cam ⌂ – ♦45/60 € ♦♦75/90 €
Hotel a conduzione diretta sulla litoranea e a 300 metri dal mare: camere confortevoli, nonché piacevole sala e terrazza per la prima colazione. Più rustico il ristorante con proposte sia di mare sia di terra.

POCENIA

Udine (UD) – ⊠ 33050 – 2 570 ab. – Carta regionale n° **6-B3**

▶ Roma 608 km – Udine 30 km – Gorizia 56 km – Pordenone 53 km

Carta stradale Michelin 562-E21

a Paradiso Nord-Est : 7 km – ⊠ 33050 Pocenia

XX **Al Paradiso**

via Sant' Ermacora 1 – ℰ 04 32 77 70 00 – www.trattoriaparadiso.it – Chiuso lunedì e martedì

Menu 50 € – Carta 31/49 € – (solo a cena escluso sabato e domenica)

Una piccola bomboniera in un antico cascinale, con decorazioni e tendaggi ovunque. Spunti moderni nella cucina che segue il territorio (tanta carne e cacciagione). Ideale per una cena romantica.

PODENZANA

Massa-Carrara (MS) – ⊠ 54010 – 1 715 ab. – Alt. 32 m – Carta regionale n° **18-A1**

▶ Roma 426 km – La Spezia 29 km – Massa 44 km – Parma 107 km

Carta stradale Michelin 563-J11

X **La Gavarina d'Oro**

via del Gaggio 28 – ℰ 01 87 41 00 21 – www.lagavarinadoro.com – Chiuso 18 febbraio-10 marzo, 1°-23 settembre e mercoledì esluso agosto

Menu 18/35 € – Carta 15/40 €

Un ristorante tradizionale, un punto di riferimento nella zona, ove poter assaggiare anche la tipica cucina della Lunigiana e specialità come i panigacci. Nella rusticità.

POGGIBONSI

Siena (SI) – ⊠ 53036 – 29 229 ab. – Alt. 116 m – Carta regionale n° **18-D1**

▶ Roma 262 km – Firenze 44 km – Siena 29 km – Livorno 89 km

Carta stradale Michelin 563-L15

XX **Osteria al Torrione di San Fabiano**

località il Torrione 2, Est: 5 Km – ℰ 05 77 97 92 12 – www.osteriaaltorrione.it – Aperto 25 dicembre-6 gennaio e 1° aprile-30 novembre; chiuso lunedì

Carta 26/42 € – (consigliata la prenotazione)

Alcuni chilometri di sterrato conducono a questo grazioso locale tra cipressi, vigneti e colline. Ma la tranquillità della campagna senese non è che uno dei suoi tanti piacevoli aspetti, all'interno - infatti - lo stile rustico toscano introduce l'ospite ad una cucina moderna, che rimane tuttavia ancorata alla tradizione regionale.

X **La Galleria**

via del Commercio (galleria Cavalieri Vittorio Veneto) – ℰ 05 77 98 23 56 – Chiuso 3 settimane in agosto e domenica

Menu 35/40 € – Carta 28/71 €

All'interno di una piccola galleria commerciale con qualche negozietto, locale di stampo classico con cucina a vista. Proposte di mare e di terra, elaborate da materie prime scelte con cura.

POGGIO – Livorno (LI) ➡ Vedere Elba (Isola d') : Marciana

POGGIO ALLE MURA – Siena (SI) ➡ Vedere Montalcino

POGGIO MURELLA

Grosseto (GR) – ⊠ 58014 – Carta regionale n° **18-C3**

▶ Roma 158 km – Grosseto 69 km – Viterbo 84 km

Carta stradale Michelin 563-N16

🏨 **Saturnia Tuscany Hotel**

strada Marco Pantani – ℰ 05 64 60 76 11 – www.saturniatuscanyhotel.com – Chiuso 8-27 dicembre e 6 gennaio-13 febbraio

39 cam ⊑ – †89/199 € ††99/299 €

A 2 km dalle terme di Saturnia, in posizione panoramica e tranquilla, una bella struttura completa nei servizi offerti, con camere più o meno spaziose, tutte riccamente arredate. Articolata gamma di trattamenti presso il centro benessere.

Il Cantuccio

via Termine 18 – ℰ 05 64 60 79 73 – www.bedandbreakfastilcantuccio.com
– Chiuso 6 gennaio-6 febbraio
6 cam ⌂ – ♦50/70 € ♦♦65/95 €
Al centro di una delle zone più interessanti della Maremma, tra terme e borghi
medioevali, questo b&b si trova in un piccolo paese, offre camere accoglienti ed
una gestione premurosa.

POIRINO
Torino (TO) – ✉ 10046 – 10 633 ab. – Alt. 249 m – Carta regionale n° **12-B2**
▶ Roma 661 km – Torino 28 km – Moncalieri 19 km
Carta stradale Michelin 561-H5

 Brindor Hotel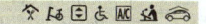

via Torino36 – ℰ 01 19 45 31 75 – www.brindorhotel.info
– Chiuso 1°-7 gennaio e 12-22 agosto
57 cam ⌂ – ♦75 € ♦♦88 € – **1 suite**
Distante dal centro, questo hotel recente e di taglio moderno dispone di graziosi
spazi comuni e di ampie camere ed è ideale per una clientela d'affari. Ideale per
pranzi informali o cene di lavoro, il moderno ristorante propone piatti del territorio, paste fatte in casa e specialità agli asparagi.

 Il simbolo 🍷 segnala una carta dei vini particolarmente interessante.

POLESINE PARMENSE
Parma (PR) – ✉ 43010 – 1 432 ab. – Alt. 36 m – Carta regionale n° **5-A1**
▶ Roma 496 km – Parma 43 km – Milano 104 km – Cremona 31 km
Carta stradale Michelin 562-G12

 Antica Corte Pallavicina (Massimo Spigaroli)
🌸

strada del Palazzo Due Torri 3 – ℰ 05 24 93 65 39 – www.acpallavicina.com
– Chiuso 11-27 gennaio
Menu 88/160 € – Carta 57/101 €
7 cam ⌂ – ♦130/230 € ♦♦160/260 € – **4 suites**
Apoteosi della bassa padana, nonché regno dei culatelli a cui è dedicato un tem-
pio-cantina: si mangia in un castello di origini medioevali trasformato in vetrina
gourmet. Il viaggio nel tempo continua nelle camere dagli arredi d'epoca e atmosfere d'antan.
→ I soffici ai tre parmigiani in brodo. La faraona ricoperta di culatello cotta
nella creta del Po con le verdure del nostro orto. La zuppa inglese gelato
"in-crostata".

 Al Cavallino Bianco

via Sbrisi 3 – ℰ 0 52 49 61 36 – www.fratellispigaroli.it
– Chiuso 20 gennaio-3 febbraio e martedì
Menu 58 € – Carta 36/58 €
Secolare tradizione familiare alla quale affidarsi per assaporare il proverbiale cula-
tello e specialità regionali, lungo le rive del grande fiume. Al "Tipico di Casa Spi-
garoli", scelta ristretta di ricette emiliane.

a Santa Franca Ovest : 3 km – ✉ 43010 Polesine Parmense

 Colombo

via Mogadiscio 103 – ℰ 0 52 49 81 14
– Chiuso 7-22 gennaio, 26 luglio-8 agosto, lunedì sera e martedì
Carta 31/45 €
Servizio estivo sotto un pergolato in una mitica trattoria familiare: l'attuale pro-
prietaria segue le orme paterne anche per produzione e stagionatura di salumi
(tra i quali il prezioso culatello). Cucina emiliana.

POLIGNANO A MARE

Bari (BA) – ✉ 70044 – 17 991 ab. – Carta regionale n° **15-C2**

▶ Roma 486 km – Bari 36 km – Brindisi 77 km – Matera 82 km

Carta stradale Michelin 564-E33

Covo dei Saraceni

via Conversano 1/1 A – ✆ 08 04 24 11 77 – www.covodeisaraceni.com

35 cam ⊡ – ♦90/135 € – ♦♦115/165 € – **7 suites**

Su uno dei promontori della celebre località, camere recenti ma in grado di rendere indimenticabile il vostro soggiorno, chiedendone una con vista mare. Nella dépendence di fronte, zona benessere che funziona solo con prenotazione esclusiva.

Malù

lungomare Domenico Modugno 7 – ✆ 33 37 99 13 53 – www.bebmalu.it – Chiuso novembre

6 cam ⊡ – ♦55/100 € ♦♦80/160 €

Vicino alla statua di Modugno, originario della località, sei camere ciascuna intitolata ad una sua canzone. Tre si affacciano sul mare, ma tutte sono accomunate dalla piacevolezza di ciò che è nuovo e fresco: complici i colori chiari, nonché la luce che filtra dalle finestre. Sulla terrazza panoramica, la prima colazione.

✕✕ L'Osteria di Chichibio

largo Gelso 12 – ✆ 08 04 24 04 88 – www.osteriadichichibio.it – Chiuso 5 gennaio-5 febbraio e lunedì

Carta 36/75 €

Connubio di semplicità e allegria - non privo di eleganza - e l'occasione per mangiare pesce e verdure cotti in un forno a legna, serviti in piatti di ceramica. Il locale si è recentemente ampliato e anche la cucina non smette di "crescere".

POLLEIN – Aosta (AO) ➡ Vedere Aosta

POLLENZO – Cuneo (CN) ➡ Vedere Bra

POLLONE

Biella (BI) – ✉ 13814 – 2 132 ab. – Alt. 630 m – Carta regionale n° **12-C2**

▶ Roma 671 km – Aosta 92 km – Biella 9 km – Novara 62 km

Carta stradale Michelin 561-F5

✕✕✕ Il Patio (Sergio Vineis)

via Oremo 14 – ✆ 01 56 15 68 – www.ristoranteilpatio.it – Chiuso lunedì e martedì

Menu 55/65 € – Carta 52/85 € – (prenotare)

Ristorante dall'atipica ambientazione in antiche stalle. I piatti semplici puntano sulla valorizzazione dei prodotti, ma c'è anche spazio per elaborazioni più complesse.

➡ Alici e pomodoro con battuto di ricciola, sgombro e maionese di ricci. Maialino da latte con la sua cotenna croccante e crema leggera di finocchi. Cremino al gianduia con crumble salato e gelato alla crema antica.

POLVANO – Arezzo (AR) ➡ Vedere Castiglion Fiorentino

POLVERINA – Macerata (MC) ➡ Vedere Camerino

POMONTE – Livorno (LI) ➡ Vedere Elba (Isola d') : Marciana

POMPEI

Napoli (NA) – ✉ 80045 – 25 397 ab. – Alt. 14 m – Carta regionale n° **4-B2**

▶ Roma 237 km – Napoli 29 km – Avellino 49 km – Caserta 50 km

Carta stradale Michelin 564-E25

Forum

via Roma 99/101 – ℰ 08 18 50 11 70 – www.hotelforum.it
32 cam 🖵 – ✝75/150 € ✝✝85/200 € – **1 suite**
Vicino al famoso Santuario, varcato l'ingresso dell'hotel è un piacere sentire il silenzio dell'incantevole giardino interno. Man mano che si sale di piano, le camere si fanno di categoria superiore: più costose e con vista sul parco della zona archeologica.

Amleto

via San Michele 11, angolo via Bartolo Longo – ℰ 08 18 63 10 04
– www.hotelamleto.it
24 cam 🖵 – ✝50/75 € ✝✝70/120 €
A pochi passi dal Santuario, edificio degli anni Venti ristrutturato con cura: ingresso in stile neoclassico, con una breve rampa di scale, e pavimento con riproduzioni musive.

Maiuri

viale Unità d'Italia 20 – ℰ 08 18 56 27 16 – www.hotelmaiuri.it
24 cam 🖵 – ✝65/80 € ✝✝80/120 €
Forse un omaggio all'antica Pompei, nella ripresa del nome di un famoso archeologo italiano; certo un hotel nuovo, molto comodo, dai toni pastello anche negli interni.

Giovanna

viale Unità d'Italia 18 – ℰ 08 18 50 61 61 – www.hotelgiovanna.it
24 cam 🖵 – ✝50/70 € ✝✝70/90 €
Un bel giardino fa da cornice a questo albergo consigliato a clienti d'affari e turisti, desiderosi di trovare un'oasi di relax; camere spaziose e confortevoli.

Iside

via Minutella 27 – ℰ 08 18 59 88 63 – www.hoteliside.it
18 cam – ✝40/80 € ✝✝50/100 €
Non lontano dall'ingresso agli scavi archeologici, in una zona residenziale tranquilla, offre un'accoglienza familiare e ambienti luminosi; alle spalle dell'albergo un orto-agrumeto.

XXX President (Paolo Gramaglia)
⌘

piazza Schettini 12/13 – ℰ 08 18 50 72 45 – www.ristorantepresident.it – Chiuso 7-28 gennaio, 13-17 agosto, domenica sera e lunedì
Menu 40/60 € – Carta 42/58 € – (consigliata la prenotazione)
Il cliente è assolutamente al centro dell'attenzione, mentre il palato si lascia piacevolmente distrarre da una cucina moderatamente creativa, realizzata partendo da un'accurata selezione delle materie prime. Ottima ospitalità!
➜ Paccheri in trafila di bronzo, serviti con vongole veraci e salsa ai broccoli. Dentice cotto lentamente con zuppetta al pomodoro di mare e gelato al cipollotto. Variazione della cassata degli antichi pompeiani

XX Maccarone

viale Unità d'Italia 51 – ℰ 08 18 50 09 67 – www.ristorantemaccarone.it – Chiuso lunedì
Carta 20/45 €
In un edificio che ricorda vagamente una casa colonica, si trova questo ristorante-pizzeria. L'ambiente è moderno, pulito nello stile, e con prezzi competitivi.

XX La Bettola del Gusto
🍝

via Sacra 48/50 – ℰ 08 18 63 78 11 – www.labettoladelgusto.it – Chiuso lunedì
Menu 25/35 € – Carta 23/47 € – (prenotare)
Centrale, davanti alla stazione, il nome è fuorviante: siamo in un simpatico e grazioso locale, dove un giovane cuoco prepara piatti semplici all'insegna della tipicità campana.

PONTE A MORIANO – Lucca (LU) ➜ Vedere Lucca

PONTE ARCHE – Trento (TN) ➜ Vedere Comano Terme

PONTE DELL'OLIO

Piacenza (PC) – ✉ 29028 – 4 805 ab. – Alt. 216 m – Carta regionale n° **5-A2**

▶ Roma 534 km – Piacenza 25 km – Parma 84 km – Milano 93 km

Carta stradale Michelin 561-H10

✕✕ Riva   🕸 🍽 AC

via Riva 16, Sud: 2 km – ☎ 05 23 87 51 93 – www.ristoranteriva.it – Chiuso martedì a mezzogiorno e lunedì

Menu 40/65 € – Carta 44/97 €

In un piccolo borgo con un affascinante castello merlato, la moglie propone una cucina raffinata, misurato equilibrio di territorio e creatività; ai vini pensa il marito.

✕ Locanda Cacciatori   ⇔ 🍃 🍽 AC P

località Mistadello di Castione, Est: 2,5 km – ☎ 05 23 87 72 06 – www.locandacacciatori.com

Menu 20/40 € – Carta 21/36 € – *(chiuso mercoledì)*   **9 cam** 🛏 – †38 € ††55 €

Oltre 50 anni di esperienza per questa locanda da sempre gestita dalla stessa famiglia. Semplici le quattro sale affacciate sulle colline, dove riscoprire una cucina regionale: gustose paste fatte in casa e carni come faraona e anatra al forno.

PONTEDERA

Pisa (PI) – ✉ 56025 – 29 196 ab. – Alt. 14 m – Carta regionale n° **18-B2**

▶ Roma 314 km – Pisa 25 km – Firenze 61 km – Livorno 32 km

Carta stradale Michelin 563-L13

🏠 Armonia   🔲 🕭 AC 🛁 🚗

piazza Caduti Div. Acqui, Cefalonia e Corfù 11 – ☎ 05 87 27 85 11 – www.hotelarmonia.it

33 cam 🛏 – †110/200 € ††140/250 € – **2 suites**

Storico edificio per una proverbiale accoglienza, in città, sin da metà '800; ospiti illustri, atmosfere eleganti, qualità impeccabile e signorile. La maggior parte delle camere rispecchiano lo stile della casa, mentre - all'ultimo piano - ve ne sono otto più recenti e dallo stile moderno.

🏠 Il Falchetto   AC

piazza Caduti Div. Acqui, Cefalonia e Corfù 3 – ☎ 05 87 21 21 13 – www.hotelfalchetto.it

16 cam 🛏 – †55/62 € ††70/78 €

Hotel gestito da una coppia di coniugi che ne ha cura quasi come fosse una casa privata; ambienti funzionali, eppure ricchi di dettagli personali, come quadri (molti dipinti dal patron) e alcuni lampadari di Murano.

✕✕ La Polveriera   🍽 🕭 AC

via Fratelli Marconcini 54 – ☎ 32 89 62 56 43 – www.ristorantelapolveriera.it – Chiuso 14-28 agosto, sabato a mezzogiorno e domenica

Menu 20 € (cena)/24 € – Carta 23/61 €

Un locale nato dalla ristrutturazione di un effervescente circolo ricreativo, dove spesso la discussione terminava in scazzottate e in un gran "polverone" (da qui il soprannome di polveriera). Nell'insospettabile cortile durante la bella stagione, o nelle curate salette, la carta ruota attorno al pesce, alle verdure e si amplia con un secondo menu articolato e completo di cucina vegana.

PONTE DI BRENTA – Padova (PD) ➜ Vedere Padova

PONTE DI LEGNO

Brescia (BS) – ✉ 25056 – 1 748 ab. – Alt. 1 257 m – Carta regionale n° **9-C1**

▶ Roma 669 km – Sondrio 68 km – Brescia 124 km – Bormio 44 km

Carta stradale Michelin 561-D13

🏠 Pegrà   ≼ 🔲 🚗

via Nazionale 11 – ☎ 03 64 90 31 19 – www.hotelpegra.com

33 cam 🛏 – †50/200 € ††70/350 €

Sulla strada statale, poco lontano dagli impianti di risalita, albergo dallo stile montano-contemporaneo: luminose camere con angolo bowindow ed alcune family room soppalcate.

Sorriso ⚐ 🐾 ← 🛏 🕸 🖼 🍽 🎱 🌦 🚗

via Plazza 6, località Temù – 𝒞 03 64 90 04 88 – www.hotelsorriso.com – Aperto 1° dicembre-Pasqua e 1° giugno-30 settembre
20 cam ⌷ – 🛉70/180 € 🛉🛉130/240 € – 1 suite
Circondata dal parco dello Stelvio, forte della sua posizione panoramica e soleggiata, l'attenta conduzione familiare vi farà sentire graditi ospiti.

San Marco 🍴 🌦

piazzale Europa 18 – 𝒞 0 36 49 10 36 – www.ristorante-sanmarco.it – Chiuso 15-30 settembre e lunedì
Menu 15 € (pranzo in settimana) – Carta 32/54 €
Centrale, ma non nella zona storica della cittadina, e al piano terra di una villetta; taglio rustico e una cucina di sapore mutevole, tra il camuno e il "tirolese".

PONTE DI NAVA – Cuneo (CN) → Vedere Ormea

PONTE GRADELLA – Ferrara (FE) → Vedere Ferrara

PONTE IN VALTELLINA

Sondrio (SO) – ✉ 23026 – 2 327 ab. – Alt. 485 m – Carta regionale n° **9-B1**
▶ Roma 688 km – Sondrio 12 km – Edolo 39 km – Passo dello Stelvio 78 km
Carta stradale Michelin 562-D11

Cerere ← 🆎 ⟷

via Guicciardi 7 – 𝒞 03 42 48 22 94 – www.ristorantecerere.it – Chiuso 10-20 gennaio, 1°-25 luglio e mercoledì
Menu 37/39 € – Carta 31/48 €
Elegante, sito in un palazzo del XVII secolo, locale d'impostazione classica, con "inserti" rustici, che non si limita ad offrire solo piatti di tradizione valtellinese.

PONTELONGO

Padova (PD) – ✉ 35029 – 3 868 ab. – Alt. 5 m – Carta regionale n° **23-C3**
▶ Roma 508 km – Venezia 54 km – Padova 33 km – Rovigo 50 km
Carta stradale Michelin 562-G18

Lazzaro 1915 (Piergiorgio Siviero) 🍴 🪑 🆎 🌦

via Roma 351 – 𝒞 04 99 77 50 72 – www.lazzaro1915.it – Chiuso 1 settimana a gennaio, 2 settimane in agosto, lunedì sera e martedì
Menu 25 € (pranzo)/70 € – Carta 40/94 € – (consigliata la prenotazione)
Il meritato riconoscimento gastronomico arrivato nel 2013 ha dato ulteriore convinzione alla coppia di fratelli, che prosegue la tradizione ormai secolare di famiglia. La cucina? Tanto pesce in preparazioni gustose, tecniche e fantasiose: una riuscita convivenza di classicità e creatività.

→ Spaghetti con vongole e fasolari al chinotto con cappone e roscani (agretto di laguna). Rana pescatrice alle olive, asparagi al coriandolo e bergamotto. Sun lover: limoni naturali con cremoso al cappero e pomodori canditi, granita al finocchio.

PONTE NELLE ALPI

Belluno (BL) – ✉ 32014 – 8 417 ab. – Alt. 397 m – Carta regionale n° **23-C1**
▶ Roma 609 km – Belluno 8 km – Cortina d'Ampezzo 63 km – Milano 348 km
Carta stradale Michelin 562-D18

La Locanda alla Stazione ⚐ 🖼 🆎 🌦 🅿

viale Stazione 1 – 𝒞 04 37 98 90 31 – www.lalocandaallastazione.it
6 cam ⌷ – 🛉70 € 🛉🛉80/90 €
A più di 100 anni dalla sua apertura, la locanda rinasce a nuova vita, grazie ad un bel restauro che omaggia gli anni Venti e Trenta nei mobili che arredano le belle camere e nel ristorante dove si gustano specialità regionali.

PONTENUOVO DI CALENZANO – Firenze (FI) → Vedere Calenzano

PONTE SAN GIOVANNI – Perugia (PG) → Vedere Perugia

PONTE SAN MARCO – Brescia (BS) → Vedere Calcinato

PONTIDA

Bergamo (BG) – ✉ 24030 – 3 269 ab. – Alt. 310 m – Carta regionale n° **10-C1**
▶ Roma 609 km – Bergamo 18 km – Como 43 km – Lecco 26 km
Carta stradale Michelin 561-E10

🏠 **Polisena l'Altro Agriturismo** ⚑ ⚘ ◁ 🏠 🕸 ⚐ AC P
*via Ca' di Maggio 333 – ℰ 0 35 79 58 41 – www.agriturismopolisena.it – Chiuso
1 settimana in gennaio*
5 cam ⊆ – †90 € ††120 €
In posizione tranquilla e panoramica, c'è tutta una famiglia impegnata nella
gestione di questo agriturismo che produce anche vino (bianco e rosso): interni
in legno e materiali ecologici a sottolineare lo stretto contatto con la natura.
Camere spaziose.

✗ **Hosteria la Marina** ◁ 🏠 🍴 ⬆
⬗ *via Don Aniceto Bonanomi 283, frazione Grombosco, Nord: 2 km
– ℰ 0 35 79 50 63 – www.lamarinaristhotel.it*
Menu 15/30 € – Carta 21/42 € – *(chiuso martedì)*
8 cam ⊆ – †60/90 € ††90/130 € – **5 suites**
Sulle colline alle spalle di Pontida, trattoria familiare per piatti ruspanti e saporiti,
legati anche alle tradizioni locali; il vino lo si può scegliere direttamente nella piccola cantina. Appartamenti con angolo cottura, mono o bilocali, per un soggiorno
in tranquillità.

PONTI SUL MINCIO

Mantova (MN) – ✉ 46040 – 2 357 ab. – Alt. 113 m – Carta regionale n° **9-D1**
▶ Roma 505 km – Verona 32 km – Brescia 45 km – Mantova 35 km
Carta stradale Michelin 561-F14

✗✗ **Portofino** AC
*strada Pozzolengo 11 – ℰ 03 76 80 82 34 – www.albergoristoranteportofino.it
– Chiuso lunedì*
Menu 40 € – Carta 26/91 €
Immerso nel verde delle colline moreniche, i proprietari si sono specializzati nella
cucina di mare, con piatti elaborati secondo uno stile decisamente semplice, ma
accattivante!

PONTREMOLI

Massa-Carrara (MS) – ✉ 54027 – 7 466 ab. – Alt. 236 m – Carta regionale n° **18-A1**
▶ Roma 441 km – La Spezia 43 km – Carrara 54 km – Massa 58 km
Carta stradale Michelin 563-I11

🏠 **Cà del Moro Resort** ⚑ ⚘ 🏠 ☒ 🕸 ⬆ AC 🏋 P
località Casa Corvi 9 – ℰ 01 87 83 22 02 – www.cadelmпороresort.it
24 cam ⊆ – †60/100 € ††98/138 € – **2 suites**
Rist Cà del Moro – Vedere selezione ristoranti
Immerso nella campagna lunigianese tra prati, golf 4 buche e campo pratica,
delizioso resort di recente costruzione con un buon livello di confort nelle
ampie camere.

🏠 **Agriturismo Costa D'Orsola** ⚑ ⚘ ◁ ☒ 🍴 P
*località Orsola, Sud-Ovest: 2 km – ℰ 01 87 83 33 32 – www.costadorsola.it
– Aperto 1° aprile-31 ottobre*
14 cam ⊆ – †50/80 € ††90/120 €
Camere di buona fattura, ricavate nei caratteristici locali di un antico borgo rurale
restaurato con cura. Gestione familiare cortese, atmosfera tranquilla e rilassata.
Ristorante suggestivo, con ampi spazi esterni.

✗✗ **Cà del Moro** – Hotel Cà del Moro 🏠 🍴 AC ⬌ P
*località Casa Corvi 9 – ℰ 01 87 83 05 88 – www.cadelmororesort.it
– Chiuso 6 gennaio-1° febbraio, domenica sera e lunedì*
Carta 30/50 €
Ristorante dalle caratteristiche ed intime sale, dove gustare piatti del territorio
soprattutto a base di carne. Interessante ed articolata la scelta enologica.

PONZA (Isola di)

Latina (LT) – 3 312 ab. – Carta regionale n° 7-C3
Carta stradale Michelin 563-S18

PONZA – ✉ 04027 – Carta regionale n° 7-C3

Grand Hotel Santa Domitilla

via Panoramica – 𝒞 07 71 80 99 51 – www.santadomitilla.com – Aperto
Pasqua-15 ottobre
48 cam ⊒ – †100/200 € ††140/280 € – **6 suites**
Rist *Melograno* – Vedere selezione ristoranti
In posizione tranquilla, ma sempre vicino al centro, troverete ispirazioni orientali
e ceramiche vietresi, ma sono le piscine a rappresentare il clou di un raffinato
soggiorno.

Piccolo Hotel Luisa

via Chiaia di Luna – 𝒞 0 77 18 01 28 – www.piccolohotelluisa.it – Aperto
15 marzo-2 novembre
15 cam ⊒ – †30/200 € ††50/220 €
In posizione rialzata e tranquilla ad una breve salita dal centro, le camere sono arredate con originalità e buon gusto: tra le migliori, quella in cui visse - confinato dal
regime fascista - l'ex presidente, Sandro Pertini. Possibilità di noleggio gommoni.

Bellavista

via Parata 1 – 𝒞 0 77 18 00 36 – www.hotelbellavistaponza.it – Aperto
1° marzo-10 dicembre
24 cam ⊒ – †60/180 € ††80/240 €
Arroccato su uno scoglio e cullato dalle onde, l'hotel dispone di ampi spazi
comuni, confortevoli camere arredate in legno scuro e un piccolo terrazzo con
vista panoramica. Classico ambiente arredato nelle tinte del verde, la sala da
pranzo propone la cucina mediterranea e quella regionale.

Acqua Pazza (Patrizia Ronca)

piazza Carlo Pisacane – 𝒞 0 77 18 06 43 – www.acquapazza.com – Aperto
1° marzo-30 novembre
Menu 45/70 € – Carta 58/103 € – *(solo a cena)*
Lungo lo splendido proscenio del porto, un anfiteatro sul mare, mentre la cucina
ne celebra i prodotti: dal crudo all'omonima acqua pazza.
→ Vermicelli ai ricci di mare. Ricciola arrosto con zucchine alla scapece. Consistenze di nocciola.

Orestorante

via Dietro la Chiesa 4 – 𝒞 33 88 31 80 03 – www.orestorante.it – Aperto
Pasqua-30 settembre
70 € – Carta 65/83 € – *(solo a cena)*
Un intrico di terrazzi con vista sull'incantevole Ponza: è l'appuntamento romantico per eccellenza, esaltato da una cucina di pesce dai profumi mediterranei.

Melograno – Grand Hotel Santa Domitilla

via Panoramica – 𝒞 07 71 80 99 51 – www.santadomitilla.com – Aperto
1° giugno-30 settembre
Menu 30/50 € – Carta 32/80 €
Noi vi consigliamo di prenotare, perché il locale è frequentatissimo e sarebbe un
peccato, per indolenza, perdere un appuntamento gastronomico come questo: sotto il pergolato di glicine o nell'originale sala, le tante varietà di pesce del
Mare Nostrum in ricette sfiziose.

Il Tramonto

via campo Inglese, Nord: 4 km – 𝒞 07 71 80 85 63 – Aperto
1° maggio-30 settembre
Carta 41/75 € – *(solo a cena)*
Un servizio giovane e dinamico, una cucina legata alla tradizione isolana dove
regna il pesce ed una meravigliosa vista sull'isola di Palmarola per veder decli-
nare il sole.

❌ Gennarino a Mare ↰ ≤ 🏨 AK 🚫

via Dante 64 – ☎ 0 77 18 00 71 – www.gennarinoamare.com – Aperto Pasqua-30 settembre
Carta 32/80 € **12 cam** ☲ – 🛏100/200 € 🛏🛏135/270 €
Quasi una palafitta sul mare - la posizione è incantevole - al termine della baia con vista sul porto, la cucina rispolvera i classici piatti di mare della tradizione italiana. E il panorama continua nelle camere: semplici, ma con graziose ceramiche.

PONZANO – Firenze (FI) ➜ Vedere Barberino Val d'Elsa

PONZANO VENETO

Treviso (TV) – ✉ 31050 – 10 894 ab. – Alt. 28 m – Carta regionale n° **23-A1**
▶ Roma 546 km – Venezia 40 km – Belluno 74 km – Treviso 5 km
Carta stradale Michelin 562-E18

❌❌ Donna Lucia ⓝ ↰ 🐾 🐄 🏊 🖥 🔵 🌀 🎴 🖧 🔼 ≤ AK 🅿

via Fontane 6 – ☎ 0 42 21 65 01 27 – www.donnalucia.com – Chiuso domenica sera e lunedì
Menu 50/65 € – Carta 37/76 €
7 cam ☲ – 🛏110/230 € 🛏🛏125/180 € – **1 suite**
Locale caldo e – al tempo stesso - moderno, con molto legno in sala ed ecletticità in cucina: lo chef si trova a suo agio con terra e mare, ma non mancano piatti vegetariani, vegani e qualche sorpresa in "vetrocottura". Molto belle anche le camere e la spa che ospita il RistoBio, semplice e salutista.

a Paderno Nord-Ovest : 2 km – ✉ 31050 Ponzano

🏨 Relais Monaco ☆ 🐾 🐄 🏊 🌀 🎴 🔼 ≤ AK 🚫 🛎 🅿

via Postumia 63, Nord: 1 km – ☎ 04 22 96 41 – www.relaismonaco.it
78 cam ☲ – 🛏90/110 € 🛏🛏120/160 € – **1 suite**
A breve distanza da Treviso, hotel ricavato in villa storica con l'aggiunta di un'ala nuova. Ottima per un soggiorno di svago (soprattutto estivo), la struttura è anche indicata per una clientela business, grazie all'ampio centro congressi. Specialità venete e piatti della tradizione nazionale nell'elegante ristorante La Vigna.

POPOLI

Pescara (PE) – ✉ 65026 – 5 219 ab. – Alt. 254 m – Carta regionale n° **1-B2**
▶ Roma 162 km – L'Aquila 49 km – Pescara 53 km – Chieti 43 km
Carta stradale Michelin 563-P23

🏨 Le Sorgenti ☆ 🔼 ≤ AK 🛎 🅿

via Galileo Galilei, 34 – ☎ 08 59 87 10 31 – www.gmhotels.it
22 cam ☲ – 🛏45/79 € 🛏🛏54/99 €
Funzionale e moderno, con terrazza-solarium vista Majella, la struttura offre ottima accoglienza in camere ampie. Chiedete quelle con vista sul fiume!

POPPI

Arezzo (AR) – ✉ 52014 – 6 251 ab. – Alt. 437 m – Carta regionale n° **18-C1**
▶ Roma 253 km – Arezzo 38 km – Firenze 54 km – Prato 85 km
Carta stradale Michelin 563-K17

🏨 Parc Hotel ☆ 🐄 🏊 🔼 ≤ AK 🛎 🅿

via Roma 214, località Ponte a Poppi ✉ 52013 – ☎ 05 75 52 99 94 – www.parchotel.it
39 cam ☲ – 🛏55/65 € 🛏🛏70/100 €
Lungo la strada che attraversa il paese, l'ingresso sul retro dinnanzi al verde e alla piscina lo rende tranquillo, quasi idilliaco nella vista del castello. Camere confortevoli: da preferire quelle più interne.

🏨 La Torricella ☆ 🐾 ≤ 🐄 🔼 🅿

località Torricella 14, Ponte a Poppi ✉ 52013 – ☎ 05 75 52 70 45 – www.latorricella.com
19 cam ☲ – 🛏40/55 € 🛏🛏65/75 € – **2 suites**
Sulla cima di una collina panoramica, a due passi dal rinomato borgo medievale ove sorge il castello dei Conti Guidi, in un tipico casolare toscano ben ristrutturato. Sala da pranzo rustica con travi in legno e veranda panoramica.

XX **L'Antica Cantina**

via Lapucci 2 – ℰ 05 75 52 98 44 – www.anticacantina.com – Chiuso lunedì, anche martedì a mezzogiorno nel periodo invernale
Menu 20/28 € – Carta 34/54 €
Lasciata la parte più moderna del paese a valle, sulla collina è adagiato un incantevole borgo medievale: in un ambiente suggestivo, sotto antiche volte in mattoni adibite per lungo tempo a cantina, una cucina moderna non dimentica delle tradizioni.

a Moggiona Sud-Ovest : 5 km – ⊠ 52014 – Alt. 708 m

 I Tre Baroni

via di Camaldoli 52 – ℰ 05 75 55 62 04 – www.itrebaroni.it – Aperto
28 dicembre-6 gennaio e 1° aprile-2 novembre
23 cam ☑ – †45/80 € ††68/95 €
Lungo la strada per Camaldoli, un piccolo gioiello di ospitalità ricavato da un antico fienile, con terrazza panoramica, un'originale piscina a sfioro e piccola spa (eventualmente affittabile per coppie). La tranquillità regna sovrana!

X **Il Cedro**

via di Camaldoli 20 – ℰ 05 75 55 60 80 – Chiuso lunedì
Carta 22/37 € – (solo a pranzo da novembre a Pasqua) (consigliata la prenotazione)
A pochi chilometri dal suggestivo convento di Camaldoli, ma nel centro di Moggiona, vera cucina casentinese dedicata particolarmente ai primi piatti, funghi e cacciagione. Specialità: tortelli di patate, coniglio in porchetta e latte alla portoghese.

POPULONIA – Livorno (LI) ➜ Vedere Piombino

PORCIA

Pordenone (PN) – ⊠ 33080 – 15 349 ab. – Alt. 29 m – Carta regionale n° **6-A3**
◗ Roma 596 km – Belluno 73 km – Treviso 54 km – Pordenone 5 km
Carta stradale Michelin 562-E19

 Purlilium

via Bagnador 5, località Talponedo, Ovest: 1 km – ℰ 04 34 92 32 48
– www.hotelpurlilium.it – Chiuso vacanze di Natale e 3 settimane in agosto
26 cam ☑ – †60/100 € ††80/160 €
Atmosfera riposante, camere luminose e discretamente signorili, spazi comuni con pietre a vista ed un giardino interno: un moderno hotel custodito tra le mura di un antico borgo rurale. Piccolo ristorante per proposte del territorio rivisitate.

PORDENONE

⊠ 33170 – 51 632 ab. – Alt. 24 m – Carta regionale n° **6-B3**
◗ Roma 600 km – Udine 51 km – Belluno 78 km – Treviso 59 km
Carta stradale Michelin 562-E20

 Palace Hotel Moderno

viale Martelli 1 – ℰ 0 43 42 82 15 – www.palacehotelmoderno.it
91 cam ☑ – †94/125 € ††120/150 € – **5 suites**
Rist Moderno – Vedere selezione ristoranti
Centralissimo, proprio accanto al teatro Verdi, gradevoli sale arredate con gusto ed ampie camere in linea con lo stile della struttura. Brillano per originalità le due design suite.

 Park Hotel

via Mazzini 43 – ℰ 0 43 42 79 01 – www.parkhotelpordenone.it – Chiuso 20 dicembre-6 gennaio
63 cam ☑ – †60/150 € ††80/250 € – **3 suites**
Ideale per chi viaggia per lavoro - in virtù della sua vicinanza alla stazione, ma sempre nel centro storico - la struttura dispone di camere ampie e funzionali in stile moderno.

XX **Moderno** – Palace Hotel Moderno   🔒 AC ⟁ P

viale Martelli 1 – ℰ 0 43 42 90 09 – www.eurohotelfriuli.it – Chiuso agosto,
sabato a mezzogiorno e domenica
Carta 26/71 € – (consigliata la prenotazione)
A dispetto del nome, si respira un'atmosfera di classica eleganza in questo ristorante, la cui cucina si sofferma più sui prodotti del mare che su quelli di terra.

X **La Ferrata**   AC

via Gorizia 7 – ℰ 0 43 42 05 62 – www.osterialaferrata.it – Chiuso luglio-agosto e
martedì
Carta 21/41 € – (solo a cena escluso sabato e domenica)
Foto di locomotive, pentole e coperchi di rame arredano le pareti di questa osteria accogliente e conviviale. Dalla cucina, porzioni generose con sapori della tradizione locale, tra cui il frico croccante con patate e speck.

PORLEZZA

Como (CO) – ✉ 22018 – 4 890 ab. – Alt. 275 m – Carta regionale n° **9-A2**
▶ Roma 673 km – Como 47 km – Lugano 16 km – Milano 95 km
Carta stradale Michelin 561-D9

🏘 **Parco San Marco Lifestyle Beach Resort**   🎿 🐾 ⬅ 🛖 ⛰ 🛎 🖥 🌐 🔊

viale Privato San Marco 1, località Cima, Sud: 🛝 🍽 🖥 🔒 🏄 AC 🏊 🚗
2 km – ℰ 03 44 62 91 11 – www.parco-san-marco.com
– Chiuso 3 gennaio-18 marzo
74 suites 😑 – ♥♥180/470 € – 37 cam
Rist *La Masseria* – Vedere selezione ristoranti
Struttura in stile svizzero-tedesco suddivisa in diversi edifici digradanti sul
lago: moderne suite con angolo cottura ed una panoplia di attività, nonché
spazi, dedicati ai bambini. Nell'ambiente rustico della bicentenaria cantina a
volta o sulla splendida terrazza del ristorante La Masseria, cucina contemporanea
ed un'interessante proposta di carni alla griglia.

🏠 **Agriturismo Mulinum**   🎿 🐾 🛖 🖥 AC P

via Venini 2 – ℰ 0 34 46 13 41 – www.ilmulinum.it – Aperto 1° aprile-31 ottobre
10 cam 😑 – ♥65/75 € ♥♥85/95 €
Un'amena risorsa che nasce dalla passione di una simpatica, nonché accogliente
titolare, con graziose camere dai soffitti in legno e begli arredi. Il piano terra è
tutto adibito all'area ristorante con una sala in stile rustico, per una gustosa cucina
della tradizione. Nel periodo estivo, la cena è anche servita sulla gradevole terrazza.

XX **La Masseria** – Hotel Parco San Marco Lifestyle Beach Resort   🍽 🔒 AC

località Cinì 21, Cima di Porlezza, Sud: 2 Km – ℰ 03 44 62 91 31
– www.la-masseria.eu – Aperto 26 marzo-31 ottobre
Carta 39/72 € – (solo a cena)
Un bel ristorante nel senso più ampio del termine, complice anche la suggestiva
terrazza esterna con vista lago… I piatti spaziano dal classico al mediterraneo con
alcune elaborazioni più semplici per soste veloci.

PORRETTA TERME

Bologna (BO) – ✉ 40046 Porretta Terme – 4 781 ab. – Alt. 349 m – ✉ Porretta
Terme – Carta regionale n° **5-C2**
▶ Roma 345 km – Bologna 65 km – Firenze 75 km – Pistoia 36 km
Carta stradale Michelin 562-J14

🏘 **Helvetia Thermal SPA**   🎿 🖼 🌐 🔊 🛝 🖥 🔒 AC 🐾 🚗

piazza Vittorio Veneto 11 – ℰ 0 53 42 22 14 – www.helvetiabenessere.it
– Chiuso 6-23 giugno
48 cam 😑 – ♥135/165 € ♥♥220/260 €
Preparatevi ad un viaggio nel benessere: in un edificio Liberty dei primi del '900,
moderne camere ed un'attrezzata Spa Termale con una zona secca per i trattamenti medico-estetici, nonché una zona umida ricavata in una grotta, scavata
nella roccia durante la I Guerra Mondiale. Menu light personalizzati o piatti della
tradizione tosco-emiliana per pasti di eccellenza.

Santoli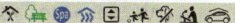

via Roma 3 – *𝄢 0 53 42 32 06* – *www.hotelsantoli.com* – *Chiuso 22-26 dicembre*
48 cam ⌁ – †50/80 € ††80/110 €
Rist *Il Bassotto* – Vedere selezione ristoranti

Adiacente alle terme, l'albergo è stato rinnovato in anni recenti con materiali di pregio che però richiamano nei colori e nelle linee gli anni '70, arricchendosi inoltre di un'accogliente spa, dove trova posto una grande vasca idromassaggio. La cura verso gli ospiti è espressa in molte piccole attenzioni, tanto più apprezzabili se si considerano i prezzi competitivi.

 Il Bassotto – Hotel Santoli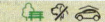

via Roma 3 – *𝄢 0 53 42 32 06* – *www.hotelsantoli.com* – *Chiuso 22-26 dicembre*
Menu 24 € – Carta 32/50 €

Carta regionale e appenninica, in questo capiente ristorante ornato da decorazioni stagionali tematiche, dove la cura e l'attenzione verso le materie è quasi maniacale. Per una sosta più informale, l'Osteria con menu e prodotti a km zero.

PORTALBERA
Pavia (PV) – ⌑ 27040 – 1 528 ab. – Alt. 64 m – Carta regionale n° **9-B3**
▶ Roma 552 km – Piacenza 42 km – Milano 57 km – Pavia 23 km
Carta stradale Michelin 561-G9

 Osteria dei Pescatori

località San Pietro 13 – *𝄢 03 85 26 60 85*
– Chiuso 1°-10 gennaio, 10 luglio-1° agosto e mercoledì
Menu 11 € (in settimana)/40 € – Carta 26/41 €

Semplice quanto piacevole trattoria di paese in una piccola frazione del Pavese. Il marito ai fornelli, la moglie in sala: la cucina è decisamente casalinga, dal gusto deciso, nonché legata al territorio. L'oca diventa la protagonista indiscussa di tanti piatti.

PORTESE – Brescia (BS) ➡ Vedere San Felice del Benaco

PORTICELLO – Palermo (PA) ➡ Vedere Santa Flavia

PORTICO DI ROMAGNA
Forlì-Cesena (FC) – ⌑ 47010 – Alt. 309 m – Carta regionale n° **5-C2**
▶ Roma 320 km – Firenze 75 km – Forlì 34 km – Ravenna 61 km
Carta stradale Michelin 562-J17

 Al Vecchio Convento

via Roma 7 – *𝄢 05 43 96 70 53* – *www.vecchioconvento.it* – *Chiuso*
18 gennaio-6 febbraio
15 cam ⌁ – †59 € ††108 €
Rist *Al Vecchio Convento* – Vedere selezione ristoranti

Nel cuore della località, questo palazzo ottocentesco consente di respirare un'atmosfera piacevolmente retrò, del buon tempo antico che rivive anche nei mobili. Trattandosi di un albergo "diffuso", alcune camere sono sparse nel centro.

 Al Vecchio Convento

via Roma 7 – *𝄢 05 43 96 70 53* – *www.vecchioconvento.it* – *Chiuso*
18 gennaio-6 febbraio
Carta 33/65 € – *(chiuso mercoledì a mezzogiorno)* (consigliata la prenotazione)

Ristorante omonimo dell'hotel, di cui occupa parte del piano terra con le sue salette rustiche, dove i due fratelli titolari propongono ottime materie prime (pasta fresca, funghi e tartufi, carne e cacciagione) rielaborate secondo la tradizione gastronomica locale... ma, a sorpresa, non manca mai qualche piatto più moderno.

PORTO AZZURRO – Livorno (LI) ➡ Vedere Elba (Isola d')

PORTOBUFFOLÈ

Treviso (TV) – ✉ 31040 – 763 ab. – Alt. 10 m – Carta regionale n° **23**-C2
▶ Roma 567 km – Belluno 58 km – Pordenone 15 km – Treviso 37 km
Carta stradale Michelin 562-E19

Villa Giustinian   ✿ 🐾 🛏 ⊐ 🆑 🔼 🅿

*via Giustiniani 11 – ℰ 04 22 85 02 44 – www.villagiustinian.it
– Chiuso 3 gennaio-13 febbraio e 19-29 agosto*
35 cam ⊐ – †80/120 € – ††140/185 € – **8 suites**
Rist *Ai Campanili* – Vedere selezione ristoranti
Sita in uno splendido parco, questa prestigiosa villa veneta del XVII secolo offre
ampie suite di rara suggestione, decorate da fastosi stucchi ed affreschi. Nell'informale Enoteca Cà Vin: stuzzichi, cucina easy e molto vino.

Ai Campanili – Hotel villa Giustinian   🆑 🈴 ⅙ 🆑 ❀ 🅿

*via Giustiniani 11 – ℰ 04 22 85 02 44 – www.villagiustinian.it
– Chiuso 3 gennaio-13 febbraio, 19-29 agosto, domenica sera e lunedì a
mezzogiorno in aprile-ottobre (anche lunedì sera in novembre-marzo)*
Menu 25 € (pranzo in settimana)/45 € – Carta 36/69 €
In un'originale barchessa veneziana, accanto alla villa del XVII sec che ospita il
romantik hotel, ambienti classico-eleganti e cucina della tradizione elaborata partendo dai famosi prodotti della "marca trevigiana".

PORTO CERVO – Olbia-Tempio (OT) ➜ Vedere Arzachena : Costa Smeralda

---

PORTO CESAREO

Lecce (LE) – ✉ 73010 – 5 930 ab. – Carta regionale n° **15**-D3
▶ Roma 600 km – Brindisi 55 km – Gallipoli 30 km – Lecce 27 km
Carta stradale Michelin 564-G35

Falli   ✿ ⊞ 🆑 🅿

via Cosimo Albano 16 – ℰ 08 33 56 90 82 – www.hotelfalli.com
40 cam ⊐ – †60/140 € ††80/190 €
Se la struttura principale è ubicata proprio sul lungomare di fronte all'Isola
Grande, la dépendance alle sue spalle è sicuramente più moderna; in entrambe
le sistemazioni, camere spaziose in stile neoclassico e con balcone. Specialità
mediterranee al ristorante Cosimino.

PORTO CONTE – Sassari (SS) ➜ Vedere Alghero

PORTO D'ASCOLI – Ascoli Piceno (AP) ➜ Vedere San Benedetto del Tronto

---

PORTO EMPEDOCLE

Sicilia – Agrigento (AG) – ✉ 92014 – 17 209 ab. – Alt. 2 m
– Carta regionale n° **17**-B2
▶ Palermo 133 km – Enna 95 km – Agrigento 9 km – Caltanissetta 62 km
Carta stradale Michelin 365-AQ60

Villa Romana   ✿ ⟨ ⟨ ⊐ ⊞ ⅙ 🆑 🅿

lungomare Nettuno 1 – ℰ 09 22 53 53 19 – www.hotelvillaromana.com
43 cam ⊐ – †69/119 € ††79/159 €
Hotel fronte mare nella zona dei lidi: ambienti signorili, originale piscina a forma
di pentagono, camere ampie ed eleganti (molte con terrazzo). Mare e terra nel
menu del ristorante.

PORTO ERCOLE

Grosseto (GR) – ✉ 58018 – Carta regionale n° **18**-C3
▶ Roma 149 km – Grosseto 50 km – Civitavecchia 80 km – Viterbo 94 km
Carta stradale Michelin 563-O15

Argentario Resort Golf & Spa

via Acquedotto Leopoldino – ℰ 05 64 81 02 92
– www.argentarioresort.it
73 cam ⊑ – †250/490 € ††279/523 € – **7 suites**
Rist *Dama Dama* – Vedere selezione ristoranti
Campo da golf e hotel di lusso accomunati da un unico concept: il design personalizzato. All'interno dominano il bianco e il nero; fuori, il verde della natura.

 A Point Porto Ercole Resort

viale Caravaggio-via Tramontana ⊠ 58018 Porto Ercole – ℰ 05 64 83 36 36
– www.apointhotelsresort.com
65 cam ⊑ – †140/340 € ††140/340 € – **5 suites**
Materiali pregiati, cromatismi, sapienti giochi di luce… tutto concorre a rendere il
soggiorno in questo moderno albergo dal design minimalista, un'esperienza indimenticabile ad alto tasso di seduzione.

XX **Dama Dama** – Argentario Golf Resort

via Acquedotto Leopoldino – ℰ 05 64 81 02 92 – www.argentarioresort.it/food
Carta 50/66 €
Un locale inatteso, ricorda certi chalet di montagna con finti trofei di caccia, velluti e tessuti naturali, per una cucina mediterranea di terra e di mare con particolare attenzione ai prodotti del territorio. Piatti semplici a pranzo, la sera la carta
diventa più elaborata e stimolante.

sulla strada Panoramica Sud-Ovest : 4,5 km

 Il Pellicano

località Lo Sbarcatello ⊠ 58018 – ℰ 05 64 85 81 11 – www.pellicanohotel.com
– Aperto 21 aprile-16 ottobre
43 cam ⊑ – †450/995 € ††450/995 € – **7 suites**
Rist *Il Pellicano* ✿ – Vedere selezione ristoranti
Nato come inno all'amore di una coppia anglo-americana che qui volle creare il
proprio nido, in uno dei punti più esclusivi della Penisola, villini indipendenti tra
verde e ulivi. La spiaggia-piattaforma incastonata fra le rocce è raggiungibile grazie ad una romantica discesa o - in alternativa - con l'ascensore.

XXXX **Il Pellicano** – Hotel il Pellicano
✿

località Lo Sbarcatello ⊠ 58018 – ℰ 05 64 85 81 11
– www.ilpellicanorestaurant.com – Aperto 21 aprile-16 ottobre
Menu 160 € – Carta 89/171 € – *(solo a cena)* (consigliata la prenotazione)
Appena il tempo vira al bello, si cena su un'incantevole terrazza affacciata sul
mare, la romantica cornice di una cucina mediterranea, variopinta ed elaborata,
con ricordi pugliesi e toscani.
➜ Sigari di grano arso, mozzarella di bufala, basilico, pinoli, cedro candito e lumachine di mare. Spigole con capperi, limone, spinaci croccanti e cecina. Zuppa
inglese.

PORTOFERRAIO – Livorno (LI) ➜ Vedere Elba (Isola d')

PORTOFINO
Genova (GE) – ⊠ 16034 – 429 ab. – Carta regionale n° **8-C2**
▶ Roma 485 km – Genova 41 km – La Spezia 89 km – Rapallo 9 km
Carta stradale Michelin 561-J9

 Belmond Splendido

salita Baratta 16 – ℰ 01 85 26 78 01 – www.belmond.com – Aperto
8 aprile-30 ottobre
55 cam ⊑ – †550/770 € ††1122/1514 € – **12 suites**
Nella magnifica cornice del Golfo del Tigullio, questo esclusivo hotel si propone
come un microcosmo di eleganza e raffinatezza. Confort di ottimo livello e cura
del dettaglio nelle lussuose camere: la maggior parte delle quali dotate di balcone o terrazza con vista sulla baia. Piatti di ligure memoria al ristorante.

🏨 Belmond Splendido Mare ✿ 🖭 🗚🖸

via Roma 2 – ☎ *01 85 26 78 01 – www.belmond.com*
– Aperto 15 aprile-16 ottobre
14 cam 🖭 *–* ♦550/673 € ♦♦913/1287 € *–* **2 suites**
Rist *Chuflay –* Vedere selezione ristoranti
Posizionato proprio sulla nota piazzetta di questa capitale della mondanità, un gioiellino dell'hôtellerie locale: pieno confort e comoda eleganza.

🏠 Piccolo-Domina Home ✿ 🗚🗠 🖭 🗚🖸 🚗

via Duca degli Abruzzi 31 – ☎ *01 85 26 90 15 – www.dominahome.it – Aperto*
15 marzo-2 novembre
23 cam 🖭 *–* ♦200/300 € ♦♦250/450 €
Totalmente rinnovato, questo piccolo hotel nella baia del Canone sfoggia - ora - un look moderno e accattivante: un intrigante gioco di bianco e nero, affascinante come la località che la ospita. Ampie le camere.

🍴🍴🍴 Chuflay *– Hotel Belmond Splendido Mare* 🍴🗚🖸 🗚

via Roma 2 – ☎ *0 18 52 67 85 62 – www.belmond.com – Aperto*
25 marzo-30 ottobre
Carta 79/89 € *– (consigliata la prenotazione)*
Nella splendida cornice di Portofino, locale di tono elegante con fresco dehors sulla famosa piazzetta. La sera, le dolci note di un piano accompagneranno le deliziose specialità di mare. Non dimenticatevi di prenotare!

PORTO GARIBALDI – Ferrara (FE) ➜ Vedere Comacchio

PORTOGRUARO
Venezia (VE) – ✉ 30026 – 25 219 ab. – Carta regionale n° **23-D2**
▶ Roma 584 km – Udine 66 km – Pordenone 30 km – Venezia 76 km
Carta stradale Michelin 562-E20

🏠 La Meridiana 🖭 🗚🖸 🗚 🅿

via Diaz 5 – ☎ *04 21 76 02 50 – www.albergolameridiana.net*
13 cam 🖭 *–* ♦65/67 € ♦♦87/89 €
Villino di fine '800 che sorge proprio di fronte alla stazione; una comoda risorsa, con poche camere, accoglienti e personalizzate. Familiare, piccolo e curato.

PORTOMAGGIORE
Ferrara (FE) – ✉ 44015 – 12 085 ab. – Alt. 3 m – Carta regionale n° **5-C2**
▶ Roma 398 km – Bologna 67 km – Ferrara 25 km – Ravenna 54 km
Carta stradale Michelin 562-H17

a Quartière Nord-Ovest : 4,5 km – ✉ 44019

🍴🍴 La Chiocciola 🗠 🍴🖸 🗚 🅿

via Runco 94/F – ☎ *05 32 32 91 51 – www.locandalachiocciola.it – Chiuso*
2 settimane in gennaio, 2 settimane in giugno e 2 settimane in settembre
Menu 35 € – Carta 35/73 € *– (chiuso domenica sera e lunedì, anche domenica a mezzogiorno in luglio-agosto)*
6 cam 🖭 *–* ♦60 € ♦♦75 €
Ricavato con originalità da un vecchio magazzino di deposito del grano, il locale è curato sin nei dettagli e propone specialità locali dall'oca, alle rane e alle lumache. Sobrie e funzionali le camere.

PORTO MANTOVANO – Mantova (MN) ➜ Vedere Mantova

PORTO MAURIZIO – Imperia (IM) ➜ Vedere Imperia

PORTONOVO – Ancona (AN) ➜ Vedere Ancona

PORTOPALO DI CAPO PASSERO

Sicilia – Siracusa (SR) – ⊠ 96010 – 3 873 ab. – Alt. 20 m – Carta regionale n° **17-D3**

▶ Catania 121 km – Palermo 325 km – Ragusa 56 km – Siracusa 58 km
Carta stradale Michelin 365-AZ63 – Guida Verde Michelin SICILIA

✗ **Scala**   ⬅ 🛖 ⅄ AC

via Carducci 6/8 – 𝒞 09 31 84 27 01 – www.scala-sicilia.com
Carta 27/30 € – (consigliata la prenotazione)
19 cam ⌷ – †35/60 € ††50/90 € – **1 suite**
Questa piccola trattoria con annesso albergo la cui insegna è "Perseo" (dal
soprannome del titolare) saprà conquistavi con la sua generosa proposta di
mare - secondo il mercato - e l'ottimo rapporto qualità/prezzo.

PORTO POTENZA PICENA

Macerata (MC) – ⊠ 62018 – Carta regionale n° **11-D2**

▶ Roma 276 km – Ancona 36 km – Ascoli Piceno 88 km – Macerata 32 km
Carta stradale Michelin 563-L22

✗ **La Terrazza**   🎧 ⬅ 🖬 AC 🎺 P

via Rossini 86 – 𝒞 07 33 68 82 08 – www.hotellaterrazza.com
Carta 23/57 € – (chiuso mercoledì)   **21 cam** ⌷ – †47/60 € ††65/80 €
In una tranquilla via a due passi dal mare, una risorsa che vi lascerà soddisfatti
grazie ai suoi piatti che celebrano l'Adriatico; comode e funzionali le camere a
disposizione.

PORTO RECANATI

Macerata (MC) – ⊠ 62017 – 12 497 ab. – Carta regionale n° **11-D2**

▶ Roma 292 km – Ancona 29 km – Ascoli Piceno 96 km – Macerata 32 km
Carta stradale Michelin 563-L22

🏠 **Mondial**   ⚓ ✎ 🖬 ⅄ AC 🎺 �car

viale Europa 2, ang. via A. De Gasperi – 𝒞 07 19 79 91 69
– www.mondialhotel.com
42 cam ⌷ – †58/118 € ††86/166 €
Alle porte della località, arrivando da sud, una risorsa che si mantiene costantemente aggiornata con camere spaziose, lineari ed essenziali. Ristorante al primo
piano con proposte a menu fisso o à la carte.

sulla strada per Numana Nord : 4 km

🏠 **Il Brigantino**   ⚓ ✎ 🗽 ⅊ 🏠 🖬 ⅄ AC 🎺 P

viale Ludovico Scarfiotti 10/12 ⊠ 62017 – 𝒞 0 71 97 66 84
– www.brigantinohotel.it
44 cam ⌷ – †68/90 € ††89/122 €
Direttamente sul mare, con il Conero che si staglia sullo sfondo, Il Brigantino
dispone di una scenografica terrazza affacciata sul blu e belle camere (optate
per quelle con vista mare). Specialità ittiche nel ristorante panoramico.

✗✗ **Dario**   AC 🎺 ✎ P

via Scossicci 9 ⊠ 62017 – 𝒞 0 71 97 66 75 – www.ristorantedario.com
– Chiuso 23 dicembre-26 gennaio, domenica sera (escluso in luglio-agosto) e
lunedì
Menu 35 € (pranzo in settimana)/80 € – Carta 44/80 € – (solo a cena)
(consigliata la prenotazione)
Sulla spiaggia, a poche centinaia di metri dai monti del Conero, una graziosa
casetta con persiane rosse: il pesce dell'Adriatico e una gestione ormai quarantennale.

PORTO ROTONDO – Olbia-Tempio (OT) ➔ Vedere Olbia

PORTO SAN GIORGIO

Fermo (FM) – ✉ 63822 – 16 040 ab. – Carta regionale n° **11-D2**

▶ Roma 258 km – Ancona 64 km – Fermo 7 km – Macerata 48 km

Carta stradale Michelin 563-M23

🏠 Il Caminetto

lungomare Gramsci 365 – ✆ *07 34 67 55 58* – *www.hotelcaminetto.it*

34 cam ⌚ – †70/110 € ††90/160 €

Frontemare, l'esercizio è adatto per un soggiorno balneare ma anche per una clientela commerciale ed è dotato di un ascensore panoramico in vetro che conduce alle camere. Presso la capiente sala da pranzo arredata nelle calde tinte del rosa e dell'arancione, proposte di stampo nazionale e specialità ittiche.

🏠 David Palace

Via Spontini 10 – ✆ *07 34 67 68 48* – *www.hoteldavidpalace.it*

50 cam ⌚ – †65/120 € ††95/180 €

Una collezione di radio d'epoca, autentica passione del titolare, vi darà il benvenuto in questa piacevole risorsa di fronte al porto turistico, dove troverete confortevoli camere di due tipologie (a prezzi differenti). Specialità marinare e marchigiane presso l'elegante ristorante.

✕✕ Tentacolo

lungomare Gramsci 57 – ✆ *07 34 67 35 53* – *www.ristorantetentacolo.it* – *Chiuso lunedì in inverno*

Menu 35/50 € – Carta 32/63 €

Attinge al mare la cucina di questo elegante e personalizzato locale sulla passeggiata della località: luminoso ed accogliente, le sue terrazze offrono scorci di Adriatico.

✕✕ Damiani e Rossi Mare

concessione 29 lungomare Gramsci – ✆ *07 34 67 44 01* – *www.damianierossi.it* – *Chiuso gennaio-febbraio, domenica sera escluso giugno-agosto e lunedì*

Menu 45 € – Carta 46/75 €

Posizionato proprio sulla spiaggia, la cucina s'ispira al mare, sebbene non manchino alcune specialità vegetariane, piatti per celiaci, nonché una vasta scelta di vini del territorio e non solo.

PORTO SAN PAOLO

Sardegna – Olbia-Tempio (OT) – ✉ 07020 Vacciledd✉ Vaccileddi – Carta regionale n° **16-B1**

▶ Cagliari 268 km – Nuoro 87 km – Olbia 15 km – Sassari 114 km

Carta stradale Michelin 366-S38

a Costa Dorata Sud-Est : 1,5 km – ✉ 07020 Vaccileddi

🏠 Don Diego

località costa Dorata – ✆ *0 78 94 00 06* – *www.hoteldondiego.com* – *Aperto 13 maggio-25 settembre*

52 cam ⌚ – †130/270 € ††196/420 € – **6 suites**

Complesso di villini disseminati nel verde dagli arredi semplici e richiami sardi nei tessuti ed arredi, alcune camere con vista mare. La spiaggia è una romantica baia di fronte alla Tavolara.

PORTO SANTA MARGHERITA – Venezia (VE) ➜ Vedere Caorle

PORTO SANT'ELPIDIO

Fermo (FM) – ✉ 63821 – 26 234 ab. – Carta regionale n° **11-D2**

▶ Roma 257 km – Ancona 52 km – Ascoli Piceno 76 km – Fermo 14 km

Carta stradale Michelin 563-M23

✕✕ La Lampara

via Potenza 22 – ✆ *07 34 90 02 41* – *Chiuso 2 settimane in settembre e lunedì*

Menu 30/50 € – Carta 29/65 €

A pochi passi dal mare, il ristorante consta di due salette luminose (una per soli fumatori) arricchite da decorazioni murali, dove scegliere tra i molti piatti, esclusivamente a base di pesce.

PORTO SANTO STEFANO

Grosseto (GR) – ✉ 58019 – Carta regionale n° **18-C3**

▶ Roma 153 km – Grosseto 47 km – Civitavecchia 84 km – Viterbo 98 km
Carta stradale Michelin 563-O15

La Fontanina
località San Pietro, Sud: 3 km – ✆ 05 64 82 52 61 – www.lafontanina.com
– Chiuso novembre e gennaio
Carta 36/80 € – (chiuso mercoledì)   **2 cam** ⬚ – ♦70/120 € ♦♦70/120 €
In aperta campagna, attorniati da vigneti e frutteti, il servizio estivo si sposta sotto
un fresco pergolato: solo la musica di cicale e grilli accompagna le gustose leccornie d'impronta regionale. Per il piacere degli ospiti, ci sono anche due belle
camere, con un romantico terrazzo affacciato sul mare.

a Santa Liberata Est : 4 km – ✉ 58019

Villa Domizia
strada provinciale 161, 40 – ✆ 05 64 81 27 35 – www.villadomizia.it – Aperto
1° aprile-31 ottobre
35 cam ⬚ – ♦90/190 € ♦♦130/260 €
Pochi km separano la località da Orbetello e Porto Santo Stefano. Qui, una villetta
sul mare e una caletta privata allieteranno il vostro soggiorno. Belle camere,
alcune con terrazzo, altre con giardino. Accattivante ubicazione della sala da
pranzo: sarà come mangiare sospesi nell'azzurro.

a Cala Piccola Sud-Ovest : 10 km – ✉ 58019 Porto Santo Stefano

Torre di Cala Piccola
– ✆ 05 64 82 51 11 – www.torredicalapiccola.com – Aperto
14 febbraio-31 ottobre
49 cam ⬚ – ♦99/469 € ♦♦109/629 € – **3 suites**
Attorno ad una torre spagnola del '500, nucleo di rustici villini nel verde di pini
marittimi, oleandri e olivi su un promontorio panoramico: Giglio, Giannutri e Mon-
tecristo davanti a voi! Splendida anche la terrazza ristorante, dove si svolge il servizio estivo.

PORTOSCUSO

Sardegna – Carbonia-Iglesias (CI) – ✉ 09010 – 5 237 ab. – Carta regionale n° **16-A3**

▶ Cagliari 79 km – Oristano 130 km – Carbonia 20 km
Carta stradale Michelin 566-J7

Sa Musciara
lungomare C. Colombo 15 ✉ 09010 Portoscuso – ✆ 07 81 50 70 99
– www.ristorantesamusciara.it – Chiuso 24-31 dicembre e domenica sera 1°
ottobre-31 maggio; tutto il giorno negli altri mesi
Menu 30 € (in settimana)/45 € – Carta 32/73 €
Locale moderno e fresco di fianco al municipio cittadino dalle cui finestre si vede
il mare, fornitore della materia prima che "sbarca" in tavola accuratamente elaborata dallo chef/patron (e velista).

PORTO TORRES

Sardegna – Sassari (SS) – ✉ 07046 – 22 404 ab. – Alt. 5 m
– Carta regionale n° **16-A1**

▶ Cagliari 237 km – Sassari 20 km – Olbia 125 km
Carta stradale Michelin 366-L38

sulla strada statale 131 Sud-Est : 3 km

Li Lioni
regione Li Lioni ✉ 07046 – ✆ 0 79 50 22 86 – www.lilioni.it – Chiuso mercoledì,
anche domenica sera in inverno
Carta 30/46 € – (consigliata la prenotazione)
Ristorante a gestione familiare dove gustare una buona e fragrante cucina casalinga realizzata a vista: piatti alla brace e specialità regionali, come il porcetto
cotto allo spiedo.

PORTOVENERE

La Spezia (SP) – ✉ 19025 – 3 677 ab. – Carta regionale n° **8-D2**
▣ Roma 430 km – La Spezia 15 km – Genova 114 km – Massa 47 km
Carta stradale Michelin 561-J11

Grand Hotel Portovenere

*via Garibaldi 5 – ✆ 01 87 77 77 51 – www.portoveneregrand.com – Aperto
1° marzo-2 novembre*
49 cam 🖙 – 🛏218/299 € 🛏🛏289/501 €
Ricavata all'interno di un monastero del 1300, una seducente finestra sul variopinto porticciolo di Portovenere, riaperta dopo una ristrutturazione che ne ha
mantenuto ed accresciuto il fascino con uno stile contemporaneo. Il ristorante
Palmaria offre anche un delizioso servizio in terrazza.

Locanda Lorena

*via Cavour 4, sull'isola Palmaria – ✆ 01 87 79 23 70 – www.locandalorena.com
– Aperto 1° marzo-10 novembre; chiuso mercoledì escluso in giugno-settembre*
Menu 50/100 € – Carta 36/95 € – (consigliata la prenotazione)
11 cam 🖙 – 🛏130/350 € 🛏🛏130/350 €
Il servizio barca privato vi condurrà sull'isola Palmaria, dove potrete gustare piatti
di pesce fresco e soggiornare nella quiete della natura. A 450 metri, inoltre, ci
sono le altre 6 camere del Resort Residenza Maiella, una sorta di dépendance
con vista strepitosa.

Da Iseo

*calata Doria 9 – ✆ 01 87 79 06 10 – www.locandalorena.com – Chiuso novembre
e mercoledì*
Menu 35 € – Carta 31/80 €
A due passi dal mare, trattoria di lunga tradizione familiare passata di padre in
figlio: la cucina si concentra sul pesce, elaborato in modo semplice e genuino.

a Le Grazie Nord : 3 km – ✉ 19025 Le Grazie Varignano

Della Baia

via lungomare Est 111 – ✆ 01 87 79 07 97 – www.baiahotel.com
34 cam 🖙 – 🛏70/120 € 🛏🛏140/198 €
In quel gioiellino che è il porticciolo delle Grazie con la sua tranquilla caletta e
l'antico borgo, un hotel familiare dal buon confort impreziosito da opere d'arte e
affaccio sul mare. Cucina di pesce e regionale nel ristorante; la luminosa veranda
si apre quasi completamente in estate.

POSITANO

(SA) – ✉ 84017 – 3 951 ab. – Carta regionale n° **4-B2**

▶ Roma 266 km – Napoli 57 km – Amalfi 17 km – Salerno 42 km
Carta stradale Michelin 564-F25

M. Santini / Tips / Photononstop

Alberghi

San Pietro

via Laurito 2, Est: 2 km – ☏ 0 89 81 20 80 – www.ilsanpietro.it
– Aperto 11 aprile-6 novembre
43 cam ⊐ – ♦450/630 € ♦♦620/1240 € – **14 suites**
Rist Zass ✿ – Vedere selezione ristoranti
E' stato definito uno degli alberghi più belli del mondo. Invisibile all'esterno, si
snoda in un promontorio affacciato su Positano con cui sembra rivaleggiare in
bellezza.

Le Sirenuse

via Colombo 30 – ☏ 0 89 87 50 66 – www.sirenuse.it
– Aperto 19 marzo-24 ottobre
58 cam ⊐ – ♦530/1700 € ♦♦530/1700 € – **2 suites**
Rist La Sponda ✿ – Vedere selezione ristoranti
Nel centro della località, un'antica dimora patrizia trasformata in raffinato e sto-
rico hotel negli anni '50: terrazza panoramica con piscina riscaldata e charme,
ovunque. Due terrazze estive per finger-food, sushi e tante bollicine all'Oyster e
Champagne bar.

Covo dei Saraceni

via Regina Giovanna 5 – ☏ 0 89 87 54 00 – www.covodeisaraceni.it
– Aperto 2 aprile-2 novembre
66 cam ⊐ – ♦300/350 € ♦♦380/800 €
Rist Covo dei Saraceni – Vedere selezione ristoranti
Un'antica casa di pescatori, al limitar del mare, legata alla saga saracena: oggi, elegante hotel con angoli signorili e ottimo servizio. All'ultimo piano, la terrazza con
piscina che ora propone anche pochi tavoli dove poter mangiare rilassandosi
davanti ad uno strepitoso panorama.

Le Agavi

via Marconi 127, località Belvedere Fornillo – ☏ 0 89 87 57 33 – www.agavi.it
– Aperto 17 aprile-20 ottobre
48 cam ⊐ – ♦300/460 € ♦♦320/480 € – **6 suites**
Poco fuori Positano, lungo la Costiera, una serie di terrazze digradanti sino al
mare, dove si scende con ascensori e funicolare in una riuscita sintesi tra elegante
confort e natura. La vista? Mozzafiato! Sala da pranzo dalle tonalità mediterranee
e ristorante estivo in spiaggia.

905

Marincanto

via Colombo 50 – ℰ 0 89 87 51 30 – www.marincanto.it – Aperto
1° aprile-1° novembre
34 cam – †160/210 € ††180/230 € – **2 suites**
Bianco abbagliante e minimalismo mediterraneo che dilata gli spazi, l'albergo è in perfetto stile positanese: belle camere quasi tutte con ampio balconcino, piacevole piscina e solarium sulle sottostanti terrazze. Nel nome, la promessa di un soggiorno all'insegna del romanticismo...

 Palazzo Murat

via dei Mulini 23 – ℰ 0 89 87 51 77 – www.palazzomurat.it
– Aperto 24 marzo-7 novembre
33 cam – †190/490 € ††220/600 € – **1 suite**
Rist *Al Palazzo* – Vedere selezione ristoranti
Barocco napoletano in questo bel palazzo dotato di splendida terrazza-giardino, scelto da Murat quale dimora estiva. Charme tra gli scorci suggestivi nel cuore del borgo antico e camere incantevoli.

 Villa Franca

viale Pasitea 318 – ℰ 0 89 87 56 55 – www.villafrancahotel.it – Aperto
1° marzo-30 novembre
40 cam – †160/240 € ††180/260 €
Rist *Li Galli* – Vedere selezione ristoranti
Nella parte alta della località, tripudio di bianco, di blu, di giallo, di luce che penetra ovunque: un'ambientazione molto elegante e sulla terrazza con piscina la vista mozzafiato abbraccia a 360° Positano e dintorni.

 Poseidon

via Pasitea 148 – ℰ 0 89 81 11 11 – www.hotelposeidonpositano.it
– Aperto 21 aprile-22 ottobre
48 cam – †280/405 € ††280/405 € – **4 suites**
Tipicamente mediterranea questa casa anni Cinquanta, sorta come abitazione e successivamente trasformata in hotel, dispone di un'ampia e panoramica terrazza-giardino con piscina.

 Eden Roc

via G. Marconi 110 – ℰ 0 89 87 58 44 – www.edenroc.it – Aperto
1° marzo-30 novembre
25 cam – †230/345 € ††290/385 €
Uno dei primi alberghi che si incontrano provenendo da Amalfi. Il servizio è di buon livello e le camere, quasi tutte junior-suite, brillano per dimensioni, raffinatezza e confort. Pasti al ristorante o sulla terrazza con piscina e vista sulla costa.

 Buca di Bacco

via rampa Teglia 4 – ℰ 0 89 87 56 99 – www.bucadibacco.it – Aperto
1° aprile-31 ottobre
46 cam – †240/630 € ††240/630 €
Rist *Buca di Bacco* – Vedere selezione ristoranti
Da un'originaria taverna - sorta ai primi del '900 come covo di artisti - un hotel creato da tre corpi collegati, estesi dalla piazzetta alla spiaggia. Il buon livello di confort non risparmia le camere.

 Miramare

via Trara Genoino 27 – ℰ 0 89 87 50 02 – www.miramarepositano.it
– Aperto 16 aprile-2 novembre
18 cam – †195/215 € ††240/420 € – **1 suite**
Affacciato sulla scogliera, l'albergo nasce nel secondo dopoguerra, uno dei primi di questa bianca località: classica architettura a terrazze con camere in stile ed un'originale sala colazioni a veranda, il cui soffitto è rallegrato da tralci di bouganville insinuatisi nel tempo al suo interno. Attenzione, la struttura è raggiungibile solo a piedi.

Punta Regina

*viale Pasitea 224 – ℰ 0 89 81 20 20 – www.puntaregina.com – Aperto
1° aprile-30 novembre*
18 cam ☕ – ♦190/250 € ♦♦235/450 € – **2 suites**
Delizioso albergo che si propone con signorili ambienti e ampie camere arredate
con gusto (alcune dotate di jacuzzi!). In terrazza, una piacevole piscina relax per
rinfrescarsi nelle calde giornate.

 Posa Posa

*viale Pasitea 165 – ℰ 08 98 12 23 77 – www.hotelposaposa.com
– Chiuso 6 gennaio-17 marzo*
24 cam ☕ – ♦100/315 € ♦♦135/335 €
Delizioso edificio a terrazze nel tipico stile di Positano, con una splendida veduta
del mare e della località; arredi in stile nelle camere, dotate di ogni confort. All'ultimo piano, il bel ristorante: il panorama? Ça va sans dire.

 Montemare

*viale Pasitea 119 – ℰ 0 89 87 50 10 – www.hotelmontemare.it – Aperto
16 aprile-31 ottobre*
23 cam ☕ – ♦120/150 € ♦♦165/180 € – **2 suites**
Squisita gestione familiare in ambienti semplici, essenziali, funzionali: le camere
sono accoglienti, dalla terrazza la vista spazia su mare e costa.

 Royal Prisco

*viale Pasitea 102 – ℰ 08 98 12 20 22 – www.royalprisco.com – Aperto
1° aprile-3 novembre*
12 cam ☕ – ♦120/200 € ♦♦160/220 € – **1 suite**
Giovane famigliare per questo piccolo, ma grazioso hotel: un imponente scalone
conduce alle spaziose camere, dove vi sarà anche servita la prima colazione.

 Savoia

*via Colombo 73 – ℰ 0 89 87 50 03 – www.savoiapositano.it
– Aperto 18 marzo-1° novembre*
38 cam ☕ – ♦60/100 € ♦♦100/210 € – **1 suite**
Tipica costruzione locale, con pavimenti in maiolica (il disegno per la sala colazioni è unico) e soffittature costituite da volte a cupola. Una gestione piacevolmente familiare, per vivere il cuore di Positano.

 Reginella

*via Pasitea 154 – ℰ 0 89 87 53 24 – www.reginellahotel.it – Aperto
24 marzo-3 novembre*
12 cam ☕ – ♦100/110 € ♦♦120/170 € – **1 suite**
La vista abbraccia la costa, in questa bella risorsa a gestione diretta, particolarmente indicata per chi ama le realtà piccole ed intime: camere piacevolmente
personalizzate, tutte rivolte verso il mare.

 Villa Rosa

*via Colombo 127 – ℰ 0 89 81 19 55 – www.villarosapositano.it
– Aperto 1° aprile-31 ottobre*
12 cam ☕ – ♦200/230 € ♦♦200/230 €
Bella villa a terrazze digradanti verso il mare, nel tipico stile di Positano: le camere
hanno piacevoli arredi chiari (alcuni dipinti dalla proprietaria) ed enormi terrazze
con vista da sogno.

 Villa La Tartana

*vicolo Vito Savino 4/8 – ℰ 0 89 81 21 93 – www.villalatartana.it – Aperto
24 marzo-12 novembre*
9 cam – ♦150/220 € ♦♦150/220 €
A due passi dalla spiaggia e al tempo stesso nel centro della località, struttura dai
"freschi" interni nei colori chiari e mediterranei. Piacevoli e ariose le camere, dove
- su richiesta - si serve anche la prima colazione.

La Fenice

via Marconi 8, Est: 1 km – 𝒞 0 89 87 55 13 – www.lafenicepositano.com – Aperto 1° marzo-30 ottobre
10 cam 🖵 – 🛉155/190 € 🛉🛉155/190 €
Due ville distinte - una ottocentesca, l'altra d'inizio '900 - impreziosite dalla flora mediterranea che fa del giardino un piccolo orto botanico. La semplicità delle camere non le priva di personalità...Cento gradini per raggiungere il mare.

● Ristoranti

✗✗✗✗ La Sponda – Hotel Le Sirenuse
via Colombo 30 – 𝒞 0 89 87 50 66 – www.sirenuse.it – Aperto 19 marzo-24 ottobre
Menu 120 € (cena) – Carta 90/165 € – (consigliata la prenotazione)
Cena a lume di candela e sapori mediterranei: Matteo, lo chef, dopo un'esperienza significativa presso il famoso Don Alfonso 1890, è venuto qui con il suo ricco bagaglio di conoscenza e ha dato vita ad un menu di ricette semplici - ispirate alla tradizione napoletana - elaborato con i migliori prodotti locali.
→ Fettuccelle di grano duro con civet (tipo di cottura) di aragosta e pomodorini. Spigola di lenza panata ai capperi di Salina con salsa alle erbe e pomodori marinati. Tagliata di agrumi al pepe lungo e timo, sorbetto al pompelmo e gelè di limone.

✗✗✗✗ Zass – Hotel San Pietro
via Laurito 2, Est : 2 km – 𝒞 0 89 87 54 55 – www.ilsanpietro.it – Aperto 11 aprile-6 novembre
Carta 70/129 € – (consigliata la prenotazione)
Da poco il ristorante dell'hotel San Pietro ha un nome caro ai titolari, Zass. La cucina invece è quella di sempre: campana e viene qui proposta creativamente con tutta la forza dei suoi colori e sapori. Il sogno diventa realtà grazie alla terrazza affacciata sul mare.
→ Tagliatelle al limone, astice e finocchio. Ricciola cotta e al carpaccio con maionese di baccalà affumicato e sentori di bergamotto. Variazioni al caffè in cilindro di cioccolato.

✗✗✗ Al Palazzo – Hotel Palazzo Murat
via Dei Mulini 23/25 – 𝒞 0 89 87 51 77 – www.palazzomurat.it – Aperto 24 marzo-7 novembre
Menu 50/80 € – Carta 48/93 € – (solo a cena)
Prelibati piatti - sia di mare sia di terra - da assaporare all'aperto in un piccolo angolo di paradiso: un incantevole giardino botanico nella corte del palazzo. All'interno, piccole ed eleganti salette per romantiche cene.

✗✗✗ Covo dei Saraceni – Hotel Covo dei Saraceni
via Regina Giovanna 5 – 𝒞 0 89 87 54 00 – www.covodeisaraceni.it – Aperto 2 aprile-1° novembre
Menu 35 € (pranzo)/75 € – Carta 69/90 € – (consigliata la prenotazione)
Cambio del timone ai fornelli. Il nuovo chef ha portato con sé un sferzata di dinamismo (e tanta esperienza!), che trovano concretezza in sfiziose proposte di cucina mediterranea.

✗✗ Rada
via Grotte dell'Incanto 51 – 𝒞 0 89 87 58 74 – www.radarestaurant.it – Aperto 1° febbraio-31 ottobre
Menu 65/90 € – Carta 41/77 € – (solo a cena) (consigliata la prenotazione)
Ristorante in incantevole posizione sul mare; all'ingresso elegante wine bar, al primo piano due sale con vista su Praiano e Positano; suggestiva cantina scavata nella roccia.

✗✗ Next2
via Pasitea 242 – 𝒞 08 98 12 35 16 – www.next2.it – Aperto 1° aprile-31 ottobre
Carta 45/75 € – (solo a cena)
Lungo la strada che attraversa il paese, è un susseguirsi di vari locali, ma noi vi suggeriamo di fermarvi qui: in questo moderno ristorante (piacevole anche per il dopocena) con una bella zona all'aperto, cucina a vista e saletta "enoteca" per un ambiente più informale. Specialità di mare.

XX **La Taverna del Leone**

*via Laurito 43 – ℰ 0 89 87 54 74 – www.latavernadelleone.com
– Chiuso 6 gennaio-14 febbraio*
Carta 30/58 € – *(chiuso martedì escluso giugno-settembre)*
4 cam 🛏 – 🛉40/70 € 🛉🛉70/100 €
Sulla costiera in posizione decentrata, ma con servizio navetta, la cucina attinge al territorio, mentre l'ambiente punta sui toni della classicità. A cena, possibilità anche di pizza.

XX **Buca di Bacco** – Hotel Buca di Bacco

*via rampa Teglia 4 – ℰ 0 89 87 56 99 – www.bucadibacco.it – Aperto
1° aprile-31 ottobre*
Carta 34/87 €
Piatti campani ed un trionfo di pesce per questo storico locale che ha più di un secolo di vita. Passando nella via, gettate l'occhio - attraverso la grande vetrata – sulla cucina, ed accomodatevi nella veranda affacciata sulla Spiaggia Grande: uno dei punti più animati della "città romantica".

XX **Li Galli** – Hotel Villa Franca

*viale Pasitea 318 – ℰ 0 89 87 56 55 – www.villafrancahotel.it
– Aperto 1° aprile-31 ottobre*
Carta 62/114 €
La saletta à la carte di questo elegante e suggestivo ristorante è una terrazza cinta da cristalli: di fronte a voi, gli isolotti che danno il nome al locale. Cucina mediterranea in chiave moderna.

X **Da Vincenzo**

*viale Pasitea 172/178 – ℰ 0 89 87 51 28 – www.davincenzo.it – Aperto
Pasqua-30 novembre; chiuso martedì a mezzogiorno in giugno-agosto*
Carta 33/75 €
Nonno Vincenzo fondò il locale oltre 50 anni fa ed, oggi, l'omonimo nipote ne ha preso il timone. Inconfondibile impronta dei sapori di una volta nei piatti del menu, che variano a seconda della disponibilità del mercato e del pescato.

X **La Cambusa**

*piazza Vespucci 4 – ℰ 0 89 81 20 51 – www.lacambusapositano.com
– Chiuso 6 gennaio-28 febbraio*
Carta 30/124 €
Nel cuore di Positano, nella piazzetta di fronte alla spiaggia, una specie di terrazza-veranda, un ambiente di sobria classicità; per gustare piatti legati al territorio.

POSTA FIBRENO

Frosinone (FR) – ✉ 03030 – 1 160 ab. – Alt. 430 m – Carta regionale n° **7-D2**
▶ Roma 121 km – Frosinone 40 km – Avezzano 51 km – Latina 91 km
Carta stradale Michelin 563-Q23

sulla strada statale 627 Ovest : 4 km

XxX **Il Mantova del Lago**

*località La Pesca 9 ✉ 03030 – ℰ 07 76 88 73 44 – www.ilmantovadellago.it
– Chiuso 2 settimane in novembre, 1 settimana in agosto, domenica sera e
lunedì*
Carta 38/106 €
In riva al piccolo lago, all'interno di un edificio rustico ben restaurato e cinto da un parco, un'elegante oasi di pace: soffitti decorati, sapori di pesce e di carne.

POSTAL (BURGSTALL)

Bolzano (BZ) – ✉ 39014 – 1 825 ab. – Alt. 270 m – Carta regionale n° **19-B2**
▶ Roma 660 km – Bolzano 24 km – Merano 8 km – Trento 76 km
Carta stradale Michelin 562-C15

Muchele

vicolo Maier 1 – ℰ 04 73 29 11 35 – www.muchele.com – Aperto
17 marzo-15 novembre
38 cam ⌑ – ♦140/200 € ♦♦180/280 € – **2 suites**
In questo ameno angolo di Sud Tirolo, immerso tra le montagne e circondato da
un giardino fiorito con piscina riscaldata, un bel complesso con numerose offerte
sportive. Dimenticatevi dello stress nella Sensi Spa: il nome è già tutto un pro-
gramma! Possibilità di assaporare le delizie culinarie dell'Alto Adige.

XX Hidalgo

via Roma 7, Nord: 1 km – ℰ 04 73 29 22 92 – www.restaurant-hidalgo.it
Menu 49 € – Carta 32/66 €   **20 suites** ⌑ – ♦♦160/200 €
Cucina in prevalenza di tradizione mediterranea con tanta carne, anche alla griglia, ma soprattutto pesce... tra le vette dell'Alto Adige! Dietro il ristorante troverete delle camere con cucina modernamente arredate.

POTENZA

✉ 85100 – 67 348 ab. – Alt. 819 m – Carta regionale n° **2-B2**
▶ Roma 366 km – Bari 130 km – Matera 102 km – Salerno 105 km
Carta stradale Michelin 564-F29

Grande Albergo

corso 18 Agosto 46 – 𝒞 09 71 41 02 20
Pianta: B1-2**a**
– www.grandealbergopotenza.it
61 cam ⌑ – ♦80/90 € – ♦♦100/120 € – **2 suites**
Nei pressi del centro storico (con qualche difficoltà di parcheggio, sormontabile), un grande albergo nato nel 1959, le cui camere sono state rinnovate in anni recenti; ampie e funzionali le aree comuni. Calde tonalità nell'elegante ristorante, dove gustare specialità lucane e piatti della gastronomia internazionale.

 Antica Osteria Marconi

viale Marconi 235 – 𝒞 0 97 15 69 00
Pianta: A2**c**
– www.anticaosteriamarconi.it – Chiuso 15 giorni in agosto, domenica sera e lunedì
Menu 20 € (in settimana)/47 € – Carta 34/58 €
In un piccolo stabile, il locale si presenta con una zona d'ingresso (che d'inverno diventa saletta) ed una sala principale, fresca ed intima, mentre la cucina è permeata da un'interessante vena creativa. Accogliente dehors.

sulla strada statale 407 Est : 4 km

 La Primula

località Bucaletto 61-62/a ⊠ 85100 – 𝒞 0 97 15 83 10 – www.albergolaprimula.it
46 cam ⌑ – ♦65/80 € ♦♦90/130 €
In posizione decentrata, a circa 5 minuti dal centro cittadino, interni personalizzati e piacevoli esterni, dove spicca la grande piscina nel bel mezzo di un curato giardino. Nel ristorante intimo e curato sono di casa i sapori locali.

POVO – Trento (TN) ➔ Vedere Trento

POZZA DI FASSA

Trento (TN) – ⊠ 38036 – 2 255 ab. – Alt. 1 325 m – Carta regionale n° **19-C2**
◻ Roma 679 km – Bolzano 41 km – Merano 71 km – Trento 95 km
Carta stradale Michelin 562-C17

 Ladinia

strada de Chieva 2 – 𝒞 04 62 76 42 01 – www.hotelladinia.com
– Aperto 2 dicembre-9 aprile e 16 giugno-19 settembre
38 cam ⌑ – ♦60/200 € ♦♦120/300 € – **2 suites**
Offre svariati servizi e diverse tipologie di sistemazione questa tipica struttura montana in posizione centrale: ottima per soggiorni familiari, le camere invece più indicate per le coppie sono certamente quelle con i letti a baldacchino.

 Sport Hotel Majarè

strada De Sot Comedon 51 – 𝒞 04 62 76 47 60 – www.hotelmajare.com – Aperto 6 dicembre-14 aprile e 11 giugno-30 settembre
31 cam ⌑ – ♦60/100 € ♦♦100/200 €
A soli 100 m dagli impianti di risalita del Buffaure, ambienti ispirati alla tradizione tirolese e piccolo, ma accogliente, centro benessere. Caldo legno ovunque per la sala ristorante e forno a legna per la pizza.

Renè

strada de la Veish 69 – 𝒞 04 62 76 42 58 – www.hotelrene.com
– Aperto 13 dicembre-5 aprile e 20 giugno-25 settembre
35 cam ⌑ – ♦105/240 € ♦♦130/240 € – **5 suites**
Gestione familiare in una zona tranquilla, ma ancora centrale, per un'accogliente struttura con camere ben tenute ed un centro benessere dal nome promettente: La Carezza! Indimenticabile la piscina sotto un cono di vetro.

Touring

Troi de Vich 72, Sud : 2 km – 𝒞 04 62 76 32 68 – www.touringhotel.info
– Aperto 20 dicembre-Pasqua e 15 giugno-15 settembre
27 cam ⌑ – ♦48/96 € ♦♦80/160 €
E' l'albergo ideale per partire in vacanza con la famiglia: gestione cordiale (e paziente con i piccoli ospiti), piacevoli spazi comuni e camere semplici, ma confortevoli. Interessante rapporto qualità/prezzo.

XX El Filò   P

strada Dolomites 103 – ☎ 04 62 76 32 10 – www.el-filo.com
– Chiuso 5 maggio-15 giugno, 5 novembre-4 dicembre
**Menu 33/40 € – Carta 26/61 € – *(solo a cena in bassa stagione)* (consigliata la
prenotazione)**
Tappa imperdibile per chi vuole completare la vacanza con una conoscenza
anche gastronomica delle Dolomiti: El Filo' propone prodotti e piatti della
regione, talvolta rivisitati dal virtuoso chef-patron.

a Pera Nord : 1 km – ⊠ 38036 Pera Di Fassa

⌂ Soreje   P

strada Dolomites 167 – ☎ 04 62 76 48 82 – www.soreie.com – Aperto
12 dicembre-2 aprile e 16 giugno-25 settembre
21 cam � – †60/80 € ††90/120 €
Balconi in legno e decori in facciata per quest'hotel a gestione familiare, ubicato
in una piccola frazione lungo la statale; bell'angolo soggiorno dotato di stube.
Prenotate una delle camere ladine con gli originali arredi dipinti!

POZZO – Arezzo (AR) ➜ Vedere Foiano della Chiana

POZZOLENGO
Brescia (BS) – ⊠ 25010 – 3 469 ab. – Alt. 135 m – Carta regionale n° **9-D1**
◨ Roma 524 km – Brescia 42 km – Mantova 39 km – Verona 42 km
Carta stradale Michelin 561-F13

X Moscatello Muliner

località Moscatello 3/5, Sud-Est: 2,5 km – ☎ 0 30 91 85 21
– www.agriturismomoscatello.it – Chiuso 3-26 novembre
**Menu 36/60 € – Carta 34/61 € – *(chiuso martedì)* (solo a cena escluso
maggio-settembre, sabato e domenica)**
13 cam – †60/80 € ††80/100 € – ⊐ 8 €
All'interno di una vasta proprietà agricola, in un bucolico contesto, una macina
per il grano dei primi '900 campeggia al centro di questo piacevole ristorante. Il
menu "sposa" la tradizione con piatti regionali, a prezzi ragionevoli.

X Antica Locanda del Contrabbandiere   AC P

località Martelosio di Sopra 1, Est: 1,5 km – ☎ 0 30 91 81 51
– www.locandadelcontrabbandiere.com – Chiuso 10-30 gennaio
**Menu 35/45 € – Carta 35/57 € – *(chiuso lunedì)* (solo a cena escluso domenica e
festivi)** (consigliata la prenotazione)
3 cam ⊐ – †80/100 € ††100/125 €
Fuori lo spettacolo di un tramonto in aperta campagna; dentro due semplici e
intime salette. I piatti del giorno sono quelli consegnati dalla tradizione. Fatevi
consigliare dallo chef per comporre il menù. Per chi desidera gustare più a
lungo la bellezza del posto, camere d'atmosfera arredate con mobili d'epoca.

POZZOLO FORMIGARO
Alessandria (AL) – ⊠ 15068 – 4 793 ab. – Alt. 171 m – Carta regionale n° **12-C3**
◨ Roma 560 km – Torino 115 km – Alessandria 21 km – Genova 66 km
Carta stradale Michelin 561-H8

XX Locanda dei Narcisi   AC P

strada Barbotti 1, località Bettole, Nord-Est: 4 km – ☎ 34 85 11 66 38
– www.lalocandadeinarcisi.it – Chiuso lunedì
Menu 35/44 € – Carta 37/69 € – (consigliata la prenotazione)
Un "gioiellino" in una piccola frazione, in prossimità dell'outlet di Serravalle:
ambiente curato e romantico, dove sfiziosi piatti di mare e qualche specialità del
territorio vengono proposti in chiave moderna. Quasi tutto è fatto in casa, dal
pane, alle paste, passando per le verdure dell'orto.

POZZUOLI

Napoli (NA) – ✉ 80078 – 81 824 ab. – Carta regionale n° **4-A2**

▶ Roma 235 km – Napoli 16 km – Caserta 48 km – Formia 74 km

Carta stradale Michelin 564-E24

XX **Baia Marinella**

via Napoli 4 – ℰ 08 18 53 13 21 – www.baiamarinella.it
Carta 36/71 €

Cucina di mare in un locale dalla strepitosa posizione a strapiombo sulla costa: la vista del golfo è mozzafiato ed i clienti possono approfittare di un solarium, nonché di discesa a mare.

X **Ludovico**

via Roma 15/19 – ℰ 08 15 26 82 55
Carta 37/101 €

Un piacevole ristorante affacciato sul porto, che punta sulla qualità del pescato in preparazioni semplici: crudo di mare, paste e zuppa di pesce tra i piatti più riusciti.

a Lucrino Ovest : 2 km – ✉ 80078

 Villa Luisa

via Tripergola 50 – ℰ 08 18 04 28 70 – www.villaluisaresort.it
37 cam 🖵 – †63/90 € ††86/110 €

Oasi di ristoro incastonata tra le terme romane neroniane e il lago d'Averno, la villa propone camere arredate in legno chiaro, molte con terrazza, e un gradevole centro benessere.

a Cuma Nord-Ovest : 10 km – ✉ 80070

 Villa Giulia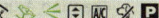

via Cuma Licola 178 – ℰ 08 18 54 01 63 – www.villagiulia.info
6 cam 🖵 – †70/100 € ††100/140 €

Villa settecentesca in tufo circondata da un delizioso giardino mediterraneo. All'interno, arredi ricercati, materiali di pregio e una gentilissima titolare seguita da una muta di splendidi Siberian Husky.

PRADELLA – Bergamo (BG) ➡ Vedere Schilpario

PRAIANO

Salerno (SA) – ✉ 84010 – 2 046 ab. – Carta regionale n° **4-B2**

▶ Roma 274 km – Napoli 64 km – Amalfi 9 km – Salerno 34 km

Carta stradale Michelin 564-F25

 Onda Verde

via Terra Mare 3 – ℰ 0 89 87 41 43 – www.ondaverde.it – Aperto 27 marzo-31 ottobre
25 cam 🖵 – †100/280 € ††100/280 €

Poco fuori dalla località, lungo la costa, ubicazione tranquilla e suggestiva, per una struttura le cui camere sono state recentemente rinnovate con buon gusto e ricercatezza. La sala ristorante offre una vista mozzafiato a strapiombo sugli scogli ed una cucina casalinga dai sapori del mare.

 Margherita

via Umberto I 70 – ℰ 0 89 87 46 28 – www.hotelmargherita.info – Chiuso 9-26 dicembre e 3 gennaio-19 marzo
28 cam 🖵 – †80/230 € ††80/230 €
Rist *M' Ama* – Vedere selezione ristoranti

Struttura a circa 1 km dalla costa - da sempre di famiglia - oggi gestita dalla nuova generazione: il reparto notte è già stato rimodernato, così come le terrazze all'aperto. Ottima sosta gastronomica al ristorante, dove dominano i sapori della costiera.

Tramonto d'Oro   ☆ ⇐ ⤍ ⋘ 🖼 🔅 🅰🅺 🅿

*via Gennaro Capriglione 119 – 𝒞 0 89 87 49 55 – www.tramontodoro.it
– Aperto 23 aprile-30 ottobre*
40 cam ☲ – ✝70/300 € ✝✝120/500 €
Architettura mediterranea per un hotel che già nel nome allude alla possibilità di
godere di suggestivi tramonti dalla bella terrazza-solarium con piscina. Al ristorante, il piacere di gustare piatti di cucina tradizionale allietati, ancora una volta,
dal bel panorama.

XX **M' Ama** – Hotel Margherita   ⇐ 🛖 🕍 ⤍ 🚗

*via Umberto I 70 – 𝒞 0 89 87 47 76 – www.mamarestaurant.it – Chiuso
9-26 dicembre e 3 gennaio-19 marzo*
Menu 30/82 € – Carta 44/84 € – *(solo a cena)* (consigliata la prenotazione)
All'ultimo piano, su una meravigliosa terrazza en plein air con suggestiva vista
della costa, il menu privilegia le specialità campane, ma non dimentica i crudi di
mare e le tempure.

sulla costiera amalfitana Ovest : 2 km

 Casa Angelina   ☆ ⇘ ⇐ ⚔ ⤍ 🎬 🌐 ⋘ 🔅 🅰🅺 ✂ 🅿

*via Capriglione 147 – 𝒞 08 98 13 13 33 – www.casangelina.it – Aperto
28 marzo-28 ottobre*
43 cam – ✝235/315 € ✝✝615/735 € – ☲ 25 €
In posizione idilliaca, eleganza e armonia caratterizzano questa piccola struttura,
dove il lusso è anche dato da opere d'arte di artisti famosi, mentre il nome del
ristorante è presagio della vista mozzafiato che offrirà. Cucina mediterranea.

 Grand Hotel Tritone   ☆ ⇘ ⇐ ⚔ ⤍ 🔅 🅰🅺 🏊 🅿

*via Campo 5 ✉ 84010 – 𝒞 0 89 87 43 33 – www.tritone.it – Aperto
15 aprile-15 ottobre*
57 cam ☲ – ✝170/240 € ✝✝230/320 € – **2 suites**
Aggrappato alla scogliera, oltre all'ascensore c'è un sinuoso e ripido cammina-
mento adatto solo ai più sportivi, in fondo la piscina ed una "spiaggia" ricavata
fra gli scogli. Capiente sala da pranzo e servizio ristorante in terrazza, a picco
sulla Costiera.

PRALBOINO
Brescia (BS) – ✉ 25020 – 2 992 ab. – Alt. 47 m – Carta regionale n° **9-C3**
▶ Roma 550 km – Brescia 44 km – Cremona 24 km – Mantova 61 km
Carta stradale Michelin 561-I8

XXX **Leon d'Oro** (Alfonso Pepe)   🍴 🅰🅺
❀
*via Gambara 6 – 𝒞 0 30 95 41 56 – www.locandaleondoro.it – Chiuso 10 giorni
in gennaio, 10 giorni in agosto, domenica sera e lunedì*
Menu 50 € (pranzo in settimana)/90 € – Carta 53/125 €
Ospitato in un bel caseggiato rustico in centro paese, caldi ambienti in legno con
camino e una simpatica carta che propone piatti creativi a prevalenza di pesce.
➜ Tortelli di coniglio in sugo di arrosto e briciole di nocciole. Capretto alla bresciana cotto in terracotta. Zabaione caldo, gelato al fior di latte e frutti rossi.

PRATI = **WIESEN** – Bolzano (BZ) ➜ Vedere Vipiteno

PRATO
✉ 59100 – 191 002 ab. – Alt. 61 m – Carta regionale n° **18-C1**
▶ Roma 295 km – Firenze 25 km – Pistoia 21 km – Lucca 60 km
Carta stradale Michelin 563-K15

 Art Hotel Museo   ☆ ⤍ 🔅 🅳 🅰🅺 ✂ 🏊 🚗

*viale della Repubblica 289, per viale Monte Grappa – B2 – 𝒞 05 74 57 87
– www.arthotel.it*
106 cam ☲ – ✝60/150 € ✝✝80/200 €
Rist Art Restaurant – Vedere selezione ristoranti
Nei pressi del Museo d'Arte Contemporanea Luigi Pecci, la struttura offre ampi
spazi comuni e camere dotate di ogni confort (al quinto piano, quelle più
moderne e ricercate). Bella piscina all'aperto ed attrezzato centro congressi.

PRATO

0 — 200 m

A | BOLOGNA | B

Piazza Ciardi
V. Jean-Louis Protche
V. Felice Cavalloni
Piazza Lippi
f
Piazza del Duomo
Museo d. Opera d. Duomo
Duomo
Piazza del Comune
Museo di Pittura Murale
Palazzo Pretorio
b
Piazza Mercatale
S. Maria d. Carceri
Piazza S. Niccolò
T.
STAZIONE CENTRALE
Castello d. Imperatore
San Francesco
d
v
Piazza S. Marco
Museo del Tessuto
Piazza dei Macelli
Museo del Tessuto

FIRENZE PISA
PISTOIA
BOLOGNA FIRENZE

POGGIO A CAIANO | A | B | CAMPI

Wall Art
viale della Repubblica 8, per viale Monte Grappa - B2 – ☎ 05 74 59 66 00
– www.wallart.it
94 cam ⬡ – ♦80/300 € – ♦♦100/300 € – **5 suites**
Appena fuori dal centro, questa moderna struttura non solo ospita camere generose nelle dimensioni e appartamenti confortevoli, ma anche un'interessante collezione privata di quadri contemporanei. Per un soggiorno nell'arte.

Art Hotel Milano
via Tiziano 15 – ☎ 0 57 42 33 71 – www.arthotel-milano.it   Pianta: B2**d**
70 cam – ♦60/110 € ♦♦85/160 € – ⬡ 8 €
Nei pressi della stazione centrale e delle mura cittadine, comode sale e confortevoli camere, nonché cordiale attenzione al cliente.

San Marco
piazza San Marco 48 – ☎ 0 57 42 13 21   Pianta: B2**v**
– www.hotelsanmarcoprato.com
40 cam ⬡ – ♦55/70 € ♦♦75/90 €
E' l'ospitalità della gestione familiare, il punto di forza di questa struttura ubicata in pieno centro con camere comode e confortevoli.

915

🏠 Giardino ⊕ AK ✗

via Magnolfi 4 – ✆ 05 74 60 65 88 – www.giardinohotel.com Pianta: A1**f**
28 cam ☕ – †50/80 € †† 70/110 €
In pieno centro - tra la stazione e piazza del Duomo - questo albergo a conduzione familiare propone spazi comuni di ridotte dimensioni, ma camere piacevolmente confortevoli.

✗✗✗ Il Piraña AK ⇔

*via G. Valentini 110 - B2 – ✆ 0 57 42 57 46 – www.ristorantepirana.it – Chiuso
agosto, sabato a mezzogiorno e domenica*
Menu 60 € – Carta 47/104 €
Classico ristorante di pesce, non vi troverete svolazzi tecnici od invenzioni avan-
guardiste, ma un espositore con i prodotti del mare in preparazioni semplici, un
porto sicuro per gli amanti della tradizione.

✗✗ Tonio 🍽 AK ⇔ ⇔

piazza Mercatale 161 – ✆ 0 57 42 12 66 Pianta: B2**b**
– www.ristorantetonio.it – Chiuso 23-31 agosto, lunedì a pranzo e domenica
Menu 45/60 € – Carta 32/116 €
In attività dagli anni '50, commensali illustri sono ritratti nelle foto in bianco e nero,
mentre nei piatti prevalgono le specialità di mare in proposte classiche e fragranti.

✗✗ Art Restaurant – Art Hotel Museo ⚹ AK ✗ ⇔ 🚗

*viale della Repubblica 289, per viale Monte Grappa - B2 – ✆ 05 74 57 87
– www.arthotel.it – Chiuso agosto e domenica*
Carta 38/108 €
In pochi ristoranti i prodotti del mare e della terra si trovano in così perfetto equilibrio come qui, dove i piatti di pesce sono tanto celebrati come rinomate sono le
specialità di carne.

PREDAPPIO

Forlì-Cesena (FC) – ✉ 47016 – 6 419 ab. – Alt. 133 m – Carta regionale n° **5-D2**
▶ Roma 331 km – Bologna 89 km – Forlì 16 km – Ravenna 46 km
Carta stradale Michelin 562-J17

✗ Del Moro ⚹ AK ✗ ⇔

*viale Roma 8 – ✆ 05 43 92 22 57 – www.ristorantedelmoro.it
– Chiuso 15 giugno-10 luglio, lunedì e martedì*
Carta 29/49 €
Sulla via principale, in comoda posizione per quanti arrivano qui per riscoprire o
curiosare nella storia del Duce, il locale propone una cucina dai sapori regionali,
presentati in porzioni abbondanti.

PREDAZZO

Trento (TN) – ✉ 38037 – 4 539 ab. – Alt. 1 018 m – Carta regionale n° **19-C2**
▶ Roma 662 km – Bolzano 48 km – Belluno 79 km – Trento 78 km
Carta stradale Michelin 562-D16

🏠 Sporthotel Sass Maor ⚹ ♨ ⊕ & ✗ 🚗

*via Marconi 4 – ✆ 04 62 50 15 38 – www.sassmaor.com – Chiuso aprile e
novembre*
27 cam ☕ – †45/70 € ††80/140 € – **3 suites**
Semplici, ma confortevoli, camere in stile montano, per questa gradevole risorsa
in pieno centro, dotata di centro benessere (ottima la zona umida!). Due piccole
sale e una stube per il ristorante.

🏠 Cimon Dolomites Hotel ⚹ ♨ ⊕ P

*via delle Fontanelle 1 ✉ 38037 Predazzo – ✆ 04 62 50 16 91
– www.hotelcimon.it – Aperto 1° dicembre-30 marzo e 1° giugno-30 settembre*
27 cam ☕ – †80/180 € ††80/180 €
Sita fuori dal centro, simpatica gestione familiare che si caratterizza per la funzionale modernità del nuovo look ultimato a fine 2012.

PREGANZIOL

Treviso (TV) – ✉ 31022 – 16 898 ab. – Alt. 12 m – *Carta regionale n° 23-A1*
▶ Roma 538 km – Venezia 25 km – Mestre 13 km – Treviso 8 km
Carta stradale Michelin 562-F18

🏠 **Crystal**   ✿ ⅃ₒ ⬦ AC ⅏ P
via Baratta Nuova 1, Nord: 1 km – ℰ 0 42 29 33 75 – www.crystalhotel.it
67 cam ⌣ – ♦50/80 € ♦♦65/120 € – **2 suites**
Albergo moderno che si sviluppa in orizzontale mostrando uno stile sobrio e
minimalista; all'interno ambienti ariosi e camere lineari. Sala ristorante ampia,
cucina classica.

✗✗ **Magnolia**   🍴 🏠 ⅃ AC P
via Terraglio 136, Nord: 1 km – ℰ 04 22 63 31 31 – www.magnoliaristorante.com
– Chiuso 5-25 agosto, domenica sera e lunedì
Menu 20 € (pranzo in settimana)/40 € – Carta 24/64 €
Nel contesto dell'omonimo hotel, ma completamente indipendente, un ristorante
a valida gestione familiare con specialità venete, soprattutto a base di pesce. Sale
spaziose e curato giardino.

a San Trovaso Nord : 2 km – ✉ 31022

🏠 **Sole**   ⬦ AC 🚗
via Silvio Pellico 1 – ℰ 04 22 38 31 26 – www.hotelalsole.com
15 cam ⌣ – ♦40/70 € ♦♦40/100 €
Piccola e accogliente risorsa ubicata in periferia, ovviamente a gestione diretta
familiare, offre un'ospitalità quasi da confortevole casa privata.

✗ **Ombre Rosse**   🍴 🏠 ⅃ P
via Franchetti 78 – ℰ 04 22 49 00 37 – www.enotecaombrerosse.it – Chiuso
domenica
Menu 30/50 € – Carta 33/63 € – *(solo a cena)*
Nato quasi per caso dalla passione del proprietario per i vini, locale in stile
"bistrot", accogliente, vanta fragranti leccornie che variano di giorno in giorno. La
carta dei vini non c'è, ma le buone etichette sì: basta chiedere al patron ed il
divertimento è assicurato.

PRÉ SAINT DIDIER

Aosta (AO) – ✉ 11010 – 1 060 ab. – Alt. 1 014 m – *Carta regionale n° 21-A2*
▶ Roma 777 km – Aosta 31 km – Courmayeur 6 km
Carta stradale Michelin 561-E2

Pianta : vedere Courmayeur

a Palleusieux Nord : 2,5 km – ✉ 11010 Pré Saint Didier – Alt. 1 100 m

🏘 **QC Terme Resort** Ⓝ   ✿ ← 🍴 ⅃ 🔲 🆗 🈺 ⅃ₒ ⬦ ⅏ 🚗
route Mont Blanc 28 – ℰ 0 16 58 70 04   Pianta: BY**f**
– www.qctermedipre.it
55 cam ⌣ – ♦200/285 € ♦♦268/380 € – **2 suites**
In posizione panoramica, hotel dall'elegante stile alpino dotato di uno strepitoso
centro benessere, valida alternativa ad una sciata o ad una passeggiata nel
verde. Le camere, ricoperte di legno come nella tradizione locale, differiscono solo
per metratura; compreso nel prezzo anche l'ingresso alle terme di Pré Saint Didier.

🏘 **Beau Séjour**   ✿ 🌿 ← 🍴 ⬦ 🈺 🚗
av. Dent du Géant 18 – ℰ 0 16 58 78 01   Pianta: B3**b**
– www.hotelbeausejour.it – Aperto 1° dicembre-1° maggio e
15 giugno-30 settembre
32 cam ⌣ – ♦55/70 € ♦♦110/140 €
Condotto, da tanti anni, dalla mano esperta di una famiglia, un hotel comodo sia
per l'estate che per l'inverno, con giardino ombreggiato e bella vista sul Bianco.
Accomodatevi in sala da pranzo tra legno, pietra e piatti locali.

917

PRESEZZO

Bergamo (BG) – ✉ 24030 – 4 949 ab. – Alt. 236 m – Carta regionale n° **10-C1**

▶ Roma 610 km – Milano 50 km – Bergamo 14 km – Lecco 30 km

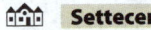 **Settecento**

via Milano 3 – ✆ 0 35 46 60 89 – www.settecentohotel.com
52 cam – ♦65/140 € ♦♦69/185 €
Un interessante indirizzo dell'ospitalità bergamasca: moderna struttura, ricavata dalla settecentesca cascina Olmetta, offre ampi spazi esterni e camere di raffinata eleganza. Ideale per chi vuole visitare la città del Colleoni o i viaggiatori in transito all'aeroporto di Orio.

PRIOCCA D'ALBA

Cuneo (CN) – ✉ 12040 – 1 987 ab. – Alt. 253 m – Carta regionale n° **14-C2**

▶ Roma 637 km – Torino 63 km – Cuneo 76 km – Asti 23 km
Carta stradale Michelin 561-H6

XX **Il Centro** (Elide Mollo)

via Umberto I 5 – ✆ 01 73 61 61 12 – www.ristoranteilcentro.com – Chiuso martedì
Menu 30/62 € – Carta 40/69 € – (consigliata la prenotazione)
Nel centro storico di un grazioso paese del Roero, qui troverete una delle più genuine espressioni della cucina piemontese. Poche rivisitazioni e ancor meno inutili artifici, ma una giurata fedeltà all'ortodossia regionale, le sue paste, le sue carni e naturalmente i suoi grandi vini.
→ Agnolotti della domenica: ripieno di carne con ragù di salsiccia e fegatini. Guanciale caramellato ai fichi. Dolce alla nocciola.

PROCCHIO – Livorno (LI) → Vedere Elba (Isola d') : Marciana

PROCENO

Viterbo (VT) – ✉ 01020 – 562 ab. – Carta regionale n° **7-A1**

▶ Roma 170 km – Viterbo 59 km – Orvieto 40 km – Todi 76 km
Carta stradale Michelin 563-N17

 Castello di Proceno

corso Regina Margherita 155 – ✆ 07 63 71 00 72 – www.castellodiproceno.it
14 cam – ♦100/130 € ♦♦100/130 €
Ai piedi di una fortezza medievale, una risorsa carica di storia, albero diffuso con appartamenti e camere arredati con gusto antico. Originale la tomba etrusca all'interno dell'enoteca. Cucina legata al territorio.

PROCIDA (Isola di)

Napoli (NA) – 10 494 ab. – Carta regionale n° **4-A2**
Carta stradale Michelin 564-E24

PROCIDA – ✉ 80079 – Carta regionale n° **4-A2**

 La Suite Hotel

via Flavio Gioia 81 – ✆ 08 18 10 15 64 – www.lasuiteresort.com – Aperto 1° aprile-31 ottobre
20 cam – ♦160/300 € ♦♦160/300 €
Ubicato in un'oasi di tranquillità, il resort, nato dalla ristrutturazione di un antico palazzo, dispone di belle camere dal design moderno. Tra gli atout della struttura vanno ricordati il giardino, la terrazza-solarium panoramica, nonché la spa in pietra lavica.

 La Vigna

via Principessa Margherita 46 – ✆ 08 18 96 04 69 – www.albergolavigna.it – Chiuso 8 novembre-25 dicembre
13 cam – ♦75/150 € ♦♦90/200 € – **1 suite**
A pochi minuti dalla baia della Corricella, si dorme in un edificio di fine '700 con ceramiche d'epoca. Spettacolare giardino-vigneto con pergolati, un eden sull'isola, nonché solarium con straordinaria vista sul Golfo.

La Casa sul Mare

via Salita Castello 13 – 𝒞 08 18 96 87 99 – www.lacasasulmare.it
10 cam ⌷ – †80/160 € ††90/170 €
In salita, verso l'abbazia di San Michele, camere semplicemente arredate in stile locale: tutte con una superba vista sulla baia più pittoresca dell'isola.

Caracalè

località Marina Corricella 62 – 𝒞 08 18 96 91 92 – Chiuso 16 dicembre-25 dicembre, 16 gennaio-28 febbraio e martedì escluso luglio e agosto
Menu 25 € (in settimana)/20 € – Carta 25/59 €
Caracalè: la "baia bella" (in greco) si arricchisce qui di bontà. All'interno di un ex deposito delle barche o d'estate all'aperto - a pochi metri dall'acqua - preparazioni semplici, ma fragranti di pesce isolano.

Gorgonia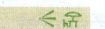

località Marina Corricella – 𝒞 08 18 10 10 60 – Chiuso 1° dicembre-28 febbraio e lunedì escluso giugno-agosto; aperto nei week end in marzo e novembre
Carta 20/55 € – (consigliata la prenotazione)
Affacciato su una delle baie più romantiche d'Italia, capita ancora di vedere i pescatori cucire le reti, mentre nei piatti arriva il pesce in preparazioni classiche e fragranti.

PROSERPIO

Como (CO) – ✉ 22030 – 912 ab. – Alt. 456 m – *Carta regionale n° **10-B1***
▶ Roma 635 km – Como 18 km – Varese 43 km – Milano 61 km

 Inarca

via Inarca 16 – 𝒞 0 31 62 04 24 – www.ristoranteinarca.it – Chiuso 2 settimane tra gennaio e febbraio e lunedì
Menu 35/40 € – Carta 31/62 €
Con l'avvento della nuova generazione, il ristorante che fu trattoria si è trasformato in un luminoso e panoramico locale. Piatti tradizionali permeati da una leggera vena moderna, in un ambiente giovane e dinamico.

PULA

Sardegna – Cagliari (CA) – ✉ 09010 – 7 357 ab. – *Carta regionale n° **16-B3***
▶ Cagliari 33 km – Carbonia 77 km – Oristano 122 km
Carta stradale Michelin 366-P49

 Baia di Nora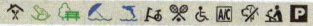

località Su Guventeddu – 𝒞 07 09 24 55 51 – www.hotelbaiadinora.com – Aperto 15 maggio-30 ottobre
119 cam – solo ½ P 105/330 € – **1 suite**
Vicino al sito archeologico di Nora, immersa in un rigoglioso giardino mediterraneo con piscina in riva al mare, struttura di grandi dimensioni dove scegliere i propri ritmi e i propri spazi. Camere moderne e funzionali. Al ristorante ampi, luminosi spazi di impostazione classica e un invitante dehors estivo.

 Lantana Resort

viale Nora 37 – 𝒞 0 70 92 44 11 – www.lantanaresort.it – Aperto 20 aprile-31 ottobre
57 cam ⌷ – †155/236 € ††262/400 €
Gradevole struttura disposta attorno ad un grande giardino con palme, piscina e piccola fontana arabeggiante. Camere tutte identiche e tutte recenti negli arredi d'impeccabile tenuta: possibilità di alloggio con formula residence.

 Nora Club Hotel

strada per Nora – 𝒞 0 70 92 44 22 – www.noraclubhotel.it
27 cam ⌷ – †85/140 € ††140/190 €
Paradisiaca enclave di quiete. Superato il caseggiato principale vi accoglie un seducente giardino di piante mediterranee e tropicali; distribuite a forma d'anello le semplici camere in arte povera.

Villa Madau ⓝ ✿ ⬍ AC

via Nora 84 – ☏ *07 09 24 90 33 – www.villamadau.it*
10 cam ⊑ – ♦75/120 € ♦♦80/199 €
Centralissimo di fronte alla chiesa di San Giovanni, fresco e variopinto hotel i cui arredi coniugano tradizione e pezzi etnici; al ristorante carne e pesce da gustare in terrazza o sulla caratteristica piazzetta.

✕ Cucina Machrì ♿ AC

via Lamarmora 53 – ☏ *07 09 20 92 05 – www.cucinamachri.it – Aperto Pasqua-ottobre; chiuso domenica escluso giugno-settembre*
Carta 34/66 € – *(solo a cena)*
Raccolto, lindo, minimalista nell'arredo, con proposte di pesce ma non solo, caratterizzate dall'attenta selezione delle materie prime e da preparazioni saporite e rispettose degli ingredienti.

sulla strada statale 195 Sud-Ovest : 9 km

Is Morus Relais ✿ ⬍ ≤ 📶 🏊 🎿 ✕ ♿ AC ✿ 🏌 P

Sud-Ovest: 9 km ✉ *09010 Santa Margherita di Pula –* ☏ *0 70 92 11 71*
– www.ismorus.com – Aperto 1° aprile-31 ottobre
50 cam ⊑ – ♦129/200 € ♦♦152/250 €
Immerso nella pineta, solo un giardino lo separa dal mare. Varie soluzioni di alloggio, camere classiche e romantiche ville, e nessun tipo di animazione: ideale per chi desidera silenzio e tranquillità.

sulla strada statale 195 Sud-Ovest : 11 km

Villa del Parco – Forte Village ✿ ⬍ ≤ 📶 🏊 🎿 🔵 〽 🛁 ✕ ⬍ 🏃 AC ✿ 🏌 P

✉ *09010 Santa Margherita di Pula –* ☏ *07 09 21 71*
– www.fortevillage.com – Aperto 1° maggio-1° ottobre
47 cam – solo ½ P 715/930 €
Rist *Forte Village* – Vedere selezione ristoranti
Incorniciata dal verde, la struttura dalla facciata lilla propone spaziose camere dagli arredi fioriti all'inglese ed eleganti bungalow. Il tutto vicino alle piscine di talassoterapia.

Castello – Forte Village ✿ ⬍ ≤ 📶 🏊 🎿 🔵 〽 🛁 ✕ ⬍ 🏃 AC ✿ 🏌 P

✉ *09010 Santa Margherita di Pula –* ☏ *07 09 21 71 – www.fortevillage.com*
– Aperto 1° maggio-1° ottobre
172 cam – solo ½ P 925/1780 € – **7 suites**
A un passo dal mare e per vivere un soggiorno da fiaba, è la struttura di punta del complesso con camere elegantemente arredate in un dettagliato e caratteristico stile locale.

Le Dune – Forte Village ✿ ⬍ ≤ 📶 🏊 🎿 🔵 〽 🛁 ✕ 🏃 AC ✿ 🏌 P

✉ *09010 Santa Margherita di Pula –* ☏ *07 09 21 71 – www.fortevillage.com*
– Aperto 1° maggio-1° ottobre
39 cam – solo ½ P 925/2395 € – **38 suites**
Rist *Le Dune* – Vedere selezione ristoranti
Nel silenzio e nella discrezione del parco, i bungalow sono pronti ad accogliere coloro che auspicano una vacanza in piena libertà, senza formalismi o dress code, interessati solo a perseguire il relax ed il contatto con la natura. Gli arredi delle camere sono volutamente sobri, in linea con la tradizione locale: alcune sistemazioni dispongono di patio e giardino, altre di terrazza.

Il Borgo – Forte Village ✿ ⬍ ≤ 📶 🏊 🎿 🔵 〽 🛁 ✕ 🏃 AC ✿ 🏌 P

✉ *09010 Santa Margherita di Pula –* ☏ *07 09 21 71 – www.fortevillage.com*
– Aperto 1° maggio-1° ottobre
42 cam – solo ½ P 380/495 €
Le camere sfoggiano arredi e colori ispirati al tipico artigianato sardo, in questa struttura ideale per chi ama l'atmosfera raccolta di un antico villaggio. Adatto per le famiglie.

Le Palme – Forte Village

⌂⌂⌂

✉ 09010 Santa Margherita di Pula – ☎ 07 09 21 71 – www.fortevillage.com
– Aperto 1° maggio-1° ottobre
140 cam – solo ½ P 315/535 €
Particolarmente adatto per famiglie numerose, dispone di camere decisamente ampie (alcune comunicanti) e di un paradisiaco giardino con ben duemila varietà di piante.

Bouganville – Forte Village

✉ 09010 Santa Margherita di Pula – ☎ 07 09 21 71 – www.fortevillage.com
– Aperto 1° maggio-30 settembre
143 cam – solo ½ P 278/390 €
Immerso in un giardino tropicale, il villaggio propone accoglienti bungalow, molti comunicanti, tutti con patio o giardino privato. Prima colazione presso la piscina Oasis.

Royal Pineta – Forte Village

✉ 09010 Santa Margherita di Pula – ☎ 07 09 21 71 – www.fortevillage.com
– Aperto 1° maggio-1° ottobre
102 cam – solo ½ P 365/695 €
Adagiata nel parco all'ombra di alberi secolari, la struttura offre ampie camere arredate in caldi colori: una proposta ideale per una vacanza di tranquillità, riposo e mare. Numerose attività di animazione per i piccoli ospiti.

Le Dune – Hotel Le Dune

✕✕✕

✉ 09010 Santa Margherita di Pula – ☎ 07 09 21 71 – www.fortevillage.com
– Aperto 10 maggio-20 settembre
Menu 150 € – (solo a cena)
Proprio affacciato sul mare e sulla spiaggia, i colori della natura circostante ispirano la sua cucina: sapori mediterranei mescolati alle tinte del tramonto. Menu con varie possibilità di scelta a prezzo fisso.

Forte Village – Hotel Villa del Parco

✕✕✕

✉ 09010 Santa Margherita di Pula – ☎ 07 09 21 71 – www.fortevillage.com
– Aperto 10 maggio-20 settembre
Carta 150/250 € – (solo a cena) (prenotazione obbligatoria)
Una delle tante proposte gastronomiche del Forte Village: nella sala interna o sulle terrazze sovrastanti un giardino incantato, la cucina è leggermente creativa e, più sicuramente, mediterranea. Si paga un menù fisso ma in realtà si sceglie à la carte.

PULFERO

Udine (UD) – ✉ 33046 – 978 ab. – Alt. 184 m – Carta regionale n° 6-C2
▶ Roma 662 km – Udine 28 km – Gorizia 42 km – Tarvisio 66 km
Carta stradale Michelin 562-D22

Al Vescovo

⌂

via Capoluogo 67 – ☎ 04 32 72 63 75 – www.alvescovo.com – Chiuso 10 giorni in febbraio
18 cam ⌸ – †45/55 € ††70/85 €
Una tradizione alberghiera giunta alla quarta generazione: all'interno camere curate e accoglienti, mentre nell'omonimo ristorante si servono piatti del territorio con un piacevole dehors sull'adiacente fiume Natisone.

PULSANO

Taranto (TA) – ✉ 74026 – 11 396 ab. – Alt. 37 m – Carta regionale n° 15-C3
▶ Roma 540 km – Brindisi 69 km – Taranto 21 km – Lecce 77 km
Carta stradale Michelin 564-F34

a Marina di Pulsano Sud : 3 km – ✉ 74026 Pulsano

Il Grillo

località Canne snc, litoranea Salentina – ☎ 09 95 33 30 25 – www.ilgrillo.it
12 cam ⌸ – †60/110 € ††70/140 €
Rist Il Grillo – Vedere selezione ristoranti
Praticità e funzionalità sono le cifre di questo albergo, non lontano dal mare, che offre camere semplici ma confortevoli. Il tutto circondato da un piccolo, ma curato giardino.

🏠 Il Galeone 🖙 ⌿ AC P

litoranea Salentina al km 9,200, Est: 2 Km – ✆ *33 32 08 74 70*
– www.ilgaleonebb.it
6 cam ⊡ – 🛏50/80 € – 🛏🛏70/150 €
In una bella villa sul lungomare con accesso diretto alla spiaggia, ampie camere
dall'arredo moderno ed una grande piscina. Noleggio di biciclette e navetta per
Pulsano gratuiti.

✕✕ La Barca 🖙 AC P

litoranea Salentina – ✆ *09 95 33 33 35 – Chiuso 2 settimane in*
gennaio, 1 settimana in novembre, domenica sera e lunedì escluso luglio-agosto
Menu 35/50 € – Carta 42/69 €
Uno dei migliori ristoranti di pesce della zona per qualità e quantità offerta, nonché prezzi contenuti. Il proprietario, instancabile in sala, vi suggerirà a voce il
pescato del giorno: affidatevi a lui e sarete ricompensati, a cominciare dai crostacei, crudi o cotti. Suggestioni dal menu: vellutata ai frutti di mare, fritto di
paranza, torta morbida al cioccolato con gelato alla vaniglia.

✕✕ Il Grillo – Hotel Il Grillo 🖙 ⌿ ⌖ AC ✕ P

località Canne snc, litoranea Salentina – ✆ *09 95 33 30 25 – www.ilgrillo.it*
Carta 28/60 €
Piatti della tradizione riproposti in chiave moderna, all'interno di un locale
moderno e curato con vetrate su piscina oppure nel bel giardino esterno.

PUNTA ALA

Grosseto (GR) – ✉ 58040 – Carta regionale n° **18-B3**
▶ Roma 218 km – Grosseto 43 km – Siena 102 km – Livorno 113 km
Carta stradale Michelin 563-N14

🏨 Gallia Palace Hotel 🏌 ⌿ 🖙 ⌂ ⌿ 🛁 ✕ 🖽 ⌖ AC 🛎 P

via delle Sughere – ✆ *05 64 92 20 22 – www.galliapalace.it – Aperto*
13 maggio-24 settembre
75 cam ⊡ – 🛏160/250 € – 🛏🛏250/530 € – **13 suites**
Rist *La Pagoda* – Vedere selezione ristoranti
Immerso nella macchia mediterranea, un grand hotel che dispone di un piccolo
centro benessere, camere spaziose dagli arredi classici e splendido giardino con
piscina (c'è anche l'idromassaggio!).

🏨 Cala del Porto 🏌 ⌿ 🖙 ⌂ ⌿ AC 🛎 P

via del Pozzo – ✆ *05 64 92 24 55 – www.baglionihotels.com – Aperto 1° aprile a*
30 ottobre
33 cam ⊡ – 🛏250/650 € – 🛏🛏250/650 € – **6 suites**
In posizione dominante dall'alto della baia, l'elegante struttura vanta la vista sul
porto e sul mare: spazi comuni dal grazioso arredo e camere confortevoli. Sulla
terrazza panoramica e nella sala ristorante interna, proposte di cucina moderna.

✕✕ La Pagoda – Gallia Palace Hotel 🖙 🖙 ⌿ ✕ P

via delle Sughere – ✆ *05 64 92 20 22 – www.galliapalace.it – Aperto*
13 maggio-24 settembre
Menu 30/50 € – *(solo a pranzo)*
Proprio sulla spiaggia e a ridosso della bella pineta, questa sorta di cottage interamente in legno offre una cucina di ampio respiro. Aperto solo a pranzo, propone
un gran buffet ad un prezzo interessante e la possibilità di scegliere dall'esposizione una carne o un pesce da fare alla griglia (in tal caso, il costo aumenta leggermente). E per gli irriducibili dell'alimento principe della gastronomia italiana, c'è anche un forno per poche pizze e focaccine.

PUNTALDIA – Olbia-Tempio (OT) → Vedere San Teodoro

PUOS D'ALPAGO

Belluno (BL) – ✉ 32015 – 2 522 ab. – Alt. 419 m – Carta regionale n° **23-C1**
▶ Roma 605 km – Belluno 20 km – Cortina d'Ampezzo 75 km – Venezia 95 km
Carta stradale Michelin 562-D19

XX **Locanda San Lorenzo** (Renzo Dal Farra)

🕸 ⇔ 🛖 P

via IV Novembre 79 – ℰ 04 37 45 40 48 – www.locandasanlorenzo.it
– Chiuso 18 gennaio-6 febbraio
Menu 35/75 € – Carta 47/111 € – *(chiuso mercoledì)*
11 cam ⌖ – †85/110 € ††85/110 € – **1 suite**
Passione e costanza sono le caratteristiche di un'intera famiglia che da oltre un
secolo entusiasma gli avventori con una cucina saldamente legata ai prodotti
locali, in certi piatti reinterpretata con gusto contemporaneo. Due differenti arredi
per le camere: uno sobrio leggermente moderno, l'altro tipicamente rustico.
→ Bigoli al torchio con ragù di caccia. Degustazione di agnello dell'Alpago. Gelato
al finocchio con meringa alla menta, latte di cocco e lemongrass.

QUADRIVIO – Salerno (SA) → Vedere Campagna

QUARONA

Vercelli (VC) – ✉ 13017 – 4 189 ab. – Alt. 406 m – Carta regionale n° **12-C1**
▶ Roma 679 km – Stresa 49 km – Milano 94 km – Vercelli 64 km
Carta stradale Michelin 561-E6

 Grand'Italia

☆ 🖂 🕭 AC 🍴 🚗

piazza Libertà 19 – ℰ 01 63 43 12 44 – www.albergogranditalia.it
11 cam ⌖ – †80/90 € ††110/130 € – **2 suites**
Rist *Italia* – Vedere selezione ristoranti
Completamente trasformato e ristrutturato, è ora un'elegante palazzina con interni
moderni e spaziosi, linee sobrie ed essenziali ed accenni di design minimalista.

XX **Italia** – Hotel Grand'Italia

🔗

piazza della Libertà 27 – ℰ 01 63 43 01 47 – www.albergogranditalia.it – Chiuso
1°-21 agosto e lunedì
Menu 20/45 € – Carta 30/55 €
E' una piacevole sorpresa questo curato e familiare locale di taglio moderno in
una casa del centro della località; piatti di creativa cucina piemontese.

QUARTACCIO – Viterbo (VT) → Vedere Civita Castellana

QUARTIÈRE – Ferrara (FE) → Vedere Portomaggiore

QUARTO

Napoli (NA) – ✉ 80010 – 40 647 ab. – Alt. 55 m – Carta regionale n° **4-A2**
▶ Roma 225 km – Napoli 23 km – Caserta 46 km – Avellino 72 km
Carta stradale Michelin 564-E24

Pianta d'insieme di Napoli

XX **Sud** (Marianna Vitale)

🛖 AC P

via Santi Pietro e Paolo 8 – ℰ 08 10 20 27 08 – www.sudristorante.it
– Chiuso 1 settimana in gennaio, 3 settimane in agosto, domenica sera
e mercoledì
Menu 40/60 € – Carta 42/72 € – *(solo a cena escluso sabato e domenica)*
Superato un contesto ambientale non brillante, apprezzerete ancor di più gli
sforzi di una delle cucine più interessanti del napoletano. Il nome del ristorante
è un lapidario, ma eloquente, manifesto gastronomico che vi conduce attraverso
appetiti meridionali.
→ Risotto al curry con bottarga di muggine e limone di Procida. Il baccalà e la
parmigiana di melanzane. Crema di latte con mandorle caramellate e aceto di
fichi.

QUARTO CALDO – Latina (LT) → Vedere San Felice Circeo

QUARTO D'ALTINO

Venezia (VE) – ⊠ 30020 – 8 292 ab. – Carta regionale n° **23-A1**

◨ Roma 539 km – Venezia 29 km – Padova 55 km – Treviso 17 km

Carta stradale Michelin 562-F19

Villa Odino

via Roma 146 – ✆ 04 22 82 31 17 – www.villaodino.it – Chiuso 24 dicembre-6 gennaio

34 cam � – ♦70/125 € ♦♦99/170 € – **3 suites**

Immerso nella campagna, a fianco al fiume Sile, l'albergo offre gradevoli interni con tessuti, parquet e un bel cotto nelle eleganti camere. Tra il 2015 e il 2016 si concretizzeranno dei lavori di miglioramento e la probabile apertura del ristorante.

Crowne Plaza Venice East

via Della Resistenza 18/20 – ✆ 04 22 70 38 11 – www.hotelcrowneplazavenice.it

153 cam ⊑ – ♦70/200 € ♦♦80/250 € – **2 suites**

Vicino alla stazione con frequenti treni per Venezia, questa grande struttura è in grado di offrire un servizio completo in ambienti dal design semplice, ma moderno. Proposte di mare e di terra al ristorante.

Park Hotel Junior

via Roma 93 – ✆ 04 22 82 37 77 – www.parkhoteljunior.it

32 cam ⊑ – ♦50/150 € ♦♦50/300 € – **1 suite**

Rist *Park Ristorante Da Odino* – Vedere selezione ristoranti

Nel verde di un parco, sempre accolti da sorrisi e cortesia, le camere al piano terra offrono arredi standard; ai piani superiori troverete bioedilizia e arredi più eleganti.

Park Ristorante Da Odino – Park Hotel Junior

via Roma 89 – ✆ 04 22 82 54 21 – www.daodino.it – Chiuso mercoledì a mezzogiorno e martedì

Menu 25/45 € – Carta 43/58 €

A circa 100 m dal Park Hotel Junior, ristorante a gestione familiare, informale ed elegante al tempo stesso, le cui specialità ruotano sempre attorno al mare, sebbene ultimamente vi trovino posto anche piatti di terra e vegetariani.

QUARTO DEI MILLE – Genova (GE) ➜ Vedere Genova

QUARTU SANT' ELENA

Sardegna – Cagliari (CA) – ⊠ 09045 – 71 282 ab. – Carta regionale n° **16-B3**

◨ Cagliari 10 km – Carbonia 77 km – Oristano 102 km

Carta stradale Michelin 366-Q48

Italia

via Panzini 67 ang. viale Colombo – ✆ 0 70 82 70 70
– www.residenceitaliahotel.it

76 cam ⊑ – ♦54/66 € ♦♦69/99 € – **7 suites**

A poco più di un km dalla spiaggia del Poetto, moderna struttura di sette piani frequentata anche da una clientela d'affari. Le camere sono spaziose e funzionali, dotate di angolo cottura.

QUATTORDIO

Alessandria (AL) – ⊠ 15028 – 1 662 ab. – Alt. 135 m – Carta regionale n° **14-D1**

◨ Roma 608 km – Alessandria 24 km – Asti 22 km – Torino 76 km

Carta stradale Michelin 561-H7

Relais Rocca Civalieri

strada Cascina Rocca Civalieri 23 ⊠ 15028 – ✆ 01 31 79 73 33
– www.hotelroccacivalieri.it

26 cam ⊑ – ♦135/175 € ♦♦140/250 € – **3 suites**

Rist *Corte dei Civalieri* – Vedere selezione ristoranti

Bella struttura dotata di ampi spazi comuni, sia interni sia esterni, in cui convivono elementi del passato – l'edificio centrale ha, infatti, una storia secolare - ed arredi, nonché confort attuali. Un esempio? Piccola e deliziosa zona benessere con grande vasca idromassaggio.

XXX **Corte dei Civalieri** – Relais Rocca Civalieri   🍴 🛖 ⌐ ✗ ᇰ AC P

strada Cascina Rocca Civalieri 23 ⊠ 15028 Quattordio – ☎ 01 31 79 73 33
– www.ristorantecortedeicivalieri.it – Chiuso lunedì
Menu 50/65 € – Carta 48/78 € – (prenotazione obbligatoria)
All'interno del bel Relais Rocca Civalieri, molta attenzione è dedicata alla ristorazione: eccellente cucina contemporanea con spunti regionali, nell'elegante sala
interna o nel dehors estivo. Se cercate qualcosa di più informale, c'è anche il
Bistrot.

QUATTRO CASTELLA

Reggio nell'Emilia (RE) – ⊠ 42020 – 13 116 ab. – Alt. 161 m
– Carta regionale n° **5-B3**
▶ Roma 452 km – Parma 30 km – Reggio Emilia 19 km – Modena 49 km
Carta stradale Michelin 562-I13

a Rubbianino Nord : 13 km – ⊠ 42020

XX **Ca' Matilde** (Andrea Incerti Vezzani)   ⬌ 🌱 🍴 🛖 P
✿
via della Polita 14 – ☎ 05 22 88 95 60 – www.camatilde.it – Chiuso 7-14 gennaio
Menu 48/87 € – Carta 47/79 € – (chiuso lunedì) (solo a cena escluso i giorni
festivi)
6 cam ⊑ – †65/80 € ††95/120 €
In aperta campagna, a metà strada fra la bassa e le colline, calorosa accoglienza
in una casa colonica ristrutturata: due sale moderne e solari ospitano una cucina
che reinterpreta sapientemente i prodotti del territorio. Semplici le camere dai
vivaci tocchi di colore.
➔ Tortelli verdi di zucca mantecati al burro. Stinchetto di maialino da latte con
crema di patate, porri e senape. Il ricordo della mia torta di riso....

QUINTO VERCELLESE

Vercelli (VC) – ⊠ 13030 – 400 ab. – Carta regionale n° **12-C2**
▶ Roma 643 km – Alessandria 65 km – Vercelli 10 km – Novara 29 km
Carta stradale Michelin 561-F7

XX **Bivio**   🎇 AC P
*via Bivio 2, Sud: 1 km – ☎ 01 61 27 41 31 – Chiuso gennaio, agosto, lunedì e
martedì*
Menu 34/48 € – Carta 37/63 € – (consigliata la prenotazione)
Non lasciatevi fuorviare dall'aspetto esterno non propriamente accattivante, il suo
interno è – infatti – curato e signorile, mentre specialità del territorio con un'attenta selezione delle materie sfilano in menu. Per chi ha fretta c'è il B2 con piatti
più semplici e veloci.

QUISTELLO

Mantova (MN) – ⊠ 46026 – 5 705 ab. – Alt. 17 m – Carta regionale n° **9-D3**
▶ Roma 458 km – Verona 65 km – Ferrara 61 km – Mantova 29 km
Carta stradale Michelin 561-G14

XXXX **Ambasciata** (Romano Tamani)   🎇 AC ⇔ P
✿
via Martiri di Belfiore 33 (piazzetta Ambasciatori del Gusto,1) – ☎ 03 76 61 91 69
*– www.ristoranteambasciata.com – Chiuso 2 settimane in gennaio, 2 settimane
in agosto, domenica sera e lunedì*
Carta 110/155 € – (consigliata la prenotazione)
Uno sfarzo circense e rinascimentale è il contorno di piatti sontuosi e barocchi,
l'eccesso è favorito, la misura osteggiata: i fratelli Tamani mettono in scena i fasti
della gloriosa cucina mantovana.
➔ Tortellini cotti in brodo e serviti asciutti. Lumache in umido con polenta.
Meringata.

🍴🍴 All'Angelo   🕸 ⇦ 🛏 ⬛ 🔼 AC P

via Cantone, 60 – 𝒞 03 76 61 83 54 – www.allangelo.eu
– Chiuso 7-13 gennaio, 4-16 agosto, domenica sera e lunedì
Menu 30/65 € – Carta 30/96 €   **5 cam** ⌷ – ♦65/70 € ♦♦100/110 €
L'impostazione è quella classica da trattoria, mentre la cucina si sposa con la tradizione proponendo piatti del territorio, specialità al tartufo (in stagione) ed una
pregevole carta dei vini. Cinque camere per chi vuole prolungare la sosta in questa villa dell'Ottocento.

RABBI
Trento (TN) – ✉ 38020 – Carta regionale n° **19-B2**
▶ Roma 654 km – Trento 62 km – Bolzano 89 km – Verona 159 km
Carta stradale Michelin 562-C14

🏠 Maso Fior di Bosco   ✿ 🛏 🔼 ⌗ P

frazione Pralongo 221/d, località San Bernardo – 𝒞 04 63 98 55 43
– www.masofiordibosco.it – Chiuso novembre
9 cam ⌷ – ♦50/75 € ♦♦60/90 €
A un km dalle Terme di Rabbi, due masi a tutto legno uniti in un unico ed accogliente "esercizio rurale": la giornata inizia - al mattino - con una gustosa colazione, per concludere - la sera - con una cena preparata dalle titolari. All'ultimo,
piano la camera più accogliente con antichi mobili di famiglia.

RABLÀ = RABLAND – Bolzano (BZ) ➡ Vedere Parcines

RACALE
Lecce (LE) – ✉ 73055 – 10 990 ab. – Carta regionale n° **15-D3**
▶ Roma 633 km – Brindisi 91 km – Lecce 52 km
Carta stradale Michelin 564-H36

🍴 L'Acchiatura   ⇦ 🎝 AC ⌗

via Marzani 12 – 𝒞 08 33 55 88 39
– www.acchiatura.it – Chiuso 7-29 gennaio e 5-22 ottobre
Carta 20/47 € – *(chiuso martedì escluso giugno-settembre) (solo a cena in estate)*
6 cam ⌷ – ♦40/65 € ♦♦80/110 € – **1 suite**
Saporita cucina pugliese, tra cui spiccano le orecchiette alle cime di rapa con mollica di pane e i gamberoni al sale affogati con olio d'oliva, in un ambiente suggestivo, caratterizzato da diverse sale e patii interni. Il fascino del passato rivive
anche nelle belle ed accessoriate camere, nonché nella scenografica piscina ospitata in una grotta. (Per chi non lo sapesse, nella tradizione salentina, l'acchiatura è
un contenitore, scrigno prezioso di tesori).

RACINES (RATSCHINGS)
Bolzano (BZ) – ✉ 39040 – 3 902 ab. – Alt. 1 290 m – Carta regionale n° **19-B1**
▶ Roma 700 km – Bolzano 70 km – Cortina d'Ampezzo 111 km – Merano 102 km
Carta stradale Michelin 562-B16

🏠 Panoramahotel Taljörgele   ✿ 🛏 🔼 ⌗ P

Obere Gasse 14 – 𝒞 04 72 65 62 25
– www.taljoergele.it
22 cam – solo ½ P 98/110 € – **18 suites**
Grande struttura a gestione familiare, in posizione squisitamente panoramica
ed in perfetto stile altoatesino: il legno regna sovrano e la generosità degli
spazi interessa sia le camere, sia il centro benessere. Non lontano, il maneggio di proprietà.

RADDA IN CHIANTI

Siena (SI) – ⊠ 53017 – 1 652 ab. – Alt. 530 m – Carta regionale n° **18-D1**
▶ Roma 261 km – Firenze 54 km – Siena 33 km – Arezzo 57 km
Carta stradale Michelin 563-L16

Palazzo Leopoldo
via Roma 33 – ℰ 05 77 73 56 05 – www.palazzoleopoldo.it
28 cam – †109/189 € ††119/219 € – ⊑ 10 € – **5 suites**
Nella piccola via del centro storico, un ottimo esempio di conservazione di un palazzo medievale: vi si ripropongono con sobrietà ed eleganza stili ed atmosfere cariche di storia. Ristorante dalla forte impronta locale, sia negli ambienti sia nelle proposte gastronomiche.

Palazzo San Niccolò
via Roma 16 – ℰ 05 77 73 56 66 – www.hotelsannicolo.com – Aperto 1° aprile-31 ottobre
18 cam ⊑ – †82/107 € ††117/157 €
In pieno centro - a poche decine di metri dalla "casa madre" (hotel Palazzo Leopoldo) - questa dimora quattrocentesca offre ampie camere arredate con gusto ed un suggestivo salone, al primo piano, interamente affrescato in stile liberty.

Relais Vignale
via Pianigiani 9 – ℰ 05 77 73 83 00 – www.vignale.it – Chiuso 1° gennaio-30 marzo
37 cam ⊑ – †100/160 € ††150/320 € – **5 suites**
All'inizio del paese, questo palazzotto signorile (con tanto di cappella privata) dispone di accoglienti camere e graziosi salotti nelle zone comuni.

✕✕ La Botte di Bacco
via XX Settembre 23 – ℰ 05 77 73 90 08 – www.ristorantelabottedibacco.it – Chiuso 7 gennaio-1° marzo, 5 novembre-2 dicembre e giovedì
Carta 38/65 €
La Toscana e la Campania s'incontrano nel romantico ristorante del giovane chef Flavio D'Auria. La cucina rivisata con piatti colorati, genuini e densi di gusto, la gastronomia di due regioni tanto diverse, ma in alcuni tratti simili.

sulla strada provinciale 429

Radda
località La Calvana 138, Ovest: 1,5 km – ℰ 0 57 77 35 11 – www.compagniedeshotels.com – Aperto 19 dicembre-10 gennaio e 20 marzo-8 novembre
58 cam ⊑ – †70/150 € ††85/210 € – **1 suite**
Hotel realizzato rispettando la tradizione locale nell'utilizzo di pietra e legno, ma declinati in forme di design moderno con colori che spaziano dal grigio al sabbia. Camere ampie e confortevoli; nella bella stagione, si pranza nella sala Chianti affacciata sulla piscina con servizio a buffet.

Il Borgo di Vescine
località Vescine, Ovest: 6,5 km – ℰ 05 77 74 11 44 – www.vescine.it – Aperto 2 aprile-1° novembre
28 cam ⊑ – †150/360 € ††150/360 €
Conserva l'originaria struttura del paesino medievale, questo borgo composto da varie abitazioni di campagna con camere confortevoli, sala colazioni in terrazza ed, ultimamente, anche un percorso nel bosco. Per gli amanti del frutto della vite, appuntamento al bar-enoteca; sapori chiantigiani vanno, invece, in scena al ristorante.

Villa Sant'Uberto
località Sant'Uberto 33, Ovest: 6,8 km – ℰ 05 77 74 10 88 – www.villasantuberto.it – Aperto 20 aprile-3 novembre
12 cam ⊑ – †60/83 € ††72/96 €
Immersa nel silenzio dei colli, un'antica casa patronale è stata convertita nell'attuale risorsa e dispone di camere spaziose: alcune più rustiche, altre quasi signorili. D'estate, godetevi la piacevolezza della prima colazione all'aperto.

a Lucarelli Nord-Ovest : 8 km – ✉ 53017

Osteria Le Panzanelle

località Lucarelli 29 – ✆ 05 77 73 35 11 – www.osteria.lepanzanelle.it
– Chiuso 15 gennaio-28 febbraio, 1 settimana in novembre e lunedì
Carta 22/43 €
Una cucina del territorio eseguita con gusto e generosità: paste fatte in casa e ottime carni, in una simpatica trattoria di paese informale e sbarazzina. Specialità: pici all'aglione, cinghiale con le olive, cantucci e vinsanto.

a Volpaia Nord : 7,5 km – ✉ 53017

La Locanda

strada sterrata per Panzano, località Montanino, Nord: 3 km – ✆ 05 77 73 88 32
– www.lalocanda.it – Aperto 15 aprile-15 ottobre
6 cam ⬜ – †190/250 € ††220/290 € – **1 suite**
Podere in posizione molto isolata che appare come una vera e propria oasi di pace. La vista sulle splendide colline circostanti è davvero eccezionale.

La Bottega dal 1708

piazza della Torre 1 – ✆ 05 77 73 80 01 – www.labottegadivolpaia.it – Chiuso 20 gennaio-20 marzo e martedì
Menu 25/35 € – Carta 18/38 €
La tranquillità del posto non ha prezzo e, comunque, non si spende molto, in questa piccola trattoria dal sapore familiare, dove gustare la schietta cucina del territorio e in stagione le verdure del proprio orto. Se il clima lo permette, il servizio è anche all'aperto.

RADEIN = REDAGNO

RAGONE – Ravenna (RA) ➜ Vedere Ravenna

RAGUSA

(RG) – ✉ 97100 – 73 030 ab. - Alt. 502 m – Carta regionale n° **17-D3**

▶ Agrigento 134 km – Siracusa 89 km – Catania 104 km – Palermo 242 km
Carta stradale Michelin 365-AX62 – Guida Verde Michelin SICILIA

© T. Bognar / Photononstop

🟢 Alberghi

🏨 Antica Badia   ⚘ ⤜ 🖥 AC 🐾 🛁 P

corso Italia 115 – 𝒞 09 32 24 79 95 – www.anticabadia.com
12 cam 🍽 – ♦90/200 € ♦♦99/200 €
In un palazzo del 1700 accanto alla cattedrale, un'elegante residenza dai preziosi marmi e soffitti nobili, a cui fanno eco camere dalle intriganti personalizzazioni. Raffinatezza anche al ristorante che propone leggere rivisitazioni di ricette isolane.

🏠 Villa Carlotta   ⚘ 🌿 ⤷ ⤴ 🛁 占 AC 🛁 P

via Ungaretti snc – 𝒞 09 32 60 41 40 – www.villacarlottaragusa.it
25 cam 🍽 – ♦80/129 € ♦♦98/169 €
Rist *La Fenice* ❀ – Vedere selezione ristoranti
In una cornice di macchia mediterranea, tra carrubi e olivi secolari, l'albergo è frutto del restauro e trasformazione di una fattoria dell'Ottocento in moderno hotel di design minimalista.

🏨 Il Barocco   🌿 🖥 占 AC 🛁

via S. Maria La Nuova 1, (Ibla) – 𝒞 09 32 66 31 05 – www.ilbarocco.it
17 cam 🍽 – ♦50/70 € ♦♦70/125 €
Si apre attorno ad una corte lastricata, quest'immobile di fine '800 nato come falegnameria e riconvertito poi in albergo: affreschi su alcune pareti e arredi in arte povera, ad eccezione dell'ultima camera creata, in stile più moderno. A disposizione degli ospiti, alcuni pass per posteggiare l'auto ad Ibla.

🏠 Locanda Don Serafino   ⚘ 🌿 AC 🐾

via XI Febbraio 15, (Ibla) – 𝒞 09 32 22 00 65 – www.locandadonserafino.it
11 cam 🍽 – ♦80/165 € ♦♦90/205 €
Rist *Locanda Don Serafino* ❀❀ – Vedere selezione ristoranti
Piccola bomboniera a due passi dal Duomo, la locanda nasce dal restauro di un palazzo ottocentesco: pochi spazi comuni, ma tutti sprigionanti un fascino particolare. Il ristorante omonimo dista circa 500 metri a piedi.

🏠 Montreal   ⚘ 🖥 占 AC 🚗

via San Giuseppe 6 ang. corso Italia – 𝒞 09 32 62 11 33 – www.montrealhotel.it
54 cam 🍽 – ♦50/80 € ♦♦60/110 €
Rist *Tocco - Sicilian Ways* – Vedere selezione ristoranti
Nel centro storico della città, a 150 metri dalla Cattedrale di San Giovanni Battista, un albergo di buon confort e dagli ambienti classici. L'area barocca di Ragusa Ibla dista solo 2 km.

Giardino sul Duomo

Via Capitano Bocchieri 24, (Ibla) – ☎ 09 32 68 21 57 – www.giardinosulduomo.it
6 cam – ✦60/70 € ✦✦79/100 €
Per vivere il centro storico di Ibla, un nucleo di case sottoposte ad un attento recupero conservativo dispongono di camere dallo stile attuale e di un particolare giardino pensile con piscina.

Ristoranti

XXX **Duomo** (Ciccio Sultano)
✿✿ *via Cap. Bocchieri 31, (Ibla) – ☎ 09 32 65 12 65 – www.cicciosultano.it*
– Chiuso 7 gennaio-28 febbraio, lunedì a mezzogiorno e domenica
Menu 45 € (pranzo in settimana)/190 € – Carta 89/139 € – (consigliata la prenotazione)
Nel cuore di Ibla, la cucina del Duomo mette al bando semplicità e minimalismi per creare piatti compositi e seducenti, barocchi, ma sapientemente ancorati alla tradizione gastronomica isolana, di cui Ciccio Sultano è ormai lo chef di riferimento.
➔ Spaghetti in salsa moresca taratatà con passata di carota. Maialino nero dei Nebrodi con farcia alla chiaramontana. Cannolo di ricotta con zuppa tiepida di fichi d' India e sorbetto di mandorla pizzuta d'Avola.

XXX **Locanda Don Serafino** – Hotel Locanda Don Serafino
✿✿ *via Avv. Ottaviano 13, (Ibla) – ☎ 09 32 24 87 78 – www.locandadonserafino.it*
– Chiuso 15 giorni in novembre, 15 giorni in gennaio, martedì dal 15 settembre al 15 luglio, il mezzogiorno di domenica, lunedì e martedì negli altri mesi
Menu 50 € (pranzo)/135 € – Carta 80/110 €
Quasi una grotta scavata nella roccia dove troverete tutta la suggestione della vecchia Ibla, oltre ad uno dei ristoranti più romantici e suggestivi dell'isola. In un contesto così originale, al cuoco Vincenzo Candiano non rimane che adattarsi alla tradizione siciliana, e lo fa alla grande, proponendovi uno straordinario viaggio nelle eccellenze gastronomiche di Trinacria.
➔ Spaghetti neri ai ricci di mare con ricotta e seppia cruda. Polpo e faraona in doppia cottura con giardiniera e salsa verde all'acciuga. Tortina soffice al limone farcita di crema alle mandorle, gelato alla lavanda, frutti rossi e salsa di melissa.

XXX **La Fenice** – Hotel Villa Carlotta
✿ *via Ungaretti snc – ☎ 09 32 60 41 40 – www.villacarlottaragusa.it – Chiuso domenica in novembre, gennaio, febbraio e marzo*
Menu 50/90 € – Carta 50/80 €
Pareti in cristallo per questo elegante ristorante che non manca di calore. Il parquet fa da contrappunto al soffitto in legno, moderne sedie bianche e nel piatto ottime materie prime, elaborate con creatività e lodevoli capacità tecniche dallo chef.
➔ Tartare di manzo al profumo di brace con lardo di maialino nero dei Nebrodi, gelato di senape e croccante di cipolle. Bocconcini di cernia con caponata di mele e pere dell'Etna e sciroppo di pomodorino. Piramide di cioccolato fondente con spaghetti alle fragole e granita al basilico.

XX **Il Baglio**
contrada Selvaggio, zona stadio – ☎ 09 32 68 64 30 – www.baglio.it
– Chiuso 3 settimane in gennaio e martedì
Menu 28 € (pranzo in settimana)/45 € – Carta 29/53 €
Un antico baglio che è stato trasformato in un locale di sobria e contenuta eleganza. Tavoli estivi sotto l'ampio porticato, ampia carta dei vini, servizio pizzeria serale.

XX **Tocco - Sicilian Ways** – Hotel Montreal
via San Giuseppe 6 ang. corso Italia – ☎ 09 32 62 11 33
– www.ristorantetocco.com – Chiuso domenica
Menu 50/55 € – Carta 39/69 € – (solo a cena)
Ristorante recentemente rinnovato, l'ambiente è accogliente e personalizzato, mentre la cucina esprime al meglio il concetto di "sicilianità" reinterpretata - però - in chiave contemporanea; gourmet la sera e in versione light a pranzo.

verso Marina di Ragusa Sud-Ovest : 14 km

 Poggio del Sole

strada provinciale 25 Ragusa/Marina km 5,700 ✉ *97100 Ragusa*
– ✆ *09 32 66 85 21 – www.poggiodelsoleresort.it*
65 cam ⊑ – ♦60/80 € ♦♦90/120 € – **3 suites**
Ricavato da una residenza di fine '700, l'hotel si sviluppa intorno alla piscina,
incastonata da un lato dalle camere e dall'altro dalla sala banchetti. Camere
molto ampie, moderne, funzionali e per i cultori della forma fisica, l'hotel
dispone anche di una piccola beauty. Piatti regionali nell'attiguo caratteristico
baglio.

 Eremo della Giubiliana

contrada Giubiliana ✉ *97100 Ragusa* – ✆ *09 32 66 91 19*
– *www.eremodellagiubiliana.com*
18 cam ⊑ – ♦100/200 € ♦♦180/340 € – **6 suites**
Sull'altopiano ibleo, a 10 km circa dal centro città e da Marina di Ragusa, l'ex convento è oggi una risorsa di fascino, dove arredi d'epoca isolani ornano ogni
ambiente, comprese le originali camere ricavate dalle celle dei frati: notevoli,
quelle con terrazza privata.

strada per Santa Croce Camerina Sud-Ovest : 25 km

 Donnafugata Golf Resort & SPA

strada provinciale 19, contrada Piombo
✉ *97100 Ragusa* – ✆ *09 32 91 42 00 – www.donnafugatagolfresort.com*
– *Chiuso 7 gennaio-19 febbraio*
192 cam ⊑ – ♦187/222 € ♦♦212/258 € – **10 suites**
Direttamente sui campi da golf, moderno ed elegante resort dove natura e tranquillità accompagnano un soggiorno ad alti livelli. Stuzzicanti piatti in leggera
chiave moderna presso il ristorante gourmet Il Carrugo.

 Antica Locanda Del Golf

strada Provinciale 19, contrada Piombo ✉ *97100 Ragusa*
– ✆ *0 93 21 86 51 80 – www.anticalocandadelgolf.it*
– *Chiuso gennaio-febbraio*
12 cam ⊑ – ♦116/140 € ♦♦125/150 €
All'interno dell'antico feudo tutt'oggi appartenente alla nobile famiglia Arezzo, le
camere sono il risultato di un attento recupero architettonico delle vecchie guest
house che il marchese era solito mettere a disposizione dei suoi ospiti per le battute di caccia. Per gli amanti del golf e della tranquillità, una risorsa diffusa che
offre buoni confort alberghieri, tanto relax ed una privacy assoluta garantita
dalla rigogliosa natura circostante.

RAITO – Salerno (SA) ➜ Vedere Vietri sul Mare

RANCIO VALCUVIA
Varese (VA) – ✉ 21030 – 914 ab. – Alt. 296 m – Carta regionale n° **9-A2**
▶ Roma 653 km – Stresa 67 km – Varese 20 km – Milano 77 km
Carta stradale Michelin 561-E8

✗✗ **Gibigiana**

via Roma 19 – ✆ *03 32 99 50 85*
– *Chiuso 1°-15 agosto e martedì*
Menu 15 € (pranzo in settimana)/40 € – Carta 19/37 €
La grande griglia troneggia in mezzo alla sala principale, preludio di
quanto sarà servito in tavola: specialità locali e alla brace, nonché i
superbi gnocchi alla Gibigiana o lo zabaione al Marsala con gelato artigianale alla vaniglia.

RANCO

Varese (VA) – ✉ 21020 – 1 305 ab. – Alt. 214 m – Carta regionale n° **9-A2**
▶ Roma 645 km – Stresa 38 km – Varese 32 km – Milano 69 km
Carta stradale Michelin 561-E7

Il Sole di Ranco

*piazza Venezia 5 – ☎ 03 31 97 65 07 – www.ilsolediranco.it
– Chiuso 25 dicembre-7 febbraio*
14 cam ☑ – †170/300 € ††190/350 €
Rist *Il Sole di Ranco* ✿ – Vedere selezione ristoranti
La risorsa non è molto grande, ma fa di questo "raccoglimento" il proprio punto
di forza. La posizione elevata, fronte lago con giardino, si fa complice nel creare
quell'atmosfera incantata che affascinerà l'ospite. E la magia continua poi negli
ambienti interni, nonché nelle camere più o meno spaziose: qualcuna con bagni
in marmo di Carrara, altre con arredi in antico stile lombardo. Tutte, comunque, di
una bellezza abbagliante: non per niente si chiama il Sole!

Conca Azzurra

*via Alberto 53 – ☎ 03 31 97 65 26 – www.concazzurra.it – Chiuso
4 gennaio-13 febbraio*
29 cam ☑ – †70/100 € ††100/170 €
Rist *La Veranda* – Vedere selezione ristoranti
Un albergo di tono classico con una buona offerta di servizi, tra cui un moderno
centro benessere, e camere accoglienti (tutte dotate di balcone o terrazzo). Ideale
per chi vuole approfittare di un rilassante soggiorno in riva al lago.

Belvedere

*via Piave 11 – ☎ 03 31 97 52 60 – www.hotelristorantebelvedere.it
– Chiuso 24 dicembre-7 febbraio*
12 cam ☑ – †80/110 € ††100/150 €
In centro e contemporaneamente a pochi passi dal lago, l'hotel offre ai suoi ospiti
un'atmosfera familiare ed ampie camere arredate con mobili in legno chiaro.
Dalla cucina: specialità di lago, piatti rivisitati in chiave moderna e una lunga tradizione (dal 1865!) nel campo della ristorazione.

XXX Il Sole di Ranco (Davide Brovelli) – Hotel Il Sole di Ranco
✿

*piazza Venezia 5 – ☎ 03 31 97 65 07 – www.ilsolediranco.it
– Chiuso 25 dicembre-7 febbraio, i mezzogiorno di lunedì e martedì in alta
stagione, anche le sere di lunedì e martedì in bassa stagione*
Menu 50/100 € – Carta 70/135 €
Bella terrazza liberty vista lago e delizioso giardino d'inverno per una cucina raffinata, condotta con mano sicura da uno chef che intreccia tradizione e modernità,
nel rispetto e nella riscoperta dei prodotti del territorio. E', quindi, un vero piacere
avere la fortuna di sedersi ai suoi curatissimi tavoli.
➜ Ravioli alla carbonara. Branzino in farina cacao cotto nella creta. Schiumone di
lime, salsa al maracuja e sorbetto al lampone.

XX La Veranda – Hotel Conca Azzurra

*via Alberto 53 – ☎ 03 31 97 57 10 – www.laverandaranco.it
– Chiuso 3 gennaio-13 febbraio*
Carta 33/69 € – *(solo a cena escluso da maggio a settembre e sabato-domenica)*
Intimo ed elegante, aperto tutto l'anno, d'estate il ristorante può far leva su un
ulteriore appeal: la bella terrazza affacciata sul lago. La cucina promuove la valo-
rizzazione dei piatti della tradizione lacustre e della campagna lombarda.

RANDAZZO

Sicilia – Catania (CT) – ✉ 95036 – 10 966 ab. – Alt. 765 m
– Carta regionale n° **17-D2**
▶ Catania 70 km – Palermo 204 km – Messina 91 km – Taormina 47 km
Carta stradale Michelin 365-AY56 – Guida Verde Michelin SICILIA

⌂ Scrivano   ☂ ⊡ ⅋ AC P

via Bonaventura 2 – ✆ *0 95 92 11 26 – www.hotelscrivano.com*
30 cam ⌾ – ⸙50/60 € ⸙⸙85/90 €
Rist *Le Delizie*☺ – Vedere selezione ristoranti

A breve distanza dal cratere dell'Etna, struttura dalla valida conduzione familiare sita all'inizio del paese. Non preoccupatevi del benzinaio proprio davanti: qui l'ospitalità è un punto fermo!

XX Veneziano   🚒 🏠 ⅋ AC P

contrada Arena, strada statale 120 km 187, Est: 2 km – ✆ *09 57 99 13 53*
– www.ristoranteveneziano.it – Chiuso domenica sera in inverno e lunedì
Carta 18/41 €

Sono i funghi i padroni assoluti della cucina, che qui, alle pendici dell'Etna, si trovano con facilità. Piatti della tradizione, quindi, e un servizio familiare serio ed efficiente.

X Le Delizie – Hotel Scrivano   🏠 ⅋ AC P

via Bonaventura 2 – ✆ *0 95 92 11 26 – www.hotelscrivano.com*
Menu 15/35 € – Carta 17/33 €

Tortello di grano saraceno farcito di melanzane in salsa di mandorle o falsomagro di suino nero dei Nebrodi con verdurine spontanee?... Solo un'idea delle tante "delizie" siciliane da gustare in questo tipico ristorante.

RANZANICO

Bergamo (BG) – ⊠ 24060 – 1 226 ab. – Alt. 519 m – Carta regionale n° **10-D1**
▶ Roma 622 km – Bergamo 30 km – Brescia 62 km – Milano 94 km
Carta stradale Michelin 561-E11

XX Pampero   🏠 AC

via Nazionale 229 – ✆ *0 35 81 13 04 – www.ristorantepampero.com – Chiuso 15-31 gennaio, martedì a mezzogiorno e lunedì*
Menu 35/65 € – Carta 40/84 € – (consigliata la prenotazione)

Cucina prevalentemente a base di pesce con piatti elaborati in chiave moderna, in una piacevolissima struttura ubicata lungo la statale del piccolo e suggestivo lago di Endine. Ad introdurre gli ospiti, un bel giardino con prato all'inglese.

RANZO

Imperia (IM) – ⊠ 18020 – 556 ab. – Alt. 300 m – Carta regionale n° **8-A2**
▶ Roma 604 km – Imperria 32 km – Genova 104 km – Savona 58 km
Carta stradale Michelin 561-J6

XX Il Gallo della Checca   🐌 🏠 P

località Ponterotto 31, Est : 1 km – ✆ *01 83 31 81 97 – www.gallochecca.ory.it*
– Chiuso lunedì
Menu 45 € – Carta 38/82 € – (consigliata la prenotazione)

Ristorante-enoteca che offre interessanti proposte gastronomiche sull'onda di una cucina prevalentemente regionale. In sala bottiglie esposte ovunque: cantina di buon livello.

RAPALLO

Genova (GE) – ⊠ 16035 – 30 302 ab. – Carta regionale n° **8-C2**
▶ Roma 479 km – Genova 33 km – Massa 96 km – La Spezia 81 km
Carta stradale Michelin 561-I9

Excelsior Palace Hotel   ☂ ⋟ ⋖ ⌁ ⌁ ⊡ ● ⌾ ⌁ ⅋ AC ⅋ ⛟

via San Michele di Pagana 8 – ✆ *01 85 23 06 66*   Pianta: A2**d**
– www.excelsiorpalace.it
121 cam ⌾ – ⸙163/767 € ⸙⸙199/954 € – **6 suites**

Un "grande" albergo: non solo per le sue dimensioni, ma in quanto punto di riferimento per il bel mondo internazionale, splendida cornice per vacanze in ambienti eleganti ed accoglienti, nelle raffinate camere o nelle splendide suite sul mare. La proposta culinaria dispone di due ristoranti e altrettanti bar, un'area relax con piscine, nonché gazebo per massaggi all'aria aperta.

RAPALLO

(map of Rapallo with labels: MADONNA DI MONTALLEGRO, SANTA MARIA DEL CAMPO, LA SPEZIA GENOVA, GENOVA, LA SPEZIA, Castello, ROTONDA MARCONI, Molo Duca degli Abruzzi, PORTO, PARCO CASALE, AUDITORIUM, S. MARGHERITA LIGURE, PORTOFINO, and various street names)

Scale: 0 — 100 m

Grand Hotel Bristol

via Aurelia Orientale 369, 1,5 km per La Spezia - B2 – 𝄪 01 85 27 33 13
– www.grandhotelbristol.it
83 cam ☟ – ♦80/150 € ♦♦190/380 € – **6 suites**
Rist *Le Cupole* – Vedere selezione ristoranti
Storico albergo frontemare - rinnovato in anni recenti - con ambienti comuni
moderni, camere spaziose ed un iper moderno centro benessere.

Riviera

piazza 4 Novembre 2 – 𝄪 0 18 55 02 48   Pianta: A1
– www.hotelrivierarapallo.com – Chiuso 1° novembre-7 dicembre
20 cam ☟ – ♦70/135 € ♦♦80/185 € – **3 suites**
Struttura d'epoca, completamente rinnovata, affacciata sul mare, dotata di ampi e
luminosi ambienti. Buon livello delle camere e del servizio.

L'Approdo

via Pagana 160, località San Michele di Pagana, per S. Margherita Ligure - A2
– 𝄪 01 85 23 45 68 *– www.approdohotel.it – Aperto Pasqua-15 ottobre*
32 cam ☟ – ♦74/150 € ♦♦88/180 €
Ambienti moderni e camere minimaliste in una struttura dalla seria ed affidabile
gestione familiare. Il panorama dalle stanze dell'ultimo piano non delude mai!

Delle Rose

via Aurelia Levante 65, 1 km per La Spezia - B2 – ℰ 0 18 55 07 36
– www.hoteldelleroserapallo.it – Chiuso 3 settimane in novembre
10 cam ⌐ – †45/140 € ††55/300 €
Villino dei primi '900 trasformato in un piccolo albergo a conduzione diretta: la cura e le piccole attenzioni si esprimono anche al ristorante, dove la cucina è curata dallo stesso titolare.

XXX **Le Cupole** – Grand Hotel Bristol

via Aurelia Orientale 369, 1,5 km per La Spezia - B2 – ℰ 01 85 27 33 13
– www.grandhotelbristol.it
Carta 52/86 € – *(solo a cena)*
Se leggendo il nome di questo ristorante, immaginate un roof garden con vista mozzafiato sul Promontorio di Portofino: ebbene, avete indovinato! Al decimo piano del Grand Hotel Bristol, la cucina abbraccia tutto lo Stivale, ma riserva un occhio di riguardo alle specialità regionali. Imperdibili: i tortelli di preboggion (erbe tipiche locali) su crema di Vaise con spuma di noci.

RAPOLANO TERME

Siena (SI) – ✉ 53040 – 5 269 ab. – Alt. 334 m – Carta regionale n° **18**-**C2**
▶ Roma 202 km – Siena 27 km – Arezzo 48 km – Firenze 96 km
Carta stradale Michelin 563-M16

 2 Mari

via Giotto 1, località Bagni Freddi – ℰ 05 77 72 40 70 – www.hotel2mari.com
– Chiuso 5 giugno-7 luglio
57 cam ⌐ – †58/64 € ††80/120 €
Ambienti accoglienti e funzionali in questo hotel dalla capace gestione familiare. All'esterno un bel giardino custodisce la piscina, mentre nel centro benessere si usano prodotti home made. Menu regionali presso la luminosa sala ristorante.

 Terme San Giovanni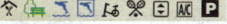

località Terme San Giovanni 52, Sud : 1 km – ℰ 05 77 72 40 30
– www.termesangiovanni.it – Chiuso 15 giorni in dicembre
57 cam ⌐ – †65/165 € ††85/200 €
Un ampio parco termale e curati giardini fanno da cornice a questo confortevole hotel, che dispone di belle camere arredate con gusto contemporaneo. Al ristorante i menu spaziano dalla tradizione all'innovazione.

 Villa Buoninsegna

località La Buoninsegna, Sud-Est : 5 km – ℰ 05 77 72 43 80
– www.buoninsegna.com – Aperto 21 marzo-7 novembre
9 cam ⌐ – †80/100 € ††95/120 €
Una poderosa villa del 1600 al centro di una vastissima proprietà, le cui ampie camere - arredate con mobili antichi - si affacciano sul salone del piano nobile. La struttura dispone di due piscine all'aperto e di vasti percorsi per escursioni.

RASEN ANTHOLZ = RASUN ANTERSELVA

RASUN ANTERSELVA (RASEN ANTHOLZ)

Bolzano (BZ) – ✉ 39030 – 2 857 ab. – Alt. 1 030 m – Carta regionale n° **19**-**C1**
▶ Roma 728 km – Cortina d'Ampezzo 50 km – Bolzano 87 km – Brunico 13 km
Carta stradale Michelin 562-B18

a Rasun – ✉ 39030 – Alt. 1 030 m

 Alpenhof

a Rasun di Sotto 123 – ℰ 04 74 49 64 51 – www.hotel-alpenhof.info
– Aperto 4 dicembre-3 aprile e 23 aprile-6 novembre
32 cam – solo ½ P 116/204 € – **5 suites**
Particolarmente adatto per chi è in vacanza con bambini, piacevole hotel che nasce dall'unione di una casa ristrutturata e di un'ala più moderna offre camere ed ambienti comuni piacevoli, connotati da spunti di eleganza. Una serie di romantichee antiche stube vi aspettano al ristorante.

ad Anterselva di Mezzo – ✉ 39030 – Alt. 1 100 m

Santéshotel Wegerhof

ad Anterselva di Mezzo, via Centrale 15 – ☎ 04 74 49 21 30 – www.santeshotel.it – Aperto 24 dicembre-Pasqua e 1° maggio-31 ottobre

26 cam ☷ – ♦80/120 € ♦♦112/174 € – **2 suites**

Struttura caratterizzata da una gestione attenta, capace di mantenersi sempre al passo coi tempi. Grande considerazione per le esigenze dei "grandi" come dei più piccoli. Piccola e intima stube per apprezzare una genuina cucina del territorio.

RASTIGNANO – Bologna (BO) → Vedere Pianoro

RATSCHINGS = RACINES

RAVALLE – Ferrara (FE) → Vedere Ferrara

RAVASCLETTO

Udine (UD) – ✉ 33020 – 553 ab. – Alt. 950 m – Carta regionale n° **6-B1**

▶ Roma 712 km – Udine 67 km – Milano 457 km – Monte Croce Carnico 28 km

La Perla

via Santo Spirito 43 – ☎ 0 43 36 60 39 – www.hotellaperla-carnia.it – Chiuso aprile e novembre

35 cam ☷ – ♦49/90 € ♦♦80/126 €

Ottima gestione, giunta ormai alla terza generazione: l'albergo si segnala per la completezza dei servizi che comprendono - oltre al centro benessere - anche la ristorazione, curata e con ampio spazio dedicato alle golosità della Carnia.

RAVELLO

Salerno (SA) – ✉ 84010 – 2 500 ab. – Alt. 350 m – Carta regionale n° **4-B2**

▶ Roma 276 km – Napoli 59 km – Amalfi 6 km – Salerno 29 km

Carta stradale Michelin 564-F25

Belmond Caruso

piazza San Giovanni del Toro 2 – ☎ 0 89 85 88 00 – www.belmond.com – Aperto inizio aprile-fine ottobre

42 cam ☷ – ♦550/737 € ♦♦715/1485 € – **8 suites**

Rist *Belvedere* – Vedere selezione ristoranti

Vivere tra cielo e mare, succede nell'incantevole Ravello, così accade al Caruso, abbarbicato com'è nella parte alta della località, fa del panorama a strapiombo sulla costiera amalfitana il proprio dna: camere perfette, infinity pool e moderno centro benessere.

Palazzo Avino

via San Giovanni del Toro 28 – ☎ 0 89 81 81 81 – www.palazzoavino.com – Aperto 26 marzo-23 ottobre

32 cam ☷ – ♦400 € ♦♦850 € – **11 suites**

Rist *Rossellinis* ✿ – Vedere selezione ristoranti

Senza dubbio uno dei migliori alberghi della costiera: grande eleganza e servizio di livello eccellente. Ambienti comuni raffinati, stanze perfette, panorama mozzafiato. Leggere proposte culinarie al ristorante Caffè dell'Arte, da gustare in una distinta saletta o in terrazza.

Villa Cimbrone

via Santa Chiara 26 – ☎ 0 89 85 74 59 – www.villacimbrone.com – Aperto 1° aprile-31 ottobre

17 cam ☷ – ♦270/485 € ♦♦320/800 € – **2 suites**

Rist *Il Flauto di Pan* ✿ – Vedere selezione ristoranti

Dimora patrizia del XII sec e hotel di lusso: due anime per una villa che offre intense suggestioni, sia per la posizione - su un costone dominante il mare - sia per lo spessore della sua storia.

Villa Fraulo

via S. Giovanni del Toro 6 – ℰ 0 89 85 82 83 – www.villafraulo.com – Aperto 1° aprile-3 novembre

21 cam ⌑ – ♦144/184 € ♦♦179/229 € – **5 suites**

Si presenta con luminose camere di taglio signorile e contemporaneo, tutte con bella vista, questa deliziosa risorsa con terrazza-ristorante e cucina del territorio.

 Rufolo

via San Francesco 1 – ℰ 0 89 85 71 33 – www.hotelrufolo.it – Chiuso gennaio e febbraio

35 cam ⌑ – ♦185/245 € ♦♦235/350 €

Nel centro storico con panorama sul golfo e sulla Villa Rufolo, la struttura dispone di camere curate e di una bella piscina inserita nell'ampio giardino. Ultima, ma non ultima, la piacevole area relax.

 Villa Maria

via Santa Chiara 2 – ℰ 0 89 85 72 55 – www.villamaria.it

23 cam ⌑ – ♦170/200 € ♦♦200/245 €

Struttura signorile ubicata in una zona tranquilla del paese e raggiungibile soltanto a piedi (il parcheggio è molto vicino). Dotata di un'elegante zona soggiorno comune. Servizio ristorante estivo sotto un pergolato con una stupefacente vista di mare e costa.

 Giordano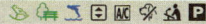

via Trinità 14 – ℰ 0 89 85 72 55 – www.giordanohotel.it – Aperto 1° aprile-31 ottobre

32 cam ⌑ – ♦145/170 € ♦♦165/190 €

A pochi passi dalla piazza, nella direzione di Villa Cimbrone, facilmente raggiungibile in auto e dotato di parcheggio, palazzotto di fine '800 con camere funzionali e grazioso giardino.

XXXX **Rossellinis** – Hotel Palazzo Avino

via San Giovanni del Toro 28 – ℰ 0 89 81 81 81 – www.palazzoavino.com – Aperto 26 marzo-23 ottobre

Menu 90/140 € – Carta 95/141 € – *(solo a cena)* (consigliata la prenotazione)

Elegante e sofisticato nelle sale interne, ma l'appuntamento imperdibile è con la terrazza estiva affacciata su uno degli scorci più suggestivi della costiera amalfitana: tra mare e monti sembra veramente di spiccare il volo. Cucina tecnica ed elaborata, innamorata del territorio e dei prodotti campani.

→ Astice con pappa al pomodoro e cremoso di bufala. San Pietro in crosta di olive nere, lardo e pomodorini secchi con zattera di peperoni e il loro infuso. Bufala e pomodoro.

XXXX **Belvedere** – Hotel Belmond Caruso

piazza San Giovanni del Toro 2 – ℰ 0 89 85 88 01 – www.hotelcaruso.com – Aperto inizio aprile-fine ottobre

Carta 68/166 €

Tonnarelli con ragù di Bufala e pesto di limone della Costiera, pezzogna ai pomodorini di Corbara, e per i più golosi pasticciotto napoletano con gelato al latte di mandorla: tutto questo dove? Sulla spettacolare terrazza affacciata sul Mediterraneo o nell'elegante sala interna, quando il clima è un po' più rigido.

XXX **Il Flauto di Pan** – Hotel Villa Cimbrone

 via Santa Chiara 26 – ℰ 0 89 85 74 59 – www.villacimbrone.com – Aperto 1° aprile-31 ottobre

Menu 85/130 € – Carta 69/112 € – *(solo a cena)*

Come rapita dal canto delle sirene, la cucina si lascia cullare dal mare, non scevra di prodotti e colori campani; all'interno di uno straordinario parco a strapiombo sul mare, la terrazza estiva del ristorante è uno degli angoli più romantici della costiera.

→ La passione di mare: pasta fresca con lattuga di mare, polpa di ricci e vongole veraci. Carrè di agnello in granella di nocciole di Giffoni con crema di latte e jus all'espresso. Parfait di babà glassato al gianduia su terra di cake all'olio extravergine.

937

sulla costiera amalfitana Sud : 6 km

 Marmorata ♢ ⚘ ← ⚓ ⤢ ⛱ ⬚ AC ⚒ **P**

via Bizantina 3, località Marmorata ✉ *84010 –* ☎ *0 89 87 77 77*
– www.marmorata.it – Aperto 16 aprile-31 ottobre
40 cam ⊑ – 👤105/170 € 👥👥160/280 €
Arroccato sugli scogli, ma con discesa privata a mare, albergo ricavato dall'abile ristrutturazione di un'antica cartiera: arredi in stile vecchia marina e deliziosa piscina con idromassaggio. Cucina mediterranea e specialità ittiche nella sala ristorante o sulle terrazze con lo sciabordio delle onde come sottofondo.

 Villa San Michele ♢ ⚘ ← ⛩ ⚓ AC **P**

via Carusiello 2 ✉ *84010 –* ☎ *0 89 87 22 37 – www.hotel-villasanmichele.it*
– Aperto 6 marzo- 2 novembre
12 cam ⊑ – 👤80/170 € 👥👥100/170 €
Hotel letteralmente affacciato sul mare, a ridosso degli scogli, inserito in un verde giardino. In perfetta armonia con la natura: per un soggiorno dalle forti emozioni.

RAVENNA

(RA) – ✉ 48121 – 158 911 ab. – Carta regionale n° **5-D2**
▶ Roma 352 km – Bologna 76 km – Ferrara 92 km – Rimini 66 km
Carta stradale Michelin 562-I18

G. Baviera / Photononstop

🟢 Alberghi

 Palazzo Bezzi ⚜ ↳ 🖵 ⭐ 🗛

via Di Roma 45 ✉ *48121 – ℰ 0 54 43 69 26*   Pianta: B1-2**p**
– www.palazzobezzi.it
32 cam 🖵 – †59/199 € ††59/199 €
A due passi dal centro, adiacente la Basilica di Sant'Apollinare Nuovo, l'albergo si
apre su interni di moderna eleganza, con parquet e arredi in wengè nelle camere
dalle tinte sobrie. All'ultimo piano, una piccola terrazza-solarium panoramica.

 Grand Hotel Mattei ☆ 🚪 ⚜ 🖵 ⭐ 🗛 🎇 🅿

via Mattei 25, 3 km per Bologna - AB1 ✉ *48122 – ℰ 05 44 45 59 02*
– www.grandhotelmattei.com
112 cam 🖵 – †79/249 € ††79/249 € – **12 suites**
La proverbiale cordialità romagnola in una struttura di moderna concezione con
buone installazioni ed ottime camere di ampia metratura. Il tutto nell'imperante
stile design minimalista.

 NH Ravenna ☆ 🖵 🗛 🎇

piazza Mameli 1 ✉ *48121 – ℰ 0 54 43 57 62*   Pianta: B1**c**
– www.nh-hotels.com
80 cam 🖵 – †70/185 € ††72/210 € – **4 suites**
Nel centro storico della città - a due passi da monumenti importanti, come la
Basilica di San Giovanni Evangelista e quella di San Vitale - l'hotel propone
camere moderne, due ampie sale meeting, nonché sapori romagnoli al ristorante.

 Bisanzio 🚪 🖵 🗛 🎇

via Salara 30 ✉ *48121 – ℰ 05 44 21 71 11*   Pianta: A1**f**
– www.bisanziohotel.com
38 cam 🖵 – †77/162 € ††93/180 €
Nei pressi della Basilica di San Vitale e del Mausoleo di Galla Placidia, un albergo
con marmi e lampadari di Murano nella hall, nonché camere lineari, complete
nei servizi.

 S. Andrea 🚪 🖵 🗛

via Cattaneo 33 ✉ *48121 – ℰ 05 44 21 55 64*   Pianta: A1**d**
– www.santandreahotel.com – Chiuso 6 gennaio-6 febbraio
12 cam 🖵 – †70/90 € ††80/100 € – **1 suite**
Ex convento di origine secentesca, ha conservato l'atmosfera tranquilla acqui-
sendo un tono familiare più da casa privata che da albergo. Piccolo giardino,
grande oasi.

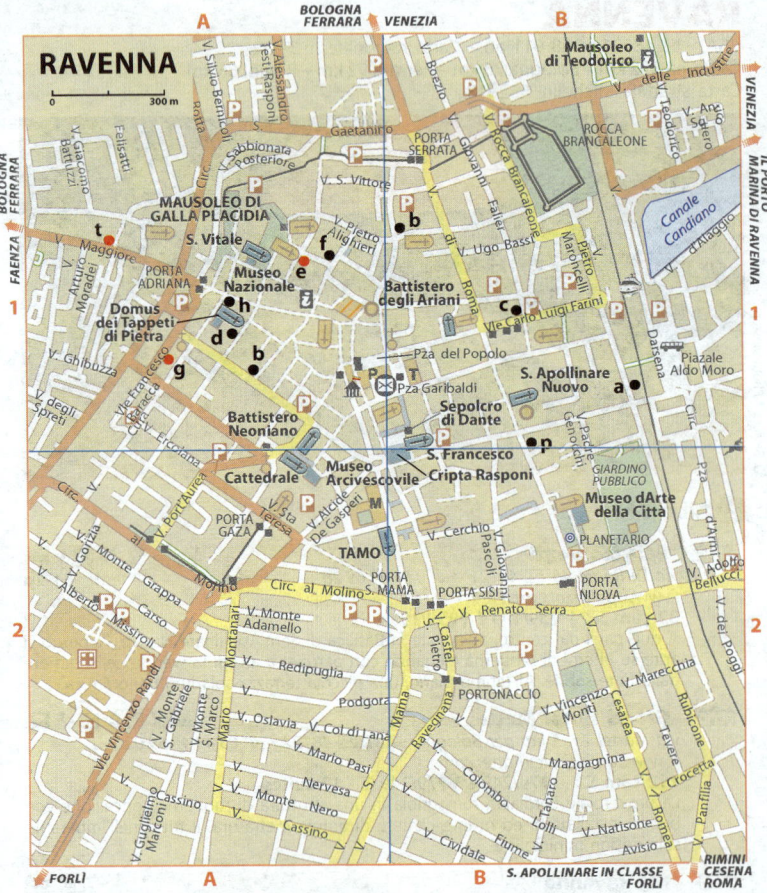

RAVENNA

0 — 300 m

BOLOGNA FERRARA • VENEZIA

🏠 **Diana**

📶 ♿ AC P

via G. Rossi 47 ✉ *48121 –* ✆ *0 54 43 91 64* — Pianta: B1**b**
– www.hoteldiana.ra.it – Chiuso 20-27 dicembre
33 cam 🍽 *–* 👤*54/70 €* 👥*74/103 €*
In centro città, hotel gestito con professionalità e gran simpatia dal signor Filippo:
colazione nella luminosa veranda e camere di diverse metrature, tutte confortevoli. I patrimoni dell'Unesco sono vicinissimi.

🏠 **Cube**

📶 ♿ AC P

via Luigi Masotti 2, 2 km per Faenza - A1 ✉ *48124 –* ✆ *05 44 46 46 91*
– www.hotelcube.net
80 cam 🍽 *–* 👤*69/250 €* 👥*79/290 €*
Nella città dei mosaici, una struttura moderna con camere spaziose, dotate di
comode scrivanie per utilizzare agevolmente il computer, ma perfettamente insonorizzate per garantire sonni tranquilli. Confort al cubo!

🏠 **Italia**

♿ AC P

viale Pallavicini 4/6 ✉ *48121 –* ✆ *05 44 21 23 63* — Pianta: B1**a**
– www.hitalia.it
45 cam 🍽 *–* 👤*55/105 €* 👥*80/150 €*
A pochi passi dalla stazione ferroviaria, hotel con camere funzionali ed accoglienti,
adatto a chi ha bisogno di parcheggio senza allontanarsi troppo dal centro.

M Club Deluxe

AC ⚡ P

piazza Baracca 26 ✉ *48121 –* 𝓒 *33 39 55 64 66* — Pianta: A1**h**
– www.m-club.it – Chiuso 2 settimane in febbraio e 3 settimane in novembre
5 cam ⌁ *–* †*70/120 €* ††*80/130 €*
Bella risorsa a brevissima distanza dalla Basilica di San Vitale, ricavata nella casa di famiglia risalente al XV secolo: dettagli di pregio, mobili d'antiquariato, nonché svariati quadri e stampe formano un interessante insieme.

Santa Maria Foris

🛏 AC

Via Giuseppe Pasolini 61 ✉ *48121 –* 𝓒 *05 44 21 21 63* — Pianta: A1**b**
– www.villaforis.it
14 cam ⌁ *–* †*99/139 €* ††*99/139 €*
Bella casa nel centro della città, in grado di offrire camere spaziose, lussuose e stilose grazie all'estro dell'architetto che l'ha ridisegnata. Lampadari preziosi, grandi specchi, terrazzino per le colazioni estive e, in generale, un elegante gioco di chiaroscuri.

🟡 Ristoranti

🍴🍴 Antica Trattoria al Gallo 1909

⇔

via Maggiore 87 ✉ *48121 –* 𝓒 *05 44 21 37 75* — Pianta: A1**t**
– www.algallo1909.it – Chiuso 23 dicembre-7 gennaio, domenica sera, lunedì e martedì
Carta 31/46 €
Facente parte dei "Locali Storici d'Italia", un riferimento ineludibile nel panorama della ristorazione ravennate: trattoria solo nel nome, un tripudio di decorazioni liberty vi attende al suo interno, insieme ad una schietta cucina regionale. Salottino per fumatori al primo piano.

🍴 Osteria del Tempo Perso

🎴 🍽 AC

via Gamba 12 ✉ *48121 –* 𝓒 *05 44 21 53 93* — Pianta: A1**e**
– www.osteriadeltempoperso.it
Carta 32/58 € *– (solo a cena escluso sabato, domenica e giorni festivi)*
Insospettabile cucina di mare in un piccolo ristorante del centro dall'ambiente rustico personalizzato con luci soffuse, sottofondo jazz, tanti libri, bottiglie di vino, foto in bianco e nero.

🍴 L'Acciuga

♿ AC

viale Francesco Baracca, 74 ✉ *48121 –* 𝓒 *05 44 21 27 13* — Pianta: A1**g**
– www.osterialacciuga.it – Chiuso 1 settimana in agosto
Menu 32/48 € *–* Carta 36/48 €
Il nome lascia intuire la linea di cucina del locale: di mare, con una doppia formula. A pranzo c'è la carta, mentre - la sera - si propone un singolo menu degustazione arricchito da alcune alternative. Sempre presenti, le ottime acciughe!

a San Michele Ovest: 8 km direzione Bologna A1 *–* ✉ *48124 Ravenna*

🍴 Osteria al Boschetto

🛏 🍽 ⇔ P

via Faentina 275 – 𝓒 *05 44 41 43 12 – Chiuso 25 agosto-10 settembre e giovedì*
Carta 38/66 €
Non lontano dal casello autostradale di S. Vitale, all'interno di una palazzina d'inizio '900, locale assai gradevole con due salette disposte su due piani ed un fresco dehors estivo. Cucina di varia ispirazione.

a Ragone Sud-Ovest: 15 km direzione Forlì A2 *–* ✉ *48125*

🍴 Trattoria Flora

🍽 AC ⚡ P

🍝 *via Ragone 104 –* 𝓒 *05 44 53 40 44 – Chiuso 11-31 agosto e mercoledì sera*
Menu 10 € *–* Carta 19/39 €
😊 Se cercate gli autentici sapori romagnoli, questa è la porta a cui bussare: cappelletti al ragù di carne e coniglio arrosto sono tra gli imperdibili di questa semplice trattoria.

RAVINA *–* Trento (TN) ➜ Vedere Trento

RECANATI

Macerata (MC) – ✉ 62019 – 21 457 ab. – Alt. 293 m – Carta regionale n° **11-C2**
▶ Roma 288 km – Ancona 37 km – Macerata 22 km – Fermo 49 km
Carta stradale Michelin 563-L22

🏨 Gallery Hotel Recanati   🌣 ⬅ ⊞ ⅙ AC ⅍ 🅿

via Falleroni 85 – 𝒞 *0 71 98 19 14 – www.ghr.it*
63 cam ⌷ – 🛉75/109 € 🛉🛉89/199 € – **5 suites**
Nato dall'accurato restauro di un seicentesco palazzo nobiliare del centro storico
(in seguito diventato seminario e scuola), un hotel che coniuga modernità e recupero di parti storiche.

RECCO

Genova (GE) – ✉ 16036 – 9 847 ab. – Carta regionale n° **8-C2**
▶ Roma 485 km – Genova 28 km – La Spezia 88 km – Portofino 20 km
Carta stradale Michelin 561-I9

🏨 La Villa   🌣 🗇 ⅀ ᴸ⑤ ⊞ ⅙ AC ⅍ 🅿

via Roma 296 – 𝒞 *01 85 72 07 79 – www.manuelina.it – Chiuso
7 gennaio-15 marzo*
23 cam ⌷ – 🛉50/120 € 🛉🛉70/180 €
Rist *Manuelina* – Vedere selezione ristoranti
Non manca nulla a questa villa d'epoca in tipico stile genovese: piscina, solarium, belle camere. New entry: il simpatico negozietto dove acquistare prodotti tipici locali.

🍴🍴 Da ö Vittorio   🍇 ⬅ 🏠 ⊞ 🅿
🐌

via Roma 160 – 𝒞 *0 18 57 40 29 – www.daovittorio.it*
Menu 22/40 € – Carta 30/65 €   **29 cam** ⌷ – 🛉60/100 € 🛉🛉85/120 €
Piatti liguri e specialità ittiche in uno dei Locali Storici d'Italia composto da due piacevoli sale: una di tono rustico-elegante, l'altra più sobria. Settore notte con camere di taglio classico nel corpo principale, in stile e moderne nella dépendance.

🍴🍴 Manuelina – Hotel La Villa   🗇 🏠 AC ⅋ 🅿

via Roma 296 – 𝒞 *0 18 57 41 28 – www.manuelina.it – Chiuso 7-21 gennaio
e mercoledì*
Menu 38/57 € – Carta 47/91 €
Sono pochi i locali che possono competere con la lunga tradizione gastronomica di Manuelina: più di 125 anni di cucina ligure, ricerca di ricette che seguono le stagioni, rivalutazione dei prodotti autoctoni e scrupolosa selezione delle materie prime. Difficile stargli al passo!

RECOARO TERME

Vicenza (VI) – ✉ 36076 – 6 477 ab. – Alt. 450 m – Carta regionale n° **23-B2**
▶ Roma 574 km – Verona 74 km – Vicenza 44 km – Trento 75 km
Carta stradale Michelin 562-E15

🏨 Trettenero   🌣 🐾 🗇 ∭ ᴸ⑤ ⊞ ⅙ 🅿

via Vittorio Emanuele 16/E – 𝒞 *04 45 78 03 80 – www.hoteltrettenero.it*
58 cam ⌷ – 🛉60/80 € 🛉🛉90/140 € – **1 suite**
Sorto all'inizio dell'Ottocento, prende il nome dal suo fondatore. Si distingue per l'originalità dei decori, per gli ampi spazi a disposizione e per il piccolo parco. Molto capiente la sala da pranzo: colpisce per l'altezza del soffitto e per le decorazioni.

RECORFANO – Cremona (CR) ➡ Vedere Voltido

REDAGNO (RADEIN)

Bolzano (BZ) – ✉ 39040 – Alt. 1 566 m – Carta regionale n° **19-D3**
▶ Roma 645 km – Bolzano 45 km – Belluno 108 km – Trento 61 km
Carta stradale Michelin 562-C16

Zirmerhof

via Oberradein 59 – 𝒞 *04 71 88 72 15 – www.zirmerhof.com*
– Aperto 8 maggio-3 novembre
40 cam ⌑ – ♦120/170 € ♦♦230/400 € – **6 suites**
Rist *Stube 1600* – Vedere selezione ristoranti
Albergo di tradizione ricavato da un antico maso tra i pascoli: un'oasi di pace con
bella vista su monti, arredi d'epoca e quadri antichi. Tre curatissimi chalet (da prenotare con debito anticipo) per un soggiorno da favola!

XX **Stube 1600** – Hotel Zirmerhof

via Oberradein 59 – 𝒞 *04 71 88 72 15 – www.zirmerhof.com*
– Aperto 8 maggio-3 novembre; chiuso martedì
Menu 45 € – Carta 38/79 € – *(solo a cena)* (prenotazione obbligatoria)
La tipica stube fatta di legni antichi si è trasformata in piccolo ristorante, la Stube
1600: data d'origine della costruzione, ma anche altitudine della casa. Cucina tra-
dizionale, con tanti ingredienti coltivati in loco, ed un imperdibile Gewurztraminer
"Pinus" di propria produzione.

REGGELLO

Firenze (FI) – ✉ 50066 – 16 264 ab. – Alt. 390 m – Carta regionale n° **18**-C1
▶ Roma 250 km – Firenze 38 km – Siena 69 km – Arezzo 58 km
Carta stradale Michelin 563-K16

a Pietrapiana Nord : 3,5 km – ✉ 50066

 **Archimede**

strada per Vallombrosa – 𝒞 *0 55 86 90 55 – www.ristorantearchimede.it*
19 cam ⌑ – ♦60/80 € ♦♦75/95 €
Rist *Da Archimede* – Vedere selezione ristoranti
In collina, nel verde, è un albergo in pietra a gestione familiare, semplice, ma confortevole e pulito, ideale per respirare l'aria di campagna.

X **Da Archimede** – Hotel Archimede

strada per Vallombrosa – 𝒞 *0 55 86 90 55 – www.ristorantearchimede.it*
Menu 25/35 € – Carta 22/47 €
Qui non manca lo spazio: ci sono infatti tanti coperti, ma anche tanta simpatica
accoglienza toscana e una cucina regionale in sale rustiche con ampio assortimento di carne o trote alla griglia tra i secondi.

a Vaggio Sud-Ovest : 5 km – ✉ 50066

 Villa Rigacci

via Manzoni 76 – 𝒞 *05 58 65 67 18 – www.villarigacci.it – Aperto*
15 marzo-8 novembre
24 cam ⌑ – ♦75/95 € ♦♦95/145 € – **4 suites**
Rist *Relais le Vieux Pressoir* – Vedere selezione ristoranti
Incantevole villa di campagna quattrocentesca - immersa nel verde - dispone di
camere confortevoli, recentemente ristrutturate. Un luogo ideale per trascorrere
un indimenticabile soggiorno nell'amena terra toscana.

XX **Relais le Vieux Pressoir** – Hotel Villa Rigacci

via Manzoni 76 – 𝒞 *05 58 65 67 18 – www.villarigacci.it – Aperto 15*
Aprile-15 novembre
Menu 38 € – Carta 24/43 € – *(solo a cena escluso giugno-agosto)*
I rustici spazi, un tempo adibiti a magazzino, ospitano oggi la vera cucina
toscana: carni, affettati e verdure, provenienti - principalmente - da macellai ed
aziende locali.

a San Donato Fronzano Nord : 4,5 km – ✉ 50066

 Agriturismo Podere Picciolo

via Picciolo 72 – 𝒞 *05 58 65 21 65 – www.agriturismopoderepicciolo.com*
– Chiuso 7 gennaio-20 marzo
6 cam ⌑ – ♦75/90 € ♦♦90/120 €
In un pittoresco casale cinquecentesco immerso nella campagna toscana, le
camere s'ispirano ad antichi mestieri, proponendo - così come gli ambienti
comuni - un'atmosfera di grande serenità domestica.

REGGIO DI CALABRIA

✉ 89125 – 183 974 ab. – Carta regionale n° **3-A3**

▶ Roma 706 km – Lamezia Terme 129 km – Vibo Valentia 98 km

Carta stradale Michelin 564-M28

 Grand Hotel Excelsior ✿ 🖭 ⬆ ⟨ AC ⟨ 🚗

via Vittorio Veneto 66 ✉ *89123* – ✆ *09 65 81 22 11*   Pianta: B1**c**
– www.grandhotelexcelsiorrc.it

76 cam ⬚ – ♦75/250 € ♦♦100/330 € – **8 suites**

In pieno centro, ma comodamente vicino al lungomare, un punto di riferimento
nel panorama alberghiero locale: confort e dotazioni all'altezza del nome! All'ultimo piano, spettacolare vista sullo stretto dal ristorante Galà.

 è Hotel ✿ ⟨ 🖭 ⬆ ⟨ AC ⟨ P

via Giunchi 6 ✉ *89121* – ✆ *09 65 89 30 00*   Pianta: B1**b**
– www.ehotelreggiocalabria.it

50 cam ⬚ – ♦110/140 € ♦♦110/180 € – **2 suites**

In centro e al tempo stesso sul mare, nuova struttura dal design contemporaneo
con vocazione business, ma non solo. Cucina fusion-mediterranea nel ristorante
panoramico affacciato sullo stretto, che regala la sensazione di essere sulla prua
di una nave.

✗ Baylik ⌕ AC

vico Leone 1, per Villa San Giovanni - B1 ✉ 89122 – ✆ 0 96 54 86 24
– www.baylik.it
Menu 25/28 € – Carta 23/49 €
Alla periferia della località, da oltre sessant'anni questo locale continua a deliziare i clienti con piatti prevalentemente di pesce. Tra i più gettonati: la carbonara di mare.

a Pellaro Sud: 8 km direzione Melito di Porto Salvo A2 – ✉ 89134

⌂ La Lampara

lungomare Pellaro – ✆ 09 65 35 95 90 – *www.hotel-lampara.com*
22 cam ⌷ – ✝50/85 € ✝✝80/100 €
Rist *Alle Cantine della Lampara* – Vedere selezione ristoranti
Sul lungomare con vista sullo stretto e Sicilia, camere ampie e confortevoli in un edificio d'epoca totalmente ristrutturato: per chi volesse abbronzarsi senza scendere in spiaggia, recentemente è stato allestito un grazioso solarium.

✗✗ Alle Cantine della Lampara — Hotel La Lampara

lungomare Pellaro – ✆ 09 65 35 95 90 – *www.allecantinedellalampara.com*
– Chiuso lunedì escluso luglio-agosto
Menu 23/25 € – Carta 32/61 €
Una romantica terrazza affacciata sullo Ionio, l'elegante patio, ma anche nuovi spazi di cui il locale si è arricchito dopo la recente ristrutturazione. E per quanto concerne la tavola? Sfiziose ricette calabresi e piatti che variano con l'alternarsi delle stagioni.

REGGIOLO

Reggio nell'Emilia (RE) – ✉ 42046 – 9 176 ab. – Alt. 20 m – Carta regionale n° **5-B1**
▶ Roma 442 km – Bologna 85 km – Mantova 40 km – Reggio nell'Emilia 33 km
Carta stradale Michelin 562-H14

⌂ Hotel dei Gonzaga

strada Pietro Malagoli 5 – ✆ 05 22 97 47 37 – *www.hoteldeigonzaga.it*
– Chiuso 23 dicembre-3 gennaio e 7-17 agosto
33 cam – ✝66/76 € ✝✝80/103 € – ⌷ 8 €
A pochi passi dal centro, hotel dalla calda atmosfera: reception spaziosa -impreziosita da pavimenti in marmo - camere moderne e ben accessoriate. Piccolo servizio bistrot.

⌂ Villa Nabila

via Marconi 4 – ✆ 05 22 97 31 97 – *www.hotelvillanabila.it* – *Chiuso 18 dicembre-15 gennaio e 1°-28 agosto*
22 cam ⌷ – ✝55/75 € ✝✝85/100 €
Villa di fine Settecento dall'insieme curato, di taglio moderno, ma con un notevole rispetto per gli elementi architettonici originali. Gestione giovane e brillante.

verso Gonzaga Nord-Est : 3,5 km

✗ Trattoria al Lago Verde

via Caselli 24 ✉ 42046 – ✆ 05 22 97 35 60 – *www.trattoriaallagoverde.it*
– Chiuso domenica sera e lunedì
Carta 24/51 €
Dove assaggiare degli ottimi tortelli di zucca se non in questa trattoria di campagna, in posizione isolata e tranquilla? L'ambiente è molto accogliente e la cucina si fa apprezzare per la propria genuinità.

verso Guastalla Ovest : 3 km

⌂ Villa Montanarini

via Mandelli 29, località Villarotta ✉ 42045 Luzzara – ✆ 05 22 82 00 01
– www.villamontanarini.com – Chiuso 1°-10 gennaio e 2-21 agosto
16 cam ⌷ – ✝75/90 € ✝✝110/135 €
Elegante villa patrizia del '600 nel verde della campagna reggiana: ambienti confortevoli e lussuosi, impreziositi da tappeti persiani, mobili d'epoca ed arazzi policromi. Al Torchio, sapori del territorio e divagazioni nazionali; a pranzo, anche carta light.

REGGIO NELL'EMILIA

✉ 42121 – 171 655 ab. – Alt. 58 m – Carta regionale n° **5-B3**

▶ Roma 434 km – Parma 38 km – Bologna 78 km – Modena 38 km

Carta stradale Michelin 562-H13

Albergo delle Notarie

via Palazzolo 5 ✉ 42121 – ✆ *05 22 45 35 00*　　　Pianta: A1-2**r**
– www.albergonotarie.it – Chiuso vacanze di Natale e 3 settimane in agosto
51 cam ⌑ – ♥82/145 € ♥♥112/200 € – **3 suites**
Rist *Delle Notarie* – Vedere selezione ristoranti
Ricavato da un centralissimo palazzo d'epoca, questo signorile albergo si farà
ricordare per l'ampiezza delle camere e la ricercatezza degli arredi.

Posta

piazza Del Monte 2 ✉ 42121 – ✆ *05 22 43 29 44*　　　Pianta: A1**c**
– www.hotelposta.re.it – Chiuso vacanze di Natale e 3 settimane in agosto
54 cam ⌑ – ♥85/160 € ♥♥105/210 €
Ubicata nel medievale Palazzo del Capitano del Popolo, una risorsa ricca di
fascino e dalla lunga tradizione nell'arte dell'ospitare che dispone di eleganti
ambienti. Ideale per partecipare alla vita culturale e commerciale della città, la
dépendance Reggio, offre ampie camere dagli arredi semplici e lineari.

Astoria Mercure

viale Leopoldo Nobili 2 ✉ 42121 – ✆ *05 22 43 52 45*　　　Pianta: B1**f**
– www.mercurehotelastoria.com
108 cam – ♥80/180 € ♥♥100/225 € – ⌑ 12 € – **2 suites**
Rist *Officina Gastronomica* – Vedere selezione ristoranti
Una struttura che risponde agli standard della catena: ambienti comuni di gusto
contemporaneo, impreziositi da lampadari in vetro di Murano, nonché ampie,
luminose, camere.

Europa

viale Olimpia 2 ✉ 42122 – ✆ *05 22 43 23 23*　　　Pianta: B2**a**
– www.hoteleuropa.re.it
66 cam ⌑ – ♥72/260 € ♥♥82/310 €
Il centro è raggiungibile a piedi in 10 minuti da quest'hotel d'ispirazione
moderna, concepito soprattutto per una clientela d'affari. Il ristorante concentra
la sua originale offerta nella Pinsa Romana: la pizza dei nostri avi!

Airone

via dell'Aeronautica 20, per via Eritrea B1-2 ✉ 42122 – ✆ *05 22 92 41 11*
– www.hotelaironereggioemilia.com
56 cam ⌑ – ♥49/120 € ♥♥60/180 € – **2 suites**
L'ubicazione nei pressi della tangenziale, ma a soli due chilometri dal centro, fa di
questo albergo recente un punto d'appoggio ideale per una clientela d'affari.

Holiday Inn Express

via Meuccio Ruini 7, per viale Regina Margherita - B1 – ✆ *05 22 50 71 22*
– www.reggioemilia.hiexpress.it
104 cam ⌑ – ♥50/290 € ♥♥50/290 €
Ubicato nei pressi dello svincolo autostradale - a circa tre chilometri dal centro di
Reggio - una classica destinazione commerciale ed un valido punto di appoggio
anche per i turisti di passaggio. La linea "express" è quella più economica e easy
nell'accoglienza: ovvero, camere semplici negli arredi, ma non prive di confort.

B&B Del Vescovado

stradone Vescovado 1 ✉ 42121 – ✆ *05 22 43 01 57*　　　Pianta: B2**d**
– www.delvescovado.it – Chiuso agosto
6 cam ⌑ – ♥55/58 € ♥♥75/80 €
Entrando in questa risorsa si assapora la piacevole sensazione di sentirsi a casa. Lo
stesso vale per le camere: arredate con mobili d'antiquariato, infondono un senso
di grande armonia. A due passi dalla cattedrale.

XX **Caffè Arti e Mestieri**

via Emilia San Pietro 16 ✉ *42123 –* ☎ *05 22 43 22 02*   Pianta: B2**y**
*– www.giannidamato.it – Chiuso 8-22 agosto, lunedì a mezzogiorno e domenica
da giugno a settembre; la domenica sera e lunedì negli altri mesi*
Menu 65 € – Carta 42/85 €
La carta si presenta abbastanza completa nella proposta di specialità regionali,
qualche piatto storico e ricette a base di pesce; in aggiunta - a pranzo - anche
piatti unici, insalatone ed un originale menu a base di sola pasta. Rigorosamente
fatta in casa!

XX **A Mangiare**

viale Monte Grappa 3/a ✉ *42121 –* ☎ *05 22 43 36 00*   Pianta: B2**c**
– www.ristoranteamangiare.it – Chiuso 11-17 agosto e domenica
Carta 32/52 €
Gestione dinamica per un ristorante d'impostazione classica, ubicato sulla cerchia
che circonda il centro storico di Reggio: in menu sia la godereccia Emilia, sia i
sapori nazionali.

947

XX **Delle Notarie** – Albergo delle Notarie

via Aschieri 4 ⊠ 42121 – ☎ 05 22 45 37 00   Pianta: A1-2**r**
– www.ristorantenotarie.it – Chiuso 3 settimane in agosto e domenica
Menu 28/40 € – Carta 39/59 €
Ristorante raccolto e curato, propone piatti della tradizione con interessanti "escursioni" verso il mare e l'innovazione. A pranzo, possibilità di piatti più semplici ed economici.

XX **Officina Gastronomica** – Hotel Astoria Mercure

viale Leopoldo Nobili 2/c ⊠ 42121 – ☎ 05 22 43 42 07   Pianta: B1**f**
– www.mercurehotelastoria.com – Chiuso agosto, sabato a mezzogiorno e domenica
Carta 28/82 €
All'interno dell'hotel Mercure Astoria, le grandi vetrate permettono al locale di godere del verde del parco cittadino su cui si affaccia. Se lo stile dell'ambiente non lo caratterizza - in quanto potrebbe essere simile a Torino o a Siracusa - la cucina "parteggia" per le specialità regionali.

XX **Marta in Cucina** Ⓝ

vicolo Folletto 1/C ⊠ 42121 – ☎ 05 22 43 57 55   Pianta: A2**a**
– www.ristorantemartaincucina.it – Chiuso 2 settimane in agosto, domenica e lunedì
Menu 10 € (pranzo)/50 € – Carta 40/63 €
Sulle ceneri di una trattoria gloria della tradizione cittadina una giovane gestione ha allestito un locale moderno e minimalista con proposte gastronomiche creative. A pranzo formula più facile ed economica. Marta è veramente in cucina!

X **Il Pozzo**

viale Allegri 7 ⊠ 42121 – ☎ 05 22 45 13 00   Pianta: A1**b**
– www.ristoranteilpozzo.com – Chiuso 10-18 agosto, lunedì a mezzogiorno e domenica, anche sabato a mezzogiorno in luglio-agosto
Menu 30 € – Carta 27/57 €
All'interno di un palazzo storico, in sale classiche o negli spazi che un tempo ospitavano l'enoteca (soffitto a volte ed atmosfera più conviviale), la cucina spazia dalla tradizione ai classici nazionali.

X **Fiorini.Eat** Ⓝ

via del Guazzatoio, 5 ⊠ 42121 – ☎ 05 22 45 47 71   Pianta: A2**b**
– www.fiorinieat.it – Chiuso domenica, lunedì e le sere di martedì e giovedì
Carta 28/63 €
La pescheria di famiglia ha traslocato aggiungendo anche un moderno ristorante dove gustare in loco la squisitezza dei propri prodotti. Tante possibilità per gli amanti del crudo di mare (ma non solo).

sulla strada statale 9 - via Emilia Est : 4 km per Modena B2

🏨 **Classic Hotel**

via Pasteur 121 ⊠ 42122 San Maurizio – ☎ 05 22 35 54 11 – www.classic-hotel.it – Chiuso 1°-21 agosto
91 cam 🛏 – ♦59/325 € ♦♦69/325 € – **2 suites**
Confort e ottimi servizi in un hotel che manifesta esplicitamente l'intenzione di dedicare attenzioni particolari alla clientela d'affari e congressuale (facendo in tal modo dimenticare la propria distanza dal centro...). Piatti nazionali e qualche specialità regionale al ristorante.

a San Bartolomeo Ovest: 9 km – ⊠ 42123

🏨 **Matilde di Canossa**

via del Casinazzo 1, all'interno del Golf Club – ☎ 05 22 37 37 44 – www.hotel-matildedicanossa.it
54 cam 🛏 – ♦50/120 € ♦♦70/180 € – **6 suites**
Tra il verde di un campo da golf in un complesso che ricrea un tipico borgo emiliano, hotel di sobria eleganza con camere spaziose, antiche cassettiere e moderna zona benessere.

RENON (RITTEN)

Bolzano (BZ) – 6 848 ab. – Alt. 800 m – Carta regionale n° **19-C2**

▶ Da Collalbo : Roma 664 km – Bolzano 16 km – Bressanone 37 km – Trento 80 km
Carta stradale Michelin 562-C16

a **Collalbo** – ✉ 39054 – Alt. 1 154 m

Bemelmans Post

via Paese 8 – ☎ 04 71 35 61 27 – www.bemelmans.com – Chiuso 1°-20 marzo e 3-23 aprile
53 cam ⊆ – ♦85/114 € ♦♦160/224 € – **7 suites**
Collocato in un elegante contesto di case di montagna nobiliari armoniosamente disseminate nel paesaggio montano, l'albergo offre uno splendido mix di calore familiare e struggenti atmosfere retrò, che continuano anche nelle romantiche sale del ristorante che ospitarono, tra l'altro, Sigmund Freud.

Kematen

località Caminata 29, Nord-Ovest: 2,5 km – ☎ 04 71 35 63 56 – www.kematen.it – Chiuso 15 gennaio-10 febbraio
25 cam ⊆ – ♦65/125 € ♦♦130/330 € – **3 suites**
Rist **Kematen** – Vedere selezione ristoranti
Posizione incantevole e vista sulle cime dolomitiche, per questa casa con stube neogotiche, mobili e decorazioni in stile tirolese. Ampio giardino-terrazza per piacevoli momenti di relax.

Kematen – Hotel Kematen

località Caminata 29, Nord-Ovest: 2,5 km – ☎ 04 71 35 63 56 – www.kematen.it – Chiuso 15 gennaio-10 febbraio
Menu 28/39 € – Carta 20/87 €
Circondato da pascoli e boschi, il locale è stato ricavato in un antico fienile: avvolti dal "calore" del legno e dall'inconfondibile stile tirolese, è un piacere gustare le numerose proposte del territorio, nonché le specialità di stagione. Nei mesi caldi: qualche spunto mediterraneo e, soprattutto, la terrazza panoramica e il bel giardino.

a **Costalovara** Sud-Ovest : 5 km – ✉ 39054 Soprabolzano – Alt. 1 206 m

Lichtenstern

via Stella 8, Nord-Est : 1 km – ☎ 04 71 34 51 47 – www.lichtenstern.it – Chiuso 15 gennaio-15 aprile
23 cam ⊆ – ♦85/100 € ♦♦170/200 €
Un'oasi di pace, con uno stupendo panorama sulle Dolomiti. Conduzione familiare caratterizzata da uno spiccato senso dell'ospitalità; ambienti curati, freschi e luminosi. Accoglienti sale da pranzo rivestite in legno e una bella e ariosa veranda coperta.

a **Soprabolzano** Sud-Ovest : 7 km – ✉ 39054 – Alt. 1 221 m

Park Hotel Holzner

via Paese 18 – ☎ 04 71 34 52 31 – www.parkhotel-holzner.com – Chiuso 9 gennaio-23 marzo
28 cam – solo ½ P 182/422 € – **13 suites**
Molto ben ubicata, all'arrivo della funivia proveniente da Bolzano e della ferrovia a cremagliera, affascinante struttura d'inizio secolo scorso immersa in un lussureggiante parco con tennis e piscina riscaldata. Gradevole la sala ristorante interna, così come la zona pranzo esterna.

REVERE

Mantova (MN) – ✉ 46036 – 2 543 ab. – Alt. 16 m – Carta regionale n° **9-D3**

▶ Roma 458 km – Verona 48 km – Ferrara 58 km – Mantova 35 km
Carta stradale Michelin 561-G15

Il Tartufo

via Guido Rossa 13 – ☎ 03 86 84 60 76 – www.ristoranteiltartufo.com
Carta 30/92 €
Ospitato in una villetta nella zona residenziale del paese, ristorante intimo ed appartato, dove deliziarsi di una gustosa cucina mantovana: in stagione, la specialità diventa il tartufo (assolutamente locale), nel resto dell'anno, invece, si predilige il mare.

REVIGLIASCO – Torino (TO) → Vedere Moncalieri

REVINE

Treviso (TV) – ✉ 31020 – Alt. 260 m – Carta regionale n° **23-C2**
▶ Roma 596 km – Belluno 39 km – Venezia 85 km – Treviso 54 km
Carta stradale Michelin 562-D18

Ai Cadelach   ✿ ⚲ 📶 ⴲ 🐎 🕸 🛁 ✕ 🔁 ♨ P
via Grava 2 – ✆ 04 38 52 30 11 – www.cadelach.it
30 cam ⌑ – ♦60/100 € ♦♦90/150 €
Rist *Ai Cadelach* ⊛ – Vedere selezione ristoranti
Il giardino con piscina e tennis, il continuo potenziamento della struttura e delle dotazioni, la gestione attenta: un insieme di fattori che rendono la struttura piacevole. Le camere migliori si trovano nella dépendance sul retro.

XX   **Ai Cadelach** – Hotel Giulia   ⚶ 📶 🐎 ✕ ⇔ P
⊛   *via Grava 2 – ✆ 04 38 52 30 10 – www.cadelach.it*
Carta 35/43 €
In una sala dallo stile rustico, o a bordo piscina nella bella stagione, il menu onora la tradizione locale, privilegiando le carni, soprattutto alla griglia, come ad esempio il petto di faraona con salsa "peverada". Ottima la cantina gestita da uno dei titolari: è la "Caneva de Ezio".

REZZATO

Brescia (BS) – ✉ 25086 – 13 510 ab. – Alt. 147 m – Carta regionale n° **9-C1**
▶ Roma 549 km – Brescia 11 km – Milano 108 km – Bergamo 62 km
Carta stradale Michelin 561-F12

Villa Fenaroli Palace Hotel ℕ   ✿ 📶 🛁 🔁 AC 🛁 P
via Mazzini 14 – ✆ 03 02 79 32 23 – www.villafenaroli.it
85 cam ⌑ – ♦60/135 € ♦♦75/145 € – **1 suite**
Una villa che sfoggia tutto il suo splendore sia negli spazi esterni sia nei suoi ambienti interni, grazie a saloni dagli affreschi settecenteschi. Le camere, sebbene più comuni, non lesinano sul confort.

La Pina   ✿ 📶 🔁 AC ✕ 🛁 P
via Garibaldi 98, Sud: 1 km – ✆ 03 02 59 14 43 – www.lapina.it
28 cam ⌑ – ♦50/70 € ♦♦70/90 €
Edificio anni '40 completamente ristrutturato con buona cura per dettagli e tecnologia; grande attenzione per la clientela d'affari, gestione affidabile e intraprendente. Due sale ristorante, la più grande per l'attività banchettistica.

RHÊMES-NOTRE-DAME

Aosta (AO) – ✉ 11010 – 95 ab. – Alt. 1 723 m – Carta regionale n° **21-A2**
▶ Roma 779 km – Aosta 31 km – Courmayeur 43 km – Torino 147 km
Carta stradale Michelin 561-F3

a Chanavey Nord : 1,5 km – ✉ 11010 Rhêmes-Notre-Dame – Alt. 1 696 m

Granta Parey   ✿ ⚲ ≤ 📶 🕸 🛁 🔁 ⇔ ⚶ ✕ P
– ✆ 01 65 93 61 04 – www.rhemesgrantaparey.com – Chiuso maggio, ottobre e novembre
31 cam ⌑ – ♦110/170 € ♦♦110/170 €
Proprio di fronte alle piste da sci, caldo ed accogliente hotel in stile alpino dotato di centro relax; oltre alla classica sala ristorante, la struttura dispone di un self-service al piano inferiore.

RHO

Milano (MI) – ✉ 20017 – 50 496 ab. – Alt. 158 m – Carta regionale n° **10-A2**
▶ Roma 590 km – Milano 16 km – Como 36 km – Novara 38 km
Carta stradale Michelin 561-F9

NH Fiera

viale degli Alberghi 1 – ⓜ *Rho-Fiera* – ℰ *02 30 03 71* – *www.nh-hotels.com*
392 cam 🖃 – 👤89/1159 € 👤👤99/1159 € – **6 suites**
Albergo dall'originale architettura all'interno del nuovo polo fieristico: vocato ad una clientela business offre un design minimalista di grande funzionalità. Cucina classica e internazionale al ristorante.

✗✗ **La Barca**

via Ratti 54 – ℰ *0 29 30 39 76* – *www.trattorialabarca.it*
Menu 30 € (pranzo in settimana) – Carta 55/107 €
Dal 1967 la famiglia Virgilio gestisce con passione questo locale diventato una pietra miliare della buona tavola in zona. Pur privilegiando il pesce, la carta accontenta anche gli amanti della carne, i nostalgici dei classici pugliesi o gli irriducibili delle specialità lombarde. A pranzo, una pagina cita piatti più economici.

RIACE
Reggio di Calabria (RC) – ✉ 89040 – 2 155 ab. – Alt. 300 m
– Carta regionale n° **3-B3**
▶ Roma 679 km – Reggio di Calabria 127 km – Catanzaro 78 km –
Vibo Valentia 99 km
Carta stradale Michelin 564-L31

a Riace Marina Sud-Est : 9 km – ✉ 89040 Riace

 Federica

via Nazionale 158 – ℰ *09 64 77 13 02* – *www.hotelfederica.it*
15 cam 🖃 – 👤48/75 € 👤👤60/140 € – **1 suite**
Direttamente sulla spiaggia, hotel a conduzione familiare con gradevoli camere - le più richieste sono quelle con grande terrazzo - e cucina di mare al ristorante; piacevole servizio estivo all'aperto.

RICADI – Vibo Valentia (VV) → Vedere Tropea

RICCIONE
Rimini (RN) – ✉ 47838 – 35 127 ab. – Carta regionale n° **5-D2**
▶ Roma 322 km – Rimini 15 km – Bologna 123 km – Forlì 63 km
Carta stradale Michelin 562-J19

 Grand Hotel Des Bains

viale Gramsci 56 – ℰ *05 41 60 16 50* – *www.grandhoteldesbains.com*
70 cam 🖃 – 👤80/250 € 👤👤119/490 € – **6 suites**
Sfarzo, originalità e charme per questo albergo centrale. L'ingresso è abbellito da una fontana, mentre ogni ambiente pullula di marmi, stucchi, specchi e dorature. Notevole anche la zona benessere.

 Lunariccione

viale Ariosto 5 – ℰ *05 41 69 21 50* – *www.lunariccione.it* – *Aperto*
1° aprile-30 settembre
45 cam 🖃 – 👤80/170 € 👤👤105/220 € – **8 suites**
L'eleganza esterna dell'edificio è solo un anticipo dei luminosi ambienti all'interno: una piccola risorsa in cui confort e raffinatezza si fondono con la verdeggiante tranquillità della zona residenziale in cui si inserisce. Un piacevole stile mediterraneo in sala da pranzo, con accenni di gusto contemporaneo.

 Atlantic

lungomare della Libertà 15 – ℰ *05 41 60 11 55* – *www.hotel-atlantic.com*
64 cam 🖃 – 👤90/450 € 👤👤120/540 € – **5 suites**
Bianco e blu sono i colori dominanti di questa grande struttura mediterranea affacciata sul mare, che mette a disposizione dei suoi ospiti anche un nuovo centro benessere. Elegante e panoramica la sala da pranzo.

Corallo

viale Gramsci 113 – ✆ 05 41 60 08 07 – www.corallohotel.com – Chiuso 21-27 dicembre

99 cam ☕ – 🚹98/225 € 🚹🚹109/280 € – **33 suites**

Imponente struttura per una vacanza in grande stile, arricchita da un complesso fronte mare con eleganti suite e una deliziosa piscina. Colori chiari e grandi motivi a rilievo sulle pareti nella spaziosa sala da pranzo.

Ambasciatori

viale Milano 99 – ✆ 05 41 60 65 17 – www.ambasciatorihotel.net – Chiuso 21-27 dicembre

70 cam ☕ – 🚹60/160 € 🚹🚹100/250 € – **2 suites**

Albergo moderno e lineare, assolutamente in prima fila: con i recenti rinnovi la casa si è dotata di servizi completi, come il centro benessere e le 2 wellness-suite! Sul lungomare si apre anche il bistrot per gli aperitivi.

Belvedere

viale Gramsci 95 – ✆ 05 41 60 15 06 – www.belvederericcione.com – Aperto 19 marzo- 15 ottobre

45 cam – solo ½ P 114/174 € – **8 suites**

Essendo un bike hotel, questa moderna struttura mette a disposizione dei suoi ospiti un parco bici, davvero entusiasmante. Ma i suoi pregi non si esauriscono qui e continuano nelle curate camere, nella bella piscina con bar, nell'attrezzata spa (in alta stagione ci sono tariffe che la includono; chiedere all'atto della prenotazione).

Diamond

viale Fratelli Bandiera 1 – ✆ 05 41 60 26 00 – www.hoteldiamond.it – Aperto 9 aprile-30 settembre

39 cam ☕ – 🚹45/110 € 🚹🚹80/170 €

Non lontano dalle spiagge hotel dagli ambienti personalizzati e di calda atmosfera,dispone di camere confortevoli arredate in stile mediterraneno. Una particolare organizzazione tiene impegnati i piccoli ospiti.

Select

viale Gramsci 89 – ✆ 05 41 60 06 13 – www.hotelselectriccione.com – Chiuso 10-28 dicembre

37 cam ☕ – 🚹60/500 € 🚹🚹60/500 € – **13 suites**

Migliora di anno in anno, questa moderna struttura a due passi dal mare: servizio attento, una bella spa e camere curate (di livello superiore quelle ultimamente rinnovate).

Novecento

viale D'Annunzio 30 – ✆ 05 41 64 49 90 – www.hotelnovecento.it – Aperto 1° marzo-31 ottobre

33 cam ☕ – 🚹38/80 € 🚹🚹40/120 €

Una piccola piscina con angoli idromassaggio, nonché giochi d'acqua, e poi la bella facciata Liberty a denunciare le origini della struttura: uno dei primi alberghi nati a Riccione agli inizi del XX secolo. Al ristorante: pranzo a buffet e servizio al tavolo per la cena.

Admiral

viale D'Annunzio 90 – ✆ 05 41 64 22 02 – www.hoteladmiral.com – Aperto 20 maggio-25 settembre

44 cam ☕ – 🚹65/80 € 🚹🚹120/160 € – **4 suites**

Validissima gestione familiare, riscontrabile nella cura del minimo dettaglio e nelle inesauribili attenzioni riservate al cliente. Si respira un'atmosfera di residenza privata.

Gemma

viale D'Annunzio 82 – ✆ 05 41 64 34 36 – www.hotelgemma.it – Aperto 20 marzo-15 ottobre

37 cam ☕ – 🚹45/97 € 🚹🚹70/175 € – **3 suites**

La passione della gestione, interamente rivolta all'accoglienza degli ospiti, è visibile tanto negli esterni, quanto negli ambienti comuni e nelle confortevoli stanze.

Gala 🔏 🗗 🗖 ♿ AC 🛇 P

viale Martinelli 9 – ✆ 05 41 60 78 22 – www.hotelgalariccione.com – Aperto 1° aprile-19 ottobre
28 cam ⊡ – ♦75/95 € ♦♦115/145 €
Piccolo gioiello dai servizi contenuti, ma dall'indiscutibile charme: stile minimalista e moderno, bei bagni e diverse camere con spaziose terrazze.

Poker 🔆 🔏 ⌇ 🗗 ⭢☇ AC 🛇 🔊 P

viale D'Annunzio 61 – ✆ 05 41 64 77 44 – www.hotelpoker.it – Chiuso vacanze di Natale
60 cam ⊡ – ♦40/90 € ♦♦70/180 €
Rinomato tra gli appassionati ciclisti che vi trovano facilitazioni, il Poker offre camere moderne e lineari, sobrie e pulite. Cucina casalinga.

Darsena 🔆 🗗 ⭢☇ AC P

viale Galli 5 – ✆ 05 41 64 80 64 – www.darsenahotel.it – Chiuso febbraio
36 cam ⊡ – ♦40/70 € ♦♦68/120 €
Poco lontano dal mare, albergo a conduzione familiare con camere accoglienti nella loro semplicità, tutte dotate di un piccolo balcone. La titolare ai fornelli assicura piatti casalinghi dai sapori locali.

Atlas 🔆 🗗 AC P

viale Catalani 28 – ✆ 05 41 64 66 66 – www.atlashotel.it
– Aperto 30 maggio-13 settembre
36 cam ⊡ – ♦60/200 € ♦♦60/200 €
Albergo a conduzione familiare che si sta rinnovando, più moderne le ultime camere ristrutturate (possibilmente, richiedere queste!): un soggiorno di relax a 200 metri dalla spiaggia.

Lugano 🔆 🔏 🗗 AC P

viale Trento Trieste 75 – ✆ 05 41 60 66 11 – www.hotellugano.com
– Aperto 30 maggio-15 settembre
30 cam ⊡ – ♦40/80 € ♦♦70/100 €
Un valido indirizzo in primis per il suo buon rapporto qualità/prezzo, ma anche per la cucina casalinga e per l'impeccabile pulizia. La struttura è stata completamente rinnovata in anni recenti.

Cannes 🔆 🗗 AC P

via Pascoli 6 – ✆ 05 41 69 24 50 – www.hotelcannes.net
– Aperto 30 maggio-15 settembre
27 cam ⊡ – ♦55/85 € ♦♦70/130 €
Gestione giovane in un albergo completamente rinnovato, in posizione centrale; ambienti resi ancor più accoglienti dalle calde tonalità delle pareti e degli arredi.

Polo 🔆 🗗 AC

viale Orazio 13 – ✆ 05 41 60 57 18 – www.hotelpoloriccione.com – Chiuso 20 novembre-28 dicembre
52 cam ⊡ – ♦42/73 € ♦♦84/156 €
Un po' distante dal mare, ma vicino al Palazzo dei Congressi e viale Ceccarini, hotel dall'arredo contemporaneo, nonché funzionale, bagni semplici e un buon rapporto qualità/prezzo.

Antibes 🔆 ⌇ 🗗 ⭢☇ AC P

via Monteverdi 4 – ✆ 05 41 64 42 92 – www.hotelantibes.com – Aperto feste di Natale e 1° marzo-30 novembre
25 cam ⊡ – ♦40/120 € ♦♦49/140 €
Ad un centinaio di metri dal mare - in una traversa molto tranquilla – una piccola struttura dall'ottima tenuta con confortevoli camere. Essendo un family hotel è particolarmente indicato per chi viaggia con bambini.

✗✗ Da Fino ← 🏠 AC

Via Galli 1 – ✆ 05 41 64 85 42 – www.dafino.it – Chiuso 10 giorni in novembre-dicembre e domenica sera in inverno
Menu 30/40 € – Carta 30/81 €
Le acque del porto canale lambiscono la terrazza di questo ristorante dal design moderno; ampie finestre scorrevoli consentono anche a chi pranza all'interno di gustare con lo sguardo la posizione. Un menù vegetariano ed uno per bambini.

✗ Sol y Mar

viale D'Annunzio 190 – ☏ 05 41 64 85 28 – www.ristorantesolymar.it – Chiuso vacanze di Natale e lunedì
Menu 25 € (pranzo in settimana)/45 € – Carta 30/68 € – (consigliata la prenotazione)
Sulla spiaggia al limite della località, l'esterno non è forse dei migliori, ma si "riscatta" internamente con il suo grazioso stile provenzale; il menu propone specialità di pesce in elaborazioni moderne, piatti vegetariani e vegani.

RIETI

✉ 02100 – 47 729 ab. – Alt. 405 m – Carta regionale n° **7-C1**
▶ Roma 78 km – Terni 32 km – L'Aquila 58 km – Ascoli Piceno 113 km
Carta stradale Michelin 563-O20

🏨 Park Hotel Villa Potenziani

via San Mauro 6 – ☏ 07 46 20 27 65 – www.villapotenziani.it – Chiuso 1° gennaio-31 marzo
28 cam ⊐ – ♦60/70 € ♦♦90/110 € – **1 suite**
Rist *Belle Epoque* – Vedere selezione ristoranti
Raffinata ed accogliente, intima e maestosa, la dimora di caccia settecentesca racconta tra gli affreschi e i dettagli dei suoi ambienti la storia della ricca famiglia reatina.

🏨 Miramonti

piazza Oberdan 5 – ☏ 07 46 20 13 33 – www.hotelmiramonti.rieti.it
25 cam ⊐ – ♦55/80 € ♦♦70/100 € – **2 suites**
Rist *Da Checco al Calice d'Oro* – Vedere selezione ristoranti
Soffermatevi nella Sala Romana: di fronte a voi il punto in cui partiva la trecentesca cinta muraria della città! Ma la risorsa non è solo il palazzo più antico di Rieti, Miramonti offre infatti camere accoglienti e servizi up-to-date.

🏨 Cavour

piazza Cavour 19 – ☏ 07 46 48 52 52 – www.hotelcavour.net
38 cam ⊐ – ♦45/65 € ♦♦78/95 €
Affacciato sul fiume Velino e non lontano dal centro città, ecco un albergo moderno e semplicissimo, riaperto dopo totale rinnovo alla fine del 2008.

✗✗ Bistrot

piazza San Rufo 25 – ☏ 07 46 49 87 98 – www.bistrotrieti.it – Chiuso 20 ottobre-10 novembre, domenica e lunedì
Menu 30 € – Carta 31/47 € – (solo a cena)
Locale accogliente e romantico, affacciato su una graziosa e tranquilla piazzetta, dove gustare le specialità della tradizione locale spesso corrette con gusto personale. Non mancano piatti a base di pesce, sebbene la specialità della casa siano i maltagliati alla Bistrot.

✗✗ Belle Epoque – Park Hotel Villa Potenziani

via San Mauro 6 – ☏ 07 46 20 27 65 – www.villapotenziani.it – Chiuso 1° gennaio-31 marzo e lunedì
Menu 30 € – Carta 29/47 € – (solo a cena)
Un soffitto ligneo dei primi del '900 sormonta la sontuosa sala da pranzo, riscaldata da un enorme camino. Il menu narra la cucina italiana, spaziando dal nord al sud.

✗✗ Da Checco al Calice d'Oro – Hotel Miramonti

piazza Oberdan 5 – ☏ 07 46 20 42 71 – www.dachecco.it
Menu 25 € (in settimana)/35 € – Carta 22/42 €
Se dopo una giornata di escursioni - Rieti è un ottimo punto di partenza per seguire i passi di S. Francesco, che visse e predicò nei dintorni - l'appetito si fa sentire, fermatevi qui per rifocillarvi con deliziose specialità della tradizione reatina oppure piatti a base di pesce in chiave moderna.

RIGUTINO – Arezzo (AR) ➜ Vedere Arezzo

RIMA SAN GIUSEPPE

Vercelli (VC) – ✉ 13026 – 61 ab. – Alt. 1 411 m – Carta regionale n° **12-B1**

▶ Roma 714 km – Torino 155 km – Vercelli 98 km – Aosta 198 km

🏠🏠 **Laida Weg Experience Hotel** ⓝ   ✿ ⤴ ⪦ 🛏 🖼 ⑩ 🛜 🅿 ⟷ **P**

località Rima 3, Nord Ovest : 3 km – 𝒞 *0 16 39 50 41 – www.laidaweghotel.com*
– Chiuso 10 gennaio-4 marzo
19 cam ⌧ – 🛏95/120 € 🛏🛏120/175 € – **1 suite**
Rist *Ds verloure Tol* – Vedere selezione ristoranti
Alla riscoperta della tranquillità e dell'armonia alle pendici della montagna: pietra
e legno in una profusione di eleganza in stile alpino. A completare quest'idilliaco
quadretto, una piacevole spa e un pub con un'incredibile selezione di whisky.

✗✗✗ **Ds verloure Tol** ⓝ – Laida Weg Experience Hotel   ⪦ 🛏 ⟷ **P**

località Rima, Nord Ovest : 3 km – 𝒞 *0 16 39 50 41 – www.laidaweghotel.com*
– Chiuso 10 gennaio-4 marzo
Menu 48/110 € – Carta 52/95 €
Eleganza montana nella sala ristorante con vista sulle cascate, per una cucina
moderna e accattivante che si avvale di ottime materie prime. Il risultato è davvero encomiabile! (P.s.: per gli amanti del whisky si organizzano interessanti
degustazioni).

RIMINI

(RN) – 147 578 ab. – Carta regionale n° **5-D2**

▶ Roma 332 km – Ancona 108 km – Bologna 115 km – Ravenna 65 km
Carta stradale Michelin 562-J19

S. Torrione / hemis.fr

● Alberghi

 **Card International**   ⫶ ⊡ ⅋ 𝔸ℂ ♨ **P**
via Dante Alighieri 50 ✉ *47921 –* ☎ *0 54 12 64 12*   Pianta: A2**g**
– www.hotelcard.it
51 cam ⚏ **– †**68/300 € **††**88/350 € **– 2 suites**
Indubbiamente "International", grazie alle foto d'autore che contraddistinguono ogni camera, ciascuna dedicata ai viaggi. Espressamente studiato per una clientela business, l'hotel offre soluzioni tecnologiche e di confort all'avanguardia.

● Ristoranti

✕✕ **Quartopiano Suite Restaurant**   🎋 🍃 𝔸ℂ **P**
via Chiabrera 34/b, per viale Ugo Bassi - B2 ✉ *47924 –* ☎ *05 41 39 32 38*
– www.quartopianoristorante.com – Chiuso domenica
Menu 42/52 € – Carta 41/73 € – *(solo a cena)*
Gestione esperta e competente in un locale moderno all'ultimo piano di un edificio adibito ad uffici, con servizio "à la carte" e percorsi di degustazione sia di carne sia di pesce.

✕ **Osteria de Börg**   🍃
 *via Forzieri 12* ✉ *47921 –* ☎ *0 54 15 60 74*   Pianta: A1**c**
– www.osteriadeborg.it
Menu 15 € (pranzo in settimana)/35 € – Carta 24/50 € – *(consigliata la prenotazione)*
Ambiente rustico, ma curato, per questo ristorante in Borgo San Giuliano: specialità di carne e selezione di salumi e formaggi di produttori locali. Gradevole dehors estivo.

✕ **Dallo Zio**   𝔸ℂ ⇔
via Santa Chiara 16 ✉ *47921 –* ☎ *05 41 78 67 47*   Pianta: A2**b**
– www.ristorantedallozio.it
Menu 40/70 € – Carta 26/80 € – *(consigliata la prenotazione)*
Un giovane cuoco s'ispira ai classici dell'Adriatico: dal crudo agli antipasti misti e grigliate, serviti in salette moderne alle quali fanno eco affiche pubblicitarie retrò.

✕ **Abocar**   🍃 𝔸ℂ
via Farini 13/15 ✉ *47921 Rimini –* ☎ *0 54 12 22 79*   Pianta: A2**a**
– www.abocarduecucine.it – Chiuso 5 febbraio-5 marzo e lunedì
Menu 35/45 € – Carta 40/75 € – *(solo a cena)*
Nascosta nelle vie del centro, trattoria moderna condotta da due capaci giovani: poche proposte che vi conquisteranno per fantasia e qualità, piacevole corte interna per il servizio estivo.

RIMINI

al mare

🏨 **Grand Hotel Rimini** 🏋 ⇐ 🖥 🏊 🏊 🕸 🎱 🛁 🚹 🏌 AC 🐾 P
parco Federico Fellini 1 ✉ 47921 – ☏ 0 54 15 60 00
Pianta: B1**g**
– www.grandhotelrimini.com
168 cam ☕ – ♦180/335 € ♦♦225/420 € – **15 suites**
Rist *Dolce Vita* – Vedere selezione ristoranti
Icona del turismo internazionale e splendido esempio Liberty, immortalato in diversi film di Fellini, che ne ha fatto il suo "buen retiro" personale, il Grand Hotel Rimini accoglie da più di un secolo i suoi ospiti in lussuose camere dall'atmosfera vagamente retrò e saloni decorati con stucchi, mettendo loro a disposizione un parco con piscina riscaldata.

🏨 **i-Suite** 🏋 ⇐ 🖥 🏊 🕸 🛁 🚹 ♿ AC 🚗
viale Regina Elena 28 ✉ 47921 – ☏ 05 41 30 96 71
Pianta: B2**a**
– www.i-suite.it – Chiuso 15-26 dicembre
49 cam ☕ – ♦150/350 € ♦♦200/550 € – **1 suite**
Rist *i-Fame* – Vedere selezione ristoranti
Innovativo sin dall'esterno: è un tripudio di luce e trasparenze in ambienti essenziali e minimalisti. Nella panoramica Spa, non mancano gli ultimi ritrovati tecnologici.

957

National
viale Vespucci 42 ✉ *47921 –* ✆ *05 41 39 09 44*   Pianta: B1**b**
– www.nationalhotel.it – Chiuso 1°-26 dicembre e 1°-20 gennaio
84 cam ⬜ **– †75/300 € ††95/350 € – 15 suites**
Camere rinnovate e cambio arredi per questo nome storico dell'hôtellerie riminese. Ma salendo al piano attico troverete sempre il centro wellness, l'idromassaggio ed una superba vista a tenervi compagnia.

De Londres
viale Vespucci 24 ✉ *47921 –* ✆ *0 54 15 01 14*
– www.hoteldelondres.it   Pianta: B1**w**
48 cam ⬜ **– †87/185 € ††107/235 € – 3 suites**
In prima fila sul mare, eleganza e charme si fondono con la tecnologia e i confort attuali; il candore degli esterni, un piacevole contrappunto ai caldi ambienti che ricreano uno stile anglosassone. Meritevole di visita, la piccola zona wellness all'ultimo piano.

Club House
Viale Vespucci 52 ✉ *47921 –* ✆ *05 41 39 14 60 – www.clubhouse.it*   Pianta: B1**d**
49 cam ⬜ **– †45/180 € ††60/230 € – 1 suite**
Recentemente ristrutturata, una casa dal design moderno ed elegante con ampi balconi che girano intorno a ciascun piano, di cui il primo leggermente sopraelevato. Imperdibile la prima colazione.

Savoia Hotel Rimini
lungomare Murri 13 ✉ *47921 –* ✆ *05 41 39 66 00*   Pianta: B1**d**
– www.savoiahotelrimini.com
108 cam ⬜ **– †69/239 € ††99/269 € – 2 suites**
Rist *Soleiado* – Vedere selezione ristoranti
Su progetto dell'architetto P. Portoghesi, un'architettura curiosa: un'ampia "conchiglia" rivolta verso il viale centrale, con camere che si affacciano sul mare. Attrezzato centro benessere ed ottimi servizi fanno del soggiorno un'esperienza indimenticabile.

Le Rose Suite Hotel
viale Regina Elena 46, per Riccione - B2 ✉ *47921 –* ✆ *05 41 39 42 89*
– www.lerosesuitehotel.com
25 cam ⬜ **– †59/220 € ††59/220 € – 25 suites – ††450 €**
Ricorda vagamente una casa coloniale, tutta bianca, questo accogliente albergo gestito con dinamismo e passione: risorsa che incontra il gusto di una clientela giovane, ma anche di famiglie con figli al seguito (quasi tutte le camere sono dotate di angolo cottura).

Luxor
viale Tripoli 203 ✉ *47921 –* ✆ *05 41 39 09 90 – www.riminiluxor.com*   Pianta: B2**m**
34 cam ⬜ **– †50/240 € ††59/240 €**
Il legno, i colori del mare e la luce sono gli elementi presi in prestito dalla natura per caratterizzare il design di questo hotel: mix di sobrietà, eleganza e cordiale ospitalità. Un cocktail vincente apprezzato dai tanti clienti italiani e stranieri!

Levante
viale Regina Elena 88, per Riccione - B2 - 1 km ✉ *47921 –* ✆ *05 41 39 25 54*
– www.hotel-levante.it
54 cam ⬜ **– †40/100 € ††60/190 €**
Simpatica e suggestiva la piscina idromassaggio con giochi d'acqua che si trova in giardino! Belle, colorate e confortevoli le camere, realizzate in tre stili leggermente diversi.

Artis
viale Vespucci 38 ✉ *47921 –* ✆ *05 41 38 23 40 – www.artishotel.it*   Pianta: B1**s**
57 cam ⬜ **– †75/240 € ††100/270 €**
Costruito in anni recenti, Artis si caratterizza per la sua architettura fatta di forme "pulite" e lineari. Anche all'interno, poche concessioni agli orpelli: si è pensato piuttosto a creare ambienti di moderno design e camere ben accessoriate. E per chi non ama svegliarsi presto, la prima colazione è servita fino alle ore 11.

King
viale Vespucci 139 ✉ *47921 –* ✆ *05 41 39 05 80*   Pianta: B1**f**
– www.hotelkingrimini.com
42 cam ⬜ **– †32/110 € ††49/160 €**
A due passi dal mare e sulla direttiva per il centro storico, camere accoglienti in stile veneziano e - a rallegrare il soggiorno - la proverbiale ospitalità romagnola!

⌂ ACasaMia WelcHome Hotel ⊡ AK P

viale Parisano 34 ✉ *47921 –* 𝒞 *05 41 39 13 70* Pianta: B2**x**
– www.acmhotel.com – Chiuso vacanze di Natale
37 cam ⏛ – ♦35/100 € ♦♦50/140 €
Luminosa e vivacemente colorata, per una tappa che salta dal salato al dolce, la sala colazioni sarà il miglior appuntamento per iniziare le vostre giornate. La pregevole collocazione centrale, ma vicino al mare e la cordiale gestione faranno il resto!

⌂ Rondinella e Viola ⌂ ⛷ ⊡ AK

via B. Neri 3, per Riccione - B2 ✉ *47921 –* 𝒞 *05 41 38 05 67 – www.hotelrondinella.it*
– Aperto 1° aprile-30 settembre
59 cam ⏛ – ♦40/60 € ♦♦58/98 €
Pionieri del turismo riminese, aprirono poco dopo la guerra. A più di sessant'anni da quel felice esordio, questa tranquilla struttura vicino al mare assicura ancora camere semplici, ma ordinate e pulite.

✗✗✗✗ Dolce Vita – Grand Hotel Rimini ⌘ ⬅ 🍴 ⛷ AK ✂ ⇄ P

parco Federico Fellini 1 ✉ *47921 –* 𝒞 *0 54 15 60 00* Pianta: B1**g**
– www.grandhotelrimini.com
Menu 65/120 € – Carta 38/115 €
Una sala dell'hotel è dedicata alla cucina gourmet: in un ambiente elegante, il menu spazia tra terra e mare permeato da una leggera vena creatività. Il nome - poi - una promessa non smentita!

✗✗ i-Fame – Hotel i-Suite ⬅ 🍴 ⛷ AK ✂ ⇄

Lungomare Murri 65 ✉ *47921 –* 𝒞 *05 41 38 63 31* Pianta: B2**a**
– www.i-fame.it – Chiuso 15-26 dicembre e martedì escluso 15 giugno-10 settembre
Menu 45/78 € – Carta 38/98 € – *(solo a cena escluso 15 giugno-10 settembre)*
Una sorta di simpatico viaggio nel futuro: sale moderne e luminose, luci colorate e proiezioni. Anche la cucina sposta lo sguardo in avanti, ma non dimentica il passato.

✗✗ Soleiado – Savoia Hotel Rimini 🍴 AK ✂

lungomare Murri 13 ✉ *47921 –* 𝒞 *05 41 39 58 42* Pianta: B1**d**
– www.savoiahotelrimini.com
Carta 45/115 €
Moderna veranda affacciata sul mare e toni caldi all'interno per una cucina romagnola con tante proposte di pesce.

✗✗ Lo Squero ⬅ 🍴 AK

lungomare Tintori 7 ✉ *47921 –* 𝒞 *0 54 15 38 81* Pianta: B1**h**
– www.ristorantelosquero.com – Chiuso 10 novembre-15 gennaio e martedì escluso agosto
Menu 40/65 € – Carta 45/63 €
Tanti coperti e altrettanto pesce: sono le cifre di un ristorante simbolo della cucina di mare, dopo decenni d'inossidabile attività. Tanti affezionati clienti si possono sbagliare?

a Rivabella Nord : 3 km per Cesenatico A1 – ✉ 47900

Accademia ⊡ ⛷ AK

viale Sabotino 6 – 𝒞 *0 54 12 54 22 – www.hotelaccademiarimini.com – Aperto 1° marzo-30 novembre*
31 cam ⏛ – ♦50/200 € ♦♦50/250 €
In zona tranquilla - a due passi dalle spiagge - hotel rinnovato in anni recenti che propone camere di moderno confort ed una squisita prima colazione per propiziarsi la giornata.

a Rivazzurra Sud : 4 km per Pesaro B2 – ✉ 47924

De France ⌂ ⬅ ⛷ ⊡ ⛷ AK P

viale Regina Margherita 48 – 𝒞 *05 41 37 15 51 – www.hoteldefrance.it*
– Aperto 20 maggio-20 settembre
75 cam ⏛ – ♦55/85 € ♦♦80/140 €
In prima fila sul mare, la hall si apre su un grande portico coperto che diventa la sala di soggiorno estiva, direttamente affacciata sulla piscina. Gestione prettamente familiare.

a Viserba Nord : 5 km per Cesenatico A1 – ✉ 47922

⌂ **Zeus** ✿ ≼ 🕸 🔼 ⁂ AC 🚗
viale Porto Palos 1 – ✆ 05 41 73 84 10 – www.hotelzeus.net
– Aperto 1° aprile-30 settembre
46 cam ☲ – ✝50/65 € ✝✝65/110 €
Praticamente sarete già in spiaggia! Dopo importanti lavori di restyling, questa risorsa dalla simpatica gestione familiare si presenta con camere rinnovate e ben accessoriate.

a Miramare Sud : 5 km per Pesaro B2 – ✉ 47924

⌂⌂ **Terminal Palace & Spa** ✿ ≼ 🔼 🕸 Ⅰ⅖ 🔼 ⅋ AC 🔷 🚗
viale Regina Margherita 100 – ✆ 05 41 37 87 72 – www.terminalpalace.it
85 cam ☲ – ✝67/120 € ✝✝134/220 €
Frontemare, hotel dall'arredo moderno con camere dotate di tutti i comfort che la categoria richiede e, in aggiunta, un piccolo centro wellness. La piscina, qui, è funzionante tutto l'anno.

✗✗✗ **Guido** (Gian Paolo Raschi) ≼ 🍽 AC
🏵 *lungomare Spadazzi 12 – ✆ 05 41 37 46 12 – www.ristoranteguido.it – Chiuso*
1° dicembre-15 gennaio e lunedì
Menu 75 € – Carta 50/84 € – *(solo a cena escluso sabato, domenica e giorni festivi)*
Un legame con il mare che non si è mai interrotto, dal 1946 ad oggi: sulla spiaggia, di fronte al blu, la cucina esalta i profumi del pescato in piatti che rinnovano le tradizioni dell'Adriatico.
➔ Cappelletti alle poveracce. Spigola grigliata e marinata. Come la cassata.

a Viserbella Nord : 6 km per Cesenatico A1 – ✉ 47922

⌂⌂ **Life** ✿ ≼ 🔼 🕸 Ⅰ⅖ 🔼 ⁂ AC 🅿
via Porto Palos 34 – ✆ 05 41 73 83 70 – www.hotellife.it – Chiuso dicembre, febbraio
e marzo
48 cam ☲ – ✝39/150 € ✝✝70/200 € – **4 suites**
Un edificio recente che mostra il meglio di sé al proprio interno: camere confortevoli, nella loro discreta semplicità, nonché spazi comuni ampi e ben rifiniti.

⌂ **Diana** ✿ ≼ 🔼 AC 🅿
via Porto Palos 15 – ✆ 05 41 73 81 58 – www.hoteldiana-rimini.com – Aperto
25 aprile-30 settembre
38 cam – ✝28/50 € ✝✝50/70 € – ☲ 5 €
Proprio di fronte alla spiaggia, offre una grande piscina, servizio gratuito di biciclette, ampi spazi all'aperto per il relax e una gestione familiare sempre attenta ai bisogni della clientela. Camere in progressivo rinnovo, prenotare una delle più nuove.

⌂ **Apollo** ✿ 🍴 🔼 🕸 Ⅰ⅖ 🔼 ⁂ AC 🍽 🅿
via Spina 3 – ✆ 05 41 73 46 39 – www.apollohotel.it – Aperto
1° maggio-30 settembre
54 cam ☲ – ✝70/102 € ✝✝100/164 € – **2 suites**
Albergo dall'arredo sobrio, ma curato, dispone di un baby club per il divertimento degli ospiti più picccoli ed il relax di quelli più adulti; il tutto in un contesto tranquillo, non lontano dalla spiaggia.

a Coriano Sud-Ovest : 6,5 km per San Marino A2 – ✉ 47853

✗✗ **Vite** 🎇 ≼ 🍴 🍽 ⅋ AC ⇄ 🅿
😊 *via Montepirolo 7 – ✆ 05 41 75 91 38 – www.ristorantevite.it – Chiuso 1 settimana in*
gennaio, 1 settimana in settembre e martedì
😋 Menu 15 € (pranzo in settimana)/38 € – Carta 28/53 € – *(solo a cena dal 15 giugno*
al 15 settembre) (prenotare)
Vite è il ristorante della comunità di San Patrignano. E sono proprio i ragazzi di "Sampa" a svolgere il servizio in cucina e in sala, guidati dall'esperienza e bravura dello chef, Fabio Rossi, che propone una cucina moderna in gran parte basata su materie prime prodotte in casa. Piatti più semplici, a pranzo. Assolutamente da provare: il maialino da latte arrostito sui carboni con verdure dell'orto e il gelato al cioccolato bianco e basilico.

RIO DI PUSTERIA

Bolzano (BZ) – ⊠ 39037 – 3 069 ab. – Alt. 777 m – Carta regionale n° **19-C1**

▶ Roma 689 km – Bolzano 48 km – Brennero 43 km – Brunico 25 km

Carta stradale Michelin 562-B16

⌂ Giglio Bianco-Weisse Lilie ✿ 🚗

piazza Chiesa 2 – ℰ 04 72 84 97 40 – www.weisselilie.it – Chiuso 15-30 giugno

13 cam ⌸ – ♦35/45 € ♦♦70/90 €

Affacciato su una pittoresca piazza, alberghetto dalla semplice gestione familiare con camere accoglienti, caratteristica cantina per degustazioni e una piccola terrazza, da cui si può assistere agli spettacoli musicali organizzati vicino alla chiesa.

✗ Ansitz Strasshof 🏡 🅿

via Spinga 2 – ℰ 04 72 88 61 42 – Chiuso 2 settimane in giugno-luglio, martedì sera e mercoledì

Carta 34/57 € – (coperti limitati, prenotare)

Ai margini del paese, è una caratteristica casa di origini medioevali con tipiche stube tirolesi all'interno. La cucina però cambia rotta e propone diverse specialità mediterranee e di pesce, in particolari sarde, regione d'origine della cuoca.

a Valles Nord-Ovest : 7 km – ⊠ 39037 Rio Di Pusteria – Alt. 1 354 m

🏨 Masl ✿ ← 🛏 🔄 🖥 🌐 🎐 ⅃♨ ✗ 🖭 🕭 🚻 🚗

Unterlande 21 – ℰ 04 72 54 71 87 – www.hotel-masl.com – Aperto 1° dicembre-15 aprile e 15 maggio-31 ottobre

38 cam ⌸ – ♦98/151 € ♦♦172/260 € – **7 suites**

Modernità e tradizione con secoli di vita alle spalle (dal 1680) per una casa recentemente ampliata con nuovi spazi e ulteriori servizi. Particolarmente indicata per una vacanza in famiglia, ai bambini è dedicata anche un'apposita piscina.

🏨 Moarhof ✿ 🌿 🛏 🖥 🎐 🖭 🕭 🚻 🅿

Birchwald 10 – ℰ 04 72 54 71 94 – www.hotel-moarhof.it – Chiuso 3 aprile-22 maggio e 26 ottobre-18 dicembre

27 cam – solo ½ P 70/186 € – **9 suites**

Questo moderno albergo si trova nella splendida valle Pusteria, accanto ai campi della scuola di sci. Camere luminose e confortevoli. Piscina con vetrata sui prati.

🏨 Huber ✿ 🌿 ← 🛏 🖥 🌐 🎐 ⅃♨ 🖭 🕭 🚻 🍸 🚗

via della Chiesa 4 – ℰ 04 72 54 71 86 – www.hotelhuber.com – Aperto 20 dicembre-10 aprile e 21 maggio-7 novembre

34 cam – solo ½ P 140/180 €

L'inestimabile bellezza delle verdissime vallate, fa da sfondo naturale a vacanze serene e tranquille. Accogliente gestione familiare particolarmente indicata per famiglie.

RIOMAGGIORE

La Spezia (SP) – ⊠ 19017 – 1 591 ab. – Carta regionale n° **8-D2**

▶ Roma 465 km – Genova 115 km – Massa 83 km – La Spezia 14 km

Carta stradale Michelin 561-J11

✗ Dau Cila ← 🏡 🆈ℂ

via S. Giacomo 65 – ℰ 01 87 76 00 32 – www.ristorantedaucila.com – Chiuso 7 gennaio-10 marzo, lunedì escluso dal 25 aprile al 1° novembre

Carta 30/75 € – (consigliata la prenotazione)

Alla fine del caratteristico paesino di Riomaggiore, il mare, una mini spiaggia e questo locale gestito da un gruppo di giovani: nella intima saletta interna o nel meraviglioso dehors, cucina di pesce accompagnata da una buona selezione di vini, soprattutto liguri.

RIO MARINA – Livorno (LI) ➜ Vedere Elba (Isola d')

RIO NELL'ELBA – Livorno (LI) ➜ Vedere Elba (Isola d')

RIONERO IN VULTURE

Potenza (PZ) – ⊠ 85028 – 13 302 ab. – Alt. 656 m – Carta regionale n° **2-A1**

▶ Roma 342 km – Potenza 42 km – Avellino 122 km – Matera 106 km

Carta stradale Michelin 564-E29

🏠 La Pergola   ⚜ ⅃ᴬ 📶 & 🏧 🚗

*via Luigi La Vista 27/33 – 𝒞 09 72 72 11 79 – www.hotelristorantelapergola.it
– Chiuso 23-25 dicembre*

42 cam ⊡ – 🛏55/60 € 🛏🛏75/82 € – **1 suite**

Rist *La Pergola* – Vedere selezione ristoranti

Buon rapporto qualità/prezzo, in un albergo che offre camere confortevoli dall'aspetto semplice, ma accogliente.

✕ La Pergola – Hotel La Pergola   🦐 🈺 🗐 ⇔ 🅿

via Luigi Lavista 27/33 – 𝒞 09 72 72 11 79 – www.hotelristorantelapergola.it – Chiuso 23-25 dicembre

Menu 18/40 € – Carta 16/39 €

E' una gestione molto capace e di lunga esperienza – più di 50 anni - a condurre questo grazioso locale, che oltre a deliziare i suoi ospiti con una cucina di stampo casalingo, la griglia sempre accesa, vanta un'ottima cantina. Dehors ombreggiato sul retro.

RIPA – Perugia (PG) → Vedere Perugia

RIPALTA CREMASCA

Cremona (CR) – ⊠ 26010 – 3 048 ab. – Alt. 77 m – Carta regionale n° **10-C2**

▶ Roma 546 km – Milano 49 km – Bergamo 50 km – Cremona 41 km

Carta stradale Michelin 561-G11

a Bolzone Nord-Ovest : 3 km – ⊠ 26010 Ripalta Cremasca

✕ Trattoria Via Vai   🈺 🏧

via Libertà 18 – 𝒞 03 73 26 82 32 – www.trattoriaviavai.it – Chiuso 1°-6 gennaio, agosto, martedì e mercoledì

Menu 29 € (in settimana)/40 € – Carta 27/54 € – *(solo a cena escluso sabato, domenica e festivi)*

La chef è partito, ma la cucina rimane comunque immutata con una carta ristretta e piatti del territorio, esclusivamente di carne, dove primeggiano gli animali da cortile.

RIPATRANSONE

Ascoli Piceno (AP) – ⊠ 63065 – 4 325 ab. – Alt. 494 m – Carta regionale n° **11-D3**

▶ Roma 242 km – Ascoli Piceno 38 km – Ancona 90 km – Macerata 77 km

Carta stradale Michelin 563-N23

a San Savino Sud : 6 km – ⊠ 63038

🏠 I Calanchi   ⚜ 🐾 ⋖ 🛋 🏊 🏧 🔧 🅿

*contrada Verrame 1 – 𝒞 0 73 59 02 44 – www.i-calanchi.com
– Aperto 25 dicembre-5 gennaio e 25 marzo-16 ottobre*

32 cam ⊡ – 🛏90/125 € 🛏🛏125/215 €

Un'oasi di tranquillità sulle panoramiche colline dell'entroterra: ricavata da un antico podere agricolo, la risorsa dispone di camere accoglienti - la metà delle quali recentemente rinnovate - nonché ampi spazi comuni (anche all'aperto). Cucina marchigiana e soprattutto piatti di terra al ristorante.

RIPOSTO

Catania (CT) – ⊠ 95018 – 14 819 ab. – Alt. 8 m – Carta regionale n° **17-D2**

▶ Palermo 239 km – Catania 36 km – Messina 72 km – Enna 117 km

Carta stradale Michelin 365-BA57

🏠 Donna Carmela   ⚜ 🐾 ⋖ 🛋 🏊 🗐 & 🏧 🔧 🔧 🅿

*località Carruba di Riposto, contrada Grotte 7, Sud: 8 km – 𝒞 0 95 80 93 83
– www.donnacarmela.com – Chiuso 3 settimane in novembre*

16 cam ⊡ – 🛏110/200 € 🛏🛏195/395 €

Rist *La Cucina di Donna Carmela* – Vedere selezione ristoranti

Lussuosa casa di campagna circondata da giardini con palme e dal vivaio di proprietà. Gli interni delle due dimore sono oltre che confortevoli, anche signorili, pur mantenendo il calore di una casa privata.

XX **La Cucina di Donna Carmela** – Hotel Donna Carmela
località Carruba di Riposto, contrada Grotte 5, Sud: 8 km – ℰ 34 85 95 24 12
– Chiuso 3 settimane in novembre
Carta 43/79 €
Nell'accogliente sala o nel bel dehors all'ombra delle palme, specialità siciliane e i
migliori prodotti provenienti dagli orti, frutteti ed agrumeti di proprietà della risorsa.
Il tutto presentato con stile attuale.

RISANO – Udine (UD) ➜ Vedere Pavia di Udine

RISCONE = **REISCHACH** – Bolzano (BZ) ➜ Vedere Brunico

RITTEN = **RENON**

RIVABELLA – Rimini (RN) ➜ Vedere Rimini

RIVA DEL GARDA
Trento (TN) – ✉ 38066 – 16 859 ab. – Alt. 73 m – Carta regionale n° **19-B3**
▶ Roma 576 km – Trento 43 km – Bolzano 103 km – Brescia 75 km
Carta stradale Michelin 562-E14

 Lido Palace
viale Carducci 10 – ℰ 04 64 02 18 99 – www.lido-palace.it – Chiuso
16 gennaio-5 marzo
34 cam � – †300/500 € ††800/1500 € – **8 suites**
Rist *Il Re della Busa* – Vedere selezione ristoranti
Struttura Belle Epoque aggiornata con uno stile dal design minimalista di grande
attualità, ampio parco sulla passeggiata a lago, nonché centro benessere esclusivo.
Piatti classici, ma anche moderni al Tremani bistrot.

 Du Lac et Du Parc
viale Rovereto 44 – ℰ 04 64 56 66 00 – www.dulacetduparc.com – Aperto
14-19 gennaio e 24 marzo-30 ottobre
159 cam ⊡ – †80/150 € ††120/350 € – **67 suites**
Grande e moderna struttura che attraverso un parco di alberi secolari vi porta sino al
lago: davanti l'acqua, dietro le Dolomiti. Le camere sono tanto numerose quanto
diverse tra loro, generalmente moderne e funzionali. Attrezzato centro benessere.
Diversi gli angoli e le possibilità per ristorarsi.

 Luise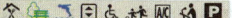
viale Rovereto 9 – ℰ 04 64 55 08 58 – www.hotelluise.com – Aperto
24 marzo-7 novembre
67 cam ⊡ – †79/259 € ††89/279 €
Una struttura fortemente personalizzata che offre ambienti stilosi impreziositi da
colori caldi e da pezzi vintage con rimandi agli anni Sessanta. Nell'ampio giardino sul
retro della casa trovano posto la piscina ed il bar estivo. Al ristorante la scelta può
cadere sul buffet o sulla carta.

 Parc Hotel Flora
viale Rovereto 54 – ℰ 04 64 57 15 71 – www.parchotelflora.it
45 cam ⊡ – †69/99 € ††139/169 € – **7 suites**
Ottenuto dal restauro e dall'ampliamento di una villa liberty, l'albergo è circondato da
un giardino con piscina. Camere per ogni budget e confort: da quelle standard, alla
raffinatezza di arredi delle più recenti.

 Kristal Palace
via Confalonieri 8 – ℰ 04 64 55 06 50 – www.hotelkristalpalace-lagodigarda.it
– Aperto 24 dicembre-14 gennaio e 16 marzo-9 novembre
58 cam ⊡ – †90/180 € ††160/280 €
A breve distanza dal lago, un albergo moderno dotato di buoni spazi, anche e soprattutto nelle camere. Tra i plus, lo Sky Pool Bar presso il roof garden dove, tempo permettendo, si può far colazione e pranzare.

Villa Miravalle

via Monte Oro 9 – ℰ 04 64 55 23 35 – www.hotelvillamiravalle.com – Chiuso novembre
32 cam ⌑ – ♦79/249 € ♦♦79/249 €
Risultato dell'unificazione di due edifici, in prossimità delle mura della città, l'albergo dispone di un luminoso soggiorno verandato, camere semplici, ma accoglienti, nonché valido ristorante serale.

Gabry

via Longa 6 – ℰ 04 64 55 36 00 – www.hotelgabry.com – Aperto 1° aprile-31 ottobre
42 cam ⌑ – ♦71/132 € ♦♦81/140 €
Piacevole zona relax ed ampio giardino con piscina in un hotel a conduzione familiare dotato di camere confortevoli: al primo piano, alcune hanno la terrazza.

Vittoria

via Dante 39 – ℰ 04 64 55 92 31 – www.hotelvittoriariva.it – Chiuso febbraio
11 cam ⌑ – ♦45/65 € ♦♦50/120 € – **1 suite**
Nel cuore del centro storico, uno dei più "vecchi" hotel di Riva del Garda: piccolo, dispone di camere arredate con semplicità e di un ristorante, il Kapuziner am See, dove "avvicinarsi" alla cucina bavarese.

Venezia

via Franz Kafka 7 – ℰ 04 64 55 22 16 – www.hotelveneziariva.com – Aperto 1° aprile-15 novembre
21 cam ⌑ – ♦70/110 € ♦♦130/150 € – **1 suite**
Ideale per gli appassionati di sport acquatici, non lontana dal lago, la risorsa dispone di camere classiche, piscina nel giardino e roof garden per le colazioni estive.

Il Re della Busa – Hotel Lido Palace

viale Carducci 10 – ℰ 04 64 02 19 23 – www.lido-palace.it – Chiuso 16 gennaio-5 marzo
Menu 74/80 € – Carta 60/101 € – *(solo a cena)*
Lo stesso stile minimal e contemporaneo dell'hotel Lido Palace contraddistingue anche il ristorante gourmet; nel piatto una linea anch'essa moderna, mentre dalle ampie finestre e dalla terrazza-dehors è la vista del lago ad imporsi.

Al Volt

via Fiume 73 – ℰ 04 64 55 25 70 – www.ristorantealvolt.com – Chiuso 15 febbraio-15 marzo e lunedì
Menu 48/55 € – Carta 40/62 € – *(solo a cena in luglio-agosto escluso venerdì, sabato e domenica)*
Sito nel centro storico, un ambiente elegante articolato su più sale comunicanti, con volte basse e mobili antichi propone una cucina trentina con tocchi di creatività.

RIVA DEL SOLE – Grosseto (GR) → Vedere Castiglione della Pescaia

RIVA DI SOLTO

Bergamo (BG) – ✉ 24060 – 883 ab. – Alt. 186 m – Carta regionale n° **10-D1**
▶ Roma 607 km – Brescia 61 km – Bergamo 43 km – Milano 91 km
Carta stradale Michelin 561-E12

Zu'

via XXV Aprile 53, località Zù, Sud: 2 km – ℰ 0 35 98 60 04 – www.ristorantezu.it – Chiuso 10 giorni a novembre, 10 giorni a gennaio, martedì a mezzogiorno in luglio-agosto, anche martedì sera negli altri mesi
Menu 35 € (in settimana)/50 € – Carta 36/65 €
Locale d'impostazione classica, che non si limita ad offrire specialità lacustri, ma allarga la proposta a ricette di mare. Servizio in veranda panoramica con vista eccezionale sul lago d'Iseo e possibilità di attracco sul pontile privato.

a Zorzino Ovest : 1,5 km – ✉ 24060 Riva Di Solto – Alt. 329 m

Miranda

via Cornello 8 – ℰ 0 35 98 60 21 – www.albergomiranda.it
Menu 17/55 € – Carta 26/64 €   **25 cam** ⌑ – ♦53/57 € ♦♦82/94 €
D'estate l'appuntamento è in terrazza, direttamente affacciati sul giardino e sul superbo specchio lacustre. La cucina è del territorio e privilegia i prodotti di mare e di lago. Belle camere e una fresca piscina a disposizione di chi alloggia.

RIVALTA – Cuneo (CN) ➜ Vedere La Morra

RIVALTA SUL MINCIO
Mantova (MN) – ✉ 46040 – Carta regionale n° **9-C3**
▶ Roma 479 km – Brescia 64 km – Mantova 14 km – Verona 63 km
Carta stradale Michelin 561-G14

XX Il Tesoro Living Resort
via Settefrati 96 – ✆ 03 76 68 13 81 – www.tesororesort.it – Chiuso 6-26 agosto
Menu 22 € (pranzo in settimana) – Carta 34/64 € – *(chiuso domenica sera, lunedì e martedì) (solo a cena escluso sabato e domenica)*
4 cam ⌷ – ♦90 € ♦♦120 € – **4 suites**
I sapori del territorio cedono talvolta il passo a sperimentazioni più moderne, in questa bella struttura dallo stile contemporaneo e dalla cornice agreste: qui, vi attendono anche un gradevole giardino botanico, l'attrezzato centro benessere e le splendide suite.

RIVALTA TREBBIA – Piacenza (PC) ➜ Vedere Gazzola

RIVANAZZANO TERME
Pavia (PV) – ✉ 27055 – 5 321 ab. – Alt. 153 m – Carta regionale n° **9-A3**
▶ Roma 578 km – Alessandria 35 km – Pavia 35 km – Milano 72 km
Carta stradale Michelin 561-H9

XXX Il Caminetto
via Cesare Battisti 15 – ✆ 0 38 39 13 91 – Chiuso 1 settimana in gennaio, domenica sera e lunedì
Carta 29/69 €
Ristorante elegante, a salda conduzione familiare ormai di lunga tradizione: un'accogliente sala con parquet, toni giallo-ocra e camino rifinito in marmo. La cucina è classica italiana con alcuni piatti più legati al territorio.

XX Selvatico
via Silvio Pellico 19 – ✆ 03 83 94 47 20 – www.albergoselvatico.com – Chiuso 1°-8 gennaio, domenica sera e lunedì
Menu 30/35 € – Carta 29/52 € **21 cam** ⌷ – ♦45/50 € ♦♦80/90 €
Mobili d'epoca ed un coperto elegante allietano la sosta dei suoi clienti, la cucina li intrattiene con gustosi piatti del territorio preparati dalla titolare con una delle figlie. Svelato il segreto del successo di un locale che nel 2012 ha soffiato su 100 candeline!

RIVAROLO CANAVESE
Torino (TO) – ✉ 10086 – 12 433 ab. – Alt. 304 m – Carta regionale n° **12-B2**
▶ Roma 702 km – Torino 35 km – Biella 56 km – Vercelli 76 km
Carta stradale Michelin 561-F5

XX Antica Locanda dell'Orco
via Ivrea 109 – ✆ 01 24 42 51 01 – www.locanda-dellorco.it – Chiuso 12 giorni in gennaio, 10 giorni in agosto e lunedì
Menu 13 € (pranzo in settimana)/42 € – Carta 32/54 €
Ambiente rustico e signorile con tavoli ravvicinati, ai quali accomodarsi per gustare la tradizionale cucina piemontese. Possibilità di prendere posto all'aperto durante la bella stagione.

RIVAROTTA – Pordenone (PN) ➜ Vedere Pasiano di Pordenone

RIVA TRIGOSO – Genova (GE) ➜ Vedere Sestri Levante

RIVAZZURRA – Rimini (RN) ➜ Vedere Rimini

RIVERGARO
Piacenza (PC) – ✉ 29029 – 7 033 ab. – Alt. 140 m – Carta regionale n° **5-A2**
▶ Roma 530 km – Piacenza 22 km – Milano 90 km – Parma 80 km
Carta stradale Michelin 561-H10

XX **Castellaccio** ♨ ← 🏠 P

località Marchesi di Travo, Sud-Ovest: 3 km – 𝒞 05 23 95 73 33 – www.castellaccio.it – Chiuso 15-30 gennaio, 12-28 agosto, martedì e mercoledì
Carta 34/56 € – *(solo a cena escluso giorni festivi)* (consigliata la prenotazione)
Ampie finestre rendono il locale luminoso ed accogliente, ma d'estate sarà senz'altro più piacevole prendere posto in terrazza. La cucina dimostra salde radici nel territorio, sapientemente reinterpretate.

XX **Caffè Grande** 🔒

😊 *piazza Paolo 9 – 𝒞 05 23 95 85 24 – www.caffegrande.it – Chiuso 2 settimane in gennaio-febbraio, 2 settimane in settembre e martedì*
Carta 25/48 €
Moderno ed antico si interfacciano con grande naturalezza in questo bel ristorante di provincia la cui cucina si adagia nell'alveo della tradizione locale, annoverando fra i suoi must i proverbiali salumi piacentini, gli anolini di carne in brodo di cappone, il guanciale di vitello con salsa al Gutturnio.

RIVIERA DI LEVANTE – Genova e La Spezia

RIVIGNANO
Udine (UD) – ✉ 33050 – 4 421 ab. – Alt. 13 m – Carta regionale n° **6-B3**
▶ Roma 599 km – Udine 37 km – Pordenone 33 km – Trieste 88 km
Carta stradale Michelin 562-E21

XXX **Al Ferarùt** (Alberto Tonizzo) ♨ 🄰🄲 ⇔ P

✿ *via Cavour 34 – 𝒞 04 32 77 50 39 – www.ristoranteferarut.it – Chiuso 1°-10 gennaio, 20-30 ottobre e mercoledì*
Menu 50/90 € – Carta 47/93 € – (prenotazione obbligatoria a mezzogiorno)
Da appassionato studioso e conoscitore del mare, lo chef, figlio del patron, offre con le sue ricette tutta la fragranza del buon pesce, ma anche un'originale personalità. Non mancano, tuttavia, specialità a base di carne. Al Tinel, ambiente informale e piatti di tono più semplice con, inoltre, la nuova "salumeria ittica".
➜ Petto d'anatra muta con gazpacho di ciliege e piante grasse. Pesce bianco selvaggio con salsa di verdure all'olio extravergine, olive taggiasche e menta. Sapori di una notte d'estate: ganache al pino marittimo con cioccolato al sale e gelato all'acetosa.

RIVISONDOLI
L'Aquila (AQ) – ✉ 67036 – 701 ab. – Alt. 1 320 m – Carta regionale n° **1-B3**
▶ Roma 188 km – Campobasso 92 km – L'Aquila 101 km – Chieti 96 km
Carta stradale Michelin 563-Q24

X **Da Giocondo**

via Suffragio 2 – 𝒞 0 86 46 91 23 – www.ristorantedagiocondo.it – Chiuso 15-30 giugno e martedì
Carta 24/44 €
Personalmente ai fornelli, la titolare assicura ottimi piatti di cucina abruzzese talvolta esposti a voce, secondo le disponibilità del mercato: la freschezza dei prodotti è così garantita!

RIVODORA – Torino (TO) ➜ Vedere Baldissero Torinese

RIVODUTRI
Rieti (RI) – ✉ 02010 – 1 275 ab. – Alt. 560 m – Carta regionale n° **7-C1**
▶ Roma 97 km – Terni 28 km – L'Aquila 73 km – Rieti 17 km
Carta stradale Michelin 563-O20

XXXX **La Trota** (Sandro e Maurizio Serva)   🕃 🚗 🏡 ᵶ AC ⚡ ⇔ P
🕄🕄 *via Santa Susanna 33, località Piedicolle, Sud: 4 km –* ☎ *07 46 68 50 78*
– www.latrota.com – Chiuso gennaio, 10 giorni in luglio, domenica sera e mercoledì
Menu 110 € – Carta 67/100 € – (consigliata la prenotazione)
Dopo aver vinto i pregiudizi sul pesce d'acqua dolce, questi eccellenti ristoratori si
dimostrano a proprio agio ai vertici della gastronomia nazionale con una carta che
delizia i clienti con carpe, tinche, gamberi di fiume, anguille, lucci e naturalmente
trote, ma non solo. Scommessa vinta!
➜ Non certo la solita zuppa. Trota fario e foie gras, con pesche della Sabina e vaniglia. Insalata di riso con frutti confit, frutto della passione e polvere di banana.

RIVOIRA – Cuneo (CN) ➜ Vedere Boves

RIVOLI
Torino (TO) – ✉ 10098 – 48 835 ab. – Alt. 390 m – Carta regionale n° **12-A1**
▶ Roma 678 km – Torino 15 km – Asti 64 km – Cuneo 103 km
Carta stradale Michelin 561-G4

Pianta d'insieme di Torino

XXXX **Combal.zero** (Davide Scabin)   🕃 ≼ AC ⚡
🕄 *piazza Mafalda di Savoia –* ☎ *01 19 56 52 25*   Pianta: 1A2**u**
– www.combal.org – Chiuso vacanze di Natale, agosto, domenica e lunedì
Menu 200 € – Carta 100/185 € – (solo a cena)
Accanto al museo d'Arte Contemporanea del castello di Rivoli, del quale riprende le
forme moderne ed essenziali, la cucina di Combal.zero propone i classici piemontesi,
ma indugia anche su piatti più estrosi e creativi.
➜ Bombolone di scarola e acciughe con fonduta di grana padano. Fassona impanata
e cotta al camino. Fusione a freddo.

XX **Locanda del Lupo**   🕃 🚗 AC
piazza Bollani 14/b – ☎ *01 19 53 65 64*   Pianta: 1A2**n**
– www.locandadellupo.eu – Chiuso 25-31 agosto e lunedì a mezzogiorno
Carta 27/69 €
Nel cuore del centro storico, alle pendici del castello, un bel ristorante dove gustare
una cucina prettamente piemontese: dietro ai fornelli una coppia locale che 10 anni
fa ha avuto il coraggio di realizzare la propria passione.

ROCCABIANCA
Parma (PR) – ✉ 43010 – 3 067 ab. – Alt. 32 m – Carta regionale n° **5-B1**
▶ Roma 486 km – Parma 32 km – Cremona 34 km – Mantova 73 km
Carta stradale Michelin 562-G12

a Fontanelle Sud : 5 km – ✉ 43010

XX **Hostaria da Ivan**   🕃 ⇔ 🚗 ᵶ AC P
via Villa 24 – ☎ *05 21 87 01 13 – www.hostariadaivan.it – Chiuso 1°-21 agosto,
lunedì e martedì*
Carta 31/58 €   **4 cam** ☲ – †80 € ††100 €
Una casa anni Venti ospita una sala rustica, ma elegante, che d'estate si apre su un
graziosissimo giardino all'italiana. Cucina emiliana accompagnata da una vasta e selezionata carta dei vini e per gli amanti del genere, "salumoterapia": praticamente, ci si
accomoda proprio là, dove vengono stagionati prosciutti, coppe, culatelli. Accoglienti
camere mansardate per non rinunciare ad un buon riposo.

ROCCABRUNA
Cuneo (CN) – ✉ 12020 – 1 454 ab. – Alt. 700 m – Carta regionale n° **12-B3**
▶ Roma 669 km – Cuneo 22 km – Asti 108 km – Torino 120 km
Carta stradale Michelin 561-I3

a Sant'Anna Nord : 6 km – ⊠ 12020 Roccabruna – Alt. 1 250 m

XX **La Pineta**   ⇔ ⬙ 🏡 🌳 P

piazzale Sant'Anna 6 – ☏ 01 71 91 84 72 – www.lapinetaalbergo.it – Chiuso 7 gennaio-7 marzo
Menu 20/35 € – *(chiuso martedì, anche lunedì sera escluso 20 giugno-20 settembre)*
12 cam – ♦50 € ♦♦80/85 € – ⌷5 €
Un valido motivo per giungere al limitare della pineta? L'immancabile, quanto goloso, fritto misto alla piemontese cucinato al momento! Ritroverete simpatia e calore familiare anche nelle graziose camere, dalle quali respirare la tranquillità e la purezza dei monti.

ROCCA CORNETA – Bologna (BO) ➔ Vedere Lizzano in Belvedere

ROCCA DI MEZZO
L'Aquila (AQ) – ⊠ 67048 – 1 530 ab. – Alt. 1 322 m – Carta regionale n° **1-A2**
◩ Roma 140 km – Pescara 102 km – L'Aquila 29 km – Teramo 85 km
Carta stradale Michelin 563-P22

🏠 **Altipiano delle Rocche**   ⛄ ⬙ ☰ ♿ 🌳 P

via Don Minozzi – ☏ 08 62 91 70 65 – www.hotelaltopiano.it
26 cam ⌷ – ♦50/90 € ♦♦90/140 €
Lungo la strada che attraversa il paese, su una salita che lo ripara dal traffico, albergo in stile rustico-montano: semplicità e pulizia nelle confortevoli camere. Ampia e semplice sala ristorante, contigua alla hall dell'hotel.

ROCCA DI ROFFENO – Bologna (BO) ➔ Vedere Castel d'Aiano

ROCCA D'ORCIA – Siena (SI) ➔ Vedere Castiglione d'Orcia

ROCCA PIETORE
Belluno (BL) – ⊠ 32020 – 1 292 ab. – Alt. 1 143 m – Carta regionale n° **23-B1**
◩ Roma 670 km – Cortina d'Ampezzo 37 km – Belluno 55 km – Bolzano 76 km
Carta stradale Michelin 562-C17

🏠 **Pineta**   ⛄ ⬙ ☰ 🌀 ♨ ☰ ♿ 🌳 P

via Marmolada 13, Ovest: 2 km – ☏ 04 37 72 20 35 – www.hotelpineta.net – Aperto 20 dicembre-Pasqua e 1° giugno-15 settembre
33 cam ⌷ – ♦65/140 € ♦♦100/240 €
Ai piedi della Marmolada, a 200 m dalla frazione Boscoverde, una dinamica gestione familiare ha fatto sì che l'hotel si migliorasse di anno in anno: ambienti caratteristici e camere alpine confortevoli. Sapori locali al ristorante e buona pasticceria.

a Digonera Nord : 5,5 km – ⊠ 32020 Laste Di Rocca Pietore – Alt. 1 158 m

🏠 **Digonera**   ⛄ ⬙ 🌀 ☰ P

via Digonera, 16 – ☏ 04 37 52 91 20 – booking.hoteldigonera.com – Chiuso 25 aprile-7 giugno e 20 ottobre-5 dicembre
23 cam ⌷ – ♦63/97 € ♦♦96/170 €
In una frazione di passaggio, presenta la comodità di essere a pochi minuti d'auto da quattro diversi comprensori sciistici. Raccolto e molto accogliente, offre camere semplici, tutte differenti tra loro.

ROCCARASO
L'Aquila (AQ) – ⊠ 67037 – 1 633 ab. – Alt. 1 236 m – Carta regionale n° **1-B3**
◩ Roma 190 km – Campobasso 90 km – L'Aquila 102 km – Chieti 98 km
Carta stradale Michelin 563-Q24

🏠 **Suisse**   ⛄ ☰ 🚗

via Roma 22 – ☏ 08 64 60 23 47 – www.hotelsuisse.com – Aperto 19 dicembre-10 aprile e 25 giugno-11 settembre; solo nei week-end dal 12 settembre al 18 dicembre
45 cam ⌷ – ♦40/80 € ♦♦70/140 €
Affacciato sulla strada più importante della località, si presenta completamente ristrutturato. Le camere, abbastanza sobrie, hanno arredi in legno scuro e ottimi bagni. Sala ristorante con inserti in legno e pannelli affrescati.

Iris

viale Iris 5 – ☏ 08 64 60 23 66 – www.hoteliris.eu – Aperto 22 dicembre-30 aprile e 1° luglio-30 settembre
52 cam ⌑ – †70/80 € – ††85/120 €
Centrale, ma contemporaneamente in una posizione tale da offrire una discreta quiete, camere completamente ristrutturate ed un'ospitale, sorridente, gestione.

 Petite Fleur

viale Dello Sport 5/c – ☏ 08 64 60 20 10 – www.hotelpetitefleur.com
9 cam ⌑ – †55/104 € – ††75/140 €
Poco lontano dal corso principale, una struttura insolitamente moderna con poche camere, tutte particolarmente curate nei dettagli: dagli arredi (in stile impero) agli accessori. Spazi comuni ridotti, ma adeguati al tipo di offerta.

a Pietransieri Est : 4 km – ✉ 67037 – Alt. 1 288 m

 La Preta

via Adua 7/9 – ☏ 0 86 46 27 16 – Chiuso martedì in bassa stagione
Carta 22/38 €
Piccolo ristorante familiare, custode della memoria storica e gastronomica del paese tra foto d'epoca appese alle pareti e ricette della tradizione servite in tavola.

ad Aremogna Sud-Ovest : 9 km – ✉ 67037 – Alt. 1 622 m

 Boschetto

via Aremogna 42 – ☏ 08 64 60 23 67 – www.hboschetto.it – Aperto 1° gennaio-30 aprile e 1° luglio-31 agosto
48 cam ⌑ – †60/180 € – ††60/240 €
Per una vacanza tranquilla ed isolata, perfetta anche per gli amanti dello sci. Accoglienti saloni in legno, camere sobrie, costantemente in via di ammodernamento. Sala ristorante dall'ambiente suggestivo, grazie all'incantevole vista sui monti.

ROCCA RIPESENA – Terni (TR) ➜ Vedere Orvieto

ROCCA SAN CASCIANO

Forlì-Cesena (FC) – ✉ 47017 – 1 953 ab. – Alt. 210 m – Carta regionale n° **5-C2**
▶ Roma 315 km – Rimini 84 km – Bologna 91 km – Forlì 28 km
Carta stradale Michelin 562-J17

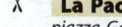 **La Pace**

piazza Garibaldi 16 – ☏ 05 43 95 13 44 – Chiuso lunedì sera e martedì
Menu 15 € – Carta 15/31 €
Al primo piano di un palazzo situato sulla piazza principale, trattoria molto semplice con accoglienza e servizio familiari. Dal territorio le specialità di stagione, in preparazioni casalinghe.

ROCCA SAN GIOVANNI

Chieti (CH) – ✉ 66020 – 2 382 ab. – Alt. 155 m – Carta regionale n° **1-C2**
▶ Roma 250 km – Pescara 52 km – Chieti 56 km – Teramo 114 km
Carta stradale Michelin 563-P25

in prossimità casello autostrada A 14 - uscita Lanciano Nord-Ovest : 6 km :

 Villa Medici

contrada Santa Calcagna – ☏ 08 72 71 76 45 – www.hotelvillamediciabruzzo.it
46 cam ⌑ – †50/85 € – ††70/150 €
Raffinatezza, modernità e confort per questo hotel in comoda posizione stradale, non lontano da Lanciano: ideale per una clientela d'affari che cerca cortesia, professionalità e un'ampia disponibilità di spazi (piacevole area relax ben organizzata!). L'eleganza continua al ristorante, con un'ampia capacità ricettiva per ogni occasione.

ROCCASTRADA

Grosseto (GR) – ⊠ 58036 – Carta regionale n° **18-C2**

◪ Roma 215 km – Grosseto 37 km – Firenze 129 km – Siena 55 km

Carta stradale Michelin 563-M15

 La Melosa ⌂ ⊗ ◁ ⊫ ⤴ ⋙ ▥ **P**

strada Provinciale 157, Nord: 2 km – ℰ 05 64 56 33 49 – www.lamelosa.it – Aperto 1°-9 gennaio e 1° aprile-2 novembre

12 cam ⊑ – ♦84/189 € ♦♦84/189 €

In posizione defilata e tranquilla, la struttura di aspetto colonico propone nei suoi interni la spontanea arte toscana, che si esprime attraverso deliziosi affreschi presenti in ciascuna delle 12 camere. Non mancano, tuttavia, confort moderni, quali una bella piscina ed un attrezzato centro benessere.

ROCCELLA IONICA

Reggio di Calabria (RC) – ⊠ 89047 – 6 571 ab. – Alt. 16 m – Carta regionale n° **3-B3**

◪ Roma 687 km – Reggio di Calabria 110 km – Catanzaro 85 km – Vibo Valentia 90 km

Carta stradale Michelin 564-M31

Parco dei Principi Hotel ⌂ ⊫ ⤴ ⋙ Ḻ ⊡ ⅙ ▥ ⅍ **P**

strada statale 106, località Badessa, Sud-Ovest: 2 km – ℰ 09 64 86 02 01 – www.parcodeiprincipi-roccella.com

58 cam ⊑ – ♦69/130 € ♦♦89/150 € – **2 suites**

Un uliveto dai riflessi argentei incornicia questa elegante struttura che richiama i fasti del passato: una sontuosa hall e splendide sale dai soffitti affrescati, nonché camere di moderno confort.

Club Hotel Kennedy ⌂ ⊫ ⋙ ⋆⋆ ▥ ⅍ **P**

strada statale 106, Sud-Ovest: 2 km – ℰ 09 64 86 33 84 – www.clubhotelkennedy.com

72 cam ⊑ – ♦45/100 € ♦♦55/130 €

Si trova lungo la strada che costeggia il mare, questo hotel rinnovato di recente con camere di sobria eleganza e piacevoli spazi esterni. Nel periodo estivo, tessera club obbligatoria che include vari servizi.

XX **La Cascina** ⊫ 🍽 ▥ ⅗

strada statale 106, Sud-Ovest : 2 km – ℰ 09 64 86 66 75 – www.lacascina1899.it – Chiuso martedì escluso luglio-agosto

Carta 26/66 €

Lungo la statale, un piacevole e rustico locale ricavato dalla ristrutturazione di un casolare di fine Ottocento: sale dalle pareti in pietra e dai soffitti in legno; proposte sia di mare sia di terra.

ROCCHETTA TANARO

Asti (AT) – ⊠ 14030 – 1 447 ab. – Alt. 107 m – Carta regionale n° **14-D1**

◪ Roma 626 km – Alessandria 28 km – Torino 75 km – Asti 17 km

Carta stradale Michelin 561-H7

XX **I Bologna** ⇦ 🍽 ▥ ⅗

via Nicola Sardi 4 – ℰ 01 41 64 46 00 – www.trattoriaibologna.it – Chiuso 10 gennaio-10 febbraio

Menu 35 € (pranzo in settimana)/45 € – Carta 32/60 € – *(chiuso martedì)*

6 cam ⊑ – ♦80 € ♦♦100 €

Un classico della ristorazione monferrina, da anni propone gli immutabili piatti che ci si aspetta di gustare in Piemonte. Gli ambienti sono rustici e l'atmosfera calda. La corte interna ospita camere accoglienti e ben accessoriate.

RODDI

Cuneo (CN) – ⊠ 12060 – 1 594 ab. – Alt. 284 m – Carta regionale n° **14-C2**

◪ Roma 650 km – Cuneo 61 km – Torino 63 km – Asti 35 km

Carta stradale Michelin 561-H5

XX Il Vigneto

località Ravinali 19/20, Sud-Ovest : 2,5 Km – ✆ 01 73 61 56 30
– www.ilvignetodiroddi.com – Chiuso gennaio-febbraio
Carta 46/60 € – *(chiuso mercoledì a mezzogiorno e martedì)*
6 cam ⌨ – ✝70/90 € ✝✝100/140 €
Una tranquilla cascina di campagna - restaurata con gusto e raffinatezza - dove gustare piatti piemontesi, ma non solo: in estate trionfa il pesce. Piacevole l'ombreggiato dehors. Accoglienza di classe e premurosa attenzione anche nelle camere, dalle cui finestre si dominano le colline dei dintorni.

RODI GARGANICO

Foggia (FG) – ✉ 71012 – 3 699 ab. – Carta regionale n° **15-A1**
▶ Roma 389 km – Foggia 112 km – Termoli 96 km – Barletta 126 km
Carta stradale Michelin 564-B29

⌂ Villa Vittoria

contrada Petrara snc – ✆ 08 84 96 56 30 – www.albergovillavittoria.it – Aperto
1° aprile-10 ottobre
16 cam ⌨ – ✝80/170 € ✝✝80/170 €
In posizione rialzata sul mare, il profilo del borgo chiude romanticamente la vista della costa. Camere semplici ma accoglienti, la terrazza panoramica sul porticciolo del ristorante regalerà incantevoli serate.

ROLETTO

Torino (TO) – ✉ 10060 – 2 003 ab. – Alt. 412 m – Carta regionale n° **12-B2**
▶ Roma 683 km – Torino 37 km – Asti 77 km – Cuneo 67 km
Carta stradale Michelin 561-H3

XX Il Ciabot

via Costa 7 – ✆ 01 21 54 21 32 – Chiuso lunedì
Menu 28/35 € – Carta 28/43 € – *(prenotazione obbligatoria a mezzogiorno)*
Piacevolmente riscaldato nei mesi freddi da un caminetto, questo piccolo locale vanta un'appassionata gestione familiare e propone una cucina regionale, attenta alle tradizioni. Tra i piatti più richiesti: timballo di grano saraceno al ragù di fagianella al cognac - rotolo di coniglio cotto a bassa temperatura farcia di pomodori secchi e olive - mousse al gianduiotto con sorbetto allo zenzero.

ROLO

Reggio nell'Emilia (RE) – ✉ 42047 – 4 143 ab. – Alt. 21 m – Carta regionale n° **5-B1**
▶ Roma 443 km – Bologna 87 km – Reggio nell'Emilia 38 km – Modena 44 km
Carta stradale Michelin 562-H14

⌂ Cigno Reale

via Mazzini 1 – ✆ 05 22 65 84 40 – www.hotelcignoreale.it – Chiuso agosto
16 cam ⌨ – ✝25/60 € ✝✝50/70 €
Piccolo albergo che dispone di camere variopinte e confortevoli. Ampia scelta di piatti nazionali e, la sera, tanti tipi di pizza al ristorante; la bella terrazza vi attende - invece - per un aperitivo alla moda.

X Prima o Poi

via Battisti 57 – ✆ 05 22 66 61 84 – www.primaopoi.eu – Chiuso 1°-16 gennaio,
sabato a mezzogiorno e domenica
Menu 22 € *(in settimana)* – Carta 29/65 € – *(consigliata la prenotazione)*
In un rustico sito all'ingresso del paese, distante pochi chilometri dal casello autostradale, il patron vi invita ad assaggiare una cucina classica e mediterranea, di terra e di mare: prima o poi, è qua, che bisogna venire...

ROMA

Roma (RM) – 2 614 263 ab. – Alt. 20 m – Carta regionale n°**12** B2
Carta stradale Michelin n° 563-Q19 – Guida Michelin ROMA

R. Kutter / imageBROKER / age fotostock

In sintesi...

→ Elenco alfabetico degli alberghi
→ Index of hotels

→ Elenco alfabetico dei ristoranti
→ Index of Restaurants

➜ Gli esercizi con stelle
➜ Starred Restaurants

Bib Gourmand

→ Pasti accurati a prezzi contenuti
→ Good food at moderate prices

		pagina
Domenico dal 1968	X	1012
Felice a Testaccio	X	1010
Profumo di Mirto	X	1012
Al Ristoro degli Angeli	X	1013

→ Ristoranti secondo il loro genere
→ Restaurants by cuisine type

Cinese

		pagina
Green T.	X	997

Cucina classica

		pagina
Agata e Romeo	XxX	1002
Papà Baccus	X	1002

Creativa

		pagina
Antico Arco	XX	1007
Antonello Colonna	XxX ❀	1001
Enoteca al Parlamento Achilli	XxX ❀	995
Glass Hostaria	XX ❀	1009
Le Jardin de Russie	XxXxX	994
Marzapane	XX	1011
Metamorfosi	XxX ❀	1008
Oliver Glowig	XxxX ❀❀	1008
All'Oro	XxX ❀	995
Il Pagliaccio	XxX ❀❀	995
La Pergola	XxXxX ❀❀❀	1006
Sapori del Lord Byron	XxxX	1008
Stazione di Posta	X ❀	1009
Vivavoce	XxxX	1006

Emiliana

		pagina
Colline Emiliane	X	996

Giapponese

		pagina
Hamasei	XX	996

Laziale

		pagina
Caffè Propaganda	X	1005

Ligure

		pagina
Taverna Giulia	XX	996

Marchigiana

		pagina
Trattoria Monti	X	1003

Mediterranea

		pagina
Aroma	XxX ❀	1004
Casa Bleve	X	997
Al Ceppo	XX	1008
Doney	XxX	1002
Le Jardin de Russie	XxXxX	994
Pappa Reale	XX	1010
Vivavoce	XxxX	1006

Cucina del mercato

		pagina
Villa Rinaldo	XX	1011

Cucina moderna

		pagina
Acquolina Hostaria in Roma	XxX ❀	1010
Brunello Lounge & Restaurant	XxX	1002
Castello della Castelluccia	XxX	1014
Il Convivio-Troiani	XxX ❀	995
Enoteca la Torre	XxX ❀	1007
Giuda Ballerino!	XxX ❀	1002
Glass Hostaria	XX ❀	1009
Hostaria dell'Orso	XxxX	994
Imàgo	XxxX ❀	994
Massimo Riccioli Bistrot	XxxX	1001
Mirabelle	XxxX	1001

→ Tavoli all'aperto
→ Outside dining

➜Ristoranti aperti in agosto
➜Restaurants open in August

Antica Pesa	XxX	1009
Antico Arco	XX	1007
Aroma	XxX ❀	1004
Brunello Lounge & Restaurant	XxX	1002
Castello della Castelluccia	XxX	1014
Il Convivio-Troiani	XxX ❀	995
Doney	XxX	1002
Felice a Testaccio	X ☺	1010
Giuda Ballerino!	XxX ❀	1002
Glass Hostaria	XX ❀	1009
Imàgo	XxxX ❀	994
Le Jardin de Russie	XxXxX	994
Massimo Riccioli Bistrot	XxxX	1001
Metamorfosi	XxX ❀	1008
Mirabelle	XxxX	1001
Moma	X	1003
Oliver Glowig	XxxX ❀❀	1008
Papà Baccus	X	1002
Pipero al Rex	XxX ❀	1001
Al Ristoro degli Angeli	X ☺	1013
Romeo Chef & Baker	X	1007
Sapori del Lord Byron	XxxX	1008
Shangri Là-Corsetti	XxX	1011
I Sofà di Via Giulia	XxX	995
Sora Lella	XX	1009
Stazione di Posta	X ❀	1009
St. Teodoro	XX	1005
La Terrasse	XxX	1002
Vivavoce	XxxX	1006

ROMA

0 — 2 km

Percorsi di attraversamento
e di circonvallazione

1

VITERBO · VITERBO · RIETI FIRENZE, TERNI

LA GIUSTINIANA

TOMBA DI NERONE

A 90

OTTAVIA

RISERVA NATURALE DELL'INSUGHERATA

MONUMENTO NATURALE QUARTO DEGLI EBREI E TENUTA DI

V. Cassia

V. Cassia Nuova

V. Francia

TOR DI QUINTO

Galleria Giovanni XXIII

STADIO OLIMPICO

TORREVECCHIA

MONTE MARIO

CASALOTTI

V. di Boccea

V. Mattia Battistini

V. Nazareth

Cornelia

VATICANO
MUSEI VATICANI

Vie Giuseppe Mazzini

Il Pincio

V. Gregorio XI

V. Aurelia Antica

VILLA DORIA PAMPHILI

Colli Portuensi

COLOSSEO

Aurelia

V. di Bravetta

V. della Pisana

V. Portuense

CORVIALE

V. di Fosso della Magliana

Basilica di S.Paolo Fuori le Mura

OSTIEN

E.U.R.

FIUME TEVERE

V. della Magliana

V. Portuense

V. della Pisana

V. del Casale

A 90

A 90 / E 80

OSTIA ANTICA, LIDO DI ROMA · NAPOLI

CIVITAVECCHIA · FIUMICINO · CIVITAVECCHIA

ROMA

A   B

1

2

3

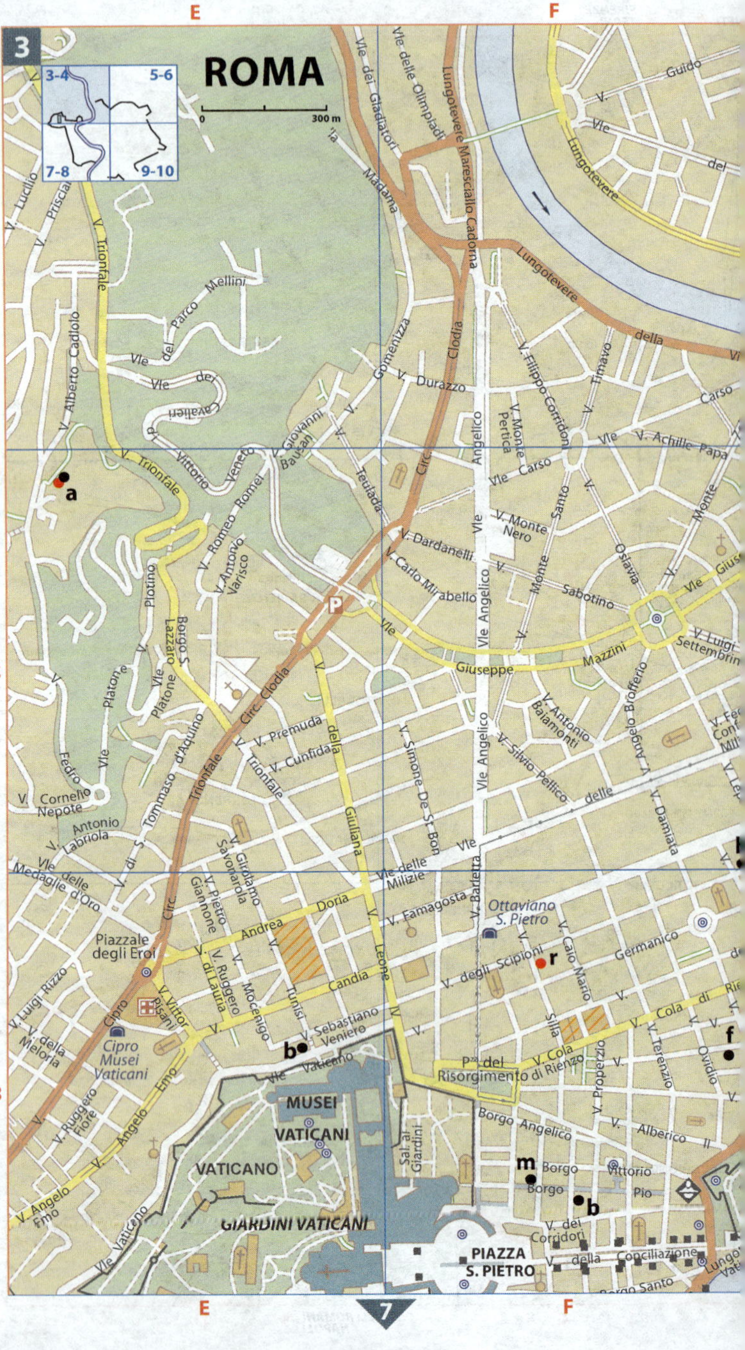
3
ROMA
0
300 m
3-4
5-6
7-8
9-10
E
F
1
2
3
7
Vle dei Gladiatori
Vle delle Olimpiadi
Lungotevere Maresciallo Cadorna
Lungotevere della Vittoria
Lungotevere
V. Guido
Vle del
V. Lucilio
V. Prisciano
V. Trionfale
Vle del Parco Mellini
Vle dei Cavalieri di Vittorio Veneto
V. Alberto Cadlolo
V. Gomenizza
V. Durazzo
Circ. Clodia
V. Giovanni Bausan
V. Teulada
Vle Angelico
V. Monte Pertica
V. Filippo Corridoni
V. Timavo
V. Carso
Vle Carso
V. Achille Papa
V. Monte Santo
V. Monte Nero
V. Dardanelli
V. Carlo Mirabello
V. Monte Sabotino
V. Ostavia
V. Romeo Romei
V. Antonio Varisco
V. Plotino
Borgo S. Lazzaro
Vle Giuseppe Mazzini
V. Luigi Settembrini
Piazza Giuseppe Mazzini
V. Platone
Vle Platone
V. Fedro
Vle Fedro
V. Cornelio Nepote
V. Antonio Labriola
V. di S. Tommaso d'Aquino
Circ. Trionfale
V. Premuda
V. Cunfida
V. Trionfale
V. della Giuliana
V. Simone De St-Bon
V. Antonio Bajamonti
V. Silvio Pellico
V. Angelo Brofferio
V. Damiata
Vle delle Milizie
Vle Medaglie d'Oro
V. Girolamo Savonarola
V. Pietro Giannone
Circ.
V. Andrea Doria
V. Famagosta
V. Barletta
Ottaviano S. Pietro
V. Caio Mario
V. Germanico
Piazzale degli Eroi
V. Ruggero di Lauria
V. Mocenigo
V. Tunisi
V. Candia
V. Leone IV
V. degli Scipioni
V. Silla
V. Cola di Rienzo
V. Vittor Pisani
Cipro
Cipro Musei Vaticani
V. Luigi Rizzo
V. della Meloria
V. Sebastiano Veniero
Vle Vaticano
P.za del Risorgimento
V. Properzio
V. Terenzio
V. Ovidio
V. Ruggero Fiore
V. Angelo Emo
MUSEI VATICANI
VATICANO
GIARDINI VATICANI
Sal. ai Giardini
Borgo Angelico
V. Alberico II
Borgo Vittorio
Borgo Pio
V. dei Corridori
V. della Conciliazione
Borgo Santo Spirito
PIAZZA S. PIETRO
a
b
r
f
m
P

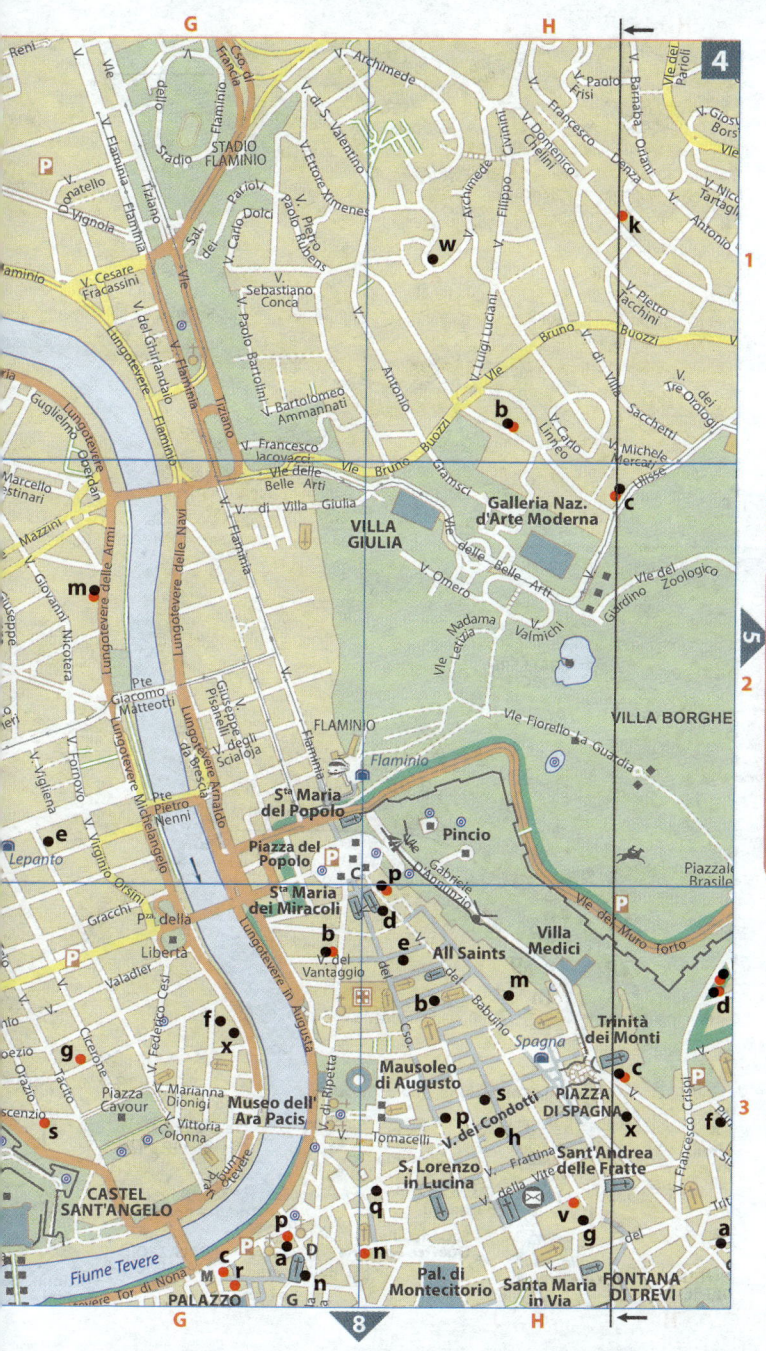

ROMA

0   300 m

H   J   K

VILLA BORGHESE

GALLERIA
BORGHESE

VILLA ALBANI

V. di Parioli
Vie di Parioli
V. di Villa S. Filippo
V. Romania
V. del Canneto
Panama
V. Giosuè Borsi
Vie
V. Nicola Tartaglia
V. Antonio Bertoloni
V. Vittorio Locchi
dei Parioli
Panama
V. Lisbona
V. di Villa Grazioli
V. Oglio
V. Salaria
V. Pietro Tacchini
Buozzi
Vie Bruno Buozzi
V. Guido d'Arezzo
V. Vincenzo Bellini
V. di Villa Ruffo
V. Bruxelles
V. Lovanio
V. Salaria
V. Agri
V. Chiltunno
V. Tagliamento
V. del Orologi
V. Giovanni Paisiello
V. Domenico Cimarosa
V. Salaria
V. Gariglianо
V. Clitunno
Michele Mercati
Ulisse
Vie del Zoologico
V. Giacomo Carissimi
V. Gaspare Spontini
V. Metauro
V. Regina Margherita
V. Tanaro
V. Arno
Giardino Zoologico
Vie del Zoologico
V. Pietro Raimondi
V. Rubeo Giovannelli
V. Jacopo Peri
V. Po
V. Tisso
V. Adda
V. Simeto
V. Giacomo Puccini
Sta Teresa
Isonzo
V. Salaria
V. di Villa Albani
V. Nizza
V. Reggio Emilia
V. Alessandria
V. Pinciana
V. Tevere
V. Brescia
V. Mantova
Piazzale Brasile
Cso. d'Italia
Campania
Sottovia V. Ignazio Guidi
Cso. d'Italia
Muro Torto
Cso. d'Italia
V. Sardegna
V. Sicilia
V. Calabria
V. Sicilia
Sottovia Ignazio Guidi
Vie
V. Boncompagni
V. Sallustiana
V. Piemonte
V. Collina
V. Flavia
V. Palestro
Trinità dei Monti
V. Ludovisi
V. Liguria
V. Friuli
V. Friuli
V. Mario Pagano
V. XX Settembre
V. Cernaia
V. Castelfidardo
Sta Maria della Concezione
Sta Maria della Vittoria
V. Pastrengo
V. Gaeta
Andrea Fratte
V. Francesco Crispi
V. della Purificazione
Barberini Fontana Trevi
S. Susanna
V. Cernaia
Terme di Diocleziano
V. San Martino della Battaglia
Tritone
Palazzo Barberini
Repubblica
Sta Maria degli Angeli
V. Magenta
V. Marsala
FONTANA DI TREVI
Giardino del Quirinale
S. Carlo alle Quattro Fontane
Piazza della Repubblica
Teatro dell'Opera
PALAZZO MASSIMO
Piazza dei Cinquecento
Stazione Termini

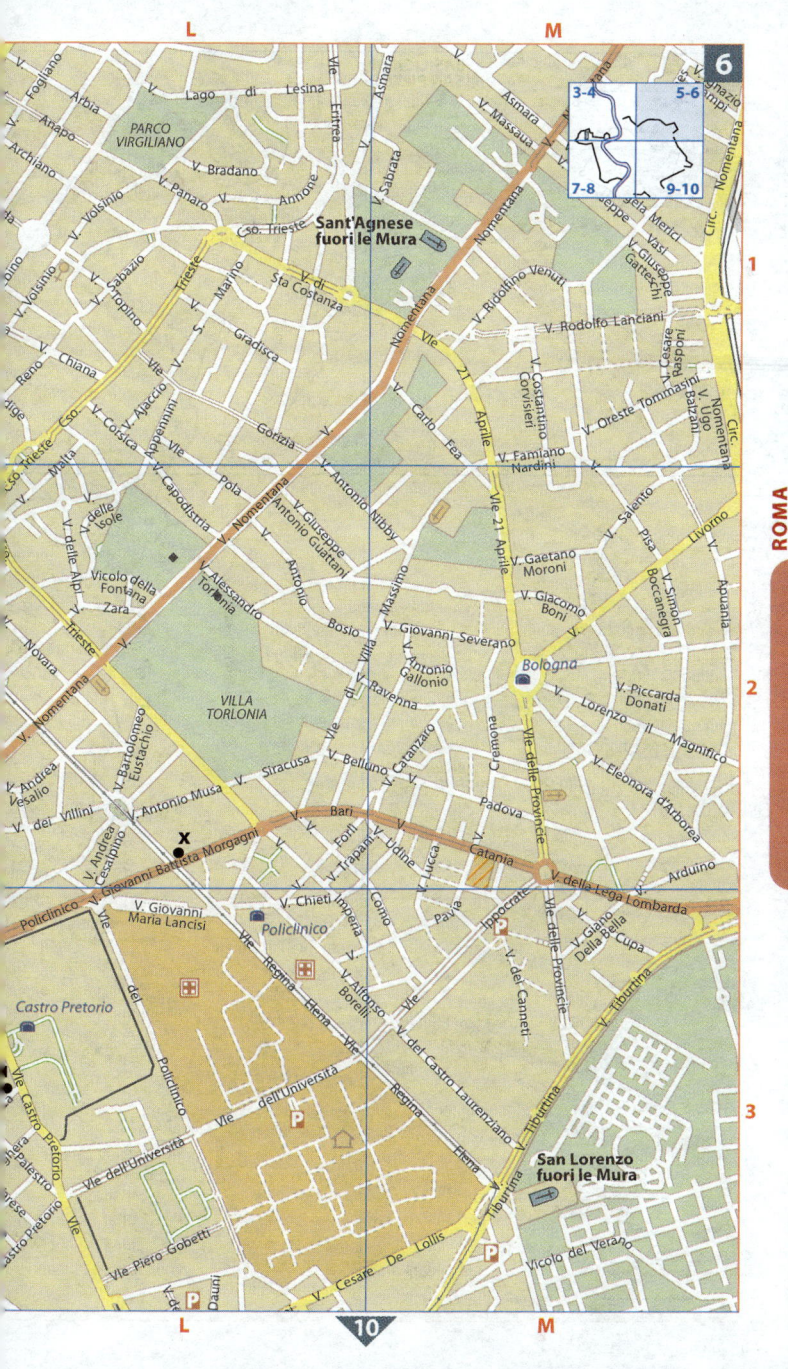

7

3-4 5-6

7-8 9-10

BASILICA DI
SAN PIETRO

Vie

Vaticano

Aurelia

V. di Pta Cavalleggeri

V. di Pta Cavalleggeri

V. Alessandro

VILLA
BARBERINI

P

c

Belvedere
dei Salviati

GIANICOLO

V. delle Mura Aurelie

V. di Porta Cavalleggeri

V. Innocenzo III

V. Domenico Silveri

S. PIETRO

V. Colegio VII

V. di Monte del Gallo

V. S. Silverio

V. della
Cava Aurelia

V. Gregorio

Gelsomino

Vicolo del Gelsomino

Vicolo

V. S. Damaso

V. delle Fornaci

V. delle Fornaci

Nuova
delle Fornaci

V. Passeggiata

Passeggiata del Gianicolo

Parco di Villa Corsini

V. di S. Francesco di

Piazzale
Garibaldi

Piazzetta S. Pan

in

Passeggiata del Gianicolo

V. delle Fornaci

V. Aurelia Antica

V. Aurelia Antica

a

b

V. Giacomo Medici

Vie 30 Aprile

V. di S. Pancrazio

Villa Doria Pamphilj

Carini

V. Fratelli Bonnet

VILLA
SCIARRA

V. Vitellia

V. Basilio Bricci

V. Oreste
Regnoli

V. Giacinto

V. Gabriele
Rossetti

V. Innocenzo V

Fontelana

V. Ludovico
di Monreale

V. Vitellia

V. Raffaello
Giovagnoli

V. Arturo
Colautti

Cavallotti

V. Raffaello

V. di S. Calepodio

V. Antonio Cesari

Giulio Bartoli

Felice

V. Alberto Mario

Pio Foà

Clivo

Rutario

V. Vitellia

V. Raffaele Paolucci

Ozanam

Donna

Vie di Villa Pamphilj

V. Antonio

V. Carlo
Pisacane

V. Francesco
Catel

Frederico

V. Pietro
Rampora

V. Fabiola

Paola
Falconieri

V. Antonio Toscani

Olimpia

V. Francesco
Cornaro

Vie di Villa Pamphilj

V. Guido Guinizelli

V. Guido
Cavalcanti

V. Giamba
Marino

V. Lorenzo

Circ Gianicol

V. Luigi Zambarelli

0   300 m

986

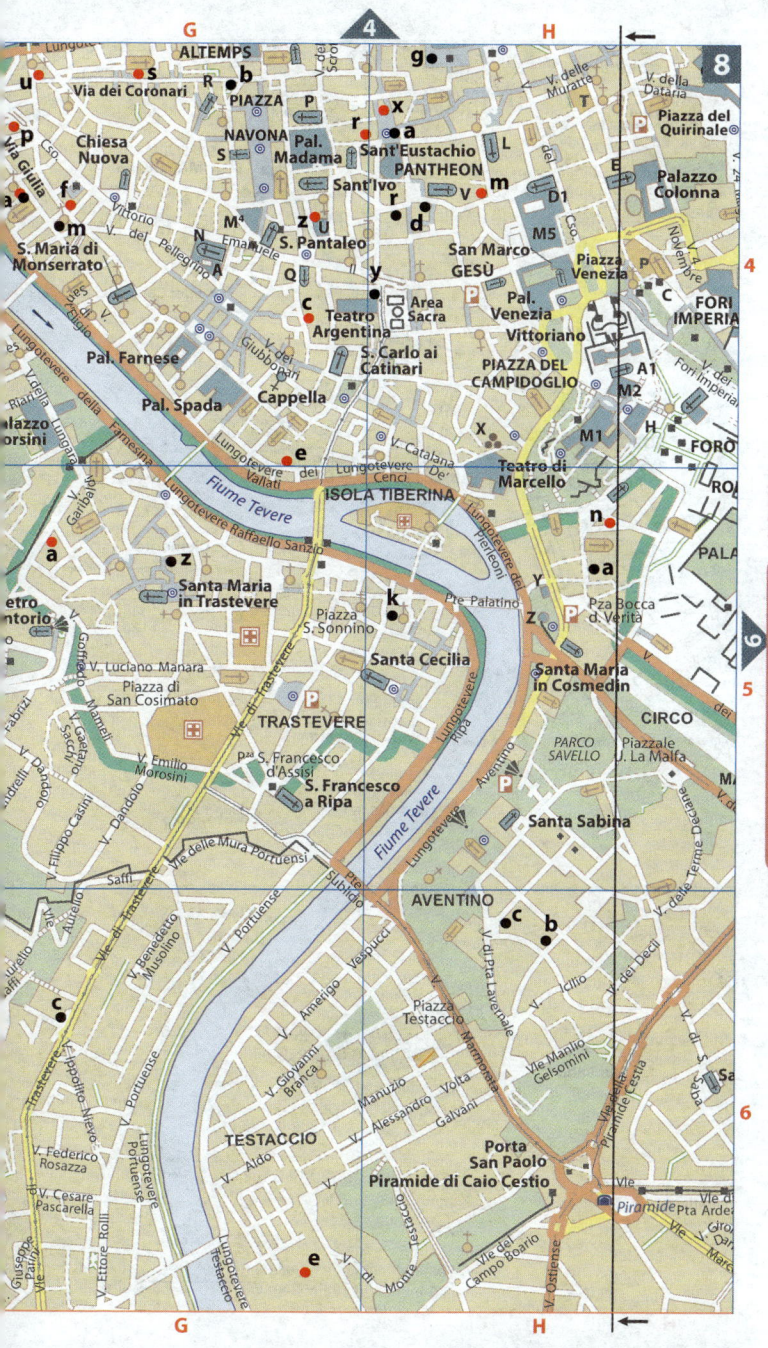

H
J
K
5
9
4
5
6
8
Pal. del Quirinale
Piazza del Quirinale
Palazzo Colonna
Sant'Andrea al Quirinale
V. Nazionale
V. della Consulta
V. 24 Maggio
V. Mazzarino
V. Milano
V. Panisperna
V. Cavour
V. Agostino Depretis
Piazza d. Esquilino
SANTA MARIA MAGGIORE
Santa Prassede
Torri dei Cappocci
Giardin Nicola Callipa
FORI IMPERIALI
V. dei Fori Imperiali
V. Baccina
V. Serpenti
V. in Selci
V. degli Annibaldi
San Pietro in Vincoli
S. Martino ai Monti
PARCO DI TRAIANO
V. delle Terme di Traiano
V. Merulana
V. Mecenate
V. Ferruccio
Domus Aurea
V. Carlo Botta
V. Nicola Salvi
V. Serapide
V. Ruggero Bonghi
FORO ROMANO
PALATINO
COLOSSEO
Colosseo
San Clemente
V. Labicana
V. di S. Giovanni in Laterano
V. dei Santi Quattro
V. Celio Vibenna
V. Celimontana
V. Ostilia
V. Claudia
PARCO NINFEO DI NERONE
Santissimi Giovanni e Paolo
V. di S. Gregorio
CIRCO MASSIMO
Piazzale U. La Malfa
V. dei Cerchi
V. del Circo Massimo
VILLA CELIMONTANA
V. di Valle delle Camene
V. della Navicella
S. Stefano Rotondo
V. dell'Amba Aradam
V. Ipponio
V. Gallia
V. Druso
V. Monte Calvarello
V. Pannonia
V. Alesia
Lgo Pannonia
PARCO EGERIO
Vle delle Terme di Caracalla
V. Antonina
Vle Guido Baccelli
TERME DI CARACALLA
V. delle Terme Deciane
V. dei Decii
V. Baldassarre Peruzzi
V. Aventina
San Saba
V. Annia Faustina
Vle Giotto
V. Guerrieri
Vle di Pta Ardeatina
V. Giovanni Miani
V. Lucio Fabio Cilone
V. Odoardo Beccari
Vle Metronio
V. di Pta Latina
PARCO DEGLI SCIPIONI
Vle delle Mura Latine
Lgo Terme di Caracalla
Piramide
Vle Marco Polo
V. Girolamo Dandini
0
300 m

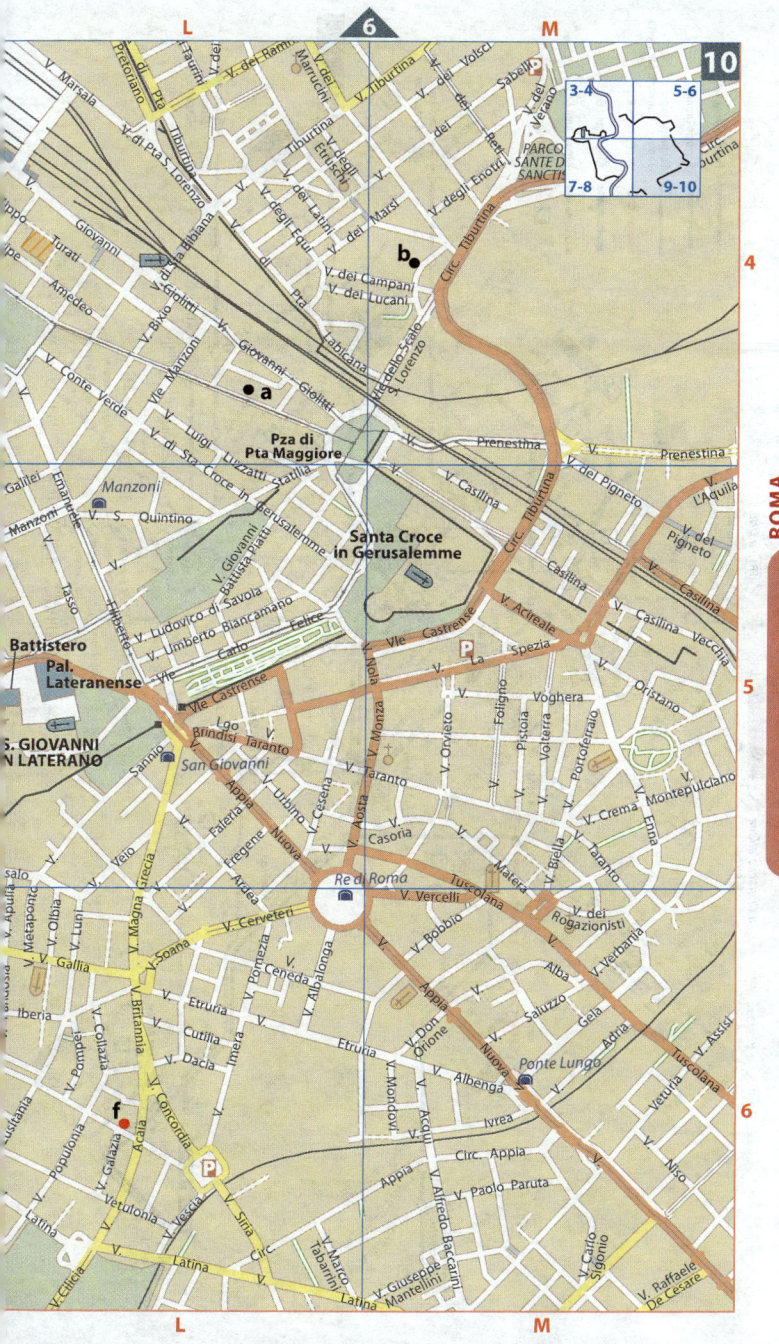

3-4 5-6

7-8 9-10

PARCO
SANTE D
SANCTIS

ROMA

V. Marsala
Pretoriano
V. dei Ramni
V. dei Volsci
V. dei Marrucini
V. Tiburtina
Sabelli
V. del Verano
Circ. Tiburtina

V. di Pta Tiburtina
Tiburtina
V. degli Etruschi
V. degli Ausoni
V. dei Latini
V. dei Marsi
V. degli Enotri

Filippo
Turati
V. Giovanni
Amedeo
pe
V. di Pta S. Lorenzo
V. Giolitti
V. Bixio
Giovanni — Giolitti
V. del Campani
V. dei Lucani
b

V. Conte Verde
Vle Manzoni
V. Luigi Luzzatti
V. di Sta Croce in Gerusalemme
Catilina
Circ. Tiburtina
Prenestina
V. Casilina
V. del Pigneto
Prenestina
L'Aquila
V. del Pigneto

Gailei
Manzoni
Emanuele
Filiberto
Tasso
Manzoni
S. Quintino
V. Giovanni
Battista Piatti
**Pza di
Pta Maggiore**
**Santa Croce
in Gerusalemme**
Via dello Scalo
S. Lorenzo
Labicana
V. Labicana
a

V. Ludovico di Savoia
V. Umberto Biancamano
Felice
Carlo
Vle
Vle Castrense
V. Acireale
Casilina
Casilina Vecchia

**Battistero
Pal.
Lateranense**

**S. GIOVANNI
N LATERANO**
Sannio
San Giovanni
Appia
Lgo
Brindisi Taranto
Vle Castrense
V. Nola
V. Monza
La spezia
V. Orvieto
Folberto
Voghera
Oristano

V. Urbino
V. Cesena
V. Taranto
Pistoia
Volterra
Portoferaio
Montepulciano
V. Crema
Enna
Taranto
5

V. Faleria
Fregene Nuova
V. Aosta
Casoria
V. Biella
salo
V. Aquila
Veio
Ardea
Re di Roma
V. Cerveteri
V. Vercelli
V. Bobbio
Tuscolana
Matera
V. dei
Rogazionisti
V. Olbia
V. Gallia
V. Magna Grecia
V. Soana
Pozemea
Alba
V. Verbania
Iberia
V. Collazia
V. Britannia
V. Etruria
V. Albalonga
Appia
Saluzzo
Gela
Adria
V. Don
Orione
Ivrea
Tuscolana
6
Pomponia
V. Concordia
V. Cutilia
V. Imera
Etruria
V. Dacia
V. Mondovì
Acqui
Nuova
Albenga
Ponte Lungo
Vetulia
V. Assisi
Tuscolana
ustaniana
f
V. Populonia
Galazia
V. Acaia
V. Vetulonia
V. Vescia
Sina
Circ. Appia
Appia
Alfredo Baccarini
Circ. Appia
V. Niso
Latina
Vle Ciriclo
Latina
Latina
V. Marco
Tabarrini
V. Giuseppe
Mantellini
V. Paolo Paruta
V. Carlo
Sigonio
V. Raffaele
De Cesare

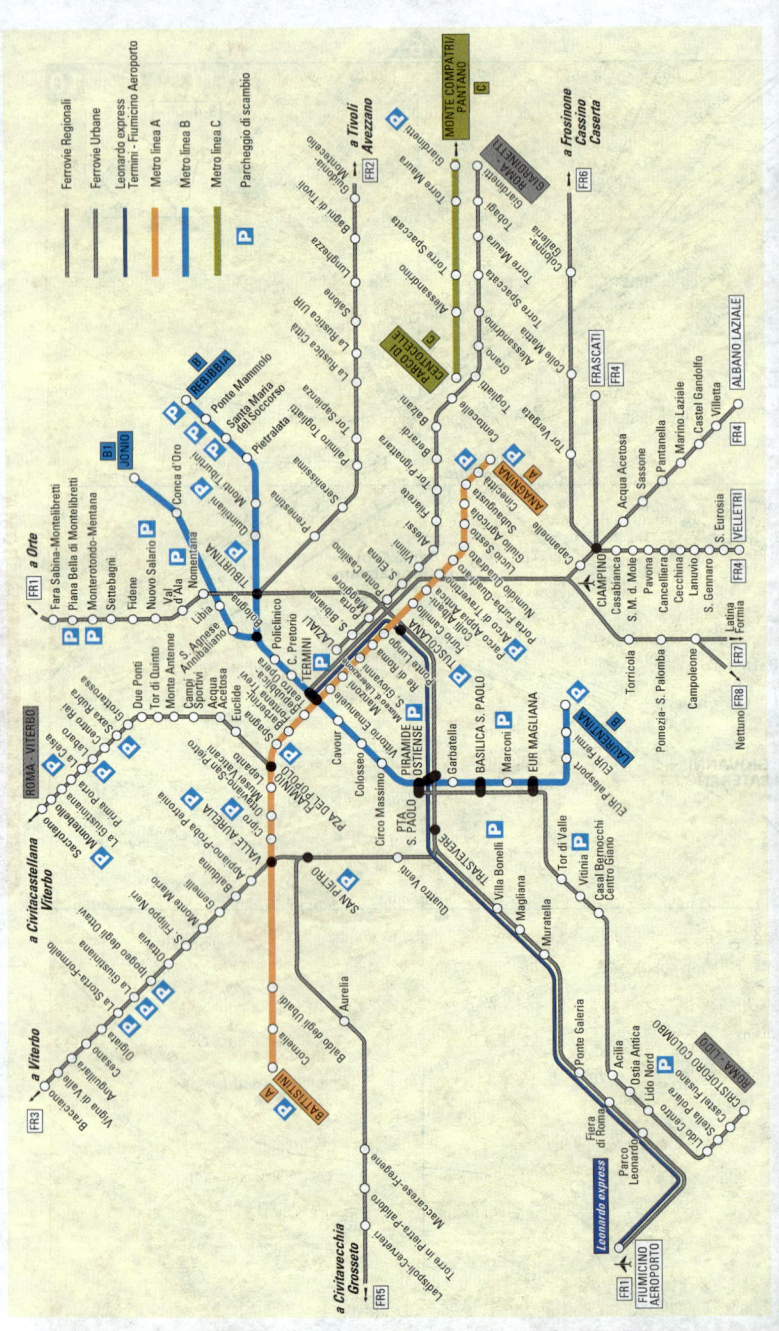

Centro Storico

Hassler

piazza Trinità dei Monti 6 ✉ *00187* Ⓜ *Spagna* – ☎ *06 69 93 40* – *www.hotelhasslerroma.com*

Pianta: 4H3**c**

96 cam – ✝295/505 € ✝✝375/920 € – ☐ 38 € – **14 suites**
Rist *Imàgo* ✿ – Vedere selezione ristoranti

In pregevole posizione, in cima alla scalinata di Trinità dei Monti, l'hotel coniuga tradizione, prestigio ed eleganza. La raffinatezza raggiunge il suo apice nella splendida suite che occupa per intero l'ottavo piano: ascensore privato, eventuale alloggio supplementare per lo staff di security, due terrazze panoramiche, arredi moderni e tecnologie avanzate.

De Russie

via del Babuino 9 ✉ *00187* Ⓜ *Flaminio* – ☎ *06 32 88 81* – *www.roccofortehotels.com*

Pianta: 4H2**p**

122 cam – ✝385/671 € ✝✝499/869 € – ☐ 38 € – **34 suites**
Rist *Le Jardin de Russie* – Vedere selezione ristoranti

Design leggero e armonico in un edificio disegnato da Valadier nei primi anni del XIX secolo. La raffinatezza avvolge le camere; rose e gelsomini profumano il "giardino segreto". Tra le migliori risorse dell'Urbe.

Indigo Rome St. George

via Giulia 62 ✉ *00186* – ☎ *06 68 66 11* – *www.hotelindigo.com/romestgeorge*

Pianta: 8G4**a**

64 cam – ✝250/550 € ✝✝250/550 € – ☐ 25 €
Rist *I Sofà di Via Giulia* – Vedere selezione ristoranti

Boutique e design hotel in una delle vie più belle della capitale: autentico scrigno di raffinatezza, l'albergo si fregia di lussuosi arredi, sia negli spazi comuni, sia nelle ampie camere.

Grand Hotel Plaza

via del Corso 126 ✉ *00186* Ⓜ *Spagna* – ☎ *0 66 74 95* – *www.grandhotelplaza.com*

Pianta: 4H3**p**

196 cam – ✝144/400 € ✝✝159/500 € – ☐ 20 € – **8 suites**

Straordinari, immensi saloni di fine '800: trionfo liberty di marmi, soffitti a cassettoni, affreschi e vetrate. Arredi d'epoca anche nelle camere e terrazza panoramica con Champagne bar. L'atmosfera d'altri tempi non risparmia la suggestiva sala ristorante.

Grand Hotel de la Minerve

piazza della Minerva 69 ✉ *00186* – ☎ *06 69 52 01* – *www.grandhoteldelaminerve.com*

Pianta: 8H4**d**

123 cam – ✝220/700 € ✝✝270/750 € – ☐ 35 € – **12 suites**

Un edificio storico cinto da antichi monumenti. All'interno, preziosi lampadari, statue neoclassiche e camere moderne, mentre la dea campeggia nel soffitto liberty della hall. Avvolto da un'atmosfera di raffinatezza, il ristorante offre una carta fantasiosa d'impronta tradizionale. Suggestiva la vista dalla terrazza.

D'Inghilterra

via Bocca di Leone 14 ✉ *00187* – ☎ *06 69 98 11* – *www.niquesahotels.com*

Pianta: 4H3**h**

88 cam ☐ – ✝315/863 € ✝✝367/946 € – **7 suites**

Dal lontano Seicento accoglie turisti di tutto il mondo con l'inconfondibile cifra di una raffinata casa privata e deliziose camere personalizzate. Bar d'atmosfera ed eleganti salotti. Al ristorante, cucina semplice e classica a pranzo, più elaborata ed ambiziosa la sera.

Le grandi città beneficiano di piantine sulle quali sono situati gli alberghi e i ristoranti. Seguite le coordinate (es. : Pianta: **12B**M**e**) per individuarli più facilmente.

ROMA

Raphaël

largo Febo 2 ✉ *00186* – 𝄢 *06 68 28 31*   Pianta: 8G4**b**
– www.raphaelhotel.com
49 cam – †180/430 € ††230/605 € – senza ⌸ – **1 suite**
La facciata ricoperta di rampicanti è ormai il suo celebre segno distintivo, ma i
veri tesori sono all'interno, dove troverete opere di Picasso, De Chirico, Mirò e
tanti altri. Arredi contemporanei nelle camere, il ristorante privilegia la strada
vegetariana e biologica su splendide terrazze affacciate sui tetti e le cupole del
centro storico.

The First Luxury Art Hotel Roma

via del Vantaggio 14 ✉ *00186* Ⓜ *Flaminio*
– 𝄢 06 45 61 70 70 – www.thefirsthotel.com   Pianta: 4G3**b**
23 suites – ††550/1500 € – ⌸ 30 € – 6 cam
Rist *All'Oro* ✿ – Vedere selezione ristoranti
Camere raffinate e terrazze panoramiche sui tetti del centro in un elegante
palazzo ottocentesco, che si apre all'interno verso ambienti luminosi e moderni,
arredati con opere d'arte contemporanea.

Dei Borgognoni

via del Bufalo 126 ✉ *00187* Ⓜ *Spagna* – 𝄢 *06 69 94 15 05*   Pianta: 4H3**g**
– www.hotelborgognoni.it
51 cam ⌸ – †205/230 € ††209/295 €
In un palazzo ottocentesco, signorile albergo dalle ariose sale in stile contemporaneo e camere confortevoli, che uniscono uno stile classico a soluzioni piu
moderne.

Nazionale

piazza Montecitorio 131 ✉ *00186* – 𝄢 *06 69 50 01*   Pianta: 8H4**g**
– www.hotelnazionale.it
100 cam ⌸ – †185/290 € ††290/390 € – **1 suite**
Affacciato sulla piazza di Montecitorio, l'hotel è ospitato in un edificio settecentesco con sale di tono signorile e camere arredate in stili diversi. In una
città spesso presa d'assalto dai turisti, l'orario di apertura continuato del ristorante (12-19) sarà uno degli aspetti più interessanti oltre alle sue sfiziose proposte mediterranee.

D.O.M.

via Giulia 131 ✉ *00186 Roma* – 𝄢 *0 66 83 21 44*   Pianta: 8G4**m**
– www.domhotelroma.com
14 cam – †240/700 € ††240/700 € – **4 suites**
Deo Optimo Maximo: il palazzo seicentesco coniuga elementi sacri provenienti da
una chiesa attigua con arredi contemporanei, colori smorzati e tre opere di Andy
Warhol. All'ultimo piano troverete una terrazza-bar.

Piranesi-Palazzo Nainer

via del Babuino 196 ✉ *00187* Ⓜ *Flaminio* – 𝄢 *06 32 80 41*   Pianta: 4H3**d**
– www.hotelpiranesi.com
32 cam ⌸ – †80/160 € ††90/250 €
Eleganti marmi, decorazioni ed una particolare esposizione di tessuti, anche storici, impreziosiscono la hall, le camere ed i corridoi. Roof garden ed un solarium
multilivello.

Manfredi

via Margutta 61 ✉ *00187* Ⓜ *Spagna* – 𝄢 *0 63 20 76 76*   Pianta: 4H3**m**
– www.hotelmanfredi.it
22 cam ⌸ – †100/379 € ††120/499 € – **1 suite**
Piccola bomboniera nella famosa via Margutta: al terzo piano di un palazzo signorile, differenti tipologie di camere, ma tutte arredate con eleganza ed accessori di
ultima generazione. Proverbiale la prima colazione intercontinentale a base di
prodotti naturali (yogurt e dolci fatti in casa).

Santa Chiara

via Santa Chiara 21 ✉ *00186* – ☎ *0 66 87 29 79*
Pianta: 8H4**r**
– www.albergosantachiara.com
96 cam ⊐ – ♦140/205 € ♦♦180/500 € – **3 suites**
Dal 1830 un'ininterrotta tradizione familiare di ospitalità in questo albergo moderno e funzionale situato alle spalle del Pantheon ed articolato su tre differenti palazzi. Gran parte delle camere sono state recentemente rinnovate: aspettatevi, quindi, gran confort!

Due Torri

vicolo del Leonetto 23 ✉ *00186* Ⓜ *Spagna*
Pianta: 4G3**a**
– ☎ 0 66 87 69 83 – www.hotelduetorriroma.com
26 cam ⊐ – ♦80/125 € ♦♦100/200 €
In un angolo tranquillo della vecchia Roma, l'accogliente atmosfera di una casa privata che nel tempo ha ospitato cardinali e vescovi. Negli ambienti, arredi in stile e tessuti rossi.

Gregoriana

via Gregoriana 18 ✉ *00187* Ⓜ *Spagna* – ☎ *0 66 79 42 69*
Pianta: 4H3**x**
– www.hotelgregoriana.it – Chiuso 25 luglio-21 agosto
21 cam ⊐ – ♦120/198 € ♦♦180/288 € – **1 suite**
In una delle strade più eleganti di Roma, questo piccolo albergo occupa un convento del XVII secolo. Spazi comuni limitati, ma belle camere dalle eleganti decorazioni art decò.

Albergo del Senato

piazza della Rotonda 73 ✉ *00186* Ⓜ *Spagna*
Pianta: 8H4**a**
– ☎ 0 66 78 43 43 – www.albergodelsenato.it
56 cam ⊐ – ♦115/265 € ♦♦160/440 € – **4 suites**
Punto d'incontro tra Rinascimento e Barocco, questo palazzo ottocentesco sfoggia una classica eleganza, dai marmi policromi che impreziosiscono i pavimenti, agli arredi delle camere. E quando il clima si fa un po' più mite, panoramico roof garden con piccolo bar.

Mozart

via dei Greci 23/b ✉ *00187* Ⓜ *Spagna* – ☎ *06 36 00 19 15*
Pianta: 4H3**b**
– www.hotelmozart.com
78 cam ⊐ – ♦79/299 € ♦♦89/349 €
Ospitato in un palazzo dell'800, l'albergo dispone di ambienti comuni di raffinata eleganza e camere in stile. A pochi passi dall'albergo, la dépendance Vivaldi Luxury Rooms offre stanze moderne e leggermente più ampie, nonché una sala colazioni dedicata.

Portoghesi

via dei Portoghesi 1 ✉ *00186* – ☎ *0 66 86 42 31*
Pianta: 4G3**n**
– www.hotelportoghesiroma.it
24 cam ⊐ – ♦100/160 € ♦♦130/200 € – **4 suites**
Accanto alla chiesa dedicata a S.Antonio dei Portoghesi, l'hotel offre camere impreziosite da decorazioni classiche e da raffinati tessuti. Nella bella stagione, la giornata incomincia sotto il buon auspicio della prima colazione servita sulla terrazza del roof garden.

Fontanella Borghese

largo Fontanella Borghese 84 ✉ *00186* Ⓜ *Spagna*
Pianta: 4H3**q**
– ☎ 06 68 80 95 04 – www.fontanellaborghese.com
24 cam ⊐ – ♦80/135 € ♦♦100/210 €
Al 2° e 3° piano di un palazzo appartenuto ai principi Borghese, l'hotel offre camere elegantemente arredate, particolarmente silenziose quelle affacciate sulla corte interna.

San Carlo Ⓝ

via Delle Carrozze 92/93 ✉ *00187* Ⓜ *Spagna*
Pianta: 4H3**s**
– ☎ 0 66 78 45 48 – www.hotelsancarloroma.com
50 cam ⊐ – ♦80/125 € ♦♦100/195 €
Parallelo alla via Condotti, hotel accogliente con gradevoli camere ed una terrazza per le colazioni che raggiunge il proprio apice di charme nella bella stagione.

ROMA

Pensione Barrett
largo Torre Argentina 47 ✉ 00186 – ✆ 0 66 86 84 81 Pianta: 8H4**y**
– www.pensionebarrett.com
20 cam – 80/115 € 100/125 € – ☕ 8 €
Calorosa ospitalità familiare ed eco di storia senza fine in questo hotel: un palazzo quattrocentesco con un autentico arco romano e camere dalle decorazioni barocche.

Centrale
via Laurina 34 ✉ 00187 Ⓜ Flaminio – ✆ 0 68 74 03 08 90 Pianta: 4H3**e**
– www.hotelcentraleroma.it
21 cam ☕ – 70/120 € 85/170 €
Alla scoperta della Città Eterna, partendo da questo albergo, recentemente ristrutturato, che dispone di spazi comuni un po' ridotti, ma curati; come del resto le camere: di diversa metratura, ma tutte confortevoli ed accoglienti.

Fellini
via Rasella 56 ✉ 00187 Ⓜ Barberini – ✆ 06 42 74 27 32 Pianta: 4H3**a**
– www.hotelfellini.com
34 cam ☕ – 49/179 € 59/249 €
A poca distanza dal Quirinale e dalla Fontana di Trevi, una risorsa rinnovata che dispone anche di un terrazzino estivo per le colazioni.

ROMA

Luxury on the River
lungotevere dei Mellini 34 ✉ 00186 Roma Ⓜ Flaminio Pianta: 6G3**x**
– ✆ 0 63 21 94 70 – www.luxuryontheriver.it
8 cam ☕ – 100/300 € 100/300 €
Al primo piano di un palazzo ottocentesco, le camere offrono arredi moderni, alcune si affacciano sul Tevere, quelle sul retro sono più tranquille. Non mancano attenzioni e cortesie per gli ospiti che raggiungono il centro con una breve passeggiata.

Le Jardin de Russie – Hotel De Russie
via del Babuino 9 ✉ 00187 Ⓜ Piazzale Flaminio Pianta: 4H2**p**
– ✆ 06 32 88 88 70 – www.roccofortehotels.com
• MEDITERRANEA • Menu 39 € (pranzo) – Carta 68/126 €
A dispetto del nome francese, i sapori sono decisamente tricolori, reinterpretati creativamente da un grande della cucina: Fulvio Pierangelini. A pranzo ricco buffet in alternativa alla carta; sabato e domenica brunch.

Hostaria dell'Orso
via dei Soldati 25/c ✉ 00186 – ✆ 06 68 30 11 92 Pianta: 4G3**c**
– www.hdo.it – Chiuso agosto e domenica
• CUCINA MODERNA • Carta 116/155 € – *(solo a cena)* (consigliata la prenotazione)
Uno storico riferimento della mondanità romana. Elegante, l'atmosfera intima e romantica delle sale, volutamente prive di superflui artifici d'arredo, in simbiosi con la cucina, omaggio alle materie prime prescelte.

Imàgo – Hotel Hassler
piazza Trinità dei Monti 6 ✉ 00187 Ⓜ Spagna Pianta: 4H3**c**
– ✆ 06 69 93 47 26 – www.imagorestaurant.com
• CUCINA MODERNA • Menu 120/140 € – Carta 97/150 € – *(solo a cena)*
Continua ad incantare i suoi ospiti la sala ristorante grazie alle ampie vetrate e all'indimenticabile vista sulla città eterna. Cucina di stampo moderno ed ottime materie prime.
➜ Cappellotti di parmigiano in brodo freddo di tonno, doppio malto e 7 spezie. Merluzzo carbonaro glassato al sake, verdurine in campo viola. Babà in sospensione al cioccolato e sake, ghiacciato alla banana.

XXX ✿ **All'Oro** (Riccardo Di Giacinto) – The First Luxury Art Hotel   ♿ AC

via del Vantaggio 14 ✉ *00186* Ⓜ *Flaminio*   Pianta: 4G3**b**
– 𝄢 06 97 99 69 07 – www.ristorantealloro.it – Chiuso 10 giorni in agosto e domenica
• CREATIVA • Menu 88/130 € – Carta 84/110 € – *(solo a cena)*
Locale dal design accattivante, tra opere moderne e raffinata eleganza, la cucina prosegue sulla appetitosa strada dei sapori locali, veraci e gustosi, reinterpretandoli con estro e creatività.
➜ Riassunto di carbonara. Won ton di castrato al vapore con verza e pecorino. Agnello con melanzane al carbone, lime, coriandolo e prosciutto di pecora.

XXX ✿ **Enoteca al Parlamento Achilli**   🐝 🍴 AC

via dei Prefetti 15 ✉ *00186* Ⓜ *Spagna – 𝄢 0 66 87 34 46*   Pianta: 4H3**n**
– www.enotecalparlamento.com – Chiuso 10 giorni in gennaio, 20 giorni in agosto e domenica
• CREATIVA • Menu 120 € – Carta 85/165 €
In pieno centro, dall'esterno ben poco farebbe pensare ad un ristorante, ma varcati gli ambienti dell'elegante enoteca, due sale in successione avvolte dal legno ospitano una cucina molto personalizzata, basata su contrasti ed audaci accostamenti, amata da chi vuole sfuggire alla tradizione. Un fantasioso viaggio nel mondo dei sapori!
➜ Rapa, castagne, tartufo e triglia. Lepre stile royal. Gelato al sigaro e prugne farcite al foie gras.

XXX **I Sofà di Via Giulia** – Hotel St. George   🍴 ♿ AC ✸

via Giulia 62 ✉ *00186 – 𝄢 06 68 66 12 45*   Pianta: 10G4**a**
– www.isofadiviagiulia.com
• CUCINA MODERNA • Carta 44/77 €
Proposte che si legano al territorio in chiave leggermente moderna, nonché una carta dei vini che si mostra all'altezza del locale, in un ambiente dinamico e di design. Piacevole appendice: nella bella stagione, servizio serale al roof garden con vista panoramica sul centro città.

XXX ✿ **Il Convivio-Troiani** (Angelo Troiani)   🐝 AC ✸ ⇔

vicolo dei Soldati 31 ✉ *00186 – 𝄢 0 66 86 94 32*   Pianta: 4G3**r**
– www.ilconviviotroiani.com – Chiuso 23-26 dicembre, 1 settimana a Ferragosto e domenica
• CUCINA MODERNA • Menu 110 € – Carta 81/145 € – *(solo a cena)*
Un elegante salotto nel cuore del centro storico: tra affreschi, quadri e moderna essenzialità, brilla una cucina vetrina dei più celebri piatti italiani, dai risotti alle paste con un occhio di riguardo alle tradizioni laziali.
➜ Linguina di farro alla "carbomare". Dall'agnello: quattro differenti preparazioni con le diverse parti del carré. Tiramisù : ieri, oggi e domani.

XXX ✿✿ **Il Pagliaccio** (Anthony Genovese)   🐝 AC ✸

via dei Banchi Vecchi 129/a ✉ *00186 – 𝄢 06 68 80 95 95*   Pianta: 8G4**f**
– www.ristoranteilpagliaccio.it – Chiuso 25 gennaio-8 febbraio, 3 settimane in agosto, domenica, martedì a pranzo e lunedì
• CREATIVA • Menu 75 € (pranzo)/155 € – Carta 95/135 € – (consigliata la prenotazione)
Una scossa al cuore della Roma rinascimentale: la cucina svecchia la tradizione e si mette alla costante ricerca di prodotti ed accostamenti innovativi.
➜ Spaghetti di grano arso con olio, peperoncino, lumache di mare e gelato di cannolicchi. Faraona con ostrica grigliata, rape, crema di limone e burrata. Sorbetto di albicocca con soffice alla ricotta e caramello alle mandorle.

XXX **Il Sanlorenzo**   🐝 AC ⇔

via dei Chiavari 4/5 ✉ *00186 – 𝄢 0 66 86 50 97*   Pianta: 8G4**c**
– www.ilsanlorenzo.it – Chiuso 10-31 agosto, domenica e i mezzogiorno di sabato e lunedì
• CUCINA MODERNA • Menu 65/85 € – Carta 74/144 €
Un palazzo storico costruito sulle fondamenta del Teatro Pompeo per un locale d'atmosfera, che unisce storia ed arte contemporanea. In menu: piatti moderni e specialità di pesce.

XX **Sangallo ai Coronari** 🛜 AK ❀ ⇔

via dei Coronari 180 ✉ *00186 –* ☏ *06 68 13 40 55* Pianta: **8G4s**
– www.ristorantesangallo.com – Chiuso 9-23 agosto
• CUCINA MODERNA • Menu 50/85 € – Carta 61/91 € – *(solo a cena dal 2 agosto al 6 settembre)* (consigliata la prenotazione)
Quando l'antico si contrappone al moderno: in un palazzo del 1500 - accanto alla chiesa di San Salvatore in Lauro - diverse salette di tono elegante accolgono una cucina contemporanea.

XX **La Rosetta** 🛜 AK

via della Rosetta 8/9 ✉ *00186 –* ☏ *0 66 86 10 02* Pianta: **8H4x**
– www.larosetta.com – Chiuso 2 settimane in agosto
• PESCE E FRUTTI DI MARE • Menu 65 € (pranzo in settimana)/150 €
– Carta 101/195 €
A pochi passi dallo splendido scenario del Pantheon, pesce fresco e di grande qualità da fare invidia ad una località di mare… Saporite ricette mediterranee, tenendo ben presente l'evoluzione del gusto moderno. Proposte più elaborate la sera.

XX **Evangelista** 🛜 AK

via delle Zoccolette 11/a ✉ *00186 –* ☏ *0 66 87 58 10* Pianta: **8G4e**
– www.ristorantevangelista.com – Chiuso agosto, domenica e festivi
• ROMANA • Menu 40/50 € – Carta 41/73 € – *(solo a cena)*
Un ristorante che, a più di 50 anni dalla sua apertura, è ancora gestito dalla stessa famiglia di chi l'ha fondato: il sig. Evangelista, per l'appunto! Ambiente classico e ben tenuto per una cucina mediterranea, che trova la propria massima espressione nei carciofi al mattone (ricetta rigorosamente top secret), ma anche in altri piatti romani.

XX **Hamasei** ♿ AK ❀ ⇔
⊜

via della Mercede 35/36 ✉ *00187 –* ☏ *0 66 79 21 34* Pianta: **4H3v**
– www.roma-hamasei.com – Chiuso 2 settimane in agosto e lunedì
• GIAPPONESE • Menu 15 € (pranzo in settimana)/100 € – Carta 20/87 €
Sobri arredi minimalisti ed atmosfera curata, in questo ristorante giapponese recentemente ampliato e rinnovato. La carta propone ricette tradizionali del Sol Levante, sia di carne sia di pesce.

XX **Taverna Giulia** 🛜 AK ❀

vicolo dell'Oro 23 ✉ *00186 –* ☏ *0 66 86 97 68* Pianta: **8G4p**
– www.tavernagiulia.it – Chiuso agosto e domenica
• LIGURE • Menu 35 € (in settimana) – Carta 33/59 € – (consigliata la prenotazione la sera)
Ci sono giorni in cui - complice il bel tempo - sottrarsi al fascino di Roma è impossibile. Se capitate in una di queste giornate optate per il grazioso dehors, altrimenti vi aspettano gli spazi interni – pur sempre piacevoli – dove gustare proposte di cucina ligure.

X **Colline Emiliane** AK ⇔

via degli Avignonesi 22 ✉ *00187* Ⓜ *Barberini*
– ☏ *0 64 81 75 38 – Chiuso agosto, domenica sera e lunedì* Pianta: **5J3j**
• EMILIANA • Carta 35/71 € – (consigliata la prenotazione)
A due passi da piazza Barberini, calorosa gestione familiare in questo semplice locale dai pochi tavoli serrati, rinnovato nell'aspetto, ma non nel carattere. Se passate la mattina vedrete preparare le specialità della casa nel loro laboratorio: paste tirate a mano come un tempo ed altri gustosi piatti della tradizione emiliana.

X **Le Streghe** 🛜 AK

vicolo del Curato 13 ✉ *00186 –* ☏ *0 66 87 81 82* Pianta: **8G4u**
– www.osterialestreghe.com – Chiuso agosto e domenica
• ROMANA • Carta 26/62 €
Nei pressi del Tevere, due piccole ed accoglienti sale, dove fermare il tempo per gustare la vera cucina romana e qualche piatto nazionale.

✗ Da Armando al Pantheon N   AC ✗

salita dè Crescenzi 31 Ⓜ *Spagna* – ☎ *06 68 80 30 34*   Pianta: 8G4**r**
– *www.armandoalpantheon.it* – *Chiuso agosto, sabato sera e domenica*
• ROMANA • Carta 34/66 € – (coperti limitati, prenotare)
A pochi metri dal Pantheon, locale piccolo a conduzione familiare che da anni
conquista romani e non con la sua cucina tradizionale: prenotare è quasi indispensabile se si vuole trovare un tavolo.

✗ La Campana   AC

vicolo della Campana 18-20 ✉ *00186* – ☎ *0 66 86 78 20*   Pianta: 4G3**p**
– *www.ristorantelacampana.com* – *Chiuso agosto e lunedì*
• ROMANA • Carta 30/54 €
Un locale tra la trattoria ed il ristorante, dove l'informale atmosfera romana è
ingentilita da alcune decorazioni: la cucina è quella della tradizione ed il carciofo
un must. Proverbiale il buffet degli antipasti.

✗ Green T. N   AC ⇔

Via del Piè di Marmo 28 ✉ *00186* – ☎ *0 66 79 86 28*   Pianta: 8H4**m**
– *www.green-tea.it* – *Chiuso 2 settimane in agosto e domenica*
• CINESE • Menu 9 € (pranzo in settimana)/17 € – Carta 29/66 €
La maestra, Yan, introdurrà i neofiti al "Tao del Tè" (percorso di conoscenza e
degustazione di quest'antica bevanda) in un originale locale - non lontano dal
Pantheon – disposto su quattro livelli. Sapori d'Oriente in menu.

✗ Casa Bleve   ⅍⅍ AC ✗

via del Teatro Valle 48/49 ✉ *00186* – ☎ *0 66 86 59 70*   Pianta: 8G4**a**
– *www.casableve.it* – *Chiuso 3 settimane in agosto e domenica*
• MEDITERRANEA • Carta 45/80 €
Nei pressi di Palazzo Madama, in un antico palazzo del 1492 con ampi soffitti a
volte, menu à la carte con specialità nazionali; in bella mostra all'entrata molte
etichette di vini anche pregiati.

Stazione Termini

🏨 The St. Regis Rome   ✿ ⌂ ⅃⅍ ⬚ ⅗ ⅋⅋ AC ✗ ⅍

via Vittorio Emanuele Orlando 3 ✉ *00185* Ⓜ *Repubblica*   Pianta: 5K3**c**
– ☎ *0 64 70 91* – *www.stregisrome.com*
138 cam – ♦400/1000 € ♦♦690/1280 € – ⌂ 43 € – **23 suites**
Affreschi, tessuti pregiati, antiquariato stile Impero nelle lussuose camere e negli
sfarzosi saloni di un hotel tornato agli antichi splendori delle sue origini (1894).
Unica concessione alla modernità, la bella ed attrezzata spa. A mezzogiorno, Le
Grand Bar offre qualche classica ricetta di cucina nazionale; sapori mediterranei,
invece, al ristorante Vivendo.

🏨 The Westin Excelsior   ✿ ⌷ ⅗⅍ ⅃⅍ ⬚ ⅗ AC ✗ ⅍

via Vittorio Veneto 125 ✉ *00187* Ⓜ *Barberini*   Pianta: 5J3**g**
– ☎ *0 64 70 81* – *www.westinrome.com*
284 cam – ♦320/650 € ♦♦390/1050 € – ⌂ 38 € – **32 suites**
Rist *Doney* – Vedere selezione ristoranti
Situato a pochi passi dalla centralissima piazza di Spagna e dal verde di Villa Borghese, The Westin Excelsior affonda le sue radici nella strada più prestigiosa della
capitale, via Veneto. Tra le varie suite, Villa La Cupola è sicuramente una delle più
grandi d'Europa.

🏨 Jumeirah Grand Hotel Via Veneto   ✿ ⅗⅍ ⅍ ⅃⅍ ⬚ ⅗ AC ⅍

via Vittorio Veneto 155 ✉ *00187* Ⓜ *Barberini*   Pianta: 5J3**e**
– ☎ *06 48 78 81* – *www.jumeirah.com*
106 cam – ♦260/600 € ♦♦260/600 € – ⌂ 33 € – **10 suites**
Sulla via della Roma by night, un grand hotel nel vero senso della parola: stupende
camere in stile retrò e una collezione di oltre 500 quadri d'autore. Due situazioni
diverse, ma entrambe valide, per la ristorazione: cucina mediterranea al Magnolia; piatti nazionali ed internazionali, ma anche grande scelta di cocktail al Time.

ROMA

ROMA

 Regina Hotel Baglioni ⚞ 🛋 🔒 🖥 ♿ 🅰🅲 🛎
via Vittorio Veneto 72 ✉ 00187 Ⓜ *Barberini*   Pianta: 5J3**m**
– ☎ 06 42 11 11 – www.baglionihotels.com
118 cam – 🛏285/500 € 🛏🛏285/500 € – 🍽 33 € – **9 suites**
Rist *Brunello Lounge & Restaurant* – Vedere selezione ristoranti
Hotel storico in edificio Liberty, al suo interno ritroviamo quell'eleganza antica,
ma mai tramontata, fatta di stucchi, mobili d'epoca ed un'imponente scalinata in
bronzo e marmo. L'unica concessione alla modernità riguarda i confort e le installazioni, nonché le splendide camere: alcune di design.

 Majestic ⚞ 🔒 🖥 ♿ 🅰🅲 🍸 🛎
via Vittorio Veneto 50 ✉ 00187 Ⓜ *Barberini*   Pianta: 5J3**q**
– ☎ 06 42 14 41 – www.hotelmajestic.com
94 cam – 🛏190/465 € 🛏🛏210/640 € – 🍽 30 € – **4 suites**
Rist *Massimo Riccioli Bistrot* – Vedere selezione ristoranti
Se gli appassionati di cinema riconosceranno lo scenario del celebre film di Fellini
"La Dolce Vita", certo è che questo hotel nato a fine '800, rimane ancora oggi
alfiere dell'ospitalità di lusso di via Veneto: pezzi d'antiquariato, arazzi, affreschi,
ma anche confort attuali.

 Sofitel Rome Villa Borghese ⚞ 🔒 🖥 🅰🅲 🍸 🛎
via Lombardia 47 ✉ 00187 Ⓜ *Barberini* – ☎ 06 47 80 21   Pianta: 4H3**d**
– www.sofitel.com
100 cam 🍽 – 🛏400/660 € 🛏🛏500/792 € – **4 suites**
Rist *La Terrasse* – Vedere selezione ristoranti
A due passi dalla cosmopolita via Veneto, uno storico edificio del 1890 ospita
questo delizioso boutique hotel con camere stupende e raffinati spazi comuni
d'ispirazione neoclassica.

 Splendide Royal ⚞ 🔒 🖥 ♿ 🅰🅲 🛎
via di porta Pinciana 14 ✉ 00187 Ⓜ *Barberini*   Pianta: 5HJ3**u**
– ☎ 06 42 16 89 – www.splendideroyal.com
69 cam 🍽 – 🛏220/400 € 🛏🛏250/650 € – **9 suites**
Rist *Mirabelle* – Vedere selezione ristoranti
Stucchi dorati, tessuti damascati e sontuosi arredi antichi: un tributo al barocco
romano dedicato a tutti coloro che non apprezzano l'imperante minimalismo. Nelle
camere il blu pervinca, il giallo oro, il rosso cardinalizio si rincorrono
creando un'atmosfera di lussuosa classicità.

 Bernini Bristol ⚞ 🛋 🔒 🖥 ♿ 🅰🅲 🛎
piazza Barberini 23 ✉ 00187 Ⓜ *Barberini* – ☎ 06 48 89 31   Pianta: 5J3**f**
– www.berninibristol.com
127 cam – 🛏460/520 € 🛏🛏590/650 € – 🍽 33 € – **10 suites**
Rist *Giuda Ballerino!* ❀ – Vedere selezione ristoranti
Ormai parte integrante della celebre piazza, raffinato hotel con camere dagli
arredi classici o di stile contemporaneo: è consigliabile optare per quelle panoramiche poste ai piani più alti. A pranzo, "Smart City Lunch" e menu à la carte più
leggero presso il Roof Restaurant, che la sera cede gli spazi a Giuda Ballerino.

Marriott Grand Hotel Flora ⚞ 🔒 🖥 🅰🅲 🍸 🛎
via Vittorio Veneto 191 ✉ 00187 Ⓜ *Spagna*   Pianta: 5J3**n**
– ☎ 06 48 99 29 – www.grandhotelflora.net
156 cam 🍽 – 🛏279 € 🛏🛏317/339 € – **3 suites**
Alla fine di via Vittorio Veneto, l'hotel vi attende nella sua elegante atmosfera
neoclassica, punteggiata da qualche elemento moderno ed offre spazi decisamente generosi. Forte impronta mediterranea, invece, al ristorante The Cabiria.

Palazzo Montemartini ⚞ ⬜ 🟦 🛋 🔒 🖥 ♿ 🅰🅲 🛎
largo Giovanni Montemartini 20 ✉ 00186 Roma   Pianta: 5K3**p**
Ⓜ *Termini* – ☎ 0 64 56 61 – www.palazzomontemartini.com
82 cam 🍽 – 🛏229/550 € 🛏🛏249/550 € – **4 suites**
Adiacente alle terme di Diocleziano, l'acqua rappresenta l'elemento di giuntura
con l'aristocratico palazzo ottocentesco che, all'interno, svolta verso una modernità minimalista ed essenziale, funzionale e luminosa.

Rose Garden Palace ⚘ 🐾 £₄ 🖫 ⚓ 🏧 🚗

via Boncompagni 19 ✉ *00187* Ⓜ *Barberini –* 📞 *06 42 17 41*   Pianta: 5J3**d**
– www.rosegardenpalace.com

62 cam – 💰130/368 € – 💰💰130/385 € – 🍽 15 € – **3 suites**

All'interno di un palazzo d'inizio '900, il design moderno di tono minimalista ha ispirato lo stile degli arredi di questa risorsa, che mantiene tuttavia alcuni elementi architettonici tipici dell'edificio: soffitti alti e marmi pregiati.

 Mecenate Palace Hotel ⚘ 🖫 ⚓ 🏧 🚲 🚗

via Carlo Alberto 3 ✉ *00185* Ⓜ *Vittorio Emanuele*   Pianta: 9K4**h**
– 📞 *06 44 70 20 24 – www.mecenatepalace.com*

68 cam 🍽 – 💰100/335 € – 💰💰140/450 € – **3 suites**

I raffinati interni in stile non tradiscono lo spirito dell'ottocentesca struttura che ospita l'hotel. Se la vostra camera non si affaccia su S. Maria Maggiore, correte in terrazza: la vista è mozzafiato! Semplici sapori italiani nel ristorante all'ultimo piano.

 Marcella Royal 🖫 🏧 🚲

via Flavia 106 ✉ *00187 –* 📞 *06 42 01 45 91*
– www.marcellaroyalhotel.com   Pianta: 5K3**z**

89 cam 🍽 – 💰150/380 € – 💰💰190/430 €

Che siano doppie o junior suite, le camere sono comunque belle ed accoglienti: le migliori sono tuttavia le superior, più recenti e con arredi moderni. Gradevole roof garden per colazioni e stuzzichini serali.

 Duca d'Alba 🖫 🏧 🚲

via Leonina 12/14 ✉ *00184* Ⓜ *Cavour –* 📞 *06 48 44 71*   Pianta: 9J4**c**
– www.hotelducadalba.com

26 cam 🍽 – 💰80/320 € – 💰💰80/550 €

Nel pittoresco quartiere anticamente detto della Suburra, l'albergo, completamente ristrutturato, è dotato di camere complete, con arredi classici eleganti.

 Britannia 🖫 🏧 🚲

via Napoli 64 ✉ *00184* Ⓜ *Repubblica –* 📞 *0 64 88 31 53*   Pianta: 9K4**y**
– www.hotelbritannia.it

33 cam 🍽 – 💰119/400 € – 💰💰139/500 €

Graziose personalizzazioni e curati servizi in una struttura di piccole dimensioni, con camere di buon confort, quasi tutte rallegrate da un vivace acquario.

 Empire Palace Hotel ⚘ £₄ 🖫 ⚓ 🏧 🚗

via Aureliana 39 ✉ *00187 –* 📞 *06 42 12 81*   Pianta: 5K3**h**
– www.empirepalacehotel.com

110 cam 🍽 – 💰100/325 € – 💰💰140/405 € – **5 suites**

Sofisticata fusione di elementi dell'ottocentesca struttura e di design contemporaneo, con collezione d'arte moderna negli spazi comuni; sobria classicità nelle camere. Boiserie di ciliegio, tavoli ravvicinati, bei lampadari rosso-blu in sala da pranzo. Sapori e colori mediterranei vivacizzano il menu.

 Mascagni 🖫 ⚓ 🏧 🚲

via Vittorio Emanuele Orlando 90 ✉ *00185*   Pianta: 5K3**r**
– 📞 *06 48 90 40 40 – www.mascagnihotelrome.it*

40 cam 🍽 – 💰250/500 € – 💰💰300/700 €

Un albergo curato nei minimi dettagli: camere arredate con mobili in legno massiccio, tappezzerie eleganti e bagni in stile retrò. Sicuramente un buon indirizzo per i vostri soggiorni nella capitale!

Canada 🖫 🏧 🚲

via Vicenza 58 ✉ *00185* Ⓜ *Castro Pretorio*
– 📞 *0 64 45 77 70 – www.hotelcanadaroma.com*   Pianta: 6L3**u**

73 cam 🍽 – 💰73/218 € – 💰💰83/228 €

In un palazzo d'epoca nei pressi della stazione Termini, hotel di sobria eleganza con decorazioni d'epoca e affreschi dell'Ottocento (anche in alcune camere).

ROMA

Antico Palazzo Rospigliosi
via Liberiana 21 ✉ *00185* Ⓜ *Cavour* – ☏ *06 48 93 04 95* — Pianta: 9K4**n**
– www.hotelrospigliosi.com
39 cam ☲ – ✝115/165 € ✝✝149/220 €
Residenza nobiliare del XVI secolo, dell'epoca mantiene intatti il fascino che aleggia nei grandi saloni e l'eleganza nonché cura del dettaglio che caratterizzano le belle camere. Pregevole il chiostro-giardino impreziosito da una gorgogliante fontana e la splendida cappella interna del '600, perfettamente conservata.

Astoria Garden
via Bachelet 8/10 ✉ *00185* Ⓜ *Castro Pretorio* — Pianta: 5K3**k**
– ☏ *0 64 46 99 08* – *www.hotelastoriagarden.it*
33 cam ☲ – ✝60/180 € ✝✝68/260 €
Un giardino di aranci e banani, un'occasione quasi unica e rilassante per soggiornare nella Città Eterna. Chiedete le camere che vi si affacciano: un paio dispongono di un tavolino privato all'aperto.

Villa San Lorenzo
via dei Liguri 7 ✉ *00185* Ⓜ *San Giovanni* — Pianta: 10M4**b**
– ☏ *0 64 46 99 88* – *www.villasanlorenzo.com*
40 cam ☲ – ✝39/169 € ✝✝49/199 €
In una via appartata alle spalle della stazione Termini, la struttura dispone di spazi comuni limitati, ma camere comode con arredi di due tipi: in stile veneziano o classico. Piacevole corte interna e comodo posteggio.

Best Roma
via di Porta Maggiore 51 ✉ *00185* – ☏ *06 77 07 69 28* — Pianta: 10L4**a**
– www.hotelbestroma.com
27 cam ☲ – ✝70/300 € ✝✝80/400 €
Albergo di piccole dimensioni, ma dalle piacevoli camere con pregiati parquet e sfavillanti lampadari di Murano; nella bella stagione, il piccolo giardino interno si presta per la prima colazione.

Villa Pinciana
via Abruzzi 9/11 ✉ *00187* Ⓜ *Barberini* — Pianta: 5J2-3**v**
– ☏ *06 96 04 29 21* – *www.hotelvillapinciana.it*
25 cam ☲ – ✝60/350 € ✝✝80/550 €
A due passi da via Veneto, ma in zona tranquilla, un incantevole villino d'inizio '900 dagli interni signorili ed un grazioso cortile per le colazioni estive. Un indirizzo suggestivo: ci si sente ospiti di un'esclusiva dimora privata.

Columbia
via del Viminale 15 ✉ *00184* Ⓜ *Termini* – ☏ *0 64 88 35 09* — Pianta: 5K3**f**
– www.hotelcolumbia.com
45 cam ☲ – ✝135/207 € ✝✝169/360 €
Camere accoglienti con arredi in arte povera e dettagli personalizzati, in una confortevole risorsa, nei pressi della stazione Termini. Nella bella stagione, prima colazione sulla terrazza roof garden.

Modigliani
via della Purificazione 42 ✉ *00187* Ⓜ *Barberini* — Pianta: 4H3**f**
– ☏ *06 42 81 52 26* – *www.hotelmodigliani.com*
23 cam ☲ – ✝65/172 € ✝✝70/200 €
Una simpatica coppia di artisti gestisce questo tranquillo hotel ubicato a due passi da via Veneto. Le zone comuni sono arredate con quadri d'arte moderna.

Relais Conte di Cavour de Luxe
via Farini 16 ✉ *00186* – ☏ *0 64 82 16 38* — Pianta: 9K4**r**
– www.relaiscontedicavour.com
5 cam – ✝50/120 € ✝✝60/130 € – ☲ 5 €
Sicuramente la sua vicinanza alla stazione Termini, lo farà preferire ad altre strutture magari apparentemente più tradizionali. In realtà, al quarto piano di un signorile palazzo, vi attendono ampie camere dall'elegante arredo e bagni moderni.

Residenza A-The Boutique Art Hotel ⬆ AC

via Vittorio Veneto 183 ✉ *00187* Ⓜ *Barberini*   Pianta: 5J3**p**
– 🕿 *06 48 67 00* – *www.hotelviaveneto.com*
7 cam ☷ – 🛏120/160 € 🛏🛏150/220 €
Elegante palazzo affacciato su una delle vie più famose al mondo, ospita al suo interno ambienti di moderno design e opere d'arte.

Relais La Maison ⬆ AC ✎

via Depretis 70 ✉ *00184* Ⓜ *Repubblica* – 🕿 *06 48 93 07 74*   Pianta: 9K4**a**
– *www.relaislamaison.com*
6 cam ☷ – 🛏80/160 € 🛏🛏90/180 €
All'ultimo piano di un palazzo, una "bomboniera" dove tutto è piccino, tranne le camere: spaziose, moderne e confortevoli...come essere ospiti di una bella abitazione privata nella Città Eterna.

Villa Spalletti Trivelli 🔶 🔆 ┌┐ AC ✎ 🏋 P

via Piacenza 4 ✉ *00184* – 🕿 *06 48 90 79 34*   Pianta: 9J4**a**
– *www.villaspallettitrivelli.com*
16 cam ☷ – 🛏480/620 € 🛏🛏600/760 €
A pochi passi dal Quirinale, alle vette del monte, questa residenza si affaccia sui giardini e nelle tranquille vie limitrofe: spazi comuni di gran classe – bellissime le imponenti sale biblioteca – e camere arredate con mobili d'epoca.

✕✕✕✕ Mirabelle – Hotel Splendide Royal ⬅ ┌┐ ♿ AC ✎ ↩

via di porta Pinciana 14 ✉ *00187* Ⓜ *Barberini*   Pianta: 5HJ3**u**
– 🕿 *06 42 16 88 38* – *www.mirabelle.it*
• CUCINA MODERNA • Menu 85 € (pranzo)/160 € – Carta 92/200 €
Mirabile è la vista, che da Villa Borghese si estende sino al profilo incantato del centro storico, ma emozionante è anche la cucina, quella classica, da grande albergo, che non teme mode e passa con sicurezza e disinvoltura dalle proposte regionali ai piatti internazionali.

✕✕✕✕ Massimo Riccioli Bistrot – Hotel Majestic ┌┐ ♿ AC ✎ ↩

via Vittorio Veneto 50 ✉ *00187* Ⓜ *Barberini*   Pianta: 5J3**q**
– 🕿 *06 42 14 47 15* – *www.hotelmajestic.com* – *Chiuso domenica*
• CUCINA MODERNA • Menu 35 € (pranzo in settimana)/80 € – Carta 46/153 €
Lo chef del rinomato ristorante la Rosetta ha aperto, all'interno dell'hotel Majestic, il suo "Bistrot": in sale di raffinata eleganza, la cucina pone l'accento sul mare, rendendo però omaggio a Roma con qualche specialità di terra.

✕✕✕ Antonello Colonna AC
❀

scalinata di via Milano 9/a, Palazzo delle Esposizioni   Pianta: 9J4**r**
✉ *00184* Ⓜ *Termini* – 🕿 *06 47 82 26 41* – *www.antonellocolonna.it* – *Chiuso agosto, domenica e lunedì*
• CREATIVA • Menu 95 € – Carta 79/114 € – *(solo a cena)* (consigliata la prenotazione)
All'interno dell'imponente Palazzo delle Esposizioni, un open space di vetro è lo scrigno per una cucina creativa, ma rispettosa della tradizione, sempre pronta a stupire.
➜ "Negativo" di carbonara. Maialino croccante con patate affumicate e mostarda. Diplomatico con crema, cioccolato e caramello al sale.

✕✕✕ Pipero al Rex AC
❀

via Torino 149 ✉ *00184* – 🕿 *0 64 81 57 02*   Pianta: 9K4**k**
– *www.alessandropipero.it* – *Chiuso domenica*
• CUCINA MODERNA • Menu 80/100 € – Carta 67/95 € – (coperti limitati, prenotare)
Si entra attraverso la hall dell'hotel Rex per accomodarsi in un'elegante ed intima sala dalle luci soffuse: al padrone di casa il piacere di proporre buoni vini e l'ottima cucina del giovane ma già affermato cuoco.
➜ Ravioli di zucca, mela e uova di salmone. Agnello, alici e lamponi. Amarene, nocciola e cioccolato bianco.

ROMA

XXX **Brunello Lounge & Restaurant** – Regina Hotel Baglioni   🔆 AC ⇔

via Vittorio Veneto 72 ✉ *00187* Ⓜ *Barberini*   Pianta: 5J3**m**
– ☏ *06 42 11 11* – *www.brunellorestaurant.com*
• CUCINA MODERNA • Menu 60/70 € – Carta 54/115 €
Suggestioni orientali nella calda e raffinata sala, dove gustare meravigliose ricette dai sapori mediterranei, ma anche piatti internazionali adatti agli stranieri in visita alla capitale.

XXX **La Terrasse** – Hotel Sofitel Rome Villa Borghese   🛋 AC ⅏ ⇔

via Lombardia 47 ✉ *00187* Ⓜ *Barberini*   Pianta: 4H3**d**
– ☏ *06 47 80 22 99 44* – *www.laterrasseroma.com*
• CUCINA MODERNA • Carta 58/122 €
Come si intuisce dal nome, il fiore all'occhiello del ristorante è la sua splendida terrazza con vista panoramica, ma non pensiate che la cucina sia da meno: sapori mediterranei elaborati con un pizzico di fantasia e, a mezzogiorno, una linea più semplice.

XXX **Giuda Ballerino!** Ⓝ (Andrea Fusco) – Hotel Bernini Bristol   🎋 🛋 AC ⅏
❀

piazza Barberini 23 ✉ *00187* – ☏ *06 42 01 04 69*   Pianta: 5J3**f**
– *www.giudaballerino.com* – *Chiuso domenica*
• CUCINA MODERNA • Menu 95 € – Carta 70/94 € (solo a cena)
Il roof garden all'8° piano dello storico hotel Bernini, a metà 2015 diviene panoramico ed elegante palcoscenico per la cucina moderna del Giuda Ballerino, che in questo modo trasferisce le icone del fumetto, i piatti creativi e la bella carta dei vini dalla periferia sud (dove si trovava la vecchia sede) al centro mondano della Città Eterna.
→ Ricciola con porcini, nocciole e crema di zafferano. Spaghetti cacio e pepe con polvere di cozze e menta. Biscotto al cocco con crema, foie gras e cacao.

XXX **Agata e Romeo**   🎋 AC

via Carlo Alberto 45 ✉ *00185* Ⓜ *Vittorio Emanuele*   Pianta: 9K4**d**
– ☏ *06 44 66 11 15* – *www.agataeromeo.it* – *Chiuso 9-31 agosto, sabato a mezzogiorno, lunedì a mezzogiorno e domenica*
• REGIONALE • Menu 60 € – Carta 55/70 €
Un locale di lunga tradizione che continua a intrattenere i suoi ospiti con specialità di matrice locale e piatti più ampiamente nazionali; in un quartiere sempre più multietnico e vissuto, il ristorante è un'eccezione per l'atmosfera elegante e signorile che qui vi abita.

XXX **Doney** – Hotel The Westin Excelsior   AC ⅏

via Vittorio Veneto 125 ✉ *00187* Ⓜ *Barberini*   Pianta: 5J3**g**
– ☏ *06 47 08 27 83* – *www.ristorantedoney.it*
• MEDITERRANEA • Menu 38 € – Carta 63/75 €
Fusione di classico e contemporaneo, dove ogni elemento è stato studiato con cura sia in questo ristorante sia al Café Doney, moderna rivisitazione di uno storico lounge bar di via Veneto. Sapori tutti italiani in menu!

X **Papà Baccus**   🎋 AC ⇔

via Toscana 32/36 Ⓜ *Barberini* – ☏ *06 42 74 28 08*   Pianta: 5J3**w**
– *www.papabaccus.com* – *Chiuso sabato a mezzogiorno e domenica*
• CUCINA CLASSICA • Menu 35/70 € – Carta 38/73 € – (solo a cena nei giorni festivi)
Non lontano da via Veneto, le proposte di questo piacevole locale abbracciano sia la cucina regionale, sia quella di mare, serbando un occhio di riguardo per la Toscana con la chianina come specialità.

X **Trimani il Wine Bar**   🎋 AC ⇔

via Cernaia 37/b ✉ *00185* – ☏ *06 44 96 96 30*   Pianta: 5K3**g**
– *www.trimani.com* – *Chiuso 7-27 agosto e festivi*
• DEL TERRITORIO • Carta 32/50 € – (chiuso domenica escluso dicembre, anche sabato a pranzo in giugno-settembre)
Enoteca costruita nel rispetto di alcune peculiarità tipiche delle antiche mescite di vino capitoline: vastissima scelta di etichette, con una pagina fitta dedicata a quelle offerte al bicchiere. Il menu propone piatti caldi e freddi, nonché un buon assortimento di formaggi italiani e d'Oltralpe.

✗ **Moma** `AC`
via San Basilio 42/43 ✉ *00186* Ⓜ *Barberini* Pianta: 5J3**a**
– ✆ *06 42 01 17 98 – www.ristorantemoma.it – Chiuso domenica*
• CUCINA MODERNA • Menu 50 € (cena in settimana) – Carta 40/80 €
Un indirizzo da consigliare, in virtù della sua versatilità: bar-bistrot e ristorante, se a mezzogiorno l'atmosfera è un po' concitata, la sera il locale si fa più intimo ed intrigante. Accattivanti reinterpretazioni di cucina regionale con qualche proposta creativa.

✗ **Trattoria Monti** `AC`
via di San Vito 13/a ✉ *00185* Ⓜ *Cavour* – ✆ *0 64 46 65 73* Pianta: 9K4**c**
– *Chiuso vacanze di Natale, 1 settimana a Pasqua, agosto, domenica sera e lunedì*
• MARCHIGIANA • Carta 36/53 € – (consigliata la prenotazione)
Dopo i lavori di restauro effettuati qualche anno fa, la trattoria si presenta in chiave pacatamente moderna, pur mantenendo un'aura particolare con sedie in legno e le lampade che scendono sui tavoli. Le specialità spaziano dal Lazio alle Marche, terra di origine del fondatore del locale.

Roma Antica

 Palazzo Manfredi 🍽 ⇦ ⬆ ♿ `AC` ✂
via Labicana 125 ✉ *00184* Ⓜ *Colosseo* – ✆ *06 77 59 13 80* Pianta: 9K5**a**
– *www.palazzomanfredi.com*
14 cam – ♦400/800 € ♦♦400/800 € – ☕ 30 € – **2 suites**
Rist *Aroma* ⍟ – Vedere selezione ristoranti
Fascino e ricercatezza nelle camere e nelle splendide suite affacciate sul Colosseo e sulla Domus Aurea, ma il più grande pregio dell'hotel è la terrazza roof garden: per la prima colazione o per una romantica cena.

 Fortyseven 🍽 🛗 ⬆ ♿ `AC` ✂ 🏊
via Luigi Petroselli 47 ✉ *00186* – ✆ *0 66 78 78 16* Pianta: 8H5**a**
– *www.fortysevenhotel.com*
59 cam ☕ – ♦180/300 € ♦♦180/300 € – **2 suites**
Il nome allude al numero civico della via che scende dal Teatro di Marcello, ognuno dei 5 piani di questo austero palazzo degli anni '30 è dedicato ad un artista italiano del '900: Greco, Quagliata, Mastroianni, Modigliani e Guccione. Quadri, sculture, litografie: l'arte contemporanea trova il suo albergo-museo.

 Capo d'Africa 🍽 🛗 ⬆ ♿ `AC` 🏊
via Capo d'Africa 54 ✉ *00184* Ⓜ *Colosseo* – ✆ *06 77 28 01* Pianta: 9K5**b**
– *www.hotelcapodafrica.com*
65 cam ☕ – ♦180/460 € ♦♦220/500 €
A due passi dal Colosseo, camere suddivise in due tipologie in base alla metratura, ma la finezza degli arredi e l'ambiente moderno contraddistinguono tutta la struttura, mentre tradizione culinaria italiana e modernità si stringono idealmente la mano al Bistrot L'Attico. Durante la bella stagione, si potrà cenare anche all'aperto nelle terrazze panoramiche.

 Sant'Anselmo 🌿 🚡 ⬆ ♿ `AC` `P`
piazza Sant'Anselmo 2 ✉ *00153* – ✆ *06 57 00 57* Pianta: 8H6**c**
– *www.aventinohotels.com*
34 cam ☕ – ♦150/314 € ♦♦180/334 €
Villa liberty con piccolo giardino interno, dove modernità e antico fascino si fondono armoniosamente dando vita ad uno stile cosmopolita e raffinato. Le camere esprimono un carattere ricercato e personalizzato, condensato in nomi evocativi : Mille e una notte, Non ti scordar di me, Cuori coccole e carezze…

 Villa San Pio 🌿 🚡 ⬆ ♿ `AC` `P`
via di Santa Melania 19 ✉ *00153* Ⓜ *Piramide* Pianta: 8H6**b**
– ✆ *06 57 00 57 – www.aventinohotels.com*
77 cam ☕ – ♦105/229 € ♦♦150/274 €
La fisionomia di una bella villa residenziale, immersa in un rigoglioso giardino mediterraneo, e al suo interno mobili in stile impero, tappeti orientali e quadri antichi; camere dalle piacevoli personalizzazioni e bagni in marmo.

Borromeo

via Cavour 117 ✉ *00184* Ⓜ *Cavour* – ☏ *06 48 58 56*
– *www.hotelborromeo.com*
Pianta: 9K4**z**

32 cam ☒ – ✦50/260 € ✦✦60/310 € – **2 suites**

Nelle vicinanze della basilica di S. Maria Maggiore, comodo albergo con camere confortevoli e ben accessoriate; arredi in stile classico e piacevole roof-garden, dove viene servita la prima colazione.

Celio

via dei Santi Quattro 35/c ✉ *00184* Ⓜ *Colosseo*
– ☏ *06 70 49 53 33* – *www.hotelcelio.com*
Pianta: 9K5**e**

19 cam ☒ – ✦110/180 € ✦✦130/260 € – **1 suite**

Un trionfo di mosaici artistici questo albergo - proprio di fronte al Colosseo - che offre eleganti stanze personalizzate ed un hammam con annessa zona relax.

Solis

via Cavour 311 ✉ *00184* Ⓜ *Cavour* – ☏ *06 69 92 05 87*
– *www.hotelsolis.it*
Pianta: 9J4**b**

17 cam ☒ – ✦60/500 € ✦✦70/600 €

Dispone ora di una hall al piano terra questo signorile, piccolo albergo raccolto, nelle adiacenze del Colosseo; camere ampie, ben arredate, con ogni confort moderno.

Nerva Boutique Hotel

via Tor de' Conti 3/4/4 a ✉ *00184* Ⓜ *Colosseo*
– ☏ *0 66 78 18 35* – *www.hotelnerva.com*
Pianta: 9J4**h**

19 cam ☒ – ✦80/195 € ✦✦100/369 € – **6 suites**

Spazi comuni limitati, ma graziosi, nonché camere confortevoli in una piccola risorsa a conduzione familiare, ubicata in una via nella zona dei Fori Imperiali a cinque minuti dal Colosseo e dalla Fontana di Trevi.

Paba

via Cavour 266 ✉ *00184* Ⓜ *Cavour* – ☏ *06 47 82 49 02*
– *www.hotelpaba.com*
Pianta: 9J4**b**

7 cam ☒ – ✦60/100 € ✦✦80/160 €

Al secondo piano di un vecchio palazzo, una risorsa moderna, molto contenuta negli spazi, condotta da un'esperta gestione familiare. Prezzi decisamente interessanti.

Anne & Mary

via Cavour 325 ✉ *00184* Ⓜ *Colosseo* – ☏ *06 69 94 11 87*
– *www.anne-mary.com*
Pianta: 9J4**b**

3 cam ☒ – ✦70/90 € ✦✦80/120 €

La gestione affidabile e signorile ha saputo imprimere un'impronta omogenea a questa piccola e graziosa risorsa. Belle camere, al primo piano di un palazzo vicino ai Fori.

Aroma – Hotel Palazzo Manfredi

via Labicana 125 ✉ *00184* Ⓜ *Colosseo* – ☏ *06 97 61 51 09*
– *www.aromarestaurant.it*
Pianta: 9K5**a**

• MEDITERRANEA • Menu 100/140 € – Carta 100/148 € – (consigliata la prenotazione la sera)

Se la terrazza offre un panorama mozzafiato su Roma antica, dal Colosseo sino al cupolone, il nome è un omaggio alla città e agli aromi della cucina mediterranea che qui viene servita: qualche afflato moderno nel piatto, ma gli ingredienti sono prevalentemente locali.

➔ Busiate di grano duro con guanciale di Sauris, favette e piselli freschi. Filetti di spigola in guazzetto con cozze e vongole e pistilli di zafferano. Soufflé al cacao con cremoso fondente e gelato alla vaniglia Bourbon.

XX **St. Teodoro**

via dei Fienili 49 ✉ 00186 – ☎ 0 66 78 09 33   Pianta: 8H5**n**
– *www.st-teodoro.it – Chiuso 24 dicembre-15 gennaio e domenica*
• DEL TERRITORIO • Menu 70/120 € – Carta 60/150 €
In una caratteristica strada della città antica, tra rovine romane, verde e tesori
rinascimentali, un ambiente moderno con quadri contemporanei alle pareti e
una cucina che rivisita e alleggersce la tradizione.

X **Caffè Propaganda**

via Claudia 15 ✉ 00186 Ⓜ *Colosseo* – ☎ 06 94 53 42 55   Pianta: 9K5**c**
– *www.caffepropaganda.it – Chiuso 10-20 agosto e lunedì*
• LAZIALE • Carta 40/52 €
Un viaggio nell'atmosfera dei bistrot parigini d'inizio '900, con il banco in zinco e
le mattonelle, ma la cucina è orgogliosamente romana! A pranzo: salumi, insalate
e qualche piatto del giorno.

San Pietro (Città del Vaticano)

 Rome Cavalieri Waldorf Astoria

via Cadlolo 101 ✉ 00136 – ☎ 0 63 50 91
– *www.romecavalieri.it*   Pianta: 3E2**a**
345 cam ⌷ – ♦274/925 € ♦♦299/950 € – **25 suites**
Rist *La Pergola* ✿✿✿ – Vedere selezione ristoranti
E' un imponente edificio che severamente guarda dall'alto l'intera città; all'interno
tutto è all'insegna dell'eccellenza, dalla collezione d'arte alle terrazze del giardino
con piscina, ai cui bordi si trova il ristorante dove cenare con musica dal vivo.

 Gran Meliá Roma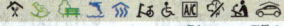

via del Gianicolo 3 ✉ 00165 – ☎ 06 92 59 01   Pianta: 7F4**c**
– *www.granmeliarome.com*
116 cam – ♦325/725 € ♦♦325/725 € – ⌷ 36 € – **22 suites**
Rist *Vivavoce* – Vedere selezione ristoranti
La storia qui è di casa: nell'ex villa di Agrippina (madre di Nerone), negli spazi che
un tempo ospitarono anche un convento, un'eleganza di gusto moderno impreziosisce i vari ambienti comuni e le stanze, alcune delle quali con suggestive
vasche di design visibili dal letto stesso. Un ottimo indirizzo per charme e completezza di servizi.

 Villa Laetitia

lungotevere delle Armi 22/23 ✉ 00195 Ⓜ *Lepanto*   Pianta: 4G2**m**
– ☎ 0 63 22 67 76 – *www.villalaetitia.com*
21 cam ⌷ – ♦90/200 € ♦♦99/400 €
Rist *Enoteca la Torre* ✿ – Vedere selezione ristoranti
Romanticamente sul Lungotevere, una deliziosa villa Liberty apre i propri battenti
per accogliere i suoi ospiti come in una dimora privata… e che casa! Le camere,
curatissime e personalizzate, portano infatti il sigillo estetico della famosa stilista
Anna Fendi.

 Farnese

via Alessandro Farnese 30 ✉ 00192 Ⓜ *Lepanto*   Pianta: 4G2**e**
– ☎ 0 63 21 25 53 – *www.hotelfarnese.com*
23 cam ⌷ – ♦99/310 € ♦♦99/610 €
La hall è un curioso scrigno d'arte e di atmosfera d'epoca con il suo paliotto in
marmo policromo del XVII secolo; atmosfera d'epoca e raffinatezza nei curati
interni in stile. Dalla terrazza, la cupola di san Pietro.

 Dei Mellini

via Muzio Clementi 81 ✉ 00193 Ⓜ *Lepanto*   Pianta: 4G3**f**
– ☎ 06 32 47 71 – *www.hotelmellini.com*
66 cam ⌷ – ♦160/230 € ♦♦190/295 € – **14 suites**
Splendida sintesi tra le ultime innovazioni tecnologiche e ambienti in stile art
déco con diverse opere di gusto moderno nella hall; servizio e professionalità
all'ordine del giorno.

ROMA

ROMA

⌂ Alimandi Vaticano   ⊡ AK ⌿ 🚗

viale Vaticano 99 ✉ *00165* Ⓜ *Ottaviano-San Pietro*   Pianta: 3E3**b**
– 𝄞 06 39 74 55 62 – www.alimandi.com
24 cam 🛏 *– ♦100/240 € ♦♦100/260 €*
Per un gradevole soggiorno proprio di fronte all'ingresso dei Musei Vaticani, marmi e legni pregiati contribuiscono all'eleganza delle camere, ricche di accessori e dotazioni.

⌂ Sant'Anna   ⊡ AK

borgo Pio 133 ✉ *00193* Ⓜ *Ottaviano-San Pietro*   Pianta: 3F3**m**
– 𝄞 06 68 80 16 02 – www.hotelsantanna.com
20 cam 🛏 *– ♦90/150 € ♦♦130/250 €*
In un palazzo cinquecentesco a pochissimi passi da San Pietro, un piccolo e accogliente albergo caratterizzato da ambienti d'atmosfera con soffitti a cassettoni e da un grazioso cortile interno.

⌂ Bramante   AK

vicolo delle Palline 24 ✉ *00193* Ⓜ *Ottaviano-San Pietro*   Pianta: 3F3**b**
– 𝄞 06 68 80 64 26 – www.hotelbramante.com
16 cam 🛏 *– ♦50/160 € ♦♦100/230 €*
Nel cuore del caratteristico e pedonalizzato quartiere Borgo, l'albergo è stato crocevia della storia: ancora intuibile nelle parti più vecchie del '400.

⌂ Gerber   ⊡ AK ⌿

via degli Scipioni 241 ✉ *00192* Ⓜ *Lepanto*   Pianta: 3F2**h**
– 𝄞 0 63 21 64 85 – www.hotelgerber.it
27 cam 🛏 *– ♦70/160 € ♦♦90/200 €*
Nelle vicinanze del metrò, un albergo classico a conduzione familiare: legno chiaro sia negli spazi comuni sia nelle camere rinnovate in tempi diversi, con stili eterogenei, ma tutte in buono stato.

⌂ Arcangelo   ⟨ ⊡ AK ⌿

via Boezio 15 ✉ *00192* Ⓜ *Lepanto – 𝄞 0 66 87 41 43*   Pianta: 3F3**f**
– www.hotelarcangeloroma.com
33 cam 🛏 *– ♦80/150 € ♦♦110/260 €*
Albergo di tradizione per chi non ama gli esperimenti design, siamo all'interno di una palazzina di inizio '900 con alcune vetrate originali, tessuti alle pareti di quasi tutte le camere e buoni bagni. Terrazza panoramica con vista sulla cupola di San Pietro.

✕✕✕✕✕ La Pergola – Hotel Rome Cavalieri Waldorf Astoria   ⌗ ⟨ 🍴 ⌖ AK ⌿ ⇄ P
✿✿✿

via Cadlolo 101 ✉ *00136 – 𝄞 06 35 09 21 52*   Pianta: 3E2**a**
– www.romecavalieri.it – Chiuso gennaio, 2 settimane in agosto, domenica e lunedì
• CUCINA MODERNA • Menu 195 € (in settimana)/220 € – Carta 115/204 € – *(solo a cena)* (prenotazione obbligatoria)
La proverbiale precisione teutonica ha trovato un fedele compagno: il gusto mediterraneo, con il quale dar vita a piatti creativi riprodotti all'infinito senza sbavature. Il tutto, nella magnifica cornice di un panoramico roof garden tra tele pregiate, porcellane di Sèvres e candelabri settecenteschi.
➜ Ricciola marinata all'aceto balsamico bianco con neve di melograno. Fagottelli "La Pergola". Sfera ghiacciata ai frutti rossi su crema al tè con lamponi cristallizzati.

✕✕✕✕ Vivavoce – Hotel Gran Melià Roma   ⇦ ⌖ AK ⌿

via del Gianicolo 3 ✉ *00165 – 𝄞 06 92 59 01*   Pianta: 7F4**c**
– Chiuso gennaio e domenica
• CUCINA MODERNA • Menu 80/95 € – Carta 61/109 € – *(solo a cena)*
A disposizione della Città Eterna, un grande esempio di cucina gourmet ispirata ai sapori della costiera amalfitana, sapientemente elaborati.

Enoteca la Torre – Hotel Villa Laetitia

lungotevere delle Armi 22/23 ⊠ *00195* Ⓜ *Lepanto* Pianta: **4G2m**
– ☎ *06 45 66 83 04 – www.enotecalatorreroma.com – Chiuso 10 giorni in agosto, domenica e lunedì a mezzogiorno*
• CUCINA MODERNA • Menu 55 € (pranzo in settimana)/120 €
– Carta 78/122 €

Quando la classe non è acqua e la sostanza è nel piatto... In un ambiente di raffinata eleganza, tra mobili antichi, tovaglie di pizzo e colonne, la cucina celebra la creatività: riuscendoci con eccellenti risultati!
➜ Ravioli di ricotta con terrina di fegatini di pollo, cipolla rossa candita e aceto balsamico. Agnello con purè arrostito e la forza delle erbe. Chibouste (crema) al miele e lavanda con mele tatin e sorbetto al cioccolato.

Antico Arco

piazzale Aurelio 7 ⊠ *00152* – ☎ *06 58 15 27 4* Pianta: **7F5a**
– *www.anticoarco.it*
• CREATIVA • Menu 38 € (cena)/78 € – Carta 56/87 €

Moderno, luminoso e alla moda, il cuoco seleziona i migliori prodotti italiani per reinterpretarli con fantasia e creatività: piatti unici ed originali. Ma anche la cantina ha un suo perchè, tra i punti di forza troverete infatti una buona selezione di vini della Borgogna.

Da Cesare

via Crescenzio 13 ⊠ *00193* Ⓜ *Lepanto* – ☎ *06 68 61 22 7* Pianta: **4G3s**
– *www.ristorantecesare.com – Chiuso 16-26 agosto*
• PESCE E FRUTTI DI MARE • Menu 30 € – Carta 29/80 €

Come allude il giglio di Firenze sui vetri all'ingresso, le specialità di questo locale sono toscane, ma anche il "mare" gioca un ruolo di tutto rispetto tra le proposte del menu. Ambiente accogliente, la sera anche pizzeria.

L'Arcangelo

via G.G. Belli 59 ⊠ *00193* Ⓜ *Lepanto* – ☎ *06 32 10 99 2* Pianta: **4G3g**
– *www.ristorantelarcangelo.com – Chiuso 20 giorni in agosto, sabato a mezzogiorno e domenica*
• ROMANA • Menu 25 € (pranzo)/55 € – Carta 38/71 €

Semplice e austero: la meritata fama del ristorante è legata alla ricerca dei migliori prodotti, regionali e non solo. Vera passione del proprietario che, come un arcangelo, vi guida nel paradiso del gusto e delle nicchie gastronomiche.

Romeo Chef & Baker

via Silla 26/a Ⓜ *Ottaviano-San Pietro* – ☎ *06 32 11 01 20* Pianta: **3F3r**
– *www.romeo.roma.it*
• REGIONALE • Carta 30/60 €

Il negozio di eccellenze gastronomiche si apre sul retro alla ristorazione: pane, salumi, paste, formaggi, salmoni affumicati di grande qualità, ma anche piatti più elaborati della tradizione laziale e non.

Parioli

Parco dei Principi Grand Hotel & Spa

via Gerolamo Frescobaldi 5 ⊠ *00198* – ☎ *06 85 44 21*
– *www.robertonaldicollection.com* Pianta: **5J2a**
179 cam 🛏 – 🛏201/460 € 🛏🛏281/615 € – **14 suites**

A pochi passi da Via Veneto e affacciato sul parco di Villa Borghese, questo esclusivo Urban Resort di Roma è ideale per un soggiorno nel cuore della capitale, grazie al confort e all'eleganza delle sue camere, nonché al centro benessere Prince SPA di 2000 mq con le tecnologie e i trattamenti più all'avanguardia.

Aldrovandi Villa Borghese

via Ulisse Aldrovandi 15 ⊠ *00197* – ☎ *06 32 23 99 3*
– *www.aldrovandi.com* Pianta: **4H2c**
108 cam – 🛏220/800 € 🛏🛏242/822 € – 🛏 22 € – **12 suites**
Rist *Oliver Glowig* ✿✿ – Vedere selezione ristoranti

Defilato ma esclusivo, in un quartiere prestigioso e a pochi passi da Villa Borghese, le camere sono state - quasi tutte - recentemente rinnovate. Il ristorante The Grill vi aspetta tutti i giorni a pranzo e a cena.

ROMA

Lord Byron ⚜ 🌿 ⊡ AC
via G. De Notaris 5 ✉ *00197* – ☎ *0 63 22 04 04*   Pianta: H1**b**
– *www.lordbyronhotel.com*
26 cam 🍽 – 🛏183/530 € 🛏🛏203/630 € – **6 suites**
Rist *Sapori del Lord Byron* – Vedere selezione ristoranti
La personalità di una grande casa, le suggestioni art déco in tutti i dettagli: un lusso di grande eleganza che dona la giusta attenzione a tessuti e arredi. Servizio caldo e personalizzato.

The Duke Hotel ⚜ ⊡ 🔥 AC 🏋 🚗
via Archimede 69 ✉ *00197* – ☎ *06 36 72 21*   Pianta: 4H1**w**
– *www.thedukehotel.com*
84 cam 🍽 – 🛏84/383 € 🛏🛏89/646 € – **2 suites**
In una tranquilla zona residenziale, una discreta, ovattata atmosfera da raffinato club inglese dagli interni in stile, ma con accessori moderni. Al ristorante, la cucina nazionale ed internazionale, riviste con creatività.

Villa Grazioli ⊡ AC P
via Salaria 241 ✉ *00186 Roma* – ☎ *0 68 41 65 87*   Pianta: 5K1**v**
– *www.villagrazioli.it*
30 cam – 🛏200/210 € 🛏🛏300/310 €
Villa ottocentesca in stile neogotico, di facile accesso per chi vi arriva in macchina e vicino ai parchi del quartiere, le camere sono arredate in modo semplice; preferite quelle più tranquille sul retro.

XXXX Oliver Glowig – Hotel Aldrovandi Villa Borghese 🍽 AC 🍸 P
🌸🌸
via Ulisse Aldrovandi 15 ✉ *00197* – ☎ *0 63 21 61 26*   Pianta: 4H2**c**
– *www.oliverglowig.com* – *Chiuso gennaio-febbraio e domenica, anche lunedì in ottobre-maggio*
• CREATIVA • Menu 90/180 € – Carta 116/180 € – *(solo a cena da maggio a settembre)*
In una sala d'immacolato splendore e luminosità, o nell'esclusivo giardino interno con il bel tempo, la cucina si muove nel solco di una mediterranea semplicità, con citazioni laziali e campane.
➜ Verdure e frutta, cotto e crudo con pomodori brasati e olive nere. Eliche cacio, pepe e ricci di mare. Branzino al vapore con ostriche e gelatina di mare al profumo di anice stellato.

XXXX Sapori del Lord Byron – Hotel Lord Byron AC 🍸 ⇔
via G. De Notaris 5 ✉ *00197* – ☎ *0 63 22 04 04*   Pianta: 4H1**b**
– *www.lordbyronhotel.com* – *Chiuso domenica*
• CREATIVA • Menu 60/100 € – Carta 52/82 € – *(solo a cena)*
Occhiali da sole alla mano per non rimanere accecati da tanto sfarzo, non per le dimensioni del ristorante, ma per il lusso sfrontato di specchi, quadri e bianchi marmi. I generosi sapori della cucina italiana sono esaltati dalla creatività dello chef.

XXX Metamorfosi (Roy Caceres) AC ⇔
🌸
via Giovanni Antonelli 30/32 ✉ *00197* – ☎ *0 68 07 68 39*   Pianta: 4H1**k**
– *www.metamorfosiroma.it* – *Chiuso sabato a pranzo e domenica*
• CREATIVA • Menu 45 € (pranzo in settimana)/110 € – Carta 65/106 € – *(solo a cena in agosto)*
La cucina eclettica ed internazionale abita qui: un giovane cuoco colombiano e i suoi collaboratori provenienti da ogni parte del mondo preparano un'eccellente cucina fusion. Dal Sudamerica al Lazio, qui tutto è di casa, con un'unica costante: gusto, colori e divertimento.
➜ Risotto "opercolato" con nocciole e funghi. Piccione con nespole e camomilla. Mela con pinoli e gelsomino.

XX Al Ceppo 🍴 AC ⇔
😊
via Panama 2 ✉ *00198* – ☎ *0 68 55 13 79*   Pianta: 5J1**q**
– *www.ristorantealceppo.it* – *Chiuso 12-25 agosto, sabato a pranzo in giugno-settembre, lunedì a mezzogiorno negli altri mesi*
• MEDITERRANEA • Menu 25 € (pranzo in settimana) – Carta 42/84 €
La bella boiserie vi darà il benvenuto all'entrata di questo ristorante di sobria eleganza borghese, dove gustare piatti mediterranei reinterpretati in chiave moderna. Specialità tra i secondi: carni e pesce alla griglia, preparati direttamente in sala.

Trastevere - Testaccio

Trilussa Palace
piazza Ippolito Nievo 25/27 ⊠ *00153* – ✆ *0 65 88 19 63*　Pianta: 8G6**c**
– www.trilussapalacehotel.it
45 cam ⊄ – †80/334 € – ††98/489 € – **4 suites**
Tra la stazione di Trastevere ed il quartiere vecchio, hotel di tono signorile con pavimenti in marmo negli spazi comuni, piacevole centro benessere e panoramico roof garden: l'inconfondibile stile italiano in un albergo internazionale.

Santa Maria
vicolo del Piede 2 ⊠ *00153* – ✆ *0 65 89 46 26*　Pianta: 8G5**z**
– www.hotelsantamaria.info
20 cam ⊄ – †69/200 € – ††79/250 € – **6 suites**
A pochi passi da S.Maria in Trastevere, nata dove c'era un chiostro del '400, questa tranquilla risorsa si sviluppa su un piano intorno ad un cortile-giardino; a disposizione degli ospiti, anche alcune biciclette.

Arco dei Tolomei
via dell'Arco dè Tolomei 27 ⊠ *00153* – ✆ *06 58 32 08 19*　Pianta: 8H5**k**
– www.bbarcodeitolomei.com
5 cam ⊄ – †130/190 € ††145/225 €
In un antico palazzo di origine medievale, una residenza privata apre le proprie porte ed accoglie l'ospite facendolo sentire come a casa propria: il calore del parquet nelle belle camere, arredate con gusto e piacevolmente funzionali.

Antica Pesa
via Garibaldi 18 ⊠ *00153* – ✆ *0 65 80 92 36*　Pianta: 8G5**a**
– www.anticapesa.it – Chiuso domenica
• ROMANA • Carta 52/86 € – *(solo a cena)*
La cucina seleziona accuratamente le materie prime, elaborandole poi in ricette dalla "firma" romana, in questo ex deposito del grano dell'attiguo Stato Pontificio. Alle pareti grandi dipinti di artisti contemporanei e presso l'ingresso un salottino davanti al caminetto.

Glass Hostaria (Cristina Bowerman)
vicolo del Cinque 58 ⊠ *00153* – ✆ *06 58 33 59 03*　Pianta: 8G5**d**
– www.glasshostaria.it – Chiuso 24-26 dicembre, 11-26 gennaio, 4-26 luglio e lunedì
• CREATIVA • Menu 75/100 € – Carta 64/100 € – *(solo a cena)*
Nel cuore di Trastevere un locale all'insegna del design, dove un originale e creativo gioco di luci crea un'atmosfera avvolgente, qualche volta piacevolmente conturbante. Ad accendersi in pieno è la cucina: fantasiosamente moderna.
→ Ravioli di foie gras con mele e amaretto. Astice, mango, yogurt, pepe rosa e polvere di 'nduja. Zuppetta di caffè, latte condensato, mandorle sabbiate e gelato al Baileys.

Sora Lella
via di Ponte Quattro Capi 16, Isola Tiberina ⊠ *00186*　Pianta: 8H5**g**
– ✆ 0 66 86 16 01 – www.trattoriasoralella.it – Chiuso 12-19 agosto, martedì, anche la domenica in luglio-agosto
• ROMANA • Menu 48/55 € – Carta 36/75 €
Figlio e nipoti della famosa "Sora Lella", ora scomparsa, perpetuano degnamente la tradizione sia nel calore dell'accoglienza che nella tipicità romana delle proposte.

Stazione di Posta
largo Dino Frisullo snc ⊠ *00153* Ⓜ *Piramide*　Pianta: 8G6**e**
– ✆ 0 65 74 35 48 – www.stazionediposta.eu – Chiuso martedì a mezzogiorno e lunedì
• CREATIVA • Menu 38 € (pranzo)/115 € – Carta 56/80 €
All'interno dell'ex mattatoio e della "città dell'altra economia", un open space che funziona anche come cocktail bar e spazio espositivo. L'emergente, giovane, chef propone piatti semplici ed economici a pranzo; personali elaborazioni, invece, la sera.
→ Raviolo al vapore con pollo e brodo di patate. Maialino con patate, mela e senape. Ricotta pera e cioccolato.

ROMA

Felice a Testaccio
via Mastrogiorgio 29 ✉ 00153 – ✆ 0 65 74 68 00 Pianta: 8H6**h**
– www.feliceatestaccio.com – Chiuso 1 settimana in agosto
• ROMANA • Carta 34/46 € – (consigliata la prenotazione)
Una delle roccaforti della cucina laziale, l'ambiente semplice stile trattoria familiare è ormai così popolare che una prenotazione con anticipo è quasi obbligatoria. Come del resto, assaggiare il mitico abbacchio al forno con patate!

Zona Urbana Nord-Ovest

Grand Hotel Tiberio
via Lattanzio 51 ✉ 00136 Ⓜ Cipro – ✆ 06 39 96 29 Pianta: 1B2**f**
– www.ghtiberio.com
91 cam – 60/300 € – **5 suites**
Nell'elegante e storica zona residenziale sorta sulle ceneri di un insediamento industriale, la bella facciata anticipa l'eleganza degli interni, dalla hall con grandi vetrate alle camere spaziose e confortevoli.

Zona Urbana Nord-Est

La Giocca
via Salaria 1223 ✉ 00138 – ✆ 0 68 80 44 11 Pianta: 2C1**f**
– www.lagiocca.it
85 cam – 80/169 € 115/198 € – **3 suites**
Rist *Pappa Reale* – Vedere selezione ristoranti
Moderno, confortevole e funzionale: ideale per una clientela di lavoro e di passaggio, che approfitterà della strategica location nonché, nella bella stagione, di una piacevole piscina.

Villa Morgagni
via G.B. Morgagni 25 ✉ 00161 Ⓜ Policlinico Pianta: 6L2**x**
– ✆ 06 44 20 21 90 – www.villamorgagni.it
34 cam – 90/900 € 120/900 €
Riservatezza e silenzio, accanto al ricercato confort delle camere, in un contesto di eleganza liberty. D'estate o d'inverno, il primo pasto della giornata è allestito sul panoramico roof garden.

Buenos Aires
via Clitunno 9 ✉ 00198 – ✆ 0 68 55 48 54 Pianta: 5K1**k**
– www.hotelbuenosaires.it
53 cam – 90/120 € 120/170 €
Di facile accessibilità per chi vi arriva in macchina, il centro si raggiunge poi comodamente con la vicina fermata degli autobus. Palazzina d'inizio Novecento, camere semplici dagli arredi contemporanei.

Acquolina Hostaria in Roma (Giulio Terrinoni)
via Antonio Serra 60 ✉ 00191 – ✆ 0 63 33 71 92 Pianta: 1B1**n**
– www.acquolinahostaria.it – Chiuso vacanze di Natale, 10 giorni in agosto e domenica
• CUCINA MODERNA • Carta 51/118 € – *(solo a cena)* (consigliata la prenotazione)
Cambio di chef nel 2015, ma, di fatto, il timone è passato da un gestore a un altro, a garanzia che la qualità della cucina - sempre a prevalenza di pesce e sempre di stampo classico con qualche excursus nella modernità - rimane il valido motivo per spostarsi fin qui in periferia.
→ Zuppa di mare nuda e cruda. Pappardella ripiena di pecorino con sugo di totani, asparagi e timo limonato. Ricciola 55°, crema di fagioli cannellini, porcini, mirtilli e brodo di porri.

Pappa Reale – Hotel La Giocca
via Salaria 1223 ✉ 00138 – ✆ 0 68 80 45 03 Pianta: 2C1**f**
– www.pappareale.net – Chiuso vacanze di Natale, 3 settimane in agosto, sabato a pranzo e domenica
• MEDITERRANEA • Menu 30 € – Carta 24/54 €
Pur lavorando con i grandi numeri, il ristorante non lesina sulla qualità: dal vivaio per crostacei e molluschi, alle grigliate di carne, senza tralasciare le pizze rigorosamente cotte su legno di quercia.

XX **Marzapane** 🅝   🖽 🕏
via Velletri 39 ✉ *00198 –* 📞 *06 64 78 16 92*   Pianta: 5K2**m**
– www.marzapaneroma.com – Chiuso 2-10 gennaio, 1°-21 agosto e mercoledì
• CREATIVA • Menu 39/69 € – Carta 40/76 € – (consigliata la prenotazione)
Giovane ed informale in sala, ma tecnica e rigorosa in cucina: una cuoca di origini
spagnole ha sposato i sapori romani, di cui propone alcuni classici insieme a
spunti iberici e divagazioni più creative, spesso di ottimo livello. In settimana - a
pranzo - i piatti sono più semplici e veloci.

XX **Gabriele**   🖽 🕏
via Ottoboni 74 ✉ *00159 –* 📞 *0 64 39 34 98*   Pianta: 2C2**m**
– www.ristorantegabriele.net – Chiuso agosto, sabato e domenica
• PESCE E FRUTTI DI MARE • Carta 37/81 €
Storico ristorante di pesce, da cinquant'anni clienti affezionati lo frequentano affi-
dandosi al titolare che espone a voce le specialità di mare secondo gli arrivi, in
piatti semplici che privilegiano la materia prima.

X **Mamma Angelina**   🐝 🍽 🖽 🕏
viale Arrigo Boito 65 ✉ *00199 –* 📞 *0 68 60 89 28 – Chiuso*   Pianta: 2C1**c**
agosto e mercoledì
• PESCE E FRUTTI DI MARE • Carta 23/50 €
Dopo il buffet di antipasti, la cucina si trova ad un bivio: da un lato segue la linea
del mare, dall'altra la tradizione romana. A mettere d'accordo entrambi, il baccalà
in cartoccio, passatina di ceci e porri croccanti.

Zona Urbana Sud-Est

🏨 **Barceló Aran Mantegna Hotel**   📶 🖥 ♿ 🖽 🕏 🛗 🚗
via Mantegna 130 ✉ *00147 –* 📞 *06 98 95 21*   Pianta: 2B3**x**
– www.barcelo.com
323 cam 🍴 – 🛏71/80 € 🛏🛏82/100 € – **6 suites**
Imponente struttura di moderna concezione, dove il design si esprime con linee
sobrie, tendenti a valorizzare i volumi e gli ariosi spazi comuni. Confort di ottimo
livello nelle camere.

🏨 **Shangri Là-Corsetti**   📶 🛎 🏊 🖾 🖥 🖽 🛗 🅿
viale Algeria 141 ✉ *00144* Ⓜ *Eur Fermi –* 📞 *0 65 91 64 41*   Pianta: 2B3**d**
– www.shangrilacorsetti.it
130 cam 🍴 – 🛏65/170 € 🛏🛏80/230 €
Rist *Shangri Là-Corsetti* – Vedere selezione ristoranti
Bianchi i soffitti a vela, i marmi e i divani nella hall di un hotel anni '60, nei pressi
dell'EUR, frequentato soprattutto da una clientela business e gruppi turistici; bel
giardino alberato.

🏨 **Appia Park Hotel**   📶 🛎 🖾 🖥 ♿ 🖽 🕏 🛗 🚗
via Appia Nuova 934 ✉ *00178 –* 📞 *06 71 67 41*   Pianta: 2C3**h**
– www.appiaparkhotel.it
102 cam 🍴 – 🛏90/200 € 🛏🛏90/200 €
Ideale per chi vuol stare fuori città, un albergo con un ameno giardino, non lontano dal complesso archeologico dell'Appia Antica; arredi classici nelle confortevoli camere.

XXX **Shangri Là-Corsetti** – Hotel Shangri Là-Corsetti   🍽 🖽 🕏 🅿
viale Algeria 141 ✉ *00144* Ⓜ *Eur Fermi –* 📞 *0 65 91 88 61*   Pianta: 2B3**d**
– www.shangrilacorsetti.it
• PESCE E FRUTTI DI MARE • Menu 35/40 € – Carta 31/107 € – (solo a cena dal
12 al 28 agosto)
Il pesce in bellavista all'ingresso anticipa le specialità del menu, ma per una serata
alternativa a base di pizza o carni alla brace, c'è anche La Taverna al piano inferiore. Gradevole servizio estivo all'aperto.

XX **Villa Rinaldo**   🍽 ♿ 🖽 🕏 🅿
via Appia Nuova 1267 ✉ *00178 –* 📞 *0 67 18 39 10*   Pianta: 2C3**v**
– www.villarinaldo.it – Chiuso 10-22 agosto e martedì
• CUCINA DEL MERCATO • Menu 35 € – Carta 26/61 €
Vicino al raccordo anulare, un ristorante che da anni delizia i viaggiatori con la
sua cucina regionale e le fragranti specialità di pesce. Ambiente di tono classico.

ROMA

X **Domenico dal 1968**   AC

 via Satrico 21 ⊠ 00183 – ℰ 06 70 49 46 02   Pianta: 10L6**f**
– www.domenicodal1968.it – Chiuso 20 giorni in agosto, domenica sera e lunedì
• ROMANA • Carta 30/49 €
Vale la pena di uscire dagli usuali percorsi turistici per sperimentare un'autentica trattoria romana: il fritto o la minestra di broccoli e arzilla sono le vere specialità.

X **Profumo di Mirto**   AC

 viale Amelia 8/a ⊠ 00181 – ℰ 06 78 62 06   Pianta: 2C2**f**
– www.profumodimirto.it – Chiuso agosto e lunedì
• PESCE E FRUTTI DI MARE • Menu 28 € (in settimana)/55 € – Carta 21/78 €
Profumo di Mirto: un omaggio alla Sardegna, terra natia dei proprietari. E sempre dal Mediterraneo arrivano numerose varietà di pesce che la cucina rielabora in specialità gustose e caserecce. Specialità: tagliolini ai frutti di mare e le immancabili seadas.

Zona Urbana Sud-Ovest

 Sheraton Roma Hotel   🍴 🏊 🏋 🍽 🔲 ⅙ AC 🐕 ♨ 🚗

viale del Pattinaggio 100 ⊠ 00144 **Ⓜ** Magliana   Pianta: 2B3**z**
– ℰ 0 65 45 31 – www.sheraton.com/roma
628 cam ⊑ – †110/430 € ††130/450 € – **12 suites**
Ideale per le attività congressuali grazie alle innumerevoli sale modulari, questo imponente complesso moderno e funzionale offre camere di diverse tipologie. Ristorante open space e non stop nella grande hall.

 Crowne Plaza Rome St. Peter's & Spa   🍴 🛏 🏊 🔲 ♨ ⅙ 🍽
🔲 ⅙ AC ♨ **P**
via Aurelia Antica 415 ⊠ 00165 – ℰ 0 66 64 20
– www.hotel-invest.com   Pianta: 1B2**h**
308 cam – †130/300 € ††130/350 € – ⊑ 18 € – **10 suites**
Nel verde di Villa Doria Pamphili, l'hotel offre servizi e standard elevati per soddisfare tutte le esigenze dei suoi ospiti. Ampie camere arredate in stile moderno e dalle calde tonalità garantiscono un soggiorno ai massimi livelli. Al ristorante: cucina italiana ed internazionale in una sinfonia di sapori e colori.

 Rome Marriott Park Hotel   🍴 🛏 🏊 🔲 ♨ ♨ ⅙ 🔲 ⅙ AC ♨ ♨ **P**
via Colonnello Tommaso Masala 54 ⊠ 00148   Pianta: 1A3**y**
– ℰ 06 65 88 21 – www.marriott.com
587 cam ⊑ – †300/400 € ††320/420 € – **14 suites**
Che sia una struttura smisurata, lo si percepisce già dalle dimensioni della hall, dove giganteggia un originale affresco della Città Eterna, ma anche il numero delle camere - sempre ordinate e di tenuta impeccabile - nonché il centro benessere concorrono in questa ideale corsa verso il top!

 Sheraton Golf Parco de' Medici Rome Hotel   🍴 🛏 🏊 🏊 ♨
⅙ 🔲 ⅙ AC ♨ **P**
viale Salvatore Rebecchini 39, uscita Parco dei
Medici Grande Raccordo Anulare ⊠ 00148 – ℰ 0 66 52 88   Pianta: 1A3**b**
– www.sheratonparcodemedicirome.com
817 cam ⊑ – †200 € ††550 € – **32 suites**
Uno dei complessi alberghieri più grandi d'Europa, ideale per congressi, ma con un côté vacanziero, dove lo stile country si alterna all'essenzialità del moderno design. Immerso in uno splendido campo da golf, l'hotel si compone di tre edifici distinti ed autonomi (collegati da un servizio non stop di navetta).

 Melià Roma Aurelia Antica   🍴 🛏 🏊 ⅙ 🔲 ⅙ AC ♨ ♨ 🚗
via degli Aldobrandeschi 223 ⊠ 00163 – ℰ 0 66 65 44   Pianta: 1A2**a**
– www.melia-roma.com
270 cam ⊑ – †90/289 € ††110/309 € – **4 suites**
A 9 km dal centro della città e vicino all'uscita n. 1 del Grande Raccordo Anulare, questo è l'albergo ideale per il businessman o per il turista in visita alla Città Eterna. Ottima struttura congressuale, indimenticabile confort. Piatti internazionali e specialità italiane al ristorante.

Atahotel Villa Pamphili

via della Nocetta 105 ✉ *00164* – ☎ *06 66 02*   Pianta: 1B2**e**
– www.atahotels.it
236 cam ⌷ – ♦102/309 € ♦♦112/339 € – **11 suites**
Ubicazione tranquilla, accanto al parco di Villa Doria Pamphili, per un'imponente struttura con piacevoli spazi esterni. Ma i complimenti si sprecano per i suoi interni: camere molto confortevoli, tutte con terrazzino, e un nuovissimo centro benessere. Ampio e luminoso, il ristorante si presta anche per eventi.

H10 Roma Città

via Amedeo Avogadro 35 ✉ *00146* – ☎ *0 65 56 52 15*   Pianta: 2B2**g**
– www.h10hotels.com
181 cam ⌷ – ♦90/200 € ♦♦100/370 € – **3 suites**
Vicino al famoso quartiere di Trastevere, questa nuova struttura dal design contemporaneo propone camere con dotazioni tecnologiche d'avanguardia, una piccola zona fitness ed una piscina sul roof garden. Sapori mediterranei al ristorante.

Grand Hotel del Gianicolo

viale delle Mura Gianicolensi 107 ✉ *00152*   Pianta: 7F5**b**
Ⓜ *Cipro Musei Vaticani* – ☎ *06 58 33 34 05* – *www.grandhotelgianicolo.it*
48 cam ⌷ – ♦110/475 € ♦♦130/475 €
Raffinato hotel del Gianicolo con camere confortevoli, spazi comuni ricercati e l'illusione di essere ospiti di un'elegante dimora di campagna, grazie alla bella piscina all'aperto: praticamente, una rarità a Roma! Cucina moderna alla Corte degli Archi.

Black Hotel

via Raffaele Sardiello 18 ✉ *00165* – ☎ *06 66 41 01 48*   Pianta: 1A2**x**
– www.blackhotel.it
68 cam ⌷ – ♦59/99 € ♦♦69/109 €
Hotel di grande atmosfera grazie ai ricercati arredi di design moderno. Il colore nero predominante nelle zone comuni è bandito dalle stanze che, al contrario, sono luminose e minimaliste. La fantasiosa cucina dell'Edon vi attende in un ambiente d'ispirazione etnica, oppure all'aperto in un giardino di piante secolari.

XX Spazio Roma-Eataly Roma Ⓝ

piazzale XII Ottobre 1492 ✉ *00186* Ⓜ *Piramide*   Pianta: 1B2**d**
– ☎ 06 90 27 92 40 – *www.nikoromitoformazione.it* – *Chiuso 20 giorni in agosto e mercoledì*
• CUCINA MODERNA • Carta 38/54 € – (coperti limitati, prenotare)
Prezzi interessanti, per un livello qualitativo di materie prime da lode, rielaborate con spirito giovane e moderno. Siamo in un laboratorio-ristorante aperto a tutti coloro che intendono riscoprire e assaporare il meglio del "made in Italy" a tavola! Specialità: tortello di ricotta, distillato di pomodoro, capperi e cucunci - agnello stufato, carciofi, rosmarino e timo.

X Trattoria del Pesce

via Folco Portinari 27 ✉ *00186* – ☎ *34 93 35 25 60*   Pianta: 1B2**b**
– www.trattoriadelpesce.it – *Chiuso 11-25 agosto*
• PESCE E FRUTTI DI MARE • Carta 32/79 €
Pesce fresco e crudo in tutte le sue declinazioni, in un ambiente accogliente, vagamente bistrot, dalla giovane e capace gestione. Vale la pena di pazientare per trovare parcheggio.

X Al Ristoro degli Angeli

via Luigi Orlando 2 ✉ *00154* – ☎ *06 51 43 60 20*   Pianta: 2B2**a**
– www.ristorodegliangeli.it – *Chiuso domenica*
• ROMANA • Carta 28/59 € – (solo a cena)
Nei locali che furono occupati - nell'immediato dopoguerra - dall' Ente Comunale di Consumo e poi da una merceria, si trova oggi questa particolare osteria dall'atmosfera un po' bistrot. Dalla cucina, qualche piatto gourmet, ma essenzialmente specialità romane. Un esempio? Spaghetti cacio e pepe in cialda di parmigiano croccante, ma anche involtini di rombo di mare ripieni di carciofi.

ROMA

Dintorni di Roma

sulla strada statale 3 - via Cassia Nord-Ovest: 15 km A1

 Castello della Castelluccia   ⚂ ⬥ ⬢ ⬢ ⬢ ⬢ ⬢ ⬢ ⬢ **P**
località la Castelluccia, via Cavina 40 ✉ *00123*   Pianta: 1A1**c**
– ☎ 06 30 20 70 41 – www.lacastelluccia.com
23 cam ▭ – ♦89/179 € – ♦♦109/199 € – **5 suites**
Rist *Castello della Castelluccia* – Vedere selezione ristoranti
Immerso nel verde, un antico castello con angoli romantici e deliziosi giardini all'i-
taliana. Le camere, personalizzate con mobili d'epoca e camini graziosamente
disposti qua e là, costituiscono una piacevole successione di sorprese: da quelle a
mansarda o con letto a baldacchino, alle superior con piccola vasca idromassaggio.

 Castello della Castelluccia – Hotel Castello della Castelluccia   ⬢ AK
località la Castelluccia, via Cavina 40 ✉ *00123*   ⬢ **P**
– ☎ 06 30 20 70 41 – www.lacastelluccia.com   Pianta: 1A1**c**
• CUCINA MODERNA • Menu 40/55 € – Carta 26/53 € – (prenotazione
obbligatoria)
Impreziosito da un bellissimo camino che troneggia in fondo alla sala, il ristorante
propone una cucina che spazia dalle specialità territoriali ad altre con forte
influenza umbra. Gli ingredienti sono rigorosamente di prima qualità e sempre in
sintonia con le stagioni.

ROMANO CANAVESE

Torino (TO) – 10090 – 2 746 ab. – Alt. 270 m – Carta regionale n° **12-B2**

▶ Roma 685 km – Torino 42 km – Alessandria 105 km – Asti 112 km

Carta stradale Michelin 561-F5

Relais Villa Matilde

*via Marconi 29 – ℰ 01 25 63 92 90 – www.relaisvillamatilde.com
– Aperto 1° aprile-31 ottobre*

43 cam ⌚ – †163/224 € ††234/357 € – **11 suites**

Cinta da un parco rigoglioso, la villa settecentesca è stata convertita in un gradevole e moderno albergo con ambienti comuni dalle sale affrescate, camere di diverse tipologie e un nuovo piccolo centro benessere. Suggestiva ed elegante la sala ristorante, realizzata nella vecchia scuderia.

ROMANO D'EZZELINO

Vicenza (VI) – 36060 – 13 547 ab. – Alt. 132 m – Carta regionale n° **23-B2**

▶ Roma 542 km – Padova 51 km – Vicenza 44 km – Treviso 51 km

Carta stradale Michelin 562-E17

✕✕ Al Pioppeto

*via San Gregorio Barbarigo 13, località Sacro Cuore, Sud: 4 km
– ℰ 04 24 57 05 02 – www.pioppeto.it – Chiuso 1°-8 gennaio, 3-23 agosto e martedì*

Menu 20 € (in settimana) – Carta 21/38 €

Linea gastronomica d'ispirazione regionale, ma anche un menu per celiaci, e servizio attento in un ristorante di tono classico, dove troneggia un grande camino a "riscaldare" l'ambiente.

ROMAZZINO – Olbia-Tempio (OT) ➜ Vedere Arzachena : Costa Smeralda

---

ROMENO

Trento (TN) – 38010 – 1 381 ab. – Carta regionale n° **19-B2**

▶ Roma 644 km – Trento 49 km – Bolzano 38 km – Merano 48 km

Carta stradale Michelin 562-C15

✕ Nerina

*via De Gasperi 31, località Malgolo – ℰ 04 63 51 01 11 – www.albergonerina.it
– Chiuso 9-29 ottobre, martedì escluso luglio e agosto*

Carta 30/51 € – (consigliata la prenotazione)

Tanta semplicità, ospitalità ed informalità in un locale che nasconde alcune gemme tra i prodotti trentini, nonché specialità genuine della casa come gli gnocchi di pane e ortica, il filetto di maiale alle erbe aromatiche e lo stinco di maiale alla birra di Fiemme (bassa temperatura).

RONCADELLE – Brescia (BS) ➜ Vedere Brescia

RONCEGNO

Trento (TN) – 38050 – Carta regionale n° **19-C3**

▶ Roma 623 km – Trento 33 km – Vicenza 97 km – Bolzano 88 km

Carta stradale Michelin 562-D16

Coronata Haus

località Maso Vazzena – ℰ 0 46 11 85 15 08 – www.coronatahaus.it

10 cam ⌚ – †50/60 € ††80/100 €

Piacevole casa di montagna coccolata sul retro dalla calma del bosco: tra camere e stube è il legno il vero protagonista, così come la storia di un territorio che ricorda il confine dell'impero austroungarico.

RONCOFREDDO

Forlì-Cesena (FC) – ✉ 47020 – 3 384 ab. – Alt. 314 m – Carta regionale n° **5-D2**
▶ Roma 326 km – Rimini 27 km – Bologna 109 km – Forlì 44 km
Carta stradale Michelin 562-J18

 I Quattro Passeri

via dei Laghi 541, località Santa Paola – ℰ *05 41 94 95 22* – *www.4passeri.com*
– *Chiuso dicembre, gennaio e febbraio*
6 cam ⌚ – ♦75/110 € ♦♦110/220 €
Casa colonica in pietra: il suo gioiello è la terrazza panoramica con piscina e vista
sui colli fino al mare. Interni rustici con diversi arredi d'epoca.

RONZONE

Trento (TN) – ✉ 38010 – 419 ab. – Alt. 1 085 m – Carta regionale n° **19-B2**
▶ Roma 636 km – Bolzano 33 km – Merano 43 km – Trento 50 km
Carta stradale Michelin 562-C15

 Villa Orso Grigio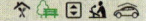

via Regole 10/12 – ℰ *04 63 88 05 59* – *www.orsogrigio.it*
6 cam – solo ½ P 125/265 € – **4 suites**
Rist *Orso Grigio* ❀ – Vedere selezione ristoranti
In una cornice naturalistica che ricorda una fiaba dei fratelli Grimm, una sintesi
perfetta fra stile locale - con tanta profusione di legno - e modernità dei servizi,
tra cui la nuova sala per i massaggi. Le belle camere hanno un proprio spazio
delimitato all'interno del parco con tanto di biolago. La mezza pensione, in realtà,
è servita ...à la carte!

Orso Grigio (Cristian Bertol) – Hotel Villa Orso Grigio

via Regole 10 – ℰ *04 63 88 06 25* – *www.orsogrigio.it* – *Chiuso martedì a pranzo*
Menu 70 € – Carta 49/89 €
Ristorante di famiglia, gestito con grande professionalità da due fratelli gemelli:
uno segue la cucina, classica e ben impostata dove la linea storica a base di
carne è ampliata con una piccola offerta a base di pesce, l'altro la fornitissima
cantina, ricca di eccellenze.
→ Tagliatelle alla montanara (piatto storico). Tagliata di cervo con polentina di
Storo, salsa di mirtilli e pera williams. Soufflè al cioccolato con cuore tenero,
crema alla vaniglia e frutti di bosco.

ROSETO DEGLI ABRUZZI

Teramo (TE) – ✉ 64026 – 25 487 ab. – Carta regionale n° **1-B1**
▶ Roma 205 km – Ascoli Piceno 69 km – Pescara 43 km – Teramo 37 km
Carta stradale Michelin 563-N24

 Roses

viale Makarska 1 – ℰ *08 58 93 62 03* – *www.roseshotel.it* – *Aperto
1° aprile-30 ottobre*
88 cam ⌚ – ♦45/120 € ♦♦110/200 €
Grande e moderno complesso per chi ama gli spazi e la tranquillità: ampie
camere tutte vista mare, piscina semiolimpionica e accesso diretto alla spiaggia.

ROSIGNANO MONFERRATO

Alessandria (AL) – ✉ 15030 – 1 585 ab. – Alt. 280 m – Carta regionale n° **12-C2**
▶ Roma 621 km – Torino 82 km – Alessandria 36 km – Asti 38 km
Carta stradale Michelin 561-G7

 A Casa di Babette

via Isola 2, regione Valle Ghenza, Sud: 2 km – ℰ *01 42 48 97 05*
– *www.acasadibabette.it* – *Chiuso 7-20 gennaio, domenica sera e lunedì*
Carta 26/45 € **12 cam** ⌚ – ♦50/70 € ♦♦80/120 €
E' il riuscito matrimonio tra Francia e Monferrato, questo bel locale in stile provenzale dove è possibile trovare anche una bella selezione di piccoli vigneron di
Champagne a prezzi molto competitivi. La cucina parla, invece, piemontese, con
agnolotti fatti a mano secondo la ricetta De.Co di Pontestura e la tagliata di Fassone in primis. Camere confortevoli con arredi più classici.

ROSIGNANO SOLVAY

Livorno (LI) – ✉ 57016 – Carta regionale n° **18-B2**
▶ Roma 294 km – Pisa 43 km – Grosseto 107 km – Livorno 24 km
Carta stradale Michelin 563-L13

🏠 **Rosignano** 🅽   ⬆ ⬇ 🔲 ⅍
via Aurelia 525/527 ✉ 57016 Rosignano Solvay – 𝒞 05 86 76 78 13
– www.hotel-rosignano.com
18 cam ⌑ – 🛏55/80 € 🛏🛏80/135 €
Semplice gestione familiare dove troverete camere moderne e confortevoli, dal
buon rapporto qualità/prezzo e particolarmente ambite dalla clientela commerciale. Quelle sul retro sono più tranquille.

ROSSANO STAZIONE

Cosenza (CS) – ✉ 87068 – Carta regionale n° **3-B1**
▶ Roma 513 km – Cosenza 84 km – Crotone 92 km
Carta stradale Michelin 564-I31

🍴 **Il Giardino di Iti**   ⇐ 🍸 🍶 🌁 🅿
🍝 *Contrada Amica – 𝒞 0 98 36 45 08 – www.giardinoiti.it*
Menu 15/38 € – Carta 11/38 € – (consigliata la prenotazione)
👪 **12 cam** ⌑ – 🛏35/65 € 🛏🛏70/130 €
Antica proprietà risalente al 1662, in inverno si mangia nelle stanze che furono il
frantoio, in estate nel suggestivo prato interno coltivato ad agrumi, la cucina
segue le stagioni e utilizza i prodotti bio dell'azienda, un piatto originale tra le
tante proposte? Bocconcini di petto di pollo agli agrumi misti. Camere semplici
nelle vecchie abitazioni contadine.

ROTA D'IMAGNA

Bergamo (BG) – ✉ 24037 – 835 ab. – Alt. 665 m – Carta regionale n° **10-C1**
▶ Roma 628 km – Bergamo 26 km – Lecco 40 km – Milano 64 km
Carta stradale Michelin 561-E10

🏠 **Miramonti**   ⚡ 🍸 ← 🍶 🔲 🏊 🐾 ⬆ 🅿
via alle Fonti 5 – 𝒞 0 35 86 80 00 – www.hotelmiramontibergamo.com
– Chiuso 12 gennaio-12 febbraio
42 cam ⌑ – 🛏34/44 € 🛏🛏89/119 €
Continua il rinnovo delle camere di questa buona struttura familiare, dotata di
un centro benessere tra i migliori della zona. Anche il ristorante è stato oggetto
di restyling: la cucina, invece, è sempre legata al territorio in un ambiente di
sobria eleganza.

ROTA (Monte) = RADSBERG – Bolzano → Vedere Dobbiaco

ROTONDA

Potenza (PZ) – ✉ 85048 – 3 546 ab. – Alt. 580 m – Carta regionale n° **2-C3**
▶ Roma 443 km – Cosenza 103 km – Lagonegro 56 km – Potenza 147 km
Carta stradale Michelin 564-H30

🍴 **Da Peppe**   ⇐ ⅍
🍝 *corso Garibaldi 13 – 𝒞 09 73 66 12 51 – Chiuso domenica sera e lunedì escluso*
agosto
👪 Menu 15/30 € – Carta 18/39 €   **6 cam** ⌑ – 🛏35/45 € 🛏🛏55/70 €
Nel centro storico del paesello all'interno del parco del Pollino, ai fornelli di questo storico locale vige un unico imperativo: riscoprire i sapori della cucina lucana,
come il saporito agnello con patate e cipolla o la tipicità della melanzana rossa di
Rotonda. Quattro camere a poche centinaia di metri, moderne e confortevoli.

ROTTOFRENO

Piacenza (PC) – ⊠ 29010 – 12 125 ab. – Alt. 65 m – Carta regionale n° **5-A1**
▶ Roma 526 km – Piacenza 14 km – Parma 46 km – Milano 66 km
Carta stradale Michelin 561-G10

XX Trattoria la Colonna   😂 🌿 AC

via Emilia Est 6, località San Nicolò, Est: 5 km – 𝒞 05 23 76 83 43
– www.ristorantelacolonna.com – Chiuso 7-21 agosto, domenica sera e martedì;
martedì sera e domenica in giugno-luglio
Menu 20 € (pranzo in settimana)/30 € – Carta 39/81 €
Nel '700 era una stazione di posta, oggi può vantarsi di essere l'edificio più longevo della località! Nella vecchia stalla trova posto il ristorante che propone i piatti della tradizione, di terra e di mare.

X Antica Trattoria Braghieri   AC 🐾 P

località Centora 21, Sud: 2 km – 𝒞 05 23 78 11 23 – Chiuso 1°-15 gennaio,
31 luglio- 31 agosto e lunedì
Menu 12 € (pranzo in settimana)/35 € – Carta 17/30 € – *(solo a pranzo escluso venerdì e sabato)* (consigliata la prenotazione)
E' dal 1921 che le donne di famiglia si succedono nella gestione della trattoria! Due sale: una sobria, l'altra più elegante, dove assaporare paste fatte in casa e preparazioni casalinghe tradizionali, come lo stracotto d'asina.

ROVERCHIARA

Verona (VR) – ⊠ 37050 – 2 756 ab. – Alt. 20 m – Carta regionale n° **23-B3**
▶ Roma 487 km – Venezia 117 km – Verona 34 km – Mantova 50 km

X Locanda le 4 Ciacole   😂 ⇔ 🌿 🅿

piazza Vittorio Emanuele 10 – 𝒞 04 42 68 51 15 – www.le4ciacole.it – Chiuso
1°-10 febbraio e 2 settimane in agosto
Menu 42 € – Carta 44/69 € – *(chiuso domenica) (solo a cena)*
4 cam ⌂ – ♦40 € ♦♦70 €
Perché dovreste scegliere questo locale? Sicuramente per l'attenzione posta alle materie prime rigorosamente italiane - carni, farine, ortaggi, salumi - e poi per una delle passioni del titolare: i formaggi. La selezione ne contempla oltre 100!

ROVERE

L'Aquila (AQ) – ⊠ 67048 – Carta regionale n° **1-A2**
▶ Roma 136 km – L'Aquila 33 km – Pescara 118 km – Rieti 89 km
Carta stradale Michelin 563-P22

🏠 Robur Marsorum   🖄

via Antonio Milanetti – 𝒞 08 62 91 72 49 – www.roburmarsorum.com
20 cam ⌂ – ♦80/100 € ♦♦150/180 €
Per chi non cerca il solito albergo, una residenza "diffusa" composta da un certo numero di bilocali e monolocali, tutti dotati di piccola cucina; ovunque, caminetti ed un arredo personalizzato con mobili in arte povera e letti in ferro battuto. La prima colazione ed il giornale, ogni mattina, davanti alla porta.

ROVERETO

Trento (TN) – ⊠ 38068 – 39 099 ab. – Alt. 204 m – Carta regionale n° **19-B3**
▶ Roma 569 km – Trento 26 km – Bolzano 82 km – Merano 105 km
Carta stradale Michelin 562-E15

🏨 Leon d'Oro   🛏 🔲 AC 🖄 🚗

via Tacchi 2 – 𝒞 04 64 43 73 33 – www.hotelleondoro.it
52 cam ⌂ – ♦70/120 € ♦♦90/145 €
Accogliente hotel dotato di diversi ambienti comuni a disposizione degli ospiti e piacevoli camere divise in due stili: classico o moderno. Tutte, indistintamente, illuminate da graziose abat-jour.

Mercure Nerocubo Rovereto

via per Marco 16, prossimità uscita autostrada Rovereto Sud – 04 64 02 20 22
– www.nerocubohotel.it
91 cam ⊑ – 72/145 € 93/168 € – **10 suites**
Rist *Indovino* – Vedere selezione ristoranti
Un nome curioso, ma ben appropriato, per questa moderna struttura dall'architettura lineare: nera fuori, luminosa dentro, adatta soprattutto ad una clientela business. All'ultimo piano anche un piccolo centro benessere.

Rovereto

corso Rosmini 82 d – 04 64 43 52 22 *– www.hotelrovereto.it*
49 cam ⊑ – 65/115 € 95/155 €
Rist *Novecento* – Vedere selezione ristoranti
Albergo centrale, ben gestito da una famiglia che produce anche vino a nome Castel Noarna. Buon confort nelle stanze che ora si distinguono esclusivamente per le diverse metrature.

XX Novecento – Hotel Rovereto

corso Rosmini 82 d – 04 64 43 54 54 *– www.hotelrovereto.it – Chiuso 3 settimane in gennaio, 3 settimane in agosto e domenica*
Carta 30/58 €
Ristorante accogliente con sala interna classica raddoppiata da una bella veranda colorata da bottiglie tinte a mano. La carta è ben diversificata: c'è un filone regionale, pochi piatti mantovani ed altri dal gusto nazionale. Inoltre, c'è la pizza a lievitazione naturale e cotta nel forno elettrico.

XX San Colombano

via Vicenza 30, strada statale 46, Est : 1 km – 04 64 43 60 06
– www.ristorantesancolombano.it – Chiuso 2 settimane in agosto, domenica sera e lunedì
Menu 25 € (in settimana)/45 € – Carta 30/50 €
Situato poco fuori città - lungo la strada che porta a Vicenza - la gestione è assolutamente familiare: nelle due sale dagli arredi classici "presidia" un fratello, mentre l'altro, coadiuvato da moglie e figlio, sta in cucina. Piatti regionali in menu.

XX Indovino – Hotel Mercure Nerocubo Rovereto

via per Marco 16, prossimità uscita autostrada Rovereto Sud – 04 64 02 20 07
– www.nerocubohotel.it
Menu 16 € (pranzo)/24 € – Carta 32/61 €
Ristorante dalla formula e dagli arredi moderni: in un ambiente multicolor e allegro, piatti unici, specialità di carne e di pesce, sia di mare sia di acqua dolce.

ROVIGO

✉ 45100 – 52 170 ab. – Carta regionale n° **23-C3**
▶ Roma 457 km – Padova 41 km – Bologna 79 km – Ferrara 33 km
Carta stradale Michelin 562-G17

Cristallo

viale Porta Adige 1 – 0 42 53 07 01 *– www.cristallorovigo.com*
48 cam ⊑ – 60/100 € 77/150 €
Non lontano dalla tangenziale e dalla stazione dei treni, l'hotel offre camere confortevoli con tanto di menu cuscini, un buon servizio ed un frequentato spazio bar. Ricette classiche al ristorante, rinomato per i suoi risotti, e offerta a buffet nella luminosa veranda.

X Tavernetta Dante 1936

corso del Popolo 212 – 0 42 52 63 86
Carta 30/39 €
Un'oasi lungo il corso trafficato che attraversa il centro di Rovigo: dall'ambientazione all'interno di un piccolo e grazioso edificio, alla cucina di mare e di terra.

RUBANO

Padova (PD) – ⊠ 35030 – 16 120 ab. – Alt. 18 m – Carta regionale n° 22-B2
▶ Roma 490 km – Padova 8 km – Venezia 49 km – Verona 72 km
Carta stradale Michelin 562-F17

🏠 Vittoria   ⬍ AC P

via della Provvidenza 4/6 – ☎ 04 98 97 55 88 – www.vittoria-hotel.it – Chiuso 7-21 agosto
18 cam ⌑ – †60/85 € ††80/110 €
Comodo per chi sta affrontando un viaggio di lavoro - la città del Santo dista solo 8 km - camere essenziali, ma curate, ed un'insonorizzazione pressoché totale, anche per quelle sul fronte strada.

XXXX Le Calandre (Massimiliano Alajmo)   👥 AC ⇔ P

❀❀❀   *via Liguria 1, località Sarmeola – ☎ 0 49 63 03 03 – www.alajmo.it – Chiuso 1°-20 gennaio, 7-31 agosto, domenica, martedì a mezzogiorno e lunedì*
Menu 135/225 €
Piatti in continua evoluzione, perché alla sperimentazione Massimiliano ci crede veramente. Ma una cucina anche di grandi equilibri capace quindi di coniugare sapori antichi e gusto contemporaneo in un'armonia che la rende unica ed irripetibile.
→ Cappuccino di seppie al nero. Risotto allo zafferano, ginepro e liquirizia. Mozzarella di mandorle.

X Il Calandrino   🔲 AC P

😵   *strada statale 11, località Sarmeola – ☎ 0 49 63 03 03 – www.alajmo.it – Chiuso domenica sera*
Menu 22 € (pranzo in settimana)/63 € – Carta 42/80 €
Bar, enoteca, pasticceria, ristorante: il tutto ad ottimi livelli, per soddisfare in ogni momento la voglia di dolce o di salato. Start up con la prima colazione, per passare all'aperitivo, un pranzo veloce o una cena elegante. Piatti semplici, ma curati, per gustare al meglio gli ingredienti di stagione.

RUBBIANINO – Reggio Emilia (RE) → Vedere Quattro Castella

RUBIERA

Reggio nell'Emilia (RE) – ⊠ 42048 – 14 862 ab. – Alt. 53 m – Carta regionale n° 5-B2
▶ Roma 420 km – Bologna 63 km – Reggio nell'Emilia 18 km – Modena 13 km
Carta stradale Michelin 562-I14

XX Osteria del Viandante   👥 🌳 🌿 ⇔

piazza 24 Maggio 15 – ☎ 05 22 26 06 38 – www.osteriadelviandante.com – Chiuso sabato a mezzogiorno e domenica
Carta 52/105 € – (prenotare)
Salite le scale di un edificio del 1300, il ristorante si compone di sale affrescate e ambienti eleganti. Ampia selezione di vini per accompagnare le ricercate carni e le paste fatte in casa, tra cui primeggiano gli ottimi cappelletti.

XX Arnaldo-Clinica Gastronomica (Anna e Franca Degoli)   ⇔ ⬍

❀   *piazza 24 Maggio 3 – ☎ 05 22 62 61 24 – www.clinicagastronomica.com – Chiuso 27 dicembre-2 gennaio e agosto*
Menu 28 € (pranzo in settimana)/49 € – Carta 39/68 € – (chiuso domenica sera e lunedì a mezzogiorno; anche domenica a mezzogiorno da aprile a settembre) (prenotare)
32 cam ⌑ – †49/89 € ††59/109 €
Bastione della cucina emiliana senza compromessi con la modernità, spume o sifoni: dai celebri salumi alle paste asciutte o in brodo fino alla celebrazione del bollito.
→ Spugnolata. Carrello dei bolliti e arrosti. Pera sciroppata all'arancia con zabaione.

RUBIZZANO – Bologna (BO) → Vedere San Pietro in Casale

RUDA

Udine (UD) – ⊠ 33050 – 2 940 ab. – Alt. 12 m – Carta regionale n° **6-C3**
🚗 Roma 650 km – Trieste 56 km – Udine 40 km
Carta stradale Michelin 562-E22

XX **Osteria Altran**   🐾 🌳 ᶑ ⇔ 🅿
❀ *località Cortona 19, Sud-Est : 4 km – 𝒞 04 31 96 94 02 – Chiuso 10 giorni in*
febbraio, 10 giorni in luglio, 10 giorni in novembre, lunedì e martedì
Menu 68/78 € – Carta 64/91 € – *(solo a cena escluso sabato ed i giorni festivi)*
In un'azienda vinicola immersa nel verde, locale apparentemente rustico - in
realtà, squisitamente romantico – dove gustare una cucina moderna che punta
sulla qualità delle materie prime e sulla loro esaltazione.
➔ Zuppa di pesce di scoglio con molluschi allo zafferano e passatelli ai ricci di
mare. Coppa di maialino in lenta cottura e grigliata con cavolo cinese e salsa alla
senape. Mela caramellata, spuma al caramello salato e gelato alla cannella.

RUNATE – Mantova (MN) ➔ Vedere Canneto sull'Oglio

RUSSI

Ravenna (RA) – ⊠ 48026 – 12 170 ab. – Alt. 13 m – Carta regionale n° **5-D2**
🚗 Roma 374 km – Ravenna 17 km – Bologna 67 km – Faenza 16 km
Carta stradale Michelin 562-I18

X **Insolito Ristorante**   AK
🍝 *via Babini 22 – 𝒞 05 44 58 29 54 – www.ristoranteinsolito.com – Chiuso*
mercoledì
Menu 14 € (pranzo in settimana) – Carta 31/53 €
Piccolo locale del centro gestito da una coppia di soci: uno in sala, l'altro in
cucina, e nel piatto i sapori della regione. Pasta tirata a mano (da una "sfoglina")
e selezione di formaggi, tra le specialità della casa.

a San Pancrazio Sud-Est : 5 km – ⊠ 48026

🏨 **Relais Villa Roncuzzi**   ⭐ 🍽 🏊 ᶑ AK 🌿
via della Liberta 6/10 – 𝒞 05 44 53 47 76 – www.villaroncuzzi.it
22 cam � – ♦85/110 € ♦♦95/120 €
Immersa nel verde, residenza di campagna dei primi del '900 completamente
ristrutturata e trasformata in uno scrigno accogliente, personalizzato ed accattivante.

X **La Cucoma**   AK ⇔ 🅿
🍝 *via Molinaccio 175 – 𝒞 05 44 53 41 47 – www.ristorantecucoma.com – Chiuso*
24 luglio-22 agosto, domenica sera e lunedì
😊 Menu 25 € (pranzo in settimana)/48 € – Carta 29/57 €
Ubicato lungo la strada principale del paese, specialità ittiche - come il tagliolino
alla gallinella di mare - in un ristorante dal côté simpaticamente familiare, celebre
in zona per il buon rapporto qualità/prezzo.

RUTTARS – Gorizia (GO) ➔ Vedere Dolegna del Collio

RUVO DI PUGLIA

Bari (BA) – ⊠ 70037 – 25 574 ab. – Alt. 256 m – Carta regionale n° **15-B2**
🚗 Roma 441 km – Bari 36 km – Barletta 32 km – Foggia 105 km
Carta stradale Michelin 564-D31

X **U.P.E.P.I.D.D.E.**   🐾 ⇔
😊 *vico S. Agnese 2, angolo corso Cavour – 𝒞 08 03 61 38 79 – www.upepidde.it*
– Chiuso 10 luglio-25 agosto e lunedì
Menu 28/37 € – Carta 20/45 € – (consigliata la prenotazione)
Indiscutibilmente caratteristico e fresco! Scavate all'interno della roccia che costi-
tuiva le antiche mura aragonesi, le quattro salette si susseguono sotto archi di
mattoni con - dulcis in fundo - la bella cantina visitabile. Altrettanto storica la
cucina delle Murge, che trova la sua massima espressione nella grigliata di carni
tipiche locali al barbecue di legna di ulivo e mandorlo o nella torta caprese con
fiordilatte al mosto d'uva.

SABAUDIA

Latina (LT) – ⊠ 04016 – 20 305 ab. – Carta regionale n° **7-C3**
▶ Roma 98 km – Frosinone 67 km – Latina 24 km – Fiumicino 104 km
Carta stradale Michelin 563-S21

sul lungomare Sud-Ovest : 2 km :

Le Dune ⭐ 🏊 ≤ ← 🚲 ⛵ 🏊 🛁 ⅙ ℅ 🍴 🖥 🕭 👫 🏧 🕴 P

*via lungomare 9700 ⊠ 04016 – ℰ 0 77 35 12 91 – www.ledune.com – Aperto
1° aprile-31 ottobre*
78 cam ⌸ – ♦80/160 € ♦♦99/245 € – **2 suites**
Nel cuore del parco del Circeo, un edificio bianco di indubbio fascino, ideale per
una vacanza di relax da trascorrere tra mare, campi da tennis ed ampi ambienti
luminosi. Presso la spaziosa ed accogliente sala ristorante, la classica cucina
nazionale.

Zeffiro ⭐ 🕴 🇦 🕬 P

*via Tortini, località Sant'Andrea ⊠ 04016 – ℰ 07 73 59 32 97
– www.hotelzeffirosabaudia.it*
22 cam ⌸ – ♦60/200 € ♦♦60/200 €
Un nuovo hotel situato all'interno di un centro residenziale, vanta camere dagli
arredi moderni caratterizzati da accenni di design ed un piccolo giardino privato.

SABBIONETA

Mantova (MN) – ⊠ 46018 – 4 306 ab. – Alt. 18 m – Carta regionale n° **9-C3**
▶ Roma 480 km – Parma 30 km – Cremona 46 km – Mantova 34 km
Carta stradale Michelin 561-H13

✕✕ Locanda La Loggia del Grano 🇦 ⇔ P

*via Umberto Maffezzoli 1, incrocio via Fondi SP 63, Sud: 1 km – ℰ 03 75 22 10 79
– www.loggiadelgrano.it – Chiuso 10 giorni in gennaio, 10-23 agosto, domenica
sera e lunedì dal 1° ottobre al 1° maggio, lunedì e martedì negli altri mesi*
Carta 29/53 €
A circa 1 km dal bel centro storico di Sabbioneta, locale moderno diviso su più
piani (con ascensore): aperto nel 2013 dopo totale restauro di un ex fornace del
Settecento, la cucina cita sia la tradizione regionale sia il mare.

SACILE

Pordenone (PN) – ⊠ 33077 – 19 990 ab. – Alt. 25 m – Carta regionale n° **6-A3**
▶ Roma 590 km – Belluno 67 km – Treviso 48 km – Pordenone 14 km
Carta stradale Michelin 562-E19

Due Leoni 🕬 ⅙ 🖥 🕴 🇦 🕬 🛁 🚗

piazza del Popolo 24 – ℰ 04 34 78 81 11 – www.hoteldueleoni.com
58 cam ⌸ – ♦105/130 € ♦♦120/150 € – **2 suites**
Affacciato sulla piazza, edificio porticato che nei due leoni in pietra ricorda la storia della città. Al suo interno: ambienti di discreta eleganza e piccolo centro relax
con palestra e, a pagamento, anche sauna nonché bagno turco.

✕✕✕ Il Pedrocchino 🍱 🍽 🕴 🇦

*piazza 4 Novembre 4 – ℰ 0 43 47 00 34 – www.ilpedrocchino.it – Chiuso
3 settimane in agosto, domenica sera e lunedì*
Carta 60/90 €
Grazie ad un'esperienza trentennale il locale è diventato un riferimento in zona per
la cucina di pesce che, proposto a voce, viene preparato in maniera classica. La
cantina si presenta con mille risorse ed un occhio di riguardo per gli champagne!

SAINT PIERRE

Aosta (AO) – ⊠ 11010 – 3 184 ab. – Alt. 676 m – Carta regionale n° **21-A2**
▶ Roma 757 km – Aosta 8 km – Courmayeur 31 km – Torino 124 km
Carta stradale Michelin 561-E3

La Meridiana Du Cadran Solaire

località Chateau Feuillet 17 – ℰ 01 65 90 36 26 – www.albergomeridiana.it
13 cam ⌑ – ♦100/140 € – ♦♦105/180 € – **3 suites**
Affascinante contesto storico-naturalistico, lungo la strada per Courmayeur, La Meridiana Du Cadran Solaire è una raccolta struttura dall'amabile conduzione familiare; camere graziosamente arredate con mobili dalla tipica linea valdostana.

SAINT RHEMY EN BOSSES

 Aosta (AO) – ✉ 11010 – 425 ab. – Alt. 1 632 m – Carta regionale n° **21-A2**
▶ Roma 760 km – Aosta 20 km – Colle del Gran San Bernardo 24 km – Martigny 50 km
Carta stradale Michelin 561-E3

 Suisse

via Roma 26 – ℰ 01 65 78 09 06 – www.hotelsuissesaintbernard.it – Aperto 15 dicembre-Pasqua e 15 giugno-15 settembre
Carta 31/62 € – *(chiuso lunedì in inverno)*
8 cam – ♦25/85 € ♦♦40/110 € – ⌑ 7 €
A un passo dalla frontiera, in un agglomerato di poche abitazioni incuneate fra due monti, una casa tipica del XVII secolo per assaporare le specialità valdostane. Camere confortevoli in un rustico adiacente.

SAINT VINCENT

 Aosta (AO) – ✉ 11027 – 4 742 ab. – Alt. 575 m – Carta regionale n° **21-B2**
▶ Roma 722 km – Aosta 28 km – Colle del Gran San Bernardo 61 km – Ivrea 46 km
Carta stradale Michelin 561-E4

 Grand Hotel Billia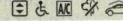

viale Piemonte 72 – ℰ 01 66 52 31 – www.saintvincentresort.it
42 cam ⌑ – ♦317/497 € ♦♦317/497 € – **17 suites**
Una facciata belle époque e due torrioni a dominare il fondovalle in un parco ombreggiato con piscina: dal 1908, questo hotel storico - risorto dopo una radicale opera di rinnovo - vanta ora anche un'attrezzatissima spa. Elegante soggiorno nella Vallée!

 De La Ville

via Aichino 6 ang. via Chanoux – ℰ 01 66 51 15 02 – www.hoteldelavillevda.it
39 cam ⌑ – ♦50/100 € ♦♦80/160 € – **2 suites**
Nei pressi della centrale Via Chanoux, in area pedonale, un raffinato rifugio, curato e di buon gusto, con arredi in legno scuro, confort moderni ed estrema cordialità.

 Paradise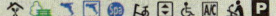

viale Piemonte 54 – ℰ 01 66 51 00 51 – www.hparadise.com – Chiuso 23-26 dicembre
32 cam ⌑ – ♦70/115 € ♦♦115/140 €
Graziosa hall con ricevimento, salottino e angolo per le colazioni, camere nuove, in legno chiaro e toni azzurri o salmone, comode; vicina al Casinò, una valida risorsa.

 Parc Hotel Billia

viale Piemonte 72 – ℰ 01 66 52 31 – www.saintvincentresortcasino.it
113 cam ⌑ – ♦119 € ♦♦289 € – **6 suites**
L'ex ala nuova del Grand Hotel Billia vive ora di luce propria mettendo, comunque, a disposizione tutti i servizi - spa compresa - del blasonato "gemello". Modernità e comodità.

Bijou

piazza Cavalieri di Vittorio Veneto 3 – ℰ 01 66 51 00 67 – www.bijouhotel.it
31 cam ⌑ – ♦50/65 € ♦♦75/110 €
All'interno del centro storico, ma vicino ad un parcheggio comunale. Albergo da poco rinnovato con gusto e personalità. Interni allegri e camere affacciate sulla piazza. Ristorante indipendente, ma contiguo all'hotel.

🏠 **Les Saisons** ← 🚗 🔄 ⚙ ✂ 🅿

via Ponte Romano 186 – ✆ *01 66 51 25 73 – www.hotellessaisons.com*
22 cam 🍽 – 👤50/60 € 👥75/85 €
Posizione piuttosto tranquilla e panoramica, ai margini della cittadina: una casetta di recente costruzione, pulita e funzionale, con atmosfera familiare.

XX **Le Grenier** AC ⬦

piazza Monte Zerbion 1 – ✆ *01 66 51 01 38 – www.ristorantelegrenier.com*
– Chiuso mercoledì
Menu 38 € – Carta 55/93 € – *(solo a cena escluso venerdì, sabato e i giorni festivi)* (consigliata la prenotazione)
Nel cuore di Saint-Vincent, la suggestione di un vecchio granaio (grenier, in francese) con frumento a cascata, camino e utensili d'epoca alle pareti. Ma le sorprese non finiscono qui: è il turno della cucina a sedurre gli ospiti, inaspettatamente moderna con qualche richiamo alle tradizioni valdostane.

XX **Olympic** ⬅ 🌳 AC ✂

via Marconi 2 – ✆ *01 66 51 23 77 – www.holympic.it – Chiuso 10-20 giugno e 24 ottobre-8 novembre*
Menu 30/70 € – Carta 45/88 € – *(chiuso martedì)*
10 cam 🍽 – 👤60/90 € 👥75/115 €
Nel centro della località, in una sala illuminata da grandi vetrate, piatti classici, ma anche regionali, e - a dispetto dell'ubicazione geografica – divagazioni di mare.

SALA BAGANZA

Parma (PR) – ✉ 43038 – 5 558 ab. – Alt. 162 m – Carta regionale n° **5-A3**
▶ Roma 475 km – Parma 20 km – Reggio nell'Emilia 53 km – La Spezia 107 km
Carta stradale Michelin 562-H12

🍴 **I Pifferi** 🚗 🌳 ⬦ 🅿

🍸 *via Zappati 36, Ovest: 1 km –* ✆ *05 21 83 32 43 – www.ipifferi.com – Chiuso lunedì*
Menu 25/35 € – Carta 30/51 €
Un solo chilometro basta per abbandonare il paese ed entrare nel verde del Parco Regionale dei Boschi di Carrega. Qui si trova un'antica stazione di posta - risalente all'epoca di Maria Luigia - trasformata in ristorante: incantevole contesto per i piatti parmigiani di sempre.

SALA COMACINA

Como (CO) – ✉ 22010 – 566 ab. – Alt. 213 m – Carta regionale n° **9-A2**
▶ Roma 643 km – Como 26 km – Lugano 39 km – Menaggio 11 km
Carta stradale Michelin 561-E9

🏠 **Taverna Bleu** 🐾 ← 🚗 🔄 🅿

via Puricelli 4 – ✆ *0 34 45 51 07 – www.tavernableu.it – Aperto 1° aprile-31 ottobre*
15 cam 🍽 – 👤100/120 € 👥110/280 € – **2 suites**
Rist Taverna Bleu – Vedere selezione ristoranti
Adiacente alla piccola darsena della navigazione lacustre, questo alberghetto affacciato sul lago dispone di un bel giardino con varie terrazze e camere in arte povera.

XX **Taverna Bleu** 🚗 🌳 🅿

via Puricelli 4 – ✆ *0 34 45 51 07 – www.tavernableu.it – Aperto 1° aprile-31 ottobre; chiuso martedì*
Carta 48/78 €
Una fresca sala nei toni del colore da cui prende il nome e un romantico giardino affacciato sul lago. La cucina si fa apprezzare per le specialità del lago e per la grande attenzione che lo chef dedica alla qualità degli ingredienti che elabora.

SALEA – Savona (SV) → Vedere Albenga

SALE MARASINO

Brescia (BS) – ⊠ 25057 – 3 393 ab. – Alt. 200 m – Carta regionale n° **10-D1**

▶ Roma 582 km – Brescia 37 km – Bergamo 48 km – Milano 94 km
Carta stradale Michelin 561-E12

🏠 Villa Kinzica ⓝ   ⚡ ← 🛏 🗲 🕀 🖪 🗛 🚗

via Provinciale 1 – ✆ 03 09 82 09 75 – www.villakinzica.it
17 cam ⬓ – 🛏70/120 € 🛏🛏85/175 € – **1 suite**
Affacciata sul lago d'Iseo e separata da esso e dalla strada da un grazioso giardino, una bella villa con un patio esterno, ambienti e confort curati in ogni dettaglio. Camere di diverse tipologie e dimensioni.

SALERNO

⊠ 84121 – 135 603 ab. – Carta regionale n° **4-B2**

▶ Roma 270 km – Napoli 57 km – Avellino 40 km – Caserta 78 km
Carta stradale Michelin 564-E26

🏠 Lloyd's Baia   ⚡ ← ◄ 🗲 🕀 🖪 🗛 🌂 ⅏ 🅿

via Benedetto Croce snc, 3 km per Napoli - A2 ⊠ 84121 – ✆ 08 97 63 31 11
– www.lloydsbaiahotel.it
132 cam ⬓ – 🛏79/289 € 🛏🛏89/299 € – **11 suites**
Rist *Re Maurì* ❀ – Vedere selezione ristoranti
Aggrappato alla roccia della costiera, grand hotel dall'atmosfera classico-elegante, dotato di una terrazza con magnifica vista mare e di un comodo ascensore diretto per la spiaggia. Convincerà tanto il cliente business quanto il turista.

🏠 Novotel Salerno Est Arechi   ⚡ ← 🗲 🕅 🗲 🕀 🖪 ⅏ 🗛 🌂 🚗

via Generale Clark 49, 5 km per Battipaglia - B2 ⊠ 84131 – ✆ 08 99 95 71 11
– www.novotel.com
112 cam – 🛏69/240 € 🛏🛏69/240 € – ⬓ 14 € – **4 suites**
La certezza di un grande gruppo con i suoi consolidati standard di confort: l'attenzione verso i dettagli lo rende ideale per una clientela business, ma anche per le famiglie con bambini al seguito.

🏠 Fiorenza   🗛 🌂 🚗

via Trento 145, 3,5 km per Battipaglia - B2 ⊠ 84131 – ✆ 0 89 33 88 00
– www.hotelfiorenza.it
30 cam ⬓ – 🛏55/72 € 🛏🛏72/107 €
In posizione periferica, questa risorsa familiare è caratterizzata da camere funzionali e graziosi bagni colorati. Indirizzo ideale soprattutto per una clientela business.

🍴🍴🍴 Re Maurì – Hotel Lloyd's Baia   ← 🍴 🗛 🅿
❀
via Benedetto Croce snc, 3 km per Napoli - A2 ⊠ 84121 – ✆ 08 97 63 36 86
– www.remauri.it – Chiuso martedì
Menu 75 € – Carta 62/96 € – *(solo a cena)* (consigliata la prenotazione)
La passione per la pasticceria non l'ha mai abbandonata, ma dopo importanti esperienze in alcuni tra i ristoranti più in auge dello Stivale, lo chef si muove ora con passo sicuro nell'ambito di una cucina mediterranea e creativa che attinge a piene mani dalle eccellenze enogastronomiche di cui questa regione è ricca.
➜ Gambero rosso con battuta di fassona piemontese e neve di ostrica. La minestra di mare Re Maurì. Costata di branzino arrostita ai semi di lino, caponata di melanzane, bieta e salsa ai ricci di mare.

🍴🍴 Il Timone   🗛

via Salvador Allende 29/35, 4,5 km per Battipaglia - B2 ⊠ 84131
– ✆ 0 89 33 51 11 – Chiuso 1 settimana in agosto, domenica sera e lunedì
Carta 22/81 €
Servizio veloce, ma non per questo poco curato, in un locale sempre molto frequentato, ideale per gustare del buon pesce fresco che sta in mostra in sala e il viene scelto dal cliente.

SALERNO

0 — 200 m

CASTELLO

NAPOLI

NAPOLI SORRENTO

AMALFI, POSITANO, CAPRI

COSENZA, POTENZA AVELLINO

BATTIPAGLIA

PORTO

Duomo

PINACOTECA

Mercanti Cso.

Piazza Cavour

Piazza della Libertà

Lungomare Trieste

Lungomare Garibaldi

✗ **13 Salumeria & Cucina** Ⓝ   [AC]

☕ *Corso Garibaldi 214* ✉ *84121* – 𝄞 *08 99 95 13 50*   **Pianta: B2a**
– *www.13salumeria.it*
Menu 13 € (pranzo in settimana) – Carta 31/71 €
Come in un bistrot, a pranzo si possono assaggiare salumi, ricette semplici e qualche proposta alla griglia. Per cena, il menu si fa più strutturato portando in tavola
sapori mediterranei e piatti gourmet. Originale anche lo stile del locale: tanto
legno e sasso, cucina a vista, nonché un bancone da salumiere con una "promettente" affettatrice.

SALGAREDA

Treviso (TV) – ✉ 31040 – 5 215 ab. – Carta regionale n° **23-A1**
▶ Roma 547 km – Venezia 42 km – Pordenone 36 km – Treviso 23 km
Carta stradale Michelin 562-E19

✗✗✗ **Marcandole**   [AC]   P

via Argine Piave 9, Ovest: 2 km – 𝄞 *04 22 80 70 01* – *www.marcandole.it*
– *Chiuso mercoledì sera e giovedì*
Menu 30 € (pranzo in settimana)/70 € – Carta 35/90 €
Nei pressi dell'argine del fiume Piave, due fratelli gestiscono con passione e competenza quello che è diventato un caposaldo della ristorazione trevigiana grazie
ad una cucina di pesce, in "bilico" tra classico e moderno, servita in sale eleganti
e romantiche.

SALINA – Messina (ME) → Vedere Eolie (Isole)

SALÒ

Brescia (BS) – ✉ 25087 – 10 669 ab. – Alt. 75 m – Carta regionale n° **9-D1**
▶ Roma 551 km – Brescia 37 km – Bergamo 83 km – Verona 67 km
Carta stradale Michelin 561-F13

 Laurin

viale Landi 9 – 📞 0 36 52 20 22 – www.hotellaurinsalo.it – Aperto
1° aprile-31 ottobre
32 cam ⌷ – †100/145 € ††120/300 €
Bella villa liberty con saloni affrescati e giardino con piscina; interni con arredi,
oggetti, dettagli dal repertorio dell'Art Nouveau, per un romantico relax sul Garda.
Piatti classici rivisitati serviti fra un tripudio di decori floreali, dipinti, colonne.

Villa Arcadio

via Palazzina 2, località Villa di Salò, Sud: 3 km – 📞 0 36 54 22 81
– www.hotelvillaarcadio.it – Aperto 19 marzo-31 ottobre
18 cam ⌷ – †150/250 € ††250/370 € – **1 suite**
Rist *La Palazzina* – Vedere selezione ristoranti
Elegante risultato della ristrutturazione di un monastero del XIX secolo all'interno
di un immenso parco, con piscina e terrazze panoramiche. Ambienti raffinati che
fondono modernità e charme, affreschi originali nei corridoi e nelle camere sobrie,
ma curate nella loro semplicità. Invitanti seduzioni gastronomiche al ristorante
che, con il bel tempo, si uniscono a quelle dello splendido panorama sul lago.

Bellerive

via Pietro da Salò 11 – 📞 03 65 52 04 10 – www.hotelbellerive.it – Chiuso
1° dicembre-1° marzo
43 cam ⌷ – †165/300 € ††250/350 € – **6 suites**
Affacciato sul porticciolo turistico, un gradevole hotel di color bianco che spicca
in riva al lago blu; bella piscina circondata da un giardino alla provenzale. Sala
ristorante con arredi minimal chic.

Vigna

lungolago Zanardelli 62 – 📞 03 65 52 01 44 – www.hotelvignasalo.it
– Chiuso 1° dicembre-1° marzo
27 cam ⌷ – †85/165 € ††90/185 €
Sullo splendido lungolago rinnovato e pedonalizzato, camere semplici ma accoglienti: buona parte con vista sull'acqua.

 Locanda del Benaco

lungolago Zanardelli 44 – 📞 0 36 52 03 08 – www.benacohotel.com – Aperto
21 marzo-10 novembre
12 cam ⌷ – †80/130 € ††110/300 € – **1 suite**
Totalmente rinnovato in tempi recenti, in felice posizione sul lungolago, questo
tranquillo albergo d'impronta minimalista offre camere confortevoli ed una
schietta conduzione familiare. All'ultimo piano, c'è ora anche un bar panoramico.

Villa Bissiniga

via Rezzano, località Renzano, Ovest: 2 km – 📞 0 36 51 98 04 08
– www.villabissiniga.com
12 cam ⌷ – †60/120 € ††80/160 €
Una vista impareggiabile su Salò e un tripudio di pezzi d'antiquariato sono le
caratteristiche di questa bella casa, totalmente a impatto ambientale zero...anche
il relax è garantito!!!

 ✕✕ **La Palazzina** – Hotel Villa Arcadio

via Palazzina 2, località Villa di Salò, Sud: 3 km – 📞 0 36 54 22 81
– www.ristorantelapalazzina.it – Aperto 19 marzo-31 ottobre
Carta 42/111 €
Se la carta è interessante, articolata, creativa, con proposte sia locali che internazionali, la sosta si farà ancor più piacevole se - tempo permettendo - prenoterete
un tavolo sulla romantica terrazza.

a Barbarano Nord-Est : 2,5 km verso Gardone Riviera – ✉ 25087

Spiaggia d'Oro

via Spiaggia d'Oro 15 – ✆ *03 65 29 00 34 – www.hotelspiaggiadoro.com*
– Aperto 1° aprile-31 ottobre
36 cam ⌂ – †100/180 € ††120/240 €
Prospiciente il porticciolo di Barbarano e dotato di un giardino direttamente sul lago, questo gradevole hotel con piscina è dotato anche di una piccola zona benessere dove rilassarsi. Nel rinomato ristorante, piatti creativi che rielaborano prodotti di ogni regione d'Italia.

SALSOMAGGIORE TERME

Parma (PR) – ✉ 43039 – 19 651 ab. – Alt. 157 m – Carta regionale n° **5-A2**
▶ Roma 488 km – Parma 30 km – Piacenza 52 km – Cremona 57 km
Carta stradale Michelin 562-H11

Villa Fiorita

via Milano 2 – ✆ *05 24 57 38 05 – www.hotelvillafiorita.it*   Pianta: A2**c**
– Chiuso 18-28 dicembre
44 cam ⌂ – †70/130 € ††110/190 € – **4 suites**
Centralissimo albergo all'interno di un palazzo liberty che rimane scintillante grazie all'impegno dell'accorta conduzione familiare. Ottimo confort sia nelle camere sia negli spazi comuni. Cucina della tradizione nella grande sala da pranzo.

Casa Romagnosi

piazza Berzieri 3/B – ✆ *05 24 57 65 34*   Pianta: A2**a**
– www.albergoromagnosi.it
36 cam ⌂ – †69/120 € ††99/180 € – **3 suites**
Affacciate sul corso o sulle terme, le camere di questo palazzo settecentesco sono eleganti con un tocco di rusticità nei soffitti con travi a vista. Gestione familiare. Moderna e luminosa la sala da pranzo.

Riz Ferrari

viale Milite Ignoto 5 – ✆ *05 24 57 77 44*   Pianta: A1**e**
– www.hotelrizferrari.it – Aperto 27 dicembre-7 gennaio e 1° aprile-5 novembre
34 cam ⌂ – †80/90 € ††98/130 €
Grazie ad una dinamica gestione familiare, l'albergo dispone di confortevoli camere e di un centro benessere. Luminosa e ospitale sala da pranzo, dove gustare genuine ricette emiliane.

Elite

viale Cavour 5 – ✆ *05 24 57 94 36*   Pianta: A1**d**
– www.hotelelitesalsomaggiore.it
28 cam ⌂ – †32/83 € ††56/146 €
Esperta gestione familiare per questa originale struttura in parte con pietra a vista, che dispone di camere semplici, ma corrette negli spazi e nella tenuta.

Nazionale

viale Matteotti 43 – ✆ *05 24 57 37 57*   Pianta: B1**h**
– www.albergonazionalesalsomaggiore.it – Aperto 15 marzo-15 novembre
42 cam ⌂ – †40/80 € ††50/130 €
Albergo a gestione familiare, semplice nella struttura, ma da consigliare per la sincera e costante attenzione dei titolari per il benessere dei clienti. Ristorante ben organizzato, propone gustose ricette classiche.

✕ L'Osteria del Castellazzo

via Borgo Castellazzo 40 – ✆ *05 24 57 82 18 – Chiuso*   Pianta: A1**f**
mercoledì
Carta 27/46 € – (consigliata la prenotazione)
C'era una volta una trattoria del centro ed un abile cuoco autodidatta che, animato da passione e curiosità, seppe arricchire i piatti del territorio con originalità e fantasia. In un ambiente rustico ed accogliente con tavoli anche all'aperto, la magia di questa fiaba si ripete quotidianamente.

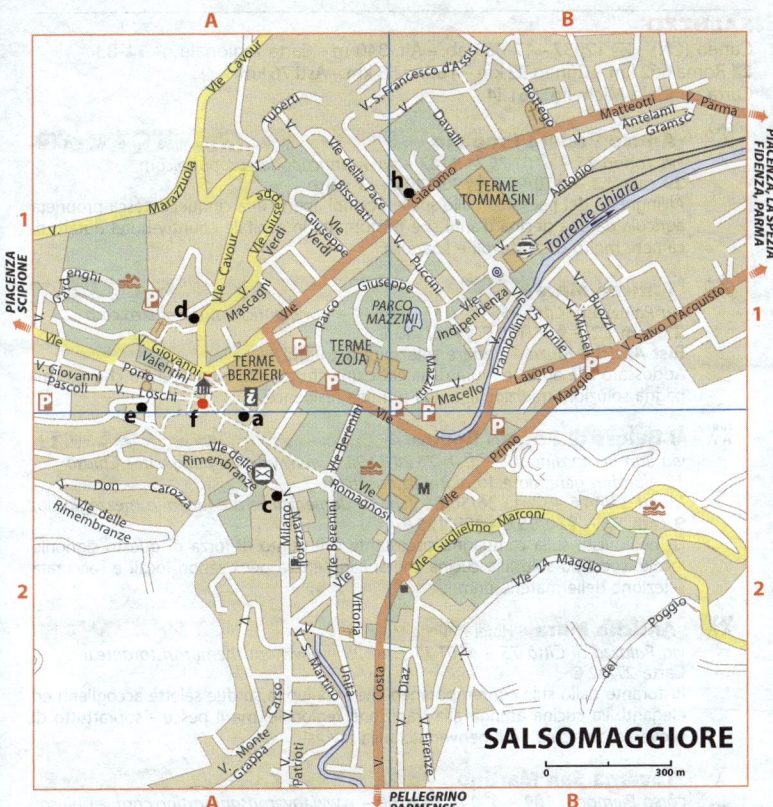

SALSOMAGGIORE

0   300 m

→ PELLEGRINO PARMENSE

---

a Cangelasio Sud-Ovest: 3,5 km A1 – ⊠ 43039 Salsomaggiore Terme

🏠 **Agriturismo Antica Torre**   ✦ ⅏ ≤ ⌂ ⅃ P ⊄

*Case Bussandri 197 – ✆ 05 24 57 54 25 – www.anticatorre.it – Aperto
1° marzo-30 novembre*

8 cam ⊒ – 🛉60/70 € – 🛉🛉100/120 €

Sulle colline attorno a Salsomaggiore, un complesso rurale seicentesco con torre mili-
tare risalente al 1300: bella e piacevole realtà di campagna ove l'ospitalità è di casa.

SALTUSIO = **SALTAUS** – Bolzano (BZ) → Vedere San Martino in Passiria

---

SALUDECIO

Rimini (RN) – ⊠ 47835 – 3 120 ab. – Alt. 343 m – Carta regionale n° **5-D3**

▶ Roma 302 km – Ancona 98 km – Pesaro 29 km – Rimini 35 km
Carta stradale Michelin 562-K20

✕✕ **Locanda Belvedere**   ⇔ ⅏ ≤ ⌂ ⅃ ♿ AC P

*via San Giuseppe 736, frazione San Rocco – ✆ 05 41 98 21 44
– www.belvederesaludecio.it*

Menu 60 € – Carta 46/75 € – *(chiuso martedì escluso 15 giugno-15 settembre)*
(prenotare)

8 cam ⊒ – 🛉70/100 € 🛉🛉80/100 €

La semplice trattoria-pizzeria è oggi un locale elegante avvolto da una calda accoglienza familiare. Nella sala panoramica una cucina moderna che, tuttavia, non
neglige i prodotti del territorio. Belle e accoglienti camere, arredate con buon
gusto e mobili d'epoca. Tutte affacciate sulla vallata.

SALUZZO

Cuneo (CN) – ⊠ 12037 – 17 069 ab. – Alt. 340 m – Carta regionale n° **12-B3**
▶ Roma 662 km – Cuneo 32 km – Torino 58 km – Asti 76 km
Carta stradale Michelin 561-I4

🏠 Antico Podere Propano   🛏 ⊡ ♿ AC ♨ P

via Torino 75 – ✆ 01 75 24 80 87 – www.anticopoderepropano.com
29 cam ⊑ – †70/90 € ††90/120 € – **1 suite**
All'ingresso del paese con alle spalle i campi aperti, una cinquecentesca proprietà
agricola da una decina d'anni si è trasformata in ospitale country-hotel dotato di
camere molto confortevoli e spaziose.

🏠 Antiche Mura   ⚘ 🛏 ⊡ ♿ AC ♨

via Palazzo di Città 75 – ✆ 0 17 54 67 44 – www.antichemurasaluzzo.com
23 cam ⊑ – †55/120 € ††80/140 €
Rist *Antiche Mura* – Vedere selezione ristoranti
Addossato alle antiche mura della città, una struttura in pieno centro che accompagna soluzioni tradizionali a una formula residence.

✕✕ I Baloss di Poggio Radicati   ⇦ 🌿 ⇐ 🛏 🍴 AC P

*via San Bernardino 19 – ✆ 01 75 24 82 92 – www.balossdipoggio.it – Chiuso
10 giorni in gennaio e 10 giorni in agosto*
Menu 37/44 € – Carta 36/56 € – *(chiuso domenica sera e lunedì a mezzogiorno)*
9 cam ⊑ – †80/95 € ††98/125 €
La bella vista sulla campagna circostante è il punto di forza di questo signorile
locale, secondo solo alla cucina che si caratterizza per i sapori locali e l'accurata
selezione delle materie prime.

✕✕ Antiche Mura – Hotel Antiche Mura   AC

via Palazzo di Città 75 – ✆ 01 75 21 88 25 – www.antichemuraristorante.it
Carta 27/82 €
Ristorante dallo stile contemporaneo che si sviluppa su due salette accoglienti ed
eleganti. La cucina attinge alla tradizione regionale, ma il pesce - soprattutto di
provenienza sicula - è il benvenuto sulla tavola!

✕ Taverna San Martino   AC
🍜
*corso Piemonte 109 – ✆ 0 17 54 20 66 – www.tavernasanmartino.com – Chiuso
4-20 agosto, lunedì sera, martedì sera e mercoledì*
Menu 17 € *(pranzo in settimana)*/28 € – Carta 24/39 €
Un piccolo ristorante con un'unica saletta, ordinata e curata nei particolari: quadri, travi in legno e sedie impagliate. Nel piatto specialità casalinghe e ricette
piemontesi.

SALVAROSA – Treviso (TV) ➜ Vedere Castelfranco Veneto

SAMBUCO

Cuneo (CN) – ⊠ 12010 – 91 ab. – Alt. 1 184 m – Carta regionale n° **12-B3**
▶ Roma 687 km – Cuneo 47 km – Torino 148 km – Asti 135 km
Carta stradale Michelin 561-I3

✕ Della Pace   ⇦ 🌿 ⇐ 🛏 🌊
🍜
*via Umberto I 32 – ✆ 0 17 19 65 50 – www.albergodellapace.com – Chiuso
10 giorni in giugno e novembre*
🏵 Menu 15 € *(pranzo)*/30 € – Carta 23/37 € – *(chiuso lunedì a mezzogiorno,
anche le sere di domenica e lunedì in bassa stagione)* (prenotazione
obbligatoria la sera)
14 cam ⊑ – †50 € ††75 €
Le finestre della luminosa sala si affacciano sulle granitiche guglie del monte Ber-
saio, dalla cucina fanno invece capolino specialità occitane: paste fatte in casa ed
ottime carni (vivamente consigliato l'agnello sambucano in umido o al forno).
Camere accoglienti e piccolo centro benessere con area relax, bagno turco, sauna.

SAMPÈYRE

Cuneo (CN) – ✉ 12020 – 1 014 ab. – Alt. 976 m – Carta regionale n° **12-B3**

▶ Roma 692 km – Cuneo 50 km – Asti 108 km – Torino 112 km
Carta stradale Michelin 561-I3

Torinetto

borgata Calchesio 7, Ovest: 1,5 km – ✆ *01 75 97 71 81* – *www.torinetto.com*
74 cam ☐ – ♦30/60 € ♦♦50/90 €
Poco lontano dalla statale, ma in posizione tranquilla, hotel di montagna dai tipici
arredi lignei. Disponibilità anche di appartamenti ad uso settimanale e, per i più
sportivi, un bel rifugio (1850 m). Cucina casalinga.

SAN BARTOLOMEO – Reggio Emilia (RE) ➜ Vedere Reggio nell'Emilia

SAN BASILIO – Rovigo (RO) ➜ Vedere Ariano nel Polesine

SAN BENEDETTO – Firenze (FI) ➜ Vedere Montaione

SAN BENEDETTO DEL TRONTO

Ascoli Piceno (AP) – ✉ 63074 – 47 348 ab. – Carta regionale n° **11-D3**

▶ Roma 220 km – Ascoli Piceno 38 km – Ancona 89 km – Macerata 72 km
Carta stradale Michelin 563-N23

Arlecchino

viale Trieste 22 – ✆ *0 73 58 56 35* – *www.hotelarlecchino.it*
33 cam ☐ – ♦75/110 € ♦♦85/150 € – **2 suites**
Direttamente sul mare, l'Arlecchino propone un'ospitalità in stile moderno: luminosità e servizio personalizzato sono i suoi punti di forza.

Progresso

viale Trieste 40 – ✆ *0 73 58 38 15* – *www.hotelprogresso.it*
39 cam ☐ – ♦60/150 € ♦♦85/250 €
Sul bel lungomare di San Benedetto, questo hotel degli anni '20 ha mantenuto il
proprio stile architettonico Liberty, ad eccezione delle camere all'ultimo piano
più moderne. Cucina nazionale e tante proposte di pesce nella luminosa sala
ristorante.

Solarium

viale Europa 102 – ✆ *0 73 58 17 33 13* – *www.hotelsolarium.it* – *Aperto
1° aprile-31 ottobre*
54 cam ☐ – ♦70/125 € ♦♦125/200 €
Evoca il sole, non solo per il suo nome, ma anche per il colore della facciata, questa accogliente risorsa posizionata direttamente sulla spiaggia e sulla passeggiata
mare; camere modernamente arredate ed un'allegra sala da pranzo con vetrate
continue e colonne rosse.

XX Degusteria del Gigante

via degli Anelli 19 – ✆ *07 35 58 86 44* – *www.sigismondo.biz* – *Chiuso martedì
escluso agosto*
Menu 45/60 € – Carta 37/60 € – *(solo a cena)*
Dimora storica ottocentesca sulle fondazioni quattrocentesche nella parte alta della
città: il territorio firma la cucina, ma lo chef lo reinterpreta con gusto moderno.

a Porto d'Ascoli Sud : 5 km – ✉ 63037

Imperial

via Indipendenza 25 – ✆ *07 35 75 11 58* – *www.hotelimperial.it*
– *Chiuso 6 dicembre-20 gennaio*
50 cam ☐ – ♦70/100 € ♦♦100/150 € – **3 suites**
A pochi metri dal mare, valide soluzioni tecnologiche per una risorsa funzionale a
gestione familiare. Ai primi due piani: camere standard, ma comunque di buon
livello. Al terzo e al quarto: stanze superior, moderne e aggiornatissime. Ambienti
colorati nella zona ristorante.

SAN BENEDETTO DI LUGANA – Verona (VR) ➜ Vedere Peschiera del
Garda

SAN BENEDETTO PO

Mantova (MN) – ✉ 46027 – 7 421 ab. – Alt. 19 m – Carta regionale n° **9-D3**
▶ Roma 457 km – Verona 58 km – Mantova 23 km – Modena 60 km
Carta stradale Michelin 561-G14

a San Siro Est : 6 Km – ✉ 46027 San Benedetto Po

✗ Al Caret   AC P ⌇

via Schiappa 51 – ℰ 03 76 61 21 41 – Chiuso agosto e lunedì
Menu 13/20 € – Carta 24/37 € – (solo a pranzo) (consigliata la prenotazione)
Il ristorante non ha alcun tipo d'insegna, attenzione quindi al numero civico! Un volta trovato, lasciatevi avvolgere dalla sua accoglienza familiare. La sala è semplice, ma ben tenuta, mentre le specialità del ristorante vanno dalle paste fatte in casa alla carne di bufala.

SAN BERNARDINO – Torino (TO) ➡ Vedere Trana

SAN BERNARDO – Torino (TO) ➡ Vedere Ivrea

SAN BERNARDO – Genova (GE) ➡ Vedere Bogliasco

SAN BONIFACIO

Verona (VR) – ✉ 37047 – 21 226 ab. – Alt. 31 m – Carta regionale n° **23-B3**
▶ Roma 527 km – Verona 27 km – Venezia 99 km – Vicenza 34 km
Carta stradale Michelin 562-F15

⌂ Relais Villabella   ✿ ⬚ 🛏 ⅁ AC 🏊 P

via Villabella 72, Ovest: 2 km – ℰ 04 56 10 17 77 – www.relaisvillabella.it
12 cam ⌣ – ♦60/90 € ♦♦120/140 €
Tra i vigneti della Bassa veronese, un relais di campagna ricavato da un'elegante struttura colonica. Ricche di fascino e di confort le camere, completate da graziosi piccoli bagni in marmo rosa; raffinato ristorante con piatti che seguono le stagioni.

✗ I Tigli   ⅁ AC

via Camporosolo 11 – ℰ 04 56 10 26 06 – www.pizzeriaitigli.it – Chiuso mercoledì
Carta 10/45 €
Non poteva che nascere in Italia la pizzeria "gourmet"! Inaspettatamente non a Napoli, bensì nel veronese, Simone Padoan è maestro di lievitazione e – accanto ad alcune pizze tradizionali (anche nel prezzo) - propone fantasiose creazioni con gamberi crudi, tartare di manzo, guanciale, baccalà... Ottimi anche i dessert.

SAN CANDIDO (INNICHEN)

Bolzano (BZ) – ✉ 39038 – 3 307 ab. – Alt. 1 175 m – Carta regionale n° **19-D1**
▶ Roma 698 km – Cortina d'Ampezzo 38 km – Belluno 96 km – Bolzano 106 km
Carta stradale Michelin 562-B18

⌂ Post Alpina-Family Mountain Chalets   ✿ ⬚ ← ⅁ 🏊 🖥 ☜ 🌐 ⌇ 🛗 🔋 ⅁ ♨ 🚗

via Elmo 9, località Versciaco, Est: 3 Km
– ℰ 04 74 91 31 33 – www.posthotel.it – Aperto 1° dicembre-27 marzo e
26 maggio-31 ottobre
65 suites ⌣ – ♦♦198/554 €
Un piccolo borgo a se stante, creato da dieci chalet e da un edificio centrale: piacevole giardino ed armonioso centro benessere per una vacanza tra natura e relax. Nella romantica sala da pranzo, specialità altoatesine e piatti d'ispirazione mediterranea.

⌂ Leitlhof Dolomiten   ✿ ⬚ ← ⅁ 🏊 🖥 🌐 ⌇ 🛗 🔋 ⅁ ♨ 🚗

via Pusteria 29 – ℰ 04 74 91 34 40 – www.leitlhof.com
– Aperto 4 dicembre-29 marzo e 1° giugno-2 novembre
53 cam – solo ½ P 101/201 € – **2 suites**
In tranquilla posizione periferica, con bel panorama su valle e Dolomiti, hotel d'imponenti dimensioni dotato di centro benessere moderno e di grande impatto. Anche le camere, brillano per confort!

Post Hotel-Tradition & Lifestyle

via dei Benedettini 11/c – ℰ 04 74 91 31 33 – www.posthotel.it
– Aperto 18 dicembre-28 marzo e 12 giugno-18 ottobre
42 cam ☑ – †115/269 € ††160/378 €
Chi non ama i tradizionali arredi alpini e preferisce ambienti più moderni troverà qui l'atmosfera che cerca: l'edificio, in centro, è storico, ma le spaziose camere hanno arredi eleganti e contemporanei. Nella stube del ristorante si ritorna al passato.

Cavallino Bianco-Weisses Rössl

via Duca Tassilo 1 – ℰ 04 74 91 31 35 – www.cavallinobianco.info
– Aperto 20 dicembre-6 aprile e 15 giugno-1° ottobre
40 cam – solo ½ P 89/204 € – **5 suites**
Nella zona pedonale di fianco alla chiesa, non ci si sbaglia a definirlo "storico" essendo gestito dalla stessa famiglia da più di 450 anni! Tanti divertimenti per i bambini, diverse camere con arredi dipinti a mano e una sauna panoramica.

Helmhotel

via Bolzano 2, località Versciaco, Est: 3,5 km – ℰ 04 74 91 00 42
– www.helmhotel.com – Aperto 1° dicembre-6 aprile e 22 maggio-4 ottobre
30 cam ☑ – †60/100 € ††110/180 €
Rist *Helmhotel Ristorante e Pizzeria* – Vedere selezione ristoranti
Particolarmente adatto per le famiglie, la sua versatilità non mancherà di risultare gradita anche ai single, grazie ai suoi ambienti moderni e lineari, in stile rigorosamente montano.

Villa Stefania

via al Ponte dei Corrieri, 1 – ℰ 04 74 91 35 88 – www.villastefania.com
– Aperto 15 dicembre-Pasqua e 29 maggio-3 ottobre
35 cam – solo ½ P 90/150 € – **2 suites**
A due passi dall'isola pedonale, in posizione panoramica e tranquilla, questa piacevole struttura immersa nel verde vi accoglie in un caldo abbraccio per farvi scordare lo stress e illustrarvi le bellezze dei monti. Ottima accoglienza familiare!

✗ Helmhotel Ristorante e Pizzeria – Hotel Helmhotel

via Bolzano 2, località Versciaco, Est: 3,5 km – ℰ 04 74 91 01 03
– www.helmhotel.com – Aperto 1° dicembre-6 aprile e 22 maggio-4 ottobre
Menu 15 € (pranzo in settimana) – Carta 22/67 €
Numerose salette e angolini tutti rivestiti in legno e molto decorati, creano un ambiente naturalmente "caldo", che ben predispone ai piaceri della tavola: piatti tipici altoatesini, ma anche pizze cotte nel forno a legna.

SAN CASCIANO DEI BAGNI

Siena (SI) – ✉ 53040 – 1 623 ab. – Alt. 582 m – Carta regionale n° **18-D3**
▶ Roma 158 km – Siena 90 km – Arezzo 91 km – Perugia 58 km
Carta stradale Michelin 563-N17

Fonteverde

località Terme 1 – ℰ 0 57 85 72 41 – www.fonteverdespa.com
65 cam ☑ – †370/1380 € ††370/1380 € – **13 suites**
L'affascinante residenza medicea custodisce ambienti eleganti e camere in stile rinascimentale con bagni in marmo, ma dotate dei moderni confort. Proverbiali: le terme e il centro benessere. La cena è servita nell'elegante Ferdinando I: la cucina tradizionale si presenta accanto a piatti di ispirazione moderna.

Sette Querce

viale Manciati 2 – ℰ 0 57 85 81 74 – www.settequerce.it
9 cam ☑ – †70/110 € ††90/140 €
Rist *Daniela* – Vedere selezione ristoranti
All'ingresso del paese, un'antica locanda degli anni '30 è diventata un accogliente albergo, praticamente privo di aree comuni, ma dotato di ampie ed eleganti camere con terrazze all'ombra delle querce.

Daniela – Hotel Sette Querce

piazza Matteotti 7 – ☏ 0 57 85 82 34 – www.settequerce.it
– Chiuso mercoledì escluso aprile-ottobre
Menu 16 € – Carta 34/65 €
A poco meno di 100 m dall'albergo Sette Querce, in quelli che un tempo erano i magazzini del castello, due ambienti rustici ed informali, dove gustare la sapida cucina del territorio.

a Celle sul Rigo Ovest : 5 km – ✉ 53040

Il Poggio

località Il Poggio – ☏ 0 57 85 37 48 – www.ilpoggio.net – Chiuso
11 gennaio-25 febbraio
Menu 25 € – Carta 26/53 € – *(chiuso martedì) (solo a cena da lunedì a giovedì in ottobre-aprile)*
5 cam ⌑ – †95/150 € ††140/220 € – **3 suites**
La cucina del territorio è proposta attraverso i prodotti della stessa azienda agricola biologica: carni e ortaggi da gustare in un ambiente rustico e curato, nello scenario delle crete senesi. Belle camere, spaziose ed ideali per un meritato riposo.

a Fighine Nord-Est: 5 km – ✉ 53040

Castello di Fighine

– ☏ 0 57 85 61 58 – www.fighine.it – Aperto aprile-novembre; chiuso martedì a mezzogiorno e lunedì
Menu 43/75 € – Carta 54/80 €
Una strada sterrata vi condurrà in un luogo fiabesco, un castello medioevale in posizione panoramica e collinare con romantica terrazza ricoperta di glicine: qui, nella bella stagione, viene servita una cucina fresca e personalizzata, che ripara nelle sale interne in caso di bisogno. Per chi volesse prolungare la sosta, due appartamenti - sempre gestiti dal ristorante - sono a disposizione presso Casa Parretti.
➜ Tartare di chianina con uovo poché, spuma di patate affumicate e tartufo scorzone. Maialino di cinta senese con cicoria e purè di mele. Mela glassata alla rosa con cremoso al cioccolato bianco e sorbetto al lampone.

SAN CASCIANO IN VAL DI PESA

Firenze (FI) – ✉ 50026 – 17 201 ab. – Alt. 310 m – Carta regionale n° **18-D3**
◪ Roma 283 km – Firenze 17 km – Siena 53 km – Livorno 84 km
Carta stradale Michelin 563-L15

Villa il Poggiale – Dimora Storica

via Empolese 69, Nord-Ovest: 1 km – ☏ 0 55 82 83 11 – www.villailpoggiale.it
– Chiuso 7 gennaio-28 febbraio
24 cam ⌑ – †80/150 € ††90/260 € – **2 suites**
Nel cuore del Chianti a pochi chilometri da Firenze, in un'oasi di pace circondata da incantevoli giardini, questa dimora rinascimentale vizia gli ospiti con tutte quelle attenzione che rendono il soggiorno un'esperienza indimenticabile. A contribuire a tanto piacere, c'è anche il centro benessere, dove approfittare di ottimi trattamenti creati in esclusiva per la villa. Al ristorante: piatti tipici della tradizione toscana, accompagnati da una buona selezione di vini locali.

Villa i Barronci

via Sorripa 10, Ovest: 3 Km – ☏ 0 55 82 05 98 – www.ibarronci.com – Aperto
27 dicembre-15 gennaio e 1° marzo-15 novembre
18 cam ⌑ – †59/699 € ††69/999 € – **3 suites**
Grande vista sulle colline circostanti in una struttura signorile con camere spaziose e personalizzate da bei mobili di famiglia. Piccolo centro benessere per pensare al soggiorno anche in termini di remise en forme. Piatti toscani al ristorante.

a Mercatale Sud-Est : 4 km : – ⊠ 50020

Agriturismo Salvadonica ⚘ ⌇ ⊰ 🛏 ⅃ ※ P

via Grevigiana 82, Ovest: 1 km – ☎ *05 58 21 80 39 – www.salvadonica.it*
– Aperto 27 febbraio-20 novembre
30 cam ☕ – ♦49/229 € ♦♦54/249 €
Fra gli olivi, un'oasi di tranquillità e di pace, questo piccolo borgo agrituristico
caratterizzato da semplicità e cortesia familiare. A scelta, le camere sono in stile
rustico o più moderne.

a Cerbaia Nord-Ovest : 6 km – ⊠ 50020

La Tenda Rossa 🦐 AC

piazza del Monumento 9/14 – ☎ *0 55 82 61 32 – www.latendarossa.it*
– Chiuso 1 settimana in agosto, lunedì a mezzogiorno e domenica
Menu 45 € (pranzo)/105 € – Carta 58/111 €
Conduzione familiare e, più spiccatamente femminile, per un locale di grande ele-
ganza, la cui cucina si sforza di essere sempre creativa.

SAN CASSIANO = **ST. KASSIAN** – Bolzano (BZ) ➔ Vedere Alta Badia

---

SAN CIPRIANO = **ST. ZYPRIAN** – Bolzano (BZ) ➔ Vedere Tires

SAN CIPRIANO PICENTINO

Salerno (SA) – ⊠ 84099 – 6 621 ab. – Carta regionale n° **4-C2**
▶ Roma 280 km – Napoli 70 km – Salerno 18 km – Avellino 49 km
Carta stradale Michelin 564-E26

Villa Rizzo Resort & Spa ⚘ ⌇ ⊰ 🛏 ⅃ 🕙 🛁 ⅃ᵃ AC P

via Gerardo Napolitano, località Sigliano – ☎ *0 89 86 21 08 – www.villarizzo.com*
22 cam ☕ – ♦50/110 € ♦♦50/160 €
Tra ulivi, noccioli ed alberi da frutto, squisita accoglienza in un raffinato relais
dalle camere personalizzate con pezzi d'antiquariato e pregevoli mobili di recupero casalingo. Intrigante la proposta della Spa, che prevede la possibilità di prenotare lo spazio a proprio uso esclusivo, per la durata del percorso benessere.
Cucina tradizionale nel bel ristorante.

 Prima colazione compresa? E' rappresentata dal simbolo della tazzina ☕ dopo il numero delle camere.

SAN CLEMENTE A CASAURIA (Abbazia di) – Pescara

SAN COSTANZO

Pesaro e Urbino (PU) – ⊠ 61039 – 4 856 ab. – Alt. 150 m – Carta regionale n° **11-B1**
▶ Roma 306 km – Ancona 55 km – Fano 12 km – Pesaro 24 km
Carta stradale Michelin 563-K21

Da Rolando 🍴 AC P

corso Matteotti 125 – ☎ *07 21 95 09 90 – www.darolando.it – Chiuso mercoledì*
Menu 25/80 € – Carta 24/68 € – (consigliata la prenotazione)
Rolando, il simpatico patron, propone piatti stagionali a base di carne, funghi, tar-
tufi e un po' di pesce, legati alla tradizione marchigiana.

SAN DANIELE DEL FRIULI

Udine (UD) – ⊠ 33038 – 8 078 ab. – Alt. 252 m – Carta regionale n° **6-B2**
▶ Roma 642 km – Udine 24 km – Trieste 97 km – Treviso 105 km
Carta stradale Michelin 562-D21

Osteria la Pergola 🏠 &. AC P

via Venezia 57/a – 𝒞 04 32 95 49 09 – www.lapergolasandaniele.it
Menu 25/55 € – Carta 31/57 € – (prenotazione obbligatoria)
Ambiente rustico con il celebre prosciutto di San Daniele a salutare i clienti all'ingresso. D'inverno il quadro si fa ancora più ruspante con le zuppe esposte in sala. Cucina fondamentalmente di terra, ma non manca qualche piatto di pesce.

SAN DESIDERIO – Genova (GE) ➜ Vedere Genova

SAND IN TAUFERS = CAMPO TURES

SAN DOMINO – Foggia (FG) ➜ Vedere Tremiti (Isole)

SAN DONÀ DI PIAVE

Venezia (VE) – ✉ 30027 – 41 815 ab. – Carta regionale n° **23-A1**
▶ Roma 559 km – Venezia 41 km – Udine 91 km – Padova 75 km
Carta stradale Michelin 562-F19

Forte del 48 ☆ ⊡ AC ⚤ ⬧ P

via Vizzotto 1 – 𝒞 04 21 14 40 18 – www.hotelfortedel48.com
46 cam ☵ – ♦55/80 € ♦♦75/110 €
Nella zona dove sorgeva un fortino austriaco ottocentesco, l'albergo offre tre tipologie di camere, superior, classic ed economy, con altrettanti confort e prezzi. All'omonimo ristorante si mangia una valida cucina regionale.

Locanda al Piave ☆ ⊡ AC

corso Trentin 6 – 𝒞 0 42 15 21 03 – www.locandaalpiave.it
28 cam ☵ – ♦45/55 € ♦♦65/75 €
Modesto nelle dimensioni, ma grande per la generosa ospitalità della famiglia che da decenni lo gestisce, nonché per il rapporto qualità/prezzo delle accoglienti camere. Al ristorante cucina di pesce nei tradizionali piatti italici.

SAN DONATO FRONZANO – Firenze (FI) ➜ Vedere Reggello

SAN DONATO IN POGGIO – Firenze ➜ Vedere Tavarnelle Val di Pesa

---

SAN DONATO MILANESE

Milano (MI) – ✉ 20097 – 32 221 ab. – Alt. 102 m – Carta regionale n° **10-B2**
▶ Roma 566 km – Milano 10 km – Pavia 36 km – Piacenza 57 km
Carta stradale Michelin 561-F9

Pianta d'insieme di Milano

Santa Barbara ☆ 🏠 🛗 ⊡ &. AC ⚤ P

piazzale Supercortemaggiore 4 – 𝒞 02 51 89 11 — Pianta: 2D3**u**
– www.hotelsantabarbara.it
152 cam ☵ – ♦105/280 € ♦♦125/320 € – **6 suites**
Albergo dal piacevole gusto classico-elegante e dal servizio attento, camere accessoriate e piccola zona fitness. Cucina mediterranea al ristorante.

I Tri Basei 🏠 AC

via Emilia 54 Ⓜ San Donato Milanese – 𝒞 02 39 98 12 38 — Pianta: 2D3**r**
– www.itribasei.it – Chiuso 13-20 agosto, domenica e sabato a mezzogiorno
Menu 12 € (pranzo in settimana) – Carta 22/44 €
Sempre un gradevole indirizzo, semplice, frequentato in prevalenza da una clientela di lavoro soprattutto a pranzo; due salette, un dehors e piatti della tradizione lombarda.

SANDRIGO

Vicenza (VI) – ✉ 36066 – 8 496 ab. – Alt. 64 m – Carta regionale n° **22-A1**
▶ Roma 541 km – Padova 50 km – Vicenza 17 km – Verona 78 km
Carta stradale Michelin 562-F16

XX   Antica Trattoria Due Spade   ⚐ ⇔ P

via Roma 5 – ✆ 04 44 65 99 48 – www.duespade.com – Chiuso agosto, lunedì sera e martedì
Carta 31/40 €
Un'antica trattoria sorta in una vecchia stalla con porticato e vasta aia: il locale del "bacalà" per antonomasia! Dal 1880, diverse generazioni si sono succedute ai fornelli, deliziando i palati con la specialità facilmente intuibile della casa. In suo onore, è stato addirittura creato un semifreddo.

X   Trattoria da Palmerino ⓝ   ⚐ AC P

via Piave 13 – ✆ 04 44 65 90 34 – www.palmerino.eu – Chiuso 15 giorni in agosto, martedì sera e mercoledì
Menu 35/55 € – Carta 26/48 €
Poco fuori paese, è ormai arrivato alla quarta generazione quest'insolito ristorante che conferisce il ruolo di protagonista assoluto a sua maestà il baccalà: nelle decorazioni del locale, nonché nel piatto!

SAN FELICE CIRCEO

Latina (LT) – ✉ 04017 – 9 981 ab. – Carta regionale n° **7-C3**
▶ Roma 109 km – Frosinone 65 km – Latina 36 km – Fiumicino 116 km
Carta stradale Michelin 563-S21

a Quarto Caldo Ovest : 4 km – ✉ 04017 San Felice Circeo

⌂⌂⌂   Punta Rossa   ⚑ ⚐ ← ⚏ ◣ ⌂ ♨ AC ⚿ ⚐ P

via delle Batterie 37 – ✆ 07 73 54 80 85 – www.puntarossa.it – Aperto 1° marzo-31 ottobre
36 cam ⊇ – ♦230 € ♦♦370 € – **6 suites**
Sulla scogliera, con giardino digradante a mare, il luogo ideale per chi sia alla ricerca di una vacanza isolata, sul promontorio del Circeo; linee mediterranee e relax. Al ristorante una tavola panoramica da sogno.

SAN FELICE DEL BENACO

Brescia (BS) – ✉ 25010 – 3 391 ab. – Alt. 109 m – Carta regionale n° **9-D1**
▶ Roma 545 km – Brescia 41 km – Verona 63 km – Mantova 84 km
Carta stradale Michelin 561-F13

⌂⌂⌂   Sogno   ⚑ ← ⚏ ⌂ ⊟ ⚐ AC ⇔

via Porto San Felice 41 – ✆ 0 36 56 21 02 – www.sognogarda.it – Chiuso 6 gennaio-15 marzo
18 cam ⊇ – ♦100/190 € ♦♦120/270 € – **4 suites**
Rist *Sogno* – Vedere selezione ristoranti
Le camere standard sono classiche e spaziose, le suite offrono la miglior vista sul lago, le zone comuni formano un unico open space, piacevole l'esterno con piscina e pontile privato: insomma, un soggiorno da sogno in un hotel dal nome promettente.

⌂⌂   Garden Zorzi   ⚑ ⚐ ← ⚏ ◣ AC P

viale delle Magnolie 10, località Porticcioli, Nord: 3,5 km – ✆ 0 36 54 36 88 – www.hotelzorzi.it – Aperto 1° aprile-4 ottobre
26 cam ⊇ – ♦50/100 € ♦♦80/200 €
A pochi metri dall'acqua e con spazi all'aperto, che vanno dalla spiaggia (con ghiaia!) al giardino, passando per diversi pontili d'attracco per barche a motore, la struttura è l'indirizzo giusto per godersi il microclima gardesano ed un soggiorno all'insegna del relax.

XXX **Sogno** – Hotel Sogno

via Porto San Felice 41 – ✆ *0 36 56 21 02* – *www.sognogarda.it*
– *Chiuso 6 gennaio-15 marzo e lunedì escluso aprile-settembre*
Carta 46/126 €
In un ristorante come questo, è facile sognare ad occhi aperti : elegante, la sua cucina di stampo contemporaneo conquisterà il vostro palato, la romantica terrazza in riva al lago, il vostro cuore.

a Portese Nord : 1,5 km – ⊠ 25010 San Felice Del Benaco

Bella Hotel

via Preone 6 – ✆ *03 65 62 60 90* – *www.bellahotel.com* – *Chiuso gennaio*
40 cam ⊑ – ♥95/180 € ♥♥145/250 €
Un piccolo hotel, affacciato sull'acqua, con andamento familiare e buon confort nelle stanze e nelle aree comuni, esterne; offre un servizio estivo in terrazza sul lago. Dalle raffinate sale da pranzo, una meravigliosa vista panoramica attraverso le ampie vetrate.

SAN FLORIANO (OBEREGGEN)

Bolzano (BZ) – ⊠ 39050 Ponte Nova – Alt. 1 512 m – ⊠ Ponte Nova
– Carta regionale n° **19-D3**
▶ Roma 666 km – Bolzano 22 km – Cortina d'Ampezzo 102 km – Trento 82 km
Carta stradale Michelin 562-C16

Sonnalp

Obereggen 28 – ✆ *04 71 61 58 42* – *www.sonnalp.com*
– *Aperto 5 dicembre-3 aprile e 5 giugno-3 ottobre*
31 cam ⊑ – ♥114/172 € ♥♥178/316 € – **7 suites**
Rist *Gourmetstube* – Vedere selezione ristoranti
In una zona tranquilla e rialzata del paese, con le piste da sci che vi passano proprio sotto gli occhi, tra i prati d'estate, qui troverete le tipiche e calorose atmosfere alpine, ma se preferite un tocco di modernità, prenotate le camere più recenti.

Maria

Obereggen 12 – ✆ *04 71 61 57 72* – *www.hotel-maria.it* – *Aperto*
1° dicembre-10 aprile e 10 giugno-25 ottobre
25 cam – solo ½ P 83/140 €
Affacciato sulla strada, ma quasi tutte le camere aprono le finestre sulle verdi montagne del retro. Particolarmente indicato per chi è in vacanza con i bambini che troveranno tante opportunità per divertirsi e personale che se ne occupa.

XXX **Gourmetstube** – Hotel Sonnalp

Obereggen 28 – ✆ *04 71 61 58 42* – *www.sonnalp.com* – *Aperto*
5 dicembre-3 aprile e 5 giugno-3 ottobre
Menu 65/82 € – *(chiuso domenica e lunedì) (solo a cena)* (prenotazione obbligatoria)
Il nome è il biglietto da visita del ristorante: una Stube storica, splendido intarsio di legno, dove si officina una cucina gourmet, creativa e di alto livello, per pochi romantici tavoli.

SAN FOCA – Lecce (LE) → Vedere Melendugno

SAN FRANCESCO AL CAMPO

Torino (TO) – ⊠ 10070 – 5 006 ab. – Alt. 327 m – Carta regionale n° **12-B2**
▶ Roma 703 km – Torino 24 km – Novara 99 km – Asti 88 km
Carta stradale Michelin 561-G4

Furno

via Roggeri 2 – ✆ *01 19 27 49 00* – *www.romantikhoteltorino.com*
– *Chiuso 3 settimane in agosto*
33 cam ⊑ – ♥75/99 € ♥♥120/200 €
Rist *Restaurant Relais* – Vedere selezione ristoranti
Alla fine dell'Ottocento era una dimora estiva per le battute di caccia. Oggi è un moderno albergo immerso in un'oasi verde con camere raffinate, che qua e là tradiscono il rustico passato.

Le Rondini

via Parrocchia 5/b – ☎ 01 19 27 96 75 – www.hotellerondini.it
14 cam ☲ – †60/95 € ††85/125 €
E' il risultato della ristrutturazione di una casa di campagna ottocentesca con graziosa corte interna: camere dagli arredi classici, più curate le due superior con doccia-bagno turco.

✗✗ **Restaurant Relais** – Hotel Furno

via Roggeri 2 – ☎ 01 19 27 49 00 – www.romantikhoteltorino.com
– Chiuso 3 settimane in agosto
Menu 30/50 € – Carta 30/72 €
Negli spazi dai soffitti ad archi, in un'intima saletta o nel fresco del giardino, specialità di pesce e piatti tipici piemontesi, con piccole interpretazioni fantasiose.

SAN GENESIO

Bolzano (BZ) – ⊠ 39030 – 1 338 ab. – Alt. 1 353 m – Carta regionale n° **19-C1**
◧ Roma 732 km – Bolzano 91 km – Belluno 99 km
Carta stradale Michelin 562-C15

 Belvedere Schoenblick

via Pichl 15 – ☎ 04 71 35 41 27 – www.schoenblick-belvedere.com
– Chiuso 19-24 dicembre e 9 gennaio-19 marzo
27 cam – solo ½ P 86/98 € – **2 suites**
Vanta una gestione familiare giunta ormai alla terza generazione questa curata struttura dall'invidiabile posizione panoramica: molte camere con vista su monti e vallata, così come nella piccola terrazza-giardino, ma per allietare gli ospiti c'è anche una beauty farm. Cucina prevalentemente del territorio servita in diverse sale e in una piccola stube.

 Antica Locanda al Cervo-Landgasthof zum Hirschen

via Schrann 9/c – ☎ 04 71 35 41 95 – www.hirschenwirt.it
– Chiuso febbraio-marzo
17 cam ☲ – †65/102 € ††130/188 € – **4 suites**
In centro paese, ma con diverse camere che aprono le finestre su uno straordinario paesaggio montano, c'è anche un maneggio per gli appassionati di equitazione, ma soprattutto un eccellente ristorante con specialità del territorio.

SAN GENESIO ED UNITI

Pavia (PV) – ⊠ 27010 – 3 842 ab. – Alt. 86 m – Carta regionale n° **9-B3**
◧ Roma 563 km – Alessandria 78 km – Milano 34 km – Pavia 7 km
Carta stradale Michelin 561-G9

 Riz

via dei Longobardi 3 – ☎ 03 82 58 02 80 – www.hotelrizpavia.com – Chiuso 10-18 agosto
112 cam ☲ – †77/81 € ††99/130 €
In comoda posizione stradale una risorsa funzionale di taglio moderno, ideale per la clientela d'affari con camere spaziose di stile omogeneo. C'è anche una zona benessere (a pagamento).

SAN GENNARO VESUVIANO

Napoli (NA) – ⊠ 80040 – 11 740 ab. – Alt. 56 m – Carta regionale n° **4-B2**
◧ Roma 227 km – Napoli 29 km – Campobasso 149 km – Benevento 87 km
Carta stradale Michelin 564-E25

✗✗ **Taverna Vesuviana** Ⓝ

via Nuova Saviano 207 – ☎ 08 15 28 61 81 – www.tavernavesuviana.it – Chiuso 8-16 agosto, domenica sera e lunedì
Menu 30/45 € – Carta 41/57 € – (prenotazione obbligatoria a mezzogiorno)
Dopo aver fatto varie esperienze, lo chef è tornato nel suo paese natale per portare il suo ricco bagaglio di conoscenze. Il risultato: piatti curati nel dettaglio e fragranze partenopee.

SAN GIMIGNANO

Siena (SI) – ✉ 53037 – 7 853 ab. – Alt. 324 m – Carta regionale n° **18-C2**

▶ Roma 268 km – Firenze 57 km – Siena 42 km – Livorno 89 km

Carta stradale Michelin 563-L15

L'Antico Pozzo

via San Matteo 87 – ℰ 05 77 94 20 14   Pianta: A1**a**

– www.anticopozzo.com – Chiuso 8 gennaio-13 febbraio

18 cam ⌷ – †80/95 € ††90/139 €

Atmosfera elegante in un palazzo del '400 nel cuore del centro storico della "Manhattan del medioevo": stanze affrescate con pavimenti in cotto e ambienti di raffinato buon gusto. In estate, la prima colazione è servita nella corte interna.

La Cisterna

piazza della Cisterna 24 – ℰ 05 77 94 03 28   Pianta: B2**e**

– www.hotelcisterna.it – Chiuso 1° gennaio-20 marzo

48 cam ⌷ – †60/90 € ††80/150 €

Nell'omonima e vivace piazza, panoramico albergo in un edificio medievale "mosso" su vari corpi, dispone di una suggestiva sala in stile trecentesco e mobili di gusto fiorentino nelle camere. La favolosa vista accompagna una gustosa cucina del territorio.

Sovestro

località Sovestro 63, Est: 2 km – ℰ 05 77 94 31 53 – www.hotelsovestro.com

– Chiuso 24 gennaio-4 febbraio

40 cam ⌷ – †75/105 € ††85/140 €

Rist Da Pode – Vedere selezione ristoranti

Hotel a soli 2 km da S. Gimignano, immerso nel verde della campagna senese: i continui lavori di manutenzione da parte degli attenti proprietari fanno sì che la struttura garantisca sempre un buon confort.

Bel Soggiorno

via San Giovanni 91 – ℰ 05 77 94 03 75   Pianta: B2**n**

– www.hotelbelsoggiorno.it – Aperto 1°-8 gennaio e 19 marzo-2 novembre

21 cam – †70/85 € ††82/98 € – ⌷ 6 €

Presso la Porta S. Giovanni, all'interno delle mura, un confortevole hotel di proprietà della stessa famiglia dal 1886! Camere di diversa tipologia, alcune dotate di bella terrazza con vista sulla campagna.

Leon Bianco

piazza della Cisterna 13 – ℰ 05 77 94 12 94   Pianta: B2**s**

– www.leonbianco.com – Chiuso 15 novembre-28 dicembre e 14 febbraio-19 marzo

26 cam ⌷ – †74/90 € ††95/144 €

Un albergo ricavato in un edificio d'epoca, di cui, nelle aree comuni soprattutto, conserva alcune peculiarità; camere sobrie e curate, affacciate sulla magnifica piazza.

XX Da Pode – Hotel Sovestro

località Sovestro 63, Est: 2 km – ℰ 05 77 94 31 53 – www.dapode.com – Chiuso 24 gennaio-4 febbraio e giovedì

Carta 27/60 € – (consigliata la prenotazione)

In un'antica cascina che conserva alcuni elementi architettonici propri della ruralità di un tempo, è la signora Lucia ad occuparsi della cucina… da cui escono prelibatezze toscane: un attentato alla linea, ma per la dieta c'è sempre tempo!

XX Dorandò

vicolo dell'Oro 2 – ℰ 05 77 94 18 62   Pianta: B1**g**

– www.ristorantedorando.it – Chiuso 1°-25 dicembre, 7-30 gennaio e lunedì escluso Pasqua-ottobre

Menu 50 € – Carta 42/62 €

In un vicolo del pittoresco centro, lo chef-patron rispolvera antichi ricettari regionali ed offre una schietta cucina locale, correttamente alleggerita. La carta dei vini parla esclusivamente con accento toscano.

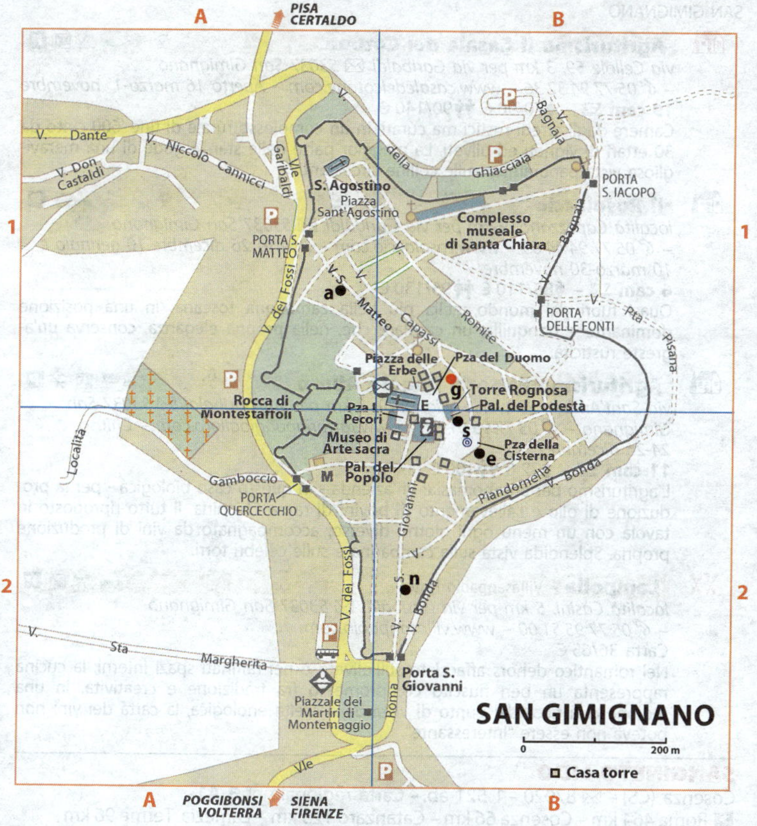
A
PISA
CERTALDO
B
V. Dante
V. Niccolò Cannicci
V. Don Castaldi
V. Garibaldi
Vle Garibaldi
V. della Ghiacciaia
V. Bagnaia
PORTA S. IACOPO
S. Agostino
Piazza Sant'Agostino
Complesso museale di Santa Chiara
PORTA S. MATTEO
V. dei Fossi
V. S. Matteo
V. Capassi
V. Romite
PORTA DELLE FONTI
V. Pta Pisana
a
Piazza delle Erbe
Pza del Duomo
g
Torre Rognosa
Pal. del Podestà
Rocca di Montestaffoli
Pza L. Pecori
E
s
Museo di Arte sacra
Pza della Cisterna
e
Località
Gamboccio
M
Pal. del Popolo
PORTA QUERCECCHIO
V. Piandornella
V. Bonda
V. S. Giovanni
V. dei Fossi
S. n
V. Sta Margherita
Porta S. Giovanni
Piazzale dei Martiri di Montemaggio
V. Roma
Vle
SAN GIMIGNANO
0
200 m
Casa torre
1
2
POGGIBONSI
VOLTERRA
SIENA
FIRENZE

verso Certaldo A1

Villasanpaolo Hotel

località Casini, 5 km per via Garibaldi ✉ *53037 San Gimignano*
– ✆ 05 77 95 51 00 – www.villasanpaolo.com
72 cam – 140/225 € 180/270 € – **6 suites**
Rist ***Lampolla*** – Vedere selezione ristoranti
In un superbo contesto panoramico e collinare, armoniosa fusione di moderno e tipico arricchito da una esposizione permanente di dipinti anni Settanta. 1000 metri quadri sono dedicati al centro benessere.

Le Renaie

località Pancole 10/b, 6 km per via Garibaldi - A1 ✉ *53037 Pancole*
– ✆ 05 77 95 50 44 – www.hotellerenaie.it
– Aperto 20 marzo-1° novembre
25 cam – 65/82 € 86/145 €
Antica casa colonica immersa nel verde delle colline senesi e del suo magnifico giardino fiorito di ortensie e piante di agrumi. Situata proprio sulla via Francigena, è arredata con stile semplice e luminoso. Camere con tutti i confort. Servizio di light lunch a pranzo con piatti unici, insalate fresche, pasta.

Agriturismo Il Casale del Cotone 🕊 ⬛ 🛏 ⬛ AC P
via Cellole 59, 3 km per via Garibaldi ✉ *53037 San Gimignano*
– ℰ 05 77 94 32 36 – www.casaledelcotone.com – Aperto 16 marzo-1° novembre
19 cam ⬜ – ♦70/90 € ♦♦90/140 €
Camere dagli arredi rustici ma curati, in un complesso rurale di fine '600 cinto da 30 ettari di vigneti ed uliveti. La maggior parte delle stanze gode di una meravigliosa vista panoramica sulle colline circostanti.

Il Rosolaccio 🕊 ⬛ ⬛ 🛏 ⬛ P
località Capezzano, 9 km per via Garibaldi ✉ *53037 San Gimignano*
– ℰ 05 77 94 44 65 – www.rosolaccio.com – Aperto 26 dicembre-10 gennaio e 10 marzo-30 novembre
6 cam ⬜ – ♦85/110 € ♦♦95/130 €
Quasi fuori dal mondo, nella più bella campagna toscana, in una posizione dominante e tranquilla, un casolare che, nella propria eleganza, conserva un'agreste rusticità.

Agriturismo Fattoria Poggio Alloro 🕊 ⬛ ⬛ 🛏 ⬛ AC 🚫 P
via Sant'Andrea 23 (verso Ulignano), 5 km per via Garibaldi ✉ *53037 San Gimignano* *– ℰ 05 77 95 01 53 – www.fattoriapoggioalloro.com – Chiuso 24-26 dicembre*
11 cam ⬜ – ♦72 € ♦♦100 €
L'agriturismo per antonomasia: un'azienda - in questo caso biologica - per la produzione di olio e l'allevamento di bovini di razza Chianina. Il tutto riproposto in tavola con un menu ogni giorno diverso, accompagnato da vini di produzione propria. Splendida vista sulla campagna e sulle celebri torri.

✕✕ Lampolla – Villasanpaolo Hotel 🛏 🍴 AC P
località Casini, 5 km per via Garibaldi ✉ *53037 San Gimignano*
– ℰ 05 77 95 51 00 – www.villasanpaolo.com
Carta 36/65 €
Nel romantico dehors affacciato sull'oliveto o nei raffinati spazi interni, la cucina rappresenta un ben riuscito compromesso fra tradizione e creatività. In una regione così ricca dal punto di vista della scelta enologica, la carta dei vini non poteva non essere "interessante".

SANGINETO LIDO
Cosenza (CS) – ✉ 87020 – 1 521 ab. – Carta regionale n° **3-A1**
▶ Roma 464 km – Cosenza 66 km – Catanzaro 125 km – Lamezia Terme 96 km
Carta stradale Michelin 564-I29

✕✕ Convito AC 🚫
località Pietrabianca 11, Est: 1 km – ℰ 0 98 29 63 33 – www.convito.it
– Chiuso dicembre e martedì
Menu 20 € (in settimana)/30 € – Carta 21/62 € – (consigliata la prenotazione)
A poche centinaia di metri dal mare - lungo la strada per Sagineto - un localino con cucina di terra, fragrante e appetitosa. Se vi piacciono i sapori un po' forti, non perdetevi i ravioloni di pasta fresca in salsa di crostacei e il tonno con cipolla di Tropea.

SAN GIORGIO DELLA RICHINVELDA
Pordenone (PN) – ✉ 33095 – 4 626 ab. – Alt. 86 m – Carta regionale n° **6-B2**
▶ Roma 621 km – Pordenone 26 km – Treviso 84 km – Trieste 101 km
Carta stradale Michelin 562-D20

a Rauscedo Ovest : 4 km – ✉ 33095

✕ Il Favri 🍴 AC
via Borgo Meduna 12 – ℰ 0 42 79 40 43 – ilfavri.it – Chiuso domenica sera e lunedì
Menu 15 € (pranzo in settimana)/35 € – Carta 18/41 €
Antica osteria già vocata al cibo ad inizio Ottocento e rimodernata dall'attuale gestore, Mauro, che con un'inesauribile energia segue la sala, raccontando a voce la carta dei vini. Dalla cucina il meglio dei sapori del territorio; a pranzo, oltre alla carta completa, anche un menu più semplice ed economico.

SAN GIORGIO DI LIVENZA – Venezia ➜ Vedere Caorle

SAN GIORGIO DI VALPOLICELLA – Verona (VR) ➜ Vedere Sant'
Ambrogio di Valpolicella

SAN GIOVANNI AL NATISONE
Udine (UD) – ✉ 33048 – 6 260 ab. – Alt. 66 m – Carta regionale n° **6-C2**
▶ Roma 637 km – Udine 25 km – Gorizia 22 km – Trieste 58 km
Carta stradale Michelin 562-E22

XXX | **Campiello**
*via Nazionale 40 – ℰ 04 32 75 79 10 – www.ristorantecampiello.it
– Chiuso 7-28 luglio*
Carta 45/81 € – *(chiuso sabato a pranzo e domenica)*
17 cam – †75 € ††110 € – ⏴ 12 €
Accomodatevi nell'elegante sala per gustare prelibatezze a base di pesce da
accompagnare ai molti vini in carta. Per gli incontentabili, basterà chiedere al
patron: in cantina ci sono parecchie sorprese! All'Hosteria wine-bar, invece, l'atmosfera si fa più informale e i piatti, più semplici, prediligono la carne.

SAN GIOVANNI D'ASSO
Siena (SI) – ✉ 53020 – 873 ab. – Alt. 310 m – Carta regionale n° **18-C2**
▶ Roma 209 km – Siena 42 km – Arezzo 58 km – Firenze 110 km
Carta stradale Michelin 563-M16

| **Borgo Lucignanello Bandini**
*località Lucignano d'Asso 51, Sud: 5 km – ℰ 05 77 80 30 68
– www.borgolucignanello.com – Chiuso 7-23 gennaio*
6 suites – ††90/610 € – ⏴ 15 €
Pochi chilometri di strada fra cipressi e ulivi, fino a giungere in questo posto
incantato emblema della Toscana più bella e aristocratica. In un borgo ormai
quasi disabitato se non fosse per la dimora storica appartenente alla famiglia Piccolomini e per il negozietto di alimentari, un albergo diffuso dove non manca la
cura per il dettaglio, un ampio giardino con piscina-solarium e vista a 360° sulla
natura circostante.

XX | **La Locanda del Castello**
*piazza Vittorio Emanuele II 4 – ℰ 05 77 80 29 39
– www.lalocandadelcastello.com – Chiuso 6 gennaio-Pasqua*
Carta 35/40 € – *(chiuso martedì, solo martedì a pranzo da luglio-settembre)*
9 cam ⏴ – †90/100 € ††120 €
All'interno di un castello del '500, una bella scalinata conduce agli ambienti signorili del ristorante, mentre nel piatto gli inconfondibili sapori di questa terra. Menu
di stagione a base di tartufo.

SAN GIOVANNI IN MARIGNANO
Rimini (RN) – ✉ 47842 – 9 340 ab. – Alt. 29 m – Carta regionale n° **5-D2**
▶ Roma 310 km – Rimini 21 km – Ancona 85 km – Pesaro 20 km
Carta stradale Michelin 562-K20

 | **Riviera Golf Resort**
*via Conca Nuova, 1236 – ℰ 05 41 95 64 99 – www.rivieragolfresort.com – Chiuso
20 gennaio-2 febbraio*
32 cam ⏴ – †80/350 € ††100/450 €
Enormi vetrate, pietra chiara di Noto, vasche da bagno molto grandi: un relais
non solo per gli amanti del golf ma, più in generale, del relax declinato in
maniera personale e lussuosa. Al ristorante, cucina mediterranea e a pranzo
anche piatti unici.

SAN GIOVANNI IN PERSICETO

Bologna (BO) – ⊠ 40017 – 27 857 ab. – Alt. 21 m – Carta regionale n° **5-C3**

▶ Roma 392 km – Bologna 29 km – Ferrara 60 km – Modena 24 km

Carta stradale Michelin 562-I15

> ✕ **Osteria del Mirasole**   AK
>
> ⌘ via Matteotti 17/a – ℰ 05 18 21 27 3 – www.anticaosteriadelmirasole.it
> – Chiuso 16-22 agosto e lunedì
> Menu 25 € – Carta 32/77 € – (solo a cena escluso i giorni festivi) (consigliata la prenotazione)
> A pochi passi dal Duomo, una piccola osteria stretta e allungata con una profusione di legni scuri, vecchie foto, utensili vari; sul fondo, una piccola brace.

SAN GIOVANNI LA PUNTA

Catania (CT) – ⊠ 95037 – 22 819 ab. – Alt. 350 m – Carta regionale n° **17-D2**

▶ Catania 12 km – Palermo 217 km – Messina 92 km – Siracusa 78 km

Carta stradale Michelin 365-AZ58

> 🏠 **Villa Paradiso dell'Etna**   ✿ 🛏 ⚓ 🛋 ↕ AK ♨ P
>
> via per Viagrande 37 – ℰ 09 57 51 24 09 – www.paradisoetna.it
> **30 cam** � – ♦90/115 € ♦♦120/140 € – **4 suites**
> Il piccolo parco secolare e la colazione in terrazza roof garden con vista sull'Etna, completano il piacere di soggiornare in questa raffinata villa degli anni '20. Possibilità di cenare a bordo piscina, à la carte o con menu del giorno.

> 🏠 **Garden**   ✿ 🌿 🛏 🛋 ♨ ↕ AK ♨ P
>
> via Madonna delle Lacrime 12/b, località Trappeto, Sud: 1 km
> ⊠ 95030 Trappeto – ℰ 09 57 17 77 67 – www.gardenhotelcatania.com
> **83 cam** ⊆ – ♦69/230 € ♦♦74/260 € – **2 suites**
> Vicino alle arterie di grande scorrimento, un piacevole giardino con palme e piante esotiche circonda l'albergo. All'interno, ampi spazi e camere confortevoli, sale da pranzo di taglio moderno, affacciate sul giardino. Nella bella stagione, la scelta cade, inevitabilmente, sul dehors.

> ✕✕ **Giardino di Bacco**   🛏 🍴 ᴖ AK ✂ ⟷
>
> via Piave 3 – ℰ 09 57 51 27 27 – www.giardinodibacco.com
> Carta 32/59 € – (solo a cena escluso i giorni festivi) (consigliata la prenotazione)
> Una volta la dimora del custode di una sontuosa villa, oggi un locale che unisce eleganza e tipicità tanto nell'ambiente, quanto nelle proposte. Servizio estivo in giardino.

SAN GIOVANNI ROTONDO

Foggia (FG) – ⊠ 71013 – 27 202 ab. – Alt. 566 m – Carta regionale n° **15-A1**

▶ Roma 383 km – Foggia 42 km – Termoli 90 km – Barletta 78 km

Carta stradale Michelin 564-B29

> 🏠 **Grand Hotel Degli Angeli**   ✿ ◁ 🛏 🛋 ↕ AK ✂ ⟷
>
> prolungamento viale Padre Pio – ℰ 08 82 45 46 46
> – www.grandhoteldegliangeli.it – Chiuso 12 dicembre-28 febbraio
> **113 cam** ⊆ – ♦100 € ♦♦130 €
> Ubicato alle porte della località, poco distante dal Santuario, hotel signorile a gestione familiare dotato di un ottimo livello di confort generale. Al ristorante: sala rosa per la carta, verde per i gruppi.

> 🏠 **Le Terrazze sul Gargano**   ✿ ◁ ↕ & AK ⟷
>
> via San Raffaele 9 – ℰ 08 82 45 78 83 – www.leterrazzesulgargano.it – Chiuso
> 7 gennaio-1° marzo
> **32 cam** ⊆ – ♦35/70 € ♦♦50/180 €
> Vicino al santuario e all'Ospedale di Padre Pio (raggiungibili a piedi), una piacevole struttura in posizione panoramica e tranquilla sulle pendici del monte. Specialità locali e cucina mediterranea al ristorante.

> 🏠 **Cassano**   ✿ ↕ & AK ✂ ⟷
>
> viale Cappuccini 115 – ℰ 08 82 45 49 21 – www.hotelcassano.com
> **20 cam** ⊆ – ♦50/60 € ♦♦75/90 €
> A pochi passi dal Santuario di Padre Pio e dall'Ospedale, hotel di dimensioni contenute e di taglio contemporaneo, con servizi e confort di ottima qualità.

SAN GIULIANO MILANESE

Milano (MI) – ✉ 20098 – 37 987 ab. – Alt. 98 m – Carta regionale n° **10-B2**

▶ Roma 565 km – Milano 12 km – Piacenza 58 km – Lodi 22 km

Carta stradale Michelin 561-F9

sulla strada statale 9 - via Emilia Sud-Est : 3 km

✗✗ La Rampina

frazione Rampina 3 ✉ 20098 – ☎ 0 29 83 32 73 – www.rampina.it – Chiuso agosto e mercoledì

Menu 45/55 € – Carta 38/67 €

Da quasi trent'anni, due fratelli propongono piatti stagionali e lombardi, spesso rivisitati, in un cascinale del '500 rinnovato con cura; il casello autostradale di Melegnano non è molto lontano.

SAN GIULIANO TERME

Pisa (PI) – ✉ 56017 – 31 410 ab. – Alt. 6 m – Carta regionale n° **18-B1**

▶ Roma 370 km – Firenze 102 km – Pisa 8 km – Genova 172 km

Carta stradale Michelin 563-K13

Bagni di Pisa

largo Shelley 18 – ☎ 05 08 85 01 – www.bagnidipisa.com

52 cam ☵ – †144/400 € ††208/400 € – **9 suites**

Antica residenza settecentesca vocata al lusso con bellissimi affreschi che, almeno al piano nobile, entrano anche nelle camere. Due ali sono dedicate alla grande oasi termale e alla spa. Svariate possibilità al ristorante Dei Lorena: dai classici toscani, a piatti mediterranei, ma - a pranzo - carta light e snack bar.

Locanda Sant'Agata

strada statale12 dell'Abetone al Km 5,812 – ☎ 0 50 82 03 28 – www.locandasantagata.it

9 cam ☵ – †54/114 € ††59/119 €

Sulla strada per Pisa, piacevole locanda che dispone di accoglienti e accessoriate camere; assai valido anche l'omonimo ristorante dove il patron prepara sfiziose specialità legate al territorio, ma non solo, il tutto accompagnato da un'ampia carta dei vini.

SAN GIUSTINO VALDARNO

Arezzo (AR) – ✉ 52024 – 1 344 ab. – Carta regionale n° **18-C2**

▶ Roma 246 km – Firenze 60 km – Arezzo 20 km – Prato 82 km

Carta stradale Michelin 563-L17

Relais Il Borro

località Borro 1, Sud: 1 km – ☎ 0 55 90 70 53 – www.ilborro.it – Aperto 15 marzo-15 novembre

27 suites ☵ – †400/840 € ††400/840 €

Rist *Osteria del Borro* – Vedere selezione ristoranti

Complesso di nobili ed antiche origini, dalla villa alle prestigiose suite distribuite nell'attiguo borgo medioevale: una risorsa raffinata e originale, che abbina ad un confort di alto livello un'atmosfera country chic.

✗✗ Osteria del Borro – Relais il Borro

località Borro 52, Sud: 1 km – ☎ 05 59 77 23 33 – www.osteriadelborro.it – Aperto 15 marzo-15 novembre

Menu 48 € – Carta 42/77 € – (solo a cena) (consigliata la prenotazione)

Stile elegante per questa bella trattoria dallo splendido affaccio sul borgo medio-evale. La cucina sfodera i classici regionali, dal tortello ripieno di cinghiale alla guancia di Chianina, il tutto condito con gusto e creatività. Al Tuscan Bistro, vero e proprio concept shop, proposte più semplici, ma non per questo meno appetitose.

SAN GREGORIO

Lecce (LE) – ⊠ 73053 Patù⊠ Patù – Carta regionale n° **15-D3**
▶ Roma 652 km – Brindisi 111 km – Lecce 69 km
Carta stradale Michelin 564-H36

Monte Callini

via provinciale San Gregorio-Patù – ℰ 08 33 76 78 50
– www.hotelmontecallini.com – Chiuso 1° novembre-12 dicembre
45 cam ⌂ – †40/110 € ††70/200 € – **5 suites**
La struttura ricorda le antiche masserie salentine dalle grandi arcate; circondata da un bel giardino dispone di stanze spaziose, un'originale "suite benessere" e una nuova camera, Nefeli Beauty Room, anch'essa vocata alla remise en forme - in esclusiva - dei suoi occupanti. Non manca l'orto dal quale la cucina attinge.

Da Mimì

via del Mare – ℰ 08 33 76 78 61 – Chiuso 7-21 novembre
Carta 20/65 € – (solo a pranzo in novembre-Pasqua)
Un esercizio a gestione familiare con un'ampia sala interna arredata in modo classico e una grande terrazza con pergolato, dove assaporare piatti di pesce e proposte regionali.

SAN GREGORIO NELLE ALPI

Belluno (BL) – ⊠ 32030 – 1 602 ab. – Alt. 528 m – Carta regionale n° **23-C1**
▶ Roma 588 km – Belluno 21 km – Padova 94 km – Pordenone 91 km
Carta stradale Michelin 562-D18

Locanda a l'Arte

via Belvedere 43 – ℰ 04 37 80 01 24 – www.locandabaitaalarte.com – Chiuso martedì a mezzogiorno e lunedì
Carta 26/47 € – (prenotazione obbligatoria a mezzogiorno)
Ampi spazi verdi cingono questo rustico casolare sopra al paese: interni signorili nei quali si incontrano piatti tipici del territorio conditi con stagionalità e un pizzico di fantasia.

SAN GUSMÈ – Siena (SI) → Vedere Castelnuovo Berardenga

SANKTA CHRISTINA IN GRÖDEN = SANTA CRISTINA VALGARDENA

SANKT LEONHARD IN PASSEIER = SAN LEONARDO IN PASSIRIA

SANKT MARTIN IN PASSEIER = SAN MARTINO IN PASSIRIA

SANKT ULRICH = ORTISEI

SANKT VALENTIN AUF DER HAIDE = SAN VALENTINO ALLA MUTA

SANKT VIGIL ENNEBERG = SAN VIGILIO DI MAREBBE

SAN LAZZARO DI SAVENA

Bologna (BO) – ⊠ 40068 – 31 980 ab. – Alt. 62 m – Carta regionale n° **5-C3**
▶ Roma 390 km – Bologna 8 km – Imola 27 km – Milano 219 km
Carta stradale Michelin 562-I16

Le Siepi

via Emilia 514, località Idice – ℰ 05 16 25 62 00 – www.hotelbolognalesiepi.it
– Chiuso 24 dicembre-10 gennaio e agosto
105 cam ⌂ – †59/259 € ††69/289 € – **3 suites**
L'incantevole villa del '700 con giardino ombreggiato, è stata ampliata con una nuova struttura, le stanze sono ricche di fascino e calore. Per lavorare, e anche per sognare. Ristorante con camino per una cucina della tradizione.

SAN LEO

Rimini (RN) – ✉ 47865 – 3 017 ab. – Alt. 589 m – Carta regionale n° 5-D3
◨ Roma 320 km – Rimini 31 km – Ancona 142 km – Milano 351 km
Carta stradale Michelin 563-K19

 **Castello** ✿ ✦
*piazza Dante 11/12 – ℰ 05 41 91 62 14 – www.hotelristorantecastellosanleo.com
– Chiuso febbraio e 15-30 novembre*
13 cam ☑ – †45/70 € ††65/85 €
Risorsa familiare direttamente sulla piazza del caratteristico borgo con vista panoramica sulle colline del Montefeltro o sulla fortezza e cucina casalinga al ristorante.

SAN LEONARDO IN PASSIRIA (ST. LEONHARD IN PASSEIER)

Bolzano (BZ) – ✉ 39015 – 3 603 ab. – Alt. 689 m – Carta regionale n° 19-B1
◨ Roma 685 km – Bolzano 47 km – Brennero 53 km – Bressanone 65 km
Carta stradale Michelin 562-B15

verso Passo di Monte Giovo Nord-Est : 10 km Alt. 1 269 m

🏠 **Jägerhof** ✿ ✦ ← ⋙ P
*località Valtina 80 ✉ 39010 Valtina – ℰ 04 73 65 62 50 – www.jagerhof.net
– Chiuso 26 ottobre-19 dicembre*
20 cam ☑ – †55/69 € ††100/130 €
Rist *Jägerhof* ⊛ – Vedere selezione ristoranti
In quasi tutte le camere regna il legno chiaro - non trattato - dei boschi circostanti, l'atmosfera è piacevolmente familiare e lo stile tipicamente montano con arredi tirolesi.

XX **Jägerhof** – Hotel Jägerhof ← ☞ ✿ P
🥢 *località Valtina 80 ✉ 39010 Valtina – ℰ 04 73 65 62 50 – www.jagerhof.net
⊛ – Chiuso 26 ottobre-19 dicembre, lunedì e martedì*
Menu 23/39 € – Carta 27/55 €
L'indirizzo giusto per chiarirsi le idee circa i concetti di genuinità e freschezza: sapori locali sotto forma di ricette di terra e qualche specialità ittica di fiume con molti prodotti provenienti dai masi della valle. Tra i classici da assaggiare, il filetto di salmerino alpino nel bagno di fieno.

SAN LEONE – Agrigento (AG) ➔ Vedere Agrigento

SAN LEONINO – Siena (SI) ➔ Vedere Castellina in Chianti

SAN LORENZO – Macerata (MC) ➔ Vedere Treia

SAN LORENZO DI SEBATO (SANKT LORENZEN)

Bolzano (BZ) – ✉ 39030 – 3 860 ab. – Alt. 810 m – Carta regionale n° 19-C1
◨ Roma 710 km – Cortina d'Ampezzo 62 km – Bolzano 69 km – Brunico 4 km
Carta stradale Michelin 562-B17

🏘 **Sporthotel Winkler** ✿ ✦ ← 🛏 ▦ ● ⋙ ♨ 🎿 ▣ 🔧 P
*località Santo Stefano 28a, Sud-Est: 1,5 km – ℰ 04 74 54 90 20
– www.winklerhotels.com*
53 cam – solo ½ P 90/175 €
Una piacevolissima struttura ubicata poco distante dagli impianti sciistici di Plan de Corones, in una piccola frazione che offre un incantevole panorama sui monti circostanti. Spazi comuni ben strutturati, camere rinnovate, per la maggior parte di grandi dimensioni ed elegantemente arredate.

🏠 **Schloss Sonnenburg**   ✿ ✦ 🛏 🔲 ⋙ ♨ 🎿 ▣ P
*località Castelbadia, Ovest: 1,5 km – ℰ 04 74 47 99 99 – www.sonnenburg.com
– Chiuso aprile e novembre*
30 cam ☑ – †117/155 € ††194/310 € – **8 suites**
Mille anni di storia, prima come castello, poi monastero e infine albergo, alloggerete sulla sommità di una collina con vista a 360° sulla vallata. All'interno affreschi quattrocenteschi, i resti di una chiesa e una suite speciale, la numero 14, con stube ottocentesca. Tutt'intorno, giardino-solarium panoramico.

🏠 **Saalerwirt** 🛰 🐾 🛏 🐾 🅿

località Sares, Sud-Ovest: 4 Km – ℰ 04 74 40 31 47 – www.saalerwirt.com
– Chiuso 10-22 aprile e 2 novembre-20 dicembre
20 cam ☷ – ♦94/150 € – ♦♦168/260 €
Rist Saalerwirt ☺ – Vedere selezione ristoranti

Tranquillità, confort e buona tavola. Tre parole per sintetizzare la piacevolezza di un soggiorno in questo antico maso del XIII secolo, dove trova posto anche una casa del benessere - come amano definirla i proprietari - dotata di saune e salette per trattamenti vari, nonché zona relax panoramica.

✗✗ **Saalerwirt** – Hotel Saalerwirt 🛏 🆑 🅿

località Sares, Sud-Ovest: 4 Km – ℰ 04 74 40 31 47 – www.saalerwirt.com
– Chiuso 10-22 aprile, 2 novembre-20 dicembre e martedì
Menu 24 € (cena)/40 € – Carta 29/56 €

Piatti tipici della tradizionale locale, preparati con una particolare attenzione alla selezione delle materie prime e senza velleità modaiole, in un caratteristico ristorante con due belle stube settecentesche. Specialità: sella di vitello con crocchette di patate e verdura.

✗ **Lerchner's In Runggen** ⬅ 🛏 🐾 🅿

via Ronchi 3/a – ℰ 04 74 40 40 14 – Chiuso 30 giugno-14 luglio e mercoledì
Carta 22/62 €

Se cercate i sapori altoatesini di una volta, questo è uno degli indirizzi più indicati! Ambienti in legno, ingentiliti da spunti romantici, servizio in costume ed una carta che cita i migliori prodotti di questa meravigliosa terra del nord: dall'orzotto con funghi gallinacci freschi alla braciola di cervo con essenza al cioccolato fondente, polenta e pera. Ultimo, ma non ultimo, lo "Schmarrn" con ciliegie.

SAN LORENZO IN CAMPO

Pesaro e Urbino (PU) – ✉ 61047 – 3 431 ab. – Alt. 209 m – Carta regionale n° **11-B1**
▶ Roma 257 km – Ancona 64 km – Perugia 105 km – Pesaro 51 km
Carta stradale Michelin 563-L20

🏠 **Giardino** 🛰 ⬛ 🖭 ⚕ 🆑 🅿

*via Mattei 4, Ovest: 1,5 km – ℰ 0 72 1/ 77 68 03 – www.hotelgiardino.it – Chiuso
10 gennaio-1° febbraio*
16 cam ☷ – ♦44/57 € – ♦♦58/76 €
Rist Giardino – Vedere selezione ristoranti

Davvero una bella realtà, questo confortevole albergo a gestione familiare poco fuori paese: camere un po' piccole, ma tutte diverse fra loro e piacevolmente personalizzate.

✗✗ **Giardino** – Hotel Giardino 🐝 🐾 ⚕ 🆑 🅿

*via Mattei 4, Ovest: 1,5 km – ℰ 0 72 1/ 77 68 03 – www.hotelgiardino.it – Chiuso
10 gennaio-1° febbraio, domenica sera e lunedì*
Menu 38/45 € – Carta 34/48 € – (prenotare)

E' nella cucina, solida e dal gusto classico, che risiede la vera forza della casa, ma come due damigelle al seguito, anche l'eccellente carta dei vini e la cordialità del servizio.

SAN LUCA – Perugia (PG) ➡ Vedere Montefalco

SAN MARCO – Salerno (SA) ➡ Vedere Castellabate

SAN MARINO ➡ Vedere alla fine dell'elenco alfabetico

SAN MARTINO – Arezzo ➡ Vedere Cortona

SAN MARTINO BUON ALBERGO

Verona (VR) – ✉ 37036 – 14 829 ab. – Alt. 45 m – Carta regionale n° **22-B3**
▶ Roma 505 km – Verona 8 km – Milano 169 km – Padova 73 km
Carta stradale Michelin 562-F15

in prossimità casello autostrada A 4 Verona Est Sud : 2 km

Holiday Inn Verona Congress Centre

viale del Lavoro 35/37 – ✆ 0 45 99 50 00 – www.holidayinn.com/veronacongr
132 cam 🖵 – ♦70/345 € ♦♦70/345 €
All'uscita autostradale, un hotel d'impostazione classica, elegante e valido punto
di riferimento per una clientela di lavoro; piccola hall e camere confortevoli. Tradizionale cucina d'albergo al ristorante dall'apparenza sontuosa.

a Ferrazze Nord-Ovest : 2 km – ✉ 37036

Musella

via Ferrazzette 2 – ✆ 33 57 29 46 27 – www.musella.it
– Chiuso 15 dicembre-1° febbraio
15 cam 🖵 – ♦90/120 € ♦♦145/165 €
La parte più antica di questa risorsa immersa nel verde risale alla fine del '400.
Oggi offre camere e appartamenti in stile country, alcuni con caminetto. Trove-
rete vino, olio e miele di loro produzione.

SAN MARTINO DI CASTROZZA

Trento (TN) – ✉ 38054 – Alt. 1 467 m – Carta regionale n° **19-C2**
▶ Roma 629 km – Belluno 79 km – Cortina d'Ampezzo 90 km – Bolzano 86 km
Carta stradale Michelin 562-D17

Regina

via Passo Rolle 154 – ✆ 0 43 96 82 21 – www.hregina.it – Aperto
1° dicembre-14 aprile e 15 giugno-20 settembre
36 cam 🖵 – ♦72/135 € ♦♦124/250 € – **5 suites**
In centro paese, di sobrio c'è solo la facciata: gli interni sono un tripudio di cavalli
in legno, case delle bambole e splendide camere borghesi, arredi mitteleuropei
con accenti inglesi. Sempre un ottimo riferimento per l'ospitalità della zona.

Letizia

via Colbricon 6 – ✆ 04 39 76 86 15 – www.hletizia.it
– Aperto 1° dicembre-1° aprile e 15 giugno-30 settembre
19 cam 🖵 – ♦70/120 € ♦♦120/200 € – **15 suites**
Per gli amanti dello stile tirolese, sin dall'esterno l'albergo è un tripudio di decorazioni; camere tutte diverse, ma sempre affascinanti con alcuni dettagli ripresi da
baite montane mentre nelle più romantiche il sonno sarà cullato da letti a baldacchino.

Jolanda

via Passo Rolle 267 – ✆ 0 43 96 81 58 – www.hoteljolanda.com – Aperto
15 dicembre-6 aprile e 25 giugno-15 settembre
40 cam 🖵 – ♦55/115 € ♦♦92/200 € – **5 suites**
All'ingresso del paese, Jolanda è una gestione familiare dalle tipiche atmosfere
montane con camere in continuo rinnovo (optate per le due suite più recenti!).
Piccolo, ma completo centro benessere ed un'ariosa sala ristorante, dove gustare i
classici nazionali.

Chalet Nature Suite

via Passo Rolle 35 – ✆ 0 43 96 81 74 – www.hotelsayonara.com – Aperto
1° dicembre-31 marzo e 1° luglio-30 settembre
8 cam 🖵 – ♦130/200 € ♦♦180/300 € – **3 suites**
Piacevole struttura dallo stile montano declinato con linee minimal e moderne. Se
gli ambienti comuni si riducono al solo "360° Lounge Bar", gli spazi diventano
addirittura generosi nelle camere, così come nel bel centro benessere.

XX Malga Ces ⟸ 🦌 ⬅ 🏠 🐾 P

*località Ces, Ovest: 3 km – 𝄐 0 43 96 82 23 – www.malgaces.it – Aperto
1° dicembre-7 aprile e 20 giugno-30 settembre*
Carta 25/50 € – **7 cam** – solo ½ P 116/170 € – **2 suites**
A 1600 m. di altitudine, è quasi un rifugio sulle piste innevate: calorica cucina
trentina per gli sciatori a pranzo, in aggiunta - la sera - qualche piatto leggermente più eleborato. Mancano i servizi del grande albergo, ma le camere sono
inaspettatamente eleganti.

XX Chalet Pra delle Nasse-da Anita ⟸ ⬆ P
😊
*via Cavallazza 24, località Pra delle Nasse – 𝄐 04 39 76 88 93
– www.ristorante-da-anita.com – Aperto 15 dicembre-Pasqua
e 20 giugno-30 settembre, negli altri mesi solo sabato e domenica*
Carta 28/61 € – **4 cam** ⬛ – †90/135 € ††160/300 €
Si trova proprio sulle piste da sci, questo storico baluardo della ristorazione di San
Martino, curato e modernamente alpino, completato da belle camere. Ai piatti storici e più tradizionali della signora Anita, si integrano gli spunti più attuali del
figlio. Tra le specialità gli spaghettini fatti in casa al burro di malga, pomodoro fresco e trentingrana e lo strudel di mele con gelato alla cannella.

SAN MARTINO DI VENEZZE
Rovigo (RO) – ✉ 45030 – 3 994 ab. – Alt. 6 m – Carta regionale n° **23-C3**
▶ Roma 467 km – Venezia 74 km – Rovigo 12 km – Ferrara 50 km
Carta stradale Michelin 562-G17

X Osteria alla Busa 🌿 🏠 AC ⟸ P

*via Borgo sud 370 – 𝄐 0 42 59 90 76 – www.trattoriaallabusa.it – Chiuso
gennaio, agosto, domenica sera e lunedì*
Menu 30/60 € – Carta 36/76 € – (consigliata la prenotazione)
Ottima gestione per questo ristorante di provincia che propone almeno due validi
motivi per sceglierlo: ottimo pesce (anche crudo), nonché le freschissime verdure
del proprio orto.

SAN MARTINO IN PASSIRIA (ST. MARTIN IN PASSEIER)
Bolzano (BZ) – ✉ 39010 – 3 196 ab. – Alt. 597 m – Carta regionale n° **19-B1**
▶ Roma 682 km – Bolzano 43 km – Merano 16 km – Milano 342 km
Carta stradale Michelin 562-B15

sulla strada Val Passiria Sud : 5 km :

🏨 Resort Quellenhof 🏔 ⬅ 🛏 ⬛ 🖥 📶 🏊 🧖 ▨ 🍽 ⬆ 🐾 AC 🚫 🚗

*via Passiria 47 ✉ 39010 San Martino in Passiria – 𝄐 04 73 64 54 74
– www.quellenhof.it – Chiuso 8 gennaio-25 febbraio*
150 cam ⬛ – †140/300 € ††280/400 €
Immerso nel verde di un lussureggiante giardino, Quellenhof è quanto di meglio
si possa trovare in termini di completezza dei servizi: raffinate e spaziose camere,
un'invitante piscina e campi da gioco. C'è anche un'area interamente consacrata
al confort e alla riscoperta della bellezza e del benessere. Luminosi ed accoglienti,
il ristorante e le stube propongono specialità sudtirolesi, cucina contadina e piatti
della tradizione mediterranea.

a Saltusio Sud : 8 km – ✉ 39010 – Alt. 490 m

🏨 Castel Saltauserhof 🏔 ⬅ 🛏 ⬛ 🖥 📶 🏊 🧖 ▨ 🍽 ⬆ 🐾 P

*via Passiria 6 – 𝄐 04 73 64 54 03 – www.saltauserhof.com
– Aperto 24 marzo-10 novembre*
38 cam ⬛ – †60/110 € ††150/350 € – **3 suites**
La parte più antica risale all'XI secolo, ma per chi preferisce la modernità, c'è
un'ala recente con camere classiche dotate di balcone. Gli spazi non lesinano
sulla generosità. Quattro affascinanti stube dove gustare specialità locali.

SAN MARTINO IN PENSILIS

Campobasso (CB) – ✉ 86046 – 4 803 ab. – Alt. 281 m – Carta regionale n° 1-D2
▶ Roma 285 km – Campobasso 66 km – Foggia 80 km – Isernia 108 km
Carta stradale Michelin 564-B27

🏠 Santoianni   ✿ ⊞ AC ℅ P

via Tremiti 2 – ☏ 08 75 60 51 34 – www.hotelsantoianni.it
15 cam ⊡ – ♦45 € ♦♦60 €
Una casa di contenute dimensioni, con un insieme di validi confort e una tenuta
e manutenzione davvero lodevoli; a gestione totalmente familiare, una piacevole
risorsa. Capiente ristorante di classica impostazione.

SAN MARZANO OLIVETO

Asti (AT) – ✉ 14050 – 1 032 ab. – Alt. 301 m – Carta regionale n° 14-D2
▶ Roma 603 km – Alessandria 40 km – Asti 26 km – Genova 110 km
Carta stradale Michelin 561-H6

🏠 Agriturismo Le Due Cascine   ✿ ⇌ ⊼ AC ⚓ P

*regione Mariano 22, Sud-Est: 3 km – ☏ 01 41 82 45 25 – www.leduecascine.com
– Chiuso 26 gennaio-16 febbraio*
17 cam ⊡ – ♦55/70 € ♦♦90/100 €
Sulle placide colline del Monferrato, una casa di campagna che offre ottima ospitalità in camere fresche ed attrezzate. Cucina casalinga in una bella sala luminosa.

✕✕ Del Belbo-da Bardon   🍴 ⌂ AC ⇔ P

*valle Asinari 25, Sud-Est: 4 km – ☏ 01 41 83 13 40 – Chiuso
22 dicembre-15 gennaio, 16 agosto-1° settembre, mercoledì e giovedì*
Carta 27/54 €
La secolare storia della trattoria è raccontata dai contributi che ogni generazione
vi ha lasciato: foto e suppellettili d'epoca fino alla esemplare cantina allestita dagli
attuali proprietari. Cucina della tradizione astigiana.

SAN MASSIMO ALL'ADIGE – Verona (VR) ➜ Vedere Verona

SAN MAURIZIO CANAVESE

Torino (TO) – ✉ 10077 – 10 186 ab. – Alt. 317 m – Carta regionale n° 12-B2
▶ Roma 697 km – Torino 17 km – Aosta 111 km – Milano 142 km
Carta stradale Michelin 561-G4

✕✕✕ La Credenza (Igor Macchia)   🍴 AC ⇔
🌸

*via Cavour 22 – ☏ 01 19 27 80 14 – www.ristorantelacredenza.it
– Chiuso 1° -21 gennaio, martedì e mercoledì*
Carta 58/92 €
Sala accogliente, una luminosa veranda ed un grazioso giardino per caffè o aperitivi serali. Piatti creativi, sia di carne che di pesce, dalla tradizione locale e dall'e-
stro dello chef.
➜ Foglie di pasta fresca, ragù di lumache, rognone di coniglio e piccione. Pollo
ruspante con funghi, patate, porri e toma delle viole. Mele caramellate con spuma
di pasta frolla e sorbetto all'arancia.

SAN MAURO TORINESE

Torino (TO) – ✉ 10099 – 19 225 ab. – Alt. 211 m – Carta regionale n° 12-A1
▶ Roma 666 km – Torino 9 km – Asti 54 km – Milano 136 km
Carta stradale Michelin 561-G5

Pianta d'insieme di Torino

🏠 La Pace   ⊞ P

via Roma 36 – ☏ 01 18 22 19 45 – www.hotelapace.it   Pianta: 2D1**s**
25 cam – ♦40/70 € ♦♦50/80 € – ⊡5 €
Un piccolo e confortevole albergo a gestione familiare posizionato lungo la
strada che attraversa San Mauro: comodo punto di riferimento per il turismo e
per gli affari.

✗ Frandin-da Vito 🖼 P

via Settimo 14 – ✆ 01 18 22 11 77 – Chiuso Pianta: 2D2**a**
18 agosto-10 settembre e lunedì
Carta 29/59 €
Cucina tipica delle Langhe, nonchè specialità torinesi di stagione, per questa piacevole trattoria familiare situata nella prima periferia, quasi sulla riva del fiume.

SAN MENAIO

Foggia (FG) – ✉ 71010 – Carta regionale n° **15-A1**
▶ Roma 389 km – Foggia 104 km – Bari 188 km – San Severo 71 km
Carta stradale Michelin 564-B29

🏠 Park Hotel Villa Maria ✿ 🛎 🚗 ⬆ & 🅰️🅺 P

via del Carbonaro 15 – ✆ 08 84 96 87 00 – www.parkhotelvillamaria.it
– Chiuso 5 novembre-31 gennaio
13 cam � – †60/140 € ††65/170 €
In posizione rialzata a duecento metri dal mare, è un'incantevole villa liberty degli anni Venti. Camere semplici ma pulite, alcune con ampio e piacevole terrazzo affacciato sul verde. Particolarmente buono il ristorante: delizia per chi ama il pesce fresco!

SAN MICHELE = ST. MICHAEL – Bolzano (BZ) ➜ Vedere Appiano sulla Strada del Vino

SAN MICHELE – Ravenna (RA) ➜ Vedere Ravenna

SAN MICHELE ALL'ADIGE

Trento (TN) – ✉ 38010 – 3 039 ab. – Alt. 228 m – Carta regionale n° **19-B2**
▶ Roma 603 km – Trento 15 km – Bolzano 417 km – Milano 257 km
Carta stradale Michelin 562-D15

🏠 La Vigna ♨ ⬆ & 🅰️🅺 ✿ 🛎 🚗

via Postal 49/a – ✆ 04 61 65 02 76 – www.garnilavigna.it
23 cam ⊑ – †40/80 € ††58/100 €
All'uscita del raccordo autostradale e a poche centinaia di metri dal centro, piacevole struttura di recente apertura caratterizzata da interni in legno chiaro, stile Alto Adige. Graziose camere, funzionali ed accoglienti. Piacevole start-up mattutino nella bella sala colazioni.

SAN MICHELE DEL CARSO – Gorizia (GO) ➜ Vedere Savogna d'Isonzo

SAN MICHELE DI GANZARIA

Sicilia – Catania (CT) – ✉ 95040 – 3 268 ab. – Alt. 490 m – Carta regionale n° **17-C2**
▶ Agrigento 120 km – Catania 88 km – Caltagirone 15 km – Ragusa 78 km
Carta stradale Michelin 365-AV60

🏠 Pomara ✿ 🛎 ⇤ 🔄 ⬆ 🅰️🅺 ✿ 🛎 P

via Vittorio Veneto 84 – ✆ 09 33 97 69 76 – www.hotelpomara.com
40 cam ⊑ – †45/70 € ††60/90 €
Rist *Pomara* – Vedere selezione ristoranti
A metà strada tra Caltagirone e Piazza Armerina, un indirizzo affidabile, che deve la propria fortuna proprio all'ubicazione così come alla seria e competente gestione familiare.

✗ Pomara – Hotel Pomara ⇤ 🅰️🅺 ✿ ⇔ P

via Vittorio Veneto 84 – ✆ 09 33 97 80 32 – www.hotelpomara.com
Menu 25/30 € – Carta 20/26 €
Ha compiuto 50 anni questo ristorante gestito da sempre dalla stessa famiglia: scrigno di tradizioni gastronomiche locali in un ambiente rustico ed accogliente.

SAN MINIATO

Pisa (PI) – ✉ 56028 – 28 081 ab. – Alt. 140 m – Carta regionale n° **18-B2**

▶ Roma 297 km – Firenze 37 km – Siena 68 km – Livorno 52 km
Carta stradale Michelin 563-K14

Villa Sonnino

via Castelvecchio 9/1, località Catena, Est: 4 km – ℰ *05 71 48 40 33*
– www.villasonnino.com
13 cam � – †65/85 € – ††75/98 € – **1 suite**
La storia di questa villa ha inizio nel '500 quando viene edificato il corpo centrale,
mentre nel '700 si procedette ad un ampliamento. Parco e signorilità sono inva-
riati. Nell'affascinante sala ristorante, proposte di cucina toscana con ottimo rapporto qualità-prezzo.

San Miniato

via Aldo Moro 2 – ℰ *05 71 41 89 04 – www.hotelsanminiato.com*
26 cam ⊻ – †55/85 € ††85/100 €
Ricavato da un convento medioevale con annessa chiesa sconsacrata, ora adibita
a ristorante, l'hotel sembra avere tutto per piacere ai viaggiatori del terzo millennio: camere di tono moderno e dal luminoso arredo, piccola area benessere.

✗✗ Pepenero

via IV Novembre 13 – ℰ *05 71 41 95 23 – www.pepenerocucina.it – Chiuso*
6-16 gennaio sabato a mezzogiorno e martedì
Menu 35/50 € – Carta 41/81 € – (consigliata la prenotazione)
In pieno centro, all'interno di un palazzo storico, ambiente design, giovane e friz-
zante, per una cucina - di terra e di mare - anch'essa complice nella modernità.
Romantici scorci della campagna toscana dalla terrazza per il servizio estivo.

✗✗ Papaveri e Papere 🅽

via Dalmazia 159 d – ℰ *05 71 40 94 22 – www.papaveriepaolo.com – Chiuso*
22 febbraio-6 marzo, domenica in estate, mercoledì negli altri mesi
Carta 35/55 € – (solo a cena escluso domenica)
La carta introduce ad una cucina dallo stile moderno, ma che attinge a piene
mani dalla tradizione regionale: potrete scegliere tra carne e pesce, quest'ultimo
soprattutto in estate. Il locale si trova fuori dal centro e sfoggia interni caldi, curati
ed accoglienti.

SAN NICOLÒ – Bolzano (BZ) ➡ Vedere Ultimo

SAN PANCRAZIO – Ravenna (RA) ➡ Vedere Russi

SAN PANTALEO

Sardegna – Olbia-Tempio (OT) – ✉ 07020 – Alt. 169 m – Carta regionale n° **16-B1**

▶ Cagliari 306 km – Olbia 21 km – Sassari 124 km
Carta stradale Michelin 366-R37

Petra Segreta

strada di Buddeo c.p. 130, Ovest: 2,5 Km – ℰ *0 78 91 87 64 41*
– www.petrasegretaresort.com – Aperto 1° aprile-31 ottobre
21 cam ⊻ – †200 € ††550 € – **3 suites**
In splendida posizione molto tranquilla e panoramica, il resort si compone di una
serie di costruzioni basse dall'ottimo confort e dall'assoluta riservatezza. Nel
verde, con il color smeraldo sullo sfondo, piccolo centro benessere dove viziarsi.
Stile italiano con forte richiamo regionale al ristorante serale "Il Fuoco Sacro".

Rocce Sarde

località Milmeggiu, Sud-Est: 3 km – ℰ *0 78 96 52 65 – www.roccesarde.com*
– Aperto 18 aprile-18 ottobre
65 cam ⊻ – †55/182 € ††110/260 € – **10 suites**
Lontano dal caos e dalla mondanità, questa struttura ubicata tra i graniti di San
Pantaleo dispone di camere confortevoli, un'invitante piscina e la vista sul golfo
di Cugnana. Ampio parco mediterraneo. Cene a lume di candela nel ristorante
con terrazza panoramica: piatti fedeli alla tradizione.

X **Locanda Sant'Andrea**   ⇔ 🏠 🎿 ❀ **P**

via Zara 36/44 – 𝒞 0 78 96 52 05 – www.locandasantandrea.com – Aperto 1° aprile-31 ottobre
Menu 35/40 € – Carta 39/71 € – *(aperto 1° giugno-30 settembre) (solo a cena)*
12 cam 🖭 – 🛉25/90 € 🛉🛉40/280 €
In centro paese, la risorsa ospita rustiche salette ed ambienti freschi, nonché luminosi: buona cucina, che passa con disinvoltura dal mare alle tradizioni sarde. Dispone anche di accoglienti camere per una sosta più prolungata.

SAN PELLEGRINO (Passo di)

Trento (TN) – ✉ 38035 Moena – Alt. 1 918 m – ✉ Moena
– Carta regionale n° **19**-C2
▶ Roma 682 km – Belluno 59 km – Cortina d'Ampezzo 67 km – Bolzano 56 km
Carta stradale Michelin 562-C17

X **Rifugio Fuciade**   ⛷ ⇔ 🐾 < 🏠 🌿

località Fuciade – 𝒞 04 62 57 42 81 – www.fuciade.it – Chiuso novembre e maggio
Menu 45/60 € – Carta 26/57 € – *(consigliata la prenotazione la sera)*
7 cam – solo ½ P 80/90 €
Telefonate e concordate il tragitto per tempo, perché con la neve vi occorrono 45 min a piedi o la motoslitta del ristorante...Per trovare, infine, un paesaggio mozzafiato tra le cime dolomitiche e sulla tavola una gustosa cucina regionale!

SAN PIETRO – Verona (VR) ➜ Vedere Legnago

SAN PIETRO ALL'OLMO – Milano (MI) ➜ Vedere Cornaredo

SAN PIETRO DI FELETTO

Treviso (TV) – ✉ 31020 – 4 679 ab. – Alt. 264 m – Carta regionale n° **23**-C2
▶ Roma 579 km – Treviso 39 km – Venezia 71 km – Trento 128 km
Carta stradale Michelin 562-E18

🏠 **Cà del Poggio Resort** Ⓝ   ⛷ 🐾 < 🏠 📶 ▣ 🔌 **AC** 🛁 🚗

via dei Pascoli 8/a – 𝒞 04 38 78 71 54 – www.cadelpoggio.it
26 cam 🖭 – 🛉76/89 € 🛉🛉96/146 € – **2 suites**
Tra gli ultimi alberghi aperti in provincia, Cà del Poggio Resort offre un'ospitalità moderna ed un panorama sui colli e sulle vigne davvero rilassante. Le modeste dimensioni del centro benessere non impongono la prenotazione. A garanzia della qualità dell'omonimo ristorante è la lunga tradizione della famiglia titolare che da sempre propone piatti a base di pesce.

SAN PIETRO IN CARIANO

Verona (VR) – ✉ 37029 – 12 971 ab. – Alt. 151 m – Carta regionale n° **22**-A2
▶ Roma 510 km – Verona 19 km – Brescia 77 km – Milano 164 km
Carta stradale Michelin 562-F14

a Pedemonte Ovest : 4 km – ✉ 37029

🏠 **Villa del Quar**   ⛷ 🐾 < 🏠 🎿 📶 🛋 ▣ 🏸 **AC** 🛁 🚗

via Quar 12, Sud-Est: 1,5 km – 𝒞 04 56 80 06 81 – www.hotelvilladelquar.it – Aperto 1° aprile-31 ottobre
15 cam 🖭 – 🛉260/440 € 🛉🛉330/440 € – **10 suites**
Rist *Arquade* – Vedere selezione ristoranti
Arredi, decori e colori rievocano uno stile neoclassico che concilia il gusto delle comodità e della raffinatezza con la nobile bellezza dell'antichità. A pranzo, si mangia in "semplicità" al Quar 12, con tanto di griglia!

XXX **Arquade** – Hotel Villa del Quar   ⛷ 🏠 **AC** ⇔ **P**

via Quar 12, Sud-Est: 1,5 km – 𝒞 04 56 85 01 49 – www.hotelvilladelquar.it – Aperto 1° aprile-31 ottobre; chiuso lunedì
Menu 70/130 € – Carta 63/100 €
Prodotti locali e sapori mediterranei sono i "credo" del nuovo chef; belle sale interne di gusto neoclassico, nonché graziosa serra con vista su giardino e vigneti.

a Corrubbio Sud-Ovest : 2 km – ⊠ 37029 San Pietro In Cariano

Byblos Art Hotel Villa Amistà

via Cedrare 78, Corrubbio di Negarine, Nord: 2 km – ℰ 04 56 85 55 55
– www.byblosarthotel.com – Aperto 1° marzo-31 dicembre
54 cam – ♦215/320 € ♦♦265/370 € – ⊊ 28 € – **6 suites**
Design, moda ed ospitalità si fondono nel suggestivo contesto di questa villa
patrizia del XVI sec. Il risultato è Byblos Art Hotel Villa Amistà: un raffinato albergo
concepito come una mostra permanente di arte contemporanea, che ospita nei
suoi spazi opere di nomi famosi. La sera, cucina creativa all'Atelier; a pranzo,
menu light al Peter's Bar.

SAN PIETRO IN CASALE
Bologna (BO) – ⊠ 40018 – 12 095 ab. – Alt. 17 m – Carta regionale n° **5-C3**
▶ Roma 397 km – Bologna 25 km – Ferrara 26 km – Mantova 111 km
Carta stradale Michelin 562-H16

Dolce e Salato

piazza L. Calori 16/18 – ℰ 051 81 11 11
Menu 25 € (pranzo in settimana)/60 € – Carta 23/55 €
Piazza del mercato: una vecchia casa, in parte ricoperta dall'edera, con ambienti
rallegrati da foto d'altri tempi e la saletta denominata Benessum dallo stile più
rustico ed informale. In menu: tante paste fresche, ottime carni che arrivano dal-
l'attigua macelleria di famiglia e schietti piatti del territorio.

SAN PIETRO IN CERRO
Piacenza (PC) – ⊠ 29010 – 912 ab. – Alt. 44 m – Carta regionale n° **5-A1**
▶ Roma 511 km – Bologna 145 km – Piacenza 33 km – Milano 86 km
Carta stradale Michelin 562-G11

Locanda del Re Guerriero

via Melchiorre Gioia 5 – ℰ 05 23 83 90 56 – www.locandareguerriero.it
12 cam ⊊ – ♦110 € ♦♦130 €
Un interessante mosaico di diverse situazioni: il piacere di soggiornare nella
natura, la storicità del luogo, ma anche i confort moderni. In sintesi, una country
house a tutto tondo che non vi farà rimpiangere l'albergo tradizionale.

SAN PIETRO IN CORTE – Piacenza (PC) ➜ Vedere Monticelli d'Ongina

SAN PIETRO (Isola di)
Sardegna – Carbonia-Iglesias (CI) – 6 692 ab. – Carta regionale n° **16-A3**

CARLOFORTE – ⊠ 09014 – Carta regionale n° 16-A3
Carta stradale Michelin 366-K49

Riviera

corso Battellieri 26 – ℰ 07 81 85 83 85 – www.hotelriviera-carloforte.com
43 cam ⊊ – ♦70/150 € ♦♦90/190 €
Lungomare, un design inaspettatamente moderno accoglie i clienti; forme sobrie
e lineari si ripetono nelle camere dai colori pastello; suggestiva la terrazza panoramica che abbraccia paese e mare.

Villa Pimpina

via Genova 106/108 – ℰ 07 81 85 41 80 – www.villapimpina.it
10 cam ⊊ – ♦50/130 € ♦♦70/130 €
In una casa ottocentesca nella parte alta del paese, dalle camere dell'ultimo piano
si apre una romantica vista sui tetti e sul mare; in tutte troverete un originale mix
di arredi carlofortini e design moderno.

Nichotel

via Garibaldi 7 – ℰ 07 81 85 56 74 – www.nichotel.it – Aperto
1° marzo-31 ottobre
17 cam ⊊ – ♦80/200 € ♦♦80/200 €
Inaugurato nel 2007, piacevole hotel in un vicolo del centro con spazi comuni un
po' limitati, ma in grado di offrire camere di grande charme: caratteristici pavimenti con inserti provenienti dalle vecchie case carlofortine.

Hieracon
corso Cavour 62 – ℰ *07 81 85 40 28* – *www.hotelhieracon.com*
23 cam ⌂ – ♦50/100 € ♦♦80/180 €
Affacciato sul lungomare, elegante edificio liberty di fine '800 - forse uno dei palazzi più eleganti di Carloforte - arredato con elementi d'antiquariato, materiali raffinati e tutt'intorno il giardino con una chiesetta del '700.

XX Da Nicolo
corso Cavour 32 – ℰ *07 81 85 40 48* – *www.danicolo.com* – *Aperto Pasqua-30 settembre; chiuso giovedì*
Menu 25 € (pranzo) – Carta 36/71 €
Strategica posizione sulla passeggiata, dove si svolge il servizio estivo in veranda, ma il locale è frequentato soprattutto per la qualità della cucina: di pesce con specialità carlofortine. E il tonno, avant tout.

XX Al Tonno di Corsa
via Marconi 47 – ℰ *07 81 85 51 06* – *www.tonnodicorsa.it* – *Chiuso 15 gennaio-28 febbraio e lunedì escluso luglio-agosto*
Menu 25 € (pranzo)/50 € – Carta 40/67 €
Un locale vivace e colorato, due terrazze affacciate sui tetti del paese, dove gustare uno sfizioso menu dedicato al tonno e tante altre specialità di mare.

SAN PIETRO SUL PICCOLO MARE – Taranto (TA) → Vedere Taranto

SAN POLO D'ENZA
Reggio nell'Emilia (RE) – ✉ 42020 – 6 079 ab. – Alt. 166 m – Carta regionale n° **5-B2**
▶ Roma 452 km – Parma 24 km – Modena 43 km – Reggio Emilia 20 km
Carta stradale Michelin 562-I13

XX Mamma Rosa
via 24 Maggio 1 – ℰ *05 22 87 47 60* – *www.ristorante-mammarosa.it* – *Chiuso 10 giorni in gennaio, 20 giorni in settembre, lunedì e martedì*
Menu 45/65 € – Carta 34/172 € – (solo a cena escluso domenica)
All'interno di un semplice caseggiato ai margini del paese, tutti gli sforzi si concentrano su una cucina di mare sostenuta dal migliore pescato e da uno stile mediterraneo.

SAN POLO DI PIAVE
Treviso (TV) – ✉ 31020 – 4 860 ab. – Alt. 27 m – Carta regionale n° **23-A1**
▶ Roma 563 km – Venezia 54 km – Belluno 65 km – Cortina d'Ampezzo 120 km
Carta stradale Michelin 562-E19

La Locanda Gambrinus 1847
via Roma 20 – ℰ *04 22 85 50 43* – *www.gambrinus.it*
6 cam ⌂ – ♦55 € ♦♦90 €
In un villino ottocentesco, pochi spazi comuni, ma non se ne sente la mancanza, e camere molto curate, nonché personalizzate. A 300 metri circa i due ristoranti di famiglia all'interno del Parco Gambrinus.

XX Parco Gambrinus
località Gambrinus 18 – ℰ *04 22 85 50 43* – *www.gambrinus.it* – *Chiuso 27 dicembre-7 gennaio, lunedì, martedì e mercoledì*
Carta 32/54 €
Rist Osteria Enoteca Gambrinus – Vedere selezione ristoranti
Salette rustiche e romantiche al tempo stesso per una cucina tradizionale e creativa, elaborata partendo da prodotti tipici della zona e orientata all'etica, nonché sostenibilità (c'è anche un percorso vegano e senza glutine). Animali esotici nel parco dove un ruscello ospita gamberi, anguille, storioni: le specialità della casa!

X Osteria Enoteca Gambrinus
località Gambrinus 18 – ℰ *04 22 85 50 43* – *www.gambrinus.it* – *Chiuso 27 dicembre-7 gennaio, lunedì, martedì e mercoledì*
Carta 23/30 €
All'Osteria il menu è decisamente sbilanciato verso il mare, sebbene non dimentichi gli amanti della carne con qualche proposta di terra. Specialità: baccalà alla sanpolese con polenta, il fritto di pesce, il Gamburgher.

SAN PROSPERO SULLA SECCHIA

Modena (MO) – ⌧ 41030 – 5 887 ab. – Alt. 22 m – Carta regionale n° **5-B2**

▶ Roma 415 km – Bologna 58 km – Ferrara 63 km – Mantova 69 km

Carta stradale Michelin 562-H15

🏠 **Corte Vecchia** ⚶ 🚱 🅰🅲 🍽 🅿

via San Geminiano 1 – ℰ 059 80 92 72 – www.cortevecchia.com
– Chiuso 20 dicembre-3 gennaio e 5-21 agosto
24 cam ⌷ – ♦82/92 € ♦♦99/138 €
Ricavato dalla ristrutturazione di un antico casale affacciato su una corte, dispone di camere spaziose arredate in un armonioso stile classico ma dotate dei moderni confort.

SAN QUIRICO D'ORCIA

Siena (SI) – ⌧ 53027 – 2 707 ab. – Alt. 409 m – Carta regionale n° **18-C2**

▶ Roma 196 km – Siena 44 km – Chianciano Terme 31 km – Firenze 111 km

Carta stradale Michelin 563-M16

🏠 **Palazzo del Capitano** – Residenza d'epoca ⚶ 🏡 🅰🅲

via Poliziano 18 – ℰ 05 77 89 90 28 – www.capitanocollection.com
17 cam ⌷ – ♦90/140 € ♦♦140/280 € – **5 suites**
Rist *Trattoria al Vecchio Forno* – Vedere selezione ristoranti
In pieno centro, una realtà di charme che si avvicina ai sogni di chi cerca fascino, storia ed eleganza, ma anche gustosi piatti del territorio. Il nome è mutuato dal Capitano del Popolo che dimorò in questo palazzo nel '400.

🏠 **Casanova** ⚶ 🚱 ← 🛋 🔲 🐬 🕸 ↳ 🍽 🖂 🚱 🅰🅲 🧖 🚗

località Casanova 6/c – ℰ 05 77 89 81 77 – www.residencecasanova.it – Chiuso 7 gennaio- 12 febbraio
70 cam ⌷ – ♦85/108 € ♦♦120/155 €
Rist *Taverna del Barbarossa* – Vedere selezione ristoranti
Circondata dalle colline toscane e vicina al centro storico, la struttura consta di una grande hall, camere dagli arredi sobri, un soggiorno panoramico e la nuova spa Grotte Saline Etrusche, le cui acque vantano proprietà termali e talassoterapiche.

🏠 **Agriturismo Il Rigo** ⚶ 🚱 🏡 🅿

località Casabianca, Sud-Ovest: 4,5 km – ℰ 05 77 89 72 91
– www.agriturismoilrigo.com – Chiuso 10 gennaio-1° marzo
15 cam ⌷ – ♦75/87 € ♦♦100/124 €
In aperta campagna, in un antico casale in cima ad un colle da cui si gode una suggestiva vista sul paesaggio circostante, ambienti piacevolmente rustici.

🏠 **Casa Lemmi** 🏡 🔲 🅰🅲 🅿

via Dante Alighieri 29 – ℰ 05 77 89 90 16 – www.casalemmi.com – Chiuso marzo
9 cam ⌷ – ♦60/100 € ♦♦70/110 €
Moderni accessori di ultima generazione, ambienti particolari e personalizzati, nonché un piccolo giardino per la prima colazione in un palazzo medievale del centro (di fronte alla Collegiata). Se, poi, si è in vena di esclusività, si può sempre prenotare la piccola piscina per un uso privato.

🍴 **Taverna da Ciacco** 🅰🅲
😊
via Dante Alighieri 30/a – ℰ 05 77 89 73 12 – www.daciacco.it
– Chiuso 16 febbraio-7 marzo, 20-30 novembre e martedì
Carta 32/44 €
Accogliente locale dai toni rustici: ai fornelli, il titolare stesso saprà conquistarvi con piatti della tradizione interpretati con fantasiosa creatività e sporadiche proposte di pesce. Filettino di cinta senese avvolto nel rigatino croccante su fonduta di cipolle, il nostro preferito!

🍴 **Taverna del Barbarossa** – Hotel Casanova 🍴 🚱 🅿
😊
località Casanova 6/c – ℰ 05 77 89 82 99 – www.tavernadelbarbarossa.com
– Chiuso 7 gennaio-12 febbraio e lunedì escluso agosto
Menu 22/30 € – Carta 21/51 €
Il suo nome è dovuto ad un avvenimento storico accaduto qui nel 1154: l'incontro tra i messi Papali di Roma e l'imperatore Federico II di Svevia detto il "Barbarossa". Oggi, in un'ampia sala, i sapori della regione, ma con un attenzione particolare per i celiaci, ai quali il ristorante riserva ricette senza glutine.

✗ **Trattoria al Vecchio Forno** – Hotel Palazzo del Capitano   ⌃ⒶⒸ
via Poliziano 18 – ℰ 05 77 89 73 80 – www.capitanocollection.com
🍴 Menu 25 € – Carta 26/47 €
Cucina schiettamente toscana, semplice e sapida, in un ambiente genuino con salumi appesi e bottiglie di vino in esposizione. Piacevole servizio estivo nel giardino denso di ricordi storici: tra un vecchio porticato ed un pozzo ancora funzionante.

a Bagno Vignoni Sud-Est : 5 km – ⌷ 53027

🏠 **Posta-Marcucci**   ⌃ ⤵ ⬅ 🛁 ⌁ ⌦ 🌀 ⛱ ✗ ⌸ ⎈ ⚘ ⒶⒸ ⚘ Ⓟ
via Ara Urcea 43 – ℰ 05 77 88 71 12 – www.hotelpostamarcucci.it – Chiuso 7 gennaio-7 febbraio
31 cam ⌷ – ♦90/130 € ♦♦160/200 € – **5 suites**
Da quattro generazioni un'ospitalità cordiale in ambienti personalizzati e volutamente familiari. Belle camere e, non solo in estate, una zona all'aperto con grande piscina termale. Ottimo ristorante dove gustare sapori regionali, nonché vini toscani e nazionali con un buon rapporto qualità/prezzo.

🏠 **La Locanda del Loggiato**   ⒶⒸ
piazza del Moretto 30 – ℰ 05 77 88 89 25 – www.loggiato.it – Chiuso 22-25 dicembre
6 cam ⌷ – ♦70/125 € ♦♦100/140 €
Nel cuore della località - accanto alla vasca d'acqua un tempo piscina termale - edificio del 1300 rivisitato con grande senso estetico da due intraprendenti sorelle, che ne hanno fatto un rifugio davvero charmant. A pochi metri il wine-bar per le colazioni, ma anche per gustare taglieri, zuppe, dolci e vino.

✗ **Osteria del Leone**   ⌃
via dei Mulini 3 – ℰ 05 77 88 73 00 – www.osteriadelleone.it – Chiuso 7 gennaio-7 febbraio e lunedì
🍴 Menu 30/50 € – Carta 27/54 €
Nel cuore di Bagno Vignoni, affacciata sulla vasca termale che è la piazza di questo borgo della Val d'Orcia, un'osteria di antica tradizione con tre confortevoli salette, dove accomodarsi per gustare i veri sapori toscani. Se il tempo lo permette, optate per il servizio all'aperto.

SAN QUIRINO

Pordenone (PN) – ⌷ 33080 – 4 400 ab. – Alt. 116 m – Carta regionale n° **6-A2**
▶ Roma 613 km – Udine 65 km – Belluno 75 km – Milano 352 km
Carta stradale Michelin 562-D20

✗✗✗ **La Primula** (Andrea Canton)   ⌘ ⬅ ⌃ ⒶⒸ Ⓟ
❀ *via San Rocco 47 – ℰ 0 43 49 10 05 – www.ristorantelaprimula.it – Chiuso 7-25 gennaio e luglio*
🍴 Menu 70 € – Carta 45/68 € – *(chiuso domenica sera e lunedì) (solo a cena escluso domenica e giorni festivi)*
7 cam – ♦50/60 € ♦♦80/100 € – ⌷ 10 €
L'esperienza qui sicuramente non fa difetto: l'elegante locale - a breve distanza da Pordenone - vanta oltre 140 anni di attività! Gestita dall'intera famiglia, la bella sala è dominata da un camino e da piatti curati e sapori rassicuranti, mentre la carta dei vini entusiasma per la scelta di etichette a prezzi sorprendentemente corretti.
→ Tagliolini in due cotture con punte d'asparagi e guanciale. Pesce San Pietro grigliato con il suo ristretto e "capperi" di pesco. Cremoso al cioccolato bianco con streusel (biscotti sbriciolati) agli agrumi, cioccolato e sorbetto alla fragola.

✗ **Osteria alle Nazioni**   ⌘ ⒶⒸ Ⓟ
via San Rocco 47/1 – ℰ 0 43 49 10 05 – www.ristorantelaprimula.it – Chiuso domenica sera e lunedì
Carta 23/37 €
Rustico, accogliente e simpatico, un locale dove fermarsi per gustare un piatto tipico regionale preparato con cura, accompagnato da un bicchiere di vino.

SAN REMO

Imperia (IM) – ✉ 18038 – 55 312 ab. – Carta regionale n° **8-A3**
▶ Roma 638 km – Imperia 30 km – Milano 262 km – Nice 59 km
Carta stradale Michelin 561-K5

 Royal Hotel
corso Imperatrice 80 – ☎ 01 84 53 91   Pianta: A2**h**
– www.royalhotelsanremo.com – Aperto 11 febbraio-21 novembre
113 cam ☲ – ♦224/417 € ♦♦308/592 € – **13 suites**
Grand hotel di centenaria tradizione, gestito dalla fine dell'800 dalla stessa famiglia; interni molto signorili e giardino fiorito con piscina d'acqua di mare riscaldata. In memoria degli antichi fasti, il grande salone con fiori in vetro di Murano
firmerà una sosta gastronomica davvero esclusiva.

 Nazionale
via Matteotti 3 – ☎ 01 84 57 75 77   Pianta: A2**v**
– www.hotelnazionalesanremo.com
79 cam – ♦70/150 € ♦♦99/356 € – ☲ 10 € – **4 suites**
A pochi passi dal casinò e dalle boutique delle più celebri firme della moda, la
risorsa offre ambienti moderni caratterizzati da continui ed attenti interventi di
rinnovamento. Ampia terrazza roof garden e solarium per godere dell'aria iodata
della Riviera. Specialità liguri nell'originale ristorante in stile marina.

Lolli Palace Hotel
corso Imperatrice 70 – ☎ 01 84 53 14 96 – www.lollihotel.it   Pianta: A2**s**
– Chiuso 4 novembre-20 dicembre
52 cam – ♦40/100 € ♦♦60/160 € – ☲ 10 €
Il fascino del Liberty rivive in un palazzo storico sul lungomare, a fianco del
Casinò; eleganti ambienti comuni, camere accoglienti - alcune con idromassaggio.
Un accattivante roof garden con vista mare rende ancora più piacevole la sosta al
ristorante.

SAN REMO

0 ――― 200 m

1059

Paradiso

via Roccasterone 12 – ℰ 01 84 57 12 11   Pianta: A2**g**
– www.paradisohotel.it – Aperto 1° febbraio-30 ottobre
41 cam ☐ – †70/130 € ††98/240 €
Un hotel di antiche tradizioni inserito in una struttura di inizio secolo scorso a soli 100 metri dal mare. Circondato da un giardino con piante esotiche ed ampia piscina, nella stagione estiva l'albergo offre l'utilizzo gratuito della spiaggia privata con cabina, ombrellone e sdraio compresi. Belle anche le camere.

Eveline-Portosole

corso Cavallotti 111 – ℰ 01 84 50 34 30   Pianta: B1**c**
– www.evelineportosole.com – Aperto 1° marzo-30 novembre
21 cam ☐ – †75/120 € ††90/160 €
E' all'interno che si rivela il fascino di questo villino: arredi d'epoca, mazzetti al profumo di lavanda e tessuti in stile inglese...E per aggiungere ulteriore charme, prima colazione servita a lume di candela e le 4 camere Hammam e Japan, una sorta di "viaggio nel viaggio".

Paolo e Barbara (Paolo Masieri)

via Roma 47 – ℰ 01 84 53 16 53 – www.paolobarbara.it   Pianta: A2**p**
– Chiuso 13-30 dicembre, 27 giugno-8 luglio, mercoledì e giovedì
Menu 80 € – Carta 73/191 € – *(solo a cena escluso sabato ed i giorni festivi da ottobre a maggio)* (prenotare)
Un affresco riproducente un bucolico paesaggio di campagna dà profondità alla piccola sala, mentre a dar risalto alla cucina contribuiscono le ottime materie prime: il pesce e le verdure (quasi tutte raccolte nella piccola azienda agricola allestita per lo scopo).
→ Selezione di pesce crudo in stile mediterraneo. Rombo "crunch" con verdure dell'orto croccanti ed elisir di limoni di Sanremo. Delizia ai limoni della Riviera su crema e biscotto di pistacchio di Bronte.

Ulisse

via Padre Semeria 620, 3 km per Ventimiglia - A2
– ℰ 01 84 67 03 38 – www.ristoranteulisse.com
– Chiuso 3 settimane in gennaio, 1 settimana in giugno e martedì
Menu 30/46 € – Carta 27/87 € – *(solo a cena escluso sabato e i giorni festivi)*
Non distante dall'uscita autostradale, è una strada panoramica tra mare e monti a condurre sino a questo locale dove gustare una fragrante cucina di mare; d'estate si pranza in terrazza.

Tortuga

via Nino Bixio 93/a – ℰ 01 84 84 03 07   Pianta: B2**a**
– Chiuso martedì a mezzogiorno e lunedì
Carta 35/49 €
L'insegna non tragga in inganno: la cucina è ligure, schietta e fragrante. Scendete, quindi, con fiducia i pochi scalini che portano al ristorante!

Un pasto accurato a prezzo contenuto? Cercate i Bib Gourmand ⊛.

a Bussana Est: 5,5 km direzione Genova B1 – ✉ 18038

La Kambusa

via al Mare 87 – ℰ 01 84 51 45 37
– Chiuso mercoledì
Carta 31/64 € – *(solo a cena)*
Situato sul lungomare, il locale vanta una gestione appassionata ed una cucina che spazia tra mare e terra e propone piatti della tradizione, così come creazioni più innovative.

SAN ROCCO – Genova (GE) → Vedere Camogli

SAN SALVATORE MONFERRATO

Alessandria (AL) – ✉ 15046 – 4 347 ab. – Alt. 205 m – Carta regionale n° **12-C2**

▶ Roma 596 km – Torino 95 km – Alessandria 14 km – Asti 42 km
Carta stradale Michelin 561-G7

🏠 **Olimpia** Ⓝ   🌿 🍴 AC P �"

frazione Olimpia 68 – 𝒞 01 31 23 75 44 – www.olimpia-b-and-b.it – Chiuso
1° dicembre-29 febbraio

3 cam ⌿ – ♦60 € ♦♦75 €

Ste, Teo e Fili: abbreviazioni di Stefano, Matteo e Filippo, i figli del proprietario di
questo intrigante B&B, nonché i nomi prestati ad identificarne le stanze. L'atmosfera è proprio quella di un'elegante country house che mette a disposizione
degli ospiti anche spazi privati. Ottima prima colazione, il tutto ad un prezzo con-
correnziale!

✕✕ **Olimpia** Ⓝ   🎔🎔 🍴 P

frazione Olimpia 60, Est: 3,5 km – 𝒞 01 31 23 34 45 – www.ristoranteolimpia.it
– Chiuso 3 settimane in gennaio, 1 settimana in luglio o agosto, domenica sera
e lunedì

Carta 28/55 € – (consigliata la prenotazione)

Parte dalla tradizione, ma sa rinnovarsi con moderna originalità, la cucina di
questo ristorante ricavato in un antico cascinale ottocentesco. Tutt'intorno un
curato giardino.

SAN SALVO

Chieti (CH) – ✉ 66050 – 19 950 ab. – Alt. 100 m – Carta regionale n° **1-D2**

▶ Roma 280 km – Pescara 83 km – Campobasso 90 km – Termoli 31 km
Carta stradale Michelin 563-P26

✕✕ **L'Abruzzese**   🕭

🍥 via Leone Magno 26 – 𝒞 08 73 34 61 58 – Chiuso agosto domenica sera e lunedì
Menu 20 € (in settimana)/50 € – Carta 25/46 €

Look contemporaneo ed elegante per questo nuovo ristorante sorto in zona residenziale; la cucina esprime il territorio con proposte giornaliere - spesso a voce
- di piatti classici marinari.

a San Salvo Marina Nord-Est : 4,5 km – ✉ 66050

✕✕ **Al Metrò** (Nicola Fossaceca)   🎔 🕭 AC 🍽

🍲 via Magellano 35 – 𝒞 08 73 80 34 28 – www.ristorantealmetro.it – Chiuso
1 settimana in novembre, 23-29 dicembre, martedì a mezzogiorno e lunedì
Menu 50/70 € – Carta 41/64 € – (consigliata la prenotazione)

Ecco una cucina di passione e sostanza per chi non ama eccessivi tecnicismi o
accostamenti azzardati. Recentemente rinnovato secondo uno stile minimalista,
Al Metrò è il regno dei sapori abruzzesi e il pescato ne la fa da padrone: l'indirizzo
giusto per un gran pasto "tutto pesce".

→ Ravioli di ricotta nel brodetto di crostacei. Rombo con spinaci e fegato grasso.
Dolce abruzzese alle mandorle.

SAN SAVINO – Ascoli Piceno (AP) → Vedere Ripatransone

SANSEPOLCRO

Arezzo (AR) – ✉ 52037 – 16 012 ab. – Alt. 330 m – Carta regionale n° **18-D2**

▶ Roma 258 km – Rimini 91 km – Arezzo 39 km – Firenze 114 km
Carta stradale Michelin 563-L18

🏨 **Borgo Palace Hotel**   🕭 🖵 🕭 AC 🍽 🛗 P

via Senese Aretina 80 – 𝒞 05 75 73 60 50 – www.borgopalace.it

75 cam ⌿ – ♦76/83 € ♦♦90/100 €

Rist Il Borghetto – Vedere selezione ristoranti

Interni ricchi ed avvolgenti: marmi, boiserie e dorature, ampie sale di soggiorno,
nonché camere confortevoli con tappezzerie coordinate ai tessuti d'arredo. Un
indirizzo chic a prezzi contenuti.

La Balestra　　　　　　　　　　　令 ⊡ ㎰ ⅏ 🛪 🅿

via Montefeltro 29 – 𝒞 05 75 73 51 51 – www.labalestra.it
51 cam ⊏⊐ – ⸙62/84 € ⸙⸙88/103 € – **1 suite**
Rist *La Balestra* – Vedere selezione ristoranti
Arredi e confort di tipo classico, conduzione diretta e professionale, per questo valido indirizzo appena fuori dal centro storico. Il buon rapporto qualità/prezzo e la ristorazione di livello fanno sì che la risorsa sia particolarmente apprezzata da una clientela d'affari.

Relais Palazzo di Luglio　　　　令 ⋞ ⇐ ⅃ 🕊 & ㎰ 🅿

via Marechiese 35, frazione Cigliano, Nord-Ovest: 2 km – 𝒞 05 75 75 00 26
– www.relaispalazzodiluglio.com
10 cam ⊏⊐ – ⸙100/120 € ⸙⸙120/130 € – **4 suites**
Sulle prime colline intorno al paese, aristocratica villa seicentesca un tempo adibita a soggiorni estivi in campagna. Spazi, eleganza e storia si ripropongono immutati.

💰💰💰 Il Borghetto – Borgo Palace Hotel　　㎰ & ㎰ ⅏ ⇔ 🅿

via Senese Aretina 80 – 𝒞 05 75 73 60 50 – www.borgopalace.it – Chiuso
2 settimane in agosto
Menu 24/30 € – Carta 31/53 €
Classico e con spiccate note di eleganza, il ristorante propone le eccellenze, nonché le tipicità del territorio: tartufi, funghi porcini, formaggi e salumi stagionati, oli e cacciagione. Intrigante, la lista dei vini.

💰💰 La Balestra – Hotel La Balestra　　　㎰ ㎰ ⅏ ⇔ 🅿

via Montefeltro 29 – 𝒞 05 75 73 51 51 – www.labalestraristorante.it
– Chiuso 1°-25 agosto e domenica sera
Menu 20 € – Carta 22/46 €
Si sa che la Toscana vanta una grande tradizione enogastronomica, ma quando ci si accomoda al desco di questo ristorante, si capisce anche il perchè: tartufo bianco e funghi porcini, pasta fatta in casa, carne di razza Chianina, olio di oliva extra vergine proveniente dalle migliori aziende locali. E con tutto ciò dell'ottimo vino!

💰💰 Oroscopo di Paola e Marco　　　　　　⇔ ⅃ ⅏ 🅿

via Togliatti 68, località Pieve Vecchia, Nord-Ovest: 1 km – 𝒞 05 75 73 48 75
– www.relaisoroscopo.com – Chiuso 23 dicembre-10 gennaio
e 25 giugno-25 luglio
Carta 27/50 € – (chiuso domenica) (solo a cena)
10 cam ⊏⊐ – ⸙40/60 € ⸙⸙50/80 €
Nella patria di Piero della Francesca, due coniugi hanno creato questo elegante nido in cui poter anche pernottare ma, soprattutto, assaporare piatti creativi. Ambiente raffinato e lo charme di una casa privata.

💰 Da Ventura　　　　　　　　　　　　　　　⇔

via Aggiunti 30 – 𝒞 05 75 74 25 60 – www.albergodaventura.it – Chiuso
10 giorni in gennaio e 20 giorni in agosto
Carta 25/32 € – (chiuso domenica sera e lunedì)　　**5 cam** ⊏⊐ – ⸙45 € ⸙⸙65 €
Un unico nome per tre generazioni, perché ciò che più conta è saper entusiasmare chi ama la cucina locale con prodotti freschi e genuini.

💰 Fiorentino e Locanda del Giglio　　　　　　⇔ ㎰

via Luca Pacioli 60 – 𝒞 05 75 74 20 33 – www.ristorantefiorentino.it
Menu 18/35 € – Carta 22/45 € – (chiuso 25-31 gennaio, 22-30 giugno,
23-30 novembre e mercoledì)
4 cam ⊏⊐ – ⸙50/60 € ⸙⸙70/85 €
Gestione con cinquant'anni di mestiere che si adopera con professionalità e abilità per accogliere al meglio i propri ospiti in un locale che di anni ne ha circa duecento. Specialità: piatti locali e dell'antica tradizione rinascimentale, ma anche straccetti di pasta fresca con salsa di cime di rapa, hamburgher di carne chianina (da 200 grammi) cotto alla griglia.

SAN SEVERINO LUCANO

Potenza (PZ) – ⊠ 85030 – 1 606 ab. – Alt. 877 m – Carta regionale n° **2-C3**

▶ Roma 406 km – Cosenza 152 km – Potenza 113 km – Matera 139 km

Carta stradale Michelin 564-G30

Paradiso

via San Vincenzo – ☏ 09 73 57 65 86 – www.hotelparadiso.info

62 cam ⊑ – †45/60 € ††65/100 €

Ideale punto di partenza per gite - motorizzate, a piedi o a cavallo - nel Parco del Pollino, questa risorsa dispone d'interessanti strutture sportive. Camere semplici. Immersi tra una natura ancora vera, i sapori locali "influenzano" i piatti.

SAN SEVERINO MARCHE

Macerata (MC) – ⊠ 62027 – 12 824 ab. – Alt. 235 m – Carta regionale n° **11-C2**

▶ Roma 228 km – Ancona 72 km – Foligno 71 km – Macerata 30 km

Carta stradale Michelin 563-M21

Cavallini 🅝

viale Bigioli 47 ⊠ *62027 San Severino Marche* – ☏ 07 33 63 46 08
– www.ristorantecavallini.com – Chiuso 10 giorni in febbraio, 15 giorni in agosto, martedì sera e mercoledì

Menu 25/42 € – Carta 24/75 €

Al primo piano, un ristorante dai toni allegri e dal design personalizzato: da giovedì a domenica al tradizionale menu di terra si aggiunge una ricca scelta di piatti di pesce, vera passione dello chef.

Locanda Salimbeni

strada provinciale 361, Ovest: 4 km – ☏ 07 33 63 40 47
– www.locandasalimbeni.com

8 cam ⊑ – ††65/70 €

Veramente una bella realtà a pochi chilometri dal centro: camere gradevolissime e personalizzate, alcune con letto a baldacchino, altre con testiera in ferro battuto.

Due Torri

via San Francesco 21 – ☏ 07 33 64 54 19 – www.duetorri.it
– Chiuso 20-27 dicembre e 20-30 giugno

Menu 22 € – Carta 20/44 € – (chiuso domenica sera e lunedì) (prenotare)

15 cam ⊑ – †60/65 € ††60/70 €

Nella parte più alta e vecchia del paese, vicino al castello, una cucina familiare alla scoperta delle fragranze del territorio ed un piccolo angolo-enoteca dove si vendono specialità alimentari della zona. Camere semplici ed essenziali, per un soggiorno nella tranquillità.

SAN SEVERO

Foggia (FG) – ⊠ 71016 – 54 302 ab. – Alt. 86 m – Carta regionale n° **15-A1**

▶ Roma 320 km – Foggia 36 km – Bari 153 km – Monte Sant'Angelo 57 km

Carta stradale Michelin 564-B28

La Fossa del Grano

via Minuziano 63 – ☏ 08 82 24 11 22 – www.lafossadelgrano.com – Chiuso 1 settimana in agosto, domenica sera e lunedì

Carta 30/55 €

Nel centro storico, trattoria di pochi coperti sotto i tradizionali soffitti a vela e a botte, dove gustare una straordinaria carrellata di prodotti pugliesi: immancabile, interminabile, ma soprattutto indimenticabile la serie di antipasti.

SAN SIRO – Mantova (MN) ➜ Vedere San Benedetto Po

SANTA BARBARA – Trieste (TS) ➜ Vedere Muggia

SANTA CATERINA VALFURVA

Sondrio (SO) – ✉ 23030 – Alt. 1 738 m – Carta regionale n° **9-C1**
▶ Roma 776 km – Sondrio 77 km – Bolzano 136 km – Bormio 13 km
Carta stradale Michelin 561-C13

🏨 Baita Fiorita di Deborah ✿ ⓦ 🖵 🚗

via Frodolfo 3 – 𝒞 03 42 92 51 19 – www.compagnoni.it – Chiuso maggio, ottobre e novembre
22 cam ⬄ – †60/180 € ††80/190 € – **4 suites**
Rist Caffè Bormio – Vedere selezione ristoranti
E' proprio quello che si cerca in un albergo di montagna: il calore del legno, camere confortevoli ed un piacevole centro benessere per rilassarsi dopo una giornata passata sulle piste o en plein air.

🏨 Vedig ✿ ⓦ 🖵 ⅾ 🅿

via Vedig 14 – 𝒞 03 42 93 53 05 – www.albergovedig.it – Chiuso ottobre
20 cam ⬄ – †69/139 € ††120/194 €
In paese, ma anche in posizione più elevata con le camere panoramiche agli ultimi piani, è un felice connubio di antico e moderno, tradizione montana ed accessori d'oggi.

🏠 Pedranzini ✿ ⓦ 🖵 ⅾ 🍴 🚗

piazza Magliavaca 5 – 𝒞 03 42 93 55 25 – www.hotelpedranzini.it – Chiuso ottobre
18 cam ⬄ – †50/75 € ††90/130 €
Sulla famosa piazzetta di Santa Caterina, a soli 50 m dagli impianti di risalita, hotel familiare (completamente rinnovato) dispone di ambienti accoglienti e zona relax. Camere di buon livello dal ligneo arredo. Al ristorante, piatti della tradizione.

✕✕ Caffè Bormio – Hotel Baita Fiorita di Deborah 🔊 ⇆ 🅿
⊗

via Frodolfo 3 – 𝒞 03 42 92 51 19 – www.compagnoni.it – Aperto 1° dicembre-30 aprile e 15 giugno-30 settembre
Menu 18 € – Carta 24/59 €
Se la famosa sciatrice presta il nome all'albergo, la cucina non poteva che essere… della mamma, custode di antiche ricette montane. In un ambiente romantico ed elegante, al rientro da una sciata o da una passeggiata, c'è di che deliziarsi!

SANTA CESAREA TERME

Lecce (LE) – ✉ 73020 – 3 018 ab. – Alt. 25 m – Carta regionale n° **15-D3**
▶ Roma 633 km – Bari 203 km – Lecce 49 km
Carta stradale Michelin 564-G37

🏠 Alizè ✿ ⤙ ⬃ 🖵 🄰🄲

via Paolo Borsellino – 𝒞 08 36 94 40 41 – www.hotelalize.it – Aperto 1° aprile-30 novembre
55 cam ⬄ – †52/105 € ††84/190 €
In posizione panoramica e poco distante dal centro, un hotel con influenze architettoniche arabeggianti, luminose aree comuni, camere sobrie negli arredi, solarium e piscina. Al ristorante, la classica e gustosa cucina del bel Paese.

SANTA CRISTINA – Perugia (PG) ➜ Vedere Gubbio

SANTA CRISTINA VALGARDENA (ST. CHRISTINA IN GRÖDEN)

Bolzano (BZ) – ✉ 39047 – 1 969 ab. – Alt. 1 428 m – Carta regionale n° **19-C2**
▶ Roma 681 km – Bolzano 41 km – Cortina d'Ampezzo 75 km – Milano 338 km
Carta stradale Michelin 562-C17

🏨 Interski ✿ ⤙ ⬃ 🔒 🔲 ⓦ 🖵 ⅾ 🍴 🚗

strada Cisles 51 – 𝒞 04 71 79 34 60 – www.hotel-interski.com – Aperto 4 dicembre-15 aprile e 15 giugno-15 ottobre
25 cam ⬄ – †70/180 € ††135/400 € – **2 suites**
In posizione leggermente rialzata sul centro e di fronte ai monti, la vista da quasi tutte le camere pare una cartolina. Gli arredi delle stanze sono più semplici, piacevole l'ambientazione del ristorante.

SANTA DOMENICA – Vibo Valentia (VV) ➜ Vedere Tropea

SANTA FLAVIA

Sicilia – Palermo (PA) – ⊠ 90017 – 11 216 ab. – Carta regionale n° **17-B2**

▶ Agrigento 130 km – Caltanissetta 116 km – Catania 197 km – Messina 223 km
Carta stradale Michelin 365-AQ55

a Porticello Nord-Est : 1 km – ⊠ 90010

✗✗ Al Faro Verde da Benito 🦀 🍤

largo San Nicolicchio 14 – 𝒞 09 1 95 79 77 – www.alfaroverde.it
– Chiuso novembre e martedì
Carta 29/83 €
Con i suoi 35 anni di storia – siamo ormai alla seconda generazione – questo storico locale non smette di soddisfare i suoi ospiti: un'ampia scelta fra crostacei e pesce di ogni genere, proposti in maniera leggermente creativa, da accompagnarsi con eccellenti vini locali. Servizio estivo all'aperto, le onde del mare lì accanto.

SANTA FRANCA – Parma (PR) ➜ Vedere Polesine Parmense

SANT'AGATA DE' GOTI

Benevento (BN) – ⊠ 82019 – 11 202 ab. – Alt. 159 m – Carta regionale n° **4-B1**

▶ Roma 220 km – Napoli 48 km – Benevento 35 km – Latina 36 km
Carta stradale Michelin 564-D25

🏠 Dimora Storica Mustilli 🌲 ⚒ 🅿

piazza Trento 4 – 𝒞 08 23 71 81 42 – www.mustilli.com
6 cam ⊃ – ♦50 € ♦♦80 €
E' magica la combinazione di fascino, storia e cordiale accoglienza familiare in questa elegante dimora nobiliare settecentesca, in pieno centro, gestita con cura e passione. Per i pasti il ristorante con cucina casalinga.

SANT'AGATA SUI DUE GOLFI

Napoli (NA) – ⊠ 80064 – Alt. 391 m – Carta regionale n° **4-B2**

▶ Roma 266 km – Napoli 55 km – Castellammare di Stabia 28 km – Salerno 56 km
Carta stradale Michelin 564-F25

🏨 Don Alfonso 1890 🌲 🛏 🆎 🐾 🚗

corso Sant'Agata 11 – 𝒞 08 18 78 00 26 – www.donalfonso.com
– Aperto 24 marzo-2 novembre
4 cam ⊃ – ♦230 € ♦♦290 € – **4 suites** – ♦♦420/500 €
Rist Don Alfonso 1890 ✿✿ – Vedere selezione ristoranti
Un'oasi di tranquillità e buon gusto, nonché un'enclave di eleganza, nel centro della località: raffinate camere e suite, curato giardino con piscina.

🏠 Sant'Agata 🌲 🛏 🏊 🖥 🆎 🐾 🚗

via dei Campi 8/A – 𝒞 08 18 08 08 00 – www.hotelsantagata.com – Aperto 15 marzo-31 ottobre
42 cam ⊃ – ♦58/78 € ♦♦78/112 €
Tranquillità e confort sono i principali atout di questa struttura, particolarmente indicata per spostarsi o soggiornare in Costiera; bel porticato esterno. Ambiente curato al ristorante: sale capienti con arredi piacevoli.

✗✗✗✗ Don Alfonso 1890 (Alfonso ed Ernesto Iaccarino) – Hotel Don Alfonso 1890

✿✿ *corso Sant'Agata 11 – 𝒞 08 18 78 00 26* 🦀 🛏 🏊 🐾 ⇄ 🚗
– www.donalfonso.com – Aperto 24 marzo-2 novembre; chiuso martedì a mezzogiorno e lunedì in estate, anche martedì sera negli altri mesi
Menu 150/170 € – Carta 109/218 €
Benvenuti in un'enclave di lusso nel cuore di Sant'Agata, in una cittadella di piaceri dove l'universo gourmet campano si dispiega tra ceramiche di Vietri, generosa ospitalità e prodotti d'eccellenza. Non mancate di visitare le cantine, veri e propri cunicoli risalenti ad epoche antiche.
➜ Gnocco "acqua e farina" con cuore liquido di scamorza affumicata e pomodorini vesuviani. Agnello laticauda con battuto di erbe fresche del mediterraneo ed emulsione aglio e olio. Impressionismo di crema e zabaione al caffè.

✕ Lo Stuzzichino 🖼 AC

via Deserto 1A – ☎ 08 15 33 00 10
– *www.ristorantelostuzzichino.it – Chiuso 20 gennaio-20 febbraio*
Menu 25/33 € – Carta 21/43 € – *(chiuso mercoledì)*
Inizialmente rosticceria, oggi moderna trattoria con i simpatici familiari di due generazioni ancora tutti impegnati. La cucina seleziona i prodotti a livello nazionale: pesce, ma anche tanta, buona, carne.

SANT'AGNELLO

Napoli (NA) – ✉ 80065 – 9 102 ab. – Carta regionale n° **4-B2**
▶ Roma 255 km – Napoli 46 km – Castellammare di Stabia 17 km – Salerno 48 km
Carta stradale Michelin 564-F25

🏨 Grand Hotel Cocumella 🖼

via Cocumella 7 – ☎ 08 18 78 29 33
– *www.cocumella.com – Aperto 1° aprile-31 ottobre*
40 cam 🍴 – †300/400 € ††365/480 € – **8 suites**
Rist *Coku* – Vedere selezione ristoranti
L'edificio risale al '500 quando fu costruito dai Padri Gesuiti. Diverse destinazioni e fortune ne accompagnarono da allora la storia, ma sono ormai quasi due secoli che il Cocumella offre ospitalità ai viaggiatori di tutto il mondo. Corollario di tanta atmosfera: camere incantevoli e bagni lussureggianti.

🏨 Mediterraneo 🖼

corso Marion Crawford 85 – ☎ 08 18 78 13 52
– *www.mediterraneosorrento.com – Aperto 1° aprile-31 ottobre*
69 cam 🍴 – †100/500 € ††150/900 €
Fronte mare e abbellito da un ameno giardino con piscina, hotel storico ristrutturato che conserva l'immagine e il fascino di un tempo, offrendo confort adeguati al presente. Accomodatevi sulla bella terrazza panoramica per sorseggiare un cocktail o gustare una pizza oppure assaporare la cucina partenopea.

🏨 Majestic 🖼

corso Marion Crawford 40 – ☎ (081) 8 07 20 50
– *www.majesticpalace.it – Aperto 28 dicembre-2°gennaio e 1° aprile-31 ottobre*
90 cam 🍴 – †95/235 € ††110/250 €
Rist *Don Geppi* 🌸 – Vedere selezione ristoranti
In seconda fila rispetto alla litoranea, si "riscatta" grazie al contesto verdeggiante in cui è inserito. Molti i lavori di ammodernamento intrapresi in questi ultimi anni: le camere sono, infatti, ormai, graziose e ben curate. Piacevole anche la grande sala ristorante con ampie vetrate e arredi signorili.

🏨 Caravel 🖼

corso Marion Crawford 61 – ☎ 08 18 78 29 55
– *www.hotelcaravel.com – Aperto 1° marzo-31 ottobre*
88 cam 🍴 – †80/140 € ††90/180 €
Recentemente ristrutturate le moderne camere di questo hotel situato nella zona residenziale della località. Tranquilli gli ambienti, luminosi e ben insonorizzati.

✕✕✕ Don Geppi – Hotel Majestic 🖼 AC P
🌸

corso Marion Crawford 40 – ☎ 8 07 20 50
– *www.dongepprestaurant.com – Aperto 1° aprile-31 ottobre; chiuso martedì*
Menu 50/90 € – Carta 50/76 € – (prenotazione obbligatoria a mezzogiorno)
Bravo lo chef, ma altrettanto il maître: un ideale sodalizio per una cucina preparata con cura, di stampo regionale e rivisitata in chiave moderna. Ambiente elegante.
→ Candele al ragù partenopeo e… Sandwich di sogliola alla mugnaia con zucchine alla scapece. Ricordo della caprese.

XX **Coku**  – Grand Hotel Cocumella

via Marion Crowford 2 – ℰ 08 18 78 29 33 – Aperto 1° giugno-30 settembre
Carta 45/70 € – *(solo a cena)* (consigliata la prenotazione)
La materia prima - rigorosamente locale - è reinventata grazie a tecniche e ricette orientali importate dallo chef nipponico che assicura piatti ovviamente in stile con il Sol Levante; la robata, una particolare griglia usata nella cucina del nord del Giappone, consente una cottura molto lenta degli alimenti. Il risultato sono specialità dal gusto delicato, ideale connubio di benessere, semplicità e sapori del Mediterraneo.

SANT'AGOSTINO
Ferrara (FE) – ⊠ 44047 – 6 944 ab. – Alt. 19 m – Carta regionale n° **5-C2**
▶ Roma 428 km – Bologna 46 km – Ferrara 23 km – Milano 220 km
Carta stradale Michelin 562-H16

XX **Trattoria la Rosa**

via del Bosco 2 Sant'Agnello – ℰ 0 53 28 40 98 – www.trattorialarosa1908.it – Chiuso 3 settimane in gennaio e 3 settimane in agosto
Menu 20 € (pranzo in settimana)/50 € – Carta 34/56 € – *(chiuso domenica sera e lunedì, anche sabato a pranzo in giugno-agosto)* (prenotare)
5 cam ⊑ – ♦65 € ♦♦80 €
Cinque generazioni ai fornelli avranno ben un significato! La trattoria festeggia un secolo di successi - oggi in ambienti moderni ed essenziali - valorizzando la cucina regionale, con un occhio di riguardo agli insegnamenti del famoso chef Artusi e un altro alla creatività.

SANTA LIBERATA – Grosseto (GR) → Vedere Porto Santo Stefano

SANTA LUCIA DEI MONTI – Verona (VR) → Vedere Valeggio sul Mincio

SANTA MARGHERITA LIGURE
Genova (GE) – ⊠ 16038 – 9 464 ab. – Carta regionale n° **8-C2**
▶ Roma 480 km – Genova 40 km – Milano 166 km – Parma 149 km
Carta stradale Michelin 561-J9

 Imperiale Palace Hotel

via Pagana 19 – ℰ 01 85 28 89 91 – www.imperialepalacehotel.it – Aperto 1° aprile-15 ottobre
86 cam ⊑ – ♦285/400 € ♦♦400/700 € – **3 suites**
Imponente struttura fine '800 a monte dell'Aurelia, ma con spiaggia privata; parco-giardino sul mare con piscina riscaldata e fascino di una pietra miliare dell'hotellerie. Suggestiva sala da pranzo: stucchi e decorazioni davvero unici; signorilità infinita.

Grand Hotel Miramare

lungomare Milite Ignoto 30 – ℰ 01 85 28 70 13 – www.grandhotelmiramare.it – Chiuso 6 gennaio-24 marzo
80 cam ⊑ – ♦146/529 € ♦♦171/529 € – **4 suites**
Rist *Vistamare* – Vedere selezione ristoranti
Palme, oleandri, pitosfori e un centenario cedro del Libano: no, non siamo in un giardino botanico, ma nello splendido parco di un'icona dell'ospitalità di Santa. Tra raffinatezza liberty e relax di lusso, c'è posto anche per un moderno centro benessere.

Metropole

via Pagana 2 – ℰ 01 85 28 61 34 – www.metropole.it – Chiuso 1° novembre-20 dicembre
54 cam ⊑ – ♦70/110 € ♦♦100/270 € – **4 suites**
Con un parco fiorito, digradante verso il mare a la spiaggia privata, tutto il fascino di un hotel d'epoca e la piacevolezza di una grande professionalità unita all'accoglienza. Elegante sala ristorante dove gustare anche piatti liguri di terra e di mare.

Continental

via Pagana 8 – ℰ 01 85 28 65 12 – www.hotel-continental.it – Chiuso gennaio-febbraio

68 cam ☲ – ♦60/270 € ♦♦90/305 €

In posizione panoramica e con ampio parco sul mare, questo hotel è indirizzo tra i più "gettonati" per quanto riguarda confort e relax. La sala da pranzo è quasi un tutt'uno con la terrazza, grazie alle ampie vetrate aperte.

Jolanda

via Luisito Costa 6 – ℰ 01 85 28 75 13 – www.hoteljolanda.it – Chiuso 30 ottobre-27 dicembre

46 cam ☲ – ♦70/120 € ♦♦90/180 €

Rinnovatosi di recente, l'albergo gode di una posizione arretrata rispetto al mare, raggiungibile però in pochi minuti, e di un servizio attento. Bel centro benessere.

Laurin

lungomare Marconi 3 – ℰ 01 85 28 99 71 – www.laurinhotel.it

43 cam ☲ – ♦60/240 € ♦♦110/350 €

Di fronte al grazioso porticciolo, l'hotel è dotato di una terrazza-solarium con piscina e di una raccolta area relax. Tutte le camere si affacciano al mare, alcune con balcone.

Tigullio et de Milan

viale Rainussu 3/a – ℰ 01 85 28 74 55 – www.hoteltigullio.eu – Chiuso 1° gennaio-25 marzo

40 cam ☲ – ♦50/120 € ♦♦70/190 €

Un albergo rinnovato nel corso degli ultimi anni; offre validi confort, strutture funzionali, ambienti signorili e terrazza-solarium.

Minerva

via Maragliano 34/d – ℰ 01 85 28 60 73 – www.hotelminerva.eu – Chiuso novembre-20 dicembre

35 cam ☲ – ♦90/140 € ♦♦130/285 € – **1 suite**

Ubicazione tranquilla, a pochi minuti a piedi dal mare, per una risorsa d'imposta-zione classica condotta con professionalità, passione e attenzione per la clientela; ricca colazione a buffet e nuova terrazza panoramica con solarium, sauna e cyclette all'aperto.

Agriturismo Roberto Gnocchi

via San Lorenzo 29, località San Lorenzo della Costa, Ovest: 3 km – ℰ 01 85 28 34 31 – www.villagnocchi.it – Aperto 25 aprile-15 ottobre

12 cam ☲ – ♦60/90 € ♦♦70/120 €

E' come essere ospiti in una casa privata negli accoglienti interni di questa risorsa in posizione incantevole: vista del mare dalla terrazza-giardino, anche durante i pasti. Deliziose camere arredate con gusto.

XXX Vistamare – Grand Hotel Miramare

lungomare Milite Ignoto 30 – ℰ 01 85 28 70 13 – www.grandhotelmiramare.it – Chiuso 6 gennaio-28 marzo

Carta 47/85 €

In un salone decorato con stucchi e affreschi la cucina sposa la tradizione ligure con la più raffinata modernità. Se poi volete aggiungere alla cornice un pizzico di romanticismo, prenotate un tavolo sulla terrazza: davanti ai vostri occhi, il Golfo del Tigullio.

XX Oca Bianca

via XXV Aprile 21 – ℰ 01 85 28 84 11 – www.ocabianca.it

Menu 20/26 € – Carta 34/68 € – *(solo a cena)* (consigliata la prenotazione)

Situato nel centro storico, il locale è soprattutto dedicato agli estimatori della carne, sebbene non manchi qualche proposta di pesce. Presso la Cantina dell'Oca Bianca: vendita e degustazione di vini e prodotti tipici liguri.

XX Altro Eden

via Calata Porto 11 – ℰ 01 85 29 30 56 – www.laltro.ristoranteeden.com – Chiuso 15 febbraio-1° marzo e martedì
Carta 49/96 € – *(solo a cena escluso sabato e domenica)* (consigliata la prenotazione)
Sul molo con vista porto, locale di taglio moderno con un'originale sala a forma di tunnel e fresco dehors. Il menu è un trionfo di specialità di pesce.

XX Antonio

piazza San Bernardo 6 – ℰ 01 85 28 90 47 – Chiuso 14-28 febbraio, 10 giorni in novembre, martedì a mezzogiorno e lunedì; i mezzogiorno di lunedì, martedì e mercoledì in giugno-15 ottobre
Menu 25 € (pranzo in settimana) – Carta 30/91 €
Piatti ben curati sia sotto il profilo delle materie prime impiegate sia per l'abilità di valorizzarne il gusto in un locale di taglio classico con fresco dehors sotto un bel glicine. Le proposte di pesce sono predominanti, la carta dei vini tende all'ottimo!

XX Acqua Pazza

via Maragliano 15 – ℰ 0 18 51 77 13 76 – Chiuso lunedì
Menu 45 € – Carta 48/81 € – (consigliata la prenotazione)
Ristorante intimo e raccolto, a pochi passi dal mare, gestito da una coppia di grande esperienza. La carta è un inno al prodotto principe della costa - il pesce - reinterpretato in chiave moderna.

X L'Insolita Zuppa

via Romana 7 – ℰ 01 85 28 95 94 – www.insolitazuppa.it – Chiuso 15 febbraio-7 marzo, 20-30 novembre e mercoledì escluso luglio-agosto
Carta 34/76 € – *(solo a cena)*
Uno stile vagamente bistrot, allegro ed informale, per una cucina che pur trovandosi in una località di mare privilegia la terra (il menu annovera, comunque, anche qualche specialità ittica). E per gli irriducibili romantici, solo sei tavolini nel piccolo giardino nascosto sotto l'albero di olivo: è necessaria la prenotazione!

SANTA MARIA – Cuneo (CN) ➜ Vedere La Morra

SANTA MARIA ANNUNZIATA – Napoli (NA) ➜ Vedere Massa Lubrense

SANTA MARIA DEGLI ANGELI – Perugia (PG) ➜ Vedere Assisi

SANTA MARIA DELLA VERSA

Pavia (PV) – ✉ 27047 – 2 445 ab. – Alt. 199 m – Carta regionale n° **9-B3**
▶ Roma 554 km – Piacenza 47 km – Genova 128 km – Milano 71 km
Carta stradale Michelin 561-H9

XX Sasseo

località Sasseo 3, Sud: 3 km – ℰ 03 85 27 85 63 – www.sasseo.com – Chiuso 20 giorni in gennaio, martedì a mezzogiorno e lunedì
Menu 40/50 € – Carta 39/58 €
Ubicato tra i vigneti, un grande casolare del 1700 sapientemente ristrutturato ospita due salette in tono rustico-elegante con camino. Cucina moderna e fantasiosa.

XX Al Ruinello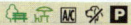

località Ruinello, Nord: 3 km – ℰ 03 85 79 81 64 – www.ristorantealruinello.it – Chiuso 15-30 gennaio, 10-30 luglio, lunedì sera e martedì
Carta 24/39 € – (consigliata la prenotazione)
Sembra di essere nel salotto "buono" di una casa privata... Ristorante a conduzione familiare, ricavato in una villetta privata, con piatti del territorio proposti a voce. Il menu segue le stagioni.

SANTA MARIA DEL MONTE (Sacro Monte) – Varese (VA) → Vedere Varese

SANTA MARIA MAGGIORE
Verbano-Cusio-Ossola (VB) – ✉ 28857 – 1 271 ab. – Alt. 816 m
– Carta regionale n° **12-C1**
▶ Roma 715 km – Stresa 50 km – Domodossola 17 km – Locarno 32 km
Carta stradale Michelin 561-D7

> ✗ **Le Colonne**
> *via Benefattori 7 – ✆ 0 32 49 48 93 – www.ristorantelecolonne.it – Chiuso lunedì sera e martedì*
> Menu 32/65 € – Carta 37/78 € – (consigliata la prenotazione)
> Piatti ricchi di fantasia legati alle prelibatezze del territorio in un piccolo ed accogliente locale del centro. Bello il tavolo conviviale per chi ama la compagnia.

SANTA MARIA NAVARRESE
Sardegna – Ogliastra (OG) – ✉ 08040 – Carta regionale n° **16-B2**
▶ Cagliari 141 km – Nuoro 96 km
Carta stradale Michelin 366-T44

> 🏨 **Lanthia Resort**   ⚘ 🛏 🏊 🔁 AC 🅿
> *via Lungomare snc – ✆ 07 82 61 51 03 – www.lanthiaresort.com – Aperto 1° maggio-18 ottobre*
> **27 cam** ⊇ – †90/200 € ††150/400 € – **1 suite**
> Albergo moderno a sviluppo orizzontale con sottopassaggio per la spiaggia attrezzata, si caratterizza per il suo ampio giardino con piscina, arredi moderni e - su prenotazione - anche massaggi.

SANT'AMBROGIO DI VALPOLICELLA
Verona (VR) – ✉ 37015 – 11 756 ab. – Alt. 174 m – Carta regionale n° **23-A3**
▶ Roma 511 km – Verona 20 km – Brescia 65 km – Garda 19 km
Carta stradale Michelin 562-F14

> ✗✗ **Groto de Corgnan**   🎇 🌿 ✂ ⇔
> *via Corgnan 41 – ✆ 04 57 73 13 72 – www.grotodecorgnan.it – Chiuso lunedì a pranzo e domenica*
> Menu 50/70 € – (solo a cena) (prenotazione obbligatoria)
> E' una cucina rispettosa della tradizione ed in sintonia con le stagioni, quella proposta in questa piacevole casa di paese, con piccolo dehors: ambiente decoroso e rallegrato dal camino.

a San Giorgio di Valpolicella Nord-Ovest : 1,5 km – ✉ 37015 Sant'Ambrogio Di Valpolicella

> ✗ **Dalla Rosa Alda**   🎇 ⇔ 🌿 🔁 😊 ⅙
> 😊 *strada Garibaldi 4 – ✆ 04 57 70 10 18 – www.dallarosalda.it*
> *– Chiuso 7 gennaio-20 febbraio, domenica sera e lunedì escluso luglio-agosto*
> Carta 26/56 €   **10 cam** ⊇ – †65/90 € ††85/115 €
> Le star sono sicuramente le tagliatelle Enbogonè - una pasta fatta interamente a mano, condita con un sugo di fagioli borlotti, olio extravergine locale e rosmarino - ma il menu ha ancora tanto altro da offrire...Una cucina semplice, scandita e dominata dai prodotti del territorio selezionati con cura e passione. Accostati ad un'ottima selezione di vini locali.

SANT'ANDREA – Livorno (LI) → Vedere Elba (Isola d') : Marciana

SANT'ANGELO – Macerata (MC) → Vedere Castelraimondo

SANT'ANGELO – Napoli (NA) → Vedere Ischia (Isola d')

SANT'ANGELO IN PONTANO

Macerata (MC) – ✉ 62020 – 1 464 ab. – Alt. 473 m – Carta regionale n° **11-C2**

▶ Roma 192 km – Ascoli Piceno 65 km – Ancona 119 km – Macerata 29 km
Carta stradale Michelin 563-M22

 Pippo e Gabriella   ⬥ ⬦ **P**

*località contrada l'Immacolata 33 – ☎ 07 33 66 11 20
– Chiuso 12 gennaio-12 febbraio, 1°-7 luglio e lunedì*
Carta 20/42 €

Un'osteria molto semplice, in posizione tranquilla, dove vige un'atmosfera informale ma cortese e si possono gustare specialità regionali. Griglia in sala.

SANT'ANGELO IN VADO

Pesaro e Urbino (PU) – ✉ 61048 – 4 155 ab. – Alt. 359 m – Carta regionale n° **11-A1**

▶ Roma 283 km – Ancona 136 km – Pesaro 81 km
Carta stradale Michelin 563-L19

 Palazzo Baldani   ⬥ ⬦ **AC**

via Mancini 4 – ☎ 07 22 81 88 92 – www.taddeoefederico.it
14 cam ⬒ – ♦50/60 € ♦♦90/100 €

Un palazzo del 1700 trasformato in un piccolo, ma delizioso albergo con camere dai toni caldi e letti in ferro battuto. Per un surplus di romanticismo: chiedete la stanza con il baldacchino.

SANT'ANGELO LODIGIANO

Lodi (LO) – ✉ 26866 – 13 181 ab. – Alt. 73 m – Carta regionale n° **9-B3**

▶ Roma 544 km – Piacenza 43 km – Lodi 12 km – Milano 38 km
Carta stradale Michelin 561-G10

⬥ **San Rocco**   ⬥ ⬦ ⬤ ⬦ **AC P**

*via Cavour 19 – ☎ 0 37 19 07 29 – www.sanroccoristhotel.it
– Chiuso 1°-7 gennaio e agosto*
16 cam – ♦60/65 € ♦♦80/85 € – ⬒ 6 €

Camere funzionali in un piccolo albergo nel centro della località gestito dalla stessa famiglia da tre generazioni; dotato anche di ristorante, la sua cucina è di stampo soprattutto tradizionale e locale.

SANT'ANNA – Como (CO) ➡ Vedere Argegno

SANT'ANNA – Cuneo (CN) ➡ Vedere Roccabruna

SANT'ANTIOCO

Sardegna – Carbonia-Iglesias (CI) – ✉ 09017 – 11 389 ab.
– Carta regionale n° **16-A3**

▶ Cagliari 92 km – Calasetta 9 km – Nuoro 224 km – Olbia 328 km
Carta stradale Michelin 366-L49

 Moderno-da Achille   ⬅

via Nazionale 82 – ☎ 0 78 18 31 05 – www.hotel-moderno-sant-antrioco.it
Menu 35/60 € – Carta 42/74 € – *(aperto 1° giugno-30 settembre; chiuso domenica escluso agosto) (solo a cena)*
16 cam ⬒ – ♦50/70 € ♦♦70/110 €

Un ambiente originale nelle mani di un abile chef, in grado di soddisfare il palato del cliente con proposte gastronomiche tradizionali e specialità sarde.

SANTARCANGELO DI ROMAGNA

Rimini (RN) – ✉ 47822 – 21 899 ab. – Alt. 42 m – Carta regionale n° **5-D2**

▶ Roma 345 km – Rimini 10 km – Bologna 104 km – Forlì 43 km
Carta stradale Michelin 562-J19

 Della Porta   ⬥ ⬤ ⬦ **AC** ⬥ **P**

via Andrea Costa 85 – ☎ 05 41 62 21 52 – www.hoteldellaporta.com
22 cam ⬒ – ♦60/90 € ♦♦85/120 €

Soffitti finemente affrescati e mobili antichi nelle quattro graziose camere affacciate sul cortile, ciascuna in omaggio ad un fiore. Di tono più moderno le altre stanze.

Il Villino 🛏️ ⬛ ♿ AC P

via Ruggeri 48 – ☎ *05 41 68 59 59*
– www.hotelilvillino.it
12 cam 🛏️ – 🚹70/90 € 🚹🚹100/130 €
Ai margini del centro storico, villa seicentesca ristrutturata con atmosfere provenzali. Camere personalizzate e fantasiose, intitolate ad un volatile che in passato popolò il giardino: le stanze del Pavone e del Fagiano tra le migliori.

XX Lazaroun 🌳 AC

via Del Platano 21 – ☎ *05 41 62 44 17*
– www.lazaroun.it – Chiuso giovedì
Menu 36/40 € – Carta 34/58 €
Il prototipo del locale romagnolo, dove un'efficiente e calorosa gestione familiare fa da supporto ad una cucina forte sia fra i primi, sia fra i secondi (paste fresche, salumi, carne anche cotta alla brace): ci s'ingrassa, ma è un piacere!

X Osteria la Sangiovesa 🐟 🌳 AC 🚫

piazza Simone Balacchi 14 – ☎ *05 41 62 07 10*
– www.sangiovesa.it
Menu 34/40 € – Carta 35/58 € – *(solo a cena escluso domenica e festivi)*
C'è un'osteria, semplice e informale, ideale per trascorrere una serata in compagnia, attorno a tavolini imbanditi di piadine, salumi e allegria. C'è anche il ristorante, un susseguirsi di salette, ricavate nelle gallerie di un antico palazzo, nelle quali giocano luci ed ombre e si ricordano personaggi legati alla storia locale. Qui anche la cucina si ispira al suo territorio e alle sue tradizioni per condurvi in un viaggio alla scoperta della Romagna; strozzapreti al guanciale di Saiano e torta allo squacquerone tra gli imperdibili del menu.

sulla strada statale 9 via Emilia Est : 2 km

San Clemente ⬛ AC 🚫 P

via Ferrari 1 – ☎ *05 41 68 08 04*
– www.hotelsanclemente.com – Chiuso 23-28 dicembre
38 cam 🛏️ – 🚹49/130 € 🚹🚹60/160 €
Lungo la via Emilia, un complesso inaugurato pochi anni or sono e progettato pensando soprattutto a chi viaggia per lavoro. Insieme curato e dotazioni complete, camere prestige da preferire alle standard.

a Montalbano Ovest : 6 km – ✉ 47822 Santarcangelo Di Romagna

Agriturismo Locanda Antiche Macine 🌾 🦌 🛏️ 🏊 🍴 AC 🚴 P

via Provinciale Sogliano 1540 – ☎ *05 41 62 71 61*
– www.antichemacine.it
14 cam 🛏️ – 🚹55/60 € 🚹🚹90/110 €
Rist *Antiche Macine* – Vedere selezione ristoranti
Ricavata in un antico frantoio, accogliente ed elegante locanda immersa nel verde della campagna riminese, con un percorso natura ed un laghetto per la pesca sportiva.

X Antiche Macine – Agriturismo Locanda Antiche Macine 🛏️ 🌳 AC ⟷ P

via Provinciale Sogliano 1540 – ☎ *05 41 62 71 61*
– www.antichemacine.it – Chiuso 1°-18 gennaio e lunedì
Carta 28/36 € – *(solo a cena escluso sabato e festivi)*
La tipicità non riguarda solo l'ambiente, "veste" anche la tavola con piatti della tradizione romagnola a base di prodotti stagionali (molti provenienti dalla propria azienda agricola): passatelli, strozzapreti alle verdure, tagliatelle al ragù, tagliata di manzo.

SANTA REGINA – Siena (SI) ➡ Vedere Siena

SANTA REPARATA – Olbia-Tempio (OT) ➡ Vedere Santa Teresa Gallura

SANTA TERESA GALLURA

Sardegna – Olbia-Tempio (OT) – ✉ 07028 – 5 215 ab. – Carta regionale n° **16-B1**
▶ Olbia 61 km – Porto Torres 105 km – Sassari 103 km
Carta stradale Michelin 366-Q36

Corallaro

spiaggia Rena Bianca – ☎ 07 89 75 54 75 – www.hotelcorallaro.it
– Aperto 15 maggio-5 ottobre
83 cam ☲ – ♦100/250 € ♦♦120/350 € – **2 suites**
Immerso nella rigogliosa macchia mediterranea con vista sulle Bocche di Bonifacio, un hotel moderno dalle camere confortevoli e ben arredate ed una nuova piscina solarium. A due passi dalla bianca spiaggia.

Marinaro

via Angioy 48 – ☎ 07 89 75 41 12 – www.hotelmarinaro.it – Aperto
20 marzo-2 novembre
27 cam ☲ – ♦40/110 € ♦♦60/140 €
Sito nel centro ma non distante dalla spiaggia, un'edificio dal tipico disegno architettonico locale con ambienti arredati nelle rilassanti tinte del verde e del giallo.

L'Osteria

località Porto Turistico – ☎ 07 89 75 52 16 – Aperto 25 aprile-20 settembre;
chiuso lunedì sino al 15 giugno
Carta 24/47 €
Il classico ristorantino di pesce nel quale non sarebbe male imbattersi un po' più spesso: in una confortevole saletta o nel bel dehors affacciato sul porticciolo sono le specialità ittiche le star del menu.

a Santa Reparata Ovest : 3 km – ✉ 07028 Santa Teresa Gallura

S'Andira

via Orsa Minore 1 – ☎ 07 89 75 42 73 – www.sandira.it – Aperto
1° maggio-30 settembre
Carta 54/87 €
Un indirizzo di solida gestione e simpatica cortesia: piacevoli sale, nonché grazioso dehors immerso nel verde della macchia mediterranea. Specialità di pesce in menu.

a Conca Verde Sud-Est : 12 km – ✉ 07028 Santa Teresa Gallura

La Coluccia

località Conca Verde – ☎ 07 89 75 80 04 – www.hotellacoluccia.com – Aperto
maggio-ottobre
45 cam ☲ – ♦114/392 € ♦♦178/544 €
Sulla piccola spiaggia di Conca Verde, hotel dal raffinato stile moderno la cui peculiarità si manifesta nelle originali camere dedicate ad artisti locali; alcune con affaccio sul mare, altre sulla rigogliosa macchia mediterranea che abbraccia la struttura.

sulla strada statale 133 Sud-Est : 12 km

Resort Valle dell'Erica Thalasso & SPA

località Valle dell'Erica – ☎ 07 89 79 00 18
– www.resortvalledellerica.com – Aperto 1° maggio-30 settembre
260 cam ☲ – ♦210/540 € ♦♦280/600 € – **12 suites**
Splendida posizione in un parco di 28 ettari, escursioni organizzate alle isole dell'arcipelago della Maddalena o a quelle del sud della Corsica. Diversi ristoranti con proposte a buffet o alla carta e grande attenzione per i piccoli ospiti con baby e mini club seguiti da personale specializzato.

SANTA TRADA DI CANNITELLO – Reggio di Calabria (RC) ➜ Vedere Villa
San Giovanni

SANTA VITTORIA D'ALBA

Cuneo (CN) – ✉ 12069 – 2 506 ab. – Alt. 346 m – Carta regionale n° **14-C2**
▶ Roma 655 km – Cuneo 55 km – Torino 57 km – Alba 10 km
Carta stradale Michelin 561-H5

> **Castello di Santa Vittoria** ✿ ⩔ ⪉ 🛏 ⛲ 🔼 AC 🎿 **P**
>
> *via Cagna 4 – ☎ 01 72 47 81 98 – www.santavittoria.org*
> **37 cam** ⬜ – †90/120 € – ††150/170 € – **1 suite**
> In un borgo di origini medievali, gli spazi interni sono inaspettatamente moderni, sobri e lineari, piacevolmente forniti di confort all'avanguardia. La posizione panoramica fa sì che la piscina goda di un belvedere sulle colline.

SAN TEODORO

Sardegna – Olbia-Tempio (OT) – ✉ 08020 – 4 851 ab. – Carta regionale n° **16-B1**
▶ Cagliari 258 km – Nuoro 77 km – Olbia 29 km – Porto Torres 146 km
Carta stradale Michelin 366-Q36

a Puntaldia Nord : 6 km – ✉ 08020 San Teodoro

> **Due Lune Resort Golf & Spa** ✿ ⩔ ⪉ 🛏 ⛵ 🔼 ♨ 🦶 ⅔ 🔲 🔼 🚶
>
> – ☎ 07 84 86 40 75 – www.duelune.com – Aperto AC 🎿 **P**
> *15 maggio-3 ottobre*
> **64 cam** – solo ½ P 178/330 € – **2 suites**
> In riva al mare, vicina al campo da golf e circondata da un giardino con prato all'inglese, una struttura dal confort esclusivo e raffinato dotata di beauty farm e zona relax. In un'elegante sala ristorante interna è possibile farsi servire proposte gastronomiche classiche dai sapori regionali.

SANT'EUFEMIA DELLA FONTE – Brescia (BS) ➔ Vedere Brescia

SANT'ILARIO D'ENZA

Reggio nell'Emilia (RE) – ✉ 42049 – 11 173 ab. – Alt. 59 m – Carta regionale n° **5-A3**
▶ Roma 444 km – Parma 12 km – Bologna 82 km – Milano 134 km
Carta stradale Michelin 562-H13

> ✕✕ **Prater** 🦶 🏡 AC 🎿 ⇔ **P**
>
> *via Roma 39 – ☎ 05 22 67 23 75 – www.ristorante-prater.it – Chiuso*
> *1°-7 gennaio, 1°-20 agosto, sabato a mezzogiorno, domenica in luglio, mercoledì negli altri mesi*
> Menu 30/50 € – Carta 26/49 €
> Proposte radicate nella saga gastronomica di questa terra e accompagnate da una nutrita offerta di vini; da gustare in questo elegante locale in pieno centro storico.

SANT'OMOBONO TERME

Bergamo (BG) – ✉ 24083 – 3 078 ab. – Alt. 498 m – Carta regionale n° **10-C1**
▶ Roma 625 km – Bergamo 23 km – Lecco 39 km – Milano 68 km
Carta stradale Michelin 561-E10

> **Villa delle Ortensie** ✿ ⩔ ⪉ 🔼 🔲 🌀 ♨ 🦶 🔼 ⅔ 🚶 🎿 **P**
>
> *viale alle Fonti 117 – ☎ 0 35 85 22 42 – www.villaortensie.com – Chiuso*
> *8-26 dicembre e 9 gennaio-1° marzo*
> **35 cam** ⬜ – †85/240 € – ††130/310 € – **2 suites**
> Nel cuore verde della valle Imagna, questa elegante residenza gentilizia di fine '800 ha mantenuto inalterato il fascino di un tempo, mentre le camere sono state rinnovate in tempi recenti. Le moderne e molteplici proposte in ambito salutistico o estetico fanno del soggiorno a Villa delle Ortensie un momento di privilegiato benessere.

> ✕✕ **Posta** 🦶 AC
> ⊜
> *viale Vittorio Veneto 169 – ☎ 0 35 85 11 34 – www.frosioristoranti.it – Chiuso*
> *lunedì e martedì*
> Menu 21 € (pranzo in settimana)/60 € – Carta 38/67 € – (prenotare)
> Esperta conduzione familiare in un locale che propone una cucina fatta di piatti moderni e tradizione, mentre a pranzo è sempre presente un menu del giorno.

SANTO STEFANO – Treviso (TV) ➔ Vedere Valdobbiadene

SANTO STEFANO AL MARE

Imperia (IM) – ✉ 18010 – 2 231 ab. – Carta regionale n° **8-A3**
▶ Roma 628 km – Imperia 18 km – Milano 252 km – San Remo 12 km
Carta stradale Michelin 561-K5

La Cucina   🔲 AC

piazza Cavour 7 – ℰ 01 84 48 50 40 – www.ristorantelacucina.it – Chiuso lunedì
Menu 20 € (pranzo in settimana)/26 € – Carta 31/57 € – *(solo a cena escluso luglio-agosto)*
Il turista non può che trovare di proprio gradimento questo locale! Tra i carruggi del centro, l'ingresso attraverso una veranda estiva, poi una sala più caratteristica, rustica e simpatica. Proposte locali, soprattutto marinare.

SANTO STEFANO BELBO

Cuneo (CN) – ✉ 12058 – 4 014 ab. – Alt. 170 m – Carta regionale n° **14-D2**
▶ Roma 573 km – Alessandria 48 km – Genova 100 km – Asti 26 km
Carta stradale Michelin 561-H6

Relais San Maurizio   🌣 ⬟ ⬟ ⬟ ⬟ ⬟ ⬟ ⬟ ⬟ ⬟ ⬟ AC ⬟ P

località San Maurizio, Ovest: 3 km – ℰ 01 41 84 19 00 – www.relaissanmaurizio.it
20 cam ⬟ – †220/250 € ††310/600 € – **16 suites**
Rist *Il Ristorante di Guido da Costigliole* ✦ – Vedere selezione ristoranti
Su una collina prospiciente il paese natale di C. Pavese, un'oasi di pace e di lusso in un monastero secentesco. Camere dai decori incantevoli, nonché una moderna Spa ristrutturata nel segno dell'eccellenza: come l'intera struttura.

Il Ristorante di Guido da Costigliole (Luca Zecchin) – Relais San Maurizio   ⬟ ⬟ ⬟ ⬟ AC ⬟ P

località San Maurizio 39, Ovest: 3 km
– ℰ 01 41 84 44 55 – www.guidosanmaurizio.com – Chiuso martedì
Menu 100 € – Carta 76/116 € – *(solo a cena)*
Magnifica sintesi di ogni promessa paesaggistica e gastronomica langarola: sulla sommità di una panoramica collina, splendido edificio d'epoca, cucina avvolgente ed illustre cantina.
➜ Dal 1961 i plin. Sottopaletta di fassone con piccolo fritto misto. Ti-ra-mi-sù.

SANTO STEFANO DI CADORE

Belluno (BL) – ✉ 32045 – 2 625 ab. – Alt. 908 m – Carta regionale n° **23-C1**
▶ Roma 653 km – Cortina d'Ampezzo 45 km – Belluno 62 km – Lienz 78 km
Carta stradale Michelin 562-C19

Monaco Sport Hotel   🌣 ⬟ ⬟ ⬟ AC ⬟ ⬟

via Lungo Piave 60 – ℰ 04 35 42 04 40 – www.monacosporthotel.com – Chiuso 4 novembre-5 dicembre
26 cam ⬟ – †45/110 € ††50/195 €
Rist *La Zìria* ⬟ – Vedere selezione ristoranti
Fuori dal centro, oltre il fiume, risorsa dall'atmosfera familiare che propone gradevoli aree comuni e camere semplici, arredate nel caratteristico stile montano.

La Zìria – Monaco Sport Hotel   ⬟ ⬟ P

via Lungo Piave 60 – ℰ 04 35 42 04 40 – www.monacosporthotel.com – Chiuso 4 novembre-5 dicembre e lunedì in bassa stagione
Menu 21/99 € – Carta 27/57 €
Diverse sale e stube per un locale che dedica molte energie al vino: oltre 600 etichette sono, infatti, custodite nella bella cantina ed ottima è anche la selezione al bicchiere che accompagna le gustose specialità regionali della casa. In primis, i casunziei "La Zìria".

SAN TROVASO – Treviso (TV) ➜ Vedere Preganziol

SANTUARIO ➜ Vedere nome proprio del santuario

SAN VIGILIO – Bergamo (BG) ➔ Vedere Bergamo

SAN VIGILIO = VIGILJOCH – Bolzano (BZ) ➔ Vedere Lana

SAN VIGILIO DI MAREBBE (ST. VIGIL ENNEBERG)
Bolzano (BZ) – ⊠ 39030 – Alt. 1 285 m – Carta regionale n° **19-C1**
▶ Roma 724 km – Cortina d'Ampezzo 54 km – Bolzano 87 km – Brunico 18 km
Carta stradale Michelin 562-B17

Almhof-Hotel Call
*via Plazores 8 – ☏ 04 74 50 10 43 – www.almhof-call.com
– Aperto 3 dicembre-5 aprile e 5 giugno-10 ottobre*
46 cam ⊡ – †95/165 € ††160/310 €
Un piacevolissimo rifugio montano, valido punto di riferimento per concedersi un soggiorno all'insegna della natura, del relax e del benessere, coccolati dal confort. Al ristorante per un curato momento dedicato al palato.

Excelsior
*via Valiares 44 – ☏ 04 74 50 10 36 – www.myexcelsior.com
– Chiuso 3 aprile-2 giugno e 1° novembre-7 dicembre*
43 cam ⊡ – †198/526 € ††198/526 € – **7 suites**
A pochi metri dalle piste da sci, ma non lontano dal centro, oltre che per le buone camere dagli arredi tradizionali in legno, l'albergo si segnala per l'ampio centro benessere, ben 1300 m², quattro piscine, di cui una esterna e riscaldata.

Aqua Bad Cortina et Mineral Baths
*strada Fanes 40 – ☏ 04 74 50 12 15 – www.aquabadcortina.it – Aperto
1° dicembre-15 aprile e 1° giugno-30 settembre*
21 cam – solo ½ P 160/170 €
Un'oasi di tranquillità affacciata sul Parco Naturale: alcune camere sono dedicate alle leggende locali, altre s'ispirano all'acqua e alle proprietà curative della sorgente attorno alla quale la struttura si colloca. Nella bella stagione, non perdetevi l'incanto del giardino con idromassaggio a cielo aperto.

✕✕ Tabarel
*via Catarina Lanz 28 – ☏ 04 74 50 12 10 – Aperto 1° dicembre-21 aprile
e 25 giugno-30 settembre*
Menu 42/50 € – Carta 28/62 €
Sulla piazza del paese, questo locale vi darà la possibilità di scegliere tra rustico bistrot e curato ristorante con proposte sia tipiche sia gourmet. Noi vi consigliamo il ristorante dove gustare in prevalenza specialità regionali, ma il piatto forte sono vari tipi di carne cotti nel forno alla catalana.

✕ Fana Ladina
*strada Plan de Corones 10 – ☏ 04 74 50 11 75 – www.fanaladina.com – Aperto
27 novembre-9 aprile e 23 giugno-8 ottobre; chiuso mercoledì in bassa stagione*
Carta 29/65 €
In una delle case più antiche di San Vigilio questo ristorante offre proposte tipiche della cucina ladina, in sale arredate con abbondanza di legno ed una graziosa stube. Tra le varie specialità del menu, merita un assaggio il crafun (krapfen salato farcito con ragú).

SAN VINCENZO
Livorno (LI) – ⊠ 57027 – 6 979 ab. – Carta regionale n° **18-B2**
▶ Roma 260 km – Firenze 146 km – Grosseto 73 km – Livorno 60 km
Carta stradale Michelin 563-M13

Sabbia d'Oro
via della Repubblica 38 – ☏ 05 65 70 13 32 – www.hotel-sabbiadoro.it
40 cam ⊡ – †100/150 € ††115/180 €
Albergo totalmente rinnovato, si trova proprio sulla spiaggia come evocato dall'insegna; confort moderno e piccolo centro benessere.

🏠 La Coccinella

via Indipendenza 1 – 𝒞 05 65 70 17 94 – www.hotelcoccinella.it – Aperto 20 aprile-28 settembre
31 cam 🍽 – †60/90 € ††80/155 €
In zona tranquilla, struttura semplice e raccolta, che si rinnova negli anni. Camere funzionali, gestione familiare attenta e spiaggia compresa nel prezzo.

🏠 Il Pino

via della Repubblica 19 – 𝒞 05 65 70 16 49 – www.ilpino.li.it – Aperto 12 aprile-1° ottobre
43 cam 🍽 – †55/120 € ††79/165 €
Ristrutturato negli arredi, un albergo sito nella zona residenziale di San Vincenzo: un'area verde e tranquilla, ideale cornice per una casa familiare e semplice. Ristorante classico.

🏠 Il Delfino

via Cristoforo Colombo 15 – 𝒞 05 65 70 11 79 – www.hotelildelfino.it
50 cam 🍽 – †65/105 € ††90/175 €
Rinnovatosi negli ultimi anni, questo hotel dalla capace conduzione diretta dispone di camere funzionali e confortevoli. Il centro storico non dista molto e la spiaggia è praticamente di fronte; biciclette a disposizione degli ospiti.

🏠 Kon Tiki

via Umbria 2 – 𝒞 05 65 70 17 14 – www.hotelkontiki.com – Chiuso gennaio
25 cam 🍽 – †100/180 € ††115/250 €
Nel nome, un omaggio alla famosa zattera norvegese che raggiunse la Polinesia: qui, tra il mare e le conifere, un po' isolato, un hotel semplice, con camere spaziose.

🏠 Villa Marcella

via Palombo 1 – 𝒞 05 65 70 16 46 – www.villamarcella.it – Chiuso novembre e febbraio
45 cam 🍽 – †55/160 € ††70/220 €
Camere funzionali e moderne in un albergo dall'amabile gestione familiare, a pochi passi dalla spiaggia. Specialità mediterranee al ristorante situato al quarto piano con vista mare.

✕✕ La Perla del Mare

via della Meloria 9 – 𝒞 05 65 70 21 13 – www.laperladelmare.it – Chiuso 8 gennaio-15 febbraio, 4 novembre-4 dicembre; in inverno aperto solo nel fine settimana
Menu 55/65 € – Carta 51/95 € – (consigliata la prenotazione)
Non disdegna elementi di creatività, la cucina marinara di questo accogliente ristorante dallo stile mediterraneo e con piacevole terrazza. Il locale si trova proprio sulla spiaggia!

sulla strada per San Carlo

🏠 Poggio ai Santi

via San Bartolo 100, frazione San Carlo, Est: 3,5 km – 𝒞 05 65 79 80 32 – www.poggioaisanti.com – Aperto 24 marzo-31 ottobre
11 cam 🍽 – †170/340 € ††172/428 €
Rist *Il Sale* – Vedere selezione ristoranti
Arrampicato tra splendide colline, ma con vista che arriva sino alla Corsica, camere di raffinata eleganza ed uno splendido giardino botanico: un eden tutto toscano!

✕✕ Il Sale – Poggio ai Santi

via San Bartolo 100, frazione San Carlo, Est: 3,5 km – 𝒞 05 65 79 80 15 – Aperto 24 marzo-31 ottobre, chiuso martedì
Carta 41/57 € – (consigliata la prenotazione)
Dove le colline, i cipressi e gli ulivi del più tipico paesaggio toscano incontrano il mare nasce il ristorante Il Sale: il legame con il territorio e la qualità dei piatti sono rafforzati dai numerosi prodotti coltivati dall'azienda stessa. A pranzo light lunch, la sera à la carte.

SAN VITO AL TAGLIAMENTO

Pordenone (PN) – ✉ 33078 – 15 106 ab. – Alt. 30 m – Carta regionale n° **6-B3**
▶ Roma 600 km – Udine 42 km – Belluno 89 km – Milano 339 km
Carta stradale Michelin 562-E20

🏠 Patriarca

via Pascatti 6 – ☎ 04 34 87 55 55 – www.hotelpatriarca.it
26 cam – †45/99 € – ††59/139 € – **1 suite**
Accanto al municipio, all'ombra della torre Raimonda eretta alla fine del Duecento dall'omonimo Patriarca, una cordiale gestione familiare con luminose e confortevoli camere. Nella graziosa sala da pranzo, proposte di mare e di terra, nonché una carrellata di piatti pugliesi, regione che diede i natali alla cuoca!

SAN VITO DEI NORMANNI

Brindisi (BR) – ✉ 72019 – 19 480 ab. – Alt. 108 m – Carta regionale n° **15-C2**
▶ Roma 532 km – Bari 102 km – Brindisi 31 km – Taranto 70 km
Carta stradale Michelin 564-F35

🏠 Dei Normanni

strada statale 16, San Vito dei Normanni-Brindisi, Est: 2 km – ☎ 08 31 95 18 84
– www.hoteldeinormanni.it
62 cam – †45/80 € – ††65/130 € – **1 suite**
Aperta tutto l'anno, questa bella struttura presenta una completa gamma di servizi ed è indicata sia per un turismo d'affari sia per un turismo leisure. La piacevolezza delle camere non fa differenza fra quelle ubicate nel corpo centrale e quelle della dépendance.

SAN VITO DI CADORE

Belluno (BL) – ✉ 32046 – 1 862 ab. – Alt. 1 010 m – Carta regionale n° **23-C1**
▶ Roma 661 km – Cortina d'Ampezzo 11 km – Belluno 60 km – Milano 403 km
Carta stradale Michelin 562-C18

🏠 Parkhotel Ladinia

via Ladinia 14 – ☎ 04 36 89 04 50 – www.hladinia.it
– Aperto 17 dicembre-24 marzo e 13 giugno-20 settembre
40 cam – †65/140 € – ††120/260 €
Nella parte alta e soleggiata della località, in zona tranquilla e panoramica, l'hotel si è potenziato ed in parte rinnovato in anni recenti: 700 mq di benessere nell'attrezzata Spa e la splendida piscina coperta dalle cui vetrate a tutt'altezza si ammirano le Dolomiti.

XX Aga 🆑 (Del Favero e Piras)

via Trieste 6 – ☎ 04 36 89 01 34 – www.agaristorante.it – Aperto
7 dicembre-19 aprile e 16 giugno-30 settembre; chiuso mercoledì
Menu 50/75 € – Carta 52/68 €
Tecnica, avanguardia ed originalità: ai piedi del monte Pelmo, un giovane cuoco e la sua fidanzata vi invitano a scoprire piatti che rileggono in modo personale i grandi classici della cucina internazionale. Dal pane al burro, fino a proposte gastronomiche più sofisticate, partirete per un appassionante viaggio di sorprese e scoperte emozionanti.
➜ Crudo di manzo, maionese di mais e polvere di scalogno bruciato. Risotto al vermouth, alliaria e pepe verde. Bavarese al fieno, spuma di latte e cialda d'orzo.

SAN VITO DI LEGUZZANO

Vicenza (VI) – ✉ 36030 – 3 614 ab. – Alt. 158 m – Carta regionale n° **23-B2**
▶ Roma 540 km – Verona 67 km – Bassano del Grappa 38 km – Padova 62 km
Carta stradale Michelin 562-E16

XX Antica Trattoria Due Mori

via Rigobello 39 – ☎ 04 45 51 16 11 – www.trattoriaduemori.it
– Chiuso 2 settimane in agosto e lunedì a mezzogiorno
Menu 33/40 € – Carta 25/45 €   **9 cam** – †48/51 € – ††75 €
La stessa famiglia da sempre al timone del ristorante propone una linea gastronomica basata sulla memoria veneta con alcune specialità della casa - la coscia d'oca, tra le nostre preferite - e antipasti a vista.

SAN VITO LO CAPO

Sicilia – Trapani (TP) – ⊠ 91010 – 4 637 ab. – Carta regionale n° **17-A2**
▶ Palermo 108 km – Trapani 38 km
Carta stradale Michelin 365-AL54 – Guida Verde Michelin SICILIA

Capo San Vito
via San Vito 1 – ℰ 09 23 97 21 22 – www.caposanvito.it
– Aperto 20 marzo-15 novembre
35 cam ☑ – †120/230 € ††132/250 €
Rist *Jacaranda* – Vedere selezione ristoranti
Direttamente sulla spiaggia, la struttura dispone anche di uno spazio in cui si effettuano trattamenti benessere e massaggi. Eleganti le camere, molte delle quali con vista mare.

Ghibli
via Regina Margherita 80 – ℰ 09 23 97 41 55 – www.ghiblihotel.it – Aperto
16 marzo-31 ottobre
16 cam ☑ – †65/155 € ††70/210 € – **1 suite**
Rist *Profumi del Cous Cous* – Vedere selezione ristoranti
Grande attenzione è stata riservata alla scelta dell'arredo delle camere che presentano mobili d'epoca in stile liberty, tutti siciliani. Fresca corte interna e una piccola area wellness.

Mediterraneo
via del Faro 37 – ℰ 09 23 97 20 27 – www.hotelmediterraneotp.com – Chiuso
1° gennaio-15 marzo
15 cam ☑ – †45/150 € ††70/190 € – **1 suite**
Poco fuori dal centro e sulla litoranea vista mare, elegante risorsa dalla gestione familiare con camere spaziose arredate in stile orientaleggiante. Cucina regionale nell'accogliente ristorante munito di dehors.

Alaba
via Mazzini 13 – ℰ 09 23 62 14 05 – www.alabahotel.com – Chiuso novembre
11 cam ☑ – †50/160 € ††60/190 €
Un nuovo albergo dalle linee sinuose e dal design minimalista voluto da una gestione già impegnata in questo settore: camere moderne e la bella spiaggia a pochi metri.

Vento del Sud
via Duca Degli Abruzzi 183 – ℰ 09 23 62 14 50 – www.hotelventodelsud.it
– Aperto 1° aprile-31 ottobre
9 cam ☑ – †30/120 € ††50/160 €
Albergo recente a conduzione familiare, ricco di influenze orientaleggianti tanto nello stile degli arredi quanto nelle decorazioni. Piccolo e semplice gioiello di charme.

Halimeda
via Generale Arimondi 100 – ℰ 09 23 97 23 99 – www.hotelhalimeda.com
– Aperto 1° marzo-30 ottobre
9 cam – †57/119 € ††57/119 € – ☑ 8 €
Accogliente e originale, a pochi metri dal mare, ad ogni camera è stato attribuito un nome che ha ispirato lo stile dell'arredamento: un viaggio tra i cinque continenti. All'ultimo piano, una bella terrazza per la prima colazione.

L'Agave
via Nino Bixio 35 – ℰ 09 23 62 10 88 – www.lagave.net – Chiuso novembre
12 cam ☑ – †35/130 € ††50/190 € – **1 suite**
Nella frequentata località balneare dalle acque cristalline, camere semplici e nuove: molte familiari. Al piano superiore la terrazza per le colazioni.

B and B San Vito
Via San Vito 26 – ℰ 33 88 00 52 62 – www.bbsanvito.com
5 cam ☑ – †40/120 € ††50/130 €
Nel centro della località, ma a pochi metri dalla spiaggia, la titolare è una simpatica signora che ha deciso di riconvertire la propria abitazione in una struttura ricettiva. E il fascino da casa privata si percepisce – senza alcun indugio – nelle spaziose camere dagli arredi personalizzati (testate e accessori in bambù).

XxX **Jacaranda** – Hotel Capo San Vito

*via San Vito 1 – ℰ 09 23 97 21 22 – www.caposanvito.it – Aperto
20 marzo-15 novembre*
Carta 29/53 €
Con vista sulla spiaggia bianca e l'azzurro mare, Jacaranda è il fiore all'occhiello dell'hotel Capo San Vito. I sapori di Trinacria campeggiano in menu: dal pesto alla trapanese, ai proverbiali dolci, nonché l'immancabile cous cous.

XX **Profumi del Cous Cous** – Hotel Ghibli

*via Regina Margherita 80 – ℰ 09 23 97 41 55 – www.ghiblihotel.it – Aperto
16 aprile-25 ottobre*
Carta 29/61 €
Se al cous cous spetta il ruolo di primo attore della carta, non per questo vanno trascurate le altre specialità isolane. Locale d'atmosfera: soprattutto d'estate, nella bella corte interna tra le piante di agrumi.

XX **Tha'am**

*via Duca degli Abruzzi 32 – ℰ 09 23 97 28 36 – www.sanvitoweb.com/thaam
– Aperto 1° aprile-10 novembre*
Carta 28/51 € – (chiuso mercoledì escluso giugno-settembre)
4 cam ⊡ – †40/110 € ††50/120 €
Ceramiche colorate, lampade e illuminazioni di gusto orientaleggiante: la Sicilia incontra le tendenze arabe per culminare in una cucina mediterranea dalle specialità tunisine. Curate e ricche di dettagli, le camere sono tutte graziose e della stessa atmosfera arabeggiante.

X **Da Alfredo**

contrada Valanga 3, Sud: 1 km – ℰ 09 23 97 23 66 – Chiuso novembre, lunedì a pranzo in estate, anche lunedì sera negli altri mesi
Carta 27/54 €
La gestione è familiare e molto simpatica, a partire proprio da Alfredo che si occupa della cucina: saporita e siciliana, da provare le paste fatte in casa. Servizio estivo sotto il pergolato.

X **Gna' Sara**

*via Duca degli Abruzzi 6 – ℰ 09 23 97 21 00 – www.gnasara.it – Aperto
1° febbraio-15 novembre*
Carta 26/59 €
Lungo la strada parallela al corso principale, un locale sobrio e affollato (ma c'è anche un bel dehors) dove riscoprire i piatti della tradizione locale, come il cous cous di pesce, le busiate fatte a mano o l'immancabile pizza.

SAN VITTORE OLONA

Milano (MI) – ⊠ 20028 – 8 395 ab. – Alt. 197 m – Carta regionale n° **10-A2**
◪ Roma 593 km – Milano 24 km – Como 37 km – Novara 39 km
Carta stradale Michelin 561-F8

🏠🏠 **Poli Hotel**

strada statale Sempione ang. via Pellico – ℰ 03 31 42 34 11 – www.polihotel.com
49 cam ⊡ – †60/250 € ††65/299 € – **8 suites**
Rist La Fornace – Vedere selezione ristoranti
Nuovo hotel, lungo la statale del Sempione, contraddistinto da modernità ed ottimo confort. Gestione cordiale e competente. Ideale per una clientela business.

XX **La Fornace** – Poli Hotel

*strada statale Sempione ang.via Pellico – ℰ 03 31 51 83 08
– www.ristorantelafornace.it*
Menu 30 € (pranzo) – Carta 40/82 €
Nel contesto strutturale dell'hotel Poli, ma con ingresso indipendente, raccolto e curato ristorante con proposte stuzzicanti e gestione familiare consolidata.

SAN ZENO DI MONTAGNA

Verona (VR) – ✉ 37010 – 1 356 ab. – Alt. 581 m – Carta regionale n° **23-A2**

▶ Roma 544 km – Verona 46 km – Garda 17 km – Milano 168 km

Carta stradale Michelin 562-F14

 **Diana**

*via Cà Montagna 54 – ℰ 04 57 28 51 13
– www.hoteldiana.biz – Aperto 15 aprile-15 ottobre*
50 cam ☲ – †66/86 € ††84/148 €
Una grande struttura, immersa nel verde di un boschetto-giardino e con vista sul Lago di Garda, aggiornata di continuo in servizi e dotazioni; sport, relax e benessere. Dal ristorante ci si affaccia sulla verde quiete lacustre.

✕✕ **Taverna Kus**

*contrada Castello 14 – ℰ 04 57 28 56 67
– www.tavernakus.it – Chiuso 7 gennaio-20 marzo, martedì a mezzogiorno e lunedì in inverno*
Menu 40/42 € – Carta 35/50 €
Ambiente rustico-elegante, in una taverna molto apprezzata in provincia per la sua proverbiale attenzione alla tradizione gastronomica locale e alla stagionalità delle materie prime. Buona anche la scelta dei vini e l'offerta al bicchiere.

SAPPADA

Belluno (BL) – ✉ 32047 – 1 414 ab. – Alt. 1 250 m – Carta regionale n° **23-C1**

▶ Roma 680 km – Udine 92 km – Belluno 79 km – Cortina d'Ampezzo 66 km

Carta stradale Michelin 562-C20

 Haus Michaela

*borgata Fontana 40 – ℰ 04 35 46 93 77
– www.hotelmichaela.com – Aperto 6 dicembre-31 marzo e 1° giugno-3 ottobre*
19 cam ☲ – †60/110 € ††86/150 € – **4 suites**
Bio-hotel che piacerà sicuramente agli spiriti green, grazie al suo approvvigionamento energetico derivante da fonti rinnovabili ed ecosostenibili. Caratterizzata da accoglienti camere in stile montano e una zona benessere con piccola beauty, la struttura convince a 360°.

 Bladen

*borgata Bach 155 – ℰ 04 35 46 92 33
– www.hotelbladen.it – Aperto 1° dicembre-Pasqua e 20 giugno-30 settembre*
24 cam ☲ – †55/75 € ††110/188 €
Hotel al limitare del bosco: a fine 2013 cambia gestione e torna nelle mani dei proprietari. Confortevole, dotato di buoni servizi tra cui il gradevole centro benessere con tanto di beauty farm. Sfiziosi piatti locali e nazionali al ristorante.

 Posta

*via Palù 22 – ℰ 04 35 46 91 16 – www.hotelpostasappada.it – Aperto
1° dicembre-Pasqua e 1° giugno-30 settembre*
17 cam ☲ – †35/60 € ††70/120 €
Piccole dimensioni, ma grande accoglienza: tutta la famiglia è coinvolta nella gestione di questa casa dalle camere in stile locale. Al ristorante, cucina casalinga legata al territorio.

 **Le Coccole**

borgata Lerpa 88 – ℰ 04 35 46 99 26 – www.lecoccolesappada.it
7 cam ☲ – †65/80 € ††100/136 €
Ottima sintesi tra stile alpino (profusione di legno e vista sui monti), nonché design moderno (pulito e lineare), in una struttura che ha aperto i battenti a fine 2012. All'ultimo piano: piccolo, ma luminoso centro benessere da affittare in esclusiva.

Laite (Fabrizia Meroi)

*borgata Hoffe 10 – € 04 35 46 90 70 – www.ristorantelaite.com – Chiuso
giugno, ottobre, giovedì a mezzogiorno e mercoledì escluso dicembre e
luglio-agosto*
Menu 90/120 € – Carta 62/106 € – (consigliata la prenotazione)
Tra fienili e case d'epoca, si mangia in due romantiche, secolari stube. Una coppia al timone: Roberto in sala, competente ed ospitale, molto bravo nella gestione
dei vini (anche al bicchiere), Fabrizia in cucina ad esaltare i prodotti e le ricette
locali. Si punta ai sapori, più che ai virtuosismi tecnici.
→ Tortello all'uovo. Tartare di capriolo con caviale. Tiramisù.

Baita Mondschein

*borgata Bach 96 – € 04 35 46 95 85 – www.ristorantemondschein.it
– Chiuso 15 maggio-15 giugno, 5 novembre-5 dicembre e martedì in bassa
stagione*
Carta 40/65 € – (consigliata la prenotazione)
A pranzo, il locale è frequentato soprattutto da sciatori e dagli amanti delle passeggiate tra i boschi; maggior intimità - la sera - ed una carta più ampia con piatti
del territorio rivisitati e alleggeriti. Nel solco dell'atmosfera ospitale delle baite
montane!

a Cimasappada Est : 4 km – ⌧ 32047 Sappada – Alt. 1 295 m

Agriturismo Voltan Haus

via Cima 65 – € 0 43 56 61 68 – www.voltanhaus.it
6 cam ⌧ – †40/50 € ††80/100 €
Caratteristica casa in legno risalente al 1754, ristrutturata con cura e rispetto del
passato: legno ovunque e attenzione al dettaglio. Nella graziosa stube è servita
la prima colazione.

SAPRI

Salerno (SA) – ⌧ 84073 – 6 803 ab. – Carta regionale n° **4-D3**
▶ Roma 407 km – Potenza 131 km – Castrovillari 94 km – Napoli 201 km
Carta stradale Michelin 564-G28

Pisacane

via Carlo Alberto 35 – € 09 73 60 50 74 – www.hotelpisacane.it
16 cam ⌧ – †90/130 € ††130/170 €
Di recente apertura, hotel di piccole dimensioni dotato di camere arredate con
mobilio di tono moderno e decorate con ceramiche. Graziosa facciata con balconi
fioriti. Ristorante con servizio estivo sulla curata terrazza.

Mediterraneo

*via Verdi 15 – € 09 73 39 17 74 – www.hotelmed.it – Aperto
15 maggio-30 settembre*
20 cam ⌧ – †55/150 € ††65/250 €
All'ingresso della località, direttamente sul mare, un albergo familiare, di recente
rimodernato; dotato di parcheggio privato, costituisce una comoda e valida
risorsa. Specialità da gustare in compagnia del mare, un'infinita distesa blu, ed
easy cucina a pranzo con pochi piatti anche della tradizione.

Lucifero

*corso Garibaldi I traversa – € 09 73 60 30 33 – www.ristorantelucifero.com
– Chiuso 10 novembre-12 dicembre e mercoledì escluso dal 10 luglio al
10 settembre*
Carta 21/57 €
Ambienti suddivisi da archi con profilo in mattoni, travetti al soffitto e pavimento
in cotto: arredamento rustico per un ristorante che propone gustose specialità di
mare e qualche piatto più elaborato. Pizzeria con forno a legna (solo la sera) e
ricerca di ricette anche senza glutine.

SARACENA

Cosenza (CS) – ⌧ 87010 – 3 876 ab. – Alt. 606 m – Carta regionale n° **3-A1**
▶ Roma 453 km – Cosenza 76 km – Catanzaro 168 km – Potenza 164 km
Carta stradale Michelin 564-H30

✗✗ Osteria Porta del Vaglio

vico I Santa Maria Maddalena 12 – ☎ 0 98 11 90 46 55
– www.osteriaportadelvaglio.it – Chiuso settembre, lunedì e martedì a
mezzogiorno
Menu 25/45 € – Carta 26/43 € – (prenotazione obbligatoria a mezzogiorno)
Ubicato nel cuore del centro storico, il locale offre un ambiente rustico e signorile
con due raccolte salette dai soffitti in legno e arredi di qualità. La sua cucina rivisita il territorio con ottimi risultati e il buon rapporto qualità/prezzo gli fa valere il
Bib Gourmand! Specialità: tartara di podolica a modo mio - risotto pecorino,
melassa di fichi e noci in granella tostate - coscette di pollo all'arancia.

SARAGANO – Perugia (PG) ➜ Vedere Gualdo Cattaneo

SARENTINO (SARNTHEIN)
Bolzano (BZ) – ✉ 39058 – 7 005 ab. – Alt. 961 m – Carta regionale n° **19-B2**
▶ Roma 662 km – Bolzano 23 km – Milano 316 km
Carta stradale Michelin 562-C16

🏠 Bad Schorgau

Sud: 2 Km – ☎ 04 71 62 30 48 – www.bad-schoergau.com – Chiuso marzo
25 cam ☑ – †86/94 € – ††105/115 € – **5 suites**
Rist *Alpes* ❀ – Vedere selezione ristoranti
Ai Bagni di Serga, gli amanti della natura si troveranno a loro agio in quest'albergo
appartato e immerso nel verde, che sposa benessere e design contemporaneo. Al
bistrot Veranda si soddisfano i palati alla ricerca di semplicità e del territorio.

🏠 Auener Hof

località Prati 21, Ovest: 7 km, alt. 1 600 – ☎ 04 71 62 30 55 – www.auenerhof.it
– Chiuso 13 marzo-28 aprile e 20 novembre-19 dicembre
8 cam ☑ – †148/210 € ††218/320 € – **2 suites**
Rist *Terra* ❀ – Vedere selezione ristoranti
Chi ama il silenzio e la solitudine, paesaggi e animali di montagna, camere ampie,
sobriamente arredate secondo uno stile alpino contemporaneo, troverà qui il suo
rifugio, un luogo intimo, raccolto ed elegante.

✗✗✗ Terra (Heinrich Schneider) – Hotel Auener Hof
❀

località Prati 21, Ovest: 7 km, alt. 1 600 – ☎ 04 71 62 30 55 – www.auenerhof.it
– Chiuso 13 marzo-28 aprile, 20 novembre-19 dicembre e domenica
Menu 95/155 € – *(solo a cena)*
Al termine d'un tratto di strada tra i boschi, il piacere di assaporare i piatti
della tradizione locale rivisitati in chiave moderna, arricchiti dalla passione e
dalla fantasia dello chef. La sorella è invece in sala, qui l'ambiente è raffinato,
ancor più bello grazie agli ultimi interventi, unisce design con elementi naturali e paesaggio.
➜ Carota antica stagionata con achillea e fiori. Controfiletto di manzo nostrano
con sorba selvatica e pimpinella. Gelato alle viole e garofano con ricotta e sponge
al pistacchio.

✗✗ Alpes (Egon Heiss) – Hotel Bad Schorgau
❀

Sud: 2 km – ☎ 04 71 62 30 48 – www.bad-schoergau.com – Chiuso
1° marzo-30 aprile, lunedì e martedì
Menu 92/98 € – Carta 56/87 € – *(solo a cena)* (coperti limitati, prenotare)
Tre tavoli nella Stube viola, dall'atmosfera contemporanea e raffinata, altrettanti in quella del contadino, storica e romantica. Ovunque vi sediate, qui troverete una cucina creativa e sofisticata, amata da chi privilegia le novità e la
sperimentazione.
➜ Risotto con affumicato di manzo, ricotta di carbone di legna e popcorn al pino
mugo. Agnello battuto con "pringels di Schüttelbrot", pochè con senape, erba
cipollina e scalogno al forno. Il latte del contadino.

SAREZZO

Brescia (BS) – ✉ 25068 – 13 589 ab. – Alt. 273 m – Carta regionale n° **9-C2**
▶ Roma 592 km – Milano 104 km – Brescia 16 km – Bergamo 57 km
Carta stradale Michelin 561-F12

✗ **Osteria Vecchia Bottega**
piazza Cesare Battisti 29 – ✆ *03 08 90 01 91* – www.osteriavecchiabottega.com
– *Chiuso 7-31 agosto, 1°-7 gennaio, domenica sera e lunedì*
Menu 27/39 € – Carta 28/59 €
Dopo un accurato lavoro di restyling della "osteria" e della "vecchia bottega" rimane solo il nome...e la cucina: squisitamente fedele alla tradizione regionale e al Bel Paese, ricerca i migliori prodotti, prestando una certa attenzione alle presentazioni.

SARNICO

Bergamo (BG) – ✉ 24067 – 6 629 ab. – Alt. 197 m – Carta regionale n° **10-D1**
▶ Roma 585 km – Bergamo 28 km – Brescia 36 km – Iseo 10 km
Carta stradale Michelin 561-E11

✗✗ **Al Tram**
via Roma 1 – ✆ *0 35 91 01 17* – www.ristorantealtram.it – *Chiuso mercoledì*
Menu 27/45 € – Carta 32/58 €
Sul lungolago, luminoso ed elegante; è d'uopo il servizio estivo all'aperto! In cucina vengono proposti piatti locali, sia di carne che di pescato, con menù degustazione a prezzi particolarmente interessanti.

SARNTHEIN = SARENTINO

SARONNO

Varese (VA) – ✉ 21047 – 39 437 ab. – Alt. 212 m – Carta regionale n° **10-A2**
▶ Roma 603 km – Milano 26 km – Bergamo 67 km – Como 26 km
Carta stradale Michelin 561-F9

🏨 **Starhotels Grand Milan**
via Varese 23 – ✆ *02 96 36 31* – www.starhotels.com
213 cam ⚌ – ♦100 € ♦♦750 € – **35 suites**
Rist *Hostaria* – Vedere selezione ristoranti
Imponente struttura ubicata nella prima periferia di Saronno con un'ampia hall, moderna e luminosa, nonché grandi spazi comuni. Camere di ottimo livello e confort al passo con il terzo millennio.

🏨 **Cyrano**
via IV Novembre 11/13 – ✆ *02 96 70 00 81* – www.hotelcyrano.it
40 cam ⚌ – ♦50/300 € ♦♦60/350 €
Alle spalle del municipio, valida impressione già dalla hall: ambienti e atmosfera raffinati, curati, con stanze spaziose e confortevoli, differenziate nei colori.

✗✗✗ **Hostaria** – Starhotels Grand Milan
via Varese 23 – ✆ *02 96 36 39 60* – www.hostaria.info
Menu 25/30 € – Carta 31/64 € – (consigliata la prenotazione)
Sono ampie vetrate a dividere il ristorante dalla hall dello Starhotels Grand Milan: nei suoi ambienti l'essenza del minimalismo con colori tendenti al grigio e alle sue sfumature. La linea di cucina si fa moderna, a tratti creativa.

✗ **I Poeti del Gusto**
via Frua 12 – ✆ *0 29 60 00 75*
Menu 30 € (cena) – Carta 32/72 €
Cucina di stampo classico, negli ambienti informali di questo locale con enoteca: a pranzo la carta è più ristretta, la sera si amplia, ma è sempre accompagnata da una buona selezione enologica. Parecchie le bottiglie francesi.

SARTEANO

Siena (SI) – ✉ 53047 – 4 727 ab. – Alt. 573 m – Carta regionale n° **18-D2**
▶ Roma 156 km – Perugia 60 km – Orvieto 51 km – Siena 81 km
Carta stradale Michelin 563-N17

La Sovana ♧ ⚘ ⬱ ⬅ ⛱ ✂ ⚒ AC ⚘ P

Strada provinciale SP 478 km 1.6, Nord Est: 6 km – ☎ 05 78 27 40 86
– www.lasovana.com – Aperto 24 marzo-2 novembre
20 cam ⬚ – †81/148 € ††122/212 €
Una raffinata oasi di relax immersa nel verde della campagna toscana - da non mancare la visita dei vigneti e della cantina - a cui fa eco una cucina della tradizione, amorevolmente preparata dalla titolare stessa.

✗✗ **Santa Chiara** ⚶ ⬅ ⚘ ⬱ ⬅ 🏠 🏡 P

piazza Santa Chiara 30 – ☎ 05 78 26 54 12 – www.conventosantachiara.it – Aperto
1° aprile-31 ottobre; solo venerdì, sabato e domenica negli altri mesi
Carta 26/49 € – *(chiuso martedì)* **6 cam** ⬚ – †90 € ††110 € – **1 suite**
Splendida collocazione in un convento del XV secolo immerso nel verde per questo
locale con camere; sala con travi e mattoni a vista, ameno servizio estivo in giardino.

SASSARI

Sardegna – ✉ 07100 – 127 625 ab. – Alt. 225 m – Carta regionale n° **16-A1**
▶ Cagliari 211 km
Carta stradale Michelin 366-M39

SASSARI

(map of Sassari)

Leonardo da Vinci 🖱 ⓑ 🅰🅺 💱 🛗 🚗
via Roma 79 – ☎ 0 79 28 07 44 – www.leonardodavincihotel.it   Pianta: B2c
116 cam ⌨ – †50/90 € ††60/130 €
Marmi e divani nell'elegante, spaziosa hall che introduce in un centrale albergo di
moderna funzionalità, comodo per clientela sia d'affari e congressuale sia turistica.

Carlo Felice 🍽 🖱 ⓑ 🅰🅺 🛗 🅿
via Carlo Felice 43, per via Roma - B2 – ☎ 0 79 27 14 40 – www.hotelcarlofelice.it
70 cam ⌨ – †44/94 € ††49/104 €
Ubicata in zona periferica, una risorsa recentemente ristrutturata, ideale per la clientela di passaggio offre spazi comuni limitati, ma camere dalle eleganti rifiniture.
Ampia, curata sala da pranzo.

Vittorio Emanuele 🖱 ⓑ 🅰🅺 🛗
corso Vittorio Emanuele II° 100 – ☎ 0 79 23 55 38   Pianta: A1b
– www.hotelvesassari.it
45 cam ⌨ – †39/65 € ††45/100 €
Nel centro storico, ma raggiungibile in auto, l'hotel è sorto sulle ceneri di un'antica
gloria alberghiera e propone - oggi - servizi completi, camere accoglienti, nonché
una bella cantina per degustazioni.

SASSELLO
Savona (SV) – ✉ 17046 – 1 831 ab. – Alt. 405 m – Carta regionale n° **8-B2**
▶ Roma 559 km – Genova 65 km – Alessandria 67 km – Milano 155 km
Carta stradale Michelin 561-I7

Pian del Sole 🍽 🛏 🏊 🛗 🖱 ⓑ 🚗
viale Marconi (località Pianferioso 23) – ☎ 0 19 72 42 55
– www.hotel-piandelsole.com – Chiuso 10 gennaio-10 febbraio
33 cam ⌨ – †45/70 € ††65/110 €
A pochi passi dal centro della località, struttura di recente costruzione e di taglio
moderno: ampie zone comuni ben tenute e spaziose camere piacevolmente arredate.

SASSETTA
Livorno (LI) – ✉ 57020 – 532 ab. – Alt. 330 m – Carta regionale n° **18-B2**
▶ Roma 279 km – Grosseto 77 km – Livorno 64 km – Piombino 40 km
Carta stradale Michelin 563-M13

La Bandita 🍽 🌿 🍃 🏊 🛏 🍴 🅿
via Campagna Nord 30, Nord-Est: 3 km – ☎ 05 65 79 42 24 – www.labandita.com
– Aperto 1° aprile-3 novembre
27 cam ⌨ – †80/156 € ††110/176 €
Villa di fine '700 all'interno di una vasta proprietà. Interni molto curati con arredi
d'epoca, notevoli soprattutto nelle aree comuni. Camere eleganti, bella piscina. Fiori
ai tavoli, paste fatte in casa e selvaggina nella luminosa sala da pranzo.

SASSO MARCONI
Bologna (BO) – ✉ 40037 – 14 612 ab. – Alt. 128 m – Carta regionale n° **5-C2**
▶ Roma 361 km – Bologna 16 km – Firenze 87 km – Milano 218 km
Carta stradale Michelin 562-I15

✕✕ Marconi (Aurora Mazzucchelli) 🦐 🌿 ⓑ 🅰🅺 ⟷ 🅿
❀
via Porrettana 291 – ☎ 0 51 84 62 16 – www.ristorantemarconi.it – Chiuso
3 settimane in agosto, domenica sera e lunedì
Menu 55/80 € – Carta 64/86 €
Ottime materie prime, selezionate con cura, nonché una capacità di programmare
e pensare che va oltre il piatto: un menu per abbracciare terra e mare, in maniera
creativa e mai scontata.
➔ Maccherone ripieno di anguilla affumicata, ostrica cruda e spinaci. Mare del
nord: canocchie, lattuga di mare, fasolari, aringa affumicata e caviale. Mandorla:
rose, pompelmo, sesamo e frutti rossi ghiacciati.

a Mongardino Nord-Ovest : 5 km – ⊠ 40037 – Alt. 369 m

 Le Mingarine

via Montechiaro 53 – ✆ *05 16 75 52 70* – *www.lemingarine.it*
3 cam ⌷ – †90 € ††150 €
All'interno di una azienda agricola con produzione di olio, vino e ortaggi, un vero B&B dove gli ospiti condividono con i proprietari gli ambienti comuni e l'atmosfera di dimora privata è assolutamente autentica. Camere spaziose, caldamente personalizzate, belli anche i bagni.

✗ **La Grotta dal 1918**

via. Mongardino 52, ang. via Tignano – ✆ *05 16 75 51 10*
– *www.lagrotta1918.it* – *Chiuso 18 gennaio-11 febbraio,*
giovedì a mezzogiorno e mercoledì
Carta 31/51 € – *(solo a cena escluso sabato e domenica)*
Portano la firma del noto designer bolognese Dino Gavina, gli arredi interni ed esterni di questo ristorante fondato nel 1918 dove gustare ottime proposte locali: paste fresche (spesso preparate sotto gli occhi dei clienti dalle sfogline presenti in sala), ma anche selvaggina, funghi, tartufi, nonché il tipico fritto misto dolce e salato. Terrazza per i piatti estivi.

verso Calderino Nord-Ovest : 11 km

✗ **Nuova Roma**

via Olivetta 87 ⊠ *40037* – ✆ *05 16 76 01 40*
– *www.ristorantenuovaroma.it* – *Chiuso 26 gennaio-12 febbraio,*
3 settimane in agosto, mercoledì a mezzogiorno e martedì
Carta 26/58 €
Una trattoria semplice, sulla strada tra Calderino e Sasso Marconi, dove gustare una cucina regionale con un bicchiere da scegliere ad hoc entro una completa carta dei vini.

SASSUOLO

Modena (MO) – ⊠ 41049 – 41 064 ab. – Alt. 121 m – Carta regionale n° **5-B2**
▶ Roma 421 km – Bologna 61 km – Milano 177 km – Modena 18 km
Carta stradale Michelin 562-I14

Michelangelo

via Circonvallazione Nord/Est 85 – ✆ *05 36 99 85 11*
– *www.michelangelohp.com* – *Chiuso 20 dicembre-6 gennaio ed agosto*
75 cam ⌷ – †60/125 € ††80/185 €
All'interno di un contesto residenziale, un elegante albergo di gusto classico, sobriamente arredato con legni, marmi e tessuti dalle calde tonalità.

✗✗✗ **Osteria dei Girasoli**

via Circonvallazione Nord/Est 217/219 – ✆ *05 36 80 12 33*
– *www.osteriadeigirasoli.com* – *Chiuso 2 settimane in agosto, lunedì sera e domenica*
Menu 50 € – Carta 27/56 € – *(consigliata la prenotazione)*
Eleganza e modernità si coniugano perfettamente in questo ristorante di design che dispone di una saletta privè e di un'ottima cantina. Cucina contemporanea e del territorio.

✗✗ **La Paggeria**

via Rocca 16/20 – ✆ *05 36 80 51 90* – *www.ristorantelapaggeria.com*
– *Chiuso 1° -10 gennaio, sabato a mezzogiorno e domenica sera*
Carta 31/45 € – *(consigliata la prenotazione)*
Nel cuore del centro storico, a pochi passi dalla piazza dove emerge l'enorme mole del Palazzo Ducale, cucina classica e regionale. Imperdibili le paste fresche e secche, nonché il tartufo (in stagione).

SATURNIA

Grosseto (GR) – ⊠ 58014 – Alt. 294 m – Carta regionale n° **18-C3**

▶ Roma 195 km – Grosseto 57 km – Orvieto 85 km – Viterbo 91 km

Carta stradale Michelin 563-O16

Saturno Fontepura

*località La Crocina, Sud: 1 km – ℰ 05 64 60 13 13
– www.hotelsaturnofontepura.com – Chiuso 8-26 gennaio*
23 cam � – †110/160 € ††150/190 €
Costruito quasi come un piccolo, moderno borgo ad un chilometro dal paese, le
camere sono fresche e luminose, squisiti i titolari, incantevole il panorama dal
giardino-solarium con piscina termale.

Bagno Santo

*località Pian di Cataverna, Est: 3 km – ℰ 05 64 60 13 20
– www.bagnosantohotel.it – Chiuso 7-30 gennaio*
14 cam ⊡ – †75/100 € ††85/130 €
Splendida vista su campagna e colline, tranquillità assoluta e ambienti confortevoli; piacevoli le camere in stile lineare, notevole piscina panoramica. Capiente
sala da pranzo dagli arredi essenziali e dall'atmosfera raffinata.

Villa Clodia

*via Italia 43 – ℰ 05 64 60 12 12 – www.hotelvillaclodia.com – Chiuso
10 gennaio-5 febbraio*
9 cam ⊡ – †65/85 € ††100/120 € – **1 suite**
Nel centro, in zona panoramica, bella villa circondata dal verde di un curato giardino-solarium con piscina: ambiente familiare negli interni decorati con gusto e
camere accoglienti.

Villa Garden

*via Sterpeti 56, Sud: 1 km – ℰ 05 64 60 11 82 – www.villagarden.net – Chiuso
20 giorni in gennaio*
8 cam ⊡ – †60/75 € ††80/90 €
A metà strada tra il paese e le Terme, una villetta immersa nella quiete, con un
gradevole giardino; piacevoli e curati spazi comuni, camere di buon livello.

I Due Cippi-da Michele

*piazza Veneto 26/a – ℰ 05 64 60 10 74 – www.iduecippi.com – Chiuso 20 giorni
in gennaio, 10 giorni in luglio e martedì escluso agosto e festivi*
Carta 41/103 € – *(solo a cena escluso sabato e domenica)*
Affacciato sulla semplice, ma suggestiva piazza del paese dove si svolge il servizio
estivo, la brace per la cottura delle carni accoglie i clienti all'ingresso. Ampia
scelta di vino con rivendita nell'adiacente enoteca della stessa proprietà.

Da Mario

*via Mazzini 16/18 a – ℰ 05 64 60 13 09 – www.ristorantedamario.net – Chiuso
giovedì*
Carta 23/75 €
Brace in sala per cuocere le proverbiali carni chianine, bruschette di ogni genere
e i grandi classici della Maremma: insomma, un locale sicuramente da consigliare.
D'estate, poi, è disponibile un fresco dehors con ombrelloni.

alle terme Sud-Est : 3 km

Terme di Saturnia Spa & Golf Resort

*via della Follonata – ℰ 05 64 60 01 11
– www.termedisaturnia.it – Chiuso 10 gennaio-12 febbraio*
128 cam ⊡ – †370/790 € ††450/790 € – **2 suites**
Rist *All'Acquacotta* ❀ – Vedere selezione ristoranti
Esclusivo complesso, ideale per vacanze rigeneranti nel cuore della Maremma. Tra
i suoi argomenti migliori ci sono il centro benessere -tra i migliori d'Italia- e la millenaria fonte di acqua termale. L'Aqualuce predilige i piatti più semplici ma dai
sapori intensi della cucina toscana.

XxX   **All'Acquacotta** – Hotel Terme di Saturnia Spa & Golf Resort

 via della Follonata – ℰ 05 64 60 01 11
– *www.termedisaturnia.it* – *Chiuso 10 gennaio-12 febbraio, martedì e mercoledì*
Menu 95/115 € – Carta 78/122 € – *(solo a cena)* (prenotazione obbligatoria)
Il nome omaggia la celebre zuppa toscana, ma non vi tragga in inganno: la cucina qui è sofisticata, creativa ed illustrata da accattivanti presentazioni. Nella cornice di un albergo esclusivo, anche il servizio non mancherà di contribuire ad una grande serata.
➜ Gnudo di ricotta e spinaci mantecato al burro giallo e crema al tartufo. Trancio di branzino d'amo con ragù bianco di scogliera e verdure. Essenza maremmana.

SAURIS

Udine (UD) – ✉ 33020 – 421 ab. – Alt. 1 400 m – Carta regionale n° **6-A1**
▶ Roma 723 km – Udine 84 km – Cortina d'Ampezzo 102 km
Carta stradale Michelin 562-C20

   Schneider

via Sauris di Sotto 92 – ℰ 0 43 38 60 10
– *www.ristorantellapace.it* – *Chiuso 10 giorni in dicembre e 3 settimane in giugno*
8 cam � – ✝45/55 € ✝✝75/85 €
Rist *Alla Pace* – Vedere selezione ristoranti
A qualche numero civico di distanza dal ristorante di famiglia, solo poche camere in termini numerici, ma ampie per quanto riguarda i metri quadrati a loro consacrati: lo stile è montano, il confort internazionale.

   Riglarhaus

località Laites, Sud-Ovest: 6 km – ℰ 0 43 38 60 49
– *www.riglarhaus.it* – *Chiuso 11 gennaio-10 febbraio*
7 cam ⊻ – ✝55 € ✝✝95 €
E' da più generazioni che in questa casetta in posizione panoramica e tranquilla, si offrono ospitalità e, nell'omonimo ristorante su due salette di cui una con un bel fogolar, cucina casalinga e calda accoglienza.

   Alla Pace – Hotel Schneider

via Sauris di Sotto 38 – ℰ 0 43 38 60 10
– *www.ristorantellapace.it* – *Chiuso 10 giorni in dicembre,*
3 settimane in giugno, martedì sera e mercoledì escluso luglio-settembre
Carta 20/37 €
Locanda di tradizione situata in un antico palazzo fuori dal centro e gestita dalla stessa famiglia dal 1804. Accoglienti le salette rustiche dove gustare cucina tipica del luogo: cjarsons, frico di patate e formaggio, semifreddi.

SAUZE D'OULX

Torino (TO) – ✉ 10050 – 1 122 ab. – Alt. 1 509 m – Carta regionale n° **12-A2**
▶ Roma 746 km – Briançon 37 km – Cuneo 145 km – Milano 218 km
Carta stradale Michelin 561-G2

   Chalet Hotel Il Capricorno

via Case Sparse 21 – ℰ 01 22 85 02 73
– *www.chaletilcapricorno.it* – *Chiuso 20 giorni in maggio e 20 giorni in novembre*
10 cam ⊻ – ✝160/195 € ✝✝230/290 €
Rist *Naskira* – Vedere selezione ristoranti
In una splendida pineta ed in comoda posizione sulle piste da sci, questa graziosa struttura caratterizzata da arredi artigianali e tanto legno offre una vista mozzafiato sui monti dell'Alta Val di Susa. D'inverno, sarà una motoslitta ad accompagnarvi in hotel!

X **Naskira** – Hotel Il Capricorno
via Case Sparse 21, località Le Clotes – 𝄐 *01 22 85 02 73*
– www.chaletilcapricorno.it – Chiuso 20 giorni in maggio e 20 giorni in novembre
Carta 51/82 € – (consigliata la prenotazione)
Il nome allude alla stella più luminosa della costellazione del capricorno e, con la nuova gestione, il ristorante sta facendo sforzi apprezzabili. In una tipica sala montana, piatti classici - a mezzogiorno - per una clientela frettolosa impegnata tra una pista e l'altra, mentre - la sera - la carta cambia, assumendo una veste più gourmet e ricercata. Servizio anche all'aperto sulla valle.

Jouvenceaux Ovest : 2 km – ✉ 10050 Sauxe D'Oulx

🏠 **Chalet Chez Nous**
Via Principale 41 – 𝄐 *01 22 85 97 82 – www.chaletcheznous.it – Aperto 7 dicembre-15 aprile e 20 giugno-10 settembre*
10 cam 🍽 – ✝50/90 € ✝✝90/120 €
In un borgo con strade strette e case in pietra, è una vecchia stalla adattata ad ospitare questo albergo accogliente e tranquillo, dotato di buoni confort. Sala colazioni con soffitto a volte.

SAVELLETRI
Brindisi (BR) – ✉ 72010 – Carta regionale n° **15-C2**
▶ Roma 509 km – Bari 65 km – Brindisi 54 km – Matera 92 km
Carta stradale Michelin 564-E34

Borgo Egnazia
contrada Masciola, Nord-Ovest: 2 Km – 𝄐 *08 02 25 50 00*
– www.borgoegnazia.com
183 cam 🍽 – ✝200/3840 € ✝✝220/3840 €
Un nuovo concept di ospitalità creato ispirandosi alla bellezza del territorio pugliese su cui sorge. Un tipico borgo medioevale completamente ricreato è - infatti - lo scenario di questa intrigante struttura: pietra naturale, macchia mediterranea, vicoli e piazzette... a cui si aggiungono servizi d'eccellenza e 29 ville top exclusive.

Masseria San Domenico
strada litoranea 379, località Petolecchia, Sud-Est: 2 km
– 𝄐 *08 04 82 77 69 – www.masseriasandomenico.com*
– Chiuso 10 gennaio-31 marzo
40 cam 🍽 – ✝330/490 € ✝✝330/640 € – **16 suites**
Relax, benessere ed eco dal passato in questa masseria del '400 tra ulivi secolari e ampi spazi verdi; un caratteristico frantoio ipogeo ed un'incantevole piscina con acqua di mare. Nell'elegante terrazza come nella bella sala dal soffitto a volte i capolavori di una cucina della tradizione.

Masseria Torre Coccaro
contrada Coccaro 8, Sud-Ovest: 2 km – 𝄐 *08 04 82 93 10*
– www.masseriatorrecoccaro.com
36 cam 🍽 – ✝244/480 € ✝✝284/530 €
Elegante e particolare struttura che rispetta l'antico spirito fortilizio del luogo conservando la torre cinquecentesca: camere quasi tutte nello stesso stile con qualche particolarità. Suggestivo anche il ristorante, accolto in sale ricavate nelle stalle settecentesche.

Masseria Torre Maizza
contrada Coccaro, Sud Ovest: 2 Km – 𝄐 *08 04 82 78 38*
– www.masseriatorremaizza.com
26 cam 🍽 – ✝255/528 € ✝✝295/568 € – **2 suites**
Rist *Le Palme* – Vedere selezione ristoranti
Scorci di Mediterraneo davanti ai vostri occhi, frutteti e coltivazioni i sentieri che attraverserete: l'eleganza del passato si unisce ad una storia più recente e alla sete di benessere.

Masseria Cimino

contrada Masciola, Nord-Ovest: 2,5 Km – ℰ 08 04 82 78 86
– www.masseriacimino.com
15 cam – solo ½ P 90/170 €

Nata come guest house dell'annesso campo da golf, la struttura ha un'antica storia alle spalle… All'interno degli scavi archeologici di Egnatia, questa masseria con torre del '700 continua ad ammaliare l'ospite per la tranquillità della sua posizione isolata e per gli ambienti rustici, ma non privi di eleganza.

XXX **Le Palme** – Masseria Torre Maizza

contrada Coccaro, Sud Ovest: 2 Km ✉ 72015 Savelletri – ℰ 08 04 82 78 38
– www.masseriatorremaizza.com
Carta 43/72 €

Atmosfera elegante e campestre allo stesso tempo, il ristorante della masseria vi offre un'ottima selezione di prodotti pugliesi, a cominciare dalle celebri verdure. Romantico ed inevitabile corollario, il servizio in giardino sotto i limoni dove ci si trasferisce col bel tempo.

SAVIGNANO SUL RUBICONE

Forlì-Cesena (FC) – ✉ 47039 – 17 771 ab. – Alt. 32 m – Carta regionale n° **5-D2**
▶ Roma 352 km – Bologna 102 km – Forlì 42 km – Serravalle SMR 35 km
Carta stradale Michelin 562-J19

 Rubicone

via Mazzini 1/B – ℰ 05 41 94 28 81 – www.rubiconehotel.it
11 cam ☐ – ♦50/70 € ♦♦70/90 €

A 100 metri dalla via Emilia, piccola ed omogenea risorsa a conduzione familiare. Indirizzo funzionale e comodo.

SAVIGNO

Bologna (BO) – ✉ 40060 – 2 712 ab. – Alt. 259 m – Carta regionale n° **5-C2**
▶ Roma 394 km – Bologna 39 km – Modena 40 km – Pistoia 80 km
Carta stradale Michelin 562-I15

X **Trattoria da Amerigo** (Alberto Bettini)

via Marconi 16 – ℰ 05 16 70 83 26 – www.amerigo1934.it – Chiuso
7 gennaio-29 gennaio, 16 agosto-2 settembre e lunedì, anche martedì da
gennaio a maggio
Menu 35/55 € – Carta 35/63 € – *(solo a cena escluso i giorni festivi e in*
settembre-dicembre anche il sabato) (consigliata la prenotazione)
5 cam ☐ – ♦50/70 € ♦♦70/90 €

Se la vista è appagata dal suggestivo affresco murale "Il Bosco delle Meraviglie di Amerigo" in una delle due sale al primo piano, il palato è deliziato da una cucina rispettosa di una regione tanto prodiga di specialità. La ricerca dei prodotti sul territorio è davvero encomiabile. Camere a 100 metri molto graziose e personalizzate.
→ Tortelli con crema di parmigiano al prosciutto di mora cotto nel forno a legna. Faraona arrosto con il suo fegatino grigliato, ragù di rigaglie e patatine viola fritte. Spuma di ricotta con la saba.

SAVIGNONE

Genova (GE) – ✉ 16010 – 3 232 ab. – Alt. 471 m – Carta regionale n° **8-C1**
▶ Roma 514 km – Genova 27 km – Alessandria 60 km – Milano 124 km
Carta stradale Michelin 561-I8

 Palazzo Fieschi

piazza della Chiesa 14 – ℰ 01 09 36 00 63 – www.palazzofieschi.it
– Chiuso 15 dicembre-15 marzo
20 cam ☐ – ♦75/110 € ♦♦90/180 €

Nella piazza centrale del paese, in una dimora patrizia cinquecentesca con un grande giardino, un albergo a gestione diretta delle preziose sale affrescate e dalle ampie stanze in stile. Soffitto decorato, camino e luminose vetrate nell'elegante sala ristorante.

SAVIO

Ravenna (RA) – ✉ 48020 – Carta regionale n° **5-D2**
▶ Roma 342 km – Ravenna 17 km – Bologna 90 km – Ferrara 106 km
Carta stradale Michelin 562-J18

✗ CâMì 🔁 🏠 🕭 & AK P

via Argine Sinistro 84 – ℰ 05 44 94 92 50 – www.camiagriturismo.it – Chiuso
2 settimane in novembre e mercoledì escluso in luglio-agosto
Menu 40/60 € – Carta 32/59 € – *(solo a cena escluso sabato e domenica)*
Nel verde della campagna del fiume Savio, ma a soli 3 km da Milano Marittima,
un ristorante all'interno di un agriturismo dove uno chef di grande spessore reinterpreta i sapori regionali, utilizzando al meglio i prodotti ortofrutticoli delle proprie coltivazioni.

SAVOGNA D'ISONZO

Gorizia (GO) – ✉ 34070 – 1 737 ab. – Alt. 49 m – Carta regionale n° **6-C2**
▶ Roma 639 km – Udine 40 km – Gorizia 5 km – Trieste 29 km
Carta stradale Michelin 562-E22

a San Michele del Carso Sud-Ovest : 4 km – ✉ 34070

✗✗ Lokanda Devetak 🍇 🔁 🏠 🕭 AK P

via Brezici 22 – ℰ 04 81 88 24 88 – www.devetak.com
Menu 38/42 € – Carta 27/49 € – *(chiuso lunedì e martedì e i mezzogiorno di*
mercoledì e giovedì) (prenotare)
8 cam ⌂ – †65/80 € ††100/130 €
Tra le specialità del menu, soffermatevi sulla coscia di cinghiale cotta nel forno a
bassa temperatura (67° per ben 15 ore!) o sulla crostata di nocciole e mandorle
con grappa e salsa d'amoli (susini selvatici), ben sapendo che questa tipica
gostilna oltre a proporre vari piatti regionali e mitteleuropei, vanta una fornita
cantina - ad uso enoteca - scavata nella pietra. A completare l'offerta, vi è
anche la "Casa dei sapori": laboratorio per la creazione di confetture, sciroppi,
sottaceti e miele.

SAVONA

✉ 17100 – 61 529 ab. – Carta regionale n° **8-B2**
▶ Roma 545 km – Genova 48 km – Milano 169 km
Carta stradale Michelin 561-J7

🏠 Mare ☆ < 🛌 🎿 🗟 AK 🖄 🚗

via Nizza 89/r – ℰ 0 19 26 40 65 – www.marehotel.it Pianta: A2**c**
66 cam ⌂ – †60/180 € ††60/230 €
Rist *A Spurcacciun-a* • **Rist** *Sushi Beach* – Vedere selezione ristoranti
Camere sia classiche sia moderne, in un hotel il cui punto di forza è rappresentato
dalla costanza nell'apportare migliorie alla struttura.

🏠 NH Savona Darsena 🗟 & AK 🖄 🚗

via A. Chiodo 9 – ℰ 0 19 80 32 11 – www.nh-hotels.it Pianta: E1**b**
92 cam ⌂ – †249/284 € ††249/284 €
Un'altra struttura in città che non si sottrae al fascino del moderno design: adiacente il terminal della Costa Crociere e a pochi passi dalla torre del Brandale,
l'estremo minimalismo delle camere è inversamente proporzionale al loro confort.

✗✗✗ A Spurcacciun-a – Hotel Mare 🍇 < 🔁 🏠 AK 🔄 P

via Nizza 89/r – ℰ 0 19 26 40 65 – www.aspurcacciun-a.it Pianta: A2**c**
– Chiuso 22 dicembre-21 gennaio e mercoledì
Menu 35/110 € – Carta 59/140 €
Emozioni visive nella sala denominata "tappeti volanti", giochi di colore e luci alla
"cromo dinner" o un'unica esperienza tattile al tavolo del menu "solo mani", ma in
tutto ciò è sempre il mare a farla da padrone.

SAVONA

SAVONA

0   200 m

✕ **Suavis**   AK ✗
via Astengo 36R – ℰ 0 19 81 28 11 – Chiuso 1°-7 gennaio,   Pianta: D1**e**
2 settimane in agosto, domenica e lunedì
Carta 30/85 € – (prenotazione obbligatoria)
Informale cortesia in una piccola sala dall'arredo moderno e minimalista: l'accento
è infatti posto sulla cucina, le cui interessanti preparazioni risentono d'influenze
liguri e piemontesi.

✕ **Sushi Beach** – Hotel Mare   ✿ AK
via Nizza 89/r – ℰ 0 19 26 40 65 – www.sushibeach.it   Pianta: A2**c**
– Chiuso 22 dicembre-21 gennaio e lunedì
Menu 35 € – Carta 15/45 € – *(solo a cena)* (consigliata la prenotazione)
Il Sol Levante illumina le proposte gastronomiche del Sushi beach, alle quali – in
estate – si aggiungono specialità liguri più semplici.

SCAGLIERI – Livorno (LI) ➜ Vedere Elba (Isola d') : Portoferraio

---

SCALEA

Cosenza (CS) – ✉ 87029 – 10 952 ab. – Carta regionale n° **3-A1**
▶ Roma 428 km – Cosenza 87 km – Castrovillari 72 km – Catanzaro 153 km
Carta stradale Michelin 564-H29

Talao

*corso Mediteraneo 66 – ℰ 0 98 52 04 44 – www.hoteltalao.it – Aperto 1°
aprile-31 ottobre*
59 cam ⌑ – †40/75 € ††60/125 €
Sulla Riviera dei Cedri, buoni servizi e spazi generosi, soprattutto all'esterno, in un
albergo di taglio classico che propone camere confortevoli con differente affaccio
(e diverso prezzo). Una serie di camere si trovano ubicate in cottage, praticamente una sorta di dépendance "diffusa" vicina al mare.

SCANDIANO

Reggio nell'Emilia (RE) – ✉ 42019 – 25 389 ab. – Alt. 95 m – Carta regionale n° **5-B2**
▶ Roma 426 km – Parma 51 km – Bologna 64 km – Milano 162 km
Carta stradale Michelin 562-I14

 Boiardo

*via Ubersetto 59, Sud: 1 km – ℰ 05 22 85 76 05 – www.boiardohotel.com
– Chiuso agosto*
43 cam ⌑ – †90/180 € ††115/250 €
Rist *1495 Restaurant* – Vedere selezione ristoranti
Nuova struttura appena fuori paese, nata sotto il segno del design minimalista e
dell'ecocompatibilità, nei cui ampi spazi interni regna il bianco. In edificio indipendente, c'è il ristorante che nel nome omaggia la data di pubblicazione dell'Orlando Innamorato.

XX **1495 Restaurant** – Hotel Boiardo

*via Ubersetto 59, Sud: 1 km – ℰ 05 22 85 68 72 – www.1495restaurant.com
– Chiuso agosto, sabato a mezzogiorno e domenica*
Carta 41/70 €
La sua cucina innovativa improntata su materie prime di eccellenza, alcune delle
quali prodotte esclusivamente per il locale, condurrà l'ospite attraverso un viaggio
nel gusto con un menu di terra, di mare e vegetariano, nonché degustazione.

X **Osteria in Scandiano**

*piazza Boiardo 9 – ℰ 05 22 85 70 79 – www.osteriainscandiano.com
– Chiuso 30 dicembre-10 gennaio, 10-20 agosto, domenica da giugno ad
agosto, giovedì negli altri mesi*
Menu 35/45 € – Carta 32/58 €
Piccolo ristorante di tono familiare e al contempo raffinato. Di fronte alla rocca
Boiardo, all'interno di un palazzo del '600, per apprezzare al meglio la cucina
emiliana.

ad Arceto Nord-Est : 3,5 km – ✉ 42010

XXX **Rostaria al Castello**

*via Pagliani 2 – ℰ 05 22 98 91 57 – www.larostaria.it – Chiuso 10 giorni in
agosto e lunedì escluso in estate*
Menu 35 € – Carta 32/74 € – *(solo a cena escluso domenica)*
Tra le mura del castello di Arceto, un intimo, elegante, ristorante dove salame,
pane e paste fresche (di propria produzione) si uniscono a prodotti tipici locali
come aceto balsamico, parmigiano reggiano o culatello di Zibello dando vita ad
una cucina stuzzicante, mai scontata.

sulla strada statale 467 Nord-Ovest : 4 km :

XX **Bosco**

*via Bosco 133 ✉ 42019 – ℰ 05 22 85 72 42 – www.ristorantebosco.it
– Chiuso agosto, domenica sera e lunedì*
Menu 28 € – Carta 36/63 €
Ristorante a gestione familiare, le sale sono arredate con cura mentre le proposte
culinarie sono legate alla stagione e al territorio; interessante lista dei vini e bella
selezione di grappe.

SCANDICCI

Firenze (FI) – ⊠ 50018 – 50 561 ab. – Alt. 47 m – Carta regionale n° **18-D3**
▶ Roma 278 km – Firenze 6 km – Pisa 79 km – Pistoia 36 km
Carta stradale Michelin 563-K15

Pianta d'insieme di Firenze

 Touring Florence
via Baccio da Montelupo 16 – ℰ 05 57 35 14 72
– www.hoteltouringflorence.it
26 cam � – ∦70/105 € ∦∦80/140 €

Pianta: A2**b**

Piccolo, compatto, omogeneo, in posizione stradale tutt'altro che affascinante, dispone tuttavia di un'ottima insonorizzazione, nonché comodo parcheggio privato. Un'alternativa economica alle sistemazioni in centro città, facilmente raggiungibile con i mezzi pubblici.

a Mosciano Sud-Ovest : 3 km – ⊠ 50018 Scandicci

🏠 **Tenuta Le Viste**
via del Leone 11 – ℰ 0 55 76 80 02 – www.tenuta-leviste.it – Chiuso
23-28 dicembre
4 cam ⊟ – ∦120/135 € ∦∦148/166 €

In posizione dominante, un'oasi di pace avvolta dal profumo degli ulivi: un'elegante residenza di campagna dagli ambienti arredati con mobili d'epoca, splendidi spazi esterni con una grande piscina, nonché una terrazza panoramica su Firenze.

SCANDOLARA RIPA D'OGLIO

Cremona (CR) – ⊠ 26047 – 563 ab. – Alt. 47 m – Carta regionale n° **9-C3**
▶ Roma 528 km – Brescia 50 km – Cremona 15 km – Parma 68 km
Carta stradale Michelin 561-G12

 Locanda del Gheppio
via Umberto I, 28 – ℰ 0 37 28 91 40 – www.locanda-del-gheppio.it – Chiuso
2 settimane in agosto, lunedì sera e martedì
Menu 12 € (pranzo in settimana)/35 € – Carta 27/47 €

Ingredienti del passato - in parte dimenticati – concorrono nella composizione di piatti della tradizione: rollino di anguilla in carpione dolce, filetto di pesce gatto con cipolle o marubini in brodo di cappone… Lo spazio per la descrizione è modesto e la lista delle specialità lunga!

SCANNO

L'Aquila (AQ) – ⊠ 67038 – 1 890 ab. – Alt. 1 050 m – Carta regionale n° **1-B2**
▶ Roma 155 km – Frosinone 99 km – L'Aquila 101 km – Campobasso 124 km
Carta stradale Michelin 563-Q23

 Grotta dei Colombi
viale dei Caduti 64 – ℰ 0 86 47 43 93 – www.grottadeicolombi.it – Chiuso
novembre
16 cam – ∦35/39 € ∦∦50/55 € – ⊟ 5 €

Nel centro storico, una pensione familiare articolata su due piani con camere e spazi comuni sobri e confortevoli identici nell'arredo, curiosamente perlinati in legno bianco. Dalla cucina, sapori e prodotti locali.

🍴 **Lo Sgabello**
via Pescatori 45 – ℰ 08 64 74 74 76 – www.losgabelloscanno.it – Chiuso
mercoledì
Carta 16/33 €

In un paese tranquillo e caratteristico, ristorantino dalla seria conduzione dove apprezzare piatti fedeli alla tradizione abruzzese Piacevole terrazza estiva con ampia vista sulle bellezze naturali.

SCANSANO

Grosseto (GR) – ✉ 58054 – 4 517 ab. – Alt. 500 m – Carta regionale n° **18-C3**

▶ Roma 180 km – Grosseto 29 km – Civitavecchia 114 km – Viterbo 98 km

Carta stradale Michelin 563-N16

Antico Casale di Scansano   ✿ ♨ ← 🛏 ⅃ 🖼 💷 🌐 AC P

località Castagneta, Sud-Est: 3 km – ✆ *05 64 50 72 19*
– www.anticocasalediscansano.it – Chiuso 10 gennaio-21 marzo
30 cam ☑ – ♦90/120 € ♦♦120/180 € – **4 suites**
Rist *La Castagneta* – Vedere selezione ristoranti

Di facile accesso, per chi non ama le strade sterrate, conserva tuttavia intatto il fascino dell'antica fattoria ottocentesca in pietra. Tra corsi di equitazione, noleggio biciclette e un campo prova golf, non c'è veramente tempo per annoiarsi.

✗✗ La Castagneta – Hotel Antico Casale di Scansano   🛏 🌲 🌿 P

località Castagneta, Sud-Est: 3 km – ✆ *05 64 50 72 19*
– www.anticocasalediscansano.it – Chiuso 10 gennaio-21 marzo
Menu 35 € – Carta 30/50 €

In un ambiente particolarmente curato, una versione aggiornata ed alleggerita della cucina toscana: olio extravergine d'oliva, paste e zuppe rigorosamente fatte in casa, nonché l'immancabile carne maremmana-chianina. In carta, ottimi vini e, a sorpresa, qualche buona birra artigianale.

✗✗ La Cantina   🏮 🌿
❦

via della Botte 1 – ✆ *05 64 50 76 05 – Aperto Pasqua-15 ottobre, domenica sera e lunedì escluso agosto*
Menu 15/53 € – Carta 30/69 €

Cucina regionale per questo ristorante ricavato in un edificio seicentesco del centro con soffitto a volta e tavoli in legno massiccio. La cantina vanta un'ottima scelta di vini regionali: ottimo il Morellino di loro produzione.

SCAPEZZANO – Ancona ➜ Vedere Senigallia

SCARLINO

Grosseto (GR) – ✉ 58020 – 3 795 ab. – Alt. 229 m – Carta regionale n° **18-B3**

▶ Roma 231 km – Grosseto 43 km – Siena 91 km – Livorno 97 km

Carta stradale Michelin 563-N14

Relais Vedetta   ✿ ♨ ← 🛏 ⅃ 🚿 & AC P

poggio La Forcola 12, Ovest: 5 km – ✆ *0 56 63 70 23 – www.relaislavedetta.eu*
– Chiuso 1° gennaio-6 marzo
6 cam ☑ – ♦220 € ♦♦420 €

Sulla sommità di una collina panoramica sul mare, si tratta di un casolare elegantemente ristrutturato; nelle camere troverete un sapiente mix di antico e moderno, con bagni particolarmente suggestivi. Proposte semplici e veloci a pranzo, la ristorazione è serale.

SCARPERIA

Firenze (FI) – ✉ 50038 – 7 795 ab. – Alt. 292 m – Carta regionale n° **18-C1**

▶ Roma 293 km – Firenze 30 km – Bologna 90 km – Pistoia 65 km

Carta stradale Michelin 563-K16

Locanda San Barnaba   ✿ 🖥 & AC

viale J.F. Kennedy 15/17 – ✆ *05 58 43 11 25 – www.lalocandasanbarnaba.com*
13 cam ☑ – ♦55/100 € ♦♦80/180 €
Rist *Locanda San Barnaba* – Vedere selezione ristoranti

In uno dei borghi più belli d'Italia, immerso nel verde della collina toscana, una deliziosa locanda le cui camere affrescate, una diversa dall'altra, evocano più atmosfere casalinghe che alberghiere.

✗ Locanda San Barnaba – Hotel Locanda San Barnaba   AC

viale J.F. Kennedy 15/17 – ✆ *05 58 43 03 84 – www.lalocandasanbarnaba.com*
Carta 35/65 € – (consigliata la prenotazione)

Una cucina classica toscana in un locale semplice, ma sufficientemente confortevole, la cui conduzione familiare, esperta e di buon livello, fa sì che lo consigli, senza esitazione!

a Gabbiano Ovest : 7 km – ⊠ 50038 Scarperia

UNA Poggio Dei Medici

via San Gavino 27 – ℰ 05 58 43 50 – www.unahotels.it
63 cam ⌑ – ✝105/523 € – ✝✝105/523 € – **7 suites**
Vicino al borgo medievale di Scarperia, nella valle del Mugello, questo elegante resort è il paradiso dei golfisti grazie al suo green 18 buche. Il restauro di antichi casali toscani ha preservato la tipicità del luogo, creando al tempo stesso camere spaziose, dotate di moderni confort.

SCENA (SCHENNA)

Bolzano (BZ) – ⊠ 39017 – 2 893 ab. – Alt. 600 m – Carta regionale n° **19-B1**
▶ Roma 670 km – Bolzano 33 km – Merano 5 km – Milano 331 km
Carta stradale Michelin 562-B15

Pianta : vedere Merano

Hohenwart

via Verdines 5 – ℰ 04 73 94 44 00 – www.hohenwart.com Pianta: B1**h**
– Chiuso 6 gennaio-15 marzo
85 cam – solo ½ P 126/202 € – **7 suites**
Ampie camere in una bella struttura dotata di gradevole giardino e nuovissima spa, la cui piscina – strategicamente collocata sul tetto - offre una pregevole vista su monti e vallata; cucina del territorio nella capiente sala da pranzo.

Schlosswirt

via al Castello 2 – ℰ 04 73 94 56 20 – www.schlosswirt.it Pianta: B1**u**
– Chiuso 7 gennaio-18 marzo e 9-24 novembre
34 cam ⌑ – ✝62/95 € – ✝✝62/122 €
Bella terrazza con vista e piscina riscaldata in giardino in questa centralissima struttura con interni in stile locale di moderna concezione; gradevoli le camere. Luminose finestre rischiarano la capace sala ristorante.

Zmailer-Hof

via Berg 17, per via Verdins - B1 – ℰ 04 73 94 58 81 – Aperto
1° aprile-20 novembre; chiuso venerdì in luglio e agosto
Carta 19/54 € – *(solo a pranzo)*
Chilometri di strada in salita per arrivare ad uno dei panorami più belli della zona, pare di volare sulla valle. Scelta limitata di piatti della tradizione, stube interna, ma è ovvio che - col bel tempo - conviene venire qui per mangiare all'aperto.

SCHEGGINO

Perugia (PG) – ⊠ 06040 – 474 ab. – Alt. 282 m – Carta regionale n° **20-C3**
▶ Roma 131 km – Terni 28 km – Foligno 58 km – Rieti 45 km
Carta stradale Michelin 563-N20

Del Ponte

via di Borgo 15 ⊠ 06040 – ℰ 0 74 36 12 53 – www.hoteldelpontescatolini.it
– Chiuso 2-28 novembre
Carta 23/61 € – *(chiuso lunedì)* **12 cam** ⌑ – ✝25/45 € – ✝✝33/66 €
Trote e tartufi, i prodotti tipici della zona, sono i principali ingredienti cui si ispira la cucina. La sala, invece, un omaggio alla semplicità, aperta sul verde. Nasceva come locanda e ora dispone di accoglienti camere colorate e allegre, per un soggiorno immerso nella tranquillità della natura.

SCHENNA = SCENA

SCHILPARIO

Bergamo (BG) – ⊠ 24020 – 1 225 ab. – Alt. 1 124 m – Carta regionale n° **9-C1**
▶ Roma 161 km – Brescia 77 km – Bergamo 65 km – Milano 113 km
Carta stradale Michelin 561-D12

a Pradella Sud-Ovest : 2 km – ✉ 24020

✗ San Marco ⇔ ♨ ⬧ 🛏 ⊞ 🅿
via Pradella 3 – ☏ 0 34 65 50 24 – www.albergo-sanmarco.it
Menu 15 € (pranzo in settimana)/25 € – Carta 18/39 € – *(chiuso lunedì)*
18 cam ⊡ – ♦38/40 € ♦♦60/70 €
Da sempre nelle mani della stessa famiglia, un ambiente conviviale in cui gustare piatti casalinghi e verdure biologiche coltivate nel proprio orto. Interessante raccolta di fossili e minerali. Rustiche, ma confortevoli, le camere.

SCHIO
Vicenza (VI) – ✉ 36015 – 39 443 ab. – Alt. 200 m – Carta regionale n° **23-B2**
▶ Roma 562 km – Verona 70 km – Milano 225 km – Padova 61 km
Carta stradale Michelin 562-E16

🏨 Nuovo Miramonti ⊞ ⭳ 🆎 🚗
via Marconi 3 – ☏ 04 45 52 99 00 – www.hotelmiramonti.com – Chiuso 23 dicembre-8 gennaio e 8-23 agosto
66 cam ⊡ – ♦44/114 € ♦♦54/129 €
Nel centro storico, hotel ideale per una clientela d'affari; ampia hall con angoli per il relax, singolari stanze con parti d'arredo che rendono omaggio ai celebri lanifici.

🏨 Schio Hotel ⭐ ⊞ ⭳ 🆎 🐎 🚗
via Campagnola 21/a – ☏ 04 45 67 56 11 – www.schiohotel.it
83 cam ⊡ – ♦75/85 € ♦♦89/110 € – **3 suites**
In un'imponente struttura, che comprende anche un piccolo centro commerciale, camere con arredi di tipo moderno, non grandi, ma molto funzionali. Nel ristorante/lounge bar campeggia un bel pianoforte a coda per serate e animazioni varie. Cucina classica.

✗✗ Spinechile (Corrado Fasolato) 🎚 < 🌿 🅿
❀
contra' Pacche 2, località Tretto, Nord: 10 km – ☏ 0 44 51 69 01 07
– www.spinechileresort.com – Chiuso lunedì
Menu 60/75 € – *(solo a cena escluso sabato e domenica)* (consigliata la prenotazione)
Non semplice da scovare, ma di fiabesca atmosfera, tra i boschi delle colline sovrastanti Schio, l'ex fienile di una romantica baita sforna una cucina creativa, generosa ed intrigante.
→ Fettuccine di seppia alla carbonara. Capriolo a vapore in un letto di fieno. Rum e tabacco.

SCHLANDERS = SILANDRO

SCHNALS = SENALES

SCIACCA
Sicilia – Agrigento (AG) – ✉ 92019 – 41 082 ab. – Alt. 60 m
– Carta regionale n° **17-B2**
▶ Agrigento 63 km – Catania 230 km – Marsala 71 km – Messina 327 km
Carta stradale Michelin 365-AN58 – Guida Verde Michelin SICILIA

🏠 Villa Palocla ⭐ ♨ 🛏 🍽 ⭳ 🆎 🌿 🐎 🅿
contrada Raganella, Ovest: 4 km – ☏ 09 25 90 28 12 – www.villapalocla.it
– Chiuso novembre
8 cam ⊡ – ♦50/90 € ♦♦70/130 €
All'interno di un edificio in stile tardo barocco le cui origini risalgono al 1750, caratteristico hotel avvolto da un giardino-agrumeto in cui trova posto anche la piscina. Al ristorante per gustare una saporita cucina di mare.

Locanda al Moro ⭐ ⊞ 🆎 🌿
via Liguori 44 – ☏ 0 92 58 67 56 – www.almoro.com
13 cam ⊡ – ♦35/55 € ♦♦50/100 €
Rist Hostaria del Vicolo – Vedere selezione ristoranti
In cima ad una scalinata del centro storico, tra mura duecentesche, si dorme in camere minimaliste ed essenziali. Piacevole corte interna per la prima colazione all'aperto ed enoteca.

XX **Hostaria del Vicolo** – Locanda al Moro   🌮 ⅙ AC

vicolo Sammaritano 10 – ☎ 0 92 52 30 71 – Chiuso 23 novembre-7 dicembre e lunedì

Carta 47/61 € – (coperti limitati, prenotare)

In un vicoletto del centro storico, un locale raccolto ed invitante. Come il menu: ampio ed articolato gioca intorno alle ricette, nonché ai prodotti siciliani, rielaborandoli in modo sfizioso. Una cinquantina le etichette presenti nella carta dei vini.

sulla strada statale 115 km 131 Est : 10 km

🏨 **Verdura Golf & Spa Resort**   🌳 🐎 ≤ ⚓ ⅃ ⊐ 🔲 🏊 🐎 ⅙ ✕ 🔲 ⅙

località Verdura ✉ 92019 Sciacca – ☎ 09 25 99 80 01   ⊁ AC 🏄 ⅙ 🅿

– www.roccofortehotels.com

203 cam ⌂ – ♦180/965 € ♦♦180/965 € – **26 suites**

Resort di gran lusso con tre campi da golf disegnati dall'architetto californiano K. Phillips, una grande spa con programmi benessere personalizzati e camere dotate di terrazza privata. Per la ristorazione si può spaziare da La Zagara, locale gourmet serale, all'Amare, un dehors con tanto pesce; sapori siciliani e pizza al Liolà.

SCICLI

Sicilia – Ragusa (RG) – ✉ 97018 – 27 100 ab. – Alt. 106 m
– Carta regionale n° **17-D3**

▶ Palermo 271 km – Ragusa 32 km

Carta stradale Michelin 365-AX63 – Guida Verde Michelin SICILIA

🏠 **Novecento**   AC

via Dupré 11 – ☎ 09 32 84 38 17 – www.hotel900.it

8 cam ⌂ – ♦69/89 € ♦♦89/169 € – **1 suite**

Nel cuore del centro storico barocco, un palazzo d'epoca dagli interni inaspettatamente moderni e piacevoli: se disponibili, meglio prenotare le camere al 1° piano con soffitti affrescati.

XX **Satra**   🍸

Via Duca degli Abruzzi, 1 – ☎ 09 32 84 21 48 – www.ristorantesatra.it – Chiuso 7 gennaio-7 febbraio e martedì

Menu 45 € – Carta 47/69 € – (solo a cena domenica, martedì e giovedì in luglio-agosto)

Ex dispensa di un antico convento del 1200 ristrutturato, i soffitti sono stati mantenuti nella loro caratteristica architettura a volta, ma gli arredi non hanno saputo sottrarsi al gusto moderno. Estimatrice del timo selvatico (satra, in dialetto) e dei piatti della tradizione, la cuoca-titolare ne ripropone i sapori reinterpretandoli con gusto personale.

SCILLA

Reggio di Calabria (RC) – ✉ 89058 – 5 012 ab. – Carta regionale n° **3-A3**

▶ Roma 686 km – Reggio di Calabria 24 km – Catanzaro 139 km –
Vibo Valentia 85 km

Carta stradale Michelin 564-M29

🏠 **U Bais**   🛗 AC ⅙

via Nazionale 65 – ☎ 09 65 70 43 00 – www.ubais.it

21 cam ⌂ – ♦50/120 € ♦♦65/145 €

A due passi dal mare, non lontano dalla stazione, piccolo hotel di calda atmosfera arredato con gusto. Per un surplus di tranquillità, richiedete le camere laterali.

SCOGLITTI – Ragusa (RG) → Vedere Vittoria

SCOPELLO

Sicilia – Trapani (TP) – ✉ 91014 – Alt. 106 m – Carta regionale n° **17-B2**

▶ Marsala 63 km – Palermo 71 km – Trapani 36 km

Carta stradale Michelin 365-AL55 – Guida Verde Michelin SICILIA

Tenute Plaia ⚘ 🌿 🛏 & AC P

contrada Scopello 3 – ℰ 09 24 54 14 76 – www.agriturismotenuteplaia.it
– Aperto 15 marzo-3 novembre
10 cam ⊑ – ♦35/124 € ♦♦35/124 €
Costruita attorno ad una piccola corte interna, la struttura è gestita da una famiglia di imprenditori vinicoli. Semplici e accoglienti le camere con letti in ferro battuto e decorazioni floreali. Cucina tipica siciliana preparata con i prodotti dell'azienda agricola stessa e una particolare attenzione per il vino.

 Tranchina ⚘ 🌿 ⚘

via A. Diaz 7 – ℰ 09 24 54 10 99 – www.pensionetranchina.com
10 cam ⊑ – ♦50/65 € ♦♦70/100 €
Graziosa pensione dagli ambienti estremamente sobri e dall'accoglienza cordiale nel cuore del piccolo caratteristico paese. Lei, cinese, si occupa soprattutto delle camere. Il patron, siciliano, è l'anima e l'estro della buona tavola.

SCORZÈ

Venezia (VE) – ✉ 30037 – 18 888 ab. – Alt. 16 m – Carta regionale n° **23**-C2
▶ Roma 527 km – Padova 30 km – Venezia 24 km – Milano 266 km
Carta stradale Michelin 562-F18

 Villa Soranzo Conestabile ⚘ 🛏 AC 🕸 P

via Roma 1 – ℰ 0 41 44 50 27 – www.villasoranzo.it
15 cam ⊑ – ♦80/130 € ♦♦140/180 € – **3 suites**
Abbracciata da un ampio parco all'inglese in cui trova posto anche un grazioso laghetto, la seicentesca villa patrizia custodisce sale affrescate, arredate con mobili d'epoca, nonché lussuose camere. Cucina tradizionale nella raffinata atmosfera del ristorante.

🏠 **Antico Mulino** ⚘ 🖥 & AC P

via Moglianese 37, strada per Mogliano – ℰ 04 15 84 07 00
– www.hotelanticomulino.com
30 cam ⊑ – ♦29/110 € ♦♦39/220 € – **1 suite**
Rist *Osteria Perbacco* – Vedere selezione ristoranti
In riva al fiume, camere luminose dagli arredi sobri, ma eleganti, occupano ora gli ambienti di questa caratteristica costruzione realizzata sui resti di un antico mulino ad acqua.

XX **San Martino** (Raffaele Ros) 🕸 AC
❀
piazza Cappelletto 1, località Rio San Martino, Nord: 1 km – ℰ 04 15 84 06 48
– www.ristorantesanmartino.info – Chiuso domenica sera e lunedì
Menu 27 € (pranzo in settimana)/125 € – Carta 42/92 €
Sobrio ed elegante, tutta l'attenzione ruota intorno alla cucina: moderna, personalizzata, divisa tra carne e - soprattutto - pesce. A mezzogiorno si sdoppia con una seconda piccola carta light.
→ Linguine tiepide aglio, olio e peperoncino con caviale e scampo crudo. Mareggiata di moscardini. Interpretazione di cioccolato.

XX **Osteria Perbacco** – Hotel Antico Mulino 🕸 🎋 & AC P
via Moglianese 37, strada per Mogliano – ℰ 04 15 84 09 91
– www.ristoranteperbaccoscorze.it – Chiuso 1°-7 gennaio, sabato a mezzogiorno e domenica
Carta 34/64 €
Due piacevoli sale fresche e luminose in combinazione con elementi rustici e camino, d'estate ci si trasferisce in terrazza sopra il fiume. Carne e pesce in ricette venete o più creative per chi è in vena di novità.

XX **I Savi** 🎋 AC ⇔ P
via Spangaro 6, località Peseggia di Scorzè – ℰ 0 41 44 88 22 – www.isavi.it
– Chiuso 1°-7 gennaio, domenica sera e lunedì
Menu 30 € (pranzo in settimana)/40 € – Carta 34/73 €
Un ristorante improntato alla più semplice e genuina qualità: pur essendoci un menu stampato, sarà il titolare stesso ad illustrarvi a voce il pescato del giorno sul quale orientare la vostra scelta.

SCRITTO – Perugia (PG) ➜ Vedere Gubbio

SEGGIANO

Grosseto (GR) – ✉ 58038 – 955 ab. – Alt. 491 m – Carta regionale n° **18-C3**
▶ Roma 199 km – Grosseto 61 km – Siena 66 km – Orvieto 109 km
Carta stradale Michelin 563-N16

XX   **Silene** (Roberto Rossi)   ⇦ 🐾 🔌 🕯 **P**
❀   *località Pescina, Est: 3 km* – ℰ 05 64 95 08 05 – *www.ilsilene.it*
Carta 47/79 € – *(chiuso domenica sera e lunedì)* (prenotazione obbligatoria)
5 cam ⌷ – 🛏85/110 € 🛏🛏85/110 €
In un paesino di montagna di poche anime, lo chef-patron seduce i suoi ospiti
con una linea di cucina decisamente toscana dai sapori intensi e fragranti: ottimi
i primi e le proverbiali carni, qualche proposta di pesce, il tutto condito con olio
di produzione propria.
➜ Cestino di pasta frolla con verdure croccanti. Tortelli maremmani di ricotta e
spinaci al parmigiano stravecchio e olio denocciolato. Zuppetta di frutta con tortellini al cioccolato.

SEGRATE

Milano (MI) – ✉ 20090 – 34 908 ab. – Alt. 115 m – Carta regionale n° **10-B2**
▶ Roma 572 km – Milano 12 km – Bergamo 42 km – Brescia 88 km
Carta stradale Michelin 561-F9

Pianta d'insieme di Milano

XX   **Osteria Dei Fauni**   🌳 AC
⌘   *via Turati 5* – ℰ 02 26 92 14 11 – *www.osteriadeifauni.it*   Pianta: 2D2**b**
– *Chiuso 26 dicembre-6 gennaio, 23 agosto-6 settembre, sabato a mezzogiorno
e domenica*
Menu 20 € (pranzo in settimana) – Carta 32/57 €
Se l'ambiente è "caldo" e frizzante, non da meno lo sono le accattivanti proposte
gastronomiche che spaziano tra terra e mare; interessante scelta di vini al bicchiere.

a Milano 2 Nord-Ovest : 3 km – ✉ 20090 Segrate

🏨   **NH Milano Due**   🌳 🐾 ⬆ AC 🚵 🚗
    via Fratelli Cervi – ℰ 0 22 17 51 – *www.nh-hotels.com*
142 cam ⌷ – 🛏399/469 € 🛏🛏419/489 € – **1 suite**   Pianta: 2D2**m**
Nel verdeggiante contesto di Milano 2, con vista sul grazioso laghetto artificiale,
hotel di taglio moderno vocato ad una clientela business e congressuale: camere
ampie e ben accessoriate. Ambiente moderno al ristorante, dove gustare i "classici" italiani.

SEGROMIGNO IN MONTE – Lucca (LU) ➜ Vedere Lucca

SEIS AM SCHLERN = SIUSI ALLO SCILIAR

SEISER ALM = ALPE DI SIUSI

SELINUNTE

Sicilia – Trapani (TP) – Carta regionale n° **17-B2**
▶ Agrigento 102 km – Catania 269 km – Messina 344 km – Palermo 114 km
Carta stradale Michelin 365-AL58 – Guida Verde Michelin SICILIA

a Marinella Sud : 1 km – ✉ 91022

🏨   **Admeto**   🌳 ⚓ ⬆ & AC 🚵 🚗
    via Palinuro 3 – ℰ 0 92 44 67 96 – *www.hoteladmeto.it*
56 cam ⌷ – 🛏50/98 € 🛏🛏70/160 € – **1 suite**
Fronte mare, un candido edificio ospita camere moderne ed essenziali con
panoramica sala colazione sul celebre tempio greco. Al ristorante, cucina tradizionale siciliana.

Sicilia Cuore Mio

via della Cittadella 44 – 𝒞 0 92 44 60 77 – www.siciliacuoremio.it – Aperto
1° marzo-30 novembre
6 cam ⌇ – **♦**40/65 € **♦♦**60/90 €
Ubicato nella zona residenziale di Marinella, un villino circondato da un grazioso giardino e dotato di camere in stile tipicamente mediterraneo. Un'ottima prima colazione.

SELLIA MARINA
Catanzaro (CZ) – ✉ 88050 – 7 475 ab. – Carta regionale n° **3-B2**
▶ Roma 628 km – Cosenza 116 km – Catanzaro 23 km – Crotone 52 km
Carta stradale Michelin 564-K32

 Agriturismo Contrada Guido

località contrada Guido, strada statale 106 km 202 – 𝒞 09 61 96 14 95
– www.contradaguido.it – Chiuso 8-31 gennaio
14 cam ⌇ – **♦**40/75 € **♦♦**60/140 €
Un signorile borgo agricolo settecentesco con una bella piscina circondata da piante e fiori. Camere raffinate, cura per i dettagli. Cucina di insospettabile fantasia.

SELVA – Brindisi (BR) ➜ Vedere Fasano

SELVA – Vicenza (VI) ➜ Vedere Montebello Vicentino

SELVA DI CADORE
Belluno (BL) – ✉ 32020 – 520 ab. – Alt. 1 335 m – Carta regionale n° **23-C1**
▶ Roma 651 km – Cortina d'Ampezzo 39 km – Belluno 60 km – Bolzano 82 km
Carta stradale Michelin 562-C18

 Ca' del Bosco

via Monte Cernera 10, località Santa Fosca, Sud-Est: 2 km – 𝒞 04 37 52 12 58
– www.hotelcadelbosco.it – Aperto
26 dicembre-10 marzo e 27 giugno-5 settembre
12 cam ⌇ – **♦**45/80 € **♦♦**90/120 €
Moderna struttura che ben si integra con il contesto paesaggistico, panoramico e quieto, che la avvolge. Particolarmente curati gli arredi negli ambienti e nelle belle camere affrescate.

 La Stua

via Dei Denever 25/27, località Santa Fosca, Sud Est: 2 Km – 𝒞 04 37 52 12 38
– www.hotelgarnilastua.com – Aperto 20 dicembre-1° aprile e
1° giugno-14 settembre
12 cam ⌇ – **♦**40/50 € **♦♦**66/86 €
Buon rapporto qualità/prezzo in questo piccolo garnì dalle piacevoli camere in stile montano. Tipica zona bar con una caratteristica stufa in pietra refrattaria.

SELVA DI VAL GARDENA

(BZ) – ✉ 39048 – 2 636 ab. – Alt. 1 563 m – Carta regionale n° **19-C2**
▶ Roma 684 km – Bolzano 42 km – Brunico 59 km – Canazei 23 km
Carta stradale Michelin 562-C17

Mauritius / Photononstop

 **Alberghi**

 Alpenroyal Grand Hotel   ⚜ ← 🛜 🏊 🏊 🔵 SPA ♨ 🛁 🔄 ♿ 🚶 🚗
via Meisules 43 – ℰ 04 71 79 55 55 – www.alpenroyal.com – Aperto
5 dicembre-28 marzo e 18 giugno-27 settembre
32 cam 🍽 – 🛏193/547 € 🛏🛏206/750 € – **24 suites**
Rist Alpenroyal Gourmet ❀ – Vedere selezione ristoranti
Eleganza e tradizione abitano qui: all'ingresso del paese, l'albergo si sviluppa orizzontalmente intorno al giardino privato. Se amate arredi dall'intramontabile gusto
classico, sicuramente apprezzerete questa casa, che offre uno dei più completi
centri benessere della valle.

 Gran Baita   ⚜ ⚘ ← 🛜 🏊 🏊 🔵 SPA ♨ 🛁 🔄 ♿ 🚶 🚗
via Nives, 11 – ℰ 04 71 79 52 10 – www.hotelgranbaita.com
– Aperto 1° dicembre-15 aprile e 15 giugno-15 ottobre
51 cam – solo ½ P 100/200 € – **14 suites**
Camere luminose e una fra le più belle spa della valle (con tanto di grotta salina!)
per un hotel di grande tradizione, dove il sapiente utilizzo del legno regala agli
ambienti un'atmosfera avvolgente.

 Tyrol   ⚜ ⚘ ← 🛜 🏊 SPA ♨ 🛁 🔄 ♿ 🚶 🚗
strada Puez 12 – ℰ 04 71 77 41 00 – www.tyrolhotel.it
– Aperto 3 dicembre-3 aprile e 15 giugno-20 settembre
53 cam – solo ½ P 125/270 € – **2 suites**
Nella tranquillità dei monti, un albergo che "guarda" le Dolomiti; zone comuni
signorili, con soffitti in legno lavorato e tappeti, camere spaziose ed eleganti, nonché un ampio centro benessere.

 PortilloDolomites 1966   ⚜ ← 🛜 🏊 SPA ♨ 🛁 🔄 🐾 🚗
via Meisules 65 – ℰ 04 71 79 52 05 – www.portillo-dolomites.it – Aperto
29 novembre-1° aprile e 14 giugno-28 settembre
33 cam 🍽 – 🛏110/300 € 🛏🛏150/600 € – **5 suites**
Alle porte della località, calorosa ospitalità in un hotel completamente ristrutturato in stile lodge. Bella piscina spaziosa, camere molto ampie e arredate con
gusto: insomma, anche il confort ne ha tratto beneficio!

 Genziana   ⚜ ← 🛜 🏊 ♨ 🛁 🔄 🐾 🚗
via Ciampinei 2 – ℰ 04 71 77 28 00 – www.hotel-genziana.it – Aperto
1° dicembre-20 aprile e 1° luglio-30 settembre
27 cam – solo ½ P 87/200 €
Una vacanza rilassante in un albergo ubicato in pieno centro, con giardino e zone
comuni non spaziose, ma dall'intima atmosfera tirolese; camere confortevoli.

Freina

via Freina 23 – *℘ 04 71 79 51 10*
– *www.hotelfreina.com – Aperto 1° dicembre-Pasqua e*
20 giugno-1° ottobre
22 cam 🛏 – 🛉60/220 € 🛉🛉110/380 € – **2 suites**
E' in paese, ma le piste da sci sembrano arrivare proprio dentro casa, a pochi metri ci sono gli impianti di risalita. Discreti i salotti, però il punto forte sono le camere, eleganti e quasi sempre spaziose.

 Nives

Via Nives 4 – *℘ 04 71 77 33 29*
– *www.hotel-nives.com – Aperto 5 dicembre-7 aprile e*
14 giugno-5 ottobre
11 cam – solo ½ P 123/347 € – **2 suites**
Rist *Nives* – Vedere selezione ristoranti
Sobrietà di design e legni chiari sono le cifre della moderna eleganza di questo albergo, ispirato alle più recenti tendenze del design alpino. Una calda casa nel cuore di Selva.

 Small & Charming Hotel Laurin

strada Meisules 278 – *℘ 04 71 79 51 05*
– *www.hotel-laurin.it – Aperto 2 dicembre-7 aprile e*
16 giugno-21 settembre
25 cam 🛏 – 🛉70/210 € 🛉🛉110/330 € – **2 suites**
In centro e vicino agli impianti di risalita, hotel ben tenuto e abbellito da un curato giardino: spazi comuni scaldati da soffitti in legno, attrezzato centro wellness, nonché camere completamente ristrutturate.

 Welponer

strada Rainel 6 – *℘ 04 71 79 53 36*
– *www.welponer.it – Aperto 1° dicembre-20 aprile e 25 maggio-15 ottobre*
20 cam – solo ½ P 95/180 € – **3 suites**
Vicino al centro, ma in posizione panoramica e tranquilla, la gestione è semplice e familiare: le camere vi sorprenderanno per dimensioni e qualità degli arredi, quasi tutte con vista.

 Dorfer

via Cir 5 – *℘ 04 71 79 52 04*
– *www.hoteldorfer.com – Aperto 6 dicembre-10 aprile e 5 giugno-10 ottobre*
29 cam 🛏 – 🛉80/230 € 🛉🛉160/490 €
Hotel rinnovato nel segno dell'accoglienza e dello stile tirolese che continua a perpetuarsi grazie alla cordiale gestione familiare. Graziose camere, tutte con balcone, e centro wellness. Dalle cucine, antipasti e pasta fatta in casa accanto ai piatti della tradizione altoatesina.

 Concordia

strada Puez 10 – *℘ 04 71 79 52 23*
– *www.garni-concordia.it – Aperto 5 dicembre-Pasqua e*
15 giugno-30 settembre
15 cam 🛏 – 🛉50/110 € 🛉🛉100/240 € – **2 suites**
In posizione tranquilla e leggermente rialzata sul paese, gli spazi non sono sempre particolarmente grandi, ma la qualità e le decorazioni delle camere renderanno il soggiorno piacevole.

 Chalet Dlaces

via La Selva 98 – *℘ 04 71 79 54 46*
– *www.dlaces.it – Aperto 4 dicembre-3 aprile e 10 giugno-25 settembre*
20 cam 🛏 – 🛉80/160 € 🛉🛉110/220 €
Verrà amato da chi cerca vacanze all'insegna dei panorami e della tranquillità: a meno di due chilometri dal centro, sentieri e piste da sci partono proprio dall'albergo. Gli arredi delle camere - quasi tutte con vista - prediligono materiali e legni non trattati.

🏠 **Pozzamanigoni**

strada La Selva 51, Sud-Ovest: 1 km – ℰ 04 71 79 41 38 – www.pozzamanigoni.it
– Aperto 1° dicembre-31 marzo e 1° giugno-30 settembre
13 cam ⌕ – †60/85 € ††120/190 €
Splendida vista su Sassolungo e pinete da un albergo a gestione diretta, dotato di scuola di equitazione, nonché laghetto con pesca alla trota. Piatti della tradizione nel ristorante dell'albergo oppure proposte più semplici, texane o pizze in un originale contesto: affacciati sul maneggio in un edificio antistante.

🏠 **Pralong**

via Meisules 341 – ℰ 04 71 79 53 70 – www.hotelpralong.it
– Aperto 5 dicembre-3 aprile e 18 giugno-20 settembre
23 cam – solo ½ P 70/130 €
Simpatica e cordiale gestione in una piccola struttura, con spazi comuni in stile tirolese, di taglio moderno e dalla calda atmosfera; camere accoglienti e ben tenute, consigliamo di prenotare quelle rinnovate più recentemente.

🏠 **Chalet Elisabeth**

via Freina 8 ✉ 39048 Selva di Val Gardena – ℰ 0 47 17 95 53 21
– www.chaletelisabeth.com – Chiuso 10 aprile-13 maggio e
15 ottobre-1° dicembre
7 cam ⌕ – †80/220 € ††120/250 € – **2 suites**
In centro, a due passi dagli impianti di risalita, quella che all'esterno sembra una semplice casa di montagna si rivela all'interno un bijou di legno: cirmolo e larice avvolgo le camere, romantici scrigni dedicati ai grandi tesori naturali della valle. Quattro camere con sauna privata.

🏠 **Prà Ronch**

via La Selva 80 – ℰ 04 71 79 40 64 – www.chaletpraronch.com – Chiuso
novembre
5 cam ⌕ – †75/150 € ††84/164 €
Una dimora di charme incastonata all'interno di un giardino panoramico e situata - praticamente - sulle piste da sci: semplice, accogliente e familiare, insomma una vacanza ideale all'insegna del relax!

🟠 **Ristoranti**

XXXX **Alpenroyal Gourmet** – Alpenroyal Grand Hotel
❀
via Meisules 43 – ℰ 04 71 79 55 55 – www.alpenroyal.com
– Aperto 5 dicembre-28 marzo e 18 giugno-27 settembre; chiuso domenica
Menu 85/110 € – Carta 62/107 € – *(solo a cena)*
Nicchia gastronomica dell'omonimo hotel, l'ambientazione della sala è classica ed elegante, il servizio di grande livello, ma protagonista è la cucina: sofisticata, impegnata in eleganti presentazioni, basata su prodotti di montagna, ma non solo.
➜ Pralina di formaggio grigio e tartufo nero, ragù di castagne e cachi. Gnocchi di patate alle erbe, ragù d'anatra e il suo fegato affumicato. Il mio tiramisù.

XX **Nives** – Hotel Nives

via Nives 4 – ℰ 04 71 77 33 29 – www.hotel-nives.com – Aperto
5 dicembre-7 aprile e 14 giugno-5 ottobre
Menu 49/89 € – Carta 31/76 € – (consigliata la prenotazione)
Se siete alla ricerca di una cucina più creativa e amate lasciarvi sorprendere da rivisitazioni di piatti classici, ecco il vostro ristorante! Piatti da fotografia e sapori non solo montani. Per i più romantici c'è anche una stube.

verso Passo Gardena Sud-Est : 6 km :

XX **Chalet Gerard**

via Plan de Gralba 37 ✉ 39048 – ℰ 04 71 79 52 74 – www.chalet-gerard.com
– Aperto 31 maggio-15 ottobre e 1° dicembre-Pasqua
Carta 32/68 € **12 cam** – solo ½ P 115/207 €
Un palcoscenico naturale affacciato sul gruppo Sella e sul Sassolungo, ma non aspettatevi un rifugio, bensì un ristorante di cucina tradizionale con piacevoli sale. Ancor più belle le camere in legno, quasi tutte con vista mozzafiato; giardino con idromassaggio. Indossati gli sci, si è subito in pista!

SELVAZZANO DENTRO

Padova (PD) – ✉ 35030 – 22 866 ab. – Alt. 18 m – Carta regionale n° **23-B3**
▶ Roma 492 km – Padova 12 km – Venezia 52 km – Vicenza 27 km
Carta stradale Michelin 562-F17

🏠 **La Bulesca**   ☂ 🛋 🚍 ⬆ AK ⚱ ⚙ P

via Fogazzaro 2 – ☏ *04 98 97 63 88* – *www.labulesca.it*
49 cam ☕ – ♦60 € ♦♦80 € – **5 suites**
Rist *La Bulesca* – Vedere selezione ristoranti
Fascino retrò - anni 70 - negli spazi comuni di questa risorsa a conduzione diretta. I confort delle accoglienti camere risulteranno particolarmente graditi ad una clientela business.

🍴🍴🍴 **La Montecchia** (Massimiliano Alajmo)   🔲 🏡 AC P
❀

via Montecchia 12, Sud-Ovest : 3 km – ☏ *04 98 05 53 23*
– www.alajmo.it – Chiuso 26 dicembre-10 gennaio, 8-30 agosto,
mercoledì a mezzogiorno, lunedì e martedì
Menu 45/75 € – (consigliata la prenotazione)
Rist *abcmontecchia* – Vedere selezione ristoranti
Amena ubicazione nel Golf Club della Montecchia per un locale originale e signorile ricavato in un vecchio essiccatoio per il tabacco. La cucina dalla metà del 2015 si è tinta di "green": accanto ai piatti a base di pesce si sono aggiunte molte portate vegetariane ed alcune vegane mentre rimangono un paio di portate a base di carne tra cui la storica tartare.
➜ Tortelli di cipolla al fumo e cenere. Tartare di verdure con crackers di semi. Corteccia di cioccolato con battuta di lamponi.

🍴🍴 **La Bulesca** – Hotel la Bulesca   🔲 🏡 AC P

via Fogazzaro 2, angolo via Medi – ☏ *04 98 97 76 72*
– www.labulesca.com – Chiuso 1°-10 gennaio, 1°-24 agosto,
lunedì a pranzo e domenica
Carta 35/145 €
Un ristorante che in particolari occasioni può arrivare a ricevere diverse centinaia di persone, ma che sa esprimere una buona accoglienza anche in situazioni più intime.

🍴 **abcmontecchia**   🏡 AC P

via Montecchia 12, Sud-Ovest : 3 km – ☏ *04 98 05 53 23*
– www.alajmo.it – Chiuso 26 dicembre-10 gennaio e 8-30 agosto
Carta 24/54 €
Al piano terra del ristorante La Montecchia, l'offerta si fa più semplice: piatti tradizionali della cucina italiana abbinati ad un servizio informale, ma pur sempre attento.

---

a Tencarola Est : 3 km – ✉ 35030

🏠 **Piroga Padova**   ☂ 🚍 🏊 ⬆ AC ⚙ P

via Euganea 48 – ☏ *0 49 63 79 66* – *www.hotelpiroga.com*
62 cam ☕ – ♦60/115 € ♦♦80/175 €
Rist *Piroga Padova* – Vedere selezione ristoranti
Un bel giardino è la cornice naturale di questo hotel dagli ariosi e luminosi interni che offrono un'attrezzata zona congressuale e camere dotate di ogni confort.

🍴🍴 **Piroga Padova** – Hotel Piroga Padova   🚍 🏡 AC P

via Euganea 48 – ☏ *0 49 63 79 66* – *www.hotelpiroga.com*
– Chiuso 1°-15 agosto e lunedì
Carta 31/63 €
Lunga tradizione per questo ristorante all'interno dell'omonimo albergo e seguito con passione dalla famiglia titolare, che non rinuncia ad uno dei suoi marchi di fabbrica: sia a pranzo sia a cena, oltre alla carta, si prepara un luculliano buffet di antipasti.

SELVINO

Bergamo (BG) – ⊠ 24020 – 1 998 ab. – Alt. 960 m – Carta regionale n° **10-C1**
▶ Roma 622 km – Bergamo 22 km – Brescia 73 km – Milano 68 km
Carta stradale Michelin 561-E11

La Dolce Vita

via Monte Purito 3 – 𝒞 0 35 76 39 99 – www.ladolcevitahotel.it – Chiuso 1°-15 ottobre
10 cam ⊊ – †40/140 € ††70/200 €
Una deliziosa casa di montagna, interamente nuova, ha portato una ventata di modernità, anche negli arredi, nel panorama alberghiero della località. Tanta cura è stata dedicata alle camere, tutte diverse, ciascuna dedicata ad uno stile particolare: classiche, moderne, mansardate, etniche, anni '60. Per noi, è sempre un ottimo indirizzo!

SEMPRONIANO

Grosseto (GR) – ⊠ 58055 – 1 086 ab. – Alt. 601 m – Carta regionale n° **18-C3**
▶ Roma 182 km – Grosseto 61 km – Orvieto 85 km
Carta stradale Michelin 563-N16

a Catabbio Sud : 6 km – ⊠ 58014

La Posta

via Verdi 9 – 𝒞 05 64 98 63 76 – www.trattorialaposta.com – Chiuso 10-31 gennaio, 1 settimana in luglio e lunedì escluso agosto
Menu 20/40 € – Carta 26/47 € – *(solo a cena escluso agosto, sabato e domenica)*
La proprietaria in cucina e i figli in sala in una curata trattoria di paese: locale genuino tanto nella tavola e nei piatti, quanto nel servizio schietto e informale.

SENAGO

Milano (MI) – ⊠ 20030 – 21 661 ab. – Alt. 176 m – Carta regionale n° **10-B2**
▶ Roma 591 km – Milano 17 km – Bergamo 51 km – Brescia 97 km
Carta stradale Michelin 561-F9

La Brughiera

via XXIV Maggio 23 – 𝒞 0 29 98 21 13 – www.labrughiera.it – Chiuso 1 settimana in agosto
Menu 40 € – Carta 40/60 €
Un bel locale ricavato da una vecchia cascina ora compresa nel parco delle Groane. Ampio e grazioso l'interno, ma anche il dehors non è da meno. Cucina di stampo regionale ed ampia carta dei vini.

SENALES (SCHNALS)

Bolzano (BZ) – ⊠ 39020 – 1 403 ab. – Alt. 1 327 m – Carta regionale n° **19-B1**
▶ Da Certosa : Roma 692 km – Bolzano 55 km – Merano 27 km – Milano 353 km
Carta stradale Michelin 561-B14

a Madonna di Senales Nord-Ovest : 4 km – ⊠ 39020 Senales – Alt. 1 500 m

Croce d'Oro - Goldenes Kreuz

via Madonna 27 – 𝒞 04 73 66 96 88 – www.goldenes-kreuz.com
25 cam ⊊ – †69/103 € ††114/202 €
Rist *Croce d'Oro* – Vedere selezione ristoranti
Accogliente casa a "misura" di famiglia, situata in posizione tranquilla tra prati e cime: perfetta per un soggiorno di passeggiate, sport e relax.

Oberraindlhof ⓝ

Raindl 49, Sud-Est: 2 km – 𝒞 04 73 67 91 31 – www.oberraindlhof.com – Chiuso 12-25 novembre
28 cam ⊊ – †80/120 € ††100/212 €
Rist *Oberraindlhof* – Vedere selezione ristoranti
A due chilometri da Madonna di Senales, si svolta a sinistra, pochi tornanti ed ecco un albergo-maso; camere semplici, ben tenute e quasi tutte rivestite in legno, il silenzio e il contatto con la natura sono assicurati.

✗ Croce d'Oro – Hotel Croce d'Oro - Goldenes Kreuz 🏤 P

via Madonna 27 – ☎ 04 73 66 96 88 – www.goldenes-kreuz.com
Carta 32/40 €

Oltre che padrone di casa, Andreas Götsch è anche chef del ristorante (dell'omonimo albergo). Sua la passione per i prodotti biologici locali, che spesso rientrano nei suoi piatti: a volte legati alla tradizione, altre cucinati con tocco più mediterraneo. Lo strudel di mele nel bicchiere è tra i must della casa.

✗ Oberraindlhof N – Hotel Oberraindlhof 🏊 ⬅ 🏤 P

Raindl 49, Sud-Est: 2 km – ☎ 04 73 67 91 31 – www.oberraindlhof.com – Chiuso 12-25 novembre e mercoledì
Carta 44/70 €

In un maso di origini cinquecentesche, in posizione panoramica sulla valle e gestito dalla stessa famiglia ormai da cinque generazioni, nelle romantiche stube viene servita una cucina che ricerca antiche e perdute ricette di Senales.

a Certosa Nord-Ovest : 2 km – ✉ 39020 Senales Schnals – Alt. 1 327 m

🏠 Rosa d'Oro-Zur Goldenen Rose ✿ 🦆 ⬅ 🏊 🐾 ⬆ P

via Certosa 29 – ☎ 04 73 67 91 30 – www.goldenerose.it – Chiuso maggio e novembre
20 cam ⬚ – †144/228 € ††144/228 € – **9 suites**

L'antica certosa, pur trasformata nel tempo ed oggi residenza civile, è visitabile a pochi metri dall'albergo, una romantica casa di montagna, dove troverete un'atmosfera tipica ma soprattutto una calorosa accoglienza familiare.

SENIGALLIA

Ancona (AN) – ✉ 60019 – 45 027 ab. – Carta regionale n° **11-C1**
◻ Roma 296 km – Ancona 29 km – Fano 28 km – Macerata 79 km
Carta stradale Michelin 563-K21

🏨 Duchi della Rovere ✿ ⛵ ⬆ ⬅ AC ✗ 🏖 🚗

via Corridoni 3 – ☎ 07 17 92 76 23 – www.hotelduchidellarovere.it – Chiuso 21 dicembre-7 gennaio
45 cam ⬚ – †85/160 € ††120/190 € – **6 suites**

Sempre di buon livello e dalla dinamica gestione, la struttura dispone di sale meeting e camere accoglienti: le migliori sono le nuove battezzate "opera". Spiaggia convenzionata a 100 m, per chi volesse godere del mare.

🏨 Terrazza Marconi Hotel & Spa Marine N ✿ ⬅ ⛵ 🐾 ⬆ ⬅ AC

lungomare Marconi 37 – ☎ 07 17 92 79 88 – www.terrazzamarconi.it – Chiuso 20-29 dicembre e 2-14 gennaio
27 cam ⬚ – †119/364 € ††159/374 € – **3 suites**

Di fronte alla Rotonda, una moderna casa con terrazza sul mare offre eleganza, servizio curato e belle camere, nonché un piccolo centro benessere. Piatti regionali e di pesce nella sala da pranzo al piano terra, mentre in estate si può scegliere il panorama del roof garden con il lounge bar, Terrazza by Niko.

🏠 Hotel B ✿ ⬅ ⛵ ⬆ 🚼 AC ✗

lungomare Mameli 57 – ☎ 07 17 92 35 90 – www.hbologna.net – Aperto 1° aprile-30 settembre
37 cam ⬚ – †280 € ††300 € – **3 suites**

Ideale per famiglie con bambini, l'albergo dispone di camere d'ispirazione contemporanea ed ampi spazi attrezzati per animare le giornate dei più piccoli. Un'ampia sala moderna per il ricco buffet, mentre l'originale "Tana dell'orso Bo" accoglie i bimbi con menu a loro dedicati.

🏠 City ✿ ⬅ ⛵ 🛁 ⬆ ⬅ AC ✗ 🏖

lungomare Dante Alighieri 14 – ☎ 07 16 34 64 – www.cityhotel.it
64 cam ⬚ – †70/120 € ††110/200 €

Sul lungomare di questa celebre località, apprezzata per la sua spiaggia di velluto, l'hotel presenta una facciata anni Sessanta, ma interni di moderno design e due sale congressi. Professionalità e cortesia.

Mastai ✿ 🖭 ♿ AC ⚐ P

via Nicola Abbagnano 12, prossimità casello autostrada – 📞 07 17 93 13 86
– www.hotelmastai.it
84 cam 🛏 – **♦**55/140 € **♦♦**69/155 €
Nei pressi dell'uscita autostradale, l'hotel, ideale per una clientela d'affari, è dotato di camere nuove e spaziose e 7 sale riunioni per grandi e piccoli gruppi di lavoro.

Mareblù ✿ < ⛰ 🏊 🖭 AC ✗

lungomare Mameli 50 – 📞 07 17 92 01 04 – www.hotel-mareblu.it – Aperto Pasqua-30 settembre
53 cam 🛏 – **♦**35/108 € **♦♦**55/198 €
Una piccola risorsa fronte mare a gestione familiare con ambienti classici e semplici negli arredi, sala giochi, biblioteca. Organizzata zona per gli aperitivi e ampia piscina.

Bice ✿ ⛰ 🖭 ♿ AC ✗ 🚗

viale Giacomo Leopardi 105 – 📞 07 16 52 21 – www.albergobice.it
40 cam 🛏 – **♦**53/75 € **♦♦**75/120 €
Appena fuori le mura del centro, un hotel a conduzione familiare dai luminosi interni di taglio moderno e caratteristiche camere arredate in modo piacevole. Presso l'ampia sala ristorante dalle calde tonalità, piatti tipici della tradizione locale.

XXX Uliassi 🕸 < 🏡 AC ✗

🌸🌸 *banchina di Levante 6 – 📞 07 16 54 63 – www.uliassi.it – Aperto 31 marzo-26 dicembre; chiuso lunedì*
Menu 90/130 € – Carta 80/135 €
Quasi sulla spiaggia, con il mare all'orizzonte e la luce che si riverbera sugli spazi bianchi: la raffinata eleganza della sala introduce ad una cucina elaborata ed estrosa, imperniata soprattutto su straordinari sapori di pesce, ma anche di selvaggina.
➜ Spaghetti affumicati con vongole e pomodorini datterini grigliati. Rombo e purea di roscani (agretti). Le varie consistenze della nocciola.

X Al Cuoco di Bordo AC

lungomare Dante Alighieri 94 – 📞 07 17 92 96 61 – www.alcuocodibordo.it – Chiuso novembre, domenica sera, anche i mezzogiorno di lunedì e martedì nel periodo estivo
Menu 35/70 € – Carta 39/143 €
Sul lungomare, un locale dal piacevole arredo con veranda e piccola sala: il re della tavola è il pesce con una preferenza per i crudi.

X Trattoria Vino e Cibo 🏡 AC

🕸 *via Fagnani 16/18 – 📞 07 16 32 06 – Chiuso lunedì*
Carta 21/56 € – (consigliata la prenotazione)
Nelle vie del centro, solo una sala e quattro grandi tavoli in legno, il tutto all'insegna della convivialità e semplicità. Piatti preparati con quello che offre il mercato del giorno (se ci sono, optate per i totanetti con briciole di pane): ne rimarrete entusiasti!

a Marzocca Sud : 6 km – ✉ 60019

XXX Madonnina del Pescatore (Moreno Cedroni) 🕸 < 🏡 AC

🌸🌸 *lungomare Italia 11 – 📞 0 71 69 82 67 – www.morenocedroni.it – Aperto 1° febbraio-1° novembre; chiuso mercoledì*
Menu 60 € (in settimana)/130 € – Carta 80/115 € – (consigliata la prenotazione)
Trent'anni di creatività millesimati in carta con piatti che han fatto la storia della cucina italiana e un genio ben lontano dall'esaurirsi: ancora oggi Cedroni innova e crea tendenze. La Madonnina, un laboratorio di eccellenza della cucina di mare!
➜ Gnocchetti di patate affumicate con carpaccio di baccalà e salsa al tapinambur. La grigliata "dieci anni dopo" con molliche croccanti e salsa di lattuga. Sfoglia croccante di crema Chantilly all'aglio nero con pan di Spagna alle alghe e arancia.

a Scapezzano Ovest : 6 km – ✉ 60019

 Bel Sit

via dei Cappuccini 15 – ☎ 0 71 66 00 32 – www.belsit.net – Chiuso 2-31 gennaio
32 cam ⚏ – ♦65/110 € ♦♦80/138 € – **6 suites**
Abbracciato da un parco secolare e con vista sul mare, la villa Ottocentesca dispone di un nuovo centro benessere, sale comuni con arredi lignei e semplici camere spaziose.

 Locanda Strada della Marina

strada della Marina 265 – ☎ 07 16 60 86 33 – www.locandastradadellamarina.it
9 cam ⚏ – ♦52/58 € ♦♦108/142 €
Una casa colonica circondata dal parco offre camere sapientemente ristrutturate, arredate con mobili d'epoca, pavimenti lignei e sale per colazioni di lavoro e cerimonie. Quello che un tempo fu un essicatoio, è ora un elegante ristorante con varie proposte regionali di carne e di pesce.

SEREGNO

Monza e Brianza (MB) – ✉ 20831 – 44 500 ab. – Alt. 222 m
– Carta regionale n° **10-B2**
▶ Roma 594 km – Como 23 km – Milano 25 km – Bergamo 51 km
Carta stradale Michelin 561-F9

✗✗ **Pomiroeu** (Giancarlo Morelli)
🐝
via Garibaldi 37 – ☎ 03 62 23 79 73 – www.pomiroeu.it – Chiuso agosto
Menu 60/90 € – Carta 67/104 €
Nella corte di un palazzo del centro storico, un locale sempre accogliente con dehors tranquillo e riparato. Eccellente lista dei vini ed una cucina che offre sempre spunti di creatività su basi legate alle tradizioni locali.
➔ Riso mantecato al burro di Bretagna e Champagne con polvere di rosa e fragola. Tagliata di manzo alla brace e fieno con agrodolce di ciliege e insalata di patate. Spuma di ricotta con estratto al mandarino cinese e pera croccante di cereali e nocciola

SERINO

Avellino (AV) – ✉ 83028 – 7 131 ab. – Alt. 415 m – Carta regionale n° **4-C2**
▶ Roma 260 km – Avellino 14 km – Napoli 55 km – Potenza 126 km
Carta stradale Michelin 564-E26

verso Giffoni Sud : 7 km

✗ **Chalet del Buongustaio**
🍴
via Giffoni ✉ 83028 – ☎ 08 25 54 29 76 – Chiuso martedì, anche lunedì-mercoledì-giovedì-venerdì in gennaio-marzo
Carta 18/33 € – (prenotare)
Avvolto dalla cornice verde dei castagneti, ristorante dall'ambiente familiare, semplice ed accogliente. Il menu propone una casereccia cucina del territorio e profumati vini locali. Tra le specialità della casa: la minestra maritata, il coniglio ruspante alla boscaiola, la crostata di castagne.

SERMONETA

Latina (LT) – ✉ 04013 – 9 761 ab. – Alt. 257 m – Carta regionale n° **7-C2**
▶ Roma 77 km – Frosinone 65 km – Latina 17 km
Carta stradale Michelin 563-R20

 Principe Serrone

via del Serrone 1 – ☎ 0 77 33 03 42 – www.hotelprincipeserrone.it
16 cam ⚏ – ♦40/60 € ♦♦80/90 €
Nel borgo medievale, con bella vista sulla vallata, un edificio risalente all'XI secolo ospita questo hotel ideale per trascorrere soggiorni tranquilli; camere semplici ma confortevoli.

SERNAGLIA DELLA BATTAGLIA

Treviso (TV) – ⊠ 31020 – 6 244 ab. – Alt. 117 m – Carta regionale n° **23-C2**

▶ Roma 602 km – Treviso 33 km – Venezia 84 km – Trento 119 km

Carta stradale Michelin 562-E18

Dalla Libera

via Farra 24/a – 𝒞 04 38 96 62 95 – www.trattoriadallalibera.it – Chiuso
27 dicembre-7 gennaio, 2 settimane in agosto e lunedì

Menu 38 € (cena)/48 € – Carta 30/48 € – (solo a pranzo escluso giovedì, venerdì
e sabato)

Nei suoi ambienti - recentemente ristrutturati - due linee di cucina: una più semplice e l'altra invece stagionale, pensata dallo chef-titolare giorno per giorno. Se poi siete amanti del vino con qualche anno... avete trovato il posto giusto! Gnocco di patata con ragù tagliato al coltello è una delle tante specialità della casa.

SERRALUNGA D'ALBA

Cuneo (CN) – ⊠ 12050 – 569 ab. – Carta regionale n° **14-C2**

▶ Roma 668 km – Torino 88 km – Cuneo 75 km – Asti 43 km

Carta stradale Michelin 561-I6

Il Boscareto Resort

strada Roddino 21 – 𝒞 01 73 61 30 36 – www.ilboscaretoresort.it
– Chiuso 3 gennaio-25 marzo

30 cam ⊡ – †260/280 € ††330/420 € – **10 suites**

Rist *La Rei* ✿ – Vedere selezione ristoranti

Lussuosa struttura concepita per offrire una vista a 360° sulle Langhe...e la magia continua nelle stupende camere dotate appositamente di ampie vetrate, nonché nella moderna Spa.

La Rei – Hotel Il Boscareto Resort

strada Roddino 21 – 𝒞 01 73 61 30 42 – www.ilboscaretoresort.it
– Chiuso 3 gennaio-25 marzo martedì a mezzogiorno e lunedì

Menu 75/120 € – Carta 65/131 €

In una sala moderna di grande impatto scenico, una cucina ancorata ai sapori del territorio, ma innovativa, con piatti in cui si è creato il giusto equilibrio tra tradizione e modernità.

➜ Tajarin di fave bianche con ricci di mare e cardamomo. Suprema di piccione con mandorle e vincotto di fichi. Fragole e panna..

---

a Fontanafredda Nord : 5 Km – ⊠ 12050

Guido (Ugo Alciati)

via Alba 15 – 𝒞 01 73 62 61 62 – www.guidoristorante.it – Chiuso 1°-20 gennaio,
1°-20 agosto, domenica sera e lunedì

Menu 85 € – Carta 61/93 € – (solo a cena escluso sabato e domenica)

Un doppio sogno per gli amanti del Piemonte: la storia di Villa Reale di Fontanafredda, riserva di caccia sabauda, s'intreccia con quella degli Alciati, alfieri e capostipiti dell'alta cucina langarola. Nelle sale del ristorante troverete affreschi e ambienti sontuosi alleggeriti da un design contemporaneo; nei piatti, l'eccellenza della tradizione.

➜ Tajarin ai 30 rossi, tartufo bianco e porcini disidratati. Caldo e freddo di faraona, riduzione al Marsala e gelatina di Barolo. Fiordilatte di montagna mantecato al momento.

SERRAVALLE LANGHE

Cuneo (CN) – ⊠ 12050 – 322 ab. – Alt. 762 m – Carta regionale n° **14-C3**

▶ Roma 593 km – Genova 121 km – Alessandria 75 km – Cuneo 55 km

Carta stradale Michelin 561-I6

La Coccinella

via Provinciale 5 – 𝒞 01 73 74 82 20 – www.trattoriacoccinella.com – Chiuso
6 gennaio-10 febbraio, 27 giugno-7 luglio, mercoledì a mezzogiorno e martedì

Menu 43/53 € – Carta 33/65 € – (consigliata la prenotazione)

Tre fratelli conducono con passione ed esperienza questo valido ristorante d'impostazione classica. La cucina è soprattutto piemontese - talvolta tradizionale, altre più moderna - con qualche piatto di pesce.

SERRAVALLE PISTOIESE

Pistoia (PT) – ⊠ 51030 – 11 646 ab. – Alt. 182 m – Carta regionale n° **18-B1**
▶ Roma 320 km – Firenze 40 km – Livorno 75 km – Lucca 34 km
Carta stradale Michelin 563-K14

✗ **Trattoria da Marino**

*via Provinciale Lucchese 102, località Ponte di Serravalle, Ovest: 2 km
– ℰ 0 57 35 10 42 – Chiuso 20 giorni in luglio e martedì*
Menu 22 € (pranzo in settimana)/35 € – Carta 30/52 €
In attività da quasi un secolo, l'ambiente è quello di un'accogliente trattoria, la
cucina sfodera i piatti forti della regione con qualche simpatica rivisitazione: ribol-
lita croccante al salto, polpettone della tradizione, torta di mela con crema calda.

SERRAVALLE SCRIVIA

Alessandria (AL) – ⊠ 15069 – 6 256 ab. – Alt. 225 m – Carta regionale n° **12-C3**
▶ Roma 547 km – Alessandria 31 km – Genova 54 km – Milano 95 km
Carta stradale Michelin 561-H8

Villa la Bollina

*via Monterotondo 60, Ovest: 2 km – ℰ 0 14 36 53 34
– www.hotelvillalabollina.com – Chiuso 25 gennaio-1° marzo*
10 cam 🖵 – †100/150 € ††130/200 € – **2 suites**
In un'oasi di tranquillità, dimora nobiliare del XIX secolo trasformata in elegante
ed accogliente hotel con camere raffinate, arredate con mobili in stile. Nelle nobili
sale e fresche terrazze del ristorante, la cucina è espressamente dedicata ai piatti
piemontesi con le sue carni, le sue paste, e l'immancabile tartufo.

Serravalle Golf Hotel

*via Novi 25 – ℰ 01 43 63 35 17 – www.serravallegolfhotel.it
– Chiuso 23 dicembre-2 gennaio*
32 cam 🖵 – †90/105 € ††110/150 €
Nel contesto dei campi da golf e dietro il famoso outlet, ampie e confortevoli
camere con accesso indipendente (stile motel) e posto auto.

SERRUNGARINA

Pesaro e Urbino (PU) – ⊠ 61030 – 2 629 ab. – Alt. 209 m – Carta regionale n° **11-B1**
▶ Roma 245 km – Rimini 64 km – Ancona 70 km – Fano 13 km
Carta stradale Michelin 563-K20

a Bargni Ovest : 3 km – ⊠ 61030

Casa Oliva

via Castello 19 – ℰ 07 21 89 15 00 – www.casaoliva.it – Chiuso gennaio
23 cam 🖵 – †49/129 € ††49/209 € – **2 suites**
Nella quiete della campagna marchigiana, hotel composto da diversi caseggiati in
mattoni all'interno di un caratteristico borgo d'epoca: camere di taglio moderno,
nuova beauty farm e piccola piscina. Cucina casalinga e specialità regionali nella
sala-veranda del ristorante.

SESSAME

Asti (AT) – ⊠ 14058 – 277 ab. – Carta regionale n° **14-D2**
▶ Roma 598 km – Torino 100 km – Asti 39 km – Alessandria 52 km
Carta stradale Michelin 561-H7

✗ **Il Giardinetto**

*strada provinciale Valle Bormida 24, Sud: 4 km – ℰ 01 44 39 20 01
– www.ilgiardinettoristorante.it – Chiuso 1° gennaio-12 febbraio, 1-8 settembre e
giovedì*
Menu 20/35 € – (solo a cena escluso sabato, domenica e i giorni festivi)
Gli antipasti sono fissati quotidianamente, si scelgono invece le portate succes-
sive, specialità casalinghe piemontesi e liguri. Piccolo e tranquillo il dehors.

SESTO (SEXTEN)

Bolzano (BZ) – ⊠ 39030 – 1 918 ab. – Alt. 1 310 m – Carta regionale n° **19-D1**
🚩 Roma 697 km – Cortina d'Ampezzo 44 km – Belluno 96 km – Bolzano 116 km
Carta stradale Michelin 562-B18

Monika

via del Parco 2 – ℰ 04 74 71 03 84
– www.monika.it – Aperto 4 dicembre-3 aprile e 1° giugno-20 ottobre
46 cam – solo ½ P 110/195 € – **4 suites**
Nel Parco Naturale delle famose Tre Cime di Lavaredo, una risorsa recentemente ristrutturata in chiave moderna, ma rispettosa del contesto alpino nella quale si trova: aspettatevi, quindi, un attrezzato spazio benessere con una bellissima piscina coperta e tanto legno nelle "calde" camere.

St. Veit

via Europa 16 – ℰ 04 74 71 03 90
– www.hotel-st-veit.com – Aperto 4 dicembre-Pasqua e 1° giugno-18 ottobre
41 cam ⊑ – ✦92/150 € ✦✦166/300 € – **5 suites**
Gestione dinamica in un albergo in area residenziale, dominante la vallata; zona comune ben arredata, camere tradizionali e con angolo soggiorno, ideali per famiglie. Nella sala da pranzo, vetrate che si aprono sulla natura; accogliente stube caratteristica.

a Moso (Moos) Sud-Est : 2 km – ⊠ 39030 Sesto – Alt. 1 339 m

Sport e Kurhotel Bad Moos

via Val Fiscalina 27 – ℰ 04 74 71 31 00
– www.badmoos.it – Chiuso 10 aprile-31 maggio e 4-30 novembre
32 cam – solo ½ P 109/239 € – **30 suites**
Suggestiva veduta delle Dolomiti da un hotel moderno, dotato di buone attrezzature e adatto anche a una clientela congressuale; camere confortevoli. Calda atmosfera nella sala da pranzo; ristorante in stube del XIV-XVII secolo.

Rainer

via San Giuseppe 40 – ℰ 04 74 71 03 66
– www.familyresort-rainer.com – Aperto 6 dicembre-Pasqua e 2 giugno-9 ottobre
26 cam ⊑ – ✦180/360 € ✦✦180/360 € – **19 suites**
Nella parte alta della località con ampia apertura sulla vallata e Dolomiti, una struttura che si è ripotenziata in tutte le sue parti, metrature generose nelle camere e begli affacci. Ma le attenzioni per il cliente non si esauriscono qui: i piccoli ospiti potranno, infatti, approfittare di una vasta area giochi sorvegliata da una baby-sitter per tutto l'arco della giornata, nonché piste da sci a loro dedicate.

Berghotel

via Monte Elmo 10 – ℰ 04 74 71 03 86
– www.berghotel.com – Aperto 4 dicembre-Pasqua e fine maggio-fine ottobre
45 cam ⊑ – ✦100/200 € ✦✦180/320 €
Splendida vista delle Dolomiti e della valle Fiscalina, da un albergo in posizione soleggiata: zona comune in stile montano di taglio moderno, camere luminose e una spa di tutto rispetto (idromassaggio fra la neve!).

Tre Cime-Drei Zinnen

via San Giuseppe 28 – ℰ 04 74 71 03 21
– www.hoteltrecime.it – Aperto 17 dicembre-25 marzo e 5 giugno-30 settembre
35 cam – solo ½ P 90/160 €
Cordiale conduzione in una struttura in posizione dominante, progettata da un famoso architetto viennese nel 1930; interni luminosi ed eleganti, camere con arredi d'epoca.

a Monte Croce di Comelico (Passo) Sud-Est : 7,5 km – ✉ 39030
Sesto – Alt. 1 636 m

 Passo Monte Croce-Kreuzbergpass 🏔 🌿 🍴 🖼 🏧 ♨ ♨ ♨ ⛷ 🎿 ♿
via San Giuseppe 55 – ☎ 04 74 71 03 28 ♿ 🅿
– www.passomontecroce.com – Chiuso 10 aprile-28 maggio e
10 ottobre-28 novembre
48 cam ➡ – †70/137 € ††120/254 € – **10 suites**
Nel silenzio di suggestive cime dolomitiche, una struttura a ridosso degli impianti
di risalita con propria scuola sci e noleggio attrezzatura sportiva, spaziose camere
e suite per famiglie, spa alpina con centro benessere e saune. Un'attenzione particolare è riservata ai piccoli ospiti con programmi speciali e gite guidate sia per
grandi che per piccini. Ottima cucina regionale-mediterranea con una cantina vini
che annovera più di 200 etichette.

SESTO AL REGHENA

Pordenone (PN) – ✉ 33079 – 6 355 ab. – Alt. 13 m – Carta regionale n° **6-B3**
▶ Roma 570 km – Udine 66 km – Pordenone 22 km – Treviso 52 km
Carta stradale Michelin 562-E20

🏠 **In Sylvis** 🏔 🛗 ♿ 🆎 🌿 🅿
via Friuli 2 – ☎ 04 34 69 49 11 – www.hotelinsylvis.com
37 cam ➡ – †50/72 € ††75/85 €
Rist *Abate Ermanno* – Vedere selezione ristoranti
Non lontano dalla suggestiva abbazia benedettina di S. Maria, hotel di non grandi
dimensioni costituito da due strutture divise da un grazioso patio interno, usato
anche per manifestazioni o serate a tema.

✕✕ **Abate Ermanno** – Hotel In Sylvis ♿ 🆎 🔄 🅿
🍃 via Friuli 2 – ☎ 04 34 69 49 50 – www.hotelinsylvis.com – Chiuso lunedì a
mezzogiorno
Menu 18/25 € – Carta 19/55 €
Bisogna avere le idee ben chiare (e un buon appetito), per accomodarsi in questo
ristorante: la carta è amplissima e "racconta" di molte specialità regionali: tante da
perderci la testa!

SESTO CALENDE

Varese (VA) – ✉ 21018 – 11 121 ab. – Alt. 198 m – Carta regionale n° **9-A2**
▶ Roma 632 km – Stresa 25 km – Como 50 km – Milano 55 km
Carta stradale Michelin 561-E7

🏠 **Tre Re** 🏔 🍴 🛗 🆎
piazza Garibaldi 25 – ☎ 03 31 92 42 29 – www.hotel3re.it
– Chiuso 28 dicembre-7 febbraio
31 cam – †70/105 € ††100/150 € – ➡ 15 €
Rist *Tre Re* – Vedere selezione ristoranti
Piacevolmente ubicato in riva al Ticino, nel punto in cui il fiume abbandona il
lago Maggiore, camere accoglienti e con dotazioni moderne, nonché una luminosa sala ristorante dove gustare specialità lacustri.

✕✕ **Moma-l'ospite e il gusto** 🌿 ♿ 🆎
🍃 piazza Berera 18 Sesto Calende – ☎ 03 31 92 34 73 – www.ristorantemoma.com
– Chiuso 20 giorni in gennaio, lunedì a mezzogiorno e martedì
Menu 15 € (pranzo in settimana)/60 € – Carta 45/64 € – (consigliata la
prenotazione)
Attuale mélange di colori che vanno dal bianco sporco al marrone, in un locale
giovane e di contemporanea eleganza. La cucina suggella la felice esperienza di
un sosta gastronomica qui: piatti moderni e fantasiosi, reinventati su base non
solo tradizionale.

✕✕ **La Biscia** 🌿
piazza De Cristoforis 1 – ☎ 03 31 92 44 35 – www.ristorantelabiscia.com – Chiuso
26-31 gennaio, 15-31 agosto, domenica sera e lunedì
Menu 48 € – Carta 33/66 €
Nel centro del paese, sul lungolago, ristorante con una confortevole sala di tono
signorile e piacevole dehors fronte lago; linea culinaria di pesce, di mare e di lago.

XX **Tre Re** – Hotel Tre Re   ⋖ AK

😋 *piazza Garibaldi 25 – ℰ 03 31 92 42 29 – www.hotel3re.it*
– Chiuso 18 dicembre-7 febbraio
Menu 16 € (pranzo in settimana)/53 € – Carta 37/53 €
Ambienti gradevoli e di recente ristrutturazione, molto bella la veranda coperta sulla passeggiata lungo foce Ticino, per una cucina d'impostazione classica che propone pesce e carne in egual misura.

SESTOLA
Modena (MO) – ⊠ 41029 – 2 521 ab. – Alt. 1 020 m – Carta regionale n° **5-B2**
▶ Roma 387 km – Bologna 90 km – Firenze 113 km – Lucca 99 km
Carta stradale Michelin 562-J14

🏠 **Al Poggio**   ✿ ⋖ 🖙 🗓 🖭 & 🅿

via Poggioraso 88, località Poggioraso, Est: 2 km – ℰ 0 53 66 11 47
– www.alpoggio.it – Chiuso novembre
32 cam ⊟ – ♦55/80 € ♦♦90/120 € – **1 suite**
Hotel ubicato in posizione tranquilla, che offre una vista meravigliosa della vallata in particolar modo da alcune delle camere. Conduzione familiare al femminile. Sale sobrie e confortevoli dove accomodarsi a gustare la cucina tipica locale.

XX **San Rocco**   👯 ⋐ 🖭 & AK

corso Umberto I 39 – ℰ 0 53 66 23 82 – www.hotelsanrocco.net
Carta 37/71 € – *(chiuso lunedì)* (prenotazione obbligatoria)
10 cam – ♦85/110 € ♦♦100/120 € – ⊒ 15 € – **1 suite**
All'ingresso del centro storico, inaspettata eleganza e una proposta gastronomica ristretta, ma di indubbia qualità: solo un menu degustazione - sino ad una dozzina di portate - imperniato sui prodotti di stagione. La raffinatezza continua nelle camere con uno squarcio di modernità nella tradizione montana.

SESTO SAN GIOVANNI
Milano (MI) – ⊠ 20099 – 81 490 ab. – Alt. 140 m – Carta regionale n° **10-B2**
▶ Roma 565 km – Milano 9 km – Bergamo 43 km
Carta stradale Michelin 561-F9

Pianta d'insieme di Milano

🏠🏠 **Grand Hotel Villa Torretta**   ✿ 🖭 & AK 🔊 🚗

via Milanese 3 – ℰ 02 24 11 21 – www.villatorretta.it   Pianta: 2C1**f**
78 cam – ♦98/330 € ♦♦113/345 € – ⊒ 15 € – **8 suites**
Realtà molto elegante ricavata dalla ristrutturazione di una villa suburbana seicentesca. Gli interni sono molto curati e le camere ben tenute e sempre di ottimo livello. Ristorante con sale affrescate ed ambienti esclusivi, servizio accurato.

🏠🏠 **NH Concordia**   ✿ ♨ 🖭 & AK 🔊 🅿

via Luciano Lama 10 – ℰ 02 24 42 96 11   Pianta: 2C1**w**
– www.nh-hotels.com
152 cam ⊟ – ♦89/749 € ♦♦89/769 € – **3 suites**
Alle porte di Milano, un parallelepipedo di undici piani moderno e funzionale: completo nella gamma dei servizi offerti è l'indirizzo ideale per una clientela business.

🏠🏠 **Abacus**   ✿ 🖼 🖙 🖭 & AK 🏊 🔊 🚗

via Monte Grappa 39 – ℰ 02 26 22 58 58   Pianta: 2C1**h**
– www.abacushotel.it – Chiuso 2 settimane in agosto e vacanze di Natale
95 cam ⊟ – ♦89/300 € ♦♦99/350 € – **2 suites**
Ospitalità ecofriendly in questa moderna struttura a 50 metri dal metrò e dalla stazione ferroviaria: eleganti interni, piscina nell'attrezzato centro fitness, camere spaziose con wi-fi.

SESTRIERE

Torino (TO) – ⊠ 10058 – 873 ab. – Alt. 2 033 m – Carta regionale n° **12-A2**
▶ Roma 750 km – Briançon 32 km – Cuneo 118 km – Milano 240 km
Carta stradale Michelin 561-H2

Grand Hotel Sestriere

via Assietta 1 – ☏ 0 12 27 64 76 – www.grandhotelsestriere.it
– Chiuso 1° maggio-26 giugno e 1° ottobre-30 novembre
94 cam ⊠ – †70/175 € ††97/305 € – **5 suites**
Rist *La Vineria del Colle* – Vedere selezione ristoranti
Se dalle finestre e dai balconi potrete vedere le piste olimpiche, nei suoi ambienti
ritroverete un'atmosfera rustica ed elegante. Beauty farm con vinoterapia.

Hotel Shackleton Mountain Resort

via Assietta 3 – ☏ 01 22 75 07 73 – www.shackleton-resort.it
– Aperto 28 novembre-10 aprile e 30 giugno-10 settembre
17 cam ⊠ – †90/250 € ††120/220 € – **2 suites**
Rist *Shackleton Restaurant* – Vedere selezione ristoranti
"L'eleganza in una dimensione familiare": è la formula vincente di questo
moderno albergo dalle ampie camere con balcone. All'ultimo piano, spettacolare
panorama da una terrazza chiusa.

Belvedere

via Cesana 18 – ☏ 01 22 75 06 98 – www.hotelbelvederesestriere.com
– Aperto 26 dicembre-20 marzo
36 cam ⊠ – †80/160 € ††160/320 € – **1 suite**
Incorniciato da un incantevole paesaggio sulla strada per Cesana Torinese, l'hotel offre confortevoli ambienti di tono rustico che tuttavia non difettano in eleganza. Tra tradizione e modernità, circondati dalla calda atmosfera di un camino,
al ristorante vengono proposte serate a tema.

Cristallo

via Pinerolo 5 – ☏ 01 22 75 07 07 – www.hotelcristallosestriere.com
– Aperto 2 dicembre-14 aprile
46 cam ⊠ – †140/290 € ††160/320 €
Di fronte agli impianti di risalita, questa moderna ed imponente struttura propone
camere eleganti ed accoglienti; di maggiore attrattiva quelle con vista sul colle.
Sala ristorante ampia e luminosa.

Savoy Edelweiss

via Fraiteve, 7 – ☏ 0 12 27 70 40 – www.hotelsavoysestriere.com
– Aperto 20 dicembre-15 aprile
29 cam – solo ½ P 85/120 € – **1 suite**
Non lontano dal centro, un hotel che si farà ricordare per l'inconfondibile stile
barocco piemontese. L'insieme è stato potenziato qualche anno fa ed ora si presenta con una piccola hall e numerose salette relax, camere ben accessoriate
(sebbene non proprio spaziose) ed una graziosa area benessere. Sfavillanti lampadari di cristallo ed arredi in legno riprendono l'impronta dell'albergo.

Shackleton Restaurant – Hotel Shackleton Mountain Resort

via Assietta 3 – ☏ 01 22 75 07 73 – www.shackleton-resort.it – Aperto
28 novembre-10 aprile 1° luglio-7 settembre
Carta 25/65 €
Una bella sala luminosa e panoramica, grazie alle ampie vetrate che dal soffitto
corrono fino a terra: un ambiente moderno e conviviale, dove gustare specialità
territoriali (paste realizzate con farine artigianali, selvaggina selezionata, carni piemontesi, etc.).

La Vineria del Colle – Grand Hotel Sestriere

via Assietta 1 – ☏ 0 12 27 64 76 – www.grandhotelsestriere.it – Chiuso
1° maggio-26 giugno, 1° ottobre-30 novembre e lunedì
Menu 40/150 € – Carta 33/60 €
Cucina regionale, in un ristorantino rustico e signorile al tempo stesso, ricavato
in una vecchia cantina: portatevi un maglione, perché la temperatura è quella
originaria!

SESTRI LEVANTE

Genova (GE) – ⊠ 16039 – 18 626 ab. – Carta regionale n° **8-C2**

◼ Roma 457 km – Genova 50 km – Milano 183 km – Portofino 34 km
Carta stradale Michelin 561-J10

Grand Hotel Villa Balbi

*viale Rimembranza 1 – ℰ 0 18 54 29 41 – www.villabalbi.it – Aperto
25 marzo-9 ottobre*
102 cam ⌑ – †85/200 € †† 130/500 € – **3 suites**
Sul lungomare, un'antica villa aristocratica del '600 con un rigoglioso parco-giardino con piscina: splendidi interni in stile con affreschi, camere eleganti. Continuate a viziarvi pasteggiando nella raffinata sala da pranzo.

Vis à Vis

*via della Chiusa 28 – ℰ 0 18 54 26 61 – www.hotelvisavis.com
– Aperto 4 marzo-6 novembre*
46 cam ⌑ – †140/200 € †† 200/300 € – **3 suites**
Rist *Olimpo* – Vedere selezione ristoranti
Sul promontorio che domina le due baie, albergo panoramico collegato al centro da un ascensore scavato nella roccia; splendida terrazza-solarium con piscina riscaldata ed accoglienti interni di taglio moderno.

Due Mari

*vico del Coro 18 – ℰ 0 18 54 26 95 – www.duemarihotel.it – Chiuso
15 ottobre-24 dicembre*
53 cam ⌑ – †85/145 € †† 90/245 € – **2 suites**
Tra romantici edifici pastello, un classico palazzo seicentesco da cui si scorge la Baia del Silenzio, abbellito da un piccolo e suggestivo giardino, interni in stile, a cui si aggiunge una bella e completa spa. Specialità di terra e di mare nell'elegante sala da pranzo.

Grand Hotel dei Castelli

*via alla Penisola 26 – ℰ 01 85 48 70 20 – www.hoteldeicastelli.it – Aperto
12 marzo-1° novembre*
43 cam ⌑ – †120/180 € †† 200/300 € – **6 suites**
Su un promontorio con bella vista di mare e coste, caratteristico hotel con costruzioni in stile medievale e ascensori per il mare. Piacevoli interni. Sottili colonne centrali nella raffinata sala da pranzo.

Miramare

*via Cappellini 9 – ℰ 01 85 48 08 55 – www.miramaresestrilevante.com – Chiuso
7 gennaio-4 febbraio e 6 novembre-2 dicembre*
35 cam ⌑ – †150/370 € †† 150/370 € – **5 suites**
Rist *Baia del Silenzio* – Vedere selezione ristoranti
A ridosso della quieta Baia del Silenzio, la struttura è stata interamente rinnovata: le camere sono ora all'insegna del design attuale, molte con un'incantevole vista sulla distesa blu.

Suite Hotel Nettuno

piazza Bo 23/25 – ℰ 01 85 48 17 96 – www.suitehotelnettuno.com
18 cam ⌑ – †120/450 € †† 150/490 € – **7 suites**
Direttamente sulla passeggiata del lungomare, questo edificio in stile Liberty si caratterizza per la generosità degli spazi, sia nelle armoniose camere sia nelle parti comuni (ora, c'è anche un nuovissimo e panoramico lounge bar per gli aperitivi serali). Anche il ristorante si contraddistingue per le ampie dimensioni; la cucina, per le specialità liguri.

Helvetia

*via Cappuccini 43 – ℰ 0 18 54 11 75 – www.hotelhelvetia.it – Aperto
1° aprile-5 novembre*
17 cam ⌑ – †150/300 € †† 250/350 € – **4 suites**
In un angolo tranquillo e pittoresco di Sestri, una costruzione d'epoca ristrutturata con eleganza, adornata da terrazze-giardino fiorite; luminosi ambienti arredati con gusto.

Villa Agnese

Via Alla Fattoria Pallavicini 1/a – 𝒞 01 85 45 75 83 – www.hotelvillaagnese.com
– Aperto 2 aprile-1° novembre
16 cam – ♦80/120 € ♦♦120/180 €
Ai piedi della settecentesca villa Pallavicini, le camere in stile classico con accenni provenzali - più o meno spaziose - dispongono di balcone, patio o giardinetto. E' una risorsa ideale per chi, non ossessionato dalla spiaggia, desidera muoversi con facilità nel territorio e trovare al rientro il relax di un tuffo in piscina.

Marina

via Fascie 100 – 𝒞 01 85 48 73 32 – www.marinahotel.it
– Aperto 20 marzo-30 ottobre
21 cam – ♦50/80 € ♦♦60/90 € – ☐ 8 €
Sulla statale Aurelia e all'inizio del centro storico, ariose e comode sale, nonché camere aggiornate: per un soggiorno dall'ottimo rapporto qualità/prezzo.

Relais San Rocco

via Aurelia 261, frazione Makalle, Est: 5 km – 𝒞 01 85 45 84 09
– www.relaissanrocco.com – Aperto 1° aprile-31 ottobre
13 cam – ♦50/100 € ♦♦70/160 €
Sulla strada per il passo Bracco, questo piccolo hotel - rinnovato in anni recenti - dispone di camere accoglienti, ma i punti di forza sono indubbiamente la posizione e il panorama. Cucina regionale nel bel ristorante, sempre di proprietà dell'albergo, ma a due passi da esso.

Portobello

via Portobello 16 – 𝒞 0 18 54 15 66 – www.ristoranteportobello.com
– Aperto 4 marzo-6 novembre e mercoledì escluso luglio e agosto
Menu 60 € – Carta 44/90 € – *(solo a cena da lunedì a venerdì in luglio e agosto)*
In una delle insenature più belle d'Italia, la Baia del Silenzio, cucina prevalentemente di pesce: in estate sull'incantevole terrazza affacciata sul mare, d'inverno vicino ad uno scoppiettante camino.

El Pescador

via Pilade Queirolo, al porto – 𝒞 0 18 54 28 88 – www.ristoranteelpescador.com
– Chiuso 15 dicembre-inizio marzo e martedì
Menu 45/60 € – Carta 37/70 € – *(consigliata la prenotazione)*
Lungo le pareti delle due sale corrono ampie vetrate che si affacciano su una colorata Baia delle Favole mentre tra i fornelli è esaltata la cucina regionale, carni alla griglia e fragranze marine.

San Marco 1957

via Pilade Queirolo 27, al porto – 𝒞 0 18 54 14 59 – www.sanmarco1957.it
– Chiuso 6 gennaio-5 febbraio e mercoledì escluso 15 maggio-15 settembre
Menu 35/45 € – Carta 35/74 €
Sulla punta estrema della banchina del porticciolo, direttamente sul mare, un ristorante pieno di luce e mondano, arredato in stile marina; proposte di piatti di pesce.

Olimpo – Hotel Vis à Vis

via della Chiusa 28 – 𝒞 01 85 48 08 01 – www.ristoranteolimpo.com – Aperto
4 marzo-6 novembre
Menu 60/65 € – Carta 43/72 €
Vi sembrerà di stare sul monte degli dei, grazie alle ampie vetrate che permettono alla vista di abbracciare il golfo e l'intrigante Sestri Levante: un ambiente decisamente elegante, per una cucina ricercata e di mare.

Rezzano Cucina e Vino

via Asilo Maria Teresa 34 – 𝒞 01 85 45 09 09 – Chiuso 2 settimane in
febbraio, 2 settimane in novembre e lunedì
Menu 35/60 € – Carta 46/102 € – *(solo a cena escluso i giorni festivi da dicembre a maggio)*
Sul lungomare, locale d'atmosfera - sobrio e signorile - dove la grande profusione di legno può ricordare vagamente lo stile nautico. Specialità di pesce.

XX **Baia del Silenzio** – Hotel Miramare   ⪡ 🌿 AK

via Cappellini 9 – ☎ 01 85 48 58 07 – www.miramaresestrilevante.com – Aperto Pasqua-30 settembre

Carta 45/100 €

In un'elegante sala di taglio classico o sulle due terrazze con splendida vista sulla baia, ma c'è anche l'intrigante opzione di alcuni tavoli direttamente in spiaggia sulla sabbia, la cucina si fa contemporanea, indugiando piacevolmente nelle presentazioni. La carta si divide equamente fra terra e mare.

a Riva Trigoso Sud-Est : 2 km – ✉ 16039

X **Asseü**   ⪡ 🌿 P

via G.B. da Ponzerone 2, strada per Moneglia – ☎ 0 18 54 23 42 – www.asseu.it – Chiuso novembre e mercoledì escluso in agosto

Carta 31/64 € – (consigliata la prenotazione)

Piacevole ristorante che oltre ad offrire una posizione invidiabile - strategicamente sulla spiaggia - propone una fragrante cucina di mare. Imperdibile una sosta sulla bella terrazza frontemare.

SESTRI PONENTE – Genova (GE) → Vedere Genova

SETTEQUERCE = SIEBENEICH – Bolzano (BZ) → Vedere Terlano

SETTIMO MILANESE

Milano (MI) – ✉ 20019 – 19 997 ab. – Alt. 134 m – Carta regionale n° **10-B2**

▶ Roma 585 km – Milano 24 km – Brescia 110 km – Bergamo 61 km

Carta stradale Michelin 561-F9

X **CristianMagri**   🌿 AK P
🍴
via Meriggia 3 – ☎ 02 33 59 90 42 – www.cristianmagri.it – Chiuso 2 settimane in agosto, domenica sera e lunedì
🍴
Menu 11 € (pranzo in settimana)/70 € – Carta 30/55 €

Affacciato su un laghetto di pesca sportiva, il locale vanta una location decisamente bucolica, mentre la cucina s'inventa specialità fantasiose e creative: piovra arrostita, burrata e sedano verde - cosciotto di maialino grigliato con melanzana, limone e liquirizia - millefoglie con crema chantilly, cioccolato bianco e luppolo - tra le proposte più "emozionanti". Piatti tradizionali sono invece presentati nell'annesso bistrot. Ottima la pasticceria e i gelati di produzione propria.

SETTIMO TORINESE

Torino (TO) – ✉ 10036 – 47 831 ab. – Alt. 207 m – Carta regionale n° **12-B1**

▶ Roma 698 km – Torino 12 km – Aosta 109 km – Milano 132 km

Carta stradale Michelin 561-G5

Pianta d'insieme di Torino

🏠 **Green Hotel**   ⚜ Là 🔆 ⅙ AK ⚙ P

via Milano 177, Nord-Est: 2 km – ☎ 01 18 00 56 61 – www.green-hotel.it

41 cam ⌂ – ♦60 € ♦♦80 €

Benessere e accoglienza al primo posto. Questa moderna casa di campagna offre ampie camere, ben accessoriate, tutte diverse.

SEVESO

Monza e Brianza (MB) – ✉ 20822 – 23 360 ab. – Alt. 211 m
– Carta regionale n° **10-B2**

▶ Roma 595 km – Como 22 km – Milano 21 km – Monza 15 km

Carta stradale Michelin 561-F9

XXX **La Sprelunga**   🌿 AK 🍸 P
🍴
via Sprelunga 55 – ☎ 03 62 50 31 50 – www.lasprelunga.it – Chiuso 1 settimana in gennaio, 3 settimane in agosto, domenica sera e lunedì

Menu 25 € (pranzo in settimana)/65 € – Carta 36/93 € – (consigliata la prenotazione)

Cucina mediterranea e moderna in un locale di lunga tradizione giunto ormai alla terza generazione. Se il tempo lo permette, prenotate un tavolo nel dehors con affaccio sul piccolo giardino.

SICULIANA
Sicilia – Agrigento (AG) – ✉ 92010 – 4 569 ab. – Alt. 129 m
– Carta regionale n° **17-B2**
▶ Agrigento 19 km – Palermo 124 km – Sciacca 43 km
Carta stradale Michelin 365-AP59

a Siculiana Marina Sud-Ovest : 4 km – ✉ 92010 Siculiana

✗ **La Scogliera**   🖼 & AC
via San Pietro 54 – ✆ *09 22 81 75 32* – *www.ristorantelascogliera.com* – *Chiuso 1°-15 gennaio, domenica sera e lunedì escluso da maggio a ottobre*
Carta 28/53 € – (coperti limitati, prenotare)
Ristorantino a conduzione familiare con una bella terrazza affacciata sul mare. Una risorsa ideale per apprezzare appetitose preparazioni a base di pesce fresco.

SIDDI
Medio Campidano (VS) – ✉ 09020 – 664 ab. – Alt. 184 m
– Carta regionale n° **16-B2**
▶ Cagliari 63 km – Oristano 51 km – Sanluri 15 km
Carta stradale Michelin 566-H8

✗✗✗ **S'Apposentu** (Roberto Petza)   🐝 🍴 🖼 AC
❀ *vico Cagliari 3* – ✆ *07 09 34 10 45* – *www.sapposentu.it* – *Chiuso domenica sera e lunedì in luglio-agosto, anche martedì negli altri mesi*
Menu 60/80 € – Carta 47/73 € – (consigliata la prenotazione)
Un gioiello sperduto nel cuore della Sardegna, ma che merita un viaggio per trovare i sapori perduti di paste artigianali, animali da cortile, mandorle e zafferano dell'isola, pecorini prodotti dal cuoco... è una gustosa cucina di campagna con un occhio al mare.
→ Lasagnette all'uovo con ragù di coniglio tartufato, asparagi selvatici e pecorino giovane. Maialino brado croccante con salsa al cannonau e fagiolini dell'orto al lardo. Ravioli di cioccolato ripieni di gianduia in guazzetto di fragole.

SIDERNO
Reggio di Calabria (RC) – ✉ 89048 – 18 120 ab. – Carta regionale n° **3-B3**
▶ Roma 697 km – Reggio di Calabria 103 km – Catanzaro 93 km – Crotone 144 km
Carta stradale Michelin 564-M30

✗ **La Vecchia Hosteria**   & AC
☺ *via Matteotti 5* – ✆ *09 64 38 88 80* – *www.lavecchiahostaria.com* – *Chiuso mercoledì escluso luglio-agosto*
Carta 30/42 € – (consigliata la prenotazione)
Rustico e accogliente, il locale conserva ancora l'atmosfera di un tempo, mentre la cucina assapora le fragranze del litorale, i profumi del mare, le ricette del territorio: tagliolini al granchio imperiale... giusto per citarne una!

SIENA

(SI) – ✉ 53100 – 53 943 ab. – Alt. 322 m – Carta regionale n° **18-C2**
▶ Roma 230 km – Firenze 68 km – Livorno 116 km – Milano 363 km
Carta stradale Michelin 563-M16

FOTOSEARCH RM / age fotostock

 **Alberghi**

 Grand Hotel Continental   ⬚ ⬚ ⬚ ⬚ ⬚
via Banchi di Sopra 85 – 𝒞 *0 57 75 60 11*   Pianta: D1**a**
– www.niquesahotels.com
49 cam ⬚ – ♦224/279 € ♦♦407/687 € – **2 suites**
All'interno di un palazzo del '600, fatto costruire da Papa Alessandro VII, l'albergo
è impreziosito da affreschi, lampade in porcellana cinese e da una torre medievale riportata ai suoi antichi splendori dopo un accurato restauro. Le camere
sono una riuscita sintesi di antico e moderno.

 Certosa di Maggiano   ⬚ ⬚ ⬚ ⬚ ⬚ ⬚ ⬚
strada di Certosa 82 – 𝒞 *05 77 28 81 80*   Pianta: B2**m**
– www.certosadimaggiano.com – Aperto 1° aprile-31 ottobre
9 cam ⬚ – ♦370 € ♦♦560 € – **8 suites**
Le ex celle dei frati sono state trasformate in belle camere, diverse per tipologia, vista e
arredo: la primitiva sobrietà ha lasciato il posto ad un lusso discreto e aristocratico.
Qualora l'appetito si facesse sentire, snack disponibili tutto il giorno da consumarsi a
seconda della stagione a bordo piscina o sotto le ogive del chiostro principale.

 NH Excelsior   ⬚ ⬚ ⬚ ⬚ ⬚ ⬚ ⬚
piazza La Lizza 1 – 𝒞 *05 77 38 21 11 – www.nh-hotels.it*   Pianta: C1**c**
129 cam ⬚ – ♦160/330 € ♦♦180/345 €
Adiacente allo stadio e al centro storico, hotel di catena dal confort moderno e
attuale: ideale, quindi, per una clientela business, ma anche leisure. Stessa versatilità al ristorante, che propone specialità regionali e piatti nazionali.

 Palazzo Ravizza   ⬚ ⬚ ⬚ ⬚
Piano dei Mantellini 34 – 𝒞 *05 77 28 04 62*   Pianta: C2**b**
– www.palazzoravizza.it – Chiuso 1° gennaio-29 febbraio
35 cam ⬚ – ♦80/150 € ♦♦100/220 € – **4 suites**
Un tuffo nel passato in un'incantevole costruzione del XVII sec. raccolta intorno a un
pittoresco giardinetto; mobilio d'epoca, suggestive camere di monacale semplicità.

 Garden   ⬚ ⬚ ⬚ ⬚ ⬚ ⬚ ⬚ ⬚ ⬚
via Custoza 2 – 𝒞 *05 77 56 71 11 – www.gardenhotel.it*   Pianta: A1**a**
120 cam ⬚ – ♦65/300 € ♦♦80/350 €
Siamo di fronte ad una grande complesso formato dalla villa centrale e da due
grandi dépendance che offrono una vasta gamma di servizi, atti a rendere il soggiorno un momento di grande piacere. Funzionali e – generalmente - spaziose,
richiedete le camere di Casabianca, Poggiarello o Belvedere: più confortevoli di
quelle della villa.

🏠 **Santa Caterina**   🛏️ 🔼 AC 🅿️

via E. S. Piccolomini 7 – ✆ 05 77 22 11 05
– www.hotelsantacaterinasiena.com   Pianta: B2**a**
22 cam 🛆 – 🛉45/155 € 🛉🛉65/245 €
Appena fuori le mura, gradevole villa raccolta intorno a un suggestivo giardino. Al suo interno: collezione di stampe e oggetti vari, nonché camere in stile toscano (alcune soppalcate).

🏠 **Palazzo di Valli**   ← 🛏️ 🔼 ♿ AC 🅿️

via Enea Silvio Piccolomini 135 – ✆ 05 77 22 61 02
– www.palazzodivalli.it – Chiuso 6 gennaio-27 febbraio   Pianta: B2**p**
11 cam 🛆 – 🛉62/99 € 🛉🛉79/179 €
Gestione diretta di schietta ospitalità toscana, in una bella villa del '700 in posizione panoramica: il fascino delle antiche residenze nobiliari aleggia nelle confortevoli camere piacevolmente arredate.

🏠 **Campo Regio Relais**   ← 🔼 AC ⌀

via della Sapienza 25 – ✆ 05 77 22 20 73
– www.camporegio.com – Chiuso 2 gennaio-14 marzo   Pianta: C2**a**
6 cam 🛆 – 🛉150/220 € 🛉🛉190/250 €
Mobili antichi e confort moderni per un soggiorno esclusivo nella contrada del Drago. Una dimora d'epoca - curata e calda - come una lussuosa abitazione privata: meraviglioso terrazzino per le colazioni estive. Se disponibile, richiedete la la camera con vista sulla città!

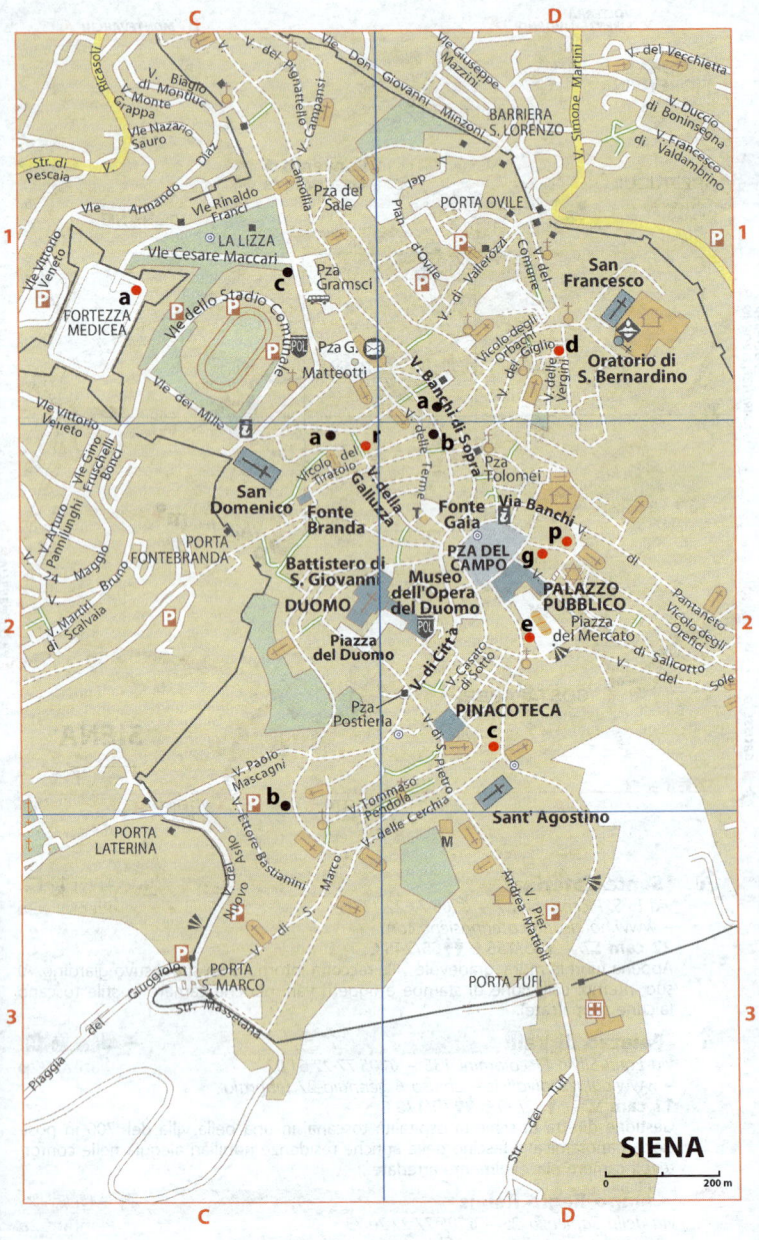

SIENA

0   200 m

Antica Residenza Cicogna

via delleTerme 76 – 📞 *05 77 28 56 13*   Pianta: D2**b**
– www.anticaresidenzacicogna.it
7 cam 🛏 *–* 🛏65/100 € 🛏🛏85/110 €
In un palazzo di origini medievali, camere graziosamente arredate e personalizzate con affreschi ottocenteschi o liberty: una con letto a baldacchino.

Ristoranti

XX **Tre Cristi**

vicolo di Provenzano 1/7 – 📞 *05 77 28 06 08*   Pianta: D1**d**
– www.trecristi.com – Chiuso domenica
Menu 35/65 € – Carta 33/85 €
Ambiente elegante e servizio competente, in questo storico ristorante senese
dove apprezzare lo stuzzicante menu di mare e qualche piatto del territorio.

XX **Porri One**

via Porrione 28 – 📞 *05 77 22 14 42*   Pianta: D2**g**
– www.ristoranteporri-one.it – Chiuso novembre e mercoledì
Carta 54/84 €
Nel cuore della città - a due passi da piazza del Campo - Ermanno, lo chef-
patron, gioca con il nome della via e con i sapori del territorio reinterpretandoli
con gusto e fantasia. Non manca il pesce.

X **Osteria le Logge**

via del Porrione 33 – 📞 *0 57 74 80 13*   Pianta: D2**p**
– www.osterialelogge.it – Chiuso 10 gennaio-3 febbraio e domenica
Carta 44/75 €
Nota trattoria del centro: all'ingresso la cucina a vista, nonché una saletta con alti
mobili a vetri ed atmosfera d'altri tempi, al piano superiore un ambiente più classico. Nel piatto ottima cucina regionale leggermente rivisitata in chiave moderna.
Entusiasmante la carta dei vini.

X **La Taverna di San Giuseppe**

via Giovanni Duprè 132 – 📞 *0 57 74 22 86*   Pianta: D2**c**
– www.tavernasangiuseppe.it
– Chiuso 15-30 gennaio, 20 luglio-3 agosto e domenica
Carta 29/66 € – (consigliata la prenotazione)
Pici al cinghiale, galletto al mattone e pomodorini grigliati, nonché altre specialità
locali, in una rustica taverna nel cuore di Siena: bei tavoli in legno massiccio e
tovagliato di carta all'americana. Da vedere le cantine ricavate nel tufo di un'antica casa etrusca.

X **Trattoria Papei**

piazza del Mercato 6 – 📞 *05 77 28 08 94*   Pianta: D2**e**
Menu 25/30 € – Carta 27/43 € – (consigliata la prenotazione)
Locale raccolto e informale gestito da un'intera famiglia: la mamma in cucina propone i piatti più autentici della Toscana e, dopo aver gustato le prelibatezze della
casa, tutti via ad ammirare la vicina piazza del palio!

X **Millevini**

Fortezza Medicea 1 – 📞 *05 77 24 71 21*   Pianta: C1**a**
– www.ristorantemillevini.it – Chiuso 5-31 gennaio
Carta 29/48 €
Location molto particolare: all'interno del bastione del Forte di Santa Barbara, l'ingresso è in comune con l'Enoteca Italiana (la cui sala espositiva viene anche utilizzata per eventi), sotto alti soffitti in mattoni, la cucina esalta i prodotti del territorio, sebbene non manchi qualche incursione dal mare.

 Il tempo è bello? Concedetevi il piacere di mangiare in terrazza: 🌳

✗ **Zest**   🍷
Costa di Sant'Antonio 13 – ℰ 0 57 74 71 39   Pianta: C2**r**
– www.zestsiena.com – Chiuso martedì escluso 7 aprile-15 ottobre
Carta 35/54 €
Nei pressi del santuario di Santa Caterina, sotto antiche volte, un ristorante al
tempo stesso bistrot e wine-bar dallo stile moderno: la sua cucina è contemporanea, fresca, sfiziosa.

a Santa Regina Est: 2,5 km B2 – ✉ 53100 Siena

🏠 **Frances' Lodge Relais**   🌿 ≤ 🍷 ⊐ 🛁 ⛽ P
*strada Valdipugna 2 – ℰ 3 37 67 16 08 – www.franceslodge.eu – Aperto
16 marzo-9 novembre*
6 cam ⌆ – 🛏140/160 € 🛏🛏200/250 €
Casa immersa nel verde delle colline, impreziosita da un giardino storico in cui
spicca la limonaia. Ambienti di charme e gusto, camere personalizzate ispirate al
viaggio: da sogno!

a Vagliagli Nord-Est : 11,5 km A1 – ✉ 53010

🏘 **Borgo Scopeto Relais**   🏕 🌿 ≤ 🍷 ⊐ 🕘 🛁 ⛽ 🍽 ⊞ ᴋ 🕍 ᴍ P
*strada Comunale 14 n° 18, Località Borgo Scopeto, Sud Est: 5 Km Vagliagli
– ℰ 05 77 32 00 01 – www.borgoscopetorelais.it – Chiuso gennaio-febbraio*
40 cam ⌆ – 🛏200/400 € 🛏🛏200/400 € – **18 suites**
Attorno ad un'antica torre di avvistamento del XIII sec, dove già nel 1700 sono
stati costruiti altri rustici, si snoda questa originale struttura: un vero borgo con
camere personalizzate e curate nei dettagli. Nuovo centro benessere e cantina/
showroom per i prodotti dell'omonima azienda agricola.

✗✗ **La Taverna di Vagliagli**   🌿
*via del Sergente 4 – ℰ 05 77 32 25 32 – www.tavernadivagliagli.com – Chiuso
8-22 gennaio e martedì*
Carta 27/53 € – *(solo a cena escluso sabato ed i giorni festivi)*
In un caratteristico borgo del Chianti, locale rustico molto gradevole, con pietra a
vista e arredi curati; specialità alla brace, cucinate davanti ai clienti.

SIGNATO – Bolzano ➡ Vedere Bolzano

SILANDRO (SCHLANDERS)
Bolzano (BZ) – ✉ 39028 – 5 995 ab. – Alt. 721 m – Carta regionale n° **19-A2**
▶ Roma 699 km – Bolzano 62 km – Merano 34 km – Milano 272 km
Carta stradale Michelin 562-C14

a Vezzano Est : 4 km – ✉ 39028 Silandro

🏠 **Sporthotel Vetzan**   🏕 ≤ 🍷 🖵 ⛽ 🕘 🛁 🍽 ⊞ 🚗
*strada Del Paese 14 – ℰ 04 73 74 25 25 – www.sporthotel-vetzan.com – Aperto
25 marzo-16 novembre*
25 cam – solo ½ P 90/110 € – **1 suite**
Per vacanze nel verde, un albergo immerso tra i frutteti in posizione soleggiata e
tranquilla; zone comuni in stile montano di taglio moderno, spaziose camere
classiche.

🏠 **Vinschgerhof**   🏕 ≤ 🖵 🕘 ⊞ P
*vecchia strada Val Venosta 1 – ℰ 04 73 74 21 13 – www.vinschgerhof.com
– Chiuso 6 gennaio-31 marzo*
41 cam ⌆ – 🛏69/99 € 🛏🛏129/169 €
Fuori dal paese, qui troverete camere di due tipologie, le migliori sono quelle più
recenti e moderne, anche se un po' più costose. La cucina del ristorante attira la
clientela, ma i vini non sono da meno, il proprietario è infatti un appassionato
sommelier!

SILEA

Treviso (TV) – ⊠ 31057 – 10 137 ab. – Carta regionale n° **23-A1**

◪ Roma 541 km – Venezia 26 km – Padova 50 km – Treviso 5 km
Carta stradale Michelin 562-F18

XX **Da Dino** 🏠 AC ⚘ P

*via Lanzaghe 13 – ℰ 04 22 36 07 65 – www.trattoriadadino.com – Chiuso
vacanze di Natale,1 settimana in luglio, martedì sera e mercoledì*
Carta 29/54 €
Locale semplice e familiare: nelle due salette in stile rustico, ma di tono signorile, "scaldate" da uno scoppiettante camino, la carta varia praticamente tutti i
giorni, ma quasi sempre troverete il bollito. Venerdì e sabato, qualche piatto di
pesce in più.

SILVIGNANO – Perugia (PG) ➜ Vedere Spoleto

SILVI MARINA

Teramo (TE) – ⊠ 64028 – 15 571 ab. – Carta regionale n° **1-B1**

◪ Roma 216 km – Pescara 19 km – L'Aquila 114 km – Ascoli Piceno 77 km
Carta stradale Michelin 563-O24

🏨 **Mion** 🏖 ⟨ 🛏 🏊 ☎ AC ⚘ 🚗

*viale Garibaldi 22 – ℰ 08 59 35 09 35 – www.mionhotel.com – Aperto
1° maggio-30 settembre*
59 cam – ♦79/151 € ♦♦104/224 € – � 16 € – **5 suites**
Fronte mare, l'hotel è cinto da un curato giardino, offre piacevoli spazi comuni
arredati con eleganza e gusto coloniale ed alcune camere impreziosite da mobilio
d'epoca. Nell'elegante sala ristorante proposte di cucina italiana; d'estate il servizio è anche nella fiorita terrazza accanto alla piscina.

🏨 **Parco delle Rose** 🏖 ⟨ 🚗 🛏 🏊 ☎ 🎡 AC P

*viale Garibaldi 36 – ℰ 08 59 35 09 89 – www.parcodellerose.it – Aperto
30 maggio-11 settembre*
63 cam ☐ – ♦76/101 € ♦♦106/126 € – **11 suites**
Direttamente sulla spiaggia, bianca costruzione circondata da un profumato giardino di gelsomini e rose, dispone di vasti spazi comuni arredati con pezzi d'antiquariato e semplici camere confortevoli. Prodotti locali e piatti nazionali al
ristorante.

🏨 **Miramare** 🏖 ⟨ 🚗 🛏 🏊 ☎ 🎡 AC

*viale Garibaldi 134 – ℰ 0 85 93 02 35 – www.miramaresilvi.it – Aperto
1° aprile-30 settembre*
55 cam ☐ – ♦35/50 € ♦♦65/110 €
Circondato da un giardino, l'albergo vanta un'atmosfera indiscutibilmente familiare e dispone di campi da gioco e confortevoli camere arredate con gusti differenti. Al ristorante, sobri arredi in calde tonalità, cucina nazionale e piatti di pesce.

SINAGRA

Sicilia – Messina (ME) – ⊠ 98069 – 2 722 ab. – Alt. 260 m
– Carta regionale n° **17-D2**

◪ Catania 107 km – Messina 89 km – Palermo 165 km – Taormina 85 km
Carta stradale Michelin 365-AY55

X **Trattoria da Angelo** ⟨ 🏠 AC P

*strada principale 139 per Ucria, Sud: 2 km – ℰ 09 41 59 44 33
– www.angeloborrello.it – Chiuso lunedì*
Menu 15/25 € – Carta 17/37 € – (consigliata la prenotazione)
Distensivo e indimenticabile il pranzo in veranda: intorno a voi l'intera vallata, al
suo centro un antico torchio per le olive, sul vostro piatto le specialità della Sicilia. Ottime le specialità di carne, provenienti dai propri allevamenti di suino nero
dei Nebrodi.

SINALUNGA

Siena (SI) – ⊠ 53048 – 12 753 ab. – Alt. 364 m – Carta regionale n° **18-C2**
▶ Roma 188 km – Siena 45 km – Arezzo 44 km – Firenze 103 km
Carta stradale Michelin 563-M17

🏠🏠 Locanda dell'Amorosa   🔈 🐾 ⩽ 🛏 ⌱ & AC 🌡 🏔 P

località l'Amorosa, Sud: 2 km – 📞 *05 77 67 72 11 – www.amorosa.it*
– Chiuso 11 gennaio-4 marzo
19 cam ☑ – 💲250/345 € 💲💲280/385 € – **8 suites**
Rist *Davide Canella* – Vedere selezione ristoranti
C'è anche una cappella privata - tuttora consacrata - in questo antico borgo con
casa padronale e fattoria: gli spazi qui si fanno ampi e luminosi, l'arredo rustico,
ma suggestivo. All'esterno, una piscina panoramica tra le colline senesi.

✕✕ Davide Canella – Hotel Locanda Dell'Amorosa   ⩽ 🛏 🗆 ⌱ AC P

località l'Amorosa, Sud: 2 km – 📞 *05 77 72 52 51 – www.davidecanella.it*
– Chiuso 11 gennaio-4 marzo e lunedì
Menu 40/55 € – Carta 40/65 € – (consigliata la prenotazione)
Nelle antiche stalle di un borgo trecentesco, i caratteristici ambienti sono il contorno ideale per chi è alla ricerca della tipica cucina toscana. Quasi tutti i piatti
richiamano il territorio, per prodotti o ricette, la firma è quella di un giovane brillante cuoco.

a Bettolle Est : 6,5 km – ⊠ 53040

✕✕ Walter Redaelli   🚗 🛏 🗆 AC

via XXI Aprile 26 – 📞 *05 77 62 34 47 – www.ristoranteredaelli.it*
Menu 50 € – Carta 40/62 €   **6 cam** ☑ – 💲90/110 € 💲💲130/180 €
In un'antica casa colonica di fine '700 con mattoni a vista, travi al soffitto e un
imponente camino, si celebra la sapida cucina toscana elaborata partendo da
ingredienti locali e con tanta carne. Abbandonatevi al piacere della tavola, comodamente adagiati nelle confortevoli poltroncine.

SINIO

Cuneo (CN) – ⊠ 12050 – 536 ab. – Alt. 357 m – Carta regionale n° **14-C2**
▶ Roma 605 km – Cuneo 63 km – Asti 47 km – Savona 72 km
Carta stradale Michelin 561-I6

🏠🏠 Castello di Sinio   🔈 🐾 ⩽ 🛏 ⊞ AC 🌡

vicolo Castello 1 – 📞 *01 73 26 38 89 – www.hotelcastellodisinio.com – Chiuso*
15 gennaio-15 marzo
13 cam – 💲185/299 € 💲💲215/345 € – ☑ 10 € – **5 suites**
Rist *Pardini Vini et Cucina* – Vedere selezione ristoranti
Ristrutturato nel pieno rispetto della sua storia, l'antico castello troneggia nel centro del piccolo borgo isolato, al suo interno: charme, eleganza e alcuni confort
moderni (wi-fi gratuito, piccola piscina....). Nella corte, un grazioso giardino.

🏠 Agriturismo Le Arcate   🔈 🐾 ⩽ 🛏 ⋇⋇ P

località Gabutto 2 – 📞 *01 73 61 31 52 – www.agriturismolearcate.it – Chiuso*
gennaio e febbraio
8 cam ☑ – 💲55 € 💲💲80 €
Un agriturismo vero e proprio ospitato nella centenaria azienda agricola di famiglia con stanze ampie e luminose, piacevolmente affacciate sulla campagna punteggiata di castelli. Un piccolo sogno a portata di tutti!

✕✕✕ Pardini Vini et Cucina – Hotel Castello di Sinio   AC 🌡

località Castello 1 – 📞 *01 73 26 38 89 – www.hotelcastellodisinio.com – Chiuso*
lunedì e martedì
Carta 50/88 € – *(solo a cena)* (consigliata la prenotazione)
In una romantica sala al primo piano del castello, sarà la proprietaria stessa a
cucinare per voi squisiti piatti langaroli. Considerato, poi, che il piacere della
buona tavola è indissociabile dalla cantina, le migliori etichette della zona nella
carta dei vini.

SINISCOLA

Sardegna – Nuoro (NU) – ✉ 08029 – 11 526 ab. – Alt. 39 m
– Carta regionale n° **16-B1**
▶ Nuoro 47 km – Olbia 57 km
Carta stradale Michelin 366-T40

a La Caletta Nord-Est : 6,5 km – ✉ 08020

 L'Aragosta   ⚘ 🌿 🛋 ⤵ 🅰🅲 ⚙ 🦽 🅿

via Ciusa, 33 – ☎ *07 84 81 07 33* – *www.laragostahotel.it* – *Aperto 1° aprile-31 ottobre*
24 cam ⌧ – †50/150 € ††77/170 €

Alle pendici di Montelongu, una struttura semplice e confortevole propone angoli di lettura nell'ampia hall, spaziose camere moderne e due piscine di cui una per bambini. Specialità di mare, cucina nazionale (anche senza glutine) e tipici piatti della gastronomia sarda presso la sobria sala ristorante.

SIRACUSA

(SR) – ✉ 96100 – 122 503 ab. – Carta regionale n° **17-D3**
▶ Catania 59 km
Carta stradale Michelin 365-BA61 – Guida Verde Michelin SICILIA

J. Arnold / hemis.fr

● **Alberghi**

🏨 **Des Etrangers et Miramare**

passeggio Adorno 10/12, Ortigia – ☏ 09 31 31 91 00   Pianta: C3**h**
– www.desetrangers.it – Chiuso 3 novembre-18 dicembre e
4 gennaio-5 marzo
74 cam � – ♦85 € ♦♦255 €
Tornato ai fasti del passato, un hotel di tradizione che non ha perso l'eleganza e
la raffinatezza di un tempo. Spazi generosi nelle camere e negli ambienti comuni.
Ristorante roof-garden con vista affascinante sulla città.

🏨 **Grand Hotel Ortigia**

viale Mazzini 12, Ortigia – ☏ 09 31 46 46 00   Pianta: C2**c**
– www.grandhotelortigia.it
56 cam ⊔ – ♦135/170 € ♦♦190/320 € – **2 suites**
Qui le camere, così come gli spazi comuni, riescono a fondere e a comprendere in
modo mirabile, elementi di design contemporaneo, reperti classici e decorazioni
moderne. Il ristorante roof-garden offre una vista panoramica eccezionale sulla
città e sul mare.

🏨 **Grand Hotel Villa Politi**

via Politi Laudien 2 – ☏ 09 31 41 21 21   Pianta: C1**a**
– www.villapoliti.com
97 cam ⊔ – ♦70/120 € ♦♦95/200 € – **3 suites**
Nello spettacolare contesto del parco delle Latomie dei Cappuccini, una villa
liberty che ospita ambienti comuni sontuosi, stanze ampie, eleganti e (molte)
panoramiche. Al ristorante ritroverete ancora l'atmosfera di una certa nobile e raffinata "sicilianità".

🏨 **Algilà**

via Vittorio Veneto 93, Ortigia – ☏ 09 31 46 51 86   Pianta: D2**e**
– www.algila.it – Chiuso 7-31 gennaio
52 cam ⊔ – ♦120/160 € ♦♦140/220 €
Albergo di charme all'interno di una residenza dove un'attenta ristrutturazione ha valorizzato le vecchie mura e particolari storici. Arte povera e qualche pezzo d'antiquariato impreziosiscono le camere, mentre il piccolo giardino d'inverno con una gorgogliante fontana rimanda inevitabilmente ad
atmosfere moresche. Prestigiosa dépendance in uno splendido edificio
barocco del '700.

Cavalieri

via Malta 42 – ℰ 09 31 48 36 35   Pianta: C2**g**
– www.hotelcavalierisiracusa.it – Chiuso dicembre-febbraio
22 cam ⌨ – ♦100/160 € ♦♦130/180 € – **1 suite**
Palazzo ottocentesco riconvertito in piccolo e grazioso albergo di charme, dove
l'intrigante design - curato dal patron architetto - fonde classico e moderno in
ambienti luminosissimi. Bella terrazza roof garden.

Royal Maniace

lungomare d'Ortigia 13, Ortigia – ℰ 0 93 16 74 37   Pianta: D3**p**
– www.maniacehotel.it
21 cam ⌨ – ♦70/110 € ♦♦85/180 € – **2 suites**
Siracusa è una città di mare, che nello specchio blu si allunga con l'isola di
Ortigia. Su questo splendido fazzoletto di terra si trova Royal Maniace, bella
struttura ricavata da un palazzo trecentesco dove mura antiche accolgono
arredi dalle linee più moderne. Le camere più ambite sono quelle affacciate
sullo Ionio.

UNA Hotel One

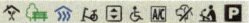

via Diodoro Siculo 4, per piazza Cappuccini - D1 – ℰ 09 31 41 13 55
– www.unahotels.it
44 cam ⌨ – ♦69/139 € ♦♦89/189 €
Tutto fuorché convenzionale, questo hotel moderno che offre servizi curati nel
dettaglio, belle camere ed un centro benessere di alto livello. Nelle camere predominano i colori della scacchiera, mentre la splendida terrazza diventa il luogo
ideale per aperitivi modaioli.

Livingston

via Nizza 17, Ortigia – ℰ 09 31 46 38 30   Pianta: D3**s**
– www.livingstonhotel.it – Aperto 1° marzo-30 novembre
17 cam ⌨ – ♦90/150 € ♦♦130/220 €
Il blu del mare davanti ai vostri occhi e al suo interno eleganza classica con arredi
in stile, camere molto curate ed un grazioso centro benessere. Sfiziose ricette di
mare nel panoramico ristorante al roof garden.

Antico Hotel Roma 1880

via Roma 66, Ortigia – ℰ 09 31 46 56 30   Pianta: D3**f**
– www.hotelromasiracusa.it – Aperto 1° marzo-31 ottobre
45 cam ⌨ – ♦100/110 € ♦♦130/140 €
Nel cuore di Ortigia, proprio alle spalle del Duomo, un albergo che si propone
con una veste che miscela stile moderno con tocchi retrò. Appuntamento con
i sapori locali al ristorante Monzù: pesce fresco, piatti tradizionali e un pizzico
di fantasia.

Domus Mariae e Domus Mariae Benessere

via Vittorio Veneto 76/89, Ortigia – ℰ 0 93 16 00 87   Pianta: D2**d**
– www.domusmariaebenessere.com
32 cam ⌨ – ♦50/199 € ♦♦69/299 €
E' nelle mani delle Suore Orsoline la gestione di queste due strutture sul lungomare, adiacenti e gemelle, che condividono il ristorante sito nel Domus Mariae
Benessere (unico con ascensore). Impostazione classica, ma attrezzatissima spa,
ampie anche le camere.

Gutkowski

lungomare Vittorini 18, Ortigia – ℰ 09 31 46 58 61   Pianta: D2**x**
– www.guthotel.it – Chiuso 7 gennaio-19 febbraio
25 cam ⌨ – ♦60/80 € ♦♦80/110 €
La piccola, ma panoramica, terrazza-solarium dove in estate si offrono granite,
l'accogliente e caratteristico spazio comune a piano terra, la cura dei particolari,
associata ad una certa ricerca estetica fanno sì che la fama di questo hotel risuoni
anche all'estero. Di nuovo, il ristorante.

SIRACUSA

0 — 300 m

Artemision . . . . A
Galleria civica
   d'Arte Contemporanea . . . . . . B
Museo Aretuseo dei Pupi . . . . . N
Palazzo
   Mergulese-Montalto . . . . R
Palazzo del Senato . . . . E

1

MARE   IONIO

PORTO
PICCOLO

ISOLA
DI ORTIGIA

2

ORTIGIA

Tempio
di Apollo

S.
Pietro

Mastrarua
S. Filippo Neri

S. Francesco
all'Immacolata

Porta Marina

Belvédère
S. Giacomo

Chiesa dei Gesuiti

Pal. Beneventano
del Bosco

Miqwè

Forte Vigliena

Passeggio
Adorno

Piazza
Duomo

Duomo

S.
Lucia

S. Benedetto

IONIO

Fonte
Aretusa

Pal. Bellomo

San Martino

Spirito Santo

3

Piazza F.
S. Svevia

Castello Maniace

Giuggiulena
via Pitagora da Reggio 35 – ☎ *09 31 46 81 42*   Pianta: D1**b**
– www.giuggiulena.it – Chiuso 10 gennaio-10 febbraio
6 cam ⌁ *–* ♦70/105 € ♦♦90/140 €
In splendida posizione sul blu del Mediterraneo, che si vede da ogni camera, una casa gestita in modo simpatico e caloroso. Discesa diretta a mare, per un tuffo dagli scogli.

● Ristoranti

XXX Don Camillo
via Maestranza 96, Ortigia – ☎ *0 93 16 71 33*   Pianta: D3**a**
– www.ristorantedoncamillosiracusa.it – Chiuso 10-31 gennaio, 15 giorni in luglio, domenica e i giorni festivi
Menu 35/55 € – Carta 42/78 €
Soffitti a volta, pietre a vista e un servizio di sala numeroso ed attento, sono le caratteristiche più salienti di questo ristorante, dove mare e terra di Sicilia s'incontrano nel piatto; anche la cantina non passa inosservata.

XX Porta Marina
via dei Candelai 35, Ortigia – ☎ *0 93 12 25 53*   Pianta: C2**q**
– www.ristoranteportamarina.135.it – Chiuso 1°-13 febbraio e lunedì
Menu 35/50 € – Carta 27/61 € – (consigliata la prenotazione la sera)
In un edificio del 1400 lasciato volutamente spoglio, in modo da evidenziare le pietre a vista e il soffitto a volte a crociera, il locale si è imposto come uno degli indirizzi più eleganti di Siracusa. Cucina promettente con alcune preparazioni, che si sbilanciano verso elaborazioni e personalismi ben riusciti.

XX Regina Lucia
piazza Duomo 6, Ortigia – ☎ *0 93 12 25 09*   Pianta: C3**b**
– www.reginalucia.it – Chiuso novembre e martedì
Menu 50/65 € – Carta 40/72 € – (solo a cena)
Tra archi in tufo e mobili di design, una cucina siciliana rivisitata, per un locale dalla splendida location nella piazza Duomo di Ortigia.

X Al Mazarì
via Torres 7/9, Ortigia – ☎ *09 31 48 36 90*   Pianta: D3**n**
– www.almazari.com – Chiuso 15 gennaio-28 febbraio e domenica in inverno
Menu 50 € – Carta 29/69 €
Parentesi gastronomica trapanese nel cuore di Siracusa, tra cous cous e pasta con le sarde, in un menu scritto scherzosamente in dialetto siciliano (ma con traduzioni).

X O' Scinà
Via D. Scinà 12 – ☎ *0 93 16 46 67 – www.trattoriaoscina.it*   Pianta: C2**a**
– Chiuso martedì
Carta 30/32 € – (consigliata la prenotazione)
Pareti in pietra fanno da cornice ad un localino giovane ed accogliente nel cuore dell'Ortigia, mentre la cucina propone specialità regionali in chiave contemporanea.

verso Lido Arenella Sud direzione Ragusa A3

Grand Hotel Minareto
via del Faro Massolivieri 26/a, 7,8 km per Ragusa - A3 ✉ *96100 Siracusa*
– ☎ *09 31 72 12 22 – www.grandhotelminareto.it*
81 cam ⌁ *–* ♦190 € ♦♦450 € *–* **4 suites**
Atmosfera medio-orientale già annunciata nel nome, in questo resort che occupa un intero promontorio. Elegante e con spiaggia privata, le camere si trovano in intime strutture disseminate un po' ovunque. Impreziosito da boiserie e intarsi in marmo, il ristorante Nesos propone una cucina in bilico tra territorio e modernità.

Dolce Casa ⚘ � **AK** **P** 🚭

via Lido Sacramento 4, 4 km per Noto - A3 ✉ *96100 Siracusa –* ☎ *09 31 72 11 35*
– www.bbdolcecasa.it
10 cam ⊑ – ♦40/60 € ♦♦60/80 €

Piacevole struttura a metà strada tra la città e le spiagge, attorniata da un giardino mediterraneo, inserita in un'oasi di tranquillità: per un soggiorno rilassante.

sulla strada provinciale 14 Mare Monti direzione Caltagirone A1

 Lady Lusya ✿ ⚘ 🚵 ⌁ 🚶 **AK** **P**

località Spinagallo 16, Sud-Ovest: 14 km - A3 – ☎ *09 31 71 02 77*
– www.ladylusya.it – Aperto 1° marzo-31 ottobre
19 cam ⊑ – ♦60/80 € ♦♦90/135 € – **2 suites**

Masseria settecentesca, poi anche residenza vescovile, Lady Lusya si trova in splendida collocazione per scoprire allo stesso tempo Siracusa, il mare di Fontane Bianche, ma soprattutto la Sicilia agreste. In un crogiolo di limoni, l'arrivo in questa villa borbonica è trionfante e mozzafiato, tanto è splendida la facciata che intervalla pietra ed intonaco. Anche gli spazi interni non tradiscono l'impressione di trovarsi in un'aristocratica casa di campagna, particolarmente suggestivo il moltiplicarsi di scale ed archi a disegnare prospettive e labirinti.

 Agriturismo Limoneto ✿ ⚘ 🚵 ⌁ 🚶 **AK** 🚭 **P**

via del Platano 3, Sud-Ovest: 9,5 km - A3 – ☎ *09 31 71 73 52 – www.limoneto.it*
– Chiuso novembre
10 cam ⊑ – ♦50/70 € ♦♦80/100 €

Hanno accesso indipendente le camere di questo agriturismo in aperta campagna, attorniato da un rigoglioso giardino-agrumeto biologico. Se cercate tranquillità e relax, questo è l'esercizio che farà per voi!

SIRIO (Lago) – Torino ➜ Vedere Ivrea

Sirmiano di Sopra ➜ Collegare a NÀLLES / NALS

SIRMIONE

(BS) – ✉ 25019 – 8 128 ab. – Carta regionale n° **9-D1**

▶ Roma 524 km – Brescia 39 km – Verona 35 km – Bergamo 86 km
Carta stradale Michelin 561-F13

Alexandralawi1977 / iStock

🔴 Alberghi

Villa Cortine Palace Hotel

*viale C. Gennari 2 – ☎ 03 09 90 58 90 – www.palacehotelvillacortine.com
– Aperto 24 marzo-16 ottobre*
54 cam – ♦330/772 € ♦♦330/824 €
Nel centro storico, una villa ottocentesca in stile neoclassico all'interno di uno splendido grande parco digradante sul lago; incantevoli interni di sobria eleganza. Raffinatezza e classe nell'ampia sala da pranzo: se il clima lo permette, optate per il romantico servizio all'aperto.

Grand Hotel Terme

*viale Marconi 7 – ☎ 03 09 90 49 22 – www.termedisirmione.com – Chiuso
10 gennaio-9 marzo*
55 cam ☷ – ♦142/340 € ♦♦230/492 € – **1 suite**
Appena fuori dal centro storico, un giardino in riva al lago con piscina impreziosisce questa bella struttura panoramica: colori vivaci negli interni arredati con gusto, wellness completo e area congressi. Comodi a tavola per ammirare il paesaggio lacustre e per assaporare la tradizione mediterranea.

Olivi

*via San Pietro 5 – ☎ 03 09 90 53 65 – www.hotelolivi.com – Aperto
5 febbraio-6 dicembre*
60 cam ☷ – ♦118 € ♦♦230 €
In posizione panoramica - tra il centro e le grotte di Catullo - sfugge al caos turistico ed offre belle camere immerse nel verde, nonché una nuova zona benessere con piscina termale e trattamenti di vario genere. Ampia sala da pranzo di tono elegante, utilizzata anche per banchetti.

Continental

*via Punta Staffalo 7/9 – ☎ 03 09 90 57 11 – www.continentalsirmione.com
– Chiuso 15 novembre-15 marzo*
54 cam ☷ – ♦135/240 € ♦♦135/340 € – **2 suites**
Sulla punta della penisola di Sirmione, hotel di taglio contemporaneo dagli arredi razionali, modernamente lineari. Recentemente potenziata, la zona benessere vanta ora anche una nuova piscina termale.

Eden

*piazza Carducci 18/19 – ☎ 0 30 91 64 81 – www.hoteledensirmione.it – Aperto
15 marzo-30 novembre*
30 cam ☷ – ♦80/165 € ♦♦95/180 €
In pieno centro, hotel moderno e di design caratterizzato da camere belle e confortevoli; solarium sul pontile affacciato sulle azzurre acque del lago.

Catullo

piazza Flaminia 7 – ℰ 03 09 90 58 11 – www.hotelcatullo.it – Aperto 15 marzo-3 novembre
57 cam ⌷ – ♦70/110 € ♦♦100/150 €
Spazi comuni curati e belle camere, da preferire quelle con vista lago, in uno dei più antichi alberghi di Sirmione annoverato tra i "Locali storici d'Italia". Affacciato sul suggestivo giardino che ricorda antichi fasti, il ristorante propone la cucina nazionale.

 Marconi

via Vittorio Emanuele II° 51 – ℰ 0 30 91 60 07 – www.hotelmarconi.net – Aperto 27 febbraio-20 novembre
29 cam ⌷ – ♦50/120 € ♦♦85/145 €
Nel centro storico e, al tempo stesso, direttamente sul lago, hotel a conduzione familiare che ha saputo rinnovarsi negli anni, offre ora piacevoli e calde zone comuni. La cucina è curata direttamente dai titolari.

 Du Lac

via 25 Aprile 60 – ℰ 0 30 91 60 26 – www.hoteldulacsirmione.com – Aperto 26 marzo-11 ottobre
35 cam ⌷ – ♦70/120 € ♦♦85/175 €
Gestione diretta d'esperienza in un hotel classico, in riva al lago, dotato di spiaggia privata; zone comuni con arredi di taglio moderno stile anni '70, camere lineari. Fresca sala da pranzo, affidabile cucina d'albergo.

 Pace

piazza Porto Valentino – ℰ 03 09 90 58 77 – www.pacesirmione.it – Chiuso 2 novembre-8 dicembre e 6 gennaio-14 febbraio
22 cam ⌷ – ♦50/100 € ♦♦80/150 €
Nel centro storico e fronte lago, una dimora dei primi '900 dagli interni vagamente british: un dedalo di corridoi e scale in cui si è cercato di preservare gli elementi d'epoca. Prima colazione a buffet, ricca e variegata.

 Villa Rosa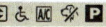

via Quasimodo 4 – ℰ 03 09 19 63 20 – www.hotel-villarosa.com – Aperto 1° marzo-30 novembre
14 cam – ♦61/68 € ♦♦74/89 € – ⌷ 14 €
Camere dotate di balcone e di ogni confort tecnologico, in questo hotel recentemente ristrutturato nelle immediate vicinanze del centro storico: raggiungibile a piedi o con le biciclette dell'albergo (noleggio gratuito).

 Corte Regina

via Antiche Mura 11 – ℰ 0 30 91 61 47 – www.corteregina.it – Aperto 1° aprile-31 ottobre
14 cam ⌷ – ♦70/90 € ♦♦80/130 € – **2 suites**
Nel centro storico, adiacente al castello, piccola struttura a carattere familiare con camere di semplice confort; la sala mansardata per la prima colazione offre una romantica vista sui tetti.

🔴 Ristoranti

ⵝⵝⵝ **La Rucola** (Gionata Bignotti)
✿
vicolo Strentelle 7 – ℰ 0 30 91 63 26 – www.ristorantelarucola.it – Chiuso gennaio e giovedì
Menu 80/120 € – Carta 66/119 €
In un vicolo del centro, è il ristorante per le grandi occasioni tra candelabri, tappeti e un tocco rustico nelle pietre a vista. Cucina creativa prevalentemente di mare.
➜ Aragosta con mela verde e caviale. Ricciola cotta in acqua di finocchio con capperi, ravanelli e pomodori secchi. Mandorla, granita al caffè e panna montata

ⵝⵝⵝ **La Speranzina**
via Dante 16 – ℰ 03 09 90 62 92 – www.lasperanzina.it – Chiuso lunedì escluso marzo-ottobre
Menu 82/120 € – Carta 70/152 €
Vicino al castello e con il lago che sembra una cartolina, gli ambienti ammiccano alla campagna provenzale mentre la cucina sforna piatti creativi e ricercati.

XxX Tancredi N ⟨ 🚲 🛏 ⛶ AC P

via XXV Aprile 75 – ℰ 03 09 90 43 91 – www.tancredi-sirmione.com – Chiuso 2 gennaio-14 febbraio e lunedì escluso 15 giugno-5 settembre
Menu 50/80 € – Carta 47/114 €
Ad un chilometro dal centro, moderno ristorante dove ci si può accomodare per un drink attendendo il tavolo o subito dopo per l'ammazzacaffè. La gradevolezza della location a bordo lago, è un ulteriore punto a favore di questo locale. Cucina contemporanea, non scevra di creatività.

XX Trattoria Antica Contrada ⛶ AC

via Colombare 23 – ℰ 03 09 90 43 69 – www.ristoranteanticacontrada.it – Chiuso 2-30 novembre, martedì a mezzogiorno e lunedì
Menu 27/35 € – Carta 41/68 €
Lungo la penisola - a 2 km dal centro - le tradizionali specialità lacustri sono oggi affiancate da piatti di terra e di mare. Se il tempo lo permette, optate per l'intimo dehors.

XX Risorgimento 🐝 ⛶ AC ⟺

piazza Carducci 5/6 – ℰ 0 30 91 63 25 – www.risorgimento-sirmione.com – Chiuso 1° gennaio-13 febbraio e martedì escluso giugno-settembre
Menu 55/100 € – Carta 52/124 €
Una cucina dall'ampio respiro e d'ispirazione contemporanea, in un ristorante elegante con dehors sulla centrale piazza Carducci. Prestigiose etichette ammiccano dagli scaffali della saletta-enoteca al primo piano.

a Colombare di Sirmione Sud : 3,5 km – ✉ 25019

🏠 **Europa** N 🌊 ⟨ 🚲 🛏 🗗 AC 🛎 P

via Liguria 1 – ℰ 0 30 91 90 47 – www.europahotelsirmione.it – Aperto 1° marzo-15 ottobre
25 cam ⛱ – ☝70/80 € ☝☝100/155 €
Nell'affascinante penisola di Sirmione, l'hotel Europa si trova proprio in riva al lago, abbellito da un curato giardino di rose ed ulivi dove trova posto anche un'immensa piscina, ma c'è anche una spiaggetta privata attrezzata con lettini ed ombrelloni. E le camere, vi domanderete? Anch'esse, assolutamente, all'altezza della situazione!

a Lugana Sud-Est : 5 km – ✉ 25019 Colombare Di Sirmione

🏠 **Bolero** 🛏 🗗 AC 🛎 P

via Verona 254 – ℰ 03 09 19 61 20 – www.hotelbolero.it – Chiusoi dicembre e gennaio
8 cam ⛱ – ☝60/100 € ☝☝80/150 €
Sembra di essere in una casa privata in questo tranquillo e intimo albergo familiare; spazi comuni in stile rustico, abbelliti da quadri, camere confortevoli.

SIROLO

Ancona (AN) – ✉ 60020 – 4 023 ab. – Carta regionale n° **11-D1**
▶ Roma 304 km – Ancona 18 km – Loreto 16 km – Macerata 43 km
Carta stradale Michelin 563-L22

🏠🏠 **Sirolo** ☆ ⟨ 🗗 🎐 🗗 ♿ AC 🎿 P

via Grilli 26 – ℰ 07 19 33 06 65 – www.hotel-sirolo.eu – Aperto 1° aprile-31 ottobre
31 cam ⛱ – ☝35/150 € ☝☝70/250 €
All'interno del Parco del Conero, costruita nel cuore della città (ma con bus navetta per le spiagge), una moderna risorsa che ospita ambienti dai caldi colori mediterranei ed accoglienti camere, qualcuna con letto a baldacchino. Specialità marinare al ristorante Sassi Neri.

🏠🏠 **Locanda Rocco** ☆ 🗗 AC 🎿

via Torrione 1 – ℰ 07 19 33 05 58 – www.locandarocco.it
7 cam ⛱ – ☝125/170 € ☝☝125/170 €
Rist *Rocco* – Vedere selezione ristoranti
Tra le mura di una locanda trecentesca del centro, una struttura a gestione giovane e moderna: all'interno spazi comuni minimi, ma stanze di design accattivante e dai colori vivaci.

Valcastagno

via Valcastagno 12 – ℰ 07 17 39 15 80 – www.valcastagno.it – Aperto
1° marzo-15 novembre
8 cam ⚲ – 👤60/140 € 👤👤75/140 €
Ricavato in una casa colonica e immerso nella natura incontaminata del Parco,
un piccolo hotel con camere accoglienti e graziose sapientemente arredate in
ferro battuto.

 Rocco – Hotel Locanda Rocco

via Torrione 1 – Aperto Pasqua-30 ottobre; chiuso martedì escluso
15 giugno-15 settembre
Carta 30/40 € – (coperti limitati, prenotare)
Come ogni locanda che si rispetti, anche questa ha il suo ristorantino e, per
giunta, carino! In un tipico edificio in pietra marchigiano, un'intelligente e stuzzicante selezione di piatti di pesce, a cui si accompagna una buona scelta enologica (siamo in terra di Verdicchio).

al monte Conero (Badia di San Pietro) Nord-Ovest : 5,5 km – ✉ 60020
Sirolo – Alt. 572 m

 Monteconero

via Monteconero 26 – ℰ 07 19 33 05 92 – www.hotelmonteconero.it – Aperto
1° aprile-2 novembre
60 cam ⚲ – 👤76/168 € 👤👤110/168 € – **10 suites**
In posizione isolata nel bosco del parco a picco sul mare, nacque nel 1400 come
convento e ancor oggi il soggiorno è all'insegna del silenzio e della natura. Molti i
confort, tra cui, oltre alla sauna, la sala per i massaggi. La panoramica sala ristorante propone piatti legati alla tradizione locale.

SISTIANA – Trieste (TS) → Vedere Duino Aurisina

SIUSI ALLO SCILIAR (SEIS AM SCHLERN)
Bolzano (BZ) – ✉ 39040 – Alt. 988 m – Carta regionale n° **19-C2**
▶ Roma 664 km – Bolzano 24 km – Bressanone 29 km – Milano 322 km
Carta stradale Michelin 562-C16

 Activehotel Diana

via San Osvaldo 3 – ℰ 04 71 70 40 70 – www.hotel-diana.it
– Aperto 18 dicembre-30 marzo e 28 maggio-22 ottobre
51 cam ⚲ – 👤79/114 € 👤👤148/258 € – **3 suites**
Vicino al centro ma con diverse camere già rivolte verso il verde e i monti, si compone di due parti distinte: la casa principale, con ampie e confortevoli camere, e
una dépendance per chi vuole contenere i costi in camere comunque dignitose.

 Europa

piazza Oswald Von Wolkenstein 5 – ℰ 04 71 70 61 74
– www.wanderhoteleuropa.com – Chiuso 2 aprile-19 maggio e
1° novembre-18 dicembre
32 cam – solo ½ P 85/135 € – **2 suites**
Gli eleganti saloni coniugano la tradizione tirolese con il design moderno. Camere
più classiche, luminose ed accoglienti, bel centro benessere con immancabile
zona relax. Cucina altoatesina al ristorante.

⌂ **Silence & Schlosshotel Mirabell**

via Laranza 1, Nord: 1 km – ℰ 04 71 70 61 34 – www.hotel-mirabell.net
– Aperto 20 dicembre-25 marzo e 25 maggio-15 ottobre
37 cam ⚲ – 👤160 € 👤👤360 €
In zona defilata e molto tranquilla, fra le alte vette, una bella casa con spaziose ed
accoglienti salette per il relax, nonché un grande giardino con piscina dal quale
ammirare il profilo dei monti.

⌂ Schwarzer Adler ✿ 🍴 🔒 🐾 📺 ♿ 🅿

via Laurin 7 – ☎ 04 71 70 61 46 – www.hotelaquilanera.it
– Aperto 19 dicembre-29 marzo e 27 maggio-16 ottobre
23 cam 🛏 – †75/145 € ††118/208 € – **2 suites**
Nel cuore della località, una bianca struttura che ospita un albergo di antica tradizione rinnovato nel tempo; camere confortevoli con graziosi arredi in legno chiaro. La cucina offre piatti saldamente legati al territorio.

SIZZANO

Novara (NO) – ✉ 28070 – 1 446 ab. – Alt. 225 m – Carta regionale n° **12-C2**
▶ Roma 641 km – Stresa 50 km – Biella 42 km – Milano 66 km
Carta stradale Michelin 561-F13

✗✗ Impero 🍴 🄰🄲 ⟳

via Roma 13 – ☎ 03 21 82 05 76 – www.ristoranteimpero.eu – Chiuso
27 dicembre-5 gennaio, 3 settimane in agosto, domenica sera e lunedì
Carta 37/60 €
Due sorelle, due interessi, un unico obiettivo: soddisfare l'ospite alla loro tavola, grazie ai preziosi suggerimenti di chi dal 1933 le ha precedute. Ambiente curato e piccolo giardino per il servizio estivo; cucina del territorio.

SOAVE

Verona (VR) – ✉ 37038 – 7 111 ab. – Alt. 40 m – Carta regionale n° **23-B3**
▶ Roma 524 km – Verona 22 km – Milano 178 km – Rovigo 76 km
Carta stradale Michelin 562-F15

⌂ Roxy Plaza 🛁 📺 ♿ 🄰🄲 � 🏋 🚗

via San Matteo 4 – ☎ 04 56 19 06 60 – www.hotelroxyplaza.it
43 cam 🛏 – †63/129 € ††78/189 €
In pieno centro, albergo moderno dagli ambienti luminosi e ai piani piacevoli camere, alcune con vista sul castello.

🏠 Damaranto Residenza e Cucina ✿ 🍴 📺 ♿ 🄰🄲 ✂ 🅿

corso Vittorio Emanuele 50 ✉ 37038 Soave – ☎ 04 56 19 07 01
– www.damaranto.com – Chiuso 10 giorni in gennaio e settembre
6 cam 🛏 – †80/120 € ††90/140 €
Nel cuore della località, il grande senso estetico di questa bella villa si esprime nell'armoniosa fusione di antico e moderno. Interessanti proposte gastronomiche, dove la tradizione si veste di attualità.

✗✗ Locanda Lo Scudo ⇦ 🍴 🄰🄲 ✂ 🅿

via Covergnino 9 – ☎ 04 57 68 07 66 – www.loscudo.vr.it – Chiuso
20-30 settembre
Carta 39/66 € – *(chiuso lunedì)* (consigliata la prenotazione)
4 cam 🛏 – †65 € ††80 €
L'indirizzo giusto dove assaporare la gustosa cucina del territorio nel dehors con giardino d'inverno o nella raccolta saletta dai soffitti in legno. Il centro storico è a due passi.

✗ Enoteca Realda 🄰🄲 ✂

👺 *piazza Giuliano Castagnedi 2 – ☎ 04 56 60 06 24 – www.enotecarealda.it*
– Chiuso sabato a mezzogiorno e martedì
Carta 30/59 €
Piccolo e moderno locale, simile ad un wine-bar, la cui giovane gestione propone una cucina della tradizione - come la parmigiana di melanzane - affiancata da piatti unici ironicamente chiamati "fast food": hamburger, piadina e club sandwich.

✗ Al Gambero ⇦

corso Vittorio Emanuele 5 – ☎ 04 57 68 00 10 – www.ristorantealgambero.it
– Chiuso 1 settimana in gennaio e agosto
Carta 24/43 € – *(chiuso martedì sera e mercoledì)* **12 cam** 🛏 – †40 € ††60 €
Sorto come locanda nella seconda metà dell'800, questo edificio storico ospita un'ampia sala, accogliente e rustica, dove gustare i piatti della tradizione veneta, di terra e di mare. Graziose le camere, arredate con mobili d'epoca. Qualche piatto e i dolci per un pasto veloce nella semplice osteria wine-bar.

SOCI – Arezzo (AR) ➜ Vedere Bibbiena

SOGHE – Vicenza (VI) ➜ Vedere Arcugnano

SOIANO DEL LAGO

Brescia (BS) – ✉ 25080 – 1 880 ab. – Alt. 196 m – Carta regionale n° **9-D1**

▶ Roma 538 km – Brescia 27 km – Mantova 77 km – Milano 128 km

Carta stradale Michelin 561-F13

XX **Villa Aurora**   ≤ 🏞 AK P

via Ciucani 1/7 – 🕽 03 65 67 41 01 – www.ristorantevillaaurora.it – Chiuso
mercoledì
Menu 30 € – Carta 27/45 €
Splendida vista sul lago in un locale signorile, che propone tante specialità regionali rivisitate con estro. Un esempio? Tagliolini di farina integrale con verdure
croccanti e olio extravergine d'oliva, coregone gratinato con dadini di melanzane,
pomodori, capperi e basilico.

SOLANAS – Cagliari (CA) ➜ Vedere Villasimius

SOLDA (SULDEN)

Bolzano (BZ) – ✉ 39029 – Alt. 1 906 m – Carta regionale n° **19-A2**

▶ Roma 733 km – Sondrio 115 km – Bolzano 96 km – Merano 68 km

Carta stradale Michelin 562-C13

🏠 **Sporthotel Paradies Residence**   ⚡ ≤ 🕤 🅦 Ⅰ🗟 🖪 ⅃ 🚗

via Principale 87 – 🕽 04 73 61 30 43 – www.sporthotel-paradies.com
– Aperto 20 giugno-26 settembre e 20 novembre-1° maggio
58 cam – solo ½ P 70/160 € – **2 suites**
Risorsa dall'affidabile gestione per una vacanza all'insegna di una genuina atmosfera di montagna. Tutti gli spazi offrono un buon livello di confort, soprattutto le
camere. Sala ristorante ricca di decorazioni.

🏠 **Cristallo**   ⚡ ≤ 🍺 🗟 🕤 🅦 Ⅰ🗟 🖪 🏃 🚗

Solda 31 – 🕽 04 73 61 32 34 – www.cristallo.info
– Aperto 21 novembre-30 aprile e 16 giugno-14 settembre
37 cam ⌑ – †70/110 € ††130/180 €
In posizione centrale e panoramica, albergo ammodernato con spazi comuni
luminosi e confortevoli. Centro benessere ben ristrutturato, camere spaziose.
Ristorante con annessa stube tirolese.

🏠 **Eller**   ⚡ 🕊 ≤ 🍺 🗟 🅦 Ⅰ🗟 🖪 🏃 🍴 🚗

Solda 15 – 🕽 04 73 61 30 21 – www.hoteleller.com
– Aperto 15 novembre-1° maggio e 15 giugno-25 settembre
44 cam – solo ½ P 65/90 € – **6 suites**
Una struttura che brilla per generosità di spazi sia negli ambienti comuni sia nelle
camere, ma anche nel centro benessere con sauna tirolese, bagno turco e alle
erbe di Solda, attrezzata palestra, piscina coperta ed idromassaggio. La sua posizione ha il privilegio di essere panoramica.

🏠 **Parc Hotel**   ⚡ 🕊 🍺 ⅃ 🗟 🕤 🅦 Ⅰ🗟 🖪 ⅃ P

Kirch Weg 130 – 🕽 04 73 61 31 33 – www.parc-hotel.it – Aperto
1° novembre-1° maggio e 15 giugno-25 settembre
50 cam ⌑ – †60/100 € ††100/160 € – **2 suites**
A lato degli impianti di risalita, pur rimanendo in centro, una gran bella struttura
con camere, rinnovate e molto accoglienti, particolarmente interessanti quelle
mansardate con balcone e splendida vista sul comprensorio naturale. Nella spa,
la piccola piscina riscaldata che fuoriesce nella neve, offrirà ai più temerari
l'ebrezza dello shock termico.

SOLIGO – Treviso (TV) ➜ Vedere Farra di Soligo

SOLOFRA
Avellino (AV) – ✉ 83029 – 12 539 ab. – Carta regionale n° **4-C2**
▶ Roma 271 km – Napoli 75 km – Avellino 15 km – Benevento 53 km
Carta stradale Michelin 564-E26

 Solofra Palace 🍴 🖕 ⊃ 🏠 🔄 ⚫ AC 👜 P
via Melito 6/a – ☎ *08 25 53 14 66 – www.solofrapalacehotel.com*
30 cam 🛏 – ♦70 € ♦♦120 €
Situato alle porte della località, l'hotel dispone di spaziosi ambienti arredati con gusto, giardino a terrazze e piccola beauty farm. Il ristorante si articola su due sale a differente vocazione: una ideale per allestire banchetti, l'altra con cucina regionale e servizio pizzeria.

SOLONGHELLO
Alessandria (AL) – ✉ 15020 – 224 ab. – Alt. 220 m – Carta regionale n° **12-C2**
▶ Roma 640 km – Torino 78 km – Alessandria 51 km – Asti 35 km

 Locanda dell'Arte 🍴 🦐 🖕 📺 🏠 🔄 ⚫ AC 👜 🚗
via Asilo Manacorda 3 – ☎ *01 42 94 44 70 – www.locandadellarte.it*
– Chiuso 7 gennaio-12 febbraio
14 cam 🛏 – ♦110/130 € ♦♦110/140 € – **1 suite**
Camere confortevoli all'interno di una villa del 1700 ubicata sulle pittoresche colline del Monferrato: il tutto impreziosito da opere d'arte contemporanea. Al ristorante Marko: cucina piemontese rivisitata.

SOMMACAMPAGNA
Verona (VR) – ✉ 37066 – 14 846 ab. – Alt. 121 m – Carta regionale n° **22-A3**
▶ Roma 500 km – Verona 15 km – Brescia 56 km – Mantova 39 km
Carta stradale Michelin 562-F14

 Scaligero 🍴 🔄 ⚫ AC 💱 P
via Osteria Grande 41 – ☎ *04 58 96 91 30 – www.hotelscaligero.com*
23 cam 🛏 – ♦55/100 € ♦♦70/120 €
All'imbocco dell'autostrada, struttura a conduzione familiare dotata di camere confortevoli, semplici ed ordinate. Il ristorante - nello stesso edificio - propone una cucina semplice e regionale, ma anche pizzeria.

a Custoza Sud-Ovest : 5 km – ✉ 37066

✕✕ **Villa Vento** 🖕 🏡 ⚫ AC 💱 ⇔ P
strada Ossario 24 – ☎ *0 45 51 60 03 – www.ristorantevillavento.com*
– Chiuso 1°-12 gennaio, 1 settimana in luglio, 1 settimana in novembre, lunedì e martedì
Carta 25/47 €
In una villa d'epoca, il ristorante vanta un andamento familiare. Dalla cucina, piatti tipici del posto ed in sala una griglia sempre calda. Il piccolo parco ombreggia la terrazza.

sull'autostrada A 4 area di servizio Monte Baldo Nord o per Caselle Est : 5 km

 Saccardi Quadrante Europa 🍴 🔦 🏠 📶 🔄 ⚫ AC 👜 🚗
via Ciro Ferrari 8 ✉ *37066 Caselle di Sommacampagna –* ☎ *04 58 58 14 00*
– www.hotelsaccardi.it
126 cam 🛏 – ♦70/250 € ♦♦90/250 € – **6 suites**
Accessibile direttamente dall'autostrada, hotel ideale per una sosta di qualità: piacevoli e signorili zone comuni, camere dal moderno confort e - all'esterno - gradevole area relax. Piacevole la zona ristorante, in estate anche a bordo piscina.

SOMMA LOMBARDO

Varese (VA) – ✉ 21019 – 17 745 ab. – Alt. 282 m – Carta regionale n° **9-A2**

▶ Roma 626 km – Stresa 35 km – Como 58 km – Milano 49 km

Carta stradale Michelin 561-E8

Hilton Garden Inn

via Mazzini 63 – ✆ 0 33 11 66 03 00 – www.milanmalpensa.hgi.com

199 cam ☲ – †85/260 € ††95/270 € – **8 suites**

A soli 7 km dall'aeroporto internazionale Milano Malpensa (raggiungibile con la navetta gratuita), Hilton Garden Inn è un hotel moderno, dalle linee pulite e funzionali, indicato soprattutto per una clientela d'affari: camere con dotazioni tecnologiche e sale meeting attrezzate. Ristorazione che consente sia pasti veloci a prezzo fisso, sia pause gastronomiche più "importanti".

XX Corte Visconti

via Roma 9 – ✆ 03 31 25 48 73 – www.cortevisconti.it

– Chiuso16 agosto-3 settembre, martedì a mezzogiorno e lunedì

Menu 45/55 € – Carta 42/66 €

Ambiente classico di tono rustico con mura in pietra, volte in mattone e soffitti in legno. La cucina invece, pur partendo dal territorio, spicca per creatività. Bel dehors estivo con suggestivi giochi di luce.

a Case Nuove Sud : 6 km – ✉ 21019 Somma Lombardo

Crowne Plaza Milan Malpensa Airport

via Ferrarin 7 – ✆ 0 33 12 11 61 – www.crowneplazamalpensa.com

133 cam – †67/300 € ††67/300 € – ☲ 15 €

Nuova struttura di moderna concezione propone un elevato confort nelle belle camere insonorizzate, dove le dotazioni rispondono allo standard della catena. Design moderno nelle zone comuni con utilizzo di marmo e pannelli di legno wenge. Piccolo centro benessere con attrezzature cardio fitness.

SONA

Verona (VR) – ✉ 37060 – 17 687 ab. – Alt. 169 m – Carta regionale n° **23-A3**

▶ Roma 433 km – Verona 15 km – Brescia 57 km – Mantova 39 km

Carta stradale Michelin 562-F14

X El Bagolo

via Molina 1 – ✆ 04 56 08 21 17 – www.elbagolo.it – Chiuso 1°-15 novembre e lunedì

Menu 25 € – Carta 29/55 €

Questa semplice dimora del XIII secolo è diventata una trattoria a gestione familiare dalla simpatica atmosfera in cui gustare cucina del territorio, tradizionale o rivisitata; gradevole servizio in giardino.

SONDRIO

✉ 23100 – 21 891 ab. – Alt. 307 m – Carta regionale n° **9-B1**

▶ Roma 698 km – Bergamo 115 km – Bolzano 171 km – Bormio 64 km

Carta stradale Michelin 561-D11

Grand Hotel Della Posta

piazza Garibaldi 19 – ✆ 03 42 05 06 44 – www.grandhoteldellaposta.eu

37 cam ☲ – †109/179 € ††169/209 € – **1 suite**

Affacciato su una scenografica piazza del centro, edificio ed albergo nacquero insieme nel 1862; oggi rimangono diverse testimonianze d'epoca, arricchite da sculture e dipinti moderni. Camere signorili, mansardate all'ultimo piano. Al ristorante, la montagna scende metaforicamente in città per incontrare una cucina eclettica ed inventiva, che si confronta agevolmente anche con il mare.

Vittoria

via Bernina 1 – ✆ 03 42 53 38 88 – www.vittoriahotel.com – Chiuso 23-26 dicembre

38 cam ☲ – †80 € ††118 €

In posizione semicentrale, albergo moderno di cui si apprezzerà la sorridente gestione familiare, gli spazi e la funzionalità. Se disponibili, richiedere le camere sul retro.

a Montagna in Valtellina Nord-Est : 2 km – ⊠ 23020 – Alt. 567 m

XX **Trippi** ⓝ   ⛾ ⇧ P
via Stelvio 297 – ⌀ 03 42 61 55 84 – www.ristorantetrippi.it – Chiuso 10 giorni in luglio, martedì sera e domenica
Carta 32/49 €
Una nuova gestione giovane e appassionata, che elabora con fantasia e rispetto buone materie prime - non necessariamente del territorio - e ingredienti stagionali.

a Moia di Albosaggia Sud : 5 km – ⊠ 23100 Sondrio – Alt. 409 m

🏠 **Campelli**   ⚘ ⬟ 🔥 📶 ☐ 🅰 ⚒ 🛁 🚗
via Moia 6 – ⌀ 03 42 51 06 62 – www.campelli.it
35 cam ☐ – †60/70 € ††90/105 € – **1 suite**
In posizione dominante la valle, non lontano dalla città, albergo moderno recentemente ristrutturato: confortevoli interni dai colori caldi e intensi; camere accoglienti. Ristorante dove gustare proposte culinarie legate alla tradizione e al territorio.

SOPRABOLZANO = **OBERBOZEN** – Bolzano (BZ) ➜ Vedere Renon

SORAFURCIA – Bolzano ➜ Vedere Valdaora

SORAGA DI FASSA
Trento (TN) – ⊠ 38030 – 723 ab. – Alt. 1 220 m – Carta regionale n° **19-C2**
▶ Roma 664 km – Bolzano 42 km – Cortina d'Ampezzo 74 km – Trento 74 km
Carta stradale Michelin 562-C16

🏠 **Arnica**   ⚘ ⬟ 🔥 ☐ 📶 ☐ ⚒ P
strada De Parlaut 4 – ⌀ 04 62 76 84 15 – www.hotelarnica.net – Aperto 1° dicembre-30 aprile e 1° giugno-31 ottobre
21 cam ☐ – †60/120 € ††110/240 €
Nella parte alta della località, vi sembrerà di essere ospiti di amici: interni funzionali, grazioso centro benessere e camere semplici, due delle quali in un fienile del '700. Nella caratteristica stube, le specialità ladine vengono reinterpretate dall'estro di Marco, ma il menu contempla anche piatti di respiro più internazionale.

SORAGNA
Parma (PR) – ⊠ 43019 – 4 819 ab. – Alt. 47 m – Carta regionale n° **5-B2**
▶ Roma 480 km – Parma 27 km – Bologna 118 km – Cremona 35 km
Carta stradale Michelin 561-H12

🏠 **Locanda del Lupo**   ⚘ ☐ 🅰 🛁 P
via Garibaldi 64 – ⌀ 05 24 59 71 00 – www.locandadellupo.com – Chiuso 23-29 dicembre e 9-24 agosto
45 cam ☐ – †80/130 € ††110/210 € – **1 suite**
Bella costruzione del XVIII sec., sapientemente restaurata: soffitti con travi a vista negli interni di tono elegante con arredi in stile; camere accoglienti e sala congressi. Calda atmosfera al ristorante con bel mobilio in legno.

XX **Locanda Stella d'Oro** (Marco Dallabona)   🍝 ⇦ ⛾ 🅰
❀ *via Mazzini 8 – ⌀ 05 24 59 71 22 – www.ristorantestelladoro.it*
Carta 49/84 €   **14 cam** – †60/80 € ††100/120 € – ☐ 5 €
Nelle terre verdiane, l'ambiente offre ancora tutto il sapore e la magia di una trattoria. E neppure la cucina se ne discosta tanto, è la tradizione personalizzata.
➜ Budino di asparagi con crema di parmigiano. Savarin di riso con lingua salmistrata, polpettine di carne e funghi porcini. Filetto rosa di Parma con salsa e tartufo nero di Fragno.

a Diolo Nord : 5 km – ✉ 43019 Soragna

🍴 **Osteria Ardenga** [AC] [P]

*via Maestra 6 – ☎ 05 24 59 93 37 – www.osteriardenga.it – Chiuso
15-25 gennaio, 15-25 luglio, martedì sera e mercoledì*
Carta 24/48 €
Locale molto gradevole caratterizzato da uno stile rustico, ma signorile. Tre
salette, di cui una dedicata alle coppie, per apprezzare la genuina e gustosa
cucina parmense.

SORBARA ➔ Vedere Bomporto

SORBO SERPICO
Avellino (AV) – ✉ 83050 – 586 ab. – Carta regionale n° **4-C2**
▶ Roma 272 km – Napoli 76 km – Avellino 22 km – Benevento 52 km

🍴🍴 **Marennà**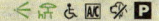
❀

*località Cerza Grossa – ☎ 08 25 98 66 66 – www.feudi.it – Chiuso 2 settimane in
gennaio, 2 settimane in luglio-agosto, domenica sera e martedì*
Menu 52/61 € – Carta 50/64 €
Nata da un connubio d'idee tra designer di varie nazionalità, la sala propone una
cucina fedele alla gastronomia locale, ma rivisitata con tocchi di modernità. Bella
vista sulle colline circostanti dalle ampie vetrate.
➔ Raviolo di ricotta, crema di mozzarella di bufala, basilico e olio raveche. Guancia
di manzo brasata all'aglianico, purea di zucca e liquirizia. La nostra pastiera.....

SORGENTE SU GOLOGONE – Nuoro (NU) ➔ Vedere Oliena

SORISO
Novara (NO) – ✉ 28010 – 755 ab. – Alt. 452 m – Carta regionale n° **13-A2**
▶ Roma 654 km – Stresa 35 km – Arona 20 km – Milano 78 km
Carta stradale Michelin 561-E7

🍴🍴🍴🍴 **Al Sorriso** (Luisa Valazza)
❀❀

*via Roma 18 – ☎ 03 22 98 32 28 – www.alsorriso.com – Chiuso
8 gennaio-10 febbraio, lunedì e martedì*
Menu 120/160 € – Carta 90/158 € – (consigliata la prenotazione)
8 cam ⏢ – ♦140 € ♦♦180 €
Gli appassionati del Piemonte e della montagna troveranno qui il loro piccolo
paradiso: il titolare è impegnato in una costante ricerca delle eccellenze gastronomiche regionali, la moglie, in cucina, sforna piatti gustosi e tradizionali. C'è anche
pesce, ma non rinunciate ad uno dei migliori carrelli di formaggi d'Italia.
➔ Soffioni di zucca gialla, sfoglie di patate e tartufo d'Alba. Fassone piemontese
al Barolo e consommé con raviolini al midollo. Parfait di cedro caramellato all'e-
stratto di betulla e stella di bietola rossa.

SORISOLE
Bergamo (BG) – ✉ 24010 – 9 170 ab. – Alt. 415 m – Carta regionale n° **10-C1**
▶ Roma 622 km – Milano 62 km – Bergamo 8 km
Carta stradale Michelin 561-E10

🍴🍴 **Villa Patrizia**

*via Rigla 27, località Petosino, Nord: 1 Km – ☎ 0 35 57 12 23
– www.alrusticovillapatrizia.it – Chiuso 1°-7 gennaio, lunedì e martedì*
Menu 39/46 € – Carta 32/60 €
Tra Bergamo e il fresco colle della Maresana, una villa dagli eleganti interni dove
gustare la classica cucina italiana - di carne e di pesce - presentata con gusto
moderno, accompagnata da una bella carta dei vini.

SORNI – Trento (TN) ➔ Vedere Lavis

SORRENTO

Napoli (NA) (NA) – ✉ 80067 – 16 724 ab. – Carta regionale n° **4-B2**
▶ Roma 257 km – Napoli 49 km – Avellino 69 km – Caserta 74 km
Carta stradale Michelin 564-F25

V. Sciosia / age fotostock

● **Alberghi**

 **Grand Hotel Excelsior Vittoria** ⛲ ⬅ 🏊 🗻 ⅃ᕁ ⬆ 🛗 AC ᕝ 🅿
piazza Tasso 34 – ℰ 08 18 77 71 11 Pianta: B1**u**
– *www.excelsiorvittoria.com* – *Chiuso 7 gennaio-31 marzo*
90 cam ⊇ – ♦495/530 € ♦♦530/680 € – **19 suites**
Rist Terrazza Bosquet ✿ – Vedere selezione ristoranti
Uno degli alberghi più belli della costiera sorrentina avvolto com'è in un alone
che per fascino e mistero lo pone ormai al di fuori del tempo e delle classifiche.
Situato nel centro storico, un corridoio-giardino porta a tre strutture distinte ma
collegate tra loro da cascate di glicini e romantiche passeggiate sino al suo confine naturale, un promontorio sul golfo di Napoli. Nota importante per L'Orangerie: trattandosi di un ristorante en plein air, la sua apertura è subordinata ai
capricci del meteo.

 **Hilton Sorrento Palace** ⛲ ⬅ 🏊 🗻 🗻 ᕁ ⅃ ⬆ 🛗 AC ᕝ ᕝ 🅿
via Sant'Antonio 13, per via degli Aranci – ℰ 08 18 78 41 41 Pianta: A2**s**
– *www.hiltonsorrentopalacehotel.com*
341 cam ⊇ – ♦159/209 € ♦♦319/519 € – **4 suites**
In posizione arretrata rispetto al mare, funzionalità, modernità e una certa gran-
diosità di ambienti soddisfano una clientela internazionale e d'affari. Varie sale
ristorante, la più originale con pareti in roccia, vicino alla piscina.

Bellevue Syrene 1820 ⛲ ⬅ 🏊 ⌂ ⅃ 🐾 ⬆ AC 🅿
piazza della Vittoria 5 – ℰ 08 18 78 10 24 – *www.bellevue.it* Pianta: A1**k**
– *Chiuso 4 gennaio-18 marzo*
47 cam ⊇ – ♦310/800 € ♦♦330/820 € – **3 suites**
Un soggiorno da sogno in un'incantevole villa del '700 a strapiombo sul mare:
vista sul golfo, terrazze fiorite e ascensore per la spiaggia; raffinati ambienti con
affreschi. Dalla colazione alla cena in una sala con ampie vetrate a picco sul
mare, per ammirare il sorgere del giorno e il calare della sera.

Royal ⛲ ⬅ 🏊 ⌂ ⅃ ⬆ AC 🚗
via Correale 42 – ℰ 08 18 07 34 34 – *www.royalsorrento.com* Pianta: B1**g**
– *Chiuso gennaio-febbraio*
114 cam ⊇ – ♦120/550 € ♦♦140/590 € – **3 suites**
Sulla scogliera, a picco sul mare, con terrazze, piscina e un indispensabile ascensore per la spiaggia; negli ambienti, mobili ad intarsio tipici dell'artigianato sorrentino. Ambiente distinto e arredi lineari nell'ariosa sala da pranzo. Terrazza all'a-
perto per uno snack e per cene estive.

Imperial Tramontano

🏨 ⛅ 🐾 ⬅ 🌲 🏊 ⬆ 🚶 AK 🏊 P

via Vittorio Veneto 1 – 𝒞 08 18 78 25 88 Pianta: A1**b**
– www.hoteltramontano.it – Chiuso 3 gennaio-20 marzo
113 cam ⬜ – 🛏150/230 € 🛏🛏180/430 €
Un bel giardino e terrazze a strapiombo su Marina Piccola, per questa risorsa ospitata in un edificio del '500 (casa natale di T. Tasso). Camere arredate con sobria eleganza. Dalla sala da pranzo potrete ammirare un paesaggio che sembra dipinto.

Bristol

⛅ ⬅ 🐾 🌲 🏊 ♨ 🛁 ⬆ AK P

via Capo 22 – 𝒞 08 18 78 45 22 – www.bristolsorrento.com Pianta: A2**a**
129 cam ⬜ – 🛏100/180 € 🛏🛏130/280 € – **15 suites**
Complesso in posizione dominante il mare, abbellito da amene terrazze panoramiche con piscina; camere quasi tutte disposte sul lato mare, più silenziose agli ultimi piani. Incantevole vista su mare e città dalla spaziosa sala ristorante.

Grand Hotel Capodimonte

⛅ ⬅ 🐾 🌲 ⬆ AK P

via Capo 15 – 𝒞 08 18 78 45 55 Pianta: A2**d**
– www.capodimontesorrento.com – Aperto 1°aprile-31 ottobre
184 cam ⬜ – 🛏110/390 € 🛏🛏160/820 € – **2 suites**
Una struttura che ha il grande pregio di mantenersi sempre aggiornata, con belle camere di gusto classico, una splendida posizione panoramica e scenografiche piscine che cadono una nell'altra.

Grand Hotel Riviera

⛅ 🐾 ⬅ 🐾 🌲 ⬆ 🚶 AK P

via Califano 22 – 𝒞 08 18 07 20 11 – www.hotelriviera.com Pianta: B1**m**
– Aperto 1° aprile-31 ottobre
106 cam – 🛏140/220 € 🛏🛏190/420 € – ⬜ 17 € – **1 suite**
Incantevole la posizione dell'hotel, a strapiombo sulla scogliera con la sua terrazza, la bella piscina e la spiaggia privata raggiungibile comodamente con l'ascensore; all'interno domina invece il bianco, dai marmi di Carrara all'elegante arredo. Dalla tradizione alla creatività, la cucina è servita in una candida sala, allestita con sontuosità.

Grand Hotel Ambasciatori

via Califano 18 – ℰ 08 18 78 20 25 Pianta: B1**c**
– www.ambasciatorisorrento.com – Aperto 25 marzo-31 ottobre
100 cam ⌂ – ♦75/425 € ♦♦130/560 €
Struttura a strapiombo sulla scogliera, la cui eleganza è dettata da mobili di pregio con tipici intarsi sorrentini che arredano gli ambienti. Camere rinnovate nei piani interrati verso il mare; piacevole relax nel giardino.

 Maison la Minervetta

via Capo 25 – ℰ 08 18 77 44 55 – www.laminervetta.com Pianta: A2**c**
– Chiuso 7 gennaio-7 febbraio
12 cam ⌂ – ♦210 € ♦♦400 €
Spettano al proprietario i riconoscimenti per l'elegante struttura dell'albergo: la hall è un elegante salotto di casa, le stanze - tutte diverse fra loro e pay TV gratuita - si affacciano sul mare. Gradini privati conducono al borgo di pescatori di Marina Grande.

Gardenia

corso Italia 258, per Napoli - B1 – ℰ 08 18 77 23 65 – www.hotelgardenia.com
27 cam – ♦50/120 € ♦♦60/150 € – ⌂ 15 €
Su una strada un po' trafficata, la struttura dispone di camere accoglienti e ben insonorizzate. Tuttavia, all'atto della prenotazione, è meglio richiedere una stanza sul retro.

Palazzo Tasso

via S. Maria della Pietà 33 – ℰ 08 18 78 35 79 Pianta: A2**p**
– www.palazzotasso.com
11 cam ⌂ – ♦60/200 € ♦♦60/220 €
Nel cuore di Sorrento, in un vicolo sotto il celebre campanile, camere nuove e moderne, molte delle quali affacciate sull'elegante passeggio di corso Italia.

Palazzo Jannuzzi Relais

piazza Torquato Tasso – ℰ 08 18 77 28 62 Pianta: B2**f**
– www.palazzojannuzzi.com – Chiuso 4 gennaio-18 marzo
12 cam ⌂ – ♦180/280 € ♦♦210/290 €
Belle camere moderne e luminose, calda accoglienza familiare con dolci preparati in casa per la prima colazione, nel cuore della vita sorrentina.

● Ristoranti

❂❂❂ **Terrazza Bosquet** – Grand Hotel Excelsior Vittoria

☸ *piazza Tasso 34 – ℰ 08 18 77 78 36 – www.excelsiorvittoria.com*
– Chiuso 7 gennaio-31 marzo Pianta: B1**u**
Menu 100/130 € – Carta 76/134 € – *(chiuso lunedì) (solo a cena)* (prenotazione obbligatoria)
Nella sontuosa cornice dell'Excelsior Vittoria, rendez-vous in un'elegante sala nei mesi freddi, ma l'appuntamento con gli occhi è sulla terrazza affacciata sul Golfo di Napoli. La cucina scompone, moltiplica e declina i prodotti campani in un piacevole stupore per il palato.
➡ Sfere di ricotta di bufala e verdurine con consommé di pollo e gelatina al Marsala. Astice blu su cous cous con piccole verdure, curcuma e maionese all'arancia. La quintessenza della sfogliatella.

❂❂ **Il Buco** (Giuseppe Aversa)

☸ *Il Rampa Marina Piccola 5 – ℰ 08 18 78 23 54* Pianta: B1**b**
– www.ilbucoristorante.it – Chiuso 1° gennaio-8 febbraio e mercoledì
Menu 75/90 € – Carta 58/82 € – (consigliata la prenotazione la sera)
Cucina tradizionale e creativa, ma anche simpatia e informalità, in un elegante locale ricavato nelle cantine di un ex monastero nel cuore di Sorrento.
➡ Il nostro crudo di mare. Linguine con scorfano al limone, salsa di bottarga e pomodoro secco. La crostatina meringata.

L'Antica Trattoria ⚙️ 🌳 AC ⟷

via Padre R. Giuliani 33 – ℰ 08 18 07 10 82   Pianta: A1**e**
*– www.lanticatrattoria.com – Chiuso 7 gennaio-20 marzo, lunedì in
novembre-marzo*
Menu 20 € (pranzo)/90 € – Carta 55/92 € – (consigliata la prenotazione)
Varie salette di taglio elegante, impreziosite con caratteristici elementi decorativi,
per questo ristorante che propone soprattutto piatti di pesce. Ameno servizio
estivo.

Caruso ⚙️ AC ⟷

via Sant'Antonino 12 – ℰ 08 18 07 31 56   Pianta: B1**f**
– www.ristorantemuseocaruso.com
Menu 50/60 € – Carta 42/66 €
E' un vero e proprio museo dedicato al famoso cantante lirico: quattro piacevoli
salette, decorate con foto e oggetti dedicati al maestro; cucina di mare d'ispirazione partenopea, ininterrotta da mezzogiorno a mezzanotte!

La Basilica ⚙️ 🌳 AC

via Sant'Antonino 28 – ℰ 08 18 77 47 90   Pianta: B1**f**
– www.ristorantelabasilica.com
Menu 35/45 € – Carta 30/59 €
Cucina calda ininterrotta da mezzogiorno all'una di notte, per questo locale attiguo alla piccola basilica dalla quale trae il nome. Proposte di terra, di mare, nonché vegetariane, in un'ampia sala dove troneggiano grandi quadri rappresentanti
il Vesuvio in eruzione.

Zi' ntonio AC

 via De Maio 11 – ℰ 08 18 78 16 23 – www.zintonio.it   Pianta: B2**a**
Menu 15 € – Carta 24/81 € – (consigliata la prenotazione)
Un locale decisamente caratteristico, che si sviluppa su tre livelli: al piano inferiore
due sale rivestite in tufo con volta a botte, al piano terra un ambiente dall'alto
soffitto in cui è stato ricavato un soppalco sorretto da grosse travi in legno.
Cucina regionale con tradizionale buffet degli antipasti e pizze.

SOTTOMARINA – Venezia (VE) → Vedere Chioggia

SOVANA

Grosseto (GR) – ✉ 58010 – Alt. 291 m – Carta regionale n° **18-D3**
▶ Roma 172 km – Viterbo 63 km – Firenze 226 km – Grosseto 82 km
Carta stradale Michelin 563-O16

 Sovana

*via del Duomo 66 – ℰ 05 64 61 70 30 – www.sovanahotel.it – Aperto
29 dicembre-6 gennaio e 18 marzo-2 novembre*
18 cam ⌑ – 🛏90/170 € 🛏🛏110/300 € – **1 suite**
Di fronte al duomo, casa colonica completamente rinnovata: ideale per un soggiorno ambientato nell'eleganza e con divagazioni nel verde degli uliveti, in
fondo ai quali c'è anche un piccolo labirinto.

Pesna

via del Pretorio 7 – ℰ 33 94 83 75 29 – www.pesna.it
6 cam ⌑ – 🛏45/55 € 🛏🛏65/75 €
Nel centro storico del paese, un antico palazzo il cui nome deriva da quello di un
valoroso guerriero etrusco, dispone di camere semplici, ma con qualche arredo
d'antiquariato.

Taverna Etrusca ⟷ 🌳 AC

piazza del Pretorio 16 – ℰ 05 64 61 41 13 – www.tavernaetrusca.com
Carta 26/48 € – (chiuso lunedì)   **7 cam** ⌑ – 🛏65/100 € 🛏🛏75/140 €
Nel cuore della Maremma, Suana (antico nome della città etrusca) racchiude
come in un prezioso scrigno questo piccolo gioiello della ristorazione: cura del
dettaglio e fantasiose proposte sia locali che nazionali. Camere confortevoli.

SOVERATO

Catanzaro (CZ) – ✉ 88068 – 10 805 ab. – Carta regionale n° **3-B2**
◼ Roma 636 km – Reggio di Calabria 153 km – Catanzaro 32 km – Cosenza 123 km
Carta stradale Michelin 564-K31

🏠 ▮ Il Nocchiero 🕿 🖃 AC 🛝 🕸 P

piazza Maria Ausiliatrice 18 – 𝒞 0 96 72 14 91 – www.hotelnocchiero.com
– Chiuso 1° dicembre-10 gennaio
35 cam ⊑ – †50/85 € ††70/120 € – **1 suite**
Valida conduzione diretta in una struttura semplice, situata nel centro della cittadina, con interni decorati dagli arredi lineari; camere confortevoli e rinnovate. Sala
da pranzo classica ed essenziale, con pareti ornate da quadri e bottiglie esposte.

XX ▮ Riviera 🕭 AC 🕸

via Regina Elena 4/6 – 𝒞 09 67 53 01 96 – www.ristoranterivierasoverato.com
Carta 37/115 €
Al timone di questo ristorante storico nel centro di Soverato, ormai, c'è Paolo, che
continua a portare avanti una linea gastronomica attenta ai sapori locali: di
grande qualità le materie prime utilizzate.

SOVERIA MANNELLI

Catanzaro (CZ) – ✉ 88049 – 3 083 ab. – Alt. 774 m – Carta regionale n° **3-A2**
◼ Roma 572 km – Catanzaro 49 km – Crotone 116 km – Cosenza 55 km
Carta stradale Michelin 564-J31

🏠 ▮ Agriturismo La Rosa nel Bicchiere 🕿 🗦 ᴈ 🕭 🕸 P

località Polso – 𝒞 09 68 66 66 68 – www.larosanelbicchiere.it – Chiuso
1° gennaio-30 marzo
6 cam ⊑ – †70/90 € ††80/100 €
Un'oasi di pace e di tranquillità per chi ama la montagna, ma anche un curato
ristorante con una piccola carta delle specialità in alta stagione, nonché un
menu guidato in bassa. Camere confortevoli.

SPARTAIA – Livorno (LI) → Vedere Elba (Isola d') : Marciana

SPELLO

Perugia (PG) – ✉ 06038 – 8 715 ab. – Alt. 280 m – Carta regionale n° **20-C2**
◼ Roma 165 km – Perugia 31 km – Assisi 12 km – Foligno 5 km
Carta stradale Michelin 563-N20

🏠 ▮ Palazzo Bocci 🗧 🖃 AC 🕭

via Cavour 17 – 𝒞 07 42 30 10 21 – www.palazzobocci.com – Chiuso
gennaio-febbraio
17 cam ⊑ – †60/90 € ††90/130 € – **6 suites**
Palazzo nobiliare settecentesco, al primo piano vi sorprenderà un salone affrescato nell'Ottocento e qualche camera con soffitti egualmente affrescati, più semplici le altre; terrazza per le colazioni estive.

🏠 ▮ La Bastiglia 🕿 🕸 🗧 ᴈ AC 🕭

via Salnitraria 15 – 𝒞 07 42 65 12 77 – www.labastiglia.com – Chiuso
7-31 gennaio
33 cam ⊑ – †70/105 € ††80/155 €
Rist *La Bastiglia* – Vedere selezione ristoranti
Tipico edificio d'epoca nella parte più alta del centro storico, gli arredi delle camere
sono sobri, ma diverse hanno un incantevole spazio all'aperto sui colli umbri.

🏠 ▮ Del Teatro 🗧 🖃 🕭

via Giulia 24 – 𝒞 07 42 30 11 40 – www.hoteldelteatro.it – Aperto
25 marzo-1° novembre
11 cam ⊑ – †60/65 € ††85/95 €
Nell'incantevole centro storico, alcune camere offrono una bella vista, ma anche
chi ne è privo potrà, nella bella stagione, usufruirne dalla terrazza per le colazioni.
Parquet e bagni in marmo.

Il Cacciatore

via Giulia 42 – ℰ 07 42 30 16 03 – www.ilcacciatorehotel.com
21 cam ⌂ – †60/65 € ††85/95 €
Gestione familiare, la medesima dell'albergo Del Teatro, e identico buon confort, frutto di rinnovi continui nelle camere. Considerando che il prezzo non cambia, chiedetene una con vista sulla valle.

XX **La Bastiglia** – Hotel La Bastiglia

via Salnitraria 15 – ℰ 07 42 65 12 77 – www.labastiglia.com – Chiuso 7-31 gennaio, giovedì a mezzogiorno e mercoledì
Menu 25/65 € – Carta 24/53 € – *(chiuso giovedì a mezzogiorno e mercoledì)*
Ripartito negli ultimi anni con nuove energie, il ristorante dell'omonimo albergo compone un menu che prende spunto dal meglio del territorio umbro, continuando a proporre l'accattivante selezione enologica di sempre.

> Un esercizio evidenziato in rosso enfatizza il fascino della struttura XxX.

SPERLONGA
Latina (LT) – ✉ 04029 – 3 389 ab. – Carta regionale n° **7-D3**
▶ Roma 127 km – Frosinone 76 km – Latina 57 km – Napoli 106 km
Carta stradale Michelin 563-S22

 Virgilio Grand Hotel

via Prima Romita – ℰ 07 71 55 76 00 – www.virgiliograndhotel.it – Chiuso 10 gennaio-1° febbraio
72 cam ⌂ – †70/170 € ††90/250 €
A pochi passi dal centralissimo lungomare di Sperlonga, uno dei borghi più esclusivi e pittoreschi d'Italia, eleganti ambienti moderni, un centro benessere e le facilitazioni professionali per chi è qui per lavoro.

 Ganimede

via Ulisse 323 – ℰ 07 71 55 70 96 – www.hotelganimede.it
21 cam ⌂ – †59/200 € ††59/280 € – **4 suites**
Non proprio sul mare, la spiaggia privata è raggiungibile anche con navetta in questa struttura moderna, mediterranea, dove predomina il bianco; confort sempre aggiornati e servizio attento.

 Aurora

via Cristoforo Colombo 57 – ℰ 07 71 54 92 66 – www.aurorahotel.it – Aperto 1° aprile-31 ottobre
50 cam ⌂ – †90 € ††240 €
Direttamente sul mare, albergo immerso nel verde di un giardino mediterraneo, un'impronta artistica contribuisce a rendere l'atmosfera familiare e straordinaria al contempo. Piacevole terrazza sul borgo antico.

 Moresco Park Hotel

via Fontana della Camera 3, Ovest: 1,5 Km – ℰ 07 71 54 96 67 – www.morescoparkhotel.it – Aperto 1° aprile-15 ottobre
14 cam ⌂ – †88/198 € ††88/220 €
In posizione defilata e, proprio per questo, tranquilla e panoramica, camere ariose, tutte ampie e con giardinetto privato, dotate di ogni moderno confort.

XX **Gli Archi**

via Ottaviano 17, centro storico – ℰ 07 71 54 83 00 – www.gliarchi.com – Chiuso 11 gennaio-10 febbraio, mercoledì, solo mercoledì a mezzogiorno in estate
Carta 26/67 €
Nell'affascinante dedalo di viuzze del centro storico, il ristorante annovera una piccola sala ad archi ed un ambiente all'aperto dove gustare una cucina semplice, fedele ai prodotti ittici. Si consiglia di prenotare.

SPEZIALE – Brindisi (BR) ➜ Vedere Fasano

SPILIMBERGO
Pordenone (PN) – ✉ 33097 – 12 045 ab. – Alt. 132 m – Carta regionale n° **6-B2**
▶ Roma 625 km – Udine 30 km – Milano 364 km – Pordenone 33 km
Carta stradale Michelin 562-D20

XX La Torre   AC P
*piazza Castello 8 – ☏ 0 42 75 05 55 – www.ristorantelatorre.net – Chiuso
domenica sera e lunedì*
Menu 25/60 € – Carta 34/65 € – (consigliata la prenotazione)
Nella pittoresca cornice del castello medievale di Spilimbergo, la splendida facciata con affreschi del Trecento cela due raccolte sale rustico-eleganti con muri
in pietra e travi in legno, dove gustare specialità del territorio in chiave leggermente moderna.

X Osteria da Afro   ⇦ 🛋 ↕ 🔊 AC P
via Umberto I 14 – ☏ 04 27 22 64 – www.osteriadaafro.net
Menu 20/40 € – Carta 23/50 € – *(chiuso domenica sera)* (consigliata la
prenotazione)
8 cam ⌑ – ✦60/65 € ✦✦90/100 €
Trattoria dall'esperta conduzione familiare, poco distante dal centro storico,
dove gustare genuini piatti stagionali presentati su una lavagnetta che gira di
tavolo in tavolo. A disposizione degli ospiti anche graziose camere in legno di
abete o ciliegio.

SPINETTA MARENGO – Alessandria (AL) ➜ Vedere Alessandria

SPIRANO
Bergamo (BG) – ✉ 24050 – 5 698 ab. – Alt. 154 m – Carta regionale n° **10-C2**
▶ Roma 591 km – Bergamo 16 km – Brescia 48 km – Milano 42 km
Carta stradale Michelin 561-F11

X 3 Noci-da Camillo   🛋 🔊
*via Petrarca 16 – ☏ 0 35 87 71 58 – www.ristorantetrenoci.it – Chiuso
1°-10 gennaio, 10-25 agosto, domenica sera e lunedì*
Menu 25 € (pranzo in settimana) – Carta 33/62 €
Il tocco femminile delle proprietarie ha ingentilito il côté rustico dell'ambiente. Ne
risulta una piacevolissima trattoria, dove si possono gustare ancora i ruspanti
sapori della bassa e carni cotte sulla grande griglia in sala. Gazebo per il servizio
estivo all'aperto.

SPOLETO
Perugia (PG) – ✉ 06049 – 38 700 ab. – Alt. 396 m – Carta regionale n° **20-C3**
▶ Roma 130 km – Perugia 63 km – Terni 28 km – Ascoli Piceno 123 km
Carta stradale Michelin 563-N20

🏛 San Luca   🖨 ↕ 🔊 AC 🎾 🚗
via Interna delle Mura 21 – ☏ 07 43 22 33 99   Pianta: A1**b**
– www.hotelsanluca.com
35 cam ⌑ – ✦85/110 € ✦✦130/240 € – **1 suite**
Una volta conceria, oggi uno dei più bei palazzi della città. Tonalità ocra accompagnano i clienti dalla corte interna alle camere, passando per raffinati saloni e
corridoi.

🏛 Albornoz Palace Hotel   🌿 ≼ 🖨 🏊 🏋 ↕ 🔊 AC 🎾 🚗
viale Matteotti 16 – ☏ 07 43 22 12 21   Pianta: A2**x**
– www.albornozpalace.com
90 cam – ✦69/160 € ✦✦94/210 € – ⌑ 10 € – **4 suites**
Hotel moderno con originali e ampi interni abbelliti da opere di artisti contemporanei; camere eleganti e "artistiche", attrezzato ed apprezzato centro congressi.
Specialità regionali nello spazioso ristorante.

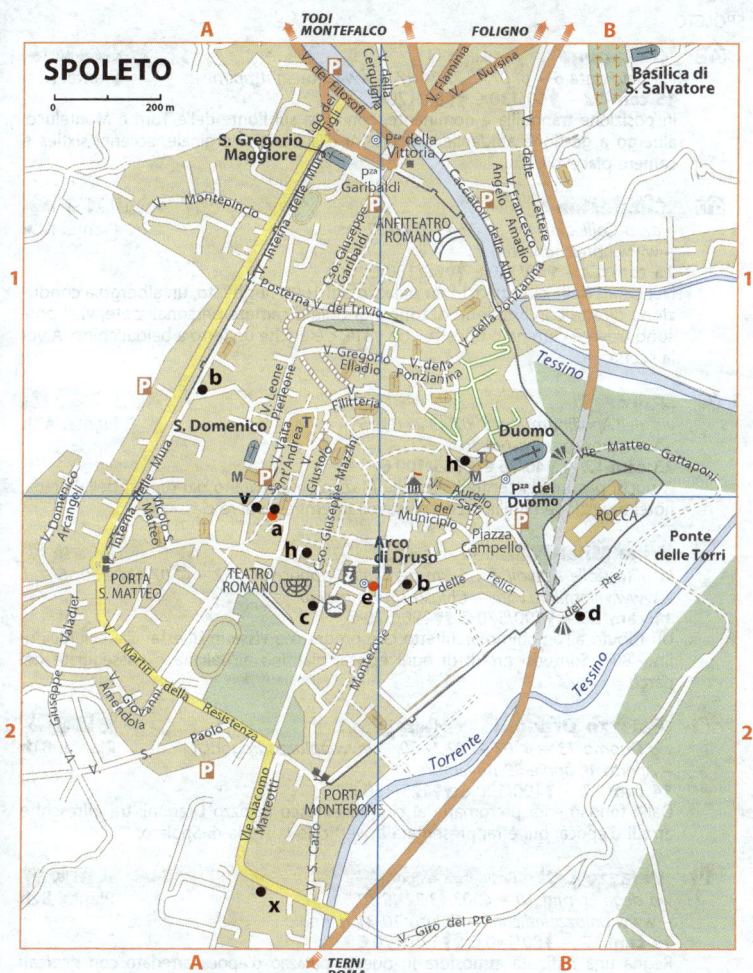

SPOLETO

0   200 m

Dei Duchi

*viale Matteotti 4 – ℰ 0 74 34 45 41
– www.hoteldeiduchi.com*

Pianta: A2**c**

49 cam ☕ – 🛏65/200 € – 🛏🛏90/200 € – **2 suites**

Sarà apprezzato da chi predilige gli spazi, la funzionalità e gli arredi anni Settanta che rendono uniche la maggior parte delle camere, alcune con vista sui colli, mentre dai balconi di altre si può assistere agli spettacoli del sottostante teatro romano.

Clitunno

*piazza Sordini 6 – ℰ 07 43 22 33 40
– www.hotelclitunno.com*

Pianta: A2**a**

48 cam ☕ – 🛏50/130 € – 🛏🛏75/170 € – **2 suites**

Rist *San Lorenzo* – Vedere selezione ristoranti

Tradizione e modernità, quando espressione del medesimo buon gusto, si esaltano a vicenda: vicino al teatro romano, spunti di design moderno si mescolano ad arredi d'epoca.

Gattapone

via del Ponte 6 – ☎ 07 43 22 34 47 – www.hotelgattapone.it   Pianta: B2**d**
15 cam ⌂ – †60/130 € ††80/170 €
In posizione tranquilla e dominante, con vista sul Ponte delle Torri e Monteluco, albergo a gestione affidabile con interni d'ispirazione orginale, accenni sixties e camere piacevoli.

Charleston

piazza Collicola 10 – ☎ 07 43 22 00 52   Pianta: A2**v**
– www.hotelcharleston.it
25 cam ⌂ – †40/120 € ††60/180 €
Nel cuore della cittadina, in un palazzo del 1600 rinnovato, un albergo a conduzione diretta con ambienti di tono signorile e camere personalizzate, vi si possono trovare camino o finestre con vista, c'è anche un letto a baldacchino. A voi la scelta.

Aurora

via dell'Apollinare 3 – ☎ 07 43 22 03 15   Pianta: A2**h**
– www.hotelauroraspoleto.it
23 cam ⌂ – †40/75 € ††55/100 €
A pochi passi dalla centralissima via Mazzini, ma lontano dai rumori della strada, hotel a gestione familiare con piacevoli interni e camere classiche.

Villa Milani – Residenza d'epoca

località Colle Attivoli 4, 2,5 km per viale Cappuccini - A2 – ☎ 07 43 22 50 56
– www.villamilani.com – Chiuso sino a marzo
11 cam ⌂ – †190/570 € ††190/570 €
Un tributo all'omonimo architetto che progettò e visse in questa villa eclettica di fine '800. Sontuosi arredi di ogni epoca, giardino all'italiana e passeggiate nel parco.

Palazzo Dragoni – Residenza d'epoca

via Duomo 13 – ☎ 07 43 22 22 20 – www.palazzodragoni.it   Pianta: B1**h**
– Aperto 1° aprile-29 novembre
14 cam ⌂ – †100/120 € ††125/150 €
Dalle fondamenta preromane al cinquecentesco palazzo Dragoni: tra affreschi e arredi d'epoca, qui è rappresentata in verticale la storia di Spoleto.

Palazzo Leti – Residenza d'epoca

via degli Eremiti 10 – ☎ 07 43 22 49 30   Pianta: B2**b**
– www.palazzoleti.com – Chiuso 10-31 gennaio
12 cam ⌂ – †80/140 € ††120/170 €
Regna una raffinata atmosfera in questo palazzo d'epoca arredato con ricercati pezzi antichi nei suoi ambienti e caratterizzato da un giardino-terrazza con vista sui colli.

San Lorenzo – Hotel Clitunno

piazza Sordini 6 – ☎ 07 43 22 18 47   Pianta: A2**a**
– www.hotelclitunno.com
Menu 28/50 € – Carta 31/59 €
Se elegante e luminosa è la sala interna, si fa più conviviale lo spazio esterno allestito su una piazza del centro storico; rinomato per i suoi piatti di mare, non mancano tuttavia proposte più legate alle tradizioni umbre.

Il Tempio del Gusto

via Arco di Druso 11 – ☎ 0 74 34 71 21   Pianta: A2**e**
– www.iltempiodelgusto.com – Chiuso giovedì
Menu 25/35 € – Carta 28/62 € – (consigliata la prenotazione la sera)
Una piccola bomboniera nel cuore di Spoleto, officina di una delle cucine più interessanti e gustose della zona: tradizioni e ricette umbre rielaborate con fantasia ed abilità.

sulla strada statale 3 Nord : 8 km per via Flaminia - B1

✕ **Al Palazzaccio-da Piero** 🏡 **P**

località San Giacomo km 134 ✉ *06048 San Giacomo di Spoleto*
– ☎ 07 43 52 01 68 – www.alpalazzaccio.it – Chiuso lunedì
Carta 15/56 € – (consigliata la prenotazione)
Per chi è alla ricerca di piatti genuini e privi di complicazioni, una trattoria semplice e familiare per gustare una cucina casareccia e umbra.

a Silvignano Nord-Est : 13 km per Foligno - B1 – ✉ 06049

 Le Logge di Silvignano 🌿 🍃 🚲 ⚒ 🏊

Frazione Silvignano 14 – ☎ 07 43 27 40 98 – www.leloggedisilvignano.it – Aperto
1° aprile-15 novembre
6 cam – 🛏95 € 🛏🛏180 € – senza ⬜

Splendido esempio di architettura medievale, in passato sede di guarnigione mili-
tare e residenza patrizia, con un loggiato del '400 che ne orna la facciata: all'interno la cura del dettaglio si declina nei pavimenti in cotto, nelle ceramiche di
Deruta o nelle maioliche di Vietri. Soggiorno in una dimensione atemporale.

SPOTORNO

Savona (SV) – ✉ 17028 – 3 854 ab. – Carta regionale n° **8-B2**
▶ Roma 560 km – Genova 61 km – Cuneo 105 km – Imperia 61 km
Carta stradale Michelin 561-J7

 Acqua Novella 🌿 🍃 ⚓ 🏊 ✒ 🏧 ⚒ 🏊 **P**

via Acqua Novella 1, Est: 1 km – ☎ 0 19 74 16 65 – www.acquanovella.it – Aperto
1° aprile-31 ottobre
74 cam ⬜ – 🛏65/195 € 🛏🛏85/230 €

In posizione elevata con vista panoramica, hotel recente dalla cordiale conduzione. Le camere sono luminose, molte con vista, impreziosite da belle ceramiche.
Ristorante con grandi vetrate e vista a perdita d'occhio.

🏠 **Villa Imperiale** 🌿 ⚓ ✒ 🏧

via Aurelia 47 – ☎ 0 19 74 51 22 – www.villaimperiale.it – Aperto
1° marzo-15 ottobre
17 cam ⬜ – 🛏59/91 € 🛏🛏96/182 € – **9 suites**

In pieno centro lungo la passeggiata, camere ampie - accuratamente personalizzate - nonché spazi comuni ben distribuiti, in una villa anni '30 sapientemente
ristrutturata. Piacevole ristorante con ingresso indipendente: cucina mediterranea
in chiave moderna.

🏠 **Riviera** 🌿 🚲 ⚒ ✕ ✒ ⚙ 🏧 🏊 🚗

via Berninzoni 24 – ☎ 0 19 74 10 44 – www.rivierahotel.it
47 cam – solo ½ P 50/90 €

Hotel ben tenuto, ristrutturato negli ultimi anni: gradevoli spazi esterni con giardino e piscina, accoglienti interni di moderna concezione, camere confortevoli.
Capiente sala ristorante ornata in modo semplice; proposte gastronomiche del
territorio.

🏠 **Premuda** 🌿 ⚓ ⚓ **P**

piazza Rizzo 10 – ☎ 0 19 74 51 57 – www.hotelpremuda.it – Aperto
1° aprile-31 ottobre
21 cam – 🛏45/100 € 🛏🛏60/125 € – ⬜ 10 €

Un dancing degli anni '30 divenuto ora un piccolo albergo ordinato e ben gestito,
in bella posizione in riva al mare; piacevoli e "freschi" interni, camere lineari. Ariosa
sala da pranzo resa luminosa dalle ampie vetrate che si aprono sulla spiaggia.

✕✕ **Al Cambio** 🏧

via XXV Aprile 72 – ☎ 01 97 41 55 37 – Chiuso martedì
Carta 32/64 € – (prenotare)
A pochi passi dalla passeggiata, il locale propone la tradizione gastronomica
ligure rielaborata in una sfiziosa cucina mediterranea; simpatia, accoglienza e
informalità da parte del titolare.

STANGHELLA

Padova (PD) – ⊠ 35048 – 4 213 ab. – Alt. 7 m – Carta regionale n° **23-B3**
▶ Roma 446 km – Padova 37 km – Bologna 84 km – Chioggia 57 km
Carta stradale Michelin 562-G17

XX **Da Marco** ⓝ   🍴 🅰🅲 ⇔ 🄿

🍝 *via Canaletta Inferiore 167 – ℰ 04 25 95 85 84 – www.ristorantedamarco.net
– Chiuso 7-14 gennaio e lunedì*
Menu 20 € (pranzo in settimana)/50 € – Carta 32/87 €
Ristorante, oggi come allora, gestito dalla stessa famiglia; in ambienti accoglienti
e con un tocco di eleganza si possono gustare specialità di terra cucinate alla
brace di legna e verdure a km 0.

STEGONA = STEGEN – Bolzano (BZ) ➜ Vedere Brunico

STEINEGG = COLLEPIETRA

STENICO

Trento (TN) – ⊠ 38070 – 1 168 ab. – Alt. 666 m – Carta regionale n° **19-B3**
▶ Roma 603 km – Trento 31 km – Brescia 103 km – Milano 194 km
Carta stradale Michelin 562-D14

🏠 **Flora**   🍴 ⪡ 🛏 🏊 🏠 ₺ ✕ 🄳 🅰🅲 ₷ 🄿

*località Maso da Pont 1, Sud: 2 km – ℰ 04 65 70 15 49 – www.hotelfloracomano.it
– Aperto 1° dicembre-8 gennaio e 1° aprile-31 ottobre*
65 cam ⌣ – †68/93 € ††106/156 €
Base d'appoggio per una vacanza all'insegna delle escursioni e del turismo termale: ariosi ambienti in stile contemporaneo e camere spaziose. Campo da tennis
e vista sui monti dal grazioso giardino.

STERN = LA VILLA

STERZING = VIPITENO

STEZZANO

Bergamo (BG) – ⊠ 24040 – 13 019 ab. – Carta regionale n° **10-C1**
▶ Roma 615 km – Milano 50 km – Bergamo 7 km – Lecco 79 km
Carta stradale Michelin 561-F10

🏠🏠 **Grand Hotel del Parco**   🄳 ₺ 🅰🅲 ✕ ₷ 🚗

*Via Galeno, 8 – ℰ 0 35 59 17 10 – www.grandhoteldelparco.com – Chiuso
dicembre e agosto*
46 cam ⌣ – †50/190 € ††60/200 €
Perfetto soprattutto per una clientela business, quest'albergo signorile offre al suo interno
confort moderni, ariosi spazi comuni e camere ampie contraddistinte da diversi colori.

🏠 **Art et Hotel**   🏠 🄳 ₺ 🅰🅲 ✕ ₷ 🚗

via Santuario 43 – ℰ 03 54 37 93 00 – www.artehotel.it
84 cam ⌣ – †50/200 € ††60/250 €
A soli 6 km da Bergamo, questa moderna struttura è il luogo ideale dove organizzare meeting e congressi. Dalle 18 alle 24 è in funzione lo snack bar.

ST. KASSIAN = SAN CASSIANO

STORO

Trento (TN) – ⊠ 38089 – 4 713 ab. – Alt. 409 m – Carta regionale n° **19-A3**
▶ Roma 601 km – Brescia 64 km – Trento 65 km – Verona 115 km
Carta stradale Michelin 562-E13

a Lodrone Sud-Ovest : 5,5 km – ⊠ 38089

🏠 **Castel Lodron**   🍴 ⪡ 🛏 🏠 ✕ 🄳 ₷ ₷ 🄿

via 24 Maggio 41 – ℰ 04 65 68 50 02 – www.hotelcastellodron.it
40 cam ⌣ – †50/60 € ††90/100 €
Lungo la strada per Campiglio, cortese ospitalità in un comodo albergo dotato di
centro benessere, bocce, calcetto, tennis e ping-pong in giardino. Camere confortevoli, quelle sul retro più tranquille.

STRADA IN CHIANTI – Firenze (FI) → Vedere Greve in Chianti

STRADELLA – Mantova (MN) → Vedere Bigarello

STREGNA

Udine (UD) – ⊠ 33040 – 367 ab. – Alt. 404 m – Carta regionale n° **6-C2**

◨ Roma 659 km – Udine 29 km – Gorizia 43 km – Tarvisio 84 km
Carta stradale Michelin 562-D22

✗ Sale e Pepe

via Capoluogo 19 – ℰ 04 32 72 41 18 – Chiuso martedì e mercoledì
Carta 27/43 € – *(solo a cena escluso sabato e domenica)*
Bella e accogliente trattoria ubicata nel centro della località, caratterizzata da una
gestione volenterosa e davvero appassionata. Cucina con aperture mitteleuropee.

STRESA

Verbano-Cusio-Ossola (VB) – ⊠ 28838 – 5 006 ab. – Alt. 200 m
– Carta regionale n° **13-A1**

◨ Roma 657 km – Brig 108 km – Como 75 km – Locarno 55 km
Carta stradale Michelin 561-E7

Grand Hotel des Iles Borromées

lungolago Umberto I 67 – ℰ 03 23 93 89 38 – www.borromees.it
– Chiuso 29 novembre-5 febbraio   Pianta: A1**w**
179 cam ⌷ – †204/341 € ††204/451 € – **15 suites**
Abbracciato dal verde del parco e affacciato sul lago, un maestoso palazzo carico
di fascino ospita ambienti lussuosi arredati nelle preziose tinte porpora, oro ed
indaco. I corridoi dei piani sono vere e proprie gallerie d'arte, di cui in ogni camera
è presente un catalogo per la visita. Sapori ricercati nello sfarzoso ristorante
e menu personalizzato per gli ospiti che seguono una particolare dieta alla Spa.

Villa e Palazzo Aminta

Via Sempione Nord 123, 1,5 km per Baveno - A1 – ℰ 03 23 93 38 18
– www.villa-aminta.it – Chiuso dicembre-gennaio
67 cam ⌷ – †210/290 € ††311/599 € – **8 suites**
Un gioiello dell'hôtellerie italiana abbracciato da un parco secolare: l'unico
albergo affacciato sulle isole Borromee incanta l'ospite per fascino ed eleganza.
Piatti classici italiani e specialità del territorio nel raffinato ristorante Le Isole.
Gastronomia italiana à la carte - la sera - nella colorata sala del Moro, dove - a
pranzo – si propongono buffet legati al wellness.

Grand Hotel Bristol

lungolago Umberto I 73/75 – ℰ 0 32 33 26 01   Pianta: A1**c**
– www.zaccherahotels.com – Aperto 1° aprile-15 ottobre
245 cam – †50/250 € ††90/350 € – ⌷ 16 € – **8 suites**
Una conduzione professionale per questo hotel dagli interni arredati con pezzi
antichi, lampadari di cristallo, cupole in vetro policromo e nel parco una piscina
riscaldata. Affacciato sulle Isole Borromee, il ristorante propone un'elegante sala
ed un piacevole dehors.

Regina Palace

lungolago Umberto I 29 – ℰ 03 23 93 69 36   Pianta: B2**b**
– www.reginapalace.it – Chiuso 20 dicembre-6 gennaio
214 cam ⌷ – †200/260 € ††280/365 € – **11 suites**
In un edificio del primo '900 immerso nel verde, ambienti eleganti, sale congressi,
campo da tennis e da calcetto. Scenografica piscina con fondale riproducente
quello marino nel centro benessere. Tinte dorate e cucina moderna nell'ampia
sala da pranzo.

STRESA

0 —— 200 m

La Palma
Pianta: **B2e**

lungolago Umberto I 33 – ℰ 0 32 33 24 01
– www.hlapalma.it – Chiuso 1° dicembre-15 febbraio
120 cam ⌷ – ♦100/180 € ♦♦140/290 € – **2 suites**
Risorsa a gestione attenta con camere signorili, rilassanti spazi comuni, Sky bar e idormassaggio panoramico in terrazza all'ultimo piano. Dalla magnifica piscina in riva al lago si scorgono le isole Borromee! L'intima sala ristorante propone alta cucina italiana ed internazionale.

Astoria
Pianta: **B2x**

lungolago Umberto I 31 – ℰ 0 32 33 25 66
– www.hotelastoriastresa.it – Aperto 2 aprile-30 ottobre
100 cam ⌷ – ♦90/160 € ♦♦130/220 €
Situato sul lungolago, l'hotel dispone di ampi spazi e belle camere. Si contendono il fiore all'occhiello il curato giardino con piscina ed il roof garden con solarium. Il ristorante vanta una deliziosa veranda ed una cucina regionale di stampo moderno.

Royal
Pianta: **A1z**

viale Lido 1 – ℰ 0 32 33 27 77 – www.hotelroyalstresa.com
– Aperto 15 aprile-15 ottobre
72 cam – ♦50/140 € ♦♦70/195 € – ⌷ 15 €
Nella cornice del Lago Maggiore, l'antica villa offre spazi moderni e confortevoli, una rilassante sala lettura, la tranquillità di un parco ed una terrazza solarium. Nuove camere panoramiche al quarto piano: spettacolari quelle d'angolo.

Flora
Pianta: **A1p**

strada statale del Sempione 26 – ℰ 0 32 33 05 24
– www.hotelflorastresa.com – Aperto 15 marzo-3 novembre
32 cam ⌷ – ♦70/90 € ♦♦90/160 €
A pochi minuti dal centro della località, l'hotel è stato recentemente ristrutturato ed ampliato e dispone di nuove e moderne camere, nonchè di una piccola piscina. Cucina classica nella sobria sala da pranzo, mentre d'estate è possibile anche il servizio in giardino.

XX **Piemontese**

via Mazzini 25 – ℰ 0 32 33 02 35   Pianta: B2**t**
– www.ristorantepiemontese.com – Chiuso dicembre-gennaio e lunedì
Menu 28 € (pranzo in settimana)/36 € – Carta 33/79 €
Nel cuore della località, ma a due passi dal lungolago, uno dei ristoranti più pre-stigiosi della romantica Stresa: piatti regionali e piacevole servizio estivo sotto un pergolato.

XX **Il Clandestino**

via Rosmini 5 – ℰ 0 32 33 03 99   Pianta: B2**m**
– www.ristoranteilclandestino.com – Chiuso martedì
Menu 40/60 € – Carta 45/106 € – *(solo a cena escluso venerdì, sabato e domenica)*
A pochi metri dal lungolago, ma già nel cuore del centro storico, un grazioso locale dai toni caldi, dove gustare una gustosa cucina di pesce. Un suggerimento: lasciatevi consigliare dallo chef-patron!

X **Vicoletto**

vicolo del Poncivo 3 – ℰ 03 23 93 21 02   Pianta: B2**h**
– www.ristoranteilvicoletto.com – Chiuso 15 gennaio-29 febbraio, 1 settimana in novembre e giovedì escluso aprile-settembre
Carta 29/49 €
Ristorantino dal design contemporaneo condotto da una giovane e motivata gestione: la linea di cucina si conforma alla modernità del locale. Minuscolo, ma piacevole il dehors.

ISOLE BORROMEE Alt. 200 m – Carta regionale n° **13**-A1

Isola Superiore o dei Pescatori – ✉ 28049 Stresa

XX **Verbano**

via Ugo Ara 2 – ℰ 0 32 33 04 08 – www.hotelverbano.it – Aperto 15 marzo-inizio novembre
Menu 59 € – Carta 47/83 €   **12 cam** 🛏 – 🛏85/185 € 🛏🛏100/200 €
La nuova, giovane, gestione ha dato lustro a questo ristorante dall'invidiabile location: d'estate, si ha infatti la sensazione di mangiare a fior d'acqua nell'acco-gliente dehors. Rivisitazioni personali dello chef in cucina.

XX **Casabella**

via del Marinaio 1 – ℰ 03 23 93 38 08 – www.isola-pescatori.it – Chiuso 7-23 gennaio e martedì
Menu 28 € (pranzo in settimana)/80 € – Carta 36/69 €
Di fronte all'imbarcadero, una raccolta sala con vetrate ed una piccola e graziosa ter-razza con bella vista sul lago, dove gustare la cucina locale d'ispirazione moderna. Alla sera, su prenotazione, servizio navetta gratuito dalla terraferma all'isola.

STROMBOLI – Messina (ME) ➜ Vedere Eolie (Isole)

STRONCONE
Terni (TR) – ✉ 05039 – Alt. 450 m – Carta regionale n° **20**-C3
▶ Roma 112 km – Terni 12 km – Rieti 45 km
Carta stradale Michelin 563-O20

XX **Taverna de Porta Nova**

via Porta Nova 1 – ℰ 0 74 46 04 96 – www.ristorantetavernadeportanuova.it – Chiuso mercoledì
Menu 28 € – Carta 31/59 € – *(solo a cena)*
Nel dedalo di viuzze di un incantevole paese medioevale, la Taverna riscopre i sapori umbri: tartufi, erbe spontanee e gustose carni alla griglia.

STRONGOLI

Crotone (KR) – ✉ 88816 – 6 596 ab. – Alt. 342 m – Carta regionale n° **3-B2**
▶ Roma 587 km – Catanzaro 101 km – Crotone 28 km – Cosenza 124 km
Carta stradale Michelin 564-J33

XxX **Dattilo** ⇦ 🌿 🚔 🏠 🛝 AC 🚫 P
❀
contrada Dattilo, Est: 2 km – 𝒞 09 62 86 56 13 – www.dattilo.it
– Chiuso 15 febbraio-23 marzo e 3 novembre-3 dicembre
Menu 50/70 € – Carta 51/77 € – *(chiuso lunedì, martedì e mercoledì escluso*
giugno-settembre) (solo a cena escluso domenica) (prenotazione obbligatoria)
6 cam ⌙ – †45/50 € ††90/100 €
Immerso nella campagna, è un agriturismo che si è distinto nella produzione di
vino ed olio, ma ora l'attenzione va tutta alla qualità della cucina moderna e creativa. Le camere prolungano il soggiorno all'insegna di una vita piacevolmente
rustica ed agricola, con una piscina all'ombra di un ulivo millenario.
➜ Gnocchi di ricotta, peperoni e spinaci. Stinco di vitello glassato al passito.
Mousse al cioccolato e rosmarino.

STROVE – Siena (SI) ➜ Vedere Monteriggioni

ST. ULRICH = ORTISEI

SUBBIANO

Arezzo (AR) – ✉ 52010 – 6 331 ab. – Alt. 266 m – Carta regionale n° **18-D2**
▶ Roma 224 km – Rimini 131 km – Siena 75 km – Arezzo 15 km
Carta stradale Michelin 563-L17

🏠 **Relais Torre Santa Flora** ☂ ⩽ 🚔 🛝 AC P
località ponte Caliano 169, Sud-Est: 3 km – 𝒞 05 75 42 10 45
– www.torresantaflora.it – Aperto 1° marzo-31 ottobre
15 cam ⌙ – †70/99 € ††80/135 € – **1 suite**
Residenza di campagna seicentesca immersa nel verde: calda atmosfera negli
splendidi interni in elegante stile rustico di taglio moderno, piacevoli camere
accoglienti. Al ristorante, nelle quattro salette con soffitti in mattoni o con travi
di legno a vista, una bella carta di soli risotti e - oltre alla cucina toscana - anche
una linea più moderna e rivisitata.

X **La Corte dell'Oca** ⇦ 🛝 ᚦ AC
viale Europa 16 – 𝒞 05 75 42 13 36 – www.cortedelloca.it
Carta 24/45 € **22 cam** – †55 € ††70 € – ⌙ 5 € – **2 suites**
Tra tortellini e bolliti si è avverato un sogno, quello del titolare, che ha raccolto
oggetti, riviste e suppellettili degli anni '50 per ricreare un'atmosfera da amarcord.
Tutte differenti tra loro, le camere si affacciano sul cortile o sul borgo.

SULDEN = SOLDA

SULMONA

L'Aquila (AQ) – ✉ 67039 – 24 855 ab. – Alt. 405 m – Carta regionale n° **1-B2**
▶ Roma 154 km – Pescara 73 km – L'Aquila 73 km – Avezzano 57 km
Carta stradale Michelin 563-P23

🏠 **Santacroce Ovidius** ☂ ♨ 🔁 AC 🚫 🧖 P
via Circonvallazione Occidentale 177 – 𝒞 0 86 45 38 24
– www.ovidius.hotelsantacroce.com
29 cam ⌙ – †60/75 € ††80/125 €
A due passi dal Duomo hotel moderno dalle calde sale rivestite in legno e camere
dalle linee contemporanee, ben accessoriate. Per momenti di piacevole relax, vi
consigliamo una sosta presso il raffinato centro benessere.

X **Gino** ⇦ AC 🚫
piazza Plebiscito 12 – 𝒞 0 86 45 22 89 – www.lalocandadigino.it – Chiuso
domenica
Carta 22/48 € – *(solo a pranzo)* **4 cam** ⌙ – †70/75 € ††85/90 €
Piccola arca della tipicità gastronomica abruzzese: salumi, formaggi, pasta fresca e
carni della regione. I primi anche acquistabili nell'adiacente negozio di famiglia.

✗ Clemente 😊 🗛 ⌁

*piazza Santa Monica – ℰ 08 64 21 06 79 – www.ristoranteclemente.com
– Chiuso 23-28 dicembre, 1-15 luglio e giovedì*
Carta 21/48 €
Locale di lunga tradizione nel centro storico, ambiente caratteristico fra archi e
volte a crociera per una cucina di tradizione con qualche spunto personale. Le
pappardelle con ricotta cremosa, guanciale, pecorino e zafferano - a nostro giudizio - tra i piatti più interessanti del menu.

SULZANO

Brescia (BS) – ✉ 25058 – 1 954 ab. – Alt. 200 m – Carta regionale n° **10-D1**
▶ Roma 586 km – Brescia 33 km – Bergamo 56 km – Cremona 76 km
Carta stradale Michelin 561-E12

🏠 Rivalago ⊗ ⪇ 🚪 ⪍ ⌐ ⊡ ⅗ 🗛 ⅌ 🅿

via Cadorna 7 – ℰ 0 30 98 50 11 – www.rivalago.it – Aperto 24 marzo-30 ottobre
34 cam ⌑ – ♦78/110 € ♦♦136/190 €
In tranquilla posizione fronte lago, hotel dagli ambienti signorili e luminosi con
splendido giardino e piscina riscaldata. Camere armoniose ed accoglienti.

SUNA – Verbania → Vedere Verbania

SUSA

Torino (TO) – ✉ 10059 – 6 540 ab. – Alt. 503 m – Carta regionale n° **12-B2**
▶ Roma 718 km – Briançon 55 km – Milano 190 km – Col du Mont Cenis 30 km
Carta stradale Michelin 561-G3

🏠 Napoleon ⋙ 🖐 ⊡ ⅗ 🗛 🔧 🚗

via Mazzini 44 – ℰ 01 22 62 28 55 – www.hotelnapoleon.it
62 cam ⌑ – ♦64/77 € ♦♦77/97 €
Nel cuore della località, l'hotel vanta una gestione familiare e dispone di moderne
e graziose camere, nonchè di spazi per lettura, conversazioni e riunioni. Ottima la
piccola palestra e la lavanderia a gettoni - self service - con asciugatura e stiratura.

SUSEGANA

Treviso (TV) – ✉ 31058 – 11 951 ab. – Alt. 76 m – Carta regionale n° **23-C2**
▶ Roma 572 km – Belluno 57 km – Trento 143 km – Treviso 22 km
Carta stradale Michelin 562-E18

🏠 Maso di Villa ⊗ ⪇ 🚪 ⌐ ⅌ 🅿

*via Col di Guarda 15, località Collalto, Nord-Ovest: 5 km – ℰ 04 38 84 14 14
– www.masodivilla.it*
6 cam ⌑ – ♦110/120 € ♦♦120/168 €
Bella casa colonica trasformata in romantico relais, con tonalità diverse in ogni
ambiente: al suo interno si è giocato infatti coi colori, sin dentro le accoglienti e
calde camere, tutte con letti in ferro battuto e affaccio sul giardino che si sviluppa
tra piscina, ulivi, vigne ed uno splendido roseto.

SUTRIO

Udine (UD) – ✉ 33020 – 1 351 ab. – Alt. 570 m – Carta regionale n° **6-B1**
▶ Roma 690 km – Udine 63 km – Lienz 61 km – Villach 104 km
Carta stradale Michelin 562-C20

✗ Alle Trote ⇦ 🚪 🛖 ⅌ 🅿

*via Peschiera, frazione Noiaris, Sud: 1 km – ℰ 04 33 77 83 29
– Chiuso 17-29 marzo, 20 settembre-15 ottobre*
Carta 19/39 € – *(chiuso martedì escluso agosto)*
5 cam ⌑ – ♦35/45 € ♦♦60/80 €
Nei pressi del torrente, un locale a gestione diretta dove la specialità è preannun-
ciata dal suo nome; la fragranza dei pesci la si deve - invece - all'annesso allevamento. Comode camere, al piano superiore.

SUVERETO

Livorno (LI) – ✉ 57028 – 3 109 ab. – Alt. 90 m – Carta regionale n° **18-B2**
▶ Roma 232 km – Grosseto 58 km – Livorno 87 km – Piombino 27 km
Carta stradale Michelin 563-M14

🏠 Agriturismo Bulichella   🌿 📶 🚲 **P**

località Bulichella 131, Sud-Est: 1 km – 𝒞 05 65 82 98 92 – *www.bulichella.it*
14 cam ⛱ – †50/75 € ††77/110 €
Immerso nella campagna suveretana, ad 1 km dal borgo medievale, l'agriturismo
offre ospitalità in appartamenti e camere confortevoli: più isolate e tranquille, le
stanze al di là dei vigneti.

✗ Gualdo del Re   [AK]

località Notri 77 – 𝒞 05 65 82 98 88 – *www.gualdodelre.com* – *Aperto*
1° aprile-31 ottobre, solo su prenotazione negli altri mesi
Carta 27/52 € – (prenotazione obbligatoria a mezzogiorno)
Un ristorantino con pochi tavoli ravvicinati, raccolti intorno ad un camino: le pareti
e i mobili bianchi gli conferiscono un vago stile provenzale, mentre la luminosa
veranda viene anche utilizzata per corsi di cucina. Piatti d'ispirazione toscana.

✗ l' Ciocio-Osteria di Suvereto   🏡 ♿ ♻

piazza dei Giudici 1 – 𝒞 05 65 82 99 47 – *www.osteriadisuvereto.it*
– *Chiuso 15 febbraio-2 marzo, 26 ottobre-3 novembre, domenica a mezzogiorno
in estate, lunedì negli altri mesi*
Menu 35/45 € – Carta 26/58 € – (consigliata la prenotazione)
Nello splendido scenario del centro storico su cui si affaccia con un delizioso
dehors, ambienti caratteristici come la "dispensa" del piano inferiore, prodotti bio
e a km 0 per una cucina legata al territorio.

SUZZARA

Mantova (MN) – ✉ 46029 – 21 134 ab. – Alt. 20 m – Carta regionale n° **9-C3**
▶ Roma 453 km – Parma 48 km – Verona 64 km – Cremona 74 km
Carta stradale Michelin 561-I9

✗ Mangiare Bere Uomo Donna   ⇦ 🏡 [AK]

viale Zonta 19 – 𝒞 33 48 80 65 08 – *www.mangiarebereuomodonna.com*
🍝 – *Chiuso gennaio, 2 settimane in luglio-agosto e martedì*
Menu 25/28 € – Carta 24/56 € – *(solo a cena)* (coperti limitati, prenotare)
4 cam ⛱ – †40/45 € ††60/65 €
Lei è di Hong Kong, lui di Suzzara: coppia nella vita, in tandem gestiscono questo
accogliente ristorante ricavato nell'abitazione di famiglia. La cucina propone in
purezza i sapori del mantovano con alcune intriganti soprese dall'oriente.

TABIANO

Parma (PR) – ✉ 43030 – Alt. 162 m – Carta regionale n° **5-A2**
▶ Roma 486 km – Parma 31 km – Piacenza 57 km – Bologna 124 km
Carta stradale Michelin 562-H12

🏠 Park Hotel Fantoni   ⛲ 🌿 📶 ⛅ 🐾 👶 ⬆ [AK]

via Castello 6 – 𝒞 05 24 56 51 41 – *www.parkhotelfantoni.it* – *Aperto*
1° aprile-10 novembre
33 cam ⛱ – †38/70 € ††60/100 € – **1 suite**
In una zona un po' defilata e già collinare, si apre un giardino con piscina: una
parentesi blu nel verde, preludio alla comodità dell'hotel. Non manca l'ascensore
diretto per le terme ed un piccolo, ma attrezzato, centro benessere con bagno
turco, idromassaggio e trattamenti vari.

🏠 Rossini   ⛲ 🌿 📶 ⬆ **P**

via delle Fonti 10 – 𝒞 05 24 56 51 73 – *www.hotelrossini.net* – *Aperto*
1° aprile-30 ottobre
51 cam ⛱ – †90 € ††120 €
Un valido albergo che, nel corso degli anni, ha saputo mantenere alti la qualità e il
livello dell'offerta; terrazza solarium con una vasca idromassaggio per più persone.

TALAMONE – Grosseto (GR) ➔ Vedere Fonteblanda

TAMION – Trento ➔ Vedere Vigo di Fassa

TAORMINA

Messina (ME) (ME) – ✉ 98039 – 11 086 ab. – Alt. 204 m – Carta regionale n° **17-D2**
▶ Catania 52 km – Enna 135 km – Messina 52 km – Palermo 255 km
Carta stradale Michelin 565-N27 – Guida Verde Michelin SICILIA

G. Gräfenhain / Sime / Photononstop

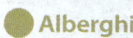 **Alberghi**

 Belmond Grand Hotel Timeo   🎾 🌿 ⇐ 🛏 ⅃ 👙 ☎ Ꮰ 🅰🅲 🧖 🅿

via Teatro Greco 59 – ☎ 0 94 26 27 02 00   Pianta: B1**x**
– www.belmond.com – Aperto 15 marzo-15 novembre
62 cam � – †630/968 € ††630/968 € – **8 suites**
Rist *Il Ristorante* – Vedere selezione ristoranti
A pochi metri dal teatro greco, l'eccellenza del Timeo prende forme così diverse
che ogni turista finirà per portare a casa un ricordo proprio e personale: splendidi
interni con fastosi saloni che dischiudono angoli più privati e belle camere con
balconi panoramici, alcuni affacciati sul teatro.

San Domenico Palace   🎾 🌿 ⇐ 🛏 ⅃ 👙 ☎ Ꮰ 🅰🅲 🧖 🅿

piazza San Domenico 5 – ☎ 09 42 61 31 11   Pianta: A2**m**
– www.san-domenico-palace.com – Aperto 1° marzo-31 ottobre
97 cam ⊑ – †257/382 € ††292/706 € – **8 suites**
Rist *Principe Cerami* ❀❀ – Vedere selezione ristoranti
Eleganti ambienti ricchi di antichi ricordi in questo hotel di lusso ricavato tra le
mura di un convento medievale. Suggestive vedute dal giardino e dalle terrazze.
A tavola, i classici italiani e piatti locali.

Grand Hotel San Pietro   🎾 🌿 ⇐ 🛏 ⅃ 👙 ☎ Ꮰ 🅰🅲 🧖 🅿

via Pirandello 50 – ☎ 09 42 62 07 11 – www.gaishotels.com   Pianta: B2**f**
– Aperto 1° aprile-31 ottobre
62 cam ⊑ – †300/350 € ††340/390 € – **1 suite**
In splendida posizione panoramica ed abbracciata da un giardino con
piscina, un'elegante struttura con spazi accoglienti, una sala da tè ed una
biblioteca. Nella raffinata ed intima sala da pranzo, i genuini sapori della
gastronomia siciliana.

 Nh Collection Taormina   🎾 ⇐ ⅃ 👙 ☎ Ꮰ 🅰🅲 🧖 🚗

Via Circonvallazione, 11 – ☎ 09 42 62 52 02   Pianta: BZ**c**
– www.imperialetaormina.com – Aperto 1° aprile-31 ottobre
58 cam ⊑ – †159/669 € ††189/699 € – **5 suites**
Ubicato nelle vicine retrovie rispetto alla suggestiva passeggiata di Taormina, la
sua hall davvero imperiosa ospita un bar da cui si scorge la soprastante piscina
trasparente, una vera chicca! Le camere sono altrettanto lussuose con uno stile
classico-moderno ed ampi bagni.

TAORMINA

0   200 m

1164

Metropole

corso Umberto I° 154 – ℰ 09 42 68 13 30   Pianta: AZ**g**
– www.hotelmetropoletaormina.it – Aperto 18 marzo-inizio dicembre
15 cam ☷ – **†**365/1034 € **††**365/1034 € – **8 suites**
Rist *Bellevue* – Vedere selezione ristoranti
E' risorto dalle ceneri, ancora più bello, uno dei primi alberghi ad animare la località qualche lustro fa… Centralissimo con ingresso su corso Umberto, nonché affaccio su dirupo e mare, ambienti lussuosi, camere di alto standing ed un susseguirsi di terrazze panoramiche. Ma è solo l'ultima ad ospitare la piscina.

The Ashbee

viale San Pancrazio 46 – ℰ 0 94 22 35 37   Pianta: B1**e**
– www.theashbeehotel.com – Aperto 1° aprile-31 ottobre
17 cam ☷ – **†**470 € **††**480 € – **8 suites**
A pochi passi da corso Umberto, questa villa storica di inizio '900 - molto ben appartata e in un contesto altamente panoramico - sfoggia un'aria vagamente british anche nell'impostazione (non a caso c'è un maggiordomo a disposizione dei clienti!). Molto curata e lussuosa negli interni con un bel salone relax e una terrazza-giardino davvero incantevole, la struttura dispone di una suggestiva piscina a sfioro sul sottostante mare.

Villa Diodoro

via Bagnoli Croci 75 – ℰ 0 94 22 33 12   Pianta: B2**q**
– www.gaishotels.com
102 cam ☷ – **†**150/230 € **††**180/260 € – **1 suite**
Attrezzata palestra e zona massaggi-trattamenti estetici in una storica risorsa dai generosi spazi all'aperto. Rinnovate le camere e la hall - ora più ampia ed ariosa - mentre incastonato su una terrazza, lo zaffiro di questo gioiello: la panoramica piscina. Al ristorante, primeggiano i sapori dell'isola.

Villa Carlotta

via Pirandello 81 – ℰ 09 42 62 60 58   Pianta: B1**a**
– www.hotelvillacarlottataormina.com – Aperto 18 marzo-14 novembre
18 cam ☷ – **†**149/309 € **††**179/339 € – **10 suites**
Abbracciata da una folta vegetazione, la villa riprende il suo nome originario ed offre ai suoi ospiti ambienti eleganti e di tendenza, nonché una suggestiva vista sullo Ionio e sull'Etna. La sosta al bar diventa il pretesto per ammirare i resti di una necropoli bizantina.

El Jebel

salita Ciampoli 9 – ℰ 09 42 62 54 94 – www.hoteleljebel.com   Pianta: A1**n**
– Chiuso novembre
6 cam ☷ – **†**190/500 € **††**250/1300 € – **4 suites**
Riservatezza ed esclusività nel cuore dell'antica Taormina: servizio personalizzato in camere arredate con stili differenti, solarium panoramico e piatti isolani - in chiave moderna - al ristorante.

Villa Ducale

via Leonardo da Vinci 60 – ℰ 0 94 22 81 53   Pianta: A1**p**
– www.villaducale.com – Aperto 17 marzo-15 novembre
12 cam ☷ – **†**189 € **††**329 € – **5 suites**
Un rifugio splendidamente panoramico e scrigno delle celebri ceramiche siciliane: una piccola bomboniera deliziosamente curata dai titolari come un'elegante casa privata. La navetta o una scenografica scalinata per scendere in paese.

Villa Sirina

via Crocifisso 30, 2 km per via Crocifisso - A2 – ℰ 0 94 25 17 76
– www.villasirina.it – Aperto 1° aprile-31 ottobre
16 cam ☷ – **†**125/145 € **††**143/181 € – **1 suite**
Artigiani locali hanno contribuito con le loro creazioni ad arredare ad hoc le semplici camere della villa, già di famiglia dagli anni Settanta. Nel giardino, la bella piscina.

Villa Belvedere
via Bagnoli Croci 79 – ℰ 0 94 22 37 91
Pianta: B2**b**
– www.villabelvedere.it – Aperto 5 marzo-22 novembre
49 cam ☕ – ♦90/450 € ♦♦120/900 € – **3 suites**
Una vista mozzafiato sul parco tra palme e piscina tanto dagli ambienti comuni quanto dalla maggior parte delle camere. Storica struttura da sempre a gestione familiare. Cucina classica nel ristorante esclusivamente all'aperto.

Villa Schuler
piazzetta Bastione – ℰ 0 94 22 34 81
Pianta: B1**d**
– www.hotelvillaschuler.com – Aperto 2 marzo-20 novembre
27 cam ☕ – ♦92/152 € ♦♦96/242 € – **6 suites**
Sorto nei primi anni del Novecento e gestito sempre dalla stessa famiglia, storico albergo del centro incorniciato tra giardini mediterranei e con splendida terrazza vista mare per la colazione del mattino.

Villa Taormina
via T. Fazzello 39 – ℰ 09 42 62 00 72
Pianta: A1**e**
– www.hotelvillataormina.com – Aperto 1° aprile-31 ottobre
8 cam ☕ – ♦100 € ♦♦290 €
Il fascino discreto di un'elegante residenza ottocentesca, impreziosita con mobili d'antiquariato e con un delizioso giardino con terrazze e vasca Jacuzzi. Vista panoramica dalla sala colazioni all'ultimo piano.

Condor
via Dietro Cappuccini 25 – ℰ 0 94 22 31 24
Pianta: A1**a**
– www.condorhotel.com – Aperto 1° marzo-31 ottobre
18 cam ☕ – ♦62/118 € ♦♦72/136 €
Una dozzina di stanze, una palazzina in posizione panoramica e una gestione di lunga esperienza. Per chi non ricerca l'eleganza, ma si accontenta della semplicità.

Ristoranti

XXXXX Il Ristorante – Belmond Grand Hotel Timeo
via Teatro Greco 59 – ℰ 0 94 26 27 02 00
Pianta: B1**x**
– www.belmond.com – Aperto 15 marzo-15 novembre
Carta 73/120 € – (consigliata la prenotazione)
La vista sul golfo e la ricercatezza dei particolari sono gli atout di questo ristorante dove emerge, esplosiva come l'Etna, una cucina colorata, sapida ed audace negli abbinamenti. Insomma, siciliana.

XXXX Principe Cerami – Hotel San Domenico Palace
❀❀ *piazza San Domenico 5 – ℰ 09 42 61 31 11*
Pianta: A2**m**
– www.san-domenico-palace.com – Aperto 1° marzo-31 ottobre
Menu 140/150 € – Carta 104/170 € – (solo a cena) (prenotazione obbligatoria)
Al Principe Cerami il merito di aver trasformato nel 1896 l'ex convento domenicano in albergo, al cuoco Massimo Mantarro d'incantare i clienti con le magie siciliane della sua cucina. Il tutto nell'antica opulenza delle sale interne o, d'estate, su una romantica terrazza.
→ Ravioli di pasta rustica allo zafferano, farcia di Ragusano DOP pomodoro e basilico verde. Pescato del giorno in parmigiana con purea di melanzane viola e pomodorini canditi. Il cappuccino di Adriano.

XXXX La Giara
vico la Floresta 1 – ℰ 0 94 22 33 60
Pianta: A1**f**
– www.lagiarataormina.it – Aperto 1° aprile-31 ottobre
Carta 58/106 € – (solo a cena) (consigliata la prenotazione)
Splendida la terrazza con dehors panoramico che incornicia la costa e il vulcano; in sala dominano volutamente le tinte del bianco e dell'avorio, sulle quali spicca la millenaria giara.

XXX **Bellevue** – Hotel Metropole

corso Umberto 154 – ✆ 09 42 68 13 30 Pianta: A1**g**
– www.hotelmetropoletaormina.it – Aperto 18 marzo-inizio dicembre
Carta 63/102 € – (consigliata la prenotazione)
Sulla splendida terrazza con vista mozzafiato o nei suoi lussuosi spazi interni, sapori locali rivisitati con gusto moderno e - a pranzo - proposte più semplici, ma pur sempre accattivanti.

XX **Vicolo Stretto**

vicolo Stretto 6 – ✆ 09 42 62 55 54 Pianta: A1**c**
– www.vicolostrettotaormina.it – Chiuso 7 gennaio-15 marzo
Carta 45/88 € – *(solo a cena in agosto)*
Nel pieno centro di Taormina, ristorante dall'ambiente raccolto e signorile, dove gustare una cucina isolana intrigante e ben fatta. Dalla suggestiva terrazza, la vista abbraccia mare e Giardini Naxos.

XX **Al Duomo**

vico Ebrei 11 – ✆ 09 42 62 56 56 Pianta: A1-2**q**
– www.ristorantealduomo.it – Chiuso gennaio e lunedì da novembre a marzo
Menu 45/60 € – Carta 37/63 €
In un angolo di piazza Duomo, da un vicolo stretto si accede ad un locale dal caratteristico e panoramico dehors. La cucina propone piatti di mare e regionali con prodotti davvero buoni.

XX **Casa Giolì**

Via Giordano Bruno, 2 – ✆ 09 42 68 30 17 – www.casagioli.it Pianta: A1**b**
– Chiuso febbraio-febbraio e mercoledì escluso periodo estivo
Carta 43/66 € – *(solo a cena in giugno-agosto)* (consigliata la prenotazione)
Una piccola saletta ben arredata con cucina a vista e due angoli esterni a creare un dehors abbastanza suggestivo. Il menu presenta piatti decisamente mediterranei con prodotti stagionali e una discreta attenzione al biologico.

X **Osteria Nero D'Avola**

piazza San Domenico 2B – ✆ 09 42 62 88 74 Pianta: A2**b**
– www.osterianerodavola.it – Aperto 1° aprile-31 ottobre; chiuso lunedì
Carta 37/79 € – *(solo a cena in luglio-settembre)* (consigliata la prenotazione)
I colori e i sapori dell'isola – soprattutto pesce – in questo simpatico ristorantino con bella terrazza estiva ed un'ottima carta dei vini.

a Mazzarò Est 5,5 km o 5 mn di cabinovia C1 – ✉ 98030

Belmond Villa Sant'Andrea

via Nazionale 137 – ✆ 0 94 26 27 12 00 – www.belmond.com
– Aperto 4 aprile-2 novembre Pianta: C1**d**
65 cam ☕ – 🚹510 € 🚹🚹800 € – **7 suites**
In un angolo di una suggestiva baia - direttamente sulla spiaggia - una dimora ottocentesca il cui grazioso giardino panoramico resta l'unica traccia della commissione di un gentiluomo inglese. Deliziose le camere, tutte con vista sul mare.

Grand Hotel Mazzarò Sea Palace

via Nazionale 147 – ✆ 09 42 61 21 11 Pianta: C1**b**
– www.mazzaroseapalace.it – Aperto 1° aprile-31 ottobre
88 cam ☕ – 🚹230/470 € 🚹🚹330/610 € – **9 suites**
L'esplosione del sole e dei colori siciliani si riflette nelle camere superbamente arredate, ricche di tessuti e decorazioni; marmi e lucernai nelle zone comuni. Le terrazze si "sprecano": la più bella è un solarium con piscina sulla splendida baia. Sala ristorante e spazi all'aperto dove cenare a lume di candela.

Grand Hotel Atlantis Bay

via Nazionale 161 - C1 – ✆ 09 42 61 80 11 – www.atlantisbay.it
– Aperto 1° aprile-31 ottobre
83 cam ☕ – 🚹230/470 € 🚹🚹330/610 € – **8 suites**
Una realtà raffinata ed elegante con interni sontuosi, camere ampie e provviste di ogni confort (tutte vista mare). Per chi vuole vizirasi fino in fondo: suite presidenziale con piccola piscina privata e lusso al quadrato. Meravigliosa sala ristorante curata in ogni dettaglio.

✗ Da Giovanni

via Nazionale – ☎ 0 94 22 35 31 – Chiuso   Pianta: C1**e**
7 gennaio-8 febbraio e lunedì
Carta 28/35 €
Qualche difficoltà nel trovare il posteggio, ma una breve passeggiata non potrà
che farvi meglio apprezzare la semplice cucina di mare della tradizione. Veranda
panoramica sul mare e sull'Isola Bella.

a Lido di Spisone Nord-Est: 1,5 km direzione Messina C1 – ✉ 98030 Mazzarò

🏨 Lido Caparena

via Nazionale 189 - C1 – ☎ 09 42 65 20 33 – www.gaishotels.com – Aperto
1° aprile-31 ottobre
85 cam ☖ – †105/185 € ††150/300 € – **1 suite**
Bellezza e confort, palme e acqua limpida, tranquillità e relax e una beauty farm
davvero interessante con bagno turco e un'ampia gamma di trattamenti e massaggi. Spiaggia e bar. D'estate la sala da pranzo si apre all'esterno, completamente immersa nel verde; a pranzo carta leggera.

✗✗ La Capinera (Pietro D'Agostino)

via Nazionale 177 - C1 – ☎ 09 42 62 62 47 – www.pietrodagostino.it
– Chiuso febbraio, lunedì escluso agosto, anche domenica in gennaio e marzo
Menu 75/90 € – Carta 55/84 € – (consigliata la prenotazione)
Locale accogliente dalla giovane ed appassionata gestione, che propone una
cucina innovativa su base regionale ed un servizio estivo in terrazza.
➜ Agnolotti della casa con frutti di mare e zuppa di crostacei. Filetto di ricciola
cotto sulla pietra con zucchine e verdure croccanti. Spuma al limone interdonato
con zuppa di fragoline.

a Castelmola Nord-Ovest : 5 km A1 – ✉ 98030 – Alt. 529 m

🏨 Villa Sonia

via Porta Mola 9 – ☎ 0 94 22 80 82 – www.hotelvillasonia.com
– Aperto 1° aprile- 31 ottobre
44 cam ☖ – †110/140 € ††140/205 € – **2 suites**
Caratteristico e tranquillo il borgo che accoglie questa antica villa arredata con
una raccolta di preziosi oggetti d'antiquariato e d'artigianato siciliano. Suggestiva
vista da molte camere. Sobriamente elegante la sala da pranzo arredata qua e là
con numerose rare suppellettili. D'estate si pranza a bordo piscina.

TARANTO

✉ 74123 – 202 016 ab. – Carta regionale n° **15-C2**
▶ Roma 532 km – Brindisi 70 km – Bari 94 km – Napoli 344 km
Carta stradale Michelin 564-F33

🏨 Akropolis

vico I° Seminario 3 ✉ 74123 – ☎ 09 94 70 41 10   Pianta: A1**a**
– www.hotelakropolis.it
14 cam ☖ – †65/130 € ††80/180 €
Il palazzo racconta la storia di Taranto, dalle fondamenta greche agli interventi
succedutisi fino all'800. Pavimenti in maiolica del '700, splendida terrazza sui due
mari. Elementi d'antiquariato anche nella sala-ristorante e wine bar per una ristorazione veloce.

🏨 Europa

via Roma 2 ✉ 74123 – ☎ 09 94 52 59 94   Pianta: B1**e**
– www.hoteleuropataranto.it
41 cam ☖ – †73/110 € ††116/141 € – **1 suite**
Sul Mar Piccolo con vista su ponte girevole e castello aragonese, funzionale
hotel, ex residence, che offre moderne camere molto ampie, spesso sviluppate
in due ambienti.

TARANTO

BARI
COSENZA

BRINDISI
MARTINA FRANCA

BRINDISI
LECCE

BRINDISI
LECCE

BRINDISI
LECCE

PICCOLO

MARE

MARE
GRANDE

Giardini
Comunali

MUSEO
ARCHEOLOGICO
NAZIONALE

Piazza Fontana

S. Domenico
Maggiore

CITTÀ VECCHIA

Duomo

Cava

Corso Vittorio
Emanuele

CASTELLO

Duomo Castello

Piazza
Municipio

Piazza
Bettolo

Co. Umberto I

V. Pitagora

V. Abruzzi

Roma

Co. Umberto I

V. Anfiteatro

V. Anfiteatro

Cso. Due Mari

Garibaldi

V. Giuseppe

V. Virgilio

V. Pitagora

V. Francesco Crispi

V. degli

Lungomare

V. Vincenzo

V. Principe Amedeo

V. Principe Amedeo

V. Giuseppe Mazzini

V. Giuseppe Mazzini

V. Emanuele III

V. Principe Amedeo

V. Madre
Grazie

V. Cesare
Battisti

Colonnello Diego Peluso

Temenide

Pza
Marconi

Duca

Dante

V. Giovanni

V. Neptuno

V. Francesco Bruno

Vie Virgilio

Pza
Alighieri Marconi

0   200 m

1169

Al Faro ✿ ⪬ 🏠 ⅙ AC ❀ P

via della Pineta 3/5, Nord: 1,5 km - A1 ✉ 74123 – ☏ 09 94 71 44 44
– www.alfarotaranto.it

18 cam ☐ – ♦90/120 € ♦♦100/120 € – **2 suites**

Atipica masseria settecentesca, costruita in riva al mare per l'allevamento dei molluschi. L'attività volge oggi all'ospitalità alberghiera, di ottimo livello in ogni aspetto. Sala ristorante ricavata sotto suggestive volte a crociera.

Al Gatto Rosso 🏠 AC

via Cavour 2 ✉ 74123 – ☏ 09 94 52 98 75   Pianta: B1**c**
– www.ristorantegattorosso.com – Chiuso 1°-15 settembre e lunedì
Menu 35/60 € – Carta 27/69 €

Ambiente semplice e curato, nonché proposte unicamente a base di pesce, in un piccolo ristorantino dalla lunga gestione familiare: siamo oramai alla terza!

a San Pietro sul Mar Piccolo Nord-Est: 13 km direzione Brindisi C2 – ✉ 74100

Relais Histò ✿ 🌿 🏠 ⛵ 🛥 🔟 🏠 ⅙ 🔲 ⅙ AC ❀ 🏊 P

via Sant'Andrea, Circummarpiccolo – ☏ 09 94 72 11 88 *– www.relaishisto.it*

44 cam ☐ – ♦145/195 € ♦♦160/210 € – **4 suites**

Sintesi perfetta di natura, storia, arte e tecnologia, Relais Histò è il risultato del restauro conservativo di una masseria medievale. Immerso in un grande uliveto e circondato da possenti mura, erette un tempo a difesa della dimora, l'hotel assicura ai propri ospiti tranquillità e privacy; camere moderne e rituali olistici presso la spa.

TARCENTO

Udine (UD) – ✉ 33017 – 9 081 ab. – Alt. 230 m – Carta regionale n° **6-C2**
▶ Roma 657 km – Udine 19 km – Milano 396 km – Tarvisio 76 km
Carta stradale Michelin 562-D21

Costantini 🏀 ⪬ 🏠 🔲 ⅙ AC P

via Pontebbana 12, località Collalto, Sud-Ovest: 4 km – ☏ 04 32 79 20 04
– www.albergocostantini.com
Carta 28/60 € – *(domenica sera e lunedì)* (prenotare)

22 cam ☐ – ♦53/65 € ♦♦75/90 € – **2 suites**

L'esterno che richiama più l'albergo che il ristorante, non lascia intuire l'eleganza e la piacevolezza della sala, dove gustare una cucina di qualità, carne e pesce in egual misura, accompagnata da un'interessante selezione enologica (molte proposte anche al bicchiere). Accoglienti le camere di tono classico-elegante.

Osteria di Villafredda 🏠 P

via Liruti 7, località Loneriacco, Sud: 2 km – ☏ 04 32 79 21 53
– www.villafredda.com – Chiuso 10 giorni in gennaio, 15 giorni
in agosto, domenica sera e lunedì
Menu 31 € – Carta 22/42 €

Ricavata da un'antica casa colonica, l'osteria può vantare oltre mezzo secolo di attività e di evoluzione ininterrotta, con una cucina non vittima della "globalizzazione", ma - al contrario - grata ai prodotti del territorio e paladina della tradizione locale. Volete un esempio? Cjalsons di Villafredda.

TARQUINIA

Viterbo (VT) – ✉ 01016 – 16 516 ab. – Alt. 133 m – Carta regionale n° **7-A2**
▶ Roma 96 km – Viterbo 45 km – Civitavecchia 20 km – Grosseto 92 km
Carta stradale Michelin 563-P17

Villa Tirreno ✿ 🏠 🔟 🛏 🔲 ⅙ AC ❀ P

via Benedetto Croce 2 – ☏ 07 66 85 79 34 *– www.villatirreno.it*

22 cam ☐ – ♦70/110 € ♦♦100/160 €

In comoda posizione tra il centro storico e la via Aurelia, hotel a conduzione diretta, recentemente rinnovato, dispone di ambienti contemporanei e camere confortevoli.

Valle Del Marta

via Aurelia Vecchia al km 93, Nord-Est: 1,5 Km – ☎ *07 66 85 54 75* – *www.valledelmarta.it*
13 cam – ✦65/110 € – ✦✦100/150 € – **1 suite**
Immerso nel verde della grande tenuta agricola, un resort dalle camere calda-mente arredate in legno, moderno percorso wellness e piscina a sfioro; per i più romantici chiedete le suite sul torrente. Al ristorante, cucina del territorio con pro-dotti dell'azienda.

a Lido di Tarquinia Sud-Ovest : 6 km – ✉ 01010

 La Torraccia

viale Mediterraneo 45 – ☎ *07 66 86 43 75* – *www.torraccia.it* – *Chiuso 22 dicembre-17 gennaio*
23 cam – ✦50/85 € – ✦✦60/115 €
Non lontano dal mare, in zona residenziale e al fresco di una pineta, questo pic-colo hotel dispone di camere graziosamente arredate con mobili rustici e moderni mini-appartamenti.

✗✗ **Gradinoro**

lungomare dei Tirreni 17 – ☎ *07 66 86 40 45* – *www.gradinoro.com* – *Chiuso 15 dicembre-15 gennaio*
Menu 30/60 € – Carta 34/74 €
Ai fornelli c'è sempre la tenace signora Bruna, garante di una cucina della tradi-zione che propone succulenti preparazioni di pesce fresco. Design moderno-con-temporaneo per la sala.

TARTANO

Sondrio (SO) – ✉ 23010 – 193 ab. – Alt. 1 210 m – Carta regionale n° **9-B1**
◼ Roma 695 km – Sondrio 34 km – Chiavenna 61 km – Lecco 77 km
Carta stradale Michelin 561-D11

 La Gran Baita

via Castino 7 – ☎ *03 42 64 50 43* – *www.albergogranbaita.com* – *Chiuso febbraio e marzo*
34 cam – ✦35/40 € – ✦✦60/65 €
In Val Tartano, nel Parco delle Orobie, un'oasi di assoluta pace e relax ove potersi godere anche vari servizi naturali per la salute; conduzione familiare e confort. Al ristorante ambiente rustico avvolto dal legno, con vetrate sulla natura.

TARVISIO

Udine (UD) – ✉ 33018 – 4 435 ab. – Alt. 732 m – Carta regionale n° **6-C1**
◼ Roma 730 km – Udine 95 km – Cortina d'Ampezzo 170 km – Gorizia 133 km
Carta stradale Michelin 562-C22

✗ **Ex Posta**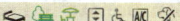

via Friuli 55, località Coccau, Est: 6 km – ☎ *04 28 64 40 55* – *www.exposta.it*
Menu 20 € (pranzo in settimana) – Carta 33/63 € – *(chiuso lunedì)*
5 cam – ✦65 € ✦✦80 € – 6 €
Non lontano dal confine, tra rigogliose pinete, una settecentesca stazione di posta si è trasformata in ristorante dagli ambienti semplici e curati. Cucina regio-nale e vino sfuso d'origine friulana.

TATTI – Grosseto (GR) ➜ Vedere Massa Marittima

TAVAGNACCO

Udine (UD) – ✉ 33010 – 12 142 ab. – Alt. 137 m – Carta regionale n° **6-C2**
◼ Roma 645 km – Udine 9 km – Tarvisio 84 km – Trieste 78 km

✗✗ **Al Grop**

via Matteotti 1 – ☎ *04 32 66 02 40* – *www.algrop.com* – *Chiuso 15 giorni in agosto*
Carta 29/60 € – *(chiuso giovedì a mezzogiorno e mercoledì)*
6 suites – ✦✦120/180 €
Lunga tradizione per un ristorante rustico con un imponente e scoppiettante camino centrale: i piatti seguono le stagioni, carni alla griglia e l'asparago bianco locale (quando è il periodo!). A 100 metri, i confortevoli appartamenti con angolo cottura e graziosa corte.

TAVARNELLE VAL DI PESA

Firenze (FI) – ⊠ 50028 – 7 849 ab. – Alt. 378 m – Carta regionale n° **18-C2**

▶ Roma 268 km – Firenze 29 km – Siena 41 km – Livorno 92 km

Carta stradale Michelin 563-L15

Castello del Nero

strada Spicciano 7 – ℰ 0 55 80 64 70 – www.castellodelnero.com – Chiuso 6 gennaio-16 marzo

32 cam ☖ – †470/800 € ††470/800 € – **18 suites**

Rist La Torre ❀ – Vedere selezione ristoranti

In posizione dominante sulle colline, una residenza di campagna di origini duecentesche, dove gli elementi storici si fondono con arredi moderni e accessori d'avanguardia. Centro benessere con trattamenti up-to-date.

Antica Pieve

strada della Pieve 1 – ℰ 05 58 07 63 14 – www.anticapieve.net – Chiuso 15-30 gennaio

7 cam ☖ – †60/100 € ††80/120 €

Una piacevole casa colonica - sapientemente ristrutturata - a metà strada fra Firenze e Siena, sulla famosa via Cassia: poche camere, ma ben arredate e curate nei particolari. Ottimi spazi all'esterno con piscina e giardino.

La Torre – Hotel Castello del Nero

❀

strada Spicciano 7 – ℰ 0 55 80 64 70 – www.castellodelnero.com – Chiuso 6 gennaio-31 marzo

Menu 80/120 € – Carta 75/124 € – *(solo a cena)*

La cucina è lì a raccontare - a chi ha il privilegio di sedersi nell'elegante sala in tema con l'hotel - le varie esperienze dello chef presso ristoranti importanti: piatti di grande impatto emotivo ricchi di gusto e sostanza.

→ Cappelletti ripieni di vitello mantecati al burro, asparagi e tartufo nero. Suprema di piccione, terrina di fegatini, pan brioche e salsa al Chianti. Spugna alla menta su passata di fragole, gelato all'alloro, olio extra vergine del Castello.

Osteria La Gramola

via delle Fonti 1 – ℰ 05 58 05 03 21 – www.gramola.it – Chiuso martedì

Menu 20/35 € – Carta 25/51 €

È un incontro tra l'architettura paesana e lo scorrere di una dimensione rurale fatta di antiche abitudini, lenti rituali e solide certezze. Vino, olio, carni provenienti da allevamenti della zona: Cecilia, la cuoca, sa valorizzare con grande talento i prodotti, le ricette e la cultura gastronomica della sua terra.

a San Donato in Poggio Sud-Est : 7 km – ⊠ 50020

La Locanda di Pietracupa

via Madonna di Pietracupa 31 – ℰ 05 58 07 24 00 – www.locandapietracupa.com – Chiuso 25 dicembre-31 gennaio

Carta 40/61 € – *(chiuso martedì escluso Pasqua-30 ottobre)* (consigliata la prenotazione)

4 cam ☖ – †55/85 € ††65/100 €

Immerso tra le dolci colline del Chianti, d'estate è senz'altro piacevole prendere posto ai tavoli in giardino; in cucina c'è passione e fantasia perchè ogni stagione sia rappresentata dal menu più consono. Colori tenui e rilassanti nelle camere e da tutte una vista spettacolare sul verde.

Antica Trattoria La Toppa

via del Giglio 41 – ℰ 05 58 07 29 00 – www.anticatrattorialatoppa.com – Chiuso 10 gennaio-20 febbraio e lunedì

Carta 23/51 €

Nel cuore di un borgo medievale da cartolina, mezzo secolo di tradizione familiare e cucina casereccia non s'improvvisano, dallo stracotto alla chiantigiana alle carni alla griglia, oltre alle paste fresche fatte in casa. Attenti solo a non prendere una toppa, ovvero una sbronza!

a Badia a Passignano Est : 7 km – ⊠ 50028 Tavarnelle Val Di Pesa

XX **Osteria di Passignano**   ⚇ 🌳 ⚬ 𝖠𝖢 ⚸

⚘ *via Passignano 33 – ℰ 05 58 07 12 78 – www.osteriadipassignano.com – Chiuso 10 gennaio-21 febbraio e domenica*
Menu 80/130 € – Carta 65/85 € – (consigliata la prenotazione la sera)
Incantevole ubicazione: di fianco all'abbazia, nelle cantine fine '800 dei marchesi Antinori; non è da meno la cucina, di stampo moderno con solide radici nella tradizione.
➜ Pasta & fagioli versione 2015. Piccione arrosto e coscie farcite del suo fegato. Semifreddo di fragole con cuore morbido e insalatina di menta.

TAVIANO
Lecce (LE) – ⊠ 73057 – 12 314 ab. – Alt. 58 m – Carta regionale n° **15-D3**
▶ Roma 616 km – Brindisi 91 km – Bari 203 km – Lecce 55 km
Carta stradale Michelin 564-H36

X **A Casa tu Martinu**   ⚇ ⇦ 🏠 🌳 ⊡

⚇ *via Corsica 97 – ℰ 08 33 91 36 52 – www.acasatumartinu.com – Chiuso lunedì*
Carta 22/42 € – (solo a cena in estate)   **11 cam** ⌂ – †40/60 € ††80/130 €
Tagliolini di pasta fresca con crema di zucchine e basilico, filetto di maialino al Negroamaro, torta pasticciotto, ma non solo... Alla cucina tipica del Salento - semplice e gustosa, con molte verdure e tanta griglia - sommate la possibilità di desinare all'aperto, avvolti dal profumo di agrumi e nespole. Romantico e incantato.

TEGLIO
Sondrio (SO) – ⊠ 23036 – 4 611 ab. – Alt. 851 m – Carta regionale n° **9-B1**
▶ Roma 719 km – Sondrio 20 km – Edolo 37 km – Milano 158 km
Carta stradale Michelin 561-D12

sulla strada statale 38 al km 38,750 Sud-Ovest : 8 km

XX **Fracia**   🌳

⚇ *località Fracia ⊠ 23036 Teglio – ℰ 03 42 48 26 71 – www.ristorantefracia.it – Chiuso 12-24 giugno e mercoledì*
Menu 28 € – Carta 30/51 € – (coperti limitati, prenotare)
Pizzoccheri, bavarese allo yogurt ed altre ottime specialità valtellinesi, in un rustico cascinale in pietra con vista panoramica sulla valle circostante. Un'oasi di tradizione e gusto.

TELESE TERME
Benevento (BN) – ⊠ 82037 – 7 381 ab. – Alt. 55 m – Carta regionale n° **4-B1**
▶ Roma 208 km – Napoli 68 km – Benevento 32 km – Salerno 103 km

🏨 **Aquapetra Resort e Spa**   ⚘ 🐾 ⇦ 🏠 ⚬ 🏊 📶 ⬥ 𝖠𝖢 🅿
località Monte Pugliano, S.S. Telesina 372 Uscita Cerreto, Nord: 1,5 km – ℰ 08 24 97 50 07 – www.aquapetra.com
39 cam ⌂ – †130/170 € ††160/300 € – **1 suite**
Rist *La Locanda del Borgo* – Vedere selezione ristoranti
Una famiglia di architetti ha rilevato un vecchio rudere con l'intento di realizzare un progetto da mille e una notte: il risultato è questa sorta di lussuoso borgo, dove gli spazi sono personalizzati con pezzi d'antiquariato ed accessori dell'ultima generazione, incantevole spa e suggestiva piscina. Molto più di un sogno!

XX **Krèsios** (Giuseppe Iannotti)   ⚇ ⇦ 🏠 🌳 ⚬ 𝖠𝖢 🅿

⚘ *via San Giovanni 59 – ℰ 08 24 94 07 23 – www.kresios.com*
Menu 65 € – Carta 58/106 € – (chiuso domenica sera e lunedì)
4 cam ⌂ – †150 € ††250 €
Ecco un'accogliente casa di campagna che rivela all'interno un piacevole mix di antico e moderno, nonché delle cucine a vista dove sorvegliare l'operato del cuoco: piatti creativi e personalizzati, spesso di ricerca, mai banali. Ma l'esperienza non si ferma all'alta cucina: ci sono anche proposte di piatti più semplici, una rivendita di prodotti e confortevoli camere.
➜ Cappelletto al ragù. Il giro dell'oca. Omaggio al tabacco Kentucky di Benevento.

XX **La Locanda del Borgo** – Hotel Aquapetra Resort e Spa

*località Monte Pugliano, S.S. Telesina 372 Uscita Cerreto, Nord: 1,5 km
– ℰ 08 24 97 50 07 – www.aquapetra.com – Chiuso lunedì e martedì*
Menu 50/85 € – Carta 45/70 €
Rustico e moderno convivono armoniosamente nella sala di questo ristorante, la cui cucina è nelle mani di un giovane cuoco con esperienze significative anche all'estero. Piatti creativi si accompagnano ad un'ottima scelta enologica: di grande impatto, infatti, le belle cantine.

TELLARO – La Spezia (SP) ➜ Vedere Lerici

TEMPIO PAUSANIA

Sardegna – Olbia-Tempio (OT) – ✉ 07029 – 14 342 ab. – Alt. 566 m
– Carta regionale n° **16-B1**
▶ Cagliari 253 km – Nuoro 135 km – Olbia 45 km – Palau 48 km
Carta stradale Michelin 366-P38

 Pausania Inn

*strada statale 133, Nord: 1 km – ℰ 0 79 63 40 37 – www.hotelpausaniainn.com
– Chiuso 5-31 gennaio e 1° novembre-30 dicembre*
60 cam ⌧ – †35/75 € ††70/140 €
Poco distante dal paese , ideale baricentro per visitare il nord dell'isola, (apprezzato molto dai motociclisti), Pausania Inn dispone di ampi spazi comuni e gode di una meravigliosa vista sui monti di Aggius, il "Resegone Sardo". Al ristorante piatti anche regionali.

TENCAROLA – Padova (PD) ➜ Vedere Selvazzano Dentro

TENNA

Trento (TN) – ✉ 38050 – 988 ab. – Alt. 569 m – Carta regionale n° **19-B3**
▶ Roma 607 km – Trento 18 km – Belluno 93 km – Bolzano 79 km
Carta stradale Michelin 562-D15

 Margherita

*località Pineta Alberè 2, Nord-Ovest: 2 km – ℰ 04 61 70 64 45
– www.hotelmargherita.it – Aperto 20 marzo-31 ottobre*
33 cam ⌧ – †55/95 € ††90/150 € – **7 suites**
Nella pineta di Alberè, albergo storico che vanta un ampio parco con piscina, campi da tennis e da calcetto, nonché camere classiche arredate in legno di rovere o più moderne ed essenziali per soddisfare clienti con gusti diversi. Piatti italiani e specialità regionali al ristorante.

TEOLO

Padova (PD) – ✉ 35037 – 8 302 ab. – Alt. 175 m – Carta regionale n° **23-B3**
▶ Roma 498 km – Padova 21 km – Abano Terme 14 km – Ferrara 83 km
Carta stradale Michelin 562-F17

 Villa Lussana

via Chiesa 1 – ℰ 04 99 92 55 30 – www.villalussana.com – Chiuso 7-31 gennaio
11 cam ⌧ – †48 € ††74/88 €
Si tratta di una piacevole struttura a gestione diretta familiare, ricavata da una villa Liberty dei primi '900 e situata in posizione panoramica sui Colli Euganei: un ottimo punto d'appoggio per visitarli.

a Castelnuovo Sud-Est : 3 km – ✉ 35038

X **Trattoria al Sasso**

via Ronco 11 – ℰ 04 99 92 50 73 – www.trattorialsasso.it – Chiuso mercoledì
Carta 32/55 € – (consigliata la prenotazione)
Una casa padronale immersa nei colli Euganei con sale di tono leggermente rustico e spunti di raffinatezza. La cucina soddisfa i palati con proposte legate al territorio.

TERAMO

 64100 – 54 993 ab. – Alt. 432 m – Carta regionale n° **1-B1**
▶ Roma 182 km – Ascoli Piceno 39 km – Ancona 137 km – L'Aquila 66 km
Carta stradale Michelin 563-O23

 Sporting
Via Alcide de Gasperi 41 ✉ *64100 Teramo* – ☎ *08 61 21 05 01*
– www.hotelsportingteramo.it
60 cam � – •75/100 € ••90/140 € – **1 suite**
Moderno e molto accogliente, lo Sporting offre pochi spazi comuni nella hall, ma
belle camere con accessori dell'ultima generazione. Al mattino, vi attende una
ricca colazione all'ultimo piano, panoramico, dove si trova anche il ristorante.

TERLANO (TERLAN)

Bolzano (BZ) – ✉ 39018 – 4 282 ab. – Alt. 248 m –  Carta regionale n° **19-D3**
▶ Roma 646 km – Bolzano 9 km – Merano 19 km – Milano 307 km
Carta stradale Michelin 562-C15

 Weingarten
via Principale 42 – ☎ *04 71 25 71 74* – *www.hotel-weingarten.com*
– Chiuso 24 dicembre-20 marzo
19 cam ⊑ – •69/74 € ••114/134 € – **2 suites**
Giardino ombreggiato con piscina riscaldata, a due passi dal centro di Terlano, tra
vigneti e frutteti. L'albergo dispone di camere luminose e panoramiche. Due accoglienti stube, di cui una d'epoca, accolgono i clienti al ristorante come uno scrigno di legno.

a Settequerce Sud-Est : 3 km – ✉ 39018

 Patauner
via Bolzano 6 – ☎ *04 71 91 85 02* – *www.restaurant-patauner.net* – *Chiuso*
2 settimane in febbraio, 3 settimane in luglio, domenica in luglio-settembre,
giovedì negli altri mesi
Carta 19/49 €
Apparentemente semplice e in posizione stradale, l'edificio è in realtà del Seicento e la trattoria è gestita dall'omonima famiglia da un secolo. Gli asparagi
bianchi di Terlano sono ovviamente la specialità, insieme alle interiora e altre proposte regionali.

TERME → Vedere di seguito o al nome proprio della località termale

TERME LUIGIANE

Cosenza (CS) – ✉ 87020 Acquappesa – Alt. 178 m – ✉ Acquappesa
– Carta regionale n° **3-A2**
▶ Roma 475 km – Cosenza 49 km – Castrovillari 107 km – Catanzaro 110 km
Carta stradale Michelin 564-I29

Grand Hotel delle Terme
via Fausto Gullo 6 – ☎ *0 98 29 40 52* – *www.grandhoteltermeluigiane.it* – *Aperto*
1° giugno-31 ottobre
131 cam ⊑ – •60/130 € ••100/140 €
Collegato alle Thermae Novae mediante un passaggio interno, ecco un hotel
ideale per i soggiorni terapeutici, dotato di servizi appropriati tra cui un attrezzato
parco termale con varie piscine e spazi dedicati al fitness.

TERMENO SULLA STRADA DEL VINO
(TRAMIN AN DER WEINSTRASSE)

Bolzano (BZ) – ✉ 39040 – 3 311 ab. – Alt. 276 m – Carta regionale n° **19-D3**
▶ Roma 630 km – Bolzano 24 km – Milano 288 km – Trento 48 km
Carta stradale Michelin 562-C15

Mühle-Mayer

via Molini 66, Nord: 1 km – ☎ *04 71 86 02 19 – www.muehle-mayer.it – Aperto 15 aprile-10 novembre*

9 cam � – †94/99 € ††166/176 € – **3 suites**

Tra i verdi e riposanti vigneti in una zona isolata e tranquilla, un gradevole giardino-solarium e una casa situata su un antico mulino offre stanze eleganti e personalizzate.

TERME VIGLIATORE

Sicilia – Messina (ME) – ✉ 98050 – 7 427 ab. – Carta regionale n° **17-D1**

▶ Catania 123 km – Enna 174 km – Messina 50 km – Palermo 184 km

Carta stradale Michelin 365-AZ55 – Guida Verde Michelin SICILIA

Il Gabbiano

via Marchesana 4, località Lido Marchesana – ☎ *09 09 78 23 43 – www.gabbianohotel.com – Aperto 1° aprile-31 ottobre*

40 cam ⊆ – †50/100 € ††80/140 € – **3 suites**

Nel suggestivo golfo di Tindari, a poca distanza da numerose attrattive turistiche, una struttura moderna e panoramica che sfrutta appieno la posizione sulla spiaggia. Le sale del ristorante danno sulla terrazza a mare con piscina.

TERMINI – Napoli (NA) → Vedere Massa Lubrense

TERMOLI

Campobasso (CB) – ✉ 86039 – 33 576 ab. – Carta regionale n° **1-D2**

▶ Roma 300 km – Pescara 98 km – Campobasso 69 km – Foggia 88 km

Carta stradale Michelin 564-A26

Santa Lucia

largo Piè di Castello – ☎ *08 75 70 51 01 – www.santaluciahotel.it*

25 cam ⊆ – †100/110 € ††120/150 € – **1 suite**

Di recente apertura, hotel dagli ambienti raffinati in cui prevalgono i colori caldi. Camere di buon livello sia per confort che per cura e stile negli arredi.

Mistral

lungomare Cristoforo Colombo 50 – ☎ *08 75 70 52 46 – www.hotelmistral.net*

66 cam ⊆ – †56/120 € ††90/160 € – **2 suites**

Una struttura bianca che svetta sul lungomare prospiciente la spiaggia; di tono piuttosto moderno, a prevalente vocazione estiva, offre camere funzionali. Capiente sala da pranzo movimentata da colonne e una vista sul blu dalle vetrate.

Meridiano

lungomare Cristoforo Colombo 52/a – ☎ *08 75 70 59 46 – www.hotelmeridiano.com*

81 cam ⊆ – †51/135 € ††78/145 €

Affacciato sulla passeggiata mare, un albergo ideale sia per clienti di lavoro che per turisti: discreti spazi esterni, con parcheggio, e confortevole settore notte. Ristorante con vista sul Mediterraneo e sulle mura del centro storico.

Residenza Sveva

piazza Duomo 11 – ☎ *08 75 70 68 03 – www.residenzasveva.com*

20 cam ⊆ – †59/129 € ††79/129 € – **1 suite**

Rist *Svevia* – Vedere selezione ristoranti

Nel borgo antico, varie camere distribuite tra i vicoli, tutte affascinanti per raffinatezza e personalizzazioni. Un'opportunità di soggiorno inusuale e molto gradevole.

Locanda Alfieri

via Duomo 39 – ☎ *08 75 70 81 12 – www.locandalfieri.com*

16 cam ⊆ – †55/85 € ††80/99 €

Nel pittoresco centro del Borgo Vecchio, un albergo diffuso - le camere sono infatti distribuite in cinque edifici - e se l'architettura evidenzia ancora l'antichità degli stabili, gli arredi scelti sono di moderna essenzialità con gradevoli tocchi di apprezzato design.

XX **Svevia** – Hotel Residenza Sveva   `AC`

via Giudicato Vecchio 24 – ☎ 08 75 55 02 84 – www.svevia.it – chiuso lunedì a mezzogiorno
Menu 30/45 €
Nelle cantine di un palazzo d'epoca, la storia si fonde abilmente con atmosfere moderne, mentre la cucina si ancora alla tradizione marittima molisana con solo pochi piatti di carne.

XX **Federico II** 🅝   `AC`

Via Duomo 30 – ☎ 0 87 58 54 14 – www.ristorantefedericoii.com – Chiuso domenica sera e lunedì escluso giugno-settembre
Carta 40/64 €
Nel centro storico, ad un passo dalla cattedrale, raccolto locale il cui giovane titolare elabora, talvolta con un pizzico di fantasia, i buoni prodotti del mare che lui stesso acquista giornalmente.

X **Osteria Dentro le Mura** 🅝   `AC`

via Federico II° di Svevia, 3 – ☎ 08 75 70 59 51 – Chiuso domenica sera e mercoledì; in giugno-agosto apero solo la sera e chiuso domenica
Menu 24/40 € – Carta 41/48 € – (consigliata la prenotazione)
I prodotti arrivano direttamente dai pescatori locali in questo ristorantino del centro storico con tavoli all'aperto praticamente affacciati sul blu: il cuoco, autodidatta, sprizza passione da ogni poro!

X **L'Opera**   `AC`

via Adriatica 32 – ☎ 08 75 80 80 01 – www.trattorialopera.com – Chiuso domenica sera e lunedì
Carta 26/62 €
Sotto le volte in mattoni di questo piccolo locale, semplice, ma accogliente, potrete trovare tipiche specialità di pesce; simpatico, anche il dehors estivo.

sulla strada statale 16-Litoranea Termoli Nord

XX **Villa Delle Rose**   `AC` `P`

S.S. 16 Lungomare nord 122, Ovest: 5 km ✉ 86039 – ☎ 0 87 55 25 65 – www.ristorante-villadellerose.it – Chiuso 7-31 gennaio e lunedì
Carta 26/69 €
Bel ristorante moderno e luminoso, ricavato da una nuova costruzione lungo la statale. Viene proposta una cucina di mare, ma non solo, tradizionale o più "adriatica".

TERNI

✉ 05100 – 112 133 ab. – Alt. 130 m – Carta regionale n° **20-C3**
▶ Roma 103 km – Napoli 316 km – Perugia 82 km
Carta stradale Michelin 563-O19

🏨 **Michelangelo Palace**

viale della Stazione 63 – ☎ 07 44 20 27 11   Pianta: B1**a**
– www.michelangelohotelumbria.it
78 cam ⊑ – ♦69/105 € ♦♦69/140 € – **4 suites**
Hotel comodo per accedere alla città con il treno o "abbandonare" la macchina e proseguire a piedi per il centro; dotato di camere classiche e ristorante all'ultimo piano, la vista sui colli vi terrà compagnia mentre assaporerete specialità locali e piatti nazionali.

XX **Osteria Anfiteatro** 🅝   `AC`

piazza San Giovanni Decollato 3/4 – ☎ 07 44 43 25 21   Pianta: A1**b**
– www.osteriaanfiteatroterni.it – Chiuso mercoledì a mezzogiorno
Carta 33/73 €
Locale del centro distribuito su più sale ed in aggiunta il plateatico sulla piazzetta per la bella stagione; specialità umbre con qualche concessione alla modernità e quanto propone la cucina.

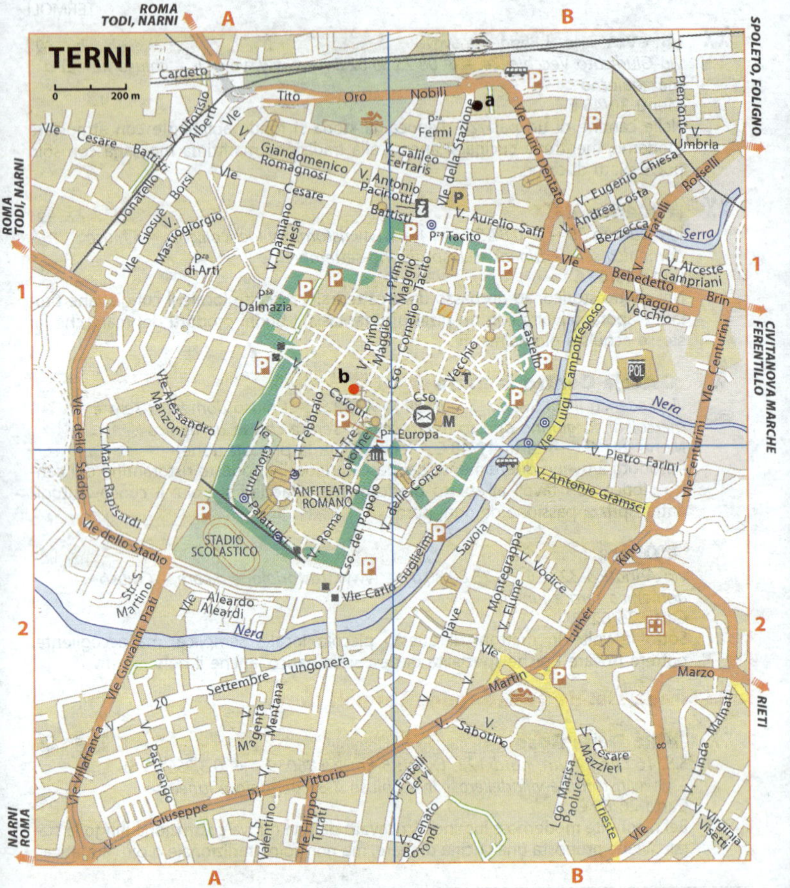

TERNI

(map of Terni with scale 200 m)

uscita raccordo Terni Ovest per Todi **A1**

 Garden Hotel ✿ 🚗 ⚒ 🐾 ⬆ AC ♿ 🅿

viale Donato Bramante 4/6, per via Cesare Battisti - A1 - ℰ 07 44 30 00 41
– www.gardenhotelterni.it
92 cam 🍽 – ♦65/90 € ♦♦70/100 € – **1 suite**
Presso i principali svincoli stradali, se in passato il vantaggio della comodità negli spostamenti era coniugato alla prenotazione di una camera sul retro, ora anche quelle che si
affacciano sulla strada sono perfettamente insonorizzate; arredi semplici e funzionali,
clientela commerciale. Il ristorante Melograno propone piatti locali e griglia accesa la sera.

TERRACINA

Latina (LT) – ⊠ 04019 – 45 682 ab. – Carta regionale n° **7-C3**
▶ Roma 109 km – Frosinone 58 km – Gaeta 35 km – Latina 39 km
Carta stradale Michelin 563-S21

 Poseidon 🚗 ⚒ ⬆ AC ⚓ ✂ 🚲

via Piemonte, snc – ℰ 07 73 73 36 60 – www.hotelposeidon-terracina.com
– Aperto 1° aprile-31 ottobre
46 cam 🍽 – ♦60/160 € ♦♦70/170 €
Un piacevole hotel ben curato e dall'originale architettura a forma di nave da crociera,
frequentato soprattutto da una clientela straniera: ideale per un soggiorno balneare.

XX **Il Grappolo d'Uva**

lungomare Matteotti 1 – ☎ 07 73 70 25 21 – www.grappoloduva.it – Chiuso novembre e mercoledì
Carta 36/93 €
Situato proprio sul mare, ma altrettanto vicino al centro, il locale dispone di una sala dalle ampie vetrate cui si accede da una scalinata; dalla cucina specialità di pesce.

XX **Bottega Sarra 1932**

via San Francesco 52-54 – ☎ 07 73 70 20 45 – www.bottegasarra.it – Chiuso giovedì escluso luglio-agosto
Menu 25 € (in settimana)/35 € – Carta 29/64 € – (consigliata la prenotazione)
Lungo una salita che porta al centro storico, tre piccole sale in stile moderno ed elegante, dove gustare i veri sapori della cucina mediterranea e i prodotti tipici del territorio.

TERRANOVA DI POLLINO

Potenza (PZ) – ✉ 85030 – 1 235 ab. – Alt. 926 m – Carta regionale n° **2-C3**
▶ Roma 467 km – Cosenza 157 km – Matera 136 km – Potenza 152 km
Carta stradale Michelin 564-H30

X **Luna Rossa**

via Marconi 18 – ☎ 0 97 39 32 54 – www.federicovalicenti.it – Chiuso mercoledì
Menu 25/35 € – Carta 23/44 € – (consigliata la prenotazione)
In centro paese, locale rustico e conviviale con panoramica terrazza affacciata sulla valle. La ricerca dei piatti della tradizione parte dal mondo contadino per concretizzarsi nella continua passione e nel rinnovato talento dello chef. Specialità: maccheroni della montagna, agnello "sutta supa" (ovvero, cucinato sopra in crosta e sotto su amido di patata), crostata della nonna.

TERRANUOVA BRACCIOLINI

Arezzo (AR) – ✉ 52028 – 12 388 ab. – Alt. 156 m – Carta regionale n° **18-C2**
▶ Roma 227 km – Firenze 47 km – Siena 51 km – Arezzo 37 km
Carta stradale Michelin 563-L16

a Montemarciano Nord : 5 km – ✉ 52028

XX **La Cantinella**

– ☎ 05 59 17 27 05 – Chiuso 1°-15 gennaio e lunedì
Carta 27/45 € – (solo a cena escluso giorni festivi) (consigliata la prenotazione)
Ristorantino di campagna dagli interni piacevolmente personalizzati, ma anche con un godevole servizio estivo in terrazza. La cucina rivisita la tradizione toscana.

TERRASINI

Sicilia – Palermo (PA) – ✉ 90049 – 12 208 ab. – Alt. 33 m
– Carta regionale n° **17-B2**
▶ Palermo 29 km – Trapani 71 km
Carta stradale Michelin 365-AN55 – Guida Verde Michelin SICILIA

XX **Il Bavaglino** (Giuseppe Costa)

via Benedetto Saputo 20 – ☎ 09 18 68 22 85 – www.giuseppecosta.com – Chiuso 25 gennaio-7 febbraio, i mezzogiorno di martedì e mercoledì in agosto, anche martedì sera negli altri mesi
Menu 40/65 € – Carta 37/56 € – (coperti limitati, prenotare)
Sono le specialità ittiche, interpretate con fantasia e preparate con ottimi prodotti locali, le regine della tavola in un piccolo locale (recentemente rinnovato) gestito da uno chef-patron appassionato.
➜ Lasagnetta aperta, battuto di ricciola, cime di rapa e pomodoro. Baccalà impanato agli amaretti, tortino di patate e pomodori verdi. Nuvola di cassata.

TESERO

Trento (TN) – ✉ 38038 – 2 943 ab. – Alt. 1 000 m – Carta regionale n° **19-D3**
▶ Roma 644 km – Bolzano 50 km – Trento 54 km – Belluno 91 km
Carta stradale Michelin 562-D16

 Rio Stava Family Resort & Spa 🏔 ◁ ⇐ 🖥 🌐 🏊 ℔ 🗓 ⅙ ⅍ 🎾 🌿
via Mulini 20 – ☎ 04 62 81 44 46 – www.hotelriostava.com – Chiuso   🚗
novembre
25 suites – solo ½ P 95/140 € – 23 cam
Dispone di accoglienti ambienti in legno e camere ben rifinite (a disposizione
anche molte family suite), quest'eccellente casa di montagna in posizione isolata,
poco fuori dal centro e cinta da un curato giardino.

TESIDO = TAISTEN – Bolzano (BZ) ➜ Vedere Monguelfo

TESIMO (TISENS)

Bolzano (BZ) – ✉ 39010 – 1 889 ab. – Alt. 635 m – Carta regionale n° **19-B2**
▶ Roma 648 km – Bolzano 20 km – Merano 20 km – Trento 77 km
Carta stradale Michelin 562-C15

XX **Zum Löwen** (Anna Matscher)
❀ via Principale 72 – ☎ 04 73 92 09 27 – www.zumloewen.it – Chiuso lunedì e
martedì
Menu 85 € – Carta 44/93 €
Splendida ristrutturazione di un antico maso: dal fienile alle vecchie stalle, tutto è
stato recuperato ed esaltato da inserimenti più moderni. Come la cucina, tecnica
e femminile al tempo stesso, ripropone i piatti della tradizione reinterpretati con
squisita creatività.
➜ Tortelli ripieni di guacamole di broccoli su julienne di zucchini e asparagi con
capperi. Sella di vitello con verdure primaverili, purè di prezzemolo e miglio soffiato. Duetto di sambuco.

TESSERA

Venezia (VE) – ✉ 30030 – Alt. 3 m – Carta regionale n° **23-C2**
▶ Roma 527 km – Venezia 12 km – Mestre 8 km – Padova 43 km
Carta stradale Michelin 562-F18

 Courtyard by Marriott Venice Airport 🏔 ℔ ⅙ 🅰🅺 ⅍ 🚗
via Triestina 170 – ☎ 04 15 41 65 67 – www.marriott.com
100 cam – 🛏150 € 🛏🛏600 € – ☐ 17 €
Poco distante dall'aeroporto, questa struttura ricavata da un antico casale è l'indirizzo ideale per una clientela business o di passaggio. Camere ampie, attrezzate di
ogni confort; servizio veloce ed efficiente. Linee minimaliste nel luminoso ristorante e cucina italiana nel piatto.

TIERS = TIRES

TIGLIOLE

Asti (AT) – ✉ 14016 – 1 706 ab. – Alt. 239 m – Carta regionale n° **14-C1**
▶ Roma 628 km – Torino 60 km – Alessandria 49 km – Asti 14 km
Carta stradale Michelin 561-H6

 XXX **Ca' Vittoria** (Massimiliano Musso) ⅜ ⇔ ⅘ ◁ ⇐ 🍴 🗓 ⅙ 🅰🅺 🅿
❀ via Roma 14 – ☎ 01 41 66 77 13 – www.cavittoria.it – Chiuso gennaio
e 1 settimana in agosto
Menu 65/80 € – Carta 46/92 € – (chiuso domenica sera e lunedì) (solo a cena
escluso sabato e domenica) (consigliata la prenotazione)
10 cam ☐ – 🛏100/125 € 🛏🛏120/180 €
Nel cuore di un villaggio da cartolina, da diverse generazioni la stessa famiglia
accoglie i clienti con serietà e professionalità piemontesi. E la regione ritorna nei
piatti. Bella terrazza ed ottimo confort generale nell'attiguo, raccolto hotel.
➜ Plin di cacio e pepe, gamberi rossi di Sicilia e vellutata di piselli novelli. Coniglio cotto a bassa temperatura e note vegetali. Bavarese al lampone ed eucalipto.

TIRANO

Sondrio (SO) – ✉ 23037 – 9 160 ab. – Alt. 441 m – Carta regionale n° **9-C1**
▶ Roma 725 km – Sondrio 26 km – Passo del Bernina 35 km – Bolzano 163 km
Carta stradale Michelin 561-D12

Centrale ⚙ 🛜 ☐ 👤 AC
via Albonico 27 – ☎ 03 42 70 56 20 – www.hoteltirano.it
21 cam ☐ – ♦80/105 € ♦♦110/150 €
Recentemente ristrutturato, i locali comuni sono ricavati da un'ex drogheria dove
le volte caratterizzano i passaggi; camere moderne e di buon confort.

Bernina 👤 👤 🛜 P
via Roma 24 – ☎ 03 42 70 13 02 – www.saintjane.eu
45 cam ☐ – ♦49/90 € ♦♦59/150 € – **3 suites**
Un totale restauro ha coinvolto sia l'hotel che il ristorante, che si è arricchito del
servizio di pizzeria. A poca distanza dalla stazione della ferrovia per la Svizzera.

TIRES (TIERS)

Bolzano (BZ) – ✉ 39050 – 968 ab. – Alt. 1 028 m – Carta regionale n° **19-D3**
▶ Roma 658 km – Bolzano 16 km – Bressanone 40 km – Milano 316 km
Carta stradale Michelin 562-C16

a San Cipriano Est : 3 km – ✉ 39050 Tires

Cyprianerhof 👤 ⚙ 👤 🔲 🔳 ⓰ 🛜 👤 ☐ 👤 P
via San Cipriano 69 – ☎ 04 71 64 21 43 – www.cyprianerhof.com
– Chiuso 17 novembre-25 dicembre e 21 marzo-1° aprile
47 cam ☐ – ♦140/320 € ♦♦220/416 € – **1 suite**
Proprio di fronte al Catinaccio, una piacevole casa dalla tipica atmosfera tirolese,
ideale per chi ama i monti e l'escursionismo anche invernale con le ciaspole.
Impensabile, ripartire senza una sosta rigenerante al centro benessere. Ristorante
dalla tipica atmosfera tirolese.

Stefaner 👤 ⚙ 👤 🛜 ☐ 🚫 P
via San Cipriano 88 d – ☎ 04 71 64 21 75 – www.stefaner.com
– Chiuso 6 novembre-26 dicembre
16 cam ☐ – ♦130/160 € ♦♦130/160 €
Immerso nello splendido scenario alpino, l'autentico calore di una gestione familiare in una gradevole struttura dai pittoreschi balconi in stile altoatesino. Ampio
parcheggio esterno.

TIRIOLO

Catanzaro (CZ) – ✉ 88056 – 3 894 ab. – Alt. 690 m – Carta regionale n° **3-B2**
▶ Roma 604 km – Cosenza 91 km – Catanzaro 16 km – Reggio di Calabria 154 km
Carta stradale Michelin 564-K31

Due Mari 👤 ⚙ 👤 👤 AC 🚫 👤 P
*via Cavour 46 – ☎ 09 61 99 10 64 – www.duemari.com – Chiuso 1 settimana in
ottobre*
16 cam ☐ – ♦65 € ♦♦85 € – **4 suites**
Rist Due Mari ⊛ – Vedere selezione ristoranti
Hotel-residence in bella posizione panoramica, da cui nelle giornate terse si
vedono davvero i "due mari": moderni confort in ambiente familiare. A dieci
metri circa dalla struttura principale, altre camere ricavate all'interno di un'antica
casa del centro storico.

✗ Due Mari – Hotel Due Mari ≤ AC P
*via Seggio 2 – ☎ 09 61 99 10 64 – www.duemari.com – Chiuso 1 settimana in
ottobre e lunedì escluso giugno-settembre*
Menu 15/25 € – Carta 18/32 €
Piatti semplici di una cucina calabrese casalinga e dalle porzioni generose; dalla
sua sala la vista spazia fra i due mari. Specialità: pollo alla diavola.

TIRLI – Grosseto (GR) ➜ Vedere Castiglione della Pescaia

TIROLO (TIROL)

Bolzano (BZ) – ✉ 39019 – 2 446 ab. – Alt. 594 m – Carta regionale n° **19-B1**

▶ Roma 669 km – Bolzano 32 km – Merano 4 km – Milano 330 km

Carta stradale Michelin 562-B15

Pianta : vedere Merano

 Erika

via Principale 39 – ✆ 04 73 92 61 11 – www.erika.it Pianta: AB1**u**
– Chiuso gennaio-febbraio
63 cam � – ♦112/192 € ♦♦112/196 € – **14 suites**
Un'incantevole casa di montagna, dove legno, pietre e altri materiali locali sono interpretati con straordinaria eleganza. Le camere vengono rinnovate senza sosta, le ultime create sono superbamente arredate. Favoloso centro benessere.

 Castel

vicolo dei Castagni 18 – ✆ 04 73 92 36 93 Pianta: AB1**u**
– www.hotel-castel.com – Aperto 15 marzo-15 novembre
44 cam – solo ½ P 170/243 € – **13 suites**
Rist *Trenkerstube* ✿✿ – Vedere selezione ristoranti
Struttura lussuosa, arredamento elegante, moderno centro benessere: il concretizzarsi di un sogno, in un panorama incantevole. Comodità e tradizione ai massimi livelli.

 Golserhof

via Aica 32 – ✆ 04 73 92 32 94 – www.golserhof.it – Aperto Pianta: B1**w**
4 marzo-7 novembre e 25 novembre-17 dicembre
30 cam ⊔ – ♦98/239 € ♦♦152/330 € – **8 suites**
Vista meravigliosa, atmosfera informale ed una grande tradizione, nonché passione per l'ospitalità. Gli intraprendenti titolari organizzano per i più sportivi piacevoli escursioni in montagna. Per tutti: rilassante sosta al centro benessere. Cucina per buongustai al ristorante.

 Patrizia

via Lutz 5 – ✆ 04 73 92 34 85 – www.hotel-patrizia.it Pianta: A1**c**
– Aperto 20 marzo-16 novembre
32 cam – solo ½ P 100/170 € – **6 suites**
Camere di varie tipologie, confortevoli e curate, per concedersi un soggiorno rigenerante per spirito e corpo (nell'attrezzato centro benessere). Bel giardino con piscina, fra i monti.

 **Küglerhof**

via Aslago 82 – ✆ 04 73 92 33 99 – www.hueglerhof.it Pianta: A1**r**
– Aperto 25 dicembre-6 gennaio e 12 marzo-12 novembre
35 cam ⊔ – ♦170/235 € ♦♦270/400 €
Nella parte alta e tranquilla della località , avrete la sensazione di trovarvi in un'elegante casa, amorevolmente preparata per farvi trascorrere ore di relax e svago, anche nel giardino con piscina riscaldata.

XXXX **Trenkerstube** – Hotel Castel

✿✿ *vicolo dei Castagni 18 – ✆ 04 73 92 36 93* Pianta: AB1**u**
– www.hotel-castel.com – Aperto 14 marzo-15 novembre; chiuso domenica e lunedì
Menu 148/168 € – Carta 90/219 € – *(solo a cena)* (coperti limitati, prenotare)
Vi si giunge attraversando gli ambienti di un lussuoso albergo dall'eleganza contemporanea, ma, varcata la soglia, si è proiettati tra i legni di una romantica stube storica. La carta offre una ristretta selezione di piatti, che permette a Gerhard Wieser di selezionare eccellenti prodotti serviti in piatti di cristallina raffinetezza.
➜ Testina di vitello e gamberi di fiume. Salmerino, piselli, menta e fondo al fiore di sambuco. Soufflé ai lamponi.

XX Culinaria im Farmerkreuz ⧉ ⌂ ⊗ ⇔ P

via Aslago 105, per via Principale - A1 – ℰ 04 73 92 35 08
– *www.culinaria-im-farmerkreuz.it* – *Chiuso gennaio, febbraio, domenica sera
e lunedì*
Menu 60 € (cena) – Carta 47/93 €
Dal paese di Tirolo è una continua salita sino ad arrivare ad uno dei ristoranti più
panoramici della zona. Due fratelli, uno in cucina e l'altro in sala, per un rimarchevole appuntamento gourmet. Con un avvertimento: a pranzo la carta è più semplice e ristretta.

TIRRENIA

Pisa (PI) – ✉ 56128 – Carta regionale n° **18-B2**
▶ Roma 332 km – Pisa 18 km – Firenze 108 km – Livorno 11 km
Carta stradale Michelin 563-L12

⌂⌂⌂ Grand Hotel Continental ⊗ ⧉ ⊜ ⌂ ⊐ ⌂ ⊕ ⌂ ⊼ AC ⌂ ⊜

largo Belvedere 26 – ℰ 05 03 70 31 – *www.grandhotelcontinental.it*
171 cam ⊡ – ♦85/150 € ♦♦110/198 € – **4 suites**
Direttamente sul mare, un grand hotel - non solo nel nome - propone confort di
qualità e spazi comuni generosi, più contenuti nelle camere. Cucina mediterranea
al ristorante.

XX Dante e Ivana [AC]

via del Tirreno 207/c – ℰ 05 03 25 49 – *www.danteeivana.com*
– *Chiuso domenica e lunedì escluso luglio-agosto*
Menu 50 € – Carta 30/71 € – (prenotazione obbligatoria)
Solo e soltanto sapori di pesce, rielaborati con fantasia, in un locale raccolto e
signorile, non lontano dal centro. La bella cantina "a vetro" si offre alla vista dei
clienti.

a Calambrone Sud : 3 km – ✉ 56100 Tirrenia

⌂⌂⌂⌂ Green Park Resort ⊗ ⊾ ⊐ ⌂ 🅰 🄼 ⌂ ⊗ ⊕ ⌂ ⊜ P

via dei Tulipani 1 – ℰ 05 03 13 57 11 – *www.greenparkresort.com* – *Aperto
2 aprile-31 ottobre*
144 cam ⊡ – ♦85/105 € ♦♦99/159 € – **4 suites**
Rist *Lunasia* ❀ – Vedere selezione ristoranti
Un'oasi di pace inserita in una rigogliosa pineta, per una risorsa che si compone
di varie strutture ospitanti le moderne camere; per chi fosse alla ricerca di un soggiorno dedicato al relax e alla remise en forme, l'hotel dispone anche di un centro
benessere.

XXX Lunasia – Hotel Green Park Resort ⊕⊕ ⌂ AC ⊗ P
❀

via dei Tulipani 1 – ℰ 05 03 13 57 11 – *www.greenparkresort.com* – *Aperto
2 aprile-31 ottobre; chiuso domenica e lunedì*
Menu 55/120 € – Carta 66/109 € – (solo a cena)
Immersa nella trasparenza di uno scrigno vitreo, la moderna sala è circondata da
finestre sul parco e sulla cucina, quasi un unico, grande spazio. Qui lo chef diverte
ed ingolosisce i clienti trasformando le ottime materie prime locali e nazionali in
creazioni personali.
→ Tagliolini ai quattro cereali, riccio e menta. Bollito della nostra costa. Profumo
di fiori.

TISENS = TESIMO

TITIGNANO

Terni (TR) – ✉ 05010 – Alt. 521 m – Carta regionale n° **20-B3**
▶ Roma 140 km – Perugia 58 km – Viterbo 66 km – Orvieto 24 km
Carta stradale Michelin 563-N18

⌂⌂ Agriturismo Fattoria di Titignano ⊗ ⊾ ⧉ ⊜ ⌂ ⊜ P

località Titignano – ℰ 07 63 30 80 22 – *www.titignano.com*
45 cam ⊡ – ♦60/90 € ♦♦90/150 €
In posizione isolata, dopo chilometri di strada sterrata, racconta una storia millenaria questo borgo con belvedere sul lago di Corbara, diventato - ora - un agriturismo con piscina panoramica e camere confortevoli.

TIVOLI

Roma (RM) – ✉ 00019 – 56 759 ab. – Alt. 235 m – Carta regionale n° **7-C2**
▶ Roma 36 km – Avezzano 74 km – Frosinone 79 km – Pescara 180 km
Carta stradale Michelin 563-Q20 – Guida Verde Michelin ROMA

Torre Sant'Angelo
via Quintilio Varo – ℰ 07 74 33 25 33 – www.hoteltorresangelo.it
29 cam ⌷ – †60/95 € ††70/140 € – **6 suites**
Sulle rovine della villa di Catullo, la città vecchia alle spalle sembra la scenografia di uno spettacolo; interni molto eleganti e piscina su una terrazza con vista di Tivoli e della vallata. Estremamente raffinata la sala ristorante, con tessuti damascati e lampadari di cristallo. Servizio estivo nella corte centrale.

Sibilla
via della Sibilla 50 – ℰ 07 74 33 52 81 – www.ristorantesibilla.com – Chiuso lunedì
Menu 25 € (in settimana) – Carta 24/73 €
In un edificio storico, accanto al tempio di Vesta, sale dall'arredo signorile, attenta conduzione familiare e specialità del territorio, ma non solo.

TIZZANO VAL PARMA

Parma (PR) – ✉ 43028 – 2 124 ab. – Alt. 814 m – Carta regionale n° **5-B2**
▶ Roma 503 km – Parma 40 km – Bologna 140 km – Modena 105 km
Carta stradale Michelin 562-I12

Agriturismo Casa Nuova
strada di Carobbio 11, Sud-Ovest: 2 km – ℰ 05 21 86 82 78
– www.agriturismocasanuova.com
6 cam – solo ½ P 60 €
Un viaggio nella musica per gli interessati e un percorso in giardino predisposto ad hoc per non vedenti; nella verde quiete di un bosco le camere sono state ricavate in un vecchio fienile. Accogliente e caratteristica come l'intera struttura, al ristorante primeggiano i prodotti dell'azienda, dalla frutta al miele.

TOBLACH = DOBBIACO

TODI

Perugia (PG) – ✉ 06059 – 16 981 ab. – Alt. 400 m – Carta regionale n° **20-B3**
▶ Roma 130 km – Perugia 47 km – Terni 42 km – Viterbo 88 km
Carta stradale Michelin 563-N19

Fonte Cesia
via Lorenzo Leonj 3 – ℰ 07 58 94 37 37 – www.fontecesia.it – Chiuso 2 settimane in gennaio e 2 settimane in novembre
36 cam ⌷ – †80/120 € ††115/180 €
In pieno centro storico e perfettamente integrato nel contesto urbano, un rifugio signorile con volte in pietra a vista: sobrio nei raffinati arredi, curato nei confort. Leggermente più rustico il ristorante Le Cisterne, dove assaporare pietanze umbre e pizza da forno a legna.

Bramante
via Orvietana 48 – ℰ 07 58 94 83 81 – www.hotelbramante.it
50 cam ⌷ – †90/140 € ††120/190 € – **4 suites**
Ricavato da un convento del XII secolo - a 1 km dal nucleo cittadino e nei pressi di una chiesa rinascimentale (opera del Bramante) - un complesso comodo e tradizionale, dove non manca un attrezzato centro benessere. Servizio estivo in terrazza: un paesaggio dolcissimo fa da cornice alla tavola.

Villaluisa
via Cortesi 147 – ℰ 07 58 94 85 71 – www.villaluisa.it
38 cam ⌷ – †50/85 € ††65/120 €
Inserito in un verde parco, nella zona più moderna di Todi e quindi agevole da raggiungere, un albergo moderno e funzionale con solida gestione familiare. Cucina classica nell'accogliente sala.

Agriturismo Borgo Montecucco

frazione Pian di Porto, vocabolo Rivo 194 – ℰ 34 75 51 54 38
– www.borgomontecucco.it – Chiuso 6 gennaio-Pasqua
10 cam �☐ – ✚40/60 € ✚✚50/70 €
In un contesto agricolo lussureggiante, una serie di casolari della fine del XIX sec.
- sapientemente restaurati - dispongono di camere rustiche arredate con mobili
di arte povera. Un giardino curatissimo ospita un'originale scacchiera gigante per
ludici momenti ricreativi.

a Chioano Est : 4,5 km – ✉ 06059

 Roccafiore Spa & Resort

località Chioano – ℰ 07 58 94 24 16 – www.roccafiore.it – Chiuso
7 gennaio-29 febbraio
11 cam ⊏☐ – ✚90/160 € ✚✚114/240 € – **2 suites**
Rist Fiorfiore – Vedere selezione ristoranti
Una dimora degli anni '30 unita ad un casolare in pietra nasconde al proprio
interno un attrezzato centro benessere. Il fienile è stato trasformato in una sala
polivalente collegata alla residenza da un tunnel sotterraneo. Camere eleganti ed
eclettiche. Per un soggiorno rilassante nell'incontaminata natura umbra.

XX **Fiorfiore** – Hotel Residenza Roccafiore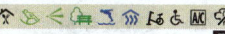

località Chioano – ℰ 07 58 94 24 16 – Chiuso 7 gennaio-29 febbraio e martedì
Carta 32/43 € – (consigliata la prenotazione)
Ecco l'indirizzo giusto se volete offrirvi una cucina creativa e ricercata, non solo di
piatti umbri; spettacolare servizio all'aperto, si mangia circondati dai colli con il
profilo di Todi sullo sfondo.

verso Duesanti Nord-Est : 5 km

 Agriturismo Casale delle Lucrezie

frazione Duesanti, Vocabolo Palazzaccio ✉ 06059
– ℰ 07 58 98 74 88 – www.agriturismo-casaledellelucrezie.com
13 cam ⊏☐ – ✚50/60 € ✚✚80/88 €
Insediamento romano, archi etruschi, residenza delle monache lucrezie dal 1200:
punto privilegiato di osservazione su Todi, da oltre 10 anni questo agriturismo accoglie i suoi ospiti in camere rustiche e nel bel centro benessere. Pareti e
soffitti in pietra anche nella sala ristorante.

verso Collevalenza Sud-Est : 8 km

 Relais Todini

vocabolo Cervara 24 – ℰ 0 75 88 75 21 – www.relaistodini.com – Chiuso dal
7 gennaio al 7 febbraio
12 cam ⊏☐ – ✚80/140 € ✚✚150/290 € – **3 suites**
Il recente restyling ha ulteriormente conferito charme e confort a questa incantevole risorsa ospitata in un maniero del '300 abbracciato da un parco che accoglie
laghetti ed animali. Oltre ad una prorompente natura, vi attendono le coccole di
un centro benessere con trattamenti personalizzati (ottimi quelli vinoterapici).

 Villa Sobrano – Country House

vocabolo Sobrano, frazione Rosceto 30/31 – ℰ 07 57 75 03 39
– www.villasobrano.com – Chiuso 10 gennaio-1° marzo
8 cam ⊏☐ – ✚50/70 € ✚✚70/110 €
In un complesso con tanto di cappella privata e castello di origini duecentesche,
stanze confortevoli (di cui otto in due annessi agricoli attigui), bella piscina e per
gli irriducibile dell'on line, Wi-Fi gratuito.

per la strada statale 79 bis Orvietana bivio per Cordigliano Ovest :
8,5 km :

 Tenuta di Canonica

vocabolo Casalzetta, Canonica 75 – ℰ 07 58 94 75 45
– www.tenutadicanonica.com – Aperto 30 marzo-5 novembre
13 cam ⊏☐ – ✚150 € ✚✚250 € – **2 suites**
Annessa ad una fattoria dell'800, una splendida residenza di campagna di origini
medievali elegantemente arredata: prezioso punto di ristoro situato sulla sommità
d'un colle.

TOLÈ

Bologna (BO) – ⊠ 40040 – Alt. 678 m – Carta regionale n° **5-C2**

▶ Roma 374 km – Bologna 42 km – Modena 48 km – Pistoia 66 km

Carta stradale Michelin 562-J15

Falco D'Oro ⌂ 🍴 🔲 🔳 🅿

via Venola 27 ⊠ 40038 – ℰ 0 51 91 90 84 – www.falcodoro.com – Chiuso dicembre-febbraio

62 cam � – ♦29/130 € ♦♦34/180 €

Rist *Falco D'Oro* – Vedere selezione ristoranti

Il turismo estivo alla ricerca del fresco, lo apprezzerà per le sue camere del tutto semplici, ma all'insegna di prezzi contenuti, nonché per la sua proverbiale cucina emiliana.

Falco D'Oro – Hotel Falco D'Oro 🔳 🔲 🅿

via Venola 27 ⊠ 40038 – ℰ 0 51 91 90 84 – www.falcodoro.com – Aperto 1° aprile-31 ottobre

Carta 19/54 €

Perno di tutto il menu sono i primi piatti - tortellini, tortelloni, tagliatelle, pappardelle - il tutto rigorosamente fatto a mano. Attorno a ciò, però, ruotano una serie di secondi (di terra), che in quanto a bontà non son da meno.

TONALE (Passo del)

Brescia (BS)Alt. 1 883 m – Carta regionale n° **9-C1**

▶ Roma 688 km – Sondrio 76 km – Bolzano 94 km – Brescia 130 km

Carta stradale Michelin 562-D13

Delle Alpi ⌂ ◁ 🔲 🌐 🍴 🔳 🔳 ♨ 🍴 🚗

via Circonvallazione 20 ⊠ 38020 Passo del Tonale – ℰ 03 64 90 39 19 – www.hotel-dellealpi.com – Aperto 1° dicembre-Pasqua e 15 giugno-15 settembre

57 cam ⊌ – ♦80/175 € ♦♦140/235 € – **5 suites**

Adiacente alle piste, hotel a conduzione diretta che si è ampliato e potenziato nei servizi: camere di design montano e centro benessere nella parte nuova, camere più tradizionali in quella preesistente.

La Mirandola ⌂ 🍴 ◁ 🍴 🔲 🅿

località Ospizio 3 ⊠ 38020 Passo del Tonale – ℰ 03 64 90 39 33 – www.lamirandolahotel.it – Aperto 4 dicembre-14 aprile e 25 giugno-11 settembre

27 cam ⊌ – ♦39/135 € ♦♦60/208 € – **1 suite**

Ristrutturato su i muri originali dell'Ospizio di S. Bartolomeo, rifugio per viandanti nel XII sec, la globalizzazione qui non ha trovato terreno fertile: antiche volte, soffitti in legno e preziosi dettagli. Di moderno, c'è il centro benessere con sauna, bagno turco, idromassaggio...

Orchidea ⌂ ◁ 🍴 🔳 🔳 🚗

via Circonvallazione 24 ⊠ 38020 Passo del Tonale – ℰ 03 64 90 39 35 – www.hotelorchidea.net – Aperto 1° dicembre-31 marzo e 1° luglio-31 agosto

31 cam ⊌ – ♦45/105 € ♦♦60/200 €

Hotel dalla tradizionale impostazione rustico-alpina, dove semplicità rima con funzionalità, e piccolo centro benessere per rinvigorenti soste relax, dopo una giornata all'aria aperta. Specialità trentine al ristorante.

TORBIATO – Brescia (BS) ➡ Vedere Adro

TORBOLE

Trento (TN) – ⊠ 38069 – Alt. 85 m – Carta regionale n° **19-B3**

▶ Roma 569 km – Trento 39 km – Brescia 79 km – Milano 174 km

Carta stradale Michelin 562-E14

Piccolo Mondo

*via Matteotti 108 – ℰ 04 64 50 52 71 – www.hotelpiccolomondotorbole.it
– Aperto 1° marzo-31 ottobre*
54 cam ⌑ – †80/94 € ††120/148 € – **2 suites**
Avvolto in una suggestiva atmosfera, l'hotel crea una piacevole simbiosi tra le bellezza naturalistica del paesaggio ed il moderno confort degli interni: camere spaziose, giardino con piscina. Una saletta è dedicata all'omonimo ristorante à la carte; i sapori sono quelli della regione.

XX **La Terrazza**

*via Benaco 24 – ℰ 04 64 50 60 83 – www.allaterrazza.com – Aperto
1° marzo-30 novembre; chiuso martedì escluso giugno-settembre*
Menu 35/49 € – Carta 29/70 €
Una piccola sala interna ed una veranda con vista sul lago, che in estate si apre completamente, dove farsi servire piatti di forte ispirazione regionale e specialità di lago.

TORCELLO – Venezia (VE) ➜ Vedere Venezia

TORGIANO

Perugia (PG) – ✉ 06089 – 6 720 ab. – Alt. 219 m – Carta regionale n° **20-B2**
▶ Roma 158 km – Perugia 15 km – Assisi 27 km – Orvieto 60 km
Carta stradale Michelin 563-M19

 Le Tre Vaselle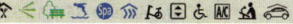

*via Garibaldi 48 – ℰ 07 59 88 04 47 – www.3vaselle.it – Chiuso
7 gennaio-25 marzo*
52 cam ⌑ – †110/190 € ††159/259 € – **18 suites**
Rist *Le Melagrane* – Vedere selezione ristoranti
Tre boccali conventuali all'ingresso, danno il nome a questa struttura complessa, affascinante: una casa patrizia sviluppatasi in diverse epoche a partire dal '600, ma con un moderno centro benessere dagli ottimi trattamenti vino-terapici. Piatti tipici nell'informale e rustico ristorante L'U.

XXX **Le Melagrane** – Hotel Le Tre Vaselle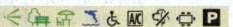

*via Garibaldi 48 – ℰ 07 59 88 04 47 – www.3vaselle.it – Chiuso
7 gennaio-25 marzo*
Menu 40 € – Carta 44/69 € – *(solo a cena in giugno-agosto)*
Nell'accogliente sala, illuminata a giorno dal sole che filtra dalle vetrate, la tavola valorizza i gustosi prodotti regionali, elaborati con savoir-faire e gusto moderno dallo chef in cucina.

TORGNON

Aosta (AO) – ✉ 11020 – 526 ab. – Alt. 1 489 m – Carta regionale n° **21-B2**
▶ Roma 737 km – Aosta 42 km – Breuil-Cervinia 26 km – Milano 173 km
Carta stradale Michelin 561-E4

 Caprice des Neiges

*fraz. Septumian 130 – ℰ 01 66 54 10 16 – www.hcdn.it – Aperto
1° dicembre-Pasqua e 15 giugno-15 settembre*
15 cam ⌑ – †72/96 € ††120/180 € – **5 suites**
In posizione tranquilla, soleggiata e molto panoramica, questa deliziosa struttura in perfetto stile valdostano vi permetterà di soddisfare il capriccio di un soggiorno sulla neve (ma è bellissimo anche d'estate). Camere originali ed un accogliente centro benessere.

TORINO

(TO) – ✉ 10121 – 896 773 ab. – Alt. 239 m – Carta regionale n° **12-A1**

▶ Roma 672 km – Aosta 115 km – Milano 143 km – Genova 172 km

Carta stradale Michelin 561-G5

Piante pagine seguenti

Da Ros Luca / Sime / Photononstop

● **Alberghi**

 Grand Hotel Sitea

via Carlo Alberto 35 ✉ 10123 – ☏ 01 15 17 01 71 — Pianta: 4G2**t**
– www.grandhotelsitea.it
120 cam ☲ – ♦105/360 € ♦♦168/540 € – **1 suite**
Rist Carignano – Vedere selezione ristoranti
La raffinata tradizione dell'ospitalità alberghiera si concretizza in questo hotel
nato nel 1925, dove l'atmosfera è dettata dagli eleganti arredi, classici e d'epoca.

 NH Lingotto Tech

via Nizza 230 ✉ 10126 Ⓜ Lingotto – ☏ 01 16 64 20 00 — Pianta: 2C2**b**
– www.nh-hotels.it/lingotto – Chiuso agosto
140 cam ☲ – ♦119 € ♦♦289 € – **1 suite**
L'ascensore panoramico conduce alle balconate su cui si affacciano le camere,
arredate con soli mobili di design. Gemello dell'hotel Lingotto, offre in aggiunta
soluzioni più moderne.

NH Lingotto

via Nizza 262 ✉ 10126 Ⓜ Lingotto – ☏ 01 16 64 20 00 — Pianta: 2C2**a**
– www.nh-hotels.it
226 cam ☲ – ♦109 € ♦♦299 € – **14 suites**
Rist Torpedo – Vedere selezione ristoranti
Moderno hotel nel palazzo del Lingotto: un riuscito esempio del recupero di un
immobile industriale. Camere in design nate dalla creatività di Renzo Piano e un
giardino tropicale.

Golden Palace

via dell'Arcivescovado 18 ✉ 10121 Ⓜ Re Umberto — Pianta: 4G2**h**
– ☏ 01 15 51 21 11 – www.allegroitalia.it
182 cam – ♦650 € ♦♦650 € – ☲ 25 € – **13 suites**
Quando nel secondo dopoguerra fu costruito Palazzo Toro (attuale sede dell'
hotel), l'opera fu citata nei più autorevoli testi di architettura, in quanto esemplare per concezione e struttura. A distanza di mezzo secolo, l'ispirazione
decò e il suo design minimalista, non smettono di brillare: per un soggiorno
da re Mida!

Principi di Piemonte

via Gobetti 15 ✉ *10123* Ⓜ *Porta Nuova* – ✆ *01 15 51 51*   Pianta: 4G2**b**
– www.atahotels.it/principi-di-piemonte
81 cam – ♥155/500 € ♥♥155/500 € – **18 suites**
Rist *Casa Savoia* – Vedere selezione ristoranti
A due passi dal centro, questo storico edificio anni '30 vanta camere spaziose e ricche di marmo: atmosfera elegante, confort assolutamente moderno.

 AC Hotel Torino by Marriott

via Bisalta 11 ✉ *10126* Ⓜ *Spezia* – ✆ *01 16 39 50 91*   Pianta: 2C2**d**
– www.hotelactorino.it
86 cam – ♥102/400 € ♥♥112/410 € – **3 suites**
In un ex pastificio, l'hotel è raccolto in una tipica costruzione industriale d'inizio '900 e presenta interni dallo stile caldo e minimalista; confort e dotazioni all'avanguardia.

 Victoria

via Nino Costa 4 ✉ *10123* – ✆ *01 15 61 19 09*   Pianta: 4G2**v**
– www.hotelvictoria-torino.com
106 cam – ♥180/225 € ♥♥300/350 € – **4 suites**
Mobili antichi, sinfonie di colori ed una attenta cura nel servizio e nei dettagli garantiscono calore ed accoglienza a questa elegante dimora. Nuovo centro benessere in stile egizio.

 Art Hotel Boston

via Massena 70 ✉ *10128* – ✆ *0 11 50 03 59*   Pianta: 5F3**c**
– www.hotelbostontorino.it
71 cam – ♥90/350 € ♥♥130/550 € – **5 suites**
Camere confortevoli e caratterizzate da richiami alla storia dell'arte contemporanea, contraddistinguono questo hotel di design, poco distante dalle maggiori collezioni della città.

 Genova

via Sacchi 14/b ✉ *10128* Ⓜ *Porta Nuova*   Pianta: 4G2**e**
– ✆ 01 15 62 94 00 – www.albergogenova.it
88 cam – ♥70/200 € ♥♥99/360 € – **3 suites**
La struttura ottocentesca ospita un ambiente signorile e curato, dove la classicità si coniuga con le moderne esigenze di confort. Una decina di camere vanta affreschi al soffitto.

 Pacific Hotel Fortino

strada del Fortino 36 ✉ *10152* – ✆ *01 15 21 77 57*   Pianta: 4G1**d**
– www.pacifichotels.it
100 cam – ♥50/900 € ♥♥60/1300 € – **8 suites**
Hotel moderno che soddisfa soprattutto le esigenze di una clientela business, grazie alle sale attrezzate per ospitare conferenze. Camere calde e accoglienti con dotazioni d'avanguardia. Ristorante al piano interrato con proposte classiche e regionali.

 Genio

corso Vittorio Emanuele II 47 ✉ *10125* Ⓜ *Porta Nuova*   Pianta: 6G2**w**
– ✆ 01 16 50 57 71 – www.hotelgenio.it
119 cam – ♥70/150 € ♥♥95/300 €
In un bel palazzo di fine '800, atmosfera retrò e camere tutte diverse in stile vagamente inglese: il tocco di eleganza è dato da alcuni pavimenti artistici, nei corridoi e nelle stanze.

 Art Hotel Olympic

via Verolengo 19 ✉ *10149* – ✆ *01 13 99 97*   Pianta: 3C1**c**
– www.arthotelolympic.com
147 cam – ♥100/130 € ♥♥250/350 €
Sorto in un'area in continua riqualificazione ed abbellimento, è un albergo moderno, a tratti avveniristico, giovane e luminoso.

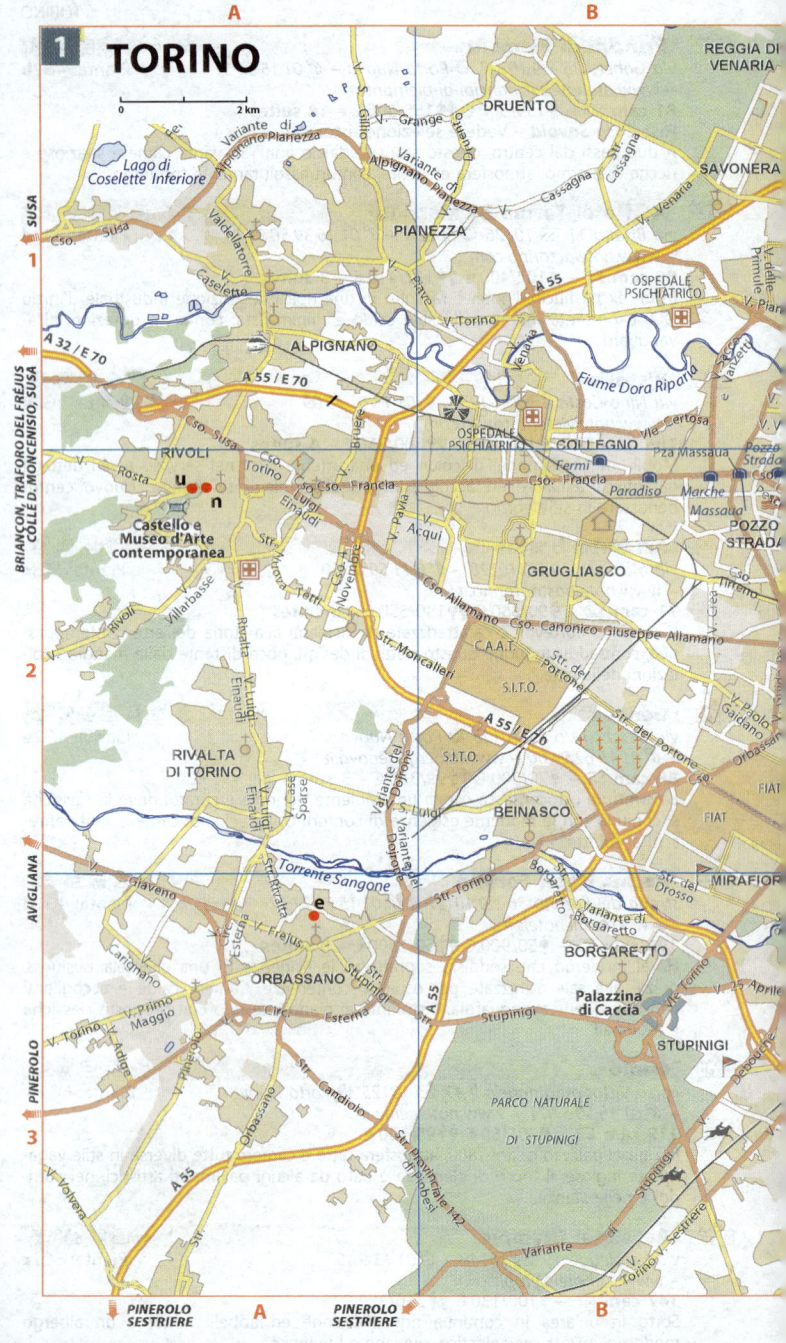

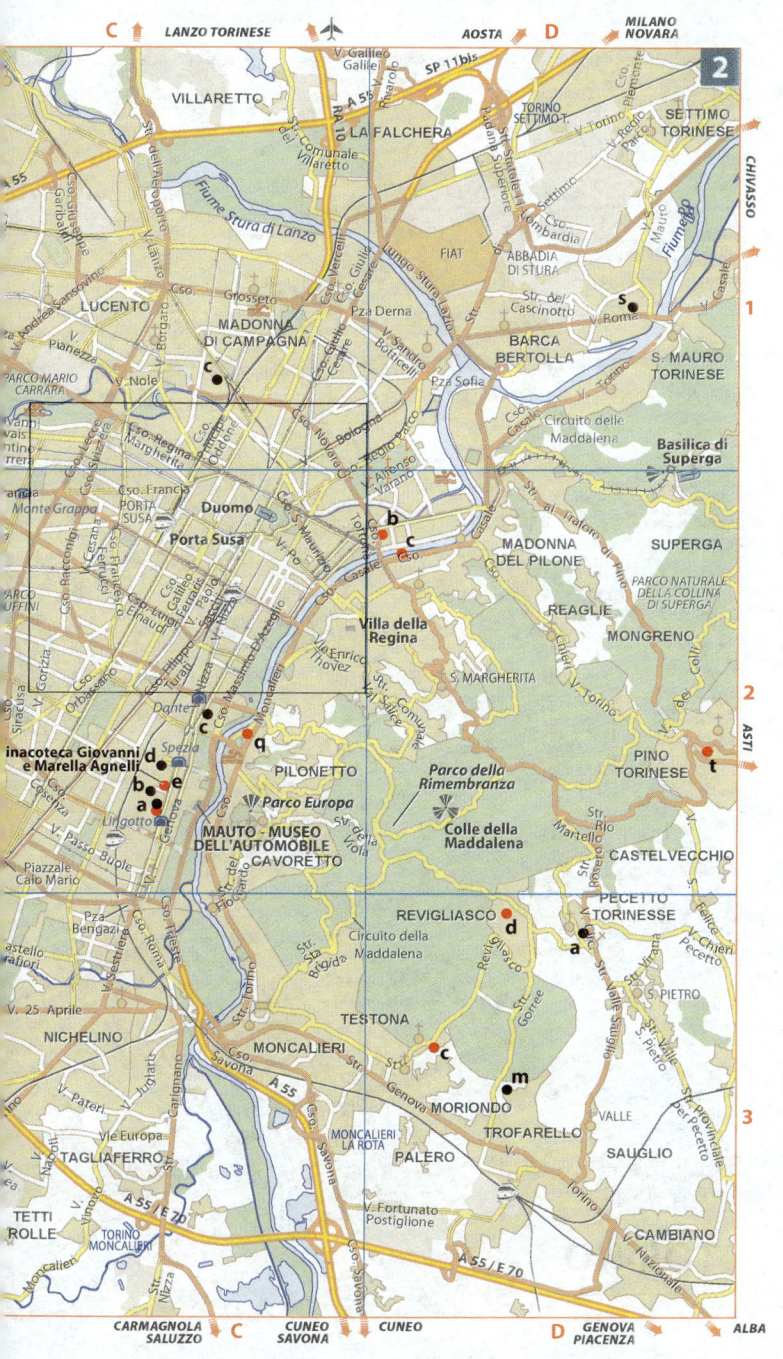

VILLARETTO

LA FALCHERA

SP 11bis

TORINO SETTIMO T.

SETTIMO TORINESE

CHIVASSO →

FIAT

ABBADIA DI STURA

1

LUCENTO

MADONNA DI CAMPAGNA

c

PARCO MARIO CARRARA

BARCA BERTOLLA

S. MAURO TORINESE

s

Basilica di Superga

Duomo

PORTA SUSA

Porta Susa

b

c

MADONNA DEL PILONE

SUPERGA

REAGLIE

PARCO NATURALE DELLA COLLINA DI SUPERGA

ARCO UFFICI

Villa della Regina

MONGRENO

S. MARGHERITA

2

Dante

c

inacoteca Giovanni e Marella Agnelli

d

Spezia

c

q

PILONETTO

Parco della Rimembranza

PINO TORINESE

t

ASTI →

b

e

a

Parco Europa

MAUTO - MUSEO DELL'AUTOMOBILE

Colle della Maddalena

CAVORETTO

CASTELVECCHIO

Lingotto

Piazzale Caio Mario

PECETTO TORINESSE

REVIGLIASCO

d

a

S. PIETRO

V. 25 Aprile

NICHELINO

TESTONA

MORIONDO

c

MONCALIERI

m

VALLE

SAUGLIO

TROFARELLO

TAGLIAFERRO

MONCALIERI LA ROTA

PALERO

TETTI ROLLE

TORINO MONCALIERI

CAMBIANO

3

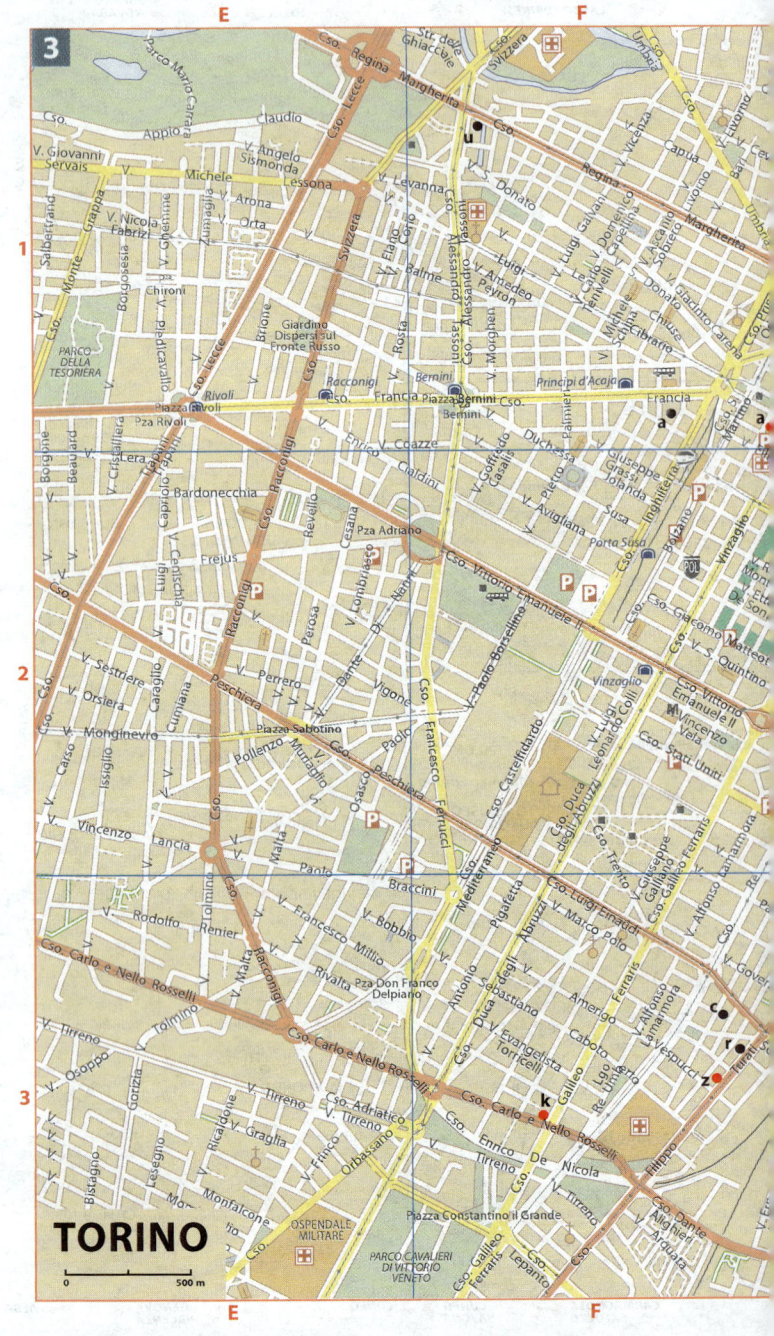

TORINO

0   500 m

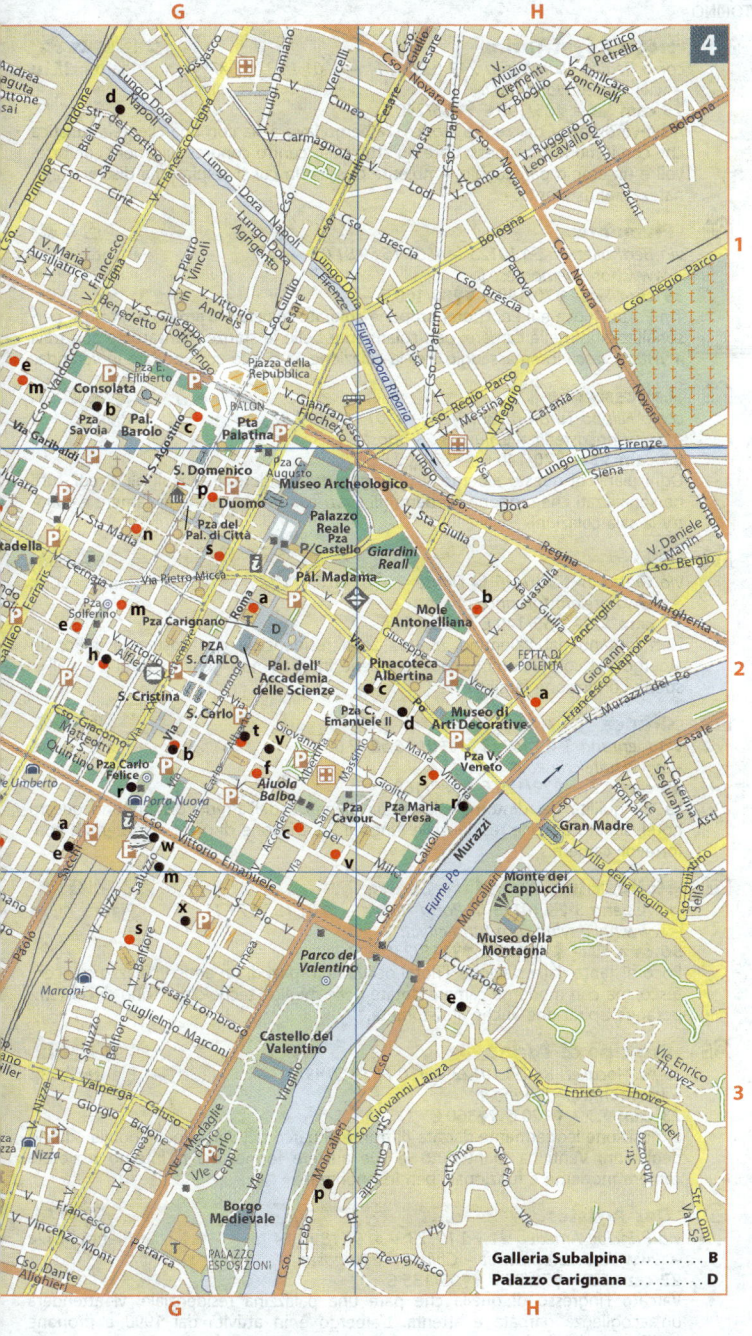

Hotel Royal Torino

🏊 📶 AC 🛎 🚗

corso Regina Margherita 249 ✉ *10144* – 📞 *01 14 37 67 77* — Pianta: 3F1**u**
– www.hotelroyaltorino.it
75 cam 🛏 – †65/190 € ††85/240 €

A breve distanza dal centro storico, l'albergo lavora sia con una clientela turistica che con il mondo business: offre un attrezzato centro congressi, camere confortevoli e un ampio parcheggio. Ambiente classico in cui si respira una discreta raffinatezza, al ristorante.

Piemontese

📶 🚻 AC

via Berthollet 21 ✉ *10125* – 📞 *01 16 69 81 01* — Pianta: 6G3**x**
– www.hotelpiemontese.it
39 cam 🛏 – †70/140 € ††80/160 €

Tra Porta Nuova e il Po, l'hotel propone colorate soluzioni d'arredo e graziose personalizzazioni nelle camere: particolarmente belle le stanze mansardate con travi a vista e vasca idromassaggio. Per la colazione, ci si può accomodare in veranda.

Lancaster

📶 AC 🛎

corso Filippo Turati 8 ✉ *10128* – 📞 *01 15 68 19 82* — Pianta: 5F3**r**
– www.lancaster.it – Chiuso 3-23 agosto
83 cam 🛏 – †70/140 € ††90/200 €

Ogni piano di questo albergo si distingue per il colore. Piacevoli gli arredi, tutti personalizzati che rendono moderni gli spazi comuni, classiche le camere e country la sala colazioni.

Giotto

📶 AC 🛎

via Giotto 27 ✉ *10126* Ⓜ *Dante* – 📞 *01 16 63 71 72* — Pianta: 6C2**c**
– www.hotelgiottotorino.com
49 cam 🛏 – †55/140 € ††65/160 €

Non lontano dal Valentino, in una zona residenziale che costeggia il Po, un albergo dal confort omogeneo - sebbene in spazi non generosissimi - e dall'esperta conduzione familiare.

Crimea

📶 AC 🛎

via Mentana 3 ✉ *10133* – 📞 *01 16 60 47 00* — Pianta: 6H3**e**
– www.hotelcrimea.it
48 cam 🛏 – †79/129 € ††89/169 €

La tranquillità dei dintorni e la sobria eleganza dell'arredo distinguono questo hotel, situato in zona residenziale lungo il Po. Dispone di piacevoli interni e confortevoli camere.

Holiday Inn Turin City Centre

🏊 📶 🚻 AC 🛎 🚗

via Assietta 3 ✉ *10128* Ⓜ *Porta Nuova* – 📞 *01 15 16 71 11* — Pianta: 4G2**a**
– www.holidayinn.com/turin-cityctr
56 cam 🛏 – †92/175 € ††118/230 €

Poco distante dalla stazione, l'hotel occupa gli spazi di un antico palazzo ottocentesco, ma con moderne camere dotate delle migliori tecnologie. Tono di contemporanea ispirazione anche al ristorante.

Principe di Torino Ⓝ

📶 🚻 AC 🅿

corso Mocalieri 85 ✉ *10122* – 📞 *0 11 19 50 49 50* — Pianta: 4G3**p**
– www.principeditorino.it
23 cam 🛏 – †120 € ††360 €

In posizione leggermente rialzata di fronte al parco del Valentino, il nobile edificio degli anni Venti ha mantenuto le sue austere forme, ma all'interno troverete camere moderne e funzionali, ben insonorizzate.

Des Artistes

📶 AC ✗

via Principe Amedeo 21 ✉ *10123* – 📞 *01 18 12 44 16* — Pianta: 4H2**c**
– www.desartisteshotel.it – Chiuso 9-21 agosto
22 cam 🛏 – †70/98 € ††95/135 €

Varcato l'ingresso di quella che pare una palazzina residenziale, vi attenderà un'accoglienza garbata e attenta. L'albergo è in attività dal 1990 e propone ambienti puliti e curati.

🏠 **Due Mondi** ⌂ ⊡ AK

via Saluzzo 3 ✉ *10125* Ⓜ *Porta Nuova* Pianta: 4G2**m**
– 📞 *01 16 69 89 81 – www.hotelduemondi.it*
42 cam ⌷ – 📱50/180 € 📱📱60/240 €
A due passi dalla stazione di Porta Nuova e all'ingresso del centro storico, le camere sono accoglienti (alcuni bagni con doccia-sauna) ed il personale vi seguirà con attenzione e cortesia.

🏠 **Statuto** ⊡ AK

via Principi d'Acaja 17 ✉ *10138* Ⓜ *Principi d'Acaja* Pianta: 3F1**a**
– 📞 *01 14 34 46 38*
22 cam ⌷ – 📱30/150 € 📱📱40/300 €
A pochi passi dalla metropolitana, a Cit Turin, il quartiere liberty della città, le piccole dimensioni dell'albergo sono rallegrate da quadri e installazioni d'arte contemporanea, passione del titolare.

🏠 **Alpi Resort** ⊡ AK 🚗

via Bonafous 5 ✉ *10122* – 📞 *01 18 12 96 77* Pianta: 6H2**r**
– *www.hotelalpiresort.it*
29 cam ⌷ – 📱54/84 € 📱📱59/99 €
A due passi dalla vita notturna di piazza Vittorio Veneto e dei Murazzi del Po, le camere sono al terzo e quarto piano di un palazzo d'epoca: da preferire le ultime nate.

🏠 **Amadeus & Teatro** ⊡ AK

via Principe Amedeo 41 bis ✉ *10123* – 📞 *01 18 17 49 51* Pianta: 4H2**d**
– *www.hotelamadeustorino.com*
23 cam ⌷ – 📱75/138 € 📱📱89/185 € – **2 suites**
Vicino alla Mole Antonelliana ha camere di taglio moderno: alcune con angolo cottura. La sala colazioni si trova in un originale giardino d'inverno.

🏠 **Roma e Rocca Cavour** Ⓝ ⊡ ⚒

piazza Carlo Felice 60 ✉ *10121 Torino* Ⓜ *Porta Nuova* Pianta: 4G2**r**
– 📞 *01 15 61 27 72 – www.romarocca.it*
85 cam ⌷ – 📱54/105 € 📱📱75/135 € – ⌷ 11 €
Albergo storico, dal 1854 gestito dalla stessa famiglia, qui troveranno la loro casa gli amanti di uno stile retrò e nostalgico, tra arredi d'epoca e gli eleganti portici e giardini della piazza. Nella camera 346 si tolse la vita lo scrittore Cesare Pavese.

🏠 **Magazzini San Domenico** ♿ AK 🚭

via San Domenico 21 a ✉ *10122* – 📞 *01 14 36 83 41* Pianta: 4G1**b**
– *www.magazzinisandomenico.it – Chiuso 8-30 agosto*
6 cam ⌷ – 📱80/90 € 📱📱100/120 €
Nel cuore dell'antica regia capitale, una buona risorsa modernamente concepita per un soggiorno di qualità; ottimo punto di partenza per visitare il centro cittadino.

🟡 Ristoranti

XXXX **Del Cambio** 🦋 🌳 ♿ AK
❀
piazza Carignano 2 ✉ *10123* – 📞 *0 11 54 66 90* Pianta: 4G2**a**
– *www.delcambio.it – Chiuso domenica sera e lunedì*
Menu 35 € (pranzo in settimana)/150 € – Carta 79/121 € – (consigliata la prenotazione)
Uno dei ristoranti storici più eleganti d'Italia. Accanto ai decori e agli arredi del XIX secolo trovano spazio inaspettate opere di artisti contemporanei. Alla guida della cucina Matteo Baronetto che ai piatti della tradizione affianca creazioni dalla forte personalità. Completano l'offerta il light lunch, il dehors estivo e l'esclusivo "Tavolo dello Chef".

➜ Riso Cavour. Branzino al vapore e coda di bue brasata. Giandujotto e sorbetto alle more.

TORINO

XxX **Vintage 1997** (Pierluigi Consonni) 🏵️ 🆎
❀ *piazza Solferino 16/h* ✉ *10121* Ⓜ *Re Umberto*   Pianta: 4G2**e**
– ☎ *0 11 53 59 48 – www.vintage1997.com*
– *Chiuso 1°-6 gennaio, 3 settimane in agosto, sabato a mezzogiorno e domenica*
Menu 40/75 € – Carta 50/106 €
Tessuti scarlatti, paralumi ed eleganti boiserie ovattano l'interno di questo elegante ristorante, mentre la creatività prende spunto dalla tradizione per volteggiare in molteplici forme. Importazione diretta di Champagne e selezionata cura nella scelta delle materie prime.
➜ Agnolotti di gallina ai profumi dell'orto. La Torinese (costoletta di fassone con panatura di nocciole e grissini). Selezione di 5 piccoli dolci piemontesi.

XxX **Casa Vicina-Eataly Lingotto** (Claudio Vicina) 🏵️ ♿ 🆎
❀ *via Nizza 224* ✉ *10126* Ⓜ *Lingotto* – ☎ *0 11 19 50 68 40*   Pianta: 2C2**e**
– *www.casavicina.com – Chiuso vacanze di Natale, 7 agosto-10 settembre, domenica sera e lunedì*
Menu 38 € (pranzo)/110 € – Carta 55/112 €
All'interno di Eataly, primo supermercato italiano con prodotti alimentari di "nicchia", ristorante di genere minimalista per una cucina creativa di grande spessore.
➜ Agnolotti di Casa Vicina pizzicati a mano al sugo d'arrosto. Rognone à la coque con vellutata di senape ed aglio in camicia. Torrone morbido al cucchiaio.

XxX **Casa Savoia** – Hotel Principi di Piemonte 🆎 ⌀
via Gobetti 15 ✉ *10123* Ⓜ *Porta Nuova* – ☎ *01 15 51 52*   Pianta: 4G2**b**
– *www.atahotels.it*
Carta 33/88 €
Lo sfarzo che contraddistingue l'hotel è ripreso anche nella sala ristorante, dove nessun dettaglio è lasciato al caso: la tappa gastronomica deve restare memorabile! Cucina mediterranea.

XxX **Carignano** – Grand Hotel Sitea 🆎 ⇔
via Carlo Alberto 35 ✉ *10123* – ☎ *01 15 17 01 71*   Pianta: 4G2**t**
– *www.grandhotelsitea.it – Chiuso agosto e domenica*
Carta 46/75 € – (solo a cena)
Ampie finestre affacciate sul verde illuminano questo ristorante che elegge come protagonisti della propria carta, piatti mediterranei con molti richiami al Piemonte. A disposizione anche alcuni menu degustazione, per chi preferisce lasciarsi "guidare" nella scelta.

XxX **Torpedo** – Hotel NH Lingotto 🍴 ♿ 🆎 ⌀ 🅿
via Nizza 262 ✉ *10126* Ⓜ *Lingotto* – ☎ *01 16 64 27 14*   Pianta: 2C2**a**
– *www.nh-hotels.it*
Menu 60 € – Carta 30/72 €
Situato nell'edificio che fu l'antica fabbrica di automobili della Fiat, emblema della Torino del '900, un elegante ristorante dove gustare una cucina di ottimo livello. Tra i must: il riso vialone alla piemontese con porri, pancetta, patate e toma.

XxX **Berbel** 🍴 ♿ 🆎
☙ *via San Domenico 33b* ✉ *10121* – ☎ *01 14 36 67 78*   Pianta: 4G1**m**
– *www.berbel.it – Chiuso 8-22 agosto, lunedì a mezzogiorno, sabato a mezzogiorno e domenica*
Menu 25 € (pranzo in settimana)/30 € – Carta 41/92 € – (prenotare)
Locale elegante e confortevole nel cuore della vecchia Torino con proposte regionali e di mare rielaborate secondo il gusto dello chef patron.

Se cercate un albergo particolarmente ameno per un soggiorno di charme, prenotate in un hotel evidenziato in rosso: 🏨, 🏠… 🏨🏨.

XX **Vo** (Stefano Borra)   AC
✿ *via Provana 3/d* ✉ *10123* – ☎ *01 18 39 02 88*   Pianta: 6G2**v**
– *www.ristorantevo.it* – *Chiuso 3 settimane in agosto, sabato a mezzogiorno e
domenica*
Menu 45/55 € – Carta 45/82 € – (consigliata la prenotazione)
La tecnica è stata appresa in Francia, ma la passione gastronomica del giovane
cuoco è tutta piemontese: paste fresche ripiene e il celebre fassone sono gli
alfieri del ristorante, moderno ed essenziale. Non manca tuttavia qualche proposta di pesce.
➜ Agnolotti ai tre arrosti burro e timo. Scaloppa di rombo in crosta di riso Venere
con farinata alle olive. Crostatina di meliga con crema al limone e sorbetto al bergamotto.

XX **Magorabin** (Marcello Trentini)   ✿ ᕫ AC
✿ *corso San Maurizio 61/b* ✉ *10124* – ☎ *01 18 12 68 08*   Pianta: 4H2**b**
– *www.magorabin.com* – *Chiuso lunedì a pranzo e domenica*
Menu 30/50 € – Carta 70/90 € – (consigliata la prenotazione)
Dimenticate il viale trafficato e confusionario ed entrate nell'universo del mago:
nei piatti troverete un'eco piemontese, ma prevalgono la fantasia e gli accostamenti estrosi. È una scossa d'inventiva alla Torino tradizionalista e conservatrice.
➜ Spaghetti pane, burro e acciughe. Anatra all'orientale. Nocciola, fichi e basilico.

XX **Al Garamond**   ✿ AC ⇔
via Pomba 14 ✉ *10123* – ☎ *01 18 12 27 81*   Pianta: 4G2**f**
– *www.algaramond.it* – *Chiuso agosto, sabato a mezzogiorno e domenica*
Menu 40/80 € – Carta 43/78 €
Il nome di questo piccolo locale si ispira a quello di un luogotenente dei Dragoni
di Napoleone. Entusiasta la conduzione, che si esibisce nella creazione di estrosi
piatti moderni.

XX **Al Gatto Nero**   ✿ AC
corso Filippo Turati 14 ✉ *10128* – ☎ *0 11 59 04 14*   Pianta: 5F3**z**
– *www.gattonero.it* – *Chiuso agosto e domenica*
Carta 42/75 € – (prenotare)
Il gatto nero è diventato un amuleto per una piacevole sosta gastronomica:
piatti piemontesi e toscani, con qualche eco mediterranea, ed una cantina che
ospita circa mille etichette.

XX **Galante**   AC
corso Palestro 15 ✉ *10122* Ⓜ *XVIII Dicembre*   Pianta: 4G2**w**
– ☎ *0 11 53 21 63* – *www.ristorantegalante.it* – *Chiuso
26 dicembre-6 gennaio, 5-31 agosto, sabato a mezzogiorno e domenica*
Menu 42 € – Carta 29/63 € – (consigliata la prenotazione la sera)
Una sala classica ed elegante, arredata in toni chiari e con sedie imbottite, tra
colonne e specchi. Dalla cucina giungono due differenti proposte: una piemontese ed una di pesce.

XX **Porta Rossa**   ✿ AC
via Passalacqua 3/b ✉ *10122* Ⓜ *XVIII Dicembre*   Pianta: 4F1**a**
– ☎ *0 11 53 08 16* – *www.laportarossa.it* – *Chiuso 26 dicembre-6 gennaio, sabato
a mezzogiorno e domenica*
Menu 30 € (pranzo in settimana)/70 € – Carta 37/79 €
Piccolo locale moderno allestito con tavoli vicini, specializzato nella preparazione
di piatti a base di pesce e prodotti di stagione. Ottima scelta di vini e distillati.

XX **Tre Galline**   ✿ AC ⇔
via Bellezia 37 ✉ *10122* – ☎ *01 14 36 65 53*   Pianta: 4G1**c**
– *www.3galline.it* – *Chiuso 1 settimana in gennaio, 3 settimane in luglio e
domenica escluso ottobre-maggio*
Menu 50 € – Carta 37/74 € – (solo a cena escluso sabato)
A prima vista può sembrare una semplice trattoria, ma non lasciatevi ingannare: il
locale propone la cucina tipica piemontese, semplice e fragrante, e presenta
un'ampia scelta di vini.

XX **Solferino**   🍴 AC

piazza Solferino 3 ✉ *10121 –* 📞 *0 11 53 58 51*   Pianta: 4G2**m**
– www.ristorantesolferino.com
Carta 29/63 €
E' in questo locale che circa 30 anni fa è approdata la passione toscana nel
campo della ristorazione. Oggi, la carta propone piatti di casa e, ovviamente, i
classici piemontesi.

XX **Taverna dell'Oca**   AC

via dei Mille 24 ✉ *10123 –* 📞 *0 11 83 75 47*   Pianta: 6G2**x**
– www.tavernadelloca.com – Chiuso luglio, sabato a mezzogiorno, lunedì; in
agosto chiuso sabato e domenica
Menu 31 € (cena)/36 € – Carta 34/55 €
In un locale colorato e informale, l'oca regna "sovrana" in tante ricette, ma "prin-
cipesse" sono anche altre specialità regionali e - per la par condicio - il pesce, in
un menu degustazione a lui interamente dedicato.

XX **Capriccioli**   AC

via San Domenico 40 ✉ *10122 –* 📞 *0 11 59 52 21*   Pianta: 4G1**e**
– www.ristorantecapriccioli.it – Chiuso 1 settimana in gennaio, 3 settimane in
agosto, martedì a mezzogiorno e lunedì
Carta 40/80 €
Un angolo di Sardegna nella città della Mole, quindi largo spazio a bottarga di
muggine o al tonno di Carloforte, ma anche tanto pesce e crostacei di altri lidi
d'Italia, in un locale raffinato le cui tinte écru evocano la sabbia di Capriccioli.

XX **Piccolo Lord**   AC

corso San Maurizio 69 bis/G ✉ *10124 –* 📞 *0 11 83 61 45*   Pianta: 4H2**a**
– www.ristorantepiccololord.it – Chiuso 1 settimana in agosto e domenica
Menu 38/55 € – Carta 40/63 € – *(solo a cena)*
Locale moderno ed accogliente nel quale si destreggiano due giovani cuochi, in
grado di realizzare ricette semplici ma caratterizzate da una forte impronta personale. Servizio informale.

XX **KIDO-ism** Ⓝ   🍴 AC

corso Rosselli 54/a ✉ *10129 –* 📞 *01 15 09 65 61*   Pianta: 3F3**k**
– www.kido-ism.it – Chiuso 1°-7 gennaio, agosto e domenica
Menu 40/80 € – Carta 56/88 € – *(solo a cena)* (consigliata la prenotazione)
Ecco un ottimo motivo per uscire dai consueti itinerari turistico-gastronomici torinesi: fuori dal centro, le specialità giapponesi, spagnole e piemontesi s'incrociano
seguendo l'estro del cuoco Kido in piatti fusion di alto livello.

XX **San Tommaso 10 Lavazza** Ⓝ   AC

via San Tommaso 10 ✉ *10122 –* 📞 *0 11 53 42 01*   Pianta: G2**s**
– www.lavazza.it – Chiuso agosto e domenica
Carta 33/76 €
Qui nel 1895 nacque la drogheria Lavazza; oggi vi troverete un bar e, sul retro, il
ristorante, dove gli appasionati del marchio avranno modo di ricordarne pubbli-
cità storiche e calendari, oltre ad assaggiarne la cucina che rivisita i classici italiani.

X **Bastimento** Ⓝ   🍴

via della Rocca 10/c ✉ *10122 –* 📞 *0 11 19 70 81 54*   Pianta: H2**s**
– www.ristorantebastimento.it – Chiuso 1°-7 gennaio, 14-31 agosto, lunedì e
mezzogiorno e domenica
Carta 98/130 € – *(coperti limitati, prenotare)*
Come un bastimento, la sala è stretta e allungata, l'atmosfera ricorda un bistrot, la
cucina sposa il mare: diversi piatti pugliesi a cominciare dai crudi, le cozze e il
pesce in preparazioni semplici e mediterranee.

X **Scannabue Caffè Restaurant** Ⓝ   🍴 AC
🙂
largo Saluzzo 25/h Ⓜ *Marconi –* 📞 *01 16 69 66 93*   Pianta: G3**s**
– www.scannabue.it – Chiuso 1 settimana in agosto
Menu 30 € – Carta 31/60 € – *(consigliata la prenotazione)*
Un'animata trattoria di quartiere dall'atmosfera retrò, dove tutta l'attenzione è
dedicata a prodotti d'eccellenza piemontesi - tajarin, fassone e nocciole solo per
citarne alcuni - a cui si aggiunge qualche proposta di pesce.

❌ **Consorzio** 🕸 AC

😊 *via Monte di Pietà 23* ✉ *10122* – ☏ *01 12 76 76 61*   Pianta: **4G2n**
– *www.ristoranteconsorzio.com* – *Chiuso 3 settimane in agosto, sabato a mezzogiorno e domenica*
Menu 26/32 € – Carta 32/45 € – (consigliata la prenotazione)
Due giovani soci sono gli artefici di questa miniera di prelibatezze gastronomiche piemontesi: semplice ed informale, è un emozionante viaggio nelle tradizioni regionali, vini e formaggi compresi. Volete un consiglio su piatti veramente speciali? Sicuramente, gli agnolotti gobbi, il brasato di Fassona, la crema di mascarpone artigianale e biscotti savoiardi con polvere d'arabica.

❌ **Taverna delle Rose** AC

via Massena 24 ✉ *10128* Ⓜ *Re Umberto* – ☏ *0 11 53 83 45*   Pianta: **6G2r**
– *Chiuso agosto, sabato a mezzogiorno e domenica*
Carta 25/62 €
Linea di cucina prettamente regionale in un ambiente accattivante ed informale. La sera, accomodatevi nella romantica sala con mattoni a vista e luci soffuse.

❌ **Ristorantino Tefy** AC

corso Belgio 26 ✉ *10153* – ☏ *0 11 83 73 32* – *Chiuso*   Pianta: **2D2b**
1 settimana in giugno, 3 settimane in agosto, sabato a mezzogiorno e domenica
Menu 30/40 € – Carta 31/59 €
Un locale accogliente per un'esperienza gastronomica che viaggia tra Umbria e Piemonte: dalla cucina soprattutto i sapori della terra; il venerdì e il sabato si propone anche il pesce.

❌ **L'Acino** 🕸

😊 *via San Domenico 2/a* ✉ *10121* – ☏ *01 15 21 70 77*   Pianta: **4G2p**
– *Chiuso 1 settimana in gennaio, 3 settimane in agosto e domenica*
Carta 28/38 € – *(solo a cena)* (coperti limitati, prenotare)
Piccola trattoria, la cui cucina di stretta osservanza piemontese ben si addice all'ottima cantina. Simpatica gestione familiare, ma - se non avete preventivamente prenotato - sarà difficile trovare un tavolo! Specialità: tajarin al ragu' di salsiccia, stracotto di manzo, bonet.

❌ **Contesto Alimentare** AC

🦞 *via Accademia Albertina 21/e* ✉ *10123* Ⓜ *Porta Nuova*   Pianta: **4G2c**
😊 – ☏ *01 18 17 86 98* – *www.contestoalimentare.it* – *Chiuso 2 settimane in agosto e lunedì*
Menu 25/35 € – Carta 28/48 € – (coperti limitati, prenotare)
Entrando, saranno le dimensioni minute della sala a sorprendervi, pochi tavoli in un contesto di completa semplicità, ma la cucina prenderà il sopravvento: una profonda conoscenza dei prodotti regionali sforna piatti gustosi, le ricette attingono agli intramontabili classici piemontesi. Venerdì sera e sabato anche pesce. Specialità: tajarin al ragù delle tre carni - arrotolato di coniglio con zucchine zafferano e pancetta.

TORNO

Como (CO) – ✉ 22020 – 1 184 ab. – Alt. 225 m – Carta regionale n° **10-B1**
▶ Roma 633 km – Como 7 km – Bellagio 23 km – Lugano 40 km
Carta stradale Michelin 561-E9

🏠 **Vapore** ⚐ ⬅ 🛏 🖥 🍽

via Plinio 20 – ☏ *0 31 41 93 11* – *www.hotelvapore.it* – *Chiuso dicembre-gennaio*
12 cam 🍽 – ♦90/110 € ♦♦120/145 €
Nel centro storico della pittoresca località, questa piccola struttura non manca di affacciarsi sul lago, soprattutto da quelle che sono le camere migliori. Ristorante dotato di piacevole terrazza sullo specchio lacustre e specialità tipicamente italiane in menu.

TORRE A MARE

Bari (BA) – ⊠ 70126 – Carta regionale n° **15-C2**

▶ Roma 463 km – Bari 12 km – Brindisi 101 km – Foggia 144 km

Carta stradale Michelin 564-D33

Ⅹ   **Da Nicola**   ⇐ 🏠 AC **P**

    via Principe di Piemonte 3 – ☏ 08 05 43 00 43 – www.ristorantedanicola.com
    – Chiuso 24 dicembre-15 gennaio e domenica sera
    Menu 40/55 € – Carta 33/58 €

    Tanto pesce, proveniente dalla propria pescheria attigua il locale, in un buon ristorantino ubicato in riva al mare e a pochi passi dal centro del paese. Fresca terrazza esterna sul porticciolo.

TORRE ANNUNZIATA

Napoli (NA) – ⊠ 80058 – 42 868 ab. – Alt. 9 m – Carta regionale n° **4-B2**

▶ Roma 240 km – Napoli 27 km – Avellino 53 km – Caserta 53 km

Carta stradale Michelin 564-E25

🏠   **Grillo Verde**   ⇧ ⬆ AC 🚗

    piazza Imbriani 19 – ☏ 08 18 61 10 19 – www.hotelgrilloverde.it
    15 cam ⌑ – †55 € ††65 €

    Nei pressi della stazione ferroviaria e degli scavi di Oplontis e di Pompei - raggiungibili per mezzo di una navetta - camere semplici, ma ben tenute: le più grandi al piano terra. Splendido acquario nella hall. Piatti casalinghi al ristorante.

TORRE BOLDONE

Bergamo (BG) – ⊠ 24020 – 8 703 ab. – Alt. 280 m – Carta regionale n° **10-C1**

▶ Roma 618 km – Milano 57 km – Bergamo 6 km – Lecco 47 km

Carta stradale Michelin 561-E11

ⅩⅩ   **Papillon**   ⇐ 🏠 AC **P**

    via Gaito 36, Nord-Ovest: 1,5 km – ☏ 0 35 34 05 55 – www.papillonristorante.it
    – Chiuso 3-24 agosto, lunedì e martedì
    Menu 35/49 € – Carta 39/56 €

    Immerso nel verde di un parco e della collina alle spalle, un locale dalla lunga tradizione familiare, che dal 2003 vede in cucina uno chef di grande esperienza. Nelle sale d'impostazione classica vi saranno serviti piatti contemporanei e specialità alla griglia.

TORRE CANNE

Brindisi (BR) – ⊠ 72010 – Carta regionale n° **15-C2**

▶ Roma 517 km – Brindisi 47 km – Bari 67 km – Taranto 57 km

Carta stradale Michelin 564-E34

🏠   **Del Levante**   ⇧ 🏖 ⇐ 🏠 🧖 🏊 ❤ 🍴 ⬆ ⚡ AC 🏊 ♨ **P**

    via Appia 20 – ☏ 08 04 82 01 60 – www.dellevante.com
    149 cam ⌑ – †88/215 € ††124/291 €

    Ideale non solo per chi vuole spendervi le vacanze ma anche per chi è in viaggio per lavoro, grande e moderno complesso in riva al mare con ampi spazi esterni. Bella la grande piscina in giardino. Delicate tonalità mediterranee rendono accogliente la sala da pranzo.

TORRECHIARA

Parma (PR) – ⊠ 43010 – Carta regionale n° **5-A3**

▶ Roma 469 km – Parma 19 km – Bologna 109 km – Milano 141 km

Carta stradale Michelin 562-I12

ⅩⅩ   **Taverna del Castello**   🏠 AC ⇧

    via del Castello 25 – ☏ 05 21 35 50 15 – www.tavernadelcastello.it
    Menu 28/48 € – Carta 32/73 € – (prenotare)

    Un castello medioevale in pietra, quasi una fortezza se visto dal basso, da qui la vista sulle colline circostanti: un bar pubblico e quattro sale dedicate alla ristorazione per una cucina tradizionale e creativa.

TORRE DEL GRECO

Napoli (NA) – ✉ 80059 – 86 793 ab. – Carta regionale n° **4-B2**
▶ Roma 227 km – Napoli 15 km – Caserta 40 km – Castellammare di Stabia 17 km
Carta stradale Michelin 564-E25

in prossimità casello autostrada A 3

 Marad

via Benedetto Croce 20 ✉ *80059 –* ☎ *08 18 49 21 68*
– www.marad.it
74 cam ⌁ – ♦65/100 € ♦♦65/160 €
Circondato da un piccolo giardino, le camere sono semplci anche negli arredi, ma prenotarne una con vista sul Golfo lascerà un romantico ricordo. Terrazza solarium.

TORRE DEL LAGO PUCCINI

Lucca (LU) – ✉ 55048 – Carta regionale n° **18-B1**
▶ Roma 369 km – Pisa 14 km – Firenze 95 km – Lucca 25 km
Carta stradale Michelin 563-K12

al lago di Massaciuccoli Est : 1 km :

 Da Cecco

piazza Belvedere Puccini 10/12 ✉ *55049 –* ☎ *05 84 34 10 22*
– Chiuso lunedì
Carta 27/43 €
Affacciato sul lago da uno scenografico belvedere - a fianco alla casa museo di Giacomo Puccini - proposte classiche di carne e di pesce, nonché cacciagione (nel periodo invernale), si contendono la carta. Boiserie al soffitto, trofei di caccia e fucili caratterizzano l'ambiente.

TORREGROTTA

Sicilia – Messina (ME) – ✉ 98040 – 7 449 ab. – Alt. 44 m – Carta regionale n° **17-D1**
▶ Catania 141 km – Messina 29 km – Palermo 215 km
Carta stradale Michelin 365-BB54

 Thomas

via Sfameni 98, località Scala – ☎ *09 09 98 22 73*
– www.hotelristorantethomas.it – Chiuso 18 dicembre-10 gennaio
18 cam ⌁ – ♦40/45 € ♦♦55/60 €
Sulla strada che porta al mare - tra le numerose case di villeggiatura della zona - una struttura i cui punti di forza sono l'ottimo rapporto qualità/prezzo ed il continuo ammodernamento, che crea ambienti "caldi" e personalizzati. Pesce e carne cotta alla brace nella sala ristorante, ambiente semplice e familiare.

TORRE SAN GIOVANNI

Lecce (LE) – ✉ 73059 Ugento ✉ Ugento – Carta regionale n° **15-D3**
▶ Roma 652 km – Brindisi 105 km – Gallipoli 24 km – Lecce 62 km
Carta stradale Michelin 564-H36

 Hyencos Calòs e Callyon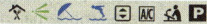

piazza dei Re Ugentini – ☎ *08 33 93 10 88*
– www.hyencos.com – Aperto 1° maggio-30 settembre
60 cam ⌁ – ♦35/155 € ♦♦70/285 €
In posizione centrale, all'interno di una villa dell'800, la struttura dispone di luminosi spazi, camere funzionali e semplici negli arredi, nonché di una terrazza con vista.

TORRETTE – Pesaro e Urbino (PU) → Vedere Ancona

TORRIANA

Rimini (RN) – ✉ 47825 – 1 615 ab. – Alt. 337 m – Carta regionale n° **5-D2**
▶ Roma 307 km – Rimini 21 km – Forlì 56 km – Ravenna 60 km
Carta stradale Michelin 562-K19

XX 🕸 **Il Povero Diavolo**

via Roma 30 – ☏ 05 41 67 50 60 – www.ristorantepoverodiavolo.com – Chiuso 1 settimana in marzo, 1 settimana in settembre
Menu 55/95 € – Carta 63/90 € – *(chiuso mercoledì, in estate anche domenica a mezzogiorno) (solo a cena escluso i giorni festivi)* (consigliata la prenotazione)
4 cam 🛏 – ♦75 € ♦♦110 €
In quella che parrebbe una semplice osteria di paese dalla gestione simpaticamente familiare, si officia una cucina inaspettatamente tecnica, a tratti innovativa, sempre intelligentemente legata ai prodotti del territorio. Pernottamento in camere semplici allietate da libri messi a disposizione dei clienti.
➜ Riso in bianco. Piccione con ciliege, rafano e cipollotto. Meringa con sorbetto all'acetosa, karkadè e zenzero candito

X **Il Chiosco di Bacco**

via Santarcangiolese 62 – ☏ 05 41 67 83 42 – www.chioscodibacco.it – Chiuso 2 settimane in dicembre e martedì, anche il mercoledì in inverno
Menu 35/65 € – Carta 31/89 € – *(solo a cena escluso domenica)*
Un vero paradiso per gli amanti della carne. E poi formaggi e piatti della tradizione romagnola, il tutto in un ambiente rustico con finestre che corrono lungo tutto il perimetro.

TORRI DEL BENACO

Verona (VR) – ✉ 37010 – 3 026 ab. – Alt. 67 m – Carta regionale n° **23-A2**
▶ Roma 535 km – Verona 37 km – Brescia 72 km – Mantova 73 km
Carta stradale Michelin 562-F14

🏨 **Del Porto**

lungolago Barbarani – ☏ 04 57 22 50 51 – www.hoteldelportotorri.com – Aperto 15 marzo-2 novembre
22 cam 🛏 – ♦70 € ♦♦245 € – **8 suites**
E' come se si fosse fatto un "voto" allo stile design/minimalista: belle camere ampie e funzionali, compatti gli spazi comuni, arieggiato il solarium per la bella stagione. Al ristorante, carne e pesce, sia di lago sia di mare, ma il vero pezzo forte della casa è la piattaforma del dehors appoggiata sul lago.

🏨 **Baia dei Pini**

via Gardesana 115 – ☏ 04 57 22 52 15 – www.baiadeipini.com – Aperto da fine marzo ad inizio novembre
35 cam 🛏 – ♦60/115 € ♦♦100/260 €
Immerso in un bel giardino, l'albergo è composto da diverse case che ospitano camere accoglienti e moderne caratterizzate da un côté vagamente modaiolo. Il lago è letteralmente a portata di mano, soprattutto dalla terrazza-veranda del ristorante.

🏨 **Galvani**

località Pontirola 7, Nord: 1 km – ☏ 04 57 22 51 03 – www.hotelgalvani.it – Aperto 1° aprile-31 ottobre
33 cam – ♦70/190 € ♦♦90/235 € – 🛏 20 €
Fronte lago, in posizione tranquilla, l'hotel è stato completamente rinnovato in veste moderna, non perdendo la valida funzionalità che ha sempre offerto ai suoi ospiti. Valido anche il livello della ristorazione, naturalmente regionale.

🏨 **Gardesana**

piazza Calderini 5 – ☏ 04 57 22 54 11 – www.gardesana.eu – Aperto 1° marzo-31 ottobre
34 cam 🛏 – ♦75/120 € ♦♦100/220 €
All'ombra del turrito castello scaligero, le origini dell'edificio risalgono all'epoca tardo medievale: l'eleganza di un mitico passato si unisce ad un'attenta ospitalità. L'omonimo ristorante serale è al 1° piano, servizio estivo in terrazza.

Al Caminetto

via Gardesana 52 – ℰ 04 57 22 55 24 – www.hotelalcaminetto.it – Aperto Pasqua- 30 ottobre
20 cam – ☂ – †55/115 € ††95/130 €
Una gestione familiare di rara cortesia e un'accurata attenzione per i particolari per questa piccola, deliziosa risorsa a breve distanza tanto dal centro storico quanto dal lago.

 Lido

via Gardesana 3 – ℰ 04 56 29 62 40 – www.hotellido.vr.it – Aperto 1° aprile-30 ottobre
22 cam – †50/160 € ††65/170 € – ☂ 18 € – **1 suite**
Proprio fronte lago, davanti all'imbarco dei traghetti, Lido è un albergo familiare, funzionale e moderno, completato da un bar e dal ristorante: entrambi con tavolini all'aperto.

 Al Caval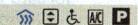

via Gardesana 186 – ℰ 04 57 22 56 66 – www.alcaval.com – Chiuso 10 novembre-15 marzo
20 cam ☂ – †57/67 € ††80/110 €
Nella sua semplicità, questa risorsa rimane sempre un buon punto di riferimento: ubicata nei pressi del centro, dispone di camere carine e confortevoli.

ad Albisano Nord-Est : 4,5 km – ✉ 37010 Torri Del Benaco

 Panorama

via San Zeno 9 – ℰ 04 57 22 51 02 – www.panoramahotel.net – Aperto 1° marzo-31 ottobre
28 cam ☂ – †57/97 € ††92/142 €
Nel nome tutto ciò che delizierà la vostra vacanza: una vista spettacolare dalla terrazza ristorante e dalle camere non grandissime, ma arredate con gusto e personalità. Lasciatevi tentare anche dalla cucina, i cui piatti sono i migliori sponsor degli ottimi prodotti del territorio.

 Alpino

via San Zeno 8 – ℰ 04 57 22 51 80 – www.albergo-alpino.it – Aperto 1° aprile-1° novembre
12 cam ☂ – †60/100 € ††80/110 €
La piacevolezza del soggiorno è assicurata dalla capace conduzione familiare e dalla qualità di camere e dotazioni in questo piccolo albergo, dove però non manca nulla!

TORRILE
Parma (PR) – ✉ 43056 – 7 654 ab. – Alt. 32 m – Carta regionale n° **5-B1**
▶ Roma 470 km – Parma 13 km – Mantova 51 km – Milano 134 km
Carta stradale Michelin 562-H12

a Vicomero Sud : 6 km – ✉ 43031

 ✕✕ **Romani**

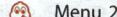 *via dei Ronchi 2 – ℰ 05 21 31 41 17 – www.ristoranteromani.it – Chiuso 1°-7 agosto, mercoledì e giovedì*
Menu 25/40 € – Carta 22/55 €
In aperta campagna, la casa colonica d'epoca ed il suo fienile sono diventati un ristorante di sobria eleganza, dove la passione per la cucina emiliana si concretizza in un'attenta selezione dei migliori prodotti locali, che danno vita a piatti memorabili come i tortelli alle erbette o la punta di vitello al forno. Annessa bottega alimentare con vendita di salumi, formaggi e prodotti tipici.

TORRITA DI SIENA

Siena (SI) – ✉ 53049 – Carta regionale n° **18-D2**

▶ Roma 199 km – Firenze 100 km – Siena 56 km – Arezzo 43 km

Carta stradale Michelin 563-M17

 Residenza d'Arte

località Poggio Madonna dell'Olivo – ℰ 05 77 68 61 79
– www.residenzadarte.com – Aperto 1° marzo-31 ottobre

7 cam 🖵 – ♦70/150 € ♦♦99/300 €

Nel nome sta già la sua definizione: questa è, infatti, una risorsa per dormire nell'arte, un living-museum per vivere la campagna senese in maniera del tutto inusuale. Le travi di legno, i camini, gli archi della tradizione rurale toscana sono oggi la cornice per ciò che la padrona di casa, Anna, ha disegnato nell'intento di donare un'emozione ai suoi ospiti. E ci è perfettamente riuscita!

 Hotelito Lupaia

località Lupaia 74, Sud-Est: 10 km – ℰ 05 77 66 80 28 – www.lupaia.com
– Chiuso febbraio

10 cam 🖵 – ♦144/288 € ♦♦175/320 €

Non lasciatevi scoraggiare dalla strada sterrata che bisogna percorrere per arrivare alla struttura, perché una volta giunti a destinazione, la ricompensa sarà grande… Location unica per fascino e personalità, nell'area comune c'è un'antica cucina ed un enorme camino davanti al quale si allestisce la cena; le stanze sono tutte personalizzate con dettagli unici e mobili acquistati nel tempo un po' ovunque nel mondo e restaurati, direttamente dalla padrona di casa, in uno stile country-modaiolo.

TORTOLÌ

Sardegna – Ogliastra (OG) – ✉ 08048 – 11 129 ab. – Alt. 13 m
– Carta regionale n° **16-B2**

▶ Cagliari 140 km – Muravera 76 km – Nuoro 96 km – Olbia 177 km

Carta stradale Michelin 366-S44

ad Arbatax Est : 5 km – ✉ 08041

 La Bitta

località Porto Frailis – ℰ 07 82 66 70 80 – www.hotellabitta.it – Aperto
15 marzo-30 novembre

63 cam 🖵 – ♦62/400 € ♦♦96/618 €

Rist *La Bitta* – Vedere selezione ristoranti

Direttamente sul mare, una villa signorile con spaziose aree comuni, belle camere diverse negli arredi e nei tessuti, piscina, solarium ed un'oasi relax appartata nel verde. Piatti di pesce e prodotti tipici locali da gustare nella panoramica sala ristorante oppure all'aperto.

 Arbatasar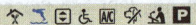

località Porto Frailis 11 – ℰ 07 82 65 18 00 – www.arbatasar.it – Chiuso
15 dicembre-29 febbraio

43 cam 🖵 – ♦60/140 € ♦♦80/200 €

Il nome riporta alle origini arabe della località, una villa dai colori caldi e sobri con ampie aree, camere spaziose ed eleganti, una piscina invitante incorniciata da palme. Nell'elegante e raffinata sala da pranzo, proposte di cucina internazionale e regionale realizzate con prodotti locali e pesce del Mare Nostrum.

 Il Vecchio Mulino

via Parigi, località Porto Frailis – ℰ 07 82 66 40 41 – www.hotelilvecchiomulino.it
– Chiuso vacanze di natale

24 cam 🖵 – ♦40/100 € ♦♦50/140 €

Una struttura dal sapore antico, ospita ambienti signorili arredati in calde tonalità, camere con travi a vista e bagni in marmo ed organizza escursioni in veliero nel Golfo.

🏠 La Perla ⚜ 🍴 🌊 🦺 ♨ 🔁 👍 AC 🐾 🅿

viale Europa 15, località Porto Frailis – 𝒞 07 82 66 78 00
– www.hotel-laperla.com – Aperto 1° aprile-5 novembre
29 cam 🍴 – 🛏50/100 € 🛏🛏65/180 €
Un po' arretrato rispetto al mare, hotel a conduzione familiare con giardino e
piscina, comode le camere di taglio contemporaneo.

🍴🍴🍴 La Bitta – Hotel La Bitta ⬅ 🍴 🦺 AC 🐾 🅿

località Porto Frailis – 𝒞 07 82 66 70 80 – www.hotellabitta.it – Aperto
15 marzo-30 ottobre
Menu 30/45 € – Carta 34/62 €
Direttamente sul mare, nella veranda tutta chiusa da vetrate, potrete gustare una
ricca cucina di pesce, venata dalla fantasia dello chef.

TORTONA

Alessandria (AL) – ✉ 15057 – 27 611 ab. – Alt. 122 m – Carta regionale n° **12-C2**
▶ Roma 567 km – Alessandria 22 km – Genova 73 km – Milano 73 km
Carta stradale Michelin 561-H8

🏠 Villa Giulia 🔁 AC 🐾 🦽 🅿

S.S. per Alessandria 7/A – 𝒞 01 31 86 23 96 – www.villagiulia-hotel.com
12 cam 🍴 – 🛏83/93 € 🛏🛏100/113 €
In zona periferica, all'ingresso della località arrivando da Alessandria, un'antica
casa trasformata in albergo con pavimenti in marmo e bei parquet; gustosa colazione servita al tavolo.

🏠 Casa Cuniolo 🦌 🍴 🌊 AC

viale Amendola 6 – 𝒞 01 31 86 21 13 – www.gabriellacuniolo.com
4 cam 🍴 – 🛏110/150 € 🛏🛏130/160 €
Ubicata sulla collina del castello, la candida villa – costruita secondo i canoni del-
l'architettura razionalista che furoreggiava negli anni '30 – fu abitazione e studio
del maestro G. Cuniolo. Poche camere, eleganti e raffinate, arredate secondo gli
stilemi in voga in quel periodo e lo splendido giardino.

🍴🍴 Cavallino ⬅ 🔁 AC 🐾

corso Romita 83 – 𝒞 01 31 86 23 08 – www.cavallino-tortona.it
Carta 45/82 € – *(chiuso agosto e domenica)* **13 cam** 🍴 – 🛏55 € 🛏🛏85 €
Tre giovani imprenditori, capaci ed appassionati della buona tavola, hanno rilevato questo storico locale vivacizzandolo con la loro verve. In tavola arrivano
piatti di gusto contemporaneo, sfiziosi e attenti al territorio. Ancora sapori regionali nella più semplice ed informale Trattoria da Ciccio.

🍴 Vineria Derthona 🥂 🍴 AC

😊

via Perosi 15 – 𝒞 01 31 81 24 68 – www.vineriaderthona.it – Chiuso 2 settimane
in agosto, i mezzogiorno di sabato-domenica e lunedì
Carta 24/46 €
Non sarà facile trovare posteggio nelle vicinanze di questo locale del centro, in
compenso è un autentico wine-bar dai saporiti piatti piemontesi e dalla ampia
offerta di vini al bicchiere, scelti dalla generosa cantina ogni giorno. Specialità:
ravioli Derthona (ripieni di arrosto e relativo sugo).

🍴 Caffè Ristorante Sangiacomo ⬅ 🍴

via Calvino 4 – 𝒞 01 31 82 99 95 – www.gabriellacuniolo.com – Chiuso
1°-15 agosto
Carta 32/55 € – *(chiuso domenica sera e lunedì)* **10 cam** 🍴 – 🛏70 € 🛏🛏80 €
Spazio rilassante dove ritemprare anima e corpo: nella sala retrò con pavimento
liberty e mobili stile anni Trenta o nel romantico giardino d'inverno sono i sapori
del territorio ad imporsi, ma senza disdegnare una certa "apertura" verso il mare.
Adiacente le camere del bel Residence Perosi.

TORTONA

sulla strada statale 35 Sud : 1,5 km

XX   **Aurora Girarrosto**   ⇦ 🏡 🍽 ⬆ AC P
strada provinciale dei Giovi 13 ✉ *15057* – ✆ *01 31 86 30 33*
– www.auroragirarrosto.com
Carta 36/78 €   **17 cam** ⬛ – 👤63/70 € 👤👤90/98 €
Sulla via per Genova, un indirizzo che può soddisfare esigenze sia di ristorazione
sia di pernottamento; a tavola, leccornie piemontesi e liguri, di terra e di mare.

TORTORETO
Teramo (TE) – ✉ 64018 – 11 478 ab. – Alt. 239 m – Carta regionale n° **1-B1**
▶ Roma 215 km – Ascoli Piceno 47 km – Pescara 57 km – Ancona 108 km
Carta stradale Michelin 563-N23

a Tortoreto Lido Est : 3 km – ✉ 64018

🏠   **Green Park Hotel**   ⚘ 🏡 ⚓ 🏊 🛁 ⬆ 🛗 ⚕ 🏃 AC 🐕 🚗
via F.lli Bandiera 28 – ✆ *08 61 77 71 84* – *www.hgreenpark.com* – *Aperto
1° giugno-15 settembre*
48 cam ⬛ – 👤50/100 € 👤👤60/140 € – **8 suites**
A cento metri dal mare, camere di due tipologie - standard o gold - ma sempre
confortevoli, nonché bella terrazza con palestra sotto una veranda. Benvenuti i
bambini che troveranno spazi e giochi!

🏠   **Costa Verde**   ⚘ ⇦ 🏡 ⚓ 🏊 ⬆ 🏃 AC P
lungomare Sirena 356 – ✆ *08 61 78 70 96* – *www.hotel-costaverde.com* – *Aperto
1° maggio-30 settembre*
50 cam ⬛ – 👤60/70 € 👤👤80/90 €
Una costruzione moderna sul lungomare con ambienti demodè semplici ed
essenziali; all'esterno, cinta dal verde, la piscina: una soluzione ideale per vacaze
di sole e mare. Nella sobria sala da pranzo illuminata da grandi vetrate che si
aprono sul cortile, la cucina mediterranea.

TORVAIANICA
Roma (RM) – ✉ 00040 – Carta regionale n° **7-B2**
▶ Roma 34 km – Anzio 25 km – Latina 50 km – Lido di Ostia 20 km
Carta stradale Michelin 563-R19

X   **Zi Checco**   ⇦ 🍽 ⚓ P
🍽   *lungomare delle Sirene 1* – ✆ *0 69 15 71 57* – *www.zichecco.com* – *Chiuso
novembre e lunedì*
Menu 25/40 € – Carta 26/50 € – (consigliata la prenotazione)
Come è intuibile dalla posizione sulla spiaggia, in menu primeggia il mare, ma
non solo. Qui è infatti possibile gustare la specialità del luogo: i famosi "torvi-
celli", spaghettoni di farro conditi con pecorino e alici.

TOSCOLANO-MADERNO
Brescia (BS) – 8 083 ab. – Alt. 86 m – Carta regionale n° **9-C2**
▶ Roma 556 km – Brescia 39 km – Verona 44 km – Bergamo 93 km
Carta stradale Michelin 561-F13

🏠   **Villa Maria au Lac**   ⚘ ⇦ 🏡 ⚓ 🐕 🚗
via Roma 45, Sud: 1 km – ✆ *03 65 54 62 01* – *www.hotel-villamaria.org* – *Aperto
!° aprile-31 ottobre*
27 cam ⬛ – 👤80/110 € 👤👤120/160 €
Ampi spazi verdi e alcune camere con terrazzino direttamente sul lago, in una
graziosa struttura a soli 10 min (a piedi) dal pittoresco centro di Toscolano
Maderno. Possibilità di noleggio gratuito di biciclette.

MADERNO – ✉ 25088 – Carta regionale n° **9-C2**

X

Il Cortiletto

*via F.lli Bianchi 1 – 𝒞 03 65 54 00 33 – www.ristoranteilcortiletto.com
– Chiuso 15 febbraio-3 marzo, domenica sera e lunedì escluso giugno-settembre*
Carta 28/46 €
Sulla statale Gardesana, cucina di ispirazione mediterranea con qualche tocco di
originalità in un piccolo ristorante, semplice, ma non banale. Due consigli: nella
bella stagione optate per il servizio all'aperto e tra le specialità non perdetevi il
coregone alla gardesana con capperi, pomodorini e olive.

TOVO DI SANT'AGATA

Sondrio (SO) – ✉ 23030 – 626 ab. – Alt. 526 m – Carta regionale n° **9-C1**
▶ Roma 680 km – Sondrio 33 km – Bormio 31 km
Carta stradale Michelin 561-D12

Franca

via Roma 11 – 𝒞 03 42 77 00 64 – www.albergofranca.it – Chiuso 1°-15 luglio
22 cam 🖙 – †50/55 € ††85/95 €
A metà strada tra Bormio e Sondrio, una villetta con camere di stampo semplice
nel corpo principale e camere più moderne nella dépendance. Specialità valtellinesi al ristorante.

TOVO SAN GIACOMO

Savona (SV) – ✉ 17020 – 2 563 ab. – Alt. 80 m – Carta regionale n° **8-B2**
▶ Roma 589 km – Genova 78 km – Savona 32 km – Imperia 51 km
Carta stradale Michelin 561-J6

a Bardino Vecchio Nord : 2 km – ✉ 17020

Relais Il Casale

via Briffi 22 – 𝒞 01 96 37 50 14 – www.ilcasale.it – Chiuso vacanze di Natale
7 cam – †70/180 € ††70/440 € – 🖙 14 € – **2 suites**
Casale di fine '800 all'interno di una proprietà agricola, che assicura anche prodotti biologici al ristorante: poche camere dal piacevole stile romantico, ma
soprattutto molti servizi e un centro benessere dall'ampia offerta.

TRACINO – Trapani (TP) ➜ Vedere Pantelleria (Isola di)

TRADATE

Varese (VA) – ✉ 21049 – 18 622 ab. – Alt. 303 m – Carta regionale n° **10-A1**
▶ Roma 614 km – Como 29 km – Gallarate 12 km – Milano 39 km
Carta stradale Michelin 561-E8

XX

Tradate

*via Volta 20 – 𝒞 03 31 84 14 01 – Chiuso 25 dicembre-5 gennaio, agosto, lunedì
a mezzogiorno e domenica*
Carta 44/97 €
Due sorelle gestiscono ormai da parecchi anni questo locale sito nel centro del
paese. Ambiente curati, con arredi in stile e camino, nonché ricette di mare tra
le specialità del menu.

TRAMIN AN DER WEINSTRASSE
= TERMENO SULLA STRADA DEL VINO

TRANI

Barletta-Andria-Trani (BT) – ✉ 76125 – 56 221 ab. – Carta regionale n° **15-B2**
▶ Roma 414 km – Bari 46 km – Barletta 13 km – Foggia 97 km
Carta stradale Michelin 564-D31

San Paolo al Convento

via Statuti Marittimi 111 – 𝒞 08 83 48 29 49 – www.sanpaoloalconvento.it
33 cam 🖙 – †95/250 € ††105/300 €
Nel quattrocentesco convento dei padri barnabiti, con pavimenti e cenacolo originali, belle camere affacciate sul chiostro, sull'incantevole porto, o sui giardini
pubblici.

Maré Resort

piazza Quercia 8 – ℰ 08 83 48 64 11 – www.mareresort.it

13 cam ⌂ – †120/140 € ††160/180 €

A pochi metri dall'anfiteatro naturale del porto di Trani, l'albergo è stato ricavato all'interno di un palazzo aristocratico del '700. Camere quasi tutte spaziose, dagli arredi minimalisti e forme rigorose; nella corte interna fanno mostra di sé tre belle carrozze d'epoca.

Le Lampare al Fortino

via Statuti Marittimi 124 (molo S. Antonio) – ℰ 08 83 48 03 08 – www.lelemparealfortino.it – Chiuso 11-29 gennaio, domenica sera e martedì escluso giugno-settembre

Menu 60/80 € – Carta 47/99 € – (consigliata la prenotazione)

D'estate o d'inverno lo spettacolo è sempre assicurato, che si mangi sulla veranda con vista a 180° sullo splendido porto, o all'interno di un'ex chiesa trasformata in fortino, cucina di pesce, creativa e personalizzata.

Gallo

via Statuti Marittimi 48/50 – ℰ 08 83 48 72 55 – www.gallorestaurant.it – Chiuso novembre, domenica sera e mercoledì

Menu 50/90 € – Carta 40/88 € – (consigliata la prenotazione)

Affacciato sul porto, i pescatori ricoveravano le barche proprio in questi locali, trasformati ora in eleganti sale e palcoscenico di una cucina creativa ed elaborata. Specialità di pesce.

Il Melograno

via Bovio 189 – ℰ 08 83 48 69 66 – www.ilmelogranotrani.it – Chiuso 2 settimane in gennaio e mercoledì

Menu 35/45 € – Carta 26/62 €

Totalmente rinnovato, si presenta con un look più attuale e luminoso: ampia veranda sul retro e una cucina che rimane fedele al mare con proposte del territorio o più classiche.

Quintessenza Ⓝ

via Nigrò 37 – ℰ 08 83 88 09 48 – www.quintessenzaristorante.it – Chiuso 1 settimana in gennaio, 1 settimana in giugno, 1 settimana in settembre, domenica sera e martedì

Menu 30/55 € – Carta 26/53 €

Tre giovani ed entusiasti fratelli, di cui uno in cucina, e il loro locale di moderno minimalismo sempre centrale anche se non sul porto. Proposte di cucina fantasiosa con materie prime che seguono le stagioni. Olio extra vergine di produzione propria.

TRAPANI

Sicilia – ✉ 91100 – 69 182 ab. – Carta regionale n° **17-A2**

▶ Palermo 104 km

Carta stradale Michelin 365-AK55 – Guida Verde Michelin SICILIA

Maccotta

via degli Argentieri 6 – ℰ 0 92 32 84 18 – www.albergomaccotta.it

Pianta: B2**c**

20 cam ⌂ – †30/43 € ††55/80 €

Sorge attorno ad un caratteristico baglio questa struttura che occupa gli spazi di uno storico edificio in un vicolo del centro storico: confort, tranquillità ed, ora, anche una nuova sala colazioni.

Ai Lumi

corso Vittorio Emanuele 71 – ℰ 09 23 54 09 22 – www.ailumi.it

Pianta: B2**a**

12 cam ⌂ – †40/70 € ††70/100 € – **6 suites**

Il settecentesco palazzo Berardo Ferro, nel centro storico-pedonale della località, accoglie camere in stile ricche di fascino e di storia, affacciate sulla bella corte interna.

TRAPANI

PALERMO
SEGESTA

MARSALA
ANNUNZIATA

ISOLE EGADI

PANTELLERIA, ISOLE EGADI
CAGLIARI, TUNISI

MARE

TIRRENO

SCOGLIERA DI TRAMONTANA

Lungo Dante Alighieri

V. Nausica
V. 20 Settembre
V. Giuseppe Errante
V. Annibale Scudaniglio

Torre Marino
Torre Vespri
V. Virgilio
V. Vito

Pza Vittorio Emanuele
Scontrino
V. Vittorio Veneto
V. Pallante

Palazzo Ciambra

V. Mazzini
Spalti
Stalti
Piazza Malta

V. 30 Gennaro
Lgo S. Francesco di Paola
V. Osorio
V. S. Pietro
Italia

Garibaldi
V. Opera Calvino
Pal. Riccio di Morana
Pza Mercato Pal. Milo
Pza Mercato Pal. Pesce
Pal. Fardella di Mokarta
PALAZZO MEULLI
Cattedrale
Piazza Matteotti

Badia Nuova
V. Argenteria
S. Agostino
Corso
Pza Scalatti
S. Maria del Gesù
Collegio dei Gesuiti

Corso V. Emanuele
Piazza Jolanda

Piazza Elena Garibaldi
V. Regina Elena
Sessto
V. Giacoma Tartaglia

Biblioteca Fardelliana

V. Torrearsa

Banchina
STAZIONE MARITTIMA

Ammiraglio Garibaldi
Torre Pali

Corso
V. delle Sirene
V. Catolina
V. Cristoforo Colombo
Pza Scalo d'Alaggio
V. Scalo d'Alaggio
V. Torre di Ligny
Museo della Preistoria e di Archeologia Marina
Torre di Ligny
V. del Gladioli

CAPITANERIA DI PORTO
V. Regina Elena

Canale
V.zo

LAZZARETTO

200 m
0

1209

XX **Serisso 47** AK

via Serisso 47/49 – ℰ 0 92 32 61 13 – www.serisso47.com   Pianta: B2**b**
*– Chiuso 3 settimane in gennaio-febbraio, i mezzogiorno di sabato e domenica
in luglio-agosto, lunedì negli altri mesi*
Carta 55/89 € – (consigliata la prenotazione)
In un palazzo del centro, sotto antiche volte in tufo di Favignana, un ristorante
dai toni caldi ed eleganti per una cucina che ha saputo reinterpretare la tradizione gastronomica trapanese.

XX **Ai Lumi Tavernetta** 🍴 ⅃ AK

corso Vittorio Emanuele 75 – ℰ 09 23 87 24 18   Pianta: B2**a**
– www.ailumi.it – Chiuso 10 gennaio-10 febbraio e martedì
Carta 25/46 € – (consigliata la prenotazione)
Giovane e alla moda. Lungo la via centrale della città, la cucina di questo
moderno ristorante esplora terra e mare in gustose ricette regionali: imperdibile
il cous cous.

a Fontanasalsa Sud : 9 km - C2 – ✉ 91100 Trapani

🏠 **Agriturismo Baglio Fontanasalsa** ⌖ 🐾 🛏 ⅃ 🖆 AK P

via Cusenza 78 – ℰ 09 23 59 10 01 – www.fontanasalsa.it
10 cam ⌂ – ♦40/70 € ♦♦50/135 €
In un contesto naturalistico di grande spessore, in mezzo alla macchia mediterranea, camere rustiche, ma ben ristrutturate e un ristorante dove si può scegliere
fra una sala tipica e la suggestiva corte interna. Piatti di terra e di mare: il locale
aderisce all'iniziativa "Miglio Zero".

a Paceco Sud-Est : 12 km - C2 – ✉ 91027

🏠 **Relais Antiche Saline** 🐾 ⟨ 🛏 ⅃ 🖆 AK P

via Verdi, località Nubia – ℰ 09 23 86 80 42 – www.relaisantichesaline.it
18 cam ⌂ – ♦59/89 € ♦♦59/299 €
Tra i mulini e le vasche delle saline, un baglio con camere luminose ed accoglienti, affascinanti spazi comuni che attingono ai colori del cielo e del mare.

TRAVAGLIATO
Brescia (BS) – ✉ 25039 – 13 884 ab. – Alt. 129 m – Carta regionale n° **10-D2**
▶ Roma 549 km – Brescia 12 km – Bergamo 41 km – Piacenza 95 km
Carta stradale Michelin 561-F12

X **Osteria Vineria Operbacco** 🍴 AK
🍷

via Lepre 2 – ℰ 03 06 86 48 91 – www.operbacco.com – Chiuso 12-26 agosto
Menu 12 € (pranzo in settimana)/40 €
Sotto soffitti a volta di mattoni rossi, l'ambiente è rustico, ma signorile, mentre la
cucina perpetua la tradizione locale accompagnandola con una scelta enologica
che abbraccia un po' tutte le regioni. A pranzo entra in scena una carta ridotta,
ma pur sempre con una serie di alternative.

TRAVERSELLA
Torino (TO) – ✉ 10080 – 337 ab. – Alt. 827 m – Carta regionale n° **12-B2**
▶ Roma 703 km – Aosta 85 km – Milano 142 km – Torino 70 km
Carta stradale Michelin 561-F5

XX **Le Miniere** ⇦ 🐾 ⟨ 🛏 🍴 ⊡
🍷

*piazza Martiri 1944 – ℰ 01 25 79 40 06 – www.albergominiere.com – Chiuso
8 gennaio-10 febbraio*
😊 Menu 16/35 € – Carta 29/51 € – (chiuso lunedì e martedì)
25 cam ⌂ – ♦45 € ♦♦75/100 €
Sulla piazza centrale di un incantevole paese, l'ottima cucina riesce ad essere piemontese, montana e creativa allo stesso tempo, oltre ad offrire un piccolo mira-
colo anche nei prezzi. I nostri prediletti: ravioli al castelmagno profumati al tartufo, nonché bauletto di sfoglia con crema allo zabaione e fragoline di bosco.

TREBASELEGHE

Padova (PD) – ⊠ 35010 – 12 807 ab. – Alt. 22 m – Carta regionale n° **23-C2**

▶ Roma 530 km – Venezia 33 km – Padova 40 km – Treviso 22 km

Carta stradale Michelin 562-F18

XX **Baracca-Storica Hostaria**

via Ronchi 1 – ℰ 04 99 38 51 26 – www.ristorantebaracca.it – Chiuso 10-20 agosto e mercoledì, solo mercoledì a pranzo in giugno-settembre

Menu 15 € (pranzo)/30 € – Carta 19/37 € – (consigliata la prenotazione)

Un grande ristorante molto curato nello stile: sedie rivestite con tessuto bianco, porcellane Thun, rapidità nel servizio ed una cucina di buon livello con piatti saporiti e ben presentati. Volete lasciarvi consigliare? Risotto scampi, zucchine e cedro - frittura orto e mare.

XX **Osteria V**

via Villanova 22 – ℰ 04 99 38 75 83 – www.anticoveturo.it – Chiuso 1-7 gennaio, 1-20 agosto, domenica sera e lunedì

Menu 30/60 € – Carta 32/64 € – (solo a cena)　**6 cam** ⌷ – †70 € ††70 €

Al posto dove un tempo si produceva del buon vino, ora sorge una piacevole trattoria con varie salette per una cucina semplice, ma creativa. A pranzo, solo menu veloce.

TREBBO DI RENO – Bologna (BO) ➜ Vedere Castel Maggiore

TRECCHINA

Potenza (PZ) – ⊠ 85049 – 2 328 ab. – Alt. 500 m – Carta regionale n° **2-B3**

▶ Roma 408 km – Potenza 112 km – Castrovillari 77 km – Napoli 205 km

Carta stradale Michelin 564-G29

X **L'Aia dei Cappellani**

contrada Maurino, Nord: 2 km – ℰ 09 73 82 69 37 – www.laiadeicappellani.com – Chiuso novembre

Menu 20 € – (chiuso martedì escluso luglio-agosto)

3 cam – †30/60 € ††40/70 € – senza ⌷

Tra distese erbose e ulivi, potrete gustare prodotti freschi e piatti locali caserecci: in sala vecchie foto e utensili di vita contadina, dalla terrazza l'intera vallata. Tre camere con angolo cottura, nelle due case sul retro.

TREGNAGO

Verona (VR) – ⊠ 37039 – 4 930 ab. – Alt. 317 m – Carta regionale n° **22-B2**

▶ Roma 531 km – Verona 22 km – Padova 78 km – Vicenza 48 km

Carta stradale Michelin 562-F15

🏠 **Villa De Winckels**

via Sorio 30, località Marcemigo, Nord-Ovest: 1 km – ℰ 04 56 50 01 33 – www.villadewinckels.it – Chiuso 1-8 gennaio

8 cam ⌷ – †50/70 € ††90/100 € – **3 suites**

Rist *Villa De Winckels* – Vedere selezione ristoranti

Nella storica villa, belle e accoglienti camere dagli arredi in legno naturale; per chi desidera una soluzione più esclusiva, vi è la camera nell'antica torre poco distante.

X **Villa De Winckels**

via Sorio 30, località Marcemigo, Nord-Ovest: 1 km – ℰ 04 56 50 01 33 – www.villadewinckels.it – Chiuso 1°-6 gennaio

Carta 31/53 €

Uno scorcio da cartolina per questa villa del XVI secolo con tante intime salette, ad ospitare una cucina improntata alla più radicata tradizione veneta. In omaggio all'ultimo discendente della famiglia, alla Cantina avrete solo l'imbarazzo della scelta fra le migliori annate dei più pregiati vini locali e non solo.

TREIA

Macerata (MC) – ⊠ 62010 – 9 491 ab. – Alt. 342 m – Carta regionale n° **11-C2**
◗ Roma 238 km – Ancona 49 km – Ascoli Piceno 89 km – Macerata 16 km
Carta stradale Michelin 563-M21

a San Lorenzo Ovest : 5 km – ⊠ 62010 Treia

XX Il Casolare dei Segreti

contrada San Lorenzo 28 – ℰ 07 33 21 64 41 – www.casolaredeisegreti.it
Carta 28/36 € – (chiuso lunedì e martedì; in gennaio-marzo aperto solo
venerdì-sabato-domenica) (solo a cena escluso domenica e festivi)
Conduzione familiare, giovane e motivata, per un ristorante che propone saporiti
piatti regionali. Tra i più richiesti: ravioli al ragù di anatra e piccione allo spiedo.

TREISO

Cuneo (CN) – ⊠ 12050 – 809 ab. – Alt. 410 m – Carta regionale n° **14-C2**
◗ Roma 644 km – Torino 65 km – Alba 6 km – Alessandria 65 km
Carta stradale Michelin 561-H6

XXX La Ciau del Tornavento (Maurilio Garola)

piazza Baracco 7 – ℰ 01 73 63 83 33 – www.laciaudeltornavento.it – Chiuso 1°
febbraio-15 marzo, giovedì a mezzogiorno e mercoledì
Menu 65/90 € – Carta 52/103 €   **4 cam** ⊇ – ♦90 € ♦♦120 €
Uno dei panorami più suggestivi delle Langhe ed una cucina moderna, nonché
fantasiosa, creano un idilliaco quadretto completato da vini conservati nell'eccellente cantina. Nessuna "sbavatura", nemmeno nel servizio. Possibilità di pernottamento per cullarsi tra le colline.
➜ Risotto al limone, ostriche, caviale. Costoletta di sanato impanata nei grissini,
pasta di nocciole. Giardino dolce aromatico.

XX Profumo di Vino

viale Rimembranza 1 ⊠ 12050 Treiso – ℰ 01 73 63 80 17
– www.profumo-divino.com – Chiuso 20 dicembre-7 gennaio e martedì
Menu 40 € – Carta 41/57 € – (consigliata la prenotazione)
Ristorante e wine-bar: lo stile è contemporaneo, la cucina segue le stagioni e propone, a volte, percorsi gastronomici insoliti. A condurvi in questa scoperta, Guil-
lermo Field Melendez, per gli amici "Memo"!

TREMEZZO

Como (CO) – ⊠ 22019 – 1 252 ab. – Alt. 225 m – Carta regionale n° **9-A2**
◗ Roma 655 km – Como 31 km – Lugano 33 km – Menaggio 5 km
Carta stradale Michelin 561-E9

⛤ Grand Hotel Tremezzo

via Regina 8 – ℰ 0 34 40 24 91 – www.grandhoteltremezzo.com
– Chiuso 1° dicembre-29 febbraio
76 cam ⊇ – ♦450 € ♦♦990 € – **14 suites**
Rist La Terrazza – Vedere selezione ristoranti
Testimone dei fasti delle grande hôtellerie lacustre, questo splendido edificio
d'epoca vanta, ora, anche una lussuosa T Spa panoramica ed una piscina galleg-
giante sul lago. Spiaggia privata.

⛪ Rusall

via San Martino 2, località Rogaro, Ovest: 1,5 km – ℰ 0 34 44 04 08
– www.rusallhotel.com – Chiuso 27 dicembre-22 marzo; aperto solo nei
week-end 5 novembre-24 dicembre
23 cam ⊇ – ♦90/110 € ♦♦120/140 €
Familiare e accogliente risorsa con ubicazione quieta e panoramica; qui troverete
una terrazza-giardino con solarium, zone relax e stanze con arredi rustici.

Villa Edy

*via Febo Sala 18, località Bolvedro, Ovest: 1 km – ℰ 0 34 44 01 61
– www.villaedy.com – Aperto Pasqua-20 ottobre*
16 cam ⊡ – ♥90/130 € ♥♥110/190 €
In posizione leggermente defilata rispetto al lago, è la natura la cornice di questa piacevole struttura dalle camere spaziose, adatte anche a soggiorni familiari.

Villa Marie

*via Provinciale Regina 30 – ℰ 0 34 44 04 27 – www.hotelvillamarie.com – Aperto
1° aprile-31 ottobre*
21 cam ⊡ – ♥75/100 € ♥♥110/175 €
All'interno di un giardino con piccola piscina, una villa liberty-ottocentesca fronte lago con alcune delle stanze affrescate (più moderne le camere nella dépendance). Darsena con terrazza per rilassarsi.

La Terrazza – Grand Hotel Tremezzo

*via Regina 8 – ℰ 0 34 44 24 91 – www.grandhoteltremezzo.com – Chiuso
1° dicembre-29 febbraio*
Menu 105/130 € – Carta 62/150 € – *(solo a cena)*
Dal 2011 c'è Gualtiero Marchesi, gran pioniere della nuova cucina italiana, a consigliare lo chef nelle sue preparazioni, dove il lago non appaga solo la vista, ma anche il palato.

La Darsena

*via Regina 3 – ℰ 0 34 44 31 66 – www.hotelladarsena.it – Chiuso
2 gennaio-28 febbraio*
Menu 42/47 € – Carta 44/69 € – *(chiuso mercoledì escluso dal 15 aprile al
15 ottobre)*
13 cam ⊡ – ♥80/193 € ♥♥90/203 €
Una piacevolissima struttura ubicata lungo la statale, ma sul lato del lago, caratterizzata da una signorile sala da pranzo con un'ampia parete aperta sul grazioso dehors; da qui la vista spazia sull'incantevole paesaggio circostante. Un'unica precauzione: prenotate con anticipo!

TREMITI (Isole)

Foggia (FG) – 374 ab. – Alt. 116 m – Carta regionale n° **15-A1**
Carta stradale Michelin 564-A28

SAN DOMINO (Isola) – ⊠ 71040 San Domino – Carta regionale n° **15-A1**

San Domino

*via Matteotti 1 – ℰ 08 82 46 34 04 – www.hotelsandomino.com – Aperto
Pasqua-ottobre*
25 cam ⊡ – ♥58/95 € ♥♥116/190 €
Nella parte alta dell'isola, un hotel a conduzione familiare ospita ambienti dai piacevoli arredi in legno, ideale punto di appoggio per gli appassionati di sport acquatici. L'elegante ristorante propone la cucina tradizionale italiana.

Baely Resort

*via Matteotti snc – ℰ 08 82 46 37 67 – www.baely.it – Aperto
16 marzo-14 ottobre*
11 cam ⊡ – ♥50/150 € ♥♥90/200 €
Una struttura di piccole dimensioni con camere particolarmente confortevoli, differenti tra loro per tipologia di arredi ed accessori che spaziano dal classico all'etnico.

Da Pio

via Aldo Moro 12 – ℰ 08 82 46 32 69 – Aperto 1° maggio-31 ottobre
Menu 20 € (pranzo) – Carta 29/51 €
Sull'isola di San Domino, la più completa dell'arcipelago in quanto ad offerta turistica, cucina di mare con prodotti provenienti dal peschereccio di famiglia in un ambiente semplice, ma dal servizio gentile e attento.

TREMOSINE

Brescia (BS) – ✉ 25010 – 1 918 ab. – Alt. 414 m – *Carta regionale n° 9-C2*
◩ Roma 581 km – Trento 62 km – Brescia 64 km – Milano 159 km
Carta stradale Michelin 561-E14

Pineta Campi

via Campi 2, località Campi-Voltino alt. 690 – 𝒞 03 65 91 20 11
– www.hotelpinetacampi.com – Aperto 28 marzo-17 ottobre
76 cam � – ❙61/81 € ❙❙118/156 € – **1 suite**
I paesaggi del Parco Alto Garda Bresciano, l'infilata del lago cinto dalle alture, il confort di una struttura ideale per turisti e tennisti: regalatevi tutto questo! Anche una godereccia sosta gastronomica sulla panoramica terrazza estiva del ristorante.

Lucia

via del Sole 2, località Arias alt. 460 – 𝒞 03 65 95 30 88 – www.hotellucia.it
– Aperto 30 marzo-10 ottobre
42 cam ⊊ – ❙55/71 € ❙❙70/102 €
Belle le zone esterne, con ampio giardino con piscina, una spaziosa terrazza-bar e comode stanze, site anche nelle due dépendance; ambiente familiare, tranquillo. Due vaste sale ristoranti: l'una più elegante e di gusto retrò, l'altra di taglio rustico.

Villa Selene

via Lò, località Pregasio alt. 478 – 𝒞 03 65 95 30 36 – www.hotelvillaselene.com
– Chiuso 15 novembre-18 dicembre
11 cam ⊊ – ❙87/129 € ❙❙108/150 €
Una gestione familiare e una posizione panoramica per questo piccolo hotel che offre camere molto curate e personalizzate, persino dotate di idromassaggio.

TRENTO

✉ 38122 – 117 304 ab. – Alt. 194 m – *Carta regionale n° 19-B3*
◩ Roma 588 km – Bolzano 57 km – Brescia 117 km – Milano 230 km
Carta stradale Michelin 562-D15

Grand Hotel Trento

Pianta: B1**a**
piazza Dante 20 ✉ 38122 – 𝒞 04 61 27 10 00
– www.grandhoteltrento.com
130 cam ⊊ – ❙95/230 € ❙❙115/250 € – **6 suites**
Interni imponenti con esposizione d'arte contemporanea e camere più semplici, spesso spaziose, in un edificio art déco tra il centro, la stazione dei treni ed i giardini. Buona varietà di servizi, tra cui anche un'area benessere; sala a semicerchio o gradevole dehors per il ristorante Clesio, tra tradizione gastronomica locale e classicità italiana.

Aquila d'Oro

Pianta: B2**c**
via Belenzani 76 ✉ 38122 – 𝒞 04 61 98 62 82
– www.aquiladoro.it
16 cam ⊊ – ❙90/137 € ❙❙145/180 €
Design hotel con camere diverse l'una dall'altra (già a partire dal nome), ma tutte dotate di svariati confort, tra cui un angolo wellness con doccia multifunzione e sauna romana. Appuntamento allo street bar per un aperitivo o per propiziarsi bene la giornata con una ricca prima colazione.

America

Pianta: B1**d**
via Torre Verde 50 ✉ 38122 – 𝒞 04 61 98 30 10
– www.hotelamerica.it
67 cam ⊊ – ❙72/90 € ❙❙106/150 €
Nel 1923, un membro della famiglia di ritorno dall'America fondò l'albergo: ancora oggi vi si accolgono i clienti con immutata cortesia. Consigliamo le camere con pregevole vista sul Castello del Buonconsiglio, meglio ancora se con terrazzo. Al ristorante, la cucina poliedrica spazia tra territorio e classicità con un'attenzione particolare al biologico.

TRENTO

🏨 **Sporting Trento** ⚡ ♿ 🅿️ 🚗

via R. da Sanseverino 125, 1 km per Verona - A2 ✉ 38123 – ☎ 04 61 39 12 15
– www.hotelsportingtrento.com

41 cam 🛏 – 🛏60/80 € 🛏🛏80/120 €

Indirizzo adatto alla clientela business: lungo la tangenziale, ma vicino al centro,
questa moderna risorsa propone camere confortevoli e un buon rapporto qua-
lità/prezzo. I "classici" italiani e pizza nel menu del ristorante Olympic.

🏨 **San Giorgio della Scala** 🌿 < 📱 🅿️

via Brescia 133, 1 km per Brescia - A1 ✉ 38122 – ☎ 04 61 23 88 48
– www.garnisangiorgio.it

14 cam 🛏 – 🛏40/55 € 🛏🛏70/85 €

In frazione Piedicastello, in posizione dominante sulla città e la valle, risorsa funzionale con camere arredate in stile rustico, molte delle quali provviste di balcone
o terrazzo. Buon rapporto qualità/prezzo.

🏚 **Agriturismo Ponte Alto** 🌿 AC 🛁 🅿️

via della Cascata 27, località Ponte Alto, per via Venezia: 4 km - B2
– ☎ 04 61 81 07 53 – www.agriturpontealto.it

12 cam 🛏 – 🛏45/55 € 🛏🛏80/90 €

Sulla collina est di Trento, immerso in un grande vigneto (il patron produce
anche vino), agriturismo dai confort moderni, alle cui camere si accede direttamente dal giardino.

XX **Osteria a Le Due Spade** 🏠 AK

via Don Rizzi 11 ang. via Verdi ✉ *38122* – ✆ *04 61 23 43 43* Pianta: B2**v**
– www.leduespade.com – Chiuso 1 settimana in giugno, 1 settimana in luglio,
lunedì a mezzogiorno e domenica
Menu 30 € (pranzo)/75 € – Carta 39/68 €
Quattrocento anni di storia e una stube settecentesca: è la meta di cene eleganti
e romantiche in una sala intima e raccolta. Dalla cucina le specialità regionali
alleggerite.

XX **Scrigno del Duomo** 🍽 AK

piazza Duomo 29 ✉ *38122* – ✆ *04 61 22 00 30* Pianta: B2**d**
– www.scrignodelduomo.com – Chiuso 7 gennaio-6 febbraio
Menu 60/75 € – Carta 35/71 € – (chiuso domenica e lunedì) (solo a cena)
(prenotare)
Sulla piazza centrale - gioiello architettonico della città - il locale occupa un bel
palazzo, in cui si rintracciano tutte le vicende storiche che hanno coinvolto il
capoluogo trentino. Il palato potrà scegliere tra una cucina sofisticata e creativa (la
sera) o più informale e regionale al Wine Bar (sempre aperto!).

X **Ai Tre Garofani - Antica Trattoria** 🏠 AK ✛

via Mazzini 33 ✉ *38122* – ✆ *34 96 35 89 08* Pianta: B2**b**
– www.aitregarofani.com – Chiuso 1 settimana in febbraio, 15 giorni in luglio e
1 settimana in novembre e domenica
Menu 28/42 € – Carta 45/57 € – (consigliata la prenotazione)
In sale in cui convivono semplicità ed un certo tocco elegante, intelligente rivisitazione della cucina trentina da parte di una contagiosa e simpatica coppia. Nel
mese di dicembre, durante i celebri mercatini di Natale, la carta si fa più semplice
e tradizionale.

X **Il Libertino** 🍽 🏠 AK
🍴

piazza Piedicastello 4/6 ✉ *38122* – ✆ *04 61 26 00 85* Pianta: A1**b**
– www.ristoranteillibertino.com – Chiuso luglio e martedì
Menu 25/40 € – Carta 31/55 €
Un locale rustico ed informale - situato nell'antica piazzetta di Piedicastello - propone piatti tradizionali, soprattutto di carne. Ampia offerta di vini al bicchiere,
nonché ottima scelta di etichette regionali e non.

a Cognola Est : 3 km per Padova B2 – ✉ 38121

🏨 **Villa Madruzzo** 🌳 🐾 ≤ 🌿 🔁 👖 ⚒ P

via Ponte Alto 26 ✉ *38121* – ✆ *04 61 98 62 20* – *www.villamadruzzo.it*
85 cam � – †70/180 € ††120/200 € – **2 suites**
Rist *Villa Madruzzo* – Vedere selezione ristoranti
Sulle alture intorno a Trento, splendida villa dell'Ottocento, le cui camere riprendono l'atmosfera volutamente retrò della dimora: carta da parati, tappeti e tendaggi colorati. Stile contemporaneo, invece, nella dépendance.

XX **Villa Madruzzo** – Hotel Villa Madruzzo 🍴 🏠 ✛ P

via Ponte Alto 26 ✉ *38121* – ✆ *04 61 98 62 20* – *www.villamadruzzo.it*
Menu 35/95 € – Carta 33/70 € – (chiuso domenica)
Articolata scelta à la carte, con diversi piatti regionali, qualcuno nazionale ed un
po' di pesce, da gustare nella sala principale affacciata sul parco o nella più piccola ospitata nella ex cappella della villa.

a Ravina Sud : 4 km per Verona A2 – ✉ 38123

XXX **Locanda Margon** ≤ 🍴 🏠 👖 AK P
❀

via Margone 15 – ✆ *04 61 34 94 01* – *www.locandamargon.it*
– Chiuso 1-19 gennaio, 8-24 agosto, domenica sera e martedì
Menu 65/130 € – Carta 63/114 € – (consigliata la prenotazione)
Tra le cantine Ferrari e la storica villa Margon, un ristorante capace di coniugare
tradizione gastronomica e modernità: piatti gourmet nell'elegante sala per l'appunto battezzata Salotto Gourmet, cucina più light, ma sempre ad ottimi livelli,
nella panoramica Veranda.
➜ Insolito trentino: spaghetti monograno, trentingrana, olio extravergine e spu-
mante. Fracosta di manzo alla brace con dragoncello e patate soffiate. Mela: "pensando allo strudel".

TREPORTI – Venezia (VE) ➜ Vedere Cavallino

TREQUANDA

Siena (SI) – ⊠ 53020 – 1 298 ab. – Alt. 453 m – Carta regionale n° **18**-C2
▶ Roma 197 km – Siena 45 km – Firenze 110 km – Perugia 72 km
Carta stradale Michelin 563-M17

XX **Il Conte Matto** ⇦ ⟜ 🛞 AK
via Taverne 40 – ℰ 05 77 66 20 79 – www.contematto.it
*– Chiuso martedì, da fine luglio a fine settembre chiuso solo i mezzogiorno di
lunedì e martedì*
Menu 28 € – Carta 23/52 € – (prenotare) **4 cam** ⊡ – ♦45/55 € ♦♦50/80 €
La trecentesca abitazione del guardiacaccia del castello si è stata trasformata
in una "vetrina" di prodotti toscani: ribollita, piccione, parfait alle mandorle.
Terrazza panoramica sulle colline e dalle camere scorci della campagna circostante.

TRESCORE BALNEARIO

Bergamo (BG) – ⊠ 24069 – 9 968 ab. – Alt. 305 m – Carta regionale n° **10**-D1
▶ Roma 593 km – Bergamo 15 km – Brescia 49 km – Lovere 27 km
Carta stradale Michelin 561-E11

🏠 **Della Torre** ✿ 🛏 🔲 🏖 🚗
piazza Cavour 26/28 – ℰ 0 35 94 13 65 – www.albergotorre.it
27 cam ⊡ – ♦50/70 € ♦♦70/90 €
Rist Sala del Pozzo – Vedere selezione ristoranti
In centro paese, edificio di antica fondazione costituito da un'ala storica e da una
parte più recente che vanta - di conseguenza - camere più nuove. Se l'appetito si
fa sentire, al ristorante troverete piatti locali, nonché i classici italiani.

XXX **LoRo** (Pierantonio Rocchetti)
✿ *via Bruse 2 – ℰ 0 35 94 50 73 – www.loroandco.com*
– Chiuso lunedì
Menu 65/80 € – Carta 61/105 €
Rist LoRo & Co Bistrò – Vedere selezione ristoranti
Le iniziali dei cognomi dei due giovani soci, uno in sala, l'altro in cucina, sono
eponimi del ristorante. Entusiasmo, cortesia, qualche piatto ispirato al territorio
bergamasco, ma la cucina è fondamentalmente contemporanea e fantasiosa e
spazia dalla carne al pesce.
➜ Gnocco fondente di crema di formaggio con tartufo e acqua di parmigiano.
L'anatra spicca il volo con il suo petto, da una terrina di foie gras e ciliegie candite. Il piacere si nasconde nel bignè.

XX **Sala del Pozzo** – Hotel Della Torre 🎇 🛏 🛞 P
piazza Cavour 26 – ℰ 0 35 94 13 65 – www.albergotorre.it
– Chiuso 1°-5 gennaio, domenica sera e lunedì
Menu 35/45 € – Carta 44/79 €
Una sorta di "oasi gastronomica" all'interno dell'hotel Della Torre. Se già non sarà
facile scegliere tra le tante specialità del menu, aspettate di vedere la carta dei
vini: più di 300 etichette da far girar la testa… ancor prima di aver bevuto! Alcune
servite anche al bicchiere. Cucina contemporanea.

X **LoRo & Co Bistrò** 🛞 AK
⊜ *via Bruse 2 – ℰ 0 35 94 09 99 – www.loroandco.com*
– Chiuso lunedì
Menu 16 € (in settimana) – Carta 40/96 €
Un vero e proprio bistrot per una cucina più easy, fatta di salumi, formaggi, ma
anche pesce e carne, oltre a una buona lista di pizze: quest'ultime, l'orgoglio dei
proprietari!

TRESCORE CREMASCO

Cremona (CR) – ⊠ 26017 – 2 901 ab. – Alt. 86 m – Carta regionale n° **10-C2**

▶ Roma 554 km – Bergamo 37 km – Brescia 54 km – Cremona 45 km

Carta stradale Michelin 561-F10

XX　Trattoria del Fulmine　　　　　　　🍴 AC

via Carioni 12 – ☎ 03 73 27 31 03 – Chiuso 1°-15 gennaio, agosto, domenica sera, martedì sera e lunedì

Carta 34/73 €

Da decenni baluardo della tradizione cremasca, in un ambiente semplice e familiare le proposte più rinomate annoverano salumi, paste fresche - tra cui i tortelli dolci - e un invitato d'eccezione: il fegato grasso!

TREVENZUOLO

Verona (VR) – ⊠ 37060 – 2 761 ab. – Carta regionale n° **23-A3**

▶ Roma 488 km – Verona 30 km – Mantova 24 km – Modena 83 km

Carta stradale Michelin 562-G14

a Fagnano Sud : 2 km – ⊠ 37060 Trevenzuolo

X　Trattoria alla Pergola　　　　　　　　AC ⬙

via Nazario Sauro 9 – ☎ 04 57 35 00 73
– Chiuso 24 dicembre-7 gennaio, 15 luglio-20 agosto, domenica e lunedì

Carta 25/44 €

Semplice ma invitante, di quelle che ancora si trovano in provincia; giunta con successo alla terza generazione, la trattoria propone la classica cucina del territorio, risotti e bolliti al carrello come specialità.

TREVIGLIO

Bergamo (BG) – ⊠ 24047 – 29 494 ab. – Alt. 125 m – Carta regionale n° **10-C2**

▶ Roma 576 km – Bergamo 21 km – Brescia 57 km – Cremona 62 km

Carta stradale Michelin 561-F10

XXX　San Martino (Marco e Vittorio Colleoni)　🎇 ⬅ 🍴 ⅃♭ ⊡ ⅃ AC P

❀　*viale Cesare Battisti 3 – ☎ 0 36 34 90 75 – www.sanmartinotreviglio.it*
– Chiuso 26 dicembre-10 gennaio e agosto

Menu 90/120 € – Carta 65/120 € – *(chiuso domenica sera e lunedì, anche domenica a mezzogiorno in luglio)* (prenotazione obbligatoria a mezzogiorno)

15 cam ⬛ – †90/120 € ††120/200 € – **3 suites**

Specialità di pesce ed alcuni prodotti francesi, quali formaggi e vini, in un elegante ristorante che dispone anche di camere moderne nello stile e nel confort. Nella saletta denominata Smartino, si può approfittare della formula "pranzo di lavoro": cucina di qualità, a tempi e costi contenuti.

➜ Gnocco morbido di latte cagliato con calamaretti spillo farciti di patata affumicata. Scorfano farcito e riduzione di bouillabaisse. Assoluto di pistacchio.

TREVIGNANO ROMANO

Roma (RM) – ⊠ 00069 – 5 703 ab. – Alt. 220 m – Carta regionale n° **7-B2**

▶ Roma 49 km – Viterbo 44 km – Civitavecchia 63 km – Terni 86 km

Carta stradale Michelin 563-P18

XX　Acquarella　　　　　　　　⬅ 🍴 ⅃ P

via Acquarella 4, Sud-Est: 6 km – ☎ 0 69 98 53 61 – www.ristoranteacquarella.it
– Chiuso 10-27 dicembre e martedì

Carta 26/57 €

Direttamente sul lago che lambisce con il suo giardino e con il suo pontiletto - una favola soprattutto in estate quando si può mangiare sotto il grande gazebo - il locale si farà ricordare per le fragranti specialità di pesce. In inverno, godetevi la rusticità degli spazi interni e la bella saletta con camino.

TREVINANO – Viterbo (VT) ➜ Vedere Acquapendente

TREVISO

✉ 31100 – 83 652 ab. – Alt. 15 m – Carta regionale n° **23-A1**

▶ Roma 541 km – Venezia 30 km – Bolzano 197 km – Milano 264 km

Carta stradale Michelin 562-E18

Maggior Consiglio

via Terraglio 140, B2 – ℰ 04 22 40 93 – www.maggiorconsiglio.com

117 cam ⬜ – †50/139 € ††69/154 € – **3 suites**

Alle porte della città, moderno complesso alberghiero dotato di ampi spazi per i congressi, ma anche di un completo centro benessere. Al ristorante Orobasilico cucina classica e pizza serale da forno a legna.

Cà del Galletto

via Santa Bona Vecchia 30, per viale Luzzatti - B1 – ℰ 04 22 43 25 50
– www.hotelcadelgalletto.com

65 cam ⬜ – †79/115 € ††115/160 € – **2 suites**

In zona periferica, ma a breve distanza dal centro città, grande complesso con camere generalmente ampie e dagli arredi classici. Gestione separata per il vicino ristorante Al Migò.

Il Focolare

piazza Ancillotto 4 – ℰ 0 42 25 66 01   Pianta: B1**b**
– www.ilfocolarehotel.com

14 cam ⬜ – †70/85 € ††90/120 €

Nel cuore del centro storico, una piccola bomboniera a gestione familiare: spazi comuni ridotti ma camere accoglienti, una con letto a baldacchino mentre, se non vi spaventano le scale, la n. 34 al terzo piano offre una vista da cartolina su di un canaletto.

Maison Matilda 🆕

via Jacopo Riccati 44 – ℰ 04 22 58 22 12   Pianta: B1**c**
– www.maisonmatilda.com – Chiuso 3 settimane in agosto

6 cam ⬜ – †120/180 € ††160/195 €

Siete in città per lavoro? Oppure per turismo? Questa elegante casa del centro, dotata di piccolo garage a pagamento, garantirà al vostro riposo un contorno di charme ricreato con mobili d'antiquariato dalle origini più disparate e messi - uno accanto all'altro - con uno stile "asciutto" eppure ricercato.

Agriturismo Il Cascinale

via Torre d'Orlando 6/b, Sud-Ovest: 3 km – ℰ 04 22 40 22 03
– www.agriturismoilcascinale.it – Chiuso 7-23 gennaio e 16 agosto-6 settembre

14 cam – †40/45 € ††50/54 € – ⬜ 8 €

Ubicato nella prima periferia, tuttavia già in campagna, un rustico dove troverete ambiente ospitale e familiare, nonché camere confortevoli. Il grande grande orto regala interessanti varietà di radicchio, da cui si ricava - tra l'altro - un insolito amaro; la produzione in proprio non si limita agli ortaggi, ma abbraccia anche il vino.

✗✗ Antico Morer

via Riccati 28 – ℰ 04 22 59 03 45   Pianta: B1**a**
– www.ristoranteanticomorer.com – Chiuso 10 giorni in febbraio, 2 settimane in agosto e lunedì

Carta 38/76 €

Non lontano dal Duomo, questo storico locale prende il nome da una pianta di gelso - morer, in dialetto - situata davanti all'ingresso, ma che ora non c'è più. Oggi, sotto a travi di legno, in un ambiente sobrio (tendente all'elegante), potrete gustare sapori di mare con tanto spazio ai crudi.

✗ Il Basilisco 🆕

via Bison 34 – ℰ 04 22 54 18 22 – www.ristorantebasilisco.com – *Chiuso 15 giorni in agosto, lunedì a mezzogiorno e domenica*

Carta 29/55 €

Il ristorante ruota attorno alla personalità dello chef-patron che costruisce il menu giorno per giorno, partendo dalla spesa quotidiana: pesce, soprattutto "povero", ma anche carne con tagli atipici e quinto quarto. Il tutto fuori dal centro, in un ambiente pop tra anni Cinquanta e Sessanta.

TREVISO

✗ **Hosteria Antica Contrada delle due Torri** 🄰🄲

via Palestro 8 – ℰ 04 22 54 12 43 – www.ristoranteduetorri.it   Pianta: B1**e**
– Chiuso 10-25 agosto e martedì
Carta 30/50 €
Rustico locale nel cuore del centro storico di cui occupa il piano terra di un antico palazzo, a sorpresa c'è una saletta-veranda che dà su di un canaletto. La cucina si fa portavoce della tradizione locale, a pranzo si sdoppia con l'offerta di piatti unici.

✗ **Toni del Spin** 🄰🄲

via Inferiore 7 – ℰ 04 22 54 38 29   Pianta: B1**g**
– www.ristorantetonidelspin.com – Chiuso 1°-15 agosto, lunedì a mezzogiorno, anche domenica in giugno-agosto
Carta 22/65 €
Storica trattoria riccamente decorata con menù esposto su lavagne, ove poter mangiare in un ambiente raccolto e caratteristico terminando con l'invitante carrello dei dolci.

verso Quinto di Treviso Sud-Ovest : 3 km per Trento - A1

🏨 **BHR Treviso Hotel**   ⚐ ♨ ⒻⒶ ⬧ ⬥ 🄰🄲 ⬧ 🚗

via Postumia Castellana 2 – ℰ 04 22 37 30 – www.bhrtrevisohotel.it
133 cam ⬚ – †89/199 € ††99/219 € – **1 suite**
Ideale per una clientela business, questa struttura - moderna e trasparente, alle porte della città - dispone di camere di alto livello e di un buon ristorante, DiVino Osteria Trevigiana: cucina del territorio con menu easy e buffet a pranzo, carta più impegnativa la sera. E, per non farsi mancare nulla, c'è anche il modaiolo Gioja Lounge bar: caffè, "cicchetti" e apertivi.

TREZZO SULL'ADDA

Milano (MI) – ✉ 20056 – 12 157 ab. – Alt. 187 m – Carta regionale n° 10-C2
▶ Roma 597 km – Bergamo 17 km – Lecco 36 km – Milano 34 km
Carta stradale Michelin 561-F10

🏨 **Villa Appiani**   ⚐ ⬥ ⬧ 🄰🄲 ⬧ 🄿

via Sala 17 – ℰ 02 92 00 24 01 – www.villaappiani.it – Chiuso agosto
40 cam ⬚ – †80/180 € ††90/190 €
Rist *La Cantina* – Vedere selezione ristoranti
A pochi km dai caselli autostradali di Capriate e Trezzo sull'Adda, la nobile villa settecentesca che ospita l'hotel colpisce per i suoi interni dai cromatismi intensi e per il design decisamente contemporaneo.

✗✗ **La Cantina** – Hotel Villa Appiani   ⬧ 🄰🄲 🄿

via Sala 17 – ℰ 02 92 00 24 10 – www.lacantinaditrezzo.it – Chiuso agosto
Carta 32/42 €
Cucina regionale in un ristorante piacevolmente rustico con decorazioni che alludono al mondo del vino e la cui "cave" custodisce etichette di pregio. D'estate, la bella corte en plein air si presta per romantiche cene a lume di candela.

TRICASE

Lecce (LE) – ✉ 73039 – 17 619 ab. – Alt. 98 m – Carta regionale n° 15-D3
▶ Roma 670 km – Brindisi 95 km – Lecce 52 km – Taranto 139 km
Carta stradale Michelin 564-H37

🏠 **Adriatico**   ⚐ ⬥ 🄰🄲 🄿

via Tartini 34 – ℰ 08 33 54 47 37 – www.adriaticotricase.it
18 cam ⬚ – †40/60 € ††59/99 €
Rist *I Fornelli di Teresa* – Vedere selezione ristoranti
A dieci minuti a piedi dal centro del paese, un piccolo hotel a conduzione familiare, dispone di camere semplici e lineari: ideale per una vacanza alla scoperta del Salento.

X **I Fornelli di Teresa** – Hotel Adriatico   🛜 & AC P

via Tartini 34 – ℰ 08 33 77 03 12 – www.ifornelliditeresa.it – Chiuso lunedì
Carta 23/58 €
Ristorante dell'albergo Adriatico, il nome è un omaggio alla sua fondatrice, la signora Teresa, che in persona vi tenterà con i suoi piatti: molti di matrice regionale, in alternativa c'è anche una buona selezione di pizze (e cucina senza glutine).

TRICESIMO

Udine (UD) – ✉ 33019 – 7 623 ab. – Alt. 199 m – Carta regionale n° **6-C2**
▶ Roma 642 km – Udine 12 km – Pordenone 64 km – Tarvisio 86 km
Carta stradale Michelin 562-D21

X **Miculan**   🛜 AC

piazza Libertà 16 – ℰ 04 32 85 15 04 – www.trattoriamiculan.com – Chiuso 2 settimane in luglio, mercoledì, anche giovedì da giugno a settembre
Menu 30/35 € – Carta 25/41 €
Sulla piazza di Tricesimo un piccolo bar, frequentatissimo dalla gente del posto, fa da "anticamera" a questa tipica trattoria, che custodisce un significativo retaggio del passato: il caratteristico camino, il fogher, nonché specialità regionali - come lo scrigno di San Daniele - e qualche divagazioni di pescato. I nostri preferiti: maccheroni al torchio con ragù d'anatra e cjalzons con ricotta affumicata.

TRIESTE

(TS) – ✉ 34121 – 205 413 ab. – Carta regionale n° **6-D3**

▶ Roma 669 km – Udine 68 km – Ljubljana 100 km – Milano 408 km
Carta stradale Michelin 562-F23

JTB Photo / age fotostock

 Alberghi

 Starhotels Savoia Excelsior Palace

riva del Mandracchio 4 ✉ *34124* – 🖄 *04 07 79 41*
– www.starhotels.com   Pianta: B2**a**

108 cam 🖃 – 🛉150/300 € 🛉🛉160/500 € – **36 suites**
Rist *Savoy* – Vedere selezione ristoranti
Nel cuore della città, affacciato sul golfo di Trieste, l'hotel ripropone il fascino di
un imponente palazzo dei primi '900, arricchito da design moderno e confort
up-to-date. Originale lounge illuminata da un grande lucernario che ricorda i giardini d'inverno della Belle Epoque.

Grand Hotel Duchi d'Aosta

piazza Unità d'Italia 2 ✉ *34121* – 🖄 *04 07 60 00 11*
– www.magesta.eu   Pianta: B2**r**

71 cam 🖃 – 🛉110/268 € 🛉🛉119/500 € – **3 suites**
Rist *Harry's Grill* – Vedere selezione ristoranti
In una delle piazze più scenografiche e suggestive del Bel Paese, interni di sobria
eleganza - particolarmente nelle piacevoli camere, tutte personalizzate - ed un
centro benessere dal nome fortemente evocativo: Thermarium Magnum. Non
manca di originalità la moderna dépendance, Vis-à-Vis, che mantiene anche la
sua precedente funzione di galleria d'arte.

Urban Hotel Design

via Androna Chiusa 4 ✉ *34121* – 🖄 *0 40 30 20 65*
– www.urbanhotel.it   Pianta: B2**x**

56 cam 🖃 – 🛉70/250 € 🛉🛉80/300 € – **6 suites**
Nella mitteleuropea Trieste, hotel di taglio moderno nato dalla fusione di palazzi
rinascimentali: particolare la sala colazioni il cui pavimento propone le vestigia
romane dell'antico muro di cinta della città. Lo scrittore irlandese che tanto amò
questa città, James Joyce, presta il nome alla graziosa dépendance nel centro storico: piccoli spazi comuni e camere accoglienti.

 Coppe

via Mazzini 24 ✉ *34121* – 🖄 *0 40 76 16 14*
– www.hotelcoppetrieste.it   Pianta: B2**f**

36 cam 🖃 – 🛉90/210 € 🛉🛉130/370 € – **6 suites**
In un palazzo del '700 sotto la tutela delle Belle Arti, moderno design per un
albergo di recente apertura caratterizzato da camere di diversa tipologia, alcune
particolarmente romantiche: ampio letto rotondo, fibre ottiche sul soffitto e note
musicali alle pareti.

TRIESTE

0   200 m

⌂ Colombia   ⬆ AC

via della Geppa 18 ✉ *34132*   Pianta: B1**a**
– 𝒞 0 40 36 91 91 – www.hotelcolombia.it
40 cam ⊒ – †55/130 € ††75/194 €
Centrale, nonché poco distante dalla stazione, hotel dagli spazi comuni limitati,
ma gradevolmente moderni, con arredi piacevoli ed alcuni bei quadri sia negli
spazi comuni sia in alcune camere.

⌂ Italia   ⬆ ⓹ AC

via della Geppa 15 ✉ *34132*   Pianta: B1**d**
– 𝒞 0 40 36 99 00 – www.hotel-italia.it
38 cam ⊒ – †60/135 € ††85/175 €
Non lontano dalla stazione, nel cuore della città, un hotel comodo e funzionale,
dove gli spazi comuni non sono amplissimi, ma le camere sì!

🟠 Ristoranti

❌❌❌ Harry's Grill – Grand Hotel Duchi d'Aosta   🍽 AC

piazza Unità d'Italia 2 ✉ *34121*   Pianta: B2**r**
– 𝒞 0 40 66 06 06 – www.magesta.eu
Carta 55/96 €
Inaugurato negli anni '70 dallo stesso Arrigo Cipriani, dell'omonimo locale veneziano riprende lo stile dell'arredo. Vi si respira un'atmosfera accogliente ed elegante, un vero salotto nel salotto di Trieste: ovvero, la piazza su cui si apparecchia
il servizio all'aperto. La sua cucina propone specialità regionali e piatti nazionali. A
pranzo anche formula bistrot più semplice e veloce.

❌❌ Pepenero Pepebianco   AC

via Rittmeyer 14/a ✉ *34134*   Pianta: C1**a**
– 𝒞 04 07 60 07 16 – www.pepeneropepebianco.it
– Chiuso 3 settimane in luglio e domenica
Menu 29/69 € – Carta 38/81 € – *(solo a cena)* (prenotazione obbligatoria a
mezzogiorno)
Non lontano dalla stazione, locale di taglio moderno gestito con passione da una
simpatica coppia: ricette stuzzicanti dove territorio e pesce sono proposti in
chiave moderno-creativa. Aperto anche a mezzogiorno, previa prenotazione da
effettuarsi almeno con un giorno di anticipo.

❌❌ Scabar   ← 🍽 ⓹ 🅿

Erta Sant'Anna 63, per Muggia - C3 ✉ *34149*
– 𝒞 0 40 81 03 68 – www.scabar.it – Chiuso lunedì
Carta 35/60 € – *(consigliata la prenotazione)*
La cordiale gestione familiare vi condurrà in un excursus di specialità ittiche e
locali, in sale di tono classico o sulla panoramica terrazza. Non è facile da raggiun-
gere, ma merita la sosta.

❌❌ Savoy – Starhotels Savoia Excelsior Palace   ⓹ AC ✗

riva del Mandracchio 4 ✉ *34124 – 𝒞 04 07 79 41*   Pianta: B2**a**
– www.starhotels.com
Menu 38/120 € – Carta 43/65 €
Un rifugio gastronomico in grado di soddisfare i palati più diversi: la cucina è italiana e di taglio contemporaneo. Il tavolo lungo la vetrata per la piacevole vista
sulla marina di Trieste, il più richiesto!

❌ Al Bagatto   AC ⟷

via Venezian 2 ang. via Cadorna ✉ *34124*   Pianta: B2**g**
– 𝒞 0 40 30 17 71 – www.albagatto.it – Chiuso domenica
Menu 65 € – Carta 51/86 € – *(solo a cena)* (prenotazione obbligatoria)
Piccolo ristorante del centro dai toni caldamente rustici e dall'atmosfera signorile.
Sulla tavola: piatti a base di pesce con un tocco di modernità.

✕ Città di Cherso · AK

via Cadorna 6 ✉ 34124 – ☏ 0 40 36 60 44 Pianta: **B2c**
– www.ristorantecittadicherso.com – Chiuso 1 settimana in gennaio, 3 settimane in agosto e martedì
Carta 41/54 €
A due passi dalla grande piazza del centro, un ristorantino dalla cortese gestione familiare: a tavola vi terranno compagnia specialità di mare e la fantasia dello chef.

a Grignano Nord: 5 km direzione Gorizia B1 – ✉ 34014

⌂ Riviera e Maximilian's · ⌂ ← ⌂ ⌂ ± AK ⌂ P

strada costiera 22 – ☏ 0 40 22 45 51 – www.rivieramax.eu
47 cam ☑ – ♦110/300 € ♦♦120/500 € – **2 suites**
Rist *Le Terrazze* – Vedere selezione ristoranti
L'elegante atmosfera e tranquillità della costa carsica sono il contorno di questo hotel - completamente ristrutturato - ospitato in una villa di fine '800, poco distante dal castello di Miramare. La vista è impagabile.

⌂ Miramare · ⌂ ± ⌂ AK P

via Miramare 325/4 – ☏ 04 02 24 70 85 – www.hotelmiramaretrieste.it
– Chiuso dicembre-febbraio
32 cam ☑ – ♦100/200 € ♦♦150/300 €
Rist *Le Vele* – Vedere selezione ristoranti
A breve distanza dall'omonimo castello, un hotel moderno che propone ambienti confortevoli, arredati in tenue e rilassanti tonalità, nel contemporaneo gusto minimalista.

✕✕ Le Terrazze – Hotel Riviera e Maximilian's · AK P

strada costiera 22 – ☏ 04 02 24 70 33 – www.terrazze.eu
Carta 33/75 €
Nel 2014, novità al ristorante: è cambiato lo chef e si è ristrutturata la sala à la carte. Come sempre, però, rimangono la bellezza della terrazza a picco sul mare e i Delfini appesi in sala.

✕✕ Le Vele – Hotel Miramare · ⌂ ⌂ AK P

via Miramare 325/1 – ☏ 04 02 24 70 85 – www.hotelmiramaretrieste.it – Chiuso dicembre, gennaio e domenica
Carta 34/56 € – (solo a cena)
Vale la pena di abbandonare il centro storico della città per raggiungere questo esclusivo ristorante che, partendo dalla consolidata tradizione gastronomica mediterranea, la rielabora con vena moderna e creativa. Dalla terrazza: l'incantevole golfo di Trieste.

TRINITÀ D'AGULTU
Sardegna – Olbia-Tempio (OT) – ✉ 07038 – 2 224 ab. – Alt. 365 m
– Carta regionale n° **16-A1**
▶ Cagliari 259 km – Nuoro 146 km – Olbia 75 km – Porto Torres 59 km
Carta stradale Michelin 366-O38

ad Isola Rossa Nord-Ovest : 6 km – ✉ 07038 Trinità D'Agultu

⌂ Marinedda · ⌂ ⌂ ← ⌂ ⌂ ⌂ ⌂ ⌂ ⌂ ✕ ⌂ ⌂ AK ⌂ P

località Marinedda – ☏ 0 79 69 41 85 – www.delphina.it – Aperto
1° maggio-30 settembre
139 cam ☑ – ♦118/246 € ♦♦176/292 € – **56 suites**
Tipica struttura sarda in sasso e tufo a pochi metri dalla spiaggia, consta di interni ben arredati, piscine panoramiche, campi da tennis e da calcetto, nonchè talassoterapia in un centro benessere di 2500 mq completo di tutto punto.

⌂ Relax Torreruja · ⌂ ← ⌂ ⌂ ⌂ ⌂ ± ⌂ ⌂ AK ⌂ P

via Tanca della Torre – ☏ 0 79 79 00 18 – www.hoteltorreruja.com – Aperto
1° maggio-30 settembre
112 cam ☑ – ♦124/290 € ♦♦168/320 € – **12 suites**
In prossimità di incantevoli calette di roccia rossa, un villaggio-hotel con camere in stile mediterraneo, alcune recentemente rinnovate, e servizi idonei per una vacanza di relax. Diverse suite in posizione dominante.

TRIPI

Messina (ME) – ✉ 98060 – 890 ab. – Alt. 450 m – Carta regionale n° **17-D2**
▶ Palermo 190 km – Messina 70 km – Catania 115 km
Carta stradale Michelin 565-M27

 La Rosa dei Venti

via Garibaldi 1, località Campogrande, Nord: 6,5 km – ☎ 09 41 80 10 20
– www.larosadeiventihotel.com – Chiuso gennaio
20 cam ⊑ – ♦45/70 € ♦♦75/100 € – **2 suites**
Posizione collinare da cui si può ammirare un panorama stupendo che spazia dal
golfo di Tindari a Capo Milazzo, con le meravigliose isole Eolie sullo sfondo, in
questa bella struttura dall'eleganza vagamente barocca, sorretta da un'eccellente
cura nella tenuta e nella conduzione.

TROPEA

Vibo Valentia (VV) – ✉ 89861 – 6 559 ab. – Carta regionale n° **3-A2**
▶ Roma 636 km – Reggio di Calabria 140 km – Catanzaro 92 km – Cosenza 121 km
Carta stradale Michelin 564-K29

 Rocca Nettuno

via Rocca – ☎ 09 63 99 81 11 – www.roccanettuno.com – *Aperto*
1° aprile-31 ottobre
284 cam ⊑ – ♦106/267 € ♦♦180/370 € – **1 suite**
Non lontano dal centro, grande albergo diviso in più strutture: camere ampie e
bellissimi spazi aperti con generosi giardini. Più formule per soddisfare l'appetito:
buffet, à la carte e ristorante sulla spiaggia. In alta stagione, c'è anche l'opzione
all inclusive.

a Santa Domenica Sud-Ovest : 6 km – ✉ 89866

 Cala di Volpe

contrada Torre Marino – ☎ 09 63 66 92 22 – www.caladivolpe.it
– Aperto 21 maggio-15 ottobre
82 cam ⊑ – ♦45/145 € ♦♦45/145 €
Immersi in un lussureggiante giardino tropicale, avrete la possibilità di trascorrere
una vacanza optando per la formula hotel o residence. Mare e spiaggia ai vostri
piedi. Ristorante panoramico, suggestivo nei mesi estivi.

Capo Vaticano Sud-Ovest : 10 km – ✉ 89866 San Nicolò Di Ricadi

 Capovaticano Resort Thalasso & Spa

località Tono – ☎ 09 63 66 57 60
– www.capovaticanoresort.it – Chiuso 10 gennaio-25 marzo
123 cam ⊑ – ♦105/400 € ♦♦150/600 €
In uno scenario naturale di grande impatto, direttamente sul mare e all'orizzonte
le isole Eolie, un albergo di grande fascino con camere dai caldi cromatismi, tutte
vista mare. Il centro talassoterapico è un'altra importante realtà della risorsa:
3000 mq di eccellenza con tre piscine, cabine attrezzate, personale qualificato.

a Ricadi Sud-Est : 7 km – ✉ 89866

 Sunshine Club Hotel

località Petto Bianco – ☎ 09 63 66 57 13 – www.sunshinehotel.it – *Chiuso
novembre*
59 cam ⊑ – ♦75/133 € ♦♦100/284 €
Una struttura polivalente che si prefigge - con successo - di soddisfare ogni tipo
di clientela: da quella business grazie alla sua area congressuale, a quella leisure
in cerca di relax e benessere (quest'ultimi conseguibili presso la moderna spa).
Per tutti, la bella piscina ed un'animazione discreta e poco pressante.

TRULLI (Regione dei) – Bari e Taranto

TURBIGO

Milano (MI) – ✉ 20029 – 7 386 ab. – Alt. 146 m – Carta regionale n° **10-A2**
▶ Roma 624 km – Como 69 km – Milano 50 km – Novara 14 km
Carta stradale Michelin 561-F8

XX La Gramola   ⅙ AC

*via Milano 42 – ✆ 03 31 87 15 38 – www.lagramolaturbigo.it – Chiuso
1°-8 gennaio, 2 settimane in agosto, sabato a mezzogiorno, domenica sera e
lunedì; domenica e lunedì a mezzogiorno in luglio*
Menu 17 € (pranzo in settimana)/40 € – Carta 38/61 €
Comodo da raggiungere e ricavato all'interno in un'ex conceria totalmente rinnovata, ambiente caldo e moderno per un ristorante le cui proposte a pranzo si
fanno easy; piatti sfiziosi e accattivanti, invece, la sera.

TURI

Bari (BA) – ✉ 70010 – 13 070 ab. – Alt. 250 m – Carta regionale n° **15-C2**
▶ Roma 453 km – Bari 30 km – Taranto 66 km – Brindisi 99 km
Carta stradale Michelin 564-E33

XxX Menelao a Santa Chiara   AC

*via Sedile 45 – ✆ 08 08 91 18 97 – www.menelaosantachiara.it – Chiuso
domenica sera e mercoledì*
Menu 50/70 € – Carta 35/78 €
Nel cuore del centro storico, in un palazzo signorile del 1700 totalmente ristrutturato, un ambiente elegante ed originale distribuito su più piani collegati da un
ascensore. La sua cucina creativa trae spunto dal territorio e dal mare.

TUSCANIA

Viterbo (VT) – ✉ 01017 – 8 432 ab. – Alt. 165 m – Carta regionale n° **7-A1**
▶ Roma 89 km – Viterbo 24 km – Civitavecchia 44 km – Orvieto 54 km
Carta stradale Michelin 563-O17

Tuscania Panoramico   ⪻ AC P

via dell'Olivo 53 – ✆ 07 61 44 40 80 – www.tuscaniahotel.it
24 cam ⌨ – †66 € ††112 €
In posizione panoramica, le antiche mura della città raggiungibili anche a piedi,
dalle camere una bella vista sulle Basiliche di San Pietro e di Santa Maria Maggiore.

UDINE

✉ 33100 – 99 473 ab. – Alt. 113 m – Carta regionale n° **6-C2**
▶ Roma 638 km – Milano 377 km – Trieste 71 km – Venezia 127 km
Carta stradale Michelin 562-D21

Astoria Hotel Italia   ⌂ ⊡ AC ⅙ 🚗

piazza 20 Settembre 24 – ✆ 04 32 50 50 91   Pianta: A2**a**
– www.hotelastoria.udine.it
70 cam ⌨ – †62/199 € ††79/263 € – **5 suites**
Camere e aree comuni in stile classico per questa struttura in pieno centro, ideale
punto di riferimento per chi cerca prestigio, eleganza e comodità alloggiando nel
più antico hotel di Udine. Atmosfera luminosa al ristorante, la cucina spazia dal
classico al regionale.

⌂ Ambassador Palace   ⌂ ⊡ ⅙ AC ⅙

via Carducci 46 – ✆ 04 32 50 37 77   Pianta: B2**a**
– www.ambassadorpalacehotel.it
78 cam ⌨ – †74/177 € ††94/220 € – **2 suites**
Un grazioso giardino ed un elegante scalone vi introdurranno in questo raffinato
hotel a pochi passi dal centro: stile classico impreziosito da piacevoli marmi e
camere dotate di ogni confort.

UDINE

LIGNANO SABBIADORO   A

GORIZIA   *TRIESTE GRADO*

Là di Moret

viale Tricesimo 276, per viale Volontari della Libertà Nord: 2 km - *A1*
– ℰ 04 32 54 50 96 – www.ladimoret.it
83 cam ⬚ – †74/145 € ††79/165 € – **5 suites**
Rist *Là di Moret-Il Fogolar* – Vedere selezione ristoranti
Biosauna, bagno turco, idromassaggio, docce emozionali, piscina e tanto ancora
nei piacevoli spazi del centro benessere; chi si trova a soggiornare qui per motivi
di lavoro troverà camere comode e ben accessoriate. Atmosfera moderna all'Insolito Moret, ristorante ideale per un pasto veloce a buon prezzo.

Clocchiatti & Next

via Cividale 29 – ℰ 04 32 50 50 47
– www.hotelclocchiattinext.it – *Chiuso 20 dicembre-10 gennaio*
27 cam ⬚ – †60/100 € ††90/140 €
Pianta: B1a
Classico o design? La risorsa è ideale tanto per gli amanti della tradizione quanto
per chi desidera essere à la page, scegliete l'ambiente che più s'intona al vostro
carattere: camere classiche nella villa Clocchiatti, più modaiole (e più care) nella
dépendance Next.

1230

🏠 Allegria 🌳 ⬆ AC 🧖 🚗

via Grazzano 18 – 📞 *04 32 20 11 16* – *www.hotelallegria.it* — Pianta: A2**b**
– Chiuso 2 settimane in agosto
21 cam 🛏 – 🛇68/105 € 🛇🛇96/150 €
Rist *Hostaria Allegria* 🐚 – Vedere selezione ristoranti

L'architettura medievale si trasforma all'interno in spazi arredati secondo un ricercato design, ampie camere curate ed un'attenta gestione familiare di decennale esperienza.

🏠 Suite Inn AC P

via di Toppo 25 – 📞 *04 32 50 16 83* – *www.hotelsuiteinn.it* — Pianta: A1**b**
18 cam 🛏 – 🛇65/98 € 🛇🛇98/138 €

Spazi comuni ridotti per questo piccolo hotel diviso tra le mura di una villa dei primi '900 ed un edifico più attuale. Le camere rappresentano, però, una sorta di rivincita: ampie, curate e con graziose personalizzazioni. Ottima la prima colazione!

🏠 Al Vecchio Tram ⬆ ♿ AC

via Brenari 28 – 📞 *04 32 50 71 64* — Pianta: A2**c**
– www.hotelvecchiotram.com
16 cam 🛏 – 🛇75/89 € 🛇🛇105/120 €

Nel cuore del centro storico, la modernità è il tratto distintivo di questa bella struttura che esalta i colori decisi, forte della luce che la inonda. Accoglienti le camere, tra l'altro molto ben insonorizzate.

🏠 Art Hotel Udine ⬆ ♿ AC 🧖 P

via Paparotti 11, per viale Palmanova: 4 km - B2 – 📞 *04 32 60 00 61*
– www.arthoteludine.com – Chiuso 21 dicembre-6 gennaio
36 cam 🛏 – 🛇60/70 € 🛇🛇80/110 € – **2 suites**

Accoglienti camere con piccoli e colorati affreschi in una struttura a pochi chilometri dal centro; al suo interno, arredamenti e dettagli s'ispirano al minimalismo e all'essenzialità.

✕✕ Là di Moret-Il Fogolar – Hotel Là di Moret 🐝 ♿ AC ⇄ P

viale Tricesimo 276, per viale Volontari della Libertà Nord: 2 km - A1
– 📞 04 32 54 50 96 – www.ladimoret.it
Menu 60 € – Carta 35/77 €

Se oltre un secolo fa qui nasceva un'osteria, ora, nelle intime salette di questo locale, si danno appuntamento tradizione friulana e piglio moderno con un menu che spazia dalla terra al mare.

✕✕ Vitello d'Oro 🌳 ♿ AC ⇄

via Valvason 4 – 📞 *04 32 50 89 82* – *www.vitellodoro.com* — Pianta: A1**a**
– Chiuso lunedì a pranzo e mercoledì, lunedì a pranzo e domenica in giugno-settembre
Menu 55/65 € – Carta 39/78 € – (consigliata la prenotazione)

Locale storico sito in pieno centro e già citato in un articolo di giornale a metà Ottocento; elegante e "caldo" grazie alla preziosa boiserie, in inverno il camino viene sempre acceso. Nel piatto, una sola passione: il mare!

✕✕ Hostaria Allegria – Hotel Allegria AC ⇄
🐚

via Grazzano 18 – 📞 *0 43 22 55 08* – *www.hotelallegria.it* — Pianta: A2**b**
– Chiuso 2 settimane in agosto, domenica sera e lunedì a mezzogiorno
Carta 23/60 €

Piacevole locale dagli intriganti giochi di luce e ombra, bianco e nero. Sulla tavola, sfilano fieri i piatti della tradizione locale: tagliolini all'uovo fatti in casa al San Daniele, risotti di stagione, il frico.

✕✕ Pepata di Corte AC
🐚

corte Savorgnan 12 – 📞 *04 32 29 45 83* — Pianta: A2**p**
– www.pepatadicorte.com – Chiuso 21 luglio-4 agosto e lunedì
Menu 22 € (pranzo in settimana)/40 € – Carta 30/58 €

Al piano terra c'è la cicchetteria-osteria; salendo le scale si entra nella piccola ed elegante sala ristorante, dove il giovane gestore propone esclusivamente i sapori del mare, in chiave leggermente moderna.

✗ **Hostaria alla Tavernetta** 🕏 AC ⇔

via Artico di Prampero 2 – ✆ *04 32 50 10 66* Pianta: AB2**e**
*– www.allatavernetta.com – Chiuso 1 settimana in gennaio, 2 settimane in
agosto, domenica e lunedì, in giugno-agosto chiuso solo i mezzogiorni di lunedì
e sabato*
Carta 31/75 €
Il menu del locale spazia tra proposte di terra e proposte di mare, da gustare al
tavolo nelle diverse ambientazioni: in sala, al calore di uno scoppiettante camino
o sulla terrazza, per una cena sotto le stelle.

✗ **Alla Vedova** 🕭 🕏 🅿
⊛ *via Tavagnacco 9, per viale Volontari della Libertà: 3 km - A1 –* ✆ *04 32 47 02 91
– www.trattoriaallavedova.it – Chiuso 8-25 agosto, domenica sera e lunedì*
Menu 25/40 € – Carta 23/48 €
Benché in posizione periferica, da oltre un secolo questa trattoria furoreggia tra i
clienti. Merito del piacevole ambiente rustico – fra trofei di caccia e pentole in
rame - delle specialità locali, ma soprattutto della griglia a carbone che troneggia
in sala per la cottura delle carni.

a Godia Nord: 6 km per via Gorizia B1 – ⊠ 33100

✗✗✗ **Agli Amici** (Emanuele Scarello) 🕸 🕏 AC ⇔ 🅿
✿ ✿ *via Liguria 252 –* ✆ *04 32 56 54 11 – www.agliamici.it – Chiuso 1 settimana in
febbraio, 3 settimane in luglio-agosto, 1 settimana in novembre, domenica sera,
martedì a mezzogiorno, lunedì, anche domenica a mezzogiorno in
giugno-agosto*
Menu 80/95 € – Carta 76/116 €
Un'altra bella storia tutta italiana: un ristorante familiare di tradizione secolare che
la nuova generazione –fratello in cucina e sorella in sala– ha portato ai vertici
della gastronomia nazionale. Il segreto? Prodotti, soprattutto pesce, di straordinaria qualità e piatti originali rivelatori di una grande personalità in cucina.
➜ Fettuccine, animelle di vitello, ricotta, limone e capperi. Vitello al rosa, polvere
d'alici, capperi e salsa d'uovo. Cremoso al cioccolato e gelato di rape rosse.

UGENTO
Lecce (LE) – ⊠ 73059 – 12 507 ab. – Alt. 108 m – Carta regionale n° **15-D3**
▶ Roma 641 km – Bari 211 km – Lecce 66 km
Carta stradale Michelin 564-H36

sulla strada provinciale Ugento-Torre San Giovanni Sud-Ovest: 4 km

🏨 **Masseria Don Cirillo** 🕭 🕭 ⛱ AC 🕸 🅿
strada Provinciale Ugento-Torre S. Giovanni Km 3 – ✆ *08 33 93 14 32
– www.kalekora.it – Aperto 1° aprile-31 ottobre*
6 cam ⊡ – ♦95/250 € ♦♦140/250 €
Abbracciata da profumate distese di ulivi, una piacevole risorsa ricavata da una
tenuta nobiliare settecentesca custodisce ampi spazi arredati in rilassanti e
chiare tonalità.

UGGIANO LA CHIESA
Lecce (LE) – ⊠ 73020 – 4 437 ab. – Alt. 77 m – Carta regionale n° **15-D3**
▶ Roma 620 km – Brindisi 84 km – Gallipoli 47 km – Lecce 48 km
Carta stradale Michelin 564-G37

✗✗ **Masseria Gattamora** ⇔ 🕭 🕭 🕏 ⛱ AC 🅿
via campo Sportivo 33 – ✆ *08 36 81 79 36 – www.gattamora.it – Chiuso
1° febbraio-31 marzo*
Carta 25/46 € – (chiuso lunedì escluso agosto) (solo a cena escluso sabato e
festivi)
11 cam ⊡ – ♦40/80 € ♦♦50/140 €
Nel verde della campagna salentina, in giardino zampilla persino una fontana,
nella caratteristica sala a volte arredata in stile rustico i sapori del posto, rivisti
con creatività. Nel vecchio frantoio alcune camere dalla deliziosa atmosfera.

ULTEN = ULTIMO

ULTIMO (ULTEN)

Bolzano (BZ) – ⊠ 39016 – 2 998 ab. – Alt. 1 190 m – Carta regionale n° **19-B2**

▶ Da Santa Valburga : Roma 680 km – Bolzano 46 km – Merano 28 km –
Milano 341 km
Carta stradale Michelin 562-C15

a San Nicolò Sud-Ovest : 8 km – ⊠ 39016 – Alt. 1 256 m

 Waltershof   ⚘ ⚑ ⟨ 🛏 🖼 🌐 ♒ **P**

*Dorf 59 – ☎ 04 73 79 01 44 – www.waltershof.it – Aperto 25 dicembre-3 aprile
e 22 maggio-6 novembre*
31 cam – solo ½ P 103/123 €
Struttura con bei balconi fioriti, piacevolmente accolta in un verde giardino e
dotata di spazi ludici: taverna e fornita enoteca; zona per serate di musica e vino.

URBINO

Pesaro e Urbino (PU) – ⊠ 61029 – 15 176 ab. – Alt. 485 m
– Carta regionale n° **11-A1**

▶ Roma 270 km – Rimini 61 km – Ancona 103 km – Arezzo 107 km
Carta stradale Michelin 563-K19

 San Domenico   🖼 ♿ 🅰️🅲 **P**

piazza Rinascimento 3 – ☎ 07 22 26 26 – www.viphotels.it   Pianta: B2**e**
31 cam – †100/142 € ††143/250 € – � 11 €
Tutto il fascino di un convento del '400 e la comodità di essere di fronte al
Palazzo Ducale: questo è il biglietto da visita del San Domenico, l'unico hotel del
centro storico con parcheggio interno privato. Ma anche cortesia e professionalità per rendere perfetto il vostro soggiorno.

 Mamiani   ⚘ ⚑ ⟨ 🖼 ♒ 🖼 ♿ 🅰️🅲 ⛷ **P**

*via Bernini 6, per via Giuseppe Tomassini 2,5 km - A1 – ☎ 07 22 32 23 09
– www.hotelmamiani.it*
62 cam ⊡ – †60/210 € ††70/210 €
Rist *Il Giardino della Galla* – Vedere selezione ristoranti
Albergo moderno situato in zona tranquilla, fuori dal centro storico: servizio
impeccabile, grande cortesia, camere ampie e funzionali. Di recente creazione il
bel centro benessere.

 Bonconte   ⚘ ⊡ 🅰️🅲

via delle Mura 28 – ☎ 07 22 24 63 – www.viphotels.it   Pianta: B1**d**
23 cam ⊡ – †63/100 € ††94/158 €
Sulle mura del centro storico, hotel dai toni caldi e accoglienti: particolarmente
personalizzate le ultime camere rinnovate.

 Raffaello   ⊡ 🅰️🅲

*via Santa Margherita 40 – ☎ 07 22 47 84
– www.albergoraffaello.com*   Pianta: A1**c**
14 cam ⊡ – †50/90 € ††70/180 €
Tra i vicoli del centro storico, di fronte alla casa natale di Raffaello, hotel di taglio
moderno con ambienti comuni piacevoli e camere accoglienti.

 Italia   ⊡ ♿ 🅰️🅲

*corso Garibaldi 38 – ☎ 07 22 27 01
– www.albergo-italia-urbino.it*   Pianta: A1**a**
43 cam ⊡ – †50/70 € ††80/120 €
Già attivo come locanda alla fine dell'Ottocento, ora albergo del centro con confortevoli camere in stile essenziale e moderno. Per soggiornare nel cuore di Urbino.

✕✕ **Antica Osteria Da La Stella**   🅰️🅲

via Santa Margherita 1 – ☎ 07 22 32 02 28   Pianta: A1**b**
*– www.anticaosteriadalastella.com – Chiuso 15 giorni in gennaio, 15 giorni in
luglio, domenica sera e lunedì*
Carta 40/79 € – (coperti limitati, prenotare)
In una piccola sala rustico-elegante nel cuore del centro storico, i titolari seguono
in prima persona sala e cucina. Rispettando la stagionalità dei prodotti, il menu
celebra la tradizione marchigiana: i tartufi non mancano mai.

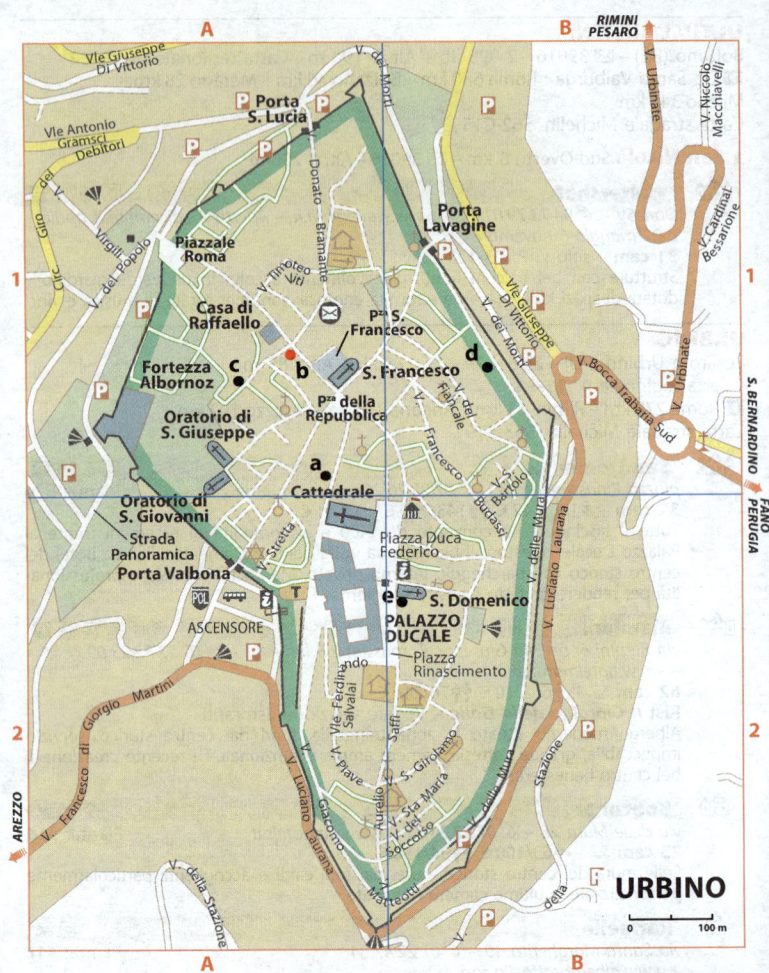

URBINO

0   100 m

XX **Il Giardino della Galla** – Hotel Mamiani   ⓰ AC P

via Bernini 6, per via Giuseppe Tomassini 2,5 km - A1 – ✆ *07 22 24 55
– www.hotelmamiani.it – Chiuso mercoledì*
Carta 23/77 €
Se la vista si bea dello splendido panorama del Montefeltro, ad appagare il gusto
ci pensa la cucina: pasta fatta in casa, carne alla brace, funghi porcini e tartufi,
nonché l'immancabile pizza (cotta nel forno a legna).

a Gadana Nord-Ovest : 3 km per via Giuseppe Tomassini A1 – ⊠ 61029 Urbino

🏠 **Agriturismo Cà Andreana**   🔆 🐾 🍃 🏡 🏊 ⓰ P

via Cà Andreana 2 – ✆ *07 22 32 78 45 – www.caandreana.it
– Chiuso 10-31 gennaio*
6 cam ⬜ – ♦50/90 € ♦♦80/98 €
In piena campagna, rustico ben tenuto, da cui si gode una splendida vista dei dintorni; offre belle camere, semplici, ma complete di tutti i confort. Le materie prime
prodotte in azienda permettono di realizzare un'ottima scelta di piatti caserecci.

1234

a Pantiere Nord : 13 km per Pesaro **B1** –  61029 Urbino

 Urbino Resort Santi Giacomo e Filippo

via San Giacomo in Foglia 7 –  07 22 58 03 05
– www.urbinoresort.it – Chiuso 10 gennaio-25 marzo
32 cam ⌑ – †54/144 € ††59/199 €
Rist *Urbino dei Laghi* – Vedere selezione ristoranti
All'interno di un ex borgo agricolo del '700, cinque edifici contraddistinti da stili differenti e da nomi fortemente evocativi: i Fiori, i Frutti Dimenticati, le Erbe Aromatiche, le Scuderie (con attrezzi della civiltà rurale adibiti a mobili), i Preziosi (ovvero i prodotti di questa terra: tartufo, zafferano, vino).

XX **Urbino dei Laghi**

via San Giacomo in Foglia 15 – Chiuso martedì
Carta 36/47 € – *(solo a cena escluso sabato e domenica)*
Splendido il contesto che circonda quest'armonica struttura dall'arredo curato e originale. Piatti stuzzicanti che si legano al territorio con molti prodotti provenienti dall'azienda di proprietà.

URBISAGLIA

Macerata (MC) – 62010 – 2 646 ab. – Alt. 310 m – Carta regionale n° **11-C2**
▶ Roma 239 km – Ancona 76 km – Macerata 15 km – Perugia 120 km
Carta stradale Michelin 563-M22

X **Locanda Le Logge**

corso Giannelli 34 – 07 33 50 67 88 – www.locandalelogge.it – Chiuso
9-30 gennaio
Menu 23/32 € – Carta 25/37 € – *(chiuso mercoledì)* (consigliata la prenotazione)
3 cam ⌑ – †40/60 € ††65/80 €
In un palazzo d'epoca con un portico che in estate diventa anche dehors per il ristorante, cucina tipica marchigiana in un ambiente volutamente rustico. A completare l'offerta anche tre romantiche camere con letti in ferro battuto (uno a baldacchino).

USSEAUX

Torino (TO) – 10060 – 193 ab. – Alt. 1 416 m – Carta regionale n° **12-B2**
▶ Roma 806 km – Torino 79 km – Sestriere 18 km
Carta stradale Michelin 561-G3

X **Lago del Laux**

via al Lago 7, Sud: 1 km – 0 12 18 39 44 – www.hotellaux.it
Carta 26/45 € – *(chiuso lunedì, martedì, mercoledì, sempre aperto vacanze di Natale, Pasqua e 15 giugno-31 agosto)* (consigliata la prenotazione)
7 cam ⌑ – †95/105 € ††105/126 €
Affacciato su un laghetto, il ristorante celebra la cucina del territorio con piatti dimenticati come la fonduta, la bagna caoda o lo stracotto di bue alla langarola. E per finire in dolcezza: bunet divisi da piccolo strato di caramello serviti con nocciole. In estate, minigolf e area parcheggio camper.

VADA

Livorno (LI) – 57016 – Carta regionale n° **18-B2**
▶ Roma 292 km – Pisa 48 km – Firenze 143 km – Livorno 29 km
Carta stradale Michelin 563-L13

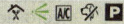 **Bagni Lido**

via Lungomare 7 – 05 86 78 91 68 – www.hotelbagnilido.com – Aperto
8 maggio-15 ottobre
12 cam ⌑ – †50/100 € ††100/180 €
Rist *Lido* – Vedere selezione ristoranti
Si fonde con lo stabilimento balneare su cui si affaccia, quest'albergo dai colori chiari e dalle linee classiche, dove trascorrere un soggiorno d'atmosfera.

XX **Lido** – Hotel Bagni Lido   ◁ 🍴 🌿 🕸 🅿

via Lungomare 9 – 📞 *32 97 83 88 97* – *www.hotelbagnilido.com* – *Aperto Pasqua-15 ottobre*
Carta 25/99 €
In una struttura molto bella che nei colori ricorda la sabbia e il mare, cucina di pesce e, a pranzo, la possibilità di scegliere anche un solo piatto e decidere di gustarlo indifferentemente al ristorante, nel rustico dehors sulla spiaggia o nell'antistante pineta.

VAGGIO – Firenze (FI) ➜ Vedere Reggello

VAGLIAGLI – Siena (SI) ➜ Vedere Siena

VAIANO

Prato (PO) – ✉ 59021 – 9 888 ab. – Alt. 150 m – Carta regionale n° **18**-C1
▶ Roma 325 km – Firenze 41 km – Prato 9 km – Bologna 122 km
Carta stradale Michelin 563-K15

X **Trattoria La Tignamica**   🌿 AC

via Val di Bisenzio 110/c, località La Tignamica, Sud: 3 km – 📞 *05 74 98 52 16* – *www.ristorantelatignamica.it* – *Chiuso lunedì*
Carta 29/56 €
Costeggia il Bisenzio questo bel ristorante lungo la valle, dal confort contemporaneo e dalle proposte culinarie legate al territorio e alle stagioni.

VAIRANO PATENORA

Caserta (CE) – ✉ 81058 – 6 649 ab. – Alt. 168 m – Carta regionale n° **4**-A1
▶ Roma 165 km – Campobasso 91 km – Caserta 43 km – Napoli 70 km
Carta stradale Michelin 564-C24

XX **Vairo del Volturno** (Martino Renato)   ᕦ AC

😊
🌸 *via IV Novembre 60* – 📞 *08 23 64 30 18* – *www.vairodelvolturno.com* – *Chiuso 2 settimane in luglio, domenica sera e martedì*
Menu 25/65 € – Carta 35/76 €
Lo chef-patron riesce nel suo intento di mettere nei piatti il proprio amore per il territorio: dal celebre maialino nero casertano alla carne e mozzarella di bufala. Per il pesce, si passa nel fine settimana.
➜ Risotto con pesce bandiera, limone e bottarga di muggine. Rombo al burro di bufala con salsa di cicorie. Sorbetto di lupini di Vairano con lupini canditi e biscotto al cioccolato.

VALBREMBO

Bergamo (BG) – ✉ 24030 – 3 592 ab. – Alt. 260 m – Carta regionale n° **10**-C1
▶ Roma 606 km – Bergamo 11 km – Lecco 29 km – Milano 47 km
Carta stradale Michelin 561-E10

XX **Ponte di Briolo**   🌿 ⇔ 🅿

😊
via Briolo 2, località Briolo, Ovest : 1,5 km – 📞 *0 35 61 11 97* – *www.ristorantepontedibriolo.it* – *Chiuso domenica sera e mercoledì*
Menu 18 € (pranzo in settimana)/70 € – Carta 36/77 €
Oramai un'istituzione in provincia in virtù delle sue fragranti specialità ittiche, il locale tuttavia accontenta anche gli amanti della carne. Unanimi i consensi per la cordiale gestione e la raffinata atmosfera.

VALDAGNO

Vicenza (VI) – ✉ 36078 – 26 455 ab. – Alt. 230 m – Carta regionale n° **23**-B2
▶ Roma 561 km – Verona 62 km – Milano 219 km – Trento 86 km
Carta stradale Michelin 562-F15

✕ Hostaria a le Bele

località Maso 11, Ovest: 4 km – ✆ 04 45 97 00 34 – Chiuso 10-20 gennaio, agosto, martedì a mezzogiorno e lunedì
Menu 38 € – Carta 25/50 €
Sulle colline, lontano dalla frenesia di Valdagno, una rustica trattoria, tipica come la sua cucina che prende spunto dalla tradizione regionale (proverbiale, il baccalà alla vicentina) per arricchirsi d'ispirazione contemporanea.

VALDAORA (OLANG)

Bolzano (BZ) – ✉ 39030 – 2 975 ab. – Alt. 1 083 m – Carta regionale n° **19-C1**
▶ Roma 726 km – Cortina d'Ampezzo 51 km – Bolzano 88 km – Brunico 11 km
Carta stradale Michelin 562-B18

Mirabell

via Hans Von Perthalern 11, a Valdaora di Mezzo – ✆ 04 74 49 61 91
– www.mirabell.it – Chiuso aprile-maggio
41 cam – solo ½ P 149/230 € – **14 suites**
Struttura rinnovata mantenendo inalterato lo stile architettonico locale. L'interno presenta abbondanza di spazi - signorilmente arredati con molto legno - anche nelle camere, nonché un grande, attrezzatissimo, centro benessere.

Post

vicolo della Chiesa 6, a Valdaora di Sopra – ✆ 04 74 49 61 27
– www.hotelpost-tolderhof.com – Chiuso aprile-maggio e novembre
38 cam ☲ – ♟78/174 € – ♟♟146/306 € – **4 suites**
Centrale, signorile albergo di tradizione, dotato di maneggio con scuola di equitazione; settore notte funzionale, rinnovato in anni recenti. Calda atmosfera e raffinata ambientazione tirolese nella sala ristorante.

Markushof

via dei Prati 9, a Valdaora di Sopra – ✆ 04 74 49 62 50 – www.markushof.it
– Aperto 3 dicembre-2 aprile e 27 maggio- 16 ottobre
28 cam ☲ – ♟47/74 € – ♟♟86/128 €
Cortese gestione familiare in un confortevole hotel che vanta una posizione soleggiata e tranquilla, camere ampie ed un moderno centro benessere. Piacevole servizio ristorante in terrazza.

a Sorafurcia Sud : 5 km – ✉ 39030 Valdaora

Berghotel Zirm

via Egger 16, alt. 1 360 – ✆ 04 74 59 20 54 – www.berghotel-zirm.com – Aperto 1° dicembre-20 aprile e 1° giugno-20 ottobre
40 cam ☲ – ♟142/195 € – ♟♟263/369 € – **14 suites**
Vi riempirete gli occhi di uno splendido panorama da questa tranquilla risorsa, di fianco agli impianti di risalita: confort e calore negli spazi comuni, nonché nelle camere rese ancora più accoglienti grazie all'ampio impiego di cirmolo (Zirm, in tedesco), legno dalle comprovate proprietà rilassanti. Degno di nota anche l'attrezzato centro wellness.

VALDERICE

Sicilia – Trapani (TP) – ✉ 91019 – 12 264 ab. – Alt. 240 m
– Carta regionale n° **17-A2**
▶ Agrigento 99 km – Palermo 184 km – Trapani 9 km
Carta stradale Michelin 365-AK55

a Bonagia Nord-Est : 4 km – ✉ 91019

✕✕ Saverino

via Lungomare 3/11 – ✆ 09 23 59 27 27 – www.saverino.it
Menu 20 € – Carta 19/38 € – (chiuso lunedì escluso 15 giugno-15 settembre)
20 cam – ♟60/80 € – ♟♟82/110 € – ☲ 7 €
Nel piccolo borgo di mare, un'unica grande sala resa luminosa dalle enormi vetrate. La cucina è quella che l'ha reso celebre: ottimo pescato giornaliero in ricette gustosamente mediterranee. Camere semplici e luminose, con vista sul mare o sul monte Erice.

VALDIDENTRO

Sondrio (SO) – ⊠ 23038 – 4 130 ab. – Alt. 1 350 m – Carta regionale n° **9-C1**

▶ Roma 711 km – Sondrio 73 km – Bormio 9 km – Milano 210 km

Carta stradale Michelin 561-C12

a Pedenosso Est : 2 km – ⊠ 23038 Valdidentro

Agriturismo Raethia

via Sant'Antonio 1 – ℰ 03 42 98 61 34 – www.agriturismoraethia.it
– Chiuso 5 novembre-5 dicembre

8 cam ⊑ – ♦45/60 € ♦♦60/130 €

Una nuova risorsa agrituristica ubicata in posizione soleggiata e molto tranquilla. Una gestione familiare capace di trasmettere un genuino e caloroso spirito d'accoglienza. La tipica cucina valtellinese in una sala accogliente e caratteristica.

a Bagni Nuovi Est : 6 km – ⊠ 23032 Valdidentro

Grand Hotel Bagni Nuovi

via Bagni Nuovi 7 – ℰ 03 42 91 01 31 – www.bagnidibormio.it

74 cam ⊑ – ♦156/261 € ♦♦268/392 €

Imponente edificio liberty con ambienti in stile, camere ampie e luminose ed un favoloso centro termale raggiungibile direttamente dalle camere: un inaspettato angolo di Belle Epoque nel parco dello Stelvio.

VALDIERI

Cuneo (CN) – ⊠ 12010 – 939 ab. – Alt. 774 m – Carta regionale n° **12-B3**

▶ Roma 676 km – Cuneo 20 km – Torino 118 km – Asti 121 km

Carta stradale Michelin 561-J4

La Locanda del Falco

piazza Regina Elena 22 – ℰ 01 71 97 67 20 – www.locandadelfalco.it – Chiuso 25-31 ottobre e lunedì

Menu 20 € – Carta 26/37 € – (consigliata la prenotazione)

In un antico deposito di carrozze dalle volte in mattoni e dalle pareti in pietra, in estate anche nel raccolto cortiletto, la cucina tipica della valle: Crouzet (pasta), Dòba (spezzatino alla provenzale) e - da fine novembre a Natale - le lumache.

VAL DI LUCE – Pistoia (PT) ➔ Vedere Abetone

VALDOBBIADENE

Treviso (TV) – ⊠ 31049 – 10 527 ab. – Alt. 253 m – Carta regionale n° **23-C2**

▶ Roma 563 km – Belluno 47 km – Milano 268 km – Trento 105 km

Carta stradale Michelin 562-E17

Vecchio Municipio

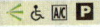

via Borgo Berti 6, località San Pietro di Barbozza, Est: 2 km – ℰ 04 23 97 54 14
– www.hotelvecchiomunicipio.com – Chiuso 22 dicembre-15 gennaio

19 cam ⊑ – ♦57/60 € ♦♦85/91 € – **4 suites**

Due intraprendenti signore al timone di questo accogliente albergo ricavato dal vecchio municipio del paese. Pochi spazi comuni, ma camere moderne e generose nelle metrature, alcune con interessanti soluzioni per le famiglie.

Alla Cima

via Cime 13, località San Pietro in Barbozza – ℰ 04 23 97 27 11
– www.trattoriacima.it – Chiuso 7-31 gennaio, lunedì sera e martedì

Carta 23/39 €

Dalla sala-veranda del locale godrete appieno della posizione isolata e della panoramica vista sui vigneti del Prosecco. Al centro del locale, invece, la specialità della casa: la griglia, accesa anche a mezzogiorno.

a Bigolino Sud : 5 km – ⊠ 31030

✗ Tre Noghere   🕱 AK P

via Crede 1 – 𝒞 04 23 98 03 16 – www.trenoghere.com – Chiuso 1°-10 luglio, domenica sera e lunedì
Carta 29/38 €
Ambiente rustico-informale avvolto dalla quiete di vigneti e campi coltivati. Nella sala con camino, o all'aperto sotto il porticato, la trattoria riscopre i piatti della tradizione: come la sopa coada servita nel pane o le tagliatelle alle tre Noghere con ragù di carne e funghi.

a Santo Stefano Est : 4 km

🏠 Relais DolceVista ℕ   ⚡ ← 🕿 ⤴ AK ⚘ P

via Masarè 4 ⊠ 31049 Valdobbiadene – 𝒞 04 23 90 04 08 – www.dolcevista.it – Aperto 18 marzo-7 novembre
6 cam ⊑ – †120 € ††180 €
Bella casa di campagna in pietra e legno, dagli interni curati ed eleganti, la cui vista abbraccia - quasi a perdita d'occhio - uno dei più suggestivi panorami della zona del prosecco: vigne, colline, paesi, campanili...

VALEGGIO SUL MINCIO
Verona (VR) – ⊠ 37067 – 14 923 ab. – Alt. 88 m – Carta regionale n° **23-A3**
▶ Roma 496 km – Verona 28 km – Brescia 56 km – Mantova 25 km
Carta stradale Michelin 562-F14

🏠 Eden   ⚑ 🖥 & AK ⚘ 🏃 P

via Don G. Beltrame 10 – 𝒞 04 56 37 08 50 – www.albergoedenvaleggio.com
30 cam ⊑ – †47/67 € ††78/94 € – **7 suites**
A due passi dal centro, comodo hotel dagli ambienti funzionali e dalle camere confortevoli e colorate. Nell'ampia e semplice sala ristorante, piatti a carattere regionale.

🏠 Corte del Paggio   ⚑ 🕿 ⤴ 🖥 & AK ⚘ P

località Casa Brugherio 74, Est: 2 km – 𝒞 04 57 95 06 06 – www.cortedelpaggio.it
21 cam ⊑ – †55/65 € ††70/95 €
Fuori paese, hotel nato dalla ristrutturazione di un vecchio casale dove sono state ricavate ampie e moderne camere. Altrettanto contemporanea è la luminosa sala da pranzo: le specialità gastronomiche sono quelle della zona.

✗ Alla Borsa   🕱 & AK ⚘ ⇔ P

via Goito 2 – 𝒞 04 57 95 00 93 – www.ristoranteborsa.it – Chiuso 10 luglio-10 agosto, martedì sera, mercoledì, anche domenica sera da novembre a marzo
Menu 30 € (in settimana)/45 € – Carta 27/55 €
Ha superato il mezzo secolo di attività, questo ristorante dalla conduzione professionale ed attenta alle esigenze della clientela: oltre alle paste tirate a mano - vera specialità della casa - vi è anche una discreta scelta di piatti vegetariani.

a Borghetto Ovest : 1 km – ⊠ 37067 Valeggio Sul Mincio – Alt. 68 m

🏠 Faccioli   ⚑ ⚡ AK P

via Tiepolo 4 – 𝒞 04 56 37 06 05 – www.hotelfaccioli.it
17 cam ⊑ – †50/65 € ††90/100 €
Romantica posizione nel piccolo borgo medievale per un piccolo hotel a conduzione familiare: una casa contadina ristrutturata per offrire soggiorni tranquilli e signorili. La Cantina, ristorante rustico tipo enoteca, è nei muri dell'hotel; il Gatto Moro, più classico, si trova a circa 200 metri. La cucina è sempre regionale.

✗✗ Antica Locanda Mincio   🕱 AK ⇔

via Buonarroti 12 – 𝒞 04 57 95 00 59 – www.anticalocandamincio.it – Chiuso 15-30 febbraio, 15-30 novembre, mercoledì e giovedì
Carta 27/58 €
Gestito dalla stessa famiglia dal 1919 e membro dei Locali Storici d'Italia, questo bel ristorante che dispone di una splendida terrazza-giardino in riva al fiume, propone una gustosa cucina legata al territorio. La sala del camino è decorata da un polittico a tempera dell'artista F. Bellomi.

a Santa Lucia dei Monti Nord-Est : 5 km – ⊠ 37067 Valeggio Sul
Mincio – Alt. 145 m

✕ **Belvedere** ⇦ ⋟ 🛏 🍽 🚗 AC 🛇 🅿

– ℰ 04 56 30 10 19 – www.ristorantebelvedere.eu – Chiuso 15 febbraio-5 marzo
e 7-25 novembre
Carta 22/51 € – (chiuso mercoledì e giovedì)
7 cam � – ♦45/50 € ♦♦70/80 € – **3 suites**
Molto apprezzato da chi lo conosce da sempre, è la griglia situata all'ingresso ad
annunciare le specialità della casa: paste fatte in casa e tradizione regionale. Servizio estivo in giardino. Il silenzio e la tranquillità dell'alto del colle culleranno il
riposo nelle semplici stanze.

VAL FERRET – Aosta (AO) ➜ Vedere Courmayeur

VALLE AURINA (AHRNTAL)
Bolzano (BZ) – ⊠ 39030 – 5 483 ab. – Alt. 1 457 m – Carta regionale n° **19-C1**
◼ Roma 726 km – Cortina d'Ampezzo 78 km – Bolzano 94 km – Dobbiaco 48 km
Carta stradale Michelin 562-B17

a Cadipietra – ⊠ 39030 – Alt. 1 054 m

🏠🏠🏠 **Alpenschlössl & Linderhof** ☼ ≼ 🔲 🖥 💯 ⋒ 🎿 🔲 🕭 🚶 🚗

Cadipietra 123 – ℰ 04 74 65 21 90 – www.linderhof.com
89 cam ⊂ – ♦122/241 € ♦♦228/466 € – **11 suites**
A ridosso degli impianti di risalita, elegante albergo in due edifici gemelli, che nei
luminosi interni propone un'interpretazione moderna dello stile tirolese; ampie
camere, anche con letti a baldacchino.

a Lutago – ⊠ 39030 – Alt. 956 m

🏠🏠🏠 **Alpin & Spa Resort Schwarzenstein** ☼ ⋟ ≼ 🚗 🔲 🖥 💯 ⋒ 🎿

via del Paese 11 – ℰ 04 74 67 41 00 🔲 🕭 🚶 🛇 🚗
– www.schwarzenstein.com – Chiuso 9 novembre-3 dicembre e
4 aprile-6 maggio
92 cam – solo ½ P 125/216 € – **21 suites**
Eleganza, spazio e qualità del servizio sono le cifre di questo resort, dagli
ambienti che coniugano modernità e tradizioni alpine. Spettacolare centro benessere, l'albergo è un universo a sé stante in cui perdersi per giorni.

a Casere – ⊠ 39030 Predoi – Alt. 1 582 m

🏠 **Berghotel Kasern** ☼ ⋟ ≼ 🚗 ⋒ 🔩 🅿

via Casere 10 – ℰ 04 74 65 41 85 – www.kasern.com – Aperto 26 dicembre-2
maggio e 1° luglio-1° novembre
37 cam ⊂ – ♦58/92 € ♦♦92/144 € – **2 suites**
Al termine della valle, chi si spinge sin qui ama il silenzio, le passeggiate e lo sci
di fondo, in un contesto autentico e poco mondano. Albergo storico, servizio e
zone comuni semplici, ma camere accoglienti e ben tenute.

VALLECROSIA
Imperia (IM) – ⊠ 18019 – 6 948 ab. – Alt. 5 m – Carta regionale n° **8-A3**
◼ Roma 652 km – Imperia 46 km – Bordighera 2 km – Cuneo 94 km
Carta stradale Michelin 561-K4

✕✕ **Giappun** 🦐 🍽 AC

via Maonaira 7 – ℰ 01 84 25 05 60 – Chiuso novembre, giovedì a mezzogiorno e
mercoledì
Menu 40/70 € – Carta 55/165 €
La freschezza delle materie prime è la carta vincente di questo locale, nato come
stazione di posta e che ancora ricorda nel nome il suo fondatore. Pesce del
giorno e accattivanti presentazioni.

VALLE DI CASIES (GSIES)
Bolzano (BZ) – ⊠ 39030 – 2 186 ab. – Alt. 1 262 m – Carta regionale n° **19-D1**
◼ Roma 746 km – Cortina d'Ampezzo 59 km – Brunico 31 km
Carta stradale Michelin 562-B18

Quelle

via Santa Maddalena alt. 1 398 – ℰ 04 74 94 81 11 – www.hotel-quelle.com
– Chiuso 28 marzo-28 maggio e 27 novembre-2 dicembre
41 cam – solo ½ P 125/155 € – 28 suites
Quelle: una sorgente di piacevolezza! Cinta da un giardino con laghetto balneabile, una bomboniera di montagna, ricca di decorazioni, proposte di svago, curatissime camere e un centro benessere ancora più curato e completo. Profusione
di addobbi, legno e bei tessuti, anche nel raffinato ristorante.

 Durnwald

via Nikolaus Amhof, 6, località Durna in Selva – ℰ 04 74 74 69 20
– www.restaurantdurnwald.it – Chiuso giugno, novembre e lunedì
Menu 30/50 € – Carta 31/42 €
Un buon piatto di Schlutzkrapfen (ravioli ripieni di spinaci e ricotta) è proprio quello
che ci vuole dopo una bella sciata o una passeggiata nei boschi. Ma non finisce qui!
Durnwald è un inno al territorio, tanto nel paesaggio, che potrete ammirare dalle
finestre, quanto nella cucina, depositaria della genuina tradizione altoatesina.

VALLE IDICE – Bologna (BO) → Vedere Monghidoro

VALLELUNGA (LANGTAUFERS)

Bolzano (BZ) – ✉ 39027 Curon Venosta – Alt. 1 912 m – ✉ Curon Venosta
– Carta regionale n° **19-A1**

▶ Da Melago: Roma 740 km – Sondrio 148 km – Bolzano 116 km – Landeck 63 km
Carta stradale Michelin 562-B13

 Alpenjuwel

località Melago – ℰ 04 73 63 32 91 – www.alpenjuwel.it – Chiuso
19 aprile-13 maggio e 11 ottobre-25 dicembre
14 cam – solo ½ P 55/83 € – 2 suites
Soggiornare qui e dimenticare il resto del mondo: è ciò che promette e mantiene un piccolo, panoramico hotel alla fine della valle; camere non ampie, ma
accoglienti.

VALLERANO

Viterbo (VT) – ✉ 01030 – 2 621 ab. – Alt. 390 m – Carta regionale n° **7-B1**
▶ Roma 75 km – Viterbo 15 km – Civitavecchia 83 km – Terni 54 km
Carta stradale Michelin 563-O18

✗✗ **Al Poggio**

via Janni 7 – ℰ 07 61 75 12 48 – www.ristorantealpoggio.it – Chiuso
25 febbraio-4 marzo, 23-30 luglio, lunedì sera e martedì
Carta 24/46 €
Un grande camino decora la sala dall'arredamento sobrio che d'estate si apre in
una gradevole terrazza parzialmente coperta. Paste fatte in casa e il fine settimana anche pesce.

VALLES = VALS – Bolzano (BZ) → Vedere Rio di Pusteria

VALLESACCARDA

Avellino (AV) – ✉ 83050 – 1 406 ab. – Alt. 650 m – Carta regionale n° **4-C1**
▶ Roma 301 km – Foggia 65 km – Avellino 60 km – Napoli 115 km
Carta stradale Michelin 564-D27

✗✗✗ **Oasis-Sapori Antichi** (Lina e Maria Luisa Fischetti)

via Provinciale Vallesaccarda – ℰ 0 82 79 70 21 – www.oasis-saporiantichi.it
– Chiuso 20 giorni in luglio, giovedì e le sere dei giorni festivi
Menu 19 € (pranzo in settimana)/55 € – Carta 42/62 € – (consigliata la
prenotazione)
Splendido binomio di generosa ospitalità e cucina territoriale: i piatti propongono
i migliori prodotti irpini, in un contesto di rara cortesia ed accoglienza. Tutto
scritto nel DNA della famiglia Fischetti.

→ Laccettini al ragù bianco di coniglio e ristretto di peperoni arrostiti. Maiale
bianco, pappardelle all'aceto, mostocotto di Aglianico e sentori di arance. Frutto
della passione con gelato al caramello e biscotto salato.

XX Minicuccio   ⇦ 🔁 AC P

🐌 *via Santa Maria 24/26 – 𝒞 0 82 79 70 30 – www.minicuccio.com – Chiuso 1°-15 luglio*
Menu 25/30 € – Carta 18/37 € – *(chiuso lunedì)*   **10 cam** 🛏 – ♦45 € ♦♦75 €
Dall'inizio del '900 nel rinomato ristorante, quattro generazioni hanno coltivato l'arte del buon mangiare, con le ricette di questa terra; ambienti classici, camere decorose.

VALLE SAN FLORIANO – Vicenza (VI) ➜ Vedere Marostica

VALLO DELLA LUCANIA
Salerno (SA) – ✉ 84078 – 8 625 ab. – Alt. 380 m – Carta regionale n° **4-C3**
▶ Roma 343 km – Potenza 148 km – Agropoli 35 km – Napoli 143 km
Carta stradale Michelin 564-G27

X La Chioccia d'Oro   🏡 AC P

🐌 *località Massa-al bivio per Novi Velia ✉ 84050 Massa della Lucania – 𝒞 0 97 47 00 04 – www.chiocciadoro.com – Chiuso 1°-10 settembre e venerdì*
Carta 18/37 €
Nella sala classicheggiante o nel dehors estivo, piatti della tradizione locale, come gli ziti con genovese di coniglio - il filetto di maiale, porro e parmigiano - il coniglio disossato e ripieno con semi di zucca e funghi porcini - i cannoli cilentani.

VALLO DI NERA
Perugia (PG) – ✉ 06040 – 446 ab. – Alt. 450 m – Carta regionale n° **20-C2**
▶ Roma 147 km – Terni 39 km – Foligno 36 km – Rieti 57 km
Carta stradale Michelin 563-N20

XX La Locanda di Cacio Re   ⇦ 🌿 ≼ 🏡🏡 🔁 ⴕ P

🐌 *località i Casali – 𝒞 07 43 61 70 03 – www.caciore.com – Chiuso 2 settimane in dicembre e 2 settimane in gennaio*
Menu 25/40 € – Carta 27/51 € – *(chiuso lunedì)* (consigliata la prenotazione)
8 cam 🛏 – ♦50/55 € ♦♦70/80 €
Ai margini di un suggestivo borgo, un casolare del 1500 ristrutturato con incantevole vista su monti e vallata. Cucina locale con particolare attenzione ai formaggi.

VALMADRERA
Lecco (LC) – ✉ 23868 – 11 749 ab. – Alt. 234 m – Carta regionale n° **10-B1**
▶ Roma 626 km – Como 27 km – Bergamo 37 km – Lecco 4 km
Carta stradale Michelin 561-E10

XX Villa Giulia-Al Terrazzo   ⇦ ≼ 🏡🏡 P

🐌 *via Parè 73 – 𝒞 03 41 58 31 06 – www.alterrazzo.com*
Menu 20 € (pranzo in settimana)/48 € – Carta 41/80 €
10 cam 🛏 – ♦55/75 € ♦♦100/130 € – **3 suites**
Sobria eleganza in una villa di fine Ottocento con un'ampia sala ed altre due salette graziosamente affrescate: se il tempo lo permette non rinunciate al romanticismo della terrazza affacciata sul lago. In menu, i sapori locali esaltati con grande capacità e senza stravolgimenti.

VALMONTONE
Roma (RM) – ✉ 00038 – 15 929 ab. – Alt. 303 m – Carta regionale n° **7-C2**
▶ Roma 52 km – Latina 107 km – Frosinone 48 km – Rieti 111 km
Carta stradale Michelin 563-Q20

🏠 Fashion Hotel   ⛲ 🔁 🔧 P

via della Pace 1-2 – 𝒞 0 69 59 96 31 – www.fashion-hotel.it
44 cam 🛏 – ♦65/380 € ♦♦75/390 €
Adiacente all'uscita autostradale, aperto in anni recenti, l'hotel dispone di spazi comuni e camere di signorile classicità. Ideale per una clientela business o per chi desidera visitare il parco divertimenti.

VALNONTEY – Aosta (AO) ➜ Vedere Cogne

VALPELLINE

Aosta (AO) – ⊠ 11010 – 659 ab. – Alt. 960 m – Carta regionale n° **21-A2**

▶ Roma 752 km – Aosta 17 km – Colle del Gran San Bernardo 39 km – Milano 203 km
Carta stradale Michelin 561-E3

Le Lievre Amoureux

località Chozod 12 – ℰ 01 65 71 39 66 – www.lievre.it – Chiuso novembre e 7-28 gennaio
32 cam � – ♦60/70 € ♦♦98/140 €
Gestione seria e accoglienza familiare in un simpatico albergo circondato da un ampio prato-giardino dove sono collocati anche quattro chalet; arredi in pino e parquet. Ambientazione di tono rustico nella sala del ristorante.

VALSOLDA

Como (CO) – ⊠ 22010 – 1 747 ab. – Alt. 457 m – Carta regionale n° **9-A2**

▶ Roma 664 km – Como 41 km – Lugano 9 km – Menaggio 18 km
Carta stradale Michelin 561-D9

XX **Osteria la Lanterna**

via Finali 1, frazione Cressogno – ℰ 0 34 46 90 14 – www.osterialalanterna.it – Chiuso 2 settimane in febbraio, 2 settimane in novembre, lunedì a mezzogiorno e mercoledì
Menu 35/45 € – Carta 35/60 €
Tornati al paesello dopo lunghe esperienze all'estero, due soci hanno deciso di aprire questo grazioso ristorante con arredi signorili in un contesto comunque rustico, fatto d'intime salette e un bel dehors sotto alberi fioriti (parziale vista lago). Cucina della tradizione realizzata con prodotti spesso locali.

VALTOURNENCHE

Aosta (AO) – ⊠ 11028 – 2 292 ab. – Alt. 1 524 m – Carta regionale n° **21-B2**

▶ Roma 740 km – Aosta 47 km – Breuil-Cervinia 9 km – Milano 178 km
Carta stradale Michelin 561-E4

Tourist

via Roma 32 – ℰ 0 16 69 20 70 – www.hotel-tourist.it – Chiuso ottobre
34 cam – ♦40/90 € ♦♦48/100 € – � 10 €
Camere spaziose e curate in una struttura moderna, che dispone di servizio navetta - gratuito - per gli impianti di risalita di Valtournenche (collegati a Cervinia e Zermatt).

Grandes Murailles

via Roma 78 – ℰ 01 66 93 27 02 – www.hotelgmurailles.com – Aperto 1° novembre-5 maggio e 15 giugno-10 settembre
15 cam � – ♦40/115 € ♦♦70/210 €
Lo charme e l'atmosfera di questo vecchio albergo anni '50 sono quelli di una casa privata, arredata con mobili d'epoca di famiglia: camere personalizzate, quasi tutte con balcone, e leziose testiere dei letti. Possibilità di massaggi in loco su richiesta e - a metà pomeriggio - generosa merenda con anche qualche piatto caldo.

VALVA

Salerno (SA) – ⊠ 84020 – 1 672 ab. – Alt. 510 m – Carta regionale n° **4-C2**

▶ Roma 324 km – Salerno 64 km – Napoli 116 km – Avellino 77 km
Carta stradale Michelin 564-E27

XX **Osteria Arbustico** (Christian Torsiello)
❀

contrada Deserte – ℰ 08 28 79 62 66 – Chiuso 1 settimana in gennaio, 1 settimana in luglio, domenica sera e mercoledì
Menu 35 € – Carta 34/47 €
Tra pecore che pascolano nei campi limitrofi, uliveti e vigne, la bella campagna incontaminata è la fonte principale dei prodotti utilizzati dal giovane chef - tornato all'origine per valorizzare il proprio territorio - dopo alcuni anni passati nelle grandi cucine italiane: quella di un tre stelle - in particolare - ne ha siglato la cifra.
➜ Ravioli, mozzarella di bufala e ragù di coniglio. Agnello e carciofi. Ricotta e pere.

VALVERDE – Forlì-Cesena (FC) → Vedere Cesenatico

VANDOIES

Bolzano (BZ) – ⊠ 39030 – 3 300 ab. – Alt. 755 m – Carta regionale n° **19-C1**
▶ Roma 685 km – Bolzano 55 km – Brunico 20 km – Milano 327 km
Carta stradale Michelin 562-B17

XX **La Passion**
via San Nicolò 5/b, Vandoies di Sopra – ℰ 04 72 86 85 95 – www.lapassion.it
– Chiuso lunedì
Menu 48/78 € – Carta 42/85 € – (prenotazione obbligatoria)
Il quartiere in cui si trova il ristorante è residenziale e contemporaneo, ma, nella sua unica saletta, è stata insospettabilmente trasportata una stube vecchia di quattrocento anni. Cucina creativa sulle orme dei classici locali e nazionali.

VARALLO SESIA

Vercelli (VC) – ⊠ 13019 – 7 344 ab. – Alt. 450 m – Carta regionale n° **12-C1**
▶ Roma 679 km – Biella 59 km – Milano 105 km – Novara 59 km
Carta stradale Michelin 561-E6

a **Sacro Monte** Nord : 4 km – ⊠ 13019 Varallo Sesia

⌂ **Sacro Monte**
località Sacro Monte 14 – ℰ 0 16 35 42 54 – www.albergosacromonte.it
– Aperto 20 marzo-15 novembre
24 cam ⊇ – †55/70 € ††85/95 €
Vicino a un sito religioso meta di pellegrinaggi, ambiente piacevolmente "old fashion" in un hotel con spazi esterni tranquilli e verdeggianti; camere di buona fattura. Gradevole sala ristorante con camino e utensili di rame appesi alle pareti.

VARANO BORGHI

Varese (VA) – ⊠ 21020 – 2 464 ab. – Alt. 281 m – Carta regionale n° **9-A2**
▶ Roma 649 km – Milano 62 km – Varese 17 km – Torino 131 km

⌂ **Villa Borghi & Wellness**
piazza Borghi 1 – ℰ 03 32 96 15 15 – www.hotelvillaborghi.it
60 cam ⊇ – †70/110 € ††90/140 € – **4 suites**
Ampliamento e restyling per questa bella villa del 1665 di proprietà della famiglia Borghi, immersa in un ampio parco con piscina. Spaziose e di gusto classico, non mancano di graziose personalizzazioni le camere situate nella dimora storica; dai connotati decisamente più moderni quelle nella nuova struttura.

VARANO DE' MELEGARI

Parma (PR) – ⊠ 43040 – 2 682 ab. – Alt. 190 m – Carta regionale n° **5-A2**
▶ Roma 489 km – Parma 36 km – Piacenza 79 km – Cremona 85 km
Carta stradale Michelin 562-H12

⌂ **Della Roccia**
via Martiri della Libertà 2 – ℰ 0 52 55 37 28 – www.albergodellaroccia.it
36 cam ⊇ – †79/350 € ††89/400 €
Non è solo la posizione strategica a renderlo interessante: camere spaziose con buone installazioni e la prima colazione servita nella veranda affacciata sul curato giardino contribuiscono al successo di questo moderno albergo.

XX **Castello**
via Martiri della Libertà 129 – ℰ 0 52 55 31 56 – Chiuso 20 dicembre-10 gennaio, 1 settimana in giugno, 1 settimana in settembre, lunedì e martedì
Carta 45/60 € – (prenotazione obbligatoria a mezzogiorno)
Tra antico e moderno, proprio dove sorgeva il posto di guardia dell'attiguo castello, un piccolo e curato locale che propone estrose interpretazioni di piatti del territorio. Fresco servizio estivo in terrazza.

VARAZZE

Savona (SV) – ⊠ 17019 – 13 363 ab. – Carta regionale n° **8-B2**

▶ Roma 534 km – Genova 36 km – Alessandria 82 km – Cuneo 112 km

Carta stradale Michelin 561-I7

Le Roi

via Genova 43 – ℰ 01 99 59 02 – www.leroi.it – Chiuso 10-26 dicembre

20 cam ⌂ – †50/130 € ††80/180 €

Un albergo fronte mare, raddoppiato nella capienza dalla nuova dépendance: arioso negli spazi comuni, dispone di camere arredate in stile moderno e graziosamente personalizzate. Ristorante con sfiziose proposte di terra e di mare; non manca la pizza!

Villa Elena

via Coda 16 – ℰ 01 99 75 26 – www.genovesevillaelena.it – Chiuso 1° ottobre-23 dicembre

50 cam – †55/120 € ††95/130 € – ⌂ 10 €

Accoglienza cordiale e affezionata clientela di habitué in questa bella villa liberty, ristrutturata, che conserva al suo interno elementi architettonici originali. Ligneo soffitto a cassettoni intarsiato e lampadari in stile nella raffinata sala ristorante.

El Chico

strada Romana 63, Est: 1 km – ℰ 0 19 93 13 88 – www.elchico.eu – Chiuso 20 dicembre-31 gennaio

38 cam ⌂ – †80/150 € ††99/150 €

Struttura anni '60 immersa in un parco ombreggiato con piscina: gradevoli e comodi spazi comuni, sia esterni sia interni dove troverete parecchi interessanti quadri. Ampia, luminosa sala si propone cucina mediterranea.

Eden

via Villagrande 1 – ℰ 0 19 93 28 88 – www.hoteledenvarazze.it – Aperto 18 marzo-16 ottobre

45 cam ⌂ – †60/90 € ††90/140 €

Gestione familiare in una comoda risorsa centrale e non lontano dal mare, adatta ad una clientela sia turistica che d'affari: ambienti d'impostazione classica, funzionali e curati.

Cristallo

via Cilea 4 – ℰ 01 99 72 64 – www.cristallohotel.it – Chiuso 19 dicembre-7 gennaio

42 cam – †66/90 € ††80/160 € – ⌂ 8 €

Per un soggiorno marino in ambiente signorile e ospitale, un hotel che offre camere di diversa tipologia, funzionali e dotate di ogni confort, alcune con idromassaggio. Gradevole sala ristorante, di impostazione classica; piatti italiani e liguri.

Astigiana

Via Busci 10 – ℰ 01 99 74 91 – www.hotelastigiana.it – Chiuso 10 ottobre-23 dicembre

20 cam – †40/90 € ††50/200 € – ⌂ 10 € – **4 suites**

Nel cuore della località e a pochi metri dal mare, la risorsa può vantare una lunga tradizione familiare (dal 1919). La recente ristrutturazione ha saputo esaltare al meglio l'incantevole natura dei suoi interni: dalla reception decorata con ceramiche d'arte, alle belle camere con accenti provenzali.

Ines

via Cavour 10 – ℰ 01 99 73 02 – www.hotelinesvarazze.it

12 cam ⌂ – †40/60 € ††65/90 €

Non lontano dal mare, gestione familiare molto accogliente e ospitale in una villetta liberty circondata da una piacevole terrazza solarium; interni con originali pavimenti a mosaico, camere di taglio classico.

Bri

piazza Bovani 13 – ℰ 0 19 93 46 05 – www.ristorantebri.it – Chiuso novembre e mercoledì escluso in giugno-settembre

Carta 32/57 €

Mantiene la sua originaria "anima" di osteria, familiare e informale, questo ristorante classico; pochi fronzoli nella solida cucina, che è tipica ligure e di pesce.

VARENA

Trento (TN) – ✉ 38030 – 864 ab. – Alt. 1 180 m – Carta regionale n° **19-D3**
▶ Roma 638 km – Trento 64 km – Bolzano 44 km – Cortina d'Ampezzo 104 km
Carta stradale Michelin 562-D16

Alpino

via Mercato 8 – 𝒞 04 62 34 04 60 – www.hotelalpinovarena.it
– Chiuso 3 settimane in maggio e 3 settimane in novembre
31 cam ☲ – †45/75 € ††75/150 €
In un bel palazzo sulla piazza centrale del paese, la gestione familiare non lesina
sforzi in continui rinnovi. Ottime camere con arredi in legno locale. Moderna sala
ristorante dall'ambiente informale, servizio estivo in giardino.

VARENNA

Lecco (LC) – ✉ 23829 – 784 ab. – Alt. 220 m – Carta regionale n° **9-B2**
▶ Roma 642 km – Como 50 km – Bergamo 55 km – Chiavenna 45 km
Carta stradale Michelin 561-D9

Du Lac

via del Prestino 11 – 𝒞 03 41 83 02 38 – www.albergodulac.com – Aperto
15 marzo-15 novembre
16 cam ☲ – †110/175 € ††175/260 €
Sembra spuntare dall'acqua questo grazioso albergo ristrutturato, in splendida
posizione panoramica: piacevoli ambienti comuni e un'amena terrazza-bar in riva
al lago, sulla quale - in alta stagione - viene servito un light lunch.

Royal Victoria

piazza San Giorgio 2 – 𝒞 03 41 81 51 11 – www.royalvictoria.com
– Chiuso 7 gennaio-20 marzo
43 cam ☲ – †130/240 € ††160/300 €
Dispone di un proprio pontile privato, questa villa ottocentesca affacciata sul lago
con piccolo giardino all'italiana e camere di calda atmosfera; ma non manca di
fascino anche il ristorante ospitato in un salone-veranda.

VARESE

✉ 21100 – 80 857 ab. – Alt. 382 m – Carta regionale n° **10-A1**
▶ Roma 633 km – Como 27 km – Bellinzona 65 km – Lugano 32 km
Carta stradale Michelin 561-E8

Atahotel Varese Business Resort

via Albani 73, per viale Valganna: 3 km - B1 – 𝒞 03 32 46 60 01
– www.atahotels.it – Chiuso 19 dicembre-6 gennaio e agosto
208 cam ☲ – †100/490 € ††120/510 € – **12 suites**
Un'imponente struttura nella periferia della città con camere spaziosissime, arredate di tutto punto, e una grande piscina in plein air per chi soggiorna qui nella
bella stagione. Ottimo confort!

Art Hotel Varese

viale Aguggiari 26, per Sacro Monte - A1 – 𝒞 03 32 21 40 00
– www.arthotelvarese.it
28 cam ☲ – †105 € ††165 €
E' un'affascinante dimora storica settecentesca ad accogliere questo nuovo hotel
nella prima periferia della città, arredato con gusto moderno e accessori di ultima
generazione. Proposte di cucina fantasiosa e di stagione (nella bella sala colazioni
con camino).

Hotel di Varese

via Como 12 – 𝒞 03 32 23 75 59 – www.hoteldivarese.com   Pianta: A2**b**
– Chiuso 1°-10 gennaio, 26-29 marzo e 7-18 agosto
18 cam ☲ – †105 € ††130 € – **3 suites**
La completa ristrutturazione di un antico palazzo liberty nel centro cittadino ha
concesso solo qualche traccia dello stile originale dell'edificio. Camere di varie
tipologie in un albergo moderno, comodissimo e gestito con grande passione.

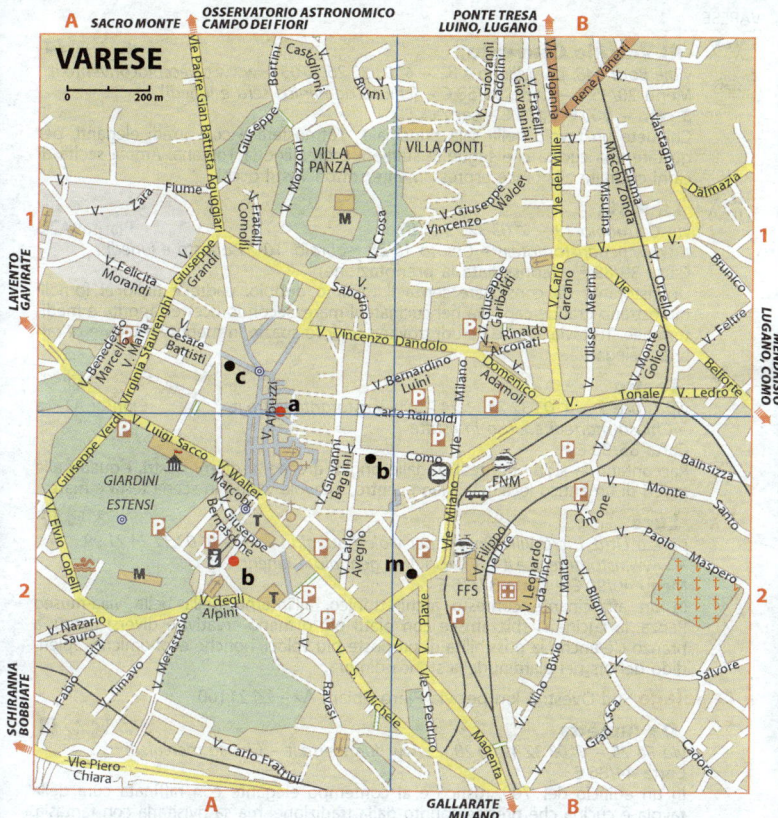

VARESE

0 — 200 m

🏠 City Hotel

via Medaglie d'Oro 35 – ✆ *03 32 28 13 04*
Pianta: **B2m**
– www.cityhotelvarese.com – Chiuso 20 dicembre-8 gennaio e 3-18 agosto
46 cam ☒ – ♛59/99 € ♛♛70/139 €
In centro città, vicino alla stazione ferroviaria, struttura funzionale, con sale riunioni, adatta a clientela sia d'affari che turistica; moderne le camere rinnovate.

🏠 Relais sul Lago

via Giovanni Macchi 61, 3 km per Schiranna - *A2 –* ✆ *03 32 31 00 22*
– www.relaissullago.it
62 cam ☒ – ♛49/150 € ♛♛69/190 €
Lontano dal centro cittadino e con vista sul piccolo lago, camere calde ed accoglienti, a cui si aggiunge uno splendido centro benessere. Un paradiso terrestre, dove riconciliarsi con la vita!

🏠 Bologna

via Broggi 7 – ✆ *03 32 23 43 62 – www.albergobologna.it*
Pianta: **A1c**
– Chiuso 9-31 agosto
16 cam ☒ – ♛65/75 € ♛♛85/95 €
Gestito dalla stessa famiglia da quasi 50 anni, un semplice, ma confortevole hotel, rinnovato in anni recenti; comoda posizione centrale e camere ben arredate. Simpatica sala da pranzo di ambientazione rustica nel frequentato ristorante.

XXX Al Vecchio Convento ⇔ & AC P

viale Borri 348, per Milano - B2 – ℰ *03 32 26 10 05* – *www.alvecchioconvento.it*
Menu 20/35 € – Carta 35/58 € – *(chiuso domenica sera e lunedì)*
3 cam – ♦60 € ♦♦75 € – senza ⚏
Chiedete un tavolo nella sala principale, d'atmosfera e con arredi eleganti, per gustare una cucina che segue le stagioni e predilige la Toscana. Ampia scelta di carni cucinate alla brace espressamente sotto i vostri occhi.

XXX La Perla 🍴 AC

via Carrobbio 19 – ℰ *03 32 23 11 83* Pianta: A2**b**
– *www.perlaristorante.it* – *Chiuso 18-28 febbraio, 10-23 agosto e lunedì*
Carta 39/89 € – (consigliata la prenotazione)
Un ristorante da consigliare senza il minimo dubbio: padre e figlio ai fornelli dimostrano grande capacità nel cucinare il mare, secondo ricette saporite e mediterranee. Tuttavia, anche i crudi trovano un loro spazio in menu. Ambiente di raffinata eleganza.

XX Teatro AC 🍴

via Croce 3 – ℰ *03 32 24 11 24* – *www.ristoranteteatro.it* Pianta: A1-2**a**
– *Chiuso martedì escluso in estate*
Carta 35/80 €
Raccontano la storia del teatro, dalle origini greche ai giorni nostri, i quadri alle pareti di un antico locale, in pieno centro; a tavola vanno in scena terra e mare.

XX Luce 🍴 AC P

piazza Litta 1, c/o Villa Panza, per viale Aguggiari - *A1* – ℰ *03 32 24 21 99*
– *www.ristoranteluce.it* – *Chiuso 1°-5 gennaio e lunedì*
Menu 40/90 € – Carta 37/76 €
In un affascinante contesto architettonico, all'interno della bella villa-museo Panza, la cucina si sbizzarrisce con piatti più o meno creativi e diversi menu; a pranzo c'è anche la possibilità di proposte più veloci, nonché economiche. Splendido dehors nei giardini della storica dimora.

a Capolago Sud-Ovest: 5 km per via Piero Chiara *A2* – ⊠ 21100

XX Da Annetta 🐾 🍴 AC ⇔ P

via Fè 25 – ℰ *03 32 49 00 20* – *www.daannetta.it* – *Chiuso mercoledì*
Carta 44/86 €
In un edificio del '700, rustico e al contempo elegante con raffinata cura della tavola e cucina che prende spunto dalla tradizione, ma sa rivisitarla con fantasia. Fornitissima e bella cantina dove si può pranzare su richiesta.

a Santa Maria del Monte (Sacro Monte) per viale Aguggiari: 8 km *A1* –
⊠ 21100 Varese – Alt. 880 m

XX Colonne ⇔ 🚫 ⬅ 🏡 🍴 ☎ P

via Fincarà 37 – ℰ *03 32 22 04 04* – *www.albergolecolonne.it* – *Chiuso
2 settimane in gennaio e lunedì*
Menu 55 € (cena)/80 € – Carta 39/83 € – (prenotare)
10 cam ⚏ – ♦90/100 € ♦♦130/160 €
Bella vista sul lago di Varese e sui dintorni verdeggianti, soprattutto dalla piacevole terrazza estiva, in un locale che a mezzogiorno sfrutta la parte superiore per il bistrot e la sera, la sala elegante per una cucina più creativa. Ai fornelli, uno chef conosciutissimo in zona: Silvio Battistoni.

VARESE LIGURE

La Spezia (SP) – ⊠ 19028 – 2 028 ab. – Alt. 353 m – Carta regionale n° **15-D2**
🚗 Roma 457 km – La Spezia 57 km – Bologna 194 km – Genova 90 km
Carta stradale Michelin **561-I10**

🏠 Amici 🍴 🏡 ☎ P

via Garibaldi 80 – ℰ *01 87 84 21 39* – *www.albergoamici.com* – *Chiuso
20 dicembre-31 gennaio*
24 cam ⚏ – ♦45/55 € ♦♦65/75 €
Rist Amici 😊 – Vedere selezione ristoranti
Se dopo la visita al castello e all'originale Borgo Rotondo necessitate di una sosta, questo accogliente hotel dall'impronta familiare farà al caso vostro!

Amici – Hotel Amici

via Garibaldi 80 – ☏ 01 87 84 21 39 – www.albergoamici.com – chiuso dal
20 dicembre al 15 gennaio
Carta 21/39 € – (chiuso mercoledì in ottobre-maggio)
Oltre a camere di buon confort, Amici dispone di un ristorante, dove gustare specialità locali - come i croxetti di Varese Ligure (pasta fresca) con battuto di pinoli - carni e formaggi biologici. Ottimo anche il rapporto qualità/prezzo.

VARIGOTTI

Savona (SV) – ✉ 17029 – Carta regionale n° **8-B2**
▶ Roma 567 km – Genova 68 km – Imperia 58 km – Milano 191 km
Carta stradale Michelin 561-J7

 Al Saraceno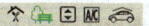

via al Capo 2 – ☏ 01 96 98 81 82 – www.alsaracenogroup.com – Chiuso
novembre
17 cam ⌿ – †165/245 € ††395/610 € – **4 suites**
Rist Terrazza Saracena – Vedere selezione ristoranti
Sulla bella spiaggia di Varigotti, come il nome lascia intendere, l'hotel è in stile saraceno ed offre al suo interno ambienti signorili e camere dal piacevole arredo con confort di livello.

 Albatros

via Aurelia 58 – ☏ 0 19 69 80 39 – www.hotelalbatrosvarigotti.it – Aperto
1° marzo-30 novembre
18 cam ⌿ – †100/180 € ††120/380 €
Direttamente sulla spiaggia, una piccola perla di ospitalità con camere personalizzate e di moderno design, che si differenziano l'una dall'altra (alcune con terrazza).

Terrazza Saracena – Hotel Al Saraceno

via al Capo 2 – ☏ 01 96 98 81 82 – www.terrazzasaracena.it
– Chiuso gennaio
Menu 60/75 € – Carta 55/104 €
Non si risparmia nessun sapore della tavola italiana, nord e sud considerati alla stessa stregua, in questo ristorante che fa dell'attenta selezione delle materie prime il proprio cavallo di battaglia. La sua cucina è squisitamente di mare con spunti moderni; a noi è piaciuto tanto anche l'affaccio sul mare.

Muraglia-Conchiglia d'Oro

via Aurelia 133 – ☏ 0 19 69 80 15
Carta 38/109 € – (chiuso mercoledì, anche martedì in ottobre-maggio)
(prenotare)
6 cam – †70 € ††90 € – senza ⌿ – **1 suite**
Una sala sobria e luminosa, nonché una piacevole terrazza vista mare: la specialità della casa è il pesce - di grande qualità e freschezza - preparato anche alla brace.

VARZI

Pavia (PV) – ✉ 27057 – 3 304 ab. – Alt. 416 m – Carta regionale n° **9-B3**
▶ Roma 585 km – Piacenza 69 km – Alessandria 59 km – Genova 111 km
Carta stradale Michelin 561-H9

verso Pian d'Armà Sud : 7 km

Buscone

località Bosmenso Superiore 41 – ☏ 0 38 35 22 24 – www.ristorantebuscone.it
– Chiuso martedì sera e lunedì
Carta 21/36 €
La difficoltà che forse incontrerete per raggiungere la trattoria, sarà ricompensata dal vivace ambiente familiare e dalla cucina casereccia. Assolutamente da assaggiare: i salumi fatti in casa e, in stagione, i funghi.

VASON – Trento (TN) → Vedere Bondone (Monte)

VASTO

Chieti (CH) – ✉ 66054 – 40 856 ab. – Alt. 144 m – Carta regionale n° **1-C2**
▶ Roma 271 km – Pescara 70 km – L'Aquila 166 km – Campobasso 96 km
Carta stradale Michelin 563-P26

XX **Castello Aragona**   ≤ 🚗 🎝 🅰️ 🛎️ 🅿️

via San Michele 105 – ℰ 0 87 36 98 85 – www.castelloaragona.it – Chiuso lunedì
Carta 41/92 €
La suggestiva atmosfera di memoria storica e il servizio estivo sulla terrazza-giardino con splendida vista sul mare caratterizzano questo ristorante, dove potrete gustare specialità di mare.

VEDOLE – Parma (PR) ➡ Vedere Colorno

VEGLIA – Cuneo (CN) ➡ Vedere Cherasco

VELINA – Salerno (SA) ➡ Vedere Castelnuovo Cilento

VELLAU / VELLOI – Bolzano (BZ) ➡ Vedere Lagundo (Algund)

VELLETRI

Roma (RM) – ✉ 00049 – 53 213 ab. – Alt. 332 m – Carta regionale n° **7-C2**
▶ Roma 36 km – Anzio 43 km – Frosinone 61 km – Latina 29 km
Carta stradale Michelin 563-Q20

XX **Benito al Bosco**   🐎 ⇦ 🌿 🚗 🎝 🛁 🖱️ 🅰️ 🅿️

via Morice 96 – ℰ 0 69 64 14 14 – www.benitoalbosco.com
Menu 40/50 € – Carta 26/61 € – *(chiuso lunedì)*
45 cam ⊷ – †50/56 € ††70/80 €
Il ristorante privilegia la cucina di mare e, non appena il clima lo consente, ci si sposta all'aperto: a bordo piscina o all'ombra dei castagni. Situato in zona collinare e residenziale, l'albergo ospita camere dall'arredo classico ed inserti in marmo.

VELLO

Brescia (BS) – ✉ 25054 Marone – Alt. 190 m – ✉ Marone
– Carta regionale n° **10-D1**
▶ Roma 591 km – Brescia 34 km – Milano 100 km
Carta stradale Michelin 561-E12

XX **Trattoria Glisenti**   🎝

via Provinciale 34 – ℰ 0 30 98 72 22 – www.trattoriaglisenti.it
– Chiuso 11 gennaio-12 febbraio e giovedì escluso luglio-agosto
Menu 34/55 € – Carta 40/63 €
Per i puristi del pesce di lago, qui si trova solo il pescato d'acqua dolce e quasi mai d'allevamento, accompagnato da tanti prodotti preparati dal ristorante, olio e birra compresi. Terrazza panoramica.

VELO D'ASTICO

Vicenza (VI) – ✉ 36010 – 2 426 ab. – Alt. 346 m – Carta regionale n° **23-B2**
▶ Roma 551 km – Trento 57 km – Treviso 83 km – Verona 81 km
Carta stradale Michelin 562-E16

XX **Giorgio e Flora**   ⇦ 🌿 ≤ 🎝 🅰️ 🅿️
😎

via Baldonò 1, lago di Velo d'Astico, Nord-Ovest: 2 km – ℰ 04 45 71 30 61
– www.giorgioeflora.it – Chiuso 27 agosto-3 settembre
Menu 20/45 € – Carta 27/52 € – *(chiuso mercoledì sera e giovedì)* (coperti limitati, prenotare)
6 cam ⊷ – †60/80 € ††70/90 € – **1 suite**
Una villetta tipo chalet che domina la valle, due sale, di cui una più raccolta ed elegante, un panoramico dehors e piatti della tradizione veneta con tocco personale.

VELO VERONESE

Verona (VR) – ⊠ 37030 – 777 ab. – Alt. 1 087 m – Carta regionale n° **23-B2**
▶ Roma 529 km – Verona 35 km – Brescia 103 km – Milano 193 km
Carta stradale Michelin 562-F15

⅄ **13 Comuni** ⇔ 🏠

piazza della Vittoria 31 – ✆ *04 57 83 55 66 – www.13comuni.it – Chiuso 10 giorni in giugno e novembre*
Carta 23/61 € *– (chiuso lunedì e martedì escluso luglio-agosto)*
15 cam ⌑ – ♦45/60 € ♦♦60/95 €
Nella piazza del paese, ottima gestione di una coppia, con lei in sala e lui in cucina dove lavora le migliori materie prime della zona, a volte secondo tradizione, altre in chiave moderna. Specialità: gnocchi di malga con ricotta di pecora e burro nocciola (il burro non è di nocciola, ma è tostato). L'atmosfera montana sale sin dentro alle semplici camere.

VENARIA REALE

Torino (TO) – ⊠ 10078 – 34 290 ab. – Alt. 262 m – Carta regionale n° **12-A1**
▶ Roma 667 km – Torino 11 km – Aosta 116 km – Milano 143 km
Carta stradale Michelin 561-G4

🏠 **Galant** 🔲 AC P

corso Garibaldi 155 – ✆ *01 14 55 10 21 – www.hotelgalant.it*
39 cam ⌑ – ♦39/190 € ♦♦44/259 €
A meno di un chilometro dallo Juventus Stadium, struttura di taglio moderno, ideale per una clientela d'affari, dispone di piacevoli ambienti comuni e camere semplici, ma confortevoli.

🏠 **Cascina di Corte** AC

via Amedeo di Castellamonte 2 – ✆ *01 14 59 32 78 – www.cascinadicorte.it*
10 cam ⌑ – ♦100/220 € ♦♦120/280 € – **2 suites**
Alle porte della celebre reggia, cascina ottocentesca con annessa ghiacciaia ancora conservata. Sobrio stile architettonico di impronta locale, ma - all'interno - l'atmosfera rustica con mattoni a vista nelle camere cede il passo a moderne installazioni e confort.

⅄⅄⅄ **Dolce Stil Novo alla Reggia** (Alfredo Russo) 🏠 ⅃ AC ⇔

piazza della Repubblica 4 – ✆ *34 62 69 05 88 – www.dolcestilnovo.com – Chiuso 2 settimane in gennaio, 2 settimane in agosto, domenica sera, martedì a mezzogiorno e lunedì*
Menu 38 € (pranzo in settimana)/90 € – Carta 77/117 € – *(coperti limitati, prenotare)*
Ospitato all'interno del Torrione del Garove, il ristorante dispone di una bella terrazza affacciata sui giardini della Reggia di Venaria. Due ampie sale con tavoli spaziosi, alle quali si contrappongono arredi minimalisti, accolgono una cucina del territorio con qualche specialità di mare.
→ Riso mantecato al gusto di pizza margherita. Il bollito misto del Dolce Stil Novo. Cremoso di ricotta e gli altri ingredienti della cassata.

VENEZIA

(VE) – ✉ 30124 – 264 579 ab. – Carta regionale n° **23**-C2
▶ Roma 532 km – Treviso 43 km – Padova 50 km – Rovigo 85 km
Carta stradale Michelin 562-F19
Piante pagine seguenti

G. López / age fotostock

 **Alberghi**

 The Gritti Palace   Pianta: K2**g**
campo Santa Maria del Giglio 2467, San Marco ✉ *30124*
– 𝒞 0 41 79 46 11 – www.thegrittipalace.com
61 cam – †430 € – ††1900 € – ☟ 53 € – 21 suites
Rist *Club del Doge* **–** Vedere selezione ristoranti
Nell'involucro di uno straordinario palazzo del XV secolo, The Gritti Palace è
un hotel-museo che raccoglie il meglio dell'artigianato locale: il design
interno è ispirato al ricco patrimonio storico veneziano ed ai personaggi illustri che hanno segnato la storia dell'albergo e della città. Raffinato lusso che
delizierà i suoi ospiti come una seconda casa dove sarà un piacere e insieme
un'emozione scegliere il colore preferito tra quelli offerti da quadri, tessuti e
panorama!

Belmond Hotel Cipriani   Pianta: H3**h**
isola della Giudecca 10, 5 mn di navetta privata dal pontile
San Marco ✉ *30133 – 𝒞 0 41 24 08 01 – www.belmond.com – Aperto*
17 marzo-13 novembre
72 cam ☟ – †680 € – ††1240/1650 € – 23 suites
Rist *Oro Restaurant* ❀ **• Rist** *Cip's Club* **–** Vedere selezione ristoranti
Il nome del Cipriani si confonde nel mondo con quello della città: un'enclave
di lusso nel silenzio e nel verde della Giudecca, per un soggiorno riservato,
esclusivo, soprattutto, coccolato da un eccellente servizio. Al suo interno lo
stile locale è rivisitato ed alleggerito; all'orizzonte Venezia le si dona volentieri
come una cartolina!

 Danieli   Pianta: L2**a**
riva degli Schiavoni 4196, Castello ✉ *30122*
– 𝒞 04 15 22 64 80 – www.danielihotelvenice.com/it
210 cam – †370/990 € – ††380/1800 € – ☟ 53 € – 27 suites
Rist *Terrazza Danieli* **–** Vedere selezione ristoranti
Tre palazzi risalenti alla fine del '300, al '700 ed all'inizio del '900 riuniti in un
unico grande albergo tra i più celebri della città, si presenta con una magnifica
hall ricavata dalla ex corte. Al suo interno lo stile veneziano è di volta in volta
citato con oggetti storici o rivisitato in chiave più moderna. Il sogno diventa realtà
nelle suite.

St. Regis Venice San Clemente Palace

isola di San Clemente, 15 mn di navetta privata dal pontile San Marco ✉ *30124 – ✆ 04 14 75 01 11 – www.stregisvenice.com – Aperto 27 marzo-7 novembre*

159 cam – 🚹490/1200 € 🚹🚹490/1200 € – ☕ 50 € – **30 suites**

Riaperto sotto una nuova "insegna" internazionale nel 2014, lusso e confort concorrono a creare un'affascinante struttura nel verde lussureggiante di un'isola privata che accoglieva un convento camaldolese del '400. Oltre al ristorante gourmet Acquerello (aperto solo la sera), ci sono diverse altre formule dedicate al food per ogni momento della giornata.

Bauer Palazzo Hotel

campo San Moisè 1459, San Marco ✉ *30124 – ✆ 04 15 20 70 22 – www.bauerhotels.com* Pianta: K2**h**

191 cam ☕ – 🚹300/1400 € 🚹🚹300/1400 € – **49 suites**

Rist *De Pisis* – Vedere selezione ristoranti

La facciata modernista è amata e odiata, ma il Bauer è una bandiera tra gli alberghi cittadini: nei suoi ampi spazi propone un viaggio nello stile degli anni '40 sposato alla classicità veneziana o ad atmosfere barocche in alcune camere, quelle più richieste con affaccio sulla chiesa di S. Moisè. Per non parlare della strepitosa terrazza panoramica del Bauer il Palazzo, hotel-dépendance dall'esterno gotico.

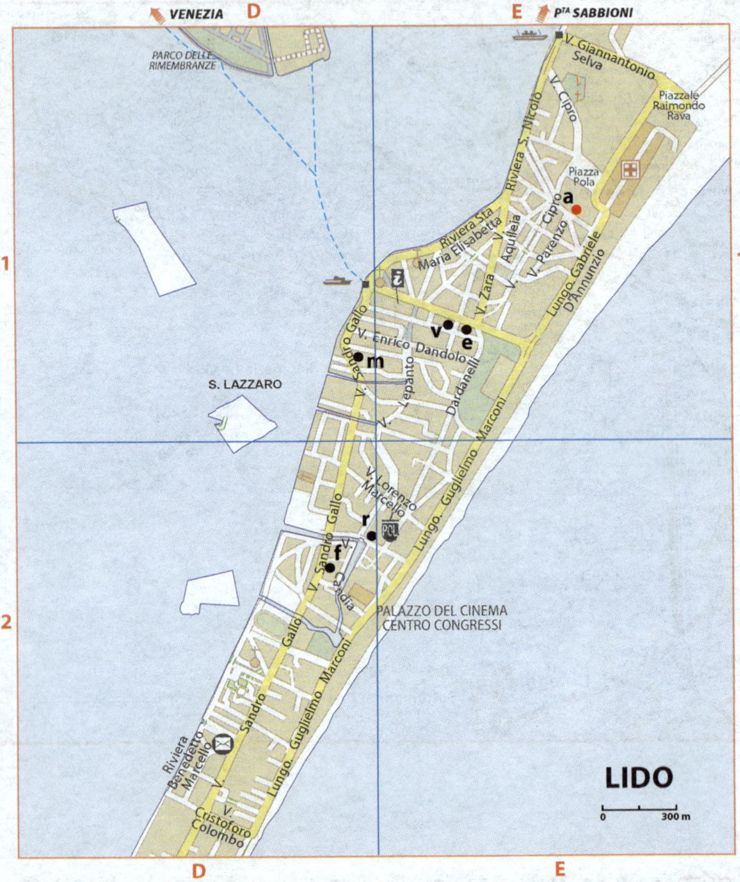

Map

PARCO DELLE RIMEMBRANZE

V. Giannantonio Selva

Piazzale Raimondo Rava

V. Cipro

Riviera S. Nicolò

Piazza Pola

a

Riviera Santa Maria Elisabetta

V. Zara

V. Aquileia

V. Parenzo

Lungo. Gabriele D'Annunzio

S. LAZZARO

V. Enrico Dandolo

v **e**

m

Lepanto

Dardanelli

Lungo. Guglielmo Marconi

V. Lorenzo Marcello

r

f

V. Sandro Gallo

Lido

PALAZZO DEL CINEMA CENTRO CONGRESSI

Riviera Domenico Marcello

V. Sandro Gallo

Lungo. Guglielmo Marconi

V. Cristoforo Colombo

LIDO

0 — 300 m

 JW Marriott Venice Resort & Spa Ⓝ

isola delle Rose, 25 mn di navetta privata dal pontile di San Marco ✉ *30124 –* ✆ *04 12 96 81 11 – www.jwvenice.com – Aperto 1° marzo-31 ottobre*

217 cam 🛏 – 🛏200/1240 € 🛏🛏200/1240 € – **33 suites**

Rist *Dopolavoro* ✿ – Vedere selezione ristoranti

Nuovissimo resort al centro di un'isola-parco di oltre 15 ettari. Inutile elencarne i servizi, vi troverete di tutto: compresa la più grande Spa della città ed una ristorazione variegata tra cui splende per il locale gourmet la "firma" di Giancarlo Perbellini.

Metropole

riva degli Schiavoni 4149, Castello ✉ *30122 –* ✆ *04 15 20 50 44 – www.hotelmetropole.com*

Pianta: H2**t**

67 cam – 🛏215/1300 € 🛏🛏215/1300 € – 🛏 35 € – **19 suites**

Rist *Met* ✿ – Vedere selezione ristoranti

Come Venezia, il Metropole è un romantico connubio tra occidente ed oriente, propone ambienti di strabiliante raffinatezza, collezioni d'antiquariato e una piccola, ma esclusiva corte-giardino con gelsomini, palme, aranci mentre sul velluto delle fragranze che avvolgono a tutte le ore l'albergo l'amosfera si fa magica. Piatti veloci, cocktail e molta carne all'OrientalBar.

VENEZIA

Ca'Pesaro · CA'D'ORO · CANAL · Str. · C. del Vente · Nova

Campo Madonna · Campiello Pestrin · Fondamenta Nuove

Scuola Grande di San Marco

Pal. dei Camerlenghi · S. Aponal · S. Silvestro · CANAL GRANDE · Riva del Carbon

Fondaco d. Tedeschi · Sta Maria dei Miracoli · Statua B. Colleoni · Sti Giovanni e Paolo · Ospedaletto

Rio di San Lio · Campo di Sta Marina

Campo Sta Maria Formosa · Sta Maria Formosa · C. Larga S. Lorenzo Borgoloco S. Lorenzo

Corte Petrana · Pal. Loredan (Municipio) · Teatro Goldoni · S. Salvador · Salizada S. Lio · Merceria S. Salvador · S. Zulian · Fondazione Querini-Stampalia

PAL. FARSETTI (MUNICIPIO) · Campo S. Luca · Rio di San Zulian

Palazzo Fortuny · Campo Manin · Merceria dell'Orologio · Piazzetta dei Leoncini · San Zaccaria · Cpo S. Zaccaria

Scala del Bovolo · Torre dell'Orologio · SAN MARCO

Cpo S. Angelo · Pal. Duodo · Scuola di San Fantin · S. Fantin · Procuratie Vecchie · PZA S. MARCO · Museo Correr · PAL. DUCALE · Museo archeologico · Rio Del Vin · Cpo S. Zaccaria

Gran Teatro La Fenice · S. Moisè · Procuratie Nuove · La Piazzetta

S. Maurizio · Larga 22 Marzo · TEATRO RIDOTTO · Giardini Reali · Biblioteca Marciana

Campo S. Maurizio · Cpo S. M. Zobenigo · C. del Traghetto

Pal. Corner della Ca'Granda (Prefettura) · PAL. GRITTI

0 ——— 100 m

Londra Palace
Pianta: L2t

riva degli Schiavoni 4171, Castello ✉ 30122
– ☎ 04 15 20 05 33 – www.londrapalace.com – *Chiuso 4-27 gennaio*
52 cam ⛱ – 👤240/600 € 👥250/755 € – **1 suite**
Rist *Do Leoni* – Vedere selezione ristoranti
Affacciato sulla passeggiata più spettacolare di Venezia, all'interno il lusso fa incontrare atmosfere contemporanee con accenni veneziani e mobili Biedermaier. Luce, armonia e viste mozzafiato dalle sue innumerevoli finestre: davanti il mare, dietro tetti e campanili.

The Westin Europa e Regina
Pianta: K2d

corte Barozzi 2159, San Marco ✉ 30124 – ☎ 04 12 40 00 01
– www.westineuropareginavenice.com
169 cam – 👤180/950 € 👥240/1800 € – ⛱ 53 € – **16 suites**
Rist *La Cusina* – Vedere selezione ristoranti
Cinque edifici fusi in un trionfo di marmi, damaschi, cristalli e stucchi negli interni di un hotel affacciato, per altro anche con molti balconi e terrazzi, sul Canal Grande e che offre ottimi confort in ogni settore.

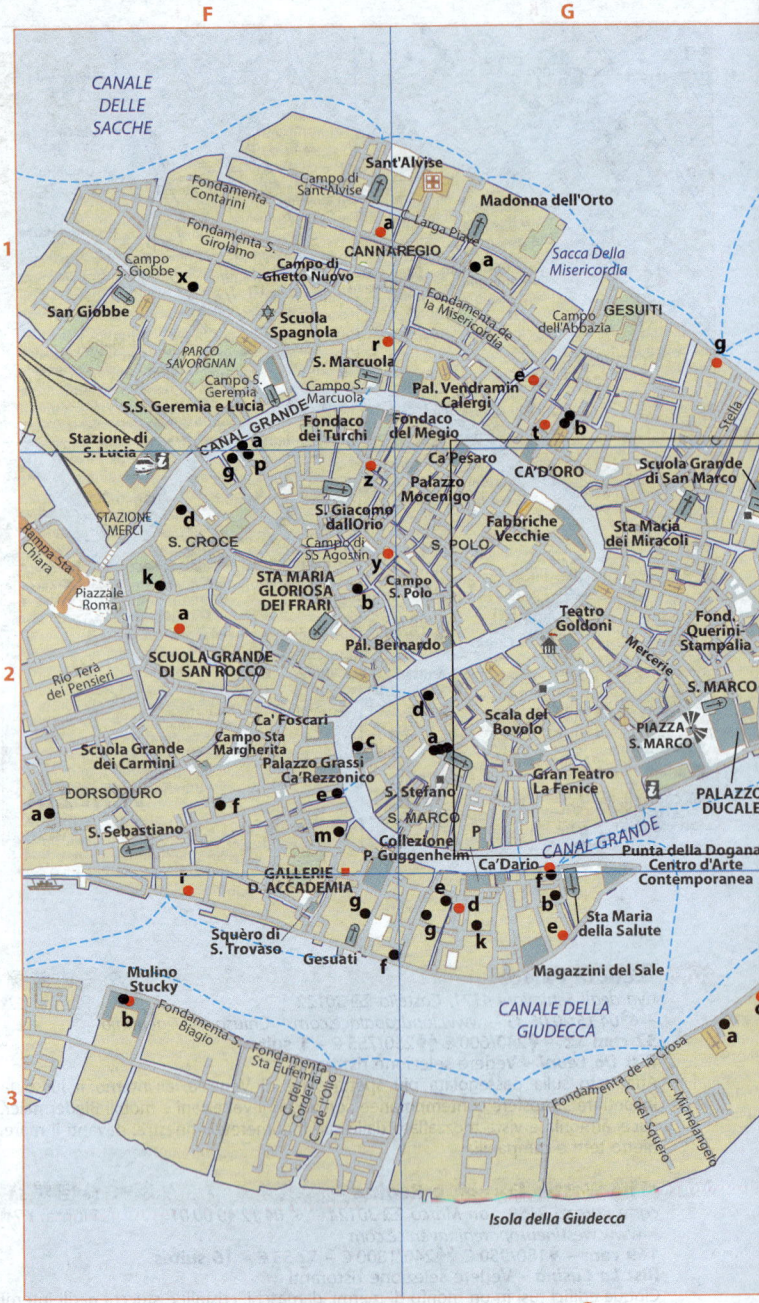

VENEZIA

0 — 300 m

Isola di San Michele

CANALE DELLE FONDAMENTE

Fondamenta Nuove

Santi Giovanni e Paolo

S. Francesco della Vigna

CASTELLO

SCUOLA DALMATA DI SAN GIORGIO DEGLI SCHIAVONI

Canale delle Galeazze

Darsena Grande

ARSENALE

Isola di S. Pietro

S. Zaccaria

b

d a f
u t e
c s

S. Giovanni in Bragora

Museo Storico Navale

Fondamenta della Tana

Campo S. Biagio

PALAZZETTO DELLO SPORT

Riva del Sette Martiri

Fondamenta Sant'Ana

V. Giuseppe Garibaldi

Seco Marina Fondamenta Giuseppe

Isola di S. Elena

S. Giorgio Maggiore

CANALE DI SAN MARCO

Fondazione Giorgio Cini

GIARDINI PUBBLICI

Vle dei Giardini Pubblici

Vle 4 Novembre

Vle Sant'Elena Piave

Isola di San Giorgio Maggiore

h

PARCO DELLE RIMEMBRANZE

Vle Piave

1257

Luna Hotel Baglioni ✿ ⊞ AK ⬥

calle larga dell'Ascensione 1243, San Marco ✉ *30124* — Pianta: K2**p**
– ☎ *04 15 28 98 40* – *www.baglionihotels.com*
75 cam – ♦200/850 € ♦♦200/850 € – ⬥ 35 € – **16 suites**
Già al tempo delle crociate ostello per templari e pellegrini, Luna Hotel Baglioni è oggi una struttura di aristocratica raffinatezza: suite con terrazza, salone con affreschi della scuola del Tiepolo e l'elegante ristorante, Canova, che propone piatti di cucina classica.

Ca' Sagredo ✿ ← ⊞ ⬥ AK

campo Santa Sofia 4198, Ca' D'Oro ✉ *30121* — Pianta: K1**f**
– ☎ *04 12 41 31 11* – *www.casagredohotel.com*
31 cam – ♦300/500 € ♦♦300/500 € – ⬥ 31 € – **11 suites**
Più che un albergo, un museo: tra marmi, stucchi, imponenti scaloni ed enormi affreschi di Tiepolo, Longhi ed altri, rivivrete la leggendaria e aristocratica vita della Serenissima all'interno di un palazzo di origine bizantina. Buona linea di cucina al ristorante con piccolo, ma splendido dehors sul Canal Grande.

Palazzina G ✿ ⊞ AK

San Marco 3247 ✉ *30124* – ☎ *04 15 28 46 44* — Pianta: F2**c**
– *www.palazzinag.com*
22 cam ⬥ – ♦255 € ♦♦1820 € – **7 suites**
Romantico mix di antico e moderno nell'accogliente salone in piacevole penombra, lounge e cuore pulsante che diviene anche sala glamour del ristorante PG's. Abbagliante modernità nelle camere: è l'albergo secondo Philippe Starck, regista della Palazzina G.

Centurion Palace ✿ 🛏 ⊞ ⬥ AK ⬥

Dorsoduro 173 ✉ *30123* – ☎ *04 13 42 81* — Pianta: G2-3**f**
– *www.centurionpalacevenezia.com*
46 cam – ♦880 € ♦♦990 € – ⬥ 33 € – **4 suites**
Rist *Antinoo's Lounge* – Vedere selezione ristoranti
Se cercate un'alternativa al barocco e alla pomposità dello stile veneziano, il Centurion è la vostra meta, qui troverete atmosfere moderne dal design sobrio e raffinato. Alcune camere si affacciano sul Canal Grande.

Ai Reali ✿ 🌊 🛁 ⊞ ⬥ AK ⬥

campo della Fava 5527, Castello ✉ *30124* — Pianta: L1**r**
– ☎ *04 12 41 02 53* – *www.hotelaireali.com*
30 cam ⬥ – ♦180/500 € ♦♦190/500 € – **3 suites**
Rist *Alle Corone* – Vedere selezione ristoranti
In un palazzo seicentesco, le camere sono un affascinante crogiolo di arredi, marmi e tessuti (due sono addirittura affrescate), mentre all'ultimo piano trova spazio un piccolo centro benessere, uno dei pochi in città con anche la beauty.

Monaco e Grand Canal ✿ ← ⊞ ⬥ AK ✹ ⬥

calle Vallaresso 1332, San Marco ✉ *30124* — Pianta: K2**e**
– ☎ *04 15 20 02 11* – *www.hotelmonaco.it*
131 cam – ♦100 € ♦♦880 € – ⬥ 25 € – **8 suites**
Rist *Grand Canal* – Vedere selezione ristoranti
La hall sorprende per qualche inserzione moderna, ma è la seicentesca sala del Ridotto con affreschi originali a stupire gli ospiti. Alcune camere offrono vista sulla Giudecca, mentre tutte propongono arredi classici veneziani "soft". La dépendance, Palazzo Selvadego, consente un certo risparmio con il minimo impegno di 150 metri di camminata: è lo spazio che vi separa dai servizi della casa madre.

Molino Stucky Hilton Venice ✿ ← 🌐 💱 🌊 🛁 ⊞ ⬥ AK ⬥

isola della Giudecca 810, 10 mn di navetta privata dal — Pianta: F3**b**
pontile San Marco ✉ *30133* – ☎ *04 12 72 33 11* – *www.molinostuckyhilton.it*
339 cam ⬥ – ♦169/569 € ♦♦169/569 € – **40 suites**
Rist *Aromi* – Vedere selezione ristoranti
Spettacolare riconversione di un antico mulino, l'imponente edificio in mattoni dal disegno industrial-neogotico ospita camere moderne, alcune affacciate sul canale della Giudecca. Ma la vista migliore è decisamente dal modaiolo Skyline Rooftop Bar! Riuscita via di mezzo tra ristorante e originale cicchetteria, Bacaromi propone specialità della cucina veneta in un ambiente informale.

Bauer Palladio ⚑ ⛱ ⟵ 🛏 🏊 ⅃♿ 🛗 🚭 AC 🅿️

isola della Giudecca ✉ 30133 – 📞 04 15 20 70 22   Pianta: G3**a**
– www.palladiohotelspa.com – Aperto 14 marzo-15 novembre
70 cam 🛏 – 🛉250/1350 € 🛉🛉250/1350 € – **9 suites**
Un vasto e bucolico giardino raddoppia la tranquilla paciosità già garantita
dall'essere sulla Giudecca, indimenticabile se goduto dal servizio all'aperto
del ristorante. Senza dimenticare che il bel palazzo fu disegnato dal famoso
architetto A. Palladio: un tempo convento, dopo anni di abbandono, la struttura ha riguadagnato un proprio posto al sole e oggi è un baluardo della raffinata hôtellerie cittadina.

 Palazzo Giovanelli ⟵ 🛗 ♿ AC 🚭 🅿️

Santa Croce 2070/a ✉ 30135 – 📞 04 15 25 60 40   Pianta: K1**g**
– www.hotelpalazzogiovanelli.com
41 cam 🛏 – 🛉120/380 € 🛉🛉150/650 € – **2 suites**
Nel cinquecentesco palazzo Foscarini Giovanelli dove soggiornò per alcuni mesi
anche Mozart, la risorsa è una riuscita sintesi di antico e moderno, tra soffitti a
cassettoni, wengè e qualche baldacchino in ottone; camere sul Canal Grande,
chiesa di S. Stae o cortile interno.

 Palazzo Stern ⟵ 🛗 ♿ AC

Dorsoduro 2792/a ✉ 30123 – 📞 04 12 77 08 69   Pianta: F2**e**
– www.palazzostern.it
24 cam 🛏 – 🛉115/480 € 🛉🛉170/550 € – **1 suite**
Bel palazzo affacciato sul Canal Grande, di fianco a Cà Rezzonico, caratterizzato da
eleganti spazi comuni con statue e mobili di pregio, nonché lussuose camere personalizzate; piacevole terrazza per la prima colazione.

 Ca Maria Adele ⟵ AC

rio Terà dei Catecumeni 111, Dorsoduro ✉ 30123   Pianta: G3**b**
– 📞 04 15 20 30 78 – www.camariaadele.it – Chiuso 10-27 gennaio
11 cam 🛏 – 🛉330 € 🛉🛉750 € – **1 suite**
Affacciata sulla Chiesa della Salute, un'affascinante e pittoresca dimora veneziana caratterizzata da uno stile prettamente locale, curata e perfezionata dai
due fratelli, i titolari, come fosse casa propria. Lussuose camere, calde e di
grande charme.

 Papadopoli Venezia ⚑ 🛗 AC 🚭 🅿️

Santa Croce 245 ✉ 30135 – 📞 0 41 71 04 00   Pianta: F2**k**
– www.mgallery.com
97 cam – 🛉110/380 € 🛉🛉140/480 € – 🛏 24 € – **5 suites**
Vicino alla stazione, ma in un contesto più tranquillo, circondato dall'acqua e dal
verde, nelle camere ritroverete i classici arredi veneziani. Scenografico ristorante
all'interno di un giardino d'inverno "vestito" di piante; cucina veneta.

 Colombina 🛗 AC 🚭

calle del Remedio 4416, Castello ✉ 30122   Pianta: L2**d**
– 📞 04 12 77 05 25 – www.hotelcolombina.com
32 cam 🛏 – 🛉90/900 € 🛉🛉100/1000 €
Elegante palazzo a due passi da S. Marco, se gli spazi comuni non sono immensi,
le camere vi stupiranno con una profusione di eleganza nonché, quelle ai piani
nobili, straordinari lampadari di Murano.

 Palazzo Sant'Angelo sul Canal Grande ⟵ 🛗 🅿️

San Marco 3878/b ✉ 30124 – 📞 04 12 41 14 52   Pianta: G2**d**
– www.palazzosantangelo.com
8 cam 🛏 – 🛉600/760 € 🛉🛉640/800 € – **6 suites**
Venezia è una città piena di segreti sorprendenti, ma sempre pronti ad essere
svelati... All'interno di un piccolo palazzo direttamente affacciato sul Canal Grande
su cui danno alcune camere (le più gettonate!), una risorsa affascinante, apprezzabile anche per il carattere intimo e discreto.

Ca' Pisani

⌂ ⚕ ⚐ ⟁ ⚑ AC

rio Terà Foscarini 979/a, Dorsoduro ✉ 30123
Pianta: F3**g**
– ☏ 04 12 40 14 11 – www.capisanihotel.it

29 cam 🖵 – ♦135/450 € ♦♦150/600 € – **6 suites**

In una dimora trecentesca, arredi originali in stile art déco, opere futuriste e tecnologia d'avanguardia. Insomma, un inusitato, audace, connubio per un originale design hotel, mentre il ristorante omaggia il pittore Depero: il suo quadro, "La Rivista", ne è infatti un vanto, nonché il nome. A questo punto penserete: e la cucina? Decisamente moderna!

Ca' Nigra Lagoon Resort

⇦ ⚑ AC

campo San Simeon Grande 927, Santa Croce ✉ 30135
Pianta: F2**g**
– ☏ 04 12 75 00 47 – www.hotelcanigra.com

21 cam 🖵 – ♦125 € ♦♦750 €

Introdotto da uno spettacolare duplice giardino, d'ingresso e sul retro per le colazioni sul Canal Grande, l'hotel sia negli spazi comuni sia nelle camere è una raffinata sintesi di stili diversi, antichi e moderni, veneziani ed orientali, con molti oggetti collezionati dai titolari in giro per il mondo.

Locanda Vivaldi

⌂ ⟨ ⚕ AC ⚕

riva degli Schiavoni 4150/52, Castello ✉ 30122
Pianta: H2**u**
– ☏ 04 12 77 04 77 – www.locandavivaldi.it

24 cam 🖵 – ♦150/430 € ♦♦150/550 € – **3 suites**

Apoteosi dello stile veneziano, tendaggi, lampadari e specchi di Murano si susseguono in camere ovattate dagli alti soffitti. Ristorante estivo su terrazza panoramica al terzo piano.

Duodo Palace Hotel

⚕ AC ⚕

calle Minelli 1887/1888, San Marco ✉ 30124
Pianta: K2**c**
– ☏ 04 15 20 33 29 – www.duodopalacehotel.com

38 cam 🖵 – ♦100/500 € ♦♦200/2000 €

A pochi passi dalla Fenice, la signorile dimora seicentesca conserva preziosi stucchi ed affreschi in diverse camere, nonché arredi in sobrio stile veneziano.

Saturnia e International

⌂ ⚕ AC ⚕

calle larga 22 Marzo 2398, San Marco ✉ 30124
Pianta: K2**n**
– ☏ 04 15 20 83 77 – www.hotelsaturnia.it

87 cam 🖵 – ♦135/450 € ♦♦180/600 €

Rist *La Caravella* – Vedere selezione ristoranti

Affacciato sulla strada dello shopping grandi firme, dove ha aperto i battenti il nuovo bar Caravellino, diversi reperti storici dal '500 ad oggi ornano le zone comuni; anche le camere sfoggiano arredi ottocenteschi, ma qui la predilezione va per l'art-déco. Terrazza panoramica.

Ai Mori d'Oriente

⚕ ⚐ AC ⚕

fondamenta della Sensa 3319, Cannaregio ✉ 30121
Pianta: G1**a**
– ☏ 0 41 71 10 01 – www.hotelaimoridoriente.it

29 cam 🖵 – ♦80/800 € ♦♦99/1200 € – **3 suites**

Poco distante dalla chiesa della Madonna dell'Orto che conserva i dipinti del Tintoretto, un albergo dagli originali arredi moreschi ricavato in un palazzo d'epoca - ampliato recentemente con un'ala di nuove camere - dove sembrerà di dormire sospesi tra Oriente ed Occidente.

A la Commedia

⚕ ⚐ AC ⚕

corte del Teatro Goldoni 4596/a, San Marco ✉ 30124
Pianta: K1**c**
– ☏ 04 12 77 02 35 – www.hotelalacommedia.it

33 cam 🖵 – ♦80/450 € ♦♦100/1000 € – **2 suites**

Adiacente al Teatro Goldoni e nelle vicinanze del Ponte di Rialto, eleganza e signorilità regnano sovrane in questa struttura dagli arredi in stile veneziano rivisitati: suggestivo il Roof Top Lounge Bar con terrazza e vista sulla città.

Liassidi Palace

ponte dei Greci 3405, Castello ✉ *30122 – ℰ 04 15 20 56 58*   Pianta: H2**b**
– www.liassidipalacehotel.com
28 cam ⬚ *–* 👤99/499 € 👥👥109/699 € *–* **3 suites**
Edificio della seconda metà di '400, finestre ad archi al piano nobile che si affaccia sulla porta d'acqua del canale. Le camere si presentano con uno stile classico e la personalizzazione di alcuni falsi d'autore alle pareti.

Palace Bonvecchiati

calle dei Fabbri 4680, San Marco ✉ *30124*   Pianta: K2**d**
– ℰ 04 12 96 31 11 – www.palacebonvecchiati.it
190 cam ⬚ *–* 👤380/520 € 👥👥420/700 € *–* **4 suites**
Tra Rialto e San Marco, una struttura di moderna concezione con una vasta gamma di servizi offerti, belle camere ed una zona fitness. La struttura è ampliata e completata dall'accogliente dépendance, l'hotel Bonvecchiati, direttamente collegata al Palace (vi si accede senza uscire) ove troverete una piacevole convivenza di camere in stile veneziano e stanze più contemporanee, nonché il ristorante La Terrazza.

Pensione Accademia-Villa Maravege

fondamenta Bollani 1058, Dorsoduro ✉ *30123*   Pianta: F2**m**
– ℰ 04 15 21 01 88 – www.pensioneaccademia.it
27 cam ⬚ *–* 👤50/180 € 👥👥80/450 €
Rarissimo duplice giardino: antistante, per le colazioni, retrostante, per il riposo, il tutto in un contorno da favola di canali e palazzi storici. Camere eterogenee, il più delle volte in stile veneziano.

Ruzzini Palace

campo Santa Maria Formosa 5866, Castello   Pianta: L1**a**
✉ *30124 Venezia – ℰ 04 12 41 04 47 – www.ruzzinipalace.com*
25 cam ⬚ *–* 👤100/500 € 👥👥200/2000 € *–* **3 suites**
In uno dei più suggestivi contesti cittadini, dormirete in un imponente palazzo di origini cinquecentesche; le camere, in stile classico e affacciate sul campo o su un canale, sono introdotte da un bel salone affrescato al primo piano.

Bisanzio

calle della Pietà 3651, Castello ✉ *30122 – ℰ 04 15 20 31 00*   Pianta: H2**d**
– www.bisanzio.com
40 cam ⬚ *–* 👤80/300 € 👥👥100/330 €
Ambienti sobri, ma ben tenuti, e camere omogenee negli arredi: elementi di distinzione possono essere il terrazzo o le travi a vista.

L'O Venezia-Hotel L'Orologio

riva de l'Ogio 1777, San Polo ✉ *30124 – ℰ 04 12 72 58 00*   Pianta: K1**a**
– www.hotelorologiovenezia.com
41 cam ⬚ *–* 👤160/1000 € 👥👥160/1000 € *–* **2 suites**
Nei pressi del mercato del pesce, un nuovissimo hotel dallo stile insolito a Venezia: asciutto, minimal, cosmopolitan - sebbene caldo - grazie alle luci soffuse ed alle tinte scure. Tanti orologi fanno capolino qua e là.

Giorgione

calle larga dei Proverbi 4587, Cannaregio ✉ *30121*   Pianta: K1**b**
– ℰ 04 15 22 58 10 – www.hotelgiorgione.com
76 cam ⬚ *–* 👤50/300 € 👥👥50/700 €
Nelle vicinanze della Ca' d'Oro, albergo raccolto intorno a una gradevole corte interna con piccola vasca idromassaggio; al suo interno vi si trova un' esposizione di stampe originali del pittore da cui l'albergo mutua il nome. Adiacente si trova l'Osteria Enoteca Giorgione a gestione separata.

Aqua Palace

calle de la Malvasia 5492, Castello ✉ *30124*   Pianta: L1**q**
– ℰ 04 12 96 04 42 – www.aquapalace.it
24 cam ⬚ *–* 👤145 € 👥👥400 €
In un palazzo seicentesco, qui troveranno rifugio coloro che intendono fuggire gli eccessi decorativi barocchi e riposarsi in ambienti sobri, scuri, dalle sfumature dorate e cioccolato.

Concordia 🏨 ⬅ AC

calle larga San Marco 367 – ✉ 30124 – 𝒞 04 15 20 68 66   Pianta: L2**g**
– www.hotelconcordia.com

49 cam 🍽 – ♦110/585 € ♦♦125/600 € – **2 suites**

L'unico albergo che possa vantare una ventina di camere con vista su una delle piazze più belle e famose del mondo: San Marco! Gestito con passione, mantiene al suo interno lo stile veneziano. La Piazzetta è un piccolo wine-bar con specialità di antipasti e pasta fatta in casa.

Corte di Gabriela ⬆ AC ⌖

calle degli Avvocati 3836, San Marco – ✉ 30124 Venezia   Pianta: K2**s**
– 𝒞 04 15 23 50 77 – www.cortedigabriela.com – Chiuso 15 dicembre-31 gennaio

10 cam 🍽 – ♦350 € ♦♦700 €

Piccolo edificio storico, da sempre utilizzato come residenza privata, l'apertura come hotel a fine 2012 ha consegnato ambienti intimi e raccolti, eccellenti spazi arredati con le migliori firme del design mondiale, ma nel rispetto della tradizione veneziana di muri e soffitti.

Palazzo Abadessa 🌿 🖐 AC ⌖

calle Priuli 4011, Cannaregio – ✉ 30121 – 𝒞 04 12 41 37 84   Pianta: G1**b**
– www.abadessa.com

13 cam 🍽 – ♦95/300 € ♦♦100/325 € – **2 suites**

Il sogno di ogni turista in visita a Venezia: preceduto da un incantevole giardino, all'interno di una residenza d'epoca del Cinquecento troverete sontuosi saloni, finestre policrome, lampadari preziosi, arredi d'epoca e affreschi, ma soprattutto una romantica, avvolgente atmosfera.

Flora 🌿 ⌖⌖ ⬆ AC

calle larga 22 Marzo 2283/a, San Marco – 𝒞 04 15 20 58 44   Pianta: K2**f**
– www.hotelflora.it

40 cam 🍽 – ♦130/200 € ♦♦180/295 €

Incantevoli scale liberty, arredi e letti d'epoca nelle camere, raffinati salotti, ma il gioiello è il piccolo cortile con fontana per la prima colazione. Un'oasi retrò in un romantico hotel!

Palazzo Priuli AC

fondamenta de l'Osmarin 4979/B, Castello – ✉ 30122   Pianta: L2**h**
– 𝒞 04 12 77 08 34 – www.hotelpriuli.com

10 cam 🍽 – ♦50/600 € ♦♦55/600 €

Una bella bifora decora la facciata di questo palazzo nobiliare trecentesco, che ospita un elegante albergo. Camere spaziose e tutte diverse. Graziosa saletta per la prima colazione affacciata sul canale.

Casa Verardo ⬆ AC

campo SS. Filippo e Giacomo 4765, Castello – ✉ 30122   Pianta: L2**f**
– 𝒞 04 15 28 61 27 – www.casaverardo.it

21 cam 🍽 – ♦90/298 € ♦♦98/398 €

Cent'anni di attività come albergo, ma il palazzo aristocratico risale al '500 con diverse testimonianze ad illustrarne il glorioso passato; due piani nobili, piccola terrazza e corte interna.

Antiche Figure ⬆ & AC ⌖

fondamenta San Simeon Piccolo 687, Santa Croce – ✉ 30135   Pianta: F2**d**
– 𝒞 04 12 75 94 86 – www.hotelantichefigure.it

12 cam 🍽 – ♦100/300 € ♦♦120/350 €

Di fronte alla stazione ferroviaria, una risorsa non amplissima ma che presenta camere confortevoli, arredi signorili e dotazioni adatte anche alla clientela d'affari; bar con dehors sul Canal Grande.

Paganelli 🍴 ⬆ AC ⌖

riva degli Schiavoni 4182, Castello – ✉ 30122   Pianta: L2**t**
– 𝒞 04 15 22 43 24 – www.hotelpaganelli.com

19 cam 🍽 – ♦60/400 € ♦♦70/450 €

Camere accoglienti, ma solo quattro si affacciano sul panorama più celebre di Venezia, sebbene tutti potranno egualmente apprezzarlo dall'incantevole terrazza comune. Nella dépendance si trova anche il "Sestante", ristorante moderno con bar.

American-Dinesen ⊡ AC

fondamenta Bragadin 628, Dorsoduro ✉ *30123* — Pianta: G3**g**
– ☎ 04 15 20 47 33 – *www.hotelamerican.com*
34 cam ⊡ – ♦70/500 € ♦♦80/600 € – **4 suites**
Lungo un tranquillo canale, signorili spazi comuni con tanto legno e arredi classici, nonché camere in stile veneziano, molte delle quali con terrazzino affacciato sull'acqua; nell'adiacente nuova dépendance 4 camere moderne.

 Al Codega ⊡ AC

corte del Forno Vecchio 4435, San Marco ✉ *30124* — Pianta: K2**a**
– ☎ 04 12 41 32 88 – *www.alcodega.it*
28 cam ⊡ – ♦80/210 € ♦♦110/355 €
In questo palazzo ottocentesco si fanno a volte i conti con la scarsa metratura, ma non con l'eleganza: parquet, tappezzeria e travertino persiano nei bagni. Se disponibili, vi consigliamo di prenotare le camere che si affacciano sul campiello.

 Montecarlo ⊡ AC

calle dei Specchieri 463, San Marco ✉ *30124* — Pianta: L2**c**
– ☎ 04 15 20 71 44 – *www.venicehotelmontecarlo.com*
48 cam ⊡ – ♦71/280 € ♦♦89/380 €
Nei pressi di piazza S. Marco, moderne tecnologie trovano comunque spazio in un hotel che narra la storia della città attraverso le decorazioni dei maestri vetrai di Murano e mobili originali dell'800; camere di ottimo livello, arredate con gusto.

 Canal Grande Ⓝ ⟨ ⊡ ♿ AC ⌀

campo San Simeon Grande 932, Santa Croce ✉ *30124* — Pianta: F1**a**
– ☎ 04 12 44 01 48 – *www.hotelcanalgrande.it*
13 cam ⊡ – ♦120/350 € ♦♦140/400 € – **2 suites**
Come il nome lascia intendere, questo gradevole albergo in stile veneziano si trova proiettato sul celebre canale garantendone così la bella vista. Ai più romantici consigliamo di prenotare una delle due camere con letto a baldacchino.

 La Calcina Ⓝ ⌀ ⟨ AC

fondamenta zattere ai Gesuati 780, Dorsoduro ✉ *30123* — Pianta: F3**f**
– ☎ 04 15 20 64 66 – *www.lacalcina.com*
26 cam ⊡ – ♦80/200 € ♦♦100/380 €
Se immaginate che il vostro vicino di stanza sia uno scrittore, probabilmente non vi sbagliate: Ruskin soggiornò qui nell'Ottocento e da allora la pensione è rimasta impregnata di uno spirito letterario, romantico e retrò che piano piano viene rilanciato con lavori dalla nuova gestione. Oltre la cucina, il pezzo forte del ristorante la Piscina è la splendida terrazza sulla Giudecca.

 Ai Due Fanali ⊡ AC ⌀

campo San Simeon Grande 946, Santa Croce ✉ *30135* — Pianta: F1-2**p**
– ☎ 04 41 71 84 90 – *www.aiduefanali.com*
16 cam ⊡ – ♦85/228 € ♦♦100/250 €
Piccolo hotel non lontano dalla stazione dei treni, non offre grandi spazi comuni, ma certamente camere confortevoli e curate; sul tetto, un'altana per le colazioni quando il tempo è clemente.

 Antico Doge AC ⌀

campo Santi Apostoli 5643, Cannaregio ✉ *30121* — Pianta: K1**e**
– ☎ 04 12 41 15 70 – *www.anticodoge.com* – Chiuso 7-28 gennaio
20 cam ⊡ – ♦80/380 € ♦♦80/530 €
In uno dei palazzi più antichi di Venezia, la dimora (abitata anche dal doge Falier) risale all'Ottocento e custodisce camere ovattate avvolte da tappezzeria, stucchi, travi a vista e arredi d'epoca. Su due piani, ma senza ascensore.

 Locanda Fiorita AC ⌀

campiello Novo 3457/A, San Marco ✉ *30124* — Pianta: G2**a**
– ☎ 04 15 23 47 54 – *www.locandafiorita.com*
10 cam ⊡ – ♦80/170 € ♦♦100/190 €
Nelle vicinanze di Palazzo Grassi, un indirizzo valido con accoglienti camere arredate in stile veneziano. Non ci sono spazi comuni per cui la colazione si consuma in camera, in estate invece all'aperto davanti ad un suggestivo campiello.

Campiello ⊞ AC ⌖

calle del Vin 4647, Castello ✉ *30122 – 𝒞 04 15 20 57 64*   Pianta: L2**b**
– www.hcampiello.it – Chiuso gennaio
15 cam ⌑ – ♥55/200 € ♥♥60/300 €
Nei pressi di Piazza San Marco e a pochi metri da Riva degli Schiavoni, arredi classici d'albergo o in stile veneziano in un edificio del XVI secolo. Prezzi particolarmente convenienti in bassa stagione.

Tiziano 🔗 AC

calle Rielo 1873, Dorsoduro ✉ *30123 – 𝒞 04 12 75 00 71*   Pianta: F2**a**
– www.hoteltizianovenezia.it – Chiuso 6-20 gennaio
14 cam ⌑ – ♥80/350 € ♥♥100/400 €
Ideale per chi vuole evitare le masse turistiche e preferisce scoprire la città dei veneziani; camere accoglienti affacciate su un canale o su una piazzetta.

Commercio e Pellegrino ⊞ AC ⌖

calle della Rasse 4551/A, Castello ✉ *30122*   Pianta: L2**c**
*– 𝒞 04 15 20 79 22 – www.commercioepellegrino.com – Chiuso
dicembre-gennaio*
25 cam ⌑ – ♥60/200 € ♥♥80/290 €
Semplice, funzionale e con una strategica posizione, a ridosso di Piazza San Marco: la gestione è motivata e si adopera per mantenere sempre aggiornata questa graziosa struttura dai pochi spazi comuni, ma dal buon confort generale.

Bridge AC ⌖

campo SS. Filippo e Giacomo 4498, Castello ✉ *30122*   Pianta: L2**e**
– 𝒞 04 15 20 52 87 – www.hotelbridge.com
10 cam ⌑ – ♥45/150 € ♥♥60/230 €
Vicino a piazza S. Marco, un bell'esempio di ricupero strutturale, con un'ottima zona notte: travi a vista al soffitto e arredi in stile nelle camere curate.

Oltre il Giardino 🌿 🌳 AC ⌖

San Polo 2542 ✉ *30125 – 𝒞 04 12 75 00 15*   Pianta: F2**b**
– www.oltreilgiardino-venezia.com – Chiuso 4 gennaio-7 febbraio
6 cam ⌑ – ♥150/220 € ♥♥180/250 €
Oltre il giardino ombreggiato, dove godersi la prima colazione e momenti di straordinario relax, un piccolo angolo magico tra un piccolo rio e la Basilica dei Frari: una casa signorile con camere sobrie eppure signorili, ognuna con una sua accogliente atmosfera ed uno stile più che retro, fuori dal tempo.

Novecento AC

calle del Dose da Ponte 2683/84, San Marco ✉ *30124*   Pianta: K2**x**
– 𝒞 04 12 41 37 65 – www.novecento.biz
9 cam ⌑ – ♥106/406 € ♥♥126/420 €
Lungo una calle centrale, ma più tranquilla, la struttura nasce come un tentativo di rinnovare gli antichi legami tra la città e l'oriente: ovunque, dagli spazi comuni alle camere, si ritrovano arredi e suppellettili asiatici e arabi. C'è anche un piccolo cortile per le colazioni.

Charming House DD 724 ⊞ AC

ramo da Mula 724, Dorsoduro ✉ *30123 – 𝒞 04 12 77 02 62*   Pianta: G3**e**
– www.thecharminghouse.com
6 cam ⌑ – ♥150/250 € ♥♥200/550 €
Opere pittoriche si integrano con dettagli high-tech, come la saletta della musica, in questa raffinata casa dal design contemporaneo. Dall'unica camera con terrazzino la vista che vi si propone è quella dell'incantevole giardino della Peggy Guggenheim Collection.

Settimo Cielo e Bloom AC ⌖

campiello Santo Stefano, San Marco 3470 ✉ *30124*   Pianta: G2**a**
– 𝒞 34 01 49 88 72 – www.bloom-venice.com
6 cam ⌑ – ♥168/264 € ♥♥198/289 €
Durante la bella stagione la curata terrazza all'ultimo piano, vi darà veramente l'impressione di essere al settimo cielo… Tutto l'anno, il confort e l'eleganza di un'accogliente casa in verticale: le scale sono molte, ma ne vale la pena!

La Residenza `AC` `⌀`

campo Bandiera e Moro 3608, Castello ✉ *30122* Pianta: H2**a**
– ☏ 04 15 28 53 15 – www.venicelaresidenza.com
14 cam ⌖ *– ♦55/140 € ♦♦85/250 €*

Affacciato su uno dei più romantici campi veneziani su cui dà la Chiesa della Bragora dove venne battezzato Vivaldi, La Residenza è uno straordinario palazzo quattrocentesco; all'interno, suggestivo salone stuccato del '700 per le colazioni e camere più semplici.

Locanda Art Déco `AC`

calle delle Botteghe 2966, San Marco ✉ *30124* Pianta: G2**a**
– ☏ 04 12 77 05 58 – www.locandaartdeco.com
6 cam ⌖ *– ♦60/150 € ♦♦70/200 €*

In una calle con tanti negozi d'antiquariato, confortevole locanda i cui interni s'ispirano a quella corrente artistica che tanto si diffuse agli inizi del '900, l'art déco. Le camere sono distribuite su 3 piani senza ascensore.

Locanda la Corte `✿` `&` `AC`

calle Bressana 6317, Castello ✉ *30122 – ☏ 04 12 41 13 00* Pianta: L1**p**
– www.locandalacorte.it
16 cam ⌖ *– ♦80/140 € ♦♦90/180 €*

Prende nome dal pittoresco cortile interno, sorta di "salotto all'aperto", intorno a cui si sviluppa e dove d'estate si fa colazione; stile veneziano nelle stanze.

Locanda Ca' del Brocchi `✿` `AC` `⌀`

rio Terà San Vio 470, Dorsoduro ✉ *30123* Pianta: G3**k**
*– ☏ 04 15 22 69 89 – www.cadelbrocchi.com – Chiuso 8-27 dicembre e
7-29 gennaio*
6 cam ⌖ *– ♦60/200 € ♦♦60/250 €*

In una zona tranquilla ed elegante del sestiere Dorsoduro, le camere, al 1° piano senza ascensore, riproducono lo stile della Venezia settecentesca, tra tessuti e lampadari di Murano.

Dimora Marciana `AC` `⌀`

calle Bognolo 1604, San Marco ✉ *30124 – ☏ 04 15 22 07 55* Pianta: K2**b**
– www.dimoramarciana.com
6 cam ⌖ *– ♦60/170 € ♦♦60/220 €*

A pochi passi da piazza San Marco, piacevole risorsa con camere spaziose e ben accessoriate. Prezzi interessanti, considerata la città!

Cà Dogaressa `AC` `⌀`

fondamenta di Cannaregio 1018 ✉ *30121* Pianta: F1**x**
– ☏ 04 12 75 94 41 – www.cadogaressa.com – Chiuso gennaio
6 cam ⌖ *– ♦50/170 € ♦♦50/170 €*

Vicino al Ghetto, dove si respira l'aria di una Venezia autentica, questa locanda dispone di camere eleganti, alcune affacciate sul canale di fronte al quale si fa colazione nella bella stagione.

Locanda Casa Querini `✿` `AC`

campo San Giovanni Novo 4388, Castello ✉ *30122* Pianta: L2**n**
*– ☏ 04 12 41 12 94 – www.locandaquerini.com – Chiuso 23-27 dicembre e
7-27 gennaio*
6 cam ⌖ *– ♦40/150 € ♦♦40/600 €*

Cordiale gestione al femminile per una sobria locanda di poche stanze, confortevoli e di buona fattura, con tessuti in stile veneziano. Durante la bella stagione, il caratteristico, quieto campiello che ospita la struttura, accoglie gli ospiti per la prima colazione.

Locanda Cà le Vele `AC` `⌀`

calle delle Vele 3969, Cannaregio ✉ *30131* Pianta: G1**b**
– ☏ 04 12 41 39 60 – www.locandalevele.com – Chiuso 4 gennaio-4 febbraio
6 cam ⌖ *– ♦60/170 € ♦♦80/270 €*

Soggiorno suggestivo in queste poche camere ricavate da un palazzo del '500, tutte arredate in stile veneziano, le più ambite sono le tre che regalano la vista di un canale. Non ci sono spazi comuni: la colazione si consuma in camera.

🏠 Casa Rezzonico ⚹ AC ✦

fondamenta Gherardini 2813, Dorsoduro ✉ *30123* Pianta: F2**f**
– ☎ 04 12 77 06 53 – www.casarezzonico.it
6 cam ☐ *– ♦55/140 € ♦♦60/180 €*
In una zona più tranquilla e residenziale, le camere, con letti dalle eleganti testiere, si affacciano sul canale o sul giardino, dove si serve anche la prima colazione nella bella stagione: una rarità a Venezia!

● Ristoranti

XXXX Oro Restaurant – Belmond Hotel Cipriani ⚹⚹ ≪ ⚹ AC ✦
❀
isola della Giudecca 10, 5 mn di navetta privata dal pontile Pianta: H3**h**
San Marco ✉ *30133 – ☎ 0 41 24 08 01 – www.belmond.com – Aperto*
17 marzo-13 novembre
Carta 122/164 € – (consigliata la prenotazione)
Se l'oro è un metallo di gran valore che scorre nel DNA di Venezia, il ristorante ne ha fatto di tale colore il rivestimento del soffitto. Non di meno - a livello di pregio - si eleva la sua cucina grazie ad un cuoco italiano dall'eccellente curriculum internazionale: rispetto delle materie prime, purezza dei sapori e belle coreografie nei piatti.
→ Tortelli di foie gras con ristretto di cime di rapa alla colatura di alici. Branzino all'extravergine, estratto di peperone e pili-pili di alici. Soufflé all'albicocca e cardamomo.

XXXX Met – Hotel Metropole ⚹⚹ ⚹ AC ✦
❀
riva degli Schiavoni 4149, Castello ✉ *30122* Pianta: H2**t**
– ☎ 04 15 24 00 34 – www.hotelmetropole.com – Chiuso 11-25 gennaio e lunedì
Menu 135/190 € – Carta 98/179 € – (solo a cena escluso sabato e domenica)
Impreziosita da originali lampadari in vetro di Murano e sfumature color cioccolato, la cucina si apre in due come un libro: i classici più celebri da una parte, la loro rivisitazione in chiave creativa dall'altra, ai clienti la scelta.
→ Spaghetti, erbe e fumo contemporaneo. Maialino arrosto tradizionale. Sorprendente dessert "Omaggio all'Arte" servito al cliente sulla superficie del tavolo.

XXXX La Cusina – Hotel The Westin Europa e Regina ≪ ⚹ AC ⇔
corte Barozzi 2159, San Marco ✉ *30124 – ☎ 04 12 40 00 01* Pianta: K2**d**
– www.lacusina.it
Menu 50/115 € – Carta 91/165 €
L'eleganza del ristorante è consona alla cornice prestigiosa in cui si trova (i tavoli più ambiti si affacciano sul Canal Grande), mentre la cucina mette nei piatti specialità lagunari e cosmopolite. A mezzogiorno la carta si fa più semplice.

XXX De Pisis – Bauer Palazzo Hotel ⚹ AC ✦
campo San Moisè 1459, San Marco ✉ *30124* Pianta: K2**h**
– ☎ 04 15 20 70 22 – www.bauerhotels.com
Carta 96/124 €
All'interno, un grande dipinto dell'omonimo pittore domina la sala; all'esterno, un romantico servizio con vista sulla chiesa della Salute. Sempre, una cucina moderna equamente divisa tra carne e pesce.

XXXX Terrazza Danieli – Hotel Danieli ≪ ⚹ AC ✦
riva degli Schiavoni 4196, Castello ✉ *30122* Pianta: L2**a**
– ☎ 04 15 22 64 80 – www.terrazzadanieli.com
Carta 110/182 €
Specchi e tessuti impreziosiscono i lussuosi interni, ma è il servizio in terrazza a costituire il fiore all'occhiello del ristorante con una vista mozzafiato a 180° sulla laguna, le isole e i campanili.

XXXX Club del Doge – Hotel The Gritti Palace ⚹ ⚹ AC ✦
campo Santa Maria del Giglio 2467, San Marco ✉ *30124* Pianta: K2**g**
– ☎ 0 41 79 46 11 – www.clubdeldoge.com
Carta 89/200 €
In un'atmosfera di rara raffinatezza e romanticismo, custodita in sale dall'inconfondibile sapore veneziano, i caratteri della gastronomia locale ritornano anche in molti piatti accanto ad alcune proposte più moderne. La terrazza sul Canal Grande è una delle più ambite in città, mentre cocktail e cicchetti sarà una gioia consumarli al Bar Longhi dall'intrigante parete a specchio!

XXX ⮞ **Quadri** (Massimiliano Alajmo)

piazza San Marco 120 (primo piano) ✉ *30124* — Pianta: L2**y**
– ☏ *04 15 22 21 05 – www.alajmo.it – Chiuso lunedì*
Menu 170/235 € – Carta 119/220 €
Sotto la "regia" di una nota famiglia di ristoratori padovani, gli Alajmo, il locale è una sorta di "monumento gastronomico" della città; un trionfo di stucchi, vetri di Murano e tessuti preziosi, all'interno di uno dei palazzi più fotografati di Venezia. In menu: piatti intriganti e creativi, che mettono in risalto i prodotti della laguna, evidenziando la chiara impronta italiana. Al pian terreno, accanto al bar, abc Quadri è il ristorante informale con proposte più tradizionali e prezzi più contenuti.
➜ Risotto di seppie al nero con piselli e ricci di mare. Astice al vapore con pure' aspro all'olio e salsa di crescione. Cassata veneziana.

XXX **Cip's Club** – Belmond Hotel Cipriani

isola della Giudecca, 5 mn di navetta privata dal pontile San — Pianta: G3**c**
Marco ✉ *30133* – ☏ *04 15 20 77 44 – www.belmond.com – Aperto*
17 marzo-13 novembre
Carta 96/126 € – *(solo a cena)*
E' il ristorante più "informale" ed intimo del Cipriani, con un'ambitissima terrazza panoramica estiva sul canale della Giudecca; cucina veneta, piatti stagionali e una pagina dedicata ai classici della casa.

XXX **Dopolavoro** Ⓝ – Hotel JW Marriott Venice Resort & Spa

isola delle Rose, 25 mn di navetta privata dal pontile di San Marco
– ☏ *04 12 96 81 11 – www.jwvenice.com – Aperto 1° marzo-31 ottobre*
Carta 109/182 € – *(chiuso domenica) (solo a cena)* (consigliata la prenotazione)
E' Giancarlo Perbellini, una garanzia, a tirare i fili di questo nuovo ristorante che ha come palcoscenico un'isola privata: l'isola delle Rose, nel capoluogo lagunare. E dopo una giornata di "lavoro", nell'accezione più vasta del termine – business o visita della città – in un edificio del '36, vi attendono ricette gourmet personali, gustose, intelligentemente alleggerite: come solo un grande sa fare!
➜ Ricciola marinata con emulsione di cozze al gratin. Ravioli ripieni di latte cagliato, limone candito, gamberi marinati e capperi. Crema di riso al latte, albicocche, mandorle e rosmarino.

XXX **Osteria da Fiore** (Mara Zanetti)

calle del Scaleter 2202/A, San Polo ✉ *30125* — Pianta: F2**y**
– ☏ *04 17 21 30 08 – www.dafiore.net – Chiuso 8-21 gennaio, 8-25 agosto,*
domenica e lunedì
Menu 50 € (pranzo)/140 € – Carta 75/143 €
Osteria nel nome, in realtà un elegante ristorante con due romantici tavoli affacciati sul canale: chi ama la cucina veneziana qui si sentirà a casa, la signora Mara, con sapienza, riesce a far convivere la tradizione lagunare col proprio tocco personale.
➜ Ravioli ripieni di pesce bianco, verdurine di stagione e ragù d'astice. Filetto di branzino all'aceto balsamico. Tortino di cioccolato al rhum con crema di caffè.

XXX **Grand Canal** – Hotel Monaco e Grand Canal

calle Vallaresso 1332, San Marco ✉ *30124* — Pianta: K2**e**
– ☏ *04 15 20 02 11 – www.hotelmonaco.it*
Carta 72/106 €
Approfittate della bella stagione per sistemarvi su un'incantevole terrazza, a pochi metri dall'acqua, con vista sulla Giudecca. Cucina veneta, italiana e internazionale, c'è spazio per tutte le esigenze.

XXX **Do Leoni** – Hotel Londra Palace

riva degli Schiavoni 4171, Castello ✉ *30122* — Pianta: L2**t**
– ☏ *04 15 20 05 33 – www.londrapalace.com – Chiuso 4-27 gennaio*
Carta 84/124 €
Da sempre crocevia della clientela internazionale del Londra Palace, la cucina affronta con stile classico tanto le specialità venete quanto quelle nazionali. A pranzo la carta è completata dall'aggiunta di alcune scelte più semplici e meno impegnative.

XXX **Alle Corone** – Hotel Ai Reali   ♿ AC %

campo della Fava 5527, Castello ✉ *30124*   Pianta: L1**r**
– ☎ *04 12 41 02 53* – www.hotelaireali.com
Carta 41/113 € – (prenotazione obbligatoria)
Vista su un canale dalle finestre di questo ottimo ristorante d'albergo, dove
gustare una cucina moderna di stampo italiano e veneziano, o - a pranzo
- anche un secondo menu light. A completare l'offerta, la saletta nella cantina
con formula "osteria": taglieri, crudità di pesce e tanto vino.

XXX **Antinoo's Lounge** – Hotel Centurion Palace   AC

Dorsoduro 173 ✉ *30124* – ☎ *04 13 42 81*   Pianta: G2-3**f**
– www.centurionpalacevenezia.com
Menu 90 € – Carta 69/133 €
Ispirato ad un design moderno e raffinato, la scelta oscilla fra due sale, una rossa
e una bianca, con affacci sul Canal Grande. Per tutti una cucina creativa con
pochi, romantici tavoli vicino all'acqua in estate.

XXX **Ai Mercanti**   AC %

corte Coppo 4346/A, San Marco ✉ *30124*   Pianta: K2**u**
– ☎ *04 15 23 82 69* – www.aimercanti.com – *Chiuso lunedì a mezzogiorno*
e domenica
Carta 35/59 €
Celato in una piccola corte del centro - nero e beige dominano l'aspetto moderno
dell'ultimo rinnovo - signorile ed elegante, non privo di calore. Cucina di stampo
moderno, sia di carne sia di pesce.

XX **Riviera** Ⓜ   AC

fondamenta zattere al Ponte Longo 1473, Dorsoduro   Pianta: F3**r**
✉ *30123* – ☎ *04 15 22 76 21* – www.ristoranteriviera.it – *Chiuso*
11 gennaio-12 febbraio e lunedì
Carta 64/140 €
Splendido dehors fronte Giudecca e gradevoli, quanto eleganti, interni dal mood
retrò per un'ottima tavola che si divide tra terra e mare, ma che non si scorda mai
di coniugare gusto e leggerezza.

XX **La Caravella** – Hotel Saturnia e International   AC

calle larga 22 Marzo 2397, San Marco ✉ *30124*   Pianta: K2**n**
– ☎ *04 15 20 89 01* – www.restaurantlacaravella.com
Menu 48/92 € – Carta 66/115 €
In un caratteristico locale che ricorda gli interni di un'antica caravella, una cucina
classica con piatti di stagione. D'estate, servizio all'aperto in un cortile veneziano.

XX **Il Ridotto**   AC

✿ *campo SS. Filippo e Giacomo, Castello 4509* ✉ *30122*   Pianta: L2**k**
– ☎ *04 15 20 82 80* – www.ilridotto.com – *Chiuso giovedì a mezzogiorno e*
mercoledì
Menu 28 € (pranzo)/80 € – Carta 64/122 € – (coperti limitati, prenotare)
Una delle più interessanti realtà cittadine: cucina di ricerca, sofisticata, ma non
artificiosa o con inutili provocazioni. Sostanza e innovazione si accompagnano
alle tradizione venete.
➜ Zuppa di caciucco con pasta mista al profumo di limone verde. Piccione in
due cotture e raviolo con le sue interiora e riduzione di Porto. Cocco, cioccolato
e lamponi.

XX **Hostaria da Franz**   AC %

salizzada Sant'Antonin, Castello 3499 ✉ *30122*   Pianta: H2**f**
– ☎ *04 15 22 08 61* – www.hostariadafranz.com – *Chiuso 3 settimane in gennaio*
e 1 settimana in luglio
Menu 35 € (pranzo in settimana) – Carta 65/87 €
Locale elegante tra boiserie e lampadari di Murano, il tono si fa più informale nel-
l'ordinazione a voce che si declina secondo l'offerta quotidiana del pesce con
piatti dal gusto locale ed alcuni leggeri tocchi moderni.

XX **Aromi** – Hotel Molino Stucky Hilton ⌂ &. AC ⌀
isola della Giudecca 810, 10 mn di navetta privata dal Pianta: F3**b**
pontile San Marco ✉ 30133 – ✆ 04 12 72 33 16 – www.molinostuckyhilton.com
– Aperto 25 aprile-31 ottobre
Carta 67/116 € – (solo a cena)
Locale moderno ed accogliente, offre sicuramente il meglio di sé nella piazzetta
di fronte all'ingresso che si trasforma in un bel servizio all'aperto panoramico. La
sua cucina risulta moderna e fresca al tempo stesso.

XX **Al Vecio Fritolin** AC
calle della Regina, Rialto 2262 ✉ 30125 – ✆ 04 15 22 28 81 Pianta: K1**a**
– www.veciofritolin.it – Chiuso martedì a mezzogiorno e lunedì
Menu 40 € – Carta 54/80 €
Sin dal 1800 in un luogo dove i veneziani potevano trovare il pesce
fritto da asporto chiamato "scartosso de pesse". Situato in un palazzo del '500,
nei possedimenti di Caterina Cornaro, regina di Cipro, il locale ha perpetuato l'antica tradizione, attualizzando la cucina regionale alle esigenze più moderne e
coniugando l'anima del ristorante ad un'atmosfera da trattoria.

XX **Lineadombra** ⸖ ⌂ &. AC
ponte dell'Umiltà 19, Dorsoduro ✉ 30123 Pianta: G3**e**
– ✆ 04 12 41 18 81 – www.ristorantelineadombra.com – Aperto
6 marzo-21 novembre; chiuso martedì escluso giugno-settembre
Carta 57/95 €
Per chi vuole sfuggire alla tradizione, è uno dei pochi ristoranti veneziani a proporre una cucina contemporanea; stile minimal all'interno, diventa romantico
d'estate quando si mangia su una zattera-palafitta affacciata sul canale della Giudecca.

XX **Al Covo** ⌂ AC ⇔
campiello della Pescaria 3968, Castello ✉ 30122 Pianta: H2**s**
– ✆ 04 15 22 38 12 – www.ristorantealcovo.com – Chiuso 3 settimane in
gennaio, 1 settimana in agosto, mercoledì e giovedì
Menu 45 € (pranzo)/78 € – Carta 54/97 €
All'insegna di un'autentica ospitalità familiare, ecco uno dei migliori ristoranti di
Venezia che fa dei prodotti di nicchia e di ricerca - in prevalenza mare - la propria bandiera.

XX **Bistrot de Venise** ⸖ ⇔ ⌂ AC ⌀
calle dei Fabbri 4685, San Marco ✉ 30124 Pianta: K2**m**
– ✆ 04 15 23 66 51 – www.bistrotdevenise.com – Chiuso 24-26 dicembre
Menu 68/95 € – Carta 58/106 € – (consigliata la prenotazione)
2 cam ⌷ – ♦130/250 € ♦♦150/300 €
Cucina veneziana contemporanea, con qualche proposta di piatti d'epoca, in
salette avvolte da velluti rossi e dalla musica classica. Tante bottiglie al bicchiere
e possibilità d'acquisto a prezzi scontati. Al piano superiore due belle camere in
stile locale.

XX **Ai Gondolieri** AC ⇔
fondamenta de l'Ospedaletto 366, Dorsoduro ✉ 30123 Pianta: G3**d**
– ✆ 04 15 28 63 96 – www.aigondolieri.it – Chiuso martedì
Carta 61/106 €
Alle spalle del museo Guggenheim, un locale rustico con tanto legno alle pareti,
che propone un fantasioso menù solo di terra legato alla tradizione classica e
veneta.

XX **L' Osteria di Santa Marina** ⌂ AC ⌀
campo Santa Marina 5911, Castello ✉ 30122 Pianta: L1**m**
– ✆ 04 15 28 52 39 – www.osteriadisantamarina.com
– Chiuso 18 gennaio-1° febbraio, lunedì a mezzogiorno e domenica
Menu 70 € – Carta 55/96 €
Il biglietto da visita è un'incantevole credenza vecchio stile, ma il ricordo più vivo
lo lascerà la cucina: niente di turistico, ma una gustosa ricerca di ottimi prodotti
con menzione speciale per i dolci.

Osteria Alle Testiere   AC ✗

calle del Mondo Novo 5801, Castello ✉ *30122*   Pianta: L1**g**
*– ☎ 04 15 22 72 20 – www.osterialletestiere.it – Chiuso 20 dicembre-13 gennaio,
26 luglio-26 agosto, domenica e lunedì*
Carta 57/82 € – (prenotare)
A partire dalla vetrina - sino alla sala e ai 10 tavolini che la arredano - è tutto
minuscolo in questa bella osteria... salvo la qualità del cibo preparato in chiave
leggermente moderna e, soprattutto, dall'esito convincente. Un "bacaro" raffinato!

Ribot   AC

fondamenta Minotto 160, Santa Croce ✉ *30135*   Pianta: F2**a**
*– ☎ 04 15 24 24 86 – www.ristoranteribot.com – Chiuso 10-25 gennaio, sabato a
mezzogiorno e domenica*
Menu 20 € (pranzo in settimana) – Carta 46/85 €
Non lontano dalla stazione ferroviaria, locale accogliente e curato dove gustare
una cucina di buona qualità a prezzi contenuti (proposta di diverse formule economiche). La sera, il ristorante allieta i propri ospiti con musica dal vivo.

Algiubagiò   AC

fondamenta Nove 5039, Cannaregio ✉ *30124 Venezia*   Pianta: G1**g**
*– ☎ 04 15 23 60 84 – www.algiubagio.net – Chiuso 15 giorni in gennaio e
martedì escluso aprile-ottobre*
Menu 35/150 € – Carta 48/98 €
Antico e moderno fusi insieme: in un'ex stalla di palazzo Donà, anche la cucina
parte dalla tradizione per giungere ad elaborazioni più moderne, sia di carne che
di pesce. D'estate, fantastica terrazza all'aperto sulla laguna.

Wildner ⓝ   ⇦ ⟨ AC

riva degli Schiavoni 4161, Castello ✉ *30122*   Pianta: H2**c**
– ☎ 04 15 22 74 63 – www.hotelwildner.com – Chiuso 10-31 gennaio
Carta 40/91 € – (chiuso martedì)   **16 cam** ⌂ – †170 € ††350 €
La Pensione Wildner vanta una storia ultracentenaria, mentre l'attuale gestione
familiare è presente da circa 60 anni: per il piacere dei propri ospiti propone
imperterrita una cucina fortemente legata al territorio. Le camere - arredate in
stile veneziano - danno per una parte sul mare, per l'altra sui tetti del centro.

Vini da Gigio   88 AC

fondamenta San Felice 3628/a, Cannaregio ✉ *30121*   Pianta: G1**e**
*– ☎ 04 15 28 51 40 – www.vinidagigio.com – Chiuso 3 settimane in
agosto, lunedì e martedì*
Carta 45/66 €
Una trattoria familiare dove il benessere e la convivialità sono all'ordine del
giorno, così come la qualità della cucina: piatti veneti di terra e di mare, ma la
fama del locale è legata anche al bell'approccio della carta dei vini, fonte d'ispirazione per la scelta di bottiglie o singoli bicchieri.

Trattoria Ca' d'oro-Alla Vedova   AC

ramo Ca' D'Oro a Cannaregio 3912 ✉ *30100*   Pianta: G1**t**
*– ☎ 04 15 28 53 24 – Chiuso 25 luglio-25 agosto, domenica a
mezzogiorno e giovedì*
Carta 30/35 € – (consigliata la prenotazione)
Locale storico dal fascino retrò e gestito dalla stessa famiglia dalla fine dell'Ottocento, propone una carta ristretta di piatti veneziani, in prevalenza pesce, ma le
polpette di carne in città sono ormai una leggenda.

Trattoria alla Madonna   AC

calle della Madonna 594, San Polo ✉ *30125*   Pianta: K1**h**
*– ☎ 04 15 22 38 24 – www.ristoranteallamadonna.com – Chiuso gennaio e
mercoledì*
Carta 28/51 €
Rumorosa, affollata, vociante: una trattoria popolare che miete successo da
decenni; sei sale, quaranta dipendenti e tanta cucina locale, con carne e pesce in
egual misura.

✗ Antiche Carampane ⛲ AK

rio Terà delle Carampane 1911, San Polo ✉ *30124*   Pianta: K1**c**
– 𝒞 04 15 24 01 65 – www.antichecarampane.com – Chiuso 7-17 gennaio,
23 luglio-17 agosto, domenica e lunedì
Carta 49/78 € – (consigliata la prenotazione la sera)
Fedele al genere trattoria da più di cent'anni, familiare e conviviale, la qualità
della cucina è, in ogni caso, il primo motivo per sceglierlo: pur rimanendo fedele
alle proposte ittiche veneziane, si propongono anche alcuni piatti attuali.

✗ Corte Sconta ⛲ AK

calle del Pestrin 3886, Castello ✉ *30122 – 𝒞 04 15 22 70 24*   Pianta: H2**e**
– www.cortescontavenezia.it – Chiuso 11 gennaio-2 febbraio,
26 luglio-18 agosto, domenica e lunedì
Carta 53/83 €
Piacevole locale inizio secolo, nato come bottiglieria, con una vite centenaria a pergolato nella corte interna, dove si svolge il servizio estivo; curata cucina veneziana.

✗ Enoteca la Colombina ⛲ AK

corte del Pegoloto, Cannaregio 1828 ✉ *30124*   Pianta: CT**r**
– 𝒞 04 15 22 26 16 – www.ristorantelacolombina.eu/it – Chiuso 3 settimana in
gennaio e lunedì
Menu 50 € – Carta 35/55 €
Se vi trovate sulla strada che dalla ferrovia conduce a Rialto, non potete mancare
questo piccolo ristorante-cicchetteria, dove la tradizione viene leggermente rivisitata. Mamma in sala, figlio in cucina: praticamente una garanzia!

✗ La Zucca ⛲ AK

presso campo San Giacomo Dell'Orio, Santa Croce 1762   Pianta: F2**z**
✉ *30135 – 𝒞 04 15 24 15 70 – www.lazucca.it – Chiuso domenica*
Carta 36/52 € – (consigliata la prenotazione la sera)
Niente pesce, poca carne e tanti piatti a base di verdure in fantasiose elaborazioni, a cominciare dall'immancabile ed eponima zucca, proposta, tra l'altro,
come flan o zuppa o nella lasagna. Il tutto in due salette avvolte nel legno e qualche tavolo affacciato su un romantico canale.

al Lido 15 mn di vaporetto da San Marco D1 – ✉ 30126 Venezia Lido

Grande Albergo Ausonia & Hungaria ⛲ 🛏 🏠 ⬆ AK ♨ P

gran viale S. M. Elisabetta 28 – 𝒞 04 12 42 00 60   Pianta: E1**e**
– www.hungaria.it – Chiuso gennaio
77 cam ⛳ – ♦45/440 € ♦♦50/450 € – **7 suites**
Strabiliante facciata d'inizio Novecento ricoperta di maioliche: anche gli interni
s'ispirano allo stile liberty, come gli arredi originali delle camere (eccezion fatta per
quelle del quarto piano, più recenti e classiche). Centro massaggi tailandese.

Quattro Fontane ⛲ 🏊 🛏 ⚓ ✗ AK ♨ P

via 4 Fontane 16 – 𝒞 04 15 26 02 27   Pianta: D2**r**
– www.quattrofontane.com – Aperto 1° aprile-31 ottobre
58 cam ⛳ – ♦140/330 € ♦♦180/800 €
Residenza d'epoca che nell'atmosfera evoca una casa privata, dove da sempre
due sorelle raccolgono ricordi di viaggio e mobili pregiati. Un edificio del Seicento
e l'ampliamento degli anni Sessanta, cinti dal rigoglioso giardino, sono un
baluardo della personalizzazione retro! D'estate il servizio ristorante si privilegia
dell'ombra di un enorme platano secolare.

Villa Pannonia ⬆ ♿ AK P

via Doge Michiel 48 – 𝒞 04 15 26 01 62   Pianta: E1**v**
– www.hotelvillapannonia.it – Chiuso 14 novembre-1° febbraio
28 cam – ♦60/310 € ♦♦80/330 € – ⛳ 12 € – **2 suites**
La villa è d'inizio Novecento, ma gli interni sono stati rifatti
secondo uno stile minimalista e privo di colori, pratico ed essenziale. Piccolo spazio espositivo dedicato all'arte contemporanea.

⌂ Villa Tiziana

via Andrea Gritti 3 – ℰ 04 15 26 11 52
– www.hotelvillatiziana.net – Chiuso gennaio
Pianta: D2**f**
16 cam ☲ – ♦60/250 € ♦♦60/290 €
Villino in posizione defilata, al suo interno non offre grandi spazi comuni mentre le camere si propongono con uno stile fresco e sobrio.

✗ Favorita

via Francesco Duodo 33 ✉ 30124 Venezia
Pianta: E1**a**
– ℰ 04 15 26 16 26 – Chiuso 7 gennaio-18 febbraio e lunedì
Menu 40/70 € – Carta 43/65 € – *(solo a cena escluso venerdì, sabato e domenica)*
Storica trattoria familiare, qui dal 1950, la Favorita rende omaggio alla cucina locale, in prevalenza pesce, con preparazioni semplici, ma fragranti e gustose. Musica dal vivo, in estate.

a Murano 10 mn di vaporetto da Fondamenta Nuove Pianta: GH1 e 1 h 10 mn di vaporetto da Punta Sabbioni – ✉ 30141

🏘 LaGare Hotel Venezia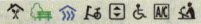

riva Longa 49 – ℰ 0 41 73 62 50 – www.lagarehotelvenezia.it
118 cam ☲ – ♦70/1000 € ♦♦70/1000 € – ☲ 16 € – **1 suite**
Nato dal restauro di un ex fabbricato industriale dove si lavorava il vetro, gli interni sono moderni e lineari, ma il richiamo a Venezia è continuo, come nelle belle vetrine con storiche opere vetrarie di Venini. Servizio navetta gratuito da e per l'aeroporto. Cucina di mare al ristorante Rivalonga.

🏠 Murano Palace

fondamenta Vetrai 77 – ℰ 0 41 73 96 55 – www.muranopalace.com
6 cam ☲ – ♦100/250 € ♦♦100/300 €
Romanticamente affacciato su un canale e sulla più grande concentrazione dei celebri negozi di vetro, non è neppure lontano dall'imbarco per Venezia e offre camere eleganti con i tipici arredi lagunari e lampadari home made... nel vero senso della parola!

✗ Busa-alla Torre

campo Santo Stefano 3 – ℰ 0 41 73 96 62
Menu 16 € – Carta 31/60 € – *(solo a pranzo)*
Simpatica trattoria rustica, dotata di grande dehors estivo su una suggestiva piazzetta con un pozzo al centro; cucina di mare e specialità veneziane e contagiosa simpatia.

a Burano 50 mn di vaporetto da Fondamenta Nuove GH1 e 32 mn di vaporetto da Punta Sabbioni – ✉ 30142

✗✗ Riva Rosa

via San Mauro 296 – ℰ 0 41 73 08 50 – www.rivarosa.it
– Chiuso gennaio e mercoledì escluso in estate
Carta 41/94 € – *(solo a pranzo escluso venerdì e sabato)* (consigliata la prenotazione)
Nell'affascinante cornice del centro di Burano, Riva Rosa propone una cucina a base di pesce in chiave moderna ed un'altana (da prenotare in anticipo) sul tetto del locale con un piccolo tavolino dalla vista stupenda.

✗✗ Venissa

isola di Mazzorbo – ℰ 04 15 27 22 81 – www.venissa.it – Aperto
1° aprile-1° novembre
Menu 120 € – Carta 73/125 € – *(chiuso martedì)* (consigliata la prenotazione)
6 cam ☲ – ♦140/175 € ♦♦160/255 €
Un ponticello separa Burano da Mazzorbo, dove si apre un mondo bucolico fatto di orti e vigneti che, all'ombra di un campanile, circondano Venissa. Nel 2015 il ristorante cambia pelle e riparte con una nuova formula e nuovi cuochi, sempre e comunque alla ricerca di qualità e modernità anche se permane la predilezione per pesce e verdure, molte del proprio orto. All'Osteria Contemporanea cucina più tradizionale e cicchetti.
→ Risotto di go (pesce di laguna) contemporaneo. Rombo con carciofi ed erbe spontanee della tenuta. Soffice al lampone con gelato al caprino fresco.

Da Romano

via Galuppi 221 – ☎ 0 41 73 00 30 – www.daromano.it
– Chiuso 5 gennaio-7 febbraio, domenica sera e martedì
Menu 35 € – Carta 37/83 €
Sull'isola "dei merletti", Da Romano è un locale con più di 100 anni di storia alle spalle: tra lampadari anni Trenta e quadri di pittori contemporanei, qui si gusta la vera cucina di mare.

Al Gatto Nero-da Ruggero

fondamenta della Giudecca 88 – ☎ 0 41 73 01 20 – www.gattonero.com – Chiuso 3-11 luglio, 5 novembre-3 dicembre, domenica sera e lunedì
Menu 45/75 € – Carta 41/86 € – (consigliata la prenotazione la sera)
Nel cuore pulsante di Burano, una salda e solida gestione familiare che si impegna da oltre 50 anni nella scelta delle materie prime e nell'accoglienza: in definitiva, una trattoria di cucina veneziana e di mare caldamente consigliata. Gradevole dehors estivo, affacciato sul canale.

a Torcello 45 mn di vaporetto da Fondamenta Nuove GH1 e 37 mn di vaporetto da Punta Sabbioni – ✉ 30142 Burano

Locanda Cipriani

piazza Santa Fosca 29 – ☎ 0 41 73 01 50 – www.locandacipriani.com
– Chiuso 3 gennaio-20 febbraio
Menu 45 € – Carta 55/99 € – (chiuso martedì) (prenotazione obbligatoria la sera)
5 cam ☲ – †140 € ††280 € – **2 suites**
Suggestivo locale di grande tradizione, gestito dal nipote del fondatore: interni ed atmosfera da trattoria d'altri tempi, nonché una raffinata cucina tradizionale. Ameno servizio estivo in giardino; camere volutamente e piacevolmente retrò.

VENOSA

Potenza (PZ) – ✉ 85029 – 11 933 ab. – Alt. 415 m – Carta regionale n° **2-B1**
▶ Roma 327 km – Bari 128 km – Foggia 74 km – Napoli 139 km
Carta stradale Michelin 564-E29

Locanda Accademia dei Piacevoli

discesa Capovalle 1, centro storico – ☎ 0 97 23 60 82
– www.locandaaccademiadeipiacevoli.it – Chiuso lunedì
Menu 25/50 € – Carta 24/54 €
In uno dei quartieri più belli della Venusia Antica, ristorante gourmet con bella e luminosa veranda: il menu indugia in piatti tipici regionali rivisitati in chiave moderna. Soprattutto a base di pesce.

VENTIMIGLIA

Imperia (IM) – ✉ 18039 – 24 572 ab. – Carta regionale n° **8-A3**
▶ Roma 658 km – Imperia 48 km – Cuneo 89 km – Genova 159 km
Carta stradale Michelin 561-K4

Sole Mare

via Marconi 22 – ☎ 01 84 35 18 54 – www.hotelsolemare.it
28 cam ☲ – †65/110 € ††100/170 €
Nella tranquilla parte occidentale della città, l'hotel offre accoglienti camere dall'arredo moderno, tutte con vista sul mare. Ogni piano è caratterizzato da un colore. Ambiente informale al ristorante, specializzato in un'infinita varietà di paste.

Sea Gull

via Marconi 24 – ☎ 01 84 35 17 26 – www.seagullhotel.it
27 cam ☲ – †60/90 € ††85/155 €
Familiari la conduzione e l'ambiente di una comoda risorsa ubicata su una passeggiata a mare, adatta anche a soggiorni prolungati; chiedete le camere con vista mare.

𝕏𝕏𝕏 Marco Polo

passeggiata Cavallotti 2 – ℰ 01 84 35 26 78 – Chiuso 9 novembre-2 dicembre e lunedì escluso agosto
Menu 18/52 € – Carta 36/88 €
Una graziosa palafitta d'insospettabile eleganza, il cui servizio all'aperto si protende ulteriormente verso la spiaggia (dove si trova anche lo stabilimento balneare). La cucina esplora il mondo ittico.

a Castel d'Appio Ovest : 5 km – ✉ 18039 – Alt. 344 m

🏠 La Riserva di Castel D'Appio

località Peidaigo 71 – ℰ 01 84 22 95 33 – www.lariserva.it – Aperto 2 aprile-25 settembre
8 cam – †80/130 € ††110/170 € – 🖙 10 € – **4 suites**
La tranquillità e uno splendido panorama accompagnano questa signorile risorsa familiare con spazi comuni raffinati, camere luminose ed accoglienti. Elegante cura della tavola nella sala interna e sulla bella terrazza per il servizio estivo.

VENTURINA

Livorno (LI) – ✉ 57021 – Alt. 276 m – Carta regionale n° **18-B2**
▶ Roma 235 km – Firenze 143 km – Livorno 71 km – Lucca 116 km
Carta stradale Michelin 563-M13

🏠🏠 Delle Terme

via delle Terme 36/40 (via Aurelia nord) – ℰ 05 65 85 57 59 – www.hoteltermeventurina.it – Aperto 27 dicembre-6 gennaio e 1° aprile-8 novembre
44 cam 🖙 – †74/110 € ††99/159 €
Adiacente alle terme, offre tutto il savoir-faire che ci si attende da un soggiorno termale: compresa un'enorme piscina all'aperto a 31°. Camere moderne con spunti di arredi anni '70.

VERBANIA

✉ 28922 – 30 950 ab. – Alt. 197 m – Carta regionale n° **13-B1**
▶ Roma 674 km – Stresa 17 km – Domodossola 38 km – Locarno 42 km
Carta stradale Michelin 561-E7

a Intra – ✉ 28921

🏠 Ancora

corso Goffredo Mameli, 65 – ℰ 0 32 35 39 51 – www.hotelancora.it – Aperto 15 marzo-15 novembre
29 cam 🖙 – †79/166 € ††89/219 €
Sulla trafficata statale del lungolago - nel cuore commerciale di Verbania - edificio signorile con camere ampie e ben arredate. Conduzione seria e competente.

🏠 Intra

corso Mameli 133 – ℰ 03 23 58 13 93 – www.verbaniahotel.it – Chiuso in inverno
38 cam – †45/57 € ††90/114 € – 🖙 8 €
La struttura si affaccia sul lungolago e annovera una nuova saletta comune, spaziose camere con arredi di gusto classico e una sala colazioni con soffitti lignei a cassettoni.

𝕏𝕏 Le Volte

via San Vittore 149 – ℰ 03 23 40 40 51 – Chiuso 24 gennaio-5 febbraio e mercoledì
Menu 15/35 € – Carta 29/64 €
Ambiente elegante e piacevole veranda coperta che si apre sulla corte interna ombreggiata da una centenaria vite americana: in cucina trionfano i sapori mediterranei, rivisitati con creatività.

✗ Concordia

via San Fabiano 18 – ✆ 03 23 40 32 37 – www.ristoranteconcordia.it – Chiuso 10 giorni in febbraio, 10 giorni in novembre e lunedì (escluso in giugno-settembre)

Menu 16 € (pranzo in settimana) – Carta 32/56 €

Travi a vista in un locale rustico, mentre la cucina incontra molti consensi in virtù delle sue ottime materie prime, nonché di una capace rielaborazione. Un valido indirizzo nel cuore del centro storico.

a Pallanza – ✉ 28922

Grand Hotel Majestic

via Vittorio Veneto 32 – ✆ 03 23 50 97 11 – www.grandhotelmajestic.it – Aperto 14 aprile-8 ottobre

74 cam – ♦192/301 € ♦♦210/319 € – **6 suites**

Direttamente sul lago, abbracciata dal verde e dalla tranquillità dell'acqua, una struttura affascinante con camere spaziose e bagni in marmo, dotata di un centro benessere. Elegante ristorante à la carte, propone la tradizione gastronomica locale interpretata in chiave contemporanea.

Pallanza

viale Magnolie 8 – ✆ 03 23 50 32 02 – www.pallanzahotels.com

48 cam – ♦85/155 € ♦♦95/185 €

Testimone dell'architettura del primo '900, quest'hotel dispone di camere spaziose ed accoglienti e di una panoramica terrazza con vista sul lago.

Aquadolce

via Cietti 1 – ✆ 03 23 50 54 18 – www.hotelaquadolce.it – Aperto 16 marzo-31ottobre

13 cam – ♦50/90 € ♦♦70/130 €

Graziosa struttura, a pochi passi dal centro di Pallanza, ma sul lungolago: spazi comuni illuminati da ampie vetrate, nonché belle camere, curate e personalizzate.

✗✗ Il Portale (Massimiliano Celeste)

via Sassello 3 – ✆ 03 23 50 54 86 – www.ristoranteilportale.it – Chiuso 2 settimane in gennaio, 2 settimane in novembre, martedì ed i mezzogiorno di lunedì e mercoledì

Menu 90/150 € – Carta 57/111 € – (consigliata la prenotazione)

La grande cucina attracca a Pallanza e allestisce pentole e fornelli in un bel ristorante sulla piazza centrale di fronte al lago, dove le cene estive all'aperto profumeranno di relax e vacanza; vi troverete in prevalenza pesce di mare, ma anche qualche proposta di lago e di carne.

➜ Ravioli di Camembert di bufala con calamari spillo, cime di rapa e peperoni arrostiti. Il san pietro "cotto e crudo". Cioccolato e fragole.

a Suna Nord-Ovest : 2 km – ✉ 28925

✗✗ Antica Osteria il Monte Rosso

via Troubetzkoy, 128 – ✆ 03 23 50 60 56

Menu 15 € (pranzo in settimana)/45 € – Carta 28/67 €

Sul lungolago della residenziale frazione di Verbania, una piccola realtà in stile Old England, dove assaporare specialità ittiche lacustri e marine. Clima favorevole e disponibilità permettendo, meglio prenotare uno dei pochi tavoli sulla panoramica terrazzina.

a Fondotoce Nord-Ovest : 6 km – ✉ 28924

✗✗✗ Piccolo Lago (Marco Sacco)

via Turati 87, al lago di Mergozzo, Nord-Ovest : 2 km – ✆ 03 23 58 67 92 – www.piccololago.it – Chiuso gennaio o febbraio e lunedì; anche domenica sera in inverno

Menu 95/180 € – (solo a cena escluso sabato ed i giorni festivi)

Lasciato il brulicante lago Maggiore, il tranquillo specchio d'acqua di Mergozzo si offre ai tavoli del ristorante come una romantica cartolina; la cucina vi trova pesci d'acqua dolce per poi spingersi sino ai prodotti delle valli alpine, carni e divagazioni marine.

➜ Bottoni di Lago. Capretto al fumo. Banana Splash.

VERBANO → Vedere Lago Maggiore

VERCELLI
✉ 13100 – 46 834 ab. – Alt. 130 m – Carta regionale n° **12-C2**
▶ Roma 633 km – Alessandria 55 km – Aosta 121 km – Milano 74 km
Carta stradale Michelin 561-G7

✕✕ Giardinetto
*via Sereno 3 – ✆ 01 61 25 72 30 – www.ilgiardinettovercelli.com – Chiuso agosto
e lunedì*
Carta 29/57 € **8 cam** ☐ – ♦65/70 € ♦♦75/80 €
In centro, tra le mura di una casa del 1800, accoglienti sale e giardino interno per
la bella stagione. Piatti legati alla tradizione in chiave contemporanea. Piacevoli
camere dal tradizionale arredo.

✕✕ Cinzia da Christian e Manuel (Manuel e Christian Costardi)
*corso Magenta 71 – ✆ 01 61 25 35 85 – www.hotel-cinzia.com
– Chiuso 10-18 gennaio, 1 settimana in luglio, 2 settimane in agosto, domenica
sera e lunedì*
Menu 65/120 € – Carta 62/119 € **25 cam** ☐ – ♦65/95 € ♦♦85/120 €
Cucina creativa e materie prime di eccellente qualità, senza dimenticare le tradizioni culinarie della zona. Non meravigliatevi quindi della particolare attenzione
riservata al riso: il menu propone una selezione di venti risotti, ma anche tante
gustose specialità di terra e di mare in un ristorante dove neppure l'illuminazione
è lasciata al caso.
→ Carnaroli nell'orto vicino al mare. Guancia di vitello piemontese in dripping
style. Meringata 2.0.

VERGNE – Cuneo (CN) → Vedere Barolo

VERNANTE
Cuneo (CN) – ✉ 12019 – 1 184 ab. – Alt. 799 m – Carta regionale n° **12-B3**
▶ Roma 634 km – Cuneo 23 km – Alessandria 148 km – Asti 112 km
Carta stradale Michelin 561-J4

Il Relais del Nazionale
strada statale 20 n.14 – ✆ 01 71 92 01 81 – www.ilnazionale.com
8 cam ☐ – ♦120/250 € ♦♦135/250 €
Camere grandi e personalizzate, atmosfera calda e familiare in questo piccolo
gioiello tutto in legno, proprio di fronte al più tradizionale ristorante Nazionale
(stessa gestione). L'albergo dispone anche di un'accogliente zona relax con idromassaggio, sauna e bagno turco, doccia emozionale ed altro ancora.

✕✕ Nazionale
via Cavour 60 – ✆ 01 71 92 01 81 – www.ilnazionale.com
Menu 20 € (pranzo in settimana)/33 € – Carta 34/72 € – *(chiuso mercoledì
escluso in febbraio, luglio, agosto e settembre)* (prenotare)
15 cam ☐ – ♦40/50 € ♦♦70/90 €
È l'alternarsi delle stagioni a determinare gli ingredienti da utilizzare in cucina
garantendo - in ogni momento dell'anno - le proprie specialità. Ristrutturato di
recente, il ristorante propone ora una nuova sala con caminetto ed ampie vetrate;
camere confortevoli, arredate con sobrietà.

VERONA

(VR) – ✉ 37121 – 260 125 ab. – Alt. 59 m – Carta regionale n° **22-A3**
▶ Roma 503 km – Milano 157 km – Venezia 114 km
Carta stradale Michelin 562-F14

N. Tondini / age fotostock

 Alberghi

 Due Torri   ✿ ⊡ 🅰🄲 💆 🅿

piazza Sant'Anastasia 4 ✉ *37121* – ✆ *0 45 59 50 44*   Pianta: C2**x**
– www.duetorrihotels.com
78 cam ⬡ – †180/520 € †† 199/580 € – **11 suites**
Rist *Due Torri Restaurant* – Vedere selezione ristoranti
Narra la storia della città, l'edificio trecentesco in cui s'inserisce questo prestigioso
albergo di tradizione e fascino: nelle raffinate camere, l'arredo s'ispira soprattutto
al Settecento e all'Ottocento. Vetturiere per l'auto.

 Gabbia d'Oro   ⊡ 🄰🄲

corso Porta Borsari 4/a ✉ *37121* – ✆ *04 58 00 30 60*   Pianta: C2**t**
– www.hotelgabbiadoro.it
19 suites – †† 350/980 € – ⬡ 23 € – 8 cam
Dalla discrezione e dalla cortesia di un servizio inappuntabile, un opulento scrigno di preziosi e ricercati dettagli che echeggiano dal passato; piccolo hotel di
charme e lusso con un suggestivo giardino d'inverno.

 Palazzo Victoria   ✿ 🍃 🛁 ⊡ ⊡ 🕭 🄰🄲 💆 🚗

via Adua 8 ✉ *37121* – ✆ *0 45 59 05 66*   Pianta: C2**r**
– www.palazzovictoria.com
71 cam ⬡ – †180/650 € †† 210/650 € – **3 suites**
Rist *Borsari 36* – Vedere selezione ristoranti
Annovera anche reperti archeologici questo raffinato hotel, in cui antichità e
modernità si amalgamano con armonia offrendo soluzioni tecnologiche innovative e tanto charme nelle confortevoli camere. Per i melomani, l'Arena è a
due passi.

The Gentleman of Verona   ✿ 🌊 ⊡ 🕭 🄰🄲 🍽 🅿

via Cattaneo 26/a ✉ *37121* – ✆ *04 58 00 95 66*   Pianta: B2**w**
– www.leoncinohotels.com
9 suites ⬡ – †† 150/800 € – 5 cam
Poco lontano dall'Arena, elegante e lussuosa risorsa ricavata dall'attenta
ristrutturazione di una dimora del 1500: camere personalizzate e piccolo centro benessere. Avvolti dal calore e dalla cortesia che contraddistinguono l'intera struttura, il Salotto Bistro vi attende per farvi gustare le sue delizie di stagione.

1277

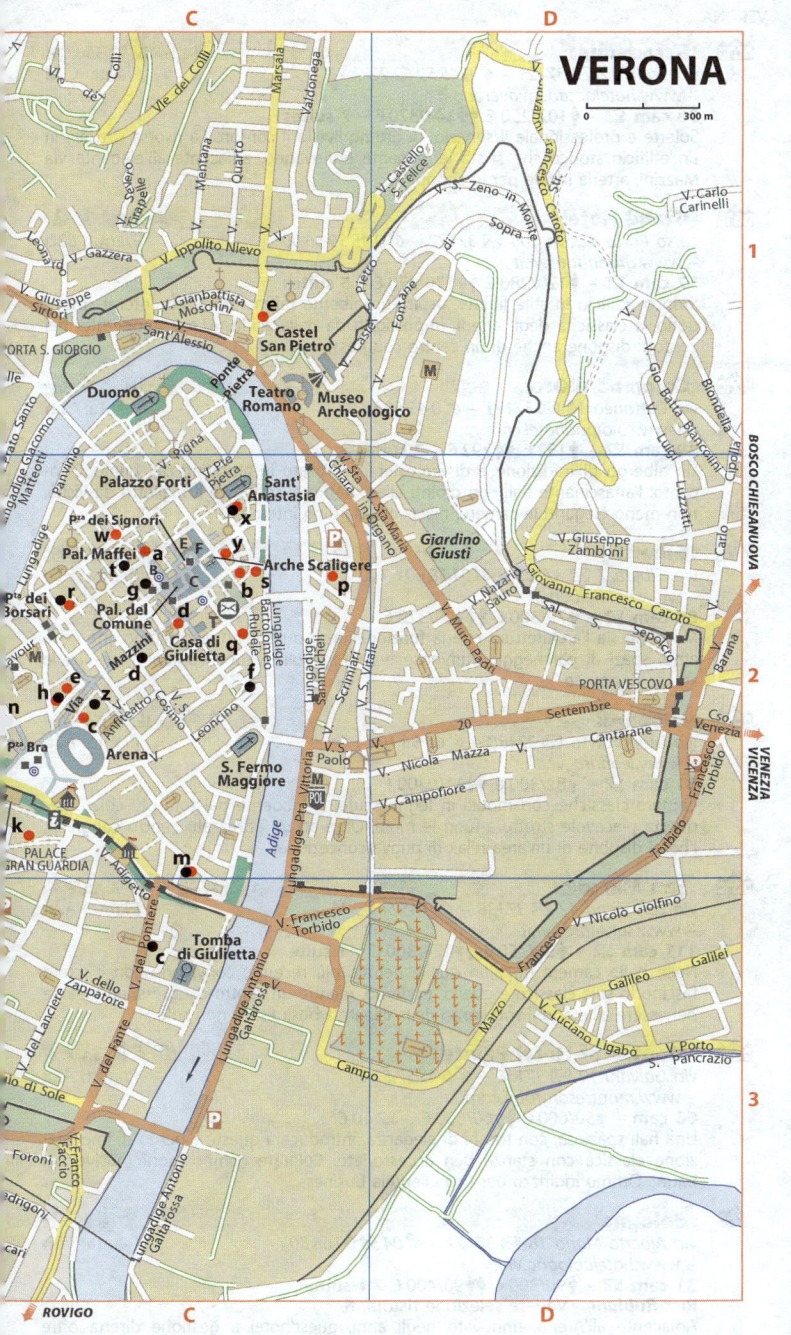

VERONA

0   300 m

BOSCO CHIESANUOVA

VENEZIA
VICENZA

ROVIGO

1279

Accademia

via Scala 12 ⊠ *37121 – ☏ 0 45 59 62 22*
– www.hotelaccademiaverona.it   Pianta: C2**d**
88 cam ☐ – ♦102/250 € ♦♦144/370 € – **7 suites**
Solerte e professionale il servizio, di ottimo livello il confort. La risorsa si trova in un edificio storico che si sta lentamente rinnovando, adiacente all'elegante via Mazzini, arteria ideale per lo shopping.

Grand Hotel

corso Porta Nuova 105 ⊠ *37122 – ☏ 0 45 59 56 00*
– www.grandhotel.vr.it   Pianta: B3**b**
57 cam ☐ – ♦120/280 € ♦♦170/330 € – **5 suites**
Storico edificio in stile liberty, ospita un albergo raffinato, nei cui interni si fondono la classicità degli arredi, impreziositi da belle sculture, e la modernità dei confort; dispone anche di un centro congressi.

Colomba d'Oro

via Cattaneo 10 ⊠ *37121 – ☏ 0 45 59 53 00*
– www.colombahotel.com   Pianta: C2**n**
49 cam ☐ – ♦152 € ♦♦292 € – **2 suites**
Un albergo di tradizione e di atmosfera, realizzato in ambienti del primo Ottocento: l'affascinante hall con dipinti alle pareti e al soffitto è il biglietto da visita, non meno eleganti le camere, piacevole giardino interno.

Giberti

via Giberti 7 ⊠ *37122 – ☏ 04 58 00 69 00*
– www.hotelgiberti.it   Pianta: B3**e**
80 cam ☐ – ♦79/300 € ♦♦108/320 €
Moderne sia l'architettura che la funzionalità di questo hotel cittadino che offre ampi spazi di parcheggio; luminose e confortevoli le zone comuni, piacevoli le stanze rinnovate.

Leopardi

via Leopardi 16 ⊠ *37138 – ☏ 04 58 10 14 44*
– www.leopardi.vr.it   Pianta: A2**a**
81 cam ☐ – ♦82/300 € ♦♦110/300 €
Camere classiche con mobili in legno scuro, o moderne dai toni più chiari, per questa piacevole struttura fuori le mura. Oltre ad un attrezzato centro congressi, l'hotel dispone di un'area relax di nuova concezione.

San Marco

via Longhena 42 ⊠ *37138 – ☏ 0 45 56 90 11*
– www.sanmarco.vr.it   Pianta: A2**n**
111 cam ☐ – ♦90/250 € ♦♦124/300 € – **1 suite**
Nelle belle camere (migliori quelle nell'ala più recente) convivono con discreto fascino lo stile classico e quello moderno, mentre un centro congressi ed un'area benessere allietano il soggiorno della clientela business, e non solo.

Montresor Hotel Palace

via Galvani 19 ⊠ *37138 – ☏ 0 45 57 57 00*
– www.montresorgroup.com   Pianta: A2**x**
66 cam – ♦50/600 € ♦♦60/600 € – ☐ 10 €
Una hall spaziosa, con tocchi di eleganza, introduce a questo albergo di impostazione classica con stanze ben accessoriate. Colorate composizioni musive nei bagni. Ottimo indirizzo per una clientela business.

Bologna

via Alberto Mario 18 ⊠ *37121 – ☏ 04 58 00 68 30*
– www.hotelbologna.vr.it   Pianta: C2**h**
31 cam ☐ – ♦90/300 € ♦♦90/400 € – **1 suite**
Rist *Rubiani* – Vedere selezione ristoranti
Adiacente all'Arena, rinnovato negli anni, quest'hotel a gestione diretta offre camere di calda atmosfera e arredi moderni: la più richiesta è quella con il terrazzo.

Antica Porta Leona 🗺 📶 ⚡ ⬆ AC ♿ **P**

corticella Leoni 3 ✉ *37121 –* ☎ *0 45 59 54 99* — Pianta: C2**f**
– www.anticaportaleona.com
23 cam ⌣ – ♟150/250 € ♟♟200/390 €
Albergo del centro i cui interni si sfidano a colpi di bianco e nero inseguendo una moderna eleganza. Oltre alla zona relax con sauna e piscina coperta, al piano terra c'è anche una piccola sala fitness. Servizio vetturiere per posteggio auto.

 Firenze ⬆ ♿ AC �╱

corso Porta Nuova 88 ✉ *37122 –* ☎ *04 58 01 15 10* — Pianta: B3**d**
– www.hotelfirenzeverona.it
49 cam ⌣ – ♟112/260 € ♟♟125/280 €
Sul viale che porta all'Arena, l'hotel offre interni di moderna e curata eleganza, arredati con bei tappeti orientali e kilim; adatto sia per il turista sia per chi viaggia per affari grazie alle attrezzate sale convegni.

 Maxim ⬆ ♿ AC �╱ 🚗

via Belviglieri 42, 2 km per Vicenza - D2 ✉ *37131 –* ☎ *04 58 40 18 00*
– www.maximverona.it
146 cam ⌣ – ♟34/699 € ♟♟59/699 €
In zona periferica, hotel di taglio classico nelle aree comuni e camere - forse non all'ultimo grido - ma confrotevoli e ben accessoriate.

 Fiera ☀ ⚡ ⬆ ♿ AC �╱ 🚗

via Zannoni 26/28, per viale del Lavoro - B3 ✉ *37136 –* ☎ *04 58 20 44 85*
– www.hotelfieraverona.biz
82 cam ⌣ – ♟82/430 € ♟♟111/500 €
Vicina alla Fiera, la struttura annovera nei suoi ambienti confortevoli dotazioni impiantistiche ed una piccola palestra: la soluzione ideale per gli amanti del fitness.

 Giulietta e Romeo ⚡ ⬆ AC 🚗

vicolo Tre Marchetti 3 ✉ *37121 –* ☎ *04 58 00 35 54* — Pianta: C2**z**
– www.giuliettaeromeo.it
38 cam ⌣ – ♟85/260 € ♟♟99/320 € – **1 suite**
Dedicata ai due innamorati immortalati da Shakespeare, una risorsa che si rinnova negli anni, a conduzione diretta; camere tranquille, la più panoramica con vista sull'Arena.

 Verona ⬆ AC **P**

corso Porta Nuova 47/49 ✉ *37122 –* ☎ *0 45 59 59 44* — Pianta: B3**f**
– www.hotelverona.it
35 cam ⌣ – ♟89/219 € ♟♟98/239 €
A breve distanza dall'Arena, sobrio e moderno hotel dalle linee minimal e dagli spazi contenuti eppure accoglienti; a disposizione degli ospiti anche alcune bici.

 De' Capuleti 📶 ⬆ ♿ AC ♿ �╱

via del Pontiere 26 ✉ *37122 –* ☎ *04 58 00 01 54* — Pianta: C3**c**
– www.hotelcapuleti.it
34 cam ⌣ – ♟89/170 € ♟♟99/300 €
Vicino alla Tomba di Giulietta, l'albergo si presenta assai funzionale, moderno ed essenziale, con camere ben insonorizzate. Dopo le lunghe camminate in centro potrete rilassarvi nel piccolo centro benessere.

 Armando ⬆ ♿ ♿

via Dietro Pallone 1 ✉ *37121 –* ☎ *04 58 00 02 06* — Pianta: C2**m**
– www.hotelarmando.it
28 cam ⌣ – ♟89/170 € ♟♟99/300 €
Nei pressi dello splendido anfiteatro romano, la celebre Arena, modernità a tutto tondo per un hotel recentemente ristrutturato, che si presenta ora con uno stile essenziale e minimalista. Ci si dimentica subito degli spazi comuni un po' limitati, varcando la soglia delle belle camere.

🏠 San Pietro

via Santa Teresa 1, 1 Km per viale del Lavoro - B3 ✉ *37135* – ☎ *0 45 58 26 00*
– *www.hotelsanpietroverona.it*
47 cam ☕ – 🛏64/300 € – 🛏🛏69/350 € – **1 suite**
E' un piacere rilassarsi nelle comode poltrone in pelle nella hall, accogliente e
razionale. Stile minimalista nelle confortevoli camere, rallegrate da una parete in
stucco di colore vivace: legno chiaro e scuro si alternano per creare un'illusione
ottica di movimento.

🏠 Aurora

piazzetta XIV Novembre 2 ✉ *37121* – ☎ *0 45 59 47 17*   Pianta: C2g
– *www.hotelaurora.biz*
19 cam ☕ – 🛏90/240 € – 🛏🛏100/280 €
Tempo permettendo, la prima colazione è servita sulla bella terrazza affacciata
sulla celebre piazza delle Erbe. Per la notte, vi attendono piacevoli ed accoglienti
camere recentemente rinnovate.

🏠 Scalzi

via Carmelitani Scalzi 5 ✉ *37122* – ☎ *0 45 59 04 22*   Pianta: B3p
– *www.hotelscalzi.it*
19 cam ☕ – 🛏60/100 € – 🛏🛏80/120 €
All'interno di un palazzo neoclassico d'inizio Ottocento, calda accoglienza per
questa risorsa che punta essenzialmente sulla piacevolezza delle sue camere:
diverse l'una dall'altra, sono di stile e confort moderni. Nella bella stagione, la piccolissima corte interna si presta per la prima colazione.

🏠 Il Relais

corso Castelvecchio 21/23 ✉ *37121* – ☎ *04 58 03 64 94*   Pianta: B2h
– *www.ilrelais.com*
4 cam ☕ – 🛏150/190 € – 🛏🛏200/300 €
Splendida abitazione privata, consigliata a chi subisce il fascino delle personalizzazioni. Poche camere bellissime, impreziosite da tappeti, quadri, mobili d'antiquariato e qualche dettaglio costruito ad hoc, come i mini tavolini della prima colazione ricavati da tavole intarsiate di parquet. Al ristorante Locanda Castevecchio:
piatti classici italiani e qualche specialità veneta.

🟠 Ristoranti

🍴🍴🍴 Il Desco (Elia e Matteo Rizzo)
❀

via Dietro San Sebastiano 7 ✉ *37121* – ☎ *0 45 59 53 58*   Pianta: C2q
– *www.ildesco.com – Chiuso vacanze di Natale, domenica e lunedì; aperto lunedì
sera in luglio-agosto e dicembre*
Menu 140 € – Carta 88/137 €
In una piccola via del centro storico, alcuni tavoli esterni anticipano la piccola
entrata del quattrocentesco palazzo che ospita questo ristorante d'atmosfera; in
cucina, padre e figlio si destreggiano tra specialità di terra e ricette di mare.
➜ Gnocchi di patate al sugo di trippa di baccalà e olive nere. Scampi e fegato
d'oca con cipolla bianca stufata e caramello di vino rosso. Ananas in sfoglia croccante di liquirizia, gelato al limone ed erbette aromatiche.

🍴🍴🍴 Arche
🍴

via Arche Scaligere 6 ✉ *37121* – ☎ *04 58 00 74 15*   Pianta: C2y
– *www.ristorantearche.com – Chiuso 3-10 gennaio, domenica sera e martedì*
Menu 25 € – Carta 45/67 €
La famiglia partì nel 1879 e da allora ha sempre gestito direttamente questo elegante locale del centro. La cucina si rinnova di generazione in generazione, proponendo specialità di terra e di mare, di tradizione e di ricerca.

🍴🍴🍴 Due Torri Restaurant – Hotel Due Torri

piazza Sant'Anastasia 4 ✉ *37121* – ☎ *0 45 59 50 44*   Pianta: C2x
– *www.duetorrihotels.com*
Carta 67/179 €
Nella scenografica lobby, cucina innovativa a cui si accompagna una prestigiosa
carta dei vini. I nostri preferiti: risotto all'Amarone, costoletta di vitello Villeroy e,
dulcis in fundo, mousse al cioccolato su purea di mango.

XxX **Baracca** 🍴 AC ⇄ **P**

via Legnago 120, per viale del Lavoro 2,5 km - B3 ✉ 37134 – ☏ 0 45 50 00 13
– *www.ristorantelabaracca.it – Chiuso 1°-7 gennaio, sabato a mezzogiorno
e domenica*
Menu 39 € (cena in settimana) – Carta 33/63 € – (consigliata la prenotazione)
Fuori dalle affollate rotte turistiche, signorile ristorante gestito da oltre cinquant'anni da un'intraprendente famiglia: oggi sono due fratelli a deliziarvi con ricette di pesce, gustose e mai scontate!

XX **Casa Perbellini** ⓝ 🍴 & AC 🛇

❀ ❀ *piazza San Zeno 16* ✉ 37121 – ☏ 04 58 78 08 60   Pianta: A2**f**
– *www.casaperbellini.com – Chiuso 2 settimane in febbraio,
2 settimane in agosto, domenica sera e lunedì, anche domenica a
mezzogiorno in estate*
Menu 50 € (pranzo in settimana)/135 € – Carta 110/155 € – (consigliata la
prenotazione)
Intimo ed accogliente, come fosse davvero la casa del bravissimo chef, al punto che la cucina - più che a vista - è a portata di mano! Da fine 2014 Giancarlo Perbellini è in centro Verona, i suoi piatti creativi dai sapori convincenti sono declinati con diversi menu: "Assaggi" è il percorso degustazione mentre "Chi sceglie... prova!" vi permette di selezionare due ingredienti che parteciperanno alla realizzazione del vostro pasto. Informale qualità d'alto livello.
➜ Risotto mantecato al grana padano, bottarga affumicata ed emulsione di sottobosco. Pancia di maiale glassata, astice dorato, mele e spugnole. Foie gras, frutto della passione, ciliegie e pop corn.

XX **Confusion Lounge** ⓝ 🍴 AC

via Ponte Nuovo 9 – ☏ 04 54 62 48 06   Pianta: C2**s**
– *www.confusionlounge.it*
Menu 38/80 € – Carta 46/74 €
Nuovo locale di tendenza in pieno centro, bando ai minimalismi, il vestito del ristorante è modaiolo, sopra le parti, eclettico, ha un suo mood internazionale così come la cucina che coniuga stile moderno italiano e cucina giapponese. Assai romantici i tavolini per coppiette sui terrazzini al primo piano.

XX **Al Capitan della Cittadella** 🍴 AC

piazza Cittadella 7/a ✉ 37122 – ☏ 0 45 59 51 57   Pianta: C2**k**
– *www.alcapitan.it – Chiuso 1 settimana in gennaio, lunedì a mezzogiorno e
domenica*
Menu 28 € (pranzo in settimana)/70 € – Carta 48/82 € – (consigliata la
prenotazione)
Un locale rustico ricavato in un antico palazzo: quadri moderni alle pareti e sculture lignee dedicati ai pesci. La predilezione per il mondo marino arriva fino in cucina. Ottima selezione enologica.

XX **Al Cristo-Pintxos Bistrot** 🍴 & AC ⇄

piazzetta Pescheria 6 ✉ 37121 – ☏ 0 45 59 42 87   Pianta: C2**b**
– *www.ristorantealcristo.it – Chiuso lunedì*
Carta 43/73 €
Nei pressi di Ponte Nuovo, un edificio cinquecentesco accoglie questo ristorante articolato su tre livelli con splendida cantina e bel dehors. Diverse linee di cucina: regionale, internazionale e sushi-sashimi. Al Pintxos Bistrot: tapas basche, stuzzichini preparati al momento e il proverbiale pata negra.

XX **Tre Marchetti** 🍴 AC ⇄

vicolo Tre Marchetti 19/b ✉ 37121 – ☏ 04 58 03 04 63   Pianta: C2**c**
– *www.tremarchetti.it*
Menu 30/75 € – Carta 41/87 €
Poltroncine e lampadari di Murano in un ambiente accogliente, come del resto l'ospitalità del titolare: i ritmi del servizio sono alquanto veloci, ma non manca l'attenzione al dettaglio. Specialità del territorio.

✕✕ L'Oste Scuro Ⓚ

vicolo San Silvestro 10 ✉ *37122 –* ☎ *0 45 59 26 50*   Pianta: B2**c**
– www.ristoranteostescuro.tv – Chiuso 1°-6 gennaio, lunedì a mezzogiorno e domenica
Carta 52/136 €

Un'insegna in ferro battuto segnala questo locale alla moda dalla simpatica atmosfera familiare. Lo chef punta sulla freschezza del protagonista di ogni piatto elaborato: il pesce, solo pescato!

✕✕ Maffei ⛲ Ⓚ ⇔

piazza delle Erbe 38 ✉ *37121 –* ☎ *04 58 01 00 15*   Pianta: C2**a**
– www.ristorantemaffei.it
Menu 48/54 € – Carta 39/70 €

Ristorante storico del centro, anticipato dalla bella corte dove si svolge il dehors: buona cucina d'impronta leggermente moderna e - sotto il locale dove sono stati rinvenuti dei reperti archeologici romani - si è ricavata la cantina (visitabile) ed un romantico tavolino per due!

✕✕ Alla Fiera-da Ruggero ⛲ Ⓚ

via Scopoli 9, 1.5 km per corso di Porta Nuova - B2 ✉ *37136 –* ☎ *0 45 50 88 08*
– Chiuso 10-26 agosto e domenica
Carta 41/71 €

Acquari con crostacei e vasche con molluschi vari. Si tratta di uno dei ristoranti ittici più rinomati in città, l'ambiente curato, una solida gestione familiare e, al tavolo, segnaposto stilizzati da un artista.

✕✕ Borsari 36 – Hotel Palazzo Victoria ⛲ ♿ 🚗

via Adua 8 ✉ *37121 –* ☎ *0 45 59 05 66*   Pianta: C2**r**
– www.palazzovictoria.it
Carta 50/90 €

Informale solo all'apparenza, con la sua show kitchen al centro della sala che offre all'ospite l'emozione di assistere alla preparazione dei piatti, Borsari 36 è l'indirizzo giusto per chi cerca una cucina sfiziosa, dove i prodotti nazionali son valorizzati con grande capacità.

✕✕ Antico Caffè Dante ⛲ ♿ Ⓚ

piazza Dei Signori 2 ✉ *37121 –* ☎ *04 58 00 00 83*   Pianta: C2**w**
– www.caffedante.it – Chiuso domenica sera e lunedì escluso 15 marzo-30 ottobre
Menu 35/55 € – Carta 42/65 €

Affacciato sulla bella piazza Dei Signori, palcoscenico del servizio estivo, locale storico con staff giovane e dinamico; la cucina spazia dai piatti tipici a proposte più moderne.

✕✕ Trattoria I Masenini ⛲ ♿ Ⓚ

via Roma 34 ✉ *37121 Verona –* ☎ *04 58 06 51 69*   Pianta: B2**h**
– www.trattoriaimasenini.com – Chiuso lunedì a mezzogiorno e domenica
Carta 44/98 €

Accogliente locale con due sale dalle tonalità calde e semplici: proposte gastronomiche sia regionali sia italiane, dove le specialità sono le carni allo spiedo.

✕ Osteria la Fontanina (Nicola Tapparini) 🕸 ⛲ Ⓚ
❀

Portichetti Fontanelle Santo Stefano 3 ✉ *37129*   Pianta: C1**e**
– ☎ *0 45 91 33 05 – www.ristorantelafontanina.com – Chiuso 2 settimane in agosto, lunedì a mezzogiorno e domenica*
Carta 60/89 € – (prenotazione obbligatoria a mezzogiorno)

Presso la chiesa di Santo Stefano, ristorante caratteristico dall'atmosfera intima ed ovattata: ogni suo centimetro è vestito con specchi, oggetti ed arredi d'antiquariato, stampe ed argenti, mentre il vino è onnipresente! Cucina del territorio rivisitata.

➜ Agnolotti con spuma di grana padano e tartufo nero della Lessinia. Brasato di manzo all'Amarone con polenta gialla e cipolla caramellata. Cioccolatoso.

Trattoria al Pompiere

🕸 AC 💱 ⇄

vicolo Regina d'Ungheria 5 ⊠ *37121 –* ☏ *04 58 03 05 37*   Pianta: **C2d**
– www.alpompiere.com – Chiuso 25 dicembre-2 gennaio e domenica
Carta 35/64 € – (consigliata la prenotazione)

Tra boiserie e svariate foto d'epoca, linea gastronomica fedele al territorio, nonché un'ottima selezione di salumi e formaggi italiani, in una storica trattoria del centro.

Il Glicine

🏠 ⌖ AC 💱 ⇄ 🅿

corso Milano 26 ⊠ *37138 –* ☏ *0 45 56 51 56*   Pianta: **A2c**
– www.hotelportasanzeno.it – Chiuso 10-20 agosto e domenica
Carta 46/118 €

Rami di glicine fanno da cornice al servizio all'aperto, mentre le pareti della sala interna sono arredate con quadri colorati. Unica la predilezione della cucina: solo piatti di pesce, con un occhio di riguardo per i crudi e le cotture al vapore. Lasciatevi consigliare.

Rubiani – Hotel Bologna

🏠 AC

piazzetta Scalette Rubiani 3 ⊠ *37121 –* ☏ *04 58 00 92 14*   Pianta: **C2h**
– www.ristoranterubiani.it – Chiuso domenica in ottobre-maggio
Carta 45/66 €

Non vi perderete certo la "magia" della città, sostando per una pausa gastronomica in questo ristorante: il suo grazioso dehors si affaccia infatti sull'Arena. Si predilige il pesce, ma il menu non contempla solo quello.

Trattoria al Calmiere

🏠 ⌖ AC

piazza San Zeno 10 ⊠ *37123 –* ☏ *04 58 03 07 65*   Pianta: **A2d**
– www.calmiere.com – Chiuso domenica sera e lunedì
Menu 23/28 € – Carta 29/66 €

Tipica trattoria orgogliosamente situata nella bella piazza dedicata al patrono cittadino su cui danno alcuni tavoli d'estate. Tradizionale la cucina, decisamente di matrice regionale.

Al Bersagliere

🕸 🏠 AC 💱

via Dietro Pallone 1 ⊠ *37121 –* ☏ *04 58 00 48 24*   Pianta: **C2m**
– www.trattoriaalbersagliere.it – Chiuso 20 giorni in gennaio, domenica, lunedì, i giorni festivi e il sabato sera in luglio-agosto
Carta 25/50 €

Certamente un motivo valido per venire in questa bella trattoria è il baccalà alla vicentina - sempre molto apprezzato - così come del resto, anche gli altri gustosi piatti dal sapore regionale (ravioli di baccalà, stracotto d'asino, polentine miste...). E nella carta dei vini ritroviamo, protagonista indiscusso, ancora il Veneto. Gradevole dehors estivo.

Locanda 4 Cuochi

🏠 AC

via Alberto Mario 12 ⊠ *37121 –* ☏ *04 58 03 03 11 – Chiuso*   Pianta: **C2e**
26 gennaio-10 febbraio, martedì a mezzogiorno e lunedì
Menu 24 € – Carta 30/45 €

Sono tutti cuochi, i quattro soci di questo ristorante dall'ambiente piacevole, giovane e frizzante. Dalla cucina a vista escono specialità d'impronta classico-italiana, leggermente rivisitate, come il celebre maialino croccante laccato limone e salvia. Insomma, un ottimo indirizzo da tenere presente!

San Basilio alla Pergola

🏠 AC

via Pisano 9, 2 km per Vicenza - D2 ⊠ *37131 –* ☏ *0 45 52 04 75*
– www.trattoriasanbasilio.it – Chiuso domenica
Carta 30/36 €

Nel piacevole dehors estivo con pergolato o nelle due sale con pavimenti in legno e mobili rustici, cucina semplice, ma curata, in bilico tra tipico e moderno. Specialità: polenta rustica con bocconcini di coniglio, fagottini di ricotta e taleggio.

sulla strada statale 11-via Bresciana Ovest : 3,5 km per Brescia A2

⌂ **Park Hotel Elefante**　⚘ 🛏 🏊 🛗 AC P

*strada Bresciana 27 ✉ 37139 Verona – ☎ 04 58 90 37 00 – www.hotelelefante.it
– Chiuso gennaio*
10 cam 🍽 – ♦55/115 € ♦♦65/135 € – **1 suite**
Sulla statale per il lago di Garda, una casa di campagna trasformata in un piccolo
albergo dai caldi ambienti: camini, mobili in legno e familiare ospitalità. Al ristorante, cucina regionale con specialità di carni cotte nell'originale griglia.

⌂ **La Grotta**　🛏 🖥 🛗 AC 🚭 P

strada Bresciana 16 ✉ 37121 – ☎ 04 58 90 57 02 – www.lagrottahotelvr.it
18 cam 🍽 – ♦50/70 € ♦♦70/90 €
A chi piace lo stile moderno, questo piccolo e grazioso hotel farà al caso suo:
location comoda per chi vuole andare in citta o muoversi nei dintorni, le stanze
sono accoglienti e funzionali.

verso Novaglie Nord-Est : 6 km per Bosco Chiesanuova D2

🏠 **Agriturismo Delo**　🌿 ⚔ 🛏 🛗 AC P

*via del Torresin, località Delo ✉ 37141 Verona – ☎ 04 58 84 10 90
– www.agriturismodelo.it*
9 cam 🍽 – ♦120/130 € ♦♦135/145 €
Non lontano dalla città, ma già in aperta campagna, questa bella costruzione
rurale – ristrutturata con l'impiego di materiali pregiati – ospita ambienti impreziositi da pezzi di antiquariato e camere "riscaldate" da tappeti persiani. La colazione è servita in raffinate porcellane con pasticceria fatta in casa.

a San Massimo All'Adige Ovest : 2 km per via San Marco A2 – ✉ 37139

✗ **Trattoria dal Gal**　AC P

😊 *via Don Segala 39/b – ☎ 04 58 90 30 97 – www.trattoriadalgal.it
– Chiuso 1°-21 agosto, domenica sera e lunedì*
Carta 27/47 €
Madre ai fornelli, figli in sala: semplice trattoria dalla calorosa e cordiale acco-
glienza, dove la cucina è classica, ma soprattutto del territorio. Rinomati i primi,
in degustazione se ne possono assaggiare diversi in sequenza.

VERRAYES

Aosta (AO) – ✉ 11020 – 1 324 ab. – Alt. 1 017 m – Carta regionale n° **21-B2**
▶ Roma 707 km – Aosta 26 km – Moncalieri 108 km – Torino 97 km
Carta stradale Michelin 561-E4

a Grandzon Sud : 6 km – ✉ 11020 Verrayes

🏠 **Agriturismo La Vrille**　⚘ 🌿 ⚔ 🛏 🛗

hameau du Grangeon 1 – ☎ 01 66 54 30 18 – www.lavrille.it
6 cam 🍽 – ♦50/70 € ♦♦70/90 €
Circondata da cime e vigneti, in posizione elevata e panoramica, una caratteristica
baita di montagna le cui camere sono concepite e arredate secondo i criteri della
biodinamicità (pur non mancando qualche mobile d'epoca!). Cordiale atmosfera
familiare anche al ristorante, dove gustare una cucina creativa e fantasiosa, con
ottimi vini prodotti dall'azienda.

a Champagne Sud : 6 km – ✉ 11020

✗ **Antica Trattoria Champagne**　AC

😊 *località Champagne – ☎ 01 66 54 62 88 – Chiuso mercoledì*
Menu 18 € – Carta 24/51 €
Da oltre un secolo stazione di posta, ma anche sala da ballo e negozio di alimentari, con l'attuale gestione la cucina ha preso il sopravvento: valdostana d'ado-
zione, piemontese d'origine, la cuoca propone i due filoni regionali in piatti semplici e sapidi. E per accontentare tutti, le evergreen crespelle alla valdostana!

VERUNO

Novara (NO) – ✉ 28010 – 1 898 ab. – Alt. 357 m – Carta regionale n° **13-A3**
▶ Roma 650 km – Stresa 23 km – Domodossola 57 km – Milano 78 km

XX **L'Olimpia**

via Martiri 3 – ℰ 03 22 83 01 38 – www.olimpiatrattoria.it – Chiuso 27 dicembre-18 gennaio e 1°-7 agosto
Carta 34/60 € – *(chiuso lunedì)*
6 cam – ♦50/55 € ♦♦80/90 € – senza ⌷
E' il mare, il grande protagonista della cucina di questo locale caldo ed accogliente. Se c'è posto e tempo permettendo, vi consigliamo di prenotare un tavolo nella piacevole corte interna. Camere moderne e ben accessoriate per chi vuole prolungare la sosta.

VETREGO – Venezia (VE) → Vedere Mirano

VEZZANO = VEZZAN – Bolzano (BZ) → Vedere Silandro

VEZZANO SUL CROSTOLO

Reggio nell'Emilia (RE) – ✉ 42030 – 4 285 ab. – Alt. 162 m – Carta regionale n° **5-B2**
▶ Roma 441 km – Parma 43 km – Milano 163 km – Reggio nell'Emilia 14 km
Carta stradale Michelin 562-I13

XX **L'Altro Cà del Merlo**

via Martiri della Libertà 8 – ℰ 05 22 81 31 83 – Chiuso 1°-10 gennaio, 22-31 agosto e lunedì escluso dicembre e 15 giugno-21 agosto
Carta 35/78 € – *(solo a cena escluso domenica e festivi)*
Esperienza e mestiere sono nelle mani di questa coppia di fratelli, che da sempre propone nella provincia di Reggio Emilia una cucina esclusivamente di mare, con preparazioni volutamente classiche e semplici.

VIANO

Reggio nell'Emilia (RE) – ✉ 42030 – 3 405 ab. – Alt. 275 m – Carta regionale n° **5-B2**
▶ Roma 435 km – Parma 59 km – Milano 171 km – Modena 35 km
Carta stradale Michelin 562-I13

X **La Capannina**

via Provinciale 16 – ℰ 05 22 98 85 26 – www.capannina.net – Chiuso 24 dicembre-6 gennaio, 19 luglio-24 agosto, domenica e lunedì
Menu 20/30 € – Carta 28/33 €
Da 50 anni la stessa famiglia gestisce questo locale, mantenendosi fedele ad una linea gastronomica che punta sulla tipicità delle tradizioni locali. La pasta fatta in casa è ancora tirata con il mattarello; in stagione funghi e tartufi non mancano mai!

sulla strada provinciale 63 Nord-Ovest : 7 km

Cavazzone Ⓝ

via Cavazzone 4 ✉ 42030 – ℰ 05 22 85 81 00 – www.cavazzone.it
8 cam ⌷ – ♦49/70 € ♦♦66/85 €
Tutte le camere sono composte da due stanze o un salotto in questo cascinale di campagna al centro della grande azienda agricola omonima: bellissima acetaia nell'antico fienile e sala da pranzo nella vecchia stalla.

VIAREGGIO

Lucca (LU) – ✉ 55049 – 63 093 ab. – Carta regionale n° **18-B1**
▶ Roma 371 km – La Spezia 65 km – Pisa 21 km – Bologna 180 km
Carta stradale Michelin 563-K12

Grand Hotel Principe di Piemonte

piazza Puccini 1 – ℰ 05 84 40 11 – www.principedipiemonte.com
106 cam ⌷ – ♦119 € ♦♦644 € – **19 suites**   Pianta: A1**d**
Rist *Piccolo Principe* ❀❀ – Vedere selezione ristoranti
Non ci sembra azzardato affermare che si tratta di uno dei migliori alberghi della Versilia. Nel 2004, dopo un accurato restyling durato circa due anni, la struttura è ritornata a splendere nel firmamento dell'hôtellerie di lusso in virtù delle sue camere raffinate ed eleganti che presentano stili diversi: impero, coloniale, moderno, classico. Trattamenti vari e relax presso al centro benessere e Spa, mentre la splendida terrazza al quinto piano propone una piscina con jacuzzi e solarium, vista mozzafiato sul mare ed Alpi Apuane.

VIAREGGIO

A — LIDO DI CAMAIORE / FORTE DEI MARMI

B — CARRARA MASSA / CAMAIORE

FIRENZE, LA SPEZIA, PISA

MARE LIGURE

0 — 300 m

🏠🏠🏠 **Grand Hotel Royal**   ✿ ⛲ 🍴 ☆ 🅱 ♿ 🅰🅲 🐾 ⚜ 🅿

viale Carducci 44 – ☎ 0 58 44 51 51 – www.royalviareggio.it
– Aperto 1° marzo-31 ottobre   Pianta: A2**g**
111 cam ⌦ – 👤60/200 € 👤👤79/450 € – **3 suites**
Sul lungomare, imponente costruzione degli anni '20 con atmosfere da Belle Epoque nelle signorili sale. Curato giardino e confortevoli camere. Elegante sala ristorante con suggestivi richiami allo stile Liberty.

🏠🏠🏠 **Plaza e de Russie**   ✿ ☆ 🅰🅲 🏋

piazza d'Azeglio 1 – ☎ 0 58 44 44 49   Pianta: B2**t**
– www.softlivingplaces.com
51 cam ⌦ – 👤90/120 € 👤👤110/320 €
Rist *La Terrazza* – Vedere selezione ristoranti
Il primo albergo di Viareggio nel 1871, rimane ancora il luogo privilegiato di chi cerca fascino ed eleganza: preziosi marmi nelle sale comuni e belle camere.

President   ☆ ⊲ 🖥 ♿ AC

viale Carducci 5 – 📞 05 84 96 27 12 – www.hotelpresident.it   Pianta: A2**a**
50 cam ☕ – ♦100/300 € ♦♦140/300 €
In un importante edificio sul lungomare, questa raffinata risorsa dispone di ambienti eleganti arredati con mobili originali e affascinanti lampadari. Confortevoli le camere.

 Astor   ☆ 🖼 💷 🌊 ⅃⅃ 🖥 ♿ AC 🛁 🚗

viale Carducci 54 – 📞 0 58 45 03 01   Pianta: A1**h**
– www.astorviareggio.com
75 cam ☕ – ♦160/270 € ♦♦270/450 € – **11 suites**
Nella zona liberty di Viareggio, l'albergo si distingue per le forme bianche e moderne: arredi classici, le camere degli ultimi piani sono più spaziose, e suggestiva terrazza-solarium.

 London   🖥 ♿ AC

viale Manin 16 – 📞 0 58 44 98 41 – www.hotellondon.it   Pianta: B2**s**
33 cam ☕ – ♦69/99 € ♦♦99/170 €
In una palazzina liberty sul lungomare, arredi signorili negli spazi comuni e camere confortevoli; gradevole cortile interno e terrazze solarium per momenti di relax.

 Villa Tina   🖥 AC

via Aurelio Saffi 2 – 📞 0 58 44 44 50 – www.villatinahotel.it   Pianta: A1**a**
– Aperto 5 febbraio-2 novembre
13 cam ☕ – ♦45/99 € ♦♦59/180 €
Edificio liberty del 1929, le vetrate e gli stucchi delle zone comuni nonché gli arredi delle camere al primo piano ne ripropongono i fastosi eccessi; sempre in stile ma più sobrie quelle al secondo.

 Eden   🖥 ♿ AC

viale Manin 27 – 📞 0 58 43 09 02   Pianta: AB2**p**
– www.hoteleden-viareggio.it – Chiuso 5 gennaio-10 febbraio e
5 novembre-29 dicembre
38 cam ☕ – ♦50/120 € ♦♦80/180 €
Struttura di taglio moderno e buona funzionalità - versatile in termine di clientela - dispone di camere modernamente accessoriate.

 Katy   🖥 AC

via Flavio Gioia 12/14 ✉ 55049 Viareggio – 📞 0 58 44 55 18   Pianta: A2**b**
– www.hotelkaty.com – Aperto 1° aprile-31 ottobre
25 cam ☕ – ♦55/100 € ♦♦70/170 €
Gestione familiare in una graziosa palazzina liberty d'inizio Novecento: gli interni sono semplici, ma moderni, puliti e accoglienti. Tre camere offrono una piccola terrazza-solarium.

 Arcangelo   ☆ ⟲ AC

via Carrara 23 – 📞 0 58 44 71 23 – www.hotelarcangelo.com   Pianta: A1**x**
– Aperto Carnevale, vacanze pasquali e 1° maggio-30 settembre
19 cam – ♦90/110 € ♦♦110/140 € – ☕ 10 €
A due passi dal lungomare - piccolo hotel dalla giovane conduzione - si presenta con accoglienti spazi comuni e una graziosa corte interna rallegrata da molte piante. Camere non molto ampie, rinnovate in anni recenti, arredate con mobili dai colori pastello.

 🍴🍴🍴 **Piccolo Principe** – Grand Hotel Principe di Piemonte   ⊲ 🌲 ♿ AC 🍽 **P**
❀❀ *piazza Puccini 1 – 📞 05 84 40 11*   Pianta: A1**d**
– www.ristoranteilpiccoloprincipe.com – Aperto maggio-ottobre; chiuso lunedì
Menu 110/210 € – Carta 92/165 € – *(solo a cena)* (consigliata la prenotazione)
Come in una sinfonia ben orchestrata, lo chef, Giuseppe Mancino, fa coesistere nei suoi piatti molteplici elementi: creatività, raffinatezza, buona tecnica ed ottime presentazioni. Il menu non fa preferenze, carne e pesce, mentre dalla terrazza lo sguardo domina costa e mare.
➡ Ravioli di pasta alle ortiche, baccalà, pomodorino giallo e lumachine di mare. San Pietro cotto nel coriandolo, topinambur, carciofi e gamberi rossi. Duo di nocciola tonda gentile e lamponi.

XxX **Romano** (Franca Checchi)   🕸 AC

via Mazzini 120 – 𝒞 0 58 43 13 82   Pianta: B2m
– www.romanoristorante.it – Chiuso gennaio e lunedì, anche martedì a
mezzogiorno in estate
Menu 49 € (in settimana)/95 € – Carta 62/140 €
Splendida carrellata di pesce declinato alla viareggina con qualche proposta di
carne: da Romano troverete l'accoglienza familiare, la professionalità della grande
ristorazione e la qualità dell'alta cucina.
→ Bavettine alla viareggina con frutti di mare e pesce. Calamaretti ripieni di verdure e crostacei. Biscotto tostato al timo, semifreddo allo yogurt e fragole e salsa
ai frutti rossi.

XxX **La Terrazza** – Hotel Plaza e de Russie   🍴 AC 🍸

piazza d'Azeglio 1 – 𝒞 0 58 44 44 49   Pianta: B2t
– www.softlivingplaces.com – Chiuso 2 settimane in novembre e domenica in
inverno
Menu 60 € – Carta 42/73 € – (consigliata la prenotazione)
Sicuramente un elemento di forza dell'albergo, questo roof restaurant la cui vista
panoramica abbraccia città, mare ed alpi Apuane. La cucina è al tempo stesso raffinata e mediterranea.

XX **Da Miro alla Lanterna**   🕸 🍴 AC

via Coppino 289 – 𝒞 05 84 38 40 65   Pianta: B2n
– www.ristorantedamiro.com – Chiuso novembre, martedì a mezzogiorno e
lunedì; in luglio-agosto da lunedì a giovedì aperto solo la sera
Menu 49 € – Carta 39/117 €
Affacciato sulla darsena, dal 1954 qui regna la cucina di mare viareggina con una
rinomata specialità - gli spaghetti alla trabaccolara (ragù di mare) - e una bella
carta illustrata dedicata agli Champagne.

XX **Pino**   🕸 🍴 AC

via Matteotti 18 – 𝒞 05 84 96 13 56 – www.ristorantepino.it   Pianta: B2b
– Chiuso 7 gennaio-7 febbraio, giovedì a mezzogiorno e mercoledì
Carta 53/114 € – (solo a cena in luglio-agosto)
Bottarga e catalana testimoniano le origini sarde della famiglia, ma ormai da
decenni il ristorante è un caposaldo della ristorazione viareggina con un'ottima
cantina, a cominciare dalla selezione di Champagne.

VIAROLO
Parma (PR) – ✉ 43126 – Alt. 41 m – Carta regionale n° **5-A3**
▶ Roma 465 km – Parma 11 km – Bologna 108 km – Milano 127 km
Carta stradale Michelin 562-H12

X **La Porta a Viarolo**   ⛄ AC 🍸

via Provinciale Viarolo 103 – 𝒞 05 21 83 68 39 – www.laportaaviarolo.it
– Chiuso 30 giugno-15 luglio, domenica sera e mercoledì
Menu 13 € (pranzo in settimana)/38 € – Carta 24/50 €
Una piccola zona bar dove si può mangiare anche un sandwich, ma - chi viene
qua - lo fa per gustare la vera cucina emiliana.

VIBO VALENTIA
✉ 89900 – 33 897 ab. – Alt. 476 m – Carta regionale n° **3-A2**
▶ Roma 613 km – Reggio di Calabria 94 km – Catanzaro 69 km – Cosenza 98 km
Carta stradale Michelin 564-K30

🏠 **Vecchia Vibo**   ⛄ 🌿 ⛄ ⛄ AC 🏛 P

via Murat-Srimbia – 𝒞 0 96 34 30 46 – www.hotelvecchiavibo.com
18 cam ⛄ – ♦70/75 € ♦♦100/110 €
Nella parte antica di Vibo, a poche centinaia di metri dal castello, recente risorsa
ricavata da una vecchia casa padronale: sale e camere arredate con gusto e funzionalità.

a Vibo Valentia Marina Nord : 10 km – ⊠ 89811

🏠 Cala del Porto ⌂ 🖃 👍 AC 🏊

via Roma 22 – ☎ 09 63 57 77 62 – www.caladelporto.com
30 cam � – †90/100 € †† 120/140 € – **3 suites**
Rist *Lapprodo* ✿ – Vedere selezione ristoranti
In pieno centro e a due passi dal lungomare, albergo di raffinata atmosfera e confort moderno: spazi comuni ampi e ben curati, camere dotate dei migliori confort moderni. Se volete un soggiorno di qualità, Cala del Porto non vi deluderà.

✕✕✕ Lapprodo – Hotel Cala del Porto 🍴 👍 AC 🏠
✿
via Roma 22 – ☎ 09 63 57 26 40 – www.lapprodo.com
Menu 40/80 € – Carta 45/103 €
Elegante vetrina nella zona del porto, la carta è un appetitoso inventario di classici nazionali, in particolare di pesce, che il cliente potrà scegliere dal carrello con il pescato del giorno. Non mancano le carni, spesso calabresi.
➜ Taglioni Amarelli in salsa di calamaretti, pomodorini confit e raspatura di limone. Perla di gamberoni rossi di Capo Vaticano in salsa mediterranea e crostini di pane e olive. Delizia di ricotta vaccina con pere glassate al rhum e chiodi di garofano.

VICCHIO
Firenze (FI) – ⊠ 50039 – 8 170 ab. – Alt. 203 m – Carta regionale n° **18-C1**
◼ Roma 301 km – Firenze 32 km – Bologna 96 km
Carta stradale Michelin 563-K16

a Campestri Sud : 5 km – ⊠ 50039 Vicchio

🏠 Villa Campestri Olive Oil Resort ⌂ 🦮 🛋 🏊 P

via di Campestri 19/22 – ☎ 05 58 49 01 07 – www.villacampestri.com
– *Aperto fine marzo-15 novembre*
25 cam ⊶ – †109/190 € †† 122/210 € – **3 suites**
La natura e la storia ben si amalgamano in questa villa trecentesca immersa in un parco con piscina. Raffinati interni d'epoca ed una ricca oleoteca, dove si organizzano corsi di degustazione dell'extra vergine. Piatti toscani ed un menu interamente dedicato all'oro giallo al ristorante.

VICENO – Verbano-Cusio-Ossola (VB) ➜ Vedere Crodo

VICENZA
⊠ 36100 – 113 599 ab. – Alt. 39 m – Carta regionale n° **22-A1**
◼ Roma 523 km – Padova 37 km – Milano 204 km – Verona 51 km
Carta stradale Michelin 562-F16

🏠 Da Porto ⌂ 🦮 🖃 👍 AC 🏊 🚗

viale del Sole 142, 1 km per Trento - A1 – ☎ 04 44 96 48 48
– *www.hoteldaporto.com*
72 cam ⊶ – †68/205 € †† 78/235 €
Rist *Il Querini da Zemin* – Vedere selezione ristoranti
Edificati in una zona verde in una audace architettura, i due moderni edifici ospitano spazi confortevoli con corridoi in marmo ed arredi su misura nelle accoglienti camere. Per soggiorni medio-lunghi, la struttura propone mono e bilocali con angolo cottura.

🏠 Relais Santa Corona ⓝ 🖃 AC 🍴 🚗

Contrà Santa Corona 19 ⊠ 36100 Vicenza – ☎ 04 44 32 46 78
– *www.relaissantacorona.it* – Chiuso 30 dicembre-11 gennaio
8 cam ⊶ – †89/119 € †† 99/139 €
A pochi passi dalla Basilica Palladiana e dal Teatro Olimpico, una piacevole risorsa all'interno di un palazzo del '700 totalmente rinnovato. Camere ampie e attrezzate dall'arredo moderno, cortesia e armonia.

VICENZA

0   300 m

XXX **Da Biasio**   ♿ AC ⇄ P

viale 10 Giugno 172 – ☏ 04 44 32 33 63   Pianta: A2**a**
– www.ristorantedabiasio.it – Chiuso 5-18 agosto e lunedì
Menu 35/65 € – Carta 35/108 €
Sulle colline che circondano la città, con terrazza panoramica estiva, da Biasio troverete un locale moderno ed elegante. Ci sono piatti di carne, ma la giustificata
nomea del ristorante è ancorata al pesce.

XX **Storione**   AC ⇄ P

via Pasubio 62/64, 2 km per Trento - A1 – ☏ 04 44 56 65 06
– www.ristorantestorione.it – Chiuso domenica
Menu 20/70 € – Carta 33/76 €
Il nome fa intuire qual è la linea di cucina, solo di pesce secondo la disponibilità
dei mercati ittici; luminosa sala di taglio classico e tono signorile, con veranda.

❌❌ Il Querini da Zemin – Hotel Da Porto ⬛⬛ ❌

viale del Sole 142, 1 km per Trento - A1 – ✆ 04 44 55 20 54
– www.ilquerinidazemin.it – Chiuso sabato a pranzo e lunedì
Carta 31/81 €
Proposte di carne e di pesce legate alle tradizioni locali, ma talvolta anche alle fantasie del momento, in un locale dall'esperta gestione familiare che riesce a soddisfare ed accontentare sia i clienti dell'hotel sia gli avventori esterni.

❌❌ Antico Ristorante agli Schioppi 🔲 ⬛

contrà piazza del Castello 26 – ✆ 04 44 54 37 01   Pianta: A2c
– www.ristoranteaglischioppi.com – Chiuso domenica sera e lunedì
Carta 27/48 € – (consigliata la prenotazione)
Mobili di arte povera nell'ambiente caldo e accogliente di uno storico locale della città, rustico, ma con tocchi di eleganza; la cucina segue le tradizioni venete.

❌ Al Pestello 🔲

contrà Santo Stefano 3 – ✆ 04 44 32 37 21   Pianta: B1c
– www.ristorantealpestello.it – Chiuso martedì e i mezzogiorno di lunedì,
mercoledì e giovedì
Carta 30/58 €
L'indirizzo giusto per assaporare la vera cucina veneta, e vicentina in particolare, con tanto di menù in dialetto, è questa piccola trattoria con dehors estivo.

❌ Ponte delle Bele ⬛ ♿

contrà Ponte delle Bele 5 – ✆ 04 44 32 06 47   Pianta: A2a
– www.pontedellebele.it – Chiuso 8-25 agosto e domenica, anche sabato in
luglio-agosto
Menu 28/35 € – Carta 24/44 €
Una trattoria tipica, specializzata in piatti trentini e sudtirolesi; l'ambientazione, d'impronta rustica e con arredi di legno chiaro, è in sintonia con la cucina.

in prossimità casello autostrada A 4-Vicenza Est Sud-Est : 7 km per Este B2

🏠 Viest Hotel ⬛

via Scarpelli 41 ✉ 36100 – ✆ 04 44 58 26 77 – www.viest.it
98 cam 🛏 – ♦58/190 € ♦♦68/240 € – **2 suites**
In zona commerciale, le camere sono distribuite in tre diverse palazzine collegate da corridoi, secondo criteri di confort crescente; nuova piscina e centro benessere con trattamenti e massaggi.

🏠 Victoria ⬛ 🅿

strada padana verso Padova 52 ✉ 36100 – ✆ 04 44 91 22 99
– www.hotelvictoriavicenza.com
120 cam 🛏 – ♦65/179 € ♦♦75/186 € – **12 suites**
Hotel di taglio moderno che ha saputo rinnovarsi per restare competitivo: camere ampie e confortevoli, all'ultimo grido o classiche. Ristorante-pizzeria per chi vuole rimanere in albergo.

❌❌ Da Remo ⬛ 🅿

via Caimpenta 14 ✉ 36100 – ✆ 04 44 91 10 07 – www.daremoristorante.com
– Chiuso 25 dicembre-7 gennaio, 7-31 agosto, domenica sera e lunedì, anche
domenica a pranzo in luglio
Carta 31/66 €
Soffitti con travi a vista nelle sale, di cui una con camino, in questo ristorante rustico-signorile in una casa colonica con ampio spazio all'aperto per il servizio estivo.

VICO EQUENSE

Napoli (NA) – ✉ 80069 – 21 019 ab. – Carta regionale n° **4-B2**
▶ Roma 248 km – Napoli 40 km – Castellammare di Stabia 10 km – Salerno 41 km
Carta stradale Michelin 564-F25

Grand Hotel Angiolieri

via Santa Maria Vecchia 2, località Seiano, Sud-Est: 2 km – ☎ 08 18 02 91 61
– www.grandhotelangiolieri.it – Aperto 1° aprile-31 ottobre
36 cam ⌷ – **♦**115/215 € – **♦♦**165/455 € – **2 suites**
Rist *L'Accanto* ✿ – Vedere selezione ristoranti
Affacciato sul Golfo, ma in posizione elevata, si tratta di un austero ed elegante edificio storico; servizio squisito, eleganti arredi, ottima la prima colazione.

XXX L'Accanto – Grand Hotel Angiolieri

✿

via Santa Maria Vecchia 2, località Seiano, Sud-Est: 2 km – ☎ 08 18 02 91 61
– www.laccanto.it – Aperto 1° aprile-31 ottobre
Menu 75/120 € – Carta 52/108 € – *(solo a cena esluso domenica e festivi)*
Un'incantevole terrazza, quasi un promontorio sul Golfo, è la cornice di una cucina dalle incantevoli coreografie ed elaborate preparazioni di un giovane cuoco campano.
→ Paccheri con totani e patate. Pesci e crostacei in diverse cotture, con verdure baby croccanti .Trasparenza di mandarino e ricotta con spuma al limoncello e streuzel alle mandorle.

XX Antica Osteria Nonna Rosa (Giuseppe Guida)

✿

via privata Bonea 4, località Pietrapiano, Est: 2 km – ☎ 08 18 79 90 55
– www.osterianonnarosa.it – Aperto 16 settembre-10 giugno; chiuso domenica sera e mercoledì
Menu 60/80 € – Carta 54/74 € – *(solo a cena escluso sabato e domenica)*
(consigliata la prenotazione)
Una semplice, ma suggestiva dimora storica sul ciglio della strada verso il Monte Faito: la cucina riesce ad essere originale e creativa pur restando fedele alle tradizioni e ai prodotti campani, in una genuina atmosfera familiare.
→ Seppie piselli e mandarino. Spaghettini aglio e olio, succo di tordo di mare. Crostata al limone e timo limonato.

a Marina Equa Sud : 2,5 km – ✉ 80069 Vico Equense

XXX Torre del Saracino (Gennaro Esposito)

✿ ✿

via Torretta 9 – ☎ 08 18 02 85 55 – www.torredelsaracino.it – Chiuso 16 febbraio-24 marzo, domenica sera e lunedì
Menu 120/160 € – Carta 85/117 € – (consigliata la prenotazione)
Sempre all'avanguardia, i piatti di Esposito sono un vulcano di idee e di tendenze che hanno ispirato e dato significato al concetto di cucina mediterranea. L'elegante sala è moderna ed essenziale, ma il gioiello è la torre che ospita pochi tavoli con vista mare (meglio, quindi, prenotare), in cui fermarsi anche per un suggestivo dopocena.
→ Alici alla tortiera. Triglia in umido con gnocchi di bietola e caprino. Soufflè al bianco di limone, sorbetto di sfusato amalfitano e tisana.

sulla strada statale 145 Sorrentina

Capo la Gala

via Luigi Serio 8, s.s. 145 Sorrentina, km 14,500 – ☎ 08 18 01 57 58
– www.hotelcapolagala.com – Aperto 1° aprile-31 ottobre
22 cam ⌷ – **♦**290/580 € – **♦♦**290/750 € – **1 suite**
Rist *Maxi* ✿ – Vedere selezione ristoranti
Costruito a pelo d'acqua in una romantica baia rocciosa, le camere sono lambite dagli spruzzi del mare e sono impreziosite dalle straordinarie ceramiche vietresi.

Mega Mare

località Punta Scutolo, Ovest: 4,5 km ✉ 80069 – ☎ 08 18 02 84 94
– www.hotelmegamare.com
29 cam ⌷ – **♦**65/90 € – **♦♦**80/180 €
Splendidamente panoramico sulla baia di Sorrento, le camere sono semplici, ma con belle ceramiche di Vietri: tutte con un'impagabile vista.

XXX ⚲ **Maxi** – Hotel Capo la Gala

via Luigi Serio 8, s.s. 145 Sorrentina, km 14,500 – ☎ 08 18 01 57 57
– www.hotelcapolagala.com – Aperto 1° aprile-31 ottobre; chiuso lunedì
Menu 90/120 € – Carta 66/129 € – *(solo a cena)*
Nella sala interna se il tempo è bizzoso o sulla terrazza con vista sul golfo nelle giornate più belle: dovunque si mangi, la cucina è un viaggio all'interno delle seduzioni campane, che il cuoco rivisita con estro e creatività.
→ Linguine con lumache di mare e salsa alla puttanesca. Triglia in patate fritte con lattuga romana e ravanelli. Babà con spuma di ricotta al limone a albicocche candite.

XXX **La Caletta**

strada statale 145,9, Nord: 1 km – ☎ 08 18 01 57 31 – www.scrajoterme.it
– Aperto 1° aprile-30 ottobre, chiuso domenica sera e lunedì
Carta 49/69 € – *(solo a cena)* (prenotare)
Una terrazza a picco sul mare con un'incredibile vista e pochi tavoli: un palcoscenico strepitoso dove gustare piatti mediterranei, ma soprattutto sapori campani in chiave moderna.

VICOFORTE

Cuneo (CN) – ✉ 12080 – 3 124 ab. – Alt. 598 m – Carta regionale n° **12-B3**
▶ Roma 623 km – Cuneo 34 km – Asti 79 km – Torino 90 km
Carta stradale Michelin 561-I5

 Antica Meridiana Relais Art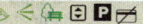

via Montex 1 – ☎ 01 74 56 33 64 – www.relais-art.com – Chiuso
8 gennaio-19 marzo
5 cam ⛶ – †60/70 € ††100/120 €
Un'originale casa di campagna che vi sorprenderà per la sua originalità e l'attenzione al dettaglio: vista a 360° sui vigneti circostanti dall'appartamento nella torretta.

VICOMERO – Parma (PR) → Vedere Torrile

VICOPISANO

Pisa (PI) – ✉ 56010 – 8 639 ab. – Alt. 12 m – Carta regionale n° **18-B2**
▶ Roma 350 km – Firenze 82 km – Pisa 22 km – Bologna 166 km
Carta stradale Michelin 563-K13

XXX **Osteria Vecchia Noce**

località Noce 39, Ovest: 5 km – ☎ 0 50 78 82 29 – www.ostreiavecchianoce.it
– Chiuso martedì sera e mercoledì escluso in luglio-agosto
Carta 31/88 €
All'ingresso di Uliveto Terme, un antico frantoio del 1700 nel centro della minuscola frazione: ambiente caratteristico, elegante e caldo, nonché collaudata gestione familiare. Piatti di terra e di mare elaborati con cura strutturano il menu.

X **Da Cinotto**

via Provinciale Vicarese 132, località Uliveto Terme, Ovest: 6 km
– ☎ 0 50 78 80 43 – Chiuso agosto, venerdì sera e sabato
Carta 24/40 € – *(coperti limitati, prenotare)*
Tavoli serrati e conduzione familiare in una piccola trattoria dal côté piacevolmente informale, dove fermarsi per apprezzare una sincera e casereccia cucina toscana preparata dalla moglie e proposta rigorosamente a voce dal marito.

VIDICIATICO – Bologna (BO) → Vedere Lizzano in Belvedere

VIESTE

Foggia (FG) – ✉ 71019 – 13 984 ab. – Carta regionale n° **15-B1**
▶ Roma 420 km – Foggia 92 km – Bari 179 km – San Severo 101 km
Carta stradale Michelin 564-B30

Degli Aranci

*piazza Santa Maria delle Grazie 10 – ☎ 08 84 70 85 57 – www.hotelaranci.it
– Aperto 1° aprile-31 ottobre*
121 cam ⌂ – 🛏75/225 € 🛏🛏115/280 €
Poco distante dal mare, un hotel dalla calorosa accoglienza che dispone di
ariosi e freschi spazi comuni e funzionali camere caratterizzate da differenti
tipologie di arredo. Una ampia sala ristorante di tono classico propone
piatti lievemente rivisitati ed è particolarmente adatta per allestire anche
banchetti.

Seggio

*via Veste 7 – ☎ 08 84 70 81 23 – www.hotelseggio.it – Aperto
1° aprile-30 settembre*
30 cam ⌂ – 🛏55/90 € 🛏🛏100/160 € – **2 suites**
Un'ubicazione eccezionale: nel centro storico, a strapiombo sulla parete rocciosa,
un ascensore vi condurrà in basso sino alla piscina e alla spiaggetta con solarium.
Camere confortevoli, molte con vista mare.

Palace Hotel Vieste

via Santa Maria di Merino 7 – ☎ 08 84 70 12 18 – www.palacehotelvieste.it
48 cam ⌂ – 🛏60/175 € 🛏🛏79/219 €
Raffinata ospitalità in un palazzo d'epoca del centro storico: camere diverse per
ampiezza e ricercatezza degli arredi, bus-navetta gratuito per la spiaggia (a
meno di un km).

White Hotel and Resort

*via Italia 2, Nord: 1,5 km – ☎ 08 84 70 13 26 – www.withehotel.it – Aperto
1° maggio-31 ottobre*
49 cam ⌂ – 🛏30/250 € 🛏🛏49/500 €
Nel litorale nord della località, hotel di moderno design a due passi dal mare.
Camere fornite di buone installazioni ed un'originale piscina con giochi d'acqua; ricco brunch fino alle ore 12.

Bikini

*via Massimo d'Azeglio 13/a – ☎ 08 84 70 15 45 – www.bikinihotelvieste.it
– Aperto Pasqua-15 ottobre*
32 cam ⌂ – 🛏30/120 € 🛏🛏35/160 €
Contemporaneamente vicino alla spiaggia, al faraglione di Pizzomunno e al centro della città, una risorsa moderna di sobrie dimensioni con camere funzionali e
luminose.

Svevo

*via Fratelli Bandiera 10 – ☎ 08 84 70 88 30 – www.hotelsvevo.com – Aperto
1° aprile-30 settembre*
30 cam ⌂ – 🛏65/150 € 🛏🛏80/150 €
In posizione tranquilla in prossimità dell'antica dimora di Federico II di Svevia,
l'hotel dispone di camere semplici e funzionali e di un'ampia terrazza-solarium
con piscina.

Dimora del Dragone

via Duomo 21 – ☎ 08 84 70 12 12 – www.bbdimoradeldragone.it
6 cam ⌂ – 🛏60/200 € 🛏🛏70/280 €
Dinnanzi al Duomo, un bel mix di antico e moderno vi attende in camere eleganti, dagli accessori contemporanei, ma affascinanti mattonelle d'epoca; tre
camere con vista sul mare e sui tetti della città vecchia. (Attenzione: dal 1° novembre al 31 marzo, il servizio della prima colazione è sospeso).

XX ☒ **Al Dragone** ⬚ ⬚ ⬚

via Duomo 8 – ☏ 08 84 70 12 12 – www.aldragone.it
– Aperto 29 aprile-20 ottobre; chiuso martedì in aprile, maggio e
15 settembre-20 ottobre
Menu 22 € – Carta 30/56 €
Un ambiente caratteristico ricavato all'interno di una grotta naturale, dove lasciarsi
andare ai piaceri della tavola: sapori regionali presentati con cura e fantasia.

XX **Il Capriccio** ⬚ ⬚ ⬚

località Porto Turistico – ☏ 08 84 70 78 99 – www.ilcapricciodivieste.it – Chiuso
7 gennaio-13 febbraio e da lunedì a giovedì dal 15 ottobre al 30 marzo
Menu 35/55 € – Carta 30/57 €
Tappa irrinunciabile per chi è alla ricerca dei migliori ristoranti del Gargano, si
affaccia sul porto turistico con tavoli sul pontile d'estate. Delizia i palati con una
cucina creativa di pesce, spesso combinato con il tradizionale amore dei pugliesi
per le verdure. Il nostro consiglio: troccoli con cozze, bottarga e maggiorana su
crema di borlotti - "tiramisud".

a Lido di Portonuovo Sud-Est : 5 km – ☒ 71019 Vieste

⬚ **Portonuovo** ⬚ ⬚ ⬚ ⬚ ⬚ ⬚ ⬚ ⬚ ⬚ ⬚ ⬚ ⬚ ⬚

litoranea, Sud: 4 km – ☏ 08 84 70 65 20 – www.hotelportonuovo.it – Aperto
21 maggio-11 settembre
56 cam ☒ – †60/175 € ††79/185 €
Abbracciato da una piacevole pineta, l'hotel si trova a pochi passi dal mare e propone spazi comuni ampi e discretamente eleganti, camere confortevoli dall'arredo ligneo.

VIETRI SUL MARE

Salerno (SA) – ☒ 84019 – 7 987 ab. – Carta regionale n° **4-B2**
▶ Roma 259 km – Napoli 50 km – Amalfi 20 km – Avellino 41 km
Carta stradale Michelin 564-F26

a Raito Ovest : 3 km – ☒ 84010 – Alt. 100 m

⬚ **Raito** ⬚ ⬚ ⬚ ⬚ ⬚ ⬚ ⬚ ⬚ ⬚ ⬚ ⬚ ⬚ ⬚ ⬚ ⬚

via Nuova Raito 9 – ☏ 08 97 63 41 11 – www.hotelraito.it – Chiuso
7-gennaio-29 febbraio
75 cam ☒ – †137/300 € ††158/350 € – **2 suites**
Camere di design, particolarmente belle quelle con grande terrazza, e zone
comuni piacevolmente "illuminate" dalla luce che penetra dalle grandi vetrate.
La struttura è moderna e come si conviene alle nuove tendenze, non manca di
un'attrezzata zona benessere.

VIGANÒ

Lecco (LC) – ☒ 23897 – 2 086 ab. – Alt. 390 m – Carta regionale n° **10-B1**
▶ Roma 607 km – Como 30 km – Bergamo 33 km – Lecco 20 km
Carta stradale Michelin 561-E9

XXX **Pierino Penati** (Theo Penati) ⬚ ⬚ ⬚ ⬚ ⬚ ⬚

via XXIV Maggio 36 – ☏ 0 39 95 60 20 – www.pierinopenati.it – Chiuso
26-30 dicembre, domenica sera e lunedì
Menu 30 € (pranzo in settimana)/150 € – Carta 31/92 €
Una villa alle porte del paese con un grazioso giardino... e la cura prosegue
all'interno nell'elegante sala con veranda. Piatti della tradizione e qualche proposta di pesce.
→ Polpo croccante con patate soffiate, mela verde e fagiolini. Manzo stracotto in
extravergine di oliva e vino bianco con spinaci novelli. Panna cotta alla vaniglia
con ciliege e biscotto rotto

VIGANO – Milano (MI) → Vedere Gaggiano

VIGARANO MAINARDA

Ferrara (FE) – ✉ 44049 – 7 699 ab. – Alt. 10 m – Carta regionale n° **5-C1**

▶ Roma 424 km – Bologna 52 km – Ferrara 13 km – Modena 65 km

Carta stradale Michelin 562-H16

Antico Casale

via Rondona 11/1 – ☎ 05 32 73 70 26 – www.hotelanticocasale.it – Chiuso
15 giorni in agosto

17 cam ⌧ – †45/70 € ††70/100 €

Il nome mantiene la promessa: si tratta di un casale ottocentesco riadattato ad
albergo all'interno di un complesso comprensivo di centro benessere. Gli interni
ripropongono una certa rusticità con travi a vista, cotto e testiere in ferro battuto.
Echi etnici negli arredi provenienti dall'India.

La Tortiola

via Tortiola 15, Nord Est: 2,5 Km – ☎ 05 32 73 70 37
– www.ristorantemonnalisa.net

12 cam ⌧ – †50/75 € ††70/110 €

Nasce dalla ristrutturazione di un fienile dell'Ottocento, questa struttura immersa
nel verde della campagna ferrarese, con camere gradevolmente arredate in legno
chiaro ed un ristorante dove gustare tipicità ferraresi.

VIGASIO

Verona (VR) – ✉ 37068 – 9 955 ab. – Carta regionale n° **23-A3**

▶ Roma 500 km – Venezia 131 km – Verona 17 km – Mantova 27 km

Carta stradale Michelin 562-G14

Montemezzi

via Verona 92 – ☎ 04 57 36 34 40 – www.hotelmontemezzi.it

97 cam ⌧ – †69/199 € ††79/209 €

Lontana dai rumori e dal traffico del centro di Verona, struttura commerciale di
recente apertura, dispone di ambienti arredati seguendo i dettami del moderno
design. Nella sobria sala ristorante, gustosi piatti di cucina mediterranea.

VIGEVANO

Pavia (PV) – ✉ 27029 – 63 442 ab. – Alt. 116 m – Carta regionale n° **9-A3**

▶ Roma 601 km – Alessandria 69 km – Milano 35 km – Novara 27 km

Carta stradale Michelin 561-G8

Hotel del Parco

corso Milano 95 ✉ 27029 Vigevano – ☎ 03 81 34 81 70 – www.delparcohotel.it

40 cam ⌧ – †70/180 € ††80/240 € – **2 suites**

Inaugurato nel 2008, albergo dallo stile moderno e funzionale con un'interessante
gamma di servizi tra cui il centro benessere BB Club. Nella ex cascina adiacente, si
trova invece il ristorante dove gustare i "tesori" gastronomici della regione: in primis, l'oca.

Locanda San Bernardo

corso Novara 2 – ☎ 03 81 69 10 35 – www.locandasanbernardo.it

6 cam ⌧ – †60/100 € ††90/130 €

Non lontano da piazza Ducale, ricavata dalla ristrutturazione della casa di famiglia,
una locanda accogliente arredata con mobili in stile.

XxX I Castagni (Enrico Gerli)

via Ottobiano 8/20, Sud: 2 km – ☎ 0 38 14 28 60 – www.ristoranteicastagni.com
– Chiuso 1 settimana in gennaio, 1 settimana in giugno, 2 settimane in agosto,
domenica sera e lunedì

Menu 52/60 € – Carta 52/84 € – *(solo a cena escluso sabato e domenica)*

Ricavato da una casa di campagna con portico, gradevole ambiente con quadri e
mobili in stile. Fantasia nei piatti sorretti da ottimi prodotti e coreografiche presentazioni.

→ Risotto con verdure stagionali verdi mantecato al burro di spinaci. Coscia d'oca
ripiena e arrostita lentamente nel suo grasso con scaloppina di fegato grasso.
Lombardia e tradizione.

XX **Da Maiuccia**

via Sacchetti 10 – ℰ 0 38 18 34 69 – www.damaiuccia.it – Chiuso 1°-6 gennaio, agosto, domenica sera e lunedì

Carta 33/111 €

Il pesce fresco in esposizione all'ingresso è una presentazione invitante per questo frequentato ristorante signorile. Volendo ci sono anche alcuni piatti a base di carne.

VIGNOLA

Modena (MO) – ✉ 41058 – 25 244 ab. – Alt. 125 m – Carta regionale n° **5-C2**

▶ Roma 398 km – Bologna 43 km – Milano 192 km – Modena 22 km

Carta stradale Michelin 562-I15

🏨 **La Cartiera**

via Sega 2 – ℰ 0 59 76 70 89 – www.hotellacartiera.it – Chiuso 2 settimane in agosto

55 cam ⌂ – †85/130 € ††125/235 €

Ricavato dalla ristrutturazione di una cartiera ottocentesca (nel sottosuolo si possono ancora intuire le antiche funzioni), l'hotel propone camere funzionali e moderne, non prive di tessuti ed arredi raffinati.

X **La Bolognese**

via Muratori 1 – ℰ 0 59 77 12 07 – Chiuso agosto, sabato e domenica

Carta 19/27 € – *(solo a pranzo)* (consigliata la prenotazione)

Ai piedi del maestoso castello, un'autentica trattoria conviviale ed informale; pochi piatti elencati a voce, dalle tagliatelle al ragù ai succulenti arrosti, ma dai sapori genuini e porzioni generose.

VIGO DI FASSA

Trento (TN) – ✉ 38039 – 1 245 ab. – Alt. 1 382 m – Carta regionale n° **19-C2**

▶ Roma 676 km – Bolzano 36 km – Canazei 13 km – Passo di Costalunga 9 km

Carta stradale Michelin 562-C17

🏨 **Active Hotel Olympic**

strada Dolomites 4, località San Giovanni, Est: 1 km – ℰ 04 62 76 42 25 – www.activehotelolympic.it – Aperto 20 dicembre-10 aprile e 26 giugno-4 ottobre

30 cam – solo ½ P 71/200 € – **4 suites**

Lungo la statale che corre ai piedi della località, cordiale accoglienza ladina in una risorsa con spazi comuni ben distribuiti, centro relax e giardino. Belle camere di cui una decina presentano elementi rustici e design moderno; calda e piacevole sala da pranzo con stube in stile locale.

🏨 **Renato**

strada de Solar 27 – ℰ 04 62 76 40 06 – www.hotelrenato.it – Chiuso 4 aprile-11 giugno e 10 ottobre-5 dicembre

29 cam ⌂ – †75/142 € ††126/244 € – **8 suites**

Albergo che dalla sua lontana apertura nel 1975 è statro rinnovato diverse volte ed - oggi - offre un ventaglio davvero completo di servizi, in linea con le aspettative di chi viene in vacanza sulle belle Dolomiti.

🏨 **Carpe Diem**

strada Neva 3 – ℰ 04 62 76 00 03 – www.carpediemhotel.it – Chiuso 1° aprile-16 maggio e 3 novembre-5 dicembre

18 cam ⌂ – †65/110 € ††100/216 €

E' una simpatica coppia emiliana ad aver "colto l'attimo" ed aperto questo grazioso albergo all'ingresso del paese: in larice con giardino d'inverno e panoramica terrazza-solarium.

🏠 **Catinaccio**

piazza J.B.Massar 12 – ℰ 04 62 76 42 09 – www.hotelcatinaccio.com – Aperto 1° dicembre-Pasqua e 15 giugno-20 settembre

22 cam ⌂ – †60/90 € ††100/160 €

In posizione panoramica e centrale, squisita gestione familiare in una classica struttura alpina con spunti tirolesi. Al ristorante, piatti classici e specialità ladine cucinati dal patron dell'hotel.

a Tamion Sud-Ovest : 3,5 km – ⊠ 38039 Vigo Di Fassa

Gran Mugon
strada de Tamion 3 – ℰ *04 62 76 91 08* – *www.hotelgranmugon.com*
– *Aperto 4 dicembre-Pasqua e 15 giugno-30 settembre*
26 cam ⊐ – ♦55/100 € ♦♦110/170 € – **4 suites**
Rist 'L Chimpl ✿ – Vedere selezione ristoranti
In prossimità delle piste da sci, la risorsa risulterà soprattutto gradita alle famiglie con figli al seguito: camere semplici, ma ben tenute, nonché zona benessere con vista sulle vallate.

Agritur Weiss
strada de S. Pozat 11 – ℰ *04 62 76 91 15* – *www.agriturweiss.com*
8 cam ⊐ – ♦58/96 € ♦♦90/148 €
La vista sulla valle e sulle belle rocce dolomitiche è semplicemente mozzafiato, in questo vero agriturismo dove animali da cortile scorrazzano liberamente; camere comode e con un design interessante. Genuina fragranza al ristorante.

✗✗ 'L Chimpl – Hotel Gran Mugon
✿
strada de Tamion 3 – ℰ *04 62 76 91 08* – *www.lchimpl.it*
– *Aperto 4 dicembre-Pasqua e 15 giugno-30 settembre*
Menu 37/68 € – Carta 43/74 € – *(solo a cena)* (coperti limitati, prenotare)
L'alta cucina si fa strada all'interno dell'albergo Gran Mugon, che ha aperto una sala interamente dedicata al talentuoso cuoco. Nei suoi piatti i prodotti del territorio sono il trampolino di una fantasia che si tuffa in divagazioni estrose e creative per chi vuole sfuggire ai cliché di montagna.
→ Gli assaggi della selezione de 'L Chimpl. Sella di Capriolo, mais e cappuccio rosso stufato. La nostra mela.

VILLA ADRIANA – Roma (RM) → Vedere Tivoli

VILLA A SESTA – Siena (SI) → Vedere Castelnuovo Berardenga

VILLA BARTOLOMEA
Verona (VR) – ⊠ 37049 – 5 901 ab. – Alt. 14 m – Carta regionale n° **23-B3**
▶ Roma 466 km – Verona 50 km – Bologna 95 km – Mantova 52 km
Carta stradale Michelin 562-G16

Agriturismo Tenuta la Pila
via Pila 42, località Spinimbecco – ℰ *04 42 65 92 89* – *www.tenutalapila.com*
9 cam ⊐ – ♦30/60 € ♦♦70/80 €
Agriturismo realizzato in un mulino dei primi del '700, la cui pila è ancora visibile in una delle sale comuni. Eleganti, spaziose e accoglienti, le camere si distinguono grazie al nome del frutto cui ciascuna è dedicata. La ristorazione è riservata solo a piccoli gruppi.

VILLABASSA (NIEDERDORF)
Bolzano (BZ) – ⊠ 39039 – 1 535 ab. – Alt. 1 158 m – Carta regionale n° **19-D1**
▶ Roma 738 km – Cortina d'Ampezzo 36 km – Bolzano 100 km – Brunico 23 km
Carta stradale Michelin 562-B18

Aquila-Adler
piazza Von Kurz 3 – ℰ *04 74 74 51 28* – *www.hoteladler.com*
– *Aperto 18 dicembre-2 aprile e 27 maggio-9 ottobre*
31 cam ⊐ – ♦76/140 € ♦♦132/310 € – **5 suites**
Rist Aquila-Adler – Vedere selezione ristoranti
Ambienti raffinati in questa storica struttura del centro - risalente al 1600 - con camere di differenti categorie: imperdibili, le recenti suite, in particolare la 104, elegante mix di antico e moderno.

XX **Aquila-Adler** – Hotel Aquila-Adler

piazza Von Kurz 3 – ℰ 04 74 74 51 28 – www.hoteladler.com
– Aperto 19 dicembre-28 marzo e 1° giugno-3 ottobre
Menu 25/50 € – Carta 29/73 € – *(chiuso martedì in bassa stagione)*
All'interno dell'omonimo albergo, avvolti nel romantico fascino delle stuben, autentici capolavori in legno risalenti al '700, qui troverete la cucina tradizionale tirolese preparata a grandi livelli e abbondanti porzioni.

VILLA CONVENTO – Lecce (LE) ➜ Vedere Lecce

VILLA D'ADDA

Bergamo (BG) – ⊠ 24030 – 4 772 ab. – Alt. 286 m – Carta regionale n° **10-C1**
▶ Roma 617 km – Bergamo 24 km – Como 40 km – Lecco 22 km
Carta stradale Michelin 561-E10

XX **La Corte del Noce**

via Biffi 8 – ℰ 0 35 79 22 77 – www.lacortedelnoce.com – Chiuso
16 agosto-25 settembre
Menu 35/60 € – Carta 49/67 €
Nel complesso rurale settecentesco trova posto la curata sala con caminetto. Fuori, il maestoso noce che ha segnato la storia del locale oggi non c'è più, ma all'ombra del suo ricordo si svolge il servizio estivo. Cucina classica completata da una buona scelta enologica.

VILLA D'ALMÈ

Bergamo (BG) – ⊠ 24018 – 6 752 ab. – Alt. 300 m – Carta regionale n° **10-C1**
▶ Roma 601 km – Bergamo 14 km – Lecco 31 km – Milano 58 km
Carta stradale Michelin 561-E10

XX **Osteria della Brughiera** (Stefano Arrigoni)

via Brughiera 49 – ℰ 0 35 63 80 08 – www.osteriadellabrughiera.it – Chiuso
10 agosto-1° settembre, martedì a mezzogiorno e lunedì
Menu 45 € (pranzo in settimana)/90 € – Carta 81/126 €
Atmosfera retrò, eleganza ed un pizzico di romanticismo, ma protagonista è la cucina: troverete sapori ruspanti accanto a leggerezze gourmet, tradizione e creatività, il cuoco non si fa mancare nulla.
➜ Zucca, zola e zenzero (cappelletti alla bourguignonne). Filetto di cervo cotto sui carboni, salmì, patate e mele fritte al cioccolato. Meringata alle fragoline di bosco, gelato alla rosa..

VILLA DI CHIAVENNA

Sondrio (SO) – ⊠ 23029 – 1 010 ab. – Alt. 633 m – Carta regionale n° **9-B1**
▶ Roma 692 km – Sondrio 69 km – Chiavenna 8 km – Milano 131 km
Carta stradale Michelin 561-C10

XX **Lanterna Verde** (Andrea Tonola)

frazione San Barnaba 7, Sud-Est: 2 km – ℰ 0 34 33 85 88
– www.lanternaverde.com – Chiuso 10 giorni in giugno, 20 giorni in novembre,
mercoledì in luglio-agosto, anche martedì sera negli altri mesi
Menu 47/78 € – Carta 47/83 €
Nel verde di una tranquilla vallata, le sale ripropongono il tipico stile di montagna. Cucina giovane e creativa: il pesce d'acqua dolce tra i motivi di richiamo.
➜ Tajadin dulz de villa (pasta fresca di farina di castagne). Capretto cotto nel lavèec (pentola di pietra) con patate e carciofi (primavera). Il meteorite..caduto nel piatto: cioccolato e frutto della passione.

VILLAFRANCA DI VERONA

Verona (VR) – ✉ 37069 – 33 246 ab. – Alt. 54 m – Carta regionale n° **23-A3**
▶ Roma 483 km – Verona 19 km – Brescia 61 km – Mantova 22 km
Carta stradale Michelin 562-F14

a Dossobuono Nord-Est : 7 km – ✉ 37062

Veronesi La Torre

via Monte Baldo 22 – 𝒞 04 58 60 48 11 – www.hotelveronesilatorre.it
88 cam ⌷ – †128 € ††198 € – **4 suites**
E' un monastero la cui parte più antica risale al XIV secolo ad ospitare questo elegante albergo, i cui moderni interni si armonizzano deliziosamente con i muri storici: il risultato è uno spazio confortevole e di grande charme.

Opera

via Cavour 5 – 𝒞 0 45 98 70 38 – www.operahotel.it
– Chiuso 20 dicembre-6 gennaio
13 cam ⌷ – †48/118 € ††65/130 €
Spazi interni, moderni e lineari, si contrappongono piacevolmente all'architettura Liberty in questa graziosa villa, che ha recentemente subito un cambio di gestione, continuando tuttavia a garantire una proverbiale ospitalità.

XX Cavour

via Cavour 40 – 𝒞 0 45 51 30 38 – Chiuso 1°-7 gennaio, domenica sera e mercoledì in settembre-maggio, sabato e domenica negli altri mesi
Carta 36/53 €
E' un'insegna in ferro battuto ad indicare l'edificio storico. Varcata la soglia ci si accomoda in un'ampia sala per gustare le tipiche proposte del territorio, tra le quali non manca mai il carrello dei bolliti.

VILLAFRANCA IN LUNIGIANA

Massa-Carrara (MS) – ✉ 54028 – 4 832 ab. – Alt. 130 m – Carta regionale n° **18-A1**
▶ Roma 420 km – La Spezia 31 km – Parma 88 km
Carta stradale Michelin 563-J11

a Mocrone Nord-Est : 4 km – ✉ 54028 Villafranca In Lunigiana

X Gavarini

via Benedicenti 50 – 𝒞 01 87 49 55 04 – www.locandagavarini.it
Menu 11 € (pranzo in settimana)/50 € – Carta 24/55 € – (chiuso mercoledì)
8 cam ⌷ – †40/60 € ††70/90 € – **1 suite**
Piatti tipici della Lunigiana elaborati con gusto e semplicità in questo ristorante familiare dalle curate sale e con un bel giardino. Valide le camere arredate con un certo senso estetico e nuova piscina con solarium.

VILLAFRANCA TIRRENA

Messina (ME) – ✉ 98049 – 8 626 ab. – Alt. 22 m – Carta regionale n° **17-D1**
▶ Messina 17 km – Catania 111 km – Siracusa 173 km – Palermo 209 km
Carta stradale Michelin 365-BB54

Parco degli Ulivi

Zona Calvaruso – 𝒞 09 03 37 95 29 – www.ilparcodegliulivi.it
37 cam ⌷ – †54/114 € ††59/129 €
Ubicato nella parte alta della località con una vista davvero splendida sul mare e sull'arcipelago delle Eolie, questo complesso alberghiero conta su belle camere spaziose e tutte standardizzate fra loro. Anche gli ambienti esterni non lasciano a desiderare... piscina a sfioro sul panorama con ampia terrazza solarium, maneggio e piccola spa ben organizzata.

VILLAMARINA – Forlì-Cesena (FC) ➜ Vedere Cesenatico

VILLANDRO (VILLANDERS)

Bolzano (BZ) – ⊠ 39040 – 1 861 ab. – Alt. 880 m – Carta regionale n° **19**-C2

▶ Roma 679 km – Bolzano 29 km – Bassano del Grappa 177 km – Belluno 132 km
Carta stradale Michelin 562-C16

XX	**Ansitz Zum Steinbock**	⇔ < 🎋 🕸 🅿

Vicolo F.V. Defregger 14 – 𝒞 04 72 84 31 11 – www.zumsteinbock.com – Chiuso 7 gennaio-7 febbraio
Carta 46/74 € – *(chiuso lunedì)* **19 cam** ⌓ – ♦50/65 € ♦♦55/75 € – **1 suite**
Quasi un castello che troneggia in questo delizioso villaggio di montagna: incantevole è pure l'atmosfera al suo interno, tra le fiabesche stube e le romantiche camere. Ottima ed estrosa, la cucina riesce sempre a sorprendere.

VILLA ROSA – Teramo (TE) ➔ Vedere Martinsicuro

VILLA SAN GIOVANNI

Reggio di Calabria (RC) – ⊠ 89018 – 13 813 ab. – Alt. 15 m
– Carta regionale n° **3**-A3

▶ Roma 653 km – Reggio di Calabria 14 km
Carta stradale Michelin 564-M28

XX	**Vecchio Porto**	🎋 🅰🅲

lungomare Cenide 55 – 𝒞 09 65 70 05 02 – www.ristorantevecchioporto.com – Chiuso 15-30 novembre e mercoledì
Menu 20 € (pranzo in settimana)/40 € – Carta 31/55 €
Sul lungomare della località, questo locale moderno con cucina a vista apre le proprie porte per invitarvi a gustare del pesce freschissimo e ricette che esaltano le materie prime del territorio.

a Santa Trada di Cannitello Nord-Est : 5 km – ⊠ 89018 Villa San Giovanni

🏨	**Altafiumara Resort & Spa**	🍴 🛥 < 🛏 ⛲ 🕸 ⚽ 🕸 ♨ 🏋 🅰🅲 🛁 🅿

via Petrello – 𝒞 09 65 75 98 04 – www.altafiumarahotel.it – Aperto 15 aprile-30 ottobre
87 cam ⌓ – ♦110/310 € ♦♦140/370 € – **41 suites**
Rist *I Due Mari* – Vedere selezione ristoranti
Grande proprietà, a picco sul mare, in cui domina la fortezza borbonica di fine Settecento all'interno della quale sono state ricavate le camere. Esclusivo centro benessere.

XXX	**I Due Mari** – Hotel Altafiumara	🛏 ⛲ 🅰🅲 🕸 ⇔ 🅿

via Petrello – 𝒞 09 65 75 98 04 – www.altafiumarahotel.it – Aperto 15 aprile-30 ottobre
Carta 35/74 €
Nella ex santa Barbara di una fortezza borbonica, cucina solare e mediterranea che non disdegna un tocco di natura esotica. Un elegante ristorante dove il cibo diventa sinonimo di arte nell'estasiante viaggio attraverso le antiche ricette di questa terra.

VILLASIMIUS

Sardegna – Cagliari (CA) – ⊠ 09049 – 3 645 ab. – Alt. 41 m
– Carta regionale n° **16**-B3

▶ Cagliari 49 km – Muravera 43 km – Nuoro 225 km – Olbia 296 km
Carta stradale Michelin 366-S49

🏨	**Simius Playa**	🍴 < 🛏 🏖 ⛲ 🕸 ⛲ 🅰🅲 🕸 🅿

via Matteotti 91 – 𝒞 07 07 93 11 – www.simiusplaya.com – Aperto 2 aprile-31 ottobre
43 cam ⌓ – ♦90/300 € ♦♦100/350 € – **4 suites**
Cinta da un fresco giardino di fiori, al termine di una strada che conduce al mare, la nivea costruzione conserva nei suoi ambienti un'atmosfera che concilia gusto sardo e moresco. La carta propone piatti elaborati e fantasiosi, fuori dal solito cliché alberghiero. D'estate si cena in terrazza.

Cala Caterina

via Lago Maggiore 32, Sud: 4 km – 𝒞 *0 70 79 80 29 – www.calacaterina.com*
– Aperto 1° maggio-30 settembre
48 cam ⊠ – ♦100/400 € ♦♦140/700 €
Perfetta per una vacanza di silenzio e relax, nella semplice eleganza dell'isola, una
bella costruzione ad arco in colori pastello che si ripeteranno anche all'interno.
Rivolta verso il giardino, la raffinata sala ristorante.

a Solanas Ovest : 11 km – ⊠ 09048 Villasimius

 Da Barbara

strada provinciale per Villasimius – 𝒞 *0 70 75 06 30*
– www.ristorantedabarbara.com – Aperto 1° aprile-31 ottobre; chiuso mercoledì
a pranzo e lunedì in luglio e settembre, anche mercoledì a mezzogiorno negli
altri mesi escluso agosto;
Carta 20/54 € – (consigliata la prenotazione la sera)
Tutto ruota intorno a tre elementi: la freschezza del pesce, testimoniata dall'espositore dove ci si ferma a scegliere, la griglia a legna e la passione per la ristorazione di un'intera famiglia.

VILLETTA BARREA

L'Aquila (AQ) – ⊠ 67030 – 663 ab. – Alt. 990 m – Carta regionale n° **1-B3**
▶ Roma 179 km – Frosinone 72 km – L'Aquila 151 km – Isernia 50 km
Carta stradale Michelin 563-Q23

 Il Vecchio Pescatore

via Benedetto Virgilio – 𝒞 *0 86 48 92 74 – www.ilvecchiopescatore.net*
12 cam ⊠ – ♦30/50 € ♦♦50/80 €
Al limitare del paese, in direzione Pescasseroli, camere semplici e gradevole giardino-solarium in un edificio d'epoca sulla strada principale del paese; nel periodo
estivo, l'hotel offre la possibilità di effettuare passeggiate guidate alla scoperta del
Parco Nazionale d'Abruzzo. Piatti di gastronomia regionale al ristorante.

VILPIANO = VILPIAN – Bolzano (BZ) ➜ Vedere Terlano

VIMERCATE

Monza e Brianza (MB) – ⊠ 20871 – 25 839 ab. – Alt. 194 m
– Carta regionale n° **10-B2**
▶ Roma 582 km – Milano 24 km – Bergamo 36 km – Como 45 km
Carta stradale Michelin 561-F10

Cosmo

via Torri Bianche 4, Centro Direzionale – 𝒞 *03 96 99 61 – www.cosmohoteltorri.it*
127 cam ⊠ – ♦80/579 € ♦♦80/599 €
A pochi chilometri da Milano, al confine con Monza, un hotel moderno, funzionale, con una forte personalità e uno stile innovativo: junior suite a tema con
attenta cura dei dettagli. Originali soluzioni decorative nella raffinata atmosfera
del ristorante San Valentino, affacciato su un elegante giardino interno.

VIMODRONE

Milano (MI) – ⊠ 20090 – 17 063 ab. – Alt. 128 m – Carta regionale n° **10-B2**
▶ Roma 582 km – Milano 15 km – Bellinzona 115 km – Lecco 50 km
Carta stradale Michelin 561-F9

Il Sorriso

via Piave 15 – 𝒞 *0 22 50 36 53 – www.ilsorrisoristorante.com – Chiuso*
1 settimana in gennaio, 3 settimane in agosto, sabato a mezzogiorno e lunedì
Carta 41/53 € – (chiuso sabato a mezzogiorno e lunedì)
11 cam – ♦70/85 € ♦♦90/110 € – senza ⊠ – **2 suites**
Soffusa eleganza in un ristorante molto ben attrezzato con proposte quasi esclusivamente di mare. Una dozzina di camere, molte delle quali con angolo cottura.

VINCI

Firenze (FI) – ⊠ 50059 – 14 639 ab. – Alt. 97 m – Carta regionale n° **18-B1**
▶ Roma 304 km – Firenze 40 km – Lucca 54 km – Livorno 72 km
Carta stradale Michelin 563-K14

🏨 **Alexandra**   ♨ 🔄 AC ⚐

via Dei Martiri 82 – ℰ 0 57 15 62 24 – www.hotelalexandravinci.it
47 cam ⊑ – ♦49/79 € ♦♦69/110 €
Rist La Limonaia – Vedere selezione ristoranti
L'affidabile e pluriennale gestione di questo hotel situato nella città natale di Leonardo propone belle camere ben accessoriate (soprattutto quelle ospitate nella
dépendance).

XX **La Limonaia** – Hotel Alexandra   🍴 AC
∽
via Dei Martiri 82 – ℰ 05 71 56 80 10 – www.ristorantelalimonaiavinci.it
Menu 15/40 € – Carta 18/52 €
Benché non manchino piatti di carne, il ristorante è - soprattutto - rinomato per
quelli di pesce, in una selezione limitata, ma di qualità. A fare da corollario, una
squisita ospitalità familiare.

VIOLE – Perugia ➜ Vedere Assisi

VIPITENO (STERZING)

Bolzano (BZ) – ⊠ 39049 – 6 803 ab. – Alt. 948 m – Carta regionale n° **19-B1**
▶ Roma 708 km – Bolzano 66 km – Brennero 13 km – Bressanone 30 km
Carta stradale Michelin 562-B16

🏨 **Zum Engel**   ♨ 🍴 📶 🕸 🔄 🚗

via della Commenda 20 – ℰ 04 72 76 51 32 – www.zum-engel.it
– Chiuso 10 giorni in aprile, 12 giorni in giugno e 1°-25 novembre
32 cam ⊑ – ♦75/85 € ♦♦120/150 €
La sauna finlandese si trova in una casettina in legno che sembra uscita da una
fiaba di Perrault, ma non è tutto… Interni signorili, un curato giardino, belle
camere spaziose, quelle mansardate ancora più carine!

XX **Kleine Flamme**   🍴

via Cittanuova 31 – ℰ 04 72 76 60 65 – www.kleineflamme.com – Chiuso
domenica sera e lunedì
Menu 69/120 € – Carta 63/103 € – (prenotazione obbligatoria)
Dalla piccola corte interna… in padella! E' questo il destino di spezie ed erbe aromatiche, coltivate appunto in loco, nonché protagoniste di piatti mediterranei e
creativi. Ideale connubio tra Oriente ed Occidente.

a Prati-Val di Vizze

🏨 **Rose**   ♨ 📶 🌐 🕸 🛁 🔄 🎿 🐾 🚗

via Val di Vizze 119, località Prati, Est: 3 km ⊠ 39049 Vizze – ℰ 04 72 76 43 00
– www.hotelrose.it – Aperto 28 novembre-Pasqua e 1° giugno-31 ottobre
23 cam ⊑ – ♦60/110 € ♦♦120/170 € – **7 suites**
E' un ex della "valanga azzurra", il titolare di questo simpatico hotel dove - oltre
all'ospitalità familiare e premurosa - troverete tante proposte per lo sport o il
relax. Ottima la nuovissima e completa area benessere.

🏠 **Kranebitt**   ♨ 🐾 < 🍴 📶 🕸 🔄 🚗

località Caminata alt. 1441, Est: 16 km ⊠ 39049 Vizze – ℰ 04 72 64 60 19
– www.kranebitt.com – Aperto 25 dicembre-15 marzo e 30 giugno-15 ottobre
28 cam – solo ½ P 100/160 €
Tranquillità, natura incontaminata, splendida vista dei monti e della vallata:
godrete di tutto ciò soggiornando nell'ambiente familiare di questa comoda
risorsa. Accogliente e calda atmosfera al ristorante.

XX **Pretzhof** 🕯 ⟨ 🏠 ⅃ 🅐🅒 🅿

località Tulve 259 alt. 1280, Est: 8 km ⊠ *39040 Val di Vizze –* 𝒞 *04 72 76 44 55*
– www.pretzhof.com – Chiuso mercoledì sera lunedì e martedì
Carta 27/69 €

L'esposizione in sala di qualche strumento di vita contadina ammicca alla passione della famiglia per la valorizzazione della tipicità sudtirolese. Lo stesso interesse influenza la cucina: regionale e caratteristica, trova la propria massima
espressione in piatti come nel tris di canederli o nelle carni del proprio macello.

VISERBA – Rimini (RN) ➔ Vedere Rimini

VISERBELLA – Rimini (RN) ➔ Vedere Rimini

VISNADELLO
Treviso (TV) – ⊠ 31027 – Alt. 46 m – Carta regionale n° **23-A1**
▶ Roma 555 km – Venezia 41 km – Belluno 67 km – Treviso 11 km
Carta stradale Michelin 562-E18

XX **Da Nano** 🏠 🅐🅒 ⟷ 🅿

via Gritti 145 – 𝒞 *04 22 92 89 11 – www.danano.it – Chiuso 1° -7 gennaio,*
3 settimane in agosto, domenica sera e lunedì, anche domenica a mezzogiorno
in giugno-agosto
Carta 46/96 €

Il pesce fresco in bella vista all'ingresso chiarisce subito la scelta culinaria di questo locale in prossimità della strada statale; sale classiche, rivestite di legno.

VITERBO
⊠ 01100 – 67 307 ab. – Alt. 326 m – Carta regionale n° **7-B1**
▶ Roma 104 km – Chianciano Terme 100 km – Civitavecchia 58 km –
Grosseto 123 km
Carta stradale Michelin 563-O18

🏛 **Niccolò V-Terme dei Papi** 🕯 🍃 🛏 ⅃ 🌐 🔥 🔥 🔄 🅐🅒 🛁 🅿

strada Bagni 12, per Roma 3 km - A2 – 𝒞 *07 61 35 05 55 – www.termedeipapi.it*
20 cam 🍽 – 🛏120/190 € 🛏🛏180/320 € – **3 suites**

All'interno delle terme, hotel dagli arredi classico-eleganti: i servizi proposti si
arricchiscono - ora - di una moderna spa.

🏠 **Alla Corte Delle Terme** 🕯 🍃 🛏 🅐🅒 🅿

strada Procoio 6, per Roma 5 km - A2 – 𝒞 *0 76 11 76 28 79*
– www.allacortedelleterme.it
20 cam 🍽 – 🛏50/160 € 🛏🛏100/220 € – **17 suites**

Un curato giardino con ulivi abbraccia questo esclusivo relais dalle ampie camere
in stili differenti; servizio attento anche al ristorante e navetta gratuita per le
terme (a pochi minuti di distanza).

🏠 **Viterbo** 🔄 🅐🅒 🅿

via San Camillo de Lellis 6, per via della Palazzina 1 km - A1 – 𝒞 *07 61 27 01 00*
– www.hotelviterbo.com
54 cam 🍽 – 🛏70 € 🛏🛏250 €

Pensato soprattutto per chi viaggia per affari, quest'albergo garantisce ambienti
dalle linee classiche e sobrie nei quali incontrare moderni confort. Professionalità
e gentilezza caratterizzano lo staff!

🏠 **Mini Palace Hotel** 🔄 🅐🅒 🔥 🛁 🚗

via Santa Maria della Grotticella 2 – 𝒞 *07 61 30 97 42*   Pianta: B2**n**
– www.minipalacehotel.com
40 cam 🍽 – 🛏65/77 € 🛏🛏83/107 €

Sarà anche un "mini" Palace Hotel, ma le camere qui sono decisamente ampie e
gli spazi comuni signorili: il tutto, appena fuori dal centro!

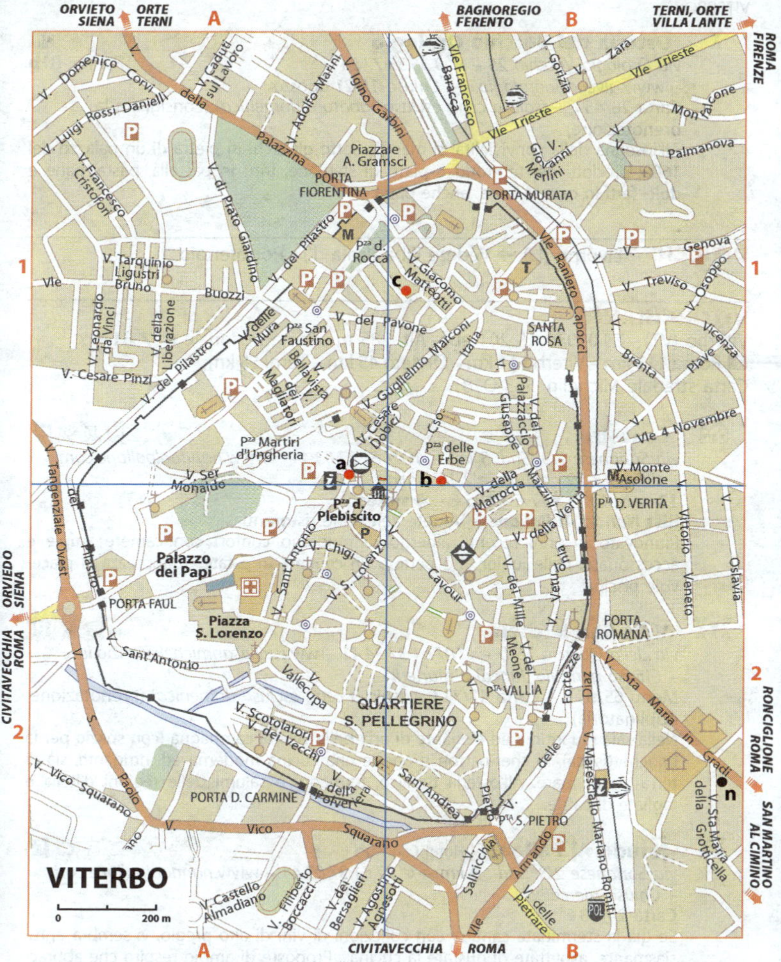

VITERBO

Map labels (selection):
ORVIETO SIENA · ORTE TERNI · **A** · BAGNOREGIO FERENTO · **B** · TERNI, ORTE VILLA LANTE · ROMA FIRENZE

CIVITAVECCHIA ROMA · ORVIEDO SIENA · RONCIGLIONE ROMA · SAN MARTINO AL CIMINO

CIVITAVECCHIA ROMA · **A** · **B**

0   200 m

XX **Angoletto della Luce**   AC

via Valle Piatta 2/4 – ☏ 07 61 34 68 04   Pianta: A1**a**
– www.angolettodellaluce.com – Chiuso martedì, domenica a mezzogiorno in
maggio-settembre, domenica sera negli altri mesi
Menu 30/35 € – Carta 31/63 €
Ospitato in sale di moderno minimalismo, a sostenere la contemporaneità ci si
mette anche la cucina con materie prima di ottima qualità e qualche intriganti
reinterpretazione della tradizione.

X **Il Grottino**   AC

via della Cava 7 – ☏ 07 61 29 00 88 – Chiuso domenica sera   Pianta: B1**c**
e lunedì
Menu 25 € – Carta 30/55 € – (prenotare)
Locale diviso in tre salette, caratteristiche e dai toni rustici, sebbene signorili negli
arredi, e piatti con qualche radice regionale, ma non solo. L'indirizzo giusto per
una cenetta intima!

✗ **Osteria del Vecchio Orologio**   Ⓐ︎Ⓒ︎

via Orologio Vecchio 25 – 𝒞 3 35 33 77 54   Pianta: B1**b**
– www.alvecchioorologio.it – Chiuso 15-21 agosto
Carta 28/45 € – *(solo a cena escluso sabato e domenica)* (consigliata la prenotazione)
All'insegna della convivialità, si mangia sotto gli archi in pietra di un palazzo del 1600: prodotti del territorio e piatti di stagione, fritti in pastella, pasta, pane e dolci fatti in casa. A cena, anche pizza.

VITICCIO – Livorno (LI) ➜ Vedere Elba (Isola d') : Portoferraio

---

VITORCHIANO

Viterbo (VT) – ✉ 01030 – 5 201 ab. – Alt. 285 m – Carta regionale n° **7-B1**
▶ Roma 113 km – Viterbo 11 km – Orvieto 45 km – Terni 55 km
Carta stradale Michelin 563-O18

🏠 **Canestro**   ☆ 🛋 🍴 ⬛ Ⓐ︎Ⓒ︎ ✗ Ⓟ︎

via Sorianese 2/3, Sud: 3 km – 𝒞 07 61 37 03 44 – www.nandoalpallone.com
– Chiuso 8-29 gennaio e 2-16 luglio
13 cam ⌑ – ♦77 € ♦♦95 € – **4 suites**
Rist *Nando Al Pallone* – Vedere selezione ristoranti
Rinnovato in anni recenti, albergo di moderno confort con camere ampie e accessoriate: nelle junior vi è perfino un camino! In estate, si apprezza la piacevole piscina.

✗✗✗ **Villa San Michele**   🛋 🌿 Ⓐ︎Ⓒ︎ Ⓟ︎

via della Quercia 15/b – 𝒞 07 61 37 34 41 – www.villasanmicheleviterbo.it
– Chiuso gennaio, lunedì e martedì
Menu 65/85 € – Carta 47/72 € – *(solo a cena escluso domenica)* (prenotazione obbligatoria)
Nella sala più intima ed elegante di una bella villa di campagna (con spazio per la banchettistica), lo chef-patron propone una cucina moderna ed intrigante, sia di terra sia di mare. All'osteria Basilicò, formaggi e salumi delle regioni d'Italia e tagliate di carne.

✗✗ **Nando Al Pallone** – Hotel Canestro   88 🛋 🍴 Ⓐ︎Ⓒ︎ ⇆ Ⓟ︎

via Sorianese 2/3, Sud : 3 km – 𝒞 07 61 37 03 44 – www.nandoalpallone.com
– Chiuso mercoledì
Carta 24/78 €
Se già la sterminata cantina con collezioni di vini di alto pregio, vi sembra entusiasmante, aspettate di gustare la cucina... Proposte di ampio respiro che abbracciano mare, terra, cacciagione.

VITTORIA

Sicilia – Ragusa (RG) – ✉ 97019 – 63 092 ab. – Alt. 168 m
– Carta regionale n° **17-C3**
▶ Agrigento 107 km – Catania 96 km – Ragusa 26 km – Siracusa 104 km
Carta stradale Michelin 365-AW62 – Guida Verde Michelin SICILIA

🏠 **Villa San Bartolo Resort**   ☆ ✗ 🛋 ⬛ 🅰 Ⓐ︎Ⓒ︎ 🛗 Ⓟ︎

contrada San Bartolo, Nord-Ovest: 3 km – 𝒞 0 93 21 84 60 49
– www.villasanbartolo.it
14 cam ⌑ – ♦84/104 € ♦♦94/144 €
La villa è frutto del rifacimento di un antico palmento dei primi '900, i suoi interni si distinguono per modernità semplicità e pulizia. Sullo stesso stile anche il ristorante, dove si serve una cucina a base di piatti rigorosamente siciliani. Una chicca, il giardino sul retro!

a Scoglitti Sud-Ovest : 13 km – ✉ 97010

   Al Gabbiano
*via Messina 52 – ☏ 09 32 98 01 79 – www.hotelsulmare.it – Chiuso
23 dicembre-3 gennaio*
27 cam ⌲ – ♦75/90 € ♦♦100/150 €
Direttamente sulla spiaggia con un proprio stabilimento balneare (La Capannina)
bar e pizzeria serale, questa piccola struttura a gestione familiare dispone di
camere sobrie, ma comunque confortevoli. Vista la posizione, al ristorante è il
pesce a farla da padrone!

VITTORIO VENETO

Treviso (TV) – ✉ 31029 – 28 408 ab. – Alt. 138 m – Carta regionale n° **23-C2**
▶ Roma 581 km – Belluno 37 km – Cortina d'Ampezzo 92 km – Milano 320 km
Carta stradale Michelin 562-E18

   Terme
via delle Terme 4 – ☏ 04 38 55 43 45 – www.hotelterme.tv
39 cam ⌲ – ♦55/80 € ♦♦78/120 €
Recenti lavori di ristrutturazione hanno reso ancora più gradevole questo piccolo
albergo con tranquillo giardino sul retro e camere piacevolmente sobrie. Siamo
proprio nel centro della località!

Agriturismo Alice-Relais nelle Vigne
*via Gaetano Giardino 94, località Carpesica – ☏ 04 38 56 11 73
– www.alice-relais.com – Chiuso 2-17 gennaio*
10 cam ⌲ – ♦90/120 € ♦♦99/165 €
A 1,5 km dall'uscita autostradale sud, ma immersa in un paesaggio da cartolina
tra colline, vigneti e campanili, una risorsa dotata di ottime camere in legno.

VIVARO

Pordenone (PN) – ✉ 33099 – 1 384 ab. – Alt. 138 m – Carta regionale n° **6-B2**
▶ Roma 614 km – Udine 44 km – Pordenone 26 km – Venezia 110 km
Carta stradale Michelin 562-D20

✗   **Gelindo dei Magredi**
via Roma 16 – ☏ 0 42 79 70 37 – www.gelindo.it
Menu 20/50 € – Carta 27/48 €   **35 cam** ⌲ – ♦50/80 € ♦♦75/105 €
Gestione familiare che utilizza molti prodotti della propria azienda agricola per
una cucina semplice e contadina. Maneggio, piscina e fattoria didattica per bambini e scolaresche; sul retro le camere e, a 400 metri, altre 8 stanze dell'agriturismo Lataria dei Magredi.

In una località, quale scegliere tra due esercizi della stessa categoria?
Sappiate che in ogni categoria le risorse sono elencate in ordine di
preferenza: le migliori, per prime.

VIVERONE

Biella (BI) – ✉ 13886 – 1 431 ab. – Alt. 287 m – Carta regionale n° **12-C2**
▶ Roma 661 km – Torino 58 km – Biella 23 km – Ivrea 16 km
Carta stradale Michelin 561-F6

   **Marina**
*frazione Comuna 10 – ☏ 01 61 98 75 77 – www.hotelmarinaviverone.it
– Aperto 15 marzo-30 ottobre*
60 cam ⌲ – ♦75/98 € ♦♦115/155 €
Incantevole posizione sul lago per un hotel a conduzione diretta che riserva
al cliente un'attenzione a 360°; camere accessoriate, curati giardini e ristorante
dalle stuzzicanti preparazioni regionali. Non manca il pesce di lago.

VIZZINI

Catania (CT) – ⊠ 95049 – 6 330 ab. – Alt. 586 m – Carta regionale n° **17**-D2

▶ Roma 854 km – Palermo 253 km – Catania 60 km – Ragusa 38 km
Carta stradale Michelin 365-AX61

a Vizzini Scalo Nord-Ovest : 4 km

　Castello Camemi

contrada Camemi – ℰ *09 33 01 09 98* – *www.castellocamemi.com*
14 cam ⊑ – **†**140/196 € **††**140/280 €
Antica dimora circondata dal verde della campagna e da un curato giardino con
piscina. Al suo interno, ambienti piacevoli e confortevoli con tocchi d'eleganza: grandi vasche da bagno nelle camere migliori.

✗　**La Ruota**

contrada Corvo – ℰ *09 33 96 18 20* – *www.ristorantelaruota.net* – *Chiuso lunedì*
Carta 17/51 €
Sapori siciliani con tanta carne ed un po' di pesce, paste fatte in casa e, solo la
sera, anche la pizza, in un ristorante dalla semplice gestione familiare.

VIZZOLA TICINO

Varese (VA) – ⊠ 21010 – 575 ab. – Alt. 196 m – Carta regionale n° **9**-A2

▶ Roma 619 km – Stresa 42 km – Como 55 km – Milano 51 km
Carta stradale Michelin 561-F8

Villa Malpensa

via Sacconago 1 – ℰ *03 31 23 09 44* – *www.hotelvillamalpensa.com* – *Chiuso*
6-21 agosto
64 cam ⊑ – **†**90/190 € **††**105/230 € – **1 suite**
Vicino all'aeroporto, dal 1991 una sontuosa residenza patrizia inizio '900 offre una
curata ospitalità nei suoi raffinati interni; meno affascinanti ma confortevoli le
camere. Signorile sala ristorante e salone con affreschi originali di inizio secolo.

VODO CADORE

Belluno (BL) – ⊠ 32040 – 861 ab. – Alt. 901 m – Carta regionale n° **23**-C1

▶ Roma 654 km – Cortina d'Ampezzo 17 km – Belluno 49 km – Milano 392 km
Carta stradale Michelin 562-C18

✗✗✗　**Al Capriolo**
❀

via Nazionale 108 – ℰ *04 35 48 92 07* – *www.alcapriolo.it*
– *Chiuso 15 aprile-30 maggio, novembre, mercoledì a mezzogiorno e martedì in*
gennaio-aprile
Menu 50/85 € – Carta 57/96 €
Elegante casa d'atmosfera mitteleuropea con una storia di oltre 200 anni narrata
da trofei di caccia, orologi ed affreschi, gestita da sempre dalla stessa famiglia: creatività e specialità del territorio in cucina. Fratello minore è il Capriolino,
osteria con pochi piatti tradizionali ad un prezzo interessante.
➜ Pappardelle ai germogli di abete, ragù di cervo e funghi porcini. Petto di quaglia in crosta di erbe, le coscette ripiene dei fegatini. Meringa tiepida e soffice al
lampone, crema al latte di cocco e cioccolato soffiato.

VÖLS AM SCHLERN = FIÈ ALLO SCILIAR

VOLASTRA – La Spezia (SP) ➜ Vedere Manarola

VOLPAIA – Siena (SI) ➜ Vedere Radda in Chianti

VOLTERRA

Pisa (PI) – ✉ 56048 – 10 648 ab. – Alt. 531 m – Carta regionale n° **18-B2**
▶ Roma 287 km – Firenze 76 km – Siena 50 km – Livorno 73 km
Carta stradale Michelin 563-L14

Park Hotel Le Fonti

via di Fontecorrenti, 2 – ☎ *0 58 88 52 19*   Pianta: A2**g**
– www.parkhotellefonti.com – Chiuso 1° gennaio-31 marzo
64 cam – ♦49/169 € ♦♦59/179 € – ☐ 10 €
Su una collina, poco distante dal centro storico, una grande struttura in stile
toscano con salotti arredati con gusto ed ampie camere, sala meeting e lettura.
Se la cucina s'ispira alla tradizione toscana, una bella carta dei vini diventa la sua
inseparabile dama di compagnia.

La Locanda

via Guarnacci 24/28 – ☎ *0 58 88 15 47*   Pianta: B1**e**
– www.hotel-lalocanda.com
18 cam ☐ – ♦74/83 € ♦♦93/129 € – **1 suite**
A pochi passi da Piazza dei Priori, l'hotel è stato ricavato dal restauro di un
monastero e vanta camere spaziose e raffinate e piccoli spazi comuni piacevolmente arredati.

🏠 Villa Rioddi   🛈 ⟨ 🏠 ⏚ 🖧 AC 🚫 P

località Rioddi, 2 km per Cecina - A2 – ☎ *0 58 88 80 53 – www.hotelvillarioddi.it*
– Aperto 16 marzo-3 novembre
13 cam ⏚ – ♦65/89 € ♦♦75/99 €
Una villa toscana medievale con pietre a vista offre raccolte e caratteristiche sale
per il relax, camere confortevoli con arredi in legno e vista sulla val di Cecina.

🏠 Agriturismo Marcampo   🛈 ⟨ 🖧 AC 🚫 P

località San Cipriano podere Marcampo, Nord: 5 km – ☎ *0 58 88 53 93*
– www.agriturismo-marcampo.com
6 cam ⏚ – ♦72/106 € ♦♦80/118 €
In posizione panoramica e tranquilla, un agriturismo con annessa cantina di vinificazione e maturazione; solo sei camere, di cui tre classiche e tre con angolo cottura, per offrire ai propri ospiti il meglio dell'ospitalità.

✕✕ Enoteca Del Duca   🍇 🍽 ⛗

via di Castello 2 angolo via Dei Marchesi – ☎ *0 58 88 15 10*   Pianta: A2**d**
– www.enoteca-delduca-ristorante.it – Chiuso 7 gennaio-13 febbraio e martedì
Menu 34/49 € – Carta 33/68 €
Vicino alla piazza principale e al Castello, il locale ospita una piccola enoteca per
la degustazione dei vini ed una sala più elegante dove gustare piatti toscani. Per
chi ama gli spazi aperti, anche un caratteristico dehors.

✕ Il Sacco Fiorentino   🍽

via Giusto Turazza 13 – ☎ *0 58 88 85 37 – Chiuso gennaio e*   Pianta: A2**c**
mercoledì escluso giugno-agosto
Menu 25/30 € – Carta 26/49 €
Conduzione familiare e cucina regionale, in un piacevole e caratteristico locale
ubicato in un palazzo medievale adiacente alla bella piazza del duomo.

VOLTIDO
Cremona (CR) – ✉ 26030 – 397 ab. – Alt. 35 m – Carta regionale n° **9-C3**
▶ Roma 493 km – Parma 42 km – Brescia 57 km – Cremona 30 km
Carta stradale Michelin 561-G13

a Recorfano Sud : 1 km – ✉ 26034 Voltido

✕ Antica Trattoria Gianna   AC

via Maggiore 12 – ☎ *0 37 59 83 51 – www.anticatrattoriagianna.com – Chiuso*
lunedì sera e martedì
Menu 12 € (pranzo in settimana)/35 € – Carta 17/35 €
Gloriosa trattoria familiare, a pranzo troverete piatti semplici ed economici, la sera
un menu degustazione per mangiare in abbondanza i piatti della bassa padana:
salumi, risotto Carnaroli con pesto di noci, pinoli e menta selvatica oppure l'ottima costata scalzata di manzetta con fior di sale e olio aromatico.

VOLTRI – Genova (GE) ➡ Vedere Genova

VOZE – Savona (SV) ➡ Vedere Noli

VULCANO – Messina (ME) ➡ Vedere Eolie (Isole)

WELSBERG = MONGUELFO

WELSCHNOFEN = NOVA LEVANTE

WOLKENSTEIN IN GRÖDEN = SELVA DI VAL GARDENA

ZADINA PINETA – Forlì-Cesena (FC) ➡ Vedere Cesenatico

ZAFFERANA ETNEA

Sicilia – Catania (CT) – ✉ 95019 – 9 537 ab. – Alt. 574 m – Carta regionale n° **17-D2**
▶ Catania 24 km – Enna 104 km – Messina 79 km – Palermo 231 km
Carta stradale Michelin 365-AZ57 – Guida Verde Michelin SICILIA

🏠 **Airone** ✿ ← 🛋 ⌿ 🐾 Ⅰ♭ 🗄 ⟲ 🅰🄺 🏖 🅿

via Cassone 67, Ovest: 2 km – ✆ 09 57 08 18 19 – www.hotel-airone.it
62 cam ⌷ – ♦65/98 € ♦♦80/136 €
Raffinato hotel dal sapore rustico che va migliorandosi di anno in anno: situato
nella parte alta e panoramica della località, tutt'intorno un parco di alberi secolari
e, al ristorante, i must della cucina tipica siciliana.

🏠 **Monaci delle Terre Nere** ✿ 🐾 ← 🛋 Ⅰ 🅰🄺 🅿

via Monaci snc – ✆ 09 57 08 36 38 – www.monacidelleterrenere.it
19 cam ⌷ – ♦120/285 € ♦♦120/300 €
Una villa ottocentesca abbandonata è oggi il sogno realizzato di un giovane
ingegnere siciliano che, grazie al lusso agreste delle camere ed alla rigogliosa
generosità di giardino ed orto, tenterà di realizzare anche il vostro desiderio di
vacanza etnea.

ZAMBRONE

Vibo Valentia (VV) – ✉ 89868 – 1 790 ab. – Alt. 222 m – Carta regionale n° **3-A2**
▶ Roma 628 km – Catanzaro 81 km – Vibo Valentia 25 km –
Reggio di Calabria 129 km
Carta stradale Michelin 564-K29

🏠 **Scoglio del Leone** ✿ ← 🛋 ⚓ Ⅰ Ⅰ♭ 🗄 🚣 🅰🄺 🏄 🏖 🅿

via Marina di Zambrone – ✆ 09 63 39 48 77 – www.scogliodelleone.it – *Aperto
1° maggio-15 ottobre*
70 cam ⌷ – ♦50/210 € ♦♦70/312 €
Un'accogliente struttura in cui predomina il blu: un richiamo al mare che ben si
sposa con l'ambiente circostante. Ubicato a qualche centinaia di metri dalla spiaggia, un servizio navetta accompagna gli ospiti fino all'arenile; a parte una decina
di camere lato monte, tutte le altre godono di una bella vista sul Tirreno.

ZELARINO – Venezia (VE) → Vedere Mestre

ZERO BRANCO

Treviso (TV) – ✉ 31059 – 11 281 ab. – Alt. 18 m – Carta regionale n° **23-C2**
▶ Roma 538 km – Padova 35 km – Venezia 29 km – Milano 271 km
Carta stradale Michelin 562-F18

✕✕✕ **Ca' Busatti** 🛋 🍽 ⟲ 🅰🄺 ⟺ 🅿

via Gallese 26, Nord-Ovest: 3 km – ✆ 0 42 29 76 29 – www.cabusatti.com
– Chiuso 2 settimane in gennaio, 1 settimana in agosto, domenica sera e lunedì
Menu 37 € (pranzo in settimana)/69 € – Carta 39/120 €
Un piccolo angolo di signorilità cinto dal verde: un'elegante casa di campagna
con una saletta interna e un dehors coperto, chiuso da vetrate. La cucina? Di
terra e di mare, fantasiosa ed innovativa.

ZOAGLI

Genova (GE) – ✉ 16030 – 2 491 ab. – Carta regionale n° **8-C2**
▶ Roma 448 km – Genova 34 km – La Spezia 72 km – Massa 87 km
Carta stradale Michelin 561-J9

✕✕ **L'Arenella** 🍽 ⚓

lungomare dei Naviganti – ✆ 01 85 25 93 93 – www.ristorantearenella.it – *Chiuso
10 gennaio-10 febbraio e martedì escluso luglio-agosto*
Carta 34/73 € – (consigliata la prenotazione)
A pochi passi dal centro, sulla caratteristica passeggiata, locale curato e specialità
di pesce. Lettini e sdraio a disposizione per la spiaggia.

ZOLA PREDOSA

Bologna (BO) – ✉ 40069 – 18 625 ab. – Alt. 74 m – Carta regionale n° **5-C3**
▶ Roma 378 km – Bologna 12 km – Milano 209 km – Modena 33 km
Carta stradale Michelin 562-I15

Admiral Park Hotel ☆ ♨ ⇲ ⛱ ⋒ 🛁 🗗 ⟟ ⇲ ♿ 🅰 ⚖ 🅿

via Fontanella 3, Sud: 4 km – 𝒞 *0 51 75 57 68 –* www.admiralparkhotel.com
118 cam ☲ – ♦55/290 € ♦♦65/320 € – **2 suites**
In posizione defilata - sulla sommità di una collinetta - struttura a vocazione commerciale e congressuale, ma fornita anche di un'area benessere con bella piscina panoramica. Camere di diversa tipologia, in stile minimalista e design.

Zola 🗗 🅰 ⚖ 🅿

via Risorgimento 186 – 𝒞 *0 51 75 11 01 –* www.hotelzola.it
– Chiuso 23-27 dicembre e 7-28 agosto
108 cam ☲ – ♦79/210 € ♦♦99/240 €
Imponente edificio di non molte attrattive, che si rivela all'interno un albergo ben organizzato, con spaziosa hall e camere funzionali; ideale per chi viaggia per affari.

ZORZINO – Bergamo (BG) ➜ Vedere Riva di Solto

San Marino (SMR) – ✉ 47890 – 4 119 ab. – Alt. 675 m – Carta regionale n° **5-D2**
▶ Roma 392 km – Bologna 134 km – Rimini 26 km – Venezia 286 km

 Grand Hotel San Marino
viale Antonio Onofri 31 – 𝒞 05 49 99 24 00   Pianta: B2**a**
– www.grandhotel.sm – Chiuso 23-26 dicembre
61 cam ⊑ – †58/139 € †† 82/219 €
Un grande "classico" dell'hotellerie locale: ideale per un soggiorno dedicato al benessere e al relax, alla salute ci pensano un medico ed un erborista. Omaggia un'antica istituzione il ristorante, cinto da vetrate che lo illuminano di luce naturale.

 Cesare
salita alla Rocca 7 – 𝒞 05 49 99 23 55   Pianta: A2**b**
– www.hotelcesare.com
18 cam ⊑ – †57/169 € †† 79/219 €
La magia di un antico borgo medioevale si fonde con la modernità di una nuova struttura dedicata all'ospitalità. Alcune camere hanno il privilegio di essere letteralmente invase dalla luce naturale, grazie alle grandi finestre. Nell'omonimo ristorante la specialità è la griglia, sempre accesa a pranzo e a cena.

 Joli San Marino
viale Federico d'Urbino 36/b – 𝒞 05 49 99 10 09   Pianta: A2**c**
– www.hoteljoli.sm
31 cam ⊑ – †42/125 € †† 55/160 €
In comoda posizione stradale, appena fuori dalle mura che delimitano il centro storico, la struttura propone camere recentemente rinnovate, alcune delle quali con vista sulla catena degli Appennini.

 Righi la Taverna
piazza della Libertà 10 – 𝒞 05 49 99 11 96   Pianta: A1**n**
– www.ristoranterighi.com – Aperto 1° marzo-30 giugno
e 1° settembre-31 dicembre; chiuso domenica sera e lunedì
Menu 40/70 € – Carta 52/91 € – (consigliata la prenotazione)
Rist *L'Osteria Righi* – Vedere selezione ristoranti
Nella splendida cornice di una delle piazze più panoramiche d'Italia, nell'elegante sala (al primo piano) di un palazzo dove da tre generazioni è ospitato il ristorante, cucina raffinata in un funambolico equilibrismo fra tradizione e creatività.
→ Evoluzione della lasagnetta con ragù al coltello e fonduta di pecorino. Degustazione di manzo del territorio ai 4 sapori (con varianti stagionali). Insalata di fragole con gelato ai piselli e balsamico tradizionale (in stagione).

L'Osteria Righi
piazza della Libertà 10 – 𝒞 05 49 99 11 96   Pianta: A1**n**
– www.ristoranterighi.com – Aperto 1° marzo-30 giugno
e 1° settembre-31 dicembre; chiuso domenica sera e lunedì
Carta 23/42 €
Al piano terra del palazzo che ospita Righi la Taverna, piatti veloci ed un ottimo rapporto qualità/prezzo in un locale semplice che offre anche la possibilità di accomodarsi nello stupendo dehors sulla celebre piazza. Cucina regionale.

SAN MARINO

Circolazione automobilistica
vietata entro le mura

0   200 m

RIMINI

CATTOLICA

BORGO MAGGIORE

PALAZZO DEL TURISMO

San Marino

GUARDIA DI ROCCA

Palazzo Pubblico

ROCCA GUAITA

ROCCA DELLA FRATTA

ROCCA MONTALE

Distinzioni 2016

Esercizi con stelle 2016

→ Starred restaurants

● Abruzzo

Castel di Sangro	Reale	❀❀❀
Civitella Casanova	La Bandiera	❀
Guardiagrele	Villa Maiella	❀
L'Aquila	Magione Papale	❀
Pescara	Café Les Paillotes	❀
San Salvo / San Salvo Marina	Al Metrò	❀

● Calabria

Catanzaro	Antonio Abbruzzino	❀
Marina di Gioiosa Ionica	Gambero Rosso	❀
Strongoli	Dattilo	❀
Vibo Valentia / Vibo Valentia Marina		
	Lapprodo	❀

● Campania

Amalfi	La Caravella	❀
Brusciano	Taverna Estia	❀❀
Caggiano	Locanda Severino	❀
Capri (Isola di) / Capri	Mammà	❀
Capri (Isola di) / Anacapri	L'Olivo	❀❀
Capri (Isola di) / Anacapri	Il Riccio	❀
Caserta	Le Colonne	❀
Eboli	Il Papavero	❀
Ischia (Isola d') / Lacco Ameno	Indaco	❀
Maiori	Il Faro di Capo d'Orso	❀
Massa Lubrense / Nerano	Quattro Passi	❀❀
Massa Lubrense / Nerano		
	Taverna del Capitano	❀
Massa Lubrense / Termini	Relais Blu	❀
Mercato San Severino	Casa del Nonno 13	❀
Napoli	Il Comandante	❀
Napoli	Palazzo Petrucci	❀
Paestum	Le Trabe	❀
Pompei	President	❀
Positano	La Sponda	❀
Positano	Zass	❀
Quarto	Sud	❀
Ravello	Il Flauto di Pan	❀
Ravello	Rossellinis	❀
Salerno	Re Maurì	❀
Sant' Agata sui Due Golfi		
	Don Alfonso 1890	❀❀

Sant' Agnello	Don Geppi	❀ N
Sorbo Serpico	Marennà	❀
Sorrento	Il Buco	❀
Sorrento	Terrazza Bosquet	❀
Telese Terme	Krèsios	❀
Vairano Patenora	Vairo del Volturno	❀
Vallesaccarda	Oasis-Sapori Antichi	❀
Valva	Osteria Arbustico	❀ N
Vico Equense	L'Accanto	❀
Vico Equense	Antica Osteria Nonna Rosa	❀
Vico Equense	Maxi	❀
Vico Equense / Marina Equa		
	Torre del Saracino	❀❀

● Emilia-Romagna

Bologna	I Portici	❀
Borgonovo Val Tidone	La Palta	❀
Carpaneto Piacentino	Nido del Picchio	❀
Cesenatico	La Buca	❀
Cesenatico	Magnolia	❀
Codigoro	La Capanna di Eraclio	❀
Codigoro	La Zanzara	❀
Ferrara	Il Don Giovanni	❀
Imola	San Domenico	❀❀
Modena	L'Erba del Re	❀
Modena	Osteria Francescana	❀❀❀
Modena	Strada Facendo	❀
Parma	Inkiostro	❀
Parma	Parizzi	❀
Parma	Al Tramezzo	❀
Pennabilli	Il Piastrino	❀
Piacenza	Antica Osteria del Teatro	❀
Polesine Parmense	Antica Corte Pallavicina	❀
Quattro Castella / Rubbianino	Ca' Matilde	❀
Rimini / Miramare	Guido	❀
Rubiera	Arnaldo-Clinica Gastronomica	❀
Sasso Marconi	Marconi	❀
Savigno	Trattoria da Amerigo	❀
Soragna	Locanda Stella d'Oro	❀
Torriana	Il Povero Diavolo	❀

● Friuli-Venezia Giulia

Colloredo di Monte Albano	La Taverna	✿
Cormons	Al Cacciatore-della Subida	✿
Dolegna del Collio / Ruttars		
	Castello di Trussio dell'Aquila d'Oro	
Dolegna del Collio / Vencò		
	L'Argine a Vencò	✿ **N**
Pasiano di Pordenone /		
Cecchini di Pasiano	Il Cecchini	✿
Rivignano	Al Ferarùt	✿
Ruda	Osteria Altran	✿
San Quirino	La Primula	✿
Udine / Godia	Agli Amici	✿✿

● Lazio

Acquapendente / Trevinano	La Parolina	✿
Acuto	Colline Ciociare	✿
Fiumicino	Pascucci al Porticciolo	✿
Labico	Antonello Colonna Labico	✿
Lido di Ostia	Il Tino	✿
Ponza (Isola di) / Ponza	Acqua Pazza	✿
Rivodutri	La Trota	✿✿
Roma	Acquolina Hostaria in Roma	✿
Roma	Antonello Colonna	✿
Roma	Aroma	✿
Roma	Il Convivio-Troiani	✿
Roma	Enoteca al Parlamento Achilli	✿ **N**
Roma	Enoteca la Torre	✿
Roma	Giuda Ballerino!	✿
Roma	Glass Hostaria	✿
Roma	Imàgo	✿
Roma	Metamorfosi	✿
Roma	Oliver Glowig	✿✿
Roma	All'Oro	✿
Roma	Il Pagliaccio	✿✿
Roma	La Pergola	✿✿✿
Roma	Pipero al Rex	✿
Roma	Stazione di Posta	✿

● Liguria

Ameglia	Mauro Ricciardi	
	alla Locanda dell'Angelo	
Arenzano	The Cook	✿
Arma di Taggia	La Conchiglia	✿
Bergeggi	Claudio	✿
Cervo	San Giorgio	✿
Imperia / Oneglia	Agrodolce	✿
Imperia / Porto Maurizio	Sarrì	✿
Millesimo	Locanda dell'Angelo	✿
Noli	Il Vescovado	✿
San Remo	Paolo e Barbara	✿

● Lombardia

Albavilla	Il Cantuccio	✿
Almè	Frosio	✿
Ambivere	Antica Osteria dei Camelì	✿
Bellagio	Mistral	✿
Bormio	Umami	✿
Brusaporto	Da Vittorio	✿✿✿
Calvisano	Al Gambero	✿
Campione d'Italia	Da Candida	✿
Canneto Sull' Oglio / Runate		
	Dal Pescatore	✿✿✿
Castello di Brianza	Dac a trà	✿
Castrezzato	Da Nadia	✿
Cavenago di Brianza	Devero Ristorante	✿✿
Cavernago	Il Saraceno	✿
Certosa di Pavia		
	Locanda Vecchia Pavia "Al Mulino"	✿
Chiuduno	A'anteprima	✿
Como	I Tigli in Theoria	✿
Concesio	Miramonti l'Altro	✿✿
Cornaredo / San Pietro all'Olmo	D'O	✿
Corte Franca / Borgonato	Due Colombe	✿
Desenzano del Garda	Esplanade	✿
Fagnano Olona	Acquerello	✿ **N**
Gallarate	Ilario Vinciguerra	✿
Gardone Riviera / Fasano	Lido 84	✿
Gargnano	La Tortuga	✿
Gargnano	Villa Feltrinelli	✿✿
Lecco	Al Porticciolo 84	✿
Livigno	Chalet Mattias	✿
Madesimo	Il Cantinone e Sport Hotel Alpina	✿
Manerba del Garda	Capriccio	✿
Mantello	La Présef	✿
Mantova	Aquila Nigra	✿
Milano	Alice-Eataly Smeraldo	✿
Milano	Armani	✿ **N**
Milano	Berton	✿
Milano	Cracco	✿✿
Milano	Innocenti Evasioni	✿
Milano	Iyo	✿
Milano	Joia	✿
Milano	Il Luogo di Aimo e Nadia	✿✿
Milano	Sadler	✿
Milano	Seta	✿ **N**
Milano	Tano Passami l'Olio	✿
Milano	Tokuyoshi	✿ **N**
Milano	Unico Milano	✿
Milano	Vun	✿
Olgiate Olona	Ma.Ri.Na.	✿
Pellio Intelvi	La Locanda del Notaio	✿
Pralboino	Leon d'Oro	✿
Quistello	Ambasciata	✿

→ **N** : Nuova distinzione.

→ **N** : newly awarded distinction.

➜ **N** : Nuova distinzione.

➜ **N** : newly awarded distinction.

Lamporecchio	Atman a Villa Rospigliosi ❀ **N**
Lucca	L'Imbuto ❀
Lucca / Marlia	Butterfly ❀
Marina di Bibbona	La Pineta ❀
Massa Marittima / Ghirlanda	Bracali ❀❀
Montemerano	Caino ❀❀
Porto Ercole	Il Pellicano ❀
San Casciano dei Bagni / Fighine	
	Castello di Fighine ❀
Saturnia	All'Acquacotta ❀
Seggiano	Silene ❀
Tavarnelle Val di Pesa	La Torre ❀
Tavarnelle Val di Pesa / Badia	
a Passignano	Osteria di Passignano ❀
Tirrenia / Calambrone	Lunasia ❀
Viareggio	Piccolo Principe ❀❀
Viareggio	Romano ❀

● Trentino-Alto Adige

Alta Badia	La Siriola ❀
Alta Badia	St. Hubertus ❀❀
Alta Badia	La Stüa de Michil ❀
Appiano sulla Strada del Vino /	
San Michele	Zur Rose ❀
Castelbello Ciardes	Kuppelrain ❀
Cavalese	El Molin ❀
Chiusa	Jasmin ❀❀
Dobbiaco	Tilia ❀
Falzes / Molini	Schöneck ❀
Giovo	Maso Franch ❀
Madonna di Campiglio	Dolomieu ❀
Madonna di Campiglio	Il Gallo Cedrone ❀
Merano	Sissi ❀
Merano / Freiberg	Castel Fragsburg ❀
Moena	Malga Panna ❀
Mules	Gourmetstube Einhorn ❀❀ **N**
Naturno	Dolce Vita Stube ❀ **N**
Nova Levante	Johannes-Stube ❀
Ortisei	Anna Stuben ❀
Ronzone	Orso Grigio ❀
Sarentino	Alpes ❀
Sarentino	Terra ❀
Selva di Val Gardena	Alpenroyal Gourmet ❀ **N**
Tesimo	Zum Löwen ❀
Tirolo	Trenkerstube ❀❀
Trento / Ravina	Locanda Margon ❀
Vigo di Fassa / Tamion	'L Chimpl ❀

● Umbria

| **Baschi** | Vissani ❀❀ |
| **Norcia** | Vespasia ❀ **N** |

● Valle d'Aosta

Aosta	Vecchio Ristoro ❀
Cogne	Le Petit Restaurant ❀
Courmayeur	Petit Royal ❀
Gignod	La Clusaz ❀
Morgex	Café Quinson ❀

● Veneto

Altissimo	Casin del Gamba ❀
Arzignano	Macelleria Damini & Affini ❀
Asiago	La Tana Gourmet ❀ **N**
Barbarano Vicentino	Aqua Crua ❀ **N**
Campagna Lupia / Lughetto	
	Antica Osteria Cera ❀❀
Castelfranco Veneto	Feva ❀
Cavaion Veronese	Oseleta ❀
Cortina d'Ampezzo	Tivoli ❀
Costermano	La Casa degli Spiriti ❀
Follina	La Corte ❀
Isola Rizza	Perbellini ❀
Lonigo	La Peca ❀❀
Malcesine	Vecchia Malcesine ❀
Marano Vicentino	El Coq ❀
Montecchio Precalcino	
	La Locanda di Piero ❀
Oderzo	Gellius ❀
Pieve d'Alpago	Dolada ❀
Pontelongo	Lazzaro 1915 ❀
Puos d'Alpago	Locanda San Lorenzo ❀
Rubano	Le Calandre ❀❀❀
San Vito di Cadore	Aga ❀ **N**
Sappada	Laite ❀
Schio	Spinechile ❀
Scorzè	San Martino ❀
Selvazzano Dentro	La Montecchia ❀
Venezia	Dopolavoro ❀ **N**
Venezia	Met ❀
Venezia	Oro Restaurant ❀ **N**
Venezia	Osteria da Fiore ❀
Venezia	Quadri ❀
Venezia	Il Ridotto ❀
Venezia / Burano	Venissa ❀
Verona	Casa Perbellini ❀❀ **N**
Verona	Il Desco ❀
Verona	Osteria la Fontanina ❀
Vodo Cadore	Al Capriolo ❀

➜ **N** : Nuova distinzione.

➜ **N** : newly awarded distinction.

Bib Gourmand 2016

➜ Pasti accurati a prezzi contenuti
➜ *Good food at moderate prices*

● Abruzzo

Caramanico Terme	Locanda del Barone
Giulianova Lido	Osteria dal Moro
Manoppello / Manoppello Scalo	Trita Pepe
Notaresco	3 Archi
Opi	La Madonnina
Pacentro	Taverna De Li Caldora
Pescara	Taverna 58
Pineto / Mutignano	Bacucco d'Oro
Sulmona	Clemente

● Basilicata

Bernalda	La Locandiera
Castelmezzano	Al Becco della Civetta
Melfi	La Villa
Melfi	Novecento
Rotonda	Da Peppe
Terranova di Pollino	Luna Rossa

● Calabria

Bagnara Calabra	Taverna Kerkira
Filandari / Mesiano	Frammichè
Gambarie	L'Angolo del Gusto
Mileto	Il Normanno
Rossano Stazione	Il Giardino di Iti
Sangineto Lido	Convito
Saracena	Osteria Porta del Vaglio
Siderno	La Vecchia Hosteria
Tiriolo	Due Mari

●Campania

Ariano Irpino	La Pignata
Benevento	Pascalucci
Cetara	Al Convento
Furore	Hostaria di Bacco
Massa Lubrense / Santa Maria Annunziata	La Torre
Palinuro	Da Carmelo
Pietravairano	La Caveja
Serino	Chalet del Buongustaio
Vallo della Lucania	La Chioccia d'Oro

● Emilia-Romagna

Alseno / Castelnuovo Fogliani	Trattoria del Ponte
Argelato	L'800
Bagnolo in Piano	Trattoria da Probo
Bologna	Danilo e Patrizia
Calestano	Locanda Mariella
Campogalliano	Magnagallo
Campogalliano	Trattoria Barchetta
Casalfiumanese	Valsellustra
Castrocaro Terme	Trattoria Bolognesi da Melania
Cervia / Milano Marittima	Osteria del Gran Fritto
Cesenatico	Osteria del Gran Fritto
Faenza	Cà Murani
Faenza	La Baita
Ferrara	Ca' d'Frara
Ferrara / Gaibana	Trattoria Lanzagallo
Fidenza	Podere San Faustino
Finale Emilia	Osteria la Fefa
Longiano	Dei Cantoni
Meldola	Il Rustichello
Monticelli d'Ongina	Antica Trattoria Cattivelli
Parma	Shakespeare Cafè
Parma / Coloreto	Trattoria Ai Due Platani
Pianoro / Rastignano	Osteria al numero Sette
Ponte dell'Olio	Locanda Cacciatori
Ravenna / Ragone	Trattoria Flora
Reggiolo	Trattoria al Lago Verde
Rimini / Coriano	Vite
Rivergaro	Caffè Grande
Rottofreno	Antica Trattoria Braghieri
Russi / San Pancrazio	La Cucoma
Torrile / Vicomero	Romani
Vignola	La Bolognese

● Friuli-Venezia Giulia

Buttrio	Trattoria al Parco
Cavasso Nuovo	Ai Cacciatori
Cavazzo Carnico	Borgo Poscolle
Cividale del Friuli	Al Monastero
Fagagna	Al Castello

Mariano del Friuli / Corona	Al Piave
Monfalcone	Ai Campi di Marcello
Monrupino	Krizman
Pordenone	La Ferrata
Sauris	Alla Pace
Savogna d'Isonzo /	
San Michele del Carso	Lokanda Devetak
Tarcento	Osteria di Villafredda
Tricesimo	Miculan
Udine	Hostaria Allegria

● Lazio

Rieti	Bistrot
Roma	Domenico dal 1968
Roma	Felice a Testaccio
Roma	Profumo di Mirto
Roma	Al Ristoro degli Angeli

● Liguria

Borgio Verezzi	Da Casetta
Genova / San Desiderio	Bruxaboschi
Genova / Voltri	Ostaia da ü Santü
Imperia / Oneglia	Didù
Lavagna / Cavi	Raieü
Loano	Bagatto
Montoggio	Roma
Ne	La Brinca
Pigna	Terme
Varese Ligure	Amici

● Lombardia

Acquanegra sul Chiese	Trattoria al Ponte
Barbianello	Da Roberto
Botticino	Trattoria Eva
Brescia	Trattoria Porteri
Brione	La Madia **N**
Castiglione delle Stiviere	Hostaria Viola
Corte de' Cortesi	Il Gabbiano
Cuasso al Monte	Al Vecchio Faggio
Curtatone / Grazie	Locanda delle Grazie
Gavirate	Tipamasaro
Inverno-Monteleone	Trattoria Righini Ines
Isola Dovarese	Caffè La Crepa
Milano	La Cantina di Manuela -
	Fiera Sempione
Milano	Dongiò
Milano	Da Giannino-L'Angolo d'Abruzzo
Milano	Osteria Opera Prima
Milano	Pisacco
Milano	Serendib
Morbegno	Osteria del Crotto
Palazzago	Osteria Burligo
Palazzolo sull'Oglio	Osteria della Villetta

Piadena	Dell'Alba
Rancio Valcuvia	Gibigiana
Settimo Milanese	CristianMagri
Soiano del Lago	Villa Aurora
Teglio	Fracia
Toscolano-Maderno	Il Cortiletto
Voltido / Recorfano	Antica Trattoria Gianna

● Marche

Ancona	La Moretta
Cagli	La Gioconda
Casteldimezzo	La Canonica
Montegiorgio /	
Piane di Montegiorgio	Oscar e Amorina
Senigallia	Trattoria Vino e Cibo
Treia / San Lorenzo	Il Casolare dei Segreti

● Molise

Campobasso	Vecchia Trattoria da Tonino

● Piemonte

Alba	La Piola
Arona / Montrigiasco	Castagneto
Asti	Osteria Casamar
Bellinzago Novarese /	
Badia di Dulzago	Osteria San Giulio
Borghetto di Borbera	Il Fiorile
Bra	Battaglino **N**
Bra	Boccondivino
Calamandrana	Violetta
Capriata d'Orba	Il Moro
Cavatore	Da Fausto
Cravanzana	Da Maurizio
Crodo / Viceno	Edelweiss
Cuneo	Osteria della Chiocciola
Cuorgnè	Rosselli 77
Govone	Trattoria Pautassi **N**
Masio	Trattoria Losanna
Moncalieri / Revigliasco	
	La Taverna di Fra' Fiusch
Monteu Roero	Cantina dei Cacciatori
Ormea / Ponte di Nava	
	Ponte di Nava-da Beppe
Roletto	Il Ciabot
Sambuco	Della Pace
Torino	L'Acino
Torino	Consorzio
Torino	Contesto Alimentare **N**
Torino	Scannabue Caffè Restaurant **N**
Tortona	Vineria Derthona
Traversella	Le Miniere
Usseaux	Lago del Laux
Valdieri	La Locanda del Falco

Puglia

Andria	Il Turacciolo
Andria / Montegrosso	Antichi Sapori
Brindisi	Pantagruele
Ceglie Messapica	Cibus
Gioia del Colle	Osteria del Borgo Antico
Minervino Murge	
	La Tradizione-Cucina Casalinga
Monte Sant' Angelo	Medioevo
Ostuni	Osteria Piazzetta Cattedrale
Pulsano / Marina di Pulsano	La Barca
Racale	L'Acchiatura
Ruvo di Puglia	U.P.E.P.I.D.D.E.
San Severo	La Fossa del Grano
Taviano	A Casa tu Martinu
Vieste	Il Capriccio

Sardegna

Oliena	Sa Corte
Oliena	Su Gologone
Porto Torres	Li Lioni

Sicilia

Agrigento	Osteria Expanificio
Castelbuono	Palazzaccio
Catania	Mé Cumpari Turiddu
Erice	Monte San Giuliano
Gallodoro	Noemi
Messina / Ganzirri	La Sirena
Noto	Crocifisso
Palazzolo Acreide	Andrea - Sapori Montani
Randazzo	Le Delizie
Sinagra	Trattoria da Angelo

Toscana

Anghiari	Da Alighiero
Arezzo / Giovi	Antica Trattoria al Principe
Bibbiena	Il Tirabusciò
Carrara / Colonnata	Venanzio
Castagneto Carducci / Bolgheri	
	Osteria Magona
Castel del Piano	Antica Fattoria del Grottaione
Castiglione della Pescaia	
	Osteria del mare già Il Votapentole
Chianciano Terme	Hostaria il Buco
Cortona	La Bucaccia
Cutigliano	Trattoria da Fagiolino
Firenze	Da Burde
Firenze	Il Latini
Firenze	Trattoria Cibrèo-Cibreino
Firenze	Zeb
Firenze / Galluzzo	Trattoria Bibe

Follonica	Il Sottomarino	
Lucca	I Diavoletti	
Lucca	Osteria Verciani "il Mecenate a Lucca"	
Lucca / Ponte a Moriano		
	Antica Locanda di Sesto	
Massa	Osteria del Borgo	
Monte San Savino	La Terrasse	
Poppi / Moggiona	Il Cedro	
Radda in Chianti / Lucarelli		
	Osteria Le Panzanelle	
San Quirico d'Orcia	Taverna da Ciacco	
Sansepolcro	Fiorentino e Locanda del Giglio	
Serravalle Pistoiese	Trattoria da Marino	
Siena	La Taverna di San Giuseppe	
Tavarnelle Val di Pesa / San Donato		
in Poggio	Antica Trattoria La Toppa	
Trequanda	Il Conte Matto	

Trentino-Alto Adige

Alta Badia	Maso Runch	
Brez	Locanda Alpina	
Calavino	Da Cipriano	
Chienes	Gassenwirt	
Isera	Casa del Vino	
Lavis / Sorni	Trattoria Vecchia Sorni	
Levico Terme	Boivin	
Moena	Agritur El Mas	
Moena	Foresta	
Montagna	Dorfnerhof	
Nogaredo	Locanda D&D Maso Sasso	
Pergine Valsugana	Osteria Storica Morelli	
Romeno	Nerina	
San Leonardo in Passiria	Jägerhof	
San Lorenzo di Sebato	Lerchner's In Runggen	
San Lorenzo di Sebato	Saalerwirt	
San Martino di Castrozza		
	Chalet Pra delle Nasse-da Anita	
San Vigilio di Marebbe	Fana Ladina	
Valle di Casies	Durnwald	

Umbria

Castiglione del Lago	L'Acquario	
Ferentillo	Piermarini	
Norcia	Granaro del Monte	

Valle d'Aosta

Aosta	Osteria da Nando	
Brusson	Laghetto	
Issogne	Al Maniero	

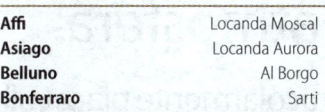 Veneto

Affi	Locanda Moscal	
Asiago	Locanda Aurora	
Belluno	Al Borgo	
Bonferraro	Sarti	
Canale d'Agordo	Alle Codole	
Casier / Dosson	Alla Pasina	
Farra di Soligo / Col San Martino		
	Locanda da Condo	
Forno di Zoldo / Mezzocanale		
	Mezzocanale-da Ninetta	
Galliera Veneta	Al Palazzon	
Lusia	Trattoria al Ponte	
Marostica / Valle San Floriano	La Rosina	
Mestre	Ostaria da Mariano	
Mirano	Da Flavio e Fabrizio "Al Teatro"	
Mirano / Vetrego	Il Sogno	
Negrar	Trattoria alla Ruota	
Peschiera del Garda	Luisa	
Pianiga	Trattoria da Paeto	N
Revine	Ai Cadelach	
San Polo di Piave	Osteria Enoteca Gambrinus	
Sant' Ambrogio di Valpolicella /		
San Giorgio di Valpolicella	Dalla Rosa Alda	
Santo Stefano di Cadore	La Ziria	
San Vito di Leguzzano		
	Antica Trattoria Due Mori	
Sernaglia della Battaglia	Dalla Libera	
Soave	Enoteca Realda	
Trebaseleghe	Baracca-Storica Hostaria	N
Valdagno	Hostaria a le Bele	
Valdobbiadene / Bigolino	Tre Noghere	
Velo Veronese	13 Comuni	
Verona	Al Bersagliere	
Verona	Locanda 4 Cuochi	
Verona	San Basilio alla Pergola	
Verona / San Massimo All'adige		
	Trattoria dal Gal	

N ➔ *Nuovo* 😊   ➔ *New* 😊

Charme e atmosfera:

→ Ristoranti particolarmente piacevoli
→ Particularly pleasant restaurants

● Abruzzo

Castel di Sangro	Reale	XXX

● Basilicata

Matera	Don Matteo	XX

● Calabria

Strongoli	Dattilo	XXX
Villa San Giovanni /		
Santa Trada di Cannitello	I Due Mari	XXX

● Campania

Amalfi	I Cappuccini	XXX
Capri (Isola di) / Capri	Monzù	XXX
Capri (Isola di) / Anacapri	L'Olivo	XXXX
Capri (Isola di) / Capri	Rendez Vous	XX
Capri (Isola di) / Anacapri	Il Riccio	XX
Capri (Isola di) / Capri	Terrazza Brunella	XX
Capri (Isola di) / Marina Grande		
	Da Paolino Lemontrees	XX
Conca dei Marini	Santa Rosa	XXX
Ischia (Isola d') / Casamicciola Terme		
	Gli Ulivi	XX
Ischia (Isola d') / Forio		
	Da "Peppina" di Renato	X
Ischia (Isola d') / Lacco Ameno	Indaco	XXX
Maiori	Il Faro di Capo d'Orso	XXX
Massa Lubrense / Nerano	Quattro Passi	XXXX
Massa Lubrense / Termini	Relais Blu	XXX
Mercato San Severino	Casa del Nonno 13	XX
Napoli	Caruso Roof Garden	XX
Napoli	Il Comandante	XXX
Napoli	George's	XXX
Paestum	Le Trabe	XXX
Positano	Al Palazzo	XXX
Positano	Rada	XX
Positano	La Sponda	XXXX
Positano	Zass	XXXX
Ravello	Belvedere	XXXX
Ravello	Il Flauto di Pan	XXX
Ravello	Rossellinis	XXXX
Sant' Agata sui Due Golfi		
	Don Alfonso 1890	XXXX
Sant' Agnello	Coku	XX
Sorrento	L'Antica Trattoria	XX
Sorrento	Terrazza Bosquet	XXX

Telese Terme	La Locanda del Borgo	XX
Vico Equense	Maxi	XX
Vico Equense / Marina Equa		
	Torre del Saracino	XXX

● Emilia-Romagna

Albareto	Casimiro e voi	X
Besenzone / Bersano	La Fiaschetteria	XXX
Castelvetro di Modena	Locanda del Feudo	XX
Cesenatico	Marè	X
Galeata	La Campanara	X
Imola	San Domenico	XXXX
Modena	Hosteria Giusti	X
Neviano degli Arduini	Trattoria Mazzini	XX
Piacenza	Antica Osteria del Teatro	XXX
Polesine Parmense	Antica Corte Pallavicina	XXX
Ravenna	Antica Trattoria al Gallo 1909	XX
Riccione	Sol y Mar	X
Rimini	i-Fame	XX
Rimini / Coriano	Vite	XX
Rubiera	Osteria del Viandante	XX
Santarcangelo di Romagna		
	Osteria la Sangiovesa	X
Santarcangelo di Romagna /		
Montalbano	Antiche Macine	X
Savigno	Trattoria da Amerigo	X
Savio	CàMì	X

● Friuli-Venezia Giulia

Cividale del Friuli	Orsone	XXX
Colloredo di Monte Albano	La Taverna	XX
Cormons	Al Cacciatore-della Subida	XX
Dolegna del Collio / Ruttars		
	Castello di Trussio dell'Aquila d'Oro	XXX
Fiume Veneto	L'Ultimo Mulino	XX
Flaibano	Grani di Pepe	XX
Pasiano di Pordenone / Rivarotta		
	Lupus in Tabula	XX
Pocenia / Paradiso	Al Paradiso	XX
Tarcento	Osteria di Villafredda	X
Trieste	Al Bagatto	X

● Lazio

Castrocielo	Villa Euchelia	XX
Grottaferrata	Taverna dello Spuntino	X
Labico	Antonello Colonna Labico	XXX

Cannero Riviera	I Castelli	XXX
Carbonara Scrivia	Locanda Malpassuti	XX
Cherasco	Walter Eynard	XXX
Cisterna d'Asti	Garibaldi	X
Domodossola	La Stella	XX
Formazza	Walser Schtuba	X
Fossano	Antiche Volte	XXX
Gavi	La Gallina	XX
Grinzane Cavour	Marc Lanteri Al Castello	XXX
Limone Piemonte	Osteria Il Bagatto	XX
Moncalieri	La Maison Delfino	XX
Monforte d'Alba	Le Case della Saracca	X
Orta San Giulio	Villa Crespi	XXXX
Piozzo	Casa Baladin	X
Rima San Giuseppe	Ds verloure Tol	XXX
San Francesco al Campo	Restaurant Relais	XX
Santo Stefano Belbo		
	Il Ristorante di Guido da Costigliole	XXX
Sauze d'Oulx	Naskira	X
Serralunga d'Alba	La Rei	XXXX
Serralunga d'Alba / Fontanafredda		
	Guido	XXX
Sinio	Pardini Vini et Cucina	XXX
Tigliole	Ca' Vittoria	XXX
Torino	Del Cambio	XXX
Tortona	Caffè Ristorante Sangiacomo	X
Treiso	La Ciau del Tornavento	XXX
Usseaux	Lago del Laux	X
Venaria Reale	Dolce Stil Novo alla Reggia	XXX
Verbania / Fondotoce	Piccolo Lago	XXX

● Puglia

Avetrana	Masseria Bosco	X
Gravina in Puglia	Madonna della Stella	X
Ostuni	Cielo	XXX
Racale	L'Acchiatura	X
Savelletri	Le Palme	XXX
Taviano	A Casa tu Martinu	X
Trani	Le Lampare al Fortino	XXX

● Sardegna

Arzachena	Tenuta Pilastru	XX
Arzachena / Porto Cervo	Aruanà	XX
Castelsardo	L'Incantu	XX
Olbia	S'Ollastu	XX
Oliena	Su Gologone	XX
Palau	La Gritta	XXX
Pula	Le Dune	XXX

● Sicilia

Agrigento	La Terrazza degli Dei	XXX
Eolie (Isole) / Salina	Signum	XX
Eolie (Isole) / Filicudi Porto	La Canna	X
Eolie (Isole) / Vulcano Isola	Cappero	XX
Linguaglossa	Shalai	XX
Pachino / Marzamemi	La Cialoma	X
Palermo	Cuvée du Jour	XXX
Ragusa	Locanda Don Serafino	XXX
Taormina	Bellevue	XXX
Taormina	Principe Cerami	XXXX
Taormina	Il Ristorante	XXXX

● Toscana

Bagno a Ripoli / Candeli	Il Verrocchio	XXX
Barberino Val d'Elsa / Petrognano		
	Il Paese dei Campanelli	XX
Camaiore	Emilio e Bona	XX
Casole d'Elsa	Tosca	XX
Casole d'Elsa / Pievescola	Oliviera	XX
Castelnuovo Berardenga	Poggio Rosso	XX
Castiglione della Pescaia / Badiola		
	Trattoria Toscana-Tenuta la Badiola	XXX
Cetona	La Frateria di Padre Eligio	XXX
Chiusdino	Meo Modo	XX
Cortona	La Bucaccia	X
Cortona / San Martino	Il Falconiere	XXX
Fiesole	Il Salviatino	XXX
Firenze	Borgo San Jacopo	XXX
Firenze	Enoteca Pinchiorri	XXXX
Firenze	Alle Murate	XX
Firenze	Il Palagio	XXX
Firenze	SE.STO	XXXX
Firenze	Winter Garden by Caino	XXX
Gaiole in Chianti	Il Pievano	XXX
Greve in Chianti	Villa Bordoni	XX
Greve in Chianti / Panzano		
	Antica Macelleria Cecchini-Solociccia	X
Lamporecchio	Atman a Villa Rospigliosi	XXX
Montaione / San Benedetto	Casa Masi	XX
Montalcino / Castiglione del Bosco		
	Campo del Drago	XXX
Montalcino / Poggio alle Mura		
	Sala dei Grappoli	XXX
Montemerano	Caino	XXX
Montemerano	La Limonaia	XX
Montignoso	Il Bottaccio	XXX
Palazzuolo sul Senio	Locanda Senio	X
Porto Ercole	Dama Dama	XXX
Porto Ercole	Il Pellicano	XXXX
Reggello / Vaggio	Relais le Vieux Pressoir	XX
San Casciano dei Bagni / Fighine		
	Castello di Fighine	XXX
San Gimignano	Lampolla	XX
San Vincenzo	Il Sale	XX
Saturnia	All'Acquacotta	XXX
Siena	Il Canto	XXX
Siena	Osteria le Logge	X
Siena	La Taverna di San Giuseppe	X
Sinalunga	Davide Canella	XX
Tavarnelle Val di Pesa	La Torre	XXX
Tavarnelle Val di Pesa / Badia a Passignano	Osteria di Passignano	XX
Viareggio	Piccolo Principe	XXX

● Trentino-Alto Adige

Aldino	Krone	X
Alta Badia	Maso Runch	X
Alta Badia	La Siriola	XXX
Alta Badia	St. Hubertus	XXXX
Alta Badia	La Stüa de Michil	XXX
Alta Badia	Wine Bar	XX
Anterivo	Kurbishof	X
Appiano sulla Strada del Vino /		
Cornaiano	L'Arena	XX
Bolzano / Colle di Villa	Colle-Kohlern	X
Bressanone	Elefante	XXX
Campo Tures	Toccorosso	XX
Canazei	Wine & Dine	XX
Castelbello Ciardes	Kuppelrain	XXX
Castel Toblino	Castel Toblino	XX
Cavalese	El Molin	XXX
Cermes / Tscherms	Miil	XX
Dobbiaco	Tilia	XX
Falzes	Sichelburg	XX
Falzes / Molini	Schöneck	XXX
Laces	Paradiso	XX
Lana / San Vigilio	1500	XX
Madonna di Campiglio	Osteria del Circo	XX
Madonna di Campiglio	Stube Hermitage	XX
Merano / Freiberg	Castel Fragsburg	XX
Nova Levante	Johannes-Stube	XXX
Ortisei	Anna Stuben	XXX
Pergine Valsugana	Castel Pergine	XX
Redagno	Stube 1600	XX
Riva del Garda	Il Re della Busa	XXX
Ronzone	Orso Grigio	XX
San Pellegrino (Passo di)	Rifugio Fuciade	X
Sarentino	Alpes	XX
Sarentino	Terra	XXX
Tesimo	Zum Löwen	XX
Tirolo	Trenkerstube	XXXX
Villandro	Ansitz Zum Steinbock	XX

● Umbria

Amelia / Macchie	Tenuta del Gallo	XX
Assisi	La Locanda del Cardinale	XXX
Assisi / Armenzano	Armentum	XX
Baschi	Vissani	XXXX
Norcia	Vespasia	XX
Panicale	Lillo Tatini	X
Todi / Chioano	Fiorfiore	XX

● Valle d'Aosta

Aosta / Pila		
Société anonyme de consommation		X
Bard	Ad Gallias	XX
Breuil Cervinia	La Chandelle	XXXX
Breuil Cervinia	Le Vieux Braconnier	XX
Cogne	Bar à Fromage	X
Cogne	Le Petit Restaurant	XXX
Courmayeur	Villa Novecento	XX
Courmayeur / Entrèves	Aubergine	XXX
La Salle	La Cassolette	XXX
Morgex	Café Quinson	XXX
Saint-Vincent	Le Grenier	XX

● Veneto

Albaredo d'Adige / Coriano Veronese		
	Locanda dell'Arcimboldo	XX
Arabba	La Stube Bianca	X
Arzignano	Macelleria Damini & Affini	X
Asolo	Villa Cipriani	XXX
Bardolino	Il Giardino delle Esperidi	X
Bardolino	La Veranda	XX
Bassano del Grappa	Ca' 7	XXX
Caldogno	Molin Vecio	XX
Cavaion Veronese	Oseleta	XXX
Cortina d'Ampezzo	Baita Piè Tofana	XX
Cortina d'Ampezzo	Il Gazebo	XXXX
Cortina d'Ampezzo	Lago Ghedina	XX
Costermano	La Casa degli Spiriti	XXX
Follina	La Corte	XXX
Garda	Regio Patio	XXX
Illasi	Le Cedrare	XX
Isola della Scala	L'Artigliere	XX
Longare / Costozza	Aeolia	XX
Mestre / Zelarino	Al Segnavento	X
Mira	Margherita	XXX
Montebelluna	Nidaba	X
Oderzo	Gellius	XXX
Roverchiara	Locanda le 4 Ciacole	X
San Pietro in Cariano / Pedemonte		
	Arquade	XXX
San Polo di Piave	Osteria Enoteca Gambrinus	X
San Polo di Piave	Parco Gambrinus	XX
Sappada	Laite	XX
Schio	Spinechile	XX
Treviso	Toni del Spin	X
Venezia	Antinoo's Lounge	XXX
Venezia	Cip's Club	XXX
Venezia	Club del Doge	XXX
Venezia	La Cusina	XXX
Venezia	Do Leoni	XXX
Venezia	Met	XXXX
Venezia	Oro Restaurant	XXXX
Venezia	Quadri	XXX
Venezia	Terrazza Danieli	XXX
Venezia / Torcello	Locanda Cipriani	XX
Venezia / Burano	Venissa	XX
Verona	Il Desco	XXX
Verona	Osteria la Fontanina	X
Vodo Cadore	Al Capriolo	XXX

Risorse di ospitalità particolarmente piacevoli

→ Alberghi e forme alternative di ospitalità
→ *Particularly pleasant accommodation*

● Abruzzo

Casacanditella	Castello di Semivicoli	🏠
Castel di Sangro	Casadonna	🏠
Pescocostanzo	Il Gatto Bianco	🏠
Rovere	Robur Marsorum	🏠

● Basilicata

Bernalda	Agriturismo Relais Masseria Cardillo	🏠
Brienza	La Voce del Fiume	🏠
Maratea / Acquafredda	Villa Cheta Elite	🏠
Maratea / Fiumicello Santa Venere		
	Santavenere	🏠
Matera	Locanda di San Martino	🏠
Matera	Palazzo Gattini	🏠
Matera	Sant' Angelo	🏠
Matera	Sassi Hotel	🏠
Matera	Sextantio - Le Grotte della Civita	🏠

● Calabria

Cittadella del Capo	Palazzo del Capo	🏠
Gerace	La Casa di Gianna	🏠
Morano Calabro		
	Agriturismo la Locanda del Parco	🏠
Morano Calabro	Villa San Domenico	🏠
Sellia Marina	Agriturismo Contrada Guido	🏠
Villa San Giovanni / Santa Trada		
di Cannitello	Altafiumara Resort & Spa	🏠

● Campania

Agropoli	La Colombaia	🏠
Amalfi	Grand Hotel Convento di Amalfi	🏠
Amalfi	Relais Villa Annalara	🏠
Amalfi	Santa Caterina	🏠
Amalfi	Villa Lara	🏠
Baia Domizia	Della Baia	🏠
Capri (Isola di) / Anacapri		
	Caesar Augustus	🏠
Capri (Isola di) / Anacapri		
	Capri Palace Hotel	🏠
Capri (Isola di) / Capri	Casa Morgano	🏠
Capri (Isola di) / Capri		
	Grand Hotel Quisisana	🏠
Capri (Isola di) / Capri	Punta Tragara	🏠
Capri (Isola di) / Capri	Scalinatella	🏠
Capri (Isola di) / Capri	Villa Brunella	🏠
Capri (Isola di) / Marina Grande		
	J.K. Place Capri	🏠
Castellabate / San Marco	Giacaranda	🏠
Castellammare di Stabia		
	La Medusa Hotel	🏠
Conca dei Marini	Monastero Santa Rosa	
	Hotel & Spa	🏠
Fisciano / Gaiano	Agriturismo Barone	
	Antonio Negri	🏠
Furore	Agriturismo Sant'Alfonso	🏠
Ischia (Isola d') / Casamicciola Terme		
	Terme Manzi Hotel & Spa	🏠
Ischia (Isola d') / Forio		
	Mezzatorre Resort & Spa	🏠
Ischia (Isola d') / Ischia	Il Moresco	🏠
Ischia (Isola d') / Lacco Ameno		
	L'Albergo della Regina Isabella	🏠
Maiori	Botanico San Lazzaro	🏠
Maiori	Relais Tenuta Solomita	🏠
Melizzano	Tenuta Giravento	🏠
Napoli	L'Alloggio dei Vassalli	🏠
Napoli	Chiaja Hotel de Charme	🏠
Napoli	Costantinopoli 104	🏠
Napoli	Decumani Hotel de Charme	🏠
Napoli	Grand Hotel Parker's	🏠
Napoli	Grand Hotel Vesuvio	🏠
Napoli	Palazzo Alabardieri	🏠
Napoli	Romeo	🏠
Paestum	Il Granaio dei Casabella	🏠
Pisciotta	Marulivo	🏠
Positano	Palazzo Murat	🏠
Positano	San Pietro	🏠
Positano	Le Sirenuse	🏠
Positano	Villa Rosa	🏠
Pozzuoli / Cuma	Villa Giulia	🏠
Praiano	Onda Verde	🏠
Procida / Procida	La Suite Hotel	🏠
Procida / Procida	La Vigna	🏠
Ravello	Belmond Caruso	🏠
Ravello	Palazzo Avino	🏠

Ravello	Villa Cimbrone
Ravello	Villa San Michele
San Cipriano Picentino	
	Villa Rizzo Resort & Spa
Sant' Agata sui Due Golfi	
	Don Alfonso 1890
Sant' Agnello	Grand Hotel Cocumella
Sorrento	Bellevue Syrene 1820
Sorrento	Grand Hotel Excelsior Vittoria
Sorrento	Maison la Minervetta
Telese Terme	Aquapetra Resort e Spa
Vico Equense	Capo la Gala

● Emilia-Romagna

Albareto	Borgo Casale
Bagno di Romagna	Balneum
Bologna	Commercianti
Bologna	Il Convento dei Fiori di Seta
Bologna	Delle Drapperie
Bologna	
	Grand Hotel Majestic già Baglioni
Castel d'Aiano / Rocca di Roffeno	
	Agriturismo La Fenice
Castelvetro di Modena / Levizzano	
Rangone	Agriturismo Opera 02
Cattolica	Carducci 76
Cesenatico	Casadodici
Cesenatico	Grand Hotel da Vinci
Dovadola	Corte San Ruffillo
Faenza	Relais Villa Abbondanzi
Ferrara	Horti della Fasanara
Gazzola / Rivalta Trebbia	
	Agriturismo Croara Vecchia
Montegridolfo	Relais Palazzo Viviani
Parma	Palazzo dalla Rosa Prati
Reggiolo	Villa Montanarini
Reggio nell'Emilia	B&B Del Vescovado
Riccione	Grand Hotel Des Bains
Rimini	Grand Hotel Rimini
Rimini	i-Suite
Roncofreddo	I Quattro Passeri
Russi / San Pancrazio	Relais Villa Roncuzzi
San Giovanni in Marignano	
	Riviera Golf Resort
San Pietro in Cerro	
	Locanda del Re Guerriero
Santarcangelo di Romagna	Il Villino
Santarcangelo di Romagna / Montalbano	
	Agriturismo Locanda Antiche Macine

● Friuli-Venezia Giulia

Buttrio	Il Castello di Buttrio
Caneva	Ca' Damiani
Capriva del Friuli	Castello di Spessa
Fiume Veneto	L'Ultimo Mulino

Pasiano di Pordenone / Rivarotta	
	Villa Luppis
Trieste	Grand Hotel Duchi d'Aosta

● Lazio

Bagnoregio	Romantica Pucci
Bracciano	Villa Clementina
Campagnano di Roma	
	Il Postiglione-Antica Posta dei Chigi
Casperia	La Torretta
Castrocielo	Villa Euchelia
Civitella d'Agliano	La Tana dell'Istrice
Fara in Sabina / Coltodino	Ille-Roif
Fiuggi / Fiuggi Fonte	
	Grand Hotel Palazzo della Fonte
Gaeta	Grand Hotel Le Rocce
Gaeta	Villa Irlanda Grand Hotel
Grottaferrata	Park Hotel Villa Grazioli
Labico	Agriturismo Fontana Chiusa
Labico	Antonello Colonna Labico Resort
Ladispoli	La Posta Vecchia
Latina / Lido di Latina	Il Fogliano
Picinisco	Sotto le Stelle
Proceno	Castello di Proceno
Rieti	Park Hotel Villa Potenziani
Roma	Castello della Castelluccia
Roma	Celio
Roma	Fortyseven
Roma	Gran Melià Roma
Roma	Grand Hotel Plaza
Roma	Hassler
Roma	Jumeirah Grand Hotel Via Veneto
Roma	Lord Byron
Roma	Palazzo Manfredi
Roma	Pensione Barrett
Roma	Raphaël
Roma	Regina Hotel Baglioni
Roma	Residenza A-The Boutique Art Hotel
Roma	Rome Cavalieri Waldorf Astoria
Roma	De Russie
Roma	Sant'Anselmo
Roma	Splendide Royal
Roma	The St. Regis Rome
Roma	Villa Laetitia
Roma	Villa San Pio
Roma	Villa Spalletti Trivelli
San Felice Circeo / Quarto Caldo	
	Punta Rossa
Tarquinia	Valle Del Marta
Tivoli	Torre Sant'Angelo
Viterbo	Alla Corte Delle Terme

● Liguria

Alassio	Villa della Pergola
Albenga / Salea	Cà di Berta
Badalucco	Macine del Confluente
Finale Ligure	Punta Est

● Umbria

● Valle d'Aosta

● Veneto

Spa Wellness-Hotels

→ Extensive facilities for relaxation & well-being

● Abruzzo

Caramanico Terme	La Réserve 🏨
Francavilla al Mare	Villa Maria Hotel & Spa 🏨
Giulianova Lido	Sea Park Spa Resort 🏨
Roccaraso / Aremogna	Boschetto 🏨

● Basilicata

Maratea / Fiumicello Santa Venere	Santavenere 🏨

● Calabria

Amantea	Mediterraneo Palace Hotel 🏨
Catanzaro / Catanzaro Lido	Grand Hotel Paradiso 🏨
Tropea	Rocca Nettuno 🏨
Tropea / Ricadi	Sunshine Club Hotel 🏨
Tropea / Faro Capo Vaticano	Capovaticano Resort Thalasso & Spa 🏨
Villa San Giovanni / Santa Trada di Cannitello	Altafiumara Resort & Spa 🏨

● Campania

Capri (Isola di) / Anacapri	Capri Palace Hotel 🏨
Capri (Isola di) / Capri	Capri Tiberio Palace 🏨
Capri (Isola di) / Capri	Grand Hotel Quisisana 🏨
Capri (Isola di) / Marina Grande	J.K. Place Capri 🏨
Castellammare di Stabia	Towers Hotel Stabiae Sorrento Coast 🏨
Cava de' Tirreni / Corpo di Cava	Scapolatiello 🏨
Conca dei Marini	Monastero Santa Rosa Hotel & Spa 🏨
Ischia (Isola d') / Barano	Parco Smeraldo Terme 🏨
Ischia (Isola d') / Casamicciola Terme	Terme Manzi Hotel & Spa 🏨
Ischia (Isola d') / Forio	Mezzatorre Resort & Spa 🏨
Ischia (Isola d') / Ischia	Grand Hotel Excelsior 🏨
Ischia (Isola d') / Ischia	Il Moresco 🏨
Ischia (Isola d') / Ischia	Punta Molino Hotel Beach Resort & Spa 🏨
Ischia (Isola d') / Ischia	Le Querce 🏨
Ischia (Isola d') / Lacco Ameno	L'Albergo della Regina Isabella 🏨
Napoli	Romeo 🏨
Positano	Le Sirenuse 🏨
Praiano	Casa Angelina 🏨
Procida / Procida	La Suite Hotel 🏨
Ravello	Palazzo Avino 🏨

San Cipriano Picentino	Villa Rizzo Resort & Spa	🏨
Telese Terme	Aquapetra Resort e Spa	🏨
Vietri sul Mare / Raito	Raito	🏨

● Emilia-Romagna

Bagno di Romagna	Ròseo Euroterme	🏨
Bagno di Romagna	Tosco Romagnolo	🏨
Bagno di Romagna / Acquapartita	Miramonti	🏨
Bellaria Igea Marina / Igea Marina	Blu Suite Hotel	🏨
Bertinoro / Fratta	Grand Hotel Terme della Fratta	🏨
Castrocaro Terme	Grand Hotel Terme	🏨
Cervia	Gambrinus	🏨
Cervia / Milano Marittima	Aurelia	🏨
Cervia / Milano Marittima	Globus	🏨
Cervia / Milano Marittima	Grand Hotel Gallia	🏨
Cervia / Milano Marittima	Palace Hotel	🏨
Cervia / Milano Marittima	Le Palme	🏨
Cesenatico	Grand Hotel da Vinci	🏨
Faenza	Relais Villa Abbondanzi	🏨
Loiano	Palazzo Loup	🏨
Monticelli Terme	Delle Rose	🏨
Porretta Terme	Helvetia Thermal SPA	🏨
Porretta Terme	Santoli	🏨
Reggio nell'Emilia / San Bartolomeo	Matilde di Canossa	🏨
Riccione	Ambasciatori	🏨
Riccione	Atlantic	🏨
Riccione	Belvedere	🏨
Riccione	Corallo	🏨
Riccione	Grand Hotel Des Bains	🏨
Riccione	Lunariccione	🏨
Riccione	Select	🏨
Rimini	Grand Hotel Rimini	🏨
Rimini	Le Rose Suite Hotel	🏨
Rimini	Savoia Hotel Rimini	🏨
Salsomaggiore Terme	Riz Ferrari	🏨
San Giovanni in Marignano	Riviera Golf Resort	🏨
Vignola	La Cartiera	🏨

● Friuli-Venezia Giulia

Cividale del Friuli	Locanda al Castello	🏨
Grado	Grand Hotel Astoria	🏨
Grado	Savoy	🏨
Lignano Sabbiadoro / Lignano Pineta	Greif	🏨
Ravascletto	La Perla	🏨
Udine	Là di Moret	🏨

Lazio

Fiuggi / Fiuggi Fonte	Ambasciatori 🏛️
Fiuggi / Fiuggi Fonte	Argentina 🏛️
Fiuggi / Fiuggi Fonte	Fiuggi Terme 🏛️
Fiuggi / Fiuggi Fonte	Grand Hotel Palazzo della Fonte 🏛️
Labico	Antonello Colonna Labico Resort 🏛️
Roma	Atahotel Villa Pamphili 🏛️
Roma	Crowne Plaza Rome St. Peter's & Spa 🏛️
Roma	Jumeirah Grand Hotel Via Veneto 🏛️
Roma	Palazzo Montemartini 🏛️
Roma	Parco dei Principi Grand Hotel & Spa 🏛️
Roma	Rome Cavalieri Waldorf Astoria 🏛️
Roma	Rome Marriott Park Hotel 🏛️
Roma	Trilussa Palace 🏛️
Roma	The Westin Excelsior 🏛️
Sperlonga	Virgilio Grand Hotel 🏛️
Viterbo	Niccolò V-Terme dei Papi 🏛️

Liguria

Alassio	Grand Hotel Alassio 🏛️
Bordighera	Grand Hotel del Mare Resort & SPA 🏛️
Rapallo	Excelsior Palace Hotel 🏛️
Rapallo	Grand Hotel Bristol 🏛️
San Remo	Royal Hotel 🏛️
Sestri Levante	Due Mari 🏛️
Tovo San Giacomo / Bardino Vecchio	Relais Il Casale 🏛️

Lombardia

Bellagio	Belvedere 🏛️
Bellagio	Grand Hotel Villa Serbelloni 🏛️
Blevio	CastaDiva Resort 🏛️
Bormio	Miramonti Park Hotel 🏛️
Carzago Riviera	Palazzo Arzaga 🏛️
Castelverde	Cremona Palace Hotel 🏛️
Castione della Presolana / Bratto	Milano 🏛️
Cernobbio	Villa d'Este 🏛️
Cologne	Cappuccini Resort 🏛️
Darfo-Boario Terme / Boario Terme	Rizzi Aquacharme 🏛️
Erbusco	L'Albereta 🏛️
Gallarate	Sheraton Milan Malpensa 🏛️
Gardone Riviera / Fasano	Grand Hotel Fasano e Villa Principe 🏛️
Gargnano	Lefay Resort & Spa 🏛️
Livigno	Baita Montana 🏛️
Livigno	Lac Salin Spa & Mountain Resort 🏛️
Madesimo	Andossi 🏛️
Madesimo	Il Cantinone e Sport Hotel Alpina 🏛️
Mantello	La Fiorida 🏛️

Milano	Armani Hotel Milano 🏨
Milano	Bulgari 🏨
Milano	Château Monfort 🏨
Milano	Excelsior Hotel Gallia 🏨
Milano	Four Seasons Hotel Milano 🏨
Milano	Grand Visconti Palace 🏨
Milano	The Hub Hotel 🏨
Milano	Mandarin Oriental Milano 🏨
Milano	Palazzo Parigi 🏨
Milano	Park Hyatt Milano 🏨
Milano	Principe di Savoia 🏨
Padenghe sul Garda	Relais Sant'Emiliano 🏨
Pavia	Cascina Scova 🏨
Porlezza	Parco San Marco Lifestyle Beach Resort 🏨
Rota d'Imagna	Miramonti 🏨
Sant'Omobono Terme	Villa delle Ortensie 🏨
Tonale (Passo del)	Delle Alpi 🏨
Tremezzo	Grand Hotel Tremezzo 🏨
Valdidentro / Bagni Nuovi	Grand Hotel Bagni Nuovi 🏨
Varano Borghi	Villa Borghi & Wellness 🏨
Varese	Relais sul Lago 🏨

● Marche

Gabicce Mare	Grand Hotel Michelacci 🏨
Jesi	Federico II 🏨
Macerata	Le Case 🏨
Pesaro	Excelsior 🏨
Urbino / Pantiere	Urbino Resort Santi Giacomo e Filippo 🏨

● Molise

Castelpetroso	Fonte del Benessere Resort 🏨

● Piemonte

Baveno	Grand Hotel Dino 🏨
Borgaro Torinese	Atlantic 🏨
Crodo / Viceno	Edelweiss 🏨
Guarene	Castello di Guarene 🏨
Limone Piemonte	Grand Palais Excelsior 🏨
Penango / Cioccaro	Relais Sant'Uffizio 🏨
Quattordio	Relais Rocca Civalieri 🏨
Rima San Giuseppe	Laida Weg Experience Hotel 🏨
Santo Stefano Belbo	Relais San Maurizio 🏨
Serralunga d'Alba	Il Boscareto Resort 🏨
Stresa	Grand Hotel des Iles Borromées 🏨
Stresa	Regina Palace 🏨
Stresa	Villa e Palazzo Aminta 🏨

Torino	Genova 🏨
Torino	Golden Palace 🏨
Torino	NH Lingotto 🏨
Verbania / Pallanza	Grand Hotel Majestic 🏨

● Puglia

Bari / Palese	Parco dei Principi Hotel Congress & Spa 🏨
Barletta	Dei Cavalieri 🏨
Ceglie Messapica	Madonna Delle Grazie 🏨
Corato	Nicotel Sport Hotel Corato 🏨
Cutrofiano	Sangiorgio Resort & Spa 🏨
Lecce	Hilton Garden Inn 🏨
Manfredonia	Regio Hotel Manfredi 🏨
Martina Franca	Relais Villa San Martino 🏨
Noicattaro	UNA Hotel Regina 🏨
Savelletri	Borgo Egnazia 🏨
Savelletri	Masseria San Domenico 🏨
Savelletri	Masseria Torre Coccaro 🏨
Taranto / Masseria San Pietro	Relais Histò 🏨

● Sardegna

Alghero	Villa Las Tronas 🏨
Alghero / Porto Conte	El Faro 🏨
Arzachena	Tenuta Pilastru 🏨
Arzachena / Baia Sardinia	L'Ea Bianca Luxory Resort 🏨
Cagliari	T Hotel 🏨
Arcipelago della Maddalena / La Maddalena	Ma&Ma 🏨
Olbia	Geovillage 🏨
Pula	Bouganville 🏨
Pula	Il Borgo 🏨
Pula	Castello 🏨
Pula	Le Dune 🏨
Pula	Le Palme 🏨
Pula	Royal Pineta 🏨
Pula	Villa del Parco 🏨
Santa Teresa Gallura	Resort Valle dell'Erica Thalasso & SPA 🏨
Santa Teresa Gallura / Conca Verde	La Coluccia 🏨
Trinità d'Agultu / Isola Rossa	Marinedda 🏨
Trinità d'Agultu / Isola Rossa	Relax Torreruja 🏨

● Sicilia

Agrigento	Della Valle 🏨
Agrigento / San Leone	Baia di Ulisse 🏨
Enna	Federico II Palace Hotel 🏨
Eolie (Isole) / Vulcano Isola	Therasia Resort 🏨
Linguaglossa	Villa Neri Resort & Spa 🏨

Ragusa	Donnafugata Golf Resort & SPA	🏨
Sciacca	Verdura Golf & Spa Resort	🏨
Siracusa	Des Etrangers et Miramare	🏨
Siracusa	Domus Mariae e Domus Mariae Benessere	🏨
Taormina / Lido di Spisone	Lido Caparena	🏨
Taormina / Mazzarò	Grand Hotel Atlantis Bay	🏨

● Toscana

Abetone	Val di Luce Resort	🏨
Casole d'Elsa	Castello di Casole	🏨
Castagneto Carducci / Marina di Castagneto Carducci		
	Tombolo Talasso Resort	🏨
Castelnuovo Berardenga	Castel Monastero	🏨
Castelnuovo Berardenga	Le Fontanelle	🏨
Castiglione della Pescaia / Badiola	L'Andana-Tenuta La Badiola	🏨
Castiglione della Pescaia / Riva del Sole	Riva del Sole	🏨
Chianciano Terme	Admiral Palace	🏨
Chianciano Terme	Grand Hotel Terme	🏨
Colle di Val d'Elsa	Palazzo San Lorenzo	🏨
Cortona / San Martino	Il Falconiere Relais	🏨
Elba (Isola d') / Portoferraio	Hermitage	🏨
Firenze	Four Seasons Hotel Firenze	🏨
Firenze	Grand Hotel Villa Cora	🏨
Forte dei Marmi	Principe Forte dei Marmi	🏨
Lido di Camaiore	Caesar	🏨
Lido di Camaiore	UNA Hotel Versilia	🏨
Marina di Grosseto	Terme Marine-Leopoldo II	🏨
Monsummano Terme	Grotta Giusti	🏨
Montalcino / Castelnuovo dell'Abate	Castello di Velona	🏨
Montecatini Terme	Columbia	🏨
Montecatini Terme	Grand Hotel Croce di Malta	🏨
Montecatini Terme	Grand Hotel e La Pace	🏨
Montefiridolfi	Agriturismo Fonte de' Medici	🏨
Montignoso / Cinquale	Villa Undulna-Terme della Versilia	🏨
Porto Ercole	Argentario Resort Golf & Spa	🏨
Radda in Chianti	Palazzo Leopoldo	🏨
Radda in Chianti	Radda	🏨
San Casciano dei Bagni	Fonteverde	🏨
San Gimignano	Villasanpaolo Hotel	🏨
San Giuliano Terme	Bagni di Pisa	🏨
San Quirico d'Orcia	Casanova	🏨
San Quirico d'Orcia / Bagno Vignoni	Posta-Marcucci	🏨
Saturnia	Terme di Saturnia Spa & Golf Resort	🏨
Scansano	Antico Casale di Scansano	🏨
Siena / Vagliagli	Borgo Scopeto Relais	🏨
Tirrenia / Calambrone	Green Park Resort	🏨
Venturina	Delle Terme	🏨
Viareggio	Astor	🏨
Viareggio	Grand Hotel Principe di Piemonte	🏨

Alpe di Siusi	Alpina Dolomites	🏨🏨
Alpe di Siusi	Seiser Alm Urthaler	🏨🏨
Alta Badia	Antines	🏨
Alta Badia	Armentarola	🏨🏨
Alta Badia	Cappella	🏨🏨
Alta Badia	Christiania	🏨🏨
Alta Badia	Ciasa Salares	🏨🏨
Alta Badia	Col Alto	🏨🏨
Alta Badia	Colfosco-Kolfuschgerhof	🏨🏨
Alta Badia	Cristallo	🏨🏨
Alta Badia	Diamant	🏨🏨
Alta Badia	Fanes	🏨🏨
Alta Badia	La Majun	🏨🏨
Alta Badia	La Perla	🏨🏨
Alta Badia	Posta-Zirm	🏨🏨
Alta Badia	Rosa Alpina	🏨🏨
Alta Badia	Sassongher	🏨🏨
Andalo	Ambiez Suite Hotel	🏨🏨
Andalo	Corona Dolomites	🏨🏨
Andalo	Cristallo	🏨🏨
Andalo	Dolce Avita Spa & Resort	🏨🏨
Appiano sulla Strada del Vino	Gartenhotel Moser	🏨🏨
Appiano sulla Strada del Vino / Cornaiano	Weinegg	🏨🏨
Appiano sulla Strada del Vino / Missiano	Schloss Korb	🏨🏨
Appiano sulla Strada del Vino / Pigano	Stroblhof	🏨🏨
Avelengo	Mirabell	🏨🏨
Avelengo	Miramonti	🏨🏨
Baselga di Pinè / Montagnaga	Posta 1899	🏨🏨
Monte Bondone / Vason	Alpine Mugon	🏨🏨
Monte Bondone / Vason	Le Blanc Hotel & Spa	🏨🏨
Bressanone	Dominik	🏨🏨
Brunico / Riscone	Majestic	🏨🏨
Brunico / Riscone	Royal Hotel Hinterhuber	🏨🏨
Brunico / Riscone	Schönblick	🏨🏨
Caldaro sulla Strada del Vino	Parc Hotel	🏨🏨
Caldaro sulla Strada del Vino	Seeleiten	🏨🏨
Campitello di Fassa	Gran Paradis	🏨🏨
Campo Tures	Alte Mühle	🏨🏨
Campo Tures	Feldmilla	🏨🏨
Canazei	Croce Bianca	🏨🏨
Canazei	Rita	🏨🏨
Canazei / Alba	La Cacciatora	🏨🏨
Castelbello Ciardes	Sand	🏨🏨
Cavalese	Lagorai	🏨🏨
Comano Terme / Ponte Arche	Cattoni-Plaza	🏨🏨
Comano Terme / Ponte Arche	Grand Hotel Terme	🏨🏨
Commezzadura	Tevini	🏨🏨
Dobbiaco	Cristallo	🏨🏨

Dobbiaco	Park Hotel Bellevue	🏠🏠
Dobbiaco	Santer	🏠🏠
Fai della Paganella	Al Sole	🏠🏠
Fiè allo Sciliar	Heubad	🏠🏠
Fiè allo Sciliar	Turm	🏠🏠
Fiera di Primiero	Iris Park Hotel	🏠🏠
Fiera di Primiero	Tressane	🏠🏠
Folgarida	Alp Hotel Taller	🏠🏠
Fondo	Lady Maria	🏠🏠
Laces	Paradies	🏠🏠
Lana / Foiana	Alpiana Resort	🏠🏠
Lana / Foiana	Waldhof2	🏠🏠
Lana / San Vigilio	Vigilius Mountain Resort	🏠🏠
Levico Terme	Al Sorriso Green Park	🏠🏠
Madonna di Campiglio	Alpen Suite Hotel	🏠🏠
Madonna di Campiglio	Campiglio Bellavista	🏠🏠
Madonna di Campiglio	Chalet del Sogno	🏠🏠
Madonna di Campiglio	Chalet Laura	🏠🏠
Madonna di Campiglio	Cristal Palace	🏠🏠
Madonna di Campiglio	Crozzon	🏠🏠
Madonna di Campiglio	DV Chalet Boutique Hotel Gourmet & Spa	🏠🏠
Madonna di Campiglio	Gianna	🏠🏠
Madonna di Campiglio	Lorenzetti	🏠🏠
Madonna di Campiglio	Spinale	🏠🏠
Malles Venosta / Burgusio	Weisses Kreuz	🏠
Marlengo	Jagdhof	🏠🏠
Marlengo	Marlena	🏠🏠
Marlengo	Oberwirt	🏠🏠🏠
Merano	Adria	🏠🏠
Merano	Alexander	🏠🏠
Merano	Ansitz Plantitscherhof	🏠🏠
Merano	Meister's Hotel Irma	🏠🏠🏠
Merano	Meranerhof	🏠🏠
Merano	Park Hotel Mignon	🏠🏠🏠
Merano	Pienzenau am Schlosspark	🏠🏠
Merano	Terme Merano	🏠🏠
Merano	Villa Tivoli	🏠🏠🏠
Merano / Freiberg	Castel Fragsburg	🏠🏠🏠
Mezzana	Val di Sole	🏠
Moena	Alle Alpi	🏠🏠
Moena	Garden	🏠🏠
Molveno	Alexander	🏠🏠
Molveno	Belvedere	🏠🏠
Monguelfo / Tesido	Alpen Tesitin	🏠🏠🏠
Mules	Stafler	🏠🏠
Naturno	Feldhof	🏠🏠
Naturno	Funggashof	🏠🏠
Naturno	Lindenhof	🏠🏠🏠
Naturno	Preidlhof	🏠🏠🏠

Novacella	Pacherhof	
Nova Levante	Engel	
Nova Ponente	Pfösl	
Ortisei	Adler Dolomiti & Adler Balance	
Ortisei	Alpin Garden Wellness Resort	
Ortisei	Angelo-Engel	
Ortisei	Arnaria	
Ortisei	Gardena-Grödnerhof	
Parcines / Rablà	Roessl	
Peio / Cogolo	Cevedale	
Peio / Cogolo	Kristiania Alpin Wellness	
Pinzolo	Beverly	
Pinzolo	Cristina	
Pinzolo	Europeo	
Postal	Muchele	
Pozza di Fassa	Ladinia	
Pozza di Fassa	Renè	
Racines	Panoramahotel Taljörgele	
Rasun Anterselva / Anterselva / Antholz	Santéshotel Wegerhof	
Rasun Anterselva / Rasun / Rasen	Alpenhof	
Renon / Collalbo	Bemelmans Post	
Renon / Soprabolzano	Park Hotel Holzner	
Rio di Pusteria / Mühlbach / Valles	Huber	
Rio di Pusteria / Mühlbach / Valles	Masl	
Riva del Garda	Du Lac et Du Parc	
Riva del Garda	Lido Palace	
Riva del Garda	Parc Hotel Flora	
San Candido	Cavallino Bianco-Weisses Rössl	
San Candido	Leitlhof Dolomiten	
San Candido	Post Alpina-Family Mountain Chalets	
San Candido	Post Hotel-Tradition & Lifestyle	
San Candido	Villa Stefania	
San Floriano	Sonnalp	
San Lorenzo di Sebato	Sporthotel Winkler	
San Martino di Castrozza	Chalet Nature Suite	
San Martino di Castrozza	Jolanda	
San Martino di Castrozza	Regina	
San Martino in Passiria	Resort Quellenhof	
San Martino in Passiria / Saltusio	Castel Saltauserhof	
San Vigilio di Marebbe	Almhof-Hotel Call	
San Vigilio di Marebbe	Excelsior	
Scena	Hohenwart	
Selva di Val Gardena	Alpenroyal Grand Hotel	
Selva di Val Gardena	Gran Baita	
Selva di Val Gardena	PortilloDolomites 1966	
Selva di Val Gardena	Small i Charming Hotel Laurin	
Selva di Val Gardena	Tyrol	
Selva di Val Gardena	Welponer	
Sesto	Monika	

Sesto	St. Veit 🏨
Sesto / Moso	Berghotel 🏨
Sesto / Moso	Rainer 🏨
Sesto / Moso	Sport e Kurhotel Bad Moos 🏨
Silandro / Vezzano	Sporthotel Vetzan 🏨
Siusi allo Sciliar	Activehotel Diana 🏨
Solda	Cristallo 🏨
Solda	Parc Hotel 🏨
Solda	Sporthotel Paradies Residence 🏨
Tesero	Rio Stava Family Resort & Spa 🏨
Tires / San Cipriano	Cyprianerhof 🏨
Tirolo	Castel 🏨
Tirolo	Erika 🏨
Tirolo	Golserhof 🏨
Tirolo	Patrizia 🏨
Torbole	Piccolo Mondo 🏨
Ultimo / San Nicolò / St. Nikolaus	Waltershof 🏨
Valdaora	Mirabell 🏨
Valdaora / Sorafurcia	Berghotel Zirm 🏨
Valle Aurina / Ahrntal / Cadipietra	Alpenschlössl & Linderhof 🏨
Valle Aurina / Ahrntal / Lutago	Alpin & Spa Resort Schwarzenstein 🏨
Valle di Casies	Quelle 🏨
Vallelunga	Alpenjuwel 🏨
Vigo di Fassa	Active Hotel Olympic 🏨
Vigo di Fassa	Renato 🏨
Vipiteno	Rose 🏨

● Umbria

Assisi	Grand Hotel dei Congressi Assisi 🏨
Assisi	Nun Assisi Relais 🏨
Colfiorito	Benessere Villa Fiorita 🏨
Gubbio	Park Hotel ai Cappuccini 🏨
Orvieto / Rocca Ripesena	Altarocca Wine Resort 🏨
Todi	Relais Todini 🏨
Todi / Chioano	Roccafiore Spa & Resort 🏨
Torgiano	Le Tre Vaselle 🏨

● Valle d'Aosta

Breuil Cervinia	Bucaneve 🏨
Breuil Cervinia	Excelsior-Planet 🏨
Breuil Cervinia	Hermitage 🏨
Breuil Cervinia	Saint Hubertus 🏨
Champoluc	Relais des Glacier 🏨
Cogne	Bellevue & SPA 🏨
Cogne	Miramonti 🏨
Cogne	Sant'Orso 🏨
Cogne / Cretaz	Notre Maison 🏨

Courmayeur	Grand Hotel Royal e Golf 🏨
Gressoney-la Trinité	Jolanda Sport 🏨
La Salle	Mont Blanc Hotel Village 🏨
la Thuile	Nira Montana 🏨
Pré-Saint-Didier / Palleusieux	QC Terme Resort 🏨
Saint-Vincent	Grand Hotel Billia 🏨
Saint-Vincent	Paradise 🏨
Saint-Vincent	Parc Hotel Billia 🏨

● Veneto

Abano Terme	Abano Grand Hotel 🏨
Abano Terme	All'Alba 🏨
Abano Terme	Bristol Buja 🏨
Abano Terme	Due Torri 🏨
Abano Terme	Europa Terme 🏨
Abano Terme	Grand Hotel Trieste & Victoria 🏨
Abano Terme	Harrys' Garden 🏨
Abano Terme	Mioni Pezzato 🏨
Abano Terme	Panoramic Hotel Plaza 🏨
Abano Terme	President Terme 🏨
Abano Terme	Principe Terme 🏨
Abano Terme	Terme Metropole 🏨
Abano Terme	Terme Roma 🏨
Abano Terme	Tritone Terme 🏨
Arabba	Evaldo 🏨
Asiago	Meltar 🏨
Bardolino	Aqualux 🏨
Bardolino	Caesius Thermae 🏨
Bibione	Bibione Palace Suite 🏨
Canove	Alla Vecchia Stazione 🏨
Casier / Dosson	Villa Contarini Nenzi 🏨
Cison di Valmarino	CastelBrando 🏨
Cortina d'Ampezzo	Cristallo Hotel Spa & Golf 🏨
Cortina d'Ampezzo	Grand Hotel Savoia 🏨
Cortina d'Ampezzo	Park Hotel Faloria 🏨
Cortina d'Ampezzo	Rosapetra Spa Resort 🏨
Costermano	Boffenigo 🏨
Gallio	Gaarten 🏨
Galzignano Terme	Radisson Blu Resort Terme di Galzignano 🏨
Garda	Poiano 🏨
Garda	Regina Adelaide 🏨
Lazise	Corte Valier 🏨
Lazise	Principe di Lazise 🏨
Lido di Jesolo	Almar Jesolo Resort & Spa 🏨
Malcesine	Baia Verde 🏨
Malcesine	Maximilian 🏨
Montegrotto Terme	Continental Terme 🏨
Montegrotto Terme	Garden Terme 🏨

Montegrotto Terme	Grand Hotel Terme 🏨
Montegrotto Terme	Terme Bellavista 🏨
Montegrotto Terme	Terme Olimpia 🏨
Montegrotto Terme	Terme Sollievo 🏨
Pescantina / Ospedaletto	Villa Quaranta Park Hotel 🏨
Ponzano Veneto	Donna Lucia 🏨
Revine	Ai Cadelach 🏨
San Pietro in Cariano	Byblos Art Hotel Villa Amistà 🏨
San Vito di Cadore	Parkhotel Ladinia 🏨
Sesto / Passo di Monte Croce di Comelico	
	Passo Monte Croce-Kreuzbergpass 🏨
Treviso	Maggior Consiglio 🏨
Venezia	JW Marriott Venice Resort & Spa 🏨
Venezia	Molino Stucky Hilton Venice 🏨
Villafranca di Verona / Dossobuono	Veronesi La Torre 🏨

Michelin Travel Partner

Société par actions simplifiées au capital de 11 288 880 EUR

27 Cours de l'Île Seguin - 92100 Boulogne Billancourt (France)

R.C.S. Nanterre 433 677 721

© **Michelin et Cie, Propriétaires-Éditeurs 2016**

Dépôt légal septembre 2015

Printed in Italy, 09-2015

Ogni riproduzione, anche parziale e con qualsiasi mezzo effettuata, è vietata senza la preventiva autorizzazione dell'editore.

Fotocomposizione: JOUVE, Saran (Francia)

Stampa e Rilegatura: CANALE, Borgaro Torinese (Italia)

Su carta ricavata da foreste a gestione sostenibile

Informazioni relative alle altitudini delle località citate nella guida:
ATKIS™; GN250, © Federal Agency for Cartography and Geodesy (BKG)
Informazioni relative agli abitanti delle località citate nella guida: www. demo.istat.it

I dati e le indicazioni contenuti in questa guida, sono stati verificati e aggiornati con la massima cura. Tuttavia alcune informazioni (indirizzi, numeri di telefono, prezzi ecc.) possono perdere parte della loro attualità a causa dell'incessante evoluzione delle strutture e delle variazioni del costo della vita: non è escluso che alcuni dati non siano più, all'uscita della guida, esatti o esaustivi. Prima di procedere alle eventuali formalità amministrative e doganali, siete invitati ad informarvi presso gli organismi ufficiali. Queste informazioni non possono comportare responsabilità alcuna per eventuali involontari errori o imprecisioni.